HEYNE FILMBIBLIOTHEK

Lothar R. Just
Ronald M. Hahn · Georg Seeßlen
Meinolf Zurhorst

HEYNE FILM LEXIKON 1

WILHELM HEYNE VERLAG
MÜNCHEN

HEYNE FILMBIBLIOTHEK
Nr. 32/271

Herausgeber: Bernhard Matt

Texte: Ronald Hahn, Georg Seeßlen, Meinolf Zurhorst, Martin Borchers, Uli Buchner, Gebhard Hölzl, Thomas Hubert, Margret Köhler, Thomas Lassonczyk, Frank Schnelle, Rolf Thissen, Christian Westermeier. Redaktion: Ralf Dürr, Rolf Thissen
Mitarbeit: Brita Geisler, Eva Hesz, Computergestützte Datenverarbeitung in Zusammenarbeit mit FilmData

Fotonachweis

Amazonas, ARD, Arsenal, Ascot, Atlas, Basis, Bavaria, Buena Vista, CIC Video, Columbia TriStar, Con-Film, Concorde/Castle Rock-Turner, Deutsches Institut für Filmkunde, Filmfestspiele Berlin, Filmverlag der Autoren, Filmcooperative, Filmwelt, Filmfest München, Highlight, Jugendfilm, Kinowelt, NEF, Constantin, Nil-Film, Pandora, Paramount, Progress, Prokino, Senator, Scotia, Stiftung Deutsche Kinemathek, TiMe, Tobis, Twentieth Century Fox, UA, UIP, Universal, VMP, Warner Bros., ZDF

Danksagung

Ein besonderer Dank geht an die Autoren, die uns erlaubten, ihre Kurzkritiken leicht bearbeitet abzudrucken:
Thomas Engel, Robert Fischer, Bodo Fründt, Anne Frederiksen, Frauke Hanck, Manfred Hobsch, W. O. P. Kistner, Otto Kuhn, Josef Nagel, Robert Richter, Hans-Joachim Schlegel, Jürgen Seeger, Hans Strobel, Paul Werner, Axel Winterstein

Originalausgabe 11/1999

Printed in Germany 1999
Vorder- und Rückseitenillustrationen: Interfoto und Film-Archiv Just
Schuber: Interfoto und Filmarchiv Lothar R. Just
Umschlaggestaltung: Nele Schütz Design, München
Herstellung: H+G Lidl, München
Satz: Fotosatz Völkl, Puchheim
Druck und Verarbeitung: Ebner Ulm

ISBN 3-453-15747-8

100 Jahre Film in 10 000 Filmen

Dieses Filmlexikon dient der schnellen Information über einen bestimmten Film. Kompakt und in zwei Bänden soll es etwas von der Faszination des Films vermitteln und dazu einladen, im Kino oder auf dem Monitor sich sein eigenes Urteil zu bilden.

Ein Nachschlagewerk ist entstanden, das 10 000 Filme, die für den deutschsprachigen Raum Relevanz haben, kurz und knapp vorstellt. Es sind die großen Klassiker der Filmgeschichte, ebenso wie kleine Sexfilme oder Problemfilme aus den Ländern der Dritten Welt. Es sind Filme, die Millionen Besucher in die Kinos lockten, Moden und Trends auslösten, aber auch einfache, bescheidene Werke, die um Anerkennung kämpften. Wir stellen Filme vor, die nur auf Video herauskamen, und solche, die nur im Fernsehen zu sehen waren. Dabei gibt es keine Berührungsängste, ein Film ist ein Film, ein Meisterwerk ist ein besserer Film, aber manch schmutziges kleines Werk wurde zu einem Kultfilm, erregte die Gemüter, wirkte über seine Zeit hinaus.

Daß Filme bewertet werden, ist ein vielgeübter Zeitvertreib von Filmjournalisten bei Festivals, in den verschiedensten Publikationen und Büchern, und wir, die das in Heyne-Filmjahrbüchern schon seit 1987 praktizieren, haben das auch wieder getan. Dabei wird jeder Film innerhalb seines Genres bewertet, das bedeutet, daß ein hervorragender Actionfilm wie z. B. *Speed* gleich viele Sternchen hat wie ein Kunstfilm von Angelopoulos. Etwas besser kommen immer Dokumentarfilme und Erstlingsfilme weg. Verständlich wohl, denn im ersten Fall ist es die schwierige Vermittlung von verdichteter Realität, im zweiten die Anerkennung für das erste Werk und die Hoffnung auf zukünftige. Dabei ist häufig zu beobachten, daß viele Regisseure nach ihren gelungenen Erstlingswerken in Mittelmäßigkeit abrutschen und selbst bei Regisseuren mit konstanter Qualität die ersten Werke oftmals die besseren sind.

In der Kürze liegt die Würze, ebenso wie die Vereinfachung. Mit diesem Problem kämpfte jeder der an diesem Buch Beteiligten, alles namhafte Filmjournalisten und Publizisten, die gezwungen waren, ihr Fachwissen über einen Film in wenigen Worten unterzubringen. So unterschiedlich dies gelang, so unterschiedlich ist auch die Bewertung der Filme. Es gab keinen gleichmachenden Oberzensor, jeder Mitarbeiter beschrieb den Film aufgrund seines Qualitätsmaßstabes, suchte Filme aus, die seiner Neigung entsprachen. *Lothar Just*

Benutzerhinweise

Auf Abkürzungen wurde weitgehend verzichtet. R: = Regie, D: = Darsteller.
Die Produktionsländer werden in der Regel ausgeschrieben bzw. die eingebürgerten Abkürzungen benutzt wie USA, UdSSR oder GB = Großbritannien. D = Deutschland bis 1945, danach DDR oder BRD. In Ausnahmen wurde Italien als It, Frankreich als Fr und Spanien als Sp abgekürzt.
Bei einigen Filmklassikern wurde der frühere Verleihtitel nicht mehr verwendet, weil die Filme mittlerweile besser unter ihren Originaltiteln bekannt sind; z. B. »Hafen des Lasters« steht nur noch unter »Key Largo«.
Bei Koproduktionen wurde in der Regel nur der Originaltitel des führenden Produktionslandes angegeben.
Der Hinweis am Ende einiger Texte verweist auf Bücher, in denen der Film umfangreich dokumentiert und besprochen ist. HFJ = Heyne Film Jahrbuch, LSF = Lexikon des Science-fiction-Films.

A

Der Aasgeier A1
DÖGKESELYÖ ***
Ungarn 1982, 113 Min., F
R: Ferenc András D: György Cserhalmi, Hédi Temessy, Zita Perczel, Maria Gladkowska
Einem Budapester Taxifahrer werden eines Tages von zwei älteren Trickbetrügern seine gesamten Tageseinnahmen gestohlen. Als ihm das keiner glaubt, startet er eine umfassende Racheaktion im Stil eines coolen Helden der »Schwarzen Serie«. Temporeich inszenierter, detailreicher Film, in den der Regisseur geschickt Zitate des amerikanischen und französischen Kinos einwebt, ohne die ungarische Identität zu verleugnen.

Ab heute wieder Niederschläge A2
FAITES VOS JEUX, MESDAMES
FEU A VOLONTE ***
Fr/Sp 1964, 80 Min., s/w
R: Marcel Ophüls D: Eddie Constantine, Nelly Benedetti, Daniel Ceccaldi, Luis Davila
Militante Amazonen und kommunistische Spione raufen sich mit dem Agenten Mike um einen Physiker, der dem FBI ein Lösegeld von 20 Millionen Dollar wert ist. Gut gemeinter, aber einfallsloser Ulk, an dem das Beste der deutsche Titel ist.

Ab morgen sind wir reich und ehrlich A3
*
BRD 1970, 82 Min., F
R: Franz Antel D: Carroll Baker, Arthur Kennedy, Christine Kaufmann
Gangster erpreßt amerikanische Politiker, um sich in Italien einen netten Lebensabend gönnen zu können. Trotz der Besetzung nicht gerade berauschend.

Ab nach Tibet! A4
****
BRD 1993, 128 Min., F
R: Herbert Achternbusch D: Herbert Achternbusch, Judith Tobschall, Dagmar Sachse
Der arbeitslose Kaminkehrer Hick ertränkt seinen Frust über uneheliche Tochter und Nonnen-Geliebte erst im Wirtshaus, bevor er in Tibet die Erleuchtung findet. Ein Erlebnis für Achternbusch-Fans, die sich an den surrealistischen Tibet-Sequenzen und den Seitenhieben auf eine bigotte Gesellschaft delektieren werden. Hervorragende Kamera. HFJ 1995

Abba A5
ABBA **
Schweden, 1977, 96 Min., F
R: Lasse Hallström D: Björn Ulvaeus, Benny Andersson, Annafrid Lyngstad
Die schwedische Popgruppe Abba auf Australien-Tournee. Konzertauftritte und Star-Rummel beherrschen die Szene. Dazwischen eine Rahmenhandlung, die zwar eine gewisse Spannung herstellt, insgesamt aber dünn bleibt. Nostalgisch wertvoll.

Abbott und Costello gegen Dr. Jekyll und Mr. Hyde A6
**
ABBOTT AND COSTELLO MEET
DR. JEKYLL AND MR. HYDE
USA 1953, 76 Min., s/w
R: Charles Lamont D: Bud Abbott, Lou Costello, Boris Karloff
Klamaukfilm über die haarsträubenden Abenteuer eines Polizistenduos, das im London der Jahrhundertwende in den Fall Dr. Jekyll / Mr. Hyde verwickelt wird. Wüst! LSFF

Abbott und Costello treffen Frankenstein A7
**
ABBOTT AND COSTELLO MEET
FRANKENSTEIN
USA 1948, 92 Min., s/w
R: Charles T. Barton D: Bud Abbott, Lou Costello, Lon Chaney jr., Bela Lugosi, Glenn Strange
Zwei Tölpel sollen dem Wolfsmenschen helfen, Graf Dracula und das Monster Frankensteins zu vernichten. Ulkiger Horrorfilm, der gekonnt die Grusler der 30er Jahre veräppelt und mit einem besonderen Schlußgag aufwartet. LSFF

Abbott und Costello unter den Piraten A8
***
ABBOTT AND COSTELLO MEET CAPTAIN KIDD
USA 1952, 70 Min., s/w
R: Charles Lamont D: Bud Abbott, Lou Costello, Charles Laughton
Zwei Trottel, die zufällig in den Besitz des Lageplans eines Schatzes gelangen, der auf einer Insel vergraben ist, sehen sich den Nachstellungen eines gefürchteten karibischen Piratenkapitäns ausgesetzt. Der übliche Ulk, wie man ihn von dem amerikanischen Komikerduo gewöhnt ist; mit dem britischen Mimen Charles Laughton in einer eher ungewöhnlichen Rolle.

Abe Sada A9
JITSUROKU ABE SADA ***
Japan 1975, 76 Min., F
R: Noboru Tanaka D: Miyashita Junko, Ezumi Hideaki, Hanayagi Genshu
Ein Paar steigert sich in einen Beziehungs- und Sexualrausch, der nur im Tod enden kann. Nach einer authentischen Begebenheit inszenierte Tanaka die Geschichte, die 1976 Nagisa Oshima unter dem Titel *Im Reich der Sinne* verfilmte und ihn weltberühmt machen sollte. HFJ 1992

Abelard – Die Entmannung A10
**
BRD 1975, 87 Min., F
R: Franz Seitz D: Christian Kohlund, Susanne Uhlen, Anita Mally
Ein Mann wird von seinen beiden Freundinnen entmannt, als er sich einer dritten zuwendet. Bizarr!

Abend der Gaukler A11
GYKLARNAS AFTON ****
Schweden 1953, 87 Min., s/w
R: Ingmar Bergman D: Harriet Andersson, Ake Grönberg, Hasse Ekman, Annika Tretow
Im symbolischen Milieu des Zirkus werden menschliche Leidenschaften wie Liebe, Haß und Eifersucht ausgetragen. Düster wölbt sich ein Strindbergscher Gewitterhimmel über der

Szenerie. Eine traurig-bittere Betrachtung über das Unvermögen des Menschen, der sich den Zwang der Leidenschaften diktieren läßt ...

Ein Abend – ein Zug A12
UN SOIR, UN TRAIN ***
Belgien/Frankreich 1967, 89 Min., F
R: André Delvaux D: Anouk Aimée, Yves Montand, Hector Cammerlynck
Ständig zwischen Traum und Wirklichkeit wechselnde Story eines Professors und seiner Freundin, die bei einem Zugunglück umkommt. Belgischer (bzw. wallonischer) Surrealismus.

Abendanzug A13
TENUE DE SOIREE ***
Frankreich 1986, 84 Min., F
R: Bertrand Blier D: Gérard Depardieu, Michel Blanc, Miou-Miou
Ein saturiertes, zänkisches Ehepaar lernt einen vitalen Gauner kennen, und die drei, unglückselig in wechselseitige erotische Abhängigkeiten verstrickt, geraten immer tiefer auf die schiefe Bahn. Bizarr, erotisch und schrill. HFJ 1988

Das Abenteuer A14
L' AVVENTURA ****
It/Fr 1959, 136 Min., s/w
R: Michelangelo Antonioni
D: Gabriele Ferzetti, Lea Massari, Monica Vitti
Drei Menschen, ein Mann und zwei Fauen, begegnen sich auf einem Yachtausflug. Nach einem Streit verschwindet die eine Frau, die andere und der Mann verlieben sich auf der gemeinsamen Suche nach ihr. Antonioni beobachtet seine Figuren wie Versuchstiere; *L'Avventura* hat die »Filmsprache« nachhaltig beeinflußt.

Abenteuer am Mississippi A15
THE ADVENTURES OF HUCKLEBERRY FINN **
USA 1958, 107 Min., F
R: Michael Curtiz D: Eddie Hodges, Archie Moore, Neville Brand
Die Flucht des weißen Jungen Huck und des entflohenen Negersklaven Jim nach Mark Twains Roman in einer actionbetonten, etwas umständlichen Verfilmung.

Die Abenteuer der drei Musketiere A16
LES TROIS MOUSQUETAIRES ***
Fr/It 1953, 101 Min., s/w
R: André Hunebelle D: Georges Marchal, Yvonne Sanson, Gino Cervi
Drei Haudegen und ein junger Mann vom Land raufen sich zur Zeit Ludwigs XIII. mit den Vasallen des Kardinals Richelieu und bewahren ihre Königin vor einer peinlichen Lage. Mantel- und Degenfilm nach Alexandre Dumas.

Die Abenteuer der Familie Robinson in der Wildnis A17
THE ADVENTURES OF THE WILDERNESS FAMILY **
USA 1975, 94 Min., F
R: Stewart Raffill D: Robert F. Logan, Susan Damante Shaw, Hollye Holmes
Zivilisationsgeschädigte US-Familie zieht sich aus der Großstadt in die Einsamkeit der Rocky Mountains zurück. Mal spannende, mal sentimentale Familienunterhaltung.

Die Abenteuer der Totenkopf-Piraten A18
IL TERRORE DEI MARI **
Italien/Frankreich 1960, 102 Min., F
R: Domenico Paolella D: Don Megowan, Emma Danieli, Livio Lorenzon
Nach einem Blutbad der Spanier in Venezuela wird ein Überlebender zum Piraten, überfällt ihre Schiffe und nimmt Rache an einem schurkischen Gouverneur.

Die Abenteuer der vier Musketiere A19
I CAVALIERI DELLA REGINA ***
Italien 1955, 82 Min., F
R: Mauro Bolognini D: Jeff Stone, Domenico Modugno, Sebastian Cabot
Adelige Verschwörer entführen die Infantin von Spanien, damit sie den Infanten von Frankreich ehelicht, doch vier infantile Musketiere hauen sie wieder raus. Köstliches Späßchen für Freunde von Lachgeschichten.

Die Abenteuer des Ballonpiloten J. A. A20
SLOMANNAJA PODKOWA ***
UdSSR 1973, 90 Min., F
R: Semjon Aranowitsch D: Sergej Jurski, Marina Nejelowa
Ballonfahrer auf der Suche nach der Insel des Friedens notlandet im Baltikum und meistert seine Lage mit Witz und Charme. Abenteuer nach einem Roman von Jules Verne.

Die Abenteuer des Baron Münchhausen A21
THE ADVENTURES OF BARON MUNCHHAUSEN ***
BRD/GB 1988, 126 Min., F
R: Terry Gilliam D: John Neville, Eric Idle, Sarah Polley
Der Lügenbaron Münchhausen bricht zu einer Reise auf, um einer belagerten Stadt zu Hilfe zu eilen. Trotz technischer Perfektion, britischen Humors, großen Budgets und hoher »production values« kommt wenig Stimmung auf. Weder so flott, noch so unterhaltsam wie der alte deutsche Film mit Hans Albers. HFJ 1989

Abenteuer des braven Kommandanten Küppers A22 ***
BRD/Jugoslawien 1967, 94 Min., F
R: Rainer Erler D: Martin Held, Pascale Petit, Rudolf Schündler
Ein Obergefreiter der Wehrmacht verschläft den Abzug seiner Einheit aus einer französischen Kleinstadt und macht sich zum örtlichen Kommandanten, damit man ihm im Fall des Falles keine Desertion vorwerfen kann. Mit Hilfe der Bevölkerung, die seine Gutmütigkeit schätzt, bewahrt er den Ort vor allerlei Unbill. Ein nettes Filmchen mit einer Paraderolle für Martin Held.

Die Abenteuer des braven Soldaten Schweijk A23
OSUDY DOBREHO VOJAKA SVEJKA **
CSSR 1954/55, 73 Min., F und s/w
R: Josef Lada
Puppenfilm aus dem Studio von Jiri Trnka nach dem Roman von Jaroslaw Hajek, dessen subversiver Humor eher selten zum Tragen kommt.

Die Abenteuer des Cabeza de Vaca A24
CABEZA DE VACA ***
Mexiko 1990, 106 Min., F
R: Nicolás Echevarria D: Juan Diego, Daniel Giménez Cacho, Roberto Sosa

Epische, um Authentizität bemühte Schilderung der Geschichte des Schatzmeisters des spanischen Königs, der im Jahr 1528 an die Küste Floridas verschlagen wird und die faszinierende Welt der Indianer kennenlernt.

Die Abenteuer des Herrn Picasso A25 ***
PICASSOS ÄVENTYR
Schweden 1978, 111 Min., F
R: Tage Danielsson D: Gösta Ekman, Margaretha Krook, Hans Alfredson
Wüster, stellenweise rüder Slapstick, in dessen Mittelpunkt die Künstler Picasso, Dalí und Apollinaire sowie deren Gönnerin Gertrude Stein samt Freundin Alice B. Toklas stehen. Obwohl streckenweise recht lustig, fehlt es an Geschichte und Aussage.

Die Abenteuer des Joseph Andrews A26 ***
JOSEPH ANDREWS
GB 1976, 95 Min., F
R: Tony Richardson D: Ann-Margret, Peter Firth, Michael Hordern
Amüsantes Sittengemälde aus dem England des 18. Jahrhunderts, vom Mitbegründer der Free Cinema-Bewegung. Der Film ist nicht so berühmt geworden wie Tom Jones, ist aber gleichwohl eine glänzende Literaturverfilmung.

Die Abenteuer des Kapitän Grant A27 ***
IN SEARCH OF THE CASTAWAYS
USA/GB 1961, 91 Min., F
R: Robert Stevenson D: Maurice Chevalier, Hayley Mills, George Sanders, Wilfrid Hyde-White
Ein Geschwisterpärchen und ein Professor suchen einen schiffbrüchigen Kapitän und bereisen dabei die halbe Welt. Braver Jugend-Abenteuerfilm, nach dem Roman von Jules Verne.

Die Abenteuer des Kardinal Braun A28 **
AU DIABLE, LES ANGES
OPERAZIONE SAN PIETRO
BRD/It/Fr 1967, 96 Min., F
R: Lucio Fulci D: Heinz Rühmann, Uta Levka, Jean-Claude Brialy
G. K. Chestertons Detektiv in Soutane kann vier kleinen Gaunern die gestohlene Pietà wieder abjagen. Belanglose Krimi-Komödie ohne den originellen Witz der Vorlage. Heinz Rühmann überzeugte eher in *Das schwarze Schaf* und *Er kann's nicht lassen.*

Die Abenteuer des Marco Polo A29 ***
THE ADVENTURES OF MARCO POLO
USA 1937, 105 Min., s/w
R: Archie L. Mayo D: Gary Cooper, Sigrid Gurie, Basil Rathbone
Ein venezianischer Kaufmann bereist im 13. Jahrhundert China und wird in Kämpfe und Intrigen verwickelt. Eher bieder angelegter Abenteuerfilm, wenn auch groß ausgestattet.

Die Abenteuer des Nils Holgersson A30 ****
NILS HOLGERSSONS UNDERBARA RESA
Schweden 1961, 97 Min., F
R: Kenne Fant D: Sven Lundberg, Max von Sydow, Annika Tretow
Der Lausbub Nils wird von einem Troll in einen Wichtel verwandelt und fliegt mit einem Wildgänseschwarm durch seine Heimat, wo er Heldentaten vollbringt und Tiere lieben lernt. Filmischer Naturkundeunterricht für Kinder; nach Selma Lagerlöf.

Die Abenteuer des Omar Khayam A31 **
THE LOVERS OF OMAR KHAYAM
USA 1956, 101 Min., s/w
R: William Dieterle D: Cornel Wilde, Michael Rennie, Debra Paget
Opulentes orientalisches Kampf- und Liebesdrama im 11. Jahrhundert, in dessen Mittelpunkt ein schlagkräftiger Dichter steht.

Die Abenteuer des Prinzen Achmed A32 ****
Deutschland 1923–1926, 71 Min., s/w
R: Lotte Reiniger
Ein armer Schneider, der sich in die Prinzessin verliebt hat, muß gegen Dämonen und Zauberer kämpfen. Lotte Reinigers berühmter Scherenschnittfilm ist der erste abendfüllende Zeichentrickfilm überhaupt. Die Autorin hat 1968 auch eine colorierte Fassung geschaffen.

Die Abenteuer des Rabbi Jakob A33 ***
LES AVENTURES DE RABBI JACOB
Frankreich/Italien 1973, 95 Min., F
R: Gérard Oury D: Louis de Funès, Suzy Delair, Marcel Dario
Unglückliche Umstände zwingen einen Industriellen, sich als Rabbi zu verkleiden. Französischer Standard-Klamauk, der ganz auf Louis de Funès und dessen Faxen zugeschnitten ist.

Die Abenteuer des Werner Holt A34 ***
DDR 1965, 164 Min., s/w
R: Joachim Kunert D: Klaus-Peter Thiele, Manfred Karge, Angelica Domröse
Die Geschichte zweier Jungen, die die Schrecken des Zweiten Weltkriegs erleben, ein wenig holzschnittartig entwickelt, aber von ehrlichem Engagement gegen Krieg und Faschismus.

Abenteuer im Gelben Meer A35 ***
CHINA SEAS
USA 1935, 85 Min., s/w
R: Tay Garnett D: Clark Gable, Jean Harlow, Wallace Beery, Lewis Stone
Kapitän eines im chinesischen Meer kreuzenden Goldtransporters muß sich gegen einheimische Piraten und nicht ganz astreine Passagiere wehren. Auch die Liebe kommt nicht zu kurz. Ein moderner Abenteuerfilm.

Abenteuer im Grand Hotel A36 ***
Deutschland 1943, 85 Min., s/w
R: Ernst Marischka D: Wolf Albach-Retty, Hans Moser, Maria Andergast
Ein bankrotter Graf schlägt sich als Chauffeur durch. Nur sein treuer alter Diener hält zu ihm. Und weil der von Hans Moser gespielt wird, bleibt das Routine-Produkt sehenswert.

Abenteuer im Spielzeugland A37 ***
BABES IN TOYLAND
MARCH OF THE WOODEN SOLDIERS
USA 1934, 79 Min., s/w
R: Gus Meinz, Charles Rogers
D: Stan Laurel, Oliver Hardy, Charlotte Henry, Felix Knight
Zwei depperte Spielzeugmacher basteln versehentlich riesige Holzmänn-

lein, die sich als nützlich erweisen, als ein Schurke das Spielzeugland erobern will. Eine Sternstunde der Komik!

Abenteuer im Weltraum A38
STOWAWAY TO THE MOON **
USA 1974, 90 Min., F
R: Andrew V. McLaglen D: Lloyd Bridges, Michael Link, Jeremy Slate
Bube, der als blinder Passagier auf einer Mondrakete mitfliegt, belastet mit seinem Gewicht den berechneten Treibstoff, hilft den Astronauten aber mit seinen Fachkenntnissen aus der Klemme. Wer's glaubt ... LSFF

Abenteuer in Algier A39
SOUTH OF ALGIERS ***
GB 1953, 83 Min., F
R: Jack Lee D: Van Heflin, Eric Portman, Jacques François
Guter und böser Archäologe suchen in römischen Stadtruinen der algerischen Wüste antikes Grab und geraten aneinander. Abenteuerstory mit Bauchtanzeinlage und Naturschönheiten.

Abenteuer in Brasilien A40
THE END OF THE RIVER **
GB 1947, 80 Min., s/w
R: Derek Twist D: Sabu, Bibi Ferreira, Raymond Lovell
Südamerikanischer Indio wird in der Großstadt in eine Mordgeschichte verwickelt. Ein ehrgeiziges Drama, das unter talentlosen Akteuren leidet.

Abenteuer in der Südsee A41
SON OF FURY ***
USA 1942, 98 Min., s/w
R: John Cromwell D: Tyrone Power, Gene Tierney, George Sanders
Edelmann, ums Erbe betrogen, rächt sich an bösen Verwandten und läßt sich auf einer Insel in der Südsee nieder. Spannender Abenteuerfilm, auch formal über dem Durchschnitt.

Abenteuer in der Taiga A42
PRIKLJUTSCGENIJE W TAJGE **
UdSSR 1970, 73 Min., F
R: Agassi Babajan D: Wladimir Orlowsky
Die Freundschaft zwischen einem sibirischen Fuchs und einem Förster, der ihn aufgezogen hat. Erbaulich.

Abenteuer in Neuguinea A43
SKULLDUGGERY **
USA 1970, 101 Min., F
R: Gordon Douglas D: Burt Reynolds, Susan Clark, Roger C. Carmel
Expedition trifft am Rande eines Vulkans auf eine unbekannte Rasse von Affenmenschen. Die Komödie kommt über ein paar gute Ansätze nicht hinaus.

Abenteuer in Panama A44
ACROSS THE PACIFIC ***
USA 1942, 95 Min., s/w
R: John Huston D: Humphrey Bogart, Mary Astor, John Hamilton
Kurz vor Ausbruch des Zweiten Weltkriegs wird ein amerikanischer Soldat in die Reihen der Japaner eingeschleust, um deren Militärpläne auszuspionieren. Dank exzellenter Darsteller und der souveränen Regie John Hustons ein sehenswerter Agentenfilm mit unglaubwürdiger Handlung.

Abenteuer in Rio A45
L' HOMME DE RIO/L'UOMO DI RIO ****
Frankreich/Italien 1963, 115 Min., F
R: Philippe de Broca D: Jean-Paul Belmondo, Françoise Dorléac, Jean Servais
Ein junger Soldat, zum Wochenendurlaub in Paris, wird Zeuge, wie seine Braut nach Südamerika entführt wird und beweist Cleverness, als er ihr praktisch mittellos nachreist, um sie den Schuften zu entreißen. Eine Komödie, in der ein halsbrecherisches Abenteuer das andere jagt und die in der halbfertigen, fast menschenleeren Stadt Brasilia endet.

Abenteuer in Rom A46
ROME ADVENTURE **
USA 1961, 105 Min., F
R: Delmer Daves D: Troy Donahue, Suzanne Pleshette, Rossano Brazzi
Junge amerikanische Bibliothekarin reist nach Italien der Liebe wegen, entscheidet sich dann aber für einen Landsmann. Etwas betulich.

Abenteuer meiner Seele A47
**
BRD 1984, 87 Min., F
R: Moritz Boerner D: Antje Kraschinski, Petra Grabenhorst, Ariel Kalma
Unbeholfene und langweilige Abfilmung jener Interaktionen, die sich unter Anleitung einer Tantra-Therapeutin innerhalb eines achtköpfigen Personenkreises ereignen. Mißglückter Versuch, ein unsinniges gruppendynamisches Experiment filmisch auszuarbeiten.

Die Abenteuer von Pico und Columbus A48
***
BRD 1992, 80 Min., F
R: Michael Schoemann
Zeichentrickfilm mit dem pfiffigen Holzwurm Pico, der mit Columbus nach Amerika segelte und sich in das wunderschöne Lichtmotten-Mädchen Marilyn verliebte. Ansehnliche Animation Made in Germany. HFJ 1993

Die Abenteuerin A49
THE FLAME OF NEW ORLEANS ***
USA 1941, 78 Min., s/w
R: René Clair D: Marlene Dietrich, Bruce Cabot, Roland Young
Eine aus St. Petersburg emigrierte schöne Abenteuerin mit dubioser Vergangenheit ist in New Orleans zwischen einer Vernunftheirat und ihrer wilden Leidenschaft für den jungen Kapitän eines Mississippidampfers hin und hergerissen. Unterhaltsame Western-Komödie.

Eine abenteuerliche Frau A50
TAKE ME TO TOWN ***
USA 1952, 81 Min., F
R: Douglas Sirk D: Sterling Hayden, Ann Sheridan, Phyllis Stanley
Ein verwitweter Prediger wird in einem Holzfällerlager von seinen drei Söhnen mit einer Barsängerin verkuppelt und heiratet sie, obwohl sie mit einem Falschspieler unter einer Decke gesteckt hat und von einem Marshal verfolgt wird.

Der Abenteurer A51
THE ADVENTURER ****
USA 1917, Zweiakter, s/w
R: Charles Chaplin D: Charles Chaplin, Edna Purviance, Eric Campbell
Chaplin spielt einen Sträfling, der seinen Bewachern entkommt. Auf der Flucht klaut er einem Badenden die Kleidung, rettet Edna und ihre Mutter

vor dem Ertrinken und wird von den beiden in ihr Haus eingeladen. Da geht's im gut, bis ihn die Polizei wieder einfängt.

Die Abenteurer A52
LES AVENTURIERS ****
Frankreich/Italien 1966, 113 Min., F
R: Robert Enrico D: Lino Ventura, Alain Delon, Joanna Shimkus
Ein waghalsiger Pilot, ein bastelnder Rennfahrer und eine »Künstlerin« gehen nach beruflichem Frust an der afrikanischen Küste auf Schatzsuche, die zwei von ihnen nicht überleben. Es dauert, bis die Geschichte auf Touren kommt; den Machern war die Charakterisierung der Protagonisten sichtlich wichtiger, als dem Filmtitel gerecht zu werden.

Abenteurer auf der Lucky Lady A53
**
LUCKY LADY
USA 1975, 118 Min., F
R: Stanley Donen D: Burt Reynolds, Liza Minnelli, Gene Hackman
Gut besetzte, aber nicht durchgängig gelungene Gangsterfilm-Parodie, die in den dreißiger Jahren spielt. Die drei Helden versuchen es mit Alkoholschmuggel und einer Menage à Trois.

Aber, aber, meine Herren A54
SIGNORE E SIGNORI/ ***
BELLES DAMES ET VILAINS MESSIEURS
It/Fr 1965, 118 Min., s/w
R: Pietro Germi D: Virna Lisi, Gastone Moschin, Alberto Linello
Satirischer, in Cannes mit der »Goldenen Palme« ausgezeichneter Episodenfilm über die bürgerliche Doppelmoral in einer italienischen Provinzstadt.

Aber, Herr Doktor! A55
DOCTOR IN THE HOUSE ***
GB 1954, 91 Min., F
R: Ralph Thomas D: Dirk Bogarde, Kenneth More, Muriel Pavlow
Britischer Medizinstudent kommt als Praktikant in ein Krankenhaus, lernt dort Kommilitonen kennen, die durchs Examen gerasselt sind, und erfährt von selbigen alles, was an Universitäten zu lehren versäumt wird. Ein Komödchen, dessen Humor zwar mit Witzen von 1954 aufwartet, aber zum Auslöser einer Reihe von Fortsetzungen wurde.

... aber Jonny! A56
**
BRD 1973, 95 Min., F
R: Alfred Weidenmann D: Horst Buchholz, Hannelore Elsner, Herbert Fleischmann
Ein gescheiterter Lehramtskandidat läßt sich von seinem Gerichtsvollzieher als Gigolo managen. Wie jeder Versuch, eine deutsche Filmkomödie »frivol« erscheinen zu lassen, relativ katastrophal.

Die Abfahrer A57
***
BRD 1979, 98 Min., F
R: Adolf Winkelmann D: Detlev Quandt, Ludger Schnieder, Anastasios Avgeris, Beate Brockstedt
Adolf Winkelmann erzählt in seinem Kino-Erstling – geradlinig, humorvoll und mit treffenden Bildern – von drei arbeitslosen Jugendlichen, die in einem geklauten LKW im Ruhrpott das Abenteuer suchen. »Easy Rider« mit Truck in Nordrhein-Westfalen.

Abgerechnet wird zum Schluß A58
****
THE BALLAD OF CABLE HOGUE
USA 1970, 121 Min., F
R: Sam Peckinpah D: Jason Robards Jr., Stella Stevens, David Warner
Sam Peckinpahs lyrischster Film. Ein alter, dem »Wilden Westen« verbundener Goldsucher findet mitten in der Wüste eine Wasserquelle und hofft durch sie zu Reichtum zu gelangen. Doch bevor dies eintrifft, holt ihn die Zivilisation auf tödliche Weise ein.

Abgeschminkt! A59
***
BRD 1992, 55 Min., F
R: Katja von Garnier D: Katja Riemann, Nina Kronjäger, Max Tidof
Cartoonistin Frenzy mit Freundin Maischa auf Männerjagd: Eine kriegt den Prinzen, der aber eigentlich ein Idiot ist, die andere den Frosch, der eigentlich ein Prinz ist. Katja von Garniers kurzer HFF-Übungsfilm zeigt mehr Witz und Gefühl fürs Leben als alle langatmigen Beziehungkomödien der Jahre davor. Der Erfolg des Films gab den Anstoß für weitere Komödien.

Abgeschoben A60
DEPORTED ***
USA 1950, 88 Min., s/w
R: Robert Siodmak D: Jeff Chandler, Marta Toren, Claude Dauphin
Ein US-Gangster italienischer Abstammung, der in seine alte Heimat deportiert wird und auch dort unter FBI-Beobachtung steht, macht sich an eine Gräfin heran, um mit ihrer Hilfe an die 100 000 Dollar heranzukommen, die er nach einem Raub in Amerika versteckt hat. Doch als er sich wirklich in sie verliebt, fangen die Probleme erst an.

Abgetrieben A61
****
BRD 1992, 95 Min., F
R: Norbert Kückelmann D: Hanns Zischler, Jörg Hube, Edgar Selge
Spieldokumentation nach dem Prozeß gegen den Memminger Frauenarzt Dr. Theissen (1988/89), der engagiert Partei ergreift für die Frauen, die vor einem Männergericht gedemütigt werden. HFJ 1993

Der Abgrund A62
AFGRUNDEN ****
Dänemark 1910, 84 Min., s/w
R: Urban Gad D: Asta Nielsen, Poul Reumert, Robert Dinesen
Erste Filmrolle der dänischen Theaterschauspielerin Asta Nielsen. Sie spielt in dem Stummfilm eine Dorf-Erzieherin, die der Faszination der Zirkuswelt erliegt und sich dem fahrenden Volk anschließt, aber letztlich daran zerbricht, ihre gewohnte Umgebung verlassen zu haben. Der große Erfolg des Films ebnete Nielsens Karriere in Deutschland.

Abgründe der Leidenschaft A63
CUMBRES BORRASCOSAS ****
Mexiko 1953, 91 Min., s/w
R: Luis Buñuel D: Jorge Mistral, Irasema Dilian, Ernesto Alonso

Emily Brontës »Wuthering Heights« à la Mexicana: ein Melodram um unerfüllte Liebe, tödliche Eifersucht und Ehe aus Rachegründen. Als echter Buñuel reitet der Film natürlich auch eine vehemente Attacke gegen die Unfreiheit der bürgerlichen Moral.

Abitur oder Heirat
siehe: Afrikanische Boulevards

Abracadabra A64
ABRACADABRA ****
Lux/Fr/Belgien 1992, 74 Min., F
R: Harry Cleven D: Philippe Volter, Clémentine Célarié, Thierry Frémont
Während eines Hafturlaubs für das Begräbnis seiner Mutter soll Phil mit seinen Brüdern ein neues Ding drehen. Das endet tragisch. Eindrucksvolles Drama mit mystischen Aspekten aus einem unbekannten Filmland. HFJ 1995

Abrahams Gold A65
***
BRD 1989, 95 Min., F
R: Jörg Graser D: Hanna Schygulla, Günther Maria Halmer, Daniela Schötz
Ein ehemaliger KZ-Wärter will einen in Polen vergrabenen »Schatz« bergen und führt damit eine Katastrophe herbei. Eigentümliche Auseinandersetzung mit deutscher Vergangenheit und Gegenwart, ein wenig arg stilisiert.

Abraxas – Retter des Universums A66
*
ABRAXAS
USA 1988, 83 Min., F
R: Damian Lee D: Jesse Ventura, Marjorie Bransfield, James Belushi
Ein außerirdischer Gesetzeshüter jagt einen außerirdischen Bösling, der mit einer Menschenfrau ein Kind gezeugt hat und dieses für seine sinistren Pläne mißbrauchen will. SFF

Die Abrechnung A67
THE RECKONING ***
GB 1969, 108 Min., s/w
R: Jack Gold D: Nicol Williamson, Ann Bell, Rachel Roberts
Irischer Arbeiter, in London zum erfolgreichen Businessman geworden, kehrt nach Hause zurück und nimmt nach dem Tod seines von Halbstarken erschlagenen Vaters die Suche nach den Tätern auf, da er der Polizei nicht traut. Das alte Thema von der Selbstjustiz und der Erkenntnis, daß man brutal sein muß, wenn man was werden will. Atmosphärisch und psychologisch dicht verpackt.

Abrechnung in San Francisco A68
GLI ESECUTORI/STREET PEOPLE **
Italien/USA 1976, 102 Min., F
R: Mauricio Lucidi D: Roger Moore, Stacy Keach, Ivo Garrani
Ein Anwalt, Sohn eines Mafiabosses, und sein Freund, ein Rennfahrer, entlarven eine Bande von Drogengangstern und nehmen den Mörder des Vaters des ersteren hoch. Räuberpistole, die hauptsächlich mit Autorasereien und Pistolengeballer aufwartet.

Abschied A69
***
DDR 1968, 108 Min., s/w
R: Egon Günther D: Rolf Ludwig, Katharina Lind, Jan Spitzer
Nach dem gleichnamigen Roman von Johannes R. Becher. Der Sohn eines Münchener Staatsanwalts bricht beim Ausbruch des Ersten Weltkriegs mit seiner bürgerlichen Welt. Die Inszenierung bemüht sich um künstlerische Relevanz.

Abschied in der Dämmerung A70
UKIGUSA *****
Japan 1959, 110 Min., F
R: Yasujiro Ozu D: Ganjiro Nakamura, Machiko Kyo, Haruko Sugimura
Schauspielertruppe kommt in ein Provinzdorf im Japan der fünfziger Jahre. Der Leiter versucht Klarheit über das Leben, die Spiritualität und das Alter zu erlangen. Ungemein vielschichtiges philosophisches Kammerspiel; ein cineastisches Meisterwerk.

Abschied vom falschen Paradies A71
****
BRD 1988, 96 Min., F
R: Tevfik Baser D: Zuhal Olcay, Brigitte Janner, Ruth Olafsdottir
Eine wegen Totschlags an ihrem Mann verurteilte türkische Frau findet in einem deutschen Gefängnis eine nicht gekannte Form von Solidarität und dadurch auch zu sich selbst. Am Ende aber droht die Ausweisung. Hervorragend gespieltes Kammerspiel. HFJ 1990

Abschied von Agnes A72
***
BRD 1993, 100 Min., F
R: Michael Gwisdek D: Michael Gwisdek, Sylvester Groth, Gerhard Straus-Joachimsthal
Bei einem alternden Schriftsteller quartiert sich ein flüchtiger Stasi-Mann ein, der scheinbar alles über das Leben seines unfreiwilligen Gastgebers weiß. Es beginnt ein Psychoduell, bei dem die Grenzen zwischen Täter und Opfer, Gut und Böse verschwimmen. Der Machtkampf zwischen zwei gänzlich konträren Charakteren als intimes und schwerfälliges Kammerspiel. HFJ 1996

Abschied von der See A73
KOKYO ***
Japan 1972, 90 Min., F
R: Yoji Yamada D: Hisashi Igawa, Chieko Baisho, Chishu Ryu
Stellenweise sehr sentimental inszenierte Geschichte einer japanischen Schiffersfamilie, die im Zuge des allgemeinen Fortschrittes ihren Beruf und ihre Heimat aufgeben muß, um in der Fabrik ihren Lebensunterhalt zu verdienen.

Abschied von einer Insel A74
CONRACK ***
USA 1974, 107 Min., F
R: Martin Ritt D: Jon Voight, Paul Winfield, Madge Sinclair
Ein junger weißer Lehrer in einer nur von Schwarzen besuchten Schule auf einer Insel vor South Carolina fällt durch seine fortschrittlichen Lehrmethoden auf und wird vom rassistischen Schulinspektor entlassen.

Abschied von Gestern A75
****
BRD 1966, 88 Min., s/w
R: Alexander Kluge D: Alexandra Kluge, Günther Mack, Eva Maria Meineke
Die Erlebnisse des jüdischen Mädchens Anita G., das aus der DDR in die

Bundesrepublik geflohen ist und auch hier in der Auseinandersetzung mit der Gesellschaft, die sie nicht annimmt, ständig auf der Flucht bleibt. Meilenstein des jungen deutschen Films.

Abschied von Matjora A76
PROSCANIE S MATJORY ****
UdSSR 1983, 126 Min., F
R: Elem Klimow D: Stefanija Stanjuta, Lew Durow, Alexej Petrenko
Die sibirische Dorfinsel Matjora soll einem gigantischen Stausee geopfert werden. Während sich ihr Sohn Pavel aktiv an der Evakuierung beteiligt, weigern sich seine greise Mutter und andere Alte, die Insel zu verlassen. Den Fortschritt in Frage zu stellen, macht Probleme. Erst auf Eis gelegt (1979 schon gedreht), dann nur in kleinen Kinos gezeigt, wurde der Film mit einem Exportverbot belegt.

Abschied von Petersburg A77
PROSCHAI, PETERSBURG ***
UdSSR 1973, 100 Min., F
R: Jan Frid D: Girsch Jakowliew, Tatjana Bedowa, T. Piljezkaja
Unerfüllte Liebe zwischen Johann Strauß und einer jungen Adeligen in Petersburg. Langsame, prächtige Romanze mit viel Strauß-Musik.

Abschiedsblicke A78
PARTING GLANCES **
USA 1985, 90 Min., F
R: Bill Sherwood D: Richard Ganoung, John Bolger, Steve Buscemi
Ein Tag im Leben zweier homosexueller Freunde, von denen der eine kurz vor einer großen Reise steht. Entspannter, nicht allzu tiefschürfender Einblick in die New Yorker Szene.

Abschiedswalzer A79
**
Deutschland 1934, 91 Min., s/w
R: Geza von Bolvary D: Wolfgang Liebeneiner, Sybille Schmitz
Die Geschichte der Liebe zwischen dem Pianisten und Komponisten Frédéric Chopin und der Dichterin Georges Sand. Eher teutonisch geratenes Künstler-Melodram.

Günther Mack und Alexandra Kluge in ›Abschied von Gestern‹.

Die Abschlußfeier A80
FESTA DI LAUREA **
Italien 1984, 95 Min., F
R: Pupi Avati D: Carlo Delle Piane, Aurore Clément, Lidia Broccolino
Rick ist immer noch hoffnungslos in seine frühere Arbeitgeberin verliebt. Da taucht sie bei ihm in Rimini auf.

Die Abservierer A81
ANOTHER STAKEOUT ***
USA 1993, 108 Min., F
R: John Badham D: Richard Dreyfuss, Emilio Estevez, Rosie O'Donnell
Zwei Detektive sollen ein Ehepaar observieren, das in Beziehung zu einem Mordanschlag steht. Unterhaltender Krimi mit komischen und dramatischen Elementen. HFJ 1995

Absolute Beginners A82
ABSOLUTE BEGINNERS ***
GB 1985, 107 Min., F
R: Julian Temple D: Eddie O'Connell, Patsy Kensit, David Bowie
Julien Temple, Musikvideo-Regisseur für die größten Pop-Ikonen unserer Tage, versucht sich an einem abendfüllenden Musicalfilm. Das endet tragisch.

Absolute Power A83
ABSOLUTE POWER ****
USA 1997, 120 Min., F
R: Clint Eastwood D: Clint Eastwood, Gene Hackman, Ed Harris
Bei seinem letzten Coup beobachtet ein alternder Einbrecher den Präsidenten bei einem Mord und gerät so in die Fänge des Geheimdienstes, den er jedoch später souverän austrickst. Ruhiger Kriminalfilm mit einem herausragenden Clint Eastwood. HFJ 1998

Abstieg zur Hölle A84
DESCENTE AUX ENFERS **
Frankreich 1986, 88 Min., F
R: Francis Girod D: Claude Brasseur, Sophie Marceau, Hippolyte Girardot, Marie Dubois
Auf Haiti spielender Thriller nach einem Roman von David Goodis um einen alternden Schriftsteller, der wegen eines angeblichen Mordes erpreßt wird. Seine halb so alte Frau hilft ihm, die Erpresser loszuwerden. Sehenswert in diesem Tourismus-Krimi ist allein die knackige Sophie Marceau. HFJ 1989

Absurd A85
ANTHROPOPHAGUS II *
Italien 1981, 90 Min., F
R: Peter Newton D: George Eastman, Edmund Purdom, Annie Belle
Ein Mann, dessen Körper sich ständig auf Kosten seiner Gehirnzellen regeneriert, verwandelt sich in einen bösen und unzerstörbaren Killer. Ein rechter Monsterdreck aus italienischer Produktion.

Abu Andar, Held von Damaskus A86 ***
THIEF OF DAMASCUS
USA 1952, 78 Min., F
R: Will Jason D: Paul Henreid, John Sutton, Jeff Donnell, Lon Chaney
Ein Feldherr will Damaskus erobern, doch der gewitzte Abu Andar weiß dies mit Hilfe von Sindbad und Ali Baba erfolgreich zu verhindern. Flotte Orientkomödie aus der schönen alten Zeit. LFF

Abwärts A87 ***
BRD 1984, 87 Min., F
R: Carl Schenkel D: Götz George, Renée Soutendijk, Wolfgang Kieling
Vier Menschen in einem Lift: eine junge Frau, ihr karrieresüchtiger, abgehalfterter Liebhaber, ein kräftiger Junge und ein alter Mann, der seine Firma beraubt hat. Der Lift bleibt stecken und der unbarmherzige Kampf um Sein oder Nichtsein beginnt. Es gibt ihn also doch, den gelungenen deutschen Actionfilm.

Abyss – Der Abgrund A88 ****
THE ABYSS
USA 1989, 139 Min., F
R: James Cameron D: Ed Harris, Mary Elizabeth Mastrantonio, Michael Biehn, Leo Burmester, Todd Graff
Die Mannschaft einer unter Wasser tätigen Erdölfirma stößt beim Versuch der Bergung eines Atomsprengkopfes auf außerirdische Besucher. Spannendes und klaustrophobisches Science-fiction-Drama, das zur Abwechslung einmal nicht in den Weiten des Weltraums spielt. 1993 bewies die »Directors-Version«, daß »gut, gut genug ist«. HFJ 1990/1994

Acapulco A89 **
FUN IN ACAPULCO
USA 1963, 97 Min., F
R: Richard Thorpe D: Elvis Presley, Elsa Cardenas, Larry Domasin
Elvis Presley als Ex-Trapezartist mit Höhenangst, der im mexikanischen Acapulco neue Kraft schöpft und das Herz der knackigen Ursula gewinnt. Starvehikel der üblichen Art, mit Gesangseinlagen.

Accatone A90 *****
ACCATONE
Italien 1961, 115 Min., s/w
R: Pier Paolo Pasolini D: Franco Citti, Franca Pasut, Silvana Corsini
Die Geschichte eines kleinen Gauners und Zuhälters in den trostlosen römischen Vororten, in kargen, von mythischer Kraft überhöhten Bildern.

Accident – Zwischenfall in Oxford A91 ****
ACCIDENT
England 1966, 106 Min., F
R: Joseph Losey D: Dirk Bogarde, Stanley Baker, Jacqueline Sassard
Nach einem Drehbuch von Harold Pinter entwickelt Losey das düstere Drama dreier Männer im Werben um eine Frau und charakterisiert das unter der bürgerlichen Fassade lauernde Geflecht von Aggression und Gier.

Accidents – Der Tod kennt keinen Zufall A92 **
ACCIDENTS
USA 1989, 86 Min., F
R: Gideon Amir D: Edward Albert, Leigh Taylor-Young, John Cypher
Konstrukteur einer Wunderwaffe wehrt sich dagegen, daß seine Erfindung für militärische Zwecke genutzt wird, da Waffen ja bekanntlich friedlichen Zwecken dienen. LSFF

Ace Ventura – Ein tierischer Detektiv A93 **
ACE VENTURA: PET DETECTIVE
USA 1993, 86 Min., F
R: Tom Shadyad D: Jim Carrey, Courtenay Cox, Sean Young
Die Entführung ihres Maskottchens, eines Delphins, bringt eine Footballmannschaft aus dem Häuschen. Haustierdetektiv Ace Ventura geht in Aktion. Eine Komödie, die vor lauter lauten Witzen die Zielrichtung verliert. Und weil sie extrem erfolgreich war, auch noch Fortsetzungen zeugte.

Ach, diese Frauen A94 ****
FOER ATT INTE TALA OM ALLA DESSA KVINNOR
Schweden 1963, 77 Min., F
R: Ingmar Bergman D: Bibi Andersson, Jarl Kulle
Ingmar Bergman reüssiert auch als Komödienregisseur: Ein berühmter Cellist führt mit sieben Frauen ein zurückgezogenes Leben in einer Prunkvilla. Dann bringt ein aufdringlicher Biograph alles durcheinander.

Ach Du lieber Harry A95 **
BRD 1980, 84 Min., F
R: Jean Girault D: Dieter Hallervorden, Iris Berben, Lisa Helwig
Slapstick-Klamotte mit einem trotteligen und schusseligen Privatdetektiv, der ein Zuchtkaninchen bewachen soll, in dessen Käfig Gangster allerdings ein gestohlenes Gemälde schmuggeln wollen. Eine Aneinanderreihung von Gags und Grimassen für Freunde des schenkelschlagenden Humors.

Ach Egon! A96 **
BRD 1961, 90 Min., s/w
R: Wolfgang Schleif D: Heinz Erhardt, Corny Collins, Adrian Hoven
Verwechslungsklamauk um einen unehelichen Sohn. Obwohl Komiker Heinz Erhardt sogar im Fummel auftritt, stehlen ihm drei Schimpansen die Schau.

Acht Millimeter A97 ***
8 MM
USA 1998, 123 Min., F
R: Joel Schumacher D: Nicolas Cage, Joaquin Phoenix, James Gandolfini
Klischeebeladener Thriller über einen Privatdetektiv, der bei seinen Recherchen über die Echtheit eines Snuff-Filmes tief in die Abgründe der Schmuddel-Porno-Szene eintaucht und dabei fast seine Seele verliert. Trotz der Möglichkeiten des Plots nicht wirklich aufwühlend. HFJ 2000

Acht Millionen Wege zu sterben A98 ***
EIGHT MILLION WAYS TO DIE
USA 1986, 115 Min., F
R: Hal Ashby D: Jeff Bridges, Rosanna Arquette, Alexandra Paul
Im Kampf gegen einen Rauschgiftdealer findet der versoffene Polizist

Matt Scudder (nach einem Lawrence-Block-Roman) nicht nur zu sich selbst, sondern auch zu einem Call-Girl mit Herz. Brillante Action, doch unfreiwillig komische Handlung.
HFJ 1987

Das achte Gebot A99
***
BRD 1991, 99 Min., F
R: Bertram Verhaag, Claus Strigel
Dritter Film der Autoren zur Atom-Thematik und -Problematik. Er belegt mit Dokumenten, daß Millionen von Menschen in allen Atomstaaten über fünf Jahrzehnte den immer gleichen Täuschungsmanövern unterzogen wurden und werden. Pflichtfilm für Skeptiker.

Der achte Tag A100
***
BRD 1990, 86 Min., F
R: Reinhard Münster D: Katharina Thalbach, Hans-Christian Blech, Hannelore Elsner, Ulrich Pleitgen
Als sie den angeblichen Selbstmord eines Mediziners untersucht, kommt eine engagierte Journalistin einem gewaltigen Komplott in der Pharma-Industrie auf die Spur. SF-Thriller, hart am Rande der Wirklichkeit.

Achteinhalb A101
OTTO E MEZZO *****
It/Fr 1962, 135 Min., s/w
R: Federico Fellini D: Marcello Mastroianni, Anouk Aimée, Claudia Cardinale, Sandra Milo
Die schöpferische und menschliche Krise eines Regisseurs, in traumhaften Bildern als Teil einer magischen Autobiographie dargestellt.

Achterbahn A102
ROLLERCOASTER ***
USA 1977, 118 Min., F
R: James Goldstone D: George Segal, Richard Widmark, Henry Fonda
Ein intelligenter Psychopath legt Bomben an Achterbahnen, um die Besitzer zu erpressen. Ein Sicherheitsinspektor kann eine Katastrophe in letzter Sekunde verhindern. Dramatisch-aufregendes Duell mit hervorragenden Hauptdarstellern.

»38« A103
***
Österreich/BRD 1986, 97 Min, F
R: Wolfgang Glück D: Tobias Engel, Sunnyi Melles, Heinz Trixner
Die glückliche Beziehung einer Schauspielerin und eines jüdischen Schriftstellers hat beide blind für die politische Entwicklung gemacht. Durch die nationalsozialistische Annexion Österreichs werden sie jedoch mit der Wirklichkeit konfrontiert und in den Wirren der neuen politischen Strukturen auseinandergerissen. Trotz einiger wahrhaftiger Momente ein oberflächlicher Beitrag zur österreichischen Nazi-Vergangenheit.

'68 A104
'68 ***
USA 1987, 95 Min., F
R: Steven Kovacs D: Eric Larson, Sandor Tecsi, Robert Locke
Ende der sechziger Jahre, die Zeit des jugendlichen Aufbruchs. In einer in die USA emigrierten ungarischen Familie kommt es zur Krise, als sich die Söhne gegen den autoritären Vater auflehnen.

48 Stunden bis Acapulco A105
***
BRD 1967, 81 Min., s/w
R: Klaus Lemke D: Dieter Geissler, Christiane Krüger, Monika Zinnenberg
Mit dem Blick aufs große Geld reist Frank nach Acapulco, um dort den Deal seines Lebens zu machen. Laienhaft angefaßt endet die Sache natürlich tödlich. Der Hauptdarsteller macht es heute richtiger, denn er ist zur Zeit bei uns neben Bernd Eichinger der einzige international erfahrene Filmproduzent (u. a. *Die unendliche Geschichte*).

Achtung, Banditi! A106
ACHTUNG, BANDITI! ***
Italien 1951, 99 Min., s/w
R: Carlo Lizzani D: Gina Lollobrigida, Lamberto Maggiorani, Vittorio Duse
Die Geschichte einer Widerstandsgruppe im besetzten Genua des Zweiten Weltkriegs. Das Resistenza-Drama zeigt nicht nur den Mut der Frauen und Männer, sondern auch den Keim der sozialen Veränderung, der in den Partisanenzellen heranwächst.

Achtung: Grün A107
GREEN FOR DANGER ***
GB 1946, 87 Min., s/w
R: Sidney Gilliat D: Alastair Sim, Sally Gray, Rosamund John
Ein gerissener englischer Kripobeamter deckt während des Zweiten Weltkriegs in einem Krankenhaus den Mord an einem Postbeamten und einer Pflegerin auf. Atmosphärisch

Atemlos in Acapulco: Dieter Geissler und Monika Zinnenberg in Klaus Lemkes Spielfilmdebüt

dichter Thriller mit ordentlicher Besetzung und einer Schlußpointe, die es in sich hat.

Achtung, Kairo! Opiumschmuggler A108 ***
CAIRO ROAD
GB 1950, 90 Min., s/w
R: David McDonald D: Eric Portman, Laurence Harvey, Maria Mauban
Britische Polizisten in den vierziger Jahren auf der Fährte von ägyptischen Opiumschmugglern. Spannende Mixtur aus Kriminal- und Abenteuerfilm. Interessant altmodisch.

Achtzehn Stunden bis zur Ewigkeit A109 ***
JUGGERNAUT
GB 1974, 110 Min., F
R: Richard Lester D: Richard Harris, David Hemmings, Omar Sharif
Erpresser versteckt Zeitbombe auf einem Luxusliner. Zwei per Hubschrauber eingeflogene Sprengstoffexperten tun ihr Bestes, um sie zu finden und zu entschärfen. Es beginnt ein nervenzerfetzender Wettlauf gegen die Zeit, den nur einer der Helden überlebt. Der Film benötigt viel Zeit, um auf Touren zu kommen, doch die Endphase entschädigt.

Die Achtzehnjährigen A110 **
USIA 18
Indonesien 1981, 106 Min., F
R: Teguh Karya D: Yessi Gusman, Dyan Hasri, Dahlia Sofia
Der Sohn eines indonesischen Eisenbahners gibt sein Studium an der Filmakademie auf, als sein Vater stirbt. Um Geld für die Familie zu verdienen, fängt er ebenfalls bei der Eisenbahn an zu arbeiten. Der Vater seiner Freundin möchte ihn daraufhin nicht mehr zum Schwiegersohn haben ...

80 000 Meilen durch den Weltraum A111 **
SHADO
GB 1974, 86 Min., F
R: Summers Tomblin D: Ed Bishop, Michael Billington, George Sewell
Außerirdische Organräuber entführen Erdbewohner, die von einem wackeren Geheimagenten, der in der Maske eines Filmproduzenten agiert, aufs Kreuz gelegt werden. Zusammenschnitt von 3 Folgen der britischen TV-Serie »UFO«. LSFF

Acta General de Chile A112 ****
ACTA GENERAL DE CHILE
Spanien 1986, 237 Min., F
R: Miguel Littin
1985 kehrte der Regisseur illegal in seine von der Pinochet-Diktatur unterdrückte Heimat Chile zurück und schuf ein vierteiliges Werk als präzise Bestandsaufnahme des Lebens unter den Bedingungen des staatlichen Terrors.

Action Jackson A113 **
ACTION JACKSON
USA 1987, 95 Min., F
R: Craig R. Baxley D: Carl Weathers, Craig T. Nelson, Sharon Stone
Genretypischer Action-Film um einen schwarzen Polizeidetektiv, der mit unkonventionellen Methoden eine Mordserie an unbequemen Gewerkschaftsmitgliedern aufdeckt. Nicht besonders originell. HFJ 1989

Action Man A114 ***
LE SOLEIL DE VOYOUS/
IL PIU GRANDE COLPO DEL SECOLO
Frankreich/Italien 1967, 97 Min., F
R: Jean Delannoy D: Jean Gabin, Robert Stack, Walter Giller
Ein bürgerlich lebender und verheirateter Ex-Ganove sehnt sich nach den alten Zeiten zurück und tut sich mit einem Kumpan zusammen, um noch einmal ein großes Ding zu drehen. Obwohl sie sich einer Spezialistentruppe bedienen und fünf Millionen rauben können, werden sie um den Genuß ihrer Beute gebracht. Ein gutgemachter und unterhaltsamer Krimi.

Adalen 31 A115 ****
ADALEN 31
Schweden 1969, 115 Min., F
R: Bo Widerberg D: Kerstin Tidelius, Anita Björk, Peter Schildt
Eine Chronik aus den Kämpfen zwischen Streikenden, Streikbrechern und Militär im Jahr 1931. Eine poetische Huldigung an die Kraft des Widerstandes. Das surrealistische Werk überzeugt durch gekonnte Dialoge.

Adamski A116 ***
BRD 1992, 89 Min., F
R: Jens Becker D: Steffen Schult, Nadja Engel, Axel Werner
Adamski jobbt als Detektiv im Kaufhaus und verknallt sich in eine Diebin. Die Beziehung gestaltet sich jedoch schwierig, zumal da noch ein anderer Herr mitmischt, den Adamski aber souverän ausschaltet. Ein ironischer Blick ins pralle Leben mit einer Prise schwarzem Humor. HFJ 1995

Die Addams Family in verrückter Tradition A117 ***
ADDAMS FAMILY VALUES
USA 1993, 93 Min., F
R: Barry Sonnenfeld D: Anjelica Huston, Raul Julia, Christopher Lloyd
Bei Familie Addams herrscht Aufregung, weil Onkel Fester in die Krallen einer Gattenmörderin gerät. Parallel dazu mischen die Kinder ein Feriencamp mit Gleichaltrigen auf. Eine schräge Komödie mit gezielten Fußtritten gegen die Heile-Welt-Ideologie der bürgerlichen Familie. HFJ 1995

The Addiction A118 ***
THE ADDICTION
USA 1994, 84 Min., s/w
R: Abel Ferrara D: Lili Taylor, Christopher Walken, Annabella Sciorra
Philosophiestudentin wird unfreiwillig zur Vampirin. Zwiespältiges, steril inszeniertes, aber hervorragend gespieltes Drama um die Schuld- und Sühnefrage des Menschen. HFJ 1998

Addio, Piccola mia A119 ***
DDR 1978, 127 Min., F
R: Lothar Warneke D: Hilmar Eichhorn, Ute Lubosch, Christine Schorn
Die letzten Lebensjahre des Dichters Georg Büchner, sein politischer Kampf um soziale Gerechtigkeit, die Reaktion der Obrigkeit und sein Tod im Schweizer Exil.

Adel verpflichtet A120 ****
KIND HEARTS AND CORONETS
GB 1949, 100 Min., s/w
R: Robert Hamer D: Alec Guinness, Dennis Price, Valerie Hobson

Um an sein Erbe zu kommen, muß ein Adliger noch einige seiner Verwandten aus dem Weg räumen. Tiefschwarze, höchst vergnügliche britische Komödie, die mehr dem Spiel und der Wandlungsfähigkeit von Alec Guinness als einer plausiblen Geschichte verpflichtet ist.

Adele hat noch nicht zu Abend gegessen A121 ***
ADELA JESTE NE VECERELA
CSSR 1977, 105 Min., F
R: Oldrich Lipsky D: Michael Docolomansky, Rudolf Hrusinsky, Michael Kopecky
Ironische Hommage an eine untergegangene Abenteuerwelt: Der Detektiv Nick Carter ist im Paris der Jahrhundertwende einem kaltblütigen Verbrecher auf der Spur, der eine fleischfressende Pflanze für seine perfiden Pläne einsetzt.

Adele Spitzeder A122 ***
BRD 1972, 95 Min., F
R: Peer Raben D: Ruth Drexel, Ursula Strätz, Peter Kern
Spielfilmdebüt des früheren Fassbinder-Filmmusik-Komponisten Peer Raben: die authentische Geschichte einer Frau aus armen Verhältnissen (hervorragend als Titelheldin: Ruth Drexel), die sich im Jahr 1870 mit großzügigen Geldgeschäften beim Volk beliebt macht und von bayerischen Bankiers zu Fall gebracht wird.

Adelsnest A123 ****
DWORJANSKOJE GNESDO
UdSSR 1969, 106 Min., F
R: Andrej Michalkow-Kontschalowski
D: Irina Kuptschenko, Leonid Kulagin, Beata Tyszkiewicz, Wiktor Sergatschow
Der von seiner Frau verlassene Nachkomme eines alten russischen Adelsgeschlechts kehrt aus dem Ausland auf das heimatliche Landgut zurück. Aus der geistigen Gemeinsamkeit mit einem jungen Mädchen entwickelt sich eine Liebe, die daran scheitert, daß die Nachricht vom Tod seiner Frau falsch war. Nach einer Novelle von Iwan Turgenjew.

Adieu Bonaparte A124 ***
WADA'A BONAPARTE
Ägypten/Frankreich 1985, 108 Min., F
R: Youssef Chahine D: Patrice Chéreau, Michel Piccoli, Mohsen Mohiedine
Eine ägyptische Familie zerbricht unter den Konflikten zwischen Anpassung, Faszination und Widerstand gegen die französischen Truppen der napoleonischen Armee.

Adieu Bulle A125 ****
ADIEU POULET
Frankreich 1975, 95 Min., F
R: Pierre Granier-Deferre D: Lino Ventura, Patrick Dewaere, Victor Lanoux, Julien Guiomar
Um einen korrupten Politiker zu erledigen, setzt Lino Ventura als ehrbarer Kommissar ein Ermittlungsverfahren gegen sich selbst in Gang. Überzeugend in dieser spannenden Geschichte von politisch dubiosen Machenschaften ist vor allem der stoische Ventura.

Adios, Companeros A126 **
UNA BARA PIENA DI DOLLARI
Italien 1971, 79 Min., F
R: Miles Deem D: Klaus Kinski, Hunt Powers, Gordon Mitchell
Ein Mann macht sich auf die Suche nach den Mördern seiner Brüder, um sie zu rächen. Gewalttätiger Western nach Schema F. Ärgerlich und übersehenswert.

Adios, Gringo A127 **
ADIOS, GRINGO
It/Fr/Sp 1965, 98 Min., F
R: George Finley D: Giuliano Gemma, Evelyn Stewart, Jesus Puente
Harter Italo-Western über einen zu Unrecht Verfolgten, der in der Wüste auf ein von Banditen gefoltertes Mädchen stößt und dessen Peiniger zur Strecke bringt.

Adios, Sabata A128 **
INDIO BLACK SAI CHE TI DICO
Italien 1970, 106 Min., F
R: Frank Kramer (= Gianfranco Parolini) D: Yul Brynner, Dean Reed, Pedro Maria Sanchez
Drei Abenteurer tun sich während der Auseinandersetzung zwischen Kaiser Maximilian von Mexiko und Juarez zusammen, um einen Goldtransport zu berauben, am Ende sind sie selber die Gelackmeierten. Unterhaltsam, das Genre versuchsweise verulkend.

Der Adler ist gelandet A129 ***
THE EAGLE HAS LANDED
GB 1976, 132 Min., F
R: John Sturges D: Michael Caine, Donald Sutherland, Robert Duvall, Jenny Agutter
Ein Wehrmachtskommando springt im Zweiten Weltkrieg mit Fallschirmen über Großbritannien ab und nistet sich in einem englischen Dörfchen ein, um Winston Churchill zu entführen. Ein spannender und verzwickter Kriegsfilm, nach dem Roman von Jack Higgins.

Der Adlerfelsen A130 ***
EAGLE ROCK
GB 1962, 94 Min., F
R: Henry Geddes D: Pip Rolls, Christine Thomas, Stephen Morris
Ein Junge aus einer Bergsteigergruppe unternimmt gefährlichen Alleingang zu einem Adlerhorst, gerät in Lebensgefahr, wird gerettet und geläutert. Gepflegter pädagogischer Jugendfilm traditioneller Machart.

Adolf Hitler – Mein Kampf A131 ***
DEN BLODIGA TIDEN
Schweden 1961, 90 Min., s/w
R: Erwin Leiser Sprecher: Paul Klinger
Der Hitler-Film, aus Dokumentaraufnahmen zusammengestellt, hat nichts von seiner nüchternen Authentizität und damit von seiner Wirksamkeit verloren, auch wenn der Wissensstand über Hitler inzwischen fortgeschritten ist. Empfehlenswert.

Adolf und Marlene A132 **
BRD 1976, 88 Min., F
R: Ulli Lommel D: Kurt Raab, Margit Carstensen, Ulli Lommel
Kuriose Trivialitäten-Show, die von einer fiktiven Verbindung zwischen dem Führer und Marlene Dietrich ausgeht.

Adoption A133
ÖROKBEFOGADÁS ****
Ungarn 1975, 85 Min., F
R: Márta Mészáros D: Kati Berek, László Szabó, Gyöngyvér Vigh
Eine verwitwete Arbeiterin, die sich ein Kind wünscht, von ihrem verheirateten Geliebten aber nicht verstanden wird, adoptiert nach Überwindung vieler bürokratischer Hürden ein Kind. Eindringlich und überzeugend.

Aelita A134
AELITA ****
UdSSR 1924, 70 Min., s/w
R: Jakow Protasanow D: Nikolai Zeretjeli, Julia Solnzewa, Nikolai Batalow
Früher Science-Fiction-Film um zwei russische Astronauten, die auf dem Mars landen und dort eine Revolution gegen die Herrscherin des Planeten anzetteln. Das ansehnliche Werk besticht insbesondere durch seine imposanten Bauten.

Die Affaire A135
CHERE LOUISE ***
Frankreich/Italien 1972, 105 Min., F
R: Philippe de Broca D: Jeanne Moreau, Julian Negulesco, Didi Perego, Yves Robert
Eine geschiedene Frau um die Vierzig nimmt eine Stelle als Lehrerin an. Sie lernt einen zwanzigjährigen arbeitslosen Italiener kennen und lieben, für den sie fortan Mutter, Schwester, Freundin und Geliebte in einer Person ist. Temporeich und witzig erzählte Komödie.

Die Affäre Aldo Moro A136
IL CASO MORO ***
Italien 1986, 117 Min., F
R: Giuseppe Ferrara D: Gian Maria Volonte, Margarita Lozano, Mattia Sbragia
Nüchtern dokumentarischer Spielfilm um die Entführung und Ermordung des italienischen Politikers Aldo Moro durch die terroristischen »Roten Brigaden« im Frühjahr 1978.

Affäre Blum A137
****
Deutschland 1948, 106 Min., s/w
R: Erich Engel D: Christian Blech, Gisela Trowe, Arno Paulsen
Anhand eines Kriminalfalles aus dem Jahr 1926 zeigt Erich Engel Entstehung und Wirkung des deutschen Antisemitismus. Einer der wichtigsten deutschen Filme der Nachkriegszeit, hat *Affäre Blum* bis zum heutigen Tag nichts von seiner Wirkung verloren.

Die Affäre der Sunny von B. A138
REVERSAL OF FORTUNE ****
USA 1990, 112 Min., F
R: Barbet Schroeder D: Glenn Close, Jeremy Irons, Ron Silver
Authentische Verfilmung um Claus von Bülow, der 1982 wegen zweifachen Mordversuchs an seiner Frau verurteilt und zwei Jahre später in einem spektakulären zweiten Prozeß freigesprochen wurde. Vielschichtiges Mosaik über die Unmöglichkeit, die Wahrheit je zu kennen, gleichzeitig eine genaue Studie über das Leben der Superreichen und ein spannender Anwaltskrimi. HFJ 1992

Die Affäre Dominici A139
L'AFFAIRE DOMINICI ****
Fr/It/Sp 1973, 104 Min., F
R: Claude Bernard-Aubert D: Jean Gabin, Paul Crauchet, Geneviève Fontanel, Gérard Darrieu
Eine englische Familie wird beim Camping in der Provence ermordet. Der Film schildert die Versuche, die Mörder zu überführen, und beleuchtet eindringlich die Psyche der Verdächtigen.

Affäre Macomber A140
THE MACOMBER AFFAIR ***
USA 1946, 89 Min., s/w
R: Zoltan Korda D: Gregory Peck, Robert Preston, Joan Benett
Das amerikanische Ehepaar Macomber (er: ein feiger Playboy, dem sie keinen Respekt mehr entgegenbringt) jagt Großwild im afrikanischen Busch. Mrs. Macomber beginnt eine Affäre mit dem Führer der Expedition, dem Großen Jäger. Mr. Macomber wird von seiner Frau erschossen: War es ein Unfall? War es Mord? Wer will es wissen? Ein Melodram nach einer Kurzgeschichte von Ernest Hemingway.

Die Affäre Murri A141
FATTI DI GENTE PERBENE ***
Italien/Frankreich 1974, 105 Min., F
R: Mauro Bolognini D: Cathérine Deneuve, Giancarlo Giannini, Fernando Rey, Tina Aumont
Die tragischen Verwicklungen in einer Bologneser Sozialistenfamilie werden von der reaktionären Justiz und den politischen Gegnern zu einem Schlag gegen die Opposition mißbraucht. Kunsthandwerklich fotografierter und inszenierter Film.

Affäre Nabob A142
AFFAIRE NABOB **
BRD/Frankreich 1960, 87 Min., s/w
R: Ralph Habib D: O.E. Hasse, Perrette Pradier, Paul Guers
In der feinen Gesellschaft an der Côte d'Azur wird ein Diamantenraub eingefädelt. Deutsch-französisches Caper Movie; man sieht es an und hat es auch schon wieder vergessen.

Affäre Nina B. A143
L'AFFAIRE NINA B. ***
Frankreich 1961, 104 Min., s/w
R: Robert Siodmak D: Nadja Tiller, Pierre Brasseur, Walter Giller
Ein Mann kommt einem alten Nazi auf die Spur; er wird von seiner Frau, die ein Verhältnis mit dem Chauffeur hat, vergiftet. Melodrama, Politthriller und Kriminalfilm in einem.

Affäre Washington A144
THE WASHINGTON AFFAIR **
USA 1978, 81 Min., F
R: Victor Stoloff D: Tom Selleck, Carol Lynley, Barry Sullivan
Geschäftsleute spionieren einen für sie wichtigen Politiker aus, finden zunächst keinen Makel in seinem Leben und entdecken schließlich doch einen schwachen Punkt. Routine-Thriller.

Affären A145
**
BRD 1994, 86 Min., F
R: Jacques Breuer D: Sophie von Kessel, Daniela Lunkewitz, Gedeon Burkhard
Alberne Dreiecksgeschichte um einen frustrierten Ehemann, der eine Therapeutin ins Haus holt, um seine Gattin

auf Vordermann zu bringen. Vergeblicher Versuch einer Komödie, vollgestopft mit Klischees und den mißlungenen Bemühungen um Schauspielerei. HFJ 1995

Ein Affe im Winter A146
UN SINGE EN HIVER ***
Frankreich 1962, 103 Min., s/w
R: Henri Verneuil D: Jean Gabin, Jean-Paul Belmondo, Paul Frankeur, Susanne Flon
Alter Hotelier und Ex-Abenteurer säuft sich mit jungem Gast einen an, obwohl er der Gattin versprochen hat, brav zu sein, und macht mit selbigem einen Zug durch die Gemeinde, wobei sie allerlei lustige Streiche aushecken, an die ihr Kleinstädtchen noch eine Weile zurückdenken wird. Ein langer, unterhaltsamer Witz mit besinnlichen Szenen und ausgezeichneten Schauspielern.

Affengeil A147
***
BRD 1990, 87 Min., F
R: Rosa von Praunheim D: Lotti Huber, Rosa von Praunheim, Helga Sloop, Gertrud Mischwitzky
Halbdokumentarisches Portrait der 77jährigen Sängerin, Tänzerin und Schauspielerin Lotti Huber, auch eine Art Liebeserklärung.

Affentraum A148
CIAO MASCHIO/REVE DE SINGE ***
Italien/Frankreich 1978, 113 Min., F
R: Marco Ferreri D: Gérard Depardieu, James Coco, Marcello Mastroianni, Geraldine Fitzgerald
Endzeit in New York. Ein Mann interessiert sich mehr für ein kleines Äffchen als für seine schwangere Geliebte. So wird sie eben ohne ihn für die Zukunft einstehen. Wie so oft bei Ferreri weiß man nicht so recht, ob man mehr seine schrägen Bilder lieben oder seine kunsthandwerkliche Prätention verabscheuen soll.

African Queen A149
THE AFRICAN QUEEN *****
USA 1951, 101 Min., F
R: John Huston D: Humphrey Bogart, Katharine Hepburn, Robert Morley, Peter Bull

Humphrey Bogart und Katharine Hepburn bezwingen erst den Fluß, dann sich selbst und dann die Nazis in ›African Queen‹.

Humphrey Bogart als Whisky-seeliger Bootsbesitzer und Katharine Hepburn als moralstrenge Methodistenschwester kämpfen als ungewöhnliches Gespann in Afrika gemeinsam gegen die deutschen Kolonialherren. Überragender, vor Ort inszenierter Abenteuerfilm mit sehr vielen komischen Momenten.

Afrikanische Boulevards A150
BOULEVARDS D'AFRIQUE – BAC OU MARRIAGE ****
Frankreich 1988, 70 Min., F
R: Jean Rouch, Tam-Sir Doueb
D: Mouna Ndaiye, Mbaye Dram'e
Soukey freut sich über das bestandene Abitur. Doch ihr Vater will nicht, daß sie ein Studium beginnt; sie soll einen reichen alten Mann heiraten. Gemeinsam mit ihrer Freundin versucht Soukey das zu verhindern. Ironisches Gesellschaftsbild.

After Shock A151
AFTER SHOCK *
USA 1989, 88 Min., F
R: Frank Harris D: Jay Roberts, Elizabeth Kaitan, Christopher Mitchum
Eine Astronautin landet auf einem postapokalyptischen Planeten, der von einem autoritären Regime beherrscht wird, doch ein wackerer Rebell kann sie vor dem Seziertisch retten. Eins der vielen öden Endzeit-Dramen, die sich so schön billig produzieren lassen. LSFF

Afterburn A152
AFTERBURN ***
USA 1992, 99 Min., F
R: Robert Markowitz D: Laura Dern, Vincent Spano, Robert Loggia
Als Grund für den Tod eines US-Airforce-Piloten wird offiziell menschliches Versagen angegeben, doch seine Witwe beginnt einen zähen Kampf um die Wahrheit. Sauber entwickeltes dokumentarisches US-Kabel-TV-Drama. HFJ 1994

Aftermath A153
THE AFTERMATH *
USA 1984, 95 Min., F
R: Steve Barkett D: Steve Barkett, Lynne Margulies, Sid Haig
Zwei Astronauten landen auf der vom Atomkrieg verwüsteten Erde, auf der sie sich mit Mutanten und anderem Gewürm herumschlagen müssen. Ins Brutale abgleitende SF-Schauermär mit Anzeichen einer Fan-Produktion.

Afternoon – Stunden der Leidenschaft A154
AFTERNOON **
Italien 1987, 93 Min., F
R: Joe d'Amato D: Allen Cort, Valentine Demy, Carey Sally
Journalist forscht in New Orleans eine Sekte aus und sucht nach einer Frau, die mit einem triebstarken Mann aus Gangsterkreisen unterwegs ist. Softporno. HFJ 1990

Against the Wall A155
AGAINST THE WALL ****
USA 1994, 110 Min., F
R: John Frankenheimer D: Kyle MacLachlan, Samuel L. Jackson, Clarence Williams III
Ein Gefangenenaufstand Anfang der siebziger Jahre wird brutal niedergeschlagen. Das blutige Drama beruht auf einer wahren Begebenheit. Ein an die Nieren gehender Thriller, der durch dichte Handlung und exzellente Darsteller besticht. HFJ 1995

Agatha, laß das Morden sein A156
**
BRD 1960, 99 Min., s/w
R: Dietrich Haugk D: Johanna von Koczian, Klausjürgen Wussow, Elisabeth Flickenschildt
Ein Rechtsanwalt inszeniert ein Scheinverbrechen, um einer jungen Autorin von Schundkrimis die Fragwürdigkeit ihres Handelns klarzumachen.

Agent auf Kanal D A157
TO TRAP A SPY/ ***
THE VULCAN AFFAIR
USA 1964, 92 Min., F
R: Don Medford D: Robert Vaughn, David McCallum, Luciana Paluzzi, Patricia Crowley
Zwei Agenten bewahren den Präsidenten eines afrikanischen Staates vor den Nachstellungen des bösen Chefs eines Chemiekonzerns. Pilotfilm der TV-Serie »Solo für O.N.C.E.L.«, fürs Kino um einige Meter verlängert.

Agenten lassen bitten A158
MASQUERADE ***
GB 1964, 90 Min., F
R: Basil Dearden D: Cliff Robertson, Jack Hawkins, Marisa Mell, Michel Piccoli
Um ein Ölgeschäft in Gang zu bringen, kidnappen ein britischer Agent und sein Kumpel den Thronerben eines Scheichtums, um ihn im Sinne ihrer Auftraggeber zu »erziehen«, sehen sich jedoch bald in die finsteren Intrigen der Verwandten ihres Schützlings verstrickt. Eine flotte Parodie auf Agentenfilme mit viel Geballer und abenteuerlichen Elementen.

Agenten leben gefährlich A159
SUBTERFUGE **
GB/USA 1969, 90 Min., F
R: Peter Graham Scott D: Gene Barry, Joan Collins, Richard Todd
Actionfilm. CIA-Agent Donovan kommt nach England, um einen Spion zu entlarven. Joan Collins als Frau des unter Verdacht geratenen Agenten, deren Sohn entführt wird.

Agenten sterben einsam A160
WHERE EAGLES DARE ***
GB 1968, 151 Min., F
R: Brian G. Hutton D: Richard Burton, Clint Eastwood, Mary Ure, Anton Diffring
Ein Sonderkommando der britischen Armee springt im Zweiten Weltkrieg über den verschneiten Alpen ab, um einen General zu befreien, der in einem Schloß von den Nazis festgehalten wird, doch insgeheim verfolgt das Unternehmen ein ganz anderes Ziel. Ein spannender Film, in dem ein Haufen »toller Hunde« zeigt, daß man den Krieg auch als Abenteuerspielplatz sehen kann.

Agentin für Sex A161
GIRL FROM S.E.X. **
USA 1982, 88 Min., F
R: Paul G. Vatelli D: Lisa De Leeuw, John Sigliono, Ernie Blowfeld
US-Agentin mit großen Brüsten kämpft gegen böse Russen, die mit falschen Dollars die Wirtschaft sabotieren wollen, wobei sie oft Gelegenheit hat, mit Männern und Frauen das Lager zu teilen. Versuch einer Sexparodie auf Superhelden.

Agnes – Engel im Feuer A162
AGNES OF GOOD ***
USA 1985, 94 Min., F
R: Norman Jewison D: Jane Fonda, Anne Bancroft, Meg Tilly
In einem ruhigen Nonnenkloster gerät die Welt aus den Fugen, als ein ermordetes neugeborenes Kind in der Zelle einer jungen Nonne gefunden wird. Für die Psychiaterin Dr. Livingstone beginnt ein schwieriger Prozeß der Wahrheitsfindung. Theologisch-psychologischer Thriller, wuchtig und ohne Betulichkeit.

Agonia – Rasputin, Gott und Satan A163
****
AGONIJA
UdSSR 1975, 145 Min., F
R: Elem Klimow D: Alexej Petrenko, Anatoli Romaschin, Velta Line
Der fatale Einfluß des Mönchs, Hellsehers und Intriganten Rasputin auf die zaristische Politik als Symptom der vorrevolutionären Agonie in Rußland. Ein grandioses Geschichtsfresko von überwältigender cineastischer Kraft, in der UdSSR fast zehn Jahre verboten.

Aguirre, der Zorn Gottes A164
****
BRD 1972, 93 Min., F
R: Werner Herzog D: Klaus Kinski, Helena Rojo, Ruy Guerra, Peter Berling, Daniel Ardes
Ende 1560 bricht ein riesiger Expeditionszug von Spaniern und Indianern von den peruanischen Anden aus auf, um das sagenhafte Goldland El Dorado zu suchen, das in den Amazonasniederungen vermutet wird. Bildgewaltiges Epos um Imperialismus und Größenwahn. Eine Sternstunde der Zusammenarbeit zwischen Werner Herzog und Klaus Kinski.

Aimee & Jaguar A165
****
BRD 1997, 130 Min., F
R: Max Färberböck D: Maria Schrader, Juliane Köhler, Heike Makatsch
Lebensfrohe Jüdin verführt im Berlin des Zweiten Weltkriegs braves Heimchen am Herd. Die wahrhaftige Erzählung einer großen Liebe ist mit zwei hervorragenden Darstellerinnen, aber manchmal mit zuviel Drumherum inszeniert – ohne wirkliches Vertrauen in die Figuren und Geschichte. HFJ 2000

Air America A166
AIR AMERICA **
USA 1990, 112 Min., F
R: Roger Spottiswoode D: Mel Gibson, Robert Downey jr., Nancy Travis
Amerikanische Piloten unternehmen im Auftrag der CIA dubios »Versorgungsaktionen« im angeblich neutralen Laos. Trotz wahrer Hintergründe ein nicht überzeugender Film.

Airforce A167
AIR FORCE ***
USA 1943, 124 Min., s/w
R: Howard Hawks D: John Garfield, John Ridgely, Gig Young
Stereotyper Kriegsfilm, der von der Besatzung des Bombers »Mary Ann« und ihren Erlebnissen im Zweiten Weltkrieg berichtet. Relativ spannend und gut gemacht, wegen der Klischees und Aussage fragwürdig.

Air Force One A168
AIR FORCE ONE ***
USA 1997, 123 Min., F
R: Wolfgang Petersen D: Harrison Ford, Gary Oldman, Glenn Close
Weil russische Bösewichte ihn und seine Familie samt seines »Air Force One«-Fliegers kidnappen, mutiert der Präsident der Vereinigten Staaten zum Terminator. Hingedonnerter Actionfilm mit einem gnadenlosen Schwall Patriotismus. HFJ 1998

Airport A169
AIRPORT ***
USA 1969, 130 Min., F
R: George Seaton D: Burt Lancaster, Dean Martin, Jean Seberg
Irrer Bombenleger bedroht Passagiere eines Flugzeugs, doch man kommt ihm in letzter Minute auf die Spur. Parallel dazu das Leben auf einem Großflugplatz, dessen Landebahn von einer defekten Maschine blockiert wird. Eine Art »Grand Hotel« der Lüfte, dem mehrere Nachzieher folgten. Unterhaltsam und spannend.

Airport '80 – Die Concorde A170
AIRPORT '80 – THE CONCORDE **
USA 1979, 104 Min., F
R: David Lowell Rich D: Alain Delon, Susan Blakely, Robert Wagner
Klischeetypen und tollkühne Piloten trotzen irrsinnigen Gefahren, als ein korrupter Kapitalist, dem die Entlarvung droht, ein Flugzeug abschießen will. Mäßige Tricks, langweilige Story.

Ake und seine Welt A171
AKE OCH HANS VÄRLD ***
Schweden 1984, 98 Min., F
R: Allan Edwall D: Martin Lindström, Loa Falkman, Gunnel Fred
Die Geschichte eines sechsjährigen Jungen, der in einer schwedischen Kleinstadt nach dem Ersten Weltkrieg aufwächst. Er erlebt schöne, aber auch schmerzhafte Dinge in einer Welt, die er nicht vollständig verstehen kann. Zwischen Realismus und Traum angesiedelter, preisgekrönter Kinderfilm.

Akrobat schö-ö-ön A172
**
Deutschland 1943, 85 Min., s/w
R: Wolfgang Staudte D: Charlie Rivel, Karl Schönböck
Die Geschichte eines Clowns, der als Nachtwächter beim Varieté arbeitet, bis er eines Tages seine große Chance erhält. Wolfgang Staudtes erste Regiearbeit.

Akt der Gewalt A173
ACT OF VIOLENCE ***
USA 1948, 82 Min., s/w
R: Fred Zinnemann D: Van Heflin, Janet Leigh, Robert Ryan
Psycho-Thriller: Ein erfolgreicher Bauunternehmer, Ex-Captain der Army, wird von einem ehemaligen Kameraden aufgespürt, der sich rächen will, weil der Captain in deutsche Kriegsgefangenschaft geratene Soldaten verraten hat.

Die Akte A174
THE PELICAN BRIEF ***
USA 1993, 141 Min., F
R: Alan J. Pakula D: Julia Roberts, Denzel Washington, Sam Shepard
Durch Zufall entdeckt eine Jurastudentin die Verbindung zwischen den Morden an zwei hohen Richtern und dem Weißen Haus und gerät ins Visier von Killern, FBI und CIA. Die zweite John-Grisham-Verfilmung nach *Die Firma* ist spannend altmodisch inszeniert. HFJ 1995

Die Akte Odessa A175
THE ODESSA FILE **
England/BRD 1974, 126 Min., F
R: Ronald Neame D: Jon Voight, Maximilian Schell, Maria Schell
Ein Journalist enttarnt mit Hilfe des israelischen Geheimdienstes eine Organisation ehemaliger SS-Männer. Thriller nach dem Bestseller von Forsyth, der in der zweiten Hälfte sein politisches Thema aus den Augen verliert.

Al Capone A176
AL CAPONE ***
USA 1959, 106 Min., s/w
R: Richard Wilson D: Rod Steiger, Fay Spain, James Gregory
Vor allem wegen des hervorragenden Titeldarstellers und der soliden Inszenierung sehenswerte filmische Biographie des berühmten Gangsters.

Alabama – Saat des Hasses A177
UNCONQUERED ***
USA 1989, 110 Min, F
R: Dick Lowry D: Peter Coyote, Dermont Mulroney, Tess Harper
Für den Hintergrund der rassistischen Umtriebe des Ku-Klux-Klan im Alabama der 50er Jahre entwickelt der Film das Portrait des Justizsenators Flowers, der sich mutig für die Gleichberechtigung einsetzt. HFJ 1990

Aladins Abenteuer A178
LE MERAVIGLIE DI ALADINO **
Italien 1961, 93 Min., F
R: Henry Levin, Mario Bava
D: Donald O'Connor, Noelle Adam, Vittorio de Sica, Aldo Fabrizi
Der Orientale Aladin setzt mit Hilfe eines Flaschengeistes einen Intrigen spinnenden Großwesir matt und erhält zum Dank vom Sultan seine Tochter zur Frau. Durchschnittsmärchen, für das die Presse seinerzeit nur Häme übrig hatte. LFF

Alambrista! A179
ALAMBRISTA! ***
USA 1976, 111 Min., F
R: Robert M. Young D: Domingo Ambriz, Trinidad Silva, Linda Gillin
Anrührendes, stimmiges Spielfilm-Debüt, das von der Ausbeutung der illegal aus Mexiko in die USA eingewanderten Landarbeiter erzählt. Der sozialkritische Stoff basiert auf tatsächlichen Begebenheiten.

Alamo A180
THE ALAMO **
USA 1960, 219 Min., F, 70 mm
R: John Wayne D: John Wayne, Laurence Harvey, Richard Widmark

Fort Alamo 1836. Heldenhafte Yankees widerstehen der mexikanischen Armee bis zum tödlichen Ende. John Waynes epischer Western erinnert in seiner propagandistischen Haltung fatal an Harlans *Kolberg*.

Alamo Bay A181
ALAMO BAY ****
USA 1985, 99 Min., F
R: Louis Malle D: Amy Madigan, Ed Harris, Ho Nguyen
Konflikte zwischen amerikanischen Fischern und vietnamesischen Einwanderern. Ansprechendes filmisches Engagement gegen Rassismus.

Alarm für Sperrzone 7 A182
THE MONSTER THAT CHALLENGED THE WORLD **
USA 1957, 84 Min., s/w
R: Arnold Laven D: Tim Holt, Audrey Dalton, Hans Conried, Harlan Ware
Eine Unterwassermolluske, aufgrund radioaktiver Strahlung unter Wasser entstanden, verbreitet Angst und Schrecken. Respektabler Billigreißer aus dem Science-Fiction-Genre. LSFF

Alarm im Weltall A183
FORBIDDEN PLANET ***
USA 1956, 99 Min., F
R: Fred McLeod-Wilcox D: Leslie Nielsen, Walter Pidgeon, Anne Francis
Irdische Raumfahrer stoßen auf einem Planeten auf einen verschollenen Wissenschaftler und dessen Tochter und machen mit unheimlichen Wesen aus Energie Bekanntschaft. Ein Film, der in seiner Zeit Furore machte. LSFF

Alarmstufe: Rot A184
UNDER SIEGE ***
USA 1992, 102 Min., F
R: Andrew Davis D: Steven Seagal, Tommy Lee Jones, Damian Chapa
Mit atomaren Sprengköpfen beladenes US-Schlachtschiff mit Minimalbesatzung wird von einem Terrorkommando gekapert, das die Absicht hat, mit den an Bord befindlichen Waffen ein Geschäft zu machen. Leider haben sie nicht mit dem Schiffskoch gerechnet, der in besseren Zeiten als Geheimer Eichkater tätig war und die Schurken nach und nach zu Klopsen verarbeitet. Aufwendiger und brutaler Actionfilm. HFJ 1994

Das Alaska Syndrom A185
****
BRD 1991, 97 Min., F
R: Axel Engstfeld
Engagierter Dokumentarfilm über eine der größten Umwelt-Katastrophen. Der Supertanker »Exxon Valdez« lief vor der Küste Alaskas auf Grund und schlug leck. Engstfeld verbindet Gespräche mit den Betroffenen und den Großverdienern an dem Unfall mit einer Fülle von Archivmaterialien und entlarvt das feingestrickte Netz zwischen Ölindustrie und politischer Macht. HFJ 1993

Albert – warum? A186
***
BRD 1976/78, 106 Min., s/w
R: Josef Rödl D: Fritz Binner, Michael Eichenseer, Georg Schießl
Halbdokumentarisches Drama um einen geistig behinderten Bauernsohn, der den Drangsalen durch seine Umwelt schließlich durch Selbstmord entflieht. Genau, unsentimental und schonungslos beobachtet der Regisseur in seinem Hochschul-Abschlußfilm das Milieu seiner Heimat.

Alboin, König der Langobarden A187
ROSMUNDA E ALBOINO ***
Italien 1961, 96 Min., F
R: Carlo Campogalliani D: Jack Palance, Eleonora Rossi-Drago, Guy Madison, Edy Vessel
Nachdem Alboin den Gepidenkönig getötet hat, will er über Rom/Byzanz herrschen. Um die Hilfe der Gepiden zu erringen, heiratet er Prinzessin Rosamunde, die sich opfert, da sie eigene Pläne hat. Monumentalfilm.

Alex im Wunderland A188
ALEX IN WONDERLAND ***
USA 1972, 110 Min., F
R: Paul Mazursky D: Donald Sutherland, Ellen Burstyn, Meg Mazursky
Ein Film über das Filmemachen: Junger Regisseur sucht nach seinem Debüt nach einem neuen Stoff, pendelt zwischen privaten und beruflichen Problemen und begegnet im Traum Jeanne Moreau und Federico Fellini.

Alexander der Große A189
ALEXANDER THE GREAT ***
USA 1956, 136 Min., F
R: Robert Rossen D: Richard Burton, Frederic March, Claire Bloom
Die griechischen Stadtstaaten fühlen sich durch die imperialistischen Ambitionen des Makedoniers Philipp bedroht und rüsten auf. Alexander, Sohn Olympias, soll Herrscher werden. Historienfilm à la Hollywood.

Alexander, der Lebenskünstler A190
****
ALEXANDRE LE BIENHEUREUX
Frankreich 1967, 95 Min., F
R: Yves Robert D: Philippe Noiret, Françoise Brion, Marlene Jobert
Mit konsequenter Faulheit untergräbt Dauerschläfer und Lebenskünstler Alexandre die Arbeitsmoral in seinem Dorfe. Sanft-ironische Attacke auf unser Leistungssystem und eine genüßlich-humorvolle Hymne auf die Kunst des Nichtstuns.

Alexander Newski A191
ALEKSANDER NEWSKIJ ****
UdSSR 1938, 100 Min., s/w
R: Sergej M. Eisenstein D: Nikolaj Tscherkassow, Nikolai Ochlopow
Das historische Epos propagiert den nationalen Widerstand gegen ausländische Aggressoren am Beispiel des Siegs der Russen unter Alexander Newski über die Deutschen Ordensritter. Logischerweise wurde der Film sofort nach Bekanntwerden des Hitler-Stalin-Pakts verboten. Die mathematisch-partiturgenau zu den Bildern komponierte Musik stammt von Sergej Prokofjew.

Alexandria ... Warum? A192
ISKANDERIJA ... LIH? ****
Ägypten/Algerien 1978, 125 Min. F
R: Youssef Chahine D: Mohsen Mohiedine, Mahmud el Meligui, Mohesenn Tewfik, Nagla' Fathi
Unbeeindruckt von den Kriegswirren des Jahres 1942 hängt der 18jährige

kleine Bankangestellte Yehia in Alexandrien seinen Träumen von einer Opernkarriere in Amerika nach. Eines Tages bekommt er auf seine Bewerbung hin eine Einladung ans Pasadena Playhouse. Chahine präsentiert dem Zuschauer mit seinem sehr persönlichen Film einen faszinierenden Bilderbogen seines Landes.

Alexis Sorbas A193
ZORBA, THE GREEK ****
Griechenland 1964, 136 Min., s/w
R: Michael Cacoyannis D: Anthony Quinn, Alan Bates, Irene Papas
Kongeniale Verfilmung des Romans von Nikos Kazantzakis um die Begegnung zwischen einem britischen Schriftsteller und einem mazedonischen Bergwerkarbeiter auf Kreta. Die brillanten Schauspieler, die archaische Kulisse, die geradlinige Regie und die Musik von Mikis Theodorakis ergänzen sich ideal.

Alfie, der liebestolle Schürzenjäger A194 ***
ALFIE DARLING
GB 1975, 96 Min., F
R: Ken Hughes D: Alan Price, Joan Collins, Jill Townsend
Potenter Fernfahrer, der bei der holden Weiblichkeit nichts anbrennen läßt, gerät an eine junge Frau, dies ein Macho-Selbstbewußtsein heftig anknackst. Sexkomödie mit Rockstar Alan Price *(The Animals)*.

Alfred der Große – Bezwinger der Wikinger A195 ***
ALFRED THE GREAT
GB 1968, 122 Min., F
R: Clive Donner D: David Hemmings, Michael York, Colin Blakely
871 setzt sich Prinz Alfred gegen die in England einfallenden Dänen zur Wehr. Schlachtengemälde aus der Zeit, als Helden noch Helden waren. Gute Ausstattung und realistische Sicht des Protagonisten.

Alfredo, Alfredo A196
ALFREDO, ALFREDO ***
Italien/Frankreich 1972, 93 Min., F
R: Pietro Germi D: Dustin Hoffman, Stefania Sandrelli, Carla Gravina

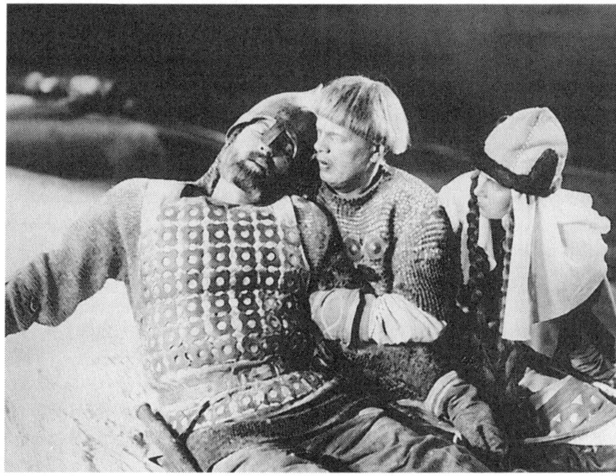

Sergej M. Eisensteins poetisch-legendäre Interpretation von Wirklichkeit in ›Alexander Newski‹.

Biederer Bankmensch, von Ehefrau aus Berufung zum Pantoffelhelden degradiert, muckt auf. Böse und flotte Satire auf das Eheleben, genial beobachtet und der Wirklichkeit (?) nachempfunden.

Alfreds unheimliche Begegnung mit der Reizwäsche A197 **
HISTORIA DE ›S‹
Spanien 1981, 90 Min., F
R: Francisco Lara Polop D: Alfredo Landa, Sara Lezana, Francisco Cecilio
Verklemmter Fabrikant strebt nach sexueller Aufklärung und steckt die Objekte seiner Begierde in seine selbst entworfene Reizwäschekollektion. Die Gattin entpuppt sich dabei als wildeste Exhibitionistin. Sexfilm für Cineasten.

Ali Baba A198
ALI BABA ET LES QUARANTE VOLEURS ***
Frankreich 1954, 98 Min., F
R: Jacques Becker D: Fernandel, Dieter Borsche, Henri Vilbert
Ali Baba soll für seinen Herrn eine neue Frau kaufen und findet durch Zufall einen Schatz. Von der gleichnamigen Geschichte aus 1001 Nacht inspirierte Märchenerzählung, deren parodistische Elemente sich stilistisch jedoch nicht in den Gesamtcharakter des Films einfügen. LFF

Ali Baba und die vierzig Räuber A199 ***
ALI BABA AND THE FORTY THIEVES
USA 1943, 90 Min., F
R: Arthur Lubin D: Jon Hall, Maria Montez, Turhan Bey, Kurt Katch
Nach der Ermordung seines Vaters durch Mongolen schließt sich der Junge Ali einer Räuberbande an, mit deren Hilfe er später die Invasoren in die Flucht schlägt. Bearbeitung des Märchens aus 1001 Nacht. Aktion, Humor, flott inszeniert. LFF

Alibi A200
****
Deutschland 1955, 102 Min., s/w,
R: Alfred Weidenmann D: O. E. Hasse, Charles Brauer, Martin Held
Ein erfolgreicher Journalist steht seiner Verpflichtung als Geschworener in einem Mordprozeß zunächst ablehnend gegenüber, engagiert sich dann jedoch für den unschuldigen Angeklagten, als er mit der Gleichgültigkeit der Justiz gegenüber dessen Schicksal konfrontiert wird. Hervorragend inszenierter zeitkritischer Film mit exzellenten Schauspielerleistungen.

Alice A201
ALICE ****
USA 1990, 106 Min., F
R: Woody Allen D: Mia Farrow, Joe Mantegna, Alec Baldwin

Eine reiche, aber unausgefüllte Frau erhält in Chinatown durch Hypnose die Fähigkeit, sich unsichtbar zu machen. So erfährt sie die Wahrheit über ihre Ehe und, nach und nach, über sich selbst. Vielschichtige Mischung aus komödiantisch heiteren und ernsten Elementen. HFJ 1992

Alice – heiß und sinnlich A202
*
Schweiz 1985, 82 Min., F
R: Kenneth Howard D: Eleonore Melzer, Peter Steiner, Ralph Wieck
Gestöhn, Geächze & Gerangel in einer Zwergschule und den Wohnräumen eines sogenannte »Privatfilme« drehenden Lehrerehepaars. Am Rande der Pornographie angesiedelter Sexfilm.

Alice – wild und unersättlich A203
*
ALICE: RENT A GIRL
Frankreich/Schweiz 1981, 90 Min., F
R: Michel Leblanc D: Olinka Hardiman, Gabriel Pontello, Dany Berger
Softporno über die sexuellen Abenteuer dreier Pärchen, die sich in einer eingeschneiten Skihütte das Wochenende versüßen. Dutzendware.

Alice im Wunderland A204
ALICE IN WONDERLAND ***
USA 1951, 75 Min., F
R: Clyde Geronimi, Wilfred Jackson
Zeichentrickfassung des bekannten klassischen Nonsens-Märchens, die zwar »gute Momente hat, aber die vertrauten Figuren modernisiert und amerikanisiert«, wie Halliwell schreibt. LFF

Alice im Wunderland A205
ALICE'S ADVENTURES IN WONDERLAND **
GB 1972, 78 Min., F
R: William Sterling D: Hywell Bennett, Michael Crawford, Peter Sellers
Das Zauberreich der Kindheit und eine Unsinnswelt voller absurder Logik und Komik verschmelzen in Lewis Carrols berühmtem Buch zur Einheit. Diese englische Verfilmung ist mehr aufwendig-unterhaltsame Show als poetisches Traummärchen.

Alice in den Städten A206
***
BRD 1973, 110 Min., F
R: Wim Wenders D: Rüdiger Vogler, Yella Rottländer, Lisa Kreuzer
Ein gescheiterter Reporter und die alleingelassene 9jährige Alice auf einer aussichtslosen Suche nach Alices Großmutter. Die Irrfahrt wird zum Inhalt eines Films über die Leere zwischenmenschlicher Beziehungen.

Alice lebt hier nicht mehr A207
ALICE DOESN'T LIVE HERE ANYMORE ***
USA 1974, 112 Min., F
R: Martin Scorsese D: Ellen Burstyn, Kris Kristofferson, Billy Green Bush
Eine Witwe mit Kind sucht nach einer neuen Existenz. Ihre Emanzipationsbemühungen stehen im Vordergrund und münden in der Erkenntnis, daß sie ohne einen Mann nicht leben kann. Das gute Spiel der Hauptfiguren kann nicht über die Schwächen im Drehbuch hinwegtäuschen.

Alice oder die letzte Fuge A208
ALICE OU LA DERNIÄRE FUGUE ***
Frankreich 1976, 93 Min., F
R: Claude Chabrol D: Sylvia Kristel, Charles Vanel, Jean Carmet
Eine junge Frau, die aus der tagtäglichen Realität ausbrechen will, findet sich zunächst, gleich einer modernen »Alice im Wunderland«, in einer antirealen Welt wieder, in der sie viele alptraumhafte Stationen durchmachen muß, bis sie den Ausweg findet. Ein Vexierspiel, formal brillant und zahlreiche Denkanstöße vermittelnd.

Alice's Restaurant A209
ALICE'S RESTAURANT ***
USA 1969, 90 Min., F
R: Arthur Penn D: Arlo Guthrie, Pat Quinn, James Broderick
Frei nach einer Ballade von Arlo Guthrie erzählt Arthur Penn die Geschichte einer Hippie-Kommune. Es geht um die Konflikte mit dem Staat, die Schwierigkeiten mit der Anpassung und die Suche nach einer neuen Ordnung. Zur Zeit seiner Entstehung witzig, originell und anarchistisch, wirkt der Film heute merkwürdig hausbacken und altmodisch.

Alien – Das unheimliche Wesen aus einer fremden Welt A210
****
ALIEN
GB 1979, 116 Min., F
R: Ridley Scott D: Sigourney Weaver, Tom Skerritt, Harry Dean Stanton
Außerirdisches Lebewesen, das laufend seine Form verändert, gelangt an Bord eines irdischen Raumschiffes und benutzt dessen Crew als Wirtskörper für seine Brut. Haarsträubend spannender SF-Thriller mit wüsten Schockszenen. Fortsetzung → *Aliens*.

Sigourney Weaver als Ripley.

Alien – Die Wiedergeburt A211
ALIEN: RESURRECTION ***
USA 1997, 109 Min., F
R: Jean-Pierre Jeunet D: Sigourney Weaver, Winona Ryder, Brad Dourif
Im vierten Teil der Monster-Saga wird die wiedergeborene Ripley selber zur Mutter der Gruselwürmer. Bluttriefender Action-Aufguß, nett konzipiert, aber ohne die düster-dichte Spannung seiner Vorgänger. HFJ 1998

Alien – Without Warning A212
WITHOUT WARNING *
USA 1980, 89 Min., F
R: Greydon Clark D: Jack Palance, Martin Landau, Cameron Mitchell
Ein außerirdisches Ungeheuer kommt zur Erde und betätigt sich dort als Jäger menschlicher Beute. Ein Schundi aus der untersten Monster-Schublade, den auch Altstars wie Palance und Mitchell nicht mehr retten können.

Die 100 wichtigsten deutschen Filme

Zum 100. Geburtstag des Films forderte die Stiftung Deutsche Kinemathek Filmhistoriker, Filmemacher, Publizisten und Filmjournalisten dazu auf, die 100 wichtigsten deutschen Spielfilme von den Anfängen bis zur Gegenwart, auszuwählen. 342 Einsender, darunter auch Herausgeber und Mitarbeiter dieses Filmlexikons, haben ihr Votum abgegeben, daß so aussah:

M *R: Fritz Lang*,
Das Cabinet des Dr. Caligari
R: Robert Wiene,
Berlin. Die Sinfonie der Großstadt
R: Walter Ruttmann,
Nosferatu *R: F. W. Murnau*,
Menschen am Sonntag
R: Robert Siodmak,
Die Mörder sind unter uns
R: Wolfgang Staudte,
Der blaue Engel
R: Josef von Sternberg,
Metropolis *R: Fritz Lang*,
Die freudlose Gasse *R: G. W. Pabst*,
Der Untertan *R: Wolfgang Staudte*,
Kuhle Wampe *R: Slatan Dudow*,
Der Student von Prag *R: Stellan Rye*,
Die Brücke *R: Bernhard Wicki*,
Abschied von gestern
R: Alexander Kluge,
Mutter Krausens Fahrt ins Glück
R: Phil Jutzi,
Der Golem, wie er in die Welt kam
R: Paul Wegener/Carl Boese,
Dr. Mabuse, der Spieler
R: Fritz Lang,
Unter den Brücken
R: Helmut Käutner,
Die Nibelungen *R: Fritz Lang*,
Der letzte Mann *R: F.W. Murnau*,
Der müde Tod *R: Fritz Lang*, 1921
Liebelei *R: Max Ophüls*,
Spur der Steine *R: Frank Beyer*,
Wintergartenprogramm
R: Max Skladanowsky,
Lola Montez *R: Max Ophüls*,
Faust *R: F. W. Murnau*,
Heimat *R: Edgar Reitz*,
Deutschland im Herbst
R: Alexander Kluge u.a.,
Madame Dubarry *R: Ernst Lubitsch*,
Berlin Alexanderplatz *R: Phil Jutzi*,
Die Ehe der Maria Braun
R: R. W. Fassbinder,
Münchhausen *R: Josef von Baky*,
Die Büchse der Pandora
R: G. W. Pabst,
Die Blechtrommel
R: Volker Schlöndorff,
Das Testament des Dr. Mabuse
R: Fritz Lang,
Im Lauf der Zeit *R: Wim Wenders*,
Triumph des Willens
R: Leni Riefenstahl,
Der junge Törleß
R: Volker Schlöndorff,
Katzelmacher *R: R.W. Fassbinder*,
Große Freiheit Nr.7
R: Helmut Käutner,
Rotation *R: Wolfgang Staudte*,
Wir Wunderkinder
R: Kurt Hoffmann,
Das Wachsfigurenkabinett
R: Paul Leni,
Mädchen in Uniform
R: Leontine Sagan,
Varieté *R: E. A. Dupont*,
Rosen für den Staatsanwalt
R: Wolfgang Staudte,
Alice in den Städten *R: Wim Wenders*,
Die Halbstarken *R: Georg Tressler*,
Die verlorene Ehre der Katharina Blum
R: Volker Schlöndorff,
Westfront 1918 *R: G. W. Pabst*,
Die Drei-Groschen-Oper
R: G. W. Pabst,
Solo Sunny *R: Konrad Wolf*,
Angst essen Seele auf
R: R. W. Fassbinder,
Der Verlorene *R: Peter Lorre*,
Die Drei von der Tankstelle
R: Wilhelm Thiele,
In jenen Tagen *R: Helmut Käutner*,
Olympia *R: Leni Riefenstahl*,
Jud Süß *R: Veit Harlan*,
Der geteilte Himmel *R: Konrad Wolf*,
Himmel über Berlin
R: Wim Wenders,
Nicht versöhnt *R: Jean-Marie Straub*,
Vampyr *R: Carl Theodor Dreyer*,
Tagebuch einer Verlorenen
R: G. W. Pabst,
Der Prozeß *R: Eberhard Fechner*,
Händler der vier Jahreszeiten
R: R. W. Fassbinder,
Romanze in Moll
R: Helmut Käutner,
Ehe im Schatten *R: Kurt Maetzig*,
Die Legende von Paul und Paula
R: Heiner Carow,
Chronik der Anna Magdalena Bach
R: Jean-Marie Straub,
Aguirre, der Zorn Gottes
R: Werner Herzog,
Ich war 19 *R: Konrad Wolf*,
Die Abenteuer des Prinzen Achmed
R: Lotte Reiniger,
Sterne *R: Konrad Wolf*,
Die bleierne Zeit
R: Margarethe von Trotta,
Die Straße *R: Karl Grune*,
Deutschland im Jahre Null
R: Roberto Rossellini,
Kameradschaft *R: G. W. Pabst*,
Emil und die Detektive
R: Gerhard Lamprecht,
Berlin – Ecke Schönhauser
R: Gerhard Klein,
Berlin Alexanderplatz
R: R. W. Fassbinder,
Der Kongreß tanzt *R: Eric Charell*,
Das Kaninchen bin ich
R: Kurt Maetzig,
Die Artisten in der Zirkuskuppel...
R: Alexander Kluge,
Fontane Effi Briest
R: R. W. Fassbinder,
Der Amerikanische Freund
R: Wim Wenders,
Asphalt *R: Joe May*,
Jakob der Lügner *R: Frank Beyer*,
Jeder für sich und Gott gegen...
R: Werner Herzog,
Nachts wenn der Teufel kam
R: Robert Siodmak,
Mysterien eines Frisiersalons
R: Brecht/Engel,
Die weiße Hölle von Piz Palü
R: Fanck/Pabst,
Das Mädchen Rosemarie
R: Rolf Thiele,
Aus einem deutschen Leben
R: Theodor Kotulla,
Viktor und Viktoria
R: Reinhold Schünzel,
Das Boot *R: Wolfgang Petersen*,
Jagdszenen aus Niederbayern
R: Peter Fleischmann,
Lebensläufe *R: Winfried Junge*,
Berliner Ballade *R: R. A. Stemmle*,
Mephisto *R: István Szabó*,
Die zweite Heimat
R: Edgar Reitz

Das Alien aus der Tiefe A213
ALIEN DEGLI ABISSI *
Italien 1989, 92 Min., F
R: Anthony M. Dawson D: Daniel Bosch, Julia McKay, Alan Collins
Nachdem ein Chemiekonzern Giftmüll in einem erloschenen Inselvulkan abgelagert hat, spuckt dieser einen Außerirdischen aus, was ein paar Wissenschaftler mächtig stört. Ein Z-Film. HFJ 1991/LSFF

Alien Outlaw A214
ALIEN OUTLAW *
USA 1987, 90 Min., F
R: Phil Smoot D: Karin Anderson, Lash La Rue, Eric Berg
Außerirdische Gesetzlose, die gut mit der Knarre umgehen können, lassen in einem US-Kaff die Sau raus, bis eine Kunstschützin ihnen Contra gibt. Gähnend langweilige Möchtegern-Science-fiction, der es nicht gelingt, von der Startrampe zu kommen.
HFJ 1989/LSFF

Alien Predators A215
THE FALLING *
USA 1986, 92 Min., F
R: Deran Sarafian D: Dennis Christopher, Martin Hewitt, Luis Prendes
Außerirdische Mikroorganismen fallen über ein spanisches Kaff her und verwandeln die Einheimischen in böse Zombies. Drei wackere amerikanische Studenten klären den Fall. Ein Film, der seine eigene Parodie ist.
HFJ 1989/LSFF

Alien Seed A216
ALIEN SEED *
USA 1989, 88 Min., F
R: Bob James D: Heidi Paine, Eric Estrada, Steven Blade, Shellie Block
CIA-Agenten verfolgen eine junge Frau, deren Schwester von einem Außerirdischen geschwängert wurde. Ein wirrer Film aus den Hinterhöfen der Galaxis; um jeden Preis zu meiden!
HFJ 1991/LSFF

Alien Terror A217
SINISTER INVASION/INVASION SINIESTRA *
USA/Mexiko 1968, 76 Min., F
R: Juan Ibanez D: Boris Karloff, Enrique Guzman, Christa Linder
Von radioaktiven Experimenten eines Forschers aufgeschreckt, schicken Außerirdische einen Agenten zur Erde, um ihm Einhalt zu gebieten. Ein müder und armseliger SF-Streifen, dem man sein geringes Budget deutlich ansieht.
HFJ 1992

Alien Terror A218
SPACE AVENGER *
USA 1989, 88 Min., F
R: Richard W. Haines D: Robert Prichard, Mike McClerie, Charity Staley
Comic-Zeichner, der ein paar urige Typen zu Helden einer Heftchenserie macht, muß erkennen, daß selbige böse Ungeheuer aus dem Weltraum sind, die ihm ans Leder wollen. Ein Killerfilm, von schwerfälliger Hand inszeniert. HFJ 1991/LSFF

Alien Transformations A219
TRANSFORMATIONS *
USA 1988, 77 Min., F
R: Jay Kamen D: Rex Smith, Lisa Langlois, Christopher Neame
Von einem Incubus beherrschter Spacefahrer zettelt in einer planetaren Strafkolonie einen Aufruhr an und entledigt sich am Ende seines Parasiten. Wirrer Bildersalat aus der Armenküche Hollywoods. HFJ 1989

Das Alien vom Highway A220
DECEIT *
USA 1990, 89 Min., F
R: Albert Pyun D: Samantha Phillips, Diane Defoe, Scott Paulin
Ein außerirdischer Bösling und sein Kumpan terrorisieren in einer leeren Lagerhalle eine junge Frau mit irren Geschichten und den Zuschauer mit pausenlosem Geschwätz. Nichtssagender SF-Streifen. HFJ 1991/LSFF

Das Alien-Team A221
MONSTER HIGH *
USA 1989, 84 Min., F
R: Rüdiger Poe D: Dean Iandoli, Diana Frank, David Marriott
Um die totale Vernichtung der Erde zu verhindern, müssen amerikanische College-Boys gegen ein Monsterteam aus dem All in einem Basketballspiel (!) antreten. Wilde, geschmacklose Genremischung. Die spinnen, die Amis.

Alienator – Der Vollstrecker aus dem All A222
ALIENATOR *
USA 1989, 92 Min., F
R: Fred Olen Ray D: Jan-Michael Vincent, John Phillip Law, Ross Hagen
Außerirdischer Killer-Android sucht auf der Erde nach einem interstellaren Verbrecher und gerät dabei mit ein paar jungen Amerikanern aneinander. Schund vom Fließband.
HFJ 1991/LSFF

Alienkiller A223
THE BORROWER **
USA 1991, 86 Min., F
R: John McNaughton D: Rae Dawn Chong, Don Gordon, Antonio Fargas
Exilierter Missetäter aus dem All versteckt sich hinter abgerissenen Menschenköpfen, die er trägt wie eine Maske, und wird von einer Polizistin erledigt, die einen Vergewaltiger jagt. SF-Billigproduktion mit brutalen Schockszenen. HFJ 1993

Aliens – Die Rückkehr A224
ALIENS ****
USA 1986, 138 Min., F
R: James Cameron D: Sigourney Weaver, Michael Biehn, Carrie Henn
Ein irdisches Kommando kämpft auf einem unheimlichen Planeten gegen eine Lebensform, die sich an alle Lebenslagen anpassen kann. Eine sehr spannende und qualitativ ansprechende Fortsetzung zu *Alien*. HFJ 1987

The Aliens Are Coming A225
THE ALIENS ARE COMING *
USA 1980, 98 Min., F
R: Harvey Hart D: Tom Mason, Max Gail, Caroline McWilliams
Außerirdische Invasoren, auf deren Heimatwelt die Lebensbedingungen sehr öde sind, kommen zur Erde, übernehmen menschliche Körper und verbreiten so allgemeines Unbehagen. TV-Film mit nicht gerade originellem Hintergrund. HFJ 1990/LSFF

All meine Sehnsucht A226
ALL I DESIRE ***
USA 1953, 76 Min., s/w
R: Douglas Sirk D: Barbara Stanwyck, Richard Carlson, Lyle Bettger

Die Frau, die vor Jahr und Tag Mann und Familie verließ, um im Showgeschäft Karriere zu machen, tingelt jetzt für ein paar Dollar und findet schließlich zur Familie zurück. Sirk macht auch aus dieser Groschengeschichte ein Meisterwerk.

All' meine Söhne A227
ALL MY SONS ***
USA 1948, 94 Min., s/w
R: Irving Reis D: Edward G. Robinson, Burt Lancaster, Mady Christians
Kurz nach dem Zweiten Weltkrieg entdeckt die Familie eines Fabrikbesitzers, daß er durch Schluderei mit Flugzeug-Ersatzteilen den Tod vieler Menschen verursacht hat. Nach einem Bühnenstück von Arthur Miller.

Alle für einen – Prügel für alle A228
TUTTI PER UNO, BOTTE PER TUTTI **
Italien/Spanien 1973, 86 Min., F
R: Bruno Corbucci D: Timothy Brent, George Eastman, Karin Schubert
Parodistischer Italo-Western über vier Haudegen, die in Mexiko einen Goldtransport berauben wollen und sich dabei mit allerlei überdrehten Konkurrenten herumschlagen. Hin und wieder kurzweilige Prügelkomödie.

Alle Herrlichkeit auf Erden A229
LOVE IS A MANY SPLENDORED THING ***
USA 1955, 98 Min., F
R: Henry King D: William Holden, Jennifer Jones, Torin Thatcher
Nach dem autobiographischen Roman von Han Suyin erzählt der Film die Liebesgeschichte zwischen einer eurasischen Ärztin und einem amerikanischen Journalisten im Hongkong des Jahres 1949.

Alle Jahre wieder A230
***
BRD 1967, 85 Min., s/w
R: Ulrich Schamoni D: Hans-Dieter Schwarze, Ulla Jacobsson, Sabine Sinjen, Johannes Schaaf
Ein Werbetexter besucht alljährlich zu Weihnachten seine Familie, von der er getrennt lebt. Wieder einmal kann er sich nicht endgültig von ihr lossagen. Präzise beobachteter »Familienfilm« nach einem Manuskript des Journalisten Michael Lentz, der durch stimmige Milieu- und Personenzeichnungen besticht.

Alle Juden raus! A231
****
BRD 1990, 82 Min., F
R: Emanuel Rund
Bewegender Dokumentarfilm über die alltägliche Judenverfolgung in einer deutschen Kleinstadt; Stadtgeschichte, die bei Jubiläen gern verschwiegen wird. HFJ 1992

Alle lieben Peter A232
***
BRD 1959, 91 Min., F
R: Wolfgang Becker D: Hannelore Schroth, Peter Kraus, Peter Vogel
Weil eine Frau ihrem Liebhaber ihr wahres Alter verschwiegen hat, muß sie auch ihren zwanzigjährigen Sohn verleugnen. Übliche Verwechslungskomödie mit Schlagereinlagen. Nicht das schlechteste Beispiel des Genres.

Alle meine Träume A233
THE BEST OF EVERYTHING ***
USA 1959, 121 Min., F
R: Jean Negulesco D: Hope Lange, Joan Crawford, Stephen Boyd
Episodisches Schicksalsdrama über mehrere Frauen, die sich bemühen, in der im New Yorker Wolkenkratzerdschungel beheimateten Verlagsbranche Liebe und Glück zu finden. Hollywood-Unterhaltung von altem Schrot und Korn, mit Joan Crawford in einer Paraderolle als knallharte Unternehmerin mit dem Herzen auf dem rechten Fleck. Nach dem Kitschroman von Rona Jaffe.

Alle Menschen werden Brüder A234
***
BRD 1972, 109 Min., F
R: Alfred Vohrer D: Harald Leipnitz, Doris Kunstmann, Herbert Fleischmann, Klaus Schwarzkopf
Zwei ungleiche Brüder, während der Kriegs- und Nachkriegszeit zu Feinden geworden, lieben dieselbe Frau. Oberflächlich rasante Simmel-Verfilmung, die das Thema des Romans – Schuld und Sühne in der westdeutschen Nachkriegsgesellschaft – nicht in den Griff bekommt.

Alle Mörder sind schon da A235
CLUE ***
USA 1985, 97 Min., F
R: Jonathan Lynn D: Eileen Brennan, Tim Curry, Madeline Kahn
Während einer Party kommt es zu mehreren Morden, und wie sich herausstellt, hat jeder Gast ein Motiv: der Hausherr war nämlich ein schäbiger Erpresser. Amüsanter und komödiantischer Kriminalfilm nach dem Gesellschaftsspiel »Cluedo«. Flott inszeniert und mit haarsträubend komischen Gags. HFJ 1987

Alle sagen: I love you A236
EVERYONE SAYS I LOVE YOU ****
USA 1996, 101 Min., F
R: Woody Allen D: Alan Alda, Woody Allen, Drew Barrymore, Goldie Hawn, Julia Roberts
Parodistische Hommage an die alten Musicalfilme: Ein versöhnlicher Woody Allen fügt kleine Alltagsgeschichten um Liebe und Leiden einer Großfamilie geschickt zusammen und läßt sogar die Schauspieler selber singen. Wunderbar nostalgisches Amüsement. HFJ 1998

Alle Vöglein sind schon da A237
ALOUETTE, JE TE PLUMERAI ***
Frankreich 1988, 90 Min., F
R: Pierre Zucca D: Claude Chabrol, Valérie Allain, Fabrice Luchini
Um Unterschlupf bei einer schönen Krankenschwester zu finden, gibt sich Pierre als reicher Bildhauer ohne Erben aus. Das weckt gefährliche Impulse. Boshafte Komödie um bürgerliche Untugenden, ganz im Sinne Chabrols, der hier als Darsteller zu bewundern ist.

Allegro non troppo A238
ALLEGRO NON TROPPO ***
Italien 1976, 67 Min., s/w und F
R: Bruno Bozzetto
Sechs Trickfilm-Etüden nach berühmten klassischen Musikstücken. Neben dem Zeichner und Regisseur arbeitete Maurizio Nichetti am Drehbuch mit.

Allein gegen das Gesetz A239
IL VERO E IL FALSO ***
Italien 1971, 85 Min., F
R: Eriprando Visconti D: Terence Hill, Martin Balsam, Paola Pitagora
Der Neffe des berühmten Luchino Visconti inszenierte einen verwirrenden und unglaubwürdigen Justiz-Thriller um eine Frau, die die Geliebte ihres Mannes ermordet haben soll, wofür ihr Gatte verantwortlich war.

Allein im Pazifik A240
TAIHEIYO HITORIBOCHI ****
Japan 1963, 101 Min., F
R: Kon Ichikawa D: Yujiro Ishihara, Masayuki Mori, Kinuyo Tanaka
Ein Mann segelt allein von Osaka nach San Francisco. Während der drei Monate langen Reise erinnert er sich an die Stationen seines Lebens und seines Projektes. Ichikawa zeigt in ausgefeilten Bildkompositionen den Kontrast zwischen der Enge des Lebens daheim und der Weite auf dem Meer.

Allein mit Dad & Co. A241
GETTING EVEN WITH DAD **
USA 1994, 109 Min., F
R: Howard Deutch D: Macaulay Culkin, Ted Danson, Glenne Headley
Ein elfjähriger Halbwaise hilft seinem aus dem Knast entlassenen Vater, sich wieder im Leben zurechtzufinden und sucht sich gleichzeitig eine neue Mutter. Simple Familien-Komödie, die wohl nur dazu dient, »Kevin« Macaulay Culkin mal wieder auf die Leinwand zu bringen. HFJ 1995

Allein mit Giorgio A242
LIZA **
Frankreich/Italien 1971, 96 Min., F
R: Marco Ferreri D: Cathérine Deneuve, Marcello Mastroianni
Ein Maler, der sich zur Vollendung eines Werkes auf eine Insel zurückgezogen hat, begegnet einem geheimnisvollen Mädchen. Daneben.

Allein zu zweit A243
A NOUS DEUX ***
Frankreich/Kanada 1979, 109 Min., F
R: Claude Lelouch D: Cathérine Deneuve, Jacques Dutronc, Jacques Villeret
Amüsante und unterhaltsame Ballade über ein Ganovenpärchen, das gerne wieder ehrbar würde.

Die Alleinseglerin A244
***
DDR 1987, 102 Min., F
R: Herrmann Zschoche D: Christina Powileit, Johanna Schall, Manfred Gorr, Götz Schubert
Eine alleinerziehende berufstätige Frau am Rande der Belastbarkeit erbt ein Segelboot und findet darin neue Bestätigung. Unterhaltsame Emanzipationsgeschichte. HFJ 1990

Allen Gefahren zum Trotz A245
BACK TO GOD'S COUNTRY **
USA 1953, 77 Min., F
R: Joseph Pevney D: Rock Hudson, Steve Cochran, Marcia Henderson
Bösewicht scheitert in seiner Gier nach Gold an der Liebe eines Paares und dem Haß eines Hundes, der seinen ermordeten Herrn rächt. Ein Abenteuer aus Alaskas Goldrauschzeit.

Aller Anfang macht Spaß A246
UN MOMENT D'EGAREMENT ***
Frankreich 1977, 93 Min., F
R: Claude Berri D: Jean-Pierre Marielle, Victor Lanoux, Christine Dejoux
»Ein Moment der Verwirrung« lautet die Übersetzung des Originals, und gemeint ist, daß ein dreißig Jahre älterer Mann dem Drängen einer 17jährigen nachgibt, die entjungfernt werden möchte.

Aller Nächte Sehnsucht A247
KØRT ÄR SOMMAREN ***
Schweden 1962, 105 Min., F
R: Bjarne Henning-Jensen D: Bibi Andersson, Jarl Kulle, Liv Ullmann
Eine herrische Kaufmannstochter verliebt sich in einen Leutnant, dem aber auch die Hausangestellte Eva verfallen ist. Am Ende der Dreiecksgeschichte steht die aus Eifersucht entstandene Katastrophe. Wuchtiges Melodrama.

Alles auf Anfang A248
***
BRD 1993, 84 Min., F
R: Reinhard Münster D: Christiane Hörbiger, Harald Juhnke, Katharina Thalbach
Amüsante Screwball-Comedy über Leid und Freud des Filmemachens und -machers, garniert mit einer Prise Geschlechterkampf. Eine ironische und manchmal bösartig-realistische Betrachtung des Filmbusiness. Hervorragend Christiane Hörbiger als »grande dame« der Intrige. HFJ 1995

Alles auf eine Karte A249
UNDERWORLD USA ***
USA 1960, 97 Min., s/w
R: Samuel Fuller D: Cliff Robertson, Dolores Dorn, Paul Dubrov
Weil er als Junge mitansehen muß, wie sein Vater ermordet wird, geht ein Mann später auf den »Mob« los. Hart und zupackend inszeniert.

Alles auf eine Karte A250
VA BANK ***
Polen 1981, 114 Min., s/w
R: Juliusz Machulski D: Leonard Pietraszak, Witold Pyrkosz, Jacek Chmielnik
Amüsanter und intelligenter Krimi über einen Safeknacker im Warschau der dreißiger Jahre, der sich an einem ehemaligen Komplizen rächt. Vom Regisseur der SF-Satire *Sexmission*.

Alles fliegt dir um die Ohren A251
COMIN' AT YA *
USA/Italien 1980, 92 Min., F
R: Ferdinando Baldi D: Tony Anthony, Victoria Abril, Gene Quintano
3-D-Film (!) über einen Westmann, der seine entführte Braut aus den Krallen von Lumpen befreit und ihnen was auf die Rübe haut. Italo-Western, in dem die Fetzen fliegen. HFJ 1981

Alles für die Katz' A252
THAT DARN CAT ***
USA 1964, 116 Min., F
R: Robert Stevenson D: Hayley Mills, Dean Jones, Dorothy Provine
Ein herumstreunender Kater führt das FBI auf die Spur einer gekidnappten Frau. Amüsantes modernes Märchen.

Alles Gold dieser Welt A253
TOUT L'OR DU MONDE **
Frankreich/Italien 1961, 86 Min., s/w
R: René Clair D: André Bourvil, Phillipe Noiret

Drei Bauern in der französischen Provinz (alle drei von Bourvil gespielt) wehren sich gegen einen Spekulanten aus der Großstadt, der sie von ihrem Land vertreiben will.

Alles im Eimer
siehe: Didi – Alles im Eimer

Alles in allem A254
A TOUT PRENDRE ****
Kanada 1963, 101 Min., s/w
R: Claude Jutra D: Johanne, Claude Jutra, Victor Désy, Tania Fédor
Der Fernsehregisseur Claude verliebt sich auf einer Party in das verheiratete Mannequin Johanne; als sie schwanger wird, weiß er sich nicht anders zu entscheiden, als ihr Geld für eine Abtreibung zu geben. Ein Regisseur inszeniert ein Stück aus seinem eigenen Leben.

Alles in einer Nacht A255
ALL IN A NIGHT'S WORK ***
USA 1961, 94 Min., F
R: Joseph Anthony D: Dean Martin, Shirley MacLaine, Cliff Robertson
Shirley MacLaine als mutmaßliche Erpresserin ihres Chefs, natürlich zu Unrecht verdächtigt: Das reicht schon als Motivation für diese typische Hollywood-Gesellschaftskomödie – belanglos, aber routiniert inszeniert und flott gespielt.

Alles in Handarbeit A256
HARDLY WORKING **
USA 1979, 98 Min., F
R: Jerry Lewis D: Jerry Lewis, Deanna Lund, Susan Oliver
Nach zehnjähriger Leinwandpause wärmt Jerry Lewis in diesem gescheiterten Comeback nur seine bewährte Grimassen-Trottel-Komik auf und hetzt als stellungsloser Zirkusclown durch etliche Jobs, die allesamt im Fiasko enden. Lewis bleibt Lewis, doch die Späße von gestern zünden nicht mehr.

Alles in Ordnung A257
TUDO BEM ****
Brasilien 1977/78, 110 Min., F
R: Arnalod Jabor D: Paulo Gracindo, Fernanda Montenegro, Maria Silvia
Die Kleinbürgerfamilie Barata hat sich in ihrer Behausung mit den Gespenstern der brasilianischen Geschichte und Kultur eingerichtet; ein Loch in der Gartenmauer ist Auslöser für eine »Generalrenovierung« mit fatalen Folgen. Politische Komödie »über die Verrücktheiten der abhängigen Schizophrenie« (Glauber Rocha).

Alles Lüge! A258
***
BRD 1992, 87 Min., F
R: Heiko Schier D: Dieter Hallervorden, Peter Fitz, Billie Zöckler
Didi spielt einen DDR-Komiker, der in West-Berlin einen Neuanfang versucht und dabei auf ein sexbesessenes Weib und einen melancholischen Show-Agenten trifft. Reichlich überflüssiges Hallervorden-Produkt, das man auch »Didi im Wilden Westen« betiteln könnte. HFJ 1993

Alles tanzt nach meiner Pfeife A259
**
L'HOMME ORCHESTRE
Frankreich/Italien 1969, 78 Min., F
R: Serge Kober D: Louis de Funès, Paul Preboist, Noelle Adam
Als Manager einer Ballett-Truppe hat der Komiker alle Hände voll zu tun, um seine Tänzerinnen von den Mannsleuten fernzuhalten.

Alles über Eva A260
ALL ABOUT EVE *****
USA 1950, 137 Min., s/w
R: Joseph L. Mankiewicz D: Bette Davis, Anne Baxter, George Sanders
Die ehrgeizige Nachwuchsdarstellerin Eve mißbraucht die gefeierte Diva Margo als Steigbügel für ihre Show-Karriere. Eine perfekte, pfiffig-sarkastische Tragikomödie, die mit sieben Oscars ausgezeichnet wurde. Einer der bösesten und brillantesten Filme, die je über Hollywood gedreht wurden.

Alles um Anita A261
HOLLYWOOD OR BUST ***
USA 1956, 95 Min., F
R: Frank Tashlin D: Dean Martin, Jerry Lewis, Anita Ekberg
Der ehrliche Gewinner eines Autos und ein kleiner Gangster machen sich auf die Suche nach Anita Ekberg. Hommage an die Traumfabrik und das komische Talent des Duos Martin und Lewis, deren letzter gemeinsamer Film das war.

Alles was verboten ist A262
THE IMPOSSIBLE YEARS **
USA 1967, 92 Min., s/w
R: Michael Gordon D: David Niven, Lola Albright, Chad Everett
Ein Psychiater hat Probleme mit seiner halbwüchsigen Tochter. Nach einem Broadway-Hit. Maltin findet den Film »obszön«.

Alles wegen dieser Frauen A263
A CAUSE, A CAUSE D'UNE FEMME ***
Frankreich 1962, 94 Min., s/w
R: Michel Deville D: Jacques Charrier, Mylène Demongeot, Odile Versois
Ironischer Kriminalfilm um einen Playboy, der von einer früheren Geliebten eines Mordes bezichtigt wird und von seiner gegenwärtigen Freundin gerettet wird.

Alles zu verkaufen A264
WSZYSTKO NA SPRZEDAZ ****
Polen 1968, 105 Min., F
R: Andrzej Wajda D: Andrzej Lapicki, Beata Tyszkiewicz, Elzbieta Czyzewska, Daniel Olbrychski
Ein Regisseur versucht die Dreharbeiten seines Films fortzusetzen, nachdem sein Hauptdarsteller verschwunden ist. Dieser ist dem Schauspieler Zbigniew Cybulski nachgebildet, der durch seine Zusammenarbeit mit Wajda zur Personifikation des polnischen Nachkriegskinos wurde. Trotz stilistischer und emotionaler Übertreibungen ein sicher inszenierter und spannender Film.

Alligator II: Die Mutation A265
ALLIGATOR II: THE MUTATION **
USA 1991, 92 Min., F
R: Jon Hess D: Joseph Bologna, Dee Wallace Stone, Richard Lynch
Mutierter Riesenalligator murkst Menschen, und während ein Detektiv ihm auf die Schliche kommen will, wirft ihm ein Vergnügungspark-Betreiber munter Knüppel zwischen die Beine. Ein Z-Film. HFJ 1992/LSFF

Allonsanfan A266
ALLONSANFAN ****
Italien 1974, 100 Min., F
R: Paolo und Vittorio Taviani
D: Marcello Mastroianni, Lea Massari, Mimsy Farmer, Laura Betti
»Revolutionäre« aus der Oberschicht? Den mangelnden Wirklichkeitsbezug dieser Utopie zeigen die Brüder Taviani – intelligent und elegant – am Beispiel eines italienischen Adligen, der in Zeiten der Rückschläge wieder zu seinem behaglichen Individualleben zurückkehrt.

Allotria A267
***
Deutschland 1936, 101 Min., s/w
R: Willi Forst D: Heinz Rühmann, Jenny Jugo, Adolf Wohlbrück
Die heiter-romantische Geschichte zweier Brautpaare, aus denen Eheleute werden. Eleganz und Stil zeichnen diese typische Willi-Forst-Komödie besonders aus.

Aloise A268
ALOISE ***
Frankreich 1975, 115 Min., F
R: Liliane de Kermadec D: Delphine Seyrig, Isabelle Huppert, Marc Eyraud
Eine ehemalige Gouvernante verbringt 40 Jahre in einer psychiatrischen Anstalt und produziert dort »Art brut«. Sensibler Debütfilm.

Alpha Blue – Liebe im Einundzwanzigsten Jahrhundert A269
THE SATISFIERS OF ALPHA BLUE **
USA 1981, 82 Min., F
R: Gerard Damiano D: Richard Bolla, Herschel Savage, Lysa Thatcher
Bums-Bomber nach Bangkok sind out: Im 21. Jahrhundert reist man zum Planeten Alpha, wo willige Damen für den Hormonhaushalt der Urlauber sorgen. Eindeutiges von einschlägig Vorbelasteten.

Alphabet City A270
ALPHABET CITY ***
USA 1984, 88 Min., F
R: Amos Poe D: Vincent Spano, Kate Vernon, Michael Winslow
Alles spielt in einer einzigen Nacht, und erzählt wird die Geschichte von Johnny, dem 19jährigen Laufburschen eines mächtigen Unterwelt-Bosses. Höchst stilisierter Gangsterfilm um den Versuch eines Ausstieges aus dem organisierten Verbrechen.

Alphaville A271
ALPHAVILLE ****
Frankreich/Italien 1965, 93 Min., s/w
R: Jean-Luc Godard D: Eddie Constantine, Anna Karina, Akim Tamiroff
Ein hartgesottener Agent setzt mit der Kraft der Poesie einen dämonischen Wissenschaftler und einen allesbeherrschenden Computer außer Gefecht. SF-Film, der gänzlich ohne futuristische Dekors auskommt. Godards Vision vom »Big Brother«; ein Muß für Jünger der »Nouvelle Vague«. LSFF

Kunst und Kommerz in Gestalt von Anna Karina und Eddie Constantine in ›Alphaville‹.

Alptraum A272
AFTERMATH: A TEST OF LOVE **
USA 1991, 99 Min., F
R: Glenn Jordan D: Richard Chamberlain, Michel Learned, Doug Savant
Die Colburns sind eine glückliche amerikanische Familie. Jäh wird die Idylle durch einen Raubüberfall beendet, bei der die Frau erschossen und der jüngste Sohn schwer verletzt wird. Nur ganz langsam fangen die Überlebenden sich. Langatmiges Melodram, dem zum Thema nur Allgemeinplätze einfallen.

Alpträume A273
NIGHTMARES **
USA 1981, 90 Min., F
R: Joseph Sargent D: Christina Raines, Joe Lambie, Emilio Estevez
Episodischer Horrorfilm um einen irren Schlitzer; einen Spieler, der gegen einen dämonischen Automaten antritt; einen Geistlichen, der Satan begegnet, und einer Riesenratte, die eine Familie terrorisiert. HFJ 1991

Die Alptraumfrau A274
***
BRD 1980, 86 Min., s/w
R: Lothar Lambert D: Ulrike S., Dagmar Beiersdorf, Robert Cutts
Kleiner, heftiger No-Budget-Film aus Berlins Untergrund um eine traumatisierte Frau auf der Suche nach ihrer (sexuellen) Identität.

Alraune A275
****
Deutschland 1927, 98 Min., s/w
R: Henrik Galeen D: Brigitte Helm, Paul Wegener, Ivan Petrovich
Bildergewaltige und in kameratechnischer Hinsicht brillante Neuverfilmung des Romans von Hanns Heinz Ewers, in der ein Wissenschaftler eine Prostituierte mit dem Samen eines Verbrechers befruchtet und so ein künstliches Wesen erschafft, das sich alsbald gegen seinen Meister wendet. Fantasy-Stummfilm vom Besten.

Als die Mandelbäume blühten A276 ****
ROTSA AKWAWDA NUSCHI
UdSSR 1972, 75 Min., F
R: Lana Gogoberidse D: Surab Kipschidse, Georgij Pipija
Ein Gymnasiast wird von seinem korrupten Vater immer wieder vor Mißlichkeiten bewahrt; als er jedoch mitschuldig am Tode eines anderen Jungen wird, verweigert er sich der väterlichen Protektion. Desillusioniertes Bild einer Jugend in Georgien.

Als die Rothäute ritten A277 **
WHEN THE REDSKINS RODE
USA 1951, 78 Min., F
R: Lew Landers D: Jon Hall, James Seay, Mary Castle, John Ridgely
In der Mitte des 18. Jahrhunderts gelingt es George Washington, eine französische Spionin auszuschalten, die einen Indianerstamm in den Dienst ihres Vaterlandes einspannen will. Durchschnittswestern.

... als Diesel geboren A278 ***
BRD 1978, 122 Min., F
R: Peter Przygodda
Dokumentarfilm über brasilianische Fernfahrer von dem Mann, der als hervorragender Cutter dem Neuen Deutschen Film unschätzbare Dienste geleistet hat.

Als Dinosaurier die Erde beherrschten A279 ***
WHEN DINOSAURS RULED THE EARTH
GB 1969, 100 Min., F
R: Val Guest D: Victoria Vetri, Robin Hawdon, Patrick Allen
Während eines Naturphänomens flieht ein Mädchen vor einem Stamm von Steinzeitmenschen, erlebt Abenteuer mit Riesenkrebsen und Dinosauriern und wird nach einer Flutkatastrophe zur Urmutter eines neuen Volkes.

Als Hitler das rosa Kaninchen stahl A280 **
BRD 1978, 105 Min., F
R: Ilse Hofmann D: Martin Benrath, Elisabeth Trissenaar
Nach dem Roman von Judith Kerr erzählt der für das Fernsehen produzierte Film von einer jüdischen Familie, die bei der Flucht vor den Nationalsozialisten alle zurücklassen muß, auch das Kaninchen der kleinen Tochter.

Als Hitler den Krieg überlebte A281 ***
JA, SPRAVEDLNOST
CSSR 1967, 90 Min., s/w
R: Zbynek Brynych D: Karel Höger, Jiri Vrstala, Angelica Domröse
Gegen Kriegsende entführen deutsche Antifaschisten Hitler, um sich mit ausgeklügelten Foltermethoden an ihm zu rächen, doch ein tschechischer Arzt tötet ihn mit einer Spritze. LSFF

Als Jim Dolan kam A282 ***
ROUGH NIGHT IN JERICHO
USA 1966, 108 Min., F
R: Arnold Laven D: Dean Martin, George Peppard, Jean Simmons
Ex-Marshal, nun Berufsspieler, läßt sich in einem Westernkaff nieder, das von Banditen terrorisiert wird, und räumt aus Freundschaft zu zwei netten Einwohnern mit den Halunken auf.

Als Mutter streikte A283 **
BRD 1973, 87 Min., F
R: Eberhard Schröder D: Peter Hall, Johanna Matz, Gila von Weitershausen
Eine Mutter hat genug und läßt die Familie allein. Mann und Kind müssen allein zurechtkommen. Verlogener Familienfilm und schlechtere Folge von *Morgens um sieben ist die Welt noch in Ordnung,* und das will etwas heißen.

Als Unku Edes Freundin war A284 ***
DDR 1980, 72 Min., F
R: Helmut Dziuba D: Alex Lindner, Jacqueline Ody, Michael Falkenhagen
Die Geschichte der Freundschaft eines Berliner Jungen mit einem Zigeunermädchen in den späten zwanziger Jahren. Pädagogisch und unterhaltsamer DDR-Kinderfilm.

Als vermißt gemeldet A285 ***
REPORTED MISSING
Schweden 1987, 82 Min., F
R: Mikael Ekman D: Lars-Erik Berenett, Jan Erik Lindquist
Die Suche eines Polizisten nach dem vermißten Mann einer Freundin. Passables Whodunit aus dem Hohen Norden nach einem Roman von Olov Svedelid, der 1972 als bester schwedischer Kriminalroman ausgezeichnet wurde.

Alsino und der Condor A286 ****
ALSINO Y EL CONDOR
Nicaragua/Kuba/Mexiko/Costa Rica 1982, 85 Min., F
R: Miguel Littin D: Alan Esquivel, Dean Stockwell, Carmen Bunster
Der Befreiungskampf der Sandinista in der Filmmetapher von einem Jungen und seinem Traum vom Fliegen. Ein utopischer und zugleich realistischer Film in wunderschönen Bildern, engagiert aber weitgehend um Objektivität bemüht.

Also sprach Bellavista A287 ****
COSI PARLA BELLAVISTA
Italien 1984, 106 Min., F
R: Luciano de Crescenzo D: Luciano de Crescenzo, Renato Scarpa, Isa Danieli, Lorella Morlotti
Ein ehemaliger Philosphieprofessor in Neapel, der den anderen Bewohnern der Hausgemeinschaft seine Gedankenwelt täglich auf unterhaltsame Weise nahebringt, wird mit einem neu eingezogenen Mailänder konfrontiert. Nach und nach legt sich seine anfängliche Skepsis gegenüber dem vermeintlich kühlen Norditaliener. Intelligente Komödie und gleichzeitig eine liebevolle Hommage an die »Hauptstadt des Unglaublichen«.

Alt Heidelberg A288 ****
THE STUDENT PRINCE IN OLD HEIDELBERG
USA 1927, 105 Min., s/w
R: Ernst Lubitsch D: Ramon Novarro, Norma Shearer, Jean Hersholt
Der Erbprinz Karl Heinrich verliebt sich als Student in Heidelberg in ein bürgerliches Mädchen. Sehr witzig und ironisch (und besser als die Tonfilm-Version von 1954, der Mario Lanza seine Stimme lieh).

Die alte Fee A289
LA FEE CARABINE ***
Frankreich 1990, 90 Min., F
R: Yves Boisset D: Fabrice Luchini, Tom Novembre, Anna Galiena
Eine Mörderin geht um unter den Obdachlosen in Paris. Thriller mit sozialkritischem Hintergrund.

Das alte finstere Haus A290
THE OLD DARK HOUSE ***
GB 1962, 86 Min., F
R: William Castle D: Tom Poston, Peter Bull, Robert Morley
Ein Testament verpflichtet die Erben eines Seeräubers, sich nicht länger als einen Tag aus einem alten Spukhaus zu entfernen. Ein junger Amerikaner, der eine Nacht dort verbringt, stellt fest, daß die Bewohner des Gemäuers entweder irre oder Mordopfer in spe sind, da sie alle naselang Bomben zum Opfer fallen. Horrorkomödie.

Das alte Gewehr A291
LE VIEUX FUSIL ***
Frankreich/BRD 1975, 103 Min., F
R: Robert Enrico D: Phillipe Noiret, Romy Schneider, Jean Bouise
Ein französischer Arzt rächt sich im besetzten Frankreich des Jahres 1944 an SS-Soldaten, die seine Frau und seine Tochter vergewaltigt und ermordet haben. Mehr Blut als Politik.

Die alte Jungfer A292
THE OLD MAID ***
USA 1939, 95 Min., s/w
R: Edmund Goulding D: Bette Davis, Miriam Hopkins, George Brent
Eine Amerikanerin bringt während des Sezessionskriegs heimlich das Kind ihres gefallenen Bräutigams zur Welt, avanciert zur Leiterin eines Waisenhauses und zieht es dort zusammen mit den anderen auf. Auch als ihre Cousine das Kind adoptiert, schweigt sie. Ein faszinierendes Melodram über eine Zeit, in der unverheiratete Mütter sich verstecken mußten.

Der alte Mann und das Kind A293
LE VIEL HOMME ET L'ENFANT ***
Frankreich 1966, 83 Min., F
R: Claude Berri D: Michel Simon, Luce Fabiole, Alain Cohen
Ein jüdischer Junge in der deutschen Besatzung findet Zuflucht bei einem alten Paar im unbesetzten Frankreich, die aber von seiner Identität nichts erfahren.

Der alte Mann und das Meer A294
THE OLD MAN AND THE SEA ****
USA 1958, 89 Min., F
R: John Sturges D: Spencer Tracy, Felipe Pazos, Harry Bellaver
Ein alter Fischer, der seit Monaten nichts mehr gefangen hat, fährt noch einmal auf See hinaus. Es gelingt ihm, einen riesigen Fisch zu fangen, doch ein Rudel Haie haben es auf seine Beute abgesehen. Poetischer Ein-Mann-Film nach dem Roman von Ernest Hemingway, über einen Kampf, der nicht zu gewinnen ist.

Der alte Mann und das Meer A295
THE OLD MAN AND THE SEA ***
USA 1989, 95 Min., F
R: Judd Taylor D: Anthony Quinn, Gary Cole, Francesco Quinn
Hemingways Geschichte vom alten Fischer, der einen riesigen Fisch erbeutet, ihn aber bei der Heimkehr an die Haie verliert, in einer ansprechenden, ein wenig geglätteten Neufassung.

Das Alter der Erde A296
A IDADE DE TERRA ****
Brasilien 1980, 149 Min., F
R: Glauber Rocha D: Mauricio Do Valle, Jece Valadao, Norma Bengell
Visionärer Film aus Mythen, Passionsspielen und vorchristlichen Kulten. Eine eigenwillige Sehweise der brasilianischen Vergangenheit und Gegenwart. Eine mitreißende Exerzitien-Übung für Cineasten.

Das Alter der Träumereien A297
ÁLMODOZÁSOK KORA ****
Ungarn 1964, 95 Min., s/w
R: István Szabo D: Andras Balint, Ilona Béres, Judit Halasz, Kati Solyom, Béla Asztolos
Vier Ingenieure, die gerade ihr Studium abgeschlossen haben, stoßen nun in ihrem Beruf auf den Dogmatismus und die Privilegien der älteren Generation.

Das Alter des Meeres A298
I ILIKIA TIS THALASSAS ****
Griechenland 1978, 100 Min., s/w
R: Takis Papajannidis D: Kyriakos Katrivanos, Kitty Arseni
In einer Mischung aus Dokumentar- und Spielszenen schildert der Film den Kampf des griechischen Volkes gegen innere und äußere Unterdrücker.

Alter Kahn und junge Liebe A299 ***
DDR 1956, 79 Min., s/w
R: Hans Heinrich D: Alfred Maack, Erika Dunkelmann, Götz George
Harmlos-vergnügliche Geschichte einer Lastkahnfahrt von Berlin nach Waren an der Müritz. Nicht zu verwechseln mit dem gleichnamigen BRD-Film aus dem Jahre 1973, in dem Roy Black unter der Regie von Werner Jacobs den Rhein runter schippert.

Altes Herz wird wieder jung A300 **
Deutschland 1943, 85 Min., s/w
R: Erich Engel D: Emil Jannings, Maria Landrock, Victor De Kowa
Nachdem er lange von seiner Frau getrennt war, meldet sich bei einem Fabrikanten die Enkelin, die Tochter des Sohnes, den er nie kennengelernt hat. »Unpolitische Filmromanze« des einstigen Mitarbeiters von Bert Brecht.

Das älteste Gewerbe A301
MARUHI: SHIJKO MESU ICHIBA ***
Japan 1974, 75 Min., F
R: Noboru Tanaka D: Seri Meika, Hanayagi Genshu, Yumemura Shiro
Der Film schildert das Leben und die Erlebnisse einer 19jährigen Prostituierten in einem Slum in Osaka während der siebziger Jahre. Softporno. HFJ 1992

Das älteste Gewerbe der Welt A302 ***
LE PLUS VIEUX METIER DU MONDE
BRD/Fr/It 1966, 120 Min., F
R: Franco Indovina, Philippe de Broca
D: Michèle Mercier, Raquel Welch, Jeanne Moreau, Martin Held
Sechsteiliger Episodenfilm über die Historie der Hurerei von der Steinzeit bis zum Jahr 2000. Witzig, amüsant.

Michael Pfleghaar, Jean-Luc Godard und Claude Autant-Lara beteiligten sich ebenfalls an dem Gesamtwerk.

Alvarez Kelly A303
ALVAREZ KELLY ***
USA 1965, 109 Min., F
R: Edward Dmytryk D: Richard Widmark, William Holden, Janice Rule
Gegen Ende des amerikanischen Bürgerkrieges bringt ein Geschäftsmann im Auftrag der Unionstruppen Rinder nach Virginia, wird aber vom Gegner zur Kooperation gezwungen. Kriegsgewinnler als strahlender Held.

Always A304
ALWAYS ***
USA 1989, 122 Min., F
R: Steven Spielberg D: Richard Dreyfuss, Holly Hunter, Brad Johnson
Remake von Victor Flemings *A Guy Named Joe*. Ein tödlich verunglückter Pilot erteilt seinen ehemaligen Mitmenschen aus dem Jenseits Ratschläge und muß lernen, daß er am Leben nicht mehr teilhaben kann. Spielbergs visuelle Gags zünden wie gewohnt, dennoch kein komödiantischer Höhenflug. HFJ 1991

Am Abend des folgenden Tages A305
THE NIGHT OF THE FOLLOWING DAY ***
GB 1968, 92 Min., F
R: Hubert Cornfield D: Marlon Brando, Richard Boone, Rita Moreno
Ihre persönlichen Auseinandersetzungen lassen ein Gangster-Quartett bei einem Kidnapping scheitern. Routinier Cornfield inszenierte psychologisch glaubwürdig, spannend und mit erstaunlicher Ökonomie.

Am achten Tag A306
LE HUITIÈME JOUR ****
Frankreich/Belgien 1996, 118 Min., F
R: Jaco Van Dormael D: Pascal Duquenne, Daniel Auteuil, Miou-Miou
Feinfühlig-poetische Geschichte mit Witz und Charme um einen Karrieristen, dessen durchorganisiertes Leben durch die Begegnung mit einem lebensfreudigen Mongoloiden eine neue Perspektive bekommt. Teilweise märchenhaftes Wohlfühl-Kino. HFJ 1997

Am Anfang war das Feuer A307
LA GUERRE DU FEU ****
Fr/Kanada 1981, 100 Min., F
R: Jean-Jacques Annaud D: Everett McGill, Rae Dawn Chong
Als einem urzeitlichen Stamm eines Tages das sorgsam gehütete Feuer erlischt, ziehen drei Männer aus, um wieder ein Flämmchen aufzutreiben. Spannender und mit Lust am Detail sorgfältig inszenierter Steinzeitfilm, in dem kein Wort gesprochen wird.

Am Ende der Gewalt A308
THE END OF VIOLENCE ****
USA/BRD 1997, 122 Min., F
R: Wim Wenders D: Bill Pullman, Gabriel Byrne, Andie MacDowell
Gewaltfilmproduzent wird entführt und findet im Schutz einer mexikanischen Gärtnerfamilie seine Läuterung. Vordergründig als Thriller angelegt, geht es Wim Wenders doch wieder um philosophische Reflexionen über Bilder und ihre Inhalte. HFJ 1998

Am Ende des Weges A309
THE DAY THE LOVING STOPPED **
USA 1981, 96 Min., F
R: Daniel Mann D: Dominique Dunne, Dennis Weaver, Valerie Harper
Eine Frau, deren Eltern sich haben scheiden lassen und auch in ihren weiteren Beziehungen kein Glück hatten, bekommt am Vorabend der eigenen Hochzeit Angst. Psychologische Liebesgeschichte, realistischer als gewohnt.

Am Ende des Weges A310
RIGHT OF WAY **
USA 1983, 102 Min., F
R: George Schaefer D: James Stewart, Bette Davis, Melinda Dillon
Als eine Frau erfährt, daß sie unheilbar krank ist, beschließen sie und ihr Mann gemeinsam zu sterben. Ein schlechter Film, den man dennoch wegen der Hauptdarsteller nicht versäumen darf.

Am Ende einer Kindheit A311
A IDADE MAIOR ***
Portugal/BRD 1990, 120 Min., F
R: Teresa Villaverde D: Ricardo Colares, Teresa Roby, Joaquim D'Alemeida
Schicksal und politische Ereignisse bewirkten den Zerfall einer portugiesischen Familie von den sechziger Jahren an.

Am Ende eines langen Tages A312
THE LONG DAY CLOSES ***
GB 1991, 85 Min., F
R: Terence Davies D: Leigh McCormack, Marjorie Yates, Anthony Watson
Poetische und autobiographische Reflexion über das Glückserleben eines elfjährigen Jungen im Liverpool der fünfziger Jahre.

Am Ende vieler Jahre A313
KONECNA STANICE ***
CSSR 1981, 81 Min., F
R: Jaroslav Balik D: Ota Sklencka, Nelly Gaierová, Jirina Stepnicková
Ehemalige Operettensängerin findet im Altersheim in einem erfolglosen Komponisten einen Freund in einer eher feindlichen Umwelt. Liebevolle Studie über die Konflikte des Altwerdens.

Am ersten Montag im Oktober A314
FIRST MONDAY IN OCTOBER **
USA 1981, 94 Min., F
R: Ronald Neame D: Walter Matthau, Jill Clayburgh, Barnard Hughes
Eine junge Juristin, die als erste Richterin an den Obersten Gerichtshof berufen wird, bekommt die Vorurteile ihrer männlichen Kollegen zu spüren. Star-Komödie.

Am fernen Horizont A315
THE FAR HORIZONS ***
USA 1955, 108 Min., F
R: Rudolph Maté D: Fred MacMurray, Charlton Heston, Donna Reed
Dramatische Abenteuer der Lewis- und Clark-Expedition, die 1803 im Auftrag des US-Präsidenten die Wildnis des Staates Louisiana erforschen soll.

Am Freitag schlief der Rabbi lang A316
FRIDAY THE RABBI SLEPT LATE ***
USA 1976, 98 Min., F
R: Lou Antonio D: Stuart Margolin, Lorraine Gary, Robert Reed
Ein detektivisch begabter Rabbi klärt mit Riecher und jüdischem Witz einen

Frauenmord in seiner Gemeinde, nachdem die Handtasche der Toten in seinem Wagen gefunden wurde. US-Fernsehproduktion nach einer Serienfigur des Autors Harry Kemelman: Eine Mischung aus Columbo und Pater Brown.

Am Gletscher A317
KRISTNIHALD UNDIR JÖKLI ***
Island 1989, 91 Min., F
R: Gudny Halldorsdottir D: Sigurdur Sigurjonsson, Margret Helga Johannsdottir, Baldvin Halklörsson
In einer kleinen isländischen Gemeinde legt ein Pastor eher eigenwillig die Heilige Schrift aus und soll deshalb von einem jungen Theologen beobachtet werden, der aber selbst sehr schnell in den Bann der archaischen Mythen des Ortes gerät. HFJ 1991

Am goldenen See A318
ON GOLDEN POND ***
USA 1981, 104 Min., F
R: Mark Rydell D: Katharine Hepburn, Henry Fonda, Jane Fonda
Sanfte Komödie über ein altes Ehepaar, das den Sommer wieder einmal am Ferienort am »goldenen See« verbringt. Ein cineastisches Abschiedsgeschenk für Henry Fonda.

Am großen Weg A319
LE GRAND CHEMIN ****
Frankreich 1986, 107 Min., F
R: Jean-Loup Hubert D: Anémone, Richard Bohringer, Antonie Hubert
Kleine Geschehnisse um die Ferien eines Stadtjungen auf dem Land in den fünfziger Jahren. Sensible Menschenbilder mit bewußten Anklängen an die Tradition des poetischen Realismus. HFJ 1988

Am heiligen Grund A320
SACRED GROUND ***
USA 1983, 94 Min., F
R: Charles B. Pierce D: Tim McIntire, Jack Elam, Mindy Miller
Ein Trapper baut eine Hütte auf dem heiligen Grund eines Indianerstammes, wird vertrieben und verliert seine Frau. Er zwingt eine Indianerin, sich seines Kindes anzunehmen und schließt nach harten Kämpfen mit den Indianern Frieden.

Am Rande der Großstadt A321
AL MARGINI DELLA METROPOLI ***
Italien 1952, 96 Min., s/w
R: Carlo Lizzani D: Michel Jourdan, Giulietta Masina, Massimo Girotti
Neorealistischer Krimi um einen Anwalt, der erst aus Ehrgeiz und dann aus Engagement einen Mann aus einer römischen Vorstadt verteidigt, der eine Prostituierte ermordet haben soll.

Am Rande der Nacht A322
TCHAO PANTIN ****
Frankreich 1983, 94 Min., F
R: Claude Berri D: Michel Coluche, Richard Anconina, Agnès Soral
Der Komiker Coluche in einer ernsten Rolle als Ex-Polizist, der den Tod seines Freundes rächt und dabei selbst ums Leben kommt. Nachtschwarzer, atmosphärisch dichter Großstadt-Thriller ohne Happy End.

Am Rande des Abgrunds A323
FIVE DAYS ONE SUMMER ***
USA 1982, 108 Min., F
R: Fred Zinnemann D: Sean Connery, Betsy Brantley, Lambert Wilson
Alternder schottischer Arzt reist mit seiner jungen Geliebten zum Klettern in die Alpen, wo sie sich in einen jungen Bergführer verliebt. Etwas dünne Story, aber hervorragend inszeniert.

Am schwarzen Fluß A324
THE SPIRAL ROAD **
USA 1962, 122 Min., F
R: Robert Mulligan D: Rock Hudson, Burl Ives, Gena Rowlands
Junger Arzt läßt sich von älterem Kollegen in einer Leprastation im Dschungel von Java zeigen, wie Gott und die Welt wirklich sind. Nach dem Roman von Jan de Hartog. Und leider trotz der zum Abenteuer einladenden Umgebung stinklangweilig.

Am Tag, als der Regen kam A325
**
BRD 1959, 88 Min., s/w
R: Gerd Oswald D: Mario Adorf, Christian Wolff, Corny Collins
Einer will aus einer Berliner Halbstarken-Bande aussteigen und wird von den anderen umgebracht. Gut gespielte und gut inszenierte Kolportage.

Am Tode vorbei A326
THE WOMAN THEY ALMOST LYNCHED **
USA 1953, 87 Min., s/w
R: Allan Dwan D: John Lund, Brian Donlevy, Audrey Totter, Joan Leslie
Im amerikanischen Westen duellieren sich zwei Flintenweiber aus Rache und treten für einen Banditen ein, wofür die eine beinahe gelyncht wird. Western mit parodistischen Elementen. Übersehbar.

Am Tor zur Freiheit liegt der Totenschein A327
***
EMBASSY
USA/GB 1971, 90 Min., F
R: Gordon Hessler D: Richard Roundtree, Chuck Conners, Max von Sydow
Das Schicksal eines russischen Überläufers, der sich im Nahen Osten in eine US-Botschaft flüchtet und zum Spielball sich ändernder politischer Konstellationen wird.

Am Ufer der Dämmerung A328
**
BRD 1982, 97 Min., F
R: Jochen Richter D: Hans Peter Hallwachs, Barbara Rudnik, Christoph Lindert, Georg Marischka
Ein Mann verkauft seinen eigenen Tod und ist entsetzt über den Zugriff der Presse auf sein Leben. Die Idee ist besser als der Film.

Am Ufer des Flusses A329
VALE ABRAAO ****
Portugal/Fr/Schweiz 1993, 187 Min., F
R: Manoel de Oliveira D: Leonor Silveira, Luis Miguel Cintra, Cecile Sanz de Alba
Basierend auf dem Roman »Madame Bovary« von Gustave Flaubert inszenierte Manoel de Oliveira eine lebenslange, unglückliche Partner-Beziehung, an der die Heroin letztendlich zerbricht. Eine gelungene Literaturverfilmung mit poetischen Momenten.

Am Wendepunkt A330
THE TURNING POINT ***
USA 1977, 114 Min., F
R: Herbert Ross D: Shirley MacLaine, Anne Bancroft, Mikhail Barischnikow, Tom Skerritt

Nach sieben Jahren treffen Deedee und Emma einander wieder bei einem Ballett-Gastspiel. Deedee hat dem Ballett den Rücken gekehrt, Emma kämpft immer noch um ihre Karriere. Aufwendiges Melodram, die Damen glänzen in ihren Rollen, während Regisseur und Ex-Tänzer Ross die Zügel schleifen läßt.

Am wilden Fluß A331
THE RIVER WILD ***
USA 1994, 111 Min., F
R: Curtis Hanson D: Meryl Streep, Kevin Bacon, David Strathairn
Für eine dreiköpfige Familie wird der Abenteuerurlaub spannender als geplant, als sie in die Hände von Kriminellen fällt und sich die ruhige Flußfahrt zu einem Kampf um Leben und Tod entwickelt. Gut inszeniertes Genrekino voller Spannung und mit einem atemberaubenden Finale. HFJ 1996

Amadeus A332
AMADEUS ****
USA 1983, 159 Min., F
R: Milos Forman D: F. Murray Abraham, Tom Hulce, Elizabeth Berridge
Nach Peter Shaffers Drama über den von Ehrgeiz und Neid zerfressenen Komponisten Salieri, der das »unschuldige« Genie Mozart abgrundtief haßt, entstand ein virtuoser, unterhaltsamer Film.

Amanda By Night A333
AMANDA BY NIGHT **
USA 1980, 90 Min., F
R: Robert McCallum D: Richard Bolla, Jamie Gillis, Veronica Hart
Zwei Huren übernehmen einen Job als Domina. Eine wird ermordet, um die andere kümmert sich der Zuhälter, der den Auftrag vermittelt hat. Die Prostituierte Amanda gerät zwischen die Fronten. Spannend. Und eindeutig.

Amarcord A334
AMARCORD *****
Italien/Frankreich 1973, 122 Min., F
R: Federico Fellini D: Magali Noel, Pupella Maggio, Armando Brancia
Fellinis magische Erinnerungen an seine Jugend in Rimini und die bizarren Charaktere seiner Heimatstadt.

Amateur A335
AMATEUR ****
Frankreich/USA 1993, 105 Min., F
R: Hal Hartley D: Isabelle Huppert, Martin Donovan, Elina Lowensohn
Für einen jungen Mann, der sein Gedächtnis verloren hat, beginnt ein neues Leben. Er verliebt sich in eine zur Nonne konvertierte ehemalige Autorin von Pornoromanen, wird jedoch von seiner offensichtlich zweifelhaften Vergangenheit eingeholt. Origineller Film, in dem Hartley sein ewiges Thema vom Ausgeliefertsein des Individuums gegenüber der Gewalt der Verhältnisse variiert.

Amazonen auf dem Mond oder Warum die Amis den Kanal voll... A336
AMAZON WOMEN ON THE MOON **
USA 1987, 85 Min., F & s/w
R: Joe Dante, Peter Horton
D: Rosanna Arquette, Carrie Fisher, Steve Guttenberg, Michelle Pfeiffer
Episodenfilm. Fortsetzung des Nonsens-Klassikers Kentucky fried movie. Konzipiert als eine Aneinanderreihung von Sketchen, verulkt der Film amerikanische »couch potatoes« und ihr Heiligtum, die Glotze. HFJ 1989

Amazonen des Urwalds A337
PREHISTORIC WOMEN ***
USA 1950, 73 Min., F
R: Gregg Tallas D: Laurette Luez, Allan Nixon, Mara Lynn, Joan Shawlee
Verfeindete Stämme von Urzeitfrauen und Urzeitmännern, die von Echsen und einem bösen Riesen angegriffen werden, entdecken das Feuer als Waffe und tun sich nach dem Sieg über alle Unbilden des Lebens zusammen.
LSFF

Der Ambassador A338
THE AMBASSADOR ***
USA 1984, 90 Min., F
R: J. Lee Thompson D: Robert Mitchum, Ellen Burstyn, Rock Hudson
Vergebliche Vermittlungsversuche eines US-Botschafters im Israel-Palästina-Konflikt, und obendrein geht seine Frau fremd. Nach dem Roman *52 Pick-Up* von Elmore Leonard, der zwei Jahre später unter seinem Originaltitel erneut verfilmt wurde (von John Frankenheimer mit Roy Scheider und Ann-Margret).

Ambulance A339
AMBULANCE **
USA 1990, 95 Min., F
R: Larry Cohen D: Eric Roberts, James Earl Jones, Red Buttons
Comic-Zeichner auf der Suche nach der Frau seines Lebens gerät an einen irren Arzt, der Menschen entführt, um sie schweinischen Experimenten zu unterziehen und muß erkennen, daß die Angebetete schon vergeben ist.

Ameisen – Die Rache der schwarzen Königin A340
ANTS *
USA 1977, 92 Min., F
R: Robert Sheerer D: Robert Foxworth, Linda Day George, Myrna Loy
Ein Ameisenheer, von Bauarbeitern ausgebuddelt, umzingelt ein einsames Berghotel und versetzt dessen Gäste in Angst und Schrecken. Lachhafter Horrorfilm, dessen Böslinge nichts tun, was einem Angst machen könnte.

America 3000 A341
AMERICA 3000 *
USA 1986, 88 Min., F
R: David Engelbach D: Laurene Landon, Chuck Wagner, William Wallace
Nach dem Atomkrieg ist die Menschheit in die Barbarei zurückgefallen. Dralle Amazonen versklaven die Männer, bis zwei Muskelprotze in einem Bunker auf alte Waffen stoßen und den Spieß umdrehen. LSFF

American Diner A342
AMERICAN DINER ***
USA 1982, 110 Min., F
R: Barry Levinson D: Steve Guttenberg, Daniel Stern, Mickey Rourke, Ellen Barkin
Mitglieder einer Gruppe junger Amerikaner, die Schwierigkeiten haben, mit dem Erwachsensein fertig zu werden, treffen sich regelmäßig in einer Imbißbude und berichten von ihren witzigen und gelegentlich zotigen Abenteuern. Ein leicht nostalgischer Film über das Lebensgefühl der späten fünfziger Jahre.

American Graffiti A343
AMERICAN GRAFFITI ****
USA 1973, 110 Min., F
R: George Lucas D: Richard Dreyfuss, Ron Howard, Paul Le Mat
»Americana« der Sonderklasse um die nächtlichen Erlebnisse einer Freundesclique in einer Kleinstadt im Jahre 1962. Witzig, präzise, hintergründig und außerordentlich temporeich. Eine Lehrstunde über die Integration von Musik im Film.

American History X A344
AMERICAN HISTORY X ***
USA 1998, 118 Min., F
R: Tony Kaye D: Edward Norton, Edward Furlong, Beverly D'Angelo
Brutaler US-Neonazi wandelt sich nach dem Mord an zwei Schwarzen im Gefängnis zum Guten, doch daheim in seinem Viertel wird er zum Gewalt-Idol. Als er zurückkommt, kämpft er um die Seele seines kleinen Bruders. Geniales Reißerdrama mit furiosem Hauptdarsteller und betörenden Bildern. HFJ 2000

American Monster A345
THE WINGED SERPENT **
USA 1982, 90 Min., F
R: Larry Cohen D: David Carradine, Michael Moriarty, Candy Clark
Ein Flugdrache, Verkörperung eines indianischen Gottes, nistet sich auf dem Dach eines Wolkenkratzers ein und schlägt Menschenopfer. Actionreicher Monsterfilm. LSFF

The American Way A346
THE AMERICAN WAY ***
Großbritannien 1985, 105 Min., F
R: Maurice Phillips D: Dennis Hopper, Michael J. Pollard, Nigel Pegram
In einem ausgedienten, umgerüsteten B-29-Bomber betreibt eine Handvoll ausgeflippter Vietnam-Veteranen einen Piratensender, der den Wahlkampf der reaktionären amerikanischen Präsidentschaftskandidatin ganz gezielt sabotiert.

American Werewolf A347
AN AMERICAN WEREWOLF IN LONDON ****
USA 1981, 97 Min., F
R: John Landis D: David Naughton, Jenny Agutter, Griffin Dunn
Zwei US-Studenten auf Europatrip. Einer von ihnen wird in England zum Werwolf und begeht Untaten, vor denen es ihn selbst gruselt. Horrorkomödie, die das Genre ordentlich veralbert, ohne ihm wesentliche neue Aspekte abzugewinnen.

Der Amerikaner A348
TWINKY **
GB 1969, 98 Min., F
R: Richard Donner D: Charles Bronson, Susan George, Honor Blackman
16jährige Londoner Schülerin heiratet 40jährigen Autor aus Amerika, und das bringt das eine und andere Problem mit sich. Auch in den swingenden Sixties.

Mehr Jäger als Maler: Nina Foch und Gene Kelly in ›Ein Amerikaner in Paris‹.

Ein Amerikaner in Paris A349
AN AMERICAN IN PARIS ****
USA 1951, 115 Min., F
R: Vincente Minnelli D: Gene Kelly, Leslie Caron, Oscar Levant
Jerry, ein amerikanischer Maler in Paris, verschmäht die reiche Milo und verliebt sich in Lise, die aber bereits verlobt ist. Klassisches Musical, mit einer der herausragendsten Choreografien von Gene Kelly.

Amerikanische Ansichtskarten A350
AMERIKAI ANZIX ****
Ungarn 1976, 98 Min., F
R: Gábór Body D: György Cserhalmi, Sándor Csutoros, András Fekete
Ein mit experimentellen Mitteln gestalteter Filmessay über drei ungarische Offiziere im amerikanischen Bürgerkrieg.

Der amerikanische Freund A351
****
BRD/Frankreich 1977, 123 Min., F
R: Wim Wenders D: Bruno Ganz, Dennis Hopper, Lisa Kreuzer, Gérard Blain, Nicholas Ray
Nach dem Patricia-Highsmith-Roman »Ripley's Game« drehte Wenders einen psychologischen Krimi, ließ zahlreiche Regie-Kollegen in Nebenrollen auftreten und verstrickte sich in den komplexen Strukturen der Vorlage. Dennoch eine faszinierende Geschichte um einen todkranken Rahmenmacher, der sich als Killer anheuern läßt, um seiner Familie Sicherheit bieten zu können, und sich dabei in den Intrigen des Meisterschurken Ripley verfängt.

Amerikanische Freundinnen A352
AMERICAN FRIENDS **
GB 1991, 90 Min., F
R: Tristram Powell D: Michael Palin, Trini Alvarado, Connie Booth
Liebeskomödie aus dem 19. Jahrhundert. Ein bürgerlicher Universitätsdozent lernt bei einer Reise in die Alpen zwei nette Amerikanerinnen kennen, die nicht nur sein Gefühlsleben erheblich durcheinanderbringen. Sanfte Liebes-komödie in gepflegten Bildern.

Die amerikanische Nacht A353
LA NUIT AMERICAINE ****
Frankreich/Italien 1972, 116 Min., F
R: François Truffaut D: Jacqueline Bisset, Valentina Cortese, François Truffaut, Jean-Pierre Léaud
Trotz großer Turbulenzen gelingt es einem Regisseur und seinem Team, ein gemeinsames Filmprojekt unter Dach und Fach zu bringen. Truffauts wundervolle Hommage an das Kino ist nicht nur eine Bestandsaufnahme seiner bisherigen Arbeit, sondern gleichzeitig einer der besten Filme, der je über das Filmemachen gedreht wurde.

Eine amerikanische Romanze A354 ***
AN AMERICAN ROMANCE
USA 1944, 151 Min., F
R: King Vidor D: Brian Donlevy, Ann Richards, John Qualen
Der aufwendig inszenierte Film schildert den Aufstieg eines armen tschechischen Einwanderers zum mächtigen Industriellen. Die Hauptdarsteller brillieren in ihren Rollen, trotzdem war der Film zu lang und wurde später auf 122 Min. gekürzt.

Der amerikanische Soldat A355 ****
BRD 1970, 80 Min., s/w
R: Rainer Werner Fassbinder D: Karl Scheydt, Elga Sorbas, Jan George
Ein deutschstämmiger Vietnam-Veteran wird von drei Münchner Polizisten, die einige unliebsame Personen aus dem Weg räumen wollen, als Killer angeheuert. Kühles Gangsterdrama, das Fassbinder nach amerikanischen Vorbildern, insbesondere Howard Hawks' *Scarface,* inszenierte.

Eine amerikanische Tragödie A356 ***
AN AMERICAN TRAGEDY
USA 1931, 95 Min., s/w
R: Josef von Sternberg D: Phillipe Holmes, Sylvia Sidney, Frances Dee
Verfilmung des gleichnamigen Romans von Theodore Dreiser: Ehrgeiziger junger Mann schafft seine schwangere Verlobte aus dem Weg, als er ein reiches Mädchen heiraten kann.

Ein amerikanischer Quilt A357
HOW TO MAKE AN AMERICAN QUILT ***
USA 1995, 109 Min., F
R: Jocelyn Moorhouse D: Winona Ryder, Anne Bancroft, Ellen Burstyn
Der Film erzählt, während von der Familie ein »Quilt«, eine Hochzeitsdecke genäht wird, von Frauenschicksalen, spannenden Liebesgeschichten von Glück, Schmerz und geplatzten Träumen bis an die Grenze zum Kitsch. Das sehr konventionelle Ende ist ein Hohelied auf Ehe und Treue.
HFJ 1997

Amigomio A358
***
BRD/Argentinien 1994, 115 Min., F s/w
R: Jeanine Meerapfel, Alcides Chiesa
D: Daniel Kuzniecka, Diego Mesaglio, Mario Adorf
Ein achtjähriger Junge und sein Vater fliehen vor der argentinischen Militärdiktatur, die politisch aktive Mutter wurde verschleppt. Auf der beschwerlichen Reise in die Freiheit nähern sich die beiden einander an, finden in Ecuador eine neue Heimat. Pendelnd zwischen aufklärerischem Politfilm, Abenteuer-Trip und südamerikanischer Folklore, verliert der Film den roten Faden. HFJ 1996

Amityville 3 A359
AMITYVILLE III: THE DEMON *
USA 1983, 88 Min., F
R: Richard Fleischer D: Tony Roberts, Tess Harper, Robert Joy
Journalist schlägt seine Zelte in einem Geisterhaus auf, um bösen Dämonen auf die Spur zu kommen. Fade Fortsetzung von *Amityville Horror* und *Amityville II,* die zum dritten Mal die gleiche Story aufkocht. HFJ 1989

Amityville Horror A360
THE AMITYVILLE HORROR ***
USA 1978, 101 Min., F
R: Stuart Rosenberg D: James Brolin, Margot Kidder, Rod Steiger
Poltergeister terrorisieren eine amerikanische Familie in ihrem Heim – für die Produzenten so erfolgreich, daß der Terror in mehreren Fortsetzungen weitergehen mußte. Für die Freunde von Spezialeffekten.

Amityville Horror 4 A361
AMITYVILLE: THE EVIL ESCAPES *
USA 1989, 95 Min., F
R: Sandor Stern D: Jane Wyatt, Patty Luke, Norman Lloyd
Junge Frau rächt im Auftrag eines toten Pfarrers dessen Ermordung durch Lumpen aus dem Jenseits. Fader TV-Aufguß einer Horrorserie, die sich nicht entblödet, alljährlich mit dem gleichen Konzept anzutreten. HFJ 1991

Amityville II: Der Besessene A362
AMITYVILLE II: THE POSSESSION **
USA 1982, 102 Min., F
R: Damiano Damiani D: Burt Young, Rutanya Alda, Jack Magner
Durchschnittsfamilie begegnet in ihrem Haus gespenstischen Phänomenen aus dem Jenseits. Der Film erzählt die Geschichte von *Amityville Horror* mehr oder weniger noch einmal.

Amore Amore A363
IL CICLONE ***
Italien 1996, 95 Min., F
R: Leonardo Pieraccioni
D: Leonardo Pieraccioni, Lorena Forteza, Barbara Enrichi
Fünf spanische Flamenco-Tänzerinnen stranden in einem toskanischen Dorf und sorgen dort für Unordnung in der Männerwelt. Teilweise slapstickhafte Liebeskomödie, die ihren Reiz hauptsächlich durch gelungene Sprachverwirrungen zwischen Spanisch und Italienisch entfaltet. HFJ 1998

Amorosa A364
AMOROSA ****
Schweden 1986, 117 Min., F
R: Mai Zetterling D: Stina Ekblad, Erland Josephson, Philip Zanden
Ein subjektives Lebensbild der schwedischen Schriftstellerin Agnes von Krusenstjerna, entwickelt in expressiven und symbolhaften Bildern.

Amos & Andrew A365
AMOS & ANDREW ***
USA 1993, 92 Min., F
R: E. Max Frye D: Samuel L. Jackson, Nicolas Cage, Dabney Coleman
Erfolgreicher schwarzer Autor wird in der ersten Nacht in seinem neu er-

worbenen Haus in einer feinen weißen Gegend für einen Einbrecher gehalten und erlebt zusammen mit einem kleinen Gauner ein haarsträubendes Abenteuer. Schräge, aber originelle und mit sozialkritischen Spitzen ausgestattete Komödie. HFJ 1995

Die amourösen Abenteuer der Moll Flanders A366
***
THE AMOROUS ADVENTURES OF MOLL FLANDERS
GB 1964, 122 Min., F
R: Terence Young D: Kim Novak, Richard Johnson, Lilli Palmer
Nach dem Roman von Daniel Defoe erzählt Young im Kostüm- und Decolleté-Stil der sechziger Jahre die Geschichte des Waisenmädchens Moll, das als Kurtisane Karriere macht.

Amphitryon A367
****
Deutschland 1935, 104 Min., s/w
R: Reinhold Schünzel D: Willy Fritsch, Käthe Gold, Paul Kemp
Die Sage vom Heerführer Amphitryon, dessen Gestalt der lüsterne Gott Jupiter annimmt, um seine Frau zu verführen. Als musikalische Komödie voller witziger Dialog- und Regieeinfälle.

Amy und die Wildgänse A368
FLY AWAY HOME ***
USA 1996, 107 Min., F
R: Carroll Ballard D: Jeff Daniels, Anna Paquin, Dana Delany
13jähriges Mädchen überwindet den Tod der Mutter, in dem sie selber zum Muttersatz für eine Horde frischgeschlüpfter Wildgänse wird und diese schließlich mit Hilfe eines Leichtflugzeuges nach Süden bringt. Wunderschöner, unprätentiöser Familienfilm mit einer tollen Kamera. HFJ 1998

An der Nordbrücke A369
LE PONT DU NORD *****
Frankreich 1981, 125 Min., F
R: Jacques Rivette D: Bulle Ogier, Pascale Ogier, Pierre Clementi
Zwei Frauen müssen sich in einer geheimnisvollen Verschwörung in Paris mit einem »Spielplan« behaupten. Ein subtiles poetisches Spiel mit dem Entschlüsseln und der Verwirrung.

An der Riviera A370
ON THE RIVIERA ****
USA 1951, 90 Min., F
R: Walter Lang D: Gene Tierney, Danny Kaye, Corinne Clavet
Hollywood-Komödie mit Danny Kaye gleich in zwei Rollen: einmal als Sänger und einmal als berühmter Pilot. Herrliche Verwechslungsgeschichte.

An der Schwelle des Lebens A371
NÄRA LIVET ***
Schweden 1957, 84 Min., s/w
R: Ingmar Bergman D: Ingrid Thulin, Eva Dahlbeck, Bibi Andersson
Nach einem Roman von Ulla Isaksson, die auch das Drehbuch schrieb, schildert der Film einen Tag von drei Frauen in einem Entbindungsheim.

An die Freude A372
TILL GLÄDJE ***
Schweden 1949, 98 Min., s/w
R: Ingmar Bergman D: Stig Olin, Maj-Britt Nilsson, Victor Sjöström
In der Ehe eines Musikers kriselt es. Nachdem seine Frau bei einem Unfall ums Leben gekommen ist, findet er seine Zuflucht in der Musik.

An einem Freitag in Las Vegas A373
***
LAS VEGAS, 500 MILLIONES
Sp/Fr/It/BRD 1967, 130 Min., F
R: Antonio Isasi-Isasmendi D: Gary Lockwood, Elke Sommer, Lee J. Cobb
In europäischer Gemeinschaftsproduktion entstand ein international besetztes »Caper-Movie« um einen Raub auf einen Geldtransporter in Las Vegas.

An einem Freitag um halb zwölf A374
**
BRD 1960, 102 Min., s/w
R: Alvin Rakoff D: Nadja Tiller, Rod Steiger, Peter van Eyck
Leidlich spannende Geschichte eines Raubüberfalls auf einen Geldtransport in Südfrankreich.

An einem heißen Sommermorgen A375
***
PAR UN BEAU MATIN D'ÉTÉ
Fr/It/Sp 1964,108 Min., s/w
R: Jacques Deray D: Jean-Paul Belmondo, Geraldine Chaplin, Adolfo Celi
Nach einer gelungenen Entführung scheitern die Kidnapper an ihren eigenen Problemen. Psychologisch banaler Thriller nach einem Roman von James Hadley Chase.

An einem kalten Morgen im Mai A376
***
UNA FRETTA MATTINA DI MAGGIO
Italien 1990, 96 Min., F
R: Vittorio Sindoni D: Sergio Castellito, Roberto de Francesco
Journalist sucht die Mörder seines Kollegen, der bei einem Attentat ums Leben kam. Nach einem authentischen Fall gestalteter Polit-Thriller.

An einem Montag wie jeder andere A377
**
HOME AT SEVEN
GB 1952, 85 Min., s/w
R: Ralph Richardson D: Margaret Leighton, Jack Hawkins, Ralph Richardson
Britischer Bankangestellter erleidet Gedächtnisverlust und fragt sich, ob er in den »verlorenen« Stunden möglicherweise einen Mord begangen hat. Ein kleiner Krimi der Marke »Die Jagd nach dem Täter«.

An einem Morgen im Mai A378
WITHOUT A TRACE ***
USA 1982, 120 Min., F
R: Stanley R. Jaffe D: Kate Nelligan, Judd Hirsch, David Dukes
Eine Mutter glaubt, daß ihr entführter Sohn noch lebt, selbst als die Polizei die Hoffnung schon aufgegeben hat. Das Regie-Debüt des Produzenten Jaffe ist spannend, enttäuscht aber durch sein versöhnliches Ende.

An einem Tag wie jeder andere A379
****
THE DESPERATE HOURS
USA 1955, 106 Min., s/w
R: William Wyler D: Humphrey Bogart, Frederic March, Martha Scott
Gangster nisten sich im Haus einer amerikanischen Familie ein und terrorisieren die Mitglieder. Ungemein packender Thriller mit einem abgrundtief bösen Humphrey Bogart. Das schwache Remake von Cimino heißt *24 Stunden in seiner Gewalt.*

An seinen Stiefeln klebte Blut A380 **

UN DOLLARO A TESTA NAVAJO JOE

Italien 1966, 91 Min., F

R: Sergio Corbucci D: Burt Reynolds, Nicoletta Macchiavelli

Navajo, dessen Stamm von Banditen ausgerottet wurde, führt blutigen Rachefeldzug gegen schießwütiges Kroppzeug und bewahrt eine Stadt im Westen vor dem Untergang.

An vorderster Front A381 **

A HILL IN KOREA

GB 1956, 76 Min., s/w

R: Julian Amyes D: George Baker, Harry Andrews, Stanley Baker

Eine kleine Gruppe Soldaten im Korea-Krieg erfährt das Grauen des Krieges. Mit einfachen, aber wirkungsvollen Mitteln gestaltetes kritisches Drama.

Anastasia A382 ***

ANASTASIA

USA 1956, 101 Min., F

R: Anatole Litvak D: Ingrid Bergman, Yul Brynner, Akim Tamiroff

Der russische General Bounine macht in Paris die Bekanntschaft einer geheimnisvollen jungen Frau, deren Ähnlichkeit mit der Zarentochter er ausnutzt, um an zehn Millionen Pfund zu gelangen, die auf einem Sperrkonto der Bank von England liegen.

Anastasia – die letzte Zarentochter A383 **

BRD 1956, 99 Min., s/w

R: Falk Harnack D: Lilli Palmer, Ivan Desny, Paul Wagner, Ellen Schwiers

Der Film basiert auf dem authentischen Fall einer Frau, die 1920 in Berlin von sich behauptete, die Tochter des russischen Zaren zu sein, die das Massaker von Jekaterinburg überlebt habe. Die wahre Identität der Anna Anderson wurde nie aufgeklärt.

Anatevka A384 ****

FIDDLER ON THE ROOF

GB 1971, 138 Min., F

R: Norman Jewison D: Chaim Topol, Norma Crane, Leonard Frey

Ansprechende Film-Version des berühmten Musicals über den jüdischen Milchmann Tevje in einem »Schtetl« zu Beginn des Jahrhunderts mit einem überragenden Chaim Topol.

Anatomie eines Mordes A385 ****

ANATOMY OF A MURDER

USA 1959, 149 Min., s/w

R: Otto Preminger D: James Stewart, Lee Remick, Ben Gazzara

Klassischer Justiz-Thriller um einen Soldaten, der des Mordes am Liebhaber seiner Frau angeklagt ist, aber dank der cleveren Strategie seines Verteidigers freigesprochen wird.

And the Band played on

siehe: Und das Leben geht weiter

Der andalusische Hund A386 *****

UN CHIEN ANDALU

Frankreich 1928, 20 Min., s/w

R: Luis Buñuel D: Salvador Dalí, Luis Buñuel, Pierre Batcheff

Das skandalöse Meisterwerk des filmischen Surrealismus hat bis heute nichts von seiner verstörenden poetischen Kraft verloren.

Das Andechser Gefühl A387 ****

BRD 1974, 63 Min., F

R: Herbert Achternbusch D: Herbert Achternbusch, Barbara Gass, Margarethe von Trotta

In Andechs lebt ein Lehrer, der den Unterricht vernachlässigt, seine Frau nicht wahrnimmt und sein Kind wegschiebt. Allein das Bier scheint ihn noch am Leben zu halten. Autobiographisch gefärbter Erstling mit hölzerner Erzählstruktur, naiv-poetischen Dialogen und bitterem Humor.

Der Andere A388 ****

Deutschland 1913, 65 Min., s/w

R: Max Mack D: Albert Bassermann, Hanni Weisse, Leon Resemann

Albert Bassermann spielt in seinem Kino-Debüt eine gespaltene Persönlichkeit, die zum einen ehrbarer Anwalt, zum anderen gerissener Gauner ist. Dieser Stummfilm gilt als Geburtsstunde der deutschen Filmkritik, da der Bühnenschauspieler Bassermann zahlreiche Theaterrezensenten zur Premierenfeier in die Kinos lockte.

Der Andere A389 ***

Deutschland 1930, 104 Min., s/w

R: Robert Wiene D: Fritz Kortner, Käthe von Nagy, Heinrich George

Gelungenes Tonfilm-Remake dieser deutschen »Dr. Jekyll und Mr. Hyde«-Geschichte.

Der andere Blick A390 ***

EGYMASRA NEZVE

Ungarn 1982, 107 Min., F

R: Károly Makk D: Jadwiga Jankowska-Cieslak, Grazyna Szapolowska, Jozef Kroner

Ausgehend von einem teilweise autobiographischen Roman, gelingt es Makk nicht nur, eine lesbische Liebesbeziehung subtil und einfühlsam darzustellen, er macht darüber hinaus deutlich, wie schwer sich die Hüter von Ordnung und Moral mit jeglichem »abweichenden« Verhalten tun. Privates und Politisches sind untrennbar miteinander verknüpft.

Eine andere Frau A391 ***

ANOTHER WOMAN

USA 1988, 78 Min., F

R: Woody Allen D: Gena Rowlands, Gene Hackman, Mia Farrow

Lebenskrise einer Philosophie-Professorin. Woody Allen wieder auf den Spuren von Ingmar Bergman. Die Schauspieler quälen sich und das Publikum auf hohem Niveau. HFJ 1990

Das andere Lächeln A392 ***

BRD 1977, 122 Min., F

R: Robert van Ackeren D: Katja Rupé, Elisabeth Trissenaar, Heinz Ehrenfreund, Anja Müßiggang

Die Frau eines Weinhändlers fühlt sich von ihm mißbraucht. Sie flüchtet in Krankheit, und je mehr sie verfällt, desto mehr rückt ihre Freundin an ihre Stelle. Bizarres Melodrama.

Die andere Seite A393 ***

Deutschland 1930, 100 Min., s/w

R: Heinz Paul D: Conrad Veidt, Victor De Kowa, Theodor Loos

Filmische Beschreibung der Situation in einem englischen Schützengraben in vorderster Linie des Ersten Weltkrieges. Plädoyer gegen den Krieg.

Die andere Seite der Hölle A394
THE OTHER SIDE OF HELL ***
USA 1977, 144 Min., F
R: Jan Kadár D: Roger E. Mosley, Morgan Woodward
Nach dem Tod seines Vaters gerät Frank aus dem seelischen Gleichgewicht und wird in eine Nervenheilanstalt für Kriminelle eingewiesen und erlebt dort die Hölle einer Institution, die die Menschen nicht heilen, sondern zerbrechen will. Engagierte Studie über die Verantwortung der Gesellschaft gegenüber der Psychiatrie.

Ein anderer Mann – eine andere Frau A395 ***
UN AUTRE HOMME, UNE AUTRE CHANCE
Frankreich 1977, 136 Min., F
R: Claude Lelouch D: James Caan, Geneviève Bujold, Francis Huster
Der Fotograf Francis und seine Frau Jeanne wandern um 1870 in die USA aus, bestehen Abenteuer mit Indianern und bauen sich eine Existenz auf. Parallel dazu verliert der Tierarzt David nach einem Überfall seine Frau Mary. Francis wird als Zeuge eines Lynchmordes getötet. Melodram aus dem Wilden Westen.

Anders als die anderen A396
TEA AND SYMPATHY ****
USA 1956, 117 Min., F
R: Vincente Minnelli D: Deborah Kerr, Leif Erickson, John Kerr
Schüler, der sich mehr für Kultur & Co. statt für Football interessiert, ist ständig dem Spott der Mitschüler ausgesetzt und findet auch beim Vater kein Verständnis. Nach einem Bühnenstück von Robert Anderson. Kritik des (einstigen?) gesellschaftlichen Vorurteils, daß »weiche« Jungs, die auch noch Bücher lesen, erst mal verdächtig sind und im Zweifelsfall schwul sein müssen.

Anders als Du und Ich A397
**
BRD 1957, 90 Min., s/w
R: Veit Harlan D: Christian Wolff, Friedrich Joloff, Paul Dahlke
Veit Harlan, Hitlers Generalspielleiter, erzählt die Geschichte eines schwulen Bankdirektorsöhnchens, der von seinen Eltern zum »normal veranlagten Bürger« umerzogen wird. Ein infamer, faschistoider und dilettantisch inszenierter Film.

Der Anderson Clan A398
THE ANDERSON TAPES ***
USA 1971, 98 Min., F
R: Sidney Lumet D: Sean Connery, Ralph Meeker, Martin Balsam
Ein Ex-Häftling versammelt eine Spezialisten-Truppe, um ein Gebäude auszurauben – ohne zu wissen, daß das Nobel-Haus von den Behörden elektronisch überwacht wird. Ansprechender Krimistoff.

André A399
ANDRE ***
USA 1994, 94 Min., F
R: George Miller D: Tina Majorino, Chelsea Field, Shane Meier
Die Freundschaft zwischen einer jungen Robbe und der Tochter des Hafenmeisters in einem amerikanischen Küstennest Anfang der sechziger Jahre. Eine authentische Geschichte, die zu sentimentaler Kinder- und Familienunterhaltung verarbeitet wurde.
HFJ 1996

André schafft sie alle A400
*
BRD 1984, 97 Min., F
R: Peter Fratzscher D: Franco Nero, Ingrid Steeger, Willeke van Ammelrooy
Ein Stuntman will einige Damen abzocken, um eine Karate-Schule zu finanzieren. Nicht sonderlich geglückte Komödie.

Andrea A401
ANDREA **
Frankreich 1976, 87 Min., F
R: Henri Glaeser D: Odette Laurent, Jean-Marc Dupuich, Jacques Zoty
Bräutigam schickt Braut vor der Ehe in den Fernen Osten, damit sie erste Erfahrungen sammelt. Sie tut dies bei Lesbierinnen und Gruppensexlern und kommt allmählich auf den Geschmack. Softporno.

Andreas Hofer A402
***
Deutschland 1929, 91 Min., s/w
R: Hanns Prechtl D: Fritz Greiner, Maly Delschaft, Rolf Pinegger
Stummfilmdrama um den Tiroler Freiheitshelden. Viel Aktion vor beeindruckender Bergkulisse. Sehenswerter Film für Schwarzweiß-Fans.

Andreas Schlüter A403
***
Deutschland 1942, 111 Min., s/w
R: Herbert Maisch D: Heinrich George, Mila Kopp, Olga Tschechowa
Propagandistischer Film über den »preussischen Michelangelo«, der in den Jahren zwischen 1700 und 1710 das architektonische Erscheinungsbild Berlins bestimmte.

Andrej Rubljow A404
ANDREJ RUBLJOW *****
UdSSR 1967, 188 Min., s/w und F
R: Andrej Tarkowskij D: Anatoli Solonizyn, Ivan Lapikow
Epische Schilderung in acht Kapiteln von Leben und Zeit des Ikonenmalers Andrej Rubljow; eine künstlerische Passion voller Bezüge zu Zeitgeschichte und Mythos. Grandioses Filmwerk.

Der Android A405
ANDROID ***
USA 1982, 80 Min., F
R: Aaron Lipstadt D: Klaus Kinski, Don Opper, Norbert Weisser
Ein auf einer Raumstation lebender Android, der von der Erde träumt, verliebt sich in eine Besucherin und setzt sich gegen seinen bösen Herrn und Meister durch. Ein Billigprodukt, aber unterhaltsam. LSFF

Die Androiden A406
ANNIHILATOR **
USA 1986, 90 Min., F
R: Michael Chapman D: Mark Lindsay Chapman, Susan Blakley, Lisa Blount, Catherine Mary Stewart
Mann erkennt in seiner Freundin ein außerirdisches Monster, das er tötet, woraufhin er von der Polizei gejagt wird. Rasanter Anfang, dann nur ein flaches, wirres SF-Spektakel. LSFF

Androkles und der Löwe A407
ANDROCLES AND THE LION ***
USA 1953, 98 Min., s/w
R: Chester Erskine D: Jean Simmons, Alan Young, Victor Mature
Der Sklave Androkles zieht einen Dorn aus der Pfote eines Löwen, der sich später, als sie einander in der Arena gegenüberstehen, weigert, ihn zu verspeisen. In der Hauptsache geht es um die Christenverfolgung.

Andromeda – Tödlicher Staub aus dem All A408 ****
THE ANDROMEDA STRAIN
USA 1970, 130 Min.
R: Robert Wise D: Arthur Hill, David Wayne, James Olson, Kate Reid
Wissenschaftler versuchen in einem dramatischen Rennen gegen die Zeit einen von einem außerirdischen Virus bedrohten Ort zu retten. Spannender SF-Thriller aufwendig inszeniert mit ansprechendem Höhepunkt. LSFF

Andy Warhols Bad A409
WARHOL'S BAD ***
USA 1976, 106 Min., F
R: Jed Johnson D: Carroll Baker, Perry King, Susan Tyrrell
Mrs. Aiken führt ein Doppelleben. Offiziell betreibt sie einen Schönheitssalon, doch unter der Hand beauftragt sie ihre willenlosen Untermieterinnen, die übelsten Gewaltverbrechen auszuführen. Brutales wie radikales Kriminalstück aus der Warhol-Fabrik.

Andy Warhols Dracula A410
DRACULA VUOLE VIVERE: CERCA SANGUE DI VERGINE **
Italien 1973, 102 Min., F
R: Paul Morrissey D: Udo Kier, Joe Dallessandro, Maxime de la Falaise
Graf Dracula, der das Blut echter Jungfrauen zum Überleben braucht, wird vom potenten Gärtner eines Adeligen und dessen libidinösen Töchtern hereingelegt. Not for the squeamish!

Andy Warhols Frankenstein A411 ***
CARNE PER FRANKENSTEIN
Italien 1973, 94 Min., F
R: Paul Morrissey D: Udo Kier, Joe Dallessandro, Monique van Vooren
Warhols Hausregisseur Morrissey verfremdet seinen Beitrag zum Thema Frankenstein durch exzessive Übersteigerung des Horrors zu einer deftig-schrägen Parodie. Eine blutrünstige und sexuell berauschende, im 3-D-Verfahren der fünfziger Jahre. LSFF

Die Anfänger A412
LES APPRENTIS ***
Frankreich 1995, 98 Min., F
R: Pierre Salvadori D: François Cluzet, Guillaume Depardieu, Judith Henry
Französische Working-Class-Komödie um die Freundschaft zweier Lebenskünstler – dramaturgisch nicht immer konsequent umgesetzt. Die Briten beherrschen dieses Genre besser.
HFJ 1998

Angeklagt A413
THE ACCUSED ****
USA 1988, 110 Min., F
R: Jonathan Kaplan D: Kelly McGillis, Jodie Foster, Bernie Coulson
Auf einem authentischen Fall basierender, emotional aufrüttelnder Justizthriller um eine Vergewaltigung und die juristischen Winkelzüge, die aus dem Opfer den Täter machen wollen. Mit eindringlicher Intensität und ohne Selbstschonung gespielt. HFJ 1990

Der Angeklagte A414
OBZALOVANY ****
CSSR 1964, 90 Min., s/w
R: Jan Kadár, Elmar Klos D: Vlado Müller, Jaroslav Blazek
Nüchterne Schilderung einer ausweglosen Situation: Der Direktor eines Elektrizitätswerkes wird angeklagt, öffentliche Gelder veruntreut zu haben. Er spornte die Arbeiter mit überdurchschnittlichen Prämien an, um die festgelegten Normen zu erzielen.

Angel – Straße ohne Engel A415
ANGEL ***
Irland 1983, 91 Min., F
R: Neil Jordan D: Stephan Rea, Marie Kean, Ray McAnally
Psychothriller um einen Musiker, der zwei Morde beobachtet und daraufhin auf eigene Faust als Richter, Henker und Rachegott loslegt. Frühwerk des irischen Regisseurs Niel Jordan, der später mit *Mona Lisa* und *The Crying Game* von sich reden machte.

Mickey Rourke als Harry Angel in ›Angel Heart‹.

Angel City A416
ANGEL CITY ***
USA 1976, 75 Min., F und s/w
R: Jon Jost D: Bob Glaudini, Winifried Golden, Roger Ruffin
Ein Porträt von Los Angeles und die Geschichte eines Privatdetektivs, der an Bogarts Marlowe erinnert. In der genrehaften Maskerade des Kriminalfilms zerschlägt Underground-Filmer Jon Jost parodistisch überlieferte Erzählformen, um besser in das Herz von Hollywood eindringen zu können.

Angel Heart A417
ANGEL HEART ****
USA 1987, 113 Min., F
R: Alan Parker D: Mickey Rourke, Robert DeNiro, Lisa Bonet
Schlampiger Privatdetektiv sucht im Auftrag des Teufels in New Orleans nach einem Verschwundenen und wird in Mord und Voodoo-Zeremonien verwickelt. Spannend, aber für Genre-Kenner ein Film mit vorhersehbarem Ende. HFJ 1988

Angela A418
ANGELA ***
Holland/Belgien 1973, 93 Min., F
R: Nikolai von der Heyden D: Barbara Seagull, Sandy van der Linden, Ward de Ravet
Angela und ihr Stiefvater, ein reich gewordenes »schwarzes Schaf« der Gemeinde, kommen eines Tages in ein holländisches Provinzstädtchen zurück und bringen die Welt der biederen Bürger heftig durcheinander.

The Angelic Conversation A419
THE ANGELIC CONVERSATION ***
GB 1984, 94 Min., F
R: Derek Jarman D: Raoul Reynolds, Philip Williamsen
Eine südenglische Landschaft, eine schwule Liebesgeschichte, Musik von Coil und vor allem rezitierte Shakespeare-Sonette. Eine avantgardistische Verklärung oder »eine Liebesgeschichte aus dem Kino der kleinen Gesten« (Derek Jarman).

Angelina – Von allen begehrt A420
**
LA SIGNORA DELLE NOTTE
Italien 1986, 93 Min., F
R: Pietro Schivazappa D: Serena Grandi, Fabio Sartor, Francesca Toppi
Frustrierte Aerobic-Lehrerin holt sich das, was der Gatte ihr verweigert, bei anderen, tobt Maso-Gelüste aus und kehrt zu Papi zurück. HFJ 1988

Angelique A421
ANGELIQUE, MARQUISE DES ANGES ***
BRD/Fr/It 1964, 119 Min., F
R: Bernard Borderie D: Michèle Mercier, Robert Hossein, Dieter Borsche, Claude Giraud, Rosalba Neri
Obwohl Angelique einen anderen liebt, wird sie von Papa an einen häßlichen, lieben Marquis verheiratet, den die Kirche der Hexerei beschuldigt. Erster Mantel- und Degenfilm nach dem Roman von Anne Golon.

Angelique Teil 2 A422
MERVEILLEUSE ANGELIQUE ***
BRD/Fr/It 1964, 105 Min., F
R: Bernard Borderie D: Michèle Mercier, Claude Giraud, Charles Regnier, Jean-Louis Trintignant
Verarmte Marquise tut sich mit altem Jugendfreund zusammen, um die Reichen zu plündern, und wird Besitzerin eines vornehmen Restaurants. Mantel- und Degen-Abenteuer im 17. Jhd.

Angelique und der König A423
ANGELIQUE ET LE ROI ***
BRD/Fr/It 1965, 104 Min., F
R: Bernard Borderie D: Michèle Mercier, Robert Hossein, Jean Rochefort, Sami Frey, Estella Blain
Angelique wird von einem persischen Gesandten festgehalten, von einem Rebellen befreit und muß sich der Mätressen ihres Königs erwehren. Mantel- und Degenfilm mit viel Liebe.

Angelique und der Sultan A424
ANGELIQUE ET LE SULTAN **
BRD/Fr/It 1967, 98 Min., F
R: Bernard Borderie D: Michèle Mercier, Robert Hossein, Jean-Claude Pascal, Helmuth Schneider
Von Piraten geraubt landet Angelique im Harem eines geilen Sultans und hat Probleme mit dessen Nebenfrauen. Ein Sklave rettet sie, und sie findet auch den Gatten wieder.

Angelockt A425
LURED ***
USA 1946, 100 Min., s/w
R: Douglas Sirk D: George Sanders, Lucille Ball, Boris Karloff
Damals nannte man es noch nicht so, aber hier geht es um einen Serienkiller, der Mädchen umbringt, und um die amerikanische Freundin eines Scotland-Yard-Inspektors, die sich als Lockvogel zur Verfügung stellt.

Angie, I says A426
ANGIE ***
USA 1994, 107 Min., F
R: Martha Coolidge D: Geena Davis, Stephen Rea, James Gandolfini
Trotz Schwangerschaft trennt sich Angie von ihrem Freund, bringt ihr Kind zur Welt und findet durch die Wiederbegegnung mit ihrer Mutter zu sich selbst. Ein oberflächlicher Pseudo-Emanzipationsfilm, der sich nur vordergründig mit der Problematik »alleinerziehende Mutter« auseinandersetzt. HFJ 1995

Angriff der Killertomaten A427
ATTACK OF THE KILLER TOMATOES **
USA 1978, 95 Min., F
R: John De Bello D: David Miller, Georges Wilson, Sharon Taylor
Riesige Killertomaten fliehen aus einer staatlichen Gemüsefarm und meucheln sich durch die USA. Dieser Streifen gilt als schlechtester Film aller Zeiten. Dies stimmt zwar nicht, macht ihn deshalb aber auch nicht besser. LSFF

Der Angriff der leichten Brigade A428
***
THE CHARGE OF THE LIGHT BRIGADE
GB 1967, 141 Min., F
R: Tony Richardson D: Trevor Howard, Vanessa Redgrave, David Hemmings
Eine Episode aus dem Krim-Krieg (1855) dient Richardson dazu, militärische und gesellschaftliche Strukturen kritisch und ironisch unter die Lupe zu nehmen.

Angriff der Riesenspinne A429
**
THE GIANT SPIDER INVASION
USA 1975, 87 Min., F
R: Bill Rebane D: Steve Brodie, Robert Easton, Leslie Parrish
Außerirdische Spinnen terrorisieren eine amerikanische Kleinstadt, bis zwei Experten erfolgreich gegen sie in den Kampf ziehen. Billigproduktion im Stil der frühen fünfziger Jahre. LSFF

Angriffsziel Moskau A430
FAIL SAFE ****
USA 1963, 112 Min., s/w
R: Sidney Lumet D: Henry Fonda, Dan O'Herlihy, Walter Matthau
Aufgrund eines Übermittlungsfehlers in Richtung Moskau in Marsch gesetzte US-Atombomber können nicht mehr vom Kurs abgebracht werden, so daß man nur die Wahl hat, den Sowjets »zum Ausgleich« die Vernichtung New Yorks anzubieten. LSFF

The Angry Breed A431
THE ANGRY BREED **
USA 1968, 88 Min., F
R: David Commons D: Jan Sterling, James MacArthur, Jan Murray

Ein Vietnam-Veteran kommt mit einem Drehbuch nach Hollywood. Dort legt er sich mit den Mitgliedern einer Motorradbande an.

Angst A432
PAURA ***
BRD 1954, 90 Min., s/w
R: Roberto Rossellini D: Ingrid Bergman, Mathias Wieman, Renate Mannhardt, Kurt Kreuger
Die Gattin eines Unternehmers wird von der Ex-Freundin ihres Geliebten erpreßt. Als sie erfährt, daß ihr Mann dieses Intrigenspiel eingefädelt hat, beschließt sie, Selbstmord zu begehen. Das nach einer Novelle von Stefan Zweig inszenierte Psycho-Drama gehört zu den gelungensten Werken des Künstler-Ehepaares Rossellini/Bergman.

Angst der Verlorenen A433
FIEND *
USA 1980, 93 Min., F
R: Don Dohler D: Richard Nelson, Elaine White, George Stover
Der Leibhaftige fährt in den Körper eines Toten ein und treibt sein Unwesen in einer amerikanischen Kleinstadt. Amateurhafter kleiner Horrorschinken.

Die Angst des Tormanns beim Elfmeter A434
***
BRD 1971, 101 Min., F
R: Wim Wenders D: Arthur Brauss, Kai Fischer, Erika Pluhar
Ein Tormann verläßt nach einem selbstverschuldeten Tor das Spielfeld, begeht einen Mord und beobachtet danach aus der Distanz das Auffinden des Täters. Nach einer Erzählung von Peter Handke nutzt Wim Wenders in seinem zweiten Spielfilm Versatzstücke des Hollywood-Krimis, um über diverse Formen der Wahrnehmung zu räsonieren.

Angst essen Seele auf A435
****
BRD 1973, 93 Min., F
R: Rainer Werner Fassbinder
D: Brigitte Mira, El Hedi Ben Salem, Barbara Valentin, Marquard Bohm
Eine 60jährige Witwe geht ein Verhältnis mit einem marokkanischen Gastarbeiter ein und wird dabei mit den Vorurteilen der Gesellschaft gegenüber Minderheiten konfrontiert. Bittersüßes Melodram, mit dem sich Fassbinder an ein Massenpublikum richtete, ohne dabei seinen ureigenen Stil aufzugeben.

Die Angst hat tausend Namen A436
SEVEN WAVES AWAY/ABANDON SHIP ***
GB 1956, 95 Min., s/w
R: Richard Sale D: Tyrone Power, Mai Zetterling, Lloyd Nolan
Nach dem Untergang eines Luxus-Liners muß der Offizier eines überladenen Rettungsbootes Entscheidungen über Leben und Tod treffen. Packendes Melodram.

Angst ist der Schlüssel A437
FEAR IS THE KEY ***
GB 1972, 105 Min., F
R: Michael Tuchner D: Barry Newman, Suzy Kendall, John Vernon
Nach dem Roman von Alistair MacLean entstand ein spannender, wenngleich etwas konfuser Thriller um einen Taucher, der seine von Gangstern umgebrachte Familie rächen will.

Die Angst ist ein zweiter Schatten A438
***
BRD 1974, 101 Min., F
R: Norbert Kückelmann D: Astrid Fournell, Günther Maria Halmer
Eine Fotografin stürzt sich nach der Trennung von ihrem Mann in das Großstadtleben und lernt dort die verschiedensten Arten von Gefahr und Angst kennen.

Angst über der Stadt A439
PEUR SUR LA VILLE ***
Italien/Frankreich 1974, 123 Min., F
R: Henri Verneuil D: Jean-Paul Belmondo, Charles Denner, Adalberto Maria Merli, Lea Massari
Belmondo als knallharter Kommissar, der einen paranoischen Würger über den Dächern, durch die Straßen und in der Metro von Paris jagt. Ein unterhaltsamer Großstadt-Western mit beschränkter Sozialkritik.

Angst vor der Angst A440
***
BRD 1975, 89 Min., F
R: Rainer Werner Fassbinder D: Margit Carstensen, Ulrich Faulhaber, Constanze Haas
Eine Frau, deren Leben bislang in vollständig normalen Bahnen verlief, wird mit einem Mal von einer unerklärlichen, tiefen Angst befallen, und auch die Ärzte können ihr nicht helfen. Verstörendes TV-Psychodrama ohne wohlfeile Erklärungsmodelle.

Angst vor der Dunkelheit A441
AFRAID OF THE DARK ***
GB/Frankreich 1991, 92 Min., F
R: Mark Peploe D: James Fox, Fanny Ardant, Paul McGann
Verworrener, vielschichtiger Psycho-Thriller um einen Londoner Massenmörder, der mit Vorliebe blinde Bürger tötet. Uneinheitliche Mischung bekannter Stilmittel und bewährter Spannungselemente. HFJ 1993

Animal Crackers A442
ANIMAL CRACKERS ****
USA 1930, 96 Min., s/w
R: Victor Heerman D: Groucho Marx, Harpo Marx, Chico Marx
Der zweite Film der Anarcho-Brothers, noch nach einem Bühnenstück gedreht. Die chaotisch-abstruse Handlung wird mit einer komischen Genialität dargeboten. Ihre jeder Autorität spottende und jedes Drehbuch sprengende Respektlosigkeit findet hier einen schon beinahe surrealen Höhepunkt.

Anita A443
***
BRD 1987, 85 Min., F
R: Rosa von Praunheim D: Lotti Huber, Ina Blum, Mikael Honesseau
Die Lebensgeschichte der Tänzerin, Sängerin und Liebhaberin Anita Berger aus dem Berlin der frühen zwanziger Jahre. Bizarr. HFJ 1989

Anklage: Mord A444
L'AMOUR EN QUESTION ***
Frankreich 1978, 95 Min., F
R: André Cayatte D: Annie Girardot, Bibi Andersson, John Steiner

Ein bekannter Architekt wird vor seiner Villa erschossen aufgefunden, und seine junge Witwe wird zunächst des Mordes verdächtigt. Gewohnt spannender Justizthriller von Cayatte.

Der Ankläger A445
L' IMPRECATEUR ***
Frankreich/Schweiz 1977, 96 Min., F
R: Jean-Louis Bertuccelli D: Jean Yanne, Michel Piccoli, Jean-Pierre Marielle
Die sarkastische Satire porträtiert die Manager eines multinationalen Konzerns. Die Absurdität des Geschehens führt dabei zu einer geschärften Wahrnehmung des Profitdenkens.

Anna A446
***
BRD 1975, 94 Min., s/w
R: Uschi Reich D: Helga Anders, Nicolas Brieger, Traute Hoess
Eine Leipziger Sekretärin flieht mit ihrem westdeutschen Freund in die BRD und erkennt dort, wie das politische System Menschlichkeit und Solidarität zerstört.

Anna A447
***
BRD 1988, 95 Min., F
R: Frank Strecker D: Silvia Seidel, Patrick Bach, Jon Peterson
Durch die erfolgreiche Weihnachts-TV-Serie inspirierter Kinofilm über die Freuden und Leiden der Ballett-Tänzerin Anna, die sich zwischen ihrem gelähmten Freund und einem amerikanischen Tänzer entscheiden muß. Die Tanzszenen stehen im Vordergrund dieses ganz auf nette Unterhaltung getrimmten Films. HFJ 1989

Anna – Exil New York A448
ANNA ****
USA 1986, 95 Min., F
R: Yurek Bogayevicz D: Sally Kirkland, Paulina Porizkova, Robert Fields
Melodramatischer Film über die Beziehung zweier tschechischer Schauspielerinnen in Amerika. Die eine hat ihr Heimatland, in dem sie ein großer Star war, aus politischen Gründen verlassen und hat im US-Exil erst Erfolg, als sie die jüngere Kollegin in ihre Obhut nimmt. Anspruchsvolles Schauspieler-Kino. HFJ 1989

Anna Boleyn A449
***
Deutschland 1920, 132 Min., s/w
R: Ernst Lubitsch D: Emil Jannings, Henny Porten, Hedwig Pauli, Hilde Müller
Trotz raffinierter Kostüme und prächtiger Bilder erreichte Lubitschs Stummfilm über Leben und Sterben der zweiten Gattin Heinrichs VIII. nicht die Klasse der ein Jahr früher entstandenen *Madame Dubarry*, da Henny Porten im Vergleich zu Pola Negri weniger glaubwürdig wirkte. Großartig dagegen: Emil Jannings.

Anna Christie A450
***
Deutschland/USA 1930, 78 Min., s/w
R: Jacques Feyder D: Greta Garbo, Theo Shall, Hans Junkermann
Deutsche »Version« des amerikanischen Greta-Garbo-Films nach dem Stück des Dramatikers Eugene O'Neill. Die Liebe zwischen einer heruntergekommenen Kapitänstochter und Prostituierten und einem Seemann.

Anna Domina A451
**
BRD 1993, 97 Min., F
R: Horst Schier D: Gabriele Horn, Theo Reitz, Gudrun Meyer
Teils dokumentarische, teils nach-gestellte und -gespielte Szenen aus dem Alltagsleben einer professionellen Domina. Nur teilweise überzeugend.

Anna Karenina A452
ANNA KARENINA ****
GB 1947, 96 Min., s/w
R: Julien Duvivier D: Vivien Leigh, Ralph Richardson, Kieron Moore
Eine der gelungensten von insgesamt 14 Verfilmungen des Romans von Leo Tolstoj. Das Drehbuch schrieb Jean Anouilh.

Anna Karenina A453
ANNA KARENINA ***
UdSSR 1967, 116 Min., F
R: Alexander Sarchi D: Tatjana Samoilowa, Nikolai Grizenko

Vivian Leigh als Anna Karenina in ›Anna Karenina‹ (1947).

Tolstojs Erzählung von der leidenschaftlichen Liebe der Heldin, ihrem Ehebruch und ihrem Kampf mit der sittsamen Gesellschaft wirkt in dieser neuen Filmversion befremdlich »normal« und ohne Zeitbezug.

Anna Karenina A454
ANNA KARENINA **
UdSSR 1974, 79 Min., F
R: Margarita Pilichina D: Maja Plissetzkaja, Alexander Godunow
Ballett-Version zu dem berühmten Stoff von Leo Tolstoj, altmeisterlich choreographiert zu einer eher bombastischen Musik von Rodion Schtschedrin.

Anna Obsessed A455
ANNA OBSESSED ***
USA 1977, 82 Min., F
R: N. N. Martin D: John Leslie, Constance Money, Annette Haven
Frustrierte Hausfrau sucht nach sexueller Erfüllung in den Armen einer Fotografin, während ihr Gatte dieselbe

bei seiner Sekretärin findet. Ein Lustmörder geht auch um. Spannender Sexfilm mit Pointe.

Anna und die Wölfe A456
ANA Y LOS LOBOS ****
Spanien 1973, 97 Min., F
R: Carlos Saura D: Geraldine Chaplin, José Vivo, José Maria Prada, Rafaelo Aparicio
Ein Kindermädchen nimmt eine Stelle in einer großbürgerlichen spanischen Familie an. Zu spät stellt sie fest, daß deren Mitglieder heimtückische Faschisten und Triebtäter sind, denen sie schließlich zum Opfer fällt. Surrealistische Parabel, mit der Saura das gefährliche Zusammenspiel von Bourgeoisie, Klerus und Militär auf subtile Weise bloßlegt.

Annas Mutter A457
***
BRD 1983, 93 Min., F
R: Burkhard Driest D: Gudrun Landgrebe, Rolf Zacher, Isolde Barth
Die erste, aber etwas schwächere von zwei Filmvariationen über den »Fall Bachmeier«, die authentische Geschichte der Mutter, die den Mörder ihres Kindes erschoß. Der andere Film zu diesem Thema ist Hark Bohms *Keine Zeit für Tränen*.

Anne Trister – Zwischenträume A458
* **
ANNE TRISTER
Kanada 1986, 100 Min., F
R: Léa Pool D: Albane Guilhe, Louise Marleau, Lucie Laurier
Nach dem Tod ihres Vaters reist eine jüdische Kunststudentin aus der Schweiz nach Kanada und findet dort durch die Freundschaft mit einer Psychologin ihr verlorengegangenes inneres Gleichgewicht wieder. Autobiographische Liebesgeschichte, präzis und dicht inszeniert.

Annie A459
ANNIE ***
USA 1982, 127 Min., F
R: John Huston D: Albert Finney, Carol Burnett, Bernadette Peters
Musical um einen Milliardär, der sich eines Waisenkindes erbarmt und ihm – trotz der damit einhergehenden Probleme – den Aufstieg in die High Society ermöglicht. Huston inszeniert leichthändig und unterhaltsam und belustigt sich ganz nebenbei an den genreüblichen Klischees.

Annie Belle – Zur Liebe geboren A460
**
LA FINE DELL'INNOCENZA BLUE BELLE
Italien/GB 1975, 86 Min., F
R: Massimo Dallamano D: Annie Belle, Ciro Ippolito, Al Cliver
Eine Ex-Klosterschülerin besucht die Stadt Hongkong, wo sie ausgiebig Gelegenheit hat, die baulichen und körperlichen Sehenswürdigkeiten der Stadt zu begutachten. Sexfilm der einfachen Art.

Annie Get Your Gun A461
ANNIE GET YOUR GUN ***
USA 1950, 108 Min., F
R: George Sidney D: Betty Hutton, Howard Keel, Louis Calhern
Turbulentes Westernmusical mit der Musik von Irving Berlin um Annie Oakley, Star aus Buffalo Bills Wildwestshow. Das Naturkind aus den Wäldern von Ohio kann nicht nur ihre Geschwister ernähren, sondern auch gut schießen.

Annies Männer A462
BULL DURHAM ***
USA 1988, 108 Min., F
R: Ron Shelton D: Kevin Costner, Susan Sarandon, Tim Robbins
Alle Jahre wieder verführt eine unkonventionelle, Baseball-besessene Lehrerin den jeweiligen Champion der zweitklassigen Baseball-Mannschaft. Gute Schauspieler, flauer Plot; Komödie und Melodram zugleich.

Anruf für einen Toten A463
THE DEADLY AFFAIR ***
GB 1966, 106 Min., F
R: Sidney Lumet D: James Mason, Simone Signoret, Maximilian Schell
Ein Mann im auswärtigen Dienst in London glaubt nicht an den Selbstmord eines Kollegen und kommt einem Spionagering auf die Spur. Ziemlich düster inszenierter Agenten-Thriller.

Anruf genügt, komme ins Haus A464
***
BELLS ARE RINGING
USA 1960, 111 Min., F
R: Vincente Minnelli D: Dean Martin, Judy Holliday, Fred Clark
Hübsche Telefonistin mit goldenem Herzen arbeitet beim Auftragsdienst und nimmt lebhaft Anteil am Leben ihrer Kundschaft. Ihr besonderer Spezi: ein Broadway-Autor, der gerade in einer Schaffenskrise steckt. Verfilmung eines Broadway-Musicals. Komödie mit ein paar netten Songs.

Anschi und Michael A465
***
BRD 1976, 121 Min., F
R: Rüdiger Nüchtern D: Gaby Rubner, Michael Bentele, Jörg Hube
Sympathischer Jugendproblemfilm. Die Liebesgeschichte zwischen einem Lehrling und einer Gymnasiastin mit allen sozialen und individuellen Konflikten, die damit verbunden sind.

Ansichten eines Clowns A466
***
BRD 1975, 111 Min., F
R: Vojtech Jasny D: Helmut Griem, Hanna Schygulla, Eva-Maria Meineke
Die Geschichte eines Außenseiters und erfolglosen Clowns während der Adenauer-Ära, der mit seiner Familie nicht klarkommt, von seiner Freundin verlassen und von seinen Freunden nicht verstanden wird. Einfühlsame Verfilmung des Böll-Romans, die aber nur selten den Humor und die Zeitkritik der Vorlage adäquat umsetzen kann.

Die Anstalt A467
***
BRD 1978, 92 Min., s/w
R: Hans-Rüdiger Minow D: Susanne Granzer, Wolfgang Preiss
Durch den engagierten Einsatz einer Psychologiestudentin, die sich selbst der Behandlung in einer psychiatrischen Anstalt aussetzt, kommt es zu Reformen in dieser Institution.

Antarctica Projekt A468
***
BRD 1988, 101 Min., s/w und F
R: Axel Engstfeld

Spannende Filmdokumentation mit wunderbaren Aufnahmen über eine beeindruckende Aktion von Greenpeace, die Errichtung einer Station auf dem Südpol. HFJ 1989

Antea, Sklavin Roms A469
LA SCHIAVA DI ROMA ***
Italien 1961, 93 Min., F
R: Sergio Grieco D: Guy Madison, Rossana Podesta, Mario Petri
Monumentalfilm. Die gallische Fürstin Antea greift mit der Klinge in der Hand in die Kämpfe zwischen Cäsar und Vercingetorix ein. Farbiges Spektakel aus Cinecittà, das mehr Wert auf Aktion denn auf Glaubwürdigkeit legt.

Der Antichrist A470
L' ANTICRISTO ***
Italien 1974, 112 Min., F
R: Alberto De Martino D: Carla Gravina, Mel Ferrer, Arthur Kennedy
Mädchen, nach Unfall an den Rollstuhl gefesselt und von Rachegefühlen gegen ihren Vater beseelt, findet heraus, daß es die Reinkarnation einer vor 400 Jahren verbrannten Hexe ist. Fesselnder Horrorfilm, hervorragend gespielt.

Die Antigone des Sophokles A471
***
BRD/Frankreich 1991, 95 Min., F
R: Jean-Marie Straub, Danièle Huillet
D: Astrid Ofner, Ursula Ofner, Libgart Schwarz
Das von Bert Brecht bearbeitete Drama der Antigone, die gegen den Willen des Königs ihren Bruder bestattet und zur Strafe lebendig eingemauert wird, in einem Film von hoher, puristischer Ästhetik.

Der Antiquitätenjäger A472
L' HOMME PRESSE ***
Frankreich/Italien 1977, 90 Min., F
R: Edouard Molinaro D: Alain Delon, Mireille Darc, Michel Duchaussoy
Weil er wegen seiner rastlosen Jagd nach schönen und teuren Dingen unter anderem auch seine Frau vernachlässigt, ereilt den Titelhelden schließlich ein Herzinfarkt. Komödie mit ernsten Untertönen.

Anton der Letzte A473
***
Österreich 1939, 91 Min., s/w
R: E.W. Emo D: Hans Moser, O.W. Fischer, Elfriede Datzig
Nuschel-Papst Hans Moser als Kammerdiener Anton, der selbstsüchtig auf den Erhalt der alten Ordnung schaut, die ein junger Graf zu bedrohen scheint. Lustspiel der charmanten Art.

Anton der Zauberer A474
***
DDR 1978, 106 Min., F
R: Günter Reisch D: Ulrich Thein, Anna Dymna, Erwin Geschonneck
Gewitzter Automechaniker wird nach dem Krieg zum Millionär, landet im Knast, läutert zum Aktivisten eines Traktorenwerks, und trinkt am Ende aus Freude darüber, den Straßen-kreuzer seiner (in der Schweiz) verstorbenen Gattin der Schrottpresse anvertraut zu haben, so viel, daß sein Herz versagt.

Antonio das Mortes A475
ANTONIO DAS MORTI *****
Brasilien 1968, 96 Min., F
R: Glauber Rocha D: Mauricio Da Valle, Odete Lara
Der bezahlte und sanktionierte Killer aus *Gott und der Teufel im Land der Sonne* wird von einem Großgrundbesitzer engagiert, um die Cangaceiros zu bekämpfen. Als er deren Führer umgebracht hat, wird Antonio sich seiner Situation bewußt und ergreift die Position der Rebellen. Mythos, Revolution und Aufklärung in einer ästhetisch vollendeten Mischung.

Antonius von Padua A476
ANTONIO DI PADOVA **
Italien 1949, 81 Min., s/w
R: Pietro Francisci D: Aldo Fiorelli, Aldo Fabrizi
Naive und kitschige Verfilmung von Episoden aus dem Leben des heiligen Antonius.

Antreten zum Verrecken A477
UCCIDETE ROMMEL **
Italien 1969, 96 Min., F
R: Alfonso Brescia
D: Anton Diffring, Carl Parker, Pamela Tudor
Wie ein britischer Offizier den deutschen Afrika-Feldzug zum Scheitern bringt. Schlachtengemälde im Groschenheft-Format.

Die Antwort kennt nur der Wind A478
***
BRD/Frankreich 1974, 108 Min., F
R: Alfred Vohrer D: Maurice Ronet, Marthe Keller, Raymond Pellegrin
Nach dem Tod eines deutschen Bankiers auf dessen Jacht setzt eine Versicherung, die 15 Millionen zahlen soll, einen Detektiv auf den Fall an, der im Schickimicki-Milieu der Côte d'Azur recherchiert und Machenschaften internationaler Finanzhaie aufdeckt. Ein Kolportagefilm nach dem Roman von Johannes Mario Simmel.

Antz A479
ANTZ ****
USA 1998, 83 Min., F
R: Eric Darnell, Tim Johnson
Sprecher: Woody Allen, Anne Bancroft
Liebenswerter Computer-Animationsfilm um eine individualistische Ameise, deren Charakter (und die Stimme) von Woody Allen entliehen ist und die im reglementierten Staat der Insekten aufmuckt. Perfekte Unterhaltung – mehr für Erwachsene. HFJ 1999

Anuschka A480
***
Deutschland 1942, 103 Min., s/w
R: Helmut Käutner D: Hilde Krahl, Siegfried Breuer, Friedl Czepa
Im Wien der Jahrhundertwende flirtet eine vernachlässigte Arztgattin mit einem Playboy. Durch ihre Schuld gerät das Dienstmädchen in Verdacht des Diebstahls. Nach und nach kommt alles auf und damit auch ins Lot. Die Regie ist besser als der Plot.

Anwalt gegen das Gericht A481
THE LAW ***
USA 1974, 120 Min., F
R: John Badham D: Judd Hirsch, John Beck, Sam Wanamaker
Ein engagierter junger Anwalt verteidigt einen des Mordes an einem bekannten Sportler angeklagten Drogensüchtigen. Justizthriller mit kritischen Obertönen.

Die Anwälte des Teufels A482
LES ADVOCATS DU DIABLE ***
Frankreich 1980, 79 Min., F
R: André Cayatte D: Laurent Malet, Anne-Marie Philipe, Michel Auclair
Ein unpolitischer junger Jurist, der einen Algerier in einer Zivilsache verteidigen soll, verstrickt sich 1958, auf dem Höhepunkt der Algerienkrise, in tagespolitische Konflikte. Ein engagierter, zeitkritischer Film.

Die Anwältin A483
PHYSICAL EVIDENCE ***
USA 1988, 99 Min., F
R: Michael Crichton D: Burt Reynolds, Theresa Russell, Ned Beatty
Reynolds enttäuscht in der Rolle eines Polizisten, dem ein Mord in die Schuhe geschoben wurde. Er wird von einer aufregenden aber unerfahrenen Anwältin pflichtverteidigt, die der eigentliche Mittelpunkt dieses konfusen Gerichts-Films ist. HFJ 1990

Die Apachen A484
APACHE UPRISING **
USA 1965, 89 Min., F
R: R.G. Springsteen D: Rory Calhoun, Arthur Hunnicutt, Lon Chaney jr.
Postkutschenräuber im Wilden Westen, wieder mal auf Raubzug aus, werden von einer mutigen Gruppierung aus Weißen und Apachen niedergemacht. Spannender Western, in dem Indianer zur Abwechslung mal nicht als böse dargestellt werden.

Apachenschlacht am schwarzen Berg A485
**
OH, SUSANNAH
USA 1951, 87 Min., s/w
R: Joe Kane D: Rod Cameron, Adrian Booth, Forrest Tucker
US-Kavallerieeinheit, an der Spitze ein säbelrasselnder Militarist, wird in den Dakota-Bergen von Indianern aufgerieben. Nur einem humanistisch gesinnten Captain und seinen Männern gelingt die Flucht. Militaristischer Western mit Unterhaltungswert.

APE A486
APE *
USA/Korea 1976, 87 Min., F
R: Paul Leder
D: Rod Arrants, Joanna De Varona, Alex Nicol
Ein Monstergorilla kidnappt, nachdem er in Korea böse gemeuchelt hat, eine Filmactrice und wird von der Armee vernichtet. Flugs gefilmtes, nicht autorisiertes King-Kong-Remake, das jeder Beschreibung spottet. LSFF

Der Apfel ist ab A487
****
Deutschland 1948, 103 Min., s/w
R: Helmut Käutner D: Bobby Todd, Bettina Moissi, Joana Maria Gorvin
Der zwischen seiner Frau und seiner Sekretärin Eva hin und her gerissene Apfelsaftfabrikant Adam erlebt nach zwei Selbstmordversuchen während eines Sanatoriumsaufenthalts denselben Konflikt in einem Traum noch einmal als biblischer Adam. Surrealistisch angehauchte Komödie mit originellen Einfällen und erster deutscher Fantasy-Film der Nachkriegszeit.

Apfelbäume A488
***
BRD 1992, 113 Min., F
R: Helma Sanders-Brahms
D: Johanna Schall, Thomas Büchel, Udo Kroschwald, Anna Sanders
Der Süden von Berlin, als es die DDR noch gab: Felder, übersät mit Tausenden von Apfelbäumen. Hier lernen sich Lena und Heinz kennen, und es beginnt eine große, leidenschaftliche Liebe. Wenn da nicht Sienke wäre, Herr über die Bäume und die Menschen, die von ihnen leben. Als er ein Verhältnis mit Lena beginnt, verändert sich das Leben der drei dramatisch, eskaliert zu einem unausweichlichen Konflikt, der keinen ohne Schuld läßt.

Aphrodite A489
APHRODITE **
Frankreich 1982, 84 Min., F
R: Robert Fuest D: Horst Buchholz, Valérie Kaprisky, Cathérine Jourdan
Ein Waffenhändler, der kurz vor Ausbruch des Ersten Weltkrieges auf eine idyllische Insel eingeladen wird, um an einer Orgie zu Ehren der Göttin Aphrodite teilzunehmen, nutzt die Gelegenheit zur Spionage. Sex in gepflegtem Interieur.

Aphrodite, die Göttin der Liebe A490
***
AFRODITE, DEA DELL'AMORE
Italien 1958, 91 Min., F
R: Mario Bonnard D: Isabelle Corey, Antonio de Teffe, Irene Tunc
Heidnischer Baumeister verliebt sich in christliche Sklavin, zieht sich den Zorn einer Nebenbuhlerin zu und landet nach seiner Taufe im Kerker. Doch Obacht – Rettung ist nah, und die Schurkin ereilt das Schicksal.

Apocalypse Now A491
APOCALYPSE NOW *****
USA 1979, 153 Min., F
R: Francis Ford Coppola D: Martin Sheen, Marlon Brando, Robert Duvall, Dennis Hopper
Ein Captain erhält während des Vietnam-Krieges den Auftrag, einen psychopathischen Colonel, der im Dschungel eine Tyrannenherrschaft führt, aufzuspüren und zu liquidieren. Auf dieser Mission muß er sich mit den schrecklichen und absurden Formen des Krieges auseinandersetzen. Coppolas Verarbeitung des Vietnam-Traumas als gigantisch-pathetisches Drama, das weniger die militärischen als die psychischen Hintergründe zu analysieren versucht.

Apollo 13 A492
APOLLO 13 ***
USA 1995, 140 Min., F
R: Ron Howard D: Tom Hanks, Bill Paxton, Kevin Bacon
Am 11. April 1970 startet das Raumschiff »Apollo 13« in Richtung Mond. Nach einer Explosion im Sauerstofftank müssen die drei Astronauten ums Überleben kämpfen. Mit Hilfe der Bodenstation gelingt es ihnen, in letzter Minute den Defekt zu beheben. Spannendes Technik-Spektakel nach einem wahren Disaster. HFJ 1996

Die Apothekerin A493
***
BRD 1997, 108 Min., F
R: Rainer Kaufmann D: Katja Riemann, Jürgen Vogel, Richy Müller
Als schwarze Komödie angelegte Geschichte um die Liebesfrustrationen einer Apothekerin und ihr Giftmord-

›Apocalypse Now‹: Eine Reise in die Dunkelheit und immer noch einer der besten Filme über das Vietnam-Trauma.

potential. Der Film erreicht trotz seines einfallsreichen Plots nur das Niveau einer ansehnlichen deutschen Beziehungskomödie. HFJ 1998

Das Appartement A494
THE APPARTMENT ****
USA 1959, 125 Min., s/w
R: Billy Wilder D: Jack Lemmon, Shirley MacLaine, Fred MacMurray
Tragikomödie um einen New Yorker Angestellten, der seinen Vorgesetzten sein Appartement für deren amouröse Eskapaden zur Verfügung stellt, um so seine Karriere zu sichern. Eine bitterböse Satire auf die Moral der Büro-Gesellschaft, den Opportunismus einer modernen Hierarchie, voll scharf-kritischer Detailskizzen.

April, April! A495
***
Deutschland 1935, 82 Min., s/w
R: Detlef Sierck D: Albrecht Schönhals, Carola Höhn, Lina Carstens
Aufregung im Haus des eitlen Nudelfabrikanten: ein veritabler Prinz kündigt seinen Besuch an. Als sich das ganze als Aprilscherz seines Kompagnons herausstellt, fangen die Verwechslungen erst richtig an. Regie-Debüt von Detlef Sierck, der sich später in den USA Douglas Sirk nannte.

Aprile A496
APRILE ****
Italien/Frankreich 1998, 78 Min., F
R: Nanni Moretti D: Nanni Moretti, Silvio Orlando, Agata Apicella Moretti
Ein typischer »Nanni-Moretti«-Film: Selbstironische Alltagsreflexionen über den intellektuellen Künstler, der diesmal zwei Filme plant und Vater wird. Ein kluger Spaß – mit viel Erzähllust meisterlich inszeniert.
HFJ 1999

Aquanauten A497
I AKWANAFTY **
UdSSR 1979, 72 Min., F
R: Igor Wosnessenski D: German Poloskow, Alexander Jakowlew, Iren Aser, Waclaw Dworschetzkij
Sowjetische Wissenschaftler, die in 1000 Meter Tiefe eine Unterwasserstation betreiben, installieren Apparate, mit denen man eine künftige Energieversorgung bewerkstelligen kann. Utopischer Film ohne Action und Meeresungeheuer.

Arabeske A498
ARABESQUE ****
USA 1965, 118 Min., F
R: Stanley Donen D: Gregory Peck, Sophia Loren, Alan Bedel
US-Linguist in Oxford, der den Auftrag erhält, ein paar heiße kodierte Unterlagen zu entschlüsseln, wird in ein haarsträubendes Spionageabenteuer verwickelt, das in unglaublichen Verfolgungsjagden und Morden gipfelt. Ein solides und rasantes Abenteuer, das sich nicht immer ganz ernst nimmt.

Arabische Nächte A499
ARABIAN NIGHTS ***
USA 1942, 91 Min., F
R: John Rawlins D: Jon Hall, Maria Montez, Leif Erickson
Orientalischer Thronräuber schickt seinen Bruder und eine Tänzerin in die Sklaverei, doch im Verein mit einem listigen Zirkusjungen können sie ihn schlagen. 1-A-Hollywoodkitsch von verschwenderischer Pracht.

Arabische Nächte A500
***
BRD 1979, 85 Min., F
R: Klaus Lemke D: Cleo Kretschmer, Wolfgang Fierek, Dolly Dollar
Eine von ihrem Freund ständig betrogene Frau kommt nach London, um sich einen reichen Ölscheich zu angeln. Ihr mittlerweile zu besserer Einsicht gekommener Freund reist ihr nach. Stegreifkomödie über jede Menge Klischees: professionelles bayrisches Laienkino.

Arachnophobia A501
ARACHNOPHOBIA ***
USA 1990, 109 Min., F
R: Frank Marshall D: Jeff Daniels, Harley Jane Kozak, John Goodman
Eine vampirische Riesenspinne sucht eine US-Kleinstadt heim und mordet, bis ein Arzt, ein Spinnenexperte und ein Kammerjäger sie zur Strecke bringen. Spannender Horrorthriller der neuen Art mit komischen Elementen. HFJ 1992

Die Arbeiterklasse geht ins Paradies A502
**
LA CLASSA OPERAIA VA AL PARADISO
Italien 1971, 104 Min., F
R: Elio Petri D: Gian Maria Volonte, Mariangela Melato
Die Leistung eines Fließbandarbeiters wird von der Fabrikleitung zum Vorwand benutzt, die Normen zu steigern. Nachdem er einen Finger verloren hat, engagiert er sich in der Gewerkschaft und solidarisiert sich mit der Studentenbewegung. Politdrama ganz im Geist der Aufbruchsstimmung seiner Entstehungszeit.

Das Arche-Noah-Prinzip A503
***
BRD 1983, 100 Min., F
R: Roland Emmerich D: Richy Müller, Franz Buchrieser, Matthias Fuchs
Zwei Meteorologen umkreisen in einer Raumstation die Erde und stellen fest, daß sie aus politisch-militärischen Gründen zur Auslösung schwerer Unwetterkatastrophen mißbraucht werden. Erster neudeutscher SF-Film mit Niveau.

Archimedes, der Löwe von Syrakus A504
**
L' ASSEDIO DI SIRACUSA
Italien/Frankreich 1959, 92 Min., F
R: Pietro Francisci D: Rossano Brazzi, Gino Cervi, Tina Louise
Auch Genies führen ein normales Leben – solange sie jung und kräftig sind. Ein Kitschfilm über das Leben des Archimedes, bevor er den Dreisatz erfand.

Architektur des Untergangs A505
****
UNDERGANGENS ARKITEKTUR
Schweden 1989, 119 Min., F
R: Peter Cohen
Dokumentarfilm über die Ursprünge und Auswirkungen nationalsozialistischer Kunst, durch dessen spezifische Ästhetik das Dritte Reich als Gesamtkunstwerk etabliert werden sollte. Der informative Film vertieft Thesen und Theorien anhand von historischem Bildmaterial zu einer Inszenierung von Politik und Macht. Aufregend und entlarvend. HFJ 1992

Ardennen 1944 A506
ATTACK ***
USA 1956, 106 Min., s/w
R: Robert Aldrich D: Jack Palance, Eddie Albert, Lee Marvin
Psychologisch motiviertes Kriegsdrama über einen feigen und unfähigen Kompaniechef und seine Leute, die 1944 in Belgien einem deutschen SS-Kommando gegenüberstehen. Ein durchaus sehenswerter Antikriegsfilm.

Ardenner Schinken A507
JAMBON D'ARDENNE ***
Frankreich/Belgien 1977, 80 Min., F
R: Benoit Lamy D: Annie Girardot, Ann Petersen, Michel Lechat
Der erbitterte Konkurrenzkampf zwischen einer resoluten Restaurantbesitzerin und der Konkurrenz und die Liebesgeschichte zwischen den Kindern der verfeindeten Parteien. Eine leicht kracherte, aber hübsche und wundervoll komische Provinzgeschichte, die ihr Nichts an Story für die liebevolle Beschreibung von Personen und Milieu benutzt.

Arena A508
ARENA **
USA 1953, 70 Min., F
R: Richard Fleischer D: Gig Young, Jean Hagen, Polly Bergen
Leichtes Mädchen umgarnt verheirateten Rodeo-Star und bedroht ihn in der Arena, doch ein Kollege opfert sich. Spannende Western-Action-Story, wenig inspirierte Regie. Seinerzeit auf dreidimensionale Effekte abgestimmt.

Arena der Cowboys
siehe: Der Draufgänger

Ärger im Paradies A509
TROUBLE IN PARADISE ****
USA 1932, 79 Min., s/w
R: Ernst Lubitsch D: Miriam Hopkins, Kay Francis, Herbert Marshall
Ein verliebtes Diebespaar wird durch eine reiche Geschäftsfrau in Gefahr gebracht. Die schlagfertigen Dialoge und der Sarkasmus, mit dem die gesellschaftlichen und moralischen Wertvorstellungen unterminiert werden, machen diesen Film zu einer bissigen, unterhaltsamen Komödie.

Ärger, nichts als Ärger A510
A FINE MESS **
USA 1985, 90 Min., F
R: Blake Edwards D: Ted Dunson, Howie Mandel, Robert Mulligan
Zwei Freunde legen sich – versehentlich – mit der Mafia an, was zu irrwitzigen Verfolgungsjagden führt. Der Versuch von Komödienspezialist Edwards, Laurel und Hardy nachzueifern, gelang allerdings nur ansatzweise.

Argoman – Der phantastische Superman A511
**
COME RUBARE LA CORONA D'INGHILTERRA
Italien 1978, 86 Min., F
R: Terence Hathaway D: Roger Browne, Dominique Boschero, Dick Palmer, Nadia Marlowa
Der Superman Argoman sucht für Scotland Yard eine geraubte Krone und entlarvt als Dieb eine Dame, die nach der Weltherrschaft strebt. Naive Comic-Story der Art, von denen 13 auf ein Dutzend gehen. LSFF

Johnny Depp und der Traum von Freiheit in ›Arizona Dream‹.

Ari & Sam A512
PYRATES **
USA 1991, 95 Min., F
R: Noah Stern D: Kevin Bacon, Kyra Sedgwick, Kristin Dattilo
Da beim heißen Liebesspiel zwischen Sam und Ari stets Feuer ausbricht, müssen sie den Geschlechtsakt ins kühle Naß verlegen. Hanebüchener Erotik-Comic-Strip, der allenfalls die freiwillige Feuerwehr begeistern kann.

Aria A513
ARIA ****
England 1986/87, 99 Min., F
R: Robert Altman, Jean-Luc Godard, Nicholas Roeg, Ken Russell u.a.
Zehn Regisseure verfilmen jeweils eine Arie aus ihrer Lieblingsoper. HFJ 1988

Ariane A514
***
Deutschland 1930, 85 Min., s/w
R: Paul Czinner D: Elisabeth Bergner, Rudolf Forster, Hertha Guthmar
Die leidenschaftliche Liebesgeschichte zwischen einer intelligenten jungen Frau und einem älteren Herrn. Ansprechende Gesellschaftskomödie des Ungarn Paul Czinner nach einem Roman von Claude Anet, von Billy Wilder 1957 noch einmal verfilmt.

Ariane – Liebe am Nachmittag A515
***
LOVE IN THE AFTERNOON
USA 1956, 126 Min., s/w
R: Billy Wilder
D: Gary Cooper, Audrey Hepburn, Maurice Chevalier
Eine junge Studentin spielt in Paris bei alterndem Playboy die erfahrene Dame von Welt vor, um sein Interesse zu erregen. Annehmbare Gesellschaftskomödie nach dem Roman von Claude Anet. Wer übersieht, daß Gary Cooper schon kurz vor der Rente stand, wird sein Späßchen daran haben.

Ariel A516
ARIEL ****
Finnland 1988, 74 Min., F
R: Aki Kaurismäki D: Turo Pajala, Susanna Haavisto, Matti Pellonpää
Die Geschichte eines arbeitslosen jungen Mannes, der in Helsinki Schiffbruch erleidet, Bankräuber wird und sich verliebt. Romantisches Action-Komödien-Melodram und gesellschaftliche Momentaufnahme.

Arielle – Die Meerjungfrau A517
THE LITTLE MERMAID ****
USA 1989, 82 Min., F
R: John Musker, Ron Clements
Souverän animierter Zeichentrick-Spaß aus dem Hause Disney, sehr frei nach Hans Christian Andersens Geschichte um eine Meerjungfrau, die allzugerne ein Mensch wäre. »Oscars« gab es für den Soundtrack und den Song »Under the Sea«. HFJ 1991

Aristocats A518
THE ARISTOCATS ****
USA 1970, 78 Min., F
R: Wolfgang Reitherman
Abenteuerfilm über eine Pariser Katzenfamilie um die Jahrhundertwende: Die alte reicheLady vermacht ihr ganzes Vermögen ihrem Butler. An das Geld kommt er aber erst, wenn alle Katzen tot sind. Amüsanter Zeichentrickfilm aus der Werkstatt Walt Disneys.

Arizona A519
BROKEN LANCE ****
USA 1954, 98 Min., F
R: Edward Dmytryk D: Spencer Tracy, Robert Wagner, Richard Widmark, Jean Peters, Katy Jurado
Als Halbwüchsiger aus der irischen Heimat ausgerissen, bringt Matt Devereaux es zu Wohlstand. Mit Peitsche, Lasso und Colt hält er auch seine Söhne in Schach, bis sie ihn schließlich ruinieren. »King Lear« als Western inszeniert.

Arizona Dream A520
ARIZONA DREAM ****
Frankreich 1992, 142 Min., F
R: Emir Kustarica D: Johnny Depp, Jerry Lewis, Faye Dunaway
Statt für seinen Onkel in Arizona Cadillacs zu verkaufen, bleibt Axel bei einer Witwe und baut mit ihr zusammen einen Flugapparat. Ein Märchentraum in bizarrschönen Bildern.
HFJ 1994

Arizona Junior A521
RAISING ARIZONA ***
USA 1986, 94 Min., F
R: Joel Coen D: Nicolas Cage, Holly Hunter, Trey Wilson
Tief in der amerikanischen Provinz heiratet ein kleiner Gauner eine Polizistin und klaut, da die gemeinsamen Bemühungen erfolglos bleiben, das Baby eines Möbelhändlers. So kann eine turbulente Verfolgungsjagd voller irrwitziger Wendungen und schriller Kameratricks beginnen. Flott, aber hohl. HFJ 1988

Arlington Road A522
ARLINGTON ROAD ***
USA 1998, 118 Min., F
R: Mark Pellington D: Jeff Bridges, Tim Robbins, Joan Cusack
Universitätsprofessor glaubt, sein netter Nachbar ist ein rechtsextremer Terrorist. Paranoia oder Wirklichkeit? Trotz lauter konventioneller Zutaten – Inszenierung und Schauspieler ma-

chen aus der einfachen Story einen verstörenden Thriller mit einem überraschenden Finale. HFJ 2000

Armageddon – Das Jüngste Gericht A523 ***
ARMAGEDDON
USA 1998, 150 Min., F
R: Michael Bay D: Bruce Willis, Billy Bob Thornton, Liv Tyler
Specialeffectlastiges Höllenspektakel um eine Gruppe klischeehafter Working-Class-Helden, die die Welt vor einem drohenden Asteroideneinschlag retten sollen. Krach-Bumm-Knaller mit fürchterlichem Pathos. HFJ 1999

Armee der Liebenden A524 ***
BRD 1979, 107 Min., F
R: Rosa von Praunheim
Dokumentarfilm über die Homosexuellen-Bewegung in den USA. Rosa von Praunheim setzt Interviews, die er im Laufe von mehreren Jahren aufgenommen hat, zu einer informativen Bestandsaufnahme der Szene zusammen. Ein gelungenes Plädoyer für Solidarität unter gesellschaftlichen Außenseitern.

Armee im Schatten A525
L' ARMEE DES OMBRES ****
Frankreich 1969, 143 Min., F
R: Jean-Pierre Melville D: Lino Ventura, Simone Signoret, Paul Meurisse
Während des Zweiten Weltkrieges organisiert eine französische Widerstandsgruppe durch selbstlosen Einsatz Sabotage-Aktionen gegen die deutschen Besatzer. Ohne vordergründige Action-Sequenzen inszenierte, eine gleichermaßen sachliche wie bedrückende Chronik mit hervorragenden Schauspielerleistungen.

Die Armen A526
ZAVALLILAR ****
Türkei 1972–1974, 90 Min., F
R: Yilmaz Güney D: Yilmaz Güney, Güven Sengil, Yildirim Oenal
Drei Häftlinge erzählen sich am Tag ihrer Entlassung ihre Lebensgeschichten und die Ursachen ihrer Verhaftung. Nach der Verhaftung des Regisseurs von Atif Güney fertiggestellt.

Armes reiches Mädchen A527
POOR LITTLE RICH GIRL **
USA 1987, 114/119 Min., F
R: Charles Jarrott D: Farah Fawcett, Stéphane Audran, Kevin McGarthy
Zweiteilige TV-Film-Biographie der amerikanischen Millionenerbin Barbara Hutton, deren sieben Eheschließungen der Regenbogenpresse ausreichend Stoff lieferten. Reich ausgestattet, gediegen inszeniert – und erzlangweilig.

Das Arrangement A528
THE ARRANGEMENT ***
USA 1969, 125 Min., F
R: Elia Kazan D: Kirk Douglas, Faye Dunaway, Deborah Kerr
Von Leben, Beruf und Ehe gefrusteter Werbemanager macht nach erfolglosem Selbstmordversuch und anschließenden neuen Querelen mit der Familie einen neuen Anfang. Ein von schwerer Hand inszeniertes Drama nach einem Roman des Regisseurs, der ein Bestseller wurde. Trotz der hochkarätigen Besetzung ein nie richtig abhebender Flop.

Ars Amandi – Die Kunst der Liebe A529 ***
L' ART D'AIMER
Frankreich/Italien 1983, 89 Min., F
R: Walerian Borowczyk D: Marina Pierro, Massimo Girotti, Laura Betti
Gattin eines römischen Feldherrn hört Ovids Vorlesungen über die Kunst der Liebe und erhält Gelegenheit, sie in die Praxis umzusetzen. Kunstgewerblicher Softsexfilm.

Arsen und Spitzenhäubchen A530
ARSENIC AND OLD LACE *****
USA 1941, 115 Min., s/w
R: Frank Capra D: Cary Grant, Raymond Massey, Priscilla Lane, Peter Lorre
Zwei scheinbar harmlos-nette alte Damen vergiften alle ihre Untermieter und vergraben sie im Keller. Die makabre Idylle wird gestört, als sich Verwandtschafts-Besuch ankündigt. Capras Meisterwerk schwarzen Humors besticht durch pointierte Dialoge und dem Aufprall biederen Bürgertums mit blankem Horror.

Arsène Lupin, der Millionendieb A531 ***
LES AVENTURES D'ARSENE LUPIN
Frankreich/Italien 1957, 105 Min., F
R: Jacques Becker D: Robert Lamoureux, Georges Chamarat, O. E. Hasse
Ein Meisterdieb, der die Polizei ständig an der Nase herumführt, wird vom deutschen Kaiser Wilhelm II. entführt, um ein Ding für ihn zu drehen. Gelungenes, vergnügliches Remake eines US-Films von 1932.

Artcore oder »Der Neger« A532 **
BRD/Frankreich 1990, 90 Min., F
R: Heinz Peter Schwerfel D: Cecile Nordegg, Hans Meyer, Daniel Emilfork, Udo Wickert
Die Kustodin des »Centre Pompidou« hört von einer Sammlung expressionistischer Bilder und gelangt ins Haus des geheimnisvollen Professor Kunibald. In ihr steigt der Verdacht auf, dieser Professor sei so etwas wie ein »Ghostpainter«.

Arthur – Kein Kind von Traurigkeit A533 ***
ARTHUR
USA 1981, 97 Min., F
R: Steve Gordon D: Dudley Moore, Liza Minnelli, John Gielgud
Trinkfreudiger Millionärssohn muß sich zwischen einer arrangierten Geldheirat und seiner Liebe zu einer Kellnerin entscheiden. Brillant: Gielgud als Butler.

Arthur Rimbaud. Eine Biografie A534 ***
ARTHUR RIMBAUD – UNE BIOGRAPHIE
Fr/Schweiz 1991, 145 Min. F
R: Richard Dindo D: Christiane Cohendy, Madeleine Marie, Bernard Bloch
Arthur Rimbauds widersprüchlicher Lebenswandel in einer filmischen Ermittlung nachgestellt. Der Regisseur läßt, dargestellt von Schauspielern, Verwandte und Freunde Rimbauds auftreten, und auch Rimbaud selbst wird ausführlich zitiert. Eine sensible Biographie, die den Menschen Rimbaud und nicht den Dichter ins Zentrum rückt. HFJ 1992

Artischocke A535
***
Österreich 1982, 113 Min., F
R: John Cook D: Michael Riebl, Sybille Kos, Catherine Dressler
Die Geschichte eines Wiener Aussteigers, ganz ohne falsche Prätention und mit großer Sympathie entwickelt.

Die Artisten in der Zirkuskuppel: ratlos A536
****
BRD 1968, 104 Min., F
R: Alexander Kluge D: Hannelore Hoger, Siegfried Graue, Alfred Edel
Eine ehrgeizige Zirkusdirektorin scheitert bei dem Versuch, ihren Zirkus zu reformieren, an unzähligen Widerständen. Kluger vielschichtiger Film als gesellschaftliche Parabel, die zum einen das Leistungsprinzip in Frage stellt und zum anderen die Arbeitsbedingungen junger deutscher Filmemacher analysiert.

Arzt aus Leidenschaft A537
**
BRD 1959, 92 Min., s/w
R: Werner Klingler D: Klausjürgen Wussow, Antje Geerk, Willy Birgel
Typisches Weißkittel-Melodram der fünfziger Jahre mit dem späteren Chef der ZDF-*Schwarzwaldklinik*, der hier allerdings praktiziert, obwohl er sich sein Examen erschlichen hat.

Arzt im Zwielicht A538
BATTLE CIRCUS **
USA 1953, 88 Min., s/w
R: Richard Brooks D: Humphrey Bogart, June Allyson, Keenan Wynn
Ein versoffener Militärarzt und eine hübsche Krankenschwester, die während des Korea-Krieges in einem mobilen Feldlazarett Dienst tun, raufen sich nach allerlei menschlichem Hickhack zusammen und finden sich. Ein patriotisches Filmchen, in dem Humphrey Bogart sich sichtlich unwohl fühlt.

Der Arzt von St. Pauli A539
**
BRD 1968, 101 Min., F
R: Rolf Olsen D: Curd Jürgens, Horst Neumann, Christiane Rücker, Dieter Borsche
Unser »normannischer Kleiderschrank« im weißen Kittel, edel und hilfreich und gut, dem Dieter Borsche als Pastor auf dem Kiez zur Seite steht.

Arzt und Dämon A540
DR. JEKYLL AND MR. HYDE ***
USA 1941, 133 Min., s/w
R: Victor Fleming D: Spencer Tracy, Ingrid Bergman, Lana Turner
Remake von *Dr. Jekyll und Mr. Hyde* (1931), das mit Spencer Tracy eine klassische Fehlbesetzung aufweist und die sexuelle Komponente des Plots zugunsten der Frage, ob es von Grund auf gute und böse Menschen gibt, nicht einmal andeutet. LSFF

Der Arzt und die Teufel A541
THE FLESH AND THE FIENDS ***
GB 1959, 84 Min., s/w
R: John Gilling D: Peter Cushing, June Laverick, Donald Pleasence
Zwei irische Trunkenbolde, die um 1920 in Edinburgh einen Arzt zu anatomischen Studienzwecken mit Leichen versorgen, erweitern ihr Geschäft, indem sie Obdachlose ermorden. Unheimlicher Gruselfilm nach einer wahren Geschichte.

Der Arzt von Stalingrad A542
***
BRD 1958, 110 Min., s/w
R: Geza von Radványi D: O. E. Hasse, Eva Bartok, Hannes Messemer
Ein deutscher Arzt erwirbt sich durch seine selbstlose Tätigkeit in einem sowjetischen Gefangenenlager nach dem Zweiten Weltkrieg Respekt bei Freund und Feind. Gut in der Darstellung verherrlicht dieses Melodram jedoch allzusehr Heldentum und die damit verbundenen Wertvorstellungen.

Ärztinnen A543
***
DDR 1983, 102 Min., F
R: Horst Seemann D: Judy Winter, Inge Keller, Walter Reyer, Rolf Hoppe
Eine ehrgeizige Klinik-Ärztin im Konflikt zwischen eigener Schuld und dem Zorn über den Tod ihres Sohnes, der der medizinischen Forschung zum Opfer fällt. HFJ 1985

Das As der Asse A544
L' AS DES AS ***
Frankreich/BRD 1982, 103 Min., F
R: Gérard Oury D: Jean-Paul Belmondo, Frank Hoffmann, Marie-France Pisier
Französischer Boxtrainer rettet jüdische Familie direkt aus Hitlers Prunkbau, von wo aus man mit dessen Luxuskarosse nach Österreich entkommt. Witz und Action sind vollkommen auf Belmondo zugeschnitten; am Ende entgleitet der bis dahin recht unterhaltsame Film in eine Hitler-Satire.

Ascalon, das Zauberschwert A545
THE MAGIC SWORD ***
USA 1962, 80 Min., F
R: Bert I. Gordon D: Basil Rathbone, Estelle Winwood, Gary Lockwood
Ritter George macht sich mit seinem Zauberschwert und ein paar Freunden auf die Suche nach Prinzessin Helena, die ein Zauberer entführt hat. Netter Fantasyfilm eines Regisseurs, der viel Abfall produzierte. LFF

Asche und Diamant A546
POPIOL I DIAMENT ****
Polen 1958, 103 Min., s/w
R: Andrzej Wajda D: Zbigniew Cybulski, Ewa Krzyanowska, Adam Pawlikowski, Waclaw Zastrzezynski
Abschluß von Wajdas Kriegs- und Widerstands-Trilogie. Im Mittelpunkt steht die rätselhafte Figur eines jugendlichen, romantischen Killers, der kurz vor Kriegsende einen führenden Kommunisten ermorden soll. Ein Meisterwerk, das die politische Tra-

Zbigniew Cybulski in ›Asche und Diamant‹.

gödie Polens transparent macht und nicht zuletzt von seinem Hauptdarsteller Zbigniew Cybulski, dem polnischen James Dean, lebt.

Asche und Glut A547
ASHES AND EMBERS ***
USA 1982, 120 Min., F
R: Haile Gerima D: Evelyn Blackwell, John Anderson, Norman Blalock
Ein schwarzer Veteran kann seine Erlebnisse im Vietnam-Krieg nicht vergessen und hat Schwierigkeiten mit der sozialen Wiedereingliederung. Ungewohnt und interessant.

Aschenblödel A548
CINDERFELLA ***
USA 1960, 84 Min., F
R: Frank Tashlin D: Jerry Lewis, Anna Maria Alberghetti, Ed Wynn
Starkomiker Jerry Lewis in einer Umkehrung des Märchens vom Aschenbrödel: Fella wird als Knecht ohne Lohn von der bösen Stiefmutter ausgebeutet und schließlich von einer männlichen Fee mit einer Prinzessin beglückt.

Aschenbrödel A549
CINDERELLA **
UdSSR 1960, 98 Min., F
R: Alexander Rou D: Raissa Strutschkowa
Film-Version einer eindrucksvollen Aufführung des Märchenballetts mit der Musik von Sergej Prokofjew, die unter zuviel Tricktechnik leidet.

Aschenputtel A550
CINDERELLA ****
USA 1950, 74 Min., F
R: Wilfred Jackson, Clyde Geronomi
Disney-Zeichentrickklassiker um die Märchenfigur der Gebrüder Grimm.

Aschenputtel A551
****
BRD/Fr/Sp 1989, 90 Min., F
R: Karin Brandauer D: Petra Vigna, Claudia Knichel, Roswitha Schreiner
Ein ebenso stimmungsvoller wie ironischer Märchenfilm, der in der Geschichte des Mädchens, das von der Stiefmutter und den Schwestern drangsaliert wird, auch eine soziale Metapher sieht. HFJ 1991

Ashram in Poona A552
***
BRD 1979, 83 Min., F
R: Wolfgang Dobrowolny, Peter Claussen, Friedemann Kliesch
Dokumentation über die indische Sekte, in der in den späten siebziger Jahren viele europäische Intellektuelle Zuflucht fanden.

Asphalt A553
****
Deutschland 1929, 90 Min., s/w
R: Joe May D: Gustav Fröhlich, Else Heller, Paul Hörbiger
Melodram um einen Polizisten, der einer Diebin verfällt und so zum Mörder wird. Die Stärken des Films, der als das erste Beispiel des deutschen Realismus gilt, liegen in der detaillierten Betrachtung von Randereignissen und der gekonnten Kamera-Arbeit.

Asphalt Kid A554
WILD THING **
USA 1986, 92 Min., F
R: Max Reid D: Rob Knepper, Kathleen Quinlan, Robert Davi
Nachdem seine Eltern ermordet wurden, entwickelt sich ein junger Mann zum »Asphalt Kid«: Er beschützt die Obdachlosen in einem Großstadtslum und beginnt einen Rachefeldzug. Seltsame Mischung aus Action und Sozialkritik. HFJ 1988

Asphalt-Cowboy A555
MIDNIGHT COWBOY ****
USA 1968, 113 Min., F
R: John Schlesinger D: Dustin Hoffman, Jon Voight, Sylvia Miles
Ein naiver Kerl aus der Provinz geht nach New York, um mit seiner Potenz Frauen schwach und somit Geld zu machen. Als der Plan fehlschlägt, findet er in einem schwindsüchtigen Großstadt-Freak einen Profi für das Überleben auf der Straße. Düstere, Milieu-genaue Schilderung der Schattenseiten des »american way of life«.

Asphalt-Dschungel A556
ASPHALT JUNGLE ****
USA 1949, 112 Min., s/w
R: John Huston D: Sterling Hayden, Louis Calhern, Jean Hagen
Spannendes Caper-Movie um einen Juwelenraub mit interessanten Figuren. Die Konflikte innerhalb der Bande lassen am Ende den Juwelenraub scheitern. Marilyn Monroe in einer frühen Rolle als blondes Dummchen.

Asphalt-Haie A557
PIXOTE ***
Brasilien 1982, 125 Min., F
R: Hector Babenco D: Fernando Ramos da Silva, Marila Pera
Pixote ist der Anführer einer Kinderbande auf den Straßen von São Paulo. Nach einer Flucht aus der Haft werden sie von brutalen Polizisten zu Tode gehetzt. Halbdokumentarischer Spielfilm von beklemmender Realitätsnähe.

Asphalt-Kannibalen A558
APOCALISSE DOMANI *
Italien/Spanien 1979, 95 Min., F
R: Anthony M. Dawson D: Elizabeth Turner, Giovanni I. Radice, Tony King
Vietnam-Veteranen, von einem bösen Virus infiziert, werden in der Heimat zu blutrünstigen Zombies und werden von einem Kommando, das in der Wahl seiner Mittel nicht wählerischer ist, niedergemacht. LSFF

Asphaltrennen A559
TWO-LANE BLACKTOP ****
USA 1971, 99 Min., F
R: Monte Hellman D: James Taylor, Warren Oates, Dennis Wilson
Existentialistisches Road-Movie mit einem wie immer hervorragenden Warren Oates, der mit zwei jungen Männern um die Wette fährt, »nur so«.

Assassins – Die Killer A560
ASSASSINS **
USA 1995, 132 Min., F
R: Richard Donner D: Sylvester Stallone, Antonio Banderas, Julianne Moore
Ein Berufskiller sucht nach Jahren des Mordens eine Chance zum Aussteigen. Sie bietet sich ihm, als er den Auftrag erhält, einer Computer-Hackerin eine brisante Diskette abzujagen und sich ein psychopathischer Kollege an seine Fersen heftet. Die Klischees des Genres werden durch eine konventionelle Regie mit einer derart menschen-

verachtenden Kaltschnäuzigkeit aufbereitet, wie sie im »gehobenen« Actionfilm nicht gerade alltäglich ist.

Assault – Anschlag bei Nacht A561
ASSAULT ON PREDICT 13 ****
USA 1976, 91 Min., F
R: John Carpenter D: Austin Stocker, Darwin Joston, Laurie Zimmer
Die Besatzung eines kurz vor der Schließung stehenden Polizeireviers wird von einer kriminellen Jugendbande eingekesselt und langsam massakriert. Kalter, brutaler und aalglatt inszenierter Thriller von John Carpenter, der – wie sein Erstling *Dark Star* – längst Kult-Status genießt.

Asso A562
ASSO **
Italien 1981, 90 Min., F
R: Castellano und Pipolo D: Adriano Celentano, Edwige Fenech, Renato Salvatori
Adriano Celentano als Pokerface Asso, der sich nach seiner schnöden Ermordung als eifersüchtiger Geist an die Fersen seiner bildhübschen Witwe Silvia heftet. Komödie, die im Schlepptau seiner Erfolge dahindümpelt.

Assunta Spina A563
ASSUNTA SPINA ***
Italien 1915, 78 Min., s/w
R: Gustavo Serena D: Francesca Bertini, Gustavo Serena, Carlo Benetti
Stummfilm. Maßvoll in der Regie, aber exzellent in der Leistung der Hauptdarstellerin erzählt das schwülstige Melodram von einer Frau, die sich aus leidenschaftlicher Hingabe zu ihrem Geliebten eines Mordes bezichtigt, den sie nicht begangen hat.

Astaron – Brut des Schreckens A564
CONTAMINAZIONE *
BRD/Italien 1979, 82 Min., F
R: Lewis Coates D: Louise Marleau, Ian McCulloch, Marino Mase
Eine Geheimagentin und ein kaputter Ex-Astronaut entdecken auf einer südamerikanischen Plantage das Nest außerirdischer Invasoren und legen es in Trümmer. Schundige Kolportage, und zwar in jeder Einstellung. LSFF

Asterix – Operation Hinkelstein A565
ASTERIX ***
Frankreich 1989, 80 Min., F
R: Philippe Grimond
Im sechsten Film der beliebten Zeichentrick-Serie steht ein Seher im Mittelpunkt, der große Unruhe in das unbeugsame gallische Dorf bringt. Aber Asterix, Obelix und Idefix haben die Situation fest im Griff. Nichts Neues, aber solider Spaß wie immer. HFJ 1990

Asterix der Gallier A566
ASTERIX LE GAULOIS **
Frankreich 1966, 69 Min., F
R: René Goscinny, Albert Uderzo
Die erste in einer ganzen Reihe von Comic-Verfilmungen mit dem schlauen Asterix, dem dicken Obelix, Hinkelsteinen, Wildschweinen, einem Zaubertrank und vielen dummen Römern.

Asterix erobert Rom A567
LES DOUZE TRAVAUX D'ASTERIX ****
Frankreich 1975, 82 Min., F
R: René Goscinny, Albert Uderzo
Dritter Teil der Zeichentrick-Abenteuer von Asterix und Obelix. Dieses Mal lösen sie zwölf von Cäsar gestellte Aufgaben und zwingen ihn so zum Rücktritt.

Asterix und Obelix gegen Caesar A568
ASTERIX ET OBELIX CONTRE CESAR ***
BRD/Frankreich/Italien 1999, 110 Min., F
R: Claude Zidi D: Christian Clavier, Gérard Depardieu, Roberto Benigni
Realverfilmung der Abenteuer der beiden Gallier, die hier eine hinterhältige Verschwörung gegen Caesar aufdecken. Casting, Dekors und Kostüme treffen zwar punktgenau den Stil der Vorlage, Tricks und Dialoge liegen jedoch leicht daneben. HFJ 2000

Das asthenische Syndrom A569
ASTENICESKIJ SINDROM ***
UdSSR 1989, 153 Min., F und s/w
R: Kira Muratova D: Sergej Popov, Olga Antonova, Natalja Busko
Der Film diagnostiziert eine Epidemie: Die Menschen haben keinen Willen mehr, sie schlafen ein. Was sich als resignierte Gesellschaftskritik gibt, ist selbst ein teils kraftvolles, teils bloß absurdes Dokument der Desorientierung. Ein wagemutiger Film über die Depression der sowjetischen Gesellschaft. Kino, das vor allem Geduld, wenn nicht Langmut erfordert.

Astragal A570
L' ASTRAGALE **
BRD/Frankreich 1968, 103 Min., F
R: Guy Casaril D: Horst Buchholz, Marlène Jobert, Magali Noël
Entwichene Knastologin schlüpft bei jungem Ganoven unter, den sie zwar liebenlernt, aber sich vom Leib hält, um die wiedergewonnene Freiheit nicht aufs Spiel zu setzen. Nicht sonderlich beachtenswerter Kitschfilm nach dem Roman von Albertine Sarrazin.

Asylum A571
ASYLUM ***
GB 1972, 78 Min., F
R: Roy Ward Baker D: Patrick Magee, Barbara Parkins, Richard Todd
Der neue Arzt einer Nervenheilanstalt erhält die Aufgabe, aus mehreren Patienten den ehemaligen Leiter der Klinik herauszufinden. In vier Episoden aufgeteilter Gruselfilm, der ohne die Genre-üblichen Effekte auskommt. Drehbuch von Robert Bloch, dem Autoren von Hitchcocks *Psycho.*

Atalante A572
L' ATALANTE *****
Frankreich 1934, 78 Min., s/w
R: Jean Vigo D: Dita Parlo, Jean Dasté, Michel Simon
Jean Vigos einziger langer Spielfilm handelt von einer jungen Kapitänsbraut, die vom Seemannsleben angeödet ist und sich selbst einen Abenteuerurlaub an Land genehmigt. Simple Geschichte, genial verfilmt.

Atemlos A573
BREATHLESS ***
USA 1983, 95 Min., F
R: Jim McBride D: Richard Gere, Valerie Kaprisky, Art Metrano
Ein amerikanisches »Remake« von

Jean-Luc Godards *Außer Atem*, mit vielen Verweisen auf diesen und andere europäische Filme. Als Thriller spannend, als cineastisches Spiel wahrhaft atemberaubend, aber ins Leere abdriftend.

Die Atempause A574
LA TREGUA ***
Italien/Frankreich/BRD/Schweiz 1996, 126 Min., F und s/w
R: Francesco Rosi D: John Turturro, Massimo Ghini, Rade Serbedzija
Nach der Befreiung aus dem KZ macht sich der Dichter Primo Levi auf die lange Reise zurück in seine Heimat. Episodenhaft, anrührend, aber nicht ohne Klischees, lernt er dabei, das Leben wieder zu lieben. HFJ 1998

Atemlos nach Florida A575
THE PALM BEACH STORY ****
USA 1942, 88 Min., s/w
R: Preston Sturges D: Claudette Colbert, Joel McCrea, Mary Astor
Die Frau eines spleenigen Erfinders ist des Lebens in Armut müde und reist nach Florida, um eine bessere Partie zu finden. Sie lernt dort einen verschrobenen Multimillionär und dessen heiratswütige Schwester kennen. Turbulente Screwball-Komödie mit brillanten Dialogen, irrwitzigen Wendungen und grandiosen schauspielerischen Leistungen.

Atemlos vor Angst A576
WAGES OF FEAR/SORCERER ***
USA 1977, 89 Min., F
R: William Friedkin D: Roy Scheider, Bruno Cremer, Francisco Rabal
Vier Abenteurer transportieren hochexplosives Nitroglyzerin durch den unwegsamen südamerikanischen Urwald zu einer Ölbohrstelle, um einen Brand zu ersticken, aber nur einer erreicht schließlich das anvisierte Ziel. Remake des Abenteuerklassikers *Lohn der Angst*.

Atlantic City, USA A577
ATLANTIC CITY ****
Kanada/Frankreich 1979, 105 Min., F
R: Louis Malle D: Burt Lancaster, Susan Sarandon, Kate Reid
Ein kleiner, alt gewordener Gangster in der heruntergekommenen Stadt der Spieler an der Ostküste der Vereinigten Staaten kommt durch Zufall ins Heroingeschäft und zu einer kurzen Liebesgeschichte. Sanft ironische Phantasie über amerikanische Mythen.

Die Atlantikschwimmer A578
***
BRD 1976, 81 Min., F
R: Herbert Achternbusch D: Heinz Braun, Herbert Achternbusch, Alois Hinterbichler
Zwei Münchner wollen ihrem eintönigen Leben zu Hause entfliehen und beschließen, den Atlantik zu durchschwimmen. Achternbusch, der in seinem zweiten Spielfilm auf die ihm typische sperrige Art von der Unmöglichkeit, den Alltags-Trott abzuschütteln, erzählt, propagiert hier den Leitspruch: »Du hast keine Chance, also nutze sie«.

Atlantis A579
L' ATLANTIDE ***
Frankreich 1921, 146 Min., s/w
R: Jacques Feyder D: Georges Melchior, Stacia de Napierkowska, Marie-Louise Iribe
Stummfilm. Dank des hohen produktionstechnischen Aufwands und der exotischen Schauplätze landete Jacques Feyder mit seiner eher dünnen Geschichte um zwei Soldaten, die in Afrika die versunkene Stadt Atlantis entdecken, einen immensen Publikumserfolg, der sogar Pabsts elf Jahre später entstandenes Tonfilm-Remake übertraf.

Atlantis, der verlorene Kontinent A580
***
ATLANTIS THE LOST CONTINENT
USA 1960, 90 Min., F
R: George Pal D: Anthony Michael Hall, Joyce Taylor, John Dall, Bill Smith
Ein griechischer Fischer lernt durch ein Mädchen den hochzivilisierten Kontinent Atlantis kennen und tritt gegen einen Intriganten an, der die Welt erobern will. Ein buntes und abenteuerliches Fantasy-Spektakel. LSFF

Atlantis Inferno A581
ATLANTIS INTERCEPTORS *
Italien 1983, 92 Min., F
R: Ruggero Deodato D: Christopher Connelly, Mike Miller, Tony King
Als 1994 die legendäre Insel Atlantis wieder auftaucht, entpuppen sich deren Bewohner als punkig kostümierte Schlagetots, die Forschern das Leben schwermachen. Phantasielose Schlägerorgie im SF-Gewand. LSFF

The Atomic Café A582
THE ATOMIC CAFE ***
USA 1982, 88 Min., s/w und F
R: Kevin und Pierce Rafferty, Jayne Loader
Witzig-pointiert motivierte Kompilation aus US-Werbe- und Propagandafilmen der vierziger und fünfziger Jahre, in denen der Umgang mit nuklearem Material und die Bedrohung durch atomare Waffen derart verharmlost werden, daß dem Betrachter das Lachen vergehen kann.

Atomic Hero A583
THE TOXIC AVENGER *
USA 1985, 78 Min., F
R: Michael Herz, Samuel Weill
D: Mitchell Cohen, Andree Maranda
Ein Dösbartel, der als Putzmann in einem Fitness-Center werkelt, fällt in eine Tonne mit Chemieabfällen und mutiert zu einem Monster, das gleich dazu ansetzt, die Welt vom Bösen zu befreien. Dilettantischer Quatsch, gequält auf »Kultfilm« getrimmt. LSFF

Atomic Hero II A584
THE TOXIC AVENGER II *
USA 1988, 91 Min., F
R: Michael Herz, Lloyd Kaufman
D: Ron Fazio, Phoebe Legere
Aus Atomabfällen entstandener Mutant mit Sinn für Law & Order entlarvt einen japanischen Konzern als großen Manipulator seiner Heimatstadt. Ein »lustiger« Phantastikfilm. Lacht, oder der Schwarze Mann holt euch! LSFF

Atomic Reporter A585
REVENGE OF THE ATOMIC REPORTER **
USA 1990, 84 Min., F
R: Craig Pryce D: David Scammell, Kathryn Boese, Randy Pearlstein

Schweinische Aufsichtsratmitglieder eines AKWs lassen einen wackeren Reporter in radioaktivem Abfall verschwinden, woraufhin dieser zum Mutanten wird und einen Rachefeldzug startet. Hard to believe, baby! LSFF

Atomic Thrill A586
I WAS A TEENAGE ZOMBIE *
USA 1987, 92 Min., F
R: John Elias Michalakis D: Michael Ruben, George Seminara, Peter Bush
Ein Dealer, der in einen verseuchten Fluß fällt, verwandelt sich in ein Monster und tötet den »Guten«, der bald darauf als »Teenage Zombie« unter den Lumpen der Stadt aufräumt. Da wendet sich der Gast mit Grausen.

Ator, Herr des Feuers A587
ATOR, L'INVINCIBLE *
Italien 1982, 97 Min., F
R: David Hills D: Miles O'Keefe, Sabrina Siani, Ritza Brown
Ein muskulöser Barbar aus dem Fantasyland, dessen Mimik keinem Dressman Ehre macht, tut sich mit einer Amazone zusammen, um seine Braut aus den Fängen eines bösen Hohepriesters zu befreien. Urgh! LFF

Ator II: Der Unbesiegbare A588
ATOR L'INVINCIBLE II *
Italien 1983, 86 Min., F
R: David Hills D: Miles O'Keefe, Lisa Foster, David Cane
Ein Alchimist im Fantasyland entdeckt eine neue Waffe, die sich sein böser Schüler aneignen will, um »die Welt« zu beherrschen. Muskelmann Ator haut nicht nur ihm, sondern auch all seinen Mannen mächtig aufs Haupt.

Das Attentat A589
L'ATTENTAT ****
Fr/It/BRD 1972, 120 Min., F
R: Yves Boisset D: Jean-Louis Trintignant, Michel Piccoli, Gian-Maria Volonté, Jean Seberg
Im Jahr 1965 wurde der marokkanische Oppositionsführer Ben Barka entführt und ermordet. Frei nach diesem Geschehen schuf Boisset einen kritischen Politthriller mit harten Anklagen gegen den französischen Geheimdienst.

Das Attentat A590
GHOSTS OF MISSISSIPPI ***
USA 1996, 130 Min., F
R: Rob Reiner D: Alec Baldwin, Whoopi Goldberg, James Woods
30 Jahre nach dem Mord an einem schwarzen Bürgerrechtler rollt ein Staatsanwalt gegen alle Widerstände den Fall wieder auf und erreicht eine Verurteilung. Der Film will aufgrund seiner ambitionierten Ziele (Politthriller, Südstaatenporträt, Charakterstudie und Unterhaltung) zu viel auf einmal, und das gelingt selten. HFJ 1998

Das Attentat von Sarajewo A591 ***
SARAJEVSKY ATENTAT
Jugoslawien/CSSR 1975, 135 Min., F
R: Veljko Bulajic D: Florinda Bolkan, Christopher Plummer, Maximilian Schell
Um historische Genauigkeit und stimmige Psychologie bemühte Verfilmung der Vorbereitung und Durchführung jenes Attentats auf den österreichischen Thronerben, das den Ersten Weltkrieg auslöste.

Attica – Revolte hinter Gittern A592 ***
ATTICA
USA 1984, 95 Min., F
R: Marvin Chomsky D: George Grizzard, Morgan Freeman, Roger E. Mosley
Nach den Erlebnissen des Reporters Tom Wicker, der die Gefängnisrevolte gegen die unmenschlichen Zustände in Attica aus dem Jahr 1971 vor Ort erlebte, gestaltete Chomsky ein ebenso nüchternes wie eindringliches Dokumentarstück.

Attila, der Hunnenkönig A593
SIGN OF THE PAGAN ***
USA 1954, 95 Min., F
R: Douglas Sirk D: Jeff Chandler, Jack Palance, Ludmilla Tcherina
Der sich nur vor Blitzen fürchtende Hunnenkönig Attila und seine Horden belagern Konstantinopel, werden aber von einem Römerhauptmann abgewehrt. Geschichtsstunde à la Hollywood; kein Wort ist wahr, aber die Kulissen sind grandios.

Attila, die Geißel Gottes A594
ATTILA, FLAGELLO DI DIO ***
Italien/Frankreich 1955, 80 Min., F
R: Pietro Francisci D: Anthony Quinn, Sophia Loren, Henri Vidal
Attila und seine Hunnenscharen auf der Durchreise in Italien – da bleibt kein Stein auf dem anderen. Bunter Metzelfilm nach antiker Vorlage.

Au Pays des Juliets A595
AU PAYS DES JULIETS ****
Frankreich 1992, 95 Min., F
R: Mehdi Charef D: Maria Schneider, Laure Duthilleul, Claire Nebout
Raissa, Thérese und Henriette haben Freigang vom Gefängnis. Zufällig streikt an diesem Tag die Bahn. So kommt es, daß sie nicht wie geplant zu ihren Angehörigen fahren, sondern 24 Stunden zusammen verbringen. In dieser Zeit entdecken die Frauen alles für sich neu, genießen ihre Freiheit, verlieren die Scheu voreinander und vor dem Leben und kommen sich nah.

Auch Arbeit kann von Übel sein A596 **
WORK IS A FOUR LETTER WORD
GB 1968, 86 Min., F
R: Peter Hall D: David Warner, Cilla Black, Elizabeth Spriggs
Theaterregisseur Peter Hall schuf in seinem Film-Debüt eine temporeiche Komödie um einen liebenswerten Arbeitsverweigerer, dessen ganze Leidenschaft seiner Pilzzucht gilt.

Auch die Engel essen Bohnen A597
E ARRIVO LA NOTTE DI SAN VALENTINO **
It/Fr/Sp 1972, 119 Min., F
R: Enzo B. Clucher D: Giuliano Gemma, Bud Spencer, Robert Middleton
Ein schmales Handtuch und ein bulliger Schläger, die in den zwanziger Jahren als Geldeintreiber für einen New Yorker Mafia-Boß arbeiten, dreschen sich durch die Stadt. Ein Doofi-Film mit endlosen Prügelszenen.

Auch die Kleinen wollen nach oben A598 ***
THE MOUSE ON THE MOON
GB 1962, 85 Min., F
R: Richard Lester D: Margaret Rutherford, Ron Moody, Bernard Cribbins

US-Geheimagenten, die überprüfen wollen, ob die Regierung eines europäischen Zwergstaates die ihm gewährte Entwicklungshilfe auch zweckgebunden einsetzen, finden heraus, daß man dortselbst aus Wein Raketentreibstoff herstellt und eine Rakete zum Mond schicken will. Ein nettes Komödchen; Fortsetzung des Films *Die Maus, die brüllte*.

Auch dort sind die Ufer sandig A599 ***
IR TEN KRANTAJ SMELETI
Litauen 1991, 88 Min., F
R: Algimantas Puipa D: Kostas Smoriginas, Vidas Petkevicius
Der Arzt Benas kommt aus der Stadt in sein litauisches Dorf zurück, um hier den alten Traum der Stadtmenschen vom idyllischen, sorgenfreien Landleben in die Tat umzusetzen. Plötzlich wird er mit den kleinen Dramen des Dorfes konfrontiert.

Auch ein Sheriff braucht mal Hilfe A600 ****
SUPPORT YOUR LOCAL SHERIFF!
USA 1968, 93 Min., F
R: Burt Kennedy D: James Garner, Joan Hackett, Walter Breman
Aus Geldmangel übernimmt ein Mann, der nach Australien will, den Job des Sheriffs in einem Westernkaff, legt gekonnt eine Banditensippe herein und kriegt die Bürgermeistertochter. Western-Ulk mit spritzigen Dialogen.

Auch Henker sterben A601 ***
HANGMEN ALSO DIE
USA 1942, 130 Min., s/w
R: Fritz Lang D: Brian Donlevy, Walter Brennan, Anna Lee
Umstrittener Hollywood-Film des deutschen Regisseurs, an dessen Drehbuch anfänglich Bert Brecht mitarbeitete. Es geht um die Aufklärung des Attentats auf Heydrich im Mai 1942. Lang zeigt die Nazi-Barbaren an der Grenze zur Karikatur.

Auch ich war nur ein mittelmäßiger Schüler A602 **
BRD 1974, 90 Min., F
R: Werner Jacobs D: Detlev Eckstein, Horst Tappert, Gerlinde Locker
Zwei Freunde erzählen sich bei einem Wiedersehen in der Entbindungsstation des KrankenhausesEpisoden aus ihrer Schulzeit. Ein seichter Paukerfilm für Nachsitzer.

Auch Zwerge haben klein angefangen A603 ***
BRD 1971, 98 Min., F
R: Werner Herzog D: Helmut Goring, Paul Glauer, Gerd Nickel
Die kleinwüchsigen Insassen eines Erziehungsheims benutzen die Abwesenheit des Direktors zu einer anarchischen Revolte, die auch für sie nur Chaos und Gewalt bringt. Eher ein mystisches Pamphlet als eine politische Parabel.

Audrey Rose – Das Mädchen aus dem Jenseits A604 ***
AUDREY ROSE
USA 1977, 113 Min., F
R: Robert Wise D: Marsha Mason, Anthony Hopkins, John Beck
Von starken Alpträumen heimgesuchtes Mädchen erweist sich als Inkarnation einer Verstorbenen. Phantastischer Thriller, der in modernen Zeiten spielt und einige beklemmende Momente aufweist.

Auf Biegen oder Brechen A605 ***
BRD 1975, 94 Min., F
R: Hartmut Bitomsky D: Jo Bolling, Christine Kaufmann, Lisa Kreuzer
Die kriminelle Karriere eines Automechanikers und Studenten als »deutscher Action-Film über das Dilemma der linken Intelligenz«.

Auf brennendem Eis A606 **
ON DEADLY GROUND
USA 1994, 99 Min., F
R: Steven Seagal D: Steven Seagal, Joan Chen, Michael Caine
Der Brandspezialist einer Ölgesellschaft in Alaska entdeckt Betrügereien des Präsidenten und solidarisiert sich mit den von der Ölförderung bedrohten Eskimos. Technisch interessanter Action-Film mit einem entschlossen alles in die Luft jagenden Umweltschützer. HFJ 1995

Auf das, was wir lieben A607 **
A NOS AMOURS
Frankreich 1983, 88 Min., F
R: Maurice Pialat D: Sandrien Bonnaire, Maurice Pialat, Christophe Odent
Die junge Suzanne leidet unter den Ehekrächen ihrer Eltern und kommt auch in ihrem eigenen Liebesleben nicht zurecht. Nüchterne Bestandsaufnahme über die Sehnsucht nach Liebe und die Unfähigkeit, sie zu erhalten.

Auf dem Highway ist die Hölle los A608 ***
THE CANNONBALL RUN
USA 1980, 96 Min., F
R: Hal Needham D: Burt Reynolds, Roger Moore, Farah Fawcett
Anspruchslose Action-Komödie um das illegale Cannonball-Rennen quer durch die USA; lose miteinander verbundene Episoden zeigen den trickreichen Kampf der Teilnehmer miteinander, einige persiflierende Parodien und Filmzitate runden das Ganze ab.

Auf dem Kometen A609 ***
NA KOMETE
CSSR 1970, 76 Min., F
R: Karel Zeman D: Emil Horváth, Magda Vasáryová, Josef Vétrovec
Ein Komet, der sich 1888 der Erde nähert, reißt ein Stück des Planeten und die auf ihm lebenden Menschen ins Weltall hinaus. Originelle und spannende Geschichte nach einem Roman von Jules Verne. LSFF

Auf dem Kriegspfad A610 **
DAVY CROCKETT, INDIAN SCOUT
USA 1949, 71 Min., s/w
R: Lew Landers D: George Montgomery, Ellen Drew, Philip Reed
Der Scout Davy Crockett führt einen Wagentreck durch den Westen und bewahrt ihn vor Problemen. Anspruchsloser Western, in der es in erster Linie um räuberische Indianer geht.

Auf den Schwingen des Todes A611 ****
A PRAYER FOR THE DYING
GB 1987, 104 Min., F
R: Mike Hodges D: Mickey Rourke, Alan Bates, Bob Hoskins, Liam Neeson

Ein IRA-Terrorist will aussteigen; bei seinem letzten Auftrag aber gerät er in eine furchtbare Zwickmühle. Fulminanter, vielschichtiger Thriller, eine von Rourkes besten Rollen.

Auf der Jagd nach dem grünen Diamanten A612 ****
ROMANCING THE STONE
USA 1984, 106 Min., F
R: Robert Zemeckis D: Michael Douglas, Kathleen Turner, Danny De Vito
Schnulzenromanautorin und Haudegen suchen eine im Dschungel Kolumbiens verschwundene Frau und schlagen sich mit diversem Gelichter herum, das einen Riesendiamanten erbeuten will. Rasantes Abenteuer. Top-Unterhaltung. HFJ 1985

Auf der Jagd nach dem Juwel vom Nil A613 ***
THE JEWEL OF THE NILE
USA 1985, 106 Min., F
R: Lewis Teague D: Michael Douglas, Kathleen Turner, Danny De Vito
US-Abenteurer und Autorin geraten bei der Suche nach einem Klunker in Arabien in Bedrängnis und müssen sich mit wilden Nomaden und machthungrigen Scheichen auseinandersetzen. Fortsetzung der *Jagd nach dem grünen Diamanten.* HFJ 1987

Auf der Reeperbahn nachts um halb eins A614 **
BRD 1954, 112 Min., F
R: Wolfgang Liebeneiner D: Hans Albers, Heinz Rühmann, Fita Benkhoff
Musikalisches Volksstück, das wenig mit dem Volk und wenig mit der Wirklichkeit von Hamburgs sündiger Meile zu tun hat. Nicht zu verwechseln mit dem gleichnamigen Kolportage-Film aus dem Jahr 1969, der zwar mit Curd Jürgens, aber auch nicht viel besser ist (Regie: Rolf Olsen).

Auf der Suche nach Mr. Goodbar A615 ****
LOOKING FOR MR. GOODBAR
USA 1977, 136 Min., F
R: Richard Brooks D: Diane Keaton, Tuesday Weld, Richard Kiley
Eine Taubstummenlehrerin, von spießigen Eltern geplagt, möchte gern jenseits aller bürgerlichen Konventionen leben, fällt aber nach mehreren Versuchen, den rechten Mann zu finden, in die Hände eines bisexuellen Psychopathen. Eine starke Charakterstudie von Diane Keaton; ein ansprechendes Drehbuch nach dem Bestseller von Judith Rossner.

Auf des Degens Spitze A616 ***
A FIL DI SPADA
Italien 1953, 85 Min., F
R: Carlo Ludovico Bragaglia
D: Frank Latimore, Milly Vitale, Pierre Cressoy, Doris Duranti
Freund eines ermordeten Gesandten der spanischen Krone in Südamerika entlarvt stellvertretenden Gouverneur als korrupten Lumpen und zettelt einen Volksaufstand gegen ihn an. Abenteuerfilm mit flotten Duellen und humorigen Einlagen.

Auf die stürmische Art A617 ***
FORCES OF NATURE
USA 1998, 104 Min., F
R: Bronwen Hughes D: Ben Affleck, Sandra Bullock, Maura Tierney
Bodenständiger Bräutigam trifft auf der Reise zu seiner Hochzeit hippe Chaos-Queen. Unterhaltsame Romanze über die Qual der Wahl und die Angst vor dem bindenden »Ja, ich will«. Nette Ping-Pong-Dramaturgie. HFJ 2000

Auf eigene Faust A618 ***
RIDE LONESOME
USA 1959, 72 Min., F
R: Budd Boetticher D: Randolph Scott, Karen Steele, Pernell Roberts
In der Weite des mexikanischen Indianergebiets stellt ein einsamer Grenzgänger einen jungen Verbrecher, der wegen Mordes gesucht wird. Das Kopfgeld indes lockt nicht, denn er will mit dem Bruder des Verfolgten eine Rechnung begleichen.

Auf ein Neues A619 ***
STARTING OVER
USA 1979, 106 Min., F
R: Alan J. Pakula D: Burt Reynolds, Jill Clayburgh, Candice Bergen
Die Geschichte eines Mannes, der von seiner Frau verlassen wird, sich in eine Kindergärtnerin verliebt, von der Ex-Frau noch einmal betört wird, aber schließlich doch zu seinem neuen Glück findet. Boulevard-Fassung der seinerzeit so beliebten Emanzipationsgeschichten.

Auf eine ganz krumme Tour A620 ***
LA CONGIUNTURA
Italien/Frankreich 1965, 101 Min., F
R: Ettore Scola D: Vittorio Gassman, Joan Collins, Jacques Bergerac
Komödie. Joan Collins als Mitglied einer Bande, die Geld von Italien in die Schweiz schmuggelt und Probleme mit dem römischen Edelmann Don Giuliano hat.

Auf ewig und drei Tage A621 ****
FOREVER AND A DAY
USA 1943, 101 Min., s/w
R: René Clair D: Charles Laughton, Buster Keaton, Ray Milland
Mit souveräner Gelassenheit erzählte Episoden aus einem Londoner Herrenhaus.

Auf falscher Spur A622 ***
THE CLOUDED YELLOW
GB 1950, 90 Min., s/w
R: Ralph Thomas D: Trevor Howard, Jean Simmons, Kenneth Moore
Ehemaliger Agent wird in einen Mordfall verwickelt. Gut gebauter Kriminalfilm nach einem Drehbuch von Eric Ambler.

Auf Freiersfüßen A623 **
LE SOUPIRANT
Frankreich 1962, 83 Min., s/w
R: Pierre Etaix D: Pierre Etaix, Laurence Lignères, Claude Massot
Mit Stilelementen des Stummfilms durchsetzte Komödie um einen weltfremden jungen Mann auf Brautschau.

Auf Ihr Wohl, Herr Interpol! A624 **
EN PLEINE BAGARRE/MANI IN ALTO
Frankreich/Italien 1961, 90 Min., s/w
R: Giorgio Bianchi D: Eddie Constantine, Renato Rascel, Dorian Gray
Undercover-Agent des FBI läßt in der Maske eines Ganoven eine Bande von Drogendealern auffliegen. Typisches Eddie-Krimi-Abenteuer.

Auf immer und ewig A625
**

BRD 1985, 97 Min., F
R: Christel Buschmann D: Eva Mattes, Werner Stocker, Teo Gostischa
Eine dem Tod geweihte Frau trifft den geliebten Mann wieder, von dem sie seit Jahren getrennt ist und verbringt noch einmal eine Zeit der Liebe mit ihm. Tränendrücker.

Auf kurze Distanz A626
AT CLOSE RANGE ***
USA 1985, 109 Min., F
R: James Foley D: Sean Penn, Christopher Walken, Millie Perkins
Die sehr amerikanische Geschichte eines Jungen, der seinen Vater sucht und ihn in einem Gangster findet, unter dessen Einfluß er gerät. Als er sich verliebt, möchte er sich befreien und erkennt erst jetzt die wahre Gefährlichkeit dieses Menschen.

Vater und Sohn: Walken und Penn.

Auf leisen Sohlen kommt der Tod A627
FUZZ ***
USA 1971, 93 Min., F
R: Richard A. Colla D: Burt Reynolds, Jack Weston, Tom Skerritt
Ein kahlköpfiger Erpresser und Killer versetzt die Behörden von Boston in Angst und Schrecken. Den Kommissaren von Ed McBains 87. Revier fällt der Gangster durch Zufall in die Hände. Präzise in der Beschreibung der Polizeiarbeit, aber nicht spannend.

Auf Liebe und Tod A628
VIVEMENT DIMANCHE! ****
Frankreich 1983, 111 Min., s/w
R: François Truffaut D: Fanny Ardant, Jean-Louis Trintignant, Philippe Laudenbach, Caroline Sihol
Der letzte Film Truffauts ist eine Erinnerung an die eigenen Anfänge und eine Hommage an den »Film noir«. Erzählt wird von einer Sekretärin, die ihren des Mordes verdächtigten Chef versteckt und seine Unschuld beweist, bevor sie ihn zum Altar führt.

Auf Messers Schneide A629
THE RAZOR'S EDGE ***
USA 1984, 128 Min., F
R: John Byrum D: Bill Murray, Theresa Russell, Catherine Hicks
Die Geschichte zweier Collegefreunde nach dem Ersten Weltkrieg mit sehr unterschiedlichem Schicksal als Börsenmakler und philosophischer Aussteiger. Eher äußerliche Verfilmung des Romans von W. S. Maugham.

Auf offener Straße A630
L.627 ***
Frankreich 1992, 144 Min., F
R: Bertrand Tavernier D: Didier Bezace, Jean Paul Comart, Charlotte Kady
Ein engagierter Kriminalbeamter wird der Drogenfahndung zugeteilt, und lernt deren tägliche aufreibende Arbeit kennen. Konfrontiert mit den Schattenseiten der Gesellschaft läßt er trotz vieler bürokratischer Schwierigkeiten in seinem Idealismus nicht nach. Realistischer Polizeifilm, mit dem Tavernier eine radikal-subjektive Bilanz der französischen Sozialpolitik der achtziger Jahre zieht.

Auf St. Pauli ist der Teufel los A631
I MAGLIARI ***
It/Fr 1959, 92 Min., s/w
R: Francesco Rosi D: Belinda Lee, Alberto Sordi, Renato Salvatori
Wirtschaftswunderland BRD durch die Augen des sozialkritischen italienischen Filmemachers Francesco Rosi. Mit Sinn und Auge für Details erzählt Rosi die desillusionierende Odyssee eines italienischen Gastarbeiters durch die Bundesrepublik.

Auf und davon A632
RIP OFF ***
Kanada 1971, 105 Min., F
R: Donald Shebib D: Don Scardino, Ralph Endersby, Mike Kukulewich
In einer Abschlußklasse einer High School versuchen vier Freunde mit allen denkbaren Mitteln den Mädchen zu imponieren: Sie drehen einen Film, gründen eine Rockband und werden dennoch erst zu Stars, als einem der Jungs eine große Erbschaft flunkert.

Auf und davon A633
TAKING OFF ***
USA 1971, 95 Min., F
R: Milos Forman D: Lynn Carlin, Buck Henry, Linnea Heacock, Georgia Engel
Komödie um jugendliche Rebellionen gegen die Gesellschaft, hübsch sarkastisch und mit mehr Einfällen als der Rest des Genres.

Auf und davon A634
LEAVING NORMAL ***
USA 1992, 98 Min., F
R: Edward Zwick D: Meg Tilly, Christine Lahti, Lenny van Dohlen
Ex-Stripperin und geprügelte Hausfrau treffen sich am Busbahnhof und machen sich auf den Weg nach Alaska, um dort ein geerbtes Haus zu beziehen. Soap-Version des Female Road Movie.

Auf verlorenem Posten A635
LONE HAND **
USA 1953, 82 Min., F
R: George Sherman D: Joel MacCrea, Jimmy Hunt, Barbara Hale
Vater eines kleinen Jungen, der so tut, als arbeite er mit einer Bande schlimmer Lumpen zusammen, erweist sich als Undercover-Agent. Tränenrühriger Western der Klasse B.

Auf Wiedersehen Amerika A636
****
BRD/Polen 1993, 86 Min., F
R: Jan Schütte D: Otto Tausig, Jakov Bodo, Zofia Merle
Zwei New Yorker Juden und eine polnische Katholikin reisen zusammen in ihre alte Heimat Europa. In Hamburg, Berlin und Polen kommen sie zu dem Schluß, daß es dort letztendlich auch nicht viel anders aussieht als in ihrer neuen Heimat. Absurd witzig.

Auf Wiedersehen, bis Montag A637 **

AU REVOIR, A LUNEDI
Frankreich/Kanada 1979, 98 Min., F
R: Maurice Dugowson D: Miou-Miou, Carole Laure, Claude Brasseur
Lucie und Nicole erleben als enge Freundinnen Höhen und Tiefen der Liebe. Nach neuerlichen Enttäuschungen bilden sie mit Lucies Kind eine Familie ohne Mann.

Auf Wiedersehen, Kinder A638

AU REVOIR LES ENFANTS ****
Frankreich/BRD 1987, 105 Min., F
R: Louis Malle D: Gaspard Manesse, Raphael Fejtö, Francine Racette
Der für die Résistance arbeitende Jesuitenpater Jean versteckt während der deutschen Besatzung Frankreichs jüdische Kinder in dem von ihm geleiteten Internat. Durch eine Denunziation werden diese von der Gestapo abtransportiert und Jean verhaftet. Behutsam und unprätentiös inszenierte Auseinandersetzung mit der französischen Kollaboration im Zweiten Weltkrieg, mit der Louis Malle eigene Kindheitserinnerungen verarbeitet.

Der Aufenthalt A639 ***

DDR 1982, 102 Min., F
R: Frank Beyer D: Sylvester Groth, Fred Düren, Klaus Piontek
Ein junger deutscher Kriegsgefangener steht unter dem Verdacht, ein polnisches Mädchen erschossen zu haben. Der Film zeigt, wie der Geist des Dritten Reiches auch im Gefangenenlager unter den Offizieren weiterwirkt.

Aufenthalt im Marschland A640

UPPEHALL I MYRLANDET ***
Schweden 1965, 29 Min., s/w
R: Jan Troell D: Max von Sydow, Allan Erdwall
Kleine Parabel über gesellschaftlichen Zwang und individuelle Freiheit. Ein Güterzugbremser steigt ganz buchstäblich aus; er verläßt an einer Station seinen Posten, unternimmt eine Wanderung, spricht mit Menschen und wuchtet, ein umgekehrter Sisyphos, einen Felsen einen Berg hinunter. Dann kehrt er zurück.

Aufenthalt vor Vera Cruz
siehe: Die Hochmütigen

Auferstehung A641

RESURREZIONE **
It/BRD/Fr 1958, 101 Min., F
R: Rolf Hansen D: Horst Buchholz, Myriam Bru, Edith Mill, Ruth Niehaus
Ein Aristokrat wird als Geschworener in einem Mordprozeß verpflichtet; in der Angeklagten erkennt er eine frühere Magd, mit der er ein Verhältnis hatte. Leo Tolstois Roman als ein sehr arges Rührstück.

Der aufrechte Gang A642 ***

BRD 1975, 121 Min., F
R: Christian Ziewer D: Claus Eberth, Antje Hagen, Wolfgang Liere
Vier Tage aus dem Leben eines Betriebsschlossers, der sich nach anfänglichem Zögern in einem »wilden« Streik mit den Kollegen solidarisiert.

Die Aufreißer A643

TALK DIRTY TO ME ***
USA 1980, 80 Min., F
R: Anthony Spinelli D: John Leslie, Richard Pacheco, Patti Jones
Um seinem schüchternen Freund Lennie zu demonstrieren, wie man mit Frauen umgeht, legt Aufreißer Jack vier willige Damen um. »Der beste Sexfilm aller Zeiten!« meint das US-Fachblatt Screw, ohne zu übertreiben.

Der Aufreißer A644

A LITTLE SEX ***
USA 1982, 92 Min., F
R: Bruce Paltrow D: Tim Matheson, Kate Capshaw, Edward Hermann
Frau eines chronischen Umlegers kommt hinter die Umtriebe ihres Mannes und rächt sich an ihm, indem sie es ihm gleichtut. Gut gemeint, reizt aber nur stellenweise zum Lachen.

Ein Aufstand alter Männer A645

A GATHERING OF OLD MEN ***
USA/BRD 1987, 91 Min., F
R: Volker Schlöndorff D: Louis Gossett jr., Richard Widmark, Holly Hunter, Joe Seneca, Woody Strode
Durch die solidarische Selbstbezichtigung von achtzehn alten schwarzen Männern wird die rassistische Machtstruktur einer Südstaaten-Gemeinde unterlaufen. HFJ 1989

Aufstand der Gladiatoren A646

LA RIVOLTA DEI GLADIATORI **
Italien/Frankreich 1958, 90 Min., F
R: Vittorio Cottafavi D: Ettore Manni, Gianna Maria Canale
Römischer Statthalter in Armenien, der kräftige Einheimische gegen ihren Willen zu Gladiatoren macht, sieht sich einem Aufstand der Muskelmänner gegenüber, die für die Freiheit des eigenen Volkes streiten. Sehr platt.

Aufstand der Legionen A647

SALAMMBO ***
Italien/Frankreich 1959, 94 Min., F
R: Sergio Grieco D: Jeanne Valerie, Edmund Purdom, Jacques Sernas
Meuternde Legionäre, denen man den Sold vorenthalten hat, fallen in Karthago ein. Ihr Anführer verliebt sich in eine dralle Hohepriesterin.

Der Aufstand der Prätorianer A648 **

LA RIVOLTA DEI PRETORIANI
Italien 1964, 95 Min., F
R: Alfonso Brescia D: Richard Harrison, Moira Orfei, Giuliano Gemma
Monumentalfilm. Prätorianer-Centurio empört sich gegen den römischen Cäsar Domitianus, foppt ihn, wo er kann und läßt ihn, bevor er in heißem Öl siedet, von Getreuen abservieren.

Aufstand der Tiere A649

ANIMAL FARM ****
GB 1951/54, 75 Min., F
R: John Halas und Joy Batchelor
Zeichentrickfilm, der die grausame Konsequenz von Orwells gleichnamiger Erzählung zeigt: Ihre bissige Satire, ihr Haß, Leiden und Qual der Unterdrückten, Anmaßung und verbrecherische Gier des Diktators und seiner Anhänger sind hier meisterhaft in Wort und Bild gefaßt worden.

Aufstand im Inselparadies A650

LA PRINCIPESSA DELLE CANARIE **
Italien/Spanien 1954, 81 Min., F
R: Paolo Moffa D: Silvana Pampanini, Marcello Mastroianni, Gustavo Rojo

König von Spanien entsendet 1450 Truppen auf die Kanarischen Inseln, um Stützpunkte anzulegen – was den Einheimischen verständlicherweise nicht gefällt. Kostümfilm mit edlen Granden und schwülstigen Dialogen.

Aufstand in Santa Fé A651
SANTA FE STAMPEDE **
USA 1938, 99 Min., s/w
R: George Sherman D: John Wayne, Ray Corrigan, Max Terhune
Die drei »Mesqueteers« eilen einem alten Freund zu Hilfe, dessen Goldmine von einem Oberlumpen bedroht wird. Ein knackiger B-Western, in dem zwar viel passiert, aber dessen Story keinen Schuß Pulver wert ist.

Aufstand in Sidi Hakim A652
GUNGA DIN ****
USA 1944, 108 Min., s/w
R: George Stevens D: Douglas Fairbanks jr., Cary Grant, Victor McLaglen
Drei Haudegen in Indien wehren mit Säbel, Knarre und spritzigen Dialogen einen Aufstand gegen die britische Kolonialmacht ab. Abenteuerfilm mit rasanten Ritten und tollen Gefechten. Nach einer Ballade von Kipling.

Aufstand und Zerstörung des Warschauer Ghettos A653 ****
LE TEMPS DU GHETTO
Frankreich 1961, 92 Min., s/w
R: Frédéric Rossif
Eindrückliche Dokumentation über das Warschauer Ghetto von seiner Entstehung bis zur Zerstörung. Die außerordentliche Mischung von objektivem Bericht und subjektiver Stellungnahme in Erinnerungen der wenigen Überlebenden macht den Film über ein historisches Dokument hinaus zum menschlichen Manifest gegen unmenschliche Grausamkeiten.

Der Auftrag A654
UPPDRAGET ***
Schweden 1977, 94 Min., F
R: Mats Arehn D: Thomas Hellberg, Carolyn Seymour, Christopher Plummer, Fernando Rey, Per Oscarsson
Ein schwedischer Diplomat in einem lateinamerikanischen Land wird in die Auseinandersetzungen zwischen Revolutionären und dem reaktionären Regime hineingezogen. Kritischer Politthriller, der die Haltung der reichen, »neutralen« Länder hinterfragt.

Aufwind A655 ***
BRD 1978, 90 Min., F
R: Rudolf Steiner D: Ingolf Gorges, Tatjana Blecher, Uschi Bour
Junger Drachenflieger muß nach einem Absturz als Querschnittsgelähmter zu neuer Lebenssicht finden. Ein schweres Thema etwas zu melodramatisch bewältigt.

Aufzeichnungen zu Kleidern und Städten A656 ***
BRD/Frankreich 1989, 81 Min., F
R: Wim Wenders D: Wim Wenders, Yoji Yamamoto
Filmisches Tagebuch von Wim Wenders über seine Begegnung mit dem japanischen Modedesigner Yoji Yamamoto, den er bei seiner Arbeit in Ateliers und bei Modenschauen beobachtet und ihm Fragen stellt. Dabei bezieht der Regisseur die Bilder einer mitlaufenden Videokamera mit ein und vermittelt so einen selbstreflexiven Einblick in das »Machen« von Kleidern und Bildern. Je nach Betrachter ein interessanter Diskurs über Kunst und Handwerk oder narzistische Selbstdarstellung.

Das Auge A657
MORTELLE RANDONNÉE ****
Frankreich 1983, 126 Min., F
R: Claude Miller D: Isabelle Adjani, Michel Serrault, Guy Marchand, Stéphane Audran
Der Detektiv »Das Auge« projiziert in die junge Frau, die er verfolgt, seine eigene, gestorbene Tochter. Er wird zum Komplizen der von der Adjani bravourös dargestellten Mörderin. Miller gelang ein düsteres Road-Movie und eine schillernde Reflexion über Voyeurismus und Identitätswechsel.

Das Auge des Bösen A658
CASA D'APPUNTAMENTO *
Italien/BRD 1972, 80 Min., F
R: F. L. Morris D: Anita Ekberg, Robert Sacchi, Howard Vernon
Detektiv entlarvt Akademiker als den geheimnisvollen Nuttenmörder. Von Debilen synchronisierter Schlampen- und Schmuddelfilm mit Akteuren, die auch schon bessere Zeiten gesehen haben.

Augen der Angst
siehe: Peeping Tom

Die Augen der Laura Mars A659
EYES OF LAURA MARS ***
USA 1977, 105 Min., F
R: Irvin Kershner D: Faye Dunaway, Tommy Lee Jones, Brad Dourif
Schickimicki-Fotografin mit ausgeprägten Psitalent sieht Morde in allen Einzelheiten, bevor sie passieren und versucht in Zusammenarbeit mit einem Polizisten, ihren Fähigkeiten und ihrem Psitalent dem Killer auf die Spur zu kommen. Gehobene Standardware. LSFF

Augen der Lust A660
BEDROOM EYES II **
USA 1989, 87 Min., F
R: Chuck Vincent D: Linda Blair, Wings Hauser, Kathy Shower
Ein Mann wird von seiner zweiten Frau in ein mörderisches Komplott verwickelt. Erotischer »Thriller«, dessen Story man nicht leicht auf die Spur kommt. HFJ 1991

Die Augen der Mumie Ma A661 ***
Deutschland 1918, 45 Min., s/w
R: Ernst Lubitsch D: Pola Negri, Emil Jannings, Harry Liedtke
Stummfilm. Mit einfachen Mitteln produzierter Abenteuerfilm um die tragische Liebe eines deutschen Malers zu einem Arabermädchen. Für Hauptdarsteller und Regisseur war das Werk, das beim Publikum wegen seiner Exotik gut ankam, ein wichtiger Schritt auf der Karriereleiter.

Die Augen des Satans A662
THE BRAIN FROM PLANET AROUS **
USA 1958, 71 Min., s/w
R: Nathan Hertz D: John Agar, Joyce Meadows, Robert Fuller, Henry Travis
Hirnwesen aus dem All übernimmt den Körper eines Atomphysikers, um

die Weltherrschaft an sich zu reißen, doch ein kosmischer Cop ist ihm auf den Fersen. Schneideraumabfall? Yeah, aber er schaut sich schön doof an. LSFF

Augen ohne Gesicht A663
LES YEUX SANS VISAGE ***
Frankreich 1959, 86 Min., s/w
R: Georges Franju D: Pierre Brasseur, Alida Valli, Edith Scob
Um das durch seine Schuld zerstörte Gesicht seiner Tochter zu retten, experimentieren ein Chirurg und seine ihm ergebene Helferin im Keller eines von Bluthunden bewachten Schlosses an ahnungslosen Opfern, die als Hautspender dienen sollen. Ein früher Horrorfilm.

Der Augenblick A664
OEJEBLIKKET ****
Dänemark 1980, 91 Min., F
R: Astrid Henning-Jensen D: Ann-Mari Max Hansen, Soren Spanning, Helle Merete Sorensen
Die dänische Filmemacherin erzählt von einer ganz normalen Familie, deren Zusammenleben sich durch die tödliche Krankheit der Frau grundlegend ändert. Ein heikles Thema, das die Regisseurin unspektakulär erzählt, mit Mitgefühl, aber ohne Sentimentalität.

Augenblick der Wahrheit A665
IL MOMENTO DELLA VERITA ****
Italien/Spanien 1965, 90 Min., F
R: Francesco Rosi D: Miguel Mateo Miguelin, José Gomez Sevillano
Ein Bauernsohn wird aus nackter wirtschaftlicher Not zum Stierkämpfer und steigt zum gefeierten Matador auf. Mythos und Wirklichkeit des Stierkampfes berühren sich nur in jenem »Augenblick der Wahrheit«, wo es um das Leben geht.

Der Augenzeuge A666
EYEWITNESS ***
USA 1981, 102 Min., F
R: Peter Yates D: William Hurt, Sigourney Weaver, Christopher Plummer, James Woods
Hurt als Hausmeister und Vietnam-Veteran nutzt einen Mord in seinem Haus, um der TV-Reporterin Weaver näherzukommen. Der Mörder macht daraufhin Jagd auf beide. Im Milieu jüdischer Emigranten angesiedelter gut inszenierter Thriller mit einigen verwirrenden Wendungen, dennoch spannend.

Aura A667
TRAUMA ***
USA 1993, 102 Min., F
R: Dario Argento D: Christopher Rydell, Asia Argento, Piper Laurie
Optisch elegant umgesetzter Horror-Thriller um eine rumänische Emigrantin, die von Visionen und Bildern verfolgt wird. Sie stehen im Zusammenhang mit einem Massenmörder, der seinen Opfern stets den Kopf abtrennt. Ungewöhnliche, spannende Unterhaltung – und für den Regisseur erstaunlich blut- und gewaltarm.

Aus dem Leben der Marionetten A668 ***
BRD 1980, 123 Min., s/w und F
R: Ingmar Bergman D: Christine Buchegger, Martin Benrath, Walter Schmidinger, Heinz Bennent
Ein Geschäftsmann begeht einen Sexualmord, und die puzzleartige Suche nach einem Psychogramm für diese Tat verdichtet sich zum Bild eines archetypischen Bürgers.

Aus dem Leben einer Ärztin A669
STRANGE LADY IN TOWN ***
USA 1955, 108 Min., F
R: Mervyn Le Roy D: Greer Garson, Dana Andrews, Cameron Mitchell
Santa Fé, 1879. Eine Frau als Ärztin in einer Männerwelt. Doch der Kollege ist die stärkste Stütze, und sie werden ein Paar. Episches Frauenschicksal im Westernlook; unterhaltsam und gut gespielt.

Aus dem Leben eines Taugenichts A670 **
DDR 1973, 95 Min., F
R: Celino Bleiweiß D: Dean Reed, Anna Dziadyk, Hannelore Elsner
Nicht sonderlich geglückte Verfilmung der romantischen Novelle von Joseph von Eichendorff über einen Wanderburschen, der das Glück sucht.

Aus dem Leben gegriffen A671
REAL LIFE **
USA 1978, 93 Min., F
R: Albert Brooks D: Albert Brooks, Charles Grodin, Frances Lee McCain
Ein Dokumentarfilmer beobachtet den Alltag einer amerikanischen Durchschnittsfamilie, bis sich die Konflikte zwischen den Mitgliedern, aber auch dem Aufnahmeteam unerträglich zuspitzen. Sarkastische Satire auf das Familienleben, aber auch auf den Zugriff der Filmemacher auf die »Realität«.

Aus dem Reich der Toten
siehe: Vertigo – Aus dem Reich der Toten

Aus dem Tagebuch eines Frauenarztes A672 **
BRD 1959, 83 Min., F
R: Werner Klingler D: Rudolf Prack, Marianne Held, Ellen Schwiers
Verlogener Arztfilm über einen seriösen Doktor, der von einer Patientin verleumdet wird. Das einzig Sehenswerte: Ellen Schwiers als mannstolle Simulantin.

Aus der Ferne sehe ich dieses Land A673 ***
BRD 1978, 94 Min., F
R: Christian Ziewer D: Pablo Lira, Anibal Reyna, Valeria Villaroel
Das Schicksal einer chilenischen Flüchtlingsfamilie in Deutschland in einem engagierten und menschlichen, vielleicht ein wenig umständlich entwickelten Film. Nach einer Erzählung von Antonio Skarmeta.

Aus der Mitte entspringt ein Fluß A674 ****
A RIVER RUNS THROUGH IT
USA 1992, 124 Min., F
R: Robert Redford D: Craig Sheffer, Brad Pitt, Tom Skerritt
Nach autobiographischen Aufzeichnungen eines Literaturprofessors inszenierte Chronik einer Pastorenfamilie (1910–1935). Die ungleichen Söhne – ein Bruder Leichtfuß und ein schwerblütiger Introvertierter – suchen über das rituelle Familienhobby des kunstvollen Fliegenfischens jen-

seits verknorzter Konventionen einen gemeinsamen Gefühlsnenner. Interessant der formale Ansatz: Dramatische »Höhepunkte« werden nicht gezeigt, sondern im Off-Kommentar mitgeteilt – ein fast antifilmisches Experiment, das dem europäischen Film verpflichtet ist. HFJ 1994

Aus einem deutschen Leben A675
***
BRD 1976, 145 Min., F
R: Theodor Kotulla D: Götz George, Kai Taschner, Elisabeth Schwarz
Film-Biographie von Rudolf Höß, des KZ-Kommandanten von Auschwitz. Bemerkenswert sachliches und weitgehend geglücktes Experiment von Theodor Kotulla, dokumentarisches Material mit Elementen des Spielfilms zu verknüpfen.

Aus einem fernen Land A676
DA UN PAESE LONTANO ***
Italien/GB 1981, 140 Min., F
R: Krzysztof Zanussi D: Sam Neill, Christopher Cazenove, Lisa Herrow
Lebensbild des späteren Papstes Karol Woytila und Darstellung der Stationen der polnischen Geschichte in diesem Jahrhundert.

Aus Flammen geboren A677
BORN IN FLAMES ***
USA 1983, 90 Min., F
R: Lizzie Borden D: Honey, Jeanne Satterfield, Adele Bertei
Der Film entwirft aus einer utopischen Perspektive heraus eine phantasievolle wie vieldeutige Gegenwartsbeschreibung zur gesellschaftlichen Situation der Frauen. Nach einer »kulturellen« Revolution in den USA verteidigen benachteiligte Frauengruppen ihre Vorstellungen von Gleichheit und Freiheit. Der Film übernimmt in seiner Erzählstruktur und in der bildlichen Umsetzung den spritzigen, aufreibenden Lebensrhythmus der vorgestellten Gruppen.

Aus Liebe sterben A678
MOURIR D'AIMER/MORIRE D'AMORE ***
Frankreich/Italien 1970, 113 Min., F
R: André Cayatte D: Annie Girardot, Bruno Pradal, Claude Serval
Eine geschiedene Lehrerin (32) hat es mit einem ihrer Schüler (17), und da sind das Gesetz und die Kritiker nicht weit. Ein Melodram nach einem authentischen Fall.

Aus Mangel an Beweisen A679
PRESUMED INNOCENT ****
USA 1990, 127 Min., F
R: Alan J. Pakula D: Harrison Ford, Brian Dennehy, Raul Julia, Bonnie Bedelia, Greta Scacchi
Hervorragend besetzter Justizthriller um einen Staatsanwalt, der des Mordes an seiner Kollegin und Geliebten angeklagt wird und sich mit einem Mal der Gesetzes-Maschinerie ausgesetzt sieht, die er selber bedient hatte. Nach dem Bestseller von Scott Turow.
HFJ 1991

Ausbruch der Pantherkatzen A680
*
AMAZON JAIL
Brasilien/Spanien 1985, 90 Min., F
R: Osvaldo de Oliveira D: Elisabeth Hartmann, Mauricio Do Valle
Einer Reihe junger Mädchen, die von Schuften in einem Camp im brasilianischen Urwald festgehalten werden, gelingt mit Hilfe eines Helden die Flucht. Sex und Sadismus. HFJ 1987

Ausbruch der Verdammten A681
THE RIOT **
USA 1968, 92 Min., F
R: Buzz Kulik D: Jim Brown, Gene Hackman, Mike Kellin
Im Staatsgefängnis von Arizona wird ein Gefangenenaufstand angezettelt, der in Wahrheit nur einen Ausbruchversuch decken soll. Mehr an Action als an kritischem Realismus interessiert.

Die Auseinandersetzung A682
MASS APEAL **
USA 1984, 97 Min., F
R: Glenn Jordan D: Jack Lemmon, Zeljko Ivanek, Charles Durning
Auseinandersetzungen zwischen dem konservativen Rektor eines Priesterseminars und einem jungen Schüler um das richtige Verhalten. Viele Worte, wenig Bilder und gute Schauspieler.

Die Ausgebufften A683
LES VALSEUSES ***
Frankreich 1973, 118 Min., F
R: Bertrand Blier D: Gérard Depardieu, Miou-Miou, Patrick Dewaere
Zwei unstete, langhaarige Typen sind in geklauten Autos unterwegs, reißen Frauen auf und beschimpfen das »Scheiß-Frankreich«. Als kleiner Kultfilm des jugendlichen Protestes in Frankreich leidet der Film unter einer albernen deutschen Synchronisation.

Ausgeburt der Hölle A684
THE BEAST WITH A MILLION EYES **
USA 1955, 78 Min., F
R: David Kramarsky D: Paul Birch, Lorna Thayer, Donna Cole
Außerirdischer Finsterling, der in den Körper aller möglichen Tiere einfahren kann, macht bravem Farmer das Leben schwer, bis ihm unverhofft ein Adler zu Hilfe eilt – den unser Alien nicht beherrschen kann. LSFF

Ausgeflippt A685
OUTRAGEOUS ***
Kanada 1977, 96 Min., F
R: Richard Benner D: Craig Russell, Hollis McLaren, Richard Easley
Ungewöhnliche und emotionell berührende Außenseiter-Ballade über die Partnerschaft zwischen homosexuellen Transvestiten und einem schizophrenen Mädchen. Glaubwürdig inszenierte Tragikomödie, die für das »Verrücktsein« eine Lanze bricht.

Der ausgeflippte Professor A686
SO FINE ***
USA 1981, 85 Min., F
R: Andrew Bergman D: Ryan O'Neal, Richard Kiel, Mariangela Melato
Literaturprofessor mischt die Modebranche auf. Moderne Screwball-Comedy, albern, schnell und gut gespielt. Regie-Debüt des Filmhistorikers und Drehbuchautors Andrew Bergman.

Ein ausgefuchster Gauner A687
HIGH PRESSURE ****
USA 1932, 74 Min., s/w
R: Mervyn Le Roy D: William Powell, Evelyn Brent, Frank McHugh
Ein hochkarätiges Verkaufsgenie ist

davon überzeugt, mit synthetischem Gummi ein Vermögen machen zu können, und wirbelt die gesamte Branche durcheinander. Amüsante Komödie im typischen Warner-Stil der frühen dreißiger Jahre.

Das ausgekochte Schlitzohr ist wieder auf Achse A688 **
SMOKEY AND THE BANDIT RIDE AGAIN
USA 1980, 101 Min., F
R: Hal Needham D: Burt Reynolds, Jackie Gleason, Sally Field
Ein Suffkopp und sein Kumpel transportieren im Verein mit einem Gynäkologen eine schwangere Elefantin von Florida nach Texas und haben, da sie sich über alle Verkehrsregeln hinwegsetzen, bald Scharen von Polizisten am Hals. Ein infantiles Autoraserfilmchen mit »flotten« Sprüchen, die eine Geschichte zusammenkleistern sollen, die zu erkennen man sich vergeblich bemüht.

Ein ausgekochtes Schlitzohr A689 ***
SMOKEY AND THE BANDIT
USA 1976, 96 Min., F
R: Hal Needham D: Burt Reynolds, Sally Field, Jackie Gleason
Zwei Autofahrer, einer im Lkw, der andere im Sportwagen, preschen einer Wette wegen quer durch einige Staaten der USA, werden von der Polizei gejagt, entwischen aber immer wieder. Das alte Räuber-und-Gendarm-Spiel als Highway-Spektakel zwischen Lkw-Fahrern und Sheriffs, auf komisch gemacht und mit vielen schönen Auto-Crashs.

Das ausgeliehene Mädchen A690 ****
LA RAGAZZA IN PRESTITO
Fr/It 1964, 97 Min., F
R: Alfredo Giannetti D: Annie Girardot, Rossano Brazzi, Marisa Merlini
Eine Sittenkomödie aus dem Milieu römischer Kleinbürger. Gut gespielt und voller satirischer und grotesker Szenen.

Ausgerechnet ihr Stiefvater A691 ***
BEAU PERE
Frankreich 1981, 124 Min., F
R: Bertrand Blier D: Patrick Dewaere, Ariel Besse, Maurice Ronet
Nach dem Unfalltod seiner Freundin nimmt sich ein junger Pianist deren Tochter an; die verliebt sich in ihn, und bald kann auch er ihrem Charme nicht mehr widerstehen. Das Verhältnis endet, als er eine erwachsene, ihm angemessenere Frau kennenlernt. Locker-sensible Romantik-Komödie, die mit dem brisanten Thema zwar nicht ohne Klischees, jedoch vorsichtig und liebevoll umgeht.

Die Ausgesperrten A692 ***
Österreich 1982, 90 Min., F
R: Franz Novotny D: Rudolf Wessely, Emmy Werner, Paulus Manker
Wien in den fünfziger Jahren. Ein Oberschüler ermordet seine Schwester, den Freund und die Eltern. Provokative Fallstudie nach einem Drehbuch von Elfriede Jelinek.

Ausgestoßen A693 ****
ODD MAN OUT
GB 1946, 110 Min., s/w
R: Carol Reed D: James Mason, Robert Newton, Kathleen Ryan
Ein irischer Untergrundkämpfer hat in Notwehr einen Mann getötet und ist selbst verletzt worden. Der Film schildert seine verzweifelte und ausweglose Flucht durch das nächtliche Belfast. Ein Klassiker den man immer wieder sehen kann.

Ausgestoßen – Nackte Gewalt im Frauengefängnis A694 **
BELVE IN FUGA
Italien/Brasilien 1984, 90 Min., F
R: Michele Massimo Tarantini
D: Suzane Carvalho, Rossanna Ghessa, Gloria Cristal, Henri Pagnoncelli
Dralle Maid landet in einem im Urwald gelegenen Frauenknast, muß sich gegen Asi-Weiber und böses Wachpersonal durchsetzen und zettelt Revolte und Ausbruch an. Das Abfilmen von »primären Geschlechtsmerkmalen« ist diesem Drama wichtiger als der Inhalt.

Die Aushilfe A695 ***
THE TEMP
USA 1993, 95 Min., F
R: Tom Holland D: Timothy Hutton, Lara Flynn Boyle, Faye Dunaway
Psychisch instabiler Manager engagiert Aushilfssekretärin, die mit erheblichem Ehrgeiz und dank mysteriöser, tragischer Unfälle selbst Karriere macht. Unentschlossener, nur passagenweise spannender Horror-Erotik-Thriller, der nicht nur viele Fragen, sondern auch viele Wünsche offenläßt.

Ausnahmezustand A696 ***
LES ORDRES
Kanada 1974, 110 Min., F
R: Michel Brault D: Jean Lapointe, Hélène Loiselle, Claude Gauthier
Eine militante Gruppe der frankophonen Minderheit in Quebec entführte im Jahr 1970 den Arbeitsminister und ermordete ihn. Danach wurde in der Provinz der Ausnahmezustand verhängt, und 450 Menschen wurden verhaftet. Von einigen der unschuldig festgenommenen Menschen berichtet dieser »dokumentarische Spielfilm«.

Das ausschweifende Leben des Marquis de Sade A697 **
BRD/USA 1969, 100 Min., F
R: Cyril Endfield D: Keir Dullea, Senta Berger, John Huston
Etwas kurioser Film über das Leben des berühmten Marquis, an dessen Verlauf hier unter anderem sein böser Onkel (John Huston) schuld ist.

Der Außenseiter A698 **
LE MARGINAL
Frankreich 1983, 98 Min., F
R: Jacques Deray D: Jean-Paul Belmondo, Henry Silva, Pierre Vernier
Ganz auf sich allein gestellt, zieht Kommissar Belmondo in den Kampf gegen einen Drogenboß. Unoriginelle Aneinanderreihung von Leichen und Action-Szenen.

Die Außenseiterbande A699 ****
BANDE A PART
Frankreich 1964, 94 Min., s/w
R: Jean-Luc Godard D: Anna Karina, Sami Frey, Claude Brasseur
Zwei junge Männer und ein Mädchen kommen beim Streunen durch die tristen Pariser Vorstädte auf die Idee, einen Einbruch zu organisieren. Die exzellente Schwarzweißfotografie und zahllose innovative Ideen in bezug auf

Optik und Akustik machen Godards Kriminal-Komödie zu einem Aushängeschild der »Nouvelle Vague« und dank der linearen Erzählstruktur zu seinem populistischsten Werk.

Außer Atem A700
A BOUT DE SOUFFLE ****
Frankreich 1959, 88 Min., s/w
R: Jean-Luc Godard D: Jean Seberg, Jean-Paul Belmondo, Van Doude, Liliane David, Claude Mansart
Der wichtigste Film der »Nouvelle Vague«, ein Klassiker der Moderne. Belmondo als halbstarker und krimineller Außenseiter, der von seiner Freundin an die Polizei verraten wird. Eine Hommage an das alte Hollywood-Krimi-Kino und seinen wichtigsten Darsteller, Humphrey Bogart. Das Drehbuch stammt von Truffaut, Chabrol fungierte als technischer Berater, Musik von Martial Solal.

Außer Rand und Band A701
ROCK AROUND THE CLOCK ***
USA 1956, 76 Min., F
R: Fred F. Sears D: Bill Haley & the Comets, The Platters, Tony Martinez
Musik- und Tanzfilm, der in seiner simplen Handlung von der Karriere einer Band erzählt. Durch die Auftritte einiger Stars und die Verwendung des Haley-Hits »Rock around the Clock« allenfalls für Liebhaber interessant.

Die Außerirdischen A702
THE VISITOR **
USA 1979, 108 Min., F
R: Michael J. Paradise D: John Huston, Paige Connor, Mel Ferrer
Nachkommen eines Außerirdischen und mehrerer Erdfrauen vollbringen böse Untaten, bis ein Gutnik aus dem All sie von einem Vogelschwarm in Stücke hacken läßt. Nur einer überlebt. Naive Gruselmär. LSFF

Die außerirdischen Besucher A703
EXTRA TERRESTRIAL VISITORS **
Spanien 1983, 90 Min., F
R: Juan Piquer Simon D: Oscar Martin, Ian Sera, Nina Ferrer
Außerirdische Besucher, eine Mischung aus Nasenbär und Elefant, notlanden in einem US-Nationalpark und müssen sich, obwohl friedlich, schießgeiler Menschen erwehren. Ein billiges E.T.-Plagiat, aber nicht ohne Charme. LSFF

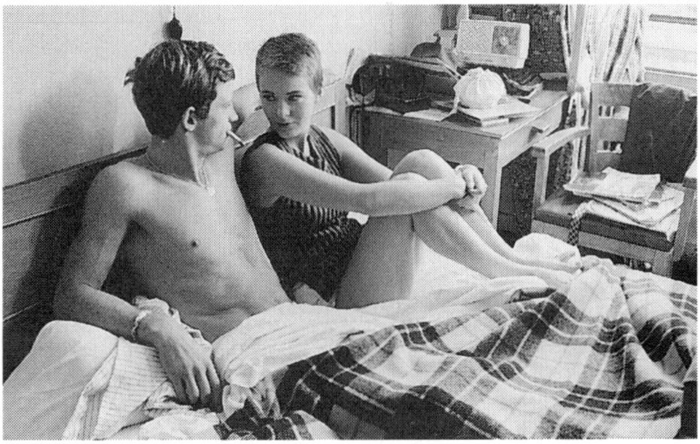
Europäisches Traumpaar: Belmondo und Seberg in ›Außer Atem‹.

Austeria – Das Haus an der Grenze A704
AUSTERIA ****
Polen 1982, 102 Min., F
R: Jerzy Kawalerowicz D: Franciszek Pieczka, Wojciech Psoniak
Am ersten Tag des Ersten Weltkrieges findet eine Gruppe galizischer Juden für kurze Zeit Zuflucht vor den Kosaken in einem Gasthof an der österreichisch-russischen Grenze. Pessimistische Parabel.

Austerlitz A705
AUSTERLITZ ****
Frankreich/Italien 1959, 166 Min., F
R: Abel Gance D: Orson Welles, Martine Carol, Vittorio de Sica
Napoleon auf dem Gipfel seiner Macht und unter dem Einfluß Talleyrands beschließt den Krieg gegen England. Gewaltiges, vom Bild »Die Schlacht von Austerlitz« von Hofmaler Gérard inspiriertes Zeitgemälde.

Die Austernprinzessin A706
****
Deutschland 1919, 40 Min., s/w
R: Ernst Lubitsch D: Ossi Oswalda, Victor Janson, Harry Liedtke
Stummfilm-Star Ossi Oswalda als ewig nörgelnde Tochter eines Austernkönigs, die um jeden Preis einen Adeligen ehelichen will. Von skurrilen Einfällen überbordende Lubitsch-Komödie mit satirischen Elementen.

Austin Powers A707
AUSTIN POWERS: INTERNATIONAL MAN OF MYSTERY ***
USA 1997, 95 Min., F
R: Jay Roach D: Mike Myers, Elizabeth Hurley, Michael York
Tiefgefrorener Swinging-Sixties-Superagent wird in den 90er Jahren wieder aufgetaut, weil sein ins All geschossener Erzfeind-Bösewicht auch wieder sein Unwesen treibt. Kalauernde Slapstickparodie auf James Bond, die ihren Witz nur aus den Gegensätzen der beiden Dekaden zu ziehen vermag. Die Fortsetzung von 1999 war noch erfolgreicher. HFJ 1998/2000

Eine auswärtige Affaire A708
A FOREIGN AFFAIR ****
USA 1948, 115 Min., s/w
R: Billy Wilder D: Marlene Dietrich, Jean Arthur, John Lund
Die zynische Komödie erzählt auf ungewöhnliche Weise vom »unmoralischen« Treiben der Nachkriegszeit: Eine Abgeordnete des US-Kongresses macht ihre Erfahrungen mit der Fraternisierung, hier zwischen einem GI und einer deutschen Nachtclubsängerin.

Autofriedhof A709
LE CIMETIERE DES VOITURES ***
Frankreich 1982, 90 Min., F
R: Fernando Arrabal D: Juliet Berto, Alain Bashung, Michel Bayard

Ein neuer Erlöser wird auf einem Autofriedhof geboren. Als er und seine Anhänger ein Konzert veranstalten wollen, wird die Polizei alarmiert. Surrealisten-Spielwiese.

Das Autogramm A710
L'AUTOGRAPHE ***
BRD/Frankreich 1983, 94 Min., F
R: Peter Lilienthal D: Juan José Mosalini, Angel del Villar, Anna Larreta
Mit seinem achten Spielfilm ist Peter Lilienthal zurückgekehrt auf jenen Kontinent, der ihm fast zwei Jahrzehnte Zuflucht, vielleicht auch Heimat war. Es geht wieder um Macht und Ohnmacht, um Herrscher und Beherrschte, es geht um die Lebensbedingungen der kleinen Leute, die gegen ihre diktatorischen Regierungen nichts auszurichten vermögen.

Die Autos, die Paris auffraßen A711
**
THE CARS THAT ATE PARIS
Australien 1974, 91 Min., F
R: Peter Weir D: Terry Camilleri, John Meillon, Melissa Jaffa
Debütfilm des später international erfolgreichen Regisseurs über Auto-Marodeure im australischen Hinterland, die sich schließlich untereinander bekämpfen und untergehen.

Der Autovampir A712
UPIR Z FERATU ***
CSSR 1981, 91 Min., F
R: Juraj Herz D: Jiri Menzel, Dagmar Veskrnová, Jana Brezkova
Ein Autokonzern hat einen Sportwagen entwickelt, der sich vom Blut seiner Fahrer ernährt. Ein Unfallarzt kommt der Maschine auf die Spur. Spannend, gut inszenierte Alptraumszenen.

Autumn Moon A713
QIUYUE/AUTUMN MOON ****
Hongkong/Japan 1992, 108 Min., F
R: Clara Law D: Masatoshi Nagase, Li Pui Wai, Choi Siu Wan
Durch das Zusammentreffen eines jungen Mädchens mit einem jungen Japaner in Hongkong vermittelt sich die Atmosphäre einer Stadt, die vor einer gravierenden politischen und sozialen Wende steht. Ein eindringlicher Film über Empfindungen und Befindlichkeiten. HFJ 1995

Avalon A714
AVALON ***
USA 1990, 127 Min., F
R: Barry Levinson D: Leo Fuchs, Eve Gordon, Armin Mueller-Stahl
Saga über eine amerikanische Einwandererfamilie, die der Regisseur über fünf Generationen hinweg verfolgt. Großartige Schauspieler, ein schöner Soundtrack und beeindruckende Bilder vereinigen sich zu einem wehmütig-nostalgischen, aber auch langweiligem Epos. HFJ 1992

Avanti, avanti! A715
AVANTI! ****
USA 1972, 146 Min., F
R: Billy Wilder D: Jack Lemmon, Juliet Mills, Clive Revill
Ein etwas verklemmter Amerikaner reist zum Begräbnis seines Vaters nach Italien. Dort stellt er fest, daß sein Vater mit seiner langjährigen Geliebten verunglückt ist, von der der Sohn keine Ahnung hatte. Aufgeklärt wird er von der ebenfalls anwesenden Tochter der Dame. Intelligente und zynische Unterhaltung, wie von Billy Wilder gewohnt.

Ave Maria A716
**
BRD 1953, 93 Min., s/w
R: Alfred Braun D: Zarah Leander, Marianne Hold, Hans Stüwe
Das Schicksal einer Konzertsängerin, die zur Nachtclubattraktion herabgesunken ist und versucht, wieder zu ihrer bürgerlichen Familie zu finden. Mitten im Wirtschaftswunder ein Film, der ganz und gar im »alten« UFA-Stil inszeniert und geschrieben ist: Bizarr.

Aviyas Sommer A717
HAKAYITZ SHEL AVIYA ****
Israel 1988, 95 Min., F
R: Eli Cohen D: Kaipo Cohen, Gila Amagor, Eli Cohen
Die zehnjährige Aviya verbringt den Sommer des Jahres 1951 mit ihrer als »verrückte Partisanin« verachteten Mutter und macht schmerzliche Prozesse der Reifung durch. Einfach und genau schildert der Film die Psyche eines Kindes vor dem Hintergrund der Geschichte.

Awol A718
AWOL ***
USA/Schweden 1972, 82 Min., F
R: Herb Freed D: Russ Thacker, Isabella Kaliff, Glynn Turman
Ein in Schweden angesiedelter Antikriegsfilm, der das Schicksal eines Deserteurs darstellt.

Axel Munthe, der Arzt von San Michele A719
***
BRD/It/Fr 1962, 134 Min., F
R: Rudolf Jugert, Giorgio Capitani
D: O.W. Fischer, Rosanna Schiaffino, Maria Mahor
Die Lebensgeschichte des schwedischen Modearztes, Schriftstellers und Lebemannes Axel Munthe. Ziemlicher Kitsch, bei dem Heinz Erhardt in einer kleinen Rolle als Impresario der Duse überrascht.

Ay, Carmela! A720
AY, CARMELA! ***
Spanien/Italien 1990, 103 Min., F
R: Carlos Saura D: Carmen Maura, Andres Pajares, Gabino Diego
Nach einem Theaterstück von José S. Sinisterra erzählt Saura von der Varietékünstlerin Carmela, die 1938 zum Auftritt vor den Franco-Truppen gezwungen und wegen kritischer Äußerungen auf der Bühne erschossen wird.

B

B. muß sterben B1
B MUST DIE ***
Spanien/Schweiz/USA 1973, 93 Min., F
R: José Luis Borau D: Darren McGavin, Stéphane Audran
Engagierter, aber etwas uneben inszenierter Politthriller um einen Einwanderer in einem fiktiven totalitären Staat in Südamerika, der sich zum Werkzeug der Mächtigen machen läßt, um in seine Heimat zurückzukehren.

Baal B2
***
BRD 1969, 86 Min., F
R: Volker Schlöndorff D: Rainer Werner Fassbinder, Sigi Graue, Margarethe von Trotta, Günther Neutze
Eine mit Verfremdungselementen arbeitende Verfilmung von Brechts expressionistischem Stück. »Die Sprache wird so vorgetragen, daß sie als geschriebener Text wirkt. Die Schauplätze und die Darsteller andererseits sind möglichst realistisch« (Schlöndorff).

Babatou – Die drei Ratschläge B3
BABATOU – LES TROIS CONSEILS ****
Frankreich/Nigeria 1977, 91 Min., F
R: Jean Rouch D: Damouré Zika, Tailou Mouzourane
Der Stammesfürst Babatou erobert im Westafrika des vergangenen Jahrhunderts das Land um das heutige Obervolta und Ghana. Im Stil einer Chronik erzählte Legende um einen Mann, der Krieg und Töten satt hat.

The Babe – Ein amerikanischer Traum B4
THE BABE ***
USA 1992, 110 Min., F
R: Arthur Hiller D: John Goodman, Kelly McGillis, Trini Alvarado
Vom ungeliebten Waisenkind zum US-Baseballstar: George »The Babe« Ruth schrieb Geschichte. Seine Biographie geht so recht zu Herzen, verfängt sich aber dank John Goodmans exzellenter Darstellung nicht allzusehr in Klischees und Sentimentalität. HFJ 1994

Babette zieht in den Krieg B5
BABETTE S'EN VA-T-EN GUERRE ***
Frankreich 1959, 105 Min., F
R: Christian-Jacque D: Brigitte Bardot, Jacques Charrier, Hannes Messemer
Weil sie der Geliebten eines deutschen Generals ähnlich sieht, kann BB mit den Nazis Katz und Maus spielen und die »Boches« veralbern.

Babettes Fest B6
BABETTES GAESTEBUD ****
Dänemark 1987, 102 Min., F
R: Gabriel Axel D: Stephane Audran, Bibi Andersson, Bodil Kjer
Die Französin Babette, die es seit 1871 nach der Niederschlagung der Pariser Commune in ein ärmliches dänisches Fischerdorf verschlagen hat, bereitet den Bewohnern des Ortes ein köstliches Festmahl und verjubelt damit ihre Erbschaft. Diese stimmige Tania-Blixen-Verfilmung wurde 1988 mit dem Oscar als bester ausländischer Film ausgezeichnet. HFJ 1989

Baby Boom – Eine schöne Bescherung B7
BABY BOOM **
USA 1986, 110 Min., F
R: Charles Shyer D: Diane Keaton, Harold Ramis, Sam Wanamaker
Leicht moralinsaure Komödie um eine Großstadt-Karriere-Frau, die aufgrund einer unfreiwilligen Vormundschaft für ein Baby aufs Land zieht und dort erlebt, daß man auch mit Kind Karriere machen kann. Fazit: In allen Frauen schlummert eine Mutter.
HFJ 1989

Baby Cat B8
BABY CAT *
Frankreich 1983, 80 Min., F
R: Pierre Unia D: Julie Margo, Corinne Corson, Félix Marten
Entführungs- und Erpressungsspektakel in der Karibik, wobei sich das Opfer in spe als gerissener erweist als die Bösmänner. Ein müder »Thriller« mit schlaffen Sexeinlagen.

Baby Doll B9
BABY DOLL ****
USA 1956, 114 Min., s/w
R: Elia Kazan D: Carroll Baker, Eli Wallach, Karl Malden
Eine dralle minderjährige Ehefrau zwischen ihrem dämlichen Gatten und seinem verschlagenen Konkurrenten. Nach Tennessee Williams. Skandalfilm ersten Ranges in den Fünfzigern.

Baby Face B10
BABY FACE ***
USA 1977, 85 Min., F
R: Alex De Renzy D: Otis Sistruch, Lynn Cuddles Malone, Paul Thomas
Vermeintlicher Kinderschänder findet Zuflucht in einem Bordell, in dem u.a. reiche Lesbierinnen verkehren und begegnet nach vielen Abenteuern der perversen Mutter seines »Opfers«.

Baby It's You B11
BABY IT'S YOU ***
USA 1983, 105 Min., F
R: John Sayles D: Rosanna Arquette, Vincent Spano, Joanna Merlin
Liebesgeschichte zwischen College-Girl und Kleinkriminellem. Sayles vermeidet die in diesem Genre gängigen Klischees, beweist Gespür für gegensätzliche Lebenswelten und zeichnet zwei sehr glaubwürdige Charaktere.

Baby Talk B12
ALMOST PREGNANT **
USA 1992, 96 Min., F
R: Michael DeLuise D: Tanya Roberts, Jeff Conaway, John Calvin
Da des Gatten Spermien nicht so funktionieren, wie sie sollen, schlägt der Hausarzt kurzerhand einen Partnertausch vor. Der freilich entwickelt sich zur Lawine. Mitunter vergnügliche Sexkomödie in zweit- bis drittklassiger Besetzung. HFJ 1994

Babylon B13
**
BRD 1991, 88 Min., F
R: Ralf Huettner D: Natja Brunckhorst, Dominic Raacke, Ditte Schupp

Harvey Keitel auf der Suche nach Vergebung in ›Bad Lieutenant‹.

Bizarre Horrorgeschichte um einen unsympathischen Vertreter und Gauner, der Frauen schwängert, und die bringen nur Allerfürchterlichstes zur Welt. Der Film will uns etwas sagen, aber was? HFJ 1993

Bacchanale – Die totale Erotik B14 **

BACCHANALE
USA 1970, 77 Min., F
R: John Amaro, Lem Amaro D: Uta Erikson, Percy Brown, Pat Agers
Pseudophilosophischer Filmverschnitt um Totenbeschwörung, Sex, Sadomasochismus und Kommentare zum Vietnam-Krieg.

Bach und Broccoli B15 **

BACH ET BOTTINE
Kanada 1986, 89 Min., F
R: André Mélancon D: Mahée Paiement, France Arbour
Wie eine 12jährige Waise ihren Onkel verändert. Freundlicher Kinderfilm.

Bachelor Party – Die wüste Fete B16 **

BACHELOR PARTY
USA 1984, 106 Min., F
R: Neal Israel D: Tom Hanks, Tawny Kitaen, Adrian Zmed
Zunehmend in totalen Klamauk abrutschender früher Film des späteren Superstars Hank, dessen Inhalt mit seinem Titel schon ziemlich präzise beschrieben ist.

Backbeat B17 ***

BACKBEAT
GB 1993, 100 Min., F
R: Iain Softley D: Stephen Dorff, Sheryl Lee, Ian Hart
Der Film erzählt eine Episode aus der Frühzeit der Beatles 1960 in Hamburg. Der unbekannte fünfte Beatle, Stuart Sutcliffe, gibt für die Fotografin Astrid Kirchner seine Musikerkarriere auf. Ein »Musikfilm« über die Anfänge der legendären Gruppe mit mitreißenden Rock'n'Roll-Songs. HFJ 1995

Backdraft – Männer, die durchs Feuer gehen B18 ****

BACKDRAFT
USA 1991, 136 Min., F
R: Ron Howard D: Kurt Russell, William Baldwin, Robert De Niro
Spektakuläres Feuerwehr-Drama, das den Alltag eines Löschzuges, einen Kriminalfall und eine Familiengeschichte clever miteinander verbindet. Trotz der monumentalen Effektszenen immer auch eine ernsthafte Charakterstudie. Flammendes Vergnügen!

Backstreet Justice B19 ***

BACKSTREET JUSTICE
USA 1993, 98 Min., F
R: Chris McIntyre D: Linda Kozlowski, Paul Sorvino, Hector Elizondo
Ansehnlicher Thriller um eine Privatdetektivin, die ihre hübsche Nase allzu tief in einen Polizisten-Doppelmord steckt. Die Inszenierung überspielt temperamentvoll die Logiklöcher und glänzt mit einer vorzüglichen Hauptdarstellerin. HFJ 1995

Das Bad auf der Tenne B20 **

BRD 1955, 77 Min., F
R: Paul Martin D: Sonja Ziemann, Paul Klinger, Karl Schönböck
Bäuerlicher Schwank um einen Brunnen in einem flandrischen Städtchen und die einzige Frau, die dem Bildhauer dazu als Modell gedient haben kann. Remake des gleichnamigen Films mit Heli Finkenzeller aus dem Jahr 1943, der als einer der ersten deutschen Farbfilme ein großer Erfolg war.

Bad Company B21 **

BAD COMPANY
USA 1995, 108 Min., F
R: Damian Harris D: Ellen Barkin, Laurence Fishburne, Frank Langella
Ein Ex-CIA-Agent und die skrupellose Vize-Chefin einer obskuren Firma verbünden sich. Am Ende bleiben ein paar Tote auf der Strecke und auch die Protagonisten kriegen ihr Fett ab. Anfangs hintergründiges Spektakel mit viel Sex und Gewalt, das aber bald an Spannung verliert. HFJ 1996

Bad Girls B22 *

BAD GIRLS DORMITORY
USA 1985, 73 Min., F
R: Tim Kincaid D: Carey Zuris, Teresa Farley, Nathalie O'Connell
Süchtiger Mediziner und heimtückische Direktorin mißbrauchen die Gefangenen eines Frauenknastes zur Befriedigung ihrer Triebe und provozieren einen blutigen Aufstand. Sex und Sadismus, wie in Filmen dieser Art üblich.

Bad Girls B23 ***

BAD GIRLS
USA 1994, 100 Min., F
R: Jonathan Kaplan D: Madeleine Stowe, Andie MacDowell, Drew Barrymore, Mary Stuart Masterson
Vier Prostituierte kommen mit dem Gesetz in Konflikt und wehren sich im wilden Westen gegen die Männerwelt, die sie gnadenlos jagt. »Frauen-

western« mit schlichter Dramaturgie in einer simplen Inszenierung.
HFJ 1995

Bad Lieutenant B24
BAD LIEUTENANT ****
USA 1992, 96 Min., F
R: Abel Ferrara D: Harvey Keitel, Victor Argo, Frankie Thorn
Ein Polizeioffizier in der Drogenfahndung, selber unheilbar dem Rauschgift und der Wettsucht verfallen, erfährt kurze Zeit vor seinem gewaltsamen Tod die Gnade der Vergebung. Harvey Keitel gibt in der Rolle des Polizisten, der in jeder Hinsicht am Ende ist, eine ungeheuer beklemmende Studie.

Bad Man's River B25
BAD MAN'S RIVER ***
USA 1959, 90 Min., F
R: Gene Martin D: Gina Lollobrigida, Lee Van Cleef, James Mason
Mexikanischer Revolutionär bietet Chaosgang, die sich mit dem Ausrauben von Banken über Wasser hält, eine horrende Summe, um ein Waffenlager in die Luft zu jagen. Humoristischer Western.

Bad Raiders – Die Gnadenlosen B26 *
LAND OF DOOM
USA 1986, 87 Min., F
R: Peter Maris D: Deborah Rennard, Garrick Dowhen, Daniel Radell
In einer apokalyptischen Endzeitwüste schlagen sich Mädchen/Mann zu einer Oase durch und werden von einer bösen Motorradgang belästigt. Ein wackerer Einzelgänger mit Schrotflinte greift ein. Primitivkino. LSFF

Badende Venus B27
BATHING BEAUTY ***
USA 1944, 101 Min., F
R: George Sidney D: Esther Williams, Red Skelton, Basil Rathbone
Schlagerkomponist verliebt sich in Schwimmlehrerin, verbummelt die Produktion einer anstehenden Revue und muß sich, nachdem ein von Terminen geplagter Produzent eine Tanzmaus ins Spiel gebracht hat, um ihn vom Techtelmechtel abzulenken, erneut um seine Angebetete bemühen. Ein bonbonfarbener Musikfilm mit Plantsch-Einlagen.

Badlands – Zerschossene Träume B28 ****
BADLANDS
USA 1973, 90 Min., F
R: Terrence Malick D: Sissy Spacek, Martin Sheen, Warren Oates
Die Liebesgeschichte zwischen einem gestörten Mädchen aus bürgerlicher Familie und einem Außenseiter führt zu einer furchtbaren Eskalation von Gewalt. Beeindruckendes Regie-Debüt.

Bahnbrecher B29
THE PIONEERS ***
VR China 1975, 160 Min., F
R: Yu Jen-Fu D: Chang Lien-Wen, Li Jen-Tang, Chen Ying
Nach einem kollektiv von den Arbeitern der Erdölfelder von Datjing erarbeiteten Drehbuch erzählt der Film die unter schwierigsten Bedingungen vollzogene Erschließung der Ölvorkommen in dieser Region.

Les Baiseuses – Frühreife Verführerinnen B30 *
LES BAISEUSES
Belgien 1975, 85 Min., F
R: Jacques Guy D: Sam Marée, Beate Nielsen, Laura Fiala
Drei Mädchen fliehen mit Hilfe eines Jungkriminellen aus einem Heim, nisten sich in einer Villa ein und bestreiten ihren Lebensunterhalt mit Überfällen. Fader Sexfilm.

Le Bal – Der Tanzpalast B31
LE BAL ****
Fr/It/Algerien 1983, 112 Min., F
R: Ettore Scola D: Christophe Allwright, Aziz Arbia, Marc Berman
Nach einem Theaterstück ohne Dialog erzählt der Film die Geschichte eines Ballsaals über 40 Jahre hinweg. Stilisierter Versuch über Gefühle und Rituale, ein wirklich außergewöhnlicher und sehenswerter Film.

Balagan B32 ****
BRD 1993, 95 Min., F
R: Andres Veiel D: Madi Maayan, Khaled Abu Ali, Moni Yosef
Dieser provozierende Dokumentarfilm setzt Fragmente aus dem gleichnamigen israelischen Theaterstück in Beziehung zur Realität und den Biographien der Hauptdarsteller, verknüpft die Geschichte Israels und des Holocausts mit den Lebensentwürfen der nachwachsenden Generation. Ein faszinierendes Werk, das mit Tabus bricht und kontroverse Diskussionen auslöst. HFJ 1995

Balalaika B33
BALALAIKA **
USA 1939, 104 Min., s/w
R: Reinhold Schünzel D: Nelson Eddy, Ilona Massey, Charles Ruggles
Film-Operette aus dem zaristischen Rußland. Großfürst liebt die Tochter eines Revolutionärs. Das ist aber nicht so sehr politisch, als vielmehr märchenhaft gemeint.

La Balance – Der Verrat B34
LA BALANCE ***
Frankreich 1982, 102 Min., F
R: Bob Swaim D: Richard Berry, Nathalie Baye, Philippe Leotard
Kampf einer Pariser Spezialeinheit gegen das organisierte Verbrechen mit fragwürdigen Mitteln. Perfekt stilisiertes Actionkino.

Balduin, das Nachtgespenst B35
LE TATOUE **
Frankreich/Italien 1968, 89 Min., F
R: Denys de la Patelliére D: Louis de Funès, Jean Gabin, Dominique Davray
Kunsthändler versucht, einem Ex-Fremdenlegionär einen echten Modigliani abzuschwatzen. Das Dumme ist: Der Typ trägt das Meisterwerk als Tätowierung auf dem Rücken.

Balduin, der Ferienschreck B36
LES GRANDES VACANCES **
Frankreich/Italien 1967, 84 Min., F
R: Jean Girault D: Louis de Funès, Claude Gensac, Françoise Leccia
Junger Franzose wird zum Englischlernen nach England verfrachtet, hat aber keine Lust und schickt einen Freund als Stellvertreter. Als der Vater dahinterkommt, geht der Ärger los. Einer der ersten Filme, bei denen sich Louis de Funès ins Drehbuch einmischte.

Balduin, der Geldschrankknacker B37 ***
FAITES SAUTER LA BANQUE
Frankreich/Italien 1963, 88 Min., s/w
R: Jean Girault D: Louis de Funès, Georges Wilson, Catherine Demongeot
Händler trägt sein Geld zur Bank. Bankier erklärt Bankrott, Händler ist sauer und raubt mit seiner Familie die Bank aus. Nette, leicht klamaukige Komödie mit ungenutztem Potential für mehr.

Balduin, der Heiratsmuffel B38 **
LE GENDARME SE MARIE
Frankreich/Italien, 1968, 90 Min., F
R: Jean Girault D: Louis de Funès, Jean Lefebvre, Claude Gensac
Dritter Gendarmen-Film mit Louis de Funès: Als er eine offensichtlich Verrückte am Steuer verfolgt, wird er heimtückisch von der Liebe gefangengenommen. Er macht wesentliche neue Erfahrungen (z. B. zivile Kleidung) und endet schließlich vor dem Traualtar (aber erst, nachdem die Produzenten per Umfrage ermittelt hatten, ob ein verheirateter Held die Fans nicht vergraulen würde). Einer der üblichen Balduin-Filme.

Balduin, der Schrecken von St. Tropez B39 **
LE GENDARME EN BALLADE
Frankreich/Italien 1970, 99 Min., F
R: Jean Girault D: Louis de Funès, Jean Lefebvre, Christian Marin
Der frischvermählte Gendarm wird mit seiner Brigade frühpensioniert, richtet aber dann in St. Tropez ein derartiges Chaos an, daß man ihn unbedingt wieder im Staatsdienst zurückhaben will. Durch und durch übliche LdF-Komödie.

Balduin, der Sonntagsfahrer B40 **
SUR UN ARBRE PERCHE
Frankreich/Italien 1970, 87 Min., F
R: Serge Korber D: Louis de Funès, Geraldine Chaplin, Olivier de Funès
Das Auto eines Industriellen, der zwei Anhalter mitgenommen hat, fährt einen Abgrund hinunter und landet wie durch ein Wunder auf einer Pinie, die aus der Steilküste hinauswächst. Problem: Das empfindliche Gleichgewicht wird durch jede Bewegung gestört. Aus diesem Stoff nicht einen 20-Minuten-Sketch, sondern einen Spielfilm zu machen, hat ihm nicht besonders gutgetan.

Balduin, der Trockenschwimmer B41 ***
LE PETIT BAIGNEUR
Frankreich/Italien 1967, 93 Min., F
R: Robert Dhéry D: Louis de Funès, Robert Dhéry, Colette Brosset
Cholerischer Werftbesitzer feuert in einem Wutanfall seinen genialsten Konstrukteur, der daraufhin mit seinem revolutionären neuen Boot ohne ihn Erfolge feiert.

Ball in der Botschaft B42 **
HOLIDAY IN MEXICO
USA 1946, 132 Min., F
R: George Sidney D: Jane Powell, Walter Pidgeon, José Iturbi, Roddy McDowall
Die jugendliche Tochter des verwitweten amerikanischen Botschafters in Mexiko verliebt sich in einen berühmten Pianisten. Seicht-kitschige Komödie, mit lateinamerikanischer Salonmusik, die auch nicht zur Spannung beiträgt.

Die Ballade der Lucy Jordan B43 ****
MONTENEGRO
Schweden/GB 1980, 93 Min., F
R: Dusan Makavejev D: Susan Anspach, Erland Josephson
Frustrierte Gattin eines Businessman verirrt sich in eine Stockholmer Kneipe und lernt in Kreisen jugoslawischer Gastarbeiter das wahre Leben kennen. Flotte Story, praller Sex. Unterhaltsam!

Die Ballade vom Banditen Barbarosa B44 ***
BARBAROSA
USA 1981, 90 Min., F
R: Fred Schepisi D: Willie Nelson, Gary Busey, Isela Vega
Outlaw sucht nach einem Ehekrieg das Glück in einer Männerfreundschaft und zieht mit seinem Kumpel durch die grandiose Natur am Rio Grande. Einer der wenigen Western der 80er Jahre, in der Titelrolle Countrysänger Willie Nelson.

Die Ballade vom Soldaten B45 ***
BALLADA O SOLDATJE
UdSSR 1959, 87 Min., s/w
R: Grigorij Tschuchrai D: Wladimir Iwaschow, Shanna Prochorenko, Antonina Maximova
Ein junger Soldat verliebt sich während eines Heimaturlaubs, kommt aber kurz darauf an der Front um. Poetisch und anrührend, viel russische Seele.

Die Ballade vom traurigen Café B46 **
THE BALLAD OF THE SAD CAFE
GB/USA 1991, 100 Min., F
R: Simon Callow D: Vanessa Redgrave, Keith Carradine, Cork Hubbert
In seinem Debütfilm nach Carson McCullers Roman entwickelt der britische Schauspieler als Regisseur ein stimmiges Bild aus dem amerikanischen Süden der Depressionszeit, verkürzt das Buch aber unzulässig.

Die Ballade von Jimmy Blacksmith B47 ***
THE CHANT OF JIMMY BLACKSMITH
Australien 1978, 110 Min., F
R: Fred Schepisi D: Tommy Lewis, Freddy Reynolds, Ray Barrett
Einer der ersten australischen Filme, die sich ernsthaft mit den Aborigines auseinandersetzten, hier am Beispiel eines Mischlings, der zwischen den Kulturen steht: Als er die Vorurteile und Demütigungen seitens der Weißen nicht mehr ertragen kann, tötet er die Familie seines Arbeitgebers.

Ballhaus Barmbeck B48 **
BRD 1988, 80 Min., F
R: Christel Buschmann D: Jörg Pfennigwerth, Ulrich Tukur, Kiev Stingl
Handlungsarmer Film über Rituale und Kommunikationsversuche in einem Tanzlokal in Hamburg.

Balmat – König des Montblanc B49 ***
Deutschland 1931, 91 Min., s/w
R: Arnold Fanck D: Sepp Rist, Brigitte Horney
Bergfilm um die dramatische Erstbesteigung des Montblanc im Jahr 1786.

Bambi B50

BAMBI ****

USA 1942, 65 Min., F

R: Walt Disney

Typisch Disney: Die perfekte, niedliche Animation verleitet einmal mehr zum Irrglauben, bei Zeichentrickfilmen handle es sich um leichte Kinderkost. Die Konflikte dieses Klassikers gehen allerdings ans Eingemachte, und bis der Waisenknabe Bambi zum Schluß als Oberhirsch grüßt, vergießen nicht nur die kleinen Zuschauer mehr als ein Tränchen.

Banana Airlines B51

PACIFIC BANANA *

Australien 1981, 79 Min., F

R: John D. Lamond D: Graeme Blundell, Robin Stewart, Deborah Gray

Piloten und Stewardessen einer Linie, die geile Urlauber in die Südsee bringt, sorgen an Bord ihrer Maschine für die Befriedigung der Touristen-Triebe. Sexfilm mit viel Fleischbeschau.

Banana Joe B52

BANANA JOE **

Italien/BRD 1981, 96 Min., F

R: Steno (= Stefano Vanzina)

D: Bud Spencer, Marina Langner, Mario Scarpetta

Ein schlagkräftiger Bananendealer zeigt Ganoven und Militärs, wo die Glocken hängen. Das übliche Gedresche und Gelaber, ohne das derartige »Filme« mit Bud Spencer offenbar nicht auskommen. Nach einem Drehbuch, daß Signore Stefano Vanzina im Suff auf einen Bierfilz geschrieben hat. Den Sekundärbegabten gefällt es, wie immer, weil's halt a Mordsgaudi is.

Bananas B53

BANANAS ***

USA 1971, 82 Min., F

R: Woody Allen D: Woody Allen, Louise Lasser, Carlos Montalban, Jacob Morales

Früher Woody-Allen-Klamauk, in dem der Komiker sich in polit- und sozialkritischer Satire übt. Spielt – natürlich – in New York, später auch in Südamerika, wohin es den Helden zwecks Revolution verschlägt. Für Fans o.k.

Die zehn schönsten Stummfilme

NOSFERATU
D 1920 – *R: Friedrich Wilhelm Murnau*
Eine perfekt inszenierte »Sinfonie des Grauens«, die den Dracula-Mythos in der Filmgeschichte einbrachte und bis heute in ihrer subtilen Gestaltung unerreicht geblieben ist. Murnau nutzt Naturaufnahmen zur Herstellung von unheimlicher Atmosphäre und löst sich von den engen Grenzen des expressionistischen Films.

DIE BERGKATZE
D 1920 – *R: Ernst Lubitsch*
Lubitschs Parodie auf den expressionistischen Stummfilm ist eine turbulente Komödie mit frappierenden visuellen Einfällen, phantasievoller Ausstattung und eigenwilligem Humor. Pola Negri glänzt in einer ungewöhnlich dominierenden Frauenrolle als Räubertochter, die sich einen notorischen Schürzenjäger angeln möchte.

SHERLOCK JR
USA 1924 – *R: Buster Keaton*
Eine furiose Komödie über die Funktion des Kinos: Buster als Vorführer eines Kleinstadtkinos klettert in die Leinwand und greift in das Geschehen der Filmhandlung ein. Mit seinen akrobatischen Fähigkeiten, seinem visuellen Einfallsreichtum und den furiosen Filmtricks verblüfft der Film auch im Zeitalter scheinbar unbegrenzter digitaler Filmmanipulationsmöglichkeiten die Zuschauer.

FEU MATHIAS PASCAL
F 1926 – *R: Marcel L'Herbier*
Iwan Mosjoukine, der Star des Kinos der Exilrussen im Paris der 20er Jahre, Alberto Cavalcanti, der für die Ausstattung und die Dekors verantwortlich zeichnete, und Marcel L'Herbier mit seinem ausgereiften Inszenierungsstil schufen mit ihrer Pirandello-Verfilmung einen Klassiker, der die Mittel des zeitgenössischen Avantgardekinos in einen erzählerischen Zusammenhang einbindet.

BETT UND SOFA
UdSSR 1927 – *R: Abram Room*
Die Geschichte einer Dreiecksbeziehung im Moskau der 20er Jahre. Ein Ehepaar gewährt einem wohnungslosen Freund vorübergehenden Unterschlupf, der aber bald schon den Platz des Ehemannes einnimmt. Eine mit ungewohntem Realismus erzählte Alltagsgeschichte, die auf revolutionäres Pathos weitgehend verzichtet.

THE CROWD
USA 1928 – *R: King Vidor*
Ein ungewöhnlicher Hollywood-Film aus dem Studio von MGM, der die schlichte Lebensgeschichte eines einfachen Paares in der Großstadt New York schildert und bewies, daß auch einfache Geschichten ohne Glamour-Stars im Kino funktionieren. Er wurde das Vorbild für spätere Stilrichtungen des realistischen Kinos.

UN CHIEN ANDALOU
F 1928 – *R: Luis Buñuel, Salvador Dalí*
Der Klassiker des surrealistischen Films schockt auch heute noch mit alptraumhaften Bildern und Szenen, die keinen logischen Gesetzen gehorchen. In die Filmgeschichte eingegangen ist die Eingangssequenz mit dem Auge, das in Großaufnahme von einem Rasiermesser zerschnitten wird.

DER MANN MIT DER KAMERA
UdSSR 1929 – *R: Dsiga Vertov*
Vertovs brillante Umsetzung seiner Theorie vom »Kino-Auge« und den Möglichkeiten des filmischen Dokuments stellt einen Kameramann in den Mittelpunkt des Geschehens, das den Tagesablauf in einer Stadt, den Lauf des Lebens und die Entstehung des Films miteinander in Beziehung setzt.

PRIX DE BEAUTE
F 1930 – *R: Augusto Genina*
Louise Brooks, die verführerische Lulu aus G. W. Pabsts *Die Büchse der Pandora*, als Hausfrau, die einen Schönheitswettbewerb gewinnt und beim Film landet. Der noch als Stummfilm abgedrehte Film wurde schon als Tonfilm herausgebracht und ist erst kürzlich in seiner stummen Fassung rekonstruiert worden.

ICH WURDE GEBOREN, ABER ...
Japan 1932 – *R: Yasujiro Ozu*
Ein frühes Meisterwerk eines der größten japanischen Regisseure: Zwei Schulkinder müssen erkennen, daß ihr Vater im Beruf nur ein kleiner Angestellter ist, und die Regeln der Erwachsenenwelt akzeptieren. Eine bittere Komödie, in der Ozu seine zentralen Themen über die Familie und die Gesellschaft ausbreitet, die er in seinen späteren Werken immer wieder variiert hat.

Stefan Drößler,
Leiter des Filmmuseums
der Stadt München

Bananen-Paul B54

***

BRD 1981, 92 Min., F

R: Richard Claus D: May Buschke, Otto Schnelling, Martin Lüttge

Satirisch angehauchter Kinderfilm über einen gutmütigen Zirkusbären.

Bananera-Libertad B55

***

Schweiz 1970, 53 Min., F und s/w

R: Peter von Gunten

Ein wichtiges Film-Essay über die Ausbeutung der Dritten Welt, das aber Konzentration erfordert.

The Band B56
THE LAST WALTZ ****
USA 1978, 117 Min., F
R: Martin Scorsese D: The Band, Eric Clapton, Neil Diamond
Ein Klassiker unter den Konzert-Filmen, bei dem die Mitglieder der Gruppe ausgiebig zu Wort kommen. Aufwendige Dokumentation über den letzten Auftritt der legendären »Band« mit der Elite der Folk-Rock-Szene.

Die Bande B57
BANDA ***
Tschechoslowakei 1965, 90 Min., F
R: Zbigniew Kuzminski
D: M. Damiecki, R. Kossobudzka, B. Plotnicki
Vernachlässigte Jugendliche kommen mit dem Gesetz in Konflikt und werden in ein Erziehungslager gebracht. Nachdem man sie eines Vergehens anklagt, das sie nicht begangen haben, versuchen sie sich auf eigene Faust zu rehabilitieren. Ungewohnt kritische Auseinandersetzung mit dem sozialistischen Alltagsleben.

Die Bande der Ehrlichen B58
LA BANDA DEGLI ONESTI ***
Italien 1956, 102 Min., s/w
R: Camillo Mastrocinque D: Totò, Gabriele Tinti, Peppino de Filippo
Der ehrbare Hausmeister Antonio gerät in Versuchung, als er einen Drucker und Platten zur Herstellung von 10 000-Lire-Scheinen »erbt«. Wunderbare Totò-Komödie.

Die Bande der Fünf B59
WHEN THE DALTONS RODE ***
USA 1940, 78 Min., s/w
R: George Marshall D: Randolph Scott, Brian Donlevy, George Bancroft
Kansas, 1890. Ähnlich wie bei Jesse und Frank James nehmen Spekulanten den Daltons das Land weg und so werden sie zu Outlaws. Der spannende Trivialwestern nährt die Legende von den unschuldig Schuldigen.

Die Bande des Captain Clegg B60
NIGHT CREATURES/CAPTAIN CLEGG **
GB 1961, 82 Min., F
R: Peter Graham Scott D: Peter Cushing, Patrick Allen, Yvonne Romain
Im 18. Jahrhundert entpuppt sich der Vikar eines Örtchens im englischen Süden als Pirat a. D., der mit seinen Kumpanen als Schmuggler tätig ist. Schwacher Abenteuerfilm.

Die Bande des Schreckens B61
**
BRD 1960, 92 Min., s/w
R: Harald Reinl D: Joachim Fuchsberger, Karin Dor, Fritz Rasp
Spannungsarme Mördersuche nach Edgar Wallace, mit falsch gelegten Fährten und äußerst unglaubhaften Wendungen.

Bandido B62
BANDIDO ***
USA 1956, 92 Min., F
R: Richard Fleischer D: Robert Mitchum, Ursula Thiess, Gilbert Roland
In die mexikanische Revolution von 1916 verwickelter Abenteurer nimmt Kontakt zu Revolutionären auf und spielt ihnen Waffen in die Hände, die für die Regierungstruppen bestimmt waren. Western mit Unterhaltungswert.

Der Bandit und die Königin B63
THE BANDIT OF SHERWOOD FOREST ***
USA 1946, 86 Min., F
R: George Sherman, Henry Levin
D: Cornel Wilde, Anita Louise, Jili Esmond, Henry Daniell
Robin Hood in seinem endlosen Kampf gegen einen tückischen Regenten, der König Richard Löwenherz den Thron stehlen will. Abenteuerfilm der etwas besseren Art.

Banditen am Scheideweg B64
THE DOOLINS OF OKLAHOMA ***
USA 1949, 90 Min., s/w
R: Gordon Douglas D: Randolph Scott, George McReady, John Ireland
Bill Doolin, Überlebender der Doolin-Bande, will ehrbar werden, heiratet, überlebt ein Massaker, kann aber seinem Schicksal nicht entfliehen. Spannend inszenierter Trivialwestern, gut besetzt und photographiert.

Banditen auf dem Mond B65
MOON ZERO TWO *
GB 1969, 100 Min., F
R: Roy Ward Baker
D: James Olson, Catherina von Schell, Warren Mitchell, Adrienne Corri
Rangeleien unter Prospektoren und zwielichtigen Businessmen auf dem Mond und in seiner Umgebung geben viel Gelegenheit für Ballereien und Kämpfe. Als Weltraum-Western angekündigtes Dumm-Dumm-Stück. LSFF

Banditen ohne Maske B66
ABILENE TOWN ***
USA 1946, 89 Min., s/w
R: Edwin L. Marin D: Randolph Scott, Ann Dvorak, Rhonda Fleming
Sheriff Dan soll für die arroganten Farmer von Abilene texanische Cowboys von der Stadt fernhalten. Das gelingt ihm auch, aber die halbe Stadt geht dabei zu Bruch. Knapp lakonischer B-Western.

Banditen von Korsika B67
BANDITS OF CORSICA / ***
THE RETURN OF THE CORSICAN BROTHERS
USA 1952, 76 Min., s/w
R: Ray Nazarro D: Richard Greene, Paula Raymond, Raymond Burr
Zwillingsbrüder, die getrennt werden, sind aufgrund einer mysteriösen, fast telepathischen Verbindung im weiteren Leben ständig miteinander verbunden. Schwacher Mantel- und Degenfilm nach dem Roman von Alexandre Dumas.

Die Banditen von Mailand B68
BANDITI A MILANO ***
Italien 1967, 93 Min., F
R: Carlo Lizzani D: Gian Maria Volonte, Don Backy, Raymond Lovelock
Packender dokumentarischer Spielfilm um einen authentischen Banküberfall, der sich 1965 am hellichten Tag in Mailand ereignet.

Die Banditen von Orgosolo B69
BANDITI A ORGOSOLO ****
Italien 1961, 100 Min., s/w
R: Vittorio De Seta D: Michele Cossu, Vittorina Pisano, Peppeddu Cuccu
Dokumentarisch-strenge Filmerzählung von einem sardischen Hirten, der von der Polizei unter falschem Verdacht verfolgt, eine Herde verliert und zum Banditen wird.

Bandits B70
***
BRD 1997, 109 Min., F
R: Katja von Garnier D: Katja Riemann, Jasmin Tabatabai, Nicolette Krebitz, Jutta Hoffmann
Vier Knacki-Frauen tun sich noch im Knast zu einer Rockband zusammen, fliehen während eines Auftritts und werden auf ihrer Verfolgungsjagd zu Medienstars. Klischeehafte Girl-Power in einem zweistündigen Videoclip.
HFJ 1998

Bando und der goldene Fußball B71
****
LE BALLON D'OR
Frankreich/Guinea 1993, 93 Min., F
R: Cheik Doukouré D: Aboubacar Sidiki Soumah, Salif Keita, Agnès Soral
Bando bekommt einen ledernen Fußball geschenkt und versammelt seine Freunde zum ersten Schuß. Der geht leider total daneben und verändert sein ganzes Leben. Ein rundum gelungener Kinderfilm voller Humor und Spannung und mit einem sympathischen Helden. HFJ 1995

Bandolero B72
BANDOLERO ***
USA 1967, 106 Min., F
R: Andrew McLaglen D: James Stewart, Dean Martin, Raquel Welch
Marodierende Bürgerkriegs-Truppen machen Texas unsicher, berauben Banken und bestehlen friedliche Bürger. Sheriff Johnson will, daß die Burschen baumeln. Doch der Henker gehört zu den Banditen. Große Stars, kleine Wirkung.

Bangkok-Story B73
**
BRD 1989, 103 Min., F
R: Rolf von Sydow D: Heiner Lauterbach, Günther Maria Halmer, Rolf Hoppe
Deutscher Entwicklungshelfer im Kampf mit thailändischer Mafia. Das Drehbuch vermeidet peinlich jeden originellen Einfall, der Regisseur scheint auf dem Set eingeschlafen zu sein und die Darsteller unter der Hitze gelitten zu haben. HFJ 1990

Bank Robber B74
BANK ROBBER ***
USA 1993, 89 Min., F
R: Nick Mead D: Patrick Dempsey, Lisa Bonet, Olivia D'Abo
Glückloser Nachwuchs-Bankräuber taumelt von einer Katastrophe in die nächste. Stilistisch nicht einheitliche, aber halbwegs originelle und gut besetzte Krimikomödie mit kauzigem Briten-Touch.

Der Bankdetektiv B75
BANK DICK ****
USA 1940, 74 Min., s/w
R: Edward Kline D: W. C. Fields, Cora Witherspoon, Una Merkel
Köstliche, mit satirischen Seitenhieben auf die amerikanische Gesellschaft und das Film-Business durchsetzte Story eines ausgesprochen trinkfreudigen Nichtstuers, der mehrfach durch Zufall zum Held des Tages wird und dabei auch noch zu reichlich Geld kommt.

Bankett für Achilles B76
***
DDR 1975, 85 Min., F
R: Roland Gräf D: Erwin Geschonneck, Elsa Grube-Deister, Jutta Wachowiak, Ute Lubosch
Ein Meister in einem Chemiebetrieb, dem zum Abschied ein Bankett gegeben wird, hält vor seinen Kollegen und Vorgesetzten eine bittere Abrechnung.

Die Bankiersfrau B77
LA BANQUIERE ***
Frankreich 1980, 124 Min., F
R: Francis Girod D: Romy Schneider, Jean-Louis Trintignant, Jean-Claude Brialy, Claude Brasseur
Die Geschichte der emanzipierten Tochter eines Hutmachers, die in den zwanziger Jahren zur Präsidentin einer Bank aufsteigt und das Leben in vollen Zügen genießt, bis sie gesellschaftlich wieder tief fällt. Opulenter Versuch eines Porträts modernen Rollenverhaltens nach dem authentischen Fall der Marthe Hanau, der jedoch in seinem schwelgerischen Luxus steckenbleibt.

Bankraub des Jahrhunderts B78
THE DAY THEY ROBBED THE BANK OF ENGLAND ***
GB 1960, 85 Min., s/w
R: John Guillermin D: Peter O'Toole, Aldo Ray, Elizabeth Sellers
Im Jahre 1901 planen irische Patrioten einen großen Schlag gegen die britische Regierung – und führen ihren Plan auch aus.

Bankraub in der Rue Latour B79
**
BRD 1961, 93 Min., s/w
R: Curd Jürgens D: Curd Jürgens, Ingeborg Schöner, Christiane Nielsen
Nette kleine Komödie um einen Gentleman-Gauner, vom Hauptdarsteller selbst inszeniert, der mittels vorgetäuschter Film-Dreharbeiten einen Bankraub ausüben möchte, dann aber zum preisgekrönten Produzenten wird.

Banktresor 713 B80
***
BRD 1957, 88 Min., s/w
R: Werner Klingler D: Martin Held, Hardy Krüger, Nadja Tiller
Der solide gemachte Film verlegt den authentischen Fall der Brüder Sass, die 1929 in eine Berliner Bank einstiegen und kläglich scheiterten, in die Nachkriegszeit.

Bantsuma – Das Leben des Bando Tsumasaburo B81
***
BANTSUMA – BANDO TSUMASABURO NO SHOGAI
Japan 1979, 91 Min., F
R: Matsuda Shunshui D: Bando Tsumasaburo, Tamura Takahiro
Ein Portrait des großen Samurai-Darstellers Bandu Tsumasaburo, der seine größten Erfolge in den dreißiger und vierziger Jahren erlebte und eine Legende des »Jidai-geki«, des japanischen Historienfilms, war.

Der Bär B82
L'OURS ****
Frankreich 1988, 95 Min., F
R: Jean-Jacques Annaud D: Jack Wallace, Tcheky Karyo
Tierspielfilm mit Bären als Hauptdarsteller. Der mächtige Kodiak Kaar und das Bärenjunge Youk haben einiges

zu überstehen, bis sie endlich ihren Winterschlaf halten. Annaud setzt die beiden in Szene, »als hätten Grant und Hepburn vor der Kamera gestanden«.

Barabbas B83
BARABBA ***
Italien 1961, 143 Min., F
R: Richard Fleischer D: Anthony Quinn, Silvana Mangano, Arthur Kennedy, Jack Palance
Als Jesus gekreuzigt wird, läßt man Barabbas frei. Er nimmt sein Leben als Dieb wieder auf, doch da er nicht dazu lernt, landet er in einem Bergwerk und in der Arena. Nach dem Roman von Pär Lagerkvist. Geschickt konstruierter religiöser Geschichtsthriller.

Baraka B84
BARAKA ***
USA 1992, 96 Min., F
R: Ron Fricke
Bilder aus etwa 30 Ländern ohne Kommentar. Beeindruckende Illustration des menschlichen Strebens nach der Natur, das immer dabei endet, die Erde und ihre Geschöpfe auszubeuten. HFJ 1994

Baraka – Agent X 13 B85
BARAKA SUR X 13 **
Fr/It/Sp 1965, 99 Min., F
R: Maurice Cloche D: Gérard Barray, Sylva Koscina, José Suarez
Kommunistische Spione entführen einen Top-Wissenschaftler. Ein Top-Agent macht sich auf die Suche. Biederer Schundfilm aus den Zeiten des Kalten Krieges.

Barbaras Baby: Omen III B86
THE FINAL CONFLICT **
USA 1980, 108 Min., F
R: Graham Baker D: Sam Neill, Lisa Harrow, Don Gordon, Rossano Brazzi
Sohn des Satans, als Industriekapitän auf Erden lebend, will Wiedergeburt Christi verhindern und bedient sich dazu ruppiger Methoden. Dritte, leicht abgenutzte, nach üblichem Schema inszenierte Fortsetzung von *Das Omen*.

Barbarella B87
BARBARELLA ***
Frankreich 1967, 98 Min., F
R: Roger Vadim D: Jane Fonda, John Phillip Law, Anita Pallenberg
Auf der Suche nach einem verschollenen Wissenschaftler landet eine Astronautin auf einem exotischen Planeten mit bizarren Bewohnern und muß sich gegen Finsterlinge beiderlei Geschlechts zur Wehr setzen. Nach einem bekannten Comicstrip.

Die Barbaren B88
THE BARBARIANS *
Italien 1987, 88 Min., F
R: Ruggero Deodato
D: David Paul, Peter Paul, Richard Lynch
Zwei muskelbepackte Zwillingsbrüder suchen im von allerlei Brutalinskis bewohnten Fantasyland (Drachen und Zauberer inkl.) nach einem magischen Kleinod und murksen im Zuge dieser Aktion Scharen von Finsterlingen ab. HFJ 1989

Jane Fonda als Barbarella in fast klassischer Pose.

Barbarian Queen B89
BARBARIAN QUEEN *
USA 1984, 78 Min., F
R: Hector Olivera D: Lana Clarkson, Dawn Dunlap, Susana Traverso
Eine Barbarin mit tollen Kurven rächt mit gezücktem Schwert die Ausrottung ihres Stammes. Klischeebefrachteter Fantasyfilm, dessen Hauptschauwerte die Rundungen seiner Heldin sind.

Barbarian Queen II: Die Rache ist mein B90 *
BARBARIAN QUEEN II
USA 1989, 90 Min., F
R: Jo Finlay D: Lana Clarkson, Rebecca Wood, Greg Wrangler
Tochter eines Barbarenkönigs, im Besitz eines magischen Zepters, tut sich mit einer Rebellenhorde gegen den Häuptling eines marodierenden Clans zusammen, der sie, um seine Macht auszuweiten, ehelichen will.

Barbarische Hochzeit B91
LES NOCES BARBARES ****
Frankreich/Belgien 1987, 94 Min., F
R: Marion Hänsel D: Thierry Frémont, Marianne Basler, Yves Cotton
Eine Frau fühlt sich durch die Anwesenheit ihres Sohnes traumatisch an ihre Vergewaltigung erinnert und sperrt ihn deshalb auf dem Dachboden ein. Als sie ihn in ein Heim einweist, flieht er.

Der Barbier von Sevilla B92
IL BARBIERE DI SIVIGLIA ***
Italien 1955, 95 Min., F
R: Camillo Mastrocinque D: Tito Gobbi, Irene Genna, Armando Francioli
Berühmte gesanglich vorzügliche Film-Version der opulenten Inszenierung von Gioacchino Rossinis Werk in der römischen Oper.

Barcarole B93
**

Deutschland 1935, 81 Min., s/w
R: Gerhard Lamprecht D: Gustav Fröhlich, Lida Baarova, Willy Birgel
In diesem Melodram vor dem Hintergrund des Karnevals in Venedig geht es um eine bizarre Wette: Ein Frauenheld wettet, die schöne Frau eines Mexikaners zu verführen. Preis der Wette: Der erste Schuß in einem Duell.

Die Bären bleiben am Ball B94
THE BAD NEWS BEARS IN BREAKING TRAINING ***
USA 1977, 95 Min., F
R: Michael Pressman D: William Devane, Clifton James, Chris Barnes
Fortsetzung von *Die Bären sind los*. Weil sie den Trainer vergrault hat, sieht es für die Baseball-Jugendmannschaft schlecht aus. Der von seiner Familie getrennt lebende Vater eines Spielers übernimmt es schließlich, die Meute gegen Texas zum Erfolg zu führen.

Die Bären sind los B95
THE BAD NEWS BEARS ***
USA 1975, 101 Min., F
R: Michael Ritchie D: Walter Matthau, Tatum O'Neal, Vic Morrow
Eine bunt zusammengewürfelte Kindermannschaft samt versoffenem Trainer erreicht wider Erwarten das Finale. Boshafte Komödien-Attacke auf Amerikas Nationalsport Baseball und den amerikanischen Sportsgeist, die zwei Fortsetzungen und eine TV-Serie nach sich zog.

Barfly B96
BARFLY ****
USA 1987, 103 Min., F
R: Barbet Schroeder D: Mickey Rourke, Faye Dunaway, Alice Krige, Frank Stallone
Verfilmung eines autobiographischen Skripts des alkoholsüchtigen Kultautors Charles Bukowski über sein von Trinkgelagen in einer Kneipe geprägtes Leben. Atmosphärisch dichtes Werk mit guten Darstellern, das die Stimmung der Bukowski-Romane gekonnt und ohne Moralinsäure auf die Leinwand bannt. HFJ 1989

Barfuß im Park B97
BAREFOOT IN THE PARK ***
USA 1966, 101 Min., F
R: Gene Saks D: Robert Redford, Jane Fonda, Charles Boyer
Die Nöte eines jungen Ehepaares in einer Wohnung am Central Park in New York. Leichthändig inszeniert.

Die barfüßige Gräfin B98
THE BAREFOOT CONTESSA ****
USA 1954, 135 Min., F
R: Joseph L. Mankiewicz
D: Humphrey Bogart, Ava Gardner, Edmond O'Brien, Rossano Brazzi
In Rückblicken erzählte Geschichte einer spanischen Tänzerin, die zum Hollywood-Star avancierte, mit dem erlangten Ruhm nicht zurecht und schließlich auf tragische Weise zu Tode kam. Aufwendige Hollywood-Produktion, die ihrem Anspruch, den Mythos Traumfabrik zu attackieren, trotzdem nur bedingt gerecht wird.

Der Bariton B99
BARYTON ***
Polen 1984, 86 Min., F
R: Janusz Zaorski D: Zbigniew Zapasiewicz, Matgorzata Pieczynska
1933. Eine dekadente Gesellschaft verweigert sich der politischen Realität. Ein Sänger verliert sein kostbarstes Gut: seine Stimme. Die merkwürdig verschachtelte politische Metaphorik will sich nicht gleich erschließen.

Barmherzige Schwestern B100
***

BRD 1992, 98 Min., F
R: Annelie Runge D: Anne Kasprik, Nina Petri, Matthias Brandt
Schwester Marlene hat eines Tages genug von ihrer dienenden Rolle und versucht, sich mit Therapie, die nicht im Lehrbuch steht, endlich die verdiente Anerkennung zu sichern. Obwohl er gar nicht als Komödie angelegt ist, einer der komischsten deutschen Filme seit langer Zeit. HFJ 1994

Barocco B101
BARROCO ****
Mexiko/Kuba 1990, 112 Min., F
R: Paul Leduc D: Francisco Rabal, Angela Molina, Ernesto Gómez Cruz
Eine virtuose spielerische Odyssee durch fünf Jahrhunderte afro-karibisch-lateinamerikanisch-europäische Geschichte: Die Verfilmung von Alejo Carpentiers »Concierto Barroco« verzichtet auf jeden verbalen Dialog und verbindet traumtänzerisch und durchdacht zugleich Musik, Bild, Blicke und Gesten zu einem hinreißenden Kaleidoskop tausend wechselnder Impressionen und Stimmungslagen.
HFJ 1993

Baron Münchhausen B102
BARON PRASIL ***
CSSR 1961, 79 Min., s/w und F
R: Karel Zeman D: Milos Kopecky, Jana Brejchová, Rudolf Jelinek
Der Mondfahrer Tonik wird von Baron Münchhausen auf eine phantastische Reise mitgenommen, in deren Verlauf er irrwitzige Abenteuer besteht. Von Meisterhand inszenierter und prächtig ausgestatteter Film aus der CSSR. LFF

Die Baronin B103
J'AI BIEN L'HONNEUR **
Frankreich 1984, 105 Min., F
R: Jacques Rouffio D: Eddie Constantine, Mylène Demengeot
Ein alternder Kunstdieb und eine befreundete Baronesse unternehmen einen letzten Coup. Halbwegs amüsantes Spiel mit Versatzstücken des Film noir mit den Stars eines vergangenen französischen B-Films.

Barquero B104
BARQUERO ***
USA 1970, 109 Min., F
R: Gordon Douglas D: Lee van Cleef, Warren Oates, Forrest Tucker
Kauziger Fährmann rächt auf klevere Art einen Massenmord an friedlichen Siedlern. Untypischer Western um drei Originale, den Fährmann van Cleef, den Hinterwäldler Tucker und den unglückseligen Banditen Oates. Am Italowestern orientiert, brutal.

Barriere B105
BARIERA ****
Polen 1966, 110 Min., s/w
R: Jerzy Skolimowski D: Jan Nowicki, Joanna Szczerbic, Tadeusz Lomnicki

Ein junger Medizinstudent will sein Glück machen, trifft alte und neue Geister und Ungeister der polnischen Gesellschaft und findet schließlich in der Liebe die Lösung.

Die Barrikaden von San Antone B106 ***
THE LAST COMMAND
USA 1956, 107 Min., F
R: Frank Lloyd D: Sterling Hayden, Richard Carlson, Arthur Hunnicutt
Jim Bowie kehrt nach Texas zurück und stirbt bei der Schlacht um Fort Alamo. Kürzer, präziser und weitaus unterhaltsamer als John Waynes aufwendige Version *(Alamo)*.

Die Barrings B107 ***
BRD 1955, 108 Min., s/w
R: Rolf Thiele D: Dieter Borsche, Nadja Tiller, Paul Hartmann
Verfilmung der populären ostpreußischen Saga (1937) über den Niedergang einer Adelsfamilie von William von Simpson durch den nicht allzu begabten Thiele, die aber ein Publikumserfolg wurde und der die Fortsetzung *Friederike von Barring* folgte.

Barry Lyndon B108 ****
BARRY LYNDON
GB 1976, 185 Min., F
R: Stanley Kubrick D: Ryan O'Neal, Marisa Berenson, Patrick Magee
Die Abenteuer des Helden aus Thackerays Roman, der stets auf der Flucht ist und als Soldat, Polizeispitzel und reicher Ehemann überlebt, ohne glücklich zu werden. Technisch und ästhetisch brillanter Kostümfilm.

Barschel – Mord in Genf? B109 **
BRD 1992, 71 Min., F
R: Uwe Boll, Frank Lustig
D: Michael Rasmussen, Peter Schwab, Karl Friedrich
Doku-Fiktion, aufgehängt an der Geschichte eines nicht zustande kommenden Films, um die Umstände des Todes von Uwe Barschel im Hotel Beau Rivage in Genf. Die eher diletantische, behäbige Inszenierung läßt die Brisanz des Themas verschwinden.

Bartholomäusnacht B110 ***
LA REINE MARGOT
Fr/It 1954, 93 Min., F
R: Jean Dréville D: Jeanne Moreau, Françoise Rosay, Armando Francioli
Im Paris des Jahres 1572 tobt der Krieg zwischen Katholiken und Hugenotten, und trotz einer politischen Heirat der Schwester des Königs mit einem Hugenottenführer kann der Haß der Königinmutter nicht besänftigt werden. Das Remake von Patrice Chéreau kam 1994 in die Kinos.

Die Bartholomäusnacht B111 ***
LA REINE MARGOT
Fr/BRD/It 1994, 144 Min., F
R: Patrice Chéreau D: Isabelle Adjani, Daniel Auteuil, Jean-Hugues Anglade
Geschichtsträchtiges Drama um das Massaker an den Hugenotten von 1572 und die Intrigen des Hauses Medici. Die Verknüpfung von Theater, Oper und Film in diesem Sittengemälde erzeugt ein außergewöhnliches Kinospektakel, das Augen, Ohren und Intellekt befriedigt. HFJ 1995

Barton Fink B112 ****
BARTON FINK
USA 1991, 116 Min., F
R: Joel und Ethan Coen D: John Turturro, John Goodman, Judy Davis
Ein New Yorker Theaterautor kommt nach Hollywood, wird dort von einem Louis B. Mayer nachempfundenen Produzenten hofiert und gedemütigt und erlebt in einem schäbigen Hotel den Einbruch des Bösen in seine Idealwelt. Schwarze Komödie und Hollywoodstudie, Reflexion und Kalauer: eine kleine, spannende Zumutung. HFJ 1992

Basic Instinct B113 ****
BASIC INSTINCT
USA 1991, 127 Min., F
R: Paul Verhoeven D: Michael Douglas, Sharon Stone, George Dzundza, Jeanne Tripplehorn
Ein unter Dienstaufsicht stehender Cop will eine reiche, clevere Autorin als sexbesessene Killerin überführen, landet in ihrem Bett und stellt die Ermittlung ein. Thriller mit saftigen Sexeinlagen. HFJ 1993

Michael Douglas und Sharon Stone

Basil, der große Mäusedetektiv B114 ***
THE GREAT MOUSE DETECTIVE
USA 1986, 74 Min., F
R: John Musker, Ron Clemens, Dave Michener, Burny Mattinson
Unterhaltsamer Disney-Zeichentrickfilm über eine Maus, die im Haus von Sherlock Holmes wohnt und dem berühmten Detektiv nacheifert.

Die Basilisken B115 ****
I BASILISCHI
Italien 1963, 85 Min., s/w
R: Lina Wertmüller D: Toni Petruzzi, Stefano Sattaflores, Sergio Farranino
Genau beobachtender Film über die Menschen in einer Kleinstadt in der italienischen Provinz Basilicata, die phlegmatisch in den Tag leben.

Basket Case – Der unheimliche Zwilling B116 ***
BASKET CASE
USA 1982, 89 Min., F
R: Frank Henenlotter D: Kevin Van Hentenryck, Terri Susan Smith, Beverly Bonner, Lloyd Pace
Mysteriöser Korb, in dem ein junger Mann seinen monströsen Zwilling mit sich herumträgt, erweckt die Neugier seiner Mitbewohner, die sämtlich ein schauriges Ende erleben. Cleverer Kleinbudget-Grusler, der Kultstatus errungen hat. HFJ 1984

Basquiat B117 ***
BASQUIAT
USA 1996, 106 Min., F
R: Julian Schnabel D: Jeffrey Wright, David Bowie, Dennis Hopper

Aufstieg und Fall des jungen Malergenies Jean-Michel Basquiat. Von Julian Schnabel (ebenfalls Maler) sehr persönlich und mit starkem Insideraspekt der Kunstszene schillernd inszeniert, jedoch ohne dem Anspruch eines wirklichen Porträts gerecht zu werden. HFJ 1997

Der Bastard B118
I BASTARDI ***
BRD/It/Fr 1968, 92 Min., F
R: Duccio Tessari D: Rita Hayworth, Giuliano Gemma, Klaus Kinski
Rita Hayworth als Ganovenmutter, Giuliano Gemma als ihr jüngerer Sohn, der sich an seinem älteren Bruder Klaus Kinski rächt, weil dieser ihm übel mitgespielt hat. Einer der besseren Filme des Routiniers Tessari. *Bastard* mit Til Schweiger (1998) war noch schlimmer.

BAT 21 – Mitten im Feuer B119
BAT 21 ***
USA 1988, 105 Min., F
R: Peter Markle D: Gene Hackman, Danny Glover, Jerry Reed
Der Pilot eines Aufklärungsflugzeugs kommt einem CIA-Agenten zu Hilfe, der vom Vietkong abgeschossen wurde und allein durch den Dschungel irrt. Kriegsfilm, der gelegentlich versucht, »Anti« zu sein. HFJ 1990

Bat People – Die Blutsauger B120
BAT PEOPLE *
USA 1974, 90 Min., F
R: Jerry Jameson D: Stewart Moss, Marianne McAndrew, Michael Pataki
Ein Arzt wird auf der Hochzeitsreise von einer Fledermaus gebissen und verwandelt sich in einen Vampir. Eine wenig ergiebige Gruselmär.

Bataillon der Verlorenen B121
UOMINI CONTRO ****
Italien 1970, 96 Min., F
R: Francesco Rosi D: Mark Frechette, Alain Cuny, Gian Maria Volonté
Die Soldaten einer italienischen Einheit des Ersten Weltkrieges werden von einem fanatischen General völlig sinnlos in den Tod geschickt. Einer der wenigen überzeugenden Antikriegsfilme.

Batman B122
BATMAN ****
USA 1989, 126 Min., F
R: Tim Burton D: Michael Keaton, Jack Nicholson, Kim Basinger
Batman, der reiche Flattermann, Beschützer der Witwen und Waisen, bekämpft in den finsteren Straßen der Superstadt Gotham City allerlei sinistre Lumpen und den Oberbösen Joker. Ordentliche Schauwerte im Bauwesen; an der Story werden nur Comic-Freaks ihren Spaß haben. HFJ 1990

Batman forever B123
BATMAN FOREVER ***
USA 1995, 122 Min., F
R: Joel Schumacher D: Val Kilmer, Tommy Lee Jones, Jim Carrey
Two-Face verbündet sich in seinem Kampf gegen Erzfeind Batman mit dem genialen Erfinder Riddler. Gegen das Böse wird Batman diesmal von einer schönen Psychologin unterstützt. Der dritte »Batman«-Film besteht aus Versatzstücken der vorhergehenden Versionen wie auch von »Superman« und »Dick Tracy«. Alles wirkt schon etwas abgegriffen und selbst Action-Liebhaber kommen kaum mehr auf ihre Rechnung. HFJ 1996

Batman hält die Welt in Atem B124
BATMAN ***
USA 1966, 105 Min., F
R: Leslie H. Martinson, Ray Kellogg
D: Adam West, Burt Ward, Lee Meriwether, Burgess Meredith
Batman und sein Freund Robin treten gegen vier Superschurken an und legen sie mit zündenden Tricks und einer Menge Grips herein. Naives Märchen.

Batman und Robin B125
BATMAN & ROBIN ***
USA 1997, 125 Min., F
R: Joel Schumacher D: Arnold Schwarzenegger, George Clooney, Uma Thurman, Alicia Silverstone
Fledermaus, die Vierte. Zusammen mit Robin und dem frisch auftauchenden Batgirl geht's gegen den »eiskalten« Mr. Freeze und die männerbetörende Poison Ivy. Nichts ist mehr geblieben von der hintergründigen Düsternis der ersten beiden Teile. HFJ 1998

Batmans Rückkehr B126
BATMAN RETURNS ***
USA 1992, 126 Min., F
R: Tim Burton D: Michael Keaton, Danny De Vito, Michelle Pfeiffer

Michael Keaton und Kim Basinger in ›Batman‹ von Tim Burton

Nachdem Batman im ersten Teil über den Joker triumphierte, hat er es nun mit dem Pinguin und Catwoman zu tun. Genialisches Make-up, gute Schauspieler, vom Comic inspiriertes Szenenbild. HFJ 1992

Battling Boxer B127
BATTLING BUTLER ****
USA 1926, 76 Min., s/w
R: Buster Keaton D: Buster Keaton, Snitz Edwards, Francis McDonald
Einer der klassischen Langspielfilme von Buster Keaton aus der Stummfilmzeit: Buster gibt sich, um sein Mädchen zu gewinnen, als großer Boxer aus, obwohl er nur ein verwöhnter Schwächling ist. Am Ende wird er natürlich Boxchampion. Eine fein durchdachte Slapstick-Komödie.

Der Bauch des Architekten B128
THE BELLY OF AN ARCHITECT ****
GB 1986, 118 Min., F
R: Peter Greenaway D: Brian Dennehy, Lambert Wilson, Cloe Webb
Ein berühmter Architekt soll in Rom eine Ausstellung organisieren. Dort verläßt ihn seine Frau, und er erfährt, daß er an Krebs erkrankt ist. Diese Geschichte ist roter Faden für einen bizarren Film-Essay über Zahlen, Worte, Körper und Bauten. HFJ 1988

Der Bauer als Millionär B129
***
Österreich 1961, 94 Min., F
R: Rudolf Steinböck D: Käthe Gold, Josef Meinrad, Paula Wessely
Filmische Umsetzung einer Salzburger Inszenierung des Zaubermärchens von Ferdinand Raimund.

Der Bauer von Babylon B130
***
BRD 1982, 85 Min., F
R: Dieter Schidor Kommentar: Wolf Wondratschek
Dokumentarfilm über Rainer Werner Fassbinder, hauptsächlich entstanden während der Dreharbeiten zu *Querelle* und ergänzt um ein Interview kurz vor RWFs Tod. Der Jurist Schidor, der sich als Produzent, Regisseur und Darsteller betätigte, schied einige Jahre später freiwillig aus dem Leben.

Baum der Erkenntnis B131
KUNDSGABENS TROE ***
Dänemark 1981, 101 Min., F
R: Nils Malmros D: Eva Gram Scholdager, Jan Johansen, Line Arlien-Soborg
Eine bedrückende Schilderung des Lebens Jugendlicher in Dänemark Anfang der sechziger Jahre, die mit Gewalt auf Repression und Unverständnis reagieren.

Der Baum der Jamal B132
DEREVO JAMAL ***
UdSSR 1979, 87 Min., F
R: Chodsakuli Narlijew D: Maja Alemdowa, Baba Ananow
Die Ehe einer arbeitsamen Bäuerin wird beinahe durch eine Verleumdung zerstört. Eine turkmenische Alltagsgeschichte in optisch ansprechender Gestaltung.

Der Baum der Wünsche B133
DREWO SHELANIJA/NATVRIS KHE ****
UdSSR 1977, 108 Min., F
R: Tengis Abuladse D: Lika Kawtaradse, Sosso Dshatschwliani
Ein Märchen aus einem georgischen Dorf vor der Revolution: die tragische Liebesgeschichte eines Paares als poetische Rebellion gegen die versteinerten Verhältnisse.

Ein Baum und seine Zweige B134
SHAKHA PROSHAKHA ****
Indien/Frankreich 1990, 117 Min., F
R: Satyajit Ray D: Ajit Bannerjee, Haradan Bannerjee
Eine Familienchronik aus dem heutigen Indien als Hintergrund für ein Bild von Macht und Korruption.

Der Baum, der Bürgermeister und die Mediathek B135
L' ARBRE, LE MAIRE ET LA MEDIATHEQUE ****
Frankreich 1993, 111 Min., F
R: Eric Rohmer D: Fabrice Luchini, Pascal Greggory, Arielle Dombasle
Der Bürgermeister eines Dorfes plant ein riesiges Kulturzentrum auf der grünen Wiese. Aber er hat die Rechnung ohne den Lehrer gemacht, der sich erbittert gegen das sinnlose Projekt wehrt. Eine intelligente Polit-Parabel über den Zufall, die Gegensätze zwischen Stadt und Land und alles, was Diskussionsstoff hergibt. Denn geredet wird, wie fast immer bei Rohmer, viel. HFJ 1995

Beast of Blood B136
BEAST OF BLOOD *
Philippinen/USA 1970, 87 Min., F
R: Eddie Romero D: John Ashley, Celeste Yarnall, Eddie Garcia
Eine Journalistin und ein Abenteurer stoßen auf einer Philippineninsel auf einen irren Wissenschaftler, der wie weiland Dr. Frankenstein Ungeheuer zusammenbastelt. Ein selten dummer Streifen voll unfreiwilligem Humor. LSFF

Beau Brummell – Rebell und Verführer B137
***
BEAU BRUMMELL
USA 1955, 110 Min., F
R: Curtis Bernhardt D: Stewart Granger, Elizabeth Taylor, Peter Ustinov
Ein Dandy gewinnt die Freundschaft des englischen Prinzen und verspielt sie durch allzu viele Faxen am Königshof. Aufwendiger Historienfilm unterhaltsamer Machart.

Beaumarchais – der Unverschämte B138
***
BEAUMARCHAIS, L'INSOLENT
Frankreich 1996, 100 Min., F
R: Edouard Molinaro D: Fabrice Luchini, Sandrine Kiberlain, Jacques Weber
Flotter Kostümfilm über den schriftstellerischen Tausendsassa Beaumarchais. Historisches Unterhaltungsspektakel mit einem ständig überdrehten Hauptdarsteller, bemüht, aber nicht packend. HFJ 1997

The Beautiful Blonde B139
THE BEAUTIFUL BLONDE FROM BASHFUL BEND ***
USA 1949, 77 Min., F
R: Preston Sturges D: Betty Grable, Cesar Romero, El Brendel
Temperamentvolles Saloon-Girl erschießt versehentlich den Sheriff und gibt sich fortan als Lehrerin aus. Western-Farce, die nur in einzelnen Momenten den Zauber der früheren Sturges-Komödien entfaltet.

Beautiful Thing B140
BEAUTIFUL THING ****
GB 1995, 91 Min., F
R: Hettie Macdonald D: Linda Henry, Glen Berry, Scott Neal
Vorstadtdrama und Liebesgeschichte in einem: Zwei schwule Teenager-Jungen finden inmitten ihrer Einsamkeit zwischen den Wohnsilos einer Londoner Vorstadt zueinander und verlieben sich. Ein Film voller Optimismus und witziger Beiläufigkeiten mit pfiffigen Dialogen und originellen Songs. HFJ 1998

Becket B141
BECKET ***
GB 1963, 143 Min., F
R: Peter Glenville D: Richard Burton, Peter O'Toole, John Gielgud
Thomas Becket wird von König Heinrich II. zum Kanzler und Erzbischof ernannt und versucht in diesen Positionen gegen das Unrecht der Herrschaft anzutreten, stirbt aber schließlich den Märtyrertod. Verfilmung eines Stückes von Jean Anouilh.

Bedrohliches Schweigen B142
SHY PEOPLE ****
USA 1987, 118 Min., F
R: Andrej Kontschalowskij D: Jill Clayburgh, Barbara Hershey, Martha Plimpton
Einfühlsames Drama über das Aufeinandertreffen zweier gegensätzlicher Kulturen: eine New Yorker Journalistin besucht mit ihrer Tochter einen Zweig ihrer Familie, der in den Sümpfen Louisianas jenseits jeglicher Zivilisation lebt. Brillant gespielt und inszeniert. HFJ 1989

Bedrohung B143
HOTET/UHKKADUS ****
Schweden 1987, 72 Min., F
R: Stefan Jarl
Ein eindringlicher dokumentarischer Spielfilm über die Folgen des Reaktorunfalls von Tschernobyl für die Kultur und das Leben der Lappen.

Die Beduinen von Paris B144
L'OEIL AU BEUR(RE) NOIR ***
Frankreich 1988, 92 Min., F
R: Serge Maynard D: Julie Jézéquel, Smain, Pascal Legitimus
Ein Araber und ein Schwarzer suchen vergebens eine Wohnung in Paris, verlieben sich in dieselbe (weiße) Frau und bekommen weder das eine noch das andere. Komödie über den alltäglichen Rassismus, nicht ohne bittere Töne. HFJ 1989

Beerdigungszeremonie B145
THE FUNERAL ****
Japan 1984, 120 Min., F
R: Juzo Itami D: Tsutomu Yamazaki, Nobuko Myyamoto, Kin Sugai
Eine Satire über geheiligte Traditionen in Japan: Eine Familie muß mit dem Tod eines Angehörigen fertig werden und verliert in zahllosen Formalitäten die Fähigkeit zu trauern.

Beethoven B146
LE NEVEU DE BEETHOVEN ***
Frankreich/BRD 1984, 102 Min., F
R: Paul Morrissey D: Wolfgang Reichmann, Dietmar Prinz, Jane Birkin
Filmphantasie über das letzte Lebensjahr des großen Komponisten, faszinierend im Schauspielerischen, achtbar in der Inszenierung.

Beethovens große Liebe B147
UN GRANDE AMOUR DE BEETHOVEN ****
Frankreich 1936, 116 Min., s/w
R: Abel Gance D: Harry Baur, Marcel Dalio, Jean-Louis Barrault
Die meisterliche Filmbiographie des großen Komponisten ist Abel Gances bekanntem Napoleon ebenbürtig. Sie konzentriert sich auf das, was laut Gance Beethovens große Leidenschaften waren: die Musik und seine Geliebte Giulietta. Ausdrucksstarke Bilder, raffinierter Einsatz des Tons und ein superber Hauptdarsteller.

Beetlejuice B148
BEETLEJUICE ***
USA 1988, 92 Min., F
R: Tim Burton D: Alec Baldwin, Geena Davis, Michael Keaton
Liebenswerte, verrückte Komödie um einen Lottergeist, der das neue Bewohnerpärchen eines kleinen Landhauses an den Rand des Todes und darüber hinaus bringt. Absurder schwarzer Humor in Reinformat. HFJ 1989

Befehl aus dem Dunkel B149
KAIJU DAI SENSO **
Japan 1966, 81 Min., F
R: Inoshiro Honda D: Nick Adams, Akira Takarada, Jun Tazaki
Bewohner eines durchs Sonnensystem rasenden Planeten entpuppen sich als finstere Tückebolde, die den braven Erdlingen das Wasser stehlen wollen. Angeblich nach Hans Dominik, der in seinem Grab rotiert. LSFF

Befehl des Gewissens B150
THE FUGITIVE ****
USA 1947, 95 Min., s/w
R: John Ford D: Henry Fonda, Dolores Del Rio, Pedro Armendariz
In einem terroristischen und antiklerikalen Staat kämpft ein Priester um die Erfüllung seiner Aufgaben und ums Überleben. Beides gelingt nicht. Nach dem Roman »The Power and the Glory« von Graham Greene.

Before Sunrise B151
BEFORE SUNRISE ****
USA/Österreich 1994, 101 Min., F
R: Richard Linklater D: Ethan Hawke, Julie Delpy, Andrea Eckert
Ein junger Amerikaner und eine Französin begegnen einander im Zug nach Wien. Aus spontaner Sympathie verbringen sie den Abend und die Nacht bis zu seinem Abflug am nächsten Morgen miteinander, wandern durch die Stadt, treffen auf verschiedene Menschen, sprechen viel mitsammen und kommen einander näher. Linklater konzentriert sich ausschließlich auf seine zwei Hauptfiguren und zeigt sie unprätentiös und realitätsnah. Ein leichter, ungewöhnlicher Liebesfilm. HFJ 1996

Befreiung B152
OSSWOBOSHDENIJE ***
(OGNENNAJA DUGA/PRORYW)
UdSSR 1969, 136 Min., F
R: Juri Oserow D: Nikolai Oljanin, Boris Seidenberg, Larissa Golubkina
Russischer Monumentalfilm über Schlachten im Zweiten Weltkrieg (am Kursker Bogen 1943), der Hollywood-Epen in nichts nachsteht – auch nicht darin, daß es in erster Linie um die Schauwerte geht.

Begegnung B153
BRIEF ENCOUNTER ****
GB 1945, 85 Min., s/w
R: David Lean D: Trevor Howard, Celia Johnson, Stanley Holloway
Ein in einer Partnerbeziehung lebender Arzt und eine verheiratete Londoner Hausfrau erleben eine behutsame Liebesromanze. Schließlich verzichten sie jedoch aufeinander. Einfühlsam inszeniertes und fotografiertes Kammerspiel mit guten schauspielerischen Leistungen.

Begegnung am Vormittag B154
BREEZY ***
USA 1973, 108 Min., F
R: Clint Eastwood D: William Holden, Kay Lenz, Marj Dusay
Liebesgeschichte zwischen einem geschiedenen Mann im mittleren Alter und einem jungen Hippie-Mädchen. Etwas zu klischeebeladen, aber brillant gespielt und solide umgesetzt.

Begegnung aus dem Nichts B155
THE UFO INCIDENT **
USA 1975, 92 Min., F
R: Richard A. Colla D: James Earl Jones, Estelle Parsons, Barnard Hughes, Dick O'Neill
Ein schwarzes Ehepaar wird nächtens auf einer Landstraße von einem Licht verfolgt, verliert mehrere Stunden seiner Erinnerung und erfährt später unter Hypnose, daß es der Crew eines UFOs begegnet ist. Laue SF-Mystery nach einer angeblich wahren Story.

Begegnung mit Werther B156
**
BRD 1949, 88 Min., s/w
R: Karl Heinz Stroux D: Horst Caspar, Heidemarie Hatheyer, Paul Klinger, Rudolf Reif, Paul Dahlke
Goethe in B-Film-Kulissen. Die schlechteste aller denkbaren Lösungen und der schlechteste Werther-Film, der je gedreht wurde.

Begegnungen B157
INTERSECTION ***
USA 1994, 95 Min., F
R: Mark Rydell D: Richard Gere, Sharon Stone, Lolita Davidovich
Ein Architekt entscheidet sich nach langen Gewissensqualen, die Ehefrau zu verlassen und mit seiner Geliebten ein neues Leben anzufangen. Doch er stirbt bei einem Autounfall. Remake von Claude Lelouchs Klassiker *Die Dinge des Lebens.* HFJ 1995

Begierde B158
THE HUNGER **
GB 1982, 98 Min., F
R: Tony Scott D: Cathérine Deneuve, David Bowie, Susan Sarandon
Uralte ägyptische Vampirin, die ihre Opfer im Schickimicki-Milieu findet, läßt ihre jeweiligen Gefährten an ihrer Lebensenergie teilhaben, so daß sie Jahrhunderte alt werden. Ein Kunstgewerbe-Horrorfilm.

Die Begierde treibt den Mann B159
LE CERCLE VICIEUX **
Frankreich 1959, 95 Min., s/w
R: Max Pécas D: Claude Titre, Louisa Colpeyn, Henia Suchar
Debütfilm des späteren Sexfilm-Pioniers Pécas, ein B-Krimi um einen Maler, der zwischen armer Freundin und reicher Baronin pendelt und zum Mörder wird.

Der Beginn aller Schrecken ist Liebe B160
***
BRD 1983, 117 Min., F
R: Helke Sander D: Helke Sander, Rebecca Pauly, Lou Castel
Leicht sarkastisches filmisches Lehrstück über das exemplarische Scheitern einer Beziehung und die Gewalt, die sich bei aller Liebe früher oder später offenbart.

Ein Begräbnis 1. Klasse B161
THAT'S YOUR FUNERAL **
GB 1977, 80 Min., F
R: John Robins D: Bill Fraser, Raymond Huntley, David Battley
Frühes Black-Movie aus England, das auf recht derbe Art beweist, daß auch im Bestattungsgewerbe der Kampf um die Kunden hart ist und nicht immer nach sportlichen Regeln ausgeübt wird. Man braucht eine Ader für diesen leicht makabren, typisch britischen, schwarzversetzten Humor, um auf seine Kosten zu kommen.

Begrabt die Wölfe in der Schlucht B162
BILLY TWO HATS ***
USA 1974, 80 Min., F
R: Ted Kotcheff D: Gregory Peck, Desi Arnaz, Jack Warden
Alternder Westerner und Halbblut werden auf der Flucht nach einem Banküberfall Freunde. Arche stirbt, der junge Billy kommt davon und findet in der geschundenen Farmerfrau Esther eine Gefährtin. Elegisch und poetisch sensibler Film.

Das Begräbnis B163
THE FUNERAL ****
USA 1996, 99 Min., F
R: Abel Ferrara D: Christopher Walken, Christopher Penn, Isabella Rossellini
Anläßlich des Mordes am jüngsten Mitglied einer Mafiadynastie entwirft Ferrara ein düster-existentialistisches Szenario um seine typischen (pseudo-) philosophischen Schuld- und Sühnefragen zum Thema Gewalt und Rache.

Bei Anruf Mord B164
DIAL »M« FOR MURDER ****
USA 1953, 105 Min., F
R: Alfred Hitchcock D: Ray Milland, Grace Kelly, Robert Cummings
Berühmt wurde Grace Kellys erster Auftritt unter Meister Hitchcock durch die Schere, die sie ihrem Beinahe-Mörder in den Rücken sticht. Der wurde von ihrem Mann angeheuert, der alles tut, um seine Frau loszuwerden. Hitch war nicht ganz zufrieden, doch die Spannung ist groß. Leider gab es 1981 ein Remake fürs TV.

Bei Bullen »singen« Freunde nicht B165
ADIEU L'AMI ***
Frankreich/Italien 1968, 115 Min., F
R: Jean Herman D: Alain Delon, Charles Bronson, Olga Georges-Picot
Zwei Exsöldner als Safeknacker mit entgegengesetztem Ziel. Delon will was reinlegen, Bronson was rausholen aus dem Tresorraum, in dem beide über die Weihnachtstage eingeschlossen sind. Ein ungewöhnliches Caper-Movie und die Geschichte einer Männerfreundschaft.

Bei Dir war es immer so schön B166 ***
BRD 1954, 106 Min., s/w
R: Hans Wolff D: Heinz Drache, Georg Thomalla, Ingrid Stenn
Begabter junger Musiker träumt von einer erfolgreichen Komponistenlaufbahn. Er wird entdeckt und kann sich vor Arbeit nicht retten, was seiner Ehe natürlich nicht bekommt. Aber alles kommt wieder ins Lot, und vom Film bleiben eigentlich nur die Mackeben-Songs in Erinnerung.

Bei Madame Coco B167
THE ART OF LOVE **
USA 1965, 99 Min., F
R: Norman Jewison D: James Garner, Dick Van Dyke, Elke Sommer
Einigermaßen vergnügliche Komödie um einen erfolglosen amerikanischen Maler in Paris, dessen Bilder nach seinem vermeintlichen Selbstmord reißend Absatz finden, der aber kiebig wird, als sein Freund sich an seine Freundin heranmacht.

Bei mir nicht B168
BUT NOT FOR ME ***
USA 1959, 105 Min., F
R: Walter Lang D: Clark Gable, Carroll Baker, Lilli Palmer, Lee J. Cobb
Produzent erlebt die Midlife crisis, bandelt mit fescher Sekretärin an und kehrt reumütig zur Ex-Gattin zurück. Nettes Satirchen über das Altern, gut gespielt von einem Burschen, der es wissen mußte.

Bei Vollmond Mord B169
LYCANTHROPUS **
Italien 1961, 82 Min., s/w
R: Richard Benson D: Barbara Lass, Carl Schell, Curt Lowens
In einer Besserungsanstalt für schwer erziehbare Mädchen geht ein Werwolf um. Sets dieser Art mögen Werwölfen feuchte Träume bescheren, echte Fans ziehen andere Kost vor.

Beichte eines Arztes B170
THE FIRST LEGION ***
USA 1951, 86 Min., s/w
R: Douglas Sirk D: Charles Boyer, William Demarest, Barbara Rush
Melodram um einen atheistischen Arzt an einem Jesuitenkolleg, um vermeintliche und echte Wunder, um das Spannungsfeld zwischen Wissenschaft und Glauben.

Beichtgeheimnis B171 **
BRD 1956, 90 Min., F
R: Viktor Tourjansky D: Erich Auer, Margit Saad, Charles Regnier
Drama um einen Priester, der wegen seines Beichtgeheimnisses nicht die gegen ihn selbst erhobenen Vorwürfe wegen Totschlages entkräften kann.

Die beiden Furchtsamen B172
LES DEUX TIMIDES ****
Frankreich 1928, 95 Min., s/w
R: René Clair D: Pierre Batcheff, Jim Gerald, Yvette Andreyor
Meisterlicher Gerichtsfilm, in dem ein Anwalt bei seinem Plädoyer durch das plötzliche Auftauchen einer Maus derart aus dem Konzept gebracht wird, daß dies zur Verurteilung seines Mandanten führt. René Clair gelingt es bravourös, den Wortwitz der Vorlage optisch umzusetzen.

Das Beil von Wandsbek B173 ***
DDR 1951, 111 Min., s/w
R: Falk Harnack D: Käthe Braun, Erwin Geschonneck, Gefion Helmke
1934: Ein Hamburger Metzger, der in Geldnöten ist, läßt sich von einem SS-Offizier dazu überreden, vier verurteilte Kommunisten hinzurichten, weil der Henker erkrankt ist. Als dies bekannt wird, hängt seine Ehefrau sich auf, und auch der Schlachter begeht Selbstmord. Debütfilm von Harnack, der in der DDR zehn Jahre lang nicht gezeigt werden durfte.

Beim nächsten Mann wird alles anders B174 **
BRD 1988, 95 Min., F
R: Xaver Schwarzenberger D: Antje Schmidt, Volker Kraeft, Billie Zöckler
Neue deutsche Emanzipationskomödie nach dem Bestseller von Eva Heller mit bekannten Fernsehschauspielern. Unterhaltung für den neuen Mittelstand; beim nächsten Film wird's auch nicht anders. HFJ 1992

Beim Sterben ist jeder der erste B175 ****
DELIVERANCE
USA 1971, 98 Min., F
R: John Boorman D: Jon Voight, Burt Reynolds, Ned Beatty
Eine Kanufahrt wird für vier Freunde zur Hölle; nach einem Angriff psychotischer Hillbillies werden die Überlebenden von ihnen zu barbarischen Killern. Eine packende Parabel auf den Rückschlag der Natur gegen den »zivilisierten« Menschen.

Beinahe ein Engel B176
ALMOST AN ANGEL **
USA 1990, 92 Min., F
R: John Cornell D: Paul Hogan, Linda Kozlowski, Charlton Heston
Der Einbrecher Terry rettet einem Kind das Leben und wird dabei selbst schwer verletzt. In seiner Ohnmacht träumt er davon, daß er als »Engel« seine Bewährung findet. White Fantasy von eher bescheidenem Zuschnitt.

The Being B177
THE BEING *
USA 1983, 79 Min., F
R: Jackie Kong D: Martin Landau, José Ferrer, Dorothy Malone
Atommüll gebiert ein Monster, das eine Gemeinde in Idaho terrorisiert. Ein abscheuliches Produkt mit noch abscheulicheren Dialogen. LSFF

Beiß nicht, man liebt dich B178
MORDS PAS – ON T'AIME ***
Frankreich 1975, 98 Min., F
R: Yves Allégret D: Bernard Fresson, Yves Coudray, Catherine Allégret
Ein zehnjähriger Junge muß zwischen seinen auf dem Lande lebenden Großeltern, der Schule in der Stadt und seinem Vater, der als Lkw-Fahrer arbeitet, hin und her pendeln. Geschildert werden die Probleme, die sich aus dieser Situation ergeben. Unterhaltsamer Film mit ernsten Untertönen.

Das Bekenntnis der Ina Kahr B179 ***
BRD 1954, 102 Min., s/w
R: G.W. Pabst D: Curd Jürgens, Elisabeth Müller, Margot Trooger

Stationen einer furchtbaren Ehe, die mit einem Mord endet. Düsteres Melodrama des Regisseurs von *Die freudlose Gasse*, der im Tonfilm nicht mehr die Meisterschaft seiner Stummfilme erreicht.

Bekenntnisse des Hochstaplers Felix Krull B180 ****
BRD 1957, 107 Min., F
R: Kurt Hoffmann D: Horst Buchholz, Liselotte Pulver, Ingrid Andree
Der Lebensweg eines nichtsnutzigen Frauenhelden, der mit Hilfe seines Charmes und geschickter Verstellung seinen internationalen gesellschaftlichen Aufstieg betreibt. Gelungene filmische Umsetzung des unvollendeten Romans von Thomas Mann, mit der Kurt Hoffmann einen heiter-ironischen Höhepunkt in der deutschen Filmgeschichte der 50er Jahre setzte.

Bekenntnisse des Hochstaplers Felix Krull B181 **
BRD 1982, 114 Min., F
R: Bernhard Sinkel D: John Moulder-Brown, Klaus Schwarzkopf, Daphne Wagner, Rita Tushingham
Gepflegte und prominent besetzte, aber reichlich temperamentlose Neuverfilmung des Romans von Thomas Mann um einen Frauenhelden und Hasardeur. Aus einer fünfteiligen Fernseh-Serie entstanden, dekorativ und langweilig.

Bel Antonio B182
IL BELL' ANTONIO **
It/Fr 1959, 99 Min., F
R: Mauro Bolognini D: Claudia Cardinale, Marcello Mastroianni, Pierre Brasseur, Thomas Millian
Die Geschichte eines schönen, aber von Fall zu Fall impotenten Mannes in Sizilien. Um das Hauptthema sind die Absonderlichkeiten starrer sizilianischer Zustände gruppiert. Der Film zeichnet sich durch Takt und Formgefühl aus.

Bella Donna B183
***
BRD 1982, 107 Min., F
R: Peter Keglevic D: Fritz Praetorius, Krystyna Janda, Brigitte Horney
Der Debütfilm handelt von der verkorksten qualvollen Beziehung eines erfolglosen Saxophonisten zu einer Sängerin. Ein Psycho-Melo mit guter Besetzung, aber auch für den Zuschauer qualvoll.

Belle – Die Schöne im Hohen Venn B184 ****
BELLE
Belgien/Frankreich 1973, 93 Min., F
R: André Delvaux D: Jean-Luc Brideau, Danièle Delorme, Adriana Bogdan
Auf der Suche nach einem verletzten Tier findet ein Mann eine mysteriöse Frau, deren Sprache er nicht versteht und in die er sich wahrhaft sterblich verliebt. Intensives Spiel zwischen Traum und Realität.

Belle de Jour – Schöne des Tages B185 ****
BELLE DE JOUR
Fr/It 1967, 99 Min., F
R: Luis Buñuel D: Cathérine Deneuve, Jean Sorel, Michel Piccoli
Eine junge, scheinbar glücklich verheiratete Frau lebt ihre sexuellen Phantasien aus, indem sie sich tagsüber als Edel-Prostituierte verdingt. Aber als ihr Gatte angeschossen und dabei gelähmt wird, pflegt sie ihn und verliert ihre Phantasien. Buñuel, der hier einmal Kritik an der Bourgeoisie übt, verquickt in unnachahmlicher Weise Traum und Realität.

Belle Epoque B186
BELLE EPOQUE ***
Spanien/Portugal/Fr 1992, 108 Min., F
R: Fernando Trueba D: Jorge Sanz, Fernando Gómez
Spanien in den frühen 30er Jahren: Von der Armee desertiert, erlebt ein Jüngling auf dem Landsitz eines alten Malers eine romantische sexuelle Zeit mit dessen vier schönen Töchtern. Eine ziemlich unwahrscheinliche, aber auch ziemlich erotische Geschichte.

Bellissima B187
BELLISSIMA ****
Italien 1951, 115 Min., s/w
R: Luchino Visconti D: Anna Magnani, Alessandro Blasetti, Walter Chiari
Eine geltungssüchtige Mutter aus ärmlichen Verhältnissen will ihr Kind unbedingt zum Filmstar machen, scheitert aber bei diesem Versuch kläglich. Visconti und seine herausragende Protagonistin Anna Magnani kritisieren nicht nur soziale Mißstände, sondern auch die üblen Praktiken des Filmgeschäfts.

Bellman & True – Gangster wider Willen B188 ***
BELLMAN AND TRUE
Großbritannien 1987, 122 Min., F
R: Richard Loncraine D: Bernard Hill, Kieran O'Brien, Richard Hope, Frances Tomelty
Ein von seiner Frau verlassener Computerspezialist wird von einer brutalen Verbrecherbande dazu gebracht, geheime Informationen für einen Bankraub zu beschaffen. Sein Versuch, sich und seinen kleinen Stiefsohn aus dem Unternehmen herauszuhalten, scheitert. Loncraine zeichnet in seinem stimmungsvollen Krimithriller ein realistisch-düsteres Bild von London.

Ben B189
BEN **
USA 1971, 92 Min., F
R: Phil Karlson D: Lee H. Montgomery, Joseph Campanella, Arthur O'Connell, Rosemary Murphy
Unter Führung einer mutierten Ratte terrorisiert ein Nagerrudel einen Villenvorort von Los Angeles. Fortsetzung des Films *Willard* (1979), nach einem Roman von Stephen Gilbert. LSFF

Ben Hur B190
BEN HUR ****
USA 1924/26, 151 Min., s/w und F
R: Fred Niblo, Alfred L. Raboch, B. Reeves Eason D: Ramon Novarro, Francis X. Bushman, Claire McDowell
Aufwendige, vier Millionen Dollar (!) teure Stummfilmversion von Lewis Wallaces »Tale of the Christ« um zwei Jugendfreunde – einer Jude, der andere Römer –, die zu erbitterten Gegnern werden. Bestechend die Tricks beim Wagenrennen und der Seeschlacht. Die zweite Hälfte hat einige Längen. Vom ZDF liebevoll rekonstruiert.

Mit gigantischen Spektakeln kämpfte Hollywood gegen das Fernsehen und um die Gunst des Publikums: ›Ben Hur‹ mit Charlton Heston.

Ben Hur B191
BEN HUR ****
USA 1959, 213 Min., F
R: William Wyler, Richard Thorpe
D: Charlton Heston, Stephen Boyd, Haya Harareet, Jack Hawkins
Aufgrund eines Mißverständnisses muß der Hebräer Judah Ben Hur unter den römischen Besatzern leiden. Seine Geschichte wird mit dem Leidensweg Jesu verknüpft. Großartiger Hollywood-Bombast nach dem Roman von Lewis Wallace.

Ben und Benedikte B192
BEN ET BENEDICT ***
Frankreich 1976, 90 Min., F
R: Paula Delsol D: Françoise Lebrun, André Dussollier, Daniel Duval
Formal und inhaltlich interessanter Film über eine Medizinstudentin, die aus dem Problemkreis Beruf, Kind und Ehemann in eine Traumwelt flieht, dann aber doch begreift, daß die Traum-Alternative – die Heirat mit einem erfolgreichen Kommilitonen – nur eine scheinbare wäre.

Benji – sein größtes Abenteuer B193
***
BENJI THE HUNTED
USA 1987, 89 Min., F
R: Joe Camp D: Red Steagall, Nancy Francis, Mike Francis, Frank Inn
Ein Mischlingshund »adoptiert« vier mutterlose Puma-Babies und besteht mit ihnen allerhand Abenteuer. Disney-Film mit sagenhaften Natur- und Tieraufnahmen. HFJ 1989

Benji in Gefahr B194
FOR THE LOVE OF BENJI **
USA 1977, 80 Min., F
R: Joe Camp D: Patsy Garrett, Cynthia Smith, Allen Fuziat, Ed Nelson
Neue Folge der abenteuerlichen Geschichten um die zottelige, intelligente Hundedame, die diesmal einen gefährlichen Schmuggel auffliegen läßt.

Benny and Joon B195
BENNY & JOON ****
USA 1993, 98 Min., F
R: Jeremiah Chechik D: Johnny Depp, Aidan Quinn, Mary Stuart Masterson
Automechaniker kümmert sich rührend um seine psychisch kranke Schwester. Gute Unterhaltung, die das Schicksal eines behinderten Menschen ernstnimmt, ohne einen Tränendrükker daraus zu machen. HFJ 1994

Benny's Video B196
****
Österreich 1992, 105 Min., F
R: Michael Haneke D: Arno Frisch, Angela Winkler, Ulrich Mühe
Ein Junge, der in einem abgeschlossenen Familienraum mit Video und Fernsehen aufwächst, ermordet vor laufender Kamera ein Mädchen. Seine Eltern versuchen die Tat zu verwischen. Düsteres, verstörendes Zeitbild, das nachdenklich macht. HFJ 1993

Ein Berg auf der Rückseite des Mondes B197
**
BERGET PA MANENS BAKSIDA
Schweden 1983, 96 Min., F
R: Lennart Hjulström D: Gunilla Nyroos, Thommy Berggren, Bibi Andersson

Im Stockholm des Jahres 1894 begegnen sich ein marxistischer Historiker und eine Mathematikerin, die erste Frau, die einen Lehrstuhl innehat, beide aus Rußland stammend, und es beginnt eine schmerzhafte Liebesgeschichte. Ein Kapitel der Frauenemanzipation nach historischen Vorbildern.

Der Berg der Versuchung B198
THE MOUNTAIN ***
USA 1956, 107 Min., F
R: Edward Dmytryk D: Spencer Tracy, Robert Wagner, Claire Trevor
Zwei bergsteigende Brüder brechen in die gefährliche Bergwelt des Mont Blanc auf, um sich zu einem abgestürzten Passagierflugzeug durchzuschlagen. Der eine will Leben retten, der andere plündern. Dialoglastiger Abenteuerfilm, jedoch nicht ohne Spannung.

Der Berg des Schicksals B199
*
Deutschland 1923/24, 88 Min., s/w
R: Arnold Fanck D: Erna Morena, Frieda Richard, Hannes Schneider
In seinem überhöhten, technisch brillanten Mystizismus schildert der Begründer des deutschen »Bergfilms« ein Kapitel aus der Geschichte der Erstbesteigung der Guglia di Brenta.

Der Berg des Schreckens B200
LUST FOR GOLD ***
USA 1949, 90 Min., s/w
R: S. Sylvan Simon D: Glenn Ford, Ida Lupino, Gig Young
Eindringliche und faszinierende Romanverfilmung (Barry Storms »Thunder God's Gold«) von einem jungen Mann, der in den Bergen von Arizona die Goldmine seines Großvaters sucht. In Rückblende wird von Goldgier, Mord und Liebe erzählt.

Der Berg ruft B201
**
Deutschland 1937, 95 Min., s/w
R: Luis Trenker D: Luis Trenker, Heidemarie Hatheyer, Herbert Dirmoser
Die Geschichte der Erstbesteigung des Matterhorns wird in Trenkers Film über die rein bergsteigerische Leistung hinaus zum Sinnbild der Auseinandersetzung des Menschen mit der Natur. Remake des Stummfilms *Der Kampf ums Matterhorn*.

Berg-Eyvind und sein Weib B202
****
BERG-EJVIND OCH HANS HUSTRU
Schweden 1918, 64 Min., s/w
R: Victor Sjöström D: Victor Sjöström, Edith Erastoff, Nils Arehn
Stummfilm. Mit wunderbaren Naturaufnahmen, die hier nicht nur Dekoration, sondern Teil der Handlung sind, hat der Schwede Sjöström auf Island ein packendes Melodram um ein Liebespaar, das am Neid und Haß der Dorfbewohner zugrunde geht, inszeniert.

Berge in Flammen B203
***
Deutschland/Fr 1931, 110 Min., s/w
R: Luis Trenker D: Luis Trenker, Lissy Arna, Luigi Serventi
Luis Trenkers Regiedebüt entwickelt aus der Freundschaft zweier Bergsteiger, die den Weltkrieg überdauert, ein eher zwiespältiges Bild von Krieg und Kameradschaft. Immer noch bemerkenswert die Bergaufnahmen des Films.

Die Bergkatze B204
***
Deutschland 1921, 66 Min., s/w
R: Ernst Lubitsch D: Victor Janson, Marga Köhler, Edith Meller
Die Liebe eines Soldaten zu einer Räuberstochter verläuft unglücklich, weil beide dazu gezwungen werden, sich »standesgemäß« zu verheiraten. Die Stummfilm-Komödie war wegen des fehlenden Happy-Ends ein Mißerfolg, besticht aber durch verspielt-verschnörkelte Bauten, die durch ungewöhnliche Bildausschnitte noch an Intensität gewinnen.

Das Bergwerk B205
MADEN **
Türkei 1978, 90 Min., F
R: Yavuz Özkan D: Güneyt Arkin, Tarik Arkan, Hale Soygazi
Die Belegschaft in einem anatolischen Bergwerk beginnt, gegen die Werksleitung und die mit ihr paktierende Gewerkschaft aufzubegehren, als immer mehr Arbeiter wegen mangelnder Sicherheitsvorkehrungen getötet werden.

Bericht von einem verlassenen Planeten B206
***
BRD 1984, 82 Min., F
R: Peter Krieg
Eine fiktive und zivilisationskritische »Dokumentation« über den Planeten Erde und die Bundesrepublik Deutschland.

Berlin Alexanderplatz B207
*****
Deutschland 1931, 80 Min., s/w
R: Piel Jutzi D: Heinrich George, Maria Bard, Bernhard Minetti
Die Geschichte des Franz Biberkopf, dessen Rückkehr ins Alltagsleben nach vier Jahren Gefängnis nicht gelingen kann. Alfred Döblin schrieb mit am Drehbuch nach seinem berühmten Roman. 1980 machte Rainer Werner Fassbinder daraus eine beachtliche Fernsehserie mit Günter Lamprecht in der Hauptrolle.

Berlin Chamissoplatz B208
***
BRD 1980, 112 Min., F
R: Rudolf Thomé D: Hanns Zischler, Sabine Bach, Wolfgang Kinder
Die äußerst schwierige Liebesgeschichte zwischen einem 43jährigen Architekten und einem 24jährigen Mädchen, das in einer Mietergruppe aktiv ist.

Berlin in Berlin B209
****
BRD/Türkei 1993, 99 Min., F
R: Sinan Çetin D: Hülya Avsa, Cem Özer, Armin Block
Bei einer handgreiflichen Auseinandersetzung zwischen einem Türken und einem Deutschen stirbt der Türke versehentlich. Der Bruder des Toten sinnt auf Rache. Ein Psychoduell zwischen zwei Männern vor dem Hintergrund unterschiedlicher Kulturen, Traditionen und Wertvorstellungen.
HFJ 1995

Berlin, die Sinfonie der Großstadt B210 *****
Deutschland 1927, 85 Min., s/w
R: Walther Ruttmann
Experimentell-avantgardistischer Stummfilm, der Eindrücke und Szenen des Großstadtlebens aus dem Berlin der zwanziger Jahre nach musikalischen Kompositionsregeln kombiniert. Ein zeithistorisches Film-Juwel.

Berlin-Express B211
BERLIN EXPRESS ***
USA 1948, 80 Min., s/w
R: Jacques Tourneur D: Merle Oberon, Robert Ryan, Paul Lukas
Ein Kunsthändler, der im Auftrag der Alliierten gegen Kunstschmuggler ermittelt, wird entführt. Kriminalfilm vor der Kulisse deutscher Trümmerstädte.

Berliner Ballade B212 ****
Deutschland 1948, 89 Min., s/w
R: Robert A. Stemmle D: Gert Fröbe, Tatjana Sais, Aribert Wäscher
Der deutsche Kriegsheimkehrer »Otto Normalverbraucher« wird nach seiner odysseehaften Rückkehr nach Berlin im Jahr 1949 mit der Nachkriegsrealität konfrontiert. Originelle Satire, deren Qualitäten in einer hoffnungsgebenden Bestandsaufnahme des Zeitklimas liegen.

Berlinger B213 ***
BRD 1975, 108 Min., F
R: Bernhard Sinkel/Alf Brustellin
D: Martin Benrath, Peter Ehrlich, Hannelore Elsner
Ein Mann, der in der Nazizeit ins Exil gezwungen wurde, setzt sich mit einem ehemaligen Gegner, jetzt erfolgreicher Politiker, auseinander. Dazwischen wird viel geflogen.

Bernard und Bianca – Die Mäusepolizei B214 ***
RESCUERS
USA 1976, 77 Min., F
R: Wolfgang Reiterman, John Lounsbery, Art Stevens
Disney-Zeichentrickfilm über Vereinigung von Mäusen, die Waisenkind aus den Händen einer Hexe retten.

Bernard und Bianca im Känguruhland B215 ****
THE RESCUERS DOWN UNDER
USA 1990, 105 Min., F
R: Hendel Butoy, Michael Gabriel
Zeichentrickfilm. Fortsetzung des Disney-Klassikers um zwei Mäuse in Uniform. Solide Unterhaltungsware.

Berüchtigt B216
NOTORIOUS *****
USA 1946, 102 Min., s/w
R: Alfred Hitchcock D: Ingrid Bergman, Cary Grant, Claude Rains
An einem absolut vordergründigen MacGuffin hängt Hitchcock eine Handlung auf, die Liebesgeschichte und Antifa-Drama, Agententhriller und Säufermelodram vereint. Unterstützt von brillanten Darstellern, präsentiert der Meister nebenbei alle Elemente, die sein Œuvre auszeichnen. Geradezu lehrbuchmäßig erzeugt Hitchcock hier mit formal einfachsten Mitteln maximalen Suspense. Meisterhaft.

Beruf: Neonazi B217 ***
BRD 1993, 83 Min., F
R: Winfried Bonengel
Umstrittener Dokumentarfilm über den Münchner Neonazi Ewald Althans. Auf subtile Weise wird der »nette junge Mann von nebenan« als das entlarvt, was er ist: ein machtgieriger Entertainer, der sehr genau weiß, was er will – und das ist nichts Gutes. HFJ 1994

Beruf: Reporter B218
PROFESSIONE: REPORTER ****
It/Fr/Sp 1973, 125 Min., F
R: Michelangelo Antonioni D: Jack Nicholson, Maria Schneider
Ein Fernsehjournalist nimmt die Identität eines anderen an und kann doch seinem Schicksal nicht entkommen. Kommunikationsprobleme in einer modernen Welt.

Berühre nicht die weiße Frau B219 ***
TOUCHEZ PAS À LA FEMME BLANCHE
Fr/It 1973, 108 Min., F
R: Marco Ferreri D: Cathérine Deneuve, Marcello Mastroianni, Michel Piccoli, Philippe Noiret
Wo einst die Pariser Hallen standen, haben die Bulldozer ein riesiges Loch geschaffen. Genau hier spielt sich noch einmal General Custers Niederlage am Little Big Horn gegen die Sioux ab. Eine wilde Politfarce und zynische Satire, hervorragend besetzt und gespielt.

Die Berührte B220 ***
BRD 1981, 108 Min., F
R: Helma Sanders-Brahms
D: Elisabeth Stepanek, Hubertus von Weyrauch, Irmgard Mellinger
Ein in der Inszenierung waghalsiger, ohne festes Drehbuch entstandener Film nach einem authentischen Fall: Eine Frau gibt sich voller Sehnsucht nach Liebe und in religiöser Verklärung den Männern hin und wird dafür immer wieder in psychiatrische Behandlung gebracht.

Beschreibung einer Insel B221 ***
BRD 1977/78, 199 Min., F
R: Rudolf Thomé, Cynthia Beatt
D: Gabrielle Baur, Cynthia Beatt, Brian Beatt, Susanne Christmann
Fünf junge Wissenschaftler kommen auf eine abgelegene Südsee-Insel und stoßen bei dem Versuch, ein Buch über die dortigen Lebensverhältnisse zu schreiben, auf arge Schwierigkeiten. Dokumentarischer Spielfilm, der weniger die Insel als deren Eindringlinge beschreibt.

Beschwörung B222
THE HOUSE OF THE SEVEN CORPSES **
USA 1974, 90 Min., F
R: Paul Harrisson D: John Ireland, John Carradine, Faith Domergue
Als eine Schauspielerin während der Dreharbeiten zu einem Horrorfilm in einem Spukhaus aus dem Tibetanischen Totenbuch vorliest, stehen die Toten auf und verbreiten Tod und Schrecken. Spannend, aber nicht bedeutend.

Besessen B223
THE POSSESSED **
USA 1977, 90 Min., F
R: Jerry Thorpe D: James Farentino, Joan Hackett, Claudette Nevins

Ein Dämon treibt sein böses Spiel mit den Bewohnern eines Mädchenpensionats und übernimmt den Körper der Frau Direktor. Ein tapferer Pfarrer kann den Fall, obwohl er gerade verstorben ist, mit leichter Hand lösen. HFJ 1988

Besessen – Das Loch in der Wand B224 ****
BRD/Niederlande 1968, 90 Min., F
R: Pim de la Parra D: Alexandra Stewart, Dieter Geissler, Victoria Naelin
Obwohl er mit einer schönen Frau liiert ist, interessiert sich ein junger Mann mehr für das kriminelle und sexuelle Geschehen in der Nachbarwohnung, und das endet für ihn fatal. Drehbuchmitarbeit: Martin Scorsese. Musik: Hitchcocks Lieblings-Komponist Bernard Herrmann.

Der Besessene B225
ONE-EYED JACKS ****
USA 1959, 143 Min., F
R: Marlon Brando D: Marlon Brando, Karl Malden, Katy Jurado
Bandit Rio will sich an seinem Exkumpel und jetzigem Sheriff Dan rächen, verführt dessen Stieftochter, die sich jedoch in ihn verliebt, ihn rettet und mit ihm flieht. Trotz mancher Ungereimtheiten ein poetisch schöner Film und Meilenstein des Spätwestern. Frühe Drehbuchversion von Sam Peckinpah.

Besondere Kennzeichen: keine B226 ***
RYSOPIS
Polen 1964, 71 Min., s/w
R: Jerzy Skolimowski D: Jerzy Skolimowski, Elzbieta Czyzewska, Tadeus Minc
Autobiographischer Film über einen 24jährigen Studenten, der seinen Wehrdienst antreten muß. Präzises psychologisches Porträt des Helden und des Polens der mittsechziger Jahre.

Ein besonderer Tag B227
UNA GIORNATA PARTICOLARE ****
Italien/Kanada 1977, 105 Min., F
R: Ettore Scola D: Sophia Loren, Marcello Mastroianni, John Vernon
Während einer Parade zu Mussolinis und Hitlers Ehren begegnen einander ein wegen seiner Homosexualität entlassener Rundfunksprecher und eine unterdrückte Hausfrau. Beeindruckendes Spiel um Unterwerfung, Anpassung und Menschlichkeit.

Der beste Mann B228
STATE OF THE UNION ***
USA 1948, 120 Min., s/w
R: Frank Capra D: Spencer Tracy, Katharine Hepburn, Adolphe Menjou
Industriekapitän, von seiner Geliebten zur Annahme eines politischen Mandats (es geht um die Präsidentschaft) gedrängt, entscheidet sich im letzten Augenblick gegen die Winkelzüge der Parteipolitik und bleibt lieber eine ehrliche Haut. Dröges Thema, doch in der Darstellung exzellent.

Die Bestechlichen B229
LES RIPOUX ***
Frankreich 1984, 107 Min., F
R: Claude Zidi D: Philippe Noiret, Thierry Lhermitte, Régine
Ein sympathischer Kripobulle, der sich längst mit den Kleinganoven seines Reviers arrangiert hat, um von ihren Taten zu profitieren, wird mit einem jungen Inspektor auf Streife geschickt, der anfangs über die Methoden seines Partners entsetzt ist, dann aber bei ihm in die Lehre geht und die Sache übertreibt. Amüsant.

Die besten Absichten B230
DEN GODA VILJAN ***
Schweden/BRD/GB 1991, 173 Min., F
R: Bille August D: Samuel Fröler, Pernilla Ostergren-August, Max von Sydow
Ingmar Bergman schrieb das Drehbuch nach seinem biographischen Roman über die Ehe seiner Eltern. Vielleicht etwas zu gefällig inszeniert. HFJ 1993

Die besten Jahre B231 ***
DDR 1969, 102 Min., s/w
R: Günther Rücker D: Horst Drinda, Lissy Tempelhof, Rolf Hoppe
Kriegsheimkehrer Machner, Mitte zwanzig, will Tuche weben, läßt sich aber von der Partei überreden, Lehrer zu werden und steigt bis zum Direktor auf. Eine Mischung aus Selbstlob und Selbstdarstellung der DDR und der SED.

Die besten Jahre der Miß Jean Brodie B232 ***
THE PRIME OF MISS JEAN BRODIE
GB 1968, 112 Min., F
R: Ronald Neame D: Maggie Smith, Robert Stephens, Pamela Franklin
Theaterverfilmung. Die Geschichte einer exzentrischen Lehrerin, die in einer schottischen Mädchenschule Schiffbruch erleidet.

Die Bestialischen B233
THE ANIMALS / FIVE SAVAGE MEN **
USA 1970, 73 Min., F
R: Ron Joy D: Henry Silva, Keenan Wynn, Michele Carey, John Anderson
Der Indianer Chato rettet einzige Überlebende eines Überfalls, jagt und tötet mit ihr die brutalen Banditen und wird am Ende wie ein toller Hund von der Polizei erschossen. Brillante Story, gut gespielt, holprig inszeniert.

Die Bestie B234
WHILE THE CITY SLEEPS ***
USA 1955, 100 Min., s/w
R: Fritz Lang D: Dana Andrews, Rhonda Fleming, Sally Forrest
Wer den »Lippenstift-Mörder« findet, soll neuer Chefredakteur einer Zeitung werden. Eine Suche setzt ein, bei der mit harten Bandagen und leichten Mädchen gekämpft wird. Korrupte Reporter und eine gestörte Mutterbeziehung spielen die Hauptrolle in Fritz Langs Auftragswerk.

Die Bestie aus dem Weltenraum B235 ***
TWENTY MILLION MILES TO EARTH
USA 1957, 82 Min., s/w
R: Nathan Juran D: William Hopper, Joan Taylor, Frank Puglia
Aus einem von Astronauten von der Venus mitgebrachten Ei entschlüpft ein rasch wachsender Saurier, der in Rom seine Muskeln spielen läßt. Eine dumme Geschichte, aber mit schönen Trickeffekten von Ray Harryhausen.

Die Bestie der Wildnis B236
ARROWHEAD ***
USA 1953, 105 Min., F
R: Charles Marquis Warren
D: Charlton Heston, Jack Palance, Katy Jurado, Brian Keith, Frank de Kova
Kavallerie-Scout Ed ist bei Apachen aufgewachsen, haßt aber die Indianer, macht gegen sie Stimmung und tötet im Zweikampf wuterfüllt den Häuptling. Dünnblütiger Routinewestern, für Freunde des Genres akzeptabel.

Bestie des Grauens B237
MISSILE TO THE MOON **
USA 1958, 76 Min., s/w
R: Richard E. Cunha D: Richard Travis, Cathy Downs, K. T. Stevens
Möchtegern-Astronauten starten mit der Rakete eines Erfinders zur Venus und sehen sich dortselbst den Ränken einer bösen Königin und Steinmonstern ausgesetzt, die miteinander im Clinch liegen. Schön doof! LSFF

Bestie Krieg B238
THE BEAST OF WAR ***
USA 1988, 105 Min., F
R: Kevin Reynolds D: George Dzundza, Steven Bauer, Jason Patric
Nach einem erfolgreichen Theaterstück entstandenes Drama aus dem Krieg um Afghanistan. Ein russischer Panzer zerstört ein Dorf und wird dann von den eigenen Linien abgeschnitten. Schonungslose, fast kammerspielartige Auseinandersetzung mit dem Grauen des Krieges.

Bestie Mensch B239
LA BETE HUMAINE ****
Frankreich 1938, 100 Min., s/w
R: Jean Renoir D: Jean Gabin, Simone Simon, Julien Carette
Statt ihren Ehemann umzubringen erdolcht ein alkoholbelasteter Lokomotivführer seine Geliebte und begeht Selbstmord. Eine menschliche Tragödie als filmisches Meisterwerk nach einem Roman von Emile Zola.

Die Bestie mit dem Skalpell B240
CORRUPTION **
GB 1967, 91 Min., F
R: Robert Hartford-Davis D: Peter Cushing, Sue Lloyd, David Lodge

Jean Gabin und Simone Simon in ›Bestie Mensch‹.

Meisterchirurg, dessen Freundin von einem Studioscheinwerfer verbrannt wird, mordet Frauen, um ihre Haut zu transplantieren. Redlich spannender Horrorfilm britischer Machart.

Die Bestie mit den fünf Fingern B241 **
THE BEAST WITH FIVE FINGERS
USA 1946, 80 Min., s/w
R: Robert Florey D: Peter Lorre, Robert Alda, Andrea King
Gelähmter Ex-Pianist stürzt zu Tode, seine Erben werden von einer ihm abgeschnittenen Hand der Reihe nach massakriert und in gespenstischen Szenen heimgesucht. Verhunzung eines englischen Schauerromans.

Die Bestie von Paris B242
LES MYSTERES DE PARIS **
Fr/It 1957, 94 Min., F
R: Fernando Cerchio D: Frank Villard, Yvette Lebon, Jacques Castelot
Ein Prinz, der im 19. Jahrhundert in der Pariser Unterwelt nach dem Sohn seiner Ex-Geliebten sucht, erlebt die haarsträubendsten Abenteuer und bringt u.a. einen narbigen Würger zur Strecke. Eine wüste Schauermär.

Die Bestie von Schloß Monte Christo B243 **
METEMPSYCHO
Italien 1963, 87 Min., s/w
R: Anthony Kristye D: Annie Alberti, Marco Mariani, Thony Maky
Ein Monstrum, das sich am Ende als armer Hirni entpuppt, pirscht durch das Gewölbe eines alten Schlosses und versetzt dessen Bewohner in Angst. Schauerdrama, das kein Klischee des Horrorfilms ausläßt.

Bestien lauern vor Caracas B244
THE LOST CONTINENT ***
GB 1967, 100 Min., F
R: Michael Carreras D: Eric Porter, Hildegard Knef, Suzanna Leigh
Ein Seelenverkäufer voller kaputter Existenzen stößt im Saragossameer auf einen gigantischen Schiffsfriedhof und die Nachfahren spanischer Konquistadoren, die unter der Fuchtel eines Priesters stehen. LSFF

Bestseller B245
BEST SELLER ***
USA 1987, 95 Min., F
R: John Flynn D: James Woods, Brian Dennehy, Victoria Tennant
Stimmungsvoller Kriminalfilm über einen Ex-Cop und Krimi-Autor, der über die Lebensgeschichte eines Killers ein Buch schreiben soll. Dieser will sich an seinem letzten Auftraggeber rächen und bringt dadurch auch den Autor in lebensgefährliche Schwierigkeiten. Gekonnte genretypische Unterhaltung. HFJ 1989

Der Besuch B246
***
BRD/It/Fr 1964, 96 Min., s/w
R: Bernhard Wicki D: Ingrid Bergman, Anthony Quinn, Irina Demick
Prominent besetzte Verfilmung eines Bühnenstücks von Friedrich Dürrenmatt. Eine Millionärin kommt an ihren Heimatort zurück und setzt eine hohe Summe für den Tod des Mannes aus, der sie einst mit ihrem Kind im Stich gelassen hat.

Besuch aus dem Jenseits B247
THE HAUNTING OF M. ***
USA 1979, 97 Min., F
R: Anna Thomas D: Sheelagh Gilbey, Nini Pitt, Jo Scott-Matthews
Gespenstischer junger Mann greift aus dem Jenseits in das Leben einer schottischen Lady ein und entpuppt sich als Geliebter ihrer Ahnfrau. Packender Gruselfilm.

Besuch bei einem Häuptlingssohn B248 ***
VISIT TO A CHIEF'S SON
USA 1974, 84 Min., F
R: Lamont Johnson

D: Richard Mulligan, John Philip Hodgdon
Freundschaft zwischen amerikanischen Jungen und Massai gibt Gelegenheit, die Lebensgewohnheiten dieser Gesellschaft kennenzulernen. Kleiner Beitrag zur Völkerverständigung, mit einer sehr amerikanischen Familiengeschichte versehen.

Der Besucher B249
DE SMAAK VAN WATER ***
Holland 1982, 95 Min., F
R: Orlow Seunke D: Gerard Thoolen, Dorjin Curvers, Jopp Admiraal
Die Beziehung zwischen einem Beamten und einer auf barbarischem Niveau lebenden Frau als absurdes Spiel um Erziehung und Fürsorge.

Die Besucher B250
THE VISITORS ****
USA 1971, 88 Min., F
R: Elia Kazan D: Patrick McVey, James Woods, Patricia Joyce
Ein Mann hat nach seiner Heimkehr aus dem Vietnamkrieg gerade wieder Fuß im bürgerlichen Leben gefaßt, als zwei Kameraden aus der Vergangenheit ihn in einen Alptraum versetzen. Einer der bittersten Post-Vietnam-Thriller, bescheiden in Aufwand, nachhaltig in der Wirkung.

Die Besucher B251
LES VISITEURS **
Frankreich 1993, 107 Min., F
R: Jean-Marie Poiré D: Christian Clavier, Jean Reno, Valerie Lemercier
Magische Kräfte versetzen einen Ritter aus dem 12. Jahrhundert samt Knappen in die Gegenwart, wo er sich mit den Tücken des Objekts und der verblödeten Nachkommenschaft auseinandersetzen muß. Eine Klamotte, die nur erahnen läßt, was sie war, bevor das Synchronstudio zuschlug. Wer wagt es, Rittersmann oder Knapp, zu tauchen in diesen Kappes hinab? HFJ 1994.

Die Besucher – Communion B252
COMMUNION **
USA 1989, 109 Min., F
R: Philippe Mora D: Christopher Walken, Lindsay Crouse, Joel Carlson
Ein US-Schriftsteller begegnet in der Umgebung seines Landhauses diversen Außerirdischen, die ihn u. a. mit einer Rektalsonde behandeln. Eine angeblich wahre Geschichte, die aber nur UFO-Fans glauben werden.

La Bête B253
LA BETE ***
Frankreich 1975, 94 Min., F
R: Walerian Borowczyk D: Sirpa Lane, Lisbeth Hummel, Elizabeth Kaza
Englische Erbin, die den Sohn eines verarmten Fürsten ehelichen soll, hat in wüsten Träumen Begegnungen mit einem haarigen Ungeheuer, das riesige Spermamengen absondert. Ihr Bräutigam entpuppt sich als »Tiermensch«. Sex-Horrorfilm nach Motiven von Jean Cocteau.

Betragen ungenügend B254
ZERO DE CONDUITE ****
Frankreich 1933, 44 Min., s/w
R: Jean Vigo D: Jean Dasté, Robert le Flon, Léon Larive
Jean Vigos Debütfilm: eine – teils autobiographische – Abrechnung mit den autoritären Strukturen eines Internats, das stellvertretend für die Gesellschaft steht.

Betrogen B255
THE BEGUILED ****
USA 1970, 109 Min., F
R: Don Siegel D: Clint Eastwood, Geraldine Page, Elisabeth Hartmann
Die kleine Amy findet beim Pilzsuchen den schwerverletzten Yankee-Korporal John – im Mädcheninternat findet er Pflege: Da macht sich der Macho ans Werk, verführt Schüler und Lehrerin und findet am Ende seinen grausamen Lohn. Poetische Südstaatenmär und einer der schönsten Spätwestern.

Der Betrug B256
BETRAYAL ***
GB 1982, 90 Min., F
R: David Jones D: Ben Kingsley, Jeremy Irons, Patricia Hodge
Die Rekonstruktion einer Ehe und eines Geflechts von Betrug und Gegenbetrug in den Beziehungen. Drehbuch Harald Pinter nach seinem Bühnenstück.

Bett der Gewalt B257
EDIPO RE ****
Italien 1967, 102 Min., F
R: Pier Paolo Pasolini D: Franco Citti, Silvana Mangano, Julien Beck
Archaisch-mythische Interpretation des Ödipus-Dramas, dem der Regisseur durch einen Epilog einen neuen Bezug zur Gegenwart gibt.

Bettgeknister, Sexgeflüster B258
PORNO LUI, EROTICA LEI *
Italien 1980, 76 Min., F
R: Mario Siciliano D: Karin Weill, Eugenio Gramignano, Guia Lauri
Die Frau eines unverbesserlichen Casanovas rächt sich durch eine lesbische Beziehung an ihrem Gatten.

Die Betthostessen B259
*
Schweiz 1972, 76 Min., F
R: Michael Thomas D: Ingrid Steeger, Christa Free, Monica Marc
Ein Fensterputzer, der während seiner Tätigkeit allerhand zu sehen bekommt, verkauft seine Erfahrungen an einen Filmproduzenten. Sexfilm üblicher Machart: Episodisch und lahm .

Die Bettleroper B260
THE BEGGAR'S OPERA ***
GB 1952, 94 Min., F
R: Peter Brook D: Laurence Olivier, Stanley Holloway, Dorothy Tutin
Opulente, theatralische Verfilmung der Volksoper von John Gay, die auch Brecht als Inspiration diente: Ein inhaftierter Poet improvisiert mit seinen Knastgenossen eine Oper über Leben und Lieben eines Straßenräubers.

Betty B261
BETTY ****
Frankreich 1991, 103 Min., F
R: Claude Chabrol D: Marie Trintignant, Stéphane Audran, Jean-François Garreaud, Yves Lambrecht
Nach einem Roman von Georges Simenon erzählt Claude Chabrol in einem intensiven Psychodrama von einer nach einem Ehebruch verstoßenen Frau, die schließlich ihre einzige Freundin in den Tod treibt, als sie eine Beziehung mit ihrem Geliebten eingeht. HFJ 1993

Betty Blue – 37,2 Grad am Morgen B262 ****
37,2° LE MATIN
Frankreich 1985, 121 Min., F
R: Jean-Jacques Beineix D: Béatrice Dalle, Jean-Hugues Anglade, Consuelo de Haviland, Gérard Darmon
Mysteriöses Mädchen will die Karriere eines Möchtegern-Autors fördern, doch nach ersten Fehlschlägen reagiert es hysterisch und verfällt dem Irrsinn. Dramatische Liebesgeschichte mit gekonnt inszenierten »Stellen«.

Betty und ihre Schwestern B263 ****
LITTLE WOMEN
USA 1994, 118 Min., F
R: Gillian Armstrong D: Winona Ryder, Gabriel Byrne, Trini Alvarado
Zur Zeit des amerikanischen Sezessionskriegs erzieht eine fortschrittliche Mutter ihre vier Töchter zu lebenstüchtigen Menschen. Dritte Verfilmung des weitverbreiteten Romans »Little Women«, die in prächtigen Bildern und hervorragender Darstellung treffliche Porträts heranwachsender Mädchen zur Mitte des 19. Jahrhunderts liefert.

Die Beunruhigung B264 ***
DDR 1981, 99 Min., s/w
R: Lothar Warneke D: Christine Schorn, Hermann Beyer, Sina Fiedler
Einer jungen Frau wird nach einer Routine-Untersuchung der Verdacht auf Krebs mitgeteilt. Sie bezwingt ihre Angst und meistert ihre Lebenskrise, obwohl der Verdacht bestätigt wird.

Die Beute B265 **
LA CUREE
Frankreich/Italien 1966, 98 Min., F
R: Roger Vadim D: Jane Fonda, Peter McEnery, Michel Piccoli
Liebe, Ehe und Eifersucht in mondänem Ambiente nach einem Roman von Emile Zola, aber ohne dessen gesellschaftskritische Intentionen.

Die Beverly Hillbillies sind los! B266 **
THE BEVERLY HILLBILLIES
USA 1993, 93 Min., F
R: Penelope Spheeris D: Diedrich Bader, Dabney Coleman, Erika Eleniak
Was macht eine Hillbilly-Familie, die durch Ölgeschäfte reich wird? Sie zieht nach Beverly Hills und fällt dort unangenehm auf. Komödie der einfachen Art, bei der man nur gequält lachen kann. HFJ 1995

Beverly Hills Body Snatchers B267 **
BEVERLY HILLS BODY SNATCHERS
USA 1988, 75 Min., F
R: Jon Mostow D: Vic Tayback, Frank Gorshin, Art Metrano
Zwei Bestattungsunternehmer erwekken mit einem Serum Tote zum Leben, unter denen sich auch ein gefährlicher Pate der Mafia befindet. Um ihn wieder zu den Toten zu befördern, muß man nun auch seine Opfer reaktivieren. Doof. LSFF/HFJ 1991

Beverly Hills Cop I B268 ***
BEVERLY HILLS COP
USA 1984, 105 Min., F
R: Martin Brest D: Eddie Murphy, Lisa Eilbacher, Judge Reinhold
Schwarzer Polizist aus Detroit fahndet eigenmächtig während seines Urlaubs in L.A. nach den Mördern eines Freundes. Mit seiner vorlauten, vulgären Art schockiert er sowohl die Kalifornia-Schickeria als auch seine Kollegen. Wichtiger Film für das schwarze Selbstbewußtsein in Hollywood.

Beverly Hills Cop II B269 ***
BEVERLY HILLS COP II
USA 1987, 102 Min., F
R: Tony Scott D: Eddie Murphy, Judge Reinhold, Jürgen Prochnow
Ein großmäuliger schwarzer Privatdetektiv kommt auf der Suche nach bösen Buben in Los Angeles schurkischen Waffenhändlern auf die Spur, die mit ihren Ballermännern ebenso umgehen können wie mit ihren rasanten Karren. Trotzdem kriegen sie den Arsch versohlt. Eine Trivialklamotte erster Güte: primitiv, vulgär, obszön und rotzig. Halt genau das, weswegen man ins Kino geht. HFJ 1988

Beverly Hills Cop III B270 **
BEVERLY HILLS COP III
USA 1994, 104 Min., F
R: John Landis D: Eddie Murphy, Judge Reinhold, Hector Elizondo
Ein schwarzer Cop verfolgt einen Mörder von Detroit bis Beverly Hills und entlarvt auch seine Hintermänner. Action-Komödie mit wenig Einfällen. HFJ 1995

Das bewachte Dorf B271 ***
VARTIOITU KYLÄ 1944
Finnland 1978, 95 Min., F
R: Timo Linnasalo D: Martti Kuningas, Mauno Kähkönen, Antti Litja
Ein finnisches Dorf nahe der Grenze zu Rußland wird von Soldaten gegen Partisanenangriffe bewacht. Je deutlicher sich die Niederlage abzeichnet, desto mehr versuchen die Bewohner, nur noch die eigene Existenz zu retten. Beklemmende historische Parabel aus einem immer noch unbekannten Filmland.

Bewegliche Ziele B272 ***
TARGETS
USA 1968, 90 Min., F
R: Peter Bogdanovich D: Boris Karloff, Tim O'Kelly, Nancy Hsueh
Ein alternder Horrorfilm-Star wird mit realem Schrecken konfrontiert, als ein Vietnam-Veteran bei der Premiere seines letzten Films ein Blutbad anrichtet.

Der bewegte Mann B273 ***
BRD 1994, 94 Min., F
R: Sönke Wortmann D: Til Schweiger, Katja Riemann, Joachim Król
Der notorische Weiberheld Axel gerät nach dem Rausschmiß aus der Wohnung seiner Freundin an zwei Homosexuelle, was zu Irritationen bei allen Beteiligten führt. Flotte Komödie mit Schwulen-Klischees, die aber durch Situationskomik für Lachsalven sorgt. Nach langer Zeit mal wieder eine »Goldene Leinwand« (3 Mio. Besucher) für einen deutschen Film.

Bezahlte Liebe B274 ***
PAID TO LOVE
USA 1927, 80 Min., s/w
R: Howard Hawks D: Virginia Valli, George O'Brien, William Powell
Prinz soll mit »Pretty Woman« von sei-

ner Fixierung auf Autos abgelenkt werden und verliebt sich außerplanmäßig in den Lockvogel. Stummfilmkomödie von Howard Hawks, der sich später mit hochklassigen Screwball Comedies einen Namen machte und hier sein Talent auf diesem Gebiet bereits andeutet.

Beziehungsweise – andersrum B275
A DIFFERENT STORY *
USA 1977, 108 Min., F
R: Paul Aaron D: Perry King, Meg Foster, Valerie Curtin, Peter Donat
Die Liebesgeschichte zwischen einem homosexuellen Modezeichner und einer lesbischen Immobilienmaklerin endet in einer Ehe mit mehr oder weniger normalen Problemen.

Bezness – Business B276
BEZNESS ***
Tunesien/Frankreich 1992, 90 Min., F
R: Nouri Bouzid D: Abdel Kechiche, Ghalia Lacroix, Jacques Penot
Bezness (=Business) ist der Begriff für die Geschäfte, die junge Tunesier mit Touristen machen. Weil ihr Freund in diesem Bezness erfolglos bleibt, wendet sich eine junge Frau einem französischen Fotografen zu und erlebt auch hier eine Enttäuschung. Gesellschaftsbild, das überraschende Einsichten vermittelt.

Die Bibel B277
LA BIBBIA ***
Italien 1965, 164 Min., F
R: John Huston D: George C. Scott, Ava Gardner, Michael Parks
Schauprächtiger biblischer Bilderbogen nach den ersten 22 Kapiteln der Genesis. Huston selbst spielt den altweisen Menschen- und Tierretter Noah.

Bibi – sündig und heiß B278
BABY LOVE **
Schweiz 1973, 97 Min., F
R: Joseph W. Sarno D: Maria Forsa, Nadja Henkova, Anke Spiring
Unschuld vom Lande zieht in die Stadt und lernt von ihrer bisexuellen Tante so einiges, bis sie den Richtigen findet. Sexfilm eines US-Regisseurs, der in aller Herren Länder arbeitet, aber für seine Produkte nur selten seinen Namen hergibt.

Die Bienenkönigin B279
L'APE REGINA ***
Italien/Frankreich 1963, 91 Min., s/w
R: Marco Ferreri D: Marina Vlady, Ugo Tognazzi, Walter Giller
Ein älterer Ehemann wird von seiner jungen Frau zuerst erotisch gehörig gefordert, nach der Geburt des Kindes aber beiseitegeschoben. Tragikomische Beschreibung des italienischen Familien-Mythos.

Der Bienenzüchter B280
O MELISSOKOMOS/L'APICULTEUR ****
Griechenland/Fr 1986, 140 Min., F
R: Theo Angelopoulos D: Marcello Mastroianni, Nadia Mourouzi, Serge Reggiani, Jenny Roussea
Ein alter Mann, dem die Lebenswirklichkeit zu schwinden beginnt, reist in den Frühling und in den Tod. Einer von Angelopoulos' philosophisch-poetischen Reisefilmen, die um so schöner werden, je häufiger man sie sieht. HFJ 1988

Bierkampf B281
***
BRD 1977, 92 Min., F
R: Herbert Achternbusch D: Herbert Achternbusch, Annamirl Bierbichler, Sepp Bierbichler, Heinz Braun
Ein »zeitloser Mensch«, der bislang nur dasaß, rauchte, trank und redete, stiehlt eine Polizeiuniform, geht aufs Oktoberfest, ist plötzlich wer, macht aber nicht das, was man von einem Polizisten erwarten könnte. Eine Tragikomödie, widerspenstig, aggressiv, voller Humor.

Das Biest B282
THE BAT **
USA 1959, 80 Min., s/w
R: Crane Wilbur D: Vincent Price, Agnes Moorehead, Gavin Gordon
Tollwütige Fledermäuse und eine maskierte Gestalt terrorisieren eine Krimi-Autorin in einem Landhaus. Mit Horrorelementen operierender Krimi nach einem Bühnenstück von Mary Roberts und Avery Hopwood.

Das Biest B283
THE CRUSH **
USA 1993, 88 Min., F
R: Alan Shapiro D: Cary Elwes, Jennifer Rubin, Alicia Silverstone
Neuauflage der »Lolita«-Story, diesmal rächt sich ein Nymphchen an einem Mann, der auf ihre Avancen nicht eingeht. Thriller mit Schockeffekten.

Das Biest muß sterben B284
QUE LA BETE MEURE ****
Fr/It 1969, 112 Min., F
R: Claude Chabrol D: Michel Duchaussoy, Caroline Cellier, Jean Yanne
Der Kinderbuchautor Charles fahndet nach dem Mann, der sein Kind überfahren hat, und gerät an ein tyrannisches Ekel, dessen Ende die ganze Familie herbeisehnt. Spannende Kriminalgeschichte, in der Bürgerschreck Chabrol die psychologische Verfassung der Bourgeoisie aufs Korn nimmt.

Biester B285
LA CEREMONIE ****
Frankreich 1995, 107 Min., F
R: Claude Chabrol D: Isabelle Huppert, Sandrine Bonnaire, Jacqueline Bisset
Zwei junge Frauen in der französischen Provinz befreunden sich in ihrer Einsamkeit, beide verbindet eine dunkle Vergangenheit. Ihre Wut über eine Zwei-Klassen-Gesellschaft entlädt sich in einer Mordorgie. Nach dem Roman von Ruth Rendell zeichnet der Film die kleinen Schritte bis zur Explosion der Gewalt. Ein feingewebter Psychothriller mit zwei exzellenten Hauptdarstellerinnen.

Big B286
BIG ***
USA 1987, 104 Min., F
R: Penny Marshall D: Tom Hanks, Elizabeth Perkins, Robert Loggia
Ein Zwölfjähriger kann es nicht erwarten, erwachsen zu werden. Eine Rummelplatz-Zaubermaschine erfüllt seinen Wunsch: über Nacht verwandelt er sich in einen Mann und macht anschließend Karriere in einer Spielzeugfabrik. Kleine Komödie, ganz groß. HFJ 1989

The Big Blue
siehe: Im Rausch der Tiefe

Big Boy, jetzt wirst Du ein Mann B287
YOU'RE A BIG BOY NOW ***
USA 1966, 97 Min., F
R: Francis Ford Coppola D: Peter Kastner, Geraldine Page
19jähriger lernt mit Hilfe einer jungen Frau, erwachsen zu werden, trotz seiner konservativ-dominanten Eltern. Coppolas dritte Regiearbeit, eine stolze Leistung des damals 27jährigen, auch in Nebenrollen bestens besetzt.

Big Jake B288
BIG JAKE **
USA 1971, 110 Min., F
R: George Sherman D: John Wayne, Maureen O'Hara, Richard Boone
Jake läuft Amok und killt die Halbwüchsigen, die seinen Sohn ermordet und den Enkel entführt haben. Wayne produzierte den Film, der penetrant Law-and-Order-Denken ins Westernmilieu versetzt. Hausbacken.

Big Night B289
BIG NIGHT ***
USA 1996, 109 Min., F
R: Campbell Scott, Stanley Tucci
D: Marc Anthony, Tony Shalhoub, Stanley Tucci, Isabella Rosselini
Italienisches Gourmet-Restaurant steht in den 50er Jahren kurz vor der Pleite, weil sich der Koch weigert, »normale« Pasta zu kochen. Der Gastauftritt eines berühmten Sängers soll die hamburgergewohnten New Yorker auf den Geschmack bringen. Ein cineastischer Feinschmeckerhappen. HFJ 1998

The Big Red One B290
THE BIG RED ONE ****
USA 1978, 109 Min., F
R: Samuel Fuller D: Lee Marvin, Mark Hamill, Robert Carradine
Der »organisierte Wahnsinn« des Krieges (Fuller) am Beispiel von einem erfahrenen Sergeant und vier jungen Soldaten der 1. Infanterie-Division, die immer an vorderster Front dabei sind. Ein autobiographischer und ehrlicher Film, in dem es keine Helden gibt.

Big Trouble in Little China B291
BIG TROUBLE IN LITTLE CHINA ***
USA 1986, 100 Min., F
R: John Carpenter D: Kurt Russell, Kim Cattrall, Dennis Dun, James Hong
Ein Trucker und sein Freund geraten bei der Verfolgung zweier Frauen in eine unter San Francisco existierende »Unterwelt« und müssen sich in einem phantastischen Kampf einem Zauberer stellen. Turbulenter Actionfilm mit Fantasy-Einlagen. HFJ 1987

Big Zapper zahlt mit blauen Bohnen B292
BIG ZAPPER *
GB 1973, 87 Min., F
R: Lindsay Shonteff D: Linda Marlowe, Gary Hope, Sean Hewitt
Privatdetektivin räumt mit Gangstern auf. Parodie auf Sex & Crime-Serien à la *The Avengers*.

Der Biggels-Effekt B293
BIGGLES – ADVENTURES IN TIME ***
GB 1986, 108 Min., F
R: John Hough D: Neil Dickson, Alex Hyde-White, Fiona Hutchison
Ein New Yorker Yuppie wird durch ein Zeitloch in den Ersten Weltkrieg versetzt, rettet den Flieger Biggles und entscheidet die Schlacht, indem er einen Helikopter der Jetztzeit in die Vergangenheit entführt. Rasanter Abenteuerschinken mit SF-Hintergrund.

Bilder der Welt und Inschrift des Krieges B294 ****
BRD 1988, 75 Min., F
R: Harun Farocki
Essayfilm über den Zusammenhang von Krieg, Bildern und Industrie. Farocki arbeitet anhand dokumentarischen Materials die militärische und industrielle Zweckbestimmung von Luftaufnahmen heraus. Ein intelligentes Plädoyer für das Mißtrauen gegen die Bilderflut in der modernen Welt.

Das Bildnis des Dorian Gray B295 **
THE PICTURE OF DORIAN GRAY
USA 1945, 110 Min., s/w
R: Albert Lewin D: Hurd Hatfield, George Sanders, Donna Reed, Angela Lansbury
Dandyhafter Narziß geht einen Pakt mit dem Teufel ein und altert nicht mehr – im Gegensatz zu einem Porträt, das sein dämonischer Freund von ihm angefertigt hat. Unheimlicher Film nach dem Roman von Oscar Wilde.

Das Bildnis des Dorian Gray B296 **
BRD/Italien 1969, 93 Min., F
R: Massimo Dallamano D: Helmut Berger, Herbert Lom, Marie Liljedahl
Oscar Wildes Allegorie auf die bürgerliche Dekadenz (1891 als Roman) wurde in dieser pompösen Produktion in die Jetztzeit versetzt. Die konventionelle, mit unnötig vielen Sexeinlagen gespickte Inszenierung hinterläßt indes einen spekulativen Nachgeschmack. 1973 folgte noch eine TV-Verfilmung von Glenn Jordan mit Shane Briant in der Titelrolle.

Bildnis einer Trinkerin B297 ***
BRD 1979, 108 Min., F
R: Ulrike Ottinger D: Tabea Blumenschein, Magdalena Montezuma
Die Begegnung einer bürgerlichen, suizidalen Trinkerin mit einer Alkoholikerin im Berliner Bahnhofsviertel. Ein Berliner Sozi-Psychogramm mit Auftritten der Schicki-Undergroundszene.

Bilitis B298
BILITIS ***
Frankreich 1976, 95 Min., F
R: David Hamilton D: Patti d'Arbanville, Mona Kristensen, Bernard Giraudeau, Mathieu Carrière
Eine 17jährige Schülerin, in einen Fotografen verliebt, reift während der Ferien im Haus einer Bekannten heran und hat eine kurze lesbische Beziehung. Geschmäcklerisch fotografierter Softsexfilm, dessen äußerer Schick aber nicht über die Schwächen seines Plots hinwegtäuscht.

Bill & Teds verrückte Reise durch die Zeit B299 **
BILL AND TED'S EXCELLENT ADVENTURE
USA 1989, 90 Min., F
R: Stephen Herek D: Keanu Reaves, Alex Winter, George Carlin

Zwei Kids, die ein Geschichtsreferat halten sollen, reisen mit einer Zeitmaschine in die Vergangenheit und sammeln prominente Personen ein, ohne zu wissen, daß Zeitmaschinen einen gar nicht an andere Orte versetzen können. Soviel über das Niveau. HFJ 1990

Billy Jack B300
BILLY JACK **
USA 1971, 113 Min., F
R: Tom Laughlin (= T. C. Frank)
D: Tom Laughlin, Dolores Taylor, Clark Howat, Bert Freed
Halbblut, aus Vietnam zurück, kämpft für Rassenintegration an einer Schule im Indianerreservat, beschützt eine Weiße vor Indianern, tötet den Sohn eines Großranchers, der eine Lehrerin vergewaltigt hat und stellt sich. Naiv eindringlich.

Billy Jack Goes to Washington B301
***
BILLY JACK GOES TO WASHINGTON
USA 1977, 155 Min., F
R: T. C. Frank (= Tom Laughlin)
D: Tom Laughlin, Dolores Taylor, Sam Wanamaker, Lucie Arnaz
Fortsetzung von *Born Losers* und *The Trial of Billy Jack*. Moderne Version von Frank Capras Klassiker *Mr. Smith Goes to Washington*.

Billy McKay – der Kandidat B302
THE CANDIDATE ****
USA 1972, 110 Min., F
R: Michael Ritchie D: Robert Redford, Peter Boyle, Melvyn Douglas
Einer der vielen US-Wahlkampf-Filme, die schon deshalb interessant sind, weil sie hinter die Kulissen der Machtmaschine blicken. In diesem Fall tritt Redford als idealistischer, unverdorbener Anwalt den langen Weg in den Senat an und hat sich dabei selbstredend gegen erzreaktionäre Gegenspieler durchzusetzen. Spannend, hervorragend gespielt, humorvoll.

Billy the Kid B303
BILLY THE KID ***
USA 1930, 95 Min., s/w, 70 mm
R: King Vidor D: Wallace Beery, Johnny Mac Brown, Kay Johnson
Erste Verfilmung von Walter Noble Burns idealisierter Biografie vom heroischen Outlaw. Football-Star Brown in der Titelrolle verdarb den Film, der wegen brillant inszenierter Szenen und der gut genutzten 70-mm-Technik Filmgeschichte machte.

Billy the Kid B304
THE LEFT HANDED GUN ****
USA 1958, 102 Min., s/w
R: Arthur Penn D: Paul Newman, Lita Milan, John Dehner
Der legendäre Billy the Kid wird hier nicht zum Helden verklärt, sondern ist der Junge, der durch die hereinstürzenden Ereignisse zum Verbrecher wurde. Der brillante Film basiert auf dem Roman von Gore Vidal.

›Billy McKay – der Kandidat‹: Ein Höhepunkt in Robert Redfords Karriere

Bin ich schön? B305
***
BRD 1998, 116 Min., F
R: Doris Dörrie D: Anica Dobra, Uwe Ochsenknecht, Franka Potente
Gekünstelter Episodenfilm um eine Reihe von Menschen auf der Suche nach dem (Liebes-)Glück, der aufgrund seiner plakativen Gewolltheit über reines Unterhaltungsniveau nicht hinausreicht. HFJ 1999

Bingo Bongo B306
BINGO BONGO **
Italien 1982, 99 Min., F
R: Pasquale Festa Campanile
D: Adriano Celentano, Carole Bouquet, Felice Adreasi
Slapstick-Serien-Klamotte mit pseudosozialkritischen Ansätzen im Celentano-Stil um einen bei den Affen aufgewachsenen Mann, der das Leben einer jungen Forscherin im zivilisierten Mailand durcheinanderbringt.

Biohazard B307
BIOHAZARD *
USA 1984, 82 Min., F
R: Fred Olen Ray D: Aldo Ray, Angelique Pettyjohn, William Fair
Ein außerirdischer Organismus, der zur Erde kommt, hinterläßt auf der Flucht vor seinen Jägern einen Haufen Leichen und diverse blutrünstige Ableger. Ein schwacher Abklatsch noch schwächerer SF-Klischees. LSFF

Bird B308
BIRD ****
USA 1987, 160 Min., F
R: Clint Eastwood D: Forest Whitaker, Diane Venora, Sam Wright
Atmosphärisches und von tiefer Sympathie getragenes filmisches Lebensbild des Saxophonspielers Charlie »Bird« Parker, der den Bebop zu neuen schöpferischen Höhen brachte und an Drogen, Alkohol und Selbstzweifeln zerbrach. HFJ 1989

Bird of Paradise B309
BIRD OF PARADISE ***
USA 1932, 80 Min., s/w
R: King Vidor D: Dolores del Rio, Joel McCrea, Johnny Halliday
Verschwenderische Südsee-Romanze mit dünner Story, aber um so mehr Exotik. Ein reicher Playboy verliebt sich in eine polynesische Prinzessin, dargestell von Dolores del Rio, eine der schönsten Frauen der Filmgeschichte. Max Steiners durchgängiger Musikscore war der erste seiner Art.

Birdy B310
BIRDY ***
USA 1984, 115 Min., F
R: Alan Parker D: Matthew Modine, Nicolas Cage, John Harkins
Ein junger Mann, der seit seiner Jugend davon träumte, wie ein Vogel fliegen zu können, wird nach einem traumatisierenden Erlebnis im Vietnamkrieg in ein Sanatorium verbracht, wo er wie ein Vogel im Käfig vegetiert.

Bis ans Ende der Welt B311
***
BRD/Fr/Australien 1991, 179 Min., F
R: Wim Wenders D: Solveig Dommartin, William Hurt, Sam Neill
Gelegentlich bestechende, gelegentlich enervierende Mischung aus Road Movie, Science-fiction und Love Story, die unter einem Übermaß an Konstruktion, internationaler Beteiligung und Beziehungsreichtum leidet.

Bis aufs Blut B312
THE SAVAGE GUNS ***
Spanien/USA 1961, 83 Min., F
R: Michael Carreras D: Richard Basehart, Don Taylor, Alex Nicon
Outlaw rettet kurz nach dem Bürgerkrieg die Familie eines Südstaatenmajors, der des Kampfes überdrüssig, sich auf eine Farm in Mexiko zurückgezogen hat. Dank Drehbuchautor Jimmy Sangster »Hammer«-Horror im Wilden Westen.

Bis das Blut gefriert B313
THE HAUNTING ***
GB/USA 1963, 111 Min., s/w
R: Robert Wise D: Julie Harris, Claire Bloom, Richard Johnson
Parapsychologenteam untersucht ein Haus, dessen Bewohner auf unnatürliche Weise ums Leben gekommen sind und wird Zeuge grausiger Ereignisse, ohne eine Erklärung zu finden. Gut durchdachter, packender Gruselfilm mit für die damalige Zeit hervorragende Spezial-Effekten.

Bis daß das Geld euch scheidet B314
***
BRD 1960, 100 Min., s/w
R: Alfred Vohrer D: Lisbeth Grapsch, Gert Fröbe, Corny Collins
Neureicher betrügt seine Ehefrau mit seiner Meinung nach besser herzeigbaren, extravaganten Zufallsbekanntschaft. Diese geht jedoch fremd, nachdem er sich nach seiner erfolgreich betriebenen Scheidung am Ziel seiner Wünsche wähnt. Unterhaltsame Verfilmung eines zeitkritischen Illustriertenromans.

Bis daß der Tod euch scheidet B315
***
DDR 1979, 100 Min., F
R: Heiner Carow D: Karin Saß, Martin Seifert, Renate Krößner
Die Geschichte einer Ehe, die von einer großen Liebe über alle Stadien von Entfremdung und Gewalt zur Hölle wird. Eine sehr private Geschichte, die nichts beweisen will, und doch für Kontroversen sorgt.

Bis die Gänsehaut erstarrt B316
WICKED, WICKED **
USA 1973, 95 Min., F
R: Richard L. Bare D: David Bailey, Tiffany Bolling, Randolph Roberts
Maskierter Killer sucht abgelegenes Hotel heim und hat es vorrangig auf Blondinen abgesehen. Unbedeutender Schocker in typischer Edgar-Wallace-Tradition.

Bis jetzt haben wir ja nur gearbeitet B317
***
BRD 1976, 87 Min., F
R: Dietrich Schubert
Dokumentation in vier Kapiteln: Ein Bremer Werftarbeiter, der bald pensioniert wird, räsoniert mit seiner Frau darüber, was er nach 50 Jahren Arbeit als Rentner alles tun könnte.

Bis zu einem gewissen Punkt B318
HASTA CIERTO PUNTO ****
Kuba 1983, 68 Min., F
R: Tomas Gutiérrez Alea D: Oscar Alvarez, Mirta Ibarra, Omar Valdés
Ein Film über »Machismo« und Emanzipation. Schwungvoll und nicht ohne Selbstironie wird das Verhalten jener aufgeschlossenen Männer geschildert, die den Machismo natürlich ablehnen, aber nur bis zu jenem »gewissen Punkt«, von dem an sie ganz selbstverständlich auch Machos sind. Ein sehenswerter Film.

Bis zum Ende der Straße B319
GOIN' DOWN THE ROAD ****
Kanada 1970, 98 Min., F
R: Donald Shebib D: Doug McGrath, Paul Bradley, Jayne Eastwood
Zwei junge kanadische Arbeiter aus der Provinz brechen auf, um in der Großstadt ihr Glück zu machen, geraten aber nur immer tiefer in Elend und Schmutz. Desillusionierte, realistische Studie im Stil einer TV-Dokumentation.

Bis zum Horizont und weiter B320
***
BRD 1998, 96 Min., s/w
R: Peter Kahane D: Wolfgang Stumph, Corinna Harfouch, Nina Petri
Weil seine Freundin zu drei Jahren Haft verurteilt wurde, entführt ein kauziger ostdeutscher Baggerführer die zuständige Richterin und schleppt sie in eine verlassene Braunkohlengrube, wo die beiden langsam Verständnis füreinander aufbringen. Lakonisch-amüsantes Road-Movie mit sozialkritischem Hintergrund.
HFJ 2000

Bis zum letzten Atemzug B321
THE DEADLY TRACKERS **
USA 1973, 104 Min., F
R: Barry Shear D: Richard Harris, Rod Taylor, Al Lettieri, Isela Varga
Sheriff verfolgt Banditen, die Frau und Kind ermordet haben, wird dabei selbst zum Outlaw und kommt um. Sam Fullers in Spanien begonnener Film *Riata* wurde von Barry Shear in Mexiko weitergedreht. Zynisch und brutal.

Bis zum letzten Mann B322
FORT APACHE ****
USA 1948, 125 Min., s/w
R: John Ford D: John Wayne, Henry Fonda, Shirley Temple, Victor McLaglen, Pedro Armandariz
Eine verschlüsselte General-Custer-Story nach James Warner Bellahs »Massacre«. Der erste Western, in dem ein Indianer sich zu Wort meldet, meist verstümmelt gezeigt, ein Klassiker des Genres. Erster Teil von Fords Western-Trilogie.

Bis zum letzten Patienten B323
THE NATIONAL HEALTH ***
GB 1972, 97 Min., F
R: Jack Gold D: Jim Dale, Lynn Redgrave, Eleanor Bron
Haarsträubende Satire über des englische Gesundheitswesen mit tragikomischen Elementen, die manchmal die berühmt-berüchtigte Grenze des ebenso berühmt-berüchtigten guten Geschmacks bei weitem überschreiten. Für Freunde deftig-makabren Humors.

Bis zum letzten Schuß B324
THE GANGSTER WARS **
USA 1981, 122 Min., F
R: Richard C. Sarafian D: Michael Nouri, Brian Benben, Joe Penny
B-Krimi über »Lucky« Luciano und die Gangster-Kriege der Prohibitionszeit, leider etwas eindimensional. Von jenem Regisseur, der mit *Fluchtpunkt San Francisco/Vanishing Point* 1970 das ultimative Road-Movie geschaffen hatte.

Bis zur bitteren Neige B325
***
BRD 1975, 105 Min., F
R: Gerd Oswald D: Maurice Ronet, Suzy Kendall, Susanne Uhlen
Alkoholkranker Ex-Filmstar, von seiner Frau finanziell abhängig und in seine Stieftochter verliebt, versucht einen Ausbruch aus seinem inhaltsleeren Dasein und findet sich alsbald zwischen Wahn und Wirklichkeit wieder. Ein Film, der nicht so genau weiß, ob er ein Thriller oder doch eher Schleichwerbung für Whisky sein soll.

Der Biß B326
**
BRD 1984, 84 Min., F
R: Marianne Enzensberger
D: Marianne Enzensberger, Marianne Rosenberg, Ulrike Buschbauer
Ein Unikum des Neuen Deutschen Films, eine wüste Low-Budget-Produktion über einen weiblichen Vampir mit sozialem Sendungsbewußtsein, der die Gebissenen aus ihrer bürgerlichen Enge befreien will.

Der Biß der Schlangenfrau B327
THE LAIR OF THE WHITE WORM ***
GB 1988, 93 Min., F
R: Ken Russell D: Amanda Donohoe, Hugh Grant, Peter Capaldi
Vier junge Leute lernen eine schicke Aristokratin im Lederkostüm kennen, die jeden Versuch unternimmt, sie an ihr Hausmonster zu verfüttern. Nach einem wenig bekannten Gruselroman des »Dracula«-Autors Bram Stoker.

The Bite B328
CURSE II: THE BITE **
Holland 1989, 98 Min., F
R: Fred Goodwin D: Jill Schoelen, J. Eddie Peck, Jamie Farr, Bo Svenson
Nach einem Biß durch eine radioaktiv verseuchte Schlange verwandelt sich ein junger Mann in ein ekliges Reptil und zieht auf Beute aus. Das war ja noch nie da! HFJ 1990

Bitte keinen Sex, wir sind Briten B329
***
NO SEX PLEASE, WE'RE BRITISH
GB 1973, 88 Min., F
R: Cliff Owen D: Ronnie Corbett, Beryl Reid, Arthur Lowe, Ian Ogilvy
Slapstick-Komödie um ein junges Ehepaar, das versucht, von der Polizei gesuchtes Pornomaterial loszuwerden, das ihm irrtümlich zugesandt wurde.

Bitte laßt die Blumen leben B330
*
BRD 1986, 100 Min., F
R: Duccio Tessari D: Klausjürgen Wussow, Hannelore Elsner, Birgit Doll
Simmel-Verfilmung, die aber schon gar kein Klischee und keinen handwerklichen Patzer ausläßt. Anwalt überlebt als einziger Flugzeugabsturz und beginnt ein neues Leben, kommt aber von der Vergangenheit nicht los. So isses nun mal im Simmel-Leben.

Bitte nicht heute nacht B331
UNFAITHFULLY YOURS ***
USA 1983, 96 Min., F
R: Howard Zieff D: Dudley Moore, Nastassja Kinski, Armand Assante
Ein exzentrischer Wicht, der sich von seiner attraktiven Frau betrogen und hintergangen wähnt, spielt in seiner Phantasie diverse Methoden aus, sich an ihr zu rächen, doch leider scheitern seine Pläne stets an den Tücken des Alltags bzw. des Objekts. Eine nicht unkomische Neuverfilmung der Komödie *Die Ungetreue* von Preston Sturges.

Bitte nicht stören B332
DO NOT DISTURB **
USA 1965, 98 Min., F
R: Ralph Levy D: Doris Day, Rod Taylor, Sergio Fantoni
Ehekrise bei einem amerikanischen Woll-Verkäufer und seiner Frau in London. Typisches Spätprodukt der Doris-Day-Komödie: Der Biedersinn wirkt langsam abgestanden, noch dazu, wenn ein schwaches Drehbuch schwach realisiert wird.

Bitter Moon B333
BITTER MOON ***
Frankreich/GB 1992, 139 Min., F
R: Roman Polanski D: Peter Coyote, Emmanuelle Seigner, Hugh Grant
Bei einer Ozeanfahrt zieht ein in auswegloser amour fou miteinander verbundenes Paar ein anderes in seinen Untergang. Nach einem Roman von Pascal Bruckner entwickelt Polanski eine Farce über Abhängigkeit und Gewalt und eine etwas verschmockte erotische Phantasie. HFJ 1984

Bitter war der Sieg B334
AMERE VICTOIRE ***
Frankreich 1957, 99 Min., s/w
R: Nicholas Ray D: Richard Burton, Curd Jürgens, Ruth Roman
Zwei britische Offiziere, im Zweiten Weltkrieg in der libyschen Wüste im Einsatz, haben sich in der Wolle: Der eine ist ein Feigling, der andere hat es

mit seiner Frau, weswegen der Feigling solange versucht, ihn zu töten, bis er Erfolg hat – aber die Gattin verliert. Konfuses, doch abenteuerliches Kriegsdrama.

Bittere Ernte B335
***
BRD 1984, 102 Min., F
R: Agnieszka Holland D: Armin Mueller-Stahl, Elisabeth Trissenaar, Käthe Jaenicke, Isa Haller
Die tödlich endende Liebesgeschichte im Weltkriegsjahr 1943 zwischen einer geflohenen Jüdin und einem polnischen Bauern. Er versteckt sie, kommt aber nicht zu einer klaren Haltung und treibt sie dadurch in den Selbstmord.

Der bittere Weg
siehe: Der Profi-Killer

Die bitteren Tränen der Petra von Kant B336
****
BRD 1971, 124 Min., F
R: Rainer Werner Fassbinder D: Irm Hermann, Margit Carstensen, Hanna Schygulla, Eva Mattes
Eine intellektuelle Modezeichnerin zieht sich frustriert von der Männerwelt zurück, bis sie die unglückliche Liebe zu einer vulgären Arbeiterin erneut in die bittere Realität zurückbringt. Fassbinder verfilmte sein eigenes Theaterstück als melodramatisches Kammerspiel in bewußt kitschigem Ambiente.

Bitterer Honig B337
A TASTE OF HONEY *****
GB 1961, 100 Min., F
R: Tony Richardson D: Rita Tushingham, Dora Bryan, Murray Melvin
Tony Richardsons Meisterstück des englischen »Free Cinemas« der sechziger Jahre schildert das bedrückende Leben der achtzehnjährigen Jo, das ein Kind von einem farbigen Matrosen bekommt und ihrer eigensüchtigen Mutter zum Opfer fällt. In einer trostlosen Industrielandschaft scheitern alle Versuche der Menschen, andere als ausbeuterische Beziehungen zueinander zu entwickeln.

Bitterer Reis B338
RISO AMARO ****
Italien 1949, 103 Min., s/w
R: Giuseppe de Santis D: Silvana Mangano, Vittorio Gassman, Raf Vallone
Melodramatisch-realistische Geschichte um die Reispflückerinnen in der Poebene, hervorragend gespielt und zwischen Neorealismus und Sensation balanciert.

Bittersüße Schokolade B339
COMO AGUA PARA CHOCOLATE ***
Mexiko 1992, 114 Min., F
R: Alfonso Arau D: Marco Leonardi, Lumi Cavazos, Regina Torne
Hausfrauenschicksal: Anfang des Jahrhunderts findet eine Mexikanerin in der Kochkunst mehr Erfüllung als in der Liebe. Poetischer, exzellent fotografierter, aber etwas trivialer Film, der ständig mit seinen hohen Ansprüchen zu kämpfen hat. HFJ 1995

Black Cats B340
O.C. & STIGGS **
USA 1985, 100 Min., F
R: Robert Altman D: Daniel H. Jenkins, Neill Barry, Paul Doodey
Zwei Jugendliche terrorisieren die Familie eines Versicherungsvertreters. Regisseur Robert Altman langweilt die Zuschauer mit dem Versuch einer temporeichen Komödie, die über fade Fernsehästhetik leider nicht hinauskommt.

Black Eagle B341
ORDER OF THE BLACK EAGLE **
USA 1987, 93 Min., F
R: Worth Keeter D: Ian Hunter, Charles K. Bibby, William T. Hicks
Irrer Wissenschaftler, der an einer Protonenbombe baut, bedroht im Verein mit einer Neonazi-Bande die Freiheit. Doch Superagent Jax ist ihm ständig auf den Fersen. Milde Parodie auf einschlägige Agentenfilmchen.
HFJ 1989

Black Emanuelle B342
EMANUELLE NERA **
Italien 1975, 94 Min., F
R: Albert Thomas D: Laura Gemser, Karin Schubert, Angelo Infanti
Dunkelhäutige Fotografin wird während einer Afrikareise von weißem Ehepaar beschlafen und treibt es mit Eingeborenen und einem Hockeyteam. Softporno.

Black Emanuelle – Stunden wilder Lust B343
**
EMANUELLE IN AMERICA
Italien 1976, 92 Min., F
R: Joe d'Amato D: Laura Gemser, Gabriele Tinti, Roger Brown
Dunkelhäutige Journalistin erlebt in Amerika allerlei Dinge, die ihr Gelegenheit geben, ihren gutgebauten Körper zu zeigen. Fader Sexfilm ohne Zusammenhang.

Black Emanuelle 2. Teil B344
EMANUELLE NERA: ORIENT REPORTAGE **
Italien 1976, 91 Min., F
R: Joe d'Amato D: Laura Gemser, Gabriele Tinti, Ely Galleani
Schwarze Journalistin wird von einem Thailand-Prinzen auf Sexparties und in Bordelle mitgenommen und geht lesbische Beziehungen zu einer weißen Amerikanerin ein. Softporno.

Black Hill B345
ON THE BLACK HILL ***
GB 1988, 115 Min., F
R: Andrew Grieve D: Mike Gwilym, Robert Gwilym, Bob Peck
Mit epischem Atem und in grandiosen Bildern erzählt der Film die Geschichte von Zwillingsbrüdern im walisischen Bergland zur Zeit der Jahrhundertwende.

Black Moon B346
BLACK MOON ****
Frankreich/BRD 1975, 100 Min., F
R: Louis Malle D: Therese Giehse, Cathryn Harrison, Alexandra Stewart
Surrealer Film, in dem ein Psychoanalytiker und eine unkonventionell-spontane Frau vor einem fiktiven Krieg zwischen den Geschlechtern in ein einsames Haus flüchten, das von Menschen jeden Alters und von sprechenden Tieren bewohnt wird. Vieldeutige und fesselnde Allegorie über den Reifeprozeß eines jungen Mädchens.

Black Moon B347
BLACK MOON RISING **
USA 1985, 98 Min., F
R: Harley Cokliss D: Tommy Lee Jones, Linda Hamilton, Robert Vaughn
Professioneller Klaubruder stiehlt im Regierungsauftrag Steuerunterlagen eines Konzerns, deponiert sie in einem gerade entwickelten Superauto und muß der Beute bis zum Filmschluß nachjagen. Ein Film wie 1000 andere. HFJ 1987

Black Nightfall B348
NIGHTFALL **
USA 1988, 82 Min., F
R: Paul Mayersberg D: David Birney, Sarah Douglas, Alexis Kanner
Ein von drei Sonnen umgebener Planet, der keine Finsternis kennt, wird alle 300 Jahre von einer Sonnenfinsternis in eine Dunkelphase geschleudert, was stets zur völligen Vernichtung der Zivilisation führt. Geschwätziger SF-Film. LSFF/HFJ 1991

Black Out – Anatomie einer Leidenschaft B349 ****
BAD TIMING
GB 1980, 122 Min., F
R: Nicholas Roeg D: Art Garfunkel, Theresa Russell, Harvey Keitel
US-Psychoanalytiker bemüht sich, eine nach Freiheit dürstende geschiedene Frau zu bändigen, die jedoch keinen Versuch unterläßt, aus allen Zwängen auszubrechen. In morbider Wiener Atmosphäre angesiedelte beklemmende Psychostudie.

Black Power B350
UPTIGHT ***
USA 1968, 90 Min., F
R: Jules Dassin D: Raymond St. Jacques, Ruby Dee, Frank Silvera
Jules Dassin überträgt die Handlung des Romans »The Informer« von Liam O'Flaherty ins Milieu der schwarzen Widerstandsbewegung der sechziger Jahre, entwickelt daraus aber nur einen immerhin spannenden Thriller ohne politischen Gehalt.

Black Rain B351
BLACK RAIN ****
USA 1989, 125 Min., F
R: Ridley Scott D: Michael Douglas, Andy Garcia, Ken Takakura
Amerikanischer Cop schnappt japanischen Gangster und überführt ihn ins Land der aufgehenden Sonne, um ihn dort prompt wieder zu verlieren. So geht die Jagd auf fremdem Territorium von vorne los. Schillerndes, effektvolles, rabiates, gelegentlich das Spiel mit der Stilisierung übertreibendes Actionkino. HFJ 1990

Black Rainbow – Schwarzer Regenbogen B352 ***
BLACK RAINBOW
USA 1989, 97 Min., F
R: Mike Hodges D: Rosanna Arquette, Tom Hulce, Jason Robards
Ein junges Mädchen, das von ihrem Vater als Medium in Missionszelten vorgestellt wird, sagt einen Mord voraus und wird Opfer einer tödlichen Verfolgungsjagd. Eigenwillige Mischung aus Politthriller und Okkultdrama; nie langweilig. HFJ 1991

Black River B353
ALLEGHENY UPRISING ***
USA 1939, 79 Min., s/w
R: William A. Seiter D: John Wayne, Claire Trevor, George Sanders
Tapfere Siedler halten die Fahne von Recht und Freiheit hoch, indem sie den verbotenen Handel mit Indianern verhindern. Früher Western-Charm.

Black Robe – Am Fluß der Irokesen B354 ***
BLACK ROBE
Kanada/Australien 1991, 100 Min., F
R: Bruce Beresford D: Lothaire Bluteau, Aden Young, Sandrine Holt
Der in Australien aufgewachsene Regisseur schafft das Filmwunder über die Reise eines Missionars durch die Wildnis Kanadas. Wer dem Hochglanzstreifen *Der mit dem Wolf tanzt* nichts abgewinnen konnte, findet hier, was er sucht: Wildnis pur, inklusive fettiger Haare. HFJ 1993

Black Snake B355
BLACKSNAKE ***
USA 1972, 85 Min., F
R: Russ Meyer D: Anouska Hempel, David Warbeck, Percy Herbert
Auf Barbados gedreht, spielt das gewalttätige Drama, das weniger Sex als andere Meyer-Werke bietet, 1835 auf einer fiktiven Karibik-Insel und schildert den Aufstand der schwarzen Sklaven gegen ihre weißen Unterdrücker. Kein kommerzieller Erfolg, aber einer der besseren Meyer-Filme.

Blackout B356
THE BLACKOUT ***
USA 1997, 99 Min., F
R: Abel Ferrara D: Béatrice Dalle, Dennis Hopper, Matthew Modine
Mit Hilfe eines Psychiaters versucht ein alkohol- und drogensüchtiger Schauspieler die Frage zu klären, ob er seine Geliebte während eines Blackouts

Harrison Ford und Joanna Cassidy in ›Blade Runner‹.

getötet hat. Exzessives und konstruiertes Drama, das über eine gewisse Banalität hinsichtlich seiner angeblich philosophischen Fragen nach Schuld und Verantwortung nicht hinauskommt. HFJ 1998

Blade B357
BLADE ***
USA 1998, 122 Min., F
R: Stephen Norrington D: Wesley Snipes, Stephen Dorff, Kris Kristofferson
Halb Mensch, halb Vampir macht sich der Titelheld dieser wilden Comicverfilmung auf die Jagd nach seinen blutsaugenden Verwandten, um sie kaltblütig niederzumetzeln. Klirrend kalt inszeniert, mit wild durchchoreographierten Kampfsequenzen. HFJ 1999

Blade Runner B358
BLADE RUNNER *****
USA 1982, 117 Min., F
R: Ridley Scott D: Harrison Ford, Rutger Hauer, Sean Young, Edward James Olmos, Daryl Hannah
Im L.A. des 21. Jahrhunderts sucht ein ausgebrannter Privatdetektiv nach entlaufenen Androiden, die ihren Schöpfer suchen, da sie Rechenschaft von ihm fordern. Ein SF-Film, der seinesgleichen sucht. Der »Director's Cut«, der 1993 herauskam machte den Klassiker nicht besser. LSFF

Blast Heroes B359
HEROES SHED NO TEARS **
Hongkong 1986, 75 Min., F
R: John Woo D: Eddy Ko, Lam Ching Ying, Chen Yue Sang
Sondereinheit kämpft im »Goldenen Dreieck« zwischen Burma, Kambodscha und Thailand gegen die Drogenmafia. Zynisches, gewaltverherrlichendes Frühwerk des zum Kultfilmer hochgejubelten Action-Inszenator Woo.

Blast of Silence – Explosion des Schweigens B360 ****
BLAST OF SILENCE
USA 1960, 77 Min., s/w
R: Allen Baron D: Allen Baron, Molly McCarthy, Larry Tucker
Der Regisseur dieser brillanten kleinen Independent-Produktion spielt einen Killer, dem zur Weihnachtszeit in New York zu viel Menschliches wiederfährt, als daß er in seinem Beruf noch Überlebenschancen hätte.

Blätter aus dem Buche Satans B361 ***
BLADE AF SATANS BOG
Dänemark 1921, 105 Min., s/w
R: Carl Theodor Dreyer D: Halvard Hoff, Helge Nissen, Jacob Texiere
Stummfilm. Teils naiver, teils unlogischer, zeitweise aber eindrucksvoller Versuch Dreyers, ähnlich wie Griffith mit *Intolerance,* in vier Episoden menschliche Schwächen anzuprangern. Das Böse wird personifiziert und in die Handlung mit einbezogen.

Blauäugig B362
***
BRD 1988, 87 Min., F
R: Reinhard Hauff D: Götz George, Michel Angel Sola, Julio de Grazia
Gutgemeinte, aber hölzern inszenierte Geschichte um einen deutsch-tschechischen Emigranten und Waffenhändler in Argentinien, dessen Eltern von der SS verschleppt wurden und dessen Tochter nun Opfer des neuen Terrorregimes der Militärjunta wird.

Blaubart B363
***
BRD/Schweiz 1983, 90 Min., F
R: Krzysztof Zanussi D: Vadim Glowna, Karin Baal, Vera Tschechowa
Ein Arzt wird angeklagt, seine sechste, von ihm geschiedene Frau ermordet zu haben. Cineastische Gewissenserforschung nach Max Frisch.

Blaubarts achte Frau B364
BLUEBEARD'S EIGHTH WIFE ****
USA 1938, 87 Min., s/w
R: Ernst Lubitsch D: Gary Cooper, Claudette Colbert, Edward Everett Horton, David Niven
Ein millionenschwerer, siebenfach geschiedener Bankier lernt bei dem Versuch, eine Schlafanzugsjacke ohne die dazugehörige Hose zu kaufen, eine verarmte Adelige kennen und lieben. Obwohl diese zunächst Schwierigkeiten mit seinem etwas hölzernen Charme hat, kommt es schließlich zum Happy-End. Intelligent unterhaltende Komödie, mit Gary Cooper allerdings fehlbesetzt.

Blaue Berge B365
GOLUBYE GORY ***
UdSSR 1984, 90 Min., F
R: Eldas Schengelaja D: Ramaz Giorgobiani, Vasillij Kachnischwili
In einer bürokratischen Zensurinstanz für Literatur sind die Menschen so sehr mit ihren eigenen Interessen beschäftigt, daß sie nicht einmal dazu kommen, die Manuskripte zu lesen. Bittere Satire des berühmten georgischen Regisseurs.

Die blaue Dahlie B366
THE BLUE DAHLIA ***
USA 1945, 98 Min., s/w
R: George Marshall D: Alan Ladd, Veronica Lake, William Bendix
Kriegsveteran kehrt heim zu seiner verkommenen Frau, die wenig später ermordet wird. Mit Hilfe zweier Kameraden entlarvt er den Täter. Nach dem einzigen »Oscar«-nominierten Originalskript von Raymond Chandler entstand ein typischer Film noir mit dem dunklen Traumpaar Ladd–Lake.

Der blaue Engel B367
*****
Deutschland 1930, 108 Min., s/w
R: Josef von Sternberg D: Marlene Dietrich, Emil Jannings, Kurt Gerron
Gymnasiallehrer gerät in die Fänge einer skrupellosen Sängerin, verliert seine Stelle und wird von ihr zum Trottel degradiert. Weltklassefilm, der der Dietrich den Weg nach Hollywood ebnete und von dessen Ruhm Babelsberg heute versucht, zu profitieren.

Die blaue Eskadron B368
A DISTANT TRUMPET ***
USA 1963, 108 Min., F
R: Raoul Walsh D: Troy Donahue, Suzanne Pleshette, James Gregory
Die alte Story von Liebe, Tod und Vaterland, vom Sturm auf das Fort und dem Kampf wilder Indianerstämme wird recht einfallslos vor der farbigen Felsenkulisse abgewickelt: Brutale Marterszenen und kaum gute Typen. Letzter Film des Regisseurs.

Marlene Dietrich in ›Der blaue Engel‹ als Lola in einer Pose, für die sie und der Regisseur ein Copyright hätten anmelden sollen.

Die blaue Hand B369
***
BRD 1967, 87 Min., F
R: Alfred Vohrer D: Harald Leipnitz, Klaus Kinski, Carl Lange, Ilse Steppat
Edgar-Wallace-Film mit dem Gärtner als Mörder. Zwillingsbrüder-Konflikt mit Klaus Kinski in einer Doppelrolle.

Das blaue Licht B370
**
Deutschland 1932, 72 Min., s/w
R: Leni Riefenstahl D: Leni Riefenstahl, Mathias Wieman, Beni Führer
Eine mystifizierende Bauernlegende mit Anklängen an den deutschen »Bergfilm« um eine geheimnisvolle Frau und einen Unheil verheißenden Bergkristall. Aus dem natürlichen Pathos der Bergfilme wird ein synthetisches Pathos des Melodrams.

Der blaue Max B371
THE BLUE MAX ***
GB 1965, 156 Min., F
R: John Guillermin D: George Peppard, James Mason, Ursula Andress
Deutsches Flieger-As im Ersten Weltkrieg wird von seinem General mit einer Schrottmaschine in den Tod geschickt. Vor allem für Flieger-Fans, da die Luftaufnahmen hervorragend sind. Enttäuschend für Andress-Fans, da ihr Handtuch in den Liebesszenen an ihr zu haften scheint.

Der blaue Stein des Maharadscha B372
***
THE DIAMOND QUEEN
USA 1953, 80 Min., F
R: John Brahm D: Fernando Lamas, Arlene Dahl, Gilbert Roland
Zwei französische Haudegen erbeuten mit Hilfe der gerade erfundenen Handgranate in Indien für ihren König (Luggi den Vierzehnten) einen dicken Diamanten und lernen eine knackige Königin kennen.

Die blaue Stunde B373
***
BRD/Schweiz 1991, 87 Min., F
R: Marcel Gisler D: Andreas Herder, Dina Leipzig, Cyrille Rey-Coquis
Theo verkauft als Callboy seinen Körper. Dabei versucht er, Arbeit und Gefühlsleben strikt auseinanderzuhalten, gerät dadurch aber immer wieder in erhebliche Schwierigkeiten. An seiner Angst, eigene Gefühle zu investieren und verletzbar zu werden, scheitern auch seine privaten Beziehungen.

Blaue Veilchen B374
MOI, FLEUR BLEU ***
Frankreich 1977, 102 Min., F
R: Eric Le Hung D: Jean Yanne, Sydne Rome, Jodie Foster
Erfreulich klischeearme Love Story um einen Lastwagenfahrer zwischen einem Mannequin und ihrer fünfzehnjährigen Schwester, die auf die erste große Liebe wartet.

Der blaue Vogel B375
THE BLUE BIRD / SINJAJA TIZA **
USA/UdSSR 1976, 99 Min., F
R: George Cukor D: Elizabeth Taylor, Jane Fonda, Ava Gardner
Zwei Kinder suchen nach dem Vogel des Glücks und begegnen einem Ausbund an Langeweile. Die erste große US-UdSSR-Koproduktion ist eine Mixtur aus prätentiösem Gequassel und uninteressanten Szenen. LFF

Blaue Wüste B376
***
BRD 1992, 99 Min., F
R: Wolf Gaudlitz D: Sergio Lo Verde, Jolly Kunjappu, Walter Heimbach
Roadmovie, das in Bayern beginnt und in der Republik Niger, in der Wüste Tenéré endet: Von Europa geprägte Menschen entdecken das Abenteuer der eigenen Sinne und verfallen ihrem Traum, Wasser in die Wüste tragen zu wollen. Der Zuschauer steht irgendwo zwischen Film und Wirklichkeit, zwischen Fiktion und Absicht.

Blaues Hawaii B377
BLUE HAWAII ***
USA 1961, 101 Min., F
R: Norman Taurog D: Elvis Presley, Joan Blackman, Angela Lansbury
Ex-GI Chad geht nach Ableistung des Wehrdienstes nach Hawaii, verliebt sich in hübsche Eingeborene und beschreitet gegen den Willen der Eltern eigene Wege. Bunter Hollywoodkitsch mit Gesangseinlagen.

Der Blaufuchs B378
***
Deutschland 1938, 94 Min., s/w
R: Viktor Tourjansky D: Zarah Leander, Willy Birgel, Paul Hörbiger
Eine lebenshungrige Frau, mit einem weltabgewandten Professor verheiratet, verliebt sich in einen flotten Piloten. »Kann denn Liebe Sünde sein?« singt Zarah Leander, und der UFA-Film antwortet: ja, aber ... Boulevardkomödie mit großer Starbesetzung.

Der Blaumilchkanal B379
**

BRD/Israel 1969, 87 Min., F
R: Ephraim Kishon D: Bomba Zur, Nissim Azikri, Shraga Friedmann
Besonders interessant für die vielen Fans des bekannten jüdischen Satirikers: Harmloser Geisteskranker verstört die Behörden, als er mitten in Tel Aviv eine stark befahrene Straße aufreißt.

Blaze of Glory – Flammender Ruhm B380
***
YOUNG GUNS II
USA 1989, 104 Min., F
R: Geoff Murphy D: Emilio Estevez, Kiefer Sutherland, Lou Diamond Phillips, Christian Slater
Pat Garrett jagt Billy the Kid und seine Bande bis nach Mexiko. Als sie mit dem Rücken zur Wand stehen, ist das letzte Duell unausweichlich. Moderner Western nach altem Rezept, in den Hauptrollen Söhne erfolgreicher Hollywoodstars. HFJ 1991

Die Blechpiraten B381
GONE IN SIXTY SECONDS ***
USA 1973, 98 Min., F
R: H.B. Halicki D: H.B. Halicki, Marion Busia, George Cole
Ein Gauner hat sich auf das Klauen von Straßenkreuzern spezialisiert. Nachdem er sie umfrisiert hat, fährt er sie zu Bruch und kann trotzdem immer wieder der ihn verfolgenden Polizei entwischen. Unausgegorener Großstadt-Western, in dem Pferde zu Limousinen und Cowboys zu rasanten Fahrern werden.

Die Blechtrommel B382
****

BRD/Frankreich 1978, 137 Min., F
R: Volker Schlöndorff D: David Bennent, Mario Adorf, Angela Winkler, Daniel Olbrychski
Schlöndorffs beachtlicher, oppulenter Bilderbogen nach dem bekannten Roman von Günter Grass, beeindruckend vor allem der kleine David Bennent in der Rolle des blechtrommelnden, Glas zersingenden »Oscarchen«. Zweiter »Oscar« für einen deutschen Regisseur.

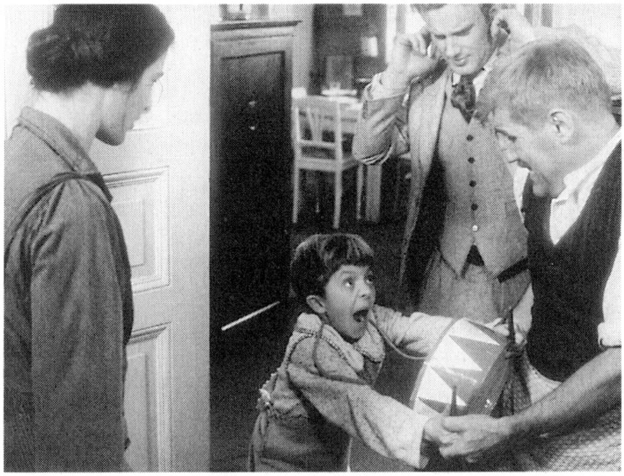

Angela Winkler, David Bennent, Daniel Olbrychski und Mario Adorf in ›Die Blechtrommel‹.

Bleib wie du bist B383
COSI COME SEI ***
Italien/Spanien 1978, 95 Min., F
R: Alberto Lattuada D: Marcello Mastroianni, Nastassja Kinski
Architekt verliebt sich in ein Mädchen, verbringt einen Tag und eine Nacht mit ihr und erfährt dann, daß sie wahrscheinlich seine Tochter ist. Erotische Komödie, die ihr moralisches Problem einigermaßen entspannt angeht.

Bleichgesicht Junior B384
SON OF PALEFACE ***
USA 1952, 95 Min., F
R: Frank Tashlin D: Bob Hope, Jane Russell, Roy Rogers
Bleichgesicht jr. ist der Sohn des Dentisten Peter Potter. Gemeinsam mit der Kneipenwirtin Lilly kämpft er gegen Banditen und Indianer. Western-Burleske.

Die bleierne Zeit B385
****

BRD 1981, 107 Min., F
R: Margarethe von Trotta D: Jutta Lampe, Barbara Sukowa, Rüdiger Vogler, Verenice Rudolph
Eine zur Polit-Terroristin gewordene Pfarrerstochter bringt sich im Gefängnis angeblich selbst um. Ihre gesellschaftlich engagierte Schwester, die den gewaltlosen Weg gegangen ist, findet heraus, daß es sich nicht um Selbstmord gehandelt hat. Sehr subjektiver und dennoch wichtiger Beitrag zur Terrorismus-Diskussion, inspiriert von der Lebensgeschichte Gudrun und Christiane Ensslins. Gleichzeitig das Psychogramm einer Schwesternbeziehung.

Der Blick des Odysseus B386
TO VLEMMA TOU ODYSSEA ****
Gr/Fr/It 1995, 180 Min., F und s/w
R: Theo Angelopoulos D: Harvey Keitel, Maia Morgenstern, Erland Josephson
Angelopoulos sucht nach den ersten, verschollenen Filmaufnahmen, die auf dem Balkan gemacht wurden und findet sie endlich in Sarajevo, inmitten von Elend und Gewalt. Die Odyssee ist sowohl Auseinandersetzung mit seiner persönlichen Geschichte als auch mit der leidvollen Historie des Balkans. Die vollendete Formensprache macht den Film zu einem Erlebnis – doch eine kritische Beschäftigung mit dem Thema gelingt nicht: Die Analyse der Geschichte des Balkans bleibt hinter der Schilderung einer »auratischen« Persönlichkeit zurück. HFJ 1996

Blick zurück im Zorn B387
LOOK BACK IN ANGER ****
GB 1959, 99 Min., s/w
R: Tony Richardson D: Richard Burton, Claire Bloom, Mary Ure

Barbara Sukowa, Jutta Lampe und Rüdiger Vogler in ›Die bleierne Zeit‹.

Nach John Osbornes Theaterstück erzählt der Film die Geschichte eines Mannes, der sich von seiner Frau und dem Milieu der Upper Class, der sie angehört, abwendet.

Blind Husbands B388
BLIND HUSBANDS ****
USA 1918, 70 Min., s/w
R: Erich von Stroheim D: Erich von Stroheim, Gibson Rowland
Bei einer Bergtour sorgt ein vor Eifersucht blinder Ehemann für den Tod des vermeintlichen Liebhabers seiner Frau. Von Stroheim feilt hier noch an seinem Stil, zeigt aber schon seine Vorliebe für Themen über frustrierte Frauen und deren bornierte Männer.

Blind Warrior B389
BLIND WARRIOR/NEKRETA RERUT BUMI *
Indonesien 1981, 77 Min., F
R: Anonym D: Harry Capri, Debby Lorence, Ratno Timoer
Blinder Krieger, der zum Ausgleich über magische Kräfte gebietet, rettet die Bewohner eines Dorfes vor dem Terror eines opferwütigen Despoten. Blutrünstiges Fantasy-Epos.

Blinde Wut B390
FURY ****
USA 1936, 89 Min., s/w
R: Fritz Lang
D: Spencer Tracy, Sylvia Sidney, Bruce Cabot, Edward Ellis
Auf dem Weg zu seiner Verlobten wird Joe von der Polizei als Kidnapper verhaftet. Nur knapp entgeht er einer lynch-wütigen Menge und sinnt, entkommen, nach Rache. Fritz Langs erster Film in Amerika, ein Triumph für den Schauspieler Spencer Tracy.

Blinde Wut B391
BLIND FURY **
USA 1989, 93 Min., F
R: Phillip Noyce D: Rutger Hauer, Brandon Call, Terrance O'Quinn
Kriegsblinder Vietnam-Veteran und begnadeter Schwertschwinger, kehrt nach Hause zurück, sucht alten Kameraden, metzelt eine Horde von Schuften ab und wird zum Ersatzvater eines kleinen Jungen. Dutzendware. HFJ 1990

Blinder Haß B392
RIDE OUT FOR REVENGE ***
USA 1957, 73 Min., s/w
R: Bernard Girard D: Rory Calhoun, Gloria Grahame, Lloyd Bridges
Um einen unwilligen Cheyennestamm umzusiedeln, läßt ein Armeeoffizier dessen Häuptling töten. Der Sohn des Häuptlings ruft zum Kampf, ein Scout will zwischen den Parteien vermitteln. Ansehnlicher Western, produziert von Kirk Douglas.

Blindman, der Vollstrecker B393
IL CIECO **
Italien 1971, 102 Min., F
R: Ferdinando Baldi D: Tony Anthony, Ringo Starr, Lloyd Batista
50 Frauen hat Blindman für Bergarbeiter eingekauft, aber sein Partner, ein Bandenboß und ein mexikanischer General legen ihn rein. Das Gewehr wird zum Blindenstock – oder umgekehrt.

Blink B394
BLINK ***
USA 1994, 106 Min., F
R: Michael Apted D: Madeleine Stowe, Aidan Quinn, James Remar
Eine blinde Musikerin, die nach einer Operation ihre Sehkraft zurückgewinnt, gerät an einen Serienkiller und gleichzeitig an einen attraktiven Cop. Schockeffekte, düstere Atmosphäre und suggestive Musik machen diese Mischung zwischen Love-Story und Thriller interessant. HFJ 1995

Blob – Schrecken ohne Namen B395
THE BLOB **
USA 1958, 82 Min., F
R: Irvin S. Yeaworth D: Steve McQueen, Aneta Corseaut, Earl Rowe
Ein kosmischer Schleimklumpen landet in einem US-Städtchen und richtet Schaden an. Steve McQueen bringt das alles wieder in Ordnung. Eine haarsträubende SF-Story.

Der Blob B396
THE BLOB ***
USA 1988, 95 Min., F
R: Chuck Russell D: Shawnee Smith, Donovan Leitch, Ricky Paul Goldin
Neuverfilmung von *Blob* (1958). Diese Fassung bietet zwar höheren tricktechnischen Aufwand, ist aber inhaltlich ebensowenig das Gelbe vom Ei.

Blonde Köder für den Mörder B397
**
BRD/Italien 1970, 95 Min., F
R: Harald Philipp D: Anita Ekberg, Dean Reed, Nadja Tiller, Fabio Testi
Irrer Künstler mordet Blondinen. Schlaffe Krimigeschichte voller »zeitgemäßem« Sex.

Die blonde Venus B398
THE BLONDE VENUS ****
USA 1932, 97 Min., s/w
R: Josef von Sternberg D: Marlene Dietrich, Cary Grant, Herbert Marshall
Marlene wird für ihren kranken Gatten zur Gespielin eines Playboys, zum Undank später von ihm rausgeschmissen und muß jetzt für ihr Kind anschaffen gehen. Aufwendig produzierte, darstellerisch und technisch hochklassige Umsetzung eines mittelmäßigen Stoffes.

Die blonde Venus B399
SCREAMING MIMI ***
USA 1957, 98 Min., s/w
R: Gerd Oswald D: Anita Ekberg, Phil Carey, Gypsy Rose Lee
Journalist freundet sich mit üppiger Tänzerin an, die einem Mörder entkam, der bereits mehrere Mädchen auf dem Gewissen hat. Ein Psychothriller, der sich sehen lassen kann.

Die Blonde von Peking B400
LA BLONDE DE PEKIN ***
Fr/It/BRD 1967, 87 Min., F
R: Nicolas Gessner D: Claudio Brook, Mireille Darc, Edward G. Robinson
Agentenfilmparodie. In Paris wird eine Frau gefunden, die offenkundig das Gedächtnis verloren hat. Tätowierungen auf ihrem Rücken führen die Geheimdienste auf die Spur eines chinesischen Wissenschaftlers.

Blondes Feuer B401
BLONDE FIRE **
USA 1979, 96 Min., F
R: Bob Chinn D: John C. Holmes, Jessie St. James, John Martin
Privatdetektiv in Südafrika versüßt sich die Wartezeit während eines Diamantendeals mit der örtlichen Weiblichkeit und gerät mit Betrügern aneinander. Eindeutiges Bett-Opus mit potenzstarkem Hauptdarsteller.

Blondie's Number One B402
***
BRD 1970, 78 Min., F
R: Robert van Ackeren D: Gabi Larifari, Barny O'Brian, Tom Snigger
Eine Ausländerin braucht für die Aufenthaltsgenehmigung dringend einen Ehemann, doch die Jungs aus der Wohngemeinschaft wollen immer nur das eine. Komödie der Gegenkultur; van Ackerens Spielfilmdebüt.

Blondinen bevorzugt B403
GENTLEMEN PREFER BLONDES ****
USA 1953, 90 Min., F
R: Howard Hawks D: Marilyn Monroe, Jane Russell, Charles Coburn
Diamonds are a girl's best friends – das wußten wir zwar schon vor diesem Film, bekamen es aber meist auf viel weniger amüsante Weise nahegebracht. Musicalkomödie vom Feinsten: Marilyn und Jane als sexy singers waren schon ein Kaliber für sich – der Meister-Screwballer Hawks besorgte den Rest.

Jane Russell und Marilyn Monroe

Blood Beach – Horror am Strand B404
**
BLOOD BEACH
USA 1981, 85 Min., F
R: Jeffrey Bloom D: David Huffman, Mariana Hill, John Saxon, Otis Young
Riesenkrake, die in einem Labyrinth unter einem kalifornischen Strand haust, greift mit Tentakeln nach oben und besorgt sich Futter – in der Regel dralle Mädchen. Ein billiger Routine-Schocker.

Blood Diner B405
BLOOD DINER **
USA 1987, 84 Min., F
R: Jackie Kong D: Rick Burks, Carl Crew, Roger Dauer, Sheba Jackson
Brüder schlachten, um eine uralte Göttin zu neuem Leben zu erwecken, Mädchen ab und setzen das, was sie nicht brauchen, den Gästen ihres Restaurants zum Fraß vor. Um sechs Minuten gekürzter Stumpf-Irrsinn.
HFJ 1990

Blood of Ghastly Horror B406
BLOOD OF GHASTLY HORROR **
USA 1972, 87 Min., F
R: Al Adamson D: John Carradine, Kent Taylor, Tommy Kirk
Wüster Genre-Mix um Gehirntransplantationen, Mord und Veteranen.

Blood Simple B407
BLOOD SIMPLE ****
USA 1984, 99 Min., F
R: Joel Coen D: John Getz, Frances McDormand, Dan Hedaya
Raffinierte Film-noir-Hommage um einen gehörnten Ehemann, der einen Killer auf seine Frau und ihren Geliebten ansetzt. Sein Plan allerdings geht nicht auf ... Bei ihrem Debüt beeindrucken die Coen-Brüder mit einem Skript voller cleverer Wendungen und einer Inszenierung voller starker Momente.

Blood & Wine B408
BLOOD AND WINE ***
USA 1996, 101 Min., F
R: Bob Rafelson D: Jack Nicholson, Stephen Dorff, Jennifer Lopez
Weinhändler in Geldnöten klaut mit Hilfe eines alternden Safeknackers ein Diamantencollier. Was als Thrillerkomödie beginnt, entpuppt sich bald als brutaler Überlebenskampf, als sich der Stiefsohn des Händlers einmischt.
HFJ 1998

Bloody Home B409
LONG JOURNEY HOME **
USA 1987, 100 Min., F
R: Rod Holcomb D: Meredith Baxter Birney, David Birney, Ray Baker
In Vietnam verschollener Ehemann taucht wieder auf und will mit seiner Frau ein neues Leben beginnen.
HFJ 1989

Bloody Mama B410
BLOODY MAMA ****
USA 1969, 90 Min., F
R: Roger Corman D: Shelley Winters, Pat Hingle, Don Stroud

Mama Barker und ihre Söhne bilden eine Gang, die mit Raub, Vergewaltigung und Mord sowohl für die Befriedigung ihrer psychopathischen Gelüste als auch für den Erwerb gutbürgerlichen Wohlstands sorgt. Grelle Moritat aus den rezessionsgeplagten Vereinigten Staaten der zwanziger Jahre.

Bloody Marie – Eine Frau mit Biß B411 ***
INNOCENT BLOOD
USA 1992, 112 Min., F
R: John Landis D: Anne Parillaud, David Proval, Rocco Sisto
Attraktiver weiblicher Vampir tut sich mit US-Cop zusammen und räumt unter den bösen Buben und der Mafia auf, deren Vorliebe für Knoblauch zu Problemen führt. Ein fröhlicher Horrorulk, in dem mehrere Regisseure in Kleinstrollen auftreten (u.a. Frank Oz, Sam Raimi, Dario Argento). HFJ 1994

Bloostom
siehe: Der Rubin des Blutes

Blow Out – Der Tod löscht alle Spuren B412 ***
BLOW OUT
USA 1981, 108 Min., F
R: Brian de Palma D: John Travolta, Nancy Allen, John Lithgow
Spannender Thriller um einen Tontechniker, der einen Todesschrei besorgen soll und dabei auf einen richtigen Mord stößt. Zwischen Antonioni und Hitchcock angesiedelter Film des meisterlichen Epigonen Brian De Palma.

Blow up B413 ****
BLOW UP
GB 1966, 111 Min., F
R: Michelangelo Antonioni D: David Hemmings, Vanessa Redgrave, Sarah Miles, Veruschka von Lehndorff
Durch Zufall entdeckt ein Starfotograf auf einer seiner Aufnahmen einen Killer mit schußbereiter Waffe und gerät bei seinen Nachforschungen selbst auf die Todesliste. Zum Kultfilm gewordener, vielschichtig und intelligent konstruierter Thriller, der zwischen Realität und Irrealität schwankt. Symbolreiche, provokative und farbenprächtige Parabel auf die Popkultur der 60er.

Blue Chips B414 ***
BLUE CHIPS
USA 1994, 103 Min., F
R: William Friedkin D: Nick Nolte, Mary McDonnell, Ed O'Neill
Fanatischer Basketballtrainer mit chaotischem Privatleben manövriert sich, ohne dies zu merken, ins sportliche Aus. Eine ernsthafte, zuweilen auch spannende Auseinandersetzung mit den sich schleichend verschlimmernden Korruptionsmethoden im (Amateur-)Sport. HFJ 1995

Blue Collar B415 ****
BLUE COLLAR
USA 1978, 114 Min., F
R: Paul Schrader D: Richard Pryor, Harvey Keitel, Yaphet Kotto
Drei Kumpels in einer Autofabrik wollen den Tresor ihrer Gewerkschaft plündern, weil sie sich von ihr verschaukelt fühlen. Doch sie finden dort nur 600 Dollar, dafür aber Unterlagen, die beweisen, daß diese mit illegalen Praktiken arbeitet. Als sie versuchen, die Gewerkschaft zu erpressen, wird die ganze Sache eine Nummer zu groß für sie.

Blue Jean Cop B416 **
SHAKEDOWN
USA 1988, 96 Min., F
R: James Glickenhaus D: Peter Weller, Sam Elliott, Patricia Charbonneau
Action-Film über einen Anwalt und einen Cop, die gemeinsam einer Rauschgiftbande und einigen korrupten Bullen das Handwerk legen. Typische Genre-Unterhaltung. HFJ 1989

Blue Note – A Story of Modern Jazz B417 ***
BRD 1997, 93 Min., s/w, F
R: Julian Benedikt Mit: Carlos Santana, Bertrand Tavernier
Die Geschichte des weltberühmten Jazz-Labels Blue Note mit zahlreichen Interview- und historischen Konzertmitschnipseln. Dramaturgie und Dynamik lassen manchmal zu wünschen übrig. HFJ 1998

Blue Steel B418 ****
BLUE STEEL
USA 1989, 102 Min., F
R: Kathryn Bigelow D: Jamie Lee Curtis, Ron Silver, Clancy Brown
In aberwitzig heftigen Bildern erzählte Geschichte einer jungen Polizistin, die zum tödlichen Duell mit einem indirekt von ihr selbst geschaffenen Mörder-Monster antreten muß. Actionfilm und feministische Recherche zugleich.

Blue Velvet B419 ****
BLUE VELVET
USA 1985, 120 Min., F
R: David Lynch D: Kyle MacLachlan, Isabella Rossellini, Dennis Hopper
Romantischer Jungmann findet abgeschnittenes Ohr und lernt im Zuge privater Ermittlungen eine mysteriöse Barsängerin und einen bizarren Perversling kennen, der ihn einerseits bedroht und andererseits in seine Welt einführt. Merkwürdige Mixtur aus Thriller und Kitsch, in dem keine Minute vergeht, in dem der Synchronisateur nicht »Fuck!« schreien muß. HFJ 1988

Blueberry Hill B420 ***
BLUEBERRY HILL
USA 1986, 89 Min., F
R: Strathford Hamilton D: Carrie Snodgress, Margaret Avery
Was kann einem jungen Mädchen in den fünfziger Jahren in einem gottverlassenen puritanischen Holzfällerdorf in Kalifornien helfen, sich von der bigotten Mutter und der Beschränktheit ihrer Umgebung zu befreien? Der Jazz, die Sehnsucht – und die Entdeckung der eigenen Stärke. Eine atmosphärische Geschichte vom Erwachsenwerden, ein bißchen zu simpel hier und da. HFJ 1991

Blues Brothers B421 *****
THE BLUES BROTHERS
USA 1979, 133 Min., F
R: John Landis D: John Belushi, Dan Aykroyd, Kathleen Freeman
Cooles Bruderpaar tut sich zusammen, um 5000 Dollar zu beschaffen, und diese nach einer rasanten Autofahrt, bei der kein Verkehrsgesetz unverletzt bleibt, termingerecht beim Finanzamt

abzuliefern, damit das kleine Waisenhaus nicht geschlossen wird, in dem sie aufgewachsen sind. Viel Action, urwüchsige Komik und sehr gute Rockmusik sind wichtige Bestandteile dieser hochkarätigen Satire, in der haarsträubende Zerstörungsorgien Urständ feiern. John Landis gelang ein echter Kultfilm.

Blühende Zeiten B422
BLOMSTRANDE TIDER ***
Schweden 1979, 98 Min., F
R: John Olsson D: Krister Henriksson, Ake Lindström, Margret Weivers
Die minder glückliche Rückkehr eines schwedischen Arbeiters nach seinem Einsatz als UN-Soldat in Zypern in sein nordschwedisches Heimatdorf. Eine düstere und gänzlich illusionslose Studie über die Unbewohnbarkeit der Welt.

Blumen der Nacht B423
NIGHT FLOWERS ***
USA 1979, 92 Min., F
R: Luis San Andres D: José Perez, Sabra Jones, Gabriel Walsh
Zwei Vietnam-Veteranen haben größte Schwierigkeiten, sich wieder in den USA einzuleben.

Blumen des Schreckens B424
THE DAY OF THE TRIFFIDS ***
GB 1962, 94 Min., F
R: Steve Sekely D: Howard Keel, Nicole Maurey, Janina Faye
Ein Meteoritenschauer läßt fast alle Menschen erblinden; tödliche Sporen, zu fleischfressenden Pflanzen mutiert, töten sie, bis ein paar Überlebende ihre Achillesferse erkennen. Spannender Science-fiction-Thriller nach John Wyndham.

Blumen für den Mann im Mond B425
**
DDR 1975, 90 Min., F
R: Rolf Losansky D: Jutta Wachowiak, Stefan Lisewski, Annemone Haase
Filmmärchen um einen Jungen, der eine Blume für den Mond züchtet. Ein Hohelied auf die Kraft der Phantasie, das selber eine etwas stärkere Dosis davon gebraucht hätte.

Die Kult-Gebrüder Blues: Dan Aykroyd und John Belushi in ›Blues Brothers‹.

Blumen ohne Duft B426
BEYOND THE VALLEY OF THE DOLLS ***
USA 1970, 101 Min., F
R: Russ Meyer D: Dolly Read, Cynthia Myers, Marcia McBroom
Ausflug des Billig- und Busen-Filmers Meyer ins große Hollywood: Mit dem Zehnfachen seines üblichen Etats dreht er für 20th Century Fox über eine weibliche Pop-Band ein wildes Werk, das prompt als erster Film in der Geschichte des Verleihs mit einem Jugendverbot belegt wird. Der Kultstatus war damit vorprogrammiert.

Blut an den Lippen B427
LE ROUGE AUX LEVRES ***
BRD/Belgien/F 1970, 89 Min., F
R: Harry Kümel D: Delphine Seyrig, Danielle Ouimet, Andrea Rau
Ehepaar lernt in einem leeren Hotel in Ostende unsterbliche Vampirgräfin nebst Geliebter kennen und fällt beiden zum Opfer. Stimmungsvoller Grusler mit Anspruch, der auf die üblichen Schockeffekte verzichtet.

Das Blut des Kondors B428
YAWAR MALLKU ****
Bolivien 1969, 78 Min., s/w
R: Jorge Sanjines D: Marcelini Yanahuaya, Vincente Verneros
Die Einwohner eines Indiodorfes entdecken, daß die Angehörigen des amerikanischen »Friedenskorps« die Frauen ohne ihr Wissen sterilisieren, und überfallen deren Lager. Die bolivianische Polizei nimmt zur Vergeltung Erschießungen vor. Ein Klassiker des politischen Kinos aus Lateinamerika.

Blut eines Bullen B429
SANGUE DI SBIRRO **
Italien 1976, 95 Min., F
R: Al Bradley D: Jack Palance, George Eastman, Jenny Tamburi
Um seinen angeblich korrupten Vater zu rächen, zettelt ein Bursche in New York einen Gangsterkrieg an. Einfache Räuberpistole mit viel Geknalle und Gemeuchel.

Blut für Dracula B430
DRACULA, PRINCE OF DARKNESS ***
GB 1965, 90 Min., F
R: Terence Fisher D: Christopher Lee, Barbara Shelley, Andrew Keir
Vom Blut eines auf seinem Schloß nächtigenden Touristenpärchens zu neuem Leben erweckt, treibt Graf Dracula im 19. Jahrhundert in Böhmen sein Unwesen, bis ein Abt sich seiner annimmt. Standard-Horrorfilm.

Blut im Schnee B431
DANGEROUS MISSION ***
USA 1954, 74 Min., F
R: Louis King D: Victor Mature, Piper Laurie, William Bendix
Mordzeugin wird von US-Gangsterbande bis in einen Nationalpark in Montana gejagt, wo ein Polizist sie zu retten versucht. Ein knallharter Reißer mit einigen Tendenzen zum »Anspruchsvollen«.

Das Blutbiest B432
THE BLOOD BEAST TERROR **
GB 1967, 82 Min., F
R: Vernon Sewell D: Peter Cushing, Robert Flemyng, Wanda Ventham
Ein Insektenforscher verwandelt seine Tochter in eine Totenkopfmotte, die bei Nacht vampirischen Trieben frönt. Ein stellenweise spannender Horrorfetzer nach einer nicht gerade überzeugenden Idee.

Blutdurst B433
THIRST **
Australien 1979, 90 Min., F
R: Rod Hardy D: Chantal Contouri, David Hemmings, Henry Silva
Wohlhabende junge Dame gerät in die Fänge einer internationalen Bande von Vampiren, die dringend Nachwuchs und Frischblut brauchen. Genau das richtige für Autokinos.

Blüten, Gauner und die Nacht von Nizza B434
LE JARDINIER D'ARGENTEUIL/TULIPE ***
Frankreich/BRD 1966, 89 Min., F
R: Jean-Paul Le Chanois D: Jean Gabin, Liselotte Pulver, Curd Jürgens
Alter Freizeitmaler, der dann und wann eine falsche Geldnote produziert, tut sich mit gelangweiltem Adeligen zusammen und ist nach einigen Abenteuern und einem Kasinogewinn aller finanziellen Sorgen ledig. Eine betuliche Komödie vor gut abfotografiertem Hintergrund, aber trotz der bekannten Mimen eher langweilig.

Das Blutgericht der reitenden Leichen B435
LA NOCHE DE LAS GAVIOTAS **
Spanien 1975, 89 Min., F
R: Amando Ossori D: Victor Petit, Maria Kosti, Sandra Mazarosti
Spanischer Arzt, der in einem einsam gelegenen Küstenort einen Kollegen vertritt, stößt auf eine Sekte von Untoten, die ihn und seine Frau bald jagen. Mit Sex versetzte, schludrig inszenierte Schauermär.

Blutgericht in Texas B436
THE TEXAS CHAINSAW MASSACRE ***
USA 1974, 87 Min., F
R: Tobe Hooper D: Marilyn Burns, Paul A. Partain, Edwin Neal
Mehrere Jugendliche, darunter auch ein Rollstuhlfahrer, wollen in den Südstaaten das alte Haus ihres Großvaters besichtigen und fallen in einer einsamen ländlichen Gegend in die Hände einer degenerierten, kannibalistischen Freßorgien frönenden Metzgersippe, die sie verfolgt und auf brutalste Weise abschlachtet. Ein Horrorschocker, der zu oft noch schlechter nachgemacht wurde.

Schönheit hat ihren Preis: Mord im Modesalon ›Blutige Seide‹.

Bluthunde B437
DEATH WEEKEND **
Kanada 1976, 89 Min., F
R: William Fruet D: Brenda Vaccaro, Don Stroud, Chuck Shamanta
Vier Lumpen terrorisieren ein Paar in einem Landhaus und fallen, nachdem sie den Hausherrn getötet haben, seiner Geliebten zum Opfer. Thriller, der sich in Gewaltorgien ergeht.

Blutige Diamanten B438
ROPE OF SAND ***
USA 1949, 104 Min., s/w
R: William Dieterle D: Burt Lancaster, Paul Henreid, Corinne Calvet
Mehrere Gruppen auf der Suche nach einem Diamantenschatz in Südafrika. Harte Burschen, korrupte Bullen, geballte Fäuste. Ein gekonnter Abenteuerfilm.

Blutige Erdbeeren B439
THE STRAWBERRY STATEMENT ***
USA 1970, 109 Min., F
R: Stuart Hagman D: Bruce Davison, Kim Darby, Bud Cort, Murray MacLeod
Studenten besetzen aus Protest gegen den Vietnam-Krieg das Verwaltungsgebäude der Universität. 1968 in Amerika spannend erzählt.

Blutige Hände B440
THE KILLER IS LOOSE ***
USA 1955, 73 Min., s/w
R: Budd Boetticher D: Joseph Cotten, Rhonda Fleming, Wendell Corey
Verurteilter Bankräuber schwört jenem Polizisten Vergeltung, der ihn festnahm und dabei seine Frau erschoß. Faszinierend an Boettichers Rache-Western im urbanen Milieu ist Coreys Porträt des psychopathischen Killers.

Blutige Hochzeit B441
LES NOCES ROUGES ****
Fr/It 1972, 96 Min., F
R: Claude Chabrol D: Stéphane Audran, Michel Piccoli, Claude Piéplu
Psycho-Thriller mit gesellschaftskritischem Akzent um einen Stadtrat, der seine eigene Frau umbringt und ein Verhältnis mit der Frau seines Gegners hat, den er später auch noch ermordet. Mit böser Lust nutzt Chabrol den

authentischen Fall zu einer Attacke auf das verlogene Provinz-Bürgertum.

Blutige Seide B442
SEI DONNE PER UN ASSASSINO ***
BRD/It/Fr 1963, 86 Min., F
R: Mario Bava D: Cameron Mitchell, Eva Bartok, Thomas Reiner
Ein Killer, um dessen geistige Gesundheit es nicht zum Besten steht, hat es auf Mannequins abgesehen. Ein blutiger Schocker.

Blutige Spur B443
TELL THEM WILLIE BOY IS HERE ****
USA 1969, 98 Min., F
R: Abraham Polonsky D: Robert Redford, Katharine Ross, Robert Blake, Susan Clark, Barry Sullivan
Der Indianer Willie geht ins Reservat zurück, um seine Freundin zu heiraten, doch deren Vater ist gegen die Verbindung. Willie tötet ihn in Notwehr und wird von einem Sheriff und einer Gruppe fanatischer Helfer verfolgt. Ein Western, der sich bemüht, die indianische Sicht der Dinge darzustellen.

Blutige Straße B444
HELL ON FRISCO BAY ***
USA 1956, 100 Min., F
R: Frank Tuttle D: Alan Ladd, Edward G. Robinson, Joanne Dru
Ehemaliger Polizist kommt aus dem Gefängnis und sucht den Mann, der ihn hereingelegt hat. Harter Kriminalfilm mit guten Darstellern und einem an Gewalt reichen Höhepunkt.

Blutige Streiche B445
BLOODY KIDS ***
GB 1979, 87 Min., F
R: Stephen Frears D: Derrick O'Connor, Gary Holton, Richard Thomas
Der elfjährige Leo bringt mit einem vorgetäuschten Verbrechen die Polizei auf Trab und sich und seinen Freund in Gefahr. Zeitbild einer kalten und isolierten Jugend.

Die blutigen Geier von Alaska B446
***
BRD 1973, 97 Min., F
R: Harald Reinl D: Doug McClure, Harald Leipnitz, Roberto Blanco
Ein Pelzjäger in Alaska kümmert sich um einen Jungen und klärt den Überfall auf einen Goldtransport auf. Abenteuerfilm biederen Zuschnitts, der seinem Titel nicht gerecht wird.

Blutiger Schnee B447
NORTHERN PURSUIT ***
USA 1943, 94 Min., s/w
R: Raoul Walsh D: Errol Flynn, Julie Bishop, Helmut Dantine
Ein Beamter der kanadischen RCMP jagt einen notgelandeten Piloten der deutschen Wehrmacht durch die arktische Wildnis. Ungewöhnliches Kriegsabenteuer, aber von der Machart her nicht übel.

Blutiger Zahltag B448
THE DEATH COLLECTOR **
USA 1970, 73 Min., F
R: Ralph de Vito D: Joseph Cortese, Lou Criscuola, Joe Pesci
Geldbote eines Syndikats fällt bei seinen Chefs in Ungnade und muß um sein Leben kämpfen. Blutiger und gewalttätiger Gangsterfilm.

Blutiges Blei B449
IL PREZZO DEL POTERE **
Italien/Spanien 1969, 95 Min., F
R: Tonino Valerii D: Giuliano Gemma, Van Johnson, Fernando Rey
Ein Ex-Soldat, der verdächtigt wird, ein Attentat auf den US-Präsidenten Garfield verübt zu haben, entlarvt die wahren Täter, die unbelehrbaren Finanzkreisen entstammen. Ansehbarer Italo-Western mit erkennbaren Parallelen, aber eher politisch unbedarft.

Blutiges Öl B450
GUNS AND THE FURY **
USA 1981, 100 Min., F
R: Tony M. Zarindast D: Peter Graves, Cameron Mitchell, Albert Salmi
Amerikaner, die um 1900 in Persien Öl suchen, bringen mit Yankee-Gehabe die Einheimischen gegen sich auf. Ein Film, in dem das Blut reichlich spritzt. Von Geist keine Spur.

Blutjunge Masseusen B451
*
Schweiz 1972, 76 Min., F
R: Michael Thomas D: Rena Bergen, Christa Free, Nadine de Rangot
Üppige Masseusen verwöhnen deutsche Urlauber an den unterschiedlichsten Ferienorten. Billig gefertigter Tourismus-Bilderbogen mit zahlreichen Sexeinlagen.

Blutjunge Verführerinnen (1) B452
*
Schweiz 1971, 79 Min., F
R: Michael Thomas D: Evelyne Traeger, Ingrid Steeger, Klaus Jurichs
Episödchenfilm über Journalisten, die sich schlüpfrige Geschichten über die sexuellen Gelüste von Schülerinnen ausdenken. Platter Bums auf der Basis einer Artikelserie der Zeitschrift »Wochenend«.

Blutjunge Verführerinnen (2) B453
*
Schweiz 1972, 74 Min., F
R: Michael Thomas D: Ingrid Steeger, Evelyne Traeger, Christa Free
Ein Drehbuchautor diktiert seiner Sekretärin, wie junge Mädchen sich an Männer heranmachen. Zotiger Episoden-Sexfilm, der mehr über seine Macher als über sein Thema aussagt. Den 3. Teil enthalten wir Ihnen lieber vor.

Blutmesse für den Teufel B454
EL ESPANTO SURGE DA LA TUMBA **
Spanien 1972, 86 Min., F
R: Carlos Aured D: Paul Naschy, Emma Cohen, Vic Winner
Nachkomme eines Tempelritters, der im Mittelalter wg. Hexerei den Kopf verlor, will sich an einem Nachkommen seines Richters rächen. Langweiliger Horrorfilm aus der Feder des völlig uninspirierten Hauptdarstellers.

Blutnacht des Teufels B455
WEREWOLVES ON WHEELS *
USA 1973, 81 Min., F
R: Michael Levesque D: Stephan Oliver, Severn Darden, Donna Anderson
Rockerbraut, von Satanssekte dem Gehörnten geweiht, wird zum Werwolf. Als die Rocker sich rächen wollen, ziehen sie den kürzeren. Wirrer Schnittabfall aus dem Mülleimer einer Billigproduktion.

Die Blutorgie der Satanstöchter B456 *
BLOOD ORGY OF THE SHE-DEVILS
USA 1972, 75 Min., F
R: Ted V. Mikels D: Lila Zaborin, Tom Pace, Leslie McRae, Victor Izay
Eine kalifornische »Hexenkönigin« und ihre vorwiegend aus drallen Maiden bestehende Clique suchen männliche Opfer für Schwarze Messen. Lumpiger Schundfilm eines Regisseurs, der nur lumpige Schundfilme herstellt.

Blutrausch B457
DEATH TRAP *
USA 1976, 88 Min., F
R: Tobe Hooper D: Neville Brand, Mel Ferrer, Carolyn Jones
Irrer Mörder metzelt Gäste des von ihm betriebenen Motels mit der Sense nieder und wirft sie Alligatoren zum Fraß vor. Geschmackloser Horrorfilm eines Kranken, der bisher fast nur kranke Filme inszeniert hat. Avoid!

Blutroter Kongo B458
CONGO CROSSING **
USA 1956, 87 Min., F
R: Joseph Pevney D: Virginia Mayo, George Nader, Peter Lorre
Ausländische Ganoven treffen sich in einem fiktiven afrikanischen Land namens Congatonga, das niemanden ausliefert. »*Casablanca* für Arme«, sagen die von »Halliwell«.

Ein blutroter Morgen B459
XUESE QING CHEN ****
VR China 1990, 102 Min., F
R: Li Shaohong D: Hu Yajie, Zhao Jun, Kon Lin
Der Film rekonstruiert den Mord an einem jungen Lehrer in einem armen nordchinesischen Dorf. In einer kunstvoll strukturierten Reihe von Rückblenden entsteht das Bild einer sowohl archaischen als auch defekten Gesellschaft, deren Stagnation sich darin spiegelt, daß sie einen aufgrund sinnentleerter Traditionen »angekündigten Tod« nicht zu verhindern vermag. Auch Francesco Rosi verfilmte diesen Stoff von Gabriel Garcia Marquez, die *Chronik eines angekündigten Todes.*

Blutsfeindschaft B460
HOUSE OF STRANGERS ***
USA 1949, 101 Min., s/w
R: Joseph L. Mankiewicz D: Edward G. Robinson, Richard Conte, Luther Adler, Susan Hayward
Ein rücksichtsloser italo-amerikanischer Aufsteiger terrorisiert seine Familie psychisch und moralisch. Nur ein Sohn kann dem System von Haß, Mißgunst und Unterdrückung entkommen. Mankiewicz gelingt es, in der persönlichen Geschichte auch die soziale Situation zu schildern.

Blutspur der Killerladies B461
ESCAPE FROM CELL BLOCK 3 *
FIVE ANGRY WOMEN
USA 1982, 78 Min., F
R: Kent Osborne D: Carolyn Judd, Teri Gusman, Darlene Mattingly
Nachdem fünf weibliche Furien aus dem Knast geflohen sind, ziehen sie auf dem Weg nach Mexiko eine Blutspur hinter sich her. Aktionsreiches, von keinerlei Intellekt berührtes Schema-F-Drecksfilmchen.

Blutspur ins Totenreich B462
HOUSE OF SHADOWS **
USA 1981, 100 Min., F
R: Richard Wulicher D: Yvonne Di Carlo, John Gavin, Leonor Manso
Der Geist einer Ermordeten nimmt Kontakt mit einer Frau auf, was dazu führt, daß ihr Mörder wieder aktiv wird. Durchschnitts-Horrordrama.

Blutsverwandte B463
THE LAST OF THE MOBILE HOTSHOTS ***
USA 1969, 110 Min., F
R: Sidney Lumet D: James Coburn, Lynn Redgrave, Robert Hooks
Die eigenartige Eheschließung eines Paares in einer Fernsehshow führt zu einem furchtbaren Familiendrama. Vor allem schauspielerisch überzeugende Tennessee-Williams-Verfilmung.

Blutzoll B464
PORTRAIT OF A HEAT MAN ***
USA 1972, 80 Min., F
R: Allan Buckhantz D: Jack Palance, Bo Svenson, Rod Steiger, Ann Turkel
Profi-Killer, der den Auftrag erhält, seinen Freund zu töten, gerät in seelische Nöte und widersetzt sich seinen Auftraggebern – und die haben sowas gar nicht gern. Dutzendkrimi. *Wir drohen mit einer Neuauflage, denn wir wollen noch weitere 48 Bluttitel loswerden.*

Bob & Caroline & Ted & Alice B465 ***
BOB & CAROL & TED & ALICE
USA 1969, 104 Min., F
R: Paul Mazursky D: Natalie Wood, Robert Culp, Elliott Gould, Dyan Cannon
Debütfilm über ein Ehepaar (Wood & Culp), die ein befreundetes Ehepaar (Cannon & Gould) von den Vorzügen »moderner« Moralvorstellungen zu überzeugen versuchen. Ein Beitrag zur sexuellen Revolution.

Bob Marley – Exodus B466
EXODUS ***
GB 1977, 80 Min., F
R: Keef (= Keith MacMillan) D: Bob Marley and the Wailers
Auf Video aufgezeichnetes und auf Film übertragenes Londoner Konzert des Reggae-Musikers, ohne das hektische Hickhack späterer Musikfilme. Zum Genießen.

Bob Roberts B467
BOB ROBERTS ****
USA 1992, 100 Min., F
R: Tim Robbins D: Tim Robbins, Giancarlo Exposito, Alan Rickman
Bemerkenswertes Regie-Debüt des Schauspielers Robbins, der in einem an Robert Altman erinnernden, pseudo-dokumentarischen Stil den Aufstieg eines rechtspopulistischen Politikers zeigt. Lehrstück, das Pflichtprogramm in Schulen sein müßte. HFJ 1993

Bobby Deerfield B468
BOBBY DEERFIELD ***
USA 1977, 124 Min., F
R: Sydney Pollack D: Al Pacino, Marthe Keller, Anny Duperey
Seltsam besetzte, seltsam langsame Remarque-Verfilmung über einen dem Tod trotzenden Rennfahrer, der auf eine todkranke Frau trifft: Die einen finden es höchst sensibel, die anderen höchst langweilig.

Boccaccio B469
BOCCACCIO **
It/Fr 1971, 95 Min., F
R: Bruno Corbucci D: Enrico Montesano, Sylva Koscina, Pascale Petit
Frivole und halbwegs komische Episoden nach dem »Decamerone«, von Schauspielern dargeboten, die, wenn sie schon in einer Sexklamotte mitspielen, dann auch richtig klamottig sein wollen.

Boccaccio '70 B470
BOCCACCIO '70 ****
It/Fr 1961, 156 Min., F
R: Vittorio de Sica, Luchino Visconti, Federico Fellini, Mario Monicelli
D: Sophia Loren, Peppino de Filippo, Tomas Milian, Romy Schneider, Anita Ekberg
Episodenfilm über einen Spießer, den ein dralles Fotomodell in seinen Träumen verfolgt; eine Gräfin, die sich von ihrem Gatten für Sex bezahlen läßt, und den Boß einer Schießbude, der seine Helferin als »Hauptgewinn« anbietet.

Boccaccios große Liebe B471
DECAMERON NIGHTS ***
USA 1952, 88 Min., F
R: Hugo Fregonese D: Joan Fontaine, Louis Jourdan, Binnie Barens
Boccaccio erzählt seinen Freunden ein paar schlüpfrige Geschichten. Naiver Kostümfilm in Episoden nach Giovanni Boccaccio.

Der Bockerer B472
***
Österreich/BRD 1981, 104 Min., F
R: Franz Antel D: Karl Merkatz, Ida Krottendorf, Georg Schuchter
Parabel über die politische Mitläufermentalität des Kleinbürgertums anhand der Geschichte des Wiener Metzgermeisters Karl Bockerer, der sich von Freud' und Leid geplagt durchs III. Reich laviert, ohne die Tragweite des Geschehens richtig zu begreifen. Trotz der politisch brisanten Thematik ist der Film von Regisseur Franz Antel etwas zu brav und glatt inszeniert, dafür aber hervorragend gespielt.

Bodies, Rest and Motion B473
BODIES, REST & MOTION ***
USA 1992, 93 Min., F
R: Michael Steinberg D: Phoebe Cates, Bridget Fonda, Tim Roth
Wenn während des Umzugs der Lebensgefährte verschwindet, bleiben Frustrationen nicht aus. Auch die Wandlung des Wohnungsrenovierers zum liebevollen Lover, ändert nichts an der Einsamkeit der Protagonistin. Stimmiges, manchmal aber leicht dahinplätscherndes Porträt der »Generation X«. HFJ 1995

Bodo – Eine ganz normale Familie B474
**
BRD 1988, 96 Min., F
R: Gloria Behrens D: Martin Forbes, Gary Forbes, Nascica Kukavica
Intellektueller Depp klont sich einen Doppelgänger, um das Herz der Sängerin einer Popgruppe zu gewinnen. Die zum Gähnen langweilige Story bedient sich eines Science-fiction-Themas, das schon 1942 (wenn auch nicht im Film) besser abgehandelt wurde. HFJ 1990

Body of Evidence B475
BODY OF EVIDENCE **
USA/BRD 1993, 100 Min., F
R: Uli Edel D: Madonna, Willem Dafoe, Joe Mantegna
Ein Püppchen steht vor Gericht und verteidigt sich gegen den Vorwurf, ihren reichen, herzkranken Geliebten mit hemmungslosen Stellungsspielen ums Leben gebracht zu haben. Auch ihr Verteidiger verknallt sich in sie. Klischeehaftes Justizdrama mit schwachem Popstar in der Hauptrolle und auch noch langweilig. HFJ 1994

Body Snatchers B476
BODY SNATCHERS ***
USA 1993, 87 Min., F
R: Abel Ferrara D: Gabrielle Anwar, Meg Tilly, Forest Whitaker
Die Dämonischen und *Invasion der Körperfresser* hießen die Vorgänger. Erneute Verfilmung des klassischen Science-Fiction-Stoffes, in dem mysteriöse Außerirdische in Pflanzengestalt die Menschen einer kleinen amerikanischen Stadt ihrer »Seelen« berauben. Dieser spielt auf einer US-Militärbasis, wo die Folgen noch schlimmer sind. HFJ 1994

Bodyguard B477
BODYGUARD ***
USA 1992, 129 Min., F
R: Mick Jackson D: Kevin Costner, Whitney Houston, Gary Kemp
Ex-Geheimagent soll attraktive Popsängerin privat und bei öffentlichen Auftritten vor ausgerastetem Fan-Maniak beschützen. Die Dame möchte mehr, aber dagegen spricht der Berufsethos der Bodyguards. Die Dame schmollt und irgendwann, man hängt sich ja dauernd auf der Pelle, kommen sie sich näher. Eine durchaus unterhaltsame Geschichte im Videoclip-Stil. HFJ 1994

Boeing-Boeing B478
BOEING BOEING ***
USA 1965, 102 Min., F
R: John Rich D: Jerry Lewis, Tony Curtis, Dany Saval
Weil schnellere Flugzeuge eingesetzt werden, gerät ein US-Journalist in Paris (Curtis), der mit drei Stewardessen liiert ist, zeitplanmäßig in ziemliche Bredouillen, aus denen ihn sein Freund (Lewis) und seine Haushälterin (großartig: Thelma Ritter) zu retten versuchen.

Bog B479
BOG *
USA 1978, 83 Min., F
R: Don Keeslar D: Gloria De Haven, Aldo Ray, Marshall Thompson
Eiszeit-Ungeheuer wird von einem Fischer geweckt und versetzt seine Umgebung in Angst und Schrecken, da es sich von menschlichem Blut ernährt. Ein absoluter Tiefpunkt in der Geschichte des Horrorfilms.

La Bohème B480
LA BOHEME **
Liechtenstein 1967, 108 Min., F
R: Franco Zeffirelli D: Gianni Raimondi, Mirella Freni
Film-Dokumentation einer Inszenierung der Oper von Puccini an der Mailänder Scala; die musikalische Leitung hat Herbert von Karajan.

Boiling Point B481
BOILING POINT ***
USA/Frankreich 1993, 93 Min., F
R: James B. Harris D: Wesley Snipes, Dennis Hopper, Lolita Davidovich
Ein aus dem Knast entlassener Häftling will alte Rechnungen begleichen, steht aber auf verlorenem Posten. Atmosphärisch dichtes Drama mit überzeugenden Darstellern, allen voran Hopper und Snipes. HFJ 1995

Bolero B482
**
BRD 1983, 103 Min., F
R: Rüdiger Nüchtern D: Katja Rupé, Michael König, Maxi Nüchtern
Eheprobleme zwischen Musiker und Galeristin im Karrierestreß. Versuch des neuen deutschen Films, aus der Kunstecke rauszukommen.

Bolwieser B483
***
BRD 1977, 115 Min., F
R: Rainer Werner Fassbinder
D: Kurt Raab, Elisabeth Trissenaar, Bernhard Helfrich
Bahnhofsvorsteher Bolwieser geht daran zugrunde, daß ihn seine Ehefrau betrügt. Rainer Werner Fassbinder inszenierte die Verfilmung des Romans von Oscar Maria Graf als stimmiges Porträt des deutschen Kleinbürgers. Mit einem hervorragend spielenden Kurt Raab.

Bomben auf Monte Carlo B484
**
BRD 1959, 90 Min., F
R: Georg Jacoby D: Eddie Constantine, Marion Michael, Gunther Philipp
Eddie, Kommandant der aus einem Boot bestehenden Flotte des Zwergstaates Dorado, entlarvt den Premier als diebische Elster und rettet die Staatskasse. Komödchen.

Der Bomber B485
BOMBER **
Italien 1982, 103 Min., F
R: Michele Lupo D: Bud Spencer, Jerry Cala, Kallie Knoetze
Der gutmütige Bud Spencer gerät in die Auseinandersetzung zweier verfeindeter Box-Trainer und beweist nach vielen Prügelszenen, daß das Gute am Ende doch siegt. Fließbandprodukt der typischen Haudrauf-Spencer Art.

Bomber und Paganini B486
***
BRD 1976, 114 Min., F
R: Nicos Perakis D: Mario Adorf, Tilo Prückner, Barbara Valentin
Zwei Gauner, der eine lahm, der andere blind, landen einen großen Coup. Ein »attraktiver Film aus lauter unattraktiven Leuten« (Perakis).

Das Original: Warren Beatty und Faye Dunaway in ›Bonnie und Clyde‹.

Le Bonheur B487
LE BONHEUR ***
Frankreich 1964, 80 Min., F
R: Agnes Varda D: Jean-Claude Dront, Claire Dront, Marie-France Boyer
Das Glück aus dem Blickwinkel eines Ehepaares: Während es für den Mann in der Liebe zu zwei Frauen kulminiert, zerbricht die Frau am »Glück« zu dritt und geht in den Tod. Poetischer Film, aber zu einfach.

Bonjour Kathrin B488
***
BRD 1955, 96 Min., F
R: Karl Anton D: Caterina Valente, Peter Alexander, Silvio Francesco
Drei Musikstudenten in Paris erhalten, nach üblichen Schwierigkeiten, eine Chance beim Festival von San Remo. Revuefilm, der gelegentlich sogar ein bißchen Tempo bekommt.

Bonjour Tristesse B489
BONJOUR TRISTESSE ***
USA 1957, 94 Min., s/w und F
R: Otto Preminger D: Jean Seberg, Deborah Kerr, David Niven
Verwöhntes Töchterchen vereitelt Neuheirat des Vaters und löst dadurch eine Tragödie aus. Stimmige Françoise-Sagan-Verfilmung mit wunderbaren Bildern und einer brillant spielenden Deborah Kerr.

La Bonne Auberge B490
LA BONNE AUBERGE **
Frankreich 1976, 90 Min., F
R: José Benazeraf D: Elisabeth Lang, Patricia Cummings
Alice und Ellen werden ins Internat geschickt, um Benimm zu lernen, doch sie werden dort sexuell verdorben, was ihnen aber großartig gefällt. Eindeutiges aus Frankreich.

Bonnie und Clyde B491
BONNIE AND CLYDE ****
USA 1967, 111 Min., F
R: Arthur Penn D: Warren Beatty, Faye Dunaway, Gene Hackman

Jürgen Prochnow und Klaus Wennemann in Wolfgang Petersens ›Boot‹.

Eine wahre Geschichte, die zur Kinolegende wurde und deren Motiv – Gangsterpaar auf selbstzerstörerischer Tour de force gegen die Gesellschaft – in zahllosen Varianten *(Thelma und Louise, Natural Born Killers)* wieder aufgenommen wird. Warren Beatty zeigt, daß er nicht nur schön ist, und die schnörkellose Regie setzte Maßstäbe – nicht nur, was die Darstellung von Gewalt angeht.

Boogey Man B492
THE BOOGEY MAN **
USA 1979, 82 Min., F
R: Ulli Lommel D: Suzanna Love, Ron James, John Carradine
Ein magischer Spiegel rächt Morde, deren Zeuge er geworden ist. Flotter und nicht unspannender Horrorfilm eines deutschen »Ex-Künschtlers«, der in die USA gegangen ist, um endlich mal Kasse zu machen.

Boogie Nights B493
BOOGIE NIGHTS ***
USA 1997, 152 Min., F
R: Paul Thomas Anderson D: Mark Wahlberg, Julianne Moore, Burt Reynolds
Sensible Milieustudie über eine Gruppe von Pornofilmern zu einer Zeit des Umbruchs, als das Celluloid vom Video abgelöst wurde. Der Film läßt seinen Figuren ihre Würde und erinnert inszenatorisch manchmal an Scorseses »Goodfellas«. HFJ 1999

Das Boot B494
****
BRD 1981, 149 Min., F
R: Wolfgang Petersen D: Jürgen Prochnow, Herbert Grönemeyer, Klaus Wennemann, Uwe Ochsenknecht
Hervorragend inszenierter, teuflisch spannender U-Boot-Film nach dem Roman von Lothar Günther Buchheim. Nach wie vor einer der größten Erfolge des deutschen Films im In- und Ausland und eins der Aushängeschilder der deutschen Filmwirtschaft. Nicht umsonst ist Petersen heute auch der einzige ernstzunehmende deutsche Hollywood-Regisseur. Wurde im Fernsehen als Dreiteiler ausgestrahlt, aber wer das nervtötende Sonar nicht im Kino gehört hat, hat was verpaßt. Pflichtprogramm!

Boot der Verdammten B495
LES MAUDITS ***
Frankreich 1947, 90 Min., s/w
R: René Clément D: Henri Vidal, Paul Bernard, Marcel Dalio
Eine Gruppe von deutschen Offizieren und Nazi-Kollaborateuren, die in Norwegen einen französischen Arzt zur Mitfahrt auf einem U-Boot gezwungen hat, hofft auf die Flucht nach Brasilien. Während der Flucht kommt es zu Rivalitäten auf Leben und Tod. Spannender, aber zum Teil effekthascherischer Film mit dichter Atmosphäre und eindrucksvollen Charakterzeichnungen.

Das Boot ist voll B496
****
Schweiz/BRD/Österreich 1980, 100 Min., F
R: Markus Imhoof D: Tina Engel, Curt Bois, Renate Steiger
Ein typisches Schweizer Dorf in der Nähe der Grenze zum Nazi-Deutschland. Erzählt wird die Geschichte einer Flüchtlingsgruppe, die politisches Asyl in der Schweiz sucht, bei einem Wirtsehepaar vorerst unterkommt, aber

schließlich von den Behörden wieder ausgewiesen und damit in den sicheren Tod geschickt wird. Eine böse Geschichte, zurückhaltend und ohne Pathos geschildert.

Bootsmann und Moses B497
TJORVEN, BATSMAN OCH MOSES **
Schweden 1964, 92 Min., F
R: Olle Hellbom D: Torsten Lilliecrona, Louise Edlind, Björn Söderbäck
Kinder erleben kleine Abenteuer mit ihrem Bernhardiner und einer jungen Robbe. Herzallerliebster Astrid-Lindgren-Film.

Bora Bora B498
BORA BORA *
It/Fr 1969, 94 Min., F
R: Ugo Liberatore D: Haydée Politoff, Corrado Pani, Doris Kunstmann
Ehefrau entflieht ihrem »dekadenten« Gatten und verliebt sich auf Tahiti in einen einheimischen Fischer, doch der Mann reist hinterher und will sie zur Rückkehr bewegen. Sexer einfältigen Zuschnitts.

Border Line B499
BORDER LINE ***
Frankreich 1992, 90 Min., F
R: Danièle Dubroux D: Danièle Dubroux, David Léotard, André Dussollier
Hélène will ihren früheren Liebhaber besuchen, den sie seit 20 Jahren nicht gesehen hat, erfährt aber von dessen Sohn Julien vom Tod des Freundes. Wenig später entwickelt sich zwischen Hélène und Julien ein leidenschaftliches Liebesverhältnis, doch allmählich reift in Hélène die fixe Idee, sie sei Juliens Mutter. Verwirrung der Gefühle.

B.O.R.N. B500
B.O.R.N. **
USA 1989, 92 Min., F
R: Ross Hagen D: Ross Hagen, Hoke Howell, Amanda Blake
Verrückter Arzt läßt junge Menschen entführen, um sie zu töten und ihre Organe an reiche Leute zu verkaufen. Der Vater einer Vermißten rückt ihm auf den Pelz. Hölzerne Akteure im Kampf mit einem löchrigen Drehbuch.

Born For Love B501
*
BRD 1987, 82 Min., F
R: Sascha Alexander D: Sibylle Rauch, Karin Schubert, Elle Rio
Ein Filmproduktionsteam zieht alle Register der Manipulation, um eine Jungaktrice zur Mitarbeit an einem Pornofilm zu bewegen. Softporno, der an Deutlichkeit nichts zu wünschen übrig läßt. Gibt es auch als HC-Fassung.

Born Killer B502
BORN KILLER *
USA 1989, 90 Min., F
R: Kimberly Casey D: Ty Hardin, Ted Prior, Fritz Matthews, Adam Tucker
Wie aus einem »Gotcha!«-Farbpistolenkrieg blutiger Ernst wird, zeigt dieses Gewaltspektakel um das Vietnamtrauma eines Veteranen. HFJ 1990

Borsalino B503
BORSALINO ****
Frankreich/Italien 1969, 126 Min., F
R: Jacques Deray D: Alain Delon, Jean-Paul Belmondo, Michel Bouquet
Im Nizza der dreißiger Jahre finden zwei kleine Ganoven trotz ihres unterschiedlichen Charakters nach einer Schlägerei zusammen und machen im Anschluß daran auf brutale Weise Unterwelt-Karriere. Eine dramatische, ungewöhnliche Story über eine Freundschaft, die bis in den Tod anhält; der erste Film, in dem Alain Delon auch als Produzent in Erscheinung trat.

Das Böse B504
PHANTASM **
USA 1978, 88 Min., F
R: Don Coscarelli D: Michael Baldwin, Bill Thornbury, Reggie Bannister
Zwei Brüder stoßen in einem Mausoleum auf ein Tor in eine fremde Dimension und begegnen Zwergen, Killersonden und einem Dunkelmann, der die Puppen tanzen läßt. Wirrer, effektreicher Horror-Film, der mehr Fragen stellt, als er beantwortet. Trotzdem folgten vom Regisseur noch zwei Fortsetzungen. LSFF

Böse Anekdote B505
SKVERNYI ANEKDOT ****
UdSSR 1967, 97 Min., s/w
R: Aleksander Alow, Wladimir Naumow D: Jewgeni Jewsrignejew, Wiktor Sergatschow
Satire um einen Karrieristen, dessen gesicherte Existenz auf der Hochzeitsfeier einer Untergebenen ins Wanken gerät. Die Dostojewskij-Verfilmung wurde von der Zensur zu Recht als Angriff auf die Nomenklatura aufgefaßt und ungerechterweise zwanzig Jahre lang verboten.

Die böse Saat B506
THE BAD SEED ***
USA 1955, 112 Min., s/w
R: Mervin LeRoy D: Nancy Kelly, Patty McCormack, Henry Jones
Psychodrama um ein »mißratenes« Kind. Die Mutter der kleinen Rhoda sieht, nachdem die Tochter offenbar mehrere Menschen in den Tod getrieben hat, nur im Tod des kleinen Monsters eine Lösung. Ein packender Entfremdungs-Thriller aus den fünfziger Jahren.

Das Böse unter der Sonne B507
***
EVIL UNDER THE SUN
GB 1981, 116 Min., F
R: Guy Hamilton D: Peter Ustinov, Colin Blakely, Jane Birkin
Meisterdetektiv Hercule Poirot sucht in diesem »Whodunit« einen Mörder auf einer Ferieninsel. Weitgehend spannungslose, einfach gestrickte Verfilmung der Agatha-Christie-Vorlage mit viel Gequassel und wenig Handlung.

Das boshafte Spiel des Dr. Fu Man Chu B508
***
THE FIENDISH PLOT OF DR. FU MAN CHU
USA 1980, 105 Min., F
R: Piers Haggard D: Peter Sellers, Helen Mirren, Sid Caesar
Super-Bösewicht Fu Man Chu schickt seine Mannen aus, um Zutaten für ein Lebenselixir zu besorgen, das ihm die ewige Jugend garantiert. Verarschung sämtlicher Fu Man Chu-Filme, und eine Paraderolle für Peter Sellers. LSFF

Der Boß B509
HOLD UP ***
Frankreich/Kanada 1985, 96 Min., F
R: Alexandre Arcady D: Jean-Paul Belmondo, Guy Marchand, Kim Cattrall, Jean-Pierre Marielle
Ein gerissener und wortgewandter Ganove überlistet als Clown verkleidet mit einem irrsinnigen Trick eine Bank und die sie recht bald umzingelnde Polizei und kann mit den gemopsten Kröten alsbald gen Italien verschwinden. Humorig aufgezogener Kriminalfilm, der zwar nur in wenigen Kulissen spielt, aber trotzdem recht gut unterhält. Durchaus sehenswert. Wurde als *Ein verrückt genialer Coup* nochmal US-like verfilmt.

Der Boß stirbt noch vor 12 B510
RAPPORTO FULLER – BASE A STOCCOLMA **
It/Fr 1967, 89 Min., F
R: Terence Hathaway D: Ken Clark, Beba Loncar, Lincoln Tate
Rennfahrer verstrickt sich in die Machenschaften der internationalen Spionage und vereitelt in letzter Sekunde ein Attentat. Thriller nach Schema F.

Botschaft für Lady Franklin B511 ***
THE HIRELING
GB 1973, 103 Min., F
R: Alan Bridges D: Sarah Miles, Robert Shaw, Peter Egan
Liebesgeschichte zwischen einer Lady aus den höheren Kreisen und ihrem Chauffeur. Alan Bridges zeichnet das Bild einer geschlossenen Klassengesellschaft: Pessimismus in schönen Bildern.

Botschafter der Angst B512
THE MANCHURIAN CANDIDATE ***
USA 1962, 115 Min., s/w
R: John Frankenheimer D: Laurence Harvey, Frank Sinatra, Janet Leigh
Zwei gefangene US-amerikanische Offiziere werden in einem Lager in Korea hypnotisiert und zu Agenten für eine kommunistische Revolution herangebildet. Eine treffende Mischung aus Thriller und Satire auf die Paranoia der McCarthy-Ära.

Boudu – Aus den Wassern gerettet B513 ****
BOUDU – SAUVE DES EAUX
Frankreich 1932, 80 Min., s/w
R: Jean Renoir D: Michel Simon, Marcel Hainia, Jacques Becker
Ein wohlhabender Pariser Buchhalter rettet einen lebensüberdrüssigen Clochard vor dem Ertrinken und nimmt ihn bei sich auf. Nach einigen amourösen Verwicklungen kehrt dieser dem bürgerlichen Leben jedoch wieder den Rücken und zieht weiter. Brillant inszenierte und vor Witz sprühende Satire auf die Bourgeoisie und gleichzeitig eine Liebeserklärung an die kleinen Leute.

Boulevard der Dämmerung B514
SUNSET BOULEVARD *****
USA 1950, 111 Min., s/w
R: Billy Wilder D: Gloria Swanson, William Holden, Erich von Stroheim
Abgehalfterte Stummfilmdiva – reich, aber out – versucht, mit Hilfe eines jungen Drehbuchschreibers – arm, aber in – wieder ins Geschäft zu kommen. Irgendwann sagt er ihr, daß ihr Zug endgültig abgefahren ist. Geniale Satire auf den Mythos Hollywood.

La boum – die Fete – Eltern unerwünscht B515 ***
LA BOUM
Frankreich 1980, 110 Min., F
R: Claude Pinoteau D: Brigitte Fossey, Claude Brasseur, Sophie Marceau
Zum ersten Mal verliebte 13jährige durchlebt pubertätsspezifische Glücks- und Angstgefühle im Umgang mit dem anderen Geschlecht. Probleme mit Schule und Erwachsenen, die auch ihre Beziehungsprobleme haben, bleiben nicht aus. Der einfühlsame, mit der für das französische Kino typischen Leichtigkeit inszenierte Film zeigt Sophie Marceau in ihrer ersten Rolle.

Die Bounty B516
THE BOUNTY **
USA 1984, 105 Min., F
R: Roger Donaldson D: Mel Gibson, Anthony Hopkins, Laurence Olivier
1788: Nachdem die Matrosen der »Bounty« ihren fiesen Kapitän in einem Boot ausgesetzt haben, landen sie auf einer Südseeinsel, wo ihre Probleme jedoch erst anfangen. Wenig spannender Abenteuerfilm. Remake.

Bound – Gefesselt B517
BOUND ***
USA 1996, 108 Min., F
R: Larry Wachowski, Andy Wachowski
D: Jennifer Tilly, Gina Gershon, Joe Pantoliano
Lesbenduo trickst Mafiabande aus. Thriller-Komödie mit überraschenden Wendungen und mit einem gehörigen Touch Erotik als Hommage an den »film noir« inszeniert. Wieder ein Brüderpaar, das Filmkarriere macht.
HFJ 1997

Der Boxer B518
THE BOXER ****
GB 1997, 113 Min., F
R: Jim Sheridan D: Daniel Day-Lewis, Emily Watson, Lorraine Pilkington
Nach 14 Jahren Haft wird ein Boxer und ehemaliger IRA-Aktivist zum Symbol für Versöhnung mit den Protestanten, aber auch zur Zielscheibe für Hardliner. Subtile Fabel mit großartigen Darstellern über die Unmöglichkeit privaten Glücks inmitten des Nordirland-Konflikts. HFJ 1999

Boyfriend B519
THE BOY FRIEND ***
GB 1971, 125 Min., F
R: Ken Russell D: Twiggy, Christopher Gable, Max Adrian
Musicalverfilmung: Dürres Mädchen möchte auf der Revuebühne Karriere machen und findet das Glück, als eine erste Besetzung ausfällt. Ein bombastisch aufgemotztes Filmspektakel, das seine läppische Story durch pausenloses Herumgetanze und schwülstige Bühnenbilder aufzuplustern versucht.

The Boys from Brazil B520
THE BOYS FROM BRAZIL **
USA 1978, 100 Min., F
R: Franklin J. Schaffner D: Gregory Peck, Laurence Olivier, James Mason
Ein in Südamerika lebender Nazi will mit Hilfe gezüchteter Hitler-Klons das Dritte Reich neu erstehen lassen.

Hitler-Clowns hätten es vielleicht weiter gebracht.

Die Boys von Kompanie C B521
THE BOYS IN COMPANY C ***
USA/Hongkong 1978, 125 Min., F
R: Sidney J. Furie D: Craig Wasson, Stan Shaw, Andrew Stevens
Rekruten eines US-Marinekorps, Männer verschiedensten Charakters, bewähren sich bei Sport, Freundschaft und im Kampf. Alles sehr einfach gestrickt.

Boyz'n the hood – Die Jungen im Viertel B522 ****
BOYZ'N THE HOOD
USA 1991, 112 Min., F
R: John Singleton D: Cuba Gooding Jr., Ice Cube, Larry Fishburne
Leben und Sterben im Ghetto von Los Angeles South Central. Realistisches Black Movie über Jugendgangs mit großartigen Darstellern. HFJ 1993

Braddock – Missing in Action 3 B523 **
BRADDOCK – MISSING IN ACTION III
USA 1987, 96 Min., F
R: Aaron Norris D: Chuck Norris, Aki Aleong, Miki Kim, Roland Harrah
Um Frau und Sohn aus einem Lager der Vietcong zu befreien, kehrt der US-Haudegen Braddock nochmals nach Vietnam zurück. Einer der vielen amerikanischen Versuche, den Vietnamkrieg im Film zu gewinnen. Ein grauenhafter Schundfetzer.

Die Brady Family B524
THE BRADY BUNCH MOVIE **
USA 1995, 89 Min., F
R: Betty Thomas D: Shelley Long, Gary Cole, Michael McKean
»Bei den Bradys, da ist was los«, hieß es in den 70ern jede Woche auf der Mattscheibe. Für die Kinoversion zwanzig Jahre später trifft das nicht mehr zu. Zwar hat die Idee, die Saubermänner, -frauen und -kinder unversehrt und mit großem Hemdkragen in die wüsten 90er zu versetzen, durchaus seinen Reiz. Funktionieren kann dieser Witz jedoch nur mit dem nötigen Mut zur Bos- und Blödheit. Und genau der fehlt.

Brain Check B525
BRAINWAVES **
USA 1983, 83 Min., F
R: Ulli Lommel D: Keir Dullea, Suzanna Love, Vera Miles, Tony Curtis
Das Gehirn einer ermordeten Frau wird in den Körper einer anderen transplantiert, die bei einem Unfall schwer verletzt wurde. Bald ist der Killer auch hinter ihr her. Vielversprechender Anfang, lahm geht es weiter. LSFF

Bram Stoker's Dracula B526
BRAM STOKER'S DRACULA ***
USA 1992, 124 Min., F
R: Francis Ford Coppola D: Gary Oldman, Winona Ryder, Anthony Hopkins
Die Verfilmung greift auf die Vorgeschichte, den historischen Kampf des Fürsten Vlad gegen die Türken, zurück, um dann zu schildern, wie er 400 Jahre später versucht, in London ein neues Reich zu gründen, und dabei in der jungen, schönen Mina eine Frau entdeckt, mit der ihn über Jahrhunderte hinweg eine unauslöschliche Liebe verbindet. Francis Ford Coppolas »Dracula« ist so etwas wie die Summe des »Draculismus«: Mit stupidem Aufwand werden Zusammenhänge aufgezeigt, die den Vampir als das Negativbild des Puritanismus und als Katalysatorfigur von der Gesellschaft unterdrückter Gefühle beschreibt.

Branca Leone B527
L' ARMATA BRANCA LEONE ***
It/Fr/Sp 1965, 113 Min., F
R: Mario Monicelli D: Vittorio Gassman, Catherine Spaak, Gian Maria Volonté, Folco Lulli
Ein Ritter (Typ: Don Quichotte) und eine Horde heruntergekommener Lumpen ziehen nach Spanien, um über einen Landstrich zu herrschen. Irrwitzige Parodie auf Ritterfilme, in der auch die katholische Kirche ihr Fett abkriegt.

Branca Leone auf Kreuzzug im Heiligen Land B528 ***
BRANCA LEONE ALLE CROCIATE
Italien/Algerien 1970, 100 Min., F
R: Mario Monicelli D: Vittorio Gassman, Adolfo Celi, Sandro Dori
Unter Führung des Chaoten Branca Leone bricht ein Häuflein Ritter auf, Jerusalem von den Mohammedanern zu befreien. Rasanter, zum Schreien komischer Unfug.

Das Brandmal B529
BRANDED ***
USA 1950, 95 Min., F
R: Rudolph Maté D: Alan Ladd, Mona Freeman, Charles Bickford
Schuft überredet Abenteurer, sich als vermißter Sohn eines Großranchers auszugeben, doch dieser verliebt sich in seine »Schwester« und muß feststellen, daß der echte Sohn sein Leben als Bandit fristet. Für einen Western schon viele Probleme, aber dennoch ansehbar.

Brandnacht B530
***
BRD/Schweiz 1992, 100 Min., F
R: Markus Fischer D: Bruno Ganz, Barbara Auer, Ueli Jäggi, Rolf Hoppe
Die Vergewaltigung und Ermordung einer jungen Frau führt den Kunstmaler Peter nach vielen Jahren zurück in seinen Heimatort, ein kleines Dorf in der Schweiz. In der Enge und hermetischen Abgeschlossenheit des Ortes, wo fast jeder mit jedem verwandt und verfeindet ist, bilden sich im Kampf um Macht und Geld merkwürdige Koalitionen. Der Rückkehrer steht zwischen den Fronten. HFJ 1994

Brandung B531
BOOM ***
GB 1968, 113 Min., F
R: Joseph Losey D: Elizabeth Taylor, Noël Coward, Richard Burton
Tennessee-Williams-Verfilmung, in der die höchst unterschiedlichen Lebensauffassungen einer todkranken Milliardärin und eines herumziehenden Dichters aufeinanderprallen. Die Konfrontation mündet allmählich in eine fruchtbare Auseinandersetzung mit dem bevorstehenden Tod. Wenig originell inszeniertes Kammerspiel mit schwachen schauspielerischen Leistungen der beiden Hauptdarsteller.

Brannigan – Ein Mann aus Stahl B532 ***
BRANNIGAN
USA/GB 1974, 111 Min., F
R: Douglas Hickox D: John Wayne, Richard Attenborough, Judy Geeson
Den Fäusten und dem unvergleichlichen Durchmarschieren John Waynes sind weder Scotland Yard noch die Londoner Gangster gewachsen. Mit leiser Ironie zeigt die Jagd nach einem Unterweltboß einen gut aufgelegten Wayne in präzisen Action-Szenen.

Brassed Off – Mit Pauken und Trompeten B533 ****
BRASSED OFF
GB/USA 1996, 107 Min., F
R: Mark Herman D: Pete Postlethwaite, Tara Fitzgerald, Ewan McGregor
Eine Blasmusikkapelle in der Krise: Durch die Schließung ihrer Zeche werden ihre Mitglieder auch ihr Hobby verlieren. Ein letztes Aufbäumen ist gefragt, um wenigstens den landesweiten Wettbewerb in London zu gewinnen. Typisch englische Working-Class-Sozialkomödie mit schrägen Charakteren und trockenem Humor. Seelenwärmer voll Lebensfreude.
HFJ 1998

Bratan – Der kleine Bruder B534 ***
BRATAN
Tadschikistan/UdSSR 1991, 93 Min., s/w
R: Bachtijar Chudojnasarow
D: Timur Tursunow, Firus Sabsalijew
Ohne Pathos und in poetischen Bildern wird die Geschichte von zwei Brüdern erzählt, die eine lange Reise mit der Eisenbahn zu ihrem Vater unternehmen. Ein kleiner Film, getragen von großer Lebenslust und einer Zärtlichkeit, wie sie selten zu sehen ist.

Der Brausekopf mit den Sausebeinen
siehe: Balduin, der Ferienschreck

Die Braut B535 ***
BRD 1998, 112 Min., F
R: Egon Günther D: Veronica Ferres, Herbert Knaup, Franziska Herold
Die eigenartige Liebesgeschichte zwischen J. W. v. Goethe und Christiane Vulpius, einem Mädchen aus armem Haus, das nach 18 Jahren wilder Ehe vom berühmten Dichter endlich geheiratet wurde. Statt großem Gefühlskino nur eine biedere, trockene Geschichtslektion. HFJ 2000

Die Braut des Prinzen B536 ****
THE PRINCESS BRIDE
USA 1987, 98 Min., F
R: Rob Reiner D: Peter Falk, Fred Savage, Robin Wright, Cary Elwes
Prinzessin, die sich in einen armen Schweinehirten verliebt, fällt in die Hände böser Schurken und wird von einer bunten Heldengruppe gerettet. Ein spannungsreiches Fantasy-Märchen.

Die Braut des Satans B537 **
TO THE DEVIL ... A DAUGHTER
BRD/GB 1976, 91 Min., F
R: Peter Sykes D: Richard Widmark, Christopher Lee, Nastassja Kinski
Autor kommt einem Satanskult auf die Spur, der eine Nonne dazu mißbrauchen will, Mutter eines Kindes des Teufels zu werden. Spannender, stellenweise mit widerlichen Szenen durchsetzter Horrorfilm.

Die Braut des Teufels B538 ***
THE DEVIL RIDES OUT
GB 1967, 95 Min., F
R: Terence Fisher D: Christopher Lee, Charles Gray, Nike Arraghi
Adeliger steht einem Freund gegen die Nachstellungen eines Satanskultes bei, der mit teuflischen Tricks und horriblen Illusionen arbeitet. Ein betulicher Horrorfilm, in dem Bösling Lee unerwartet einen Guten spielt. HFJ 1991

Eine Braut für sieben Brüder B539 ****
SEVEN BRIDES FOR SEVEN BROTHERS
USA 1954, 104 Min., F
R: Stanley Donen D: Howard Keel, Jeff Richards, Russ Tamblyn
Sechs Trapper gehen in die Stadt, um sich Bräute zu suchen, nachdem der älteste eine gefunden hat. Dazu noch eine Entführung und zahlreiche Songs, die dieses Western-Musical für die ganze Familie unterhaltsam machen.

Die Braut trug schwarz B540 ****
LA MARIÉE ÉTAIT EN NOIR
Fr/It 1967, 107 Min., F
R: François Truffaut D: Jeanne Moreau, Claude Rich, Jean-Claude Brialy, Michel Bouquet
Nach und nach nimmt Jeanne Moreau als schillernde, vielseitige Witwe Rache an den Mördern ihres Mannes. Melodram und Thriller zugleich.

Die Braut von Frankenstein B541 ****
THE BRIDE OF FRANKENSTEIN
USA 1935, 80 Min., s/w
R: James Whale D: Boris Karloff, Elsa Lanchester, Colin Clive
Eine bewegende Reflexion über Außenseiter, Norm und Umkehrung der Werte. Whale geht es nicht um Gruseleffekte, sondern um die Men-

Ein Bruder fehlt: Jane Powell in einem Western-Musical von Stanly Donen.

schenliebe des vermeintlichen Monstrums, die an den Vorurteilen und am Rollendenken der Gesellschaft zerschellt.

Eine Braut zum Küssen B542
NEVESTA K ZULIBANI ***
CSSR 1980, 78 Min., F
R: Julius Matula D: Dana Syslová, Milan Knazko, Jana Gyrová
Eine ordnungsliebende Frau und ein etwas chaotischer Mann arbeiten zusammen als Geometer. Als er sie bittet, ihn zur Hochzeit seiner Schwester in die kroatische Heimat zu fahren, werden die beiden für Verlobte gehalten, und ganz allmählich wird aus dem Spiel ernst.

Ein Bräutigam für Anna B543
TO PROXINIO TIS ANNAS **
Griechenland 1973, 80 Min., F
R: Pantelis Voulgaris D: Anna Vagena, Smaro Weaki, Stavros Kalaroglou
In der Geschichte eines Dienstmädchens, das von seiner großbürgerlichen Arbeitgeber-Familie verheiratet werden soll, zeigt der Regisseur Abhängigkeit und Entwürdigung in der sozialen Hierarchie.

Bravados B544
THE BRAVADOS ***
USA 1958, 98 Min., F
R: Henry King D: Gregory Peck, Joan Collins, Stephen Boyd, Albert Salmi
Ein Mann jagt die vier mutmaßlichen Mörder seiner Frau und bringt drei gnadenlos um, obwohl sie ihre Unschuld beteuern. Nachdenklich machender Western mit religiöser Einlage.

Der brave Soldat Schwejk B545
***
BRD 1960, 96 Min., s/w
R: Axel von Ambesser D: Heinz Rühmann, Ernst Stankowski, Ursula Borsody, Franz Muxeneder
Wie ein Hundefänger, der sich für ein bißchen blöd erklärt, den Weltkrieg übersteht und eine Erklärung für den tschechischen Nationalcharakter abgibt. Die satirische Figur von Jaroslav Hašek ins unverbindliche verkehrt.

Braveheart B546
BRAVEHEART ****
USA 1995, 177 Min., F
R: Mel Gibson D: Mel Gibson, Sophie Marceau, Patrick McGoohan
Der schottische Nationalheld William Wallace sagt der britischen Krone den Kampf an und lehrt die Engländer mit einer Armee von Bauern und Grundbesitzern Mores. Mel Gibson beweist in diesem mittelalterlichen Epos nicht nur seine Qualitäten vor, sondern auch hinter der Kamera. Eine populäre, manchmal sehr blutige Geschichtslektion mit grandiosen Bildern. HFJ 1996

Brazil B547
BRAZIL ****
GB 1984, 142 Min., F
R: Terry Gilliam D: Jonathan Price, Robert De Niro, Kim Greist, Ian Holm
Ein Film in der Tradition von Orwells »1984«, eine beklemmende Parodie voller visueller Überraschungen. Intelligentes Chaoten-Kino.

Break Up B548
L'UOMO DAI PALLONI ***
Italien 1966/67, 82 Min., F und s/w
R: Marco Ferreri D: Marcello Mastroianni, Catherine Spaak
Surrealistische Komödie um einen Fabrikanten, der sozusagen von seinen eigenen Werbegeschenken in den Selbstmord getrieben wird.

Breaker, Breaker B549
BREAKER, BREAKER **
USA 1977, 82 Min., F
R: Don Hulette D: Chuck Norris, George Murdock, Terry O'Connor
Ein Fernfahrer macht dem Terror-Regime eines Richters in einem kalifornischen Nest mit Hilfe seiner Trucker-Kollegen ein Ende.

Breakfast Club – Der Frühstücksclub B550
****
THE BREAKFAST CLUB
USA 1984, 97 Min., F
R: John Hughes D: Emilio Estevez, Judd Nelson, Anthony Michael Hall
Fünf High-School-Teenager beim samstäglichen Nachsitzen, eingeschlossen in die Bibliothek: Das hätte eine tumbe Quatschorgie werden können, kommt bei Hughes aber lebendig und intelligent daher. Ein amüsanter, anrührender Trip in die Psyche des Nachwuchses; verständnisvoll, einfühlsam.

Breaking the Waves B551
BREAKING THE WAVES ****
Dänemark/Frankreich 1996, 158 Min., F
R: Lars von Trier D: Emily Watson, Stellan Skarsgard, Katrin Cartlidge
In einem bigotten schottischen Dorf angesiedelte Liebesgeschichte zwischen einer naiven Frau und einem Fremden, der auf einer Bohrinsel arbeitet. Stilistischer Vorläufer der Dogmafilme über Moral, den Glauben an Gott und das individuell Gute – und nicht zuletzt eine der ergreifendsten Liebesgeschichten des Kinos. HFJ 1997

Bremer Freiheit B552
***
BRD 1973, 87 Min., F
R: Rainer Werner Fassbinder
D: Margit Carstensen, Wolfgang Kieling, Ulli Lommel
Authentische Geschichte um eine Frau, die fünfzehn Menschen umbrachte, darunter Ehemänner, Vater, Kinder und Mutter. Fassbinder zeigt in der TV-Produktion die existentielle Verzweiflungsgeschichte in kargen Bildern.

Brennen muß Salem B553
SALEM'S LOT **
USA 1979, 106 Min., F
R: Tobe Hooper D: David Soul, James Mason, Bonnie Bedelia
Ein Schriftsteller kehrt in seine Heimatstadt zurück, forscht nach vermißten Personen und stößt auf einen Vampir, der sich von seiner Schnüffelei gestört fühlt. TV-Horror nach einem Roman von Stephen King.

Das brennende Bett B554
THE BURNING BED **
USA 1984, 96 Min., F
R: Robert Greenwald D: Farah Fawcett, Paul Le Mat, Richard Masur
Die Ehe einer jungen Frau erweist sich als Hölle. In einer ausweglosen Situation setzt sie das gemeinsame Haus in Brand. TV-Movie.

Brennende Betten B555
***
BRD 1988, 82 Min., F
R: Pia Frankenberg D: Ian Dury, Pia Frankenberg, Gerhard Garbers
Schräge Komödie um einen englischen Musiker mit Feuertick, der sich in Hamburg die Wohnung mit einer sich sexuell emanzipierenden Frau teilt.

Der brennende Pfeil B556
THE CHARGE AT FEATHER RIVER **
USA 1953, 90 Min., F
R: Gordon Douglas D: Guy Madison, Frank Lovejoy, Helen Westcott
Soldaten befreien zwei von Indianern entführte Mädchen und werden auf dem Heimritt laufend angegriffen. Western nach Schema F.

Die brennenden Augen von Schloß Bartimore B557
**
THE GORGON
GB 1963, 83 Min., F
R: Terence Fisher D: Peter Cushing, Christopher Lee, Michael Goodliffe
Fluchbehaftete Frau verwandelt sich in eine schlangenhäuptige Medusa und macht alle, die sie in dieser Form sehen, zu Stein. Atmosphärisch dichter Horrorfilm mit unerwartetem Ende.

Brennender Tod B558
NIGHT OF THE BIG HEAT ***
GB 1967, 94 Min., F
R: Terence Fisher D: Christopher Lee, Peter Cushing, Patrick Allen
Außerirdische Emigranten, die nur in extremer Hitze existieren können, suchen eine kleine britische Insel heim und verändern das Klima derart, daß sie auffallen und dazu ansetzen, die Menschheit auszurotten. LSFF

Brennendes Geheimnis B559
BURNING SECRET ***
GB/BRD 1988, 105 Min., F
R: Andrew Birkin D: Faye Dunaway, Klaus Maria Brandauer, David Eberts
Ein österreichischer Baron nutzt die Freundschaft eines 12jährigen Jungen aus, um in Kontakt zu einer amerikanischen Diplomatenfrau zu kommen. Ansehnlich verfilmt, aber doch eher vergröbernde Darstellung einer Novelle von Stefan Zweig. HFJ 1990

Black Power und White Trash: Danny Glover und Mel Gibson.

Brennendes Indien B560
NORTH WEST FRONTIER ***
GB 1959, 90 Min., F
R: J. Lee Thompson D: Kenneth Moore, Lauren Bacall, Herbert Lom
Eine Reise durch das von Aufständen erschütterte Indien, in dem diverse Lumpen einem Thronfolger an die Kehle wollen. Bunter, aktionsreicher Abenteuerfilm, der zwar kein Klischee ausläßt, aber durchaus zu unterhalten versteht. Herbert Schluderpacheru (alias Lom) in einer seiner vielen Schurkenrollen.

Brenno, der Herr des Schreckens B561
**
BRENNO, IL NEMICO DI ROMA
Italien 1963, 91 Min., F
R: Giacomo Gentilomo D: Gordon Mitchell, Tony Kendall, Ursula Davis
Muskulöser Gallierhäuptling und seine Truppen erobern 386 v. Chr. das nur von wenigen Soldaten besetzte Rom. Schlachtengemälde, in dem die Kämpfer fallen, ohne daß man ihr Blut je zu sehen bekommt.

Brennpunkt Brooklyn
siehe: French Connection

Brennpunkt L.A. B562
LEATHAL WEAPON II ***
USA 1989, 118 Min., F
R: Richard Donner D: Mel Gibson, Danny Glover, Joss Ackland
Der Actionfilm als Fortsetzung der Unterhaltung mit anderen Mitteln. Die »stahlharten Profis« Riggs und Murtaugh führen erneut ihren Krieg gegen das Verbrechen. Diesmal wurde es aus Südafrika importiert. Nach entsprechendem Zoff gibt auch die Herrenrasse der Buren klein bei.
HFJ 1990

Brennpunkt L.A. – Die Profis sind zurück B563
****
LETHAL WEAPON 3
USA 1992, 118 Min., F
R: Richard Donner D: Mel Gibson, Danny Glover, Joe Pesci
Zwei Detectives der Polizei von L.A. werden nach einer mißglückten Bombenentschärfung degradiert, klären jedoch gleich anschließend einen MP-Raub und nehmen allerlei Lumpen hoch. Drittes Episodenabenteuer zweier ungleicher, aber sympathischer Cops. Handwerklich gekonnt, aktionsreich und nicht unwitzig. HFJ 1993.

Brennt Paris? B564
PARIS BRULE-T-IL? ***
Frankreich 1965, 168 Min., F
R: René Clement D: Orson Welles, Gert Fröbe, Daniel Gélin, Glenn Ford
Nach einem Drehbuch von Gore Vidal und Francis Ford Coppola erzählt Clement in einem Kriegsfilm-Thriller die Geschichte des deutschen Stadtkommandanten von Choltitz, der den Führerbefehl, Paris zu zerstören, nicht befolgt.

Bretter, die die Welt bedeuten B565 **

I COULD GO ON SINGING
GB 1962, 99 Min., F
R: Ronald Neame D: Judy Garland, Dirk Bogarde, Jack Klugman
Film-Phantasie über eine Karriere im Showbusineß; »ein Film für Judy Garland, ein seltsamer Film« schrieb die Filmkritik.

Bride of Re-Animator B566

BRIDE OF RE-ANIMATOR **
USA 1991, 97 Min., F
R: Brian Yuzna D: Jeffrey Combs, Bruce Abbott, Claude Earl Jones
Lebensserum-Entwickler, der eine Tote wiederbeleben will, sieht sich von einem alten Widersacher und einer Horde Zombies belästigt. Fortsetzung des originellen Films *Re-Animator* (1985), doch ohne jeden Reiz. LSFF

Bridge to Hell B567

BRIDGE TO HELL *
Italien 1986, 88 Min., F
R: Umberto Lenzi D: Andy J. Forest, Francesca Ferre, Carlo Mucari
Flucht dreier Kriegsgefangener mit einer Partisanin durch das von Deutschland besetzte Jugoslawien. Kriegsfilmschrott der untersten Kategorie.

Brief an Breshnev B568

LETTER TO BREZHNEV ****
GB 1985, 90 Min., F
R: Chris Bernard D: Alexandra Pigg, Peter Firth, Margi Clarke
Teresa und Elaine lernen in einer Diskothek zwei russische Matrosen kennen; Elaine und Pjotr verlieben sich unsterblich ineinander. Aber am nächsten Morgen muß er zurück an Bord. Da hat Teresa die Idee, einen Brief an Breshnev zu schreiben. Tatsächlich kommt nicht nur ein Brief zurück, sondern auch ein Ticket in die Sowjetunion. Wunderschönes, sanftes Gefühlskino.

Der Brief an den Kreml B569

THE KREMLIN LETTER ***
USA 1969, 121 Min., F
R: John Huston D: Patrick O'Neal, Orson Welles, Bibi Andersson
Eine Gruppe amerikanischer Agenten wird nach Moskau eingeschleust, um ein Dokument zu stehlen, das ihre Regierung belasten könnte. Ein Drama aus dem Kalten Krieg.

Ein Brief an drei Frauen B570

A LETTER TO THREE WIVES ****
USA 1949, 103 Min., s/w
R: Joseph L. Mankiewicz D: Jeanne Crain, Linda Darnell, Ann Southern
Intelligente Komödie über drei Frauen, die ihre Ehen überprüfen, als sie Briefe von einer Freundin erhalten, die mit einem der Ehemänner durchbrennen will.

Brief einer Unbekannten B571

LETTER FROM AN UNKNOWN WOMAN ****
USA 1948, 90 Min., s/w
R: Max Ophüls D: Joan Fontaine, Louis Jourdan, Mady Christians
Ein gefühlloser Mann erhält den Brief einer Frau, der ihre Begegnungen über die Jahre ihres Lebens schildert. Fein ziselierte Verfilmung einer Novelle von Stefan Zweig.

Briefe eines Toten B572

PISMA MJOTWOGO TSCHELOWEKA ****
UdSSR 1986, 84 Min., F
R: Konstantin Lopuschanskij
D: Rolan Bykow, Alexander Sabinin
Endzeitdrama über eine atomar verstrahlte Sowjetunion. Der vormalige Assistent von Andreij Tarkowskij zeigt ein pessimistisches Bild der zum Untergang verurteilten Welt. Wenige Monate nach Drehende ereignete sich die Katastrophe von Tschernobyl.

Briefe von zu Haus B573

NEWS FROM HOME ***
Belgien/USA/Fr/BRD 1976, 90 Min., F
R: Chantal Akerman
Ein belgisches Mädchen aus gutbürgerlicher Familie verbringt ein Jahr in einem New Yorker Slumviertel. Aus ihrem Blickwinkel zeigt die Regisseurin die Stadt und ihre Menschen.

Der Briefträger B574

POSTSCHI ***
Iran 1971, 103 Min., F
R: Dariush Mehrjui D: Ali Nassirian, Ezat Entezami, Jaleh Sam
Neuauflage von Büchners »Woyzeck«: Der Briefträger einer kleinen Provinzstadt verdingt sich bei einem Gutsbesitzer und einem Tierarzt, um seiner Frau finanziell etwas bieten zu können. Als er herausfindet, daß sie ihn betrügt, bringt er sie um.

Briefträger Müller B575

***
BRD 1953, 87 Min., F
R: John Reinhardt D: Heinz Rühmann, Heli Finkenzeller, Gisela Mayen
Ein Briefträger macht eine Erbschaft, kündigt und bringt durch Übermut sein Leben durcheinander.

Brigadoon B576

BRIGADOON ****
USA 1954, 108 Min., F
R: Vincente Minnelli D: Gene Kelly, Cyd Charisse, Van Johnson
Amerikanischer Sonnyboy stößt im schottischen Hochland auf eine alle hundert Jahre aus dem Nichts materialisierende Phantomstadt, deren Bewohner von Gott persönlich die Genehmigung erhalten haben, die Zeiten zu überspringen – unter der Voraussetzung, daß sie für immer in Brigadoon leben. Phantastisches Filmmusical.

Der Brigant B577

THE BRIGAND ***
USA 1952, 90 Min., F
R: Phil Karlson D: Anthony Dexter, Jody Lawrance, Gale Robbins
Um div. Bösmänner vom Herrscher eines Phantasiestaates abzulenken, muß ein aufrechter Bursch dessen Rolle spielen. Tolle Frauen, ordentliche Raufhändel. *Der Gefangene von Zenda* (1937) läßt grüßen.

Brillanten und Kakerlaken B578

11 HARROWHOUSE ***
USA 1974, 95 Min., F
R: Aram Avakian D: Candice Bergen, Charles Grodin, James Mason
Ironisch-unterkühltes Caper-Movie um schräge Vögel im Diamantengeschäft. Ein Händler wird bestohlen und muß seinen erlittenen Verlust durch einen eigenen Diebstahl wieder wettmachen.

Brille mit Goldrand B579
GLI OCCHIALI D'ORO ***
Italien 1987, 105 Min., F
R: Giuliano Montaldo D: Philippe Noiret, Rupert Everett, Stefania Sandrelli, Valeria Golino
Eine in allzu schönen Bildern erzählte Literaturverfilmung aus dem Italien der 30er Jahre: Ein homosexueller Arzt und ein jüdischer Student im aufkommenden Faschismus. Der eine geht unter, der andere beobachtet distanziert. HFJ 1989

Bring mir den Kopf von Alfredo Garcia B580
BRING ME THE HEAD OF ALFREDO GARCIA ****
USA 1973, 112 Min., F
R: Sam Peckinpah D: Warren Oates, Gig Young, Kris Kristofferson
Mexikanischer Feudalherr läßt für eine Million Dollar den Verführer seiner Tochter jagen. Eine Orgie der Gewalt ist die Folge, der auch der Auftraggeber zum Opfer fällt.

Britannia Hospital B581
BRITANNIA HOSPITAL ****
GB 1982, 100 Min., F
R: Lindsay Anderson D: Malcolm McDowell, Leonard Rossiter, Graham Crowden, Jill Bennett
Rabenschwarze Satire um ein chaotisches englisches Krankenhaus, das von einem verrückten Chef beherrscht und durch korrupte Gewerkschafter lahmgelegt wird. Und das Königshaus hat sich auch noch zum Besuch angesagt.

Broadway Danny Rose B582
BROADWAY DANNY ROSE ***
USA 1984, 86 Min., s/w
R: Woody Allen D: Woody Allen, Mia Farrow, Nick Apollo Forte
Der New Yorker Stadtneurotiker als kleiner Manager, der einem schrägen Sänger zur Karriere verhelfen will. Wer Woody Allen mag, wird auch diesen Film mögen.

Broadway Melodie B583
ZIEGFELD FOLLIES ****
USA 1944, 85 Min. (OL 110 Min.), s/w
R: Vincente Minnelli D: Fred Astaire, Gene Kelly, Lucille Ball

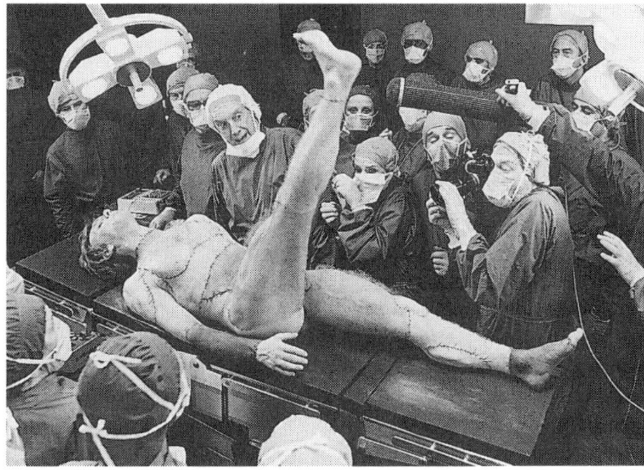
Die Kreatur: Malcolm McDowell in ›Britannia Hospital‹.

Die Essenz des amerikanischen Showbiz der vierziger Jahre findet sich in diesem Film: Im Himmel träumt ein legendärer Arrangeur von der Show des Jahrhunderts. Was Stars, Tänzer, Songs, Sketche und Inszenierung angeht, hat diese zelluloidgewordene Phantasie natürlich einige Highlights auf Lager.

Broadway Melody of 1936 B584
BROADWAY MELODY OF 1936 ****
USA 1936, 101 Min., s/w
R: Roy del Ruth D: Eleanor Powell, Robert Taylor, Jack Benny
Amerikanische Traumfabrik in Vollendung. Junges Mädchen vom Lande macht als Revue-Star in New York Karriere und heiratet den berühmten Regisseur der Show, ihren alten Jugendfreund. Eine phantasievolle Mischung aus Musik und Gags, ein Musterbeispiel leichter und eleganter Inszenierung.

Broken Silence B585
****
Schweiz 1995, 110 Min., F
R: Wolfgang Panzer D: Martin Huber, Ameenah Kaplan, Michael Moriarty
Ein sensibel-humorvoller kleiner Film über einen Kartäusermönch, der zwecks Vertragsverhandlungen für sein Kloster nach Indien muß und dabei einer weltlichen Afroamerikanerin begegnet. HFJ 1996

Brombeerzeit B586
THE LAND GIRLS ****
GB 1997, 111 Min., F
R: David Leland D: Catherine McCormack, Rachel Weisz, Anna Friel
Gefühlvoll-melancholischer Film über Liebe, Freundschaft und Leiden dreier Städterinnen, die im England des Krieges in einer idyllischen Landschaft den Bauern zur Hand gehen. HFJ 1999

Bronco Billy B587
BRONCO BILLY ***
USA 1980, 116 Min., F
R: Clint Eastwood D: Clint Eastwood, Sondra Locke, Geoffrey Lewis
Eine auf der Hochzeitsreise von ihrem Gatten getrennte Frau schließt sich einer Wildwestshow an, deren Mitarbeiter lieb und warmherzig sind, obwohl sie die Weihnachtsfeiertage öfter erleben als den Lohntütenball. Romantisch.

The Bronx
siehe: Fort-Apache – The Bronx

Das Brot des Bäckers B588
***
BRD 1977, 123 Min., F
R: Erwin Keusch D: Bernd Tauber, Günter Lamprecht, Silvia Reize
Lehrjahre eines Jungen, der das Backen, die Liebe und das Leben lernt und hineingerät in die Existenzmühsal zwischen Supermarkt, Automatisierung und Handwerkerstolz.

Der junge Fritz Wepper in Bernhard Wickis ›Die Brücke‹.

Das Brot des Siegers B589
***
BRD 1987, 100 Min., F
R: Peter Heller D: Ron Williams
Kritische Auseinandersetzung mit dem Thema »Fast Food«, der inzwischen international zur Form von Eß-»Kultur« gewordenen Serien-Verköstigung in Schnell-Imbissen, am Beispiel eines amerikanischen Hamburger-Imperiums. Dokumentarische Filmgroteske, gut gemeint, aber schlecht gewürzt. HFJ 1989

Brot, Liebe und Fantasie B590
PANE, AMORE E FANTASIA ***
Italien 1953, 95 Min., s/w
R: Luigi Comencini D: Vittorio de Sica, Gina Lollobrigida, Roberto Risso
Ein in die Jahre gekommener Dorfpolizist will endlich heiraten. Zur Wahl stehen die spröde Hebamme und ein junger Wildfang. Noch bevor er sich entscheiden kann, kommt es zu Turbulenzen in dem italienischen Bergdorf. Lustspielhafte, naive Komödie, die Eindrücke von Land und Leuten vermittelt.

Brot und Blut B591
A LAS CINCO DE LA TARDE ***
Spanien 1960, 107 Min., F
R: Juan Antonio Bardem D: Francisco Rabal, Enrique A. Diosdado
Die andere Seite des Stierkampfes: Nach einem Kampf, in dem er Angst gezeigt hat und zusammengebrochen ist, ist ein Matador menschlich und beruflich am Ende und nimmt Rache an seinem Manager. Bardem gelingt es, die Brutalität der Institution Stierkampf sichtbar zu machen.

Brot und Schokolade B592
PANE E CIOCCOLATA ***
Italien 1973, 116 Min., F
R: Franco Brusati D: Nino Manfredi, Anna Karina, Francesco D'Adda
Der Film knüpft an die Tradition bitter-ironischer italienischer Komödien an. Sein Hauptdarsteller versteht es mühelos, das erwachende Bewußtsein eines geschwächten »Helden« nachzuzeichnen, sowie dessen fatalistisch-resignative Nonchalance. Ein Vergnügen, daß in eine melancholisch getönte Heiterkeit ausläuft.

The Brotherhood of Satan B593
THE BROTHERHOOD OF SATAN **
USA 1971, 92 Min., F
R: Bernard McEveety D: Strother Martin, L.Q. Jones, Charles Bateman
Alte Satanisten kidnappen unter der Leitung eines Arztes Kinder, um in deren Körpern ein neues Leben zu beginnen. Unbeholfener, verworrener Horrorfilm, dessen Inhalt man sich selbst zusammenreimen muß.

Brubaker B594
BRUBAKER ***
USA 1979, 131 Min., F
R: Stuart Rosenberg D: Robert Redford, Yaphet Kotto, Jane Alexander
Ein liberaler Gefängnisdirektor läßt sich als Gefangener in die Hölle der Haft einschleusen, scheitert dann aber mit seinen Reformbemühungen.

Bruce Lee – Mein letzter Kampf B595
***
GAME OF DEATH
Hongkong 1977, 93 Min., F
R: Robert Clouse D: Bruce Lee, Gig Young, Dean Jagger

Alec Guiness als Kriegsgefangener in David Leans epischem Abenteuerfilm ›Die Brücke am Kwai‹.

Der unvollendet gebliebene letzte Film des 1973 verstorbenen Kung-Fu-Champions Bruce Lee wurde hier unter Verwendung des vorhandenen Materials durch nachgedrehte Szenen komplettiert. Wie war das mit dem letzten Film seines Sohnes Brandon Lee »Die Krähe«?

Der Bruch B596
***
DDR/BRD 1989, 118 Min., F
R: Frank Beyer D: Götz George, Otto Sander, Rolf Hoppe, Angelika Waller
Gaunergeschichte aus dem Berlin des Jahres 1946. Einer Gruppe eher laienhafter Einbrecher gelingt ein großer Coup, sie werden jedoch von der eifersüchtigen Ehefrau eines der Männer verraten. Nach einem authentischen Fall mit viel Detailliebe spannungslos inszenierte Kriminalkomödie. HFJ 1990

Die Brücke B597
*****
BRD 1959, 105 Min., s/w
R: Bernhard Wicki D: Volker Bohnet, Fritz Wepper, Michael Hinz
Eine Gruppe deutscher Jungen wird in den letzten Tagen des Zweiten Weltkrieges bei der Verteidigung einer absolut unwichtigen Brücke gegen die Amerikaner sinnlos aufgerieben. Meisterhaft, schnörkellos, unspektakulär, erschütternd zeigt Regisseur Bernhard Wicki das wahre Gesicht des Krieges. Für Generationen *der* deutsche Antikriegsfilm.

Die Brücke am Kwai B598
THE BRIDGE ON THE RIVER KWAI ****
GB 1957, 161 Min., F
R: David Lean D: Alec Guinness, Jack Hawkins, William Holden
Eine im Zweiten Weltkrieg von den Japanern gefangengenommene britische Militäreinheit erbaut nach anfänglicher Weigerung im burmesischen Dschungel eine Brücke, die nach der Fertigstellung von den Alliierten mit Sprengstoff wieder in ihre Bestandteile zerlegt wird. Mit sechs Oscars ausgezeichneter Kriegsfilm, dessen gepfiffene Titelmusik ein internationaler Hit wurde und der Alec Guiness international bekannt machte.

Die Brücke von Arnheim B599
A BRIDGE TOO FAR ***
USA 1977, 154 Min., F
R: Richard Attenborough D: Robert Redford, Sean Connery, Dirk Bogarde, Michael Caine, James Caan
Aufwendige, Star-gespickte Film-Rekonstruktion des alliierten Luftlandeunternehmens im September 1944, durch das die Rheinbrücken in Holland besetzt werden sollten.

Die Brücke von Remagen B600
THE BRIDGE AT REMAGEN ***
USA 1969, 97 Min., F
R: John Guillermin D: George Segal, Robert Vaughn, Ben Gazzarra
Die Allierten versuchen 1945 unter hohen Verlusten, die letzte noch intakte Brücke über den Rhein einzunehmen. Ohne das sonst übliche Heldenpathos.

Die Brücken am Fluß B601
BRIDGES OF MADISON COUNTY ****
USA 1995, 135 Min., F
R: Clint Eastwood D: Clint Eastwood, Meryl Streep, Annie Corley

In der Einöde Iowas begegnet eine treue Ehefrau und fürsorgliche Mutter dem Mann ihres Lebens, einem welterfahrenen Fotografen. Sie steht am Scheideweg ihrer Existenz, zwischen Pflicht und Gefühl, wagt den kleinen Ausbruch, zum großen fehlt ihr der Mut. Rauhbein Eastwood gelang ein berührender Liebesfilm um Sehnsucht, Leidenschaft, Verzicht und Seelenschmerz – ganz ohne Happy-End.

Die Brücken von Toko-Ri B602
THE BRIDGES AT TOKO-RI ***
USA 1954, 100 Min., F
R: Mark Robson D: William Holden, Grace Kelly, Frederic March
Die Kriegsabenteuer eines Anwalts, der sich als Flieger im Koreakrieg bewährt, und menschliche und psychische Probleme unter den Militärs auf einem amerikanischen Flugzeugträger. Ein gut in Szene gesetztes Drama, das ohne den üblichen Hurrapatriotismus auskommt. Nach einem Roman von J. Michener. Die Flugaufnahmen wurden mit einem Oscar ausgezeichnet.

Brüder B603
****
Deutschland 1929, 81 Min., s/w
R: Werner Hochbaum
Dokumentarischer Spielfilm über den Generalstreik im Hamburger Hafen 1896/97. Eines der bedeutendsten Beispiele des proletarischen Films. 1989 wurde vom Norddeutschen Rundfunk eine rekonstruierte und verlangsamte Fassung gesendet.

Die Brüder B604
***
BRD 1977, 99 Min., F
R: Wolf Gremm D: Klaus Löwitsch, Erika Pluhar, Doris Kunstmann
1963 und 1976 spielendes Drama über sehr unordentliche Familienverhältnisse, an denen einige der Beteiligten zerbrechen. Wolf Gremms dritter und wohl bester Film.

Die Brüder Karamasow B605
THE BROTHERS KARAMASOW ***
USA 1957, 146 Min., F
R: Richard Brooks D: Yul Brynner, Claire Bloom, Maria Schell
Fëdor M. Dostojewskijs vielschichtige Erzählung vom geizigen alten Mann und seinen drei gänzlich unterschiedlichen Söhnen in einer Hollywood-Inszenierung von reichlich platter Psychologie.

Die Brüder Karamasow B606
BRATIA KARAMOZOVY ***
UdSSR 1968, 114 Min., F
R: Iwan Pyriew D: Mark Prudkin, Michail Uljanow, Kirill Lawrow
Aufwendige und sehr gut gespielte Bebilderung von F. M. Dostojewskijs Roman.

Die Brüder Löwenherz B607
BRÖDERNA LEJONHJÄRTA ****
Schweden/Dänemark 1977, 105 Min., F und s/w
R: Olle Hellbom D: Staffan Götestam, Lars Söderdahl, Allan Edwall
Diese Astrid-Lindgren-Verfilmung hat nur wenig mit der »Pippi-Langstrumpf«-Heiterkeit zu tun. Es ist ein poetisches, manchmal auch grausames Märchen über den Tod und die Liebe, die Geschichte zweier Brüder, die über den Tod hinaus miteinander verbunden bleiben. LFF

Die Brüder Mozart B608
BRÖDERNA MOZART ****
Schweden 1985, 110 Min., F
R: Suzanne Osten D: Etienne Glaser, Philip Zandén, Henry Bronett
Ein exzentrischer Theaterregisseur möchte der Oper »Don Giovanni« neues Leben einhauchen und verfolgt sein Ziel gegen viele Widerstände. Er zwingt den Schauspielern seinen Willen auf und führt ihre Leistungen schließlich zu einer wundervollen Inszenierung zusammen. Eine herrliche Komödie über die Besessenheit vom Theater.

Bruder Sonne, Schwester Mond B609
***
BROTHER SUN, SISTER MOON
GB/Italien 1971, 115 Min., F
R: Franco Zeffirelli D: Graham Faulkner, Judi Bowker, Valentina Cortese
Relativ freie Phantasie über Leben und Werk des heiligen Franziskus, konzentriert auf die Jugendjahre des Mannes, der etwas gewaltsam zum Vorahnen der Ökologen, Pazifisten und Konsumkritiker gemacht wird. Der Opernregisseur Zeffirelli hat einen zu reichen Film über den Verfechter der materiellen Armut gemacht.

Brüderlein fein B610
***
Deutschland 1942, 104 Min., s/w
R: Hans Thiming D: Hans Holt, Hermann Thimig, Winnie Markus
Freie Filmphantasie über das Leben und Wirken von Ferdinand Raimund, getragen von der heimlichen Sehnsucht der Wien-Film-Produktion für das Biedermeier.

Brust oder Keule B611
L' AILE OU LA CUISSE ***
Frankreich 1976, 112 Min., F
R: Claude Zidi D: Louis de Funès, Michel Coluche, Julien Guiomar
Ein frankophiler Käselutscher bzw. »Vertreter der Eßkultur« legt sich mit einem Junk-food-Produzenten an und zeigt ihm, wo der Bartel den Most holt. Daß dabei kein Auge trocken bleibt, dürfte bei den Ausnahmekönnern Louis de Funès und Coluche keine Frage sein.

Die Brut B612
THE BROOD **
Kanada 1979, 92 Min., F
R: David Cronenberg D: Oliver Reed, Samantha Eggar, Art Hindle
Durchgedrehte Frau gebiert monströse und mörderische Säuglinge, die jeden töten, der ihren Zorn erregt. Selbst Dr. Horror-Giesen findet diesen Film ekelig.

Die Brut der Gewalt B613
SOLO **
Frankreich/Belgien 1969, 78 Min., F
R: Jean-Pierre Mocky D: Jean-Pierre Mocky, Denis Le Guillou
Eine Gang will die Mitglieder der feinen Gesellschaft in möglichst kompromittierenden Situationen erledigen. Ein Thriller über die Bedingungen des Terrors.

Die Brut des Teufels: Konga, Godzilla, King Kong B614 **

MEKAGOJIRA NO GYAKUSHU

Japan 1974, 83 Min., F

R: Inoshiro Honda D: K. Sasaki, Tomoko Ai, Akihiko Hirata

Ein außerirdisches Volk, das die Erde entvölkern will, läßt einen stählernen Dinosaurier auf die Menschheit los und verbündet sich mit einem irren Wissenschaftler. Naives SF-Spektakel aus Japan, für Freunde unfreiwilligen Humors. LSFF

Brutale Schatten B615

UN HOMME EST MORT/ FUNERALE A LOS ANGELES ***

Frankreich/Italien 1972, 99 Min., F

R: Jacques Deray D: Jean-Louis Trintignant, Angie Dickinson, Michel Constantin, Ann-Margret, Roy Scheider

Französischer Killer bringt im Auftrag einer Organisation in Los Angeles einen Großgangster um und wird sofort danach von einem Kollegen aufs Korn genommen. Er irrt durch die Stadt, offenbar ohne Chance gegen den Verfolger. Ein harter und kalter Gangsterfilm, gekonnt inszeniert.

El Bruto, der Starke B616

EL BRUTO *****

Mexiko 1952, 78 Min., s/w

R: Luis Buñuel D: Pedro Armendariz, Katy Jurado, Rosita Arenaz

Ein Metzger und Hausbesitzer will seine Häuser abreißen und modernisieren lassen. Als sich die Mieter weigern, die Wohnungen zu räumen, holt er den stärksten Mann der Schlachthöfe zu Hilfe. Buñuel hat eine klare revolutionäre Botschaft in sehr realistische Bilder gefaßt.

Das Buch Ruth B617

THE STORY OF RUTH ***

USA 1960, 118 Min., F

R: Henry Koster D: Stuart Whitman, Elana Eden, Tom Tryon, Peggy Wood

Die junge Jüdin Ruth wird Favoritin eines heidnischen Königs, kehrt aber schließlich nach Israel zurück. Epos aus der Bibel, nach Hollywood-Art effektvoll mit phantastischem Prunk aufgemotzt.

Die Büchse der Pandora B618 ****

Deutschland 1928, 131 Min., s/w

R: Georg Wilhelm Pabst D: Louise Brooks, Fritz Kortner, Gustav Diessl

Basierend auf Frank Wedekinds »Lulu«-Stücken erzählt Georg Wilhelm Pabst in diesem Stummfilm die Geschichte einer Tänzerin, die drei Männer in den Tod treibt, ehe sie das Opfer des mysteriösen Killers Jack the Ripper wird. Meisterliche psychologische Studie, perfekt in Bild und Montage.

Buck Rogers B619

BUCK ROGERS IN THE 25TH CENTURY ***

USA 1978, 89 Min., F

R: Daniel Haller D: Gil Gerard, Pamela Hensley, Erin Gray

Raumfahrer, der 500 Jahre bewußtlos in seinem Schiff gelegen hat, wacht gerade noch rechtzeitig auf, um die Erde vor Invasoren aus dem All zu retten. Leicht parodistisch, aber nicht unbedingt bedeutend. LSFF

Buckaroo Banzai – Die 8. Dimension B620 ***

THE ADVENTURES OF BUCKAROO BANZAI

USA 1983, 102 Min., F

R: W. D. Richter D: Peter Weller, John Lithgow, Ellen Barkin

Ein sich als Rocker und Rennfahrer betätigender Neurochirurg bekämpft außerdimensionale Invasoren in einer konfusen Geschichte. Ein mit aller Gewalt auf »Kultfilm« getrimmtes Nichts über Irre, die Irre jagen.

Der Bucklige von Soho B621 ***

BRD 1966, 89 Min., F

R: Alfred Vohrer D: Günther Stoll, Pinkas Braun, Eddi Arent

Im Zuge seiner Untersuchung einer Mordserie stößt Inspektor Hopkins auf eine Bande von Mädchenhändlern. Der erste Farbfilm der Edgar-Wallace-Reihe, geschrieben von »Derrick«-Serientäter Herbert Reinecker.

Buena Vista Social Club B622 ****

BRD 1998, 101 Min., F

R: Wim Wenders

Dokumentarfilm über kubanische »soneros«-Musiker der 30er, 40er und 50er Jahre. Im Mittelpunkt steht das Konzert der gleichnamigen Truppe alter, aber jung spielender Männer, die Ry Cooder wieder ins Rampenlicht gerückt hat. HFJ 2000

Die Buddenbrooks B623 ***

BRD 1959, 105 Min., s/w

R: Alfred Weidenmann D: Liselotte Pulver, Robert Graf, Hansjörg Felmy, Nadja Tiller, Lil Dagover

Zweiteilige Verfilmung des Romans von Thomas Mann über den Verfall einer Lübecker Patrizierfamilie im 19. Jahrhundert. Geschildert wird die Begegnung von Tony Buddenbrook und ihre Verheiratung mit einem Hamburger Kaufmann bis zur Übernahme der Firma durch Thomas Buddenbrook. Nachdem er eine reiche Frau geheiratet und mit Sohn Hanno auch für einen Stammhalter des Firmenimperiums gesorgt hat, beginnt der allmähliche Niedergang der Familie 1978 folgte eine dreiteilige Fernsehverfilmung von Franz Peter Wirth, die auch nicht besser war.

Buddies B624

BUDDIES ***

USA 1985, 81 Min., F

R: Arthur J. Bressan jr. D: Geoff Edholm, David Schachter, Billy Lux

Die letzten Tage von Robert, der, abgeschirmt von anderen Patienten, nur von David umsorgt wird, der die Patenschaft für ihn übernommen hat. Zwischen den beiden entwickelt sich eine verständnisvolle Beziehung. Aids-Aufklärungsfilm.

Buddy Buddy B625

BUDDY BUDDY ***

USA 1981, 96 Min., F

R: Billy Wilder D: Walter Matthau, Jack Lemmon, Paula Prentiss

Von Wilders pechschwarzem Humor strotzende Komödie über das zufällige Zusammentreffen eines Mörders mit einem Selbstmörder. In den Hauptrollen das verrückte Paar, das sogar bei einer Telefonbuch-Lesung noch Lacher ernten würde, und der Deutschen Lieblingsbösewicht Klaus Kinski.

Die Buddy Holly Story B626
THE BUDDY HOLLY STORY ***
USA 1978, 118 Min., F
R: Steve Rash D: Gary Busey, Don Stroud, Charles Martin Smith
A tribute to the late great Buddy Holly! Eine romantische Filmbiographie, ein schönes Melodram über die Rocklegende aus Provincetown, Texas. Die Bombe des Rock 'n Roll, die Freundschaft, die Liebe, die Karriere, die Musik. Und ein tragisches Ende. Der Rest ist Rock 'n Roll.

Buffalo Bill greift ein B627
BUFFALO BILL RIDES AGAIN ***
USA 1947, 70 Min., s/w
R: Bernard B. Ray D: Richard Arlen, Jennifer Holt, Lee Shumay
Buffalo Bill tut sich mit Indianern und Kleinbauern zusammen, um einer Bande ein Schnippchen zu schlagen, die es auf petroleumhaltiges Land abgesehen hat. Ein B-Western mit allerhand »Äktschn«.

Buffalo Bill und die Indianer B628
****
BUFFALO BILL AND THE INDIANS OR SITTING BULL'S HISTORY LESSON
USA 1975, 123 Min., F
R: Robert Altman D: Paul Newman, Burt Lancaster, Joel Grey, Harvey Keitel, Geraldine Chaplin
Western-Altmans Abrechnung mit dem Mythos: der legendäre Held von einst als Star seiner zweifelhaften Wildwestshow begegnet dem Groschenheftautor Butline, der allen sagt, er habe Buffalo Bill erfunden. Altman demontiert genüßlich und radikal die amerikanische Western-Mythologie.

Buffalo Bill, der weiße Indianer B629
****
BUFFALO BILL
USA 1944, 89 Min., F
R: William A. Wellman D: Joel McCrea, Maureen O'Hara, Linda Darnell, Thomas Mitchell, Anthony Quinn
Biographischer Film über das Leben William F. Codys, eines Jägers und Scouts, der sich um Frieden zwischen der US-Regierung und den Cheyenne bemüht, die sich gegen das Abschlachten der Büffelherden wehren.

Bugsy B630
BUGSY ***
USA 1991, 136 Min., F
R: Barry Levinson D: Warren Beatty, Annette Bening, Harvey Keitel
Verfilmung der Lebensgeschichte von Benjamin »Bugsy« Siegel, der das Spielerparadies Las Vegas in der Wüste von Nevada aus dem staubtrockenen Boden stampfte. Klassische Gangster-Ballade mit einigen Längen, aber großartiger Besetzung. HFJ 1993

Bugsy Malone B631
BUGSY MALONE ***
GB 1975, 94 Min., F
R: Alan Parker D: Scott Baio, Jodie Foster, Florrie Dugger
Zwei Gangsterbanden im New York der Prohibitionszeit liefern sich einen erbarmungslosen Konkurrenzkampf. Gangsterfilm-Parodie, in der alle Rollen mit Kindern besetzt sind.

Die Bulldozer von Hongkong B632
ANGEL-LOSERS **
Japan 1979, 80 Min., F
R: Hiroshi Kohira D: Koichi Iwoki, Janet Hatta, Ken Nishida
Wilde Verfolgungsjagden, alles mit einem gehörigen Schuß Brutalität. Weder der technische Aufwand noch die darstellerischen Leistungen rechtfertigen diesen japanischen Motorrocker-Streifen.

Der Bulle B633
LE PACHA ***
Fr/It 1967, 84 Min., F
R: Georges Lautner D: Jean Gabin, Dany Carrel, Felix Marten
Jean Gabin als harter Kommissar unterscheidet sich in seinen Methoden kaum von den Gangstern, die er wegen Polizistenmordes verfolgt. Ideologisch fragwürdiger Polizeifilm, der unreflektiert Selbstjustiz propagiert.

Ein Bulle sieht rot B634
UN CONDÉ ***
Frankreich/Italien 1970, F
R: Yves Boisset D: John Garko, Adolfo Celi, Michel Bouquet
Kriminalfilm um einen Polizeibeamten, dessen Methoden sich kaum von denen unterscheiden, die er bekämpft.

Der Bulle und das Mädchen B635
**
BRD/Österreich 1984, 92 Min., F
R: Peter Keglevic D: Jürgen Prochnow, Annette von Klier, Franz Buchrieser, Krystyna Janda
Leicht unterkühlte Krimiballade um einen Macho-Polizisten, der sich in eine Rockerbraut verliebt, hinter der er eigentlich wegen seiner gestohlenen Knarre her war. Aus Liebe verwandelt sich der Saulus zu einem Paulus, der bei seinen Kollegen zum Outlaw, bei seiner neuen Flamme aber zum zärtlichen Lover wird. Der Film ist ungefähr so künstlich, wie es sich anhört, aber wenigstens keine TV-Dramaturgie.

Der Bulle von Paris B636
POLICE ****
Frankreich 1985, 113 Min., F
R: Maurice Pialat D: Gérard Depardieu, Sophie Marceau, Richard Anconina, Pascale Rocard
Ein Pariser Polizeiinspektor, der einer tunesischen Drogendealerbande auf der Spur ist, verliebt sich in die Freundin und Komplizin eines der Gangster, und beginnt ein Verhältnis mit ihr. Während eines Verhörs unter Druck gesetzt, läßt diese die Gruppe auffliegen. Hervorragend gespielter Polizeifilm, der durch seine Genauigkeit in der Darstellung von Milieu und Gesten die Konventionen des Genres sprengt.

Bullen – wie lange wollt ihr leben? B637
***
THE SPLIT
USA 1968, 90 Min., F
R: Gordon Flemyng D: Jim Brown, Diahann Carroll, Julie Harris
Mit Rassenproblematik überfrachtetes und überflüssig brutales Caper-Movie um den Überfall auf die Kasse eines Football-Stadions. Fernsehtitel: Die ganz große Klasse.

Bullets over Broadway B638
BULLETS OVER BROADWAY ****
USA 1994, 99 Min., F
R: Woody Allen D: John Cusack, Jack Warden, Chazz Palminteri, Dianne Wiest

Damit sein Stück am Broadway gespielt wird, muß ein aufstrebender Autor einem untalentierten Gangsterliebchen die Hauptrolle geben. Alle Beteiligten verlieren ihre Nerven, hinter den Kulissen eskalieren die kleinen privaten Dramen bis zum überraschenden Ende. Woody Allen bringt die Atmosphäre der wilden 20er Jahre rüber, jongliert mit sämtlichen Broadway-Klischees und serviert mit Tempo, Witz und Leichtigkeit ein Komiker-Highlight nach dem anderen.
HFJ 1996

Bullitt B639
BULLITT ****
USA 1968, 114 Min., F
R: Peter Yates D: Steve McQueen, Robert Vaughn, Jacqueline Bisset
Grandios gefilmte Autoverfolgungsjagden machten Peter Yates' Polizeifilm um den bestechlichen Bullitt, dem es gelingt, einen korrupten Politiker zur Strecke zu bringen, zu einem Klassiker des Genres.

Bulworth B640
BULWORTH ****
USA 1998, 107 Min., F
R: Warren Beatty D: Warren Beatty, Halle Berry, Oliver Platt
Nach dem beruflichen wie privaten Karriereaus will sich der titelgebende Senator von einem Killer ins Jenseits befördern lassen, ohne Ort und Zeit der Tat zu kennen. Frei von allen Zwängen brüskiert er nun das Politbusineß mit allerlei Peinlichkeiten. Glänzende Realsatire. HFJ 2000

Bumerang B641
BOOMERANG ***
USA 1946, 82 Min., s/w
R: Elia Kazan D: Dana Andrews, Lee J. Cobb, Arthur Kennedy
Oppositionelle Kommunalpolitiker einer amerikanischen Stadt sehen nach dem Mord an einem Pfarrer eine Chance, sich öffentlich zu profilieren, und präsentieren der Justiz einen Täter, dem man schlußendlich nichts nachweisen kann. Nach Tatsachen gedrehtes Doku-Drama über eine versuchte Einflußnahme der Politik auf die Justiz.

Steve McQueen als ›Bullitt‹ in den Straßen von San Francisco.

Bumerang – Bumerang B642
**
BRD 1989, 102 Min., F
R: Hans W. Geissendörfer
D: Katja Studt, Jürgen Vogel, Jan Plewka
Gymnasiastin entführt Atompolitiker. Der versucht zunächst, daraus wahltaktisches Kapital zu schlagen, wird jedoch von den Schülern ausgetrickst. Wenn gutgemeint das Gegenteil von gut ist, dann ist dies ein sehr gutgemeinter Film.

Die bumsfidelen Mädchen vom Birkenhof B643 *
Schweiz 1974, 83 Min., F
R: Michael Thomas D: Nadine De Rangot, Monika Rhode, Laurel Conic
Drei Maiden, die auf einem Bauernhof leben, lassen sexuell nichts anbrennen. Sexfilm-Dutzendware.

Bunny Lake ist verschwunden B644 ****
BUNNY LAKE IS MISSING
GB 1965, 102 Min., s/w
R: Otto Preminger D: Laurence Olivier, Carol Lynley, Keir Dullea
Als Ann Lake ihre Tochter Bunny vom Kindergarten abholen will, ist sie verschwunden, mehr noch: Es gibt keinerlei Hinweise darauf, daß sie je existiert hat. Brillanter inszenierter Psychothriller.

Bunte Hunde B645
***
BRD 1995, 100 Min., F
R: Lars Becker D: Peter Lohmeyer, Oana Solomonescu, Til Schweiger
Es geht um drei Autoschieber, von denen einer zum Verräter wird und zwei auf der Strecke bleiben. Die lakonische Gangstergeschichte, die mit einem routinierten Autoklau beginnt, endet, ganz auf der Höhe der Zeit, mit einer hitzigen Geiselnahme und der anschließenden Flucht vor der Polizei. Becker hat ein sicheres Gespür für Dialoge, Timing, Musik und für eine suggestive Inszenierung. HFJ 1996

Die Buntkarierten B646
***
DDR 1949, 110 Min., s/w
R: Kurt Maetzig D: Camilla Spira, Werner Hinz, Carsta Löck
Chronik einer deutschen Arbeiterfamilie von 1884 bis 1949. Die Film-Version des Bühnenstücks »Während der Stromsperre« von Berta Waterstradt entwirft ein humanistisch-sozialistisches Weltbild.

Buona sera, Mrs. Campbell B647
BUONA SERA, MRS. CAMPBELL ***
USA 1968, 111 Min., F
R: Melvin Frank D: Gina Lollobrigida, Telly Savalas, Peter Lawford
Drei Amerikaner, die es im Zweiten Weltkrieg allesamt mit einer attrak-

tiven Italienerin hatten, kehren nach achtzehn Jahren nach Europa zurück und müssen feststellen, daß diese von allen dreien Alimente für ihre uneheliche Tochter bezogen hat. Eine witzige Komödie, die freilich im letzten Drittel ziemlich abbaut.

Die Burg der Verräter B648
STAR OF INDIA ***
GB 1953, 90 Min., F
R: Arthur Lubin D: Cornel Wilde, Jean Wallace, Herbert Lom
Mantel- und Degenfilm über einen Adeligen, der in seine Heimat zurückkehrt und um seinen Besitz und einen Schatz kämpfen muß. Nicht allzu langweiliger Abenteuerstreifen.

Burgtheater B649
***
Österreich 1936, 122 Min., s/w
R: Willi Forst D: Werner Krauß, Willy Eichberger, Olga Tschechowa
Schauspieler erlebt die große Liebe seines Lebens und will für sie auf den Ruhm verzichten. Da sich die Liebe aber nicht verwirklichen wird, findet er Trost im Entsagen für die Kunst.

Bus Stop B650
BUS STOP ***
USA 1956, 95 Min., F
R: Joshua Logan D: Marilyn Monroe, Don Murray, Arthur O'Connell
Cowboy verknallt sich in Nachtclubsängerin und bekniet sie eine Weile, bis er sie zu guter Letzt ehelichen darf. Aus der simpel gestrickten Handlung (war mal ein Broadwaystück) wird dank Marilyns unwiderstehlicher Ausstrahlung ein echter Knüller.

Sexy Marilyn (rechts) in ›Bus Stop‹.

Busch singt B651
****
DDR 1981/82, 325 Min. F
R: Peter Voigt, Erwin Burkert , Konrad Wolf
Filmserie über den im Jahr 1900 als Sohn eines Kieler Arbeiters geborenen Schauspieler und Sänger Ernst Busch, der über Jahrzehnte hinweg seine Gesänge unter dem Titel »Lied der Zeit« auf Schallplatte herausbrachte. Konrad Wolf folgt in der Konzeption seiner sechsteiligen Collage aus Bildern und Gesängen der Idee Buschs, die jeweilige Zeit im Lied hörbar zu machen. Entstanden ist eine einmalige und faszinierende Chronik der ersten Hälfte des 20. Jahrhunderts.

Der Buschpilot B652
L'AFRICAIN ***
Frankreich 1983, 93 Min., F
R: Philippe de Broca D: Cathérine Deneuve, Philippe Noiret, Joseph Momo
In Afrika trifft Charlotte unvermutet auf ihren Mann, von dem sie sich getrennt hat. Sie möchte ein Ferienzentrum errichten; er möchte das verhindern. Lieben tun sie sich trotzdem. Gelungene Mischung aus Romantik, Abenteuer und Komödie. HFJ 1987

Buschteufel im Dschungel B653
PYGMY ISLAND **
USA 1950, 70 Min., s/w
R: William Berke D: Johnny Weissmueller, Ann Savage, David Bruce
Der Abenteurer Dschungel-Jim sucht im afrikanischen Busch nach dem Verbleib eines Captains, während feindliche Spione nach einer mysteriösen Pflanze forschen, die irgendwelchen bösen Zwecken dienen soll. Routinestory mit Ex-Tarzan Weissmüller.

Buster Keaton: Der General B654
THE GENERAL ****
USA 1926, 78 Min., s/w
R: Buster Keaton D: Buster Keaton, Marion Mack, Charles Smith
Der Mann, der nie lachte, ist hier ein Lokführer zur Zeit des amerikanischen Bürgerkriegs, der sich aus Liebe zu seiner Frau keinen Deut um den Frontverlauf schert und so unversehens eine Offensive der Nordstaaten vereitelt. Damals ein Flop, aber längst zu verdienten Ehren gelangt.

Buster Keaton: Der Kameramann B655
****
THE CAMERAMAN
USA 1928, 69 Min., s/w
R: Edward Sedgwick D: Buster Keaton, Marceline Day, Harold Goodwin
Um ein Mädchen zu beeindrucken, verdingt sich Buster als Wochenschau-Kameramann in der Filmbranche. Das findet zwar heute manchmal noch genauso statt, nur kann leider niemand mehr so umwerfende Filme darüber machen.

Buster Keaton: Der Navigator B656
****
THE NAVIGATOR
USA 1924, 59 Min., s/w
R: Buster Keaton D: Buster Keaton, Frederick Vroom, Kathryn McGuire
In einem Dampfer allein auf See, mit einer Dame als Handicap, schlägt sich ein verwöhntes Millionärssöhnchen mit widrigen Umständen und schließlich gar mit Menschenfressern herum. Exzellente Stummfilmkomödie.

Buster Keaton: Sherlock Junior B657
****
SHERLOCK, JR.
USA 1924, 42 Min., s/w
R: Buster Keaton D: Buster Keaton, Kathryn McGuire, Joe Keaton
Filmvorführer mit Leidenschaft fürs Detektivspielen hat einen Traum, in dem er als Filmheld seinen Nebenbuhler eines Verbrechens überführt. Durch diese Rückkopplung nicht nur eine phnatastische Komödie, sondern auch ein verschmitzter Seitenhieb auf das Medium als solches.

Buster's Bedroom B658
****
BRD/Kanada/Portugal 1990, 99 Min., F
R: Rebecca Horn D: Donald Sutherland, Geraldine Chaplin, Valentina Cortese

Auf der Suche nach Buster Keaton gerät eine junge Filmstudentin in ein seltsames Sanatorium mit Namen »Nirvana House«, aus dem sie sich nur mit Mühe wieder befreien kann. Absurde Reise in einen poetischen Traum; der Film einer als Malerin bekannten Regisseurin, die den Zuschauer in eine eigene, suggestive Bildwelt entführt. HFJ 1992

Butch Cassidy und Sundance Kid B659 ****

BUTCH CASSIDY AND THE SUNDANCE KID

USA 1969, 110 Min., F

R: George Roy Hill D: Paul Newman, Robert Redford, Katherine Ross

Zwei Eisenbahnräuber, die von Männern der Union Pacific verfolgt werden, setzen sich aus den USA ab und gehen nach Bolivien, wo sie mit anderen Banditen aneinandergeraten und von der Armee getötet werden. Spannend und originell.

Ein Butler in Amerika B660

RUGGLES OF RED GAP ***

USA 1934, 88 Min., s/w

R: Leo McCarey D: Charles Laughton, Mary Boland, Zasu Pitts

Ein britischer Butler, den sein Herr beim Kartenspielen an einen Yankee »verliert«, muß nach Amerika auswandern, wo er sich seines Lakaiendenkens entledigt, neue Freunde gewinnt und erkennt, daß er eine eigenständige Persönlichkeit ist. Eine Komödie, die menschliche (und amerikanische) Schwächen gekonnt aufs Korn nimmt.

Butterbrot B661 ***

BRD 1989, 100 Min., F

R: Gabriel Barylli D: Uwe Ochsenknecht, Heinz Hoenig, Gabriel Barylli

Nach seinem eigenen komödiantischen Theaterstück erzählt Barylli die Geschichte dreier »neuer« Männer, die sich in den Widersprüchen von Beruf, Liebe und Freundschaft verheddern. HFJ 1989

Robert Redford und Paul Newman: Das beste Männerteam in der Geschichte Hollywoods? ›Butch Cassidy und Sundance Kid‹.

Butterfly B662 **

Schweiz 1974, 81 Min., F

R: Joseph W. Sarno D: Harry Reems, Maria Forsa, Eric Edwards

Junge Unschuld nimmt Job in Nachtclub an und verliebt sich in den Chef, der aber von anderen Damen nicht lassen kann. Aus Rache tut sie es ihm gleich. Wenigstens ordentlich fotografiert.

Butterfly Kiss B663

BUTTERFLY KISS ****

GB 1995, 88 Min., F

R: Michael Winterbottom D: Amanda Plummer, Saskia Reeves, Paul Bown

Die passive Miriam lernt die impulsive Eunice kennen, deren Schuldgefühle über ein verpfuschtes Leben in Gewalttätigkeiten gegen sich selbst und andere gipfeln; Kinodebüt zwischen Doku-Reportage und Alptraum-Trip. Serienkiller-Lesben-Road-Movie. HFJ 1996

Bye Bye Birdie B664

BYE-BYE BIRDIE

USA 1963, 105 Min., F

R: George Sidney D: Janet Leigh, Dick van Dyke, Ed Sullivan

Vor seiner Einberufung zum Militär will sich ein amerikanischer Rock'n'Roll-Star mit eine grandiosen Show von seinen Fans verabschieden. Streckenweise in seichten Klamauk verfallende Parodie auf das amerikanische Musik-Busineß.

Bye Bye Brasil B665

BYE BYE BRASIL ***

Brasilien 1979, 110 Min., F

R: Carlos Diegues D: Betty Faria, José Wilker, Zaira Zambelli

Eine Schaustellertruppe zieht quer durch das Land und muß sich immer wieder den neuen Situationen anpassen. Der Film handelt vom Verlust kultureller Eigenständigkeit, den ein rückständiges, weites, exotisches Land erleidet, um am Fortschritt der westlichen, vor allem der nordamerikanischen Zivilisation teilzuhaben. Ein Road-Movie der besonderen Art.

C

Cabal – Die Brut der Nacht C1
NIGHTBREED **
USA 1990, 99 Min., F
R: Clive Barker D: Craig Sheffer, Anne Bobby, David Cronenberg
Ein nicht ganz richtig tickender junger Mann entdeckt einen Zugang zu einer mythischen Mutantenstadt und sorgt, ohne es zu wollen, für den Untergang ihrer Bewohner. Nicht sehr bedeutend, aber unterhaltsam. HFJ 1991

Cabaret C2
CABARET ****
USA 1972, 123 Min., F
R: Bob Fosse D: Liza Minnelli, Michael York, Helmut Griem, Joel Grey
Die bittersüße Liebesgeschichte zwischen einem englischen Studenten und einer Varietésängerin im Berlin der frühen dreißiger Jahre, wo sich bereits der Aufstieg des Faschismus abzeichnet. Vielleicht das filmischste Musical aller Zeiten; ausgezeichnet mit acht Oscars. Gedreht in den Bavaria Filmstudios in Geiselgasteig.

Liza Minnelli als Sally in ›Cabaret‹.

Cabiria C3
CABIRIA *****
Italien 1914, 125 Min., s/w
R: Giovanni Pastrone D: Ladia Quaranta, Italia Almirante Manzini
Erster Monumentalfilm der Kino-Geschichte, der weniger wegen seiner Schilderung der Punischen Kriege und der Love Story einer armen Sklavin und eines reichen Römers interessant ist, sondern durch Erzählstruktur und technische Effekte.

Cable Guy – Die Nervensäge C4
THE CABLE GUY **
USA 1996, 95 Min., F
R: Ben Stiller D: Jim Carrey, Matthew Broderick, Leslie Mann
Jim Carrey als psychopathischer Fernsehkabelinstallateur, der einem Yuppie seine Freundschaft aufzwingt. Mißlungener Versuch eines Genremix, der auch nicht durch die Skurrilität seines Hauptdarstellers beeindrucken kann. HFJ 1997

Café Europa C5
**
BRD 1990, 90 Min., F
R: Franz X. Bogner D: Barbara Auer, Jacques Breuer, August Zirner
Wie chronisch erfolglose Kriminaler aus Versehen auch mal etwas erreichen. Müde Krimikomödie ohne Biß und Tempo. Der gleichnamige Film von Norman Taurog (1959) mit Elvis Presley war anders, aber auch nicht besser. HFJ 1991

Café Malaria C6
***
Österreich 1982, 85 Min., F
R: Niki List D: Andreas Vitasek, Sabine Platzer, Geli Brechelmacher
Schicki & Micki, die gar nicht merken, daß sie es sind, denn die verachten sie nämlich, labern sich in einem Wiener Caféhaus eine Nacht lang die Ohren ab. Die bizarre Story ist so leer wie die Leere im Hirn der Karikierten.

Die Caine war ihr Schicksal C7
THE CAINE MUTINY ****
USA 1954, 119 Min., F
R: Edward Dmytryk D: Humphrey Bogart, José Ferrer, Van Johnson
Immer deutlicher wird der Besatzung eines amerikanischen Minensuchbootes im Zweiten Weltkrieg, daß ihr Kapitän seiner Aufgabe nicht gewachsen ist. Als er erneut in einer Gefahrensituation versagt, beschließt ein junger Offizier, ihn abzusetzen. Wegen dieser Meuterei kommt es zur Gerichtsverhandlung. Packendes Drama, gut gespielt, allerdings mit einer eher fragwürdigen Schlußmoral.

Calahan C8
MAGNUM FORCE ***
USA 1973, 124 Min., F
R: Ted Post D: Clint Eastwood, Hal Holbrook, Felton Perry
John Milius und Michael Cimino schrieben die Fortsetzung zu *Dirty Harry*. Der Originaltitel bezeichnet die Riesenwaffe, mit der der skrupellose Inspektor Calahan unter seinen Kollegen aufräumt, die das Recht in die eigenen Hände genommen haben – wie Dirty Harry selbst.

Calamari Union C9
CALAMARI UNION ***
Finnland 1985, 85 Min., F
R: Aki Kaurismäki D: Pirkko Hämäläinen, Pirkka-Pekka Petelius, Matti Pellonpää, Markku Toikka
»... eine sehr lustige Komödie und der schlechteste Film, den ich je gesehen habe, wenn man die nicht zählt, die ich vorher gemacht habe« (O-Ton Kaurismäki). Hier die Handlung, die keine ist: 18 Männer, von denen 17 Frank heißen, marschieren durch Helsinki und versuchen, ans Meer zu gelangen. HFJ 1993

Calcutta 71 C10
CALCUTTA ***
Indien 1972, 101 Min., F
R: Mrinal Sen D: Madhabi Mukherjee, Gita Sen, Binota Roy
Ein junger Mann wandert durch die Geschichte Indiens. Der Film schildert fünf Tage seiner langen Wanderung, deren einziger gemeinsamer Zug die Armut ist. Jeden Tag zeigt die Armut das gleiche Gesicht, was wechselt, sind nur die Armen. Zuerst sind sie nur resigniert, gleichgültig, zynisch, dann werden sie bitter und schließlich zornig.

Calendar C11
CALENDAR ***
Armenien/Kanada/BRD 1993, 72 Min., F
R: Atom Egoyan D: Arsinée Khanjian, Ashot Adamian, Atom Egoyan
Ausgehend von zwölf Kalenderblättern, die armenische Kirchen zeigen, wird die Geschichte einer Trennung erzählt. Die Hauptrolle spielt der Regisseur selbst, der hier die Themen seiner verstörenden, von Tristesse geleiteten ersten vier Spielfilme variiert: Die Ängste eines Menschen, der alle menschlichen Bindungen in Auflösung sieht. HFJ 1994

La Califfa C12
LA CALIFFA ***
Italien/Frankreich 1970, 98 Min., F
R: Alberto Bevilacqua D: Romy Schneider, Ugo Tognazzi, Marina Berti
Ein Unternehmer läßt sich durch eine Liebesgeschichte mit einer jungen Arbeiterin dazu bekehren, sein Eigentum mit den Arbeitern zu teilen, und muß das mit dem Leben bezahlen. Bizarre Mischung aus Kolportage und Politik, wie es sie nur in den 70ern gab.

California Split C13
CALIFORNIA SPLIT ***
USA 1974, 96 Min., F
R: Robert Altman D: George Segal, Elliott Gould, Ann Prentiss
Bedächtige Studie zweier Spieler und ihres Lebensmilieus. Der Film läßt sich ganz auf den Rhythmus des Spiels ein und gibt den beiden hervorragenden Hauptdarstellern Gelegenheit, ihre so unterschiedlichen Charaktere genau zu entwickeln.

Caligula C14
CALIGULA **
USA/It 1979, 150 Min., F
R: Tinto Brass D: Malcolm McDowell, Theresa Ann Savoy, Peter O'Toole, John Gielgud, Helen Mirren
Die Lebensgeschichte des römischen Kaisers Caligula (37–41 n. Chr.), der, mit Verlaub gesagt, eine große Pottsau war: Orgien und Ferkeleien bestimmten sein Dasein, und das ist natürlich der richtige Stoff für einen einschlägig vorbelasteten Regisseur. Nur für Menschen mit eisernem Magen.

Lina Wertmüllers Frauen sind verzweifelt, aber nicht mutlos in ›Camorra‹.

Caligula und Messalina C15
CALIGULA E MESSALINA *
Fr/It 1982, 111 Min., F
R: Anthony Pass D: John Turner, Betty Roland, Françoise Blanchard
Fickgeschichten aus dem alten Rom – in irgendeiner leeren Großgarage unter Verwendung von Pappmaché, einer Tonne Kleister und gesäßlastigen Miezen von einer Pornografenhorde abgefilmt.

Camelot C16
CAMELOT ***
USA 1967, 158 Min., F
R: Joshua Logan D: Richard Harris, Vanessa Redgrave, Franco Nero
König Arthur, der König von Camelot, erinnert sich vor einer Schlacht an seine Vergangenheit. Zwischendurch wird viel gesungen, weil dieser Film auf einem Musical basiert. LFF

Camelot – Der Fluch des goldenen Schwertes C17
SWORD OF THE VALIANT **
GB 1983, 98 Min., F
R: Stephen Weeks D: Miles O'Keefe, Cyrielle Claire, Sean Connery
Ein geheimnisvoller »Grüner Ritter« beherrscht das mythische Königreich Camelot, doch ein wackeres Bürschlein macht sich auf, seine Identität zu lüften. Dutzend-Fantasy nach üblichem Strickmuster.

Camille Claudel C18
CAMILLE CLAUDEL ****
Frankreich 1988, 170 Min., F
R: Bruno Nuytten D: Isabelle Adjani, Gérard Depardieu, Laurent Grevil
Dramatische und opulent ausgestattete Film-Biographie der französischen Bildhauerin (1864–1943), zugleich ein Melodram und ein Versuch über die Unterdrückung der Frau. Brillante Schauspieler in einem etwas plakativen, überlangen Film. HFJ 1990

Camorra C19
CAMORRA/UN COMPLICATO INTRIGO DI DONNE; VICOLI E DELITTI ****
Italien/USA 1985, 118 Min., F
R: Lina Wertmüller D: Angela Molina, Francisco Rabal, Harvey Keitel
Die Frauen von Neapel setzen sich gegen das organisierte Verbrechen zur Wehr. Die Regisseurin zeigt in ihrer Tragikomödie einmal mehr den Krieg zwischen Männern und Frauen auf, der die sozialen Konflikte bestimmt.

Camp der verlorenen Frauen C20
HELL TRAIN *
Philippinen 1982, 94 Min., F
R: Cirio H. Santiago D: Jennifer Lane, Catherine March, Margaret Magick
Vietnamesen quälen gefangene Frauen und bilden sie zu Killern aus, bis selbige einen Aufstand anzetteln und fliehen. Ein Schundfilmchen billiger Machart.

Can-Can C21
CAN-CAN ***
USA 1960, 131 Min., F
R: Walter Lang D: Shirley MacLaine, Frank Sinatra, Maurice Chevalier
Cole Porters Musik ist das Beste an diesem etwas lang geratenen Revuefilm um eine Tänzerin, die sich im Paris der Jahrhundertwende zwischen zwei Freiern entscheiden muß.

Candy C22
CANDY **
USA/Italien 1968, 101 Min., F
R: Christian Marquand D: Eva Aulin, Charles Aznavour, Marlon Brando, Richard Burton
Zotige Satire über eine Lolita mit loser Moral, die es genießt, daß alle Männer auf sie fliegen (und mehr). Trotz Starbesetzung: ziemlich uninteressant.

Candy fliegt auf Hollywood C23
CANDY GOES TO HOLLYWOOD **
USA 1978, 90 Min., F
R: Gail Palmer D: Carol Connors, John Leslie, Wendy Williams
Das blonde Dummchen Candy zieht nach Hollywood, wo die Buben ihr gleich scharenweise nachlaufen: Einer redet ihr unter Hypnose ein, sie lutsche ein Eishörnchen. Witzig, wenn man ein Pig Male Chauvinist ist.

Cannibal Girls C24
CANNIBAL GIRLS *
Kanada 1973, 82 Min., F
R: Ivan Reitman D: Eugene Levy, Ronald Ulrich, Andrea Martin
Drei Girls, die in einem US-Kaff ein Restaurant betreiben, verhackstücken durchreisende Touristen, die anderen Gästen serviert werden. Angebliche Parodie auf Horrorfilme, ist aber nur billiger Schund.

Cannibal Tours C25
CANNIBAL TOURS ****
Australien 1987, 70 Min., F
R: Dennis O'Rourke
Halbdokumentarischer Film über den Tourismus in Papua-Neu-Guinea, der der dem Selbstverständnis der Einheimischen gegenübergestellt wird. O'Rourke zeigt mit ätzender Hintergründigkeit absurde Situationen und Begegnungen und legt so Auswüchse des abendländischen Reisegebarens bloß.

Canterbury Tale C26
CANTERBURY TALE ***
GB 1944, 94 Min., s/w
R: Michael Powell, Emeric Pressburger D: Eric Portman, Sheila Sim, John Sweet, Dennis Price
Drei Personen, die mitten im Krieg in Richtung Canterbury fahren, werden zufällig Zeuge eines Attentates des mysteriösen Leim-Mannes... Wunderbar altmodisch.

Caprice C27
CAPRICE **
USA 1966, 94 Min., F
R: Frank Tashlin D: Doris Day, Richard Harris, Ray Walston
Spionin im Auftrag einer Kosmetikfirma sucht nach den Mördern ihres Vaters, lernt im Zuge ihrer Ermittlungen einen geheimnisvollen Kollegen kennen und dringt in die Zentrale der Gegenseite vor. Dämliche Agentenfilmparodie, mit den üblichen humorigen Doris-Day-Grimassen.

Caprona – Das vergessene Land C28
THE LAND THAT TIME FORGOT ***
GB 1975, 84 Min., F
R: Kevin Connor D: Doug McClure, John McEnery, Susan Penhaligon
Die Crew eines britischen Frachters wird im Ersten Weltkrieg von einem U-Boot torpediert und rettet sich auf eine Insel, auf der urzeitliche Monster und primitive Menschen leben. Nach einem Roman von Edgar Rice Burroughs. LSFF

Caprona 2. Teil C29
THE PEOPLE THAT TIME FORGOT ***
GB 1977, 90 Min., F
R: Kevin Connor D: Patrick Wayne, Doug McClure, Sarah Douglas
Nach einem Flaschenpostfund startet eine Expedition zu einer auf keiner Karte verzeichneten Insel und stößt dort auf Urzeitmonster und Überlebende eines torpedierten Schiffes. Nach einem Roman von Edgar Rice Burroughs. LSFF

Captain Apache C30
CAPTAIN APACHE **
GB 1970, 90 Min., F
R: Alexander Singer D: Lee van Cleef, Carroll Baker, Stuart Whitman
Ein Captain der US-Kavallerie klärt einen Mord an einem Indianeragenten auf. Gewalttätiger Western, in dem der Held die Bösewichter gleich im Dutzend erledigt. Ein Film, in dem uns die Klischees in Massen begegnen.

Captain Kidd und das Sklavenmädchen C31
CAPTAIN KIDD AND THE SLAVE GIRL ***
USA 1954, 82 Min., F
R: Lew Landers D: Anthony Dexter, Eva Gabor, Alan Hale jr., James Seay
Captain Kidd und eine junge Frau, die er vor der Sklaverei bewahrt, im Kampf gegen einen adligen Dunkelmann, der dem Helden einen vergrabenen Schatz abjagen will. Routineabenteuer im Seeräubermilieu. Nette Kost für Zwölfjährige.

Car Wash C32
CAR WASH ***
USA 1976, 95 Min., F
R: Michael Schultz D: Franklin Ajaye, Sully Bojar, Richard Brestoff
Ein Tag im Leben der Angestellten einer Autowaschanlage in L. A. Musical, Traumfabrik, Sozialdrama – aber von allem nur ein wenig und deshalb nicht besonders ergiebig. Eine gewisse Oberflächlichkeit läßt die gute Ausgangsidee, das Verhalten einer Gruppe von Menschen innerhalb eines räumlich wie zeitlich begrenzten Rahmens, nicht zur vollen Geltung kommen.

Die Carabinieri C33
LES CARABINIERS ****
Frankreich 1963, 78 Min., s/w
R: Jean-Luc Godard D: Marino Mase, Albert Juross, Geneviève Galéa
Zwei Bauern, die sich von Beuteversprechungen in den Krieg für König und Vaterland haben locken lassen, werden – als der König mit seinem Feind einen Friedensvertrag schließt – zum Lohn einfach exekutiert. Godards Reflexion über die Mechanismen des Kriegs beinhaltet auch eine Reflexion über die Mechanismen des Kinos.

Caravaggio C34
CARAVAGGIO ****
GB 1986, 90 Min., F
R: Derek Jarman D: Nigel Terry, Dexter Fletcher, Tilda Swinton
Bildmächtiges, ironisch gebrochenes Portrait des berühmten Renaissance-Malers und Außenseiters Caravaggio. Formal so unkonventionell wie das Leben des Porträtierten. HFJ 1988

Carlito's Weg C35
CARLITO'S WAY ****
USA 1993, 144 Min., F
R: Brian de Palma D: Al Pacino, Sean Penn, Penelope Ann Miller
Ein vorzeitig aus dem Knast entlassener Drogenhändler will »aussteigen«, gerät durch seinen Anwalt aber wieder ins »Milieu«. Spannend inszenierter Gangster-Film mit einem unglücklichen Helden und einem fulminanten Show-Down am Ende. HFJ 1995

Carmen C36
CARMEN ****
Fr/It 1983, 152 Min., F
R: Francesco Rosi D: Julia Migenes-Johnson, Placido Domingo, Ruggero Raimondi, Faith Esham
Opernverfilmung in archaisch-schönen Bildern. Georges Bizets Oper um die schöne Zigeunerin, die einen Stierkämpfer so lange demütigt, bis er sie ersticht, in einer auch musikalisch brillanten Inszenierung.

Carmen C37
CARMEN ****
Spanien 1983, 101 Min., F
R: Carlos Saura D: Antonio Gades, Laura del Sol, Paco de Lucia
Diese Ballettversion des klassischen, oft adaptierten Stoffes funktioniert auf mehreren Ebenen: Der Film handelt von einem Choreographen, der ein Carmen-Ballett inszeniert, sich in eine Tänzerin verliebt und damit, anfangs ohne es zu ahnen, das Eifersuchtsdrama in seinem eigenen Leben nachspielt. Fulminante Tanzeinlagen zu urspanischer Musik von Paco de Lucia – das gefällt auch Opernhassern.

Carmen Jones C38
CARMEN JONES ***
USA 1954, 101 Min., F
R: Otto Preminger D: Dorothy Dandridge, Harry Belafonte, Olga James
Die klassische »Carmen«-Geschichte, neu erzählt als realistische Gegenwartsgeschichte unter Afroamerikanern im Süden der USA in den fünfziger Jahren.

Carmen Nue – Die nackte Carmen C39
CARMEN NUE *
Frankreich 1984, 82 Min., F
R: Albert Lopez D: Pamela Prati, Lorenzo Santamaria, Irene Daina
Das »Carmen«-Drama als Abenteuergeschichte mit Sex-Einlagen.

Mafia-Einsteiger (John A. Ortiz) und -Aussteiger (Al Pacino) bei diffizilen Verhandlungen in ›Carlito's Weg‹.

Carrie – Des Satans jüngste Tochter C40
CARRIE ***
USA 1976, 97 Min., F
R: Brian De Palma D: Sissy Spacek, John Travolta, Piper Laurie
Die von einer religiös-fanatischen Mutter und ihren Schulkameradinnen unterdrückte Carrie setzt in einem wüsten Rachefeldzug, den nur wenige überleben, psychokinetische Kräfte ein. Nach einem Roman von Stephen King. LSFF

Sissy Spacek als Carrie.

Carrington C41
CARRINGTON ****
GB/Frankreich 1995, 124 Min., F
R: Christopher Hampton D: Emma Thompson, Jonathan Pryce, Steven Waddington
Die Malerin Dora Carrington lernte 1915 den homosexuellen Schriftsteller Lython Strachey kennen und lieben. Die außergewöhnliche Beziehung im englischen Künstlermilieu dauerte bis zu Stracheys Tod 1932. Aus Trauer über den Verlust beging Carrington Selbstmord. Der Debutfilm verbindet subtil Intellekt und Gefühl, erzählt unprätentiös eine der spannendsten Künstlerbiographien dieses Jahrhunderts. HFJ 1996

Die Cartier-Affäre C42
THE CARTIER AFFAIR **
USA 1985, 91 Min., F
R: Rod Holcomb D: Joan Collins, David Hasselhoff, Telly Savalas
Krimikomödie. Ganove schleicht sich als Sekretär bei einer Schauspielerin

ein, um ihre Juwelen zu stehlen, doch sie wird entführt, und die Juwelen fallen Gangstern in die Hände. Was also kann er tun? Ein seichtes Garn.

Cartouche, der Bandit C43
CARTOUCHE ***
Fr/It 1961, 100 Min., F
R: Philippe de Broca D: Jean-Paul Belmondo, Claudia Cardinale, Odile Versois, Jean Rochefort
Kurzweilige Mantel- und Degen-Mär ohne besonderen Tiefgang, vom Komödienstar der französischen »nouvelle vague«, Philippe de Broca, flott in Szene gesetzt und Belmondo auf den Leib geschnitten. Die optischen Reize garantiert die Hauptdarstellerin.

Claudia Cardinale und Jean-Paul Belmondo

Casablanca C44
CASABLANCA *****
USA 1942, 105 Min., s/w
R: Michael Curtiz D: Humphrey Bogart, Ingrid Bergman, Peter Lorre, Sidney Greenstreet, Claude Rains
Kultfilm um einen zynischen, vom Leben enttäuschten Nachtclubbesitzer, der sein Gewissen wiederentdeckt, als die Frau seines Herzens wiederauftaucht und ihn um Hilfe bittet. Ein Meilenstein der Filmgeschichte.

Casanova Frankenstein C45
FRANKENSTEIN ALL'ITALIANA **
Italien 1975, 88 Min., F
R: Armando Crispino D: Aldo Maccione, Gianrico Tedeschi, Jenny Tamburi, Lorenza Guerrieri
Dr. Frankenstein, mit einer lüsternen Italienerin verheiratet, bastelt ein Monster, das sich als Sexmaniak erweist. Mild verrückte Parodie auf Monsterfilme, aber leider gänzlich uninteressant. LSFF

Casanova Junior C46
THE WOOWOO KID ***
USA 1987, 98 Min., F
R: Phil Alden Robinson D: Patrick Dempsey, Talia Balsam, Beverly D'Angelo, Michael Constantine
Ein 16jähriger verführt in den 40er Jahren verheiratete Frauen und landet in einer Besserungsanstalt. Spritzige Teenie-Komödie mit einfallsreichen Gags und treffsicheren Dialogen.
HFJ 1989

Casanova '70 C47
CASANOVA '70 ***
Italien/Frankreich 1965, 116 Min., F
R: Mario Monicelli D: Marcello Mastroianni, Virna Lisi, Michèle Mercier
Ein italienischer Offizier rammelt sich durch die Betten zahlreicher Damen, wobei sein Lustgewinn aber nur dann optimal funktioniert, wenn die Gefahr einer Entdeckung besteht. Sexkomödie, die sich um Witz bemüht und darin auch gelegentlich erfolgreich ist.

Das Casanova-Projekt C48
***
BRD 1981, 75 Min., F
R: Arend Agthe, Bernd Eilert, Robert Gernhardt, Fritz Waechter D: Alfred Edel, Rainer Friedrichsen, Edith Volkmann
Ein larmoyanter Regisseur will einen von seiner despotischen Mutter finanzierten Film über Casanova machen. Die Dreharbeiten mit seinem selbstherrlichen, aber völlig unfähigen Hauptdarsteller werden für ihn mehr und mehr zum Alptraum. Eine hintergründig-witzige und originell inszenierte Parodie der Väter der Zeitschrift »Ttanic« rund um den Neuen Deutschen Film.

Cäsar und Cleopatra C49
CAESAR AND CLEOPATRA ***
GB 1945, 139 Min., F
R: Gabriel Pascal D: Stewart Granger, Claude Rains, Vivien Leigh
Cäsars Reise nach Ägypten (48–45 v. Chr.). Ein farbenprächtiger Film in gigantischen Kulissen, mit ungeheurem Aufwand und ironischen Dialogen. Nach dem Bühnenstück von George Bernard Shaw.

Casbah – Verbotene Gassen C50
CASBAH ***
USA 1948, 94 Min., s/w
R: John Berry D: Yvonne de Carlo, Tony Martin, Peter Lorre
Ein von der Polizei gesuchter Ganove versteckt sich in der Altstadt von Algier, doch die Liebe zu einer Frau läßt ihn unvorsichtig werden. Krimi mit tragödienhaften Zügen. Schwaches Remake von *Pépé le Moko* mit dem grandiosen Jean Gabin in der Titelrolle.

Casino Royale C51
CASINO ROYALE ***
GB 1966, 129 Min., F
R: John Huston, Ken Hughes, Val Guest, Robert Parrish, Joseph McGrath
D: Peter Sellers, David Niven, Woody Allen, Ursula Andress
Eine Mega-Agentenserie wie die James-Bond-Filme verdient auch eine Mega-Parodie. Casino Royale bietet sie: Fünf Regisseure und mindestens ebenso viele Stars machen sich über den Mythos des britischen Geheimagenten her. Neben *Sag niemals nie* einziger Bond-Film außerhalb der offiziellen Serie.

Casper C52
CASPER ***
USA 1995, 100 Min., F
R: Brad Silberling D: Bill Pullman, Christina Ricci, Cathy Moriarty
Ein Wissenschaftler zieht mit seiner Tochter in eine Spuk-Villa und soll dort die Geister vertreiben, damit die geldgeile Erbin an einen mysteriösen Schatz kann. Doch der junge Geist Casper und seine drei skurrilen Onkels versuchen mit Tricks, die Störenfriede zu vertreiben. Ein amüsanter Familienfilm mit märchenhaften Elementen, jede Menge Action und Special-Effects. HFJ 1996

Cassandra Crossing
siehe: Treffpunkt Todesbrücke

Castaway – Die Insel C53
CASTAWAY ***
GB 1987, 117 Min., F
R: Nicholas Roeg D: Oliver Reed, Amanda Donohoe, Georgina Hale
Ein gemeinsam auf einer Insel verbrachtes Jahr bringt nur die Unvereinbarkeit der Lebensentwürfe eines Schriftstellers und einer Büroangestellten zutage. HFJ 1988

Cat Ballou C54
CAT BALLOU ****
USA 1965, 96 Min., F
R: Elliot Silverstein D: Jane Fonda, Lee Marvin, Michael Callan
Ex-Lehrerin läßt nichts unversucht, um den Tod ihres Vaters zu rächen. Urkomischer Western, in dem Lee Marvin in einer Doppelrolle als trunksüchtiger Revolvermann und dessen fieses Ebenbild besticht.

Catch 22 C55
CATCH 22 ****
USA 1970, 121 Min., F
R: Mike Nichols D: Alan Arkin, Martin Balsam, Richard Benjamin, Orson Welles
Ein vom Gegner vielgejagter Bomberpilot erlebt auf einem amerikanischen Luftwaffenstützpunkt alptraumhaft den Wahnsinn und Horror des Krieges. Zum Teil überzogene Anti-Kriegs-Farce, in der es Nichols gelingt, eine angemessene Erzählform für das beschriebene Chaos zu finden.

Catch Your Dreams C56
**
BRD 1983, 80 Min., F
R: Moritz Boerner D: Andrea Jacobsen, Angela Lilleystone, Nora Müller
Zehn junge Männer und Frauen dürfen sich in einem Schloß vor der Kamera sexuell austoben. Der Film entstand aus Frust über schlechte Pornos und wurde von Amateuren realisiert. Unprofessionell, aber eindeutig.

Catherine & Co. C57
CATHERINE ET CIE ***
Frankreich/Italien 1975, 99 Min., F
R: Michel Boisrond D: Jane Birkin, Patrick Dewaere, Jean-Claude Brialy
Junge Britin, die in Paris zur Meisterköchin avancieren möchte, lacht sich im Bett potentielle Teilhaber für ihr zukünftiges Restaurant an. Eine Sexkomödie wie zahllose andere.

Catchfire C58
BACKTRACK ***
USA 1991, 95 Min., F
R: Alan Smithee (= Dennis Hopper)
D: Dennis Hopper, Jodie Foster, Dean Stockwell
Ein bezahlter Killer der Mafia spürt einer kalifornischen Künstlerin nach, die Zeugin eines Mordes geworden ist, verliebt sich in sie und verschleppt sie in eine einsam gelegene Hütte. Ein spannender Thriller, der aber von der Produktionsfirma dermaßen umgesäbelt wurde, daß Regisseur Dennis Hopper darauf verzichtete, seinen Namen erwähnt zu sehen. HFJ 1992

Catlow – Leben ums Verrecken C59
**
CATLOW
USA 1971, 101 Min., F
R: Sam Wanamaker D: Yul Brynner, Richard Crenna, Leonard Nimoy
Der Bandit Catlow wird nach einem Viehdiebstahl und einem Goldraub von allem verfolgt, was eine Waffe tragen kann. Atemberaubender Western aus der Abteilung »Ständig auf der Flucht zu sein, belichtet viele Filmmeter weg«.

Cattle Annie und Little Britches C60
**
CATTLE ANNIE AND LITTLE BRITCHES
USA 1980, 98 Min., F
R: Lamont Johnson D: Burt Lancaster, Rod Steiger, John Savage
Versuchsweise ulkiger Western über zwei Mädchen, die nach der Lektüre von zu vielen Schundromanen in den Westen kommen, um Abenteuer zu erleben.

La Cecilia C61
LA CECILIA ****
Frankreich/Italien 1975, 113 Min, F
R: Jean-Louis Comolli D: Massimo Foschi, Maria Carta, Vittorio Mezzogiorno, Giancarlo Pannese
Erzählt wird die Geschichte einer Landkommune, die der italienische Anarchist Giovanni Rossi um 1890 auf Betreiben des brasilianischen Kaisers auf einem von diesem zur Verfügung gestellten Stück Land aufbaut. Nach verschiedenen Schwierigkeiten bedeutet die Umwandlung Brasiien zur Republik das Ende des Projekts. Virtuos photographierter, vielschichtig interpretierbarer Film.

Celebrity C62
CELEBRITY ****
USA 1998, 113 Min., F
R: Woody Allen D: Hank Azaria, Kenneth Branagh, Judy Davis, Leonardo DiCaprio, Melanie Griffith
Gescheiterter Schriftsteller will als rasender Showbizz-Reporter zwischen allerlei kuriosen Gestalten des pseudointellektuellen Kulturbetriebs ein Drehbuch verscherbeln. Eine Ansammlung von Woody-Allen-typischen Gags ohne die Poesie seines thematischen Vorgängers »Stardust Memories«. Eine satirische Medienkomödie mit Kenneth Branagh als Über-Allen. HFJ 2000

Céleste C63
***
BRD 1981, 106 Min., F
R: Percy Adlon D: Eva Mattes, Jürgen Arndt, Norbert Wartha
Die Beschreibung der Beziehung zwischen dem Dichter Marcel Proust und seiner opferbereiten Haushälterin Céleste. Eva Mattes zeigt erneut ihre universelle Wandlungsfähigkeit. Trotzdem: Vorsicht, Kultur.

Celine und Julie fahren Boot C64
CELINE ET JULIE VONT EN BATEAU ***
Frankreich 1974, 192 Min., F
R: Jacques Rivette D: Juliet Berto, Dominique Labourier, Bulle Ogier
Bibliothekarin und Magierin entschlüsseln mit Hilfe von Zauberbonbons in einem geheimnisvollen Geisterhaus das Schicksal eines kleinen Mädchens und versetzen sich in ihre Kindheit zurück. Ein Fantasy-Film, der dem üblichen Fantasy-Fan Schwierigkeiten bereiten dürfte: poetisch, verspielt, nicht immer klar. Ein Werk, so richtig nach dem Herzen wahrer Cinéasten.

Cenere C65
CENERE ***
Italien 1916, 68 Min., s/w
R: Febo Mari, Arturo Ambrosio
D: Eleonora Duse, Febo Mari
Stummfilm mit der damals 60jährigen Eleonora Duse, die als einfache Sardin nach vielen Jahren zu ihrem Sohn zurückkehren will. Doch als dessen Frau dies ablehnt, begeht sie Selbstmord.

Central Station C66
CENTRAL DO BRASIL ***
Brasilien/Frankreich 1997, 112 Min., F
R: Walter Salles D: Fernanda Montenegro, Marilia Pêra, Soia Lira
Hochdekoriertes Road-Movie, in dem eine einsame alte Frau am Bahnhof von Rio einen kleinen Waisenjungen aufgabelt und ihn zu seinem Vater in die Provinz bringen will. Ein ruhiger Schauspielerfilm, dem mehr an Subtilität als Emotionalität liegt. HFJ 1999

Cervantes – der Abenteurer des Königs C67
**
CERVANTES
Sp/It/Fr 1968, 93 Min., F
R: Vincent Sherman D: Horst Buchholz, Gina Lollobrigida, José Ferrer
Aufwendige und prominent besetzte Lebensgeschichte des spanischen Dichters und Verfassers des »Don Quichotte«, zäh inszeniert.

Cesar C68
CESAR ****
Frankreich 1936, 138 Min., s/w
R: Marcel Pagnol D: Jules Raimu, Pierre Fresnay, Orane Demazis
Dritter Teil der Marseille-Trilogie. Fanny gesteht ihrem Sohn, daß Marius sein wirklicher Vater ist, und nach einigen Verwicklungen kommen die beiden endlich zueinander.

César und Rosalie C69
CÉSAR ET ROSALIE ***
Fr/It/BRD 1972, 107 Min., F
R: Claude Sautet D: Romy Schneider, Yves Montand, Sami Frey
Eine Frau zwischen zwei Männern, und eine Geschichte, die nur erzählt wird, um dabei die Zwischentöne zu entfalten.

Cesare Borgia C70
IL DUCA NERO ***
Italien/Spanien 1962, 103 Min., F
R: Pino Mercanti D: Cameron Mitchell, Conrado Sanmartin, Grazia Maria Spina, Franco Fantasia
Mantel- und Degenfilm über das Leben des listigen Cesare Borgia, der sich einer Verschwörung ausgesetzt sieht und zu allerlei Tricks greift, um die Gegner zu entlarven. Unterhaltsam.

C'est la vie Rose C71
****
BRD 1977, 84 Min., F
R: Hans-Christof Stenzel D: I Sa Lo, Kurt Kalb, Jean Halbert
Der »Reisefilm mit Duchamps im Hinterhirn« (Stenzel) schildert die Fahrt eines oder einer gewissen »Rosy Sélavy«, mal Junge, mal Mädchen, durch das Amerika der 200-Jahr-Feier. Surreale Collage.

Ceylon My Love C72
L' ILE DES PASSIONS **
Frankreich/BRD 1980, 85 Min., F
R: Jack Regis D: Chris Murphy, Vera Floux, Dirke Altevogt, Béatrice Philip
Ein Fotograf und zwei Miezen aus dem Schickimicki-Milieu vertreiben sich auf Sri Lanka die Zeit mit eintönigen Stellungsspielen. Anspruchsloser Softsexfilm.

La Chamade – Herzklopfen C73
LA CHAMADE **
Frankreich 1968, 102 Min., F
R: Alain Cavalier D: Cathérine Deneuve, Michel Piccoli, Roger van Hool
Die Geliebte eines reichen Mannes brennt mit einem Jüngeren durch, kehrt aber reumütig zurück, als sie bemerkt, daß ihr der Reichtum mehr bedeutet als das Abenteuer.

Der Champ C74
THE CHAMP **
USA 1979, 115 Min., F
R: Franco Zeffirelli D: Jon Voight, Faye Dunaway, Ricky Schroder
Ein Boxer nimmt seinem kleinen Sohn zuliebe noch einmal einen Kampf an. Dieses Remake eines King Vidor-Filmes ist zum Heulen schlecht inszeniert und hemmungslos kitschig.

Champagner für Zimmer 17 C75
*
BRD/Schweiz 1969, 86 Min., F
R: Michael Thomas D: Tamara Baroni, Renate Larsen, Herbert Fux
Sexuell frustrierte Gattin eines Beamten von der Sittenpolizei hurt in einem Edelpuff, den ihr Ehemann sich auszuheben bemüht. Sex-Schnellschuß aus der Erwin C. Dietrich-Factory.

Champagner zum Frühstück C76
CHAMPAGNE FOR BREAKFAST **
USA 1980, 84 Min., F
R: Chris Warfield D: Leslie Bovee, John Leslie, Kandi Barbour
Eine Karrierefrau bricht mit ihrem angeblich homosexuellen Chauffeur zu einer Sex-Odyssee auf und erkennt, daß dieser auch für weibliche Reize zu haben ist. Heftig beschnittener Porno mit exzellenter Kameraführung.

Champagner-Mörder C77
LE SCANDALE ***
Frankreich 1966, 98 Min., F
R: Claude Chabrol D: Anthony Perkins, Maurice Ronet, Stephane Audran
Ein Industrieller wird mit Morden, die er nicht begangen hat, erpreßt, um seine Rechte an einer Champagner-Marke abzutreten. Böse Kriminalgroteske, von Chabrol diesmal eher leichthändig inszeniert. Als Hommage an sein Vorbild Hitchcock ließ er dessen *Psycho*pathen Anthony Perkins einen hinterhältigen Killer spielen.

Der Champion C78
CASEY'S SHADOW ***
USA 1978, 96 Min., F
R: Martin Ritt D: Walter Matthau, Andrew A. Rubin, Stephan Burns
Schauplätze und Atmosphäre des spektakulärsten amerikanischen Pferderennens, des »All American Futurity«, werden eindrucksvoll vermittelt, mit der üblichen Gesellschaftskritik. Allzuoft aber hat der Film nur die Qualität einer TV-Familienserie.

Die Chance ist gleich Null C79
AGENTE Z 55: MISSIONE DISPERATA **
Italien 1965, 108 Min., F
R: Roberto B. Montero D: German Cobos, Yoko Tani, Gianni Rizzo

US-Agent befreit einen hochrangigen Physiker, den geldgierige Schufte an die VR China »verkaufen« wollen. Lahmarschiges Agentenabenteuer aus der Zeit des Kalten Krieges.

Die Chaotenclique C80
CRACKERS ***
USA 1983, 92 Min., F
R: Louis Malle D: Donald Sutherland, Jack Warden, Sean Penn
Louis Malle versucht sich an einer Big Caper-Parodie; amerikanisches Remake des italienischen Films *Diebe habens schwer* von Mario Monicelli.

Charade C81
CHARADE ****
USA 1963, 109 Min., F
R: Stanley Donen D: Cary Grant, Audrey Hepburn, George Kennedy
Audrey Hepburn wird von Unbekannten bedroht und von Cary Grant mehr oder minder beschützt.

Charles – tot oder lebendig C82
CHARLES MORT OU VIF ****
Schweiz 1969, 91 Min., F
R: Alain Tanner D: François Simon, Marie-Claire Dufour, Marcel Robert
Ein Unternehmer erkennt, daß er nicht so lebt, wie er möchte und will aussteigen, aber sein Sohn widersetzt sich diesem Vorhaben. Ohne ideologischen Zeigefinger beschrieben, was Kapitalismus aus Menschen macht.

Charleys Onkel C83
**
BRD 1969, 93 Min., F
R: Werner Jacobs D: Gila von Weitershausen, Karl-Michael Vogler, Gustav Knuth
Fahrlehrerin »vertritt« ein mit ihr befreundetes Edelcallgirl. Eine Klamotte dumpfesten Zuschnitts.

Charlie – Alle Hunde kommen in den Himmel C84
***
ALL DOGS GO TO HEAVEN
Irland 1989, 85 Min., F
R: Don Bluth
Düsterer, spannender, witziger und detailverliebter Zeichentrickfilm um einen bösen Schäferhund und ein liebes Waisenmädchen. HFJ 1991

Charlie Chan und der Fluch der Drachengöttin C85
***
CHARLIE CHAN AND THE CURSE OF THE DRAGON QUEEN
USA 1981, 95 Min., F
R: Clive Donner D: Peter Ustinov, Lee Grant, Angie Dickinson
Nicht sonderlich gelungener Versuch, die alte chinesische Detektivfigur Charlie Chan wieder zu beleben. In San Francisco trifft er bei seinen Ermittlungen auf eine alte Rivalin, die »Drachengöttin«.

Charlie staubt Millionen ab C86
THE ITALIAN JOB ***
GB 1968, 99 Min., F
R: Peter Collinson D: Michael Caine, Noel Coward, Benny Hill, Raf Vallone
Britische Gentlemen-Gauner geraten bei einem großen Coup an Mafia und Polizei. Temporeiche Krimikomödie mit typisch englischem Humor.

Charlie & Louise – Das doppelte Lottchen C87
***
BRD 1993, 96 Min., F
R: Joseph Vilsmaier D: Fritzi Eichhorn, Floriane Eichhorn
Neuverfilmung des bekannten Erich-Kästner-Romans. Zwei als Babies getrennte Zwillingsschwestern lernen sich als Zehnjährige zufällig kennen und versuchen, mit vertauschten Rollen Vater und Mutter wieder zusammenzubringen. Solider Familienfilm mit Harmoniebedürfnis und sympathischen Darstellerinnen. HFJ 1995

Charly C88
CHARLY ***
USA 1967, 103 Min., F
R: Ralph Nelson D: Cliff Robertson, Claire Bloom, Leon Janney
Geistig Behinderter wird durch ein Serum zum Intellektuellen und muß erkennen, daß sein neuer Zustand nicht von Dauer ist. Tragischer Film nach Daniel Keyes, der Cliff Robertson einen Oscar einbrachte. LSFF

Das charmante Großmaul C89
THE ONE AND ONLY **
USA 1977, 98 Min., F
R: Carl Reiner D: Henry Winkler, Kim Darby, William Daniels
Ein junger Mann zieht aus, New York als Schauspieler zu erobern und landet stattdessen als Schausteller im Catcher-Ring. Der Film läßt fast alles aus, was an bissigen Kommentaren möglich gewesen wäre.

Ein charmanter Flegel C90
KEY TO THE CITY ***
USA 1950, 101 Min., s/w
R: George Sidney D: Clark Gable, Frank Morgan, Loretta Young
Bei einem Traditionstreffen amerikanischer Bürgermeister in San Francisco verlieben sich zwei der Teilnehmer ineinander. Trotz vieler unterschiedlicher Auffassungen raufen sie sich nach einigen Hindernissen schließlich zusammen. Perfekt und schwungvoll inszenierte Komödie mit guten Schauspielerleistungen.

Cary Grant und Audrey Hepburn vor der amerikanischen Botschaft in ›Charade‹.

Ein charmanter Schwindler C91
HARD TO HANDLE ***
USA 1933, 78 Min., s/w
R: Mervyn LeRoy D: James Cagney, Mary Brian, Ruth Donnelly
Erfolgsgeschichte eines jungen Hochstaplers mit flottem Mundwerk. Der grandios aufgelegte Cagney rettet diese ansonsten nur durchschnittliche Depressions-Komödie.

Charro C92
CHARRO **
USA 1969, 98 Min., F
R: Charles Marquis Warren D: Elvis Presley, Ina Balin, Barbara Werle
Elvis the Pelvis als geläuterter Bandit, den seine alten Komplizen in den Raub einer bombastischen Kanone verwickeln. Ein Schuß und fünfzig Tote! Für Elvis-Fans – und nur für sie!

Chasers C93
CHASERS ***
USA 1994, 101 Min., F
R: Dennis Hopper D: Tom Berenger, Erika Eleniak, William McNamara
Als zwei Navy-Offiziere einen Gefangenen aus dem Militärgefängnis holen, entpuppt sich der gefährliche Häftling als attraktive Lady. Schwierigkeiten lassen nicht auf sich warten. Unterhaltsame Komödie, die man schnell wieder vergißt. HFJ 1995

Chatos Land C94
CHATO'S LAND ***
GB 1971, 100 Min., F
R: Michael Winner D: Charles Bronson, Jack Palance, Richard Basehart
Nachdem der Mestize Chato in Notwehr einen Sheriff getötet hat, wird er von einer Horde Weißer durch die Wüste gehetzt. Gewalttätiger Western, in dem der Held den Verfolgern immer einen Schritt voraus ist, auch wenn's böse für ihn endet.

Chaupi Mundi – Die Mitte der Welt C95
***
BRD 1992, 63 Min., F
R: Antje Starost, Hans-Helmut Grotjahn D: Elena Montalvo-Cavascal, Janet Montalvo, Maria Dias
Die 12jährige Elena lebt im Hochland der Anden. Ihr bester Freund heißt Pancha und ist ein kleines Schwein. Elenas Familie, die mehr schlecht als recht lebt, beschließt, das Schwein zu verkaufen. Aber Elena will es retten und reißt mit ihm aus. HFJ 1993

Che! C96
CHE! **
USA 1969, 95 Min., F
R: Richard Fleischer D: Omar Sharif, Jack Palance, Cesare Danova
Dokumentarspielfilm. Drei Episoden aus dem Leben des kubanischen Revolutionärs Che Guevara. »Grausamer konnte sich das Yankee-Kino an Che nicht rächen«, meinte ›Der Spiegel‹.

Cheb – Flucht aus Afrika C97
CHEB ****
Algerien/Fr 1990, 79 Min., F
R: Rachid Bouchareb D: Mourad Bounaas, Nozha Khouadra
Ein in Frankreich aufgewachsener algerischer junger Mann wird nach Algerien abgeschoben und erlebt die eigene Heimat als Fremde.

Der Chef C98
UN FLIC ****
Frankreich/Italien 1972, 100 Min., F
R: Jean-Pierre Melville D: Alain Delon, Cathérine Deneuve, Richard Crenna
Klassischer Film noir des unterkühlten französischen Meisterregisseurs. Schon die brillante Inszenierung des Bankraubs in der Anfangssequenz fesselt den Zuschauer an den Film. Weiteres Highlight: Alain Delon als skrupelloser und genialer Kommissar, in dem die Supergangster einen würdigen Gegner gefunden haben.

Der Chef wünscht keine Zeugen C99
**
BRD 1963, 93 Min., s/w
R: Hans Albin, Peter Berneis
D: Maria Perschy, Robert Cunningham, Uwe Friedrichsen
Außerirdische Invasoren, heimlich auf der Erde, ersetzen wichtige Personen des öffentlichen Lebens durch Doppelgänger. Ein Journalist, der sie entlarven will, endet tragisch. Wirrer SF-Quark aus deutscher Küche. LSFF

Chelsea Girls C100
CHELSEA GIRLS ***
USA 1967, 215 Min., s/w und F
R: Andy Warhol D: Nico, Ari, Bob »Ondine« Olivio, Ingrid Superstar
Experimenteller Film über die Untergrund-Welt rund um das legendäre Chelsea-Hotel: Menschen in verschiedenen Zimmern und ihre Gespräche, eine Performance. Trotz vieler Banalitäten und Längen ein interessantes Zeitdokument, das einen engen Bezug zu Warhols »Exploding Plastic Inevitable Shows« hat. Bemerkenswert ist die streckenweise doppelte Projektion inhaltlich verschiedener Filmstücke nebeneinander auf der Leinwand.

Le Chêne – Baum der Hoffnung C101
****
LE CHENE
Fr/Rumänien 1992, 105 Min., F
R: Lucian Pintilie D: Maia Morgenstern, Razvan Vasilescu, Victor Rebengiuc
Rumänien 1988: Nela nimmt in der Provinz eine Stelle als Lehrerin an. Eine Reise voller absonderlicher Abenteuer beginnt, in deren Verlauf sie einen jungen Chirurgen kennenlernt. Beide verfügen über ein rebellisches Potential, mit dem sie den gesellschaftlichen Verkrustungen der Ceausescu-Endzeit trotzen. Ein erschreckendes Gleichnis über den Niedergang eines Landes und die paradoxe Wiedergeburt einer Hoffnung. Und die Entdeckung einer großartigen Schauspielerin. HFJ 1994

Cherie Bitter (So wie wir waren) C102
***
THE WAY WE WERE
USA 1973, 118 Min., F
R: Sydney Pollack D: Robert Redford, Barbra Streisand, Bradford Dillman
Liebesbeziehung zwischen zwei total gegensätzlichen Partnern im Amerika der 30er Jahre. Pollacks sensible Inszenierung versucht auch, die politischen Verhältnisse der Zeit nicht auszuklammern – allzu kritische Passagen, etwa über die Repressalien der McCarthy-Ära, fielen allerdings trotzdem der Schere zum Opfer.

Cherry 2000 C103
CHERRY 2000 **
USA 1987, 95 Min., F
R: Steve De Jarnatt D: Melanie Griffith, David Andrews, Pamela Gidley
Ein Science-Fiction-Held, der in öder Umgebung Ersatzteile für seinen Fickroboter sucht, muß erkennen, daß seine menschliche Begleiterin auch nicht zu verachten ist. HFJ 1988

Cheyenne C104
CHEYENNE AUTUMN ***
USA 1964, 159 Min., F
R: John Ford D: Richard Widmark, Carroll Baker, Edward G. Robinson
Cheyenne-Indianer, in einem Reservat eingeschlossen, wollen ins Land ihrer Ahnen zurück und werden von der Kavallerie verfolgt. Ein tragischer Western, der sich bemüht, die Sache der Indianer zu vertreten, auch wenn es ihm nicht gelingt.

Chicago Blues C105
THE BIG TOWN ***
USA 1987, 110 Min., F
R: Ben Bolt D: Matt Dillon, Diane Lane, Tommy Lee Jones
Nicht ganz gelungener Film noir der 80er Jahre über einen Provinzspieler, der in Chicago das große Geld macht, dann aber den Intrigen einer Stripperin zum Opfer fällt. Zwiespältig, weil voller überflüssiger Neon-Ästhetik.

Chicago Joe und das Showgirl C106
**
CHICAGO JOE AND THE SHOWGIRL
GB 1989, 100 Min., F
R: Bernard Rose D: Kiefer Sutherland, Emily Lloyd, Patsy Kensit
Ein in England stationierter GI und eine Stripteasetänzerin begeben sich auf einen Trip von Gefahr und Gewalt und begehen schließlich sogar einen Mord. Die nach einem realen Fall erzählte Geschichte um die vom Krieg ausgelöste panische Lebensgier bleibt ein wenig künstlich.

Chicago-Massaker C107
THE ST. VALENTINE'S DAY MASSACRE ***
USA 1967, 100 Min., F
R: Roger Corman D: Jason Robards, George Segal, Ralph Meeker
Zwei Gangsterbanden im Chicago der zwanziger Jahre rotten einander aus. Ein hartes und schmutziges Filmchen aus der Corman-Factory, bei dem es nie langweilig wird.

Chiffre C108
SZYFRY ****
Polen 1966, 85 Min., s/w
R: Wojciech Jerzy Has D: Jan Kreczmar, Zbigniew Cybulski, Irena Eichler
Ein Mann kehrt zwanzig Jahre nach Kriegsende in seine Heimat zurück. Aber sie ist ihm mittlerweile fremd geworden.

Chikago C109
ANGELS WITH DIRTY FACES ****
USA 1938, 99 Min., s/w
R: Michael Curtiz D: Humphrey Bogart, James Cagney, Pat O'Brien
Moralisierender Krimi über einen Gangster, der, zu nationaler Berühmtheit gelangt, in sein Heimatrevier zurückkehrt und dort von den Straßenkindern heroisiert wird. Sein Jugendfreund ist Pfarrer im selben Bezirk und versucht, ihn zum Streetworker zu bekehren. Unsägliches Ende, dank der hervorragenden Milieubeobachtung aber dennoch ein Klassiker.

Childmurders C110
GYEREKGYILKOSSAGOK ****
Ungarn/BRD 1993, 78 Min., s/w
R: Ildikó Szabó D: Barnabas Tóth, Ilona Kallai, Peter Andorai
Ein zwölfjähriger Junge wird zum Mörder. Das beeindruckende Psychogramm eines Kindes, dem die Kindheit geraubt wurde. Ein sensibel inszenierter Film über seelische Verwüstungen und unschuldig Schuldige. HFJ 1995

Children of Nature C111
BÖRN NATTURUNNAR ****
Island/Nor/BRD 1991, 85 Min., F
R: Fridrik Thor Fridriksson D: Gisli Halldorsson, Sigridur Hagalin, Rurik Haraldsson, Bruno Ganz
Ein 80jähriger ehemaliger Bauer flieht gemeinsam mit einer Jugendbekannten aus der ungastlichen Verwahrung eines Altersheims. Für die beiden Alten wird die Reise in die unberührte Natur ihrer Kindheit zur Rückkehr zu den Ursprüngen, die sie im Tod Frieden finden läßt. Poetisches Road Movie. HFJ 1993

Chiller – Kalt wie Eis C112
CHILLER **
USA 1984, 94 Min., F
R: Wes Craven D: Michael Beck, Paul Sorvino, Beatrice Straight
Unternehmersohn, der zehn Jahre in einem kyronischen Tank verbracht hat, erwacht zu neuem Leben und entpuppt sich als seelenloser und kaltblütiger Charakter. Standardschocker.

China – Die Künste – Der Alltag C113
****
BRD 1985, 270 Min., F
R: Ulrike Ottinger
Filmische Reisebeschreibung, die Ulrike Ottinger im Februar und März 1985 in Peking und in den Provinzen Yunnan und Sichuan drehte. Im Mittelpunkt des Dokumentarfilms, der durch die durchgehende Verwendung von Originalton eine beeindruckende Authentizität erhält, steht die genaue Beobachtung von Menschen. Gelungener Versuch, neue Einblicke in eine fremde Kultur zu vermitteln.

China Blue bei Tag und Nacht C114
***
CRIMES OF PASSION
USA 1985, 106 Min., F
R: Ken Russell D: Kathleen Turner, Anthony Perkins, John Laughlin
Modedesignerin führt ein Doppelleben als Hure auf dem Strich, da sie es genießt, Macht über Männer zu haben. Ein abartiger Religionsfanatiker erfüllt ihr Schicksal. Spannend.

Das China Syndrom C115
THE CHINA SYNDROME ****
USA 1978, 122 Min., F
R: James Bridges D: Jane Fonda, Jack Lemmon, Michael Douglas
Ein Fernsehteam filmt unerlaubt in einem Kernkraftwerk einen Störfall, der beinahe zur Katastrophe führt. Das Unternehmen setzt alles daran, die Geschehnisse zu verschleiern. Konventionell gestrickter Film mit einem brisanten Thema, das sich in der Realität immer wiederholt.

Jane Fonda und Michael Douglas in ›Das China Syndrom‹.

China-Legionär C116
CHINA GATE ***
USA 1957, 97 Min., s/w
R: Samuel Fuller D: Gene Barry, Angie Dickinson, Nat »King« Cole
Eine internationale Truppe sprengt in Südostasien ein Munitionsdepot in die Luft. Virtuos inszenierte Kommunistenfresser-Kolportage.

China-Story C117
SATAN NEVER SLEEPS **
USA 1961, 126 Min., F
R: Leo McCarey D: William Holden, Clifton Webb, France Nuyen
Die Abenteuer zweier katholischer Priester im China des Jahres 1949. Der Anführer einer Kommunisten-Horde vergewaltigt die Missionsköchin, konvertiert später vom Vaterstolz übermannt zum Christentum. Langweiliges Drama, fehlbesetzt mit erbärmlicher Handlung.

Chinatown C118
CHINATOWN ****
USA 1974, 131 Min., F
R: Roman Polanski D: Jack Nicholson, Faye Dunaway, John Huston
Erster Teil einer geplanten Los Angeles-Trilogie. Privatdetektiv J. J. Gittes spürt einem Seitensprung nach, stolpert über eine Leiche und gerät in eine komplexe Intrige um Inzest und Wasserrechte. Mysteriöse Figuren, verführerische Frauen, kleine Killer und ein skrupelloser Tycoon bevölkern dieses Meisterwerk des Detektiv-Films. Zwingende Regie von Polanski, mit hervorragenden Darstellern um Jack Nicholson, der 1990 die Fortsetzung *Die Spur führt zurück* selbst inszenierte.

Chinese Blues C119
SOURSWEET ***
GB 1988, 107 Min., F
R: Mike Newell D: Sylvia Chang, Danny Dun, Jodi Long
Lily und Chen, frisch verheiratet und soeben aus China in London angekommen, träumen von einem eigenen Restaurant, aber ihnen fehlt das notwendige Kapital. Das will sich Chen bei einem Drogendeal besorgen ... Sensibel und zurückhaltend erzählte Einwandererstory. HFJ 1994

Ein Chinese sucht seinen Mörder C120
***
BRD/VR China 1987, 110 Min., F
R: Wu Yigong, Zhang Jianya D: Chen Peisi, Rolf Hoppe, Joachim Tennstedt
Chinesischer Kaufmann, zum Suizid zu feige, engagiert Mörderbande, die ihn umlegen soll. Dann überlegt er sich alles anders, aber zu spät. Heitere chinesisch-deutsche Slapstick-Connection nach einem Roman von Jules Verne. HFJ 1988

Die Chinesen in Paris C121
LES CHINOIS A PARIS **
Frankreich 1974, 112 Min., F
R: Jean Yanne D: Jean Yanne, Michel Serrault, Nicole Calfan
Die Chinesen besetzen Frankreich, ihr Herrschaftsanspruch scheitert aber an der Lebenskunst und Aufweichungstaktik der Franzosen. Die Satire auf nationale Stereotypen kommt nicht richtig in die Gänge.

Das chinesische Wunder C122
**
BRD 1976, 94 Min., F
R: Wolfgang Liebeneiner D: Christian Kohlund, Heinz Rühmann, Senta Berger, Peter Pasetti
Arzt in privaten und persönlichen Schwierigkeiten kommt nach Hongkong, wo er von einem russischen Arzt in die Geheimnisse der Akupunktur eingeweiht wird. Und schon sind alle Probleme weg. Dummdreiste Kolportage.

Chinesisches Roulette C123
****
BRD/Fr 1976, 84 Min., F
R: Rainer Werner Fassbinder
D: Margit Carstensen, Anna Karina, Alexander Allerson
Ein Ehepaar, das sich gegenseitig betrügt, wird von der verkrüppelten Tochter bloßgestellt und bestraft. Stilisierter Horrortrip in die Hölle der Normalität.

Chisum C124
CHISUM ***
USA 1970, 110 Min., F
R: Andrew V. McLaglen D: John Wayne, Forrest Tucker, Ben Johnson
Ein bärbeißiger Rinderzüchter und sein junger Freund Billy the Kid legen sich mit korrupten Beamten und gierigen Großgrundbesitzern an. Ein auf »Fakten« basierender Western mit abenteuerlicher Atmosphäre.

Choose me – Sag ja C125
CHOOSE ME ****
USA 1984, 100 Min., F
R: Alan Rudolph D: Geneviève Bujold, Keith Carradine, Lesley Ann Warren

Wunderbar stilisierter Großstadtreigen um eine Handvoll exzentrischer, in komplizierte amouröse Abenteuer verstrickter Nachtschwärmer, die sich allesamt nach der großen Leidenschaft sehnen. Witzig, ironisch, subtil; ein Traum aus Neon und Musik.

Die Chorknaben C126
THE CHOIRBOYS ***
USA 1978, 119 Min., F
R: Robert Aldrich D: Charles Durning, Louis Gossett jr., Perry King
Szenen aus dem beruflichen und privaten Leben der Angehörigen einer kalifornischen Polizeieinheit, denen der tägliche Frust dermaßen zusetzt, daß sie nur noch zynisch auf die Welt reagieren können. Nach dem Roman von Joseph Wambaugh. Unterhaltsam, aber auch stellenweise arg makaber.

Christiane F. – Wir Kinder vom Bahnhof Zoo C127 ***
BRD 1980, 137 Min., F
R: Uli Edel D: Natja Brunkhorst, Thomas Haustein, Jens Kuphal
Von kommerzieller Spekulation und Klischees nicht freie Verfilmung eines autobiografischen Berichtes aus der Berliner Drogenszene, in die die jugendliche Heldin gerät.

Christine C128
CHRISTINE ***
USA 1983, 110 Min., F
R: John Carpenter D: Keith Gordon, John Stockwell, Alexandra Paul
Liebesgeschichte zwischen einem jungen Außenseiter und einem verrosteten Oldtimer, der sich auf wundersame Weise in ein chromglänzendes Vehikel mit bitterbösem Eigenleben verwandelt. Routiniert umgesetzte Stephen-King-Adaption mit rockigem Soundtrack. Am Anfang kommt der Film gut in Fahrt, bleibt aber irgendwann mit Motorschaden liegen.

Christopher Columbus – Der Entdecker C129 ***
CHRISTOPHER COLUMBUS – THE DISCOVERY
USA 1992, 121 Min., F
R: John Glen D: Georges Coraface, Tom Selleck, Rachel Ward, Marlon Brando, Mathieu Carrière
Nach einem Drehbuch von Mario Puzo zeichnet der Film ein eher zwiespältiges Bild des »Entdeckers« von Amerika. Der spürbar unter Zeitdruck gefertigte Film (zeitgleich entstand Ridley Scotts *1492*) bekommt seine guten Ansätze nicht recht in den Griff.

Christus kam nur bis Eboli C130
CRISTO SI E FERMATO A EBOLI ****
Italien 1978, 151 Min., F
R: Francesco Rosi D: Gian Maria Volonté, Paolo Bonacelli, Alain Cuny
Carlo Levi, Arzt und Schriftsteller aus Turin, wird 1935 vom Mussolini-Regime in ein süditalienisches Bergnest verbannt, wo er eine von Zeit und Geschichte vergessene Welt entdeckt.

Chrom und heißes Leder C131
CHROME AND HOT LEATHER **
USA 1971, 95 Min., F
R: Lee Frost D: William Smith, Tony Young, Michael Haynes, Peter Brown
Vier ehemalige Green Berets nehmen an einer Bande von Motorradfahrern Rache, die die Verlobte des Anführers umgebracht hat.

Chronik armer Liebesleute C132
CRONACHE DI POVERI AMANTI ****
Italien 1954, 100 Min., s/w
R: Carlo Lizzani D: Marcello Mastroianni, Anna Maria Ferrero
Nach einem Roman von Vasco Pratolini berichtet der Film von Menschen in einer Gasse von Florenz, in der sich Macht und Denunziantentum der Faschisten ausbreiten. Mastroianni erlebte in diesem neorealistischen Film seinen Durchbruch als Schauspieler.

Die Chronik der Anna Magdalena Bach C133 ****
BRD/Italien 1967, 90 Min., s/w
R: Jean-Marie Straub D: Gustav Leonhardt, Christiane Lang, Kathrien Leonhardt, Andreas Pangritz
Film über die letzten 27 Lebensjahre Johann Sebastian Bachs mit Betonung auf dessen Arbeit als Musiker. Eine aus zeitgenössischen Quellen kompilierter Erzähltext stellt den Komponisten in einen wirtschaftlichen und gesellschaftlichen Zusammenhang. Straub ist eine formal äußerst ungewöhnliche Meditation von kraftvoller Klarheit gelungen.

Chronik der heißen Jahre C134
CHRONIQUE DES ANNEES DE BRAISE ***
Algerien 1975, 175 Min., F
R: Mohammed Lakhdar-Hamina
D: Jorge Voyagis, Mohammed Lakhdar-Hamina, Leila Shenna
Epische Schilderung der Vorgeschichte der revolutionären Erhebung Algeriens gegen die französische Kolonialherrschaft im Jahr 1954. Der Film entstand im Auftrag der Regierung zum 20. Jahrestag der algerischen Revolution.

Nadja Brunkhorst in ›Christiane F. – Wir Kinder vom Bahnhof Zoo‹.

Chronik einer Liebe C135
CRONICA DI UN AMORE ***
Italien 1950, 98 Min., s/w
R: Michelangelo Antonioni D: Lucia Bosé, Massimo Girotti, Andrea Cecchi
Ein Industrieller beauftragt einen Privatdetektiv damit, Nachforschungen über die Vergangenheit seiner Frau anzustellen. Man kommt einem Verhältnis auf die Spur, das durch die Nachforschungen selber wieder in Gang gebracht wird und sich zu einer Mordintrige auswächst. Regiedebüt von Michelangelo Antonioni.

Chronik eines angekündigten Todes C136 ****
CRONICA DI UNA MORTE ANNUNCIATA
It/Fr/Kolumbien 1986, 110 Min., F
R: Francesco Rosi D: Rupert Everett, Ornella Muti, Gian Maria Volonté
Poetische und bildmächtige Fabel um Liebe und Verbrechen aus gekränkter Ehre nach Gabriel Garcia Marquez. Francesco Rosi ist diesmal mehr an der Mechanik der Legende als an der sozialen Bedingung des Geschehens interessiert.

Chronik eines Sommers C137
CHRONIQUE D'UN ETE ***
Frankreich 1960, 85 Min., s/w
R: Jean Rouch, Edgar Morin
Dokumentarfilm, für den im Paris des Jahres 1960 beliebig ausgewählte Leute über ihr Leben ausgefragt werden. Eine Lektion in Sozialgeschichte von Ethno-Filmer Jean Rouch.

Chronik eines Verbrechens C138
ZAPIS ZBRODNI ****
Polen 1974, 91 Min., F
R: Andrzej Trzos-Rastawiecki
D: Mieczyslaw Hryniewicz, Waclaw Radecki, Jerzy Binczak
In düster realistischem Stil rekonstruiert der Film den authentischen Fall zweier Jugendlicher, die einen Taxifahrer ermorden, um sich den Traum von Ferien an der Ostsee zu erfüllen.

Chucky – Die Mörderpuppe C139
CHILD'S PLAY **
USA 1988, 87 Min., F
R: Tom Holland D: Catherine Hicks, Chris Sarandon, Alex Vincent
Sterbender Mörder versetzt seine Seele in eine Puppe und terrorisiert einen Jungen und dessen Mutter. Spannender, simpler Horrorfilm. HFJ 1990

Chucky II – Die Mörderpuppe ist wieder da C140 **
CHILD'S PLAY II
USA 1990, 80 Min., F
R: John Lafia D: Alex Vincent, Jenny Agutter, Gerrit Graham
Eine vom Geist eines toten Mörders besessene Puppe terrorisiert die Menschen. Blutiger Horrorfilm mit allen Versatzstücken des Genres. *Chucky 3* wurde auch noch gedreht. HFJ 1992

C.H.U.D. – Panik in Manhattan C141 *
C.H.U.D.
USA 1984, 82 Min., F
R: Douglas Cheek D: John Heard, Kim Quest, Christopher Curry
Radioaktiv verseuchte Obdachlose im Kanalsystem einer amerikanischen Big City werden zu Kannibalen, verwandeln sich in Horrormonster und ernähren sich von ahnungslosen Passanten. Um Ekelszenen gekürztes Schundprodukt. LSFF

Chuka C142
CHUKA **
USA 1967, 105 Min., F
R: Gordon Douglas D: Rod Taylor, Ernest Borgnine, John Mills
Kohldampfschiebende Indianer greifen wiederholt ein Fort im Westen an und massakrieren schließlich fast dessen ganze Besatzung. Eine Ansammlung von Stereotypen, inkl. des alles besser wissenden Experten und des bornierten Kommandanten.

The Church C143
LA CHIESA **
Italien 1989, 90 Min., F
R: Michael Soavi D: Tomas Arana, Fedor Chaljapin, Hugh Quarshie
Ein Grüppchen Aufrechter sieht sich in einer Kirche von einer bösartigen Macht aus dem Jenseits umzingelt. Blutiges Farbspektakel, das besonders durch seinen »deutschen« Titel aus dem Horrorschund herausragt.
HFJ 1991

Cimarron C144
CIMARRON ***
USA 1960, 136 Min., F
R: Anthony Mann D: Glenn Ford, Maria Schell, Anne Baxter
Western-Seifenoper über das Leben und Sterben amerikanischer Pioniere in den Jahren 1890–1915. Was mit einem spannenden Landrennen beginnt, endet als Frauenroman. Ein Frauenroman von Edna Ferber war auch Vorlage dieses Films.

Cincinnati Kid C145
THE CINCINNATI KID ***
USA 1965, 99 Min., F
R: Norman Jewison D: Steve McQueen, Edward G. Robinson, Ann-Margret
Ein aufstrebender Jungzocker und ein alter Kartenhai im Geschäft des Berufsspielertums kämpfen in New Orleans um die Ehre, der Beste zu sein, während rings um sie her Kriminalität und Intrigen wuchern. Ein spannender, gut fotografierter Film, bei dem es aber für den Zuschauer von Vorteil ist, wenn er etwas vom Pokern versteht.

Cinderellas silberner Schuh C146
THE SLIPPER AND THE ROSE ***
GB 1977, 127 Min., F
R: Bryan Forbes D: Richard Chamberlain, Gemma Craven, Annette Crosby
Ein mit Schwung und Charme inszeniertes Aschenbrödel-Musical, das zwar mit dem ursprünglichen schlichten Volksmärchen nur noch wenig zu tun hat, dafür aber mit einigen neuartigen Einfällen und munteren Gags aufwartet. Für Nostalgie-Freaks.

Cinema Paradiso C147
NUOVO CINEMA PARADISO *****
Italien/Frankreich 1989, 123 Min., F
R: Giuseppe Tornatore D: Philippe Noiret, Jacques Perrin
Ein Filmregisseur bekommt in Rom von seiner Mutter aus der sizilianischen Heimat die Nachricht vom Tode seines Freundes Alfredo, des örtlichen Filmvorführers. In seinen Erinnerungen durchläuft er noch einmal seine Jugend und die frühe Liebe zum Kino. Gelungene Hommage an den Film, voller Ironie und Nostalgie. HFJ 1990

Circle of Friends C148
CIRCLE OF FRIENDS ****
Irland 1995, 102 Min., F
R: Pat O'Connor D: Chris O'Donnell, Minnie Driver, Geraldine O'Rawe
Die Geschichte dreier Mädels, die ihr kleines Dörfchen verlassen, um das College in Dublin zu besuchen. Dort machen sie nicht nur erste Erfahrungen in Sachen Liebe, sondern lernen auch, wie es ist, ausgenützt, betrogen und geliebt zu werden. Ein charmanter, liebenswerter Film wie aus einer anderen Zeit. HFJ 1996

Circus C149
THE CIRCUS ****
USA 1926, 72 Min., s/w
R: Charles Chaplin D: Charles Chaplin, Allan Garcia, Merna Kennedy
Charlie Chaplin schließt sich unabsichtlich einem Wanderzirkus an und verliebt sich in eine hübsche Pferde-Artistin. Vor witzigen Einfällen übersprudelnde Komödie mit bemerkenswertem Finale. Stummfilm-Klassiker.

Circus der Vampire C150
VAMPIRE CIRCUS **
GB 1971, 87 Min., F
R: Robert Young D: Adrienne Corri, Laurence Payne, Thorley Walters
Tierische Vampire suchen im 19. Jahrhundert ein serbisches Dorf heim, nachdem dessen Bewohner 15 Jahre zuvor einen blutsaugenden geilen Grafen um die Ecke gebracht haben. Doof, aber unterhaltsam.

Ciske – ein Kind braucht Liebe C151
CISKE DE RAT **
Holland/BRD 1955, 96 Min., s/w
R: Wolfgang Staudte D: Dick van der Velde, Heli Finkenzeller, Berta Drews
Ein Lehrer nimmt sich eines verwahrlosten Jungen an. Staudte wurde in Venedig mit dem silbernen Löwen ausgezeichnet.

Citizen Kane C152
CITIZEN KANE *****
USA 1941, 119 Min., s/w
R: Orson Welles D: Orson Welles, Joseph Cotten, Dorothy Comingore, Everett Sloane
Die Geschichte eines amerikanischen Multimillionärs, dem es durch Zielstrebigkeit und politischen Opportunismus gelingt, ein allesumfassendes mächtiges Wirtschaftsimperium aufzubauen, bevor er einsam in seiner Luxusvilla stirbt. Äußerst ausdrucksstarkes und innovatives Debüt von Orson Welles, in dem er sich souverän aller verfügbaren filmischen Mittel bedient. Einer der besten Filme aller Zeiten!

City Cobra C153
COBRA **
USA 1986, 86 Min., F
R: George Pan Cosmatos D: Sylvester Stallone, Brigitte Nielsen, Reni Santoni
Stallone schrieb sich hier das Drehbuch selbst auf den fitnessgestählten Leib: Als ultrabrutaler Dirty-Harry-Epigone jagt er eine Bande von Schurken durch L. A. und bleibt dabei knapp unterhalb der Debilitätsgrenze.

Das City Commando C154
THE ANNIHILATORS **
USA 1986, 84 Min., F
R: Charles E. Sellier D: Christopher Stone, Andy Wood, Gerrit Graham
Eine Gruppe von Vietnam-Veteranen organisiert den Kampf friedlicher Bürger gegen Straßenbanden.

Der City Hai C155
RAW DEAL ***
USA 1986, 106 Min., F
R: John Irvin D: Arnold Schwarzenegger, Kathryn Harrold, Sam Wanamaker
Muskelprotziger Cop schleicht sich in die Reihen der Mafia ein, wird entlarvt und rottet die Fieslinge in einer gewaltigen Schlacht ganz allein aus. Nicht unbedingt ernst gemeinter Action-Ballerfilm um einen Supermann der Moderne, dessen haarsträubende Abenteuer durchaus zum Grinsen animieren. HFJ 1987.

City Heat – Der Bulle und der Schnüffler C156
CITY HEAT **
USA 1984, 97 Min., F
R: Richard Benjamin D: Clint Eastwood, Burt Reynolds, Jane Alexander
Anfang der dreißiger Jahre gehen zwei alte Freunde – ein Detektiv und ein Cop – gemeinsam auf Gangsterjagd. Lahme Genreparodie, in der Eastwood und Reynolds viel zu selbstgefällig agieren – als sei schon ihre bloße Anwesenheit eine Rechtfertigung für dieses uninspirierte Unternehmen.

City Limits C157
CITY LIMITS **
USA 1984, 85 Min., F
R: Aaron Lipstadt D: John Stockwell, Rae Dawn Chong, Darrell Larson
Rockerbanden einer postatomaren Welt prügeln sich sowie die rüden Vertreter der Macht, die sich ihrer zerfallenen Stadt bemächtigen wollen. Für Leute, denen Action allemal wichtiger ist als ein solides Drehbuch. LSFF

City of Hope C158
CITY OF HOPE ****
USA 1991, 129 Min., F
R: John Sayles D: Vincent Spano, Joe Morton, Barbara Williams
Drei Tage im Leben einer amerikanischen Stadt: In einer grandiosen Konstruktion verbindet Sayles unterschiedlichste Milieus, Schichten und Schicksale, erzählt von mehr als drei Dutzend Figuren und ebenso vielen Schauplätzen. Eine große amerikanische Geschichte, komplex und intelligent, einfallsreich und wagemutig inszeniert. HFJ 1993

Claires Knie C159
LE GENOU DE CLAIRE ****
Frankreich 1970, 106 Min., F
R: Eric Rohmer D: Jean-Claude Brialy, Aurora Cornu
Ein junger Mann lernt kurz vor der Hochzeit eine Frau kennen, die sich ihm gänzlich abweisend zeigt. Einmal ihr Knie zu berühren scheint ihm die Erfüllung seiner höchsten Sehnsucht.

Der Clan C160
THE BETSY **
USA 1978, 125 Min., F
R: Daniel Petrie D: Laurence Olivier, Robert Duvall, Katharine Ross
Intrigen und Machtkämpfe zwischen erfolgreichen, aber moralisch abge-

wirtschafteten Mitgliedern eines Familienkonzerns der amerikanischen Autoindustrie. Die glatt und platt inszenierte Chronik bietet trotz Laurence Olivier ermüdende Unterhaltung.

Der Clan, der seine Feinde lebendig einmauert C161
CONFESSIONE DI UN COMMISSARIO DI POLIZIA AL PROCURATORE DELLA REPUBLICA ****
Italien 1970, 107 Min., F
R: Damiano Damiani D: Franco Nero, Martin Balsam, Marilu Tolo
Nachdem legale Methoden im Kampf gegen die Mafia versagen, greift ein Kommissar zu illegalen und landet im Gefängnis, wo er wenig später stirbt. Franco Nero als Staatsanwalt führt die Ermittlungen weiter. Packender Polit-Thriller um die Mafia und ihre bürgerlichen Helfershelfer.

Der Clan der Sizilianer C162
LE CLAN DES SICILIENS ****
Frankreich 1969, 125 Min., F
R: Henri Verneuil D: Jean Gabin, Alain Delon, Lino Ventura, Irina Demick
Ein Ex-Knastologe und seine Bande entführen ein Flugzeug mit einer Ladung Juwelen in die USA. Anschließend gibt es Komplikationen mit dem Oberboß, der es gar nicht mag, wenn jemand seiner Schwiegertochter schöne Augen macht. Ein spannender Gangsterfilm, der seine Geschichte und seine Figuren glaubwürdig in Szene setzt.

Claras Geheimnis C163
CLARA'S HEART ***
USA 1988, 108 Min., F
R: Robert Mulligan D: Whoopi Goldberg, Michael Ontkean
Ein Zimmermädchen aus Jamaica mit einer dunklen Vergangenheit gewinnt das Vertrauen eines 12jährigen Jungen, der in seiner Familie unglücklich ist. Sentimentales Melodrama mit einigen »gothischen« Einsprengseln.
HFJ 1990

Class C164
CLASS ***
USA 1983, 98 Min., F
R: Lewis John Carlino D: Jacqueline Bisset, Rob Lowe, Cliff Robertson
Collegeschüler reißt reife Frau in einer Bar auf, die ihm zeigt, wo die Glocken hängen – und muß später feststellen, daß sie die Mutter seines besten Freundes ist. Da dampft das Zelluloid!

Cleo/Leo C165
CLEO/LEO **
USA 1989, 94 Min., F
R: Chuck Vincent D: Jane Hamilton, Ginger Lynn Allen, Scott Baker
Der Kaufmann Leo ist ein Macho ersten Ranges, doch als er ums Leben und im Körper einer Frau wieder zu sich kommt, fangen seine Probleme erst richtig an. Sexkomödie von Pornofilmer Vincent. HFJ 1991

Cleopatra C166
CLEOPATRA ***
USA 1963, 229 Min., F
R: Joseph L. Mankiewicz D: Elizabeth Taylor, Rex Harrison, Richard Burton
Histörchen aus dem Leben der Königin Cleopatra und ihre Beziehungen zu Marcus Antonius und Julius Cäsar. Ein bombastischer Monumentalfilm, der seine Produzenten beinahe in den Ruin trieb. Für Liz Taylor-Fans.

Clerks – Die Ladenhüter C167
CLERKS ****
USA 1994, 92 Min., s/w
R: Kevin Smith D: Brian O'Halloran, Jeff Anderson, Marilyn Ghigliotti
Originelle Low-Budget-Komödie über einen Tag im Leben von zwei jugendlichen Angestellten eines Quick-Stop-Ladens. Debütfilm in Schwarzweiß mit klasse Charakteren und krass-guten Dialogen. HFJ 1995

Cliffhanger C168
CLIFFHANGER **
USA 1993, 112 Min., F
R: Renny Harlin D: Sylvester Stallone, John Lithgow, Michael Rooker
Angehöriger der Bergrettung in den Rockies wird von Gangstern gezwungen, hundert Millionen Dollar zu suchen, die nach dem Absturz eines entführten Flugzeugs im verschneiten Gebirge liegen. Unser Held gerät von einer tödlichen Gefahr in die nächste. Ein Brutalinski-Thriller-Abenteuerfilm, aber nicht richtig spannend. HFJ 1994

Die Clique C169
THE GROUP ***
USA 1965, 152 Min., F
R: Sidney Lumet D: Candice Bergen, Joan Hacket, Elisabeth Hartmann
Gruppenbild von acht miteinander befreundeten Frauen; eine weitgehend »entschärfte« Verfilmung von Mary McCarthys Skandalerfolg.

The Clock C170
THE CLOCK ***
USA 1945, 96 Min., s/w
R: Vincente Minnelli D: Judy Garland, Robert Walker, James Gleason
Ein Soldat verbringt einen Urlaubstag in New York. Dabei verliebt er sich in eine Büroangestellte. Eine reizende kleine Romanze, die von den überzeugenden Darstellern lebt.

Clone Master C171
CLONE MASTER **
USA 1978, 94 Min., F
R: Don Medford D: Art Hindle, Robyn Douglas, Ralph Bellamy
Ein Wissenschaftler, der 13 Klons von sich hergestellt hat, tritt gegen einen Dunkelmann an, der nach der Weltherrschaft strebt. Pilotfilm einer nicht realisierten TV-Serie; von mäßiger Spannung. LSFF

Closet Land C172
CLOSET LAND ***
USA 1991, 94 Min., F
R: Radha Bharadwaj D: Madeleine Stowe, Alan Rickman
Irgendwann in einem namenlosen Land: Eine Kinderbuchautorin wird grundlos verhaftet und von einem abwechselnd trügerisch freundlichen und brutalen Polizisten verhört. Dieser erniedrigt sie mit den bizzarsten und brutalsten Mitteln, damit sie gesteht, einer regierungsfeindlichen Untergrundbewegung anzugehören. Zwischen dem Folterer und seinem Opfer entwickelt sich eine eigenartige Beziehung.

Der Clou C173
THE STING ****
USA 1973, 129 Min., F
R: George Roy Hill D: Paul Newman, Robert Redford, Robert Shaw

Robin Williams bei Widerstandsübungen in ›Der Club der toten Dichter‹.

Legendäre, spannende Kleingaunerkomödie mit dem Traumpaar Newman/Redford, die in der getürkten Übertragung eines Pferderennens gipfelt. Intelligente und inspirierte Unterhaltung, mit Marvin Hamlischs perfekten Ohrwürmern und dem Ragtime von Scott Joplin.

Clown Ferdinand und die Rakete C174
KLAUN FERDINAND A RAKETA ***
CSSR 1962, 73 Min., s/w
R: Jindrich Polak D: Jiri Vrstala, Eva Hrabetova, Hanus Bor
Die abenteuerliche Reise von drei Kindern und einem Clown mit einer außerirdischen Rakete. Vergnügliche Verknüpfung von Märchen und technischer Information für Kinder.

Die Clowns C175
I CLOWNS ***
It/Fr/BRD 1970, 95 Min., F
R: Federico Fellini D: Federico Fellini, Pierre Etaix, Anita Ekberg
Eine Hommage Federico Fellinis an die »Zunft« der Clowns, dargeboten als Dokumentarfilm, der sich selbst nicht ganz ernst nimmt. Ursprünglich fürs Fernsehen produziert.

Der Club der Teufelinnen C176
THE FIRST WIVES CLUB ****
USA 1996, 102 Min., F
R: Hugh Wilson D: Bette Midler, Diane Keaton, Goldie Hawn
Mittvierzigerinnen als Furien: Drei Frauen rächen sich an ihren Männern, die sich mit jüngeren Geliebten vergnügen. Bosheitsspaß mit klasse Dialogen, aber einer kruden Dramaturgie.

Der Club der toten Dichter C177
DEAD POETS SOCIETY ****
USA 1988, 128 Min., F
R: Peter Weir D: Robin Williams, Robert Sean Leonard, Ethan Hawke
Die Schüler, die 1959 in die angesehene Welton Academy einziehen, sind dem Willen ihrer Eltern und den strengen Anforderungen des Unterrichts unterworfen. Allein Englischlehrer John Keating will den Jungen mehr beibringen als Grammatik und leere Formeln. Ein Film über Nonkonformismus, freie Selbstentfaltung, Loyalität. HFJ 1991

Cobb C178
HOMERUN ****
R: Ron Shelton D: Tommy Lee Jones, Robert Wuhl, Lolita Davidovich
Die Baseball-Legende Ty Cobb entpuppt sich als Fiesling, als ein Sportreporter seine Biographie schreiben will. Der einstige Rekordspieler kehrt kurz vor dem Tod seine negativen Seiten raus. Zwischen den Männern entwickelt sich eine Art Haßliebe. Eine Tragödie über einen zynischen Einzelgänger. Sportler-Epos für Insider der Baseball-Szene. HFJ 1996

Die Cobra C179
IL COBRA **
Italien/Spanien 1967, 94 Min., F
R: Mario Sequi D: Anita Ekberg, Dana Andrews, Peter Martell
In Istanbul sitzende Verschwörerbande will mit Drogen aus Maos China die Vereinigten Staaten überschwemmen und unterminieren. Kalte Krieger und ihre Phantasien: Und das Medellin-Kartell lacht sich eins dazu.

Cobra Verde C180
***
BRD 1987, 111 Min., F
R: Werner Herzog D: Klaus Kinski, King Ampaw, José Lewgoy
Frei nach dem Roman »Der Vizekönig von Quidah« von Bruce Chatwin erzählt der Film von einem Sklaven,

der Bandit wird, dann Aufseher auf einer Plantage und schließlich selber Sklavenhändler. Sehr aufwendig, sehr dramatisch und ein bißchen leer.

Cocaine Cowboys C181
COCAINE COWBOYS **
USA 1979, 87 Min., F
R: Ulli Lommel D: Jack Palance, Tom Sullivan, Andy Warhol
Eine Rockband gammelt in einem Haus herum, wartet darauf, daß ihre LP in die Charts kommt und betreibt bis dahin Koksschmuggel. Wenn Künstlern (hier: Lommel) nix einfällt, erheben sie die geistige Leere zur Tugend.

Cocktail für eine Leiche C182
THE ROPE ****
USA 1948, 81 Min., F
R: Alfred Hitchcock D: James Stewart, John Dall, Farley Granger
Vor einer Party ermorden zwei Studenten einen Kommilitonen und verstecken ihn in einer Truhe. Ihr Professor vertritt merkwürdige Thesen, ruft aber die Polizei, als er entdeckt, daß seine Studenten sie wörtlich nahmen. Spannender, vielschichtiger Thriller von Hitchcock, dessen erster Farbfilm dies war. Der Film spielt in nur einem Raum und wurde ohne Schnitte gedreht.

Cocoon C183
COCOON ****
USA 1985, 117 Min., F
R: Ron Howard D: Don Ameche, Wilford Brimley, Jessica Tandy
Rentner, die in einem von Außerirdischen angelegten Jungbrunnen baden, gewinnen neue Vitalität, freunden sich mit Aliens an und fliegen zu deren Planeten, um fortan ewig zu leben. Unterhaltsam, nicht ohne Humor, aber auch rührend.

Cocoon II: Die Rückkehr C184
COCOON II: THE RETURN ***
USA 1988, 115 Min., F
R: Daniel Petrie D: Don Ameche, Wilford Brimley, Courtenay Cox
Die bereits aus *Cocoon* bekannten Rentner kehren zur Erde zurück um ihren alten Freunden beizustehen, wo sie alsbald wieder das Zipperlein plagt. Ein sentimentaler Fantasy-Kitschfilm, der sich an seinen erfolgreichen Vorgänger anzuhängen versucht. Gäbe es den Vorgänger nicht, wäre der Film gar nicht so schlecht. LSFF/HFJ 1990

Codename: Nina C185
THE ASSASSIN ***
USA 1993, 108 Min., F
R: John Badham D: Bridget Fonda, Gabriel Byrne, Anne Bancroft
Drogensüchtige wird nach Polizistenmord zu Agententätigkeit gezwungen und bewährt sich in diversen Fällen, dann haut sie in den Sack. Eine verschönte US-Neuverfilmung des französischen Thrillers *Nikita,* die nötig war, weil Joe Sixpack sich keine Filme anschaut, in denen Stars mitspielen, deren Namen er nicht aussprechen kann. HFJ 1994

Farley Granger, James Stewart und John Dall in ›Cocktail für eine Leiche‹.

Cold Blooded C186
COLD BLOODED ***
USA 1994, 91 Min., F
R: M. Wallace Wolodarsky D: Jason Priestley, Kimberley Williams, Peter Riegert
Ein einfältiger Buchmacher gerät in Kontakt mit der Mafia und erhält einen Job als Profikiller. Unter der väterlichen Obhut eines geübten Hitman steigt er zur eiskalten »Nummer 1« auf. Doch dann verliebt er sich in eine sanfte Yogalehrerin. Eine bitterböse Satire auf das Killer-Genre und seine Klischees. Ein erfrischendes Regiedebüt mit witzigen Dialogen, Zynismus und einer Portion Amoralität.
HFJ 1996

The Cold Room C187
THE COLD ROOM **
GB 1983, 91 Min., F
R: James Dearden D: George Segal, Amanda Pays, Renée Soutendijk
Zu Ferienbesuch beim ungeliebten Vater in Ostberlin durchlebt die 17jährige Carla einen Alptraum, in dem die Grenzen zwischen Gegenwart und Vergangenheit, zwischen Stasi und Gestapo verschwimmen.

Colette C188
COLETTE **
USA/BRD/Fr 1991, 93 Min., F
R: Danny Huston D: Mathilda May, Klaus Maria Brandauer
Die Ehe der französischen Schriftstellerin mit dem tyrannischen und ausschweifenden Verleger Henry Gauthier-Villars als biographischer Stoff für ihre Romane, in denen immer wieder der Widerspruch zwischen Liebe, Abhängigkeit und persönlicher Befreiung geschildert wird. HFJ 1992

Color of Night C189
COLOR OF NIGHT **
USA 1993, 140 Min., F
R: Richard Rush D: Bruce Willis, Jane March, Ruben Blades
Nach dem Selbstmord einer Patientin hängt ein Psychologe seinen Job an den Nagel und besucht einen Kollegen. Als dieser grausam ermordet wird, übernimmt er die Therapiegruppe des Toten, gerät in ein Netz von Intrigen und in die Arme einer geheimnisvollen Frau. Bruce Willis als Nackedei in einer dünnen Story mit dümmlichen Dialogen. HFJ 1996

Colorado C190
ACROSS THE WIDE MISSOURI ****
USA 1951, 78 Min., F
R: William A. Wellman D: Clark Gable, Ricardo Montalban, John Hodiak
Ein Trapper heiratet eine Indianerin, um ungestört seinem Job nachgehen zu können, doch aus der wirtschaftlichen wird eine Liebesbeziehung. Ein junger Häuptling widersetzt sich dem Frieden zwischen den Rassen und bläst zur Attacke auf die weißen Jäger.

Colorado City C191
THE SHEEPMAN ***
USA 1958, 85 Min., F
R: George Marshall D: Glenn Ford, Shirley MacLaine, Leslie Nielsen
Spaßige, unterhaltsame Westernkomödie über einen cleveren Schafzüchter, der Viehbarone gegen sich aufbringt und am Ende die Braut des Schurken heimführt.

Colors – Farben der Gewalt C192
COLORS ***
USA 1987, 120 Min., F
R: Dennis Hopper D: Sean Penn, Robert Duvall, Maria Conchita Alonso
Straßenbanden in Los Angeles zerfleischen sich in sinnloser Brutalität und entpuppen sich als Produkte einer hemmungslosen Zivilisation, in der jeder nur noch um Marktanteile kämpft. Zwei Cops, der eine ohne jegliche Illusionen, der andere ein junger, aufbrausender Hitzkopf, schlagen sich wacker im Dschungel der Großstadt. HFJ 1989

Colossus C193
THE FORBIN PROJECT ***
USA 1970, 100 Min., F
R: Joseph Sargent D: Eric Braeden, Susan Clark, Gordon Pinsent
Ein Supercomputer reißt binnen kurzer Zeit die Macht über die ganze Welt an sich und schaltet die UdSSR aus. Nun gilt es, einen Plan zu schmieden, um ihn wieder auszuschalten ... An der Kasse ein Flop, aber spannend! LSFF

Der Colt Gottes C194
THE COLT OF GOD/GOD'S GUN **
USA/Israel 1976, 96 Min., F
R: Frank Kramer D: Jack Palance, Lee van Cleef, Sybil Danning
Um seinen toten Bruder zu rächen, zieht ein Revolvermann dessen Dienstkleidung an. Langatmiger Western.

Coma C195
COMA ***
USA 1978, 113 Min., F
R: Michael Crichton D: Geneviève Bujold, Michael Douglas
Eine Krankenhausärztin stößt auf Unfaßbares: Ihre Brötchengeber handeln weltweit mit menschlichen Organen – und sie mögen es nicht, daß ihnen jemand auf die Schliche kommt.

Die Comancheros C196
THE COMANCHEROS ***
USA 1962, 107 Min., F
R: Michael Curtiz, John Wayne
D: John Wayne, Stuart Whitman, Ina Balin, Nehemiah Persoff, Lee Marvin
Ein Texas-Ranger, der einen Zocker in den Knast bringen muß, wird unterwegs von allerlei Bösmännern in die Zange genommen. Der Film wurde von John Wayne beendet, da Regisseur Curtiz während der Aufnahmen starb.

Combat Shock C197
COMBAT SHOCK ***
USA 1986, 86 Min., F
R: Buddy Giovinazzo D: Ricky Giovinazzo, Veronica Stork
Vietnam-Veteran kehrt aus dem Krieg zurück und vegetiert mit Frau und Kind in einem Slumviertel dahin, bis er am Ende sich und seine Familie tötet.

Comedian Harmonists C198
****
BRD 1997, 127 Min., F
R: Joseph Vilsmaier D: Ulrich Noethen, Ben Becker, Heinrich Schafmeister, Kai Wiesinger, Heino Ferch
Porträt des Aufstiegs der weltberühmten Gesangstruppe, die auf dem Höhepunkt ihrer Karriere von den Nazis wegen ihrer jüdischen Mitglieder auseinanderdividiert wurde. Altbackene Mischung zwischen nostalgischer Hommage und modernem Musikfilm. HFJ 1998

Coming Home C199
COMING HOME ****
USA 1977, 122 Min., F
R: Hal Ashby D: Jane Fonda, Jon Voight, Bruce Dern
Als ihr Mann nach Vietnam geht, kümmert sich Sally um verwundete Soldaten in einem Lazarett. Dort lernt sie den an Körper und Seele verkrüppelten Bob kennen, der sich zum engagierten Kriegsgegner gewandelt hat. So wird ihre Beziehung von Spitzeln des FBI auch an Sallys Mann verraten.

Coming out C200
***
DDR 1989, 110 Min., F
R: Heiner Carow D: Matthias Freihof, Dagmar Manzel
Ein junger Lehrer bekennt sich nach inneren und äußeren Konflikten zu seiner Homosexualität. Realistischer Film mit autobiographischem Hintergrund.

Coming up Roses C201
COMING UP ROSES ***
GB 1986, 93 Min., F
R: Stephen Bayly D: Dafydd Hywel, Iola Gregory, Olive Michael
Wunderbar einfacher Film mit einer lebensnahen Dramaturgie über ein Kino einer walisischen Kleinstadt, das mangels Zuschauer schließen muß. Um Raum und Arbeitsplätze zu erhalten, eröffnet der Besitzer jedoch bald eine gutgehende Champignonzucht. Voll stiller Heiterkeit und gelungenem Optimismus. HFJ 1989

The Commitments C202
THE COMMITMENTS *****
USA 1991, 117 Min., F
R: Alan Parker D: Robert Arkins, Michael Aherne, Angeline Ball
Die Geschichte einer jungen Dubliner Soul-Band, umwerfend komisch, gefühlvoll und aufrichtig erzählt. Im Zentrum stehen die Ereignisse vor, auf und hinter der Bühne, aber zugleich wird auch ein sehr akkurates Bild des irischen Milieus gezeichnet. Der Film strotzt vor Frische, Originalität – und großartiger Musik. HFJ 1992

Computer für Mord C203
A.D. 3 OPERAZIONE SQUALO BIANCO **
Italien 1965, 84 Min., F
R: Stanley Lewis D: Rodd Dana, Franca Polesello, Janine Reinaud
Müder Agentenfilm über eine im Meer versunkene Wasserstoffbombe, hinter der diverse Finsterlinge her sind. Am Ende gewinnen natürlich die Guten.

Ein Computer wird gejagt C204
THE QUESTOR TAPES **
USA 1974, 95 Min., F
R: Richard A. Colla D: Robert Foxworth, Mike Farrell, John Vernon
Frisch entwickelter Android entpuppt sich als Sendbote einer galaktischen Macht, die die Menschen seit Unzeiten manipuliert. Als bräuchten die Menschen außerirdische Manipulateure, um das anzurichten, was sie seit Unzeiten anrichten. LSFF

Die Blues-Schwestern in ›The Commitments‹.

Con Air C205
CONAIR ***
USA 1997, 108 Min., F
R: Simon West D: Nicolas Cage, John Cusack, John Malkovich
Die größten Verbrecher Amerikas kapern einen Gefängnisflieger; darunter ist auch der vor Jahren ungerecht verurteilte Held auf seinem Weg in die Freiheit, der sich nun zwischen Rache und moralischem Gewissen entscheiden muß. Action-Spektakel, bombastisch und flach. HFJ 1998

Conan – Der Barbar C206
CONAN THE BARBARIAN ***
USA 1982, 126 Min., F
R: John Milius D: Arnold Schwarzenegger, James Earl Jones, Max von Sydow, Sandahl Bergman
Nach der Ausrottung seines Stammes, dem Tod seiner Eltern und einer als Sklave verbrachten Jugend nimmt der muskulöse Barbar Conan erfolgreich den Kampf gegen einen Schlangenkult auf. Pompös beginnender, doch immer flacher werdender Fantasy-Film.

Conan – Der Zerstörer C207
CONAN THE DESTROYER ***
USA 1984, 101 Min., F
R: Richard Fleischer D: Arnold Schwarzenegger, Grace Jones
Der Barbar Conan und seine Freunde dringen im Auftrag einer bösen Queen in das Schloß eines Magiers ein, um ein Horn zu rauben, mit dem man eine schlafende Gottheit erwecken kann. Ein actionreicher Fantasy-Film. LFF

Das Concorde-Inferno C208
CONCORDE INFERNO ***
Italien 1978, 94 Min., F
R: Ruggero Deodato D: James Franciscus, Mimsy Farmer, Joseph Cotten
Um eine Fluggesellschaft in den Ruin zu treiben, will die Konkurrenz einen Jet beim Jungfernflug zum Absturz bringen. Katastrophenfilm, in dem sich alle Klischeefiguren des Genres die Klinke in die Hand geben.

Condition Red C209
BY DAWN'S EARLY LIGHT ***
USA 1990, 91 Min., F
R: Jack Sholder D: Martin Landau, Powers Boothe, Rebecca De Mornay
Nach Unruhen in der UdSSR abgefeuerte Atomrakete und die starre Haltung des US-Präsidenten drohen einen nuklearen Krieg auszulösen. Ein spannender Near-Future-Thriller. LSFF

Condor C210
CONDOR **
USA 1984, 70 Min., F
R: Virgil Vogel D: Ray Wise, Wendy Kilbourne, Carolyn Seymour
Ein Polizist und eine Androidin jagen eine Terroristin, die Los Angeles vernichten will. TV-Pilotfilm einer nicht realisierten Serie. LSFF

Condorman C211
CONDORMAN ***
USA 1980, 90 Min., F
R: Charles Jarrott D: Michael Crawford, Oliver Reed, Barbara Carrera
Comiczeichner, in Geheimdienstaffäre verwickelt, verknallt sich in eine KGB-Agentin und lebt seine Phantasien à la Superman aus. Ironisch gemeinter Agentenfilm mit viel Klamauk, nach einem Roman von Robert Sheckley.

Coneheads C212
CONEHEADS **
USA 1993, 88 Min., F
R: Steve Barron D: Dan Aykroyd, Jane Curtin, Michelle Burke
Gestrandete eines Raumschiffes leben trotz ihrer auffälligen »Eierköpfe« unauffällig mitten in Amerika, das ihnen besser gefällt als ihr Planet. Fantasy-Komödie für Freunde des speziellen Humors. HFJ 1995

Congo C213
CONGO ***
USA 1995, 108 Min., F
R: Frank Marshall D: Dylan Walsh, Laura Linney, Ernie Hudson
Auf Unterhaltung getrimmter Abenteuerfilm um zwei Expeditionen in den Kongo; die eine bringt einen Gorilla zurück, während die andere einen mystischen Ort sucht. Bemühte Story mit starker Effektlastigkeit. HFJ 1996

The Connection C214
THE CONNECTION ***
USA 1960, 100 Min., s/w
R: Shirley Clarke D: Warren Finnerty, Garry Goodrow, Carl Lee
Ein Regisseur verspricht Drogenabhängigen als Gegenleistung für Filmaufnahmen eine Heroinlieferung. Es kommt zu einem Konflikt während der Dreharbeiten, der zu deren Abbruch führt. Experimentalfilm des »New American Cinema«, der sich auf radikale Weise eines dokumentarischen Stils bedient.

Convoy C215
CONVOY ****
USA 1978, 111 Min., F
R: Sam Peckinpah D: Kris Kristofferson, Ali MacGraw, Ernest Borgnine
Amerikanische Fernfahrer protestieren gegen die zunehmende Brutalität der Polizei, zu hohe Benzinpreise und andere für sie unerfreuliche Dinge – angeführt von einem Burschen namens »Rubber Duck« (Gummientchen), der sich zwar nicht zum Führer berufen fühlt, sich aber doch als echter Held der Landstraße erweist. Trucker-Film-Klassiker.

Coogans großer Bluff C216
COOGAN'S BLUFF ****
USA 1967, 94 Min., F
R: Don Siegel D: Clint Eastwood, Lee J. Cobb, Susan Clark, Don Stroud
Cowboy-Polizist Coogan sucht in New York einen entflohenen Killer und wendet dabei seine eigene, spezielle Methode an. Siegels erste Zusammenarbeit mit Eastwood besticht durch die Action-Sequenzen und das Fehlen jeglicher psychologischer Erklärungen.

Cookie's Fortune C217
COOKIE'S FORTUNE ****
USA 1998, 118 Min., F
R: Robert Altman D: Glenn Close, Julianne Moore, Liv Tyler
Gelungenes Porträt einer Südstaatengemeinde, in der anläßlich des Selbstmordes einer alten Frau die seltsamsten Dinge zu Tage gefördert werden. Erlesenes Schauspielerkino mit großartiger Charakterzeichnung.
HFJ 2000

Cool Runnings C218
COOL RUNNINGS ***
USA 1993, 97 Min., F
R: Jon Turteltaub D: Leon, Doug E. Doug, Rawle D. Lewis, John Candy
Vier Jamaikaner versuchen, ausgerechnet beim Bobfahren, einem »weißen« Sport, Erfolge zu erringen. Schwungvoll inszenierter, amüsanter Sportler-Film. HFJ 1995

Der Cop C219
COP ***
USA 1987, 108 Min., F
R: James B. Harris D: James Woods, Lesley Ann Warren, Charles Durning
Action-Film um einen Cop in L.A., der mit unkonventionellen Methoden einem Massenmörder das Handwerk legt. Genretypisches Machwerk.
HFJ 1989

Copkiller C220
THE ORDER OF DEATH ***
USA/Italien 1982, 98 Min., F
R: Robert Faenza D: Harvey Keitel, John Lydon, Nicole Garcia
Interessantes, wenngleich etwas spannungsarmes Psycho-Duell zwischen einem korrupten Polizisten und einem zynischen Psychopathen, der der gesuchte Copkiller sein will.

Cordoba C221
LLANTO POR UN BANDIDO ***
Sp/It/Fr 1964, 85 Min., F
R: Carlos Saura D: Lino Ventura, Lea Massari, Francisco Rabal
Sauras Frühwerk erzählt vom – letztlich verlorenen – Kampf des Rebellen José Rodriguez gegen den spanischen König Ferdinand VII. Regimekritische Seitenhiebe wurden von der Zensur Francos entfernt.

Corruptor C222
THE CORRUPTOR ***
USA 1999, 110 Min., F
R: James Foley D: Chow Yun Fat, Mark Wahlberg, Ric Young
Alteingesessener New Yorker Cop chinesischer Abstammung ermittelt zusammen mit einem jungen, ungeliebten Assistenten im Kampf zweier asiatischer Mafiatriaden. Stilistisch klar inszenierter Thriller. HFJ 2000

Cosimas Lexikon C223
***
BRD 1991, 99 Min., F
R: Peter Kahane D: Iris Berben, Ralf Richter, Karin Baal, Sebastian Koch
Als ihr Mietshaus im Ostteil des vereinten Berlins saniert werden soll, schreitet die resolute Cosima zur Tat und krempelt den Besitzer, einen Alkoholiker, zu einem idealen Vermieter um. Ehrliches, unspektakuläres Kino im Gewande einer bittersüßen Komödie. HFJ 1993

Cotton Club C224
THE COTTON CLUB ****
USA 1984, 128 Min., F
R: Francis Ford Coppola D: Richard Gere, Gregory Hines, Diane Lane
Ausnahme-Regisseur Coppola verquickt zwei Genres zu einem Film über das Amerika der 20er und 30er Jahre. Im »Cotton Club« treten nicht nur geniale Jazz-Musiker auf, sondern auch alle mächtigen Ganoven dieser Zeit geben sich dort ein Stelldichein. Prächtiger Musik- und Gangsterfilm nach einem Buch von Mario Puzo.

Der Couch Trip C225
THE COUCH TRIP ***
USA 1988, 98 Min., F
R: Michael Ritchie D: Dan Aykroyd, Walter Matthau, Charles Grodin
Ein Patient schlüpft in die Rolle seines Psychiaters, büchst mit ein paar echten Verrückten aus der Klinik aus, wird Star einer Radio-Psycho-Show und gewinnt die Freundschaft eines seltsamen Priesters. Durchgeknallte Komödie mit netten Gags, die den Psycho-Boom auf die Schippe nimmt. HFJ 1989

Countdown: Start zum Mond C226
COUNTDOWN **
USA 1966, 101 Min., F
R: Robert Altman D: James Caan, Joanna Moore, Robert Duvall
Um als erste auf dem Mond zu landen, schießen die USA mit einem hastig gebauten Raumschiff einen Zivilisten ins All, der, dort angekommen, nicht nur erkennen muß, daß die Russen schneller waren. LSFF

Der Coup C227
LA CASSE/GLI SCASSINATORI ***
Fr/It 1971, 125 Min., F
R: Henri Verneuil D: Jean-Paul Belmondo, Omar Sharif, Robert Hossein
Katz-und-Maus-Spiel zwischen einem Safeknacker und einem korrupten Kommissar. Auf den internationalen Markt zugeschnittener Action-Thriller ohne allzuviel Glaubwürdigkeit.

Der Coup von Nizza C228
LES EGOUTS DU PARADIS ***
Frankreich 1980, 107 Min., F
R: José Giovanni D: Francis Huster, Jean-François Balmer, Lila Kedrova
Die in allen Einzelheiten geschilderte Geschichte einer Gangsterbande, die in Nizza durch die Kanalisation in eine Bank einsteigen und Hunderte von Schließfächern knacken. Solider Gangsterfilm nach einem echten Fall.

Cousin Bobby C229
COUSIN BOBBY ***
USA 1992, 65 Min., F
R: Jonathan Demme
Ein kleiner privater Dokumentarfilm von Jonathan Demme (*Das Schweigen der Lämmer*) über seinen Cousin, einen engagierten Priester in Harlem. Ein Porträt von Bobby Castle und gleichzeitig die Dokumentation eines Wiedersehens nach mehr als 30 Jahren. HFJ 1994

Cousin, Cousine C230
COUSIN, COUSINE ***
Frankreich 1975, 94 Min., F
R: Jean-Charles Tacchella D: Marie-Christine Barrault, Victor Lanoux, Marie-France Pisier, Guy Marchand
Liebesgeschichte zwischen verheirateten Verwandten. Ansprechende gesellschaftskritische Komödie.

Cousine Angélica C231
LA PRIMA ANGELICA ****
Spanien 1973, 105 Min., F
R: Carlos Saura D: José Luis Lopez Vasquez, Lina Canalejas
Ein Mann kommt an die Stätten seiner Kindheit im Spanischen Bürgerkrieg zurück und erkennt, daß sich an den Unterdrückungs- und Anpassungsformen nichts geändert hat.

Cover Up C232
COVER UP **
USA/Israel 1990, 80 Min., F
R: Manny Coto D: Dolph Lundgren, Louis Gossett jr., John Finn
Ein Journalist deckt in Israel einen Chemie-Waffen-Skandal auf und gerät in eine mörderische Falle. Blutiges Action-Spektakel mit dem blonden *Rocky*-Hünen Dolph Lundgren. HFJ 1992

Cowboy C233
COWBOY ****
USA 1957, 93 Min., F
R: Delmer Daves D: Glenn Ford, Jack Lemmon, Brian Donlevy
Ein Hotelclerk aus Chicago schließt sich einigen Cowboys an, um das Leben im Westen kennenzulernen, und erlebt spannende Abenteuer. Ein Western, den es nicht alle Tage zu sehen gibt, nach der Autobiographie von Frank Harris.

Der Cowboy C234
J.W. COOP ****
USA 1971, 112 Min., F
R: Cliff Robertson D: Cliff Robertson, Geraldine Page, R. G. Armstrong, R. L. Armstrong
»Moderner« Western über einen Cowboy, der nach einer langen Gefängnisstrafe als Rodeoreiter sein Glück versucht und langsam in den Rang der »Stars« aufsteigt – bis sich in der Arena eine Katastrophe anbahnt.

Cowboy-Melodie C235
TICKLE ME **
USA 1964, 91 Min., F
R: Norman Taurog D: Elvis Presley, Jocelyn Lane, Julie Adams
Elvis Presley, 1958 noch das Idol der Jungs mit Entenarsch, betätigt sich als Rodeoreiter auf einer Ranch, die feisten Bürgerweibern wieder zur Taille verhilft. Ein Ausbund an Verrat! Auch schlaffe Krimieinlagen können diese Katastrophe nicht mehr retten.

Die Cowboys C236
THE COWBOYS ****
USA 1971, 127 Min., F
R: Mark Rydell D: John Wayne, Roscoe Lee Browne, Bruce Dern

Ein Rancher, den seine Cowboys im Stich lassen, da sie vom Goldfieber gepackt werden, engagiert 11 Schuljungen, um eine Rinderherde 500 Meilen weit zu treiben, und muß sich unterwegs mit einer Banditenhorde herumschlagen. Sehr solider Western.

Crabs – Die Zukunft sind wir C237 **

DEAD END DRIVE-IN
Australien 1986, 88 Min., F
R: Brian Trenchard-Smith D: Ned Manning, Natalie McCurry
Ein jugendlicher Draufgänger, der in ein Internierungslager gesteckt und mit Drogen und Terror behandelt wird, zettelt einen Gefangenenaufstand an und flüchtet in eine ungewisse Zukunft. Near-Future-Thriller. HFJ 1987

Crainquebille C238 ***

CRAINQUEBILLE
Frankreich 1922/23, 70 Min., s/w
R: Jacques Feyder D: Maurice de Féraudy, Françoise Rosay
Ein Gemüsehändler wird zu Unrecht verurteilt und findet nach seiner Entlassung aus dem Gefängnis sein Glück als Clochard. Feyders Film, der irgendwo zwischen Kafka und Chaplin angesiedelt ist, bietet einige famose Kameraeinstellungen und verblüfft durch die exakte Darstellung des kleinbürgerlichen Lebens in Paris.

Crash C239 ***

CRASH
Kanada 1996, 98 Min., F
R: David Cronenberg D: James Spader, Holly Hunter, Rosanna Arquette
Hervorragend gemachter Ästhetik-Schocker um eine Gruppe Menschen, die ihre erotischen Kicks aus dem Fetisch »Auto« bezieht. Zwiespältige, in pseudoanalytischen Abgründen steckenbleibende Studie über Mensch-Maschine-Erotik, die gleichzeitig fasziniert und abstößt. HFJ 1997

Crazies C240 ***

THE CRAZIES
USA 1973, 103 Min., F
R: George A. Romero D: Lane Carroll, W.G. McMillan
Eine Stadt infiziert sich infolge einer Panne bei der Trinkwasserversorgung mit einem nicht mehr zu kontrollierenden Virus. Alle werden verrückt, die Armee wird eingesetzt. Jeder kämpft gegen jeden, keiner weiß warum. Ein spannender Genrefilm, geprägt vom Vietnam-Trauma, der zudem die ökologische Bedrohung bereits vorwegnahm. LSFF

Crazy Instinct C241 ***

FATAL INSTINCT
USA 1993, 88 Min., F
R: Carl Reiner D: Armand Assante, Sherilyn Fenn, Kate Nelligan
Amüsante Film-noir-Parodie um einen Polizisten und einen Anwalt, dessen frustrierte Ehefrau und deren Liebhaber, eine traumatisierte Sekretärin und eine undurchsichtig-skrupellose Klientin. Alle sind irgendwie verstrickt in ein mörderisches Spiel, dessen Regeln von Leidenschaft, Habgier, Rachsucht und Immoralität bestimmt werden.

Cream – Last Concert C242 ****

LAST CONCERT – THE CREAM
GB 1968, 98 Min., F
R: Tony Palmer Mit: Eric Clapton, Ginger Baker, Jack Bruce
Das letzte Auftreten einer legendären Formation aus der Zeit der komplexen Musik-Experimente. Zugleich ein brillantes Filmkunstwerk durch synthetische Video- und Lightshow-Effekte.

Creature – Die dunkle Macht der Finsternis C243 **

CREATURE
USA 1985, 97 Min., F
R: William Malone D: Klaus Kinski, Wendy Schaal, Stan Ivar
Eine Raumschiffcrew liest auf dem Saturnmond Titan eine steinalte und gefräßige Kreatur auf, die unseren Helden der Reihe nach den Garaus macht. Die Besatzung hätte sich halt Alien ansehen sollen. LSFF

Creepzone C244 **

CREEPZONE
USA 1987, 69 Min., F
R: David De Coteau D: Linnea Quigley, Ken Abraham, Michael Aranda
Nach dem Großen Knall verschlägt es fünf Leute in ein Genetiklabor, wo sie auf allerlei gefräßige Monstren stoßen. Banale SF-Horrorgeschichte nach dem Muster der zehn kleinen Negerlein. LSFF/HFJ 1989

Crime and Punishment C245 ****

RIKOS JA RANGAISTUS
Finnland 1983, 93 Min., F
R: Aki Kaurismäki D: Markku Toikka, Aino Seppo, Esko Nikkari
In seinem Spielfilmdebüt überträgt Kaurismäki Dostojewskijs Roman um den existentiellen Mörder Raskolnikow ins Finnland seiner Gegenwart.

Crimetime C246 ***

CRIMETIME
GB/BRD 1996, 118 Min., F
R: George Sluizer D: Stephen Baldwin, Peter Postlethwaite, Sadie Frost
Der Darsteller eines Serienkillers in einer »Aktenzeichen-XY«-ähnlichen Krimi-TV-Show schlüpft zusehends in die Identität seines noch nicht gefaßten Vorbildes, das davon natürlich Wind bekommt. Eine klasse Idee wird wegen mangelnder dramaturgischer Einfälle und einer harmlosen Inszenierung leider verschenkt. HFJ 1998

Crimson Tide C247 ***

CRIMSON TIDE
USA 1995, 115 Min., F
R: Tony Scott D: Gene Hackman, Denzel Washington, George Dzundza
Als ein russischer Nationalist einen Atomraketenstützpunkt in seine Gewalt bringt, droht der Dritte Weltkrieg. Ein amerikanisches U-Boot soll atomare Sprengköpfe abfeuern, doch durch einen defekten Funkspruch bleibt der Befehl unklar. Es kommt zur Meuterei. Ein Spektakel mit lächerlichen Machtspielen und militärischen Ehrencodici. Ein überflüssiges Hohelied auf Moral und Integrität der US-Army. HFJ 1996

Critters – Sie sind da! C248 **

CRITTERS
USA 1986, 86 Min., F
R: Stephen Herek D: Dee Wallace Stone, M. Emmett Walsh
Kleine außerirdische Vielfraße kommen zur Erde und überfallen die

Bewohner einer kleinen amerikanischen Farm. Ein dreistes *Gremlins*-Plagiat, aber trotzdem unterhaltsam.

Critters II C249
CRITTERS II: THE MAIN COURSE *
USA 1988, 87 Min., F
R: Mick Garris D: Scott Grimes, Liane Curtis, Don Opper
Kleine, gefräßige Pelzknubbel fallen über ein amerikanisches Kaff her und fressen dessen Bewohner. Zwei kosmische Kopfgeldjäger machen ihnen mit Strahlenpistolen den Garaus. Ein unsäglicher Hirnifilm. Critters 3 + 4 gab es auch noch. HFJ 1989

Cromwell C250
CROMWELL ***
GB 1969, 140 Min., F
R: Ken Hughes, Ronald Harwood
D: Richard Harris, Alec Guinness, Robert Morley, Dorothy Tutin
1641. Nach seiner Wahl ins Unterhaus tritt Cromwell gegen das korrupte Regime von König Charles I. an und startet einen Bürgerkrieg. Ansehbarer Historienfilm.

Crooked Hearts C251
CROOKED HEARTS ***
USA 1991, 105 Min., F
R: Michael Bortman D: Vincent D'Onofrio, Jennifer Jason Leigh
Der 26jährige Charley erfährt, daß sein Vater ein Verhältnis mit einem Mädchen hat, mit dem auch er einmal befreundet war. Als er Liebesbriefe findet, dreht er durch: Er zündet das Haus der Familie an und macht sich aus dem Staub. Weiteres Unheil folgt.

The Crow – Die Krähe C252
THE CROW ****
USA 1994, 101 Min., F
R: Alex Proyas D: Brandon Lee, Ernie Hudson, Michael Wincott
Ein Rock-Star wird mit seiner Braut ermordet, eine Krähe gibt seine Seele dem Körper zurück, Beginn eines Rachefeldzugs. Horror-Story mit faszinierenden Bildern und mystischen Elementen. HFJ 1995
Die Fortsetzung *Die Rache der Engel* schwächelt wirr erzählt dahin.
HFJ 1999

Cruise Missile C253
MISSILE X: ORDER SECRETA **
BRD/Sp/It/Iran 1978, 95 Min., F
R: Leslie H. Martinson D: Curd Jürgens, Peter Graves, Karin Schubert
Machthungriger Spielbankenchef setzt sich in den Besitz einer Superwaffe und erpreßt die Welt. Ein wackerer US-Agent klärt den Fall. Agentenfilm nach Schablone.

Cruising C254
CRUISING ***
USA 1980, 106 Min., F
R: William Friedkin D: Al Pacino, Paul Sorvino, Karen Allen
Al Pacino taucht als Undercover-Agent ab in die New Yorker Homosexuellen-Szene, die von Morden verunsichert wird. Unter seinen Vorurteilen leidender Polizeifilm mit schwacher Story und vielen Klischees.

Crusoe C255
CRUSOE **
GB 1988, 94 Min., F
R: Caleb Deschanel D: Aidan Quinn, Ade Sapara, Warren Clarke
Neuverfilmung des Romans von Daniel Defoe, in der der berühmte Schiffbrüchige als ehemaliger Sklavenjäger portraitiert wird. Ansonsten ohne nennenswerte Einfälle. HFJ 1989

The Crying Game C256
THE CRYING GAME ****
GB 1992, 107 Min., F
R: Neil Jordan D: Stephen Rea, Forest Whitaker, Jaye Davidson, Miranda Richardson, Adrian Dunbar
Eine Geisel wird getötet. Sein Bewacher schleicht sich unter falscher Identität ins Leben seiner Freundin. Doch schließlich soll er erneut zum Töten gezwungen werden. IRA-Terror, Sex, Gewalt und die Suche nach Zärtlichkeit, nicht immer glaubhaft, aber anrührend. HFJ 1993

Curly Sue – Ein Lockenkopf sorgt für Wirbel C257 **
CURLY SUE
USA 1991, 102 Min., F
R: John Hughes D: James Belushi, Kelly Lynch, Alisan Porter, John Getz
Fließbandproduktion, in der ein ungleiches Trio nach und nach zur glücklichen Familie reift. HFJ 1992

The Curse C258
THE CURSE **
USA 1987, 90 Min., F
R: David Keith D: Wil Wheaton, Claude Akins, Malcolm Danare
Remake von *Das Grauen von Schloß Whitley* (1965), nach H. P. Lovecraft. Nur ein Geschwisterpaar entgeht dem Einfluß eines Meteoriten, der die Bewohner eines Farmhauses langsam wahnsinnig macht. HFJ 1990

Cutter duldet keinen Mord C259
CUTTER'S TRAIL ***
USA 1969, 88 Min., F
R: Vincent McEveety D: John Gavin, Manuel Padilla jr., Marisa Pavan
Aufrechter US-Marshall, der einen Eisenbahnräuber an den Galgen gebracht hat, muß sich allein den racheschnaubenden Brüdern des Ganoven stellen.

Cutter's Way – Keine Gnade C260
CUTTER'S WAY ***
USA 1981, 103 Min., F
R: Ivan Passer D: John Heard, Jeff Bridges, Lisa Eichhorn
Ein körperlich wie seelisch angeschlagener Vietnamveteran tyrannisiert seine Umwelt und führt schließlich einen letzten Kampf gegen einen Ölbaron, der als Mörder davonzukommen droht.

Cy-Warrior C261
CY-WARRIOR – SPECIAL COMBAT UNIT **
Italien 1989, 90 Min., F
R: Giannetto De Rossi D: Frank Zagarino, Henry Silva, Sherrie Rose
Entfleuchter Kampfroboter, der nicht wie gewünscht arbeiten will, kriecht bei einem Geschwisterpaar unter und entledigt sich seiner mit rabiaten Methoden arbeitenden Verfolger. Auf modern gestylter Actionreißer ohne viel Hirn. LSFF/HFJ 1991

Cyankali C262
***
Deutschland 1930, 88 Min., s/w
R: Hans Tintner D: Grete Mosheim, Nico Turoff, Claus Clausen

Nach einem Bühnenstück von Friedrich Wolf zeigt der Film Leben, Liebe und Not der Büroangestellten Hete in Deutschland Anfang der 30er Jahre, das Scheitern an ihrer erbärmlichen Existenz und am Abtreibungsverbot des Paragraphen 218. Etwas viel sozialistischer Realismus.

Cyberspace C263
CIRCUITRY MAN *
USA 1990, 87 Min., F
R: Steven Lovy D: Jim Metzler, Vernon Wells, Dana Wheeler-Nicholson
Schicki und Micki (ein Androide) auf der Flucht vor einem Psycho, der sich mittels elektronischer Hirnanschlüsse in Computer und Menschen versetzt. Die Neue Welle in der SF hätte wahrhaft Besseres verdient. LSFF/HFJ 1991

Cyborg C264
CYBORG *
USA 1989, 86 Min., F
R: Albert Pyun D: Jean-Claude Van Damme, Vincent Klynn
Post-apokalyptisches Trash-Movie, das nicht einmal den niedrig angesetzten Standards des Genres gerecht wird. Jean-Claude Van Damme als müder »Mad Max«-Verschnitt räumt mit einer Bande grausamer Marodeure auf.

Cyborg Warriors C265
KNIGHTS **
USA 1994, 87 Min., F
R: Albert Pyun D: Kris Kristofferson, Kathy Long, Lance Henriksen

Gérard Depardieu in ›Cyrano von Bergerac‹.

Die »Cyborgs«, sich von Menschen ernährende Roboter, wollen die Macht an sich reißen. Aber einige Mutige stellen sich ihnen entgegen. Sinistrer Zukunftsfilm ohne große erkennbare Handlung, aber mit extrem harten Kampfszenen. HFJ 1995

Cyclo C266
XICH LO ****
Frankreich/Vietnam 1995, 129 Min., F
R: Tran Anh Hung D: Le Van Loc, Tony Leung-Chiu Wai, Tran Nu Yen Khe
Als dem »Cyclo« seine Fahrrad-Rikscha gestohlen wird, muß er Aufträge bis zum Mord ausführen, um der Besitzerin den Verlust zu ersetzen. Der »Poet«, ein schwermütiger Gangster, testet seine moralischen Skrupel. Und die Schwester des »Cyclo« liebt den »Poeten«. Der Exil-Vietnamese Tran zeigt in fast surrealistischen Bildern Ho-Chi-Minh-Stadt als Brutstätte der Gewalt und den gnadenlos harten Überlebenskampf der Menschen. Ein außergewöhnliches und schockierendes Werk.

Cyrano von Bergerac C267
CYRANO DE BERGERAC ****
Frankreich 1989, 133 Min., F
R: Jean-Paul Rappeneau D: Gérard Depardieu, Anne Brochet, Vincent Pérez, Jacques Weber
Aufwendige und stimmungsvolle Verfilmung des berühmten Versdramas von Edmond Rostand um den Schriftsteller und Liebhaber mit der langen Nase. HFJ 1992

D

Da lacht die Gänsehaut D1
LA CASA DEL TERROR *
Mexiko 1960, 79 Min., s/w
R: Gilberto Martinez Solares D: Lon Chaney jr., German Valdes, Yolanda Varela, Yerye Beirute
Irrer Wissenschaftler behandelt eine alte Mumie, die sich in einen Werwolf verwandelt. Einer der schlechtesten und unfreiwillig komischsten Horrorfilme aller Zeiten.

Da steht der ganze Freeway Kopf D2 ***
HONKY TONK FREEWAY
USA 1981, 92 Min., F
R: John Schlesinger D: Beau Bridges, Hume Cronyn, Beverly D'Angelo, William Devane
Den Bewohnern eines kleinen Kurortes in Florida ist eine eigene Abfahrt von der neu gebauten Autobahn verweigert worden. Um Touristen anzulocken, greifen sie zu außergewöhnlichen Mitteln, in dem sie unter anderem die ganze Stadt pinkfarben anstreichen und eine Brücke sprengen. Zynische Karikatur des »american way of life«.

Dacapo D3
ENCORE ***
GB 1951, 85 Min., s/w
R: Patrick Jackson, Harold French
D: Nigel Patrick, Roland Culver, Kay Walsh, Noel Purcell, Glynis Johns
Der dritte einer Reihe von englischen Episodenfilmen nach Kurzgeschichten W. Somerset Maughams; drei »kleine« Geschichten: »Die Ameise und der Grashüpfer«, »Die Schiffsreise im Winter«, »Gigolo und Gigolette«.

Das Dach D4
IL TETTO ****
Italien 1956, 97 Min., s/w
R: Vittorio de Sica D: Gabriella Pallotta, Giorgio Listuzzi, Gastone Renzelli
Ein junges Paar auf der Suche nach einer eigenen Wohnung. Ihre Bemühungen scheitern an der extremen Wohnungsnot und den unerschwinglichen Mieten. Nach einem Streit bleibt dem Paar nur noch die Möglichkeit, auf freiem Feld am Stadtrand innerhalb einer einzigen Nacht ein provisorisches Haus zu bauen, aus dem die Bewohner laut Gesetz nicht mehr vertrieben werden dürfen. Neorealismus der bewegenden Art.

Dad D5
DAD **
USA 1989, 117 Min., F
R: Gary Goldberg D: Jack Lemmon, Ted Danson, Olympia Dukakis
Jack Lemmon spielt einen Mann, der nach einer überstandenen Krebsoperation den Blick für das Wesentliche im Leben hat und in seiner Familie die verfahrenen Verhältnisse in Bewegung bringt. Taschentuch-Kino, schön fotografiert, gut gespielt und so wirklichkeitsgetreu wie eine Kitschpostkarte. HFJ 1991

Daddy Cool D6
MY FATHER THE HERO ***
USA 1994, 90 Min., F
R: Steve Miner D: Gérard Depardieu, Katherine Heigl, Dalton James
Ein geschiedener Vater verbringt mit seiner Tochter Ferien in der Karibik, die ihn – um Aufmerksamkeit zu erregen – als ihren Lover mit zwielichtiger Vergangenheit ausgibt. Ein Remake von *Mein Vater, der Held*, das nicht den Charme des Originals erreicht. HFJ 1995

Daddy! Daddy! Fünf Nervensägen und ein Vater D7 **
AUTHOR! AUTHOR!
USA 1982, 102 Min., F
R: Arthur Hiller D: Al Pacino, Dyan Cannon, Tuesday Weld
Kurz vor der Premiere seines neuen Theaterstücks wird der Autor Ivan von seiner Frau verlassen und muß mit seinen fünf Kindern das aufkommende Chaos bändigen. Nett und unerheblicher Familienfilm, durchaus amüsant, aber schnell wieder vergessen.

Daddy Langbein D8
DADDY LONG LEGS ***
USA 1955, 122 Min., F
R: Jean Negulesco D: Fred Astaire, Leslie Caron, Thelma Ritter
Ein Playboy sponsort anonym ein Waisenmädchen, und dann kommt es, wie es in solchen Musicals immer kommen muß. Ein wenig lang geraten das Ganze, aber Fred Astaire ist immer ein Genuß.

Daddy Nostalgie D9
DADDY NOSTALGIE ****
Frankreich 1989, 105 Min., F
R: Bertrand Tavernier D: Dirk Bogarde, Jane Birkin, Odette Laure
Ein herzkranker Mann, gerade aus dem Krankenhaus entlassen, erhält Besuch von seiner Tochter. Eine einfache Geschichte, von Tavernier in wundervollen Cinemascope-Bildern und einer unnachahmlichen Mischung aus Melancholie und Heiterkeit erzählt. HFJ 1992

Daddy's Cadillac D10
LICENSE TO DRIVE ***
USA 1988, 90 Min., F
R: Greg Beeman D: Corey Haim, Corey Feldman, Heather Graham
Les fällt durch die Führerscheinprüfung. Wegen eines schönen Mädchens klaut er Daddys Cadillac und erlebt mit dem gehegten Auto in der Nacht unliebsame Überraschungen. Einfache Teenie-Komödie, die mit einigen Lachern aufwartet, sonst aber nicht viel zu bieten hat. HFJ 1990

Daedalus D11
***
BRD 1991, 99 Min., F
R: Pepe Danquart D: Moc Thyssen, Maja Maranow, Stefan Merki
Ein zum Putzmann degradierter Ex-Genetiker deckt im Verein mit einem Computer-Experten und einem weiblichen Klon die kriminellen Machenschaften seines ehemaligen Brötchengebers auf. Ein gut gemeinter Öko-Thriller. LSFF

Daens D12
DAENS ***
Belgien/Fr/NL 1992, 138 Min., F
R: Stijn Coninx D: Jan Decleir, Gérard Desarthe, Antje De Boeck
Ende des 19. Jahrhunderts stellt sich der Priester Daens auf die Seite der unterprivilegierten Arbeiterfamilien und gegen seine Kirchenoberen. Ein beeindruckendes Zeugnis von Zivilcourage, das ohne ideologischen Zeigefinger die Historie neu erzählt.
HFJ 1995

Daffy und der Wal D13
TADPOLE AND THE WHALE ***
Kanada 1987/88, 91 Min., F
R: Jean-Claude Lord D: Fanny Lauzier, Denis Forest, Marina Orsini
Sie ist allseits beliebt, aufgeweckt und mit einem außergewöhnlichen Gehör ausgestattet. Die 12jährige Daffy lebt in einem kleinen, kanadischen Fischerdorf, und ihre besten Freunde sind die Buckelwale. Leider bekommt weder sie noch der Zuschauer diese oft zu Gesicht. Ein Tierfilm, der allzusehr in der Vision einer heilen Welt schwelgt.
HFJ 1990

Daheim sterben die Leut' D14
***
BRD 1985, 93 Min., F
R: Klaus Gietinger, Leo Hiemer
D: Walter Nuber, Norbert Hauber, Luise Zodel
Der »neue Heimatfilm« der Westallgäuer Filmproduktion um einen Bauern, der sich handgreiflich gegen eine Wasserleitung wehrt, mischt unbekümmert und phantasievoll die unterschiedlichsten Elemente und unterläuft auf amüsante Weise alle gängigen Klischees.

Daisy Kenyon D15
DAISY KENYON ***
USA 1947, 100 Min., s/w
R: Otto Preminger D: Joan Crawford, Dana Andrews, Henry Fonda
Eine Graphikerin in New York heiratet einen Ingenieur, um das Verhältnis mit einem verheirateten Architekten zu beenden. Der aber will sie nicht aufgeben. Gepflegtes Melodram mit einer herausragenden Joan Crawford.

Daisy Miller D16
DAISY MILLER ***
USA 1974, 92 Min., F
R: Peter Bogdanovich D: Cybill Shepherd, Barry Brown, Mildred Natwick
Verfilmung einer Novelle von Henry James. Die Geschichte einer jungen Amerikanerin im Europa der Jahrhundertwende, die mit ihrem Willen zur Unabhängigkeit die Gesellschaft schockiert.

Damals D17
**
Deutschland 1943, 88 Min., s/w
R: Rolf Hansen D: Zarah Leander, Hans Stüwe, Rossano Brazzi
Zarah Leander als deutsche Ärztin, die in Verdacht gerät, am Mord eines Schiffsmaklers im Hotel einer südamerikanischen Hafenstadt beteiligt zu sein. Die Leander einmal mehr in der Rolle einer opferbereiten deutschen Frau in exotischer Fremde.

Damals in Paris D18
THE LAST TIME I SAW PARIS **
USA 1955, 115 Min., F
R: Richard Brooks D: Elizabeth Taylor, Van Johnson, Donna Reed
Ein amerikanischer Journalist verliebt sich 1945 in Paris, doch sein mangelnder Erfolg als Schriftsteller und sein zunehmender Alkoholgenuß führen ihn und seine Frau schließlich in die Selbstzerfleischung. Nach ihrem Tod, muß er um sein Kind kämpfen. Melodram, mit vielen Rückblenden, nach einer Erzählung von F. Scott Fitzgerald.

Die Dame, die im Meer spazierte D19
LA VIELLE QUI MARCHAIT DANS LA MER ****
Frankreich 1991, 94 Min., F
R: Laurent Heynemann D: Jeanne Moreau, Michel Serrault
Eine extravagante ältere Dame, die sich Lady M. nennt, lebt in einer pompösen Villa am Meer, von wo aus sie gemeinsam mit ihrem greisen Kumpanen ihre erpresserischen Coups plant. Sehr freizügige, sehr derbe, sehr französische Groteske mit und für die Grande Dame des französischen Films. HFJ 1993

Die Dame im Auto mit Brille und Gewehr D20
***
LA DAME DANS L'AUTO AVEC DES LUNETTES ET UN FUSIL
Frankreich 1969, 102 Min., F
R: Anatole Litvak D: Samantha Eggar, Oliver Reed, John McEnery
Verwickelter Psycho-Thriller um eine Sekretärin, die in Mordverdacht geraten ist. Trotz der hellen provenzalischen Landschaft, in der die Story spielt, ein düsteres Werk um psychologische Abgründe.

Die Dame im See D21
THE LADY IN THE LAKE ***
USA 1946, 103 Min., s/w
R: Robert Montgomery D: Robert Montgomery, Lloyd Nolan
Ungewöhnliche Raymond Chandler-Verfilmung. Philip Marlowes Mördersuche wird aus subjektiver Sicht geschildert, der Detektiv ist immer nur im Spiegel zu sehen. Dennoch ein typischer »Film noir«.

Die Dame mit dem Hündchen D22
***
DAMA O SOBATSCHKOJ
UdSSR 1960, 90 Min., s/w
R: Jossif Cheifiz D: Ija Sawwina, Alexej Batalow, N. Alissowa
Melancholische Liebesgeschichte aus dem zaristischen Rußland nach einer Novelle von Tschechow, zu dessen 100. Geburtstag ansprechend in Szene gesetzt.

Eine Dame namens Laura D23
LAURA LANSING SLEPT HERE **
USA 1987, 96 Min., F
R: George Schaefer D: Katharine Hepburn, Karen Austin
Eine Bestsellerautorin, die den Kontakt mit der Wirklichkeit verloren hat, soll eine Woche bei einer ganz normalen Familie leben. Aber was heißt schon normal?

Die Dame ohne Kamelien D24
LA SIGNORA SENZA CAMELIE ***
Italien 1953, 95 Min., s/w
R: Michelangelo Antonioni D: Lucia Bosé, Andrea Cecchi, Gino Cervi
Frühwerk des Meisterregisseurs um eine Verkäuferin, die als Schauspiele-

Linden Travers, Naunton Wayne und Basil Radford wehren die angreifenden Spione ab in ›Eine Dame verschwindet‹.

rin Karriere macht, in ihrem Privatleben bei der Suche nach dem Glück jedoch scheitert.

Die Dame und der Killer D25
HELLER IN PINK TIGHTS ***
USA 1960, 100 Min., F
R: George Cukor D: Sophia Loren, Anthony Quinn, Margaret O'Brien
Weiblicher Star einer Theatergruppe setzt sich beim Pokern als Preis aus und verliert sich an einen Killer. Als die Theaterleute weiterziehen, schließt der Gewinner sich ihnen an. Indianer greifen an, und der Killer erweist sich als äußerst hilfreich.

Eine Dame verschwindet D26
THE LADY VANISHES ****
GB 1938, 95 Min., s/w
R: Alfred Hitchcock D: Margaret Lockwood, Michael Redgrave, Paul Lukas, May Witty
Einer von Hitchcocks frühen Tonfilmen: Eine alte Dame verschwindet während der Zugfahrt aus ihrem Abteil. Zwei selbsternannte Detektive forschen ihrem Verbleib ungefragt nach und geraten prompt in einen Spionagefall hinein. Wie immer bei Hitchcock absolute Beherrschung der filmischen Mittel im Dienst von Handlung und Suspense.

Die Dame vom Palace Hotel D27
PALACE **
BRD/Frankreich 1984, 87 Min., F
R: Edouard Molinaro D: Gudrun Landgrebe, Claude Brasseur
Liebesgeschichte zwischen einer deutschen Hotelbesitzerin und einem französischen Kriegsgefangenen. Im Rahmen des deutsch-französischen Kulturabkommens produzierter Kitsch.

Die Damen aus Boston D28
THE BOSTONIANS ***
GB 1984, 122 Min., F
R: James Ivory D: Christopher Reeve, Vanessa Redgrave, Madeleine Potter
In stilvollen Bildern wird eine Geschichte aus den Anfängen der Frauenrechtsbewegung im Jahr 1875 in Boston erzählt. Vielleicht etwas sehr gepflegt, also eigentlich langweilig.

Die Damen vom Bois de Bologne D29
****
LES DAMES DU BOIS DE BOLOGNE
Frankreich 1944/45, 85 Min., s/w
R: Robert Bresson D: Maria Casarés, Paul Bernard, Elina Labourdette
Eine Adelige rächt sich an ihrem Ex-Liebhaber, indem sie ihn mit einer Prostituierten bekanntmacht. Doch wider Erwarten entwickelt sich daraus eine tiefe Liebesbeziehung. Irritierendes Melodram, das bereits Bressons ureigene Handschrift erkennen läßt, formal ansprechend, dramaturgisch jedoch mit einigen Schwächen.

Damenwahl D30
**
BRD 1953, 95 Min., s/w
R: E.W. Emo D: Grethe Weiser, Georg Thomalla, Willy Fritsch
Nachtlokalbesitzerin freut sich über die Rückkehr ihrer Tochter aus den

USA und findet auch wieder mit dem Vater des Mädchens zusammen. Das übliche öde Fünfziger-Jahre-Lustspiel, das heute keinen Hund mehr hinter dem Ofen hervorlockt.

Damien – Omen II D31
DAMIEN – OMEN II ***
USA 1978, 108 Min., F
R: Don Taylor D: William Holden, Lee Grant, Jonathan Scott-Taylor
Das als Baby in die menschliche Gesellschaft eingeschmuggelte Satanskind (*Das Omen,* 1975) entledigt sich bei seinem Aufsteigen zum Antichristen auch als 13jähriger aller Personen, die seine wahre Identität durchschauen und seinen Weg behindern. In abstruser Verwendung biblischer Gedanken setzt sich hier erneut die übliche Satan-Horror-Welle fort, die trotz handwerklich erzielter Spannungswerte läppisch im Inhalt ist.

Der Damm D32
****
BRD 1964, 80 Min., s/w
R: Vlado Kristl D: Petra Krause, Vlado Kristl, Felix Potisk
Die Geschichte eines Mannes, der eine Frau im Rollstuhl liebt, die sich aber für einen Spießer entscheidet. Poetisch gelungener Versuch, einen Film am Schneidetisch zu massakrieren.

Dämon des Grauens D33
CRAZE **
GB 1973, 95 Min., F
R: Freddie Francis D: Jack Palance, Diana Dors, Julie Ege, Edith Evans
Londoner Antiquar, der zu Ehren eines afrikanischen Dämonen Schwarze Messen abhält, verfällt dem Wahnsinn und mordet, bis er stilgerecht sein Ende findet. Standard-Horrorfilm.

Der Dämon mit den blutigen Händen D34
BLOOD OF THE VAMPIRE **
GB 1958, 86 Min., F
R: Henry Cass D: Donald Wolfit, Vincent Ball, Barbara Shelley
Mit Blut experimentierender Arzt wird 1874 zum Tode verurteilt, von seinem Faktotum wiederbelebt und leitet bald darauf eine Anstalt für kriminelle Geisteskranke. Er nährt sich vom Blut seiner Patienten, da sich das seine laufend zersetzt. LSFF

Der Dämon und die Jungfrau D35
LA FRUSTA E IL CORPO **
Italien/Frankreich 1963, 84 Min., F
R: John M. Old D: Daliah Lavi, Christopher Lee, Tony Kendall
Schizo-Gattin eines Schloßherrn, die sich aus obskuren Gründen für ihren Ex-Geliebten hält, metzelt sich durch ihre Familie. Wirrer Horrorkrimi, in dem sich ein dämonischer Christopher Lee schlußendlich als Opfer erweist.

Dämon Weib D36
THE TEMPTRESS ***
USA 1926, 105 Min., s/w
R: Fred Niblo D: Greta Garbo, Antonio Moreno, Marc MacDermott
Eine verführerische Frau, die viele Männer ins Unglück stürzt, geht an der wahren Liebe zugrunde. Leidenschaft und Katastrophen wollen in Greta Garbos zweitem Hollywood-Film kein Ende nehmen.

Dämon Weib D37
THE GIPSY AND THE GENTLEMAN ***
GB 1957, 102 Min., F
R: Joseph Losey D: Melina Mercouri, Keith Michell, Patrick MacGoohan
Leichtlebiger englischer Aristokrat verliebt sich in Zigeunerin, die sich nach der Heirat als anspruchsvolles Biest erweist, das ihren Ehemann in den Ruin treibt.

Dämonen D38
DEMONI **
Italien 1986, 82 Min., F
R: Lamberto Bava D: David Knight, Nancy Brilli, Coralina Tassoni
Böse Dämonen, die aus Fernsehgeräten steigen, dringen in die Menschen ein und lassen sie Amok laufen. Wer keine Ideen hat, weicht auf irre Killer aus, dann läuft alles von allein. HFJ 1988

Die Dämonen D39
LES POSSÉDÉS ***
Frankreich 1987, 115 Min., F
R: Andrzej Wajda D: Jerzy Radziwilowicz, Omar Sharif, Lambert Wilson, Isabelle Huppert, Bernard Blier
1870. In einer russischen Provinzstadt probt eine Gruppe junger Revolutionäre den gewaltsamen Umsturz. Die Verfilmung von Dostojewskijs Roman gibt sich zwar äußerst dämonisch, wird dadurch aber eher zu einer Parodie ihrer Vorlage. HFJ 1989

Dämonen II D40
DEMONI II: L'INCUBO RITORNA **
Italien 1985, 85 Min., F
R: Lamberto Bava D: Urbano Barberini, Natasha Hovey, Paola Cozzo
Bei der Vorführung eines Horrorfilms wird eine Zuschauerin zu einem Dämon und versetzt das Publikum in Angst und Schrecken. Derweil wüten in der Stadt die »Kollegen« des Ungeheuers. So dumm wie eklig. HFJ 1989

Die Dämonischen D41
INVASION OF THE BODY SNATCHERS ****
USA 1956, 80 Min., s/w
R: Don Siegel D: Kevin McCarthy, Dana Wynter, Larry Gates
Arzt erkennt als einziger, daß fremde Invasoren die Körper der Bewohner seiner Heimatstadt übernehmen und sich anschicken, die Welt zu erobern. In der Logik fehlerhafter, aber sehr fesselnder SF-Film seiner Zeit. LSFF

A Damsel in Distress D42
A DAMSEL IN DISTRESS ***
USA 1937, 101 Min., s/w
R: George Stevens D: Joan Fontaine, Fred Astaire, George Burns
Fred Astaire als US-Tanz-Star, diesmal ohne Dauerpartnerin Ginger Rogers, verliebt sich in England in eine Aristokraten-Tochter. Sicher inszenierte Komödie, die von den gut choreographierten Tanzeinlagen und den Songs von George Gershwin lebt.

Danach D43
THE BED SITTING ROOM ***
GB 1969, 87 Min., F
R: Richard Lester D: Rita Tushingham, Ralph Richardson
Richard Lesters Nach-Atomkriegs-Groteske treibt mit dem Entsetzen auf eine sehr britische Art Scherz.

Dance Academy D44
DANCE ACADEMY *
USA/Italien 1987, 90 Min., F
R: Ted Mather D: Tony Fields, Steve La Chance, Julie Newmar
Schwachsinniger *Dirty Dancing*-Abklatsch, in dem die Schauspieler versuchen, noch schlechter zu sein als die Inszenierung. Tanzen können sie auch nicht besonders.

Dance Academy 2 D45
DANCE ACADEMY II/WAR DANCING **
USA/BRD 1989, 99 Min., F
R: Ted Mather D: Adrian Paul, Christina Haack, Carlos Gomez
Die arroganten Schnösel von der »Dance Academy« bekommen von einer aufmüpfigen Street Gang in Sachen Tanz-Ekstase ernsthafte Konkurrenz. Tanzfilm aus der Fließband-Produktion mit vielen aufwendigen Massenszenen, dazu ein bißchen Liebe und Eifersucht und ausgesprochen wenig Hirn.

Dance Party D46
THE IN-CROWD **
USA 1988, 95 Min., F
R: Mark Rosenthal D: Donovan Leitch, Joe Pantoliano, Scott Plank
Philadelphia, 1965. Die Teens sind wild nach der TV-Show »Dance Party«, alle wollen mitmachen und Tanzchampion werden. So auch Del Green. Dutzendware: Die übliche Dreiecksgeschichte mit vielen Tanzeinlagen, Musik und einem ordentlichen Schuß Nostalgie.

Dance with a Stranger D47
***
DANCE WITH A STRANGER
GB 1984, 103 Min., F
R: Mike Newell D: Miranda Richardson, Rupert Everett, Ian Holm
Die wahre Geschichte der Londoner Barfrau Ruth Ellis, die 1955, nach einer dramatischen Affäre, ihren hochwohlgeborenen Liebhaber erschoß, und dafür als letzte Britin zum Tode verurteilt und hingerichtet wurde. Das englische Nachkriegs-Melodram lebt vom grandiosen Leinwand-Debüt seiner Hauptdarstellerin Miranda Richardson.

Dancin' thru the Dark D48
DANCIN' THRU THE DARK ***
GB 1989, 95 Min., F
R: Mike Ockrent D: Con O'Neill, Claire Hackett, Angela Clarke
Eine eigenwillige Komödie mit Musik, die Adaption eines Theaterstücks und gleichzeitig ein melancholischer Liverpool-Film. Vor der Hochzeit ziehen Dave und Linda getrennt los, um ausgiebig die letzte Nacht der Freiheit zu genießen. Unglücklicherweise läuft Linda ihr Ex-Geliebter über den Weg.

Dancing Is My Life D49
DIRTY LOVE **
Italien 1988, 82 Min., F
R: Joe d'Amato D: Valentine Demy, Rick Munroe, Cully Holland
Möchtegern-Tänzerin zieht in die Großstadt und schläft sich hoch. Voyeuristisch inszenierter Softporno, dem es seiner Natur gemäß weniger um Tanz als um Kurven geht. HFJ 1990

Dandy D50
***
BRD 1988, 94 Min., F
R: Peter Sempel D: Blixa Bargeld, Dieter Meier, Nick Cave, Nina Hagen
Dandy erzählt keine Story im üblichen Sinne. *Dandy* ist ein poetischer Musikfilm frei nach »Candide« von Voltaire. *Dandy* zeigt die Welt mit den Augen einer Kaffeekanne.

Daniel D51
DANIEL ***
USA 1983, 129 Min., F
R: Sidney Lumet D: Timothy Hutton, Mandy Patinkin, Lindsay Crouse
Nach dem Selbstmordversuch seiner Schwester forscht ein junger Mann nach dem Schicksal seiner Eltern und findet heraus, daß sie als angebliche Atomspione hingerichtet worden sind. Nach dem Fall von Julius und Ethel Rosenberg komplex gestaltete Filmerzählung über politische und persönliche Konfliktsituationen.

Dangerous Minds – Wilde Gedanken D52
***
DANGEROUS MINDS
USA 1995, 99 Min., F
R: John N. Smith D: Michelle Pfeiffer, George Dzundza, Courtney B. Vance, Lorraine Toussaint, John Neville
Eine ehemalige Marinesoldatin bekommt einen Job als Englischlehrerin an einer heruntergekommenen Schule. Mit unkonventionellen Unterrichtsmethoden gewinnt sie das Vertrauen der Straßenkids. Doch dann folgen knüppeldick die Enttäuschungen. Eine gefährliche Gratwanderung zwischen Sozialromantik, Sozialkritik und sozialer Realität. HFJ 1996

Danke, Tante D53
GRAZIE ZIA ***
Italien 1967, 90 Min., s/w
R: Salvatore Samperi D: Lisa Gastoni, Lou Castel, Gabriele Ferzetti
Der junge Erbe eines Industriekonzerns simuliert eine Lähmung, um seine schöne Tante an sich zu binden. Doch sein Protest gegen die Verlogenheit seiner Umgebung endet in Selbstzerstörung. Gesellschaftskritische Parabel, der Debütfilm des 24jährigen Samperi.

Danny – Der Champion D54
DANNY THE CHAMPION OF THE WORLD ****
GB 1989, 100 Min., F
R: Gavin Millar D: Jeremy Irons, Samuel Irons, Robbie Coltrane
Ein Tankstellenbesitzer und sein neunjähriger Sohn wehren sich mit List und Klugheit gegen einen eiskalten Spekulanten, der ihr Dorf aufkaufen und in eine Stadt verwandeln will. Die Dorfbewohner solidarisieren sich sogar mit den beiden. Hervorragende Sozialutopie nach einem Roman von Roald Dahl.

Dante's Peak D55
DANTE'S PEAK ***
USA 1996, 108 Min., F
R: Roger Donaldson D: Pierce Brosnan, Linda Hamilton, Jamie Renee
Ein Geologe warnt die Bevölkerung einer amerikanischen Kleinstadt vergeblich vor einem drohenden Vulkanausbruch: Als der Berg dann tatsächlich losspeit, wird er logischerweise zum Helden. Klischeehafter Katastrophenfilm, formelhaft inszeniert; viel Lärm um nichts. HFJ 1998

Der Oscar – Gewinner und Verlierer

Die »Oscar«-Preisträger als »bester Film« und zur Erinnerung die Nominierten, die es nicht wurden.

1998 **Shakespeare in Love**
Elisabeth
La vita e bella
Saving privat Ryan
The thin red line

1997 **Titanic**
As good as it gets
The full Monty
Good Will Hunting
L.A. Confidential

1996 **The English Patient**
Fargo
Jerry Maguire
Secrets and Lies
Shine

1995 **Braveheart**
Apollo 13
Babe
Il postino
Sense and sensibility

1994 **Forrest Gump**
Four Weddings and a Funeral
Pulp Fiction
Quiz Show
The Shawshank Redemption

1993 **Schindler's List**
The Remains of the Day
The Piano
In the Name of the Father
The Fugitive

1992 **Unforgiven**
The Crying Game
A Few Good Men
Howards End
Scent of a Woman

1991 Beauty and the Beast
Bugsy
JFK
The Prince of Tides
The Silence of the Lambs

1990 Awakenings
Dances With Wolves
Ghost
The Godfather, Part III
Good Fellas

1989 Born on the Fourth of July
Dead Poets Society
Driving Miss Daisy
Field of Dreams
My Left Foot

1988 The Accidental Tourist
Dangerous Liaisons
Mississippi Burning
Rain Man
Working Girl

1987 Broadcast News
Fatal Attraction
Hope and Glory
The Last Emperor
Moonstruck

1986 Children of a Lesser Cod
Hannah and Her Sisters
The Mission
Platoon
A Room with a View

1985 The Color Purple
Kiss of the Spider Woman
Out of Africa
Prizzi's Honor
Witness

1984 **Amadeus**
The Killing Fields
A Passage to India
Places in the Heart
A Soldier's Story

1983 The Big Chill
The Dresser
The Right Stuff
Tender Mercies
Terms of Endearment

1982 E. T. The Extra-Terrestrial
Gandhi
Missing
Tootsie
The Verdict

1981 Atlantic City
Chariots of Fire
On Golden Pond
Raiders of the Lost Ark
Reds

1980 Coal Miner's Daughter
The Elephant Man
Ordinary People
Raging Bull
Tess

1979 All That Jazz
Apocalypse Now
Breaking Away
Kramer vs. Kramer
Norma Rae

1978 Coming Home
The Deer Hunter
Midnight Express
Heaven Can Wait
An Unmarried Woman

1977 **Annie Hall**
The Goodbye Girl
Julia
Star Wars
The Turning Point

1976 All the President's Men
Bound for Glory
Network

Gwyneth Paltrow und Joseph Fiennes in John Madden's ›Shakespeare in Love‹.

Rocky
Taxi Driver

1975 Barry Lyndon
Dog Day Afternoon
Jaws
Nashville
One Flew Over the Cuckoo's Nest

1974 Chinatown
The Conversation
The Godfather, Part II
Lenny
The Towering Inferno

1973 American Graffiti
Cries and Whispers
The Exorcist
The String
A Touch of Class

1972 Cabaret
Deliverance
The Emigrants
The Godfather
Sounder

1971 A Clockwork Orange
Fiddler on the Roof
The French Connection
The Last Picture Show
Nicholas and Alexandra

1970 Airport
Five Easy Pieces
Love Story
M*A*S*H
Patton

1969 Anne of the Thousand Days
Butch Cassidy and the Sundance Kid
Hello, Dolly!
Midnight Cowboy
Z

1968 Romeo and Juliet
Funny Girl
The Lion in Winter
Oliver!
Rachel, Rachel

1967 Bonnie and Clyde
Doctor Dolittle
The Graduate
Guess Who's Coming to Dinner
In the Heat of the Night

1966 Alfie
A Man for All Seasons
The Russians Are Coming, the Russians Are Coming!
The Sand Pebbles
Who's Afraid of Virginia Woolf?

1965 Darling
Doctor Zhivago
Ship of Fools
The Sound of Music
A Thousand Clowns

1964 Becket
Dr. Strangelove or: How I Learned to Stop Worrying and Love the Bomb
Mary Poppins
My Fair Lady
Zorba the Greek

1963 America, America
Cleopatra
How the West was Won
Tom Jones
Lilies of the Field

1962 **Lawrence of Arabia**
The Longest Day
The Music Man
Mutiny of the Bounty
To Kill a Mockingbird

1961 Fanny
The Guns of Navarone
The Hustler
Judgment at Nuremberg
West Side Story

1960 The Alamo
The Apartment
Elmer Gantry
Sons and Lovers
The Sundowners

1959 Anatomy of a Murder
Ben-Hur
The Diary of Anne Frank
The Nun's Story
Room at the Top

1958 Auntie Mame
Cat on a Hot Tin Roof
The Defiant Ones
Gigi
Separate Tables

1957 **The Bridge on the River Kwai**
Peyton Place
Sayonara
12 Angry Men
Witness for the Prosecution

1956 **Around the World in 80 Days**
Friendly Persuasion
Giant
The King and I
The Ten Commandments

1955 Love Is a Many Splendored Thing
Marty
Mister Roberts
Picnic
The Rose Tattoo

1954 The Caine Mutiny
The Country Girl
On the Waterfront
Seven Brides for Seven Brothers
Three Coins in the Fountain

1953 **From Here to Eternity**
Julius Caesar
The Robe
Roman Holiday
Shane

1952 **The Greatest Show on Earth**
High Noon
Ivanhoe
Moulin Rouge
The Quiet Man

1951 **An American in Paris**
Decision Before Dawn
A Place in the Sun
Quo Vadis?
A Streetcar Named Desire

1950 **All About Eve**
Born Yesterday
Father of the Bride
King Solomon's Mines
Sunset Blvd.

1949 **All the King's Men**
Battleground
The Heiress
A Letter to Three Wives
Twelve O'Clock High

1948 **Hamlet**
Johnny Belinda
The Red Shoes
The Snake Pit
The Treasure of the Sierra Madre

1947 The Bishop's Wife
Crossfire
Gentleman's Agreement
Great Expectations
Miracle on 34th Street

1946 **The Best Years of Our Lives**
Henry V
It's a Wonderful Life
The Razor's Edge
The Yearling

1945 Anchors Aweigh
The Bells of St. Mary's
The Lost Weekend
Mildred Pierce
Spellbound

1944 Double Indemnity
Gaslight
Going My Way
Since You Went Away
Wilson

1943 **Casablanca**
For Whom the Bell Tolls
Heaven Can Wait
The Human Comedy
In Which We Serve
Madame Curie
The More the Merrier
The Ox-Bow Incident
The Song of Bernadette
Watch on the Rhine

1942 49th Parallel
Kings Row
The Magnificent Ambersons
Mrs. Miniver
The Pied Piper
The Pride of the Yankees
Random Harvest
The Talk of the Town
Wake Island
Yankee Doodle Dandy

1941 Blossoms In the Dust
Citizen Kane
Here Comes Mr. Jordan
Hold Back the Dawn
How Green Was My Valley
The Little Foxes
The Maltese Falcon
One Foot in Heaven
Sergeant York
Suspicion

1940 All This, and Heaven Too
Foreign Correspondent
[redacted]n
[redacted]– Der große
[redacted]me

Our Town
The Philadelphia Story
Rebecca – Rebecca

1939 Dark Victory
Gone With the Wind
Goodbye, Mr. Chips
Love Affair
Mr. Smith Goes to Washington
Ninotchka
Of Mice and Men
Stagecoach
The Wizard of Oz
Wuthering Heights

1938 The Adventures of Robin Hood
Alexander's Ragtime Band
Boys Town
The Citadel
Four Daughters
Grand Illusion
Jezebel
Pygmalion
Test Pilot
You Can't Take It With You

1937 The Awful Truth
Captains Courageous
Dead End
The Good Earth
In Old Chicago
The Life of Emile Zola
Lost Horizon
One Hundred Men and a Girl
Stage Door
A Star Is Born

1936 Anthony Adverse
Dodsworth
The Great Ziegfeld
Libeled Lady
Mr. Deeds Goes to Town
Romeo and Juliet
San Francisco
The Story of Louis Pasteur
A Tale of Two Cities
Three Smart Girls

1935 Alice Adams
Broadway Melody of 1936
Captain Blood
David Copperfield
Les Miserables
The Lives of a Bengal Lancer
A Midsummer Night's Dream
Mutiny on the Bounty
Naughty Marietta
Ruggles of Red Gap
Top Hat

1934 The Barretts of Wimpole Street
Cleopatra
Flirtation Walk
The Gay Divorcee
Here Comes the Navy
House of Rothschild
Imitation of Life
It Happened One Night
One Night of Love
The Thin Man
Viva Villa!
The White Parade

1932/1933 **Cavalcade**
A Farewell to Arms
42nd Street
I Am a Fugitive From a Chain Gang
Lady for a Day
Little Women
The Private Life of Henry VIII
She Done Him Wrong
Smilin' Through
State Fair

1931/1932 Arrowsmith
Bad Girl
The Champ
Five Star Final
Grand Hotel
One Hour with You
Shanghai Express
The Smiling Lieutenant

1930/1931 **Cimarron**
East Lynne
The Front Page
Skippy
Trader Horn

1929/1930 **All Quiet on the Western Front**
The Big House
Disraeli
The Divorcee
The Love Parade

1928/1929 The Alibi
Broadway Melody
The Hollywood Revue of 1929
In Old Arizona
The Patriot

1927/1928 The Last Command
The Racket
The Way of All Flesh
Wings
Seventh Heaven

Danton D56
****
Deutschland 1921, 89 Min., s/w
R: Dimitri Buchowetzki D: Emil Jannings, Werner Krauß
Büchners Vorlage wird in dieser Adaption auf den Machtkampf zwischen Danton und Robespierre reduziert. Die Darsteller, allen voran Emil Jannings, sind ebenso ausgezeichnet wie die Choreographie der Massenszenen. Leider gelingt es der Regie nicht immer, diese Sequenzen ansprechend miteinander zu verknüpfen.

Danton D57
DANTON ***
Frankreich/Polen 1982, 136 Min., F
R: Andrzej Wajda D: Gérard Depardieu, Wojciech Pszoniak
Nach einem Bühnenstück von Stanislawa Przybyszewska entwickelt der Film die Stationen der Auseinandersetzung zwischen Robespierre und Danton bis zu dessen Tod als Thesendrama mit deutlichen Bezügen zur zeitgeschichtlichen Situation in Polen.

Gérard Depardieu als Danton

Danzon D58
DANZON ***
Mexiko 1991, 104 Min., F
R: Maria Novaro D: Maria Rojo, Carmen Salinas, Blanca Guerra
Julia, eine ledige Mutter, tanzt jeden Abend zusammen mit dem wesentlich älteren Carmelo den mexikanischen »danzon«. Als ihr Partner plötzlich verschwindet, landet Julia bei der Suche nach ihm im Hafenviertel von Veracruz, wo sie die Schattenseiten des Lebens kennenlernt. Sie landet im Bordellmilieu und verliebt sich völlig unerwartet in einen jungen Mann namens Ruben.

Dark City D59
DARK CITY ***
USA 1998, 103 Min., F
R: Alex Proyas D: Rufus Sewell, Kiefer Sutherland, Jennifer Connelly
Stilisierter Alptraum-Thriller um einen Mann ohne Identität, der entdeckt, daß Außerirdische an der Erinnerung der Menschen herumexperimentieren. Die kafkaesk düster-hypnotischen Bilder täuschen ein wenig darüber hinweg, daß die Story über ein pseudophilosophisches Gruselunterhaltungsniveau nicht hinauskommt.
HFJ 1999

Dark Horse D60
DARK HORSE **
USA 1992, 94 Min., F
R: David Hemmings D: Ed Begley jr., Mimi Rogers, Ari Meyers
Ein Mädchen, das auf die schiefe Bahn geraten ist, wird von einem verständnisvollen Gericht statt zu harter Strafe zur Arbeit auf einer Pferderanch verurteilt und lernt dort Freundschaft und Verantwortung kennen. HFJ 1994

Dark Night – Sie greifen nach den Lebenden D61
**
ONE DARK NIGHT
USA 1983, 86 Min., F
R: Tom McLoughlin D: Robin Evans, Adam West, Meg Tilly
Eine Schülerin verbringt eine Nacht in einem Mausoleum, in dem sich u.a. auch die Leiche eines Psycho-Vampirs befindet, der Tote zum Leben erwekken kann. Viel dummes Teenie-Geschwätz, wenig Atmosphäre.

Dark Paradise D62
AMERICAN GOTHIC **
USA 1986, 90 Min., F
R: John Hough D: Rod Steiger, Yvonne de Carlo, Sarah Torgov
Sechs Yuppies treffen auf einer Insel ein religiös-fanatisches Paar und dessen irre Kinder, die ihnen nach freundlicher Aufnahme bald nach dem Leben trachten. Schocker nach dem Roman von Robert Bloch. HFJ 1989

The Dark Side of the Moon D63
THE DARK SIDE OF THE MOON **
USA 1989, 87 Min., F
R: D. J. Webster D: Will Bledsoe, Alan Blumenfeld, Robert Sampson
Böser Geist aus dem Jenseits, der den Körper eines Astronauten beherrscht, spielt Fangen mit der Mannschaft eines Raumschiffes. LSFF

Dark Society D64
SOCIETY **
USA 1989, 99 Min., F
R: Brian Yuzna D: Billy Warlock, David Devasquez, Evan Richards
Junger Mann entlarvt Stiefeltern als Angehörige einer Vereinigung perverser Ungeheuer. Mit Sexeinlagen versetzter Horrorfilm. HFJ 1991

Darkline D65
LA TRIBU ***
Frankreich 1990, 92 Min., F
R: Yves Boisset D: Stéphane Freiss, Catherine Wilkening, Maxime Leroux
Ein Arzt wird zu einem Promi-Politiker gerufen, bei dem sich ein kranker Junge befindet, der bald darauf im Krankenhaus stirbt. Seine Nachforschungen bringen ihn in ein gefährliches Netz von Korruption und Gewalt.

Darkman D66
DARKMAN ***
USA 1990, 95 Min., F
R: Sam Raimi D: Liam Neeson, Frances McDormand, Colin Friels
Wissenschaftler, der mit Kunsthaut experimentiert, wird bei einem Überfall verkohlt und rächt sich mit wechselndem Äußeren gegen seine Feinde. Originell, aber ultrabrutal. HFJ 1991

Darling D67
DARLING ***
GB 1965, 124 Min., s/w
R: John Schlesinger D: Julie Christie, Dirk Bogarde, Laurence Harvey
Ein Model, das unbedingt nach »oben« will, setzt ohne Skrupel seine Reize ein, um Karriere zu machen, und landet mit einem italienischen Adeligen im Hafen der Ehe, der sich als äußerst beengend erweist. Ein überbewertetes Drama, das Julie Christie bekannt machte.

Darling, laß dich scheiden D68
THIS APRIL FOOLS ***
USA 1968, 90 Min., F
R: Stuart Rosenberg D: Cathérine Deneuve, Jack Lemmon, Jack Weston
Braver Familienvater Lennon lernt die schöne Deneuve kennen, und beide beschließen, ein neues Leben zu beginnen. Eine Jack-Lemmon-Komödie, die etwas untergegangen ist.

Darling Lili D69
DARLING LILI **
USA 1970, 119 Min., F
R: Blake Edwards D: Julie Andrews, Rock Hudson, Jeremy Kemp
Eine für Kaiser Willi tätige Agentin verliebt sich während des Ersten Weltkriegs in Paris in einen Militär, den sie aushorchen soll, und das geht natürlich nicht ohne diverse Verwicklungen ab. Für die BRD stark gekürzte Spionagekomödie.

D'Artagnan und die drei Musketiere D70
***
D'ARTAGNAN CONTRO I TRE MOSCHETTIERI
Italien 1963, 84 Min., F
R: Fulvio Tului D: Fernando Lamas, Gloria Milland, Roberto Risso
Vier Musketiere helfen dem englischen König Charles II. gegen die Nachstellungen eines boshaften Mannes der Kirche. Fechtfilm nach Schema F, in dem D'Artagnan sich von seinem alten naiven Ich unterscheidet.

D.A.R.Y.L. – Der Außergewöhnliche D71
***
D.A.R.Y.L.
GB 1985, 100 Min., F
R: Simon Wincer D: Barret Oliver, Mary Beth Hurt, Michael McKean
Ein im Pentagon-Auftrag entwickeltes Kunstkind soll, als man an seiner Linientreue zweifelt, vernichtet werden – doch Daryl, der über einen eingebauten Computer verfügt, ist seinen Hä-

D: Molly Ringwald, Paul Dooley, Justin Henry
Romantische Teenie-Komödie um eine Sechzehnjährige und ihre unglückliche Liebe zu einem älteren Mitschüler. Wie sein späterer Film *The Breakfast Club* hebt sich auch John Hughes' Regiedebüt wohltuend vom plumpen Klamauk ähnlicher Filme ab.

Das gibt es nur im Wilden Westen D73
**
TONIGHT FOR SURE
USA 1961, 69 Min., s/w
R: Francis Ford Coppola D: Virginia Gordon, Landy Silver, Linda Gibson
Auch Giganten haben klein angefangen: Sex-Western um zwei vermeintliche Moralhüter in einem Striptease-Schuppen. Rein spekulativ, aber nach diesem Erstling ging es steil aufwärts für Meister Coppola.

Das ist Amerika D74
JABBERWALK / THIS IS AMERICA *
USA 1977, 105 Min., F
R: Romano Vanderbes
»Dokumentarfilm« im Mondo-Cane-Stil über abstruse Bräuche in Amerika. Verlogener, spekulativer und gefährlich pauschalisierender Streifen, dessen Episoden im übrigen nur in den wenigsten Fällen US-typisch sind.

Das ist geschenkt D75
IT'S A GIFT ****
USA 1934, 72 Min., s/w
R: Norman Z. McLeod D: W. C. Fields, Jean Rouverol, Julian Madison
Der Komiker W. C. Fields in einem seiner besten Filme. Er spielt einen Ladenbesitzer in einer Kleinstadt, der, entnervt von seiner Familie und seinen Kunden, eine Orangenplantage in Kalifornien kauft.

Das ist nichts für kleine Mädchen D76
***
LEMMY POUR LES DAMES

Fäuste sprechen läßt und jede Menge Gelegenheit zum Knutschen hat.

Das kann doch unseren Willi nicht erschüttern D77
*
BRD 1970, 83 Min., F
R: Rolf Olsen D: Heinz Erhardt, Ruth Stephan, Günther Jerschke
Familie Hirsekorn macht Urlaub in Italien, und diese Klamotte vor keinem Klischee halt. Das beste ist noch Erhardts Lied »Immer wenn ich traurig bin, dann trink' ich einen Korn ... und wenn ich dann noch traurig bin, fang' ich an von vorn.«

Das sind Kerle D78
MEN OF BOYS TOWN ***
USA 1941, 102 Min., s/w
R: Norman Taurog D: Spencer Tracy, Mickey Rooney, Bobs Watson
Ein Priester leitet mit großer Hingabe ein Jugenddorf. Als einer seiner Schützlinge in die Mühlen eines inhumanen Strafvollzugs gerät, ist der engagierte Geistliche sofort zur Stelle, und das zahlt sich auch für sein bedrohtes Lebenswerk aus.

Das war der Wilde Westen D79
HOW THE WEST WAS WON ***
USA 1961, 160 Min., F
R: Henry Hathaway, John Ford, George Marshall D: Henry Fonda, James Stewart, Richard Widmark
Monumentalepos über die heroische Erschließung des »wilden« Westens. Mit einer All-Star-Besetzung: Debbie Reynolds, Carroll Baker, Gregory Peck, George Peppard, John Wayne ...

Das war Mord, Mr. Doyle D80
CRIME OF PASSION ***
USA 1957, 85 Min., s/w
R: Gerd Oswald D: Barbara Stanwyck, Sterling Hayden, Raymond Burr
Ehrgeizige Ehefrau tut alles (inklusive Mord), um die Karriere ihres Mannes, eines einfachen Polizisten, voranzu-

Bilderprächtiges Biopic: die wahre Geschichte vom Wild-West-Desperado, der durch gnadenlose Selbstjustiz vom Gangster zum Richter und Henker aufsteigt. Spätwestern-Klassiker.

Dauernd Ferien D82
PERMANENT VACATION ****
USA 1980, 70 Min., s/w
R: Jim Jarmusch D: Chris Parker, Leila Gastil, John Lurie
Der 16jährige Allie Parker streift ruhelos durch die Straßen von New York, macht Bekanntschaft mit anderen Außenseitern der Gesellschaft und verliert sie wieder aus den Augen. Ein wundervoller Film, der entscheidend zur Entwicklung des unabhängigen amerikanischen Films beitrug.

Dave D83
DAVE ***
USA 1993, 110 Min., F
R: Ivan Reitman D: Kevin Kline, Sigourney Weaver, Frank Langella
Kagemusha läßt grüßen: Doppelgänger des US-Präsidenten fungiert als Double für lästige Auftritte. Das Original fällt ins Koma, Double Dave macht mit der First Lady gemeinsame Sache und bringt erstmal Ordnung in die korrupten Führungszirkel der Nation. Geistreiche Polit-Komödie, bisweilen zu idealistisch. HFJ 1994

David D84
****
BRD 1978, 125 Min., F
R: Peter Lilienthal D: Walter Taub, Eva Mattes, Mario Fischel
Das Schicksal der jüdischen Familie Singer unter der Verfolgung durch die Nazis und die Flucht des jungen David und seiner Schwester Toni mit falschen Papieren. Film über das Glück im Unglück.

David Copperfield D85
DAVID COPPERFIELD ****
USA 1935, 132 Min., s/w
R: George Cukor D: W. C. Fields, Lionel Barrymore, Frank Lawton
Das Waisenkind David Copperfield wird von seinem Stiefvater mißhandelt und ausgebeutet. Unterschlupf findet er bei dem exzentrischen Micawber und später bei seiner geliebten Tante. Als Erwachsener findet er, nach einer fehlgeschlagenen Ehe, mit seiner Freundin aus Kindertagen, deren Familie er einst half, das Glück. Beste Adaption des Literaturklassikers nach Dickens. Ein Triumph für die Künstler vor und hinter der Kamera.

David und Bathseba D86
DAVID AND BATHSEBA ***
USA 1951, 116 Min., F
R: Henry King D: Gregory Peck, Susan Hayward, Raymond Massey
König David liebt die verheiratete Bathseba, und da sie voneinander nicht lassen können, ziehen sie sich den Zorn Gottes zu. Biblisches Epos über Ehebruch, mit vielen Statisten und Pappkulissen.

David und Goliath D87
DAVID E GOLIA ***
Italien 1959, 96 Min., F
R: Richard Pottier, Ferdinando Baldi
D: Ivo Payer, Orson Welles
Hirtenknabe, der in sich das Wirken göttlicher Kräfte verspürt, foppt im alten Israel einen König und wird zum Volkshelden. Monumentalfilm nach der Bibel, mit dem sternhagelvollen Orson Welles als König Saul.

David und Lisa D88
DAVID AND LISA ***
USA 1962, 94 Min., s/w
R: Frank Perry D: Keir Dullea, Janet Margolin, Howard da Silva
Sehr einfühlsam geschilderte, hervorragend gespielte Liebesgeschichte zwischen zwei psychisch gestörten jungen Menschen, denen ein verständnisvoller Arzt hilft.

Davy Crockett, König der Trapper D89
**
DAVY CROCKETT, KING OF THE WILD FRONTIER
USA 1954, 93 Min., F
R: Norman Foster D: Fess Parker, Basil Ruysdael, William Bakewell
Der Scout Davy Crockett macht, da man ihn wegen Indianerfreundlichkeit aus der Army entläßt, seinen Weg als Politiker und geht schließlich nach Alamo – zum letzten Kampf. Drei Folgen einer TV-Serie, zusammengeklebt und ins Kino gebracht von Walt Disney.

The Dawn Patrol D90
THE DAWN PATROL ***
USA 1930, 82 Min., s/w
R: Howard Hawks D: Richard Barthelmess, Douglas Fairbanks jr.
Die Konflikte und Loyalitätskämpfe unter einer verlorenen britischen Fliegerstaffel im Ersten Weltkrieg.

The Day After – Der Tag danach D91
***
THE DAY AFTER
USA 1983, 126 Min., F
R: Nicholas Meyer D: Jason Robards, JoBeth Williams
Populärer Beitrag zur Atomrüstungsdebatte. Der Tag nach dem Aufschlag sowjetischer Atomraketen in Kansas City ist eine Spur zu einfach und immer noch zu optimistisch dargestellt, aber doch genügend eindrucksvoll. LSFF

The Dead – Die Toten D92
THE DEAD ****
USA/BRD 1987, 83 Min., F
R: John Huston D: Anjelica Huston, Donal McCann, Helena Carroll
Die letzte Erzählung von James Joyces »Dubliners« in einer faszinierenden Film-Version. Bei einem traditionellen Familienfest brechen Ängste und konflikte auf; Abschied und Hoffnung erfüllen den letzten Film Hustons.

Dead Man D93
DEAD MAN ****
GB 1995, 134 Min., Farbe und s/w
R: Jim Jarmusch D: Johnny Depp, Gary Farmer, Lance Henriksen
Ein junger, gesetzestreuer Mann fährt in den Wilden Westen, um seine Stellung anzutreten. Durch Zufall gerät er in eine tödliche Auseinandersetzung, wird verwundet und zum Outlaw. Auf der Flucht begegnet er dem Indianer Nobody, und es beginnt eine spirituelle Reise in den Tod. Der Film zeichnet in brillanten Schwarz-weiß-Bildern das Leben als unendlichen Zyklus, entführt in ein Reich der Imagination. Über einige Längen hilft Johnny Depp als träumerischer Anti-Held hinweg. HFJ 1986

Dead Pit D94

THE DEAD PIT *

USA 1989, 92 Min., F

R: Brett Leonard D: Jeremy Slate, Steffen G. Foster, Danny Gochnauer

Der Geist eines psychopathischen Psychiaters steuert seine Patienten, die ausziehen, um böse Dinge zu tun. Horror aus der Plunderkiste.

Dead Zone D95

THE DEAD ZONE ***

USA 1983, 102 Min., F

R: David Cronenberg D: Christopher Walken, Brooke Adams, Tom Skerritt

Ein Mann, der nach fünf Jahren im Koma über die Gabe des Zweiten Gesichts verfügt, erkennt in einem Präsidentschaftskandidaten einen Irren, der den Atomkrieg auslösen wird, und liquidiert ihn. LSFF

Deadhead Miles D96

DEADHEAD MILES ***

USA 1971, 94 Min., F

R: Vernon Zimmermann D: Alan Arkin, Paul Benedict

Eine bissige Truckerkomödie, die den amerikanischen Cowboy-Mythos ins Absurde treibt.

Deadlock D97

***

BRD 1970, 91 Min., F

R: Roland Klick D: Marquard Bohm, Mario Adorf, Anthony Dawson

Existentialistisches Gangsterdrama in der Wüste mit der suggestiven Musik von »The Can«.

Dear America – Briefe aus Vietnam D98

**

DEAR AMERICA: LETTERS HOME FROM VIETNAM

USA 1987, 85 Min., F

R: Bill Couturie

Dokumentarfilm über den Vietnamkrieg, zusammengestellt aus teils von Amateuren gedrehtem Filmmaterial und Texten der Briefe, die die GIs nach Hause schrieben. Wie auch die meisten amerikanischen Spielfilme zum Thema bekommt auch diese Dokumentation nie die nicht-amerikanischen Opfer ins Blickfeld. HFJ 1990

Dear Mr. Wonderful D99

***

BRD 1982, 116 Min., F

R: Peter Lilienthal D: Joe Pesci, Karen Ludwig, Evan Handler

Die unspektakuläre, aber intensiv erzählte Geschichte eines Barbesitzers und Sängers, der durch Spekulanten um seinen Lebenstraum betrogen wird und doch die Kraft hat, wieder von vorn zu beginnen.

A Death in the Family D100

A DEATH IN THE FAMILY **

Neuseeland 1987, 55 Min., F

R: Stewart Main, Peter Wells D: John Watson, Jon Brazier, Nancy Flyger

Rückkehr eines jungen, an Aids erkrankten homosexuellen Mannes in seine Heimat. Main und Wells schufen das filmische Tagebuch seiner letzten Tage mit Freunden und Mitgliedern seiner Familie.

Death Ship D101

DEATH SHIP **

Kanada/GB 1980, 82 Min., F

R: Alvin Rakoff D: George Kennedy, Richard Crenna, Kate Reid

Eine Gruppe von Schiffbrüchigen stößt auf dem Meer auf einen unbemannten alten Kahn und sieht sich bald den Machenschaften böser Nazigeister ausgesetzt. Spannender Schocker, der jedoch manche Frage offenläßt.

Reality-TV: Das Opfer Romy Schneider und der Kameramann Harvey Keitel in ›Death Watch – Der gekaufte Tod‹.

Death Town D102
ZONE ROUGE ***
Frankreich 1986, 109 Min., F
R: Robert Enrico D: Richard Anconina, Sabine Azéma, Hélène Surgère
Nach einem Dioxinunfall lassen die Behörden einen ganzen Ort in Flammen aufgehen. Eine Zeugin der Katastrophe und ein Detektiv recherchieren die Hintergründe. Ein spannender Öko-Thriller. HFJ 1991

Death Train D103
DEATH TRAIN **
GB/USA 1992, 95 Min., F
R: David S. Jackson D: Pierce Brosnan, Patrick Stewart, Alexandra Paul
Ein mit zwei Atombomben bestückter Zug rast, ferngelenkt von betonköpfigem Russengeneral, durch ganz Europa und soll von einem Superagenten aufgehalten werden. Streckenweise spannendes, selten logisches und niemals sonderlich einfallsreiches Action-Entertainment. HFJ 1994

Death Watch – Der gekaufte Tod D104 ***
LA MORT EN DIRECT
Frankreich/BRD 1979, 128 Min., F
R: Bertrand Tavernier D: Romy Schneider, Harvey Keitel, Harry Dean Stanton, Max von Sydow
In einer Zeit, in der tödliche Krankheiten kaum mehr vorkommen, filmt ein TV-Reporter mit einer implantierten Augenkamera den Todeskampf einer Frau, um ihn seinen Zuschauern zu servieren. Nach dem Roman von David G. Compton. Ein auch heute noch packendes, bedrückendes Zukunftsbild der Medienallmacht.

Decameron D105
IL DECAMERON ***
It/Fr/BRD 1970, 111 Min., F
R: Pier Paolo Pasolini D: Franco Citti, Ninetto Davoli, Angela Luce
Episodenfilm nach Boccaccio über listige Gärtner, opportunistische Väter, gehörnte Gatten, sorglose Wüstlinge und geile Pfaffen. Ein farbenprächtiges, dralles und antikirchliches Fresko der Sinneslust im Italien der Renaissance.

Deckname Dennis D106
****
BRD 1996, 101 Min., F
R: Thomas Frickel D: Christian Doermer
Komische Satire, in der ein fiktiver Ami-Reporter durchs deutsche Land reist, um die Befindlichkeiten seiner Bewohner festzuhalten, und dabei auf lauter schräge Vögel stößt. HFJ 1998

Deep End D107
DEEP END ***
BRD/USA 1970, 88 Min., F
R: Jerzy Skolimowski D: Jane Asher, John Moulder-Brown, K. M. Vogler
Ein 15jähriger findet Arbeit in einer Badeanstalt und verliebt sich in eine ältere Kollegin. Ausgesprochen packendes Psychodrama.

Deep Impact D108
DEEP IMPACT **
USA 1997, 121 Min., F
R: Mimi Leder D: Robert Duvall, Tea Leoni, Elijah Wood, Vanessa Redgrave, Maximilian Schell
Kitschiges Endzeitepos um einen Kometen, der auf die Erde zurast. Die üblich sentimentale Dramaturgie von Katastrophenfilmen wird gezielt eingesetzt, um auf die Tränendrüsen des Zuschauers zu drücken. Unterhaltung zum Heulen. HFJ 1999

Deep Space D109
DEEP SPACE *
USA 1988, 90 Min., F
R: Fred Olen Ray D: Charles Napier, Ann Turkel, Bo Svenson, Ron Glass
Ein Spacelab bruchlandet auf Erden und speit eine wüste Monsterhorde aus, die zwei US-Cops aufstöbern und eliminieren müssen. Ein Billigfilm, der trotz seines Titels zu 100% auf der Erde spielt. HFJ 1991

Deep Star Six D110
DEEP STAR SIX ***
USA 1989, 100 Min., F
R: Sean S. Cunningham D: Taurean Blacque, Nancy Everhard, Greg Evigan
Nach einer Unterwassersprengung sehen sich mehrere Ingenieure mit einem Meeresungeheuer konfrontiert, das sie zusehends dezimiert. Horror- und Porno-Filmer Cunningham hat, so sieht es aus, auch mal was Ordentliches gemacht. LSFF

Deep Throat D111
DEEP THROAT **
USA 1972, 62 Min., F
R: Gerard Damiano D: Linda Lovelace, Harry Reems, Carol Connors
Lindas Klitoris sitzt in der Kehle, also muß sie, um zum Orgasmus zu kommen, Oralsex betreiben. Humorvoll inszenierter Pornoklassiker, der dem Genre den Weg aus dem Schmuddelkino ins fast seriöse Filmtheater ebnete. Positiv gesehen.

Deep Throat II D112
NEW YORK CITY WOMAN **
USA 1980, 90 Min., F
R: Harold Hindgrind D: John Holmes, Georgina Spelvin, Jeffrey Hurst
Holmes, der aus 2500 Pornos bekannte Superständer, diktiert seine Memoiren, erinnert sich an willige Damen und phantasiert von einer Begegnung mit dem Deep-Throat-Star Linda Lovelace. Von Joseph W. Sarno unter Pseudonym gedreht.

Def-Con 4 – Das letzte Kommando D113 *
DEF-CON 4
Kanada 1985, 84 Min., F
R: Paul Donovan D: Tim Choate, Kevin King, Leonore Zann
Drei Astronauten kehren nach Ausbruch des Atomkriegs auf die Erde zurück und müssen sich mit in die Barbarei zurückgefallenen Mutanten und Punks herumschlagen. Sie hätten sich den Film *Aftermath* ansehen sollen. LSFF/HFJ 1987

Defender 2000 D114
EQUALIZER 2000 **
USA 1986, 80 Min., F
R: Cirio H. Santiago D: Richard Norton, Corinne Wahl, Robert Patrick
Scharen schurkischer Zukünftler hauen sich nach dem Großen Knall um Benzin und suchen nach einer Wunderwaffe. Die fällt dem Helden in die Hände, so daß er mit dem Gewürm aufräumen kann. Schwer verdaulicher Endzeit-Quatsch. LSFF/HFJ 1988

Degen-Duell D115
LE MERCENAIRE **
Frankreich/Italien 1962, 96 Min., F
R: Etienne Perier, Baccio Bandini
D: Stewart Granger, Sylva Koscina
Söldner, von bösem Adligen geheuert, um Gute zu unterdrücken, wechselt die Fronten und arbeitet für Rebellen, die von der Tochter des Exherrschers angeführt werden. Solider Mantel- und Degenfilm.

Die Degenerierten D116
BINI SATYRICON **
Italien 1969, 120 Min., F
R: Gian Luigi Polodori D: Ugo Tognazzi, Tina Aumont, Don Backy
Filmvariation des »Satyricon« von Petronius Arbiter, nicht gerade geschmackvoll, aber gelegentlich mit satirischem Biß.

Dein Schicksal in meiner Hand D117 ****
THE SWEET SMELL OF SUCCESS
USA 1957, 92 Min., s/w
R: Alexander Mackendrick D: Tony Curtis, Burt Lancaster, Susan Harrison
Ein mächtiger und skrupelloser Zeitungskolumnist zerstört Karrieren, Beziehungen und Menschen. Als ausführendes Organ dient ihm ein serviler PR-Agent. Das ätzend-brillante Drehbuch wurde auf den Punkt inszeniert, von Schauspielern in Höchstform interpretiert und superb fotografiert. Ein beeindruckendes Meisterwerk, formal wie inhaltlich.

Deine Zärtlichkeiten D118 **
BRD 1969, 92 Min., F
R: Peter Schamoni D: Bernhard Wicki, Doris Kunstmann
Nachdem sich Bruder und Schwester nach fünfzehn Jahren wiedersehen, werden sie ein Liebespaar und können voneinander nimmer lassen.

einen alten Kämpfer. Gewarnt durch einen Priester, begibt der sich dennoch in eine ihm geltende Falle. Trotz einiger Moralpredigten kraftvoller Film dank herausragender Leistungen der Beteiligten.

Deines Nachbarn Sohn D120
DIN NABOS SON ***
Dänemark 1982, 65 Min., F
R: Jorgen Flindt Pedersen D: Michalis Petron, Spyros Moustaklis
Dramatisierte Dokumentation in einer Mischung aus Interviews und Spielszenen über die Herrschaft der Militärpolizei und ihrer Zubringer in den Jahren der griechischen Diktatur zwischen 1967 und 1974.

Delicatessen D121
DELICATESSEN ****
Frankreich 1990, 97 Min., F
R: Jean-Pierre Jeunet, Marc Caro
D: Marie-Laure Dougnac, Dominique Pinon, Jean-Claude Dreyfus
Militante Vegetarier liefern sich mit den Fleischfressern in einem finsteren Haus in der Pariser Vorstadt harte Kämpfe. In den Wirren dieses Krieges verliebt sich ein Clown in des Fleischers Töchterlein ... Überdrehte, temporeiche Endzeit-Farce voller minutiös getimter Gags und liebevoll entwickelter Figuren. HFJ 1992

Delta III D122
THE SHAPE OF THINGS TO COME **
Kanada 1979, 95 Min., F
R: George McCowan D: Jack Palance, Carol Lynley, John Ireland
Der Diktator des Planeten Delta III erpreßt Mondkolonisten, die auf ein wichtiges Medikament angewiesen sind, so daß sie ihm ein Killerkommando auf den Hals hetzen. Für Freunde doofer Filme ein absolutes Muß. LSFF

Delta Force D123

entführung. Hanna Schygulla muß im Flugzeug die Pässe der Juden aussortieren. Im Beichtstuhl sitzt ein Spion. Ein wüster Film ganz ernst. HFJ 1987

Dem Himmel so nah D124
A WALK IN THE CLOUDS ***
USA 1995, 103 Min., F
R: Alfonso Arau D: Keanu Reeves, Anthony Quinn, Giancarlo Giannini
Ein junger amerikanischer Soldat mimt für einige Tage den Angetrauten einer verzweifelten, schwangeren Frau, die ihrem autoritären, aus Mexiko stammenden Vater einen konventionellen Ehemann vorweisen möchte. Aus dem Spiel wird ernst, die beiden verlieben sich. Der Film pendelt zwischen purer Romantik und Komödie, Kitsch und Drama. Beeindruckende Atmosphäre und Landschaftsaufnahmen. HFJ 1996

Dem Satan singt man keine Lieder D125 ***
THE PROWLER
USA 1950, 87 Min., s/w
R: Joseph Losey D: Van Heflin, Evelyn Keyes, John Maxwell
Frühe Arbeit von Joseph Losey. Ein Polizist wird aus Habgier zum Mörder und versucht, alle Mitwisser umzubringen. Stimmiges B-Picture.

Dem Teufel verschrieben D126
L' AMBITIEUSE **
Fr/Australien 1959, 85 Min., s/w
R: Yves Allégret D: Andréa Parisy, Edmond O'Brien, Richard Basehart
Auf Tahiti betrügt eine geldgierige junge Frau ihren Mann. Durch ihren Ehrgeiz treibt sie diesen und sich selbst in den Tod. Primitive Geschichte.

Dem Tode entronnen D127
PILLARS OF THE SKY **
USA 1956, 95 Min., F
R: George Marshall D: Jeff Chandler,

Eine demanzipierte Frau D128
PLENTY ***
USA 1985, 125 Min., F
R: Fred Schepisi D: Meryl Streep, Sam Neill, Charles Dance
Die Passion einer Frau zwischen Widerstand und Anpassung, politischem Engagement und privatem Glück, Emanzipation und Liebe, während und nach dem Zweiten Weltkrieg.

Dementia 13 D129
DEMENTIA 13 ***
USA 1963, 81 Min., s/w
R: Francis Ford Coppola D: William Campbell, Luana Anders
Hackebeil-Psychopath dezimiert seine Familie in schauriger Umgebung, bis ein Arzt ihn entlarvt. In wenigen Tagen abgedrehter Schnellschuß, dem man Spannung und Atmosphäre freilich nicht absprechen kann.

Demolition Man D130
DEMOLITION MAN **
USA 1993, 115 Min., F
R: Marco Brambilla D: Sylvester Stallone, Wesley Snipes, Nigel Hawthorne, Sandra Bullock
Im kryogenischen Tiefschlaf liegender Bulle, im Jahr 2032 aufgetaut, um einen Tunichtgut zu erledigen, stellt fest, daß die Zukunft auch nicht mehr das ist, was sie mal war. Dämlicher Schlägerfilm, der sich zwar im exotischen Ambiente der Science Fiction suhlt, aber nur Ausgeburt armer Phantasie ist. HFJ 1994.

Demonwarp D131
DEMONWARP *
USA 1988, 91 Min., F
R: Emmett Alston D: George Kennedy, David Michael O'Neill
Außerirdischer manipuliert mutierten Onkel eines jungen Burschen. Mit Sex und Ekelszenen angereichertes Nichts nach Art billiger Schlitzerfilme. HFJ 1990

Den Hals in der Schlinge D132
ALONG THE GREAT DIVIDE ***
USA 1951, 88 Min., s/w
R: Raoul Walsh D: Kirk Douglas, Virginia Mayo, Walter Brennan
Sheriff rettet potentiellen Mörder vor der Lynchjustiz, bringt ihn vor Gericht und kann kurz vor der Vollstreckung des Todesurteils beweisen, daß der Delinquent unschuldig ist und findet sogar den echten Mörder. Spannender, gut gespielter und fotografierter Western mit Krimi-Elementen.

Den Mörder trifft man am Buffet D133
BUFFET FROID ***
Frankreich 1979, 89 Min., F
R: Bertrand Blier D: Gérard Depardieu, Bertrand Blier, Jean Carmel
Eine absurde Mord-Geschichte: Alphonse trifft in der U-Bahn auf einen Mann, mit dem er vergeblich versucht, ins Gespräch zu kommen. Kurz darauf ist sowohl dieser Mann als auch Alphonses Frau ermordet. Auf ihn fällt der erste Verdacht, aber da stellt sich ein Fremder, der die Schuld auf sich nimmt.

Den Tod überlistet D134
THE MAN WHO COULD CHEAT DEATH **
GB 1959, 83 Min., s/w
R: Terence Fisher D: Anton Diffring, Hazel Court, Christopher Lee
Durch Drüsenoperation unsterblich gewordener Arzt, von einem Elixier abhängig, nimmt geistigen Schaden und fällt Mordinstinkten anheim. Wenig Horror, dafür viele Dialoge; die Vorlage war ein Bühnenstück.

Den Tod vor Augen D135
BEKÖTÖTT SZEMMEL ****
Ungarn 1974, 77 Min., F
R: András Kovács D: András Kozák, József Madaras, Sándor Horváth
Ein zum Tode verurteilter Soldat betet zu einem Wundertäter und wird tatsächlich vor der Erschießung gerettet. Dokumentarisch-nüchterne Filmparabel.

Den Träumen keine Chance D136
DREAM BREAKERS **
USA 1989, 90 Min., F
R: Stuart Millar D: Robert Loggia, Kyle MacLachlan, D.W. Moffett
Kampf eines Vaters und seiner beiden Söhne gegen einen skrupellosen Immobilienmakler. Ein Hohelied auf die Familie in eher einfallsloser Machart.

Denen man nicht vergibt D137
THE UNFORGIVEN ***
USA 1960, 121 Min., F
R: John Huston D: Burt Lancaster, Audrey Hepburn, Audie Murphy
Texas-Familie leistet Kiowa-Indianern Widerstand, doch ein Fremder hetzt den Stamm auf, sich ein bei den Weißen lebendes Halbblut zu holen. Aktionswestern mit Texanern, die ihre Vorurteile stolz vor sich hertragen.

Denk bloß nicht, ich heule D138
****
DDR 1965/90, 91 Min., s/w
R: Frank Vogel D: Peter Reusse, Anne-Kathrein Kretzschmar, Jutta Hoffmann
Oberschüler wird wegen republikfeindlicher Äußerungen religiert, findet auch auf einer LPG keinen Frieden. Der Film wurde von der SED wegen »anarchistischer« und »nihilistischer« Tendenzen verboten und konnte erst 1990 uraufgeführt werden.

Denkt bloß nicht, daß wir heulen D139
BLESS THE BEASTS AND CHILDREN ***
USA 1971, 109 Min., F
R: Stanley Kramer D: Bill Mumy, Barry Robins, Miles Chapin
Während eines Abenteuerurlaubs versuchen sechs Jungen, eine Büffelherde zu befreien, um sie vor der Schlachtbank zu retten. Gutgemeint, aber nicht sonderlich aufregend.

Die denkwürdige Wallfahrt des Kaisers D140
KANGA MUSSA VON MALI NACH MEKKA ****
Österreich 1977, 95 Min., F
R: Götz Hagmüller, Dietmar Graf
D: Cheick Gassama, Abdul Wares Asr
Ein junger Muslim begegnet auf seiner Pilgerfahrt durch Afrika den Mythen und Legenden der Völker. Eigenwilliger, sehr geschlossener und bildmächtiger Film.

... denn keiner ist ohne Schuld D141
THE OSCAR ***
USA 1965, 121 Min., F
R: Russell Rouse

D: Stephen Boyd, Elke Sommer, Eleanor Parker
Am Tag der Verleihung der begehrten Trophäe erinnern sich die Bekannten eines skrupellosen Halunken an seinen Aufstieg zum Star. Köstliche Kolportage.

Denn sie wissen nicht, was sie tun D142 ****
REBEL WITHOUT A CAUSE
USA 1955, 105 Min., F
R: Nicholas Ray D: Sal Mineo, James Dean, Natalie Wood, Jim Backus
Der klassische Protestfilm der fünfziger Jahre gegen die verklemmte Erwachsenenwelt. Der mit der Auto-Mutprobe.

Dens – Die eigentlich nicht sind D143 ***
BRD 1993, 85 Min., F
R: Carsten Lippstock D: Gerd Jensch, Georg Heyer
Bewegender Dokumentarfilm über Obdachlose, ihr desolates Leben auf der Straße, die Schwierigkeit, aus der Misere wieder herauszukommen. Unspektakulär und realistisch vermittelt der Regisseur ein oft verdrängtes gesellschaftliches Problem, ohne in Larmoyanz abzudriften.

Der aus dem Regen kam D144 ***
LE PASSAGER DE LA PLUIE
Frankreich/Italien 1969, 121 Min., F
R: René Clément D: Charles Bronson, Marlène Jobert, Annie Cordy
Junge Französin erschießt ihren Vergewaltiger und wirft ihn ins Meer. Bald begegnet sie einem Amerikaner, der davon zu wissen scheint und sie offenbar erpressen will. Ein Psychothriller mit Längen, der zwar bei der Kritik gut ankam, aber weniger beim Publikum. Die deutsche Synchronfassung versieht speziell die Jobert mit einer selten doofen Stimme.

James Dean rebelliert ohne Grund. Natalie Wood ist fasziniert.

Entführungsfall der Detektiv-Exfrau und deren Tochter, die in der Gewalt von Gangstern Höllenqualen leiden. Spannende Krimi-Geschichte, die auf ein End-Gemetzel mit kriminalistischer Pointe zusteuert. Beeindruckende Psycho-Studie, trotz einiger Klischees voller Atmosphäre und Poesie.

Der Depp D146 ***
BRD 1982, 86 Min., s/w
R: Herbert Achternbusch D: Herbert Achternbusch, Annamirl Bierbichler
Wurde der Held im Hofbräuhaus grundlos zusammengeschlagen? Versuch, in den Weltwirrwarr Logik zu bringen. Radikal-Komödie für Fortgeschrittene.

Der werfe den ersten Stein D147 ****
THE HOODLUM PRIEST
USA 1961, 102 Min., s/w
R: Irvin Kershner D: Don Murray, Cindi Wood, Keir Dullea
Ein Priester setzt sich für entlassene Strafgefangene ein, u.a. für einen jungen Dieb. Nachdem er ihm einen Arbeitsplatz besorgt hat, gerät er wieder

Des Henkers Bruder D148 ***
DDR 1979, 88 Min., F
R: Walter Beck D: Frank Grundwald, Gunter Friedrich
Zur Zeit der Bauernkriege in Deutschland: Christoph, Sohn eines armen Bauern, erlebt, wie sein Vater ausgenommen und geächtet wird, weil sein Bruder Henker ist. Christoph schließt sich den rebellierenden Bauern an, dabei kommt es zu einer dramatischen Begegnung mit seinem Bruder.

Des Königs Dieb D149 ***
THE KING'S THIEF
USA 1955, 78 Min., F
R: Robert Z. Leonard D: David Niven, Ann Blyth, Edmund Purdom
Ein Dieb, der die Kronjuwelen des englischen Königs Charles III. klauen will, entlarvt den tückischen Herzog Brampton als das, was er ist. Unterhaltsamer Mantel- und Degenfilm.

Des Pudels Kern D150 ***
THE HORSE'S MOUTH
GB, 1958, 95 Min., F
R: Ronald Neame D: Alec Guinness,

komödie, deren Witz zuweilen auf der Strecke bleibt. Dieses Manko wird teilweise kompensiert durch die mitreißende Schauspielerleistung von Alec Guinness.

Des Teufels Advokat D151
THE DEVILS ADVOCATE **
USA/BRD 1976, 109 Min., F
R: Guy Green D: John Mills, Paola Pitagora, Stéphane Audran
Etwas schwerblütige Verfilmung des Bestsellers von Morris L. West um den Advocatus Diaboli in einem Heiligsprechungsprozeß.

Des Teufels General D152
****
BRD 1954, 121 Min., s/w
R: Helmut Käutner D: Curd Jürgens, Victor de Kowa, Marianne Koch
Legendäre Verfilmung der Zuckmayer-Parabel auf das Dritte Reich mit Curd Jürgens in seiner Parade-Rolle als Fliegerchef Harras.

Des Teufels Paradies D153
**
BRD 1986, 96 Min., F
R: Vadim Glowna D: Jürgen Prochnow, Sam Waterston, Mario Adorf, Dominique Pinon
Verfilmung des Romans *Sieg* von Joseph Conrad mit einigen Meriten bei Ausstattung und Ambiente, aber noch mehr Schwächen in Dramaturgie und Inszenierung.

Des Teufels rechte Hand D154
TEXAS LADY **
USA 1955, 85 Min., F
R: Tim Whelan D: Barry Sullivan, Claudette Colbert, Greg Walcott
Zeitungsverlegerin und Freund säubern eine Stadt im Westen von korruptem Sheriff und Ranchern, die ihre Gesetze selbst machen. In allerhöchster Not helfen die Texas-Ranger.

Des Teufels Saat D155
DEMON SEED ***
USA 1976, 94 Min., F
R: Donald Cammell D: Julie Christie, Fritz Weaver, Gerrit Graham
Dämonischer Supercomputer übernimmt die Gewalt über das Haus der Frau eines Wissenschaftlers. Schauriger Science-fiction-Schocker, bei dem einem die Haare zu Berge stehen! Nach dem Roman von Dean R. Koontz. LSFF

Des Teufels Seligkeit D156
GRAZIE ZIA ****
Italien 1967, 98 Min., F
R: Salvatore Samperi D: Lou Castel, Lisa Gastoni, Gabriele Ferzetti
Sohn einer Industriellenfamilie verweigert sich, indem er eine Lähmung vortäuscht, seine Umwelt tyrannisiert, und schließlich seinen eigenen Tod initiiert. Protest-Film.

Desert Hearts D157
DESERT HEARTS ***
USA 1985, 92 Min., F
R: Donna Deitch D: Helen Shaver, Patricia Charbonneau, Audra Lindley
Zärtliche, unprätentiöse Liebesgeschichte zweier Frauen, die sich Ende der 50er Jahre in der amerikanischen Spielerstadt Reno kennen- und lieben lernen. Einfühlsam und voll sensibler Erotik von der Dokumentarfilmerin Donna Deitch inszeniert. HFJ 1989

Desert Lovers – Heiße Liebe im Wüstensand D158
*
DESERT LOVERS
Frankreich 1985, 90 Min., F
R: Michel Leblanc D: Michelle Davy, Michelle Leska, Linda Parker
Abenteuerlicher Softsexer über eine junge Frau, die in die Hände von Beduinen fällt und in einem Harem landet, wo sie ausgiebig ihre körperlichen Reize präsentiert.

Desert Warrior D159
DESERT WARRIOR *
USA 1987, 86 Min., F
R: Jim Goldman D: Lou Ferrigno, Shari Shattuck, Kenneth Peer
Nach dem Großen Atomknall hauen sich die verseuchten und unverseuchten Lumpen der tristen Zukunft in einer öden Wüste. Von Goldman dilettantisch inszeniertes Machwerk, das zum x-tenmal die Geschichte von *Mad Max II* aufkocht. LSFF

Desideria D160
DESIDERIA – LA VITA INTERIORE **
Italien/BRD 1980, 104 Min., F
R: Gianni Barcelloni D: Stefania Sandrelli, Lara Wedel, Klaus Löwitsch
Im Dolce Vita-Milieu von Rom drückt eine junge Frau ihre Verachtung gegen ihre Klasse in Diebstahl, Sex und Terrorismus aus. Alberto Moravia als Softsex-Giallo – das hat er nicht verdient.

Désirée D161
DESIREE **
USA 1955, 110 Min., F
R: Henry Koster D: Marlon Brando, Jean Simmons, Merle Oberon
Die Liebesgeschichte zwischen Napoleon Bonaparte und einer Kaufmannstochter aus Marseille nach dem Roman von Annemarie Selinko.

Despair – Eine Reise ins Licht D162
***
BRD 1977, 119 Min., F
R: Rainer Werner Fassbinder
D: Dirk Bogarde, Andrea Ferreol
Ein psychisch leidender jüdischer Fabrikant in den dreißiger Jahren versucht sich vergeblich durch einen Mord zu befreien, um ein neues Leben zu beginnen. Fassbinders Verfilmung des Romans von Vladimir Nabokov erhielt internationale Anerkennung.

Desperado City D163
***
BRD 1980, 98 Min., F
R: Vadim Glowna D: Siemen Rühaak, Vera Tschechowa, Karin Baal
Glownas erste Regiearbeit ist eine düstere Großstadtballade um einen Taxifahrer und seine Freundin, die mit allen Mitteln versuchen, sich aus ihrem kleinkriminellen sozialen Umfeld zu lösen, mit ihren Träumen jedoch an der harten Realität scheitern.

Desperados D164
THE DESPERADOS ***
USA 1943, 85 Min., F
R: Charles Vidor D: Randolph Scott, Glenn Ford, Claire Trevor
Ein Kopfgeldjäger hilft einem Sheriff bei der Entlarvung eines räuberischen Bankiers und balzt zwei Frauen an.

Desperate Living D165

DESPERATE LIVING ***

USA 1978, 91 Min., F

R: John Waters D: Liz Renay, Susan Lowe, Edith Massey

Ein frühes Werk von Mr. Bad Taste: Die Thelma und Louise der 70er killen auch einen Mann, landen dann aber nicht im Grand Canyon, sondern in einer Stadt, über die eine despotische Herrscherin gebietet. Wie jeder anständige Waters Film obszön.

Destry räumt auf D166

DESTRY **

USA 1954, 95 Min., F

R: George Marshall D: Audie Murphy, Mari Blanchard, Lyle Bettger

Ein wie ein Bübchen wirkender junger Mann eilt einem in die Jahre gekommenen Sheriff zu Hilfe, der sich des städtischen Gesindels nicht mehr erwehren kann und ... siehe Titel.

Detective D167

DETECTIVE ****

Frankreich 1985, 94 Min., F

R: Jean-Luc Godard D: Nathalie Baye, Claude Brasseur

Lauter Augenblicke der Wahrheit in einem Pariser Hotel: die Trennung eines Ehepaares, die Suche eines Detektives nach einem Mörder, der Versuch eines Boxpromoters, doch noch einen Kampf auf die Beine zu stellen. Und da der Detektiv auch noch Prospero heißt, ahnen wir, woher der Sturm weht, den Godard entfacht.

Der Detektiv D168

THE DETECTIVE ***

USA 1967, 114 Min., F

R: Gordon Douglas D: Frank Sinatra, Lee Remick, Ralph Meeker

Nach der Hinrichtung eines Unschuldigen findet Frank Sinatra als Detektiv den wahren Mörder, gerät in einen Strudel von Korruption und quittiert resigniert den Dienst. Stimmige Mi-

D: Bob Hope, Dorothy Lamour, Peter Lorre

Ein Fotograf legt sich mit einer Gangsterbande an und rettet entführten Millionär. Gekonnte Verulkung von P.I.-Stories à la *Fahr zur Hölle, Liebling.*

Detektive D170

***

BRD 1969, 91 Min., s/w

R: Rudolf Thome D: Iris Berben, Marquard Bohm, Ulli Lommel

Lakonisch erzählte Geschichte von zwei Gammlern, die sich als Detektive versuchen, was böse endet. Einer der Kameramänner war Niklaus Schilling, eine der Darstellerinnen nannte sich Chrissie Mahlberg und wurde später unter ihrem richtigen Namen Uschi Obermeier bekannt.

Detruire, dit-elle D171

DETRUIRE, DIT-ELLE ***

Frankreich 1969, 101 Min., F

R: Marguerite Duras D: Catherine Sellers, Nicole Hiss, Michel Lonsdale

Ein Professor, dessen Frau und ein »deutscher Jude« verbringen eine Woche in einem Ausflugs-Hotel. Ihnen ist gemeinsam, daß sie zu einem Leben in der Außenwelt nicht mehr fähig sind, und so vermischen sich ihre Charaktere vollends, werden ihre Identitäten austauschbar.

Eine deutsche Revolution D172

**

BRD 1981, 98 Min., F

R: Helmut Herbst D: Peter O. Chotjewitz, Eike Gallwitz, Franz Wittich

Der Film basiert auf Kasimir Edschmids Roman »Büchner, eine deutsche Revolution«, der die Bemühungen Büchners und seines Freundes Pfarrer Weidig schildert, die Bauern für eine Revolution zu gewinnen. Weniger Laiendarsteller hätten vielleicht mehr »Botschaft« rübergebracht.

Die Deutsche Sex-Partei D173

**

BRD 1974, 79 Min., F

R: Barny Bornhauser D: Lisa Lotz, Michael Conti, Angela Adams

Die Chefin einer gegen »Spießer« rebellierenden Sex-Partei und ihre Kolleginnen buhlen mit eindeutigen Mitteln um die Wählergunst. Wirres Sexprodukt aus der Filmstadt Reutlingen, als Sex Play auch in HC-Fassung zu haben.

Deutschfieber D174

**

BRD 1992, 126 Min., F

R: Niklaus Schilling D: Tilo Prückner, Christiane Paul, Heike Schroetter, Dorothea Moritz

Der *Willi-Busch-Report* des Regisseurs (1979) war originell, die Fortsetzung, kurz nach dem Fall der Mauer

Frank Sinatra mit seinem Problem Lee Remick in ›Der Detektiv‹.

spielend, ist nur eine wirre Handlungsfolge mit nicht nachvollziehbaren, plapprigen Dialogen. Geistig, visuell und auditiv eine Tortur für den Zuschauer. HFJ 1995

Deutschland, bleiche Mutter D175
***
BRD 1980, 124 Min., F
R: Helma Sanders-Brahms D: Eva Mattes, Ernst Jacobi
Helma Sanders unternimmt den Versuch, aus einer sehr persönlichen Sicht, Erinnerung und Erfahrung, die Geschichte Deutschlands aufzuarbeiten.

Deutschland, Erwache! D176
****
BRD 1968, 90 Min., F und s/w
R: Erwin Leiser
Kritische Dokumentation des Spielfilmschaffens im Dritten Reich mit Ausschnitten z. B. aus *Hitlerjunge Quex*, *Jud Süß*, und *Kolberg*. Es wird verdeutlicht, wie auch der scheinbar unpolitische Film dazu diente, das Volk irrezuführen und der Blut- und Boden-Ideologie gefügig zu machen.

Deutschland im Herbst D177
****
BRD 1977/78, 123 Min., F
R: Rainer Werner Fassbinder, Alexander Kluge, Volker Schlöndorff u. a.
D: Heinz Bennent, Wolf Biermann, Caroline Chaniolleau
Elf Regisseure versuchen in dieser filmischen Collage, die terrorgeschüttelte BRD des Jahres 1977 zu porträtieren. Interessant vor allem durch die völlig verschiedenen Sichtweisen und Erzähltechniken der Regisseure.

Deutschland im Jahre Null D178
GERMANIA NELL'ANNO ZERO ***
Italien 1947, 72 Min., s/w
R: Roberto Rossellini D: Edmund Meschke, Ernst Pittschau
Düsteres Nachkriegsdrama über die Absurdität der Nazi-Ideologie: In den Weltkrieg-II-Ruinen von Berlin bringt ein Typ erst seinen lebensunwerten Vater und dann sich selbst um, um seinen schwulen Nazi-Professor zu beeindrucken. Für Rossellini-Fans.

Deutschland Neu(n) Null D179
ALLEMAGNE NEUF ZERO ****
Frankreich 1991, 60 Min., F
R: Jean-Luc Godard D: Eddie Constantine, Hanns Zischler
Ein Fernsehproduzent bat verschiedene Regisseure, einen Film zum Thema Einsamkeit zu drehen. Jean-Luc Godard entdeckte die größte Einsamkeit im Deutschland nach dem Fall der Mauer. HFJ 1993

Die Deutschmeister D180
***
Österreich 1955, 106 Min., F
R: Ernst Marischka D: Romy Schneider, Magda Schneider, Siegfried Breuer jr., Hans Moser
Liebes Töchterlein eines Bäckermeisters verliebt sich in einen schmucken Komponisten und kriegt ihn am Ende auch. Eine der zahllosen Schnulzen über das alte Wien, die Romy Schneider dazu motiviert haben, ihr Heil in der Flucht zu suchen.

Devil Doll D181
DEVIL DOLL ***
USA 1963, 80 Min., s/w
R: Lindsay Shonteff D: Bryant Halliday, William Sylvester, Sandra Dorne
Hugo, die dämonische Handpuppe eines Bauchredners, scheint über ein eigenes Bewußtsein zu verfügen. Ein schauriger Thriller, der Alpträume verursachen kann.

The Devil in Miss Jones D182
THE DEVIL IN MISS JONES ***
USA 1972, 90 Min., F
R: Gerard Damiano D: Harry Reems, Georgina Spelvin
Eine Jungfer begeht anläßlich der Erkenntnis, welche sexuellen Gelüste in ihr schlummern, Selbstmord, doch ehe sie in die Hölle eingeht, darf sie wieder auf die Erde zurück und alles Versäumte nachholen. Ein heißer Film!

The Devil's Brother D183
FRA DIAVOLO ***
USA 1933, 90 Min., s/w
R: Hal Roach, Charles Rogers
D: Stan Laurel, Oliver Hardy, Thelma Todd, Dennis King, James Finlayson
Zwei Tölpel, die einem Räuber in die Hände fallen, müssen ihm als Butler dienen. Ulkige Komödie nach einer komischen Oper, in der Stan und Ollie mal wieder richtig loslegen.

Devil's Island D184
DJÖFLAEYJAN ****
Island/BRD/Norwegen/Dänemark 1996, 103 Min., F
R: Fridrik Thor Fridriksson
D: Baltasar Kormakur, Gisli Halldorsson, Sigurveig Jonsdottir
Sperrige Anarcho-Ballade verpackt als Außenseiterdrama um den Traum einer isländischen Großfamilie nach dem Krieg. Glaubhaft schräge Charaktere in einer fast dokumentarischen Inszenierung. HFJ 1999

Dezemberbraut D185
DECEMBER BRIDE ****
Irland 1990, 90 Min., F
R: Thaddeus O'Sullivan D: Donald McCann, Saskia Reeves, Ciaran Hinds
Sensibel und feinsinnig inszeniertes Porträt einer selbstbewußten Frau, die im Nordirland der Jahrhundertwende trotz der Verachtung ihrer Mitbürger auf ihre Liebe zu zwei Männern besteht. HFJ 1993

Der Dialog D186
THE CONVERSATION ****
USA 1973, 113 Min., F
R: Francis Ford Coppola D: Gene Hackman, John Cazale, Allan Garfield
Beklemmender Thriller um einen Abhörspezialisten, der einen Mordplan und dessen Ausführung belauscht. Als er meint, selbst abgehört zu werden, nimmt er seine Wohnung auseinander. Vielleicht Coppolas bester Film, präzise seine Schilderung einer individuellen Psychose, eindrucksvoll die visuelle Umsetzung.

Dialog mit einer Verstorbenen D187
****
DIALOG WITH A WOMAN DEPARTED
USA 1972–80, 225 Min., F
R: Leo Hurwitz
Vierstündiges Opus eines Veteranen des nordamerikanischen Dokumentarfilms und realistischen Spielfilms. Seine Art, mit der verstorbenen Le-

bensgefährtin und Mitarbeiterin im Gespräch zu bleiben, ist die Erinnerung an ihre Persönlichkeit, ihr Leben zwischen der geliebten Natur und den großen Städten, aber mehr noch an die Ereignisse, die es prägten, von der Depression bis zum Vietnamkrieg.

Diamanten-Billard D188
UN MILLIARD DANS UN BILLARD/ ALLARME IN CINQUE BANCHE ***
BRD/Fr/It 1965, 95 Min., F
R: Nicolas Gessner D: Günther Ungeheuer, Jean Seberg, Elisabeth Flickenschildt
Ironischer Krimi um einen kleinen Bankangestellten in Genf, der Profi-Einbrecher um ihre Beute bringt.

Diamanten-Clou D189
DIAMONDS **
Israel 1978, 108 Min., F
R: Menahem Golan D: Robert Shaw, Richard Roundtree, Barbara Seagull
Caper-Movie um den Einbruch in die Diamantenzentrale von Tel Aviv. Glatter und gelegentlich unglaubwürdiger Routinekrimi der cleveren GoGo-Boys Golan/Globus.

Diamantenfieber D190
DIAMONDS ARE FOREVER ***
GB 1971, 120 Min., F
R: Guy Hamilton D: Sean Connery, Jill St. John, Charles Gray, Lana Wood
James-Bond-Film Nr. 7: Blofeld steckt hinter einem gigantischen Diamantenschmuggel, hat sogar ein bionisches Double von sich selbst eingesetzt und will mit den Diamanten einen Laser-Satelliten bestücken, mit dessen Hilfe er die Weltregierungen erpressen möchte. Weitere Filme unter *James Bond*.

Diamantenjagd im Urwald D191
MARK OF THE GORILLA **
USA 1950, 67 Min., s/w
R: William Berke D: Johnny

Diamantenlady D192
LADY ICE **
USA 1973, 92 Min., F
R: Tom Gries D: Donald Sutherland, Jennifer O'Neill, Robert Duvall
Gut besetzter, aber nicht so aufregender Krimi um DiamantenhändlerInnen, an schicken Schauplätzen in Florida und auf den Bahamas gedreht.

Diane D193
OLD BOYFRIENDS ***
USA 1979, 90 Min., F
R: Joan Tewkesbury D: Talia Shire, John Belushi, Keith Carradine
Von den Brüdern Leonard und Paul Schrader geschriebene Geschichte einer geschiedenen jungen Frau, die ihre früheren Liebhaber aufsucht, um herauszufinden, was schiefgelaufen ist.

Diane, Herrin des Dschungels D194
MISTRESS OF THE APES **
USA 1979, 84 Min., F
R: Larry Buchanan D: Jenny Neumann, Barbara Leigh
Forscherin freundet sich im Urwald mit mysteriösen Halbmenschen an, die die Mörder ihres verschollenen Gatten zur Strecke bringen. Billiger Abenteuerschinken mit unmotivierten Sexeinlagen.

Diane, Kurtisane von Frankreich D195
DIANE ***
USA 1955, 111 Min., F
R: David Miller D: Lana Turner, Pedro Armendariz, Marisa Pavan
Französische Gräfin, die dem Sohn von König Franz I. Manieren beibringen soll, verliebt sich in ihren Schüler und beeinflußt die politischen Pläne seines Vaters. Intrigenfilm vor historischer Kulisse, nach Christopher Isherwood.

Der Dibbuk D196

dessen Mittelpunkt ein Dämon steht, der nur durch einen wundertätigen Rabbi bezwungen werden kann.

Dick und Doof
siehe auch: Die Doppelgänger von Sakramento

Dick und Doof als Salontiroler D197
SWISS MISS **
USA 1938, 84 Min., s/w
R: John G. Blystone, Hal Roach
D: Stan Laurel, Oliver Hardy, Della Lind
Da die Schweiz den meisten Käse macht, glauben Stan und Ollie, dort ein Geschäft mit Mausefallen machen zu können. Doch sie enden als Kellner in einem Schloß, in dessen Küche sie den größten Unfug anstellen.

Dick und Doof als Studenten
siehe: Wissen ist Macht

Dick und Doof auf hoher See D198
SAPS AT SEA ***
USA 1940, 56 Min., s/w
R: Gordon Douglas D: Stan Laurel, Oliver Hardy, James Finlayson
Stan und Ollie suchen nach einer nervenaufreibenden Tätigkeit als Tester für Hupen und Hörner Ruhe auf einem Boot, doch ein entwichener Krimineller macht ihnen das Leben schwer.

Dick und Doof: Die Leibköche Seiner Majestät D199
NOTHING BUT TROUBLE **
USA 1945, 68 Min., s/w
R: Sam Taylor D: Stan Laurel, Oliver Hardy, Mary Boland, Henry O'Neill
Als Koch und Butler eines jungen Königs tätig, verhindern sie einen Anschlag auf das Leben Seiner Majestät.

Dick und Doof: Die Tanzmeister D200
THE DANCING MASTERS ***
USA 1943, 65 Min., s/w
R: Malcolm St. Clair D: Stan Laurel

Dick und Doof erben eine Insel D201 **

ATOLL K (UTOPIA)

Frankreich/Italien 1952, 94 Min., s/w
R: John Berry, Leo Joannon D: Stan Laurel, Oliver Hardy, Suzy Delair
Stan und Ollie erben eine Insel im Pazifik, auf der aber Uran gefunden wird. Der letzte Film der beiden Komiker war zwar nicht das Gelbe vom Ei, hat aber seinen Anteil an komischen Gags.

Dick und Doof: Hinter Schloß und Riegel D202 ***

PARDON US

USA 1931, 56 Min., s/w
R: James Parrott D: Stan Laurel, Oliver Hardy, June Marlowe
Zwei Schnapsbrenner landen im Knast, wo sie allerlei schräge Vögel treffen, und spielen sie mit Grips und Chuzpe gegeneinander aus. Flotte Gags!

Dick und Doof in der Fremdenlegion D203 ***

THE FLYING DEUCES

USA 1939, 69 Min., s/w
R: Edward Sutherland D: Stan Laurel, Oliver Hardy, Jean Parker
Nach dem Streit um eine Frau werden Stan und Ollie von der Fremdenlegion angeworben. Da sie jedoch nur Schaden anrichten, müssen sie bald eine Desertion ins Auge fassen.

Dick und Doof in geheimer Mission D204 **

THE BIG NOISE/A HAUNTING WE WILL GO

USA 1942/1944, 93 Min., s/w
R: Malcolm St. Clair, Alfred Werker
D: Stan Laurel, Oliver Hardy
Stan und Ollie als Bodyguards eines Erfinders, die einen Spionagering ausheben, und als Begleiter eines Sargtransports. Zwei späte Kurzfilme.

Dick und Doof: Lange Leitung D205 ****

BLOCKHEADS

USA 1938, 56 Min., s/w
R: John G. Blystone D: Stan Laurel, Oliver Hardy, Patricia Ellis
Ollie macht 1938 eine Erinnerungstour aufs Schlachtfeld des Ersten Weltkriegs und stößt in einem Schützengraben auf Stan, dem niemand gesagt hat, daß der Krieg aus ist. Zu Hause nehmen die Verwicklungen ihren Fortgang. Groteske Persiflage.

Dick und Doof: Schrecken aller Spione D206 ***

AIR RAID WARDENS

USA 1943, 73 Min., s/w
R: Edward Sedgwick D: Stan Laurel, Oliver Hardy, Edgar Kennedy
Zwei vom Heer abgelehnte Freiwillige betätigen sich als Luftschutzwarte und mischen eher unabsichtlich einen Ring von Nazispionen auf.

»Didi« Hallervorden doppelrollenmäßig in ›Didi, der Doppelgänger‹.

Dick und Doof und die Wunderpille D207 **

JITTERBUGS

USA 1943, 72 Min., s/w
R: Malcolm St. Clair D: Stan Laurel, Oliver Hardy, Robert Bailey
Stan und Ollie helfen einer Sängerin mit einer angeblichen Wunderpille gegen böse Buben, die sie um eine Erbschaft prellen wollen.

Dick und Doof werden Papa D208 ***

THE BOHEMIAN GIRL

USA 1936, 82 Min., s/w
R: James W. Horne D: Stan Laurel, Oliver Hardy, Antonio Moreno
Um seine zerrüttete Ehe zu retten, adoptiert Ollie ein Baby, doch da Madam schon ausgezogen ist, müssen er und Stan allein mit der Kleinen fertig werden.

Dicke Luft und heiße Liebe D209 ***

S.O.S. PACIFIC

GB 1959, 86 Min., s/w
R: Guy Green D: Eddie Constantine, Pier Angeli, Eva Bartok
Besatzung eines Flugbootes strandet auf einer mysteriösen Insel, die als Ziel für einen Atombombenversuch dienen soll. Eddie löst das Problem.

Didi – Alles im Eimer D210 ***

BRD 1981, 99 Min., F
R: Ralf Gregan D: Dieter Hallervorden, Rainer Brandt, Dirk Dautzenberg
Ein glückloser Erfinder, den hohe Schulden plagen, will sich, da auch als Selbstmörder erfolglos, von einem Killer umnieten lassen, sieht sich aber, als seine neueste Entwicklung wider Erwarten funktioniert, zur Stornierung des Auftrags gezwungen. Eine Klamotte, die Kritiker so richtig schön hassen können.

Didi – Der Experte D211 **

BRD 1987, 93 Min., F
R: Reinhard Schwabenitzky
D: Dieter Hallervorden, Klaus Guth, Peter Fricke, Walo Lüönd
Willi Schulze, seines Zeichens Automechaniker, wird aufgrund eines Autounfalls mit einem Wahlkampf-

experten verwechselt. Nummer sechs der Didi-Staffel: Kalauer, Zähnefletschen, Augenrollen – eh schon wissen ... HFJ 1989

Didi auf vollen Touren D212
**

BRD 1986, 92 Min., F
R: Wigbert Wicker D: Dieter Hallervorden, Bernard Menez
Didi als begeisterter LKW-Fahrer kutschiert scheinbare Giftmüllfässer durch Europa, in denen aber nur Altöl ist. Ein Ablenkungsmanöver. Die Komödie, typisch deutscher Politklamauk, hängt mit unerträglich lahmen Gags durch. Wie im richtigen Leben.

Didi, der Doppelgänger D213
***

BRD 1983, 92 Min., F
R: Reinhard Schwabenitzky
D: Dieter Hallervorden, Götz Kauffmann, Gerhard Burkhard
Ein behämmerter Kneipenwirt und ein Industriekapitän, die einander wie ein Ei dem anderen gleichen, foppen eine Kidnapperbande. Eine rasante Klamotte, die natürlich nicht ohne Klischees auskommen kann.

Didi und die Rache der Enterbten D214
***

BRD 1985, 92 Min., F
R: Christian Rateuke, Dieter Hallervorden D: Dieter Hallervorden, Wolfgang Kieling, Gerhard Wollner
Didi in siebenfacher Rolle: Als ahnungsloser Millionenerbe und als böse Verwandtschaft, die an seinen Zaster will.

Die alles begehren D215
THE SANDPIPER **
USA 1965, 116 Min., F
R: Vincente Minelli D: Elizabeth Taylor, Richard Burton, Eva Marie Saint
Leiter eines christlichen Internats begeht Ehebruch mit einer attraktiven

›Die durch die Hölle gehen‹: Die Schauspieler des »New Hollywood« ziehen in den Krieg.

Die alles zur Sau machen D216
VILLAIN ***
GB 1971, 98 Min., F
R: Michael Tuchner D: Richard Burton, Ian MacShane, Nigel Davenport
Brutaler und verstörender, dennoch faszinierender Thriller über einen feigen, sadistischen, homosexuellen Gang-Boß (Burton) mit einer Mutter-Fixierung.

Die den Hals riskieren D217
THE GYPSY MOTHS ***
USA 1968, 109 Min., F
R: John Frankenheimer D: Burt Lancaster, Deborah Kerr, Gene Hackman
Drei Kunstfallschirmspringer im Mittleren Westen: Liebe, Leidenschaft und Tod in einem ungewöhnlichen Milieu. Wie meist bei Frankenheimer, finden sich auch hier etliche Subtexte.

Wortkarger Handelsschiffer, mutterseelenallein im Ärmelkanal auf dem Wrack seines Schiffes entdeckt, bricht sein Schweigen erst dann, als er vor Gericht seine Ehre retten muß, und entlarvt Reeder als Versicherungsbetrüger. Ein hauptsächlich im Gerichtssaal spielendes Drama, das wunderbar als Hörspiel hätte Verwendung finden können.

Die dicke Tilla D219
***

DDR 1982, 77 Min., F
R: Werner Bergmann D: Carmen Sarge, Jana Mattukat, Matthias Manz
Kinderfilm: Die zehnjährige Tilla ist gewohnt, in ihrer Klasse den Ton anzugeben. Als eine Neue kommt, hetzt sie die anderen auf. In einer Notsituation kommen sich die Mädchen dann aber

Von Pennsylvania nach Vietnam. Drei Freunde und ihre Verkrüppelungen durch den Krieg. Schonungsloser Anti-Vietnam-Film.

Die ins Gras beißen D221
HELL IS FOR HEROES ***
USA 1961, 89 Min., s/w
R: Don Siegel D: Steve McQueen, Bobby Darin, James Coburn
Desillusionierte GIs 1944 in Frankreich im Kampf gegen die Deutschen, allen voran McQueen als draufgängerischer Einzelgänger. Kein Heldenstück, eher ein um Differenzierung bemühter Antikriegsfilm.

Die sich selbst betrügen D222
LES TRICHEURS ***
Frankreich 1958, 121 Min., s/w
R: Marcel Carné D: Pascale Petit, Andréa Parisy, Laurent Terzieff
Der Regisseur der *Kinder des Olymp* versucht, die Seelenlage der großbürgerlichen Nachkriegsjugend Frankreichs zu schildern, die von Existentialismus und Nihilismus geprägt ist.

Der Dieb D223
VOR ***
Rußland/Frankreich 1997, 110 Min., F
R: Pavel Chukhrai D: Vladimir Mashkov, Ekaterina Rednikova
Die Odyssee eines kleinen Jungen, der mit seiner verwitweten Mutter und deren betrügerischem Geliebten durch das Rußland der 50er Jahre zieht. Vordergründig als tragische Geschichte über die Sehnsucht eines Jungen angelegt, funktioniert der Film gleichzeitig als politische Parabel der Stalin-Ära. HFJ 2000

Der Dieb von Bagdad D224
THE THIEF OF BAGHDAD ***
USA 1924, 135 Min., s/w
R: Raoul Walsh D: Douglas Fairbanks Jr., Julanne Johnson, Snitz Edwards
Der Kalif will seine Tochter verheiraten; unter den Freiern ist auch der Gauner, der sie hinterher tatsächlich bekommt, allerdings erst, nachdem er sich von einigen seiner schlechten Angewohnheiten getrennt hat. Klassisches Hollywood-Märchen.

Der Dieb von Bagdad D225
THE THIEF OF BAGHDAD ****
GB 1940, 108 Min., F
R: Ludwig Berger, Michael Powell
D: Conrad Veidt, Sabu, June Duprez
Der Dieb Abu wird eines Tages erwischt und in den Palastkerker gesperrt, wo er den rechtmäßigen König, der von dem bösen Großwesir entmachtet worden ist, kennenlernt. Mit List und Tücke gelingt es Abu, den Thron zurückzuerobern. Exzellente Leinwand-Adaptation des Märchens aus Tausendundeiner Nacht.

Der Dieb von Bagdad D226
THE THIEF OF BAGHDAD ***
GB/Frankreich 1978, 102 Min., F
R: Clive Donner D: Kabir Bedi, Roddy McDowall, Peter Ustinov
Manche Geschichten werden immer wieder gedreht. Remake des gleichnamigen Films von 1924 und 1940. Von den Tricks und Darstellern her zwar deutlich weniger beeindruckend, aber noch ansehbare TV-Neuproduktion.

Der Dieb von Paris D227
LE VOLEUR ***
Frankreich 1966, 121 Min., F
R: Louis Malle D: Jean-Paul Belmondo, Geneviève Bujold, Marie Dubois
Belmondo als Gentleman-Gauner, der seinen Zeitgenossen nur aus Spaß an der Freud die Wohnungen ausräumt. Mit toller Besetzung verfilmte Räuberpistole aus dem alten Paris.

Diebe der Nacht D228
LES VOLEURS ****
Frankreich 1996, 116 Min., F
R: Andre Techine D: Catherine Deneuve, Daniel Auteuil, Laurence Côte
Die Erkenntnis, daß sein ermordeter Bruder eigentlich ein Gangster war, treibt einen frustrierten Polizisten in quälende Selbstreflexionen. Unentschieden zwischen Thriller, Melodram und Tragödie hin- und herwechselndes Werk. HFJ 1998

Diebe haben's schwer D229
I SOLITI IGNOTI ****
Italien 1958, 85 Min., s/w
R: Mario Monicelli D: Vittorio Gassman, Marcello Mastroianni, Toto
Vier charakterlich verschiedene Einbrecher steigen in eine Villa ein, um einen Safe zu knacken, verpatzen aber aufgrund ihres Untalents die ganze Aktion und begnügen sich am Ende damit, sich in der Küche den Bauch vollzuschlagen. Eine Spitzenkomödie mit witzigen Dialogen und einer Unzahl komischer Szenen. Die Fortsetzung *Diebe sind auch Menschen*, 1959, war nicht mehr so flott.

Die Diebe von Marschan D230
THE PRINCE WHO WAS A THIEF ***
USA 1951, 89 Min., F
R: Rudolph Maté D: Tony Curtis, Piper Laurie, Everett Sloane
Ein unter Dieben aufgewachsener Prinz und eine agile Kollegin seiner Zunft tricksen einen Thronräuber aus. Flott inszeniertes Orientabenteuer.

Diebe wie wir D231
THIEVES LIKE US ****
USA 1973, 120 Min., F
R: Robert Altman D: Keith Carradine, Shelley Duval, John Schuck
Ein Gangstertrio lebt in den USA der dreißiger Jahre von Banküberfällen. Studie über das trostlose Dasein ewiger Verlierer im Land der unbegrenzten Möglichkeiten, denen schlußendlich von der Staatsmacht mit Waffengewalt der Garaus gemacht wird.

Die diebische Elster D232
THE BURGLAR ***
USA 1987, 102 Min., F
R: Hugh Wilson D: Whoopi Goldberg, Bobcat Goldthwait, G.W. Bailey
Spritzige Crime-Comedy mit Whoopi Goldberg als Einbrecherin wider Willen, die auch noch auf Mördersuche gehen muß. HFJ 1988

Der Diener D233
THE SERVANT ****
GB 1963, 114 Min., s/w
R: Joseph Losey D: Dirk Bogarde, Wendy Craig, Sarah Miles, James Fox
Ein wohlhabender junger Mann stellt einen Butler ein, der ihm bei der Einrichtung seines Hauses hilft. Allmählich kommt es zu einer völligen Umkehrung der Herr-Diener-Konstellation. Hervorragende Inszenierung

des Drehbuchs von Harold Pinter, mit der Losey ein allegorisches Klassenkonflikt-Kammerspiel von beeindruckender Intensität schafft.

Der Diener D234
SLUGA ***
UdSSR 1989, 140 Min., F
R: Wadim Abdraschitow D: Oleg Borisow, Juri Beljaew
Ein pensionierter Funktionär ruft seinen ehemaligen Chauffeur wieder zu sich, um ihn als Diener zu verwenden. Aber die Verteilung der Macht ist nicht mehr so fraglos. HFJ 1991

Dies ist mein Kind D235
MY BODY, MY CHILD **
USA 1981, 92 Min., F
R: Marvin Chomsky D: Vanessa Redgrave, Joseph Campanella, Jack Albertson
Eine Lehrerin gerät nach dem Tod ihrer Mutter in eine tiefe Lebenskrise. Als sie schwanger wird, besteht die Gefahr, daß sie das Baby durch Tabletten geschädigt hat. Sie muß über eine Abtreibung entscheiden.

Dies rigorose Leben D236
**
BRD 1982, 100 Min., F
R: Vadim Glowna D: Angela Molina, Vera Tschechowa, Jerzy Radziwilowicz
Eine Tankstelle in Mexiko: Hitze, Sand und Wind. Leidenschaft und Gewalt sind untrennbar verbunden; Endstation Sehnsucht eines Filmemachers.

Diese schrecklichen Sonntage D237
***
SUNDAY, BLOODY SUNDAY
GB 1970, 105 Min., F
R: John Schlesinger D: Glenda Jackson, Peter Finch, Murray Head
Zwei Menschen lieben einen jungen Bildhauer: ein älterer Arzt und eine geschiedene Frau. Schlesinger verfolgt diese Dreiecksgeschichte zehn Tage

D: Gregory Hines, Billy Crystal, Steven Bauer
Gregory Hines und Billy Crystal als legere, kalauernde Cops im Clinch mit einem Drogenhändler. Überlange Hatz, bei der man sich wünscht, Hines möge den Revolver ablegen und die Steppschuhe anziehen. HFJ 1987

Dieser Mann ist gefährlich D239
CET HOMME EST DANGEREUX **
Frankreich 1953, 90 Min., s/w
R: Jean Sacha D: Eddie Constantine, Gregoire Aslan, Colette Dereal
In seinem zweiten Lemmy-Caution-Abenteuer kämpft Eddie mit Charme und Schußwaffen gegen einen Kidnapper und Erpresser.

Dieser Schatz von Papa D240
QUEL TESORO DI PAPA ***
Italien 1959, 88 Min., s/w
R: Marino Girolami D: Aurelio Fierro, Enio Girolami, Yvonne Manlauer
Junge Adelige soll von ihrer verknöcherten Tante unter die Haube gebracht werden, entzieht sich aber und macht sich auf die Suche nach ihrem Vater. Commedia All'Italiana von freundlicher Durchschnittlichkeit.

Dieses Land ist mein Land D241
BOUND FOR GLORY ***
USA 1976, 143 Min., F
R: Hal Ashby D: David Carradine, Ronny Cox, Melinda Dillon
Bilder aus dem Leben des Folk- und Protestsängers Woody Guthrie, glaubwürdig gespielt und auch musikalisch interpretiert von David Carradine.

Dieses Mädchen ist für alle da D242
****
THIS PROPERTY IS CONDEMNED
USA 1966, 110 Min., F
R: Sydney Pollack D: Natalie Wood, Robert Redford, Mary Badham
Mitarbeiter einer Eisenbahngesellschaft verliebt sich in die hübsche

Dieses obskure Objekt der Begierde D243
***
CET OBSCURE OBJET DU DESIR
Frankreich 1977, 104 Min., F
R: Luis Buñuel D: Fernando Rey, Carole Bouquet, Angela Molina
Ein reicher älterer Herr begegnet einer attraktiven jungen Frau, die er begehrt. Sie macht das Spiel mit, reizt ihn, verweigert sich aber immer wieder seinen Annäherungen. Buñuel zeigt den Mann als einen in alten Konventionen festgefahrenen Bürger, der die Wandlung der Frau nicht begriffen hat. Ein Film voll Zynismus und scharfem Verstand.

Diesmal muß es Kaviar sein D244
**
BRD/Frankreich 1961, 98 Min., s/w
R: Geza von Radvany D: O.W. Fischer, Senta Berger, Viktor de Kowa
Fortsetzung von *Es muß nicht immer Kaviar sein*. Hier erlebt Fischer als Mehrfachagent wider Willen in den letzten Jahren des Zweiten Weltkriegs Abenteuer in Gibraltar, Lissabon und Paris. Damals ein Publikumshit.

Diesmal sprechen wir über Männer D245
***
QUESTA VOLTA PARLIAMO UOMINI
Italien 1965, 85 Min., s/w
R: Lina Wertmüller D: Nino Manfredi, Luciana Paluzzi, Margaret Lee
Episodenfilm um die Männerherrschaft in Italien von wundervoller Groteskheit.

Diesseits und Jenseits D246
**
BRD 1983, 98 Min., F
R: Ingo Kratisch, Jutta Sartory D: Gerd David, Cecile Gall
Ein Versuch, die Teilung Berlins anschaulich zu machen und in der Trennung Gemeinsames zu erkennen, vollzogen an zwei ägyptischen Büsten in Berlin-Ost und -West, die sich über

Ein Mann entdeckt abends, während seine Frau schon schläft, in einer alten Zeitung eine Pistole, mit der er herumspielt und schließlich seine Frau erschießt, um dann mit einer Yacht nach Tahiti zu fahren.

Diner
siehe: American Diner

Das Ding aus dem Sumpf D248
SWAMP THING **
USA 1981, 90 Min., F
R: Wes Craven D: Louis Jourdan, Adrienne Barbeau, Ray Wise
Forscher, der ein Serum bastelt, das Pflanzen zum Wachsen bringt, sieht sich gezwungen, sein eigenes Mittel einzunehmen, und verwandelt sich in ein monströses Wesen, das seine Braut vor bösen Buben schützt. Nach einem amerikanischen Comic-Strip. LSFF

Das Ding aus einer anderen Welt D249
****
THE THING
USA 1951, 82 Min., s/w
R: Christian Nyby D: Kenneth Tobey, Margaret Sheridan, Douglas Spencer
Außerirdischer Organismus, der sein Äußeres ständig verändert, dezimiert Forscher auf einem antarktischen Stützpunkt. Klassischer, rasanter SF-Thriller nach einer Erzählung von John W. Campbell jr. LSFF

Das Ding aus einer anderen Welt D250
***
THE THING
USA 1981, 108 Min., F
R: John Carpenter D: Kurt Russell, A. Wilford Brimley, T. K. Carter
Remake des gleichnamigen Films von Christian Nyby. Diese Version ist zwar technisch perfekter und nicht weniger spannend, wimmelt aber von blutigen Ekelszenen, die einen starken Magen erfordern. LSFF

Das Ding mit den zwei Köpfen D251
**
THE THING WITH TWO HEADS
USA 1972, 86 Min., F
R: Lee Frost D: Ray Milland, Rosey Grier, Don Marshall, Roger Perry
Todkranker Chirurg, der einer Klinik sein Genie erhalten will, läßt seinen Kopf auf den Körper eines anderen verpflanzen – doch der ist zu seinem Entsetzen schwarz. Zum Kugeln, auch wenn der Film nicht komisch gemeint war. HFJ 1988

Die Dinge des Lebens D252
LES CHOSES DE LA VIE / L'AMANTE ***
Frankreich 1969, 89 Min., F
R: Claude Sautet D: Michel Piccoli, Romy Schneider, Léa Massari
Ein erfolgreicher Pariser Architekt wird bei einem Autounfall tödlich verletzt und läßt sein Leben noch einmal an sich vorbeiziehen. Währenddessen sind seine Frau und seine junge deutsche Geliebte auf dem Weg zur Unfallstelle. Perfekt inszenierte und hervorragend montierte psychologische Studie.

Dinosaurus D253
DINOSAURUS **
USA 1960, 80 Min., F
R: Irvin S. Yeaworth D: Ward Ramsey, Kristina Hanson, Paul Lukather
Tiefgefrorener Tyrannosaurus, mittels Elektroschocks zu neuem Leben erweckt, terrorisiert eine Insel in der Karibik. Dümmlicher Billigfilm, der uns heute schon wieder kurios und »outmäßig« erscheint. LSFF

Der Dirigent D254
DYRYGENT ****
Polen 1979, 102 Min., F
R: Andrzej Wajda D: John Gielgud, Krystyna Janda, Andrzej Seweryn
Ein berühmter polnischer Dirigent kehrt im Alter aus dem Westen in seine Heimat zurück, wo er aufgrund seines überragenden Könnens seine jüngeren Kollegen in tiefe Selbstzweifel stürzt. Einfühlsames Kammerspiel von großer Intensität, in dem Wajda Grundfragen der Kunst, ihre Beschränkung durch den Staat und ihr Verhältnis zum Erfolg reflektiert.

Dirnentragödie D255
****
Deutschland 1927, 87 Min., s/w
R: Bruno Rahn D: Asta Nielsen, Oskar Homolka, Hilde Jennings
Einer der besten Filme mit Asta Nielsen. Sie verkörpert eine alternde Dirne, die einen Studenten bei sich aufnimmt. Als dieser sich in eine jüngere Kollegin verliebt, nimmt die Tragödie ihren Lauf. Obwohl zahllose Klischees strapaziert werden, besticht der Film durch seine detailgenaue Milieuschilderung.

Dirty Dancing D256
DIRTY DANCING ***
USA 1987, 100 Min., F
R: Emile Ardolino D: Patrick Swayze, Jennifer Grey, Cynthia Rhodes
Urlaubendes Arzttöchterchen verguckt sich in einen Tänzer, besorgt dessen Ex-Freundin eine Abreibung und wird seine neue Tanz- und Lebenspartnerin. Banalfilmchen mit Tanzeinlagen, das zum Kassenknüller wurde.

Dirty Daughters D257
**
BRD 1981, 80 Min., s/w
R: Dagmar Beiersdorf D: Mustafa Iskandarani, Dagmar Beiersdorf
Die schwierige Beziehung zwischen einer Prostituierten und einem libanesischen Asylbewerber, geschildert im skizzenhaften und beinahe dokumentarischen Stil der Autorin.

Dirty Harry D258
DIRTY HARRY ****
USA 1971, 103 Min., F
R: Don Siegel D: Clint Eastwood, Harry Guardino, Reni Santoni
»Dirty Harry« wird Inspektor Callahan wegen seiner rüden Methoden genannt, mit denen er einen erpresserischen Killer verfolgt. Siegels Film kreierte ein neues Bild des Polizisten: Der einsame Kämpfer im urbanen Dschungel, nicht weniger brutal als seine kriminellen Gegner, in einer Gesellschaft, die von Gewalt beherrscht wird, und in der der einzelne das Recht in die eigenen Hände nimmt. Zu oft schlecht nachgemacht.

Dirty Harry kommt zurück D259
SUDDEN IMPACT ***
USA 1983, 117 Min., F
R: Clint Eastwood D: Clint Eastwood, Sondra Locke, Pat Hingle
Der vierte »Dirty-Harry«-Film läßt den Polizisten einmal mehr außerhalb des

Dirty Harry vor einem Kino, das einen Clint-Eastwood-Film zeigt.

Gesetzes agieren, gegen korrupte Beamte und liberale Richter. Dabei deckt er den Rachefeldzug einer vergewaltigten Künstlerin.

Dirty Tiger D260
TIGER WARSAW ***
USA 1988, 93 Min., F
R: Armin Q. Chaudhri D: Patrick Swayze, Barbara Williams, Piper Laurie
Chuck Warsaw, genannt »Tiger«, kehrt in seine Heimatstadt zurück, sucht Aussöhnung mit seiner Familie und findet seine Jugendliebe wieder. HFJ 1989

A Dirty Western D261
A DIRTY WESTERN **
USA 1975, 70 Min., F
R: David Fleetwood D: Richard

Der diskrete Charme der Bourgeoisie D262
LE CHARME DISCRET DE LA BOURGEOISIE *****
Fr/It/Spanien 1972, 97 Min., F
R: Luis Buñuel D: Fernando Rey, Delphine Seyrig, Jean-Pierre Cassel
Eine hinreißend böse Komödie über die Heuchelei als Machtmittel des Bürgertums.

Dispara! D263
DISPARA! ***
Spanien/Italien 1993, 100 Min., F
R: Carlos Saura D: Francesca Neri, Antonio Banderas, Walter Vidarte
Eine Zirkus-Scharfschützin wird von drei Halbwüchsigen vergewaltigt, aus Rache erschießt sie die Täter. Etwas unglaubwürdige, spektakulär aufgemotzte Geschichte, die sich wenig um

Außerirdische beleben mehrere Tote, machen aber einen Rückzieher, als man ihre Anwesenheit entdeckt. Auf Action verzichtender unbedeutender Film. LSFF

Distant Thunder D265
DISTANT THUNDER ***
USA/Kanada 1988, 114 Min., F
R: Rick Rosenthal D: John Lithgow, Ralph Macchio, Kerrie Keane
Ein Sohn begibt sich auf die Suche nach seinem Vater, der nach der Heimkehr aus Vietnam nicht mehr zu seiner Familie zurückgekehrt ist.

Die Distel D266
****
BRD 1992, 95 Min., F
R: Gernot Krää D: Leni Tanzer,

Diva D267
DIVA ****
Frankreich 1981, 118 Min., F
R: Jean-Jacques Beineix D: Frédéric Andrei, Wilhelmina Wiggins Fernandez, Richard Bohringer
Der heimliche Mitschnitt des Auftritts einer berühmten Operndiva durch einen jungen Postboten ruft taiwanesische Banditen auf den Plan, die gerne das Band hätten. Ein schillerndes Spiel von Bewegung und Farbe, ohne Wert auf Glaubwürdigkeit zu legen, synthetisch aber spannend.

Divine Madness D268
DIVINE MADNESS ***
USA 1980, 93 Min., F
R: Michael Ritchie D: Bette Midler, Jocelyn Brown, Ula Hedwig
Film über eine Bette-Midler-Show, der »Divine Miss M«. Sie ist vulgär und frech, einschmeichelnd und musikalisch, schlagfertig und sehr erotisch. Etwas für Liebhaber und Kenner der Blues-Rock-Szene und für Midler-Fans.

Django D269
DJANGO ****
Italien/Spanien 1966, 88 Min., F
R: Sergio Corbucci D: Franco Nero, Loredana Nusciak, José Bodalo
Ein Fremder, der ständig einen Sarg hinter sich herzieht, rottet mit dem darin verborgenen MG zwei viehische Banden aus, die sich in einem Ort an der mexikanischen Grenze austoben. Ein Höhepunkt des Italo-Westerns, oft kopiert, nie erreicht.

Ur-Django Franco Nero

Django – Die Bibel ist kein Kartenspiel D270
EXECUTION **
Italien 1968, 90 Min., F
R: Domenico Paolella D: Tony Richardson, Dick Palmer, Piero Vida
Ex-Knastbruder sucht einen Komplizen, der mit der Beute verschwunden ist. Django-Freunde aufgepaßt: Der Film ist Etikettenschwindel, der Held heißt in der Originalfassung Clips.

Django – Die Nacht der langen Messer D271
CIAKMULL **
Italien 1970, 95 Min., F
R: E. B. Clucher D: Leonard Mann, Luca Montefiori, Peter Martell
Der Revolvermann Django, an Amnesie leidend, kommt aus dem Gefängnis und legt, als seine Erinnerungen zurückkehren, alle böse Buben um, die ihm übel mitgespielt haben. Konfuser Italo-Western.

Django – Die Totengräber warten schon D272
JOHNNY HAMLET ***
Italien 1968, 78 Min., F
R: Enzo G. Castellari D: André Giordana, Gilbert Roland, Horst Frank
Ein Mann, der den Mörder seines Vaters sucht, entlarvt seinen Onkel als Täter, der inzwischen im Bett der Mutter gelandet ist. Gut inszenierter B-Western, der aber nichts mit der Django-Figur zu schaffen hat.

Django – Ein Sarg voll Blut D273
IL MOMENTO DI UCCIDERE **
Italien/BRD 1968, 95 Min., F
R: Giuliano Carmineo D: George Hilton, Walter Barnes, Loni von Friedl
Zwei Burschen stehen einer Erbin und den Bewohnern einer Stadt bei, die von goldgierigen Banditen bedroht werden. In der Originalfassung dieses Films taucht kein Django auf.

Django – Sein Gesangbuch war der Colt D274
LE COLT CANTARONO LA MORTE E FU: TEMPO DI MASSACRO **
Italien 1966, 86 Min., F
R: Lucio Fulci D: Franco Nero, George Hilton, Nino Castelnuovo
Eine reiche Sippschaft terrorisiert die Bevölkerung von Djangos Heimat. Das Oberhaupt entpuppt sich als sein Vater. Doch der Schlimmste ist sein Stiefbruder ... Bald sprechen die Colts. Im Original kein Django-Film.

Django, der Rächer D275
TEXAS ADDIO **
Italien/Spanien 1966, 90 Min., F
R: Ferdinando Baldi D: Franco Nero, Cole Kitosch, José Suarez
Um den Tod seines Vaters zu rächen, überquert Django die mexikanische Grenze und nimmt sich eines bösen Räuberhauptmanns an. Dutzendwestern trotz Franco Nero.

Django kennt kein Erbarmen D276
POCHI DOLLARI PER DJANGO **
Italien/Spanien 1966, 89 Min., F
R: Leon Klimovsky D: Anthony Steffen, Frank Wolff, Gloria Osuna
Django jagt eine Ganovenbande, macht sich zum Sheriff, gerät zwischen die Fronten streitender Farmer und bringt alles zu einem guten Abschluß. Ein Italo-Western, in dem die Leichen sich türmen.

Django tötet leise D277
BILL IL TACITURNO **
Italien 1967, 94 Min., F
R: Max Hunter D: George Eastman, Liana Orfei, Edwin G. Ross
Bill, der in der deutschen Fassung aus pekuniären Gründen Django heißt, hetzt zwei Banden aufeinander, die sich gegenseitig den Garaus machen. Standard-Italo-Western, keinen Schuß Pulver wert.

Django und die Bande der Gehenkten D278
PREPARATI LA BARA ***
Italien 1967, 86 Min., F
R: Ferdinando Baldi D: Terence Hill, Horst Frank, George Eastman
Auf der Suche nach einem Freund, der den Tod seiner Frau verschuldet hat, rekrutiert Django Männer, die er vor dem Galgen bewahrt, und löst seine prekäre Endlage mit dem Maschinengewehr. Ein Italo-Western, der auf Moral pfeift.

Djangos Rückkehr D279
DJANGO STRIKES AGAIN **
Italien 1987, 90 Min., F
R: Ted Archer D: Franco Nero, Christopher Connelly, Donald Pleasence
Djangos Tochter wird von schuftigen Sklavenhändlern entführt. Papa macht sich auf, um sie zu befreien und blutige Rache zu nehmen.

DM-Killer D280
***
Österreich 1964, 104 Min., s/w
R: Rolf Thiele D: Curd Jürgens, Walter Giller, Charles Regnier, Daliah Lavi
Drei auf Bewährung entlassene Zuchthäusler nutzen auf geniale Weise die Konjunktur des Wirtschaftswunders zu einer Gaunerei, die erst durch Größenwahn und Frauenverrat scheitert.

Do the Right Thing D281
DO THE RIGHT THING ****
USA 1989, 119 Min., F
R: Spike Lee D: Danny Aiello, Ossie Davis, Ruby Dee, Spike Lee
Ein Tag in Bedford-Stuyvesant/New York. Die Sonne sticht vom Himmel, die schwarzen und weißen Gemüter erhitzen sich. Am Abend entlädt sich die aufgestaute Spannung. Spike Lees parteiischer Film über den alltäglichen Rassismus und die dadurch entstehenden Probleme ist ein Balanceakt zwischen Humoreske und Drama.

D.O.A. – Dead on Arrival D282
D.O.A. ***
USA 1981, 99 Min. F
R: Lech Kowalski D: Mit Auftritten von Sex Pistols, Iggy Pop, The Clash u.a.
Dokumentarfilm über die einzige US-Tournee der Band »Sex Pistols«, die den Punk bekannt gemacht hat. Zu sehen sind Konzertszenen und Interviews mit Musikern, Produzenten, Kritikern, Fans und Punk-Gegnern. Ein ungeschöntes und teilweise äußerst komisches Dokument einer anar-

Ossie Davis (zweiter von rechts) und Spike Lee (im Baseball-Hemd) in ›Do the Right Thing‹.

Durchgeknallter Thriller mit kühler Optik im Comicstil um einen Obergangster und seinen Kommissar-Gegenspieler. Nicht mehr als eine bluttriefende Gewaltorgie, die auf stilisierte Ästhetik hingetrimmt ist.
HFJ 1999

Doc D284
DOC ****
USA 1971, 96 Min., F
R: Frank Perry D: Stacy Keach, Faye Dunaway, Harris Yullin
Die strahlenden Helden von einst als Schmarotzer und Killer, der Marshall Wyatt Earp als zwielichtiger Typ, der schwindsüchtige Doc hier ohne Glorienschein. »Es klingt ganz so als wären wir üble Burschen«, meint Earp, und Doc kontert: »Ja, so klingt es.« Das war Perrys Kommentar zu Nixons Wahlkampf.

Doc Hollywood D285
DOC HOLLYWOOD ***
USA 1991, 103 Min., F
R: Michael Caton-Jones D: Michael J. Fox, Julie Warner, Barnard Hughes
Ein Jungmediziner mit Ambitionen auf

Doc Savage – Der Mann aus Bronze D286
**
DOC SAVAGE – THE MAN OF BRONCE
USA 1975, 100 Min., F
R: Michael Anderson D: Ron Ely, Paul Gleason, Bill Lucking
Ein steinreicher und mit technischen Gadgets arbeitender US-Superheld und seine Freunde erteilen dem Bösen in der Welt und speziell in einem südamerikanischen Phantasiestaat eine Absage. Nach einer Groschenheftserie. LSFF

Die Docks von New York D287
THE DOCKS OF NEW YORK ****
USA 1928, 76 Min., s/w
R: Josef von Sternberg D: George Bancroft, Betty Compson, Olga Baclanova, Clyde Cook, Mitchell Lewis
Ein etwas grober Heizer rettet eine Selbstmörderin, heiratet sie aus Mitleid und verliebt sich schließlich wirklich in sie. Großes, atmosphärisches Stummfilmkino, das durch die aufwendige Ausstattung und die imposanten Bauten besticht.

Dodeskaden – Menschen im Abseits D288
*****

Metropole Tokio, eine Geschichte vom Sterben. Ein Film von geradezu ungeheurer ästhetischer und moralischer Kraft.

Dogfight D289
DOGFIGHT ***
USA 1991, 92 Min., F
R: Nancy Savoca D: River Phoenix, Lili Taylor, Richard Panebianco
Am Vorabend seiner Einschiffung nach Vietnam veranstaltet Eddie mit seinen Kameraden einen »Dogfight«, bei dem der gewinnt, der das häßlichste Mädchen aufgerissen hat. Doch alles kommt anders: Eddie verliebt sich in sein »Opfer«, die schüchterne Kellnerin Rose. HFJ 1993

Der Doktor – Ein gewöhnlicher Patient D290 **
THE DOCTOR
USA 1991, 125 Min., F
R: Randa Haines D: William Hurt, Christine Lahti, Mandy Patinkin
»Gott in Weiß« findet sich als Patient in seiner eigenen Klinik wieder und besinnt sich nach dieser Erfahrung wieder der moralischen Verpflichtung des Ärztestands. »Kittelmelodram« ohne besondere Höhepunkte. HFJ 1992

Doktor Faustus D291
DOCTOR FAUSTUS ***
GB 1967, 92 Min., F
R: Richard Burton D: Richard Burton, Andreas Teuber, Elizabeth Taylor
Verfilmung des Faust-Dramas von Christopher Marlowe, vom Titelhelden selbst inszeniert, was eine Kritikerin zu der Anmerkung veranlaßte, es handle sich hier um die Story eines Mannes, der seine Seele für Elizabeth Taylor verkaufte.

Doktor Faustus D292
****
BRD 1982, 137 Min., F
R: Franz Seitz D: Jon Finch, André Heller, Hanns Zischler, Hans Korte
Adrian Leverkühn, dessen faustisches Wesen, stolz, hochmütig und nach Erkenntnis hungernd, sich der mathematischen Strenge und der mythischen Vieldeutigkeit der Musik verschreibt, tritt in einen Pakt mit dem Satan und erhebt sich zu hemmungsloser dämonischer Genialität. Preis für die originäre Kreativität ist eine begrenzte Lebensspanne und eine wissentlich eingefangene Syphilis. Nach dem Roman von Thomas Mann.

Doktor Popaul D293
DOCTEUR POPAUL ****
Frankreich/Italien 1972, 95 Min., F
R: Claude Chabrol D: Jean-Paul Belmondo, Mia Farrow, Laura Antonelli
Medizinstudent mit einer merkwürdigen Vorliebe für häßliche Mädchen gerät an die unansehnliche, gehbehinderte Tochter des Chefs einer Klinik, der ihm die Leitung seines Hospitals verspricht, wenn er sie heiratet. Eine zynische Komödie aus der Zeit, als Claude Chabrol noch Vergnügen darin fand, sein Publikum zu schockieren.

Omar Sharif und Julie Christie in David Leans ›Doktor Schiwago‹.

Doktor Schiwago D294
DOCTOR ZHIVAGO ****
USA 1965, 200 Min., F
R: David Lean D: Omar Sharif, Geraldine Chaplin, Julie Christie, Rod Steiger, Alec Guinness, Tom Courtenay
Monumentale Film-Version des Romans von Boris Pasternak um die bewegte Lebens- und Liebesgeschichte eines Arztes und Schriftstellers vor dem Hintergrund der russischen Revolution. Eine echte publikumswirksame Hollywood-Schmonzette.

Dr. Coppelius D295
COPPELIA **
USA 1966, 99 Min., F
R: Ted Kneeland D: Walter Slezak, Claudia Corday, das Harkness Ballet
Dr. Coppelius liebt nur seine mechanischen Puppen und droht alle Wirklichkeit zu verlieren. Da muß etwas geschehen. Altmodischer Tanzfilm für Freunde des Genres.

Dr. Detroit D296
DR. DETROIT ***
USA 1982, 91 Min., F
R: Michael Pressman D: Dan Aykroyd, Howard Hesseman, Donna Dixon, Lydia Lei
Ein trotteliger Literatur-Professor findet sich unfreiwillig als Unterweltkönig und Callgirl-Manager wieder. Eine Verwandlungs- und Verwechslungskomödie mit Durchhängern.

Dr. Dolittle D297
DR. DOLITTLE ***
GB 1966, 150 Min., F
R: Richard Fleischer D: Rex Harrison, Anthony Newley, Samantha Eggar
Tierarzt, der mit seinen Patienten sprechen kann, sucht mit seinen Freunden in der Südsee nach einer Riesenschnecke. Bunter Kinderfilm, der zwar an der Kasse erbärmlich floppte, aber nett anzusehen ist. LFF

Dr. Fummel und seine Gespielinnen D298 *
BRD 1969, 80 Min., F
R: Albert Trenalg D: Michael Cromer, Franz Muxeneder
Provinztrottel gerät irrtümlich in einen »Massagesalon« und lernt die Damen

des Gewerbes kennen. Infantiler Sexrummel mit Deutschlands führendem Lederwarenhersteller (MCM).

Dr. Hackenstein D299
DR. HACKENSTEIN **
USA 1989, 88 Min., F
R: Richard Clark D: David Muir, Stacey Travis, Catherine Davis
Zu Anfang des Jahrhunderts versucht ein Möchtegern-Frankenstein namens Hackenstein, aus drei Unfallopfern einen ansehnlichen Körper für seine Gattin zusammenzuflicken. Ulkfilm.

Dr. Heckyl und Mr. Hype D300
DR. HECKYL AND MR. HYPE *
USA 1980, 99 Min., F
R: Charles B. Griffith D: Oliver Reed, Sunny Johnson, Maia Danziger
Der potthäßliche Dr. Heckyl kommt bei den Damen nicht an. Als er abspeckt, wird er zwar schöner, aber die Frauen wollen nichts von ihm wissen. Nun bringt er sie um. Verunglückte Parodie auf *Dr. Jekyll und Mr. Hyde.*

Dr. Holl D301
**
BRD 1951, 98 Min., s/w
R: Rolf Hansen D: Maria Schell, Carl Wery, Dieter Borsche
Ein Arzt soll auf Bitten ihres Vaters, der ihm alle Möglichkeiten zur Erforschung ihrer Krankheit bietet, eine unheilbar kranke Frau heiraten. Tränendrücker der deutschen Arztfilm-Welle.

Dr. Jekyll und Mr. Hyde D302
DR. JEKYLL AND MR. HYDE ****
USA 1932, 90 Min., F
R: Rouben Mamoulian D: Frederic March, Miriam Hopkins, Rose Hobart
Arzt entwickelt Serum, um den Beweis anzutreten, daß in jedes Menschen Brust zwei Seelen wohnen, doch seine Persönlichkeit spaltet sich, und er wird zu einem viehischen Rohling. Klassischer Horrorfilm nach Robert

Inhalt siehe Dr. Jekyll und Mr. Hyde. Dieses Remake ist – kaum zu fassen – eine Musical-Version des gleichen Stoffes, produziert für das Fernsehen. LSFF

Dr. Jekyll und Sister Hyde D304
DR. JEKYLL AND SISTER HYDE ***
GB 1971, 94 Min., F
R: Roy Ward Baker D: Ralph Bates, Martine Beswick, Gerald Sim
Nach Injektion eines weiblichen Frischzellenhormons wird Dr. Jekyll zur nuttenmordenden Femme fatale, da er ständig Blutnachschub braucht. Neue Variante der Geschichte vom verklemmten Mediziner, diesmal mit bisexuellen Untertönen. LSFF

Dr. Jekylls unheimlicher Horrortrip D305
DR. JEKYLL E GENTILE SIGNORA **
Italien 1980, 98 Min., F
R: Steno D: Edwige Fenech, Paolo Villaggio, Gordon Mitchell, Janet Miles

Düngemittel, das Menschen und Tiere mutieren läßt, soll von Dr. Jekyll zu Kaugummi verarbeitet werden. Ulkige Komödie, die Klischees des Horror- und SF-Films auf die Schippe nimmt.

Dr. Kildare: Verhängnisvolle Diagnose D306
DR. KILDARE'S CRISIS **
USA 1940, 72 Min., s/w
R: Harold S. Bucquet D: Lew Ayres, Laraine Day, Lionel Barrymore
Ein nicht sonderlich bemerkenswerter Film aus der Serie der Arztfilme um Dr. Kildare, der bei MGM zwischen 1938 und 1947 als Programmfüller entstanden ist.

Dr. M D307
**
BRD/Fr/It 1989, 116 Min., F
R: Claude Chabrol D: Alan Bates, Jennifer Beals, Jan Niklas
Inhaber eines Medienkonzerns treibt die Menschen in den Selbstmord, weil

Frederic March in seiner lüsternen Phase in ›Dr. Jekyll und Mr. Hyde‹.

er ihr Leben als Energie für sein stählernes Herz benötigt. Claude Chabrols Hommage an die Mabuse-Filme Fritz Langs ist ein wenig blutleer geraten.

Dr. Mabuse, der Spieler D308
*****
Deutschland 1922, 102 Min., s/w
R: Fritz Lang D: Rudolf Klein-Rogge, Aud Egede Nissen, Alfred Abel
Zweiteiliges melodramatisches Kriminal-Meisterwerk um einen Psychopathen, der mit seinen hypnotischen Fähigkeiten Menschen ins Unglück stößt und Macht an sich reißt. Fritz Langs perfekt strukturierter Film, der die Neue Sachlichkeit einläutete, besticht auch durch seine Kritik an verlogener Bürgermoral und krankhafter Vergnügungssucht.

Dr. med. Fabian: Lachen ist die beste Medizin D309 **
BRD 1969, 82 Min., F
R: Harald Reinl D: Hans-Joachim Kulenkampff, Martin Held
Episoden aus dem Leben eines Oberarztes in einer Berliner Klinik. Cineastische Fehlbehandlung.

Dr. med. Françoise Gailland D310
DOCTEUR FRANÇOISE GAILLAND ***
Frankreich 1975, 90 Min., F
R: Jean-Louis Bertuccelli D: Annie Girardot, Jean-Pierre Cassel
Eine Ärztin erfährt von ihrer Krebserkrankung und lernt in der Lebenskrise ihre Beziehungen zu ihrem Mann und ihren Töchtern neu zu definieren. Bertuccelli kann sein cineastisches Talent auch hier nicht verleugnen.

Dr. med. Hiob Prätorius D311
***
BRD 1964, 92 Min., F
R: Kurt Hoffmann D: Heinz Rühmann, Liselotte Pulver, Fritz Rasp
Komödie um einen liebenswerten Arzt, der den Kampf gegen den Virus der menschlichen Dummheit aufgenommen hat und sich der Mißgunst seiner Berufskollegen erwehren muß. Glatte Inszenierung Hoffmanns, die nicht an den Witz der Vorlage von Curt Goetz herankommt.

Dr. Petiot D312
DR. PETIOT ***
Frankreich 1989, 101 Min., F
R: Christian de Chalonge D: Michel Serrault, Pierre Romans
Im Paris des Zweiten Weltkriegs ermordet ein Arzt Juden, die von ihm Schutz und Rettung vor den Nazi-Schergen erhoffen. Ein düsteres, fast surrealistisches, auf Tatsachen beruhendes Porträt, mit einem glänzend spielenden Michel Serrault in der Titelrolle. HFJ 1991

Dr. Seltsam, oder wie ich lernte, die Bombe zu lieben D313 *****
DR. STRANGELOVE OR HOW I LEARNED TO STOP WORRYING AND LOVE THE BOMB
GB 1963, 95 Min., s/w
R: Stanley Kubrick D: Peter Sellers, George C. Scott, Sterling Hayden
Ein US-General dreht durch und trifft alle Vorbereitungen für das Ende der Welt. Ätzende Satire auf die in den USA herrschende Kommunistenangst, mit mehreren Paraderollen für Peter Sellers, bei der einem das Lachen im Halse stecken bleibt. LSFF

Dr. Zyklop D314
DR. CYCLOPS ***
USA 1940, 78 Min., F
R: Ernest B. Schoedsack D: Albert Dekker, Janice Logan, Thomas Coley
Wissenschaftler, der eine Methode entwickelt hat, Lebewesen schrumpfen zu lassen, benutzt Besuchergruppe als unfreiwillige Versuchskaninchen. Klassischer SF-Film mit, für seine Zeit, guten Tricks. LSFF

Dolche in der Kasbah D315 ***
WHERE THE SPIES ARE
GB 1965, 113 Min., F
R: Val Guest D: David Niven, Françoise Dorleac, John Le Mesurier
Landarzt läßt sich überreden, für den Geheimdienst Ihrer Majestät zu wirken, und verhindert einen Anschlag auf einen arabischen Prinzen. Nicht ernst gemeinter Agentenfilm, in dem die Guten selbstverständlich gut und die Russen böse sind.

Der Dollarregen D316
MILLION DOLLAR BABY ***
USA 1941, 92 Min., s/w
R: Curtis Bernhardt D: Ronald Reagan, Priscilla Lane, Jeffrey Lynn, May Robson
Eine Angestellte in einem Warenhaus bekommt anonym einen Scheck über eine Million Dollar, wird aber mit dem neuen Reichtum nicht glücklich. Romantisches Sozialmärchen.

Dolores D317
DOLORES CLAIBORNE ***
USA 1995, 131 Min., F
R: Taylor Hackford D: Kathy Bates, Jennifer Jason-Leigh, Christopher Plummer
Als eine reiche und tyrannische Witwe durch einen Treppensturz stirbt, verdächtigt die Polizei deren langjährige Haushälterin des Mordes. Die Tochter eilt ihr zu Hilfe und wird mit lang verdrängten Erinnerungen aus der Kindheit konfrontiert. Das düstere Drama in dörflichem Ambiente sorgt mit überraschenden Wendungen für psychologische Spannung. HFJ 1996

Dominick & Eugene D318
DOMINICK & EUGENE ****
USA 1988, 109 Min., F
R: Robert Young D: Tom Hulce, Ray Liotta, Jamie Lee Curtis
Einfühlsames Melodrama ohne Sentimentalitäten über die Beziehung zweier Zwillingsbrüder, von denen der eine seit seiner Kindheit geistig behindert ist. Als der andere sich verliebt und in eine andere Stadt ziehen will, erlebt das bisher ausgeglichene Verhältnis konfliktreiche Spannungen.

Domino D319
***
BRD 1982, 118 Min., s/w und F
R: Thomas Brasch D: Katharina Thalbach, Bernhard Wicki
Lisa ist Schauspielerin und in den letzten zwölf Tagen des Jahres allein in Berlin. Sie erfährt Dinge, die sie bisher nicht wußte. Für Lisa ändert sich alles: Ihr begegnet ein Mann, der vielleicht ihr Vater war. Sie spielt mit sich selbst Domino und am Ende geht sie in eine andere Welt.

Das Domino-Komplott D320
THE DOMINO PRINCIPLE ***
USA 1977, 90 Min., F
R: Stanley Kramer D: Gene Hackman, Candice Bergen, Richard Widmark, Mickey Rooney
Strafgefangener kommt frei, weil er einen Auftrag für eine anonyme staatliche Behörde ausführt, und wird Opfer einer Geheimdienst-Intrige. Desillusionierter Agententhriller mit scharfer Kritik an der CIA als »Staat im Staate«.

Don Camillo und Peppone D321
LE PETIT MONDE DE DON CAMILLO ****
Fr/It 1952, 102 Min., s/w
R: Julien Duvivier D: Fernandel, Gino Cervi, Vera Talqui
Erster und schönster Film der »Don Camillo«-Serie um den streitbaren Pfarrer und den kommunistischen Bürgermeister nach den Romanen von Giovanni Guareschi.

Don Giovanni D322
DON GIOVANNI ****
Fr/It/BRD 1979, 184 Min., F
R: Joseph Losey D: Ruggero Raimondi, John Macurdy, Edda Moser, Kiri Te Kanawa
Bildmächtige und intensive Filmfassung von Mozarts Oper aus dem Jahr 1787.

Der Don ist tot D323
THE DON IS DEAD **
USA 1973, 115 Min., F
R: Richard Fleischer D: Anthony Quinn, Frederic Forrest, Al Lettieri
Der nur bedingt geglückte Versuch, sich mit einer gewalttätigen Story über Mafia-Kämpfe in Las Vegas an den Erfolg von Coppolas *Der Pate* anzuhängen.

Don Juan Demarco D324
DON JUAN DEMARCO AND THE CENTERFOLD ****

Don Camillo (Fernandel) nützt die praktischen Seiten des Glaubens.

deren auch die mit Umgang haben, in den Bann des Erotomanen. Er entdeckt die Liebe zu seiner Frau neu, wagt den Sprung in die Welt der Phantasie und Leidenschaft. Diese moderne Version des Klassikers »Don Juan« ist ein Trip ins Land der Sehnsüchte und Träume, Balsam für gestreßte Seelen. HFJ 1996

Don Juan '73 D325
DON JUAN 73 OU ET SI DON ***
Frankreich/Italien 1972, 90 Min., F
R: Roger Vadim D: Brigitte Bardot, Maurice Ronet, Mathieu Carrière
Weiblicher Don Juan lebt seine Triebe hemmungslos aus und macht die Machos ordentlich runter. Eine Paraderolle für Brigitte Bardot, ansprechend inszeniert und fotografiert.

Don Santiagos späte Liebe D326
LO QUE LE PASO A SANTIAGO ***
Puerto Rico 1989, 101 Min., F
R: Jacobo Morales D: Tommy Muniz, Gladys Rodriguez
Ein 65jähriger trifft in den Parkanlagen von Santiago eine schöne junge Frau, die sein Leben verändert. Weil ihr zweiter Mann zu bieder ist, »erweckt« eine Ehefrau ihren verstorbenen ersten Gatten wieder zum Leben. Deftige Sex-Komödie, deren satirische Ansätze freilich eher oberflächlich bleiben.

Der Donauschiffer D328
A DUNAI HAJÓS ***
Ungarn 1974, 101 Min., F
R: Miklós Markos D: Gábor Koncz, Gábor Agárdy, István Bujtor
Ein Mann, der in einem Boot von der Quelle bis zur Mündung der Donau fahren will, wird von Polizisten beobachtet. Abenteuerkrimi mit unverhofften Wendungen, nach einem Roman von Jules Verne.

Donauwalzer D329
***
BRD/Österreich 1984, 99 Min., F
R: Xaver Schwarzenberger D: Hans Michael Rehberg, Christiane Hörbiger, Axel Corti, Jane Tilden
Der seit zwanzig Jahren totgeglaubte Taddek taucht eines Abends vor der Haustüre seiner früheren Freundin, der in bürgerlicher Ruhe wohnenden

Donegal, König der Rebellen D330 ***
THE FIGHTING OF PRINCE DONEGAL
GB 1966, 109 Min., F
R: Michael O'Herlihy D: Peter McEnery, Susan Hampshire, Tom Adams
Ein irischer Rebell bemüht sich, die Clans seines Landes gegen die Truppen der englischen Königin zu einen. Ein Film, der alles enthält, was Jungen gern sehen: Blitzende Degen, mutige Burschen und Action-Abenteuer.

Donna Donna! D331
DONNA DONNA! **
Niederlande 1988, 87 Min., F
R: Hans und Luc van Beek D: René van't Hof, Simone Walraven, Joke Tjalsma, Glenn Durfort
Donna ist eine Frau nach Felix' Geschmack – doch leider kennt der tölpelhafte Hauptdarsteller seine Herzdame nur vom Plakat. Wie sich schließlich alles doch noch zum Guten wendet, erzählen die Herren van Beek in ihrer lauen, stereotypen Komödie.

Donner, Blitz und Sonnenschein D332 ***
Deutschland 1936, 92 Min., s/w
R: Erich Engel D: Karl Valentin, Liesl Karlstadt, Reinhold Bert, Hans Leibelt
Ein reichlich holprig inszenierter Schwank über Verwirrungen um Liebe und Geld. Karl Valentin als Schneidermeister Huckebein wird jedoch viel zuwenig Raum geboten, um seinen typischen anarchischen Wortwitz zur Geltung zu bringen.

Donner in der Sonne D333
THUNDER IN THE SUN **
USA 1959, 81 Min., F
R: Russell Rouse D: Jeff Chandler, Susan Hayward, Jacques Bergerac
Ein Scout führt eingewanderte Basken ins kalifornische Nappa Valley, da sie dort Wein anpflanzen möchten – sehr zum Unwillen der biertrinkenden Landbesitzer. Lahmer Western.

Donnernde Hufe D334
THUNDER OVER THE PLAINS ***
USA 1953, 80 Min., F
R: André De Toth D: Randolph Scott, Lex Barker, Phyllis Kirk
Nach Beendigung des amerikanischen Bürgerkrieges steht ein aufrechter Südstaatenoffizier im Dienst der Yankees den Bewohnern seiner Heimat gegen Spekulanten und Tagediebe bei. Unterhaltsamer Western.

Donnie Brasco D335
DONNIE BRASCO ****
USA 1997, 126 Min., F
R: Mike Newell D: Al Pacino, Johnny Depp, Michael Madsen
Undercover-Agent findet in einem alternden Mafioso, den er eigentlich auffliegen lassen soll, einen väterlichen Freund. Melancholisches Epos, dessen Thema in einer überstilisierten Inszenierung verlorengeht. HFJ 1998

Don's Party D336
DON'S PARTY ***
Australien 1976, 90 Min., F
R: Bruce Beresford D: John Hargreaves, Ray Barret, Claire Buinney
Eine grimmige und ungeheuer komische Satire über das Verhalten australischer Wohlstandsbürger, die sich genauso schlecht benehmen wie ihre Gleichgesinnten anderswo.

The Doors D337
THE DOORS ****
USA 1991, 140 Min., F
R: Oliver Stone D: Val Kilmer, Frank Whaley, Kevin Dillon
Filmische »Biographie« über den amerikanischen Rocksänger Jim Morrison und seine Freunde, die sich 1965 in Kalifornien zusammentaten, um als Band Karriere zu machen. Ein Film über Sex 'n Drugs 'n Rock 'n' Roll, den Ray Manzarek, der Organist der Gruppe, im nachhinein als »Fiction« bezeichnet hat. Gute Musik!

Der Doppeladler D338
L'AIGLE A DEUX TETES ****
Frankreich 1948, 88 Min., s/w
R: Jean Cocteau D: Jean Marais, Edwige Feuillère, Silvia Monfort
Ein Anarchist, der die Königin töten soll, verliebt sich in sie, und sie erwidert seine Liebe, weil er sie an ihren Mann erinnert. Verfilmung von Cocteaus eigenem allegorisch-poetischen Theaterstück.

Die Doppelgänger von Sacramento D339 ***
OUR RELATIONS/OUR WIFE
USA 1931/36, 94 Min., s/w
R: Harry Lachman, James W. Horne D: Stan Laurel, Oliver Hardy, Ben Turpin, James Finlayson, Sidney Toker
Zwei Matrosen sollen im Auftrag ihres Kapitäns einen kostbaren Brillanten übergeben und werden an Land mit ihren Zwillingsbrüdern verwechselt. Lockere Komödie in typischer Laurel & Hardy-Manier.

Ein Doppelleben D340
A DOUBLE LIFE ***
USA 1947, 103 Min., s/w
R: George Cukor D: Ronald Coleman, Signe Hasso, Edmond O'Brien
Ein Othello-Darsteller ermordet seine Freundin aus Eifersucht und nimmt sich nach seiner Entlarvung auf der Bühne das Leben. Ausdrucksstarker und visuell dichter Thriller nach einer Vorlage von Ruth Gordon und Garson Kanin.

Das Doppelleben der Sister George D341 *****
THE KILLING OF SISTER GEORGE
USA 1968, 134 Min., F
R: Robert Aldrich D: Beryl Reid, Susannah York, Coral Browne
Eine alternde Schauspielerin verliert zuerst ihre Rolle und dann ihre Geliebte. Die Darstellung lesbischer Liebe in diesem intensiven Psychodrama führte bei der Uraufführung zu einem Skandal.

Das Doppelleben des Dr. Clitterhouse D342 ***
THE AMAZING DR. CLITTERHOUSE
USA 1938, 87 Min., s/w
R: Anatole Litvak D: Edward G. Robinson, Humphrey Bogart, Claire Trevor
Arzt aus der amerikanischen High Society sammelt wissenschaftliches Material über das Verbrechen und die Gefühle von Kriminellen während der Tat, indem er eine Gangsterbande anführt. Gangsterstreifen mit parodistischen Elementen; ein Film, den Humphrey Bogart nur »Dr. Clitoris« nannte, und den er am meisten verabscheute.

Das Doppelleben des Herrn Mitty D343
****
THE SECRET LIFE OF WALTER MITTY
USA 1947, 105 Min., F
R: Norman Z. McLeod D: Danny Kaye, Virginia Mayo, Fay Bainter
Lektor eines amerikanischen Schundverlags, im Grunde ein Hase von einem Menschen, wird durch die Lektüre der von ihm begutachteten Manuskripte alle naselang in eine Phantasiewelt versetzt, in der die haarsträubendsten Dinge passieren. Eine witzige, unterhaltsame Groteske, in der Danny Kaye (und Georg Thomalla, seine Synchronstimme) alle Register ihres Könnens ziehen.

Das Doppelleben eines Arztes D344
***
NON COUPABLE
Frankreich 1946, 91 Min., s/w
R: Henri Decoin D: Michel Simon, Jany Holt, Jean Debucourt, Jean Wall
Spannender und technisch versierter Thriller um einen leichtlebigen Arzt, der seine makabre Egozentrik mit mehreren geschickt begangenen Morden unter Beweis stellt. Als er bei der Polizei ein Geständnis ablegt, schenkt ihm niemand Glauben.

Doppelmord in Rom D345
DOPPIO DELITTO **
Italien/Frankreich 1977, 102 Min., F
R: Steno (= Stefano Vanzina)
D: Marcello Mastroianni, Ursula Andress, Agostina Belli, Peter Ustinov
Trotteliger Kommissar erhält die Chance seines Lebens, als fast vor seinen Augen zwei Morde geschehen. Römische Komödie mit eher klamottigen Zügen und gut aufgelegten Schauspielern.

Das Doppelspiel D346
THE SQUEEZE **
USA 1986, 102 Min., F

Das doppelte Lottchen D347
***
BRD 1950, 98 Min., F
R: Josef von Baky D: Jutta Günther, Isa Günther, Peter Mosbacher
Die elfjährigen Zwillingsschwestern Lotte und Luise, in frühester Kindheit durch Scheidung ihrer Eltern getrennt, finden sich in einem Ferienheim und führen ihre Eltern wieder zusammen. Erich Kästner schrieb das Drehbuch und tritt auch als Kommentator auf. Kinderfilm-Klassiker.

Der doppelte Mann D348
THE DOUBLE MAN ***
GB 1966, 102 Min., F
R: Franklin J. Schaffner D: Yul Brynner, Anton Diffring, Britt Ekland
CIA-Agent findet bei der Untersuchung des Todes seines Sohnes in einem Schweizer Skiort heraus, daß das Ganze eine Falle ist und er durch einen Doppelgänger ersetzt werden soll.

Doppeltes Dynamit D349
DOUBLE DYNAMITE ***
USA 1978, 87 Min., F
R: Irving Cummings D: Groucho Marx, Frank Sinatra, Jane Russell
Mittelmäßige Komödie über einfache Leute, die letztendlich doch das große Glück machen. Die dünne Story liefert den Hintergrund für ausgezeichnete Darstellungen von Groucho Marx und, mit Abstrichen, auch von den anderen Darstellern.

Das Dorf der Verdammten D350
VILLAGE OF THE DAMNED ****
GB 1959, 77 Min., s/w
R: Wolf Rilla D: George Sanders, Barbara Shelley, Michael Gwynne
Zwölf mysteriöse Kinder in einer englischen Kleinstadt erweisen sich als telepathisch begabter Voraustrupp einer Alien-Invasion. Ein unheimlicher SF-Thriller nach einem Roman von John Wyndham. LSFF

Die Chefin eines Medienkonzerns sucht sich einen Dandy, um ihn verkaufswirksam aufzubauen und dann wieder fallenzulassen. Opernhaft-barocker Film über die heimtückische Infiltrierung unserer Gehirne durch die Medien-Multis. Trotz eindrucksvoller Bilder gelingt die Behandlung des Themas wegen inhaltlicher Überfrachtung nur teilweise.

Dormire D352
***
BRD 1985, 91 Min., F
R: Nikolaus Schilling D: Sunnyi Mellers, Sabine Trooger, Markus Helis
Zwei Frauen im Nachtzug von Hamburg nach München. Eine Journalistin und eine geheimnisvolle Frau ohne Gepäck. Ein traumatisches Psycho-Drama entwickelt sich im Abteil.

Dorothea Angermann D353
***
BRD 1958, 106 Min., s/w
R: Robert Siodmak D: Ruth Leuwerik, Bert Sotlar, Alfred Schieske
Pfarrerstochter ist des Mordes an ihrem Ehemann angeklagt, den sie unter Zwang geheiratet hat, nachdem sie nach seiner Vergewaltigung schwanger wurde. Drama nach Gerhart Hauptmann.

Dorotheas Rache D354
***
BRD 1973, 92 Min., F
R: Peter Fleischmann D: Anna Henkel, Gunther Thiedicke, Regis Genger
Die Odyssee eines siebzehnjährigen Mädchens in einer Welt von Prostitution, Sadismus und erotischem Wahn mit Anklängen an Buñuel und Pasolini, doch von teutonischer Erdenschwere.

Dotterbart D355
YELLOWBEARD **
GB 1983, 101 Min., F
R: Mel Damski D: Graham Chapman, Peter Boyle, Richard Marin

Die Drei wollen zur Tankstelle: Tom Waits, John Lurie und Roberto Benigni.

Double Indemnity
Siehe: Frau ohne Gewissen

Down by Law D356
DOWN BY LAW ****
USA 1986, 106 Min., s/w
R: Jim Jarmusch D: Tom Waits, John Lurie, Roberto Begnini
Ein versoffener Discjockey, ein Möchtegern-Zuhälter und ein Italiener mit eher mangelhaften Englischkenntnissen finden sich im Gefängnis zusammen und flüchten gemeinsam.

Der Drache Daniel D357
***
DDR 1989, 79 Min., F
R: Hans Kratzert D: Jens Sander, Gunnar Helm, Kathrin Waligura
Die Geschichte des achtjährigen Daniel, der in seine Lehrerin »verliebt« ist. Um sie zu behalten, verwandelt er sich in einen Drachen und entführt die »Angebetete«. Bis er wieder eine menschliche Gestalt annimmt, erlebt er aufregende Abenteuer. Amüsanter, komischer Kinderfilm. HFJ 1991

Drachenfutter D358
***
BRD 1987, 79 Min., F
R: Jan Schütte D: Bhasker, Ric Young, Buddy Uzzaman
Trotz drohender Abschiebung versucht ein junger Pakistani zusammen mit seinem chinesischen Freund in Hamburg seinen Weg zu machen. Ein Asylantenschicksal, das uns auf schlichte, jedoch eindrucksvolle Art näher gebracht wird.

Das Drachenschloß D359
THE DRAGON OF PENDRAGON CASTLE ***
GB 1950, 60 Min., s/w
R: John Baxter D: Peter Judith, Robin Netscher, David Hannaford
Kinder eines Schloßbesitzers stoßen beim Holzsammeln auf einen Drachen, den sie als Heizer des alten Gemäuers einsetzen, was einige Probleme schafft. Ein netter, ansehbarer Jugendfilm für die ganze Familie.

Der Drachentöter D360
DRAGONSLAYER **
USA 1981, 110 Min., F
R: Matthew Robbins D: Peter MacNicol, Caitlin Clarke, John Hallam
Junger Zauberlehrling sieht sich vor die Aufgabe gestellt, einen Jungfrauen verschlingenden Drachen in seine Schranken zu verweisen. Die heilige Einfalt war die Schutzpatronin dieser spinnerten US-Fantasy-Produktion. LFF

Dracula D361
DRACULA *****
USA 1931, 75 Min., s/w
R: Tod Browning D: Bela Lugosi, David Manners, Helen Chandler
Der vampirische Graf Dracula verläßt seine transsylvanische Heimat und stellt im nebligen London einer Dame nach. Der erste echte Horror-Tonfilm der Welt, den man mit Recht einen Klassiker nennen kann, fotografiert von Karl Freud, dem besten Kameramann des deutschen Kino-Expressionismus.

Dracula D362
HORROR OF DRACULA *****
GB 1958, 82 Min., F
R: Terence Fisher D: Christopher Lee, Peter Cushing, Michael Gough
Erster der zahlreichen Dracula-Remakes nach dem Krieg mit Farbe, viel mehr Blut und einer Prise Sex. Christopher Lee als charmanter und aristokratischer Verführer. Nach dem Roman von Bram Stoker. Einer der besten Vampirfilme aller Zeiten.

Dracula D363
DRACULA **
USA 1974, 100 Min., F
R: Dan Curtis D: Jack Palance, Nigel Davenport, Simon Ward, Fiona Lewis
Noch ein Remake des Films *Dracula*. Diese Version wurde fürs Fernsehen erstellt und entbehrt logischerweise allzu horribler Szenen. Ansehnlich nostalgische Ausstattung, annehmbare Darsteller.

Dracula D364
DRACULA **
USA 1979, 110 Min., F
R: John Badham D: Frank Langella, Laurence Olivier, Donald Pleasence
Völlig neue Version des berühmten Vampirromans von Bram Stoker, in der Graf Dracula von Anfang an in England lebt und seine Opfer verführt, statt in Schrecken zu versetzen. Mittelmäßig inszeniert.

Dracula – Nächte des Entsetzens D365
**
SCARS OF DRACULA
GB 1970, 95 Min., F
R: Roy Ward Baker D: Christopher Lee, Dennis Waterman, Jenny Hanley
Nach seinem Bruder suchend, geraten ein junger Mann und seine Braut in die Burg des Grafen Dracula und sehen sich zahlreichen blutsaugerischen Attacken ausgesetzt. Routiniertes Gruselprodukt ohne echten Wert.

Dracula braucht frisches Blut D366
**

THE SATANIC RITES OF DRACULA
GB 1973, 87 Min., F
R: Alan Gibson D: Christopher Lee, Peter Cushing, Barbara Yu-Ling
London 1973: Graf Dracula will mit Hilfe einflußreicher Jünger, die in seinem Haus an Blutorgien teilnehmen, und mit Bazillen die Menschheit ausrotten. Vampirexperte Van Helsing nimmt erneut den Kampf gegen ihn auf.

Dracula im Schloß des Schreckens D367
**

NELLA STRETTA MORSA DEL RAGNO
BRD/It/Fr 1971, 97 Min., F
R: Anthony M. Dawson D: Anthony Franciosa, Michèle Mercier
Journalist, der aufgrund einer Wette eine Nacht in einem Spukhaus verbringt, begegnet den Bewohnern des Jenseits, die ihm ihr grausiges Ende vorspielen. Episodenfilm, der mit Dracula nichts zu tun hat.

Dracula jagt Frankenstein D368
**

EL HOMBRE QUEL VINE DEL UMMO
LOS MONSTRUOS DEL TERROR
BRD/Italien/Spanien 1973, 86 Min., F
R: Tulio Demicheli D: Michael Rennie, Karin Dor, Craig Hill
Außerirdische Dunkelmänner zwingen einen Wissenschaftler, ihnen beim Ausrotten der Menschheit zu helfen. Statt eine Dioxinseuche zu starten, erweckt dieser Dracula, Frankensteins Monster und den Werwolf zum Leben. So kann man die Bösen leicht bezwingen. LSFF

Dracula jagt Mini-Mädchen D369
***

DRACULA A.D. 1972
GB 1972, 96 Min., F
R: Alan Gibson D: Christopher Lee,

Christopher Lee ist Terence Fishers ›Dracula‹ und der beste von allen.

Dracula und seine Bräute D370
***

THE BRIDES OF DRACULA
GB 1960, 85 Min., F
R: Terence Fisher D: Peter Cushing, David Peel, Martita Hunt
Eine junge Frau, die in einem Schloß eine Stellung antritt, befreit aus Mitleid den angeblich irren Sohn des Hauses von seinen Fesseln, ohne zu ahnen, daß sie damit einem Vampir die Freiheit schenkt.

Dracula und seine Opfer D371
**

BLOOD OF DRACULA'S CASTLE
USA 1968, 80 Min., F
R: Al Adamson D: John Carradine, Paula Raymond, Alex D'Arcy
Ein Vampirpärchen, das in einem Schloß lebt und junge Mädchen aussaugt, wird von einem Fotografen und seiner Braut entdeckt. Ein groteskes, von der Inkompetenz seiner Macher zeugendes Horrorfilmchen.

Absolut schwachsinniger Horrorfilm um einen Versuch des Grafen Dracula, das Monster Frankensteins wieder zum Leben zu erwecken. Eine Handlung, die an Chaos ihresgleichen vergeblich suchen wird. LSFF

Draculas Ende D373
*

LAST RITES
USA 1980, 81 Min., F
R: Dominic Paris D: Patricia Lee Hammond, Gerald Fielding
Ein vampirischer Leichenbestatter terrorisiert eine Familie in einem kleinen Dorf. Billiger Horrorfilm der Klasse Z. Für Freunde schlechter Filme ein wahrer Genuß.

Draculas Hexenjagd D374
**

TWINS OF EVIL
GB 1971, 87 Min., F
R: John Hough D: Peter Cushing, Madeleine Collinson, Mary

Draculas lüsterne Vampire D375
GUESS WHAT HAPPENED TO COUNT DRACULA *
USA 1970, 76 Min., F
R: Laurence Merrick D: Des Roberts, Claudia Barron, John Landon
Dracula als Discobesitzer! Um an die Freundin eines Deppen heranzukommen, verspricht er diesem, ihn zum Star zu machen, doch die Freundin will sich nicht beißen lassen. Ein läppisches Sexfilmchen, mit diversen Langzähnen durchsetzt.

Draculas Rückkehr D376
DRACULA HAS RISEN FROM THE GRAVE **
GB 1968, 92 Min., F
R: Freddie Francis D: Christopher Lee, Rupert Davis, Veronica Carlson
Nachdem ein Monsignore im Kampf gegen Graf Dracula den Kürzeren gezogen hat, stürzt sich ein Atheist in den Kampf gegen den Blutsauger und hat nach einigen Anlaufschwierigkeiten (ihm fehlt das Große Latinum) Erfolg.

Draculas Tochter und Professor Satanas D377 *
LA MUJER MURCIELAGO
Mexiko 1969, 78 Min., F
R: René Cardona D: Maura Monti, Hector Godoy, Roberto Canedo
Ein Wissenschaftler, dessen Irrsinn sich mit dem mancher Drehbuchautoren messen kann, läßt Muskelprotze entführen, um sie zu Fischmenschen zu machen. Draculas Tochter, inzwischen beim CIA, bringt ihn zur Strecke. LSFF

Draculas Todesrennen D378
CRASH **
USA 1976, 86 Min., F
R: Charles Band D: José Ferrer, Sue Lyon, John Ericson, Leslie Parrish
Ein magisches Amulett, das ein Auto steuert, macht aus vielen Menschen Matsch und aus anderen Fahrzeugen Schrott. Die Mär vom »besessenen« Sportwagen indes vermag nicht gerade Begeisterungsstürme zu erzeugen.

Draculas Witwe D379
DRACULA'S WIDOW **
USA 1988, 86 Min., F
R: Christopher Coppola D: Sylvia Kristel, Lenny von Dohlen
Ein Mädchen bewahrt den Besitzer eines Wachsfigurenkabinetts vor einem bösen Schicksal, indem es ihn vor den Umgarnungsversuchen der Witwe des Grafen Dracula bewahrt. Über Draculas Steuerberater könnte man auch noch einen hübschen Film machen.

Draculin D380
EL POBRECITO DRACULIN *
Spanien 1976, 90 Min., F
R: Juan Fortuny D: Joe Rigoli, Josele Roman, Victor Israel
Da man über dem Grab des letzten Vampirs eine Disco errichtet hat, emigriert dieser nach einigen Begegnungen mit unwilligen Frauen nach Transsylvanien, wo ihn der Biß einer Betrunkenen in Tiefschlaf fallen läßt.

Dragon – Die Bruce Lee Story D381
DRAGON – THE LIFE OF BRUCE LEE **
USA 1993, 119 Min., F
R: Rob Cohen D: Jason Scott Lee, Lauren Holly, Robert Wagner
Hollywood-Aufguß der Memoiren von Bruce Lees Witwe Linda Lee. Packende Kampfszenen können über das unvollständige und schiefe Bild vom Leben des Kung Fu-Stars nicht hinwegtäuschen. HFJ 1994

Dragonard – Die Sklavenpeitsche D382 **
DRAGONARD
USA 1987, 89 Min., F
R: Gerard Kikoine D: Oliver Reed, Eartha Kitt, Patrick Warburton
Erfolgssüchtiger Engländer betätigt sich im 18. Jahrhundert auf einer Insel der Karibik als öffentlicher Sklavenauspeitscher – bis sich ein Aufstand ankündigt. Ein mit Sadismen und Sex durchsetzter Billigstreifen.

Drango D383
DRANGO ***
USA 1957, 93 Min., F
R: Hall Bartlett, Jules Bricken D: Jeff Chandler, Joanne Dru, Julie London
Der Südstaatler Major Drango verwaltet nach dem Bürgerkrieg einen Ort und wird von der Bevölkerung mit Haß überschüttet, selbst Pfarrer und Richter stehen gegen ihn, bis sie merken, daß sie auf dem Holzweg sind.

Drauf und dran D384
THE GUNFIGHT AT DODGE CITY ***
USA 1958, 81 Min., F
R: Joseph M. Newman D: Joel McCrea, Julie Adams, John McIntire
Bat Masterson wird nach dem Tod seines Bruders zum Sheriff von Dodge City gemacht, schafft Ordnung in der Stadt und macht die Mörder seines Bruders dingfest. Ein solider Western, in dem nicht nur gerächt und geballert wird.

Der Draufgänger D385
BOOM TOWN ***
USA 1940, 116 Min., s/w
R: Jack Conway D: Clark Gable, Spencer Tracy, Claudette Colbert, Hedy Lamarr, Frank Morgan
Zwei Ölsucher in Texas rivalisieren miteinander um Frauen und Reichtum. Mit hochkarätigen Stars besetzter, humorvoller Film um Freundschaft und harte Burschen.

Der Draufgänger D386
THE LUSTY MEN ****
USA 1952, 95 Min., s/w
R: Nicholas Ray D: Robert Mitchum, Susan Hayward, Arthur Kennedy
Geschichte zweier Rodeo-Reiter: Jeff sucht das Abenteuer, Jimmy träumt von der eigenen Farm, doch auch er läßt seinen Lohn in den Saloons; spät, doch nicht zu spät erkennt er den Irrtum. Faszinierender Message-Western.

Der Draufgänger von Boston D387
IN OLD CALIFORNIA ***
USA 1942, 87 Min., s/w
R: William McGann D: John Wayne, Binnie Barnes, Albert Dekker
Ein Apotheker zieht sich in der Stadt Sacramento die Feindschaft des örtlichen Großkotzes zu, kann ihn aber nach allerlei Rückschlägen als Verbrecher entlarven. Ein unterhaltsamer Western alten Stils.

Dream a little Dream D388
DREAM A LITTLE DREAM **
USA 1988, 115 Min., F
R: Marc Rocco D: Corey Feldman, Meredith Salenger, Jason Robards
Zwischen einem jungen Liebespaar an einer amerikanischen High-School

und einem alten Ehepaar findet eine Art »Seelentransplantation« statt. Witzloser Schmarrn ohne Unterhaltungswert. HFJ 1990

Dreamscape D389
DREAMSCAPE ***
USA 1983, 95 Min., F
R: Joe Ruben D: Dennis Quaid, Max von Sydow, Christopher Plummer
Ein Mann, der sich in Träume anderer einklinken kann, wird von einem rechten Geheimdienstler benutzt, den friedliebenden US-Präsidenten zu manipulieren. Recht unterhaltsam und stellenweise spannend. HFJ 1987

Dreamtrap D390
DREAMTRAP *
USA 1985, 95 Min., F
R: Tom Logan, Hugh Parks D: Sasha Jenson, Kristy Swanson
Telepathisch begabter Student, der Probleme mit dem anderen Geschlecht hat, gewinnt mit Hilfe seiner Kräfte seine Angebetete. SF-Quatsch.

Das dreckige Dutzend D391
THE DIRTY DOZEN ****
USA/Spanien 1967, 150 Min., F
R: Robert Aldrich D: Lee Marvin, Ernest Borgnine, Robert Ryan, Charles Bronson, John Cassavetes
1944 werden zwölf zu lebenslänglicher Haft verurteilte amerikanische Soldaten mit der Aussicht auf Begnadigung zu einem Himmelfahrtskommando abgestellt. Mehr Abenteuer- als Kriegsfilm.

Dreckige Hunde D392
WHO'LL STOP THE RAIN? ***
USA 1978, 125 Min., F
R: Karel Reisz D: Nick Nolte, Tuesday Weld, Michael Moriarty
Ein Journalist schmuggelt mit Hilfe seiner Frau und eines Vietnam-Veteranen Heroin von Südostasien nach

Hartes Action-Drama um das Himmelfahrtskommando einer Söldnertruppe im Zweiten Weltkrieg. Diese wird unter dem Vorwand, Rommels Nachschub zu kappen, geopfert. Inszeniert mit zynischer Brillanz.

Dreckiger kleiner Billy D394
DIRTY LITTLE BILLY ***
USA 1972, 92 Min., F
R: Stan Dragoti D: Michael J. Pollard, Lee Purcell, Richard Evans
Ein Schmutzfink namens Billy zieht mit seinen Eltern in ein wüstes Kaff im Westen, lernt bei Säufern, Huren und Zockern das Leben kennen und wird zum Killer. Ein Western, der sich bemüht, den Mythos von Billy the Kid vom Kopf auf die Beine zu stellen.

Dreckiges Geld D395
LA MAUDITE GALETTE ***
Kanada 1985, 96 Min., F
R: Denys Arcand D: Luce Guilbeault, Marcel Sabourin
Ehepaar, mit Schrotthandel nicht eben reich geworden, will einen reichen Onkel um sein Geld bringen, aber wie es in Komödien mit sozialkritischem Touch zuzugehen pflegt, kommt alles ganz anders.

Dreckiges Gold D396
THE TRAIN ROBBERS ***
USA 1972, 98 Min., F
R: Burt Kennedy D: John Wayne, Ann-Margret, Ben Johnson
Eine Witwe heuert einen Trupp harter Burschen an, um einen Goldschatz zu suchen, den ihr verstorbener Gatte geraubt hat, doch dessen Kumpane sind noch aktiv ... Ein stellenweise langatmiger Dutzendwestern.

Der Dreckspatz und die Königin D397
****
THE MUDLARK
USA 1950, 99 Min., s/w
R: Jean Negulesco D: Irene Dunne,

Drei Amigos D398
THREE AMIGOS **
USA 1986, 105 Min., F
R: John Landis D: Steve Martin, Chevy Chase, Martin Short
Drei singende und tanzende Stummfilm-Cowboys, in der Nachfolge der »Glorreichen Sieben«, im Kampf gegen eine Horde mexikanischer Banditen. Die Geschichte wird allerdings bald nebensächlich, angesichts der komischen Attraktionen, die die Routiniers am laufenden Band präsentieren.

Drei auf Abenteuer D399
SOLDIERS THREE ***
USA 1951, 90 Min., s/w
R: Tay Garnett D: Stewart Granger, Walter Pidgeon, David Niven
Drei englische Soldaten im Indien der Kolonialzeit saufen und raufen sich durchs Leben. Abenteuerliche Militärhumoreske nach einer Story von Rudyard Kipling.

Drei auf einer Couch D400
THREE ON A COUCH **
USA 1966, 109 Min., F
R: Jerry Lewis D: Jerry Lewis, Janet Leigh, James Best
Ein Künstler ist mit einer Psychiaterin verlobt und versucht, die sexuellen Probleme ihrer Patientinnen zu lösen. Lahme Farce, die nur dann komisch ist, wenn sie es gar nicht sein will.

Drei Bruchpiloten in Paris D401
LA GRANDE VADROUILLE ***
Frankreich 1966, 101 Min., F
R: Gérard Oury D: Louis de Funès, André Bourvil, Terry Thomas
Ein Anstreicher und ein Dirigent retten mit zahlreichen Tricks während des Zweiten Weltkriegs drei englische Flieger aus Paris. Muntere Komödie.

Drei Brüder D402
TRE FRATELLI ****

Samuel Lebihan und Irène Jacob vor einem roten Tuch in ›Drei Farben: Rot‹.

licher Richter geworden, der andere ein linker Gewerkschafter, und der dritte von idealistischem Engagement geprägt. Die drei streiten sich und vergessen darüber den Schmerz über den Tod der Mutter und den Vater, der das »alte Italien«, die Einheit von Leben, Denken und Glauben verkörpert.

Drei Dirndl in Paris D403
*
BRD 1981, 91 Min., F
R: Jürgen Enz D: Eleonore Melzer, Peter Steiner, Marina Randel
Austauschschülerinnen, die für ihr Filmalter ganz schön alt aussehen, kommen nach Paris und leben sich aus. Sexfilm-Dutzendware.

Die drei Dorfheiligen D404
***
BRD 1949, 101 Min., s/w
R: Ferdinand Dörfler D: Joe Stöckel, Beppo Brem, Erhard Siedel
Drei bayerische Gemeinderäte halten sich über Jahre hinweg irrtümlich für die Väter eines unehelichen Kindes. Das führt in ihrem kleinen, von kirchlichem Konservativismus geprägten Dorf naturgemäß zu Unanehmlichkeiten. Derber Schwank, der Scheinheiligkeit und Heuchelei bloßlegt.

Drei Engel auf der Todesinsel D405
*
THE LOST EMPIRE
USA 1984, 83 Min., F
R: Jim Wynorski
D: Melanie Vincz, Raven De la Croix, Angela Aames
Drei amerikanische Agentinnen, die außer ihren Superbusen nichts vorzuweisen haben, legen einem auf einer Pazifikinsel lebenden Wissenschaftler das Handwerk, der mit dem Teufel im Bunde ist und die Weltherrschaft anstrebt. LSFF

Drei Farben: Blau D406
***
TROIS COULEURS: BLEU
Frankreich 1993, 97 Min., F
R: Krzysztof Kieslowski D: Juliette Binoche, Benoit Régent, Florence Pernel
Bei einem Autounfall verliert eine junge Frau ihre kleine Tochter und ihren Mann, einen berühmten Komponisten. Auf der Suche nach Freiheit und Vergessen trennt sie sich vollständig von ihrem bisherigen Leben.

Juliette Binoche

Drei Farben: Rot D407
****
TROIS COULEURS: ROUGE
Fr/Schweiz/Polen 1994, 99 Min., F
R: Krzysztof Kieslowski D: Irène Jacob, Jean-Louis Trintignant, Frédérique Feder
Drei Menschen treiben schicksalshaft aufeinander zu: Ein Fotomodell, ein pensionierter Richter und ein junger Jurist. Und wie immer bei Kieslowski spielt der Zufall eine Rolle. Dritter und formal bestechendster Teil der Trilogie über Freiheit, Gleichheit, Brüderlichkeit. Ein echtes Meisterwerk. HFJ 1995

Drei Farben: Weiß D408
****
TROIS COULEURS: BLANC
Frankreich 1993, 92 Min., F
R: Krzysztof Kieslowski D: Zbigniew Zamachowski, Julie Delpy, Janusz Gajos
Ein polnischer Friseur wird von seiner französischen Frau enttäuscht und kehrt in sein Land zurück. Dort rächt er sich auf seine Weise an der Angetrauten. Teil 2 der Trilogie über die Begriffe Freiheit, Gleichheit, Brüderlichkeit. Leicht ironischer Blick auf zwischenmenschliche Beziehungen und das post-kommunistische Polen. HFJ 1995

Drei Frauen D409
***
THREE WOMEN
USA 1976, 124 Min., F
R: Robert Altman D: Shelley Duvall, Sissy Spacek, Janice Rule
Altmans irritierendes Porträt dreier Frauen. Durch die Männergesellschaft zu leblosen Gebrauchsgegenständen degradiert, versuchen sie, aus dem Nichts heraus ein Leben ohne Männer zu verwirklichen.

Drei Fremde D410
***
THREE STRANGERS
USA 1946, 92 Min., s/w
R: Jean Negulesco D: Sidney Greenstreet, Geraldine Fitzgerald, Peter Lorre, Joan Lorring, Robert Shayne
Zwei Männer und eine Frau tun sich zusammen, um nach einer alten Sage das Glück zu finden. Bizarrer Film mit kriminalistischem Einschlag.

Drei Fremdenlegionäre D411
BEAU GESTE ***
USA 1939, 120 Min., s/w
R: William A. Wellman D: Gary Cooper, Ray Milland, Robert Preston
Drei Brüder aus England treten in die Fremdenlegion ein, werden in Kämpfe mit den Arabern verwickelt und haben unter einem brutalen Vorgesetzten zu leiden. Ein knackiges Abenteuer, nach dem Roman von P. C. Wren.

Drei Fremdenlegionäre D412
BEAU GESTE **
USA 1966, 103 Min., F
R: Douglas Heyes D: Telly Savalas, Guy Stockwell, Doug McClure
Remake des Films von 1939, in dem die Gewalt auf die Spitze getrieben wird und der Held am Ende überleben darf. Eine eindeutig billigere Version.

Drei Fremdenlegionäre D413
THE LAST REMAKE OF BEAU GESTE ***
USA 1977, 85 Min., F
R: Marty Feldman D: Marty Feldman, Ann-Margret, Trevor Howard
Ulkfassung der gleichnamigen Filme von 1939 und 1966, die sich einen Kehricht um die Romanvorlage schert: Hauptsache, Gags können abgefeuert werden. Und die gibt's reichlich.

Drei Freundinnen D414
LE AMICHE DEL CUORE ***
Italien 1992, 106 Min., F
R: Michele Placido D: Asia Argento, Carlotta Natoli, Claudia Pandolfi
Eine fiktionalisierte »Sozialstudie« über Morena, Claudia und Sabrina, drei 15jährige Mädchen, die in einem römischen Vorstadtviertel wohnen.

Drei gegen Drei D415
**
BRD 1985, 105 Min., F
R: Dominik Graf D: Stefan Remmler, Gert Krawinkel, Peter Behrens, Sunnyi [illegible]

Blödelei, etwas Knallerei, dazu netter Polit-Background und kleine Zötchen, jugendfrei, uninteressant.

Die drei Gesichter der Furcht D416
I TRE VOLTI DELLA PAURA ***
Italien 1963, 96 Min., F
R: Mario Bava D: Boris Karloff, Susy Andersen, Mark Damon
Drei Episoden, in denen es um Vampire, einen untoten Mörder und eine diebische Krankenschwester geht, die aus dem Jenseits gerichtet wird. Der beste und spannendste Film des Regisseurs.

Drei Halleluja für vier heiße Colts D417
PANCHO VILLA **
Spanien 1971, 92 Min., F
R: Gene Martin D: Telly Savalas, Clint Walker, Anne Francis
Der mexikanische Revolutionär Pancho Villa wird von einem schurkischen US-Waffenhändler betrogen, greift daraufhin ein US-Fort an und bedient sich selbst. Komischer Western von Eugenio Martin, der sich hier »Gene« nennt.

Drei Herren D418
****
Österreich/BRD 1998, 89 Min., F
R: Nikolaus Leytner D: Karl Merkatz, Karl Markovics, Ottfried Fischer
Drei liebenswürdige Deppen auf Psychiatrieurlaub treffen auf die wahren Deppen eines alpenländischen Dorfes. Schrullig-amüsanter Spaß mit subversivem Witz und ein human-poetisches Märchen. HFJ 1999

Die drei Kronen des Matrosen D419
LES TROIS COURONNES DU MATELOT ***
Frankreich 1983, 110 Min., s/w
R: Raúl Ruiz D: Jean-Bernard Guillard, Philippe Deplanche, Jean Badin

chen und rätselhaften Erlebnissen auf seinen Reisen. Ein wunderbar metaphysischer Film über Liebe und Abenteuer.

Drei lahme Enten D420
BRAIN DONORS ***
USA 1992, 86 Min., F
R: Dennis Dugan D: John Turturro, Mel Smith, Bob Nelson
Die Zucker-Brothers als Produzenten, der Regisseur und die Hauptdarsteller haben sichtliches Vergnügen an einer Hommage an *A Night at the Opera;* zu erreichen sind die Marx Brothers natürlich nicht wirklich.

Drei Mann auf einem Pferd D421
**
BRD 1957, 97 Min., F
R: Kurt Meisel D: Walter Giller, Nadja Tiller, Gardy Granass, Theo Lingen
Drei Kleinganoven machen sich die Gabe eines schüchternen Dichters zunutze, den Ausgang von Pferderennen voraussagen zu können. Währenddessen hat dieser Probleme mit der Eifersucht seiner erst kürzlich geehelichten Frau. Mäßige Verfilmung eines Bühnenschwanks.

Drei Mann in einem Boot D422
***
BRD/Österreich 1961, 93 Min., F
R: Helmut Weiss D: Hans-Joachim Kulenkampff, Heinz Erhardt
K. Jeromes Geschichte von drei Aussteigern einigermaßen flott in Szene gesetzt und mit allen Ingredienzien des Sechziger-Jahre-Unterhaltungsfilms versehen. Irgendwie muß das Leben damals schön und einfach gewesen sein.

Drei Mann in einem Boot D423
THREE MEN IN A BOAT **
GB 1965, 81 Min., F
R: Ken Annakin D: Laurence Harvey, David Tomlinson, Jimmy

Drei Männer im Schnee D424
***
Österreich 1955, 89 Min., s/w
R: Kurt Hoffmann D: Paul Dahlke, Claus Biederstaedt, Günther Lüders
Ein arbeitsloser junger Werbefachmann gewinnt einen Winterurlaub in einem Hotel und wird mit einem dort inkognito abgestiegenen Millionär verwechselt, der deswegen als unerwünschter Gast zunächst nichts zu lachen hat. Dann kommt es jedoch zu einer unerwarteten Wendung. Amüsante Unterhaltung.

Drei Männer im Schnee D425
**
BRD 1973, 90 Min., F
R: Alfred Vohrer D: Klaus Schwarzkopf, Roberto Blanco, Thomas Fritsch
Neuverfilmung des Erich-Kästner-Sozialmärchens von der Versöhnung von Millionär und »kleinem Mann«; noch schlechter und verlogener als der Vorgänger.

Drei Männer und ein Baby D426
TROIS HOMMES ET UN COUFFIN ****
Frankreich 1985, 106 Min., F
R: Coline Serreau D: Roland Giraud, Michel Boujenah, André Dussollier
Eingefleischte Junggesellen entwickeln sich unter großen Schwierigkeiten zu fürsorglichen Vätern. Eine brillante Komödie, die in Frankreich der Kinorenner der Saison '86 war. Das überflüssige US-Remake folgte 1990.

Drei Männer und eine kleine Lady D427
**
THREE MEN AND A LITTLE LADY
USA 1990, 104 Min., F
R: Emile Ardolino D: Tom Selleck, Steve Guttenberg, Ted Danson
Die Junggesellen haben es dieses Mal nicht mit Schnuller und Milchflasche zu tun, sondern mit einer kleinen Göre, die sie mit gewitzten Sprüchen zur Verzweiflung bringt. Fortsetzung von *Noch drei Männer, noch ein Baby.* HFJ 1992

Drei Münzen im Brunnen D428
THREE COINS IN THE FOUNTAIN ***
USA 1954, 94 Min., F
R: Jean Negulesco
D: Dorothy Mc-Guire, Jean Peters, Maggie McNamara
Drei Mittelklasse-Amerikanerinnen bereisen Italien und tun dort das, was man so im Urlaub tut. Eine sentimentale Liebesschnulze, wie Hollywood sie in den fünfziger Jahren dutzendweise ausgestoßen hat. Ausgezeichnet mit zwei Oscars (aber nicht fürs Drehbuch).

Die drei Musketiere D429
THE THREE MUSKETEERS ****
USA 1948, 128 Min., s/w
R: George Sidney D: Gene Kelly, Lana Turner, June Allyson
Mit seinen Freunden Athos, Porthos und Aramis kämpft D'Artagnan als Musketier für die Königin, die von dem tückischen Kardinal Richelieu bedroht wird. Mit Witz und flotten Degengefechten inszeniertes Abenteuer nach Alexandre Dumas. Charmant altmodisch.

Die drei Musketiere D430
THE THREE MUSKETEERS ***
Panama 1973, 108 Min., F
R: Richard Lester D: Oliver Reed, Raquel Welch, Michael York
Abenteuer eines jungen Adligen vom Land, der in Paris zu den Musketieren stößt und mit einem Freundestrio in allerlei Intrigen verstrickt wird. Unterhaltsame Neuverfilmung des Romans von Alexandre Dumas.

Die drei Musketiere D431
THE THREE MUSKETEERS ***
USA 1993, 105 Min., F
R: Stephen Herek D: Charlie Sheen, Kiefer Sutherland, Chris O'Donnell
Amerikanisches Remake des klassischen Abenteuerromans von Alexandre Dumas: Vier junge Männer retten das Leben König Ludwigs XIII. Akzeptabler Mantel- und Degenfilm. Neue Stars, neuer Sound, aber wenig neue Originalität. HFJ 1995

Die drei Musketiere der Meere D432
***
I MOSCHETTIERI DEL MARE
Italien 1961, 97 Min., F
R: Steno D: Channing Pollock, Anna Maria Pierangeli, Aldo Ray
Piratenfilm über einen Musketier und zwei Trottel, die den Gouverneur von Maracaibo linken wollen und ihn dann aufgrund unvorhergesehener Umstände vor einem Fiesling beschützen müssen. Abenteuer-Dutzendware.

Die drei Musketiere: Ohne Furcht und Tadel D433
***
LES TROIS MOUSQUETAIRES: LA VENGEANCE DE MILADY
Frankreich/Italien 1961, 98 Min., F
R: Bernard Borderie D: Gérard Barray, Georges Descrières, Jacques Toja, Myléne Demongeot
Der sinistre Kardinal Richelieu setzt alle Tricks (u. a. die Rundungen einer schönen Frau) ein, um die tapferen Musketiere des Königs auszuforschen. Es ist keine Nostalgie, aber die früheren Filme hatten mehr Charme.

Drei Rivalen D434
THE TALL MEN ****
USA 1955, 103 Min., F
R: Raoul Walsh D: Clark Gable, Jane Russell, Robert Ryan
Ex-Soldat und sein Bruder treiben im Auftrag eines Viehbarons eine Herde durchs Indianerland und werden zu Rivalen, als sie um die dralle Nella buhlen. Aktionsreicher Western mit prächtigen Landschaftsaufnahmen.

Drei Schwedinnen in Oberbayern D435
*
BRD 1977, 89 Min., F
R: Siggi Götz D: Gianni Garko, Alexander Grill, Beate Hasenau
Drei Schwedinnen, blond und meistens mehr oder weniger ausgezogen, sollen eine bayrische Alpenwirtschaft aufmöbeln. Sexklamotte in gewohntem Stil.

Drei Schwestern aus Montana D436
***
THE SISTERS
USA 1938, 90 Min., s/w
R: Anatole Litvak D: Errol Flynn, Bette Davis, Anita Louise, Ian Hunter
Anfang des 20. Jahrhunderts machen die Töchter eines amerikanischen Apothekers erste Erfahrungen mit Liebes- und Herzeleid. Taschentücher bereithalten!

Die drei Supermänner räumen auf D437
*
BRD/It/Fr 1967, 90 Min., F
R: Frank Kramer D: Tony Kendall, Brad Harris, Nick Jordan
Drei mit allerlei Techno-Tricks ausgestattete Agenten legen einem Wissenschaftler das Handwerk, der mit einer mysteriösen Maschine Gold erzeugt und die Weltwirtschaft ins Wanken bringt. Naive Heldenstory im Stil der Comics. LSFF

Die drei Tage des Condors D438
THREE DAYS OF THE CONDOR ****
USA 1975, 117 Min., F
R: Sydney Pollack D: Robert Redford, Faye Dunaway, Max von Sydow
Eine CIA-Gruppe wird liquidiert; einem Mann aber gelingt die Flucht vor der eigenen Behörde. Kompetent inszenierte Mischung aus Action und politischer Parabel.

Drei Uhr nachts D439
BOB LE FLAMBEUR ****
Frankreich 1956, 97 Min., s/w
R: Jean-Pierre Melville D: Roger Duchesne, Isabelle Corey, Daurel Cauchy, Guy Decomble
Erster Gangster-Film Melvilles, der bereits deutlich seine unvergleichliche Fähigkeit zeigt, die drückende Atmosphäre einer ausweglosen Situation zu schaffen. Bei einem Raubüberfall auf das Casino von Deauville wird einem ehemaligen Ganoven seine Spiel-Leidenschaft zum Verhängnis.

Drei Unteroffiziere D440
***
Deutschland 1939, 94 Min., s/w
R: Werner Hochbaum D: Albert Hehn, Fritz Genschow, Wilhelm H. König, Ruth Hellberg
Ein Unteroffizier verliebt sich in eine Schauspielerin. Er will sich unbedingt mit ihr treffen, aber das Militär und

Ist es Kurt (Oskar Karlweis), den Lilian (Lilian Harvey) liebt in ›Die drei von der Tankstelle‹?

versives Potential. Was wie Propaganda für die Pflichterfüllung erscheinen mag, ist auch als Protest im Namen der Liebe zu deuten.

Drei Vaterunser für vier Halunken D441
***
IL GRANDE DUELLO
It/BRD/Fr 1972, 98 Min., F
R: Giancarlo Santi D: Lee Van Cleef, Jess Hahn, Horst Frank
Ein Sheriff, der einem Unschuldigen beisteht, muß sich mit einer Horde von Banditen anlegen. Fetziger Western aus Italien, der mehr Wert auf Action und Gewalt statt auf die Entwicklung origineller Ideen legt.

Drei Verirrte in der Nacht D442
THREE BEWILDERED PEOPLE IN THE NIGHT ***
USA 1987, 92 Min., s/w
R: Gregg Araki D: Darcy Marta, Mark Howell, John Lacques
In faszinierenden Nachtbildern schildert Araki das Lebensgefühl dreier junger Großstadtmenschen; nach und

Die Drei von der Tankstelle D443
****
Deutschland 1930, 94 Min., s/w
R: William Thiele D: Lilian Harvey, Willy Fritsch, Heinz Rühmann
Die Drei von der Tankstelle verlieben sich gleichzeitig in eine schöne Kundin. Aus einer Zeit, in der man bei uns noch Komödien drehen konnte und bevor die Könner emigrieren mußten. War der erfolgreichste Ufa-Film der 30er Jahre und ist heute noch sehenswert.

Die Drei von der Tankstelle D444
**
BRD 1955, 89 Min., F
R: Hans Wolff D: Adrian Hoven, Walter Giller, Willy Fritsch
Drei Playboys übernehmen eine Tankstelle; eine quirlige Schöne verdreht den dreien den Kopf. Überflüssiges Remake.

Drei Walzer D445
LES TROIS VALSES **
Frankreich 1938, 97 Min., s/w

Drei Zimmer in Manhattan D446
TROIS CHAMBRES A MANHATTAN ****
Frankreich 1965, 111 Min., s/w
R: Marcel Carné D: Maurice Ronet, Annie Girardot, O.E. Hasse
Zwei durch ihre gescheiterten Ehen frustrierte Menschen treffen zusammen. Während einiger Nächte entwickelt sich ihre oberflächliche Begegnung zu einer menschlichen Beziehung. Subtile Verfilmung einer Vorlage von George Simenon mit authentischen Milieudarstellungen.

Dreieck der Lust D447
OGGETTO SESSUALE **
Italien 1987, 84 Min., F
R: Bob Singer D: Simonetta Caro, Fabio Meyer, Al Cliver, Liliana Terzic
Perverses Millionärsehepaar engagiert Prostituierte, um den literarisch interessierten Sohn in die »Liebe« einzuführen, doch die Hure hat ein goldenes Herz. Softporno eines meist in härteren Gefilden tätigen Regisseurs.

Die Dreigroschenoper D448
***
Deutschland 1931, 110 Min., s/w
R: G.W. Pabst D: Rudolf Forster, Valeska Gert, Lotte Lenya
Nach dem Stück von Bert Brecht und Kurt Weill. Die Verfremdungstechniken Brechts wurden weitgehend zerstört, die Songs Weills rückten in den Hintergrund. Die Sozialkritik des Originals ging im Film verloren, die politische Bissigkeit jedoch blieb erhalten.

300 Meilen bis zum Himmel D449
300 MIL DO NIEBA ***
Polen/Dänemark/Fr 1989, 89 Min., F
R: Maciej Dejczer D: Wojciech Klata, Rafa Zimowski
Zwei Jungen auf der Flucht vor ihren ärmlichen Verhältnissen in das Paradies Dänemark, das sich dann nicht so paradiesisch zeigt. Authentischer Film, der eine illusionslose Sicht auf die Situation der Jugendlichen bietet.

Die 317. Sektion D450
LA 317E SECTION ****
Frankreich 1964, 91 Min., s/w
R: Pierre Schoendoerffer D: Jacques Perrin, Bruno Cremer, Pierre Fabre
Ein nach eigenen Erfahrungen gedrehter, nüchterner, fast dokumentarischer Spielfilm um eine französische Einheit im Indochinakrieg.

Das Dreimäderlhaus D451
**
Österreich 1958, 98 Min., F
R: Ernst Marischka D: Karlheinz Böhm, Johanna Matz, Gustav Knuth
Der junge, noch unbekannte Komponist Franz Schubert kommt ins Haus der schönen Schwestern von Tschöll und begegnet der Liebe seines Lebens. Marischka kennt in punkto Schmalz kein Erbarmen.

Dreist und gottesfürchtig D452
IN GOD WE TRUST ***
USA 1980, 97 Min., F
R: Marty Feldman D: Marty Feldman, Peter Boyle, Louise Lasser
Ein Mönch zieht in die Welt, um Geld für seinen Orden zu sammeln, dabei fällt er nicht nur unter die Räuber. Satire über das Pfaffenunwesen in den USA und dessen Geschäftstüchtigkeit.

23 – Nichts ist so wie es scheint D453
****
BRD 1998, 99 Min., F
R: Hans-Christian Schmid D: August Diehl, Fabian Busch, Dieter Landuris
Karl Koch, 19jähriges Computergenie und Fan des »Illuminatus«-Romanes, dessen Thesen er mit der Wirklichkeit verwechselt, streift nächtens durch Datennetze und verkauft Informationen an den KGB. Perfekte Bestandsaufnahme deutscher Befindlichkeiten der 80er Jahre, zudem ein schillerndes Charakterpuzzle mit Thrillerelementen, hervorragend inszeniert und gespielt. HFJ 1999

23 Schritte zum Abgrund D454
23 PACES TO BAKER STREET **
USA 1956, 103 Min., F
R: Henry Hathaway D: Van Johnson, Vera Miles, Patricia Laffan
Ein blinder Dramatiker belauscht zufällig einen Entführungsplan und zieht die Aufmerksamkeit der Kidnapper auf sich. Spannender, aber allzu glatter Krimi, der die Möglichkeiten seiner Hauptfigur zu wenig nutzt.

Die 13 Opfer des Dr. Desmond D455
*
THE HYPNOTIC EYE
USA 1959, 77 Min., s/w
R: George Blair
D: Jacques Bergerac, Allison Hayes, Marcia Henderson
Die Leichen schauerlich entstellter Damen führen die Polizei zu einem Hypnotiseur, dessen deformierte Partnerin alles attraktiv Weibliche haßt.

Die 13 Sklavinnen des Dr. Fu Man Chu D456
**
THE BRIDES OF FU MAN CHU
GB 1966, 86 Min.
R: Don Sharp D: Heinz Drache, Christopher Lee, Harald Leipnitz
Dr. Fu Man Chu, ein unverbesserlicher asiatischer Erzgauner, der wahnsinnig gern Weltdiktator wäre, entführt die Töchter hochkarätiger Forscher, damit sie für ihn arbeiten. Aber dann taucht ein Held auf. LSFF

Dreizehn Stufen zum Terror D457
**
THE ATTIC
USA 1980, 85 Min., F
R: George Edwards D: Ray Milland, Carrie Snodgress, Ruth Cox
Von Papa tyrannisierte Bibliothekarin macht nach dem Mord an ihrem Erzeuger auf dem Dachboden eine grauenhafte Entdeckung. Routiniert in Szene gesetzter kleiner Schocker, der sich bemüht, Angst zu erzeugen.

Dressed To Kill D458
DRESSED TO KILL ***
USA 1980, 104 Min., F
R: Brian de Palma D: Michael Caine, Angie Dickinson, Nancy Allen
Ein unterschwellig transsexueller Psychiater mordet in Frauenkleidern seine Patientinnen, wenn diese versuchen, ihn zu verführen. In Anlehnung an sein Vorbild Hitchcock schockt De Palma sein Publikum durch überfallartige Dramaturgie.

Dreyfuss D459
***
Deutschland 1931, 115 Min., s/w
R: Richard Oswald D: Fritz Kortner, Willy Birgel, Cedric Hardwicke

Eine der frühen deutschen Tonfilme über die historische Dreyfuss-Affäre.

Drillinge an Bord D460
**

BRD 1959, 82 Min., s/w
R: Hans Müller D: Heinz Erhardt, Peter Carsten, Ingrid van Bergen
Als ein Drillings-Bruder eine Schiffsreise gewinnt, schleichen sich die beiden anderen als blinde Passagiere ein. Nette Verwechslungskomödie mit dem Wortverdreher Erhardt in einer Parade-(Dreifach-)Rolle.

Der Dritte D461
****

DDR 1971/72, 98 Min., F
R: Egon Günther D: Jutta Hoffmann, Barbara Dittus, Armin Mueller-Stahl
Das Leben einer emanzipierten Mathematikerin in Rückblenden vom frühen Tod der Mutter über die FDJ-Schulung, erste (komplizierte) Liebesbeziehungen, eine ungewollte Schwangerschaft bis zur Suche nach dem dritten Mann fürs Leben.

Das dritte Auge D462
IL TERZO OCCHIO **
Italien 1965, 87 Min., s/w
R: James Warren D: Franco Nero, Gioia Pascal, Enrica Bianchi
Irrer Schloßbesitzer, von einer Zofe beherrscht, die einst seine Mutter und seine Braut getötet hat, erwürgt reihenweise junge Mädchen, bis er versehentlich seine Peinigerin erwischt.

Die dritte Dimension D463
LA COUTEAU DANS LA PLAIE ****
Fr/It 1962, 105 Min., s/w
R: Anatole Litvak D: Sophia Loren, Anthony Perkins, Gig Young
Ex-GI, der in Paris lebt, überlebt einen Flugzeugabsturz, taucht unter und zwingt seine italienische Frau, die sich von ihm scheiden lassen will, seine Lebensversicherung zu kassieren.

Rainer Werner Fassbinders Versuch, dem Terrorismus in der BRD mit Mitteln der schwarzen Komödie beizukommen.

Das dritte Geschlecht
siehe: Anders als Du und Ich

Der Dritte Grad D465
***

BRD/Fr/It 1974, 111 Min., F
R: Peter Fleischmann D: Michel Piccoli, Ugo Tognazzi, Mario Adorf
Im Griechenland der Diktatur der Obristen wird ein Angestellter eines Reisebüros ohne jegliche Schuld verhaftet und erfährt die Ohnmacht gegenüber dem ebenso perfekten wie neurotischen Unterdrückungsapparat. Unterschätzter Film, europäisch, bevor das ein Schlagwort wurde.

Der Dritte im Hinterhalt D466
THE LITTLE SISTER ***
USA 1969, 95 Min., F
R: Paul Bogart D: James Garner, Gayle Hunnicutt, Caroll O'Connor
Der Raymond-Chandler-Roman »Die kleine Schwester« diente als Vorlage und wurde ins Jahr 1969 verlegt. TV-Serienheld James Garner untersucht als Philip Marlowe einen Mord im Fernsehmilieu. Ansprechender Film, der die Vorlage nur äußerlich veränderte.

Der dritte Mann D467
THE THIRD MAN *****
GB 1949, 99 Min., s/w
R: Carol Reed D: Orson Welles, Joseph Cotten, Trevor Howard
Die Suche eines Schriftstellers nach Spuren seines angeblich verstorbenen ehemaligen Freundes in Wien kurz nach dem Zweiten Weltkrieg ist zum Klassiker des desillusionierenden Kriminalfilms geworden. Und machte das Zitherspiel weltberühmt.

Der dritte Planet D468
TRITJA PLANETA ***
Rußland 1991, 96 Min., F
R: Alexsandr Rogoschkin D: Anja Matjuchina, Boris Sokolow
Ein apokalyptischer Landstrich Rußlands nach einer atomaren Katastrophe: Ein Mann kehrt mit seiner kleinen Tochter in die verseuchte Zone zurück, um die Mutter zu suchen. Er findet zwar sein Haus, aber anstelle seiner Frau wohnt dort eine junge Frau mit ihrem kleinen Sohn. Zu viert fliehen sie zurück in die »heile Welt«, doch nur die beiden Kinder überleben.

Die Dritte von rechts D469
**

BRD 1950, 90 Min., s/w
R: Geza von Cziffra D: Vera Molnar, Grethe Weiser, Peter van Eyck

Jäger und Gejagter: Michel Piccoli und Mario Adorf in einem Film nach dem Roman von Antonis Samarakis ›Der Dritte Grad‹.

Fürs Varieté engagierte Tänzerinnen werden von bösen Buben entführt und als Goldschmugglerinnen mißbraucht. Ein läppisches Revuefilmchen, in dem die für diese Zeit typisch kindischen erwachsenen Frauen dominieren.

Drive, He Said D470
DRIVE, HE SAID ***
USA 1971, 95 Min., F
R: Jack Nicholson D: William Tepper, Karen Black, Michael Margotta
Ein Student versucht mit allen Mitteln, der Einberufung zum Militär zu entgehen und sein Freund ist unentschlossen, ob er lieber Basketball-Star sein will oder sich einer revolutionären Studentenverbindung anschließen soll. Hübsches Problemfilmchen inszeniert vom kommenden Mega-Star Jack Nicholson.

Driver D471
THE DRIVER ****
GB 1978, 91 Min., F
R: Walter Hill D: Ryan O'Neal, Bruce Dern, Isabelle Adjani
Ein hartnäckiger Polizist macht es sich zur Lebensaufgabe, einen talentierten »Chauffeur« dingfest zu machen, der für Gangster Fluchtwagen fährt. Spannend und voller Aktion; technisch gut gemachter Action-Thriller, dessen gekonnt inszenierte Autofahrten die mangelhafte Charakterisierung wettmachen.

Drüber, Drunter und Drauf D472
UP! ***
USA 1976, 80 Min., F
R: Russ Meyer D: Raven De La Croix, Janet Wood, Robert McLane
Eine Undercover-Polizistin, die allerdings meist ihren überaus stattlichen Busen entcovert, entlarvt den Mörder von Adolf Schwartz – einem älteren Herrn, der einem gewissen Hitler sehr ähnlich sieht. Low-Budget-Auteur Meyer auf der Höhe seiner Trivial-Kunst.

Drugstore Cowboy D473
DRUGSTORE COWBOY ***
USA 1989, 101 Min., F
R: Gus van Sant D: Matt Dillon, Kelly Lynch, James Le Gros
Eine jugendliche Bande von Drogenabhängigen zieht durch die Lande und beschafft sich durch kleine Räubereien den Stoff, aus dem ihre Träume sind. Als die Sache schiefgeht und sich eines der Gangmitglieder auch noch eine Überdosis spritzt, steigt einer aus. Der Film versucht das Lebensgefühl der Junkiegeneration der siebziger Jahre zu vermitteln, bleibt aber, obwohl stilistisch innovativ, an der Oberfläche stecken. HFJ 1991

Dschingis Khan D474
GENGHIS KHAN **
GB/BRD/Jugoslawien 1965, 128 Min., F
R: Henry Levin D: Omar Sharif, Stephen Boyd, Françoise Dorleac
Nach Jahren der Gefangenschaft versammelt der Mongole Temuchin ein Heer um sich und macht unter dem Namen Dschingis Khan Karriere. Ein Historienfilm, in dem die Fetzen fliegen und die Statisten fallen.

Dschingis Khan – Die goldene Horde D475
THE GOLDEN HORDE ***
USA 1951, 75 Min., s/w
R: George Sherman D: David Farrar, Ann Blyth, Edwin Hanneford
Kreuzritter geraten im 13. Jahrhundert mit einer Horde kampflustiger Mongolen in Samarkand aneinander. Abenteuerdrama à la Hollywood, mit viel Gemetzel und einer schönen Prinzessin, deren Herz Sir Guy erobert.

Der Dschungel bebt D476
JUNGLE **
USA 1952, 70 Min., s/w
R: William Berke D: Rod Cameron, Marie Windsor, Cesar Romero
Elefantenjäger stoßen im indischen Urwald auf eine Herde echter Mammuts und ziehen sich den Unmut der Tiere und den Zorn einer Prinzessin zu. Ein anspruchsloser Abenteuerfilm, auf ein jugendliches Publikum zugeschnitten.

Dschungel der tausend Gefahren D477
SWISS FAMILY ROBINSON ***
GB 1960, 105 Min., F
R: Ken Annakin
D: John Mills, Dorothy McGuire, Janet Munro
Schweizer Familie wird im 19. Jahrhundert nach Schiffshavarie auf eine einsame Insel verschlagen und richtet sich dort ein. Ein Disney-Abenteuer für die ganze Familie, nach einem alten Jugendbuch-Klassiker.

Dschungel im Sturm D478
RED DUST ****
USA 1932, 86 Min., s/w
R: Victor Fleming D: Clark Gable, Jean Harlow, Mary Astor
Gummiplantagenpächter in Indochina wird von der Braut eines Ingenieurs angemacht, verliebt sich aber in eine Prostituierte. Tolles Melodram, echt unterhaltsames Hollywoodkino!

Dschungel-Gangster D479
JUNGLE GIRL ***
USA 1941, 94 Min., s/w
R: William Witney, John English
D: Frances Gifford, Tom Neal, Trevor Bardette, Gerald Mohr, Al Kikume
Die Arzttochter Nyoka rauft sich mit dem Mörderzwilling ihres Vaters und zwei Gaunern, die es in den Urwald verschlagen hat. Bombiger Trivialfilm nach einem 15teiligen Serial.

Dschungel-Prinzessin D480
JUNGLE PRINCESS ***
USA 1936, 80 Min., s/w
R: William Thiele D: Dorothy Lamour, Ray Milland, Akim Tamiroff
Amerikanischer Abenteurer verunglückt im Urwald von Malaysia, wird von einem weiblichen Tarzan gefunden und muß viele Hürden überwinden, ehe er sich in sie verliebt und gerettet wird. Hollywood-Drama.

Das Dschungelbuch D481
THE JUNGLE BOOK ****
GB 1942, 108 Min., F
R: Zoltan Korda D: Sabu, Joseph Calleia, John Qualen, Frank Puglia
Indischer Junge, von Wölfen im Urwald aufgezogen und die Sprache der Tiere verstehend, wird von gewissenlosen Figuren ausgenutzt, einen Schatz zu suchen, nach dessen Fund sie sich gegenseitig aus Habgier töten. Nach Rudyard Kipling. LFF

Das Dschungelbuch D482
THE JUNGLE BOOK ****
USA 1967, 78 Min., F
R: Wolfgang Reitherman
Populärer Klassiker des Animationsfilms nach Rudyard Kipling. Die Abenteuer des Dschungelkindes Mogli und seiner tierischen Freunde werden zum mitreißenden Musical, das Kinder jeden Alters begeistert. Der letzte Film, an dem Walt Disney noch selbst mitgewirkt hat.

Die Dschungelgöttin D483
CAPTIVE GIRL **
USA 1950, 71 Min., s/w
R: William Berke D: Johnny Weissmueller, Buster Crabbe, Anita Lohest
Der Abenteurer Dschungel-Jim sucht im afrikanischen Busch die verschollene Tochter eines Forschers und legt einer Bande das Handwerk, die sich in der Lagune des Todes einen Schatz unter den Nagel reißen will. Abenteuer-Hausmannskost.

Das Dschungelmädchen D484
GUNGALA, LA VERGINE DELLA GIUNGLA **
Italien 1966, 86 Min., F
R: Mike Williams D: Kitty Swan, Linda Veras, Poldo Bendandi
Zwei schnieke Abenteurer, von einem Uransucher engagiert, erkennen, daß ihr Chef in Wahrheit auf einen dicken Diamanten aus ist, der einem weiblichen Tarzan als Halsschmuck dient. Echtes Schrumpfkopf-Kino!

Dschungelratten D485
JUNGLE RATS *
USA 1987, 93 Min., F
R: Irvin Johnson D: Ron Kristoff, Jim Gaines, Gerry Bailey
Amerikanische Soldaten warten in vietnamesischen Kriegsgefangenenlagern auf ihre Befreiung. HFJ 1989

Du Allein D486

Alles verloren und auch noch schickaniert: Dorottya Udvaros in ›Du lumpiges Leben‹.

schichte verlorener politischer Hoffnungen.

Du bist mein Glück D487
***
Deutschland 1936, 96 Min., s/w
R: Karl Heinz Martin D: Benjamino Gigli, Isa Miranda, Joe Stöckel
Italienischer Maurer in München wird als Opernstar entdeckt. Viel Gesang und viel Melodram.

Du bist Musik D488
**
BRD 1956, 90 Min., F
R: Paul Martin D: Caterina Valente, Paul Hubschmid, Grethe Weiser
Komponist, der dem verschollenen König eines Zwergstaates wie aus dem Gesicht geschnitten ist, will sich als Schöpfer einer Revue einen Namen machen und balzt um die Gunst eines weiblichen Musicalstars, der anfangs nichts von ihm wissen will. Am Ende kriegen sie sich aber doch. Eine der typischen Schlagerkomödien der 50er.

Du kannst anfangen zu beten D489
***
ADIEU L'AMI
Fr/It 1968, 115 Min., F
R: Jean Herman D: Alain Delon,

Ein ungewöhnliches Caper-Movie, ein Western in der Unterwelt, und die Geschichte einer Männerfreundschaft.

Du kannst mich mal D490
POUR 100 BRIQUES T'AS PLUS RIEN! ***
Frankreich 1982, 84 Min., F
R: Edouard Molinaro D: Daniel Auteuil, Gérard Jugnot, Anemone
Frech-spritzige französische Komödie, in der ein aufwendiger TV-Bericht zwei Arbeitslose zu einem erfolgreichen Bankraub mit Geiselnahme und Lösegeldforderung bringt. Täter und Opfer teilen sich die Beute und beginnen ein gemeinsames Leben in der Karibik, während Polizei und Fernsehen die Gelackmeierten sind.

Du lebst noch 105 Minuten D491
SORRY, WRONG NUMBER ****
USA 1948, 89 Min., s/w
R: Anatole Litvak D: Barbara Stanwyck, Burt Lancaster, Ann Richards
Eine fehlerhafte Telefonverbindung läßt eine kränkliche Frau die Absprache eines Mordplans mithören. Als sie sich um Hilfe bemüht, kommt ihr nach und nach der Verdacht, daß sie selbst das Opfer ist. Nervenzerfetzender Thriller, der die Panik der Heldin

Eine Opernsängerin wird, weil sie mit einem Adeligen verheiratet war, im stalinistischen Ungarn zusammen mit anderen dem Regime unliebsamen Menschen an einen abgelegenen Ort verbannt und leidet auch dort unter dem Terror der Polizei.

Du mich auch D493
***
BRD/Schweiz 1986, 90 Min., s/w
R: Helmut Berger D: Anja Franke, Dani Levy, Jens Naumann
Romeo und Julia in der Beziehungskrise. Im heutigen Berlin geraten sie in kriminelle Verwicklungen, finden auf der Flucht wieder zueinander. Persönlicher, witziger Low-budget-Film, der zugleich amerikanisches Kino reflektiert.

Du sollst deine Frau ehren D494
DU SKAL AERE DIN HUSTRU ***
Dänemark 1925, 85 Min., s/w
R: Carl Theodor Dreyer D: Johannes Meyer, Astrid Holm, Mathilde Nielsen
Milieugenaue und trotz des lustspielhaften Charakters durchaus ernstzunehmende Schilderung einer Frau aus ärmlichen Verhältnissen, die von ihrem Mann unterdrückt wird, eines Tages spurlos verschwindet und erst dann zurückkehrt, als der Gatte reumütig Besserung gelobt. Der Film wurde in Frankreich ein Erfolg und ermöglichte Dreyer die Arbeit an *La passion de Jeanne d'Arc*.

Du sollst nicht töten D495
VIETNAM, TEXAS **
USA 1990, 85 Min., F
R: Robert Ginty D: Robert Ginty, Haing S. Ngor, Tim Thomerson
Auf der Suche nach der einst geliebten Vietnamesin wird ein Priester in Drogengeschäfte verwickelt. HFJ 1991

Du sollst nicht töten – außer... D496
**
YOU SHALLN'T KILL
USA 1985, 82 Min., F
R: Josh Becker D: Brian Schulz, Robert Rickman, John Manfredi
Ein in Vietnam verletzter Offizier befreit eine kleine Gemeinde von einer brutalen Rockergang.

Du wirst noch an mich denken D497
***
REMEMBER MY NAME
USA 1978, 90 Min., F
R: Alan Rudolph D: Geraldine Chaplin, Anthony Perkins, Jeff Goldblum
Ein Mann hat seiner Frau verschwiegen, daß er schon einmal verheiratet war; seine erste Frau war 12 Jahre im Gefängnis, weil sie seine frühere Geliebte ermordet hatte. Nun bricht sie in die traut-spießige Zweisamkeit des neuen Paares ein und nimmt Rache. Brillanter Thriller um die Kommunikationsunfähigkeit des bürgerlichen Menschen von Altman-Schüler Alan Rudolph.

Duddy, der Senkrechtstarter D498
THE APPRENTICESHIP OF DUDDY KRAVITZ ***
Kanada 1974, 120 Min., F
R: Ted Kotcheff D: Richard Dreyfuss, Micheline Lanctot, Jack Warden
Junger Kanadier, von ganz unten kommend, will etwas aus sich machen, verliert aber auf der ständigen Jagd nach Reichtum und Besitz die Liebe und Achtung seiner Freunde, so daß er immer skrupelloser wird. Eine nachdenklich machende Studie in Sachen Sozialkritik, in der Atmosphäre und Milieu stimmen.

Duell D499
DUEL ****
USA 1970, 87 Min., F
R: Steven Spielberg D: Dennis Weaver, Jacqueline Scott, Lou Frizalli
Ein Vertreter wird auf einer amerikanischen Landstraße völlig unmotiviert vom Fahrer eines gewaltigen Trucks verfolgt, der ihm nach dem Leben trachtet. Ein atemberaubender Thriller, in dem der Bösewicht nie zu sehen, doch die Gefahr, die er bedeutet, stets gegenwärtig ist. Wurde ursprünglich fürs Fernsehen gedreht. Ein echter Kultfilm.

Duell am Missouri D500
THE MISSOURI BREAKS ***
USA 1975, 126 Min., F
R: Arthur Penn D: Marlon Brando, Jack Nicholson, Kathleen Lloyd
Exzentrischer Revolvermann sucht im Auftrag eines Ranchers nach Viehdieben und erkennt den Chef der Bande im Geliebten der Tochter seines Auftraggebers. Der Film ist kaum weniger exzentrisch als seine Helden.

Duell am Wind River D501
THE MOUNTAIN MEN ****
USA 1980, 102 Min., F
R: Richard Lang D: Charlton Heston, Brian Keith, Victoria Racimo
Ein in die Jahre gekommener Trapper wird in eine indianische Stammesfehde hineingezogen und stellt fest, daß die freie Wildbahn auch nicht mehr das ist, was sie einmal wahr. Harte Burschen, schöne Aufnahmen.

Duell der Besten D502
I PALADINI **
Italien 1983, 100 Min., F
R: Giacomo Battiato D: Rick Edwards, Tanya Roberts, Ron Moss
Ritterfilm über die Kämpfe zwischen mittelalterlichen Christen und Muselmanen: Duelle, Eifersüchteleien und liebliche Prinzessin inklusive. Konzeptionsloser Metzelstreifen, der auf Ludovico Ariosto basieren soll.

Duell der Giganten D503
THE LONG DUELL **
GB 1967, 115 Min., F
R: Ken Annakin D: Yul Brynner, Trevor Howard, Charlotte Rampling
Britischer Polizist, 1920 in Indien stationiert, läßt Nomaden als angebliche Wilderer internieren. Doch der Anführer bricht mit einigen Gefährten aus und bereitet ihm hektische Wochen.

Duell der Gringos D504
PISTOLERO OF RED RIVER **
USA 1966, 96 Min., F
R: Richard Thorpe D: Glenn Ford, Angie Dickinson, Chad Everett
Ein Meisterschützen-Marshall lernt einen Heißsporn kennen, der als Revolvermann Karriere machen möchte, und sieht sich aufgrund gegen ihn gerichteter Umstände gezwungen, ihn zu töten. Durchschnittswestern.

Duell im Morgengrauen D505
GUNMAN'S WALK ***
USA 1958, 94 Min., F
R: Phil Karlson

D: Van Heflin, Tab Hunter, Kathryn Grant, James Darren
Ein Pionier im Westen bemüht sich, seine Söhne zu harten Burschen zu erziehen, die das Gesetz achten, doch einer wird aus Eifersucht zum Mörder. Ein Duell zwischen Vater und Sohn steht an. Ansehbarer Western.

Duell im Sattel D506
THE BRASS LEGEND **
USA 1956, 79 Min., s/w
R: Gerd Oswald D: Hugh O'Brian, Nancy Gates, Raymond Burr
Ein alter Knabe, der sich eine hohe Belohnung verdienen will, bringt das Leben seines Sohnes in Gefahr, der das Versteck eines Banditen gefunden hat. Im letzten Moment greift ein aufrechter Gesetzeshüter ein. Solider B-Western, der in nur zehn Tagen entstanden ist.

Duell in den Wolken D507
THE TARNISHED ANGELS ***
USA 1957, 91 Min., F
R: Douglas Sirk D: Rock Hudson, Dorothy Malone, Robert Stack
Spannender Film um das Schicksal einer Flugartistenfamilie.

Duell in der Sonne D508
DUEL IN THE SUN ****
USA 1946, 138 Min., F
R: King Vidor D: Jennifer Jones, Joseph Cotten, Gregory Peck
Der Western als Melodrama und als Familiensaga: leidenschaftlich und gewaltig, wild und in leuchtenden Farben. Ein Epos voller Schicksalhaftigkeit, tragischer Momente und erotischer Spannung, die in Gewalt umschlägt. Eine von David O. Selznicks monumentalsten Produktionen.

Duell in Diablo D509
DUEL AT DIABLO ***
USA 1965, 102 Min., F
R: Ralph Nelson D: James Garner,

Duell in Socorro D510
DAWN AT SOCORRO **
USA 1954, 80 Min., F
R: George Sherman D: Rory Calhoun, Piper Laurie, David Brian
Berufsspieler, der sich zur Ruhe setzen will, begegnet auf der Reise in die Heimat und dortselbst vielen bösen Buben, denen er den Garaus machen muß. Durchschnittswestern.

Duell mit dem Teufel D511
THE MAN FROM BITTER RIDGE **
USA 1955, 80 Min., F
R: Jack Arnold D: Lex Barker, Mara Corday, Stephen McNally
Agent einer Postkutschengesellschaft läßt eine Bande auflaufen, die sich mit dem Ausrauben von Postkutschen beschäftigt. Simpelwestern eines Regisseurs, der vor allem im Horror- und SF-Film Leistungen vollbracht hat.

Duell mit dem Tod D512
**
Österreich 1949, 114 Min., s/w
R: Paul May D: Rolf von Nauckhoff, Anneliese Reinhold, Ernst Waldbrunn
Ein Professor wird von den amerikanischen Behörden angeklagt, als SS-Offizier einen Mord begangen zu haben und entpuppt sich als Mitglied einer Widerstandsgruppe, der in der Uniform Menschen zur Flucht verhalf.

Die Duellisten D513
THE DUELLISTS ****
GB 1977, 101 Min., F
R: Ridley Scott D: Harvey Keitel, Keith Carradine, Christina Raines
Wegen einer Bagatelle werden zwei Offiziere der französischen Armee zu Feinden. Über Jahre hinweg kommt es zwischen den beiden immer wieder zu neuen Duellen. Poetische Chronik einer närrischen Obsession.

Duett zu dritt D514

weise seine Karriere. Liebesgeschichte im Lelouche-Stil.

Der Duft der Frauen D515
SCENT OF A WOMAN ****
USA 1992, 157 Min., F
R: Martin Brest D: Al Pacino, Chris O'Donnell, Gabrielle Anwar
Nach anfänglicher Abneigung entsteht zwischen einem blinden Exoffizier und seinem jungen Aufpasser eine tiefe Freundschaft. Das Original von Dino Risi aus dem Jahr 1975 ist kantiger als das US-Remake, das hauptsächlich vom grandiosen Spiel Al Pacinos lebt – wenngleich die Geschichte der beiden Filme ziemlich sentimental am Rande von Klischees balanciert. HFJ 1994

Der Duft der grünen Papaya D516
L' ODEUR DE LA PAPAYE VERTE ***
Frankreich 1993, 103 Min., F
R: Tran Anh Hung D: Tran Nu Yen-Khe, Lu Man San, Truong Thi Loc
Saigon in den 50er Jahren. Ein junges Hausmädchen bei einer bürgerlichen Familie kapiert allmählich, daß die Welt der feinen Manieren hinter den Fassaden ziemlich bröckelt, und beginnt, solchermaßen emanzipiert, eine Liebesaffäre. Opulentes Ausstattungskino ohne Anspruch auf historische Korrektheit. HFJ 1994

Duke Ellington: Reminiscing in Tempo D517
***
DUKE ELLINGTON: REMINISCING IN TEMPO
USA 1992, 90 Min., F
R: Robert S. Levi
Unterlegt mit über 40 Ellington-Melodien bewegt sich der Film durch das Leben des Jazzmusikers, als wäre es selbst eine musikalische Suite. Faszinierendes Porträt einer vielschichtigen, eigenwilligen und leidenschaftlichen Persönlichkeit.

Dumbo, der fliegende D518

schafft auf heiter-ironische Weise Schwierigkeiten aus dem Weg oder überfliegt sie einfach.

Dumm und dümmer D519
DUMB AND DUMBER **
USA 1994, 105 Min., F
R: Peter Farrelly D: Jim Carrey, Jeff Daniels, Teri Garr
Klamaukhafte Ansammlung von Gags um zwei vertrottelte Blödiane, die einer schönen Frau einen Koffer voller Geld hinterhertragen. HFJ 1996

Die dummen Streiche der Reichen D520
LA FOLIE DES GRANDEURS ***
Fr/BRD/It 1971, 102 Min., F
R: Gérard Oury D: Louis de Funès, Yves Montand, Leopoldo Trieste
Ein Minister, der seines Amtes enthoben wurde, bringt durch eine Intrige seinen Kammerdiener auf seinen Posten. Slapstick und Satire im Kostüm.

Dunja D521
**
Österreich 1955, 105 Min., F
R: Josef von Baky D: Eva Bartok, Ivan Desny, Karlheinz Böhm
Der schurkische Rittmeister Minsky lockt die schöne Dunja in die Stadt und ins Verderben. Alexander Puschkins Novelle »Der Postmeister« als deutsche Film-Seifenoper.

Dünki Schott D522
****
Schweiz 1986, 92 Min., F
R: Tobias Wyss, Hans Liechti
D: Franz Hohler, René Quellet
Schweizer Professor nimmt seine Studie sehr ernst und wird selber zum Ritter. Begleitet von dem Wärter des Schrottplatzes zieht er gegen das Böse zu Felde, gegen die Umweltverschmutzung, Atomkraftwerke und gegen die Panzer der Schweizer Armee. Don Quichotte auf Schweizer Art: betulich, aber auch amüsant und anregend.

Dünkirchen D523
DUNKIRK ***
GB 1958, 135 Min., s/w
R: Leslie Norman D: John Mills, Richard Attenborough, Bernard Lee
Die Evakuierungsaktion britischer Truppen in der Normandie 1940 aus der Sicht einer kleinen Gruppe von Soldaten, die von den anderen getrennt wurde. Solide inszeniert und gespielt.

Dünkirchen, 2. Juni 1940 D524
WEEK-END A ZUYDCOOTE ****
Frankreich/Italien 1964, 124 Min., F
R: Henri Verneuil D: Jean-Paul Belmondo, Catherine Spaak, François Perrier
Während des Zweiten Weltkriegs verteidigt sich eine französische Einheit bei Dünkirchen gegen die überlegene deutsche Wehrmacht und wartet verzweifelt auf britische Entsatztruppen. Ein Kriegsfilm, nach dem Roman von Robert Merle.

Jean-Paul Belmondo

Der dunkle Kristall D525
THE DARK CRYSTAL ***
GB 1982, 93 Min., F
R: Jim Henson, Frank Oz D: Jim Henson, Kathryn Mullen, Frank Oz
Um ein Volk zu einen, das sich bei einer bestimmten Sternkonjunktion entzweit hat, muß ein kleiner Bursche ein phantastisches Land durchqueren und einen Zauberkristall suchen. Von kundiger Hand gemachter Fantasyfilm mit Puppen in sämtlichen Rollen.

Dunkle Schatten der Angst D526
****
BRD 1992, 88 Min., F
R: Konstantin Schmidt D: Nur Sürer, Tuncel Kurtiz, Annette Uhlen
Eine Frau, die offenbar schreckliches erlebt hat, kommt mit einer Gruppe Türken nach Berlin und schweigt beharrlich über ihre Erlebnisse. Eine engagierte Ärztin versucht Zugang zu ihr zu finden. In dem leidenschaftlichen Plädoyer für die Menschlichkeit wird die Hilflosigkeit der Psychiatrie nicht verschwiegen.

Die dunkle Seite des Bösen: Poltergeist III D527
POLTERGEIST III ***
USA 1988, 98 Min., F
R: Gary Sherman D: Tom Skerritt, Nancy Allen, Heather O'Rourke
In einem Chicagoer Wolkenkratzer treiben Poltergeister ihr Unwesen und terrorisieren die Bewohner. Schön schrecklich und technisch nicht übel gemacht – aber wer einen Film dieser Art gesehen hat, hat alle gesehen.

Die dunkle Seite des Herzens D528
EL LADO OSCURO DEL CORAZON ****
Argentinien/Kanada 1992, 127 Min., F
R: Eliseo Subiela D: Dario Grandinetti, Sandra Ballesteros, Nacha Guevara
Frauen, die seinen poetischen Höhenflügen nicht folgen können, läßt der Gebrauchslyriker ins Bodenlose fallen. Mit ironischen, poetischen und surrealen Elementen beschreibt Subiela eine Männerwelt, in der Frauen eher Versatzstücken als ernstzunehmenden Wesen gleichen. Bis die Emanzipation zuschlägt.

Der dunkle Wind D529
THE DARK WIND ****
USA 1991, 109 Min., F
R: Errol Morris D: Lou Diamond Phillips, Fred Ward, Gary Farmer
Officer Jim Chee, ein Navajo, ist ein Polizeidetektiv mit viel gutem Willen und wenig Erfahrung. Als Unbekannte eine Windmühle beschädigen, legt sich Chee auf die Lauer, um die Täter zu überraschen. In dem komplizierten Fall, in den er nun gerät, stößt Chee auf eine Spur, die er ohne sein Talent als Fährtenleser nie entdeckt hätte.

Der dünne Mann
siehe: Mordsache Dünner Mann

Der dünne Mann, 2. Fall D530
AFTER THE THIN MAN ****
USA 1936, 113 Min., s/w
R: W.S. Van Dyke II. D: William Powell, Myrna Loy, James Stewart
Dashiell Hammett schrieb selbst die Fortsetzung seiner ironischen Detektivgeschichte »The Thin Man« *(Mordsache Dünner Mann)*. Detektiv Nick kann sein Luxusleben kaum genießen, da muß er schon wieder einen Mörder entlarven. Mehr Komödie als Krimi.

Der dünne Mann, 3. Fall D531
ANOTHER THIN MAN ***
USA 1939, 100 Min., s/w
R: W. S. Van Dyke II. D: William Powell, Myrna Loy, Virginia Grey
Nach der Geburt seines Sohnes muß Detektiv Nick Charles einen Mord im eigenen Familienkreis aufklären. Nach einer Kurzgeschichte von Dashiell Hammett war der dritte Film der Reihe nur noch routiniertes Murder Mystery.

Durch die Wälder, durch die Auen D532
**
BRD 1956, 98 Min., F
R: G.W. Pabst D: Eva Bartok, Joe Stöckel, Karl Schönböck
Die Reise des Komponisten Carl Maria von Weber mit seiner Geliebten, der Sängerin Caroline Brandt, wird unterbrochen durch einen fingierten Kutschenüberfall und eine Eifersuchtsgeschichte. Von der früheren Meisterschaft des Regisseurs ist hier nur wenig zu spüren.

Durch Wüste und Wildnis D533
W PUSTYNI I W PUSZCY *
Polen 1973, 180 Min., F
R: Wladyslaw Slesicki D: Tomasz Medrzak, Monika Rosca, Ahmed Marei
Vor dem Hintergrund der Mahdi-Aufstände erzählt der Film eine Abenteuergeschichte um zwei europäische Kinder, die nach einer Entführung eine

Durchbruch auf Befehl D534
MERRILL'S MARAUDERS ***
USA 1961, 95 Min., F
R: Sam Fuller D: Jeff Chandler, Ty Hardin, Peter Brown, Andrew Duggan
Eine amerikanische Einheit in Burma, von der stets Unmögliches verlangt wird. Fuller verdeutlicht in bewährt greller Manier, daß es im Krieg nur noch um das Funktionieren, um die Organisation des Überlebens geht, und daß Ideale und Ideologien dabei austauschbar werden.

Der Durchdreher D535
**
BRD 1978, 95 Min., F
R: Helmut Dietl D: Towje Kleiner, Mo Schwarz, Helmut Fischer
Ein gestreßter Journalist in beruflichen und privaten Nöten. Zeitgemäße Komödie über die Münchner Variante eines Stadtneurotikers. Dietls erster Erfolg als Komödienregisseur. Der Film lief auch als Fernsehserie.

Durchs wilde Kurdistan D536
EL SALVAJE KURDISTAN ***
BRD/Spanien 1965, 103 Min., F
R: Franz Josef Gottlieb D: Lex Barker, Marie Versini, Ralf Wolter
Kara Ben Nemsi und Hadschi Halef Omar befreien Ahmed, den Sohn eines Scheichs, der für die Freiheit seines Landes kämpft. Abenteuerfilm nach dem Roman von Karl May.

Dürstende Lippen D537
THE SABRE AND THE ARROW **
USA 1952, 86 Min., F
R: André De Toth D: Broderick Crawford, Barbara Hale, Johnny Stewart
Ein Stamm wilder Comanchen verfolgt einen kleinen Soldatentrupp durch die Wüste, nachdem sie ein Fort verwüstet haben. Western der billigeren Sorte.

Düsenjäger D538
D: John Wayne, Janet Leigh, Jay C. Flippen, Paul Fix
Ein attraktiver weiblicher Sowjetoffizier, der offensichtlich aus politischen Gründen in Alaska landet, verliebt sich in einen amerikanischen Jet-Piloten. Nachdem durchgesickert ist, daß es sich bei der angeblichen Asylantin um eine sowjetische Agentin handelt, fliehen beide zunächst nach Moskau. Lächerliche Spionagegeschichte, die mit eindrucksvollen Luftaufnahmen aufgewertet werden soll.

Dust D539
DUST ***
Belgien/Frankreich 1984, 87 Min.
R: Marion Hänsel D: Jane Birkin, Trevor Howard, John Matshikiza
Ein Vater-Tochter Konflikt mit tödlichem Ausgang angesiedelt in Südafrika. Spannungen in einem geschlossenen Gesellschaftssystem, ein fatalistisches Melodram.

Dynamit in grüner Seide D540
***
BRD/Italien 1967, 89 Min., F
R: Harald Reinl D: George Nader, Heinz Weiss, Silvie Solar
Film aus der *Jerry Cotton*-Serie, der deutschen Antwort auf James Bond oder Lemmy Caution, wie man's nimmt. Diesmal arbeitet der FBI-Mann als Undercover-Agent bei skrupellosen Gangstern, die einen Diamantenraub planen.

Dynamit Punk
siehe: Explodierende Träume

Dynastie Dracula D541
LA DINASTIA DRACULA **
Mexiko 1981, 90 Min., F
R: Alfredo B. Crevenna D: Fabian Forte, Silvia Manriquez
Ein Geistlicher und ein Arzt auf den Spuren eines von der Inquisition hingerichteten wiederauferstandenen

E

Easy Rider E1
EASY RIDER ****
USA 1969, 94 Min., F
R: Dennis Hopper D: Peter Fonda, Dennis Hopper, Jack Nicholson
Zwei langhaarige Hasch-Rocker fahren mit Motorrädern nach New Orleans und lesen unterwegs einen versoffenen Anwalt auf. Ihr Gefühl von Freiheit und Abenteuer vergeht schnell: Je weiter sie nach Süden kommen, desto mehr kriegen sie den Haß jener zu spüren, die zwar ständig von Freiheit reden, aber Groll gegen alle hegen, die sie sich nehmen. Immer noch ein Meilenstein in der Karriere der oben genannten Schauspieler. Der erfolgreichste Film des Jahres 1969; ein echter Kultfilm.

Eat a Bowl of Tea E2
EAT A BOWL OF TEA ****
USA 1989, 102 Min., F
R: Wayne Wang D: Cora Miao, Russell Wong, Victor Wong
New York im Jahr 1949: In Chinatown herrscht Aufregung, als nach der Änderung des amerikanischen Einwanderungsgesetzes ein junger Chinese die erste Braut aus seiner Heimat nach Amerika bringen kann. Das junge Paar sieht sich jedoch dem Erwartungsdruck des Familienclans nicht gewachsen und droht zu scheitern. Eine echte Ethno-Komödie. HFJ 1991

Eat Drink Man Woman E3
EAT DRINK MAN WOMAN ****
Taiwan/USA 1994, 123 Min., F
R: Ang Lee D: Sihung Lung, Kuei-Mei Yang, Chien-Lien Wu
Es geht um einen Meisterkoch, der seine Geschmacksnerven verliert, seine drei gegen ihn rebellierenden Töchter und die Köstlichkeiten chinesischer Küche. Ein brillanter Film über Altern, Generationenkonflikte und die Lust am Essen. Die Komposition der Speisen als Symbol für die Puzzleteile des Lebens. HFJ 1995

Eat the rich E4
EAT THE RICH **
GB 1987, 88 Min., F
R: Peter Richardson D: Ronald Allen, Sandra Dorne, Nosher Powell
Eine schwarze Komödie, in deren Mittelpunkt die Vorgänge in und um das Londoner Nobelrestaurant »eat the rich«, ehemals »Bastards«, und seine zwielichtige Klientel stehen. Dieser Film ist zu absurd, zu chaotisch und zu grell, um richtig funktionieren zu können – Monty Python zeigt, wie man so ein Thema adäquat umsetzt.

Echo Park E5
ECHO PARK ****
Österreich/USA 1985, 90 Min., F
R: Robert Dornheim D: Susan Dey, Tom Hulce, Michael Bowen
August will Body-Building-Champion werden und macht Commercials für Deo-Sprays, Jonathan komponiert ewig am großen Hit herum und fährt Pizzas aus und May möchte in Hollywood Star-Karriere machen und jobt als strippendes Glückwunsch-Telegramm. Alle haben sie ihren Traum und leben doch stets mit dessen Ernüchterung. Eine kleine Großstadt-Komödie mit gleichzeitig nostalgisch-melancholischen wie erfrischend-skurrilen Momenten.

Der alte Wen (Jui Wang) ist die Zunge von Chef Chu (Sihung Lung) in ›Eat Drink Man Woman‹.

Echt tu Matsch E6
***
BRD 1983, 88 Min., F
R: Claus Strigel, Bertram Verhaag
D: Mine Gruber, Ulrike Neumann, Michael Gahr, Astrid Boner
In einem Versuch nehmen eine Woche lang die Schüler die Rolle der Lehrer ein. Filmische Auseinandersetzung mit Lehrmethoden, die glücklicherweise keine einfachen Lösungen anbietet.

Echtzeit E7
***
BRD 1983, 111 Min., F
R: Hellmuth Costard, Jürgen Ebert
D: Georg Krämer, Ruth Bierich
In essayistischer Manier von Kluge-Filmen führt der Film die bedrohliche Irrealität moderner Computer-Technologie vor. Ein Film, der auf verschiedenen Ebenen erzählt und handelt, die sich – gleich den Zeilen eines Bildschirm-Bildes – gegen Ende immer mehr zu einem Ganzen, zu einem Krimi zusammensetzen.

Eclipse E8
ECLIPSE ***
Kanada/BRD 1994, 97 Min., F und s/w
R: Jeremy Podeswa D: Von Flores, Manuel Aranguiz, Maria Del Mar
In Toronto erwarten Touristen, Wissenschaftler und »ganz normale Menschen« die totale Sonnenfinsternis. In den letzten Tagen vor diesem Naturereignis kommt es zu flüchtigen sexuellen Kontakten zwischen zehn

Personen. Die Emotion des Augenblicks, Sehnsucht nach dem Unerreichbaren oder Entschwindenden spiegeln sich in den gezeigten erotischen Episoden wie im mythologisch besetzten astronomischen Bild der Sonnenfinsternis wider. Ein an europäische Vorbilder erinnerndes, interessantes Spielfilmdebüt.

Ed Wood E9
ED WOOD ****
USA 1994, 124 Min., s/w und F
R: Tim Burton D: Johnny Depp, Martin Landau, Sarah Jessica Parker
Der am Hungertuch nagende Regisseur Ed Wood kann mangels Talent bei keinem Studio landen. Als er den drogenabhängigen Ex-Dracula-Star Bela Lugosi für eines seiner obskuren Projekte gewinnt, faßt der Glücklose neuen Mut. Doch am Set geht wirklich alles schief. Tim Burton greift die skurrile Karriere des »schlechtesten Regisseurs aller Zeiten« auf, läßt mit Witz und Ernsthaftigkeit das Hollywood der 50er Jahre Revue passieren. Ein schräges Vergnügen für ausgefuchste Filmfreaks. HFJ 1996

Eddie and the Cruisers E10
EDDIE AND THE CRUISERS ***
USA 1983, 95 Min., F
R: Martin Davidson D: Tom Berenger, Michael Pare, Helen Schneider
Kurz vor dem Höhepunkt seiner Karriere verschwindet Rockstar Eddie Wilson nach einem mysteriösen Autounfall von der Bildfläche. 18 Jahre später versuchen eine Reporterin und ein ehemaliges Bandmitglied dahinterzukommen, was damals wirklich geschah und wo die verschollenen Tonbänder zur nie veröffentlichten zweiten LP der »Cruisers« abgeblieben sind. Rock-Musical..

Eddie, Blüten und Blondinen E11
CES DAMES S'EN MELENT **

Eddie geht aufs Ganze E12
COMMENT QU'ELLE EST? **
Frankreich 1960, 94 Min., s/w
R: Bernard Borderie D: Eddie Constantine, André Luguet, Françoise Brion
Das fünfte Abenteuer des trink- und schlagfesten Frauen- und Revolverhelden Lemmy Caution: Diesmal hilft er einem französischen General, zwei Doppelspione zu entlarven.

Eddie krault nur kesse Katzen E13
LES FEMMES D'ABORD **
Frankreich 1962, 86 Min., s/w
R: Raoul André D: Eddie Constantine, Christiane Minazzoli
FBI-Agent beschattet die Witwe eines Unternehmers, dessen Partner sich als Chef einer Drogenbande entpuppt, und steht ihr bei, als die Lage für sie brenzlig wird. Routinekrimi.

Eddi läßt die Bomben platzen
siehe: Bomben auf Monte Carlo

Eddie Macons Flucht E14
EDDIE MACON'S RUN ***
USA 1983, 90 Min., F
R: Jeff Kanew D: Kirk Douglas, John Schneider, Lee Purcell
Ein junger Häftling entflieht aus dem Gefängnis, um zu seiner Familie zu gelangen. Ein alternder, erfahrener Polizist setzt sich auf seine Fährte. Ganz auf den Star zugeschnittener Actionfilm mit menschlichen Zügen.

Eddie, Miezen und Moneten E15
LA TELA DE ARANA **
COMME S'IL EN PLEUVAIT
Sp/Fr 1963, 89 Min., s/w
R: José-Luis Monter D: Eddie Constantine, Elisa Montés, Silvie Solar
Am Hungertuch nagender US-Autor in Spanien kommt einem schrägen Bankier auf die Schliche, der im Begriff ist, sein eigenes Unternehmen ausplündern zu lassen. Routinekrimi mit vielen Schlägereien.

Taxifahrer steht Mädchen bei, das von Bordellbesitzer zur Prostitution gezwungen werden soll. Relativ harter Krimi, der auf die üblichen Eddie-Späßchen verzichtet.

Eddie und die scharfen Kurven E17
UNE GROSSE TETE **
Frankreich 1961, 76 Min., s/w
R: Claude De Givray D: Eddie Constantine, Georges Poujouly
Besitzer einer Go-Kart-Bahn gerät mit Bodenspekulanten und deren Kreaturen aneinander. Weniger witziges Vehikel für den sympathischen Haudrauf Eddie Constantine.

Eddie, wenn das deine Mutti wüßte E18
LAISSEZ TIRER LES TIREURS ***
LASCIATE SPARARE ... CHI CI SA FARE
Frankreich/Italien 1963, 87 Min., s/w
R: Guy Lefranc D: Eddie Constantine, Guy Tréjan, Hubert de Lapparent
FBI-Agent Jeff Gordon entlarvt eine Bande von Raketendieben. Turbulenter Krimi, in dem Eddie in typischer Manier vom Leder ziehen kann. Nicht verpassen!

Eddie wieder Colt-richtig E19
DES FRISSONS PARTOUT **
SVENTOLE, MANETTE ... E FEMMINE
Frankreich/Italien 1963, 90 Min., s/w
R: Raoul André D: Eddie Constantine, Perrette Pradier, Clément Harari
FBI-Agent Jeff Gordon läßt eine Bande von Juwelendieben hochgehen und spürt den Chef des Vereins in einer äußerst merkwürdigen Nervenklinik auf. Krimi nach Schablone, nur durch den Hauptdarsteller erträglich.

Ede und Unku
siehe: Als Unku Edes Freundin war

Der Edelweißkönig E20
**

The Edge E21
THE EDGE **
USA 1968, 100 Min., F
R: Robert Kramer D: Jack Rader, Tom Griffin, Howard Loeb Babeuf
Als Vergeltung für die Massaker in Vietnam soll der amerikanische Präsident ermordet werden.

Ediths Tagebuch E22
***
BRD 1983, 108 Min., F
R: Hans W. Geissendörfer D: Angela Winkler, Vadim Glowna
Aus einer amerikanischen Kleinstadt der 50er machte »Lindenstraße«-Erfinder Geissendörfer in seiner Highsmith-Adaptation das Berlin der 70er. Auch sonst ersetzte er in der Geschichte eines psychischen Verfalls Sensibilitäten durch Effekte.

Edouard, der Herzensbrecher E23
***
LA CAVALEUR
Frankreich 1978, 104 Min., F
R: Philippe de Broca D: Jean Rochefort, Nicole Garcia, Danielle Darrieux
Ein alternder Frauenheld findet schließlich doch noch sein familiäres, beschauliches Glück.

Edouard und Caroline E24
EDOUARD ET CAROLINE ***
Frankreich 1950, 85 Min., s/w
R: Jacques Becker D: Daniel Gélin, Anne Vernon, Jean Galland, Jacques François
Der junge Edouard, der ein anerkannter Pianist werden will, ist abgesehen von alltäglichen banalen Streitereien glücklich verheiratet. Obwohl eines Tages ein heftiger Konflikt mit seiner Frau seine musikalischen Karrierehoffnungen endgültig zunichte zu machen scheint, bekommt er eine Chance. Sehr gut gespielter, liebevoller Film mit intelligenten Dialogen.

Edvige Scimitt – Ein Leben zwischen Liebe und Wahnsinn E25
***
BRD/Schweiz 1985, 90 Min., F
R: Matthias Zschokke D: Ingrid Kaiser, Fritz Schediwy, Wolfgang Michael
Die Erinnerungen eines Dienstmädchens zu Beginn des Jahrhunderts in einer unkonventionellen Verbindung von Sozialkritik und Bildpoesie.

Edward mit den Scherenhänden E26
****
EDWARD SCISSORHANDS
USA 1990, 98 Min., F
R: Tim Burton D: Johnny Depp, Winona Ryder, Dianne Wiest
Ein Schloßherr, der den perfekten Menschen erschaffen will, stirbt und hinterläßt sein Produkt: Edward, eine menschliche Heckenschere, die sich als Friseur und Gärtner betätigt. Versponnener, charmanter, phantastischer Film. LSFF

Edward II. E27
EDWARD II. ****
GB 1991, 90 Min., F
R: Derek Jarman D: Steven Waddington, Tilda Swinton, Andrew Tiernan
Nach dem Bühnenstück von Christopher Marlowe entfacht Jarman einen wahren Bildersturm um die Geschichte des Königs, der gegen den Widerstand von Kirche und Adel seine Beziehung zu seinem Geliebten Gaveston aufrechterhält. HFJ 1993

Effi Briest E28
****
BRD 1974, 138 Min., s/w
R: Rainer Werner Fassbinder
D: Hanna Schygulla, Ulli Lommel, Wolfgang Schenck, Karlheinz Böhm
Nuancierte Verfilmung des Romans von Fontane. Eine Frau, die mit einem überkorrekten Beamten verheiratet ist, scheitert an den Zwängen der Wilhelminischen Gesellschaft.

Eh' die Fledermaus ihren Flug beendet E29
****
MIELÖTT BEFEJEZI RÖPTET A DENEVER
Ungarn 1988, 94 Min., F
R: Péter Timár D: Erika Bodnár, Rôbert Csontos, Gábor Maté
Eine Kassiererin, die von ihrem Mann verlassen worden ist, hofft, in ihrer neuen Beziehung zu einem Polizisten die große Liebe zu finden. Ihr neuer Partner stellt jedoch ihrem jugendlichen Sohn nach, so daß es schließlich zur Katastrophe kommt. Hintergründiges Drama, das die politische und moralische Krise Ungarns Ende der achtziger Jahre wiederspiegelt.

Die Ehe der Maria Braun E30
****
BRD 1978, 121 Min., F
R: Rainer Werner Fassbinder
D: Klaus Löwitsch, Hanna Schygulla, Gisela Uhlen, Ivan Desny
Film über das Deutschland in der Aufbauphase. Eine Paraderolle für Hanna Schygulla, die hier am Erfolg maßgeblich beteiligt ist.

Die Ehe des Herrn Mississippi E31
***
BRD/Schweiz 1961, 91 Min., s/w
R: Kurt Hoffmann D: O. E. Hasse, Martin Held, Johanna von Koczian
Verfilmung des gesellschaftskritischen Bühnenstücks von Friedrich Dürrenmatt, in deren Mittelpunkt eine Frau mit großem Männerverschleiß steht, die auch vor Mord nicht zurückschreckt. Trotz hervorragender Schauspieler eine wenig überzeugende Satire, die die bissigen Akzente der Vorlage ins oberflächlich Effektvolle verschiebt.

Ehe im Schatten E32
***
Deutschland 1947, 98 Min., s/w
R: Kurt Maetzig D: Paul Klinger, Ilse Stepat, Alfred Balthoff, Claus Holm
Liebe zwischen einer jüdischen Schauspielerin und ihrem deutschen Kollegen in der Nazi-Zeit. Eine anklagende Darstellung des Schicksals von Joachim Gottschalk, der sich und seine Familie vor der Deportation tötete.

Der Eheberater E33
***
BRD 1986, 81 Min., F
R: Hubert Pöllmann D: Hubert Pöllmann, Josef Rödl, Eva Nitsche
Egal ob Beamte, Grüne oder Anarchisten, hier bekommt jeder sein Fett ab.

Der Ehekäfig E34
LA CAGE ***
Frankreich 1974, 90 Min., F
R: Pierre Granier-Deferre D: Lino Ventura, Ingrid Thulin, Sophie Sam

Ein Ehemann will seine Frau verlassen. Sie lockt ihn in eine Falle und sperrt ihn in ein Kellerverließ ein. Vor einem mörderischen Ende findet die kammerspielartige Groteske einen traumhaften Notausgang.

Ehekrieg E35
ADAM'S RIB ****
USA 1949, 97 Min., s/w
R: George Cukor D: Spencer Tracy, Katharine Hepburn, Jean Hagen
Die Ehe eines Juristenpaares wird auf eine harte Probe gestellt, als sich die beiden als Gegner im Gerichtssaal gegenüberstehen. Geistreiche und brillant inszenierte Komödie mit dem Paar Audrey Hepburn/ Spencer Tracy in Höchstform.

Ein Ehemann dreht durch E36
CAR TROUBLE ***
GB/USA 1986, 93 Min., F
R: David Green D: Julie Walters, Ian Charleson, Vincenzo Ricotta
Gerald steigt vom 2CV auf einen Jaguar E um. Dies und ein Seitensprung erschüttern die Grundfeste bürgerlicher Existenz. Zwerchfellerschütternde Situationskomik und jede Menge bodenständiger britischer Humor.

Ehemänner und Ehefrauen E37
HUSBANDS AND WIVES ****
USA 1992, 103 Min., F
R: Woody Allen D: Woody Allen, Mia Farrow, Sydney Pollack
Ein Paar, das sich in Frieden trennt, löst damit in seinen Freundes- und Bekanntenkreis ein wildes Bäumchenwechsel-dich aus. Bittersüße, typische Woody-Allen-Komödie um die ständige Suche nach Liebe und dem Sinn des Lebens. HFJ 1994

Die Ehre der Prizzis E38
PRIZZI'S HONOR ***
USA 1985, 129 Min., F
R: John Huston D: Jack Nicholson,

Meine zehn Komödien-Favoriten

Manche mögen's heiß
R: Billy Wilder
Die turbulenteste und intelligenteste Verwechslungs- und Verkleidungsgeschichte Hollywoods ist so gut, daß sie sogar Gnade vor den Augen ihres Regisseurs findet: »In jedem Film gibt es doch Sachen, die ich immer wieder gerne habe, fünf Minuten hier, fünf Minuten da. Zum Beispiel ein Film wie ›Manche mögen's heiß‹, da waren 45 Minuten drin, die nicht schlecht waren.«

Die Gräfin von Hongkong
R: Charles Spencer Chaplin
Das lange Zeit sträflich mißachtete Alterswerk des genialen Filmemachers, mit wundervollem Timing, wundervollen Hauptdarstellern, wundervollem Soundtrack (von Chaplin) und einem wundervollen Kurzauftritt des Regisseurs.

Kentucky Fried Movie
R: John Landis
Die Anarcho-Komödie in zwanzig Kapiteln von Landis und den Produzenten Zucker/Abrahams/Zucker für alle, die das Fernsehen von Herzen hassen.

Zazie in der Metro
R: Louis Malle
Die meisterliche Sprachzertrümmerung von Raymond Queneau übertragen auf die Filmsprache ergibt einen ganz eigenen Zauber poetischer Komik oder komischer Poesie.

Der große Bluff
R: George Marshall
Einer, der wie ich Western mag und Komödien mag, muß diesen Film einfach lieben.

Der Partyschreck
R: Blake Edwards
Peter Sellers als tollpatschiger indischer Kleindarsteller bringt eine Hollywood-Party durcheinander und gleichzeitig einen der komischsten Filme der Kinogeschichte in Gang.

Tatis Schützenfest
R: Jacques Tati
Die Abenteuer eines Dorfpostboten, der voller Eifer und voller Wein das Tempo der neuen Zeit annehmen will und dabei sehr kreativ Unheil anrichtet.

Serenade zu dritt
R: Ernst Lubitsch
Ein wunderbar unmoralischer Film über das Glück und das, was Lubitsch Charme nennt.

Der Firmling
R: Erich Engels, Joe Stöckel
Eine kurze philosophisch-soziologisch-ästhetische Untersuchung über den Kleinbürger und seine komische Tragödie.

Putting pants on Philip
R: Clyde Bruckman
Eine der schnellsten, vergnüglichsten und »naja« erotischsten frühen Laurel & Hardy-Komödien.

Georg Seeßlen

Die Ehre des Samurai E39
NINJO KAMI-FUSEN ****
Japan 1937, 85 Min., s/w
R: Sadao Yamanaka D: Chojuro Kawarazaki, Tsuruzo Nakamura

Ein ehrenwerter Gentleman E40
THE DISTINGUISHED GENTLEMAN ***
USA 1992, 112 Min., F
R: Jonathan Lynn D: Eddie Murphy, Lane Smith, Sheryl Lee Ralph

fahrene und korrupte System auf. Star-Komödie, die ihr kritisches Potential weitgehend verschenkt. HFJ 1994

Eichhörnchen und die Zaubermuschel E41 ***
VEVERKA A KOUZELNA MUSLE
CSSR 1988, 77 Min., F
R: Vera Plivová-Simková D: Helena Vitovská, Tereza Vokurková
Einfühlsam erzählte Geschichte eines kleinen Mädchens, das ihren über alles geliebten Großvater verliert.

Der Eid des Professor Romberg E42 ***
Österreich 1949, 95 Min., s/w
R: Paul May D: Anneliese Reinhold, Rolf von Nauckhoff, Ernst Waldbrunn
Ein Professor wird von einem alliierten Gericht angeklagt, als SS-Offizier Kriegsverbrechen begangen zu haben. In Wirklichkeit gehörte er jedoch einer Widerstandsgruppe an, die Flüchtlinge rettete.

Eifersucht auf italienisch E43
DRAMMA DELLA GELOSIA ****
Italien/Spanien 1970, 107 Min., F
R: Ettore Scola D: Marcello Mastroianni, Monica Vitti, Giancarlo Giannini
Schwarze Komödie um zwei Burschen, die in eine attraktive Blumenverkäuferin verliebt sind, die sich aber nicht zwischen ihnen entscheiden kann. Als die Dame sich einen dritten Geliebten zulegt, wird das Dreiecksverhältnis zu kompliziert. Irgendwo zwischen Melodram und Klamotte angesiedelt.

Der Einbruch E44
***
BRD 1988, 89 Min., F
R: Bettina Woernle D: Aurore Clément, Laurent Le Doyen
Eine Frau verliebt sich in einen Einbrecher und gerät mit ihm ins kriminelle Milieu, bis sie zu seiner Komplizin wird. Studie über Hörigkeit, nicht uninteressant.

Eine sachliche Romanze E45
AN AWFULLY BIG ADVENTURE ***
Irland 1994, 112 Min., F
R: Mike Newell D: Alan Rickman, Hugh Grant, Georgina Cates
Im Liverpool der Nachkriegszeit erhält ein 16jähriges Mädchen aus kleinen Verhältnissen, das Schauspielerin werden will, eine Anstellung am Theater, allerdings zunächst nur hinter den Kulissen. Obwohl es sich in den arroganten Leiter der Theatertruppe verliebt, beginnt es eine Romanze mit einem zurückgekehrten Mitglied des Ensembles. Romanverfilmung, die ein düsteres Bild der von der übrigen Gesellschaft gemiedenen und unter finanziellen Nöten leidenden Theaterwelt zeichnet. HFJ 1996

Die eine singt, die andere nicht E46 ***
L'UNE CHANTE, L'AUTRE PAS
Frankreich 1976, 120 Min., F
R: Agnes Varda D: Valerie Mairesse, Therese Liotard, Robert Dadies
Pomme, lebenslustige Sängerin in einer Frauenband, zieht mit ihrem Freund Darius nach Persien. Ihre Freundin Suzanne hat bereits zwei Kinder und schlägt sich als Fabrikarbeiterin durch. Zehn Jahre lang besteht ihre Verbindung nur über Postkarten, die sie sich gegenseitig schicken. Als Mütter treffen beide wieder aufeinander.

Eine zuviel im Harem E47
JOHN GOLDFARB, PLEASE COME HOME ***
USA 1964, 95 Min., F
R: J. Lee Thompson D: Shirley MacLaine, Peter Ustinov, Richard Crenna
Eine frigide Journalistin infiltriert den Harem eines arabischen Potentaten und begegnet dort einem verschollenen amerikanischen Spionageflieger. Als pointierter Ulkfilm geplant, als Holzhammerhumor-Brüller fertiggestellt.

Einen Sommer lang E48
SOMMARLEK ****
Schweden 1951, 88 Min., s/w
R: Ingmar Bergman D: Maj-Britt Nilsson, Birger Malmsten
Eine junge Frau, die unter dem Tod ihres Geliebten leidet, erhält sein Tagebuch und erlebt die Stationen ihrer Beziehung noch einmal. Eines der damals schockierenden Frühwerke des Regisseurs.

Einer allein E49
ONE MAN ***
Kanada 1977, 85 Min., F
R: Robin Spry D: Len Cariou, Jayne Eastwood, Carol Lazare
Der einsame und deshalb vergebliche Kampf eines Fernsehreporters, der rätselhafte Vergiftungsfälle aufdecken will, aber an dem Widerstand mächtiger Interessengruppen scheitert. In die unterhaltsame Form eines Actionfilms verpackte Gesellschaftskritik eines engagierten Regisseurs.

Einer flog übers Kuckucksnest E50 *****
ONE FLEW OVER THE CUCKOO'S NEST
USA 1976, 115 Min., F
R: Milos Forman D: Jack Nicholson, Louise Fletcher, William Redfield
Ein Unangepaßter wird zur Beobachtung in eine Nervenklinik eingewiesen und bringt dort die Verhältnisse erheblich durcheinander, bis man auch ihn in den Griff kriegt. Nach einem Roman von Ken Kesey greift Forman die repressive Situation nicht nur in dieser Institution an. Hintergründige Sozial-Groteske und ein großer Erfolg für den Produzenten Michael Douglas.

Jack Nicholson

Einer frißt den anderen E51
DOG EAT DOG **
LA MORTE VESTITA DI DOLLARI
BRD/Italien/USA 1963, 78 Min., s/w
R: Ray Nazarro, Albert Zugsmith
D: Cameron Mitchell, Jayne Mansfield, Elisabeth Flickenschildt, Elke Sommer
Drei Bankräuber fallen nach einem erfolgreichen Millionenraub auf einer Adriainsel übereinander her. Fremde legen es darauf an, in den Besitz ihrer Beute zu gelangen. Ein schmutziger, brutaler Gangsterfilm.

Einer gegen alle E52
STRANGER ON HORSEBACK ***
USA 1955, 66 Min., F
R: Jacques Tourneur D: Joel McCrea, Kevin McCarthy, John McIntire
Ein aufrechter Richter befreit einen Landstrich von den Machenschaften eines Schurken. Ein gut gemachter, wenn auch etwas kurz geratener B-Western.

Einer gegen das Imperium E53
IL MONDO DI YOR *
Italien 1983, 87 Min., F
R: Anthony M. Dawson D: Reb Brown, Corinne Clery, Alan Collins
In einer barbarischen Zukunftswelt gerät ein Krieger mit allerlei bösen Ungeheuern und einem Alchimisten aneinander, der über phantastische Kräfte und Waffen gebietet. Ein mit simplen Mitteln hergestelltes *Conan*-Plagiat. LFF

Einer gegen Rom E54
SOLO CONTRA ROMA ***
Italien 1962, 93 Min., F
R: Herbert Wise D: Lang Jeffries, Rossana Podesta, Philippe Leroy
Adeliger Gladiator, dem ein römischer Centurio die Braut genommen hat, bewährt sich in der Arena und fordert den Chef der Besatzer heraus. Dialogarmer, doch aktionsreicher Monumentalfilm der Mittelklasse.

Einer gibt nicht auf E55
COMANCHE STATION ***
USA 1960, 73 Min., F
R: Budd Boetticher D: Randolph Scott, Nancy Gates, Claude Akins
Ein Gesetzeshüter führt eine Frau und drei Banditen durch einen Landstrich voller feindlicher Indianer. Spannender Western, qualitätsmäßig über dem Durchschnitt.

Einer kam durch E56
THE FUGITIVE **

Marie (R. Schneider) und ihre Freundinnen in ›Eine einfache Geschichte‹.

Einer mit Herz E57
ONE FROM THE HEART **
USA 1982, 103 Min., F
R: Francis Ford Coppola D: Frederic Forrest, Teri Garr, Nastassja Kinski
Opulent-kitschiges Rührstück um eine moderne Romeo und Julia-Romanze, die als märchenhaftes Gegenstück zur kalten Realität eines Ehelebens entworfen wird, in der wahre Gefühle keine Chance mehr haben. Pseudogesellschaftliches Melodram, künstlich, seifig, dämlich.

Einer schoß schneller E58
THE OKLAHOMA WOMAN **
USA 1956, 72 Min., s/w
R: Roger Corman D: Richard Denning, Peggie Castle, Cathy Downs
Ex-Gunman, frisch aus dem Gefängnis entlassen, kehrt in seine Heimatstadt zurück und muß sich gegen seine alte Geliebte stellen, die dort inzwischen die Macht übernommen hat. Billiger kleiner Western, dem es eindeutig an Ideen mangelt.

mer in einem Lungensanatorium, tragen zunächst Konflikte aus und finden dann eine gemeinsame Basis. Bieder.

Einer unter vielen E60
ENN BLANDT MANGE ***
Dänemark 1963, 85 Min., s/w
R: Astrid Henning-Jensen D: Ole Wegener, Marina Lund, Erno Müller
Ein mäßiger Schüler in der dänischen Provinz bricht zu seinem Vater in Kopenhagen auf, lernt dessen zukünftige Frau kennen, die er für seine Angestellte hält, und verliebt sich in sie.

Einer von uns beiden E61
**
BRD 1973, 106 Min., F
R: Wolfgang Petersen D: Klaus Schwarzkopf, Jürgen Prochnow
Ein Plagiat ist der Anlaß für ein mörderisches Duell zwischen einem Studenten und einem Professor. Nicht unspannender Thriller.

Einfach nur Liebe E62
**

der Bühne lösen und die Jugendlichen auf den Pfad der Tugend locken will. Vergeblich. Ganz in der Tradition der deutschen Schülerplotten.

Eine einfache Geschichte E63
UNE HISTOIRE SIMPLE ***
Frankreich/BRD 1978, 112 Min., F
R: Claude Sautet D: Romy Schneider, Bruno Cremer, Claude Brasseur
Beziehungsprobleme einer etwa vierzigjährigen Frau zwischen Liebhaber und geschiedenem Mann. Eine eindringliche Charakterstudie mit einer überragenden Hauptdarstellerin.

Der eingebildete Kranke E64
IL MALATO IMMAGINARIO ***
Italien 1979, 106 Min., F
R: Tonino Cervi D: Alberto Sordi, Laura Antonelli, Giuliana de Sio
Die Geschichte vom Gutsherren, der sich vor den Mechanismen der Gewalt in eine Krankheit flüchtet. Mit politischen Seitenhieben verbundene Neufassung von Molières Bühnenstück.

Das Einhorn E65
**
BRD 1978, 111 Min., F
R: Peter Patzak D: Peter Vogel, Gila von Weitershausen, Miriam Spoerri
Verfilmung des Romans von Martin Walser um den Schriftsteller Anselm Kristlein, der den Auftrag erhält, einen Roman über die Liebe zu schreiben und dabei mit seinen eigenen Problemen konfrontiert wird. Künstlerisch bemüht, wird dem Roman aber nicht gerecht.

Einige Tage im Leben des I. I. Oblomow E66
***
NESKOLKO DEJ IZ JIZNI I. I. OBLOMOW
UDSSR 1979, 140 Min., F
R: Nikita Michalkow D: Oleg Tabakow, Juri Bogatyrjow, Andrej Popow, Jelena Solowej
Adaption des Gontscharow-Romans »Oblomow«, in dessen Mittelpunkt ein total passiver Gutsbesitzer steht, der dem Glück des wohligen Stillstands frönt. Nicht einmal die von ihm begehrte Frau läßt ihn aus seiner Trägheit erwachen. Gut gespielter und psychologisch überzeugender Film, der die Liebesgeschichte Oblomows zu Lasten des gesellschaftlichen Aspektes der Vorlage überbetont.

Einige Tage mit mir E67
QUELQUES JOURS AVEC MOI **
Frankreich 1988, 131 Min., F
R: Claude Sautet D: Daniel Auteuil, Sandrine Bonnaire, Vincent Lindon
Ein frustrierter Juniorchef steigt aus und wirkt wie ein Verstärker auf Menschen, die ihm begegnen. Etwas umständliche Satire, flott begonnen, lahm geendet.

Die Einladung E68
L' INVITATION ****
Schweiz/Frankreich 1972, 96 Min., F
R: Claude Goretta D: Michel Robin, Jean-Luc Bideau, Jean Champion
Ein schüchterner Junggeselle gibt in einem geerbten Landhaus eine Party für seine Kollegen, in deren Verlauf die Gäste ihre Alltagskonventionen allmählich ablegen. Die ungewohnte Freiheit läßt die Veranstaltung jedoch gründlich mißlingen. Exakt inszenierte Charakterstudie, die die spießbürgerliche Moral bloßlegt.

Einladung zum Tanz E69
INVITATION TO THE DANCE ***
GB 1954, 92 Min., F
R: Gene Kelly D: Gene Kelly, Igor Youskevitch, Tamara Toumanova
Ballettfilm in drei Episoden: »Circus«, »Sindbad the Sailor«, »Ring Around the Rosy« (nach Arthur Schnitzlers »Der Reigen«). Ohne Dialoge. In den USA nicht eben ein Kinohit. Der beste Teil: »Sindbad«, in dem Gene Kelly mit diversen Zeichentrickfiguren der Hanna-Barbera-Produktion eine kesse Sohle aufs Parkett legt.

Einmal beißen, bitte E70
ONCE BITTEN ***
USA 1985, 90 Min., F
R: Howard Storm D: Lauren Hutton, Jim Carrey, Karen Hopkins
Eine attraktive Vampirin kann nur überleben, wenn sie das Blut junger bzw. jungfräulicher Männer trinkt. Wie schon umgekehrt gehabt bei Andy Warhol. Diesmal aber amerikanischer Simpel-Humor. HFJ 1987

Einmal Kudamm und zurück E71
**
BRD 1984, 96 Min., F
R: Herbert Ballmann D: Ursela Monn, Christian Kohlund
Die Liebesgeschichte zwischen einem Schweizer Diplomatenkoch und einer Ostberliner Sachbearbeiterin. Immerhin ein Ende für die Tränendrüse.

Einmal Millionär sein E72
THE LAVENDER HILL MOB ****
GB 1950, 78 Min., s/w
R: Charles Crichton D: Alec Guinness, Steve Holloway, Sidney James
Ein Bankangestellter will seine Rente durch den perfekten Coup aufbessern. Originelles und skurriles Caper-Movie mit typisch britischem Humor.

Einmal nur leuchtet die Liebe E73
LES MIRACLES N'ONT LIEU QU'UNE FIOS ***
Fr/It 1950, 102 Min., s/w
R: Yves Allégret D: Alida Valli, Jean Marais, Marcelle Arnold
Der Ausbruch des Zweiten Weltkrieges verhindert die Ehe von Jérôme und der italienischen Studentin Claudia, die sich durch die Kriegswirren aus den Augen verlieren. Als der inzwischen verheiratete Jérôme die Geliebte nach Jahren wiederfindet, können beide nicht an ihr früheres Glück anknüpfen. Banaler Film.

Eins E74
****
BRD 1971, 94 Min., F
R: Ulrich Schamoni D: Ulrich Schamoni, Andrea Rau, Wolf Fuchs
Ein Jungkapitalist macht sich mit drei abgebrannten Gelegenheitsarbeitern auf den Weg an die Riviera, um in den Spielcasinos mit Hilfe des »todsicheren« Systems seines Großvaters sein Glück zu machen. Als seine Mitspieler zu Geld gekommen sind, lassen sie den »Ausbeuter« fallen. Unterhaltsame Komödie über die Glückssehnsüchte der 68er-Generation.

1 + 1 = 3 E75
***
BRD 1979, 85 Min., F
R: Heidi Genée D: Adelheid Arndt, Dominik Graf, Christoph Quest

Eine junge Frau will weder ihr Kind abtreiben noch den Vater heiraten und stößt mit ihrem Entschluß auf allfälliges Unverständnis.

Eins, zwei, drei E76
ONE, TWO, THREE ****
USA 1961, 108 Min., s/w
R: Billy Wilder D: James Cagney, Horst Buchholz, Liselotte Pulver
Das Schicksal dieses Films gehört zu den schlimmsten Folgen des Mauerbaus: Die Komödie aus dem Nachkriegsberlin, die sich in jeder Szene über den Ost-West-Konflikt belustigt, fand plötzlich keiner mehr lustig. Erst die nächste Generation lachte sich in den 80er Jahren über dieses geniale Meisterwerk Wilders schlapp. Einer der wenigen Filme, bei denen alles stimmt.

1, 2, 3 – Wer hat die Klunker
siehe: Brillanten und Kakerlaken

Einsam sind die Tapferen E77
LONELY ARE THE BRAVE ****
USA 1961, 106 Min., F
R: David Miller D: Kirk Douglas, Walter Matthau, Gena Rowlands
Der Fortschritt überrollt am Ende den anachronistischen Helden wie in Cable Hogue und Last Picture Show: Wegen einer Schlägerei war Jack ins Gefängnis geraten, doch selbst der kumpelhafte Sheriff kann ihm nicht helfen. Ungewöhnlicher Film.

Einsam, Zweisam, Dreisam E78
THREESOME ***
USA 1994, 92 Min., F
R: Andrew Fleming D: Lara Flynn Boyle, Stephen Baldwin, Josh Charles
Zwei Männer, eine Frau – die ewige Frage, wer mit wem. Jede Kombination wird hier ausprobiert. Eine einfach gestrickte, aber amüsante Dreiecksgeschichte im College-Milieu mit sympathischen Darstellern unter dem Signum Generation X. – HFI 1995

Revolvermann kehrt nach Hause zurück und bemüht sich unter Einsatz seines Lebens, die Liebe seines Sohnes zu gewinnen. Beschränkt spannender, doch gut gemeinter Psycho-Western.

Der Einsame E80
THE BULL OF THE WEST **
USA 1971, 99 Min., F
R: Jerry Hopper, Paul Stanley
D: Charles Bronson, Lee J. Cobb
Zwei Folgen aus der Fernsehserie Shiloh Ranch recht mühsam zu Kinoversion zusammengepappt, weil 70er Jahre-Star Bronson in einer der beiden auftaucht und per Trick in die Folgehandlung eingebunden wurde.

Der einsame Adler E81
DRUM BEAT ****
USA 1954, 109 Min., F
R: Delmer Daves D: Alan Ladd, Audrey Dalton, Marisa Pavan, Charles Bronson, Robert Keith
US-Beamter, der einen Indianerstamm »befrieden« soll, ersetzt einen kriegslüsternen Häuptling durch einen anderen. Nur brave Indianer sind eben gute Indianer. Spitzen-Western.

Der Einsame aus dem Westen E82
SLEDGE **
Italien 1970, 92 Min., F
R: Vic Morrow D: James Garner, Dennis Weaver, Laura Antonelli
Italo-Western mit US-Besetzung: Nachdem eine Bande einen Goldschatz geraubt hat, gibt es Probleme bei der Verteilung der Beute. Am Ende bleibt nur ein Mann übrig.

Einsame Herzen E83
CUORI SOLITARI **
Italien 1969, 90 Min., F
R: Franco Giraldi D: Ugo Tognazzi, Senta Berger, Silvano Tranquili
Gelangweiltes Paar sucht per Annonce »gleichgesinnte«; auf einem Schloß in der Schweiz endet das Ganze jedoch in

Ein junger, unerfahrener Polizist wird scheinbar schuldig am Tod seiner Kollegen. In einer psychiatrischen Klinik nimmt er sich das Leben, bevor sein Report an den Kommissar die Wahrheit enthüllt. Kritischer Polizeifilm über die Korruption unter Polizisten.

Der einsame Platz E85
UN POSTO TRANQUILLO DI CAMPAGNA **
Italien 1969, 111 Min., F
R: Elio Petri D: Franco Nero, Vanessa Redgrave, Georges Géret
Junger Maler in der künstlerischen und persönlichen Krise. Auch der Film bekommt schwere Träume.

Ein einsamer Ort E86
IN A LONELY PLACE ****
USA 1949, 94 Min., s/w
R: Nicholas Ray D: Humphrey Bogart, Gloria Grahame
Drehbuchautor unter Mordverdacht bringt selbst seine Geliebte gegen sich auf. Am Ende stellt sich seine Unschuld heraus, aber es ist zu spät. Selbst in diesem eher lakonischen Film noir überschreitet Ray alle Konventionen.

Die Einsamkeit des Langstreckenläufers E87
****
THE LONELINESS OF THE LONG DISTANCE RUNNER
GB 1962, 104 Min., s/w
R: Tony Richardson D: Tom Courtenay, Michael Redgrave
Kurz vor dem Sieg gibt der Läufer auf. Das Porträt eines intelligenten Außenseiters und die Bestandsaufnahme einer konformistischen Welt ohne Alternativen. Britisches »Free Cinema« vom Feinsten.

Einst kommt der Tag E88
ON A CLEAR DAY YOU CAN SEE FOREVER ***
USA 1970, 125 Min., F
R: Vincente Minelli D: Barbra Streisand, Yves Montand, Jack Nicholson

Die Einsteiger E89
**

BRD 1985, 102 Min., F
R: Siggi Götz D: Thomas Gottschalk, Mike Krüger, Kurt Weinzierl
Tommy und Mike können durch eine »geniale« Erfindung in jede Videokassette ein- und wieder aussteigen. Womit man mit Verkleidungsklamauk und ohne den Funken einer Idee natürlich Stunden füllen kann.

Einstweilige Verführung E90
CARUSO PASCOSKI DE PADRE POLACCO ***
Italien 1988, 102 Min., F
R: Francesco Nuti D: Francesco Nuti, Clarissa Burt, Ricky Tognazzi
Ein Psychiater dreht durch, weil seine Frau ein Verhältnis mit einem Patienten eingeht. Überdreht, aber nicht originell. HFJ 1990

71 Fragmente einer Chronologie des Zufalls E91
****
Österreich/BRD 1994, 96 Min., F
R: Michael Haneke D: Gabriel Cosmin Urdes, Lukas Miko, Otto Grünmandl
Am Vorweihnachtstag des Jahres 1993 tötet ein Student ohne ersichtlichen Grund mehrere Menschen. Haneke errichtet ein Fragenkonstrukt und überläßt es dem Zuschauer, die Antwort zu finden. Dritter Teil der Haneke-Trilogie über die Verlorenheit des Menschen in einer sinnentleerten Welt. HFJ 1995

Der Einzelgänger E92
MAN WITH A GUN ***
USA 1955, 83 Min., s/w
R: Richard Wilson D: Robert Mitchum, Jan Sterling, Karen Sharpe
Clint Tollinger läßt sich in einem Ort zum Sheriff machen und führt ein so hartes Regiment, daß er nicht nur die Lumpen, sondern auch die Bürger gegen sich aufbringt. Ein harter und zynischer Western. Nicht übel.

Der Einzelgänger E93
VIOLENT STREETS/THIEF ****
USA 1981, 122 Min., F
R: Michael Mann D: James Caan, Tuesday Weld, Willie Nelson
Ein Tresorknack-Experte, der Ambitionen entwickelt, ein bürgerliches Leben zu führen, verletzt die Spielregeln der Unterwelt und sieht sich nach Zusammenstößen mit dem Syndikat gezwungen, seine Interessen mit der Wumme in der Hand zu vertreten. Blutbäder inklusive. Ein harter, unterhaltsamer, perfekt inszenierter Gangsterfilm.

Das einzige Spiel in der Stadt E94
***
THE ONLY GAME IN TOWN
USA 1969, 109 Min., F
R: George Stevens D: Elizabeth Taylor, Warren Beatty, Charles Braswell
Romantische Komödie um eine Revuetänzerin, die sich nicht von Las Vegas trennen kann und sich in einen Barmusiker verliebt, der dem Spiel verfallen ist.

Der einzige Zeuge E95
UN SEUL TEMOIN ***
Frankreich 1984, 90 Min., F
R: Jean-Pierre Desagnat D: Dany Carrel, Jean-François Garreaud
Kinderloses Ehepaar entschließt sich zur Adoption eines Kindes; zuvor soll die Frau jedoch sozusagen zur Probe einen dreijährigen Jungen eine Zeit lang beaufsichtigen. Kurz darauf wird sie jedoch wegen Kindesentführung verhaftet. Gut gemachter Gebrauchskrimi.

Der einzige Zeuge E96
WITNESS ****
USA 1985, 112 Min., F
R: Peter Weir D: Harrison Ford, Kelly McGrillis, Alexander Godunov
Eine amerikanische Auftragsarbeit des australischen Regisseurs, der hierzulande durch *Ein Jahr in der Hölle* bekannt wurde. Mit seinen handwerklichen Fähigkeiten im Film schließt Weir an große Vorbilder wie Howard Hawks an. Ein Thriller, aber auch ein Heimat-, Historien- und Liebesfilm im Milieu der menonitischen Amish People, die noch leben wie vor 200 Jahren.

Eis am Stiel E97
ESKIMO LIMON ***
Israel 1977, 100 Min., F
R: Boaz Davidson D: Yiftach Katzur, Anat Atzmon, Jonathan Segal, Zachy Noy
Teenager-Leben, Liebe und Leid in Israel des Jahres 1958 in einer Mischung aus »Schüler-Report« und »American Graffiti« unter permanenter Hitparaden-Musik erzählt, aber dabei überholt und vollkommen altmodisch wirkend. Löste aber eine ganze Serie (acht Folgen) aus und wurde oftmals noch schlechter nachgeahmt.

Der Eisbärkönig E98
KVITEBJORN KONG VLEMON ***
Norwegen/Schweden/BRD 1991, 90 Min., F
R: Ola Solum D: Tobias Hoesl, Maria Bonnevie, Anna-Lotta Larson
Versetzung des »Die Schöne und das Biest«-Themas in polare Gefilde. Auch auf dem Märchenmarkt gibt es nichts Neues. HFJ 1992

Der eiserne Gustav E99
**

BRD 1958, 97 Min., F
R: Georg Hurdalek D: Heinz Rühmann, Lucie Mannheim, Ernst Schröder, Karin Baal
Der von den neuen Automobiltaxen in Existenznot gebrachte Droschker Gustav wird durch eine Fahrt von Berlin nach Paris zum Medienstar. Rühmann ist Rühmann und Hurdalek hier ein Nicht-Regisseur.

Der eiserne Ritter von Falworth E100
***
THE BLACK SHIELD OF FALWORTH
USA 1954, 100 Min., F
R: Rudolph Maté D: Tony Curtis, Janet Leigh, David Farrar, Barbara Rush, Herbert Marshall
Bauernbursch, heimlich von adeliger Herkunft, wird am englischen Hof als Soldat ausgebildet, rettet den Ruf seiner Ahnen und den Thron seines Königs. Ansprechender, unterhaltsamer Ritterfilm.

Eiskalt wie das Schweigen E101
LES SEINS DE GLACE ***
Frankreich/Italien 1974, 105 Min., F
R: Georges Lautner D: Alain Delon, Mireille Darc, Claude Brasseur

Alain Delon in Melvilles hervorragender Inszenierung.

Hübsche Neurotikerin pflegt zwar mit Männern Freundschaften, doch sobald sie sexuelle Absichten pflegen, wird sie zur Mörderin. Dies erfährt ein Autor am eigenen Leibe, der die Warnungen eines anderen Mannes ignoriert. Ein recht oberflächlich inszeniertes Drama nach einem Thriller von Richard Matheson.

Der eiskalte Engel E102

LE SAMOURAI *****

Frankreich/Italien 1968, 98 Min., F

R: Jean-Pierre Melville D: Alain Delon, Nathalie Delon, François Perier

Legendäres Meisterwerk des Film noir um einen Profikiller, der sich, als er und sein Mädchen in die Enge getrieben werden, mit derselben Coolness opfert, mit der er vorher andere getötet hat. Wie jeder Melville-Film intelligent, spröde, spannend und höchst ästhetisch inszeniert. Meilenstein des französischen Gangsterfilms.

Eiskalte Leidenschaft E103

FINAL ANALYSIS ***

USA 1991, 124 Min., F

R: Phil Joanou D: Richard Gere, Kim Basinger, Uma Thurman

Eisstation Zebra E104

ICE STATION ZEBRA **

USA 1967, 152 Min., F

R: John Sturges D: Rock Hudson, Ernest Borgnine, Patrick McGoohan

US- und UdSSR-Agenten bemühen sich, einen am Nordpol niedergegangenen Satelliten aufzuspüren, der wichtige Informationen enthält. Thriller mit endlosem Propagandageschwätz.

Der Eissturm E105

THE ICE STORM ****

USA 1997, 113 Min., F

R: Ang Lee D: Kevin Kline, Sigourney Weaver, Joan Allen

Porträt zweier amerikanischer Familien im November 1973, deren Mitglieder durch die vermeintliche sexuelle Befreiung und das Aufbrechen eines angeblich moralischen Wertekomplexes vor dem Hintergrund des Watergate-Skandals in einen Strudel aus Einsamkeit und verzweifelter Sinnsuche gestoßen werden. Ein glänzend gespieltes und phantastisch inszeniertes Meisterwerk. HFJ 1998

Cathérine Deneuve in ›Ekel‹

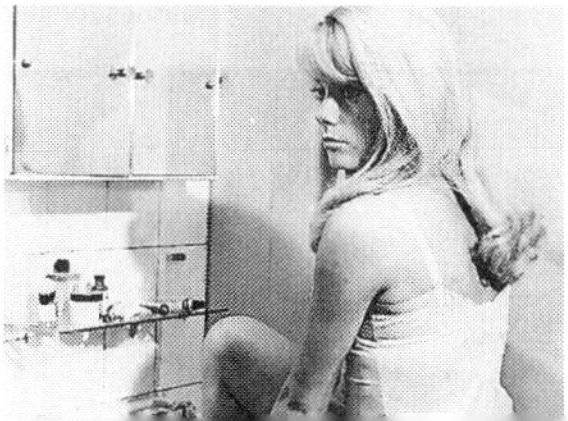

Ekel E106

REPULSION ****

GB 1964, 105 Min., s/w

R: Roman Polanski D: Cathérine Deneuve, Ian Henry, John Fraser

Die Vereinsamung und Wirklichkeitsentfremdung einer sensiblen Frau endet mit Wahnvorstellungen und einem Doppelmord. Ein perfekter Thriller.

Ekstase E107

EXTASE ***

Tschechoslowakei 1933, 84 Min., s/w

R: Gustav Machaty D: Hedy Kiesler, Aribert Moog, Zvonimir Rogoz

Ehefrau läßt sich mit einem anderen ein, der es versteht, sie körperlich zu befriedigen. Skandalfilm von 1933, der es wegen seiner Nacktszenen zu großer Berühmtheit brachte. Kieslers späterer Mann bemühte sich erfolglos, alle Kopien des Films aufzukaufen.

Hedy Kiesler, später Lamarr

Ekstase E108

BOLERO **

USA 1984, 86 Min., F

R: John Derek D: Bo Derek, George

Ekstasen, Mädchen und Millionen E109
**
BRD 1981, 89 Min., F
R: Pablo Juan Torena D: Martine Mercier, Karin Hoffmann
Tochter einer Fälscherin gerät auf Ibiza in die Hände von Lustmolchen und wird in letzter Sekunde vor einem üblen Schicksal bewahrt.

El Bruto, der Starke E110
EL BRUTO ****
Mexiko 1952, 78 Min., s/w
R: Luis Buñuel D: Pedro Armendariz, Katy Jurado, Rosita Arenaz
Ein Metzger und Hausbesitzer will seine Häuser abreißen und modernisieren lassen. Als sich die Mieter weigern, die Wohnungen zu räumen, holt er den stärksten Mann der Schlachthöfe zu Hilfe. Buñuel hat eine klare revolutionäre Botschaft in sehr realistische Bilder gefaßt.

El Cid E111
EL CID ****
USA/Spanien 1961, 189 Min., F
R: Anthony Mann D: Charlton Heston, Sophia Loren, Raf Vallone
Die Lebensgeschichte des spanischen Volkshelden im 11. Jahrhundert. Prächtiger Monumentalfilm mit vielen Kampfszenen und Schlachten gegen die Mauren. Gute Inszenierung riesiger Menschenmengen.

El Dorado E112
EL DORADO ****
USA 1966, 126 Min., F
R: Howard Hawks D: John Wayne, Robert Mitchum, James Caan
Bärbeißiger Revolvermann, der zudem nicht mehr der jüngste ist, hilft einem alkoholabhängigen Sheriff, eine Stadt von Banditen zu befreien. Ein fetziger, altmodischer Western, in dem Kerle noch Kerle sind.

El Greco E113
EL GRECO **
Italien/Frankreich 1966, 90 Min., F
R: Luciano Salce D: Mel Ferrer, Rosanna Schiaffino, Adolfo Celi
Prächtiges und etwas melodramatisch geratenes Lebensbild des von Kreta stammenden Malers.

El Khobar, der Schrecken der Wüste E114
**
THE DESERT SONG
USA 1953, 106 Min., F
R: Bruce Humberstone D: Kathryn Grayson, Gordon MacReae, Steve Cochran, Raymond Massey
Bebrillter Lehrer der Tochter eines Fremdenlegionär-Generals, heimlich ein agiler Wüstenfuchs, entlarvt einen Scheich, der hinter dem Rücken der Kolonialherren aufrüstet.

El Norte E115
EL NORTE ****
USA 1983, 135 Min., F
R: Gregory Nava D: Zaide Silvia Gutierrez, David Villalpando
Vor dem Terror von Militär und Großgrundbesitzer in Guatemala flieht ein Geschwisterpaar in die USA. Aber der Weg zum Glück ist auch im Land der unbegrenzten Möglichkeiten hart und entbehrungsreich. Ein anrührender Film, der der harten Realität mit Humor und Phantasie begegnet.

El Perdido E116
EL PERDIDO ***
USA 1960, 112 Min., F
R: Robert Aldrich D: Rock Hudson, Kirk Douglas, Dorothy Malone
Ein Mann des Gesetzes, der einen nur in Texas vollstreckbaren Haftbefehl gegen einen Übeltäter in der Tasche hat, schließt sich einem Treck an, um sein Opfer nicht aus den Augen zu verlieren. Melodramatischer Western.

El Topo E117
EL TOPO ***
Mexiko 1971, 95 Min., F
R: Alejandro Jodorowsky D: Alexandro Jodorwosky, Mara Lorenzio
Ein einsamer Reiter aus der Wüste, begabt als Kämpfer und Clown, befreit gefangene Menschen, nur damit sie gleich darauf von ihren Peinigern erschossen werden. Surrealistische Mischung aus Vielem.

Eldorado E118
ELDORADO ****
Ungarn 1988, 102 Min., F
R: Géza Bereményi D: Károly Eperjes, Judith Pogány, Barnabás Tóth
Ein Geschäftsmann hält in den Veränderungen der ungarischen Nachkriegszeit mit allen Mitteln seine Familie und seinen Wohlstand zusammen, scheitert dann aber in der Zeit des Aufstandes von 1956. Ungeschminkte Geschichtsschreibung, die unter die Haut geht.

Electric Dreams E119
ELECTRIC DREAMS ***
USA 1984, 96 Min.
R: Steve Barron D: Lenny von Dohlen, Virginia Madsen, Bud Cort
Ein poppig amüsantes Unterhaltungsfilmchen, dem man deutlich ansieht, daß sich Steve Barron bislang vor allem als Regisseur von erfolgreichen Video-Clips hervorgetan hat. Nach einer Sekt-Dusche beginnt Edgar, ein unscheinbarer Heim-Computer, sich selbständig zu machen. Mit allen zur Verfügung stehenden Tricks versucht er schließlich sogar seinem Herrn und Meister die Freundin auszuspannen.

Ein Elefant irrt sich gewaltig E120
UN ELEPHANT CA TROMPE ENORMEMENT ****
Frankreich 1976, 102 Min., F
R: Yves Robert D: Jean Rochefort, Claude Brasseur, Guy Bédos
Vier von der Midlife Crisis gebeutelte Burschen machen einen Versuch, die tolle Zeit ihrer Jugend wieder aufleben zu lassen und scheitern dabei schmählich. Frivole Komödie, die bei gleichaltrigen Zuschauern für heftiges Dauergeschmunzel sorgen dürfte.

Elefanten-Boy E121
ELEPHANT BOY ***
GB 1937, 85 Min., s/w
R: Robert Flaherty, Zoltan Korda
D: Sabu, W. E. Holloway, Walter Hudd
Indischer Junge hilft Tierschützern als souveräner Führer im Dschungel. Nettes Dokudrama, das Sabu über Nacht zum Star machte. Nach Kipling.

Der Elefanten-Mensch E122
THE ELEPHANT MAN *****
GB 1980, 125 Min., s/w
R: David Lynch D: John Hurt, Anthony Hopkins, John Gielgud, Anne Bancroft, Freddie Jones

John Merrick wird von Bytes, einem Schausteller, auf Jahrmärkten herumgezeigt, weil sein Kopf durch ungeheure Mißgestaltung dem eines Elefanten gleicht. Nach den Aufzeichnungen eines Londoner Arztes aus der Jahrhundertwende porträtiert der Film einen durch eine Krankheit verunstalteten Mann, dessen sensitives und intelligentes Wesen an der Gefühllosigkeit der Umwelt zerbricht.

Elegie E123
BANKA ***
Japan 1957, 115 Min., s/w
R: Heinosuke Gosho D: Yoshiko Kuga, Masayuki Mori, Mieko Takamine
Zwischen Sentimentalität und ironischer Distanzierung angelegtes Melodram um eine junge Frau, die durch die Verführung eines Ehemannes dessen Gattin in den Freitod treibt.

Elegie E124
AGIT ****
Türkei 1971, 105 Min., F
R: Yilmaz Güney D: Yilmaz Güney, Hayati Hamzaoglu, Bilal Inci
Das harte Dasein von armen Schmugglern als Anklage gegen die Unterprivilegierung.

Elektra E125
**
BRD 1981, 118 Min., F
R: Götz Friedrich D: Leonie Rysanek, Astrid Varnay, Caterina Ligendza
Monumentale Film-Version der Oper von Richard Strauss mit dem Text von Hugo von Hofmannsthal. Sehenswert auch als letzte Arbeit des Dirigenten Karl Böhm.

Der elektrische Reiter E126
THE ELECTRIC HORSEMAN ***
USA 1979, 121 Min., F
R: Sydney Pollack D: Robert Redford, Jane Fonda, Valerie Perrine
Heruntergekommener Rodeo-Reiter,

Elektro-Lähmung E127
**
BRD 1989, 113 Min., F
R: Bernward Wember D: Eva Mattes, Jörg Hube, Helma Fehrmann
Filmcollage aus Auftritten eines Satirikers, Diskussionen von Aktivisten gegen die Atomstrom-Mafia und einem Apell zur Lahmlegung von Rolltreppen. Die Botschaft ist in Ordnung, aber der Film ist langweilig.

The Element of Crime E128
FORBRYDELSENS ELEMENT ****
Dänemark 1984, 104 Min., F
R: Lars von Trier D: Michael Elphick, Me Me Lei, Esmond Knight
Der hochtalentierte dänische Regisseur Lars van Trier *(Europa)* erzählt in einer beeindruckenden, surrealistisch anmutenden Bildsprache von einem Polizei-Inspektor, der eine mysteriöse Mordserie aufklären soll und dabei die Identität des Killers annimmt.

Die Elenden E129
LES MISÉRABLES ****
USA 1935, 105 Min., s/w
R: Richard Boleslawski D: Charles Laughton, Frederic March
Die schönste der 18 Verfilmungen des Romans von Victor Hugo. Frederic March brilliert als Jean Valjean, der wegen eines geringfügigen Vergehens zu fünf Jahren Galeere verurteilt wurde und immer wieder von seiner Vergangenheit eingeholt wird.

Eleni E130
ELENI **
USA 1985, 118 Min., F
R: Peter Yates D: Kate Nelligan, John Malkovich, Linda Hunt, Oliver Cotton
Ein griechisch-amerikanischer Journalist auf der Suche nach Spuren seiner Mutter, die in den Nachkriegswirren in Griechenland getötet wurde, weil sie ihre Kinder zu schützen trachtete. Das ist eher melodramatisch

Die Gattin eines mittelalterlichen Edelmannes kehrt von den Toten zurück und lebt vom Blut der Lebenden. Eine melancholische Vampirgeschichte nach einer phantastischen Novelle von Ludwig Tieck. Tolle Bilder, tolle Darsteller, konfuses Drehbuch.

Elf Tage und elf Nächte E132
UNDICI GIORNI, UNDICI NOTTE ***
Italien 1986, 92 Min., F
R: Joe d'Amato D: Jessica Moore, Joshua McDonald, Mary Sellers
Elf Tage vor seiner Heirat gerät ein junger Mann in die Fänge einer vom Sex besessenen Schriftstellerin, die ihn als »Studienmaterial« für ein Buch benötigt. Eindeutiger Softporno mit voyeuristischen Aufnahmen. HFJ 1988

Elf Uhr nachts E133
PIERROT LE FOU ****
Frankreich 1965, 110 Min., F
R: Jean-Luc Godard D: Jean-Paul Belmondo, Anna Karina
Auf der Flucht vor der bürgerlichen Ehe und undurchsichtigen Gangsterbeziehungen fliehen Ferdinand und Marianne nach Südfrankreich, stehlen ein Auto, leben eine Zeit auf einer einsamen Insel, nehmen an einem Coup teil und entzweien sich mit tödlicher Folge.

Elisa E134
ELISA ***
Frankreich 1995, 115 Min., F
R: Jean Becker D: Vanessa Paradis, Gérard Depardieu, Clothilde Courau
Die 17jährige Marie schlägt gerne über die Stränge, macht was sie will. Trotz allem kann sie den Selbstmord ihrer Mutter nicht vergessen, die Schuld daran schiebt sie ihrem unbekannten Vater zu. Sie sucht ihn, um sich zu rächen. Doch dann kommt alles anders. Die psychologisch spannende Geschichte ist wie ein Puzzle aufgebaut, die Tragik der Figuren er-

In der Krise ihrer Ehe nähert sich Elisa ihrem Vater an, der zu unkonventionellen Ansichten neigt. Eine mit vieldeutigen Traumbildern angereicherte Parabel.

Die Elixiere des Teufels E136
**

BRD 1976, 111 Min., F
R: Manfred Purzer D: Dieter Laser, Sylvia Manas, Christine Buchegger
Junger Kapuzinermönch geht Teufelspakt ein und muß büßen. E.T.A.-Hoffmann-Verfilmung, die nicht einmal als Mini-Horrorfilm funktioniert.

Ellenbogenspiele E137
**

BRD 1969, 80 Min., F
R: Wolfgang Becker D: Susanne von Sass, Joav Jasinski, Konrad Georg
Unoriginelle Pop-Komödie um eine Studentin, die sich wegen ihrer Jungfräulichkeit für rückständig hält.

Elliott, das Schmunzelmonster E138 ***
PETE'S DRAGON
USA 1977, 106 Min., F
R: Don Chaffey D: Sean Marshall, Helen Reddy, Mickey Rooney
Waisenknabe, der mit einem Drachen befreundet ist, der sich unsichtbar machen kann, schliddert erfolgreich durch alle Unbilden des Lebens. Nach Rezept gekochter Kinderfilm mit einer Menge Zeichentrickeinlagen. LFF

Elmer E139
BRAIN DAMAGE **
USA 1988, 94 Min., F
R: Frank Henenlotter D: Rick Herbst, Gordon MacDonald, Jennifer Lowry
Greller Horrorstreifen über einen parasitären Wurm, der sich im Körper des jungen Brian einnistet, der ihm immer wieder neue menschliche Gehirne als Nahrung besorgt. Splatter-Parabel auf den Drogenkonsum voller Ironie. HFJ 1989

Elmer Gantry E140
ELMER GANTRY ****
USA 1960, 140 Min., F
R: Richard Brooks D: Burt Lancaster, Jean Simmons, Arthur Kennedy
Ein lebenslustiger Mann verdient sein Geld als Wanderprediger, begegnet eines Tages einer wirklichen Predigerin und lernt neben der Liebe auch den Glauben kennen. Oscar-gekrönte Schauspielerleistungen von Lancaster und Shirley Jones.

Shirley Jones und Burt Lancaster

Elvira, Herrscherin der Dunkelheit E141 **
ELVIRA, MISTRESS OF THE DARK
USA 1988, 96 Min., F
R: James Signorelli D: Cassandra Peterson, Edie McClurg, Williem Duell
Die amerikanische TV-Moderatorin Elvira, die eher durch ihre Oberweite als durch ihre Gruseltexte besticht, hat den Sprung ins Kino gewagt. In ihrem Leinwanddebüt sorgt sie unter den Bewohnern einer Kleinstadt für große Aufregung. HFJ 1990

Elvira Madigan E142
ELVIRA MADIGAN ****
Schweden 1967, 85 Min., F
R: Bo Widerberg D: Pia Degermark, Thommy Berggren, Lennard Malmer
Ein aristokratischer Leutnant verläßt Frau und Kinder, um mit einer Seiltänzerin zu leben; gesellschaftliche Ächtung und materielle Not treiben die beiden schließlich in den Tod. Ein Film von umwerfend schöner Gestalt.

Elvis – The King E143
ELVIS ***
USA 1978, 116 Min., F
R: John Carpenter D: Kurt Russell, Season Hubley, Shelley Winters
Der Elvis-Presley-Film ist mehr oder weniger nur eine Bebilderung der bekanntesten Elvis-Songs und bastelt ansonsten weiter am posthumen Mythos des Idols. Privates wird, sofern es abträglich sein könnte, nur in sehr dosierter Form geboten. Aber Kurt Russell in der Titelrolle ist schon sehenswert.

E-Mail für dich E144
YOU'VE GOT MAIL ****
USA 1998, 117 Min., F
R: Nora Ephron D: Tom Hanks, Meg Ryan, Parker Posey
Charmante Romanze um ein verfeindetes Buchhändler-Pärchen, das sich im wirklichen Leben nicht ausstehen kann, auf der anonymen Ebene einer E-Mail-Beziehung jedoch Gefallen aneinander findet. Ein netter Film mit den netten Schauspielern Tom Hanks und Meg Ryan. HFJ 2000

Emanuela E145
EMMANUELLE ***
Frankreich 1973, 93 Min., F
R: Just Jaeckin D: Sylvia Kristel, Marika Green, Alain Cuny
Französische Diplomatengattin in Bangkok wird vom Gatten ermuntert, ihre »Sinne« zu entwickeln und gerät in Kreise sich lustvoll betätigender Grüner Witwen und eines pseudophilosophisch salbadernden Hedonisten. Der Beginn eines Fortsetzungswahns. Die TV-Fassung ist stark gekürzt!

Emanuela – Alle Lüste dieser Welt E146 *
EMMANUELLE: PERCHE VIOLENZE ALLE DONNE
Italien 1977, 94 Min., F
R: Joe d'Amato D: Laura Gemser, Karin Schubert, Ivan Rassimov
Dunkelhäutige Journalistin läßt sich in Rom und anderswo von vielen Frauen und Männern beschlafen. Unergiebiger Softsexer, der dringend ein Drehbuch bräuchte.

Emanuela – Im Garten der Liebe E147 ***
EMMANUELLE L'ANTIVIERGE
Frankreich 1975, 80 Min., F
R: Franco Giacobetti D: Sylvia Kristel, Umberto Orsini, Catherine River

Weltmann-Gattin sucht in Hongkong und Bali sexuelle Erfüllung in den Armen Fremder und gibt ihre Kenntnisse an eine junge Diplomatentochter weiter. Fortsetzung des Kinohits *Emanuela* (1973).

Emanuela 77 E148
LA MARGE ***
Frankreich 1975, 95 Min., F
R: Walerian Borowczyk D: Sylvia Kristel, Joe Dallessandro
Ein Provinzler verliebt sich in eine Hure, doch als sie merkt, daß er verheiratet ist, geht das Verhältnis in die Brüche. Der Film betreibt Etikettenschwindel, da er sich wie viele andere auch als Fortsetzung von *Emanuela* (1973) ausgibt.

Emanuelle – Die Nackte von Sados E149
*
SECRETES EROTIQUES D'EMMANUELLE
Griechenland 1979, 80 Min., F
R: Ilias Mylonakos D: Laura Gemser, Gabriele Tinti, Gordon Mitchell
Mit bösem Wüstling verheiratete Frau heuert Killer an, um sich den überdrüssigen Gatten vom Hals zu schaffen – doch er will mehr als nur Geld. Öder Softsexer mit aufgesetztem Krimi-Hintergrund.

Emanuelle – Insel ohne Tabus E150
*
LA SPIAGGIA DEL DESIDERIO
Italien 1976, 72 Min., F
R: Enzio d'Ambrosio D: Laura Gemser, Arthur Kennedy, Paolo Giusti
Ein Schiffbrüchiger lernt auf einer einsam gelegenen Insel eine schwarze Schöne kennen und hat so seine Probleme. Fader Softsexfilm.

Emanuelle – Sinnlichkeit hat tausend Namen E151
*
NOTTI PORNO DEL MONDO
Italien 1977, 80 Min., F
R: Jimmy Matheus (= Bruno Mattei)

Embryo E152
EMBRYO *
USA 1976, 101 Min., F
R: Ralph Nelson D: Rock Hudson, Diane Ladd, Barbara Carrera
Genetiker züchtet einen weiblichen Embryo, der binnen kurzem erwachsen ist, zum bösen Sexteufel wird und nach div. Morden als Schrumpeltussi endet. Der Tiefpunkt in Rock Hudsons an Tiefpunkten nicht armer Karriere.

Embryo des Bösen E153
AND NOW THE SCREAMING STARTS **
GB 1973, 90 Min., F
R: Roy Ward Baker D: Peter Cushing, Herbert Lom, Patrick Magee
Seelenklempner klärt das Geheimnis des vornehmen Hauses Fengriffen auf, in dem eine abgeschlagene Hand und ein rachsüchtiger Bauer den Hausherrn und seine schwangere Gattin bedrohen.

Emigranten E154
UTVANDRARNA ****
Schweden 1970, 150 Min., F
R: Jan Troell D: Max von Sydow, Liv Ullmann, Eddie Axberg
Niveauvolles Emigranten-Epos: Arme schwedische Bauernfamilie wandert nach New York aus. Erster Teil der gekürzten Kinoversion, die Fortsetzung hieß *Das neue Land.*

Emil und die Detektive E155
***
BRD 1954, 90 Min., F
R: Robert A. Stemmle D: Peter Finkbeiner, Kurt Meisel, Heli Finkenzeller
Nach dem Kinderbuch von Erich Kästner und dem Drehbuchentwurf von Billy Wilder entstand eine bunte, vor allem an kindertümlicher Action interessierte Zweitverfilmung.

Emma E156
EMMA ***
GB/USA 1996, 121 Min., F
R: Douglas McGrath D: Gwyneth

Umwegen auch ihr eigenes Glück findet. Screwballhafte Dialoge und klasse Darsteller tragen maßgeblich zum Gelingen dieser schillernden Komödie bei. HFJ 1998

Emmanuelle 5 E157
EMMANUELLE 5 **
Frankreich 1986, 85 Min., F
R: Walerian Borowczyk D: Monique Gabrielle, C. Hardester
Schauspielerin gerät in Cannes in die Fänge des Herrschers eines Phantasiestaates, landet in seinem Harem und wird von einem verliebten High-Tech-Spezialisten gerettet. Softporno.

Emmanuelle 6 E158
EMMANUELLE 6 *
Frankreich 1988, 79 Min., F
R: Bruno Zincone D: Nathalie Uher, Jean-René Gossart, Yuma Morena
Fotomodelle werden auf eine Hazienda eingeladen, deren Besitzer Mädchenhändler ist. Nach erfolgter Flucht erzählt Emmanuelle einem Psychiater von ihren »Leiden«. HFJ 1989

Emmanuelle 4 E159
EMMANUELLE 4 *
Frankreich 1983, 91 Min., F
R: Franco Giacobetti D: Mia Nygren, Christian Marquand, Sylvia Kristel
Eine Journalistin läßt sich von einem Chirurgen ein neues Äußeres verpassen und hurt sich fortan durch die Pampas, bis sie ihren alten Geliebten trifft. Geschmäcklerischer Softporno.

Empire of Ash – Die Zeit nach dem Ende E160
*
EMPIRE OF ASH
Kanada 1989, 96 Min., F
R: Lloyd A. Simandl, Michael Mazo
D: Melanie Kilgour, Thom Chioler, Frank Wilson, Sandy Mackenzie
Nach dem Zusammenbruch der Zivilisation prügeln sich mutierte Blutsauger mit Normalmenschen um Blut

Ein Pärchen stößt in einer öden US-Landschaft auf ein Kloster, dessen Bewohner in Wahrheit Außerirdische sind, die die Erde vernichten wollen. Das tun sie dann auch. Ende. – Völlig unbedeutend und todlangweilig.
HFJ 1989

Das Ende des Regenbogens E162
***
BRD 1979, 109 Min., F
R: Uwe Frießner D: Thomas Kufahl, Slavica Rankovic
Der Film erzählt mit präzisem Realismus die Geschichte von Jimmi, der vom Strich und Kleinklau lebt und sich nach langen hilflosen Versuchen, sich einzuordnen und anzupassen, für seine kriminelle Freiheit entscheidet.

Ende einer Dienstfahrt E163
***
BRD 1970/71, 80 Min., F
R: Hans Dieter Schwarze D: Alois Maria Giani, Heinrich Huber
In einem Akt ohnmächtigen Protestes verbrennen Vater und Sohn einen Jeep der Bundeswehr. Vor Gericht aber wird diese Tat zu einer Bagatelle weginterpretiert, um jeden Skandal zu vermeiden. Treffende Politsatire nach der Erzählung von Heinrich Böll.

Das Ende einer Odyssee E164
CONQUEST OF THE EARTH **
USA 1981, 99 Min., F
R: Sidney Hayers, Barry Crane
D: Kent McCord, Barry Van Dyke, Lorne Greene, Patrick Stuart
Aus einem kosmischen Krieg fliehende Außerirdische erreichen die Erde und wollen sich auf ihr niederlassen, doch böse Feinde warten darauf, sie einzumachen. Zusammenschnitt diverser Folgen der TV-Serie *Kampfstern Galactica.* LSFF

Das Ende einer Reise E165
****
BRD 1992, 93 Min., F und s/w
R: Heiner Stadtler
Dokumentarfilm über die »Croisière Jaune«, den »gelben Kreuzzug«: 1930/31 versuchte eine 40köpfige Expedition, den asiatischen Kontinent mit kettengetriebenen Fahrzeugen von West nach Ost zu durchqueren; über den Himalaya, durch die Wüste Gobi und vor allem durch einen Wust bürokratischer Schwierigkeiten. Der Film wiederholt diese Reise und damit wiederholen sich die Schwierigkeiten.

Das Ende von St. Petersburg E166
KONJEZ SANKT PETERSBURGA ****
UdSSR 1927, 105 Min., s/w
R: Wsewolod Pudowkin
D: Aleksandr Tschistjakow, Vera Baranowskaja, Iwan Tschuwelew
Nicht nur für Filmhistoriker interessant: Der russische Meisterregisseur Pudowkin erzählt in diesem Revolutionsfilm von der Verwandlung St. Petersburgs in Leningrad. Der Film über die Rückverwandlung steht noch aus.

Endgame E167
ENDGAME **
Italien 1983, 90 Min., F
R: Steven Benson D: Al Cliver, George Eastman, Jack Davies, Gus Stone
Endzeit-Film. Nach dem großen Knall steht ein Killer, den eine Mutantin rettet, ihr und ihren Freunden bei der Flucht in ein anderes Land bei. Unausgegorenes Schlägerdrama nach *Mad-Max*-Vorbild. LSFF

Endlich wieder 18 E168
18 AGAIN ***
USA 1987, 97 Min., F
R: Paul Flaherty D: George Burns, Charlie Schlatter, Anita Morris
Nah einem Unfall findet sich der 81jährige Jack im Körper seines 18jährigen Enkels wieder. Eine »Leih-mir-dein-Leben«-Komödie ohne Neuerungen. Nur Red Buttons und George Burns geben eine überzeugende Probe ihres Talents ab.

Endlos ist die Prärie E169
THE SEA OF GRASS ***
USA 1947, 123 Min., s/w
R: Elia Kazan D: Spencer Tracy, Katharine Hepburn, Robert Walker
Reicher Viehbaron kämpft um 1880 in New Mexico vergeblich gegen die rücksichtslose Besiedelung. Als gebrochener Mann kehrt er zu seiner Familie zurück. Angestaubter Edelwestern.

Endstation Freiheit E170
***
BRD 1980, 112 Min., F
R: Reinhard Hauff D: Burkhard Driest, Rolf Zacher, Katja Rupe
Eine autobiographische Geschichte des Hauptdarstellers und Drehbuchautors Driest: Nach 8 Jahren Knast kommt der Schriftsteller Nik zurück in die Freiheit. Er versucht, ein Buch zu schreiben und gerät wieder an einen großen Coup.

Endstation Hölle E171
SKYJACKED ***
USA 1972, 101 Min., F
R: John Guillermin D: Charlton Heston, James Brolin, Yvette Mimieux, Claude Atkins
Psychopathischer US-Sergeant will zu den Sowjets überlaufen und entführt ein Flugzeug. Die wenig zimperlichen Russen legen ihn um. James Brolin ist ansehbar, doch der Film wäre besser, gäbe es nicht ein Dutzend seiner Art.

Endstation Mars E172
MISSION MARS **
USA 1968, 87 Min., F
R: Nick Webster D: Darren McGavin, Nick Adams, George DeVries
US-Astronauten landen auf dem Mars und treffen dort einen russischen Kollegen – den einzigen Überlebenden einer fehlgeschlagenen Mission – an, der ihnen hilft, ein einheimisches Ungeheuer abzuwehren. LSFF

Endstation Mond E173
DESTINATION MOON ***
USA 1950, 91 Min., F
R: Irving Pichel D: John Archer, Warner Anderson, Tom Powers
US-Industriekapitän finanziert den Bau der ersten Mondrakete und läßt sie trotz Verbots zum Erdtrabanten starten. Der Film zeigt die Probleme, mit denen Astronauten nach den Vorstellungen von 1950 zu kämpfen haben. LSFF

Endstation Planet Erde E174
EARTHBOUND **
USA 1981, 89 Min., F
R: James L. Conway D: Burl Ives, Christopher Connelly

Außerirdische Familie, die sich auch unsichtbar machen kann, schlüpft bei einem Kneipier unter und muß sich gegen einen bösen Regierungsbeamten durchsetzen. Purer Unsinn.

Endstation Schafott E175
DEUX HOMMES DANS LA VILLE ***
Frankreich/Italien 1973, 92 Min., F
R: José Giovanni D: Jean Gabin, Alain Delon, Mimsy Farmer
Ex-Knastologe, der sich erfolgreich eine neue Existenz aufbaut, wird von rachsüchtigem Polizisten, der der Meinung ist, Verbrecher seien nicht resozialisierbar, dermaßen drangsaliert, daß er ausrastet und ihn am Ende tötet. Delon wird bürgerlich.

Endstation Sehnsucht E176
A STREETCAR NAMED DESIRE ****
USA 1951, 122 Min., F und s/w
R: Elia Kazan D: Marlon Brando, Vivien Leigh, Karl Malden
Schilderung der psychischen Zerstörung eines Menschen nach dem Drama von Tennessee Williams. Eine meisterliche Inszenierung vom Zusammenstoß der Sitten und Klassen.

Enemy Mine – Geliebter Feind E177
***
ENEMY MINE
USA 1985, 113 Min., F
R: Wolfgang Petersen D: Dennis Quaid, Louis Gossett jr., Bumper Robinson, Brion James
Zwei Raumsoldaten – ein Mensch und eine Echse – stranden im galaktischen Krieg auf einem öden Planeten und müssen um des Überlebens willen ihre Feindschaft begraben, was zu gegenseitigem Verständnis führt. LSFF

Enemy Unseen – Gefährliche Feinde E178
*
ENEMY UNSEEN
USA 1989, 87 Min., F
R: Elmo de Witt D: Vernon Welles, Angela O'Neil, Stack Pierce
Ein Vietnam-Veteran befreit eine entführte Millionärstochter. HFJ 1991

Engel E179
ANGEL ****
USA 1937, 91 Min., s/w
R: Ernst Lubitsch D: Marlene Dietrich, Herbert Marshall, Melvyn Douglas
Gattin eines britischen Diplomaten lernt bei einem Ausflug in Paris einen Amerikaner kennen, dem sie entfleucht, als er ernste Absichten zeigt. Daheim begegnet sie ihm erneut. Er erweist sich als Kriegskamerad ihres Gatten, der nun merkt, daß seine Frau seiner Aufmerksamkeit bedarf. Von leichter Hand inszenierte Komödie mit spritzigen, witzigen Dialogen.

Ein Engel an meiner Tafel E180
AN ANGEL AT MY TABLE ****
Neuseeland 1990, 155 Min., F
R: Jane Campion D: Kerry Fox, Alexia Keogh, Karen Fergusson
Stationen aus der Lebensgeschichte der neuseeländischen Schriftstellerin Janet Frame: Aus der Abhängigkeit einer von Ängsten geprägten Kindheit und einer falsch diagnostizierten Schizophrenie befreit sich das Mädchen in einem langwierigen Prozeß zur selbständigen Frau und erfolgreichen Schriftstellerin. HFJ 1992

Marlon Brando als Stanley und Vivian Leigh als Blanche.

Engel auf Abwegen E181
IT CAME UPON A MIDNIGHT CLEAR **
USA 1984, 98 Min., F
R: Peter H. Hunt D: Mickey Rooney, Scott Grimes, Barrie Youngfellow
Nach seinem Tod darf Mike zur Erde zurück, um seinem Enkel New York zu zeigen und einen alkoholisierten Engel aufzuspüren. Rührselige Fantasy-Geschichte mit besinnlichen Zügen.

Engel aus Eisen E182
***
BRD 1980, 105 Min., s/w
R: Thomas Brasch D: Katharina Thalbach, Hilmar Thate
Völpel, der als Kriegsdienstverweigerer im Gefängnis war und nach dem Krieg Henkersdienste leisten mußte, will in den Westen, braucht dazu Geld und sucht sich als Helfer den jungen Gladow aus.

Engel aus Feuer E183
ANGEL DE FUEGO ***
Mexiko 1992, 90 Min., F
R: Dana Rotberg D: Evangelina Sosa, Lilia Aragón, Roberto Sosa
In einem Zirkus am Stadtrand Mexiko Citys tritt die 13jährige Alma jeden Abend als Trapezkünstlerin auf. Sie ist schwanger mit dem Kind ihres Vaters Renato, eines alten kranken Clowns, den sie liebt. Als Renato stirbt, wird Alma weggejagt, denn sie weigert sich, ihr Kind abtreiben zu lassen. Obdachlos geworden, irrt sie ziellos umher, bis sie auf eine Gruppe fahrender Puppenspieler trifft ...

Ein Polizist begegnet einer faszinierenden Frau, deren Verstrickungen in ein Mordkomplott er zu spät erkennt. Brillante Thriller-Mischung aus Erotik, Humor, Glamour und Action.

Der Engel, der ein Teufel war E185
****
VOICI LES TEMPS DES ASSASSINS
Frankreich 1956, 110 Min., s/w
R: Julien Duvivier D: Jean Gabin, Daniele Delorme, Lucienne Bogaert
Ein gutmütiger und wohlhabender Pariser Restaurantbesitzer nimmt die Tochter seiner Ex-Frau bei sich auf und heiratet sie, ohne zu ahnen, daß sie es auch mit seinem Freund treibt und zusammen mit Mütterlein den Plan verfolgt, sich seiner per Mord zu entledigen. Ein finsterer Film, ein faszinierender Psycho-Krimi mit einem schrillen Ende.

Engel der Gejagten E186
RANCHO NOTORIOUS ***
USA 1951, 89 Min., F
R: Fritz Lang D: Marlene Dietrich, Arthur Kennedy, Mel Ferrer
Mann sucht den Mörder seiner Braut und lernt eine Prostituierte kennen, die ihre Brosche trägt. Der übliche Rächerwestern, der aber mit seinen Stars und Nebendarstellern überzeugen kann.

Engel der Sünde E187
LES ANGES DU PECHE *****
Frankreich 1943, 86 Min., s/w
R: Robert Bresson D: Renée Faure, Jany Holt
Der Kampf einer Ordensschwester um die Seele einer Mörderin als stilisiertes religiöses Theorem. Bewunderungswürdig im Einsatz der filmischen Mittel.

Engel der Verlorenen E188
YOIDORE TENSHI ****
Japan 1948, 98 Min., s/w
R: Akira Kurosawa D: Takashi Shimura, Toshiro Mifune, Reizaburo Yamamoto
Arzt, selbst Alkoholiker, scheitert bei dem Versuch, einem jungen Ganoven, den er ins Herz geschlossen hat, das Leben zu retten. Kurosawa vereint in diesem Film Humor und Wärme mit eindringlichen und dramatischen Milieuschilderungen.

Engel, die ihre Flügel verbrennen E189
**
BRD 1970, 92 Min., F
R: Zbynek Brynych D: Jan Koester, Susanne Uhlen, Nadja Tiller
Teenager sind entsetzt über das unmoralische Treiben ihrer Mütter. Sie drücken ihren Konservatismus durch die Ermordung der jeweiligen Lover aus. Das kann sich in der deutschen populären Kultur nur einer ausdenken: Herbert Reinecker.

Engel in Sachen Liebe E190
NAR ENGLE ELSKER ***
Dänemark 1985, 82 Min., F
R: Peter Eszterhas, Tom Hedegaard
D: Henrik Koefoed, Temii Ost
Zwei Engel, die im Himmel der mehr oder minder fleischlichen Liebe frönen, werden auf die Erde strafversetzt, um eine gute Tat zu vollbringen und sich einen Heiligenschein zu verdienen. Nette Komödie, die man schnell wieder vergessen hat.

Der Engel mit der Trompete E191
THE HORN BLOWS AT MIDNIGHT ***
USA 1945, 76 Min., s/w
R: Raoul Walsh D: Jack Benny, Alexis Smith, Dolores Moran
Orchestertrompeter sieht sich im Traum als Engel, der vom Chef des Himmels zur Erde geschickt wird, um zum Jüngsten Gericht zu blasen. Während er auf seinen Einsatz wartet, wird er in haarsträubende Abenteuer verwickelt. Eine leichtgewichtige Komödie, von der Jack Benny behauptete, sie habe seine Karriere ruiniert.

Engel und Narren E192
WHERE ANGELS FEAR TO TREAD **
GB 1991, 113 Min., F
R: Charles Sturridge D: Helena Bonham Carter, Judy Davis
Verwitwete Engländerin heiratet feschen Italiener – Probleme vorprogrammiert. E.M.-Foster-Adaption, in der es, wie immer, um verknöchertes britisches Bürgertum geht, von Sturridge recht hausbacken inszeniert.

Engelchen, mach Freude E193
ANGELOTSCHEK, SDELAI RADOST ***
Turkmenistan, 1993, 88 Min., F
R: Usman Saparow D: Wowa Frank, Tanja Schriber, Sascha Schriber
Der Überlebenskampf eines sechsjährigen Jungen, dessen Eltern im Zweiten Weltkrieg deportiert worden sind. Anrührender Film.

Engelsgesicht E194
ANGEL FACE ****
USA 1953, 85 Min., s/w
R: Otto Preminger D: Robert Mitchum, Jean Simmons, Mona Freeman
Eine schöne Frau aus reicher Familie verführt einen einfachen Ambulanzfahrer und macht ihn zum unfreiwilligen Komplizen in einem Mordkomplott. Tiefschwarzer Thriller.

Die englische Heirat E195
***
Deutschland 1934, 97 Min., s/w
R: Reinhold Schünzel D: Adele Sandrock, Fritz Odemar, Georg Alexander
Flotte Berliner Fahrlehrerin heiratet einen englischen Aristokraten, der es nicht wagt, seine Braut der resoluten Tante vorzuführen.

Der englische Patient E196
THE ENGLISH PATIENT ****
USA 1996, 162 Min., F
R: Anthony Minghella D: Ralph Fiennes, Juliette Binoche, Kristin Scott Thomas
Oscarprämierte Literaturverfilmung um einen im Krieg fast verbrannten adeligen Archäologen, der seiner Krankenschwester die Geschichte seines Lebens erzählt, worauf sich eine melodramatische Romanze entspinnt. Zwiespältig, wenngleich Schauspieler und Inszenierung glänzen. HFJ 1998

Engrazia E197
***
BRD 1989, 75 Min., F
R: Stefan Dähnert D: Patrizia Schwöbel, Angela Buddecke
Eine junge Restauratorin legt in einer Kirche das Bild einer Heiligen frei und entdeckt immer mehr Parallelen zwischen der Legende und der Wirklichkeit. Sehenswertes Spielfilmdebüt.

Ente auf Orange E198

L' ANATRA ALL'ARANCIA ****

Italien 1975, 100 Min., F

R: Luciano Salce D: Ugo Tognazzi, Monica Vitti, Barbara Bouchet

Italienischer Ehemann inszeniert mit Hilfe seiner Sekretärin eine Intrige, um seine Gattin, die mit einem Jüngeren durchgebrannt ist, wieder an den heimischen Herd zu holen. Nach erfolgter Aktion kriegen auch die Sekretärin und der Geliebte der Dame ihre Portion Glück.

Die Ente klingelt um ½ 8 E199

**

BRD 1968, 87 Min., F

R: Rolf Thiele D: Heinz Rühmann, Hertha Feiler, Charles Regnier

Ein Ingenieur und Erfinder muß die Erfahrung machen, daß man es im Leben mit Logik allein nicht weit bringt. Als er einen Elefanten anfährt, glaubt ihm niemand; er landet in der Klapsmühle, der er erst wieder entkommt, als er den Deppen mimt. Eine humorige Klamotte, im Kino ein Flop.

Entehrt E200

DISHONORED ****

USA 1931, 85 Min., s/w

R: Josef von Sternberg D: Marlene Dietrich, Victor McLaglen, Lew Cody

Marlene als Offizierswitwe, die zur Prostituierten wurde und vom deutschen Geheimdienst als Spionin angeworben wird. Sie endet vor einem Kriegsgericht, das ihre Exekution beschließt: Ihr letzter großer Auftritt.

Entfesselte Begierde E201

LA COMTESSE NOIRE **

Frankreich/Belgien 1974, 92 Min., F

R: J. P. Johnson D: Lina Romay, Jack Taylor, Alice Arno, Jess Franco

Lesbische Vampirin saugt ihre Opfer an ungewöhnlicher Stelle aus, um sich die Jugend zu erhalten, bis sie in einer [illegible] Blut [illegible]. Eher sexy als

Alan Bates und Jill Clayburgh in ›Eine entheiratete Frau‹.

D: Lino Ventura, Jacques Brel, Charles Denner

Ganovenquartett spezialisiert sich auf Entführungen und klaut vom Düsenjet bis zum Papst alles, was Geld bringt. Unverschämte Polit-Groteske, die mit dem Entsetzen böse Scherze treibt.

Eine entheiratete Frau E203

AN UNMARRIED WOMAN ***

USA 1977, 124 Min., F

R: Paul Mazursky D: Jill Clayburgh, Alan Bates, Michael Murphy

Eine Frau versucht damit zurechtzukommen, daß ihr Mann sie wegen einer Jüngeren verlassen hat. Sanft ironisches Emanzipationsdrama.

Die Enthüllung E204

RIVE DROITE, RIVE GAUCHE ***

Frankreich 1984, 105 Min., F

R: Philippe Labro D: Gérard Depardieu, Nathalie Baye, Carole Bouquet

Ein renommierter Rechtsanwalt steht vor einer beruflichen und privaten moralischen Entscheidung. Es besteht der Verdacht, daß sein reicher Mandant dubiose Geschäfte mit Hilfsgütern für die Dritte Welt getätigt hat. Konven-

D: Claudette Colbert, Don Ameche, John Barrymore

Eine abgebrannte junge Frau gibt sich als ungarische Gräfin aus und erschleicht sich den Zugang zu den höchsten Pariser Gesellschaftskreisen. Das erlesene Staraufgebot, das flotte Erzähltempo und die grandiosen Dialoge lassen diese Geschichte eines modernen Aschenputtels zum reinen Vergnügen werden. Ein amüsantes Meisterwerk.

Entity E206

ENTITY ***

USA 1981, 125 Min., F

R: Sidney J. Furie D: Barbara Hershey, Ron Silver, David Labiosa

Eine Hausfrau wird wiederholt und vor Zeugen auf brutalste Weise von einem unsichtbaren Dämon vergewaltigt. Nach vielen Leiden kann sie eine Gruppe von Forschern überzeugen, sich ihres Falles anzunehmen. Äußerst spannend!

Entre Nous E207

COUP DE FOUDRE ***

Frankreich 1982, 110 Min., F

Frauen verständlich wird, sich von ihren Männern zu trennen, um die gleichgeschlechtliche Zweisamkeit vorzuziehen. Eher ein Melodram denn ein Frauenfilm.

Entscheidung am Big Horn E208
THE GREAT SIOUX MASSACRE **
USA 1965, 92 Min., F
R: Sidney Salkow D: Joseph Cotten, Darren McGavin, Phil Carey
Um als zukünftiger Politiker einen guten Start zu haben, wirft sich General Custer in die Schlacht und kriegt von den Indianern am Little Big Horn den Arsch versohlt. Nur für ausgesprochene Western-Fans!

Entscheidung aus Liebe E209
DYING YOUNG ***
USA 1991, 111 Min., F
R: Joel Schumacher D: Julia Roberts, Campbell Scott, Vincent D'Onofrio
Die »Love Story« der 90er: Die arme Hilary pflegt den reichen, blutkrebskranken und chemotherapierten Victor. Sie vermindert seine Leiden, indem sie mit ihm als Liebespaar eine glückliche Zeit verbringt, bis Victor einen Rückfall erleidet. Herzzerreißendes Melodram mit guten Darstellern.

Entscheidung in der Sierra E210
HIGH SIERRA ***
USA 1941, 95 Min., s/w
R: Raoul Walsh D: Humphrey Bogart, Ida Lupino, Arthur Kennedy
Gangsterfilm in typischer Westernszenerie, zudem einer der besten des Genres: Ex-Gangster gerät ohne sein Zutun zwischen Sensationsreporter und Polizisten und wird in einem Felsmassiv von Heckenschützen abgeknallt.

Entscheidung vor Morgengrauen E211 ***
DECISION BEFORE DAWN
USA 1950, 109 Min., s/w
R: Anatole Litvak D: Richard Basehart, Gary Merrill, Oskar Werner
Luftwaffensanitäter läßt sich in amerikanischer Kriegsgefangenschaft zum Spion ausbilden. Der Film untersucht die moralischen Beweggründe seiner Helden und entwirft ein differenziertes Bild des Verrats.

Die Enttäuschten E212
LE BEAU SERGE ***
Frankreich 1958, 95 Min., s/w
R: Claude Chabrol D: Gérard Blain, Jean-Claude Brialy, Bernadette Lafont
Zwei Freunde streiten sich. Einer ist Student im Erholungsurlaub, der andere ein frisch vermählter Trunkenbold. Interessanter ist aber Chabrols Blick auf ein völlig heruntergekommenes französisches Provinzdorf, der seinem Spielfilmdebüt eine beachtliche Portion Authentizität verleiht.

Epilog – Das Geheimnis der Orplid E213 **
BRD 1950, 80 Min., s/w
R: Helmut Käutner D: Bettina Moissi, Irene von Mayendorff, Fritz Kortner
Reporter untersucht die rätselhaften Umstände eines Schiffsuntergangs. Einiges bleibt auch dem Zuschauer rätselhaft.

Die Equilibristen E214
LES EQUILIBRISTES ***
Frankreich 1991, 128 Min., F
R: Nico Papatakis D: Michel Piccoli, Lilah Dadi, Polly Walker
Beklemmende Studie einer Abhängigkeit, nach einer Episode aus dem Leben des französischen Dichters Jean Genet. HFJ 1994

Equinox E215
EQUINOX *
USA 1971, 80 Min., F
R: Jack Woods D: Edward Connell, Barbara Hewitt, Frank Boers
Auf der Suche nach einem dämonischen Buch bricht eine böse Macht in unsere Dimension ein. Amateurproduktion, von einem Billigproduzenten aufgekauft, bearbeitet und in die Welt gebracht, auf daß sie den Kopf schüttelt.

Equinox E216
EQUINOX ****
USA 1992, 110 Min., F
R: Alan Rudolph D: Matthew Modine, Lary Flynn Boyle, Tyra Ferrell
Intellektuelle Variante des Schwarzenegger/De Vito-Vehikels *Twins:* Zwei sehr unterschiedliche, getrennt aufgewachsene Zwillinge, Gangster der eine, schüchterner Außenseiter der andere, werden in einer langen Parallelmontage beobachtet, analysiert und schließlich zusammengeführt. Elegantes und eigenwilliges Kino. HFJ 1994

Equus E217
EQUUS ***
USA 1977, 135 Min., F
R: Sidney Lumet D: Richard Burton, Peter Firth, Colin Blakely
Psychodrama um einen sechzehnjährigen Jungen, der sich mit Gewalt aus einem Pferdetrauma befreien will, und einen Psychiater, der an seiner Arbeit zweifelt. Heftige Theaterverfilmung.

Er E218
EL ****
Mexiko 1953, 90 Min., s/w
R: Luis Buñuel D: Arturo de Cordova, Delia Garces
Ein bis zum Wahn eifersüchtiger Ehemann macht seiner Frau das Leben zur Hölle, bis sie ihn verläßt und zu ihrem früheren Verlobten zurückkehrt.

Er – Stärker als Feuer und Eisen E219 *
GUERRA DEL FERRO
Italien/Frankreich 1982, 94 Min., F
R: Umberto Lenzi D: Sam Pasco, George Eastman, Elvire Audrey
Zwei Muskelprotze hauen einander 4500 Jahre v.u.Z. mit modernsten Waffen in einer vorzeitlichen Landschaft, bis der Gute mit einer drallen Maid sein Glück wagen darf. Armseliges Barbarenspektakel. LFF

Er kam, sah und siegte E220
GUNS OF THE TIMBERLAND **
USA 1960, 92 Min., F
R: Robert D. Webb D: Alan Ladd, Jeanne Crain, Gilbert Roland
Bewohner eines Landstriches im Westen wehren sich gegen Holzfäller, die ihre Bäume abhacken. Routinewestern mit einem Thema, von dem man kaum glauben kann, daß es 1895 schon eins war!

Er kann's nicht lassen E221
***
BRD 1962, 95 Min., s/w
R: Axel von Ambesser D: Heinz Rühmann, Grit Böttcher, Rudolf Forster
Rühmanns zweiter Auftritt als schrulliger Pater Brown, dessen kriminalistische Intelligenz und Ironie komplizierteste Fälle löst.

Er Moretto – Von Liebe leben E222
***
BRD 1985, 85 Min., F
R: Simon Bischoff D: Alevino di Silvio, Franco Mazzieri
Sehenswerter Film über den römischen Strichjungen Franco, genannt Er Moretto. Eine Mischung aus Dokumentar- und Spielfilm.

Eraserhead E223
ERASERHEAD ****
USA 1977, 90 Min., s/w
R: David Lynch D: John Nance, Charlotte Stewart, Allen Joseph
In einer verfallenden Industriewelt wird ein Mann Vater eines monströsen Kindes, an dessen Existenz er zugrunde geht. Eine surreale Filmphantasie von bizarrer Schönheit.

Erbarmungslos E224
UNFORGIVEN ****
USA 1992, 131 Min., F
R: Clint Eastwood D: Clint Eastwood, Gene Hackman, Morgan Freeman, Richard Harris
Ein alternder und weise gewordener Revolverheld kehrt aus dem Ruhestand zurück, um sich das Kopfgeld für zwei Cowboys zu verdienen, die eine Prostituierte mißhandelt haben. Hervorragender Western, in der Clint Eastwood die Entstehung und Fortpflanzung von Gewalt untersucht und gleichzeitig sich selbst und die Klischees des Genres auf selbstironische Weise demontiert. HFJ 1993

Intrigen politischer Mächte und verliert darüber sein Leben. Schablonenhafter Thriller im Boulevardstil.

Das Erbe des Blutes E226
HOME FROM THE HILL ***
USA 1960, 144 Min., F
R: Vincente Minnelli D: Robert Mitchum, George Peppard, Eleanor Parker
Reicher Plantagenbesitzer in den amerikanischen Südstaaten betätigt sich als Schürzenjäger, da seine Ehe nur noch auf dem Papier existiert. Sein Sohn ist schockiert, als er vom Ruf seines Vaters und von seinem unehelichen Halbbruder erfährt. Sein Leben ändert sich dramatisch.

Erbe des Henkers E227
MOONRISE ****
USA 1948, 90 Min., s/w
R: Frank Borzage D: Dane Clark, Gail Russell, Ethel Barrymore
Der Sohn eines Mörders hat schwer zu tragen am Erbe seines Vaters. Drangsaliert von den Bewohnern einer Südstaatenkleinstadt, tötet er aus Notwehr. Schuldbewußt flieht er in die Sümpfe zu seiner alten Lehrerin, die ihm beisteht. Meisterwerk, suggestiv inszeniert und einmalig photographiert.

Das Erbe von Monte Christo E228
TREASURE OF MONTE CHRISTO **
USA 1949, 78 Min., s/w
R: William Berke D: Glenn Langan, Adele Jergens, Steve Brodie
Ein Schiffsoffizier, Nachfahre des Grafen von Monte Christo, wird von einem schrägen Anwalt und dessen Mieze umgarnt, die an den legendären Schatz seiner Familie herankommen wollen. Moderner Abenteuerfilm.

Die Erben E229
***
Österreich 1982, 95 Min., F
R: Walter Bannert D: Nikolaus

Erdbeben E230
EARTHQUAKE ***
USA 1974, 122 Min., F
R: Mark Robson D: Lorne Greene, Ava Gardner, Charlton Heston
Katastrophenfilm der besseren Sorte, bei dem Los Angeles in Schutt und Asche versinkt. Aufgemotzt wird das Ganze durch Sensurround Sound.

Erdbeer und Schokolade E231
FRESA Y CHOCOLATE ****
Kuba/Mexiko/Sp 1993, 110 Min., F
R: Tomas Gutiérrez Alea, Juan Carlos Tabio D: Jorge Perugorria, Vladimir Cruz, Mirta Ibarra
Die Annäherung zwischen einem naiven Studenten und einem schwulen Künstler wird zum Spiegel der kubanischen Gesellschaft. Eine heitere Polit-Komödie über die Widersprüchlichkeit der Gefühle, ein überzeugendes Plädoyer für Toleranz und Menschlichkeit. HFJ 1995

Die Erde E232
SEMLJA ****
UdSSR 1930, ca. 90 Min., s/w
R: Alexander Dowshenko
D: S. Schkurat, S. Swashenko, P. Maocha
Ein Bauer, der nichts von Agrarkollektiven hält, erschießt einen Treckerfahrer, der sich für die bolschewistische Agrarreform engagiert. Meisterlicher stummer Revolutionsschinken.

Die Erde E233
EL ARD ***
Ägypten 1969, 130 Min., F
R: Youssef Chahine
Einer der Klassiker des realistischen ägyptischen Films. In den dreißiger Jahren wird den Bauern das Wasser stark rationiert, so daß ihre Ernten gefährdet sind. Ihr Kampf gegen die behördliche Anordnung läßt bald nicht nur die Perspektive des gemeinsamen Kampfes, sondern auch

Mit Laiendarstellern (!) verfilmte Visconti die Geschichte einer Fischerfamilie, die sich gegen die Allmacht und Willkür der Großhändler zur Wehr setzt. Das Erdbeben steht auch symbolisch für die Verwerfungen in der sozialen Tektonik der Epoche. Neorealistisches Meisterwerk.

Erdenschwer E235
***
BRD 1988, 94 Min., F
R: Oliver Herbrich D: Hannes Thanheiser, Vera Tschechowa, Hark Bohm
Die auf einer wahren Begebenheit beruhende Geschichte eines langjährigen Insassen einer Nervenheilanstalt, der durch eine verständnisvolle Psychiaterin seine Sprache und Freiheit wiederfindet. Als Achtzigjähriger erfüllt er sich schließlich mit Hilfe eines selbsgebauten Flugrades seinen Traum vom Fliegen. Origineller Film.

Ereignisse beim Bewachen der Bofors-Kanone E236
***
THE BOFORS GUN
GB 1968, 105 Min., F
R: Jack Gold D: Nicol Williamson, David Warner, Ian Holm
Das Spielfilmdebüt von Jack Gold porträtiert einen jungen, hoffnungslosen irischen Soldaten in der britischen Rheinarmee, der sich nach einer gezielten Provokation das Leben nimmt.

Der Erfinder E237
***
Schweiz 1980, 99 Min., F
R: Kurt Gloor D: Bruno Ganz, Walo Lüönd, Verena Peter
Dem sympathischen Erfinder Nüssli gelingt mitten im Ersten Weltkrieg die Konstruktion eines Kettenfahrzeugs. Wie einer über seiner Leidenschaft zur Sache seine Umwelt vergißt, wie er allmählich weiterkommt, wie er für die Realisierung Geld auftreibt und dann doch enttäuscht wird.

Die Erfindung des Verderbens E238
****
VYNALEZ ZKAZY
CSSR 1958, 81 Min., s/w
R: Karel Zeman D: Lubor Tokos, Arnost Navratil, Jana Zatloukalova
Dunkelmänner fördern einen naiven Professor, dessen Erfindung das Öl ersetzen und die Welt beherrschen kann. Ein cleverer Ingenieur kann sie entlarven. Eine der schönsten Jules-Verne-Verfilmungen überhaupt. LSFF

Der Erfolgreiche E239
O LUCKY MAN ****
GB 1972, 166 Min., F
R: Lindsay Anderson D: Malcolm McDowell, Ralph Richardson
Bei seiner Reise durch England erweist sich ein junger Kaffee-Vertreter als Ausbeuter und Ausgebeuteter in einer korrupten, Menschen zerstörenden Welt.

Erinnerungen an die Unterentwicklung E240
****
MEMORIAS DEL SUBDESAROLLO
Kuba 1968, 90 Min., s/w
R: Tomás Gutierrez Alea D: Sergio Corrieri, Daisy Granados
Der erste Spielfilm aus dem nachrevolutionären Kuba konzentriert sich ironisch und verständnisvoll gleichermaßen auf die Konflikte der Intellektuellen beim Aufbau der neuen Gesellschaft.

Erinnerungen ans Gefängnis E241
MEMORIAS DO CARCERE ****
Brasilien 1984, 187 Min., F
R: Nelson Pereira dos Santos
D: Carlos Vereza, Gloria Pires, Jofre Soares
Verfilmung von Graciliano Ramos' weitgehend autobiographischem Gefängnisroman, die den Mikrokosmos des Gefängnisses zur Metapher der brasilianischen Gesellschaft mit all ihren vielfältigen Problemen werden läßt.

Erinnerungen aus Frankreich E242
***
SOUVENIRS D'EN FRANCE
Frankreich 1975, 90 Min., F
R: André Techiné D: Jeanne Moreau, Michel Auclair, Marie-France Pisier
Einfühlsame Familiengeschichte um einen aus Spanien eingewanderten Mann, der es im Frankreich der dreißiger Jahre vom Schmied zum Fabrikbesitzer gebracht hat.

Ermittlungen gegen einen über jeden Verdacht erhabenen Bürger E243
****
INDAGINE SU UN CITTADINO AL DI SOPRA DI OGNI SOSPETTO
Italien 1970, 111 Min., F
R: Elio Petri D: Gian Maria Volonté, Florinda Bolkan, Gianni Santuccio
Der Leiter des Morddezernats ermordet seine Geliebte und zeigt sich selber an. Aber weil man davon die ganze Institution gefährdet sieht, wird der Fall gegen den Willen des Täters vertuscht. Der Film zeigt auf brillante Weise, wie das Allergroteskeste das Allerwirklichste wird: durch Politik.

Die Ermordung eines chinesischen Buchmachers E244
***
THE KILLING OF A CHINESE BOOKIE
USA 1975, 136 Min., F
R: John Cassavetes D: Ben Gazzarra, Azizi Johari, Meade Roberts
Ein Gangsterfilm als Gesellschaftsbild: Die Geschichte von Cosmo Vitelli, der seinen Lebenstraum verspielt und sich auch durch einen Mord nicht retten kann. Ben Gazarra ist ungeheuer intensiv in der Hauptrolle.

Die Ermordung Matteottis E245
IL DELITTO DI MATTEOTTI ***
Italien 1973, 107 Min., F
R: Florestano Vancini D: Franco Nero, Mario Adorf, Vittorio De Sica
Packender Thriller um die Ermordung des sozialistischen Politikers Giacomo Matteotti im Jahr 1924, mit der die uneingeschränkte Herrschaft der Faschisten in Italien begann. Viel Gerede, aber nie langweilig. Politkino, wie es selten vorkommt.

Ernst sein ist alles E246
THE IMPORTANCE OF BEING ERNEST ***
GB 1952, 91 Min., F
R: Anthony Asquith D: Michael Denison, Michael Redgrave, Dorothy Tutin
Originalgetreue Verfilmung der Theaterkomödie von Oscar Wilde um zwei viktorianische Lebemänner, die sich zur Erfüllung ihrer amourösen Bedürfnisse so viele Menschen und Beziehungen erlogen haben, daß das System eines Tages zusammenstürzen muß.

Die Ernte: Drei Jahrtausende E247
MIRT SOST SHI AMIT ***
Äthiopien 1975, 150 Min., F
R: Haile Gerima D: Kasu Asfaw, Werke Abraha, Melaku Mekonnen
Das Film-Debüt des in den USA ausgebildeten Regisseurs schildert das harte Leben der von den Großgrundbesitzern ausgebeuteten Landbevölkerung.

Der Eroberer E248
THE CONQUEROR **
USA 1955, 110 Min., F
R: Dick Powell D: John Wayne, Susan Hayward, Pedro Armendariz
Mongolenhäuptling Dschingis Khan zieht mit seinen barbarischen Horden brandschatzend durch die Lande. Eine filmische Katastrophe, die John Wayne nicht eben mit Ruhm bekleckert hat.

Der Eroberer von Korinth E249
IL CONQUISTADORE DI CORINTHO ***
LA BATAILLE DE CORINTHE
Italien/Frankreich 1961, 80 Min., F
R: Mario Costa D: Jacques Sernas, Geneviève Grad, Gianni Santuccio
Ein römischer Gesandter muß aufgrund von Politverwicklungen in Korinth untertauchen und wird verraten. Als seine Truppen eintreffen, geht die Stadt in Flammen auf. Monumentalfilm.

Die Eroberung des Weltalls E250
THE CONQUEST OF SPACE **
USA 1955, 80 Min., F
R: Byron Haskin D: Walter Brooke, Eric Fleming, Mickey Shaughnessy
Astronauten haben im Weltall und auf dem Mars mit den üblichen technischen und psychischen Schwierigkeiten zu kämpfen. Ein biederer SF-Film aus den fünfziger Jahren, dem mangels Einsatz zünftiger Monster der große Erfolg versagt blieb. LSFF

Freund revoltieren gegen einen reaktionären Gouverneur und legen somit den Grundstein für eine spätere Affenzivilisation. Dritte Fortsetzung von *Planet der Affen* (1968). LSFF

Die Eroberung von Mykene E252
LA CONQUISTA DI MICENE **
Italien/Frankreich 1963, 82 Min., F
R: Giorgio Ferroni D: Gordon Scott, Alessandra Panaro, Rosalba Neri
Muskulöser Königssohn macht in Mykene, das seine Heimat unterjocht, Karriere als Gladiator, legt sich mit Kultisten an und zieht eine Königin zur Rechenschaft. Von wenig Hirn zeugender Monumentalfilm.

Eroica E253
Österreich 1950, 97 Min., s/w ***
R: Walter Kolm-Veltée D: Ewald Balser, Marianne Schönauer, Richard Eybner, Oskar Werner
Sehr freie Phantasie zu Ludwig van Beethovens Leben und Werk.

Erotica E254
PAUL RAYMOND'S EROTICA **
GB 1981, 90 Min., F
R: Paul Raymond D: Brigitte Lahaie, Diana Cochran
Französische Fotografin will in Paul Raymonds Londoner Revuebar Fotos machen, doch die anregende Atmosphäre des Clubs regt sie derart an, daß sie selbst Hand an die dort tätigen Männer und Frauen legt. Sexrevue mit Spielhandlung.

Erotik im Beruf E255
*
BRD 1971, 88 Min., F
R: Ernst Hofbauer D: Christian Engelmann, Peter Raschner
Pseudodokumentarischer Sexfilm über Stellungsspiele im Betrieb, in dem sich Frauen als brünstige Tiere und Männer als perverse Lumpen entpuppen. Ein Tiefpunkt des deutschen Films.

Letzter Teil von Pasolinis »Trilogie des Lebens«. In den archaischen Landschaften und Kulissen Afrikas entfaltet sich eine prunkvolle Hommage an die Kraft des Eros.

Die erotischen Abenteuer des Robinson Crusoe E257
*
THE EROTIC ADVENTURES OF ROBINSON CRUSOE
Italien 1980, 79 Min., F
R: Ken Dixon D: Lawrence Casey, Eva Carson, Lina Romay
Frustrierter Bürohengst sieht sich im Traum als Robinson auf einer einsamen Insel voller hübscher Mädchen, die von ihm nur das eine wollen. Öder Bilderbogen, in dem weder sexuelle noch sonstige Spannung aufkommen will. Ein Schundprodukt.

Die erotischen Träume einer Frau E258
*
ALTRI DESIDERI
Italien 1982, 93 Min., F
R: Andrew White D: Pauline Teutscher, Alban Ceray, Nicole Segaund
Gattin eines Schürzenjägers lernt im Urlaub Männer und ein Mädchen kennen, die ihre Lust anstacheln, und wird Opfer eines Mordkomplotts. Konfuser Sexfilm, der nicht nur an einem wirren Drehbuch krankt.

Erpressung E259
BLACKMAIL ****
Großbritannien 1929, 78 Min., s/w
R: Alfred Hitchcock D: Anny Ondra, Sara Allgogg, Charles Paton
Die Verlobte eines Scotland-Yard-Inspektors tötet einen Maler, der sie vergewaltigen wollte, und wird von einem Unbekannten erpreßt. Als Stummfilm begonnen und mit Ton fortgeführt, ist der Film von beträchtlicher Spannung und dokumentarischer Qualität.

Erst die Arbeit E260

Im Kino schon vor Neil Armstrong. Poster aus dem Jahre 1964.

Arbeitstag »die Sau rauslassen«. Mit einem ausgeliehenen Mercedes Diesel macht er sich auf in ein Hamburger Szene-Lokal, wo er eine supercoole Frau trifft, der er schließlich näherkommt. Eine liebenswert-lakonische Alltagskomödie voller treffender Ironie.

Erst 16 und schon auf vollen Touren E261 **

ZERO TO SIXTY

USA 1978, 101 Min., F

R: Don Weis D: Darren McGavin, Joan Collins, Sylvia Miles, Vito Scotti

Der erwachsene Mike und die 16jährige Larry jagen im Auftrag von Autohändlern säumigen Ratenzahlern ihre Wagen wieder ab. Schlaffe Komödie.

Das erste Evangelium – Matthäus E262 ****

IL VANGELO SECONDO MATTEO

Italien 1964, 131 Min., s/w

R: Pier Paolo Pasolini D: Enrique Irazoqui, Susanne Pasolini

Die ungeheuer kraftvolle Filmpoesie läßt Mythos, Religion und Marxismus als unterschiedliche Deutungen der Lebens- und Leidensgeschichte Christi zu. Ein Schlüsselwerk des religiösen Films, das auch heute noch kontrovers beurteilt wird.

Die erste Fahrt zum Mond E263 ***

FIRST MEN IN THE MOON

GB 1964, 103 Min., F

R: Nathan Juran D: Edward Judd, Martha Hyer, Lionel Jeffries

1899 landen ein britischer Forscher und seine beiden Helfer auf dem Mond und stoßen auf dessen feindselige Bewohner. Unterhaltsamer Science-fiction-Film, dem es erstaunlicherweise nicht an Humor mangelt. Sehenswert. LSFF

Erste Klasse E264 ***

UN AMORE IN PRIMA CLASSE

Italien 1979, 95 Min., F

R: Salvatore Samperi D: Sylvia Kristel, Enrico Montesano, Franco Valeri

Ein junger Vater kämpft während einer Eisenbahnfahrt vergeblich mit seinem unausstehlichen Kind, bis eine attraktive Frau dazukommt. Außerordentlich unterhaltsame Eisenbahnkomödie des in seinen »Kommerzfilmen« sträflich unterbewerteten einstigen zornigen jungen Mannes des italienischen Kinos.

Der erste Kreis der Hölle E265 ***

THE FIRST CIRCLE

USA/Dänemark 1972, 100 Min., F

R: Aleksander Ford D: Gunther Malzacher, Elzbiete Czyewska

Alexander Solschenyzins Roman um einen in einem Lager festgehaltenen Wissenschaftler, in dem für das Stalin-Regime wissenschaftliche Entwicklungen betrieben werden, in einer eher oberflächlichen und etwas reißerischen Verfilmung.

Die erste Kugel trifft E266 ***

THE FASTEST GUN ALIVE

USA 1956, 89 Min., s/w

R: Russell Rouse D: Glenn Ford, Jeanne Crain, Broderick Crawford

Zwei Psychopathen, die sich aufgrund dunkler Flecke in ihrer Vergangenheit für die schnellsten Schützen aller Zeiten halten, treten gegeneinander an. Spannend, aber nichts, was man zu Hause rühmen würde.

Erste Liebe E267 **

FIRST LOVE

Schweiz/BRD 1970, 89 Min., F

R: Maximilian Schell D: John Moulder-Brown, Dominique Sanda, Maximilian Schell

Die Liebe eines Jungen zu einem älteren Mädchen und seine plötzliche Erkenntnis, daß sie die Geliebte seines Vaters ist. Verfilmung einer Novelle von Ivan Turgenjew.

Die erste Nacht E268 ****

THE GIRL WITH GREEN EYES

GB 1963, 92 Min., s/w

R: Desmond Davis D: Peter Finch, Rita Tushingham, Lynn Redgrave

Unspektakuläre, aber liebevoll beobachtete Erzählung von einer Liebe zwischen einer jungen Frau und einem älteren Mann, die am Ende an ihren nicht zu überwindenden Widersprüchen zerbricht.

Die erste Polka E269 ***

BRD 1978, 97 Min., F

R: Klaus Emmerich D: Maria Schell, René Schell, Erland Josephson, Guido Wieland, Ernst Stankowski

Der Tag vor dem Beginn des Zweiten Weltkriegs, gesehen aus der Perspektive eines 15jährigen. Wie privates Drama und Geschichte nicht recht zusammengehen, so gehen auch die einzelnen Leistungen in dieser Roman-Verfilmung nach Horst Bienek nicht zusammen.

Der erste Ritter E270 ***

FIRST KNIGHT

USA 1995, 112 Min., F

R: Jerry Zucker D: Sean Connery, Richard Gere, Julia Ormond

Die Artus-Sage etwas anders: Lancelot als Einzel- und Draufgänger, der sich in Liebe nach der Königin Ginevra verzehrt und sie vor den Nachstellungen des finsteren Malagant rettet; König Artus als moralische Instanz, die väterlich-gerecht im Reich Camelot regiert. Eine Legende als romantisches Abenteuer mit mythischem Hintergrund. Helden wie aus dem Bilderbuch, der klassische Konflikt einer Frau zwischen zwei Männern – Stoff für herrlich kitschige Kinoträume.
HFJ 1996

Erste Sehnsucht E271
PREMIERS DESIRS **
Frankreich/BRD 1983, 96 Min., F
R: David Hamilton D: Monica Broeke, Patrick Bauchau, Anja Schüte
Sanfte, verspielt erotische Bilder nebst zart-schüchterner Story um die erste Liebe junger Menschen. Kitsch, der Kasse macht. Sexfilm, der über weite Strecken ohne Geschichte auskommt.

Die erste Todsünde E272
THE FIRST DEADLY SIN **
USA 1980, 92 Min., F
R: Brian G. Hutton D: Frank Sinatra, Faye Dunaway, David Dukes
Müder Dirty-Harry-Verschnitt: Die alte Geschichte vom größenwahnsinnigen Polizisten, der das Gesetz in die eigenen Hände nimmt und einen Mörder jagt und hinrichtet, der nach Recht und Gesetz wegen Unzurechnungsfähigkeit freigesprochen worden wäre. Höchstens für nimmersatte Frankieboy-Fans.

Die erste Vorstellung E273
OPENING NIGHT ****
USA 1977, 144 Min., F
R: John Cassavetes D: Gena Rowlands, Ben Gazzara, John Cassavetes
Eine Schauspielerin gerät nach dem Tod eines Fans während der Proben zu

Die ersten Sünden sind die schönsten E274
L' AMOUR EN HERBE ***
Frankreich 1976, 99 Min., F
R: Roger Andrieux D: Pascal Meynier, Guilhaine Dubos, Bruno Raffaelli
Schüler Marcel verliebt sich in eine Verkäuferin. Die Eltern stehen Kopf, die schulischen Leistungen lassen nach, die Katastrophe ist perfekt. Entgegen dem dämlichen Verleihtitel liebevolle Darstellung eines unlösbaren Generationenkonflikts.

Erster Sieg E275
IN HARM'S WAY ***
USA 1965, 167 Min., s/w
R: Otto Preminger D: John Wayne, Patricia Neal, Kirk Douglas
Beinharter US-Marineoffizier führt seine Männer im Zweiten Weltkrieg gegen die Japaner; ein Antiheld wirft ihm Knüppel zwischen die Beine. Kriegsdrama inklusive Love Story.

Ertrinken verboten E276
NOYAGE INTERDITE ***
Frankreich 1987, 102 Min., F
R: Pierre Granier-Deferre
D: Philippe Noiret, Guy Marchand, Elizabeth Bourgine, Anne Roussel
Am Strand eines kleinen französischen Badeorts werden während der Vorsaison immer wieder Leichen angeschwemmt. Inspektor Molinat, der dort nach den Spuren seiner Jugend sucht, entledigt sich im Zuge seiner Ermittlungen in dem Mordfall gleichzeitig seines verhaßten Assistenten. Vielschichtig konstruierter Krimi, der sich zuweilen in den vielen Verästelungen der Handlung verliert.

Eruption E277
SUPER VIXEN'S OASIS ***
USA 1975, 105 Min., F
R: Russ Meyer D: Shari Eubank, Charles Napier, Uschi Digard
Die Story vom jungen Mann auf der

Das Erwachen der Sphinx E278
THE AWAKENING **
GB/USA 1980, 105 Min., F
R: Mike Newell D: Charlton Heston, Susannah York, Jill Townsend
Ein Archäologe dringt in das Grab einer ägyptischen Königin ein und befreit unwissentlich deren bösen Geist. Von da an geht's, wie in allen Mumienfilmen, nur noch bergab.

Es E279
***
BRD 1965, 86 Min., s/w
R: Ulrich Schamoni D: Sabine Sinjen, Bruno Dietrich, Tilla Durieux
Ein junges Paar gerät in eine Krise, als sie ein Kind erwartet. Eines der ersten Beispiele des »jungen deutschen Films«, der die Konventionen des Illusionskinos der Wirtschaftswunderzeit durchbricht und versucht, die Lebenswirklichkeit einzufangen.

Es E280
IT ***
USA 1990, 180 Min., F
R: Tommy Lee Wallace D: Harry Anderson, Dennis Christopher, Richard Masur, Annette O'Toole
Ein mysteriöses Biest, das in Gestalt eines Clowns auftritt, sucht in einer amerikanischen Kleinstadt Menschen heim, die schon in ihrer Kindheit mit ihm zu tun hatten. Schocker nach dem Roman von Stephen King, der manche Frage offenläßt. HFJ 1992

Es – von Zaren und Monstern E281
ONO ****
UdSSR 1989, 116 Min., F
R: Sergej Owtcharow D: Natalja Gundarewa, Swetlana Krjutschkowa
Ein bemerkenswerter Bilderbogen russischer Zustände vom Zarenreich bis zur Ära Breschnews; heftige satirische Abrechnung mit einer Geschichte, die mehr Kontinuität als Verände-

Amerikanischer Auslandskorrespondent in Moskau, 1945 mit einer Tänzerin verheiratet, versucht seine Frau mit einem kleinen Boot aus dem Land zu schmuggeln. Stellenweise spannender Thriller.

Es begann in Neapel E283
IT STARTED IN NAPLES ***
USA 1959, 100 Min., F
R: Melville Shavelson D: Clark Gable, Sophia Loren, Vittorio de Sica
Penibler US-Bürger, der Wasser »nur aus Flaschen« trinkt, lernt in Italien den unehelichen Sohn seines Bruders und dessen resolute Tante kennen. Das Milieu, in dem die beiden leben, behagt ihm gar nicht, aber der Reiz des anderen zieht ihn bald in seinen Bann. Vergnügliche Komödie zum Thema »Was der Bauer nicht kennt...«

Es begann mit einem Kuß E284
THE BIG LIFT **
USA 1950, 115 Min., s/w
R: George Seaton D: Montgomery Clift, Paul Douglas, Cornell Borchers
Gutgemeinter und atmosphärisch stimmiger Film über die Situation eines amerikanischen Besatzungssoldaten in Berlin, der über die Beziehung zu einer deutschen Frau die Not der Menschen erkennt.

Es geschah am hellichten Tag E285 ***
BRD/Schweiz/Sp 1958, 100 Min., F
R: Ladislao Vajda D: Heinz Rühmann, Michel Simon, Gert Fröbe
Hausierer findet Mädchenleiche, wird selbst der Tat verdächtigt und dazu gebracht, sie zu gestehen. Ein Kommissar, der nicht an seine Schuld glaubt, untersucht den Fall privat und entlarvt den frustrierten Gatten einer tyrannischen und reichen Frau als wahren Täter. Der spannende Krimi nach einem Drehbuch von Friedrich Dürrenmatt zeigt Heinz Rühmann in einer selten ernsten Rolle.

Es geschah in Athen E286
IT HAPPENED IN ATHENS **
USA 1962, 88 Min., F
R: Andrew Marton D: Jayne Mansfield, Trax Colton, Nico Minardos
Publicitygeile Schauspielerin gibt auf der Olympiade von 1896 bekannt, daß sie den Mann heiraten wird, der den Marathonlauf gewinnt. Geistloser Hollywood-Kitsch.

Es geschah in diesem Sommer E287 ***
GREENGAGE SUMMER
GB 1960, 100 Min., F
R: Lewis Gilbert D: Danielle Darrieux, Kenneth More, Susannah York
Susannah York spielt ein junges Mädchen, das seine erste Liebe mit einem Mann erlebt, der als Verbrecher verdächtigt wird. Mischung aus Krimi, Erotik und Komödie.

Es geschah in einer Nacht E288
IT HAPPENED ONE NIGHT ****
USA 1934, 65 Min., s/w
R: Frank Capra D: Clark Gable, Claudette Colbert, Walter Connolly
Ein Journalist, der Herz und Zunge am rechten Fleck trägt, zähmt eine verzogene Millionärstochter. Flotte US-Komödie, die immerhin mit fünf Oscars ausgezeichnet wurde.

Es geschah in einer Nacht E289
PETE KELLY'S BLUES ***
USA 1955, 93 Min., F
R: Jack Webb D: Jack Webb, Janet Leigh, Edmond O'Brien, Peggy Lee
Jazzmusiker geraten in den zwanziger Jahren mit amerikanischen Gangstern aneinander. In gewissen Jazzkreisen ein Kultfilm, ansonsten ein nur mäßig spannender Krimi.

Es herrscht Ruhe im Land E290 ****
BRD 1975, 103 Min., F
R: Peter Lilienthal D: Charles Vanel, Mario Pardo, Eduaro Duran
Die Machtergreifung einer Militärdiktatur in einem südamerikanischen Land, gesehen aus der Perspektive des unterdrückten Volkes.

Es ist nicht leicht, ein Gott zu sein E291 **
BRD/UdSSR 1989, 119 Min., F
R: Peter Fleischmann D: Edward Zentara, Anne Gautier, Hugues Quester, Christine Kaufmann
Ein Forscher von der friedlichen Erde untersucht das Verhalten der Bewohner eines mittelalterlichen Planeten und mischt sich, seinem Auftrag entgegen, in das politische Geschehen ein. Ein ambitioniert mißlungenes Projekt, nach dem Roman der Brüder Strugatzki. HFJ 1991

Es lohnt zu leben E292
A REASON TO LIVE **
USA 1984, 91 Min., F
R: Peter Levin D: Peter Fonda, Ricky Schroder, Carrie Snodgress
Verzweifelt über das Scheitern seiner Ehe will ein Mann sich und seinen 14jährigen Sohn umbringen.

Es tanzt die Göttin E293
COVER GIRL ***
USA 1944, 108 Min., F
R: Charles Vidor D: Rita Hayworth, Gene Kelly, Phil Silvers
Nachtclubtänzerin entwickelt sich zum Star. Es folgt eine Dreiecksgeschichte zwischen ihr, ihrem Liebhaber und einem Produzenten. Die im Grunde banale Story war seinerzeit ein Riesenhit, und dies nicht zuletzt wegen ihrer meisterlich choreographierten Tanzszenen und intelligenten Dialoge.

Es tut sich was in Hollywood E294
SHOW PEOPLE ***
USA 1928, 82 Min., s/w
R: King Vidor D: Marion Davies, Del Henderson, William Haines
Vidors großartige Hommage an eine aussterbende Gattung, den Slapsticktwo reeler, jenen komischen Kurzstreifen aus der Frühzeit Hollywoods. Gerüchten zufolge inspiriert von der Karriere Gloria Swansons. Kurzauftritte von Charlie Chaplin, Douglas Fairbanks u. v. a.

Es war einmal E295
LA BELLE ET LA BETE *****
Frankreich 1946, 86 Min., s/w
R: Jean Cocteau D: Jean Marais, Josette Day, Michel Auclair
Cocteaus poetische Verfilmung des Kunstmärchens von Leprince de Beaumont stellt die mythischen Prämissen der Geschichte von der Schönen und der Bestie in Frage.

Es war einmal ein Krieg E296
DER VAR ENGANG EN KRIG ****
Dänemark 1966, 90 Min., s/w
R: Palle Kjaerulff-Schmidt
D: Ole Busck, Yvonne Ingdal
Sensible Darstellung einer Kindheit vor dem Hintergrund der deutschen Besatzung Dänemarks im Zweiten Weltkrieg.

Es war einmal in Amerika E297
ONCE UPON A TIME IN AMERICA ****
USA/Italien 1983, 147/228 Min., F
R: Sergio Leone D: Robert De Niro, James Woods, Elizabeth McGovern
Auf drei geschickt ineinander verflochtenen Zeitebenen wird die Geschichte einer Männerfreundschaft erzählt: von der Prohibition der zwanziger Jahre über die große Zeit des organisierten Verbrechens während der dreißiger bis hinein in die Tristesse der sechziger Jahre. Episches Gangsterkino, sehr mythisch, opulent und grandios.

Es war Nacht in Rom E298
ERA NOTTE A ROMA ****
It/Fr 1960, 145 Min., s/w
R: Roberto Rossellini D: Leo Genn, Giovanna Ralli, Sergej Bondartschuk
Im Zweiten Weltkrieg organisieren italienische Widerstandskämpfer die Flucht ausländischer Soldaten durch ihr von den Nazis besetztes Land. Aus Rossellinis sachlicher Schilderung der zahlreichen individuellen Schicksale wird eine berührende Chronik der Kriegstage.

Es waren einmal Flitterwochen E299 ***
ONCE UPON A HONEYMOON
USA 1942, 115 Min., s/w
R: Leo McCarey D: Cary Grant, Ginger Rogers, Walter Slezak
Zu Beginn des Zweiten Weltkriegs. Ein amerikanischer Radioreporter klärt eine naive Landsmännin über die

Sergio Leones letzter Film ›Es war einmal in Amerika‹.

Es waren einmal sieben Simeons E300 ****
ZILI-BYLI SEM SIMEONI
UdSSR 1989, 70 Min. s/w und F
R: Herz Frank, Vladimir Eisner
Sieben Brüder aus dem sibirischen Irkutsk, die früher eine umjubelte Amateur-Jazzband bildeten, kapern 1988 ein Flugzeug, um in den Westen zu fliehen. Die Entführung endete in einer Katastrophe. Dokumentarischer Spielfilm, der die authentischen Ereignisse zu einer Reflexion über gesellschaftliche Verantwortung, Schuldfähigkeit und Rechtfertigung ausweitet. HFJ 1992

Inszenierung und wegen der Hauptdarstellerin.

Die Eskorte E302
LA SCORTA ***
Italien 1993, 93 Min., F
R: Ricky Tognazzi D: Claudio Amendola, Enrico Lo Verso, Carlo Cecchi
Bodyguards schützen einen sizilianischen Staatsanwalt vor Mordanschlägen der Mafia. Ein spannender, realistischer Polit-Thriller von vordergründig starken Männern, die ihre Angst und Einsamkeit hinter einer Maske des Muts verbergen. Die realistische Schilderung eines außergewöhnlichen Berufes. HFJ 1995

Lars von Triers komplexer Bildaufbau in ›Europa‹.

berühmte Bandit Baran nach Istanbul, um Rache zu üben und seine große Liebe wiederzusehen. Genreübergreifendes Werk um einen Mann zwischen Tradition und Moderne voller gelungener filmischer Einfälle. HFJ 1998

E.T. – Der Außerirdische E304
E.T. – THE EXTRATERRESTRIAL ****
USA 1981, 114 Min., F
R: Steven Spielberg D: Dee Wallace, Henry Thomas, Peter Coyote
Verschrumpelter Klein-Alien wird auf die Erde verschlagen und von einigen Kindern davor bewahrt, auf dem Operationstisch der Wissenschaft zu enden. Tränenrühriger Kitschfilm von Steven Spielberg; im Kino einer der größten Moneymaker aller Zeiten.

Henry Thomas und E.T.

Ete und Ali E305
DDR 1985, 92 Min., F ***
R: Peter Kahane D: Jörg Schüttauf, Thomas Putensen, Daniela Hoffmann
Ete und Ali werden am gleichen Tag aus der Armee entlassen und beschließen, erst einmal noch ein bißchen etwas zu erleben, bevor sie wieder in den Berufsalltag zurückkehren. DDR-Träume von Karriere, Liebe und privatem Glück, mit Tempo und Situationskomik recht konventionell inszeniert.

Eureka E306
EUREKA ****
GB/USA 1983, 124 Min., F
R: Nicholas Roeg D: Gene Hackman, Theresa Russell, Rutger Hauer
Ein Mann entdeckt eine Goldader, wird reich, verliert alle seine Träume und wird am Ende brutal ermordet. Einmal mehr liefert Roeg ein virtuoses Spiel mit Mythen, Erkenntnissen und Bildern.

Europa E307
EUROPA ****
Dänemark/BRD/Fr 1991, 100 Min., F
R: Lars von Trier D: Jean-Marc Barr, Barbara Sukowa, Udo Kier
Ein junger Amerikaner kommt nach Kriegsende nach Deutschland, wird Schlafwagenschaffner und erlebt bizarre Abenteuer auf seinen nächtlichen Fahrten durch den zerstörten Kontinent. Alptraumhafter Spätexpressionismus.

Europa 51 E308
EUROPA 51 ****
Italien 1952, 100 Min., s/w
R: Roberto Rossellini
D: Ingrid Bergman, Alexander Knox, Ettore Giannini
Reiche Amerikanerin, mitverantwortlich für den frühen Tod ihres Sohnes und darob untröstlich, sucht im Engagement für die Armen und Verstoßenen einen neuen Lebenssinn. Ihr Gatte hält den plötzlichen Sinneswandel allerdings für behandlungsbedürftig und läßt die gute Frau in die Klapsmühle einweisen. Anrührende Darstellung Ingrid Bergmans, die bei der Arbeit mit ihrem Lieblingsregisseur zu Hochform auflief.

Die Europäer E309
THE EUROPEANS ***
USA/GB 1979, 86 Min., F
R: James Ivory D: Lee Remick, Tim Woodward, Robin Ellis
Nach dem Roman von Henry James erzählt der Regisseur die Geschichte der Reise zweier Geschwister aus Europa durch Nordamerika und ihrer Probleme mit der puritanischen Lebensweise des Gastlandes.

Eva und der Mann für Alles E310
EVE AND THE HANDYMAN **
USA 1960, 65 Min., F
R: Russ Meyer D: Eve Meyer, James Anthony Ryan
Privatdetektivin Eva beschattet den Handwerker Handyman, der bei seinen diversen Aufträgen immer wieder auf besonders üppige Frauen stößt. Russ Meyers Ehefrau Nr. 2 spielt nicht nur die Titelrolle, sondern auch fast alle weiblichen Nebenrollen.

Eva und der Priester E311
LEON MORIN, PRETRE ****
Fr/It 1961, 91 Min., s/w
R: Jean-Pierre Melville D: Jean-Paul Belmondo, Emmanuelle Riva, Irène Tunc
Junge Französin, deren Gatte während der deutschen Besetzung Frankreichs in Gefangenschaft gerät, gesteht nicht weniger jungem Priester ihre Abkehr von der Religion. Seine lakonische Art führt sie zum Glauben zurück, sie verliebt sich in ihn. Jean-Paul Belmondo wurde für seine Rolle 1962 mit dem Victoire-Preis als bester Schauspieler ausgezeichnet.

Eve und der letzte Gentleman E312
***
BLAST FROM THE PAST
USA 1999, 111 Min., F
R: Hugh Wilson D: Brendan Fraser, Alicia Silverstone, Christopher Walken
Weil seine Eltern in einem Bunker leben, erblickt Adam erst mit 30 Jahren zum ersten Mal das Licht der (Oberflächen-)Welt und gerät mit seinen 60er-Jahre-Manieren ausgerechnet an die gutherzige 90er-Jahre-Schlampe Eve. Komödie mit einer zu langen Exposition. HFJ 2000

Everybody Wins E313
EVERYBODY WINS ***
GB 1989, 97 Min., F
R: Karel Reisz D: Nick Nolte, Debra Winger, Jack Warden
Eine ehemalige Prostituierte heuert einen Privatdetektiv an, um einen Mordfall zu untersuchen. Dabei zeigt sich ein über die ganze Stadt gelegtes Netz des Drogenhandels und der Korruption. Ein mythopolitischer Krimi.

Evita E314
EVITA ***
USA 1996, 134 Min., F
R: Alan Parker D: Madonna, Antonio Banderas, Jonathan Pryce
Überstilisiertes Musical um das Leben der legendären Präsidentengattin Eva Peron als grelle Nummernrevue spektakulär inszeniert, wobei ein singender Antonio Banderas zuweilen unfreiwillig komisch wirkt. HFJ 1998

Ewige Wiederkehr E315
L'ETERNEL RETOUR ****
Frankreich 1943, 110 Min., s/w
R: Jean Delannoy D: Jean Marais, Madeleine Sologne, Jean Murat
Ein Mann soll für seinen Onkel den Brautwerber machen, verliebt sich aber selbst in die Umworbene. Melancholisch poetische Neufassung des Märchens von Tristan und Isolde.

Nach einer Notlandung auf einem fremden Planeten werden Mama und Papa von Riesen entführt. Ihre beiden Kinder retten sie mit Hilfe putziger kleiner Bärenwesen. Hübscher SF-Film für Kinder. LSFF

Ex E317
****
BRD 1995, 84 Min., F
R: Mark Schlichter D: Robert Viktor Minich, Christiane Paul, Florian Lukas
Eine Gruppe Jugendlicher klaut Autos und fährt damit halsbrecherische Rennen. Auf der Flucht vor der Polizei ist Stefan tödlich verunglückt. Sein bester Freund Mario gerät immer tiefer in eine Spirale von Drogen, Kriminalität und Gewalt. Robert, der Neue in der Gang, verliebt sich in Marios Freundin und wird so für ihn zum Todfeind. Bemerkenswerter Debutfilm aus der Berliner Gegenwart.

Excalibur E318
EXCALIBUR ****
USA 1981, 140 Min., F
R: John Boorman D: Nigel Terry, Nicol Williamson, Nicholas Clay
Gut gemachte Filmfassung der Story von König Arthur und den Rittern der Tafelrunde bei der Suche nach dem Heiligen Gral. Sexeinlage und viel Blut inklusive. LFF

The Executor – der Vollstrecker E319
**
STERMINATORI DELL ANNO 3000
Italien 1983, 88 Min., F
R: Jules Harrison D: James Clayton, Robert Warner, Beryl Cunningham
Eine verwüstete Erde, zweigeteilt in gute und böse Menschen. Der Held, ein kleiner Junge, will mit den Guten die Welt begrünen. Nach etlichen Fehlschlägen regnet es doch noch.

Exhibition E320
EXHIBITION ***

Exit – nur keine Panik E321
**
Österreich/BRD 1980, 105 Min., F
R: Franz Novotny D: Hanno Pöschl, Paulus Manker, Isolde Barth, Eddie Constantine
Film über zwei kleine Wiener Vorstadtkriminelle, die sich mit Diebstählen und Betrügereien über Wasser halten. Kinodebüt von Franz Novotny, das bei der Darstellung exzessiver Gewalttätigkeiten und sexueller Derbheiten jede kritische Distanz vermissen läßt.

Exodus E322
EXODUS ***
USA 1960, 199 Min., F
R: Otto Preminger D: Paul Newman, Eva Maria Saint, Jill Haworth
Aufwendige und stellenweise spannende, aber zu lange Verfilmung des Romans von Leon Uris um die Versuche der jüdischen Organisation »Haganah«, im Jahr 1947 Überlebende des Holocaust illegal nach Palästina zu bringen.

Der Exorzist E323
THE EXORCIST ****
USA 1973, 115 Min., F
R: William Peter Blatty D: Ellen Burstyn, Linda Blair, Max von Sydow
Ein in ein Mädchen eingefahrener Dämon, der sich säuisch artikuliert, wird von zwei Geistlichen exorziert, bis ihre Kräfte nachgeben. Nichts für schwache Nerven, und schon gar nichts für Kinder.

Exorzist II: Der Ketzer E324
EXORCIST II: THE HERETIC **
USA 1976, 118 Min., F
R: John Boorman D: Linda Blair, Richard Burton, Louise Fletcher
Schwache Fortsetzung von *Der Exorzist,* in der ein Geistlicher erneut verhindert, daß sich der Dämon Pazuzu in seinem weiblichen Schützling einnistet. Ein abstruser und konfuser Möchtegern-Horrorfilm, der aber nur

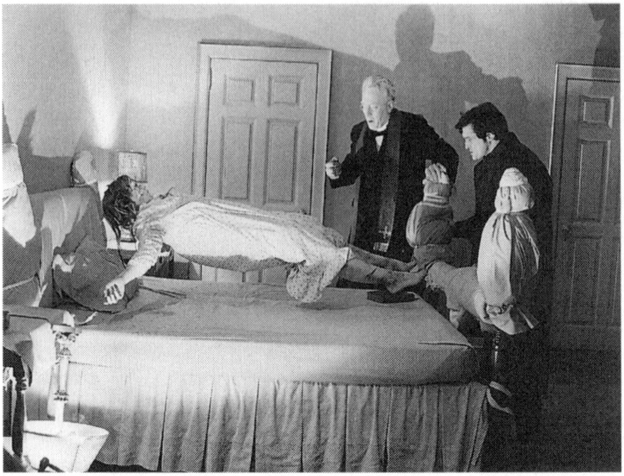

Max von Sydow (Mitte) ringt mit den Mächten des Bösen in ›Der Exorzist‹.

Ex-Exorzist, in Klinik einsitzend, bringt andere Patienten mit Hilfe telepathischer Kraft dazu, Mordtaten zu begehen. Zweite Fortsetzung des Films *Der Exorzist.* HFJ 1992

Der Exorzist und die Kindhexe E326 **
EL PODER DE LAS TINIEBLAS
Spanien 1976, 90 Min., F
R: Amando Ossori D: Julian Mateos, Marian Salgado, Lone Fleming
Verstorbene Satanistin fährt in den Leib eines jungen Mädchens ein und terrorisiert die Bewohner einer kleinen Stadt. Eine billige Imitation des Films *Der Exorzist.*

Exotica E327 ****
EXOTICA
Kanada 1994, 104 Min., F
R: Atom Egoyan D: Bruce Greenwood, Mia Kirschner, Don McKellar
Nichts ist exotischer als das eigene Dasein. In einem Striplokal laufen die Fäden der verworrenen Handlung zusammen. Hinter der augenscheinlich perversen Beziehung, die ein traumatisierter Steuerinspektor zu der Stripperin Christina pflegt, stehen weitere, kompliziertere, exotischere Manien, ein Netz psychischer Abhängigkeiten und Spannungen. Ein schwüler Thriller, der sich zwischen gewolltem Kitsch und ironischer Selbstbespiegelung bewegt. HFJ 1995

Expedition in die Zukunft E328 ***
IDAHO TRANSFER
USA 1973, 85 Min., F
R: Peter Fonda D: Kelley Bohanan, Caroline Hildebrand, Keith Carradine
US-Forscher reisen in die Zukunft, finden sich in einem öden Land mit apathischen und verrückten Menschen wieder und versuchen erfolglos zu erkennen, was diese Entwicklung eingeleitet hat. LSFF

Experiment in Terror E329 **
EXPERIMENT PERILOUS
USA 1944, 91 Min., s/w
R: Jacques Tourneur D: Hedy Lamarr, George Brent, Paul Lukas
Geldgieriger Ehemann, der sich des Erbes seiner Gattin bemächtigen will, gibt sich alle Mühe, selbige mit schweinischen Methoden in den Irrsinn zu treiben. Stellenweise redseliger, an zu vielen Rückblenden leidender Thriller.

Experten aus dem Hinterzimmer E330 ***
THE SMALL BACK ROOM
England 1949, 103 Min., s/w
R: Michael Powell, Emeric Pressburger D: David Farrar, Jack Hawkins
Im Zweiten Weltkrieg werfen deutsche Bomber über London als Spielzeug getarnte Sprengsätze ab. Ein dem Alkohol verfallener Wissenschaftler findet über der Aufgabe, den Zündmechanismus dieser Bomben zu entschlüsseln, neues Selbstvertrauen.

Explodierende Träume – Dynamit Punk E331 ****
OUT OF THE BLUE
Kanada 1979, 89 Min., F
R: Dennis Hopper D: Dennis Hopper, Linda Manz, Raymond Burr
Ein Mann hat betrunken einen Unfall verursacht, bei dem mehrere Kinder starben. Nach seinem Gefängnisaufenthalt schöpft seine heruntergekommene Familie kurz Hoffnung, doch er erhält keine Chance; die Katastrophe ist vorprogrammiert. Dennis Hoppers Tabula-Rasa-Film als Abgesang der siebziger Jahre läßt keinen Funken Hoffnung.

Explorers – Ein phantastisches Abenteuer E332 ***
EXPLORERS
USA 1985, 101 Min., F
R: Joe Dante D: Ethan Hawke, River Phoenix, Jason Presson
SF-Fan und zwei seiner Freunde werden von Außerirdischen ins All geholt und stellen fest, daß auch sie Film- und TV-mäßig nur mit Wasser kochen. Komödie im Stil der »jungen Leute von heute«, mit nicht immer treffsicherer Synchronisation.
HFJ 1987

Explosion des Schweigens E333 ****
BLAST OF SILENCE
USA 1960, 77 Min., s/w
R: Allen Baron D: Allen Baron, Molly McCarthy, Larry Tucker
Der Regisseur dieser brillanten kleinen Independent-Produktion spielt einen Killer, dem zur Weihnachtszeit in New York zu viel Menschliches widerfährt, als daß er in seinem Beruf noch Überlebenschancen hätte.
HFJ 1991

Explosion in Cuba E334 ***
CUBA
USA 1979, 79 Min., F
R: Richard Lester D: Sean Connery, Brooke Adams, Jack Weston
Ein Söldner mit dem Auftrag, Batistas Truppen auf den Kampf mit Castros Revolutionären vorzubereiten, trifft

auf eine frühere Geliebte. Sie muß sich zwischen ihm und ihrem Mann entscheiden. Satirische Abenteuerkomödie mit beißenden Kommentaren zur Politik und Politikern.

Explosiv – Blown Away E335
BLOWN AWAY ***
USA 1994, 121 Min., F
R: Stephen Hopkins D: Jeff Bridges, Tommy Lee Jones, Lloyd Bridges
Ein Bombenexperte muß den Plänen eines terroristischen Bombenlegers immer um einiges voraus sein, um das Leben seiner Familie und Freunde nicht aufs Spiel zu setzen. Spannendes Action-Kino mit ausgezeichneten Schauspielern. HFJ 1995

Der Exterminator E336
THE EXTERMINATOR **
USA 1980, 101 Min., F
R: James Glickenhaus D: Christopher George, Samantha Eggar
Ein Vietnam-Veteran tötet die Mitglieder einer Bande, die seinen Freund überfallen haben, der seitdem gelähmt ist. Leider gab es davon auch noch eine Fortsetzung.

Exterminator 2. Teil E337
THE EXTERMINATOR II **
USA 1984, 88 Min., F
R: Mark Buntzman D: Robert Ginty, Mario Van Peebles, Deborah Geffner
Der »Exterminator« macht erneut Jagd auf eine Bande, speziell auf deren Anführer X.

Extrablatt E338
THE FRONT PAGE ****
USA 1974, 105 Min., F
R: Billy Wilder D: Jack Lemmon, Walter Matthau, Carol Burnett
Ein Starreporter im Vorruhestand fängt per Zufall einen entlaufenen Schwerverbrecher ein. Die Satire schlechthin über Zeitungen und wie sie letztlich gemacht werden. Das Trio Wilder, Lemmon und Matthau ist in Hochform und läßt die heutigen Filme über Schreiberlinge ziemlich müde aussehen. Eines der wenigen gelungenen Remakes.

In ›Eyes Wide Shut‹ und auch privat ein Ehepaar: Kidman und Cruise

Extrem E339
EXTREME MEASURES ***
USA 1996, 118 Min., F
R: Michael Apted D: Hugh Grant, Gene Hackman, Sarah Jessica Parker
Unspektakulärer Thriller um einen Arzt, der an Obdachlosen herumexperimentiert, um seine Forschungen zur Heilung von Querschnittslähmungen voranzutreiben. Spannend inszeniert, wobei die ethische Frage trotz des Unterhaltungsanspruches großen Raum einnimmt. HFJ 1997

Extremities E340
EXTREMITIES ***
USA 1986, 90 Min., F
R: Robert M. Young D: Farah Fawcett, James Russo, Diana Scarwid
Spannendes Kammerspiel um einen Sexualtäter und sein Opfer.

Eyes Wide Shut E341
EYES WIDE SHUT ****
USA 1999, 159 Min., F
R: Stanley Kubrick D: Nicole Kidman, Tom Cruise, Sydney Pollack
Der 13. und letzte Film: die spannende Liebes- und Eifersuchtsgeschichte eines New Yorker Ehepaars. Eine erotische Odyssee durch Tag und Nacht, Traum und Wirklichkeit nach Arthur Schnitzlers *Traumnovelle*.

F

F wie Fälschung F1

F FOR FAKE ***

Fr/Iran/BRD 1975, 90 Min., F

R: Orson Welles D: Orson Welles, Oja Kodar, Elmyr de Hory

Ebenso lehrreicher wie unterhaltsamer Filmessay, bei dem Welles einen Bildfälscher zum Anlaß nimmt, über Wahrheiten und Lügen des Lebens an und für sich zu räsonieren.

Die fabelhaften Baker Boys F2

THE FABULOUS BAKER BOYS ****

USA 1989, 113 Min., F

R: Steve Kloves D: Jeff Bridges, Beau Bridges, Michelle Pfeiffer

Als ein Klavier-Duo keinen Erfolg mehr hat, engagiert es eine ebenso attraktive wie begabte Sängerin und kann so an alte Tage anknüpfen. Doch dann bringt die Dame Unruhe in das Gefühlsleben der Baker Boys. Allein schon Michael Ballhaus' perfekte Kameraführung lohnt den Film.

HFJ 1991

Fabian F3

**

BRD 1980, 117 Min., F

R: Wolf Gremm D: Hans-Peter Hallwachs, Hermann Lause, Brigitte Mira

Schauplatz ist Berlin, Anfang der 30er Jahre. Im Mittelpunkt der Geschichte steht Fabian, ein unehrgeiziger, lebenshungriger Anti-Typ, ein Freak der Weimarer Republik. Uninspirierte, leidlich erträgliche Verfilmung von Erich Kästners zeitkritischem Roman aus der Zeit der Wirtschaftskrise.

Fabrik der Offiziere F4

***

BRD 1988, 118 Min., F

R: Wolf Vollmar D: Manfred Zapatka, Thomas Holtzmann, Rosel Zech

Deutschland 1944. In einem Ausbildungslager gerät ein ehrbarer Offizier in ein tödliches Intrigenspiel seiner Kameraden und Vorgesetzten. Basierend auf Hans Hellmut Kirsts gleichnamigem Roman hat TV-Regisseur Wolf Vollmar erneut ein weiteres dunkles Kapitel deutscher Vergangenheit aufgeschlagen, aber filmisch nicht bewältigt.

Faces – Gesichter F5

FACES ****

USA 1968, 130 Min., F

R: John Cassavetes D: John Marley, Gena Rowlands, Seymour Cassel

Ein Paar steht, nachdem sie beide einen Seitensprung versuchten, vor den Trümmern seiner Ehe. Cassavetes' radikale Absage an die Ästhetik des Hollywoodfilms.

Faculty F6

THE FACULTY **

USA 1998, 104 Min., F

R: Robert Rodriguez D: Jordana Brewster, Clea DuVall, Laura Harris

Zusammengeschusterte »Invasion der Körperfresser«-Variante um außerirdische Monster, die in die Körper von Lehrern einer High School schlüpfen und den Schülern den Garaus machen wollen. Spaßgerecht fürs Teenager-Publikum inszeniert. HFJ 2000

Fahr zur Hölle, Liebling F7

FAREWELL, MY LOVELY ***

USA 1975, 97 Min., F

R: Dick Richards D: Robert Mitchum, Charlotte Rampling, John Ireland, Sylvia Miles

Mitchum spielt Chandlers Philip Marlowe als gealterten, desillusionierten Detektiv, der verletztlich und müde im Schmutz anderer schnüffelt. Auf der Suche nach der Freundin eines ehemaligen Bankräubers gerät er an die verführerische Rampling, bleibt aber gewohnt unbestechlich. Mitchum ist einer der besten Marlowe-Darsteller und trifft den lakonischen Ton dieses nostalgischen Films genau.

Fahrenheit 451 F8

FAHRENHEIT 451 ****

GB 1966, 112 Min., F

R: François Truffaut D: Julie Christie, Oskar Werner, Cyril Cusack

In einem diktatorisch regierten Staat der Zukunft, in der die Feuerwehr Bücher verbrennt, findet ein biederer Feuerwehrmann sein Bewußtsein und geht auf die Seite literarisch gebildeter Rebellen über. Truffaut entwickelte die Geschichte eines Außenseiters zu einer Hommage an die Literatur im speziellen und an die abendländische Kultur im allgemeinen. Nach einem Roman von Ray Bradbury. LSFF

Oskar Werner und Julie Christie

Fahrkarte ins Jenseits F9

DECISION AT SUNDOWN ***

USA 1957, 77 Min., F

R: Budd Boetticher D: Randolph Scott, John Carroll, Noah Beery jr.

Bart sucht den »Verführer« seiner toten Gattin und muß erkennen, daß sie mitnichten die gute Frau war, für die er sie gehalten hat. Ungewöhnliche Story für einen Western.

Das Fahrrad F10

***

DDR 1982, 90 Min., F

R: Evelyn Schmidt D: Heidemarie Schneider, Roman Kaminski, Anke Friedrich

DDR-Alltags-Frauengeschichte: Susanne, alleinerziehende Mutter und ungelernte Arbeiterin, schmeißt ihren Job hin und versucht einen Versicherungsbetrug. Das ruft den Staatsanwalt auf den Plan und verstört ihren Freund. Susanne nimmt sich daher vor, sich zu bessern.

De Sica inszeniert den Teufelskreis der Armut in ›Fahrraddiebe‹.

Ein Mann, der die Mörder seines toten Bruders finden will, entlarvt eine Bankbesitzerin als Betrügerin. Ein Schnellschuß-Western aus Italien; nur für beinharte Freunde des Genres.

Die Fahrten des Odysseus F16
ULISSE ***
Italien 1954, 113 Min., F
R: Mario Camerini D: Kirk Douglas, Silvana Mangano, Anthony Quinn
Bunter und spannungsreicher Antikfilm über die Abenteuer des Odysseus und seine Begegnungen mit den Sirenen, der Zauberin Circe, dem Riesen Polyphem und allerlei Schurken, die ihm nichts Gutes wollen. LFF

Der Falke und der Schneemann F17
THE FALCON AND THE SNOWMAN ***
USA 1995, 131 Min., F
R: John Schlesinger D: Timothy Hutton, Sean Penn, David Suchet
Eine Geschichte aus der Welt hinter den Nachrichtenbildern, wo Realität wie Fiktion aussieht. Der geschilderte Spionage-Fall zweier Jungs aus reichem Hause geht auf die Realität der Siebziger zurück. Schlesinger hat daraus spannendes Kino gemacht.

Die Falken F18
HAWKS ***
USA 1988, 110 Min., F
R: Robert Ellis Miller D: Timothy Dalton, Anthony Edwards, Janet

Fahrraddiebe F11
LADRI DI BICICLETTE *****
Italien 1948, 85 Min., s/w
R: Vittorio de Sica D: Lamberto Maggiorani, Enzo Staiola
Einem Mann, der nach langer Arbeitslosigkeit endlich eine Anstellung als Plakatkleber gefunden hat, wird das für diese Arbeit notwendige Fahrrad gestohlen. Verzweifelt streift er mit seinem Sohn durch die Stadt, findet den Dieb und kann ihm nichts beweisen. Meisterwerk des Neorealismus.

Der Fahrradfahrer F12
BICYCLERAN ****
Iran 1988, 78 Min., F
R: Mohssen Makhmalbaf D: Moharam Zaynalzadeh, Esmail Sottanian
Um seiner schwerkranken Frau medizinische Hilfe zu ermöglichen, läßt sich ein Mann auf eine mörderische Wette ein: Sieben Tage lang will er ununterbrochen mit dem Fahrrad im Kreis fahren.

Fahrstuhl des Grauens F13
THE LIFT ****
Niederlande 1983, 98 Min., F
R: Dick Maas D: Huub Stapel,

Fahrstuhl zum Schafott F14
L'ASCENSEUR POUR L'ECHAFAUD ****
Frankreich 1957, 90 Min., s/w
R: Louis Malle D: Jeanne Moreau, Maurice Ronet, Lino Ventura
Nächtlicher Schwarz-weiß-Thriller um Mord und Liebe mit der Musik von Miles Davis. Eines der ersten Werke des Unter-Genres des Lift-Films. Erstlingsfilm von Louis Malle und ein Klassiker der »Nouvelle Vague«.

Fahrt zur Hölle, ihr Halunken F15
GLI SPECIALISTI **
It/BRD/Fr 1969, 84 Min., F
R: Sergio Corbucci D: Johnny Halliday, Mario Adorf, Françoise Fabian

Maurice Ronet, Jeanne Moreau und Lino Ventura in ›Fahrstuhl zum Schafott‹.

McTeer, Camille Coduri, Connie Booth
Zwei todkranke Männer unternehmen eine letzte Reise nach Amsterdam und treffen unterwegs auf zwei ungewöhnliche Frauen. Eine Komödie mit ernstem Hintergrund, die leider in den üblichen Klischees – harte Schale, weicher Kern; jede Frau findet ihren Mann; der Schwache hilft dem Starken – steckenbleibt.
HFJ 1990

Der Fall Alger Hiss F19
THE TRIALS OF ALGER HISS ***
USA 1979, 166 Min., F
R: John Lowenthal
Alger Hiss, ein hoher Beamter des State Department, wurde 1948 angeklagt, wichtige geheime Dokumente an einen kommunistischen Spionagering weitergegeben zu haben. Alger Hiss wurde nach zwei sensationellen Schauprozessen zu einer längeren Gefängnisstrafe verurteilt, die sein Leben und seine Karriere zerstörte. Polit-Dokumentation, die nachdenklich macht.

Der Fall Bachmeier – Keine Zeit für Tränen F20 ***
BRD 1984, 97 Min., F
R: Hark Bohm D: Marie Colbin, Michael Gwisdek, Christine Limbach
Was für ein Filmstoff: Eine Mutter erschießt den Mörder ihrer Tochter im Gerichtssaal. Hark Bohm stellt sich in seiner Chronik der Ereignisse, die überall in der Republik eine bislang nicht dagewesene Diskussion über Selbstjustiz entfachten, recht unverhohlen auf die Seite der verzweifelten Mutter (hervorragend verkörpert von Marie Colbin). Die Verfilmung des gleichen Falls von Burckhard Driest hieß *Annas Mutter*.

Der Fall Boran F21
BORAN ***
BRD/Belgien 1987, 96 Min., F
R: Daniel Zuta D: Bernard Rud, Jean Pierre Léaud, Renée Soutendijk
Liebe und Intrige, Polizei kontra Star – eine Journalistin, die schlichtet. Daniel Zutas Erstling ist vom Film noir beeinflußt. HFJ 1988

Der Fall Cicero F22
FIVE FINGERS ****
USA 1951, 108 Min., s/w
R: Joseph L. Mankiewicz D: James Mason, Danielle Darrieux, Michael Rennie
Mitarbeiter des britischen Botschafters in der Türkei kopiert die durch seine Hände gehenden Geheimunterlagen und beginnt unter dem Decknamen Cicero einen schwunghaften Nachrichtenhandel mit den Nazis – bis man ihm auf die Spur kommt und er erkennt, daß die Deutschen ihn mit Falschgeld honoriert haben. Ein auf Tatsachen fußendes Spionageabenteuer von sehr hohem Format.

Der Fall Claudia Bernal F23
LA ILLEGAL ***
Mexiko 1982, 90 Min., F
R: Arturo Ripstein D: Lucia Mendez, Pedro Armendariz jr.
Eine junge Mexikanerin zieht zu dem Vater ihres Kindes nach Amerika. Doch seine scheidungsunwillige Ehefrau führt einen erbarmungslosen Kampf gegen die Rivalin.

Der Fall Deruga F24
***
Deutschland 1938, 100 Min., s/w
R: Fritz Peter Buch D: Willy Birgel, Dagny Servaes, Georg Alexander
Kriminalfilm um einen verschuldeten Arzt, der angeklagt ist, seine Frau mit Curare-Gift ermordet zu haben. Verfilmung des psychologischen Romans von Riccarda Huch.

Der Fall des Lieutenant Morant F25 ***
BREAKER MORANT
Australien 1979, 92 Min., F
R: Bruce Beresford D: Edward Woodward, John Waters, Jack Thompson
Im Einsatz einer australischen Sondereinheit im Kampf gegen die Buren in Südafrika gerät ein junger Offizier unter falschen Verdacht und wird von einem britischen Militärgericht zum Tode verurteilt. Eine einfühlsame Darstellung des authentischen Falls.

Ein Fall für Cleopatra Jones F26
CLEOPATRA JONES **
USA 1973, 90 Min., F
R: Jack Starrett D: Shelley Winters, Tamara Dobson, Bernie Casey
Schwarze US-Spezialagentin kämpft in L.A. gegen lesbische Drogendealerin. Dutzendkrimi mit Karateprügeleien und nicht ernstzunehmendem Drehbuch.

Ein Fall für einen beginnenden Henker F27 ****
PRIPAD PRO ZACINAJICIHO KATA
CSSR 1969, 102 Min., s/w
R: Pavel Juracek D: Lubomir Kostelka, Pavel Landovsky, Klara Jerneková
Lemuel Gulliver verirrt sich, wird von einem Hasen in Menschenkleidern in einen Autounfall verwickelt, trifft in einem Haus, das ihn an seine alte Schule erinnert, auf merkwürdig schweigsame Menschen und auf seine längst ertrunkene Geliebte. Er wird verfolgt, geschlagen und beschossen. Schließlich trifft er Professor Beiel, der ihm erklärt, daß dies alles kein Traum, sondern Wirklichkeit sei. Bitterböse Satire, die lange Zeit in der CSSR verboten war.

Ein Fall für Harper F28
HARPER ***
USA 1965, 121 Min., F
R: Jack Smight D: Paul Newman, Lauren Bacall, Julie Harris
Ross MacDonalds Detektiv Archer ermittelt hier als Harper in einem Entführungsfall und stößt dabei auf Gier und Verrat in der High Society. Reichlich wirr konstruierte Geschichte mit sozialkritischem Touch.

Ein Fall für TKKG – Drachenauge F29 ***
BRD 1992, 84 Min., F
R: Ulrich König D: Tomi Renjak, Max Sittel, Steffen Raddatz
Nach einem Original-Drehbuch des Jugend-Bestseller-Autors Rolf Kalmuczak entstandener Kinder-Krimi, in dem sich ein Detektiv-Quartett auf abenteuerlicher Schatzsuche befindet. Eine Art modernes Karl-May-Märchen, das Fernseh-Niveau nicht übersteigt.
HFJ 1993

Die »Nichtenglischen« beim Oscar

»Oscar«-Preisträger als »bester ausländischer Film« und zur Erinnerung einer der Nominierten, der es nicht wurde.

1998 LA VITA E BELLA, Italien
1997 CHARACTER, Niederlande
JENSEITS DER STILLE, BRD
1996 KOLYA, Tschechische Republik
RIDICULE, Frankreich
1995 ANTONIAS WELT, Niederlande
ALL THINGS FAIR, Schweden
1994 UTOMLIONNIJE SOLNZEM, Rußland
BEFORE THE RAIN, Mazedonien
1993 BELLE EPOQUE, Spanien
FAREWELL, MY CONCUBINE, Hongkong
1992 INDOCHINE, Frankreich
SCHTONK, BRD
1991 MEDITERRANEO, Italien
CHILDREN OF NATURE, Island
1990 REISE DER HOFFNUNG, Schweiz
DAS SCHRECKLICHE MÄDCHEN, BRD
1989 CINEMA PARADISO, Italien
CAMILLE CLAUDEL, Frankreich
1988 PELLE EROBEREN, Dänemark
HANUSSEN, BRD/Ungarn
1987 BABETTES GÄSTEBUD, Dänemark
LA FAMIGLIA, Italien
1986 DE ANSLAG, Niederlande
BETTY BLUE, Frankreich
1985 LA HISTORIA OFICIAL, Argentinien
OBERST REDL, BRD
1984 DANGEROUS MOVES, Schweiz
BEYOND THE WALLS, Israel

1983 FANNY OST ALEXANDER, Schweden
CARMEN, Spanien
1982 VOLVER E EMPEZAR, Spanien
COUP DE TORCHON, Frankreich
1981 MEPHISTO, Ungarn/BRD
CZLOWIEK Z ZELAZA, Polen
1980 MOSKWA SLJESAM NE VERITY, UdSSR
KAGEMUSHA, Japan
1979 DIE BLECHTROMMEL, BRD
UNE HISTOIRE SIMPLE, Frankreich
1978 PREPAREZ VOS MOUCHOIRS, Frankreich
DIE GLÄSERNE ZELLE, BRD
1977 LA VIE DEVANT SOI, Frankreich
CET OBSCUR OBJET DU DESIR, Frankreich/Spanien
1976 LA VICTOIRE EN CHANTANT, Frankreich/BRD/Elfenbeinküste
JACOB DER LÜGNER, DDR
1975 DERSU UZALA, UdSSR/Japan
ZIEMA OBIENCANA, Polen
1974 AMARCORD, Italien
LACOMBE, LUCIEN, Frankreich
1973 LA NUIT AMERICAINE, Frankreich/Italien
DER FUSSGÄNGER, Schweiz/BRD
1972 LE CHARM DISCRET DE LA BOURGEOISIE, Frankreich/Italien/Spanien
1971 II GARDINO DEI FINZI-CONTINIS, Italien
DODES 'KA-DEN, Japan

Klaus Maria Brandauer als »Oberst Redl«, Regie: István Szabó

1970 INDAGINE SU UN CITTADINO AL DI SOPRA DIOGNI SOSPETTO, Italien
1969 Z, Frankreich/Algerien
MA NUIT CHEZ MAUD, Frankreich
1968 VOINA I MIR, UdSSR
BAISERS VOLES, Frankreich
1967 OSTRE SLEDOVANE VLAKY, CSSR
SKUPLJACI PERJA, Jugoslawien
1966 UN HOMME ET UNE FEMME, Frankreich
LASUY JEDNE PLAVOULASKY, CSSR
1965 OBCHOD NA KORZE, CSSR
KÄRE JOHN, Schweden
1964 IERI, OGGI, DOMANI, Italien
1963 OTTO E MEZZO, Italien
NOZ W WODZIE, Polen
1962 LES DIMANCHES DE VILLE D'AVRAY, Frankreich
ELECTRA, Griechenland
1961 SÄSOM I EN SPEGEL, Schweden
PLACIDO, Spanien
1960 JUNGFRUKÄLLAN, Schweden
LA VERITE, Frankreich
1959 ORFEU NEGRO, Frankreich/Italien/Brasilien
DIE BRÜCKE, BRD
1958 MON ONCLE, Frankreich
I SOLITI IGNOTI, Italien

Michael Douglas als Verkörperung des amerikanischen Zeitgeistes.

Der Fall Mattei F30
IL CASO MATTEI ****
Italien 1971, 115 Min., s/w
R: Francesco Rosi D: Gian Maria Volonté, Luigi Squarzina
Filmporträt des Managers Enrico Mattei, der 1962 unter ungeklärten Umständen ums Leben kam. Filmische Rekonstruktion, aus dokumentarischen und fiktiven Szenen zusammengesetzt.

Der Fall Paradine F31
THE PARADINE CASE ***
USA 1947, 110 Min., s/w
R: Alfred Hitchcock D: Alida Valli, Gregory Peck, Charles Laughton
Anwalt verliebt sich in seine des Mordes angeklagte Klientin und ruiniert darüber fast sein Leben. Für einen echten Hitchcock zu geschwätzig.

Der Fall Serrano F32
MORT D'UN POURRI ***
Frankreich 1977, 119 Min., F
R: Georges Lautner D: Alain Delon, Ornella Muti, Stéphane Audran
Kein großer Einfall (Mann wird zum Rächer an den Mördern seines Freundes), doch ein spannend inszeniertes Polit-Komplott, dessen Protagonisten die tragenden Säulen sind.

Fallen Angels F33
DUOLUO TIANSHI ****
Hongkong 1995, 96 Min., F
R: Wong Kar-wai D: Leon Lai Ming, Michele Reis, Takashi Kaneshiro
Hongkong-Großstadtgeschichten um einen zweifelnden Killer und seine beiden Partner-Frauen. Experimentelles Kino, gepaart mit klassischen Erzählelementen machen den Film zu einer dynamischen Vision. Cineastenfutter. HFJ 1998

Falling Down F34
FALLING DOWN ****
USA 1993, 112 Min., F
R: Joel Schumacher D: Michael Douglas, Robert Duvall, Barbara Hershey
Mr. Average American rastet im sommerlichen Autostau aus und widersetzt sich dem Frust des Alltagslebens, der sich für ihn nicht zuletzt in Einwanderern und Farbigen manifestiert, mit wütender Häme und zunehmender Gewalttätigkeit. Ein ätzender Kommentar über Leute, die es sich einfach machen und eine Gesellschaft, die das ermöglicht. HFJ 1994

Falsche Bewegung F35
***
BRD 1975, 103 Min., F
R: Wim Wenders D: Rüdiger Vogler, Hanna Schygulla, Hans-Christian Blech
Ein mutloser, junger Schriftsteller bricht aus seiner Heimatstadt auf, um in der Fremde zu sich selbst zu finden, und schüttelt dabei alle Freundschaften ab bis zur völligen Einsamkeit. Kontaktarmut nach Peter Handke.

Der falsche General F36
IL GENERALE DELLA ROVERE ***
It/Fr 1959, 133 Min., s/w
R: Roberto Rossellini D: Vittorio de Sica, Hannes Messemer, Sandra Milo
Eine Mischung aus dem Hauptmann von Köpenick und Felix Krull schnorrt während des Zweiten Weltkriegs in Italien die Leute um Geld an, mit dem er angeblich ihren verschollenen Verwandten helfen will. Dabei gerät er irgendwann an die SS, deren »Angebot«, als Doppelagent zu arbeiten, ihm aber nicht so recht zusagt. Das Überzeugendste an dieser Räuberpistole ist Hauptdarsteller Vittorio de Sica, selbst ein ausgesprochen renommierter Regisseur.

Das falsche Gewicht F37
****
BRD 1971, 145 Min., F
R: Bernhard Wicki D: Helmut Qualtinger, Agnes Fink, Evelyn Opela
Ein strenger Eichmeister in einem galizischen Dorf der Jahrhundertwende wird Opfer eines Racheaktes. Ausladende, bildmächtige Verfilmung der Erzählung von Joseph Roth.

Der falsche Mann F38
THE WRONG MAN ****
USA 1956, 107 Min., s/w
R: Alfred Hitchcock D: Henry Fonda, Vera Miles, Anthony Quayle
Vergeblich versucht ein Nachtclubmusiker seine Unschuld zu beweisen. Seine Frau bricht zusammen, erlöst wird er erst durch die Festnahme des Schuldigen, eines Doppelgängers. Fast dokumentarisch im Stil, ein kleines Meisterwerk in »Suspense« und formaler Gestaltung.

Die falsche Sklavin F39
SLAVE GIRL ***
USA 1947, 80 Min., F
R: Charles Lamont D: Yvonne de Carlo, George Brent, Broderick Crawford, Albert Dekker, Lois Collier
US-Diplomat, der im Tripolis des 18. Jahrhunderts gefangene Amerikaner befreien will, gerät in das Netz einer teuflischen Intrigantin. Auf Ulk getrimmter Abenteuerfilm.

Das falsche Wort F40
****
BRD 1987, 83 Min., F
R: Katrin Seybold
Dokumentation über die Verfolgung und Ermordung der Sinti im Nationalsozialismus und die Verdrängung dieser Barbarei nach 1945 in den sogenannten Wiedergutmachungsprozessen.

Der Fälscher von London F41
***
BRD 1961, 95 Min., s/w
R: Harald Reinl D: Karin Dor, Hellmut Lange, Siegfried Lowitz
Etwas konfuse Geschichte um einen schizophrenen Millionenerben, der von Fälschern um sein Vermögen gebracht werden soll. Für einen »Edgar-Wallace«-Film sorgfältig inszeniert.

Falsches Geld und echte Kurven F42
***
PARIS HOLIDAY
USA 1957, 105 Min., s/w
R: Gerd Oswald D: Anita Ekberg, Bob Hope, Fernandel, Martha Hyer
Zwei Komiker werden während eines Parisbesuchs in die Intrigen einer Falschmünzerbande verwickelt. Amüsant.

Falsches Spiel F43
THE NUTCRACKER **
GB 1982, 95 Min., F
R: Anwar Kawadri D: Joan Collins, Carol White, Paul Nicholas, John Vye
Russische Tänzerin setzt sich während einer England-Tournee von ihrem Ensemble ab und gerät vom Regen in die Traufe. Joan Collins als tückische Chefin einer Ballettschule. Schmalbrüstiges Schickimicki-Drama. HFJ 1987

Falsches Spiel mit Roger Rabbit F44
****
WHO FRAMED ROGER RABBIT
USA 1988, 103 Min., F
Exzellentes Unterhaltungskino aus der Produktionsfirma von Steven Spielberg. Zeichentrick und Film noir werden gekonnt miteinander verwoben, die Effekte verblüffen und das Tempo raubt dem Zuschauer den Atem.

Die Falschspielerin F45
THE LADY EVE *****
USA 1941, 90 Min., F
R: Preston Sturges D: Barbara Stanwyck, Henry Fonda, Charles Coburn
Auf einem Luxusliner entflammt ein tolpatschiger Millionärssohn in Liebe zu einer gerissenen Kartenkünstlerin. Als er ihre wahre Identität erfährt, läßt er sie fallen – und wird zum Opfer eines hinterlistigen Rachefeldzugs mit irrwitzigem Happy-End. Eine der gewagtesten und besten Screwball-Komödien, rasant, originell und vor genialen Einfällen geradezu sprühend.

Die Fälschung F46
***
BRD 1981, 110 Min., F
R: Volker Schlöndorff D: Bruno Ganz, Hanna Schygulla, Gila von Weitershausen, Jerzy Skolimowski
Der Journalist Georg Laschen fliegt nach Beirut, um über die Ereignisse im libanesischen Bürgerkrieg zu berichten. Hier macht er die bittere Erfahrung, daß sein bisheriges Leben nur auf Lügen aufgebaut war, und er gibt seinen Beruf auf.

Falstaff F47
CAMPANADAS A MEDIANOCHE ****
Spanien/Schweiz 1965, 111 Min., s/w
R: Orson Welles D: Orson Welles, John Gielgud, Jeanne Moreau
Auf dem Gipfel seiner Macht läßt Heinrich V. seinen alten Jugendfreund und treuesten Begleiter Falstaff fallen und ruiniert dadurch sein Leben. Zwei Giganten: Shakespeare und Welles und ein meisterhaftes Ergebnis. Machtvoll und »Welles-like«.

gendlichen Anfängern in der Welt des Showbusiness. Einer der aufregendsten amerikanischen Musikfilme.

Die Familie F49
LA FAMIGLIA ****
Italien/Frankreich 1986, 128 Min., F
R: Ettore Scola D: Vittorio Gassman, Fanny Ardant, Stefanie Sandrelli
Das Leben einer römischen Familie, beobachtet über den Zeitraum von 1906 bis 1986, offenbart sich als Spiegel der Zeitgeschichte. Wundersame Balance von Melancholie und Heiterkeit bestimmt den hervorragend gespielten Film. HFJ 1988

Die Familie mit dem umgedrehten Düsenantrieb F50
***
GYAKUFUNSHA-KAZOKU
Japan 1984, 100 Min., F
R: Sogo Ishii D: Katsuya Kobayashi, Mitsuko Baisho, Hitsoshi Ueki
Hinter dem irreführenden Titel verbirgt sich eine böse Satire auf das moderne japanische Familienleben, die im totalen Hauskrieg endet.

Eine Familie zum Knutschen F51
FLODDER ***
Niederlande 1986, 114 Min., F
R: Dick Maas D: Nelly Frijda, Huub Stapel, René van't Hof, Tatjana Simic
Die Proletenfamilie Flodder bekommt vom Wohnungsamt ein Haus in einer noblen Wohngegend zugewiesen, Schickeria und Underdogs treffen aufeinander. Eine wüste derbe Komödie. Nichts für Zartbesaitete. HFJ 1988

Familien-Bande F52
SCHATJES ***
Niederlande 1984, 102 Min., F
R: Ruud van Hemert D: Akkermay, Peter Faber, Geert de Jong
Als der Vater beruflich auswärts ist, geht die Mutter mit dem Tennislehrer ins Bett. Dieser dann nutzt Mutters Trainingsstunde, um sich mit der

Familienfeiern F53
GISHIKI ****
Japan 1971, 123 Min., F
R: Nagisa Oshima D: Kenzo Kawarzaki, Atsuko Kaku, Atsuo Koyama
Die Chronik einer japanischen Familie in der Zeit von 1946 bis 1971, dargestellt an den Festen, bei denen sich alle Mitglieder treffen. Es ist zugleich eine Geschichte der japanischen Gesellschaft in dieser Zeit, und ein Plädoyer für Toleranz und Freiheit.

Familiengrab F54
FAMILY PLOT ****
USA 1975, 121 Min., F
R: Alfred Hitchcock D: Karen Black, Bruce Dern, Barbara Harris, William Devane
Hitchcocks letzter Film, eine Komödie um zwei kriminelle Pärchen, zeigt seine Ironie, die meisterliche Kunstfertigkeit seiner Inszenierung auf einem Höhepunkt.

Das Familienjuwel F55
THE FAMILY JEWELS ***
USA 1965, 100 Min., F
R: Jerry Lewis D: Jerry Lewis, Donna Butterworth, Sebastian Cabot
Sieben verschiedene Rollen spielt Lewis in dieser sentimental endenden Komödie um ein reiches Waisenmädchen, das aus sechs exzentrischen Onkeln einen Vormund auswählen muß.

Familienleben F56
ZYCIE RODZINNE ****
Polen 1971, 93 Min., F
R: Krzysztof Zanussi D: Daniel Olbrychski, Jan Kreczmar, Jan Nowicki
Unter dem Vorwand, der Vater liege im Sterben, wird ein junger Ingenieur in sein Elternhaus zurückgerufen und muß sich mit seiner Familie auseinandersetzen.

Familienleben F57
FAMILY LIFE ****
GB 1971, 107 Min., F
R: Ken Loach D: Sandy Ratcliff, Bill Dean, Grace Cave, Malcolm Tierney
Die ungeplante Schwangerschaft der Tochter stürzt eine englische Familie in die Katastrophe. Janice lernt in der Heilanstalt sehr unterschiedliche Arten der Psychiatrie kennen. In meisterlicher Präzision zeigt Loach, wie seelische Krankheiten durch die Umwelt produziert werden.

Familienspiele F58
KAZOKU GAIMU ****
Japan 1983, 107 Min., F
R: Yoshimitsu Morita D: Ichirota Miyagawa, Saori Yuki, Juzo Itami
Komödiantische bis grotesk-ironische Satire auf den im japanischen Schulwesen herrschenden Leistungsdruck. Ein 15jähriger wird darauf gedrillt, den Übertritt in die Mittelschule zu schaffen. Der Vater engagiert einen Privatlehrer, der den Sprößling derart nach allen Regeln einer autoritären Erziehung schlaucht, daß dabei auch das Familienleben völlig in die Brüche geht.

Family Business F59
FAMILY BUSINESS ***
USA 1989, 114 Min., F
R: Sidney Lumet D: Sean Connery, Dustin Hoffman, Matthew Broderick
Der Film schaut einer Familienbande bei der Arbeit auf die Finger. Der Großvater, sein Sohn und der Enkel planen den ganz großen Coup. Für den einen ist das ein Bruch, für den zweiten ein Ausbruch und für den dritten ein Aufbruch. Und für den Zuschauer ist es amüsantes Starkino. HFJ 1991

Der Fan F60
**
BRD 1981, 92 Min., F
R: Eckhard Schmidt D: Désirée Nosbusch, Bodo Steiger, Jonas Vischer
Ein Film über die abgöttische Liebe eines Fans für sein Idol. Diese Liebe geht im Sinne des Wortes durch den Magen, nachdem der Fan den Star im Affekt erschlagen hat. Trotz guter Ansätze, etwa der faschistischen Untertöne in den Idol-Fan-Beziehungen, ist die Geschichte so breit angelegt, daß sie das Interesse an der öden Sinnentleerung dieses Fans erstarren läßt, lange bevor die Tiefkühltruhe ins Bild kommt.

Fandango F61
FANDANGO **
USA 1984, 88 Min., F
R: Kevin Reynolds D: Kevin Costner, Judd Nelson, Sam Robards
Ein paar Jungen, die die Einberufung nach Vietnam erwarten, unternehmen eine Reise Richtung Mexiko. Melancholische Komödie aus der Vor-Star-Zeit Kevin Costners.

Fanfan der Husar F62
FANFAN LA TULIPE ****
Frankreich/Italien 1952, 100 Min., F
R: Christian-Jacque D: Gérard Philippe, Gina Lollobrigida
Um nicht heiraten zu müssen, taucht der Schwerenöter Fanfan im Heer König Ludwigs XV. unter und gewinnt nach vielen Abenteuern das Herz einer (adoptierten) Königstochter. Amüsanter, unterhaltsamer Kostümfilm.

Fanfaren der Liebe F63
***
BRD 1951, 91 Min., F
R: Kurt Hoffmann D: Dieter Borsche, Inge Egger, Grethe Weiser
Dieter Borsche in einer für die frühen Fünfziger gewagten Rock-Rolle, eine deutsche Charlies Tante. Billy Wilder hat den Erfolgsstoff für *Some like it hot* aufgenommen.

Der Fänger F64
THE COLLECTOR ***
USA 1965, 119 Min., F
R: William Wyler D: Terence Stamp, Samantha Eggar, Maurice Dallimore
Ein Mann sammelt nicht nur Schmetterlinge, sondern sperrt auch ein Mädchen in seinen Keller, damit sie Gelegenheit hat, ihn lieben zu lernen.

Der Fangschuß F65
***
BRD/Frankreich 1976, 97 Min., s/w
R: Volker Schlöndorff D: Margarethe von Trotta, Matthias Habich, Rüdiger Kirschstein, Mathieu Carrière
Im baltischen Bürgerkrieg 1919 entwickelt sich eine widersprüchliche Liebesgeschichte zwischen einer Schloßbesitzerin und einem preußischen Offizier. Gediegene Verfilmung eines Romans von Marguerite Yourcenar.

Fanny Elßler F66
***
Deutschland 1937, 80 Min., s/w
R: Paul Martin D: Lilian Harvey, Rolf Möbius, Willy Birgel, Paul Hoffmann
Romantische Nachzeichnung der Liebesgeschichte zwischen der berühmten Tänzerin und dem Sohn Napoleons im betulichen Vorkriegsstil der Ufa.

Fanny Hill F67
FANNY HILL **
USA/BRD 1964, 96 Min., s/w
R: Russ Meyer D: Leticia Roman, Miriam Hopkins, Ulli Lommel
Landpomeranze wird im 19. Jahrhundert in einem Londoner Bordell tätig, versteht es aber, als Jungfrau in die Ehe zu gehen. Früher Sexfilm von Russ Meyer, der aber nirgendwo seine Handschrift zeigt.

Fanny Hill F68
FANNY HILL ***
GB 1983, 98 Min., F
R: Gerry O'Hara D: Lisa Raines, Shelley Winters, Oliver Reed
Unschuld vom Lande gerät im London des 19. Jahrhunderts in die Fänge einer gewieften Puffmutter, beerbt einen reichen Lustmolch und kriegt am Ende den jungen Geliebten. Erotikfilm, abgewertet durch zu »flotte« Synchronisation.

Fanny und Alexander F69
FANNY OCH ALEXANDER ****
Schweden/BRD 1982, 187 Min., F
R: Ingmar Bergman D: Bertil Guve, Ewa Fröling, Gunn Wallgren
Kino-Version der zweiteiligen Fernsehserie um das Leben in einer großbürgerlichen Theaterfamilie in Schweden um die Jahrhundertwende.

Fannys Farm F70
ÄNGLAGARD / HOUSE OF ANGELS ****
Schweden/Dänemark/Norwegen 1992, 125 Min., F
R: Colin Nutley D: Helena Berg

Jean Marais (rechts) als Fantomas in ›Fantomas bedroht die Welt‹.

ler. Ein Seitenhieb auf sogenannte Traditionen, hinter denen sich Frust, Egoismus und verborgene Begierden verstecken. HFJ 1995

Fantasia F71
FANTASIA ****
USA 1940, 90 Min., F
R: Walt Disney
Technisch perfekter Zeichentrick-Experimentalfilm von Walt Disney, in dem zur Musik von Bach, Beethoven, Tschaikowsky, Schubert und Strawinsky nicht nur Micky Maus und Co., sondern alle möglichen Alltagsgegenstände animiert werden.

Fantasy F72
FANTASY ***
USA 1979, 90 Min., F
R: Gerard Damiano D: Georgina Spelvin, John Martin, Brooke West
Junge Braut denkt sich Sexspielchen aus, um deren Realisation sie ihren Bräutigam nicht zu bitten wagt. Ein scharfes Filmchen.

Fantasy Island – Die Geisterinsel F73
***
GEORGE'S ISLAND
USA 1991, 90 Min., F

Fantomas F74
FANTOMAS ***
Frankreich/Italien 1964, 105 Min., F
R: André Hunebelle D: Jean Marais, Louis de Funès, Mylène Demongeot
Nachdem ein Journalist und ein trotteliger Cop den Superverbrecher Fantomas lächerlich gemacht haben, begeht dieser in der Maske seiner Gegner Verbrechen, was die beiden zwingt, ihn zu entlarven. LSFF

Fantomas bedroht die Welt F75
FANTOMAS CONTRE SCOTLAND YARD ***
Frankreich/Italien 1967, 90 Min., F
R: André Hunebelle D: Jean Marais, Louis de Funès, Mylène Demongeot
Der Superverbrecher Fantomas erpreßt von Reichen und Gangstern hohe Summen auf ihr Lebensrecht; ein trotteliger Polizist, der ihm das Handwerk legen soll, kämpft in erster Linie mit seinen rutschenden Hosen. Amüsante Phantastik-Komödie. LSFF

Fantomas gegen Interpol F76
FANTOMAS CONTRE INTERPOL ***
Frankreich/Italien 1965, 99 Min., F
R: André Hunebelle D: Jean

Die Fantome des Hutmachers F77 ****
LES FANTOMES DU CHAPELIER
Frankreich 1982, 122 Min., F
R: Claude Chabrol D: Michel Serrault, Charles Aznavour, Aurore Clément
Der Hutmacher, ein angesehener Bürger seiner Stadt, ist in Wahrheit der gesuchte, mysteriöse Frauenmörder. Faszinierendes Psychoporträt nach einem Roman von Georges Simenon, mit einem Michel Serrault in Bestform.

Die Farbe der Lüge F78
AU CŒUR DU MENSONGE ****
Frankreich 1998, 103 Min., F
R: Claude Chabrol D: Sandrine Bonnaire, Jacques Gamblin, Valeria Bruni-Tedeschi, Bulle Ogier
Kindermord in einem bretonischen Küstenkaff. Schonungslos seziert Chabrol wieder einmal die Seelenattitüden einer Dorfgemeinschaft und läßt ein bemerkenswertes Panorama an Gefühlsverwirrungen entstehen. HFJ 2000

Paul Newman und Tom Cruise

Die Farbe des Geldes F79
THE COLOR OF MONEY ****
USA 1986, 119 Min., F
R: Martin Scorsese D: Paul Newman, Tom Cruise, Mary Elizabeth Mastrantonio, John Turturro
Ein alternder Billardspieler wird von seinem jungen Schüler, den er hat ziehen lassen, bei einem Turnier ausgetrickst. »Fast« Eddie Felson, zum Zweiten, aber auch nicht schlechter.

Die Farbe Lila F80
THE COLOR PURPLE ****
USA 1985, 154 Min., F
R: Steven Spielberg D: Danny Glover, Whoopi Goldberg, Margaret Avery, Oprah Winfrey
Schwüles Südstaaten-Epos als großangelegte Soap-Opera. Die stumme Passion des farbigen Mädchens Celie, die ihr Vater an einen Mann verschachert hat, der sie nur tyrannisiert. Trotzdem harrt sie aus, auf Liebe, Glück und Freiheit.

Farewell Moskau F81
MOSCA ADDIO ***
Italien 1986, 129 Min., F
R: Mauro Bolognini D: Liv Ullmann, Daniel Olbrychski, Aurore Clément
Die Passion einer jüdischen Sowjetbürgerin in den siebziger und achtziger Jahren, die wegen ihres Glaubens verfolgt auswandern will, aber statt dessen mit aller Brutalität von den Behörden verfolgt wird.

Fargo F82
FARGO ****
USA 1996, 98 Min., F
R: Ethan Coen D: Frances McDormand, Steve Buscemi, William H. Macy
Makaber-groteske Geschichte um eine schwangere Dorfpolizistin, die einem Autoverkäufer auf die Spur kommt, der seine Frau von zwei einfach, aber brutal gestrickten Amateurkillern aus dem Weg räumen läßt. Manchmal zu gewollt skurril inszeniert, ist der Film gleichzeitig eine Liebeserklärung an die Provinz Minnesota und deren wortkarge Bewohner. HFJ 1997

Farinelli F83
FARINELLI ****
Belgien 1994, 116 Min., F
R: Gérard Corbiau D: Stefano Dionisi, Enrico Lo Verso, Jeroen Krabbe
Mit seiner Kastratensstimme verzaubert »Farinelli« die Massen und Mächtigen. Seiner Männlichkeit beraubt, wird die Musik sein Leben. Als er herausfindet, daß sein Bruder und Komponist ihn als Kind aus Eigennutz kastrierte, bricht eine Welt für ihn zusammen. Opulenter Kostümfilm und Bilder-Vergnügen, nicht nur für Musik- und Opernfans. HFJ 1996

Farinet oder: Das Gold in den Bergen F84 ***
FARINET OU L'OR DANS LA MONTAGNE
Schweiz 1938, 87 Min., s/w
R: Max Haufler D: Jean-Louis Barrault, Suzy Prim, Alexandre Rignault
Lebens- und Passionsgeschichte eines Waliser Bauern, der eine Goldader besitzt, seine eigenen Münzen prägt und durch diese Provokation der Obrigkeit zugrundegeht. Regiedebüt des eigenwilligen Malers, Autors und Regisseurs Haufler.

Die Farm der Besessenen F85
THE FURIES ****
USA 1950, 109 Min., s/w
R: Anthony Mann D: Barbara Stanwyck, Walter Huston, Wendell Corey
Skrupelloser Rancher und starrsinnige Tochter setzen alles daran, um sich in der »Familie« als Stärkere(r) durchzusetzen – auch um den Preis des Todes. Psycho-Western mit Bestleistungen aller Beteiligten.

Die Farm der Gehetzten F86
RAMROD ***
USA 1948, 95 Min., s/w
R: André De Toth D: Joel McCrea, Veronica Lake, Preston Foster
Skrupellose Rancherin hetzt braven Vormann gegen mißliebigen Nachbarn auf, was Mord & Totschlag nach sich zieht. Spannend inszenierter B-Western, in dem Veronica Lake ihre Reize geschickt einzusetzen weiß.

Eine Farm in Montana F87
COMES A HORSEMAN ****
USA 1978, 118 Min., F
R: Alan J. Pakula D: Jane Fonda, James Caan, Jason Robards
»Moderner« psychologischer Western über einen Großgrundbesitzer, der eine vom Schicksal gebeutelte Frau von ihrem Land vertreiben will. Doch Jane Fonda setzt sich mit Hilfe eines Ex-Soldaten zur Wehr.

Die Farmerstochter F88
THE FARMER'S DAUGHTER ***
USA 1947, 97 Min., s/w
R: Henry C. Potter D: Loretta Young, Joseph Cotton, Ethel Barrymore
Charmantes Märchen über den Aufstieg einer Farmerstochter vom armen Dienstmädchen zur erfolgreichen Kongreßabgeordneten und Politikerehefrau. In seiner Sozialromantik an die Komödien Frank Capras erinnernde, saubere und flotte Inszenierung.

Farrébique F89

FARREBIQUE ***

Frankreich 1946, 87 Min., s/w

R: Georges Rouquier D: Einwohner des Dorfes Farrébique

Halbdokumentarischer, liebevoll beobachtender und ein wenig idealisierender Film über den Lebenskampf einer französischen Bauernfamilie im Massif Central.

Ein fast anonymes Verhältnis F90 ****

STRAPLESS

GB 1989, 97 Min., F

R: David Hare D: Blair Brown, Bridget Fonda, Bruno Ganz

Die bewußt als Single lebende Lilian bekommt in London Besuch ihrer jüngeren Schwester aus New York. Die bringt nun dauernd mehr oder minder exotische Männer mit in die Wohnung. Zugleich taucht ein offenbar schwerreicher Urlaubsflirt wieder auf. Raffinierte Mischung aus Zeitkritik, Selbstfindungsdrama und Identitätsspiel. HFJ 1990

Eine fast anständige Frau F91

SIBLING RIVALRY ***

USA 1990, 88 Min., F

R: Carl Reiner D: Kirstie Alley, Bill Pullman, Carrie Fisher

Nach dem ersten Seitensprung einer frustrierten Arztgattin stirbt ihr Liebhaber, der sich dann als ihr Schwager herausstellt, an einem Herzinfarkt. Gleichzeitig glaubt ein Gardinenverkäufer, seinen Tod verursacht zu haben. Verwechslungskomödie mit bissigen Seitenhieben, hysterischen Überzeichnungen, wenigen guten Gags, mehreren Längen und aufgesetztem Happy-End. HFJ 1992

Fast ein Held F92 **

BRD/Jugoslawien 1967, 94 Min., F

R: Rainer Erler D: Martin Held,

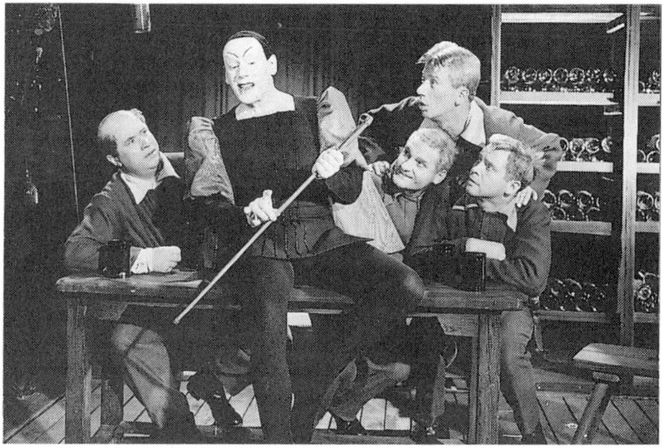

Mephisto und Zechkumpanen im Auerbachskeller in ›Faust‹.

Ein fast perfektes Verhältnis F93

MONA MUST DIE **

USA 1994, 92 Min., F

R: Donald Reiker D: Marianne Sägebrecht, Uwe Ochsenknecht

Eine Klamotte über einen Mann, der vergeblich versucht, seine korpulente Gattin loszuwerden, die sich gegen alle Mordversuche resistent zeigt. Dünne Story, peinliche Dialoge und überagierende Schauspieler machen den Film zur Qual. HFJ 1995

Fast wie in alten Zeiten F94

SEEMS LIKE OLD TIMES ***

USA 1980, 102 Min., F

R: Jay Sandrich D: Goldie Hawn, Chevy Chase, Charles Grodin

Dreieckskomödie aus Hollywood. Rechtsanwältin mit sozialem Tick gerät zwischen ihren von der Polizei gesuchten ersten und dem den Posten des Generalstaatsanwalts anvisierenden zweiten Ehemann. Dank der Darsteller steuert dieser Unterhaltungsfilm erfolgreich auch an den gröbsten Slapstick-Klippen vorbei.

Fastnachtsbeichte F95 ***

BRD 1960, 99 Min., s/w

Fat City F96

FAT CITY ***

USA 1972, 96 Min., F

R: John Huston D: Stacy Keach, Jeff Bridges, Susan Tyrrell

Der Abstieg eines Boxers, von Altmeister Huston überzeugend in Szene gesetzt. Allerdings erreicht der Film nicht die Genialität von *Wie ein wilder Stier,* den Martin Scorsese ein Jahrzehnt später mit Robert de Niro realisierte.

Fata Morgana F97 ***

BRD 1968/1970, 76 Min., F

R: Werner Herzog

Lange Bildmeditation über die Schöpfung, das Paradies und das Goldene Zeitalter. Ein eher esoterisches Vergnügen für die Freunde des großmystischen deutschen Regisseurs.

Fatal Beauty F98

FATAL BEAUTY ***

USA 1987, 104 Min., F

R: Tom Holland D: Whoopi Goldberg, Sam Elliott, Ruben Blades

Eine unkonventionelle Polizistin jagt in L. A. einen Drogen-Gangster. Ein furioser Cop-Film, der ganz auf Whoopi

Ein Polizist, der einen Einbruch im Haus einer begüterten jungen Familie aufnimmt, wird selber zu der Gefahr, vor der er schützen sollte. Zugleich ein packender Thriller und ein kritisches Gesellschaftsbild. HFJ 1993

Eine fatale Familie F100
GOUPI MAINS ROUGES ***
Frankreich 1943, 106 Min., s/w
R: Jacques Becker D: Fernand Ledoux, Georges Rollin, Arthur Dévert
Das nicht immer einfache Zusammenleben einer französischen Bauernfamilie auf einem Hof. Bizarr-ironisches Melodram mit sehr guten Charakter- und Milieudarstellungen.

Faust F101
*****
Deutschland 1926, 110 Min., s/w
R: Friedrich Wilhelm Murnau
D: Gösta Ekman, Emil Jannings, Camilla Horn
»Expressionistische« Film-Version der Volkssage von Dr. Faustus. Ein Meilenstein in der Geschichte der Film-Erzählung, kann dieser ausgezeichnete Stummfilm auch heute noch einen konzentrierten Zuschauer in helle Begeisterung versetzen. Ein absolutes Muß für jeden Liebhaber!

Faust F102
****
BRD 1960, 128 Min., F
R: Peter Gorski D: Gustaf Gründgens, Will Quadflieg, Ella Büchi, Elisabeth Flickenschildt
Verfilmung der Gründgens-Inszenierung des Klassikers »Faust I« am Hamburger Schauspielhaus. Bis heute die beste Adaptation von Goethes Schlüsselwerk.

Faust F103
***
BRD 1988, 164 Min., F
R: Dieter Dorn D: Helmut Griem, Romuald Pekny, Sunnyi Melles, Cornelia Froboess, Maria Nicklisch
Film-Dokumentation einer Inszenierung von Goethes »Faust« an den Münchner Kammerspielen, die die reine Bühnen-Ästhetik verläßt.

Die Faust der Rebellen F104
BOXCAR BERTHA ****
USA 1972, 73 Min., F
R: Martin Scorsese D: Barbara Hershey, David Carradine
Eine authentische Geschichte aus dem Amerika der dreißiger Jahre: der Kampf einer jungen Frau, deren Vater von einem Großgrundbesitzer in den Tod getrieben wurde, und ihrem Freund, einem Gewerkschafter, gegen das Unrecht. Das ebenso gewaltsame wie realistische Regiedebüt von Scorsese.

Karl Malden, Marlon Brando und Eve-Marie Saint

Eine Faust geht nach Westen F105
OCCHIO ALLA PENNA **
Italien 1980, 93 Min., F
R: Michele Lupo D: Bud Spencer, Joe Bugner, Amidou, Carlo Reali
Muskelprotz, der sich in Westernkaff als Wunderdoktor betätigt, haut jede Menge Banditen zusammen und legt sich mit dem Sheriff an. Einer der 10 000 Schlägerwestern, in denen Dr. Carlo Pedersoli alias Bud Spencer auftritt. Strikt für seine Fans.

Die Faust im Gesicht F106
REQUIEM FOR A HEAVYWEIGHT ***
USA 1962, 87 Min., s/w
R: Ralph Nelson D: Anthony Quinn, Jackie Gleason, Mickey Rooney
Grimmige Geschichte über einen Boxer, mit dem es steil bergab geht.

Die Faust im Nacken F107
ON THE WATERFRONT ****
USA 1954, 109 Min., s/w
R: Elia Kazan D: Marlon Brando, Karl Malden, Rod Steiger, Lee J. Cobb
Sozialkritische Studie über Korruption, Terror und Illegalität sowie die innen- und außerbetrieblichen Beziehungen unter amerikanischen Hafenarbeitern. Voll Realismus und Pathos.

Die Faust in der Tasche F108
***
BRD 1978, 104 Min., F
R: Max Willutzki D: Ernst Hannawald, Ursula Moon, Manfred Krug
Lebenskluger katholischer Laienbruder kümmert sich um arbeitslose Jugendliche. Sozialromantik der 70er.

Fäuste F109
GLADIATOR **
USA 1992, 101 Min., F
R: Rowdy Harrington D: James Marshall, Cuba Gooding Jr., Brian Dennehy
Ein junger weißer Boxer fightet nur, um die Schulden seines Vaters zu begleichen, gerät aber in die Machenschaften des Milieus. Brutal.

Fausto F110
FAUSTO ****
Frankreich 1993, 81 Min., F
R: Rémy Duchemin D: Jean Yanne, Ken Higelin, François Hautesserre
Liebevoll gezeichnete Geschichte über das schwierige Erwachsenwerden eines Jungen, seine ersten beruflichen und privaten Erfolge. Aus dem kleinen Schneider-Lehrling wird ein gefeierter Modeschöpfer. Ein Film, der durch seine Leichtigkeit und feinsinnigen Humor verzaubert. Französisches Kino für Kenner. HFJ 1985

Faustrecht der Freiheit F111
****
BRD 1974, 123 Min., F
R: Rainer Werner Fassbinder
D: Rainer Werner Fassbinder, Peter Chatel, Adrian Hoven, Harry Baer
Als ein junger Homosexueller eine Million Mark im Lotto gewinnt, wird er plötzlich in der Szene umschwärmt und merkt nicht, daß es nur um sein Geld geht. Illusionslose Parabel von Sexualität und Macht.

Faustrecht der Prärie
siehe: Tombstone

Der Favorit F112
THE RACERS ***
USA 1954, 88 Min., F
R: Henry Hathaway D: Kirk Douglas, Bella Darvi, Gilbert Roland
Routinierter Rennfahrerfilm um einen besessenen Champion, der auf dem Höhepunkt seines Ruhms alle seine Freunde verliert und schließlich dem Rauschgift verfällt. Sehenswert vor allem wegen des Hauptdarstellers.

Fearless – Jenseits der Angst F113
FEARLESS ****
USA 1993, 122 Min., F
R: Peter Weir D: Jeff Bridges, Isabella Rossellini, Rosie Perez
Der Überlebende eines Flugzeugab-

Furchtlos: Jeff Bridges nach der Katastrophe in ›Fearless‹.

Federico Garcia Lorca – Der Tod eines Dichters F114
LORCA – MUERTA DI UN POETA ***
GB/BRD/Spanien 1987, 115 Min., F
R: Juan Antonio Bardem D: Nicholas Grace, Alexander Allerson, Angel de Andres Lopez, Manuel de Benito
Filmische Nachdichtung des Lebens von Federico Garcia Lorca, der im Spanischen Bürgerkrieg die Partei der Republikaner ergriff. In Granada muß er sich vor den Falangisten verstecken und gerät in einen Hinterhalt.

Die Federtasche F115
OH, XIANG XUE ***
China 1989, 85 Min., F
R: Wang Haowei D: Xue Bai, Zhuang Li, Tang Ye
Eine Aneinanderreihung wunderschöner Bilder ohne rechte Geschichte. Ein Dorf in den Bergen, bäuerliches Leben noch ganz in der alten Tradition. Der Zug, der für Minuten den Fortschritt herbeikarrt, fünf Mädchen, deren Augen groß werden vor Sehnsucht. Zum Hinsehen und Verweilen.

Fedora F116
****

den. Ein opulenter, melodramatisch-satirischer Abgesang auf das Kino.

Fegefeuer F117
MISS SADIE THOMPSON ***
USA 1954, 88 Min., F
R: Curtis Bernhardt D: Rita Hayworth, José Ferrer, Aldo Ray
Ein Moralist versucht eine Nachtclubsängerin zu einem besseren Lebenswandel zu bekehren, verfällt ihr jedoch vollständig. Der Film nach William Somerset Maugham präsentiert Rita Hayworth auch als Sängerin.

Fegefeuer F118
***
BRD 1970, 91 Min., F
R: Haro Senft D: Jost Vobeck, Ingeborg Schöner, Paul-Albert Krumm
Ein junger Mann kann einen Mord nur verhindern, indem er den Täter erschießt. Eine Studie über das Gewissen und ein unterschätzter Film.

Fegefeuer F119
**
Österreich 1988, 90 Min., s/w
R: Wilhelm Hengstler D: Bobby Prem, Jürgen Goslar, Jeanette

Fegefeuer der Eitelkeiten F120
THE BONFIRE OF THE VANITIES ***
USA 1990, 126 Min., F
R: Brian de Palma D: Tom Hanks, Bruce Willis, Melanie Griffith
Der tiefe Schmerz eines geschäftlich und privat überaus erfolgreichen Börsenmaklers beginnt damit, daß er aus Versehen in die Bronx gerät und seine Freundin einen schwarzen Jugendlichen anfährt. Sein Fall wird zur Wahlkampfmunition und Futter für den Sensationsjournalismus. Bitterböse Gesellschaftssatire nach dem Buch von Tom Wolfe.

Der Feind in meinem Bett F121
SLEEPING WITH THE ENEMY ***
USA 1990, 99 Min., F
R: Joseph Ruben D: Julia Roberts, Patrick Bergin, Kevin Anderson
Eine Frau täuscht ihren Tod vor, um so ihrem brutalen und tyrannischen Ehemann zu entkommen, und versucht, ein neues Leben zu beginnen.

Feinde aus dem Nichts F122
QUATERMASS II ****
GB 1957, 85 Min., s/w
R: Val Guest D: Brian Donlevy, John Longden, Bryan Forbes
Außerirdische Invasoren bemächtigen sich heimlich menschlicher Körper und unterwandern England, ein einzelner Wissenschaftler kommt ihnen auf die Schliche. Fesselnder Thriller, der sich zu den Klassikern des SF-Genres zählen darf. LSFF

Feinde unter sich F123
AVANTI POPOLO **
Israel 1986, 89 Min., F
R: Rafi Bukaee D: Salim Daw, Suhel Hadad, Tuvya Gelber
Die absurde Wanderung zweier ägyptischer Soldaten nach dem Sechstagekrieg im Niemandsland zwischen den Fronten. Eine Komödie mit ernstem Hintergrund.

Feivel – Der Mauswanderer F124
AN AMERICAN TALE ***
USA 1985, 81 Min., F
R: Don Bluth
Zeichentrick-Abenteuer um einen russischen Mäuserich, der nach Amerika auswandert, weil es dort keine Katzen geben soll. Aber natürlich lauern auch in der Neuen Welt jede Menge Gefahren. Unterhaltsames Animationskino aus der Produktion von Steven Spielberg, der den Mauswanderer nach seinem Großvater benannte.

Das Feld F125
THE FIELD ****
GB 1990, 111 Min., F
R: Jim Sheridan D: Richard Harris, John Hurt, Tom Berenger, Sean Bean
Im Irland der dreißiger Jahre ersteigert ein reicher Amerikaner ein Stück Land, das ein Bauer schon seit Jahren bebaut. Da wird die ländliche Idylle durch einen heimtückischen Mord gestört. Beeindruckendes Blut-und-Boden-Drama mit grandiosen Naturaufnahmen und exzellenten Hauptdarstellern. HFJ 1992

Feld der Träume F126
FIELD OF DREAMS ****
USA 1989, 105 Min., F
R: Phil Alden Robinson D: Kevin Costner, Amy Madigan, Burt Lancaster, James Earl Jones, Ray Liotta
Der ehmalige, zurückgezogen lebende Politaktivist Kinsello macht aus seinem Acker ein Baseballfeld und schart einige frustrierte »Ehemalige« um sich. Glänzend inszeniert und gespielt. HFJ 1990

Felicity – Sündige Versuchung F127
FELICITY **
Australien 1979, 81 Min., F
R: John D. Lamond D: Glory Annen, Christopher Milne, Jody Hanson
Ex-Klosterschülerin mit lesbischen Neigungen läßt sich von einer eurasischen Freundin Hongkong zeigen und erlebt dortselbst allerlei sexuelle Abenteuer.

Felix F128
***
BRD 1987, 86 Min., F
R: Helma Sanders-Brahms, Christel Buschmann u.a. D: Ulrich Tukur, Danuta Lato, Eva Mattes, Barbara Auer
Vier Episoden um Felix, der gerade von seiner Freundin verlassen wurde. Vier Frauen definieren das für sie »Männerspezifische« – gut beobachtet und fair umgesetzt. Vorsicht: Wiedererkennungsmomente!

Fellinis Casanova F129
IL CASANOVA DI FELLINI ****
Italien 1976, 154 Min., F
R: Federico Fellini D: Donald Sutherland, Margaret Clementi, Claretta Algranti, Chesty Morgan
Episoden aus dem erotischen Leben des großen Frauenliebhabers Giacomo Casanova, in denen er sich als Opfer der Triebe und als Muttersöhnchen entpuppt, da ihm die reale Welt viel zu kompliziert und zu verpflichtend ist.

Fellinis Gauner F130
IL BIDONE ****
Italien 1955, 101 Min., s/w
R: Federico Fellini D: Broderick Crawford, Richard Basehart, Giulietta Masina, Franco Fabrizi
Die Geschichte dreier Betrüger im Rom der 50er Jahre, die durch ihre Gaunereien teils den Absprung in die Welt des Bürgertums schaffen, teils den Versuch, Betrüger zu betrügen, mit dem Tod bezahlen müssen. Fellinis souveräne Parade gegen die überkommenen Grundsätze des italienischen Neorealismus.

Fellinis Intervista F131
L'INTERVISTA *****
Italien 1986, 107 Min., F
R: Federico Fellini D: Anita Ekberg, Marcello Mastroianni, Sergio Rubini
Fellinis Hommage an Cinecitta und seine fünfzigjährige Geschichte. Eine heitere Reflexion über die Vergangenheit, die Gegenwart und, vielleicht, die Zukunft des Kinos.

Fellinis Roma F132
ROMA ****
Italien/Frankreich 1971, 119 Min., F
R: Federico Fellini D: Peter Gonzales, Fiona Florence, Britta Barnes
Der italienische Kinozauberer und Junge aus der Provinz widmet seiner Lieblingsstadt Rom einen Film, der Liebeserklärung und Polemik zugleich ist.

Auch auf einem Traumschiff: Fellinis Faces in ›Fellinis Schiff der Träume‹.

Fellinis Satyricon F133
SATYRICON ***
Italien 1969, 135 Min., F
R: Federico Fellini D: Martin Potter, Hiram Keller, Max Born
Die sexuellen Abenteuer eines jungen Römers. Episodisch, stellenweise ganz schön witzig, aber ohne durchgehenden Plot. Durchaus unterhaltsam, aber nicht gut aufgenommen.

Fellinis Schiff der Träume F134
E LA NAVE VA *****
Italien 1983, 125 Min., F
R: Federico Fellini D: Freddie Jones, Barbara Jefford, Victor Poletti
Auf einem Ozeandampfer im Jahr 1914 hat sich eine illustre Gesellschaft versammelt, um der Seebestattung einer großen Diva beizuwohnen. Dann aber gerät das Schiff in den Beginn des Krieges. Poetische, humorvolle Fantasie über eine Art Weltuntergang, ein ironisch-praller Abgesang auf eine Epoche und ihre Gesellschaft.

Fellinis Stadt der Frauen F135
LA CITTA DELLE DONNE ****
Italien/Frankreich 1979, 140 Min., F
R: Federico Fellini D: Marcello Mastroianni, Ettore Manni, Anna Prucnal, Bernice Stegers

Female Perversions F136
FEMALE PERVERSIONS ****
USA 1996, 113 Min., F
R: Susan Streitfeld D: Tilda Swinton, Amy Madigan
Kühle Karrierefrau wird von Neurosen verfolgt und sucht Hilfe bei ihrer noch verkorksteren Schwester. Dahinter steckt – wie könnte es anders sein – ein verdrängtes Kindheitsdrama. An die gleichnamige psychoanalytische Studie über weibliche Sexualität angelehnt, kommt der glänzend gemachte Film über alltagspsychologische Behauptungen nicht hinaus. HFJ 1997

La Femme normale F137
SAM SUFFIT ***
Frankreich 1992, 95 Min., F
R: Virginie Thévenet D: Aure Attika, Philip Bartlett, Rossi de Palma
Die 20jährige Eva jobbt als Stripperin in Barcelona. Als man dort versucht, sie übers Ohr zu hauen, klaut Eva die Kasse und macht sich aus dem Staub. In ihre Heimat Frankreich zurückgekehrt, will sie ein normales Leben führen. Allerdings hat sie einige Probleme, sich von heute auf morgen vom Paradiesvogel in einen Spatzen zu verwandeln. HFJ 1994

Fotoreporter beobachtet von seinem Fenster aus einen Mord im Nachbarhaus. Mit seiner Freundin überführt er den Mörder. Hitchcocks »Suspense«-Klassiker handelt vom Voyeurismus und der selektiven Wahrnehmung des Künstlers. Ein Lehrstück in Dramaturgie und Montage.

Fergie und Andrew F139
FERGIE AND ANDREW – BEHIND THE PALACE DOORS **
USA 1992, 92 Min., F
R: Michael Switzer D: Pippa Hinchley, Sam Miller, Edita Brychta
Das mußte ja kommen. Die Eheprobleme der Royal Scandal Family in einer amerikanischen TV-Soap-Opera. We're not amused.

Ferien auf Saltkrokan F140
VI PA SALTKRAKAN ***
Schweden 1962, 91 Min., F
R: Olle Hellbom D: Torsten Lilliecrona, Louise Edlind, Björn Söderbäck
Kinder der kleinen schwedischen Insel Saltkrokan und Kinder von Urlaubern verbringen einen spannenden Sommer und erleben eine Menge Abenteuer. Ein unterhaltender Familienfilm mit einem nicht zu übersehenden Hang zur Idylle.

Die Ferien des Monsieur Hulot F141
LES VACANCES DE MONSIEUR HULOT ****
Frankreich 1951, 95 Min., s/w
R: Jacques Tati D: Jacques Tati, Louis Perrault, Lucien Frégis
Ein durch nichts aus der Ruhe zu bringender Exzentriker kämpft während seines Urlaubs in einem Seebad gegen die Tücken des Objekts. Ein skurriler Kultfilm, der von Pointen und Gags wimmelt, ohne je laut und aufdringlich zu werden.

Ferien für eine Woche F142
UNE SEMAINE DE VACANCES ***

lern etwas Kultur einzutrichtern, muß sie sich gleichzeitig mit ihren nervenden Liebhabern herunmschlagen. Ein gelungener Film gegen die Auswüchse des Zeitgeistes der frühen achtziger Jahre.

Ferien mit Silvester F143
***
Österreich 1990, 93 Min., F
R: Bernd Neuburger D: Claudia Thürk, Johanna Schirlbauer, Heinrich Sauer
Ein kleines Mädchen verbringt die Ferien bei ihrem alten, kauzigen Onkel auf dem Land und geht mit ihm auf Schatzsuche. Ein bißchen altmodisch, dennoch sehr liebevoll gestalteter Kinderfilm.

Ferien wie noch nie F144
THE LAST HOLIDAY ***
GB 1950, 89 Min., s/w
R: J. B. Priestley D: Alec Guinness, Beatrice Campbell, Kay Walsh
Vermeintlich todgeweihter Vertreter haut in seinem letzten Kururlaub nochmal so richtig auf die Pauke. Ohne Alec Guinness wäre diese Komödie ziemlich flau.

Fern vom Krieg F145
***
BRD 1984, 82 Min., s/w
R: Wolfgang Landgraeber
Halbdokumentarischer Film über Waffenproduktion und Waffenexport, am Beispiel der Waffenfabriken »Mauser« und »Heckler und Koch«. Der Film zeigt die fatale Komplexität der Probleme des Waffenhandels auf, indem er verschiedene Meinungen zuläßt.

Die fernen Tage meiner Kindheit F146
***
FENGKUEI-LAI-TE JEN
Taiwan 1983, 95 Min., F
R: Hou Hsiao-hsien D: Niu Ch'eng-tse, Lin Hsiu-ling, Chang Shih
Zwei Jungen aus einem taiwanesischen Fischerdorf machen sich vom eintönigen Leben in ihrer Heimat gelangweilt auf den Weg in die Stadt und erleben dort schmerzhaft den Zerfall der traditionellen Kultur.

Ferner Donner F147
ALIEN THUNDER ****
Kanada 1973, 90 Min., F
R: Claude Fournier D: Donald Sutherland, Gordon Tootoosis, Chief Dan George, Kevin McCarthy
Ein Indianer, der aus Hunger ein Rind schlachtet, tötet einen Verfolger und wird von einem riesigen Aufgebot gehetzt. Ein beachtlicher Film, der sich für den roten Mann stark macht.

Fernruf Chicago F148
CHICAGO CALLING **
USA 1951, 72 Min., s/w
R: John Reinhardt D: Dan Duryea, Mary Anderson, Melinda Piowman
Ein Mann, der wegen seines Alkoholismus von der Frau verlassen wurde, erfährt, daß seine Tochter bei einem Unfall schwer verletzt wurde, und macht sich bittere Vorwürfe. Überzeugende Charakterstudie von Dan Duryea.

Ferris macht blau F149
FERRIS BUELLER'S DAY OFF ****
USA 1986, 103 Min., F
R: John Hughes D: Matthew Broderick, Alan Ruck, Mia Sara
Ein Highschool-Film, der in den besten Momenten an die Monty Pythons erinnert, die meiste Zeit aber mit unbedeutenden Erlebnissen dreier Schulschwänzer langweilt.

Fessele mich! F150
ATAME! ***
Spanien 1990, 101 Min., F
R: Pedro Almodovar D: Victoria Abril, Antonio Banderas, Lole León
Gerade aus der Psychiatrie entlassener junger Mann kidnappt eine Schauspielerin, um mit ihr seine Träume von Liebe und Familie zu erfüllen. Zitatenreiches Spiel mit Mythen und Gefühlen, eine kitschig-brutale, ziemlich schräge Lovestory.

Fesseln der Macht F151
TRUE CONFESSIONS ****
USA 1981, 108 Min., F
R: Ulu Grosbard D: Robert De Niro, Robert Duvall, Charles Durning
Provokative Geschichte über zwei auf den ersten Blick ungleiche Brüder: einer ein hartgesottener Polizist, der andere ein mächtiger Mann der katholischen Kirche. Ein Prostituierten-Mord bringt die Steine ins Rollen.

Das Fest F152
FESTEN ****
Dänemark 1998, 106 Min., F
R: Thomas Vinterberg D: Ulrich Thomsen, Henning Moritzen, Thomas Bo Larsen, Paprika Steen
Anläßlich des Geburtstagsfestes für das Familienoberhaupt bezichtigt der älteste Sohn seinen Vater des jahrelangen sexuellen Mißbrauchs an ihm und seiner Schwester, doch keiner will das hören. Der erste Dogma-Film um Sein und Schein und der Familie als Hort des Übels. HFJ 2000

Das Fest im Botanischen Garten F153
****
SLAVNOST' V BOTANICKEJ ZAHRADE
CSSR 1969, 99 Min., F und s/w
R: Elo Havetta D: Slavoj Urban, Jiri Sykora, Nina Divisková
Mit Lumières berühmtem Filmzug kommt der Weltenbummler Pierre ins slowakische Weindorf Babindol, wo die unverheiratete Wirtin Maria mit ihren acht Töchtern lebt. Pierre verspricht, dem Dorf mit einem Wunder zu Ruhm und Glück zu verhelfen. Grotesk-poetische Bildphantasien mit Elementen authentischer Folklore.

Die Festung fällt, die Liebe lebt! F154
****
LES FETES GALANTES
Frankreich 1965, 92 Min., F
R: René Clair D: Jean-Pierre Cassel, Marie Dubois, Philippe Avron
Die Belagerung einer Festung nimmt einen überraschenden Ausgang, denn es gibt weder Sieger noch Besiegte. Mit leichter Hand inszenierte Komödie, die sich auf heiter-ironische Weise mit Abenteuer- und Kriegsmythen auseinandersetzt.

Feuer am Horizont F155
CANYON PASSAGE ***
USA 1946, 85 Min., F
R: Jacques Tourneur D: Dana Andrews, Brian Donlevy, Susan Hayward

Aktionsreicher Western über einen den Karten verfallenen Banker und seinen Freund, die im Indianerland des 19. Jahrhunderts teilweise haarsträubende Abentuer und das Pionierdasein erleben.

Feuer aus dem All F156
A FIRE IN THE SKY ***
USA 1978, 107 Min., F
R: Jerry Jameson D: Richard Crenna, Elizabeth Ashley, David Dukes
Als sich ein Komet der Erde nähert, will die US-Regierung dies zunächst vertuschen und ihn dann mit Raketen vernichten. Doch das Unternehmen mißlingt; die Menschen geraten in Panik. Routinierter Katastrophenfilm. LSFF

Feuer und Eis F157
FIRE AND ICE **
USA 1982, 82 Min., F
R: Ralph Bakshi
Ein Zauberer läßt die Welt in einer Eiszeit darben und entführt eine Prinzessin, so daß sich ein edler Recke aufmacht, um sie zu befreien. Ein Zeichentrickfilm, der auch auf Action und Blut nicht verzichtet. LFF

Feuer um Mitternacht F158
***
BRD 1978, 104 Min., F
R: Gustav Ehmck D: Andreas Nutzhorn, Ina Trautmann, Joachim Dietmar Mues
Ein Jugendlicher kann den Selbstmord des Vaters nicht verwinden und muß bei seinen Nachforschungen Abschied von seinem idealisierten Bild nehmen.

Feuer und Eis F159
**
BRD 1986, 93 Min., F
R: Willy Bogner D: John Eaves, Suzy Chaffee, Tom Slims, Steve Link
Exzellente Skiaufnahmen (Tiefschnee,

Feuer und Flamme F160
TOUT FEU, TOUT FLAMME ***
Frankreich, 1981, 108 Min., F
R: Jean-Paul Rappeneau D: Yves Montand, Isabelle Adjani, Lauren Hutton, Alain Souchon
Ein liebenswürdiger Lebemann kehrt nach langer Abwesenheit zu seinen drei Kindern zurück. Eine widerspenstige Tochter macht ihm schwer zu schaffen. Mehr oder weniger unterhaltsame Komödie, die von ihren Stars lebt.

Feuer zwischen den Lippen F161
VISTA VALLEY P.T.A. **
USA 1980, 81 Min., F
R: Anthony Spinelli D: Jessie St. James, Juliet Anderson, Kay Parker
Knackige High-School-Lehrerin, die in ein US-Kaff zieht, findet sich bald in einem Hexenkessel aus Sex und Intrigen wieder. Softversion eines legendären Hardcore-Pornos. Mies.

Das Feuerfestival F162
HIMATSURI ***
Japan 1984, 115 Min., F
R: Mitsuo Yanagimachi D: Kinya Kitaoji, Kiwako Taichi, Ryota Nakamoto
Die Zerstörung der Umwelt vernichtet die materielle und kulturelle Lebensgrundlage der Bewohner eines japanischen Dorfes. Da geschieht eine furchtbare Bluttat.

Feuerkäfer F163
THE BUG ***
USA 1975, 99 Min., F
R: Jeannot Szwarc D: Bradford Dillman, Joanna Miles, Richard Gilliland
Nach einem Erdbeben kriechen feuerspeiende Käfer aus dem Boden und plagen die USA. Ein Forscher, der mit ihren Genen experimentiert, erzeugt ungewollt eine noch gefährlichere Insektenart. LSFF

hafte Liebesgeschichte aus dem Land der Huzulen in den Waldkarpaten. Iwan liebt die Tochter des Mörders seines Vaters, heiratet nach deren Tod eine reiche Bäuerin und wird von deren Liebhaber erschlagen.

Die feuerrote Baroness F165
**
BRD 1958, 95 Min., s/w
R: Rudolf Jugert D: Dawn Adams, Joachim Fuchsberger, Wera Frydtberg
Britischer Agent im Zweiten Weltkrieg soll herausfinden, wie weit die Deutschen mit dem Bau ihrer Atomwaffe sind, und verliebt sich in die Tochter eines deutschen Offiziers. Schlampig inszeniert, schlecht gespielt und höchstens von nostalgischem Reiz.

Das Feuerschiff F166
THE LIGHTSHIP ***
USA 1985, 84 Min., F
R: Jerzy Skolimowski D: Robert Duvall, Klaus Maria Brandauer, Tom Bower, Robert Costanzo
Gangster kapern ein Feuerschiff und dessen Kapitän versucht, zu einer friedlichen Einigung mit ihnen zu kommen. Sein Sohn und die Mannschaft halten ihn deshalb für feige, und am Ende muß er für seine Gewaltlosigkeit sterben. Siegfried Lenz' Parabel wurde hervorragend in beklemmende Bilder umgesetzt.

Der Feuerteufel F167
FIRESTARTER **
USA 1983, 114 Min., F
R: Mark L. Lester D: David Keith, George C. Scott, Drew Barrymore
Vom US-Geheimdienst mysteriösen Drogenexperimenten unterzogener Vater hat Psi-Kräfte entwickelt, die er nicht in den Dienst des Vaterlandes stellen will. Mitsamt seiner Tochter, die Feuer auslösen kann, wird er gejagt. Nach einem Roman von Stephen King. LSFF

einer Marsexpedition, die bei der Rückkehr zur Erde in Schwierigkeiten geraten. Flott gemachter Puppenfilm und Grundlage einer TV-Serie. LSFF

Der Feuerwehrball F169
HORI, MA PANENKO ****
CSSR/Italien 1967, 73 Min., F
R: Milos Forman D: Václav Stöckel, Josef Kolb, Josef Svet, Jan Tostril
In einer tschechischen Kleinstadt findet ein Feuerwehrball statt, der trotz sorgfältiger Planung einen aberwitzigen Verlauf nimmt. Sarkastischer Rundschlag gegen menschliche Schwächen und Korruption.

Die Feuerzangenbowle F170
****
BRD 1944, 100 Min., s/w
R: Helmut Weiß D: Heinz Rühmann, Karin Himboldt, Hilde Sesaak
Der Schriftsteller Dr. Johannes Pfeiffer kehrt nach einer Wette freiwillig auf die Schulbank zurück. Dort nervt er die Pauker und verknallt sich in Eva.

Die Feuerzangenbowle F171
***
BRD 1970, 95 Min., F
R: Helmut Käutner D: Walter Giller, Theo Lingen, Uschi Glas, Nadja Tiller
Neuverfilmung des Romans von Heinrich Spoerl. Das nostalgische Urbild aller Schulgeschichten, weniger karikierend als das Vorbild aus dem Jahr 1944.

Der feurige Pfeil der Rache F172
L'ARCIERE DI SHERWOOD **
It/Sp/Fr 1970, 86 Min., F
R: Giorgio Ferroni D: Giuliano Gemma, Mario Adorf, Mark Damon
Eine der zahllosen Verfilmungen der Abenteuer Robin Hoods – diesmal als Ulk verpackt, dem kein Scherz zu billig ist.

Fieber im Blut F173
SPLENDOR IN THE GRASS ***
USA 1961, 124 Min., F
R: Elia Kazan D: Natalie Wood, Warren Beatty, Pat Hingle
Beattys Filmdebüt: Als Sohn aus reichem Hause verliebt er sich in ein Mädchen aus einfachen Verhältnissen, und das darf Ende der zwanziger Jahre im Mittleren Westen natürlich nicht sein.

Fieber im Blut F174
LA VENEXIANA **
Italien 1986, 83 Min., F
R: Mauro Bolognini D: Laura Antonelli, Jason Connery, Claudio Amendola
Venedig im 16. Jahrhundert: Die Pest ist zu Ende, man feiert ein Fest. Eine Frau, Anfang vierzig, verguckt sich in einen jungen Fremden. Schöne Aufnahmen, banale Geschichte. Laura Antonelli als Schatten ihrer selbst.

Figaros Hochzeit F175
**
DDR 1949, 105 Min., s/w
R: Georg Wildhagen D: Angelika Hauff, Willi Domgraf-Fassbaender
Filmoper nach W. A. Mozart. Was man in diesem Genre falsch machen kann, von schlechter Akustik bis zum Auseinanderbrechen gesanglicher und schauspielerischer Darbietungen – hier wurde es falsch gemacht.

The Fighter F176
THE FIGHTER ***
USA 1952, 78 Min., F
R: Herbert Kline D: Richard Conte, Vanessa Brown, Lee J. Cobb
Mexikanischer Widerstandskämpfer haut sich in den USA als Preisboxer durch, um mit den Siegesprämien zu Hause die Revolution zu unterstützen. Passabler und unheroischer Film nach einer Erzählung von Jack London.

Film ohne Titel F177
****
BRD 1948, 90 Min., s/w
R: Rudolf Jugert D: Hans Söhnker, Hildegard Knef, Willy Fritsch
Ein Regisseur, ein Autor und ein Schauspieler suchen im Nachkriegsdeutschland einen aktuellen Filmstoff für eine Komödie. Sie begegnen dabei einem Paar, dessen Schicksal jeder von ihnen auf ganz persönliche Weise in einen künstlerischen Entwurf umsetzt. Jugert gelingt eine intelligente und unterhaltsame Beschreibung des damaligen Lebensgefühls.

Hildegard Knef und Hans Söhnker

Der Filmamateur F178
AMATOR ****
Polen 1979, 112 Min., F
R: Krzysztof Kieslowski D: Jerzy Stuhr, Malgorzata Zabkowska, Ewa Pokas
Eine Selbstreflexion über die Ästhetik des Films, über seine Zwecke und die Moral dessen, der Filme macht. Der Angestellte Mosz erhält nach Erwerb seiner 8-mm-Kamera den Auftrag, die Feier zum Betriebsjubiläum aufzunehmen. Im Laufe seiner Filmarbeit gerät er immer mehr in die Abhängigkeit und beginnt »Wirklichkeit« zu arrangieren.

Der Filou F179
PECCATO VENIALE **
Italien 1973, 95 Min., F
R: Salvatore Samperi D: Laura Antonelli, Alessandro Momo, Orazio Orlando
Sexkomödie über eine lüsterne junge Ehefrau, die während der Abwesenheit ihres Gatten dessen kleinen Bruder verführt. Selbst für das Genre nur Durchschnittsware.

Die Filzlaus F180
L' EMMERDEUR ****
Frankreich/Italien 1973, 80 Min., F
R: Edouard Molinaro D: Lino Ventura, Jacques Brel, Caroline Cellier
Profi-Killer, der von einem Hotelzimmer aus ein Attentat begehen soll, wird in die Malaisen seines selbstmordgefährdeten Nachbarn verwickelt, der große Probleme mit seiner Gattin hat, und nach haarsträubenden Abenteuern mit ihm an der Durchführung seines Plans gehindert. Ein flotter, gut besetzter Klamauk, der sogar ein US-Remake von Billy Wilder bekam *(Buddy Buddy)*.

Finale in Berlin F181

FUNERAL IN BERLIN ****

GB 1966, 98 Min., F

R: Guy Hamilton D: Michael Caine, Paul Hubschmid, Oscar Homolka

Ein Agent des britischen Geheimdienstes schleicht sich in die DDR ein, um einen Oberst der Roten Armee in den Westen zu holen und einem gefährlichen Doppelagenten das Handwerk zu legen. Ein interessanter Einblick in die Arbeitsweise der Nachrichtendienste, wenn sie denn so arbeiten. Gute Besetzung in einem spannenden Thriller.

Der Findling F182

***

BRD 1966, 74 Min., s/w

R: George Moorse D: Rudolf Fernau, Julie Felix, Titus Gerhardt

Heinrich von Kleists Erzählung um die unerhörte Missetat im Haus des reichen Kaufmannes in eigenwilliger Bildsprache mit der Kamera Gerald Vandenbergs in die Gegenwart übertragen.

Die Finger im Kopf F183

LES DOIGTS DANS LA TÊTE ***

Frankreich, 1974, 104 Min., s/w

R: Jacques Doillon D: Roselyne Vuillaume, Christophe Soto, Olivier Bousquet

In langen, ruhigen Einstellungen werden die sozialen und menschlichen Alltagsprobleme dreier junger Franzosen und einer Schwedin geschildert. Frisch in der Konzeption, echt in der Problemstellung und unmittelbar in der Darstellung.

Finger weg von meiner Frau F184

NOT WITH MY WIFE, YOU DON'T ***

USA 1966, 119 Min., F

R: Norman Panama D: Tony Curtis, George C. Scott, Virna Lisi

Amerikanischer Pilot verliebt sich in eine Krankenschwester und heiratet

Finger – Zärtlich und brutal F185

FINGERS ***

USA 1978, 91 Min., F

R: James Toback D: Harvey Keitel, Jim Brown, Tisa Farrow

Begabter, aber verstörter Pianist löst widerwillig die »Schulden« ein, die ihm sein Gangster-Vater hinterlassen hat.

Finish – Endspurt bis zum Sieg F186

**

THE BOY IN BLUE

USA 1985, 93 Min., F

R: Charles Jarrott D: Nicolas Cage, Christopher Plummer, Cynthia Dale

Erfolgsgeschichte des kanadischen Ruder-Weltmeisters Ned Hanlan aus den siebziger Jahren des vorigen Jahrhunderts. Geld und Korruption haben auch damals schon den Sport bestimmt.

Finsterer Stern F187

DARK STAR ***

USA 1973, 83 Min., F

R: John Carpenter D: Brian Narelle, Dre Pahich, Cal Kuniholm

Die Besatzung eines Raumschiffes, das instabile Himmelskörper vernichten soll, hat Probleme mit der Technik, einem außerirdischen Gast und einer intelligenten Bombe. Ein ideenreicher SF-Film, produziert für 60000 Dollar.

LSFF

Fiona, ein Körper voller Feuer F188

***

FIONA ON FIRE

USA 1978, 77 Min., F

R: Kenneth Schwartz D: Amber Hunt, Sam Dean, Jamie Gillis

Cop, der einen Frauenmord aufklären soll, stößt auf ein Tagebuch, das ihm das sexuell ausschweifende Leben des Opfers enthüllt. Gute Kameraführung. Die Originalfassung ist 36 Minuten länger. Was gab es da zu sehen?

verlieben, zeichnet Deepa Mehta ein gelungenes Porträt verschiedener Frauenschicksale ihres Heimatlandes zwischen Tradition und Moderne nach. Man kann den Film aber auch als emanzipierte Seifenoper betrachten.

HFJ 1998

Firefox F190

FIREFOX ***

USA 1981, 124 Min., F

R: Clint Eastwood D: Clint Eastwood, Klaus Löwitsch, Ronald Lacey

Ein Mann und eine Mission, letztere so unglaublich, daß gerade dies ihren Erfolg garantieren soll. Die Gegenseite sind die Russen, die ein neues Überschall-Kampfflugzeug, genannt »Firefox« entwickelt haben, dessen Waffensysteme durch die Gedankenschwingungen des Piloten ausgelöst werden. Dieses Flugzeug aus Rußland herauszuschaffen, das ist die Mission. Ungefähr so spannend wie ein Videogame.

Fires Within F191

FIRES WITHIN ***

USA 1991, 83 Min., F

R: Gillian Armstrong D: Greta Scacchi, Jimmy Smits, Vincent D'Onofrio, Luis Avalos

Der Kolumbianer Nestor Varona wird zu lebenslanger Haft verurteilt. Seine Frau Isabel flieht mit dem gemeinsamen Baby nach Florida und verliebt sich in einen Amerikaner. Als Nestor acht Jahre später völlig überraschend auftaucht, muß Isabel sich zwischen ihm und dem Mann, mit dem sie bereits in ihre Zukunft investiert hat, entscheiden. Polit-Melodram.

HFJ 1993

Firestorm – Die letzte Schlacht F192

*

FIRESTORM

USA/Philippinen 1985, 95 Min., F

R: William Milan D: Anthony Alonzo, Paul Vance, Jonee Gamboa

Tom Cruise und Ed Harris in ›Die Firma‹.

Die Firma F193
THE FIRM ***
USA 1993, 155 Min., F
R: Sydney Pollack D: Tom Cruise, Gene Hackman, Ed Harris
Ein junger aufstrebender Rechtsanwalt bekommt einen Spitzenjob in einer renommierten Kanzlei. Als er merkt, daß diese die Geschäfte der Mafia besorgt, kommen ihm trotz seines Karrierewahns Skrupel. Erste Verfilmung nach einem Roman des amerikanischen Bestsellerautors John Grisham, gepflegt, aber etwas langatmig geraten. HFJ 1994

Ein Fisch namens Wanda F194
A FISH CALLED WANDA ****
GB 1987, 108 Min., F
R: Charles Crichton D: John Cleese, Jamie Lee Curtis, Kevin Kline
Geniale Einführung in die Kunst des Double-Crossing (andere um drei Ecken aufs Kreuz legen). In den Hauptrollen: ein Anwalt, steif, aber leidenschaftlich; eine sehr attraktive Juwelendiebin; ein total dämlicher Rambo-Verschnitt; ein stotternder Tierfreund und ein Fisch namens Wanda. Ein Feuerwerk von Gags und sehr britischem Humor, furios gespielt von den älter, aber kein bißchen erwachsener gewordenen Mitgliedern der legendären Monty-Python-Blödeltruppe.

Fisch oder Fleisch F195
NI VU, NI CONNU ***
Frankreich 1957, 102 Min., s/w
R: Yves Robert D: Louis de Funès, Pierre Mondy, Claude Rich
Louis de Funès als Wilddieb aus Passion, den die örtliche Prominenz und die Polizei vergeblich jagen. Einer der hübscheren Beispiele der frühen de Funès-Filme, in denen der Komiker noch das Zeug zum feixenden Volkshelden hat.

F.I.S.T. – Ein Mann geht seinen Weg F196
F.I.S.T. ***
USA 1978, 146 Min., F
R: Norman Jewison D: Sylvester Stallone, Rod Steiger, Peter Boyle
Der Aufstieg eines Arbeiters zum Chef der Gewerkschaft der Lastwagenfahrer. Dabei paktiert er mit den Bossen der Unterwelt, und das wird ihm zum Verhängnis. Der amerikanische Traum, an dem Sylvester Stallone hier wieder einmal als Darsteller und Drehbuchautor gearbeitet hat.

Fitzcarraldo F197
****
BRD 1981, 152 Min., F
R: Werner Herzog D: Klaus Kinski, Claudia Cardinale, Jose Lewgoy
Ein glückloser irischer Abenteurer in Südamerika unternimmt eine aben-

Besessene Egomanen: Klaus Kinski vor und Werner Herzog hinter der Kamera.

teuerliche Reise zu den Amazonasquellen, besessen von der Vorstellung, den Tenor Caruso und die Schauspielerin Sarah Bernhardt inmitten des Urwalds auftreten zu lassen.

Five Corners F198
FIVE CORNERS ***
GB/USA 1987, 93 Min., F
R: Tony Bill D: Jodie Foster, Tim Robbins, Todd Graff, John Turturro
John Turturro spielt (natürlich) einen psychisch gestörten jungen Mann, der nach seiner Entlassung aus dem Gefängnis seine ehemalige Geliebte entführt und, von der Polizei und den Freunden des Mädchens gejagt, schließlich den Tod findet. Bizarre Mischung, die nicht immer stimmt. HFJ 1988

Five Easy Pieces F199
FIVE EASY PIECES ***
USA 1970, 96 Min., F
R: Bob Rafelson D: Jack Nicholson, Karen Black, Susan Anspach
Nicholson als Pianist, der auf der Suche nach sich selbst und dem Sinn des Lebens seine Karriere an den Nagel hängt und in die weite Welt hinauszieht. Originell, vor allem für Fans des einzig wahren Jack.

Der Flachsacker F200
DE VLASCHAARD ****
Belgien 1983, 84 Min., F
R: Jan Gruyaert D: Vic Moremans, Dora van der Groen, Gusta Gerritsen
Generationenkonflikte auf einem flandrischen Bauernhof, stilvoll in Szene gesetzt nach dem Roman des flämischen Dichters Stijn Streuvels.

Flachskopf F201
DE WITTE ***
Belgien 1980, 102 Min., F
R: Robert de Hert D: Eric Clerckx, Paul s'Jongers, Willy Vandermeulen
Flachskopf ist der Spitzname eines

Die flambierte Frau F202
***
BRD 1983, 106 Min., F
R: Robert van Ackeren D: Gudrun Landgrebe, Mathieu Carrière, Hanns Zischler, Matthias Fuchs
Studentin tut sich mit bisexuellem Stricher zusammen und verdient ihre Brötchen als Domina. Als der Galan sich als auf Sicherheit bedachter »Spießer« entpuppt, nimmt die Affäre gefährliche Formen an. Sexkomödie mit Anspruch auf Satire.

Flammen über Fernost F203
THE PURPLE RAIN ***
GB 1955, 97 Min., F
R: Robert Parrish D: Gregory Peck, Win Min Than, Maurice Denham
Im Krieg gegen die Japaner in Birma kämpft ein kanadischer Flieger-Major gegen seine Verzweiflung nach dem Tod seiner Frau bei einem Bombenangriff auf London, gewinnt neuen Lebensmut durch die Beziehung zu einer Birmanin und wird erneut vor eine große Aufgabe gestellt. Melodramatischer Kriegsfilm nach einem Drehbuch von Eric Ambler.

Flamingo Kid F204
THE FLAMINGO KID ***
USA 1986, 100 Min., F
R: Garry Marshall D: Matt Dillon, Richard Crenna, Hector Elizondo
Ein Film für den Sommer: Schnelle Autos, gute Musik und schöne Frauen. Ein Leben am Strand, inmitten von reichen Leuten. Doch der Klempnersohn aus Brooklyn befreit sich von den Verlockungen des Geldes, findet zu seiner Welt und zu sich selbst zurück.

Eine Flamme in meinem Herzen F205
UNE FLAMME DANS MON COEUR ***
Frankreich 1987, 112 Min., s/w

Die Flamme von Arabien F206
THE FLAME OF ARABY **
USA 1951, 77 Min., F
R: Charles Lamont D: Maureen O'Hara, Jeff Chandler, Maxwell Reed
Prinzessin, zur Ehe gezwungen, setzt sich als Preis bei einem Pferderennen aus. Mit einem Satz: Ein Märchen aus 1001 Nacht.

Flammen am Horizont F207
THE MAN WITH THE DEADLY LENS / WRONG IS RIGHT ***
USA 1982, 118 Min., F
R: Richard Brooks D: Sean Connery, Katherine Ross, Robert Conrad
Bitterböse Satire über einen Fernsehjournalisten, der auf der Suche nach sensationellen Meldungen in das Netz zwischen Geheimdienst, Terrorismus und Waffenschmuggel gerät. Neben der bissigen Kritik am Medienzeitalter auch ein geschicktes Spiel mit verschiedenen Realitätsebenen.

Die Flammen meiner Liebe F208
WAGA KOI WA MOENU ****
Japan 1949, 84 Min., s/w
R: Kenji Mizoguchi D: Kinuyo Tanaka, Mitsuko Mito, Eitaro Ozawa
Eine junge Lehrerin im Tokio der sechziger Jahre des vorigen Jahrhunderts arbeitet in der Liberalen Partei und muß erkennen, wie weit der Weg zur Emanzipation in einer patriarchalisch geprägten Welt ist.

Flammen über Afrika F209
SOMETHING OF VALUE ****
USA 1957, 113 Min., s/w
R: Richard Brooks D: Rock Hudson, Sidney Poitier, Dana Wynter
Abenteuerfilm über die Mau-Mau-Aufstände in Kenia, der seinen Hauptkonflikt aus der Tatsache bezieht, daß seine beiden Helden (ein weißer Farmer und ein Eingeborener), die seit ihrer Kindheit befreundet sind, sich auf verschiedenen Seiten wiederfinden. An-

Schrille Satire über einen bayrischen Kioskbesitzer, der als Gewinner eines Preisausschreibens nach New York kommt und die katastrophalen Folgen seiner Reise.

Flammende Sinne F211
THE FLAME AND THE FLESH ***
USA 1954, 106 Min., F
R: Richard Brooks D: Lana Turner, Carlos Thompson, Pier Angeli
Ein egoistisches Dämchen hintergeht die Menschen, die es gut mit ihr meinen, und vernichtet das Leben und die Karrieren anderer, bis sie am Ende allein und ohne Freunde durch die Straßen von Neapel wandert. Ein öder Schinken, der vorgibt, zum italienischen Neorealismus der fünfziger Jahre zu zählen.

Flammender Stern F212
FLAMING STAR ***
USA 1960, 91 Min., F
R: Don Siegel D: Elvis Presley, Dolores Del Rio, Steve Forrest
Ein Mestize, der mit den Weißen nicht weniger Probleme hat als mit den Indianern, schlägt sich nach dem Tod der Mutter auf die Seite der Kiowas und geht in den Tod. Der beste Film Elvis Presleys ist nicht unbedingt auch ein guter Western.

Flammendes Inferno F213
THE TOWERING INFERNO ****
USA 1974, 165 Min., F
R: John Guillermin, Irwin Allen
D: Steve McQueen, Paul Newman, Faye Dunaway
137 Stockwerke in Flammen – die Handlung dieses Schockers bedarf wohl keiner weiteren Erläuterung. Ein Klassiker des Katastrophenfilms mit beeindruckenden Special Effects und allem, was das Genre verlangt. Überlang, aber selbstverständlich keine Minute langweilig.

Flash Gordon F214
FLASH GORDON ***
USA 1980, 112 Min., F
R: Michael Hodges D: Sam J. Jones, Melody Anderson, Max von Sydow
Fußballstar Flash und die schöne Arlene werden vom Zauberer Zarkov ins Reich des finsteren Weltraumfürsten Ming entführt und erleben dort die Comic-Abenteuer, die Alex Raymond mal erfunden hat. LSFF

Flashback F215
FLASHBACK ***
USA 1989, 108 Min., F
R: Franco Amurri D: Dennis Hopper, Kiefer Sutherland, Carol Kane
Althippie wird 1989 von einem FBI-Agenten in den Nordwesten der USA gebracht, um eine alte Gefängnisstrafe anzutreten. Während sein Gerede über die gute alte Zeit den FBI-Mann verändert, erwartet ihn selbst eine yuppiehafte Zukunft. Nostalgisch-vergnügliche Komödie. HFJ 1992

Flashdance F216
FLASHDANCE ***
USA 1982, 95 Min., F
R: Adrian Lyne D: Jennifer Beals, Michael Nouri, Lilia Skala
Der um einen sozialkritischen Touch bemühte Film zeigt die dornige und mit viel Kitsch verkleisterte Karriereleiter einer Pittsburgher Stahlschweißerin, die sich nach Feierabend zur erfolgreichen Ballettmaus hochtanzt. Enormer Flachsinn, aber wahrscheinlich gerade deshalb auch enorm erfolgreich (Okay, okay, die Tanzszenen sind nicht schlecht).

Flashman, der Unsichtbare F217
FLASHMAN CONTRE LES HOMMES INVISIBLES **
Frankreich/Italien 1967, 90 Min., F
R: J. Lee Dohan D: Paul Stevens, Claudia Lange, John Heston
Forscher, der Unsichtbarkeitsserum entwickelt hat, wird ermordet; der Killer begeht wüste Verbrechen, wird aber vom Superhelden Flashman, einem reichen Lord, dingfest gemacht. Nach einem italienischen Comic-strip.

Flashpoint Mexico – Farbe des Goldes F218
LOVE AMONG THIEVES ***
USA 1986, 83 Min., F
R: Roger Young D: Audrey Hepburn, Robert Wagner, Patrick Bauchau
Kaum ist die Witwe Caroline verheiratet, wird auch schon ihr neuer Ehemann entführt. Für ihn wird sie zur Juwelendiebin. Romantischer Krimi ohne rechte Inspiration, aber dafür mit Audrey Hepburn.

Flatliners F219
FLATLINERS ***
USA 1990, 111 MIn., F
R: Joel Schumacher D: Kiefer Sutherland, Julia Roberts, Kevin Bacon
Studenten lassen sich künstlich in den Zustand des Todes versetzen und erleben bizarre Szenen aus ihrer Vergangenheit, die sie läutern und zu »besseren« Menschen machen. Nicht unoriginell, aber auch nicht bedeutend.

Die Fledermaus F220
**
Österreich 1961, 108 Min., F
R: Geza von Cziffra D: Peter Alexander, Marianne Koch, Marika Rökk
So einen Film hat Johann Strauß dann doch nicht verdient. Seiner Operette folgt das mehr oder weniger musikalische Filmlustspiel auch nur recht frei.

Das Fleisch der Orchidee F221
LA CHAIR DE L'ORCHIDÉE ***
Fr/It/BRD 1974, 115 Min., F
R: Patrice Chéreau D: Charlotte Rampling, Bruno Cremer, Edwige Feuillère, Simone Signoret
Junge Millionenerbin wird auf ihrer Flucht aus einer Nervenheilanstalt von Killern verfolgt. Teilweise beklemmender, spannender Thriller, immer wieder aber von kunstvoller Symbolik durchsetzt.

Flesh F222
FLESH ***
USA 1969, 94 Min., F
R: Paul Morissey D: Joe Dallessandro, Geraldine Smith
Einer der frühen Filme Morrisseys, die noch ganz den Stempel der Factory von Andy Warhol tragen: der Tageslauf eines Callboys, der Frau und Kind versorgen muß. Seinerzeit ein moralischer Skandal, heute ein Dokument des bizarren Pop-Realismus der späten sechziger Jahre.

Flesh and Blood F223
FLESH AND BLOOD ***
USA/Niederlande 1985, 128 Min., F
R: Paul Verhoeven D: Rutger Hauer, Jennifer Jason Leigh, Tom Burlinson
In den dunklen Zeiten. Ein wildes Panorama des Blutes, des Samens und des Schlamms. Ein heiliger Mad Max des Mittelalters, ein zarter, unberechenbarer Engel und ein junger Erfinder bilden das Liebesdreieck. Ein wüster, toller Film.

Flesh Gordon – Schande der Galaxis F224 **
FLESH GORDON MEETS THE COSMIC CHEERLEADERS
Kanada 1989, 102 Min., F
R: Howard Ziehm D: Vince Muducco, Morgan Fox, Robyn Kelly
Ein wackerer Raumfahrer nimmt den Kampf gegen einen bösen kosmischen Herrscher auf, der alle Männer mit Impotenzstrahlen unfruchtbar macht. Parodie auf gängige SF-Spektakel, mit knackigen Weltraum-Amazonen.

Fletch – Der Troublemaker F225
FLETCH ***
USA 1985, 98 Min., F
R: Michael Ritchie D: Chevy Chase, Joe Don Baker, Richard Libertini
Ein Zeitungsreporter tarnt sich als Drogenabhängiger, um einen Rauschgiftring zu entlarven, und wird dabei in mysteriöse Geschehnisse verwickelt.

Die Fliege F226
THE FLY ***
USA 1958, 94 Min., F
R: Kurt Neumann D: Al David Hedison, Patricia Owens, Vincent Price
Teleportationsmaschinenerfinder fängt sich bei einem Experiment die Zellen einer Fliege ein und mutiert langsam selbst zu einer solchen. Kotztüten an der Abendkasse. LSFF

Die Fliege F227

Die Fliege II: Die Geburt einer neuen Generation F228 **
THE FLY II
USA 1989, 105 Min., F
R: Chris Walas D: Eric Stoltz, Daphne Zuniga, Lee Richardson, John Getz
Die Geliebte des in *Die Fliege* draufgegangenen Erfinders gebärt ein Kind, das rasend schnell heranwächst und die Arbeit seines Erzeugers aufnimmt, bis es selbst zur Fliege wird und der Horror sich fortsetzt. LSFF

Das fliegende Auge F229
BLUE THUNDER ***
USA 1982, 110 Min., F
R: John Badham D: Roy Scheider, Malcolm McDowell, Warren Oates
Solider Polit-Actionthriller um einen Super-Spionagehubschrauber, der alles sehen, hören und überwachen kann. Eine irgendwie politische Stellungnahme zum Überwachungsstaat muß natürlich zugunsten der Action ausfallen, aber schließlich ist der Film auch von John Badham *(Stakeout)* und nicht von Oliver Stone.

Fliegende Killer – Piranha II F230 **
PIRANHA II: FLYING KILLERS
Niederlande 1981, 94 Min., F
R: James Cameron D: Tricia O'Neil, Steve Marachuk, Lance Henriksen
Von Militärs manipulierte Piranhas, des Fliegens kundig, nisten sich vor der Küste Jamaikas in einem Wrack ein und starten Freßfeldzüge gegen ahnungslose Taucher und Picknicker.

Das fliegende Klassenzimmer F231 ****
BRD 1954, 92 Min., s/w
R: Kurt Hoffmann D: Paul Dahlke, Paul Klinger, Erich Ponto, Peter Vogel
Geglückte Verfilmung von Erich Kästners gleichnamigem »Bestseller«, zu dem der große Schriftsteller selbst das Drehbuch schrieb. Ein Spaß für

D: Joachim Fuchsberger, Heinz Reincke, Diana Körner
Lustige und traurige Geschehnisse in einem Internat. Farbiges und überflüssiges Remake der Erich-Kästner-Verfilmung.

Der fliegende Robert F233
***
BRD 1983, 81 Min., F
R: Henning Burk D: Klaus Trebes, Elisabeth Zündel, Joschka Fischer
Porträt eines Gescheiterten der 68er-Generation, der nach einem Aufenthalt in einer psychiatrischen Klinik zur Realität zurückkehrt.

Der Flieger F234
***
BRD 1986, 102 Min., F
R: Erwin Keusch D: Martin May, Ulrike Kriener, Birgit Franz
Als Bucks Traum, vom Berg Palomani einen Weltrekordflug zu starten, in greifbare Nähe rückt, beginnen für ihn die Probleme. Eine gekonnte Initiationskomödie, die in der deutschen Provinz angesiedelt ist.

Der Flieger F235
THE AVIATOR **
USA 1985, 98 Min., F
R: George Miller D: Christopher Reeve, Rosanna Arquette, Jack Warden
Pionier-Flieger Ende der zwanziger Jahre stürzt mit seiner heranwachsenden Passagierin in der Wildnis ab und verliebt sich in sie. Der Regisseur ist nicht George *Mad Max* Miller, sondern George *The Man from Snowy River* Miller.

Flintstones – Die Familie Feuerstein F236 **
THE FLINTSTONES
USA 1994, 91 Min., F
R: Brian Levant D: John Goodman, Elizabeth Perkins, Rick Moranis

Flipper F237
FLIPPER ***
USA 1962, 90 Min., F
R: James Clark D: Chuck Connors, Luke Halpin, Kathleen Maguire
Die Freundschaft eines kleinen Jungen mit einem sehr klugen Delphin. Später wurde eine TV-Serie daraus, die noch heute Kinder begeistert. Eine Neuverfilmung folgte 1996.

Flirt F238
FLIRT ***
USA/BRD/Japan 1995, 85 Min., F
R: Hal Hartley D: Bill Sage, Parker Posey, Martin Donovan
New York, Berlin, Tokio. drei Städte, drei Episoden, dreimal dieselbe Dreiecksgeschichte. Hal Hartley untersucht auf gewohnt eigenwillige Weise die Formen der Liebe, er zeigt Menschen, deren Gefühle unverhofft auf die Probe gestellt werden und die dann von einer Extremsituation in die andere geraten. Vergnüglich.

Das Flittchen F239
LA GARCE **
Frankreich 1984, 94 Min., F
R: Christine Pascal D: Isabelle Huppert, Richard Berry, Vittorio Mezzogiorno
Nachdem er wegen Vergewaltigung einer jungen Waise Jahre im Gefängnis verbracht hat, stellt ein Polizeikommissar die junge Frau, die mit einem Gangster ihre Adoptiveltern ermordet hat. Die Story kracht in allen Nähten, und La Huppert entpuppt sich diesmal als Fehlbesetzung.

Flitterwochen F240
HONNINGMANE ***
Dänemark 1978, 100 Min., F
R: Bille August D: Claude Strandberg, Kirsten Olesen, Grethe Holmer
Das Scheitern der jungen Ehe zwischen einem Fabrikarbeiter und einer Bibliotheksangestellten aufgrund der gesellschaftlichen Rollenverteilungen.

Flitterwochen F241
***
BRD 1980, 94 Min., F
R: Klaus Lemke D: Cleo Kretschmer, Wolfgang Fierek, Dolly Dollar
Soll eine Komödie sein über ein Paar, das schon bei der Hochzeitsreise nicht klar kommt. Aber mit drei Un-Schauspielern ist das trotz charmanter Ursprünglichkeit bei dem Drehbuch nur schwer zu machen.

Flitterwochen zu dritt F242
THRILL OF A ROMANCE ***
USA 1945, 100 Min., F
R: Richard Thorpe D: Esther Williams, Van Johnson, Lauritz Melchior
Börsenmakler heiratet bildhübsche Schwimmlehrerin. Doch noch vor der Hochzeitsnacht in einem feudalen Hotel verläßt er sie dringender Geschäfte wegen. Ein berühmter Flieger nimmt sich der Verlassenen an und verliebt sich unsterblich.

Der Florentiner Hut F243
UN CHAPEAU DE PAILLE D'ITALIE ****
Frankreich 1927, 74 Min., s/w
R: René Clair D: Olga Tschechowa, Albert Préjean, Jim Gerald
Spritzige Verwechslungs-Komödie: Ein Pferd verspeist den Hut einer verheirateten Dame, die gerade mit einem anderen Mann zärtlich ist. Das führt zu zahllosen Mißverständnissen. Ein optischer Leckerbissen und gleichzeitig Clairs erster Publikumserfolg. In der Verfilmung von Wolfgang Liebeneiner (1939) spielt Heinz Rühmann die Hauptrolle.

Flotte Biester auf der Schulbank F244
*
BRD 1983, 79 Min., F
R: Jan D. Lefpa D: Sandra Nova, Peter Steiner, Eleonore Melzer
Lehrerin beerbt einen Sexhändler, stellt ihre moralischen Bedenken aber hintenan, als sie den Profit sieht.

Flubber F245
FLUBBER ***
USA 1997, 94 Min., F
R: Les Mayfield D: Robin Williams, Marcia Gay Harden, Raymond Barry
Ganz auf Tricks angelegtes Disney-Spektakel um einen zerstreuten Professor, der eine giftgrüne Glibbermasse mit Persönlichkeit erfindet und sie fortan in Zaum halten muß. Kaugummikino für Kids. HFJ 1999

Der Fluch F246
***
BRD 1988, 92 Min., F
R: Ralf Huettner D: Dominic Raacke, Barbara May, Romina Nowack
Eine Familie verirrt sich bei einer Bergtour und findet im Gletschereis die Leiche eines Mädchens. Ein gekonnt inszenierter Gruselfilm, eine Rarität im neudeutschen Filmschaffen.

Der Fluch der grünen Augen F247
**
BRD/Jugoslawien 1963, 89 Min., s/w
R: Akos von Rathony D: Adrian Hoven, Erika Remberg, Carl Möhner
Vampirischer Wissenschaftler, in einem alten Gemäuer lebend, mordet Mädchen, bis Inspektor Zufall ihn auf traditionelle Weise richtet. Lumpiger deutscher Grusler.

Der Fluch der schwarzen Schwestern F248
**
Schweiz 1973, 102 Min., F
R: Joseph W. Sarno D: Nadia Henkowa, Anke Syring, Maria Forsa
Ein Rudel nackter Weiber versucht auf einem finsteren Schloß ihr Idol, eine vampirische Adelige, zu neuem Leben zu erwecken, damit diese sich an den Nachkommen ihrer Richter rächen kann. Sex-Horror-Machwerk.

Der Fluch der Sphinx F249
SPHINX **
USA 1980, 118 Min., F
R: Franklin J. Schaffner D: Lesley-Ann Down, Frank Langella, Maurice Ronet, John Gielgud
Ägyptologin, die ein Pharaonengrab ausbuddelt, muß zahlreiche Anschläge auf ihr Leben durchstehen und fragt sich, ob es mit dem Fluch der Mumien doch was auf sich hat. Hat es?

Der Fluch der Tempelgötter F250
WHITE SAVAGE ***
USA 1943, 75 Min., s/w
R: Arthur Lubin D: Jon Hall, Maria Montez, Sabu, Turhan Bey
Herrscherin einer Südseeinsel hat Probleme mit Haijägern und Elementen, die in ihrem Reich Rohstoffe suchen. Ein ganz auf seine Stars hin konzipierter Abenteuerfilm.

Fluch der Verlorenen F251
HORIZONS WEST **
USA 1952, 81 Min., F
R: Budd Boetticher D: Robert Ryan, Julia Adams, Rock Hudson
Nach Beendigung des amerikanischen Bürgerkriegs wird der Sohn eines Farmers, von den Kriegserlebnissen entwurzelt, zum Banditen, und sein Halbbruder bringt ihn vor Gericht. Nicht sonderlich aufregender Western.

Fluch des Blutes F252
DEVIL'S DOORWAY ****
USA 1950, 83 Min., s/w
R: Anthony Mann D: Robert Taylor, Louis Calhern, Paula Raymond
Ein Indianer, der sich im Bürgerkrieg ausgezeichnet hat, sieht sich nach der Rückkehr in die Heimat üblem Rassismus ausgesetzt und wehrt sich. Ein Western gegen Rassismus.

Der Fluch des blutigen Schatzes F253
*
SCALPS
USA 1982, 82 Min., F
R: Fred Olen Ray D: Kirk Alyn, Carroll Borland, Jo Ann Robinson
College-Kids schänden indianischen Friedhof und wecken rachsüchtigen Geist. »Mein Bruder hat sich die Story bei einer Busfahrt ausgedacht. Der Film hat nur 15000 $ gekostet.« (Regisseur Ray). Sieht man auch.

Fluch des Chikara F254
SHADOW OF CHIKARA **
WISHBONE CUTTER
USA 1978, 90 Min., F
R: Earl E. Smith D: Joe Don Baker, Sondra Locke, Ted Neeley, Slim Pickens
Zwei Glücksritter erfahren von einem Sterbenden von einem versteckten Diamantenschatz und müssen bei der Suche erkennen, daß ein böser Fluch auf dem Geschmeide lastet. »Horror«-Western.

US-Professor kommt modernem Hexer auf die Schliche, der ihm, bevor er sein Wissen ausplaudern kann, ein ekliges Höllenmonstrum auf den Hals hetzt. Nervenzerfetzend spannender Grusler, der gut daran tut, sein Ungeheuer nur kurz zu zeigen.

Der Fluch des Pharao F256
IL SEPOLCRO DEI REI **
Italien/Frankreich 1960, 100 Min., F
R: Fernando Cerchio D: Debra Paget, Ettore Manni, Corrado Pani
Altägyptischer Arzt verbündet sich mit Grabräubern, um eine lebendig eingemauerte Pharaonengattin vor dem Tod zu bewahren. Simples Abenteuer, das weniger Grusel- als mehr Sandalenfilmatmosphäre verbreitet.

Der Fluch des Scarabäus F257
THE SCARAB **
USA/Spanien 1982, 85 Min., F
R: Steven Charles Jaffe D: Rip Torn, Robert Ginty, Christina Hachuel
Altägyptische Gottheit reinkarniert im Leib eines Nazis und gibt sich alle Mühe, die Welt ins Chaos zu stürzen. Unergiebiger Horrorfilm nach altbekanntem Strickmuster.

Der Fluch des schwarzen Rubin F258
**
ESPIONAGE A BANGKOK POUR U2 92
BRD/It/Fr 1965, 101 Min., F
R: Manfred R. Köhler D: Thomas Adler, Peter Carsten, Serge Nubret
Der Abenteurer Rolf Torring und sein Freund Hans Warren suchen im Auftrag eines thailändischen Prinzen einen gestohlenen Edelstein. Billigfilm auf der Basis einer in den 30er Jahren populären Heftchenserie.

Der Fluch des Tut-Ench-Amun F259
***
THE CURSE OF KING TUT'S TOMB
USA 1980, 100 Min., F
R: Philip Leacock D: Eve-Marie

Fluch des verborgenen Schatzes F260
**
I CACCIATORI DEL COBRA D'ORO
Italien 1982, 88 Min., F
R: Anthony M. Dawson D: David Warbeck, John Steiner, Almanta Suska
Zwei Abenteurer, ein Forscher und dessen Nichte suchen auf einer Pazifikinsel nach der mysteriösen goldenen Kobra, die ihrem Besitzer Wunderkräfte verleiht. Unlogisches Dschungeldrama auf Kirmesniveau.

Der Fluch von Siniestro F261
THE CURSE OF THE WEREWOLF ***
GB 1961, 90 Min., F
R: Terence Fisher D: Oliver Reed, Clifford Evans, Yvonne Romain
Junger Mann, der von einem Werwolf abstammt, wird zu seinem Entsetzen in Vollmondnächten zu einem solchen und verbreitet Angst und Schrecken. Annehmbarer Horrorfilm, dessen Held nicht abgrundtief böse ist.

Oliver Reed im Wolfspelz.

Die Flucht F262
**
BRD 1977, 133 Min., F
R: Hajo Baumgärtner D: Susanne Flury, Rosemarie Schulz, Werner Brehm
Vor den Wirren des Dreißigjährigen

Die Flucht F263
**

DDR 1977, 100 Min., F
R: Roland Gräf D: Armin Mueller-Stahl, Jenny Gröllmann, Gerhard Bienert
Ein Arzt will aus Verärgerung über die Ablehnung seines Forschungsprojektes die DDR verlassen, besinnt sich aber anders.

Flucht aus L. A. F264
ESCAPE FROM L. A. **
USA 1996, 101 Min., F
R: John Carpenter D: Kurt Russell, Cliff Robertson, Steve Buscemi
Fortsetzung des 15 Jahre alten »Klapperschlange«-Erfolges, wobei die selbe Geschichte ziemlich variationslos zum zweiten Mal erzählt wird – diesmal aber nur albern und plakativ. HFJ 1997

Flucht der weißen Hengste F265
MIRACLE OF THE WHITE STALLIONS **
USA 1963, 117 Min., F
R: Arthur Hiller D: Robert Taylor, Lilli Palmer, Curd Jürgens
Etwas ungewöhnliche Disney-Unterhaltung hauptsächlich für Pferde-Liebhaber: die Evakuierung der Lippizaner-Hengste aus Wien während des Zweiten Weltkriegs.

Flucht in den Norden F266
*

BRD/Finnland 1985, 126 Min., F
R: Ingemo Engström D: Katharina Thalbach, Lena Olin, Käbii Laretei
Kühle Verfilmung eines Romans von Klaus Mann. Eine junge deutsche Oppositionelle im finnischen Exil muß sich zwischen ihrem politischen Engagement und ihrer Sehnsucht nach persönlichem Glück entscheiden.
HFJ 1987

Flucht in den Tod F267
THE LONG RIDE **
USA/Ungarn 1984, 88 Min., F
R: Pal Gabor D: John Savage, Laszlo Horvát, Kelly Reno
Im Zweiten Weltkrieg wird ein amerikanischer Pilot über Ungarn abgeschossen und von Partisanen aufgenommen. Die Story kommt und kommt nicht in die Gänge, vielleicht weil Gabor weder einen amerikanischen noch einen ungarischen Film gedreht hat.

Flucht in den Tod F268
CRACKED UP ***
USA 1987, 90 Min., F
R: Karen Arthur D: Edward Asner, James Wilder, Raphael Sbarge
Ein von der Provinzialität ihrer Umgebung angeödetes siebzehnjähriges Mädchen versucht die Droge »Crack« und geht daran zugrunde.

Flucht in die Dolomiten F269
**

BRD 1955, 87 Min., F
R: Luis Trenker D: Luis Trenker, Marianne Hold, Robert Freytag
Wer auf Berge und den Bergfex steht, der mag auch diese Geschichte, in der Trenker auf der Flucht noch Zeit für eine Liebesromanze hat.

Flucht in die Zukunft F270
TIME AFTER TIME ***
USA 1979, 110 Min., F
R: Nicholas Meyer D: Malcolm McDowell, David Warner, Mary Steenburgen, Charles Cioffi
H.G. Wells, der ja bekanntermaßen die Zeitmaschine erfunden hat, folgt Jack the Ripper ins Jahr 1979 und macht ihn unschädlich – was auch erklärt, wieso er nie gefunden wurde. Clevere Mixtur aus SF, Komödie und Thriller. LSFF

Flucht in Ketten F271
THE DEFIANT ONES ****
USA 1958, 91 Min., s/w
R: Stanley Kramer D: Sidney Poitier, Tony Curtis, Theodore Bikel
Nach einem Autounfall können zwei aneinander gefesselte Sträflinge entkommen: ein Weißer und ein Schwarzer. Packendes, exzellent gespieltes Drama, das seine geballte Sozialkritik allerdings etwas zu deutlich ausstellt.

Flucht in Ketten F272
THE DEFIANT ONES **
USA 1985, 96 Min., F
R: David Lowell Rich D: Robert Urich, Carl Wheathers, Barry Corbin
Holzschnitthafte und ziemlich uninspiriertes Remake von Stanley Kramers Film aus dem Jahr 1958 um einen weißen und einen schwarzen Gefangenen, die aneinandergekettet aus einem Straflager flüchten.

Flucht ins 23. Jahrhundert F273
LOGAN'S RUN ***
USA 1976, 120 Min., F
R: Michael Anderson D: Michael York, Richard Jordan, Jenny Agutter
Ein junges Paar flieht aus einem unterirdischen Reich, in dem man nach dem 30. Geburtstag automatisch das Leben verliert. SF-Film, dem Tricks & Action wichtiger sind als Kritik am Jugendkult. Nach dem Roman von W. F. Nolan und G. C. Johnson. LSFF

Die Flucht ins Ungewisse F274
RUNNING ON EMPTY ****
USA 1987, 116 Min., F
R: Sidney Lumet D: Christine Lahti, Judd Hirsch, River Phoenix, Jonas Abry, Martha Plimpton
Eine auf den ersten Blick normale Familie verläßt Hals über Kopf die Kleinstadt, in der sie friedlich lebt. Das FBI ist ihnen auf den Fersen, denn die Eltern stehen wegen eines politischen Anschlages seit etlichen Jahren auf der Fahndungsliste. Der fünfzehnjährige Sohn wird mit dieser Situation nicht mehr fertig. Die Familie steht vor einer Zerreißprobe. Sidney Lumet gelingt hier eine einfühlsame Studie menschlicher Extremsituationen.

Flucht nach Nevada F275
FOUR FACES WEST **
USA 1948, 86 Min., s/w
R: Alfred E. Green D: Joel McCrea, Frances Dee, Charles Bickford
Um Vaters verschuldete Farm zu retten, raubt ein Cowboy eine Bank aus. Als er sich der Justiz stellt, um anderen Menschen beizustehen, plädiert der Sheriff für Milde. Dutzendwestern.

Flucht nach Texas F276
TEXAS ***
USA 1941, 92 Min., s/w
R: George Marshall D: William Holden, Glenn Ford, Claire Trevor

Zwei entlassene Bürgerkriegssoldaten werden in einen Postkutschenüberfall verwickelt und entlarven einen zwielichtigen Zahnarzt als Chef der Bande. Western mit komischen Elementen.

Flucht nach Varennes F277
LA NUIT DE VARENNES ****
Frankreich/Italien 1982, 119 Min., F
R: Ettore Scola D: Jean-Louis Barrault, Marcello Mastroianni, Hanna Schygulla, Harvey Keitel
Die mißglückte Flucht König Ludwigs XVI. im Jahre 1791 ist Hintergrund für die anspielungsreiche Schilderung der philosophisch-moralischen Widersprüche in einer Reisegruppe.

Flucht oder Sieg F278
ESCAPE TO VICTORY ***
USA 1981, 116 Min., F
R: John Huston D: Sylvester Stallone, Michael Caine, Max von Sydow
Ein Fußballspiel als Symbol für den Krieg: Alliierte Kriegsgefangene spielen gegen die besten Kicker der Wehrmacht. Und anstatt, wie geplant, in der Halbzeit abzuhauen, kämpfen die Sportsfreunde tapfer bis zum Endsieg. Klingt leider nicht nur schrecklich pathetisch, sondern ist es auch. (Für die Realisation der Fußballszenen wurde Pelé engagiert.)

Flucht vom Planet der Affen F279
ESCAPE FROM THE PLANET OF THE APES **
USA 1971, 97 Min., F
R: Don Taylor D: Roddy McDowell, Kim Hunter, Ricardo Montalban
Drei intelligente Affen aus der Zukunft kommen ins Jahr 1973 und müssen als unerwünschte Asylanten den Behörden weichen. Öder und uninspirierter Hetzjagdfilm, der den Erfolg von *Planet der Affen* ausbeutet. LSFF

Flucht von Alcatraz F280
ESCAPE FROM ALCATRAZ ***
USA 1979, 112 Min., F

Hanna Schygulla auf der Flucht.

Insassen automatisiert und kontrollierbar macht.

Flucht vor dem Tode F281
THE CIMARRON KID ****
USA 1951, 83 Min., F
R: Budd Boetticher D: Audie Murphy, Beverly Tyler, John Hudson
Cimarron Kid wird nach mißlungenem Banküberfall Chef der Dalton-Gang, spielt mit dem Gedanken, anständig zu werden, kann sich aber aus seinem sozialen Milieu nicht lösen. Western, der die Historie ordentlich, aber in spannender Form verbiegt.

Flucht zu dritt F282
MRS. SOFFEL ****
USA 1984, 112 Min., F
R: Gillian Armstrong D: Diane Keaton, Mel Gibson, Matthew Modine
Mrs. Soffel, die bibelfeste Frau des Gefängnisdirektors, verliebt sich in Ed Biddle, der wegen Mordes sitzt, und verhilft ihm und dessen Bruder zur gemeinsamen Flucht, der sie sich anschließt. Ein düsteres, bedrückendes Melodram, das nur kurze Momente des Glücks kennt, ehe die Liebenden von ihren Verfolgern eingeholt und zur

D: Matthias Ponnier, Michaela May, Marina de Graaf
Ein »Aussteiger« lebt auf einer griechischen Insel, begegnet einer jungen Tramperin, wird von seiner Frau besucht und bleibt dann doch allein. Weiß der Himmel, was uns das sagt.

Fluchtpunkt San Francisco F284
VANISHING POINT ****
USA 1970, 107 Min., F
R: Richard C. Sarafian D: Barry Newman, Cleavon Little, Dean Jagger
Das ultimative Road-Movie, weil alles da ist, was dazugehört: die Action, die Autos, die Musik, die Philosophie, die Gefühle, aber keinerlei Sentimentalität, und daher stirbt »der letzte freie Mann Amerikas« am Ende auch. Vorher löst der Vietnam-Veteran, Ex-Polizist und Ex-Rennfahrer Kowalski, weil er in seinem Dodge Challenger (»Herausforderer«) zu »speedy« ist, eine irre Polizeiverfolgungsjagd quer durch mehrere Staaten aus, wobei ihm andere Außenseiter zu Hilfe kommen. Wunderschön-traurig.

Fluchtweg unbekannt F285
THEY MET IN BOMBAY ***
USA 1941, 86 Min., s/w

Der Flug der Regenvögel F286
EEN FLUCHT REGENWUIPEN ***
Holland 1980, 82 Min., F
R: Ate de Jong D: Jeroen Krabbe, Marijke Merchens, Hulb Rooymans
Weltfremder Hochschullehrer, der bei seiner ans Bett gefesselten Mutter lebt, bekommt im Traum einen Auftrag, seine Unschuld zu verlieren. Liebenswerte Komödie.

Der Flug des Navigators F287
THE FLIGHT OF THE NAVIGATOR ***
USA 1986, 90 Min., F
R: Randal Kleiser D: Joey Cramer, Veronica Cartwright, Cliff De Young
Ein Zwölfjähriger wird von einem UFO entführt und erlebt mit dessen »Steuermann« (einem intelligenten Computer) haarsträubende und komische Abenteuer während der Flucht vor den US-Behörden. HFJ 1989

Der Flug des Phoenix F288
FLIGHT OF THE PHOENIX ***
USA 1966, 147 Min., F
R: Robert Aldrich D: James Stewart, Hardy Krüger, Peter Finch
Nach dem Absturz eines Flugzeugs in der Wüste wachsen die Spannungen, obwohl keine Frau dabei ist (dafür sind noch Richard Attenborough, Ernest Borgnine, Ian Bannen, Dan Duryea und George Kennedy mit von der Partie). Dem Deutschen (Krüger) gelingt es schließlich, aus den Trümmern der Maschine ein flugtaugliches Gerät zu bauen.

Flug nach Tanger F289
FLIGHT TO TANGIER **
USA 1953, 87 Min., F
R: Charles Marquis Warren D: Jack Palance, Joan Fontaine
FBI-Agentin und diverse Schurken suchen ein abgestürztes Flugzeug mit millionenschweren Wertbriefen. Ein durchschnittlicher Thriller, Liebe inklusive, in 3D gedreht.

Flug zum Saturn F290
TEST PZILOTA PIRXA ***
Polen/UdSSR 1978, 99 Min., F
R: Marek Piestrak D: Sergei Desnytsky, Zbigniew Lesién, W. Iwaszow
Ein Raumpilot, der im All Sonden aussetzen soll, weiß nicht, welche Mitglieder seiner Crew Menschen und welche Roboter sind. Eine Maschine will ihm ihre Überlegenheit beweisen. Die Sache wird gefährlich ... Nach einer Erzählung von Stanislaw Lem. LSFF

Flügel und Fesseln F291
***
BRD 1984, 116 Min., F
R: Helma Sanders-Brahms D: Brigitte Fossey, Hildegard Knef, Ivan Desny

Robert Mitchum und Marilyn Monroe bezwingen den wilden Fluß.

Eine Schauspielerin reist von Dreharbeiten zu einem Film nach Kleists »Penthesilea« zu ihren Eltern, die ihre Tochter betreuen. Alte Konflikte brechen wieder auf, neue entwickeln sich zwischen drei Generationen. Filmisches Kammerspiel.

Fluß ohne Wiederkehr F292
RIVER OF NO RETURN ****
USA 1954, 90 Min., F
R: Otto Preminger D: Robert Mitchum, Marilyn Monroe, Rory Calhoun, Tommy Rettig
Jeder erinnert sich an die Floßfahrt des Witwers (Mitch) mit Barsängerin (Marilyn) und Sohn. Aber das warum und weshalb hat man eigentlich vergessen. Abenteuerlicher Western-Klassiker mit atemberaubenden Naturaufnahmen.

Der Fluß und der Tod F293
EL RIO Y LA MUERTE ***
Mexiko 1954, 93 Min., s/w
R: Luis Buñuel D: Columba Domínguez, Miguel Torruco, Joaquín Cordero
Lakonische Buñuel-Erzählung von der Blutrache in Mexiko: Ein junger Arzt rächt die Ermordung seines Vaters und muß dafür selbst dran glauben.

Flußfahrt mit Huhn F294
****
BRD 1983, 111 Min., F
R: Arend Agthe D: Julia Martinek, David Hoppe, Fedor Hoppe
Ein Kinderfilm, der mit einer sowohl spannenden als auch lustigen Geschichte gut unterhält. Vier Kinder planen eine Abenteuerfahrt mit einem Boot die Weser hinunter. Doch schon bald ist ihnen der Großvater auf den Fersen, der sich lausbubenhaft auf ihre Streiche einläßt. Mit viel Humor und schönen Bildern inszeniert.

Die Flußpiraten vom Mississippi F295
**
BRD/Fr/It 1963, 102 Min., F
R: Jürgen Roland D: Hansjörg Felmy, Horst Frank, Sabine Sinjen
Piraten am Mississippi werden von einem aufrechten Sheriff erledigt. Europäischer Western unter deutscher Federführung, nach dem Roman von

Friedrich Gerstäcker. Felmy als Westernheld muß man gesehen haben!

Der flüsternde Tod F296
ALBINO *
BRD/Südafrika 1975, 96 Min., F
R: Jürgen Goslar D: Christopher Lee, Horst Frank, Trevor Howard
Südafrikanischer Polizist nimmt Rache für die Ermordung seiner Braut durch schwarze Terroristen, die von einem bösartigen Albino angeführt werden. Rassistischer Schund.

Die Flut bricht los F297
FLOOD ***
USA 1976, 100 Min., F
R: Earl Bellamy D: Robert Culp, Barbara Hershey, Cameron Mitchell
Ein Staudammbruch setzt ein US-Kaff unter Wasser. Doch in Not und Gefahr zeigt sich der rechte Held! An sich tolerabler Katastrophenfilm, so man nicht um die Bedeutung des Wortes »Klischee« weiß. HFJ 1985

Flut der Furcht F298
FLOODS OF FEAR ***
GB 1958, 80 Min., s/w
R: Charles Crichton D: Howard Keel, Anne Heywood, John Crawford
Einem unschuldig Verurteilten gelingt die Flucht und er will Rache nehmen an dem Mann, der ihn ins Gefängnis brachte. Seine Freundin ist zwischen ihrer Loyalität und dem Wunsch, ihn zu retten, hin- und hergerissen. Spannende Romanverfilmung.

Eine Flut von Dollars F299
UN FIUME DI DOLLARI ***
Italien 1966, 88 Min., F
R: Lee W. Beaver D: Tom Hunter, Henry Silva, Dan Duryea
Ein Räuber, der im amerikanischen Bürgerkrieg eine Kasse geplündert hat, sieht sich nach der Entlassung aus dem Gefängnis von seinem Komplizen betrogen und sinnt auf Rache. Brutaler Die Belegschaft eines Rundfunksenders in Los Angeles wehrt sich erfolgreich mit einem Aufstand gegen die Profitsucht ihrer Bosse. Nicht das etwas unglaubwürdige Happy-End, aber die Musik und die liebevoll-spöttische Vorstellung einer Handvoll kurioser Typen geben dem Film seinen Reiz.

The Fog – Nebel des Grauens F301
THE FOG ***
USA 1979, 90 Min., F
R: John Carpenter D: Adrienne Barbeau, Jamie Lee Curtis, John Houseman, Janet Leigh, Hal Holbrook
Pizzagesichtige Geisterpiraten suchen ein amerikanisches Küstenstädtchen heim, um sich an den Nachfahren der Leute zu rächen, die sie einst betrogen haben. Die Rächerstory im Nebel erweist sich als gigantisches Windei.

Föhn F302
***
BRD 1950, 107 Min., s/w
R: Rolf Hansen D: Hans Albers, Liselotte Pulver, Adrian Hoven
Weil seine Frau einst in einer Lawine umkam, opfert sich Albers, damit einem jungen Liebespaar nicht das gleiche Schicksal widerfährt.

Die Föhnforscher F303
***
BRD 1985, 138 Min., F
R: Herbert Achternbusch D: Herbert Achternbusch, Gabi Geist
Großes Erzählkino – im literarischen Sinn. Der große Verweigerer nimmt die Bilder nur noch zum Anlaß, seine ausufernden Geschichten zu erzählen. Er reduziert die Kino-Ästhetik auf Super-8-Bilder und naive Aquarelle auf Zeitungspapier. Viel Spannenderes hatte das deutsche Kino zu der Zeit nicht zu bieten. Wenn man's mag.

Follow The Fleet F304

Dance«. Ex-Tänzer Fred und Ex-Partnerin Ginger treffen sich wieder, mittlerweile Matrose und Sängerin. Zusammen gewinnen sie einen Tanzwettbewerb.

Foltergarten der Sinnlichkeit F305
*
EMMANUELLE E FRANÇOISE – LE SORELLINE
Schweiz 1975, 80 Min., F
R: Joe d'Amato D: George Eastman, Mary Kristal, Giorgio Fleri, Al Cliver
Sexfilm über eine rachedurstige junge Frau, die den Mörder ihrer Schwester »foltert«, indem sie ihm »Stellungen« vorführt. Hanebüchener Quatsch.

Der Foltergarten des Dr. Diabolo F306
***
TORTURE GARDEN
GB 1968, 87 Min., F
R: Freddie Francis D: Jack Palance, Burgess Meredith, Peter Cushing
Fünf Rummelplatzbesucher dürfen in einer Schaubude einen Blick in ihre persönliche Zukunft tun und erfahren Scheußliches über sich. Ein Schocker von reichlich zwiespältiger Qualität, aber durchaus ansehbar.

Das Folterhaus der Lady Morgan F307
**
LA VENDETTA DI LADY MORGAN
Italien 1966, 79 Min., s/w
R: Max Hunter D: Gordon Mitchell, Erica Blanc, Paul Müller
Geldgieriger Lump heiratet reiche junge Lady und will sie mit Hilfe zweier Komplizen allmählich in den Wahnsinn treiben, um sie beerben zu können. Eine Schauermär, die einem allerhand Langmut abverlangt.

Die Folterkammer des Dr. Fu Man Chu F308
**
THE CASTLE OF FU MAN CHU
BRD/Sp/It/GB 1968, 92 Min., F
R: Jess Franco D: Christopher Lee,

Die Folterkammer des Hexenjägers F309 ***
THE HAUNTED PALACE
USA 1963, 86 Min., F
R: Roger Corman D: Vincent Price, Debra Paget, Lon Chaney jr.
Satanischer Schloßbesitzer, vor 110 Jahren verbrannt, kehrt wieder und versucht sich als Dr. Frankenstein an der Züchtung von Tiermenschen. Von Hexenjäger keine Spur. Horrorfilm.

Foltermühle der gefangenen Frauen F310 ***
LES RAISINS DE LA MORT
Frankreich 1978, 85 Min., F
R: Jean Rollin D: Marie-Georges Pascal, Serge Marquand, Félix Marten
Ein neues Insektenschutzmittel hat schreckliche Auswirkungen auf die Menschen, die äußerlich verunstaltet werden und sich wie Untote aufführen. Ein spannender Film, dessen deutscher Titel eine Katastrophe ist.

Fontamara F311 ***
FONTAMARA
Italien 1980, 136 Min., F
R: Carlo Lizzani D: Michele Placido, Antonella Murgia, Ida Di Benedetto
Italien 1927. Die Bewohner des Dorfes Fontamara setzen sich zur Wehr, als ein Großgrundbesitzer ihren Fluß umleiten will. Die Faschisten unterdrücken den Aufstand blutig.

Fontäne der Lust F312 *
FOUNTAINS OF LUST
Griechenland 1978, 89 Min., F
R: Giorgios Papakostas D: Giorgios Moutsios, Gisella Dalli, Dora Douma
Impotenter Parfümfabrikant sucht auf griechischer Insel Heilung, gerät an die nymphomanische Direktorin eines Hotels und wird durch ein Kräutlein gerettet, das normalerweise nur als Schafsfutter Verwendung findet.

Fool for Love F313 ****
FOOL FOR LOVE
USA 1986, 107 Min., F
R: Robert Altman D: Sam Shepard, Kim Basinger, Harry Dean Stanton
Die Geschichte einer inzestuösen Liebe, der unerbittlichen Leidenschaft zwischen Eddy und seiner Halbschwester May, die beide nicht voneinander loskommen. Die typischen Loser- und Loner-Typen aus Shepards-Welt treffen sich in der Schwüle eines neonverklärten texanischen Motels zum großen Seelen-Show-Down.

Foolish Wives F314 ****
FOOLISH WIVES
USA 1922, 70 Min., s/w
R: Erich von Stroheim D: Maude George, Mae Bush, George Christians
Der erste Millionenfilm der Filmgeschichte. Ein falscher Offizier verführt und erpreßt reiche Frauen. Eine Augenweide und eine Provokation für das amerikanische Volksempfinden.

Footloose F315 ***
FOOTLOOSE
USA 1983, 108 Min., F
R: Herbert Ross D: Kevin Bacon, Lori Singer, John Lithgow
Ein Prediger hat seine Familienangelegenheit zur Angelegenheit seiner Kleinstadt gemacht: Nachdem der Sohn auf der Heimfahrt tödlich verunglückte, sorgte er dafür, daß die Tanzmusik aus der Gemeinde verbannt wird. Und ein Jugendlicher macht seine Familienangelegenheit zur Angelegenheit seiner Generation. Natürlich mit Musik und Tanz.

For Queen & Country F316 ****
FOR QUEEN & COUNTRY
GB 1988, 105 Min., F
R: Martin Stellman D: Denzel Washington, Dorian Healy, Amanda Redman, Sean Chapman
Ein schwarzer Soldat kehrt nach Dienst in englischen Eliteeinheiten nach London zurück und findet dort fast nur Gewalt und Elend. Packender Thriller und ungeschöntes Gesellschaftsbild. Sozialkritischer Genrefilm.

For the Boys – Tage des Ruhms, Tage der Liebe F317 ***
FOR THE BOYS
USA 1991, 145 Min., F
R: Mark Rydell D: Bette Midler, James Caan, George Segal
Zwei Entertainer folgen den kämpfenden Truppen als musikalische Nachhut. Fünfzig Jahre amerikanischer Geschichte läßt der Film auf den behelfsmäßigen Bühnen seiner beiden Hauptfiguren Revue passieren. Diese werden immer mehr desillusioniert und haben spätestens in Vietnam das Gefühl, gute Stimmung für eine schlechte Sache zu machen. Zuviel Pathos, wo Lakonik angemessener gewesen wäre. HFJ 1993

The Foreigner F318 ***
THE FOREIGNER
USA 1977, 96 Min., F
R: Amos Poe D: Eric Mitchell, Patti Astor
Ein Europäer, anscheinend von Gangstern und Polizei verfolgt, kommt auf dem N. Y. Flughafen an. In der Stadt meldet er sich bei Leuten, die angeblich seine Freunde sind, aber er erlebt nur Niederlagen, Enttäuschungen und Gewalt, während er sich in Punk-Lokalen herumtreibt.

Die Forellen F319 ***
LAS TRUCHAS
Spanien 1978, 99 Min., F
R: José Luis Garcia Sanchez
D: Hector Alterio, Juan Amigo, Ofelia Angelica
Ein Anglerverein hält sein Festessen ab, obwohl die Forellen, die der Sieger eines Wettbewerbs gefangen hat, verdorben und ungenießbar sind. Als Satire auf das spanische Bürgertum gedacht, verliert sich der Regisseur in ein Wirrwarr von Details.

Forget Paris F320 ***
FORGET PARIS
USA 1995, 101 Min., F
R: Billy Crystal D: Billy Crystal, Debra Winger, Joe Mantegna
Ein Basketball-Schiedsrichter lernt in Paris eine Airline-Managerin kennen. Die beiden heiraten und ziehen in ein kleines Nest. Während er beruflich Karriere macht, futtert sie sich Speck an, dann tauschen sie die Rollen. Auf der Gefühlsachterbahn geht's auf und ab. Eine in Rückblenden erzählte ungewöhnlichen Love-Story mit den Alltagsszenen eines Ehelebens. Eine charmante Liebeskomödie mit komischen Momenten über das schwierige Mit- und Gegeneinander. HFJ 1996

Die Formel F321
THE FORMULA ***
USA 1980, 117 Min., F
R: John G. Avildsen D: George C. Scott, Marlon Brando, Marthe Keller
Bestens besetzter, aber absurder Thriller über einen Polizisten, der den Mord an einem Freund untersucht und dabei auf Zusammenhänge mit einer im Dritten Reich erfundenen Formel stößt, mit der man Öl aus Kohle gewinnen kann.

Formicula F322
THEM! ***
USA 1954, 93 Min., s/w
R: Gordon Douglas D: James Whitmore, Edmund Gwenn, Joan Weldon
Durch Atombombenversuche mutierte Riesenameisen versetzen die Bewohner eines amerikanischen Landstriches in Angst und Schrecken und entführen zwei Buben in die Abwasserkanäle von Los Angeles. Klassischer SF-Reißer. LSFF

Tom Hanks als Forrest Gump.

Forrest Gump F323
FORREST GUMP *****
USA 1994, 142 Min., F
R: Robert Zemeckis D: Tom Hanks, Robin Wright, Gary Sinise
Dem geistig etwas zurückgebliebenen Forrest Gump gelingt es immer wieder, instinktiv das Richtige zu tun, er bringt's zum dekorierten Kriegshelden und Millionär, findet erst spät das private Glück. Nicht nur 30 Jahre aus einem bewegten und bewegenden Menschenleben, sondern auch 30 Jahre amerikanische Geschichte.
HFJ 1995

Fort Apache – The Bronx F324
THE BRONX ****
USA 1981, 123 Min., F
R: Daniel Petrie D: Paul Newman, Edward Asner, Ken Wahl, Pam Grier
Ein Bild zweier Polizisten im 41. Bezirk New Yorks: ihre Arbeit und ihre Freundschaft, inmitten der täglichen Gewalt. Ein ehrlicher, spannender Polizeifilm. Unprätentiös und überzeugend.

Das Fort der mutigen Frauen F325
THE GUNS OF FORT PETTICOAT **
USA 1956, 81 Min., F
R: George Marshall D: Audie Murphy, Kathryn Grant, Hope Emerson
Ein Deserteur unterweist eine Gruppe von Soldatenfrauen im Waffengebrauch und führt sie gegen eine angreifende Indianerhorde. Der Rest ist stupides Geballer. Western-Dutzendware.

Fort Travis F326
FORT TRAVIS ***
USA 1982, 105 Min., F
R: Roy Boulting D: Richard Harris, Karen Black, Martin Landau
Nach einem authentischen Fall von dem deutschen Autor Horatius

Fort Yuma F327
FORT YUMA ***
USA 1955, 75 Min., F
R: Lesley Selander D: Peter Graves, Joan Vohs, John Hudson, Joan Taylor
Eine Kavallerieeinheit, nach Fort Yuma unterwegs, wird von einer Horde Indianer angegriffen und bis auf vier Personen aufgerieben. Spannender Western, falls man erst 12 Jahre alt ist.

Fortress – Die Festung F328
FORTRESS **
Australien/USA 1993, 89 Min., F
R: Stuart Gordon D: Christopher Lambert, Kurtwood Smith, Loryn Locklin
Ein Ex-Captain und seine Frau, die in einem dreißigstöckigen unterirdischen Hightechknast einsitzen, da sie etwas gegen totalitäre Regime haben, wagen den Ausbruch. Aktionsreicher Science-Fiction-Film mit dünner Story.
HFJ 1994

Das Fotomodell F329
THE MODEL SHOP ***
USA 1968, 97 Min., F
R: Jacques Demy D: Anouk Aimée, Gary Lockwood, Alexandra Hay
Eine 24-Stunden-Romanze in Los Angeles zwischen einem jungen Architekten und einem Mannequin, mit einem ungewöhnlichen Blick auf amerikanische Gegebenheiten.

The Fox F330
THE FOX ****
USA 1967, 110 Min., F
R: Mark Rydell D: Anne Heywood, Sandy Dennis, Keir Dullea
Urlaubender Seemann nistet sich in der abgelegenen Farm zweier Lesbierinnen ein und schafft es, eine der beiden für sich zu interessieren. Ordentliche Leistungen der Crew. Fast ein Kammerspiel. Ansehbar, aber

Schwarze Polizistin tarnt sich als Callgirl, um den Mord an einem mit ihr befreundeten Agenten aufzuklären. Billigproduktion mit Sex, Crime und vorwiegend schwarzen Darstellern.
HFJ 1988

F.P. 1 antwortet nicht F332
***
Deutschland 1932, 115 Min., s/w
R: Karl Hartl D: Hans Albers, Sybille Schmitz, Paul Hartmann, Peter Lorre
Saboteure versenken eine künstliche Atlantikinsel, die als Tankstation für Interkontinentalflüge dient. Ein aufrechter Pilot rettet die dem Tode ausgelieferte Crew. Aufwendiger deutscher Science-fiction-Film mit einem Helden von echtem Schrot und Korn.

Fracass, der freche Kavalier F333
***
CAPTAINE FRACASSE
Frankreich/Italien 1961, 99 Min., F
R: Pierre Gaspard-Huit D: Jean Marais, Geneviève Grad, Louis de Funès, Philippe Noiret
Verarmter Adeliger, aber gewitzt und flink mit dem Degen, sticht einen Nebenbuhler um die Gunst seiner Angebeteten aus. Mantel- und Degen-Abenteuer mit humoristischen Einlagen.

Fracht nach Baltimore F334
**
Deutschland 1983, 105 Min., s/w
R: Hans Hinrich D: Hilde Weissner, Attila Hörbiger, Hans Zesch-Ballot
Die Rekordfahrt eines Hamburger Seemanns mit einem Frachter über den Atlantik bringt dem Reeder einen wichtigen Auftrag und ihm die Heirat mit der Tochter mit anschließender Geschäftsübernahme.

Eine Frage der Ehre F335
A FEW GOOD MEN ****
USA 1992, 138 Min., F
R: Rob Reiner D: Tom Cruise, Jack Nicholson, Demi Moore
Genialer Gerichtsfilm um einen Navy-Anwalt, der den Mord an einem Elitesoldaten aufklären soll, den seine eigenen Kollegen um die Ecke gebracht haben. Rob Reiners ungemein dichter und spannender Krimi rechnet virtuos mit militärischen Hierarchien, Kadavergehorsam und Rechtsprechung ab. Nebenbei der erste Film, in dem Tom Cruise wirklich spielt.
HFJ 1994

Eine Frage der Zeit F336
A MATTER OF TIME ***
Italien/USA 1976, 99 Min., F
R: Vincente Minnelli D: Liza Minnelli, Ingrid Bergman, Charles Boyer
Ein junges Mädchen kommt in den dreißiger Jahren nach Rom, wird Zimmermädchen in einem Hotel und schließt Bekanntschaft mit einer Gräfin, deren Geschichten über die Vergangenheit großen Reiz auf sie ausüben. Als die Gräfin das Zeitliche segnet, wird die Heldin von einem Regisseur entdeckt und macht Karriere beim Film. Eine wirre Geschichte.

Frame Up F337
FRAME UP ***
USA 1993, 91 Min., F
R: Jon Jost D: Nancy Carlin, Howard Swain, Kathryn Sannella
Ein tragikomisches Märchen von zwei Verlierern, die sich in einem filmisch stark stilisierten Passionsspiel in zwölf Kapiteln auf den Untergang zubewegen. Von Animation bis zu Action-Szenen fügen sich höchst unterschiedliche Filmelemente zu einer ironisch-trivialen Fiktion, mit der die alltägliche Naivität in der US-amerikanischen Gesellschaft entlarvt wird.
HFJ 1994

Frances F338
FRANCES ***
USA 1983, 140 Min., F
R: Graeme Clifford D: Jessica Lange, Sam Shepard, Kim Stanley
Der Aufstieg und Fall der Frances Farmer, eines der talentiertesten, aber heute vergessenen Hollywoodstars der 30er Jahre, einfühlsam nachvollzogen.

Francesca F339
****
BRD 1986, 95 Min., F und s/w
R: Verena Rudolph D: Eva Lissa, Dorothea Neff, Bernhard Wosien
In einer fiktiven Film-Biographie wird eine Frau vorgestellt, die als Musikerin und Schauspielerin Karriere gemacht haben soll, deren Tragödie aber die Widersprüchlichkeit des Frauenmythos verdeutlicht.

Francisca F340
FRANCISCA ****
Portugal 1981, 166 Min., F
R: Manoel de Oliveira D: Teresa Menezes, Diogo Doria, Mario Barroso
Eine tragische Liebesgeschichte aus dem Portugal des 19. Jahrhunderts: Zwei Menschen zerbrechen an den Moralvorstellungen ihrer Klasse. Was ein billiges Melodrama hätte sein können, wird durch die ironisch distanzierte Inszenierung lyrisch überhöht und gewinnt Verbindlichkeit über die Zeit hinaus.

Frank Patch – Deine Stunden sind gezählt F341
***
DEATH OF A GUNFIGHTER
USA 1969, 94 Min., F
R: Robert Totten, Don Siegel
D: Richard Widmark, Lena Horne, John Saxon, Michael McGreevy
Ein US-Marshall, der nach 20 Jahren Dienst seinen Stern nicht abgeben will, kriegt Ärger mit den Bürgern seiner Stadt. Langsamer Western, in dem Richard Widmark gut plaziert ist. Nichts für Action- und Baller-Fans.

Frank und Eva F342
FRANK EN EVA ***
Niederlande 1973, 91 Min., F
R: Pim de la Parra D: Hugo Metzers, Willeke van Ammelrooy, Sylvia Kristel
Autoverkäufer in Amsterdam spielt den Macho, aber seine Frau steht trotzdem zu ihm. Sehenswert vor allem wegen der wunderbaren Willeke.

Frankenhooker F343
FRANKENHOOKER **
USA 1990, 90 Min., F
R: Frank Henenlotter D: James Lorenz, Patty Mullen, Charlotte J. Helmkamp, Shirley Stoler, Louise Lasser
Nachdem ein Rasenmäher seine Freundin zerhackt hat, murkst Mr. Franken in New York Nutten und bastelt sich für sie einen Traumkörper

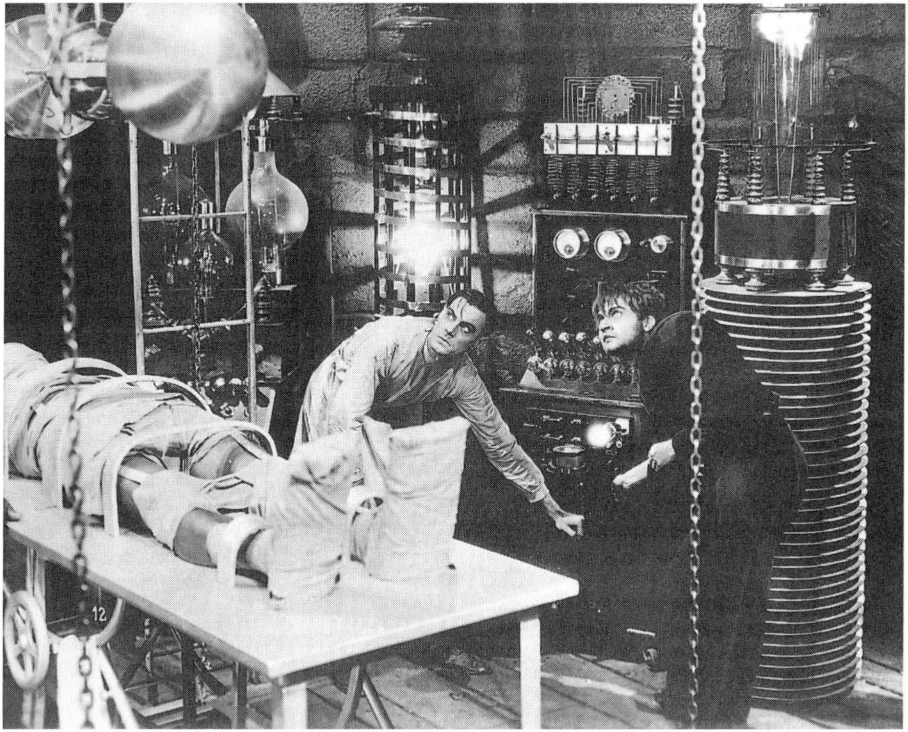

James Whales klassische Version des Frankenstein-Stoffes. Sein Einfluß reicht bis in die Pop-Videos der Gegenwart.

zusammen. Wenig geschmackssichere Horror-Parodie mit einem gehörigen Schuß Kurven. LSFF/HFJ 1992

Frankenstein F344

FRANKENSTEIN ****

USA 1931, 69 Min., s/w

R: James Whale D: Colin Clive, Mae Clarke, Boris Karloff, John Boles

Wissenschaftler setzt aus Teilen von Leichen einen Menschen zusammen, der jedoch irrtümlich das Gehirn eines Behinderten erhält. Mißverständnisse stempeln es zur mörderischen Bestie; der Mob hetzt und verbrennt es. Ein SF-Klassiker der alten Schule. LSFF

F345

erschaffene Lebewesen als sensibel und ängstlich zeigt, der Vorlage aber ebenfalls nicht ganz gerecht wird.

Frankenstein – Der Schrecken mit dem Affengesicht F346 *

FURANKENSHITAIN TAI BARAGON
FRANKENSTEIN CONQUERS THE WORLD

Japan/USA 1965, 87 Min., F

R: Inoshiro Honda D: Nick Adams, Tadao Takashima, Kumi Mizuno

Nazis schicken das Herz des Frankenstein-Monsters nach Japan, wo es nach Kriegsende mutiert, zu einem Riesenaffen heranwächst und den Kampf gegen ein feuerspuckendes Reptil aufnimmt. Naive Schauermär.

Urzeitriesen entstandenes Lebewesen prügelt sich mit einem anderen, das es nicht lassen kann, japanische Städte zu Klump zu hauen. Muß man gesehen haben, um es dennoch nicht zu glauben!

Frankenstein 70 – Das Ungeheuer mit der Feuerklaue F348 **

THE PROJECTED MAN

GB 1966, 90 Min., F

R: Ian Curties D: Bryant Halliday, Mary Peach, Norman Wooland

Bei dem Versuch, Materie in Energie umzuwandeln, wird ein Forscher aufgrund eines Schaltfehlers zu einem entstellten Monstrum, wütet unter seinen Feinden und vernichtet sich am Ende selbst. Frankenstein kommt

Da das Monstrum des Dr. Frankenstein sich als Fehlkonstruktion entpuppt, muß es ständig mit neuen Organen etc. versorgt werden. Eine Genre-Parodie, auf die man guten Gewissens verzichten kann.

Frankenstein Junior F350
YOUNG FRANKENSTEIN ****
USA 1974, 108 Min., F
R: Mel Brooks D: Gene Wilder, Madeline Kahn, Marty Feldman
Eine köstliche Verulkung des Frankenstein-Mythos und sämtlicher Leinwandversionen. Die Gags sind zu zahlreich, um sie an dieser Stelle aufzulisten!

Frankenstein muß sterben F351
FRANKENSTEIN MUST BE DESTROYED **
GB 1969, 97 Min., F
R: Terence Fisher D: Peter Cushing, Veronica Carlson, Freddie Johns
Frankenstein transplantiert das Hirn eines irren Irrenarztes in den Kopf eines Professors, doch der irre Irrenarzt hat nur den Gedanken, Dr. Frankenstein zu vernichten. Und das tut er dann auch. Blah. Blah. Blah. LSFF

Frankenstein schuf ein Weib F352
FRANKENSTEIN CREATED WOMAN **
GB 1966, 86 Min., F
R: Terence Fisher D: Peter Cushing, Susan Denberg, Thorley Walters
Dr. Frankenstein erschafft aus einem Toten ein dralles Weib im Bikini und lockt damit eine Mörderbande an, die selbigen auf dem Gewissen haben. Aber sie entgehen seiner Rache nicht. Standard-Horrorfilm. LSFF

Frankenstein und die Monster aus dem All F353
KAIJU SOSHINGEKI **
Japan 1968, 89 Min., F
R: Inoshiro Honda D: Akira Kubo, Jun Tazaki, Yoshio Tsuchiya, Kyoko Ai
Bewohner eines fremden Planeten lassen mehrere auf einer irdischen Insel isolierte Monster frei, die für Chaos sorgen. Irrer Krakenquatsch, an dem Kinder ihren Spaß haben können, falls sie helle sind. LSFF

Frankenstein und die Ungeheuer aus dem Meer F354
NANKAI NO DAIKETTO **
Japan 1966, 87 Min., F
R: Jun Fukuda D: Akira Takarada, Toru Watanabe, Hideo Sunazuka
Eine Riesenechse und ein gigantischer Schmetterling bedrohen Angehörige einer Expedition und bekämpfen sich dann selbst. Was der Dichter damit sagen will, bleibt sein Geheimnis. Frankenstein kommt auch nicht vor.

Frankenstein, wie er wirklich war F355
FRANKENSTEIN: THE TRUE STORY **
GB/USA 1973, 195 Min., F
R: Jack Smight D: James Mason, Leonard Whiting, David McCallum
X-te Neuverfilmung des Romans von Mary W. Shelley, die sich bemüht, an der literarischen Vorlage zu bleiben. Der Film ist weniger schauerlich als seine Vorgänger, doch dafür mit einem Anflug an Anspruch versehen.

Frankensteins Braut F356
THE BRIDE OF FRANKENSTEIN ****
USA 1935, 80 Min., s/w
R: James Whale D: Boris Karloff, Colin Clive, Elsa Lanchester
Frankenstein bastelt für sein Monster eine Partnerin, doch diese reagiert auf ihren Bräutigam mit schrillen Schreien, was selbigen zum Suizid verführt. Eine Fortsetzung, die sich nicht zu verstecken braucht. LSFF

Frankensteins Fluch F357
THE CURSE OF FRANKENSTEIN ***
GB 1957, 83 Min., F
R: Terence Fisher D: Peter Cushing, Christopher Lee, Hazel Court
Frankenstein erschafft aus den Teilen Verstorbener ein Wesen, das sich als krimineller Unhold entpuppt, und wird verdächtigt, dessen Untaten begangen zu haben. Zwar kann er das Monster vernichten, doch ihm droht der Tod durch die Guillotine. LSFF

Frankensteins Höllenbrut F358
GOJIRA TAI GIGAN *
Japan 1971, 89 Min., F
R: Jun Fukuda D: Hiroshi Ishikawa, Yuriko Hishimi, Tomoku Omeda
Außerirdische Finsterlinge wollen die Menschheit ausrotten und lassen zwei Weltraummonster auf die Erde los. Zwei friedliche irdische Ungeheuer stellen sich den Invasoren entgegen. Schwachsinn in Reinkultur. LSFF

Frankensteins Horror-Klinik F359
HORROR HOSPITAL **
GB 1973, 91 Min., F
R: Anthony Balch D: Michael Gough, Robin Askwith, Vanessa Shaw
Songschreiber, der sich in einem Sanatorium erholen will, gerät in die Fänge eines mißgestalteten Irren, der in seinem Labor abscheuliche Experimente an Menschen vornimmt. Ohne Teilnahme von Dr. Frankenstein. LSFF

Frankensteins Kampf gegen die Teufelsmonster F360
GOJIRA TAI HEDORA **
Japan 1971, 87 Min., F
R: Yoshimitu Banno D: Akira Yamauchi, Toshi Kimura, Kaiko Hari
Ein aus Umweltgiften entstandenes Ungeheuer macht Matsche aus Japan, doch der Drache Godzilla und eine neue Superwaffe legen es flach. Ein kindischer Frankenstein-Film, in dem kein Frankenstein vorkommt. LSFF

Frankensteins Monster jagen Godzillas Sohn F361
GOJIRA TAI MUSUKO **
Japan 1968, 86 Min., F
R: Jun Fukuda D: Tadao Takashima, Beverly Maeda, Akira Kubo
Infolge eines Experiments verändert sich das Klima einer Südseeinsel und läßt dortselbst gigantische Monstren wachsen, die Randale wollen. Der Drache Godzilla und ein japanischer Professor stellen die Ordnung wieder her. Für kindliche Gemüter. LSFF

Frankensteins Rache F362
THE REVENGE OF FRANKENSTEIN ***
GB 1958, 89 Min., F
R: Terence Fisher D: Peter Cushing, Francis Matthews, Eunice Gayson
Dr. Frankenstein bastelt aus diversen Leichenteilen einen Körper, um seinen behinderten Helfer zu verschönern. Ein Schlag auf den Kopf jedoch führt

bei diesem zu einem Hirnschaden, und bald zieht er mordend umher. LSFF

Frankensteins Schrecken F363
THE HORROR OF FRANKENSTEIN **
GB 1970, 95 Min., F
R: Jimmy Sangster D: Ralph Bates, Kate O'Mara, Graham James
Ein Ganove, der dem genialen Forscher Frankenstein per Mord zu einem Hirn verhilft, sieht sich nach Belebung von dessen Kunstwesen Racheattacken ausgesetzt. Aber auch andere müssen dran glauben. Lächerlich. LSFF

Frankensteins Sohn F364
SON OF FRANKENSTEIN **
USA 1939, 95 Min., F
R: Rowland V. Lee D: Boris Karloff, Basil Rathbone, Bela Lugosi
Frankensteins Helfer Ygor, der auf wunderliche Weise den Tod am Galgen überlebt hat, mißbraucht das von seinem Herrn geschaffene Monster, um sich an Richtern zu rächen.

Frankensteins Tochter F365
FRANKENSTEIN'S DAUGHTER *
USA 1958, 85 Min., s/w
R: Richard E. Cunha D: John Ashley, Sandra Knight, Donald Murphy
Möchtegern-Frankenstein verunstaltet Tochter seines Chefs und verpflanzt den Kopf seiner toten Geliebten auf einen Männerkörper, der alsbald auf Mord etc. auszieht. Ein unglaublich lächerlicher Schund-Horrorfilm.

Frankensteins Todesrennen F366
DEATH RACE 2000 **
USA 1974, 79 Min., F
R: Paul Bartel D: David Carradine, Simone Griffith, Sylvester Stallone
USA 2000: In einem großangelegten Autorennen quer durch den Kontinent sind die Fahrer berechtigt, sich ihrer Konkurrenten mit allen Mitteln zu entledigen. Und das tun sie dann auch. Ein verbrecherischer Hypnotiseur, der Dr. Frankenstein hilft, sein altes Monster wiederzubeleben, läßt das Wesen allerlei Untaten begehen, bis es sich an ihm rächt. Einer der besseren Frankenstein-Filme. LSFF

Frankie, Jonny und die Anderen F368 ***
BRD 1992, 89 Min., F
R: Hans-Erich Viet D: Detlef Kuper, Paul Herwig, Marco Meulenkamp
Fünf Jungs vom platten Land suchen nach Abenteuer und Abwechslung von Suff und Disco. Bei einem Einbruch erbeuten sie Ninja-Uniformen und versenken sich in fernöstliche Weisheiten. Ein »Jugendfilm«, der sich aus der Masse heraushebt und durch spröden Witz überzeugt. HFJ 1995

Frankie und Johnny F369
FRANKIE AND JOHNNY **
USA 1965, 87 Min., F
R: Frederick de Cordova D: Elvis Presley, Donna Douglas, Harry Morgan, Nancy Kovack
Ständig in Geldnöten befindlicher Riverboatsänger versucht sein Glück im Spiel, bis er in einer Kollegin die Liebe seines Lebens findet. Für Elvis-Fans only.

Frankie & Johnny F370
FRANKIE & JOHNNY ***
USA 1991, 118 Min., F
R: Garry Marshall D: Al Pacino, Michelle Pfeiffer, Hector Elizondo
Romantische Liebesgeschichte zwischen einem lebenslustigen Imbißbuden-Koch und einer vom Glück nicht gerade verwöhnten Serviererin. Garry Marshall variiert sein Pretty Woman-Thema, nur sind seine Protagonisten diesmal etwas älter, ärmer, schmuddeliger und viel menschlicher. HFJ 1992

Frankie und F371

charmanter Casinoknacker, die in Las Vegas ihr Unwesen treiben. Daß hier das gesamte Rat-Pack zu sehen ist, muß man dem Film zugute halten – sonst würde sich das Ansehen überhaupt nicht lohnen.

Frankies House F372
FRANKIES HOUSE ***
Australien/GB 1992, 108 Min., F
R: Peter Fisk D: Iain Glen, Kevin Dillon, Steven Vidler
Der junge Fotoreporter Tim Page macht in Vietnam Bilder, die um die Welt gehen und die Grausamkeit des Krieges zeigen. Zusammen mit seinem Kollegen und Freund Sean Flynn übersteht er in»Frankie's Hotel« den Krieg. Der Vietnamkrieg einmal aus einer anderen Perspektive gesehen.

Frantic F373
FRANTIC ****
Frankreich/USA 1988, 119 Min., F
R: Roman Polanski D: Harrison Ford, Emmanuelle Seigner, Betty Buckley
Eine Kofferverwechslung zieht die Entführung der Frau eines Arztes in Paris nach sich, doch da die Polizei kein Interesse an dem Fall zeigt, setzt der Arzt eigene Ermittlungen in Gang. Im Verein mit einer Kokserin schlägt er sich durch die Halbwelt und gerät mit Spionen und dem US-Konsulat aneinander. Ein spannender Thriller in der Tradition Hitchcocks.

Franziskus, der Gaukler Gottes F374 ***
FRANCESCO, GIULLARE DI DIO
Italien 1949, 85 Min., s/w
R: Roberto Rossellini
Der Film erzählt in elf Episoden das Leben des heiligen Franz von Assisi. Rossellinis Verfilmung beruht zwar auf dem Legendenzyklus, versucht aber gleichzeitig, den Heiligen in einen konkreten gesellschaftlichen Kontext

Boisrond, Henri Decoin, Le Chanois
D: Martine Lambert, Sophie Desmarets, Dany Robin, Bibi Morat
Sieben französische Regisseure behandeln auf ironische Weise in je einem Episodenfilm die Themen »Sexualaufklärung«, »jugendliche Liebe«, »Jungfräulichkeit«, »Streit in der Ehe«, »Ehebruch«, »Ehescheidung« und »alleinstehende Frau«. Gelungenes Gemeinschaftsprojekt mit einem herausragenden Beitrag René Clairs voller Poesie und Einfühlsamkeit.

Die französische Cousine F376
MIGNON E PARTITA ****
Italien/Frankreich 1988, 93 Min., F
R: Francesca Archibugi D: Céline Beauvallet, Leonardo Ruta, Stefania Sandrelli
Die 15jährige Mignon kommt von ihrer wohlhabenden Familie zur bescheidener lebenden Verwandtschaft nach Rom. Dort erlebt sie zum erstenmal die Liebe, beobachtet Beziehungsschwierigkeiten zwischen Onkel und Tante und erfährt schließlich den wahren Grund ihrer Reise: ihr Vater wurde wegen eines Wirtschaftsvergehens inhaftiert. Das preisgekrönte Regiedebüt schildert einfühlsam den Weg eines jungen Mädchens in die Welt der Erwachsenen.

Eine französische Frau F377
UNE FEMME FRANÇAISE ***
Frankreich/GB/BRD 1995, 97 Min., F
R: Regis Wargnier D: Emmanuelle Béart, Daniel Auteuil, Gabriel Barylli
Eine Bilderbuchliebe: die schöne Jeanne und der Offizier Louis. Doch kurz nach der Hochzeit muß der Mann in den Krieg, die junge Frau, gerade erst mit sexuellen Freuden vertraut, hat mit der Treue ihre Probleme. Leidenschaft, bürgerliche Moral und die seelische Einsamkeit einer Frau langweilig in Szene gesetzt, Figuren und Geschichte bleiben hölzern.
HFJ 1996

Französische Küsse F378
RAPT IN LOVE **
Frankreich 1980, 91 Min., F
R: Gerard Loubeau D: Eva Lyberten, Raquel Evans, Bertha Linguerman
Ganoven entführen zwei Mädchen und haben Probleme, an das Lösegeld heranzukommen. Der Regisseur hingegen hat das Problem, sich ständig neue Stellungen ausdenken zu müssen. Sexfilm mit aufgesetztem Krimi-Hintergrund.

Frasquita F379
***
Österreich 1934, 81 Min., s/w
R: Carl Lamac D: Jarmila Novotna, Hans Heinz Bollmann, Hans Moser
Eher durchschnittliche Film-Version der Operette von Franz Lehár, allenfalls durch das komödiantische Beiwerk unterhaltsam.

Die Frau am Fenster F380
FEMME A SA FENETRE ****
BRD/Fr/It 1976, 110 Min., F
R: Pierre Granier-Deferre D: Romy Schneider, Philippe Noiret, Victor Lanoux, Umberto Rosini
Eine italienische Diplomatengattin verliebt sich im Jahre 1936 mit Haut und Haaren in einen vom Militärregime verfolgten griechischen Kommunisten. Unterhaltsames, wenn auch teilweise zu kompliziert konstruiertes Plädoyer für eine menschlich-moralische Entscheidung gegen gesellschaftlichen Verfall und Zynismus.

Die Frau am Strand F381
THE WOMAN ON THE BEACH ****
USA 1947, 71 Min., s/w
R: Jean Renoir D: Joan Bennett, Robert Ryan, Charles Bickford
Von der Produktionsfirma nach einigen Testvorführungen als zu unverständlich und erotisch angesehener und deswegen verstümmelter Film. Ein Offizier der Küstenwache, ein blinder Maler und seine Ehefrau sind die Protagonisten einer Dreiecksgeschichte. Trotz der Kürzungen ein bemerkenswertes und hervorragend gespieltes Gefühlsdrama in der Stimmung der Schwarzen Serie.

Die Frau aus dem Nichts F382
SECRET CEREMONY ****
GB 1968, 110 Min., F
R: Joseph Losey D: Elizabeth Taylor, Mia Farrow, Robert Mitchum
Mysteriöse Geschichte um die Beziehung zwischen einem jungen Mädchen und einer alternden Prostituierten. Faszinierendes Film-Puzzle.

Die Frau der Pharaonen F383
LA DONNA DEI FARAONI **
Italien 1960, 87 Min., F
R: Victor Tourjansky, Giorgio Rivalta
D: Linda Cristal, Pierre Brice, John Drew Barrymore, Armando Francioli
Zwei Pharaonensöhne und ihre Cliquen hauen sich um die Macht im Lande. Drama aus der Antike.

Die Frau des anderen F384
A WALK IN THE SPRING RAIN **
USA 1969, 98 Min., F
R: Guy Green D: Anthony Quinn, Ingrid Bergman, Fritz Weaver
Die alte Geschichte von der Frau des Spießbürgers, die sich in den Naturburschen verliebt, ohne einen Funken von Talent oder Leidenschaft erzählt.

Die Frau des Bäckers F385
LA FEMME DU BOULANGER ****
Frankreich 1938, 97 Min., s/w
R: Marcel Pagnol D: Jules Raimu, Ginette Leclerc, Charles Moulin
Dem Bäcker ist die Frau mit dem Hirten durchgebrannt. Nun bäckt er kein Brot mehr, bis das ganze Dorf ihm hilft, sie wiederzubekommen. Wundervoll gespielte tragikomische Geschichte um provencalische Volkstypen.

Die Frau des Banditen F386
THE OUTCASTS OF POKER FLAT ***
USA 1952, 80 Min., s/w
R: Joseph M. Newman D: Anne Baxter, Dale Robertson, Miriam Hopkins
Psycho-Western über einen Killer, der während eines Schneesturms diverse Figuren terrorisiert, die in einer Blockhütte Zuflucht suchen, bis er nach allerlei Hickhack im Schnee umkommt. Nach Bret Harte.

Die Frau des Fliegers F387
LA FEMME D'AVIATEUR OU »ON NE SAURAIT PENSER A RIEN« ****
Frankreich 1981, 100 Min., F
R: Eric Rohmer D: Marie Rivière, Philippe Marlaud, Mathieu Carrière

Junger Mann wird von Eifersucht auf einen vermeintlichen Liebhaber seiner Geliebten geplagt und von einer anderen Frau irritiert. Eine »Handlung« kann man kaum nennen, was in Rohmers Filmen Anlaß zu einer Reise ins Innenleben der Menschen wird.

Die Frau des Krämers F388
THE GROCERERS WIFE ***
Kanada 1991, 100 Min., F
R: John Pozer D: Simon Webb, Susinn McFarlen, Nicola Cavendish
Armer Tim Middley! Tagsüber Emissionsmesser im örtlichen Schmelzwerk, muß er nach Feierabend seine herrische Mutter pflegen. Eines Abends taucht auch noch die Stripperin Anita in Tims Wohnung auf, und als die Mutter schließlich stirbt, nimmt sie das freigewordene Bett in Beschlag. Zudem hat die Frau des Kaufmanns ein Auge auf den völlig überforderten Tim geworfen und kann sich kaum noch beherrschen.
HFJ 1994

Die Frau des Priesters F389
LA MOGLIE DEL PRETE ***
Italien 1970, 108 Min., F
R: Dino Risi D: Marcello Mastroianni, Sophia Loren, Venantino Venantini
Eine Frau hat sich die Verführung eines arglosen Priesters in den Kopf gesetzt. Eine der besseren Zölibatskomödien dieser Jahre.

Die Frau des Profis F390
THE SLUGGERS'S WIFE ***
USA 1985, 100 Min., F
R: Hal Ashby D: Michael O'Keefe, Rebecca de Mornay, Martin Ritt
Nach einem Komödienstoff von Neil Simon erzählt Ashby die Liebesgeschichte zwischen einer angehenden Rocksängerin und einem mittelmäßigen Baseball-Profi, der unter ihrem Einfluß über sich hinauswächst.

Frau einer Kleinfamilie holt die Freundin ihres Mannes mit ins Haus, um sich dem Konflikt zu stellen, doch bei aller Offenheit und Ehrlichkeit bleibt sie mit ihrer Liebe allein.

Eine Frau für den Marshall F392
THE WOMAN OF THE TOWN ***
USA 1943, 84 Min., F
R: George Archainbaud D: Albert Dekker, Claire Trevor, Barry Sullivan
Bat Masterson, der Marshall von Dodge City, gerät mit dem Lumpen Kennedy aneinander; erschwert wird der Fall, als sich beide in die Sängerin Dora verlieben. Western mit einer ungewöhnlichen Frauengestalt.

Eine Frau für zwei F393
GAZON MAUDIT ***
Frankreich 1985, 105 Min., F
R: Josiane Balasko D: Victoria Abril, Josiane Balasko, Alain Chabat
Der Ehemann, die Ehefrau, die Geliebte ... Auf den ersten Blick also das klassische Dreieck. Aber aus den Fugen gerät das glückliche Familienleben durch eine lesbische Variante. Aus vielen Klischees bezieht der Film seinen amüsanten Witz, und er steckt voller hübscher Details. Aber irgendwie funktioniert doch nicht alles, wie es sein sollte, der Film findet keinen rechten Stil und kann sich nicht für ein Genre entscheiden. HFJ 1996

Die Frau gegenüber F394
***
BRD 1978, 102 Min., s/w
R: Hans Noever D: Franciszek Pieczka, Petra Maria Grün, Jody Buschmann
Psychologische Studie eines Mannes, dessen Mißtrauen seine Frau erst zum Einbruch treibt. »Der Film handelt genaugenommen von der Unterdrückung anderer, die eine Folge der Selbstunterdrückung ist.« (Noever)

derne Variation des Grimmschen Märchenstoffes, die über interessante Ansätze hinaus keine rechte Konzeption findet.

Eine Frau im Sattel F396
MANEGES ***
Frankreich 1949, 85 Min., s/w
R: Yves Allégret D: Simone Signoret, Bernard Blier, Jeanne Marken
Eine Frau erzählt ihrem Sohn, dessen Ehefrau Dora nach einem schweren Unfall im Koma liegt, daß diese ihn nur wegen seines Geldes geheiratet und ihn mehrfach betrogen hat. Die für immer gelähmt bleibende Dora wird daraufhin von ihrem Mann verlassen. Spannend inszenierter und filmisch geschickt erzählter Film, in dem Simone Signoret einmal mehr ihr Können unter Beweis stellt.

Eine Frau in Afrika F397
UNE FEMME EN AFRIQUE ****
Frankreich 1985, 83 Min., F
R: Raymond Depardon
D: Françoise Prenant
Ungemein konzentrierter Film, der die Reise einer afrikanischen Frau von Djibouti über Kenia nach Venedig erzählt.

Die Frau in den Dünen F398
SUNA NO ONNA ****
Japan 1964, 122 Min., s/w
R: Hiroshi Teshigahara
D: Eiji Okada, Kyoko Kishida
Insektenforscher verirrt sich in den Dünen und wird von einer Witwe in einem tiefen Sandloch gefangengehalten. Eine erotische Parabel.

Frau in Notwehr F399
THE ACCUSED ***
USA 1949, 101 Min., s/w
R: William Dieterle D: Loretta Young, Robert Cummings, Wendell Corey
Der vergebliche Selbstmordversuch einer Psychologie-Professorin ruft eine

Godard dirigiert Jean-Paul Belmondo und Anna Karina.

Die Frau in Rot F400
THE WOMAN IN RED ***
USA 1984, 87 Min., F
R: Gene Wilder D: Gene Wilder, Gilda Radner, Kelly LeBrock
Remake des französischen *Ein Elephant irrt sich gewaltig,* der Geschichte um einen von Midlife-Krisen ge-plagten Mann, der seiner Traumfrau hinterherjagt und dabei sein Familienleben auf's Spiel setzt. Leichte Filmunterhaltung mit nur teilweise guten schauspielerischen Leistungen. Das Original ist wie so oft besser.

Eine Frau ist eine Frau F401
UNE FEMME EST UNE FEMME ****
Frankreich 1961, 83 Min., F
R: Jean-Luc Godard D: Anna Karina, Jean-Claude Brialy, Jean-Paul Belmondo
Eine Frau muß ihren Freund betrügen, um ihren Wunsch nach einem Kind zu befriedigen. Wundersame Parodie auf den Komödienstil und ungemein innovative Gestaltung in Godards heiterstem Film.

Die Frau meines Lebens F402
LA FEMME DE MA VIE ***
Frankreich 1985, 102 Min., F
R: Régis Wargnier D: Christophe Malavoy, Jane Birkin, Jean-Louis Trintignant, Béatrice Agenin
Simon ist ein Violin-Virtuose, glücklich verheiratet und erfolgreich – aber er trinkt. Als er Pierre kennenlernt, läßt er von seinem Laster. Eine Studie über Abhängigkeiten.

Eine Frau mit 15 F403
LA FILLE DE QUINZE ANS **
Frankreich 1988, 85 Min., F
R: Jacques Doillon D: Judith Godreche, Melvil Poupaud, Jacques Doillon
Streng komponiertes Melodram um ein fünfzehnjähriges Mädchen, das zwischen ihrem Freund und dessen Vater steht.

Die Frau mit dem roten Hut F404 **
BRD/Japan 1982, 90 Min., F
R: Tatsumi Kumashiro D: Kristina van Eyck, Toshiyuki Nagashima, Shigeru Izumiya, Bernd Stephan
Japanischer Schriftsteller gerät im Deutschland der zwanziger Jahre in den Bann einer knochigen Schnepfe, die zu keiner festen Bindung fähig ist. Wirrer Bildersalat, den man sich nicht antun muß.

Die Frau mit den roten Stiefeln F405 ***
LA FEMME AUX BOTTES ROUGES
Fra/It/Sp 1974, 100 Min., F
R: Juan Buñuel D: Cathérine Deneuve, Fernando Ray, Jacques Weber
Ein Film um Intrigen und Leidenschaften, ganz in der Tradition seines großen Vaters Luis Buñuel. Eine surreale Geschichte um eine schöne Frau, die Dinge vorhersehen kann.

Die Frau mit der eisernen Maske F406 ***
THE LADY IN THE IRON MASK
USA 1952, 90 Min., F
R: Ralph Murphy D: Louis Hayward, Patricia Medina, Alan Hale jun.
Um Kompetenzstreitigkeiten bei der Thronfolge zu vermeiden, schmachtet Prinzessin Annes Zwillingsschwester im Kerker. Gute Burschen hauen sie heraus. Mantel- und Degenfilm nach Alexandre Dumas.

Die Frau, nach der man sich sehnt F407 ****
Deutschland 1929, 75 Min., s/w
R: Kurt Bernhardt D: Marlene Dietrich, Fritz Kortner, Frieda Richard
Stummfilm-Melodram in wundervoller Lichtmalerei: Auf seiner Hochzeitsreise an die Riviera begegnet ein Mann der Liebe seines Lebens und löst damit eine Katastrophe aus.

Die Frau nebenan F408
LA FEMME D'A CÔTÉ ****
Frankreich 1981, 106 Min., F
R: François Truffaut D: Gérard Depardieu, Fanny Ardant, Henri Garcin
Die ländliche Idylle mit Familienglück ändert sich für Bernard schlagartig, als das Nachbarhaus neue Bewohner bekommt. Mit »die Frau nebenan« holt ihn seine Vergangenheit ein. Sie waren vor acht Jahren leidenschaftlich ineinander verliebt und sind auseinandergegangen, weil sie die Liebe im wahrsten Sinne des Wortes zugrunde gerichtet hätte.

Eine Frau oder zwei F409
UNE FEMME OU DEUX ***
Frankreich 1986, 101 Min., F
R: Daniel Vigne D: Sigourney Weaver, Gérard Depardieu
Eine Screwball-Comedy made in France, auf den Spuren von *Leoparden küßt man nicht*. Ein Wissenschaftler, der das Fossil der ersten französischen Frau entdeckt hat und die Direktorin einer amerikanischen Fördergesellschaft treffen will, gerät fälschlicherweise an eine Werbeagentin, die gerade von einem Liebhaber gejagt wird.

Gérard Depardieu und Fanny Ardant in ›Die Frau nebenan‹.

Eine Frau ohne Bedeutung F410
**
Deutschland 1936, 72 Min., s/w
R: Hans Steinhoff D: Käthe Dorsch, Friedrich Kayßler, Julia Serda, Hans Leibelt, Albert Lieven
Pastorentochter verliebt sich in jungen Lord und muß um den gemeinsamen Sohn kämpfen, nachdem der von seiner Familie nach Indien geschickt worden ist. Sehr deutsche Oscar-Wilde-Verfilmung.

Frau ohne Gewissen F411
DOUBLE INDEMNITY ****
USA 1943, 106 Min., s/w
R: Billy Wilder D: Fred MacMurray, Barbara Stanwyck, Edward G. Robinson, Porter Hall, Jean Heather
Versicherungsagent hilft seiner Geliebten, deren Mann zu beseitigen, merkt dann, selbst nur Werkzeug gewesen zu sein. Klassischer Film noir, mit einer mörderischen Femme fatale, der die Männer verfallen sind, und die am Ende für ihre Intrige bezahlen muß. Drehbuch von Raymond Chandler und Wilder, nach dem Roman von James M. Cain.

einem jungen Filmvorführer, auf Video gedreht und auf Filmmaterial umkopiert, deren Künstlichkeit als gewolltes Stilmittel hingestellt wird.

Frau, sei wie eine Rose! F413
TSUMA YO BARA NO YO NI ****
Japan 1935, 75 Min., s/w
R: Mikio Naruse D: Sachiko Chiba, Yuriko Hanabusa, Tomoko Ito
In einer gelungenen Mischung aus Komödie und Drama beschreibt der Film die Widersprüche der japanischen Frauen in den dreißiger Jahren zwischen ihren traditionellen Rollen und westlichen Einflüssen.

Frau Sixta F414
***
Deutschland 1938, 102 Min., s/w
R: Gustav Ucicky D: Franziska Kinz, Ilse Werner, Gustav Fröhlich
Witwe, die Hof und Posthalterei in eigener Regie führt, stellt einen Major ein, der dann statt ihrer die Tochter nimmt. Melodram mit bizarren ideologischen Untertönen.

Eine Frau steht ihren Mann F415
SWITCHING CHANNELS ***

MacArthur. An die Versionen von Lewis Milestone, Howard Hawks und Billy Wilder kommt diese trotz redlicher Bemühungen der Hauptdarsteller nicht heran.

Frau und Geliebte F416
MOGLIAMANTE ***
Italien 1977, 106 Min., F
R: Marco Vicario D: Marcello Mastroianni, Laura Antonelli, Leonard Mann
Nach seinem vorgetäuschten Tod muß der Weinhändler Luigi sehen, daß sich seine angeblich frigide Gattin in den Armen eines anderen austobt. Originelle Sexgeschichte, hart am Rand der Tragikomödie.

Eine Frau unter Einfluß F417
A WOMAN UNDER THE INFLUENCE ****
USA 1974, 141 Min., F
R: John Cassavetes D: Gena Rowlands, Peter Falk, Matthew Cassel
Mabel möchte so gern eine perfekte Hausfrau und Mutter sein. Aber immer wieder scheitert sie an den Ansprüchen der Umwelt.

Die Frau vom Fluß F418
LA DONNA DEL FIUME ***
Italien 1954, 98 Min., F
R: Mario Soldati D: Sophia Loren, Gerard Oury, Rik Battaglia
Wüstes Melodram über die Haßliebe zwischen einer Arbeiterin und einem Schmuggler, das die Loren endgültig zum Star machte.

Die Frau vom heißen Fluß F419
LA MUJER DE LA TIERRA CALIENTE **
Spanien/Italien 1979, 79 Min., F
R:José Maria Forquet D: Stuart Whitman, Laura Gemser
Ein amerikanischer Ingenieur und eine Hure, die einander in Südamerika kennen lernen, erzählen sich ihre sexuelle Vergangenheit. Billiger Sexfilm mit aufgesetztem »seriösen« Hintergrund.

Katharine Hepburn, überwältigend wie immer, spielt eine selbstbewußte, gebildete Journalistin, Spencer Tracy einen bulligen Sportreporter, und je mehr sich die beiden streiten, desto mehr lieben sie sich, und umgekehrt. Eine der wundervollsten Hollywood-Komödien der vierziger Jahre.

Frau Warrens Gewerbe F421
**
BRD 1959, 102 Min., s/w
R: Akos von Rathony D: Lilli Palmer, O.E. Hasse, Johanna Matz
Nach George Bernard Shaw: Eine Tochter entdeckt, daß der Reichtum ihrer Mutter aus Bordelleinnahmen stammt.

Eine Frau will vergessen F422
THE BLUE GARDENIA ***
USA 1953, 90 Min., s/w
R: Fritz Lang D: Anne Baxter, Richard Conte, Ann Sothern
Norah landet betrunken in der Wohnung des notorischen Frauenhelden Harry, erwehrt sich aber mit letzter Kraft seiner Annäherung mit einem Feuerhaken. Als sie am Morgen erwacht, ist der Mann tot.

Frau zu verschenken F423
PREPAREZ VOS MOUCHOIRS ****
Frankreich/Belgien 1977, 105 Min., F
R: Bertrand Blier D: Gérard Depardieu, Patrick Dewaere, Carole Laure
Eine verrückte Dreiecksgeschichte, die zugleich absurde Groteske, melancholisches Drama und surreale Phantasie ist. Ausgezeichnet von der amerikanischen National Society of Film Critics als bester Film des Jahres 1978 und mit dem »Oscar« als bester ausländischer Film im selben Jahr.

Eine Frau zwischen Hund und Wolf F424
***
EEN VROUW TUSSEN HOND EN WOLF/ FEMME ENTRE CHIEN ET LOUP
Belgien/Frankreich 1979, 110 Min., F
R: André Delvaux D: Marie-Christine Barrault, Roger van Hool, Rutger Hauer
Sensibel gestaltete Geschichte einer Frau, die während des Krieges, in dem ihr mit den Nazis sympathisierender Mann für Deutschland kämpft, einen Widerstandskämpfer versteckt und sich in ihn verliebt. Doch nach dem Krieg kehrt sie zu ihrem Mann zurück, der als Kriegsverbrecher verurteilt wurde.

Die Frauen F425
THE WOMEN ****
USA 1939, 128 Min., F und s/w
R: George Cukor D: Norma Shearer, Joan Crawford, Rosalind Russell
Ein Film ganz ohne Männer. Eine Frau erfährt von ihrer Freundin, daß ihr Mann eine Affäre hat. Die anderen versuchen sie zu trösten. Ebenso sentimental wie sarkastisch.

Joan Crawford, Norma Shearer und Rosalind Russell in ›Die Frauen‹.

Frauen am Rande des Nervenzusammenbruchs F426
***
MUJERES AL BORDE DE UN ATAQUE DE NERVIOS
Spanien 1987, 89 Min., F
R: Pedro Almodovar D: Carmen Maura, Antonio Banderas, Julieta Sernardo Bonezzi, Julietta Serrano
Schrille Komödie um die Auflösung einer Partnerschaft, deren Rhythmus und Bildgestaltung hohen Kunstverstand zeigt. HFJ 1990

Frauen auf Abwegen F427
TURN THE KEY SOFTLY ***
GB 1953, 82 Min., s/w
R: Jack Lee D: Yvonne Mitchell, Terence Morgan, Kathleen Harrison
Die Probleme dreier Frauen, die aus dem Gefängnis entlassen werden: Joan Collins als Prostituierte, die wegen Diebstahls gesessen hat und sich nun bemüht, anständig zu werden. Drama.

Frauen, die für Sex bezahlen F428
*
Schweiz 1974, 71 Min., F
R: Michael Thomas D: Monika Rhode, Flavia Keith, Christa Free
Sexfilm über einen jungen Bock, der im Auftrag Frauen verführt, um Beweise für deren Untreue zu liefern.

Frauen, die man Töterinnen nannte F429
**
THE KARATE AMAZONS
Italien 1973, 100 Min., F
R: Al Bradley D: Robert Widmark, Solvy Stübing, Lincoln Tate
Banditen helfen einem »Zauberer« bei der Kampfausbildung der Bewohner eines Dorfes, die immer wieder von bösen Amazonen überfallen werden.

Frauen für die Teufelsinsel F430
LE PRIGIONIERE DELL'ISOLA DEL DIAVOLO/L' ILE AUX FILLES PERDUES **
Italien/Frankreich 1961, 86 Min., F
R: Domenico Paolella D: Guy Madison, Michèle Mercier, Paul Muller
Junge Adlige wird im 18. Jahrhundert in eine Strafkolonie verbannt, wo ein rechtes Terrorregime herrscht, doch der neue Kommandant, in Wahrheit ein Pirat im Dienst der Revolution, sorgt für eine Wende. Dutzendware.

Frauen für Zellenblock 9 F431
*
Schweiz 1977, 75 Min., F
R: Jess Franco D: Karine Gambier, Susan Hemingway, Howard Vernon
Drei Mädchen, die in einem Knast auf einer indonesischen Insel schmachten, haben genug von der Folter und vom erzwungenen Sex und bereiten ihre Flucht vor. Schmutzfilm eines Regisseurs, der dieses Genre erfunden hat.

Frauen hinter Zuchthausmauern F432
WOMEN IN CAGES **
Philippinen/USA 1976, 83 Min., F
R: Cirio H. Santiago D: Jennifer Gan, Judy Brown, Roberta Collins, Pam Grier
Junge Drogenhändlerin landet in einem tropischen Inselknast, wird von einer lesbischen Wärterin drangsaliert und bricht mit zwei Kolleginnen aus. »The dirty dolls of Devil's Island. You can meet them for a price!«

Frauen im Foltercamp F433
THE REFUGEES **
Hongkong 1980, 96 Min., F
R: Mou Tun Fei D: Yen Hung, Chi Feng, Chen Ming
Asiatische Frauen, die nach Hongkong wollen, geraten in die Hände böser Zuhälter, die sie verkaufen und ihre Familien um Lösegeld erpressen.

Frauen im Liebeslager F434
*
Schweiz 1977, 71 Min., F
R: Jess Franco D: Nanda van Bergen, Monika Kaelin, Esther Studer
Im südamerikanischen Urwald müssen diverse gekidnappte Maiden geilen Terroristen sexuell zu Willen sein. Zelluloidmachwerk aus der untersten Schublade, der auch handwerklich in keiner Weise überzeugen kann.

ter dem Terror von Wärterinnen und Nonnen ein Schreckensregime und zettelt eine Meuterei an. Sexschund.

Frauen in Ketten F436
BLACK MAMA, WHITE MAMA *
USA 1972, 86 Min., F
R: Eddie Romero D: Pam Grier, Margaret Markov, Sid Haig
Eine schwarze und eine weiße Frau fliehen aus einem südamerikanischen Knast und erwehren sich aneinandergekettet allerlei Gefahren. Ein Schundprodukt mit Assoziationen an *Flucht in Ketten.* HFJ 1988

Frauen ohne Unschuld F437
*
Schweiz 1977, 76 Min., F
R: Jess Franco D: Lina Romay, Michael Maien, Nanda van Bergen
Frau ohne Gedächtnis erwacht nach Verbrechen in einer Klinik, deren weibliche Insassen der lesbischen Liebe und der Masturbation frönen. Exploitation-Sexer mit aufgesetztem Krimi-Hintergrund. Lohnt das Ansehen nicht.

Frauen sind was Wunderbares F438
***
BRD 1993, 87 Min., F
R: Sherry Hormann D: Barbara Auer, Thomas Heinze, Kai Wiesinger
Eine dynamische Lehrerin mit Kind schwankt zwischen zwei Männern, einem Macho-Verschnitt und einem Sensibelchen. Unterhaltsame Komödie über komplizierte Gefühlswelten, die ihr Tempo aber nicht halten kann und manchmal überzogen wirkt. Tröstlich Barbara Auer als »wunderbare Frau«. HFJ 1995

Die Frauen von Rjasan F439
BABY RJASANSKIJE ****
UdSSR 1927, 68 Min., s/w
R: Olga Preobrashesnkaja D: Kusma Jastrebizki, O. Narbekowa, R. Push-

Die Frauen von Stepford F440
THE STEPFORD WIVES ***
USA 1974, 115 Min., F
R: Bryan Forbes D: Katharine Ross, Paula Prentiss, Peter Masterson
Die männlichen Bewohner einer US-Kleinstadt haben ihre Gattinnen durch ständig »nutzbare« Roboter ersetzt. Eine neu zugezogene Ehefrau kommt ihnen auf die Schliche und gerät in tödliche Gefahr. LSFF

Frauen waren sein Hobby F441
THE MAN WHO LOVED WOMEN ***
USA 1983, 110 Min., F
R: Blake Edwards D: Burt Reynolds, Julie Andrews, Kim Basinger
»Schärferes«, aber nicht besseres US-Remake von *Der Mann, der die Frauen liebte* (François Truffaut, 1977). Amerikanische Kinogänger haben offenbar etwas gegen ausländische Schauspieler.

Der Frauenfresser F442
WOMAN EATER **
GB 1957, 70 Min., F
R: Charles Saunders D: George Coulouris, Vera Day, Joy Webster
Forscher bringt von einer Reise zum Amazonas eine mysteriöse Pflanze mit, deren Saft Tote lebendig macht. Das Experiment gelingt, doch die Frau, die er ins Leben zurückholt, hat einen bösen Geist und keine Seele. LSFF

Frauengefängnis F443
*
Schweiz 1975, 78 Min., F
R: Jess Franco D: Lina Romay, Monica Swinn, Paul Muller, Eric Falk
Frauen brechen aus südamerikanischem Inselknast aus, in dem man sie mißbraucht hat, doch ihr Hilferuf an einen Politiker zeigt, daß ihm sein Trieb wichtiger ist als die Gerechtigkeit. Genüßlich ausgemalte Sadophantasien eines »Experten«.

organisation, die die Reize ihrer weiblichen Angestellten nicht nur einsetzt, um müde Männer munter zu machen. Sexfilm mit Krimi-Hintergrund.

Das Frauenlager F445
CHAINED HEAT **
USA/BRD 1982, 95 Min., F
R: Paul Nicholas D: Linda Blair, Tamara Dobson, Stella Stevens
Lesbische Prostitution, Drogenhandel und gewalttätige Auseinandersetzungen in einem US-Frauengefängnis lösen eine Revolte der Insassen aus. Harter und zynischer Exploitationfilm, der sich in rüden Tönen und brutalen Schlägereien ergeht.

Ein Frauenleben F446
UNE VIE ***
Frankreich 1958, 82 Min., F
R: Alexandre Astruc D: Maria Schell, Ivan Desny, Christian Marquand
Die Leidensgeschichte einer Frau, deren Mann sie nur wegen ihrer Mitgift geheiratet hat. Nach einem Roman von Guy de Maupassant.

Der Frauenmörder von Boston F447 ***
THE BOSTON STRANGLER
USA 1968, 116 Min., F
R: Richard Fleischer D: Henry Fonda, Tony Curtis, George Kennedy
Authentischer Fall eines Bostoner Frauenmörders aus den 60ern. Schauspielerisch überzeugend, doch unentschlossen zwischen Polizeithriller und psychologischer Ernsthaftigkeit.

Der Frauenmörder von Paris F448
LANDRU ***
Frankreich 1962, 115 Min., F
R: Claude Chabrol D: Charles Denner, Michèle Morgan, Danielle Darrieux, Hildegard Knef
Der authentische Fall von Henri-Désiré Landru, dem ein drei Jahre dauernder Prozeß wegen der Ermordung von zehn Frauen und eines Kindes gemacht wurde. Schwarze Komödie über den historischen Massenmörder, der sich bis zu seiner Hinrichtung im Jahre 1922 durch seine starke Persönlichkeit und Redegewandtheit der Beliebtheit in der Bevölkerung erfreute.

Eine Frauensache F449
UNE AFFAIRE DE FEMMES ****
Frankreich 1988, 108 Min., F
R: Claude Chabrol D: Isabelle Huppert, François Cluzet, Nils Tavernier
Um nach dem Einmarsch der Deutschen für moralische Aufrüstung zu sorgen, köpfte man 1943 in Frankreich eine Frau. Ihr Vergehen: 27 Frauen bei der Abtreibung geholfen zu haben. Chabrol gelingt mit der Verfilmung dieses authentischen Falles eine meist sehr überzeugende Personen- und Milieubeschreibung. HFJ 1990

Fräulein Smillas Gespür für Schnee F450 ***
BRD/Dänemark/Schweden 1996, 121 Min., F
R: Bille August D: Julia Ormond, Gabriel Byrne, Richard Harris
Von grönländischen Vorfahren abstammende spröde Wissenschaftlerin wird durch den vertuschten Mord an einem kleinen Jungen aus ihrem tristen Dasein gerissen und in ein Komplott verwickelt, das seinen Showdown im Eismeer findet. Gelungene und spannende Romanverfilmung mit einem dummen Schluß. HFJ 1998

Das Fräulein von Scuderi F451 **
DDR/Schweden 1955, 95 Min., s/w
R: Eugen York D: Henny Porten, Willy A. Kleinau, Anne Vernon
Paris, Ende des 17. Jahrhunderts. Eine geheimnisvolle Mordserie, der junge Adelige zum Opfer fallen, erschüttert die Bevölkerung. Der mysteriöse Goldschmied Cardillac scheint der Schlüssel für das Verbrechen. Bieder nach E.T.A. Hoffmann.

The Freakmaker – Labor des Grauens F452 **
THE MUTATIONS
GB 1973, 92 Min., F
R: Jack Cardiff D: Donald Pleasence, Brad Harris, Julie Ege
Geistig nicht ganz dichter Forscher, der Menschen mit Pflanzen kreuzen will und sich von seinem urigen Faktotum Opfer besorgen läßt, wird vom eigenen »Ausschuß« gerichtet. Formel-Horrorfilm. LSFF

Freaks F453
FREAKS ****
USA 1932, 64 Min., s/w
R: Tod Browning D: Wallace Ford, Leila Hyams, Olga Baclanova
Zirkus-»Attraktionen« tun sich zusammen, um einen Zwerg zu rächen, der von seiner »normalen« Frau gedemütigt und betrogen wird. Ein echter Horrorklassiker mit Schock-Ende und echten Freaks als Darstellern.

Frech wie Fairbanks F454
F . . . COMME FAIRBANKS ***
Frankreich 1976, 107 Min., F
R: Maurice Dugowson D: Miou-Miou, Patrick Dewaere, Michel Piccoli
Ein junger Chemiker findet nach seinem Militärdienst die große Liebe, aber keine Arbeit. Romantischer Realismus in der Tradition der Nouvelle Vague.

Das freche Mädchen F455
L' EFFRONTE ***
Frankreich/Schweiz 1985, 97 Min., F
R: Claude Miller D: Charlotte Gainsbourg, Bernadette Lafont, Julie Glenn, Clothilde Baudon
Die 13jährige Charlotte, die mit Vater, Ersatzmutter und großem Bruder zusammenlebt, möchte aus ihrem als eng empfundenen wohlbehüheteten Dasein ausbrechen. Als sie das musikalische Wunderkind Clara kennenlernt, findet sie in ihr ein Vorbild, während sie gleichzeitig einen jungen Mann kennenlernt. Genau beobachtete Studie einer Jugendlichen in der Pubertät.

Die frechen Wanzen F456
LES VACANCIERS **
Frankreich 1975, 80 Min., F
R: Michel Gerard D: Alice Sapritch, Michel Galabru, Paul Preboist
Pariser Familie zu Ferien in der Provinz. Französische Ferienkomödie der platteren Art.

Freddy, Tiere, Sensationen F457 ***
BRD 1964, 95 Min., F
R: Karl Vibach D: Freddy Quinn, Josef Albrecht, Ingrid van Bergen
Freddy Quinn ist Zirkusartist, der

seine Star-Karriere in Amerika opfert, um seinen in Not geratenen Eltern zu helfen. Zirkusfilm mit Gesang und einem Hauch von low camp.

Freddy's Finale – Nightmare on Elm Street 6 F458 **

NIGHTMARE ON ELM STREET 6
USA 1991, 92 Min., F
R: Rachel Talalay D: Robert Englund, Lisa Zane, Yaphet Kotto
Freddy Krueger schlitzt weiterhin Kinderkörper auf und denkt überhaupt nicht daran, in Rente zu gehen.

Free Willy F459 ****

FREE WILLY
USA 1993, 112 Min., F
R: Simon Wincer D: Jason James Richter, Lori Petty, Michael Madsen
Ein Zwölfjähriger, der bei Pflegeeltern lebt, schließt Freundschaft mit einem Killer-Wal im Freizeitpark und befreit ihn. Ein gefühlvoller Familienfilm, der durch seinen sympathischen Hauptdarsteller und wunderschöne Tieraufnahmen überzeugt. Selbst die Fortsetzung ist noch gelungen. HFJ 1995

Freedom Fighters F460 **

MERCENARY FIGHTERS
USA 1986, 91 Min., F
R: Riki Shelach D: Peter Fonda, Reb Brown, Ron O'Neal, Jim Mitchum
Zwei Vietnam-Veteranen geben ihre Jobs auf, um für ihren Ex-Boß als Söldner in Afrika zu kämpfen.

Freejack F461 **

FREEJACK
USA 1991, 90 Min., F
R: Geoff Murphy D: Emilio Estevez, Mick Jagger, Rene Russo, Anthony Hopkins, Amanda Plummer
Konzerneigene Privattruppe jagt einen Raumpiloten, da ihr betagter Chef auf seinen Körper aus ist, um sich in ihn versetzen zu lassen. Actionreicher SF-

Junger Rebell aus reichem Haus rast über die Küstenstraßen Kaliforniens, trennt sich irgendwann von seiner Freundin, fährt das Auto zu Schrott und trampt weiter an der Küste entlang. Blöde Geschichte, von Richard Morre schön fotografiert.

Der Freibeuter F463 ***

THE MASTER OF BALLANTRAE
USA 1953, 90 Min., F
R: William Keighley D: Errol Flynn, Beatrice Campbell, Yvonne Furneaux
Im Schottland des 17. Jahrhunderts streiten zwei Brüder mit flinker Zunge und noch flinkerem Florett um ihr Erbe. Rasanter Mantel- und Degenfilm, ein echter Klassiker des Genres! Nach einem Roman von R. L. Stevenson.

Freibeuter der Meere F464 **

IL CORSARO NERO
Italien/Spanien 1971, 98 Min., F
R: Vincent Thomas D: George Martin, Terence Hill, Bud Spencer
Zwei Halunken kaufen einer konkurrierenden Bande die Frau des spanischen Vizekönigs ab, um Lösegeld für sie zu kassieren. Schlaffer Piratenfilm, dem kein Klischee zu blöd ist.

Der Freibeuter von Louisiana F465 ***

THE BUCCANEER
USA 1938, 120 Min., F
R: Cecil B. DeMille D: Frederic March, Francisca Gaal, Akim Tamiroff
Im britisch-amerikanischen Krieg von 1812–1814 greift der französische Pirat Jean Lafitte (eine historische Gestalt) zugunsten der Rebellen in das Kriegsgeschehen ein. Ansehbare und spannende Unterhaltung.

Die Freibeuterin F466 ***

THE SPOILERS
USA 1942, 87 Min., s/w
R: Ray Enright D: Randolph Scott

Die Freiheit ist ein Paradies F467 ***

S.E.R.– SWOBODA ETO RAJ
UdSSR 1989, 72 Min., F
R: Sergej Bodrow D: Wolodja Kosyrew, Alexander Burejew, Swetlana Gajtan
Der 13 Jahre alte Sascha flieht immer wieder aus dem Heim für schwer erziehbare Kinder, um zu seinem Vater zu gelangen, der in einem Straflager in Sibirien gefangengehalten wird. Realistisch-bittere Schilderung einer Gesellschaft, die ihre eigene Unfreiheit nicht versteht. HFJ 1991

Freitag, der 13. F468 *

FRIDAY THE 13TH
USA 1979, 95 Min., F
R: Sean S. Cunningham D: Betsy Palmer, Adrienne King, Kevin Bacon
Junge Leute, die in einem abgelegenen Landstrich ein Ferienlager renovieren wollen, werden von einem sadistischen Killer möglichst »originell« um die Ecke gebracht. Ein widerliches Machwerk.

Freitag, der 13. – Das letzte Kapitel F469 *

FRIDAY THE 13TH: THE FINAL CHAPTER
USA 1983, 91 Min., F
R: Joseph Zito D: E. Erich Anderson, Judie Aronson, Peter Barton
Ein angeblich toter Killer entwischt aus dem Leichenschauhaus und mordet sich am Ort seiner früheren Untaten erneut durch die Landschaft. Ein übles Machwerk, das den kommerziellen Erfolg seiner Vorgänger unverhohlen ausbeutet.

Freitag, der 13. – Ein neuer Anfang F470 *

FRIDAY THE 13TH: A NEW BEGINNING
USA 1985, 88 Min., F
R: Danny Steinmann D: John

Freitag, der 13. – Jason im Blutrausch F471 *

FRIDAY THE 13TH, THE NEW BLOOD

USA 1988, 85 Min., F

R: John Carl Buechler D: Lar Park Lincoln, Kane Hodder, Kevin Blair

Psibegabte Dame erweckt toten Mörder aus einem Teich, woraufhin er auf möglichst »originelle« Weise dumme Teenies meuchelt. Der Bodensatz des Horrorkinos. HFJ 1989

Freitag, der 13. – Jason kehrt zurück F472 *

FRIDAY THE 13TH, PART 2

USA 1981, 89 Min., F

R: Steve Miner D: Amy Steel, John Furey, Adrienne King, Kirsten Baker

Killerhirni macht sich nach dem Tod seiner bestialischen Mutter auf, um junge Leute möglichst »originell« umzubringen. Eine von Dilettantenhand inszenierte Mär mit Ekelszenen.

Freitag, der 13. – Jason lebt F473 *

FRIDAY THE 13TH, PART 4 – JASON LIVES

USA 1986, 83 Min., F

R: Tom McLoughlin D: Thomas Mathews, Jennifer Cooke

Ein maskierter, nicht totzukriegender Irrer schleicht durch die Nacht und tötet einfältige Teenies. Regisseure, so sieht's leider aus, erwischt er nie. Vierter Aufguß einer Serie, die in jeder Folge die gleiche Geschichte erzählt.

Freitag, der 13. – Todesfalle Manhattan F474 *

FRIDAY THE 13TH, PART 7 – JASON TAKES MANHATTAN

USA 1989, 87 Min., F

R: Rob Hedden D: Jensen Daggett, Scott Reeves, Peter Mark Richman

Der aus den bisherigen sechs Folgen der »Jason«-Serie angekündigte Killer fährt nach New York und setzt seine idiotischen Metzeleien zwischen den Wolkenkratzern fort. HFJ 1990

Freitag, der 713. F475 **

PANDEMONIUM

USA 1982, 92 Min., F

R: Alfred Sole D: Tom Smothers, Carol Kane, Miles Chapin

Ein RCMP-Mountie klärt den Fall des irren College-Killers auf, der aber unwichtig ist, weil uns im Zuge der Ermittlungen alles begegnet, was man von einer Verarschung typischer Horrorfilme erwarten kann. HFJ 1988

Freitag und Robinson F476 ***

MAN FRIDAY

GB 1975, 115 Min., F

R: Jack Gold D: Richard Roundtree, Peter O'Toole, Peter Cellier

Eine listig-ironische Umkehrung der Geschichte von Robinson Crusoe und seines Dieners Freitag. Robinson wird hier zum verschrobenen Abhängigen und der »Primitive« zum Stärkeren und Überlebenden. Kulturphilosophischer Witz mit tieferer Bedeutung.

Freiwurf F477 ***

BEST SHOT/HOOSIERS

USA 1986, 114 Min., F

R: David Anspaugh D: Dennis Hopper, Mavis Gallaudis, Sheb Wooley

Ein vom Krieg und von beruflichen Niederlagen gezeichneter Trainer führt das Basketball-Team einer Provinz-Highschool zum Triumph. Amerikanischer Sportfilm nach üblichem Muster, besser inszeniert und gespielt als der Durchschnitt.

Fremd unter heißer Sonne F478 ***

ZANDY'S BRIDE

USA, 1974, 116 Min., F

R: Jan Troell D: Gene Hackman, Liv Ullmann, Eileen Heckart

Ein unkonventionelles, an der Wirklichkeit orientiertes Bild vom amerikanischen Westen der Pionierzeit und von einer Ehe unter den sehr genügsamen Verhältnissen einer Ranch im Gebirge. Ein Film von eindrucksvoller Eigenwilligkeit, der die Kunst der Andeutung beherrscht.

Der Fremde F479 ****

LO STRANIERO

Italien/Frankreich 1967, 104 Min., F

R: Luchino Visconti D: Marcello Mastroianni, Anna Karina, Georges Wilson

Nach Albert Camus' Roman inszenierte Visconti die bedrückende Geschichte eines Mannes, der von der Gesellschaft zum Außenseiter gestempelt wird, weil er radikal mit den Konventionen bricht und sich nur seinem Gewissen verpflichtet fühlt.

Der Fremde F480 ****

AGANTUK

Indien 1991, 120 Min., F

R: Satyajit Ray D: Deepankar De, Mamata Shankar, Bikram Bhattacharya

Eines Tages erhält Anila den Brief eines Mannes, der angeblich ihr Onkel mütterlicherseits ist und nach 35 Jahren im Ausland wieder in seine Heimat zurückkehren möchte. Während Anilas Familie dem Fremden äußerst skeptisch entgegentritt, schließt ihr kleiner Sohn den »Onkel« auf Anhieb ins Herz.

Der Fremde im Zug F481 ****

STRANGERS ON A TRAIN

USA 1951, 101 Min., s/w

R: Alfred Hitchcock D: Farley Granger, Robert Walker, Ruth Roman

Raymond Chandler schrieb das Drehbuch nach einem Roman von Patricia Highsmith, und Hitchcock ließ die homosexuellen Untertöne nur durchschimmern: Tennisstar wird im Zug von einem Fremden angesprochen, der ihm vorschlägt, dessen Frau zu ermorden, die sich nicht scheiden lassen will, wenn der Star dafür seinen Vater beseitigt.

Fremde Schatten F482 ****

PACIFIC HEIGHTS

USA 1990, 103 Min., F

R: John Schlesinger D: Melanie Griffith, Matthew Modine, Michael Keaton

Ein frisch vermähltes Paar zieht in ein soeben erstandenes Haus in San Francisco ein und wird dort von einem mysteriösen Untermieter bis aufs Blut gereizt. Souverän in Szene gesetzter Thriller, der alle klassischen Ingredienzen des Genres auf sich vereint. HFJ 1991

Ein Fremder auf der Flucht F483 ***

A STRANGER ON THE RUN

USA 1967, 97 Min., F

R: Don Siegel D: Henry Fonda, Anne Baxter, Dan Duryea, Michael Parks

Um die Schwester eines Freundes zu besuchen, kommt ein heruntergekommener Westerner in ein Nest und wird, als man die Frau tot auffindet, des Mordes beschuldigt. Siegel läßt sich viel Zeit, Fonda fasziniert.

Ein Fremder in meinem Bett F484
STRANGER IN MY BED ***
USA 1986, 100 Min., F
R: Larry Elikann D: Lindsay Wagner, Armand Assante, Douglas Sheehan
Lehrerin verliert nach einem Unfall ihr Gedächtnis; sie muß ihr Leben neu erlernen, doch mit dem Mann und den Kindern kommt sie nicht zurecht. So verläßt sie die Familie und beginnt ein neues Leben. Nach einem authentischen Fall inszenierter TV-Film.

Ein Fremder kam nach Arizona F485
***
SUGARFOOT
USA 1950, 80 Min., F
R: Edwin L. Marin D: Randolph Scott, Adele Jergens, Raymond Massey
Nach dem Bürgerkrieg will sich ein Südstaatenoffizier in Arizona eine Existenz aufbauen und findet in Saloon-Girl liebenswerte Partnerin, die er nach Querelen mit einem Gauner heiratet. Naiv, sympathisch.

Ein Fremder ohne Namen F486
HIGH PLAINS DRIFTER ***
USA 1972, 102 Min., F
R: Clint Eastwood D: Clint Eastwood, Verna Bloom, Mariana Hill
Ein Fremder räumt im korrupten Minennest Lago City auf. Clint Eastwoods Film merkt man an, daß er bei Sergio Leone gespielt hatte, doch den brillanten Action-Szenen fehlt das ironische Pendant, die Umkehrung der Moral.

French Can Can F487
FRENCH CAN CAN ****
Lola. Renoirs opulenter Belle-Epoque-Ausstattungsfilm zeugt vom inszenatorischen und kompositorischen Genie seines Schöpfers.

French Connection F488
FRENCH CONNECTION ****
USA 1971, 104 Min., F
R: William Friedkin D: Gene Hackman, Fernando Rey, Roy Scheider
Zwei New Yorker Cops jagen auf eigene Faust einen Rauschgiftdealer in Marseille, erst im zweiten Teil mit Erfolg. Atmosphärisch dichter, brillanter Action- und Polizeifilm, der auf den Erlebnissen eines Ex-Polizisten basiert.

French Connection II F489
FRENCH CONNECTION II ****
USA 1974, 118 Min., F
R: John Frankenheimer D: Gene Hackman, Fernando Rey, Bernard Fresson, Jean-Pierre Castaldi
Nach seinem Mißerfolg im ersten Teil schafft es der New Yorker Cop »Popeye« Doyle, den gejagten Dealer zu stellen. Mit Sorgfalt und Mühe inszeniert Frankenheimer Milieu und Atmosphäre von Marseille. Gene Hackman liefert als Süchtiger eine herausragende Leistung.

French Kiss F490
FRENCH KISS ****
USA 1995, 111 Min., F
R: Lawrence Kasdan D: Meg Ryan, Kevin Kline, Timothy Hutton
Für ein »all-american-girl« geht der Traum vom heimischen Herd flöten, als ihr Verlobter sich in Paris in eine Französin verknallt. Trotz Flugangst kommt sie nach Europa, um den Ungetreuen zurückzugewinnen. Prompt läuft ihr ein charmanter Luftikus über den Weg. In dieser heiteren Tragikkomödie prallen verschiedene Kulturen und Lebensvorstellungen aufeinander. [illegible] der Grenze zum Klamauk

Fünf Girls fahren in den Süden und genießen unterwegs die Freuden des Sexes, bis sie sich einen Mann ausgucken, der Probleme hat, mit allen fertig zu werden.

Frenzy F492
FRENZY ****
GB 1971, 116 Min., F
R: Alfred Hitchcock D: Jon Finch, Barry Foster, Barbara Leigh-Hunt
Nach 22 Jahren Hollywood drehte der Brite Hitchcock wieder einen Film in England. Die Geschichte eines Frauenmörders und seines Freundes, der fälschlicherweise der Taten verdächtigt wird, ist ein bis ins Detail perfekt inszenierter Thriller mit morbidem Humor der schwarzen britischen Art.

Frequenz Mord F493
FREQUENCE MEURTRE ***
Frankreich, 1988, 99 Min. F
R: Elisabeth Rappeneau D: André Dussollier, Catherine Deneuve, Martin Lamotte, Etienne Chicot
Eine Frau, die tagsüber bei einem psychischen Beratungsdienst arbeitet, moderiert abends eine Telephonsendung im Radio. Eines Tages bekommt sie anonyme Anrufe, die sie wieder mit dem Mord an ihren Eltern während ihrer Kindheit konfrontieren. Anfänglich spannender Psychothriller, der seine Stimmigkeit durch plumpe Schockeffekte allmählich verliert.

Ein Fressen für die Geier F494
TWO MULES FOR SISTER SARA ***
USA 1970, 105 Min., F
R: Don Siegel D: Clint Eastwood, Shirley MacLaine, Alberto Morin
Westerner und falsche Nonne geraten bei ihrer Odyssee durch die mexikanische Wüste in einen Partisanenkampf und engagieren sich für die Unterdrückten. Siegels poesievoller Film erinnert an Hustons *African Queen*.

Sophie Renoir und Emmanuelle Chaulet in ›Der Freund meiner Freundin‹, einem Film für Verliebte.

über den Wiener Seelenarzt des Fin de Siècle, die sich auf den Beginn der Karriere des Vaters der Psychoanalyse konzentriert.

Das Freudenhaus F496
***
BRD 1970, 88 Min., F
R: Alfred Weidenmann D: Karin Jacobsen, Herbert Fleischmann
Ehemalige Prostituierte will mit gestrandetem Clown ein neues Leben beginnen; sie eröffnet ein Lokal, das jedoch erst zu florieren beginnt, als es sich zum Domizil der ehemaligen Kolleginnen entwickelt. Papas Kino wird zynisch.

Die freudlose Gasse F497
****
Deutschland 1925, 110 Min., s/w
R: Georg Wilhelm Pabst D: Asta Nielsen, Greta Garbo, Einar Hanson
Stummes Sozial-Melodram über das Schicksal verarmter Bürger in Wien während der Inflationszeit. Pabsts Inflationsfilm schärfte den Blick dafür, wie die dem Bürgertum aufgezwungene Verarmung auch zum Ausverkauf seiner moralischen Werte führte.

Der Freund meiner Freundin F498
L' AMI DE MON AMIE ****
Frankreich 1987, 103 Min., F
R: Eric Rohmer D: Emmanuelle Chaulet, Sophie Renoir, Anne-Laure Meury, Eric Viellard
Vierter Teil des Zyklus »Komödien und Sprichwörter«, der das Wort »Die Freunde meiner Freunde sind auch meine Freunde« variiert. Das Beziehungsgeflecht zwischen einem Pariser Mädchen, seiner Freundin, seinem Freund und dessen Freund entwirrt sich nach diversen amourösen Spielereien zu zwei festen Beziehungen. Heiter-ironische Komödie mit der unverwechselbar leichten Handschrift Eric Rohmers, des Meisters der subtilen Inszenierung. HFJ 1989

Freunde und Rivalen F499
IMPIEGATI ***
Italien 1984, 90 Min., F
R: Pupi Avati D: Claudio Botosso, Giovanna Maldotti, Dario Parisini
Luigi und Dario müssen, obwohl sie charakterlich ungemein verschieden sind, eine Wohnung teilen. Als Luigi die schöne Marcella kennenlernt, wird die Sache dramatisch.

Die Freunde von Eddie Coyle F500
****
THE FRIENDS OF EDDIE COYLE
USA 1973, 102 Min., F
R: Peter Yates D: Robert Mitchum, Peter Boyle, Richard Jordan
Pessimistische und ultra-realistische Gangster-Geschichte aus der Bostoner Unterwelt: Ein müde gewordener Ganove läßt sich auf einen Deal mit den Cops ein, was ihm seine alten Freunde sehr übel nehmen.

Freundinnen F501
BEACHES ***
USA 1988, 123 Min., F
R: Garry Marshall D: Bette Midler, Barbara Hershey, John Heard
Die Geschichte zweier Freundinnen, die über 30 Jahre lang alle Widrigkeiten des Lebens überstehen, und deren Freundschaft und Liebe im Angesicht des Todes ihre höchste Reife erlangt. Ein herzzerfaserndes Melodram.

Die Freundinnen F502
LE AMICHE ****
Italien 1955, 104 Min., s/w
R: Michelangelo Antonioni D: Eleonora Rossi-Drago, Valentina Cortese, Yvonne Furneaux, Gabriele Ferzetti
Nach einer Erzählung von Cesare Pavese erzählt Antonioni vom leeren Leben der Frauen des gehobenen Mittelstandes.

Freundinnen fürs Leben F503
BETWEEN FRIENDS ***
USA 1983, 95 Min., F
R: Lou Antonio D: Elizabeth Taylor, Carol Burnett, Henry Ramer
Zwei geschiedene Frauen meistern als Freundinnen ihre Probleme, und Taylor und Burnett geben ihrem Affen Zucker.

Freundschaft wider Willen F504
MAIHAIL, CIME DE CIRC ***
BRD/Rumänien 1979, 95 Min., F
R: Sergiu Nicolaescu D: Karl Michael Vogler, Ernest Maftei, Ferdy Mayne
Steward, im 19. Jahrhundert in der Südsee tätig, freundet sich mit talentiertem Terrier an, der ihn fortan begleitet und aus mancher haarigen Situation rettet. Unterhaltsamer Abenteuerfilm nach einem Roman von Jack London.

Frevel F505
**
BRD 1983, 93 Min., F
R: Peter Fleischmann D: Angelika Stute, Peter Fleischmann, Isolde Barth
Ein Kommissar ist von einer Kindsmörderin so angetan, daß er verwirrt nach Beweisen für ihre Unschuld sucht und sie schließlich aus

der Heilanstalt entführt. Der Regisseur spielt die Hauptfigur und scheint sich an der Unsicherheit seines Protagonisten angesteckt zu haben.

Frida – Mit dem Herzen in der Hand F506 ***
FRIDA – MED HJERTET I HANDEN
Norwegen 1991, 113 Min., F
R: Berit Nesheim D: Maria Kvalheim, Ellen Horn, Helge Jordal
Frida, 13 Jahre alt, liest Erich Fromms »Die Kunst des Liebens« und beginnt, sich in die Beziehungen ihrer Familienmitglieder einzumischen. Was ihr »Liebes«-Leben betrifft, will sie das Buch als Leitfaden benutzen. Aber im wirklichen Leben ist alles viel komplizierter. HFJ 1994

Frida Kahlo – Es lebe das Leben F507 ****
FRIDA – NATURALEZA VITA
Mexiko 1983, 108 Min., F
R: Paul Leduc D: Ofelia Medina, Juan José Gurrola, Salvador Sánchez
Mit großem Einfühlungsvermögen schildert der Regisseur, der in Mexiko vor allem für engagierte Dokumentationen über sozial und politisch Unterdrückte bekannt ist, das schmerzensreiche Leben der Malerin und Frauenrechtlerin Frida Kahlo. HFJ 1994

Friedemann Bach F508 **
Deutschland 1941, 100 Min., s/w
R: Traugott Müller D: Gustav Gründgens, Eugen Klöpfer, Lina Lossen
Der älteste Sohn von Johann Sebastian Bach, stets im Schatten seines Vaters, kommt durch schlechten Einfluß vollends herunter und gibt schließlich eine Komposition des Vaters als die eigene aus. Ein schwacher Film, trotz Gründgens.

Friedhof der Kuscheltiere F509 **
Roman von Stephen King; von einer Regisseurin inszeniert, die ansonsten »Madonna«-Videoclips macht.

Friedhof des Satans F510 *
CEMENTERIO DEL TERROR
Mexiko 1985, 88 Min., F
R: Ruben Galindo jr. D: Hugo Stiglitz, Usi Velasco, Erika Buenfil
Jugendliche erwecken bei Schwarzer Messe eine Leiche zum Leben. Bald wimmelt es in ihrer Umgebung von Untoten, die ein schlagkräftiger Arzt zur Hölle schickt. Typischer Nonsens der achtziger Jahre, ohne Story, ohne Hirn. HFJ 1990

Friedhof ohne Kreuze F511 ***
UNE CORDE, UN COLT/ CIMITERO SENZA CROCI
Frankreich/Italien 1968, 84 Min., F
R: Robert Hossein D: Michèle Mercier, Robert Hossein, Serge Marquand
Ex-Revolvermann steht einer Witwe bei, die sich an den Mördern ihres Gatten rächen will. Ein französischer Western, der sich sehen lassen kann!

Friedrich Schiller – Triumph eines Genies F512 ***
Deutschland 1940, 90 Min., s/w
R: Herbert Maisch D: Horst Caspar, Heinrich George, Paul Dahlke
Das Leben und Kämpfen des jungen Schiller in einer merkwürdigen Mischung aus Freiheits- und Volks-Pathos. Hoch klingt das Lied vom »Übermensch«: Für die Nazis war der Film »staatspolitisch wertvoll«.

Friends – Eine Liebesgeschichte F513 ***
FRIENDS
USA 1970, 98 Min., F
R: Lewis Gilbert D: Sean Bury, Anicée Alvina, Ronald Lewis
Liebesgeschichte in der Camargue. Schöner Schmalz mit Musik von Elton John und Bernie Taupin

auf die schiefe Bahn gezwungen, macht Karriere als Kurtisane und wird am Ende der Gotteslästerung bezichtigt. Dahinplätschernder Monumentalkitsch, mit »Sex« (1953!) verbrämt.

Friß den Staub von meinen Stiefeln F515 **
THREE BULLETS FOR A LONG GUN
USA 1973, 83 Min., F
R: Pete Henkel D: Beau Brummell, Keith G. Van der Wat, Patrick Mynhardt
Zwei Burschen, die nicht miteinander können, sich aber brauchen, suchen einen vergrabenen Schatz. Knalliger Western, nicht immer unterhaltsam, da die Story auf der Stelle tritt.

Friß oder stirb F516 ***
VIVI O PREFERIBILMENTE MORTI
Italien 1969, 90 Min., F
R: Duccio Tessari D: Giuliano Gemma, Nino Benvenuti, Sydne Rome
Westernkomödie über zwei Brüder, die sich nicht ausstehen können, aber aufgrund einer Erbschaft eine gewisse Zeit miteinander leben müssen.

Fritz the Cat F517 ***
FRITZ THE CAT
USA 1978, 78 Min., F
R: Ralph Bakshi
Frei nach den Comics von Robert Crump: die freizügigen Abenteuer des Katers Fritz in New York, in denen Bakshi die »wilden« sechziger Jahre aufarbeitet.

Frogs F518 **
FROGS
USA 1972, 90 Min., F
R: George McCowan D: Ray Milland, Joan Van Ark, Sam Elliott, Judy Pace
Frösche, Schlangen, Lurche, Vögel und Taranteln suchen das Heim eines tyrannischen Kapitalisten auf einer kleinen amerikanischen Insel heim, weil sie sich bei ihm für die Umweltverschmutzung bedanken wollen.

Sipo-Beamter und seine Assistentin bespitzeln eine Sex-Kommune, die ihre Zelte im Wald aufgeschlagen hat, gelangen aber zu der Überzeugung, daß Vögelparadiese auch gute Seiten haben.

From Beyond – Aliens des Grauens F520
**
FROM BEYOND
USA 1986, 85 Min., F
R: Stuart Gordon D: Jeffrey Combs, Barbara Crampton, Ted Sorel
Eine Apparatur, mit deren Hilfe man in fremde Dimensionen vorstoßen kann, lockt Ungeheuer aus anderen Welten herbei, die unseren Helden schwer zu schaffen machen. Angeblich nach einer Erzählung von H. P. Lovecraft.

Die fromme Helene F521
**
BRD 1965, 91 Min., F
R: Axel von Ambesser D: Simone Rethel, Theo Lingen, Bruno Hübner
Freie Filmvariationen über Gestalten aus Wilhelm Buschs Bildergeschichten, dem nicht erspart bleibt, vom ansonsten eher abwesenden Regisseur auch noch in Persona verkörpert zu werden.

Der Frosch F522
PSYCHOMANIA **
GB 1971, 91 Min., F
R: Don Sharp D: George Sanders, Nicky Henson, Beryl Reid
Rocker verbünden sich mit dem Frosch, einem Emissär der Hölle, begehen Selbstmord, um unsterblich zu werden, und terrorisieren Stadt & Land, bis es sogar dem Satan zuviel wird. Ein besonders einfältiger Horrorschinken.

Ein Frosch in Manhattan F523
THE APRIL FOOLS ***
USA 1969, 95 Min., F
R: Stuart Rosenberg D: Jack Lemmon, Catherine Deneuve, Myrna Loy
Romantische Komödie über einen verheirateten New Yorker Geschäftsmann, der sich dazu entschließt, alles hinter sich zu lassen und mit einer schönen, ebenfalls verheirateten Frau nach Paris durchzubrennen.

Ein Froschmann an der Angel F524
***
THE BIG MOUTH
USA 1967, 107 Min., F
R: Jerry Lewis D: Jerry Lewis, Susan Bey, Buddy Lester
Als harmloser Buchhalter, der einem Gangster aufs Haar gleicht, gerät Jerry in Südkalifornien in eine irrwitzige Mordgeschichte und Schatzsuche.

Der Frosch mit der Maske F525
FROEN MED MASKEN ***
BRD/Dänemark 1959, 89 Min., s/w
R: Harald Reinl D: Siegfried Lowitz, Joachim Fuchsberger, Fritz Rasp
Fuchsberger und Lowitz jagen gemeinsam den Boß der Mörderbande »die Frösche«. Die erste einer Reihe deutscher Edgar-Wallace-Verfilmungen, die alle dem gleichen Schema mit seinen konfusen Handlungssträngen folgten und große Erfolge wurden.

Die Frösche F526
KURBAGALAR ***
Türkei 1985, 94 Min., F
R: Serif Gören D: Hülja Kogyit, Talat Bulut, Yaman Okay
Die Geschichte einer jungen Witwe, die nach der Ermordung ihres Mannes unabhängig bleiben will, und schließlich ihre Gefühle für einen Jugendfreund nicht unterdrücken kann, in einem karg poetischen Filmportrait.

Die Frucht des Tropenbaumes F527
***
THE TAMARIND SEED
USA 1974, 107 Min., F
R: Blake Edwards D: Julie Andrews, Omar Sharif, Anthony Quayle
Liebesgeschichte zwischen russischem Diplomaten und einer Beamtin der englischen Botschaft in Paris. Blake Edwards not at his best.

Die Früchte des Zorns F528
THE GRAPES OF WRATH *****
USA 1940, 129 Min., s/w
R: John Ford D: Henry Fonda, Jane Darwell, John Carradine
Perfekte Verfilmung des sozialkritischen Steinbeck-Romans, mit Fonda in der Rolle seines Lebens: Eine Familie sucht in der Depression der dreißiger Jahre eine neue Existenz in Kalifornien. Oscars für die Hauptdarsteller.

Früher Frühling F529
SOSHUN ***
Japan 1956, 135 Min., s/w
R: Yasujiro Ozu D: Ryo Ikebe, Chicage Awashima, Keiko Kishi
Ein Angestellter wird nach einem Seitensprung von seiner Frau verlassen. Präzise und einfühlsam inszenierte Studie.

Frühling für Hitler F530
THE PRODUCERS ****
USA 1968, 88 Min., F
R: Mel Brooks D: Zero Mostel, Gene Wilder, Kenneth Mars
Mel Brooks erste und wohl beste Regiearbeit, zu der er auch das Drehbuch schrieb, für das er mit einem Oscar ausgezeichnet wurde: die Wahnsinns-Story des erfolglosen Broadway-Produzenten Bialystock (Mostel), der einen schüchternen Buchhalter (Wilder) dazu überredet, 25.000 % Anteile an einem Musical zu verkaufen, das garantiert ein Flop wird, um dann nach Rio zu verschwinden. Doch es kommt anders …

Frühlingserzählung F531
CONTE DE PRINTEMPS ****
Frankreich 1989, 112 Min., F
R: Eric Rohmer D: Anne Tyssedre, Florence Dare, Hugues Quester
Im ersten Teil des Filmzyklus »Vier Jahreszeiten« erzählt Eric Rohmer von der allmählich sich vertiefenden Freundschaft zweier junger Frauen. In seinen ruhigen Bildern und den zarten, aber genau analysierenden Dialogen vermittelt der Regisseur cineastische Frühlingsstimmung.

Frühlingssinfonie F532
***
BRD 1982, 103 Min., F
R: Peter Schamoni D: Herbert Grönemeyer, Nastassja Kinski, Rolf Hoppe
Zum Teil an Originalschauplätzen in der damaligen DDR gefilmte Biographie des Komponisten Robert Schumann und die Geschichte seiner Liebe zu der begabten Pianistin Clara Wieck.

Die Frühreifen F533
**

BRD 1957, 91 Min., s/w
R: Josef von Baky D: Heidi Brühl, Christian Doermer, Christian Wolff
Melodram um eine 16jährige, die ihr Elternhaus verläßt, um der unglücklichen Ehe ihrer Eltern zu entgehen. Mit Hilfe eines Vikars findet sie schließlich den rechten Weg, nachdem sie einige Erfahrungen mit Männern gemacht hat.

Frühstück bei ihr F534
WHITE PALACE ***
USA, 1989, 103 Min., F
R: Luis Mandoki D: Susan Sarandon, James Spader, Jason Alexander
Ein arroganter verwitweter Yuppie verliebt sich in eine viel ältere, frustrierte Fast-Food-Verkäuferin. Die leidenschaftliche Beziehung scheint jedoch an der unterschiedlichen sozialen Herkunft der beiden zu zerbrechen, bevor sie endgültig zusammenfinden. Ein intelligent unterhaltender Film, in dem Susan Sarandon die Rolle der starken, verletzlichen Frau mit selten gesehener öberzeugungskraft und Erotik spielt. HFJ 1992

Frühstück bei Tiffany F535
BREAKFAST AT TIFFANY'S ****
USA 1961, 115 Min., s/w
R: Blake Edwards D: Audrey Hepburn, George Peppard, Patricia Neal
Bezaubernde Komödie nach einer Vorlage von Truman Capote. Audrey Hepburn glänzt als Holly Golightly, die sich in New York einen reichen Mann angeln will, ihr Glück aber in den Armen eines aufstrebenden Schriftstellers findet. Henry Mancini gewann für den Song »Moon River« einen Oscar.

Das Frühstück im Grünen F536
LE DEJEUNER SUR L'HERBE ****
Frankreich 1959, 91 Min., F
R: Jean Renoir D: Paul Meurisse

Frühstück im Grünen, als ihn eine Bauernmaid mit den Freuden geschlechtlicher Liebe bekanntmacht. Altmeister Renoirs Satire auf Forschung und Technik ist gleichzeitig eine impressionistische Hommage an die Natur.

The Fruit Machine F537
THE FRUIT MACHINE ***
GB 1988, 114 Min., F
R: Philip Saville D: Emile Charles, Tony Forsyth, Robert Stephens
Zwei junge Stricher aus der Liverpooler Schwulenszene haben einen Mord beobachtet und müssen vor dem Killer fliehen. Im Seebad Brighton, schon in *Quadrophenia* trister Schauplatz eines herzergreifend desillusionierenden Showdowns, ist ihre Flucht zu Ende. Ein realistischer Film aus Thatcherland mit dem Qualitätsstempel »New British Cinema«. HFJ 1989

Frustration F538
FRUSTRATION ***
Frankreich 1971, 90 Min., F
R: José Benazeraf D: Janine Reynaud, Elisabeth Teissier, Michel Lemoine
Einer der interessantesten Filme des großen Erotomanen, der als B-Filmer der *Auteur*-Theorie entsprach: die erotischen Fantasien einer Frau, die eigentlich ihre Schwester liebt, ihre Begierde aber auf deren Mann richtet.

F.T.W. – Tiefer als Haß F539
F.T.W. **
USA 1994, 97 Min., F
R: Michael Karbelnikoff D: Mickey Rourke, Lori Singer, Rodney A. Grant
Ein ehemaliger Rodeo-Champion, frisch aus dem Knast entlassen und voller Zukunftshoffnung, verliebt sich in eine hübsche Bankräuberin. Die beiden wollen ein neues Leben aufbauen, aber die Polizei heftet sich an ihre Fersen, das Unglück läßt nicht auf sich warten. Eine unglaubwürdige

D: Richard Farnsworth, Jackie Burroughs, Ken Pogue
Postkutschenräuber wird 1901 nach 30 Jahren Gefängnis ins 20. Jahrhundert entlassen. Obwohl er erkennt, daß der »alte Westen« nicht mehr existiert, kann er nicht anders: Er muß weitermachen. Diesmal als Zugräuber. Ein mit kleinem Budget gedrehtes Meisterwerk. HFJ 1992

Der Fuchs von Paris F541
**

BRD 1957, 94 Min., s/w
R: Paul May D: Martin Held, Hardy Krüger, Marianne Koch, Viktor Staal
Um weitere Opfer zu verhindern, versuchen General Quade und von der Heinitz im Mai 1944 dem britischen Geheimdienst Verteidigungspläne zuzuspielen.

Fucking City F542
**

BRD 1981, 88 Min., s/w
R: Lothar Lambert D: Ulrike S., Stefan Menche, Dagmar Beiersdorf
Das Scheitern von vier Menschen in Berlin: einem Schwulen wird von einem vermeintlichen Liebhaber im Park lediglich die Jacke geklaut, eine in die Ehe mit einem Libanesen geflüchtete Frau wird von diesem verprügelt und die Sex-Spiele eines Ehepaares enden mit einem tödlichen Unfall. Konsequent inszenierte, freche Underground-Komödie über die Macht der Lust.

Der Fuhrmann des Todes F543
KÖRKARLEN ****
Schweden 1921, 90 Min., s/w
R: Victor Sjöström D: Victor Sjöström, Hilda Borgström, Astrid Holm
Poetische und ungemein dynamisch inszenierte Stummfilm-Legende um einen trunksüchtigen Mann, der von einem Mädchen davor bewahrt wird, zum Fuhrmann des Todes zu werden.

über den Vietnamkrieg: Den obligatorischen Kriegsszenen von ausgesuchter Grausamkeit stellt Kubrick in der gesamten ersten Filmhälfte die unmenschlichen Ausbildungsmethoden der US-Marines voran. Die späteren Exzesse stehen dadurch in einem so noch nie gesehenen Kontext. Daß der Film keine greifbare Position bezieht, macht ihn so verstörend, wichtig und gleichzeitig angreifbar. HFJ 1988

Fun – Mordsspaß F545
FUN ***
USA 1994, 105 Min., F
R: Rafal Zielinski D: Alicia Witt, Renee Humphrey, William R. Moses
In einer Vorstadt von L.A. treffen sich zufällig zwei junge Mädchen, freunden sich an und bringen am Nachmittag eine alte Frau um, aus »Spaß«, wie sie sagen. Im Gefängnis versuchen ein Journalist und eine Psychologin, mögliche Gründe für die sinnlose Tat zu finden. Der Film fragt nach dem »Warum« der Gewalt. Er zeichnet die ohne Liebe aufgewachsenen Mörderinnen als Produkt einer egoistischen Gesellschaft. HFJ 1996

Fünf Abende F546
PJAT WETSCHEROW ****
UdSSR 1978, 100 Min., s/w und F
R: Nikita Michalkow D: Ludmilla Gurtsenko, Stanislaw Ljubschin, Valentina Telitschkina
Nach über 15 Jahren Trennung findet ein Liebespaar an fünf aufeinanderfolgenden Abenden wieder zusammen. Michalkow macht daraus einen beeindruckenden und kraftvollen Film, dessen Stärke besonders in der überwiegenden Schwarzweißphotographie liegt.

Fünf auf einen Streich F547
ROCK-A-BYE-BABY ***
USA 1958, 96 Min., F
R: Frank Tashlin D: Jerry Lewis, Marilyn Maxwell, Connie Stevens
Um ihr Image besorgte Filmdiva legt Jerry ihre Drillinge vor die Haustür, und er wird eine so gute Mutter, daß sich ein schönes Mädchen unsterblich in ihn verliebt und er Vater von Fünflingen wird.

Fünf Bier und ein Kaffee F548
***
BRD 1989, 97 Min., F
R: Rudolf Steiner D: Sami Kovacevic, Michael Wrzesinski, Volker Guhlich
In den Sechzigern nannten sie sich Gammler. Heute gammeln sie immer noch, allerdings fehlen ihnen die Worte dafür. Bier, Musik und ab und zu ein bißchen Klauen, irgendwie kriegen die Berliner Szenehänger den Tag schon rum. Bis einer von ihnen in der Psychiatrie landet und dort eine ziemlich ausgeflippte 30er-Jahre-Diva kennenlernt. Möchtegern-Film, in dem nur Allround-Talente am Werk sind: Regie, Stab und Darstellerliste sind weitgehend identisch. HFJ 1990

Fünf blutige Gräber F549
FIVE BLOODY GRAVES **
USA 1969, 88 Min., F
R: Al Adamson D: Robert Dix, Scott Brady, John Cardos, John Carradine
Ein im Bett und am Colt talentierter Revolvermann jagt zwei Schurken, die einen Indianerhäuptling mit Waffen versorgen. Ein billiger, aber durchaus phantasievoller Western, in dem auch der Sex nicht zu kurz kommt.

Fünf Flaschen für Angelika F550
***
BRD 1980, 87 Min., F
R: Frank Döhmann, Werner Possardt
D: Claudia Nolte, Hans Beerhenke, Detlev Redinger
Fünf Amateure aus dem Ruhrgebiet versuchen nach einem Drehbuch, das sie gefunden haben, den perfekten Coup durchzuziehen, was ihnen freilich nicht gelingt. Deutsches B-Picture mit munteren Darstellern, die über formale Mängel hinwegsehen lassen.

Fünf Freunde in der Tinte F551
DE SI FEDTEFADET ***
Dänemark/BRD 1970, 89 Min., F
R: Katrin Hedman D: Lone Thielke, Mads Rahbeck, Niels Kibenich
Zwei Mädchen, zwei Jungen und der obligatorische Hund geraten während der Ferien in ein Detektivabenteuer um ein entführtes Kind. Harmlos aufgekratzter Kinderfilm nach Enyd Blyton.

Die fünf Geächteten F552
HOUR OF THE GUN ****
USA 1967, 101 Min., F
R: John Sturges D: James Garner, Jason Robards, Robert Ryan
Banditenvernichter Wyatt Earp und die Clanton-Bande treffen sich am OK-Corral. Ein Vierteljahrhundert vor der doch recht epischen Wyatt-Earp-Eloge aus der Kevin-»Good Man«-Costner-Factory hat Westernspezialist Sturges aus der Geschichte einen Film mit Tiefgang und Spannung gemacht.

Fünf Glückspilze F553
LES VEINARDS ***
Frankreich 1962, 100 Min., s/w
R: Philippe de Broca D: François Périer, Jacqueline Monsigny, Darry Cowl, Mireille Darc
In fünf Episoden wird erzählt, wie Gewinner von Preisausschreiben mit ihrem Glück umgehen. Durchschnittlicher Unterhaltungsfilm.

Fünf Gräber bis Kairo F554
FIVE GRAVES TO CAIRO ***
USA 1943, 93 Min., s/w
R: Billy Wilder D: Erich von Stroheim, Anne Baxter, Franchot Tone
Vorzügliches Spionagedrama aus dem Zweiten Weltkrieg. Das spannende Katz- und Mausspiel um einen britischen Soldaten, der unter falscher Identität in dem Hotel arbeitet, wo Feldmarschall Rommel seinen Angriff auf Kairo vorbereitet, besticht durch große Schauspieler, hervorragende Dialoge und John Seitz' Photographie.

Fünf letzte Tage F555
***
BRD 1982, 112 Min., F
R: Percy Adlon D: Irm Hermann, Lena Stolze, Will Spindler
Kammerspielhaftes Drama um die letzten fünf Tage der Sophie Scholl vor ihrer Hinrichtung aus der Sicht ihrer Zellengenossin. Distanzierte Charakterstudie mit guten Darstellerinnen.

Fünf Patronenhülsen F556
***
DDR 1959, 88 Min., s/w
R: Frank Beyer D: Erwin Geschonneck, Ulrich Thein, Edwin Marian

Mit dieser Film-Parabel über fünf Soldaten der Internationalen Brigaden im spanischen Bürgerkrieg, die sich mit einer wichtigen Nachricht durch die feindlichen Linien kämpfen, gelang dem Regisseur der internationale Durchbruch.

Fünf Revolver gehn nach Westen F557
FIVE GUNS WEST **
USA 1955, 78 Min., F
R: Roger Corman D: John Lund, Dorothy Malone, Mike Connors
Fünf Revolverschwinger erkaufen sich die Freiheit, indem sie während des amerikanischen Bürgerkrieges auf ein Himmelfahrtskommando gehen. Vier der Buben werden rückfällig und bezahlen mit dem Leben. B-Western aus der Corman-Factory.

Die fünf Vogelfreien F558
FIRECREEK **
USA 1967, 104 Min., F
R: Vincent McEveety D: James Stewart, Henry Fonda, Gary Lockwood
Ein Farmer und nebenamtlicher Sheriff rafft sich zum Kampf gegen eine Bande von Gesetzlosen auf, die aus seiner Stadt ein Tollhaus machen. Henry Fonda als Oberschuft. Ein Western, der nur langsam ins Rollen kommt.

Fünf Wochen im Ballon F559
FIVE WEEKS IN A BALLOON ***
USA 1962, 101 Min., F
R: Irwin Allen D: Red Buttons, Fabian Forte, Barbara Eden, Peter Lorre
1862 eilt eine Gruppe von Menschen in einem Ballon nach Afrika, um das Land für die englische Krone in Besitz zu nehmen. Ihr Konkurrent: ein schräger Sklavenhändler. Ein unterhaltsamer Film nach Jules Verne.

Die 5000 Finger des Dr. T. F560

zwingt, an einem gigantischen Klavier zu spielen. Traumfantasy nach dem Roman von Dr. Seuß. LFF

Das fünfte Element F561
THE FIFTH ELEMENT ***
Frankreich 1997, 127 Min., F
R: Luc Besson D: Bruce Willis, Gary Oldman, Ian Holm, Milla Jovovich
Schrilles Sci-fi-Fantasy-Epos, in dem ein viriler Taxifahrer zusammen mit einer geheimnisvollen Schönheit die Welt gegen böse Mächte verteidigt. Zusammengeklaubte Ideenplünderung des Genres in einer überdrehten Inszenierung. HFJ 1998

Das fünfte Gebot F562
***
BRD 1978, 113 Min., F
R: Duccio Tessari D: Helmut Berger, Peter Hooten, Evelyne Kradt
Die authentische Geschichte zweier Brüder, die in den zwanziger Jahren als Raubmörder gesucht werden vor dem Hintergrund des aufkommenden Nationalsozialismus.

55 Tage in Peking F563
55 DAYS IN PEKING ***
USA 1962, 160 Min., F
R: Nicholas Ray D: Charlton Heston, David Niven, Ava Gardner
Action und Romanze zur Zeit der Boxeraufstände in China. Rays Regieleistung tritt hinter den Massenszenen ein wenig in den Hintergrund.

Der fünfzehnjährige Kapitän F564
PJATNADZATILETNIJ KAPITAN ***
UdSSR 1946, 81 Min., s/w
R: Wassili Shurawljow D: Wsewolod Larionow, Alexander Schwylja
Abenteuer junger Burschen auf See und im afrikanischen Busch; Piraten und Dunkelmänner inklusive. Unterhaltungsfilm nach Jules Verne.

50 Jahre rosa Leidenschaft F565

Funny Bones F566
FUNNY BONES ****
GB 1994, 128 Min., F
R: Peter Chelsom D: Oliver Platt, Lee Evans, Jerry Lewis
Der Komiker Tommy fliegt nach verpatzter Premiere in Las Vegas nach Blackpool, wo er die ersten sechs Jahres seines Lebens verbrachte. Er beabsichtigt, einem unbekannten Komiker eine Nummer zu klauen, und diese dann in den USA selber auf die Bühne zu bringen. Doch stattdessen findet Tommy seinen Halbbruder Jack, von dessen Identität er nichts wußte, und der ebenfalls Komiker ist. Der Film ist ein komödiantisches Feuerwerk voll abstruser Schönheit und einem guten Schuß britischen Humors. HFJ 1996

Funny Games F567
****
Österreich 1997, 109 Min., F
R: Michael Haneke D: Susanne Lothar, Ulrich Mühe, Arno Frisch
Realistisch-harter Psychothriller um eine Kleinfamilie, die in ihrem Ferienhaus von zwei sadistischen jungen Männern ohne jeden Grund gefoltert wird. Eine Studie über Gewalt, in der die Genre-Regeln bewußt eingesetzt werden, ohne den Zuschauer am Schluß zu erlösen. Verstörendes Meisterwerk. HFJ 1998

Funny Girl F568
FUNNY GIRL ***
USA 1968, 151 Min., F
R: William Wyler D: Barbra Streisand, Omar Sharif, Kay Medford
Jüdisches Mädchen aus bescheidenen Verhältnissen avanciert zum Broadway-Star. Auf den Gewinn der Karriere folgt der Verlust des privaten Glücks. Musical-Drama, das kaum ein Klischee ausläßt, aber passable Bühnennummern parat hält.

»Funny Girl«. Überflüssige Fortsetzung eines Kinoerfolges.

Für ein paar Dollar mehr F570
PER QUALCHE DOLLARO IN PIU ****
It/BRD/Sp 1965, 130 Min., F
R: Sergio Leone D: Clint Eastwood, Lee Van Cleef, Gian Maria Volonté
Zwei eigentlich konkurrierende Kopfgeldjäger arbeiten zusammen, um einem berüchtigten Banditen das Handwerk zu legen. Zweiter Teil von Leones »Dollar«-Trilogie, nicht so stark wie der Vorgänger, aber immer noch sein Geld wert.

Für eine Handvoll Dollar F571
PER UN PUGNO DI DOLLARI ****
Italien/BRD/Spanien 1964, 88 Min., F
R: Sergio Leone D: Clint Eastwood, Marianne Koch, Gian Maria Volonté
An der mexikanischen Grenze kämpfen zwei Sippen um die Macht: Der Gunman Joe, wechselseitig für beide tätig, hetzt sie aufeinander, bis sie sich fast ausgerottet haben, dann erledigt er persönlich den Rest. Ein verzwickter Western, aber ein ungeheurer Kassenhit.

Für eine Handvoll Geld F572
THE BIG TREES **
USA 1952, 90 Min., F
R: Felix Feist D: Kirk Douglas, Eve Miller, Patrice Wymore, John Archer
Eiskalter Spekulant, der darauf aus ist, finanziell bedrängte Siedler um ihr Hab und Gut zu bringen, findet spät zur Einsicht und macht alles wieder gut. Standardwestern aus dem Holzfällermilieu.

Für immer Alexandria F573
ISKINDIRIAH KAMAN OUE KAMAN ****
Frankreich 1990, 103 Min., F
R: Youssef Chahine D: Youssef Chahine, Yousra, Amr Abdel Guelil, Zaki Abdel Wahab
In einer meisterlichen Komposition der verschiedensten Stile und Genres entwirft der ägyptische Regisseur das autobiographisch gefärbte Bild eines von seiner Arbeit und von der Liebe besessenen Regisseurs.

Für immer Mery F574
MERY PER SEMPRE ****
Italien 1989, 92 Min., F
R: Marco Risi D: Michele Placido, Claudio Amendola, Alessandro di Sanzo
Entwicklungsporträt und Sozialstudie über einen Lehrer, der sich in einem Übergangsjob um die Insassen einer Jugendstrafanstalt kümmert. Die stringente Inszenierung besticht vor allem durch ihre Lebensnähe. HFJ 1990

Für König und Vaterland F575
KING AND COUNTRY ****
GB 1964, 86 Min., s/w
R: Joseph Losey D: Dirk Bogarde, Barry Foster, Tom Courtenay
Ein englischer Offizier verteidigt einen Soldaten, der wegen seiner traumatischen Erlebnisse im Ersten Weltkrieg desertiert ist. Trotz des nachdrücklichen Einsatzes für seinen Mandanten wird dieser verurteilt und hingerichtet. Formal äußerst konsequent umgesetzte Anklage gegen Krieg und die Fragwürdigkeit gesellschaftlicher Werte.

Wurden durch Leone zu Leinwandidolen: Clint Eastwood (mit Hut) und Gian Maria Volonté (rechts außen).

Furcht in der Nacht F576
FEAR IN THE NIGHT **
GB 1972, 85 Min., F
R: Jimmy Sangster D: Judy Geeson, Joan Collins, Ralph Bates
Eine Frau wird nach einem Nervenzusammenbruch von einem gerissenen Pärchen Schritt für Schritt in den Wahnsinn getrieben. Psychothriller nach Schema F.

Fürchte dich nicht, Jacob! F577
***
BRD 1981, 102 Min., F
R: Radu Gabrea D: André Heller, Aviva Gaire, Dan Nuzu
Ein Jude flieht mit seiner Familie vor der Verfolgung aus Rußland, wird aber auch in der neuen, vermeintlich sicheren Gegend seine Ängste nicht los und bestraft in einer Verzweiflungstat seinen Erzfeind, gerade in dem Moment als seine Frau ein Kind zur Welt bringt. Nicht immer gelungener »Betroffenheits-Film«, der seine düstere Geschichte mit Hilfe vieler religiöser Querverweise und moralischer Symbole erzählt.

Fürchten und Lieben F578
PAURA E AMORE ***
BRD/It/Fr 1988, 112 Min., F
R: Margarethe von Trotta D: Fanny Ardant, Greta Scacchi, Valeria Golino
Die Beziehungsprobleme der auf die 40 zugehenden Wissenschaftlerin Velia und ihrer beiden Schwestern, der unglücklich verheirateten Maria und der gesellschaftspolitisch engagierten jungen Sandra. Abgehobener bis klischeehafter Problemfilm, der trotz hervorragender Schauspielerleistungen und brillanter Kamera letztlich unverbindlich und leblos bleibt.
HFJ 1989

Furchtlose Flieger F579
**
BRD 1971, 80 Min., F
R: Veith von Fürstenberg, Martin Müller D: Ferdinand Attems, Eike Gallwitz, Christian Friedel
Junger Stadtflüchtling entdeckt auf dem Land einen alten Doppeldecker, den er zusammen mit einem Freund repariert. Die erste Produktion des »Filmverlag der Autoren«.

Der furchtlose Rebell F580
VANINA VANINI ***
Italien/Frankreich 1961, 114 Min., F
R: Roberto Rossellini D: Sandra Milo, Martine Carol, Laurent Terzieff
1823 flieht ein Rebell gegen Kirche und Staat in das Haus eines römischen Adeligen und verliebt sich in dessen schöne Tochter. Selbstverständlich folgen Intrigen und Verrat, das Ende ist schauerlich.

Die Fürsten der Dunkelheit F581
**
PRINCE OF DARKNESS
USA 1987, 101 Min., F
R: John Carpenter D: Donald Pleasence, Jameson Parker, Lisa Blount
Eine mysteriöse Substanz, gefunden im Gewölbe einer alten Kirche in Los Angeles, entpuppt sich als Satan himself, der viele Akteure in Zombies verwandelt. Ein maßlos geschwätziger Film. HFJ 1989

Furyo – Merry Christmas, Mr. Lawrence F582
****
FURYO/MERRY CHRISTMAS MR. LAWRENCE
GB/Japan 1982, 114 Min., F
R: Nagisa Oshima D: David Bowie, Tom Conti, Ryuichi Sakamoto, Beat Takeshi
Im Mittelpunkt stehen der Kommandant eines Kriegsgefangenenlagers im Zweiten Weltkriegs und ein internierter britische Offizier, für den er leidenschaftliche Liebe empfindet. Ein

David Bowie und Ryuichi Sakamoto

Füsilier Wipf F583
**
Schweiz 1938, 108 Min., s/w
R: Leopold Lindtberg, Hermann Haller D: Paul Hubschmid, Heinrich Gretler, Zarli Carigiet
Vier Jahre als Soldat an der schweizerisch-deutschen Grenze machen aus einem linkischen Friseurgehilfen einen verantwortungsbewußten Mann. Eine betont unmartialische Art der Wehrpropaganda.

Der Fußgänger F584
***
BRD/Schweiz/Israel 1973, 98 Min., F
R: Maximilian Schell D: Gustav Rudolf Sellner, Ruth Hausmeister, Maximilian Schell, Dagmar Hirtz
Alternder Großindustrieller wird mit dem Tod seines Sohnes und seiner Schuld im Krieg konfrontiert. Eindrucksvoll in der Gestaltung, unspektakulär und offen in der Aussage.

Futter für süße Vögel F585
DU MOURON POUR LES PETITS OISEAUX **
Fr/It 1962, 109 Min., s/w
R: Marcel Carné D: Paul Meurisse, Dany Saval, Suzy Delair, Jean Richard
Geschildert wird das Leben in einem Mietshaus im Pariser Vorstadtmilieu, das von spießigen Kleinbürgern und undurchsichtigen Zeitgenossen bewohnt wird. Schwacher Versuch einer Komödie.

Future Force F586

die brutal draufhaut. Eine Gegnerin dieser Entwicklung gerät in ein Netz aus Intrigen und Gewalt. Schund.
LSFF

Future Kill – Die Herausforderung F587
*
FUTURE KILL
USA 1985, 79 Min., F
R: Ronald W. Moore D: Edwin Neal, Marilyn Burns, Gabriel Folse
Ein mörderischer Cyborg killt sich durch das New York von 1988 und räumt unter punkig gestylten AKW-Gegnern auf. Stumpfsinn für Fans beinharter Schlägereien. HFJ 1987

Future Project – Die 4. Dimension F588
**
MY SCIENCE PROJECT
USA 1985, 86 Min., F
R: Jonathan R. Bethuel D: John Stockwell, Danielle von Zerneck, Fisher Stevens, Dennis Hopper
College-Kid findet auf einem Air Force-Flugplatz eine Zeitmaschine, dringt in die Vergangenheit vor und begegnet einem Saurier sowie mehreren historischen Persönlichkeiten. Klamotte.
LSFF

Future Zone F589
FUTURE FORCE II *
USA 1989, 75 Min., F
R: David A. Prior D: David Carradine, Ted Prior, Patrick Cullington
Als ein Cop den Mord an einem Dealer untersucht, erfährt er von seinem Partner, daß er sein Sohn ist – ein Zeitreisender, der in der Gegenwart noch gar nicht existiert. Großartige Pointe – so man noch nie SF-Stories gelesen hat.
LSFF

Futureworld – Das Land von Übermorgen F590
***
FUTUREWORLD
USA 1976, 108 Min., F
R: Richard T. Heffron D: Peter

G

Gabriela G1
GABRIELA, CRAVO E CANELA ***
Brasilien 1983, 96 Min., F
R: Bruno Barreto D: Sonia Braga, Marcello Mastroianni, Antonio Cantafora, Nelson Xavier
Ein Barbesitzer verpflichtet eine schöne, aus dem Nichts der Slums kommende Frau als Dienerin. Es entsteht eine knisternde erotische Beziehung zwischen den beiden.

Gaby – Eine wahre Geschichte G2 ***
GABY – A TRUE STORY
Mexiko/USA 1987, 110 Min., F
R: Luis Mandoki D: Rachel Levin, Norma Aleandro, Liv Ullmann
Die authentische Geschichte einer gelähmten Frau, die es lernt, sich trotz ihrer Behinderung zu behaupten.

Gadjo Dilo G3
GADJO DILO ****
Frankreich 1997, 101 Min., F
R: Tony Gatlif D: Romain Duris, Rona Hartner, Izidor Serban
Junger Franzose findet auf der Suche nach einer Zigeuner-Sängerin bei einem rumänischen Stamm Unterschlupf. Karger, dokumentarisch angelegter Film mit viel Musik über die Begegnung mit einer fremden Kultur – fast nur von Laiendarstellern gespielt.

Die Galaxis der Gesetzlosen G4
EARTH STAR VOYAGER **
USA 1988, 120 Min., F
R: James Goldstone D: Duncan Regehr, Brian McNamara, Jason Michas
Diverse junge Leute fliegen nach der Öko-Katastrophe von der Erde zu einem anderen Planeten und müssen während der Reise allerlei Gefahren und Probleme durchstehen. Pilotfilm einer nicht realisierten TV-Serie.

Galaxy der Zeitlosen G5
BEYOND THE RISING MOON *
USA 1988, 97 Min., F
R: Philip Cook D: Tracy Davis, Hans Bachmann, Michael Mack
Nach der Notlandung eines fremden Raumschiffes jagen diverse Parteien los, um es zu erbeuten – denn wer es hat, hat auch das Universum. Tricktechnisch unter aller Kanone; von der Darstellungskunst ganz zu schweigen.

Galaxy Destroyer G6
GALAXY DESTROYER **
USA 1987, 91 Min., F
R: Brett Piper D: Matt Midler, Denise Coward, Joe Gentissi
Nachdem gigantische All-Kreaturen zur Invasion auf die Erde geblasen haben, startet ein wackerer Astronaut eine Gegenbewegung. LSFF

Galerie des Grauens G7
RETURN FROM THE PAST **
USA 1967, 79 Min., F
R: David L. Hewitt D: Roger Gentry, John Carradine, Lon Chaney jr.
Fünf kurze Grusler über einen Killer, der von den Toten aufersteht, Graf Dracula sowie Vampire und Werwölfe in London. Ein amateurhafter, schlampig inszenierter Film.

Der Galgenbaum G8
THE HANGING TREE ***
USA 1959, 106 Min., F
R: Delmer Daves, Karl Malden
D: Gary Cooper, Maria Schnell, Karl Malden, Ben Piazza, George C. Scott
Arzt lernt junge Einwanderin kennen, rettet sie vor einem Bösmann und hat dann Probleme, seine Lauterkeit zu beweisen. Trotz des Western-Hintergrundes ein Film, der auch im Schwarzwald spielen könnte.

Der Galgenstrick G9
GOIN' SOUTH ***
USA 1977, 109 Min., F
R: Jack Nicholson D: Jack Nicholson, Mary Steenburgen, Christopher Lloyd
Regie-Debüt des Schauspielers Jack Nicholson. Die »romantische Komödie« um einen verlotterten Pferdedieb, der von einer jungen Frau unter dem Galgen weg per Heirat gerettet wird, leidet darunter, daß sich Regisseur Jack Nicholson leider nicht zwischen der Western-üblichen Räuberpistole und einer etwas altmodischen Liebesgeschichte entscheiden konnte.

Gallipoli G10
GALLIPOLI ***
Australien 1981, 111 Min., F
R: Peter Weir D: Mel Gibson, Mark Lee, Bill Hunter
Australische Freiwillige werden im englischen Heer auf der von Türken besetzten Insel Gallipoli »verheizt«. An Hand des Schicksals von zwei jungen Burschen gelingt Weir ein eindrucksvolles Antikriegs-Statement.

Galoschen des Glücks G11
***
CSSR/BRD/Österr. 1986, 90 Min., F
R: Juraj Herz D: Jana Brejchová, Towje Kleiner, José Luis Lopez Vasquez
Aufwendige Verfilmung des Märchens von Hans Christian Andersen in eher ironischer Stimmung. Zwei Feen wollen im Kopenhagen der Biedermeierzeit die Fähigkeit der Menschen zum Glück erproben.

The Game G12
THE GAME ***
USA 1997, 128 Min., F
R: David Fincher D: Michael Douglas, Sean Penn, Deborah Unger
Genial konzipierter Thriller um einen arroganten Milliardär, der von seinem kleinen Bruder zum Geburtstag eine Einladungskarte zu einem speziell auf ihn zugeschnittenen Selbsterfahrungsspiel geschenkt bekommt und im Laufe desselben allmählich seiner Identität beraubt wird. Bis zum Schluß ein Nervenkitzel. HFJ 1998

Gamera gegen Jiggar: Frankensteins Dämon bedroht die Welt G13 **
GAMERA TAI DAIMAJU JAIGA
Japan 1970, 83 Min., F
R: Noriaki Yuasa D: Tsumoto Takakuwa, Kelly Varis, Katherine Murphy

Bei Ausgrabungen auf einer Insel in der Südsee entdecken Forscher eine versteinerte Riesenechse und bringen sie nach Osaka, wo sie erwacht, viel Schaden anrichtet und von einer Riesenschildkröte erledigt wird. Naive japanische Schauermär, die Dritte der Reihe. LSFF

Gandhi G14
GANDHI ****
GB 1981, 180 Min., F
R: Richard Attenborough D: Ben Kingsley, Candice Bergen, Edward Fox, John Gielgud, Martin Sheen
Aufwendige gutmeinende Verfilmung des Lebensweges von Mahatma Gandhi mit einem großartigen Ben Kingsley in der Hauptrolle, die allerdings, offenbar unter Einfluß der indischen Regierung, einige historische Ungenauigkeiten enthält.

Gangster Nr. 1 G15
I, MOBSTER ***
USA 1958, 82 Min., F
R: Roger Corman D: Steve Cochran, Robert Strauss, Lita Milan
Auf- und Abstieg eines Gangsterchefs, der über Leichen geht, doch selbst weichen muß, als die Öffentlichkeit von seinen Taten erfährt. Rasanter B-Film, der kein Blatt vor den Mund nimmt.

Gangster, Rauschgift und Blondinen G16
***
L'HOMME ET L'ENFANT
Fr 1956, 90 Min., F
R: Raoul André D: Eddie Constantine, Juliette Gréco, Folco Lulli
Geschäftsführer einer Parfümfabrik an der Riviera kommt bei der Suche nach seiner verschwundenen Adoptivtochter einem Mädchen- und Drogenhändlerring auf die Spur. Ein amüsanter Krimi mit viel Geballer und Geprügel.

Gangster und Philanthropen G17
GANGSTERZY I FILANTROPI ****

Völlige Identifikation: Ben Kingsley ist Gandhi.

geplanten Raubüberfalls, der an einem kleinen Elendsdiebstahl scheitert, und die Geschichte eines Laboranten, der als falscher Kontrolleur zum Schrecken der Warschauer Gastronomen wird.

Der Gangsterboß von New York G18
***
LEPKE
USA 1975, 110 Min., F
R: Menahem Golan D: Tony Curtis, Anjanette Comer, Michael Callan
Von Curtis beeindruckend gespielte Geschichte eines neurotischen Gangsters der dreißiger Jahre, Chef einer »Murder Inc.«. Mit dem Komiker Milton Berle als Lepkes Vater.

Gangsterbrut G19
THE YOUNG GUNS **
USA 1956, 83 Min., s/w
R: Albert Band D: Russ Tamblyn, Gloria Talbott, Perry Lopez
Sohn eines Banditen sorgt dafür, daß ein Rudel Gesetzloser wieder auf den rechten Weg findet. Dutzendwestern.

Ganoven rechnen ab G20
LA MÉTAMORPHOSE DES CLOPORTES ***

seine Beute, und als er herauskommt, legt er sie der Reihe nach um. Lino Ventura geht seinen Weg ... Abgesehen von der simplen Rächergeschichte ein solide inszenierter Gangsterfilm.

Ganovenehre G21
***
BRD 1966, 94 Min., F
R: Wolfgang Staudte D: Gert Fröbe, Mario Adorf, Karin Baal
In Berlin spielende Gaunerkomödie mit Adorf als Geldschrankknacker, der als Zuhälter keine gute Figur macht und daher vom »Sparverein« umgelegt werden soll.

Die Gans von Sedan G22
***
BRD/Frankreich 1959, 87 Min., F
R: Helmut Käutner D: Hardy Krüger, Fritz Tillmann, Jean Richard
Im deutsch-französischen Krieg von 1870 treffen sich bei der Jagd nach einer Gans ein patriotischer französischer Soldat und ein deutscher Grenadier. Sie werden Freunde, aber plötzlich mit versehentlich vertauschten Uniformen auseinandergerissen. Nette Verwechslungskomödie.

Agnes hat aus Versehen ein wertvolles Buch verkauft. Um den Schaden für ihren Bruder wieder gutzumachen, beteiligt sie sich an einem Striptease-Wettbewerb. Brigitte Bardot als naive Schönheit in einem Film von erotischem Charme.

Gänsehaut G24
THE HAUNTED HOUSE OF HORROR **
GB 1969, 86 Min., F
R: Michael Armstrong D: Frankie Avalon, Jill Haworth, Dennis Price
Psychopath, der mit den Angehörigen seiner Clique in einem Spukhaus ein Fest feiert, lebt seine Phantasien aus, in denen ein scharfes Messer eine nicht unbeträchtliche Rolle spielt.

Gänsemarsch G25
LAUGHTERHOUSE ***
GB 1984, 88 Min., F
R: Richard Eyre D: Ian Holm, Penelope Wilton, Stephanie Tague
Ein Farmer in beruflicher und persönlicher Krise muß zu allem Unglück mit dem Streik seiner Gänserupfer fertig werden. Er macht sich auf, seine Gänse selbst von Norwich nach London zu treiben und wird dabei zum Medien-Star. Britischer Film-Humor.

Das ganz große Ding G26
BABYSITTER / JEUNE FILLE LIBRE LE SOIR ***
BRD/It/Fr 1975, 112 Min., F
R: René Clément D: Maria Schneider, Sydne Rome, Robert Vaughn
Die Entführung eines Kindes bildet den Ausgangspunkt für eine kompliziert angelegte Kriminalgeschichte. Mit überraschenden Wendungen wird der Zuschauer immer wieder in die Irre geführt. Faszinierender Psychothriller, in dem sich Clément auf äußerst geschickte und souveräne Weise der Stilmittel des Genres bedient.

Eine ganz krumme Tour G27
FOUL PLAY ***
USA 1978, 108 Min., F
R: Colin Higgins D: Goldie Hawn, Chevy Chase, Burgess Meredith
Junge naive Frau stolpert durch ein Mordkomplott gegen den Papst. Freundliche Krimikomödie.

Ganz normal verrückt G28
STORIE DI ORDINARIA FOLLIA ***
Italien/Frankreich 1981, 101 Min., F
R: Marco Ferreri D: Ben Gazzara, Ornella Muti, Tanya Lopert
Biographische Geschichte über das exzessive Leben des amerikanischen Kult-Säufers und -Schriftstellers Charles Bukowski. Zu sehr auf effektvolle Wirkung aus, erreicht der Film weder die atmosphärische Dichte, noch die sozialkritische Relevanz der Romane des Autors.

Eine ganz normale Familie G29
ORDINARY PEOPLE ****
USA 1979, 124 Min., F
R: Robert Redford D: Donald Sutherland, Mary Tyler Moore, Judd Hirsch, Timothy Hutton
Ein behutsamer Versuch, hinter die Fassade einer amerikanischen Mittelstandsfamilie zu sehen, hinter der sich Krisen und Katastrophen auftun. Beachtliches Regiedebüt des Schauspielers Redford.

Ein ganz normaler Held G30
ACCIDENTAL HERO ***
USA 1992, 118 Min., F
R: Stephen Frears D: Dustin Hoffman, Geena Davis, Andy Garcia
Ein Gauner rettet, durch die Umstände gezwungen, eine TV-Journalistin aus einem brennenden Flugzeug, doch als ihr Sender dem unbekannten Retter eine Million anbietet, tritt ein anderer auf, um sich in seinem Ruhm zu sonnen. Eine flotte Satire. HFJ 1994

Ganz oder gar nicht G31
THE FULL MONTY ****
GB 1997, 91 Min., F
R: Peter Cattaneo D: Robert Carlyle, Tom Wilkinson, Mark Addy
Paradebeispiel für das Genre des British Working Class Movies. Sechs Arbeitslose gründen eine Männerstripgruppe. Liebevoll gezeichnete Charaktere in einer gelungenen Milieuschilderung, die trotz des Themas ohne jegliche Schlüpfrigkeit auskommt. Alltagskino vom Feinsten. HFJ 1998

Ganz Paris träumt von der Liebe
siehe: Can-Can

Ganz so schlimm ist er auch nicht G32
PAS SI MECHANT QUE ÇA . . . ****
Schweiz/Fr 1974, 107 Min., F
R: Claude Goretta D: Gérard Depardieu, Marlène Jobert, Dominique Labourier
Pierre übernimmt die Schreinerei seines Vaters, die vom Konkurs bedroht ist. Stimmungsvolle Studie sympathischer Menschen, die sich in ihren Lebenslügen verheddern.

Ein ganz und gar verwahrlostes Mädchen G33
***
BRD 1976, 80 Min., s/w
R: Jutta Brückner D: Rita Rischak, Manfred Fischer, Bertha Zinglein
Dokumentarischer Spielfilm um einen Tag im Leben einer glücklosen Frau, die ohne Arbeit und Geld zum Opfer der Männer wird. Portrait eines »gesunden Mitglieds einer kranken Gesellschaft« (Jutta Brückner).

Ein ganz verrückter Freitag G34
FREAKY FRIDAY ***
USA 1977, 95 Min., F
R: Gary Nelson D: Jodie Foster, Barbara Harris, John Astin, Patsy Kelly
Mutter und Tochter, die sich gelegentlich wie Hund und Katz benehmen, erleben jeweils für einen Tag, wie es ist, in der Haut der anderen zu stecken. Eine Disney-Komödie mit gelungenen Gags, gutgemeinter Botschaft und einigen Längen.

Das ganze Leben G35
****
Schweiz 1982, 112 Min., s/w und F
R: Bruno Moll
Ein Dokumentarfilm mit Spielszenen um eine fünfzigjährige Frau, die einen großen Teil ihres Lebens in Heimen und psychiatrischen Institutionen verbracht, den Kampf um ihre Eigenständigkeit aber niemals aufgegeben hat.

Eine ganze Nacht G36
TOUTE UNE NUIT ****
Belgien 1981, 87 Min., F
R: Chantal Akerman D: Aurore Clement, Pierre Forget, Michel Lusan
Verschiedene, kaleidoskophaft ver-

bundene Geschehnisse in einer Sommernacht: Abschied und Wiedersehen, Streit und Versöhnung bei verschiedenen Paaren.

Die ganze Welt singt nur Amore G37 **

BRD 1956, 96 Min., F
R: Robert A. Stemmle D: Jon Otnes, Peter Mosbacher, Gertrud Kückelmann
Ein als singender Landstreicher getarnter berühmter Kammersänger wird von einem Gesangspädagogen »entdeckt«, und von diesem nach Wien mitgenommen. Dort verliebt er sich in dessen Tochter, ohne das seine wahre Identität zunächst entdeckt wird. Naive Musikkomödie.

Gappa – Frankensteins fliegende Monster G38 **

DAIKYUJO GAPPA
Japan 1968, 87 Min., F
R: Haruyasu Noguchi D: Tamio Kawaji, Yoko Yamamoto, Yuji Okada
Aus einem auf einer Pazifikinsel gefundenen Riesenei entschlüpft nach einem Vulkanausbruch ein Riesenvogel, der – mit nach Japan genommen – von seinen »Eltern« besucht wird, die ganze Städte in Schutt & Asche legen. LSFF

Garcon! Kollege kommt gleich! G39 ***

GARCON!
Frankreich 1983, 102 Min., F
R: Claude Sautet D: Yves Montand, Nicole Garcia, Jacques Villeret
Episodenfilm um einen nicht mehr ganz jungen Kellner. Das zieht sich und ist eigentlich nur wegen Montand ansehnlich.

The Garden G40

THE GARDEN ****
GB 1990, 92 Min., F
R: Derek Jarman D: Tilda Swinton,

Gardenia – Eine Frau will vergessen G41 ****

THE BLUE GARDENIA
USA 1952, 90 Min., s/w
R: Fritz Lang D: Anne Baxter, Richard Conte, Raymond Burr
Die dünne Geschichte einer Frau, die des Mordes verdächtigt und durch einen Reporter entlastet wird, diente Lang zu dem Psychogramm einer Frau in einer männerdominierten Welt. Stilistisch vollendeter Film noir, der das Image der Femme fatale völlig umdreht.

Garp und wie er die Welt sah G42 ****

THE WORLD ACCORDING TO GARP
USA 1982, 131 Min., F
R: George Roy Hill D: Robin Williams, Mary Beth Hurt, Glenn Close
Sehr freie Adaptation von John Irvings gleichnamigem Bestseller. Williams brilliert als Ringer, Schriftsteller und Vater, Close als dessen Mutter und feministische Krankenschwester. Mal amüsante, mal bewegende Familienchronik, so absurd und aberwitzig wie das wahre Leben.

Der Garten der Finzi Contini G43 ****

IL GIARDINO DEI FINZI CONTINI
Italien 1971, 95 Min., F
R: Vittorio de Sica D: Lino Capolicchio, Dominique Sanda, Fabio Testi
Eine vornehme jüdische Familie erlebt den Beginn der faschistischen Herrschaft. Ebenso unspektakuläre wie stilsichere Verfilmung des Romans von Giorgio Bassani.

Garten der Lüste G44

EL JARDIN DE LAS DELICIAS ****
Spanien 1970, 90 Min., F
R: Carlos Saura D: José-Luis Lopes Vázques, Lucky Soto, Julia Peña
Fabrikbesitzer verliert bei einem Unfall das Gedächtnis, und die Familie

Der Garten des Bösen G45

GARDEN OF EVIL ***
USA 1954, 100 Min., F
R: Henry Hathaway D: Gary Cooper, Richard Widmark, Cameron Mitchell, Susan Hayward
Drei Abenteurer werden von einer Frau angeheuert, um ihren Mann zu suchen, doch in der Wildnis werden sie von Indianern massakriert. Harter Western mit stellenweise ordentlicher Charakterzeichnung.

Der Garten Eden G46 ***

BRD 1977, 150 Min., F
R: Lutz Mommartz
Sehenswerter dokumentarischer Spielfilm, der wie ein philosophischer Essay spielerisch mit Elementen des Experimental-, Dokumentar- und Spielfilms der Frage nach dem Paradies auf Erden nachgeht und Antworten in den Haltungen und Äußerungen der Leute vom Niederrhein aufspürt.

Gas Food Lodging G47

GAS FOOD LODGING ***
USA 1992, 101 Min., F
R: Allison Anders D: Brooke Adams, Ione Skye, Fairuza Balk, James Brolin
Die von ihrem Mann verlassene Nora führt eine Truckerkneipe in einem Provinznest in der Wüste von Neu-Mexiko, wo sie mit ihren beiden Töchtern lebt. Sowohl die sexhungrige Trudi, als auch die in Kinoromantik schwelgende Shade machen ebenso mit Männern überwiegend schlechte Erfahrungen. Schöner Independent-Film, der trotz seiner Illusionslosigkeit Hoffnung transportiert. HFJ 1993

Gaslicht G48

GASLIGHT/ANGEL STREET ****
GB 1940, 88 Min., s/w
R: Thorold Dickinson D: Adolf Wohlbrück, Diana Wynayrd, Frank Pettingell, Cathleen Cordell

Gasparone G49
***
Deutschland 1937, 93 Min., s/w
R: Georg Jacoby D: Marika Rökk, Johannes Heesters, Leo Slezak
Gut getanzt ist halb verführt. Flotte Verfilmung der Räuber-Operette von Carl Millöcker.

Das Gäßchen zum Paradies G50
***
Deutschland/Tschechoslowakei 1936, 70 Min., s/w
R: Mac Fric, W. L. Bagier D: Hans Moser, Peter Bosse, Mady Rahl
Ein Hundefänger nimmt einen Waisenjungen bei sich auf. Hans Moser in einer ernsten, recht rührseligen Rolle.

Gäste aus der Galaxis G51
GOSTI IZ GALAKSIJE **
MONSTRUM Z GALAXIE ARCANA
Jugoslawien/CSSR 1981, 89 Min., F
R: Dusan Vukotic D: Ljubisa Samardzic, Zarko Potocnjak, Lucie Zulova
Ein Möchtegern-SF-Autor begegnet an der Adriaküste urplötzlich Geschöpfen seiner Phantasie und gerät dadurch in Schwierigkeiten mit seiner Freundin. A Schmarrn, wie das bei uns heißt.
LSFF

Das Gasthaus an der Themse G52
**
BRD 1963, 90 Min., s/w
R: Alfred Vohrer D: Joachim Fuchsberger, Brigitte Grothum, Elisabeth Flickenschildt, Richard Münch
Konfuse, unglaubwürdige Mördersuche im künstlichen London. Routine-Produkt der Edgar-Wallace-Reihe.

Gastmahl der Liebe G53
COMIZI D'AMORE ****
Italien 1963, 86 Min., s/w
R: Pier Paolo Pasolini
Pasolini befragt in diesem Dokumentarfilm italienische Menschen unterschiedlichster Herkunft nach ihrem Verhältnis zu Liebe und Sexualität.

Gastmahl der Rose G54
AR IDARDO ***
UdSSR 1969, 89 Min., F
R: Georgij Danelija D: Wachtang Kikabidse, Sergo Sakariadse
Die Geschichte eines jungen Arztes in einer georgischen Kleinstadt der Jahrhundertwende, der lieber arm und unabhängig bleibt, als sich den bürgerlichen Ritualen anzupassen.

Gastspiel im Paradies G55
***
Deutschland 1938, 91 Min., s/w
R: Karl Hartl D: Hilde Krahl, Albert Matterstock, Gustav Waldau
Ein Hotel wird von einer resoluten jungen Frau gründlich reorganisiert, und davon ist auch der junge Graf Wetterstein betroffen, der endlich seine Hotelrechnung bezahlen oder ausziehen soll. Woraufhin der Charmeur ungewohnten Arbeitseifer an den Tag legt. Ufa-Schmarrn mit erzieherischen Nebenabsichten.

Gate – Die Unterirdischen G56
THE GATE **
Kanada 1986, 86 Min., F
R: Tibor Takacs D: Stephen Dorff, Christa Denton, Louis Tripp
Zwei Dreikäsehochs graben ein Loch in den elterlichen Garten, dem fiese Dämonen und Satansbraten entsteigen und schwer auf die Kacke hauen. Tolle Tricks – Gosh! Wow! Doch das Drehbuch haben die Macher wohl versehentlich ins Loch fallen lassen.
HFJ 1988

Gate II: Das Tor zur Hölle G57
GATE II **
USA 1990, 96 Min., F
R: Tibor Takacs D: Louis Tripp, Pamela Segall, James Villemaire
Zwei Teenies, die ein Mädchen einem unterirdisch hausenden Dämon opfern wollen, lernen eine Lektion fürs Leben. Der Möchtegern-Retter des Opfers in spe ebenso. Grusler neuer Machart: Lotta shock, no brains.
HFJ 1991

Gaudi in der Lederhose G58
*
BRD 1977, 85 Min., F
R: Jürgen Enz D: Mascha Sieger, Walter Schwarzmayer, Christa Abelein
Zwei in Bayern urlaubende Berliner treiben's wild auf einem Bauernhof. Harte Sachen, die Freund Enz heute nur noch unter dem Pseudonym William Howard (und um 26 Min. gekürzt) zeigen will. Sexfilm.

Gauloises Bleues G59
LES GAULOISES BLEUES ***
Frankreich 1968, 91 Min., F
R: Michael Cournot D: Annie Girardot, Jean-Pierre Kalfon
Realistische Bilder aus dem Leben einer proletarischen Familie am Rande der Kriminalität.

Gauner gegen Gauner G60
RIPOUX CONTRE RIPOUX ***
Frankreich 1990, 106 Min., F
R: Claude Zidi D: Philippe Noiret, Thierry Lhermitte, Guy Marchand
Fortsetzung von *Die Bestechlichen:* Zwei Pariser Bullen, die schon mal das Händchen aufhalten, werden von unwilligen Zahlern in die Pfanne gehauen und suspendiert, doch als die Beamten, die sie fortan ersetzen, »wirklich« korrupt sind, geht man in sich. Tango corruptic mit umgekehrten Vorzeichen. HFJ 1991.

Der Gauner und der liebe Gott G61
**
BRD 1960, 98 Min., s/w
R: Axel von Ambesser D: Gert Fröbe, Karlheinz Böhm, Ellen Schwiers
Ein Gauner verkleidet sich als Priester, was dazu führt, daß er schließlich auf dem Pfad der Tugend landet.

Der Gauner von Bagdad G62
IL LADRO DI BAGDAD ***
It/Fr 1960, 88 Min., F
R: Arthur Lubin D: Steve Reeves, Georgia Moll, Arturo Dominici
Um seine per Zaubertrank in Schlaf versetzte Liebste zu retten, sucht ein

Steve Reeves

orientalischer Dieb nach einer Zauberblume und begegnet allerlei Hexen und Finsterlingen, die ihm nichts Gutes wollen. Flotte Orient-Fantasy. LFF

Gaunerkavaliere G63
LES TRUANDS ***
Frankreich 1956, 86 Min., s/w
R: Carlo Rim D: Eddie Constantine, Jean Richard, Yves Robert
Ein 103jähriger Ganove beichtet auf dem Totenbett seine Schandtaten und empfängt den US-»Kollegen« Jim, der schon deswegen auf ehrliche Art nie ein Auskommen haben würde, weil er für drei Familien sorgen muß. Ausgesprochen witzig!

Gavre Prinzip
siehe: Himmel unter Steinen

Geächtet G64
THE OUTLAW ***
USA 1947, 126 Min., s/w
R: Howard Hughes D: Jane Russell, Jack Bustel, Walter Huston
Exzentrischer Western aus verschiedenen Topoi und Figuren des Genres. Doc Holliday verliebt sich in Billy the Kid, die attraktive Rio will ihn, den Mörder ihres Bruders, töten, doch dann besinnt sie sich eines Besseren.

Geächtet und geliebt G65
LAUTARI ***
UdSSR 1972, 109 Min., F
R: Emil Lotjanu D: Dimitru Chebeschesku, Sergej Lunkewitsch
Filmmärchen um einen reisenden Musiker auf der Suche nach seiner Geliebten. Poetischer Film über moldawische Musik und Legenden.

Der Geächtete von Gor G66
OUTLAW OF GOR *
USA 1988, 86 Min., F
R: John Bud Cardos D: Urbano Barberini, Rebecca Ferrati, Jack Palance
US-Pauker, reichlich mit Muskeln be-

Geballte Ladung – Double Impact G67 **
DOUBLE IMPACT
USA 1991, 105 Min., F
R: Sheldon Lettich D: Jean-Claude van Damme, Alonna Shaw
Action-Rabauke van Damme hat diesmal eine Doppelrolle und agiert dementsprechend doppelt so dilettantisch.

Gebissen wird nur nachts – Happening der Vampire G68 **
BRD 1970, 102 Min., F
R: Freddie Francis D: Pia Degermark, Thomas Hunter, Ivor Murillo
Weiblicher Filmstar erbt ein Schloß in Europa und entdeckt, daß ihre Oma mitnichten tot ist: In den Grüften tagt der internationale Kongreß der Vampire. Alberner Horrorschwank; der schlechteste Film des Regisseurs.

Geboren am 4. Juli G69
BORN ON THE 4TH OF JULY ****
USA 1989, 144 Min., F
R: Oliver Stone D: Tom Cruise, Raymond J. Barry, Caroline Kava
Amerikaner aus patriotischem Elternhaus geht als Soldat nach Vietnam, tötet versehentlich einen Kameraden, wird selbst schwer verwundet und fristet sein Leben im Rollstuhl, bis die Begegnung mit anderen Versehrten sein Bewußtsein ändert und er sich auf die Seite der Kriegsgegner schlägt. Demontage amerikanischer Mythen. HFJ 1991

Geborgtes Glück G70
THE INVITATION ***
USA 1951, 82 Min., s/w
R: Gottfried Reinhardt D: Van Johnson, Dorothy McGuire, Ruth Roman
Ein Millionär bietet einem Architekten Geld an, wenn er seine todkranke Tochter heiratet. Ein Tränendrücker, der durch großartige Schauspieler und Inszenierungskunst gewinnt.

eines Boxers liebt einen Chinesen, am Ende sind alle drei tot. Griffith' meisterhafte Inszenierung hatte in den 20ern großen Einfluß auf die impressionistischen Filmemacher Frankreichs und Deutschlands.

Die Gebrochene Lanze
siehe: Arizona

Der gebrochene Pfeil G72
BROKEN ARROW ****
USA 1950, 93 Min., F
R: Delmer Daves D: James Stewart, Jeff Chandler, Debra Paget, Will Geer
Pfadfinder schließt Frieden mit dem Indianerhäuptling Cochise, verliebt sich in eine Frau seines Stammes und setzt sich gegen Intriganten durch, die einen neuen Krieg provozieren wollen. Ausgezeichneter Western, der die Klischees aufbrach.

Die Geburt einer Nation G73
THE BIRTH OF A NATION *****
USA 1914, 159 Min., s/w
R: David Wark Griffith D: Lillian Gish, Henry B. Walthall, Mae Marsh
Ein Meilenstein der Filmgeschichte. Erzählt wird in epischer Breite die Geschichte zweier Familien während des amerikanischen Bürgerkriegs und in der darauffolgenden Epoche des Wiederaufbaus. Bis zum heutigen Tag problematisch bleibt die Darstellung des Ku-Klux-Klan. Trotzdem: ein Muß.

Geburten verboten G74
ZERO POPULATION GROWTH **
USA/GB 1971, 90 Min., F
R: Michael Campus D: Oliver Reed, Geraldine Chaplin, Diane Cilento
Aus einer totalitär regierten und umweltverschmutzten Zukunftswelt fliehen eine Schwangere und ihr Mann vor dem Tod durch Vergasung in die saubere Freiheit. Zwiespältig; manche Szenen wirken sogar lächerlich.

Der Sohn eines Leuchtturmwärters freundet sich mit einem Weltumsegler an. Bald nachdem er die Familie verlassen hat, hört er im Radio die Nachricht von seinem Sohn und verfällt selbst an Körper und Seele.

Gefahr am Doro-Paß G76
THE DRUM ****
GB 1938, 88 Min., s/w
R: Zoltan Korda D: Sabu, Raymond Massey, Roger Livesey, Valerie Hobson
Junger indischer Prinz unterstützt die britischen Kolonialisten im Kampf gegen die Mörder seines Vaters. Ein buntes Abenteuerspektakel, bei dem die Kamera in schönen Naturaufnahmen und malerischen Massenszenen schwelgt.

Gefahr aus dem Weltall G77
IT CAME FROM OUTER SPACE ***
USA 1953, 80 Min., s/w
R: Jack Arnold D: Richard Carlson, Barbara Rush, Charles Drake
Ektoplasmische Xenomorphen, die ihr Aussehen beliebig verändern können, landen auf der Erde, um ihr Raumschiff zu reparieren, was die Bewohner eines Landstrichs ängstlich stimmt. Ein B-Klassiker des SF-Kinos. LSFF

Gefahr für die Liebe – Aids G78
**
BRD/Frankreich 1985, 92 Min., F
R: Hans Noever D: Fritz Cat, Geraldine Danon, Piero von Arnim
Ein junger Berliner Taxi-Fahrer und Ex-Fixer siecht plötzlich dahin. Seine tapfere Freundin, sein drogensüchtiger Bruder und sein glückloser schwuler Verehrer stehen dem Sterbenden bei.

Gefahr im Verzug G79
PERIL EN LA DEMEURE ****
Frankreich 1984, 100 Min., F
R: Michel Deville D: Anemone, Richard Bohringer, Nicole Garcia
Der junge Musiklehrer David soll in der herrschaftlichen Villa der Familie Tombsthay der Tochter Unterricht geben und gerät in ein mörderisches Intrigenspiel. Faszinierendes Vexierspiel.

Gefahr: Diabolik G80
DANGER: DIABOLIK **
Frankreich/Italien 1967, 103 Min., F
R: Mario Bava D: John Phillip Law, Marisa Mell, Michel Piccoli
Ein Meisterdieb der Zukunft und seine Gespielin kämpfen als futuristische Robin Hoods gegen die Gesellschaft und ihre Vertreter. Flott gemachter Trivialfilm nach der Vorlage eines beliebten italienischen Comics. LSFF

Gefährliche Begegnung G81
THE WOMAN IN THE WINDOW ****
USA 1944, 99 Min., s/w
R: Fritz Lang D: Edward G. Robinson, Joan Bennett, Raymond Massey
Ein Professor lernt eine mysteriöse Frau kennen und tötet später unbeabsichtigt deren Liebhaber. Von einem Zeugen erpreßt, begeht er dann Selbstmord – und wacht aus einem Alptraum auf. Langs Doppelgänger-Motiv stammt aus der Psychoanalyse und evoziert bürgerliche Moral: Der Alptraum entpuppt sich als Schuldbewußtsein.

Gefährliche Brandung G82
POINT BREAK ***
USA 1991, 122 Min., F
R: Kathryn Bigelow D: Patrick Swayze, Keanu Reeves, Gary Busey
Undercover-Agent soll einen Gangster-Boß aufspüren, der im Surfer-Milieu vermutet wird. Dabei erliegt er nicht nur der Faszination des Sports, sondern auch dem Charisma der Kriminellen. Sauberer, mystisch angehauchter Action-Film von James »Terminator« Camerons Ex-Gattin Kathryn Bigelow. HFJ1992

Gefährliche Freundin G83
SOMETHING WILD ****
USA 1986, 113 Min., F
R: Jonathan Demme D: Jeff Daniels, Melanie Griffith, Ray Liotta
Wunderbar wandelbare Amazone entführt Yuppie aus seinem grauen Alltag und macht ihn mit einem Leben voller Spaß und Spontaneität bekannt. Wie der Held verändert sich daraufhin auch der Film: aus der flotten Komödie wird ein düsterer Krimi aber der Regisseur sorgt dafür, daß alles trotzdem zusammenpaßt. HFJ 1988

Gefährliche Leidenschaft G84
GUN CRAZY ****
USA 1949, 86 Min., s/w
R: Joseph H. Lewis D: John Dall, Berry Kroeger, Morris Carnovsky
Innovativer Kriminalfilm um ein Paar, dessen brutale Raubzüge nicht zwingend wirtschaftlich motiviert sind. Der Film aktualisiert den populären Bonnie-und-Clyde-Mythos der dreißiger Jahre. Lewis' Regie wartet mit formalen Neuerungen auf.

Gefährliche Leidenschaften G85
**
LE FEU SOUS LA PEAU
Frankreich 1985, 87 Min., F
R: Gérard Kikoine D: Kevin Bernhard, Eva Cemerys, Michel Jacob
Junger Mann lädt Schulfreund nach Hause ein, der sich sofort dessen Mama und Schwester sexuell untertan macht. Gelackter Sexfilm mit dürftiger Story, inszeniert von einem talentierten Pornomacher.

Gefährliche Liebschaften G86
LES LIAISONS DANGEREUSES ****
Fr/It 1959, 102 Min., F
R: Roger Vadim D: Gérard Philippe, Jeanne Moreau, Jeanne Valerie
Ein perverses Paar will eine junge Unschuld verderben, doch als der Mann sich in das Opfer verliebt, steht die Krise an. Skandalfilm, der seinerzeit großes Aufsehen erregte. Nach Choderlos de Laclos' Roman aus dem Jahr 1782.

Gefährliche Liebschaften G87
DANGEROUS LIAISONS ****
USA/GB 1989, 112 Min., F
R: Stephen Frears D: Glenn Close, John Malkovich, Uma Thurman, Michelle Pfeiffer, Keanu Reeves

Die unheiligen Drei

Zwei Hofschranzen geben ihrem Leben etwas Pfeffer, indem sie eine Jungfer verderben. Remake der Roger-Vadim-Verfilmung. Rein formal exzellent, doch vom Thema her ungefähr so aktuell wie die Verhöhnung lediger Mütter. HFJ 1990

Gefährliche Mitwisser G88
DANGEROUS TO KNOW ***
USA 1938, 68 Min., s/w
R: Robert Florey D: Akim Tamiroff, Anna May Wong, Lloyd Nolan
Ein Gangsterboß versucht von einer Frau die Heirat zu erpressen. Stimmungsvoll fotografierter, melodramatischer Gangsterfilm.

Das gefährliche Spiel von Ehrgeiz und Liebe G89 ***
LA PART DU FEU
Frankreich 1977, 99 Min., F
R: Etienne Périer D: Michel Piccoli, Claudia Cardinale, Jacques Perrin
Die Frau eines Immobilienhändlers, der sich gegenüber ihr auch im Ehebruch als gleichgültig erweist, tötet sich selbst; ihr Liebhaber wird zu seinem unbarmherzigen Konkurrenten. Gesellschaftskritischer Thriller mit hervorragenden Darstellern.

Gefährlicher Sex frühreifer Mädchen G90 *
BRD 1971, 92 Min., F
R: Alois Brummer D: Elke Hagen, Jutta Dorn, Eva Karinka
Was angebliche Schulmädchen angeblich alles so treiben, produziert und in Szene gesetzt von dem ehemaligen Fuhrunternehmer Alois Brummer. Überflüssig.

Gefährliches Blut G91
THE LAWLESS BREED ***
USA 1952, 83 Min., F
R: Raoul Walsh D: Rock Hudson, Julia Adams, Mary Castle

Gefährliches Pflaster G92
TERRAIN VAGUE ***
Frankreich 1960, 101 Min., s/w
R: Marcel Carné D: Danièle Gaubert, Jean-Louis Bras, Maurice Caffarelli, Dominique Dieudonne
Der kleine Babar ist Mitglied einer Pariser Vorstadt-Bande. Als er sich weigert, an einem Tankstellenüberfall teilzunehmen, wird er von den anderen Jugendlichen in den Tod getrieben. Stilistisch wenig überzeugender Versuch einer Studie über das hilflose Aufbegehren von Jugendlichen der Nachkriegszeit.

Gefährten des Grauens G93
THE WILD NORTH ***
USA 1951, 95 Min., F
R: Andrew Marton D: Stewart Granger, Wendell Corey, Cyd Charisse
Ein Beamter der RCMP nimmt in der Wildnis Kanadas einen Mann fest, der in Notwehr einen anderen getötet hat, doch auf dem langen Rückweg erweist sich der Gefangene als ihm überlegen. Noch ansehbarer »Northern«.

Gefährten des Todes G94
THE DEADLY COMPANIONS ***
USA 1961, 90 Min., F
R: Sam Peckinpah D: Maureen O'Hara, Brian Keith, Steve Cochran
Ein Ex-Soldat begleitet eine Bardame durch das Indianerland. Mit von der Partie sind zwei Tunichtgute, mit denen unser Held ein Hühnchen zu rupfen hat. Spannender, psychologisch motivierter Western.

Der Gefallen, die Uhr und der sehr große Fisch G95 ***
THE FAVOUR, THE WATCH AND THE VERY BIG FISH
GB/Frankreich 1991, 88 Min., F
R: Ben Lewin D: Bob Hoskins, Jeff Goldblum, Natasha Richardson
Jeff Goldblum als wandelndes Ebenbild Jesu und viele Irrungen und

Gefangen G96
CAUGHT ***
USA 1949, 84 Min., s/w
R: Max Ophüls D: James Mason, Barbara Bel Geddes, Robert Ryan
Eine Frau entflieht ihrer Ehehölle mit einem neurotischen Millionär ausgerechnet in die Arme des Arztes ihres Mannes. Eher düsteres Melodrama vom Meister dieses Genres.

Gefangen im Kaukasus G97
KAVKAZSKI PLENNIK ****
Kasachstan/Rußland 1996, 98 Min., F
R: Sergei Bodrow D: Oleg Menshikow, Sergei Bodrow jr., Djemal Sikharulidze
Zwischen zwei in einem Dorf festgehaltenen russischen Soldaten und ihren Bewachern kommt es während ihrer Zeit des Wartens langsam zur Annäherung. Nachdenklich stimmender Film über das Überwinden von Vorurteilen. HFJ 1998

Der Gefangene G98
THE PRISONER ****
GB 1955, 95 Min., s/w
R: Peter Glenville D: Alec Guinness, Jack Hawkins, Raymond Huntley
Alec Guinness als Kirchenführer, der von einem diktatorischen Regime verhaftet und, um seine Verurteilung in einem Schauprozeß zu erreichen, einer brutalen Gehirnwäsche unterzogen wird. Düstere Mahnung vor dem totalitären Staat.

Der Gefangene der Haifischinsel G99 ***
THE PRISONER OF SHARK ISLAND
USA 1936, 90 Min., s/w
R: John Ford D: Warner Baxter, Gloria Stuart, Claude Gillingwater
Ein Arzt wird zu lebenslanger Haft verurteilt, nachdem er den Mörder Abraham Lincolns medizinisch versorgt. Formal und emotional beeindruckend fiktionalisierte historische Ereignisse um einen Justizirrtum und

Der Abenteurer Dschungel-Jim soll im Regierungsauftrag einen Deal mit den Urwaldvölkern abschließen, bei dem es um Schürfrechte geht. Doch Schufte, die die Schwarzen gegen die Weißen aufhetzen, sind nicht fern. Schema-F-Abenteuerfilm.

Gefangene der Liebe G101 **

BRD 1954, 100 Min., s/w
R: Rudolf Jungert D: Curd Jürgens, Annemarie Düringer, Bernhard Wicki
Eine Frau kehrt nach acht Jahren Kriegsgefangenschaft in die Heimat und zu ihrem Mann zurück und verschweigt zunächst ihr in der Gefangenschaft geborenes Kind.

Die Gefangene der Sarazenen G102 **

I REALI DI FRANCIA
Italien 1959, 80 Min., F
R: Mario Costa D: Chelo Alonso, Rik Battaglia, Liana Orfei, Livio Lorenzon
Ritter Roland, der zwei Königskinder vor den Mauren retten soll, begegnet unterwegs allerlei Gefahren. Mäßig spannender Ritterfilm, in dem nur die rassige Chelo Alonso ein paar Schauwerte bietet.

Gefangene der Tiefe G103

EL REFUGIO DEL MIEDO *
Spanien 1973, 92 Min., F
R: José Ulloa D: Craig Hill, Patty Shepard, Pedro Maria Sanchez
Zwei Ehepaare, die den Atomkrieg in einem Bunker überlebt haben, setzen den Krieg miteinander fort, während sie darauf warten, an die Oberfläche zurückkehren zu können. Ein klaustrophobisches Science-fiction-Kammerspiel.

Gefangene des Dschungels G104

EAST OF SUMATRA ***
USA 1953, 81 Min., F
R: Budd Boetticher D: Jeff Chandler, Anthony Quinn, Marilyn Maxwell
Duke und seine Leute bauen auf der Südseeinsel Tanga Zinn ab, doch als ihr Chef die Einheimischen betrügt, sinnt deren Häuptling auf Rache. Ein effektvoll und gut gespielter Abenteuerfilm.

Die Gefangene des Ku-Klux-Klan G105 ***

STORM WARNING
USA 1951, 90 Min., s/w
R: Stuart Heisler D: Ginger Rogers, Doris Day, Ronald Reagan
Amerikanerin, zu Besuch bei der Schwester in den Südstaaten, wird unverhofft Zeugin eines Ku-Klux-Klan-Mordes an einem unbequemen Journalisten und erkennt in ihrem Schwager einen der Tatbeteiligten. Nachdem man sie übel drangsaliert hat, entschließt sie sich zur Anzeige. Gut gemeintes, schlaff inszeniertes Melodram.

Gefangene des Universums G106

PRISONERS OF THE LOST UNIVERSE **
GB 1983, 91 Min., F
R: Terry Marcel D: Richard Hatch, Kay Lenz, John Saxon, Peter O'Farrell
Ein Wissenschaftler, ein Elektriker und eine Journalistin werden von einer wildgewordenen Erfindung auf eine Parallelerde versetzt, wo sie sich gegen Barbaren und einen Tyrannen zur Wehr setzen müssen. LSFF

Gefangene Frauen G107 *

Schweiz 1979, 85 Min., F
R: Jess Franco D: Karine Gambier, France Lomay, Brigitte Lahaie
Südamerikanischer Präsident läßt, um bei der UNO Eindruck zu schinden, die Hauptstadt-Puffs schließen und die Huren auf eine Insel bringen, wo sie von seiner sadistischen Mätresse drangsaliert werden.

Gefangene im Weltraum G108

STAR SLAMMER **
USA 1987, 86 Min., F
R: Fred Olen Ray D: Ross Hagen, Sandy Brooke, Susan Stokey, Aldo Ray
Eine Jungkriminelle wird in einen Knast gebracht, der um die Erde kreist, und zettelt dort eine Revolte an. Eine Schundproduktion, der nur die Fleisch-Schauwerte wichtig sind.

Der Gefangene von Alcatraz G109

BIRDMAN OF ALCATRAZ ****
USA, 1962, 148 Min., s/w
R: John Frankenheimer D: Burt Lancaster, Karl Malden, Thelma Ritter
Biographischer Film über den Gefangenen Robert Stroud, der sich hinter den Gefängnismauern zu einem berühmten Spezialisten der Vogelkunde entwickelte. Brillantes Schauspielerkino mit bemerkenswerten Action- und starken sentimentalen Szenen.

Der Gefangene von Zenda G110

THE PRISONER OF ZENDA ****
USA 1937, 100 Min., s/w
R: John Cromwell D: Ronald Colman, Madeleine Carroll, David Niven, Douglas Fairbanks jr., Mary Astor
Um die Intrigen eines Thronräubers zu torpedieren, läßt sich der Doppelgänger des Königs eines fiktiven Staates auf ein gefährliches Spiel ein. Rasanter Mantel- und Degenfilm nach dem Roman von Anthony Hope.

Der Gefangene von Zenda G111

THE PRISONER OF ZENDA ***
USA 1978, 109 Min., F
R: Richard Quine D: Peter Sellers, Lionel Jeffries, Jeremy Kemp
Um einem Thronerben zu seinem Recht zu verhelfen, dessen Bruder ebenfalls Ambitionen hat, heuern zwei Offiziere einen Londoner Kutscher an, der ihrem Herrn zum Verwechseln ähnlich ist. Parodie auf die Version von 1937.

Gefängnis G112

FÄNGELSE ***
Schweden 1948, 78 Min., s/w
R: Ingmar Bergman D: Doris Svedlund, Birger Malmsten, Eva Henning
Eine Frau bringt ihr Kind um, ein Ehepaar leidet unter dem Gefängnis ihrer Beziehung, und ein Mathematikprofessor schlägt einem Regisseur vor, einen Film über die Hölle zu machen.

Der gefesselte Ballon G113

PRIVJAZANJAT BALON ****
Bulgarien 1967, 98 Min., s/w
R: Binka Zeljazkova D: Grigor Vackov, Georgi Kalojancev, Ivan Bratanov
Während des Zweiten Weltkrieges taucht über einem bulgarischen Bergdorf ein losgerissener Fesselballon auf. Die Bauern wissen zunächst nicht, was sie mit ihm anfangen sollen, und

als sie sich aus seiner Seide Hemden schneidern wollen, zieht der Ballon zum nächsten Dorf weiter, mit dessen Bewohnern nun ein grotesker Dörferkrieg beginnt. Weil das eine Satire ist, blieb der Film in Bulgarien bis 1989 verboten.

Die Gefräßigen G114
LES VORACES ***
Frankreich/Italien 1973, Min., F
R: Sergio Gobbi D: Helmut Berger, Françoise Fabian, Paul Meurisse
Ein junger Croupier im Spielsaal von Cannes ist von dem Geld, mit dem er täglich zu tun hat, so fasziniert, daß er in einer Kurzschlußhandlung zum Verbrecher wird. Gesellschaftskritischer Krimi.

Gefundenes Fressen G115
***
BRD 1977, 95 Min., F
R: Michael Verhoeven D: Heinz Rühmann, Mario Adorf, René Deltgen
Mit viel Sympathie entwickelte Geschichte eines Landstreichers, ganz auf die Darstellung von Heinz Rühmann konzentriert.

Die gefürchteten Vier G116
THE PROFESSIONALS ***
USA 1966, 117 Min., F
R: Richard Brooks D: Burt Lancaster, Lee Marvin, Robert Ryan, Woody Strode, Claudia Cardinale
Vier Abenteurer suchen nach der angeblich von einem Revoluzzer entführten Gattin eines Großgrundbesitzers. Western mit Überraschungen.

Die gefürchteten Zwei G117
IL MERCENARIO ***
Italien/Spanien 1968, 107 Min., F
R: Sergio Corbucci D: Franco Nero, Tony Musante, Jack Palance
Ein revolutionärer Minenarbeiter und ein polnischer Haudegen trotzen der mexikanischen Armee während der

Tapferer Seefahrer mischt im Auftrag der englischen Krone räuberische Piraten in der Karibik auf. Buntes Abenteuer, wie man es von Errol Flynn gewohnt ist, diesmal jedoch mit etwas geringerem Budget.

Gegen alle Gewalten G119
I DIED A THOUSAND TIMES ***
USA 1955, 107 Min., F
R: Stuart Heisler D: Jack Palance, Lori Nelson, Lee Marvin, Shelley Winters
Ein Ex-Knastbruder plant einen Raub in einem Luxushotel, doch es kommt zu Schwierigkeiten, als seine Leute sich als zu verschieden entpuppen. Ein Ganovenmelodram. Gut gespielt, aber zu viele Worte.

Gegen jede Chance G120
AGAINST ALL ODDS ***
USA 1984, 121 Min., F
R: Taylor Hackford D: Rachel Ward, Jeff Bridges, James Woods
Bunte, atmosphärelose Neuverfilmung des Film-noir-Klassikers *Out of the Past*. Übermäßig komplizierte Geschichte um Manipulationen im Sport- und Immobiliengeschäft.

Geheimagent G121
SECRET AGENT ***
GB 1936, 82 Min., s/w
R: Alfred Hitchcock D: John Gielgud, Madeleine Caroll, Peter Lorre
Britischer Schriftsteller soll im Auftrag des Geheimdienstes in der Schweiz einen deutschen Agenten töten, was sich als nicht einfach herausstellt, denn in diesem Film ist niemand der, als der er sich ausgibt. Hitchcock macht klar, daß Spionage ein schmutziges Geschäft ist und war damit seiner Zeit voraus.

Geheimaktion Carlotta G122
THE BRIBE ***
USA 1949, 97 Min., s/w
R: Robert Z. Leonard D: Robert

Geheimauftrag Dubrovnik G123
THE SECRET INVASION **
USA 1963, 96 Min., F
R: Roger Corman D: Stewart Granger, Raf Vallone, Mickey Rooney
Fünf Ganoven erkaufen sich im Zweiten Weltkrieg die Freiheit, indem sie sich für ein Himmelfahrtskommando in Jugoslawien melden. Billigkriegsfilm aus Cormans Schnellschußproduktion.

Geheimcode Wildgänse G124
**
BRD/Italien 1984, 101 Min., F
R: Anthony M. Dawson D: Lewis Collins, Lee Van Cleef, Klaus Kinski
Söldner metzeln am Arsch der Welt Typen nieder, die Opium anbauen, doch auf dem Rückzug zeigt sich, daß sie entbehrlich sind. Eine Mordorgie, in der es permanent knallt und explodiert. FJ 1985

Geheime Fracht G125
SANTIAGO **
USA 1956, 91 Min., F
R: Gordon Douglas D: Alan Ladd, Rossana Podesta, Lloyd Nolan
Im spanisch-amerikanischen Krieg von 1898 verliebt sich ein amerikanischer Waffenschieber in eine kubanische Freiheitskämpferin. Abenteuerfilm mit Westernmotiven. Patriotisch!

Der geheime Garten G126
THE SECRET GARDEN ***
USA 1993, 101 Min., F
R: Agnieszka Holland D: Maggie Smith, Kate Maberly, Heydon Prowse
Eine zehnjährige Waise kommt zu ihrem Onkel nach England und regt die Menschen an, endlich Änderungen und Gefühle zuzulassen. Gemeinsam mit zwei anderen Kindern macht sie einen verwilderten Garten zu ihrem Refugium. Ein märchenhafter Kinderfilm über die Kraft des Willens mit einer überzeugenden jungen Dar-

Ein brünstiger Graf hat sexuelle Beziehungen zu vier Frauen – und nutzt sie weidlich aus. Platter Sex.

Die geheime Nation G128
LA NACION CLANDESTINA ****
Bolivien 1989, 120 Min., F
R: Jorge Sanjines D: Reynaldo Yurja, Orlando Huanca
Ein Indio, der aus seiner Heimat vertrieben wurde, kehrt in sein Dorf zurück, um dort Selbstmord zu begehen. Auf dem Weg begegnet er den einzelnen Stadien seiner Geschichte und gewinnt seine kulturelle Identität wieder.

Das Geheimnis der Agatha Christie G129
***
AGATHA
USA 1978, 100 Min., F
R: Michael Apted D: Dustin Hoffman, Vanessa Redgrave, Timothy Dalton
In der Biographie der weltberühmten Kriminalschriftstellerin gibt es einen dunklen Punkt: Am 4. Dezember 1926 verschwand sie für eine Zeit spurlos. Der Film rekonstruiert dieses Ereignis als Ehedrama, dem ein Journalist auf der Spur ist.

Das Geheimnis der Amaryllis G130
***
THE EYES OF AMARYLLIS
USA 1982, 90 Min., F
R: Frederick King Keller D: Ruth Ford, Martha Byrne, Guy Boyd
Mädchen, das zu seiner verschrobenen Oma zieht, die seit 30 Jahren auf ihren ertrunkenen Mann wartet, lernt einen mysteriösen Burschen kennen, der auf eigenartige Weise mit der See verbunden ist. LFF

Das Geheimnis der drei Dschunken G131
**
A 009: MISSIONE HONGKONG
BRD/Italien 1965, 89 Min., F
R: Ernst Hofbauer D: Stewart Granger, Horst Frank, Rosanna Schiaffino
US-Agent bekämpft in Hongkong eine Bande, die den bösen Roten wichtige Hardware liefert. Dutzendabenteuer im Agentenmilieu, in der Hauptrolle ein abgehalfterter Hollywoodstar.

Das Geheimnis der falschen Braut G132
****
LA SIRENE DU MISSISSIPPI
Fr/It 1968/69, 124 Min., F
R: François Truffaut D: Jean-Paul Belmondo, Cathérine Deneuve
Eine »verkehrte« Liebesgeschichte, mit vertauschten Identitäten, Diebstahl, Mord und einer Flucht aus der Karibik in den Schnee der französischen Alpen. Truffauts Hommage an Jean Renoir ist mehr eine Montage von Suspense-Versatzstücken Hitchcocks.

François Truffaut (rechts) erklärt.

Das Geheimnis der fliegenden Teufel G133
**
WITHOUT WARNING
USA 1979, 91 Min., F
R: Greydon Clark D: Jack Palance, Martin Landau, Tarah Nutter
Monstren aus der Galaxis jagen mittels gallertartiger Wurfgeschosse Menschen, bis man ihnen das Handwerk legt. SF-Standard der Art, die Schuld am schlechten Image der SF sind.

Das Geheimnis der fünf Gräber G134
****
BACKLASH
USA 1956, 84 Min., F
R: John Sturges D: Richard Widmark, Donna Reed, William Campbell
Bei einem Indianerüberfall läßt ein Goldsucher seine Freunde im Stich. Ein Rächer, der den vermeintlichen Lumpen sucht, erkennt in ihm den eigenen Vater. Ausgezeichneter Western.

Das Geheimnis der gelben Narzissen G135
**
BRD/GB 1961, 95 Min., s/w
R: Akos von Rathony D: Joachim Fuchsberger, Sabine Sesselmann, Klaus Kinski, Christopher Lee
Joachim Fuchsberger auf der Spur eines Narzissenmörders und Rauschgifthändlers. Lee in der Rolle eines Chinesen. Die konfuse Edgar-Wallace-Geschichte wurde als »The Devil's Daffodil« auch gleich in Englisch gedreht.

Das Geheimnis der grünen Stecknadel G136
**
COSA AVETE FATTO A SOLANGE?
BRD/Italien 1972, 95 Min., F
R: Massimo Dallamano D: Joachim Fuchsberger, Karin Baal, Fabio Testi
Kruder Rettungsversuch der maroden Edgar-Wallace-Geschichte mit italienischer Hilfe. Ein Reinfall, der nur noch eine weitere Folge bis zum wohlverdienten Exitus zuließ.

Geheimnis der Indianerin
siehe: Der weite Himmel

Das Geheimnis der Inkas G137
SECRET OF THE INCAS ***
USA 1954, 102 Min., F
R: Jerry Hopper D: Charlton Heston, Nicole Maurey, Robert Young
Gute und böse Abenteurer suchen im peruanischen Hochland nach einer legendären »Sonnenscheibe«, die das Reich der Inkas wiederauferstehen lassen soll. Fesselnder B-Film mit ansehnlichen Landschaftsaufnahmen.

Das Geheimnis der Lederschlinge G138
**
I MISTERI DELLA GIUNGLA NERA
BRD/Italien 1964, 84 Min., F
R: Luigi Campuano D: Peter van Eyck, Ingeborg Schöner, Ivan Desny
Englischer Captain befreit seine Tochter aus den Fängen indischer Sektierer. X-mal verfilmter Bilderbogen nach einem Roman von Emilio Salgari, dem »italienischen Karl May«.

Das Geheimnis der Mondscheinsonate G139
**
HET MYSTERIE VAN DE MONDSCHEIN SONATE
Niederlande 1935, 83 Min., s/w
R: Kurt Gerron D: Wiesje van Tuinen, Annie Verhulst
Eine Varieté-Tänzerin trennt sich von ihrem Partner und heiratet einen wohlhabenden älteren Mann. Als der

in ihrer Stadt gastiert, kommt es zu einem heimlichen Rendezvous, das wiederum viele kriminalistische Verwicklungen auslöst.

Das Geheimnis der Phantomhöhlen G140 **

SECRETS OF THE PHANTOM CAVERNS
USA 1983, 90 Min., F
R: Don Sharp D: Robert Powell, Richard Johnson, Timothy Bottoms
Amerikanische Militärs entdecken in einem tiefen Höhlensystem Nachfahren eines bislang unbekannten Menschenzweiges, die sich, von Ungeheuern unterstützt, der Eindringlinge erwehren. Lachhafter Actionfilm, der mit viel Geschwätz über Toleranz hausieren geht. LSFF

Das Geheimnis der roten Blume G141 **

KINDAR L'INVULNERABLE
Italien 1965, 90 Min., F
R: Osvaldo Civirani D: Mark Forest, Mimmo Palmara, Rosalba Neri
Nomadenhäuptling zieht den Sohn eines Königs auf, um später mit seiner Hilfe Eroberungen zu machen. Recht unbedarfter Orientfilm.

Das Geheimnis der roten Maske G142 **

IL TERRORE DELLA MASCHERA ROSSA
Italien 1959, 77 Min., F
R: Luigi Capuano D: Lex Barker, Chelo Alonso, Livio Lorenzon
Rotmaskierter Rächer und seine Truppen eilen einer bedrängten Holden zur Hilfe, die von einem finsteren Ritter und Meuchler um Haus und Hof betrogen werden soll. Mantel- und Degenfilm der Klasse B.

Das Geheimnis der schwarzen Handschuhe G143 ***

L' USELLO DALLE PIUMPE DI CRISTALLO
BRD/Italien 1969, 94 Min., F
R: Dario Argento D: Tony Musante,

Das Geheimnis der schwarzen Witwe G144 **

ARANA NEGRA
Spanien/BRD 1963, 95 Min., s/w
R: Franz Josef Gottlieb D: O. W. Fischer, Karin Dor, Klaus Kinski
Journalist untersucht geheimnisvolle Mordserie. Gruselkrimi nach Art der Wallace-Filme. Schlecht, aber unterhaltsam.

Das Geheimnis der stählernen Stadt G145 ***

TAJEMSTVI OCELOVEHO MESTA
CSSR 1978, 90 Min., F
R: Ludvik Raza D: Jaromir Hanzlik, Martin Ruzek, Josef Vinklár
Chemiker, der mit einer riesigen Erbschaft eine geheimnisvolle Fabrik baut und an Neutronenbomben arbeitet, strebt die Weltherrschaft an. Ein kompetent gemachter SF-Film nach einem Roman von Jules Verne. LSFF

Das Geheimnis der Todesinsel G146 *

LA ISLA DE LA MUERTA
BRD/Spanien 1965, 85 Min., F
R: Mel Welles D: Cameron Mitchell, Elisa Montes, George Martin
Irrer Wissenschaftler züchtet auf einsamer Insel vampirische Pflanzen, denen eine Touristengruppe zum Opfer fällt. Durchschnittsproduktion, die gegen den Horror der achtziger Jahre nur mehr bieder wirkt. LSFF

Das Geheimnis der verwunschenen Höhle G147 ****

DARBY O'GILL AND THE LITTLE PEOPLE
GB 1959, 93 Min., F
R: Robert Stevenson D: Albert Sharpe, Janet Munro, Sean Connery
Darby O'Gill stürzt in einen Brunnen und findet sich im Reich der Kobolde wieder, die ihm drei Wünsche erfüllen. Charmanter Fantasyfilm auf der Basis irischer Volksmärchen, ausgezeichnete Tricks. Toll gemacht!

Abenteurer spüren vier Kronjuwelen nach, die sich im Besitz eines ominösen Sektenführers befinden und angeblich die Macht des Guten und Bösen enthalten. Abenteuerfilm der eher schlampigen Machart.

Das Geheimnis der 14 Geisterreiter G149 **

LOS DIABLOS DEL TERROR
Mexiko 1958, 76 Min., F
R: Fernando Mendez D: Gaston Santos, Alam Rosa Aguirre, Quintin Bulmes, Pedro D'Aguillon
Mysteriöse Organisation überzieht einen mexikanischen Landstrich mit Terror, um die Bauern von ihrem Land zu vertreiben. Action und Morde am laufenden Band, von Phantasie keine Spur.

Das Geheimnis der weißen Nonne G150 **

BRD/GB 1966, 88 Min., F
R: Cyril Frankel D: Stewart Granger, Susan Hampshire, Sophie Hardy
Als Nonnen getarnt agiert eine Bande von Juwelendieben, bis sie von einem cleveren Scotland Yard-Inspektor entlarvt werden. Mit einem Budget von vier Millionen sehr frei gestaltete Wallace-Verfilmung, in zwei Versionen gedreht.

Das Geheimnis der Wendeltreppe G151 **

THE SPIRAL STAIRCASE
GB 1974, 89 Min., F
R: Peter Collinson D: Jacqueline Bisset, Christopher Plummer, Sam Wanamaker, Gayle Hunnicutt
Flaches Remake von Siodmaks Klassiker *Die Wendeltreppe* um einen geistesgestörten Mörder, der am Ende von seiner eigenen Mutter getötet wird.

Das Geheimnis des Dr. Z G152

LE DIABOLIQUE DOCTEUR Z **

wollte. Mäßiger SF-Thriller aus der Zeit, in der Regisseur Franco noch etwas Mühe investierte. LSFF

Das Geheimnis des Grabmals am Nil G153 **

THE TOMB

USA 1986, 84 Min., F

R: Fred Olen Ray D: Cameron Mitchell, John Carradine, Sybil Danning

Grabräuber, der seine Funde von einer Hehlerin an den Mann bringen läßt, erweckt versehentlich einen Pharaonen zum Leben, der ihm äußerst mörderisch Einhalt gebietet. Fließband-Abenteuer eines C-Regisseurs.

Das Geheimnis des Inka-Schatzes G154 **

THE SECRET OF THE INCA'S EMPIRE

Italien 1987, 97 Min., F

R: Frank Kramer (= Gianfranco Parolini) D: Conrad Nicholas, Kelly London, John Francis Scott

Naives Schatzsucherfilmchen, das so schamlos berühmte Vorbilder plündert, daß es schon wieder ein cineastisches Vergnügen wäre. Wenn's nicht so schlecht gemacht wäre. HFJ 1989

Das Geheimnis des Lebens G155 **

LIFESPAN

USA/Niederlande 1975, 80 Min., F

R: Alexander Whitelaw D: Hiram Keller, Klaus Kinski, Tina Aumont

Wissenschaftler, der im Auftrag eines Pharma-Fabrikanten nach einem Unsterblichkeitsserum forscht, stellt fest, daß die Arbeit seiner Vorgänger mehrere Testpersonen getötet hat. Ein verquaster Streifen, in dem sich sogar die Darsteller langweilen. LSFF

Das Geheimnis des schreienden Schädels G156 **

THE SCREAMING SKULL

USA 1958, 66 Min., s/w

R: Alex Nicol D: John Hudson, Peggy Webber, Toni Johnson

Junge Dame, gerade aus der Klapsmühle entlassen und frisch vermählt, soll von geldgierigem Gatten mit allerlei Tricks aus der Gruselkiste in den Wahnsinn getrieben werden. Einziger Lichtblick: Alex Nicol als depperter Gärtner.

Das Geheimnis des Seehundbabys G157 ****

THE SECRET OF ROAN INISH

USA 1994, 103 Min., F

R: John Sayles D: Mick Lally, Eileen Colgan, John Lynch

Die zehnjährige Fiona wird von ihrem verwitweten Vater in ein Fischerdorf in der irischen Grafschaft Donegal geschickt, um bei ihren Großeltern zu leben. Fiona ist fasziniert von den Legenden, die sich um ihre Familiengeschichte ranken, und besonders angetan ist sie von den Erzählungen über das Selkie, ein Meereslebewesen, das halb Tier und halb Mensch ist. Poetisch-realistische Hommage an das Leben mit der Natur. HFJ 1995

Das Geheimnis des steinernen Monsters G158 **

THE MONOLITH MONSTERS

USA 1957, 77 Min., F

R: Jack Arnold D: Grant Williams, Lola Albright, Les Tremayne

Ein auf die Erde gefallener Meteorit entzieht seiner Umgebung Silizium, zerstört Häuser, tötet Menschen und breitet sich über einen Landstrich aus, bis ein wackerer Forscher seine Achillesferse erkennt. LSFF

Das Geheimnis des verborgenen Tempels G159 ****

YOUNG SHERLOCK HOLMES

USA 1985, 109 Min., F

R: Barry Levinson D: Nicholas Rowe, Alan Cox, Sophie Ward

Sherlock Holmes und John H. Watson klären als Schüler ihren ersten Fall und geraten mit einer altägyptischen Sekte aneinander. Gelungene Mixtur aus Krimi und Horror, die den Einfluß des »Indiana Jones«-Schöpfers Spielberg erkennen läßt. HFJ 1987

Das Geheimnis des Wachsfigurenkabinetts G160 ***

MYSTERY OF THE WAX MUSEUM

USA 1933, 75 Min., s/w

R: Michael Curtiz D: Lionel Atwill, Fay Wray, Glenda Farrell

Ein verrückter Bildhauer überzieht menschliche Körper mit Wachs, um sie in einem Wachsfigurenkabinett auszustellen. Alter US-Horrorfilm.

Geheimnis hinter der Tür G161 ****

SECRET BEYOND THE DOOR

USA 1948, 73 Min., s/w

R: Fritz Lang D: Joan Bennett, Michael Redgrave, Anne Revere

Eine junge Frau heiratet einen Architekten und zieht in sein Haus, das er mit seinem Sohn und einer eifersüchtigen Sekretärin teilt. Das Haus birgt ein dunkles Geheimnis.

Das Geheimnis meines Erfolges G162 ***

THE SECRET OF MY SUCCESS

USA 1987, 106 Min., F

R: Herbert Ross D: Michael J. Fox, Helen Slater, Richard Jordan

Ein Bürobote merkt schnell, wo's langgeht, und macht Karriere als Manager. Typische Yuppie-Komödie der achtziger Jahre. HFJ 1988

Der Geheimnisträger G163 **

BRD 1975, 95 Min., F

R: Franz Josef Gottlieb D: Willy Millowitsch, Gunther Philipp, Jürgen Scheller

Braver Buchhalter befördert nichtsahnend auf seinem Hintern eine geheime Formel nach Griechenland. Einigermaßen unterhaltsame Agentenfilm-Parodie.

Das Geheimnis von Centreville G164 **

STRANGE INVADERS

USA 1983, 90 Min., F

R: Michael Laughlin D: Paul Le Mat, Nancy Allen, Diana Scarwid

Wissenschaftler, der nach 25 Jahren in ein amerikanisches Örtchen kommt, muß entdecken, daß dessen Bewohner Außerirdische sind. Solider B-Film mit cleverem Plot und nicht allzu üblen Darstellern. Ansehbar. LSFF

Das Geheimnis von Monte Christo G165 ***

THE TREASURE OF MONTE CHRISTO

GB 1960, 92 Min., F

R: Robert S. Baker, Monty Berman

D: Rory Calhoun, John Gregson, Patricia Bredin, Gianna Maria Canale

Ein englischer Captain begleitet um 1815 die Tochter eines Abenteurers

Im Fluchtpunkt: Sylvia Sidney und Henry Fonda in ›Gehetzt‹.

auf die Insel Monte Christo, um dort einen Schatz aufzuspüren, an dem aber auch andere interessiert sind. Ein Abenteuerfilm mit Moral.

Das Geheimnis von Oberwald G166 ****

IL MISTERO DI OBERWALD

Italien 1980, 125 Min., F

R: Michelangelo Antonioni

D: Monica Vitti, Franco Branciaroli, Paolo Bonacelli, Luigi Diberti

Neuerliche Verfilmung von Jean Cocteaus Theaterstück »Der doppelköpfige Adler« um die königliche Witwe, die sich in ihren potentiellen Mörder verliebt. Eine Mischung aus Verfremdung und Kitsch-Zitat.

Das Geheimnis von Santa Vittoria G167 ***

THE SECRET OF SANTA VITTORIA

USA 1969, 140 Min., F

R: Stanley Kramer D: Anthony Quinn, Anna Magnani, Virna Lisi, Hardy Krüger

Bürgermeister und Weinhändler hält vor den deutschen Besatzern 1945 eine Million Flaschen Wein verborgen. Polternde, ein bißchen lang geratene Komödie.

Von Brandnarben entstellter Bruder eines Barons will mit genetischen Experimenten sein früheres Aussehen wiederherstellen, wozu er Hautspender benötigt, die er zuvor ermordet. Durchschaubarer Horrorfilm.

Das Geheimnis von Zimbalu G169 **

JUNGLE JIM

USA 1948, 72 Min., s/w

R: William Berke D: Johnny Weissmueller, Virginia Grey, George Reeves

Der Abenteurer Dschungel-Jim stößt in den afrikanischen Busch vor, um ein Mittel gegen Kinderlähmung zu finden. Um es zu erringen, muß er sich mit Scharen von Viechern und einem bösen Medizinmann raufen. Putzig: Ex-Tarzan im Khakianzug.

Der geheimnisvolle Fremde G170 **

THE MYSTERIOUS STRANGER

USA/BRD 1983, 84 Min., F

R: Peter H. Hunt D: Chris Makepeace, Lance Kerwin, Herbert Fux

Ein verträumter Lehrling in einer Druckerei wird in eine Buchwerkstätte des 15. Jahrhunderts in Österreich versetzt und erlebt dort turbulente Abenteuer mit einem jungen Hell-

Eine zusammengewürfelte Gruppe flieht während des US-Bürgerkrieges mit einem Ballon aus einem Fort, strandet auf einer Insel und wird von prähistorischen Ungeheuern bedroht. Ansehbarer Film nach dem Roman von Jules Verne. LSFF

Geheimring 99 G172 ***

THE BIG COMBO

USA 1954, 89 Min., s/w

R: Joseph H. Lewis D: Cornel Wilde, Richard Conte, Brian Donlevy

Mit Hilfe einer früheren Freundin gelingt es einem Polizisten, einen berüchtigten Gangsterboß zu stellen. Ein dichter Film noir, der explizit die Homophobie der Killer und den Zusammenhang zwischen unterdrückter Sexualität, sexueller Frustration und exzessiver Gewalt herausstellt.

Geheimring Nippon G173 ***

STOPOVER TOKYO

USA 1957, 100 Min., F

R: Richard L. Breen D: Robert Wagner, Joan Collins, Edmund O'Brien

Amerikanischer Geheimagent versucht in Tokio einen kommunistischen Kollegen dingfest zu machen, der ein Bombenattentat plant. Schwerfällig inszenierter Agentenfilm aus der Ära vor James Bond.

Gehetzt G174 ****

YOU ONLY LIVE ONCE

USA 1936, 81 Min., s/w

R: Fritz Lang D: Henry Fonda, Sylvia Sydney, Barton MacLane

Ein aus dem Gefängnis entlassener Mann wird der Teilnahme an einem Bankraub bezichtigt und kann nur um Haaresbreite entkommen. Eine Studie über Entfremdung und Angst im Gewand eines packenden Thrillers.

Der Gehetzte der Sierra Madre G175 ***

LA RESA DEI CONTI

Der Gehilfe G176
POMOCNIK ***
CSSR 1981, 88 Min., F
R: Zoro Záhon D: Gabor Konz, Elo Romancik, Ildiko Pecsi
Stefan kann eine Metzgerei im Grenzland nur übernehmen, wenn er auch den Gehilfen weiter beschäftigt. Doch der erweist sich als wahre Nemesis: Seiner Anziehungskraft kann sich auch Stefans Frau nicht entziehen.

Das Gehirn G177
THE BRAIN **
Kanada 1988, 88 Min., F
R: Edward Hunt D: Tom Breznahan, Cyndy Preston, David Gale
Monströses Alien-Hirn will die Erde unterjochen, indem es während einer TV-Sendung hypnotische Signale ausstrahlt. Das Monster sieht doof aus, die Geschichte ist doof. Die deutsche Fassung ist sechs Minuten kürzer.

Der Gehülfe G178
***
Schweiz 1976, 122 Min., F
R: Thomas Koerfer D: Paul Burian, Verena Buss, Ingold Wildenauer
In 60 farbigen »Bildern« wurde der autobiographisch gefärbte Roman von Robert Walser verfilmt. Es sind Stationen aus dem Leben des »Gehülfen« Josef Marti, der bei einem Erfinder angestellt ist, bis ihn dessen finanzieller Ruin wieder stellenlos macht.

Geier, Geld und goldene Eier G179
***
LUST IN THE DUST
USA 1984, 81 Min., F
R: Paul Bartel D: Tab Hunter, Lainie Kazan, Geoffrey Lewis
Ganoven, die sich in einem Nest im Westen treffen, sind hinter einer Schatzkarte her, die man der fetten Divine und der hübschen Lainie auf den Po tätowiert hat. Komischer »Western«.

Geier kennen kein Erbarmen G180
***
CAHILL, U.S. MARSHAL WEDNESDAY MORNING
USA 1973, 102 Min., F
R: Andrew V. McLaglen D: John Wayne, George Kennedy, Gary Grimes
Die beiden halbwüchsigen Söhne eines US-Marshals werden in einen Bankraub verwickelt und von den Tätern erpreßt. Spannender Western.

Der Geier von Arizona G181
BARRICADE **
USA 1950, 70 Min., s/w
R: Peter Godfrey D: Dane Clark, Ruth Roman, Raymond Massey
Western-Remake des Jack-London-Romans *Der Seewolf*: Der gnadenlose Besitzer einer Goldmine in Arizona zwingt jeden, der des Weges kommt, in seiner Grube zu arbeiten. Bis er eines Tages an den falschen Mann gerät . . .

Geierwally G182
***
BRD 1987, 91 Min., F
R: Walter Bockmayer D: Samy Orfgen, Christoph Eichhorn, Gottfried Lackmann
Sehr schrille Heimatfilm-Parodie des Kölner Kneipiers mit Gastauftritten von Barbara Valentin, Elisabeth Volkmann und Karl-Heinz von Hassel. Der Regisseur selbst spielt »die Christel von der Post«. Davor gab's drei ernsthafte Versionen des Erfolgsromans der Wilhelmine von Hillern: 1921 mit Henny Porten (Regie E. A. Dupont), 1940 mit Heidemarie Hatheyer (Regie Hans Steinhoff) und 1956 mit Barbara Rütting (Regie Franz Cap).

Die Geier warten schon G183
SHOWDOWN **
USA 1972, 88 Min., F
R: George Seaton D: Rock Hudson, Dean Martin, Susan Clark
Ein Sheriff nimmt seinen zum Banditen gewordenen Jugendfreund fest und muß sich mit ihm zusammen gegen dessen Bande zur Wehr setzen. Nicht sehr aufregender Routinewestern.

Der Geigenmacher von Mittenwald G184
**
BRD 1950, 90 Min., s/w
R: Rudolf Schündler D: Willy Rösner, Paul Richter, Ingeborg Cornelius
Eine Ganghofer-Geschichte: Männerfreundschaft wird durch die Liebe zu demselben Mädchen auf die Probe gestellt.

Das geile Mädchenpensionat G185
*
COLLEGIENNES A TOUT FAIRE
Frankreich 1977, 75 Min., F
R: Georges Fleury D: Dominique Avelline, Mika Barthel
Ein aufgrund seiner Triebhaftigkeit in ein Internat gestecktes Mädchen entdeckt, daß es auch dort viele Gelegenheiten gibt, sich auszuleben. Softporno von der Stange.

Geisha Boy G186
THE GEISHA BOY **
USA 1958, 98 Min., F
R: Frank Tashlin D: Jerry Lewis, Marie McDonald, Barton MacLane
Ein drittklassiger Zauberkünstler geht in Japan auf Tournee. Ein paar visuelle Gags sind die Höhepunkte einer ansonsten flachen Komödie, die schließlich gar ins Sentimentale abgleitet.

Geisha des Glücks G187
A-GE-MAN ***
Japan 1990, 114 Min., F
R: Juzo Itami D: Nobuko Miyamoto, Masahiko Tsugawa, Shogo Shimada
Komödie um eine junge Geisha, die im Ruf steht, Männern Glück zu bringen, von einem Politiker umworben wird und selbst einen jungen Bankangestellten liebt, der aber bereits verlobt ist. Der Regisseur von *Tampopo* hält seiner Gesellschaft eine böse Satire vor. HFJ 1994

Geißeln der Erotik G188
LA PEUR ET L'AMOUR ***
Frankreich 1966, 77 Min., s/w
R: Max Pécas D: Claude Cerval, Vera Valmont, Milarka Nervi
Für Freunde des Trivialen: Düsteres Kammerspiel um einen Mann, der seiner Frau nicht traut und der seine Tochter aus erster Ehe vernachlässigt. Aber das kommt wieder ins Lot.

Die Geister, die ich rief ... G189
SCROOGED ***
USA 1988, 101 Min., F
R: Richard Donner D: Bill Murray, Karen Allen, John Forsythe
Eine Übertragung von »A Christmas Carrol« von Charles Dickens in die US-amerikanische Gegenwart. Ein hart-

herziger und zynischer TV-Macher wird von den drei Weihnachtsgeistern sehr heftig zur Menschlichkeit bekehrt.

Das Geisterhaus G190
***
BRD/Dän/Port 1992, 146 Min., F
R: Bille August D: Meryl Streep, Jeremy Irons, Glenn Close
Von Bernd Eichinger produzierte Verfilmung von Isabel Allendes Chronik einer chilenischen Familie über einen Zeitraum von rund 50 Jahren. Ehrgeizige Produktion, die sich trotz ihres Staraufgebots von ihrer uninspirierten Regie an keiner Stelle so richtig erholt. HFJ 1994

Das Geisterschiff der schwimmenden Leichen G191
**
EL BUQUE MALDITO
Spanien 1974, 89 Min., F
R: Amando Ossori D: Maria Perschy, Jack Taylor, Carlos Lemos
Ein PR-Manager und seine »Modelle« stoßen auf See auf ein finsteres Boot voller Untoter, die nach dem Blut der Lebenden lechzen. Billigschundi aus España, mit kreischenden Tussis und grinsenden Skelettköpfen.

Geistertanz G192
GHOST DANCE ***
GB 1983, 100 Min., s/w und F
R: Ken McMullen D: Leonie Mellinger, Pascale Ogier, Robbie Coltrane
Eine starrköpfige, geistreiche Engländerin und eine Pariserin, die eine Doktorarbeit über den »Cargo Kult« schreibt, bewegen sich durch die düstere Landschaft von Paris und London. Die beiden jungen Frauen versuchen, die Zeit anzuhalten und die »historischen Geister« auszutreiben. Ein faszinierendes und rätselhaftes Essay von großer poetischer Suggestivkraft.

Gekreuzte Klingen G193
Männer über 20 heiraten müssen, entfachen eine Palastrevolution, ehe sie in den Ehehafen einlaufen. Ulkige Parodie auf Mantel- und Degenfilme.

Das gelbe Haus am Pinnasberg G194
**
BRD 1969, 94 Min., F
R: Alfred Vohrer D: Eddi Arent, Siegfried Schürenberg, Tilly Lauenstein
Versuch eines satirischen Films über ein Bordell in Hamburg, in dem Männer für weibliche Kundschaft arbeiten. Nach einem Roman der Kapitänswitwe Bengta Bischoff.

Der gelbe Rolls-Royce G195
THE YELLOW ROLLS-ROYCE ***
GB 1964, 118 Min., F
R: Anthony Asquith D: Rex Harrison, Ingrid Bergman, Jeanne Moreau
Ein Auto wechselt seine Besitzerinnen, diese wechseln ihre Liebhaber. Bei der ganzen Wechselei (die Besetzung wechselt natürlich auch in jeder Episode) bleibt nur eine Konstante: Ein gelber Luxusschlitten aus einer renommierten britischen Motorenschmiede. Spannend ist das nicht.

Das gelbe Taschentuch G196
SHIAWASE NO KIROI HANKACHI ***
Japan 1978, 103 Min., F
R: Yoji Yamada D: Ken Takakura, Chieko Baisho, Kaori Momoi
Ein Arbeiter mit Liebeskummer kauft sich einen Wagen und verläßt seine Heimat. Unterwegs nimmt er eine junge Frau und einen gerade aus dem Gefängnis entlassenen Mann auf, der ihnen seine Geschichte erzählt. Gefühlvolle Mischung aus Road Movie und Melodram in großartigen Scope-Bildern.

Gelbes Land G197
HUANG TUDI ****
VR China 1984, 87 Min., F
lektik von Tradition und Fortschritt. Beeindruckende Bildgestaltung.

Geld G198
***
BRD 1989, 98 Min., F
R: Doris Dörrie D: Billie Zöckler, Uwe Ochsenknecht, Sunnyi Melles
Als Papa Müller arbeitslos wird, überfällt Mama Müller eine Bank, was zu weiteren heiteren Verwicklungen führt. Leider hält die Regisseurin den satirischen Ton nicht den ganzen Film über durch. HFJ 1990

Das Geld G199
L'ARGENT ****
Frankreich 1982/83, 84 Min., F
R: Robert Bresson D: Christian Patey, Silvie van den Elsen, Michel Briguet
Der Altmeister des französischen Films zeichnet mit harten Strichen Habgier und Verlogenheit und schildert verständnisvoll, wie ein junger Mann an dieser Gesellschaft abprallt und in der Kriminalität versinkt. Mit seiner moralischen Unerbittlichkeit und seiner formalen Konsequenz ein würdiger Abschluß des Bressonschen Œuvres.

Das Geld anderer Leute G200
OTHER PEOPLE'S MONEY ***
USA 1991, 101 Min., F
R: Norman Jewison D: Danny De Vito, Gregory Peck, Penelope Ann Miller
Ein Finanzhai der Wall Street versucht, die Aktienmehrheit einer alteingesessenen Firma zu gewinnen, um sie dann gewinnbringend zu liquidieren, wobei er auf den erbitterten Widerstand einer attraktiven Anwältin stößt. Milde, gelegentlich moralinsaure Komödie. HFJ 1992

Das Geld der Anderen G201
L'ARGENT DES AUTRES ***
Frankreich 1978, 105 Min., F
R: Christian de Chalonge D: Jean-

die Wiederherstellung seines guten Rufes geht er persönlich gestärkt aus der Sache heraus. Perfekt inszenierter, spannend-unterhaltsamer Film um Mechanismen und Auswirkungen von Hierarchien.

Geld! Geld! Geld! G202
L'ARGENT ***
Frankreich 1927/28, 78 Min., s/w
R: Marcel L'Herbier D: Brigitte Held, Pierre Alcover, Alfred Abel
Mäßige Verfilmung von Zolas gleichnamigem Roman, in dem ein geldgieriger Spekulant um jeden Preis den großen Reibach machen will und zu guter Letzt über seine illegalen Methoden stolpert. Aufwendig produziert und mit interessanten Kamera-Experimenten versehen, gelingt es dem Film inhaltlich jedoch nicht, der literarischen Vorlage gerecht zu werden.

Das Geld liegt auf der Straße G203 ***
FUN WITH DICK AND JANE
USA 1975, 95 Min., F
R: Ted Kotcheff D: George Segal, Jane Fonda, Ed McMahon
Der Filme bezieht seinen Witz paradoxerweise aus der amerikanischen Wirtschaftskrise und daraus, wie ein junges Ehepaar erkennt, daß in der Wohlstandsgesellschaft die Spielregeln zuweilen durchbrochen werden müssen, will man zu wirtschaftlichem Erfolg gelangen. Eine bedrohlich-heitere Krisenkomödie.

Geld oder Leben G204
LO BOURSE ET LA VIE **
BRD/Fr/It 1965, 91 Min., F
R: Jean-Pierre Mocky D: Fernandel, Heinz Rühmann, Marilu Tolo
Fernandel als Kassierer und Rühmann als Buchhalter einer Immobilienfirma kommen ihrem Chef auf die Schliche, der ein krummes Ding vorhat.

Gelegenheitsarbeit einer Sklavin G205 ****
BRD 1973, 89 Min., s/w
R: Alexander Kluge D: Alexandra Kluge, Franz Bronski, Sylvia Gartmann
Ausgerechnet mit einer Abtreibungspraxis versucht eine Hausfrau und Mutter, ihren Teil zum Familienunterhalt beizutragen. Als das nicht klappt, schaltet sie einen Gang höher... Kluger, intelligent gemachter Skandalfilm provozierte das Innenministerium zu den kleinkarierten Förderungsboykotten.

Geliebt unter falschem Namen G206 ***
LOVE AND LARCENY
Kanada 1985, 85 Min., F
R: Robb Iscove D: Jenniffer Dale, Kenneth Welsh, Douglas Rain
Die Abenteuer einer Hochstaplerin. Diesmal versucht sie, einige Finanzleute in New York aufs Kreuz zu legen. Ganz nett.

Die Geliebte des französischen Leutnants G207 ****
THE FRENCH LIEUTENANT'S WOMAN
Großbritannien 1980, 124 Min., F
R: Karel Reisz D: Meryl Streep, Jeremy Irons, Leo McKern, Lynsey Baxter
Eine Liebesromanze im England des 19. Jahrhunderts eingebettet in eine Rahmenhandlung, die die Dreharbeiten des Filmes zeigt. Im Mittelpunkt steht eine Frau, die in der lustfeindlichen viktorianischen Gesellschaft um Emanzipation und Selbstverwirklichung kämpft. Reisz gelingt es trotz einiger Schwülstigkeiten, John Fowles' Roman kraftvoll und zeitgemäß umzusetzen.

Die Geliebte des Korsaren G208
CARIBBEAN ***
USA 1952, 87 Min., F
R: Edward Ludwig D: John Payne, Arlene Dahl, Cedric Hardwicke
Ein alter Pirat rächt sich an bösem Pflanzer, der ihn um Haus, Hof, Frau und Kind gebracht hat, indem er einen seiner Getreuen dazu bringt, dessen Sklaven aufzuwiegeln. Aufwendiger Piratenfilm mit viel Säbelgerassel.

Die Geliebte des Vampirs G209
L' AMANTE DEL VAMPIRO **
Italien 1960, 86 Min., s/w
R: Renato Polselli D: Helene Remy, Walter Brandi, Maria Luisa Rolando
Ein seit 400 Jahren aktives Vampirpaar sucht sich eine Truppe von Ballettratten als Opfer aus und wird von zwei Muskelprotzen in den endgültigen Tod getrieben. Banaler Horrorkitsch aus Italien.

Geliebte Lügen G210
LIES MY FATHER TOLD ME ****
Kanada 1975, 100 Min., F
R: Jan Kadar D: Jeffrey Lynas, Yossi Yadin, Len Birman
Der sechsjährige David wächst im jüdischen Ghetto von Montreal in Armut heran und findet in seiner Beziehung zum Großvater Halt.

Die Geliebte meines Vaters G211
LES REMPART DES BEGUINES **
Frankreich/Italien 1972, 86 Min., F
R: Guy Casaril D: Nicole Courcel, Anicee Alvina, Venantino Venantini
Eine Tochter läßt sich von der Geliebten ihres Vaters verführen, die es überhaupt ganz schön wild treibt. Kunsthandwerklich gefilmter Schmarren.

Geliebte nach Maß G212
THE PERFECT WOMAN **
GB 1949, 85 Min., s/w
R: Bernard Knowles D: Patricia Roc, Stanley Holloway, Nigel Patrick
Ein Dandy, der einen »weiblichen« Roboter testen soll, kriegt Schwierigkeiten mit seiner Braut, die aus »Eifersucht« die Stelle der nach ihrem Äußeren modellierten Maschine einnimmt. Ein Komödchen. LSFF

Geliebter einer Ehefrau G213
OBSESSED WITH A MARRIED WOMAN **
USA 1987, 95 Min., F
R: Richard Lang D: Jane Seymour, Tim Matheson, Richard Masur
Ein Journalist verliebt sich in eine verheiratete Redakteurin und bemerkt erst spät, daß sie ihn nur benutzt. Mittelprächtiges TV-Drama ohne Tiefgang.

Geliebter Lügner G214
**
BRD 1949, 84 Min., s/w
R: Hans Schweikart D: Elfie Mayerhofer, Hans Söhnker, Gustav Knuth
Bei einem Kostümfest spielt ein Ingenieur die Rolle seines versoffenen

Freundes und weckt in einer Modezeichnerin den Wunsch, ihn von seinem Laster abzubringen.

Geliebter Spinner G215
BILLY LIAR ****
GB 1962, 98 Min., s/w
R: John Schlesinger D: Tom Courtenay, Julie Christie, Wilfred Pickles
Die triste Arbeit bei einem Bestattungsunternehmer geht Billy so auf die Nerven, daß er sich tagtäglich Ruhm, Ehre, Erfolg und Liebe »erträumt«. Schlesingers Frühwerk um einen sympathischen Tagträumer war gleichzeitig Karrieresprungbrett für Julie Christie.

Das gelobte Land G216
ZIEMIA OBIENCANA ****
Polen 1974, 160 Min., F
R: Andrzej Wajda D: Daniel Olbrychski, Wojciech Pszoniak, Andrzej Seweryn, Anne Nehrebecka
Anhand der Situation ausgebeuteter Textilarbeiter in Polen zu Anfang des 19. Jahrhunderts, die der menschenverachtenden Profitsucht dreier Unternehmer des neuen Typs gegenübergestellt wird, zeigt Wajda die Entstehung des modernen Kapitalismus am Beispiel der Stadt Lodz. Ein sehr engagierter Film, der wegen spekulativ-krasser Darstellungen zuweilen sein Ziel verfehlt.

Das Gelübde zerbricht G217
SHATTERED VOWS **
USA 1984, 92 Min., F
R: Jack Bender D: Valerie Bertinelli, David Morse, Patricia Neal
Eine junge Nonne verliebt sich in einen Priester. Sie widerruft ihr Gelübde, er aber bleibt standhaft seiner Berufung treu. Zölibatsnöte im Soap-Opera-Format.

Der General
siehe: Buster Keaton: Der General

als »friedliche Revolution«. Pathos und Fortschrittsglaube erscheinen aus heutiger Sicht naiv, aber die Gestaltung des Stummfilms ist schlicht meisterhaft.

Genese einer Mahlzeit G219
GENESE D'UN REPAS ***
Frankreich 1978, 117 Min., F
R: Luc Moullet
»Entwicklungshilfe«, ein Filmessay in vergleichender Wirtschaftslehre: Er beschreibt den Weg einer senegalesischen Thunfischdose, eines französischen Eises, einer Banane aus Ecuador sowie des Filmmaterials vom Beginn der Produktion bis zur Verwertung.

Genesis – Stadt der lebenden Toten G220
THE STEPFORD CHILDREN **
USA 1987, 95 Min., F
R: Alan J. Levi D: Barbara Eden, Don Murray, Tammy Lauren
Unergiebige Fortsetzung der Filme *Die Frauen von Stepford* und *Terror in New York,* die wieder mal eine Masche zu Tode reitet. HFJ 1989

Genetic Killers G221
GENETIC KILLERS ***
USA 1990, 90 Min., F
R: Larry Shaw D: Melissa Gilbert-Brinkman, Jack Scalia, Pernell Roberts
Krankenhausärztin kommt geheimen Genetikexperimenten auf die Spur, die junge Menschen altern und alte, sofern sie reich sind, wieder jung werden lassen. Spannender, solider Thriller. LSFF, HFJ 1992

Genie und Schnauze G222
WITHOUT A CLUE ***
GB 1989, 106 Min., F
R: Thom Eberhardt D: Michael Caine, Ben Kingsley, Jeffrey Jones

Genosse Münchhausen G223
***
BRD 1962, 89 Min., F
R: Wolfgang Neuss D: Wolfgang Neuss, Peer Schmidt, Corny Collins
Ein Bauer an der Zonengrenze wird zu einem Aufklärungsflug in den Osten geschickt und erlebt dort viele Abenteuer, bis er eines Tages mit Kosmonauten zurückkommt. Satire auf deutsch-deutsche Verhältnisse; der einzige Film des Kabarettisten.

Genoveva G224
LA LEGGENDA DI GENOVEFFA **
Italien 1952, 87 Min., s/w
R: Arthur Maria Rabenalt D: Anne Vernon, Rossano Brazzi, Gianni Santuccio
Der Untreue beschuldigte Rittergattin, vom Gemahl verstoßen, verbringt Jahre im dunklen Forst und triumphiert am Ende über den Bösling, dem sie das Exil zu verdanken hat. Sex-Histörchen aus dem Mittelalter.

Gentleman Jim, der freche Kavalier G225
GENTLEMAN JIM ***
USA 1942, 105 Min., s/w
R: Raoul Walsh D: Errol Flynn, Alexis Smith, Jack Carson, Alan Hale
Biographie des amerikanischen Boxers Jim Corbett, der in den neunziger Jahren des 19. Jahrhunderts zu Ruhm und Ehren kam. Locker gedrehte Komödie über einen sympathischen Stenz.

Der Gentleman-Zinker G226
KALEIDOSCOPE/THE BANK BREAKER ***
GB 1966, 103 Min., F
R: Jack Smight D: Warren Beatty, Susannah York, Clive Revill
Amerikanischer Playboy gewinnt immer – denn er ist in eine Spielkartenfabrik eingebrochen und hat dort die Karten manipuliert. Vergnüglicher Thriller.

Claude Jade und Jean-Pierre Léaud in ›Geraubte Küsse‹.

org Elser, der am 8. November 1939 im Münchner Bürgerbräukeller das Attentat auf Adolf Hitler verübte.

Georgia G228
GEORGIA ****
USA/Frankreich 1995, 117 Min., F
R: Ulu Grosbard D: Jennifer Jason Leigh, Mare Winningham, Ted Levine
Zwei Schwestern in ungleichen Verhältnissen. Georgia, begabt, proppere Familie, erfolgreich als Countrysängerin. Sadie besitzt weder das eine noch das andere, versucht verzweifelt als Sängerin und Frau Anerkennung zu finden. Sensible Skizze von Geschwistern zwischen Country und Rock.

Georgy Girl G229
GEORGY GIRL ***
GB 1966, 100 Min., s/w
R: Silvio Narizzano D: James Mason, Lynn Redgrave, Charlotte Rampling
Unanttraktives Mädchen entzieht sich den Avancen ihres verheirateten Chefs und kümmert sich lieber um das uneheliche Baby ihres undankbaren jungen Freundes. Mit viel Zeitkolorit aus dem »Swinging London« der sechziger Jahre.

Geraubte Küsse G230
BAISERS VOLEES ****
Frankreich 1968, 191 Min., F
R: François Truffaut D: Jean-Pierre Léaud, Claude Jade, Delphine Seyrig
Romantischer Jungmann schlägt sich als Detektiv durchs Leben und sucht nach der idealen Frau, bis er sie in seiner Jugendfreundin findet. Episodischer Film über das Reifwerden eines jungen Mannes und den Verlust seiner Illusionen. Still, humorvoll.

Geraubtes Gold G231
THE BADLANDERS **
USA 1958, 83 Min., F
R: Delmer Daves D: Alan Ladd, Ernest Borgnine, Katy Jurado
Zwei schräge Ottos, die um das Jahr 1900 in Arizona einen Goldraub planen, lassen nichts unversucht, um sich gegenseitig auszutricksen.

German Fried Movie G232
**
BRD 1992, 82 Min., F
R: Frank Lustig, Uwe Boll D: Josef Betzinger, Jörg Löm, Alex Leuschen
Reality-TV wird im Jahr 2004 auch in Deutschland ganz groß geschrieben: Für die Sendung »Wir stellen dich« gehen die Gladbecker Geiselnehmer noch einmal auf Todesjagd. Aufgedrehte Medienparodie. HFJ 1993

Germanicus in der Unterwelt G233
MACISTE CONTRO IL MOSTRI **
Italien 1961, 90 Min., F
R: Guido Malatesta D: Leg Lewis, Margaret Lee, Luciano Marin
Ein Frühzeit-Muskelmann steht einem friedlichen Völkchen gegen brüllende Saurier und barbarische Druiden bei, die nach drallen Jungfern für ihren Opferstein lechzen. Zum Kugeln, aber die Jungfern sind ansehnlich! LFF

Germinal G234
GERMINAL ***
Frankreich 1993, 158 Min., F
R: Claude Berri D: Gérard Depardieu, Renaud, Miou Miou
Nach dem gleichnamigen Roman von Emile Zola schildert der Film die Lebensbedingungen nordfranzösischer Bergwerksarbeiter und ihren legendären Streik. Aufwendig inszenierter Kostümfilm, der zwar visuell und schauspielerisch beeindruckt, aber emotional kaum berührt. HFJ 1995

Gern hab ich die Frauen gekillt G235
**
Österreich/It/Fr 1965, 90 Min., F
R: Sheldon Reynolds, Alberto Cardone, Robert Lynn D: Stewart Granger, Lex Barker, Karin Dor
Polizeilich gesuchter Killer dringt in das Haus eines Wissenschaftlers ein und wird von diesem bis zum Eintreffen der Polizei mit drei Geschichten hingehalten, die zeigen sollen, daß Verbrechen sich nicht auszahlen. Mäßiger Episodenkrimi.

Geronimo G236
GERONIMO: AN AMERICAN LEGEND ****
USA 1993, 115 Min., F
R: Walter Hill D: Jason Patric, Gene Hackman, Robert Duvall
Apachen-Häuptling Geronimo wehrt sich mit seinem Stamm gegen die Unterbringung in Reservaten, kämpft gegen die Weißen, die ihre Versprechen nicht halten und ihn täuschen. Visuell ein außergewöhnlicher Western, der das Verhalten der weißen Amerikaner kritisch unter die Lupe nimmt und viel über die indianische Kultur erzählt. HFJ 1995

Gertrud G237
GERTRUDE ****
Dänemark 1964, 117 Min., F
R: Carl Theodor Dreyer D: Nina Pens Rode, Berndt Rode, Ebbe Rode

Die Geschichte einer Frau des dänischen Bürgertums, die erfolglos aus ihrer in leeren Konventionen erstarrten Ehe auszubrechen versucht. Letzter Film des Regisseurs, nach dem Bühnenstück des Schweden Söderberg.

Gervaise G238

GERVAISE ***

Frankreich 1956, 122 Min., s/w

R: René Clément D: Maria Schell, François Périer, Suzy Delair

Die von ihrem Mann mit zwei Kindern sitzengelassene Wäscherin Gervaise bringt es nach vielen Mühen und der Heirat mit einem fleißigen Arbeiter zu bescheidenem Wohlstand. Als ihr Ehegatte jedoch einen schweren Unfall erleidet, verfällt sie in ein tristes und hoffnungsloses Dasein. Äußerst authentische filmische Übertragung der Vorlage von Emile Zola.

Gesandter des Grauens G239

NOT OF THIS EARTH ***

USA 1956, 72 Min., s/w

R: Roger Corman D: Paul Birch, Beverly Garland, Morgan Jones

Ein Außerirdischer, der wie der Rest seines Volkes an einer Blutkrankheit leidet, nistet sich in einem US-Kaff ein und zapft den Menschen das Blut ab, bis ihm eine Krankenschwester auf die Schliche kommt. Horror! LSFF

Das Geschäft in der Hauptstraße G240

OBCHOD NA KORZE ****

CSSR 1965, 120 Min., s/w

R: Jan Kadar, Elmar Klos D: Ida Kaminska, Jozef Kroner

Ein slowakischer Tischler muß ohne es zu wollen im Zuge der faschistischen Arisierung das Kurzwarengeschäft einer alten Jüdin übernehmen. Anhand der Geschichte einer Kleinstadt wird der Beginn der Judenverfolgung in der Tschechoslowakei vor der

Maler mordet Mädchen und erpreßt Wissenschaftler, die Haut der Opfer seiner verunstalteten Freundin zu transplantieren. Seit *Die Bestie mit dem Skalpell* x-mal verfilmte Gruselstory.

Ein Geschenk des Himmels G242

FATHER'S LITTLE DIVIDEND ***

USA 1951, 78 Min., s/w

R: Vincente Minnelli D: Spencer Tracy, Joan Bennett, Elizabeth Taylor

Als Mr. Banks Großvater wird, reagiert er zunächst brummig, denn: Ist er nicht zu jung für so was? Als der Enkel dann da ist, dauert es eine Weile, doch dann ist er der Opa, wie er im Buche steht. Ein nettes Komödchen, Fortsetzung des Films *Vater der Braut.*

Geschenkt ist noch zu teuer G243

THE MONEY PIT ***

USA 1986, 91 Min., F

R: Richard Benjamin D: Tom Hanks, Shelley Long, Alexander Godunov

Mit Slapstick-Elementen durchsetzte Farce über ein Ehepaar, dessen neu erworbenes Haus sich als katastrophale Bruchbude entpuppt.

Die Geschichte der Adele H. G244

L'HISTOIRE D'ADELE H. ***

Frankreich 1975, 95 Min., F

R: François Truffaut

D: Isabelle Adjani, Bruce Robinson, Sylvia Marriott

Sensible verfilmte Geschichte der unerfüllten Liebe einer Tochter von Victor Hugo zu einem englischen Leutnant, die sie in ihren Tagebüchern geschildert hat.

Die Geschichte der Dienerin G245

THE HANDMAID'S TALE ***

BRD/USA 1989, 108 Min., F

R: Volker Schlöndorff D: Natasha Richardson, Faye Dunaway, Robert Duvall, Aidan Quinn

In nicht allzu ferner Zukunft wird die Gesellschaft von religiösen Fundamentalisten beherrscht, die die Frauen zu Gebärmaschinen degradiert haben. Gediegene, aber eher uninspirierte Verfilmung des Romans von Margaret Atwood.

Die Geschichte der Laura M. G246

LAURA, LES OMBRES DE L'ETE **

Frankreich 1979, 90 Min., F

R: David Hamilton D: Maud Adams, Dawn Dunlap, James Mitchell

Blinder Bildhauer fertigt Skulptur einer Nymphe an, indem er ihre Formen mit den Händen ertastet. Müder Film aus der Päderasten-Produktion des Weichzeichnerkönigs David Hamilton.

1962: Godards bis dahin radikalster Bruch mit dem klassischen Erzählkino in ›Die Geschichte der Nana S.‹.

Geschichte der Nacht G247
HISTOIRE DE LA NUIT/STORIA DI NOTTE ****
Schweiz/Fr/BRD 1978, 60 Min., s/w
R: Clemens Klopfenstein
In ruhigen Bildern und Schnittfolgen entwirft der Film eine Vision der Nacht, die »in 150 durchwachten Nächten an verschiedenen Orten in Europa aufgenommen wurde« (Klopfenstein).

Die Geschichte der Nana S. G248
VIVRE SA VIE ****
Frankreich 1962, 79 Min., s/w
R: Jean-Luc Godard D: Anna Karina, Saddy Rebbot, Jack Florency
Nana arbeitet in einem Schallplattengeschäft, und wird, als sie die Miete nicht bezahlen kann, zur Prostituierten. Bei dem Versuch, sich aus dem Milieu zu befreien, kommt sie ums Leben.

Die Geschichte der O G249
L'HISTOIRE D'O ***
Frankreich 1975, 105 Min., F
R: Just Jaeckin D: Corinne Clery, Udo Kier, Anthony Steel, Jean Gaven
Eine Frau verfällt einem reichen Sadisten, der sie nach zahlreichen »Prüfungen« in sein Haus bringt, wo sie sich seinen Gesinnungsgenossen ausliefert, um »wahre Ekstase« zu erleben. Schicker Softsexfilm aus dem S/M-Milieu.

Die Geschichte der O – Teil 2 G250
**
HISTOIRE D'O, CHAPITRE II
Frankreich 1984, 97 Min., F
R: Eric Rochat D: Sandra Wey, Manuel De Blas, Rosa Valenti
Fortsetzung von *Die Geschichte der O.*, nun selbst »Herrin«, richtet einen unsymphatischen Industriekapitän zugrunde und verdirbt dessen Frau und Kinder. Peitschengeklatsche in der Luxusvilla: Schön fotografierter Schickimicki-S/M, aber sonst . . .

Die Geschichte der Piera G251
STORIA DIE PIERA **
It/Fr/BRD 1983, 105 Min., F
R: Marco Ferreri D: Hanna Schygulla, Isabelle Huppert, Marcello Mastroianni, Tanya Lopert
Ein junges Mädchen wächst in einer Familie auf, deren Mitglieder untereinander durch erotisch-neurotische Beziehungen aneinander gebunden sind. Die Schauspieler scheinen nicht ganz genau gewußt zu haben, was der Regisseur wollte: nichts Besonderes.

Die Geschichte der Qiuju G252
QIU JU DA GUANSI ****
Hongkong/China 1992, 100 Min., F
R: Zhang Yimou D: Gong Li, Lei Lao Sheng, Ge Zhi Jun
Eine Bäuerin aus dem Norden Chinas geht auf die Barrikaden, als der Dorfälteste ihren Gatten in seine Männlichkeit tritt. Hochschwanger schlägt sie den Rechtsweg durch die Instanzen ein. Hinter dem für Zhang überraschend versöhnlichen Schluß kann man Drohungen seitens der Regierung vermuten. HFJ 1994

Geschichte einer Nonne G253
THE NUN'S STORY ***
USA 1959, 149 Min., F
R: Fred Zinnemann D: Audrey Hepburn, Peter Finch, Edith Evans
Eine junge Nonne dient im Kongo als Krankenschwester und kommt im Zweiten Weltkrieg in Gewissenskonflikt zwischen religiöser Duldsamkeit und politischem Widerstand. In der für den Regisseur typischen delikaten Art inszeniertes, hervorragend gespieltes Drama nach dem Roman von Kathryn Hulme.

Die Geschichte einer Sünde G254
DZIEJE GRZECHU ***
Polen 1975, 125 Min., F
R: Walerian Borowczyk D: Grazyna Dlugolecka, Jerzy Zelnik, Olgierd Lukaszewicz
Dritte Verfilmung des volkstümlichen Romans des um die Jahrhundertwende bekannten polnischen Autors Stefan Zeromski über die tragische Liebe einer jungen Frau, die an den gesellschaftlich-moralischen Verhältnissen ihrer Zeit scheitert. Trotz des sozialkritischen Anliegens liegt das Schwergewicht des etwas sehr gelackten Films auf der Darstellung einer melodramatischen Liebesgeschichte.

Eine Geschichte über den Wind G255
****
UNE HISTOIRE DE VENT
Frankreich 1988, 78 Min., F
R: Joris Ivens, Marceline Loridan
D: Joris Ivens, Han Zenxiang
In seinem letzten Film spielt der 1989 verstorbene Regisseur die Hauptrolle. Kühn und leicht, ohne etwas beweisen zu müssen, (er)findet er Bilder, kommt Menschen und Landschaften, Bewegung und Ruhe nahe, zeigt eigentlich Unsichtbares: den Wind, Atem der Erde. Ein Film in wunderbaren Bildern, von großer und heiterer Poesie. HFJ 1990

Die Geschichte vom guten alten Herrn und dem schönen Mädchen G256
***
BRD 1985, 105 Min., F
R: Margit Saad D: Peter Pasetti, Leslie Malton, Klaus Schwarzkopf
Ein alter Mann verliebt sich in ein junges Mädchen aus dem Volk. Weil er aber schwer krank ist, verbietet der Arzt ihm, sie weiter zu sehen. Für das Fernsehen entstandene Verfilmung einer Novelle von Italo Svevo.

Die Geschichte vom kleinen Muck G257
****
DDR 1953, 120 Min., F
R: Wolfgang Staudte D: Johannes Maus, Thomas Schmidt, Friedrich Richter
Abenteuerliche Geschichte des kleinen Muck, der auf der Suche nach dem Glück Welt und Menschen kennenlernt. Nach diesen Lehr- und Wanderjahren kehrt er geläutert in seine Heimatstadt zurück. Einer der schönsten deutschen Kinderfilme.

Die Geschichte von Adrien G258
HISTOIRE D'ADRIEN ***
Frankreich 1980, 93 Min., F
R: Jean-Pierre Denis D: Bertrand Sautereau, Serge Dominique, Pierre Dienaide
Am Anfang des Jahrhunderts in der Dordogne: Ein Bauernjunge wächst in einer Welt heran, in der Ausbeutung und Unterdrückung herrschen und der Erste Weltkrieg vor allem die kleinen Leute trifft.

Eine Geschichte von Männern und Frauen G259 ***
STORIA DI RAGAZZI E RAGGAZZE
Italien 1989, 89 Min., s/w
R: Pup Avati D: Alessandro Haber, Angiola Baggi, Massimo Bonetti
Italien in den dreißiger Jahren. Eine Bauernfamilie bereitet sich auf das Fest zur Verlobung der Tochter Silvia mit einem jungen Mann aus großbürgerlichem Haus vor. Detailreiches Sozial-Panorama.

Geschichten aus Amerika G260 ****
HISTOIRES D'AMERIQUE
Frankreich/Belgien 1989, 99 Min., F
R: Chantal Akerman D: Mark Amitin, Eszter Balint, Kirk Baltz
In drei stilvoll inszenierten Episoden schildert Akerman in ihrem Film Geschichten jüdischer Emigranten in New York.

Geschichten aus dem Wienerwald G261 ***
Österreich/BRD 1978, 95 Min., F
R: Maximilian Schell D: Birgit Doll, Hanno Pöschl, Helmut Qualtinger
Eine sehr werkgetreue Verfilmung des abgründigen Volksstückes von Ödön von Horváth mit fulminanten Schauspielerleistungen.

Geschichten aus der Gruft G262
TALES FROM THE CRYPT ***
GB 1972, 95 Min., F
R: Freddie Francis D: Ralph Richardson, Joan Collins, Chloe Franks
Fünf Touristen werden während einer Schloßbesichtigung von den anderen Besuchern getrennt; ein unheimlicher Mönch, der ihnen erscheint, läßt sie einen Blick in ihre Zukunft tun. Gut gemachter Horror-Episodenfilm.

Geschichten, die zum Wahnsinn führen G263 ***
TALES THAT WITNESS MADNESS

Geschichten von armen Liebenden G264 ***
CRONACHE DI POVERI AMANTI
Italien 1954, 110 Min., s/w
R: Carlo Lizzani D: Antonella Lualdi, Marcello Mastroianni, Anna Maria Ferrero
Nach einem Roman von Vasco Pratolini: Im Florenz der zwanziger Jahre machen sich die Faschisten breit.

Geschichtsunterricht G265 ****
BRD 1972, 90 Min., s/w
R: Jean-Marie Straub, Danièle Huillet D: Gottfried Bold, Johann Pertinger, Henri Ludwigg, Carl Vailland
Karge und überaus präzise Darstellung des Wirkens von Ökonomie und Politik nach dem Romanfragment »Die Geschäfte des Herrn Julius Caesar« von Bert Brecht.

Geschlossene Gesellschaft G266 ***
NO EXIT
Argentinien 1962, 88 Min., s/w
R: Ted Danielewski D: Viveca Lindfors, Rita Gam, Morgan Sterne
George Tabori schrieb das Buch für diese Verfilmung von Jean-Paul Sartres Bühnenstück »Huis Clos« aus dem Jahr 1945: Drei des Mordes schuldige Menschen werden nach ihrem Tod zusammen in einem Raum eingesperrt und müssen sich gegenseitig quälen.

Die Geschöpfe G267
LES CREATURES ***
Fr/Schweden 1966, 114 Min., s/w u. F
R: Agnès Varda D: Michel Piccoli, Cathérine Deneuve, Eva Dahlbeck
Ständif zwischen (filmischer) Realität und Fiktion wechselnde Story über einen Schriftsteller, für den sich beim Schreiben die Menschen in seiner Umwelt zu Figuren seines Romans verwandeln.

Zwei ältere Cowboys, die ein Bordell erben – was nun wirklich gegen ihre Moral ist –, sehen sich plötzlich mit Problemen konfrontiert, als sie das Unternehmen schließen wollen. Soll humorvoll sein, ist leider nur langweilig.

Geschwisterbett G269
SYSKONBÄDD ***
Schweden 1965, 95 Min., F
R: Vilgot Sjöman D: Bibi Andersson, Per Oscarsson, Jarl Kulle
Die Geschichte einer verbotenen Liebe zwischen Bruder und Schwester in der Rokoko-Zeit. Das stilvoll inszenierte Drama war seinerzeit ein Skandalerfolg.

Das Gesetz der Begierde G270
LA LEY DEL DESEO ***
Spanien 1986, 101 Min., F
R: Pedro Almodovar D: Eusebio Poncela, Carmen Maura, Antonio Banderas
Ein schrilles, gleichwohl bewegendes Melodram um ein erotisches Dreieck homosexueller Männer und zwei Brüder, von denen einer sich operativ zur Frau machen läßt. HFJ 1988

Das Gesetz der Gewalt G271
AMERICAN ME ***
USA 1992, 125 Min., F
R: Edward James Olmos D: Edward James Olmos, William Forsythe
Anhand von drei Generationen einer hispanisch-amerikanischen Familie entsteht ein schonungsloses Porträt einer Kultur, die sich selbst von innen heraus zerstört und für die das Gefängnis eine Schule ist, die Jugendliche zu eiskalten Mördern macht. Regie-Debut mit drastischen Effekten, die oft die Botschaft hinter der Brutalität verschwinden lassen. HFJ 1994

Das Gesetz der Liebe G272
***

Das Gesetz und die Faust G273
PAWO I PIESC ***
Polen 1964, 93 Min., s/w
R: Jerzy Hoffman, Edward Skorzewski
D: Gustav Hloubek, Jerzy Przybylski
Während der polnischen »Umsiedelung« nach dem Krieg stellt sich ein aus dem Konzentrationslager befreiter polnischer Mann gegen Terror und Bereicherung.

Gesetz und Ordnung G274
LAW AND ORDER ****
USA 1969, 90 Min., s/w
R: Frederick Wiseman
Dokumentarfilm über den Alltag in einem Polizeirevier in Kansas City, nüchtern-neutral und präzise registrierend wie die meisten Filme Wisemans, der sich in seinen gut zwei Dutzend Filmen vorzugsweise mit amerikanischen Institutionen (Justiz, Militär, Sozialfürsorge, etc.) befaßt hat.

Das Gesicht G275
ANSIKTET ****
Schweden 1958, 95 Min., s/w
R: Ingmar Bergman D: Max von Sydow, Gunnar Björnstrand, Ingrid Thulin
1846. Ein Magier, der einem Verhör unterzogen wird, treibt seine Inquisitoren in Verzweiflung und Wahn. Faszinierendes Spiel mit Illusion und Wahrheit.

Das Gesicht hinter der Maske G276
THE FACE BEHIND THE MASK ***
USA 1941, 69 Min., s/w
R: Robert Florey D: Peter Lorre, Evelyn Keyes, Don Beddoe
Europäischer Emigrant in den USA wird durch ein Feuer verunstaltet, trägt fortan eine Maske und wendet sich dem Verbrechen zu. Spannender B-Film mit überzeugendem Hauptdarsteller.

Das Gesicht im Dunkeln G277
A DOPPIA FACCIA **
BRD/Italien 1969, 81 Min., F
R: Riccardo Freda D: Klaus Kinski, Margaret Lee, Christiane Krüger
Frei nach Edgar Wallace gestalteter Mystery-Thriller, dessen konfuse Handlung auch Klaus Kinski nicht entwirren kann.

Das Gesicht in der Menge G278
A FACE IN THE CROWD ****
USA 1957, 120 Min., F
R: Elia Kazan D: Andy Griffith, Patricia Neal, Walter Matthau
Im Gefängnis wird ein junger Tramp von einer Reporterin als Sänger entdeckt und zum Fernsehstar gepuscht. Seine Popularität gibt ihm ein falsches Allmachtsgefühl, und als man ihn genügend ausgebeutet hat, läßt man ihn schnell wieder fallen. Kritik an der Macht des Fernsehens und an der Manipulierbarkeit des Menschen in eine dramatische Filmerzählung verpackt.

Robert Donat und Jean Parker verschiffen in ›Ein Gespenst geht nach Amerika‹ ein mittelalterliches Schloß.

Gesichter des Todes G279
FACES OF DEATH I *
USA 1979, 80 Min., F
R: Conan Le Cilaira
Anthologie der widerwärtigsten Art, dem noch fünf Fortsetzungen folgten. Unter dem Vorwand der Wissenschaftlichkeit werden hier Beispiele menschlichen Sterbens und menschlicher Tötungsrituale, Selbstmorde und Unfälle aneinandergereiht, wird in Leichen von Menschen und Tieren gewühlt, um die Schaulust eines bestimmten Publikums zu befriedigen. Die Kamera feiert hier als Voyeur widerliche Triumphe.

Das Gespenst G280
****
BRD 1982, 88 Min., s/w
R: Herbert Achternbusch D: Herbert Achternbusch, Annamirl Bierbichler, Kurt Raab, Dietmar Schneider
Der 42. Christus steigt vom Kreuz, wird Ober in einer Klosterbar und Geliebter der Oberin. In dem Bemühen, den Wunsch zweier Polizisten nach »Scheiße« zu erfüllen, irrt er auf dem Münchner Viktualienmarkt umher. Der Film wurde vielerorts als Beleidigung des religiösen Empfindens betrachtet.

Ein Gespenst auf Freiersfüßen G281
****
THE GHOST AND MRS. MUIR
USA 1947, 104 Min., s/w
R: Joseph L. Mankiewicz D: Gene Tierney, Rex Harrison, George Sanders, Edna Best, Natalie Wood
Die »Liebesgeschichte« zwischen einer alleinstehenden Frau und dem eher mürrischen Geist eines alten Seebären. Eine romantische Komödie mit einem Hauch von Melancholie.

Das Gespenst der Freiheit G282
LE FANTOME DE LA LIBERTE ****
Frankreich 1974, 103 Min., F
R: Luis Buñuel D: Jean-Claude Brialy, Adolfo Celi, Michel Lonsdale, Michel Piccoli, Monica Vitti

Filmphantasie über Illusionen und Wirklichkeiten des bürgerlichen Lebens. Sanfter und heiterer, aber nicht weniger unerbittlich als frühere Werke Buñuels.

Ein Gespenst geht nach Amerika G283
****
THE GHOST GOES WEST
GB 1935, 81 Min., s/w
R: René Clair D: Robert Donat, Jean Parker, Elsa Lanchester
Amerikanische Millionärstochter verliebt sich in armen schottischen Schloßbesitzer; so muß das gesamte Schloß Stein für Stein nach Florida verfrachtet werden. Das darin herumspukende Gespenst nutzt diese Gelegenheit für die Rache an einem Erbfeind. Zeitlos-amüsante Komödie.

Das Gespenst von Canterville G284
***
THE CANTERVILLE GHOST
USA 1944, 95 Min., s/w
R: Jules Dassin D: Charles Laughton, Robert Young, Margaret O'Brien
GI, der in England eine Schloßherrin kennenlernt, macht die Bekanntschaft ihres Hausgespenstes und erlöst es von dem auf ihm lastenden Fluch. Eine witzige Geisterkomödie nach Oscar Wilde.

Gesprengte Ketten G285
THE GREAT ESCAPE ***
USA 1963, 165 Min., F
R: John Sturges D: Steve McQueen, James Garner, Richard Attenborough
76 alliierte Offiziere, die 1944 in einem deutschen Kriegsgefangenenlager einsitzen, unternehmen einen tollkühnen Fluchtversuch, der für die meisten in neuer Gefangenschaft oder mit dem Tod endet. Auf Tatsachen beruhendes Kriegsdrama mit gelegentlichen humoristischen Einlagen und typisch depperten Wehrmachtssoldaten, gedreht in den Bavaria Film-

Das unter der Folter erzwungene »Geständnis« des stellvertretenden tschechischen Außenministers 1952 und seine Darstellung in einem stalinistischen Schauprozeß dient dem Regisseur zu leidenschaftlicher Anklage gegen politischen Terror.

Geständnis einer Nacht G287
LA MINUTE DE VERITE ****
Fr/It 1952, 109 Min., s/w
R: Jean Delannoy D: Michèle Morgan, Jean Gabin, Daniel Gélin
Nach dem Selbstmordversuch eines jungen Malers erfährt der herbeigerufene Arzt, daß jener ein Verhältnis mit seiner Frau gehabt hat. Diese erklärt ihm, wie es zu der Affäre gekommen ist, und beide versöhnen sich, als die lange Nacht zu Ende geht. Perfekt inszeniertes und ausgezeichnet gespieltes Beziehungsdrama von großer psychologischer Überzeugungskraft.

Geständnis einer Nonne G288
SUOR OMICIDI **
Italien 1979, 81 Min., F
R: Giulio Berruti D: Anita Ekberg, Alida Valli, Massimo Serrato, Joe Dallessandro, Lou Castel
Nach einer Tumoroperation dreht eine Nonne durch und metzelt die Patienten einer psychiatrischen Klinik. Sex und Sado, wie die Kranken es lieben. Andere Zuschauer seien gewarnt.

Gestehen Sie, Dr. Corda! G289
***
BRD 1958, 97 Min., s/w
R: Josef von Baky D: Hardy Krüger, Elisabeth Müller, Lucie Mannheim
Polizei und Justiz versuchen einem jungen Assistenzarzt einen Mord nachzuweisen, den er nicht begangen hat. Nur seine Ehefrau steht zu ihm. Für einen deutschen Film der fünfziger Jahre ziemlich gesellschaftskritisch.

ständig schwangere Schwarzmarkt-Dealerin, frustrierte Fabrikantengattin und Callgirl mit Affinität zum Klerus – zeigt sie die Bandbreite ihres darstellerischen Naturtalents. Die ist denn aber auch fast das einzig Ansehenswerte an dem Film.

Gestern waren wir noch Freunde
siehe: Yanks – Gestern waren wir noch Freunde

Gestohlene Herzen G291
STOLEN HEARTS ***
USA 1996, 96 Min., F
R: Bill Bennett D: Sandra Bullock, Denis Leary, Stephen Dillane
Gaunerkomödie um einen Stukkateur, der seine finanziellen Engpässe durch Diebstähle alter Gemälde aufbessert, ohne eine Ahnung vom Wert der Beute zu haben. Der Regisseur versucht verzweifelt Slapstick-Anleihen, dosiert die Situationskomik aber so diskret, daß sie kaum auffällt. Also muß Publikumsliebling Sandra Bullock allein mit ihrer Präsenz die Story tragen. Und daran trägt sie schwer.

Gestohlene Kinder G292
IL LADRO DI BAMBINI ****
Italien/Frankreich 1991, 115 Min., F
R: Gianni Amelio D: Enrico Lo Verso, Valentina Scalici, Giuseppe Ieracitano
Ein junger Carabiniere soll ein elfjähriges Mädchen, das von der Mutter prostituiert wurde, und dessen kleineren Bruder in ein Heim bringen. Auf der unfreiwilligen Fahrt von Mailand bis Sizilien entsteht zwischen den dreien eine verständnisvolle, freundschaftliche Beziehung. HFJ 1993

Das gestohlene Luftschiff G293
UKRADENA VZDUCHOLOD ***
CSSR/Italien 1967, 88 Min., F
R: Karel Zeman D: Michal Pospisil,

Das Gestüt G294
A MÉNESGAZDA ****
Ungarn 1978, 98 Min., s/w
R: András Kovács D: József Madaras, Ferenc Fábian, Sándor Horváth
Ungarn während der fünfziger Jahre, noch herrscht Stalinismus und kalter Krieg. Auf einem Gestüt in der Nähe der schwer bewachten ungarisch-österreichischen Grenze taucht ein neuer Gestütsleiter auf. Seine Stellung setzt ihn mitten zwischen die Fronten der Offiziere auf dem Hof, ehemalige Horthy-Offiziere und vom Regime mißtrauisch beäugt, und den Parteifunktionären, die sich über das Weiterbestehen des Gestüts uneinig sind. Eine meisterhafte Parabel über Verantwortung zwischen den Systemen.

Gesucht: Die Frau des Banditen S. G295 ***
WANTED: THE SUNDANCE WOMAN
USA 1976, 90 Min., F
R: Lee Philips D: Katharine Ross, Steve Forrest, Stella Stevens
Die Witwe des Banditen Sundance Kid nimmt nach dem Tod ihres Mannes Kontakt mit dem mexikanischen Revolutionär Pancho Villa auf, der sie vor einem Detektiv schützt. Spannend.

Getäuscht G296
DECEIVED ***
USA 1991, 108 Min., F
R: Damian Harris D: Goldie Hawn, John Heard, Robin Bartlett
Als ihr angeblich vor Jahren verstorbener Gatte plötzlich wieder auftaucht, gerät eine Frau an den Rand des Wahnsinns. Klassisches Genre-Stück.

Getaway G297
THE GETAWAY ****
USA 1972, 117 Min., F
R: Sam Peckinpah D: Steve McQueen, Ali MacGraw, Ben Johnson
Sträfling soll für Politiker Bank ausrauben und wird vorzeitig entlassen. Als er den Preis erfährt, den seine Frau gezahlt hat, will er nicht mehr, doch ehe beide sich umschauen, befinden sie sich auf halsbrecherischer Flucht vor hartnäckigen Verfolgern in Richtung Mexiko, wobei sie einen Leichenberg zurücklassen und erneut zusammenfinden. Turbulenter Thriller nach dem Roman von Jim Thompson.

Getaway G298
GETAWAY **
USA 1994, 115 Min., F
R: Roger Donaldson D: Kim Basinger, Alec Baldwin, Michael Madsen
Um ihren Gatten aus dem Knast zu holen, läßt sich seine Ehefrau mit einem Gangsterboß ein. Nach einem Raubüberfall trickst das Ehepaar die Gauner aus. Remake von Sam Peckinpahs gleichnamigen Thriller von 1972, das auf Sex und Gewalt setzt.

Der geteilte Himmel G299
***
DDR 1964, 114 Min., F
R: Konrad Wolf D: Eberhard Esche, Renate Blume, Hilmar Thate
Nach einem Buch von Christa Wolf erzählt der Film die Geschichte eines Paares zwischen beiden Teilen Deutschlands und wagt Regimekritik.

Getting Straight G300
GETTING STRAIGHT ***
USA 1970, 124 Min., F
R: Richard Rush D: Elliott Gould, Candice Bergen, Jeff Corey
Ein Student entscheidet sich ausgerechnet während seines Examens, seinen Überzeugungen treu zu bleiben und sich nicht aus Karrieregründen anzupassen, und das nicht bloß, weil Protest damals »in« war.

Gewagtes Alibi G301
CRISS CROSS ****
USA 1948, 87 Min., s/w
R: Robert Siodmak D: Burt Lancaster, Yvonne de Carlo, Dan Duryea
Persönliche Gefühle durchkreuzen die Pläne einer Gang. Wie häufig dreht sich in diesem formal exzellenten Film noir alles um eine Femme fatale. Als expressionistischer Alptraum gestaltetes Meisterwerk des Genres.

Gewalt und Leidenschaft G302
GRUPPO DI FAMIGLIA IN UN INFERNO ****
It/Fr 1974, 108 Min., F
R: Luchino Visconti D: Burt Lancaster, Helmut Berger, Silvana Mangano
Ein alter Professor in einem römischen Palazzo wird durch eine reiche Marchesa und ihre heftig dekadente Familie in ihre Affären verwickelt. Der Zusammenstoß zweier so unterschiedlicher Lebensformen löst Krisen und Verzweiflung aus.

Die Gewaltigen G303
THE WAR WAGON ***
USA 1966, 101 Min., F
R: Burt Kennedy D: John Wayne, Kirk Douglas, Howard Keel
Ein um goldhaltiges Land betrogener Farmer rächt sich im Verein mit drei schrägen Vögeln an einem Oberlumpen erster Klasse. Ironisch angelegter Western, in dem die Kerle vor Kraft kaum laufen können. Nett.

Die gewaltigen Sieben G304
MACISTE IL GLADIATORE PIU FORTE DEL MONDO **
Italien 1962, 96 Min., F
R: Michele Lupo D: Mark Forest, Scilla Gabel, John Chevron
Um eine »fortschrittliche« Königin an die Macht zu bringen, legt sich ein antiker Muskelmann mit den sieben Hauptschlagetots eines Thronräubers an. Biederer Sandalenfilm nach Standardschema. LFF

Das Gewand G305
THE ROBE ***
USA 1953, 135 Min., F
R: Henry Koster D: Richard Burton, Jean Simmons, Victor Mature
Ein römischer Centurio, der das Kommando bei der Kreuzigung Christi hatte, steht im Mittelpunkt dieser fiktiven biblischen Geschichte. Berühmt als erste CinemaScope-Produktion der Filmgeschichte, die gleichzeitig »normal« gedreht wurde, was der späteren TV-Verwertung zugute kam.

Die Gewehre G306
OS FUZIS ****
Brasilien 1964, 110 Min., s/w
R: Ruy Guerra D: Atila Iório, Maria Gladys, Nelson Xavier
Einer der wichtigsten Filme des »Cinema Novo« über einen Wanderprediger, der in einem brasilianischen Dorf einen gewalttätigen Konflikt auslöst.

Gewehre zum Apachen-Paß G307
FORTY GUNS TO APACHE PASS **
USA 1966, 93 Min., F
R: William Witney D: Audie Murphy, Michael Burns, Michael Keep
US-Captain bringt unter Einsatz seines Lebens Waffen zu einem von Indianern bedrohten Fort. Audie Murphy, der im Zweiten Weltkrieg die meisten Orden abstaubte, ganz in seinem Element. Hurra! Hurra! Hurra!

Das gewisse Etwas der Frauen G308 **
COME IMPARAI AD AMARE LE DONNE
It/BRD/Fr 1967, 102 Min., F
R: Luciano Salce D: Robert Hoffmann, Anita Ekberg, Romina Power
Bettabenteuer eines jungen Burschen, der aus dem Internat flüchtet, sich von mondänen Frauen verwöhnen läßt und trotzdem Karriere macht. Eine routiniert fotografierte Geschichte ohne inhaltlichen Pep.

Der gewisse Kniff G309
THE KNACK – AND HOW TO GET IT ***
GB 1964, 85 Min., s/w
R: Richard Lester D: Rita Tushingham, Ray Brooks, Michael Crawford
Landpomeranze lernt in London einen großspurigen Umleger kennen, schenkt ihre Liebe aber dann doch einem anderen, der von schüchternem Kaliber ist und den ersteren gebeten hat, ihn den »gewissen Kniff« zu lehren. Eine gekonnte Verulkung des Machismo der sechziger Jahre, mit komischen Situationen und Dialogen.

Gewitter im Mai G310 ***
BRD/Österreich 1987, 96 Min., F
R: Xaver Schwarzenberger
D: Gabriel Barylli, Claudia Messner, Michael Greiling, Michel Robin
Ludwig Ganghofers Geschichte vom Seemann, der in seine bayerische Heimat zurückkehrt, in einer sorg- Dokumentarfilm von einem der bedeutendsten sowjetischen Regisseure über den Faschismus und seine alltäglichen Erscheinungsformen. Nicht nur eine Sammlung von Dokumenten, sondern kommentierter Standpunkt. Pflichtfilm.

Der gezähmte Widerspenstige G312 ***
IL BISBETICO DOMATO
Italien, 1980, 107 Min., F
R: Castellano und Pipolo D: Adriano Celentano, Ornella Muti, Edith Peters
Eine gutaussehende emanzipierte Frau aus der Großstadt zähmt nach einigen wilden Beziehungsgefechten einen frauenverachtenden Großbauern vom Land. Die Gags und die erotische Anziehungskraft der beiden Hauptdarsteller machen den Film zu einer netten oberflächlichen Unterhaltung.

Gezeichnet: Charlotte G313
SIGNE CHARLOTTE ***
Frankreich 1984, 89 Min., F
R: Caroline Huppert D: Isabelle Huppert, Niels Aestrup, Christine Pascal
Nach eigenem Drehbuch und mit ihrer Schwester in der Hauptrolle inszenierte Caroline Huppert in ihrem Debütfilm eine romantische Liebeskomödie zwischen modischem Chic und wirklichem Charme.

Die Gezeichneten G314
THE SEARCH ***
USA/Schweiz 1948, 100 Min., s/w
R: Fred Zinnemann D: Montgomery Clift, Wendell Corey, Aline MacMahon
US-GI liest im zerstörten Nachkriegsdeutschland tschechischen Jungen auf und kümmert sich um ihn, obwohl der sich aufgrund böser Erfahrungen feindselig gibt. Als er sein Vertrauen gewonnen hat, möchte er ihn mit nach Amerika nehmen, doch die Mutter des Jungen setzt alles in Bewegung, um das von den Nazis Eine Mutter kämpft gegen Korruption und Beamtenwillkür: Bei einer Polizeirazzia wird ein Unschuldiger vor ihren Augen erschossen. Sie wendet sich an einen Journalisten, doch die Polizei tötet einen Zeugen und setzt den Journalisten und ihre Familie unter Druck. Obwohl die Korruption am Ende siegt, wird die Mutter ihren Kampf fortsetzen.

Ghost – Nachricht von Sam G316
GHOST ***
USA 1990, 127 Min., F
R: Jerry Zucker D: Patrick Swayze, Demi Moore, Whoopi Goldberg
Um seine Geliebte vor dem Tückebold zu schützen, der Sam hat ermorden lassen, bleibt seine Seele auf der Erde und versucht im Verein mit einer hellsichtigen Schwindlerin, die baß erstaunt ist daß sie wirklich Kontakt mit einem Geist hat, auf die Umstände einzuwirken. Komödie mit übersinnlichem Thema und einer verkitschten Schlußsequenz. HFJ 1991

Ghostbusters – Die Geisterjäger G317 ****
GHOSTBUSTERS
USA 1984, 105 Min., F
R: Ivan Reitman D: Bill Murray, Dan Aykroyd, Sigourney Weaver, Harold Ramis, Rick Moranis
Drei US-Parapsychologen, die ihren Job verlieren, gründen eine Firma zur Beseitigung von Geistern aller Art. Schreiend komische Veralberung von schlechten Filmen.

Ghostbusters II G318
GHOSTBUSTERS II ***
USA 1989, 102 Min., F
R: Ivan Reitman D: Bill Murray, Dan Aykroyd, Sigourney Weaver
Tricktechnisch versierte, aber wenig originelle Fortsetzung des Erfolgs. Weil die Story soviel Kasse gemacht hat, erzählt man sie eben noch einmal.

Dan Aykroyd, Bill Murray und Harold Ramis in: ›Ghostbusters‹.

Ein Bubi, der die Zauberkräfte seines verstorbenen Vaters erbt, gewinnt Macht über eine Horde ekliger Ungeheuer und holt auch den bösen Erzeuger wieder ins Leben zurück. Ein doofer Monsterfilm. Billige Tricks, fehlende Handlung. HFJ 1987

Ghoulies II G320
GHOULIES II *
USA 1988, 90 Min., F
R: Albert Band D: Damon Martin, Royal Dano, Phil Fondacaro
Gefräßige Ungeheuer sind zuerst als Zirkusattraktion und dann als »pain in the ass« der Menschheit tätig. Fortsetzung von Ghoulies, eines Horrorfilms, der auch nicht eben durch Originalität glänzt. HFJ 1991

Der Ghul G321
THE GHOUL **
GB 1974, 84 Min., F
R: Freddie Francis D: Peter Cushing, John Hurt, Alexandra Bastedo
Ein Paar, das spät nachts mit dem Auto unterwegs ist, begegnet im finsteren Moor einem Ex-Missionar und seinem Sohn – einem lebenden Toten, der sich ausschließlich von Menschenfleisch ernährt.

Giacomo G322
IMBARCO A MEZZANOTTE ***
Italien/GB 1951, 100 Min., s/w
R: Andrea Forzano (= Joseph Losey)
D: Paul Muni, Joan Lorring, Vittorio Manunta, Luisa Rossi
Die gemeinsame Flucht eines Straßenjungen und eines blinden Passagiers durch eine italienische Hafenstadt endet schließlich mit dem Tod des Mannes.

Gib dem Affen Zucker G323
INNAMORATO PAZZO **
Italien 1981, 101 Min., F
R: Castellano und Pipolo
D: Adriano Celentano, Ornella Muti, Adolfo Celi, Milla Sonnoner, Enzo Garinci
Harmlos-antiquiertes modernes Märchen vom Busfahrer, der eine Prinzessin zur Frau bekommt, weil er deren verschuldeten Eltern das nötige Kleingeld zur Rettung des Ministaates beschafft. Nach einem zerdehnten Anfang kommt etwas Leben in die Geschichte, wobei der Sänger Adriano Celentano sein Komikertalent unter Beweis stellen kann.

Gib Gas, ich will Spaß G324
**
BRD 1982, 91 Min., F
R: Wolfgang Büld D: Nena, Markus Mörl, Karl Dall, Enny Gerber, Peter Lengauer
Der Erfolg dieser Schülerliebesgeschichte an der Kinokasse, wozu unter anderem die Musik von Nena, Markus, Morgenrot und Extrabreit beitrug, gab Büld, der so etwas wie Deutschlands Trivial-Regisseur Nummer eins werden will, damals recht.

Gib Gas und laßt euch nicht erwischen G325 ***
GRAND THEFT AUTO
USA 1977, 95 Min., F
R: Ron Howard D: Ron Howard, Nancy Morgan, Marion Ross
Ein junges Paar flieht im väterlichen Rolls vor einer Verfolgermenge, die eine Geldprämie und einen Radioreporter auf den Weg gehetzt haben, wobei wirklich eine Menge Autos zu Schrott gefahren werden. Lustvolles Destruktionskino; das Regiedebüt des damals 23jährigen Ron Howard.

Gib Zunder, Eddie! G326
L' EMPIRE DE LA NUIT ***
Frankreich 1962, 84 Min., s/w
R: Pierre Grimblat D: Eddie Constantine, Geneviève Grad, Harold Nicolas, Elga Andersen
Nachtclubsänger beschützt Witwe und Sohn eines Mannes, der ihn engagiert hat, vor drei Erbschleichbrüdern, die ihm und seinen Schützlingen ans Leder wollen. Krimi mit nicht ganz ernstzunehmender Schlußpointe.

Gibbi Westgermany G327
***
BRD 1980, 90 Min., F
R: Christel Buschmann D: Jörg Pfennigwerth, Eva-Maria Hagen, Eric Burdon
Nach langer Zeit auf See zurück in Hamburg, sucht Gibbi die Liebe seiner Mutter, aber das endet in Mord und Selbstmord. Debütfilm von Christel Buschmann, mit dem überzeugenden Laiendarsteller Jörg Pfennigwerth in der Titelrolle.

Gier G328
GREED *****
USA 1923/24, 145 Min., s/w
R: Erich von Stroheim D: Gibson Growland, Jean Hersholt, Zasu Pitts
Ein junger Arbeiter wird durch seine geldgierige Frau zu einem Mord getrieben. Meisterwerk des Stummfilms.

Das Gift des Bösen G329
TWICE TOLD STORIES ***
USA 1963, 115 Min., F
R: Sidney Salkow D: Vincent Price, Sebastian Cabot, Brett Halsey

Episodenfilm nach Schauergeschichten von Nathaniel Hawthorne. Nicht übel, kein Meisterstück.

Der Giftzwerg G330
DRIVING ME CRAZY **
USA 1991, 103 Min., F
R: Peter Faiman D: Ed O'Neill, Ethan Randall, JoBeth Williams, Christopher McDonald
Ein angehender Stiefvater holt den versnobten Sohn seiner Braut aus dem Internat zum Thanksgiving-Essen ab. Doch die Fahrt durch den winterlichen Mittelwesten wird zu einem veritablen Horrortrip, denn dieser »Giftzwerg« haßt den Mann aus der Arbeiterklasse und unternimmt alles, um ihm zu schaden. Die Komödie ächzt unter der Last der pädagogischen Absicht.

Der Gigant G331
AN EYE FOR AN EYE **
USA 1981, 104 Min., F
R: Steve Carver D: Chuck Norris, Christopher Lee, Richard Roundtree
Harter Action-Film mit Ex-Karateweltmeister Chuck Norris als Polizist, der sich mit seinen Vorgesetzten anlegt, den Dienst quittiert und den Kampf gegen eine internationale Gangsterbande auf eigene Faust aufnimmt. Typisches Genre-Kino der einfachen Art.

Gigant des Grauens G332
WAR OF THE COLOSSAL BEAST **
USA 1958, 68 Min., s/w
R: Bert I. Gordon D: Sally Fraser, Dean Parkin, Roger Pace
Ein radioaktiv verseuchter US-Oberst, der zu einem Riesen herangewachsen ist und einen Hirnschaden hat, tobt durch die USA, während die Army alles tut, um seiner habhaft zu werden. Fortsetzung von *Der Koloß*. LSFF

Giganten G333
GIANT ****

James Dean und Elizabeth Taylor in ›Giganten‹.

Farmerfamilie, auf deren Grund Öl gefunden wird, ist eins der seltenen selbstkritischen Period Pictures, wie sie der Traumfabrik nur alle paar Jahre mal gelingen.

Giganten am Himmel G334
AIRPORT 1975 ***
USA 1974, 107 Min., F
R: Jack Smight D: Charlton Heston, Karen Black, George Kennedy
Luft-Katastrophenfilm mit allem, was dazugehört: Nach dem Zusammenstoß mit einem Privatflugzeug muß eine Stewardeß den Jumbo notlanden.

Die Giganten von Rom G335
I GIGANTI DI ROMA **
Italien/Frankreich 1964, 95 Min., F
R: Mino Loy, Luciano Martino
D: Richard Harrison, Wandisa Guida, Ettore Manni, Ralph Hudson
Eine Legion Cäsars marschiert nach Gallien, um eine von Vercingetorix gebaute Wurfmaschine zu vernichten. Zwar erreicht man das Ziel, doch die Legion wird bis auf ihren Anführer

Pariser Playboy der Jahrhundertwende soll mit der Enkelin einer reichen Dame verkuppelt werden. Der Liebreiz und die Unschuld des reizenden jungen Dings läutern den Wüstling, so daß er sich tatsächlich in sie verliebt und um ihre Hand anhält. Ein Film, bei dem es einem heutzutage buchstäblich die Schuhe auszieht.

Gilbert Grape – Irgendwo in Iowa G337 ****
WHAT'S EATING GILBERT GRAPE
USA 1993, 118 Min., F
R: Lasse Hallström D: Johnny Depp, Juliette Lewis, Mary Steenburgen
In einem Provinzkaff kümmert sich Gilbert um seine fettleibige Mutter, seine zwei Schwestern und seinen geistig zurückgebliebenen Bruder. Erst ein durchreisendes Mädchen weckt in ihm den Wunsch nach eigenem Glück. Eine sensible Betrachtung des Alltagslebens und liebevolle Zeichnung der Charaktere. HFJ 1995

Gilda G338

Braut seines Chefs. Rita Hayworth in einer Paraderolle und die konsequent artifizielle Inszenierung machten Gilda zu einem Klassiker des »Film noir«.

Gilsodom – Zerrissenes Land G339
KILSOTTUM ***
Republik Korea 1985, 97 Min., F
R: Im Kwon-Teak D: Kim Ji-Mi, Sin Sing-Il, Kim Ji-Yong
Bei einer Suchaktion des Fernsehens meint eine Frau, ihren im Koreakrieg vermißten Sohn wiederzuerkennen und zusammen mit dem Vater, ihrem ehemaligen Geliebten, macht sie sich auf die Suche. Bestürzendes Zeitbild über Kriegsfolgen und soziale Verelendung.

Ginger und Fred G340
GINGER E FRED ****
BRD/It/Fr 1985, 126 Min., F
R: Federico Fellini D: Giulietta Masina, Marcello Mastroianni
Seit 30 Jahren standen sie nicht mehr gemeinsam auf der Bühne, da treffen sich Ginger und Fred, beide im Greisenalter, vor den Kameras eines Weihnachts-TV-Specials wieder und tanzen noch einmal ihre alte Nummer. Bewegender Film über das Leben nach dem schönen Traum und – wie immer bei Fellini – intelligente Reflexion über die Mechanismen der Traumfabrik. HFJ 1987

Gingerbread Man G341
THE GINGERBREAD MAN ***
USA 1997, 114 Min., F
R: Robert Altman D: Kenneth Branagh, Embeth Davidtz, Daryl Hannah
Ein One-night-stand stürzt einen Anwalt in ein Netz von Intrigen. Zu Beginn ein geheimnisvoller, atmosphärisch dichter Thriller, der sich gegen Ende zusehends in Banalitäten verliert. HFJ 1999

Giordano Bruno G342
GIORDANO BRUNO ***
BRD/It/Fr 1974, 119 Min., F
R: Giuliano Montaldo D: Gian Maria Volonté, Hans Christian Blech, Hans Caninenberg, Mathieu Carrière
Die Leidensgeschichte des spätmittelalterlichen Philosophen, der als Ketzer denunziert von Venedig nach Rom gebracht wird und als Ketzer auf dem Scheiterhaufen stirbt.

The Girl Can't Help It G343
THE GIRL CAN'T HELP IT ****
USA 1956, 99 Min., F
R: Frank Tashlin D: Tom Ewell, Jayne Mansfield, Edmond O'Brien
Wunderbar witzige Satire auf das Rockmusik-Business: Agent soll Gangsterbraut, die nicht singen kann, zum Schlagerstar machen. Voller visueller und sonstiger Gags, mit Auftritten von Fats Domino, Little Richard und anderen.

Liebe auf der Durchreise: Johnny Depp und Juliette Lewis in ›Gilbert Grape – Irgendwo in Iowa‹.

Girlfriends G344
GIRLFRIENDS ****
USA 1978, 84 Min., F
R: Claudia Weill D: Melanie Mayron, Anita Skinner, Eli Wallach
Susan und Anna bewohnen ein Appartement in New York. Als Anne heiratet, sieht sich Susan mit ihren Problemen allein. Beinahe dokumentarischer Spielfilm, melancholisch, humorvoll und optimistisch.

Girls – Die kleinen Aufreißerinnen G345
GIRLS ***
Frankreich/BRD 1979, 95 Min., F
R: Just Jaeckin D: Zoe Chauveau, Isabelle Méjias, Anne Parillaud
Vier junge Mädchen, von denen eine ungewollt schwanger wird, bemühen sich gemeinsam, das anstehende Problem zu lösen. Unterhaltsamer Film vom Schöpfer der *Geschichte der O* und *Emanuela*.

Girls! Girls! Girls! G346
GIRLS! GIRLS! GIRLS! **
USA 1962, 98 Min., F
R: Norman Taurog D: Elvis Presley, Stella Stevens, Laurel Goodwin
Fischersbursch auf Hawaii arbeitet sich krumm, um Geld fürs verpfändete Boot des Papa aufzutreiben, wird von Sängerin und armer Miss umworben und entscheidet sich für letztere, die sich als reich entpuppt. Kitsch.

Girolimoni, das Ungeheuer von Rom G347
GIROLIMONI – IL MOSTRO DI ROMA ***
Italien 1972, 125 Min., F
R: Damiano Damiani D: Nino Manfredi, Gabriele Lavia, Guido Leontini
In der Zeit der faschistischen Herrschaft geht ein sadistischer Kindermörder in Rom um. Schließlich wird der Fotograf Girolimoni als Sündenbock verhaftet. Nach dem Krieg versucht der unschuldig Inhaftierte vergeblich, Politik und Öffentlichkeit auf sein Schicksal aufmerksam zu machen. Genaue Beobachtung von Herrschafts- und Verdrängungsmechanismen.

Giulia G348
DESIDERANDO GIULIA **
Italien 1985, 91 Min., F
R: Andrea Barzini D: Serena Grandi, John Leysen, Valeria d'Obici
Schriftsteller verliebt sich in eine dralle, sexlüsterne Femme fatale und wird von ihr zugrunde gerichtet. Scharfer Softporno mit Ansätzen von Handlung, handwerklich von minderer Qualität.

Der Gladiator von Rom G349
IL GLADIATORE DI ROMA **
Italien 1962, 90 Min., F
R: Mario Costa D: Gordon Scott, Eleonore Vargas, Wandisa Guida
Sklave eines Patriziers landet nach dem Tod seines Herrn in Steinbruch und Gladiatorenschule. Erlöst wird er durch den Tod des bösen Kaisers, dem ein lieber folgt. Monumentalfilm.

Die Gladiatoren G350
DEMETRIUS AND THE GLADIATORS ***
USA 1954, 100 Min., F
R: Delmer Daves D: Victor Mature, Susan Hayward, Michael Rennie
Der Ex-Sklave Demetrius, der Christi Gewand vor Caligula bewahrt hat, widersteht der schönen Messalina und wird als Gladiator mit den Christen in die Arena getrieben. Ordentlich inszenierter Historienfilm mit vielen Gladiatorenkämpfen.

Der Glanz des Hauses Amberson G351
****
THE MAGNIFICENT AMBERSONS
USA 1942, 88 Min., s/w
R: Orson Welles D: Joseph Cotten, Dolores Costello, Anne Baxter
Das Porträt einer vom Untergang gezeichneten aristokratischen Familie am Ende des vorigen Jahrhunderts. Orson Welles' cineastisches Gespür zeigt sich trotz der Eingriffe der Produktion, die den Film um mehr als eine Dreiviertelstunde kürzen und

Bizarre, bewußt minimalistische Groteske um einen Mann, der unbedingt Pfarrer werden will, aber auf seinem Weg dorthin allerlei Krauses erlebt. Wer sich auf den spezifischen Humor einlassen kann, amüsiert sich königlich, andere könnten ob des »Dilettantismus« verärgert reagieren.
HFJ 1991

Glanz und Elend einer Verlorenen G353
***
BRD 1959, 95 Min., s/w
R: Rudolf Jugert D: Belinda Lee, Walter Rilla, Paul Dahlke
Filmischer Kolportageroman, inspiriert von den Berichten über das Leben der Rosemarie Nitribitt, die hier beinahe mit Hilfe eines reichen Russen ehrbar geworden wäre. Aber das Schicksal...

Der gläserne Pantoffel G354
THE GLASS SLIPPER **
USA 1955, 95 Min., F
R: Charles Walters D: Leslie Caron, Michael Wilding, Keenan Wynn
Solide inszenierter Tanz- und Musikfilm ohne besondere Höhepunkte (Komponist: Bronislau Kaper) nach dem Märchen »Aschenbrödel«.

Der gläserne Schlüssel G355
THE GLASS KEY ***
USA 1942, 85 Min., s/w
R: Stuart Heisler D: Brian Donlevy, Alan Ladd, Veronica Lake
Eine Neuverfilmung des klassischen Dashiell-Hammett-Romans mit dem damaligen Traumpaar Ladd/Lake. Die Verwicklung eines Spielers in die politischen Machenschaften eines Gangsterbosses fasziniert durch das latent erotische Ambiente.

Die gläserne Zelle G356
***
BRD 1977, 93 Min., F
R: Hans W. Geissendörfer D: Helmut

Das Glashaus G357
THE GLASS HOUSE ***
USA 1972, 90 Min., F
R: Tom Gries D: Vic Morrow, Alan Alda, Clu Gulager, Billy Dee Williams
Einer der härtesten, am meisten sozialkritisch orientierten Gefängnisfilme der siebziger Jahre, entstanden nach einem Roman von Truman Capote.

Die Glasmenagerie G358
THE GLASS MENAGERIE ***
USA 1950, 110 Min., s/w
R: Irving Rapper D: Jane Wyman, Kirk Douglas, Gertrude Lawrence
Verfilmung eines Vier-Personen-Stückes von Tennessee Williams um ein Mädchen, das sich vor seiner despotischen Mutter in eine Traumwelt zurückzieht. In dem Beziehungsdrama spielen Ronald Reagans Ex-Gattin Jane Wyman und Kirk Douglas.

Die Glasmenagerie G359
THE GLASS MENAGERIE ***
USA 1973, 100 Min., F
R: Anthony Harvey D: Katharine Hepburn, Sam Waterston, Joanna Miles
Zweite Verfilmung des Tennessee-Williams-Stoffes, näher am Theater als die erste, aber gleichwohl mit herausragender Besetzung gekonnt in Szene gesetzt. Ein echter Tränendrücker.

Die Glasmenagerie G360
THE GLASS MENAGERIE ***
USA 1986, 134 Min., F
R: Paul Newman D: Joanne Woodward, John Malkovich, Karen Allen
Redliche, aber kaum innovative Neuverfilmung des Bühnenstücks von Tennessee Williams um ein gehbehindertes Mädchen, das sich in eine Traumwelt geflüchtet hat. Schauspielerisch beachtlich. HFJ 1988

Das Glas Wasser G361
***
BRD 1960, 83 Min., F

Anthony Quinn als Quasimodo in ›Der Glöckner von Notre Dame‹.

Glen und Randa G362
GLEN AND RANDA ***
USA 1971, 100 Min., F
R: Jim McBride D: Steven Curry, Shelley Plimpton
Zwei junge Leute finden in der Welt nach dem nuklearen Big Bang ein paar Bücher und unternehmen mit ihnen eine Reise in die Vergangenheit.

Glengarry Glen Ross G363
GLENGARRY GLEN ROSS ***
USA 1992, 100 Min., F
R: James Foley D: Al Pacino, Jack Lemmon, Alec Baldwin, Ed Harris
Nach einem Stück von David Mamet erzählt der Film von einem miesen Wettbewerb zwischen Grundstücksverkäufern, die eine Art Auslese untereinander vollführen. Von seiner Traumbesetzung zehrendes filmisches Kammerspiel als bitterer Kommentar zur Rezession. HFJ 1994

Die Glenn Miller Story G364
THE GLENN MILLER STORY ***
USA 1954, 116 Min., F
R: Anthony Mann D: James Stewart, June Alyson, Charles Drake
Etwas sentimentale Biographie des berühmten Bandleaders, der 1945 bei einem Flugzeugabsturz in der Nordsee umkam, hervorragend gespielt von Stewart und mit allen Miller-Hits. Unter Mitwirkung von Louis Armstrong und Gene Krupa.

Die Glocken von St. Marien G365
BELLS OF ST. MARY'S ***
USA 1945, 89 Min., s/w
R: Leo McCarey D: Ingrid Bergman, Bing Crosby, Henry Travers
Ein pragmatisch denkender Priester übernimmt einen finanziell gefährdeten Bezirk und tritt in Konkurrenz mit der Mutter Oberin. Langsam überwinden sie ihre gegenseitige Abneigung und alle Probleme der Gemeinde. Meisterliche Schauspieler in einem effektvoll inszenierten Melodram, sentimental und berührend.

Das Glöcklein unterm Himmelbett G366
**
BRD 1970, 80 Min., F
R: Hans Heinrich D: Christine Schubert, Hansi Kraus, Alexander Golling, Ralf Wolter, Monika Dahlberg
Eine miserable Film-Version des »Bayrischen Dekameron« von Oskar Maria Graf, ohne Sinn für Timing, Satire und Typenkomik.

Der Glöckner von Notre Dame G367
*****
THE HUNCHBACK OF NOTRE DAME
USA 1939, 118 Min., s/w
R: William Dieterle D: Charles Laughton, Maureen O'Hara, Thomas Mitchell, Cedric Hardwicke
Dieses hinreißende Melodram ist bis heute die beste Verfilmung des Stoffes, einer Variante des Mythos von der Schönen und dem Biest. Die aufwendige Produktion glänzt durch hervorragende Leistungen in allen Bereichen, besonders durch den unvergeßlichen Charles Laughton als Quasimodo.

Der Glöckner von Notre Dame G368
***
NOTRE-DAME DE PARIS
Frankreich 1956, 113 Min., F
R: Jean Delannoy D: Anthony Quinn, Gina Lollobrigida, Jean Danet
Die unglückliche Liebe des mißgestalteten Glöckners zur schönen Zigeunerin Esmeralda, prächtig und phantasievoll erzählt nach Victor Hugos Roman, dessen psychologische und historische Dimensionen allerdings nicht ausgelotet werden.

Gloria G369
GLORIA **
Frankreich 1977, 120 Min., F
R: Claude Autant-Lara D: Valérie Jeannet, Valérie Mokhazni, Alain Marcel, Jean-Luc Boisserie
Als Kinder im Ersten Weltkrieg getrennt, treffen sich zwei Liebende wieder, finden aber nicht mehr zueinander. Kunsthandwerkliches Melodram, eher öde.

Gloria, die Gangsterbraut G370
GLORIA ****
USA 1980, 122 Min., F
R: John Cassavetes D: Gena Rowlands, John Adames, Buck Henry
Eine ehemalige Gangsterbraut wird unfreiwillig zum Schutzengel eines kleinen Puertoricaner-Jungen, dessen Eltern von der Mafia umgebracht wurden. Fulminante Action, brillantes Schauspiel und ein paar mythologische Doppeldeutigkeiten.

Die Glorreichen G371
LES MORFALOUS ***
Frankreich 1983, 93 Min., F
R: Henri Verneuil D: Jean-Paul Belmondo, Jacques Villeret, Michel Constantin
Schlitzohriger Fremdenlegionär soll im Zweiten Weltkrieg in Tunesien das Gold einer Bank in Sicherheit bringen, doch da der Großteil seiner Einheit bei

einem deutschen Überraschungsangriff umkommt, keimt in ihm der Plan, den Schatz zu klemmen. In wenigen Dekorationen spielender Ballerfilm, der vor Spannung nicht eben sprüht.

Die glorreichen Gladiatoren G372
THE SEVEN MAGNIFICENT GLADIATORS **
Italien 1983, 87 Min., F
R: Bruno Mattei D: Lou Ferrigno, Brad Harris, Sybil Danning, Dan Vadis
Unsterblicher Lump terrorisiert mit seiner Bande einen Landstrich der Antike, doch die vollbusige Heldin und ihr Zauberschwert sind nicht fern. Einfältiger Fantasy-Quatsch, mit Knallchargen besetzt.

Die glorreichen Reiter G373
THE GLORY GUYS **
USA 1964, 113 Min., F
R: Arnold Laven D: Tom Tryon, Harve Presnell, Senta Berger, James Caan
Zwei US-Offiziere bemühen sich erfolglos, ihren säbelrasselnden Vorgesetzten von einem sinnlosen Unternehmen abzubringen. Western mit viel Action und Gemetzel nach einem Drehbuch von Sam Peckinpah.

Die glorreichen Sieben G374
THE MAGNIFICENT SEVEN ****
USA 1960, 127 Min., F
R: John Sturges D: Yul Brynner, Horst Buchholz, Steve McQueen, Charles Bronson, James Coburn
Arme mexikanische Bauern heuern sieben Revolverschwinger an, um sich vor einer Bande von Desperados zu schützen, die periodisch ihr Dorf ausplündern. Western-Klassiker nach dem Vorbild von *Die sieben Samurai.*

Glory! Glory! G375
GLORY! GLORY! ***
Kanada 1988, 196 Min., F
R: Lindsay Anderson D: Ellen Greene, Richard Thomas, Winston Rekert
Ein Prediger macht Show-Karriere, als er bei Rock-Konzerten »Wunderheilungen« durchführt. Eine harsche und dichte Satire auf die Verbindung von Religion und Geschäft. HFJ 1991

Das Glück beim Händewaschen G376
***
BRD 1982, 120 Min., s/w
R: Werner Masten D: Mario Baumgartner, Anna Pircher, Peter Gamper
Das Schicksal eines 1941 aus der südtiroler Heimat ausgesiedelten Jungen, der nirgendwo wirklich dazugehören kann. Dramatische Erinnerung an ein Stück vergessener Geschichte im Zusammenspiel von deutschem und italienischem Faschismus.

Glück im Hinterhaus G377
***
DDR 1980, 97 Min., F
R: Herrmann Zschoche D: Dieter Mann, Ute Lubosch, Jutta Wachowiak
Nach langen Ehejahren verläßt ein Bibliothekar seine Frau und zwei Kinder und zieht zu einer jungen Praktikantin. Aber der neue Elan verlischt schnell und er kehrt aus Bequemlichkeit in seine jetzt zerrüttete Ehe zurück.

Die glücklichen Jahre der Thorwalds G378
**
BRD 1962, 90 Min., s/w
R: John Olden, Wolfgang Staudte
D: Hansjörg Felmy, Elisabeth Bergner, Dietmar Schönherr, Robert Graf
Durch den Tod des Vaters ist eine großbürgerliche Familie verarmt. Eine Tochter wird mit einem reichen

›Die glorreichen Sieben‹, ein von Sturges mathematisch genau inszenierter Film.

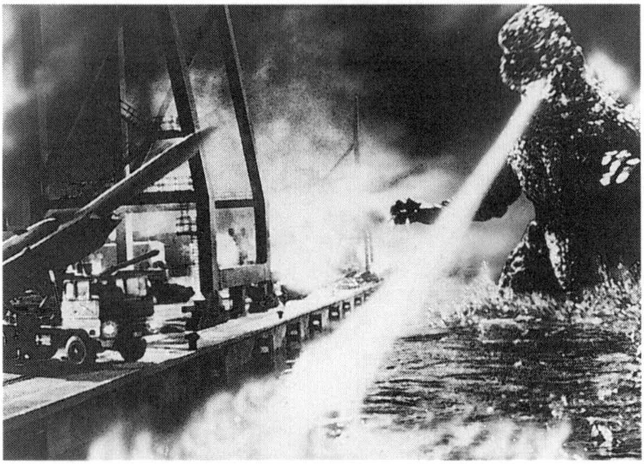

Godzilla: Manche Monster sind nicht zu besiegen.

Emporkömmling verheiratet, der sich nach dem Krieg für ihre Arroganz rächt. Teutonische Variation von Priestleys Stück »Die Conways und ihre Zeit«.

Der Glückspilz G379
THE FORTUNE COOKIE ****
USA 1966, 126 Min., F
R: Billy Wilder D: Jack Lemmon, Walter Matthau, Ron Rich
Erster gemeinsamer Film des Paares Lemmon/Matthau. Ein cleverer Anwalt verklagt einen Sportverein auf eine Million Schadenersatz, weil sein Klient, ein TV-Kameramann, von einem Ball getroffen und leicht verletzt wurde. Verdienter Oscar für Matthau.

Die Glücksritter G380
TRADING PLACES ****
USA 1982, 117 Min., F
R: John Landis D: Dan Aykroyd, Eddie Murphy, Jamie Lee Curtis, Ralph Belamy, Don Ameche
Zwei reiche alte Knacker schließen eine Wette ab: Einen aufstrebenden Yuppie-Finanzmakler kicken sie in die Gosse und ersetzen ihn durch einen dahergelaufenen Gauner. Anfangs weiß keiner der beiden so recht, wie ihm geschieht, als sie aber hinter das böse sozialdarwinistische Experiment kommen, schlagen sie zurück. Eine der brillantesten Komödien der 80er Jahre! Hollywoodkino wie es immer wieder Spaß macht.

Glücksucher G381
**
BRD 1976/77, 115 Min., F
R: Dieter Wellershof D: Martin Benrath, Judy Winter, Ilse Strambowski
Schriftsteller in der Schaffenskrise verläßt Frau und Kinder, versucht neuen Anfang, verliebt sich in eine andere Frau und wird vor Entscheidungen gestellt. Unerschütterlich das Selbstvertrauen eines Autors, der so etwas für abendfüllend hält.

Glut G382
LA SPOSA BELLA ***
USA/Italien 1960, 99 Min., s/w
R: Nunnally Johnson D: Dirk Bogarde, Ava Gardner, Joseph Cotton
Ein junger Priester bricht im spanischen Bürgerkrieg mit der Kirche. Aber: Einmal Priester, immer Priester. Religöses Melodram, manchmal etwas ungeschickt in Szene gesetzt.

Glut G383
***
Schweiz/BRD 1983, 111 Min., F
R: Thomas Koerfer D: Armin Mueller-Stahl, Katharina Thalbach, Thomas Lücking, Sigfrit Steiner
Die Geschichte eines Schweizer Waffenfabrikanten und seines Sohnes in der Zeit des Nationalsozialismus als Modell für die Kontinuität der ökonomisch bedingten und kulturell vermittelten Unmoral.

Der gnadenlose Rächer G384
YOUNG BILLY YOUNG **
USA 1969, 89 Min., F
R: Burt Kennedy D: Robert Mitchum, Angie Dickinson, Robert Walker, David Carradine, Jack Kelly
Routinierter Dutzendwestern über einen Marshal, der widerspenstige Steuerzahler zur Brust nimmt und im Zuge der Aktion seinen Nachfolger ausbildet. Für Fans von Robert Mitchum only.

Der gnadenlose Ritt G385
THE LONG RIDE HOME ***
USA 1966, 83 Min., F
R: Phil Karlson D: Glenn Ford, George Hamilton, Inger Stevens
Südstaatensoldaten brechen während des Bürgerkrieges aus einem Gefangenenlager aus und werden von den Yankees gehetzt. Recht guter Western, der nicht zu sagen versäumt, was er vom Krieg im allgemeinen hält.

Das gnadenlose Spiel G386
THE FOUR DEUCES **
USA/Israel 1975, 86 Min., F
R: William Bushnell D: Jack Palance, Carol Lynley, Warren Berlinger
Das Auf und Ab zweier rivalisierender Gangsterbanden, die nichts unversucht lassen, um einander zu dezimieren. Klamottenhafter Gangsterfilm, bei dem es heftig am Handwerk hapert.

Die gnadenlosen Vier G387
POSSE FROM HELL ***
USA 1960, 90 Min., F
R: Robert Coleman D: Audie Murphy, John Saxon, Zohra Lampert
Ein Aufgebot verfolgt vier Banditen, die ein Mädchen als Geisel mit sich führen. Auch als die Verfolger immer weniger werden, gibt der Anführer nicht auf. Ansehnlicher Western mit cleverem Drehbuch.

Go, Trabi, Go G388
***
BRD 1990, 96 Min., F
R: Peter Timm D: Wolfgang Stumph, Marie Gruber, Claudia Schmatzke
Produkt der deutsch-deutschen Vereinigung. Im Mittelpunkt steht Trabant

Schorsch und seine abenteuerliche Reise von Bitterfeld nach Neapel. HFJ 1992

Godzilla G389
GOJIRA **
Japan 1954, 90 Min., s/w
R: Inoshiro Honda, Terry O. Morse
D: Raymond Burr, Takashi Shimura, Momoko Kochi, Tomoyuki Tanaka
Ein unterseeisch lebender Drache, von Atomexplosionen aufgeschreckt, begibt sich an Land, walzt Tokio platt und wird mit einer neuen Superwaffe vernichtet. Naives Monsterspektakel, das eine Welle von Fortsetzungen nach sich zog. LSFF

Godzilla – Die Rückkehr des Monsters G390
GOJIRA **
Japan 1984, 83 Min., F
R: Koji Hashimoto D: Keiju Kobayashi, Ken Tanaka, Yasuko Sawaguchi
Urzeitdrache wird von Vulkanausbruch aus dem Schlaf geweckt, trottet nach Tokio, um die Stadt zu vernichten und wird erfolglos von der Armee gejagt, bis er in einen Vulkan stürzt. Wem das gefällt, dem graut vor gar nichts mehr. LSFF

Godzilla, der Drache aus dem Dschungel G391
GAMERA TAI BARUGON *
Japan 1966, 92 Min., F
R: Shigeo Tanaka D: Kojiro Hongo, Akira Natsuki, Kyoko Enami
Von Atomexplosion gewecktes Urzeitmonster zertrampelt Japan, bis ein anderes Fabelwesen, der Drache Godzilla, es nach wilden Kämpfen erledigt.

Godzilla G392
GODZILLA ***
USA 1998, 138 Min., F
R: Roland Emmerich D: Matthew Broderick, Jean Reno, Maria Pitillo
Als banales Popcorn-Kino daherkom-

Das Laboratorium aus dem Film ›Gold‹.

Godzilla und die Urweltraupen G393
MOSURA TAI GOJIRA **
Japan 1964, 88 Min., F
R: Inoshiro Honda D: Akira Takarada, Yuriko Hoshi, Hiroshi Koizumi
Als Forscher ein nach einem Taifun an Land gespültes Riesenei begaffen, stapft ein Urweltdrache aus dem Meer und wütet, bis aus dem Ei zwei Riesenraupen schlüpfen und ihn einspinnen. Boah, ey! LSFF

Godzillas Todespranke G394
DAI KOESU YONGKARI **
Japan/Korea 1969, 74 Min., F
R: Kim Duke D: Young Onil, Lee Hunter, George Stapleton
Nach einem Erdbeben in Korea kriecht das Urzeitmonster Godzilla aus der Unterwelt hervor und macht aus Seoul einen Parkplatz. Wackere Forscher frieren ihn ein und schießen ihn ins Weltall. Ein scharfer Film! LSFF

Goké, Vampir aus dem Weltall G395
KYUKETSUKE GOKEMIDORO ***
Japan 1968, 80 Min., F
R: Hajime Sato D: Hideo Ko, Teruo

Gold G396
****
Deutschland 1934, 80 Min., s/w
R: Karl Hartl D: Hans Albers, Lien Deyers, Michael Bohnen, Brigitte Helm
Schottischer Kapitalist läßt Erfinder einer Apparatur, die Gold herstellen kann, ermorden, um selbige privat zu nutzen, doch ein wackerer deutscher Ingenieur stellt ihm ein Bein und kriegt am Ende sein blondes Mädel. LSFF

Gold aus heißer Kehle G397
LOVING YOU ***
USA 1957, 102 Min., F
R: Hal Kanter D: Elvis Presley, Lizabeth Scott, Wendell Corey
Tankwart und Hobbysänger wird von Presseagentin entdeckt, tritt in eine Band ein und macht, wie nicht anders zu erwarten, sein Glück. Starvehikel, das dazu dient, Elvis Presleys Lieder vorzustellen.

Gold aus Nevada G398
THE YELLOW MOUNTAIN **
USA 1954, 78 Min., F
R: Jesse Hibbs D: Lex Barker, Mala

Das Gold der Cäsaren G399
ORO PER I CESARI ***
R: André De Toth, Riccardo Freda
D: Jeffrey Hunter, Mylène Demongeot, Massimo Girotti, Furio Meniconi
Sklave eines römischen Prokonsuls sucht auf der von Kelten besetzten Iberischen Halbinsel Gold, gewinnt das Herz einer Adeligen und führt seine Leute nach diversen Fights in die Freiheit. Monumentalfilm.

Das Gold der Liebe G400
**
BRD 1982, 86 Min., F
R: Eckhart Schmidt D: Alexandra Curtis, Marie Colbin, Allegra Curtis
Zwei Frauen und ein Mann jagen eine gesäßlastige Mordzeugin durch eine nächtliche Stadt. Am Ende hat die Heldin alles nur geträumt. Geschwätz eines Regisseurs, dem die Form alles, der Inhalt hingegen nichts bedeutet.

Gold Diggers G401
THE GOLD DIGGERS ****
GB 1983, 87 Min., s/w
R: Sally Potter D: Julie Christie, Colette Laffont, Hilary Westlake
Wer einen abenteuerlichen Goldgräberfilm erwartet, braucht gar nicht mehr weiterzulesen. Der Film ist das Psychogramm zweier Frauen auf der Suche nach ihrer Persönlichkeit und ihrem Glück. Zur besseren Unterscheidung ist die eine schwarz und toughe Informatikerin, die andere eine blonde, romantische Verführerin. Originell.

Gold in Neuguinea G402
CROSSWINDS **
USA 1951, 85 Min., F
R: Lewis R. Foster D: John Payne, Rhonda Fleming, Forrest Tucker
Abenteuerfilm über einen Kapitän in der Südsee, der aufgrund verzwickter Umstände gezwungen ist, mit einigen Ganoven zusammenzuarbeiten. Ohne Anspruch.

Das Gold von Neapel G403
L'ORO DI NAPOLI ****
Italien 1954, 105 Min., s/w
R: Vittorio de Sica D: Sophia Loren, Silvana Mangano, Vittorio de Sica
Heitere Episoden um die schöne Frau eines Pizzabäckers, voll melancholischer Poesie des Alltagslebens.

Das Gold von Sam Cooper G404
OGNUNO PER SE **
Italien/BRD 1967, 106 Min., F
R: George Holloway D: Van Heflin, Klaus Kinski, George Hilton
Der Besitzer einer Goldmine wird von allen – Verwandtschaft inklusive –, die er um Hilfe bittet, verraten und betrogen, so daß er am Ende zwar reich, aber allein ist. Ansehbar.

Die goldene Brücke G405
**
BRD 1956, 100 Min., s/w
R: Paul Verhoeven D: Curd Jürgens, Ruth Leuwerik, Paul Hubschmid
Routiniertes Fifties-Melodrama um eine Sängerin, die nach dem Tod ihres Mannes nicht mehr auftreten will. Curd Jürgens brütet und Ruth Leuwerick leidet.

Anna Magnani als Camilla in ›Die goldene Karosse‹.

Die goldene Galeere G406
UNDERWATER! ***
USA 1954, 85 Min., F
R: John Sturges D: Jane Russell, Gilbert Roland, Richard Egan
Mehrere Glücksritter suchen in der karibischen See einen versunkenen Piratenschatz, doch das Glück ist ihnen nicht hold. Abenteuerfilm mit zahlreichen Unterwasseraufnahmen.

Die goldene Göttin vom Rio Beni G407
**
BRD/Fr/Sp 1964, 86 Min., F
R: Eugenio Martin D: Pierre Brice, Harald Juhnke, René Deltgen
Zwei Männer brechen in den Dschungel Brasiliens auf, um einen abgestürzten Piloten zu suchen; ihre Begleiter haben es auf eine kostbare Goldstatue abgesehen. Mäßiger Abenteuerfilm deutscher Provenienz.

Der goldene Käfig G408
***
BRD 1986, 95 Min., F
R: Heidi Genée D: Heike Faber, Gertrud Roll, Dietrich Mattausch
Die Studie einer Magersüchtigen als einfühlsame Krankheitsgeschichte. TV-Film.

Die goldene Karosse G409
LA CAROZZA D'ORA ****
Italien/Frankreich 1953, 94 Min., F
R: Jean Renoir D: Anna Magnani, Duncan Lamont, Paul Campbell
Wunderschöne Film-Version von Prosper Mérimées Comedia dell'arte-Stück über die goldene Kutsche, die ein Monarch einer Schauspielerin schenkt und damit einen Skandal provoziert. Ein Meisterwerk.

Die goldene Maske G410
LA CAROZA D'ORO ***
Deutschland 1939, 80 Min., s/w
R: Hans H. Zerlett D: Hilde Weissner, Albert Matterstock, Fita Benkhoff, Fritz Kampers
Maler verliebt sich in Frau mit goldener Maske, nimmt sie als Modell

für Bild »Goldene Maske«. Modell ist Frau von Freund, wird entdeckt. Ehemann sticht Maler nieder, kommt auf Flucht um, Liebende finden sich. Was für ein Schicksal.

Der goldene Pfeil G411
LA FRECCIA D'ORO **
Italien 1962, 92 Min., F
R: Antonio Margheriti D: Tab Hunter, Rossana Podesta, Umberto Melnati, Giustino Dorano
Mit Hilfe dreier Lampengeister und eines fliegenden Teppichs kann ein orientalischer Dieb einen bösen Tyrannen ausschalten und darf eine schnuckelige Prinzessin heiraten.

Die goldene Pille G412
***
BRD 1967, 94 Min., F
R: Horst Manfred Adloff D: Petra Pauly, Claudia Butenuth, Inge Marschall
Einer der wenigen wirklich ernsthaften deutschen Aufklärungs-Filme: Adloff, Produzent von *Es* und *Wilder Reiter GmbH*, versucht sich in diesem Plädoyer für die Pille, in dessen Mittelpunkt drei Primanerinnen stehen, auch als Autor und Regisseur und Darsteller – und übernimmt sich dabei.

Der goldene Regenbogen G413
FINIAN'S RAINBOW ***
USA 1968, 144 Min., F
R: Francis Ford Coppola D: Fred Astaire, Petula Clark, Tommy Steele
Kobold muß einem alten Iren einen drei Wünsche erfüllenden Goldtopf abjagen, um zu verhindern, daß er und seinesgleichen gewöhnliche Sterbliche werden. Überlanges Filmmusical mit magischen Elementen.

Das goldene Schwert G414
THE GOLDEN BLADE ***
USA 1953, 81 Min., F
R: Nathan Juran D: Rock Hudson,

Goldene Träume G415
SOGNI D'ORO ***
Italien 1981, 105 Min., F
R: Nanni Moretti D: Nanni Moretti, Piera Degli Esposti, Laura Morante
Ein junger Regisseur zeigt vor wechselndem Publikum seinen neuen Film und wird dabei immer wieder mit moralischen und ästhetischen Problemen seines Handwerks konfrontiert. Bizarre Film-im-Film-Komödie, etwas sperrig.

Das goldene Vlies G416
RIVIERA **
USA 1987, 120 Min., F
R: Alan Smithee D: Ben Master, Elyssa Davalos, Patrick Bauchau
Ex-Agent, der sich gerade als Hotelier versuchen will, wird wegen einer Mordserie in seiner Organisation reaktiviert. Das ist wieder einer der Filme, für die kein Regisseur verantwortlich sein will und deshalb der gute alte Alan Smithee ran muß.

Das goldene Zeitalter G417
L'AGE D'OR ****
Frankreich 1930, 62 Min., s/w
R: Luis Buñuel D: Lya Lys, Gaston Modot, Max Ernst, Pierre Prevert
Surrealistische Geschichte um ein Liebespaar, das von seiner Umwelt bedroht wird. Meisterliche Filmattacke auf alle Autoritäten dieser Welt.

Goldenes Gift G418
OUT OF THE PAST ****
USA 1947, 96 Min., s/w
R: Jacques Tourneur D: Robert Mitchum, Jane Greer, Kirk Douglas
Ehemaliger Privatdetektiv wird von seiner Vergangenheit eingeholt und versucht seine Haut zu retten, läßt aber am Ende doch sein Leben. Ein Meisterwerk des Film noir, mit expressionistischem Spiel von Licht und Schatten und der obligatorischen Femme fatale.

Superman für Arme, versteckt hinter der Maske eines Biedermanns, mischt Terroristenklüngel auf, der reiche Industriekapitäne mit Bombenattentaten erpreßt. Trivialfilm im Comic-Strip-Stil. LSFF

Goldfieber in Alaska G420
CALL OF THE WILD ****
USA 1935, 90 Min., s/w
R: William A. Wellman D: Clark Gable, Jack Oakie, Loretta Young
Eine (vermeintliche) Witwe verliebt sich in Alaska in einen Goldsucher, doch nachdem man fündig geworden ist, tauchen Räuber auf. Der Film gibt vor, auf Jack London zu basieren, aber das ist Etikettenschwindel.

Ein Goldfisch an der Leine G421
MAN'S FAVOURITE SPORT? ***
USA 1964, 120 Min., F
R: Howard Hawks D: Rock Hudson, Paula Prentiss, Maria Perschy
Ein Angel-Experte, der nie selbst gefischt hat, wird zur Teilnahme an einem Anglerturnier gezwungen, was nicht ohne Probleme und Peinlichkeiten abgeht.

Die Goldgräber von 1933 G422
THE GOLDDIGGERS OF 1933 ***
USA 1933, 96 Min., s/w
R: Mervyn LeRoy D: Aline MacMahon, Dick Powell, Warren William
Uralt-Musical, das leider nicht von harten Männern handelt, die hacken und klopfen und schleppen und waschen, um einer unerschlossenen Mine ein paar Nuggets zu entreißen. Hier geht es vielmehr um Revuetänzerinnen, die ihr Gold beim Aufreißen geiler Millionäre zu finden hoffen. Immerhin sehenswert: Busby Berkeleys Choreographie.

Goldhelm G423
CASQUE D'OR ****
Frankreich 1951, 85 Min., s/w

nannt, will ihren Zuhälter wegen eines Tischlers verlassen. Es kommt zum Kampf, und der Tischler landet am Ende auf der Guillotine.

Goldrausch G424
THE GOLD RUSH *****
USA 1925, 78 Min., s/w
R: Charles Chaplin D: Charles Chaplin, Mack Swain, Henry Bergman
Vom Goldrausch in Alaska läßt sich auch der arme Charlie anstecken. Bis zum Happy End muß er eine Reihe von Schwierigkeiten und Entbehrungen erdulden (zum Beispiel seinen Schuh essen, weil sonst nichts da ist), die er aber mit Humor trägt. Nicht nur Chaplin hielt diesen Film für seinen besten: Ein Meisterwerk.

Goldregen G425
GULDREGN ****
Dänemark 1987, 97 Min., F
R: Sören Kragh-Jacobsen D: Ricki Rasmussen, Ken Vedsegaard, Tania Frydensberg
Phantasieanregender Kinderkrimi um den Fund einer Diebesbeute. Bei uns wird viel über den Kinderfilm geredet, in Schweden und Dänemark werden sie gedreht. HFJ 1990

Der Goldschatz am Kilimandscharo G426
KING SALOMON'S TREASURE **
Kanada 1979, 84 Min., F
R: Alvin Rakoff D: John Colicos, David McCallum, Patrick MacNee
Allan Quatermain sucht im Herzen von Afrika nach einer versunkenen Stadt, die König Salomons Schatz beherbergen soll, und stößt auf die unsterbliche Königin Nypepthta. Billigproduktion mit unfähigen Akteuren.

Goldschmuggel nach Virginia G427
VIRGINIA CITY ***
USA 1940, 121 Min., s/w
R: Michael Curtiz D: Errol Flynn, Randolph Scott, Humphrey Bogart
Während des Sezessionskriegs hilft eine für die Südstaaten spionierende Dame einem Offizier beim Raub eines Goldschatzes. Westerndrama vor historischem Hintergrund.

Goldsnake – Das Geheimnis der goldenen Schlange G428
GOLDSNAKE/ANONIMA KILLERS **
It/Fr 1966, 97 Min., F
R: Ferdinando Baldi D: Stanley Kent, Annabella Incontrera, Juan Cortés
Agentenfilm um einen Geheimdienstler, der sich in Hongkong mit der bösen roten Konkurrenz um einen McGuffin rauft. Einer jener Filme, vor denen uns unsere Pfarrer immer gewarnt haben.

Die Goldsucher von Arkansas G429
**
BRD/It/Fr 1964, 98 Min., F
R: Paul Martin D: Brad Harris, Mario Adorf, Dieter Borsche
In Böhmen gedrehter Western über einen Goldgräbertreck nach dem Roman *Die Regulatoren in Arkansas* von Friedrich Gerstäcker.

Der Golem, wie er in die Welt kam G430
*****
Deutschland 1920, 87 Min., s/w
R: Paul Wegener, Carl Boese
D: Paul Wegener, Albert Steinbrück, Lyda Salmonova
Prag im 16. Jahrhundert: Eine Lehmgestalt, Golem genannt, wird von Rabbi Loew mit Schwarzer Magie zum Leben erweckt und setzt sich danach für die Sache der verfolgten Juden ein. Legendärer Klassiker des expressionistischen deutschen Stummfilms.

Goliath – Kampf der Makkabäer
siehe: Der Kampf der Makkabäer

Good and Bad at Games G431
GOOD AND BAD AT GAMES ***
GB 1983, 82 Min., F
R: Jack Gold D: Martyn Stanbridge, Anton Lesser, Laura Davenport
Ein Versager trifft zehn Jahre nach Schulabschluß die Mitschüler von einst, die ihm das Leben zur Hölle gemacht haben, und faßt einen Plan der Rache. Sarkastischer Thriller.

Goodbye Charlie G432
GOODBYE CHARLIE ***
USA 1964, 116 Min., F
R: Vincente Minelli D: Tony Curtis, Debbie Reynolds, Pat Boone
Nach einem Theaterstück von George Axelrod: Gangster wird als Blondine wiedergeboren. Anflüge von schwarzem Humor, aber Minnelli hat bessere Filme gedreht.

Good Bye, Emmanuelle G433
GOOD BYE, EMMANUELLE **
Frankreich 1977, 99 Min., F
R: François Leterrier D: Sylvia Kristel, Umberto Orsini, Charlotte Alexandra
Junge Frau, die ihre Gelüste auslebt, lernt auf den Seychellen einen Mann kennen, der ihre Philosophie ablehnt, und denkt erstmals über sich nach. Softporno über Menschen aus dem Schickimicki-Milieu, die sich aus Langeweile promiskuitiv betätigen.

Good Fellas – Drei Jahrzehnte in der Mafia G434
****
GOOD FELLAS
USA 1990, 145 Min., F
R: Martin Scorsese D: Robert De Niro, Ray Liotta, Joe Pesci, Lorraine Bracco
Martin Scorseses Antwort auf Coppolas *Paten.* Die ehrenwerte Gesellschaft existiert auch in den neunziger Jahren weiter. Peinlich genaue Milieustudie, die nicht nur spannend unterhält, sondern auch einen tiefen Einblick in die Strukturen eines weitverzweigten Mafia-Clans zuläßt. HFJ 1991

A Good Man in Africa G435
A GOOD MAN IN AFRICA **
USA 1994, 94 Min., F
R: Bruce Beresford D: Sean Connery, Colin Friels, Sarah Jane Fenton
Ein junger englischer Kolonialbeamter in Afrika ist von seinem Job und seinem Chef frustriert, ergibt sich lieber dem Suff und den Frauen. Erst durch einen weißen Arzt lernt er so etwas wie Verantwortung für andere kennen. Langatmige, mit Politik und Moral überfrachtete Kolonial-Story. HFJ 1995

Good Morning, Babylon G436
GOOD MORNING BABYLON ****
USA/Italien 1987, 117 Min., F
R: Paolo und Vittorio Taviani
D: Vincent Spano, Joaquim de Almeida, Desiree Becker

Zwei Brüder aus einer Steinmetzfamilie gelangen nach Amerika und werden Mitarbeiter bei D.W. Griffith' Roman »Intolerance«. Nachdem die Frau des einen gestorben ist, trennen sie sich und finden einander im Weltkrieg wieder. Episches Portrait zweier symbiotisch miteinander verbundenen Menschen und die Moral von Handwerk und Kunst.

Good Morning Vietnam G437
GOOD MORNING VIETNAM ****
USA 1987, 121 Min., F
R: Barry Levinson D: Robin Williams, Forest Whitaker, Tung Thanh Tran
US-Militär-DJ kommt 1965 nach Saigon und gewinnt die Herzen der GIs und der Vietnamesen, indem er den Zuhörern knallharten Rock, Gags, Zoten und – was seine Vorgesetzten am meisten auf die Palme bringt – politische Frechheiten serviert. Nach allerlei Ärger muß er gehen. Simple Story, gut und kritisch gemeint, aber geradezu unheimlich amerikanisch.

Good News: Von Kolporteuren, toten Hunden und anderen Wienern G438
****
Österreich 1990, 131 Min., F
R: Ulrich Seidl D: Salah Abdel Galil, Mustafa Mohammed
Der dokumentarische Spielfilm erzählt Episoden aus dem Milieu der Zeitungsverkäufer und zeigt in sehr genauen Bildern die Ausbeutung in diesem System.

Good Night Hell G439
THE TERROR WITHIN **
USA 1989, 86 Min., F
R: Thierry Notz D: George Kennedy, Andrew Stevens, Starr Andreeff
Mutant befördert in einem Labor nach dem Big Bang eine Forschergruppe ins Jenseits. Irre Hirnis und Mutanten, die aus dem Dunkel heraus zuschlagen, machen einen Film schnell fertig, aber

Der altruistische Geschäftsführer eines Kaufhauses bringt seine Familie und sich durch seine Freigebigkeit an den Rand des Ruins, finanziell wie emotionell. Nach einer Sauftour greift das Schicksal ein. Regie und Darsteller desorientiert in diesem gescheiterten Versuch einer capraesken Komödie.

The Good Wife G441
THE GOOD WIFE ***
Australien 1986, 95 Min., F
R: Ken Cameron D: Rachel Ward, Bryan Brown, Steven Vidler, Sam Neill
Junge Gattin eines Holzfällers im australischen Neusüdwales findet Befriedigung in den Armen eines Fremden. Ansehbarer Erotikfilm über eine Frau, die ihren eigenen Weg geht. HFJ 1988

Goodbye, Mr. Chips G442
GOODBYE, MR. CHIPS ***
USA 1969, 133 Min., F
R: Herbert Ross D: Peter O'Toole, Petula Clark, Michael Redgrave
Lehrer heiratet Sängerin und bekommt Schwierigkeiten im Beruf. Sentimentale Musical-Unterhaltung.

Goodbye und Amen G443
GOODBYE & AMEN ***
Italien 1978, 97 Min., F
R: Damiano Damiani D: Tony Musante, Claudia Cardinale, John Forsythe, John Steiner
In Rom plant der amerikanische Geheimdienst CIA einen Staatsstreich gegen eine afrikanische Regierung. Auch eine Geiselnahme wird geschickt für das Komplott verwendet. Thriller um die Allmacht der Agenten-Organisationen.

Die Goonies G444
THE GOONIES ***
USA 1985, 111 Min., F
R: Richard Donner D: Sean Astin, Jeff Cohen, Corey Feldman, Martha

Gor G445
GOR *
USA 1987, 91 Min., F
R: Fritz Kiersch D: Urbano Barberini, Rebecca Ferrati, Jack Palance
Ein muskulöser US-Professor vom Typ Dressman wird bei einem Unfall auf einen von Barbaren beherrschten Planeten versetzt und muß dort gegen finstere Schwertschwinger und einen Hohepriester antreten. HFJ 1989

Gordian, der Tyrann G446
***
Deutschland 1937, 95 Min., s/w
R: Fred Sauer D: Weiß Ferdl, Paul Richter, Trude Haefeling
Der bayrische Ur-Komiker als Herrscher eines Kleinstaates und als Direktor eines Wandertheaters, der seine Stelle einnimmt, um eine Liebesgeschichte zum guten Ende zu bringen.

Gorgo G447
GORGO **
GB 1959, 77 Min., F
R: Eugene Lourie D: Bill Travers, William Sylvester, Vincent Winter
Fischer fangen vor der irischen Küste einen Saurier und bringen ihn nach London, wo er sich als Baby entpuppt, dessen erboste Eltern bald auftauchen und Panik erzeugen. Im Gegensatz zu *Godzilla* hat der Film durchaus spannende Momente. LSFF

Der Gorilla von Soho G448
**
BRD 1968, 94 Min., F
R: Alfred Vohrer D: Horst Tappert, Uschi Glas, Uwe Friedrichsen
Unsägliches Remake des faden Edgar-Wallace-Films *Die toten Augen von London.*

Gorky Park G449
GORKY PARK ****
USA 1983, 128 Min., F
R: Michael Apted D: William Hurt,

Gorleben: Der Traum von einer Sache G450 ***
BRD 1982, 105 Min., F
R: Roswitha Ziegler, Niels-Christian Bolbrinker, Bernd Westphal
Dokumentation über die Besetzung des Geländes der geplanten Atommüll-Deponie und der Errichtung einer »Freien Republik«. Später kam alles anders.

Gossenkind G451 **
BRD 1991, 88 Min., F
R: Peter Kern D: Winfried Glatzeder, Max Kellermann, Daniel Aminatey
Ein Tabu-Thema: Die Liebe zwischen einem Familienvater und einem Strichjungen. Zusammen wagen sie den Ausbruch aus ihrem Dasein. Kiezatmosphäre, Selbstmordversuch. Das grobkörnige 16-mm-Material, aufgeblasen auf 35 mm, gehört irgendwie dazu, aber gelungen ist der Film trotzdem nicht. HFJ 1993

Gothic G452
GOTHIC ****
GB 1986, 87 Min., F
R: Ken Russell D: Gabriel Byrne, Julian Sands, Natasha Richardson
Vier »Künschtler«, die sich bei einem abendlichen Tischgespräch in eine Art Ekstase steigern, erleben eine Nacht voller gruseliger Erscheinungen. Toll gefilmt, tolle Schocks, wa – aber der Dichter hat uns wenig zu erzählen.

Goto – Insel der Liebe G453
GOTO ****
Frankreich 1968, 93 Min., F und s/w
R: Walerian Borowczyk D: Pierre Brasseur, Ligia Branice
Ein höchst artifizieller Film über Liebe und Diktatur. Auf einer fiktiven Insel ist die Zeit stehengeblieben; ein Diktator haust in einem alten Fabrikgelände; ein Verbrecher verliebt sich in seine schöne Gattin, tötet den Tyrannen und tritt seine Nachfolge an. Die Frau tötet sich lieber, als sich zu unterwerfen. Ein fast abstrakter Film des ehemaligen Trick- und zukünftigen Softsexfilmers, streng komponiert, mit schönen Bildern, aber ein bißchen platt in der politischen Metaphorik.

Gott mit uns G454
DIO E CON NOI! ***
Italien/Jugoslawien 1970, 110 Min., F
R: Giuliano Montaldo D: Franco Nero, Richard Johnson, Bud Spencer
In einem kanadischen Kriegsgefangenenlager werden zwei deutsche Deserteure von ihren Kameraden »verurteilt« und umgebracht.

Gott schützt die Liebenden G455 ***
BRD 1973, 106 Min., F
R: Alfred Vohrer D: Harald Leipnitz, Gila von Weitershausen, Andrea Jonasson, Nino Castelnuovo
Handwerklich halbwegs passabler Film aus der Serie der Simmel-Verfilmungen der siebziger Jahre in der typischen Mischung aus Schick, Thrill und Melodrama.

Gott und der Teufel im Lande der Sonne G456 ****
DEUS E O DIABOLO NA TERRA DO SOL
Brasilien 1964, 113 Min., s/w
R: Glauber Rocha D: Geraldo Del Rey, Yoná Magalhaes
Ein Viehhirte tötet seinen Peiniger, den Gutsherren. Er und seine Frau schließen sich einem Wanderprediger an und begegnen einem Banditen. Ein Meisterwerk des brasilianischen »Cinema Nova«.

Gott vergibt – Django nie! G457
DIO PERDONA – IO NO! ***
Italien/Spanien 1967, 100 Min., F
R: Giuseppe Colizzi D: Terence Hill, Frank Wolff, Bud Spencer
Ein Kartenhai und ein pflichtbewußter Versicherungsagent, die einen Lumpen suchen, der die Eisenbahn um 300 000 $ erleichtert hat, legen viele Ganoven um. Brutaler Western, als *Zwei vom Affen gebissen* neu geschnitten und synchronisiert in die Kinos gekommen.

Götter der Pest G458 ***
BRD 1969, 91 Min., s/w
R: Rainer Werner Fassbinder
D: Harry Baer, Hanna Schygulla, Margarethe von Trotta
Mit Bundesfilmpreisen für Kamera (Dietrich Lohmann) und das Ensemble (u. a. Günther Kaufmann, Ingrid Caven, Yaak Karsunke) ausgezeichneter dritter Film Fassbinders: Franz kommt aus dem Gefängnis, läßt sich auf einen Supermarkt-Überfall ein und wird erschossen, weil seine alte und seine neue Freundin ihn aus (enttäuschter) Liebe verraten haben.

Die Götter müssen verrückt sein G459 ***
THE GODS MUST BE CRAZY
Südafrika 1980, 103 Min, F
R: Jamie Uys D: Marius Weyers, Sandra Prinsloo, Katinka Heyns
Bissiger Schwank um einen Stamm südafrikanischer Eingeborener, bei dem plötzlich eine Colaflasche auftaucht, wegen der es in der Folge nur Streit und Neid gibt und der soziale Frieden ernsthaft gefährdet wird. Das Ding muß also weg. Aber wohin? Lustige, aber nicht ganz zuende gedachte Satire auf die Zivilisation.

Die Götter müssen verrückt sein II G460 **
THE GODS MUST BE CRAZY II
Südafrika 1988, 97 Min., F
R: Jamie Uys D: N'Xau, Lena Farugia, Hans Strydom, Eiros
In der Wüste herrscht wieder das Chaos. Auf seinen Welterfolg läßt Regisseur Jamie Uys eine ebenso umwerfend komische, triviale Fortsetzung folgen. Sein Held ist einmal mehr der Buschmann Xixo, der staunender Zeuge einer Fülle aufregender Abenteuer und Ereignisse wird. HFJ 1990

Gottes kleiner Acker G461
GOD'S LITTLE ACRE ***
USA 1958, 110 Min., s/w
R: Anthony Mann D: Robert Ryan, Tina Louise, Aldo Ray
Nach dem Stück »Tobacco Road« von Erskine Caldwell, das John Ford schon 1941 verfilmt hatte: Bittere Familiensaga über Farmer in Georgia.

Gottes vergessene Kinder G462
CHILDREN OF A LESSER GOD ****
USA 1986, 117 Min., F
R: Randa Haines D: William Hurt, Marlee Matlin, Piper Laurie

Die langwierige pädagogische und emotionale Annäherung eines Lehrers an einer Taubstummenschule und einer Schülerin; Love Story, Emanzipationsgeschichte und Autobiographie der Hauptdarstellerin von beachtlicher Gestaltung.

Die Göttliche G463
GARBO TALKS ***
USA 1984, 104 Min., F
R: Sidney Lumet D: Anne Bancroft, Ron Silver, Carrie Fisher, Catherine Hicks, Steven Hill
Ein junger Mann erfüllt unter Aufbietung aller Möglichkeiten seiner todkranken Mutter den letzten Wunsch, Greta Garbo persönlich zu sehen. Mit Hilfe der großartigen Hauptdarstellerin gelingt es Lumet, Komik und Sentimentalität auszubalancieren.

Die göttliche Jette G464
**
Deutschland 1937, 90 Min., s/w
R: Erich Waschneck D: Grethe Weiser, Victor De Kowa
Der Aufstieg der Jette Schönborn von den Berliner Hinterhöfen zum Weltstar. Mit dieser Komödie begann Grethe Weisers Ruhm als deutsche Screwball-Darstellerin.

Die göttliche Komödie G465
LA DIVINA COMEDIA ***
Portugal 1991, 140 Min., F
R: Manoel de Oliveira D: Maria de Medeiros, Miguel Guilherme
Die Geschichte spielt in einem Irrenhaus der Gegenwart, dessen Patienten glauben, biblische oder literarische Gestalten zu sein. Eine wirkliche Handlung gibt es nicht, alles spielt sich wie ein Gleichnis ab und läuft schließlich auf die Grundfrage der Existenz oder zumindest Nicht-Existenz der Auferstehung hinaus.

Das göttliche Weib G466

die von unzähligen Liebhabern hofiert wird. Typischer Hollywood-Film, dem melodramatische Effekte wichtiger sind als die Fakten.

Götz von Berlichingen mit der eisernen Hand G467
**
BRD 1978, 103 Min., F
R: Wolfgang Liebeneiner
D: Raimund Harmstorff, Klausjürgen Wussow, Michèle Mercier
Nach Goethes Drama entstand ein eher uninspirierter Theaterfilm, der zwischendurch wie ein verfilmter Rittercomic daherkommen will.

Goya G468
***
DDR/UdSSR 1971, 161 Min., F
R: Konrad Wolf D: Donatas Banionis, Oliviera Katarina, Fred Düren
Film über den Werdegang des spanischen Hofmalers Francisco José de Goya, der sich vom Schützling der Königin zum politisch denkenden Gesellschaftskritiker entwickelt und schließlich das Land verläßt. Deutsch-sowjetische Superproduktion, die trotz künstlerisch gelungener Passagen wegen historischer und psychologischer Ungereimtheiten nicht ganz überzeugt.

Das Grab der blutigen Mumie G469
BLOOD FROM THE MUMMY'S TOMB **
GB 1971, 94 Min., F
R: Seth Holt, Michael Carreras
D: Andrew Keir, Valerie Leon, Hugh Burden, George Coulouris
Ägypterkönigin versetzt ihre Seele in die neugeborene Tochter eines Archäologen, der ihr Grab geschändet hat. Standard-Horrorfilm.

Das Grab der lebenden Puppen G470
DARK PLACES **
GB 1973, 91 Min., F

Das Grab der Lygeia G471
THE TOMB OF LIGEIA ***
USA 1964, 79 Min., F
R: Roger Corman D: Vincent Price, Elizabeth Shepherd, John Westbrook
Der Landedelmann Fell ist von dem Gedanken besessen, daß Lygeia, seine erste Frau, nicht wirklich tot ist, und bald zweifelt auch Rowena, ihre Nachfolgerin. Unheimlicher Horrorfilm nach Edgar Allan Poe.

Das Grab des Dr. Caligari G472
MISTERIOS DE LA MAGIA NEGRA *
Mexiko 1958, 80 Min., s/w
R: Miguel M. Delgado D: Aldo Monti, Carlos Riguelme, Lourdes Pargas
Ein 1494 wegen Hexerei hingerichteter Zauberer und seine Helferin treiben 1958 in Mexiko erneut ihr Unwesen, bis ein aufrechter Polizist sie in die Schranken verweist. Abstruser Horrorbrei, der sich zu Unrecht mit dem Namen Caligari schmückt.

Graf Bobby und seine Nichten G473
I TYRENS TEGN **
Dänemark 1982, 78 Min., F
R: Torben Bille D: Preben Mahrt, Karl Stegger, Lone Helmer, Ole Söltoft
Ein Landgraf hinterläßt derjenigen Frau sein Vermögen, die als erste ein uneheliches Kind in die Welt setzt – wie schon beim *Haus in Montevideo*. Humorig aufgezogener Sexfilm.

Der Graf mit der eisernen Faust G474
LES MYSTERES DE PARIS ***
Frankreich/Italien 1962, 105 Min., F
R: André Hunebelle D: Jean Marais, Dany Robin, Raymond Pellegrin
Marquis steigt auf der Suche nach verschwundenem Mädchen in die Pariser Unterwelt hinab, lernt Diebe und Huren kennen und befreit die Gesuchte aus den Klauen übler Halunken. Nach dem Roman »Die Geheimnisse von

Sexprotz tritt in die Dienste eines potenten Grafen, der aus Geldmangel die Tochter eines Gutsbesitzers heiraten will. Unfreiwillig komischer Sexstreifen mit Deutschlands schönstem Ledertaschenhändler und Münchens charmantesten Gastronom.

Graf Porno und die liebesdurstigen Töchter G476 *
BRD 1969, 80 Min., F
R: Günther Hendel D: Günther Hendel, Ingeborg Piontek, Doris Arden
Von Gläubigern gejagter Graf läßt sich auf einem Lustschloß verwöhnen und trachtet nach dem Erbe einer reichen Dame. Entsetzlich blöder Sexklamauk.

Graf Porno und seine Mädchen G477 *
BRD 1969, 86 Min., F
R: Günther Hendel D: Rinaldo Talamonti, Doris Arden, Flavia Keith
Ein verblödeter Detektiv gerät bei der Suche nach der Nichte eines Grafen in ein Internat, dessen Schülerinnen pausenlos duschen und ihre Dessous vorzeigen. Ein Alois-Brummer-Film!

Der Graf und die drei Musketiere G478 ***
LE VICOMTE DE BRAGELONNE
Frankreich/Italien 1954, 90 Min., F
R: Fernando Cerchio D: Georges Marchal, Dawn Addams, Jacques Dumesnil, Louis Arbessier
Graf Bragelonne wird am Hofe Ludwigs XIV. in politische Ränke verwickelt und erweist sich als Erbe der in die Jahre gekommenen Musketiere. Flotter Mantel- und Degenfilm.

Der Graf von Monte Christo G479 ***
LE COMTE DE MONTE CHRISTO
Frankreich 1953, 111 Min., F
R: Robert Verney D: Jean Marais, Lia Amanda, Roger Pigaut, Noël Roquevert, Jacques Castelot
1814 wird der junge Edmond Dantés als vermeintlicher Bonapartist lebenslang eingekerkert. Nach 18 Jahren kann er fliehen, entdeckt einen gewaltigen Schatz und kehrt nach Paris zurück. Im zweiten Teil rächt er sich in der Maske des Grafen von Monte Christo an seinen Widersachern. Abenteuerfilm nach Alexandre Dumas, der als einteilige Fassung in die Kinos kam.

Der Graf von Monte Christo G480 ***
LE COMTE DE MONTE CHRISTO
Frankreich/Italien 1961, 175 Min., F
R: Claude Autant-Lara D: Louis Jourdan, Yvonne Furneaux, Pierre Mondy
Remake des klassischen, über ein dutzendmal verfilmten Abenteuerromans von Alexandre Dumas. Auch diese Version weiß spannend zu unterhalten.

Der Graf von Monte Christo G481 ***
THE COUNT OF MONTE CHRISTO
GB 1974, 100 Min., F
R: David Greene D: Richard Chamberlain, Trevor Howard, Tony Curtis
Edmond Dantés wird aufgrund von Intrigen 14 Jahre in einem Kerker festgehalten, bricht aus, findet einen Schatz und rächt sich an den Schuldigen. Solide Neuverfilmung.

Graf Zaroff – Genie des Bösen G482 ****
THE MOST DANGEROUS GAME
USA 1932, 63 Min., s/w
R: Ernest B. Schoedsack, Irving Pichel
D: Joel McCrea, Fay Wray, Leslie Banks
Auf einer einsamen Südseeinsel frönt ein sadistischer Graf seiner Leidenschaft – der Jagd auf Menschen. Das müssen auch ein gestrandeter amerikanischer Großwildjäger und seine Begleiterin Eve am eigenen Leib erfahren. Schöner schwarzer Film – das Paradies ist ein Garten des Bösen.

Gräfin Mariza G483 ***
BRD 1958, 103 Min., F
R: Rudolf Schündler D: Christine Görner, Rudolf Schock, Renate Ewert
Verfilmung der gleichnamigen Operette von Emerich Kálmán um eine reiche Frau, die, um den Nachstellungen ihrer Verehrer zu entkommen, einen Bräutigam erfindet, aber dann Gefallen an ihrem Gutsverwalter findet.

Die Gräfin und ihr Oberst G484 ***
THE ADVENTURES OF GERARD
GB/Italien/Schweiz 1970, 87 Min., F
R: Jerzy Skolimowski D: Claudia Cardinale, Peter McEnery, Eli Wallach

Richard Chamberlain

Abenteuerkomödie um die Eskapaden eines Husaren zur Zeit der französischen Belagerung Spaniens. Leider verschenkt die Inszenierung ihre Einfälle und kommt über ein nettes Amüsement nicht hinaus.

Die Gräfin von Hongkong G485 ***
A COUNTESS FROM HONG KONG
USA 1965, 108 Min., F
R: Charles Chaplin
D: Sophia Loren, Marlon Brando, Sydney Chaplin
US-Diplomat verliebt sich in clevere Exil-Russin, die sich in seine Schiffskabine eingeschlichen hat. Ein müdes, zähflüssiges Romänzchen, das Meister Chaplin unverständlicherweise für eine tolle Komödie hielt.

Die Gräfin von Monte Christo G486 ***
THE WIFE OF MONTE CHRISTO
USA 1946, 90 Min., s/w
R: Edgar G. Ulmer D: John Lader, Leonore Aubert, Fritz Kortner
Als der Graf von Monte Christo im Kampf gegen staatliche Korruption untertauchen muß, springt seine Frau für ihn in die Bresche. Rasanter Mantel- und Degenfilm.

Grand Canyon G487 ****
GRAND CANYON
USA 1991, 134 Min., F
R: Lawrence Kasdan D: Danny Glover, Kevin Kline, Mary McDonnell
Grandioser Ensemble-Film über die kleinen und großen Fragen des täglichen Lebens. Im Zentrum stehen ein weißer Anwalt und ein schwarzer Automechaniker, die nach einer schicksalhaften Begegnung Freundschaft schließen. Drum herum geht es um

Liebe und Ehe, Kinder und Eltern, Harmonie und Gewalt: Ein prachtvolles, trotz aller Desillusionierung hoffnungsvolles, glänzend inszeniertes Gesellschaftspanorama. HFJ 1993

Grand Prix G488
GRAND PRIX ***
USA 1966, 175 Min., F
R: John Frankenheimer D: James Garner, Eva Marie Saint, Yves Montand
Mit zwei Oscars für Schnitt und Toneffekte ausgezeichnetes Epos mit spektakulären Rennaufnahmen über berufliches und privates Glück und Leid von vier Fahrern.

Grandison G489
***
BRD 1979, 146 Min., F
R: Achim Kurz D: Marlene Jobert, Jean Rochefort, Helmut Qualtinger
Authentische Geschichte des Diebes und Hochstaplers Grandison und seiner schönen Frau Rose, die im 19. Jahrhundert in Heidelberg lebten.

Das Grauen G490
THE CHANGELING ***
Kanada 1979, 107 Min., F
R: Peter Medak D: George C. Scott, Trish Van Devere, Melvyn Douglas
Ein verwitweter Musikprofessor zieht in ein Spukhaus, das vom Geist eines ermordeten, um sein Erbe betrogenen Jungen bewohnt wird.

Das Grauen auf Black Torment G491
**
THE BLACK TORMENT
GB 1964, 85 Min., F
R: Robert Hartford-Davis D: John Turner, Heather Sears, Ann Lynn
Gewissenlose Gauner benutzen den debilen Zwillingsbruder eines noblen Gentleman, um diesen als bösartiges Scheusal dastehen zu lassen. Plumper Horrorkrimi.

Die Strahlung eines Meteoriten macht aus den Bewohnern eines Schlosses leprös aussehende Amokläufer. Kleiner feiner Schocker nach einer Erzählung von H. P. Lovecraft. LSFF

Das Grauen aus der Tiefe G493
MONSTER/HUMANOIDS FROM THE DEEP **
USA 1979, 81 Min., F
R: Barbara Peters D: Doug McClure, Ann Turkel, Vic Morrow
Ekelfilm mit gesellschaftskritischem Mäntelchen: Meerestiere, die sich von hormonbehandelten Lachsen ernähren, werden zu Fischmenschen-Monstern und steigen an Land, um zu morden und zu vergewaltigen. LSFF

Das Grauen kommt um Mitternacht G494
**
NIGHT OF THE BLOOD BEAST
USA 1958, 73 Min., s/w
R: Bernard L. Kowalski D: Michael Emmett, Angela Greene, John Baer
Aus dem All zurückgekehrter Astronaut ist von einem in seinen Blutkreislauf gelangten Alien besessen und soll dessen Brut austragen, was ihm nicht sehr gefällt. Billigschocker aus der Produktion von Roger Cormans Bruder Gene. LSFF

Das Grauen schleicht durch Tokio G495
**
BUDYO TO EKITAININGEN
Japan 1958, 78 Min., F
R: Inoshiro Honda D: Yumi Shirakawa, Kenji Sahara, Akihiko Hirata
Strahlenverseuchter Japaner kann sich in eine Gaswolke verwandeln, lebt in Abwasserkanälen, bringt Menschen um und wird von Flammenwerfertruppen gejagt. Ein vorrangig in Nachtclubs spielender Grusler. LSFF

Der grauenvolle Mr. X G496
TALES OF TERROR ****
USA 1962, 88 Min., F
R: Roger Corman D: Vincent Price,

Great Balls of Fire – Jerry Lee Lewis G497
***
GREAT BALLS OF FIRE
USA 1988, 108 Min., F
R: Jim McBride D: Dennis Quaid, Winona Ryder, Alec Baldwin
Eine Mischung aus Musical und Biographie, in der drei Jahre aus dem Leben des legendären Rock'n'Rollers Jerry Lee Lewis und viele seiner Hits präsentiert werden. Jim McBride fängt zwar das Flair der 50er Jahre ein, versäumt es jedoch, Lewis skandalträchtiges Leben zu beleuchten.
HFJ 1990

The Great Moment G498
THE GREAT MOMENT ***
USA 1944, 83 Min., s/w
R: Preston Sturges D: Joel McCrea, William Demarest, Betty Field
Aufstieg und Fall von W.T.G. Morgan, dem Erfinder der Narkose. Unnötig verschachtelte Biographie, die sich zwischen Drama und Farce nicht entscheiden kann. Preston Sturges drehte den Film bereits im Jahr 1942 und mußte dann mitansehen, wie sein Werk von Paramount erst auf Eis gelegt und dann auch noch verstümmelt wurde.

The Great Rock 'n' Roll Swindle G499
***
THE GREAT ROCK 'N' ROLL SWINDLE
GB 1979, 105 Min., F
R: Julian Temple D: The Sex Pistols und Malcolm McLaren
Mischung aus Konzertmitschnitten, Interviews und einer gespielten fiktiven Erfolgsgeschichte der Punk-Gruppe »Sex Pistols«, deren Laufbahn von Anfang an als Schwindel geplant war, um das ganz große Geschäft zu machen.

El Greco G500
EL GRECO **
Italien/Frankreich 1966, 90 Min., F

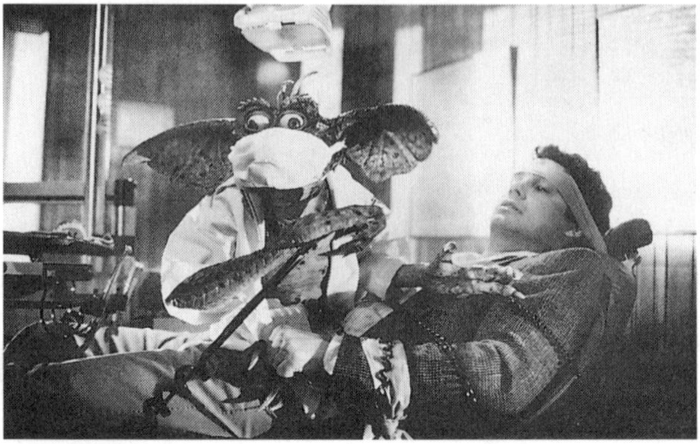

Die endgültige Gesundheitsreform ist zu sehen in ›Gremlins II – Die Rückkehr der kleinen Monster‹.

Green Card – Schein-Ehe mit Hindernissen G501 ****
GREEN CARD
USA 1990, 108 Min., F
R: Peter Weir D: Gérard Depardieu, Andie MacDowell, Bebe Neuwirth
Depardieu und Andie MacDowell als Paar, das sich in New York mit seiner Eheschließung auf Zeit gewaltig verrechnet. Er braucht die Arbeitserlaubnis, sie will die Wohnung mit Botanikum, deshalb spielen sie Mann und Frau. Daß am Ende alles anders kommt, ist klar. Spritzige Komödie. HFJ 1992

Greenhorn G502
THE CULPEPPER CATTLE CO. ****
USA 1972, 92 Min., F
R: Dick Richards D: Gary Grimes, Billy Green Bush, Bo Hopkins
Junger Bursche, als Mädchen für alles beim Viehtrieb angestellt, erlebt haarsträubende Abenteuer mit Gunmen, Viehdieben und einem geldgierigen Viehbaron. Ein Film über das Reifen eines jungen Menschen. Beispielhafter Western.

Gregorio G503
GREGORIO ****
Peru 1984, 88 Min., F
R: Fernando Espinoza D: Marino Leon de la Torre, Vetzy Perez-Palma
Mit dokumentarischem Gestus entworfenes Film-Porträt eines indianischen Straßenjungen in der peruanischen Hauptstadt Lima.

Gregorys Girl G504
GREGORY'S GIRL ****
GB 1980, 90 Min., F
R: Bill Forsyth D: Gordon John Sinclair, Dee Hepburn, Chic Murray
Teenager-Liebeskomödie voller skurriler Einfälle und liebevoll porträtierter Charaktere.

Die grellen Lichter der Großstadt G505 ***
BRIGHT LIGHTS, BIG CITY
USA 1987, 107 Min., F
R: James Bridges D: Michael J. Fox, Kiefer Sutherland, Phoebe Cates
Ein Yuppie, von seiner Frau verlassen, stürzt sich ins Nachtleben, bekommt Schwierigkeiten mit Job und Umwelt, bis er eines Morgens durch den Geruch frischen Brotes und Erinnerungen an seine Jugend die Kraft bekommt, noch einmal von vorn anzufangen. Leider ist Michael J. Fox nicht gerade die Idealbesetzung für diese Rolle. HFJ 1989

Gremlins – Kleine Monster G506
GREMLINS ***
USA 1984, 108 Min., F
R: Joe Dante D: Zach Galligan, Phoebe Cates, Hoyt Axton, Dick Miller
Pelztierchen, in Chinatown erstanden, entpuppen sich nach Berührung mit Wasser als terroristische Reptilien, die eine Kleinstadt aufmischen. Was das alles soll, sagt uns Mr. Dante nicht. LFF

Gremlins II: Die Rückkehr der kleinen Monster G507 **
GREMLINS II: THE NEW BATCH
USA 1990, 105 Min., F
R: Joe Dante D: Zach Galligan, Phoebe Cates, John Glover
Kleine Pelzmonster mit langen Zähnen treiben ihr Unwesen in einem New Yorker Hochhaus, frei nach dem Motto »Kreischende Frauen und sabbernde Ungeheuer machen einen Film schnell fertig.« Ungenießbar. HFJ 1991

Gremlords G508
HYPERSPACE **
GB 1986, 90 Min., F
R: Todd Durham D: Alan Marx, Paula Poundstone, Chris Elliot
Außerirdische halten die Kassiererin einer Tankstelle für eine entfleuchte Prinzessin, müssen sich aber von ihr und ihrem Boyfriend eines Besseren belehren lassen. Langweilig. HFJ 1989

Grenzbanditen G509
WHISTLIN' DAN **
USA 1932, 65 Min., s/w
R: Phil Rosen D: Ken Maynard, Joyzelle Joyner, Georges Renevant
Um den Mord an seinem Bruder zu rächen, unterwandert ein aufrechter Bursch eine Bande, wie in tausend anderen Western auch. Ken Maynard war ein großer Westernstar der dreißiger Jahre.

Grenzenlos G510 ***
BRD 1982, 107 Min., F
R: Josef Rödl D: Therese Affolter, Sigi Zimmerschied, Antonia Rödl
Identitätskrise einer jungen Bäuerin, die – traumatisiert durch eine Vergewaltigung – vom Land in die Stadt flieht, aber wieder zurückkehrt. Stilisierter Heimatfilm, durchsetzt mit Traumsequenzen.

Grenzpatrouille G511
THE BORDER ****
USA 1981, 108 Min., F
R: Tony Richardson D: Jack Nicholson, Harvey Keitel, Valerie Perrine
Illegale mexikanische Einwanderer und korrupte Kollegen machen einem

US-Grenzpolizisten das Leben schwer. Um so mehr, als er schon bald für die Schwächeren in diesem Spiel Partei ergreift. Sozialkritischer Actionfilm mit »bestechenden« Hauptdarstellern.

Grenzstation 58 G512
**
BRD 1950, 93 Min., s/w
R: Harry Hasso D: Hansi Knoteck, Mady Rahl, Elise Aulinger
Schmugglergeschichte aus den Bergen.

Grenzstraße G513
ULICA GRANICZNA ***
Polen 1948, 110 Min., s/w
R: Aleksander Ford D: Maria Broniewska, Mieczyslawa Cwiklinska
Die Geschichte von der Entstehung des Warschauer Gettos und des jüdischen Widerstandes gegen die Nazis.

Greta – Haus ohne Männer G514
GRETA, LA TORTIONNAIRE *
Frankreich/Schweiz 1976, 87 Min., F
R: Jess Franco D: Dyanne Thorne, Tanya Busselier, Lina Romay
Eine perverse Sadistin hält in einer »Klinik« junge Frauen gefangen, die gefoltert werden, um sie zu Aussagen über eine Guerillaorganisation zu erpressen. Ein perfides Werkchen.

Grete Minde G515
***
BRD 1977, 102 Min., F
R: Heidi Genée D: Katerina Jacob, Siemen Rühaak, Hannelore Elsner
Fontane-Adaption, die erste Regiearbeit der Cutterin vieler Filme von Bohm, Brandner, Lilienthal, Kluge, Miehe: Lebenslustiges Mädchen versucht aus dem Mief einer Kleinstadt im 17. Jahrhundert auszubrechen, scheitert, zündet die Stadt an und kommt in den Flammen um.

Gridlock'd – Voll drauf! G516
GRIDLOCK'D ****

des bürokratischen Aufwandes beginnt eine kafkaeske Odyssee. Aufrichtiges Dope-Movie. HFJ 1998

Grieche sucht Griechin G517
***
BRD 1966, 91 Min., F
R: Rolf Thiele D: Heinz Rühmann, Irina Demick, Charles Regnier
Biederer Bürger erfährt bei der Trauung mit einer Griechin von ihrem notorischen Vorleben. Nach Friedrich Dürrenmatt.

Der Griff aus dem Dunkel G518
NIGHT MUST FALL ***
GB 1963, 90 Min., s/w
R: Karel Reisz D: Albert Finney, Susan Hampshire, Mona Washbourne
Psychokrimi um einen jungen Mann, von dessen Hilfsbereitschaft drei Frauen fasziniert sind, der jedoch aus krankhafter Geltungssucht zum Mörder wird. Trotz gelungener Charakter- und Milieubeschreibungen ein wegen psychologischer Unstimmigkeiten wenig überzeugender Film.

Grifters G519
THE GRIFTERS ****
USA 1990, 110 Min., F
R: Stephen Frears D: John Cusack, Anjelica Huston, Annette Bening
Ein junger Abzocker bemerkt zu spät, daß er und ein Koffer voller Bargeld Gegenstand einer knallharten Auseinandersetzung zwischen seiner Geliebten und seiner Mutter geworden sind. Kühle Thompson-Adaptation als zeitlose Film-noir-Hommage. HFJ 1992

Die Grissom Bande G520
THE GRISSOM GANG ***
USA 1971, 110 Min., F
R: Robert Aldrich D: Kim Darby, Scott Wilson, Tony Musante
Ziemlich gewalttätiger B-Thriller um eine Hinterwäldler-Bande in den zwanziger Jahren, die eine Milionärin

Entwichene radioaktive Wolke macht aus Bürgern blutsaugende Zombies, die mordend durchs Land ziehen und nur mit Kopfschüssen gestoppt werden können. Schlampig inszeniert und von Pappnasen gespielt. LSFF

Der große Alexander G522
O MEGALEXANDROS ****
Griechenland 1980, 220 Min., F
R: Theo Angelopoulos D: Omero Antonutti, Eva Kotamanidou, Grigoris Evanguelatos
Anfang des 20. Jahrhunders glauben die Griechen, der Räuber und Volksheld Alexandros sei die Reinkarnation des legendären Königs Alexander der Große. Verständlich, daß Alexandros daraufhin Herrscherallüren entwickelt. Angelopoulos inszenierte den Film in aufwendig gestalteten Bildern und mit einem sehr, sehr langsamen, epischen Schnittrhythmus.

Der große Aufstand G523
THE GREAT SIOUX UPRISING **
USA 1953, 80 Min., F
R: Lloyd Bacon D: Jeff Chandler, Faith Domergue, Lyle Bettger
Ein mit der US-Kavallerie Geschäfte machender Pferdehändler bestiehlt einen Siouxstamm und provoziert ihn damit zu einem Aufstand, bis ein Arzt den Fall klären kann. Einer der Dutzendwestern.

Der Große aus dem Dunkel G524
WALKING TALL ***
USA 1975, 101 Min., F
R: Phil Karlson D: Joe Don Baker, Elisabeth Hartmann, Noah Beery
Auf einem wahren Fall beruhende Geschichte um einen Sheriff, der in seiner korrupten Stadt aufräumt und dabei seine Familie verliert. In Anlehnung an den Klassiker *12 Uhr mittags* inszenierter harter, geradliniger Polizeifilm um einen einsamen Helden im Kampf gegen seine gewalttätige

Traumpaar Hollywoods: James Stewart und Marlene Dietrich in ›Der große Bluff‹.

Um seinem materiellen Elend zu entfliehen, versucht ein Fischer an der Adriaküste mit selbstgebastelten Dynamitstangen zu reicher Ausbeute zu kommen und verliert dabei seine soziale Identität. Neorealistischer Nachklang.

Der große Blonde mit dem schwarzen Schuh G526
LE GRAND BLOND AVEC UNE CHAUSSURE NOIRE ***
Frankreich 1972, 91 Min., F
R: Yves Robert D: Pierre Richard, Mireille Darc, Bernard Blier
Agentenklamotte um einen hinterlistigen Geheimdienstoberst, der seinen ebenso dämlichen wie ehrgeizigen Stellvertreter ständig auf falsche Fährten lockt. Der ahnungslose Geiger, den er sich als Lockvogel ausgesucht hat, fragt sich natürlich, ob er irgendwie im falschen Film ist. Rundum gelungene Parodie auf Agentenfilme, die ihren Charme nicht zuletzt dem Ohrfeigengesicht Pierre Richards zu verdanken hat.

Der große Bluff G527
DESTRY RIDES AGAIN ****
USA 1939, 96 Min., s/w
R: George Marshall D: James Stewart, Marlene Dietrich, Brian Donlevy, Mischa Auer
Ein milchtrinkender, unbewaffneter Sheriff, der die Zuneigung einer abgehärteten Bardame gewinnt, räumt in der von allerlei wüsten Typen bevölkerten Stadt Bottleneck auf. Western mit humoristischen Einlagen.

Der große Bruder G528
LE GRAND FRERE ***
Frankreich, 1982, 117 Min., F
R: Francis Girod D: Gérard Depardieu, Hakim Ghanem, Souad Amidou, Roger Planchon
Ein Legionär, der einen Mordanschlag seiner Kameraden überlebt hat, will sich an diesen rächen und findet in Marseille Unterschlupf bei einem algerischen Jungen. Er scheitert jedoch an der Unfähigkeit, seine eigene Vergangenheit aufzuarbeiten. Dramaturgisch schwacher Kriminalfilm, der jedoch in der authentischen Schilderung der Situation der algerischen Einwanderer überzeugt.

Der große Coup G529
CHARLEY VARRICK ****
USA 1973, 106 Min., F
R: Don Siegel D: Walter Matthau, John Vernon, Joe Don Baker
Charley ist Spezialist für kleine Banken in der amerikanischen Provinz, doch bei einem seiner Überfälle gerät er an heißes Geld der Mafia, und klug wie er ist, schnallt er sofort, was dies bedeutet. Bald hängt nicht nur die Polizei an seinen Fersen, sondern auch ein Killer. Charley muß um sein Leben kämpfen.

Der große Diktator G530
THE GREAT DICTATOR *****
USA 1940, 128 Min., s/w
R: Charles Chaplin D: Charles Chaplin, Paulette Goddard, Jack Oakie
Friseur, seit dem Ersten Weltkrieg an Trauma leidend, zeigt Diktator Hynkel, was eine Harke ist. Chaplins ätzende Satire auf die Nazibarbarei und den Typen, der sein Bärtchen kopiert hat, ist so aktuell wie eh und je.

Das große Ding bei Brinks G531
THE BRINK'S JOB ***
USA 1978, 103 Min., F
R: William Friedkin D: Peter Falk, Peter Boyle, Warren Oates
Falk plant im Boston der fünfziger Jahre einen »unmöglichen« Einbruch und führt ihn mit einer illustren Gesellschaft von Komplizen auch aus. Mit von der kurzweiligen Partie: Allen Goorwitz und Gena Rowlands.

Der große Edison G532
EDISON THE MAN **
USA 1940, 103 Min., s/w
R: Clarence Brown D: Spencer Tracy, Rita Johnson, Charles Coburn
Lebensbild des amerikanischen Erfinders Thomas Alva Edison, das durch Spencer Tracys Darstellung überdurchschnittliches Format gewinnt.

Das große Fest G533
***
BRD 1992, 90 Min., F
R: Frank Beyer D: Hans-Christian Blech, Rolf Hoppe, Iris Berben
Zwei ältere Brüder, einer aus dem Osten, der andere aus dem Westen, streiten um ein gemeinsam geerbtes Hotel. In den Hauptrollen vorzüglich besetzt, aber etwas bieder.

Große Freiheit Nr. 7 G534
***
Deutschland 1943/44, 95 Min., F
R: Helmut Käutner D: Hans Albers, Ilse Werner, Hans Söhnker
Hannes lebt als Sänger im Hippodrom auf St. Pauli. Nach dem Tod seines Bruders nimmt er dessen Verlobte bei sich auf und träumt von einem bürgerlichen Glück. Als daraus nichts wird, nimmt er Abschied und geht

wieder auf See. Ein Stück »poetischer Realismus«, entstanden inmitten der letzten Kriegsjahre in Deutschland.

Das große Fressen G535

LA GRANDE BOUFFE ****

Frankreich 1973, 129 Min., F

R: Marco Ferreri D: Marcello Mastroianni, Ugo Tognazzi, Michel Piccoli, Philippe Noiret, Andrea Ferreol

Vier Männer fressen sich bei einem gemeinsam veranstalteten Gelage buchstäblich zu Tode. Eine sinnliche Apokalypse des Konsumwahns.

Der große Frust G536

THE BIG CHILL ****

USA 1983, 102 Min., F

R: Lawrence Kasdan D: Tom Berenger, Glenn Close, Jeff Goldblum, William Hurt, Meg Tilly

Der Selbstmord eines Freundes bringt eine ehemalige Studentenclique noch einmal zusammen. Man offenbart sich über Lebenskrisen und verlorene Ideale. Der Film findet eine traumhafte Balance zwischen Heiterkeit und Hoffnungslosigkeit.

Der große Gatsby G537

THE GREAT GATSBY ***

USA 1974, 142 Min., F

R: Jack Clayton D: Robert Redford, Mia Farrow, Bruce Dern, Karen Black

Aufstieg und Fall eines Mannes, der sein Glück durch den Alkoholschmuggel und sein Unglück in der Korruption besiegelt hat. Überlange Adaption des Romans von F. Scott Fitzgerald; das Drehbuch schrieb Francis Ford Coppola.

Das große Geschäft G538

BIG BUSINESS ***

USA 1929, 20 Min., s/w

R: James Wesley Horne D: Stan Laurel, Oliver Hardy, James Finlayson

Ausgezeichnet geschriebene, gespielte und geschnittene Komödie, die als

Chaplin als Gröfaz (größter Führer aller Zeiten) in ›Der große Diktator‹.

Der große Grieche G539

THE GREEK TYCOON **

USA 1977, 107 Min., F

R: J. Lee Thompson D: Anthony Quinn, Jacqueline Bisset, Raf Vallone

Der nur wenig verhohlene Versuch, das Klatschspalten-Ereignis ersten Ranges, die Liaison Onassis-Kennedy, in allen Details nachzustellen. Eintönig luxuriöser Bilderbogen, der, ab und zu menschlich »schicksalhaft« verbrämt, die Schlüsselloch-Perspektive zur Welt der Mächtigen triumphieren läßt.

Das große, grüne Tal G540

DIDI MTSWANE WELI ***

UdSSR 1967, 112 Min., F

R: Merab Kokotschawili D: David Abaschidse, Lia Kapanadse, S. Tseradse

Der Einbruch der Technik in eine urtümliche Landschaft ist ein in der Geschichte des sowjetischen Films nicht selten behandeltes Thema. Neu an diesem Film ist die Unversöhnlichkeit, mit der hier der Konflikt am Beispiel eines Menschen der mittleren Generation dargestellt wird.

die Liebesverhältnisse drunter und drüber. Eine der intelligenteren italienischen Ehekomödien.

Die große Illusion G542

LA GRANDE ILLUSION *****

Frankreich 1937, 109 Min., s/w

R: Jean Renoir D: Erich von Stroheim, Jean Gabin, Pierre Fresnay

In einem deutschen Kriegsgefangenenlager werden drei französische Gefangene, die einen Fluchtversuch unternommen haben, eingeliefert. Zwischen dem Kommandanten von Rauffenstein und dem französischen Aristokraten de Boeldieu kommt es zu einer widersprüchlichen Beziehung, bis dieser einen neuen Fluchtversuch unternimmt. Ein filmisches Meisterwerk über Klassen, Menschen und Nationen, und einer, den man immer wieder sehen kann und muß.

Der große Irrtum G543

IL CONFORMISTA ****

Italien/Frankreich 1970, 93 Min., F

R: Bernardo Bertolucci D: Jean-Louis Trintignant, Stefania Sandrelli, Dominique Sanda, Gastone Moschin

Der große König G544
**

Deutschland 1942, 117 Min., s/w
R: Veit Harlan D: Otto Gebühr, Kristina Söderbaum, Gustav Fröhlich
Heroisch-pathetisches Historiengemälde um Friedrich den Großen, so wie er den nachgeborenen Nationalisten gefallen hat, nebst einer Liebesgeschichte zwischen einer Müllerstochter und einem Soldaten, der auf eigene Faust handelt und damit eine Schlacht entscheidet.

Das große Krabbeln G545
A BUG'S LIFE ****
USA 1998, 96 Min., F
R: John Lasseter
Knallbunt-glatter, ausschließlich am Computer generierter Animationsfilm um die Ameise Flick, die ihr Volk aus der Sklaverei durch böse Grashüpfer befreit. Das Disney-Pendant zu »Antz« ist kindgerechter und ohne dessen süffisanten Witz, echt nett eben.
HFJ 2000

Der große Leichtsinn G546
THE BIG EASY ****
USA 1986, 103 Min., F
R: Jim McBride D: Dennis Quaid, Ellen Barkin, Ned Beatty
Ein leichtlebiger und kleinkorrupter Polizeiinspektor verliebt sich in die auf ihn angesetzte Staatsanwältin. Er weckt ihre schlafende Erotik und deckt zusammen mit ihr einen großangelegten Fall von Mord, Drogenhandel und Polizeikorruption auf. Gelungene Mischung aus Thriller und Liebeskomödie im easy-living-flair von New Orleans. HFJ 1989

Große Liebe G547
***

BRD 1962, 80 Min., s/w
R: Johannes Schaaf D: Immy Schell, Tilly Breidenbach, Heinz Meier
Junge Lehrerin liebt einen verheirateten Mann, der sich nicht für eine Trennung entscheiden kann. Film nach einem Text von Gabriele Wohmann.

Die große Liebe meines Lebens G548
AN AFFAIR TO REMEMBER ***
USA 1957, 115 Min., F
R: Leo McCarey D: Deborah Kerr, Cary Grant, Cathleen Nesbitt
Zwei Reisende lernen sich an Bord eines Luxusliners auf dem Weg nach New York kennen und lieben. Um festzustellen, ob es sich um ein dauerhaftes Gefühl handelt, vereinbaren die beiden ein Treffen in sechs Monaten auf dem Empire State Building. Auf dem Weg zum Rendezvous hat die Frau einen Unfall. Ein Klassiker, der immer noch zu Tränen rührt. Remake von *Love Affair* (1939).

›Die große Illusion‹ – Der populärste und berühmteste Film Renoirs.

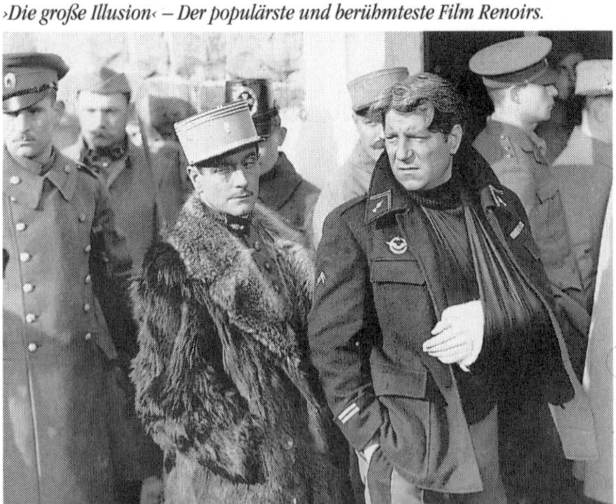

Das große Liebesspiel G549
***

BRD/Österreich 1963, 137 Min., s/w
R: Alfred Weidenmann D: Lilli Palmer, Hildegard Knef, Nadja Tiller
Zwölf lose miteinander verbundene »Erotische Liebesgeschichten«, wie sie (damals) nicht auf dem Bildschirm gezeigt werden konnten. Von Herbert Reinecker geschriebener Versuch einer ironischen Verführung.

Die große Lüge G550
A STOLEN LIFE ***
USA 1946, 107 Min., s/w
R: Curtis Bernhardt D: Bette Davis, Glenn Ford, Dane Clark, Walter Brennan
Melodramatischer Thriller um eine Frau, die nach dem Unfalltod ihrer Zwillingsschwester an deren Stelle tritt. Bette Davis weiß in ihrer Doppelrolle die beiden unterschiedlichen Charaktere eindrucksvoll herauszuarbeiten.

Große Lüge Lylah Clare G551
THE LEGEND OF LYLAH CLARE ****
USA 1968, 124 Min., F
R: Robert Aldrich D: Kim Novak, Peter Finch, Ernest Borgnine
Am Tag der Hochzeit mit dem Produzenten Zarkan ist die Filmgöttin Lylah Clare unter mysteriösen Umständen verstorben. Zehn Jahre später taucht eine Schauspielerin von seltsamer Ähnlichkeit mit der Toten auf, und Zarkan will mit ihr in der Hauptrolle das Leben der Lylah Clare verfilmen.

Das große Manöver G552
LES GRANDES MANOEUVRES ****
Frankreich/Italien 1955, 109 Min., F
R: René Clair D: Michèle Morgan, Gérard Philipe, Brigitte Bardot
Ein um die Jahrhundertwende in einer französischen Garnisonsstadt stationierter, als Casanova bekannter junger Offizier wettet, daß er die noch nicht bekannte Gewinnerin einer Tombola zur Frau bekommen wird. Bevor er dieser jedoch die Aufrichtigkeit seiner Liebe beweisen kann, muß er auf ein Manöver. Intelligent unterhaltender Film René Clairs mit exzellenten darstellerischen Leistungen.

Der große McGinty G553
THE GREAT MCGINTY ****
USA 1940, 81 Min., s/w
R: Preston Sturges D: Brian Donlevy, Muriel Angelus, Akim Tamiroff
Ironische Komödie über die zwielichtigen Machenschaften der amerikanischen Politik der 30er Jahre: Ein Tramp avanciert zum Gouverneur, ist aber nur so lange erfolgreich, bis er aufhört, die korrupten Spiele der Hintermänner mitzuspielen. Furioses Regiedebüt, in dem fast alle Elemente von Sturges' genialer Kunst schon enthalten sind.

Der große Minnesota-Überfall G554
THE GREAT NORTHFIELD MINNESOTA RAID ***
USA 1971, 90 Min., F
R: Philip Kaufman D: Cliff Robertson, Robert Duvall, Luke Askew
Die von Wirtschaftsbossen ins Abseits getriebenen James- und Younger-Brüder überfallen die Bank in Northfield und werden zusammengeschossen. Interessanter, aber spannungsloser Versuch der historischen Aufarbeitung einer wahren Geschichte.

Die große Offensive G555
IL GRANDE ATTACCO **
Italien 1977, 88 Min., F
R: Umberto Lenzi D: Helmut Berger, Samantha Eggar, Giuliano Gemma
Kriegsabenteuer im Rahmen der alliierten Offensive in Afrika 1943. Belanglose blutige Action, in die sich ein paar gute Schauspieler verirrt haben und nicht recht wissen, was sie in dem Film eigentlich sollen.

Der große Ostasien-Krieg G556
DAITOA SENSO ****
Japan 1968, 98 Min., F und s/w
R: Nagisa Oshima
Montagefilm mit bis dato unveröffentlichten Bildern: Anhand zusammengeschnittener Wochenschauaufnahmen

D: John Gilbert, Renée Adorée, Karl Dane
Der Erste Weltkrieg aus der Sicht des kleinen Soldaten. Der kitschigen Romanze mit einer hübschen Französin folgen bewegende Schilderungen vom Schrecken und der Sinnlosigkeit des Krieges. Der große Erfolg dieses Stummfilms verhalf den Amerikanern zu einer recht unromantischen Sicht auf den Krieg.

Der große Schweiger G558
THE STALKING MOON ***
USA 1968, 109 Min., F
R: Robert Mulligan D: Gregory Peck, Eve Marie Saint, Robert Forster
Ein Scout nimmt eine Weiße, die zehn Jahre bei den Apachen gefangen war, und ihr Söhnchen mit nach Hause, doch der indianische Vater des Jungen folgt ihnen, da er ihn zurückhaben will. Trotz seines Titels geschwätziger B-Western.

Die große Sehnsucht der Judith Hearne G559
THE LONELY PASSION OF JUDITH HEARNE ***
GB 1987, 116 Min., F
R: Jack Clayton D: Maggie Smith, Bob Hoskins, Wendy Hiller, Marie Kean
Eine ledige vereinsamte Klavierlehrerin mittleren Alters, die in einer Dubliner Pension lebt, hofft auf Heirat mit einem älteren Amerika-Heimkehrer. Als dieser sich von ihr abwendet, verfällt sie der Trunksucht und fast dem Wahnsinn, findet schließlich jedoch mit neuer Kraft bewußt ihren eigenen Weg. Hervorragend gespielte Romanverfilmung.

Das große Spiel G560
***
Deutschland 1942, 84 Min., s/w und F
R: Robert A. Stemmle D: René Deltgen, Gustav Knuth, Heinz Engelmann, Maria Andergast
Der Sieg einer Fußballmannschaft bei

Der große Tröster G561
WELKI UTESCHITEL ***
UdSSR 1933, 95 Min., s/w
R: Lew Kuleschow D: Konstantin Chochlow, Iwan Nowosselzew, Wassilie Kworigin
Raffiniert erzählt Kuleschow auf drei Ebenen: Es ist die Geschichte eines Gefangenen, der zum Schriftsteller wird und eine Erzählung um seinen Mitgefangenen schreibt, die er mit einem glücklichen Ende versieht, ganz im Gegensatz zur Wirklichkeit, und die Geschichte einer jungen Verkäuferin, die in seinem Roman Trost findet. Man kann nur staunen, wie »modern« der sowjetische Film in diesen Jahren sein konnte, bevor er von der Politik unterdrückt wurde.

Der große Trubel um Georgies und Bonnies Bilder G562 ***
HULLABALOO OVER GEORGIE AND BONNIE'S PICTURES
GB 1978, 80 Min., F
R: James Ivory D: Victor Banerjee, Aparna Sen, Peggy Ashcroft
Ein smarter Engländer und eine schrullige englische Lady kommen in den Palast des Maharadschas, um eine Miniaturensammlung zu erwerben. Skurrile Komödie zwischen Orient und Okzident.

Die große und die kleine Welt G563
THE AMBASSADOR'S DAUGHTER **
USA 1956, 99 Min., F
R: Norman Krasna D: Olivia de Havilland, John Forsythe, Myrna Loy
Eine Botschaftertochter soll in Paris herausfinden, ob sich die GIs den Damen gegenüber korrekt verhalten und verliebt sich in einen Offizier. Nachkriegsverklemmte und sehnsuchtsvolle Star-Komödie.

Die große Versuchung G564

Leben gerettet hat, die Stelle eines Oberarztes in einem Krankenhaus. Was niemand weiß: Er hat kein Arzt-Examen gemacht. Melodramatischer Arztfilm.

Große Vögel – kleine Vögel G565
UCCELLACCI E UCCELLINI ****
Italien 1965, 88 Min., s/w
R: Pier Paolo Pasolini D: Toto, Nino Davoli, Femi Benussi, Umberto Bevilacqua
Ein sprechender Rabe führt mit zwei Wanderern einen philosophisch-politischen Diskurs. Pier Paolo Pasolinis geniale, formal originelle Auseinandersetzung mit Themen wie Gott, Tod, Religion und Marxismus hat bis heute nicht von ihrer Aktualität eingebüßt.

Der große Walzer G566
THE GREAT WALTZ ***
USA 1972, 127 Min., F
R: Andrew L. Stone D: Horst Buchholz, Mary Costa, Rossano Brazzi
Die Biographie des Walzerkönigs Johann Strauß Sohn in einer ebenso aufwendigen wie unwirklichen Verfilmung.

Die große weiße Hoffnung G567
THE GREAT WHITE HOPE ***
USA 1970, 101 Min., F
R: Martin Ritt D: James Earl Jones, Jane Alexander, Lou Gilbert
Die Geschichte des ersten schwarzen Box-Champions Jack Jefferson, der 1905 die Weltmeisterschaft gewann und obendrein noch eine weiße Freundin hatte. Mehr gefühlvolles Melodram als Boxer-Drama.

Der große Zug nach Santa Fé G568
CATTLE DRIVE ***
USA 1951, 77 Min., F
R: Kurt Neumann D: Joel McCrea, Dean Stockwell, Chill Wills, Leon Ames
Verzogenes Eisenbahnmagnaten-Söhnchen verirrt sich im Wilden Westen, stößt auf Viehtreiber, lernt Land & Leute kennen und macht die übliche Wandlung durch. Noch ansehbarer Jugendwestern.

Die großen Erwartungen G569
GREAT EXPACTATIONS ***
USA/GB 1974, 118 Min., F
R: Joseph Hardy D: Michael York, Sarah Miles, Margaret Leighton
Mit einer guten Schauspielergruppe und in liebevoll gestalteten Nachbauten des Londons der Jahre nach 1830 erzählt der Film die Geschichte eines Waisenjungen vom Lande, der sich im Haus seiner Gönnerin zum Gentleman entwickeln soll.

Der Großinquisitor G570
***
Schweiz 1991, 56 Min., F
R: Beat Kuert D: Giulio Brogi, Frederique Herault
Jesus Christus kehrt zur Zeit der Inquisition auf die Erde zurück. Der Großinquisitor läßt ihn verhaften und versucht ihn zu überzeugen, daß sein Auftauchen auf der Erde schädlich sei. Gleichnis über Macht und Religion.

Ein großer grau-blauer Vogel G571
***
BRD 1971, 95 Min., F
R: Thomas Schamoni D: Klaus Lemke, Sylvie Winter, Umberto Orsini
Rätselhafter (man könnte auch sagen: wirrer) Film über einen Dichter, einen Landstreicher, der einmal Wissenschaftler war, und eine Weltbeherrschungsformel.

Großstadtnacht G572
***
Österreich 1949, 95 Min., s/w
R: Hans Wolff D: Wolf Albach-Retty, Inge Konradi, Hedwig Bleibtreu
Ein entwendeter Pelzmantel als magisches Objekt, das ein paar Schicksale in einer Nacht miteinander verknüpft. Drama aus vergangener Kinozeit.

Der größte aller Freibeuter G573
IL CORSARO **
Italien/Spanien 1969, 87 Min., F
R: Tony Mulligan D: Robert Woods, Tania Alvarado, Chris Huerta
Aufrechter Piratenkapitän und seine tollkühne Mannschaft bringen einer von Franzosen beherrschten Insel in der Karibik die Freiheit. Abenteuer üblicher Machart, mit viel Gemetzel.

Der größte der Gladiatoren G574
IL MAGNIFICO GLADIATORE **
Italien 1966, 82 Min., F
R: Alfonso Brescia D: Mark Forest, Marilu Tolo, Paolo Gozlino
Königssohn, der am Hofe Cäsars als Gladiator Dienst tut, wird von einem Putschisten und Rivalen um die Gunst der Herrschertochter ausgeschaltet und bläst zum Umsturz. Monumentaler Quarkfilm mit dem bekannt unfähigen Mimen Mark Forest.

Die größte Geschichte aller Zeiten G575
THE GREATEST STORY EVER TOLD ***
USA 1964, 193 Min., F
R: George Stevens D: Max von Sydow, José Ferrer, Charlton Heston
Farbenprächtiger und durchaus erträglicher Monumentalfilm in Cinemascope um das Leben Jesu, der sich nicht immer genau an seine Quelle hält.

Der größte Liebhaber der Welt G576
THE WORLD'S GREATEST LOVER ***
USA 1977, 89 Min., F
R: Gene Wilder D: Gene Wilder, Carol Kane, Dom DeLuise
Nur streckenweise witzige Komödie, die im Hollywood der zwanziger Jahre angesiedelt ist: Ein Provinzler soll zu einem zweiten Valentino aufgebaut werden, während seine Frau mit dem echten Valentino fremdgeht.

Der größte Sieg des Herkules G577
ERCOLE L'INVINCIBLE **
Italien 1964, 82 Min., F
R: Al World D: Dan Vadis, Spela Rozin, Carol Brown, Ken Clark
Herkules, der Sohn des Zeus, erlegt im Auftrag eines Königs einen Drachen und macht die Mannen eines finsteren Untergrundherrschers platt, die seine Geliebte entführt haben. Hanebüchenes Antik-Abenteuer aus Italien. LFF

Die Grotte der vergessenen Leichen G578
LA NOTTE CHE EVELYN USCI DALLA TOMBA **
Italien 1971, 96 Min., F
R: Emilio P. Miraglia D: Anthony Steffen, Marina Malfatti, Erica Blanc

Psychisch instabiler Lord heiratet nach dem Tod seiner Gattin eine andere Frau und wird von dieser aus niedrigen Beweggründen langsam in den Wahnsinn getrieben. Standard-Thriller niedrigen Niveaus.

Die Grube des Grauens G579
THE PIT **
Kanada 1980, 93 Min., F
R: Lew Lehman D: Sammy Snyders, Jeannie Elias, Laura Hollingsworth
Ein Bübchen mit psychischen Problemen steht unter dem Einfluß seines Teddys und lockt böse Menschen in eine von haarigen Trollen bewohnte Grube. Muß man gesehen haben, um zu wissen, wie gut die alten Hammer-Filme sind.

Grube Morgenrot G580
***
DDR 1948, 88 Min., s/w
R: Wolfgang Schleif, Erich Freund
D: Claus Holm, Hans Klering, Albert Venohr
Der Kampf der Kumpel gegen die Schließung eines Bergwerks während der großen Wirtschaftskrise der dreißiger Jahre. Schließlich schenken die Besitzer die Grube den Arbeitern, aber die gehen pleite.

Die Gruft der toten Frauen G581
DEVILS OF DARKNESS **
GB 1964, 87 Min., F
R: Lance Comfort D: Hubert Noel, William Sylvester, Tracy Reed
Perverser französischer Edelmann, der nur von Jungfrauenblut lebt, macht seine Opfer per Biß zu Vampiren, die Blasphemien murmelnd durch die Wälder streifen. Einfältiger Horrorstreifen.

Gruft der Vampire G582
THE VAMPIRE LOVERS ***
GB 1970, 91 Min., F
R: Roy Ward Baker D: Ingrid Pitt,

Die Gruft des Grauens G583
LA TUMBA DEL VAMPIRO **
Spanien/Italien 1972, 89 Min., F
R: Leon Klimovsky D: William Smith, Michael Pataki, Lynn Peters
Sohn einer vom Vampir geschwängerten Frau sucht seinen Erzeuger und entwickelt schrittweise selbst Saugergelüste. Vampirstreifen simpler Machart; weder handwerklich noch darstellerisch überzeugend.

Die Gruft mit dem Rätselschloß G584
**
BRD 1964, 90 Min., s/w
R: Franz Josef Gottlieb D: Judith Dornys, Harald Leipnitz, Rudolf Forster, Werner Peters, Klaus Kinski
Schwache Edgar-Wallace-Verfilmung um ein rätselhaftes Erbe. Mit dem darstellerischen Standard-Personal.

Grün ist die Heide G585
**
BRD 1951, 89 Min., F
R: Hans Deppe D: Rudolf Prack, Sonja Ziemann, Willy Fritsch
Auch bei der x-ten Wiederholung auf der Mattscheibe bringt die Heimatschnulze um ein Flüchtlingsmädchen und einen Förster immer wieder traumhafte Einschaltquoten. Das gilt nicht für den 1972er Film gleichen Titels mit Roy Black und Monika Lundi, der noch blöder ist.

Grüne Augen in der Nacht G586
EYE OF THE CAT **
USA 1968, 102 Min., F
R: David Lowell Rich D: Michael Sarrazin, Eleanor Parker, Gayle Hunnicutt
Spannungsarmer Psycho-Thriller nach einem Drehbuch des Psycho-Autors Stefano. Im Mittelpunkt ein Erbstreit und mordende Katzen.

Das grüne Blut der Dämonen G587
QUATERMASS AND THE PIT ***

den auf den Weg der Evolution gebracht haben. Ein fesselnder, unheimlicher SF-Thriller. LSFF

Der grüne Bogenschütze G588
**
BRD 1960, 95 Min., s/w
R: Jürgen Roland D: Gert Fröbe, Karin Dor, Klausjürgen Wussow
Ein englisches Schloß als nebelverhangener Schauplatz eines mysteriösen Bogenschützen-Mörders. Schwacher, aber bekannter Wallace-Film.

Die grüne Hölle G589
GREEN HELL ***
USA 1939, 87 Min., s/w
R: James Whale D: Douglas Fairbanks jr., Joan Bennett, John Howard
Eine Expedition sucht im Dschungel Südamerikas einen legendären Schatz der Inkas, doch eine schöne Frau kompliziert die Lage. Unterhaltsames Abenteuerkino, im Studio gedreht.

Das grüne Leuchten G590
LE RAYON VERT ****
Frankreich 1986, 98 Min., F
R: Eric Rohmer D: Marie Rivière, Rosette Beatrice Romand, Vincent Gauthier, Marcello Pezzatto
Eine Sekretärin verbringt ihre Sommerferien in unsteter Bewegung zwischen der See und den Bergen, und findet nirgends Ruhe, bis ihr ein junger Mann begegnet und sie das »grüne Leuchten« der Liebe erfährt.

Grüne Tomaten G591
FRIED GREEN TOMATOES AT THE WHISTLE STOP CAFE ***
USA 1992, 130 Min., F
R: Jon Avnet D: Mary Stuart Masterson, Kathy Bates, Jessica Tandy
Die in Rückblenden erzählte lange Freundschaft zwischen zwei Frauen im Süden der USA in den dreißiger Jahren. Der sanfte, anrührende Bilderbogen wurde zu einer der größten

D: Coraine Claire, Stella Britton, George Wolfe
Partnertauschfilmchen über die wüsten Abenteuer frustrierter amerikanischer Ehefrauen. Ein früher Sexfilm, der nicht allzuviel zeigt (man beachte das Produktionsjahr).

Das grüne Zimmer G593
LA CHAMBRE VERTE ***
Frankreich 1978, 94 Min., F
R: François Truffaut D: François Truffaut, Nathalie Baye, Jean-Pierre Moulin
Journalist kapselt sich nach seinen Erlebnissen im Ersten Weltkrieg und dem frühen Tod seiner Frau ganz von der Umwelt ab, ehe ihm die Begegnung mit einer jungen Frau hilft.

Die Grünstein-Variante G594
***
BRD 1984, 102 Min., F
R: Bernhard Wicki D: Fred Düren, Klaus Schwarzkopf, Jörg Gudzuhn
Packendes Kammerspiel im Knast: Drei Häftlinge in einem Pariser Gefängnis Ende der dreißiger Jahre verbringen die Zeit mit einem selbstgebauten Schachspiel und der Suche nach dem Sinn des Lebens.

Grunz, Schmatz, Grunz – Am Anfang war das Ei G595
**
GRUNT
Italien 1982, 82 Min., F
R: Andy Luotto D: Andy Luotto, Gianni Cardo, Giorgio Falleti
Letzten Mittwoch in der Steinzeit: Frühmenschen vertreiben sich die Zeit mit Prügeleien und Heimtücke. Infantilsatire, deren Gags auf Kosten von Minderheiten gehen.

Gruppenbild mit Dame G596
***
BRD/Frankreich 1976, 103 Min., F
R: Aleksandar Petrovic D: Romy Schneider, Brad Dourif, Michel Galabru
Mosaikhaftes Lebensbild der Tochter eines Bauunternehmers, die trotz vieler Rückschläge ihrer unkonventionell warmherzigen Lebensführung treu bleibt. Ansprechende, gelegentlich etwas verworren montierte Verfilmung von Bölls gleichnamigem Roman.

Grüß Sie Gott, Frau Stirnima! G597
***
WAS IST DENN BLOSS MIT WILLI LOS?
BRD 1970, 87 Min., F
R: Werner Jacobs D: Heinz Erhardt, Ralf Wolter, Helen Vita
Deutschlands beliebtester Komiker der 50er und 60er Jahre in der Paraderolle des gutmütigen Finanzbeamten Willi Winzig, der zum Finanzminister aufsteigt. Vor der Verfilmung hatte Erhardt diesen Part mehr als 500mal auf Theaterbühnen gespielt.

Gruß und Kuß vom Tegernsee G598
**
BRD 1957, 107 Min., F
R: Rudolf Schündler D: Elma Karlowa, Bert Forell, Ruth Stephan
Eine Verwechslungskomödie unter Verliebten. Heimatfilm mit Revueeinlagen.

Grüße G599
GREETINGS ***
USA 1968, 88 Min., F
R: Brian de Palma D: Jonathan Warden, Robert De Niro, Gerrit Graham
Sex and Crime and Vietnam: In diesem Dreieck leidet die amerikanische Nation vor sich hin. Zynische und bittere Satire, aber sehr amüsant. Schon Brian De Palmas erster Spielfilm zeichnet sich durch den sarkastischen Humor und die Respektlosigkeit vor filmischen Vorbildern aus, die er in seinen späteren Werken bis zur Perfektion entwickelt.

Grüße an die Mafia G600
JE VOUS SALUE, MAFIA ***
Frankreich/Italien 1965, 86 Min., F
R: Raoul Levy D: Eddie Constantine, Henry Silva, Jack Klugman, Micheline Presle, Michel Lonsdale
Zwei Killer der Mafia verfolgen einen ehemaligen Gangster, der in Marseille ein neues Leben führt, um ihn als unbequemen Mitwisser der Verbrechen ihres Auftraggebers endlich unschädlich zu machen. Spannender Gangsterfilm.

Grüße aus Hollywood G601
POSTCARDS FROM THE EDGE ***
USA 1990, 101 Min., F
R: Mike Nichols D: Meryl Streep, Shirley MacLaine, Dennis Quaid
Eine drogenabhängige Schauspielerin zieht während der Dreharbeiten für einen Hollywoodfilm zu ihrer dominanten alkoholsüchtigen Mutter, die ein alternder Bühnenstar ist. Die Spannungen zwischen den beiden Frauen und eine unglückliche Affäre der Jungen steigern noch die Konflikte. Ein psychologisch interessanter Film mit glaubhafter Milieuzeichnung, der vor allem durch das faszinierende Spiel der beiden Hauptdarstellerinnen Shirley MacLaine und Meryl Streep beeindruckt.

Romy Schneider in ›Gruppenbild mit Dame‹.

Gudrun G602
***
BRD 1991, 97 Min., F
R: Hans W. Geissendörfer D: Kerstin Gmelch, Barbara Thuimmet, Roman Mitterer, Bernd Tauber
Während der Kriegszeit wird ein Mädchen aufs Land zur Großmutter geschickt; durch die Zuneigung zu einem Jungen, der unbedingt in die HJ aufgenommen werden will, wird sie unwillentlich zum Verräter ihres desertierten Vaters. HFJ 1993

Guerilla Force G603
RAGE TO KILL *
USA 1988, 92 Min., F
R: David Winters D: Oliver Reed, Cameron Mitchell, James Ryan
Bulliger Typ mit Riesenknarre stellt einem irren US-General ein Bein, der eine karibische Insel heimlich an die Russen verschachern will. Ein Dumm-Dumm-Geschoß für die Doofen.

Guila – Frankensteins Teufelsei G604
**
UCHU DAIKAIJU GUILALA
Japan 1967, 88 Min., F
R: Kazui Nihonmatsu D: Eiji Okada, Peggy Neal, Shinichi Yanagisawa
Alien-Monster, mit einem japanischen Raumschiff zur Erde gelangt, sorgt in typischer Schrottfilmmanier in Tokio etc. für Aufläufe und Verkehrschaos unter Spielzeugautos. Platter Quark. LSFF

Gulag 2 G605
COMING OUT OF THE ICE **
USA 1984, 93 Min., F
R: Warris Hussein D: John Savage, Willie Nelson, Francesca Annis
Als Spion verhaftet, gerät der Amerikaner Victor in die Mühlen des sowjetischen Geheimdienstes. Zehn Jahre überlebt er im Straflager, jede Hoffnung auf die Freiheit zerschlägt sich. Hoch klingt das Lied vom unbeug- Ein genau beobachtender Kinderfilm über einen Jungen und seinen Kampfhahn in einem anatolischen Bergdorf.

Gullivers Reisen G607
GULLIVER'S TRAVELS ***
USA 1939, 76 Min., F
R: Dave Fleischer
Zeichentrickfilm nach dem bekannten Roman »Gullivers Abenteuer im Lande der Liliputaner« von Jonathan Swift. Für den Film sind eine Reihe von Figuren zusätzlich erdacht worden, dafür ist von der politischen Satire nicht mehr viel übriggeblieben.

Gullivers Reisen G608
GULLIVER'S TRAVELS ***
GB/Belgien 1976, 77 Min., F
R: Peter Hunt D: Richard Harris, Catharina von Schell, Norman Shelley
Für Kinder eingerichtete Version des bekannten Märchens, in dem Gulliver als Riese in die Hände der Bewohner von Liliput fällt. Mischung aus Real- und Zeichentrickfilm. LFF

Gummi Tarzan G609
GUMMI TARZAN ****
Dänemark 1981, 98 Min., F
R: Sören Kragh-Jacobsen D: Alex Svanbjerg, Otto Brandenburg, Peter Schroeder
Der kleine und schmächtige Ivan Olsen hat es nicht leicht: alle machen sich über ihn lustig, und zu allem Überfluß stellt ihm sein Vater auch noch ständig Tarzan als das große Vorbild hin. Er steht mit seinen Sorgen allein, bis er in dem Kranführer Ole einen Freund findet. Einfühlsamer Kinderfilm.

Gumshoe G610
GUMSHOE ***
GB 1971, 85 Min., F
R: Stephen Frears D: Albert Finney, Billie Whitelaw, Fulton Mac Kay
Ein verhinderter Autor, Komponist temporeichen Kinodebüt auf hervorragende Weise, zwei Wahrnehmungsebenen zu verbinden.

Gun Man G611
BLOOD ON THE MOON ***
USA 1948, 88 Min., s/w
R: Robert Wise D: Robert Mitchum, Barbara Bel Geddes, Robert Preston
Viehbarone wollen Siedler von ihrem Grund und Boden vertreiben. Jim steht Letzteren bei, doch als er merkt, daß sich jemand an dem Knatsch bereichern will, setzt's Zunder. Finsterer, atmosphärisch dichter Western.

Gunan – König der Barbaren G612
*
GUNAN IL GUERRIERO
Italien 1982, 76 Min., F
R: Frank Shannon D: Peter McCoy, Diana Roy, Maria Luisa Longo
Nachdem Mordbrenner im Fantasyland die Bewohner eines Dorfes gemeuchelt haben, reifen zwei Buben als einzige Überlebende heran und nehmen Rache. Plagiat von *Conan der Barbar,* mit Mimen, deren Kunst keinem Bauerntheater Ehre macht.

Gunbus G613
GUNBUS **
GB 1986, 92 Min., F
R: Zoran Perisic D: Scott McGinnis, Jeffrey Osterhage, Miles Anderson
Zwei Ganoven bluffen sich erfolgreich durch den Ersten Weltkrieg und werden zu Helden, als sie eine fliegende Festung Kaiser Willis (The Beast of Berlin) lahmlegen. Der Krieg als Ulk. HFJ 1989

Gung Ho G614
GUNG HO ***
USA 1985, 108 Min., F
R: Ron Howard D: Michael Keaton, Gedde Watanabe, George Wendt
Im amerikanischen Hadleyville schließt die örtliche Automobilfabrik aufgrund

Gunn G615
GUNN **
USA 1967, 94 Min., F
R: Blake Edwards D: Craig Stevens, Laura Devon, Edward Asner
Ironische Filmversion einer TV-Serie um den Privatdetektiv Peter Gunn, der bei seinen Ermittlungen immer ein gutes Händchen für attraktive Damen hat.

Günstling der Hölle
siehe: Um jeden Preis

Günstling einer Königin G616
THE PRIVATE LIVES OF ELIZABETH AND ESSEX ***
USA 1939, 106 Min., F
R: Michael Curtiz D: Errol Flynn, Bette Davis, Olivia de Havilland, Vincent Price, Donald Crisp
Kostümfilm: Haßliebe zwischen Queen Elizabeth I. und dem schönen Essex. Weltgeschichte aus der Unterrock- und Schlafzimmerperspektive, wie es Hinz und Kunz interessiert; mit scharfen Dialogen und viel Hollywood-Pomp.

Die Günstlinge des Mondes G617
****
LES FAVORIS DE LA LUNE
Frankreich/Italien 1984, 105 Min., F
R: Otar Iosseliani D: Katja Rupé, Hans Peter Cloos, Alix De Montaigu
Mit spielerischer Leichtigkeit läßt der georgische Regisseur seine Figuren einen subversiven Reigen tanzen. Zufällige Begegnungen und tiefere Affinitäten führen scheinbar von einer Anekdote zur nächsten. Doch am Ende schließt sich der Kreis zu einem bösen Gesellschaftsbild voll befreiender Komik.

Gurdjieff – Begegnungen mit bemerkenswerten Menschen G618
***
MEETINGS WITH REMARKABLE MEN
USA 1978, 110 Min., F
R: Peter Brook D: Dragan Maksimovic, Terence Stamp, Athol Fugard
Lehr- und Wanderjahre des jungen Philosophen Gurdjieff. Ein sanfter Film voller philosophischer, künstlerischer und religiöser Assoziationen.

Gustav Adolfs Page G619
***
BRD/Österreich 1960, 80 Min., F
R: Rolf Hansen D: Liselotte Pulver, Curd Jürgens, Walter Reyer, Ellen Schwiers, Helmut Schmid, Hans Nielsen
Nach der Novelle von Conrad Ferdinand Meyer erzählt der Film die Geschichte eines frechen Mädchens, das sich an die Stelle eines Pagen dem schwedischen König im Dreißigjährigen Krieg als Page zur Verfügung stellt und am Ende an seiner Seite den Tod findet. Der Film poltert sich über seine Fragwürdigkeiten hinweg.

Gut drauf, schlecht dran G620
***
BRD, 1993, 70 Min., F
R: Lothar Lambert D: Dagmar Beiersdorf, Dorothea Moritz
In kurzen Episoden schildert der Untergrundfilmer Lambert den Berliner Alltag, die sexuellen Marotten und psychischen Macken seiner Protagonisten. Berlin-Begeisterte mögen das als typisch »berlinerisch«, witzig und schräg empfinden. HFJ 1995

Die gute Erde G621
THE GOOD EARTH ***
USA 1937, 133 Min., s/w
R: Sidney Franklin D: Paul Muni, Luise Rainer, Walter Connolly
In der ansprechend realisierten Pearl S. Buck-Verfilmung geht es um ein armes, aber zufriedenes junges Bauernpaar, das von einer Dürre in die Stadt getrieben wird, wo es durch Zufall an ein kleines Vermögen kommt, das ihr Leben gründlich verändert.

Eine gute Frau G622
LIANG JIA FUNÜ ***
VR China 1985, 106 Min., F
R: Huang Jianzhong D: Cong Shan, Zhang Weichin, Zhang Jian
Im immer noch traditionellen China des Jahres 1948 ist es nicht ungewöhnlich, daß eine 18jährige Frau mit einem sechsjährigen Jungen verheiratet wird. Sie ist freilich eher »Mutter« als »Ehefrau«, und als sie sich in einen Erntehelfer verliebt, gerät sie in arge moralische Bedrängnis.

Der gute Kurt G623
**
BRD 1991, 65 Min., F
R: Ulrich Thiele D: Alexander Wagner, Annette Geller, Micaela Czisch
Ein Wochenendausflug in die Berge wird zu einem verrückten Trip. Niemandem, der an der Produktion dieser neudeutschen Komödie beteiligt war, ist irgend etwas besonderes eingefallen.

Der Gute und die Bösen G624
LE BON ET LES MECHANTS ***
Frankreich 1975, 123 Min., F
R: Claude Lelouch D: Marlène Jobert, Brigitte Fossey, Bruno Cremer

Bernard Eisenschitz und Katja Rupé sind ›Günstlinge des Mondes‹.

Die Wege eines kleinen Gauners und eines opportunistischen Polizeichefs kreuzen sich; der Polizist landet bei der Gestapo und der Gauner bei der Résistance. Am Ende kann das Räuber-und-Gendarm-Spiel von neuem anfangen. Doch Lelouch liefert mit seinem ironischen Blick auf die Résistancezeit in Frankreich keinen »Geschichtsunterricht«. Für ihn sind Ort, Zeit und Politik nur Staffage, um Geschichten zu erzählen.

Gwangis Rache G625

THE VALLEY OF GWANGI **

USA 1969, 96 Min., F

R: James O'Connolly D: James Franciscus, Richard Carlson, Laurence Naismith, Freda Jackson

Paläontologe entdeckt ein abgelegenes Tal mit seltsamen Kreaturen aus der Urzeit und fängt einen Allosaurus, der sich selbständig macht und einen kleinen Ort tyrannisiert. Billiger Standard-Monsterfilm. LSFF

Gwendoline G626

GWENDOLINE ***

Frankreich 1983, 105 Min., F

R: Just Jaeckin D: Tawny Kitaen, Brent Huff, Zabou, Bernadette Lafont

Ex-Klosterschülerin sucht in einem imaginären Land ihren verschollenen Vater und wird in der »Verbotenen Stadt« einer Sexfolter unterzogen. Lechzfilm nach einem französischen Comic-Buch. Aus der TV-Fassung alle geilen Szenen rausgeschnitten. LSFF

25 denkwürdige deutsche Filme der neunziger Jahre

Auf Wiedersehen Amerika *(Jan Schütte, 1994)*
23 *(Hans-Christian Schmid, 1998)*
Engelchen *(Heike Misselwitz, 1996)*
Hochzeitsgäste *(Niko Brücher, 1990)*
Karniggels *(Detlev Buck, 1991)*
Kaspar Hauser *(Peter Sehr, 1993)*
Das Leben ist eine Baustelle *(Wolfgang Becker, 1997)*
Lola rennt *(Tom Tykwer, 1998)*
Malina *(Werner Schroeter, 1991)*
Die Mauer *(Jürgen Böttcher, 1990)*
Der Olympische Sommer *(Gordon Maugg, 1993)*
Ostkreuz *(Michael Klier, 1991)*
Sammelsurium *(Volker Koepp, 1992)*
Schattenboxer *(Lars Becker, 1992)*
Das schreckliche Mädchen *(Michael Verhoeven, 1990)*
Step Across the Border *(Nicolas Humbert/Werner Penzel, 1990)*
Die Überlebenden *(Andreas Veiel, 1995)*
Unter der Milchstraße *(F. X. Oberg, 1995)*
Vagabonding Images *(Nicolas Humbert/Simone Fürbringer, 1998)*
Verhängnis *(Fred Kelemen, 1994)*
Wege in die Nacht *(Andreas Kleinert, 1999)*
Winterschläfer *(Tom Tykwer, 1997)*
Wittstock, Wittstock *(Volker Koepp, 1997)*
Zugvögel *(Peter Lichtefeld, 1997)*
Die Zweite Heimat. Episode 6: Kennedys Kinder *(Edgar Reitz, 1992)*

Eric Rentschler
Professor and Chairman, Department of Germanic Languages and Literatures, Harvard University

H

H-8 ... noch 10 Sekunden zu leben H1 ***
H-8 ...
Jugoslawien 1958, 109 Min., s/w
R: Nikola Tanhofer D: Boris Buzanzic, Anton Vrdoljak, Djurdja Ivecic
Spannende Beschreibung der Ereignisse und überzeugende Charakterisierung der Menschen kurz vor dem Zusammenstoß eines Busses mit einem LKW in der Nähe von Zagreb.

H-Moll-Messe – Anna begegnet der Musik des Johann Sebastian Bach H2 ***
BRD 1978, 144 Min., s/w
R: Klaus Kirschner D: Ana Torent
Bildassoziationen zur Aufführung der H-Moll-Messe durch das Stuttgarter Bach-Collegium.

Ein Haar in der Suppe H3 ***
NEXT STOP GREENWICH VILLAGE
USA 1975, 107 Min., F
R: Paul Mazursky D: Lenny Baker, Shelley Winters, Ellen Greene, Jeff Goldblum, Christopher Walken
New York in den fünfziger Jahren. Ein junger Mann bricht aus der bürgerlichen Familie aus, um als Schauspieler Karriere zu machen. Autobiographische Komödie mit glänzenden Schauspielern und gut getroffenem Zeitkolorit.

Die haarsträubende Reise in einem verrückten Bus H4 ***
THE BIG BUS
USA 1976, 88 Min., F
R: James Frawley D: Joseph Bologna, Stockard Channing, John Beck
Bei der Jungfernfahrt eines atomgetriebenen Superbusses passieren alle nur denkbaren Katastrophen. Nur streckenweise funktionierende Parodie, in der sich unter anderem auch Lynn Redgrave, Jose Ferrer, Ruth Gordon, Sally Kellerman, Ned Beatty und Larry Hagman tummeln.

Hab ich nur deine Liebe H5 ***
Österreich 1953, 85 Min., F
R: Eduard von Borsody D: Johannes Heesters, Gretl Schörg, Margit Saad
Dreiecksgeschichte um den Komponisten Franz von Suppé. Mischung aus Melodram, Musik und Mief.

Haben und Nichthaben H6 ***
TO HAVE AND HAVE NOT
USA 1944, 100 Min., s/w
R: Howard Hawks D: Humphrey Bogart, Lauren Bacall, Walter Brennan
Der Skipper Harry führt reiche Touristen zum Schwertfischfang vor Martinique. Als er zwischen die Fronten der Vichy-Regierung und französischen Partisanen gerät, entscheidet er sich schließlich aufgrund persönlicher Beziehungen für die Resistance. Ironisch gebrochene Liebes- und Abenteuergeschichte nach Ernest Hemingway, deren Anti-Nazi-Haltung eher emotional als politisch vermittelt wird.

Humphrey Bogart, Lauren Bacall und Marcel Dalio; Hemingway liefert die Story in ›Haben und Nichthaben‹, Faulkner die Dialoge.

Hafen des Lasters H7 ****
KEY LARGO
USA 1948, 101 Min., s/w
R: John Huston D: Humphrey Bogart, Edward G. Robinson, Lauren Bacall
Als Bogey aus dem Krieg zurückkehrt, muß er erstmal der Witwe seines besten Freundes gegen eine böse Räuberbande beistehen. Die beiden geben ein schönes Paar ab, und ihre Liebe läßt sie schließlich auch den Showdown im Auge des Hurrikans heil überstehen. Toller Krimi-Klassiker, von John Huston und seinen Stars zu höchster Spannung verdichtet.

Hafen im Nebel H8 *****
QUAI DES BRUMES
Frankreich 1938, 89 Min., s/w
R: Marcel Carné D: Michèle Morgan, Jean Gabin, Michel Simon
In Le Havre verliebt sich ein Deserteur in ein junges Mädchen. Das junge Glück hält nur zwei Tage, dann bringt der Ex-Soldat einen Kinderschänder um und wird vom eifersüchtigen Ex-Lover seiner Flamme selbst getötet. Tragisch, melodramatisch, artifiziell, herzerweichend, einfach genial: Musterbeispiel für den poetischen Realismus im französischen Kino.

Hafengasse 5 H9 **
LE GARÇON SAUVAGE
Frankreich 1951, 100 Min., s/w
R: Jean Delannoy D: Madeleine Robinson, Frank Villard, Pierre-Michel Beck

Eine Marseiller Prostituierte, die ihren kleinen Sohn einer Bauernfamilie in Obhut gegeben hat, holt ihn auf seinen dringenden Wunsch zu sich in die Stadt. Schließlich muß sie ihn wegen krimineller Verwicklungen doch wieder wegschicken. Pseudo-Auseinandersetzung mit einem ernsten Thema, das nur als Vorwand für eine spekulative Darstellung des Nuttenmilieus dient.

Die Hafenkneipe von Tahiti H10
DONOVAN'S REEF ***
USA 1963, 109 Min., F
R: John Ford D: John Wayne, Lee Marvin, Elizabeth Allen
Einer der letzten Filme von John Ford, der zehn Jahre später starb, eine vergnügliche Südsee-Geschichte: Das fröhliche Treiben der schon etwas betagten Jungs gerät durcheinander, als eine energische junge Dame aus Boston eintrifft.

Hafenstadt H11
HAMNSTAD ***
Schweden 1948, 95 Min., s/w
R: Ingmar Bergman D: Nine-Christine Jönsson, Bengt Eklund, Mimi Nelson
Die tristen Lebensumstände eines Mädchens im Elternhaus und dann in einer Erziehungsanstalt.

Haferbrei macht sexy H12
EVERY HOME SHOULD HAVE ONE ***
GB 1970, 93 Min., F
R: Jim Clark D: Marty Feldman, Judy Cornwell, Patrick Cargill, Jack Watson
Marty Feldman als Werbestratege, der eine frivole Kampagne starten will, während seine Gattin für die »Aktion Sauberer Bildschirm« kämpft. Ulkige Verarschung der TV-Werbung.

Der Haflinger Sepp H13
**

Hagbard und Signe H14
DEN RODE KAPPE ***
Dän/Schw/Island 1966, 92 Min., F
R: Gabriel Axel D: Oleg Vidow, Gitte Haenning, Eva Dahlbeck
Einer isländischen Sage nachempfundene romantische Romeo-und-Julia-Geschichte.

Hai H15
SHARK! ***
USA 1969, 92 Min., F
R: Samuel Fuller D: Burt Reynolds, Barry Sullivan, Arthur Kennedy
Drei Abenteurer versuchen in von Haien wimmelndem Wasser einen Goldschatz zu heben. Fuller distanzierte sich von dem Film, doch sind die Qualitäten dieses Action-Thrillers noch zu erkennen.

Haie am Todesriff H16
BERMUDE: LA FOSSA MALEDETTA **
Italien/Spanien 1978, 82 Min., F
R: Anthony Richmond D: Andres Garcia, Janet Ayren, Arthur Kennedy
Ein Taucher wird erst Opfer eines Rauschgifthändlers, dann einiger blutgieriger Haie, die offensichtlich durch ein besonderes Signal zum Töten animiert werden. Primitives Filmchen, das sich nicht einmal zwischen Bermuda und Voodoo entscheiden konnten.

Haie der Großstadt H17
THE HUSTLER ****
USA 1961, 118 Min., s/w
R: Robert Rossen D: Paul Newman, Jackie Gleason, Piper Laurie
Ein professioneller Billardspieler findet sich nach einer harten Abreibung in jeder Hinsicht am Boden wieder. Er gewinnt seine Selbstachtung aber zurück, als es ihm gelingt, eine große Nummer der Branche im Spiel zu besiegen. »Eine griechische Tragödie im Billardsalon« meinte Martin Scorsese und verlängerte die Geschichte 1986 mit *Die Farbe des Geldes*.

krieg, technisch perfekt, aber nicht ohne Pathos: Felmy gehört zu den wenigen, die sich aus einem versenkten U-Boot retten können, nachdem ihm schon der Selbstmord eines Kameraden, dessen Vater ins KZ kommt, zu schaffen gemacht hat.

Die Haifisch-Beschwörer von Kontu H19
***
THE SHARK CALLERS OF KONTU
Australien 1986, 50 Min., F
R: Dennis O'Rourke
Dokumentation über Bräuche und Lebensgewohnheiten der Menschen auf Neuguinea, die langsam von der Zivilisation verdrängt werden.

Hair H20
HAIR ****
USA 1979, 118 Min., F
R: Milos Forman D: John Savage, Treat Williams, Beverly D'Angelo
Fulminante Film-Version des Rock-Musicals von George Ragni und James Rado um den politischen und kulturellen Protest der Flower-Power-Jugend der siebziger Jahre.

Hairspray H21
HAIRSPRAY ****
USA 1987, 92 Min., F
R: John Waters D: Rikki Lake, Leslie Ann Powers, Divine, Debbie Harry
Aschenputtel à la John Waters: Fettes, pubertierendes American Girl setzt sich mit der Unterstützung der Dorfjugend in einem Tanzwettbewerb gegen ein »bildhübsches«, aber intrigantes Weibsstück durch, das von seiner fiesen Mutter zum Erfolg gepeitscht wird. Köstliche Satire auf das beginnende TV-Zeitalter der frühen 60er Jahre, in zeitgemäßem Dekor mit stilsicherer Geschmacklosigkeit inszeniert.

halbe-halbe H22
***
BRD 1977, 105 Min., s/w

FBI im Indianerland: Sam Shepard, Val Kilmer, Graham Greene in ›Halbblut‹.

Halb elf in einer Sommernacht H23 ***
10.30 P.M. SUMMER
USA 1965, 85 Min., F
R: Jules Dassin D: Melina Mercouri, Romy Schneider, Peter Finch
Liebe, Eifersucht und Mord während einer Ferienreise. Mörderisches Melodram mit bizarr überzogener, aber nicht unwirksamer Effektdramaturgie. Nach einem Roman von Marguerite Duras.

Halbblut H24
THUNDERHEART ****
USA 1992, 118 Min., F
R: Michael Apted D: Val Kilmer, Sam Shepard, Graham Greene
Ein junger FBI-Agent indianischer Abstammung wird ins Oglala-Reservat beordert, um dort einen Mordfall zu klären. Michael Apted versteht es, in seinem spannenden Kriminalfilm Kritik an der amerikanischen Indianerpolitik zu üben, ohne dabei oberlehrerhaft zu wirken. HFJ1993

Die Halbstarken H25 ****
BRD 1956, 97 Min., s/w
R: Georg Tressler D: Horst Buchholz, Karin Baal, Christian Doermer
Der »halbstarke« Horst Buchholz haut von zu Hause ab und wird Chef einer Jugendbande, verführt von der Teenie-Femme-Fatale Karin Baal, die ihn mit einem Mord zu guter Letzt auch wieder zur Besinnung bringt. Der Journalist Will Tremper recherchierte und schrieb das Drehbuch zu diesem Problemfilm über die Situation der damals jungen Generation, was den Film authentischer macht als die übliche Nachkriegs-Kinoware.

Die Halbzarte H26
Österreich 1958, 90 Min., F **
R: Rolf Thiele D: Romy Schneider, Carlos Thompson, Magda Schneider
Tochter eines schreibenden Postbeamten mit eigenen schriftstellerischen Ambitionen erfindet nach erfolglosen anderen Versuchen die pikanten »Memoiren einer 17jährigen« und hat schlagartig Erfolg.

Half a Sixpence H27
HALF A SIXPENCE ***
USA/GB 1968, 147 Min., F
R: George Sidney D: Julia Foster, Tommy Steele, Cyril Richard, Penelope Horner
Buntes Musical über die Liebesabenteuer eines jungen Angestellten, dem sich durch eine unerwartete Erbschaft scheinbar unbegrenzte Möglichkeiten eröffnen. Er wird jedoch von der großen Welt enttäuscht, so wie der Zuschauer von der uninspirierten Musik. Sehenswert sind dagegen die Tanzszenen.

Half Life H28
HALF LIFE ****
Australien 1985, 86 Min., F
R: Dennis O'Rourke
Der Dokumentarfilm beschreibt das Schicksal der Bewohner der Marshall-Inseln, wo im Verlaufe von zehn Jahren 66 Atombombenversuche stattfanden. In sorgfältiger Recherchenarbeit vor Ort hat der Filmemacher Dokumente zusammengetragen, die belegen, daß die Bewohner der Inseln von der US-Atomenergiebehörde ungeschützt der radioaktiven Strahlung ausgesetzt wurden und seitdem als medizinische Versuchskaninchen benutzt werden. – 1995 führte Frankreich weitere Atomversuche auf dem Muroroa-Atoll durch.

Halfaouine – Zeit der Träume H29 ***
Tunesien/Frankreich 1990, 98 Min., F
R: Ferid Boughedir D: Selim Boughedir, Mustapha Adouani, Rabia Ben Abdallah
Die kleinen Abenteuer eines 15jährigen Jungen, der durch die Gassen von Tunis streift und noch mit den Frauen ins Dampfbad darf, bis sein Blick ihn als Mann verrät. Der sinnenfrohe Alltag indes wird durch den politischen Hintergrund bedroht.

Hälfte des Lebens H30 ***
DDR 1984, 97 Min., F
R: Herrmann Zschoche D: Ulrich Mühe, Jenny Gröllmann, Michael Gwisdek, Swetlana Schönfeld
Die tragische Liebesgeschichte des Hauslehrers (und Dichters) Friedrich Hölderlin und der jungen Bankiersfrau Susette Gontard vor dem Hintergrund der Französischen Revolution.

Halleluja H31
HALLELUJAH ***
USA 1929, 108 Min., s/w
R: King Vidor D: Daniel Haynes, Nina Mae McKinney, William Fountaine
Meilenstein in der Geschichte Hollywoods als erster Film mit einer rein afro-amerikanischen Besetzung. Vidors Anliegen war die authentische Darstellung des Lebens der schwarzen Amerikaner. Der Film um einen Baumwollpflücker, der zum Prediger mit menschlichen Schwächen wird, wurde ein beeindruckender Triumph,

Hallo, ich mag dich H32
CAUSE TOUJOURS...TU M'INTERESSE **
Frankreich 1979, 82 Min., F
R: Edouard Molinaro D: Annie Girardot, Christian Marquand
Ein nach seiner Scheidung vereinsamter Journalist ruft eines Nachts wahllos eine Telefonnummer an und gerät an eine ebenfalls einsame Apothekerin. Zwischen ihnen beginnt eine scheue Freundschaft, die allerdings von der Angeberei des Mannes überschattet ist.

Hallo, Mr. President H33
THE AMERICAN PRESIDENT ***
USA 1995, 115 Min., F
R: Rob Reiner D: Michael Douglas, Annette Bening, Martin Sheen
Nicht sonderlich aufregende Komödie um den einsamen Präsidenten, der sich verliebt. HFJ 1996

Hallo Page! H34
THE BELLBOY ***
USA 1960, 72 Min., s/w
R: Jerry Lewis D: Jerry Lewis, Alex Gerry, Bob Clayton
Regiedebüt des US-Komikers, von ihm selbst geschrieben und produziert; keine durchgehende Handlung, dafür eine Aneinanderreihung von mehr oder minder spaßigen Sketchen: Was einem Hotelpagen passieren kann, wenn er so vertrottelt ist wie Jerry.

Hallo Roland H35
HEJA ROLAND ****
Schweden 1966, 95 Min., s/w
R: Bo Widerberg D: Thommy Berggren, Mona Malm, Carl Billquist
Komödie um einen jungen Mann, der endlich einmal etwas »Vernünftiges« tun will und ausgerechnet bei der Werbung landet. Hintersinnige Ironie.

Halloween – Die Nacht des Grauens H36 ***
HALLOWEEN
USA 1978, 91 Min., F

Halloween II – Das Grauen kehrt zurück H37 **
HALLOWEEN II
USA 1981, 92 Min., F
R: Rick Rosenthal D: Donald Pleasence, Jamie Lee Curtis, Charles Cyphers
Der in dem Film *Halloween – Die Nacht des Grauens* auf mysteriöse Weise verschwundene Killer mordet sich nächtens durch ein dunkles Krankenhaus. Mit diesem Film beginnt eine Reihe von unsinnigen Fortsetzungen.

Halloween III H38
HALLOWEEN III: SEASON OF THE WITCH **
USA 1985, 92 Min., F
R: Tommy Lee Wallace D: Tom Atkins, Stacey Nelkin, Dan O'Herlihy
Ein irrer Hersteller von Horrormasken verwandelt mit Hilfe eines magischen Steins College-Kids in Mitglieder von Ede Wolfs Böser-Buben-Klub e.V. Der Film steht in keinerlei Beziehung zu den anderen Halloween-Streifen.

Halloween IV H39
HALLOWEEN IV: THE RETURN OF MICHAEL MYERS **
USA 1988, 85 Min., F
R: Dwight H. Little D: Donald Pleasence, Ellie Cornell, Danielle Harris
Ein nicht totzukriegender Killer flüchtet aus einer Nervenklinik und startet eine Mördertour. Vierter Teil einer Serie, die in jeder Folge mehr oder weniger die gleiche Story verbrät. HFJ 1990

Das Halloween-Monster H40
PUMPKINHEAD **
USA 1988, 80 Min., F
R: Stan Winston D: Lance Henriksen, Jeff East, John Di Aquino
Ein von einer Hexe beschworener Dämon hilft einem rachsüchtigen Vater, der einem Raser nicht grün ist, da er seinen Sohn auf dem Gewissen hat. Eine Beleidigung. HFJ 1989

Beinharter Gesetzeshüter widersteht sogar einem Sandsturm, um einen entsprungenen Verbrecher dem Gesetz auszuliefern. Western mit Längen und tollen Naturaufnahmen.

Eine Halskette für meine Liebste H42 ****
SAMKAULI TSCHEMI SATRFOSTWIS
UdSSR 1971, 75 Min. F
R: Tengis Abuladse D: Ramaz Giorgobiani, Nani Bregwadse
Poetische Komödie um einen jungen Mann, der allerlei Abenteuer erlebt, als er, wie es in seiner georgischen Heimat der Brauch ist, ein Geschenk für seine Braut sucht.

Halt mal die Bombe, Liebling H43
CHE GIOIA VIVERE ***
It/Fr 1960, 115 Min., s/w
R: René Clément D: Alain Delon, Barbara Lass, Gino Cervi
Schon seine Liebesgeschichte nimmt dieser Film nicht ganz ernst, geschweige denn die Schilderung römischer Polit-Extremisten Anfang der 20er Jahre. Rasante und inspiriert in Szene gesetzte Komödie.

Halte still – Stirb – Erwache H44
ZAMRI – UMRI – VOSKRESNI ****
UdSSR 1990, 105 Min., s/w
R: Vitali Kanewski D: Pawel Nasarow, Dinara Drukarowa, Jelena Popowa
Eine Jugend in einem Ort, fern im Osten der UdSSR, wo sich ein Straflager befindet, als Bild sozialen und menschlichen Zerfalls. Eindringliche Vergangenheitsbewältigung.

Hamburg – Bilder aus einer großen Stadt H45 ***
BRD 1986, 80 Min., F
R: Ottokar Runze
Dokumentarisches Filmwerk mit Bildern aus der Hansestadt und Musikuntermalung, durchbrochen von Geräuschen und Originaltönen, aber

Bei einem militärisch sinnlosen Angriff auf einen Hügel in Vietnam verlieren zwei Drittel einer amerikanischen Einheit das Leben. In dieser Aktion spiegelt sich die Situation des ganzen Krieges. HFJ 1989

Die Hamburger Krankheit H47
***
BRD/Frankreich 1978, 116 Min., F
R: Peter Fleischmann D: Helmut Griem, Fernando Arrabal, Carline Seiser, Tilo Prückner
Eine rätselhafte Seuche, die Menschen wie Fliegen sterben läßt, sucht die BRD heim. Grotesker SF-Film, der den Helden im ersten Drittel sterben läßt und gegen Ende aberwitzig wird.

Hamlet H48
GAMLET ****
UdSSR 1964, 143 Min., s/w
R: Grigori Kosinzew D: Innocenti Smoktunowski, Anastasia Wertinskaja
Beeindruckende Filmversion von Shakespeares Bühnendrama um den Dänenprinzen, das hier eine recht eigenwillige Interpretation erfährt.

Hamlet H49
HAMLET ***
USA 1990, 134 Min., F
R: Franco Zeffirelli D: Mel Gibson, Glenn Close, Alan Bates, Paul Scofield
Zeffirellis Adaption des Shakespeare-Klassikers um Mord und Totschlag besticht wegen des Dekors und überrascht durch die ungewöhnliche Besetzung der Titelrolle. HFJ 1992
Shakespeare-Verwerter Kenneth Branagh legte 1996 als Regisseur und Hauptdarsteller noch eine (bestimmt nicht die letzte) Version auf. HFJ 1998

Hamlet goes business H50
HAMLET LIKEMAAILMASSA ****
Finnland 1987, 86 Min., s/w
R: Aki Kaurismäki D: Pirkka-Pekka Petelius, Esko Salminen, Kati Outinen
Der Industriellensohn Hamlet rächt den Mord an seinem Vater und beschwört damit eine Katastrophe herauf. Shakespeares Stoff dient als Vorlage für die Verknüpfung von Gangsterfilm und Sozialkritik.

Der Hammel mit den fünf Beinen H51
***
LE MOUTON A CINQ PATTES
Frankreich 1954, 100 Min., s/w
R: Henri Verneuil D: Fernandel, Françoise Arnoul, Louis de Funès
Die Heimatgemeinde von Fünflingen möchte deren 40jährigen Geburtstag festlich begehen. Doch dazu müssen die fünf erst einmal zusammengebracht werden. Eine der hübschesten Fernandel-Komödien.

Hammersmith ist raus H52
HAMMERSMITH IS OUT ***
USA 1972, 110 Min., F
R: Peter Ustinov D: Richard Burton, Peter Ustinov, Elizabeth Taylor
Ein Insasse einer Nervenheilanstalt verspricht einem Wärter Macht und Reichtum, wenn er ihn freiläßt und zieht ihn und seine Freundin in einen Kreis des Verbrechens. Satirische Film-Parabel in freier Anlehnung an das Faust-Motiv, souverän und mit Sinn für schwarzen Humor inszeniert.

›Hamlet‹ – Das Shakespeare-Drama in einer sowjetischen Filmbearbeitung.

Hammett H53
HAMMETT ****
USA 1979–82, 97 Min., F
R: Wim Wenders D: Frederic Forrest, Peter Boyle, Marilu Henner
Dashiell Hammett, Ex-Detektiv und Krimiautor, macht sich ein letztes Mal auf, einen Fall zu lösen. Wim Wenders' Hollywood-Ausflug wurde von Francis Ford Coppola produziert; trotz der extrem langwierigen und unerfreulichen Produktionsumstände ist *Hammett* ein Beweis für die Klasse seinen Regisseurs, der sich den ganzen Frust mit dem brillanten B-Picture *Der Stand der Dinge* von der Seele filmte.

Hana-Bi H54
HANA-BI ****
Japan 1997, 103 Min., F
R: Takeshi Kitano D: Takeshi Kitano, Kayolko Kishimoto, Ren Osugi
In ruhigem Rhythmus wird die Geschichte eines Polizisten erzählt, der mit selbstreflexiven Taten seine aus den Fugen geratene Welt für einen Augenblick wieder geraderücken will. Ein sich der traditionellen Ursache-Wirkung-Erzählweise konsequent verweigernder Film. HFJ 1999

Die Hand H55
THE HAND ***
USA 1981, 104 Min., F
R: Oliver Stone D: Michael Caine, Andrea Marcovicci, Annie McEnroe
Ein Comiczeichner, der bei einem Unfall die rechte Hand verliert, ist davon überzeugt, daß selbige, von seinem Haß über das plötzliche Ende seiner Karriere angetrieben, anderswo als Mordinstrument tätig ist. Ein Horrorfilm, der als Marty-Feldman-Komödie sicher besser angekommen wäre.

Hand aufs Herz H56
LA FRACTURE DU MYOCARDE ****
Frankreich 1990, 105 Min., F
R: Jacques Fansten D: Sylvain Copans, Nicolas Parodi, Cecilia Rouaud
Eine Schulklasse in der französischen Provinz solidarisiert sich mit einem Schüler und verheimlicht gegenüber den Erwachsenen den Tod seiner Mutter, damit er nicht ins Waisenhaus muß. Ein anrührendes Melodram.

Das Handbuch des jungen Giftmischers H57 ***
THE YOUNG POISENERS HANDBOOK
GB/BRD 1994, 105 Min., F
R: Benjamin Ross D: Hugh O'Connor, Anthony Sher, Ruth Sheen
Hochbegabt und von Forscherdrang besessen kann es Graham schon als Schuljunge nicht lassen, immer tiefer in die Geheimnisse chemischer Experimente einzudringen. Was läge also für den jungen Mann näher, als die Wirkungsweise der tödlichen Gifte an denen auszuprobieren, die ihm am nächsten sind, an seiner Familie und seinen Freunden. Der junge Graham kommt in ein schwerbewachtes Erziehungsheim. Kann er wirklich geheilt werden, oder siegt die Leidenschaft für die Chemie?

Hände hoch! H58
RECE DO GORY ***
Polen 1967/1981, 78 Min., F und s/w
R: Jerzy Skolimowski D: Jerzy Skolimowski, Joanna Szczerbic
Auf einer Wiedersehensfeier ehemaliger Medizinstudenten, die jetzt alle wohlbestallte Ärzte sind und als Spitznamen die Marken ihrer Autos tragen, trifft ein Telegramm ein, das sie zu einem Kollegen auf ein entlegenes Dorf ruft. Auf der Fahrt dorthin, erinnern sich an die Studentenjahre in der Stalinzeit und erkennen allmählich ihre wahren Charaktere und den Verrat ihrer einstigen Ideale. Erst verboten und als sich die Freigabe 1981 abzeichnete, wurde noch ein Gespräch mit Schlöndorff dazugedreht.

Hände hoch – oder nicht
siehe: Dick und Doof – Hände hoch – oder nicht

Die Hände über der Stadt H59
LE MANI SULLA CITTA ****
Italien 1963, 101 Min., s/w
R: Francesco Rosi D: Salvo Ran-

Hände weg von meiner Tochter H60 ***
SHE'S OUT OF CONTROL
USA 1989, 94 Min., F
R: Stan Dragoti D: Tony Danza, Ami Dolenz, Wallace Shawn
Flotte Teeniekomödie um die Sorgen eines Vaters, der nur schwer damit fertig wird, daß aus seiner etwas unscheinbaren Tochter plötzlich eine attraktive, junge Frau wird. Witzige Dialoge und Situationskomik wechseln sich munter ab. HFJ 1990

Der Händler der vier Jahreszeiten H61 ****
BRD 1971, 89 Min., F
R: Rainer Werner Fassbinder
D: Hans Hirschmüller, Irm Hermann, Klaus Löwitsch, Hanna Schygulla
Zugleich realistisches Sozialbild und perfektes Melodram ist dieser Film eine von Fassbinders liebevollsten und genauesten Arbeiten.

Die Handschrift von Saragossa H62 ***
REKOPIS ZNALEZIONY W SARAGOSSIE
Polen 1964, 169 Min., F
R: Wojciech Jerzy Has D: Zbigniew Cybulski, Iga Cembrazynska, Joanna Jedryka
In einer Herberge in den Ardennen wird ein Hauptmann von zwei Prinzessinnen betört. Das bildet den Auslöser für eine Reihe von ineinander verwobenen Erzählungen mit philosophischem Hintergrund.

Eine Handvoll blanker Messer H63 **
I COLTELLI DEL VINDICATORE
Italien 1965, 90 Min., F
R: John Hold D: Cameron Mitchell, Fausto Tozzi, Giacomo Rossi Stuart
Muskulöser Wikinger, der noch eine Rechnung bei einem Konkurrenten offen hat, hilft einem König, dessen Frau geraubt wurde. Farbiges, nicht

Der Generalstreik in Schweden 1909 dient als Hintergrund für eine zweifache Emanzipation: Eine junge Arbeiterin setzt sich mit aller Kraft für die Sozialistische Partei ein, während ihr Verlobter nach dem mißglückten Aufstand resigniert.

Eine Handvoll Staub H65
A HANDFUL OF DUST ***
GB 1988, 117 Min., F
R: Charles Sturridge D: James Wilby, Kristin Scott Thomas, Anjelica Huston
Gepflegte Langeweile. Charles Sturridge hat sich nach *Wiedersehen mit Brideshead* erneut eines Stoffes des Autors Evelyn Waugh angenommen. HFJ 1990

Hangin' Out – 4 Homeboys unterwegs H66 ***
HANGIN' WITH THE HOMEBOYS
USA 1991, 89 Min., F
R: Joseph B. Vasquez D: Doug E. Doug, Mario Joyner, John Leguizamo
Willi, Tom, Viennie und Johnny, unterschiedliche Hautfarben, verschiedene Charaktere, alle aus der South-Bronx. Sie suchen das Abenteuer und geraten in die absurdesten Situationen. Ein Regisseur erinnert sich an seine Jugend. HFJ 1993

Hängt ihn höher H67
HANG 'EM HIGH ***
USA 1967, 114 Min., F
R: Ted Post D: Clint Eastwood, Inger Stevens, Ed Begley, Pat Hingle
Ein Mann, der fast einem Lynchmord zum Opfer fällt, setzt alles daran, die Männer zu schnappen, die ihn beinahe aufgehängt hätten. Eastwoods erster US-Western nach seinen großen Erfolgen in Italien.

Hanna K. H68
HANNA K. ****
Fr/It/Israel 1983, 108 Min., F
R: Constantin Costa-Gavras D: Jill

Barbara Kopples Oscar-prämierte Dokumentation ›Harlan County, USA‹.

Hannah und ihre Schwestern H69 ***
HANNAH AND HER SISTERS
USA 1985, 106 Min., F
R: Woody Allen D: Michael Caine, Mia Farrow, Carrie Fisher
Über zwei Jahre hinweg beobachtet der Film die Gefühle, Katastrophen und Entwicklungen der Menschen in einer New Yorker Familie. Lockere, sanft subversive und intelligente Komödie über menschliches Verhalten.

Hannibal H70 **
ANNIBALE
Italien 1959, 95 Min., F
R: Carlo Ludovico Bragaglia
D: Victor Mature, Rita Gam, Gabriele Ferzetti, Rik Battaglia, Milly Vitale
Der karthagische Feldherr Hannibal überquert die Alpen, haut sich mit den Römern und hat eine Liebesaffäre. Interessantes Schlachtspektakel, doch ansonsten eher langweilig.

Hans Christian Andersen und die Tänzerin H71 ***
HANS CHRISTIAN ANDERSEN
USA 1952, 104 Min., F
R: Charles Vidor D: Danny Kaye, Farley Granger, Zizi Jeanmaire
Etwas artifizielles Musical um den berühmten Märchendichter, der als Schuster in seiner Heimatstadt Odense lebt und aus der Ferne eine Ballerina liebt.

Hanussen H72 ****
BRD/Ungarn 1988, 116 Min., F
R: István Szabo D: Klaus Maria Brandauer, Erland Josephson, Grazyna Szapolowska
Der Aufstieg des Varieté-Illusionisten Klaus Schneider, der als Eric Jan Hanussen zu Ruhm gelangt und in den dreißiger Jahren schließlich an der Unerbittlichkeit der politischen Verhältnisse scheitert. HFJ 1990

Happiness H73 ****
HAPPINESS
USA 1998, 134 Min., F
R: Todd Solondz D: Jane Adams, Dylan Baker, Ben Gazzara
Zwischen Komik und Tragik gelungen balancierende Groteske über die Mitglieder einer amerikanischen Mittelklassefamilie auf ihrer Suche nach Liebe und Glück. Entlarvend böse, gleichzeitig aber auch sensibel und einfühlsam. Ein Film, der Grenzen sprengt. HFJ 2000

Happy Birthday, Türke! H74 ***
BRD 1991, 109 Min., F
R: Doris Dörrie D: Hansa Czypionka, Özay Fecht, Doris Kunstmann
Ein Türke, der seine Muttersprache nicht spricht, fristet als Privatschnüffler in Frankfurt ein monotones Dasein, bis ihn ein heikler Fall aus der Lethargie erweckt. Im Stile der US-Klassiker gedrehter, gelungener deutscher Detektiv-Film. HFJ 1993

Happy-End für eine Ehe H75 ****
THE HAPPY ENDING
USA 1969, 112 Min, F
R: Richard Brooks D: Jean Simmons, John Forsythe, Shirley Jones
Am ihrem 16. Hochzeitstag reißt die Gattin eines erfolgreichen, auf seine Karriere bedachten Anwalts auf die Bahamas aus, da sie nach jahrelanger Eheroutine zu »sich selbst« finden will. Doch auf die Freiheit folgt der Katzenjammer. Ein Film, der den Ehealltag ironisch betrachtet und kommentiert.

Happy Together H76 ****
CHEUN GWONG TSA SIT
Hongkong 1997, 93 Min., F
R: Wong Kar-Wai D: Tony Leung-Chiu Wai, Leslie Cheung, Chang Chen
Melancholischer Sehnsuchtsfilm um ein schwules chinesisches Paar, das sich auf seiner Reise durch Argentinien verliert. Formal glänzend in Szene gesetztes Melodram um gescheiterte Träume. Natürlich ein hundertprozentiger Cineastenfilm, den man im Kino und nicht um Mitternacht im Fernsehen sehen sollte.
HFJ 1998

Hardcore – Ein Vater sieht rot H77 ****
HARDCORE
USA 1978, 107 Min., F
R: Paul Schrader D: George C. Scott, Peter Boyle, Season Hubley
Ein strenggläubiger Unternehmer aus der Provinz sucht im Rotlichtmilieu von Los Angeles seine spurlos verschwundene Tochter und entdeckt sie in einem Pornofilm. Kraftvolles, vor gewagten Situationen nicht zurückschreckendes Drama mit einem grandiosen George C. Scott in der Hauptrolle.

The Harder They Come H78 ****
THE HARDER THEY COME
Jamaica 1972, 88 Min., F
R: Perry Henzel D: Jimmy Cliff, Janet Bartley, Carl Bradshaw
Mit viel guter Reggaemusik (»You Can

Get It If You Really Want«) versehene Gangster-Story aus den Slums von Kingston. Mit Jimmy Cliff als Junge vom Lande, der in der Hauptstadt erst dann mit seiner Musik Erfolg hat, als er sich auch kriminell betätigt. Grob gestrickt, aber ein Kultfilm.

Harem H79
HAREM **
USA 1985, 95 Min., F
R: Arthur Joffe D: Nastassja Kinski, Ben Kingsley, Dennis Goldson
Eine junge New Yorker Börsenmaklerin wird entführt und findet sich im Harem eines Scheichs wieder, mit dem ein bizarrer Disput um Liebe, Modernität und Tradition entsteht. HFJ 1987

Die Harfe von Burma H80
BIRUMA NO TATEKOTO ****
Japan 1956, 87 Min., s/w
R: Kon Ichikawa D: Rentaro Mikuni, Shoji Yasui, Tatsuya Mihashi
Nach seinen Erfahrungen im Zweiten Weltkrieg wird ein japanischer Soldat zum Mönch, der sein Leben den im Krieg gestorbenen widmet. Eine der intensivsten Filmstudien über den Schrecken des Krieges.

Harlan County, USA H81
HARLAN COUNTY, USA ****
USA 1976, 104 Min., F und s/w
R: Barbara Kopple
Dokumentation des längsten Bergarbeiterstreiks in den USA, 1973/74 in Harlan County in Kentucky, der nach 13 Monaten das Recht auf gewerkschaftliche Organisation einbrachte. Bewegendes Beispiel für den harten Kampf um Emanzipation der Arbeiterschaft.

Harlem Action H82
A RAGE IN HARLEM ***
GB/USA 1991, 107 Min., F
R: Bill Duke D: Forest Whitaker,

Harley Davidson 344 H83
ELECTRA GLIDE IN BLUE **
BRD 1972, 114 Min., F
R: James William Guercio D: Robert Blake, Billy Green Bush, Mitchell Ryan
Erstlingsfilm über einen Motorradpolizisten in Colorado. Gute Action, aber auch viel harte Gewalt.

Harlis H84
***
BRD 1972, 82 Min., F
R: Robert van Ackeren D: Mascha Raben, Gabi Larifari, Ulli Lommel
Die Tänzerin Harlis ist eigentlich recht exklusiv dem eigenen Geschlecht zugetan; der schöne Raymond macht sie allerdings schwach. Dadurch wird ein komisch-erotischer Reigen in Gang gesetzt, den der Regisseur lustvoll und synthetisch entwickelt.

Harold und Maude H85
HAROLD AND MAUDE ****
USA 1971, 91 Min., F
R: Hal Ashby D: Ruth Gordon, Bud Cort, Vivian Pickles
Die Beziehung zwischen einem depressiven Jungen und einer lebenslustigen Achtzigjährigen. Schwarze, gleichwohl optimistische Komödie; ein kleiner Kultfilm der Siebziger.

Harry mit den langen Fingern H86
HARRY IN YOUR POCKET ***
USA 1973, 103 Min., F
R: Bruce Geller D: James Coburn, Michael Sarrazin, Trish Van Devere
Unterhaltsam-lehrreiche Geschichte des Profi-Pickpockets Harry, der mit einem älteren Partner arbeitet, mit dem er ein junges Pärchen anlernt. Als sie in eine Polizeifalle geraten, opfert er sich.

Harry Tracy – Der letzte Desperado H87
****
HARRY TRACY, DESPERADO

Harry und Sally H88
WHEN HARRY MET SALLY ****
USA 1989, 96 Min., F
R: Rob Reiner D: Billy Crystal, Meg Ryan, Carrie Fisher, Bruno Kirby
Eine ironische Komödie über die Unmöglichkeit einer platonischen Freundschaft zwischen Mann und Frau. Etwas umständlich erzählt, aber doch nicht reiz- und witzlos. Der getürkte Orgasmus ist alleine schon das Eintrittsgeld wert. HFJ 1990

Harry und Sohn H89
HARRY AND SON ***
USA 1984, 117 Min., F
R: Paul Newman D: Paul Newman, Robby Benson, Ellen Barkin
Hauptsächlich wegen Newman sehenswertes Vater-Sohn-Drama: Der verwitwete Vater hat seinen Job und seinen Selbstrespekt verloren, der Sohn sein Leben noch nicht auf der Reihe.

Harry und Tonto H90
HARRY AND TONTO ****
USA 1974, 111 Min., F
R: Paul Mazursky D: Art Carney, Ellen Burstyn, Chief Dan George
Als ihr Mietshaus in New York abgerissen wird, beginnt für den eigenbrötlerischen Harry und seinen Kater Tonto eine aufregende Reise durch die USA. Liebevolles Senioren-Road Movie.

Harte Fäuste, heißes Blut H91
CA VA BARDER **
Frankreich 1954, 90 Min., s/w
R: Jean Berry D: Eddie Constantine, May Britt, Jean Danet, Gérard Hoffman
Ein harter Bursche, der für einen zwielichtigen Reeder arbeitet, sieht sich plötzlich Anschlägen auf sein Leben ausgesetzt, da er etwas weiß, von dem er nicht ahnt, wie gefährlich es ist. Ein eher untypischer »Eddie«.

Harte Männer tanzen nicht H92

Komplott um Rauschgift, Mord und Sex verwickelt wird. Ein Film, der immer wieder Mythen des Kriminalgenres beschwört, um ihre Untauglichkeit in einer kalten Welt zu belegen.

Der harte Weg zum Sieg H93
THE GOLD AND THE GLORY **
Australien 1984, 108 Min., F
R: Igor Auzins D: Joss McWilliam, Colin Friels, Nick Tate
Zwei Brüder werden von einem ehrgeizigen Vater zu Sportlern gedrillt und müssen schließlich als Konkurrenten gegeneinander antreten.

Harte Zeiten für unsere Zeiten H94
****
TEMPOS DIFICEES, ESTE TEMPO
Portugal 1988, 90 Min., s/w
R: João Botelho D: Henrique Viana, Julia Britton, Eunice Munoz
Der Film erzählt etwas über das Portugal der achtziger Jahre nach dem Roman »Hard Times« von Charles Dickens mit den Mitteln des Stummfilms und eröffnet dabei ein fulminantes cineastisches Vexierspiel.

Die Harten und die Zarten H95
THE BOYS IN THE BAND ***
USA 1969, 115 Min., F
R: William Friedkin D: Kenneth Nelson, Frederick Combs, Cliff Corman
Verheirateter Mann, der sich von seiner Frau trennen will, gerät per Zufall auf eine Party, auf der eine Gruppe homosexueller Männer einander psychisch terrorisieren.

Hasenjagd – Vor lauter Feigheit gibt es kein Erbarmen H96
***
Öster/BRD/Lux 1994, 102 Min., F
R: Andreas Gruber D: Elfriede Irrall, Rainer Egger, Oliver Broumis
Im Winter 1945 wagen russische Offiziere die Flucht aus dem KZ Mauthausen. Unter dem Kommando der SS beginnt eine bestialische Treibjagd, bei der die meisten Flüchtlinge »erlegt« werden. Nur einige finden Schutz bei einer Bauernfamilie und überleben. Andreas Gruber zeichnet nach einer authentischen Begebenheit den Schrecken und das Grauen der Nazi-Zeit, zeigt aber auch, daß Widerstand möglich war. Eine bewegend inszenierte Vergangenheitsbewältigung. HFJ 1996

Hasenherz H97
***
DDR 1987, 80 Min., F
R: Gunter Friedrich D: Bettina Hohensee, Susanne Kusche, Frank Ruttloff
Das 13jährige Mädchen Janni aus Ost-Berlin wird gehänselt, weil es wie ein Junge ausschaut und auch noch eine Jungenrolle in einem Märchenfilm spielen soll. Amüsanter DDR-Kinderfilm. HFJ 1990

Haß H98
LA HAINE ****
Frankreich 1995, 95 Min., s/w
R: Mathieu Kassovitz D: Vincent Cassel, Hubert Koundé, Said Taghmaoui
Drei Jugendliche, ein Schwarzer, ein Araber und ein Jude, schlagen sich in den Vorstädten von Paris durchs Leben. Als ein Kumpel von ihnen nach einem Polizeiverhör im Koma liegt, eskalieren die Aggressionen. Sozialdrama, das subtil 24 Stunden im Leben dreier Heranwachsender und die Spirale von Gewalt und Gegengewalt schildert. HFJ 1996

Fesselnde Bilder des asiatischen Kinos: ›Ein Hauch von Zen‹.

Haß des Südens H99
WHITE LIE ***
USA 1991, 88 Min., F
R: Bill Condon D: Gregory Hines, Annette O'Toole, Bill Nunn
Ein schwarzer Politiker erfährt erst nach dreißig Jahren die Wahrheit über den Tod seines Vaters, der gelyncht wurde, weil er angeblich eine weiße Frau vergewaltigte.

Der häßliche Amerikaner H100
THE UGLY AMERICAN ***
USA 1962, 120 Min., F
R: George H. Englund D: Marlon Brando, Sandra Church, Pat Hingle
In der Zeit des Kalten Krieges der Supermächte verursacht die Ankunft eines neuen US-Botschafters (Brando) in einem Staat Südostasiens prokommunistischen Aufruhr. In gewisser Weise nahm der Film, der nirgendwo gut ankam, Ereignisse in Vietnam voraus.

Das häßliche Dorf H101
SKAREDA DEDINA ****
CSSR 1975, 80 Min., F
R: Karel Kachyna D: Vilem Pfeifer, Maria Machovicova, Karel Chromik
1932, inmitten der großen Depression, kommt ein Arbeitsloser auf den Hof seines jähzornigen und trunksüchtigen Bruders und gerät mit ihm in Konflikt.

Hat jemand meine Braut gesehen? H102
***
HAS ANYBODY SEEN MY GAL?
USA 1951, 93 Min., F
R: Douglas Sirk D: Rock Hudson, Piper Laurie, Charles Coburn
Die originelle Idee eines Millionärs, seinen Erben mal auf den Zahn zu fühlen, ohne dabei erkannt zu werden,

produziert durch ihre dilettantische Umsetzung den Grundstoff dieser Komödie. Die Inszenierung von Melo-Spezialist Sirk wirkt etwas bemüht.

Hatari H103
HATARI ****
USA 1962, 159 Min., F
R: Howard Hawks D: John Wayne, Red Buttons, Hardy Krüger
Safari, Safari: Hier ist Howard Hawks Ausflug in die Wildnis Tanganjikas. Die gekonnt fotografierten Bilder von der Jagd werden zusätzlich mit einer Lovestory garniert.

Hau drauf, Kleiner H104
***
BRD 1973, 82 Min., F
R: May Spils D: Werner Enke, Henry van Lyck, Mascha Gonska
Dritter Film der *Zur Sache, Schätzchen*-Serie um einen mehr oder minder philosophischen, mehr oder minder infantilen Verweigerer im Kampf gegen die Leistungsgesellschaft.

Ein Hauch von Glück H105
SIX WEEKS ***
USA 1982, 108 Min., F
R: Tony Bill D: Dudley Moore, Mary Tyler Moore, Katherine Healy
Ein leukämiekrankes Mädchen hat nur noch sechs Wochen zu leben. Die Mutter und ein Politiker, den sie als Ersatzvater ins Herz geschlossen hat, unternehmen mit ihr eine Reise nach New York. Rücksichtsloser Tränendrücker von einem Regisseur, der mit *Five Corners* bewies, was er kann.

Ein Hauch von Sinnlichkeit H106
THE APPOINTMENT **
USA 1969, 115 Min., F
R: Sidney Lumet D: Omar Sharif, Anouk Aimée, Lotte Lenya
Etwas langatmige Geschichte eines Anwalts, der sich durch die Ehe mit einer schönen Frau ruiniert.

Eine attraktive Mittdreißigerin kommt nach einer 16jährigen Haftstrafe aus dem Gefängnis zurück. Mit Hilfe von Freunden integriert sie sich schnell in die Gesellschaft und findet in ihrem im Gefängnis geborenen Sohn einem Sinn im Leben. Hervorragend gefilmter, unrealistischer Hochglanz-Kitsch.

Ein Hauch von Zen H108
HSIA NU/A TOUCH OF ZEN ****
Taiwan 1969, 170 Min., F
R: King Hu D: Shih Chun, Hsu Feng, Pai Ying, Chang Ping-Yu
Perfekt inszenierter Abenteuerfilm um einen jungen Maler, der in die Auseinandersetzung zwischen einem tyrannischen Eunuchen und einem rebellierenden Staatsbeamten gerät. Das vordergründig eingesetzte Muster des Kung-Fu-Filmes dient eigentlich als Metapher für eine geistige Auseinandersetzung mit Gewalt.

Haudegen der Königin H109
LES TROIS MOUSQUETAIRES: LES FERRETS DE LA REINE ****
Frankreich/Italien 1961, 104 Min., F
R: Bernard Borderie D: Gérard Barray, Georges Descrières, Jacques Toja, Mylène Demongeot
Der junge D'Artagnan kommt aus der Gascogne nach Paris, wird Musketier und verteidigt die Ehre der Königin gegen die Vasallen des schurkischen Kardinals Richelieu. Prächtiger und flott gespielter Kostümfilm nach dem Roman von Alexandre Dumas.

Ein Haufen toller Hunde H110
THE HILL ****
GB 1965, 122 Min., s/w
R: Sidney Lumet D: Sean Connery, Harry Andrews, Michael Redgrave
Während des Zweiten Weltkriegs rebellieren die Insassen eines Militärgefängnisses in Nordafrika. Kraftvolles Drama mit prominenter Besetzung.

Himmelfahrtskommando der Alliierten jagt den deutschen Truppen die V-2-Rakete ab. Ein Kriegsfilm, der wie ein Italowestern inszeniert ist.

Der Hauptdarsteller H112
****
BRD 1977, 88 Min., F
R: Reinhard Hauff D: Michael Schweiger, Mario Adorf, Vadim Glowna, Rolf Zacher, Hans Brenner
Der 15jährige Pepe, der in einem Film mitgespielt hat, muß nach Beendigung der Dreharbeiten zu seinem brutalen Vater zurück. Er sucht Schutz bei dem Regisseur, der jedoch mehr an seinem Film interessiert ist. Selbstkritische Studie nach eigenen Erfahrungen des Regisseurs.

Hauptlehrer Hofer H113
***
BRD 1975, 120 Min., F
R: Peter Lilienthal D: André Watt, Sebastian Bleisch, Kim Parnass
Der Kampf des Dorflehrers Hofer, der um die Jahrhundertwende in einem Bauerndorf im Elsaß lehrt. Er versucht, die Lebensbedingungen der Menschen zu verändern. Als er von der Obrigkeit des Landes verwiesen wird, stellt er fest, daß seine Arbeit doch nicht umsonst gewesen ist.

Der Hauptmann von Köpenick H114
***
BRD 1956, 89 Min., F
R: Helmut Käutner D: Heinz Rühmann, Martin Held, Hannelore Schroth
Carl Zuckmayers Geschichte vom vorbestraften Schuster Wilhelm Voigt, der sich in der Uniform eines Hauptmanns über die bürokratischen Hemmnisse beim Erlangen eines Passes hinwegzusetzen versucht, in einer ganz auf den Hauptdarsteller zugeschnittenen, menschlich-komödiantischen Film-Version. Aber die Verfilmung von Richard Oswald, 1931, war doch besser.

Eine Fabrikarbeiterin wird aus ihrem eintönigen Leben befreit, als sie die Rolle der Jean d'Arc spielt. Einfühlsames, ein bißchen langatmiges Porträt.

Hauptsache Ferien H116
**

BRD 1972, 99 Min., F
R: Peter Weck D: Peter Alexander, Christiane Hörbiger, Martin Held
Peter Alexander ist schon wieder ein patenter singender Lehrer, es geht schon wieder in die Ferien und Peter Weck hat schon wieder die Dreistigkeit, den Regiestuhl zu okkupieren. »Schwach« ist dafür kein Ausdruck.

Hauptsache glücklich! H117
***

Deutschland 1941, 94 Min., s/w
R: Theo Lingen D: Heinz Rühmann, Hertha Feiler, Ida Wüst
Kleiner Buchhalter ohne Ehrgeiz soll von Frau und Schwiegermutter zur Karriere gedrängt werden.

Hauptstraße H118
CALLE MAYOR ****
Spanien 1956, 98 Min., s/w
R: Juan A. Bardem D: Betsy Blair, José Suarez, Yves Massard
Auf der Hauptstraße einer Kleinstadt in Spanien spielt sich eine grausame Liebesintrige ab. Wie unter einem Vergrößerungsglas zeigt Bardem eine Gesellschaft voll unbarmherziger Rituale.

Das Haus am Strand H119
FEMALE ON THE BEACH ***
USA 1955, 97 Min., s/w
R: Joseph Pevney D: Joan Crawford, Jeff Chandler, Jan Sterling
Düster-schwüles Dreiecks-Melodram um eine reiche Witwe, einen zwielichtigen Typen, in den sie sich verliebt, und eine Immobilienmaklerin. Ein ungeklärter Todesfall führt zu Verdächtigungen aller Art.

Das Haus an der Friedhofsmauer H120
**
QUELLA VILLA ACCONTO AL CIMITERO
Italien 1981, 78 Min., F
R: Lucio Fulci D: Catriona McColl, Paolo Malco, Giovanni Frezza
Irrer Wissenschaftler verhackstückt zugunsten einer von ihm entwickelten Frischzellentherapie junge Leute. Blutiger Horrorfilm eines Regisseurs, dessen Machwerke mit jedem Film schlimmer und geistloser werden.

Das Haus der ausgefallenen Wünsche H121
**
CLUB PRIVEE POUR COUPLES AVERTIS
Frankreich 1973, 77 Min., F
R: Max Pécas D: Philippe Gaste, Eva Stroll, Chantal Arondel
Ein Taxifahrer bringt einen weiblichen Fahrgast zu einer Orgiastenvilla und wird – wie seine Braut – in die dort stattfindenden Sexspiele einbezogen.

Haus der Begierde H122
LA MAISON DES MILLE ET UN PLAISIRS *
Frankreich/Schweiz 1984, 75 Min., F
R: Michel Leblanc D: Olinka Hardiman, Dominique St. Clair, Alban Ceray, Gabriel Pontello
Unschuld vom Lande geht in die Stadt, gerät an eine Bordellchefin, verliebt sich in einen reichen Erben und wird in ein Erpresserkomplott gegen den Geliebten verwickelt. Lustlos abgefilmter Softsexfilm ohne Spannung und Dramatik.

Das Haus der blutigen Hände H123
**
THE MAD ROOM
USA 1969, 92 Min., F
R: Bernard Girard D: Stella Stevens, Shelley Winters, Skip Ward
Gesellschafterin einer reichen Lady läßt ihre mörderischen, aus einem Sanatorium entlassenen Geschwister im Haus ihrer Arbeitgeberin wohnen, wo sie bald zu scharfen Klingen greifen. Psycho-Schocker; gesunder Magen erforderlich.

Das Haus der blutigen Schatten H124
**
LA CASA DEL BUON RITORNO
Italien 1986, 87 Min., F
R: Giuseppina Marotta D: Amanda Sandrelli, Stefano Gabrini
Ein junger Mann wird allmählich vom Geist eines Mordopfers in den Wahnsinn getrieben. Eine auch geistig billige Produktion.

Das Haus der Freuden H125
LA CASA DEL SORRISO ***
Italien 1990, 94 Min., F
R: Marco Ferreri D: Ingrid Thulin, Dado Ruspoli, Enzo Cannavale
In einem Altenheim geht die Romanze eines senilen Paares beinahe in die Brüche, als schamlose Diebe die dritten Zähne der eitlen Dame klauen. Bizarre Komödie ohne Biß, bei der Ferreri an schamlose *Das große Fressen*-Zeiten nicht anknüpfen kann.

Das Haus der Lady Alquist H126
GASLIGHT ***
USA 1944, 112 Min., s/w
R: George Cukor D: Charles Boyer, Ingrid Bergman, Joseph Cotton
Inzwischen ein wenig antiquiert wirkendes Drama um einen Musiker im viktorianischen England, der seine Frau in den Wahnsinn zu treiben versucht. Hervorragend gespielt.

Das Haus der langen Schatten H127
***
HOUSE OF LONG SHADOWS
GB 1982, 97 Min., F
R: Peter Walker D: Vincent Price, Christopher Lee, Desi Arnaz jr.
Schriftsteller, der in 24 Stunden ein Buch schreiben will, stößt in einem Landhaus auf vier alte Herren, die für eine lange zurückliegende Untat zur Rechenschaft gezogen werden. Von vielen Klischees durchzogener, doch atmosphärisch dichter Gruselfilm.

Das Haus der lebenden Leichen H128
*
DON'T GO IN THE HOUSE
USA 1979, 82 Min., F
R: Joseph Ellison D: Dan Grimaldi, Robert Osth, Ruth Dardick
Aufgrund schlechter Erziehung zum Psychopathen avancierter Hirni, von einer inneren Stimme angeleitet, bestraft »böse Mädchen« mit einem Flammenwerfer. No Lebende Leichen. Just a baaad movie.

Das Haus der Peitschen H129
HOUSE OF WHIPCORD **
GB 1974, 101 Min., F
R: Peter Walker D: Barbara Markham, Ann Michelle, Penny Irving

Irres Ehepaar bestraft »böse Mädchen« in seinem zum Privatknast umgebauten Landhaus. Primitiver Psychoreißer, der sich in sadistischen Mätzchen suhlt.

Haus der Spiele H130
HOUSE OF GAMES ***
USA 1987, 101 Min., F
R: David Mamet D: Lindsay Crouse, Joe Mantegna, Mike Nussbaum
Thriller über eine gelangweilte Psychologin, die sich Abwechslung erhofft, indem sie sich in die Fänge eines Profi-Spielers begibt. Fasziniert vom Flair des Hauses der Spiele begreift sie langsam die dort herrschenden Regeln und wird vom Spiel-Opfer zur markanten Rächerin. Etwas dröge, weil ohne große Spannung inszeniert. HFJ 1989

Das Haus der tausend Augen H131
THIS HOUSE POSSESSED **
USA 1981, 93 Min., F
R: William Wiard D: Parker Stevenson, Lisa Eilbacher, Slim Pickens
Nach einem Zusammenbruch erholt sich ein Popstar in einer automatisierten Luxusvilla, deren Zentraleinheit böse Absichten hat: Sie »liebt« seine Pflegerin und duldet keine anderen Liebhaber neben sich. Die übliche Standardware.

Das Haus der tausend Freuden H132
LA CASA DE LAS MIL MUNECAS **
BRD/Spanien 1967, 90 Min., F
R: Jeremy Summers D: Vincent Price, George Nader, Martha Hyer
FBI-Agent hebt in Tanger eine Bande von Mädchenhändlern aus. Diesmal dürfen die Damen auch ein wenig T&A zeigen. Die letzte Zuckung von Papas Kino, das mit abgehalfterten Stars im Geschäft zu bleiben bemüht.

Das Haus der tausend Schreie H133
***

Die zehn besten SF-Filme

Der Blade Runner
R: Ridley Scott.
Weil er es (von dem mistigen Ende abgesehen) schafft, die in Philip K. Dicks Werk vorherrschende Paranoia allgegenwärtig zu machen und einen Zukunftsstadt-Moloch bietet, der seinesgleichen sucht. Philip K. Dick (1934–1982), der Autor der bereits 1968 erschienenen Romanvorlage »Träumen Roboter von elektrischen Schafen?«, hatte nichts von seinem längst fälligen Durchbruch: Er starb kurz vor Fertigstellung des Films.

Lautlos im Weltraum
R: Douglas Turnbull.
Weil mir immer das Wasser in die Augen steigt, wenn Joan Baez »Rejoice in the Sun« singt und ich auch nach zwanzig Jahren noch Anfälle über die Dämlichkeit der Synchronauten kriege, die nicht wissen, daß Hewey, Dewey und Louie eigentlich Tick, Trick und Track heißen müßten.

2001: Odyssee im Weltraum
R: Stanley Kubrick.
Weil ich an die verzückten Gesichter der Bekifften denken muß, die weiland (1969) in Wuppertal in Scharen im Kino saßen und sich anschließend den Mund darüber fusselig redeten, was das komische Ende zu bedeuten hat.

Dr. Seltsam, oder Wie ich lernte, die Bombe zu lieben
R: Stanley Kubrick.
Weil Peter George, der Autor der Romanvorlage, sich aus Angst vor einem Atomkrieg umbrachte und der Film verdeutlicht, daß die Vorurteile, die wir über Politiker haben, gar keine sind

und die Fremdartigkeit ihrer Gestaltung ein hohes Maß an Phantasie beweist.

Das Ding aus einer anderen Welt
R: Christian Nyby, Howard Hawks.
Weil der Film wie kein zweiter die Paranoia der fünfziger Jahre und des Kalten Krieges einfängt.

Angriffsziel Moskau
R: Sidney Lumet.
Weil der Film zeigt, daß Elektronik und noch so ausgeklügelte Verteidigungssysteme immer nur so perfekt sind wie ihre Erfinder.

Plan 9 aus dem Weltraum
R: Edward D. Wood.
Weil die Außerirdischen (die uns nie sagen, wie die acht vorherigen Invasionsversuche ausgegangen sind) und ihre nicht an Doofheit zu überbietenden Dialoge viel unterhaltsamer sind als alles, was Jean-Luc Godard und Wim Wenders so machen.

Briefe eines Toten
R: Konstantin Lopuschanskij.
Weil dieser Film auf schreckliche und dramatische Weise verdeutlicht, daß die Lebenden die Toten wahrhaftig beneidet hätten, wäre es zum Äußersten gekommen. Und weil die Geschichte illustriert, was der Popsänger Sting schon zuvor gesagt hat: »The Russians love their children too.«

Zurück in die Zukunft
R: Robert Zemeckis.
Weil die Teenie-Geschichte sich clever an die innere Logik der SF hält – was bei Filmen dieser Art leider nicht die Regel ist.

dessen ständig schlagendes Herz kostet ihn den letzten Nerv. Nach einer Story von E. A. Poe.

Das Haus der Vergessenen H134
THE PEOPLE UNDER THE STAIRS ***
USA 1991, 102 Min., F
R: Wes Craven D: Brandon Adams, Everett McGill, Wendy Robie
Horror-Experte Wes Craven läßt diesmal einen kleinen Jungen Schrecken und Alptraum erleben, als dieser gerade dabei ist, eine Handvoll Goldmünzen zu stehlen. HFJ 1993

Das Haus des Bösen H135
SOMETHING EVIL **
USA 1971, 73 Min., F
R: Steven Spielberg D: Sandy Dennis, Darren McGavin, Jeff Corey
Eine Familie kauft ein Häuschen auf dem Land, in dessen Umgebung ein unsichtbarer Dämon haust, der immer mehr Macht über die Bewohner gewinnt. TV-Film von Steven Spielberg, der später Größeres geleistet hat.

Das Haus des Grauens H136
PARANOIAC **
GB 1962, 79 Min., s/w
R: Freddie Francis D: Janette Scott, Oliver Reed, Liliane Brousse
Junge Erbin soll von ihrem paranoiden Bruder und ihrer Tante allmählich in den Irrsinn getrieben werden. Eine Geschichte wie hundert andere, aber durchaus nicht unspannend.

Haus des Schreckens H137
THE THEATRE OF DEATH **
GB 1966, 89 Min., F
R: Samuel Gallu D: Christopher Lee, Lelia Goldoni, Jenny Till, Julian Glover
Der Fund völlig ausgebluteter Leichen deutet auf vampirische Morde hin, und die Spur führt in ein Horrortheater, das ausschließlich makabre Stücke aufführt. Hintertreppenschocker aus dem Theatermilieu.

Das Haus in der Carroll Street H138
****
HOUSE ON CARROLL STREET
USA 1987, 101 Min., F
R: Peter Yates D: Kelly McGillis, Jeff Daniels, Mandy Patinkin
Eine Redakteurin der Zeitschrift »LIFE« kommt, nachdem man sie auf die Schwarze Liste gesetzt und um ihren Arbeitsplatz gebracht hat, an Informationen über eine Organisation, die alte Nazis in die USA einschleust. Spannender Politthriller über die Zeit der McCarthy-Ära. HFJ 1989

Das Haus in der Karpfengasse H139
***
BRD 1964, 108 Min., s/w
R: Kurt Hoffmann D: Jana Brejchová, Edith Schulz-Westrum
Miteinander verwobene Lebensdramen jüdischer Familien und tschechischer Widerstandskämpfer unter der deutschen Besatzung des Jahres 1939. Nicht gut, aber weitgehend unterschätzt.

Das Haus in der Via Roma H140
***
LA VIACCIA
Italien 1960, 92 Min., s/w
R: Mauro Bolognini D: Jean-Paul Belmondo, Claudia Cardinale, Pietro Germi
Liebesmelodram im Florenz der Jahrhundertwende: Ein junger Bauer verliebt sich in eine Prostituierte und läßt sich in dem Bordell anstellen, in dem sie arbeitet.

Das Haus in Montevideo H141
***
BRD 1963, 123 Min., F
R: Helmut Käutner D: Heinz Rühmann, Paul Dahlke, Ruth Leuwerik
Ein tugendstrenger Vater von zwölf Kindern wird durch das Testament seiner wegen eines Fehltritts verstoßenen Schwester von schweren moralischen Konflikten bedrängt. Pompöses Remake der Curt-Goetz-Verfilmung aus dem Jahre 1951, das an deren humorvollen Charme bei weitem nicht herankommt.

Das Haus mit dem Folterkeller H142
**
MANSION OF THE DOOMED
USA 1976, 86 Min., F
R: Michael Pataki D: Richard Basehart, Gloria Grahame, Trish Stewart
Augenarzt versucht, seiner erblindeten Tochter zu helfen, indem er ahnungslose Menschen kidnappt und sie ihrer Netzhaut beraubt. Als die Tochter wieder sehen kann, läßt sie seine augenlosen Gefangenen frei ...

Das Haus unter den Bäumen H143
LA MAISON SOUS LES ARBRES ***
Frankreich 1971, 95 Min., F
R: René Clément D: Faye Dunaway, Frank Langella, Karen Blanguernon
Durch die Entführung seiner Kinder soll ein amerikanischer Mathematiker gezwungen werden, den Kidnappern sein Wissen zur Verfügung zu stellen. Nur streckenweise spannender, etwas arg reißbretthafter, aber vorzüglich inszenierter Psychothriller.

Der Haus-Tyrann H144
**
BRD 1959, 89 Min., s/w
R: Hans Deppe D: Heinz Erhardt, Grethe Weiser, Peter Vogel
Heinz Erhardt in einer eher untypischen Rolle als trotziger Trottel und Bürgerschreck, der sich im permanenten Kleinkrieg mit seiner Untermieterin als Ekel und Dauernörgler profiliert. Unterhaltsam.

Hausaufgaben H145
HOMEWORKS **
USA 1982, 88 Min., F
R: James Beshears D: Michael Morgan, Joan Collins, Shelley Kepler
Sexhungriger Schüler, in attraktive Psychologin verknallt, wird von der erfahrenen Diana (Joan Collins) zur Brust genommen. 1979 entstandener, erst 1982 ins Kino gebrachter Komödienflop.

Der Hausbesitzer H146
THE LANDLORD ***
USA 1970, 110 Min., F
R: Hal Ashby D: Beau Bridges, Pearl Bailey, Diana Sands, Louis Gossett
Ein Millionärssohn, der das Leben in seiner reichen Familie satt hat, kauft sich ein Haus im schwarzen Getto und muß nach einigen gutgemeinten Versuchen zur Kommunikation aufgeben. Eine der schärfsten und treffendsten Sozialsatiren auf die amerikanische Klassengesellschaft der siebziger Jahre.

Hausbesuche H147
HOUSE CALLS ****
USA 1977, 98 Min., F
R: Howard Zieff D: Walter Matthau, Glenda Jackson, Art Carney
Nach dem Ableben seiner Gattin erlebt ein Arzt »in den besten Jahren« seinen zweiten Frühling und versucht erneut, bei den Damen zu landen, wobei er die kurvenreichen denen mit Grips vorzieht. Dann lernt er eine Ex-Patientin näher kennen, die zu der Sorte gehört, mit denen er seine Zeit auf keinen Fall vertrödeln will. Charmante, ätzende Komödie, in der auch die professionellen Beutelschneider ordentlich was abkriegen.

Hausboot H148
HOUSEBOAT ***
USA 1958, 110 Min., F
R: Melville Shavelson D: Cary Grant, Sophia Loren, Harry Guardino
Flotte Komödie mit voraussagbarer Handlung, was dem Vergnügen keinen Abbruch tut: Die Loren wird Grants Haushälterin und nimmt sich seiner drei Kinder an. Der Hausherr verliebt sich.

Hausfreunde sind auch Menschen H149
THE BLISS OF MRS. BLOSSOM ***
GB 1968, 93 Min., F
R: Joseph McGrath D: Shirley Mac Laine, Bob Monkhouse, James Booth
Frau betrügt Ehemann mit Geliebtem. Darob läßt Ehemann sich scheiden. Geliebter wird zum Ehemann, Ex-Ehemann wird zum Geliebten. Amüsante Bäumchen-wechsel-dich-Komödie mit bissigen Seitenhieben auf bekannte Klischees zum selben Thema.

Der Hausmeister H150
THE CARETAKER ***
GB 1964, 105 Min., s/w
R: Clive Donner D: Alan Bates, Robert Shaw, Donald Pleasence

Marcello Mastroianni (rechts) in ›Die Haut‹ von Liliana Cavani.

Die Haut H151
LA PELLE ***
Italien/Frankreich 1980, 110 Min., F
R: Liliana Cavani D: Marcello Mastroianni, Claudia Cardinale, Burt Lancaster, Ken Marshall
Der Film zeigt die Ausbeutbarkeit und Entwürdigung des Menschen in extremen Notsituationen. Wie hier, wo sich ein amerikanischer Truppenverband während des Zweiten Weltkriegs in Neapel einnistet. Nach Malaparte.

Die Haut des anderen H152
AVEC LA PEAU DES AUTRES ***
Frankreich/Italien 1967, 90 Min., F
R: Jacques Deray D: Lino Ventura, Wolfgang Preiss, Adrian Hoven
Französischer Geheimagent soll in Wien eine undichte Stelle aufspüren. Fesselnder Agententhriller nach einem Roman von Gilles Perrault.

Hawaii H153
HAWAII ***
USA 1966, 134 Min., F
R: George Roy Hill D: Julie Andrews, Max von Sydow, Richard Harris
Ein Missionar bekämpft auf Hawaii die hawaiianischen Kultur erkennen. Schauprächtiges Drama nach James A. Micheners Roman.

Hawk – Hüter des magischen Schatzes H154
HAWK THE SLAYER *
GB 1980, 93 Min., F
R: Terry Marcel D: John Terry, Jack Palance, Bernard Bresslaw
Mit magischem Schwert ausgestatteter Recke tritt gegen seinen tückischen und vatermörderischen Bruder an, als dieser eine Klostercrew terrorisiert, um an deren Schatz heranzukommen. Enttäuschender Low-Budgeter. LFF

Hazal H155
HAZAL ****
Türkei 1980, 90 Min., F
R: Ali Özgentürk D: Türkan Soray, Talat Bulut, Meral Cetinkaya
Hazal wird einem Mann zur Ehe bestimmt, der kurze Zeit darauf verschwindet. Packender Film über kulturelle Widersprüche in der türkischen Gesellschaft.

Head H156

Rafelson und Jack Nicholson) und alter Filmausschnitte. Weitere Mitwirkende: Teri Garr, Frank Zappa, Sonny Liston, Victor Mature.

Hear my Song H157
HEAR MY SONG ****
GB 1991, 105 Min., F
R: Peter Chelsom D: Ned Beatty, Adrian Dunbar, David McCallum
Ein kleines, feines cineastisches Meisterwerk, in dessen Mittelpunkt der legendäre irische Tenor Jo Locke steht. Der Film funktioniert vor allem dank Ned Beatty, der den Sänger meisterlich interpretiert. HFJ 1993

Heartbreak Hotel H158
HEARTBREAK HOTEL **
USA 1988, 93 Min., F
R: Chris Columbus D: David Keith, Tuesday Weld, Charlie Schlatter
Ein Teenager entführt Elvis Presley, um seine verzweifelte Mutter – im Gegensatz zu ihm ein leidenschaftlicher Fan – wieder glücklich zu machen. Nette Idee, wenig draus gemacht. HFJ 1991

Heartbreak Ridge H159
HEARTBREAK RIDGE ***
USA 1986, 130 Min., F
R: Clint Eastwood D: Clint Eastwood, Marsha Mason, Everett McGill
Ein knallharter Ausbilder der US-Armee drillt einen verweichlichten Haufen lustloser Marines und führt die schließlich zu Top-Soldaten avancierten Rekruten nach Grenada in den Krieg. Porträt eines Ewig-Gestrigen, dem ein wenig mehr Distanz zur Hauptfigur nicht geschadet hätte.

Die Heartbreakers H160
***
BRD 1982, 115 Min., F
R: Peter F. Bringmann D: Sascha Disselkamp, Mary Ketikidou, Uwe Enkelmann
Recklinghausen 1966. Die Beatles sind populär, die Stones im Kommen und die Heartbreakers sind hart im Nehmen. Kein Musikfilm, sondern ein Film über Musik als wichtigen Bestandteil des Lebens Jugendlicher. Unverkrampft und amüsant.

Hearts of Darkness H161
HEARTS OF DARKNESS ***
USA 1991, 95 Min., F
R: Fax Bahr, Eleanor Coppola
Spannender Filmbericht über die Entstehung von *Apocalypse* Now. Zusammengestellt aus Aufnahmen, die Coppolas Frau Eleanor während der Dreharbeiten machte. HFJ 1993

Heat H162
HEAT ****
USA 1995, 161 Min., F
R: Michael Mann D: Al Pacino, Robert de Niro, Val Kilmer
Zwei Männer stehen sich als Feinde gegenüber: der Super-Cop und der Super-Gangster. Das Duell der Giganten, die sich charakterlich ähneln, findet in den Straßen von Los Angeles statt. Wenn einer von ihnen am Ende stirbt, hat er den Respekt des anderen gewonnen. Der bedingungslose »Männerfilm« über die Einsamkeit der Einzelgänger im Großstadtdschungel besticht durch dichte Atmosphäre, vor allem aber durch Robert de Niro und Al Pacino als gebrochene Helden. HFJ 1997

Der Transport osteuropäischer Einwanderer evoziert eine andere Epoche in ›Heaven's Gate‹.

Heaven's Gate H163
HEAVEN'S GATE ****
USA 1980, 219 Min., F
R: Michael Cimino D: Kris Kristofferson, Christopher Walken, Isabelle Huppert, John Hurt
US-Viehbarone in Wyoming, denen zu viele osteuropäische Einwanderer ein Dorn im Auge sind, stellen eine Todesliste auf. Nach einer Metzelei läuft der Oberkiller zu den armen Leuten über, muß aber dennoch sein Leben lassen. Ungewöhnlicher Western, mit einem mehrfach überzogenen Wahnsinnsbudget realisiert und an der Kinokasse geflopt.

Hecate – Worte kommen meist zu spät H164
***
HECATE
Fr/Schweiz 1982, 102 Min., F
R: Daniel Schmid D: Bernard Giraudeau, Lauren Hutton, Jean Bouise
Vor der Kulisse des kolonialen Afrika in den dreißiger Jahren erzählt der Regisseur die Geschichte einer leidenschaftlichen Liebe. Großes Kino der Gefühle.

Hector, der Ritter ohne Furcht und Tadel H165
**
IL SOLDATO DI VENTURA
LA GRANDE BAGARRE
Italien/Frankreich 1975, 95 Min., F
R: Pasquale Festa Campanile D: Bud Spencer, Jacques Herlin, Philippe Leroy, Andrea Ferreol
Der mit Riesenkräften ausgestattete Hector hilft den spanischen Truppen im 16. Jahrhundert gegen ihre französischen Gegner. Wenig Nahrung fürs

Gehirn, aber die Lachmuskeln werden hier und da angesprochen. Komödchen.

Hedda Gabler H166
HEDDA GABLER ***
GB 1975, 102 Min., F
R: Trevor Nunn D: Glenda Jackson, Peter Eyre, Timothy West
Eine Frau, die mit einem langweiligen ungeliebten Mann verheiratet ist, treibt ihren labilen Jugendfreund durch ihre Sehnsucht nach Alternativen in den Tod. Werkgetreue Verfilmung von Henrik Ibsens Drama.

Heidelberger Romanze H167
**
BRD 1951, 97 Min., F
R: Paul Verhoeven D: O.W. Fischer, Liselotte Pulver, Gardy Garnass
Romantisiertes Studentenleben in den zehner und den fünfziger Jahren.

Heidemelodie H168
**
BRD 1956, 97 Min., s/w
R: Ulrich Erfurth D: Antje Weisgerber, Martin Benrath, Kurt Vespermann
Ein farb- und gefühlsstarker Liebesfilm aus der sommerlichen Lüneburger Heide.

Heidenlöcher H169
***
BRD/Österreich 1985, 95 Min., s/w
R: Wolfram Paulus D: Florian Pirchner, Albert Paulus, Helmut Vogel
Ein Deserteur versteckt sich in einem abgelegenen Bergdorf, wird aber verraten. Karge Studie über die österreichische Provinz in der Zeit des Faschismus.

Heideschulmeister Uwe Karsten H170
**
BRD 1954, 93 Min., F
R: Hans Deppe D: Barbara Rütting, Katharina Mayberg, Claus Holm

Heidi H171
**
Österreich 1965, 103 Min., F
R: Werner Jacobs D: Eva Maria Singhammer, Gertraud Mittermayr
Farbige Neuverfilmung von Johanna Spyris Geschichte vom Schweizer Mädchen aus den Bergen, das als Spielgefährtin für die gelähmte Anna in die deutsche Großstadt kommt.

Heidi und ihre Freunde H172
**
BRD 1954, 92 Min., s/w
R: Hans Albin D: Oliver Grimm, Elsbeth Sigmund, Anne-Marie Blanc
Das sechsjährige Musik-Wunderkind Wolfgang soll sich in der natürlichen Welt der Berge erholen und lernt dort die Heldin der Spyri-Romane und -Filme kennen. Wie rührend! Es gibt auch noch die amerikanische Variante von Delbert Mann aus dem Jahr 1967, mit Maximilian Schell. Nicht mal schlecht.

Heil dem siegreichen Helden H173
HAIL THE CONQUERING HERO ****
USA 1944, 97 Min., s/w
R: Preston Sturges D: Eddie Bracken, William Demarest, Ella Raines
Ein junger Mann hat in seinen Briefen nach Hause seine Kriegserlebnisse erheblich ausgeschmückt; nun wird er als Held daheim empfangen und soll sogar Bürgermeister werden. Sarkastische Satire auf die amerikanische Art der Heldenverehrung.

Die heilige Johanna H174
SAINT JOAN ***
USA 1957, 110 Min., s/w
R: Otto Preminger D: Jean Seberg, Richard Widmark, Adolf Wohlbrück
Fromme Landpomeranze fühlt sich im 15. Jahrhundert von Gott berufen, an der Spitze des französischen Heeres gegen die Engländer zu ziehen, doch

Die heiligen Narren H175
LOS SANTOS INOCENTES ****
Spanien 1984, 105 Min., F
R: Mario Camus D: Alfredo Landa, Francisco Rabal, Terele Pavez
Eine Bauernfamilie in der Provinz leidet unter der Ausbeutung durch die Herrschaft der Grundbesitzer. Nur ein eher Minderbemittelter setzt sich zur Wehr. Elegischer Film über feudale Herrschaftsstrukturen von beachtlicher poetischer Kraft.

Heilt Hitler! H176
****
BRD 1986, 135 Min., F
R: Herbert Achternbusch D: Herbert Achternbusch, Gunter Freyse, Ruth Drexel, Annamirl und Sepp Bierbichler
Eine Reise in die deutsche Vergangenheit nach Achternbuschs Manier, die vor allem die Gegenwart zutage fördert. HFJ 1987

Heimat H177
**
Deutschland 1938, 95 Min., s/w
R: Carl Froelich D: Zarah Leander, Heinrich George, Paul Hörbiger
Eine gefeierte amerikanische Sängerin kehrt in ihre deutsche Geburtsstadt zurück, will sich mit dem strengen Vater aussöhnen und widersetzt sich seinem Wunsch, den Vater ihres unehelichen Kindes zu heiraten. Deutsches Melodram, das man sich wegen der Darsteller und der hemmungslosen Gefühligkeit ansehen kann, wenn man über die krausen Botschaften hinwegsieht.

Heimat H178
****
BRD 1981/84, 124 Min., F und s/w
R: Edgar Reitz D: Marita Breuer, Michael Lesch, Dieter Schaad
Eine Folge von unterschiedlich langen, in ihren gestalterischen Mitteln ausgesprochen vielseitigen Filmen um die

Heimat, deine Sterne H179
**
BRD 1951, 79 Min., s/w
R: Hermann Kugelstadt D: Adrian Hoven, Hansi Knoteck, Ernst Waldow
Verfilmung der Novelle »Der Jägerloisl« von Ludwig Thoma: Liebesgeschichte am Tegernsee.

Heimat, süße Heimat H180
VESNICKO, MA STREDISKOVA ****
CSSR 1985, 103 Min., F
R: Jiri Menzel D: Janos Ban, Marian Labuda, Rudolf Hrusinsky
Eine sanft subversive Komödie um das widerspruchsvolle Zusammenleben und -arbeiten zweier LKW-Fahrer. Menzel versteht es, die Poesie im Alleralltäglichsten zu entdecken.

Heimatglocken H181
**
BRD 1952, 95 Min., s/w
R: Hermann Kugelstadt D: Hansi Knoteck, Arnim Dahlen, Ernst Waldow
Bayerische Wilderer- und Liebesgeschichte.

Heimatlos H182
**
BRD 1958, 99 Min., F
R: Herbert B. Fredersdorf D: Marianne Hold, Rudolf Lenz, Peter Weck
Das schwere Schicksal eines Bauernmädchens aus Tirol: Schmugglerliebchen, Bardame, uneheliche Mutter und endlich glückliche Braut.

Heimaturlaub H183
BRYSGI SCHAMPANSKOGO ***
UdSSR 1989, 100 Min., F
R: Stanislaw Goworuchin D: Antonia Wenediktowa, Alexej Burykin
1942. Ein Soldat auf Heimaturlaub in Moskau will seine Freundin davon abhalten, in die Armee zu gehen. Zugleich erfährt er, daß es mit der gepriesenen Solidarität nicht weit her ist. Eine eher trostlose Studie von Enttäuschung und Schmerz. HFJ 1991

Heimlich, still und leise H184
IL DECIMO CLANDESTINO ***
Italien 1991, 75 Min., F
R: Lina Wertmüller D: Piera Degli Esposti, Dominique Sanda
Eine Witwe vom Land mit neun Kindern will sich in Bologna eine neue Existenz durch den Verkauf landfrischer Produkte aufbauen. Schwierigkeiten bereitet ihr vor allem die Vermieterin, vor der sie die Existenz der Kinder geheimhalten muß.

Heimlichkeiten H185
***
BRD/Bulgarien 1968, 83 Min., F
R: Wolfgang Staudte D: Karl Michael Vogler, Reinhild Solf, Ewa Strömberg
Der Fund einer Frauenleiche bringt die privaten Heimlichkeiten einer Gruppe von Urlaubern ziemlich durcheinander.

Die Heimsuchung H186
HAUNTED ***
USA 1984, 104 Min., F
R: Michael Roemer D: Brooke Adams, Jen de Vries, Ari Meyers
Jo will nach dem Scheitern ihrer Ehe ein neues Leben anfangen. Noch einmal besucht sie ihre Adoptivfamilie und die Stätten ihrer Kindheit und durchlebt noch einmal die Ängste ihrer Jugend.

Das Heimweh des Walerjan Wrobel H187
****
BRD 1991, 94 Min., F
R: Rolf Schübel D: Arthur Pontek, Michael Gwisdek, Peter Striebeck
Authentischer Fall aus der Zeit des Zweiten Weltkriegs, der in exemplarischer Weise das Unrechtsregime des Dritten Reichs innerhalb der Justiz aufzeigt: Es ist die Geschichte eines jungen polnischen Zwangsarbeiters, der 1941 aus Heimweh eine deutsche Bauernscheune anzündet und dafür von einem Bremer Gericht zum Tode verurteilt wird. HFJ 1993

Heimweh nach dem Silberwald H188
**
PAW
Dänemark 1959, 91 Min., F
R: Astrid Henning-Jensen D: Jimmy Sterman, Edvin Adolphson
Ein Kind aus Westindien findet erst nach Konflikten in den dänischen Wäldern eine neue Heimat. Kindertümlicher Appell an Toleranz und Güte.

Heimweh, nach dir, mein grünes Tal H189
**
Österreich 1960, 87 Min., F
R: Hermann Leitner D: Rudolf Lenz, Anita Gutwell, Carl Wery, Sepp Rist
Verwalter erpreßt alten Gutsbesitzer; Enkelin und Sohn des früheren Verwalters, aus der Fremde zurückgekehrt, machen dem Spuk ein Ende. Der vielschichtigste Charakter dieses Klischee-Heimatfilms ist ein Murmeltier.

Heimweh nach St. Pauli H190
**
BRD 1963, 102 Min., F
R: Werner Klingler D: Freddy Quinn, Jayne Mansfield, Ulrich Haupt
Verlorener Sohn kehrt zu Muttern nach Hamburg zurück. Ein entsetzlicher Tränendrücker, in dem man aber das Vergnügen (?) hat, Jayne Mansfield mit eigener Stimme sprechen zu hören.

Heinrich H191
***
BRD 1976, 132 Min., F
R: Helma Sanders D: Heinrich Giskes, Hannelore Hoger, Grischa Huber
Die Lebens- und Leidensgeschichte des Dichters Heinrich von Kleist in einer anspruchsvollen, vielleicht ein wenig pathetischen Film-Biographie.

Heinrich IV. H192
ENRICO IV ***
Italien 1984, 83 Min., F
R: Marco Bellocchio D: Marcello Mastroianni, Claudia Cardinale
Nach einem Sturz vom Pferd hält sich ein Aristokrat hartnäckig für Heinrich IV., den Herrscher des Römischen Reiches deutscher Nation. Ansprechende und gut gespielte Verfilmung des Stückes von Luigi Pirandello.

Heinrich V. H193
HENRY V ***
GB 1944, 143 Min., F
R: Laurence Olivier D: Laurence Olivier, Robert Newton, Leslie Banks
Spezial-Oscar für den Produzenten, Regisseur und Hauptdarsteller dieser opulenten Shakespeare-Adaption über den jungen König, der 1415 die Fran-

zosen besiegt und den Frieden damit sichert, daß er die französische Königstochter heiratet.

Heinrich VIII. und seine sechs Frauen H194 *
HENRY VIII AND HIS SIX WIFES
GB 1972, 124 Min., F
R: Warris Hussein D: Keith Mitchell, Donald Pleasence, Charlotte Rampling
Gediegen inszeniertes Historienspektakel um den berüchtigten, schnell heiratenden und Ehefrauen exekutierenden englischen König.

Heinrich Penthesilea von Kleist H195 ***
BRD 1983, 144 Min., F
R: Hans Neuenfels D: Elisabeth Trissenaar, Hermann Treusch, Berta Drews
Vor allem für Kleist- und Theaterfreunde: »Träumereien über eine Inszenierung« nannte Neuenfels seine filmische Adaption des großartigen Amazonen-Dramas.

Heintje – ein Herz geht auf Reisen H196 *
BRD 1969, 105 Min., F
R: Werner Jacobs D: Heintje, Heinz Reincke, Gerlinde Locker
Da blieb bei vielen kein Auge trocken, wenn der Jungsänger als Waisenkind seine Lieder schmetterte.

Heirate niemals einen Fremden H197 ****
WHEN STRANGERS MARRY BETRAYED
USA 1944, 67 Min., s/w
R: William Castle D: Dean Jagger, Kim Hunter, Robert Mitchum
Die frisch verheiratete Kim Hunter hält ihren Mann Dean Jagger für einen Mörder, bis sich ihr alter Jugendfreund Robert Mitchum als Täter verrät. Einer der besten B-Filme mit Anklängen an den Horrorfilm und Hitchcock.

In Emmers köstlicher Satire wird ein biederer Reisevertreter fälschlich der Bigamie angeklagt und durch seinen großsprecherischen Verteidiger erst richtig belastet.

Die Heiratsvermittlerin H199 ***
THE MATCHMAKER
USA 1958, 101 Min., s/w
R: Joseph Anthony D: Shirley Booth, Anthony Perkins, Shirley MacLaine
Triviale und etwas langatmige Verfilmung von Thornton Wilders Theaterstück. Ein Lichtblick sind die guten Darsteller.

Heißblütig – kaltblütig H200 ****
BODY HEAT
USA 1981, 113 Min., F
R: Lawrence Kasdan D: William Hurt, Kathleen Turner, Richard Crenna
Brillante Hommage an den Film noir, mit einer aufregend erotischen Femme fatale Kathleen Turner, die im schwülen Florida den biederen William Hurt um den Verstand und ins Gefängnis bringt, nachdem dieser ihren lästigen Mann beseitigt hat. Das Regiedebüt von Lawrence Kasdan ist einer der gelungensten Thriller der achtziger Jahre.

Heiße Bräute auf der Schulbank H201 *
BRD 1984, 77 Min., F
R: Albert Naumann D: Sybille Sing, Eleonore Melzer, Uschi Karnat
Rektor, der seiner an einer anderen Schule unterrichtenden Geliebten nahe sein möchte, lockt aus Gründen, die nur ihm bekannt sind, willige Schülerinnen in sein Bett. Mehr als ein eindeutiger Softporno.

Heiße Colts und schnelle Pferde H202 **
APACHE WOMAN
USA 1955, 82 Min., F
R: Roger Corman D: Lloyd Bridges,

Heiße Eisen H203 ***
HORKA KASE
CSSR 1988, 90 Min., F
R: Radovon Urban D: Petr Bok, Dana Syslová
Sozialkritische Studie um einen Jungen aus den toten Schlafstädten, der auf die schiefe Bahn gerät.

Heiße Erde H204 ***
ISLAND IN THE SUN
USA 1957, 119 Min., F
R: Robert Rossen D: James Mason, Joan Collins, Harry Belafonte
Schwester eines auf Jamaika gegen einen Gewerkschaftsboß kandidieren-den Möchtegernpolitikers läßt sich vom Sohn des Ex-Gouverneurs schwängern, um ihn an sich zu binden. Nett fotografiertes Episodendrama.

Heiße Grenze H205 ***
THE WONDERFUL COUNTRY
USA 1959, 97 Min., F
R: Robert Parrish D: Robert Mitchum, Julie London, Gary Merrill
Ein amerikanischer Revolvermann in mexikanischen Diensten will in seiner Heimat Waffen kaufen, verliebt sich in die Frau eines Majors und muß, als er ihretwegen einen Mann erschossen hat, fliehen. Ansehbarer Western.

Heiße Haut im Sommerwind H206 **
Schweiz 1983, 76 Min., F
R: Michel Leblanc D: Gabriel Pontello, Cathy Menard, Marion Sicard
Nach einer Triole mit einer fremden Frau bekommt eine Ehefrau leichte Gewissensbisse, doch im Haus ihres Chefs lernt sie, ihre Eifersucht zu überwinden. Softporno üblichen Zuschnitts.

Heiße Hölle Acapulco H207 ***
SUNBURN
GB/USA 1979, 94 Min., F

Heiße Höschen H208
**

BRD 1982, 70 Min., F
R: Michel Jean D: Richard Allan, Alban Ceray, Uschi Karnat
Ein Dessousfabrikant wird von seinem Freund mit einer neuen Sekretärin und div. Modellen versorgt, interessiert sich jedoch mehr für deren Reize als für den Umsatz. Softporno.

Heiße Kolleginnen H209
LES COLLEGIENNES *
Frankreich 1977, 70 Min., F
R: Alain Nauroy D: Nadja Santos, France Lomdi, Nicole Morot
Englischlehrerinnen an einem Internat haben alle Hände (und den Mund) voll zu tun, um sich der Avancen von Lehr- und Schülerkörper zu erwehren. Heftig gekürzter Ex-Porno eines Regisseurs, den man als Meister im Erzeugen von Langeweile kennt.

Heiße Küsse, scharfe Schüsse H210
***
INCOGNITO
Frankreich 1957, 88 Min., s/w
R: Patrice Dally D: Eddie Constantine, Danick Patisson, Gaby André
US-Agent Bob Stanley entlarvt im südamerikanischen Phantasiestaat Costa Salvador eine Putschistenbande, die von europäischen Gangstern mit Falschgeld unterstützt wird. Und die Fäuste fliegen.

Heiße Küste H211
LA DIGA SUL PACIFICO ***
Italien 1958, 105 Min., F
R: René Clément D: Silvana Mangano, Anthony Perkins, Alida Valli
Ein französisches Siedler-Ehepaar in Indonesien hat auf einem dem Meer abgetrotzten Stück Land eine Farm betrieben. Diese sollen die Kinder nach dem Tod des Vaters weiterführen. Tragische Familiengeschichte.

Heiße Lippen, kalter Stahl H212
VOTRE DEVOUE BLAKE **
Frankreich 1954, 78 Min., s/w
R: Jean Laviron D: Eddie Constantine, Danièle Godet, Simone Paris
Krimi. Ein Flugkapitän, der einer unter Mordverdacht stehenden Schauspielerin beisteht, verstrickt sich in ein Netz aus Intrigen, kann aber am Ende ein ganzes Lumpenheer der Polizei ausliefern.

Heiße Nächte in St. Tropez H213
LES FILLES DE ST. TROPEZ **
Frankreich 1987, 83 Min., F
R: Jean Rougeron D: Yves Jouffroy, Laurence Savin, Elisabeth Steiner
Ein Ex-Nazi und seine Bande entführen im Auftrag lüsterner Scheiche schöne Mädchen aus gutem Hause, doch die Polizei räumt auf. Softporno mit heißen Szenen und schlampigem Drehbuch.

Heiße Pantherkatzen H214
AMAZON JAIL *
Brasilien 1984, 88 Min., F
R: Osvaldo de Oliveira D: Elisabeth Hartmann, Aurico do Valle
Nach dem Mord an einem Mädchen, das im Urwald den Prostituiertenjob erlernt, schreiten ihre Kolleginnen zur Rache. Stupides Sex/Sadodrama, das seine Existenz nur den T&As der Darstellerinnen verdankt.

Heiße Sehnsucht H215
HOT DESIRE *
Frankreich/Schweiz 1981, 66 Min., F
R: Michel Leblanc D: Michelle Leska, Gabriel Pontello, André Kay
Eine Frau, die den Gatten in London wähnt, fährt mit ihrem Geliebten in die Alpen. Dort hält sich auch ihr Mann auf – mit seinem Gspusi. Und die Kühe blöken dazu. Softporno mit einfallslos choreographierten Positionen.

Die heiße Spur H216
NIGHT MOVES ****
USA 1975, 99 Min., F
R: Arthur Penn D: Gene Hackman, Jennifer Warren, Edward Binns
Brillanter Detektivfilm, in dem Gene Hackman auf der Suche nach einer verschwundenen 16jährigen an einen Kunstschmugglerring gerät und dabei mit seiner eigenen Vergangenheit konfrontiert wird. Arthur Penn interessierte sich weniger für die Aufklärung des Falles als vielmehr für die präzise Zeichnung der gesellschaftlichen Stimmung nach der Watergate-Affäre.

Der heiße Tod
siehe: Sex im Frauengefängnis

Die heißen Nächte der Josefine Mutzenbacher H217
**
BRD 1981, 93 Min., F
R: Hans Billian D: Andrea Werdien, Hans Peter Kremser, Monika Zierer
Die Hure Josephine führt ihrem neuen Geliebten, dem Schreinerlehrling Loisl, die Tochter seines Meisters zu und bildet sie zur Gunstgewerblerin aus.

Ein heißer Eislutscher H218
THE LITTLE BLUE BOX **
USA 1979, 81 Min., F
R: Howard Howard D: John Leslie, Jennifer Welles, Jamie Gillis
Ein frustrierter Schriftsteller, mit einer Feministin verehelicht, phantasiert sich mit Hilfe einer Blue Box sexuelle Begegnungen mit drallen Weibern zusammen. Eindeutiger Sexer, der auch in härterer Fassung existiert.

Heißer Mund auf feuchten Lippen H219
*
Schweiz 1975, 76 Min., F
R: Michael Thomas D: Tamara Baroni, Herbert Fux, Margrit Sigel
Die Kripo ist einem Callgirl-Ring auf der Spur, dessen Bosse auch vor Mord nicht zurückschrecken, falls die Damen vom Geschäft die Nase voll haben. Wichtiger als die Ermittlungen sind die Stellungsspiele, die die Story ständig unterbrechen. Billiger Sexfilm.

Ein heißer November H220
UN BELLISSIMO NOVEMBRE ****
Italien/Frankreich 1968, 92 Min., F
R: Mauro Bolognini D: Gina Lollobrigida, Gabriele Ferzetti, Paolo Turco
Der 17jährige Nino wächst in einer großbürgerlich angepaßten und äußerlich sittenstrengen Familie in Sizilien heran, hat eine unglückliche Affäre mit einer Verwandten und beugt sich dann der Ordnung.

Heißer Sex auf Ibiza H221
**

Schweiz 1982, 78 Min., F
R: Gérard Loubeau D: Kitty Hilaire, Olinka Hardiman, Marianne Aubert

Diverse junge Frauen erleben auf der spanischen Ferieninsel einen heißen Urlaub. Softporno.

Heißer Sex im Nachtverkehr H222 **

Schweiz 1976, 61 Min., F

R: Jess Franco D: Kali Hansa, Diatta Fatou, Pilar Coll, Yvonne Eduser

Drei Edelhuren erzählen einander ein paar Schwänke aus ihrer Jugend. Softsex-Schnittabfälle aus einer Schweizer Produktion, die Jess Franco ungekonnt zusammengeklebt hat.

Heißer Sex in Bangkok H223 *

Schweiz 1973, 78 Min., F

R: Michael Thomas D: Michel Jacot, Claude Martin

Mitglieder eines Kegelvereins fahren nach Bangkok, um sich in den Betten dunkelhäutiger Prostituierter auszutoben. Unergiebiges, anödendes Sexspektakel ohne jede Spannung.

Heißer Sex in Frankreich H224

LA DOLCE VITA 2000 *

Frankreich 1982, 83 Min., F

R: Alain Nauroy D: Sandra Chivas, Hélène Beauvais, Reginald Renault

Dralle Mädchen und braungebrannte Stenze geben sich ein Stelldichein an der Côte d'Azur.

Heißer Süden H225

THE KING AND FOUR QUEENS ***

USA 1956, 84 Min., F

R: Raoul Walsh D: Clark Gable, Eleanor Parker, Jo Van Fleet, Jean Willes

Ein schlitzohriger Cowboy verdreht vier Farmerstöchtern den Kopf, um an einen Goldschatz heranzukommen, der auf ihrem Grund und Boden vergraben ist. Mischung aus Drama und Komödie, die nicht recht abheben will.

Heißes Blut H226

Glenn Ford, Lee Marvin und Robert Burton in ›Heißes Eisen‹.

durchzusetzen, daß dieser auch Bauarbeiter wird. Psychologisch manchmal etwas grob, zeichnet Robert Mulligan mit beeindruckend wuchtigen Bildern das Porträt einer total kaputten Familie.

Heißes Eisen H227

THE BIG HEAT ****

USA 1953, 90 Min., s/w

R: Fritz Lang D: Glenn Ford, Gloria Grahame, Jocelyn Brando

Weniger die Story um einen Polizisten, der die Ermordung seiner Frau rächen will, bleibt in Erinnerung, als einzelne Details wie jene berühmte Szene, in der Lee Marvin Gloria Grahame mit heißem Kaffee das Gesicht verbrüht. Langs Inszenierung besticht durch ihre Schnörkellosigkeit und Härte; Dramaturgisch, atmosphärisch und schauspielerisch brillant.

Eine heißkalte Frau

siehe: Heißblütig – kaltblütig

Der Held der Prärie H228

THE PLAINSMAN ****

USA 1937, 111 Min., s/w

Der Held mit der Maske H229

THE LONE RANGER AND THE LOST CITY OF GOLD **

USA 1958, 80 Min., F

R: Lesley Selander D: Clayton Moore, Jay Silveheels, Douglas Kennedy

Der »einsame Ranger«, ein maskierter Comic-Strip-Held, steht den Bewohnern einer mexikanischen Ansiedlung gegen eine Bande böser Buben bei. Western nach Heftchenmotiven.

Der Held von Attika H230

IL TIRANNO DI SIRACUSA
DAMON AND PYTHIAS ***

Italien/USA 1961, 90 Min., F

R: Curtis Bernhardt, Alberto Cardone D: Guy Williams, Don Burnett, Ilaria Occhini, Liana Orfei, Arnoldo Foa

Auf Schillers »Bürgschaft« fußender Monumentalfilm über zwei Freunde, die sich gegen den bösen Tyrannen Dionys beistehen. Aktionsreiches Abenteuer für alle, die sich ein kindliches Gemüt bewahrt haben.

Der Held von Burma H231

OBJECTIVE BURMA ***

USA 1945, 96 Min., s/w

Helden in Tirol H232
**
Österreich/Schweiz/BRD
1998, 108 Min., F
R: Niki List D: Christian Schmidt, Elke Winkens, Christian Pogats
Glattgeleckter Bergfex verhindert den Ausverkauf seines geliebten Heimatdorfes »Helden« an den Massen-Sextourismus und findet auch noch seine Alpen-Barbie-Maus. Schräges Musical voller Klamauk, das die Klischees des Genres nur bestätigt. HFJ 1999

Die Helden sind müde H233
LES HEROS SONT FATIGUES ***
Frankreich 1955, 94 Min., s/w
R: Yves Ciampi D: Yves Montand, Curd Jürgens, Maria Félix, Gert Fröbe
In einer schwarzafrikanischen Republik treffen ein ehemaliger französischer Nazi-Kollaborateur, seine dubiose Freundin, ein ehemaliger Deportierter und ein Pilot zusammen. Gut gespielter Film, dessen pazifistische Argumentation unter mangelnder Differenziertheit leidet.

Helden H234
**
BRD 1958, 100 Min., F
R: Franz Peter Wirth D: O.W. Fischer, Liselotte Pulver, Jan Hendriks
Shaws antimilitaristische Komödie in einer Verfilmung, bei der Shaw-Liebhaber nicht auf ihre Kosten kommen, wie die Cahiers du Cinéma meinten...

Helden von heute H235
HEROES ***
USA 1977, 106 Min., F
R: Jeremy Paul Kagan D: Henry Winkler, Sally Field, Harrison Ford
Beeindruckender Film über das Vietnam-Trauma eines jungen Amerikaners, von dem er durch die Liebe eines Mädchens befreit werden kann. Ein menschlich anrührender, bei aller Realistik hoffnungsvoller Film.

Helena, die Kurtisane von Athen H236
APHRODITE **
Frankreich/Italien 1957, 75 Min., F
R: Victor Tourjansky D: Belinda Lee, Massimo Girotti, Jacques Sernas
Landpomeranze mausert sich zum Modell eines altgriechischen Künstlers, verliebt sich in dessen mazedonischen Gast und führt eine Katastrophe herbei, die fast so schlimm ausfällt wie dieser historische Kostümschinken.

Helga – Vom Werden menschlichen Lebens H237
**
BRD 1967, 77 Min., F
R: Erich F. Bender D: Ruth Gassmann, Asgard Hummel, Ilse Zielstorff
Von der Bundeszentrale für gesundheitliche Aufklärung unterstützter Film, der an den Kinokassen viel Kohle machte und eine ganze Welle auslöste.

Hell Night – Der Tod kam zur Party H238
HELL NIGHT **
USA 1981, 100 Min., F
R: Tom De Simone D: Linda Blair, Vincent Van Patten, Peter Barton
Ein paar Studenten, die eine Nacht in einem alten Landhaus verbringen, fallen einem irren Killer zum Opfer. Schema-F-Schlitzerhorror, bei dem es sogar der Sau graust.

Hellbound – Hellraiser II H239
HELLBOUND: HELLRAISER II ***
GB 1988, 95 Min., F
R: Tony Randel D: Clare Higgins, Ashley Laurence, Kenneth Cranham
Eine junge Frau setzt sich gegen die Leitung einer Nervenklinik und gegen monströse Lebewesen aus einer anderen Dimension zur Wehr. Ein gräßlicher Schocker; direkte Fortsetzung des Films *Hellraiser.* HFJ 1990

Heller Wahn H240
***
BRD/Frankreich 1982, 105 Min., F
R: Margarethe von Trotta D: Hanna Schygulla, Angela Winkler, Peter Striebeck, Christine Fersen
Eine unsichere und kontaktarme Malerin lernt eine außerordentlich selbständige Literaturwissenschaftlerin kennen, durch die sie ihr eigenes Selbstbewußtsein stärkt. Obwohl sich ihr Mann dies immer gewünscht hat, reagiert er mit brutaler Eifersucht. Einfühlsamer Beziehungsfilm, sehr konventionell und leicht langweilig.

Hellfire H241
HELLFIRE **
USA 1986, 85 Min., F
R: William Murray D: Kenneth McGregor, Sharon Mason, Julie Miller
Detektiv sucht verschwundene Ladung außerirdischer Energie, die tödlich wirkt, wenn sie in die menschliche Blutbahn gerät. Langweiliger, wirrer SF-Krimi, dessen »Tricks« jeder Beschreibung spotten. LSFF

Hello Again – Zurück aus dem Jenseits H242
HELLO AGAIN **
USA 1987, 92 Min., F
R: Frank Perry D: Shelley Long, Judith Ivey, Gabriel Byrne
Eine Frau wird durch okkulten Zauber ein Jahr nach ihrem Tod wieder ins Leben gerufen und findet ihre familiäre Situation reichlich verändert. Überzuckerte Fantasy-Komödie ohne satirischen Biß. HFJ 1990

Hello, Dolly! H243
HELLO, DOLLY! ***
USA 1969, 118 Min., F
R: Gene Kelly D: Barbra Streisand, Walter Matthau, Michael Crawford
Dolly Levi (Streisand) spielt gerne Heiratsvermittlerin, auch wenn es um die eigene Heirat geht. Opulent in Szene gesetztes Musical, das vorher ein Broadway-Hit war.

Hellraiser – Das Tor zur Hölle H244
HELLRAISER ***
GB 1987, 89 Min., F
R: Clive Barker D: Andrew Robinson, Clare Higgins, Ashley Laurence
Amoralischer Bösling dringt in fremde Dimension vor, wird von dort lebenden Ungeheuern seiner Haut entkleidet und muß fortan Menschen in sein Haus locken, um in den Besitz der ihrigen zu gelangen. Nichts für sensible Mägen! HFJ 1989

Die Hellstrom Chronik H245
THE HELLSTROM CHRONICLE ****
USA 1971, 90 Min., F
R: Walon Green D: Lawrence Pressman
Docu-Science-fiction mit bestechen-

der Photographie, bei der man das Gruseln lernen kann: Ein Wissenschaftler weist nach, daß und warum nur Insekten überhaupt Überlebenschancen auf der Erde haben.

Helm auf – Hose runter H246
LA DOTTORESSA VA IN CASERNA *
Italien 1980, 73 Min., F
R: Michele Massimo Tarantini
D: Alvaro Vitali, Nadia Cassini
Mischung aus Militär- und Arztklamotte mit allen für diese Genres des italienischen C-Films typischen Zutaten. Ein Oberst mit Potenzproblemen verliebt sich in eine Ärztin und willigt ihretwegen in eine Organverpflanzung mit ungeahnten Folgen ein. Das tut weh!

Helsinki-Napoli H247
ALL NIGHT LONG ***
BRD/Finnland 1987, 93 Min., F
R: Mika Kaurismäki D: Kari Väänänen, Robert Manfredi, Jean-Pierre Castaldi
In Kaurismäkis Action-Komödie geht es um einen finnischen Taxifahrer in Berlin und seine italienische Frau, deren Leben eine entscheidende Wende nimmt, als er eines Tages einen Koffer voller Geld in seinem Wagen findet. HFJ 1989

Hemmungslose Liebe H248
POSSESSED ***
USA 1947, 108 Min., s/w
R: Curtis Bernhardt D: Joan Crawford, Van Heflin, Raymond Massey
Eine Frau wird ohne Gedächtnis auf der Straße umherirrend aufgegriffen, und durch behutsame Arbeit psychiatrischer Ärzte deckt sie ihre Vergangenheit langsam wieder auf.

Der Henker H249
THE HANGMAN ***
USA 1959, 86 Min., s/w
R: Michael Curtiz D: Robert Taylor,

Der Henker nimmt Maß H250
HOUSE OF NUMBERS ***
USA 1957, 87 Min., F
R: Russell Rouse D: Jack Palance, Barbara Lang, Harold J. Stone
Guter befreit bösen Zwilling aus dem Zuchthaus, doch als der Böse seiner Gattin an die Wäsche will, beschließt der Gute, er benötige psychiatrische Hilfe – möglichst hinter Gittern. Routiniert inszenierter B-Krimi.

Der Henker von Venedig H251
IL BOIA DI VENEZIA **
Italien 1963, 93 Min., F
R: Luigi Capuano D: Lex Barker, Guy Madison, Alessandra Panaro
Sohn des Dogen von Venedig wird vom Großinquisitor kaltgestellt, weil er scharf auf seine Braut ist. Im Verein mit Dieben und Huren nimmt der Held den Kampf gegen den Kirchenvertreter auf. Abenteuerfilm-Dutzendware.

Des Henkers Bruder H252
***
DDR 1979, 88 Min., F
R: Walter Beck D: Frank Grunwald, Gunter Friedrich, Thomas Wolff
Zur Zeit der Bauernkriege in Deutschland: Christoph, der Sohn eines armen Bauern, erlebt wie sein Vater ausgenommen und geächtet wird, weil sein Bruder Henker ist. Christoph schließt sich den rebellierenden Bauern an, dabei kommt es zu einer dramatischen Begegnung mit seinem Bruder.

Henry – Portrait of a Serial Killer H253
****
HENRY: PORTRAIT OF A SERIAL KILLER
USA 1989, 90 Min, F
R: John McNaughton D: Michael Rooker, Tracy Arnold, Tom Towles
Schockierendes und provozierendes Porträt eines amerikanischen Massenmörders, der seine wahnsinnige Zerstörungswut selbst dann nicht aufgeben kann, als er in der Begegnung mit der Schwester seines Freundes zum ersten Mal in seinem Leben so etwas wie Zuneigung und Wärme erfährt. Der irritierende, unbequeme und rigorose Film basiert auf den Geständnissen des amerikanischen Massenmörders Henry Lee Lucas. HFJ 1991

Henry Angst H254
**
BRD 1980, 100 Min., F
R: Ingo Kratisch D: Klaus Hoffmann, Daphne Moore, Heidrun Polack
Ein Mann verläßt Arbeitsplatz und Frau, trifft in einem Kaufhaus eine andere Frau, die ihren Mann verläßt und mit ihm ans Meer fährt. Ingo Kratischs (*Die Wollands*) Abkehr vom Arbeiterfilm.

Henry V. H255
HENRY V. ****
GB 1989, 137 Min., F
R: Kenneth Branagh D: Kenneth Branagh, Derek Jacobi, Simon Shepherd, Emma Thompson

In Blut gebadet: Ian Holm und Kenneth Branagh in ›Henry V.‹.

Sehenswerte Neuverfilmung des Shakespeare-Stücks von und mit dem englischen Shooting-Star, der auch das Drehbuch verfaßte. HFJ 1991

Henry & June H256
HENRY & JUNE ***
USA 1990, 134 Min., F
R: Philip Kaufman D: Fred Ward, Uma Thurman, Maria De Medeiros
Die Dreiecksgeschichte zwischen Henry Miller, Anaïs Nin und Romanen von Henry Miller als etwas schwülstig geratenes, erotisches Kunsthandwerk.

Henrys Liebesleben H257
THE WORLD OF HENRY ORIENT ***
USA 1963, 102 Min., F
R: George Roy Hill D: Peter Sellers, Paula Prentiss, Angela Lansbury
Zwei Schulmädchen desorganisieren das Leben eines berühmten Pianisten und Frauenhelden. Lockere Komödie mit einem brillanten Peter Sellers.

Die Herausforderung H258
LA SFIDA ****
Italien/Spanien 1958, 95 Min., s/w
R: Francesco Rosi D: José Suarez, Rossana Schiaffino, Nino Vingelli
Seine Ambitionen, in die Reihen der traditionsreichen Gemüsegroßhändler aufgenommen zu werden, bezahlt ein zweitklassiger Schmuggler mit dem Leben. Erster Spielfilm des politisch engagierten italienischen Regisseurs.

Die Herberge zum Drachentor H259 ****
LUNG MEN K'O CHAN
Taiwan 1966, 107 Min., F
R: King Hu D: Shangguan Lingfeng, Shi Jun, Bo Ying, Tsao Jian, Xue Han
Intrigen am kaiserlichen Hof im China der Ming-Dynastie. In einer Herberge treffen sich einige Menschen, die sich gegen die Willkürherrschaft der Eunuchen zusammenschließen. Schwertkämpfe und Kung Fu in Vollendung.

Die Herberge zur sechsten Glückseligkeit H260 ***
THE INN OF THE SIXTH HAPPINESS
USA 1958, 148 Min., F
R: Mark Robson D: Ingrid Bergman, Curd Jürgens, Robert Donat
Die Abenteuer einer englischen Missionarin in China, die nach Ende des Zweiten Weltkrieges eine Gruppe von Kindern in Sicherheit bringt. Nach dem Roman von Alan Burgess.

Der Herbst der Familie Kohayagawa H261 ****
KOHAYAGAWA – KE NO AKI
Japan 1961, 103 Min., F
R: Yasujiro Ozu D: Ganjiro Nakamura, Setsuko Hara, Yôko Tsukasa
In ruhigen und genauen Bildern erzählt Ozu vom Untergang eines Brauereibetriebes und vom Zerfall der Familie, in deren Besitz sie sich befand.

Herbst der Gammler H262
***
BRD 1967, 67 Min., s/w
R: Peter Fleischmann
In München gedrehte, aufschlußreiche Dokumentation über jugendliche Aussteiger, die man damals Gammler nannte, und die Reaktionen älterer Leute auf die langhaarigen Lümmel.

Herbstmilch H263
****
BRD 1988, 111 Min., F
R: Joseph Vilsmaier D: Dana Vavrova, Werner Stocker, Eva Mattes
Verfilmung des gleichnamigen Überraschungs-Bestsellers der Bäuerin Anna Wimschneider, die ihr arbeitsreiches Leben voller Leid, Unglück und Glück niederschrieb. Ein sehr sympathisches Werk in kargen Bildern, die trotzdem unglaublich viel Wärme ausstrahlen.

Dana Vavrova und Werner Stocker

Herbstsonate H264
***
BRD 1978, 92 Min., F
R: Ingmar Bergman D: Ingrid Bergman, Liv Ullmann, Lena Nyman
Zusammentreffen von Mutter und Tochter nach langer Zeit wird zu einer leidenschaftlichen Seelenschlacht. Sehr intensiv, sehr schön, sehr schrecklich.

Die Herbstzeitlosen H265
USED PEOPLE ***
USA 1992, 116 Min., F
R: Beeban Kidron D: Shirley MacLaine, Jessica Tandy, Marcia Gay Harden
Charmante Generationskomödie um das Werben eines italienischen Endsechzigers um eine jüdische Witwe. Dramaturgisch nicht immer ganz sicher, wird amüsant und sympathisch das übliche Klischeebild von älteren Menschen geradegerückt: Auch im Alter gibt es eine Chance für die Liebe.

Die Herde H266
SÜRÜ ****
Türkei 1978/79, 129 Min., F
R: Zeki Ökten D: Melike Demirag, Tarik Akan, Tuncel Kurtiz
Die Geschichte einer Nomadenfamilie, die ihre Herde in die Stadt treibt und dort strandet. Ein bewegendes Dokument der menschlichen Folgen sozialer und politischer Wandlungen nach dem Drehbuch von Yilmaz Güney.

Herkules H267
HERCULES **
Italien 1983, 99 Min., F
R: Lewis Coates D: Lou Ferrigno, Ingrid Anderson, William Berger
Herkules, der Sohn des Zeus, folgt der dem mörderischen König Minos versprochenen Cassiopeia auf die Insel der Zauberin Circe, kämpft gegen die Hydra und rettet sie vor dem Phönix. Ein Tiefpunkt in der Geschichte des italienischen Films. LFF

Herkules – Rächer von Rom H268
ERCOLE CONTRO ROMA **
Italien/Frankreich 1964, 85 Min., F
R: Piero Pierotti D: Alan Steel, Wandisa Guida, Domenico Palmara
Herkules und ein römischer Feldherr stehen der Tochter eines ermordeten Statthalters bei und verhelfen ihr zu ihrem Recht. Ein von ungelenker Hand inszenierter Sandalenfilm; schlaff und spannungslos. LFF

Herkules, der Held von Karthago H269
**

LA VENDETTA DI URSUS
Italien 1961, 88 Min., F
R: Luigi Capuano D: Samson Burke, Wandisa Guida, Livio Lorenzon
Der Muskelmann Herkules bewahrt eine Prinzessin davor, einen sinistren und machthungrigen König zu heiraten. Eine schwachbrüstige Remmidemmi-Show, deren Einfallslosigkeit noch größer ist als das Unvermögen ihrer Akteure. LFF

Herkules, der Schrecken der Hunnen H270
**

IL TERRORE DEI BARBARI
Italien 1959, 82 Min., F
R: Carlo Campogalliani D: Steve Reeves, Chelo Alonso, Giulia Rubini
Im 6. Jahrhundert schlägt ein starker Bursche namens Herkules (im Original: Emiliano) die in Italien einfallenden Hunnen in die Flucht. Ein billiger Sandalenfilm.

Herkules, der Sohn der Götter H271
**

ULISSE CONTRO ERCOLE
Italien 1961, 101 Min., F
R: Mario Caiano D: Michael Lane, George Marchal, Alessandra Panaro
Um Odysseus für die Blendung des Zyklopen Polyphem zu maßregeln, kommt Herkules, der Sohn des Zeus, zur Erde, doch die beiden werden in so viele haarsträubende Abenteuer verwickelt, daß sie sich anfreunden.

Herkules erobert Atlantis H272

ERCOLE ALLA CONQUISTA DI ATLANTIDE ***
Italien/Frankreich 1961, 103 Min., F
R: Vittorio Cottafavi D: Reg Park, Fay Spain, Laura Altan, Ettore Manni
Herkules strandet in Atlantis, stößt auf eine Zivilisation, die mit Hilfe einer gezüchteten Übermenschenrasse die Welt erobern will und verhindert die Pläne der dortigen Machthaber. Der Muskelmann Herkules steht einer befreundeten Stadtstaaten-Königin gegen ein machtgieriges Usurpatorenpärchen bei. Der x-te Aufguß der alten Story vom Rächer der Enterbten; schlampig inszeniert und wenig spannend. LFF

Herkules in New York H274

HERCULES IN NEW YORK *
USA 1970, 90 Min., F
R: Arthur A. Seidelman D: Arnold Schwarzenegger, Arnold Stang, Taina Elg, Michael Lipton, James Karen
Herkules, der Sohn des Zeus, gerät im 20. Jahrhundert in die Fänge der New Yorker Sportmafia und kehrt nach einigen mies inszenierten Abenteuern zum Olymp zurück. Der erste Film, in dem Arnold S. reden durfte und auch sein schlechtester. LFF

Herkules, Samson und Odysseus H275
**

ERCOLE SFIDA SANSONE
Italien 1963, 92 Min., F
R: Pietro Francisci D: Kirk Morris, Richard Lloyd, Enzo Cerusico
Herkules hilft den Bewohnern von Ithaka gegen ein Seeungeheuer und haut sich nach einem Schiffbruch mit diversen Fraktionen von Königstreuen und Rebellen, die in einem anderen Land miteinander im Clinch liegen. LFF

Herkules und die Königin der Amazonen H276
**

ERCOLE E LA REGINA DI LIDIA
Italien/Frankreich 1959, 94 Min., F
R: Pietro Francisci D: Steve Reeves, Sylva Koscina, Sylvia Lopez
Herkules trinkt das Wasser des Vergessens, verfällt einer bösen Amazonenkönigin und entscheidet nach seiner Rettung durch Odysseus den Machtkampf zwischen zwei verfeindeten Prinzen. Langweiliger Sandalenfilm. LFF

Herodes der Große (für den biblischen Kindermord zuständig) läßt seine Frau aus Eifersucht steinigen und seine Kinder umbringen. Monumentalfilm, dessen einzig sehenswerte Szenen leichtbekleidete Damen zeigen.

Die heroische Kirmes H278

LA KERMESSE HEROIQUE ****
Frankreich 1935, 150 Min., s/w
R: Jacques Feyder D: Françoise Rosay, Jean Murat, André Alerme
Eine satirische Farce in historischem Gewand. Zu Beginn des 17. Jahrhunderts besetzen Soldaten eine flandrische Stadt, woraufhin sich die Männer ganz buchstäblich »totstellen« und die Lösung des Problems ihren Frauen überlassen.

Herr der drei Welten H279
***

THE THREE WORLDS OF GULLIVER
USA/GB/Spanien 1960, 97 Min., F
R: Jack Sher D: Kerwin Mathews, Jo Morrow, June Thorburn
Vom Egoismus seiner Zeit angewidert, bricht der Medikus Gulliver in andere Gefilde auf und besteht in Liliput und Brobdignang Abenteuer. Flottes Abenteuerspektakel mit exzellenten Tricks nach Jonathan Swift. LFF

Herr der Fliegen H280

LORD OF THE FLIES **
USA 1988, 103 Min., F
R: Harry Hook D: Paul Balthazar Getty, Chris Furrh, Daniel Pipoly
Neuverfilmung des Romans von William Golding um eine Gruppe gestrandeter Jungen auf einer Insel. Neue Aspekte gewinnt sie dem Stoff nicht ab. HFJ 1991

Der Herr der Fliegen H281

LORD OF THE FLIES ***
GB 1963, 84 Min., s/w
R: Peter Brook D: James Aubrey,

Rauhbein Nick Nolte und Multitalent Barbra Streisand

Der Herr der gelben Hölle H282 **

I PREDONI DELLA STEPPA

Italien 1963, 87 Min., F

R: Amerigo Anton D: Kirk Morris, Moira Orfei, Daniele Vargas

Machtkämpfe und Intrigen unter den Häuptlingen der Mongolei, die allem Anschein nach nur von Weißen bewohnt wird. Mord-, Entführungs- und Kampfspektakel von provinziellen Dimensionen.

Herr der Gezeiten H283 ****

THE PRINCE OF TIDES

USA 1991, 131 Min., F

R: Barbra Streisand D: Nick Nolte, Barbra Streisand, Blythe Danner

Nach dem Roman »Die Herren der Insel« von Pat Conroy erzählt Streisand die ungewöhnliche Love Story zwischen einem Footballtrainer und einer Therapeutin. Deftiges Melodram mit guten Darstellern und Happy ending. HFJ 1993

Herr der rauhen Berge H284 ***

ROCKY MOUNTAIN

USA 1950, 80 Min., s/w

R: William Keighley D: Errol Flynn, Patrick Wymore, Scott Forbes

Südstaatler, verliebt in Yankeebraut, tut alles, um sie vor den Indianern zu schützen – bis zum bitteren Ende. Spannender Western, in dem harte Burschen ihr Leben opfern, da es um eine Lady geht.

Der Herr der Ringe H285 ***

THE LORD OF THE RINGS

USA 1977, 133 Min., F

R: Ralph Bakshi

In einem mythisch-fiktiven Reich hindern ein Zwerg und seine Freunde einen Bösmann daran, in den Besitz eines magischen Ringes zu gelangen. Aufwendiger, aber nicht überzeugender Zeichentrickfilm nach dem Buch von J. R. R. Tolkien; an der Kinokasse ein Totalflop. LFF

Der Herr der sieben Meere H286 ****

THE SEA HAWK

USA 1940, 126 Min., s/w

R: Michael Curtiz D: Errol Flynn, Claude Rains, Brenda Marshall

Captain Thorpe plündert im Auftrag der englischen Königin in Südamerika die Spanier aus. Wildes Schlachtengetümmel und turbulente Fechtszenen. Ein Abenteuerfilm der besten Art, voller Action und Spannung.

Herr der Silberminen H287 ****

SILVER RIVER

USA 1948, 110 Min., s/w

R: Raoul Walsh D: Errol Flynn, Ann Sheridan, Thomas Mitchell

Zu Unrecht unehrenhaft entlassener Captain der Nordstaaten-Armee luchst einem Mann eine Silbermine ab und spielt sich als Herr der Stadt auf, bis er erkennen muß, daß seine Lebensart die feinste nicht ist. Ungewöhnlicher Western, hervorragend inszeniert.

Herr des Wilden Westens H288 ****

DODGE CITY

USA 1939, 105 Min., F

R: Michael Curtiz D: Errol Flynn, Olivia de Havilland, Ann Sheridan

Ein Cowboy, der nach Dodge City kommt und sich von den örtlichen Banditen nicht schrecken läßt, wird zum Sheriff ernannt, säubert die Stadt und findet sein Mädchen. Pralles Westernkino, in dem Fetzen, Flaschen und blaue Bohnen fliegen.

Der Herr im Haus H289 ***

Deutschland 1940, 89 Min., s/w

R: Heinz Helbig D: Hans Moser, Maria Andergast, Hans Junkermann

Hans Moser in Höchstform als grantelnder Hausmeister, der in das Schicksal der Mieter in einem Wohnhaus eingreift. Die Story ist nichts, die Präsenz der Darsteller alles.

Herr Ober! H290 ***

BRD 1991, 99 Min., F

R: Gerhard Polt D: Gerhard Polt, Christiane Hörbiger, Ulrike Kriener

Regie-Debüt von Gerhard Polt: Er spielt einen dichtenden Ex-Kellner, der Karriere machen will und dabei in die gnadenlosen Mühlen des Show-Business gerät. Wenig gagreiche Sketch-Parade, in der Polt meist sich selbst zitiert. HFJ 1993

Ein Herr ohne Kleingeld H291 ****

LE BARON DE L'ECLUSE

Frankreich 1959, 90 Min., s/w

R: Jean Delannoy D: Jean Gabin, Micheline Presle, Jean Desailly

Einem Baron, der durch seine luxuriöse Lebensweise sein Vermögen durchgebracht hat, gelingt es immer wieder, sich mit Hilfe seines trickreichen Charmes und seiner Eleganz ein Leben in großem Stil zu ermöglichen. Unterhaltsame Charakterkomödie.

Herr Puntila und sein Knecht Matti H292 ***

Österreich 1955, 97 Min., s/w und F

R: Alberto Cavalcanti D: Curt Bois, Heinz Engelmann, Maria Emo

Brechts Theaterstück um einen Herrn, der sich immer, wenn er betrunken ist, mit seinem Chauffeur verbrüdert, in einer eher unbeholfenen Film-Version.

Herr Satan persönlich H293
MR. ARKADIN ****
GB/Spanien 1956, 93 Min., s/w
R: Orson Welles D: Orson Welles, Michael Redgrave, Paoli Mori
Ein Millionär behauptet, unter Gedächtnisschwund zu leiden und beauftragt einen Mann, seine Vergangenheit aufzuklären. Orson Welles ganz in seinem Element, aber nicht ganz auf der Höhe seiner Kunst.

Der Herr von Dragonard Hill H294
**
DRAGONARD
USA 1988, 89 Min., F
R: Gérard Kikoine D: Oliver Reed, Eartha Kitt, Patrick Warburton
Britischer Adliger, auf eine Insel in der Karibik verschlagen, überlebt böse Attacken arroganter Pflanzer mit Hilfe von Hure mit goldenem Herzen und zettelt einen Sklavenaufstand an. Trivialabenteuerfilm ohne Wert.
HFJ 1989

Die Herren H295
**
BRD 1965, 88 Min., s/w
R: Rolf Thiele, Georg Laforet D: Susy Andersen, Leticia Roman, Peter van Eyck, Paul Hubschmid, Mario Adorf
Heitere und dramatische Episoden um das Liebesleben einer Frau, die einen autobiographischen Roman schreibt.

Die Herren Dracula H296
DRACULA PERE ET FILS ***
Frankreich 1976, 110 Min., F
R: Edouard Molinaro D: Christopher Lee, Bernard Menez, Marie-Hélène Breillat, Anna Gael

Die Herren Einbrecher geben sich die Ehre H297
****
THE LEAGUE OF GENTLEMEN
GB 1959, 113 Min., s/w
R: Basil Dearden D: Jack Hawkins, Nigel Patrick, Richard Attenborough
Humorvoll-ironische Krimikomödie über einen von der Armee enttäuschten Offizier, der eine Truppe von Army-Spezialisten zusammenstellt, mit denen er einen generalstabsmäßig geplanten Bankraub durchführt.

Die Herren mit der weißen Weste H298
****
BRD 1969, 90 Min., F
R: Wolfgang Staudte D: Martin Held, Agnes Windeck, Mario Adorf
Ein pensionierter Richter bringt mit seinen Freunden einen Gauner zur Strecke, dem er mit legalen Mitteln nicht habhaft werden konnte. Scherz, Satire, Ironie und ein bißchen tiefere Bedeutung für das Deutschland des Wirtschaftswunders.

Herrenpartie H299
****
BRD/Jugoslawien 1964, 90 Min., s/w
R: Wolfgang Staudte D: Götz George, Hans Nielsen, Rudolf Platte
Ein deutscher Gesangsverein kommt auf einer Ferienreise in ein jugoslawisches Bergdorf, in dem man im Krieg die Männer zur »Vergeltung« ermordet hat. Ein wichtiger Beitrag zur unbewältigten Vergangenheit. Ein Pflichtfilm für alle, die mal endlich »das von früher« vergessen wollen.

Der Herrgottsschnitzer von Ammergau H300
**
BRD 1952, 90 Min., s/w
R: Harald Reinl D: Erich Auer, Ingeborg Cornelius, Willy Rösner
Die gemütvolle Geschichte eines jungen Künstlers nach Ganghofer.

Die Herrin von Atlantis H301

abverlangt. Abenteuer ist angesagt! B-Film-Version des klassischen Fantasy-Romans von Pierre Benoit. LFF

Die Herrin von Atlantis H302
ANTINEA ***
L' AMANTE DELLA CITTA SEPOLTA
Frankreich/Italien 1960, 108 Min., F
R: Frank Borzage D: Haya Harareet, Red Fulton, Jean-Louis Trintignant
Zwei Geologen gelangen in Afrika in das von einer unsterblichen Königin beherrschte versunkene Reich Atlantis, erleben diverse Intrigen und zetteln einen Sklavenaufstand an. Ein recht unterhaltsamer, abenteuerlicher Film ohne Tiefgang. LSFF

Die Herrin von Thornhill H303
FAR FROM THE MADDING CROWD ***
GB, 1967, 156 Min., F
R: John Schlesinger D: Julie Christie, Terence Stamp, Alan Bates
Die junge Erbin eines großen grafschaftlichen Hofes in Südengland verschmäht einen Landedelmann und heiratet einen als großspurigen Casanova bekannten Offizier, der ihr ebenfalls den Hof gemacht hat. Nachdem dieser sie bald verlassen hat, findet sie ihr Glück mit einem einfachen Schäfer. Opulente Romanvefilmung.

Herrliche Zeiten im Spessart H304
***
BRD 1967, 105 Min., F
R: Kurt Hoffmann D: Liselotte Pulver, Harald Leipnitz, Willy Millowitsch
Als die Heiratspläne einer Deutschen mit einem US-Soldaten durch dessen Abkommandierung gestört werden, greifen die Spessart-Gespenster hilfreich ein und nehmen die Braut in ihrer Raumkapsel mit. Aufgrund eines »Navigationsfehlers« beginnt eine Reise durch mehrere Zeitepochen, in denen immer Soldaten präsent sind. Gut inszenierte Komödie ohne besonderen Witz.

Satan persönlich unterzieht einen Computer-Experten mehreren Prüfungen. Todlangweiliger Episodenfilm, der nur beweist, daß viele Regisseure sogar Zelluloidbrei verderben können.

Herrscher der Straßen
siehe: Frankensteins Todesrennen

Herrscher der Zeit H306
LES MAITRES DU TEMPS ***
Fr/GB/CH/BRD/Ungarn 1982, 78 Min., F
R: René Laloux
Kleiner Junge strandet auf einem von Hornissen bewohnten Planeten. Ein Raumfahrer und ein alter Haudegen eilen zu seiner Rettung herbei. Sehr unterhaltsamer Zeichentrickfilm, der auch für Erwachsene goutierbar ist. LSFF

Herrscher des Dschungels H307
JUNGLE MOON MEN **
USA 1955, 70 Min., s/w
R: Charles S. Gould D: Johnny Weissmueller, Jean Byron, Helen Stanton
Johnny Weissmüller und eine Autorin geraten im afrikanischen Busch in die Fänge der mysteriösen Mondgöttin, die von einem Pygmäenvolk angebetet wird, und stoßen auf einen Mann, den sie als Hohepriester zwangsverpflichtet hat. Abenteuer-Dutzendware.

Herrscher einer versunkenen Welt H308
L' ISOLA MISTERIOSA E IL CAPITANO NEMO ***
It/Fr/Sp 1973, 98 Min., F
R: Juan Antonio Bardem D: Omar Sharif, Philippe Nicaud, Gérard Tichy
Fünf Männer stranden auf einer Insel und begegnen allerlei Gefahren, die sie mit Hilfe eines mysteriösen U-Boot-Kapitäns meistern. Ansehbare, gut fotografierte Story nach Jules Vernes »Die geheimnisvolle Insel«. LSFF

Herrscher über weites Land H309
THE BIG LAND ***
USA 1956, 93 Min., F
R: Gordon Douglas D: Alan Ladd, Virginia Mayo, Edmond O'Brien
Ein texanischer Rancher kämpft gegen ein Eisenbahnmonopol und macht sich für eine zweite Bahnlinie stark. Ein Dutzendwestern.

Der Herrscher von Cornwall H310
JACK THE GIANT KILLER ****
USA 1960, 94 Min., F
R: Nathan Juran D: Kerwin Mathews, Judi Meredith, Torin Thatcher
Der Bauernsohn Jack dringt mit Hilfe eines Flaschengeistes in die Burg eines bösen Trolls ein, der seine Heimat terrorisiert, und rettet nach vielen Abenteuern seine Angebetete. Fantasy-Film in bester Tradition Hollywoods.

Der Herrscher von Kansas H311
THE JAYHAWKERS ***
USA 1959, 100 Min., F
R: Melvin Frank D: Jeff Chandler, Nicole Maurey, Henry Silva
Ein Ex-Häftling soll im Auftrag des Gouverneurs von Kansas den Chef einer Guerillatruppe töten, läßt sich aber von dessen Ideen begeistern und wendet sich erst gegen ihn, als er seine Brutalität erkennt. Western.

Herrscherin der Wüste H312
SHE ***
GB 1964, 105 Min., F
R: Robert Day D: Ursula Andress, John Richardson, Peter Cushing
Zwei Offiziere, die in Afrika Schätze suchen, treffen in einer versunkenen Stadt auf eine unsterbliche Königin, die in einem von ihnen die Reinkarnation ihres toten Geliebten zu erkennen glaubt.

Herrscherin des Bösen H313
QUEEN OF EVIL ***
Kanada 1974, 94 Min., F
R: Oliver Stone D: Jonathan Frid, Martine Beswick, Herve Villechaize
Horrorautor erweckt die Figuren seiner Phantasie zum Leben und läßt sie seine Frau und deren Freunde meucheln. Dann stellt sich alles als Traum heraus!

Herz aus Glas H314
****
BRD 1976, 94 Min., F
R: Werner Herzog D: Josef Bierbichler, Stefan Güttler, Clemens Scheitz
Visionärer Film über eine Legende um ein rubinrotes Glas. Das Drehbuch verfaßte Herzog zusammen mit Herbert Achternbusch.

Das Herz des Piraten H315
***
DDR 1988, 83 Min., F
R: Jürgen Brauer D: Franziska Alberg, Johanna Schall, Gojko Mitic
Ein 13jähriges Mädchen findet das versteinerte sprechende Herz eines schon vor Jahrhunderten verstorbenen Piraten. Das Traumbild des Seeräubers wird ihr immer mehr zum Vater-Ersatz. Als der eines Tages auftaucht, muß sie sich entscheiden. Mit phantastischen Elementen angereicherte, sensibel inszenierte Alltagsgeschichte. HFJ 1990

Ein Herz im Winter H316
UN COEUR EN HIVER ***
Frankreich 1992, 105 Min., F
R: Claude Sautet D: Daniel Auteuil, Emmanuelle Beart, Andre Dussollier
Liebesgeschichten unter Musikerinnen und Musikern, gepflegt inszeniert, aber ohne jede Überraschung und ohne Leidenschaft. HFJ 1994

Das Herz ist ein einsamer Jäger H317
THE HEART IS A LONELY HUNTER ***
USA 1968, 124 Min., F
R: Robert Ellis Miller D: Alan Arkin, Sondra Locke, Laurinda Barrett
Die Tragödie eines taubstummen Mannes, der seiner Umwelt nur Güte entgegenbringt, aber immer einsam bleibt. Hervorragend gespielt von Alan Arkin.

Herz ist Trumpf H318
FOR LOVE OR MONEY ***
USA 1984, 91 Min., F
R: Terry Hughes D: Suzanne Pleshette, Gil Gerard, Jamie Farr
Ex-Monty-Python-Regisseur Terry Hughes versucht sich an einer Satire mit romantischen Obertönen um eine populäre Fernsehserie à la Geld oder Liebe. Die beiden Kandidaten haben zuerst nur das große Geld im Sinn, aber dann siegt doch die Liebe.

Herz ohne Heimat H319
***
Deutschland 1940, 79 Min., s/w
R: Otto Linnekogel D: Gustav Diessl, Albrecht Schoenhals, Olga Limburg

Stimmungsvolles Melodram um zwei Stiefbrüder. Nachdem der eine nach Amerika ausgewandert ist, stellt seine Freundin fest, daß sie schwanger ist.

Das Herz voller Hoffnungen H320
DO ZUBU A DO SRDICKA **
CSSR 1985, 91 Min., F
R: Vladimir Drha D: Martin Krb, Jiri Devat, Klara Pollertova
Zwei rivalisierende Jungen werden im Moment der Bewährung zu Freunden. Pädagogischer und einigermaßen geschwätziger Kinderfilm.

Herzbube H321
KING, QUEEN, KNAVE ***
BRD/GB 1971, 89 Min., F
R: Jerzy Skolimowski D: David Niven, Gina Lollobrigida, Mario Adorf
Eine Frau verführt ihren jungen Neffen, was zu einem Mordkomplott gegen ihren reichen Mann führt.

Herzen in Aufruhr H322
JUDE ***
GB 1996, 122 Min., F
R: Michael Winterbottom
D: Christopher Eccleston, Kate Winslet, Liam Cunningham
Unkonventionelles Liebespaar im viktorianischen England erregt die Gemüter seiner Mitmenschen. Der Traum von einem aufrichtigen Leben erfüllt sich dadurch natürlich nicht. Adaption des Klassikers von Thomas Hardy. HFJ 1998

Die Herzensbrecher H323
HEARTBREAKERS ***
USA 1984, 98 Min., F
R: Bobby Roth D: Peter Coyote, Nick Mancuso, Carole Laure
Ein Avantgardekünstler und ein Geschäftsmann, die miteinander befreundet sind, suchen in L.A. kreative und sexuelle Erfüllung. Hervorragende Charakterzeichnungen, kompetente Darsteller, schöne Locations.

Eine Mutter, die ihr Glück in einer außerehelichen Beziehung sucht, hat ein sehr inniges Verhältnis zu ihrem 15jährigen Sohn, den sie bisher immer als Baby behandelt hat. Eines Tages kommt es zum Inzest. Malle gelingt mit seiner behutsamen Inszenierung eine heitere und vorurteilsfreie Annäherung an eines der größten gesellschaftlichen Tabuthemen.

Herzklopfen H325
LE COEUR BATTANT ****
Frankreich 1960, 80 Min., s/w
R: Jacques Doniol-Valcroze D: Françoise Brion, Jean-Louis Trintignant
Dreiecksgeschichte um eine Frau zwischen einem Diplomaten und einem Maler. Nouvelle-Vague-Film, in dem das Erzählen alles bedeutet.

Herzkönig H326
LE ROI DE COEUR ***
Frankreich/Italien 1966, 102 Min., F
R: Philippe de Broca D: Pierre Brasseur, Alan Bates, Jean-Claude Brialy, Geneviève Bujold
Am Ende des Ersten Weltkrieges kommt ein Soldat in eine von der Bevölkerung verlassene französische Kleinstadt, die von den Insassen einer Irrenanstalt regiert wird. Diese wählen ihn zu ihrem König, was er nach der schrecklichen Erfahrung des Krieges als Glück empfindet. Originelle und exzellent gespielte Allegorie.

Herzlich willkommen H327
***
BRD 1990, 92 Min., F
R: Hark Bohm D: Barbara Auer, Uwe Bohm, David Bohm, Michael Gwisdek
Junger Mann flieht nach langer Haft aus der DDR in den Westen, landet als Praktikant in einem Erziehungsheim, verliebt sich in Gruppenleiterin und gründet mit ihr und einem kleinen Waisenjungen eine Familie. Ein gelungenes Familienprodukt der Bohms.

Treusorgender Vater arbeitet als Trickbetrüger, damit sein Sohn eine ordentliche Ausbildung erhält. Aber mußte er ausgerechnet Jurist werden? Eine dieser herrlichen britischen Filmkomödien, über die man noch beim fünften Ansehen lachen kann.

Herzquietschen H329
HEARTBEEPS **
USA 1981, 79 Min., F
R: Allan Arkush D: Andy Kaufman, Bernadette Peters, Randy Quaid
Reparaturbedürftige Roboter begeben sich auf die Walze und erleben ein paar platte Dönekes, die offenbar beweisen sollen, daß Maschinen auch nur Menschen sind. Komödie? Komödie! HFJ 1988

Hester Street H330
HESTER STREET ****
USA 1974, 90 Min., F
R: Joan Micklin Silver D: Carol Kane, Steven Keats, Mel Howard
Das Schicksal einiger, aus Osteuropa stammender jüdischer Einwanderer, die in der New Yorker Eastside wie in einem Getto leben und sich mit der Assimilation schwertun. Eine liebevoll, karrikierende Schilderung von Personen und Milieu.

Die Heulboje H331
THE PATSY **
USA 1964, 88 Min., F
R: Jerry Lewis D: Jerry Lewis, Ina Balin, Everett Sloane
Als ein Topkomiker bei einem Flugzeugunglück umkommt, wollen seine Manager (unter ihnen Peter Lorre in seiner letzten Rolle) aus einem Hotelpagen seinen Nachfolger machen. Einer der schwächeren Lewis-Filme.

Heute spielen wir den Boß – Wo geht's denn hier zum Film H332
**
BRD 1981, 82 Min., F

Heut' gehn wir bummeln H333
ON THE TOWN ****
USA 1949, 98 Min., F
R: Stanley Donen D: Gene Kelly, Frank Sinatra, Jules Munshin
Drei Leichtmatrosen auf Landurlaub in New York. (Mehr Tanz als Handlung.) Mit leichter Hand inszeniertes und genial choreographiertes Musical, das vor allem auch durch Leonard Bernsteins Musik besticht. Ein Klassiker!

Heute ich, morgen du
siehe: Stoßgebet für einen Hammer

Die Hexe und der Zauberer H334
THE SWORD IN THE STONE ***
USA 1963, 75 Min., F
R: Wolfgang Reitherman
Nachdem der Waisenknabe Floh von dem gutmütigen Zauberer Merlin eine Menge gelernt und viele komische Abenteuer überstanden hat, zieht er ein Schwert aus einem Stein und wird zu König Arthur von Camelot. Fantasievoller Zeichentrickfilm. LFF

Hexen hexen H335
THE WITCHES ***
GB 1990, 92 Min., F
R: Nicholas Roeg D: Anjelica Houston, Mai Zetterling, Jason Fisher
Ein neunjähriger Junge und seine Oma erfahren, daß die Hexen Englands den Plan verfolgen, alle Kinder in Mäuse zu verwandeln, und hintertreiben ihn.

Die Hexen von Bay Cove H336
BAY COVE ***
USA 1987, 95 Min., F
R: Carl Schenkel D: Tim Matheson, Pamela Sue Martin, Jeff Conway
Ein junges Ehepaar gerät auf einer Insel in den Dunstkreis heimlicher Satansjünger, die, um unsterblich zu werden, ihre Seelen vor langer Zeit dem Teufel verkauft haben. Passabler Horrorfilm. HFJ 1989

Die Hexen von Eastwick H337
THE WITCHES OF EASTWICK ****
USA 1987, 118 Min., F
R: George Miller D: Jack Nicholson, Cher, Susan Sarandon, Michelle Pfeiffer, Veronica Cartwright

Michelle Pfeiffer, Cher und Susan Sarandon in ›Die Hexen von Eastwick‹.

Ein lüstern grinsender Dämon zieht in das Kaff Eastwick und verdirbt drei dralle Damen, die bald nicht mehr von ihm und seinen Perversitäten lassen können – auch nachdem sie es versucht haben. Bombenrolle für Jack N. HFJ 1988

Hexen von heute H338
Italien 1966, 121 Min., F ***
R: Luchino Visconti, Mauro Bolognini, Pier Paolo Pasolini, Franco Rossi, Vittorio de Sica D: Silvana Mangano, Annie Girardot, Clint Eastwood
Episodenfilm, der ganz auf Silvana Mangano zugeschnitten ist, die fünf verschiedene Frauenrollen bestens verkörpert.

Die Hexen von Salem H339
LES SORCIERES DES SALEM ***
Frankreich/DDR 1957, 134 Min., s/w
R: Raymond Rouleau D: Yves Montand, Simone Signoret, Mylène Demongeot
Nach Arthur Millers Bühnenstück »Hexenjagd« gedrehtes Drama um Machtmißbrauch und abergläubischen Hexenwahn. Die eindrückliche Inszenierung mit einem ungewohnten Yves Montand folgt dem Drehbuch von Jean-Paul Sartre.

Hexenjagd D340
THE CRUCIBLE ***
USA 1996, 123 Min., F
R: Nicholas Hytner D: Daniel Day-Lewis, Winona Ryder, Paul Scofield
Adaption des gleichnamigen Dramas von Arthur Miller um eine Kindfrau, die in einer gottesfürchtigen Gemeinde des Jahres 1692 einen unheilvollen Hexenwahn auslöst. Trotz ausgezeichneter Schauspieler bleibt die Inszenierung konventionell und überläßt so den Umgang mit der allzeit gültigen Brisanz des Themas ganz den Köpfen der Zuschauer. HFJ 1998

Der Hexenjäger H341
THE WITCHFINDER GENERAL ****
GB 1968, 87 Min., F
R: Michael Reeves D: Vincent Price, Ian Ogilvy, Hilary Dwyer
Ein in seiner Direktheit und Gewalttätigkeit verstörender Film, der im England des 17. Jahrhunderts spielt. Durch liebliche Landschaften zieht ein von Lust, Geld- und Machtgier getriebener Hexenjäger mit seinem brutalen Knecht, um denunzierte Opfer zu Tode zu quälen – bis ein Mann Rache nimmt.

Hexenkessel H342
MEAN STREETS ****
USA 1973, 110 Min., F
R: Martin Scorsese D: Robert De Niro, Harvey Keitel, David Proval
Früher Scorsese-Klassiker um eine Gruppe von Italoamerikanern in New York, die im Dschungel der Großstadt nach ihren eigenen Gesetzen leben. Authentische und rasante Milieuschilderung, mit der Scorsese schon früh sein Talent für packende Inszenierungen unter Beweis stellte.

Die Hexenküche des Dr. Rambow H343 **

FRANKENSTEIN 1970

USA 1958, 80 Min., s/w

R: Howard W. Koch D: Boris Karloff, Jana Lund, Charlotte Austin

Während ein TV-Team in seinem Schloß Aufnahmen macht, bastelt Dr. Rambow in seinem Labor einen künstlichen Menschen, der alle meuchelt, die das Geheimnis seines Herrn ergründen wollen. Krude Mischung aus Horror und SF. LSFF

Hexensabbat H344 ***

THE SENTINEL

USA 1976, 92 Min., F

R: Michael Winner D: Chris Sarandon, Christina Raines, Martin Balsam

Junge Dame zieht in ein unheimliches Haus ein und stellt zu ihrem Schrekken fest, daß sie an der Tür zur Hölle lebt. Horrorfilm, der neben Grusel auch mit Schamhaar und Brustwarzen aufwartet.

Hi-Lo Country H345 ****

THE HI-LO COUNTRY

USA 1998, 114 Min., F

R: Stephen Frears D: Woody Harrelson, Billy Crudup, Patricia Arquette

Spät-Western-Drama um zwei gegensätzliche Freunde, die nach ihrer Rückkehr aus dem Zweiten Weltkrieg gegen einen herrischen Großgrundbesitzer kämpfen. Pech nur, daß sie beide dieselbe Frau lieben. HFJ 2000

Hi, Mom – Confessions of Peeping John H346 ***

HI, MOM!

USA 1969, 87 Min., F und s/w

R: Brian de Palma D: Robert De Niro, Charles Durnham, Allen Garfield

Fenster-zum-Hof-mäßig beobachtet ein Filmemacher seine Nachbarschaft durchs Teleobjektiv. Alles ist irgendwie sexy und nett anzusehen. Dann tritt

Paul, Ringo, John und George als Marschkapelle in ›Hi-Hi-Hilfe‹.

Hi-Hi-Hilfe H347 ****

HELP!

GB 1965, 90 Min., F

R: Richard Lester D: John Lennon, Paul McCartney, Ringo Starr, George Harrison

Jünger einer ausgeflippten orientalischen Sekte jagen die Beatles rund um die Erde, um einen für ihren Kult wichtigen Ring zu erbeuten, den der Drummer Ringo am Finger trägt. Eine in viel Musik verpackte Satire mit vielen Gags und putzigen Einfällen, in der die Fab Four aus Liverpool zeigen, daß sie auch schauspielern können.

Hick's Last Stand H348 ***

BRD 1990, 79 Min., F

R: Herbert Achternbusch D: Herbert Achternbusch

Filmisches Tagebuch eines Mannes, der in Amerika die Mythen und Zeichen des Westens sucht. Achternbusch reduziert und total. HFJ 1991

The Hidden – Das unsagbar Böse H349 ***

THE HIDDEN

Das Haupthaar wird Ihnen bei diesem Reißer zu Berge stehen! HFJ 1990

Hidden Agenda H350 ****

HIDDEN AGENDA

GB 1990, 108 Min., F

R: Ken Loach D: Brian Cox, Frances McDormand, Brad Dourif

Ausgehend vom Mord an einem Menschenrechtskämpfer, ausgeführt von der britischen Polizei, wird die Unterdrückungspolitik der Londoner Regierung in Nordirland dargestellt. Schlicht wie ein Dokumentarfilm und spannend wie ein Krimi ergreift der Film Partei gegen die undemokratischen Machenschaften von Geheimdiensten, Armee und Polizei. Ein echter Politthriller. HFJ 1992

Hier hast du dein Leben H351 ****

HÄR HAR DU DITT LIV

Schweden 1967, 135 Min., F und s/w

R: Jan Troell D: Eddie Axberg, Ulla Sjöblom, Gunnar Björnstrand, Max von Sydow, Per Oscarsson

Die Entwicklungsgeschichte eines Jungen im Schweden um 1910, der vom Landkind zum politisch denkenden

Scotland-Yard-Inspektor a. D. klärt einen verstrickten Fall, der ihn nicht zur Ruhe kommen läßt. Viktorianischer Krimi in unheimlicher Atmosphäre, mit Liebe zum Detail inszeniert.

Hier ist John Doe H353
MEET JOHN DOE ****
USA 1941, 122 Min., s/w
R: Frank Capra D: Gary Cooper, Barbara Stanwyck, Edward Arnold
Arbeitsloser Baseball-Profi wird von einer Journalistin in die Rolle des von ihr kreierten amerikanischen Jedermann gedrängt und landet in den Klauen eines machthungrigen Verlegers. Capras beschwingte Politkomödie war eine Reaktion auf faschistoide Tendenzen in den USA während des Zweiten Weltkriegs.

Hier war ich glücklich H354
I WAS HAPPY HERE/TIME LOST AND TIME REMEMBERED ***
GB 1966, 87 Min., F
R: Desmond Davis D: Sarah Miles, Cyril Cusack, Julian Glover
Aus der irischen Provinz gelangt die junge Cass ins »Swinging London«, aber sie findet dort so wenig ihr Glück wie in der Ehe mit einem Arzt. Nach fünf Jahren kehrt sie desillusioniert in ihr Heimatdorf zurück.

High Boot Benny H355
HIGH BOOT BENNY ****
Irland/BRD 1993, 82 Min., F
R: Joe Comerford D: Marc O'Shea, Frances Tomelty, Alan Devlin
Die IRA ermordet den Hausmeister einer Privatschule, der Spitzeldienste für die Militärs leistete. Dadurch gerät die Schule ins Zwielicht und zwischen die Fronten von Militär und IRA. Ein Film über die Zustände in Irland.

High Crusade – Frikassee im Weltraum H356
**
BRD 1993, 91 Min., F
R: Holger Neuhäuser, Klaus Knoesel
D: John Rhys-Davies, Rick Overton, Michael des Barres
Im Stil der berühmt-berüchtigten Monty Pythons treffen hier englische Ritter des 13. Jahrhunderts mit außerirdischen Winzlingen zusammen. Herrliche Zeiten beim Saufen und Raufen. Die dargebotene Komik ist nur schwer genießbar. Besser sofort die Monty Pythons zum xten Mal ansehen.

High Heels H357
TACONES LEJANOS ****
Spanien 1991, 113 Min., F
R: Pedro Almodovar D: Victoria Abril, Marisa Paredes, Miguel Bose
Nach fünfzehn Jahren trifft die berühmte Sängerin Becky de Paramo wieder auf ihre Tochter, die sie für ihre Karriere einst zurückgelassen hat. Eine bizarre Mischung aus Melodram, Travestie, Komödie, Thriller und Film-Essay. HFJ 1993

High Hopes H358
HIGH HOPES ****
GB 1988, 110 Min., F
R: Mike Leigh D: Philip Davis, Ruth Sheen, Edna Dore, Philip Jackson
Studie über drei unterschiedliche Paare des englischen Bürgertums am Ende der achtziger Jahre. Von den begrabenen Hoffnungen der »alten« Linken und von den Verkrüppelungen der erfolgreichen Aufsteiger.

High Spirits – Die Geister sind willig H359
****
HIGH SPIRITS
USA 1987, 97 Min., F
R: Neil Jordan D: Peter O'Toole, Steve Guttenberg, Beverly D'Angelo
Um sein Schloß zu retten, inszeniert ein irischer Adelssproß einen Geisterspuk für amerikanische Touristen. Dabei werden indes die echten Geister des Schlosses erweckt, die heftig in das Gefühlsleben der Gäste eingreifen.

Highlander H360
HIGHLANDER ****
USA 1985, 111 Min., F
R: Russell Mulcahy D: Christopher Lambert, Sean Connery, Roxanne Hart, Clancy Brown
Ein Unsterblicher muß sich im Laufe seines langen Lebens mit diversen »Konkurrenten« auseinandersetzen, die ihm an allen Ecken der Erde auflauern. Spannender, stellenweise gewalttätiger Fantasyfilm mit origineller Grundidee. HFJ 1987

Highlander II: Die Rückkehr H361
**
HIGHLANDER II: THE QUICKENING
USA 1991, 96 Min., F
R: Russell Mulcahy D: Christopher Lambert, Sean Connery, Virginia Madsen, Michael Ironside
Mysteriöser Unsterblicher, der auf Erden wandelt, entpuppt sich als verbannter Rebell vom Planeten Zeiss und muß gegen die Vasallen seines Widersachers antreten. Kampfreiches Spektakel ohne Hand und Fuß.
LSFF, HFJ 1992

Highlander III – Die Legende H362
**
HIGHLANDER III – THE SORCERER
Kanada/Fr/GB 1994, 100 Min., F
R: Andy Morahan D: Christopher Lambert, Mario Van Peebles, Deborah Unger
Leider muß Highlander Connor MacLeod noch ein drittes Mal kämpfen. Ob in der französischen Revolution, in den Bergen Schottlands oder in New York, die Schwerter klirren in der Schlacht gegen das personifizierte Böse. Und auch die Liebe kommt nicht zu kurz. Fantasy-Abenteuer, das mit diffusen Zeitsprüngen für Verwirrung sorgt. HFJ 1996

Highway Heat H363
THE CHASE **
USA 1994, 88 Min., F
R: Adam Rifkin D: Charlie Sheen, Kristy Swanson, Henry Rollins
Ein Krimineller nimmt ein Millionärstöchterlein als Geisel. Auf der langen Flucht nach Mexiko kommen sich die beiden näher. Action-Film, bei dem Täter und Opfer im gleichen Boot, sprich Auto sitzen und sich gegen die Verfolger verbünden. HFJ 1995

Highway zur Hölle H364
HIGHWAY TO HELL **
USA/Niederlande 1991, 91 Min., F
R: Ate De Jong D: Chad Lowe, Kristy Swanson, Patrick Bergin
Ein aus der Hölle kommender Polizist entführt die Freundin unseres Helden Charlie, der sich sogleich aufmacht, sie aus den Fängen der Satansbraten aus der Unterwelt zu befreien.

Hilary und Jackie H365
HILARY AND JACKIE ***
USA 1998, 125 Min., F
R: Anand Tucker D: Emily Watson, Rachel Griffiths, James Frain
Porträt der Cellistin Jacqueline Du Pré und ihrer Schwester Hilary. Mit dramaturgisch ausgeklügelten Mitteln erzählt der Film ein und dieselbe Geschichte aus zwei verschiedenen Blickwinkeln, schielt dabei jedoch zu deutlich auf das breite Klassik-Publikum. HFJ 2000

Hilfe, ich bin ein Außerirdischer H366 **
DOIN' TIME ON PLANET EARTH
USA 1988, 85 Min., F
R: Charles Matthau D: Nicholas Strouse, Hugh Gillin, Gloria Henry
Siebzehnjähriger, der sich fragt, warum er anders ist als die anderen, entpuppt sich als Außerirdischer. Rassegenossen entführen ihn, die üblichen Teenie-Abenteuer sind nicht fern. There's one born every minute. LSFF

Der Himmel auf Erden H367 ***
Deutschland 1935, 91 Min., s/w
R: E.W. Emo D: Heinz Rühmann, Hans Moser, Theo Lingen
Verwechslungsspiel um den echten und den falschen Besitzer eines Gutshofes nach dem Theaterstück von Julius Horst. Die einschlägigen Darsteller in ihrem Element.

Der Himmel brennt H368
LE CIEL SUR LA TETE **
Frankreich 1964, 109 Min., F
R: Yves Ciampi D: André Smagghe, Marcel Bozzuffi, Bernard Fresson
Mysteriöses Raumschiff, das über dem Hafen von Brest gesichtet wird, legt die Instrumente aller Kriegsschiffe lahm und wird am Ende abgeschossen. Als SF getarnter Propagandafilm.

Drei unternehmungslustige, weinselige alte Kauze terrorisieren ein Dorf und werden auch im Altenheim nicht zivilisiert.

Der Himmel kennt keine Günstlinge H370 ***
BOBBY DEERFIELD
USA 1977, 124 Min., F
R: Sydney Pollack D: Al Pacino, Marthe Keller, Anny Duperey
Psychogramm eines Rennfahrers, der einer todkranken Frau begegnet. Durchaus gehobener Tränendrücker nach einem Buch von Erich Maria Remarque.

Himmel oder Hölle H371 ****
Österreich 1990, 75 Min., F und s/w
R: Wolfgang Murnberger D: Adi Murnberger, Fabian Weidinger, Johannes und Lukas Habeler
Erstlingsfilm über eine Kindheit im Kino des Vaters. Die Tabus der Erwachsenenwelt, Sexualität und Tod, spiegeln sich in einer scheinbar behüteten Jugend wider. Eine persönliche Erinnerung, in der u. a. die Bedeutung und Macht des Kinos reflektiert werden. HFJ 1992

Himmel ohne Sterne H372 ****
BRD 1955, 103 Min., s/w
R: Helmut Käutner D: Erik Schumann, Eva Kotthaus, Georg Thomalla
Eine Frau in Thüringen muß, um ihr Kind zu sehen, immer wieder die deutsch-deutsche Grenze überqueren. Sie verliebt sich in einen westdeutschen Grenzbeamten, und beide geraten unter falschen Verdacht. Helmut Käutner ist einer der wenigen deutschen Regisseure, die sich der politischen Realität der fünfziger Jahre gestellt haben.

Der Himmel soll warten H373
HEAVEN CAN WAIT ***
USA 1977, 101 Min., F
R: Warren Beatty, Buck Henry
D: Warren Beatty, Julie Christie, James Mason
Toter Footballstar darf nochmal auf die Erde, weil die Mächte oben ihn irgendwie verwechselt hatten. Dafür herrscht jetzt auch unten das Chaos. Amüsantes Starvehikel für das Multitalent Warren Beatty, der für Drehbuch, Regie und die Hauptrolle verantwortlich zeichnet.

Der Himmel über Berlin H374 ****
BRD/Frankreich 1987, 125 Min., F
R: Wim Wenders D: Bruno Ganz, Solveig Dommartin, Otto Sander
Zwei Engel wandern durch Berlin; einer verliebt sich in eine Trapezkünstlerin und möchte zum Menschen werden. Poetische Film-Phantasie und eine kleine Schule des Sehens.
HFJ 1988

Der Engel des Regisseurs: Solveig Dommartin in ›Der Himmel über Berlin‹.

Der Himmel über Paris H375
LE CIEL DE PARIS ***
Frankreich 1992, 90 Min., F
R: Michel Béna D: Sandrine Bonnaire, Marc Fourastier, Paul Blain
Unter dem Himmel von Paris teilen sich Marc und Suzanne wie Bruder und Schwester eine Wohnung. Im Schwimmbad lernen sie Lucien kennen, und Marc verliebt sich sofort in ihn. Lucien aber kann diese Gefühle nicht erwidern, ihn zieht es zu Suzanne, die wiederum in aussichtsloser Liebe Marc zugetan ist. Wie im wahren Leben also.

Himmel unter Steinen H376
***
Österreich/BRD 1990, 93 Min., F
R: Peter Patzak D: Reuben Pillsbury, Christopher Chaplin, Robert Munic
Surreales Porträt des Attentäters, der am 28. Juni 1914 den österreichischen Thronfolger ermordete und damit zum Auslöser des Ersten Weltkriegs wurde.

Der Himmel war schuld H377
TUTTA COLPA DEL PARADISO ***
Italien 1986, 98 Min., F
R: Francesco Muti D: Ornella Muti, Francesco Muti, Roberto Alpi
Als Romeo nach fünfjähriger Gefängnishaft entlassen wird, hat sich seine Welt gründlich verändert. Sein Haus ist abgerissen, die Freundin verschwunden und der Sohn adoptiert. Fest entschlossen, sein Kind zurückzuholen, macht er sich auf die Suche und verliebt sich ausgerechnet in die schöne Adoptivmutter.

Himmel über der Wüste H378
THE SHELTERING SKY ***
GB 1990, 142 Min., F
R: Bernardo Bertolucci D: Debra Winger, John Malkovich, Campbell Scott
In faszinierenden Bildern gestaltete Geschichte einer Reise dreier amerikanischer Staatsbürger im Nordafrika der vierziger Jahre und der Krise einer Ehe. Nach dem Roman von Paul Bowles entwirft Bertolucci ein Panorama individueller und kultureller Entfremdung.

Ein Himmelhund von einem Schnüffler H379
OH HEAVENLY DOG ***
USA 1979, 103 Min., F
R: Joe Camp D: Chevy Chase, Jane Seymour, Omar Sharif, Robert Morley
Ein ermordeter Detektiv ermittelt seine eigene Ermordung – in Gestalt eines Hundes. Sentimental-komisch.

Himmelsheim H380
***
BRD 1988, 89 Min., F
R: Manfred Stelzer D: Elke Sommer, Sigi Zimmerschied, Gustl Augustin
Ein oberfränkisches Dorf wird Opfer einer Schnelltrasse der Bundesbahn. Liebevoll porträtiert der Film die Menschen, die dagegen Widerstand leisten, daran zerbrechen oder sich damit zu arrangieren versuchen.

Himmelsspiel H381
HIMLASPELET ***
Schweden 1942, 106 Min., s/w
R: Alf Sjöberg D: Rune Lindström, Elvor Landström, Arnold Sjöstrand
Film über den Bauernsohn Mattes, der auszieht, um Gott zu suchen. Eingebettet in die Legendenverfilmung ist eine im schwedischen Volkstum wurzelnde Weihnachtsgeschichte.

Himmlische Kreaturen H382
HEAVENLY CREATURES ****
Neuseeland 1994, 99 Min., F
R: Peter Jackson D: Melanie Lynsky, Kate Winslet, Sarah Peirse
Zwei Teenager schaffen sich eine mystische Welt mit eigenen Regeln, verlieren die Beziehung zur Realität, wollen gemeinsam Hollywood erobern. Als die Eltern sie trennen wollen, verweben sich Wahn und Wirklichkeit. Es kommt zur Katastrophe.

Der himmlische Walzer H383
***
Deutschland 1948, 90 Min., s/w
R: Geza von Cziffra D: Elfie Mayerhofer, Curd Jürgens, Paul Kemp
Ein Engel wird auf die Erde geschickt, um den Himmelsbewohnern neue Kleider zu besorgen, und verliebt sich in einen Komponisten. Leidlich unterhaltsame weiße Fantasy.

Ein himmlischer Schwindel H384
CHANGE OF HABIT ***
USA 1970, 88 Min., F
R: William A. Graham D: Elvis Presley, Mary Tyler Moore, Barbara McNair
Arzt aus den Slums verliebt sich in Krankenschwester, ohne zu ahnen, daß sie eine Nonne ist. Elvis Presleys Versuch, sich ein anderes Image zuzulegen. Leider erfolglos.

Ein himmlischer Sünder H385
HEAVEN CAN WAIT ****
USA 1943, 112 Min., s/w
R: Ernst Lubitsch D: Gene Tierney, Don Ameche, Charles Coburn
Gleichzeitig nostalgische Romanze, sanfte Satire und Chronik eines Mannes, der die Frauen liebte. Ein verräterisch stilisiertes Schwelgen, wie man es von Lubitsch sonst kaum gewohnt ist: Hier wird die Gesellschaft um 1900 aufs Korn genommen.

Die Hindenburg H386
THE HINDENBURG ***
USA 1974, 115 Min., F
R: Robert Wise D: George C. Scott, Anne Bancroft, William Atherton
Deutscher Major entlarvt auf dem Zeppelin Hindenburg einen Attentäter, kann die Katastrophe in Lakehurst/USA jedoch nicht verhindern. Spannender Thriller, der geschickt Dokumentaraufnahmen verwendet.

Hingerissen von einem ungewöhnlichen Schicksal H387 ****
TRA VOLTI DA UN INSOLITO DESTINO NELL'AZZURRO MARE D'AGOSTO
Italien 1974, 116 Min., F
R: Lina Wertmüller D: Giancarlo Giannini, Mariangela Melato, Isa Danieli
Eine reiche Römerin strandet mit ihrem süditalienischen Diener auf einer einsamen Insel. Eine Liebes- und Haßgeschichte als Parabel auf den »Hauptwiderspruch« zwischen Kapital und Arbeit und den »Nebenwiderspruch« zwischen Mann und Frau.

Die Hinrichtung H388
LA RUSA ***
Spanien 1987, 125 Min., F
R: Mario Camus D: Didier Flamand, Angeli Maria van Os, Jesus Ruyman

Spanien in der ersten Nach-Franco-Zeit. Die Liebesgeschichte zwischen einem Regierungsbeamten und einer jungen Intellektuellen wird durch das Wirken des Geheimdienstes zerstört.

Hinter blinden Scheiben H389
MEFIEZ-VOUS, FILLETTES! **
Frankreich 1957, 90 Min., s/w
R: Yves Allégret D: Antonella Lualdi, Robert Hossein, Michèle Cordue
Ein Gangsterboß wird von dem Mitglied einer gegnerischen Bande ermordet. Daraufhin kommt es zu vielerlei Gewalttätigkeiten, die in einem Berg von Leichen gipfeln. Primitiver Gangsterfilm mit einem hohen Bleiwert.

Hinter dem Rampenlicht H390
ALL THAT JAZZ ****
USA 1979, 123 Min., F
R: Bob Fosse D: Roy Scheider, Jessica Lange, Ann Reinking, Cliff Gorman
Ein von seiner Arbeit besessener Choreograph erleidet einen Herzanfall und zieht im Gespräch mit dem Tod (einer weißgekleideten Frau) die Bilanz seines Lebens.

Hinter den Mauern des Grauens H391
***
THE STRANGE DOOR
USA 1951, 81 Min., s/w
R: Joseph Pevney D: Charles Laughton, Boris Karloff, Sally Forrest
Krankhafter Schloßherr, der seinen Bruder seit 20 Jahren gefangenhält, strebt auch den Tod seiner Nichte an, als diese sich wider Erwarten in den Mann verliebt, den er ihr zum Gatten bestimmt. Keller-Thriller spannender Machart.

Hinter der Ziegelmauer H392
A TÉGLAFAL MÖGÖTT ***
Ungarn 1979, 59 Min., F
R: Karoly Makk D: Jozef Kroner,

Emmanuelle Riva (l.) und Eiji Okada (r.) in Alain Resnais' Film ›Hiroshima – mon amour‹.

Bedrückende Schilderung des Widerspruchs von Theorie und Praxis des Sozialismus.

Hinter verschlossenen Türen H393
LA SALAIRE DU PÉCHÉ ***
Frankreich 1956, 90 Min., s/w
R: Denys de la Patellière D: Danielle Darrieux, Jean-Claude Pascal, Jeanne Moreau
Dunkles Drama um einen skrupellosen Journalisten, der vor nichts zurückschreckt, um in die feine Gesellschaft der Stadt La Rochelle aufzusteigen. Der Regisseur, dessen bekanntester Film *Taxi nach Tobruk* (1960) ist, zeigt sich schon hier auf der Höhe seiner Kunst.

Hinterholz 8 H394
***
Österreich 1998, 105 Min., F
R: Harald Sicheritz D: Roland Düringer, Nina Proll, Wolfgang Böck
Österreichischer Otto Normalverbraucher oder besser, ein echter Wiener, mit Frau und Kind schlittert bei der

Hiobs Revolte H395
JOB LAZADASA ****
Ungarn/BRD 1982, 94 Min., F
R: Imre Gyöngyössy, Barna Kabay
D: Ferenc Zenthe, Hédi Temessy, Gábor Fehér
Die Geschichte eines alten jüdischen Bauernehepaares, das sich den unmenschlichen Rassengesetzen der Faschisten widersetzt, indem es 1943 einen christlich getauften Waisenjungen adoptiert und ihn so vor den faschistischen Schergen rettet.

I Hired A Contract Killer H396
I HIRED A CONTRACT KILLER ****
Finnland/Schweden 1990, 79 Min., F
R: Aki Kaurismäki D: Jean-Pierre Léaud, Margi Clarke, Kenneth Colley
Nach zwei mißlungenen Selbstmordversuchen heuert ein desillusionierter Buchhalter einen Killer an. Als er plötzlich wieder Spaß am Leben findet, beginnt eine Flucht vor dem Mörder, der seinen Auftrag erfüllen will. Minimalistische, staubtrockene Komödie, in der Truffaut-Darsteller Léaud eine

Die Liebesgeschichte zwischen einer französischen Filmschauspielerin und einem japanischen Architekten bietet den Rahmen für eine Reflexion über das Geschehen in der Stadt, die Opfer des ersten Atombombenangriffes wurde.

The Hit H398
THE HIT ***
GB 1984, 97 Min., F
R: Stephen Frears D: Terence Stamp, John Hurt, Tim Roth, Laura Del Sol
Ein englischer Gangster wird von zwei ehemaligen Komplizen, die er verpfiffen hat, an seinem spanischen Ruhesitz aufgespürt und zwecks Rache zusammen mit einer aufregend schönen Geisel in Richtung England verschleppt. Seine philosophische Gelassenheit sorgt bei den brutalen Entführern für Verunsicherung. Kriminalfilm mit witzig-ironischen Dialogen.

Hitler – die letzten zehn Tage H399 **
HITLER: THE LAST TEN DAYS
GB/Italien 1973, 98 Min., F
R: Ennio de Concini D: Alec Guinness, Doris Kunstmann, Adolfo Celi
Alec Guinness als Adolf Hitler in einer minutiösen Rekonstruktion aus Augenzeugenberichten und Dokumenten über die letzten Tage im Führerbunker. Ein mehr als zwiespältiges Werk.

Hitze und Staub H400
HEAT AND DUST ****
GB 1982, 125 Min., F
R: James Ivory D: Greta Scacchi, Julie Christie, Shashi Kapoor
Auf der Suche nach den Lebensspuren ihrer verstorbenen Großtante gerät eine junge Engländerin in den Bann der indischen Kultur. Das Schicksal scheint sich zu wiederholen.

Hitzewelle H401
HOT SPELL ***
USA 1958, 86 Min., s/w
R: Daniel Mann D: Anthony Quinn, Shirley Booth, Shirley MacLaine
Familiendrama um unerfüllte Hoffnungen, unausgesprochene Konflikte und unzufriedene Eltern. Gut gespielt.

Ho! H402
HO!/CRIMINAL FACE – STORIA DI UN CRIMINALE ***
Frankreich/Italien 1968, 108 Min., F
R: Robert Enrico D: Jean-Paul Belmondo, Joanna Shimkus, Sydney Chapwlin
Rennfahrer, der seine Lizenz verloren hat, versucht eine neue Karriere als Krimineller. Passabler Gangsterfilm.

Hoa Binh H403
HOA BINH ***
Frankreich 1970, 88 Min., F
R: Raoul Coutard D: Phi Lan, Nuynh Cazenas, Xuan Ha
Die Geschichte einer Familie im Saigon der Kriegsjahre. Halbdokumentarischer Film, der das Leiden des Krieges ohne ideologische Festlegung beschreibt.

Die Hochmütigen H404
LES ORGUEILLEUX ****
Fr/Mexiko 1953, 84 Min., s/w
R: Yves Allégret D: Michèle Morgan, Gérard Philipe, Lopez Moctezuma
Alkoholkranker Arzt in einem mexikanischen Hafen erlebt neuerliche Bewährungsprobe, als er sich einem Fall von Typhus gegenübersieht. Stimmungsvolle, »schwarze« Verfilmung eines Romans von Jean Paul Sartre.

Höchster Einsatz in Laredo H405
A BIG HAND FOR THE LITTLE LADY ***
USA 1966, 95 Min., F
R: Fielder Cook D: Henry Fonda, Joanne Woodward, Jason Robards
Spieler, der mit Frau und Kind in Laredo nächtigt, gerät an eine Pokerrunde, die ihn ausnimmt, bis ein Herzanfall ihn niederstreckt. Die Gattin bügelt alles aus. Zockerfilm im Westernmilieu.

Hochwürden drückt ein Auge zu H406 **
BRD 1971, 95 Min., F
R: Harald Vock D: Georg Thomalla, Peter Weck, Uschi Glas, Roy Black
Pfarrer hilft altem Kapitän in seinem Konkurrenzkampf gegen einen Busunternehmer. Hundertster Versuch einer deutschen »Don Camillo«-Variante; hundertster Fehlschlag.

Die Hochzeit H407
WESELE ****
Polen 1973, 106 Min.,
R: Andrzej Wajda D: Daniel Olbrychski, Ewa Zietek, Malgorzata Lorentowicz
Ausgehend von einem klassischen polnischen Theaterstück von Wyspianski, dessen Handlung um die Jahrhundertwende in einem Dorf nahe Krakau spielt, beleuchtet Wajda das Verhältnis zwischen städtischer Intelligenz und Bauerntum: In der Heirat eines Städters mit einem Bauernmädchen spiegelt sich die Hoffnung auf eine fruchtbare Verbindung städtischer Intelligenz und bäuerlicher Vitalität. Die Erwartungen werden nicht erfüllt.

Eine Hochzeit H408
A WEDDING ****
USA 1978, 120 Min., F
R: Robert Altman D: Carol Burnett, Paul Dooley, Amy Stryker, Mia Farrow, Desi Arnaz jr., Vittorio Gassman
Robert Altmans grandios komisches Multipersonenstück um die Hochzeitsfeierlichkeiten von zwei neureichen Familien, während derer die Großmutter stirbt, Seitensprünge eingefädelt werden und ein Streit ausbricht.

Hochzeit auf italienisch H409
MATRIMONIO ALL'ITALIANA ****
Italien 1964, 97 Min., F
R: Vittorio de Sica D: Sophia Loren, Marcello Mastroianni, Marilu Tolo
Filumena ist Geliebte und Haushälterin von Domenica. Als der eine junge Frau heiraten will, muß sie zu einer List greifen. Klassisches Modell der frivolen Comedia all'italiana.

Die Hochzeit meines besten Freundes H410 ***
MY BEST FRIEND'S WEDDING
USA 1997, 105 Min., F
R: P. J. Hogan D: Julia Roberts, Dermot Mulroney, Cameron Diaz, Rupert Everett
Kurz vor der Hochzeit ihres besten Freundes merkt eine junge Restaurantkritikerin, daß eigentlich sie die Braut sein will und stellt alle möglichen Tricks an, um den Angebeteten doch noch zu kriegen. Als typische

Komödienromanze angelegt, verliert der Film im Laufe der Zeit durch das Eindringen des moralischen Aspekts an Spaß. HFJ 1998

Das Hochzeitsbankett H411
HSI YEN / THE WEDDING BANQUET ****
Taiwan/USA 1993, 108 Min., F
R: Ang Lee D: Winston Chao, May Chin, Mitchel Lichtenstein
Homosexueller Yuppie aus Taiwan teilt seine schicke New Yorker Wohnung mit seinem Geliebten, muß aber wegen seiner Eltern eine Scheinehe mit einer reizenden Taiwanesin eingehen. Die gefühlvolle Satire kulminiert zur Farce, als die Eltern des vermeintlichen Bräutigams zur Hochzeit kommen. Auf den Spuren Woody Allens brillant inszeniert von Shooting-Star Ang Lee. HFJ 1994

Hochzeitsnacht H412
HOCHZÉITSNUECHT ****
Luxemburg 1992, 104 Min., F
R: Pol Cruchten D: Myriam Muller, Thierry van Werveke, Ender Frings
Reiche junge Frau heiratet armen jungen Mann, dessen Mutter eine Gelegenheit sieht, ans große Geld zu kommen. Das Paar hat eins gemeinsam – die Abhängigkeit von Drogen. Ein Drama über menschliche Schwächen und seelische Abgründe. Ein Meilenstein des luxemburgischen Kinos.

Hocus Pocus H413
HOCUS POCUS ***
USA 1993, 93 Min., F
R: Kenny Ortega D: Bette Midler, Sarah Jessica Parker, Kathy Najimy
Während des Halloween-Festes mischen sich dreihundert Jahre nach ihrer Hinrichtung drei Hexen ins Getümmel, um sich auf Kosten von Kindern wieder ins Leben zu katapultieren. Trickreicher Gruselfilm ohne ausgefeilte Dramaturgie. HFJ 1995

Mischung aus Oper, Ballett und Show, üppig ausgestattet, ein Augen- und Ohrenschmaus des britischen Autoren-, Produzenten- und Regisseurs-Duos Powell und Pressburger, nach Jacques Offenbachs Traumoper.

Hoffnung H415
NADEJE ***
CSSR 1963, 90 Min., s/w
R: Karel Kachyna D: Hana Hegeróva, Rudolf Hrusinsky, Frantisek Peterka
Eine verhalten optimistische Liebesgeschichte zwischen Außenseitern: ein alkoholkranker Mann und ein leichtes Mädchen versuchen, ein neues Leben zu beginnen.

Hoffnung H416
UMUT ****
Türkei 1970, 105 Min., s/w
R: Yilmaz Güney, Serif Gören
D: Yilmaz Güney, Güslsen Alniacik
Die Geschichte eines armen Kutschers, dessen einzige Hoffnung das Lottospiel ist und der bei einem Unfall sein Pferd verliert. In seiner Not folgt er dem Rat eines sonderbaren Heiligen und geht auf Schatzsuche.

Hoffnung auf Eis H417
A WOMAN OBSESSED **
USA 1989, 91 Min., F
R: Leland Nuse D: Linda Blair, Dan Haggerty, Troy Donahue
»Eingefrorene Tote erwachen nach einem kräftigen Gewitter als Zombies und verbreiten überall Angst und Schrecken« (Verleihmitteilung). »Die Zuschauer verlassen in Massen das Kino und ertränken ihren Kummer in der Kneipe« (Beobachtung eines Rezensenten). HFJ 1991

Hoffnung und Schmerz H418
DAUNTAUN HIROZU ***
Japan 1988, 115 Min., F
R: Yoji Yamada D: Hashinosuke Nakamura, Toshiro Yanangiba
Boy meets (Traum-) Girl im Japan kurz nach dem Krieg: ein romantisches Melodram und ein wehes Zeitbild vom »Meisterregisseur der Gefühle«.

Die Hoffnungslosen H419
SZEGÉNYLEGÉNYEK ****
Ungarn 1965, 95 Min., s/w
R: Miklós Jancsó D: János Görbe, Tibor Molnár, András Kozák
Schergen der österreichisch-ungarischen k.u.k. Monarchie verhaften 1848 ungarische Aufständische und unterziehen sie brutalen Verhören. Der eine oder andere redet, doch es geht aus wie immer: Man liebt den Verrat, aber nicht den Verräter. Gesellschaftskritischer Film mit politischem Hintergrund, in dem Terror auch hehre Gesinnung bricht. Hervorragende Ballade über Unterdrückung und Widerstand.

Der Hofnarr H420
THE COURT JESTER ****
USA 1955, 101 Min., F
R: Norman Panama D: Danny Kaye, Glynis Johns, Basil Rathbone

›Die Hoffnungslosen‹ von Miklés Jancso.

Wohl der beste Danny-Kaye-Film, der hier eine Doppelrolle als Rebellenführer und als Narr am Hofe eines tyrannischen Königs spielt. Es ist letzterer, der schließlich den Usurpator zu Fall bringt.

Höhe Null H421
CEILING ZERO ***
USA 1936, 95 Min., s/w
R: Howard Hawks D: James Cagney, Pat O'Brien, June Travis
Ein Film über das verschrobene und abgehobene Selbstverständnis von Berufspiloten, über Männerfreundschaften, die jede Frau überdauern, und über eine hochgesteckte Berufsehre. Hawks inszeniert seinen *Top Gun* gewohnt souverän und stilsicher, den Rest erledigen die hervorragenden Darsteller.

Hohe Tannen H422
**
Österreich 1960, 98 Min., F
R: August Rieger D: Gerlinde Locker, Pero Alexander, Wolf Albach-Retty
Ein Köhlermädchen wird als Schlagersängerin entdeckt. Was soll man mehr dazu sagen.

Das Hohelied der Liebe
siehe: Engel der Sünde

Höhenfeuer H423
****
Schweiz 1985, 118 Min., F
R: Fredi M. Murer D: Thomas Nock, Johanna Lier, Dorothea Moritz
Gebirgsdrama über die verbotene Liebe zwischen einem taubstummen Jungen und seiner Schwester. Goldener Leopard von Locarno 1985.

Das höhere Prinzip H424
VYSSI PRINCIP ****
CSSR 1959, 100 Min., s/w
R: Jiri Krejcik D: Frantisek Smolik, Jana Brejchová, Ivan Mistrik
In der Zeit der faschistischen Repressalien nach dem Attentat auf Heydrich zwingt die Verhaftung einiger seiner Schüler einen Lateinlehrer dazu, sein im Unterricht verkündetes »höheres Prinzip« der Sittlichkeit auch politisch zu vertreten.

Hokuspokus H425
****
BRD 1953, 90 Min., s/w
R: Kurt Hoffmann D: Curt Goetz, Valerie von Martens, Hans Nielsen
Alles spricht gegen eine wegen Mordes an ihrem Mann vor Gericht stehende schöne Frau. In auswegloser Lage bekommt sie unerwartet Hilfe von einem Artisten, der die Wahrheit mit einem spektakulären Auftritt ans Licht bringt. Originell-unterhaltsame Komödie nach dem Theaterstück von Curt Goetz, die durch viele überraschende Wendungen fesselt.

Die Hölle H426
L' ENFER ****
Frankreich 1993, 102 Min., F
R: Claude Chabrol D: Emmanuelle Béart, François Cluzet, Marc Lavoine
Durch krankhafte Eifersucht zerstört ein Mann die Beziehung zu seiner Frau, aus Liebe wird Angst. Ehetragödie in der französischen Provinz.

Die Hölle am gelben Fluß H427
APOCALISSE SUL FIUME GIALLO **
Italien 1959, 81 Min., F
R: Renzo Merusi D: Anita Ekberg, Georges Marchal, Franca Bettoja
US-Suffreporter läßt sich 1949 in China von üppig gekurvter Ärztin dazu bekehren, auf Sensationsschlagzeilen zu pfeifen und die Sprengung eines Staudamms zu verhindern. Malerische Bilder, gelangweilte Akteure.

Hölle am Kongo H428
FURY OF THE CONGO ***
USA 1951, 80 Min., s/w
R: William Berke D: Johnny Weissmueller, Sherry Moreland, William Henry, Lyle Talbot
Dschungel-Jim stellt einer Bande von Tunichtguten ein Bein, die eine von einer Riesenspinne produzierte Droge suchen, und befreit einen weißen Forscher, der von ihnen festgehalten wird. Spannendes Urwald-Abenteuer.

Die Hölle der lebenden Toten H429
VERUS, INFERNO DEI MORTI VIVENTI *
Italien/Spanien 1980, 89 Min., F
R: Vincent Dawn D: Robert O'Neil, Margit Eveline Newton, Frank Garfield
Nach einem biochemischen Unfall zu Zombies gewordene Neuguinea-Insulaner sollen von einem Anti-Terror-Kommando aufgemischt werden, erweisen sich aber als die Stärkeren. Auf reines Gemetzel hin konzipierter Kotzschund. LSFF

Die Hölle der roten Berge H430
RED MOUNTAIN ***
USA 1951, 85 Min., F
R: William Dieterle D: Alan Ladd, Lizabeth Scott, Arthur Kennedy
Ein Südstaatler schlägt sich zu den Guerillatruppen Quantrills durch, stellt fest, daß es dem Herrn mehr um die Festigung der eigenen Macht geht, und wendet sich gegen ihn. Relativ unterhaltsamer Western.

Hölle der tausend Martern H431
RUN OF THE ARROW ****
USA 1956, 86 Min., F
R: Samuel Fuller D: Rod Steiger, Brian Keith, Ralph Meeker
Südstaaten-Soldat, der sich mit der Kapitulation nicht abfindet, geht zu den Sioux, um den Kampf gegen die Yankees fortzusetzen, und heiratet eine Indianerin. Der Häuptling schließt Frieden mit den Weißen und läßt sie ein Fort bauen – bis ein Indianer den Chef der Unterhändler tötet.

Hölle hinter Gittern H432
PENITENTIARY **
USA 1982, 92 Min., F
R: Jamaa Fanaka D: Leon Isaac Kennedy, Thommy Pollard, Hazel Spear
Ein junger Afroamerikaner wird unschuldig ins Gefängnis gebracht und muß sich dort gegen Gewalt, Korruption und homosexuelle Übergriffe wehren. Sozialkritischer, harter Gefängnisfilm.

Hölle im Frauengefängnis H433
HELL BEHIND BARS *
Italien 1984, 90 Min., F
R: Willy S. Regan D: Ajita Wilson, Linda Jones, Donna Blane
Sex und Sadismus hinter schwedischen Gardinen. In der Hauptrolle ein Exmann.

Die Hölle ist in mir H434
SOMEBODY UP THERE LIKES ME ***
USA 1956, 112 Min., s/w
R: Robert Wise D: Paul Newman, Pier Angeli, Everett Sloane
Etwas sentimentale Geschichte des Boxers Rocky Graziano, der sich vom New Yorker East-End-Straßenjungen zum Weltmeister im Mittelgewicht hochboxt.

Die Hölle sind wir H435
HELL IN THE PACIFIC ***
USA 1968, 105 Min., F
R: John Boorman D: Lee Marvin, Toshiro Mifune
Amerikanischer und japanischer Offizier werden auf eine Insel verschlagen. Sie bekämpfen sich zuerst, dann finden sie zum gemeinsamen Überlebenskampf. Schauspielerische Glanzleistung.

Die Hölle von Manitoba H436
**
BRD/Spanien 1965, 93 Min., F
R: Sheldon Reynolds D: Lex Barker, Pierre Brice, Marianne Koch
Zwei Revolvermänner stehen einem Farmer gegen Banditen bei und verlieben sich in dessen Tochter. Müder europäischer Western, nur interessant für Fans von Lex Barker und Pierre Brice.

Die Hölle von Oklahoma H437
IN OLD OKLAHOMA ***
WAR OF THE WILDCATS
USA 1943, 100 Min., s/w
R: Albert S. Rogell D: John Wayne, Martha Scott, Albert Dekker
Zwei Ölsucher bemühen sich um einen Vertrag mit Indianern, um auf ihrem Land bohren zu dürfen. Wayne gewinnt, doch Dekker setzt ihm kräftig zu. Eine Lehrerin, die sich zwischen den beiden nicht entscheiden kann, kompliziert die Lage. Aktionsreicher Western.

schen Krieg bewährt sich, nachdem durch seine Schuld eine eigene Stellung zerstört wurde. Heroischer Kriegsschund.

Hölle, wo ist dein Sieg? H439
ALL THIS AND HEAVEN TOO ***
USA 1940, 90 Min., s/w
R: Anatole Litvak D: Charles Boyer, Bette Davis, Barbara O'Neil
Eine im Hause einer französischen Adelsfamilie tätige junge Erzieherin gewinnt die tiefe Zuneigung des Herzogs und seiner Kinder. Das löst bei der herrschsüchtigen Hausherrin tiefe Haßgefühle aus, und es kommt zu einer tödlich endenden Tragödie. Bedrückendes Melodram, hervorragend gespielt und souverän inszeniert.

Höllenfahrt H440
THE LAST VOYAGE ***
USA 1959, 90 Min., F
R: Andrew L. Stone D: Robert Stack, Dorothy Malone, George Sanders
Während ein Ozeanriese nach einer Kesselexplosion sinkt, bemüht sich ein verzweifelter Ehemann, seine eingeklemmte Frau zu befreien. Früher Katastrophenfilm, mit beträchtlichem Aufwand spannend inszeniert.

Höllenfahrt H441
IL LUPO DI MARI **
Italien 1975, 89 Min., F
R: Giuseppe Vari D: Chuck Connors, Barbara Bach, Giuseppe Pambieri
Sich für einen Übermenschen haltender Kapitän malträtiert auf seinem Kahn einen schiffbrüchigen Autor. Billige Neuverfilmung des Klassikers *Der Seewolf*, der hier zu einer Schundposse verkommt.

Die Höllenfahrt der Poseidon H442
THE POSEIDON ADVENTURE ***
USA 1972, 117 Min., F
R: Ronald Neame D: Gene Hack-

Höllenfahrt nach Santa Fé
siehe: Ringo

Die Höllenhunde H443
LA SPINA DORSALE DEL DIAVOLO **
Italien/Jugoslawien 1969, 99 Min., F
R: Burt Kennedy D: Bekim Fehmiu, John Huston, Richard Crenna
Kavallerieoffizier, dessen Frau bei einem Indianerüberfall umkommt, wird aus der Armee entlassen, bekämpft die Apachen auf seine Weise und führt schließlich eine von ihm ausgebildete Sondereinheit in den Kampf. Western nach dem üblichen Schema F.

Höllenjagd bis ans Ende der Welt H444
***
HIGH ROAD TO CHINA
USA 1982, 85 Min., F
R: Brian G. Hutton D: Tom Selleck, Bess Armstrong, Jack Weston
Um ihren Vater zu suchen, der für tot erklärt werden soll, engagiert Eve den Piloten Patrick und fliegt mit ihm in einem Bruchflugzeug um die Welt. Plotlahmer Abenteuerfilm von eher durchwachsener Qualität.

Höllenschlacht der Tataren H445
**
URSUS E LA REGAZZA TATARA
Italien/Frankreich 1962, 80 Min., F
R: Remigio del Grosso D: Ettore Manni, Akim Tamiroff, Yoko Tani
Monumentalfilm aus italienisch-französischer Produktion. Der polnische Prinz Stefan und seine Mannen schlagen sich bis nach Asien durch, um einen populären Volkshelden zu befreien, den Tataren entführt haben. Dutzendware.

Der Höllentrip H446
ALTERED STATES ****
USA 1980, 103 Min., F
R: Ken Russell D: William Hurt, Blair Brown, Bob Balaban

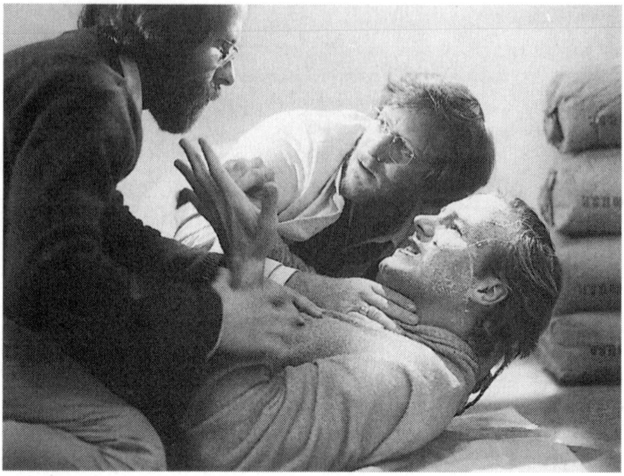

Bob Balaban, Charles Haid und William Hurt in ›Der Höllentrip‹.

schen Partei nicht nachgewiesen werden konnte, die aber trotzdem schuldig gesprochen, eingesperrt, mit Berufsverboten belegt wurden oder das Land verlassen mußten. Pflichtfilm für Cineasten.

Hollywood H447
HEAT ***
USA 1972, 99 Min., F
R: Paul Morrissey D: Joe Dallessandro, Sylvia Miles, Andrea Feldman
Zynischer Abgesang auf die in Hollywood zelebrierte Anbetung des schönen Scheins. Nicht jedem dürfte allerdings Warhol-Regisseur Morrisseys Ansammlung behinderter, deformierter und häßlicher Freaks gefallen, mit denen er seine bissige Farce um Schockwerte bereichert.

Hollywood Hot Pools H448
HOLLYWOOD HOT TUBS *
USA 1984, 99 Min., F
R: Chuck Vincent D: Paul Gunning, Donna McDaniel, Michael Andrew
Zwei Klempner kommen bei der Arbeit in einer privaten Badeanstalt ständig lüsternen Damen in die Quere. Ulkig gemeinter Film über das sexbesessene Hollywood, der seinem Nachspann nicht das Wasser reichen kann.

Hollywood in Bombay H449
BOMBAY TALKIE ****
Indien 1970, 106 Min., F
R: James Ivory D: Shashi Kapoor, Jennifer Kendal, Aparna Sen
Bestsellerautorin mit wenig Glück in der Liebe sucht in Indien Inspiration und verliebt sich in einen indischen Filmstar. Liebesgeschichte mit satirischen Seitenhieben.

Hollywood Monster H450
**
BRD 1987, 112 Min., F
R: Roland Emmerich D: Jason Lively, Jill Whitlow, Tim McDaniel
Ein erfolgloser Schauspieler, der auf der Suche nach dem Schatz seines Opas ist, erhält Hilfe vom Geist eines Butlers, der ihm auch gegen einen intriganten Neider beisteht. Nicht eben interessant. HFJ 1988

Hollywood Shuffle H451
HOLLYWOOD SHUFFLE ***
USA 1987, 81 Min., F
R: Robert Townsend D: Robert Townsend, Anne Marie Johnson, Starletta Dupois
Spritzige Parodie auf die schwarzen Hollywood-Komödien-Stars anhand eines jungen Hot-Dog-Verkäufers, der seinen großen Vorbildern nacheifern will. Voller Ironie und gelungener Pointen. HFJ 1989

Hollywood vor Gericht H452
HOLLYWOOD ON TRIAL ****
USA 1975, 105 Min., F und s/w
R: David Helpern jr.
Dokumentation über die anti-kommunistische Hexenjagd der McCarthy-Zeit gegen Filmregisseure, Drehbuch-Autoren und Schriftsteller. Der Film macht auf das Schicksal der »Hollywood-Ten« aufmerksam, denen die Mitgliedschaft in der kommunisti-

Der Hollywood-Clan H453
LOVE SCENES ***
USA 1984, 86 Min., F
R: Bud Townsend D: Tiffany Bolling, Franc Luz, Britt Ekland
Verheiratete Schauspielerin hat bei den Aufnahmen zu einem erotischen Film zum ersten Mal einen Orgasmus, was zu Problemen mit ihrem Gatten führt. Billigfilm mit relativ ordentlicher Story.

Hollywood-Story H454
THE BIG KNIFE ****
USA 1955, 113 Min., s/w
R: Robert Aldrich D: Jack Palance, Ida Lupino, Wendell Corey
Ein Hollywoodstar, dem der Verlauf seiner Karriere nicht gefällt, wird dazu erpreßt, einen neuen Vertrag zu unterschreiben. Gemeinheiten aus Tinseltown, aber die Wahrheit traut sich ohnehin niemand zu verfilmen.

Hollywoods letzter Heuler – S.O.B. H455
****
S.O.B.
USA 1981, 118 Min., F
R: Blake Edwards D: Julie Andrews, Richard Mulligan, Larry Hagman
Ein Hollywood-Produzent bastelt an seinem letzten Werk – einem Musical das an der Kasse gefloppt war – so lange herum, bis eine fröhliche und gewinnträchtige Sex-Komödie daraus wird. Eine beinahe gelungene Satire auf die Klischees der Filmmetropole.

Holocaust – Die Geschichte der Familie Weiss H456
***
HOLOCAUST
USA 1978, 135 Min., F
R: Marvin Chomsky D: Fritz Weaver, Rosemarie Harris, Joseph Bottoms
Erster von insgesamt vier Teilen der Chronik einer jüdischen Familie unter der Verfolgung der Nationalsozialisten. Trotz ihrer Anlehnung an ge-

wohnte Hollywood-Dramaturgie ist diese Filmserie ein bemerkenswertes Dokument wider das Vergessen der Nazi-Verbrechen.

Holt Harry raus H457
LET'S GET HARRY **
USA 1986, 107 Min., F
R: Alan Smithee (= Stuart Rosenberg)
D: Robert Duvall, Mark Harmon, Michael Schoeffling
Einfältiger Actionfilm über ein paar Yuppies, die, angeführt von einem Vietnam-Veteranen, nach Kolumbien reisen, um einen von Drogenhändlern entführte US-Bürger Rambo-mäßig. Uninteressant. HFJ 1988

Der Holzschuhbaum H458
L'ALBERO DEGLI ZOCCOLI ****
Italien 1978, 183 Min., F
R: Ermanno Olmi D: Luigi Ornaghi, Francesca Moriggi, Omar Brignoli
Die bergamaskischen Bauern im vorigen Jahrhundert leben unter elenden und unterdrückenden Umständen unter der Knute der Grundbesitzer. Filmische Anklage gegen Ungerechtigkeit und Ausbeutung in berückend schönen Bildern.

Home Movies – Wie du mir, so ich dir H459 ****
HOME MOVIES
USA 1979, 89 Min., F
R: Brian de Palma D: Nancy Allen, Kirk Douglas, Vincent Gardenia
Der Thriller-Meister von einer anderen Seite: *Home Movies,* den er gemeinsam mit einer Gruppe von Filmstudenten realisierte, ist eine Familienkomödie, die mit Tempo, Witz und einigen phantastischen Schauspielern das amerikanische Family Life parodiert und nebenbei auch noch andere Rundumschläge verteilt. Ein erfrischendes Vergnügen, mit Intelligenz und Leichtigkeit, boshaft und menschen-

Jenseits der Angst geht Faber in ›Homo Faber‹ existentiellen Fragen nach.

Der Boxer als Schlachtvieh der Manager. Ein Film zum Thema »Der Champion im Ring ist immer der Verlierer«. Boxer Mickey Rourke: »Ich glaube, ich werde nie mehr einen Film machen, der mir so viel bedeutet.« HFJ 1990

Homer und Eddie H461
HOMER AND EDDIE ***
USA 1988, 100 Min., F
R: Andrej Kontschalowskij D: James Belushi, Whoopi Goldberg, Anne Ramsey
Anrührendes, aber nicht sentimentales Road Movie über die Reise eines geistig zurückgebliebenen weißen Mannes und einer rebellischen schwarzen Frau, die weiß, daß sie nicht mehr lange zu leben hat. HFJ 1990

Homerun H462
COBB ****
USA 1995, 121 Min., F
R: Ron Shelton D: Tommy Lee Jones, Robert Wuhl, Lolita Davidovich
Die Baseball-Legende Ty Cobb entpuppt sich als ausgemachter Fiesling, als ein Sportreporter seine Biographie schreiben will. Der einstige Rekord-

Homo Faber H463
***
BRD/Frankreich 1991, 117 Min., F
R: Volker Schlöndorff D: Sam Shepard, Julie Delpy, Barbara Sukowa
Walter Faber versucht die seltsamen letzten drei Monate zu rekonstruieren, in denen sein Leben einen unvorhergesehenen Verlauf genommen hat. Schlöndorff verfilmt die bloße Handlung von Max Frischs Roman, und das ist das Unbedeutendste daran.
HFJ 1992

Honeymoon Killers H464
THE HONEYMOON KILLERS ****
USA 1969, 108 Min., s/w
R: Leonard Castle D: Shirley Stoler, Tony Lo Bianco, Mary Jane Higby
Die Geschichte einer übergewichtigen Krankenschwester und eines Gigolos, die einsame Frauen, die gerne einen Mann hätten, umbringen. Packend, geradlinig erzählt, nach einem authentischen Fall. Der ursprünglich vorgesehene Regisseur, ein gewisser Martin Scorsese, wurde nach einigen Drehtagen entlassen, und der Drehbuchautor übernahm selbst die Regie. Ein absoluter Kultfilm.

In einem stillgelegten, zum »Hotel« umgebauten Hafen-Silo finden Menschen aller Nationen Unterschlupf. Während die Erwachsenen jeden Kontakt vermeiden, freunden sich die Kinder Ajoke, Lena und Efrem schnell an. Das Trio kommt den illegalen Machenschaften des Hotelbesitzers auf die Schliche, und Lena hat eine wunderbare Idee, dem Ganoven das Handwerk zu legen, ohne die Polizei einzuschalten. Sozialmärchen.
HFJ 1993

Honkytonk Man H466
HONKYTONK MAN ****
USA 1982, 123 Min., F
R: Clint Eastwood D: Clint Eastwood, Kyle Eastwood, John McIntire
Die elegische und komische Geschichte eines alternden Countrysängers, der vor seinem Tod nach Nashville reist, um seine besten Lieder aufzunehmen, begleitet von seinem vierzehnjährigen Neffen.

Der Honorarkonsul H467
THE HONORARY CONSUL/THE LIMIT ***
GB 1982, 102 Min., F
R: John Mackenzie D: Michael Caine, Richard Gere, Bob Hoskins
Eine dicht gepackte Studie über sexuelle Hörigkeit und echte Liebe, politische Moral und Opportunismus, Diplomatie und Widerstand. Die Verfilmung des Romans von Graham Greene besticht vor allem durch die gut gespielten Charakterzeichnungen.

Hook H468
HOOK ***
USA 1991, 141 Min., F
R: Steven Spielberg D: Dustin Hoffman, Robin Williams, Julia Roberts
Aufwendig und trickreich inszeniertes Fantasy-Spektakel um den mittlerweile erwachsenen Peter Pan, der noch einmal von seinem Erzfeind aus Kindertagen, dem üblen Kapitän Hook, heimgesucht wird. HFJ 1993

Hope & Glory H469
HOPE AND GLORY ****
GB 1987, 112 Min., F
R: John Boorman D: Sarah Miles, David Hayman, Derrick O'Connor
Der Krieg und die Unschuld der Kinder. Die Erinnerung des Regisseurs an seine Kindheit unter den Bombenangriffen auf London.

Hoppla, jetzt kommt Eddie H470
**
BRD 1958, 92 Min., s/w
R: Werner Klingler D: Eddie Constantine, Margit Saad, Peter Mosbacher
Eddie sucht entführte Damen und kommt Machenschaften auf die Schliche, die mit dem Ölgeschäft zu tun haben. Eddie Constantines erster deutscher Film ist leider nicht das Gelbe vom Ei.

Hörig H471
LOVE LETTERS **
USA 1983, 88 Min., F
R: Amy Jones D: Jamie Lee Curtis, James Keach, Matt Clark
Liebesgeschichte zwischen einer jungen Frau und einem älteren verheirateten Mann mit vergleichsweise heftigen erotischen Szenen.

Die Hörige H472
HETS ***
Schweden 1964, 103 Min., s/w
R: Alf Sjöberg D: Stig Järrel, Maj Zetterling, Alf Kjelin
Nach einem Drehbuch von Ingmar Bergman schildert der Film die Leiden junger Schüler unter der Herrschaft eines sadistischen Lehrers.

Horizont in Flammen H473
THE BURNING HILLS ***
USA 1956, 90 Min., F
R: Stuart Heisler D: Tab Hunter, Natalie Wood, Skip Homeier
Ein Cowboy, der die Mörder seines Bruders sucht, wird gezwungen, in die Berge zu fliehen, als die Killer sich an seine Fersen heften. Western mit spannender Handlung.

Horror Baby H474
THE GODSEND **
Australien 1980, 82 Min., F
R: Gabrielle Beaumont D: Cyd Hayman, Angelica Pleasence, Patrick Barr
Wohlhabendes Paar nimmt Schwangere auf, die nach der Geburt ihres Kindes verschwindet. Das Baby wächst zu einer teuflischen Blondine heran, die die Kinder ihrer Erzieher tötet und sich als Brut des Satans entpuppt.

Horror House H475
LA DAMA ROSSA UCCIDE SETTE VOLTE **
BRD/Italien 1972, 98 Min., F
R: Emilio P. Miraglia D: Barbara Bouchet, Marina Malfatti, Ugo Pagliai
Rotgekleidete geheimnisvolle Dame schleicht durch ein Schloß, um an dessen Bewohnern einen jahrhundertealten Fluch zu erfüllen. Blutiger, aber von keinerlei innerer Logik beleckter Standard-Horrorfilm.

Horror House H476
THE HORROR SHOW **
USA 1989, 89 Min., F
R: James Isaac D: Lance Henriksen, Brion James, Rita Taggart
Massenmörder kehrt aus dem Jenseits zurück und sucht in Form elektromagnetischer Schwingungen die Familie des Polizisten heim, der ihn zur Strecke gebracht hat. Nicht eben von Genie zeugender Standard-Grusler.
HFJ 1990

Horror House II H477
HORROR HOUSE II **
USA 1990, 94 Min., F
R: Clyde Anderson D: Gene LeBrock, Barbara Bingham, David Brandon
Ein Geistlicher zieht mit Familie in ein einsames Haus ein und sieht sich bald jenen unheimlichen Ereignissen ausgesetzt, die man aus den üblichen drittklassigen Horrorschundern nur allzu gut kennt. HFJ 1993

Horror Infernal H478
INFERNO **
Italien 1977, 106 Min., F
R: Dario Argento D: Leigh McCloskey, Irene Miracle, Sacha Pitoëff
Mädchen gerät in den Dunstkreis von drei Teufelsweibern und begegnet in der Folge bombig fotografierten Spezialeffekten. Wer Probleme hat, der Geschichte zu folgen, sei getröstet: Es gibt keine!

Horror Star H479
THE HORROR STAR **
USA 1981, 86 Min., F
R: Norman Thaddeus Vane D: Ferdy Mayne, Luca Bercovici, Nita Talbot
Ex-Horror-Filmstar, der sich vor dem Ableben an zwei miesen Regisseuren gerächt hat, trachtet aus dem Jenseits nach dem Leben einiger Filmfans, die seine Leiche gestohlen haben.

Horror Vacui H480
***
BRD 1984, 85 Min., F
R: Rosa von Praunheim D: Lotti Huber, Friedrich Steinhauer, Ingrid van Bergen, Thomas Vogt
Ein von der Liebe enttäuschter junger Mann schließt sich einer Sekte an, erkennt aber schließlich den wahren Charakter von »Mutter Madam«. Bizarre, an den deutschen Stummfilm-Expressionismus erinnernde Kino-Travestie.

Der Horror-Alligator H481
ALLIGATOR **
USA 1980, 90 Min., F
R: Lewis Teague D: Robert Forster, Dean Jagger, Henry Silva
Klein-Alligator, durchs Klosett in die Abwasserkanäle gespült, wird nach Genuß hormonbehandelter Hundekadaver zur Riesenbestie, die unter den Menschen aufräumt. Spannender Monsterfilm, wenn auch nicht eben bedeutend. LSFF

Horror-Expreß H482
PANICO EN EL TRANSIBERIANO ***
GB/Spanien 1972, 88 Min., F
R: Eugenio Martin D: Christopher Lee, Telly Savalas, Peter Cushing
Unterhaltsamer Schocker über einen außerirdischen Gestaltwandler, der 1906 in der Transsibirischen Eisenbahn sein Unwesen treibt. Der beste Film von Eugenio Martin! LSFF

nebenher zu seinem Genuß dralle Maiden entführt, wird von einer schlagkräftigen Ringerin auf die Matte gelegt. Schwachsinnsfilm. LSFF

Horse Feathers H484
HORSE FEATHERS ****
USA 1932, 80 Min., s/w
R: Norman Z. McLeod D: Groucho Marx, Harpo Marx, Chico Marx
Diesmal zerfetzen die vier Marx Brothers mit anarchischem Wortwitz und sarkastischem Humbug die College- und Sporterziehung: Die Festung wohlbehüteter Werte und Ordnung wird im Sturm genommen, begleitet von einem wilden Feuerwerk verdrehter und turbulenter Einfälle.

Hospital H485
THE HOSPITAL ***
USA 1971, 103 Min., F
R: Arthur Hiller D: George C. Scott, Diana Rigg, Barnard Hughes
In einem Stadt-Krankenhaus passieren ziemlich verrückte Dinge, ein Killer ist am Werke, und außerdem geht es noch um Sex und medizinische Ethik. Schwarze Komödie nach einem Drehbuch von Paddy Chayevsky, der dafür einen Oscar bekam.

Hot Shots – Die Mutter aller Filme H486
**
HOT SHOTS
USA 1991, 85 Min., F
R: Jim Abrahams D: Charlie Sheen, Cary Elwes, Valeria Golino
Persiflage auf *Top Gun* und andere zeitgenössische Hollywood-Schinken. Die Gags sind selbst für Insider von quälender Penetranz. HFJ 1992

The Hot Spot – Spiel mit dem Feuer H487
***
THE HOT SPOT
USA, 1990, 129 Min., F
R: Dennis Hopper D: Don Johnson, Virginia Madsen, Jennifer Connelly

Hot T-Shirts H488
HOT T-SHIRTS **
USA 1980, 86 Min., F
R: Chuck Vincent D: Ray Holland, Stephanie Lawlor, Pauline Rose
Softsexfilm über einen Kneipenwirt, der aus Umsatzgründen in seinem Lokal Wettbewerbe veranstaltet, bei denen Mädchen in nassen T-Shirts auftreten. Ulkig gemeint, aber reiner Nonsens.

Hotel California H489
PRINCE OF BEL AIR ***
USA 1986, 88 Min., F
R: Charles Braverman D: Robert Vaughn, Mark Harmon, Kristie Alley
Ein Lebenskünstler und Swimmingpool-Reiniger findet nach einigen Verwirrungen seine große Liebe.

Hotel der toten Gäste H490
**
BRD 1965, 89 Min., s/w
R: Eberhard Itzenplitz D: Joachim Fuchsberger, Karin Dor, Wolfgang Kieling, Gisela Uhlen
Kriminalreporter auf der Spur einer Mordserie im italienischen San Remo. Kriminalfilm im Stil der Edgar-Wallace-Filme.

Hotel du Nord H491
HOTEL DU NORD ****
Frankreich 1938, 100 Min., s/w
R: Marcel Carné D: Annabella, Louis Jouvet, Arletty, Bernard Blier
Der gescheiterte Versuch des jungen Pierre und seiner Geliebten Renée, sich umzubringen, endet für diesen im Gefängnis. Nach seiner Entlassung finden beide durch die Hilfe eines Zuhälters, der sich in Renée verliebt, jedoch aufopferungsvoll auf sie verzichtet, neues gemeinsames Glück. Wichtiger Film des »poetischen Realismus« mit exzellenten Milieu- und Charakterdarstellungen und der meisterhaften Dekoration von Alexandre

Drei lustige Episoden mit Matthau als mürrischem Ehemann, lüsternem Hollywood-Produzenten und nervösem Brautvater. Nach dem gleichnamigen Theaterstück von Neil Simon.

Hotel International H493
THE V.I.P.S. ***
GB 1963, 113 Min., F
R: Anthony Asquith D: Elizabeth Taylor, Richard Burton, Louis Jourdan
Die Passagiere des Fluges nach New York werden wegen Nebels eine Nacht in der VIP-Lounge festgehalten und offenbaren in dieser Situation ihre desolaten Lebensverhältnisse.

Das Hotel New Hampshire H494
THE HOTEL NEW HAMPSHIRE ***
USA/GB 1984, 105 Min., F
R: Tony Richardson D: Rob Lowe, Jodie Foster, Nastassja Kinski
Ein Schuldirektor und seine Familie haben sich in den Kopf gesetzt, in einem Hotel zu leben, das sie geichzeitig betreiben, und diese Fantasie setzen sie mehrfach in die Tat um. Unterhaltsame Parabel.

Hotel Paradiso H495
HOTEL PARADISO ***
USA 1965, 98 Min., F
R: Peter Glenville D: Alec Guinness, Gina Lollobrigida, Robert Morley
Schwank um eine Frau, die es irgendwie nie schafft, mal so ganz in Ruhe ihren Mann mit dem immergeilen Nachbarn zu betrügen. Muß man nicht gesehen haben.

Hotel Sahara H496
HOTEL SAHARA ***
GB 1951, 86 Min., s/w
R: Ken Annakin D: Peter Ustinov, Yvonne de Carlo, David Tomlinson
Hotelbesitzer und seine Frau verstehen es, durch geschicktes politisches Taktieren ihr Unternehmen über den Weltkrieg zu retten.

Hotel Terminus – Zeit und Leben des Klaus Barbie H497
HOTEL TERMINUS: KLAUS BARBIE, HIS LIFE AND TIMES ****
USA 1988, 267 Min., F
R: Marcel Ophüls
Hervorragender Dokumentarfilm, der anhand von Interviews mit Zeitzeugen das Leben, den Werdegang und die Flucht des ehemaligen Gestapo-Chefs von Lyon, »Klaus Barbie«, akribisch nachzeichnet.

Houdini, der König des Varieté H498
HOUDINI **
USA 1953, 106 Min., F
R: George Marshall D: Tony Curtis, Janet Leigh, Sig Rumann
Etwas oberflächliche Biographie des Zauberers und Entfesselungskünstlers Houdini (1874 – 1926), der mit zunehmender Zeit immer schwierigere Experimente präsentiert.

House H499
HOUSE ***
USA 1985, 91 Min., F
R: Steve Miner D: William Katt, George Wendt, Richard Moll
Ein Autor zieht in ein altes Landhaus ein, das mit einer anderen Dimension verbunden ist, und stößt dortselbst auf Zombies, Vampire und sonstige Satansbraten, die ihm das Leben erschweren. Schön schrecklich!
HFJ 1987

House II H500
HOUSE II: THE SECOND STORY ***
USA 1987, 91 Min., F
R: Ethan Wiley D: Ayre Gross, Jonathan Stark, Royal Dano
Eine flotte Horrorfilmverarschung, in der es unter anderem um ein Haus geht, das über Zugänge zu anderen Dimensionen verfügt. Ein Schatz wird auch noch gesucht. HFJ 1988

How to make love to a negro without getting tired oder: Die Kunst, einen Neger zu lieben H501
COMMENT FAIRE L'AMOUR AVEC UN NEGRE SANS SE FATIGUER ***
Frankreich/Kanada 1989, 98 Min., F
R: Jacques W. Benoit D: Isaach de Bankolé, Maka Kotto, Antoine Durand
Eine rasante Komödie über Rassenklischees und Geschlechterrollen. Aber wie üblich: Ein starker Anfang endet oftmals in einem schlaffen Ende.
HFJ 1991

Howard – Ein tierischer Held H502
HOWARD THE DUCK ***
USA 1986, 111 Min., F
R: Willard Huyck D: Lea Thompson, Jeffrey Jones, Tim Robbins
Eine intelligente Alien-Ente wird durch ein Laserexperiment zur Erde geholt und kämpft dortselbst mit Hilfe einer Popsängerin gegen ein extradimensionales Monster. Nicht ganz so übel, wie es klingt. HFJ 1987

Howling H503
HOWLING IV: THE ORIGINAL NIGHTMARE *
GB 1988, 88 Min., F
R: John Hough D: Romy Windsor, Michael T. Weiss, Anthony Hamilton
Alptraumgeplagte Schriftstellerin geht zwecks Erholung aufs Land, wo ihre Phantasien sich in der Realität fortsetzen. Unbedeutend und blutig.

Hudsucker – Der große Sprung H504
THE HUDSUCKER PROXY ***
USA 1994, 113 Min., F
R: Joel Coen D: Tim Robbins, Paul Newman, Jennifer Jason Leigh
Ein naiver Collegeabgänger landet auf dem Präsidentenstuhl einer New Yorker Firma. Als Marionette des Vorstands soll er die Aktien in den Keller treiben. Doch er erfindet den Hula-Hoop-Reifen ... Amüsante Screwball-Comedy im Stil der vierziger Jahre mit witzigen Dialogen und außergewöhnlicher Bildkraft. HFJ 1995

Hügel der blutigen Augen H505
THE HILLS HAVE EYES **
USA 1977, 89 Min., F
R: Wes Craven D: Virginia Vincent, Robert Houston, James Withworth
Strahlenverseuchte amerikanische Familie, die in der kalifornischen Wüste ihr Unwesen treibt, überfällt biedere Touristen und setzt ihnen übel zu. Dummdreister Actionfilm, der hauptsächlich mit Schocks hausiert. LSFF

Hügel der blutigen Stiefel H506
LA COLLINA DEGLI STIVALI ***
Italien 1969, 86 Min., F
R: Giuseppe Colizzi D: Terence Hill, Bud Spencer, Woody Strode

Der Revolvermann Cat, der es sich mit diversen Rustlern verscherzt hat, kriecht bei einem Wanderzirkus unter und reibt die Bande mit Hilfe seiner Freunde auf, nachdem sie einen Artisten getötet hat. Atmosphärisch dichter Western mit grandiosen Aufnahmen.

Hühnchen in Essig H507
POULET AU VINAIGRE ****
Frankreich 1984, 110 Min., F
R: Claude Chabrol D: Jean Poiret, Stéphane Audran, Michel Bouquet, Pauline Lafont
Französische Provinz. Madame Cuno, die ihr Leben im Rollstuhl verbringen muß, wird massiv bedrängt, ihr Grundstück für ein geplantes Bauprojekt aufzugeben. Ihr Sohn, ein kleiner Postbeamter, und seine Freundin (hinreißend gespielt von Pauline Lafont) schlagen mit List und tödlicher Tücke zurück. »Inspektor Lavardin«, den Chabrol hier erstmals einführt, sorgt schließlich für »Gerechtigkeit«. Brilliant inszenierter schwarzer Krimi, der trotz seines beißenden Zynismus' hervorragend unterhält.

Human Animals H508
HUMAN ANIMALS **
USA/Spanien 1983, 94 Min., F
R: E. Herrero D: Carole Kirkham, Geir Invard, José Yepes
Zwei Männer und eine Frau tun sich nach dem Großen Knall zusammen, um der Menschheit einen neuen Anfang zu ermöglichen. LSFF

The Human Factor H509
THE HUMAN FACTOR ***
GB 1979, 110 Min., F
R: Otto Preminger D: Richard Attenborough, John Gielgud, Derek Jacobi
Nach einer Novelle von Graham Greene erzählt der Film von der Suche nach einer »undichten Stelle« im

Angewandter Expressionismus: ›Hügel der blutigen Augen‹.

Drei Leute stranden auf einer Insel und werden von einem Mutanten gejagt, der sich seit dem Tod seiner Mutter von Kötern ernährt und für jede Speisezettel-Abwechslung dankbar ist. Dreck.

Der Hund, der »Herr Bozzi« hieß H511
UN ANGEL VOLO SOBRE BROOKLYN ***
Spanien/Italien 1957, 89 Min., s/w
R: Ladislao Vajda D: Peter Ustinov, Pablito Calvo, Aroldo Tieri
Komödie um einen hartherzigen Advokaten, den eine Märchenfee zur Strafe in einen Hund verwandelt.

Ein Hund namens Beethoven H512
BEETHOVEN ***
USA 1992, 87 Min., F
R: Brian Levant D: Charles Grodin, Bonnie Hunt, Dean Jones
Ein Bernhardiner namens Beethoven erobert mit Charme, Kraft und tolpatschiger Eleganz die Herzen einer US-Durchschnittsfamilie. Typische Komödie, die auf die Wirkung treu-doofer Hundeaugen setzt. HFJ 1993

klären den Fall eines mysteriösen Hundes, der die Familie Baskerville bedroht. Verschachtelter Krimi mit trockenem Humor und Gruseleffekten. Remake der Fassung Sidney Lanfields von 1939.

Der Hund von Baskerville H514
THE HOUND OF THE BASKERVILLES ***
USA 1972, 71 Min., F
R: Barry Crane D: Stewart Granger, William Shatner, Bernard Fox
Sherlock Holmes und Dr. Watson retten die Familie Baskerville vor einem mysteriösen Hund, der ihre Familie bedroht. Neue Fassung des mehrfach verfilmten Detektivklassikers. HFJ 1989

Der Hund von Baskerville H515
THE HOUND OF THE BASKERVILLES **
GB 1977, 100 Min., F
R: Paul Morrissey D: Peter Cook, Dudley Moore, Denholm Elliott
Ulkfilm, der sich in endlosen Witzen und nicht immer geschmackvollen Gags alle Mühe gibt, Sherlock Holmes und Dr. Watson, die besten Detektive der Welt, zu verhohnepipeln. Für Leute

Überflüssiges Remake des mehrfach verfilmten Krimi-Klassikers nach dem Roman von Conan Doyle. HFJ 1987

Hunde, wollt ihr ewig leben! H517
***
BRD 1958, 97 Min., s/w
R: Frank Wisbar D: Joachim Hansen, Wilhelm Borchert, Peter Carsten
Dramatische und tragische Szenen um den Untergang der sechsten Armee vor Stalingrad.

Ein Hundeleben H518
A DOG'S LIFE *****
USA 1918, 40 Min., s/w
R: Charles Chaplin D: Charles Chaplin, Edna Purviance
Einer der wenigen Filme Chaplins mit Happy-End. Vagabund Charlie und sein Hund Scraps finden eine Brieftasche und haben so das Kapital, die schöne Edna aus ihrem miefigen Tanzlokal zu holen und einen gemeinsamen Hausstand zu gründen. Vorläufer zu Chaplins erstem Langfilm *The Kid.*

Hunderennen H519
****
Schweiz 1983, 90 Min., F
R: Bernard Safarik D: Josef Charvat, Pavel Landovsky, Nina Sabova
Eine satirische Tragikomödie um die Assimilationsversuche tschechischer Flüchtlinge in der Schweiz.

101 Dalmatiner H520
101 DALMATIANS ***
USA 1996, 103 Min., F
R: Stephen Herek D: Glenn Close, Jeff Daniels, Joan Plowright
Realfilm-Adaption des Disney-Klassikers um die böse Cruella De Vil, die ein Rudel Dalmatiner zu Pelzmänteln verarbeiten will. Dem Comicstil treu bleibende Inszenierung. HFJ 1998

Hundert Gewehre H521
100 RIFLES ***
USA 1969, 109 Min., F
R: Tom Gries D: Jim Brown, Raquel Welch, Burt Reynolds, Dan O'Herlihy
Ein schwarzer Deputy verfolgt einen Mestizen-Bankräuber, der mit seiner Beute Waffen für seinen Stamm kaufen will, da dieser sich in Mexiko einem üblen Vernichtungsfeldzug ausgesetzt sieht. Ethno-Western, in dem die Guten gewinnen.

100 Jahre Adolf Hitler – Die letzte Stunde im Führerbunker H522
**
BRD 1989, 60 Min., s/w
R: Christoph Schlingensief D: Volker Spengler, Brigitte Kausch, Margit Carstensen
Wie Hitlers letztes Stündlein im Führerbunker verlaufen sein könnte, darüber spekuliert Schlingensief in seinem No-budget-Experimentalfilm in gewohnter, erfrischend respektloser Manier.

Die hundert Tage von Palermo H523
***
CENTO GIORNI A PALERMO
Italien/Frankreich 1983, 93 Min., F
R: Giuseppe Ferrara D: Lino Ventura, Giuliana de Sio, Lino Troisi
An der Wirklichkeit orientierter Politthriller um die Ermordung des Polizeichefs von Palermo, dalla Chiesas, durch die Mafia. Es wird viel geredet und dabei wenig erklärt, aber von Lino Ventura hervorragend gespielt.

100000 Dollar in der Sonne H524
CENT MILLE DOLLARS AU SOLEIL ***
Fr/It 1963, 108 Min., s/w
R: Henri Verneuil D: Lino Ventura, Jean-Paul Belmondo, Gert Fröbe
Gewitzter Gauner stiehlt in Afrika einen Lastwagen voller Schmuggelwaffen, wird durch die Wüste gejagt und steht nach rasanter Verfolgungsjagd am Ende mit leeren Händen da. Ein Abenteuerfilm, der sich bemüht, komödiantisch zu sein und einigen Humor in die Dialoge legt.

Die 120 Tage von Sodom H525
SALO O LE 120 GIORNATE DI SODOMA ****
Italien/Frankreich 1975, 115 Min., F
R: Pier Paolo Pasolini D: Sonia Saviange, Paolo Bonacelli, Aldo Valletti
Trost- und schonungslose Inszenierung perverser Sexorgien, bei denen junge Lustobjekte beiderlei Geschlechts zu Tode gefoltert werden, als Metapher für die konsum- und vergnügungssüchtige italienische Nachkriegsgesellschaft. Basierend auf einem Roman des Marquis de Sade, blieb Pasolinis letzter Film in vielen Ländern von der Zensur verboten.

Hundra H526
HUNDRA *
Spanien/USA 1984, 109 Min., F
R: Matt Cimber D: Laurene Landon, John Ghaffari, Marisa Casel
Eine schwertschwingende Amazone aus dem Fantasyland macht sich nach der Ausrottung ihres Stammes mit rüden Methoden an die Bestrafung der barbarischen Übeltäter. Das einzig Sehenswerte an diesem Machwerk sind die Rundungen seiner Heldin. HFJ 1989

Hundstage H527
DOG DAY AFTERNOON ****
USA 1975, 124 Min., F
R: Sidney Lumet D: Al Pacino, John Cazale, Charles Durning, James Broderick
Die authentische Geschichte eines Banküberfalls mit Geiselnahme dient Sidney Lumet zu einer ruhigen Fallstudie über psychotische Gewalttätigkeit und die Lust an der Action.

Hunger H528
SULT ****
Dänemark/Norwegen/Schweden 1966, 110 Min., s/w
R: Henning Carlsen D: Per Ascarsson, Gunnel Lindblom, Osvald Helmuth
Meisterliche Verfilmung der Novelle von Knut Hamsun. Im Mittelpunkt steht ein junger, mittelloser Schriftsteller in Oslo, der eine kurze und heftige Liebe erlebt.

Hunger – Sehnsucht nach Liebe H529
***
BRD 1997, 97 Min., F
R: Dana Vávrová D: Catherine Flemming, Kai Wiesinger, Christiane Hörbiger, Jürgen Schornagel
Zwiespältiges Drama um den Versuch einer Bulimieerkrankten, eine normale Liebesbeziehung zu beginnen, ohne ihre Krankheit zu offenbaren. Die inkonsequente Inszenierung und der naive Schluß lenken von einem gelungenen Charakterporträt ab. HFJ 1998

Hungerjahre – in einem reichen Land H530
***
BRD 1979, 114 Min., s/w
R: Jutta Brückner D: Sylvia Ulrich, Britta Pohland, Klaus Jurichs
Autobiographische Filmerzählung um das Heranwachsen eines Mädchens in der frühen Bundesrepublik in einer zerfahrenen Kleinbürgerfamilie.

Die Hunnen H531
LA SPADA DELL'ISLAM **
Italien/Ägypten 1961, 85 Min., F
R: Enrico Bomba D: Folco Lulli, Silvana Pampanini, Franco Corelli
Nach Hunnenüberfall als Sklaven darbendes Herrscherkinderpaar verjagt Thronräuberin und organisiert Widerstand gegen erneute Barbareninvasion. Schwertfuchtlerfilm mit schlampig inszenierten Kämpfen.

Hur und heilig H532
**
BRD 1984, 81 Min., F
R: Cornelia Schlingmann D: Isolde Barth, Udo Kier, Vesna Buljevic
Experimenteller Spielfilm der früheren Dokumentarfilmerin: Weil Mann und Kind nerven, beginnt eine bisher brave Hausfrau ein neues Leben zusammen mit einer Prostituierten.

Die Hure H533
WHORE **
USA 1991, 84 Min., F
R: Ken Russell D: Theresa Russell, Benjamin Mouton, Antonio Fargas
Eine Hure, die entschlossen ist, der Halbwelt Adieu zu sagen, pirscht durch die nächtliche Großstadt und labert frei und offen über ihren Job, ihr Leben und ihren Zuhälter, einen besonders widerwärtigen Patron. Die perfekte Antithese zu *Pretty Woman:* Shitty Woman wäre ein guter Titel gewesen. Boring. HFJ 1992

Der Hurenbock

Olivier Martinez und Juliette Binoche

Auf der Alm wird »die Sünd« recht großgeschrieben, wenn sich eine Schar attraktiver Schwedenmädel zur Hebung des Fremdenverkehrs verdingt. Albernheiten aus der Steinzeit des Kintopps werden hier als Gipfel der Komik vorgeführt.

Hurricane H535
THE HURRICANE **
USA 1978, 94 Min., F
R: Jan Troell D: Mia Farrow, Jason Robards, Max von Sydow
Tochter eines US-Gouverneurs verliebt sich auf Südseeinsel in attraktiven Stammeshäuptling, was Papa Unbehagen verursacht. Kulturschock-Seifenoper mit bösem Unwetter als Höhepunkt. Remake.

Hurrikan H536
THE HURRICANE ****
USA 1937, 110 Min., s/w
R: John Ford, Stuart Heisler D: Dorothy Lamour, Jon Hall, Mary Astor
US-Beamtentochter verliebt sich in Südseeinsulaner und bringt den Vater gegen sich auf. Ein Hurrikan, der die Insel verwüstet, läßt die beiden als einzige überleben. Spannend.

In der französischen Provinz flieht 1832 ein italienischer Husarenoberst vor seinen österreichischen Häschern. Es beginnt eine Reise durch ein Land, in dem die Cholera wütet. Doch gemeinsam mit einer mutigen Frau entkommt der Jungmann dem Grauen. Der Klassiker von Jean Giono als episch breites Abenteuer verfilmt, das sich allerdings etwas in die Länge zieht. Hervorragend die Ausstattung und die Schauspieler. HFJ 1997

Husbands H538
HUSBANDS ****
USA 1970, 142 Min., F
R: John Cassavetes D: Ben Gazzara, Peter Falk, John Cassavetes
Drei Männer, denen ihr bester Freund vor der Nase weggestorben ist, verfallen daraufhin in eine tiefe Sinnkrise, leiern ein paar sinn- und ziellose Aktivitäten an, um aus ihrem Alltagstrott auszubrechen, schaffen es aber nicht und sumpfen am Ende wieder weiter. Schonungslos ehrliches, feinfühlig inszeniertes Drama – ein Buddy-Movie der ganz besonderen Art.

geheilt und lebt fortan als Hüter der Wildnis. Gut gemeinte, aber biedere Erinnerung an die Entstehung des Yosemite-Nationalparks.

Hüter des Drachen H540
LEGEND OF THE WHITE HORSE ***
USA/Polen 1986, 88 Min., F
R: Jerzy Domoradzki D: Christopher Lloyd, Dee Wallace Stone, Allison Balson, Soon-Teck Oh
Ein Drache schützt in einem kleinen Dorf auf dem Balkan einen Geologen vor den sinistren Plänen eines Magiers und seines Hintermanns.

Hydra – Ausgeburt der Hölle H541 **
HYDRA – MONSTER FROM THE DEEP
Spanien/USA 1985, 90 Min., F
R: Gregory Greens D: Timothy Bottoms, Jared Martin, Ray Milland
Ein Schlangenfisch-Monster, aus radioaktivem Müll entstanden, greift Schiffe und Hafenanlagen an, bis man es mit Waffengewalt eliminiert. Anspruchsloser Monsterfilm, nach gängigen Klischees gestrickt.

Hydra – Verschollen in Galaxis 4 H542 *
THE DOOMSDAY MACHINE
USA 1974, 83 Min., F
R: Lee Sholem D: Mala Powers, Bobby Van, Stuart J. Byrne, Ann Grant
Als die Chinesen die Erde vernichten, suchen die Überlebenden nach einer neuen Heimat im All, aber zahllose Probleme, an denen das Drehbuch nicht unschuldig ist, vergällen ihnen das Dasein. Ein an Einfalt reicher Film. LSFF

Hypno H543
NIGHT OF THE EAGLE ***
GB 1961, 85 Min., s/w
R: Sidney Hayers D: Janet Blair, Peter Wyngarde, Margaret Johnston
Dozent, der erkennt, daß seine Gattin eine Hexe ist und seine Karriere mit Magie fördert, sitzt in der Klemme, als die Frau eines Konkurrenten sie ausschaltet. Schwacher Okkult-Thriller nach einem Roman von Fritz Leiber.

Die Hypothese vom gestohlenen Bild H544 ***
L' HYPOTHESE DU TABLEAU VOLE
Frankreich 1978, 67 Min., F
R: Raúl Ruiz D: Jean Rougeul, Anne Debois, Chantal Palay
Geschichte des geheimnisvollen Bildersammlers, der eine Serie von Bildern eines Malers namens Tonnere besitzt. Er scheint den Zuschauer zu einer Art Führung einzuladen, in deren Verlauf er den Grund des Skandals herauszufinden sucht, den die Bilder in ihrer Zeitepoche auslösten. Ein cineastisches Vexierspiel für Genießer.

I

I Love Trouble – Nichts als Ärger I1 ***
I LOVE TROUBLE
USA 1994, 123 Min., F
R: Charles Shyer D: Julia Roberts, Nick Nolte, Saul Rubinek
Eine junge Journalistin und ein bekannter Kolumnist der Konkurrenzzeitung bekämpfen sich bei ihren Recherchen über Genmanipulation und arbeiten dann notgedrungen zusammen und verlieben sich. Ein mit Journalisten-Klischees überfrachteter Film, bei dem der Geschlechterkampf an Julia Roberts langweiliger Sanftheit scheitert. HFJ 1995

I Love Vienna I2 ****
Österreich 1961, 100 Min., F
R: Houchang Allahyari D: Fery Farokhzad, Hanno Pöschl, Dolores Schmidinger
Ein persischer Deutschlehrer erfüllt sich seinen Traum und kommt mit seinem Sohn und seiner Schwester für einige Zeit nach Wien und muß erkennen, wie sehr Traum und Wirklichkeit voneinander abweichen. HFJ 1994

I Shot Andy Warhol I3 ****
I SHOT ANDY WARHOL
USA 1996, 103 Min., F
R: Mary Harron D: Lili Taylor, Jared Harris, Stephen Dorff
Manchmal unausgereift wirkendes Porträt der Andy-Warhol-Attentäterin Valerie Solanas mit einer ausgezeichneten Hauptdarstellerin. Ganz nebenbei wirft der Film auch einen teils witzigen Blick auf die blasierte Kunstszene um die Pop-art-Ikone. HFJ 1998

Ich – die Nummer eins I4 ****
LE SILENCIEUX

Ich beichte I5 ***
I CONFESS
USA 1952, 95 Min., s/w
R: Alfred Hitchcock D: Montgomery Clift, Anne Baxter, Karl Malden
Durch die Beichte eines Mörders wird ein Priester in einen Gewissenskonflikt gestürzt und gerät selbst unter Mordverdacht. Einer der schwächeren Hitchcock-Filme, der sich in theologischen und psychologischen Konflikten verheddert, gleichzeitig aber immer noch weit über dem Durchschnitt ist.

Ich bin dem Weihnachtsmann begegnet I6 ***
J'AI RENCONTRE LE PERE NOEL
Frankreich 1984, 96 Min., F
R: Christian Gion D: Karen Cheryl, Armand Meffre, Alexia Haudot
Nachdem seine Eltern von einer Reise nicht zurückgekehrt sind, macht sich ein Junge mit seiner Freundin auf den Weg zum Weihnachtsmann, der die Eltern zurückbringen soll. Weihnachtsfilm der faderen Art.

Ich bin der King I7 ***
SIEGE
USA 1978, 92 Min., s/w
R: Richard Pearce D: Martin Balsam, Sylvia Sidney, Dorian Harewood
Ein junger Farbiger, der sich selbst zum »König« eines Blocks ernannt hat, terrorisiert vor allem die älteren Mieter, bis sich ihm der Werkzeugmacher Henry entgegenstellt. Realistisches Drama aus der Bronx.

Ich bin Du I8 ***
VICE VERSA
USA 1988, 98 Min., F
R: Brian Gilbert D: Judge Reinhold, Fred Savage, Corinne Bohrer

Ich bin ein Elefant, Madame! I9 ***
BRD 1969, 100 Min., F
R: Peter Zadek D: Wolfgang Schneider, Günther Lüders, Margot Trooger
Schülerproteste an einer norddeutschen Schule. Ein ebenso engagiertes wie formal reizvolles Filmpamphlet gegen die autoritäre Gesellschaft von dem ehemals wilden Theatermacher.

Ich bin kein Casanova I10 ***
Österreich 1959, 85 Min., F
R: Geza von Cziffra D: Peter Alexander, Gerlinde Locker, Heinz Conrads
Peter Alexander gerät in San Remo in allerlei Verwechslungen: Man hält ihn für einen Casanova, dabei ist er doch nur der brave Kleinbürger, von dem damals offenbar viele träumten.

Ich bin Maria I11 **
I AM MARIA
Schweden 1979, 100 Min., F
R: Karsten Wedel D: Liselotte Hjelm, Peter Lindgren, Helena Brodin
Ein 12jähriges Mädchen freundet sich eines Tages mit einem gesellschaftlichen Außenseiter an. Mit großer Sensibilität werden die Schwierigkeiten einer Heranwachsenden in der heutigen Zeit geschildert.

Ich bin zwanzig Jahre alt I12 ***
MNJE DWATZAR LJET
UdSSR 1963, 160 Min., s/w
R: Marlen Chutziew D: Walentin Popow, Marianna Wertinskaja
Ein junger Mann findet sich nach dem Wehrdienst in der Alltagswelt seiner Heimat nicht mehr zurecht.

Ich bitte ums Wort I13 ****
PROSCHU SLOWA

Ich brauche dich I14
**

Deutschland 1944, 80 Min., s/w
R: Hans Schweikart D: Willy Birgel, Marianne Hoppe, Paul Dahlke
Ein Dirigent und eine Schauspielerin beschließen, ihre Ehe durch eine zeitweilige Trennung zu prüfen.

Ich denke oft an Piroschka I15
***

BRD 1955, 96 Min., F
R: Kurt Hoffmann D: Liselotte Pulver, Gunnar Möller, Gustav Knuth
Die attraktive Tochter eines Bahnhofsvorstehers in Ungarn verliebt sich in den deutschen Austauschstudenten Andreas. Die harmlose Romanze wird jäh von der Wirklichkeit eingeholt, als Andreas eine schon fast vergessene Reisebekanntschaft, in die er sich verliebt hatte, wiedertrifft. Unbeschwerte Liebeskomödie mit viel Gefühl.

Ich, der Richter I16
I, THE JURY **

USA 1981, 111 Min., F
R: Richard T. Heffron D: Armand Assante, Barbara Carrera, Alan King
Mickey Spillanes knallharter Detektiv und Frauenheld Mike Hammer gerät bei der Aufklärung der Ermordung eines alten Freundes an Gangster und CIA-Agenten.

Ich, die Unwürdigste von allen I17
***
YO, LA PEOR DE TODAS

Argentinien/Fr 1990, 105 Min., F
R: Maria Luisa Bemberg D: Assumpta Serna, Dominique Sanda, Lautaro Murua
Das Schicksal einer Ordensfrau, der Dichterin Juanna Ines de la Cruz, im Mexiko des 17. Jahrhunderts. Ein gesellschafts- und kirchenkritischer, feministisch akzentuierter Film, der Fragen nach der Stellung der Frau und der Freiheit des Denkens in der katholischen Kirche stellt. HFJ 1993

Ich, Dr. Fu Man Chu I18
THE FACE OF FU MAN CHU **

GB 1965, 90 Min., F
R: Don Sharp D: Christopher Lee, Joachim Fuchsberger, Karin Dor
Der nach der Weltherrschaft strebende Superverbrecher Fu Man Chu läßt ein tödliches Massenvernichtungsmittel entwickeln. Ein wackerer Mann von Scotland Yard tritt gegen ihn an. Dutzendware. LSFF

Ich, du, er, sie I19
JE, TU, IL, ELLE ***

Belgien 1974, 90 Min., s/w
R: Chantal Akerman D: Chantal Akerman, Claire Wauthion, Niels Arestrup
Der erste Film der feministischen belgischen Filmemacherin Chantal Akerman handelt von einer jungen Frau, die sich in ihrer leeren Wohnung einbunkert, mit nicht existierenden Personen korrespondiert und bisexuelle Affären eher vollzieht als genießt. Verstörender Film mit quälend ruhigem Erzählrhythmus.

Ich, ein Monster I20
I, MONSTER **

GB 1971, 75 Min., F
R: Stephen Weeks D: Christopher Lee, Peter Cushing, Susan Jameson
Remake von *Dr. Jekyll und Mr. Hyde.* Vom Bösen fasziniert ersinnt ein Mediziner ein Serum, das ihn als Unhold das Londoner Nuttenviertel terrorisieren läßt. Ein geschwätziges Machwerk, das die Faszination der Vorlage nur erahnen läßt.

Ich erschoß Jesse James I21
I SHOT JESSE JAMES ***

USA 1948, 81 Min., s/w
R: Samuel Fuller D: John Ireland, Preston Foster, Barbara Britton
Um seine Jugendfreundin heiraten und mit 10000 $ Belohnung ein neues Leben anfangen zu können, entschließt sich der Bandit Bob Ford, seinen Freund Jesse James zu töten. Doch es kommt alles ganz anders.

Ich folgte einem Zombie I22
I WALKED WITH A ZOMBIE ***

USA 1943, 70 Min., s/w
R: Jacques Tourneur D: James Ellison, Frances Dee, Tom Conway
Krankenschwester soll in der Karibik die im Dämmerzustand lebende Gattin eines Pflanzers pflegen und erkennt, daß selbige unter einem Voodoo-Bann steht. Atmosphärisch dichter kleiner Schocker, der ohne Leichenfressereien und sonstige Ekelszenen auskommt.

Ich glaub' ich steh' im Wald I23
FAST TIMES AT RIDGEMONT HIGH ***

USA 1981, 91 Min., F
R: Amy Heckerling D: Sean Penn, Jennifer Jason Leigh, Judge Reinhold
Zurückhaltend inszenierter Unterhaltungsfilm über die Sorgen und Späße einer High School Abschlußclique, der einige ansprechende sozialkritische Gedanken beinhaltet, aber leider in seinen Ansätzen steckenbleibt. Den Schauspielern hat es nicht geschadet.

Ich glaub' mich tritt ein Pferd I24
***
NATIONAL LAMPOON'S ANIMAL HOUSE

USA 1977, 109 Min., F
R: John Landis D: John Belushi, Tim Matheson, John Vernon, Tom Hulce
An einem US-College der sechziger Jahre bekriegen sich zwei feindliche Studentenverbindungen. Die als zeitkritische Satire angelegte Geschichte kommt jedoch meist nicht über das Niveau einer banalen Klamotte hinaus.

Ich glaube . . . I25
CREDO ***

Frankreich 1983, 91 Min., F
R: Jacques Deray D: Jean-Louis Trintignant, Bernard Haller, Nicole Courcel
In einem fiktiven osteuropäischen Land wird ein Professor wegen seines Glaubens einem harten Verhör unterzogen. Packendes, kritisches Kammerspiel über die Beziehung von Diktatur und Kirche.

Ich glaube an dich, John Lennon I26
***
NEKDE JE MOZNA HEZKY

CSFR 1991, 90 Min., F
R: Milan Cieslar D: Juraj Simko, Lucie Benesová, Vilma Cibuljkova
Ein junger Tscheche, dem sein Lebensweg verbaut wurde, weil seine Mutter vor Jahren ins Ausland geflohen ist, findet all seine Träume in seinem Idol John Lennon verwirklicht. Stimmungsvolle Außenseitergeschichte aus einer Umbruchszeit.

Ich hab' dich lieb, Serjosha I27
SERJOSHA ****
UdSSR 1960, 80 Min., s/w
R: Georgij Danelija, Igor Talankin
D: Borja Bartschator, Sergej Bondartschuk
Die Freundschaftsgeschichte zwischen einem fünfjährigen Jungen und seinem Stiefvater, dem Leiter einer Kolchose.

Ich habe Angst I28
IO HO PAURA ****
Italien 1977, 120 Min., F
R: Damiano Damiani D: Gian Maria Volonté, Erland Josephson, Mario Adorf
Ein Polizist, dessen Kollegen ermordet wurden, bittet um Versetzung und wird Leibwächter eines Untersuchungsbeamten, der bei einer Drogenfahndung die Mafia aufscheucht. Ebenso spannend wie gesellschaftskritisch.

Ich habe die Ehre I29
J'AI BIEN L'HONNEUR ***
Frankreich 1984, 82 Min., F
R: Jacques Rouffio D: Eddie Constantine, Mylène Demongeot, Paul Blain, Jean-Louis Richard
Pariser Ex-Gangster, nun als Penner in New York lebend, kehrt nach Europa zurück, um im »Kunstgeschäft« tätig zu werden. Doch ein Polizist will mit ihm eine alte Rechnung begleichen.

Ich habe Dir nie einen Rosengarten versprochen I30 ***
I NEVER PROMISED YOU A ROSE GARDEN
USA 1977, 100 Min., F
R: Anthony Page D: Bibi Andersson, Kathleen Quinlan, Sylvia Sydney
Eine Sechzehnjährige wird nach einem Selbstmordversuch in eine Nervenheilanstalt gebracht. Nur sehr langsam findet eine Ärztin Zugang zu der an Schizophrenie erkrankten Patientin.

Ich habe Einstein umgebracht I31 ***

Ingrid Bergman ist gebannt von Gregory Pecks Gedächtnislücke.

sich ein Trupp per Zeitmaschine ins Jahr 1911 auf, um Einstein zu ermorden – den angeblichen Verursacher des Übels. LSFF

Ich hör' nicht mehr die Gitarre I32 ***
J'ENTENDS PLUS LA GUITARE
Frankreich 1991, 95 Min., F
R: Philippe Garrel D: Benoit Regent, Johanna Ter Steege, Yanne Collette
Die Geschichte einer großen, unerfüllten Liebe in Paris, sehr, sehr gefühlvoll. HFJ 1994

Ich kämpfe für dich I33
EVELYN PRENTICE ***
USA 1934, 75 Min., s/w
R: William K. Howard D: Myrna Loy, William Powell, Una Merkel
Eine vernachlässigte Frau nimmt sich einen Liebhaber. Als sie ihn verläßt, erpreßt er sie, und kurz darauf wird er ermordet. Ohne die Zusammenhänge zu ahnen, übernimmt ihr Mann die Verteidigung der Hauptverdächtigen. Durchweg spannendes Courtroom Drama.

Ich kämpfe niemals wieder I34

Nez-Perce, die 1873 von zivilen und politischen Lumpen ins Elend gestürzt und fast ausgerottet wurden.

Ich kämpfe um dich I35
SPELLBOUND ***
USA 1944, 111 Min., s/w
R: Alfred Hitchcock D: Ingrid Bergman, Gregory Peck, Leo G. Carroll
Die liebevolle Ingrid Bergman hilft als Psychoanalytikerin dem gestörten Gregory Peck, seine verwirrte Psyche zu ordnen und mit einem Schock fertigzuwerden. Etwas konstruiert wirkender Psycho-Thriller, an dem vor allem die von Dalí entworfenen Traumsequenzen bemerkenswert sind.

Ich kann nicht schlafen I36
J'AI PAS SOMMEIL ****
Frankreich/Schweiz 1994, 112 Min., F
R: Claire Denis D: Katerina Golubeva, Richard Courcet, Vincent Dupont
Short Cuts in Paris. Der Film ist ein Mosaik, eine Anthologie kleiner Schicksale in der großen Stadt, die ihren Bewohnern keine Ruhe läßt. Daiga aus Litauen lebt Tür an Tür mit Camille, dem Mann aus Martinique, der in Bars singt, auf den Strich geht

Ich kaufe einen Papa I 37
JA KUPIL PAPU ***
UdSSR 1962, 79 Min., s/w
R: Ilja Fres D: Aljoscha Sagorski, Wladimir Trestschalow, Olga Lyssenko
Ein fünfjähriger Junge macht sich auf den Weg, um in einem Kaufhaus, in dem es ja bekanntlich alles gibt, einen Vater zu kaufen.

Ich küsse nicht I 38
J'EMBRASSE PAS ***
Frankreich 1991, 105 Min., F
R: André Téchiné D: Emmanuelle Béart, Manuel Blanc, Hélène Vincent
Wie ein Außerirdischer landet der Provinzler Pierre in Paris. Er versucht sich erfolglos als Schauspielschüler, verliert seinen Job und findet sich bald auf der Straße wieder. Bleibt ihm nur mehr, sich selbst, seinen Körper zu verkaufen. Doch als er sich in Inge, eine Prostituierte, verliebt, wird er nach allen Regeln des Milieus bestraft. Sozialkitsch. HFJ 1993

Ich lebe mein Leben I 39
I LIVE MY LIFE ***
USA 1935, 92 Min., s/w
R: W. S. van Dyke D: Joan Crawford, Brian Aherne, Frank Morgan
Reiche junge Frau lernt bei einer Kreuzfahrt im Mittelmeer jungen Archäologen kennen, der auf die oberen Zehntausend nicht sonderlich gut zu sprechen ist. Er hält sie für eine kleine Sekretärin und folgt ihr verliebt nach New York. Als er dort erfährt, wer sie wirklich ist, ändert das nichts an seinen Gefühlen. Am Vorabend der Hochzeit ziehen jedoch stürmische Wolken auf.

Ich liebe dich – I Love You – Je t'aime I 40
A LITTLE ROMANCE ***
USA 1979, 105 Min., F
R: George Roy Hill D: Laurence Olivier, Arthur Hill, Sally Kellerman
Der 13jährige Franzose Daniel verliebt sich in die gleichaltrige Amerikanerin Laura. Sie reisen nach Venedig, weil der alte Julius gesagt hat, hier werde alle Liebe unvergänglich. Romanze, die gekonnt am Kitsch vorbeigleitet und nie rührselig wird.

Ich liebe dich, ich liebe dich I 41
JE T'AIME, JE T'AIME ****
Frankreich 1967, 94 Min., F
R: Alain Resnais D: Claude Rich, Olga Georges-Picot, Anoul Ferjac
Ein Mann wird per Zeitmaschine in die eigene Vergangenheit gebracht und erlebt noch einmal seine Lebensgeschichte. Streng analytischer Film, der die gewohnten filmischen Erzählweisen in Frage stellt.

Ich liebe dich zu Tode I 42
I LOVE YOU TO DEATH ***
USA 1990, 97 Min., F
R: Lawrence Kasdan D: Kevin Kline, Tracey Ullman, Joan Plowright
Ein italienischer Restaurantbesitzer betrügt fortwährend seine Frau. Als diese ihn ertappt, beschließt sie gemeinsam mit ihrer Mutter, den Hallodri umzubringen. Mißglückter Versuch einer schwarzen Komödie, die einiges an schauspielerischem Talent vergeudet. HFJ 1991

Ich liebe, du liebst I 43
JA MILUJEM, TY MILUJES ***
CSSR 1980, 95 Min., F
R.: Dusan Hanák D: Roman Klosowski, Milan Jelic, Iva Janzurová
Trinker nimmt sich der schwangeren Geliebten des verunglückten Freundes an, aber sein Glück ist nur von kurzer Dauer. Tragikomödie, die über Jahre verboten war, weil sie dem sozialistischen Menschenbild widerspricht.

Ich, Pierre Rivière I 44
MOI, PIERRE RIVIERE ****
Frankreich 1976, 130 Min., F
R: René Allio D: Claude Hebert, Jacqueline Milliäre, Joseph Leportier, Annick Gehan
Der Fall eines Bauernjungen aus der Normandie, der im Jahr 1835 seine Mutter, seine Schwester und seinen Bruder umbrachte, filmisch aufgearbeitet anhand einer wissenschaftlichen Studie unter der Leitung Michel Foucaults. In Form einer Parallelmontage verbindet Allio die Aussagen des Täters und Umfrageergebnisse zu einem beeindruckenden ethnologischen Dokument.

Ich ritt für Jesse James I 45
HELL'S CROSSROADS **
USA 1957, 74 Min., s/w
R: Franklin Adreon D: Stephen McNally, Robert Vaughn, Barton McLane
Um dem Tod durch den Strang zu entgehen, läßt sich der Bandit Bob Ford vom Gouverneur verleiten, seinen Freund Jesse James zu töten. Das Thema wurde in *Ich erschoß Jesse James* besser behandelt.

Ich schenk dir die Sterne I 46
**
BRD 1991, 90 Min., F
R: Jörg Graser D: Sunnyi Melles, Gottfried John, Albert Kitzl
Schlagersängerin liebt Fabrikanten; man wird getrennt. Nichts gegen Kitsch, aber dieser neudeutsche Filmkitsch ist auch handwerklich unterdurchschnittlich.

Ich schenk dir meinen Körper I 47
JE T'OFFRE MON CORPS *
Frankreich 1984, 87 Min., F
R: Michel Leblanc D: Olinka Hardiman, Gabriel Pontello, Cathy Menard
Dralle Blondine gerät in Paris mit bösen KGB-Spionen aneinander, doch ist dies nur ein Aufhänger, um sie uns in verschiedenen Stellungen vorzuführen. Softporno.

Ich spuck auf dein Grab I 48
I SPIT ON YOUR GRAVE *
USA 1979, 90 Min., F
R: Meir Zarchi D: Camille Keaton, Eron Tabor, Richard Pace
Schriftstellerin wird von vier derangierten Geistern vergewaltigt und rächt sich, indem sie ihre Peiniger abschlachtet. Ultrabrutaler Schocker mit unmenschlichen Charakteren.

Ich tanz' mich in dein Herz hinein I 49
TOP HAT ****
USA 1935, 97 Min., s/w
R: Mark Sandrich D: Fred Astaire, Edward Everett Horton, Ginger Rogers
Liebes- und Verwechslungsfarce zwischen London, Venedig und der Riviera, mit perfekten Tänzen und unsterblichen Songs von Irving Berlin.

Mit Charme und Eleganz in Szene gesetztes Musical, das als Höhepunkt der Zusammenarbeit von Astaire und Rogers gilt; die Story ist unerheblich.

Ich, Tom Horn I 50
TOM HORN ****
USA 1980, 98 Min., F
R: William Wiard D: Steve McQueen, Richard Farnsworth, Slim Pickens
Rancher engagiert Kopfgeldjäger, um sich Siedler vom Hals zu halten, und ist anschließend so entsetzt über dessen Effizienz, daß er ihn abservieren läßt. Endzeitwestern, dessen Held erkennen muß, daß die alten Zeiten unwiederbringlich dahin sind. Gut.

Steve McQueen

Ich traf sogar glückliche Zigeuner I 51 ***
SKULPAJACI PERJA
Jugoslawien 1967, 83 Min., F
R: Aleksandar Petrovic D: Bekim Fehmiu, Olivera Vuco, Gordana Jovanovic, Bata Zivojinovic
Eine Liebes- und Mordgeschichte im Milieu der von der Gesellschaft ausgestoßenen Volksgruppe der Roma.

Ich und er I 52 ***
BRD 1988, 93 Min., F
R: Doris Dörrie D: Griffin Dunne, viel schmunzelndem Verständnis für die männliche Psyche inszeniert.
HFJ 1989

Ich war die Sexsklavin der Werwölfe I 53 *
I WAS A TEENAGE WERWOLF SEX SLAVE
USA 1990, 71 Min., F
R: Dan Dildo D: Cuntie Cuntersson, Henry Hardon, Paul Prick
Drugstore-Verkäuferin (16) lernt die Jünger eines Werwolfkults kennen, die im örtlichen Autokino beim Abspielen schlechter Horrorfilme die Zuschauer erschrecken, und wird Stammutter eines neuen Geschlechts.

Ich war eine männliche Kriegsbraut I 54 ****
I WAS A MALE WAR BRIDE
USA 1949, 105 Min., s/w
R: Howard Hawks D: Cary Grant, Ann Sheridan, Marion Marshall
Französischer Offizier liebt amerikanische Armeeangehörige und folgt ihr als männliche Kriegsbraut in ihre Heimat. Außergewöhnlich witzige Komödie, in der Cary Grant als »weiblicher Hauptdarsteller« sein Timing, seine Präsenz und sein komödiantisches Talent voll ausspielen kann.

Ich war eine männliche Sexbombe I 55 ***
UN MONSIEUR DE COMPAGNIE
Frankreich/Italien 1964, 92 Min., F
R: Philippe de Broca D: Cathérine Deneuve, Jean-Pierre Cassel, Jean-Claude Brialy, Irina Demick
Ein arbeitsscheuer Nichtstuer versucht, sich mit Hilfe seines Charmes ein leichtes und unbeschwertes Leben zu machen. Intelligent-witzige Komödie.

Ich war neunzehn I 56 ***
DDR 1967, 121 Min., s/w
R: Konrad Wolf D: Jaecki Schwarz, Wassili Liwanow, Alexej Ejboshenko

Ich werde laufen wie ein verrücktes Pferd I 57 ***
J'IRAI COMME UN CHEVAL FOU
Frankreich 1973, 100 Min., F
R: Fernando Arrabal D: George Shannon, Hachemi Marzouk, Emmanuelle Riva, Marco Perrin
Eine surreale Phantasmagorie um die Begegnung zwischen einem Muttermörder und einem Wunderheiler aus der Wüste, der in die Zivilisation kommt und am Ende seinen neuen Freund auffrißt.

Ich will, ich will ... vielleicht I 58 **
I WILL, I WILL ... FOR NOW
USA 1976, 105 Min., F
R: Norman Panama D: Diane Keaton, Elliott Gould, Paul Sorvino
Ex-Ehepaar kommt nach zwei Jahren der Trennung wieder zusammen und versucht gemeinsam einen neuen Anfang. Die beiden Hauptdarsteller sind ausgesprochen komisch, die Regie fällt dagegen nicht besonders auf.

Ich wollte Engel sehen I 59 ***
JA CHOTELA UWIDETJ ANGELOW / YA HATIELLA OOVEEDIT ANGELOV
Rußland/USA 1992, 83 Min., F
R: Sergej Bodrow D: Alexej Baranow, Natasha Ginko, Lia Achedshakowa
Junge Russen idealisieren ihre amerikanischen Vorbilder, versetzen sich in deren Rolle und verlieren sich in unerfüllbare Träume. Nostalgische »Moskau by Night«-Kulisse dient als Folie für diffuse Sehnsüchte einer nicht näher definierten Jugend, russische Realität wird ausgespart.

Identifikation einer Frau I 60
IDENTIFICAZIONE DI UNA DONNA *****
Italien/Frankreich 1982, 123 Min., F
R: Michelangelo Antonioni
D: Tomas Milian, Daniela Silverio,

Idioten I61
IDIOTENDOGMA 2 ****
Dänemark 1998, 117 Min., F
R: Lars von Trier D: Bodil Jorgensen, Jens Albinus, Anne Louise Hassing
Ein Experiment, bei dem sich eine Gruppe Menschen in der Öffentlichkeit als Behinderte ausgibt. Als eine wirklich Kranke dazustößt, eskaliert das Ganze. Ein faszinierendes, vielschichtiges Meisterwerk mit hervorragenden Darstellern, bei dem nur die manchmal zu deutlich eingesetzten Dogma-Effekte stören. HFJ 2000

Ihr größter Coup I62
DIGGSTOWN / MIDNIGHT STING ***
USA 1992, 98 Min., F
R: Michael Ritchie D: James Woods, Louis Gossett jr., Bruce Dern
Exhäftling arrangiert in einer Kleinstadt eine Superwette: Ein ehemaliger Boxchampion soll innerhalb von 24 Stunden zehn Herausforderer bezwingen. Trotz einiger Drehbuchprobleme eine passable Mischung aus Sport- und Spielerfilm. HFJ 1994

Ikarie XB 1 I63
IKARIE XB 1 ***
CSSR 1963, 80 Min., F
R: Jindrich Polak D: Zdenek Stepenek, Radovan Lukavsky, Frantisek Smolik, Otto Lackovic
Die internationale Besatzung eines Raumschiffes hat während des Fluges zum Alpha Centauri allerlei Probleme zu bekämpfen. Realistische Schilderung eines Raumfluges, ohne irgendwelchen Monster-Hickhack.

Ilja Muromez – Der Kampf ums goldene Tor I64
ILJA MUROMEZ ****
UdSSR 1956, 91 Min., F
R: Alexander Ptuschko D: Boris Andrejew, Nelli Myschkowa, Andrej Abrikossow, Alexander Schworin, Sergej Stoljarow
Der von einem Zauberwasser von seiner Lähmung geheilte Bauer Ilja wird zum tapferen Recken und verfolgt einen Barbarentrupp, um seine geraubte Frau zu befreien. Prallbuntes Abenteuer aus dem 11. Jahrhundert.

I'll Never Get Out Of This World Alive I65
****
BRD 1992, 98 Min., F
R: Wolfgang Büld D: Willie Nelson, M.C. Jarren, T.V. Zandt
Sex, Drugs & Hillbilly: Gelungene einfühlsame Dokumentation über den frühverstorbenen Countrysänger Hank Williams.

Illumination I66
ILLUMINACJA ****
Polen 1972, 91 Min., F
R: Krzystof Zanussi D: Stanislaw Latallo, Malgorzata Pritulak, Monika Dzienisiewicz-Olbrychska
Kaleidoskopartiges Porträt eines Naturwissenschaftlers, der Antworten auf die Kernfragen der menschlichen Existenz sucht: Tod und Leben, Sinn und Wahrheit. Klingt nicht nur kompliziert, ist es auch.

Die Illusion fährt mit der Straßenbahn I67
LA ILUSION VIAJA EN TRANVIA ****
Mexiko 1953, 82 Min., s/w
R: Luis Buñuel D: Lilia Prado, Fernando Soto, Carlos Navarro
Straßenbahnarbeiter entführen einen ausrangierten Trambahnzug und gondeln mit ihm durch die nächtliche Stadt. Untypische Buñuel-Komödie, die auch durch ihren Blick fürs Milieu besticht.

Der Illusionist I68
DE ILLUSIONIST ****
Niederlande 1984, 90 Min., F
R: Jos Stelling D: Freek de Jonge, Jim van der Woude, Catrien Wolthuizen
Völlig abgedrehter, halluzinatorischer Film über die Alpträume und Schreckensvisionen eines Halbschizophrenen, der nicht ganz zu Unrecht fürchtet, komplett des Wahnsinns fette Beute zu werden.

Ilona und Kurti I69
***
Österreich 1991, 95 Min., F
R: Reinhard Schwabenitzky D: Elfi Eschke, Hanno Pöschl, Louise Martini
Ein Muttersöhnchen verliebt sich gegen den Willen seiner Mutter in eine Ausländerin und kann nach langem Hin und Her seinen ödipalen Komplex überwinden. Böse Satire mit typischem Wiener Humor. HFJ 1992

Ilsa, die Tigerin I70
ILSA, TIGRESSE DE SIBERIE *
Kanada 1977, 88 Min., F
R: Jean Lafleur D: Dyanne Thorne, Michel Morin, Tony Angelo
Ein Russe, der einst in Stalins Gulag geschmachtet hat, begegnet in Kanada der üppigen, sadistischen Ex-Lagerleiterin und gerät erneut in ihre Fänge. Ein Film, der nur Folterknechten Freude macht.

Ilsa, Haremswächterin des Ölscheichs I71
*
ILSA, HAREM KEEPER OF THE OIL SHEIKS
Kanada 1975, 84 Min., F
R: Don Edmunds D: Dyanne Thorne, Victor Alexander, Haji Cat
Eine vollbusige Blondine mit Peitsche und Pistole wacht im Auftrag eines perversen Scheichs über dessen in einem KZ-ähnlichen Harem lebende Damen. Ein in den USA zum Kultfilm avancierter Sadofilm, der jeder Beschreibung spottet.

Im Auftrag des Drachen I72
THE EIGER SANCTION ***
USA 1975, 128 Min., F
R: Clint Eastwood D: Clint Eastwood, George Kennedy, Vonetta McGee
Ein Kunstsammler und Ex-Agent kehrt gezwungenermaßen zur CIA zurück, um einen Killer zu erledigen. Haken bei der Sache: Die Jagd findet an der Eigernordwand statt. Selbst die atemberaubenden Bergszenen können kaum für die Einfältigkeit der auf James Bond getrimmten Story entschädigen.

Im Banne des Dr. Monserrat I73
THE SORCERERS **
GB 1967, 85 Min., F
R: Michael Reeves D: Boris Karloff, Catherine Lacey, Ian Ogilvy
Altes Wissenschaftler-Ehepaar bringt mittels Erfindung jungen Mann unter geistige Kontrolle und erlebt auf voyeuristische Weise mit, was sein Leben lebenswert macht. Thrilling! LSFF

Im Banne des Grauens I74
I'M DANGEROUS TONIGHT **
USA 1990, 90 Min., F
R: Tobe Hooper D: Anthony Perkins, Cory Parker, Madchen Amick
Mumiengewand verwandelt Forscher und alle möglichen Träger in amoklaufende Bestien oder geile Weiber. Dumpfer Horror aus der untersten Schublade, von einem Regisseur, der bisher fast nur Abgeschmacktes geliefert hat. HFJ 1991

Im Banne des Kalifen I75
ARABIAN ADVENTURE ***
GB 1978, 98 Min., F
R: Kevin Connor D: Christopher Lee, Oliver Tobias, Milo O'Shea
Orientherrscher verspricht jungem Abenteurer die Hand seiner Tochter, falls dieser ihm eine magische Rose beschafft. Fantasy-Film. Fliegender Teppich, Flaschengeist und Ungeheuer inklusive. Unterhaltsam. LFF

Im Banne des Teufels I76
THE IRON MISTRESS **
USA 1952, 107 Min., F
R: Gordon Douglas D: Alan Ladd, Virginia Mayo, Joseph Calleia
Biographischer Film über James Bowie, den Schleifer des nach ihm benannten Messers. Nachdem eine Frau ihn zurückgewiesen hat, betätigt er sich als Spieler und Spekulant und zieht sich in die Wildnis zurück.

Im Banne des Unheimlichen I77
**
BRD 1967, 89 Min., F
R: Alfred Vohrer D: Joachim Fuchsberger, Siv Mattson, Wolfgang Kieling
Inspektor Fuchsberger klärt eine unheimliche Mordserie auf.

Im Dienste des Königs I78
DANGEROUS EXILE ***
GB 1957, 90 Min., F
R: Brian Desmond Hurst D: Belinda

Im Dunkel von Algier I79
PEPE LE MOKO ****
Frankreich 1937, 90 Min., s/w
R: Julien Duvivier D: Jean Gabin, Mireille Balin, Lino Noro
Tiefschwarzer Kriminalfilm um einen Gangster, der sich in der Kasba von Algier dem Zugriff der Polizei entzogen hat, sich aber von einer schönen Touristin aus seinem Versteck und in eine Falle locken läßt. Einer der schönsten französischen Film noir.

Im Gasthaus zum scharfen Hirschen I80
**
BRD 1975, 85 Min., F
R: Hans Billian D: Karin Lorson, Josef Moosholzer, Victor Lange
Drei weibliche Angestellte eines kleinen Hotels besorgen es im Auftrag ihres Chefs den Gästen. Handlungsarmes Stellungsspektakel mit wenig attraktiven Darstellerinnen.

Im großen Land der kleinen Leute I81
***
THE GREAT LAND OF SMALL
Kanada 1986, 91 Min., F
R: Vojtech Jasny D: Karen Elkin, Michael Blouin, Michael J. Anderson
Bei ihren Großeltern in Kanada zu Besuch erleben die Geschwister Jenni und David phantastische Abenteuer mit den Wesen, von denen der Großvater erzählt hat. Freundliche Kinder-Fantasy. HFJ 1993

Im Herz des Wilden Westens I82
HEARTS OF THE WEST ***
USA 1975, 98 Min., F
R: Howard Zieff D: Jeff Bridges, Andy Griffith, Alan Arkin
Möchtegern-Autor im Hollywood der dreißiger Jahre wird Star in billigen Westernfilmen. Subtil gespielte Komödie ohne Slapsticks. Gute Unterhaltung.

Im Jahr des Drachen I83

Verweisen auf sein eigenes Vietnamtrauma – in Schutt und Asche, als sei es Sodom und Gomorrha. Ciminos ultrabrutales Szenario bleibt immer schön an der Oberfläche der Story.

Im Jenseits ist die Hölle los I84
MOONCHILD **
USA 1974, 90 Min., F
R: Alan Gadney D: Victor Buono, John Carradine, Mike Travis
Ein Kunstmaler stößt in einem Schloß auf bizarre Gestalten, deren Leben alle 25 Jahre wieder von vorn beginnt. Netter kleiner Schocker, den Regisseur Gadney als Abschlußarbeit seines Filmstudiums inszeniert hat.

Im Käfig des Grauens I85
INTIMATE STRANGERS ***
USA 1985, 90 Min., F
R: Robert Ellis Miller D: Stacy Keach, Teri Garr, Max Barabas
Noch ein Vietnam-Trauma-Film. Ein Arzt ist im Krieg von seiner Frau getrennt worden. In der Heimat hat er Karriere gemacht. Zehn Jahre später kommt seine Frau zurück, die aus einem Gefangenenlager entkommen konnte, und sie hat einen vietnamesischen Jungen bei sich. HFJ 1989

Im Keller des Grauens I86
THE NAKED CAGE *
USA 1986, 93 Min., F
R: Paul Nicholas D: Shari Shattuck, Angel Tompkins, Lucinda Crosby
Frauenknastfilm über kreischende Weiber, die sich, so sie nicht gerade von sadistischem Wachpersonal gequält werden, gegenseitig an die Kehle fahren. Sexistischer Dreck.

Im Kittchen ist kein Zimmer frei I87
****
ARCHIMEDE, LE CLOCHARD
Frankreich/Italien 1959, 83 Min., s/w
R: Gilles Grangier D: Jean Gabin, Darry Cowl, Bernard Blier, Dora Doll

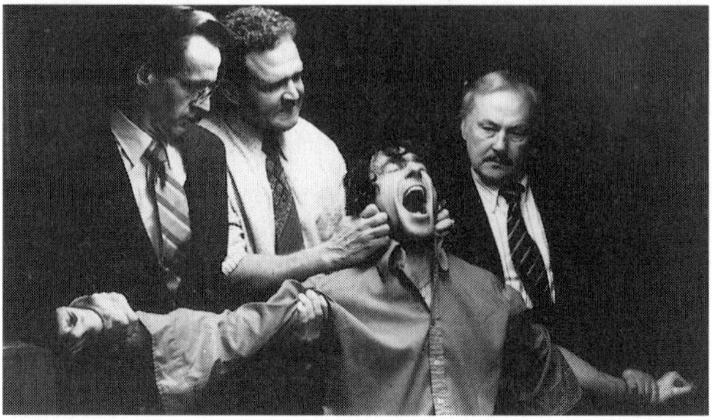

Im Namen des Empire gefoltert: Gerry Conlon (Daniel Day-Lewis) in ›Im Namen des Vaters‹.

Im Körper des Feindes 188
FACE/OFF ****
USA 1997, 138 Min., F
R: John Woo D: John Travolta, Nicolas Cage, Joan Allen, Gina Gershon
Aufgrund bizarrer Umstände tauschen ein Polizist und sein Terroristen-Erzfeind das Gesicht und schlüpfen so in die Identität des jeweils anderen. Handwerklich meisterhafter Thriller, der mit optischem Einfallsreichtum eine doppelbödige, vielschichtige Geschichte erzählt. HFJ 1998

Im Kreuzfeuer 189
CROSSFIRE ****
USA 1947, 90 Min., s/w
R: Edward Dmytryk D: Robert Young, Robert Mitchum, Robert Ryan
Film noir nach einem Roman von Richard Brooks über die Aufklärung eines Mordes an einem jüdischen GI. Das auch in den USA nicht sehr geliebte Thema »Antisemitismus« brachte dem Regisseur prompt einen Platz auf McCarthys Abschußliste ein.

Im Land der langen Schatten 190
OMBRE BIANCHE ***
It/Fr/GB 1959, 103 Min., F
R: Nicholas Ray D: Anthony Quinn, Yoko Tani, Peter O'Toole
Die Begegnung zwischen einer Eskimo-Familie und einem weißen Missionar endet mit der Tötung des Weißen, der entsetzt das »Gastgeschenk«, die Liebesnacht mit der Frau, zurückgewiesen hat. Bizarres Melodram vor beeindruckender Kulisse.

Im Land der Raketenwürmer 191
**
TREMORS
USA 1990, 96 Min., F
R: Ron Underwood D: Kevin Bacon, Fred Ward, Finn Carter, Michael Gross
Vier gigantische Monsterwürmer, die auf Vibrationen aller Art reagieren, umzingeln die Bewohner einer kleinen Wüstenstadt. Für Freunde gehobenen Schwachsinns ein Nostalgie-Trip in die fünfziger Jahre. LSFF/ HFJ 1991

Im Lande der Comanchen 192
COMANCHE TERRITORY **
USA 1950, 75 Min., s/w
R: George Sherman D: MacDonald Carey, Maureen O'Hara, Will Geer
Geldgierige Schufte lassen keinen miesen Trick aus, um sich das an Silber reiche Land der Comanchen unter den Nagel zu reißen. Jim Bowie bügelt alles wieder aus. Routinewestern der Klasse B.

Im Lauf der Zeit 193
***
BRD 1975, 167 Min., s/w
R: Wim Wenders D: Rüdiger Vogler, Hanns Zischler, Lisa Kreuzer
Bruno zieht mit einem alten Möbelwagen durch Deutschland und repariert die Vorführgeräte alter Kinos. Ihm schließt sich ein verkrachter Psychologe an. Eine Zeitlang fahren sie zusammen, dann trennen sich ihre Wege wieder. Deutsches Road Movie mit schönen Bildern und unrasierten Männern.

Im Mantel der Nacht 194
LE DESORDRE DE LA NUIT ***
Frankreich 1958, 88 Min., s/w
R: Gilles Grangier D: Jean Gabin, Nadja Tiller, Danielle Darrieux
Kommissar verliebt sich in eine drogenabhängige Sängerin, die in einen Mordfall verwickelt ist.

Im Morgengrauen 195
NA ISCHHODZIE NOTSCHY **
UdSSR 1987, 116 Min., F
R: Rodion Nachapetow D: Remigius Sabulis, Nele Klimene
Eine Liebe zwischen einer Deutschen und einem russischen Offizier zur Zeit des Angriffs von Nazi-Deutschland auf die Sowjetunion endet tragisch. Das ist sehr völkerverständigungsträchtig und menschlich – und purer Kitsch.

Im Morgengrauen brach die Hölle los 196
**
RAID ON ROMMEL
USA 1971, 99 Min., F
R: Henry Hathaway D: Richard Burton, Wolfgang Preiss, John Colicos
Kriegsabenteuer in Nordafrika 1942, nur in der ersten Hälfte mit befriedigender Routine inszeniert. Ausführliche Gemetzel und Brutalitäten in der zweiten Hälfte werden eher als sportliche Leistungen hingestellt.

Im Namen der Unschuld 197
***
BRD 1997, 105 Min., F
R: Andreas Kleinert D: Barbara Sukowa, Matthias Habich, Udo Samel
Die Mutter eines ermordeten Mädchens spürt zusammen mit einem desillusionierten Kommissar den Mörder auf, der aber bald wieder freikommt. Zuviel hineingepackte Themen verhindern einen stringenten filmischen Erzählstil. HFJ 1998

Im Namen des Vaters 198
NEL NOME DEL PADRE ****
Italien 1972, 107 Min., F
R: Marco Bellocchio D: Yves Beneyton, Renato Scarpa, Lou Castel
Die Verhältnisse in einem römischen Internat unter klerikaler Führung als Modell und Ursache für gesellschaftliche Korruption und Unterdrückung.

Im Namen des Vaters I 99
IN THE NAME OF THE FATHER ****
Irland/GB/USA 1993, 132 Min., F
R: Jim Sheridan D: Daniel Day-Lewis, Emma Thompson, Pete Postlethwaite
Vier junge Iren werden wegen angeblicher IRA-Bombenanschläge unschuldig für 15 Jahre ins Gefängnis geworfen. Dort kämpfen Vater und Sohn, unterstützt von einer engagierten Rechtsanwältin, gegen das Fehlurteil. Ein Meisterwerk von großer emotionaler Kraft, eine aufrüttelnde Vater-Sohn-Geschichte. HFJ 1995

Im Namen des Volkes I 100
***
BRD 1974, 128 Min., F
R: Ottokar Runze
Hamburger Häftlinge spielen einen Strafprozeß über einen Raubmord. Faszinierendes Film-Experiment.

Im Netz der goldenen Spinne I 101
MISSIONE SPEZIALE LADY CHAPLIN **
OPERACION LADY CHAPLIN
It/Fr/Sp 1966, 102 Min., F
R: Alberto De Martino D: Ken Clark, Daniela Bianchi, Jacques Bergerac
Superagentin trickst Bande aus, die Atombomben an machthungrige Afrikaner verkaufen will. Nichts Neues an der Agentenfront.

Im Rausch der Begierde I 102
PATHOS: A TASTE FOR FEAR *
Italien 1986, 88 Min., F
R: Piccio Raffanini D: Virginia Hey, Gérard Darmon, Gioia Scola
Fotografin gerät in den Verdacht, zwei Modelle umgebracht zu haben. Als Krimi verbrämter Cockteaser-Film mit vielen leichtbekleideten Damen, in dem sich der Killer als Freund von Damenwäsche entpuppt. Grauenhaft!

Im Rausch der Tiefe – The Big Blue I 103
****

›Im Reich der Sinne‹ – Die definitive »amour fou«: konsequent schockierend.

Kamera und einer Menge philosophischer Implikationen über das Leben auf der Erde und unter Wasser.
HFJ 1989

Im Reich der Sinne I 104
AI NO CORRIDA ***
Japan/Frankreich 1976, 102 Min., F
R: Nagisa Oshima D: Eiko Matsuada, Tatsuya Fuji, Meika Seri
Ein Liebespaar ist sexuell dermaßen aufeinander fixiert, daß der Mann die Frau nach dem Ausprobieren sämtlicher Stellungen bittet, ihn zu töten. Ein Film von hohem Niveau – nichts für die Raincoat Crowd.

Im Reich der weißen Berge I 105
STRIKER'S MOUNTAIN *
Kanada/GB/BRD 1985, 94 Min., F
R: Allen Simmonds D: August Schellenberg, Leslie Nielsen, Mimi Kazyk
In den Rocky Mountains tragen ein individualistischer Helicopter-Flieger und ein Geschäftsmann Konflikte aus, die niemanden so recht interessieren. Die Landschaftsaufnahmen allein hätten genügt – für zehn Minuten.

Im Reich des Drachen I 106

Chinesen den Kontakt mit Ausländern verbietet. Der mit dem Pulitzer-Preis ausgezeichnete Autor spielt auch die Hauptrolle.

Im Reich des Kublai Khan I 107
LA FABULEUSE AVENTURE DE MARCO POLO ***
Fr/It/Jugoslawien 1964, 117 Min., F
R: Denys de la Patellière, Noel Coward
D: Horst Buchholz, Anthony Quinn, Elsa Martinelli, Robert Hossein, Omar Sharif
Marco Polo, im Auftrag des Papstes auf Reisen in der Mongolei, gerät mit bösen Heiden aneinander. Minimalepos mit großem Staraufgebot, das vorgibt, seinen Helden zu biographieren.

Im Reiche des silbernen Löwen I 108
**
EL ATAQUE DE LOS KURDOS
BRD/Spanien 1965, 95 Min., F
R: Franz Josef Gottlieb D: Lex Barker, Dieter Borsche, Marie Versini
Kara Ben Nemsi und Sidekick Hadschi auf der Suche nach der Enkelin einer Dame, die einen Schatz bewacht. Und den wollen ein paar Oberlumpen sich aneignen. Vorwiegend auf Aktion

Jungmann tritt in die Dienste eines skrupellosen Zockers, der sein Geld auch mit Rennpferden verdient, und kommt dahinter, daß dieser für den Tod seines Vaters verantwortlich war. Dutzendwestern.

Im Schatten des Galgens I110
RUN FOR COVER ***
USA 1954, 93 Min., F
R: Nicholas Ray D: James Cagney, Viveca Lindfors, John Derek
Zwei in einen Eisenbahnraub verwickelte Abenteurer werden von einem Marshal verfolgt, können knapp entkommen und werden von den Bewohnern einer anderen Stadt als Gesetzeshüter engagiert. Western.

Im Schatten des Korsen I111
SEA DEVILS ***
USA 1953, 85 Min., F
R: Raoul Walsh D: Rock Hudson, Yvonne de Carlo, Maxwell Reed
Englische Spionin und wagemutiger Seefahrer verhindern eine Invasion Napoleons in England. Routiniert in Szene gesetzter Mantel- und Degenfilm.

Im Schatten des Zweifels I112
SHADOW OF A DOUBT ****
USA 1942, 108 Min., s/w
R: Alfred Hitchcock D: Joseph Cotten, Teresa Wright, MacDonald Carey
Mädchenmörder flüchtet sich zu seinen Verwandten, wo ihm seine schwärmerische Nichte auf die Spur kommt und dadurch selbst in Lebensgefahr gerät. Einer von Hitchcocks eigenen Lieblingsfilmen, ein komplexes Spiel mit versteckten Schuldgefühlen und gespaltenen Identitäten.

Im Schlafsaal der großen Mädchen I113 ***
DORTOIR DES GRANDES
Frankreich 1953, 97 Min., s/w
R: Henri Decoin D: Jean Marais, Françoise Arnaul, Jeanne Moreau
Inspektor Marco muß den Mord an einer Schülerin aufklären und kommt der Wahrheit erst auf die Spur, als er seinen Charme bei Schülerinnen und Lehrerinnen einsetzt. Komödiantischer Kriminalfilm.

Im Schloß der blutigen Begierde I114 **
BRD 1967, 80 Min., F
R: Percy G. Parker D: Janine Reynaud, Howard Vernon, Jan Hendriks
Hickhack um einen Grafen, der das Herz eines weiblichen Logiergastes benötigt, um seine ermordete Tochter zu neuem Leben zu erwecken. Interessanter ist die Unterwäsche der agierenden Damen.

Im schwarzen Rößl am Wolfgangsee I115 **
Österreich 1961, 91 Min., F
R: Franz Antel D: Karin Dor, Peter Kraus, Trude Herr
Eva erbt ein baufälliges Hotel am Wolfgangsee und bringt es mit Hilfe ihrer Freundinnen und eines Schlagersängers wieder in die Höhe. Einer jener bescheuerten Dutzendfilme, die uns den »Jungen deutschen Film« beschert haben.

Im Stahlnetz des Dr. Mabuse I116 **
BRD/Fr/It 1961, 88 Min., s/w
R: Harald Reinl D: Lex Barker, Gert Fröbe, Daliah Lavi, Fausto Tozzi
Wahnsinniger Superverbrecher leitet Ganoven mittels Drogen zu Untaten an und entwischt am Ende der Polizei. Schundkrimi mit Gruseleinlagen und Gangstertypen, die jeder Beschreibung spotten.

Im Staub der Sterne I117 **
DDR 1976, 100 Min., F
R: Gottfried Kolditz D: Jana Brejchová, Alfred Struwe, Ekkehard Schall
Raumfahrer vom Planeten Cynro erleben auf dem imperialistisch beherrschten Planeten Tem 4 einen Aufstand der Unterdrückten mit. Propagandafilm aus der DDR als Sciencefiction schwach getarnt, der nicht mal den Beifall inländischer Rezensenten fand. LSFF

Im Strudel I118
SODRÁSBAN ***
Ungarn 1964, 80 Min., s/w
R: István Gaál D: Andrea Drahota, Marianne Moór, Sándor Csikos
Eine Gruppe von jungen Leuten aus Budapest erfährt durch den Tod eines der ihren Verstörung und Veränderung. Mehrfach preisgekröntes Debüt des ungarischen Regisseurs.

Im Tal der Apachen I119
SAVAGE SAM **
USA 1963, 103 Min., F
R: Norman Tokar D: Brian Keith, Tommy Kirk, Kevin Corcoran
Ein Aufgebot verfolgt eine Gruppe von Apachen, die zwei Kinder entführt haben. Eine Disney-Produktion, und das sagt schon alles!

Im Taumel der Erotik I120
JEUX INTIMES AUX DOMICILE *
Frankreich 1978, 74 Min., F
R: Alain Nauroy D: Denis Lascene, François Bousof, Nadine Scant
Brünstiger Dentist, der nicht von seinen Patientinnen lassen kann, wird von der Ehefrau in flagranti ertappt, die daraufhin lesbischen Trost sucht. Stark beschnittener Pornofilm, der aber durch die Kürzung auch nicht gewonnen hat.

Im Taumel der Weltstadt I121
CITY FOR CONQUEST ****
USA 1940, 95 Min., s/w
R: Anatole Litvak D: James Cagney, Ann Sheridan, Donald Crisp
Ein junger New Yorker Trucker wird nur deswegen Boxer, um seinem talentierten jüngeren Bruder eine Karriere als Komponist zu ermöglichen. Infolge einer Kampfverletzung verliert er jedoch sein Augenlicht. Anrührendes Sozialdrama mit exakter Milieuschilderung und hervorragenden Schauspielerleistungen.

Im Tempel der weißen Elefanten I122 ***
SANDOK, IL MACISTE DELLA GIUNGLA
Italien/Frankreich 1964, 99 Min., F
R: Umberto Lenzi D: Sean Flynn, Marie Versini, Alessandra Panaro
Als Krimineller getarnt, kommt ein Leutnant der englischen Streitmacht in Indien einem Geheimbund auf die Spur, der die Tochter des Vizekönigs entführt hat. Urwaldabenteuer nach Klischeeformel Nr. 13.

Im tiefen Tal der Superhexen I 123
***
BENEATH THE VALLEY OF THE ULTRAVIXENS
USA 1980, 93 Min., F
R: Russ Meyer D: Kitten Natividad, Candy Samples, Ken Kerr, Pat Wright
Analfixierter Schrottplatzarbeiter wird von vollbusiger Gattin mittels »Socken-trick« auf den rechten Weg gebracht. Zum Brüllen komischer Sexfilm über das süße Leben in einer amerikanischen Kleinstadt, wie es sich ein Maniac-Regisseur vorstellt.

Von Underground-Fellini Russ Meyer

Im Todesgriff der roten Maske I 124
**
THE OBLONG BOX
GB 1969, 90 Min., F
R: Gordon Hessler D: Vincent Price, Christopher Lee, Rupert Davies
Verunstalteter englischer Edelmann, scheintot begraben, wird wiederbelebt und begeht allerlei Untaten, bis ihn das verdiente Schicksal ereilt. Sich aller Gruselklischees bedienender Horrorfilm, der seinen prominenten Darstellern keine Ehre macht.

Im Todestal der Wölfe I 125
THE HILLS HAVE EYES, PART 2 **
USA 1984, 90 Min., F
R: Wes Craven D: Michael Berry-

Im Visier des Falken I 126
FIGURES IN A LANDSCAPE ****
GB 1970, 110 Min., F
R: Joseph Losey D: Robert Shaw, Malcolm McDowell, Henry Woolf
Zwei Männer fliehen durch eine wüste Landschaft, ein Hubschrauber verfolgt sie. Joseph Losey führt seine Figuren an die Quellen der animalischen Existenz und den Zuschauer zur Erkenntnis des Grauens in aller staatlichen Gewalt.

Im Vorhof der Hölle I 127
STATE OF GRACE ****
USA 1990, 134 Min., F
R: Phil Joanou D: Sean Penn, Ed Harris, Gary Oldman, John Turturro
Überaus harter, mit Hommagen an die großen Meister des Actionfilms bestückter Mafia-Thriller. Ein ehemaliges Bandenmitglied kehrt nach Jahren als Undercover-Polizist zu seinen alten Kumpels ins irische Viertel von New York zurück und gerät in Konflikt zwischen Pflichterfüllung und Loyalität zu seinen Freunden. HFJ 1992

Im Zeichen der Gerechtigkeit I 128
***
SOUNDER PART 2
USA 1976, 98 Min., F
R: William A. Graham D: Harold Sylvester, Ebony Wright, Annette Chase
Der Kampf einer schwarzen Gemeinde im Süden der USA in den dreißiger Jahren um eine Schule für ihre Kinder. Engagiertes Zeitbild.

Im Zeichen der Lilie I 129
LE MIRACLE DES LOUPS ***
Frankreich/Italien 1961, 116 Min., F
R: André Hunebelle D: Jean Marais, Rosanna Schiaffino, Jean-Louis Barrault, Roger Hanin
Mantel- und Degenfilm über höfische Intrigen im Frankreich des 16. Jahrhunderts, in dem der fechtende Held seine Geliebte und den König vor

Mysteriöse Mordfälle, die »im Zeichen der Vier« in London geschehen, rufen Sherlock Holmes und Dr. Watson auf den Plan. Es geht um einen Schatz und einen fernöstlichen Racheplan. Krimi, der um die Jahrhundertwende spielt. HFJ 1988

Im Zeichen des Löwen I 131
LE SIGNE DU LION ****
Frankreich 1959, 103 Min., F
R: Eric Rohmer D: Jess Hahn, Van Doude, Stephane Audran
Für den erfolglosen Komponisten Pierre scheinen endlich goldene Zeiten angebrochen zu sein. In Erwartung einer reichen Erbschaft lebt Pierre in vollen Zügen, erfährt aber dann, daß nicht er, sondern sein Vetter erbt. Für Pierre bricht eine Welt zusammen.

Im Zeichen des schwarzen Pfeils I 132
***
BLACK ARROW
GB 1984, 93 Min., F
R: John Hough D: Oliver Reed, Fernando Rey, Benedict Taylor
Machtkämpfe und Mordkomplotte zwischen englischen Fürstenhäusern im Mittelalter. Ein mysteriöser Rebell mischt mit. Unterhaltsamer TV-Film nach dem Roman von Robert Louis Stevenson. Eine Disney-Produktion.

Im Zeichen des Zorro I 133
THE MARK OF ZORRO ****
USA 1940, 93 Min., s/w
R: Rouben Mamoulian D: Tyrone Power, Linda Darnell, Basil Rathbone
Ein mysteriöser maskierter Reiter zieht Anfang des 19. Jahrhunderts in Kalifornien gegen Bösewichter zu Felde. Tyrone Power in seiner ersten Rolle als Abenteurer. Ein Film für Kinder jeglichen Alters.

Im Zeichen Roms I 134
NEL SEGNO DI ROMA ***
Italien 1958, 95 Min., F

I-Man – die Kampfmaschine aus dem All I 135 **
I-MAN
USA 1986, 91 Min., F
R: Corey Allen D: Scott Bakula, Ellen Bry, Joey Cramer, John Bloom
Taxifahrer verwandelt sich nach einem Zusammenstoß mit einem Gastransporter in einen Supermann, der die Welt vor einem Dunkelmann rettet. Die übliche Soße über den braven Helden, der den CIA ablehnt, doch in der Stunde der Not sein Opfer bringt.
LSFF, HFJ 1988

Immensee I 136 ***
Deutschland 1943, 90 Min., F
R: Veit Harlan D: Kristina Söderbaum, Carl Raddatz, Paul Klinger
Grandiose Literaturverfilmung nach Theodor Storm über die Liebe zweier junger Menschen in ausgeklügelten Bildern und mit durchaus zweifelhaften unterschwelligen Ideologismen.

Immer Ärger mit den Mädchen I 137 ***
THE TROUBLE WITH GIRLS
USA 1968, 97 Min., F
R: Peter Tewksbury D: Elvis Presley, Marilyn Mason, Vincent Price
Kirmes-Manager in den USA der 20er Jahre kriegt Schwierigkeiten mit den Bewohnern eines Örtchens und wird in Mordfall verwickelt. Plattheiten aus den USA.

Immer Ärger mit Harry I 138 *****
THE TROUBLE WITH HARRY
USA 1955, 100 Min., F
R: Alfred Hitchcock D: Shirley MacLaine, John Forsythe, Edmund Gwenn
In einem herbstlich gefärbten Wäldchen des US-Bundesstaates Vermont liegt ein Toter, und gleich drei Bewohner eines kleinen Örtchens glauben, Harry auf dem Gewissen zu haben. Ein jeder bemüht sich, die Leiche verschwinden zu lassen, doch sie taucht immer wieder auf. Hitchcock von besonderer Art, als Inszenator einer vergnüglichen Kriminalkomödie.

Immer auf die Kleinen I 139 **
CRACKING UP / SMORGASBORD
USA 1982, 83 Min., F
R: Jerry Lewis D: Jerry Lewis, Herb Edelman, Francine York
Zusammengeschusterte Nummernrevue von und mit Lewis, der sich in verschiedenen Rollen versucht und doch immer derselbe bleibt: Ein Komiker, der keine Grenzen kennt.

Immer bei Anbruch der Nacht I 140 **
THE VAMPIRE
USA 1957, 77 Min., s/w
R: Paul Landes D: John Beal, Coleen Gray, Kenneth Tobey, Lydia Reed
Nach der Einnahme eines von einem verstorbenen Kollegen entwickelten, aus »Fledermausextrakt« gewonnenen Medikaments wird ein Mediziner zum Vampir und tötet, ohne es zu wissen. Einfallsloser Dutzend-Horrorfilm.

Shirley MacLaine am Beginn ihrer Karriere in ›Immer Ärger mit Harry‹.

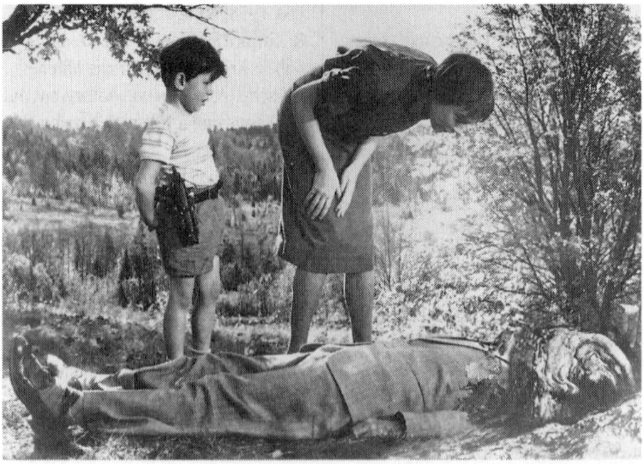

Immer bei Vollmond I 141 *
BRD 1969, 87 Min., F
R: Rudolf Lubowski D: Alois Maria Giani, Kai Fischer, Bum Krüger
Ein Frauenmörder geht um. Und ein Film daneben.

Immer die Radfahrer I 142 **
BRD/Österreich 1958, 94 Min., F
R: Hans Deppe D: Heinz Erhardt, Hans Joachim Kulenkampff, Mady Rahl
Drei in die Jahre gekommene Jugendfreunde unternehmen eine Radtour durch die österreichische Natur und werden von ihren Gattinnen bzw. Verehrerinnen verfolgt. Romantisch-restauratives Lustspiel mit Vollblut-Darstellern.

Immer die verflixten Frauen I 143 ***
ASK ANY GIRL
USA 1959, 98 Min., F
R: Charles Walters D: Shirley MacLaine, David Niven, Gig Young
Eine Werbeagentur stylt ein Mauerblümchen vom Land auf begehrenswerte Großstadtnymphe um. Intelligent gemachte Komödie um den klitzekleinen Unterschied zwischen Schein und Sein.

Immer jagte er Blondinen I 144 ***
THE HUMAN JUNGLE
USA 1954, 78 Min., s/w
R: Joseph M. Newman D: Gary Merrill, Emile Meyer, Jan Sterling
Mord an einer Stripteasetänzerin. Auf der Jagd nach dem Mörder wird ein Passant erschossen, und der neue Leiter der Mordkommission gerät unter Druck. Schneller und harter Kriminalfilm in der Art der »Semi-documentaries« von einem unterschätzten kleinen Meister des B-Films.

Immer mit einem anderen I 145 ***
WHAT A WAY TO GO
USA 1964, 111 Min., F
R: J. Lee Thompson D: Shirley MacLaine, Dean Martin, Robert Mitchum

Das wahre Leben einmal verkehrt herum: Ein Mädchen vom Lande sucht nicht das große Geld, sondern das einfache, kleine Glück. Prompt heiratet sie (nacheinander) vier Workaholics, die früh aus dem Leben scheiden und sie in einem Meer von Geld zurücklassen. Amüsant.

Immer wenn der Tag beginnt I 146
***
BRD 1957, 102 Min., s/w
R: Wolfgang Liebeneiner D: Ruth Leuwerik, Hans Söhnker, Christian Wolff
Schüler verliebt sich in unkonventionelle Lehrerin; aber die weiß, was sich gehört.

The Immoral Mr. Teas I 147
THE IMMORAL MR. TEAS **
USA 1959, 63 Min., F
R: Russ Meyer D: William Ellis Teas, Marilyn Westly, Ann Peters
Mit dieser simplen Geschichte, in der einem Mann die Gabe gegeben ist, bekleidete Damen nackt sehen zu können, begründete der Ex-Army-Kameramann Russ Meyer seinen Ruf als Supertitten-Filmer und Ein-Mann-Film-Fabrik.

Das Imperium schlägt zurück I 148
***
THE EMPIRE STRIKES BACK
USA 1979, 125 Min., F
R: Irvin Kershner D: Mark Hamill, Harrison Ford, Carrie Fisher
Rebellen gehen auf einem Eisplaneten in Stellung und bekämpfen von dort aus die Heerscharen der bösen Herrscher eines interstellaren Reiches. Tolle Tricks, lumpige Story. Fortsetzung von *Krieg der Sterne.* LSFF

Impulse • I 149
IMPULSE **
USA 1983, 88 Min., F
R: Graham Baker D: Tim Matheson,

In 80 Betten um die Welt I 150
*
Schweiz 1976, 79 Min., F
R: Michael Thomas D: Esther Studer, Esther Moser, Sigard Sharaf
Zelluloidgeschnipsel mit Sexszenen aus den Großstädten dieser Welt. Ein Abfallprodukt aus dem Schneideraum.

In achtzig Tagen um die Welt I 151
****
AROUND THE WORLD IN EIGHTY DAYS
USA 1956, 117 Min., F
R: Michael Anderson D: David Niven, Cantinflas, Shirley MacLaine
Londoner Snob nimmt eine Wette an, die ihn zwingt, die Welt in 80 Tagen zu umrunden. Phantasievolles, flottes Abenteuer mit Humor. Nach dem Roman von Jules Verne. Ein Film für die ganze Familie.

In Beirut sind die Nächte lang I 152
***
TWENTY-FOUR HOURS TO KILL
GB 1965, 90 Min., F
R: Peter Bezencenet D: Lex Barker, Mickey Rooney, Walter Slezak
Flugzeugbesatzung gerät in Beirut mit einer Schmugglerbande aneinander, der ein Steward durch unsaubere Geschäfte verbunden ist. Moderner Abenteuerfilm der B-Klasse.

In Cold Blood I 153
SLAUGHTER OF THE INNOCENTS **
USA 1993, 99 Min., F
R: James Glickenhaus D: Scott Glenn, Darlanne Fluegel, Jesse Cameron-Glickenhaus
Bei der fieberhaften Suche nach einem Kinderkiller stößt der computerbegeisterte Sohn des FBI-Spezialagenten auf die richtige Spur ... Das *Schweigen der Lämmer* im Discount-Outfit.

In den Fängen der Madame Sin I 154
**
MADAME SIN

In den Fesseln von Shangri-La I 155
***
LOST HORIZON
USA 1937, 97 Min., F
R: Frank Capra D: Ronald Colman, Jane Wyatt, John Howard
Insassen eines notgelandeten Flugzeugs stoßen im tibetanischen Gebirge auf eine vom Rest der Welt abgeschlossene Zivilisation langlebiger Menschen. Positive Utopie-Verfilmung nach dem Bestseller von James Hilton. LSFF

In den Klauen des Borgia I 156
PRINCE OF FOXES ***
USA 1949, 107 Min., s/w
R: Henry King D: Tyrone Power, Orson Welles, Wanda Hendrix
Glücksritter gerät in den Bannkreis Cesare Borgias, läßt sich zu bösen Schandtaten verführen und wird durch die Liebe geläutert. Interessanter Mantel- und Degenfilm.

In den Klauen des Giganten I 157
GIANT FROM THE UNKNOWN **
USA 1957, 77 Min., s/w
R: Richard E. Cunha D: Buddy Baer, Sally Fraser, Edward Kemmer
Ein Archäologe, der in einem Tal in Kalifornien nach Spuren spanischer Eroberer sucht, bekommt es mit einem blutrünstigen Riesen zu tun, der die Jahrhunderte überdauert hat. Simpler Grusel für die Kleinen. LSFF

In den Krallen der Venus I 158
QUEEN OF OUTER SPACE *
USA 1958, 80 Min., s/w
R: Edward Bernds D: Zsa Zsa Gabor, Eric Fleming, Laurie Mitchell
Irdische Astronauten notlanden auf der Venus und müssen sich gegen eine männerhassende Königin und ihre Truppen durchsetzen. Für Freunde schlechter Filme ein absolutes Muß! LSFF

Ein Arzt, der zu den Bewohnern eines finsteren Schlosses gerufen wird, findet heraus, daß dessen Besitzer ein bösartiges unsichtbares Wesen geschaffen hat, das seiner Kontrolle entglitten ist. Wüste Schauermär. LSFF

In den Schuhen des Fischers I 160
THE SHOES OF THE FISHERMAN **
USA 1968, 153 Min., F
R: Michael Anderson D: Anthony Quinn, Oskar Werner, Laurence Olivier, Vittorio de Sica
Ein Bischof, der als Gefangener in Sibirien war, steigt zum Papst auf und versucht, in Zusammenarbeit mit einem jungen theologischen Berater Reformen durchzusetzen.

In den Straßen der Bronx I 161
A BRONX TALE ****
USA 1993, 122 Min., F
R: Robert De Niro D: Robert De Niro, Chazz Palminteri, Lillo Brancato
Fasziniert durch Macht und Reichtum des lokalen Gangsterbosses, der ihn unter seine Fittiche nimmt, verliert ein heranwachsender Junge fast den Bezug zu seinem eigenen Vater. Eine sensibel inszenierte Vater-Sohn-Geschichte, die, trotz guter Schauspieler und exzellenter Milieuzeichnung, das Tempo verliert. HFJ 1995

In den Sümpfen I 162
SWAMP WATER ****
USA 1941, 86 Min., s/w
R: Jean Renoir D: Walter Brennan, Walter Huston, Anne Baxter
Renoirs erster Film in Amerika erzählt von einem unschuldig des Mordes verdächtigten Mann, der in die Sümpfe von Georgia flieht. In die Kriminalhandlung gespiegelt ist die Auseinandersetzung des Menschen mit der wilden Natur.

In den wilden Bergen I 163
YE SHAN **
VR China 1985, 95 Min., F
R: Yan Xueshu D: Xing Ming, Du Yuan, Yue Hong, Xu Shouli
Zwei Bauern in einem chinesischen Bergdorf sind mit ihren Ehefrauen nicht recht glücklich. Die tatkräftigen Frauen sorgen dafür, daß sich die Verhältnisse zur Zufriedenheit aller verändern. Wir sehen wundervolle Landschaften und vitale Menschenporträts; wie skandalös so ein Film im Ursprungsland wirken muß, können wir nur ahnen.

In den Wind geschrieben I 164
WRITTEN ON THE WIND ****
USA 1956, 95 Min., F
R: Douglas Sirk D: Rock Hudson, Lauren Bacall, Dorothy Malone
Ein Ölmagnat läßt sich von seiner Schwester einreden, sein bester Freund habe ihm die Frau genommen. Meisterhaftes Melodram und Gesellschaftsstück, in dem alle Probleme auf eine Familie gehäufelt werden.

In der Apotheke I 165
****
Deutschland 1941, 10 Min., s/w
R: Hans Albin D: Karl Valentin, Liesl Karlstadt
Kurzfilmklassiker. Karl Valentin braucht Medizin für sein krankes Kind und bringt mit gewohnter Impertinenz die Apothekerin zur Verzweiflung, bis man herausbekommt, was gewünscht wird: Isopropylprophenylbarbitursaures Phenyldimethyldimentylaminophirazolon.

In der Fremde I 166
****
BRD 1974, 91 Min., F
R: Sohrab Shahid Saless D: Parviz Sayyad, Anasal Cihan, Renate Derr
Eine ungemein dichte und intime Darstellung des Lebens einer Gruppe türkischer Gastarbeiter in Berlin, zugleich eine Parabel auf die Entwurzelung des Menschen. Einfühlsam inszeniert, aber etwas mehr Leben hätte nicht geschadet.

In der Gewalt der anderen I 167
HELD HOSTAGE **
Kanada 1990, 90 Min., F
R: Roger Young D: Marlo Thomas, David Dukes, Aaron Zadok
Auslandskorrespondent wird in Beirut entführt. Seine Frau setzt sich zuerst vor Ort, dann in Amerika für seine Freilassung ein. Leichtfertiges und belangloses Polit-Drama.

In der Gewalt der Riesenameisen I 168
**
EMPIRE OF THE ANTS
USA 1977, 90 Min., F
R: Bert I. Gordon D: Joan Collins, Edward Power, John David Carson
Durch radioaktiven Abfall mutierte Ameisen terrorisieren die Sümpfe Floridas und gehen Joan Collins an die Wäsche. Hanebüchener Unsinn, der sich auf H. G. Wells beruft. LSFF

In der Gewalt der Zombies I 169
LA NOTTE DEGLI ZOMBI **
Italien 1980, 88 Min., F
R: Joe d'Amato D: Laura Gemser, George Eastman, Dirce Funari
Um zu verhindern, daß auf ihrer Insel ein Hotel gebaut wird, steigen Tote aus den Gräbern und heizen einem Architekten ein. Stumpfsinniger Zombiefilm.

In der Glut des Südens I 170
DAYS OF HEAVEN ****
USA 1978, 94 Min., F
R: Terrence Malick D: Richard Gere, Brooke Adams, Sam Shepard
Ein junger Mann kommt als Wanderarbeiter auf eine Farm, mit ihm seine kleine Schwester und seine Geliebte, die er ebenfalls als seine Schwester ausgibt. Der vermeintlich todkranke Farmer verliebt sich in sie; Drama in elegisch schöner Landschaftskulisse.

In der Hitze der Nacht I 171
IN THE HEAT OF THE NIGHT ***
USA 1966, 110 Min., F
R: Norman Jewison D: Sidney Poitier, Rod Steiger, Warren Oates
Ein farbiger Polizei-Leutnant gerät bei der Aufklärung eines Mordes mit dem rassistischen Sheriff des Ortes aneinander. »Oscar«-gekrönter Film, der seine Thematik nur oberflächlich abhandelt und unter dem aufdringlichen Spiel Steigers leidet.

In der Hitze von Nevada I 172
DESERT BLOOM ***
USA 1986, 101 Min., F
R: Eugene Corr D: Jon Voight, JoBeth Williams, Ellen Barkin
Die Geschichte einer schmerzlichen Jugend, erzählt aus der Perspektive

des Mädchens Rose, das die Enge einer amerikanischen Kleinfamilie und vor allem die brutalen Launen ihres trinkenden Vaters erfährt. Als Hintergrund dienen die US-Atombombentests während des Koreakriegs, die im Laufe der Handlung immer mehr in den Vordergrund treten. HFJ 1988

In der Hölle ist der Teufel los I 173 *****
HELLZAPPOPIN'
USA 1941, 83 Min., s/w
R: H. C. Potter D: Ole Olsen, Chic Johnson, Martha Raye, Mischa Auer
Bei den Dreharbeiten zu einer Komödie wird die Welt auf den Kopf gestellt. Optische und sprachliche Gags, jede Menge Kalauer. Eine Bombe für Freunde des höheren Blödsinns.

In der Schußlinie I 174 ***
GMAR GIVIYA / CUP FINAL
Israel 1991, 110 Min., F
R: Eran Riklis D: Moshe Ivgi, Muhammed Bakri, Salim Dau
Der israelische Soldat, der eigentlich zur Fußball-Weltmeisterschaft nach Spanien wollte, gerät in PLO-Gefangenschaft, und beide Seiten machen die alte Erfahrung, daß der Feind ein Mensch und kein Monster ist. Humanitäts-Appell. HFJ 1993

In der Stadt S. I 175 ****
W GORODE S.
UdSSR 1968, 100 Min., s/w
R: Jossif Cheifiz D: Andrej Popow, Anatoli Papanow, Nonna Terentiewa
Ein Arzt scheitert mit seinen humanistischen Ansätzen an der Ignoranz der herrschenden Schicht des zaristischen Rußland. Kulinarische Verfilmung von Anton Tschechows Novelle »Jonitsch«.

In der Stille der Nacht I 176 ***
STILL OF THE NIGHT
USA 1982, 91 Min., F
R: Robert Benton D: Roy Scheider,

In die Falle gelockt
siehe: Der Westerner

In diesem Dorf gibt es keine Diebe I 177 ***
EN ESTE PUEBLO NO HAY LADRONES
Mexiko 1964, 83 Min., s/w
R: Alberto Isaac D: Juian Pastor, Rocio Sagaon
Die Geschichte eines Jungen, der durch einen Einbruch zu Geld kommen will, einen zweiten Einbruch begeht, um den Schaden wieder gut zu machen und damit sein Schicksal besiegelt. Der Regisseur Luis Buñuel tritt als Pfarrer auf, doch das ist nicht der einzige Grund, sich dieses engagierte Regiedebüt anzusehen.

In einem anderen Land I 178 ***
A FAREWELL TO ARMS
USA 1957, 152 Min., F
R: Charles Vidor D: Rock Hudson, Jennifer Jones, Vittorio de Sica
Freie Verfilmung des Romans von Ernest Hemingway um Liebe und Flucht an der italienischen Alpenfront des Ersten Weltkrieges.

In einem fernen Land I 179 ***
FAR AND AWAY
USA 1992, 140 Min., F
R: Ron Howard D: Tom Cruise, Nicole Kidman, Thomas Gibson
Opulentes Breitwandgemälde von der Besiedelung des amerikanischen Westens mit faszinierenden Massenszenen und gehörigen inszenatorischen Schwächen.

In einem Jahr mit 13 Monden I 180 ****
BRD 1978, 124 Min., F
R: Rainer Werner Fassbinder
D: Volker Spengler, Ingrid Caven, Eva Mattes, Gottfried John
Das Ende eines Transsexuellen, der an der Bosheit und Ignoranz seiner Umwelt zerbricht. Eines von Fassbinders

Auf dem Weg ins große Tal rauft sich der kleine Brontosaurier Littlefoot mit ein paar anderen Urzeit-Tieren zusammen. Beachtlich animierter Zeichentrickfilm für die Freunde klassischer Disney-Formen. HFJ 1990

In einem Sattel mit dem Tod I 182 **
HANNIE CAULDER
USA 1971, 85 Min., F
R: Burt Kennedy D: Raquel Welch, Robert Culp, Ernest Borgnine
Raquel Welch in der Rolle einer rachsüchtigen Witwe, die mit den drei Mördern ihres Gatten abrechnen will. Ansatzweise parodistischer Western, an dem das Beste die Kurven seiner Hauptdarstellerin sind.

In einer kleinen Stadt I 183 ***
NEEDFUL THINGS
USA 1993, 120 Min., F
R: Fraser C. Heston D: Max von Sydow, Ed Harris, Bonnie Bedelia
In Gestalt eines Antiquitätenhändlers wiegelt der Teufel die Einwohner eines Dorfes gegeneinander auf. Neid und Mißgunst führen zu Mord und Totschlag, bis ein standhafter Sheriff den Bürgern die Augen öffnet. Eine grobe Dramaturgie nimmt dem Film jegliche Doppelbödigkeit. HFJ 1995

In einer Regennacht I 184 ****
THE END OF THE WORLD IN OUR USUAL BED IN A NIGHT FULL OF RAIN
USA/Italien 1977, 104 Min., F
R: Lina Wertmüller D: Candice Bergen, Giancarlo Giannini
Die Beziehung zwischen einer feministischen amerikanischen Fotografin und einem italienischen Journalisten und Anhänger der Kommunistischen Partei endet nach vielen Krisen damit, daß die Frau den Mann, den sie liebt, verlassen kann.

In Frieden leben I 185 ****
VIVERE IN PACE

In gewisser Hinsicht I 186
DE CIERTA MANERA ***
Kuba 1974, 79 Min., F
R: Sara Gómez D: Mario Balmaseda, Yoilanda Cuellar, Mario Limonta
Episodischer Film über die Umwandlung der einstigen Elendsviertel in Kuba und die revolutionäre Wandlung der Bewohner.

In Hollywood ist der Teufel los I 187 ****
HOLLYWOOD BOULEVARD
USA 1976, 83 Min., F
R: Joe Dante, Allan Arkush
D: Candice Rialson, Mary Woronov, Rita George
Zwei Cutter am Werke: Mit viel Geschick verarbeiten Dante und Arkush bei ihrem Regiedebüt Ausschnitte aus zahllosen Roger-Corman-Produktionen und verbinden sie mit einer eigenen Geschichte über eine Firma, die billiges Actionkino macht. Halb Hommage, halb Parodie – ein doppeltes Vergnügen.

In ihren Augen ist immer Nacht I 188 **
LES BIJOUTIERS DU CLAIR DE LUNE
Frankreich 1958, 88 Min., F
R: Roger Vadim D: Brigitte Bardot, Alida Valli, Stephen Boyd, Pepe Nieto
Während eines Ferienaufenthaltes in Spanien gerät eine junge Frau in ein Verwirrspiel von Liebe, Sex und Gewalt. Das Drehbuch ist daneben, die Inszenierung mittelmäßig, aber Brigitte Bardot ist Brigitte Bardot.

In jedem Hafen eine Braut I 189
ALL ASHORE **
USA 1953, 79 Min., F
R: Richard Quine D: Mickey Rooney, Dick Haymes, Peggy Ryan
Abklatsch eines berühmten Vorbilds: Drei Leichtmatrosen auf Landurlaub ... Frauen ... Schiff verpaßt ... Musik ... Tanz ... Alles schon mal besser gesehen.

In jenen Tagen I 190 ****
BRD 1947, 99 Min., s/w
R: Helmut Käutner D: Winnie Markus, Werner Hinz, Karl John
Ein altes Auto »erzählt« Geschichten aus der Zeit des Naziregimes und des Krieges. Humanistisches Drama.

In letzter Sekunde I 191
THE FIGHTING KENTUCKIAN **
USA 1949, 100 Min., s/w
R: George Waggner D: John Wayne, Vera Ralston, Frits van Dongen
Zwei Pioniere im alten Westen kommen einem Siedler zu Hilfe, den diverse Bösmänner von seinem Grund und Boden vertreiben wollen. B-Western eines Regisseurs, der sich seine Meriten als Horrorfilmer verdient hat.

In Love and War I 192
IN LOVE AND WAR **
USA 1996, 113 Min., F
R: Richard Attenborough D: Sandra Bullock, Chris O'Donnell, Mackenzie Astin
Liebesgeschichte zwischen dem 19jährigen Ernest Hemingway und der etwas älteren Krankenschwester Agnes, die den Verwundeten während des Ersten Weltkrieges verarztet. Schöne Bilder ohne Emotionen, gepflegte Langeweile. HFJ 1998

In Rache vereint I 193
THE GREAT MISSOURI RAID **
USA 1950, 85 Min., F
R: Gordon Douglas D: Wendell Corey, Macdonald Carey, Ward Bond
Von einem racheschnaubenden Major der Nordstaaten verfolgt, starten Jesse und Frank James im Verein mit den Brüdern Younger eine Banditenkarriere. Dutzendwestern.

In Sachen Henry I 194
REGARDING HENRY ***
USA 1991, 107 Min., F
R: Mike Nichols D: Harrison Ford, Annette Bening, Bill Nunn
Erfolgreicher, knallharter Anwalt wird bei Raubüberfall am Kopf verletzt und verliert das Gedächtnis. Da er alles neu lernen muß, wandelt er sich vom herzlosen Vater und Gatten zum verständnisvollen Partner, der auch seine rassistischen Ansichten überwindet. Das schauspielerische Können und ein routinierter Regisseur retten den mageren Plot. HFJ 1992

In Sachen Liebe I 195
BLUME IN LOVE ***
USA 1973, 110 Min., F
R: Paul Mazursky D: George Segal, Susan Anspach, Kris Kristofferson
Die Geschichte eines Ehepaares vor und nach der Scheidung, genau beobachtet, gut gespielt, aber ein wenig zäh entwickelt.

In schlechter Gesellschaft I 196
BAD COMPANY ****
USA 1972, 92 Min., F
R: Robert Benton D: Jeff Bridges, Barry Brown, Jim Davis
Im amerikanischen Bürgerkrieg bilden ein kultivierter Ganove und ein Junge von der Straße ein räuberisches Team. Einer der wenigen interessanten Western, die in den siebziger Jahren entstanden.

In The Line of Fire – Die zweite Chance I 197 ****
IN THE LINE OF FIRE
USA 1993, 128 Min., F
R: Wolfgang Petersen D: Clint Eastwood, John Malkovich, Rene Russo
Ein Attentäter gibt dem Geheimagenten Horrigan zu verstehen, daß er den amtierenden US-Präsidenten ermorden will. Horrigan, der unter dem Trauma leidet, das 30 Jahre zuvor erfolgte Attentat auf John F. Kennedy nicht verhindert zu haben, will seine zweite Chance nicht vermasseln. Spannender Thriller mit Psycho- und Action-Elementen. HFJ 1994

In weiter Ferne, so nah I 198 ***
BRD 1993, 146 Min., F und s/w
R: Wim Wenders D: Otto Sander, Peter Falk, Nastassja Kinski
Fortsetzung des Wenders-Klassikers *Der Himmel über Berlin*: Engel Cassiel folgt seinem Vorgänger Damiel auf die Erde, wird sterblich und gerät prompt ins Kleinkriminellen-Milieu. In den zahlreichen Nebenhandlungen des vielschichtigen Werkes treten u.a. Michail Gorbatschow, Lou Reed und Peter Falk auf, aber an den Erfolg seines Vorgängers konnte der Film nicht anschließen. Ja, die Zeiten ändern sich! HFJ 1994

In wenigen Minuten endlos I 199
***
Österreich/BRD 1980, 93 Min., F
R: Berthold Mittermayr D: Johnny G. S. Nothegger
Die moderne Stadt, gesehen mit den Augen eines »Waldmenschen«. Formal beachtliches Regiedebüt.

Incident at Oglala I 200
INCIDENT AT OGLALA ****
USA 1992, 86 Min., F
R: Michael Apted
Leonard Peltier sitzt seit fast 15 Jahren hinter Gittern: 1975 befand man ihn schuldig, in der Pine-Ridge-Reservation zwei FBI-Agenten und einen Indianer ermordet zu haben. Der Film beschreibt den Vorfall und die entsetzlichen Bedingungen in den Reservaten und deckt den Rechtsmißbrauch der Regierung auf. Erkenntnisse, die sich in *Halbblut* wiederfinden.

Incubus – Mörderische Träume I 201
**
THE INCUBUS
Kanada 1981, 92 Min., F
R: John Hough D: John Cassavetes, Kerrie Keane, Helen Hughes
Bösartiger Dämon, der in einem Kaff in Wyoming sein Unwesen treibt, tötet und vergewaltigt Mädchen. Ein wirrer Horrorschocker, der sein Publikum entsetzen will, was ihm auch problemlos gelingt. HFJ 1988

Index I 202
INDEX ***
Polen 1977/1981, 100 Min., F
R: Janusz Kijowski D: Krzysztof Zaleski, Ewa Zukowska, Justyna Kulczycka
Nachdem sein Freund von der Universität gewiesen wurde, solidarisiert sich ein junger Student und bricht ebenfalls das Studium ab. Er arbeitet als Transportarbeiter und hält seine Erlebnisse in einem Tagebuch fest. Verbotener »Tauwetter«-Film

›Indiana Jones und der letzte Kreuzzug‹ – Spielbergs Versuch, das Abenteuergenre wiederzubeleben.

Gewollt geheimnisumwitterter Film um zwei Frauen, die gleichzeitig sterben. Die Botschaft bleibt unklar, die Bilder sind schön: wer's mag.

The Indian Runner I 204
THE INDIAN RUNNER ****
USA 1991, 126 Min., F
R: Sean Penn D: David Morse, Viggo Mortensen, Valeria Golino
Sean Penns Regie-Debüt, das auf Bruce Springsteens Song »Highway Patrolman« und einer indianischen Legende basiert, handelt der Film von zwei ungleichen Brüdern. Ein beeindruckender Erstling mit Anleihen beim biblischen Kain- und Abel-Motiv voller Poesie, Brutalität und über – einmal mehr – das uramerikanische Trauma Vietnam. HFJ 1992

Indiana Jones: Jäger des verlorenen Schatzes
siehe: Jäger des verlorenen Schatzes

Indiana Jones und der letzte Kreuzzug I 205
****
INDIANA JONES AND THE LAST CRUSADE
USA 1988, 127 Min., F
ner Anlaß zu einer wilden Verfolgungsjagd quer durch die Kontinente und Kinogenres. Der passionierte Abenteurer erhält hier einen Rivalen: seinen eigenen (Über-)Vater. Dritter und vermutlich letzter Teil der Indy-Saga. Schneller, spannender, vergnüglicher als die beiden Vorgänger.

Indiana Jones und der Tempel des Todes I 206
***
INDIANA JONES AND THE TEMPLE OF DOOM
USA 1984, 118 Min., F
R: Steven Spielberg D: Harrison Ford, Kate Capshaw, Ke Huy Quan
Der Abenteurer Indiana Jones und zwei Freunde tricksen indische Kali-Anbeter aus und stehlen einen magischen Stein. Rasant-humorig inszeniertes Abenteuer, das den Betrachter kaum zum Luftholen kommen läßt.

Der Indianer im Küchenschrank I 207
**
THE INDIAN IN THE CUPBORD
USA 1995, 96 Min., F
R: Frank Oz D: Hal Scardino, Lindsay Crouse, Richard Jenkins

Die Indianer sind noch fern I208
LES INDIENS SONT ENCORE LOIN ***
Frankreich/Schweiz, 1977, 95 Min., F
R: Patricia Moraz D: Isabelle Huppert, Christine Pascal, Mathieu Carrière
Der beeindruckende Debütfilm besticht vor allem durch die unaufdringliche und deshalb umso eindringlichere Präsenz der Isabelle Huppert. Sie verkörpert eine siebzehnjährige Oberschülerin, die an ihrer nicht zu verurteilenden Unfähigkeit, sich dem Leben der siebziger Jahre »anzupassen« physisch zugrundegeht.

Indien I209
****
Österreich 1993, 84 Min., F
R: Paul Harather D: Josef Hader, Alfred Dorfer
Zwei gegensätzliche Männer, ein spießiger Familienvater und ein intellektueller Soft-Yuppie, fahren als Gasthausinspektoren über Land. Nach einigen Krächen nähern sich die beiden an, es entsteht eine tiefe Freundschaft, die am Ende vom Tod überschattet wird. Eine bitterböse Komödie und menschliche Tragödie, zum Lachen und Weinen schön. HFJ 1996

Das indische Grabmal I210
***
Deutschland 1938, 88 Min., s/w
R: Richard Eichberg D: Frits van Dongen, Hans Stüwe, Theo Lingen
Fortsetzung der ausufernden Kolportage-Saga *Der Tiger von Eschnapur* um abenteuerliche deutsch-indische Beziehungen. Fritz Lang hat beiden Filmen ein Remake gewidmet.

Das indische Grabmal I211
**
BRD 1958, 100 Min., F
R: Fritz Lang D: Paul Hubschmid, Walter Reyer, Debra Paget, Claus Holm, René Deltgen
Fortsetzung von *Der Tiger von Eschnapur:* Ingenieur Berger kämpft in den Grüften des Maharadschas Chandra ums Überleben und macht eine bizarre Entdeckung. Abenteuer-Dutzendware nach dem Roman von Thea von Harbou.

Das indische Tuch I212
**
BRD 1963, 86 Min., s/w
R: Alfred Vohrer D: Heinz Drache, Corny Collins, Klaus Kinski
Nach dem dramaturgischen Prinzip der zehn kleinen Negerlein meucheln sich Erben im Schloß ihres Ahnen. Konfuser Edgar-Wallace-Film.

Indochine I213
INDOCHINE ***
Frankreich 1991, 158 Min., F
R: Régis Wargnier D: Cathérine Deneuve, Vincent Pérez, Jean Yanne
Eine französische Kolonialherrin leidet im Indochina der 30er Jahre an einer unerfüllten Liebe. Klischeebeladenes Melodram mit opulenten Bildern, aber ohne Tiefgang.
HFJ1993

Infam I214
THE CHILDREN'S HOUR ***
USA 1962, 107 Min., s/w
R: William Wyler D: Audrey Hepburn, Shirley MacLaine, James Garner
Huch! Die beiden süßen Hauptdarstellerinnen sollen's miteinander getrieben haben – das behauptet zumindest eine fiese 10jährige College-Göre, und alle glauben ihr. Das Leben der beiden Lehrerinnen ist durch diesen Tabu-Bruch natürlich komplett hinüber, was den abschließenden Suizid nicht leichter, aber naheliegender macht. Tragisch, tragisch.

Inferno am Montblanc I215
***
BRD 1972, 88 Min., F
R: Lothar Brandler
Dokumentarischer Film über eine Berg-Tragödie im Jahr 1961, bei der vier von sieben einer Gruppe ums Leben kamen. Eindrucksvoll fotografierter Bergfilm.

Inferno in Savehafen I216
ESCAPE FROM SAFEHAVEN **
GB 1988, 72 Min., F
R: Brian Thomas Jones, James McCalmont D: Rick Gianasi, John Wittenbauer, Roy McArthur
In einer Schrottwelt nach dem Großen Knall steht ein tapferer Einzelgänger in einer Bunkeranlage den Guten vor den Nachstellungen rüder Böslinge bei. Endzeitfilmchen, wie gehabt, in Abbruchvierteln gedreht. LSFF

Inferno U.S.A. I217
HOSTAGE DALLAS **
USA 1986, 90 Min., F
R: Dwight H. Little D: Edward Albert, Audrey Landers, Joe Don Baker
Lump, dem ein sowjetisches Kampfgas in die Hände gefallen ist, erpreßt die Stadt Dallas um 50 Millionen; schlagkräftiger Unternehmer trickst ihn aus. Wer hätte das erwartet? Nach Formel 13 gedrehter Polit-Thriller. LSFF

Inferno 2000 I218
HOLOCAUST 2000 **
Italien/GB 1977, 103 Min., F
R: Alberto De Martino D: Kirk Douglas, Simon Ward, Agostina Belli
Fortschrittsgläubiger AKW-Betreiber erkennt, daß sein Sohn eine Ausgeburt des Teufels und im Begriff ist, die Welt zu vernichten. Thriller. LSFF

Inga – Ich habe Lust I219
INGA JAG, EN OSKULD ***
USA/Schweden 1968, 82 Min., s/w
R: Joseph W. Sarno D: Marie Liljedahl, Monica Strömmerstedt, Thomas Ungewitter, Carsten Lassen
Die 17jährige Inga zieht zu ihrer Tante Greta, die einen erfolglosen Autor aushält, und tut sich mit einer Freundin zusammen, um sie an einen Journalisten zu verkuppeln. Sexfilm.

Innenleben I220
INTERIORS ****
USA 1978, 92 Min., F
R: Woody Allen D: Kristin Griffith, Mary Beth Hurt, Richard Jordan
Ein Mann hat seine neurotische Frau verlassen, die sich daraufhin das Leben genommen hat. Die Familie versucht, sich mit dieser Tragödie auseinanderzusetzen. Kammerspielartiges Drama, einfühlsam inszeniert.

Der innere Kreis I221
THE INNER CIRCLE ***
Italien/Rußland 1991, 137 Min., F
R: Andrej Kontschalowskij D: Tom Hulce, Lolita Davidovich, Bob Hoskins

Während des Zweiten Weltkrieges wird ein Moskauer Durchschnittsbürger zum persönlichen Filmvorführer Stalins berufen. Dabei zerstört er in übereifrigem Pflichtbewußtsein seine noch junge Ehe. Kontschalowskis filmische Abrechnung mit einem längst gestürzten Denkmal ist etwas zäh geraten. HFJ 1990

Ins Herz getroffen I 222
COLPIRE AL CUORE **
Italien 1982, 103 Min., F
R: Gianni Amelio D: Jean-Louis Trintignant, Fausto Rossi, Laura Morante
Drama um einen Mailänder Professor und seinen Sohn, der ihn für das Scheitern seiner Ehe verantwortlich macht und ihn wegen seiner Beziehung zu einer Terroristin an die Polizei verrät.

Das Insektenweib I 223
NIPPON KONCHUKI ***
Japan 1964, 96 Min., s/w
R: Shohei Imamura D: Sachiko Hidari, Jitsuko Yoshimura
Die Geschichte einer Frau, die in den zwanziger Jahren von der Provinz nach Tokio kommt, dort als Prostituierte zu Reichtum kommt und dann alles wieder verliert.

Insel am Ende der Welt I 224
THE ISLAND AT THE TOP OF THE WORLD ***
USA 1974, 94 Min., F
R: Robert Stevenson D: Donald Sinden, David Hartman, Jacques Marin
1907 suchen wackere Luftschiffer nach einem Verschollenen, den sie alsbald auf einer arktischen Insel bei einem Stamm alter Wikinger wiederfinden. Spannender Abenteuerfilm alten Stils, aus der Disney-Produktion. LSFF

Insel der Liebe I 225
A ILHA DOS AMORES ****
Portugal 1982, 118 Min., F

Insel der neuen Monster I 226
L' ISOLA DEGLI UOMINI PESCE **
Italien 1978, 85 Min., F
R: Sergio Martino D: Barbara Bach, Claudio Cassinelli, Richard Johnson
Schiffbrüchige stranden auf einer Insel und machen die Bekanntschaft eines Dunkelmanns, der einen braven Genetiker gezwungen hat, monströse Fischmenschen zu züchten, die in der Meerestiefe für ihn arbeiten. LSFF

Die Insel der Piraten I 227
SAVAGE ISLAND ***
USA 1982, 100 Min., F
R: Ferdinand Fairfax D: Tommy Lee Jones, Michael O'Keefe, Grant Tilly
Das wilde und spannend inszenierte Leben eines englischen Freibeuters, der eine Jungfer vor einem Bösmann rettet.

Insel der unberührten Frauen I 228
UNTAMED WOMEN *
USA 1952, 70 Min., s/w
R: W. Merle Connell D: Mikel Conrad, Doris Merrick, Mark Lowell
Flieger der US-Air Force landen im Zweiten Weltkrieg auf einer Pazifikinsel und stoßen auf die weiblichen Nachfahren englischer Druiden, Echsenungetüme und haarige Urmenschen. Unsäglich doofer B-Film. LSFF

Insel der Ungeheuer I 229
THE FOOD OF THE GODS **
USA 1976, 87 Min., F
R: Bert I. Gordon D: Marjoe Gortner, Pamela Franklin, Ida Lupino
Eine rätselhafte weißliche Substanz, die auf einer Insel aus dem Boden quillt, macht Ratten zu riesigen und gefräßigen Ungeheuern, die brave Bürger terrorisieren. Ein simpler Monsterfilm nach H. G. Wells. LSFF

Insel der Verdammten I 230
TURKEY SHOOT ***

durch das Wachpersonal gegen ihre Peiniger. Simpler Action-Reißer.

Insel der verlorenen Seelen I 231
ISLAND OF LOST SOULS ***
USA 1932, 72 Min., s/w
R: Erle C. Kenton D: Charles Laughton, Richard Arlen, Leila Hyams
Ein Genetiker macht auf einer Insel in der Südsee aus Tieren Menschen, die sich am Ende gegen ihn wenden. Für seine Zeit interessanter und unheimlicher SF-Thriller. Nach dem Roman von H. G. Wells. LSFF

Die Insel der zornigen Götter I 232
BIRD OF PARADISE **
USA 1951, 100 Min., F
R: Delmer Daves D: Jeff Chandler, Louis Jourdan, Debra Paget
Farbiges Remake des King-Vidor-Films von 1932 um die Heirat eines Abenteurers mit polynesischer Häuptlingstochter. Langweilende Südseeromantik und ein schwaches Melodram.

Die Insel des Dr. Moreau I 233
THE ISLAND OF DR. MOREAU ***
USA 1976, 99 Min., F
R: Don Taylor D: Burt Lancaster, Michael York, Nigel Davenport
Neue Version des 1932 entstandenen Films *Insel der verlorenen Seelen.* Etwas weniger unheimlich als das Original, aber immer noch ansehbar und unterhaltend. Nach dem Roman von H. G. Wells. LSFF

Insel des Grauens I 234
UNKNOWN ISLAND **
USA 1948, 75 Min., F
R: Jack Bernhard D: Virginia Grey, Philip Reed, Barton MacLane
WK-2-Pilot, der auf einer Insel im Pazifik prähistorische Tiere gesehen hat, rüstet eine Expedition dorthin aus und muß sich alsbald mit Malaien und Raubgetier herumschlagen. Flink und

Auf einer irischen Insel von einem Forscher gezüchtete Ungeheuer saugen Menschen die Knochen aus dem Körper. Schwerfällig herumstolpernde Monster machen den Streifen wenig gruselig. LSFF

Insel des Terrors I 236
ZOMBIE ISLAND MASSACRE **
USA 1984, 85 Min., F
R: John N. Carter D: David Broadnox, Rita Jenrette, Tom Cantrell
Eine Touristengruppe, die auf einer Karibikinsel in eine Woodoo-Zeremonie hineinplatzt, hat kurz darauf ein Rudel mörderischer Satansbraten am Hals. Blutiges Killerspiel, das auf niedrige Instinkte abzielt.

Inseln im Strom I 237
ISLANDS IN THE STREAM ***
USA 1977, 102 Min., F
R: Franklin J. Schaffner D: George C. Scott, David Hemmings, Claire Bloom
Künstler versucht jüdische Flüchtlinge nach Kuba zu schmuggeln und kommt schließlich dabei um. Dichte Hemingway-Verfilmung mit einigen Konzessionen ans Actionkino.

Inside Out – Ein genialer Bluff I 238 **
INSIDE OUT
GB/BRD 1975, 97 Min., F
R: Peter Duffell D: Telly Savalas, Robert Culp, James Mason, Aldo Ray
Hochkarätig besetztes Caper-Movie um den Diebstahl versteckten Nazi-Goldes in Berlin. Klischeehaft, einfältig und sogar spannungslos.

Insignificance – Die verflixte Nacht I 239 ****
INSIGNIFICANCE
GB 1985, 108 Min., F
R: Nicholas Roeg D: Gary Busey, Tony Curtis, Theresa Russell
Albert Einstein meets Marilyn Monroe. Die beiden grundverschiedenen Gestalten entdecken im Laufe ihrer Klausurtagung in einem Hotelzimmer unerwartete Gemeinsamkeiten, z. B. die Probleme, die ihnen ihre übergroße Popularität bereitet. Intelligente, doppelbödige Unterhaltung.

Inspektor Clouseau I 240
INSPECTOR CLOUSEAU **
GB 1967, 95 Min., F
R: Bud Yorkin D: Alan Arkin, Delia Boccardo, Frank Finlay
Nicht geglückter Versuch, den trotteligen Inspektor Clouseau nach London zu transferieren und Peter Sellers durch Alan Arkin zu ersetzen.

Inspektor Lavardin oder Die Gerechtigkeit I 241 ***
INSPECTEUR LAVARDIN
Frankreich/Schweiz 1985, 100 Min., F
R: Claude Chabrol D: Jean Poiret, Jean-Claude Brialy, Bernadette Lafont, Jean-Luc Bideau
Der aus *Hähnchen in Essig* bekannte Inspektor trifft während seiner Ermittlungen in der Witwe des Ermordeten eine frühere Geliebte wieder. Konfrontiert mit seiner eigenen Vergangenheit macht er sich mit seinen gewohnt unkonventionellen bis rüden Methoden im dekadenten Sumpf der Provinz-Bourgeoisie auf die Suche nach dem Mörder.

Inspektor Loulou I 242
INSPECTEUR LA BAVURE ***
Frankreich 1980, 102 Min., F
R: Claude Zidi D: Michel Coluche, Gérard Depardieu, Dominique Lavanant
Durchschnittliche Komödie um einen trottelhaften Inspektor, der nichtsahnend in einen Entführungsfall hineintappst und am Ende die Geisel ehelicht. Dank einiger guter Einfälle weitgehend unterhaltsam.

Interface I 243
INTERFACE ***
USA 1984, 88 Min., F
R: Andy Anderson D: John Davies, Laura Lane, Matthew Sacks
Highschool-Computerfreaks töten mit Hilfe eines Supercomputers Personen, die ihrer Meinung nach den Tod verdient haben, bis ein Lehrer ihnen auf die Schliche kommt. LSFF

Internal Affairs I 244
INTERNAL AFFAIRS ****
USA 1990, 115 Min., F
R: Mike Figgis D: Richard Gere, Andy Garcia, Nancy Travis
Eleganter Polizeifilm um die Beamten einer Sonderkommission der Polizei von Los Angeles, die nach schwarzen Schafen in den eigenen Reihen fahnden. Die Untersuchung eines angesehenen, aber korrupten Cops entwickelt sich zu einem spannenden Psycho-Krieg. HFJ 1991

Internatsgeheimnisse junger Mädchen I 245 *
BRD/Frankreich 1981, 77 Min., F
R: Gérard Loubeau D: Ulrike Maas, Dagmar Merkel, Connie Cramer
Ex-Internatsschülerin erinnert sich an Kopulationsspiele mit Lehrern und lüsternen Mitschülerinnen. Softporno.

Interview mit einem Vampir I 246
INTERVIEW WITH THE VAMPIRE ****
USA 1994, 122 Min., F
R: Neil Nordan D: Tom Cruise, Brad Pitt, Antonio Banderas
Junger Plantagenbesitzer in New Orleans wird 1791 von einem französischen Vampir gebissen und berichtet 1988 einem amerikanischen Journalisten über seine Probleme mit Schmerz und Einsamkeit. Trotz einiger Längen und Ungereimtheiten eine gelungene Umsetzung des Bestsellers von Anne Rice. Frisches Blut für den Vampir-Mythos. HFJ 1995

Interzone – Die unheimliche Begegnung mit der Zeit I 247 *
INTERZONE
USA 1989, 90 Min., F
R: Deran Sarafian D: Bruce Abbott, Beatrice Rigg, Teagan Clive
Nach dem Großen Knall schlagen sich ein paar robuste Burschen mit den barbarischen Horden einer Frau, die der eh schon am Arsch krebsenden Welt den Rest geben will. Ein dummdreist synchronisierter Endzeit-Film. HFJ 1991

Intime Spiele junger Pärchen I 248 **
LES COUPLES DU BOIS DE BOULOGNE
Frankreich 1974, 77 Min., F
R: Bernard Legrand D: Philippe Gasté, Anne Libert, Pierre Danny
Provinzlerpärchen kommt in einer Erbschaftssache nach Paris und lernt

im Umfeld »toleranter« Paare Sex & Sukiyaki kennen. Inhaltsloses Filmspektakel mit nur fleischlichen Schauwerten.

Intime Stunden auf der Schulbank I249
*
BRD 1981, 82 Min., F
R: Kenneth Howard D: Eleonore Melzer, Peter Steiner, Ralph Wieck
Pimperstory über sexbesessene Oberschülerinnen und einen Pauker, der schlüpfrige Filme dreht.

Intime Stunden der Lust I250
MIDNIGHT WOMAN **
USA 1990, 84 Min., F
R: Henri Pachard D: Victoria Paris, John Dough, Jerry Butler, Jamie Gillis
Von geilen Träumen geplagte Frau verweigert sich dem Gatten, bis er mit Hilfe eines Therapeuten den Plan faßt, ihre heimlichen Gelüste zu erfüllen. Clever fotografierter Sexer mit inhaltlichen Ansätzen.

Die intimen Momente der Madame Claude I251
***
MADAME CLAUDE II
Frankreich 1980, 99 Min., F
R: François Mimet D: Alexandra Stewart, Bernard Fresson, Lise Thoresen
Pariser Edelpuffmutter versorgt die Angehörigen des internationalen Jetset mit Mädchen von Kultur. Episodischer Sexfilm, der den kommerziellen Erfolg von *Madame Claude und ihre Gazellen* ausbeutet.

Into the West I252
INTO THE WEST ****
USA/GB, 1992, 102 Min., F
R: Mike Newell D: Gabriel Byrne, Ellen Barkin, Ciaran Fitzgerald
Stolzer, aber heruntergekommener Ex-Zigeuner lebt mit seinen zwei Buben nach dem Tod seiner Frau als Seßhafter in Dublin. Als die beiden

Intolerance I253
INTOLERANCE *****
USA 1916, 122 Min., s/w
R: David Wark Griffith D: Mae Marsh, Lillian Gish, Howard Gaye
Einer der wenigen Filme, die den inflationären Begriff »Meilenstein der Filmgeschichte« tatsächlich verdienen. Mit Werken wie diesen revolutionierte Griffith das Medium in einem heute kaum noch vorstellbaren Ausmaß.

Die Intriganten I254
EXECUTIVE SUITE ***
USA 1953, 101 Min., s/w
R: Robert Wise D: William Holden, Barbara Stanwyck, Jane Allyson
Das Ableben des Präsidenten eines Möbelunternehmens löst einen gnadenlosen Machtkampf um seine Nachfolge aus. Dreieinhalb Jahrzehnte vor Dallas eine viel wahrhaftigere Darstellung der »freien Marktwirtschaft«.

Invasion aus dem Weltall I255
THE DAY TIME ENDED **
USA 1979, 80 Min., F
R: John Bud Cardos D: Christopher Mitchum, Jim Davis, Dorothy Malone
Großstadtmüde Architektenfamilie läßt sich in der Wüste nieder, entdeckt kleine grüne Männchen und wird von ihnen in ihre Stadt gebracht. SF-Film der späten siebziger mit Tricks der frühen fünfziger Jahre. LSFF

Invasion der Aliens I256
INVASION SINIESTRA **
THE INCREDIBLE INVASION
Mexiko/USA 1968, 80 Min., F
R: Jack Hill, Juan Ibanez D: Boris Karloff, Enrique Guzman, Christa Linder, Maura Monti, Yerye Beirute
Unsichtbare (da spart man jede Menge Kostüme und Maskenbildnergehälter) Außerirdische steuern die Körper von Erdlingen, um die Macht an sich zu

Samenkapseln rätselhafter Herkunft sind auf eine amerikanische Kleinstadt niedergegangen. Sie wachsen, platzen auf und bemächtigen sich der schlafenden Bewohner, indem sie ihre Gestalt annehmen, ihr Innenleben aber vernichten. Sie sind wie Roboter, ohne Gefühlsregungen, nur darauf bedacht, sich weiter auszubreiten ... Horror-Klassiker.

Invasion der Liebesdrohnen I258
INVASION OF THE LOVE DRONES **
USA 1977, 72 Min., F
R: Jay Hard D: Bree Anthony, Tony Blue, Sarah Nicholson, Jamie Gillis
Alien-Kaiserin kommt mit ihrem Volk zur Erde und versklavt mittels Magie Männer, um Liebesdrohnen aus ihnen zu machen. Doch das Pentagon schlägt zurück. SF-Sexfilm schärfster Machart. LSFF

Invasion der Raumschiffe I259
STARSHIP INVASIONS **
Kanada 1978, 90 Min., F
R: Ed Hunt D: Robert Vaughn, Christopher Lee, Sherri Ross, Daniel Pilon
Nach Lebensraum suchender Anführer eines fremden Planeten will die Erde erobern und wird von einem wackeren Computerexperten und dem Beobachter der intergalaktischen Liga hinters Licht geführt. Kindischer Unfug. LSFF

Invasion der Tollwütigen I260
INVASION OF THE BLOOD FARMERS *
USA 1971, 80 Min., F
R: Ed Adlum D: Cynthia Fleming, Norman Kelly, Tanna Hunter
Jünger eines Druidenkults kidnappen zu Opferzwecken Mädchen mit seltener Blutgruppe, um ihre Königin wieder zum Leben zu erwecken. Von Stümpern produzierter Blufferfilm.

Invasion U.S.A. I261
INVASION U.S.A. **

Invasion vom Mars I 262
INVADERS FROM MARS **
USA 1953, 81 Min., F
R: William Cameron Menzies
D: Helena Carter, Arthur Franz, Leif Erickson, Hillary Brooke
Marsianische UFOnauten versklaven Bewohner eines amerikanischen Ortes, und ein kleiner Junge kommt ihnen auf die Schliche. Einfältige Story nach Schema F, die sich im nachhinein auch noch als Traum herausstellt. LSFF

Invasion vom Mars I 263
INVADERS FROM MARS **
USA 1986, 100 Min., F
R: Tobe Hooper D: Karen Black, Hunter Carson, Timothy Bottoms
Böse Marswesen landen bei Nacht und Nebel auf der Erde, versklaven die Bewohner eines amerikanischen Kaffs und werden nur von einem kleinen Jungen bemerkt. Der Film ist so uninteressant wie sein Original. HFJ 1987

Inzest I 264
MY LOVER MY SON **
GB 1969, 94 Min., F
R: John Newland D: Romy Schneider, Donald Houston, Dennis Waterman, Patricia Brake
Die unglückliche Frau eines Industriellen scheut auch vor dessen Ermordung nicht zurück, um mit ihrem siebzehnjährigen Sohn leben zu können. Gepflegter Luxusthriller.

Ipcress – streng geheim I 265
THE IPCRESS FILE ****
GB 1964, 107 Min., F
R: Sidney J. Furie D: Michael Caine, Guy Doleman, Sue Lloyd, Nigel Green
Britischer Agent sucht verschwundenen Wissenschaftler und enttarnt einen seiner Vorgesetzten als östlichen Spion. Formal und inhaltlich über dem Durchschnitt stehender Agentenfilm.

IP5 – Insel der Dickhäuter I 266
IP5 – L'ILE AUX PACHYDERMES ***
Frankreich 1992, 119 Min., F
R: Jean-Jacques Beineix D: Yves Montand, Oliver Martinez, Sekkou Sall
Graffitti-Freak brennt mit seinem kleinen Freund durch. Irgendwo treffen sie den verrückt scheinenden, aber nur unglaublich weisen Yves Montand, der ihnen das Leben mal von ein paar ganz anderen Seiten zeigt. Könnte toll sein, leider schwindet Beineix' *(Diva, Betty Blue)* Talent, straighte Geschichten zu erzählen, von Film zu Film mehr. Ein Beweis dafür, daß schöne Bilder eben doch nicht alles sind. Als letztes Werk von Yves Montand trotzdem sehenswert. HFJ 1993

Iphigenie I 267
IPHIGENEIA ***
Griechenland 1976, 122 Min., F
R: Michael Cacoyannis D: Irene Papas, Costa Kazokos, Tatiana Papamoskou
Euripides' Tragödie über Agamemnons und Klytemnestras Tochter Iphigenie, die der Gottheit geopfert werden muß, damit diese den in Aulis liegenden Griechenheeren günstigen Wind für ihre Kriegsfahrt nach Troja verschaffe. Der dritte Teil einer Trilogie (*Elektra, Die Troerinnen*) weist parabelhaft manche aktuellen politischen Bezüge auf, besticht aber vor allem durch sicheres Stilgefühl und meisterhafte Darsteller.

I. Q. I 268
I.Q. ****
USA 1994, 95 Min., F
R: Fred Schepisi D: Tim Robbins, Meg Ryan, Walter Matthau
In den 50er Jahren verliebt sich ein Automechaniker in die Nichte Albert Einsteins, die kurz vor der Hochzeit mit einem intellektuellen Langweiler steht. Da greift das Genie selbst mit drei seiner nach Abwechslung dürstenden Professorenkollegen ein. Herrliche Romanze mit Persiflage-Elementen. HFJ 1996

Irezumi – Die tätowierte Frau I 269
***
IREZUMI
Japan 1981, 97 Min., F
R: Yoichi Takabayashi D: Masayo Utsunomiya, Yuhsuke Takita, Tomisaburo Wakayama
Eine Frau, die ihrem Mann nicht unterlegen sein will, läßt sich nach einer ungewöhnlichen Methode tätowieren nimmt unsägliche Qualen auf sich. Eindringliche Filmparabel.

Irgendwo in Berlin I 270
****
Deutschland 1946, 80 Min., s/w
R: Gerhard Lamprecht D: Harry Hindemith, Hedda Sarnow, Charles Knetschke, Hans Trinkaus
Im zerbombten Berlin spielen die Kinder, machen Schieber ihre Geschäfte und finden die Kriegsheimkehrer keinen Mut zum Neuanfang.

Irma Vep I 271
IRMA VEP ****
Frankreich 1996, 99 Min., F
R: Olivier Assayas D: Maggie Cheung, Jean-Pierre Leaud, Nathalie Richard
Hongkong-Star Maggie Cheung kommt nach Paris, um bei einem Remake eines Stummfilmklassikers mitzuwirken und bekommt es mit allen möglichen chaotischen Widrigkeiten des Filmemachens zu tun. Wunderbare Hommage an das Kino und eine schöne Frau, die an Truffauts »Amerikanische Nacht« erinnert. HFJ 1998

Irisches Intermezzo I 272
UN TAXI MAUVE ***
Fr/It/Irland 1977, 120 Min., F
R: Yves Boisset D: Charlotte Rampling, Philippe Noiret, Peter Ustinov, Fred Astaire, Agostina Belli
Einige Tage aus dem Leben einiger reicher »Aussteiger« an der dünnbesiedelten Küste Südwestirlands. Am ehesten wegen der hochkarätigen Besetzung sehenswert.

Iron Maze – Im Netz der Gewalt I 273
***
IRON MAZE
USA 1991, 101 Min., F
R: Hiroaki Yoshida D: Jeff Fahey, Bridget Fonda, J. T. Walsh
Ein japanischer Geschäftsmann, der in einer amerikanischen Kleinstadt einen Vergnügungspark eröffnen will, wird Opfer eines Mordversuchs. Das interessante Thema des Aufeinandertreffens zweier Kulturen wird zugunsten einer oberflächlichen Kriminalhandlung verschenkt. HFJ 1992

Iron Will – Der Wille zum Sieg I 274
***
IRON WILL
USA 1993, 109 Min., F
R: Charles Haid D: Mackenzie Astin, Kevin Spacey, David Ogden Stiers
Ein siebzehnjähriger Amerikaner gewinnt überraschend 1917 ein mörderisches Schlittenhunderennen. Die schnörkellose Story legt den Schwerpunkt auf die Bedeutung des Willens, um ein Ziel zu erreichen. Vor allem die Natur- und Tieraufnahmen begeistern. HFJ 1995

Eine irre Safari I 275
SAFARI 3000 **
USA 1982, 91 Min., F
R: Harry Hurwitz D: Christopher Lee, David Carradine, Stockard Channing, Hamilton Camp, Ian Yule
Ehemaliger Filmstuntman mit Crasherfahrung muß sich bei einem internationalen Autorennen gegen Lumpen aller Couleur behaupten. Satirisch aufgemotzter B-Film mit unübersehbaren Plotschwächen.

Die Irre von Chaillot I 276
THE MADWOMAN OF CHAILLOT ***
USA 1968, 130 Min., F
R: Bryan Forbes D: Katharine Hepburn, Charles Boyer, Yul Brynner
Eine traumselige Frau verhindert mit ihren Freunden von der Straße den Plan einer Gruppe von korrupten Geschäftemachern, Paris nach ihren Vorstellungen umzukrempeln. Gediegene Verfilmung des Stückes von Jean Giraudoux.

Irren ist männlich I 277
***
BRD 1996, 103 Min., F
R: Sherry Hormann D: Herbert Knaup, Corinna Harfouch, Richy Müller, Dominik Graf
Familienvater mit Kindern und Geliebter erfährt, daß er zeugungsunfähig

Katharine Hepburn und Danny Kaye in ›Die Irre von Chaillot‹.

Ein irrer Typ I 278
L' ANIMAL ***
Frankreich 1977, 98 Min., F
R: Claude Zidi D: Jean-Paul Belmondo, Raquel Welch, Dany Saval
Französischer Stuntman, kurz vor der Heirat mit seiner attraktiven Freundin stehend, gibt sein Letztes an beruflichem Können, um ein angeschwultes und feiges Leinwandidol ins rechte Licht zu setzen. Eine schräge Komödie mit Belmondo in einer Doppelrolle, witzig und voller Aktion.

Ein irres Klassentreffen I 279
AMICI MIEI ***
Italien 1975, 76 Min., F
R: Mario Monicelli D: Ugo Tognazzi, Philippe Noiret, Gastone Moschin
Schwarze Komödie, die trotz viel Klamauk nachdenklich macht. Eine Handvoll bürgerlicher Spießer versucht den Ausbruch aus dem Alltag,

R: Guido Malatesta D: Brad Harris, Fernando Rey, Gloria Milland
Herkules, der Rächer der Enterbten, muß sich gegen Amazonen, Riesen, diverse Ungeheuer und einen schurkischen Thronräuber wehren, der ihn zum Mörder stempelt. Muskelprotzfilm für Freunde schlichter Unterhaltung. LFF

Das Irrlicht I 281
LE FEU FOLLET ****
Frankreich 1963, 108 Min., s/w
R: Louis Malle D: Maurice Ronet, Jeanne Moreau, Lena Skerla, Hubert Deschamps
Ein Mittdreißiger, der eine Alkohol-Entwöhnungskur hinter sich hat, begegnet vor seinem Selbstmord noch einmal früheren Bekannten und geliebten Frauen. Diese bestärken ihn in seiner überheblichen negativen Grundhaltung gegenüber der Gesell-

Isabella – Mit blanker Brust und spitzem Degen I 282 **

ISABELLA, DUCHESSA DEI DIAVOLI
BRD/Italien 1969, 90 Min., F
R: Bruno Corbucci D: Brigitte Skay, Fred Williams, Mimmo Palmara
Tochter eines Adeligen nimmt Rache am Mörder ihrer Eltern. Aktionsreicher Mantel- und Degenfilm mit einigen Sexeinlagen. Routineprodukt.

Isabelle Eberhardt I 283

ISABELLE EBERHARDT **
Fr/Australien 1990, 110 Min., F
R: Ian Pringle D: Mathilda May, Peter O'Toole, Tcheky Karyo
Eher dürftig geratenes Filmporträt der französischen Journalistin, deren abenteuerliches Leben gewiß Stoff für einen spannenderen Film ergeben hätte. HFJ 1992

Isadora I 284

ISADORA ***
GB 1969, 140 Min., F
R: Karel Reisz D: Vanessa Redgrave, James Fox, Jason Robards
Breit angelegte Film-Biographie über die amerikanische Tänzerin Isadora Duncan.

Ishtar I 285

ISHTAR **
USA 1986, 107 Min., F
R: Elaine May D: Warren Beatty, Dustin Hoffman, Isabelle Adjani
Eine trotz namhafter Darsteller uninteressante Komödie über ein zweitklassiges Sänger-Duo, das während einer Tournee durch das morgenländische Königreich Ishtar in politische Wirren verstrickt wird und nach zahlreichen Abenteuern am Schluß doch noch ganz groß rauskommt. Saft- und kraftlos von Anfang bis Ende und ein weltweiter Flop. HFJ 1989

Ist das Leben nicht schön? I 286

IT'S A WONDERFUL LIFE *****
USA 1947, 130 Min., s/w
R: Frank Capra D: Lionel Barrymore, James Stewart, Donna Reed
Einer der bewegendsten und populärsten Filme, die je gedreht wurden. Der Weihnachtsklassiker erzählt die Lebensgeschichte von George Bailey, dessen Traum es war, die Kleinstadt hinter sich zu lassen und die Welt zu bereisen. Immer wieder durchkreuzen Schicksalsschläge diesen Plan, bis er am Weihnachtsabend vor dem Selbstmord steht. Ein Engel, der sich seine Flügel erst verdienen muß, versucht ihn davon abzubringen.

Ist das nicht mein Leben? I 287

WHOSE LIFE IS IT ANYWAY? ***
USA 1980, 118 Min., F
R: John Badham D: Richard Dreyfuss, John Cassavetes, Christine Lahti
Drama um einen querschnittgelähmten Bildhauer, der seinen Tod vor Gericht erzwingt. Publikumsnaher Film, der versucht, das brisante Thema mit den Stilmitteln des Unterhaltungsfilmes aufzuarbeiten. Ansprechend, aber doch etwas zu oberflächlich.

Ist das wirklich Liebe, Liebling? I 288 ***

EST-CE BIEN RAISONABLE?
Frankreich 1981, 100 Min., F
R: Georges Lautner D: Miou-Miou, Gérard Lanvin, Michel Galabru
Eine Reporterin befreit versehentlich einen Häftling, weil sie ihn für einen Untersuchungsrichter hält. Kriminalkomödie, deren Regisseur für diesmal nicht weiter auffallen will.

Ist es leicht, jung zu sein? I 289

VAI VEGLI BUT JAUNAM? ****
UdSSR 1986, 84 Min., F und s/w
R: Juris Podnieks
Dokumentarfilm über Jugendliche aus der (damaligen) Sowjetrepublik Lettland, die sich dem Bild einer uniformen und geschlossenen Gesellschaft entziehen: revoltierende Punks, Rauschgiftsüchtige, Afghanistan-Veteranen und eine junge Mutter, die sich nach dem Unfall im Kernkraftwerk Tschernobyl große Sorgen um ihr Kind macht. HFJ 1989

Ist ja irre – Agenten auf dem Pulverfaß I 290 ***

CARRY ON SPYING
GB 1964, 84 Min., s/w
R: Gerald Thomas D: Kenneth Williams, Charles Hawtrey, Barbara Windsor, Bernard Cribbins
Vier Agenten versuchen dem sinistren Dr. X eine geheime Formel abzujagen und bekämpfen die Terrororganisation STENCH. Turbulente Agentenfilmparodie auf internationalem Parkett, bei der kein Auge trocken bleibt. HFJ 1987

Ist ja irre – In der Wüste fließt kein Wasser I 291 ***

CARRY ON – FOLLOW THAT CAMEL
GB 1967, 89 Min., F
R: Gerald Thomas D: Kenneth Williams, Jim Dale, Charles Hawtrey
Parodie auf Legionärsfilme alter Zeit: Junger Brite hat beim Kricket geschummelt, geht mit Butler in die Legion und erlebt haarsträubende Abenteuer im Fort Soixante Neuf.
HFJ 1988

Ist ja irre – Nur nicht den Kopf verlieren I 292 ***

CARRY ON – DON'T LOSE YOUR HEAD
GB 1966, 88 Min., F
R: Gerald Thomas D: Sidney James, Kenneth Williams, Jim Dale
Chaotische britische Adelige bemühen sich, die französische Revolution zu verhindern. Ulkige Parodie auf Mantel- und Degenfilme wie *Wer ist Scarlet Pimpernel.* Zahllose Gags und viel britischer Sprachwitz. HFJ 1988

Istanbul I 293

ISTANBUL ***
USA 1956, 84 Min., F
R: Joseph Pevney D: Errol Flynn, Cornell Borchers, John Bentley
US-Pilot und deutsche Freundin werden in Istanbul in eine Affäre mit bösen Diamantenschmugglern verwickelt. Schöner Reißer alter Machart mit dem unverwüstlichen Errol Flynn.

Die italienische Affäre I 294

CAPRICCIO ***
Italien 1987, 98 Min., F
R: Tinto Brass D: Nicola Warren, Andy J. Forest, Francesca Dellera
Ein Amerikaner und seine Gattin reisen 1947 im Auftrag der UNO nach Italien. Beide verfolgen den Plan, ihre ehemaligen Geliebten zu treffen und »Freundschaften« zu erneuern. Scharfer Sexfilm.

Italienische Liebesgrüße I 1295
DIVA FUTURA *
Italien 1989, 84 Min., F
R: Ilona Staller D: Moana Fozzi, Eva Orlosky, Rik Battaglia
Militante Girls treten gegen Spießer an und schützen einen Forscher, der ein AIDS-Serum erfunden hat, gegen einen profitgeilen Kondomfabrikanten. Eine schreckliche Zurschaustellung geistiger Inkompetenz.

It's Called Murder, Baby I 1296
***
DIXIE RAY, HOLLYWOOD STAR
USA 1983, 92 Min., F
R: Sam Weston D: John Leslie, Lisa Trego, Veronica Hart
Um der wegen eines pornographischen Fotos erpreßten Filmaktrice Dixie zu helfen, recherchiert Detektiv Nick in Hollywoods Sumpf und begegnet dabei diversen Rollen mit Archivaufnahmen aus einschlägigen Filmen. Softporno.

Ivana im Angriff I 1297
IVANA V UTOLCO ***
CSSR 1963, 60 Min., s/w
R: Josef Pinkava D: Eva Jarkova, Vlastimil Vdlicka, Vladimir Hönig
Ein Mädchen spielt unerkannt in der Fußballmannschaft der Jungen. Gutgemeinter Kinderfilm über Rollenklischees.

Ivanhoe – Der schwarze Ritter I 1298
***
IVANHOE
USA 1952, 107 Min., F
R: Richard Thorpe D: Robert Taylor, Joan Fontaine, Elizabeth Taylor
Da Richard Löwenherz in Austria im Kerker schmachtet und sein tückischer Bruder kein Lösegeld berappen will, wirft Ritter Ivanhoe sich in die Bresche. Solides, aktionsreiches Abenteuer.

I've Heard the Mermaids Singing I 1299
****
I'VE HEARD THE MERMAIDS SINGING
Kanada 1987, 81 Min., F
R: Patricia Rozema D: Sheila McCarthy, Paule Baillargeon, Ann-Marie McDonald, John Evans
Die Entwicklung einer schüchternen Außenseiterin in der Kunstszene zu einer selbstbewußten jungen Frau in einer Inszenierung, die aus fast nichts als »Kleinigkeiten« besteht, in der sich der sanfte Humor der Regie mit der wundersamen Präsenz der Hauptdarstellerin trifft.

Iwan der Schreckliche I 1300
IVAN GROZNY ****
UdSSR 1944, 99 Min./und 88 Min., s/w, F
R: Sergej M. Eisenstein D: Nikolaj Tscherkassow, Michail Sharow, Amwrossi Butschma
Eisenstein zeigt in stark überhöhten Bildern, wie der Zar Iwan im 16. Jahrhundert Rußland gegen den Widerstand der feudalen Bojaren zu einen versucht. Die einsame Herrscherfigur, die die Gewalt der Bojaren im nationalen Interesse mit Gewalt beantwortet, erscheint zwiespältig. Wohl nicht zuletzt aus diesem Grund wurde der zweite Teil des Films unter Stalin kritisiert und konnte erst 1958 uraufgeführt werden.

Iwan Wassiljewitsch wechselt seinen Beruf I 1301
**
IWAN WASSILJEWICH MENIAT PROFESIU
UdSSR 1973, 92 Min., F
R: Leonid Gaidai D: Juri Jakowlew, Leonid Kurawljow, Alexander Demjanenko
Ein Ingenieur baut eine Raum-Zeit-Maschine und bringt seine Umwelt damit durcheinander. Verfilmung des Bühnenstückes von Michail Bulgakow ohne sonderliche Ambitionen.

Iwans Kindheit I 1302
IVANOVO DETSTVO ***
UdSSR 1962, 95 Min., s/w
R: Andrej Tarkowski D: Kolja Burkajew, Walentin Subkow, Jewgeni Sharikow
Ein zwölfjähriger Waisenjunge wird im Zweiten Weltkrieg Kundschafter der Rotarmisten an der Ukrainefront und findet dabei den Tod. Bemerkenswerter Film.

Aller Anfang ist schwer: James Stewart in ›Ist das Leben nicht schön?‹.

J

Jabberwocky J1
JABBERWOCKY ****
GB 1977, 100 Min., F
R: Terry Gilliam D: Michael Palin, Max Wall, Deborah Fallender, John Le Mesurier, Annette Badland
Tumber Küferlehrling wird irrtümlich mit einem Prinzen verwechselt, tötet einen Drachen und bekommt am Ende seiner haarsträubenden Abenteuer die Prinzessin. Flotte Satire aus der Monty-Python-Werkstatt, die sich alle Mühe gibt, Märchen zu verulken. LFF

Jack allein im Serienwahn J2
DELIRIOUS ***
USA 1991, 96 Min., F
R: Tom Mankiewicz D: John Candy, Mariel Hemingway, Emma Samms
Nach einem Autounfall erfährt das Leben des TV-Autors Jack Gable eine drastische Wende: Als er aus der Ohnmacht erwacht, findet er sich plötzlich am fiktiven Schauplatz seiner Fernsehserie wieder – inmitten der von ihm erfundenen Figuren. HFJ 1993

Jack Clifton jagt Wostok III J3
COPLAN AGENT SECRET FX 18 **
Fr/Sp/It 1964, 96 Min., F
R: Maurice Cloche D: Ken Clark, Jany Clair, Amédie Domenech
Gute Geheimagenten gegen böse Geheimagenten. Die Guten gewinnen. Ein Dutzendfilmchen. Jack Clifton hatte auch noch eine *Mission Bloody Mary.*

Jack the Ripper – Das Ungeheuer von London J4 ****
JACK THE RIPPER
GB 1988, 187 Min., F
R: David Wickes D: Michael Caine, Jane Seymour, Armand Assante
Scotland-Yard-Inspektor sucht 1888 im Londoner East End einen gefährlichen Prostituiertenmörder und entlarvt als Täter einen Mann aus höchsten Kreisen. Faktengetreue TV-Produktion, die auch die politische Lage der Zeit geschickt in die Story einwebt.

Jackie Brown J5
JACKIE BROWN ****
USA 1997, 155 Min., F
R: Quentin Tarantino D: Pam Grier, Samuel L. Jackson, Bridget Fonda, Robert DeNiro, Robert Forster
Quentin Tarantinos Hommage an die Blaxploitation-Filme der 70er Jahre. Eine schwarze Stewardeß, die nebenher Drogen schmuggelt, wird vom FBI geschnappt, bietet aber einen Deal an und trickst zusammen mit einem Kautionsvertreter Drogenhändler und FBI aus. Tolle Schauspieler in einem hochklassigen Krimi mit ruhigen Bildern und ohne die übliche Brutalität. HFJ 1999

Volksbelustigung einst und jetzt: die Enthauptung in ›Jabberwocky‹.

Jackie Chan's Erstschlag J6
JACKIE CHAN'S FIRST STRIKE ***
USA 1997, 88 Min., F
R: Stanley Tong D: Jackie Chan, Jackson Lou, Chen Chen Qu
James-Bond-Parodie, in der der komödiantische Kung-Fu-Slapstick-Star einige Bösewichte, die hinter einem Atomsprengkopf her sind, durch die halbe Welt jagt. Nette, aber belanglose Action-Komödie. HFJ 1998

Jacknife J7
JACKNIFE ***
USA 1988, 102 Min., F
R: David Jones D: Robert de Niro, Ed Harris, Kathy Baker
Zwei Vietnam-Veteranen treffen sich in einem kleinen Ort in Neuengland wieder. Während sich der eine fast vollständig aufgegeben hat, ist der andere erfolgreich, aber auch er hat seine Verletzungen noch nicht überwunden. HFJ 1990

Jacob hinter der blauen Tür J8 ***
BRD 1987, 96 Min., F
R: Haro Senft D: Thomas Spielberg, Dagmar Deisen, Siegfried Kernen
Ein 12jähriger, dessen Vater bei einem Unfall ums Leben gekommen ist, findet durch die Begegnung mit einem Musiker wieder neuen Lebenswillen. Einfühlsame Verfilmung nach Peter Härtling. HFJ 1988

Jacobs Ladder – In der Gewalt des Jenseits J9 ***
JACOB'S LADDER
USA 1990, 113 Min., F
R: Adrian Lyne D: Tim Robbins, Elizabeth Pena, Danny Aiello, Matt Craven
Ein Vietnamheimkehrer fühlt sich von geheimnisvollen Mächten verfolgt. Erinnerungen an seine gescheiterte Ehe und den Tod seines Sohnes plagen ihn in seiner neuen Beziehung. Adrian Lyne, sonst eher ein Meister der Video-Clip-Ästhetik, erweist sich hier als Meister der Alpträume. HFJ 1992

Jacquot J10
JACQUOT DE NANTES ****
Frankreich 1991, 119 Min., s/w, F
R: Agnes Varda D: Philippe Maron, Edouard Joubeaud, Jacques Demy
1939 entdeckt der achtjährige Jacquot seine Faszination für das Marionettentheater. Diese überträgt sich auch auf das Kino und weckt in ihm den Wunsch, selber Filme zu drehen. Agnes Varda inszenierte in episodischer Reihung die Kindheitserinnerungen ihres 1990 verstorbenen Mannes, des Filmregisseurs Jacques Demy, und entwirft das leise, melancholische Porträt eines Filmemachers.
HFJ 1993

Jade J11
JADE ***
USA 1995, 94 Min., F
R: William Friedkin D: David Caruso, Linda Fiorentino, Chazz Palminteri
Die »Star-Prostituierte« Jude ist Mittelpunkt eines ominösen Verbrechens, in das die höchste politische und gesellschaftliche Prominenz verwickelt ist. Ein undurchsichtiger Erotik-Thriller, der seinen Anspruch nicht einlöst.
HFJ 1997

Die Jagd J12
LA CAJA ****
Spanien 1966, 83 Min., s/w
R: Carlos Saura D: Ismael Merlo, Alfredo Mayo, Jose Maria Parada
Spannungen und Aggressionen entladen sich bei einem Jagdtreffen zwischen früheren Kameraden und führen zu Mord und Totschlag. Eindrückliche politische Parabel aus der Nach-Bürgerkriegs-Ära.

Jagd auf die Poseidon J13
BEYOND THE POSEIDON ADVENTURE ***
USA 1978, 114 Min., F
R: Irwin Allen D: Michael Caine, Sally Field, Telly Savalas, Karl

Japanische Investoren retten europäisches Kulturgut in ›Jagd auf Schmetterlinge‹.

Jagd auf einen Unsichtbaren J14
MEMOIRS OF AN INVISIBLE MAN **
USA 1992, 99 Min., F
R: John Carpenter D: Chevy Chase, Daryl Hannah, Sam Neill
Eine Computerpanne macht einen Börsenmakler unsichtbar. Da der Unfall vertuscht werden soll, hetzen ihn fortan die Geheimdienste. Uninspirierte Fantasy-Komödie, die vor allem deshalb nicht überzeugt, weil der Unsichtbare ständig sichtbar ist, und vor allem deshalb enttäuscht, weil Regisseur John Carpenter über konventionelle Hollywood-Routine nicht hinauskommt. HFJ 1993

Jagd auf »Roter Oktober« J15
THE HUNT FOR RED OCTOBER ****
USA 1990, 135 Min., F
R: John McTiernan D: Sean Connery, Alec Baldwin, Scott Glenn
Der Kommandant eines sowjetischen Atom-U-Bootes steuert die amerikanische Küste an. Führt er Böses im Schilde? Nein, er will trotz des fiesen

Jagd auf Schmetterlinge J16
LA CHASSE AUX PAPILLONS ****
Fr/It 1992, 115 Min., F
R: Otar Iosseliani D: Narda Blanchet, Pierette Pompom Bailhache, Alexandre Tcherkassoff
Bezaubernde Filmgroteske um einen von zwei alten Damen bewohnten französischen Landsitz, der von Geldhaien, Dieben, Spekulanten und Antiquitätenhändlern Stück für Stück abgebaut wird. HFJ 1994

Jagd durch Havanna J17
THE BIG BOODLE ***
USA 1956, 80 Min., s/w
R: Richard Wilson D: Errol Flynn, Rosanna Rory, Gia Scala
Spielcasino-Croupier, dem Blüten untergeschoben werden, sieht sich von Polizei und Falschmünzern zugleich verfolgt. Blasses Filmchen.

Die Jagd nach dem Malteser Falken J18
THE BLACK BIRD ***
USA 1974, 98 Min., F
R: David Giler D: George Segal,

Mit Menschenbaggern gegen hungrige Demonstranten in ›Jahr 2022 ...‹

Jagd ohne Gnade J19
LA CITTA SI DIFENDE ***
Italien 1951, 77 Min., s/w
R: Pietro Germi D: Gina Lollobrigida, Renato Baldini, Paul Müller
Von Existenzangst geplagte Männer plündern die Kasse eines Fußballstadions. Nach dem Raub trennen sie sich, werden aber, jeder für sich, auf melodramatische Weise verhaftet. Kein schlechter aber unorigineller Kriminalfilm nach altbekanntem Schema mit den üblichen Charaktermotivationen.

Jagdrevier der scharfen Gemsen J20
*
BRD 1975, 76 Min., F
R: Hubert Frank D: Josef Moosholzer, Franz Muxeneder, Rosl Mayr
In die USA ausgewanderter Bayer erbt ein Hotel in Heidelberg und muß, als er es besucht, feststellen, daß in dem Laden allerorten kopuliert wird. Spaß für Infantile.

Jagdszenen aus Niederbayern J21
****
BRD 1968, 85 Min., s/w
R: Peter Fleischmann D: Martin Sperr, Angela Winkler, Hanna Schygulla
Die brutale Jagd auf einen Außenseiter in einem bayrischen Dorf. Kongeniale Verfilmung des krass realistischen Theaterstücks von Martin Sperr, der auch die Hauptrolle übernahm.

Die Jäger J22
I KYNIGHI ***
Griechenland 1977, 165 Min., F
R: Theo Angelopoulos D: Marie Chronopoulou, Elias Stamatiou, Aliki Giorgouli
Griechenland nach dem Bürgerkrieg: Im Wald finden Jäger einen toten Partisanen. Ihre Aussagen bei der Polizei stehen stellvertretend für die verschiedenen Positionen, die unterschiedliche gesellschaftliche und politische Gruppen im Krieg bezogen. Formal schlichte Geschichtsstunde für Angelopoulos-Fans.

Jäger der Apokalypse J23
CACCIATORE II **
Italien 1980, 97 Min., F
R: Anthony M. Dawson D: David Warbeck, Tisa Farrow, Tony King
US-Captain dringt in den Dschungel vor, um einen Propagandasender des Vietkong auszuschalten, da dieser die Moral der Truppe untergräbt. Der Rest ist Maschinenpistolen-Geknatter. Ein Brutalo, an dem nur Zwölfender ihren Spaß haben.

Die Jäger der goldenen Göttin J24
JUNGLE RAIDER **
Italien 1982, 99 Min., F
R: Anthony M. Dawson D: Lee van Cleef, Christopher Connelly
Ein Abenteurer, ein schurkischer Cop, ein Forscher und ein Rebellenrudel jagen im malaiischen Dschungel einem mysteriösen Rubin hinterher. Keine Frage, daß die Guten ihn kriegen.

Jäger der verschollenen Galaxis J25
**
SLAVE GIRLS FROM BEYOND INFINITY
GB 1987, 90 Min., F
R: Ken Dixon D: Don Scribner, Elizabeth Crayton, Cindy Beal
Zwei aus dem Raumer eines stellaren Sklavenhändlers entkommene Miezen werden auf einem Dschungelplaneten von einem lüsternen Irren und seinen Androiden gejagt. Unautorisiertes Billigremake von *Graf Zaroff – Genie des Bösen.* LSFF

Jäger des verlorenen Schatzes J26
****
RAIDERS OF THE LOST ARK
USA 1981, 155 Min., F
R: Steven Spielberg D: Harrison Ford, Karen Allen, Paul Freeman
College-Pauker, im Nebenberuf Abenteurer von echtem Schrot & Korn, verhindert, daß die Nazis mit Hilfe der im Alten Testament erwähnten Bundeslade unbesiegbar werden. Atemberaubendes Abenteuerspektakel. LFF

Jaguar J27
JAGUAR ****
Philippinen 1980, 100 Min., F
R: Lino Brocka D: Phillip Salvador, Amy Austria, Menggie Cobarrubias
Aufstieg und tiefer Fall eines jungen Manns aus den Slums von Manila, der zum Leibwächter eines reichen Playboys wird – und zum Mörder.

Jaguar lebt J28
JAGUAR LIVES **
USA 1979, 92 Min., F
R: Ernest Pintoff D: Joe Lewis, John Huston, Donald Pleasence
Um den Tod eines (vermeintlichen) Freundes zu rächen, legt Agent Jaguar Scharen von Dealern um. Schlägerfilm nach Schema F.

Das Jahr der Aufklärung J29
EL ANO DE LAS LUCAS ***
Spanien 1986, 103 Min., F
R: Fernando Trueba D: Jorge Sanz, Maribel Verdu, Manuel Alexandre

Ein Junge in einem Heim im Spanien der vierziger Jahre rebelliert gegen die prüde Moralerziehung. Komödiantische Attacke gegen den Zusammenhang von Moral, Politik und Kirche.

Ein Jahr in der Hölle J30
THE YEAR OF LIVING DANGEROUSLY ****
Australien/USA 1982, 115 Min., F
R: Peter Weir D: Mel Gibson, Sigourney Weaver, Linda Hunt
Kriegsberichterstatter quält sich mit den verschiedensten Unannehmlichkeiten seines eitlen Jobs herum und quittiert den Dienst am Ende aus dem besten Grund der Welt: wegen einer Frau. Die überzeugende Inszenierung und hervorragende Darsteller machen den Film sehenswert.

Jahr 2022 ... die überleben wollen J31 ****
SOYLENT GREEN
USA 1973, 95 Min., F
R: Richard Fleischer D: Charlton Heston, Leigh Taylor-Young, Edward G. Robinson, Chuck Connors
In einer übervölkerten Zukunftswelt kommt ein New Yorker Polizist hinter das Geheimnis der menschlichen Hauptnahrung und muß um sein Leben fürchten. Rasanter SF-Thriller, der zur Zerstörung des Öko-Gleichgewichts Stellung bezieht.

Jahreszeiten einer Ehe J32
A CHANGE OF SEASON ***
USA 1980, 102 Min., F
R: Richard Lang D: Shirley MacLaine, Anthony Hopkins, Bo Derek
Tragikomödie um einen Professor, der seine Frau betrügt, das Dreiecksverhältnis aber so ungeschickt gestaltet, daß er am Ende ganz ohne Frau dasteht. Ganz nett.

Jakob der Lügner J33 ***
DDR 1975, 100 Min., F

schen Befreiungsarmee Hoffnung und Mut.

James Bond – Der Mann mit dem goldenen Colt J34 ***
THE MAN WITH THE GOLDEN GUN
GB 1974, 125 Min., F
R: Guy Hamilton D: Roger Moore, Christopher Lee, Britt Ekland, Maud Adams
Die neunte Herausforderung des Geheimagenten 007 führt ihn nach Thailand und Hongkong. Dort hat er es mit einem machthungrigen Großverbrecher zu tun, der ein gestohlenes Patent zur Energiegewinnung als Kraftquelle für seine bedrohlichen kriminellen Machenschaften zweckentfremdet. Durchschnittlicher James-Bond-Film.

James Bond – Der »Morgen« stirbt nie J35 ***
TOMORROW NEVER DIES
GB/USA 1997, 119 Min., F
R: Roger Spottiswoode D: Pierce Brosnan, Jonathan Pryce, Michelle Yeoh
Ein Medienmogul inszeniert einen Konflikt zwischen England und China, um die Weltherrschaft zu erlangen. Mit einer schönen chinesischen Spezialagentin an seiner Seite macht sich 007 auf, das zu verhindern. Braver Action-Krimi. HFJ 1998

James Bond – Der Spion, der mich liebte J36 ***
THE SPY WHO LOVED ME
GB 1977, 125 Min., F
R: Lewis Gilbert D: Roger Moore, Barbara Bach, Curd Jürgens, Richard Kiel
Der britische Geheimagent unterstützt dieses Mal ausnahmsweise die »Roten«, wobei er besonders gerne mit Russinnen zusammenarbeitet. Es gilt einen Groß-Gangster zur Strecke zu bringen, der mit Hilfe zweier gestohlener Atom-U-Boote Moskau und New York zerstören will. Schwacher 007-Film mit Betonung auf den ersten beiden Ziffern.

James Bond – Feuerball J37
THUNDERBALL ***
GB 1965, 134 Min., F
R: Terence Young D: Sean Connery, Claudine Auger, Luciana Paluzzi
Vierter Film in der 007-Serie: James Bond sucht zwei Atomsprengköpfe, die von bösen Verbrechern auf dem Meeresgrund versteckt wurden (zum Glück nicht irgendwo, sondern stilecht vor den Bahamas). Fast zwanzig Jahre später hatte Sean Connery im Feuerball-Remake – *Sag Niemals Nie* sein höchst selbstironisches Comeback als 007.

Pierce Brosnan als James Bond mit Izabella Scorupco im neuen 007-Abenteuer ›Goldeneye‹.

James Bond – Goldeneye J38
JAMES BOND – GOLDENEYE ***
GB/USA 1995, 125 Min., F
R: Martin Campbell D: Pierce Brosnan, Sean Bean, Izabella Scorupco
James Bond is back: Nach sechs Jahren Film-Pause ärgert er sich mit Russen-Mafia und Russen-Militärs herum und kämpft an allen Fronten gegen eine kriminelle Organisation, die mit »Goldeneye«, einem mörderischen Waffensystem, die Welt in den Orkus schicken will. Der Ire Pierce Brosnan spielt nach Sean Connory wieder den legendären Agenten 007 als Bilderbuch-Bond mit Intelligenz, (Selbst)-Ironie und Homor. HFJ 1996

James Bond – Goldfinger J39
GOLDFINGER ****
GB 1964, 110 Min., F
R: Guy Hamilton D: Sean Connery, Gert Fröbe, Shirley Eaton
Agentenabenteuer mit Gert Fröbe als Bösewicht, der schon mal eine Verräterin aus den eigenen Reihen damit zum Schweigen bringt, daß er sie mit einer Ganzkörpervergoldung überzieht. Dritter Film und einer der Höhepunkte der Bond-Serie: ein Klassiker.

James Bond – Im Angesicht des Todes J40 ***
A VIEW TO A KILL
GB 1984, 130 Min., F
R: John Glen D: Roger Moore, Christopher Walken, Grace Jones
Dieser Bond (Handlung wie immer völlig belanglos) hat gute Chancen auf einen Preis für die originellsten Bösewichte und wartet mit diversen Schauwerten auf: Die Performances von Grace Jones, die erst vom Eiffelturm springt und sich danach als menschlicher Pitbull-Terrier gebärdet und des genial fiesen Christopher Walken werden von einer Vielzahl sehenswerter Special-Effects abgerundet.

James Bond – Im Geheimdienst seiner Majestät J41 ***
ON HER MAJESTY'S SECRET SERVICE
GB 1969, 132 Min., F
R: Peter Hunt D: George Lazenby, Diana Rigg, Telly Savalas
Zu Unrecht ziemlich unbekanntes 007-Abenteuer mit dem australischen Einweg-Bond George Lazenby. Blofeld will der gesamten Menschheit diesmal in Gestalt von Telly Savalas ans Leder, und Diana Rigg aus *Mit Schirm, Charme und Melone* ist auch nicht ohne. In der winterlichen Alpenlandschaft auf den Skiern mit Kamera: Willy Bogner.

James Bond – In tödlicher Mission J42 ****
FOR YOUR EYES ONLY
GB 1980, 127 Min., F
R: John Glen D: Roger Moore, Carole Bouquet, Chaim Topol, Lynn-Holly Johnson
13. Film der Bond-Serie, rasantes Abenteuer mit überdurchschnittlichem Witz und Esprit. Besondere Attraktionen: Chanel-Model Carole Bouquet als bildschöne Rächerin ihrer ermordeten Eltern und faszinierende Bilder eines scheinbar uneinnehmbaren Felsenklosters.

James Bond – jagt Dr. No J43
DR. NO ****
GB 1962, 109 Min., F
R: Terence Young D: Sean Connery, Ursula Andress, Joseph Wiseman
In diesem ersten Abenteuer des Geheimagenten im Dienste Ihrer Majestät ist die Grundstruktur der gesamten Serie schon angelegt. In der Hauptrolle der coole Connery, ohne blassen Schimmer, was dieser Film für seine Karriere bedeuten sollte. Dr. No begründete den Bond-Mythos – allein das macht ihn schon sehenswert.

James Bond – Leben und sterben lassen J44 ***
LIVE AND LET DIE
GB 1973, 121 Min., F
R: Guy Hamilton D: Roger Moore, Yaphet Kotto, Jane Seymour
Der britische Superagent 007, erstmals dargestellt von Roger Moore, legt sich diesmal mit einem Heroinfabrikanten an. Wie sich's gehört endet dieser schließlich im Haifischbecken. Bewährt-witzige Unterhaltung, die an die frühen James-Bond-Filme jedoch nicht herankommt.

James Bond – Liebesgrüße aus Moskau J45 ****
FROM RUSSIA WITH LOVE
GB 1963, 115 Min., F
R: Terence Young D: Sean Connery, Daniela Bianchi, Pedro Armendariz, Lotte Lenya
James Bond nimmt es diesmal gleichzeitig mit einer internationalen Spionageorganisation und dem sowjetischen Geheimdienst auf. Mit selbstironisch-parodistischem Humor und absurdesten Special-Effects garniertes Feuerwerk. Wer hier nicht auf seine Kosten kommt, ist selber schuld!

Sean Connery: Kein Bond war je besser.

James Bond – Man lebt nur zweimal J46 ***
YOU ONLY LIVE TWICE
GB 1966, 116 Min., F
R: Lewis Gilbert D: Sean Connery, Karin Dor, Akiko Wakabayashi
James Bond tut der Welt einmal mehr Gutes: Der Superagent hat wie immer genau die Waffen dabei, die er braucht. Dieses Mal konzentriert er sich auf eine einzige Frau, besiegt auf bewährt unterhaltsame Art eines dieser lästigen Verbrechersyndikate und verhindert so den Dritten Weltkrieg.

James Bond – Octopussy J47
OCTOPUSSY ***
GB 1983, 131 Min., F
R: John Glen D: Roger Moore, Maud Adams, Louis Jordan, Kristina Wayborn
Ein verrückt-gefährlicher Sowjet-General bedroht die Welt mit einer Atombombe. Wieder einmal muß der unverwüstliche Geheimagent seiner Majestät eingreifen und erledigt ne-

benbei eine internationale Bande von Juwelen-Schmugglern. Einer der besseren Bond-Filme mit Roger Moore.

James Bond – Sag niemals nie J48
NEVER SAY NEVER AGAIN ****
USA 1983, 133 Min., F
R: Irvin Kershner D: Sean Connery, Klaus Maria Brandauer, Max von Sydow, Barbara Carrera
Diesmal ist sein Hauptgegner ein gefährlicher Verbrecher, der seiner Spielleidenschaft sowohl privat als auch »geschäftlich« frönt und die Welt mit zwei gestohlenen Cruise-Missiles bedroht. Remake von *James Bond 007 – Feuerball,* das neben den üblichen Zutaten mit den diabolisch spielenden Stars Brandauer, von Sydow und der aufregenden Barbara Carrera garniert ist.

Die James-Dean-Story J49
THE JAMES DEAN STORY ***
USA 1957, 57 Min., s/w
R: Robert Altman, George W. George
Dokumentarfilm über James Dean mit bis dahin unveröffentlichtem Material über das Kultidol der fünfziger Jahre. Sehr knapp in der Analyse und bestimmt von teilweise unerträglich anmaßendem Symbolismus, besticht das Porträt jedoch durch die brillanten Schwarzweißaufnahmen von Indiana, wo der Star aufgewachsen ist.

Jan auf der Zille J50
****
DDR 1986, 87 Min., F
R: Helmut Dziuba D: Peter Scholz, Helene Anders, Hartmut Pohl
Der 13jährige Jan ist zur Zeit der Machtergreifung durch die Nazis auf der Suche nach seinem Vater. Der, ein Kommunist, soll nach einem Mord auf der Flucht ertrunken sein. Der Film schildert die dramatischen Erlebnisse und Entscheidungen eines Kindes in der Zeit des Faschismus.

Brontës Roman um eine Waise, die als Gouvernante arbeitet und sich in ihren mysteriösen Schloßherrn verliebt. Der Film konzentriert sich mehr auf die Figuren als auf den tragischen Plot. Angenehm zurückhaltend, wenngleich manchmal etwas blutleer. HFJ 1998

Jason, die Flasche J52
ROMANTIC COMEDY **
USA 1983, 98 Min., F
R: Arthur Hiller D: Dudley Moore, Mary Steenburgen, Frances Sternhagen, Janet Eilber
Beziehungsgeschichte zwischen einem erfolgreichen Bühnenautor und seiner Co-Autorin. Das ist ganz und gar nicht abendfüllend.

Jason und die Argonauten J53
JASON AND THE ARGONAUTS ***
GB 1963, 104 Min., F
R: Don Chaffey D: Todd Armstrong, Nancy Kovack, Gary Raymond
Obwohl Götter und Monster alles tun, um ihnen ein Bein zu stellen, finden der Seefahrer Jason und seine Freunde das legendäre Goldene Vlies. Flotter, humorvoller Fantasyfilm mit guten Tricks. Sehr unterhaltsam. LFF

Je t'aime J54
JE T'AIME, MOI NON PLUS ***
Frankreich 1975, 89 Min., F
R: Serge Gainsbourg D: Jane Birkin, Joe Dallessandro, Hugues Quester
Zwei schwule Müllfahrer rasten in einer heruntergekommenen Bude, einer der beiden techtelmechtelt mit der bisexuellen Bedienung. Die Folge davon ist ein Mordanschlag aus Eifersucht. Eine ziemlich ungewöhnliche Geschichte.

Jean Florette J55
JEAN DE FLORETTE ****
Frankreich 1986, 121 Min., F
R: Claude Berri D: Yves Montand, Gérard Depardieu, Daniel Auteuil

Jeanne Dielman, 23 Quai du Commerce J56
****
JEANNE DIELMAN, 23 QUAI DU COMMERCE – 1080 BRUXELLES
Belgien 1975, 225 Min., F
R: Chantal Akerman D: Delphine Seyrig, Jan Decorte, Henri Storck
Drei Tage im Leben einer vierzigjährigen Frau, die nach dem Tod ihres Mannes als Prostituierte arbeitet. Ihr perfekt organisiertes, emotionsloses Leben wird schließlich durch einen Besucher empfindlich gestört.

Jede Menge Kohle J57
***
BRD 1981, 102 Min., F
R: Adolf Winkelmann D: Delle Quandt, Uli Heucke, Hermann Lause
Aussteiger-Film über einen jungen Bergmann, der im Job versagt und zusammen mit seiner Freundin ein neues Leben plant – nicht ohne jedoch zuvor alte Rechnungen beglichen zu haben. Ironische Schilderung des Lebens im Ruhrpott.

Jede Nacht um neun J58
OUR MOTHER'S HOUSE ***
GB 1967, 105 Min., F
R: Jack Clayton D: Dirk Bogarde, Margaret Brooks, Pamela Franklin
Sieben Kinder verheimlichen den Tod ihrer Mutter, um nicht ins Waisenhaus zu kommen. Als der Vater zurückkehrt, kommt es zur Katastrophe.

Jeder für sich und Gott gegen alle J59
****
BRD 1974, 109 Min., F
R: Werner Herzog D: Bruno S., Walter Ladengast, Brigitte Mira
Eine freie Gestaltung des Schicksals jenes 1828 in Nürnberg gefundenen »Kaspar Hauser«, der als »Findling« Gegenstand wissenschaftlicher Neugier war und fünf Jahre später ermordet wurde. Eindringlich in der Hauptrolle: Bruno S., der auch autobiographische

Lebensgeschichte des Kopfgeldjägers Ralph Thorson, verwurstet zu einem dünnen Plot voller Lücken und Fehler. McQueens letzter Film – ein trauriger, unwürdiger Abgang.

Jeder stirbt für sich allein J61
***
BRD 1975, 107 Min., F
R: Alfred Vohrer D: Hildegard Knef, Carl Raddatz, Martin Hirthe
Ausgelöst durch den Tod ihres Sohnes an der Westfront im Zweiten Weltkrieg leistet ein Arbeiterehepaar anonymen Widerstand, wird schließlich gefaßt und vom Volksgerichtshof verurteilt. Allzu rührselige Verfilmung des Romans von Hans Fallada.

Jedermann J62
***
Österreich 1961, 93 Min., F
R: Gottfried Reinhardt D: Ewald Balser, Walter Reyer, Kurt Heintel
Film-Wiedergabe des klassischen Mysterienspiels von Hugo von Hofmannsthal. Hervorragendes Theater, wenig Film.

Jefferson in Paris J63
JEFFERSON IN PARIS ***
USA 1995, 136 Min., F
R: James Ivory D: Nick Nolte, Greta Scacchi, Jean-Pierre Aumont
Als Botschafter am Hof Ludwigs XVI. erlebt Thomas Jefferson von 1784 bis 1789 die Vorwehen der Französischen Revolution. Privat gerät der engagierte Kämpfer für Freiheit und Gleichheit durch die Liebe zu einer schwarzen Sklavin in Gewissenskonflikte. Das opulente Historiendrama besticht durch exquisite Ausstattung und gute Schauspieler, leidet aber an Blutleere; die Gefühle der Protagonisten kochen auf Sparflamme. HFJ 1996

Jekyll und Hyde – Die schärfste Verwandlung Aller Zeiten J64
*
JEKYLL AND HYDE – TOGETHER AGAIN
USA 1982, 87 Min., F
R: Jerry Belson D: Mark Blankfield, Bess Armstrong, Krista Erickson
Der Krankenhausarzt Dr. Jekyll braut sich ein Tränklein, das ihn im Nu in einen lüsternen Punk verwandelt, so daß er fortan einer drallen Punkerin nachsteigt. Echt nicht ulkig.

Jenseits der Stille J65
****
BRD 1996, 113 Min., F
R: Caroline Link D: Sylvie Testud, Tatjana Trieb, Matthias Habich
Lara wächst mit taubstummen Eltern auf, entdeckt ihre Liebe zur Musik und versucht, ihren eigenen Weg zu gehen. Manchmal sehr plakativ angelegte und sich an der Pseudotiefe von Hollywood-Dramen orientierende Coming-of-age-Geschichte. Trotzdem Seelenkino vom Feinsten. HFJ 1997

Jenseits allen Zweifels J66
BEYOND A REASONABLE DOUBT **
USA 1956, 80 Min., s/w
R: Fritz Lang D: Dana Andrews, Joan Fontaine, Sidney Blackmer
Schriftsteller will sich aus Protest gegen die Todesstrafe für einen Mord zum Tode verurteilen lassen, den er nicht begangen haben soll. In Wahrheit ist er aber doch der Mörder. Ein wenig zu verwickelt und ein Flop, weshalb Lang Hollywood verließ und nach Deutschland zurückkehrte.

Jenseits der Straße J67
***
Deutschland 1929, 60 Min., s/w
R: Leo Mittler D: Liss Arna, Paul Rehkopf, Fritz Genschow
Stummfilm, der aus dem Polizeibericht einer deutschen Großstadt stammen könnte: Ein junger Arbeitsloser auf der Suche nach Arbeit. Sein Freund, ein alter Bettler, findet auf der Straße ein Perlenhalsband, das bei allen Beteiligten zu unerwarteten Reaktionen führt. Zeitbild Ende der 20er Jahre.

Jenseits der Zeitschranke J68
BEYOND THE TIME BARRIER **
USA 1960, 75 Min., s/w
R: Edgar G. Ulmer D: Robert Clarke, Darlene Tompkins, Arianne Arden
US-Pilot wird auf mysteriöse Weise in die Zukunft verschlagen und stößt auf eine postatomare Zivilisation, in der Normalmenschen und Mutanten sich bekriegen. Der Film warnt vor den unabsehbaren Folgen der Atomversuche. LSFF

Jenseits des Bösen J69
BEYOND EVIL **
USA 1980, 98 Min., F
R: Herb Freed D: John Saxon, Linda Day George, Michael Dante
Der Geist einer vor hundert Jahren Verstorbenen versucht, Macht über ein Ehepaar zu erlangen, das in ein Gespensterhaus eingezogen ist. Ein Standard-Horrorfilm.

Jenseits von Afrika J70
OUT OF AFRICA ****
USA 1985, 161 Min., F
R: Sydney Pollack D: Meryl Streep, Robert Redford, Klaus Maria Brandauer, Michael Kitchen
Episches Gefühlskino nach Karen Blixens Autobiographie: Die Heldin steht zwischen einem unzuverlässigen Aristokraten und einem Großwildjäger und verliert am Ende ihren afrikanischen Traum.

Robert Redford und Meryl Streep

Jenseits von Eden J71
EAST OF EDEN ****
USA 1955, 115 Min., F
R: Elia Kazan D: James Dean, Julie Harris, Raymond Massey
Ein rebellischer Sohn wird immer wieder vom Vater wegen des »braven« Bruders zurückgestoßen. Heftiges Familiendrama nach John Steinbeck.

Jenseits von Gut und Böse J72
AL DI LA DEL BENE E DEL MALE **
It/Fr/BRD 1977, 127 Min., F
R: Liliana Cavani D: Dominique Sanda, Erland Josephson, Robert Powell
Film über Friedrich Nietzsches Verhältnis zu Lou Salomé und Paul Ree. In

dem langatmigen Film wird der umstrittene Denker zu einem Sexual- und Rauschgiftkretin diskreditiert.

Jenseits von Mitternacht J73
THE OTHER SIDE OF MIDNIGHT ***
USA 1977, 166 Min., F
R: Charles Jarrott D: Marie-France Pisier, John Beck, Susan Sarandon
Eine breit ausgespielte Liebes- und Eifersuchtsgeschichte in der Kriegs- und Nachkriegszeit: Ein Pilot zwischen zwei Frauen zieht die Rache des Ehemannes der einen auf sich.

Jeremiah Johnson J74
JEREMIAH JOHNSON ****
USA 1972, 108 Min., F
R: Sydney Pollack D: Robert Redford, Will Geer, Stefan Gierasch
Ein Trapper in den Rocky Mountains verliert durch einen Indianerüberfall seine Gefährtin und fängt einen blutigen Rachefeldzug an.

Jeremy J75
JEREMY **
USA 1972, 90 Min., F
R: Arthur Barron D: Robby Benson, Glynnis O'Connor, Len Bari
Die Geschichte einer schüchternen Teenagerliebe – ein junger Cello-Virtuose und ein Mädchen, das zum Ballett will, werden durch den Umzug der Eltern getrennt – in modisch selbstgefälligen Bildern erzählt.

Jeremy Rodack J76
TRIBUTE TO A BADMAN ***
USA 1955, 95 Min., F
R: Robert Wise D: James Cagney, Don Dubbins, Stephen McNally
Ein skrupelloser Rancher, der das Gesetz in die eigene Hand nimmt, wenn es um seinen Besitz geht, läßt sich von einem jungen Mann läutern und gewinnt das Herz einer Frau. Toll.

Jerry Maguire – Spiel des J77

sich auf die wahren Tugenden seines Jobs besinnt. Als moralinsaures Mainstream-Tugend-Epos angelegt, überrascht der Film durch seine Eigenwilligkeit, die über bloße Klischees hinausgeht. HFJ 1998

Jesse James – Mann ohne Gesetz J78
****
JESSE JAMES
USA 1939, 105 Min., F
R: Henry King D: Tyrone Power, Henry Fonda, Nancy Kelly
Eisenbahnbarone, die der Familie James das Leben zur Hölle machen, sind Schuld daran, daß Jesse und Frank James die Banditenlaufbahn einschlagen. Der Film stellt die Historie zwar auf den Kopf und feiert die Legende, ist aber ein spannender, ansehbarer Western.

Jesse Owens – Idol und Legende J79
**
THE JESSE OWENS STORY
USA 1984, 192 Min., F
R: Richard Irving D: Dorian Harewood, Debbi Morgan, Greg Morris
Die Lebensgeschichte des schwarzen Sprinterchamps, in Form von Rückblenden erzählt. Der erste Teil ist auf die Jugend in ärmlichen Verhältnissen und unter den Bedingungen amerikanischer Rassendiskriminierung konzentriert.

Jessica J80
JESSICA/LA SAGE FEMME, LE CURE ET LE BON ***
It/Fr 1961, 98 Min., F
R: Jean Negulesco D: Angie Dickinson, Maurice Chevalier, Noël-Noël
Eine junge amerikanische Krankenschwester bringt ein süditalienisches Dorf durcheinander. Die Komödie vor wunderbarer Kulisse macht Spaß und zaubert alle Probleme fort.

Jesus J81

Jesus Christ Superstar J82
JESUS CHRIST SUPERSTAR ***
USA 1973, 107 Min., F
R: Norman Jewison D: Ted Neeley, Carl Anderson, Yvonne Elliman
Heftig umstrittene Rock-Oper über Jesus Leidensgeschichte, teils gelungen teils total verkitscht. Religion im Film geht meistend schief, es gibt nur wenige rühmliche Ausnahmen.

Jesus von Montreal J83
JESUS DE MONTREAL ****
Kanada 1989, 119 Min., F
R: Denys Arcand D: Lothaire Bluteau, Cathérine Wilkening, Johanne-Marie Temblay, Gilles Lepage
Eine Truppe junger Schauspieler in Montreal inszeniert eine eigene Interpretation der Passionsgeschichte, und der Darsteller des Jesus erlebt den Aufeinanderprall von innerer Gewißheit und gesellschaftlicher Ächtung.

Jesus von Nazareth J84
GESU DI NAZARETH ***
Italien/GB 1976, 270 Min., F
R: Franco Zeffirelli D: Robert Powell, Olivia Hussey, Anne Bancroft
Monumentaler Tränendrücker über das Leben Christi, für den Zeffirelli wie gewohnt tief in die Ausstattungskiste gegriffen hat. Daß der fast fünfstündige Film mehr auf Show als auf Religion setzt, ist ihm nicht vorzuwerfen, sondern im Gegenteil intendiert. Auf jeden Fall sehenswert.

Jesus von Ottakring J85
****
Österreich 1975, 97 Min., F
R: Wilhelm Pellert D: Rudolf Prack, Christian Prokop, Marianne Gerzner
Ferdinand Novacek im Wiener Stadtteil Ottakring gilt ob seiner kritischen und moralischen Ansichten und seiner Frömmigkeit als »Linksradikaler«, und nach und nach entwickelt sich die Ablehnung zu einer regelrechten

Kevin Costner bei der Rekonstruktion des Präsidentenmordes.

Mäßig originelle Rachegeschichte über eine verwöhnte Göre, die aus eigener Schuld von ihrem Verlobten sitzengelassen wird und nach Jahren versucht, ihm die Kränkung heimzuzahlen. Davis und Fonda retten den Film vor dem absoluten Mittelmaß.

JFK – John F. Kennedy – Tatort Dallas J87 ****

JFK

USA 1991, 189 Min., F

R: Oliver Stone D: Kevin Costner, Tommy Lee Jones, Gary Oldman, Sissy Spacek, Jay O. Sanders

Im Mittelpunkt des Polit-Thrillers steht der Staatsanwalt Jim Garrison, der die offizielle Version des Mordes an Präsident Kennedy bezweifelt und mit allen Mitteln zu widerlegen sucht. Kino als Vergangenheitsbewältigung, virtuos komponiert, interessant und diskussionswürdig. HFJ 1993

Jim, der letzte Sieger J88

THE SQUARE RING ***

GB 1953, 80 Min., s/w

R: Basil Dearden D: Jack Warner, Robert Beatty, Maxwell Reed

Episoden aus dem Leben britischer Boxer in einem Provinzverein.

Jimmy Hoffa J89

HOFFA ***

USA 1992, 140 Min., F

R: Danny De Vito D: Jack Nicholson, Danny De Vito, Armand Assante

Nach einem Drehbuch von David Mamet bemerkenswert gespielte und bemerkenswert unkritische Filmbiographie des eher zwielichtigen amerikanischen Gewerkschaftsführers, der am Ende von den Gangstern ermordet wurde, mit denen er stets in Kontakt war. HFJ 1994

Jimmy Orpheus J90 **

BRD 1966, 52 Min., s/w

R: Roland Klick D: Klaus Schichan, Ortrud Beginnen

Film-Parabel über einen Mann in Sankt Pauli, der, nachdem er keine Unterkunft mehr hat, Asyl bei einer Dirne findet, sie aber nach einigem Hin und Her wieder verliert.

Jimmy und die Piraten J91

THE BOY AND THE PIRATES ***

USA 1960, 83 Min., F

R: Bert I. Gordon D: Charles Herbert, Susan Gordon, Murvyn Vye

Jimmy wird von einem Flaschengeist in die Ära der Piraten versetzt und erlebt auf Captain Blackbeards Schiff haarsträubende Abenteuer. Der beste Film des Regisseurs, der nur mit Fehlleistungen von sich reden macht. LFF

Der Job J92

IL POSTO ****

Italien 1961, 91 Min., s/w

R: Ermanno Olmi D: Sandro Panzeri, Loredana Detto, Tullio Kezich

Der Weg eines jungen Mannes in die gnadenlose Arbeitswelt einer Mailänder Großfabrik. Arbeitswelt-Klassiker.

Joey J93 ***

BRD 1985, 98 Min., F

R: Roland Emmerich D: Joshua Morell, Tammy Shields, Jerry Hall

Bauchredner nimmt via Telefon aus dem Jenseits Kontakt mit seinem Söhnchen auf und bekämpft mit ihm das Böse in Gestalt einer Bauchrednerpuppe. Hollywoodfilm aus deutschen Landen. Unterhaltsam und interessant.

Johanna D'Arc of Mongolia J94 **

BRD 1989, 165 Min., F

R: Ulrike Ottinger D: Delphine Seyrig, Irm Hermann, Gillian Sclici

Sieben Frauen, die zu Beginn des Jahrhunderts durch die Mongolei reisen, werden von Nomaden entführt und lernen die Kultur dieses Volkes kennen. Ottingers Dokumentarfilme über China sind wesentlich besser.

HFJ 1990

Johanna die Jungfrau – Der Kampf. Der Verrat J95 ****

JEANNE LA PUCELLE - LES BATAILLES. LES PRISONS

Frankreich 1994, 336 Min. (1. Teil 160 Min., 2. Teil 176 Min.), F

R: Jacques Rivette D: Sandrine Bonnaire, Andre Marcon, Jean-Louis Richard

Das Schicksal der Jeanne d'Arc (1412 bis 1431), ihre Triumphe und Niederlagen bis zum Prozeß und dem gewaltsamen Tod in Rouen, erzählt Rivette in diesem zweiteiligen, an der Historie orientierten Film als Konflikt zwischen Selbstbestimmung und Macht, Frau und Mann, Weltlichkeit und Klerus. Perfekt: Sandrine Bonnaire als kämpferische Heroine. HFJ 1995

Johanna von Orleans J96

JOAN OF ARC ***

USA 1946, 100 Min., F

R: Victor Fleming D: Ingrid Bergman, José Ferrer, Francis L. Sullivan

Ausstattungsfilm um die Legende des

französischen Bauernmädchens, das im 15. Jahrhundert den Kampf gegen die Engländer führt und als Ketzerin verbrannt wird. Vor allem Ingrid Bergman rettet den Film davor, in eine historische Kitsch-Orgie abzugleiten.

Ingrid Bergman als Johanna.

John Lurie and The Lounge Lizards in Berlin J97 ***

JOHN LURIE & THE LOUNGE LIZARDS IN BERLIN

Japan 1991, 102 Min., F

R: Garret Linn D: John Lurie, Michael Blake, Steven Bernstein

Der Film dokumentiert eine Konzertreihe, die an vier aufeinanderfolgenden Tagen, vom 27. bis 30. März 1991, im Berliner »Quartier« stattfand, und fängt die virtuose Qualität der neun ungewöhnlichen und weltbekannten Musiker ein. HFJ 1993

Johnny Flash J98 ***

BRD 1986, 78 Min., F

R: Werner Nekes D: Helge Schneider, Andreas Kunze, Heike Melba-Fendel

Der Experimentalfilmer Nekes drehte mit dem Kabarettisten Helge Schneider (genau, den) in der Hauptrolle eine gutgelaunte Komödie um die Karriere eines Schlagersängers. HFJ 1989

Johnny Guitar

Ein junger Musiker arbeitet als Roadie und verliebt sich in ein Mädchen, das er bei einem Konzert kennenlernt. Der Glamour der Rock-Show aus einer ungewöhnlichen Perspektive betrachtet.

Johnny zieht in den Krieg J100 ****

JOHNNY GOT HIS GUN

USA 1971, 114 Min., F

R: Dalton Trumbo D: Timothy Bottoms, Kathy Fields, Donald Sutherland

Einem jungen Soldaten werden im Ersten Weltkrieg durch eine Granate Arme und Beine abgerissen. Er lebt blind und bewegungslos in einem Hospital. Eine vehemente Anklage gegen den Krieg und eine Meditation des lange verfemten Autors und Regisseurs über das Leben.

Jom oder Die Geschichte eines Volkes J101 ****

JOM OU L'HISTOIRE D'UN PEUPLE

Senegal 1981, 80 Min., F

R: Ababacar Samb Makharam

D: Makhouredia Guèye, Aminata Fall

Die Entstehungsgeschichte eines afrikanischen Staates wird in drei Lebensbildern verdeutlicht: eine Tänzerin, ein Aristokrat und ein Arbeiter veranschaulichen die Entwicklung.

Jonas J102 ****

BRD 1957, 81 Min., s/w

R: Ottmar Domnick D: Robert Graf, Elisabeth Bohaly, Heinz-Dieter Eppler

Ein Mann leidet unter seinen Erinnerungen an die Zeit der Kriegsgefangenschaft, wo er seinen Freund zurücklassen mußte. Der Psychiater und Filmemacher Domnick nähert sich seinem Thema auf experimentelle Weise und verhindert jede rasche Identifikation. Ein in seiner Entstehungszeit solitäres Werk.

Jonas, der im Jahre 2000 25 Jahre alt sein wird J103 ****

Jonasi und die weiße Schildkröte J104 ***

THE SILENT ONE

Neuseeland 1984, 95 Min., F

R: Yvonne Mackay D: George Henare, Pat Evison, Anzac Wallace

Ein wegen seiner Stummheit ausgestoßenes Findelkind auf einer Südseeinsel schließt Freundschaft mit einer weißen Schildkröte und nimmt sogar ihre Gestalt an. Mythopoetischer Kinderfilm.

Jörg Ratgeb, Maler J105 ***

DDR 1977, 101 Min., F

R: Bernhard Stephan D: Alois Svehlik, Margrit Tenner, Günter Naumann

Panorama aus dem Deutschland des 16. Jahrhunderts. Der Maler Jörg Ratgeb wird auf seiner Reise zu Albrecht Dürer und auf der Suche nach Modellen für einen Altar mit der politischen Situation seiner Zeit konfrontiert. Eine ehrgeizige und weitgespannte Auseinandersetzung mit jener Zeit.

Josefine Mutzenbacher J106 ***

BRD 1970, 89 Min., F

R: Kurt Nachmann D: Christine Schuberth, Kai Fischer, Bert Fortell

Als reiche Dame kehrt die Wiener Hure Josefine in ihre Heimatstadt zurück und erzählt einem Ministerialrat die Geschichte ihres Lebens. Um Werktreue bemühte Verfilmung des 1906 anonym erschienenen Pornoklassikers. Nett.

Josefine Mutzenbacher – Mein Leben für die Liebe J107 **

BRD 1984, 85 Min., F

R: Gunther Otto D: Sandra Nova, Ernst Kraus, Christine Tiefenthaler

Werkgetreue Verfilmung des anonymen Pornoklassikers *Meine 365 Liebhaber:* Die Hure Josefine läßt sich von

Josefine Mutzenbacher – Wie sie wirklich war J108
***
BRD 1976, 90 Min., F
R: Hans Billian D: Patricia Rhomberg, Linda Rogers, Irene Silver
Josefine Mutzenbacher erzählt die Geschichte ihres Lebens als Hure in Wien: Wie sie bei den Logiergästen der Mutter angefangen hat; wie sie geilen Pfaffen und dem Stiefvater zu Willen ist, etc. Der Film genießt in den USA (als *Sensational Janine*) fast Kultstatus und gilt als Klassiker des Sexkinos. Fortsetzungen gab es von dem züchtigen Produzenten natürlich auch.

Joseph Andrews J109
JOSEPH ANDREWS ****
GB 1976, 103 Min., F
R: Tony Richardson D: Peter Firth, Ann-Margret, Beryl Reid
Henry Fieldings Geschichte vom reinen Toren in einer verlogenen Welt, der am Ende doch zu seiner ebenso unschuldigen Geliebten kommt.

Josephine J110
THE JOSEPHINE BAKER STORY ***
GB 1991, 150 Min., F
R: Brian Gibson D: Lynn Whitfield, Ruben Blades, David Dukes
Die Lebensgeschichte der skandalumwitterten Sängerin und Tänzerin, die ihre prüde und rassistische Heimat verließ, um im Paris der zwanziger Jahre Furore zu machen. HFJ 1992

Joy – 1 1/2 Stunden wilder Lust J111
**
JOY
Fr/Kanada 1983, 108 Min., F
R: Serge Bergon D: Claudia Udy, Gérard-Antoine Huard, Manuel Gélin
Dessous-Model verguckt sich in einen Architekten und geht mit ihm nach Paris, wo der Gute aber in einer Journalistin eine weitere Gespielin hat. Softsexer aus dem Jet-set-Milieu.

Joy und Joan J112
JOY ET JOAN **
Frankreich 1984, 87 Min., F
R: Jacques Saurel D: Brigitte Lahaie, Isabelle Solar, Pierre Londiche
Nach enttäuschenden Beziehungen zu Männern verliebt sich das Model Joy in eine Frau. Softporno, dessen Hauptdarstellerin auch in Dutzenden von Hardcore-Filmen aufgetreten ist.

Jubilee J113
JUBILEE ****
GB 1978, 103 Min., F
R: Derek Jarman D: Jenny Runacre, Toyal Willcox, Little Nell
Eine surreale Thriller-Groteske um Königin Elizabeth I., die im kaputten und von einem Mediengiganten beherrschten London eine Frauen-Gang anführt.

Judgement Night – Zum Töten verurteilt J114
***
JUDGEMENT NIGHT
USA 1993, 105 Min., F
R: Stephen Hopkins D: Emilio Estevez, Cuba Gooding jr., Denis Leary
Vier Freunde wollen aus dem Alltag ausbrechen und mit einem Wohnmobil der Langeweile entfliehen. Als sie einem Stau ausweichen wollen, geraten sie nicht nur in ein zwielichtiges Viertel, sondern auch einer Killergruppe in die Quere. Ansehnliches Action-Abenteuer. HFJ 1995

Judith J115
JUDITH **
GB 1964, 109 Min., F
R: Daniel Mann D: Sophia Loren, Peter Finch, Jack Hawkins
Klischeehafter Film über das Werden des jungen Staates Israel: die Geschichte einer jüdischen Frau, die sich an ihrem SS-Gatten rächt, weil er sie aus rassischen Gründen verlassen hat. Ein Paradebeispiel verzeichneter Realitäten.

Judith – Das Schwert der Rache J116
**
JUDITTA E OLOFERNE
Italien/Frankreich 1958, 80 Min., F
R: Fernando Cerchio D: Massimo Girotti, Isabelle Corey, Renato Baldini
Feldherr eines Eroberers verguckt sich in schöne Jüdin, die ihn aber im Schlaf tötet, woraufhin seine Truppen in Panik den Abschied einreichen. Monumentalfilm nach Bibelmotiven, der es mit den Quellen nicht genau nimmt.

Judou J117
JU DOU *****
China/Japan 1989, 93 Min., F
R: Zhang Yimou D: Gong Li, Li Boa-Tian, Li Wei, Zhen Ji-An
Die Frau eines alten Färbers verliebt sich in dessen jungen Neffen; der Versuch der beiden, gegen die Herrschaft der Traditionen zu rebellieren, scheitert. Hinter der politischen Metaphorik zeigt sich eine allgemeingültige Wahrheit über das Wesen der (männlichen) Herrschaft. HFJ 1992

Die Jugendstreiche des Knaben Karl J118
**
BRD 1977, 85 Min., F
R: Franz Seitz D: Robert Seidl, Walter Sedlmayr, Eva Maria Meineke
Nach Karl Valentins Jugenderinnerungen entstand ein Film, der nicht allzu weit von den »Lausbuben«-Filmen nach Ludwig Thoma entfernt ist. Mäßiger Unterhaltungswert.

Juice J119
JUICE ***
USA 1992, 90 Min., F
R: Ernest Dickerson D: Omar Epps, Khalil Kain, Jermaine Hopkins
Die Geschichte von vier Freunden, die die Schule schwänzen, entwickelt sich zu einer düsteren Chronik des Überlebenskampfes schwarzer Jugendlicher im Großstadtdschungel. Am Ende überwiegt die Hoffnungslosigkeit.

Julchen und Jettchen, die verliebten Apothekerstöchter J120
*
Schweiz 1980, 75 Min., F
R: Michael Thomas D: Brigitte Lahaie, Nadine Pascal, Ella Rose
Geile Tussis im Mädchenpensionat. Platter Sexfilm.

Jules und Jim J121
JULES ET JIM *****
Frankreich 1961, 107 Min., s/w
R: François Truffaut D: Jeanne Moreau, Oskar Werner, Henri Serre
Die über lange Zeiten, über Grenzen und Kriege dauernde Freundschaft zweier Männer und ihre Liebe zur gleichen Frau. Von seiner Erstaufführung an gilt dieser Film als Schlüsselwerk der modernen Filmkunst.

Julia J122
JULIA ***
USA 1977, 117 Min., F
R: Fred Zinnemann D: Jane Fonda, Vanessa Redgrave, Jason Robards
Die von Lilian Hellman niedergeschriebenen Erinnerungen an ihre Freundin Julia, die im Deutschland des Nationalsozialismus ermordet wurde, in einen bedächtigen, manchmal allzu konventionellen Film übertragen.

Julia, du bist zauberhaft J123
ADORABLE JULIA ***
Österreich/BRD 1962, 95 Min., s/w
R: Alfred Weidenmann D: Lilli Palmer, Charles Boyer, Charles Regnier, Thomas Fritsch
Eine in die Jahre gekommene Diva beginnt ein Liebesverhältnis mit einem jungen Mann, bis sie schließlich wieder zur Besinnung kommt. Brilliant inszenierter Unterhaltungsfilm nach einer Vorlage von Somerset Maugham.

Julia und die Geister J124
GIULIETTA DEGLI SPIRITI *****
Italien 1965, 139 Min., F
R: Federico Fellini D: Giulietta Masina, Sandra Milo, Sylva Koscina
Die Frau eines Managers leidet unter der Untreue ihres Mannes und entrückt sich in Träumen, Erinnerungen und Phantasmagorien.

Julia und ihre Liebhaber J125
AUNT JULIA AND THE SCRIPTWRITER/TUNE IN TOMORROW ***
USA 1991, 107 Min., F
R: Jon Amiel D: Barbara Hershey, Keanu Reeves, Peter Falk
Ein ausgefuchster Radio-Macher beobachtet einen Kollegen und dessen Freundin bei der Liebesbalz und jagt ihr Gurren unzensiert durch den Äther. Kecke Komödie mit nostalgischem Flair. HFJ 1993

Julia und Julia J126

Wettrennen in einem Seine-Tunnel mit Jeanne Moreau in ›Jules und Jim‹.

hochauflösender Videotechnik (HDTV) produziert wurde, ist technisch so bestechend wie dramaturgisch verwirrend. HFJ 1989

Juliana J127
JULIANA ****
Peru/BRD 1988, 97 Min., F
R: Fernando Espinoza, Alejandro Legaspi D: Rosa Isabel Morfino, Julio Vega, Guillermo Esqueche
Der halbdokumentarische Spielfilm, gedreht an authentischen Plätzen in den Elendsvierteln von Lima, erzählt die Geschichte von Straßenkindern, die ihren Lebensunterhalt selbst verdienen müssen. Authentisch, unverkrampft, überzeugend. HFJ 1990

Julias unheimliche Wiederkehr J128
**
THE HAUNTING OF JULIA/FULL CIRCLE
GB/Kanada 1976, 97 Min., F
R: Richard Loncraine D: Mia Farrow, Keir Dullea, Tom Conti
Junge Mutter zieht nach dem Tod ihres Kindes in ein Spukhaus, das vom bösen Geist eines anderen verstorbenen Kindes heimgesucht wird. Zum Gähnen langweiliger Geisterfilm.

Julius Cäsar J129

Jung und rücksichtslos J130
RECKLESS ***
USA 1984, 90 Min., F
R: James Foley D: Aidan Quinn, Daryl Hannah, Adam Baldwin
Ein aufsässiger Arbeitersohn verliebt sich in eine Bürgertochter. Immerhin führte Michael Ballhaus die Kamera.

Jung und unschuldig J131
YOUNG AND INNOCENT ***
GB 1937, 84 Min., s/w
R: Alfred Hitchcock D: Nova Pilbeam, Derrick de Marney
Atmosphärischer, früher Hitchcock-Film um einen unschuldigen Drehbuchautor auf der Flucht vor der Polizei. Ausgerechnet die Tochter des Polizeichefs hilft ihm, seine Unschuld an der Ermordung einer Schauspielerin zu beweisen. Berühmt am Film ist eine für die damalige Zeit atemberaubende Kamerafahrt durch einen Ballsaal auf das zuckende Auge des Mörders hin.

Der Junge J132
SHONEN ****
Japan 1969, 97 Min., F
R: Nagisa Oshima D: Fumio Watanabe, Akiko Koyama, Tetsuo Abe, Tsuyoshi Kinoshita

standsbeschreibung der japanischen Gesellschaft anhand des Konflikts zwischen privater und gesellschaftlicher Gerechtigkeit.

Junge Aphroditen J133
MIKRES APHRODITES ***
Griechenland 1963, 84 Min., s/w
R: Nicos Koundouros D: Vangelis Joannides, Kleopatra Rota
Ein Hirtenjunge erlebt eine zarte Liebe zu einem jungen Mädchen und die sexuelle Realität der Erwachsenen und zerbricht daran.

Ein Junge aus Kalabrien J134
UN RAGAZZO DI CALABRIA ***
Italien/Frankreich 1987, 107 Min., F
R: Luigi Comencini D: Gian Maria Volonté, Diego Abatantuono, Therese Liotard
Italien 1960. Ein Junge rennt einem in Schule, Dorf, Familie und sozialer Enge gnadenlosen Leben davon, er läuft, wo immer und so schnell er kann und allen väterlichen Verboten zum Trotz, bis das Laufen zu seinem Lebenslauf führt. Eine authentische Geschichte, stimmig und kraftvoll erzählt.

Die junge Frau J135
GAL YOUNG UN ***
USA 1979, 105 Min., F
R: Victor Nunez D: Dana Preu, David Peck, J. Smith, Gene Densmore
Eine alternde Witwe, die sich nach Liebe sehnt, wird im Amerika der Prohibitionszeit Opfer eines egoistischen Alkoholschmugglers, der ihr Geld und ihre Arbeitskraft für sich beansprucht. Vorzügliches Sozialdrama, das die Charaktere von ihrem gesellschaftlichen Hintergrund her erklärt.

Der junge General J136
LA FAYETTE ***
Frankreich/Italien 1961, 96 Min., F
R: Jean Dreville D: Michel le Royer, Pascale Audret, Sylvie Costes
Idyllisch irreales Heldenbild des französischen Generals Lafayette, der auf der Seite Washingtons gegen die Briten in Amerika kämpfte. Großer Aufwand, kleine Wirkung.

Die junge Irre J137
LA JEUNE FOLLE ****
Frankreich 1952, 94 Min., s/w
R: Yves Allégret D: Danièle Delorme, Henri Vidal, Jacqueline Porel
Die Geschichte einer jungen Waisen während des irischen Bürgerkrieges, die sich im Jahre 1922 nach Dublin aufmacht, um ihrem Bruder zu helfen. Nachdem sie festgestellt hat, daß dieser umgebracht worden ist, tötet sie den Mörder, der sich ihrer angenommen hat, und verfällt dem Wahnsinn. Atmosphärisch dichter Film von großer Eindringlichkeit.

Rohheiten im Internat, nach Robert Musil in ›Der junge Törless‹.

Junge Lady Chatterley J138
YOUNG LADY CHATTERLEY **
USA 1977, 97 Min., F
R: Alan Roberts D: Harlee McBride, Peter Ratray, Ann Michelle
Eine Boutique-Verkäuferin erbt das Schloß der Lawrenceschen Lady Chatterley und irgendwie wenigstens zum Teil auch ihre Lebensgeschichte. Ein Sexfilm, bei dem der Drehbuchautor zu wenig und der Set-Designer zu viel getan hat.

Junge Leute brauchen Liebe J139
**
Österreich 1961, 90 Min., F
R: Geza von Cziffra D: Cornelia Froboess, Johannes Heesters, Peter Weck
Junge Angestellte hat sich in ihren älteren Chef verliebt. Bis sie merkt, daß der es nicht wert ist, und sich einem armen, aber ehrlichen Jazztrompeter zuwendet, vergehen anderthalb Stunden einigermaßen zäh.

Junge Leute in der Stadt J140
***
DDR 1985, 90 Min., F
R: Karl Heinz Lotz D: Mirko Haninger, Ulrike Krumbiegel, Maria Probosz
In den zwanziger Jahren gerät ein junger Mann in Verdacht, bei einer Demonstration in Berlin einen Polizisten ermordet zu haben.

Der junge Löwe J141
YOUNG WINSTON ***
GB 1972, 122 Min., F
R: Richard Attenborough D: Simon Ward, Anne Bancroft, Robert Shaw
Jugend, Kriegserlebnisse und politischer Aufstieg von Winston Churchill, nach seiner Autobiographie historisch genau geschildert.

Junge, mach dein Testament! J142
CHIEN DE PIQUE **
Frankreich 1960, 90 Min., s/w
R: Yves Allégret D: Eddie Constantine, Raymond Pellegrin, Marie Versini
Ein Stierzüchter in der Camargue muß erkennen, daß ein Kriegskamerad, der sich bei ihm einnistet, ein Gangster ist. Eddie-Fans werden in diesem betulichen Film kaum auf ihre Kosten kommen.

Der Junge mit den grünen Haaren J143 ***
THE BOY WITH THE GREEN HAIR
USA 1948, 78 Min., F
R: Joseph Losey D: Pat O'Brien, Robert Ryan, Barbara Hale
Anklage gegen den Krieg am Beispiel des Schicksals eines englischen Kriegswaisen.

Der junge Mönch J144 ****
BRD 1978, 84 Min., F
R: Herbert Achternbusch D: Herbert Achternbusch, Heinz Braun, Karolina Herbig, Barbara Gass
Nach der großen Weltkatastrophe gründet Herbert als Mönch eine neue Religion um einen Schokoladenosterhasen. Merke: »Gott darf nicht gebissen werden!« Was für die Freunde des Achternbusch-Kosmos ein Schlüsselwerk sein mag, kann sich für Zuschauer, die keinen Zugang zu seiner krausen Poesie finden, als arge Qual erweisen.

Der junge Törless J145 ****
BRD/Frankreich 1965, 87 Min., s/w
R: Volker Schlöndorff D: Mathieu Carrière, Marian Seidwosky, Bernd Tischer, Alfred Dietz
Kühle und distanzierte Verfilmung des Romans von Robert Musil. Die Geschichte eines Internatszöglings am Vorabend des Ersten Weltkrieges, der von der Gewalt gleichzeitig abgestoßen und fasziniert ist.

Der Junge und sein Hund J146 ***
A BOY AND HIS DOG
USA 1975, 89 Min., F
R: L.Q. Jones D: Don Johnson, Susanne Benton, Alvy Moore
Aus einer öden Zukunftswelt wird ein Halbwüchsiger in eine geheime Bunkeranlage gebracht, um als Deckhengst tätig zu werden, doch das Leben dort entspricht nicht seinen Vor-

Ein Exsoldat, der in Hongkong seine verschwundene Frau sucht, gerät mit einer Gruppe reicher Müßiggänger und einer Bande von Mädchenhändlern in den Clinch. Schundkino.

Die Jungen von St. Petri J148 ***
DRENGENE FRA SANKT PETRI
Dänemark/Schweden/Norwegen 1991, 110 Min., F
R: Sören Kragh-Jacobsen D: Tomas Villum Jensen, Nikolaj Lie Kaas
Eine Schülergruppe nimmt im Spätsommer 1942 im norddänischen Aalborg den Kampf gegen die deutsche Besatzungsmacht auf. Was mit witzigen Propagandaaktionen beginnt, entwikkelt sich zum militanten Widerstand. Ein Stück Zeitgeschichte, inszeniert als klassischer Jugendabenteuerfilm.

Die jungen Wilden J149 ****
THE YOUNG SAVAGE
USA 1960, 95 Min., s/w
R: John Frankenheimer D: Burt Lancaster, Dina Merrill, Telly Savalas
Drei Mitglieder einer Gang aus den Slums sind angeklagt, einen Blinden ermordet zu haben. Der Verteidiger, selbst im Ghetto groß geworden, ahnt, daß mehr hinter der Geschichte steckt als jugendliche Gewalt. Hervorragende Milieustudie und Justizthriller.

Junges Blut für Dracula J150 **
COUNT YORGA, VAMPIRE
USA 1970, 90 Min., F
R: Bob Kelljan D: Robert Quarry, Roger Perry, Michael Murphy
Vampirischer Graf und seine drallen Konkubinen laben sich am Blute naiver Schnuckis aus Hollywood. Als Sexfilm begonnener, als Nichts beendeter Billigfilm, der bei Polanski klaut und die genreeigene Logik außen vor läßt.

Junges Herz voll Liebe
siehe: Der Haflinger Sepp

dem älteren Playboy oder dem aufstrebenden Jungarchitekten. Wörter wie »Jungfrau« und »Defloration« brachten den Preminger Otto seinerzeit mit der US-Zensur in den Clinch. Dieses Komödchen existiert unter dem Titel *Wolken sind überall* auch in einer deutschen Version.

Die Jungfrauen von Rom J152 ***
LES VIERGES DE ROME
Frankreich/Italien 1960, 88 Min., F
R: Vittorio Cottafavi, Carlo Ludovico Bragaglia D: Louis Jourdan, Nicole Courcel, Sylvia Syms, Michel Piccoli
Nach dem Sieg der Etrusker über die Römer verhilft ein etruskischer Feldherr 300 weiblichen Geiseln zur Flucht aus seinem Heerlager. Solide in Szene gesetzter Monumentalfilm.

Die Jungfrauenbrücke J153 ****
DJAEVULENS OEGA
Schweden 1960, 84 Min., s/w
R: Ingmar Bergman D: Bibi Andersson, Axel Dueberg, Jarl Kulle
Don Juan wird aus der Hölle zurück zu den Menschen geschickt, wo er die tugendhafte Tochter eines Pfarrers verführen soll.

Die Jungfrauenmaschine J154 ***
BRD 1988, 88 Min., s/w
R: Monika Treut D: Ina Blum, Marcelo Uriona, Gad Klein, Fritz Mikesch
Eine frustrierte Hamburger Journalistin wird auf der Suche nach der wahren Liebe erst im Sex-Underground der Frauen-Striplokale und lesbischen Nutten von San Francisco fündig. Von Elfi Mikesch brilliant photographierter Film, der für die neue Lust der Frauen plädiert. Skurril-witzige Demonstration weiblichen Selbstbewußtseins.

Die Jungfrauenquelle J155 *****
JUNGFRUKAELLAN
Schweden 1959, 86 Min., s/w

Birgitta Petterson und Tor Isedal in ›Die Jungfrauenquelle‹.

Jungfrauenreport J156
*
BRD 1972, 78 Min., F
R: Jess Frank D: Hans Hass jr., Diane Winter, Howard Vernon
Zelluloid-Flickwerk über die Entwicklung der Liebe und Moral von der Steinzeit bis 1972, bestehend aus »Dokumenten« und Pseudo-Spielszenen, die jeglicher Beschreibung spotten.

Die jungfräuliche Königin J157
***
THE VIRGIN QUEEN
USA 1955, 92 Min., F
R: Henry Koster D: Bette Davis, Joan Collins, Richard Todd, Jay Robinson
Die Geschichte der Beziehung zwischen der britischen Königin Elizabeth I. und Sir Walter Raleigh, der den Traum verfolgt, für die Krone in fernen Ländern Schätze zu erobern. Historienfilm, dem es an Spannung mangelt.

Junggeselle im Paradies J158
BACHELOR IN PARADISE **
USA 1961, 105 Min., F
R: Jack Arnold D: Bob Hope, Lana Turner, Janis Paige
Ein Schriftsteller mit Steuerschulden soll ein Buch über das Leben der Durchschnittsamerikaner schreiben und zieht deshalb in ein typisches Vorstadtheim. Wo ihm natürlich die Liebe begegnet. Jack Arnold, der uns Monster wie *Tarantula* bescherte, zeigt in seiner Komödie die wahren Ungeheuer: Menschen wie du und ich.

Jungle Fever J159
JUNGLE FEVER ****
USA 1991, 132 Min., F
R: Spike Lee D: Spike Lee, Wesley Snipes, Annabella Sciorra
Erfolgreicher schwarzer Architekt, verheiratet, beginnt Liaison mit weißer Frau und gerät im New York der Gegenwart in rassistische Spannungen. Gut beobachtete Szenen aus dem Alltagsleben der Weltmetropole.

Jungle Warriors J160
JUNGLE WARRIORS **
BRD/Mexiko 1984, 95 Min., F
R: Ernst von Theumer D: Nina van Pallandt, Alex Cord, John Vernon
US-Mannequins geraten nach einem Flugzeugabsturz in die Krallen eines Drogenhändlers, der Probleme mit der Mafia hat. Gemetzel ohne Ende. HFJ 1985

Das Jüngste Gericht findet nicht statt J161
***
IL GIUDIZIO UNIVERSALE
It/Fr 1961, 89 Min., F und s/w
R: Vittorio de Sica D: Fernandel, Ernest Borgnine, Anouk Aimée
Episodenfilm über verschiedene Typen, die auf eine Stimme reagieren, die ankündigt, daß der Tag des Jüngsten Gerichts angebrochen sei.

Der jüngste Tag J162
WHEN WORLDS COLLIDE **
USA 1951, 81 Min., F
R: Rudolph Maté D: Richard Derr, Barbara Rush, Peter Hanson
Als zwei durch den Kosmos eilende Planeten sich der Erde nähern, plant ein Wissenschaftler die Evakuierung seiner Getreuen ins All. Dramatische Weltuntergangsvision, deren Tricks mit einem Oscar ausgezeichnet wurden. LSFF

Junior Bonner J163
JUNIOR BONNER ***
USA 1972, 103 Min., F
R: Sam Peckinpah D: Steve McQueen, Robert Preston, Ida Lupino
Rodeo-Star kommt in seine Heimatstadt zurück und findet bei den Angehörigen seiner Familie nur Elend und Frust vor. »Moderner« Western, der die Probleme einer US-Familie beschreibt. Einfühlsam inszeniert. Action findet nur in der Arena statt.

Juniors freier Tag J164
BABY'S DAY OUT **
USA 1994, 98 Min., F
R: Patrick Read Johnson D: Joe Mantegna, Lara Flynn Boyle, Joe Pantoliano
Ein brabbelnder Säugling wird von drei tumben Gangstern entführt und entwischt ihnen permanent. Ein »Kevin-allein-zu-Haus«-Plagiat der dummen Art, das von Unlogik nur so strotzt. Ein intellektueller Tiefpunkt. HFJ 1995

Jupiters Liebling J165
JUPITER'S DARLING ***
USA 1955, 92 Min., F
R: George Sidney D: Esther Williams, Howard Keel, Marge Champion
Ein Historienspektakel als Musical: Hannibal rückt auf Rom vor und verliebt sich in die Verlobte des Diktators, die ihn mit weiblichen Mitteln von seinem kriegerischen Vorhaben abzubringen versucht.

Jurassic Park J166
JURASSIC PARK ***
USA 1992, 126 Min., F
R: Steven Spielberg D: Sam Neill, Laura Dern, Jeff Goldblum, Richard Attenborough
Wissenschaftler inspizieren einen Dinosaurier-Zoo, den Gen-Technologen auf einer karibischen Insel errichtet haben, werden von Tyrannosauren zu Recht für eßbar gehalten und verbringen den Rest der Story auf der Flucht. Mit unglaublich perfekter Tricktechnik in Szene gesetzte Phantastikstory, deren Inhalt aber einen längeren Bart hat als jeder Godzilla-Streifen.
HFJ 1994

Justine – Lustschreie hinter Klostermauern J167
***
JUSTINE DE SADE
Fr/It/Kanada 1971, 101 Min., F
R: Claude Pierson D: Alice Arno, Yves Arcanel, Georges Beauvillier
Nach dem Tod der Eltern werden zwei Schwestern getrennt: Die Böse schläft sich hoch, die Keusche wird von Mönchen und Adeligen zu Sex-Orgien gezwungen. Um Werktreue bemühter Film nach Marquis de Sade.

Justine und Juliette J168
JUSTINE OCH JULIETTE ***
Schweden 1974, 80 Min., F
R: Mac Ahlberg D: Maria Forsa, Bic Warburg, Harry Reems
Zwei Waisenmädchen landen auf der Straße: Während die eine sich austobt, ohne daß man es ihr dankt, erobert die Keusche das Herz eines Reichen und beerbt ihn. De Sade hat die Geschichte genau andersherum geschrieben.

Justiz J169
***
BRD/Schweiz 1993, 108 Min., F
R: Hans W. Geissendörfer D: Maximilian Schell, Thomas Heinze, Anna Thalbach
Ein prominenter Zürcher Politiker erschießt öffentlich einen Professor, wird zu lebenslanger Haft verurteilt und engagiert dann einen jungen Anwalt, der ihn, – wider alle Vernunft, – reinwaschen und damit Licht auf einen mafiosen, soziokulturellen Sumpf werfen soll. Hans W. Geissendörfer hat Friedrich Dürrenmatts komplexe, bitterböse Vorlage in ein zwar sorgfältig inszeniertes, aber filmisch größtenteils konventionelles Drama umgesetzt, das die scharfe Gesellschaftskritik des Originals nie erreicht.
HFJ 1994

Justizirrtum J170
BLIND JUSTICE ***
USA 1986, 120 Min., F
R: Rod Holcomb D: Tim Matheson, Tom Atkins, Lisa Eichhorn
Ein Mann landet unschuldig im Gefängnis. Als sich dann später seine Unschuld herausstellt, ist sein Leben bereits zerstört. Rob Holcomb inszenierte diesen effektvollen TV-Thriller mit kritischer Botschaft nach einem authentischen Fall.

Richard Attenborough, Laura Dern, Sam Neill und ein putziger Dino.

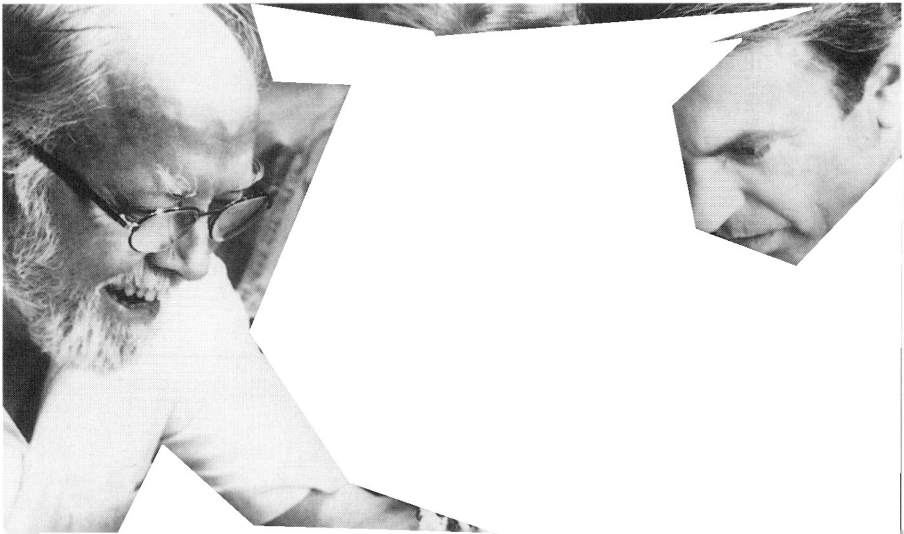

K

K 2 – Das letzte Abenteuer K1
K 2 ***
GB 1991, 110 Min., F
R: Franc Roddam D: Michael Biehn, Matt Craven, Raymond J. Barry
Zwei Freunde im Kampf gegen den Berg und die Unbillen der Natur. Thriller, in dem bombastische Naturaufnahmen jegliche Handlungsstränge lawinenartig erdrücken. Luis Trenker konnte es besser. HFJ 1992

Kabarett K2
***
BRD 1954, 95 Min., s/w
R: Willi Forst D: Paul Henreid, Eva Kerbler, Fritz Schulz, Elma Karlowa
Ein Komponist wechselt seine Geliebten, die stets zu Interpretinnen seiner Lieder werden, bis er an die Opernsängerin Leonie gelangt. Das Buch schrieb Johannes Mario Simmel.

Das Kabinett des Dr. Caligari K3
*****
Deutschland 1919, 74 Min., s/w
R: Robert Wiene D: Werner Krauss, Conrad Veidt, Lil Dagover
Weniger die krude Story um einen Hypnotiseur, der ein somnambules Medium als Mordinstrument benutzt (und sich in der Rahmenhandlung als Direktor einer Nervenheilanstalt entpuppt, in der sich der Held befindet), als der konsequente expressionistische Stil machen den Film zu einem Meilenstein.

Das Kabinett des Dr. Caligari K4
***
THE CABINET OF CALIGARI
USA 1961, 105 Min., s/w
R: Roger Kay D: Dan O'Herlihy, Glynis Johns, Dick Davalos
Der Film beschreibt die schrecklichen Erlebnisse einer sich ihrer Krankheit nicht bewußten Schizophrenen und das, was sie in der sie umgebenden Welt sieht. Clever gemachter Schocker nach einem Drehbuch von Robert Bloch.

Das Kabinett des Professor Bondi K5
***
HOUSE OF WAX
USA 1953, 88 Min., s/w
R: André De Toth D: Vincent Price, Phyllis Kirk, Frank Lovejoy
Durch Brandstiftung entstellter irrer Wachspuppenhersteller überzieht böse Buben mit Flüssigwachs, bis eine Frau ihm auf die Spur kommt. Fesselnde und unheimliche Neufassung von *Das Geheimnis des Wachsfigurenkabinetts* und ein Beweis dafür, daß ein Remake nicht schlechter als das Original sein muß.

Synonym für die Kunst des Expressionismus. Das Ende läßt sich nicht entwirren – ›Das Kabinett des Dr. Caligari‹.

Das Kabinett des Schreckens K6
THE FUNHOUSE **
USA 1980, 91 Min., F
R: Tobe Hooper D: Elizabeth Barridge, Sylvia Miles, Cooper Huckabee
Geistig und körperlich deformierter Geisterbahnbesitzersohn schlachtet Zeugen seiner Schandtaten ab. Ekliger Schlächterfilm, in dem das Blut nur so spritzt – von einem Regisseur, der in Behinderten nur mordende Ungeheuer sieht.

Die Kadetten von Bunker Hill K7
TAPS ***
USA 1981, 124 Min., F
R: Harold Becker D: George C. Scott, Timothy Hutton, Tom Cruise, Ronny Cox, Sean Penn
Revolte in einer amerikanischen Militärakademie: Um die Schließung ihrer Schule zu verhindern, spielen die Kinder Krieg. Bedächtiges, nur milde Kritik übendes Drama mit einem verstörenden Finale.

Kadmos, Tyrann von Theben K8
ARRIVANO I TITANI **
Italien/Frankreich 1962, 105 Min., F
R: Duccio Tessari D: Pedro Armendariz, Giuliano Gemma, Antonella Lualdi, Jacqueline Sassard
Um die Liebe der Tochter des Tyrannen von Theben zu gewinnen, prügelt sich der von Gottvater Zeus unterstützte Titan Crios mit Medusa und etlichen schwertschwingenden Schlagetots. Anspruchsloser Sandalenfilm.

Ein Käfig voller Narren K9
LA CAGE AUX FOLLES ***
Frankreich 1978, 91 Min., F
R: Edouard Molinaro D: Ugo Tognazzi, Michel Serrault, Michel Galabru
Zwei ältere Homosexuelle, die in St. Tropez einen Nachtklub betreiben, geben sich alle Mühe, ein »ordentliches« Elternhaus zu mimen, als der Sohn des einen seine Absicht erklärt,

Bilderrausch des Visionärs Kurosawa in ›Kagemusha – Der Schatten des Kriegers‹.

Kagemusha – Der Schatten des Kriegers K10
*****
KAGEMUSHA
Japan 1980, 159 Min., F
R: Akira Kurosawa D: Tatsuya Nakadai, Tsutomu Yamazaki, Kenichi Hagiwara
Ein Dieb, der eigentlich hingerichtet werden soll, sieht dem Fürsten so ähnlich, daß er bei Hof als Doppelgänger ausgebildet wird. Als der Fürst stirbt, regiert das Double weiter, wird allerdings schließlich entlarvt. Brillant verpackte Gesellschaftskritik des damals bereits 70jährigen Kurosawa.

Kai Rabe gegen die Vatikankiller K11
***
BRD 1998, 95 Min., F
R: Thomas Jahn D: Steffen Wink, Klaus J. Behrendt, Sandra Speichert
Parodie über das Filmgeschäft: Serienkiller bedroht Dreharbeiten und löst ein Chaos aus. Die auf Kult getrimmte Inszenierung kann weder die prototypischen Figuren noch die billige Geschichte retten. HFJ 1999

Kaiser der Gladiatoren K12
I DUE GLADIATORI ***

Kaktus Jack K13
CACTUS JACK **
USA 1979, 88 Min., F
R: Hal Needham D: Kirk Douglas, Ann-Margret, Arnold Schwarzenegger
Der schusselige Bandit Kaktus Jack soll ein hübsches Mädchen kidnappen, doch daraus wird nichts, da seine Pläne keinen Schuß Pulver wert sind. Soll ein witziger Western sein, ist aber nur albern.

Die Kaktusblüte K14
CACTUS FLOWER ***
USA 1969, 102 Min., F
R: Gene Saks D: Walter Matthau, Ingrid Bergman, Goldie Hawn
Ein Zahnarzt spielt seiner Geliebten vor, er habe Frau und Kind, um ungebunden zu bleiben, kommt aber dann doch mit seiner Sprechstundenhilfe zusammen. Neil-Simon-Film, vor allem wegen seiner Hauptdarsteller ansehnlich.

Kali Yug – Aufruhr in Indien K15
***
IL MISTERIO DEL TIEMPO INDIANI
Italien/Frankreich 1963, 97 Min., F
R: Mario Camerini D: Lex Barker,

Kali Yug – Göttin der Rache K16
KALI YUG, DEESSE DE LA VENGEANCE ***
Frankreich/Italien 1963, 100 Min., F
R: Mario Camerini D: Paul Guers, Senta Berger, Lex Barker
Ein Arzt wird in Indien um 1900 in politische Intrigen verwickelt, gerät in schlimmen Verdacht und inszeniert sein Ableben. Bunter Abenteuerfilm über den Kampf fanatischer Sektierer gegen die britische Kolonialmacht.

Kalifornia K17
KALIFORNIA ***
USA 1993, 118 Min., F
R: Dominic Sena D: Brad Pitt, Juliette Lewis, David Duchovny
Ein Journalist und eine Fotografin, die in Sachen Massenmord recherchieren wollen, nehmen, da stets knapp bei Kasse, auf ihre Reise quer durch die USA ein sich an den Reisekosten »beteiligendes« Pärchen mit, dessen männlicher Teil sich als mordender Psychopath entpuppt. Ein brutaler Killer-Thriller in modischer Videoclip-Ästhetik. HFJ 1994

Kaltblütig K18
IN COLD BLOOD ****
USA 1967, 134 Min., s/w
R: Richard Brooks D: Robert Blake, Scott Wilson, John Forsythe
Berühmter Justizthriller um die Ermordung einer Farmersfamilie durch zwei entlassene Sträflinge. Nach dem Tatsachenroman von Truman Capote inszenierte Brooks ein nüchternes, beklemmend realistisches Plädoyer gegen allzu leichtfertig verhängte Todesstrafen.

Kalte Milch und heiße Fäuste K19
THE MILKY WAY ****
USA 1935, 84 Min., s/w
R: Leo McCarey D: Harold Lloyd, Adolphe Menjou, Helen Mack
Ein zwielichtiger Manager läßt einen Milchmann über gekaufte Kämpfe zum Boxchampion aufbauen, um beim »verlorenen« Titelkampf abzukassieren. Doch wider Erwarten triumphiert der Milchmann. Sehr witzige, überdrehte Komödie mit dem einstmals höchstbezahlten Schauspieler der Welt, der sich nie doubeln ließ.

Das kalte Paradies K20
***
Schweiz 1986, 91 Min., F
R: Bernard Safarik D: Nohemi Dragone, Julius Effenberger, Berta Alig
Der Tscheche Jan und die Südamerikanerin Elba lernen sich in einem Asylantenheim in der Schweiz kennen und müssen sich gegen intolerante und feindselige Schweizer behaupten. Sarkastische Satire auf Fremdenfeindlichkeit im Herzen Europas. HFJ 1987

Der kalte Sommer von 1953 K21
CHOLODNOJE LETO PJATDESJAT TRETJEGO **
UdSSR 1987, 98 Min., F
R: Alexander Proschkin D: Valerie Prijomychow, Anatoli Papanow
Im Todesjahr Stalins gibt es einen Sommer der Anarchie, als eine Amnestie für alle Kriminellen erlassen wird. Der Film ist nicht so interessant wie die These, die er vertritt: Innenminister Berija hat die Kriminalität bewußt gefördert, um sich als Retter gegen sie zum neuen Diktator zu machen.

Kalter Schweiß K22
DE LA PART DES COPAINS ***
Frankreich/Italien 1970, 94 Min., F
R: Terence Young D: Charles Bronson, Liv Ullmann, James Mason
Ein ehemaliger Sträfling wird von seinem früheren Kumpel zur Teilnahme am Rauschgiftschmuggel gezwungen. Rüdes Action-Spektakel mit halsbrecherischen Autoverfolgungsjagden.

Ein kalter Tag im Park K23
THAT COLD DAY IN THE PARK ***
USA 1969, 90 Min., F
R: Robert Altman D: Sandy Dennis, Michael Burns, Suzanne Benton
Eine sexuell unbefriedigte 32jährige aus bürgerlicher Familie gabelt einen jungen Nichtsnutz auf und läßt ihn bei sich wohnen. Dieser will jedoch nichts von ihr und treibt sie zu einer Mordtat. Auf billige Effekte aufgebauter schwacher Altman-Film.

Kaltgestellt K24
***
BRD 1980, 88 Min., F
R: Bernhard Sinkel D: Helmut Griem, Martin Benrath, Angela Molina
Ein Lehrer widersetzt sich dem Ansinnen, für den Verfassungsschutz zu arbeiten, und gerät dadurch in die Fänge eines V-Mannes.

Die Kameliendame K25
LA DAME AUX CAMELIES ***
Frankreich/Italien 1980, 115 Min., F
R: Mauro Bolognini D: Isabelle Huppert, Gian Maria Volonté, Fernando Rey, Bruno Ganz
Eher routinierte als inspirierte, zunächst für das Fernsehen entstandene Verfilmung des Romans von Alexandre Dumas. Die Geschichte eines Mädchens vom Lande und seines Aufstieges von der Prostituierten in die Adelskreise.

Die Kameliendame K26
CAMILLE ****
USA 1937, 104 Min., s/w
R: George Cukor D: Greta Garbo, Robert Taylor, Lionel Barrymore
Filmklassiker um eine schöne Kurtisane, deren Edelmut die feine Gesellschaft brüskiert und deren Würde an männlichen Vorstellungen über Ehre zugrunde geht. Zurückhaltend inszenierte Verfilmung des Dumas-Romanes mit wunderbarer Hauptdarstellerin.

Kameradschaft K27
****
Deutschland 1931, 90 Min., s/w
R: Georg Wilhelm Pabst D: Alexander Granach, Fritz Kampers, Ernst Busch
Die Geschehnisse um ein Grubenunglück an der deutsch-französischen Grenze geben den Hintergrund ab für ein filmisches Plädoyer für Solidarität und Zusammenarbeit.

Der Kameramann
siehe: Buster Keaton: Der Kameramann

Kamikaze 1989 K28
**
BRD 1982, 104 Min., F
R: Wolf Gremm D: Rainer Werner Fassbinder, Günther Kaufmann, Boy Gobert, Richy Müller, Franco Nero
In einem Zukunftsstaat versucht ein Polizist, die Hintergründe einer Bombendrohung zu klären. Trotz Fassbinder in der Hauptrolle ein mißlungener Versuch eines kritischen SF-Filmes.

Franco Nero und R. W. Fassbinder

Kaminsky K29
***
BRD 1984, 81 Min., F
R: Michael Lähn D: Klaus Löwitsch, Alexander Radszun, Hannelore Elsner
Psychogramm eines verbitterten, aggressiven Polizisten, der mit einem Kollegen zusammenarbeiten muß, von dem er zu Recht annimmt, er habe ein Verhältnis mit seiner Frau.

Die Kamisarden K30
LES CAMISARDS ****
Frankreich 1971, 109 Min., F
R: René Allio D: Philippe Clevenot, Jacques Debary, Dominique Labourier, François Marthouret
Die Geschichte der Rebellion einer Gruppe von Hugenotten, die in der französischen Cevennen-Region im 18. Jahrhundert gegen die Armee des repressiven katholischen Staates einen Guerillakrieg führt. Der Film beschreibt das Schicksal einiger der Aufständler. Detailgenau und mit großer formaler Meisterschaft beschreibt Allio Geschichte als Bewegung und Gegensatz von gesellschaftlichen Kräften.

Die Kammer K31
THE CHAMBER ***
USA 1996, 113 Min., F
R: James Foley D: Chris O'Donnell, Gene Hackman, Faye Dunaway
Junger Anwalt versucht, seinen rassistischen Opa, der seit 30 Jahren in der Todeszelle sitzt, freizukriegen, weil er hinter dessen Verurteilung ein Komplott vermutet. Glatte, auf rei-

R: Alain Cavalier D: Romy Schneider, Jean-Louis Trintignant, Henri Serre
Der verblendete Sohn eines Fabrikanten will Europa gewaltsam von der Dekadenz befreien. Als ein geplanter Anschlag durch die Tat eines Verräters zum Scheitern gebracht wird, stellt er diesen und tötet ihn. In seinem Kinodebüt greift Cavalier das Thema des politischen Terrorismus auf, versackt jedoch trotz origineller Ansätze allmählich in einer banalen Geschichte.

Der Kampf der Makkabäer K33
IL VECCHIO TESTAMENTO **
Italien 1962, 116 Min., F
R: Gianfranco Parolini D: Brad Harris, John Heston, Susan Paget
Die Juden proben den Aufstand gegen die syrische Besatzungsmacht. Anspruchsloser Sandalenfilm für Freunde schwerfällig inszenierter Kämpfe.

Kampf der Roboter K34
CRASH AND BURN **
USA 1990, 84 Min., F
R: Charles Band D: Ralph Waite, Paul Ganus, Megan Ward
Die Mitarbeiter eines unabhängigen TV-Senders werden vom mörderischen Roboter eines Multis heimgesucht. Es bumst und brennt gewaltig, aber sonst ist nicht viel dahinter. HFJ 1991

Der Kampf der Seminolen K35
**
DDR/Jugoslawien 1971, 94 Min., F
R: Konrad Petzold D: Gojko Mitic, Jurie Darie, Karin Ugowski, Kati Bus
Schwarze und Indianer im Kampf gegen die ausbeuterischen Weißen in Florida. Gutgemeinter Polit-Western, der unter seiner pädagogischen Absicht zusammenbricht.

Kampf der Titanen K36
CLASH OF THE TITANS ***
GB 1981, 118 Min., F
R: Desmond Davis D: Harry Hamlin,
th
er Göttin
zu gewin-
weise mit
nehmen.
teuer mit
n. LFF

Kampf der Titanen gegen Rom K37
***
LES GUERRIERES DACII
Fr/Rumänien 1966, 92 Min., F
R: Sergiu Nicolaescu D: Pierre Brice, Marie-José Nat, Georges Marchal
Die Daker wehren sich gegen eine Invasionsstreitmacht der Römer im alten Rumänien. Ein Römer gerät in einen Gewissenskonflikt. Monumentales Schlachtengemälde.

Kampf der Welten K38
THE WAR OF THE WORLDS ***
USA 1953, 85 Min., F
R: Byron Haskin D: Gene Barry, Ann Robinson, Les Tremayne
Marsianische Invasionstruppen landen in Amerika und beginnen einen rüden Vernichtungsfeldzug gegen die Menschheit, bis die Grippe sie hinwegrafft. Spannender SF-Streifen nach dem Roman von H. G. Wells. LSFF

Kampf gegen die Ausweglosigkeit K39
**
ANATOMY OF AN ILLNESS
USA 1983, 94 Min., F
R: Richard T. Heffron D: Edward Asner, Eli Wallach, Millie Perkins
Ein älterer Mann kämpft gegen eine diagnostizierte unheilbare Krankheit an. Es wird viel geredet und wenig ist zu sehen.

Kampf um den Piratenschatz K40
BLACKBEARD THE PIRATE ***
USA 1952, 96 Min., F
R: Raoul Walsh D: Robert Newton, Linda Darnell, William Bendix
Der inzwischen zu den Guten zählende Ex-Pirat Morgan zieht in der Karibik gegen alte Kollegen in die Schlacht und befreit eine entführte Schöne. Aktionsreiches Piratenspektakel mit viel Degengeklirr und Kampfszenen.

Kampf um die 5. Galaxis K41
L' UMANOIDE **
Italien 1979, 99 Min., [redacted]
R: George B. Lewis D[redacted]Ric[redacted]Ki
Barbara Bach, Corinne[redacted]Cler[redacted]
Größenwahnsinniger [redacted]acht[redacted]t H
einer mysteriösen Waff[redacted]die[redacted]sc
zu Marionetten, um die[redacted]Welt[redacted]rsc
an sich zu reißen. [redacted]ie [redacted]Gal

scheint Urlaub zu haben, denn sie tritt gar nicht erst auf. Schund. LSFF

Kampf um Endor K42
EWOKS: BATTLE FOR ENDOR ***
USA 1986, 97 Min., F
R: Ken Wheat, Jim Wheat D: Wilford Brimley, Warwick Davis, Sian Phillips
Eine Familie, auf einem fremden Planeten gestrandet, wird von einer Horde Finsterlinge getötet, und ihre kleine Tochter nimmt im Verein mit mehreren skurrilen Typen den Kampf gegen die Drahtzieherin des Verbrechens auf. LSFF

Kampf um Rom K43
LA VENDETTA DEI BARBARI **
Italien 1960, 85 Min., F
R: Giuseppe Vari D: Daniella Rocca, Anthony Steel, Robert Alda
Als Alarichs Westgoten 400 n. Chr. in Italien einfallen, schmuggelt die Schwester des römischen Kaisers einen Soldatentrupp in ihr Heerlager ein. Standard-Kampfgetümmel in der Antike.

Kampf um Rom K44
**
BRD/It/Rumänien 1968, 103/84 Min., F
R: Robert Siodmak D: Laurence Harvey, Orson Welles, Sylva Koscina, Harriet Andersson, Honor Blackman
Nach Theoderichs Tod versucht ein Intrigant, die Ostgoten und den Kaiser von Byzanz gegeneinander aufzuhetzen, um Roms Selbständigkeit zu fördern. Bunter Historienfilm mit formalen Mängeln. Die oströmischen Truppen siegen im zweiten Teil über Römer und Ostgoten. Die vielen Schlachtszenen und Stars können auch hier die Drehbuchmängel nicht kaschieren.

Der Kampf um Troja K45
LA GUERRA DI TROIA **
Italien/Frankreich 1961, 90 Min., F
R: Giorgio Ferroni D: Steve Reeves, Juliette Mayniel, John Drew Barrymore, Hedy Vessel, Lydia Alfonsi
Nachdem die Griechen Troja erfolglos belagert haben, versuchen sie es mit einem Trick. Eins der zahllosen Cinécitta-Produkte, in denen sich Muskelmänner in Pappkulissen hauen.

Der Kampfkoloß K46
BATTLETRUCK **
Neuseeland 1981, 92 Min., F
R: Harley Cokliss D: Michael Beck, Annie McEnroe, James Wainwright
Nach dem Ende der Zivilisation, wie wir sie kennen, terrorisiert ein Ex-Offizier mit einem Superpanzer Neuseeland, bis ein mutiger Supermann ihm ein Bein stellt. Endzeit-Western der üblichen Machart in der *Mad-Max*-Nachfolge. LSFF

Die Kampfmaschine K47
THE LONGEST YARD ****
USA 1974, 121 Min., F
R: Robert Aldrich D: Burt Reynolds, Eddie Albert, Michael Conrad
Footballer, der seiner Freundin das Auto klaut, landet im Gefängnis und wird von dem fiesen Direktor gezwungen, eine Mannschaft aufzubauen, die gegen sein aus Wärtern bestehendes Team antritt. Beim schlußendlichen Match geht es dann rund. Ein Thriller, in dem sich die aufgestaute Wut der Kontrahenten beim Sport entlädt und einiges über den American Way of Life zur Sprache bringt. Einer der besten Filme von Burt Reynolds.

Kampfstern Galactica K48
BATTLESTAR GALACTICA **
USA 1978, 125 Min., F
R: Richard A. Colla D: Richard Hatch, Dirk Benedict, Lorne Greene
Überlebende eines kosmischen Krieges fliehen mit einer Raumflotte zur Erde, werden aber von vielerlei Problemen (z.B. wütenden Verfolgern) behindert. Diverse Folgen einer TV-Serie im Zusammenschnitt.

Die Kanaille von Kansas K49
QUANTRILL'S RAIDERS **
USA 1958, 71 Min., F
R: Edward Bernds D: Steve Cochran, Diane Brewster, Leo Gordon
Im amerikanischen Bürgerkrieg nutzt ein Banditenboß die Gelegenheit, sich an alten Feinden zu rächen. Nebenher plant er mit Hilfe eines Offiziers der Konföderierten, ein Waffenlager der Yankees zu knacken. Ein mittelmäßiger Western, der die Geschichte auf den Kopf stellt.

Kanakerbraut K50
****
BRD 1983, 62 Min., F
R: Uwe Schrader D: Peter Franke, Brigitte Janner, Gerhard Olschewski
Arbeitsloser Kreuzberger Szene-Hänger pendelt auf'm Kiez zwischen seiner ranzigen Bude und einer ranzigen Kneipe hin und her. Uwe Schraders erster Spielfilm zeichnet bereits der genaue Blick fürs Milieu aus, der sich auch in seinen weiteren Arbeiten findet.

Der Kanal K51
KANAL ****
Polen 1956, 88 Min., s/w
R: Andrzej Wajda D: Wienczyslaw Glinski, Tadeusz Gwiazdowski, Teresa Izewska
Erzählung aus den letzten Kriegsjahren: Der Aufstand im Warschauer Getto ist niedergeschlagen, polnische Widerstandskämpfer fliehen durch die Kanalisation. Der genaue Blick für den individuellen Horror des Krieges macht diesen Film fast zu einem Dokument der Zeitgeschichte.

Der Kandidat K52
THE BEST MAN ****
USA 1963, 104 Min., s/w
R: Franklin Schaffer D: Henry Fonda, Cliff Robertson, Lee Tracy
Kenntnis- und aufschlußreicher Blick hinter die Kulissen eines US-Präsidentschaftswahlkampfs. Die ideologisch getarnte Machtgeilheit und die politischen Mythen der Amerikaner werden präzise herausgearbeitet. Spannend inszeniert, gut gespielt und recherchiert.

Der Kandidat K53
****
BRD 1980, 129 Min., F
R: Stefan Aust, Alexander von Eschwege, Alexander Kluge, Volker Schlöndorff
Agitprop gegen Franz Josef Strauß anläßlich seiner Kandidatur für das Amt des Regierungschefs der Bundesrepublik Deutschland. Um diese ihre Horrorvision zu verhindern, fand sich die Garde der linken deutschen Regieszene zu diesem interessanten Episodenfilm zusammen.

Der Deutsche Filmpreis

Der Deutsche Filmpreis wird seit 1951 vom Bundesminister des Innern vergeben. Der Hauptpreis ist das »Filmband in Gold«, verbunden mit einer Geldprämie von DM 800 000 bis 1 Mio. Die »Goldene Schale« war ein Wanderpreis und ging zuletzt 1979 an den Film *Die Blechtrommel*. Der Deutsche Filmpreis wird in mehreren Kategorien vergeben. Hier sind nur die abendfüllenden Spiel- und Dokumentarfilme aufgeführt.

1950	Das Doppelte Lottchen
1951	Herz der Welt
	Nachts auf den Straßen
	Rausch einer Nacht
1952	Die große Versuchung
1954	Canaris
	Eine Liebesgeschichte
	Meines Vaters Pferde (TEIL 2)
1955	Alibi / Der 20. Juli
	Himmel ohne Sterne
	Ich denke oft an Piroschka
	Im Schatten des Karakorum
1956	Anastasia, die letzte Zarentochter
	Der Hauptmann von Köpenick
1957	Die Bekenntnisse des Hochstaplers Felix Krull
	Helden
	Nachts wenn der Teufel kam
1958	Wir Wunderkinder
	Die Brücke
1959	Hunde, wollt ihr ewig Leben?
	Rosen für den Staatsanwalt
1960	Faust
1961	Das Wunder des Malachias
1962	Das Brot der frühen Jahre
1964	Das Haus in der Karpfengasse
	Polizeirevier Davidswache
1965	Es / Der Junge Törless
1966	Abschied von Gestern
1967	Lebenszeichen
	Mord und Totschlag
1968	Die Artisten in der Zirkuskuppel: Ratlos
1969	Katzelmacher / Malatesta
1970	Deadlock S 7
	Jaider – Der einsame Jäger
	Lenz
1971	Trotta
1972	Harlis
	Der Stoff, aus dem die Träume sind
1973	Alle Menschen werden Brüder
	Einer von uns beiden
	Der Fußgänger
	Gott schützt die Lebenden
1974	Jeder für sich und Gott gegen alle
	Jugend / Sternsteinhof
	Stunde Null / Heinrich
	Der Amerikanische Freund
1977	Aus einem deutschen Leben
	Flammende Herzen
	Die gläserne Zelle
	Grete Minde / Der Mädchenkrieg
	Rheingold / Taugenichts
	Das zweite Erwachen der Christa Klages
1978	Der Durchdreher
	Die Ehe der Maria Braun
	Geschichten aus dem Wienerwald / Messer im Kopf
	Septemberweizen
1978/81	Die Nacht des Schicksals
1978/79	Monarch
1979	Die Abfahrer
	Der Aufstand
	Die Blechtrommel
	David
	Eins und Eins gleich Drei
	Das Ende des Regenbogens
	Lena Rais
	Die letzten Jahre der Kindheit
	Nick's Film – Lightning over Water
	Die Ortliebschen Frauen
1979/81	Das Boot
1980	Die Generalprobe
	Das höchste Gut einer Frau ist ihr Schweigen
	Looping
	Der Mond ist nur a nackerte Kugel
1981	Die bleierne Zeit
	Jede Menge Kohle
	Das letzte Loch
	Lola
	Der Stand der Dinge
	Der Zauberberg
1981/82	Berliner Stadtbahnbilder
1982	Fitzcarraldo
	Fünf letzte Tage
	Die Heartbreakers
	Mit starrem Blick aufs Geld
	Utu – Die letzte Schlacht der
	Morgen in Alabama
	Der Schlaf der Vernunft
	Der Versuch zu leben
1984	White Star
	Oberst Redl
	Paris, Texas
	Wo die grünen Ameisen träumen
1985	Der Angriff der Gegenwart auf die übrige Zeit
	Männer
	Rosa Luxemburg
1986	Francesca
	Der Name der Rose
	Das Schweigen des Dichters
1987	Der Himmel über Berlin
	Der Indianer
	Out of Rosenheim
	Sierra Leone
1988	Herbstmilch
	Wallers letzter Gang
	Yasemin
1989	Georg Elser – Einer aus Deutschland
	Letzte Ausfahrt Brooklyn
	Das Spinnennetz
1990	Go, Trabi, Go
	Homo Faber
	Nie im Leben
	Das Serbische Mädchen
	Step Across the Border
	Verriegelte Zeit
	Winckelmanns Reisen
1991	Das Heimweh des Walerjan Wrobel
	Malina
	Der Tangospieler
1992	Celibidache
	Krücke
1993	Filmband in Gold (nicht vergeben)
1994	Kaspar Hauser – Verbrechen am Seelenleben…
	Auf Wiedersehen Amerika
	Balagan
1995	Der bewegte Mann
	Keiner liebt mich
1996	Schlafes Bruder

Kanonenboot am Yangtse-Kiang K54 ****
THE SAND PEBBLES
USA 1966, 195 Min., F
R: Robert Wise D: Steve McQueen, Richard Attenborough, Candice Bergen, Richard Crenna
Die Erlebnisse der Mannschaft eines amerikanischen Kanonenbootes, das während des chinesischen Bürgerkriegs (1926) auf einem großen Strom kreuzt. Mit an Bord: ein lakonischer Seemann, der sich weder durch Patriotismus noch durch Rassismus aus der Ruhe bringen läßt.

Kansas City K55 ***
KANSAS CITY
USA 1996, 115 Min., F
R: Robert Altman D: Jennifer Jason Leigh, Miranda Richardson, Harry Belafonte
Junge Gangsterbraut entführt Politikergattin. Stilistisch und dramaturgisch hochrangige Hommage an die Gangstermetropole der 30er Jahre und ihre geniale Jazzszene. Kühl inszeniert, mit berauschendem Soundtrack.

Kaos – Sizilianische Erzählungen K56 ****
KAOS
Italien 1984, 188 Min., F
R: Paolo und Vittorio Taviani
D: Margarita Lozano, Claudio Bigagli, Ciccio Ingrassia, Biagio Barone
In fünf Episoden nach Vorlagen von Luigi Pirandello erzählt traurige, amüsante und tragikomische Geschichten, die in Sizilien spielen. Dabei gelingt ihnen ein zeitlos-schöner und phantasievoller Film von unwiderstehlicher Poesie und visueller Kraft.

Kap der Angst K57 ****
CAPE FEAR
USA 1991, 128 Min., F
R: Martin Scorsese D: Robert De Niro, Nick Nolte, Jessica Lange, Robert Mitchum, Juliette Lewis
Fesselndes Remake von J. Lee Thompsons gleichnamigem Thriller aus dem Jahre 1962, in dem ein Exsträfling an seinem Verteidiger Rache nehmen will, da ihn dieser angeblich vor Gericht schlecht vertreten hat. HFJ 1992

Der Kapitän K58 **
BRD 1971, 93 Min., F
R: Kurt Hoffmann D: Heinz Rühmann, Johanna Matz, Terry Torday
Der ehemalige Kapitän eines ausgedienten Frachtdampfers muß sich auf der Kommandobrücke eines noblen Freizeitschiffes mit aufsässigen Besatzungsmitgliedern und einem bunten Haufen von Urlaubern herumschlagen, die das Schiff in gefährliche Situationen bringen. Zu spät kommt jede Rettung für den Film, der in einem Meer von dümmlich niveaulosen Gags versinkt.

Kapitän Nemo K59 ***
CAPTAIN NEMO AND THE UNDERWATER CITY
GB 1969, 103 Min., F
R: James Hill D: Robert Ryan, Chuck Connors, Nanette Newman
Über Bord gegangene Reisende werden durch ein Unterseeboot gerettet und finden sich im Unterseereich des mysteriösen Kapitän Nemo wieder. Undankbar suchen nach einer Möglichkeit zur Heimkehr. Nicht übles utopisches Unterwasserabenteuer für die Jugend. Nach Jules Verne. LSFF

Kapitän Sindbad K60 **
CAPTAIN SINBAD
USA/BRD 1963, 85 Min., F
R: Byron Haskin D: Guy Williams, Heidi Brühl, Pedro Armendariz
Um einen Usurpator vom widerrechtlich errungenen Thron zu stürzen, muß Seefahrer Sindbad gegen mehrere Monster kämpfen und das Herz des Tyrannen vernichten. Schauerlich. LFF

Die Karabinieri K61 ****
LES CARABINIERS
Frankreich/Italien 1962, 78 Min., s/w
R: Jean Luc Godard D: Marino Mase, Albert Juross, Geneviève Galéa
Zwei Männer, die mit ihren Frauen in einer einsamen Hütte wohnen, werden von Abgesandten des Königs als Soldaten angeworben und ziehen in den Krieg. Eine vielschichtige Parabel über das Wesen des Krieges.

Karakum K62 ***
BRD/Turkmenistan 1993, 101 Min., F
R: Arend Agthe D: Max Kullmann, Murat Orasov, Pjotr Olev
Ein Zwölfjähriger aus Deutschland strandet auf dem Weg zu seinem Vater in der turkmenischen Wüste und befreundet sich mit einem gleichaltrigen Einheimischen. Bis zum Happy-End gibt's vor grandioser Kulisse Gefahren satt, die sie gemeinsam meistern. Familienfilm mit Durchhängern über eine ungewöhnliche Freundschaft. HFJ 1995

Karambolage K63 ***
Österreich 1982, 100 Min., F
R: Kitty Kino D: Marie Colbin, Renée Felden, Gerhard Rühmkopf
Eine Studentin widmet sich vor allem dem Billardspiel und Karambolagen in der Liebe.

Karawane der Frauen K64 ****
WESTWARD THE WOMEN
USA 1952, 116 Min., s/w
R: William A. Wellman D: Robert Taylor, John McIntire, Denise Darcel
Ein Scout, der 150 Frauen nach Kalifornien bringen soll, erkennt im Verlauf der schwierigen Reise, daß die Damen allen Gefahren gewachsen sind. Ein Western, der gegen viele Klischees des Genres angeht.

Der Kardinal K65 ***
THE CARDINAL
USA 1963, 175 Min., F
R: Otto Preminger D: Tom Tryon, Carol Lynley, Dorothy Gish
Junger amerikanischer Theologe aus Hinterwäldlermilieu steigt in der kirchlichen Hierarchie auf und bringt es trotz Intrigen und Anfeindungen zum Amt eines hohen kirchlichen Würdenträgers. Nach dem Roman von H. M. Robinson. Hauptdarsteller Tom Tryon verlegte sich kurz darauf auf das Schreiben von Bestsellern.

Karim und Sala K66 ***
A KARIM NA SALA
Frankreich/BRD 1991, 90 Min., F
R: Idrissa Ouedraogo D: Noufou Ouedraogo, Roukietou Barry

Karim, 12 Jahre alt, will nicht mehr in sein Dorf zurück, weil er Angst hat, bestraft zu werden. Aber in der Stadt gerät er in schlechte Gesellschaft und landet im Jugendgefängnis. Dort lernt er auch die gleichaltrige Sala kennen, die aus wohlhabendem Hause stammt. Nach seiner Freilassung eröffnen sich Karim durch das Mädchen neue Welten. Einmal noch kehrt er nach Hause zurück. HFJ 1992

Karl May K67
***
BRD 1974, 187 Min., F
R: Hans-Jürgen Syberberg D: Helmut Käutner, Kristina Söderbaum, Käthe Gold, Attila Hörbiger
Opulentes Lebensbild des Abenteuerschriftstellers, mit exzellenten Schauspielern realisiert, aber dem Mythos in eher abseitige Winkel folgend.

Die Karriere der Francis B. K68
FRANK AND I ***
USA/GB/Frankreich 1983, 83 Min., F
R: Gérard Kikoine D: Jennifer Inch, Christopher Pearson, Sophie Favier
Der Geschäftsmann Christopher läßt die junge Streunerin Francis von seiner Ex-Geliebten zum Betthasen »ausbilden«, doch ihr wachsendes Selbstbewußtsein führt zu Problemen. Softporno nach einem berühmten viktorianischen Sexroman.

Das Kartell K69
CLEAR AND PRESENT DANGER ***
USA 1994, 141 Min., F
R: Phillip Noyce D: Harrison Ford, Willem Dafoe, Anne Archer
Das kolumbianische Drogenkartell soll durch den illegalen Einsatz einer CIA-Spezialeinheit zerschlagen werden. Harrison Ford als naiver Agent versucht angestrengt, in diesem gefährlichen Spiel die Hintermänner aufzudecken. Was lernt man hier? Viele Explosionen und Tote machen noch

Geheimagent läßt Bande hochgehen, die aus Menschen steuerbare Roboter macht, und legt die Chinesen herein, die an der Erfindung interessiert sind. Die parodistischen Ansätze gehen in Jess Francos Chaosregie unter.

Karthago in Flammen K71
CARTAGIE IN FIAMME ***
Italien/Frankreich 1959, 90 Min., F
R: Carmine Gallone D: Pierre Brasseur, Daniel Gélin, Paolo Stoppa
Karthagener kehrt in die Heimatstadt zurück und erlebt ihren Untergang mit. Schlachtenreicher Monumentalfilm nach einem Roman von Emilio Salgari, dem »italienischen Karl May«.

Die Käserei in der Vehfreude K72
***
Schweiz 1958, 102 Min., s/w
R: Franz Schnyder D: Heinrich Gretler, Max Haufler, Franz Matter
Eine neue Käserei bringt die Bewohner einer Gemeinde gegeneinander auf. Ein unpathetisches, aber nicht unkritisches Modernisierungsdrama aus den nicht nur idyllischen Schweizer Bergen.

Kasimir, mir graut vor dir K73
LE BOURGEOIS GENTIL MEC ***
Frankreich 1969, 84 Min., F
R: Raoul André D: Darry Cowl, Jean Lefebvre, Francis Bianche
Groteske um einen Firmenchef, der sich von Gangstern zum knallharten Geschäftsmann ausbilden läßt. Groteskkomödie mit dem sträflich vernachlässigten französischen Komiker Darry Cowl.

Kaspar Hauser – Verbrechen am Seelenleben eines Menschen K74
****
BRD 1993, 139 Min., F
R: Peter Sehr D: André Eisermann, Udo Samel, Jeremy Clyde
In opulenten Bildern erzählt der Film

André Eisermann

Kassbach K75
***
Österreich 1978, 106 Min., F
R: Peter Patzak D: Walter Kohut, Immy Schell, Maria Engelstorfer
Porträt eines bösen, bieder erscheinenden Gemüsehändlers in Wien, eine Art von Reinkarnation des Qualtingerschen »Herrn Karl«.

Katastrophenflug 232 K76
A THOUSAND HEROES **
USA 1991, 94 Min., F
R: Lamont Johnson D: James Coburn, Charlton Heston, Richard Thomas
Flugzeug wird durch Triebwerkexplosion zur Notlandung gezwungen. Typischer Katastrophenfilm nach authentischem Vorbild. Eher matt inszeniert von einem Regisseur, von dem man besseres gewohnt ist.

Der Kater läßt das Mausen nicht K77
***
IL GATTO
Italien 1977, 110 Min., F
R: Luigi Comencini D: Ugo Tognazzi, Mariangela Melato, Dalila di Lazzaro
Italienische Gesellschaftsklamotte um ein Hausbesitzerpaar, das durch den Tod ihres Katers die Kriminalität ihrer Mieter entdeckt und dadurch fast ihr Ziel erreicht, das Haus für den Abbruch leer zu bekommen. Im Ansatz eine amüsante Satire, Charme und Amüsement bleiben jedoch im zähen

Die lüsterne russische Zarin Kathi läßt einen edlen Offizier, der sich ihr verweigert, in die Palastgrüfte werfen. Orgien und Ausschweifungen machen den Rest dieses jämmerlichen Softpornos aus.

Käthchen von Heilbronn K79
CATHERINE DE HEILBRONN ***
Frankreich 1979, 138 Min., F
R: Eric Rohmer D: Pascale Ogier, Pascal Gregory, Jean Boissery
Direkte Film-Wiedergabe einer Inszenierung von Heinrich von Kleists Stück beim Theaterfestival 1979 in Paris.

Katholiken K80
CATHOLICS ****
USA 1973, 80 Min., F
R: Jack Gold D: Trevor Howard, Martin Sheen, Raf Vallone, Cyril Cusack
Ein junger Priester soll in einem irischen Kloster die geänderten Auffassungen der Kirche vermitteln, was den Abt in schwere Glaubenszweifel stürzt. Theologisches Drama, das durch seine schauspielerischen Leistungen besticht.

Katja, alle brauchen Liebe K81
DADDY DARLING **
Dänemark 1969, 90 Min., F
R: Joseph W. Sarno D: Helle Louise, Gio Petré, Ole Wisborg
Um Papa zu beweisen, daß seine neue Geliebte eine Schlampe ist, läßt die bisexuelle Katja nichts unversucht, selbige in ihr Bett zu locken. Sexfilm aus der »skandinavischen Periode« von US-Regisseur Sarno.

Kattorna K82
KATTORNA ****
Schweden 1964, 90 Min., s/w
R: Henning Carlsen D: Eva Dahlbeck, Gio Petré, Per Myberg
In einer Wäscherei geraten die Dinge in Aufruhr, als eine der Wäscherinnen die Geschäftsführerin lesbischer Beziehungen bezichtigt.

Katz und Maus K83
***
BRD 1966, 88 Min., s/w
R: Hansjürgen Pohland D: Lars Brandt, Peter Brandt, Wolfgang Neuss, Claudia Bremer, Michael Hinz
Ein Schüler will seinen Minderwertigkeitskomplex durch militärischen Ruhm überwinden und scheitert dabei. Nach Günter Grass' gleichnamiger Novelle.

Die Katze K84
LE CHAT ****
Frankreich/Italien 1971, 90 Min., F
R: Pierre Granier-Deferre
D: Simone Signoret, Jean Gabin, Annie Cordy, Jacques Rispal
Eine in die Jahre gekommene Frau kämpft verzweifelt um ihren Mann, dem sie in den vielen Ehejahren gleichgültig geworden ist. In ihrer Ausweglosigkeit tötet sie die von diesem abgöttisch geliebte Katze. Exzellent gespieltes Ehedrama nach George Simenon, in dem emotionale Mechanismen einer zerfallenden Beziehung bloßgelegt werden.

Die Katze K85
***
BRD 1987, 118 Min., F
R: Dominik Graf D: Götz George, Gudrun Landgrebe, Heinz Hoenig
Auf Hochspannung inszenierter, aber trotzdem teilweise flauer Bankräuber-Krimi, mit dem Götz George versuchte, vom Schimansky-Image wegzukommen. Eines der wenigen gelungenen Beispiele eines deutschen Actionfilms. HFJ 1989

Gudrun Landgrebe und Götz George

Die Katze auf dem heißen Blechdach K86
CAT ON A HOT TIN ROOF ****
USA 1958, 108 Min., F
R: Richard Brooks D: Elizabeth Taylor, Paul Newman, Burl Ives
Adaption des berühmten Bühnenstücks um die Verlogenheit einer reichen Südstaatenfamilie. Großartiges, subtiles Schauspielerkino, das ganz bei seinen Figuren bleibt und auf jegliche Effekthascherei verzichtet.

Die Katze kennt den Mörder K87
THE LATE SHOW ***
USA 1976, 93 Min., F
R: Robert Benton D: Art Carney, Lily Tomlin, Bill Macy, Ruth Nelson
Eine ironische und atmosphärisch dichte Geschichte um eine verschwundene Katze, gestohlene Briefmarken und einen Detektiv im Ruhestand, der noch einmal seinen Job macht. Wie die besten Beispiele des Genres, konzentriert sich Benton auf eine stimmige Charakterisierung seiner Figuren und die Melancholie des Milieus.

Katzelmacher K88
****
BRD 1969, 88 Min., s/w
R: Rainer Werner Fassbinder
D: Rainer Werner Fassbinder, Hanna Schygulla, Lilith Ungerer
Fassbinders erste ernsthafte Attacke gegen die traditionellen Erzählmittel des Films, entstanden aus dem Geist des »antiteater«. Der Autor und Regisseur spielt selbst den jungen Gastarbeiter, der in die Machtspiele einer Münchner Hinterhof-Clique gerät.

Katzenauge K89
CAT'S EYE ***
USA 1985, 94 Min., F
R: Lewis Teague D: Drew Barrymore, James Woods, Alan King
Episodenfilm mit Rahmenhandlung, durch die Augen einer Katze gesehen, die eine Schöne vor einem Troll retten muß und dabei einiges erlebt. Nach drei Kurzgeschichten von Stephen King: »Quitters, Inc.«, »The Ledge« und dem Originalstoff »The General«. Belangloses Unterhaltungskino (Wer fürchtet sich vor Stephen King?).

Katzenjammer Kids K90
**
BRD 1987, 89 Min., F
R: Waltraud Ehrhardt D: Ravi Karmalker, Angela Fischer, Thomas Dorff

Ein junger Mann aus Wuppertal auf den Spuren seines Idols James Dean in Amerika und eine junge Frau auf der Suche nach ihrem Vater in einem deutschen Road Movie, das sich an einer eigenwilligen comic-artigen Erzählweise versucht.

Katzenmenschen K91
CAT PEOPLE ****
USA 1942, 75 Min., s/w
R: Jacques Tourneur D: Simone Simon, Kent Smith, Jane Randolph
Serbische Emigrantin in New York verwandelt sich auf mysteriöse Weise in einen Panther und tötet aus Angst und Eifersucht Menschen. Spannender Horrorfilm.

Katzenmenschen K92
CAT PEOPLE ***
USA 1981, 118 Min., F
R: Paul Schrader D: Nastassja Kinski, Malcolm McDowell, John Heard
Remake des Films von 1942, in dem die Heldin nach dem Geschlechtsakt töten muß, um wieder menschlich zu werden. Trickreicher Film, der die subtile Erotik des Themas deutlicher ausspielt als das Original.

Keep the Change K93
KEEP THE CHANGE **
USA 1992, 92 Min., F
R: Andy Tennant D: William Petersen, Lolita Davidovich, Jack Palance
Heimkehrer Joe muß die Ranch seiner Eltern vor seinem Erzrivalen verteidigen, verliebt sich jedoch in dessen Tochter und steuert so auf einen gefährlichen Konflikt zu. Gemächlich inszeniertes, halbwegs prominent besetztes US-TV-Familiendrama.

Kehraus K94
****
BRD 1983, 92 Min., F
R: Hanns Christian Müller
D: Gerhard Polt, Gisela Schneeberger, Nikolaus Paryla

Die Kehrseite der Medaille K95
THE OTHER SIDE OF THE MOUNTAIN ***
USA 1976, 102 Min., F
R: Larry Peerce D: Marilyn Hessett, Beau Bridges, Belinda J. Montgomery
Eine Frau ist nach einem Unfall querschnittsgelähmt, meistert ihr Schicksal und wird Lehrerin in einem Indianerreservat. Optimistische Filmerzählung nach einem authentischen Fall.

Kein Frieden unter den Olivenbäumen K96
NON C'E PACE TRA GLI ULIVI ****
Italien 1950, 99 Min., s/w
R: Giuseppe de Santis D: Raf Vallone, Folco Lulli, Lucia Bosé
Ein Schafhirt kehrt aus dem Krieg zurück und muß erleben, daß der Großgrundbesitzer ihm die Herde und die Braut gestohlen hat. So wird er zum Banditen in den Bergen. Dritter Teil von de Santis *Trilogie der Erde* nach *Tragische Jagd* und *Bitterer Reis.*

Kein Koks für Sherlock Holmes K97
THE SEVEN PERCENT SOLUTION ****
GB 1976, 90 Min., F
R: Herbert Ross D: Alan Arkin, Vanessa Redgrave, Robert Duvall
Als Sherlock Holmes in Wien weilt, um mit Hilfe von Sigmund Freud von der Kokainsucht loszukommen, wird er in eine Entführung verstrickt. Witziger Beitrag zum Holmes-Mythos, nach einem Roman von Nicholas Meyer.

Kein Mord von der Stange K98
LOCKER ***
USA 1981, 93 Min., F
R: Michael Crichton D: Albert Finney, James Coburn, Susan Dey
Futuristischer, unglaubwürdiger Thriller um einen mordenden Konzernchef und einen Schönheitschirurgen, der dessen fragwürdige Pläne für den perfekten Menschen mit einem Showdown vor laufenden TV-Kameras verhindert.

Aus finanziellen Gründen verliert ein altes Ehepaar sein gemeinsames Haus. Da keines seiner Kinder beide zusammen aufnehmen will, müssen sie sich trennen. Doch auch dieses Arrangement funktioniert nicht und so wird die Trennung endgültig. Drama ohne falsche Sentimentalität.

Kein Rauch ohne Feuer K100
IL N'Y A PAS DE FUMEE SANS FEU ****
Frankreich/Italien 1973, 120 Min., F
R: André Cayatte D: Annie Girardot, Michel Bouquet, Mireille Darc
Provinzpolitiker verhindern die Kandidatur eines angesehenen Bürgers durch gefälschte Sexfotos seiner Frau und falsche Anschuldigungen gegen ihn selbst. Die Anklage gegen politische Korruption erhält ihre Wirkung auch durch genaue Darstellung des Provinzmilieus.

Kein Weg zu dritt K101
LES SAUFS-CONDUITS ***
Kanada 1991, 55 Min., F
R: Manon Briand D: Julie Lavergne, Patrick Goyette, Luc Picard
Drei junge Leute unterwegs mit einem klapprigen Auto. Während sie zum Weltrekordversuch im Eierweitwerfen fahren, verlieren sie durch wechselseitiges Verlangen in einer aussichtslosen Dreiecksgeschichte die unbeschwerte Unschuld ihrer romantischen Reise. Ein beachtliches Regiedebüt.

Keine Angst vor scharfen Sachen K102
RALLY ROUND THE FLAG, BOYS! ***
USA 1958, 106 Min., F
R: Leo McCarey D: Paul Newman, Joan Collins, Joanne Woodward
Bewohner einer Kleinstadt wollen den Bau einer Raketenabschußbasis der US-Army verhindern, doch als sich zeigt, daß die Anlage neue Arbeitsplätze schafft, löst sich ihr Protest in Wohlgefallen auf. Da treibt man mit

ltern
ROW
., s/w
D: Victor M
Beulah Bo

Apachen unter Häuptling Ulzana gehen auf Raubzug. Ein Kavallerietrupp unter Leitung eines jungen Offiziers und eines Scouts soll sie dingfest machen. Western mit spannenden Momenten.

Die keine Gnade kennen K104
RAID ON ENTEBBE ***
USA 1976, 125 Min., F
R: Irvin Kershner D: Charles Bronson, Peter Finch, Horst Buchholz
Israelisches Kommando befreit 1976 von Terroristen nach Entebbe entführte Geiseln. Spannender Reißer, der auf tatsächlichen Ereignissen fußt und viel Pyrotechnik einsetzt.

Keine Gnade, Mr. Dee! K105
TRACKDOWN **
USA 1975, 98 Min., F
R: Richard T. Heffron D: Jim Mitchum, Karen Lamm, Anne Archer
Landmädchen versumpft in der Großstadt Los Angeles. Ihr Cowboy-Bruder macht sich auf die Suche. Flacher Krimi mit viel Action.

Keine Zeit für Wunder K106
CERCASI GESU **
Italien 1982, 104 Min., F
R: Luigi Comencini D: Beppe Grillo, Fernando Rey, Maria Schneider
Eine satirische Antwort auf die Frage: »Was würde geschehen, wenn Jesus heute unter uns leben würde?« Mischung aus bissiger Ironie und klammheimlicher Erbaulichkeit.

Keiner liebt mich K107
***
BRD 1994, 100 Min., F
R: Doris Dörrie D: Maria Schrader, Pierre Sanoussi-Bliss, Michael von Au
Kurz vor ihrem 30. Geburtstag kriegt Fanny die Krise, kann sie sich doch weder mit Mann noch Kind schmükken. Ihr farbiger Nachbar und Hobbywahrsager gibt ihr heiße Tips fürs private Glück. Leider sucht sie sich erst einmal den falschen Traumprinzen aus. Vom Single-Leben, von der Einsamkeit, der Suche nach dem richtigen Partner und über die Sehnsucht geliebt zu werden erzählt der Film, leider aber nicht ganz stimmig. HFJ 1996

Kennwort 777 K108
CALL NORTHSIDE 777 ***
USA 1947, 111 Min., s/w
R: Henry Hathaway D: James Stewart, Richard Conte, Lee J. Cobb
Semidokumentarischer, überaus spannender Thriller um einen Journalisten, der einem unschuldig Verurteilten durch eine neue fotografische Technik zur Freiheit verhilft. In der Nachfolge des expressionistischen »Film noir« entdeckte Hathaway die Realität der Straße und die technischen Details moderner Polizeiarbeit.

Kenny K109
KENNY, THE KID BROTHER ****
Kanada/Japan 1987, 100 Min., F
R: Claude Gagnon D: Kenny Easterday, Caitlin Clarke, Liane Curtis
Halbdokumentarischer Spielfilm über einen Jungen, der ein Leben ohne Beine meistert. Unspektakulär, unsentimental und lebensfroh.

Keoma – Ein Mann wie ein Tornado K110
**
KEOMA
Italien 1976, 90 Min., F
R: Enzo G. Castellari D: Franco Nero, William Berger, Woody Strode
Der Mestize Keoma befreit nach dem Ende des Sezessionskriegs seine Heimat vom Terror einer üblen Bande. Sternstunde für Freunde blutiger Massaker!

Ein Kerl wie Dynamit K111
THE RESTLESS BREED **
USA 1957, 81 Min., F
R: Allan Dwan D: Scott Brady, Anne Bancroft, Jay C. Flippen, Jim Davis
Sohn eines Regierungsagenten, der den Tod seines Vaters rächen will, gerät in einem mexikanischen Grenzstädtchen mit dem örtlichen Großkotz aneinander. Mit geringem Budget gedreht, letzter Western von Routinier Allan Dwan.

Kes K112
KES ****
GB 1969, 111 Min., F
R: Ken Loach D: David Bradley, Colin Welland, Lynn Perrie
Ein von der Gesellschaft und seiner Familie zurückgewiesener Junge erlebt eine tiefe Beziehung zu einem von ihm gezähmten Falken. Einer der Filme des britischen Regisseurs, die ungemein zärtliche Menschenliebe mit harter Gesellschaftskritik verbinden.

Die Kettenreaktion K113
THE CHAIN REACTION ***
Australien 1978, 92 Min., F
R: Ian Berry D: Steve Bisley, Anna-Maria Winchester, Ross Thompson
Zwei Hit-Men jagen im Auftrag der Betreiber einer Atommülldeponie den Augenzeugen eines Unfalls, bei dem das Grundwasser strahlenverseucht wurde. Rasanter Actionfilm mit politischem Hintergrund. LSFF

Das Kettensägen-Massaker K114
THE TEXAS CHAINSAW MASSACRE ****
USA 1974, 81 Min., F
R: Tobe Hooper D: Marilyn Burns, Allen Danzinger, Gunnar Hansen
US-Südstaaten-Familie, mental total Banane, die dem Kannibalismus frönt, hetzt eine Gruppe von Fremdlingen zu Tode, die arglos in ihre Domäne eingedrungen sind. Und die Kettensäge knattert dazu … Ein für heutige Zeiten bemerkenswert unblutiges Horrorspektakel, das aber mit wirklich bösen Schockeffekten aufwartet.

Hoopers böser Klassiker.

Die Keusche mit den feuchten Lippen K115
**
FLOSSIE – EN VENUS PÅ 15
Schweden 1974, 75 Min., F
R: Bert Thorn D: Maria Forsa, Jack Frank, Anita Andersson, Kim Frank
Eine 15jährige Nymphe entdeckt im Internat ihre lesbischen Lüste und tut

sich später mit einer bisexuellen Dame zusammen. Ein handwerklich über dem Durchschnitt des Genres stehender Softporno.

Kevin – Allein zu Haus K116
HOME ALONE ***
USA 1990, 95 Min., F
R: Chris Columbus D: Macaulay Culkin, Joe Pesci, Daniel Stern
Humorige Action-Komödie um einen Jungen, der, von seinen Eltern irrtümlich nicht auf den Weihnachtsurlaub mitgenommen, sich mit Mut und Pfiff gegen zwei Einbrecher zur Wehr setzt. Ein Kinoerfolg, der Fortsetzungen und einen Kinderstar zeugte. HFJ 1991

Slapstick mit Kind.

The Key – Der Schlüssel K117
LA CHIAVE ***
Italien 1983, 104 Min., F
R: Tinto Brass D: Stefania Sandrelli, Frank Finlay, Franco Branciaroli
Ehefrau findet das Tagebuch ihres sexuell frustrierten Ehemannes, legt ihrerseits eines an und spielt es ihm zu. Daraus entwickelt sich ein erotischer Dialog, der bald auch in »greifbare Tatsachen« mündet.

El Khobar, der Schrecken der Wüste K118
**

ein agiler Wüstenfuchs, entlarvt einen Scheich, der hinter dem Rücken der Kolonialherren aufrüstet. Eine lächerliche Operettenschmonzette.

Kid Blue K119
KID BLUE ***
USA 1973, 100 Min., F
R: James Frawley D: Dennis Hopper, Peter Boyle, Ben Johnson
Anständig gewordener Eisenbahnräuber verdingt sich als Schuhputzer und überredet nach allerlei beruflichen und privaten Fehlschlägen drei entwurzelte Comanchen zu einem Raub. Deprimierender Western.

Kid Galahad – Harte Fäuste, heiße Liebe K120
KID GALAHAD ***
USA 1961, 95 Min., F
R: Phil Karlson D: Elvis Presley, Gig Young, Lola Albright, David Lewis
Arbeitsloser Jungmann entdeckt sein Talent als Boxer, zieht von Sieg zu Sieg und singt sich nebenher in die Herzen der Damen.

Kids K121
KIDS ***
USA 1995, 91 Min., F
R: Larry Clark D: Leo Fitzpatrick, Sarah Henderson, Justin Pierce
Eine Gruppe von Heranwachsenden zieht einen Tag lang durch New York, angeführt von einem aidskranken 16jährigen, der als Hobby Jungfrauen defloriert und unwissentlich das Virus weitergibt. Sie glauben an keine Zukunft, sondern wollen nur Spaß, Sex, Drogen und Gewalt. Eine gefährliche Gratwanderung zwischen spekulativen Bildern und scheinbar seriöser Gesellschaftskritik. HFJ 1996

Kiebich und Dutz K122
***
BRD 1987/88, 85 Min., F
R: F. K. Waechter D: Michael

Kiez K123
***
BRD 1983, 102 Min., F
R: Walter Bockmayer, Rolf Bührmann
D: Wolf-Dietrich Sprenger, Katja Rupé
Ein Ex-Seemann scheitert als Zuhälter an der Konkurrenz und der eigenen Unfähigkeit. Rüde, melodramatische Kolportage nach Peter Greiner.

Kika K124
KIKA **
Spanien 1993, 112 Min., F
R: Pedro Almodovar D: Verónica Forqué, Victoria Abril, Peter Coyote
Kikas Verhältnis zu einem Fotografen findet nach dem Auftauchen des mordlustigen Stiefvaters ein Ende, zwischendurch wird sie mehrfach von einem Pornostar vergewaltigt – das alles unter den Augen einer sensationsgeilen Journalistin. Eine platte Parodie des Reality-TV, ein chauvinistisches Machwerk. HFJ 1995

Kill! K125
KILL! ***
BRD/It/Fr 1971, 98 Min., F
R: Romain Gary D: Jean Seberg, James Mason, Stephen Boyd
Krieg zwischen Drogenagenten; der eine hat sich selbst bereichert, der andere sucht Rache für den Tod seiner Tochter. Gary ist als Regisseur nie so gut geworden wie als Romancier. In diesem Verwirrspiel hat er offenbar ein paar Mal die Übersicht verloren.

Die Killer
siehe: Assassins – Die Killer
Die Killer
siehe: Rächer der Unterwelt

The Killer K126
DIEXUE SHUANG XIONG ***
Hongkong 1989, 111 Min., F
R: John Woo D: Chow Yun-Fat, Danny Lee, Sally Yeh
Virtuos konzipierter und choreogra-

Killer Crocodile II: Die Mörderbestie K127 *
KILLER CROCODILE II
Italien 1989, 94 Min., F
R: Giannetto De Rossi D: Anthony Crenna, Thomas Moore, Debra Karr
Eine Journalistin, die einen bösen Burschen entlarven will, entdeckt bei ihren Recherchen in der Karibik ein von radioaktiven Abfällen verseuchtes Killerkrokodil, das u.a. gern Nonnen verspeist. HFJ 1991

Der Killer im System K128 **
GHOST IN THE MACHINE
USA 1993, 95 Min., F
R: Rachel Talalay D: Karen Allen, Chris Mulkey, Ted Marcoux
Ein Serienkiller gerät versehentlich ins Datennetz und nutzt die Technik zum Morden. Ein Computerspezialist und eine alleinerziehende Mutter mit Sohn setzen dem Treiben ein Ende. Nicht mehr als ein äußerst schlicht inszeniertes Hacker-Märchen. HFJ 1995

Der Killer mit der sanften Stimme K129 **
THE FIEND WHO WALKED THE WEST
USA 1958, 110 Min., F
R: Gordon Douglas D: Hugh O'Brian, Robert Evans, Dolores Michaels
Psychopathischer Killer, der im Knast von einem vergrabenen Schatz erfährt, läßt nach seiner Entlassung nichts unversucht, sich in den Besitz desselben zu bringen. Brutalwestern, der zu seiner Zeit heftige Kritik einstecken mußte.

Killer stellen sich nicht vor K130 ***
TROIS HOMMES A ABATTRE
Frankreich 1980, 97 Min., F
R: Jacques Deray D: Alain Delon, Dalida di Lazzaro, Pierre Dux
Durch seine Hilfsbereitschaft wird ein Profi-Spieler in die mörderischen Machenschaften eines zwielichtigen Waffenkonzerns verwickelt und läßt am Ende sein Leben. Delon in seiner Lieblingsrolle als einsamer Kämpfer.

Der Killer von Alabama K131 *****
BATTLING BUTLER
USA 1926, 68 Min., s/w
R: Buster Keaton D: Buster Keaton, Sally O'Neill, Snitz Edwards
Ein junger Millionär gibt sich als Box-Champion aus, um die Frau seines Herzens für sich zu gewinnen. Buster Keaton führt in seiner Rolle als naiver, argloser und liebenswerter Held das Klischee des kämpferischen und verbissenen Ideal-Mannes ad absurdum.

Der Killer wird gekillt K132 ***
THE GIRL HUNTERS
USA 1963, 100 Min., s/w
R: Roy Rowland D: Mickey Spillane, Shirley Eaton, Lloyd Nolan
Krimi-Autor Mickey Spillane in der Rolle seiner eigenen literarischen Erfindung Mike Hammer. Der knallharte Detektiv befindet sich in diesem schnellen, harten B-Film auf der Spur von Mädchenhändlern, die in einer stark gekürzten, früheren deutschen Version zu Drogenschmugglern gemacht worden waren.

Killerbienen II: Terror aus den Wolken K133 **
TERROR OUT OF THE SKY
USA 1978, 90 Min., F
R: Lee H. Katzin D: Efrem Zimbalist jr., Tovah Feldshuh, Dan Haggerty
Böse brummende Bienen belagern einen Bus voll banger Buben, bis sie einem Nervengas erliegen. TV-Fortsetzung zu *Mörderbienen greifen an,* deswegen auch leichter verdaulich. Dennoch ein Griff in die Schemakiste. LSFF

Killersatelliten K134 **
EARTH II
USA 1971, 94 Min., F
R: Tom Gries D: Gary Lockwood, Mariette Hartley, Tony Franciosa
Böse chinesische Kommunisten bedrohen mit Atomraketen eine »unabhängige« Weltraumstation, die die Erde umkreist. Biederer TV-Film, der mit Atomängsten spielt. LSFF

Killing Blue K135 ***
BRD 1988, 96 Min., F
R: Peter Patzak D: Armin Mueller-Stahl, Morgan Fairchild, Michael York
Stilisierter Abgesang auf das Krimi-Genre anhand eines erfolglosen, desillusionierten Kommissars, der von seinem abgetakelten Büro aus in der Glitzer-Welt der Gangster den Mörder zweier Teenies sucht. Ironisch und nostalgisch, aber leider ohne echten Spannungsbogen. HFJ 1989

Killing Cars K136 ***
BRD 1985, 104 Min., F
R: Michael Verhoeven D: Jürgen Prochnow, Senta Berger, Agnès Soral
Ein Erfinder, der ein Automobil ohne Benzinbedarf entwickelt hat, wird von finsteren Mächten des Ölgeschäfts bekämpft und widersteht den Angeboten der Rüstungsindustrie.

Killing House K137 **
TERROR
GB 1978, 87 Min., F
R: Norman J. Warren D: Michael Craze, John Nolan, Carolyn Courage
Ein 300 Jahre alter Hexenfluch sucht die Nachfahren der Familie heim, die einst für das Ableben einer bösen Frau gesorgt hat. Da fliegen Fetzen und Farbkanister, aber all das vermag niemanden so recht zu überzeugen.

Killing Zoe K138 ***
KILLING ZOE
USA/Frankreich 1993, 96 Min., F
R: Roger Avary D: Eric Stoltz, Julie Delpy, Jean-Hugues Anglade
Ein amerikanischer Safe-Knacker kommt nach Paris, um einem alten Kumpel beim Bankraub zu helfen. Ein Mädchen namens Zoe verkürzt ihm die lange Nacht. Am nächsten Morgen artet der Überfall zu einem brutalen Massaker aus. Und plötzlich läuft Zoe in die Schußlinie. Es riecht nach Quentin Tarantino, doch Avery fehlt der schwarze Witz, er zelebriert nur ausgiebigst diverse Tötungsarten und reduziert die Story auf sinnloses Töten und Toben. HFJ 1996

Killpoint K139 **
KILLPOINT
USA 1984, 89 Min., F
R: Frank Harris D: Cameron Mitchell, Long Fong, Richard Roundtree
Ein Gangstersyndikat, das seinen Machtbereich ausdehnen will, geht mit der Konkurrenz nicht zimperlich um. Brutaler Killerstreifen. HFJ 1985

Kim, Geheimdienst in Indien K140
KIM ***
USA 1950, 111 Min., F
R: Victor Saville D: Errol Flynn, Dean Stockwell, Paul Lukas
In Indien lebender englischer Waise dient dem Secret Service als Kurier. Spannender Abenteuerfilm, in dem sich Politik, Philosophie, Völkerkunde und Sensationen mischen.

Die Kinder K141
LES ENFANTS ***
Frankreich 1984, 90 Min., F
R: Marguerite Duras D: Axel Bougosslavski, Pierre Arditi, Daniel Gélin
Der siebenjährige Ernesto mit dem Erscheinungsbild eines 30jährigen weigert sich, in die Schule zu gehen und bringt sich selbst Wissen bei. Ratlos steht seine Umgebung vor seiner unerbittlich moralisch und philosophisch argumentierenden Logik, die herkömmliche Sehweisen total negiert. Unterhaltsame, visuell exzellente Umsetzung des Themas.

Die Kinder aus Nr. 67 K142
****
BRD 1979/80, 103 Min., F
R: Usch Barthelmeß-Weller, Werner Meyer D: Bernd Riedel, René Schaaf, May Buschke
Milieugerecht wird das Leben Berliner Kinder in einem sozial intakten Hinterhaus kurz vor und kurz nach der Machtergreifung durch die Nazis beschrieben. Er zeichnet die Freundschaft zweier 13jähriger Jungen nach, die durch die politische Entwicklung auseinanderbricht.

Kinder der Landstraße K143
***
Schweiz/BRD/Österr 1992, 116 Min., F
R: Urs Egger D: Martina Straessler, Jasmin Tabatabai
Von den dreißiger Jahren bis 1972 machte es sich das »Pro-Juventute-
ht,
zu
en
ck-
xis
ge-

Kinder der Natur – Eine Reise K144
***
BÖRN NATTURUNNAR
Island/Nor/BRD 1991, 85 Min., F
R: Fridrik Thor Fridriksson D: Gisli Halldorsson, Sigridur Hagalin, Bruno Ganz, Egill Olafsson
Ein alter Bauer und seine wiedergefundene Jugendliebe fliehen aus dem Altenheim und machen sich auf die Reise zur natürlichen Welt ihrer Jugend und in den erlösenden Tod.

Die Kinder der Theaterstraße K145
***
CHILDREN OF THEATRE STREET
USA 1976, 94 Min., F
R: Robert Dornhelm D: Angelika Armeskaya, Lena Vorozova
Halbdokumentarischer Film über Schüler des berühmten Kirow-Ballettinstituts in Leningrad. Viel Tanz, aber auch sehr menschliche Porträts. Grace Kelly spricht den Kommentar in der Originalfassung.

Die Kinder des Kapitäns Grant K146
***
DETI KAPITANA GRANTA
UdSSR 1936, 91 Min., s/w
R: Wladimir Wainstock, D. Gutman
D: Nikolaj Tscherkassow, Jascha Segel, D. Gutman, O. Bazanowa
Die Abenteuer einer Schiffsbesatzung, die nach einem auf einer unbekannten Insel verschollenen Seefahrer sucht. Solides Abenteuer nach Jules Verne.

Die Kinder des Olymp K147
LES ENFANTS DU PARADIS *****
Frankreich 1943/45, 172 Min., s/w
R: Marcel Carné D: Arletty, Jean-Louis Barrault, Pierre Brasseur
Unerfüllbare Liebe in einer Traumwelt zwischen Bohème und Halbwelt. Marcel Carnés Kultfilm ist ein unsterbliches Meisterwerk des poetischen Fatalismus, gedreht in den letzten Tagen des Zweiten Weltkriegs.

Kinder des Todes K148
THE CHILDREN **
USA 1980, 90 Min., F
R: Max Kalmanowicz D: Martin Shaker, Gil Rogers, Tracy Griswold
Eine radioaktive Wolke verwandelt amerikanische Kinder in böse Zombies, die es auf alle Erwachsenen abgesehen haben. Dümmliches Zelluloidwerkchen, das mangels eigener Ideen auf längst ausgetretenen Pfaden wandelt. LSFF

Kinder des Weltraums K149
THE SPACE CHILDREN ***
USA 1958, 69 Min., s/w
R: Jack Arnold D: Adam Williams, Peggy Webber, Michael Ray
Von einem besorgten Außerirdischen inspirierte Kinder von Raketenbauern sabotieren die Pläne ihrer im Solde des Militärs stehenden Eltern um des Weltfriedens willen. Gut gemeint, Mr. Arnold, aber handwerklich etwas sehr dürftig. LSFF

Arletty (Mitte) und Jean-Louis Barrault (rechts) in ›Die Kinder des Olymp‹.

Kinder des Zorns K150
CHILDREN OF THE CORN **
USA 1983, 89 Min., F
R: Fritz Kiersch D: Peter Horton, Linda Hamilton, R. G. Armstrong
Halbwüchsige Sektierer trachten in einem einsam gelegenen amerikanischen Ort danach, niemanden älter werden zu lassen als 19 Jahre. Von plumper Hand inszenierter Blubo-Kult-Quatsch nach einer Erzählung von Stephen King.

Kinder für das Vaterland K151
ALLONS Z'ENFANTS ***
Frankreich 1980, 118 Min., F
R: Yves Boisset D: Jean-Pierre Aumont, Lucas Belvaux, Jean Carmet
Nach dem autobiografischen Roman von Yves Gibeau erzählt der Film den Leidensweg eines jungen Kadetten, der unter seinen chauvinistischen Eltern, dem Kasernenhofdrill und der brutalen Ignoranz seiner Umwelt leidet und bald nach Ausbruch des Zweiten Weltkriegs bei dem Versuch, einen deutschen Kriegsgefangenen ins Lazarett zu bringen, getötet wird.

Kinder in Gottes Hand K152
***
Schweiz 1952, 93 Min., s/w
R: Leopold Lindtberg D: John Justin, Eva Dahlbeck, Sigfrit Steiner
Im Pestalozzi-Dorf von Trogen, das Kriegswaise aus allen Ländern Europas aufgenommen hat, entsteht das Gerücht, daß alle polnischen Kinder zurückgeschickt werden sollen. Das deutsche Mädchen Anja und ihr polnischer Freund Andrzej treten aus Furcht, getrennt zu werden, die Flucht an.

Kindergarten Cop K153
KINDERGARDEN COP ***
USA 1990, 111 Min., F
R: Ivan Reitman D: Arnold Schwarzenegger, Penelope Ann Miller, Pamela Reed, Linda Hunt
Terminator goes Comedy: Als unfreiwillig kinderfreundlicher Undercover-Cop hat das Muskelpaket einiges für sein Clown-Image getan. Als Undercover Cop muß er über eine Kindergarten-Klasse an die wichtige Zeugin herankommen. Das gelingt ebenso wie der Rollenwechsel der Stars. HFJ 1992

Kindermorde
siehe: Childmurders

Kinderspiele K154
****
BRD 1992, 111 Min., F
R: Wolfgang Becker D: Jonas Knipp, Oliver Bröcker, Burghart Klaußner
Die ohnehin recht katastrophale Jugend eines Elfjährigen geht vollends aus den Fugen, als seine Mutter mit dem jüngeren Bruder die Familie verläßt. Drama aus dem Arbeitermilieu der sechziger Jahre, in dem Wolfgang Becker genau und differenziert zeigt, unter welchen Verhältnissen Opfer zu Tätern werden. HFJ 1994

Kindheit K155
**
DDR 1987, 84 Min., F
R: Siegfried Kühn D: Carmen Maja Antoni, Fritz Marquartt, Heide Kipp
Eine Kindheit auf dem Land während der letzten Tage des Krieges. Nach Erinnerungen des Regisseurs und Autors entstand ein eher gemächlicher Bilderbogen.

Kindheit, Berufung und erste Erlebnisse des Venezianers Giacomo Casanova K156 **
INFANZIE, VOCAZIONE E PRIME ESPERIENZE DI GIACOMO CASANOVA, VENEZIANO
Italien 1969, 125 Min., F
R: Luigi Comencini D: Leonard Whiting, Maria Grazia Buccella, Lionel Stander, Raul Grassilli
Historischer Bilderreigen, nicht ohne Ironie serviert. Der Film versucht, das Werden dieser legendären Gestalt aus seiner Zeit heraus zu erklären.

King George – Ein Königreich für mehr Verstand K157 ****
THE MADNESS OF KING GEORGE
GB 1994, 107 Min., F
R: Nicholas Hytner D: Nigel Hawthorne, Helen Mirren, Ian Holm
1788 wird der englische König Georg III. von einer schweren Krankheit heimgesucht, die ihn fast in den Wahnsinn und das Königreich in eine Krise stürzt. Die pointiert und intelligent geschriebene und einfallsreich inszenierte Tragikomödie nach einem Theaterstück ist bis in die Nebenrollen großartig besetzt und opulent ausgestattet. HFJ 1996

King Kobra K158
KING COBRA **
USA 1980, 92 Min., F
R: Robert Claver D: Fritz Weaver, Gretchen Corbett, Jan Korkes
Um den Nachfahren einer Druidensippe zu finden, sucht Satan in Form einer Klapperschlange einen amerikanischen Ort heim, doch der Gesuchte ist ein Mann der Kirche. Standard-Horrorfilm mit einem Plot, den wir alle kennen.

King Kong K159
KING KONG ***
USA 1976, 113 Min., F
R: John Guillermin D: Jessica Lange, Jeff Bridges, Charles Grodin
Remake von *King Kong und die weiße Frau.* Technisch aufwendig in Szene gesetzt, doch künstlerisch und spannungsmäßig Lichtjahre von seiner Vorlage entfernt. Aber immerhin wurde Jessica Lange mit dem Film entdeckt. LSFF

King Kong – Dämonen aus dem Weltall K160 **
GOJIRA TAI MEGARO
Japan 1973, 81 Min., F
R: Jun Fukuda D: Katsuhiko Sasaki, Hiroyuki Kawase, Yutaka Hayashi
Von Atombombenversuchen verschreckte Bewohner eines unterseeischen Reiches lassen zwei Monster auf die Menschen los, denen ein mechanischer Gorilla nach unzähligen Prügeleien zeigt, was eine Harke ist. No King Kong. No Brains. LSFF

King Kong – Frankensteins Sohn K161 **
KING KONG NO GYAKUSHU
Japan 1967, 91 Min., F
R: Inoshiro Honda D: Rhodes Reason, Akira Tokarada, Linda Miller
Nachdem UNO-Agenten auf Java einen Riesenaffen gefunden haben, will ein Erzschurke ihn für seine finsteren Ziele einsetzen, doch daraus wird nichts, auch wenn er einen Blechaffen auf ihn ansetzt. Unverzeihlich! LSFF

King Kong gegen Godzilla K162
GOJIRA TAI MEKAGOJIRA **
Japan 1974, 80 Min., F
R: Jun Fukuda D: Masaaiki Daimon, Kazuya Aoyma, Reiko Tajima
Außerirdische Imperialisten schicken einen affenähnlichen Roboter zur Erde, um sie zu erobern, doch zwei brave Pappmachémonster, vom listigen Autor als Deus-ex-machina-Effekt im Ärmel gehalten, geben ihm Saures. Blöd. LSFF

King Kong lebt K163
KING KONG LIVES **
USA 1986, 105 Min., F
R: John Guillermin D: Peter Elliot, George Yiasomi, Brian Kerwin
Fortsetzung der öden Produktion *King Kong* (1976). Der mit einem Kunstherz versehene Riesenaffe und eine ihm zugeführte Gefährtin latschen, von der Armee verfolgt, durch die USA und zeugen Nachwuchs. Noch langweiliger als der erste Teil. LSFF

King Kong und die weiße Frau K164
****
KING KONG
USA 1933, 96 Min., s/w
R: Merian C. Cooper, Ernest B. Schoedsack D: Fay Wray, Robert Armstrong, Bruce Cabot
Afrikanischer Riesenaffe verguckt sich in schöne Blonde, läuft in New York Amok und erzeugt Panik. Starker Phantastik-Klassiker zum Thema »Die Schöne und das Biest«. Oft kopiert, nie erreicht. LSFF

King of Comedy K165
THE KING OF COMEDY ***
USA 1982, 109 Min., F
R: Martin Scorsese D: Robert De Niro, Jerry Lewis, Diahnne Abbott
Ein kleiner Fan eines großen Fernseh-Entertainers erhofft sich von diesem Hilfestellungen auf dem Weg zu einer Karriere als Showmaster. Als der Star den Nobody abweist, greift dieser zu

Imperialistische Ängste: ›King Kong und die weiße Frau‹.

Nachdem die britische Königsfamilie versehentlich bei einer Fotosession ausgelöscht wurde, ist ein dicker amerikanischer Durchschnittsmann der einzig mögliche Thronerbe. Behäbige Satire.

Kiss of Death K167
KISS OF DEATH ****
USA 1995, 101 Min., F
R: Barbet Schroeder D: David Caruso, Samuel L. Jackson, Nicolas Cage
Niemand in der Ganovenszene wagt, dem Psychopathen »Little Junior« zu widersprechen, denn das könnte den Tod bedeuten. So geht auch ein kleiner Zufallsgauner lieber in den Knast, als ihn zu verraten. Doch der Staatsanwalt zwingt ihn zu einem gefährlichen Doppelspiel. Der Film beginnt mit psychologischer Spannung, verliert sich aber bald in unnötigen Gewaltdarstellungen, die Figuren schrumpfen zu eindimensionalen Abziehbildern. Remake von *Der Todesschuß* (Henry Hathaway, 1947). HFJ 1996

Kiss or kill K168
KISS OR KILL ***
Australien 1997, 96 Min., F
R: Bill Bennett D: Frances

Die Klapperschlange K169
ESCAPE FROM NEW YORK ****
USA 1980, 100 Min., F
R: John Carpenter D: Kurt Russell, Lee Van Cleef, Ernest Borgnine
Gesetzloser muß im ummauerten, von Schwerstkriminellen bewohnten New York den abgestürzten US-Präsidenten finden. SF-Thriller, in dem sich die vermeintlich Guten als nicht weniger böse erweisen als ihre Gegenspieler. Exzellenter Actionfilm. LSFF

Die Klasse von Miss MacMichael K170
***
THE CLASS OF MISS MACMICHAEL
USA 1978, 110 Min., F
R: Silvio Narizzano D: Glenda Jackson, Oliver Reed, Michael Murphy
Die Probleme von Schülern und Lehrern an einer Londoner Sonderschule. Ein Musterbeispiel dafür, wie man pädagogisch, aber nicht trocken etwas verdeutlicht und mit Einfallsreichtum und Witz dabei auch noch gut unterhält.

Die Klasse von 1984 K171
CLASS OF 1984 ***
USA 1981, 99 Min., F
R: Mark Lester D: Perry King, Timo-

Harry Dean Stanton und Kurt Russell in ›Die Klapperschlange‹.

Ein Klassemädchen K172

JUST THE WAY YOU ARE ***

USA 1984, 95 Min., F

R: Eduardo Molinaro D: Kristy McNichol, Michael Ontkean, Kaki Hunter

Ein europäischer Klamotten-Regisseur auf amerikanischen Romanzen-Abwegen: Eine junge Musikerin auf der Suche nach dem richtigen Mann und ihrem Glück.

Der Klassenfeind K173

***

BRD 1983, 120 Min., F

R: Peter Stein D: Ernst Stötzner, Udo Samel, Gregor Hansen, Stefan Reck

Eine Schulklasse hat ihre Lehrer fertiggemacht und ist nun sich selbst überlassen. Die aufgestauten Aggressionen entladen sich in verbalen und körperlichen Attacken gegeneinander. Nach dem Theaterstück von Nigel Williams intensiv gestaltet.

Die Klassenlehrerin K174

LA CLE SUR LA PORTE ***

Frankreich 1978, 102 Min., F

R: Yves Boisset D: Annie Girardot, Patrick Dewaere, Stéphane Jobert

Eine liberale Lehrerin gestattet es ihren Schülern, auch während ihrer Abwesenheit in ihrem Haus ein und aus zu gehen. Ein Problemschüler verursacht eine schwierige Situation, aus der ihr ein lebenslustiger Arzt heraushilft. Unterhaltsamer Film mit originellen Dialogen, dem es jedoch an Tiefe fehlt.

Klassenverhältnisse K175

RAPPORTS DE CLASSES ***

Fr/BRD 1983/84, 127 Min., s/w

R: Danièle Huillet, Jean-Marie Straub D: Christian Heinisch, Mario Adorf, Alfred Edel

Verfilmung von Kafkas Romanfragment »Der Verschollene«, das vom Schicksal eines naiven jungen Mannes in Amerika berichtet, der ständig an der für ihn ungünstigen Auslegung der Umstände scheitert. Ein Film für die Selbstkasteiung.

Klauen wir gleich die ganze Bank K176

***

THE BANK SHOT

USA 1973, 83 Min., F

R: Gower Champion D: George C. Scott, Sorrell Booke, Clifton James

Amüsantes Caper-Movie nach einem Roman von Donald E. Westlake, in dem statt eines Einbruchs gleich die gesamte Bank gestohlen wird. Pech gehabt: Deren Tresor läßt sich trotzdem nicht öffnen.

Kleider machen Leute K177

**

Deutschland 1940, 102 Min., s/w

R: Helmut Käutner D: Heinz Rühmann, Hertha Feiler, Hans Sternberg

Ein verträumter Schneidergeselle wird mit einem Frack statt mit Geld bezahlt, und plötzlich stehen ihm alle Türen und Herzen offen. Gottfried-Keller-Verfilmung mit einer Paraderolle für Heinz Rühmann.

Klein Dorrit K178

LITTLE DORRIT – I: NOBODY'S FAULT ***
LITTLE DORRIT – II: LITTLE DORRIT'S STORY

GB 1987, 360 Min., F

R: Christine Edzard D: Alec Guinness, Derek Jacobi, Sarah Pickering

Charles Dickens' sozialkritischer Roman aus der Zeit des beginnenden Kapitalismus in einer episch breiten, zweiteiligen Filmfassung von liebevoller Gestaltung und ansprechenden Schauspielerleistungen. Im Mittelpunkt steht das im Schuldnergefängnis geborene Mädchen Amy, genannt »Klein Dorrit«. HFJ 1992

Der Kleine K179

**

BRD 1982, 80 Min., F

R: Klaus Lemke D: Markus Radwan, Micha Lampert, Ingrid Angerer

Ein Junge kommt aus der Provinz in die Großstadt, wo sein Bruder sich mit krummen Geschäften über Wasser hält. Als er getötet wird, nimmt »der Kleine« Rache. Vom Schwabinger Szene-Regisseur gut gemeint, aber nicht gut gelungen.

Die kleine Bande K180

LA PETITE BANDE ***

Frankreich 1983, 92 Min., F

R: Michel Deville D: Yveline Ailhaud, Michel Amphoux

Sieben englische Kinder kommen als blinde Passagiere einer Fähre nach Frankreich und landen nach etlichen Abenteuern in den Klauen einer bösen Sekte, aus denen sie erst ein geheimnisvoller Fremder befreit. Dialogloser, poetisch-phantastischer Kinderfilm.

Der kleine Caesar K181

LITTLE CAESAR ****

USA 1930, 75 Min., s/w

R: Mervyn LeRoy D: Edward G. Robinson, Douglas Fairbanks jr., Glenda Farrell

Ein kleiner Gangster »arbeitet« sich zum Mafia-Boß hoch. Sein Weg ist durch Brutalität gekennzeichnet. Ein Freund, der den Weg zurück in die bürgerliche Gesellschaft sucht, verrät ihn. »Little Caesar« endet im Kugelhagel der Polizei. Meisterwerk des US-Gangsterfilms.

Der kleine Däumling K182
TOM THUMB ***
USA/GB 1958, 94 Min., F
R: George Pal D: Russ Tamblyn, Alan Young, June Thorburn
Daumengroßer Winzling, von einer Fee einem Holzfällerpaar geschenkt, wird aus Naivität in die Umtriebe zweier Schurken verstrickt und trickst sie nach allerlei Abenteuern aus. Gute Tricks und tolle Akteure machen den Film zu einem phantastischen Abenteuer für Kinder. LFF

Die kleine Diebin K183
LA PETITE VOLEUSE ***
Frankreich 1988, 109 Min., F
R: Claude Miller D: Charlotte Gainsbourg, Didier Bezace, Simon de la Brosse
Ein sechzehnjähriges Mädchen wächst ohne Eltern bei Verwandten auf. Sie begeht eine Reihe von Diebstählen und kommt dann in ein Erziehungsheim. Als sie schwanger wird, muß sie erkennen, daß ihre einzige Chance darin besteht, ihr Leben in die eigenen Hände zu nehmen. Nach einem Originaldrehbuch von François Truffaut. HFJ 1990

Kleine frieren auch im Sommer K184
****
Schweiz 1978, 96 Min., F
R: Peter von Gunten D: Verena Reichhardt, Lorenz Hugener, Esther Christinat, Heinz Sommer
Hartes und realistisches Bild einer Gruppe von Jugendlichen auf dem Weg der »Drogenkarriere«, zu Kriminalität und Gefängnis. Ein unübliches Thema für einen Film aus der Schweiz.

Der kleine Gangster K185
LE PETIT CRIMINEL ***
Frankreich 1990, 100 Min., F
R: Jacques Doillon D: Richard Anconina, Gérald Thomassin, Clothilde Courau, Jocelyne Perhirin

Das kleine Gespenst K186
***
BRD 1992, 86 Min., F
R: Curt Linda
Wenn die Turmuhr zwölf schlägt, erwacht das kleine weiße Gespenst, gerade erst 350 Jahre alt, in seinem Turm und spukt ein bißchen. Einfühlsamer, kindgerechter Zeichentrickfilm von einem deutschen Animations-Regisseur. HFJ 1993

Der kleine Godard an das Kuratorium K187
***
BRD 1978, 81 Min., F
R: Hellmuth Costard D: Hellmuth Costard, Jean-Luc Godard, Marie-Luise Scherer
Super-8-Essay des Hamburger Autodidakten Hellmuth Costard zu der Frage: Ist es möglich, heute in Deutschland Filme zu machen? Der durchweg interessante Film funktioniert überzeugend als Alternative zu seinem Kritikgegenstand, dem »professionellen« Spielfilm, und wird damit zur unbequemen Wahrheit. Für Intensiv-Cineasten.

Kleine Haie K188
***
BRD 1992, 92 Min., F
R: Sönke Wortmann D: Jürgen Vogel, Meret Becker, Kai Wiesinger
Ingo gerät unversehens in eine Aufnahmeprüfung für angehende Schauspieler. Zusammen mit Johannes, der gerade zum x-ten Male durchgefallen ist, und Ali, einem weiteren Schauspieler, macht er sich auf den Weg nach München. Hoffnungsvoll und mittellos schlägt sich das ungleiche Trio durch und lernt dabei eine schöne Frau, eine oberflächliche Stadt und sich selbst ein bißchen besser kennen. HFJ 1993

Der kleine Horrorladen K189
LITTLE SHOP OF HORRORS ***
USA 1986, 94 Min., F
R: Frank Oz D: Rick Moranis, Ellen Greene, Vincent Gardenia, Steve

Die kleine Hütte K190
THE LITTLE HUT ***
USA 1957, 89 Min., F
R: Mark Robson D: Ava Gardner, Stewart Granger, David Niven
Solo für drei: Mit Ehemann und Hausfreund strandet eine Frau auf einer Insel und nutzt die für sie günstige Konstellation, um die Männer balzmäßig zu Höchstleistungen anzustacheln. Trotz guter Besetzung: Könnte witziger sein.

Die kleine Krankenschwester K191
***
SESTRICKY
CSSR 1983, 89 Min., F
R: Karel Kachyna D: Alena Mihulová, Jirina Jiráskova, Ondrej Vetchy
Eine Krankenschwester wird in den fünfziger Jahren in eine Landpraxis versetzt, wo sie zunächst Schwierigkeiten hat, das Vertrauen der Dörfler zu erringen.

Kleine Morde unter Freunden K192
****
SHALLOW GRAVE
GB 1994, 91 Min., F
R: Danny Boyle D: Kerry Fox, Christopher Eccleston, Ewan McGregor
Als drei Yuppies ihren neuen Untermieter tot in ihrer Luxuswohnung finden, lassen sie die Leiche verschwinden und nehmen einen Koffer voll mit Geld an sich. Nicht nur die Polizei, auch zwei Killer suchen die Moneten. Plötzlich ist sich jeder selbst der Nächste. Dieses Regiedebut ist ein Feuerwerk an schwarzem Humor und Bösartigkeit. Geschickt verbindet Boyle in diesem alptraumhaften Thriller Witz und Wahn, entlarvt genüßlich die brüchige Fassade des schönen Scheins. HFJ 1996

Der kleine Muck K193
***
DDR 1953, 100 Min., F

Der kleine Prinz K194
LE PETIT PRINCE ***
Frankreich 1975, 75 Min., F
R: Jean-Louis Guillermou D: Guy Gravis, Alexandre Warner
Ein kleiner Prinz verläßt seinen Heimat-Asteroiden, lernt in der Einsamkeit der Wüste einen Piloten kennen und bemüht sich zu erfahren, was Liebe, Macht und Besitz bedeuten. Ausgezeichneter Jugendfilm nach Antoine de Saint-Exupéry. LFF

Kleine Revolte K195
PEQUENA REVANCHA ****
Venezuela 1985, 93 Min., F
R: Olegario Barrera D: Carmencita Padrón, Yoleigret Falcón, Elisa Escamez
Ein lateinamerikanisches Dorf zur Zeit der Militärdiktatur. Pedro, ein 12jähriger Junge, stellt Fragen, und das ist eine gefährliche Sache geworden, besonders seit Daniels Vater verhaftet wurde. Verärgert durch den Tod seines Hundes, der von den Soldaten aus Unachtsamkeit erschossen wurde, beschließen Pedro und seine Freunde, sich zu rächen.

Der kleine Sausewind
siehe: Balduin, der Trockenschwimmer

Kleine Sünden unter Brüdern K196
THE BROTHERS MCMULLEN ****
USA 1995, 98 Min., F
R: Edward Burns D: Jack Mulcany, Mike McGlone, Edward Burns
Subtile Low-Budget-Komödie um drei irisch-katholische Brüder in New York und ihr Liebesleid. Glänzende Stadtneurotiker-Dialoge und eine wunderbar leichtgängige Inszenierung machen den Film zu einem ironisch-intellektuellen Vergnügen. HFJ 1997

Der kleine Vampir K197
***
BRD 1969, 80 Min., s/w
R: Roland Klick D: Sascha Urchs, Sieghardt Rupp, Renate Roland
Ein Zehnjähriger tötet seine kleine Schwester; der Mord wird vom Vater vertuscht. Ein durchaus verstörender Film über die Gewalt und die bürgerliche Familie.

Kleine Vera K198
MALENKAJA VERA ****
UdSSR 1988, 133 Min., F
R: Wassili Pitschul D: Natalja Negoda, Andrej Sokolow, Juri Nasarow
Vera, 17 Jahre alt und ohnehin im Clinch mit ihren Eltern, stellt zuhause ihren Liebsten vor. Das hätte sie besser nicht getan. Toller Debütfilm Pitschuls mit einem – dank Glasnost – geradezu revolutionär offenen Blick auf die Probleme der russischen jungen Generation. HFJ 1990

Die kleinen Bosse K199
LES CAIDS ***
Frankreich 1972, 105 Min., F
R: Robert Enrico D: Serge Reggiani, Michel Constantin, Juliet Berto
Krimi-Drama um einen jungen Mann, der nach einem Totschlag an seiner Freundin in Gangsterkreise gerät und schließlich zugrunde geht. Ambitioniert angelegt, aber nur Durchschnitt geworden.

Die kleinen Fluchten K200
LES PETITES FUGUES ****
Schweiz/Fr 1979, 135 Min., F
R: Yves Yersin D: Michel Robin, Fabienne Barraud, Dora de Rosa
Ein alter Knecht kauft sich von seiner Rente ein Mofa und bricht aus seinem Alltagsleben aus. Liebenswertes Porträt einer späten Selbstverwirklichung.

Die kleinen Französinnen – Das erste Mal K201
LE PREMIER FOIS ***
Frankreich 1976, 83 Min., F
R: Claude Berri D: Alain Cohen, Charles Denner, Zorica Lozic
17jähriger Junge in den fünfziger Jahren bemüht sich, erste sexuelle Erfahrungen zu machen, wird jedoch ständig frustriert – bis eine hübsche Kanadierin sich seiner annimmt. Film über das Reifwerden eines Knaben – mit anachronistischen Dialogen.

Die kleinen Füchse K202
THE LITTLE FOXES ****
USA 1941, 116 Min., s/w
R: William Wyler D: Bette Davis, Herbert Marshall, Charles Dingle
Ein Geschwisterpaar liefert sich einen Kampf um die Geschäftsanteile einer Baumwollspinnerei, bei dem offenbar kein Trick zu schmutzig ist. Bette Davis herrlich böse in einem bösen sarkastischen Familiendrama.

Die kleinen Pariserinnen K203
DIABOLO MENTHE ***
Frankreich 1977, 97 Min., F
R: Diana Kurys D: Eleonore Klarwein, Odile Michel, Coralie Clément
Ein verhaltener, genauer und psychologisch einfühlsamer Film über die Schülerinnen-Generation des Frankreich im Jahre 1963. Geschickt verknüpft der Erstlingsfilm die Schilderung eines Schuljahres der beiden Schwestern Frederique und Anne mit einer Skizze der französischen Gesellschaft, ohne daß dabei jemals der Rahmen einer geradlinigen und konkreten Beschreibung von Personen und ihren Beziehungen zueinander gesprengt würde.

Kleiner Laden voller Schrecken K204
LITTLE SHOP OF HORRORS ****
USA 1960, 70 Min., s/w
R: Roger Corman D: Jonathan Haze, Jackie Joseph, Jack Nicholson
Haarsträubende Horrorkomödie über einen Blumenverkäufer, der in einer fleischfressenden Pflanze eine gute Möglichkeit erkennt, sich mißliebige Menschen vom Hals zu schaffen. Feed me! Feed me!

Kleiner Spinner K205
P'TIT CON ***
Frankreich 1983, 87 Min., F
R: Gérard Lauzier D: Bernard Brieux, Souad Amidou, Guy Marchand
Liebesgeschichte zwischen einem selbstmitleidigen 18jährigen und einer Algerierin. Sarkastische Pubertätssatire nach Lauziers eigenem Comic strip.

Kleines Arschloch K206
***
BRD 1997, 81 Min., F
R: Michael Schaack
Comicverfilmung um die Abenteuer des bösartig-geschmacklosen und sexbesessenen Pubertätswichts, der den Stil der Vorlage zwar trifft, mehr aber auch nicht. Für Fans, die von Bölkwasser nie genug kriegen. HFJ 1998

Ein kleines Luder K207
LA DROLESSE ****
Frankreich 1979, 88 Min., F
R: Jacques Doillon D: Madeleine Desdevises, Claude Herbert
Ein junger Mann entführt ein elfjähriges Mädchen, um mit ihm eine Utopie von Geborgenheit und Liebe zu erfüllen. Intensives Zwei-Personen-Drama.

Kleines Zelt und große Liebe K208
**
BRD 1956, 89 Min., F
R: Reiner Geis D: Claus Biederstaedt, Susanne Cramer, Eva Kerbler
Verwöhntes Mädchen aus reichem Hause und Naturbursche kommen sich bei einer Paddeltour näher. Damals waren das Wasser und die Liebe noch rein. Die Idee zu dieser pädagogischen Naturschmonzette stammt übrigens von Bergfilm-Pionier Arnold Fanck.

Der Klient K209
THE CLIENT ***
USA 1994, 121 Min., F
R: Joel Schumacher D: Susan Sarandon, Tommy Lee Jones, Mary-Louise Parker
Durch sein Wissen könnte ein elfjähriger Junge den Mafiaboß hinter Gitter bringen. Seine couragierte Anwältin schützt ihn vor den Mafia-Killern, Staatsanwalt und FBI. Eine John-Grisham-Verfilmung ohne große Spannung, dafür aber mit larmoyantem Sozialtouch. HFJ 1995

Klondike-Fieber K210
JACK LONDON'S KLONDIKE FEVER **
Kanada 1979, 106 Min., F
R: Peter Carter D: Jeff East, Rod Steiger, Angie Dickinson
Episoden aus dem Leben Jack Londons (1874–1914): Die ihm untergeschobenen Abenteuer während der Goldrauschzeit am Klondike basieren auf Geschichten, die er über andere schrieb. Nicht mal Durchschnitt.

Yorks Halbwelt stößt Privatdetektiv Klute auf die Prostituierte Bee, mit der er zusammen einen psychopathischen Mörder überführt. Spannender Psycho-Thriller mit beklemmend verunsichernder Atmosphäre, die einfühlsame Studie zweier Außenseiter.

Der Knalleffekt K212
PUNCHLINE ****
USA 1988, 123 Min., F
R: David Seltzer D: Sally Field, Tom Hanks, John Goodman, Mark Rydell
Romantische Komödie um einen vom Leben enttäuschten, gefeierten Komiker, der sich in eine Hausfrau verliebt, der er das Handwerk der komischen Kommunikation beibringt. HFJ 1990

Die Knallköpfe von St. Tropez K213
***
LA GRANDE NOUBA
Frankreich 1973, 82 Min., F
R: Christian Caza D: Jacques Dulfilho, Rosy Varte, Marion Game
Zwei Gauner sind hinter dem Schmuckkoffer einer Frau her, und in die Verfolgungsjagd werden immer mehr Leute verwickelt. Mischung aus Slapstick- und Situationskomödie, besser als der deutsche Titel vermuten läßt.

Knight Moves – Ein mörderisches Spiel K214
***
KNIGHT MOVES
BRD/USA 1991, 101 Min., F
R: Carl Schenkel D: Christopher Lambert, Diane Lane, Tom Skerritt
Handwerklich solider, jedoch vorhersehbarer Krimi um einen Schachgroßmeister, der während eines Turniers in eine rätselhafte Mordserie verwickelt wird. HFJ 1992

Knockin' on Heaven's Door K215
****
BRD 1996, 89 Min., F
R: Thomas Jahn D: Til Schweiger, Jan Josef Liefers, Moritz Bleibtreu

Knotenpunkt Bhowani K216
THE BHOWANI JUNCTION ***
GB 1956, 110 Min., F
R: George Cukor D: Stewart Granger, Ava Gardner, Bill Travers
Pakistan 1946: Erlebnisse einer indisch-englischen Frau, die in der Kolonialzeit zur Geliebten eines britischen Offiziers wird. Glaubhaftes Epos über individuelle/politische Konflikte nach dem Roman von John Masters.

I know the way to the Hofbrauhaus K217
****
BRD 1991, 85 Min., F
R: Herbert Achternbusch D: Johannes Silberschneider, Bettina Hauenschild, Herbert Achternbusch
Neuerliche Mischung aus Filmkunst, fröhlichem Dilettantismus, Philosophie und höherem Blödsinn vom bayrischen Meister der Zersetzung von Sprach- und Bildkonventionen.
HFJ 1992

Der Koch, der Dieb, seine Frau und ihr Liebhaber K218
****
THE COOK, THE THIEF, HIS WIFE AND HER LOVER
GB/Fr/NL 1989, 125 Min., F
R: Peter Greenaway D: Richard Bohringer, Michael Gambon, Helen Mirren, Alan Howard, Tim Roth
Ein Gangster, der mit seinem Hofstaat und seiner Frau in einem Feinschmekker-Restaurant zu speisen pflegt, läßt den Liebhaber seiner Frau ermorden und wird dann selbst Opfer ihrer Rache. Beziehungsreiches ästhetisches Spiel, grausam, schön und pervers.
HFJ 1990

Der Köhler K219
LE CHARBONNIER ***
Algerien 1972, 99 Min., F
R: Mohamed Bouamari D: Moustapha El Anka, Fatouma Ousliha
Der Alltag einer Köhlerfamilie, ihre

Die komischen Heiligen: Cleo Kretschmer und Wolfgang Fierek.

Kolberg K220
**

Deutschland 1945, 116 Min., F
R: Veit Harlan D: Kristina Söderbaum, Heinrich George, Paul Wegener, Horst Caspar, Gustav Diessl
Mit gewaltigem Aufwand inszenierter Propagandafilm, der auf Geheiß Goebbels' den unbedingten Durchhaltewillen stärken sollte. Der Film existiert auch in einer mit Dokumentarszenen aus dem Dritten Reich versehenen Fassung von Erwin Leiser, Raimond Ruehl und Lothar Kompatzki.

Der Koloß K221
THE AMAZING COLOSSAL MAN **
USA 1957, 77 Min., s/w
R: Bert I. Gordon D: Glenn Langan, Cathy Downs, William Hudson
Ein amerikanischer Oberst wird bei einer Plutoniumexplosion verseucht und wächst zu einem Riesen heran, verfällt in Depressionen und flieht in die Wüste, wo er alles vernichtet. LSFF

Der Koloß von Konga K222
THE MIGHTY PEKING MAN **
Hongkong 1977, 86 Min., F
R: Ho Meng-Hua D: Li Hsiu-Hsien, Evelyne Kraft, Hsiao Yao, Ku Feng
Hongkong-Kapitalist läßt in Indiens Dschungeln einen Riesenaffen fangen, stellt ihn daheim für Bares zur Schau und provoziert seinen Zorn, als er zu weit geht. Der Rest ist wie bei *King Kong*, nur viel blöder. LSFF

Der Koloß von New York K223
THE COLOSSUS OF NEW YORK **
USA 1958, 70 Min., s/w
R: Eugene Lourie D: Ross Martin, Mala Powers, Charles Herbert
Ernährungswissenschaftlerhirn findet sich nach Autounfall im Körper eines Giganto-Roboters wieder und klinkt aus, als seine »Witwe« es mit einem anderen hat. Panik. Amoklauf. Mieser Film. LSFF

Der Koloß von Rhodos K224
IL COLOSSO DI RODI ***
It/Sp/Fr 1960, 125 Min., F
R: Sergio Leone D: Rory Calhoun, Lea Massari, Georges Marchal
Der wackere Kapitän Daro führt 223 v. Chr. eine Rebellenarmee gegen eine Bande von Unterdrückern, die den Koloß von Rhodos als geheime Festung und Folterkammer betreiben. Munterer Monumentalfilm mit wüsten Kämpfen. Leones erster Spielfilm kommt gleich ganz schön zur Sache.

Kolp K225
***

BRD 1984, 105 Min., F
R: Roland Suso Richter D: Frank Röth, Katja Flint, Barbara Weinzierl
Ein paar Halbwüchsige dealen mit von der US-Army geklauten Militärbeständen. Als sie erwischt werden, bringt ihr Anführer sich um. Sensibel inszenierter, beachtlicher Debütfilm.

Der Komantsche K226
****

BRD 1979, 83 Min., F
R: Herbert Achternbusch D: Herbert Achternbusch, Annamirl Bierbichler
Die Träume des im Koma liegenden einzigen Patienten eines Sanatoriums werden aufgezeichnet und vermarktet. Ein Valentinesker Komantsche im deutschen Alltag.

Der Komet K227
THE NIGHT OF THE COMET **
USA 1984, 95 Min., F
R: Thom Eberhardt D: Catherine Mary Stewart, Kelli Maroney
Nachdem ein Komet das Ende der Welt herbeigeführt hat, werden zwei Schwestern und ein Trucker von einer irren Wissenschaftlerin, Punks und Zombies verfolgt. Dummes Gequassel und Klischeestory tragen nicht zur Unterhaltung bei.

Ein komischer Heiliger K228
***

BRD 1978, 84 Min., F
R: Klaus Lemke D: Cleo Kretschmer, Wolfgang Fierek, Luitpold Roever, Horatius Haberle, Peter Emmer
Ein einfach gestrickter bayerischer Prediger fährt in die Landeshauptstadt München zum Missionieren, trifft dabei auf ein »leichtes Mädchen«, daß ihn zunehmend verwirrt. Auch wenn hier einige Klischees aufeinanderprallen, die ungekünstelte Inszenierung und die Spielfreude der Naturtalente machen den Film allemal zum Genuß.

Komm bleib bei mir K229
COME LIVE WITH ME ***
USA 1941, 83 Min., s/w
R: Clarence Brown D: James Stewart, Hedy Lamarr, Ian Hunter
Zwecks Aufenthaltserlaubnis heiratet ein attraktiver weiblicher Flüchtling einen mittellosen Schriftsteller. Inspiriert von den Ereignissen schreibt er einen Roman und sendet das Manuskript ausgerechnet an den Verleger, mit dem seine »Gattin« ein Verhältnis hat. Nach wie vor aktuelle romantische Komödie mit hervorragend agierenden Hauptdarstellern.

Komm und sieh K230
IDI I SMOTRI ****
UdSSR 1985, 146 Min., F
R: Elem Klimow D: Alexej Krawtschenko, Olga Mironowa, Liubomiras Laucevicius, Wladas Bagdonas
Ein Junge wächst im Krieg heran, verliert seine Familie im Terror der deutschen Besatzung und schließt sich den Partisanen an. Aber nicht, daß er ein »Held« werden könnte, interessiert den Film, sondern das entsetzliche Leiden dieses Menschen, der um alles gebracht wurde, was Menschsein verheißen könnte. Einer der wenigen wirklichen Anti-Kriegsfilme.

Komm und sieh das Paradies K231
COME AND SEE THE PARADISE ***
USA 1990, 132 Min., F
R: Alan Parker D: Dennis Quaid, Tamlyn Tomita, Sab Shimono, Stan Egi
Die Liebesgeschichte eines irischen Arbeiters und einer japanischen Frau nimmt nach dem japanischen Angriff auf Pearl Harbour ein tragisches Ende. Zeitkritik in perfekter, aber etwas zäher Inszenierung.

Komm zurück, Jimmy Dean K232
COME BACK TO THE FIVE AND DIME, JIMMY DEAN ****
USA 1982, 107 Min., F
R: Robert Altman D: Sandy Dennis, Cher, Karen Black, Kathy Bates
Die Mitglieder eines früheren Fan-Clubs treffen sich zwanzig Jahre nach dem Tod ihres Idols. Dabei brechen Neurosen und Lebenslügen auf. Kammerspielfilm nach einem Theaterstück von Ed Gracyk, der auch das Drehbuch schrieb. Hervorragende Schauspielerleistungen und eine konzentrierte Regie machen den Film außergewöhnlich.

Der Kommandeur K233
TWELVE O'CLOCK HIGH ***

winnt er die Sympathie seiner Männer. Doch er selbst zerbricht unter der Last seiner Verantwortung. Dieses hervorragende Kriegsdrama ist einer der besten Filme zum Thema. Ausgefeilt inszeniert mit beeindruckenden Luftaufnahmen und Schauspielern.

Das Kommando K234
WHO DARES WINS **
GB 1982, 113 Min., F
R: Ian Sharp D: Lewis Collins, Judy Davis, Richard Widmark
Politisch erz-konservatives Machwerk um einen Spezialagenten, der in eine militante Friedensbewegungsgruppe (!) eingeschleust wird, deren Mitglieder Angehörige der Londoner US-Botschaft als Geiseln festhalten und die Zündung einer Atombombe über Schottland verlangen. Zur zweifelhaften Aussage kommt eine billige Inszenierung hinzu.

Kommando Cobra K235
LE SAUT DE L'ANGE **
Frankreich/Italien 1971, 93 Min., F
R: Yves Boisset D: Sterling Hayden, Senta Berger, Jean Yanne
Ein Korse rächt sich auf gnadenlos-brutale Weise an der Mafia, die seine Brüder und seine kleine Tochter umgebracht hat. Oberflächlicher Film, der durch seine ungewöhnlich grausamen Gewaltdarstellungen auffällt.

Kommando Panther K236
PANTHER SQUAD *
Liechtenstein 1985, 76 Min., F
R: Peter Knight D: Sybil Danning, Jack Taylor, Karin Schubert
Knackiges weibliches Anti-Terror-Kommando befreit Astronautin aus den Krallen eines irren Generals, der die Welt beherrschen möchte. Ein comicbuntes Abschreibungsfilmchen.
HFJ 1988

Kommissar Maigret K237

Jean Gabin: der beste Maigret.

nischen Gangstern abmühen muß, die Paris unter ihre Kontrolle bringen wollen.

Kommissar Maigret stellt eine Falle K238
MAIGRET TEND UN PIEGE ***
Fr/It 1957, 119 Min., s/w
R: Jean Delannoy D: Jean Gabin, Annie Girardot, Jean Desailly
Gabin in seiner ersten Rolle als Kommissar Maigret, der mit Pfeife und psychologischem Einfühlungsvermögen den Fall eines Frauenmörders löst. Delannoy machte aus Simenons Romanfigur einen kleinen Spießer, dem der paschahafte Gabin eine einlullende Müdigkeit verpaßte.

Der Kommissar und sein Lockvogel K239
DERNIER DOMICILE CONNU ****
Frankreich/Italien 1969, 95 Min., F
R: José Giovanni D: Lino Ventura, Marlène Jobert, Michel Constantin
Zusammen mit einer Anfängerin macht sich der strafversetzte Kommissar Leonetti auf die Suche nach einem untergetauchten Belastungszeugen. Nachdem er diesen gefunden und ins Gericht gebracht hat, verhindert er nicht dessen Ermordung durch rachsüchtige Gangster. Stimmig und illusionslos schildert Giovanni die ermüdende Polizeiarbeit und die frag-

Privatdetektiv »Kommissar X« auf handfester Verbrecherjagd beim Rodeo. Schlägereien und Kalauer bestimmen das Serienprodukt, das insgesamt siebenmal sich selbst wiederholte.

Kommissar X – Drei gelbe Katzen K241 **

BRD/Österreich/It/Fr 1966, 95 Min., F
R: Rudolf Zehetgruber D: Tony Kendall, Ann Smyrner, Brad Harris
Kommissar X und sein Freund Captain Rowland von der New Yorker Polizei lassen auf Sri Lanka die Bande eines verrückten Wissenschaftlers auffliegen. Die exotische Kulisse verdeckt nicht die dürftige Story.

Kommissar X – Drei goldene Schlangen K242 **

BRD/It/USA/Thailand 1968, 89 Min., F
R: Roberto Mauri D: Tony Kendall, Brad Harris, Monica Pardo
Privatdetektiv Jo Walker alias Kommissar X und sein Freund Tony Rowland klären auf der Suche nach einer entführten Millionärstochter einen Fall von Mädchenhandel in Bangkok auf. Originell ist nur der Einsatz von Blasrohren als Kampfwaffe.

Kommissar X – Drei grüne Hunde K243 **

BRD/Sp/Fr/Libanon 1967, 95 Min., F
R: Rudolf Zehetgruber D: Tony Kendall, Brad Harris, Olli Schoberova
Kommissar X und sein Freund Rowland im Auftrag des Pentagon und im Kampf gegen Rauschgifthändler, die an des Pentagons neueste Waffe wollen, LSD als Mittel der Subversion. Die abstruse Story und die einfallslose Regie machen den Film zu einer unfreiwilligen Parodie des Agenten-Thrillers.

Kommissar X – In den Klauen des goldenen Drachen K244 **

BRD/Österreich/Spanien/Jugoslawien 1966, 96 Min., F
R: Frank Kramer D: Tony Kendall, Brad Harris, Barbara Frey
Mit einer Erpresserbande im Kampf um eine Laserwaffe. Jo Walker und Tony Rowland prügeln und kalauern sich durch Singapur.

Kommissar X – Jagd auf Unbekannt K245 **

BRD/It/Jugoslawien 1965, 92 Min., F
R: Frank Kramer D: Tony Kendall, Brad Harris, Maria Perschy
Erster Film der »Kommissar X«-Reihe, Verfilmungen einer Groschenromanserie um den Privatdetektiv Jo Walker und seinen Freund Captain Tony Rowland, die sich an meist exotischen, vor allem asiatischen Schauplätzen mit der einheimischen Unterwelt oder internationalen Agenten herumprügelten. Platte Kalauer, schwache Regieleistungen, ein bißchen Sex und hanebüchene Stories verhinderten den großen Erfolg der an Jerry Cotton angelehnten Trivial-Reihe nicht.

Kommissar X jagt die roten Tiger K246 **

BRD/Italien/Pakistan 1971, 89 Min., F
R: Harald Reinl D: Tony Kendall, Brad Harris, Gisela Hahn
Letzter »Kommissar X«-Film, in dem Schauspieler und Regie gleichermaßen hilflos einem Geheimbund in Karatschi gegenüberstehen.

Die Kommissarin K247

KOMISSAR ****

UdSSR 1967, 108 Min., s/w
R: Aleksandr Askoldow D: Nonna Mordjukowa, Rolan Bykow
Während des russischen Bürgerkrieges um 1922 nimmt ein rotes Regiment eine ukrainische Kleinstadt ein. Die Regimentskommissarin wird als hochschwangere Frau in der engen Wohnung einer kinderreichen jüdischen Handwerkerfamilie einquartiert. Die anfängliche Fremdheit und Skepsis weicht im Laufe der Zeit einem Gefühl verständnisvoller Nähe und menschlicher Solidarität. 20 Jahre von der russischen Zensur zurückgehalten erlebte dieser Film erst 1987 seine Premiere.

Kommt pudelnackt, das Erbe lacht K248 **

AMICHE MEI

Italien 1982, 85 Min., F
R: Michele Massimo Tarantini
D: Carmen Russo, Nadia Cassini, Olinka Hardiman, Michele Gammino
Drei Freundinnen erben ein Vermögen – unter der Bedingung, daß sie ihre Gatten betrügen. Softsexfilm mit humoristischen Einlagen.

Kommt zu meinem Namenstag K249 ****

GYERTEK EL A NÉVNAPOMRA

Ungarn 1983, 121 Min., F
R: Zoltán Fábri D: Ildiko Piros, István Bujtor, Ferenc Kallai
Bei einem Fest erfährt ein Mitglied der Oberschicht von seiner Tochter, daß sie mit ihrem Freund zusammenziehen möchte. Nach einem Streit schießt er auf den jungen Mann. Eine junge Journalistin versucht den Dingen auf den Grund zu gehen und entdeckt politische Motive des Falles. Sehenswerter engagierter Politthriller.

Der Komödiant von Wien K250 **

Österreich 1954, 100 Min., s/w
R: Karl Paryla, Karl Stanzl D: Karl Paryla, Christi Mardayn
Der Aufstieg des Operettendarstellers Alexander Girardi zum gefeierten Bühnenstar im Wien der siebziger Jahre des vorigen Jahrhunderts.

Die Komödie der Arbeit K251

LA COMEDIE DU TRAVAIL ***

Frankreich 1987, 88 Min., F
R: Luc Moullet D: Roland Blanche, Sabine Haudepin, Henri Deus
Ein satirisches Spiel um drei Menschen im Berufsstreß, deren Wege sich an einem Tag kreuzen: eine Komödie der Entfremdung. HFJ 1989

Eine Komödie im Mai K252

MILOU EN MAI ****

Frankreich/Italien 1989, 107 Min., F
R: Louis Malle D: Michel Piccoli, Miou-Miou, Michel Duchaussoy
1968. Während der Zeit der Studentenunruhen in der Metropole muß in der Provinz nach dem Tod einer alten Frau ein Landgut aufgelöst werden. Die Verwandten treffen sich zur Abwicklung der Formalitäten. Melancholische Gesellschaftskomödie, die sowohl vom Untergang einer alten bürgerlichen Klasse als auch vom Scheitern der Revolte handelt. HFJ 1991

Komödie ums Geld K253
KOMEDIE OM GELD ****
Niederlande 1936, 88 Min., s/w
R: Max Ophüls D: Herman Bouber, Matthieu van Eysden, Rini Otte
Bankbote verliert 50 000 Gulden, wird des Diebstahls verdächtigt und wieder freigesprochen. Daraufhin erhält er ein mysteriöses Angebot bei einem internationalen Finanzierungsinstitut. Elegantes Spiel um die Macht des Geldes.

Kompanie der Verlorenen K254
LA BANDERA ***
Frankreich 1935, 97 Min., s/w
R: Julien Duvivier D: Jean Gabin, Robert Le Vigan, Raymond Aimos
Die Geschichte eines Mordverdächtigen, der in der Fremdenlegion seiner Vergangenheit zu entfliehen versucht. Jean Gabins Durchbruch zum Star.

Komplizinnen K255
***
BRD 1988, 114 Min., F
R: Margit Czenki D: Pola Kinski, Therese Affolter, Gerlinde Eger
Der Alltag und die Formen von Widerstand in einem deutschen Frauengefängnis, geschildert aus der Perspektive einer inhaftierten Bankräuberin. Engagiert, aber handwerklich bescheiden.

Das Komplott gegen Harry K256
THE PLOT AGAINST HARRY ****
USA 1969, 77 Min., s/w
R: Michael Roemer D: Martin Priest, Ben Lang, Maxine Woods
Ein aus dem Gefängnis entlassener alternder Kleingangster hat Schwierigkeiten, in seinem alten Ambiente zu reüssieren. Die melancholische Kriminalkomödie mußte lange auf ihre Wiederentdeckung warten. HFJ 1991

Konferenz der Tiere K257
***

Konflikt K258
CONFLICT ***
USA 1945, 86 Min., s/w
R: Curtis Bernhardt D: Humphrey Bogart, Alexis Smith, Sidney Greenstreet, Rose Hobart
Humphrey Bogart ermordet seine Frau, weil er sich in deren Schwester verliebt hat. Keiner kann ihm die Tat nachweisen, doch Hinweise auf das Weiterleben der Toten lassen ihn sich selbst entlarven. Handwerklich routinierter, doch psychologisch simpler Thriller.

Konfrontation K259
***
Schweiz 1974, 110 Min., s/w
R: Rolf Lyssy D: Peter Bollag, Gert Haucke, Marianne Kehlau
1936 beging der jüdische Student David Frankfurter in der Schweiz ein Attentat auf den Landesleiter der NSdAP. Halbdokumentarischer Film, der auch die inneren Konflikte des Attentäters beschreibt.

Konga K260
KONGA **
GB 1961, 90 Min., F
R: John Lamont D: Michael Gough, Margo Johns, Jess Conrad, Austin Trevor, Jack Watson
Um ein Serum zu testen, mit dem er die Erde beherrschen will, führt ein Wissenschaftler einen Versuch an einem Schimpansen durch, der bald in King-Kong-Size durchs Studio tobt und Würger spielt. Blühender Blödsinn. LSFF

Der Kongreß der Pinguine K261
****
Schweiz 1992, 91 Min, F
R: Hans-Ulrich Schlumpf
Ungewöhnlich und eindringlich problematisiert der Regisseur die drohende ökologische Katastrophe in der Antarktis: Pinguine mahnen vor dem

König Artus und der Astronaut K262
***
THE SPACEMAN AND KING ARTHUR
GB 1978, 93 Min., F
R: Russ Mayberry D: Dennis Dugan, Jim Dale, Ron Moody, Kenneth More
Ein Wissenschaftler und ein Roboter werden in die Vergangenheit versetzt und finden sich am Hof des mythischen Königs Artus wieder. Sie kommen gerade rechtzeitig, um zu verhindern, daß er von Intriganten gestürzt wird. LSFF

König David K263
KING DAVID **
USA 1984, 114 Min., F
R: Bruce Beresford D: Richard Gere, Ian Sears, Arthur Whybrow
Breit angelegtes Historiengemälde um den alttestamentarischen Hirtenjungen David, der den Riesen Goliath bezwingt und König der Israeliten wird.

König der Fischer K264
THE FISHER KING ****
USA 1991, 137 Min., F
R: Terry Gilliam D: Robin Williams, Jeff Bridges, Mercedes Ruehl
Ein armseliger Penner hält New York für ein verwunschenes Königreich und zieht auch andere mit in seine Traumwelt hinein. Skurril-bizarres Fantasy-Märchen aus der Monty-Python-Schule, mit erstklassigen Darstellern (Oscar für Mercedes Ruehl).

König der Freibeuter K265
THE BUCCANEER ***
USA 1958, 115 Min., F
R: Anthony Quinn D: Yul Brynner, Charlton Heston, Charles Boyer
Der Freibeuter Jean Lafitte will für ein freies Amerika kämpfen, kriegt aber Probleme, als einer seiner Leute eine Schiffscrew massakriert. Relativ spannungsloser Piratenfilm.

König der heißen Rhythmen K266
RUSTABOUT ***

König der Kinder K267
HAI ZI WANG ****
VR China 1987, 100 Min., F
R: Chen Kaige D: Xie Yuan, Xang Xuewen
Ein junger Lehrer gewinnt mit Freundlichkeit und Engagement das Vertrauen der Kinder in einem Bauerndorf. Der Schulleiter sieht dies mit Argwohn. Wie immer erzählt Kaige eine scheinbar einfache Geschichte in ungemein komplexer Bildsprache.

König der Könige K268
KING OF KINGS ***
USA 1960, 153 Min., F
R: Nicholas Ray D: Jeffrey Hunter, Siobhan McKenna, Ron Randell
Eine eindrucksvolle, wenn auch nicht allzu »werkgetreue« Wiedergabe der Messias-Geschichte.

König der Piraten K269
RAIDERS OF THE SEVEN SEAS ***
USA 1953, 90 Min., F
R: Sidney Salkow D: John Payne, Donna Reed, Lon Chaney
Mit einem gestohlenen Schiff macht Barbarossa die Karibik unsicher, doch dann verliebt er sich in eine Gräfin, deren spanischer Verlobter alles tut, um ihn auszuschalten. Unterhaltsamer Piratenfilm.

König der Seeräuber K270
MORGAN IL PIRATA ***
Italien/Frankreich 1960, 94 Min., F
R: André De Toth, Primo Zeglio
D: Steve Reeves, Valerie Lagrange, Chelo Alonso, Armand Mestral
Der zu Zwangsarbeit verurteilte Henry Morgan zettelt auf einer spanischen Galeone eine Meuterei an, wird zum Piraten, rächt sich am bösen Gouverneur Panamas und gewinnt das Herz von dessen Tochter. Piratenfilm.

König der Spaßmacher K271
MERRY ANDREW **
USA 1957, 95 Min., F
R: Michael Kidd D: Danny Kaye, Pier Angeli, Noël Purcell
Archäologe und Lehrer muß eine wissenschaftliche Großtat vollbringen, um endlich seine Angebetete heiraten zu können. Er versucht sich an Ausgrabungen und landet beim Zirkus. Danny Kaye ist einer der sympathischsten amerikanischen Komiker, leider aber immer ein bißchen zu normal und zu romantisch. In diesem Film läßt ihn überdies die uninspirierte Regie im Stich.

König des Dschungels K272
THE LOST TRIBE **
USA 1949, 80 Min., s/w
R: William Berke D: Johnny Weissmueller, Myrna Dell, Elena Verdugo
Der Abenteurer Dschungel-Jim steht den Bewohnern einer afrikanischen Ortschaft gegen Halunken bei, die ihre Schätze rauben wollen, und erledigt nebenher ganze Rudel böser Bestien.

König Drosselbart K273
KRAL DROZIDA BRADA **
CSSR/BRD 1984, 90 Min., F
R: Miloslav Luther D: Adriana Tarábkova, Lukás Vaculík, Maria Schell
Die hochmütige Prinzessin, die alle Freier ablehnt, wird schließlich mit einem Bettler verheiratet, der sich aber dann doch als Königssohn entpuppt. Ein ansprechend fotografierter Märchenfilm.

Ein König in New York K274
A KING IN NEW YORK ****
GB 1957, 111 Min., s/w
R: Charles Chaplin D: Charles Chaplin, Dawn Addams, Oliver Johnston
Europäischer Ex-König wird in God's Own Country mit dem Fernsehen, der Werbung und der Kommunistenhatz konfrontiert und zeigt McCarthy und seinen Kaspern, wer sie wirklich sind. Brillante Satire.

König Khandobas Jagdausflug K275
***
BRD 1992, 80 Min., F
R: Henning Stegmüller, Günther D. Sontheimer
Eine Annäherung an die indische Mythologie anhand dokumentarisch gedrehter Szenen: Mittelpunkt des Films ist der Jagdausflug des Königs Khandoba am Somvati Amavasya-Fest, das zu Neumond gefeiert wird. Die Quellen des Film-Textes sind zumeist mündliche Überlieferungen. HFJ 1993

König Ödipus K276
OEDIPUS THE KING **
GB 1967, 94 Min., F
R: Philip Saville D: Christopher Plummer, Lilli Palmer, Orson Welles
Filmische Dokumentation einer Aufführung des »König Ödipus« von Sophokles in den Ruinen eines antiken Theaters.

König Salomons Schatz K277
KING SALOMON'S TREASURE **
Kanada 1978, 88 Min., F
R: Alvin Rakoff D: John Colicos, David McCallum, Patrick Macnee
Abenteurer wird von afrikanischer Königin gebeten, einen Schatz zu heben, da sie ihr verborgenes Reich von gierigen Gschaftlhubern bedroht sieht. Nicht sonderlich spannendes Abenteuergarn nach H. Rider Haggard. LSFF

Der König und der Vogel K278
LE ROI ET L'OISEAU ****
Frankreich 1979, 84 Min., F
R: Paul Grimault
Ein despotischer König muß sich der Liebe eines jungen Paares und seinem »Gegenspieler«, einem großen Vogel, beugen. Nach vielen Kämpfen werden aus den Trümmern die Anfänge eines besseren Lebens. Poetischer Zeichentrickfilm nach einem Märchen von H. C. Andersen, eine Parabel auf die Macht der Herrschenden und die Ohnmacht der Beherrschten.

Könige der Sonne K279
KINGS OF THE SUN **
USA 1963, 108 Min., F
R: J. Lee Thompson D: George Chakiris, Yul Brynner, Shirley Ann Field
Junger Mayakönig führt sein Volk nach dem Tod seines Vaters an die Küste und gerät mit dem örtlichen Herrscher und einem alten Rivalen aneinander. Simpler, spannungsloser Abenteuerfilm.

Königin Christine K280
THE ABDICTION **
USA 1974, 100 Min., F
R: Anthony Harvey D: Peter Finch, Liv Ullmann, Cyril Cusack, Paul Rogers
Schwerblütige Verfilmung von Ruth Wolffs Theaterstück um die schwedi-

sche Königin, die zum Katholizismus übertritt und sich beim peinlichen Verhör in Rom ausgerechnet in den inquisitorischen Kardinal verliebt.

Königin der Barbaren K281
LA REGINA DEI TATARI **
Italien/Frankreich 1960, 85 Min., F
R: Sergio Grieco D: Chelo Alonso, Folco Lulli, Jacques Sernas
Tapfere Jungamazone, deren Volk von Tataren massakriert wird, wächst bei einem anderen Stamm heran, übt sich im Schwertkampf, avanciert zur Queen und wehrt eine kriegerische Meute ab. Früher Barbarenfilm. Dutzendware.

Königin der Berge K282
CATTLE QUEEN OF MONTANA ***
USA 1954, 88 Min., F
R: Allan Dwan D: Barbara Stanwyck, Ronald Reagan, Gene Evans
Eine Viehzüchterin im Kampf gegen Finsterlinge, die ihren Vater getötet haben und auf ihr Land scharf sind. Die Indianer blasen derweil zum Massaker. Routinewestern; ordentliche Leistung von Barbara Stanwyck.

Königin der Nacht K283
CEREMONIE D'AMOUR **
Frankreich 1988, 95 Min., F
R: Walerian Borowczyk D: Mathieu Carrière, Marina Pierro
Mann vernarrt sich in mysteriöse Schauspielerin und gerät in Verdacht, eine Frau ermordet zu haben. Plumper Sex-»Kunstfilm« eines Ex-Talents, der nur gähnende Langeweile erzeugt.

Die Königin der Wikinger K284
THE VIKING QUEEN **
GB 1966, 91 Min., F
R: Don Chaffey D: Don Murray, Carita, Donald Houston, Andrew Keir
In Britannien ansässige Königin der Wikinger führt ihr Volk gegen einen fiesen römischen Statthalter in den Kampf. Prädikat: Voll daneben.

In der Zeit der napoleonischen Kriege erweist sich die preußische Königin als beste Diplomatin. Die Rettung der Männerwelt durch die Frau: Nach der mädchenhaften Romy Schneider in den »Sissi«-Filmen versucht es Ruth Leuwerik als Grande Dame.

Die Königin von Saba K286
LA REGINA DI SABA ***
Italien 1952, 100 Min., F
R: Pietro Francisci D: Leonora Ruffo, Gino Cervi, Gino Leurini
Beziehungsknatsch zwischen der Königin von Saba und dem Sohn des israelitischen Königs Salomon führt zu blutigen Konflikten. Sich auf die Bibel berufender, doch weit von ihr entfernter Monumentalfilm.

Die königliche Jagd K287
MRIGAYAA/THE ROYAL HUNT ****
Indien 1976, 110 Min., F
R: Mrinal Sen D: Mithun Chakravorty, Mamata Shankar, Robert Wright
Eine unnachsichtige Fabel über das Wirken des Kolonialismus. Ein Inder und ein Engländer haben sich in ihrer Jagdleidenschaft zu Freunden gefunden, doch die Freundschaft endet, als der Inder nach einem Verbrechen aus verletzter Ehre Gerechtigkeit sucht.

Das Königsspiel K288
SEARCHING FOR BOBBY FISCHER ****
USA 1993, 105 Min., F
R: Steven Zaillian D: Max Pomeranc, Ben Kingsley, Joe Mantegna
Exzentrischer Meister übernimmt die Schulung des 7jährigen Josh, der mit herausragendem Talent zum Schachspielen gesegnet ist. Mit den ersten spektakulären Erfolgen stellen sich auch gravierende Probleme ein. Steven Zaillian, Autor von »Schindlers Liste«, legt ein in jeder Hinsicht stimmiges, packendes und überwältigend bebildertes Regiedebüt vor, das dem Sujet »Schach« Thrillerspannung

Konrad ist ein synthetisch produziertes Elite-Kind: intelligent, lernwillig, ordentlich, folgsam und bescheiden, das durch einen Computerfehler an die falsche Familie geliefert wird. Ein engagierter, spannender und amüsanter Familienfilm.

Die Konsequenz K290
**
BRD 1977, 100 Min., F
R: Wolfgang Petersen D: Jürgen Prochnow, Ernst Hannawald, Walo Lüönd, Edith Volkmann, Hans Irle
Der Sohn eines Aufsehers verliebt sich in einen Gefangenen, der wegen Verführung Minderjähriger einsitzt, und zerbricht an der herrschenden Moral. Solide aufklärerischer Fernsehfilm, der auch ins Kino kam, nachdem der Bayerische Rundfunk seine Ausstrahlung verbot.

Konstantin der Große K291
CONSTANTINO IL GRANDE ***
Italien 1960, 117 Min., F
R: Lionello de Felice D: Cornel Wilde, Belinda Lee, Christine Kaufmann
Monumentalfilm über den Aufstieg des Soldaten Konstantin zum römischen Kaiser – inklusive blutiger Gefechte und hungriger Löwen, die im Circus Maximus Christen verspeisen. Solide Unterhaltung.

Konterbande K292
SOUTH OF ST. LOUIS ***
USA 1949, 86 Min., s/w
R: Ray Enright D: Joel McCrea, Zachary Scott, Douglas Kennedy
Zwei Rancher wollen sich an einer Guerillatruppe rächen, die zu Beginn des Sezessionskriegs ihre Höfe niedergebrannt hat. Nicht doll, aber unterhaltsam und relativ leise.

Der Kontrakt des Zeichners K293
DRAUGHTMAN'S CONTRACT ****
GB 1982, 108 Min., F

gemeinen Fragen der Bildkunst werden gesellschaftliche Zustände und Mißstände beschrieben. Etwas kompliziert, der Intrigenreigen.

Reflexion zum Bildermachen

Konzert für die rechte Hand K294
***
BRD 1986, 82 Min., F
R: Michael Bartlett D: Miklos Königer, Sushila Day, Henry Akina
Erik ist Parkpfleger und ohne Freunde. Er nimmt eine Schaufensterpuppe als Frau mit nach Hause, verliert aber deren rechten Arm, der bei den Findern bizarres Eigenleben entwickelt. Surrealistische Filmparabel mit ungewohntem schwarzen Humor.

Kopfgeld K295
RANSOM ****
USA 1996, 121 Min., F
R: Ron Howard D: Mel Gibson, Rene Russo, Brawley Nolte
Spannender und psychologisch gut durchdachter Thriller um einen reichen Millionär, der, anstatt das geforderte Lösegeld zu zahlen, selber ein Kopfgeld auf die Ergreifung des Entführers seines kleinen Sohnes aussetzt. Spitzen-Unterhaltung. HFJ 1998

Kopfgeld: Ein Dollar
siehe: An seinen Stiefeln klebte Blut

Kopfjagd – Preis der Angst K296
LE PRIX DU DANGER **
Fr/Jugoslawien 1982, 99 Min., F
R: Yves Boisset D: Gérard Lanvin, Michel Piccoli, Marie-France Pisier
Ein TV-Kandidat, der gegen eine hohe Geldsumme von professionellen Killern gejagt wird, schaltet seine Verfolger aus. Neuverfilmung des TV-Films *Das Millionenspiel.* Nach einer Erzählung von Robert Sheckley. LSFF

Kopfstand K297
***
Österreich 1981, 102 Min., s/w
R: Ernst Josef Lauscher D: Christoph Waltz, Elisabeth Epp, Ingrid Burkhardt, Pavel Landovsky
Ein Lehrling kommt wegen einer Kurzschlußhandlung in die Mühlen der Psychiatrie und zerbricht darin beinahe. Erst eine engagierte Ärztin kann ihn retten.

Kopfstand, Madame! K298
***
BRD 1966, 82 Min., s/w
R: Christian Rischert D: Miriam Spoerri, Herbert Fleischmann, Heinz Bennent, Helga Toelle
Nüchterne Beschreibung einer äußerlich intakten Ehe und der Versuche der Frau, sich von ihr zu befreien.

Kopfüber in die Nacht K299
INTO THE NIGHT ****
USA 1984, 115 Min., F
R: John Landis D: Jeff Goldblum, Michelle Pfeiffer, Richard Farnsworth
Ein nicht nur sexuell frustrierter naiver amerikanischer Durchschnittsbürger, der an Schlaflosigkeit leidet, wird Zeuge eines Mordes und Beschützer eines undurchsichtigen Dämchens, dem diverse Meuchler iranischer Herkunft an die Wäsche und die Gurgel wollen. Ein Thriller mit schwarzem Humor und pfiffigem Happy-End.

Korczak K300
KORCZAK ***
Polen/BRD/Fr 1990, 117 Min., s/w
R: Andrzej Wajda D: Wojciech Psoniak, Ewa Dalkowska, Piotr Kozlowski
Verfilmung der Lebensgeschichte des Arztes Dr. Janusz Korczak, der im Warschauer Ghetto ein Waisenhaus einrichtete und schließlich mit seinen Kindern in den Tod ging. HFJ 1992

Der Körper meines Feindes K301
LE CORPS DE MON ENNEMI ***
Frankreich 1976, 121 Min., F
R: Henri Verneuil D: Jean-Paul Belmondo, Bernard Blier, Marie-France Pisier, Daniel Ivernel
Ein junger Mann ist aufgrund der Intrigen einer reichen Unternehmerfamilie unschuldig zu einer Haftstrafe verurteilt worden. Nach seiner Rückkehr aus dem Gefängnis rächt er sich an den Verantwortlichen. Kompliziert erzählter Krimi, dessen Absicht, gesellschaftliche Heuchelei bloßzulegen, am unglaubwürdigen Spiel Belmondos scheitert.

Die Körperfresser kommen K302
INVASION OF THE BODY SNATCHERS ***
USA 1977, 115 Min., F
R: Philip Kaufman D: Donald Sutherland, Brooke Adams, Leonard Nimoy, Jeff Goldblum
Neuverfilmung von *Die Dämonischen.* Mit Kevin McCarthy (Hauptdarsteller der ersten Fassung) und Don Siegel (Regisseur der ersten Fassung) in Kleinrollen. Durchaus ansehbar und spannend. LSFF

Der Korporal in der Schlinge K303
***
LE CAPORAL EPINGLE
Frankreich 1962, 95 Min., s/w
R: Jean Renoir D: Jean-Pierre Cassel, Claude Brasseur, Claude Rich
Im Zweiten Weltkrieg versuchen drei französische Kriegsgefangene aus einem Lager zu entkommen. Nach mehreren mißlungenen Versuchen gelingt ihnen die Flucht mit Hilfe einer Deutschen, die ihnen Zivilkleider besorgt. Unterhaltsamer, durchschnittlicher Film des großen Meisters Renoir.

Der Korsar des Königs K304
CAPITAN FANTASMA **
Italien 1953, 85 Min., F
R: Primo Zeglio D: Frank Latimore, Anna Maria Sandri, Maxwell Reed
Ein schuftiger Kapitän, der sich den spanischen Kronschatz unter den Nagel reißen will, scheitert an einem königstreuen Ex-Offizier. Piratenfilm unterdurchschnittlicher Machart.

Der Korsar vom roten Halbmond K305
**
IL CORSARO DELLA MEZZA LUNA
Italien 1957, 86 Min., F
R: Giuseppe Maria Scotese D: John Derek, Gianna Maria Canale, Ingeborg Schöner, Alberto Farnese
Farbloses Filmchen um einen guten

Piratenkapitän, der in Italien noch ein Hühnchen mit einem Bösmann zu rupfen hat. Massaker inklusive.

Der Korsar von Monte Forte K306
IL PIRATA DELLA SPARVIERO NERO **
Italien/Frankreich 1958, 85 Min., F
R: Sergio Grieco D: Mijanou Bardot, Gerard Landry, Andrea Aureli
Edler Piratenkapitän und seine Mannen nehmen den Kampf gegen einen Konkurrenten auf, der sich mit Gewalt einen Thron erschlichen hat und eine Schöne bedroht. Blitzende Degen, schwellende Busen!

Das Korsarenschiff K307
THE PRINCESS AND THE PIRATE ***
USA 1944, 94 Min., F
R: David Butler D: Bob Hope, Virginia Mayo, Walter Brennan
Ein Witzbold und eine Prinzessin, die mit den Heiratsplänen ihrer Familie nicht einverstanden ist, geraten in den Dunstkreis von Piraten. Ein Film, der das Genre gekonnt verulkt.

Die korsischen Brüder K308
I FRATELLI CORSI ***
Italien/Frankreich 1961, 115 Min., F
R: Anton Giulio Majano D: Geoffrey Horne, Válerie Lagrange, Gérard Barray, Emma Danieli
Zwei Familien bekriegen sich im 19. Jahrhundert auf Korsika bis aufs Messer. Zwillingsbrüder, als Kinder getrennt, entscheiden die Sache. X-ter Neuaufguß des Romans von Dumas.

Kosmokiller – Sie fressen alles K309
THE DEADLY SPAWN **
USA 1982, 78 Min., F
R: Douglas McKeown D: C.G. Hildebrand, Tom De Franco, Karen Tighe
Außerirdische Monstrositäten, die mit einem Meteoriten zur Erde kommen, verwandeln sich in gefräßige Würmer und suchen einen amerikanischen

Brillanter Experimentalfilm, der überdeutlich den vermeintlichen Fortschritt der Zivilisation kritisch hinterfragt. Mit bis dato nie gesehenen Zeitraffer- und Zeitlupenaufnahmen stellt der Film Verbindungen zwischen Wildnis und Natur einerseits und urbanem Leben andererseits her, untermalt von einem genialen Soundtrack des Minimal-music-Papstes Philip Glass. In *Powaqqatsi* wurde alles noch einmal variiert.

Krach um Bobo K311
WALK LIKE A MAN ***
USA 1987, 86 Min., F
R: Melvin Frank D: Howie Mandel, Christopher Lloyd, Cloris Leachman
Bei einem Trip in den Norden geht ein Kind verloren; nach 28 Jahren kommt der Junge als Wolfsjunge ins Vaterhaus zurück, nachdem ihn eine Verhaltensforscherin in einem Rudel entdeckt hat. Seine Rückkehr löst nicht nur den einen oder anderen Kulturschock, sondern auch einen Erbschaftsstreit aus.

Die Krähe
siehe: The Crow – Die Krähe

Krambambuli K312
**
Deutschland 1940, 85 Min., s/w
R: Karl Köstlin D: Rudolf Prack, Viktoria von Ballasko, Sepp Rist
Schwülstige Film-Phantasie nach Marie von Ebner-Eschenbachs Geschichte vom treuen Hund und vom Landstreicher, der als Wilderer erschossen wird. Jaul!

Kramer gegen Kramer K313
KRAMER VS. KRAMER ***
USA 1978, 98 Min., F
R: Robert Benton D: Dustin Hoffman, Meryl Streep, Justin Henry
Die Geschichte einer dramatischen Scheidung und eines Kampfes um das Kind; der erfolgreichste Scheidungsfilm der Filmgeschichte.

Der Kreis K314
DAYEREH MINA ****
Iran 1974, 95 Min., F
R: Dariush Mehrjui D: Ezat Entezami, Ali Nassirian, Fourouzan
Geschichte eines persischen Jungen, den eine korrupte Umgebung unmenschlich macht. Zuweilen überspitzt gezeichnet, insgesamt aber thematisch eindrucksvoll und bildlich kraftvoll.

Das Kreuz des Südens K315
LA CRUZ DEL SUR ****
Spanien 1992, 94 Min., F
R: Patricio Guzman
In einer Verknüpfung von Dokumentation und Spielszenen bereitet der mexikanische Regisseur die leidvolle Geschichte der Indianer unter der Knechtschaft des Kolonialismus auf.

Streit ums Kind: Dustin Hoffman und Meryl Streep in ›Kramer gegen Kramer‹.

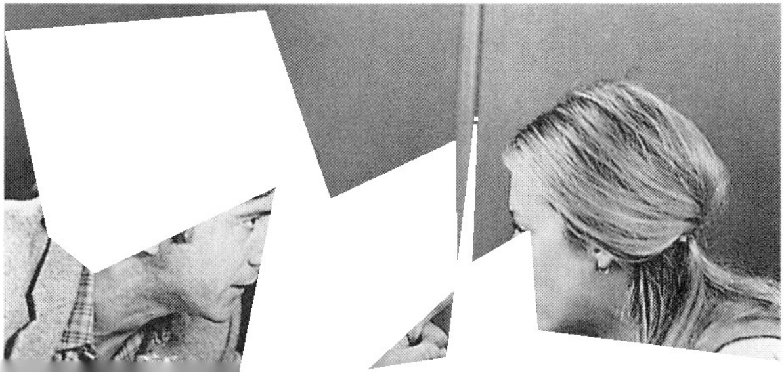

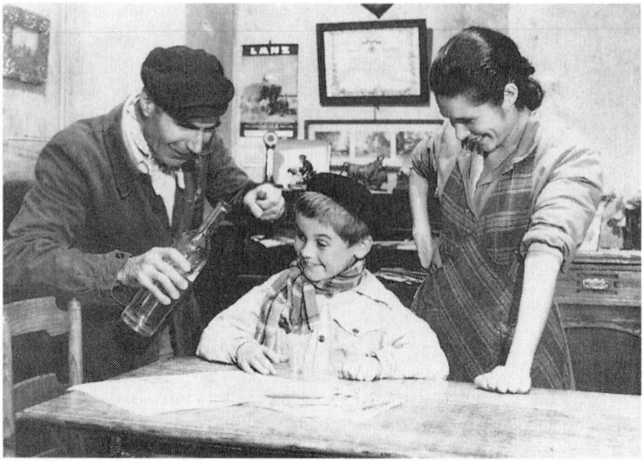

Aus Söhnen werden Väter. Doch erst: ›Der Krieg der Knöpfe‹.

Kreuz und Schwert K316

LA SPADA E LA CROCE **

Italien 1958, 105 Min., F

R: Carlo Ludovico Bragaglia

D: Yvonne de Carlo, Jorge Mistral, Massimo Serrato, Philippe Hersent

Maria Magdalena besucht Jesus, der sie vor der Steinigung bewahrt hat, um ihn vor der Kreuzigung zu retten, und gelobt, nur noch für die Verkündigung des Evangeliums zu leben. Kitsch in Reinkultur.

Kreuzfahrt des Grauens K317

ORE DI TERRORE **

BRD/Italien 1971, 90 Min., F

R: Robert Bradley D: Karin Schubert, Herbert Fux, Ann Smyrner

Geschäftsmann lädt Freunde und Tipsen auf seine Jacht ein, doch ein paar Schiffbrüchige, die man an Bord holt, entpuppen sich als Kriminelle. Schmalspurkrimi mit Fleischbeschau.

Die Kreuzritter K318

KRZYZACY ****

Polen 1960, 170 Min., F

R: Aleksander Ford D: Mieczyslaw Kalenik, Grazyna Staniszewska, Andrzej Szalawski, Henryk Borowski

Großartiger Monumentalfilm über den penibel rekonstruierten Freiheitskampf der Polen gegen die Ritter des Deutschen Ordens (Schlacht bei Grunwald/Tannenberg 1410). Nach dem Roman von Henryk Sinkiewicz.

Kreuzritter Richard Löwenherz K319

THE CRUSADES ***

USA 1953, 103 Min., F

R: Cecil B. DeMille D: Henry Wilcoxon, Loretta Young, C. Aubrey Smith

König Richard besiegt während der Kreuzzüge einen Sultan und wird von Kaiser Heinrich VI. eingekerkert. Tolle Massenszenen und Schlachten.

Krieg der Eispiraten K320

ICE PIRATES **

USA 1984, 93 Min., F

R: Stewart Raffill D: Robert Urich, Mary Crosby, Michael D. Roberts

Weltraumpiraten rauben Eisschiffe der Herren des Kosmos aus und suchen nach einer legendären Welt, auf der Wasser nicht knapp ist. Komödiantisch angehauchter SF-Film, der inhaltlich auf jede Logik pfeift. Unbedeutend. LSFF

Der Krieg der Knöpfe K321

LA GUERRE DES BOUTONS ****

Frankreich 1961, 88 Min., s/w

R: Yves Robert D: Pierre Trabaud, Jean Richard, Michel Galabru

Die Kinder zweier verfeindeter Nachbardörfer führen einen täglichen Kleinkrieg gegeneinader, bei dem den jeweiligen Verlierern Knöpfe, Schnürsenkel und Hosenträger abgschnitten werden. Um diese Schmach und die auf dem Fuße folgende Bestrafung durch die Eltern zu vermeiden, ziehen sie eines Tages nackt in den Kampf. Spannend inszenierte Satire auf das Provinzmilieu. Das Remake wurde 1994 gedreht (Regie: John Roberts) und war gar nicht so schlecht.

Krieg der Roboter K322

LA GUERRA DEI ROBOTS **

Italien 1978, 81 Min., F

R: Al Bradley D: Antonio Sabato, Yanti Somer, West Buchanan

Heldenhafter Raumschiffkapitän wehrt eine Invasion Außerirdischer ab, die zwar wie Menschen aussehen, aber Roboter sein sollen. Billigschund. LSFF

Krieg der Sterne K323

STAR WARS ****

USA 1976, 121 Min., F

R: George Lucas D: Mark Hamill, Harrison Ford, Alec Guinness, Carrie Fisher, Peter Cushing

Ein Bauernjunge und ein Haudegen retten eine kosmische Prinzessin vor einer Macht, die nur das Böse will. Technisch perfekte Space Opera, mit Rasanz erzählt, und doch nur ein alter Märchenhut. Die Fortsetzungen der Weltraumsaga heißen: *Das Imperium schlägt zurück* und *Die Rückkehr der Jedi-Ritter*. LSFF

Krieg im Weltenraum K324

UCHU DAI SENSO **

Japan 1960, 91 Min., F

R: Inoshiro Honda D: Ryo Ikebe, Kyoko Anzai, Koreya Senda

Außerirdische nisten sich auf dem Mond ein und beschießen die Erde, bis die Menschheit sie mit vereinten Kräften abwehrt. Saft- und kraftlose Invasionsstory. LSFF

Der Krieg ist vorbei K325

LA GUERRE EST FINIE ****

Fr/Schweden 1966, 121 Min., s/w

R: Alain Resnais D: Yves Montand, Ingrid Thulin, Geneviève Bujold

Ein 40jähriger Exilspanier, der gegen das Franco-Regime gekämpft hat, muß während eines dreitägigen Aufenthaltes in Paris erkennen, daß sein revolutionäres Ziel angesichts der Wirklichkeit längst überholt ist. Äußerst intelligent gemachte Zeit- und Persönlichkeitsstudie von künstlerischem Wert.

Krieg und Frieden K326
WAR AND PEACE ****
USA/Italien 1956, 208 Min., F
R: King Vidor D: Audrey Hepburn, Henry Fonda, Mel Ferrer
Eine weitverzweigte, während der Napoleonischen Kriege in Moskau spielende Liebesgeschichte eines Paares, das aus verschiedenen Gründen erst nach vielen Jahren zusammenfinden kann. Nach dem Romanepos von Tolstoi, mit einem gewaltigen Star-Aufgebot und beeindruckenden Schlacht- und Massenszenen. Die russische Verfilmung in drei Teilen stammt von Sergej Bondartschuk (1967).

Krieg und Frieden K327
***
BRD 1982, 123 Min. F
R: Alexander Kluge, Volker Schlöndorff, Stefan Aust, Axel Engstfeld
D: Heinz Bennent, Angela Winkler, Jürgen Prochnow, Hans-Michael Rehberg
Nach *Deutschland im Herbst* und *Der Kandidat* der dritte Gemeinschaftsfilm deutscher Regisseure über gesellschaftliche und politische Ereignisse in der Bundesrepublik. Die Stationierung amerikanischer Mittelstreckenraketen in Europa ist der Anlaß für einen kaum erhellenden Versuch, den Wahnsinn der atomaren Hochrüstung mit satirischen Montagen, fiktiven Dokumentationen, Spielszenen und journalistischen Recherchen deutlich zu machen.

Der Krieg zwischen Männern und Frauen K328
THE WAR BETWEEN MEN AND WOMEN **
USA 1972, 99 Min., F
R: Melville Shavelson D: Jack Lemmon, Barbara Harris, Jason Robards
Ein Cartoonist, der Frauen, Kinder und Hunde haßt, verliebt sich in eine Frau mit Kindern und einem Hund. Nett, und dank Jack Lemmon nicht zu nett.

›Krieg der Sterne‹ – So sahen die Protagonisten im dritten Teil der Sternen-Saga aus.

Kriegsgesetz K329
LEGGE DI GUERRA ***
It/Fr/BRD 1961, 94 Min., s/w
R: Bruno Paolinelli D: Mel Ferrer, Peter van Eyck, Magali Noel
Ausgelöst durch die Tat eines Partisanen wird in einem besetzten italienischen Dorf die Erschießung von 30 Geißeln durchgeführt.

Die Krise K330
LA CRISE ***
Frankreich 1992, 95 Min., F
R: Coline Serreau D: Vincent Lindon, Annick Alame. Patrick Timsit
Ein von seiner Frau verlassener erfolgreicher Anwalt sucht bei Freunden und Bekannten Hilfe, die sich jedoch in ähnlichen Krisen befinden. Die Begegnung mit einem unbeschwert lebenden Arbeitslosen vermittelt ihm eine neue Einstellung zu Gesellschaft und Partnerschaft. Witzige Satire.

Die Krone des Lebens K331
BELOVED INFIDEL **
USA 1959, 106 Min., F
R: Henry King D: Gregory Peck, Deborah Kerr, Eddie Albert
Romantisierende verkitschte Darstellung einer Episode aus dem Leben des amerikanischen Schriftstellers F. Scott Fitzgerald.

Krücke K332
****
BRD 1992, 98 Min., F
R: Jörg Grünler D: Heinz Hoenig, Peter Simonischek, Götz Behrend
In den Wirren der letzten Kriegstage verliert ein Dreizehnjähriger seine Mutter. In Wien trifft er den einbeinigen Kriegskrüppel »Krücke«, der ihn das Überleben lehrt. Eine gefühlvolle Geschichte. HFJ 1995

Die Krücke K333
THE WALKING STICK ***
GB 1970, 100 Min., F

Krull K334
KRULL **
GB/USA 1983, 120 Min., F
R: Peter Yates D: Ken Marshall, Lysette Anthony, Freddie Jones, David Battley, Alan Armstrong
Heerscharen des »unbeschreiblichen Ungeheuers« kidnappen die Braut eines Prinzen, so daß er sich mit seinen Getreuen aufmacht, um sie aus dessen Festung zu befreien. Fantasyfilm mit schwachen Tricks und albernem Plot. LFF

Das Kuckucksei K335
TORCH SONG TRILOGY ****
USA 1988, 119 Min., F
R: Paul Bogart D: Harvey Fierstein, Anne Bancroft, Matthew Broderick
Gut gespielte Verfilmung des autobiographischen Theaterstücks von Harvey Fierstein, der in den siebziger Jahren als Vorkämpfer der schwulen Befreiung wirkte. Wohltuend frei von Klischees. HFJ 1990

Kuckucksei im Gangsternest K336
****
BRD 1969, 89 Min., F
R: Franz Josef Spieker D: Herbert Fux, Hanna Schygulla, Rainer Basedow, Eckart Aschauer
Absurde Gangstergeschichte als gesellschaftskritischer Befreiungsschlag und eine Ausnahme im »jungen deutschen Film«.

Kuck' mal, wer da spricht K337
LOOK WHO'S TALKING ***
USA 1989, 97 Min., F
R: Amy Heckerling D: John Travolta, Kirstie Alley, Olympia Dukakis
Älteres Mädchen wird schwanger und löst die daraus resultierenden Probleme. Und das Baby kommentiert die aufgeregte Welt der Erwachsenen.

Kuck' mal, wer da spricht 2 K338
LOOK WHO'S TALKING TOO **
USA 1990, 93 Min., F
R: Amy Heckerling D: John Travolta, Kirstie Alley, Olympia Dukakis
Fortsetzung der Abenteuer eines sprechenden Säuglings. Synchronstimme Gottschalk hat mit Nina Hagen und Frank Zander populäre Spielkameraden bekommen. Fades Fast-food-Kino mit auch noch einem dritten Teil.
HFJ 1992

Kuffs – Ein Kerl zum Schießen K339
**
KUFFS
USA 1991, 97 Min., F
R: Bruce A. Evans D: Christian Slater, Mila Jovovich, Tony Goldwyn
Ein Chaot wird unfreiwillig zum Gesetzeshüter und sorgt weiterhin für Durcheinander. Billige Polizeiklamotte mit abgehalfterten Gags niedrigster Kategorie. HFJ 1993

Eine Kugel für Mac Gregor K340
SETTE DONNE PER I MAC ***
Italien/Spanien 1966, 91 Min., F
R: Franco Giraldi D: David Bailey, Agate Flori, Francesco Tensi
Pointierter Ulkwestern über sieben harte Burschen und ihre Bräute, die mit einer anderen Sippschaft ständig im Clinch liegen, da sie sich um einen Goldschatz streiten.

Kugeln, Gold und Feuerwasser K341
**
GUN FIRE
USA 1946, 60 Min., s/w
R: William Berke D: Don Barry, Robert Lowery, Wally Vernon
Der inzwischen bürgerlich gewordene Bandit Frank James tut sich mit einem Gesetzeshüter zusammen, um einem Mann das Handwerk zu legen, der in seinem Namen Verbrechen begeht. B-Western der unteren Mittelklasse.

Kuhhäute K342
PEAUX DE VACHES ***
Frankreich 1989, 88 Min., F
R: Patricia Mazuy D: Sandrine Bonnaire, Jean-François Stévenin, Jacques Spiesser
Nach einem Brand auf einem Bauernhof in der Picardie wird der Bruder des Eigentümers als Brandstifter zu einer Gefängnisstrafe verurteilt. Nach seiner Rückkehr einige Jahre später versuchen die beiden Männer, ihre Vergangenheit zu bereinigen. Patricia Mazuy vermeidet in ihrem archaisch-kraftvollen Debütfilm jegliche Klischees des modernen Landlebens.

Die Küken kommen K343
**
BRD 1985, 92 Min., F
R: Roul Sternberg (= Eckhart Schmidt) D: Mark Altner, Frank Meyer-Brockmann, Hans Schödl
Sechs junge Männer kommen nach ihrer Bundeswehrzeit nach München, werden bei ihren Abenteuern aber von ihren Freundinnen gestört. Schnell dahingedrehte deutsche Filmkomödie.

Kummer und Mitleid K344
LE CHAGRIN ET LA PITIE ***
Frankreich/BRD/Schweiz 1969, 219 Min., F und s/w
R: Marcel Ophüls
Mit vielen wichtigen Tatsachen werden verfälschende und entstellende Thesen deutscher und französischer Geschichtsschreibung im Zusammenhang mit dem Zweiten Weltkrieg und der deutschen Besetzung Frankreichs widerlegt. Diese lebendige zweiteilige Chronik hat nichts an Bedeutung eingebüßt.

Kundun K345
KUNDUN ****
USA 1997, 134 Min., F
R: Martin Scorsese D: Tenzin Thuthob Tsarong, Gyurme Tethong, Tencho Gyalpo
Die Geschichte des 14. Dalai Lama, der als Kind von Mönchen als Reinkarnation Buddhas entdeckt worden war, seiner späteren Emigration und seinem bis heute andauernden Kampf um ein freies Tibet. Kraftvoll-meditatives Epos, das seine spirituellen Inhalte in gelungenen Bildern transportiert. Kein historischer Monumentalschinken, sondern ein intimer Film über eine vom Aussterben bedrohte jahrhundertealte Kultur.
HFJ 1999

Die Kunst zu lieben K346
CARNAL KNOWLEDGE ****
USA 1971, 98 Min., F
R: Mike Nichols D: Jack Nicholson, Candice Bergen, Art Garfunkel
Zwei Kumpels treffen sich alle Jahre wieder und diskutieren ihre sexuellen Vorlieben und Eroberungen bzw. Nicht-Eroberungen. Der eine ein schüchter-

ner Bub, der andere ein Sexmaniak, der weibliche Bewunderung braucht, um ihn hochzukriegen. Ein stellenweise derbes Gebräu über zwei auf verschiedene Art kindische Gemüter.

Das kunstseidene Mädchen K347
***

BRD 1960, 105 Min., s/w
R: Julien Duvivier D: Giulietta Masina, Gert Fröbe, Gustav Knuth
Die Geschichte von Doris Putzke, einer kleinen Berliner Büroangestellten in den fünfziger Jahren, die mit Macht ihr Glück sucht. Romanverfilmung, die an ihrem schwachen Drehbuch und an einer uninspiriert spielenden Giulietta Masina scheitert.

Der Kurier des Zaren K348
**

Deutschland 1937, 90 Min., s/w
R: Richard Eichberg D: Adolf Wohlbrück, Maria Andergast, Alexander Golling, Hilde Hildebrand
Jules Vernes abenteuerliche Geschichte vom zaristischen Offizier, der unter Lebensgefahr eine Depesche durch das Land bringt, in einer alten, ansprechenden Tonfilmfassung.

Der Kurier des Zaren K349
MICHEL STROGOFF ***
Fr/It/Jugoslawien/BRD 1956, 113 Min., F
R: Carmine Gallone D: Curd Jürgens, Geneviève Page, Jean Parédès
Um in Irkutsk den Bruder des Zaren vor einem Tatarenaufstand zu warnen, schlägt sich ein Major durch die von Schuften, Spionen und Gefahren wimmelnde Wildnis Rußlands. Remake des Klassikers von 1936.

Der Kurier des Zaren K350
MICHELE STROGOFF, CORRIERE DELLO ZAR **
BRD/It/Fr 1971, 94 Min., F
R: Eriprando Visconti D: John Phillip

Töten in Echtzeit: Miroslaw Baka und Jan Tesarz in Kieslowskis Meisterwerk ›Ein kurzer Film über das Töten‹.

Kurven-Lilly K351
GIRL HAPPY **
USA 1965, 96 Min., F
R: Boris Sagal D: Elvis Presley, Shelley Fabares, Harold J. Stone
Elvis soll sich im Auftrag eines reichen Knaben um dessen Töchterlein kümmern. Kann da die Liebe noch ausbleiben? Ein Film für Abgebrühte, denen es nicht genügt, wenn ein Sänger nur singt.

Eine kurze Geschichte der Zeit K352
****
A BRIEF HISTORY OF TIME
GB 1991, 84 Min., F
R: Errol Morris D: Stephen Hawking, Isobel Hawking, Janet Humphrey
Biopic, Hommage und Wissenschaftsfilm zugleich ist dieses Porträt des schwerstbehinderten britischen Physikers Stephen Hawking, dem die Menschheit bahnbrechende Erkenntnisse über Schwarze Löcher und die Geschichte des Universums verdankt. Ganz nebenbei gelingt Regisseur Errol Morris ein beeindruckendes Zeugnis für die Möglichkeiten des menschlichen Geistes. HFJ 1994

Das eigentlich Provozierende an diesem Film, der über die Ermordung eines Taxichauffeurs und die Hinrichtung des Täters berichtet, ist, daß er die gesetzlich geförderte und staatlich vollzogene Hinrichtung in punkto Brutalität und entsetzlicher Endgültigkeit dem Mord gleichsetzt. Dieses Werk ist auch einer der konsequentesten und härtesten Filme gegen die Todesstrafe. HFJ 1990

Ein kurzer Film über die Liebe K354
****
KROTKI FILM O MILOSCI
Polen 1988, 84 Min., F
R: Krzysztof Kieslowski D: Grazyna Szapolowska, Olaf Lubaszenko, Stefania Iwinska, Piotr Machalica
Ein scheuer junger Mann in einem Wohnsilo beobachtet mit seinem Fernrohr eine schöne Frau. Als er sich ihr anvertraut und sie ihn zurückweist, unternimmt er einen Selbstmordversuch.

Ein kurzer Urlaub K355
UNA BREVA VACANZA ****
Italien/Spanien 1973, 101 Min., F

Kurzschluß K356
****
BRD 1971, 20 Min., s/w
R: Lothar Lambert, Wolfram Zobus
Das Porträt zweier Menschen in Berlin-Wedding. Durch Zwischentitel unterteilt erzählt Heidegunde von ihren Alkoholproblemen, ihrer Wohnungssuche und ihrer Beziehung zu Karl, der sie stumm begleitet. Formal streng strukturiertes, beeindruckendes Debüt Lamberts, der in seinem rauen Sozial-Melodram Stilelemente des Stummfilms aufgreift.

Der Kuß K357
THE KISS ***
USA 1929, 90 Min., s/w
R: Jacques Feyder D: Greta Garbo, Conrad Nagel, Anders Randolf
Eine Frau tötet, um ihren (platonischen) jungen Liebhaber zu schützen, ihren Mann. Feyders Melodram zeigt zu einer Zeit, als der Ton sich schon durchgesetzt hatte, noch einmal die Qualitäten des Stummfilms.

Der Kuß der Bestie K358
MERIDIAN – KISS OF THE BEAST *
USA 1990, 85 Min., F
R: Charles Band D: Sherilyn Fenn, Malcolm Jamieson, Hilary Mason
Schöne Künstlerin verknallt sich im Schloß ihrer Ahnen in einen Untoten, widersetzt sich jedoch seinem Wunsch, ihn »endgültig« zu töten. Der übliche Horrorschund vom Fließband, der nicht in der Lage ist, Neues zu bieten.

Kuß der Spinnenfrau K359
KISS OF THE SPIDER WOMAN ****
Brasilien/USA 1985, 116 Min., F
R: Hector Babenco D: William Hurt, Raul Julia, Sonia Braga
Ein Revolutionär und ein Homosexueller, der sich in phantastische Traumwelten flüchtet, sind in einer Zelle eingesperrt und lernen einander trotz aller Differenzen und trotz einer Intrige der Polizei akzeptieren.

Der Kuß des Tigers K360
***
BRD 1988, 104 Min., F
R: Petra Haffter D: Stéphane Ferrara, Beate Jensen, Kristina van Eyck
Mißlungene Mischung aus Liebesfilm und Psycho-Thriller um ein deutsches Au-Pair-Mädchen in Paris, das sich auf eine zärtlich-gewalttätige Beziehung mit einem Frauenmörder einläßt. Voller ästhetizierter Pseudo-Psychologie.
HFJ 1989

Der Kuß des Vampir K361
KISS OF THE VAMPIRE ***
GB 1963, 88 Min., F
R: Don Sharp D: Clifford Evans, Noel Willman, Edward de Souza
Schloßbewohnende Vampire rauben einem Ehemann die Gattin und werden von diesem und einem Blutsauger-Experten kaltgestellt. Unterhaltsamer, mit pointiertem Schlußgag versehener Lutscherfilm britischer Machart aus den berühmten Hammer-Studios.

Küß mich, Dummkopf! K362
KISS ME, STUPID ***
USA 1964, 124 Min., F
R: Billy Wilder D: Kim Novak, Dean Martin, Ray Walston
Ein Pop-Star und Frauenheld landet auf der Durchreise in einer Kleinstadt und heuchelt Interesse an einem erfolglosen Songschreiber, um an dessen Frau heranzukommen. 1964 ein »Skandalfilm«, aus heutiger Sicht ein Nebenwerk Wilders.

Küß mich, Kätchen K363
KISS ME KATE ****
USA 1953, 110 Min., F
R: George Sidney D: Kathryn Grayson, Howard Keel, Ann Miller
Ein zerstrittenes Schauspielerehepaar setzt seinen Beziehungskampf in den Hauptrollen von Shakespeares *Der Widerspenstigen Zähmung* auf der Theaterbühne fort. Schwungvolle Verfilmung des Broadway-Musicals von Cole Porter mit hervorragender choreographischer Gestaltung, in der Ann Miller mit beeindruckenden Tanzeinlagen glänzt.

Der Kuß und das Schwert K364
THE IRON GLOVE **
USA 1954, 77 Min., F
R: William Castle D: Robert Stack, Ursula Thiess, Richard Stapley
Machtkämpfe und Intrigen zwischen dem schottischen Prätendenten James, dem englischen König George und ihren internationalen Vasallen. Seichter Kostümschinken.

Der Kuß vor dem Tode K365
A KISS BEFORE DYING ***
USA 1990, 95 Min., F
R: James Dearden D: Matt Dillon, Sean Young, James Bonfanti
Eine Frau erkennt, daß sie den Mörder ihrer Schwester geheiratet hat. Bunte und gut gespielte, aber nicht allzu bewegende Neuverfilmung des Romans von Ira Levin. HFJ 1992

Küßchen von Mama K366
CSÓK, ANYU ***
Ungarn 1986, 101 Min., F
R: János Rozsa D: Dorottya Udvaros, Robert Koltai, Kati Lajtai
Familie Kalmar scheint ihr Leben voll im Griff zu haben; jeder erledigt seine Aufgaben, die nach einem strengen Terminplan verteilt sind. Aber dahinter verbirgt sich ein furchtbares Gefühlschaos. Es lebe die Leichtigkeit der ungarischen Alltags-Komödie.
HFJ 1989

Küsse, Kugeln und Kanaillen K367
***
JE SUIS UN SENTIMENTALE
Frankreich/Italien 1955, 90 Min., s/w
R: Lucien Viard D: Eddie Constantine, Bella Darvi, Paul Frankeur
Journalist bewahrt einen des Mordes bezichtigten Freund vor der Justiz und entlarvt als wahren Täter einen Bengel aus der High Society. Kompetent gemachter Krimi von beachtlicher Spannung.

Küste der Piraten K368
I PIRATI DELLA COSTA ***
Italien/Frankreich 1960, 100 Min., F
R: Domenico Paolella D: Lex Barker, Livio Lorenzon, Estella Blain
Von Intriganten ins gesellschaftliche Abseits manövrierter Schiffskapitän stellt seine Ehre wieder her, indem er sich Freibeutern anschließt und einen verräterischen Gouverneur entlarvt. Piratenfilm, der die Jugend von 1960 noch unterhalten konnte.

L

L.A. Confidential L1
L.A. CONFIDENTIAL ****
USA 1997, 138 Min., F
R: Curtis Hanson D: Kevin Spacey, Russell Crowe, Guy Pearce
Moderner Film noir über drei unterschiedliche Cops, die im Los Angeles der 50er Jahre anläßlich eines Mordes an fünf Schwarzen in ein Netz aus Verschwörung und Korruption verwickelt werden. Handwerklich faszinierende Komposition, die die Stilelemente der Schwarzen Serie gekonnt auf das heutige Niveau transportiert. HFJ 1998

La Balance – Der Verrat L2
LA BALANCE ***
Frankreich 1982, 102 Min., F
R: Bob Swaim D: Richard Berry, Nathalie Baye, Philippe Leotard
Kampf einer Pariser Spezialeinheit gegen das organisierte Verbrechen. Perfekt stilisiertes Actionkino.

La Bete L3
LA BETE ***
Frankreich 1975, 94 Min., F
R: Walerian Borowczyk D: Sirpa Lane, Lisbeth Hummel, Elizabeth Kaza
Englische Erbin, die den Sohn eines verarmten Fürsten ehelichen soll, hat in wüsten Träumen Begegnungen mit einem haarigen Ungeheuer, das riesige Spermamengen absondert. Sex-Horrorfilm nach Motiven von Jean Cocteau.

La Bohème L4
LA BOHEME **
Liechtenstein 1967, 108 Min., F
R: Franco Zeffirelli D: Gianni Raimondi, Mirella Freni
Film-Dokumentation einer Inszenierung der Oper von Puccini an der Mailänder Scala.

tatsächlich werden sie dort sexuell verdorben, was ihnen aber großartig gefällt. Eindeutiges aus Frankreich.

La Califfa L6
LA CALIFFA ***
Italien/Frankreich 1970, 98 Min., F
R: Alberto Bevilacqua D: Romy Schneider, Ugo Tognazzi, Marina Berti
Ein Unternehmer läßt sich durch eine Liebesgeschichte mit einer jungen Arbeiterin dazu bekehren, sein Eigentum mit den Arbeitern zu teilen, und muß das mit dem Leben bezahlen. Bizarre Mischung aus Kolportage und Politik, wie es sie nur in den 70ern gab.

La Cenerentola L7
LA CENERENTOLA ***
Italien 1955, 95 Min., s/w
R: Fernando Cecchinino D: Gino del Signore, Afro Poli, Enrico Formichi
Film-Fassung der Oper von Gioacchino Rossini; es musizieren Chor und Orchester der römischen Oper unter der Leitung von Oliviero de Fabritiis.

La Cenerentola L8
****
BRD 1981, 134 Min., F
R: Jean-Pierre Ponnelle D: Francisco Araiza, Paolo Montarsolo
Phantasievolle und hervorragend besetzte Film-Dokumentation von Gioacchino Rossinis Oper.

La Chamade – Herzklopfen L9
LA CHAMADE ***
Frankreich 1968, 102 Min., F
R: Alain Cavalier D: Cathérine Deneuve, Michel Piccoli, Roger van Hool
Die Geliebte eines reichen Mannes brennt mit einem Jüngeren durch, kehrt aber reumütig zurück, als sie bemerkt, daß ihr der Reichtum mehr be-

Die 20jährige Eva jobbt als Stripperin in Barcelona. Als man dort versucht, sie übers Ohr zu hauen, klaut Eva die Kasse und macht sich aus dem Staub. In ihre Heimat Frankreich zurückgekehrt, will sie ein normales Leben führen. Allerdings hat sie einige Probleme, sich von heute auf morgen vom Paradiesvogel in einen Spatzen zu verwandeln. HFJ 1994

La Luna L11
LA LUNA ****
Italien/USA 1979, 145 Min., F
R: Bernardo Bertolucci D: Jill Clayburgh, Matthew Barry, Veronica Lazar, Renato Salvatori, Tomas Milian
In der Beziehung zwischen einer Opernsängerin, ihrem Sohn und ihrem Liebhaber spiegelt sich eine neue Version des Ödipus-Dramas. »*La Luna* ist ein Melodram, gedreht im Land des Melodrams über eine melodramatische Figur von jemand, der das Melodram liebt« (Bernardo Bertolucci).

La Orca – Gefangen, geschändet, erniedrigt L12
***
LA ORCA
Italien 1978, 80 Min., F
R: Eriprando Visconti D: Rena Niehaus, Michele Placido, Flavio Bucci
Die Beziehung zwischen einer Tochter aus reicher Industriellenfamilie und ihrem Entführer als Metapher auf die Situation des Landes. Nicht ganz gelungen, aber besser als sein Titel.

La Passion Béatrice L13
LA PASSION BEATRICE ****
Frankreich/Italien 1988, 131 Min., F
R: Bertrand Tavernier D: Julie Delpy, Bernard Pierre Donnadieu, Nils Tavernier, Monique Chaumette

La Stazione – Der Bahnhof L14
LA STAZIONE ****
Italien 1990, 86 Min., F
R: Sergio Rubini D: Sergio Rubini, Margherita Buy, Ennio Fantastichini
Ein gehemmter Bahnhofsvorsteher in einer kleinen Station erlebt in einer Regennacht ein großes Abenteuer: auf der Flucht vor den öden und korrupten Gästen einer Party kommt eine Frau herein und wird von ihrem gewalttätigen Mann verfolgt. HFJ 1993

La Strada L15
LA STRADA ****
Italien 1954, 102 Min., s/w
R: Federico Fellini D: Giulietta Masina, Anthony Quinn, Richard Basehart
Ein proletenhaft-brutaler Jahrmarktsartist, dem scheinbar jede gefühlsmäßige menschliche Bindung fremd ist, nimmt ein naives Dorfmädchen als billige und willfährige Assistentin mit auf Reisen. Erst nachdem er sie verlassen hat, offenbart sich seine tiefe Zuneigung für sie auf drastische Weise. Zeitloses, melodramatisches Meisterwerk Fellinis.

La Traviata L16
LA TRAVIATA **
Italien 1966, 112 Min., F
R: Mario Lanfranchi D: Anna Moffo, Gino Bechi, Franco Bonisoli
Eher konventionell geratene Studio-Produktion von Giuseppe Verdis Oper im Playback-Verfahren und ohne Regieeinfälle.

La Traviata L17
LA TRAVIATA ***
Italien 1982, 105 Min., F
R: Franco Zeffirelli D: Teresa Stratas, Placido Domingo, Cornell MacNeil, Allan Monk, Axel Gall
Gepflegte Opernverfilmung mit grandiosen Sängern nach Giuseppe Verdi, die durch miserable Playback-Vertonung erheblich leidet.

L. A. 2088 – Die Zukunft ist jetzt L18 **
OUT OF TIME
USA 1988, 97 Min., F
R: Robert Butler D: Bruce Abbott, Bill Maher, Adam Ant, Kristian Alfonso
Mörder des Erfinders der Zeitmaschine tötet in der Vergangenheit den Opa des ihn verfolgenden Cops, so daß der noch weiter in der Zeit zurückreisen muß, um die Tat ungeschehen zu machen. Harmloser Pilotfilm für eine geplante TV-Serie. LSFF

Labyrinth – Liebe ohne Ausweg L19 ***
ENTANGLED
USA/Kanada 1993, 94 Min., F
R: Max Fischer D: Judd Nelson, Pierce Brosnan, Laurence Treil
Erfolgloser Autor begegnet einem begehrenswerten Model, verfällt ihr und will in rasender Eifersucht ihr Geheimnis lüften. Hübsch konstruierter, zuweilen schwerfälliger und dialoglastiger Krimi mit überraschender Schlußpointe. HFJ 1995

Pierre Blaise (links) in Louis Malles ›Lacombe Lucien‹.

Labyrinth der Angst L20
PHOBIA ***
Kanada 1980, 86 Min., F
R: John Huston D: Paul Michael Glaser, Susan Hogan, John Colicos
Ein junger Arzt unternimmt eine Schockbehandlung an fünf unter psychotischen Angstzuständen leidenden Mördern. Nach und nach kommen alle in den für sie typischen Angstzuständen ums Leben. Nicht unspannender Psychothriller vom Altmeister, der freilich in anderen Genres Besseres geboten hat.

Labyrinth der Leidenschaften L21
LABERINTO DE PASIONES ****
Spanien 1982, 97 Min., F
R: Pedro Almodovar D: Cecilia Rot, Imanoel Arias, Helga Liné
Schrille, perfekt inszenierte und ausgestattete Komödie um eine Tochter aus gutem spanischen Hause, die sich in den homosexuellen Sohn eines arabischen Herrschers verliebt. Befreiungsschlag vom Konservatismus.

Das Lächeln einer Sommernacht L22 ****
SOMMARNATTENS LEENDE
Schweden 1955, 99 Min., s/w
R: Ingmar Bergman D: Ulla Jacobsson, Gunnar Björnstrand, Eva Dahlbeck, Harriet Andersson
Eine böse Komödie um die Liebe in der Familie und um die bürgerliche Gesellschaft der Jahrhundertwende und darüber hinaus.

Der lachende Stern L23
**
BRD 1983, 110 Min., F
R: Werner Schroeter
Film-Collage von Aufnahmen des Filmfestes in Manila, Ausschnitten aus amerikanischen und philippinischen Filmen und Darstellungen der von der Marcos-Diktatur beherrschten Gegenwart.

Lacombe Lucien L24
LACOMBE LUCIEN ****
Fr/It/BRD 1973, 137 Min., F
R: Louis Malle D: Pierre Blaise, Aurore Clément, Therese Giehse
Ein tumber Bauernsohn wird 1944 Spitzel der Gestapo. Als er die Tragwei-

te seines Tuns erkennt und mit einem jüdischen Mädchen nach Spanien fliehen will, wird er Opfer eines Racheaktes der Résistance. Meisterhaft.

Der Ladenhüter L25
WHO'S MINDING THE STORE? ***
USA 1963, 90 Min., F
R: Frank Tashlin D: Jerry Lewis, Jill St. John, Agnes Moorehead
Ein Tolpatsch richtet Verwüstungen in einem Kaufhaus an. Jerry-Lewis-Routine knapp über dem Durchschnitt.

Lady Chatterley L26
LADY CHATTERLEY ***
GB 1992, 110 Min., F
R: Ken Russell D: Joely Richardson, Sean Bean, James Wilby
Opulente Inszenierung des D.-H.-Lawrence-Romans um die Titelheldin, die sich aufgrund der Impotenz ihres Mannes einen Lover nimmt und damit einen Skandal in der feinen Gesellschaft auslöst. HFJ 1998

Lady Chatterleys Liebhaber L27
LADY CHATTERLEY'S LOVER ***
GB/Frankreich 1981, 104 Min., F
R: Just Jaeckin D: Sylvia Kristel, Shane Bryant, Nicholas Clay
Auf Anraten ihres kriegsversehrten Mannes, eines britischen Adligen, nimmt Lady Connie eine Beziehung zu einem Wildhüter auf, aus der sich echte Liebe entwickelt. Ansehbare Verfilmung des Romans von D. H. Lawrence.

Lady Dracula L28
**
BRD 1975, 75 Min., F
R: Franz Josef Gottlieb D: Evelyne Kraft, Stephen Boyd, Brad Harris
Eine Blondine, die 1876 vom Vampir gebissen wurde, wird 1975 aus ihrem Sarg geholt und saugt in einem Hospital Menschen aus. Mal wieder ein verlustreicher Abschreibungsfilm.

›Die Lady von Shanghai‹: Orson Welles und Rita Hayworth im Spiegelkabinett

Tochter das Hirn seines Assistenten in den Körper eines tumben Schlägers, um das Monster zu bekämpfen. Ein Horrorfilm, der gewaltige Einfalt ausstrahlt. LSFF

Lady Hamilton – zwischen Schmach und Liebe L30
***
BRD/It/Fr 1968, 97 Min., F
R: Christian-Jacque D: Michèle Mercier, Richard Johnson, John Mills
Die abenteuerliche Lebensgeschichte der Bauernmagd Emily, die zur Lady aufsteigt und schließlich Geliebte des Admirals Nelson wird. Pralles Kolportagekino.

Die Lady in Zement L31
LADY IN CEMENT ***
USA 1968, 93 Min., F
R: Gordon Douglas D: Frank Sinatra, Raquel Welch, Dan Blocker
Auf der Spur eines Mafioso gerät Frankieboy als Privatschnüffler in die Fänge der üppigen Raquel Welch. Angestrengt schnoddriger, zweiter Auftritt von Tony Rome, nach *Der Schnüffler.*

Lady L. L32
LADY L. ***

Anarchisten und gelangte schließlich durch die Ehe mit einem britischen Aristokraten zu Reichtum und Ansehen.

Lady L. und ihre lüsternen Mädchen L33
**
THIS LADY IS A TRAMP
USA 1980, 75 Min., F
R: Chuck Vincent D: Samantha Fox, Gloria Leonard, Molly Malone
Eine Fremdgängerin erzählt einem Anwalt ihre Lebensgeschichte, aus der man ersieht, daß sie nie etwas hat anbrennen lassen. Softporno.

Lady of the Orient Express L34
THE LADY OF THE ORIENT EXPRESS **
Italien 1989, 85 Min., F
R: Frank C. Lucas D: Melissa Lang, Pico Herreno Tómas, Carol Blake
Um seine Gattin zu »schärfen«, bucht ein Mann eine Reise im Orient-Express, in dessen Abteilen sich zügellose Abenteurer beiderlei Geschlechts tummeln. Softporno.

Die Lady ohne Erinnerung L35
THE LADY FORGETS **
USA 1989, 94 Min., F
R: Bradford May D: Donna Mills,

›Ladykillers‹ – Wer muß die alte Lady beiseite schaffen?

Lady Rotkopf L36
THE GOLDEN HAWK ***
USA 1952, 81 Min., F
R: Sidney Salkow D: Rhonda Fleming, Sterling Hayden, Helena Carter
Seeräuber rächt den Tod seiner Mutter und entthront den Gouverneur der karibischen Insel Cartagena. Flotter Piratenfilm für Jugendliche jedweden Alters.

Die Lady von Shanghai L37
THE LADY FROM SHANGHAI ****
USA 1946, 86 Min., s/w
R: Orson Welles D: Orson Welles, Rita Hayworth, Everett Sloane
Ein irischer Seemann wird von skrupellosen Geschäftsleuten angeheuert und gerät in ein finsteres Mordkomplott, in dessen Zentrum eine verführerische Frau steht. Ein sehr schönes und sehr schwarzes Melodrama.

Lady Windermeres Fächer L38
LADY WINDERMERE'S FAN ****
USA 1925, 87 Min., s/w
R: Ernst Lubitsch D: Ronald Colman, Irene Rich, May McAvoy
Ein an einem verdächtigen Platz auftauchender Fächer wirft ein zweifelhaftes Licht auf eine Dame der besten englischen Gesellschaft. Es kommt zu turbulenten Verwicklungen. Eine frivol-unterhaltsame Komödie, in der Lubitschs hintergründiger Witz in den für ihn typischen, elliptisch verkürzten Einstellungen aufblitzt.

Ladybird, Ladybird L39
LADYBIRD, LADYBIRD ****
GB 1993, 102 Min., F
R: Ken Loach D: Crissy Rock, Vladimir Vega, Sandie Lavelle
Maggie Conlan gerät in die Fänge der britischen Fürsorge, die ihr nach und nach die Kinder wegnimmt. Mal nüchtern, mal satirisch schildert der Film die Eigendynamik von Behörden und Maggies Kampf um die Kinder. Ein berührendes Sozialdrama mit einer fulminanten Crissy Rock. HFJ 1995

Ladykillers L40
THE LADYKILLERS ****
GB 1955, 94 Min., F
R: Alexander Mackendrick D: Alec Guinness, Cecil Parker, Herbert Lom, Peter Sellers, Danny Green
Unter dem Vorwand, als Streichquintett üben zu müssen, quartieren sich fünf Ganoven bei einer alten Dame ein, um von dort aus einen Überfall durchzuführen. Durch einen Zufall wird die Lady Zeugin und soll daher gekillt werden. Berühmte Krimikomödie mit typisch britischem, schwarzem Humor. Etwas antiquiert in der Regie, aber mit glänzenden Darstellern.

Lagune der Lust L41
ARCHIPEL: LES FRUITS DE LA PASSION *
Frankreich 1981, 77 Min., F
R: Alain Nauroy D: Verena Lessing, Dominique Bonval, Gregor Salvartin
Unschuld vom Lande fällt auf einer griechischen Insel einem geilen Paar in die Hände, wird jedoch von einem wackeren Einheimischen gerettet. Ein Sexfilm; wie alle Filme von Nauroy todlangweilig.

Lampenfieber L42
**
BRD 1959, 95 Min., s/w
R: Kurt Hoffmann D: Dunja Movar, Bernhard Wicki, Gustav Knuth
Der langsame und dornenreiche Aufstieg einer jungen Schauspielschülerin, wie ihn sich früher »Lieschen Müller« vorstellte. Auch Könnern geht mal was daneben.

Lana, Königin der Amazonen L43
**
BRD 1964, 79 Min., F
R: Geza von Cziffra D: Catherine von Schell, Michael Hinz, Dieter Eppler
Archäologen stoßen am Amazonas auf einen von einer weißen Frau geführten Indianerstamm. Abenteuerfilmchen, dem man parodistische Absichten nicht ganz absprechen kann.

Lancelot, der verwegene Ritter L44
***
LANCELOT AND GUINEVERE
GB 1962, 127 Min., F
R: Cornel Wilde D: Cornel Wilde, Jean Wallace, Brian Aherne
Der König Arthur ergebene Lancelot verzichtet auf Guinevere, die er liebt. Nach der Eheschließung finden sie trotzdem zueinander. Skandal und Mordkomplott sind die Folgen. Bunter Ritterfilm mit ansehnlicher Ausstattung. LFF

Lancelot, Ritter der Königin L45
LANCELOT DU LAC ****
Frankreich/Italien 1974, 85 Min., F
R: Robert Bresson D: Luc Simon, Vladimir Antolek-Orsesek, Laura Duke Condominas, Humbert Balsan
Der Film behandelt die alles verzehrende Liebe des Ritters Lancelot zu Lady Guinevere, der Gattin des Königs Arthur, und seinen aus der unglücklichen Liebe erwachsenen Hader mit der Welt. Wuchtiger Problemfilm mit zeitloser Gültigkeit. LFF

Land and Freedom L46
LAND AND FREEDOM ****
GB/Spanien/BRD 1995, 106 Min., F
R: Ken Loach D: Ian Hart, Rosana Pastor, Iciar Bollain
Ein junger englischer Kommunist kämpft im spanischen Bürgerkrieg gegen die Faschisten. Als Mitglied der revolutionären Miliz erlebt er, wie die strammen Stalinisten gemeinsam mit dem Westen diese anarchische Bewegung zerschlagen und verliert seinen Idealismus. Ein emotional packendes Historienepos, ein außergewöhnliches Meisterwerk, das auch heute nichts von seiner Brisanz verloren hat, obwohl es stellenweise etwas gelackt wirkt. Ein kraftvolles Plädoyer für Solidarität, Freiheit und Demokratie. HFJ 1996

Land der Banditen L47
BAD MAN'S TERRITORY **
USA 1953, 85 Min., s/w
R: Tim Whelan D: Randolph Scott, Ann Richards, Gabby Hayes
Ein Sheriff verfolgt eine räuberische Bande auch dann noch, als sie sich in ein Gebiet absetzt, das nicht den US-Gesetzen unterliegt. B-Western.

Land der Gottlosen L48
SANTA FE TRAIL ***
USA 1940, 93 Min., s/w
R: Michael Curtiz D: Errol Flynn, Olivia de Havilland, Ronald Reagan
Westpoint-Kadett lernt George A. Custer kennen, schaltet bösen Intriganten aus und wird mit der Kavallerie nach Kansas geschickt, wo er Waffenhändlern an den Kragen geht. Aktionsreicher Western aus dem militärischen Milieu.

Land der Liebe L49
***
Deutschland 1937, 91 Min., s/w
R: Reinhold Schünzel D: Albert Matterstock, Gusti Huber, Oskar Sima
Ein König gibt die Verlobung mit einer

Das Land der Pharaonen L50
LAND OF THE PHARAOHS ***
USA 1955, 105 Min., F
R: Howard Hawks D: Jack Hawkins, Joan Collins, Alexis Minotis
Ein Pharao, von der Vorstellung besessen, nach dem Tod weiterzuleben, läßt für sich und seine Schätze eine gewaltige Pyramide bauen. Nur hat er nicht mit dem Ehrgeiz seiner Gattin Nellifer gerechnet.

Land der schwarzen Sonne L51
MOUNTAINS OF THE MOON **
USA 1989, 135 Min., F
R: Bob Rafelson D: Patrick Bergin, Iain Glen, Fiona Shaw, Peter Vaughan
Die Geschichte der Erforschung der Quellen des Nil durch Burton und Speke, die von Freunden zu Feinden wurden. Umständlich erzählter Abenteuerfilm. HFJ 1991

Land der tausend Abenteuer L52
NORTH TO ALASKA ***
USA 1960, 114 Min., F
R: Henry Hathaway D: John Wayne, Stewart Granger, Ernie Kovacs
Abenteuer in der Stadt Nome in Alaska um das Jahr 1900. Goldgräber und Schurken versuchen sich nach allen Regeln der Kunst auszutricksen, und Liebe ist auch mit im Spiel. Ein »Northern«, der vor Kraft aus den Nähten platzt.

Land der Väter, Land der Söhne L53
****
BRD 1988, 100 Min., F
R: Nico Hofmann D: Karl-Heinz von Liebezeit, Wolfgang Preiss
Ein junger Journalist recherchiert das Leben seines Vaters und stößt auf Widersprüche, bis er schließlich die Wahrheit entdeckt. Sein Vater betrieb während des Zweiten Weltkriegs eine Fabrik im besetzten Polen und ließ KZ-Häftlinge für sich arbeiten; eine Schuld, an der er Jahre später zer- ... Film gegen das Vergessen.

... des Grauens L54
***
... 95 Min., s/w
...ichel D: Helen Gahagan, ... Scott, Nigel Bruce

Uralte Aufzeichnungen führen einen britischen Wissenschaftler und seine Begleiter in ein arktisches Reich, dessen Herrscherin unsterblich ist. Phantastischer Film nach dem Roman von H. Rider Haggard. Ansehbar! LSFF

Das Land des Regenbaumes L55
RAINTREE COUNTRY **
USA 1957, 160 Min., F
R: Edward Dmytryk D: Montgomery Clift, Elizabeth Taylor, Eva Marie Saint
Eine Ehe zerbricht in den Wirren des amerikanischen Bürgerkrieges. Sehr langes, etwas schwülstiges Melodram.

Land meines Herzens L56
HEARTLAND ***
USA 1979, 95 Min., F
R: Richard Pearce D: Rip Torn, Conchata Ferrell, Barry Primus
Eine Witwe kämpft unter den harten Lebensbedingungen des amerikanischen Westens um eine menschenwürdige Existenz. Authentischer »Heimatfilm« nach den Erinnerungen von Pionieren aus dem Wyoming.

Landfahrer L57
TRAVELLER ****
GB/Irland 1981, 78 Min., F
R: Joe Comerford D: Judy Donovan, Davy Spilane, Alan Devlin
Der siebzehnjährige Sohn eines irischen Kesselflickers und eine Sechzehnjährige, von ihren Eltern miteinander zwangsverheiratet, sollen aus Nordirland billige Konsumgüter einschmuggeln. Ihre Reise, auf der sich beide näherkommen, endet mit brutalen Gewalttaten. Beachtlicher Debütfilm nach einem Drehbuch von Neil Jordan, der die Situation des geteilten Irland thematisiert.

Landhaus der toten Seelen L58
BURNT OFFERINGS **
USA 1976, 116 Min., F
R: Dan Curtis D: Oliver Reed, Karen Black, Burgess Meredith
Von mysteriösen Kräften besessenes Haus regeneriert sich auf Kosten der Lebenskraft seiner Bewohner. Eine Familie, die es als Feriendomizil mietet, erlebt grausige Dinge. Die Idee hätte für ein 30-Minuten-TV-Spiel gereicht.

Eine Landpartie L59
UNE PARTIE DE CAMPAGNE *****
Frankreich 1936, 44 Min., s/w
R: Jean Renoir D: Sylvia Bataille, Georges Darnoux, Jeanne Marken
Der Landausflug einer gutbürgerlichen Familie führt zu Liebesabenteuern von Mutter und Tochter. Verfilmung einer Novelle von Guy de Maupassant im Geist der Impressionisten. Gut 20 Jahre später drehte Renoir eine opulent-sinnliche Fortsetzung mit *Das Frühstück im Grünen.*

Landschaft im Nebel L60
TOPIO STIN OMICHLI ****
Griechenland/Fr/It 1988, 126 Min., F
R: Theo Angelopoulos D: Tamia Poleologou, Michales Zeke
Zwei Kinder machen sich auf die Reise, um in das gelobte Land Deutschland zu gelangen, wo sie ihren Vater vermuten; sie kommen durch ein kaltes und grausames Griechenland, das nur ganz selten kleine Zeichen der Hoffnung zuläßt.

Landschaft nach der Schlacht L61
KRAJOBRAZ PO BITWIE ****
Polen 1970, 105 Min., F
R: Andrzej Wajda D: Daniel Olbrychski, Stanislawa Celinska, Tadeusz Janczar, Zygmunt Malunowicz
Geschildert wird die Tragik polnischer KZ-Häftlinge, die nach ihrer »Befreiung« im Jahre 1945 erneut in ein Lager interniert werden, exemplarisch dargestellt am Schicksal eines Literaten. Intensive Beschreibung der zerstörerischen Wirkung von Konzentrationslagern auf die menschliche Psyche, der eine überzeugende und selbstkritische Vergangenheitsbewältigung gelingt.

Die Landvermesser L62
LES ARPENTEURS ****
Schweiz 1972, 80 Min., s/w
R: Michel Soutter D: Marie Dubois, Jean-Luc Bideau, Jacques Denis
Die Landvermesser kommen und bringen die Beziehungen der Menschen in einem schweizerischen Dorf durcheinander. Sanft ironische Komödie voller Humor und sanfter Ironie.

Lang lebe die gnädige Frau L63
LUNGA VITA DELLA SIGNORA! ****
Italien 1987, 115 Min., F
R: Ermanno Olmi D: Marco Esposito, Simona Brandalise, Simone Dalla Rosa, Stefania Busarello
Eine alte Frau feiert in einem Schloßhotel ein Gala-Diner, dabei stellen sich die Macht- und Beziehungsrituale der Oberklasse ebenso bloß wie die unsolidarischen Hackordnungen der Dienerschaft. Meisterliche Parabel über die Klassengesellschaft. HFJ 1989

Lang lebe Ned Devine L64
WAKING NED DEVINE ****
GB 1998, 91 Min., F
R: Kirk Jones D: Ian Bannen, David Kelly, Fionnula Flanagan
Schlitzohrige irische Komödie um die Tricks von zwei alten Männern, die den Lottogewinn des aus purer Freude darüber hingeschiedenen Ned Devine zum Wohl ihres Dorfes auf keinen Fall verlorengehen lassen wollen. Ironisch und mit Herzenswärme. HFJ 2000

Der lange heiße Sommer L65
THE LONG HOT SUMMER ****
USA 1958, 115 Min., F
R: Martin Ritt D: Paul Newman, Joanne Woodward, Anthony Franciosa
US-Südstaatendrama nach Motiven von William Faulkner: Junger Tramp, von einer neurotischen Südstaatler-Sippe aufgenommen, nimmt Einfluß auf das Leben seiner Gönner. Dialoglastiger, Nachdenklichkeit erzeugender Film, bombig besetzt, gut gespielt.

Der lange Tag der Rache L66
I LUNGHI GIORNI DELLA VENDETTA ***
Italien/Spanien 1966, 105 Min., F
R: Stan Vance D: Giuliano Gemma, Francisco Rabal, Gabriella Giorgelli
Ein Mann, der unschuldig im Gefängnis sitzt, bricht aus und erledigt alle, die an seiner Verurteilung beteiligt waren. Actionreicher Italowestern.

Der lange Tod des Stuntman Cameron L67 ***
THE STUNT MAN
USA 1979, 131 Min., F
R: Richard Rush D: Peter O'Toole, Barbara Hershey, Steve Railsback
Ein junger Mann verschuldet den tödlichen Unfall eines Stuntmans und übernimmt auf der Flucht vor der Polizei dessen Identität. Nach anfänglicher Begeisterung für die Stunts und die gute Bezahlung verschwimmen für ihn jedoch mehr und mehr Realität und Fiktion. Unterhaltsamer Film mit hervorragenden Stunt-Szenen, der gleichzeitig das Medium Film reflektiert.

Die langen Ferien von 1936 L68
LAS LARGAS VACACIONES DEL 36 ****
Spanien 1976, 101 Min., F
R: Jaime Camino D: Analia Gade, Francisco Rabal, Concha Valesco
Am Beispiel einiger Familien, die in ihren Ferien vom Putsch der Franco-Faschisten gegen die spanische Republik überrascht werden, zeigt Camino, daß auch die vermeintlich unpolitischen Menschen von den Ereignissen betroffen und zu Entscheidungen gezwungen werden.

Langer Samstag L69
***
BRD 1992, 98 Min., F
R: Hanns Christian Müller D: Gisela Schneeberger, Campino, Dieter Pfaff
Satirische Momentaufnahmen der deutschen Konsumgesellschaft mit einer unnachahmlichen Gisela Schneeberger und einem zappelnden heimischen Popstar. HFJ 1993

Laputa L70
***
BRD 1986, 92 Min., F
R: Helma Sanders-Brahms D: Sami Frey, Krystyna Janda
Die Liebesgeschichte zwischen einem französischen Architekten und einer polnischen Fotografin als Modell von Beziehungen und ihrem Verlust in einem intensiven Schauspielerfilm.

Lara – Meine Jahre mit Boris Pasternak L71 ***
BRD 1994, 86 Min., F
R: Juraj Herz
Rückblick auf das Leben von Boris Pasternak und seiner großen Liebe Olga Iwinskaja. Um den Dichter der Staatsmacht gefügig zu machen, wurde seine Geliebte in Gefängnissen und

Arbeitslagern festgehalten. In einer Mischung aus Interviews mit Olga Iwinskaja, Spiel- und Dokumentarszenen wird das Schicksal des Paares, und einer Epoche der Repression lebendig erzählt. HFJ 1995

Lärm und Wut L72
DE BRUIT ET DE FUREUR ***
Frankreich 1988, 95 Min., F
R: Jean-Claude Brisseau D: Vincent Gasperitsch, François Negret, Bruno Cremer, Fabienne Babe
In der trostlosen Welt der Pariser Vorstädte wird ein auf sich allein gestellter Junge Täter und Opfer in einer sinnlosen Gewaltspirale. HFJ 1990

Larry Flynt – Die nackte Wahrheit L73
THE PEOPLE VS. LARRY FLYNT ****
USA 1996, 130 Min., F
R: Milos Forman D: Woody Harrelson, Courtney Love, Edward Norton
Die ungewöhnliche Biographie des provokativen Porno-Verlegers Larry Flynt, dessen unbeirrter Glaube an den obersten Grundsatz der amerikanischen Verfassung für Aufsehen sorgte. Kluges Plädoyer für freie Meinungsäußerung, brillante Satire über Scheinmoral, zudem die Geschichte einer tragischen Liebe. HFJ 1997

Laß jucken, Kumpel L74
**
BRD 1972, 95 Min., F
R: Franz Marischka D: Michel Jacot, Anne Graf, Walter Kraus, Birgit Bergen
Potente Ruhrpott-Stenze und ständig erhitzte Weiber spielen brünstig in diesem Bergbau-Drama nach einem Roman von Hans Henning Claer.

Laß jucken, Kumpel: Das Bullenkloster L75
**
BRD 1973, 92 Min., F
R: Franz Marischka D: Michel Jacot, Rinaldo Talamonti, Claudia Fielers

Laß jucken, Kumpel: Maloche, Bier und Bett L76
*
BRD 1974, 95 Min., F
R: Franz Marischka D: Johannes Buzalski, Helga König, Ulrike Butz
Suff- und Pimperfilm nach dem Gesetz der Serie: Was schon zweimal gut angekommen ist, kann nicht schlecht sein! Der Titel sagt alles. Die Serie ging bis Teil 6, die wir Ihnen aber ersparen.

Laß mich küssen deinen Schmetterling L77
***
I LOVE YOU, ALICE B. TOKLAS
USA 1968, 88 Min., F
R: Hy Averback D: Peter Sellers, Jo Van Fleet, Joyce Van Pattem
Harold lebt recht bürgerlich und glücklich, bis sein Hippie-Bruder und dessen Freundin erscheinen und sein Leben gründlich auf den Kopf stellen. Originelle Filmsatire aus der Flower-Power-Zeit.

Lasse Brauns geheime Träume L78
**
AMERICAN DESIRE
Schweiz 1981, 78 Min., F
R: Lasse Braun D: Veronica Hart, Richard Bolla, Lisa Adams, Mai Lin
Ein Paar, dessen Sexualität zur Routine geworden ist, beschließt eines Tages, seine Phantasien mit fremden Partnern neu aufzufrischen. Mit kleinem Budget gedrehter Sexer, der ohne viel Getue zur Sache kommt, ohne langweilig zu werden.

Laßt mich leben L79
I WANT TO LIVE ****
USA 1958, 121 Min., s/w
R: Robert Wise D: Susan Hayward, Simon Oakland, Virginia Vincent
Der Film gegen die Todesstrafe schildert einen amerikanischen Mordprozeß im Jahre 1953: Eine vorbestrafte Frau aus dem Rotlicht-Milieu wird angeklagt, eine reiche Witwe ermordet zu haben. Sie wird aus Voreingenommenheit des Gerichts zum Tode verurteilt. Mutig und engagiert.

Laßt uns töten, Companeros L80
VAMOS A MATAR, COMPANEROS! ***
Sp/It/BRD 1970, 118 Min., F
R: Sergio Corbucci D: Franco Nero, Tomas Milian, Jack Palance
Abenteuer eines Schweden während der mexikanischen Revolution. Stark episodischer Italowestern, den die »witzige« Synchronisation in ein Zotenarsenal verwandelt hat. Gerade noch ansehbar.

Last Boy Scout L81
THE LAST BOY SCOUT ***
USA 1991, 105 Min., F
R: Tony Scott D: Bruce Willis, Damon Wayans, Chelsea Field
Mord, Korruption, Erpressung – und der Krieg im Stadion. Ein ehemaliger Top-CIA-Agent und ein Ex-Footballstar werden zu einem Team, das L. A. und dem Zuschauer das Fürchten lehrt. HFJ 1993

›Laß jucken Kumpel‹ – Supererotische Erlebnisse im Revier

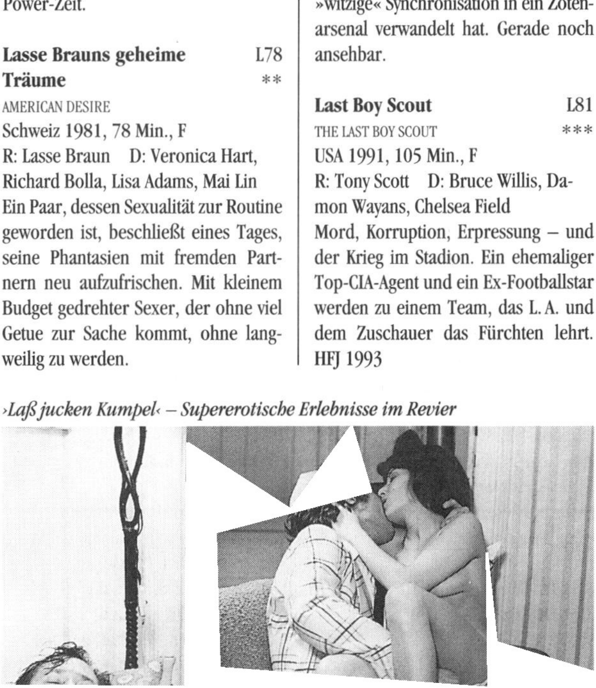

The Last Empress L82
THE LAST EMPRESS ***
VR China 1986, 91 Min., F
R: Chen Jialin, Sun Quingguo
D: Pan Hong, Jian Wen, Fu Yiwei
1922 wird Wang Rong zur letzten Kaiserin der chinesischen Monarchie gekrönt und muß ein Leben lang unter dem opportunistischen Despoten Pu Yi leiden. Die chinesische Antwort auf Bertoluccis internationalen Welterfolg *Der letzte Kaiser*.
HFJ 1989

Last Light L83
LAST LIGHT ***
USA 1993, 101 Min., F
R: Kiefer Sutherland D: Forest Whitaker, Kiefer Sutherland, Clarence Brown, Amanda Plummer
Die Geschichte eines warmherzigen Gefängniswärters, der Freundschaft mit einem Delinquenten, einem zum Tode verurteilten, mehrfachen jugendlichen Mörder, schließt. Vielversprechendes, sensibles und psychologisch stimmiges Regiedebüt des Schauspielers Kiefer Sutherland.
HFJ 1995

Last Man Standing L84
LAST MAN STANDING ***
USA 1996, 103 Min., F
R: Walter Hill D: Bruce Willis, Bruce Dern, Christopher Walken
An Kurosawas »Yojimbo« angelegte und mit Peckinpahschen Gewaltszenen ausgestattete Hommage an den »Lonesome-Rider«-Mythos: Während der Prohibition spielt der Held (im Auto statt auf einem Pferd) in einem staubigen Nest zwei Gangsterbanden gegeneinander aus.
HFJ 1997

The Last of England L85
THE LAST OF ENGLAND ****
GB/BRD 1987, 87 Min., F und s/w
R: Derek Jarman D: Tilda Swinton, Spencer Leigh, Gay Gaynor
Jarman entfaltet in einer explosiven Montage unterschiedlichster Bilder und Szenen eine apokalyptische Vision als bösen und verzweifelten Kommentar zum Thatcherismus und dem Falkland-Krieg. HFJ 1989

The Last Outlaw L86
THE LAST OUTLAW **
USA 1993, 89 Min., F
R: Geoff Murphy D: Mickey Rourke, Dermont Mulroney, Ted Levine
Der immer despotischer agierende Bandenführer Graff gerät zwischen die Fronten seiner eigenen Leute und eines Suchtrupps, der ihn zur Strecke bringen soll. Fürs amerikanische Kabelfernsehen produzierter handfester Action-Western. HFJ 1995

The Last Supper – Die Henkersmahlzeit L87
****
THE LAST SUPPER
USA 1995, 92 Min., F
R: Stacy Title D: Cameron Diaz, Annabeth Gish, Ron Eldard, Mark Harmon
Liberale Studenten-WG kommt aufgrund einer bösen Kettenreaktion auf die Idee, reaktionäre Menschen gezielt ins Jenseits zu befördern. Unentschiedene Mischung aus schwarzer Komödie und Thriller, bei der die gute Grundidee wegen politisch korrekter Moraleinflüsse schließlich selber absäuft. HFJ 1998

Lastenträger L88
BAARA ***
Mali 1978, 90 Min., F
R: Souleymane Cissé D: Baba Niare, Boubacar Keita, Balla Moussa Keita
Ein Arbeitskonflikt in einer kleinen Textilfabrik und die Familienkonflikte des Leiters der Firma ergeben ein nüchternes Bild einer gesellschaftlichen Situation, wie sie nicht nur in Afrika vorkommt.

Der Lastwagen L89
LE CAMION ***
Frankreich 1977, 80 Min., F
R: Marguerite Duras D: Marguerite Duras, Gérard Depardieu
Beschrieben wird eine Frau, die in einem Lastwagen mitfährt. Sie wird alleine durch ihre im Off zu hörenden Gedanken und Ansichten charakterisiert, ohne daß sie oder der Fahrer jemals ins Bild kommen. Kompromißloser Gegenentwurf zum konventionellen Kino, der den Zuschauer zwingt, seine Phantasien in seine eigenen Bilder umzusetzen.

Latcho Drom L90
LATCHO DROM ****
Frankreich 1993, 103 Min., F
R: Tony Gatlif
Stimmungsvoller Dokumentarfilm über Geschichte und Kultur der Roma. Durch die gelungene Komposition von Bild und Musik werden sie zu einem Symbol des Überlebens. Auch in seinen Spielfilmen thematisiert der Regisseur Tony Gatlif das Leben der Zigeuner.
Gadjo Dilo

Late for Dinner L91
LATE FOR DINNER **
USA 1991, 93 Min., F
R: W. D. Richter D: Brian Wimmer, Peter Berg, Peter Callagher
Zwei Männer werden von einem verrückten Wissenschaftler eingefroren. Als die beiden nach knapp dreißig Jahren auftauen, schreibt man das Jahr 1991. Alles ist anders. Und die alte Liebe? Kaum aufgetaut, bekommt die Komödie einen Kälteschock.
HFJ 1993

Late Show L92
***
BRD 1998, 111 Min., F
R: Helmut Dietl D: Harald Schmidt, Thomas Gottschalk, Veronica Ferres, Jasmin Tabatabai, Otto Schenk
Zynischer TV-Programmchef puscht zwecks Quotentiefs talentierten kleinen Radiomoderator zum Fernsehunterhaltungsstar. Was vielleicht als beißende Satire gedacht war, verkommt zur deutschen Komödie, aber fürs Fernsehen reicht's.
HFJ 2000

Latigo L93
SUPPORT YOUR LOCAL GUNFIGHTER ***
USA 1971, 92 Min., F
R: Burt Kennedy D: James Garner, Suzanne Pleshette, Jack Elam
Ein schräger Vogel, der sich auf der Flucht vor einer heiratswütigen Dame befindet, wird mit einem gefährlichen Revolvermann verwechselt und soll ein Westernkaff von Ungeziefer befreien. Ulkiger Western, in dem James Garner feine Sprüche machen darf.

Latino L94
LATINO ***
USA/Nicaragua 1985, 104 Min., F
R: Haskell Wexler D: Robert Beltran, Annette Cardon, Tony Plana
Die Geschichte eines amerikanischen Soldaten mexikanischer Abstammung, der bei seinem Einsatz in Nicaragua erkennt, welches schmutzige Spiel die eigene Regierung spielt. Die kleine Solidaritätsadresse des Kameramannes und gelegentlichen Regisseurs an die Sandinista driftet in oberflächliches Agit-Prop ab.

Latino Bar L95
LATINO BAR ****
Sp/Kuba/Venezuela 1991, 80 Min., F
R: Paul Leduc D: Dolores Pedro, Roberto Sosa, Antonieta Colon
Eine Bar in einem lateinamerikanischen Niemandsland zwischen Barakken und Bohrtürmen als Mittelpunkt von Liebe, Haß und Tod.

Lauf mir nach, daß ich dich fange L96 **
COURS APRES MOI QUE JE T'ATTRAPE
Frankreich 1976, 91 Min., F
R: Robert Pouret D: Annie Girardot, Jean-Pierre Marielle, Marilù Tolo
Besitzerin eines Hundesalons lernt über Heiratsinserat Steuerunternehmer kennen und, nachdem einige Lebenslügen beiseitegelegt sind, auch lieben. Sanfte, gegen Ende etwas zähe Komödie.

Der Läufer L97
DAWANDEH ****
Iran 1984, 94 Min., F
R: Amir Naderi D: Maiid Nirumand, Mussa Torkizadeh
Der 13jährige Waise Amiro lebt in einem gestrandeten Schiff am Persischen Golf. Er kann weder lesen noch schreiben und erkennt, daß er sich bilden und anstrengen muß, wenn er sein Leben selbst bestimmen will. Moderner Neorealismus mit auf-

Mit einer ambivalenten Mischung aus Poesie und Groteske erzählt der Film von drei älteren Freunden, in deren abgeschiedener Sommerfrische ein Zirkusgaukler auftaucht.

Laura L99
LAURA ****
USA 1944, 88 Min., s/w
R: Otto Preminger D: Gene Tierney, Dana Andrews, Clifton Webb
Klassischer Film noir, der das düstere Bild der Femme fatale in Frage stellt und sich weniger um seine Mordgeschichte kümmert, als sich mittels einer verwickelten Erzählstruktur zu einer faszinierenden Darstellung erotischer Obsessionen zu entwickeln.

Laura L100
LAURE **
Frankreich/Italien 1975, 93 Min., F
R: Emmanuelle Arsan D: Annie Belle, Emmanuelle Arsan, Al Cliver
Ein gemischter Trupp von Lustmolchen, der auf den Philippinen filmen will, vertreibt sich die Regenzeit mit Stellungsspielen. Softporno der Autorin des Romans »Emanuela«, in dem sie auch eine Rolle spielt.

Laura – Eine Frau geht durch die Hölle L101 **
EMMANUELLE: REPORTAGE D'UN CARCERE FEMININE
Frankreich/Italien 1982, 99 Min., F
R: Vincent Dawn D: Laura Gemser, Gabriele Tinti, Maria Romano
Eine Journalistin schleicht sich als Prostituierte in einen Frauenknast ein, um Material über Korruption und Gewalt hinter Gittern zu sammeln. Langweiliger Schundfilm voller Sadismus und lesbischem Sex.

Laura II – Revolte im Frauenzuchthaus L102 **
LAURA II
Italien 1983, 89 Min., F

Lauras Gelüste L103
***
BRD 1979, 90 Min., F
R: Heiko Hagemann D: Sigrun Theil, Iris Stern, Stephanie Ross
Laura erinnert sich an ihre letzten LiebhaberInnen und fragt sich, wer der/die Beste war. Flott gefilmte Story über eine Frau, die ihre Phantasien auslebt. Die Teilnahme des TV-Moderators Peter Bond hat aus dem Streifen einen Kultfilm gemacht, der auch in den USA sehr beliebt ist.

Lausbubengeschichten L104
**
BRD 1964, 96 Min., F
R: Helmut Käutner D: Hansi Kraus, Käthe Braun, Elisabeth Flickenschildt
Frei nach Ludwig Thoma werden Episoden aus dem Leben eines bayerischen Jungen erzählt, dessen Attacken gegen die Umwelt eine mehr oder weniger gesunde Mischung aus Gerechtigkeitssinn und Bosheit verraten. Leider zu bieder.

Lautlos im Weltraum L105
SILENT RUNNING ****
USA 1972, 89 Min., F
R: Douglas Trumbull D: Bruce Dern, Jesse Vint, Cliff Potts
Astronaut im mit den letzten Pflanzen der Erde bestückten Raumschiff weigert sich, seine Ladung zu vernichten und tötet seine interesselosen Kollegen. Vorbildlich inszenierter Ausblick in eine finstere Zukunft. LSFF

Lawman L106
LAWMAN ***
GB 1970, 99 Min., F
R: Michael Winner D: Burt Lancaster, Robert Ryan, Lee J. Cobb
Ein Marshal, der sieben Cowboys verfolgt, trifft in einer Stadt ein, in der sie von einem mächtigen Mann beschützt werden – und der Sheriff denkt nicht daran, ihm zu helfen.

Lawrence, unter dessen Kommando im Ersten Weltkrieg die Araber gegen die Türken kämpften. Die perfekte Inszenierung besticht vor allem durch die hervorragend photographierte Wüstenlandschaft. Großes Kino, das durch die Glorifizierung des Kriegshelden leider abgewertet wird.

Le Bal – Der Tanzpalast L108
LE BAL ****
Fr/It/Algerien 1983, 112 Min., F
R: Ettore Scola D: Christophe Allwright, Aziz Arbia, Marc Berman
Nach einem Theaterstück ohne Dialog erzählt der Film die Geschichte eines Ballsaals über 40 Jahre hinweg. Stilisierter Versuch über Gefühle und Rituale.

Le Chene – Baum der Hoffnung L109 ****
LE CHENE
Fr/Rumänien 1991, 105 Min., F
R: Lucian Pintilie D: Maia Morgenstern, Razvan Vasilescu
Die Odyssee einer jungen Frau durch das Rumänien des untergehenden Securitate-Regimes.

Le grand amour L110
LE GRAND AMOUR ****
Frankreich 1968, 85 Min., F
R: Pierre Etaix D: Pierre Etaix, Annie Fratellini, Nicole Calfan
Szenen einer jungen Ehe im bürgerlichen Alltag. Skurrile Satire von sanfter Subversion und Menschlichkeit.

Lebe lieber ungewöhnlich L111
A LIFE LESS ORDINARY ***
GB 1997, 103 Min., F
R: Danny Boyle D: Ewan McGregor, Cameron Diaz, Holly Hunter
Charmant-naiver Putzmann entführt die Tochter seines kaltherzigen Chefs, die sich als romantisches Tough Girl entpuppt. Aus diesem Plot macht die »Trainspotting«-Crew einen knallbunt überdrehten Genremix voller Ecken und Kanten; originell, aber zwiespältig. HFJ 1999

Leben! L112
HUOZE ****
Hongkong/China 1994, 132 Min., F

Der heutige Maßstab aller Kino-Epen. Peter O'Toole (links) und Anthony Quinn (rechts) in David Leans Wüstendrama ›Lawrence von Arabien‹.

R: Zhang Yimon D: Ge You, Gong Li, Niu Ben
Am Beispiel einer einfachen Familie erzählt der Film den politischen und gesellschaftlichen Wandel in China – von der kommunistischen Machtergreifung in den 40er bis zum Ende der Kulturrevolution in den 70er Jahren.

Das Leben der Bohème L113
LA VIE DE BOHEME ***
Finnland/Fr 1992, 103 Min., F und s/w
R: Aki Kaurismäki D: Matti Pellonpää, Evelyne Didi, Jean-Pierre Léaud
Verfilmung von Henri Murgers gleichnamigem Roman aus dem Jahre 1849. Großartiges Melodram mit dem typischen trocken-sentimentalen Kaurismäki-Touch. HFJ 1993

Das Leben des Brian L114
MONTY PYTHON'S – LIFE OF BRIAN ****
GB 1979, 94 Min., F
R: Terry Jones D: John Cleese, Eric Idle, Graham Chapman, Terry Gilliam
Blasphemische Schwarzer-Humor-Orgie der englischen Gelächtertruppe Monty Python: witzige Parodie auf alle Bibel-Mammut-Schinken.

Das Leben des Emile Zola L115
THE LIFE OF EMILE ZOLA ***
USA 1937, 111 Min., s/w
R: William Dieterle D: Paul Muni, Gloria Holden, Donald Crisp
Der Film konzentriert sein Augenmerk auf Zolas Eingreifen in der Dreyfus-Affäre. Engagiertes Plädoyer für Zivilcourage und zugleich sensitives Künstlerporträt.

Das Leben, die Liebe, der Tod L116 **
LA VIE, L'AMOUR, LA MORT
Frankreich 1969, 111 Min., F
R: Claude Lelouch D: Amidou, Caroline Cellier, Janine Magnan
So isses, das Leben. Kleinbürger verkraftet Impotenz nicht und wird zum Prostituiertenmörder. Kaum könnte er durch die wahre Liebe geheilt werden, wird er schon verhaftet und zum Tode verurteilt.

Leben für Leben L117 ***
Österreich/Fr/It 1990, 90 Min., F
R: Krysztof Zanussi D: Edward Zentara, Christoph Waltz, Joachim Król
Die Passion des Franziskaner-Paters Maximilian Kolbe, der 1941 im KZ Auschwitz neun Mithäftlinge auf dem Weg in den Tod begleitete.

Das Leben gehört uns L118
LA VIE EST A NOUS ***
Frankreich 1936, 62 Min., s/w
R: Kollektiv, Leitung Jean Renoir
D: Julien Bertheau, Madeleine Sologne, Marcel Duhamel, Jean Dasté

Anti-faschistischer Propagandafilm der Kommunistischen Partei für die Wahlen zur französischen Nationalversammlung. Obwohl geprägt durch die nationalsozialistische Bedrohung in den 30er Jahren, wird hier neben dem damaligen kommunistischen Optimismus und der scharfen Kritik an der Bourgeoisie ein klassenübergreifendes Gemeinschaftsideal transportiert.

Leben hinter Masken L119
QI XIAO FU ***
Hongkong 1988, 107 Min., F
R: Alex Law D: Sammo Hung, Siu Ming Fui
In den sechziger Jahren wird ein junger Mann zur Ausbildung an die Peking Oper geschickt. Danach bleibt ihm nichts anderes übrig, als sich seinen Lebensunterhalt in Kung-Fu-Filmen zu verdienen.

Ein Leben in Furcht L120
IKIMONO NO KIROKU ****
Japan 1955, 100 Min., s/w
R: Akira Kurosawa D: Toshiro Mifune, Eiko Miyoshi, Minoru Chiaki
Ein Industrieller, der unter panischer Angst vor der Atombombe leidet und von seiner Familie entmündigt ist, zerstört seine Fabrik und wird in eine Heilanstalt eingeliefert.

Das Leben ist ein langer ruhiger Fluß L121 ****
LA VIE EST UN LONG FLEUVE TRANQUILLE
Frankreich 1987, 85 Min., F
R: Etienne Chatiliez D: Benoit Magimel, Valérie Lalande, Daniel Gélin
Eine rachsüchtige Krankenschwester enthüllt ein furchtbares Geheimnis: Zwei Babies sind im Krankenhaus vertauscht worden. Nun muß das Großbürgerkind Bernadette in die proletarische Familie und der Prolo in die feine Familienbande. Wundervolle Satire um das, was man so Klassenbewußtsein nennt. HFJ 1989

Drei ineinander verschachtelte Handlungsstränge behandeln das Streben der Menschen nach Liebe, Glück und Fortschritt in Form einer Komödie. Resnais bedient sich dabei auf intelligente Art verschiedener Erzählformen und bringt eine unterhaltsame Note in die ernste Thematik, ohne sie ins Lächerliche zu ziehen.

Das Leben ist eine Baustelle L123 ***
BRD 1996, 118 Min., F
R: Wolfgang Becker D: Jürgen Vogel, Christiane Paul, Ricky Tomlinson
Eine fragile Liebesgeschichte im Berlin der »Kohl-Ära«: lebensnahes Befindlichkeitsdrama mit stimmig ausdifferenzierten Charakteren, das jedoch bisweilen sanft ins »Heile-Welt«-Klischee abflacht. HFJ 1998

Das Leben noch einmal L124
ZYCIE RAZ JEZSCZE ****
Polen 1964, 90 Min., s/w
R: Janusz Morgenstern D: Tadeusz Lomnicki, Ewa Wisniewska
Intensive Studie von Menschen, die sich unter dem Druck des stalinistischen Terrors verändern.

Ein Leben ohne Freiheit L125
SANSHO DAYU ****
Japan 1954, 124 Min., s/w
R: Kenji Mizoguchi D: Yoshiaka Hanayagi, Kyoko Kagawa, Kinuyo Tanaka
Nach einer Erzählung aus dem 11. Jh. wird die Geschichte von zwei 17jährigen Geschwistern geschildert, die als Kinder an einen Gutsherrn verkauft werden. Es gelingt ihnen zu fliehen. Während das Mädchen ihr Leben opfert, um dem Bruder die Flucht zu ermöglichen, kann dieser sich rächen.

Leben ohne Gnade L126
LA GRANDE STRADA AZZURRA ***
It/Fr/BRD 1957, 94 Min., F
R: Gillo Pontevorco D: Yves Mon-

Leben und leben lassen L127
POLIZISCHT WÄCKERLI **
Schweiz 1955, 105 Min., s/w
R: Kurt Früh D: Schaggi Streuli, Blanche Aubry, Emil Hegetschweiler
Porträt eines ebenso tüchtigen wie gütigen Polizisten, der nur in seiner Familie Probleme hat. Kleinstadtmilieu, mit sanfter Ironie gezeichnet.

Das Leben und nichts anderes L128 ****
LA VIE ET RIEN D'AUTRE
Frankreich 1989, 138 Min., F
R: Bertrand Tavernier D: Philippe Noiret, Sabine Azéma, Pascale Vignal
Frankreich nach dem Ersten Weltkrieg. Ein Offizier sucht den Leichnam für das Begräbnis des »unbekannten Soldaten« und findet eine zaghafte Beziehung zu einer Frau, die ihren Mann sucht. Eine wunderbar gestaltete filmische Untersuchung über die Auswirkungen des Krieges auf den Menschen. HFJ 1991

Ein Leben voller Leidenschaft L129 **
EVERYBODY'S ALL-AMERICAN/ WHEN I FALL IN LOVE
USA 1988, 127 Min., F
R: Taylor Hackford D: Jessica Lange, Dennis Quaid, Timothy Hutton
Melodramatische Geschichte um Liebe und Ehe zwischen einem Footballspieler und seiner College-Freundin mit zeitkritischen Seitenblicken.

Die lebenden Leichen des Dr. Mabuse L130 **
SCREAM AND SCREAM AGAIN
USA/GB 1969, 93 Min., F
R: Gordon Hessler D: Vincent Price, Christopher Lee, Peter Cushing
Britische Cops entlarven einen in den Diensten fremder Mächte stehenden Chirurgen, der Übermenschen züchtet; ein deutscher Verleih nennt ihn, der besseren Einnahmen wegen, Dr.

Verlieh den Helden von E. A. Poe für immer sein Gesicht: Vincent Price in ›Lebendig begraben‹.

Horror! Kataleptischer Mediziner wird lebendig begraben, doch dank zuvor getroffener Sicherheitsvorkehrungen kann er sich befreien. Sein Zorn auf die, die seinen Tod festgestellt haben, ist grenzenlos. Nach Edgar Allan Poe.

Lebenswut L132
DESORDRE ****
Frankreich 1986, 87 Min., F
R: Olivier Assayas D: Wladeck Slanczak, Ann-Gisel Glass
Drei Jugendliche, Mitglieder einer Band, wollen sich die dringend benötigten Verstärker durch einen Einbruch besorgen. Als der Ladenbesitzer plötzlich auftaucht, kommt es zu einer verhängnisvollen Tat.

Lebewohl, Fremde L133
***
BRD 1991, 95 Min., F
R: Tevfik Baser D: Grazyna Szapolowska, Müsfik Kenter, Buddy Uzzaman
Schwierige Liebesgeschichte zwischen einer Fotografin, die auf einer einsamen Hallig wohnt, und einem türkischen Dissidenten, der schließlich denunziert und abgeschoben wird.

Lederjacken – Sie kennen kein Gesetz L134
**
LEATHER JACKETS
USA 1992, 88 Min., F
R: Lee Drysdale D: Cary Elwes, Bridget Fonda, D. B. Sweeney
Zwei jugendliche Draufgänger geraten bei einem mißlungenen Drogen-Deal in die Mühlen zwischen Justiz und Verbrecher-Organisation. Mit Action-Sequenzen durchsetztes Gang-Movie, in dem Idealismus und Illusion keine Chance haben. HFJ 1993

Lederstrumpf L135
THE DEERSLAYER **
USA 1957, 77 Min., F
R: Kurt Neumann D: Lex Barker, Carlos Rivas, Forrest Tucker
Lederstrumpf und sein indianischer Freund Chingachgook beschützen einen zwielichtigen Trapper und dessen Töchter vor einem Indianerstamm. Nach dem berühmten Romanklassiker von J. F. Cooper. Bescheiden, aber ansehbar.

Legacy – Das Vermächtnis L136
LEGACY ****
USA 1975, 90 Min., F
R: Karen Arthur D: Joan Hotchkiss, George McDaniel, Sean Allen
Eine Frau aus dem Mittelstand wird während der Abwesenheit von Mann und Kindern von der Leere ihres Daseins erfaßt und zur Verzweiflung getrieben. Zu dieser Zeit war Karen Arthur noch eine der interessantesten unabhängigen Regisseurinnen.

Legende L137
LEGEND **
GB 1985, 94 Min., F
R: Ridley Scott D: Tom Cruise, Mia Sarah, Tim Curry, David Bennent
Bauernbürschl und Prinzeß, die sich an den letzten Einhörnern erfreuen, werden vom Teufel verarscht. Kitsch, wie ihn manche mögen.

Legende der Festung Suram L138
AMBAVI SURAMIS TZIKHISA / LEGENDA O SURAMSKI KREPOSTI ***
UdSSR/Georgien 1985, 87 Min., F
R: Sergej Paradschanow, David Abaschidse D: W. Andschaparidse, D. Abaschidse, Sofiko Tschiaureli
Zum Schutz vor fremden Eroberern soll eine Festung gebaut werden, doch die Mauern stürzen immer wieder ein. Erst als ein schöner junger Mann bereit ist, sich lebendig einmauern zu lassen, hält das Bauwerk. Aus dem Stoff einer alten georgischen Legende ein stark assoziativ geknüpfter Bildteppich, der verwirrt oder fasziniert.

Die Legende des Werwolfs L139
THE LEGEND OF THE WEREWOLF ***
GB 1974, 90 Min., F
R: Freddie Francis D: Peter Cushing, Ron Moody, Hugh Griffith, Lynn Dalby
Ein Werwolf, der als Tierpfleger im Zoo von Paris arbeitet, entdeckt, daß seine Angebetete eine Hure ist, und tötet deren Freier, bis ein Pathologe ihn in den Abwasserkanälen der Stadt stilgerecht mit Silberkugeln erledigt.

Die Legende vom Heiligen Trinker L140
****
LA LEGGENDA DEL SANTO BEVITORE
Italien 1988, 125 Min., F
R: Ermanno Olmi D: Rutger Hauer, Anthony Quayle, Sandrine Dumas
Nach dem Roman von Joseph Roth entwickelt der Regisseur die Parabel vom Clochard, der eine ihm übergebene Summe Geldes der Heiligen Therese überbringen will.

Die Legende von Killer Tom L141
WHEN THE LEGENDS DIE ****
USA 1972, 94 Min., F
R: Stuart Millar D: Richard Widmark, Frederic Forrest, Luana Anders

Jungindianer unter Vormundschaft eines versoffenen Managers wird zum Rodeoreiter ausgebildet, empört sich nach und nach gegen die Methoden der Weißen und kehrt ins Reservat zurück. Tragischer und rührender Film, in dem Widmark eine Glanzleistung liefert.

Die Legende von Paul und Paula L142 ***
DDR 1973, 105 Min., F
R: Heiner Carow D: Angelica Domröse, Winfried Glatzeder, Heidemarie Wenzel, Fred Delmare
Ein junges Paar kämpft um sein Glück gegen die Widrigkeiten des realsozialistischen DDR-Alltags.

Die Legion der Verdammten L143
LES MISERABLES ***
Frankreich 1982, 179 Min., F
R: Robert Hossein D: Lino Ventura, Michel Bouquet, Jean Carmet
Aufwendige, aber etwas hölzerne Neuverfilmung von Victor Hugos Roman um die Rückkehr des Galeerensträflings Jean Valjean. Für Freunde Lino Venturas dennoch ein Genuß.

Der Legionär der Sahara L144
DESERT LEGION ***
USA 1952, 85 Min., F
R: Joseph Pevney D: Alan Ladd, Richard Conte, Arlene Dahl
Ex-Legionär hat in einem Saharatal eine Stadt gegründet, die von Banditen bedroht wird. Einfache Unterhaltung für Freunde wilder Kampfszenen.

Die Legionen des Cäsaren L145
LE LEGIONI DI CLEOPATRA ***
Italien 1959, 100 Min., F
R: Vittorio Cottafavi D: Ettore Manni, Linda Cristal, Georges Marchal
Altrömische Truppen erobern Ägypten. Monumentalfilm vor historischem Hintergrund, buntes Kampfgetümmel, exotische Kulisse.

Jahres 1961 zogen auch Schüler auf die Dörfer, um den Bauern Lesen und Schreiben beizubringen. Von einem 14jährigen Schüler-Lehrer und seinen Problemen, von den Menschen akzeptiert zu werden, handelt der Film.

Eine Leiche zum Dessert L147
MURDER BY DEATH ***
USA 1975, 95 Min., F
R: Robert Moore D: Eileen Brennan, Truman Capote, Peter Falk
Die berühmtesten Detektive der Kriminalliteratur werden von Truman Capote versammelt, um einen angeblichen Mord aufzuklären. Parodistisches Chaos mit vielen Anspielungen, doch ohne Stringenz.

Leichen pflastern seinen Weg L148 ****
IL GRANDE SILENZIO
Italien/Frankreich 1968, 105 Min., F
R: Sergio Curbucci D: Jean Louis Trintignant, Frank Wolff, Klaus Kinski
Ein stummer Rächer jagt Schufte, die seine Eltern ermordet und ihm die Stimmbänder durchtrennt haben. Ein Klassiker des Italowestern, in dem Klaus Kinski als »liebenswürdiger« Kopfgeldjäger brilliert.

Klaus Kinski

Der Leichendieb L149
THE BODY SNATCHER ****
USA 1945, 75 Min., s/w
R: Robert Wise D: Boris Karloff, Bela Lugosi, Henry Daniell

Die Leichenfabrik des Dr. Frankenstein L150 *
IL CASTELLO DELLA PAURA
Italien 1973, 89 Min., F
R: Robert Oliver D: Christian Rücker, Rossano Brazzi, Michael Dunn
Dr. Frankensteins entlassener Gehilfe rächt sich, indem er die Kreation seines Herrn freiläßt – einen debilen Waldmenschen, der gleich murksen und meucheln geht. Ramschfilm.

Das Leichenhaus der lebenden Toten L151 **
NON SI DEVE PROFANARE IL SONNO DEI MORTI
Italien 1974, 92 Min., F
R: George Grau D: Raymond Lovelock, Arthur Kennedy, Christina Galbó
Insektenvernichtende Strahlen wecken Tote in einer Leichenhalle auf, die ausziehen, um ihren Hunger mit dem Fleisch von Menschen zu stillen. Ein ekelhafter Splatterfilm.

Die Leichenmühle L152
THE CORPSE GRINDERS *
USA 1971, 77 Min., F
R: Ted V. Mikels D: Sean Kenney, Monika Kelly, Sanford Mitchell
Katzenfutterfabrikanten werfen einen Gläubiger in den Fleischwolf, landen mit dem versetzten Fleisch einen Hit auf dem Markt und müssen erkennen, daß die derart versorgten Pussis sich zu freßlustigen Biestern entwickeln.

Der Leichenwagen L153
THE HEARSE **
USA 1980, 95 Min., F
R: George Bowers D: Trish Van Devere, Joseph Cotten, Meg Flory
Mann, der einen Pakt mit dem Teufel geschlossen hat, verfolgt junge Dame, deren Erbtante eine nicht ganz astreine Vergangenheit hat. Mit allen Klischees arbeitender Horrorfilm.

Leichte Kavallerie L154 ***

Leidenschaften L155
INTERNO BERLINESE ***
Italien/BRD 1985, 121 Min., F
R: Liliana Cavani D: Gudrun Landgrebe, Kevin McNally, Mio Takaki
Ein Melodrama aus der Nazizeit: die tödlich endende Dreiecksgeschichte zwischen einem Diplomaten, seiner Frau und der Tochter des japanischen Botschafters. Ein Film mit heißen Szenen inmitten gepflegter Langeweile und einem verschenkten Thema.

Die Leihmutter L156
SIBAJI ****
Korea 1987, 88 Min., F
R: Im Kwon-Teak D: Kang Su-Yeon, Li Gu-Sun, Nag Hi, Han Eun-Jin
Als eine adelige Ehe kinderlos bleibt, beschließt der Familienrat eine »Leihmutter« zu engagieren. Eher widerwillig erklärt sich der Mann bereit, mit einer jungen Frau zu schlafen, um ein Kind zu zeugen, das dann in der Familie aufgenommen werden soll. Aber schnell ist er in die Leihmutter verliebt, und jetzt ist in der Familie erst recht nichts mehr in Ordnung.

Leise flüstern die Pistolen L157
THE SILENCERS ***
USA 1965, 105 Min., F
R: Phil Karlson D: Dean Martin, Stella Stevens, Daliah Lavi, Cyd Charisse
Geheimagent, der sich mehr für Girls als Politik interessiert, soll einen feindlichen Spionagering ausheben. Ein flotter Ulk, Dean Martin auf den Leib geschrieben!

Leise Schatten L158
***
BRD 1991, 91 Min., F
R: Sherry Hormann D: Ann Gisel Glass, Stefano Dionisi, Thomas Heinze, Klaus Fischer
Zwölf Jahre aus dem Leben von Linda, die erfolglos versucht, dem tristen Milieu einer Trabantenstadt zu entfliehen. Das Regie-Debut von Drehbuch-Autorin Sherry Hormann *(Tiger, Löwe, Panther)* besticht durch die unkonventionelle Zeichnung der Charaktere und das sichere Spiel mit Farben und tableauartig entworfenen Bildern. HFJ 1993

Leise weht der Wind des Todes L159
***
THE HUNTING PARTY
GB 1971, 108 Min., F
R: Don Medford D: Oliver Reed, Candice Bergen, Gene Hackman
Gesetzloser entführt die Frau eines sadistischen Ranchers, die sich in ihn verliebt, und beide werden vom Gatten der Dame gejagt. Voll in die Hose gegangener britischer Pseudo-Western ohne Happy-End, dafür aber mit viel Gewalt.

Leitfaden für Seitensprünge L160
A GUIDE FOR THE MARRIED MAN ***
USA 1967, 91 Min., F
R: Gene Kelly D: Walter Matthau, Inger Stevens, Robert Morse
Playboy bemüht sich, verheiratetem Freund beizubringen, wie er seine Frau betrügen soll. Urkomische Komödie, in der alle diesbezüglichen Versuche in die Hose gehen.

Lemmy Caution gegen Alpha 60
siehe: Alphaville

Lemmy Caution schlägt zu
siehe: Wer zuerst schießt, hat mehr vom Leben

Lemon Sisters L161
LEMON SISTERS ***
USA 1989, 89 Min., F
R: Joyce Chopra D: Diane Keaton, Carol Kane, Elliott Gould, Aidan Quinn
Drei Freundinnen, die seit frühester Kindheit zusammen sind, wollen sich ihren Traum, einen Nachtclub zu eröffnen, durch Teilnahme an einem Fernsehquiz ermöglichen. Seifig und geschwätzig.

Lena Rais L162
***
BRD 1979, 116 Min., F
R: Christian Rischert D: Krista Stadler, Nikolaus Paryla, Tilo Prückner
Eine Frau befreit sich mühsam aus der Unterdrückung durch einen gewalttätigen Mann, findet Schritt für Schritt eine neue Identität und eine Freundschaft mit einem Mann, der als Alkoholiker selber zu den Opfern der Gesellschaft gehört.

Leni L163
****
BRD 1993, 83 Min., F
R: Leo Hiemer D: Hannes Thanheiser, Christa Berndl, Martin Abram
Der auf einer wahren Geschichte basierende Film erzählt vom Drama eines jüdischen Mädchens, das bei Pflegeeltern aufwuchs und gegen deren Willen aufgrund rassistischer Gesetze ins KZ deportiert wurde. Ein berührender Film über den Wahnsinn der Nazi-Zeit.

Lenin, der Herrgott und die Mutter L164
***
VRACENKY
CSFR 1990, 96 Min., F und s/w
R: Jan Schmidt D: Jan Moravek, Martin Moravek, Karolina Soukupova
Eine Kindheit im stalinistischen Prag. Die Mutter des zehnjährigen Helden verliert während der Schauprozesse ihre Parteigläubigkeit.

Leningrad Cowboys go America L165
****
LENINGRAD COWBOYS GO AMERICA
Finnland/Schweden 1989, 76 Min., F
R: Aki Kaurismäki D: Leningrad Cowboys, Matti Pellonpää, Kari Väänänen, Sakke Järvenpää
Die aberwitzigen Abenteuer einer schrägen und schlechten Rockband im Land der unbegrenzten Möglichkeiten brachten dem finnischen Regisseur den internationalen Durchbruch.

Leningrad Cowboys meet Moses L166
**
LENINGRAD COWBOYS MEET MOSES
Finnland/BRD/Fr 1994, 95 Min., F
R: Aki Kaurismäki D: Leningrad Cowboys, Matti Pellonpää, Kari Väänänen
Aki Kaurismäkis Leib- und Magenband ist mal wieder auf Reisen mit all den gewohnten Schwierigkeiten. Doch der Schwung ist hin, geblieben sind die Kostüme, spitzen Schuhe und akkurat stehenden Frisuren. HFJ 1995

Lenny L167
LENNY ****
USA 1974, 106 Min., F
R: Bob Fosse D: Dustin Hoffman, Valerie Perrine, Jan Miner

Eindringlich gespielte und hervorragend inszenierte Geschichte vom Aufstieg und Fall des Conferenciers und Alleinunterhalters Lenny Bruce, der sein Publikum mit scharfzüngigen Angriffen auf die Heuchelei malträtierte.

Lenz L168
***
BRD 1970, 130 Min., F
R: George Moorse D: Michael König, Louis Waldon, Sigurd Bischoff
Verfilmung der Novelle von Georg Büchner über den Aufenthalt des schizophrenen Dichters Lenz im Hause des Pfarrers Oberlin. Die stilistisch uneinheitliche Umsetzung überzeugt trotz bestechender Photographie und bewegender Höhepunkte nur teilweise.

Leo der Letzte L169
LEO THE LAST ****
GB 1969, 103 Min., F
R: John Boorman D: Marcello Mastroianni, Billie Whitelaw, Glenna Forster Jones, Vladek Sheybal
Der Nachfolger eines kontinentalen Königsgeschlechtes lebt in einem verfallenen Schloß mitten in den schwarzen Slums von London. Er beobachtet das Elend und versucht sich einzumischen. Hübsche absurde Fabel von der Barbarei und der Zivilisation, vom Sehen und Handeln.

Leolo L170
LEOLO ****
Kanada/Fr 1992, 107 Min., F
R: Jean-Claude Lauzon D: Maxime Collin, Ginette Reno, Julien Guiomar
Die in poetischen Bildern erzählte Traumbiographie eines Jungen in Montreal, der in einer eher skurrilen Familie aufwächst, sich als Sohn eines Italieners wähnt, den Großvater umzubringen versucht und einen ängstlichen Muskelprotz zum Bruder hat.

Léon – Der Profi L171

dessen Familie von korrupten Polizisten ausgerottet wurde. Harte, aber sehr sensible Ballade über die Seelenverwandtschaft zweier einsamer Seelen. Der um 25 Minuten längere Director's Cut intensiviert die Freundschaft der beiden Hauptfiguren noch stärker. HFJ 1996

Der Leopard L172
IL GATTOPARDO *****
Italien/Frankreich 1962, 180 Min., F
R: Luchino Visconti D: Burt Lancaster, Alain Delon, Claudia Cardinale
Italiens Kampf um die nationale Einheit um die Mitte des 19. Jahrhunderts. Nach Giuseppe Tomasi di Lampedusas Roman schuf Visconti ein cineastisches Meisterwerk, das, zunächst vom amerikanischen Koproduzenten verstümmelt, erst dreißig Jahre nach seiner Erstaufführung in einer vollständigen Fassung restauriert werden konnte.

Leoparden küßt man nicht L173
BRINGING UP BABY ****
USA 1938, 94 Min., F
R: Howard Hawks D: Cary Grant, Katharine Hepburn, Charles Ruggles
Zerstreuter Professor für Vorzeit-Forschung sucht abhandengekommenen Saurierknochen und findet Frau nebst Hund, die ihn gehörig auf Trab halten. Ideale Rollenbesetzung und ein Feuerwerk von intelligenten Witzen in perfektem Timing. Zu Recht ein Klassiker der Screwball-Comedy.

Les Baiseuses – Frühreife Verführerinnen L174 **
LES BAISEUSES
Belgien 1975, 85 Min., F
R: Jacques Guy D: Sam Marée, Beate Nielsen, Laura Fiala
Drei Mädchen fliehen mit Hilfe eines Jungkriminellen aus einem Heim, nisten sich in einer Villa ein und bestreiten ihren Lebensunterhalt mit Überfällen. Zwischendurch wird eifrig gemenschelt. Fader Sexfilm.

Les Patterson rettet die Welt L175
LES PATTERSON SAVES THE WORLD ***
GB 1988, 84 Min., F
R: George Miller D: Barry Humphries, Pamela Stevenson
Wenn jemand auf dieser Welt daneben ist, dann ist es der australische Diplomat Les Patterson. Und ausgerechnet der muß die Welt vor Killerviren retten, die arabische Terroristen in Klodeckeln in die USA bringen. Anarchische Komödien-Attacke gegen alle Reste von gutem Geschmack.

Leslie Abigail – Ich will immer L176 **
LESLIE ABIGAIL IS BACK IN TOWN
USA 1974, 83 Min., F
R: Joseph W. Sarno D: Sarah Nicholson, Jennifer Welles, Jamie Gillis
Die Heimkehr eines kessen Flittchens löst allerlei Aufregung aus, und ehe die braven Bürger »Godfrey Daniels« sagen können, hat sie alle Burschen

Louis Waldon, Anne Meier, Michael König und Elke Koska in ›Lenz‹.

umgarnt. Sexfilm; die Originalfassung (106 Min.) ist um einiges deutlicher.

Let's get Lost L177
LET'S GET LOST ***
USA 1988, 119 Min., s/w
R: Bruce Weber D: Chet Baker, Carroll Baker, Vera Baker, Paul Baker
In dem Porträt des Jazztrompeters Chet Baker ergibt sich in einer dramaturgisch geschickten und atmosphärisch sehr dichten Collage aus Musik und Gesprächen das Bild eines genialen Musikers und hochsensiblen Menschen. Auch Bakers Probleme werden mit großer Offenheit gezeigt. Einer der besten Dokumentarfilme über das Lebensgefühl von Künstlern, in hervorragend photographierten Schwarzweißbildern. HFJ 1990

Der letzte Action Held L178
LAST ACTION HERO ***
USA 1993, 130 Min., F
R: John McTiernan D: Arnold Schwarzenegger, F. Murray Abraham, Art Carney
Elfjähriger Kinogänger findet sich auf der anderen Seite der Leinwand wieder und wird zum Helferlein eines waffenstarrenden Superbullen, der jede haarige Situation nicht zuletzt auch durch das »Fachwissen« des Buben meistert. Action-Komödie mit parodistischen Zügen, die einige Illusionen zertöppert, die Elfjährige eventuell von Hollywood haben. HFJ 1994

Der letzte Akt L179
***
Österreich 1955, 112 Min., s/w
R: G.W. Pabst D: Albin Skoda, Oskar Werner, Erik Frey
Das letzte Kapitel in der Geschichte der Herrschaft Adolf Hitlers als Mischung aus Rekonstruktion und Dokumentation, nach einem Originalstoff von Erich Maria Remarque.

Der letzte Angriff L180
FIXED BAYONETS ***
USA 1951, 88 Min., s/w
R: Samuel Fuller D: Richard Basehart, Gene Evans, Michael O'Shea
Während des Koreakrieges muß eine kleine Truppe amerikanischer Infanteristen die Absetzbewegung ihres Regiments gegen den nachdrängenden Feind decken. Der junge Corporal Denno erlebt dabei seine dramatische Bewährungsprobe. Physisches, eindringliches Genrekino.

Der letzte Ausweg L181
NO PLACE TO HIDE **
USA 1970, 83 Min., F
R: Robert Allen Schnitzer D: Anthony Page, Sylvester Stallone, Vicky Lancaster, Barbara Lee Govan
Jugendliche wollen in New York das Bürogebäude einer Firma sprengen, die sich nach außen hin seriös gibt, tatsächlich jedoch Folterkäfige nach Lateinamerika liefert. Sie müssen jedoch scheitern – ebenso wie der Film, der verschiedene Genreelemente in einer Handlung zusammenwürfelt, und dessen undifferenzierte Gesellschaftskritik auch formal keineswegs überzeugt.

Der letzte Bandit L182
BILLY THE KID ***
USA 1941, 93 Min., F
R: David Miller D: Robert Taylor, Ian Hunter, Brian Donlevy
Der Heißsporn Billy wird von einem Rancher unter die Fittiche genommen, der ihn aber nicht hindern kann, das Recht in die eigenen Hände zu nehmen. Bald wird er als Mörder gejagt. Tolle Aufnahmen.

Der letzte Befehl L183
THE HORSE SOLDIERS ***
USA 1959, 119 Min., F
R: John Ford D: John Wayne, William Holden, Constance Towers
Colonel der Unionstruppen bringt im amerikanischen Bürgerkrieg einen Sabotagetrupp ins Feindesland und hat Probleme mit pazifistischem Arzt. Bürgerkriegsdrama, das auf einer wahren Begebenheit basiert. Action ist angesagt.

Die letzte Brücke L184
****
Österr/Jugoslawien 1953, 98 Min., s/w
R: Helmut Käutner D: Maria Schell, Bernhard Wicki, Barbara Rütting
Bosnien 1943. Eine deutsche Ärztin wird von einer jugoslawischen Partisanengruppe entführt und gezwungen, die Kämpferinnen und Kämpfer medizinisch zu versorgen. Als eine Typhus-Epidemie ausbricht, übernimmt sie freiwillig die Beschaffung des Impfstoffes und stirbt im Niemandsland zwischen den Fronten. Humanistisches Kriegsdrama.

Der letzte Countdown L185
THE FINAL COUNTDOWN ***
USA 1979, 103 Min., F
R: Don Taylor D: Kirk Douglas, Martin Sheen, Katharine Ross, James Farentino, Charles Durning
Besatzung eines US-Flugzeugträgers wird durch Naturphänomen ins Jahr 1941 versetzt und steht vor der Frage, ob sie den Angriff der Japaner auf Pearl Harbor verhindern und so den Verlauf der Geschichte verändern soll. Clever gemachter Werbefilm für die US-Navy. LSFF

Der Letzte der Gladiatoren L186
EROE DI BRITANNIA **
Italien/Frankreich 1965, 96 Min., F
R: Umberto Lenzi D: Richard Harrison, Marilu Tolo, Philippe Hersent
Britannischer Gladiator in Rom schlägt sich auf die Seite von Rebellen, die die heimliche Herrschaft der Cäsarengattin Messalina beenden wollen. Antikfilm vom Fließband.

Der Letzte der harten Männer L187
***
THE LAST HARD MEN
USA 1976, 97 Min., F
R: Andrew V. McLaglen D: Charlton Heston, James Coburn, Barbara Hershey, Christopher Mitchum
Western über den bösen Rächer, der auszieht, um den guten, inzwischen in Rente gegangenen Marshal zu töten, der ihn einst hinter Gitter gebracht hat. Film aus den letzten Jahren des Wilden Westens, in dem schon Autos fahren.

Der Letzte der Wikinger L188
L' ULTIMO DEI VICCHINGHI ***
Italien/Frankreich 1960, 106 Min., F
R: Giacomo Gentilomo D: Cameron Mitchell, Edmund Purdom, Isabelle Corey, Helene Remy

Wikinger Harald kehrt in seine Heimat zurück und schwört dem norwegischen König Sven Rache, der seinen Vater auf dem Gewissen hat. Aktionsreicher Metzelfilm. Standardware.

Der letzte Dinosaurier L189
THE LAST DINOSAUR **
USA/Japan 1976, 97 Min., F
R: Alex Grashoff, Tom Kotani
D: Richard Boone, Joan Van Ark, Steven Keats, William Ross, Carl Hansen
Ein Großwildjäger und seine Mannen stoßen bei Polkappenbohrungen auf eine Urzeitwelt und werden von einem Dinosaurier angegriffen. Monsterfilm mit erbarmungswürdigen Tricks und uninspiriertem Drehbuch. LSFF

Das letzte Einhorn L190
THE LAST UNICORN ***
USA/GB/Japan 1982, 92 Min., F
R: Arthur Rankin jr., Jules Bass
Ein Einhörnchen im Zauberwald sucht nach seinen Artgenossen, die der Rote Stier ans Ende der Welt vertrieben hat. Zeichentrick-Kitschfilm erster Garnitur. Nach dem Roman von Peter S. Beagle.

Die letzte Fahrt der Bismarck L191 ***
SINK THE BISMARCK
GB 1960, 96 Min., F
R: Lewis Gilbert D: Kenneth Moore, Dana Wynter, Carl Möhner
Ein durch den Verlust seiner Familie verbitterter Captain übernimmt den Auftrag, Churchills Befehl zur Vernichtung des deutschen Kriegsschiffes »Bismarck« auszuführen. Durchaus packendes Kriegsdrama.

Die letzte Fahrt der Santa Margareta L192 **
Deutschland 1935, 91 Min., s/w
R: Georg Zoch D: Walter Steinbeck, Hilde Hildebrand, Herbert Hübner
Ein Hamburger Kaufmann wird zum Alkoholschmuggel erpreßt. Gemächlich, aber nicht uninteressant. Halbdokumentarische Geschichte über einen Anwalt aus Sydney gerät mit australischen Ureinwohnern in Kontakt, deren geheimes Wissen in sein Leben eingreift; er entdeckt mysteriöse Katakomben unter der Stadt und gelangt zu der Erkenntnis, daß der Welt eine neue Sintflut bevorsteht. Außergewöhnlicher Fantasy-Thriller.

Die letzte Frau L194
L'ULTIMA DONNA ***
Italien 1975, 108 Min., F
R: Marco Ferreri D: Gérard Depardieu, Ornella Muti, Michel Piccoli
Die konfliktreiche Beziehung zwischen einem Ingenieur und einer Kindergärtnerin endet mit seiner Selbstkastration. Böse Satire auf bürgerliches Rollenverhalten.

Der letzte Freibeuter L195
THE LAST OF THE BUCCANEERS ***
USA 1950, 78 Min., F
R: Lew Landers D: Paul Henreid, Jack Oakie, Karen Booth
Der Pirat Jean Lafitte mischt sich 1812 in den Freiheitskampf der Amerikaner ein. Unterhaltsamer Mantel- und Degenfilm mit turbulenten Abenteuern zu Lande und zu Wasser.

Der letzte Fußgänger L196 ***
BRD 1960, 84 Min., F
R: William Thiele D: Heinz Erhardt, Christine Kaufmann
Ein Zeitungs-Archivar schultert einen »Rucksack voller Träume« und begibt sich mit dem »Herz voll Sonnenschein« (so singt es Erhardt) an den Busen der Natur und gibt seine schlichten Weisheiten an ein junges Mädchen weiter. Idyllische Komödie mit milden Seitenhieben auf die Hektik der modernen Zeiten.

Das letzte Gefecht L197
SITTING BULL **
USA 1954, 105 Min., F

Der letzte Haufen der 7. Division L198 **
PARTIZANI
Jugoslawien/USA 1976, 85 Min., F
R: Stole Jankovic D: Rod Taylor, Bata Zivojinovic, Adam West
Partisanen-Western mit allen Klischees des zu dieser Zeit in Blüte stehenden Genres: Liebe, Kampf, Tapferkeit.

Der letzte Indianer L199
THE VANISHING AMERICAN ***
USA 1955, 96 Min., s/w
R: Joe Kane D: Scott Brady, Audrey Totter, Forrest Tucker, Gene Lockhart
Böse Buben wollen braven Navajos ihr Land wegnehmen, aber ein US-Marshal verhütet das Schlimmste. Nebenher verliebt sich eine weiße Ranchersfrau in einen Indianer, und das kommt in Western wahrlich nicht oft vor.

Die letzte Jagd L200
THE LAST HUNT ****
USA 1955, 103 Min., F
R: Richard Brooks D: Robert Taylor, Stewart Granger, Lloyd Nolan
Vier Büffeljäger unterschiedlichen Charakters, die auf eine Jagdpartie gehen, werden im Laufe der Zeit aus verschiedenen Gründen zu Feinden. Kritischer Western, der die Motive seiner Helden hinterfragt.

Der letzte Kaiser L201
THE LAST EMPEROR ****
China/Italien 1987, 163 Min., F
R: Bernardo Bertolucci D: John Lone, Joan Chen, Peter O'Toole
Die Geschichte von Pu Yi, der im Alter von drei Jahren als letzter Kaiser von China inthronisiert wird, die Revolution erlebt und seinen Lebensabend als Gärtner verbringen muß. Europäische Superproduktion mit opulenten Bildern. Zwar differenzierter als der größte Teil des Hollywoodschen Erzählkinos, insgesamt jedoch zu oberflächlich. HFJ 1988

wohner das Sprechen verlernt haben, wird ein Einzelgänger von seinen Gegenspielern verfolgt. Beklemmender, surrealer SF-Film über die Barbarei, die dem ökologischen Aus folgt. LSFF

Der letzte Kampf des Lee Khan L203 ****

THE FATE OF LEE KHAN

Hongkong 1973, 102 Min., F

R: King Hu D: Tian Feng, Li Lihua, Xu Feng, Hun Jin

Zu Beginn des vierzehnten Jahrhunderts ist China von mongolischen Invasoren besetzt. Aber überall organisiert sich der Widerstand, der auch von den mongolischen Spionen nicht bezwungen werden kann. Phantasievoller und perfekt inszenierter Kung-Fu-Film.

Das letzte Kapitel L204 **

BRD 1961, 104 Min., F

R: Wolfgang Liebeneiner D: Hansjörg Felmy, Karin Baal, Helmut Lohner, Klausjürgen Wussow

Sekretärin verliebt sich in einen Mann, den die Polizei als Bankbetrüger sucht. Schwache Knut-Hamsun-Verfilmung im Heimatfilm-Ambiente.

Der letzte Klezmer – Leopold Kozlowski: Sein Leben und seine Musik L205 ****

THE LAST KLEZMER – LEOPOLD KOZLOWSKI: HIS LIFE AND MUSIC

USA 1993, 101 Min., F

R: Yale Strom

Dokumentarfilm über den jüdischen Musiker Leopold Kozlowski, der als einer der wenigen Klezmorim die nationalsozialistischen Greuel in Polen überlebte. Porträt einer eindrucksvollen Persönlichkeit und die Reise in die Vergangenheit, bei der die Musik immer dabei ist, von der Schwere des Erlebten aber oftmals verstummt.

Das letzte Kommando L206 **

GERONIMO

USA 1962, 102 Min., F

R: Arnold Laven D: Chuck Connors, Kamela Devi, Ross Martin

Nach der Niederlage von Häuptling Geronimo wird sein Volk von korrupten Beamten und Kaufleuten erniedrigt und betrogen. Die Indianer rebellieren, doch ein Senator kann ein Massaker in letzter Sekunde verhindern.

Das letzte Kommando L207 ***

THE LAST DETAIL

USA 1973, 103 Min., F

R: Hal Ashby D: Jack Nicholson, Otis Young, Randy Quaid

Ein junger, unbeholfener Soldat soll wegen eines geringfügigen Vergehens in ein Militärgefängnis gebracht werden. Sein Bewacher beschließt, ihn vorher etwas von den Freuden des Lebens genießen zu lassen. Sehr menschenfreundliche Komödie.

Die letzte Kriegerin L208 ***

ONLE WERE WARRIORS

Neuseeland 1994, 99 Min., F

R: Lee Tamahori D: Mena Owen, Temuera Morrison, Mamaengaroa Kerr-Bell

In einem tristen Großstadtviertel leben Maori-Abkömmlinge. Beth Heke hält mit aller Kraft ihre Familie zusammen, auch wenn Suff und Gewalt die Ehe prägen. Nach demütigenden Erfahrungen besinnt sie sich ihrer ethnischen Wurzeln und kehrt ins traditionelle Dorf zurück. Der harte Alltag der neuseeländischen Ureinwohner ist in eindringlichen Bildern und Szenen dargestellt. HFJ 1996

Die letzte Kugel trifft L209 **

BULLET FOR A BADMAN

USA 1964, 79 Min., F

R: R. G. Springsteen D: Audie Murphy, Darren McGavin, Ruta Lee

Ein Guter jagt einen Bösen, und als beide von den Indianern unter Feuer genommen werden, opfert sich der Böse für den Guten – weil sie nämlich einst Freunde waren. Dutzendwestern.

Das letzte Loch L210 ****

BRD 1981, 92 Min., s/w

R: Herbert Achternbusch D: Herbert Achternbusch, Annamirl Bierbichler, Franz Baumgartner, Gabi Geist

Nil, das trauernde Nichts von einem Held, muß gegen die Erinnerung an sechs Millionen ermordeter Juden antrinken und versucht herauszufinden, »was in ihm drinsteckt, dem Mördervolk der Deutschen«.

Der letzte Mann L211 ****

Deutschland 1924, 86 Min., s/w

R: Friedrich Wilhelm Murnau

D: Emil Jannings, Maly Delschaft, Max Hiller, Emilie Kurz

Klassiker des deutschen Stummfilms. Eine expressionistische Studie über das Schicksal eines Altgewordenen, der die Stelle eines Hotelportiers mit der des Toilettenwärters tauschen muß. Dort scheint er auf sein Ende zu warten, bis ihn eine überraschende Wende zurück in ein besseres Leben holt.

Die letzte Metro L212 ****

LE DERNIER METRO

Frankreich 1980, 126 Min., F

R: François Truffaut D: Cathérine Deneuve, Gérard Depardieu, Heinz Bennent

Der deutsche Leiter eines Theaters in Paris, der als Jude von den Nazis gesucht wird, versteckt sich im Keller des Theaters, von wo er seine Anweisungen gibt. Dann aber verliebt seine Frau sich in den Hauptdarsteller. Traumhaftes Melo, hervorragend gestaltet und gespielt.

Gérard Depardieu und Cathérine Deneuve

Der letzte Musketier L213 ***

CYRANO DE BERGERAC

USA 1950, 102 Min., s/w

R: Michael Gordon D: José Ferrer, Mala Powers, William Prince

Poet und Fechtkünstler, der wegen seines Riesenzinkens keinen Erfolg bei den Frauen hat, verfaßt für einen Rivalen Liebesbriefe an die Dame seines Herzens. Tragikomischer Film, aber nicht ohne Witz.

Die letzte Nacht L214
ONE NIGHT STAND ***
Australien 1983, 93 Min., F
R: John Duigan D: Tyler Coppin, Cassandra Delaney, Saskia Post
Eine Gruppe Jugendlicher wartet nach dem Ausbruch des Atomkriegs in einem verlassenen Opernhaus auf das Ende. Stimmiger Katastrophenfilm, der den Zuschauer nicht unbeteiligt läßt. LSFF

Der letzte Schrei L215
***
BRD 1974, 96 Min., F
R: Robert van Ackeren D: Delphine Seyrig, Barry Foster, Peter Hall
Erotische Groteske um einen Damenwäschefabrikant, der seine Firma, seine Frau und seine Tochter einem Sanierungsanwalt überläßt.

Das letzte Schuljahr L216
UN ANNO DI SCUOLA ***
Italien 1977, 94 Min., F
R: Franco Giraldi D: Mario Adorf, Laura Lenzi, Stafano Patrizi
Für das Fernsehen produzierte Geschichte um eine österreichische Schülerin, die als erstes Mädchen das Knabengymnasium in Triest besucht.

Das letzte Spiel L217
BANG THE DRUM SLOWLY ***
USA 1972, 98 Min., F
R: John Hancock D: Michael Moriarty, Robert De Niro, Vincent Gardenia
Sensibles Sportlermelodram um einen todkranken Baseballspieler und seinen Freund. Hervorragende Akteure und eine feinfühlige Regie verhindern das Abrutschen zum Tränendrücker.

Der letzte Tango von Paris L218
LE DERNIER TANGO A PARIS ****
Frankreich/Italien 1971, 128 Min., F
R: Bernardo Bertolucci D: Marlon Brando, Maria Schneider, Jean-Pierre Léaud, Massimo Girotti

Der letzte Tanzlehrer L219
AZ UTOLSÓ TÁNCTANÁR ***
Ungarn 1974, 63 Min., F
R: Geza Böszörményi D: Ferenc Bencze, István Molnár, András Szigeti
János Balogh zieht seit langer Zeit von Dorf zu Dorf, um den Bauernkindern Tanz und Benimm beizubringen, aber über seine Vorstellungen ist längst die Entwicklung hinweggegangen. Wieder einmal unterrichtet er die eher gelangweilten Jugendlichen, als eine Rockband erscheint. Und dann geht die Post ab.

Das letzte Testament L220
TESTAMENT ***
USA 1983, 83 Min., F
R: Lynne Littman D: Jane Alexander, William Devane, Ross Harris
Eine Stadt in Kalifornien wird durch einen Atomangriff zerstört; eine Frau versucht mit ihren Kindern das Unheil zu überstehen. Ein bizarrer Tränendrücker, der über sein Thema eigentlich nichts zu sagen weiß.

Der letzte Trumpf L221
LE DERNIER ATOUT ***
Frankreich 1942, 90 Min., s/w
R: Jacques Becker D: Pierre Renoir, Mireille Balin, Raymond Rouleau
Zwei befreundete Absolventen einer Polizeischule in einem südamerikanischen Land untersuchen die dubiosen Geschäfte eines amerikanischen Ehepaares. Mit Hilfe seines kriminalistischen Instinkts bringt einer der beiden die dahinterstehende Verbrecherorganisation zur Strecke und wird dafür zusammen mit seinem Freund befördert. Spannende Unterhaltung.

Der letzte Tycoon L222
THE LAST TYCOON ***
USA 1975, 123 Min., F
R: Elia Kazan D: Robert de Niro, Tony Curtis, Robert Mitchum, Jeanne Moreau
Streifen nicht vom konventionellen amerikanischen Erzählkino ab. Daß es auch anders geht, zeigt *The Player* von Robert Altman!

Das letzte Ufer L223
ON THE BEACH ****
USA 1959, 134 Min., s/w
R: Stanley Kramer D: Gregory Peck, Ava Gardner, Fred Astaire
Nachdem ein Atomkrieg den größten Teil der Welt ausradiert hat, sucht die Mannschaft eines U-Boots nach Überlebenden. Erfolglos. Topfilm, der zwar Längen hat, aber überzeugen kann. Nach dem Roman von Nevil Shute. LSFF

Die letzte Versuchung Christi L224
****
THE LAST TEMPTATION OF CHRIST
USA 1988, 160 Min., F
R: Martin Scorsese D: Willem Dafoe, Harvey Keitel, David Bowie
Nach dem Roman von Nikos Kazantzakis schildert Scorsese einen möglichen Traum des Gekreuzigten von einem erfüllten Menschenleben und entwirft zur Passionsgeschichte einen politischen Hintergrund. Die Fundamentalisten diesseits und jenseits des Ozeans nahmen ihm das übel.

Die letzte Vorstellung L225
THE LAST PICTURE SHOW ****
USA 1971, 119 Min., s/w
R: Peter Bogdanovich D: Timothy Bottoms, Jeff Bridges, Cybill Shepherd
In einem gottverlassenen Nest in Texas haben die Heranwachsenden nur wenig Raum zur Entfaltung. Das Ende des örtlichen Kinos ist wie ein Bild für das Ende der Jugend. Meisterlich gestaltete Momentaufnahme.

Der letzte Wagen L226
THE LAST WAGON ***
USA 1956, 99 Min., F
R: Delmer Daves D: Richard Wid-

Die letzte Warnung L227
ARMAGUEDON ***
Frankreich/Italien 1976, 96 Min., F
R: Alain Jessua D: Jean Yanne, Alain Delon, Renato Salvatori
Ein TV-Mechaniker, durch eine Versicherungssumme reich geworden, entwickelt zusammen mit seinem geistig beschränkten Freund ein gewaltiges, durch das Fernsehen funktionierendes Erpressungssystem.

Das letzte Wochenende L228
AND THEN THERE WERE NONE ****
USA 1945, 90 Min., s/w
R: René Clair D: Barry Fitzgerald, Walter Huston, Louis Hayward
Die schönste Film-Version von Agatha Christies unsterblicher Mordgeschichte »Zehn kleine Negerlein«: Auf einer einsamen Insel treffen sich Menschen, die mit der Beschuldigung konfrontiert werden, einen Mord begangen zu haben. René Clair zeigt, wie man auch aus einem »Closed Room Mystery« einen bewegten Film machen kann.

Das letzte Wort hat Tilby L229
THE RED PONY **
USA 1973, 95 Min., F
R: Robert Totten D: Henry Fonda, Ben Johnson, Maureen O'Hara
Ein Farmer, den das Leben hart gemacht hat, und sein zwölfjähriger Sohn finden nach Konflikten bei der Geburt eines Fohlen zueinander. Freundliche, ein bißchen sentimentale Verfilmung des Romans von John Steinbeck.

Der letzte Zeuge L230
***
BRD 1960, 97 Min., s/w
R: Wolfgang Staudte D: Martin Held, Hanns Lothar, Ellen Schwiers
Justizdrama um eine Frau, die des Mordes an ihrem unehelichen Kind angeklagt wird. Schwaches Buch, gute Darsteller.

Der letzte Zug von Gun Hill L231
LAST TRAIN FROM GUN HILL ***
USA 1958, 93 Min., F
R: John Sturges D: Kirk Douglas, Anthony Quinn, Carolyn Jones
Gesetzeshüter bemüht sich, den Mörder seiner Frau einer gerechten Strafe zuzuführen – was ihm um so schwerer fällt, da er mit dem Vater des Täters befreundet ist. Western, der erst im letzten Viertel zur Aktion schreitet. Ansehbar.

Die letzten Amerikaner L232
SOUTHERN COMFORT ****
USA 1981, 106 Min., F
R: Walter Hill D: Keith Carradine, Powers Boothe, Fred Ward
US-Reservisten legen sich bei einer Übung in einem Sumpfgebiet gedankenlos mit indianischen Fischern an, die nach dem Tod eines der ihren Ernst machen und sie so lange durch den Sumpf jagen, bis sie selbst zu ihren schlimmsten Gegnern werden. Ein intelligentes und aktionsreiches Drama, das zeigt, wie Gewalt entsteht und wohin sie führt.

Die letzten beißen die Hunde L233
THUNDERBOLT AND LIGHTFOOT ***
USA 1973, 115 Min., F
R: Michael Cimino D: Clint Eastwood, Jeff Bridges, Geoffrey Lewis
Ciminos Regiedebüt ist ein fulminanter Action-Thriller und erzählt humorvoll-melancholisch von der Freundschaft eines alten und eines jungen Gangsters, deren Schicksal das von Verlierern ist.

Die letzten der zweiten Schwadron L234
***
FORT MASSACRE
USA 1958, 79 Min., F
R: Joseph M. Newman D: Joel McCrea, Forrest Tucker, Susan Cabot
Militaristischer Indianerhasser führt einen Soldatentrupp immer tiefer ins feindliche Land, um privater Rache zu frönen. Metzelfilm mit Moral, dessen Schlachtszenen aber nicht zum Selbstzweck geraten. Gut.

Die letzten drei Tage L235
GLI ULTIMI TRE GIORNI ***
Italien 1977, 115 Min., F
R: Gianfranco Mingozzi D: Franco Lotterio, Lina Sastri, Claudio Cassinelli
Nach einem authentischen Fall rekonstruierte Geschichte eines 16jährigen Jungen, der ein Attentat auf Mussolini plant.

Die letzten Fünf L236
FIVE **
USA 1951, 93 Min., s/w
R: Arch Oboler D: William Phipps, Susan Douglas, James Anderson
Drei von fünf Menschen, die den Atomkrieg überlebt haben, ereilt noch nachträglich ihr Schicksal. Übrig bleiben Adam und Eva, Stammeltern eines neuen Geschlechts. Einfältiges, irren Illusionen huldigendes Machwerk.

Die letzten Jahre der Kindheit L237
***
BRD 1979, 110 Min., F
R: Norbert Kückelmann D: Gerhard Gundel, Dieter Mustaloff, Lissy Zimmermann
Mit aller Widersprüchlichkeit wird die Chancenlosigkeit von Jugendlichen aufgezeigt, die aus den unteren sozialen Schichten kommen, deren Weg vorgezeichnet ist und die nur noch im Selbstmord einen Ausweg sehen, da die Bürokratie echte Hilfestellungen verhindert. Die Zwangsläufigkeit einer kriminellen Karriere zwischen Verwahrlosung und behördlichem Versagen wird überzeugend-realistisch ergründet.

Die letzten Sieben L238
THE DAY THE WORLD ENDED **
USA 1955, 75 Min., s/w
R: Roger Corman D: Richard Denning, Lori Nelson, Adele Jergens
Sieben Menschen, die den Atomkrieg überlebt haben, dezimieren einander, bis nur noch ein Pärchen übrigbleibt. Fesselnder Billig-Thriller aus der Schnellschuß-Fabrik Roger Cormans, mit kleinem Budget effektvoll in Szene gesetzt. LSFF

Die letzten Stunden von Pompeji L239
**
ANNO 79: LA DISTRUZIONE DI ERCOLANO
Italien/Frankreich 1962, 105 Min., F
R: Gianfranco Parolini D: Brad Harris, Susan Paget, Mara Lane
Römischer Feldherr kommt im Jahr 79 einer Verschwörung gegen Kaiser Titus auf die Spur, die man den Christen in die Schuhe schieben will. Der Vesuv bricht auch noch aus. Standardisierter Sandalenfilm.

Die letzten Tage des sündigen Rom L240 **

L' INCENDIO DI ROMA

Italien 1966, 80 Min., F

R: Guido Malatesta D: Lang Jeffries, Cristina Gaioni, Moira Orfei

Römischer Offizier, der von Kaiser Nero den Befehl erhält, die Christen auszurotten, widersetzt sich und hat in der Folge allerhand zu erleiden. Kitschiger Monumentalfilm mit vielen Kampfszenen.

Die letzten Tage in Kenia L241 ***

WHITE MISCHIEF

GB 1988, 104 Min., F

R: Michael Radford D: Greta Scacchi, Charles Dance, Geraldine Chaplin, Joss Ackland, John Hurt

Kenia 1940. In einem paradiesisch anmutenden Tal pflegen die englischen Aristokraten einen luxuriösen Lebensstil. Eine Affäre endet mit einem Mord und offenbart die Dekadenz dieser dem Untergang geweihten Welt. Etwas zu kalt geratenes Sittenbild nach einem allerdings authentischen Fall. HFJ 1989

Die letzten Tage von Frank und Jesse James L242 ***

THE LAST DAYS OF FRANK AND JESSE JAMES

USA 1983, 100 Min., F

R: William A. Graham D: Kris Kristofferson, Johnny Cash, Willie Nelson

TV-Western über die letzten Tage der berühmt-berüchtigten James-Brothers, in dem June Carter erstaunlicherweise die Mutter ihres Ehemannes spielt. Da haben sich ein paar C&W-Barden einen Kindheitstraum erfüllt. Durchschnitt.

Die letzten Tage von Pompeji L243 ***

LES DERNIERS JOURS DE POMPEJI

Frankreich 1949, 98 Min., F

R: Marcel L'Herbier D: Georges Marchal, Micheline Presle, Marcel Herrand, Adriana Benetti

Geometrie und Kino mit Giorgio Albertazzi und Delphine Seyrig in ›Letztes Jahr in Marienbad‹.

Die letzten Tage von Pompeji L244 **

GLI ULTIMI GIORNI DI POMPEJI

It/Sp/Monaco 1959, 95 Min., F

R: Mario Bonnard D: Steve Reeves, Christine Kaufmann, Barbara Carroll

Isiskultisten in Pompeji rauben die Familien römischer Besatzer aus und schieben den Christen die Schuld in die Schuhe. Als die Lage für alle Beteiligten haarig wird, bricht der Vesuv aus, und der Film ist zu Ende.

Die letzten Tage von Sankt Petersburg L245 ****

KONEZ SANKT-PETERSBURG

UdSSR 1927, 104 Min., s/w

R: Wsewolod Pudowkin D: Vera Baranowskaja, Iwan Tschuwelew, Alexsandr Tschistjakow

Neben Eisensteins *Oktober* entstand auch dieser Film zum Gedenktag der Oktoberrevolution von 1917. Der Bauernbursche Iwan kommt nach Petersburg und läßt sich als Streikbrecher mißbrauchen. Als er seinen Irrtum mit Gewalt korrigieren will, wird er verhaftet und zum Kriegsdienst abgeschoben. Als Bolschewik ist er dann beim Sturm auf das Winterpalais im Jahr

Alternder Sheriff tut sich mit seinem Erzfeind zusammen, um einen geplanten Eisenbahnüberfall zu verhindern. Ein unterhaltsamer Western, der mehr Wert auf Charakterisierung der Figuren als auf Kampfszenen legt.

Die Letzten von Fort Gamble L247 **

AMBUSH

USA 1950, 89 Min., s/w

R: Sam Wood D: Robert Taylor, John Hodiak, Arlene Dahl, Don Taylor

Ein erfahrener Scout und ein Captain der Kavallerie befreien eine weiße Frau aus Indianerhänden und werden auf dem Ritt nach Hause fast aufgerieben. Unterhaltsamer Routinewestern.

Letztes aus der Da Da Er L248 ***

DDR 1990, 90 Min., F

R: Jörg Foth D: Steffen Mensching, Hans-Eckardt Wenzel

Ein Kabarettprogramm, mit dem die Darsteller und Autoren durch das zerfallende Land tingeln, ist Aufhänger für eine genaue Bestandsaufnahme. Nummernrevue, die schnell eintönig wird.

heiten aus einem von ihm behaupteten Treffen mit ihr vor einem Jahr am selben Ort. Gelungene Thematisierung der Schwierigkeit, komplexe Vorgänge aus Realität, Gefühlen und Träumen objektiv darzustellen, in meisterhaft verwobenen eindringlichen Bildern, vor einer wunderschönen Kulisse.

Leviathan L250
LEVIATHAN **
USA 1989, 98 Min., F
R: George Pan Cosmatos D: Peter Weller, Richard Crenna, Amanda Pays
In einem gesunkenen UdSSR-U-Boot gefundene Wodkaflasche erweist sich als mit mysteriösen Genen versetzt und verwandelt zwei sorglose Säufer in monströse Schleimklumpen. Mengen ekelhafter Schockeffekte don't make a good movie. LSFF

Lexikon der Liebesspiele L251
A PROPOS DE LA FEMME *
Frankreich 1969, 86 Min., F
R: Claude Pierson D: Marie-Christine Auferil, Marlene Alexandre
Drei französische Ehefrauen stellen, nachdem sie sich ihre Betterlebnisse geschildert haben, fest, daß ihre Männer keinen Schuß Pulver wert sind. Hanebüchener Softsexfilm aus der Steinzeit der Sexwelle.

Liane, das Mädchen aus dem Urwald L252
***
BRD 1956, 90 Min., F
R: Eduard von Borsody D: Marion Michael, Hardy Krüger, Irene Galter
Liane, als Schiffbrüchige wie Tarzan im Urwald aufgewachsen, wird von Forscher entdeckt und nach Hamburg gebracht, wo die Verhältnisse sie bald wieder vergraulen. Kinohit der fünfziger Jahre, nicht zuletzt wegen der Rundungen seiner Heldin.

Lianna L253
LIANNA ****
USA 1981, 110 Min., F
R: John Sayles D: Linda Griffiths, Jane Hallaran, Jon DeVries
Eine von ihrer Ehe enttäuschte Frau entdeckt ihre Neigung zu einer anderen Frau. Beziehungsreiche Komödie über Geschlechter und Konventionen.

Libera, amore mio L254
LIBERA, AMORE MIO ***
Italien 1975, 105 Min., F
R: Mauro Bolognini D: Claudia Cardinale, Bruno Cizino, Adolfo Celi
Porträt einer mutigen, politisch engagierten Frau in der Zeit der Herrschaft Mussolinis und danach. Hausbacken inszeniert, aber temperamentvoll und glaubwürdig gespielt.

Das Licht am Ende der Welt L255
THE LIGHT AT THE EDGE OF THE WORLD **
USA/Fr/Sp/It 1971, 112 Min., F
R: Kevin Billington D: Kirk Douglas, Yul Brynner, Samantha Eggar
Leuchtturmwärter verteidigt seine an der Spitze Feuerlands gelegene Insel gegen eine Horde blutdürstiger Piraten. Abenteuerfilm nach einem Roman von Jules Verne.

Licht im Dunkel L256
THE MIRACLE WORKER ***
USA 1961, 107 Min., s/w
R: Arthur Penn D: Anne Bancroft, Patty Duke, Victor Jory, Inga Swenson
Eine Episode aus der schweren Kindheit der blinden Schriftstellerin Helen Keller: die konfliktreiche, aber letztlich entscheidende Begegnung mit der Erzieherin Anne Sullivan, die in ihrer Jugend ein ganz ähnliches Schicksal erdulden mußte.

Lichter der Großstadt L257
CITY LIGHTS ****
USA 1931, 86 Min., s/w
R: Charles Chaplin D: Charles Chaplin, Virginia Cherril, Florence Lee
Der Landstreicher Charlie entschließt sich zu arbeiten, um Geld für die Augenoperation eines von ihm verehrten Mädchens aufzutreiben. Trotzdem sie ihr Augenlicht durch seine Hilfe wiedererlangt, verliert er sie. Tragischkomischer, von tiefer Menschlichkeit geprägter Stummfilmklassiker mit pointiert eingesetzter Musik und umwerfenden Pantomieeinlagen Chaplins.

Lieb Vaterland, magst ruhig sein L258
**
BRD 1975, 90 Min., F
R: Roland Klick D: Heinz Domez, Cathérine Allégret, Günther Pfitzmann
Geheimdienstkolportage über das Schicksal einiger Menschen im geteilten Berlin nach einem Roman von Johannes Mario Simmel. Gut gemeint und deshalb mißlungen.

Liebe L259
SZERELEM ****
Ungarn 1970, 90 Min., s/w
R: Karoly Makk D: Lili Darvas, Mari Töröcsik, Ivan Darvas
In der Zeit des Stalinismus. Eine Frau erzählt ihrer todkranken Schwiegermutter, ihr Sohn sei in Amerika, während er in Wirklichkeit politischer Häftling ist. Einfühlsame Studie des Kampfs um Menschlichkeit unter unmenschlichen Bedingungen.

Liebe auf den ersten Biß L260
LOVE AT FIRST BITE ***
USA 1979, 96 Min., F
R: Stan Dragoti D: George Hamilton, Susan Saint James, Richard Benjamin
Politische Gründe zwingen Dracula zur Emigration in die USA, wo er sich in ein Model verknallt, dessen Psychiater von einem Vampirjäger abstammt. Ein gagreicher Film, dessen Witze die USA-»Moderne« gehörig veralbern.

Liebe auf den ersten Blick L261
**
BRD 1991, 103 Min., F
R: Rudolf Thome D: Geno Lechner, Julian Benedikt, Margarita Broich
Ein Film über die schwere Arbeit der Liebe. Ein verwitweter, arbeitsloser Langweiler, von Beruf Archäologe, und eine temperamentvolle Futurologin mit Tochter verlieben sich auf den ersten Blick. Warum versteht kein normaler Mensch. Den Hintergrund bildet die deutsche »Wiedervereinigung«. HFJ 1992

Liebe auf der Flucht L262
L'AMOUR EN FUITE ****
Frankreich 1978, 94 Min., F
R: François Truffaut D: Jean-Pierre Léaud, Marie-France Pisier, Claude Jade
Der fünfte Film Truffauts um die Gestalt des Antoine Doinel beginnt mit seiner Scheidung, führt ihn in seine Vergangenheit und zu einer neuen Liebe.

Liebe auf krummen Beinen L263
**
BRD 1959, 88 Min., s/w
R: Thomas Engel D: Sonja Ziemann, Walter Giller, Doris Kirchner
Walter Giller ist ein Schlagerkomponist mit Seelenverwandtschaft zu einem Dackel, der ihm die Frau seines Lebens beschert. Wie lieb!

Liebe braucht keine Worte L264
MUSUKO ***
Japan 1991, 115 Min., F
R: Yoji Yamada D: Rentaro Mikuni, Masatoshi Nagase, Emi Wakui
Ein Mann zieht seinen älteren Sohn, der Karriere gemacht hat, dem Bruder vor. Er ändert seine Einstellung, als er dessen taubstumme Freundin kennenlernt.

Liebe, Brot und 1000 Küsse L265
PANE, AMORE E ... ***
Italien 1955, 98 Min., F
R: Dino Risi D: Sophia Loren, Vittorio de Sica, Antonio Cifariello
Letzter Teil der »Liebe und Brot«-Trilogie. In der Comedia all'italiana geht es um die Menschen in einem kleinen Bergdorf und um das Verhalten von »typischen« Italienern.

Die Liebe der Schauspielerin Sumako L266
****
JOYU SUMAKO NO KOI
Japan 1947, 95 Min., s/w
R: Kenji Mizoguchi D: Kinuyo Tanaka, So Yamamura, Kikue Mori
Ein Film über die Fähigkeit der Kunst, die Welt zu verändern und ihr Scheitern. Der Versuch einer Grenzüberschreitung einer Schauspielerin und eines Kritikers endet in tödlicher Erschöpfung.

Die Liebe einer Frau L267
L'AMOUR D'UNE FEMME ****
Frankreich/Italien 1953, 98 Min., s/w
R: Jean Grémillon D: Micheline

Politik der Liebe: Romy Schneider und Yves Montand in ›Die Liebe einer Frau‹.

Die Liebe einer Frau L268
CLAIR DE FEMME ***
Fr/BRD/It 1979, 101 Min., F
R: Costa-Gavras D: Romy Schneider, Yves Montand, Romolo Valli
Dialogfilm um einen Mann und eine Frau, beide in schweren persönlichen Krisen, die einander für eine Nacht Beistand leisten.

Die Liebe eines Detektivs L269
LOVE AT LARGE ***
USA 1990, 89 Min., F
R: Alan Rudolph D: Tom Berenger, Elizabeth Perkins, Anne Archer
Ein Detektiv wird von seiner Liebe zu den Frauen und von seiner eifersüchtigen Freundin ins Chaos gestürzt.

Liebe hat zwei Gesichter L270
THE MIRROR HAS TWO FACES ***
USA 1996, 126 Min., F
R: Barbra Streisand D: Barbra Streisand, Jeff Bridges, Lauren Bacall
Weil Sex keine Basis für eine respektvolle Ehe ist, lassen eine Literaturdozentin und ein Mathematikprofessor das Thema in ihrer Beziehung außen vor. Natürlich kommt alles anders. Middle-Age-Love-Story, die mehr und mehr ins Plakativ-Kitschige ab-

Frau verläßt ihren Ehemann, als sie entdeckt, daß dieser fremdgeht. Ein Bohemien und ein Modeschöpfer machen ihr daraufhin vergeblich den Hof, denn sie kehrt schließlich wieder zu ihrem Mann zurück. Liebevoll inszenierter und gut fotografierter Film.

Liebe in der Stadt L272
AMORE IN CITTA ***
Italien 1953, 96 Min., s/w
R: Antonioni, Risi, Fellini, Zavattini, Maselli, Lattuada
Fünf Episoden über die Liebe im Rom der fünfziger Jahre, von den wichtigsten Regisseuren des italienischen Neorealismus mit Laiendarstellern inszeniert. Die auf Zeitungsmeldungen basierenden Geschichten zu den Themen »Selbstmord aus Liebe«, »Heiratsvermittlung«, »Ledige Mutterschaft« u. a. überzeugen in der filmischen Aufarbeitung trotz hoher Authentizität jedoch nur zum Teil.

Eine Liebe in Hongkong L273
LOVE IN A FALLEN CITY ****
Hongkong 1984, 94 Min., F
R: Ann Hui D: Cora Miao, Chou Jun Fa, Chiang Chung Ping
Im Shanghai der enddreißiger Jahre

Liebe ist kälter als der Tod L274
****
BRD 1969, 88 Min., s/w
R: Rainer Werner Fassbinder
D: Rainer Werner Fassbinder, Ulli Lommel, Hanna Schygulla
Fassbinders Regiedebüt ist ein stilisierter und zugleich realistischer Gangsterfilm aus München, eine mörderische Geschichte von jungen Menschen, die sich verhalten wie ihre Vorbilder aus dem Kino.

Liebe ist nur eine Illusion L275
VIOLETS ARE BLUE ***
USA 1986, 82 Min., F
R: Jack Fisk D: Sissy Spacek, Kevin Kline, Bonnie Bedelia, John Kellogg
Zeitungsredakteur verliebt sich aufs neue, als seine Highschool-Flamme wieder in die Stadt kommt.

Liebe ist stärker
siehe: Reise in Italien

Liebe, Lumpen, Leidenschaften L276
LE GRAND BLUFF ***
Frankreich 1957, 87 Min., s/w
R: Patrice Dally D: Eddie Constantine, Dominique Wilms, Moustache
Der mittellose Eddie tritt in einem Luxushotel als Hochstapler auf, zieht das Interesse schräger Vögel auf sich und sieht sich bald allerlei Ärger ausgesetzt. Eine muntere Klamotte.,

Liebe mit Biß L277
I WAS A TEENAGE VAMPIRE **
USA 1987, 89 Min., F
R: Jimmy Huston D: Robert Sean Leonard, Cheryl Pollak, David Warner
Teenager fällt einer erwachsenen Dame zum Opfer, die ihn pausenlos saugt, da sie Vampirin ist. Aber Liebe kennt keine Grenzen, auch wenn unser Held bald recht blaß aussieht und im Sarg schlafen muß. Witzig gemeint? Ja. Witzig? Nee. HFJ 1988

Liebe mit 16 L278
***
DDR 1974, 90 Min., F
R: Herrmann Zschoche D: Simone von Zglinicki, Heinz-Peter Linse, Martin Trettau, Katharina Lind
Ein »Tauwetterfilm«, in dem jugendliche Lovestory (mit gutbürgerlichem Happy End) mit sanfter Kritik an der Parteibürokratie verbunden ist.

Liebe nach Fahrplan L279
OSTRE SLEDOVANE VLAKY ****
CSSR 1966, 92 Min., s/w
R: Jiri Menzel D: Vaclav Neckár, Vladimir Valenta, Josef Somr
Die tragikomische Geschichte eines jungen Bahnbeamten, der durch eine Kollegin in erotische Nöte gestürzt wird. Hintergrund ist der tschechische Widerstand gegen die deutsche Besatzung, der aus dem unglücklichen Liebhaber einen Helden macht.

Der Kuß bleibt unvollendet, der Zug rollt bereits: ›Liebe nach Fahrplan‹.

Liebe 1962 L280
L' ECLISSE ****
It/Fr 1961, 122 Min., s/w
R: Michelangelo Antonioni D: Monica Vitti, Alain Delon, Francisco Rabal
Eine junge Frau geht eine Affäre mit einem Börsenmanager ein, nachdem sie ihren Freund verlassen hat. Die Beziehung scheitert jedoch, da sich schon nach kurzer Zeit Gefühle der Entfremdung und Einsamkeit einstellen, die keine Befriedigung ermöglichen. Wortkarger Hilfeschrei nach Sinn, der seine Intensivität aus exakt eingesetzten bildlichen Mitteln bezieht.

Liebe niemals einen Fremden L281
***
THE RAIN PEOPLE
USA 1968, 101 Min., F
R: Francis Ford Coppola D: Shirley Knight, James Caan, Robert Duvall
Die Begegnung eines psychisch zerstörten Football-Stars mit einer jungen Ehefrau in der Krise.

Liebe 47 L282
***
BRD 1948, 124 Min., s/w
R: Wolfgang Liebeneiner D: Karl John, Hilde Krahl, Grethe Weiser, Luise Franke-Booch, Albert Florath
Der Kriegsheimkehrer Beckmann fühlt sich schuldig am Tod von mehreren Soldaten und findet in der Heimat keinen Halt mehr. Sehr freie Verfilmung des Theaterstücks »Draußen vor der Tür« von Wolfgang Borchert.

Liebe, Tod und Teufel L283
THE ADVENTURES OF QUENTIN DURWARD ***
USA 1955, 101 Min., F
R: Richard Thorpe D: Robert Taylor, Kay Kendall, Robert Morley
Schottischer Adliger schickt Neffen als Brautwerber zu einer Französin aus, doch dieser verliebt sich selbst in die Dame und wird in vergnügliche Abenteuer verwickelt. Mantel- und Degenfilm nach dem Roman von Walter Scott.

Liebe und Anarchie L284
FILM D'AMORE E D'ANARCHIA ***
Italien/Frankreich 1973, 125 Min., F
R: Lina Wertmüller D: Giancarlo Giannini, Mariangela Melato, Lina Polito

Ein einfältiger Bauernbursche will Mussolini beseitigen. Seine Tragik besteht jedoch darin, daß er die günstige Gelegenheit für das Attentat verpaßt, aber trotzdem in die unbarmherzige Rache-Maschinerie der Faschisten gerät. Mitreißendes Drama, das manchmal aus den Fugen gerät, aber durch seine unmittelbare Kraft überzeugt.

Liebe und andere Geschäfte L285
A BUSINESS AFFAIR ***
GB/Fr/BRD 1993, 101 Min., F
R: Charlotte Brandstrom D: Carole Bouquet, Christopher Walken, Jonathan Pryce
Eine junge Frau schreibt erfolgreich ihren ersten Roman, während ihr eifersüchtiger Ehemann, ein bekannter Autor unter Schreibhemmungen leidet. Frustriert flüchtet sie in die Arme des Macho-Verlegers, emanzipiert sich aber durch ihre Arbeit und lernt ihre Unabhängigkeit zu schätzen. Eine Beziehungskomödie mit leichten Durchhängern. HFJ 1995

Liebe und andere Grausamkeiten L286
***
LOVE & HUMAN REMAINS
Kanada 1994, 100 Min., F
R: Denys Arcand D: Thomas Gibson, Ruth Marshall, Cameron Bancroft
Ein schwuler Kellner und eine Lektorin teilen nicht nur Wohnung und Freundeskreis, sondern auch ihre Erfahrungen und Enttäuschungen. Als ein mysteriöser Serienkiller ihren Weg kreuzt, werden sie sich der Oberflächlichkeit ihres Lebens bewußt. Der Film lotet zwischen Komödie und Krimi Seelenabgründe aus, zeigt Befindlichkeiten, Bindungsängste und Sehnsucht nach Nähe. Ein Porträt der »Generation X« mit einer gehörigen Portion Zynismus. HFJ 1996

Liebe und Eis L287
lich Liebe. Vorhersehbare, aber unter dem Strich angenehme Unterhaltung. HFJ 1994

Liebe und Zorn L288
AMORE E RABBIA ***
Italien/Frankreich 1968, 100 Min., F
R: Carlo Lizzani, Bernardo Bertolucci, Pier Paolo Pasolini, Jean-Luc Godard, Marco Bellocchio D: Nino Castelnuovo, Tom Baker, Julien Beck
Episodenfilm über die Konfrontation christlicher Werte mit der säkularisierten Realität der modernen Gesellschaft. Interessante Aufbereitung des Themas mit den verschiedenen Ansätzen wichtiger Filmautoren. Lizzani und Bertolucci aktualisieren Bibelstellen, Pasolini läßt Gott sich direkt an einen Menschen wenden, während Godard und Bellochio unmittelbar politisch argumentieren.

Liebe unter schwarzen Segeln L289
***
FORTUNES OF CAPTAIN BLOOD
USA 1950, 89 Min., s/w
R: Gordon Douglas D: Louis Hayward, Patricia Medina, Dona Drake
Der im karibischen Raum als Pirat aktive Ex-Arzt Peter Blood gegen den Marquis De Riconete, den die Spanier ausschicken, ihn zu erledigen. Wenig Inhalt, viele Säbeleien.

Der Liebe verfallen L290
FALLING IN LOVE **
USA 1984, 106 Min., F
R: Ulu Grosbard D: Robert de Niro, Meryl Streep, Harvey Keitel
Molly und Frank, die beide verheiratet sind, verlieben sich in New York ineinander, scheitern aber mit ihrer neuen Beziehung. Ebenso wie der Film, der letztlich nur den durchsichtigen Versuch darstellt, mit den Stars Robert de Niro und Meryl Streep einen Kassenschlager zu lancieren.

nach Belieben unterdrückt. Die Verhältnisse ändern sich, als Anselme in ihm gezielt Zweifel an der ehelichen Treue der Verstorbenen weckt. Parabel auf die Macht der Schwachen.

Eine Liebe von Swann L292
UN AMOUR DE SWANN ***
Frankreich/BRD 1983, 110 Min., F
R: Volker Schlöndorff D: Jeremy Irons, Ornella Muti, Alain Delon
Ein Mann aus großbürgerlicher Familie verliebt sich in eine Halbweltdame und folgt ihr in ihr Milieu; als er endlich zum Ziel gekommen scheint, ist die Liebe erloschen. Etwas steif geratene Verfilmung eines Teils von Marcel Prousts »Auf der Suche nach der verlorenen Zeit«.

Liebe will gelernt sein L293
**
BRD 1952, 89 Min., s/w
R: Kurt Hoffmann D: Martin Held, Götz George, Loni von Friedl
Ein Medizinstudent soll in die Freuden der Liebe eingeführt werden. Komödie als mildes Schlafmittel, obwohl Erich Kästner der Autor ist und Regisseur und Darsteller zu den besten der Zeit gehörten.

Liebe zu viert L294
FOUR'S A CROWD ***
USA 1938, 91 Min., s/w
R: Michael Curtiz D: Errol Flynn, Olivia de Havilland, Rosalind Russell
Unterhaltsame Hollywoodkomödie um einen munteren Journalisten, der sich in eine wenig entscheidungsfreudige Erbin verliebt.

Die Liebe zum Imperium L295
****
BRD 1978, 70 Min., F
R: Peter Heller
Dokumentarfilm über die Ära des deutschen Kolonialismus in Afrika. Die Schaffung der Kolonie Deutsch-Ost-

Liebelei L296
****
Deutschland 1933, 84 Min., s/w
R: Max Ophüls D: Magda Schneider, Luise Ullrich, Wolfgang Liebeneiner
Liebesgeschichten um zwei k.u.k. Offiziere. Stilvolle Verfilmung des Bühnenstücks von Arthur Schnitzler, in der junge, aufstrebende Schauspieler ihr Talent entfalteten.

Lieben Sie Brahms? L297
GOODBYE AGAIN/ AIMEZ-VOUS BRAHMS? ***
USA/Frankreich 1961, 120 Min., s/w
R: Anatole Litvak D: Ingrid Bergman, Yves Montand, Anthony Perkins
Erfolgreiche Innenarchitektin trennt sich von ihrem Freund und lernt einen jungen Musikenthusiasten kennen. Verfilmung eines Romans von Françoise Sagan, vor allem auf die Darsteller konzentriert.

Liebende Paare L298
ALSKANDE PAR ****
Schweden 1964, 109 Min., s/w
R: Mai Zetterling D: Harriet Andersson, Gunnel Lindblom, Gio Petré
Nach dem Romanzyklus »Die Fräuleins von Pahlen« von Agnes Krusenstjerna erzählt die Regisseurin von drei Frauen kurz vor der Niederkunft und von ihren Erfahrungen in der Liebe.

Die Liebenden L299
LES AMANTS ****
Frankreich 1958, 85 Min., s/w
R: Louis Malle D: Jeanne Moreau, Alain Cuny, Jean-Marc Bory
Frustrierte Ehefrau verliebt sich in einen Fremden und erlebt in seinen Armen die wahre Liebe. Deutsche Fassung stark gekürzt – denn Mütter brechen keine Ehe! 1958 ein Skandal – und ein Meilenstein in der Geschichte des Films.

Die Liebenden von Pont-Neuf L300
LES AMANTS DU PONT-NEUF ****
Frankreich 1991, 125 Min., F
R: Leos Carax D: Juliette Binoche, Denis Lavant, Klaus-Michael Grüber
Die Liebesgeschichte zwischen zwei Außenseitern, einem Penner und einer Frau, die zu erblinden droht. Einfach die Story, großartig die Umsetzung.

Juliette Binoche und Denis Lavant

Eine grandiose Bilder- und Gefühlsorgie, die die Grenzen des traditionellen Erzählkinos sprengt. HFJ 1993

Die Liebenden von Teruel L301
LES AMANTS DE TERUEL ****
Frankreich 1962, 84 Min., F
R: Raymond Rouleau D: Ludmilla Tcherina, René Louis Lafforgue
Eine Wandertruppe spielt die Legende von der schönen Isabella, die vom Vater an einen ungeliebten Mann verkuppelt wird. Dabei wird die Geschichte für die Hauptdarstellerin zur Realität.

Ein liebenswerter Schatten L302
FOLLOW ME ***
GB 1971, 94 Min., F
R: Carol Reed D: Mia Farrow, Chaim Topol, Michael Jayston
Komödie um die junge Ehe zweier gegensätzlicher Charaktere, die nach einigen Umwegen wieder zueinander finden. Zwischenmenschliches vom *Dritten-Mann*-Regisseur.

Lieber Karl L303
**
Österreich/BRD 1984, 100 Min., F
R: Maria Knilli D: Ulrich Reinthaller, Hans Brenner, Krista Stadler
Ein junger Mann in der Ausbildung wird vom Erwartungsdruck seiner Eltern in die Krise getrieben.

Liebes Tagebuch L304
CARO DIARIO ****
Italien/Frankreich 1993, 100 Min., F
R: Nanni Moretti D: Nanni Moretti, Renato Carpentieri, Antonio Neiwiller
In seinem in drei Episoden gegliederten Tagebuch macht sich Moretti Gedanken über das heutige Italien, seine orientierungslosen Intellektuellen und über die eigene Krankheit. Eine philosophische Betrachtung mit manchmal schwarzem Humor über die Tücken des Alltags. Ein gelungenes cineastisches Experiment. HFJ 1995

Die Liebesabenteuer des Don Juan L305
ADVENTURES OF DON JUAN ***
USA 1949, 110 Min., F
R: Vincent Sherman D: Errol Flynn, Viveca Lindfors, Robert Douglas
Im 17. Jahrhundert bewahrt ein Ex-Gauner die spanische Königin vor den Intrigen eines tückischen Premiers und erlebt turbulente Abenteuer.

Liebesbriefe einer portugiesischen Nonne L306
**
BRD 1976, 85 Min., F
R: Jess Franco D: Susan Hemingway, William Berger, Herbert Fux
Eine Novizin kommt in ein Kloster, in dem eine Oberin und ein Pater Orgien inszenieren. Sexspektakel nach einem historischen Roman.

Ein Liebesfall L307
LJUBAVNI SLUCAI ILI TRAGEDIJA SLUZBENICE ****
Jugoslawien 1967, 76 Min., s/w
R: Dusan Makavejev D: Eva Ras, Slobodan Aligrudic, Ruzica Sokic
Die Liebe zwischen einer Telefonistin und einem Gesundheitsbeamten endet tödlich. Ein ebenso faszinierendes wie pessimistisches Zeitbild, das im privaten Schicksal die politische Situation verdeutlicht.

Liebesflüstern L308
AFTERGLOW ****
USA 1997, 114 Min., F
R: Alan Rudolph D: Lara Flynn Boyle, Nick Nolte, Julie Christie
Ein paar Zufälle würfeln ein älteres und ein jüngeres Ehepaar in neue Konstellationen. Ironisches Romantik-Drama mit verschmitzten Seitenblicken auf die Macken der Protagonisten. HFJ 1998

Liebesgrüße aus Pistolen L309
SHAFT'S BIG SCORE ***
USA 1972, 105 Min., F
R: Gordon Parks D: Richard Roundtree, Moses Gunn, Drew Bundini

Zweiter Film mit dem schwarzen Detektiv Shaft. Rasante Action in Harlem, zu den Rhythmen von Isaac Hayes.

Die Liebeshexen vom Rio Cannibale L310 **

L' INFERNO DELLE DONNE

Italien 1979, 80 Min., F

R: Eduard Muller D: Anthony Steffen, Ajita Wilson, Luciana Pigozzi

Mehrere Frauen brechen im Gebiet des Amazonas aus einem Straflager aus – verfolgt von bösen Buben, die ihnen an die Wäsche wollen. Billigsexer mit Abenteuereinlagen.

Die Liebesklinik L311 **

KARLA

USA 1969, 69 Min., F

R: Joseph W. Sarno D: Suzan Thomas, Betty Whitman, Danielle Leman

Wollüstige Psychotherapeutin betreibt mit Unterstützung diverser Damen ein Bordell für Lesben und legt auch selbst mit Hand an. Ein »spekulativer Sexfilm«, wie man so schön sagt – und jede Menge Zelluloidschnipsel.

Liebeskonzil L312 ***

BRD 1982, 95 Min., F

R: Werner Schroeter D: Antonio Salines, Magdalena Montezuma, Kurt Raab

Verfilmung des Oskar-Panizza-Stückes um ein Himmelskonzil, das die Sittenlosigkeit der Menschheit mit Hilfe der Syphilis bestrafen will. Die Parabel über staatliche Zensur ist dabei eingebettet in eine Rahmenhandlung um den Blasphemie-Prozeß aus dem Jahre 1895 gegen Panizza selbst. Daß das Thema bis heute nichts an Brisanz eingebüßt hat, beweisen die zahlreichen Diskussionen um den Film selbst.

Liebesleid L313 ***

THE CONSTANT NYMPH

Die Liebesnacht L314 **

BETWEEN THE SHEETS

USA 1989, 93 Min., F

R: Anthony Spinelli D: John Leslie, Annette Haven, Seka, Randy West

Ein männliches Bettgestell und eine weibliche Matratze erzählen, was im Laufe ihrer Existenz alles auf ihnen passiert ist. Flotter Softsexer, auch in einer eindeutigeren Fassung existent.

Die Liebesnächte der Lucrezia Borgia L315 **

LE NOTTI DI LUCREZIA BORGIA

Italien/Frankreich 1958, 110 Min., F

R: Sergio Grieco D: Belinda Lee, Franco Fabrizi, Jacques Sernas

Herzogstochter verschwört sich gegen die Familie Borgia: Der Rest ist eine endlose Abfolge von Gefangennahmen, Befreiungen, Duellen und Intrigen. Eine mit Gruseleffekten arbeitende Mantel- und Degen-Schauermär.

Die Liebesnächte der Madame X L316 **

LADY CHATTERLEY IN TOKYO

Japan 1979, 86 Min., F

R: Katsuhiko Fujii D: Yoko Azusa, Hiromi Maye, Kenji Shiija

Gattin eines japanischen Unternehmers sucht, da ihre sexuelle Befriedigung zu wünschen übrig läßt, ihr Glück in den Betten anderer. Sexfilm.

Die Liebesnächte des Herkules L317 **

GLI AMORI DI ERCOLE

Italien/Frankreich 1960, 95 Min., F

R: Carlo Ludovico Bragaglia

D: Mickey Hargitay, Jayne Mansfield, Moira Orfei, Massimo Serato

Der Göttersohn Herkules verliebt sich in eine wohlgerundete Erdenschöne und zieht sich deswegen die Feindschaft diverser Neider zu. Ein phantasieloser Schwank aus der Zeit der Muskelprotze und Sandalenträger. Unfreiwillig ulkig.

mehr gefordert fühlen, bilden sich in einer Orgienschule weiter. Früher Sexer aus den USA.

Die Liebesschule L319 **

DORTOIR DES GRANDES

Frankreich 1984, 90 Min., F

R: Pierre Unia D: Maureen Legrand, Raphaele Henault

Stiefmutter befürchtet, Tochter könne ihr den Geliebten abspenstig machen, und schickt sie ins Internat. Dort wimmelt es von lüsternen Tussis, die auch Mädchen mögen. Eindeutig Zweideutiges vom *Dressage*-Regisseur.

Die Liebesschule der Josefine Mutzenbacher L320 **

BRD 1986, 85 Min., F

R: Hans Billian D: Desiree Bernardy, Stacey Donovan, Jeannie Pepper

Prostituierte erbt eine Villa, die sie laut Testament als »Liebesschule« nutzen muß. Das kommt Josefine gelegen!

Die Liebessklavin L321 *

URSULA

Frankreich 1980, 76 Min., F

R: André Marchand D: Nadine Russial, Sophie Belaid, Gregory Ivan Renault

Ehefrau erwischt den Gatten mit der Sekretärin und hat anschließend nichts anderes im Sinn, als sich zu rächen. Gekürzter (18 Min.) Porno von Claude Pierson, für den er seinen Namen wohlweislich nicht hergegeben hat.

Liebesspiele L322 *

LOVE WITH THE STARS

GB 1975, 90 Min., F

R: Anwar Kawadri D: Martin Burrows, Susie Sylvie, Thick Wilson

Journalist soll über den Einfluß der Sterne auf das Liebesleben schreiben und baggert 11 Frauen verschiedener Sternzeichen an. Primitiver und fader Softporno auf »Humor« getrimmt.

Die liebestollen Baronessen L324
*
BRD 1969, 82 Min., F
R: Alexis Neve D: Barbara Capell, Andrea Rau, Ingrid Steeger
Sexschwank über drei geile Adlige, die in der Mitarbeiterin eines Sexforschers unerwünschte Konkurrenz sehen und alles tun, um die Dame auszuschalten.

Liebestraum L325
LOVE DREAM **
Italien 1988, 91 Min., F
R: Charles Finch D: Christopher Lambert, Diane Lane, Francesco Quinn, Claudia Ohana
Rockmusiker findet in einem Haus am Mittelmeer eine Amphore, in der ein Geist in Gestalt einer jungen Frau haust, doch bevor sie ihm die üblichen Wünsche erfüllt, muß er erst sein wahres Ich erkennen. Nonsens.

Die Liebesvögel L326
*
BRD 1979, 73 Min., F
R: Jürgen Enz D: Brigitte Horn, Ginny Noack, Rolf Zinnemann
Impotenter Banker wird durch die Bemühungen eines bayerischen Mädels geheilt. Sexfilm.

Liebeszauber L327
EL AMOR BRUJO ***
Spanien 1985, 95 Min., F
R: Carlos Saura D: Antonio Gades, Christina Hoyos
Tanzfilm um die Liebe eines Mannes, der einer anderen versprochen ist. Hervorragend choreographiert; ein Muß für die Freunde des Genres. HFJ 1988

Der Liebhaber L328
L' AMANT ***
Frankreich/GB 1991, 115 Min., F
R: Jean-Jacques Annaud D: Jane March, Tony Leung, Frédérique Meininger, Arnaud Giovaninetti
Regisseur Jean-Jacques Annaud *(Der Name der Rose, Der Bär)* garantiert für Erfolg an den Kinokassen; auch diese Marguerite-Duras-Verfilmung geht er mit fulminantem handwerklichem Geschick an. Doch eine »amour fou« ist kein Bär. HFJ 1993

Liebling der Götter L329
***
BRD 1960, 107 Min., s/w
R: Gottfried Reinhardt D: Ruth Leuwerik, Peter van Eyck, Harry Meyen
Filmbiographie der Schauspielerin Renate Müller, die ihre größten Triumphe in der Vor-Nazizeit feiern konnte und Opfer des Faschismus wurde. Ruth Leuwerik ist »die Fehlbesetzung des Jahres« (Enno Patalas).

Liebling, du beißt so gut L330
DRACULA SUCKS **
USA 1979, 83 Min., F
R: Philip Marshak D: Jamie Gillis, Annette Haven, Serena, John Leslie
Dracula wandert in die USA aus und sucht im Umfeld einer psychiatrischen Klinik nach »Material«. Doch Van Helsing ist nicht weit!

Liebling, hältst du mal die Axt? L331
**
SO I MARRIED AN AXE MURDERER
USA 1993, 93 Min., F
R: Thomas Schlamme D: Mike Myers, Nancy Travis, Anthony LaPaglia
Ein junger Mann gerät nach einigen katastrophalen Beziehungen in Panik, in den Flitterwochen verdächtigt er seine frisch angetraute Gattin des Mordes an ihren früheren Ehemännern. Eine etwas kümmerliche Komödie mit wenig witzigen Einfällen und einem blassen Hauptdarsteller. HFJ 1994

Liebling, ich habe die Kinder geschrumpft L332
***
HONEY, I SHRUNK THE KIDS
USA 1989, 93 Min., F
R: Joe Johnston D: Rick Moranis, Matt Frewer, Marcia Strassman
Erfinderschussel verkleinert aus Versehen seine und des Nachbarn Kids, so daß sich diese als Mikroben durch eine bedrohliche Gartenlandschaft schlagen müssen. Nett anzusehen, aber nicht unbedingt originell. LSFF

Liebling, ich werde jünger L333
MONKEY BUSINESS ****
USA 1952, 97 Min., s/w
R: Howard Hawks D: Cary Grant, Ginger Rogers, Charles Coburn, Marilyn Monroe
Ein zerstreuter Wissenschaftler, seine Frau, sein Chef und seine nicht schreibmaschinenkundige Sekretärin geraten unter die Wirkung eines Verjüngungstrankes, den ein Affe zufällig zusammengemixt hat. Das ist der Ausgangspunkt für eine intelligent-zeitlose Screwball-Komödie, die den Jugendkult mit Witz auf die Schippe nimmt.

Das Lied des Rebellen L334
WILD IN THE COUNTRY **
USA 1961, 114 Min., F
R: Philip Dunne D: Elvis Presley, Hope Lange, Millie Perkins
Rebellischer Hinterwäldler wird durch Liebe und Verständnis davor bewahrt, in die Kriminalität abzurutschen. Rockstar Elvis bemüht sich, Clifford Odets Drehbuch gerecht zu werden, allein die Kraft reicht nicht ganz aus.

Ein Lied für dich L335
**
Österreich 1933, 84 Min., s/w
R: Joe May D: Jan Kiepura, Jenny Jugo, Ralph Arthur Roberts
Italienischer Operntenor verliebt sich in Wiener Mädel. Die Geschichte dient für Kiepuras Gesangsdarbietung.

Life According to Agfa L336
HA CHAYIM ALPY AGFA ***
Israel 1992, 103 Min., s/w und F
R: Assi Dayan D: Gila Almagor, Irit Frank, Shuli Rand
Die unterschiedlichsten Menschen treffen sich in einer kleinen Bar in Tel Aviv und durchleben eine Nacht voller Aggression, aber auch Hoffnung. Das Morgengrauen endet in einem Massaker. Eine faszinierende Parabel über die zerrissene Gesellschaft Israels, eine »comédie humaine«, die unter die Haut geht. HFJ 1995

Life Size L337
GRANDEUR NATURE ***
Fr/It/Sp 1973, 100 Min., F
R: Luis Garcia Berlanga D: Michel Piccoli, Valentine Tessier
Ein Zahnarzt zieht sich mehr und mehr von Frau und Familie zurück, um sich seiner »Geliebten« zu widmen: einer Kunststoffpuppe. Makabre Film-Parabel auf den Männlichkeitswahn.

Lifeforce – Die tödliche Bedrohung L338
**

LIFEFORCE
USA 1985, 101 Min., F
R: Tobe Hooper D: Steve Railsback, Peter Firth, Frank Finlay
Außerirdische, die sich von Blut ernähren, werden von Astronauten zur Erde gebracht und laben sich am Blute ahnungsloser Menschen. Uninspiriertes Schauerdrama. LSFF

Light Sleeper L339

LIGHT SLEEPER ****
USA 1991, 103 Min., F
R: Paul Schrader D: Susan Sarandon, Willem Dafoe, Dana Delany
Ein Drogenkurier bedient die Luxuskundschaft in New York. Von seinem Job angeekelt, gerät der coole Dealer in eine Identitätskrise, legt sich mit der Mafia an und begibt sich auf einen schmerzlichen Selbstfindungstrip. Ein psychologisch spannendes Werk über die Begriffe Sünde, Erlösung und Gnade mit exzellenten Schauspielern über die Begriffe Sünde, Erlösung und Gnade. HFJ 1995

Lightning Jack L340

LIGHTNING JACK **
Australien 1994, 97 Min., F
R: Simon Wincer D: Paul Hogan, Cuba Gooding jr., Beverly D'Angelo
Paul »Crocodile Dundee« Hogan mimt einen Revolverhelden mit Imageproblemen. Mit einem jungen stummen Farbigen besteht er einige gefährliche Abenteuer. Das reicht noch lange nicht – trotz aller Selbstironie.

Lightning over Water
siehe: Nick's Film – Lightning over Water

Lili L341

LILI ***
USA 1952, 80 Min., F

Lili Marleen L342
****

BRD 1980, 111 Min., F
R: Rainer Werner Fassbinder
D: Hanna Schygulla, Giancarlo Giannini, Mel Ferrer, Hark Bohm
Das Lied »Lili Marleen« gefällt dem Führer so gut, daß er der Sängerin Wilkie eine Villa schenkt. Goebbels dagegen läßt sie beschatten und entdeckt ihre geheime Liebe zu einem jüdischen Komponisten. Fassbinders meisterliche Verschmelzung von Melodram und Zeitgeschichte.

Hanna Schygulla als Lili Marleen.

Lilith L343

LILITH ***
USA 1963, 115 Min., s/w
R: Robert Rossen D: Warren Beatty, Jean Seberg, Peter Fonda
Die Geschichte einer psychisch kranken Frau, die ihren Betreuer verführt, als mehr oder minder moderne Interpretation der biblischen Geschichte von Adams erster, untreuer Frau.

Lily, hab mich lieb L344

LILY, AIME-MOI ***
Frankreich 1975, 105 Min., F
R: Maurice Dugowson D: Rufus, Zouzou, Patrick Dewaere
Ein Journalist soll eine Reportage über einen Facharbeiter machen. Doch dem ist gerade die Frau davongelaufen. Die beiden tun sich zusammmen, ... wieder zu holen. Warmherzige

Um im neuen Film seiner Frau, einer Drehbuchautorin, eine Rolle zu bekommen, verwandelt sich der Mann in einen jugendlichen Latin Lover. Temperamentvolles Boulevard-Kino.

Linda Lovelace bläst zum Wahlkampf L346
*

LINDA LOVELACE FOR PRESIDENT
USA 1975, 91 Min., F
R: Claudio Guzman D: Linda Lovelace, Fuddle Bagley, Jack De Leon
Die Hauptdarstellerin des Edelpornos *Deep Throat* bewirbt sich auf einer Wahlkampfreise um das Amt des US-Präsidenten. Sexklamaukfilm mit satirischen Ansätzen, in dem Linda recht zugeknöpft bleibt.

Lindbergh: Mein Flug über den Ozean L347
***

THE SPIRIT OF ST. LOUIS
USA 1957, 135 Min., F
R: Billy Wilder D: James Stewart, Murray Hamilton, Patricia Smith
Halbdokumentarischer Film über die Geschichte der ersten Atlantiküberquerung in einem Einmannflugzeug, basierend auf der Autobiographie von Charles Lindbergh. Die Spannung des Streifens bleibt leider manchmal aufgrund von Längen in einzelnen Szenen etwas auf der Strecke. Großartig: James Stewart als Lindbergh.

Linie 1 L348
**

BRD 1988, 96 Min., F
R: Reinhard Hauff D: Thomas Ahrens, Claus-Peter Damitz, Inka Groetschel, Dieter Landuris
Uninteressante Film-Version eines Jugend-Musicals des Grips-Theaters um ein Mädchen aus der Provinz, das von einem Rockstar angelockt in die Großstadt kommt. Berliner Subkultur etwas zu brav geraten. HFJ 1989

Die linkshändige Frau L349

Dustin Hoffman als eleganter Revolverheld – eine der vielen Inkarnationen des ›Little Big Man‹.

Lippels Traum L350
***
BRD 1990, 84 Min., F
R: Karl-Heinz Käfer D: Constantin Trettler, Gila von Weitershausen
Während des Urlaubs seiner Eltern beginnt ein Junge, in dem Märchenbuch »1001 Nacht« zu lesen. Als seine griesgrämige Aufpasserin ihn daran hindert, träumt er die Geschichte in Etappen selbständig weiter. HFJ 1992

L.I.S.A. – Der helle Wahnsinn L351
***
WEIRD SCIENCE
USA 1984, 94 Min., F
R: John Hughes D: Kelly LeBrock, Anthony Michael Hall, Bill Paxton
Zwei bei den Girls erfolglose Buben zaubern sich mittels PC ein knackiges Traummädchen herbei und erleben an seiner Seite wüste Abenteuer. Die typische Teenie-Alberei im SF-Gewand. LSFF

Listen up L352
***
LISTEN UP
USA 1990, 116 Min., F
R: Ellen Weissbrod D: Quincy Jones, Clarence Avant, George Benson
Der gescheiterte Versuch, Leben und Werk des Musikers Quincy Jones in seiner ganzen Bandbreite zu porträtieren. Assoziative Erzählstruktur, Stakkatoschnitt und ein Dauerbombardement optischer und akustischer Reize verhindern eine sinnvolle Rezeption und vermitteln kaum etwas Neues über den großen Künstler. HFJ 1992

Lisztomania L353
****
LISZTOMANIA
GB 1975, 90 Min., F
R: Ken Russell D: Roger Daltrey, Sara Kestelman, Paul Nicholas, Ringo Starr
Schrille, aufwendig ausgestattete Pop-Biographie des Komponisten Franz Liszt mit dem »The Who«-Sänger Roger Daltrey in der Titelrolle.

Little Big Man L354
****
LITTLE BIG MAN
USA 1970, 130 Min., F
R: Arthur Penn D: Dustin Hoffman, Faye Dunaway, Martin Balsam
Weißer Junge wird von den Cheyenne aufgezogen, entdeckt den Sex in Gestalt einer Pfarrersfrau, arbeitet als Scout für die Army und wird nach einem bunten und spannenden Leben 121 Jahre alt. Beispielhafter Western.

Little Buddha L355
***
LITTLE BUDDHA
GB/Frankreich 1993, 140 Min., F
R: Bernardo Bertolucci D: Keanu Reeves, Chris Isaak, Bridget Fonda
Ein Achtjähriger aus Seattle soll die Reinkarnation eines weisen buddhistischen Lehrers sein. Im fernen Bhutan muß er sich der Konkurrenz von zwei anderen Reinkarnations-Aspiranten stellen. Parallel dazu wird die Lebensgeschichte Buddhas erzählt. Ein völlig überladenes Epos, das auf der Buddhismus-Welle schwimmt, aber nur an einen mißlungenen Sandalenfilm erinnert. HFJ 1995

Little Odessa L356
****
LITTLE ODESSA
USA 1994, 98 Min., F
R: James Gray D: Tim Roth, Edward Furlong, Moira Kelly
Ein Profi-Killer kehrt in das New Yorker russisch-jüdische Einwandererviertel »Little Odessa« zurück. Er muß einen schmutzigen Auftrag erledigen und will seine Familie wiedersehen. Durch seinen mörderischen Job reißt er die Menschen in den Tod, die er liebt. Atmosphärisch dichter Thriller. HFJ 1996

Living Buddha L357
***
BRD 1994, 137 Min., F
R: Clemens Kuby Sprecher: Renate Schmidt, Willi Röpke, Michael Habek
Sieben Jahre recherchierte der Regisseur, um die Reinkarnationsphilosophie des tibetischen Buddhismus visuell packend auf die Leinwand zu bringen. Ein teils informativer, teils sehr mystisch angehauchter Film, der sich wohltuend von spekulativen Buddha-Verfilmungen abhebt. HFJ 1995

Living in Oblivion L358
****
LIVING IN OBLIVION
USA 1995, 90 Min., F
R: Tom DiCillo D: Steve Buscemi, Catherine Keener, Dermont Mulroney
Technische Pannen und zwischenmenschliche Animositäten erschweren die Arbeit eines Low-Budget-Filmteams. Eine amüsant-witzige Persiflage über Filmschaffende, mit schlauem Blick, charmanten Doppelbödigkeiten und viel Liebe zu den Figuren inszeniert. HFJ 1996

Das Loch L359
****
LE TROU
Fr/It 1960, 117 Min., s/w
R: Jacques Becker D: Philippe Leroy, Michel Constantin, Jean Keraudy

Fünf Untersuchungshäftlinge, denen lange Haftstrafen bevorstehen, planen vor Prozeßbeginn ihren Ausbruch aus einem Pariser Gefängnis und buddeln ein gut getarntes Loch in den Boden ihrer Zelle, das über den Keller in die Kanalisation führt. Eher eine tiefgehende Charakterstudie als ein Thriller: Hier geht es um das menschliche Miteinander und Verrat.

Ein Loch im Dollar L360
UN DOLLARO BUCATO **
Italien/Frankreich 1965, 96 Min., F
R: Calvin Jackson Paget D: Giuliano Gemma, Evelyn Stuart, Peter Cross
Lumpen bringen zwei Brüder durch Tricks dazu, aufeinander zu schießen. Der eine überlebt dank eines Dollars und macht sich auf, die Verursacher des Brudermordes zur Rechenschaft zu ziehen. Dutzendwestern.

Das Loch im goldenen Käfig L361
DER KOM EN SOLDAT ***
Dänemark 1968, 87 Min., F
R: Peer Gulbrandsen D: Willy Rathnow, Olaf Ussing, Astrid Villaume
Ein Soldat bekommt mit einem geheimnisvollen Feuerzeug das ersehnte Glück. Modernisierte Fassung von Hans Christian Andersens Kunstmärchen »Das Feuerzeug«.

Das Loch im Himmel L362
THE BODY STEALERS **
GB/USA 1969, 95 Min., F
R: Gary Levy D: George Sanders, Maurice Evans, Patrick Allen
Außerirdische entführen »echte Kerle« von der Erde, um das Aussterben ihrer Rasse zu verhindern. Ein an Langeweile und an Einfalt kaum zu überbietender SF-Streifen. LSFF

Das Loch in der Tür L363
THE NIGHTCOMERS ***
GB 1972, 97 Min., F

Yves Montand und Charles Vanel in ›Lohn der Angst‹.

Romans »Die Drehung der Schraube« (1898) von Henry James, der ob der Deutlichkeit dieser Verfilmung in seiner Kiste rotieren dürfte.

Lockere Geschäfte L364
RISKY BUSINESS ****
USA 1983, 96 Min., F
R: Paul Brickman D: Tom Cruise, Rebecca De Mornay, Curtis Armstrong
Während des Urlaubs der Eltern funktioniert ein Teenager sein Haus in ein Bordell um, kassiert groß ab und muß aber trotzdem erfahren, daß sich die Weisheiten des Ökonomie-Kurses nicht so einfach in die Realität übertragen lassen. Schwungvolle und überaus witzige Komödie über das Erwachsenwerden. Das überaus intelligente Drehbuch läßt zahlreiche Lesarten zu.

Lockruf des Goldes L365
***
DDR 1974, 87 Min., F
R: Konrad Petzold D: Dean Reed, Manfred Krug, Renate Blume, Armin Mueller-Stahl, Rolf Hoppe
Spannende, humorvolle Episoden aus dem Leben des Journalisten Chris Bellew, der 1897 zum Klondike kommt und die Goldrauschzeit miterlebt. Nach Geschichten von Jack London.

Lohn der Angst L366
LE SALAIRE DE LA PEUR ****
Fr/It 1953, 150 Min., s/w
R: Henri-Georges Clouzot D: Yves

ßen zu transportieren. Einer der spannendsten Filme aller Zeiten, der den Zuschauer durch die hervorragend gespielte Intensität seiner Hauptfiguren vereinnahmt.

Lohn der Giganten L367
LA MENACE ****
Frankreich 1977, 88 Min., F
R: Alain Courneau D: Yves Montand, Carole Laure, Marie Dubois
Thriller um ein endloses Band falscher Wahrnehmung: Ein Selbstmord wird als Mord gesehen. Eine Frau wird zu Unrecht angeklagt, ihr Geliebter will den Verdacht auf sich lenken und stirbt dabei. Brillante Inszenierung.

Die Lok L368
****
BRD 1992, 83 Min., F
R: Gerd Haag D: Rolf Hoppe, Isabel Dotzauer, Marcus Fleischer
Zwei Mädchen und drei Jungen aus dem Ruhrgebiet träumen von einer Fahrt nach Sibirien mit einer selbst hergerichteten Draisine. Ein ehemaliger Lokführer hilft nach einigem Widerstreben diesen Traum zu erfüllen. Liebevoll inszenierter Kinderfilm. HFJ 1994

Lola L369
****
BRD 1981, 111 Min., F
R: Rainer Werner Fassbinder
D: Barbara Sukowa, Armin Mueller-Stahl, Mario Adorf, Ivan Desny
Eine Stadt im Wirtschaftswunder wird von einem korrupten Baulöwen beherrscht. Ein aufrechter Baudezernent stellt sich ihm entgegen, scheitert aber an der Liebe zu einer Frau, deren Rolle in diesem System der Korruption er zunächst nicht durchschaut.

Barbara Sukowa als ›Lola‹.

Peter Ustinov und Martine Carol in ›Lola Montez‹, einem Meisterwerk von Max Ophüls.

Lola L370
LOLA **
Mexiko 1989, 91 Min., F
R: Maria Novaro D: Leticia Huijara, Alejandra Vargas, Martha Navarro
Assoziativ gestaltetes Lebensbild einer Straßenhändlerin, deren Mann nach Amerika gegangen ist und der kein neues Glück gelingen will.

Lola, das Mädchen aus dem Hafen L371 ***
LOLA
Frankreich/Italien 1961, 85 Min., s/w
R: Jacques Demy D: Anouk Aimée, Marc Michel, Jacques Harden
Poetisch stilisierte Geschichte von verlorener und wiedergefundener Liebe.

Lola Montez L372
*****
BRD/Frankreich 1955, 110 Min., F
R: Max Ophüls D: Martine Carol, Peter Ustinov, Adolf Wohlbrück, Will Quadflieg, Oskar Werner
In einem Zirkus wird die kranke Lola Montez »ausgestellt« und läßt ihr skandalträchtiges Leben Revue passieren. Vielleicht der schönste unter Max Ophüls' schönen Filmen.

Lola rennt L373
*****
BRD 1998, 79 Min., F
R: Tom Tykwer D: Franka Potente, Moritz Bleibtreu, Herbert Knaup
Innerhalb von 20 Minuten muß Lola 100 000 DM auftreiben, sonst stirbt ihr Freund. Formal rasant und mit einem videoclipartigen Stakkato an Stilmitteln erzählt Tom Tykwer diesen Plot in drei Varianten, ohne sein eigentliches Thema – Individualität zwischen Entscheidungsfreiheit und Zufallseinflüssen – aus den Augen zu verlieren. Geniale Unterhaltung nicht nur für die Pop-Kultur. HFJ 1999

Lolita L374
LOLITA ***
USA 1962, 153 Min., F
R: Stanley Kubrick D: James Mason, Sue Lyon, Shelley Winters
US-Professor verfällt durchtriebener Nymphe, verliert sie an einen Autor von Schmuddelfilmen und kommt ihr auf die Spur, als sie längst verheiratet ist. Nach dem Roman von Nabokov. Der Skandalfilm von einst wirkt heute bieder. Die Neuverfilmung von Adrian Lyne (1997) mit Jeremy Irons und Melanie Griffith ist aber nicht besser, nur anders. HFJ 1999

Lolita 90 L375
36 FILETTE ***
Frankreich 1987, 88 Min., F
R: Cathérine Breillat D: Delphine Zentout, Etienne Chicot, Olivier Pernière, Jean-Pierre Léaud
Die Geschichte eines Mädchens und eines alternden Playboys ist nicht so spekulativ, aber auch nicht sonderlich interessant. HFJ 1990

London Kills Me L376
LONDON KILLS ME ****
GB 1991, 106 Min., F
R: Hanif Kureishi D: Justin Chadwick, Steven Mackintosh, Emer McCourt, Roshan Seth
Ein Kleindealer auf den Straßen Londons will aus der Rauschgiftszene aussteigen und einen ehrlichen Job annehmen – als Kellner. Doch dazu braucht er ordentliche Schuhe, und für die fehlt ihm das Geld. Liebevolles, genaues Porträt einer »Randexistenz« voller Humor und falschem Pathos.

Lone Star L377
LONE STAR ****
USA 1996, 137 Min., F
R: John Sayles D: Chris Cooper, Elizabeth Pena, Joe Morton
Ein in der Wüste aufgefundenes, 40 Jahre altes Skelett führt den Sheriff eines kleinen Städtchens immer tiefer hinein in eine Vergangenheit, die auch vor ihm selbst keinen Halt macht. Vielschichtiges Puzzle mit ausgezeichneten Darstellern und einer hervorragenden Dramaturgie, die die einzelnen Handlungsstränge kunstvoll miteinander verbindet. HFJ 1998

Long Riders L378
THE LONG RIDERS ****
USA 1979, 99 Min., F
R: Walter Hill D: David Carradine, Keith Carradine, Robert Carradine, Stacy Keach, James Keach

Eine aus Brüderpaaren bestehende Bande, von Brüderpaaren dargestellt, überfällt mehrere Banken und Eisenbahngesellschaften und wird von Pinkerton-Detektiven gnadenlos gejagt und aufgerieben. Gewalttätiger, aber realistischer Western.

Longtime Companion L379
LONGTIME COMPANION ****
USA 1989, 99 Min., F
R: Norman René D: Bruce Davison, Campbell Scott, Stephen Caffrey
Über Jahre hinweg beschreibt der Film das (Zusammen-)Leben von einer Freundes-Clique, die vom Amüsier-Clan durch Aids zur Schicksalsgemeinschaft wird. Kein Dokument der Ohnmacht, sondern ein Plädoyer für Solidarität und Lebensfreude. HFJ 1991

Lord Jim L380
LORD JIM ***
GB 1964, 143 Min., F
R: Richard Brooks D: Peter O'Toole, James Mason, Eli Wallach
Ein Offizier, der wegen Feigheit in Seenot aus der englischen Handelsmarine ausgeschlossen worden ist, versucht seine Ehre wiederherzustellen, indem er sich in abenteuerlichen Herausforderungen zu bewähren versucht. Aufwendiger Streifen, atmosphärisch dicht.

Der Lord mit der MP L381
LE SAINT PREND L'AFFUT ***
Frankreich/Italien 1966, 90 Min., F
R: Christian-Jacque D: Jean Marais, Danièle Evenou, Jess Hahn
Ganove adliger Herkunft trickst Vertreter zweier Geheimdienste aus, die einem Millionenvermögen nachjagen. Solides Agenten-Abenteuer.

Lord Nelsons letzte Liebe L382
THAT HAMILTON WOMAN ***
GB 1939, 105 Min., s/w
R: Alexander Korda D: Laurence

Der Lord von Barmbeck L383
***
BRD 1973, 107 Min., F
R: Ottokar Runze D: Martin Lüttge, Judy Winter, Inken Sommer
Episoden aus dem Leben des Hamburger Einbrecherkönigs. Ein indirekt entworfenes Gesellschaftsbild, das zu entschlüsseln den Reiz des Films ausmacht.

Lords of Discipline L384
THE LORDS OF DISCIPLINE **
USA 1982, 103 Min., F
R: Franc Roddam D: David Keith, Robert Prosky, G. D. Spradlin
In einer Privatmilitärschule in den USA der sechziger Jahre kämpft ein junger Offizier gegen einen gewalttätigen Geheimbund. Zeitbild mit eher zwiespältigem Aussagewert.

Lords of the Deep L385
LORDS OF THE DEEP **
USA 1989, 82 Min., F
R: Mary Ann Fisher D: Bradford Dillman, Priscilla Barnes, Melody Ryan
Mantaförmige Rochen besuchen die Besatzung einer Unterwasserstation und entpuppen sich als freundliche Besucher aus der Zukunft. Gutgemeinte Billigproduktion. HFJ 1991

Lorenza L386
PROFUMO *
Italien 1987, 92 Min., F
R: Giuliana Gamba D: Florence Guerin, Luciano Bartoli, Giuliano Sestili
Junge Unschuld ehelicht perversen alten Knaben, findet allmählich Spaß an ausgefallenen Spielchen und sucht sich einen jüngeren Bettgefährten, was dem Gatten wenig gefällt. HFJ 1990

Lorenzos Öl L387
LORENZO'S OIL ***
USA 1992, 116 Min., F
R: George Miller D: Susan Saran-

Lorna L388
LORNA ***
USA 1964, 74 Min., s/w
R: Russ Meyer D: Lorna Maitland, Mark Bradley, James Rucker
Eine fetzige Billigproduktion des Mopsfetischisten Nr. 1: Lorna, üppige Gattin eines Minenarbeiters, wird von einem Knastologen auf wenig feine Art angemacht – und geht auf ihn ein.

The Loss of Sexual Innocence L389
THE LOSS OF SEXUAL INNOCENCE ***
GB 1998, 105 Min., F
R: Mike Figgis D: Julian Sands, Stefano Dionisi, Kelly MacDonald
Verquer montierte Szenen aus dem Leben eines Mannes, kontrastiert mit hypnotischen Bildern von der Vertreibung aus dem Paradies, schildern den Verlust der individuellen und allgemeinen Unschuld. Schwer zu verdauende Metapher. HFJ 2000

Lost Boys L390
THE LOST BOYS ***
USA 1987, 97 Min., F
R: Joel Schumacher D: Jason Patric, Corey Haim, Dianne Wiest
Aufrechter amerikanischer Jungmann befreit sein Brüderchen in einer von Althippies bewohnten Ortschaft aus den Fängen motorradfahrender Vampire. Routinierte Horrormär. HFJ 1989

Lost Highway L391
LOST HIGHWAY ****
Frankreich/USA 1996, 135 Min., F
R: David Lynch D: Bill Pullman, Patricia Arquette, Balthazar Getty
Innenansicht eines Psychopathen anhand eines eifersüchtigen Jazzers, der nach dem »vergessenen« Mord an seiner Frau in der Todeszelle die Identität eines Automechanikers annimmt (eine Interpretationsmöglichkeit). Die Logik des Irrationalen als hochartifizielles Trance-Alptraum-Kino.

Ein vierjähriges Mädchen wünscht sich sehnlichst ein Fahrrad, und weil ihr Wunsch sich nicht zu erfüllen scheint, nimmt sie die Sache selbst in die Hand. Ein kindgerechter Film voller Charme.

Louis, der Geizkragen L393
L' AVARE ***
Frankreich 1980, 76 Min., F
R: Jean Girault, Louis de Funès
D: Louis de Funès, Frank David, Claire Dupray, Hervé
Verfilmung der klassischen Komödie von Molière: Maßloser Geizhals zieht durch seine alles in den Schatten stellende Habgier seine eigenen Kinder in Mitleidenschaft. Eigentümlicher Film mit einem Louis de Funès, der hier einmal in einer für ihn untypischen Rolle überzeugt.

Louis, die Schnatterschnauze L394
DANS L'EAU QUI FAIT DES BULLES **
Frankreich 1960, 84 Min., s/w
R: Maurice Delbez D: Louis de Funès, Pierre Dudan, Marthe Mercadier
Aus Angst vor der Polizei wird eine Leiche in immer neue Verstecke gebracht. Viel mehr hat der Film auch sonst nicht zu bieten. Humor auf Kalauerniveau.

Louis und seine außerirdischen Kohlköpfe L395 **
LA SOUPE AUX CHOUX
Frankreich 1981, 94 Min., F
R: Jean Girault D: Louis de Funès, Jean Carmet, Jacques Villeret
Bauer begegnet außerirdischen Wesen. Konventionelle Komik in der Art früherer Louis de Funès-Filme, ohne besondere Einfälle.

Louis und seine verrückten Politessen L396 ***
LE GENDARME ET LES GENDARMETTES
Frankreich 1982, 99 Min., F
R: Jean Girault, Tony Aboyantz
D: Louis de Funès, Michel Galabru, Maurice Risch, Guy Grosse
Einmal mehr Louis de Funès als hektischer Gendarm von St. Tropez. Vier gutaussehende Politessen sind wegen angeblicher Kenntnis strategischer Geheimnisse entführt worden. Zum letzten Mal kümmert sich der schnellsprechende Polizist wie üblich mit Eifer und beängstigenden Grimassen um die Sache. Nichts Neues!

Louis' unheimliche Begegnung mit den Außerirdischen L397 **
LE GENDARME ET LES EXTRATERRESTRES
Frankreich 1978, 91 Min., F
R: Jean Girault D: Louis de Funès, Michel Galabru, Maurice Risch
Louis de Funès erneut als vertrotteltübereifriger Gendarm im sonnigen St. Tropez. Diesmal hat er es mit einem in dem Ferienort gelandeten außerirdischen Wesen zu tun. Mißlungener Versuch, mit schlaffen Science-Fiction-Witzchen an *Balduin, der Schrecken von St. Tropez* anzuknüpfen.

Louisiana Story L398
LOUISIANA STORY ****
USA 1948, 78 Min., s/w
R: Robert J. Flaherty D: Joseph Boudreaux, Lionel LeBlanc, Frank Hardy
Dokumentarischer Spielfilm, der aus der Perspektive eines Jungen die Ölsuche in den Sümpfen Louisianas schildert. Flahertys letzte Arbeit.

›Louisiana Story‹ von Flaherty

Der Loulou L399
LE LOULOU ****
Frankreich 1979, 110 Min., F
R: Maurice Pialat D: Isabelle Huppert, Gérard Depardieu, Guy Marchand, Humbert Balson
Die alte Geschichte einer Frau, die ihren leidenschaftslosen bürgerlichen Mann verläßt, um sich mit einem Geliebten in Stundenhotels zu treffen, aufregend neu erzählt.

Love and Sexual Freedom L400
SEXUAL FREEDOM IN DENMARK **
USA 1970, 72 Min., F
R: M. C. Van Hellen D: Ole Lassen, Lissy Kalkreuth
Dokumentation über die Dänen und ihr Verhältnis zu Sex und Pornographie. Interviews mit Live-Show- und Pornoakteuren der ersten Stunde. 1970 ein harter Brocken; Wischiwaschi für die Kenner des Einschlägigen der neunziger Jahre.

Love Crimes L401
LOVE CRIMES ***
USA 1991, 90 Min., F
R: Lizzie Borden D: Sean Young, Patrick Bergin, Arnetai Walker
Zuerst nackt vor der Kamera, dann bestohlen: Was nach RTL klingt, ist nicht nur Erotik für Voyeure. Eine karrieresüchtige Staatsanwältin taucht auf und will dem betrügerischen Fotografen das Handwerk legen. Das fällt ihr nicht immer leicht. HFJ 1993

Love Dreams L402
***
Schweiz 1980, 74 Min., F
R: Alain Varga D: Elisabeth Hanancourt, Cindy Springfield, Guy Caleche
Au-pair-Girl kommt aus Frankreich in die USA, doch in allen Häusern, in denen es vorstellig wird, wird es mit geilen HechtInnen konfrontiert.

Love Field L403
LOVE FIELD ***
USA 1992, 104 Min., F
R: Jonathan Kaplan D: Michelle Pfeiffer, Dennis Haysbert, Stephanie McFadden
Weiße Amerikanerin aus Dallas will zur Beisetzung des bei einem Attentat ums Leben gekommenen US-Präsidenten Kennedy nach Washington fahren. Während der Reise durch das Land lernt sie einen schwarzen Amerikaner nebst Töchterlein kennen, die auf der Flucht vor der Polizei sind. Unterhaltsame Liebesgeschichte. HFJ 1994

Das Love-Hotel in Tirol L404
**

BRD 1978, 92 Min., F
R: Franz Antel D: Erich Padalewski, Terry Torday, Fritz Muliar
Tirol als Schauplatz eines derb-dürftigen und harmlosen Sex-Lustspiels, das auch noch in Thailand spielt. Durch diesen Ortswechsel erlebt man allerdings weder ein gesteigertes Amüsement noch größeren Lustgewinn.

Love Stinks – Bilder des täglichen Wahnsinns L405
***

BRD 1982, 82 Min., F und s/w
R: Wilhelm und Birgit Hein
Experimentelle Collage zweier Filmemacher über ihren einjährigen Aufenthalt in New York. In der zum Teil provokativ-exhibitionistischen Selbstdarstellung ihrer Liebe als Insel der Geborgenheit in einer abstoßenden Umgebung des Zerfalls verarbeiten sie ihre Eindrücke. Nur sporadisch faszinierender Film.

Love Story L406
LOVE STORY ****

USA 1969, 100 Min., F
R: Arthur Hiller D: Ali MacGraw, Ryan O'Neal, John Marley
Reicher Student und arme Studentin verlieben sich ineinander, setzen sich über alle Schwierigkeiten und gesellschaftliche Konventionen hinweg und heiraten. Das junge Glück wird jedoch durch eine tödliche Leukämieerkrankung der Frau jäh zerstört. Publikumswirksame, aber aufrichtige Umsetzung des ernsten Themas.

Love Streams L407
LOVE STREAMS ****

USA 1984, 135 Min., F
R: John Cassavetes D: Gena Rowlands, John Cassavetes, Diahnne Abbott
Ein Schriftsteller und seine Schwester, von tiefgreifenden persönlichen Pro-

Lovers & Gentlemen L408
HEY BABU RIBA/BAL NA VODI ***

Jugoslawien 1986, 104 Min., F
R: Jovan Acin D: Gala Videnovic, Relja Basic, Nebojsa Bakecovic
Erinnerungen an eine Jugend in Jugoslawien in den fünfziger Jahren. Anlaß ist das Begräbnis einer damals geflohenen Frau, deren ehemalige Freunde sich wiedertreffen.

Loving L409
LOVING ***

USA 1969, 85 Min., F
R: Irving Kershner D: George Segal, Eva Marie Saint, Janis Young
Liebessüchtiger Werbegrafiker zwischen Ehefrau und Geliebter läßt sich mit einer dritten Frau ein. Fatalerweise wird ihre Liebesnacht über eine Babysitteranlage in eine Party übertragen. Sittenkomödie mit Slapstick-Finale.

Der Löwe des gelben Meeres L410
DAITOZOKU **

Japan 1964, 94 Min., F
R: Senkichi Taniguchi D: Toshiro Mifune, Makotot Sato, Mitsuko Kusabue
Die märchenhaften Abenteuer eines zu Unrecht angeklagten Samurai im fremden Land präsentieren einen Hauptdarsteller, der auch die größten Regiefehler stoisch übersteht.

Der Löwe und die Hexe L411
THE LION, THE WITCH AND THE WARDROBE ****

USA 1985, 95 Min., F
R: Bill Melendez
Vier Kinder gehen durch einen Schrank in das imaginäre Land Narnia und nehmen den Kampf gegen eine böse Hexe auf, die alle Menschen frieren läßt. Ausgezeichneter Zeichentrickfilm nach einer Romanserie von C. S. Lewis. HFJ 1988

Der Löwe L412

Stadt Babylon. Dutzendabenteuer nach Karl May, mit Witzen, die älter sind als Babylon.

Der Löwe von San Marco L413
IL LEONE DI SAN MARCO ***

Italien 1963, 89 Min., F
R: Luigi Capuano D: Gordon Scott, Gianna Maria Canale, Rik Battaglia
Maskierter Dogensohn im permanenten Kampf gegen eine Piratenbande, die Venedig ausplündert. Mantel- und Degenfilm nach Standardmuster.

Der Löwe von Sparta L414
THE THREE HUNDRED SPARTANS ***

USA 1960, 88 Min., F
R: Rudolph Maté D: David Farrar, Richard Egan, Diane Baker
Aufrechtes Grüpplein von Spartanern stellt sich 480 v. Chr. einem übermächtigen persischen Heer entgegen. Historienfilm mit riesigen Massenszenen. Unterhaltsam.

Der Löwe von Theben L415
IL LEONE DI TEBE **

Italien 1964, 88 Min., F
R: Giorgio Ferroni D: Mark Forest, Yvonne Furneaux, Pierre Cressoy
Nach einem Schiffbruch landen Arion und Helena in Theben und bekommen Ärger mit dem Pharao Ramses, einem besonders intriganten Hund. Einfältig inszenierter Monumentalfilm.

Die Löwin und ihr Jäger L416
LES GRANGES BRULEES ***

Frankreich/Italien 1973, 95 Min., F
R: Jean Chapot D: Alain Delon, Simone Signoret, Paul Crauchet
Die Spur in einem Mordfall führt einen Untersuchungsrichter zum Bauernhof der resoluten Rose, die ihre Söhne mit Zähnen und Klauen verteidigt. Packender Thriller mit einer schauspielerischen Parforcetour für Delon und Signoret.

O. W. Fischer als frankophiler Märchenkönig ›Ludwig II.‹.

scher Dichter in ein Bordell, wo er eine polnische Frau kennen und lieben lernt. In raffinierter Verschachtelung erzählte Geschichte von Liebe, Identität und Politik.

Lucky Jo L418
LUCKY JO ***
Frankreich 1964, 90 Min., s/w
R: Michel Deville D: Eddie Constantine, Pierre Brasseur, Georges Wilson
Lucky Jo ist im Gegensatz zu seinem Namen ein Pechvogel, der seine Gangsterkollegen nur reinreißt. Tragikomischer, für Eddie untypischer Film.

Lucky Luciano L419
LUCKY LUCIANO *****
Italien/Frankreich 1973, 109 Min., F
R: Francesco Rosi D: Gian Maria Volonté, Charles Siragusa, Rod Steiger
Der italo-amerikanische Gangsterboß baut nach seiner Abschiebung nach Italien zielstrebig eine Rauschgiftconnection zwischen den Kontinenten auf. Eine präzise Studie über die Mechanismen der Macht, die Gangster und Staat miteinander verknüpfen. Ein Höhepunkt des »Cinema di denuncia«.

Lucky Star L420
THE LUCKY STAR ***
Kanada 1980, 107 Min., F
R: Max Fischer D: Rod Steiger, Louise Fletcher, Brett Marx, Lou Jacobi
Im jüdischen Ghetto von Amsterdam im Jahr 1940 wächst der junge David heran. Sein Kino-Traum vom Wilden Westen begleitet ihn auch auf seiner Flucht vor den Nazis.

Lucrezia, die rote Korsarin L421
JOLANDA, LA FIGLIA DEL CORSARO NERO **
Italien 1952, 95 Min., s/w
R: Mario Soldati D: May Britt, Marc Lawrence, Renato Salvatori
Lucrezia, »die Tochter des schwarzen Korsaren« (Originaltitel) ist eine würdige Nachfahrin ihres alten Herrn. Anspruchsloses Fechtabenteuer in italienischer Studiokulisse.

Ludwig van B. – Meine unsterbliche Geliebte L422
***
IMMORTAL BELOVED
USA 1994, 121 Min., F
R: Bernard Rose D: Gary Oldman, Jeroen Krabbe, Isabella Rossellini
Der Komponist Ludwig van Beethoven hinterläßt im Testament seine Musik und sein Vermögen einer »unsterblichen Geliebten«. Sein treuer Sekretär sucht diese Unbekannte. In Rückblenden entwickelt sich ein ganz anderes, sehr persönliches Bild des Maestros. Die opulente und sehr eigenwillige Beethoven-Biographie, mischt Zeit- und Musikgeschichte mit einer großen Love-Story. Typischer Zwitter, der einen gefühlsmäßig jedoch kaltläßt.
HFJ 1996

Ludwig II. L423
***
BRD 1954, 115 Min., F
R: Helmut Käutner D: O. W. Fischer, Ruth Leuwerik, Marianne Koch
Wegen seiner idealisierenden und ein wenig pathetischen Form zunächst unterschätztes Porträt des bayerischen Märchenkönigs, das die inszenatorischen Fähigkeiten Käutners beweist.

Ludwig II. L424
****
BRD/It/Fr 1972, 142 Min., F
R: Luchino Visconti D: Helmut Berger, Romy Schneider, Trevor Howard
Prunkvoll elegisches Porträt des bayerischen »Märchenkönigs«, weitgehend an Originalschauplätzen meisterhaft inszeniert.

Die Luft von Paris L425
L' AIR DE PARIS **
Fr/It 1954, 95 Min., s/w
R: Marcel Carné D: Jean Gabin, Arletty, Roland Lesaffre, Marie Daems
Der junge Boxer André verliebt sich in die verführerische Corinne und verbraucht seine Kraft, zum Leidwesen seines Trainers, außerhalb des Rings. Erst als Corinne ein Einsehen hat, steht der sportlichen Karriere Andrés nichts mehr im Wege. Schlampig inszeniert und ohne jegliche Originalität.

Der Lügner L426
***
BRD 1961, 88 Min., s/w
R: Ladislao Vajda D: Heinz Rühmann, Julia Follina, Gustav Knuth
Ein kleiner Buchhalter errichtet für seine achtjährige Tochter eine Märchenwelt, in der er ein großer Held, Erfinder und Astronaut ist. Besinnliches für Rühmann-Fans.

Der Lügner L427
L' HOMME QUI MENTE ***
Frankreich 1968, 105 Min., s/w
R: Alain Robbe-Grillet D: Jean-Louis Trintignant, Silvie Bréal, Dominique Prado
Junger Mann behauptet gegenüber der Familie eines im Krieg Vermißten, daß dieser tot sei. Er erfindet ständig neue Geschichten, wenn er mit Widersprü-

chen seiner Erlebnisberichte konfrontiert wird. Intelligent gemachter, teils komödienhafter Film, der sich über die erzählte Geschichte hinaus als Reflexion über das ständige In-Frage-Stellen der Welt deuten läßt.

Lulu on the Bridge L428
LULU ON THE BRIDGE ***
USA 1998, 104 Min., F
R: Paul Auster D: Harvey Keitel, Mia Sorvino, Gina Gershon
Liebesgeschichte um einen alternden ehemaligen Jazzmusiker und eine schöne, junge Schauspielerin, die sich durch einen märchenhaften blauen Edelstein finden und wieder verlieren. Geheimnisvoll-melancholische Bilder um die Sehnsucht und die Kraft des Lebens. HFJ 2000

Die lustige Witwe L429
THE MERRY WIDOW ***
USA 1925, 118 Min., s/w
R: Erich von Stroheim D: Mae Murray, John Gilbert, Roy D'Arcy
Sehr frei nach der Lehár-Operette eifern zwei Prinzen um die Hand einer reichen und schönen Tänzerin. Von Stroheims Stummfilm-Klassiker ist eine funkelnde Satire auf die dekadente aristokratische Gesellschaft und wurde sein größter Erfolg.

Maurice Chevalier macht ganz europäisch Jeanette MacDonald den Hof.

Die lustige Witwe L430
THE MERRY WIDOW ***
USA 1934, 95 Min., s/w
R: Ernst Lubitsch D: Maurice Chevalier, Jeanette MacDonald, Una Merkel, Edward E. Horton
Der König eines kleinen Balkan-Staates, der durch die Auswanderung einer millionenschweren Witwe nach Paris vor dem finanziellen Ende steht, versucht diese mit Hilfe des Charmes eines seiner Offiziere zurückzugewinnen. Leicht angestaubte, witzige Verfilmung der Operette von Franz Léhar mit bestechender Bildgestaltung und subtiler erotischer Spannung.

M

M M1
M ***
USA 1950, 86 Min., s/w
R: Joseph Losey D: David Wayne, Howard da Silva, Martin Gabel
Neuverfilmung von Fritz Langs Klassiker *M. Mörder unter uns*. Früher Film von Joseph Losey, bevor dieser wegen der McCarthy-Jagd auf Kommunisten die USA verlassen mußte.

M – Eine Stadt sucht einen Mörder M2 *****
Deutschland 1931, 98 Min., s/w
R: Fritz Lang D: Peter Lorre, Gustaf Gründgens, Otto Wernicke
Klassisches Meisterwerk von einem Kindermörder, der nicht nur von der Polizei, sondern auch von der Unterwelt gejagt wird, die ihn in einem makabren Tribunal unter dem Vorsitz von Gründgens zum Tode verurteilt. Mit einem hervorragenden Lorre und zahlreichen Verweisen auf das gesellschaftliche Klima in der Zeit des aufkommenden Nationalsozialismus.

M. Butterfly M3
M. BUTTERFLY ***
USA 1993, 101 Min., F
R: David Cronenberg D: Jeremy Irons, John Lone, Barbara Sukowa
Ein französischer Diplomat lernt 1964 in Peking eine Sängerin kennen, in die er sich sofort verliebt und ihr bis zur Selbstaufgabe verfällt. Als er erkennt, daß er Opfer eine erotisch-politischen Intrige wurde, ist es für ihn zu spät. HFJ 1994

Mabok, der Schrecken der Dschungel M4 **
BEYOND THE BLUE HORIZON
USA 1942, 75 Min., F
R: Alfred Santell D: Richard Denning, Dorothy Lamour, Jack Haley
Waisenmädchen wächst allein auf einer tropischen Insel heran und führt nach ihrer Rettung eine Expedition dorthin, um zu beweisen, wer sie ist (eine reiche Erbin nämlich). Anspruch sucht man vergeblich, aber Spaß ist garantiert.

Mac Arthur – Held des Pazifik M5 ***
MAC ARTHUR
USA 1976, 130 Min., F
R: Joseph Sargent D: Gregory Peck, Ed Flanders, Dan O'Herlihy
Der amerikanische Fünf-Sterne-General Douglas Mac Arthur als erfolgreicher Stratege im Pazifikkrieg, als Vergleichsweise humaner Dirigent des materiellen wie demokratischen Wiederaufbaus Japans nach Hiroshima und Nagasaki und als politisch Unterlegener im Korea-Konflikt mit der kommunistischen Welt. Der mit Originalaufnahmen durchsetzte Film vereinigt zwar in sich zahlreiche Auswüchse des Kriegs- und Nationalpathos-

›M – Eine Stadt sucht einen Mörder‹ – Peter Lorre in der Rolle eines mutmaßlichen Kindermörders.

films, er ist aber gleichzeitig instruktiv und aufgrund der Leistung von Gregory Peck sogar sehenswert.

Mac Millionär M6
BLANK CHECK ***
USA 1993, 93 Min., F
R: Rupert Wainwright D: Brian Bonsall, Karen Duffy, James Rebhorn
Ein Elfjähriger kriegt durch Zufall eine Million Dollar in die Finger und schmeißt das Geld begeistert für Spielsachen heraus. Anschließend kehrt er höchstzufrieden zu seiner Familie zurück. Kinderfilm auf der »Kevin-Welle«. HFJ 1995

Macabra – Die Hand des Teufels M7 *
MACABRA
USA 1979, 90 Min., F
R: Alfredo Zacharias D: Samantha Eggar, Stuart Whitman, Narciso Busquets
Staub aus einer in unterirdischer Kultstätte gefundenen Schatulle verwandelt sich in dämonische Hand, verschmilzt mit verschiedenen Personen und treibt sie zu Untaten. Billig-Horrorschocker.

Macabre M8
MACABRE **
USA 1958, 73 Min., s/w
R: William Castle D: William Prince, Jim Backus, Jacqueline Scott
Nachdem die Tochter eines Arztes entführt wird, verdichtet sich der Verdacht, daß sie lebendig begraben wurde. Wettlauf gegen die Zeit etc. Todlangweilig.

Macabro – Die Küsse der Jane Baxter M9 *
MACABRO
Italien 1980, 90 Min., F
R: Lamberto Bava D: Bernice Stegers, Veronica Zinny, Stanko Molnar
Abscheulicher Psycho-Thriller über eine mörderische Schizophrene und ihren eigenartigen »Geliebten« – einen abgetrennten Kopf.

Macao M10
MACAO ****
USA 1952, 80 Min., s/w
R: Josef von Sternberg D: Robert Mitchum, Jane Russell, William Bendix, Thomas Gomez
Das romantisiert dargestellte Gangstermilieu der chinesischen Hafenstadt Macao bildet den Hintergrund der Beziehung zwischen einer Sängerin und einem Abenteurer. Die brillante Kamera und die mit Neckereien und versteckten Anzüglichkeiten zwischen Mitchum und Russell gespickten amüsanten Dialoge lassen über die dünne Handlung hinwegtrösten.

Macaroni M11
MACCHERONI ***
Italien 1985, 106 Min., F
R: Ettore Scola D: Jack Lemmon, Marcello Mastroianni, Isa Danieli
Ein amerikanischer Geschäftsmann kehrt nach vierzig Jahren in seine Heimatstadt Neapel zurück, wo er einem Freund und seiner Vergangenheit wiederbegegnet. Liebevolle, sehr gut gespielte Komödie über eine Freundschaft und Appell zur Besinnung auf nicht-materielle Werte.

MacArthurs Kinder M12
SETOUCHI SHONEN YAKYU DAN ****
Japan 1984, 140 Min., F
R: Masahiro Shinoda D: Takaya Yamauchi, Yoshiyuki Omori
Auf einer japanischen Insel leisten Schulkinder den amerikanischen Besatzern einen ebenso sinnlosen wie heroischen Widerstand. Der einzige Erfolg besteht darin, daß sie ihre eigene Identität finden und besser mit ihrem Schicksal umzugehen lernen.

Macbeth M13
MACBETH ***
GB 1971, 136 Min., F
R: Roman Polanski D: Jon Finch, Francesca Annis, Martin Shaw
Wortgetreue Verfilmung des Dramas von Shakespeare; prächtige Ausstattung und blutrünstige Details überlagern manchmal die innere Spannung.

Macbeth – Der Königsmörder M14 *****
MACBETH
USA 1948, 80 Min., s/w
R: Orson Welles D: Orson Welles, Jeanette Nolan, Dan O'Herlihy
Genialische, nahe am Theater bleibende Verfilmung von Shakesspeares Stück.

Mach mich nicht an M15
THE POM POM GIRLS ***
USA 1975, 90 Min., F
R: Joseph Ruben D: Robert Carradine, Jennifer Ashley, Michael Mullins
Film über das Verhalten und Erleben einer Gruppe von High-School-Schülern. Alles nicht besonders originell, aber durchaus pfiffig rübergebracht.

Mach's gut, Pork Pie M16
GOODBYE PORK PIE ***
Neuseeland 1980, 100 Min., F
R: Geoff Murphy D: Tony Barry, Kelly Johnson, Claire Oberman
Anspruchsvolles Slapstick-Road-Movie um ein Aussteiger-Trio, das sich während einer Verfolgungsjagd mit der Polizei immer mehr in sein Außenseiterdasein hineinsteigert, bis einer der Drei schließlich den Tod findet. Durchaus gelungene Genremischung.

Mach's noch einmal, Sam M17
PLAY IT AGAIN, SAM ****
USA 1971, 85 Min., F
R: Herbert Ross D: Woody Allen, Diane Keaton, Tony Roberts, Jerry Lacy
Schüchterner New Yorker Intellektueller sucht nach zerbrochener Beziehung neue Partnerin mit Hilfe von Freunden und des Rates von Humphrey Bogart, dem durch seine Filme ausgewiesenen Meister im »Frauenaufreißen«. Nach diversen Fehlschlägen verliebt er sich unversehens in die Freundin, was zu Problemen führt, bei denen ihm »Humph« auch nicht weiterhelfen kann. Liebevolle, witzig-selbstironische Hommage an den großen Star des Film noir.

Machen wir's wie Cowboys M18
THE COWBOY WAY ***
USA 1994, 107 Min., F
R: Gregg Champion D: Woody Harrelson, Kiefer Sutherland, Dylan McDermott
Zwei Rodeo-Cowboys aus New Mexico verirren sich nach New York, begeistern mit ihrer herben Art die Damenwelt, legen sich mit kubanischen Gangstern an und jagen zu Pferde durch Manhattan. Unterhaltungskino der einfachen Art. HFJ 1995

Macho Callahan M19
MACHO CALLAHAN ***
USA 1969, 100 Min., F
R: Bernard L. Kowalski D: David Janssen, Jean Seberg, Lee J. Cobb
Offizierswitwe setzt Kopfgeldjäger auf den Mörder ihres Mannes an, verfolgt ihn aber auch selbst und wird von ihm vergewaltigt. Sie beginnt ihn zu lieben, aber das dulden die Kopfgeldjäger nicht. Psycho-Western.

Die Macht der Bilder: Leni Riefenstahl M20
****
BRD 1993, 188 Min., F
R: Ray Müller
Mit Preisen überhäufte Dokumentation über Leni Riefenstahl, die inzwischen 90jährige Regisseurin, die durch ihre staatstragenden Arbeiten für Adolf Hitler (Parteitags- und Olympiafilme) in Deutschland immer noch fast ein Tabu ist. Ray Müllers Versuch, der Legende ohne Vorurteile zu begegnen, führte zu einem außergewöhnlich vielschichtigen Portrait der Tänzerin und Schauspielerin, Fotografin und Filmemacherin, aber auch hypnotischen Verführerin in den Diensten der faschistischen Ideologie, die die Frage nach ihrer Mitschuld bis heute nicht beantworten kann. HFJ 1994

Die Macht der Gefühle M21
****
BRD 1983, 115 Min., F und s/w
R: Alexander Kluge D: Hannelore Hoger, Alexandra Kluge, Edgar Boehlke, Klaus Wennemann
Eine brillante Film-Collage über Ästhetik und Struktur der Oper, der Zeit und der Politik, und eine hartnäckige, im Dokumentarischen wie im Fiktiven betriebene Frage nach dem Opfer.

Die Macht der Männer ist die Geduld der Frauen M22
***
BRD 1978, 76 Min., F
R: Christina Perincioli D: Elisabeth Walinski, Eberhard Feik, Dora Kürten, Christa Gehrmann
Addi, seit 5 Jahren mit Max verheiratet und Mutter eines Kindes, wird von ihrem Ehemann immer wieder brutal mißhandelt. Sie findet Zuflucht und Neuanfang in einem Frauenhaus.

Die Macht des Bösen M23
FORCE OF EVIL ***
USA 1948, 78 Min., s/w
R: Abraham Polonsky D: John Garfield, Beatrice Pearson, Thomas Gomez
Ambitionierter Rechtsanwalt wird erfolgreich, als er für einen großen Gangster zu arbeiten beginnt. Düsteres Drama über die Korrumpierbarkeit des Menschen.

Die Macht und ihr Preis M24
CADAVERI ECCELENTI ****
Italien/Frankreich 1975, 120 Min., F
R: Franceso Rosi D: Lino Ventura, Alain Cuny, Paolo Bonacelli, Max von Sydow, Fernando Rey
Ein Polizeiinspektor kommt einer Verschwörung von Politik und Armee auf die Spur und wird schließlich von den Drahtziehern eliminiert. Präzise Gesellschaftsbeschreibung, einige Jahre bevor das »Gladio«-Komplott ruchbar wurde.

Die Mächte des Lichts M25
SORCERESS **
USA 1983, 82 Min., F
R: Brian Stuart D: Leigh Harris, Lynette Harris, Bob Nelson
Zwei Blondchen mit telepathischen Kräften und ihre Freunde kämpfen aus Gründen, die niemanden ernstlich interessieren, gegen Zombies und Fabelwesen im Fantasyland. Hin und wieder ganz witzig, aber nicht eben bedeutend.

Die Machtergreifung Ludwigs XIV. M26
****
LA PRISE DE POUVOIR DE LOUIS XIV
Frankreich 1966, 95 Min., F
R: Roberto Rossellini D: Jean-Marie Patte, Raymond Jourdan, Giulio Cesare Silvani, Katharina Renn
Frankreich im 17. Jahrhundert: König Ludwig der XIV. entschließt sich, die bisher vom Staatsrat geführten Staatsgeschäfte nun eigenhändig zu leiten. Eine faszinierende, farbkompositorisch brillante und meisterhaft inszenierte Schilderung der geschichtlichen Entwicklung von großer historischer Authentizität, auch in bezug auf Kostüme und Ausstattung.

Maciste – Der Rächer der Pharaonen M27
**
MACISTE NELLA VALLE DEI RE
Italien/Frankreich 1960, 90 Min., F
R: Carlo Campogalliani D: Mark Forest, Chelo Alonso, Angelo Zanolli
Aus einem Stein geboren, nimmt der Held Maciste den Kampf gegen die mörderische Gattin des Pharaos auf und bringt nach vielen Kämpfen den wahren Erben auf den Thron. Bunter Sandalenfilm mit Fantasy-Elementen. Anspruchslos. LFF

Maciste besiegt den Feuerteufel M28
**
IL TRIONFO DI MACISTE
Italien 1962, 86 Min., F
R: Amerigo Anton D: Kirk Morris, Cathia Caro, Ljuba Bodin
Der Muskelmann Maciste hilft einem ägyptischen Prinzen gegen gemeine, den Feuerteufel anbetende Thronräuber und gerät mit einer Hexe aneinander, die ihm das Gedächtnis nimmt. Naiver Muskelprotzfilm aus Italien. LFF

Maciste, der Held von Sparta M29
*
MACISTE, GLADIATORE DI SPARTE
Italien/Frankreich 1964, 100 Min., F
R: Mario Caiano D: Mark Forest, Elisabeth Fanty, Robert Hundar
Der Muskelmann Maciste, diesmal als Gladiator in römischem Dienst, hilft verfolgten Christen gegen den bösen Chef der Prätorianer, der nebenher noch auf Cäsars Thron scharf ist. Ein lächerliches Sandalenfilm-Spektakel. LFF

Maciste, der Rächer der Verdammten M30
**
MACISTE ALL'INFERNO
Italien 1962, 91 Min., F
R: Riccardo Freda D: Kirk Morris, Helene Chanel, Angelo Zanolli
Um eine angebliche Hexe zu retten, dringt Vorzeit-Held Maciste in die Unterwelt vor und kämpft gegen eine Horde böser Ungeheuer und eine tückische Zauberin. Anspruchsloses Fantasy-Märchen von naivem Charme. LFF

Maciste, der Sohn des Herkules M31 ***

MACISTE NELLA TERRA DI CICLOPI
Italien 1961, 92 Min., F
R: Antonio Leonviola D: Gordon Mitchell, Chelo Alonso, Germano Longo
Die fiese Königin eines antiken Reiches wirft die Nachfahren des Odysseus so lange einem Zyklopen vor, bis der Sohn des Herkules eingreift und sie Mores lehrt. Recht flotter Sandalenfilm mit einigen phantastischen Elementen.

Maciste gegen die Kopfjäger M32 **

MACISTE CONTRO I CACCIATORI DI TESTE
Italien 1962, 79 Min., F
R: Guido Malatesta D: Kirk Morris, Laura Brown, Alfredo Zammi
Maciste, der Sohn des Herkules, gerät nach einem Erdbeben auf einem Floß in das Reich der Inkas und steht deren Königin gegen einen Kopfjägerstamm bei. Ein nicht selten unfreiwillig komisches Filmabenteuer. LFF

Maciste im Kampf mit dem Piratenkönig M33 **

MACISTE CONTRO LO SCEICCO
Italien 1962, 94 Min., F
R: Domenico Paolella D: Ed Fury, Erno Crisa, Gisella Arden, Piero Lulli
Maciste entscheidet ein Disagreement zwischen einem spanischen Granden und einem muselmanischen Scheich, der mit Gewalt eine Ehe erzwingen will. Fade Mischung aus Mantel-und-Degen- sowie Piratenfilm, in der Maciste völlig fehl am Platze ist. LFF

Maciste in der Gewalt des Tyrannen M34 **

MACISTE ALLA CORTE DEL GRAN KHAN
Italien/Frankreich 1961, 90 Min., F
R: Riccardo Freda D: Gordon Scott, Yoko Tani, Dante Di Paolo
Der Frühzeit-Muskelmann und Herkulessohn Maciste steht der Tochter des Kaisers von China gegen den mörderischen Großkhan der Mongolen bei, der ihren Vater getötet hat. Ein wahres Freudenfest für Freunde schlechter Filme! LFF

Bewaffnet: Paul Newman und Dominique Sanda in ›Der Mackintosh Mann‹.

Maciste und die Königin der Nacht M35 **

MACISTE L'UOMO PIU FORTE DEL MONDO
Italien 1961, 95 Min., F
R: Antonio Leonviola D: Mark Forest, Moira Orfei, Paul Wynter
Unterirdisch lebende Maulwurfmenschen vernichten das Reich des Königs von Aran und entführen dessen Sohn nebst Braut. Der antike Held Maciste haut sie mit schlagenden Argumenten wieder heraus. Phantastischer Sandalenfilm, für viele Lacher gut. LFF

Macistes größtes Abenteuer M36 **

MACISTE CONTRO IL VAMPIRO
Italien 1961, 92 Min., F
R: Giacomo Gentilomo D: Gordon Scott, Gianna Maria Canale, Jacques Sernas
Bei der Suche nach seiner von Piraten entführten Braut muß Maciste, der Sohn des Herkules, sich gegen einen blutrünstigen Vampir erwehren, der aus Menschen willenlose Marionetten macht. Schön doofer Sandalenfilm.

Mackenna's Gold M37 ***

MACKENNA'S GOLD
USA 1967, 132 Min., F
R: J. Lee Thompson D: Gregory Peck, Omar Sharif, Julie Newmar
Ein Sheriff, der den Weg zu einem indianischen Goldtal kennt, wird gezwungen, einen üblen Banditen zur Quelle des Reichtums zu führen – doch Indianer und Kavallerie heften sich an ihre Fersen. Mit prominenten Gaststars, die diesen Western aber auch nicht retten.

Der Mackintosh Mann M38 ****

THE MACKINTOSH MAN
USA 1973, 99 Min., F
R: John Huston D: Paul Newman, James Mason, Dominique Sanda
Eine undurchsichtige Geheimagentenorganisation heuert einen Gewaltverbrecher an, um kommunistische Spione zu enttarnen. Dieser erkennt – zunächst nicht in die politischen Hintergründe eingeweiht – nach einigen überraschenden Wendungen mehr und mehr die wahre Zielrichtung seiner Aktion. Spannender, dramaturgisch hervorragend konstruierter Spionagethriller.

MacLintock M39 ***

MACLINTOCK
USA 1963, 127 Min., F
R: Andrew V. McLaglen D: John Wayne, Maureen O'Hara, Yvonne de Carlo
Turbulente Komödie um einen Rancher, der nichts unversucht läßt, um seiner Frau zu zeigen, was er für ein toller Hecht ist. Die Geschichte spielt zwar im Westen, ist aber kein Western. Für John-Wayne-Fans only.

Macunaima M40
MACUNAIMA ***
Brasilien 1969, 102 Min., F
R: Joaquim Pedro de Andrade
D: Grande Otelo, Paulo José, Dina Sfat
Ein brasilianischer Eingeborener fegt durch die Welt der Weißen und bringt sie gründlich durcheinander. Andrade verwebt indianische Legenden mit der Rebellion der Jugend und hatte an den Kinokassen mit diesem Film des »Cinema Novo« großen Erfolg.

Mad Dog M41
MAD DOG ***
Australien 1975, 91 Min., F
R: Philippe Mora D: Dennis Hopper, David Gulpilil, Jack Thompson
Australischer »Busch-Western« über den historisch verbürgten Outlaw Daniel Morgan. In der schnörkellosen und zum Teil sehr direkten Schilderung des harten Schicksals der Hauptperson äußert sich eine harsche Kritik am damaligen menschenunwürdigen Justizsystem. Differenzierte Darstellung einer widersprüchlichen Figur mit wunderschönen Landschaftsaufnahmen!

Mad Jack – Beyond Thunderbone M42
MAD JACK – BEYOND THUNDERBONE **
USA 1986, 90 Min., F
R: Bruce Seven D: Candy Evans, Peter North, Careena Collins
Nach dem Öko-Kollaps (1993!) wird der superpotente Mad Jack von lüsternen weiblichen Regierungstruppen mit Silikontitten gejagt und muß ihnen zu Willen sein. SF-Sexer, der Interesse bei Gynäkologen finden dürfte.

Mad Love M43
MAD LOVE **
USA 1995, 96 Min., F
R: Antonia Bird D: Chris O' Donnell, Drew Barrymore, Matthew Lillard
Drei Teenager verlieben sich, reißen von zu Hause aus und versuchen, ganz neu anzufangen, so etwas wie eine zukunftsträchtige Beziehung aufzubauen. Doch die Euphorie dauert nicht lang, die schmerzvolle Vergangenheit holt das Duo bald wieder ein. Die englische Regisseurin enttäuscht mit ihrem ersten in Amerika gedrehten Film. Die Love-Story mit Psycho-Problemen berührt nur selten. Was bleibt, sind lange Autofahrten, Musik und schöne Landschaften.

Mad Max M44
MAD MAX ****
Australien 1978, 93 Min., F
R: George Miller D: Mel Gibson, Joanna Samuel, Steve Bisley
Weil sie seine Frau und sein Kind umgebracht haben, nimmt ein Polizist in Ledermontur blutige Rache an Rockern. SF-Roadmovie des früheren Unfallarztes Miller, der flugs zum Kultfilm avancierte, weil mehr drinsteckt als an der Oberfläche zu sehen ist.

Mad Mel Gibson in ›Mad Max‹.

Mad Max – Jenseits der Donnerkuppel M45
MAD MAX BEYOND THUNDERDOME ****
Australien 1985, 106 Min., F
R: George Miller, George Ogilvie
D: Mel Gibson, Tina Turner, Angry Anderson
Jahre nach dem Zusammenbruch der Zivilisation stößt der Ex-Polizist Max in der Wüste auf eine in die Barbarei zurückgefallene Gemeinschaft und rettet eine Gruppe von Kindern. Stellenweise ergreifender SF-Film.

Mad Warrior M46
MAD WARRIOR *
USA/Philippinen 1985, 83 Min., F
R: Wilfried Milan D: Jennifer Kirkham, Anthony Alonzo
In einer verödeten Zukunftswelt wird ein Tyrann, der sich hin und wieder in ein blutgeiles Ungeheuer verwandelt, von einem seiner Vasallen entmachtet. Dumpfes Schlägerfilmchen.

Madadayo M47
MADADAYO ****
Japan 1993, 134 Min., F
R: Akira Kurosawa D: Tatsuo Matsumura, Kyoko Kagawa, Hisashi Igawa
Der Altmeister des japanischen Films präsentiert am Beispiel des Schriftstellers Hyakken Uchida eine heiter-melancholische Philippika über das Altern und gegen den Tod. Ein außergewöhnliches Alterswerk geprägt von jugendlichem Elan und langer Lebenserfahrung. HFJ 1995

Madame Bovary M48
MADAME BOVARY ***
Frankreich 1991, 142 Min., F
R: Claude Chabrol D: Isabelle Huppert, Jean-François Balmer, Christophe Malavoy
Die Geschichte der Emma Bovary nach Flaubert, die als Ehefrau eines biederen Landarztes von einem aufregenden Leben träumt, sich Liebhaber nimmt, Schulden macht und schließlich an der Banalität des Provinzalltags und an der Trivialität einer falsch verstandenen Gefühlsromantik scheitert. Nach dem Renoir-Film von 1934 eine weitere geglückte Literaturverfilmung mit einer hervorragenden Hauptdarstellerin.

Madame Bovary und ihre Liebhaber M49
MADAME BOVARY ****
USA 1949, 115 Min., s/w
R: Vincente Minelli D: Jennifer Jones, James Mason, Van Heflin
Flauberts Heldin aus dem 19. Jahrhundert verläßt ihren Mann, um Liebe zu finden, und muß dafür mit dem Leben zahlen. Gelungene Adaption des berühmten Romans mit einer der spektakulärsten Ballszenen der Filmgeschichte.

Madame Claude und ihre Gazellen M50
MADAME CLAUDE ***
Frankreich 1976, 111 Min., F
R: Just Jaeckin D: Françoise Fabian, Dayle Haddon, Murray Head
Die Chefin eines Edelcallgirl-Rings, die Politiker und Industriekapitäne beschickt, gerät ins Ziel der CIA, der

geplante Erpressungen vermutet. Hübsch fotografierter Softsexfilm mit ansehnlichen Darstellerinnen.

Madame De... M51
MADAME DE... ****
Frankreich/Italien 1953, 94 Min., s/w
R: Max Ophüls D: Charles Boyer, Danielle Darrieux, Vittorio de Sica
Die Frau eines Generals muß wegen ihrer Schulden ihre Ohrringe verkaufen, bekommt sie aber von einem Baron wieder, in den sie sich verliebt. Als der General dem Baron im Duell gegenübersteht, stirbt sie an einem Herzschlag. Kaum ein Regisseur hat Ironie und Wehmut, Erotik und Tragödie so zu verknüpfen gewußt wie Ophüls. Ein Meisterwerk.

Madame Dubarry M52
***
Deutschland 1919, 85 Min., s/w
R: Ernst Lubitsch D: Pola Negri, Emil Jannings, Reinhold Schünzel
Die Pariser Näherin Jeanne verläßt Armand, ihren Geliebten, und steigt am Hof Ludwigs XV. zur mächtigsten Frau Frankreichs auf. Armands Versuch, seinen späteren blindwütigen Racheakt an ihr in letzter Minute zu verhindern, endet für ihn tödlich. Lubitschs tragikomische Inszenierung wird dem Thema wegen seiner Zugeständnisse ans Publikum nur teilweise gerecht.

Madame O und die ganz teuren Mädchen M53
AGENT 69 JENSEN: I SKORPIONENS TEGN **
Dänemark 1977, 81 Min., F
R: Anders Sandberg D: Ole Söltoft, Poul Bundgaard, Anna Bergman
Agententrottel jagt einen Mikrofilm in einem Brötchen und gerät an einen Nachrichtenhändler und dessen geile Assistentinnnen. »Lustiger« Sexfilm mit unmotivierten Kopulationsszenen.

Madame Rosa M54
LA VIE DEVANT SOI ***
Frankreich 1977, 100 Min., F
R: Moshe Mizrahi D: Simone Signoret, Samy Ben Youb, Claude Dauphin
Eine frühere jüdische Prostituierte nimmt Kinder von »Professionellen« bei sich auf, muß sie aber mangels Geld nach und nach wieder weggeben. Bis auf Momo, der sie als Freund und Vertrauter bis zu ihrem Tod begleitet. Anrührender, wenn auch zum Teil zur Gefühlsduselei neigende Parteinahme für Außenseiter der Gesellschaft, mit der grandiosen Simone Signoret.

Madame sans Gene M55
MADAME SANS GENE ***
Italien/Frankreich 1961, 100 Min., F
R: Christian-Jacque D: Sophia Loren, Robert Hossein, Julien Bertheau
Bombenrolle für die Loren: Als fesche Wäscherin steigt sie zur Herzogin von Napoleons Gnaden auf. Grandioses Spektakel.

Madame Sousatzka M56
MADAME SOUSATZKA ***
GB 1989, 121 Min., F
R: John Schlesinger D: Shirley MacLaine, Peggy Ashcroft, Twiggy
Der musikalisch begabte Sohn einer in unbefriedigenden sozialen Verhältnissen lebenden indischen Einwanderin soll von einer despotischen russischen Klavierlehrerin zum Pianovirtuosen ausgebildet werden. Liebevolles Porträt einer an ihren Erinnerungen an die Heimat hängenden Frau, das jedoch kaum mehr ist als routiniert-konventionelles Starkino. HFJ 1990

Madame X M57
MADAME X **
USA 1965, 96 Min., F
R: David Lowell Rich D:Lana Turner, John Forsythe, Keir Dullea
Eine Ehefrau verläßt nach einer tragischen Affäre die Familie, um die politische Karriere ihres Mannes nicht zu gefährden. Realismus ist es ja nicht, was man in Tränendrückern wie diesen sucht, aber es gibt welche, die sehr viel besser inszeniert sind.

Madame X – Eine absolute Herrscherin M58
**
BRD 1977, 141 Min., F
R: Ulrike Ottinger D: Tabea Blumenschein, Monika von Cube, Roswitha Janz
Das Programm der Zukunft für Frauen (und auch Männer?!), das Madame X vorführt, ungekrönte Herrscherin des Chinesischen Meeres, geht in diesem überlangen Film leider in Langeweile über. Zwar hat dieses homoerotische Fantasieprodukt witzige Momente, die bestechen. Aber die Utopievorstellungen erscheinen in ihrer irrational-radikalen Abwegigkeit nicht als mögliche Alternative, sondern vielmehr als falscher Symbolismus einer exotischen Inferiorität.

Mädchen – jung und sinnlich M59
**
WILD PLAYGIRLS
Frankreich 1982, 85 Min., F
R: Michel Jean D: Alban Ceray, Richard Allan, Doris Champs-Dete
Zwei gescheiterte Unternehmer richten sich in einer unbewohnten Villa ein und erfüllen die heimlichen Gelüste hübscher, reicher Damen. Annehmbare Kameraarbeit.

Das Mädchen am Ende der Straße M60
***
THE LITTLE GIRL WHO LIVES DOWN THE LANE
Frankreich/Kanada 1976, 94 Min., F
R: Nicolas Gessner D: Jodie Foster, Martin Sheen, Alexis Smith, Scott Jacoby
Ein Mädchen lebt mit ihrem Vater allein im Haus. Den Versuch, den Vater kennenzulernen, bezahlt eine neugierige Frau mit dem Leben. Packende Studie einer 13jährigen, die ihre Fantasiewelt auch durch Mord verteidigt.

Das Mädchen auf der roten Samtschaukel M61
**
THE GIRL ON THE RED VELVET SWING
USA 1955, 109 Min., F
R: Richard Fleischer D: Ray Milland, Farley Granger, Joan Collins
Reicher Lustmolch heiratet Showgirl, doch die Eifersucht auf seinen Vorgänger ist so groß, daß er ihn vor Hunderten von Zeugen umbringt und es tatsächlich schafft, der Todesstrafe zu entgehen. Nach einem Mordfall von 1906.

Das Mädchen aus der Cherry-Bar M62
***
GAMBIT
USA 1966, 108 Min., F
R: Ronald Neame D: Shirley MacLaine, Michael Caine, Herbert Lom
Ein kriminelles Pärchen macht sich

die Doppelgängereigenschaft einer Tänzerin mit der gerade verstorbenen Ehefrau eines Milliardärs zunutze, um an wertvolle Kunstschätze heranzukommen. Gutes Unterhaltungskino mit intelligentem Humor.

Das Mädchen aus der Streichholzfabrik M63 ****
TULITIKKUTEHTAAN TYTTÖ
Finnland 1989, 65 Min., F
R: Aki Kaurismäki D: Kati Outinen, Elina Salo, Esko Nikkari
Das Mädchen Iris lebt in elenden Verhältnissen. Als sie nach einer kurzen Affäre schwanger und von dem Mann verlassen wird, sinnt sie auf Rache. Ende der proletarischen Trilogie von Kaurismäki. HFJ 1991

Das Mädchen aus der Unterwelt M64 ****
PARTY GIRL
USA 1958, 99 Min., F
R: Nicholas Ray D: Robert Taylor, Cyd Charisse, Lee J. Cobb
Krimineller Anwalt und seine Freundin, eine Tänzerin, versuchen aus dem Unterwelt-Milieu von Chicago auszubrechen. Mit hervorragenden Tanznummern und von Ray stilisiert.

Das Mädchen aus Hamburg M65 ***
LA FILLE DE HAMBOURG
Frankreich 1958, 84 Min., s/w
R: Yves Allégret D: Daniel Gélin, Hildegard Knef, Jean Lefebvre
Der Matrose Pierre findet während eines 24-stündigen Landaufenthaltes durch Zufall das Mädchen Maria wieder, das er als Kriegsgefangener kennengelernt hat und das sich jetzt als Schlamm-Catcherin durchschlägt. Nachdem er ihr gegen die Polizei geholfen hat, enden beide auf tragische Weise im Tod. Von billigen Effekten lebender Film.

Das Mädchen aus Parma M66 ***
LA PARMIGIANA
Italien 1962, 98 Min., s/w
R: Antonio Pietrangeli D: Catherine Spaak, Nino Manfredi, Salvo Randone
Frühreife Nichte eines Dorfpfarrers verführt einen jungen Seminaristen und wird nach diversen weiteren Abenteuern zum Straßenmädchen. Mit der hübschen und begabten Catherine Spaak, die in der Presse damals immer als »die Nichte des belgischen Premierministers Paul Henri Spaak« apostrophiert wurde.

Ein Mädchen aus Schnee M67 ***
DDR 1978, 57 Min., F
R: Hannelore Unterberg D: Sebastian Kozik, Jana Franke, Günter Naumann
Guter Kinderfilm: Ein Zehnjähriger baut sich eine Freundin aus Schnee, weil die Klassenkameradin, in die er verliebt ist, einen anderen bevorzugt. Als der Frühling kommt und sein Traum zu schmelzen droht, löst das bei ihm Erkenntnisse aus.

Mädchen, die am Wege liegen M68 **
Schweiz 1975, 93 Min., F
R: Joseph K. Shalbert D: Miriam Lee, Monica Marc, Karin Hoffmann
Lesbische Begegnungen und abgefilmte Masturbationsakte streunender Girls sind alles, was dieser Softporno an Story zu bieten hat. Dem »Osservatore Romano« wird's nicht gefallen!

Mädchen, die nach Liebe schreien M69 *
Schweiz 1973, 73 Min., F
R: Michael Thomas D: Christa Free, Kenita Flynn, Kurt Meinike
Nymphomanische Pornoaktrice verliebt sich in einen Mann, muß jedoch mit einer nicht weniger geilen Kollegin konkurrieren. Einfältiger Softporno vom Fließband.

Mädchen, die nach München kommen M70 **
BRD 1972, 87 Min., F
R: Walter Boos D: Elfriede Payer, Gerd Arnau, Ingrid Steeger
Mädchen vom Land kommen im sündigen München unter die Räder oder landen in den Betten potenter Stenze. Episodenfilm-Dutzendware.

Mädchen, die sich hocharbeiten M71 *
Schweiz 1974, 73 Min., F
R: Michael Thomas D: Marianne Dupont, Christa Free, Mika Erras
Starlet mit »zu kleinem Busen« macht Karriere per Bett. Softsexfilm.

Ein Mädchen für einen Sommer M72 ***
UNE FILLE POUR L'ETE
Frankreich/Italien 1959, 82 Min., F
R: Edouard Molinaro D: Pascale Petit, Michel Auclair, Micheline Presle
Traurige Liebesgeschichte an der Côte d'Azur. »Sie ist der Charme selbst. Die Rolle der Manette, das *Mädchen für einen Sommer,* das eines fürs Leben war, schien nur für sie geschrieben zu sein, und wird vielleicht eines Tages als ihr filmisches Testament gelten«, schwärmte Leo Phelix über Pascale Petit.

Mädchen für intime Stunden M73 **
CELESTINE, BONNE A TOUT FAIRE
Frankreich 1974, 90 Min., F
R: Clifford Brown D: Lina Romay, Howard Vernon, Pamela Stanford
Flüchtige Prostituierte taucht in einem Schloß als Dienstmädchen unter und verführt ihre neue Herrschaft. Scharfer Softporno.

Mädchen hinter Gittern M74 **
THE CONCRETE JUNGLE
USA 1982, 99 Min., F
R: Tom De Simone D: Jill St. John, Tracy Bergman, Barbara Luna
Als Drogenkurier mißbrauchte Frau landet in einem Knast, dessen Leiterin selber dealt, und macht Erfahrungen mit vergewaltigenden Wärtern, bösen Lesben und asozialen Prügelweibern. Doch der Tag der Rache ist nicht fern. Spekulativer Schundfilm.

Mädchen im Knast M75 **
DIARO SEGRETO DI UN CARCERE FEMMININE
Italien 1973, 102 Min., F
R: Rino Di Silvestro D: Anita Strindberg, Eva Czemeris, Olga Bisere
In einen Frauenknast eingeschleuste Dealertochter will herausfinden, wo 20 Kilo Heroin abgeblieben sind. Dies nur nebenbei – hauptsächlich geht's um lesbischen Sex und Sadismus hinter Gittern.

Sabine Sinjen und Romy Schneider

Mädchen in Uniform M76
***

BRD 1958, 87 Min., F
R: Geza von Radvanyi D: Lilli Palmer, Romy Schneider, Therese Giehse
Mädchen in einem Pensionat drohen an Strenge und Disziplin zu zerbrechen. Etwas zu sehr geglättetes Farb-Remake des Films von Leontine Sagan.

Das Mädchen Insiang M77
INSIANG ****
Philippinen 1977, 95 Min., F
R: Lino Brocka D: Hilda Koronel, Mona Lisa, Ruel Vernal
Geschichte eines Mädchens und seiner widersprüchlichen Beziehung zur Mutter in den Slums von Manila. Brocka versteht einmal mehr, volkstümliches Melodrama mit politischer Aufklärung zu verbinden.

Das Mädchen Irma La Douce M78
IRMA LA DOUCE ****
USA 1963, 141 Min., F
R: Billy Wilder D: Jack Lemmon, Shirley MacLaine, Lou Jacobi
Polizist verliebt sich in eine Hure und streicht in verschiedenen Verkleidungen um sie. Musikalische Komödie nach dem Theaterstück von Breffort.

Das Mädchen Julius M79
LA RAGAZZA DI NOME GIULIO ***
Italien 1970, 97 Min., F
R: Tonino Valerii D: Silvia Dioniso,
[illegible], Gianni Macchia
[illegible]ner verschrobenen Dame
[illegible]schen Gesellschaft wird von
[illegible]Gouvernante verführt, gerät
[illegible] Verwirrung und ermordet
[illegible]. Sex-Melodram, das Anna
[illegible]erzeit viele böse Kritiken

Das Mädchen Keetje Tippel M80
KEETJE TIPPEL ***
Niederlande 1974, 92 Min., F
R: Paul Verhoeven D: Monique Van de Ven, Rutger Hauer, Eddy Brugman
Im 19. Jahrhundert wird Keetje aus Armut gezwungen, in einem Amsterdamer Bordell zu arbeiten, doch sie lernt einen Mann kennen, der sie heiratet. Die holländische »Fanny Hill« besticht durch die erstklassige Kameraführung von Jan de Bont, dem Regisseur von *Speed*.

Mädchen, Mädchen M81
**

BRD 1966, 104 Min., F
R: Roger Fritz D: Helga Anders, Jürgen Jung, Hellmut Lange
Sehr junges Mädchen hat erst ein Verhältnis mit »Senior«, dem Besitzer eines Zementwerks, dann mit »Junior«, seinem Sohn, verläßt am Ende aber beide. Junger deutscher Film ohne Larmoyanz und ohne moralischen Zeigefinger.

Das Mädchen Marion M82
**

BRD 1956, 96 Min., s/w
R: Wolfgang Schleif D: Winnie Markus, Carl Raddatz, Brigitte Grothum
Nach Kriegsende kommt die verwitwete Gutsherrin Vera mit ihrer Tochter auf einen niedersächsischen Bauernhof. Marion verliebt sich in einen Tierarzt, der aber ist in Vera verliebt. Schwerblütiges Melodram.

Das Mädchen mit dem leichten Gepäck M83
***
LA RAGAZZA CON LA VALIGIA/
LA FILLE A LA VALISE
It/Fr 1960, 104 Min., s/w
R: Valerio Zurlini D: Claudia Cardinale, Jacques Perrin, Gian Maria Volonté
Junger Adliger trifft armes junges Mädchen, das von vielen Männern nur kurzzeitig benutzt wurde, und schickt den Pubertierenden wieder weg. Melodram mit der schönen Claudia, die Visconti einmal als Katze, die zur Tigerin werden kann, charakterisierte.

Das Mädchen mit dem roten Haar M84
***
HET MEISJE MET HET RODE HAAR
Niederlande 1981, 107 Min., F
R: Ben Verbong D: Renée Soutendijk, Peter Truinman, Loes Luca
Eine eher persönlich gehaltene Würdigung einer holländischen Widerstandskämpferin, die 1945 von den Deutschen umgebracht wurde.

Das Mädchen mit den Feuerzeugen M85
****
BRD 1987, 103 Min., F
R: Ralf Huettner D: Enrico Böttcher, Arnold Frühwald, Rupert Seidl
Vier Jungen im Rollstuhl brechen am

Auch Irma (Shirley MacLaine) mag es heiß in ›Das Mädchen Irma La Douce‹.

Heiligen Abend aus dem Heim aus und erleben, nachdem sie dem Mädchen mit den Feuerzeugen begegnet sind, eine Nacht der Wunder.

Das Mädchen mit den schmalen Hüften M86 **

BRD 1960, 87 Min., s/w
R: Johannes Kai D: Barbara Valentin, Claus Wilcke, Hannelore Elsner
Ländliche Sex-and-Crime-Story mit Barbara Valentin in ihrem fünften Film. Damals mußte sie hauptsächlich ihren ansehnlichen Körper hinhalten, ehe sie für den Neuen Deutschen Film entdeckt wurde.

Das Mädchen mit den schwarzen Strümpfen M87 **

THE GIRL IN BLACK STOCKINGS
USA 1957, 75 Min., s/w
R: Howard W. Koch D: Lex Barker, Anne Bancroft, Mamie Van Doren
In einem Urlaubsort in Utah werden Mädchen gemetzelt. Verdächtig sind alle Gäste, doch schuldig ist eine Psychopathin, die keine anderen hübschen Miezen neben sich dulden will. Schwacher Krimi.

Das Mädchen mit der heißen Masche M88 *

BRD 1971, 94 Min., F
R: Hans Billian D: Sybil Danning, Michael Cromer, Ingrid Steeger
Sexberater wird von seinem knackigen Dienstmädchen dermaßen provoziert, daß er seinen Vorsatz, Junggeselle zu bleiben, aufgibt. In den Hauptrollen MCM-Taschen-Cromer und Sybil Danning, die im Hollywood-B-Film Karriere machte.

Das Mädchen mit der Hutschachtel M89 ****

DEWUSCHKA S KOROBKOI
UdSSR 1927, 64 Min., s/w
R: Boris Barnet D: Anna Sten, Iwan Kowal-Samborski, Serafima Birman
Weil Natascha einen obdachlosen Studenten in der Wohnung ihrer Chefin unterbringt, verliert sie ihren Job, gewinnt aber im gleichen Moment beim Lotto-Spiel und kann so mit ihrem Geliebten ein glückliches Leben beginnen. Ansprechendes Regie-Debüt von Boris Barnet, der zu den wenigen Vertretern der sowjetrussichen Kinokomödie gehörte.

Mädchen mit offenen Lippen M90 *

Schweiz 1972, 79 Min., F
R: Michael Thomas D: Nadine de Rangot, Margrit Sigel, Rena Bergen
Internatsschülerinnen, die über das Thema »Vorspiel« schreiben sollen, beschließen, zunächst Erfahrungen aus erster Hand zu sammeln. Episodisch angelegter Sexfilm.

Mädchen nach Mitternacht M91 *

Schweiz 1978, 77 Min., F
R: Michael Thomas D: Esther Studer, Monika Kaelin, Brigitte Meier
Episodischer Sexfilm über die Träume angejahrter Internatsschülerinnen. Die Handlung besteht hauptsächlich aus Stellungswechseln.

Mädchen ohne Männer M92 *

Schweiz 1975, 80 Min., F
R: Michael Thomas D: Ursula Maria Schaefer, René Gubser
Endlos-Rammelfilm über eine Gruppe Internatsschülerinnen, die das, was sie im Aufklärungsunterricht erfahren haben, in die Tat umsetzen.

Das Mädchen Rosemarie M93 ***

BRD 1958, 100 Min., s/w
R: Rolf Thiele D: Nadja Tiller, Carl Raddatz, Gert Fröbe, Peter van Eyck
Von satirischen Songs über Wirtschaftswunder und Rematerialisierung begleitet, glossiert der Film in einer Mischung aus Persiflage, Kabarett und Moritat die Doppelmoral der bundesdeutschen Gesellschaft der Wiederaufbauzeit. Bernd Eichinger drehte 1996 ein Remake.

Das Mädchen und der Kommissar M94 ****

MAX ET LES FERRAILLEURS
Frankreich/Italien, 1971, 102 Min., F
R: Claude Sautet D: Michel Piccoli, Romy Schneider, Bernard Fresson
Ein übereifriger Polizeikommissar will endlich einmal einen spektakulären Erfolg verbuchen und stiftet mit Hilfe einer Prostituierten einige Kleinkriminelle zu einem Bankraub an. Als auch der Lockvogel von seinen Kollegen verhaftet wird, rastet er jedoch aus. Perfekt inszenierter Krimi mit sehr guten schauspielerischen Leistungen.

Das Mädchen und der Mörder M95 ***

L'ASSASSINIO DI TROTSKY
Italien/Frankreich 1971, Min., F
R: Joseph Losey D: Richard Burton, Alain Delon, Romy Schneider
Die letzten Tage Trotzkis im mexikanischen Exil bis zu seiner Ermordung im Jahr 1940. Historisch genau und psychologisch einfühlsam.

Das Mädchen von Petrovka M96 **

THE GIRL FROM PETROVKA
USA 1974, 103 Min., F
R: Robert Ellis Miller D: Goldie Hawn, Hal Holbrook, Anthony Hopkins
Liebesgeschichte zwischen einem amerikanischen Journalisten und einem eher unsteten russischen Ballettmädchen. Soap Opera plus kulturelle Klischees en masse.

Ein Mädchen von 16 1/2 M97 **

DDR 1957, 97 Min., s/w
R: Carl Balhaus D: Nana Schwebs, Erika Dunkelmann, Helga Göring, Wolfgang Stumpf, Gerhard Bienert
Ein Mädchen, das auf die schiefe Bahn geraten ist, wird durch die kollektive Hilfe des »Jugendwerkhofes« gewandelt. Gut gemeint und propagandistisch gedacht, kriegt der Film seine Geschichte nicht recht auf den Punkt.

Das Mädchen von Triest M98 **

LA RAGAZZA DI TRIESTE
Italien 1982, 95 Min., F
R: Pasquale Festa Campanile D: Ben Gazzara, Ornella Muti, Mimsy Farmer
Ein Zeichner liebt eine depressive Frau. Das endet für ihn tragisch. Bis es soweit ist, stehen mehr oder weniger schöne Darsteller ziemlich hilflos in geschmäcklerischen Bildern herum und reden hochgestochenen Unfug.

Die Mädchen von Wilko M99
PANNY Z WILKA ****
Polen/Frankreich 1979, 112 Min., F
R: Andrzej Wajda D: Daniel Olbrychski, Maja Komorowksa, Anna Seniuk
Ein junger Mann kommt in den dreißiger Jahren zurück an die Stätte seiner Jugend und begegnet den Frauen wieder, die ihn einst geliebt haben. Ohne sich zu entscheiden, fährt er wieder zurück. Porträt einer Generation, deren Leben vom Krieg zerstört wurde.

Mädchen zwischen Sex und Sünde M100 ***
THE ALLEY CATS
USA 1966, 76 Min., F
R: Radley Metzger D: Anne Arthur, Charlie Hickman, Karin Field
Ein Mädchen, das sich von seinem Verlobten nicht ausgefüllt fühlt, entwickelt auf einer Party bisexuelle Neigungen, wird jedoch in letzter Sekunde »gerettet«. Einfühlsamer Sexfilm eines Pornofilmers.

Mädchenjahre M101
L'ADOLESCENTE ****
Frankreich/BRD 1978, 94 Min., F
R: Jeanne Moreau D: Laetitia Chauveau, Simone Signoret, Edith Clever
Sensibel in Szene gesetzte Erlebnisse eines 12jährigen Mädchens beim Sommerurlaub auf dem Land.

Der Mädchenkrieg M102 ***
BRD 1977, 143 Min., F
R: Alf Brustellin, Bernhard Sinkel
D: Adelheid Arndt, Katherine Hunter, Antonia Reinighaus, Matthias Habich
Nach dem Roman von Manfred Bieler erzählt der Film verschiedene Episoden aus dem Schicksal dreier Schwestern im Prag der Jahre zwischen 1936 und 1945.

Made in Germany M103 ****
BRD 1997, 87 Min., F
R: Thomas Hausner
Gelungener und unterhaltsamer Flickenmuster-Film, der anhand von Wochenschauen, TV-Shows und Werbespots den Blick nachzeichnet, den das Ausland auf die Nachkriegsentwicklung Deutschlands hat. HFJ 1999

Made in Heaven M104
MADE IN HEAVEN ***
USA 1987, 96 Min., F
R: Alan Rudolph D: Timothy Hutton, Kelly McGillis, Maureen Stapleton
Ein Paar, das sich im Himmel gefunden hat, muß seine Liebe noch einmal auf der Erde beweisen. Hübsche »White Fantasy«, deren liebevolle Details und Pointen darüber hinwegtäuschen, daß das Drehbuch ab und an durchhängt.

Made in USA M105
MADE IN USA ***
Frankreich 1966, 88 Min., F
R: Jean-Luc Godard D: Anna Karina, Laszlo Szabo, Jean-Pierre Léaud
In seinem Film, der zugleich Hommage an den amerikanischen Gangsterfilm und rigoroses Zeitbild ist, läßt Godard eine junge Journalistin auf der Suche nach ihrem Freund zwischen die Fronten von Polizei, Gangstern und Spionen geraten.

Madeleine und der Seemann M106
LE BATEAU D'EMILE ***
Fr/It 1961, 100 Min., s/w
R: Denys de la Patellière D: Lino Ventura, Annie Girardot, Pierre Brasseur
IDer illegitime Sohn eines reichen Industriellen lebt vergnügt als Fischer und wehrt sich, als man ihn um sein Erbe prellen will. Freundlich biedere Komödie mit wundervollen Hauptdarstellern.

Mädels, Mieder, Millionäre M107
THE SWINDLE *
USA 1991, 90 Min., F
R: Jason Holt D: Robby West, Britt Houston, Bobby Tess, Elaina Dunn
Zwei Tunichtgute »vermitteln« sich selbst über eine Scheinagentur an Damen und werden von einem Flittchen und einem Ganoven über den Tisch gezogen. Amateurhafter Softporno, der in prallen Popos schwelgt und mit völlig untalentierten Darstellern arbeitet.

Mademoiselle M108
MADEMOISELLE ***
Frankreich/England 1965, 99 Min., s/w
R: Tony Richardson D: Jeanne Moreau, Ettore Manni, Frank Skinner
Psychodrama um eine Lehrerin mit einem Doppelleben. Nachdem sie sich dem Holzfäller Manou hingegeben hat und erfährt, daß er auswandern will, bezichtigt sie ihn der Vergewaltigung und liefert ihn der Lynchjustiz aus. Das Drehbuch schrieb Jean Genet.

Mado M109
MADO ***
Fr/BRD/It 1976, 127 Min., F
R: Claude Sautet D: Ottavia Piccoli, Romy Schneider, Michel Piccoli
In der Liebesgeschichte zwischen einem alternden Bauunternehmer und einem jungen Mädchen hat Romy Schneider die eindrucksvolle Nebenrolle einer vom Alkohol zerstörten Frau.

Die Mafia-Story M110
SEQUESTRO DI PERSONA ***
Italien 1968, 94 Min., F
R: Gianfranco Mingozzi D: Franco Nero, Charlotte Rampling, Frank Wolff
Ein Mädchen aus Rom, zu Besuch auf Sardinien, wird in die Entführungsgeschichte eines Freundes und damit in den kriminellen Alltag der Insel verwickelt. Ein Film, der durch seine nüchterne, fast dokumentarische Schilderung besticht, allerdings nicht ganz die Qualität der Filme von Francesco Rosi oder Elio Petri erreicht.

Die Mafiosi-Braut M111
MARRIED TO THE MOB ***
USA 1988, 104 Min., F
R: Jonathan Demme D: Michelle Pfeiffer, Matthew Modine, Dean Stockwell
Beziehungsreiche Kriminalkomödie um einen Polizisten, der sich in eine Mafia-Witwe verliebt. HFJ 1989

Der Mafu-Käfig M112
THE MAFU CAGE ****
USA 1977, 108 Min., F
R: Karen Arthur D: Lee Grant, Carol Kane, Will Geer, James Olson
In einer bizarren Welt von Käfigen und

Trophäen leben zwei Töchter eines Affenforschers. In Schüben geistiger Umnachtung tötet die eine zuerst Affen, dann auch Menschen. Ein vorzüglich gespielter und ausgestatteter Thriller.

Magdalena – Vom Teufel besessen M113
**
BRD 1974, 83 Min., F
R: Michael Walter D: Dagmar Hedrich, Werner Bruhns, Rudolf Schündler
Ein von einem Dämon beherrschtes Mädchen terrorisiert seine Umwelt und wird von einem Pfarrer exorziert. Deutscher Horrorfilm, der parallel zu *Der Exorzist* entstand, um von dessen Popularität zu profitieren.

Magic – Eine unheimliche Liebesgeschichte M114
MAGIC ***
USA 1978, 107 Min., F
R: Richard Attenborough D: Anthony Hopkins, Ann-Margret, Burgess Meredith
Gruselige Geschichte eines Bauchredners, der zunehmend eine schizophrene Beziehung zu seiner Puppe entwickelt und mehrere Morde begeht.

Magic Christian M115
THE MAGIC CHRISTIAN ***
GB 1969, 92 Min., F
R: Joseph McGrath D: Peter Sellers, Ringo Starr, Isabel Jeans
Sehr schräges Werk um einen reichen Snob, der einem Hippie demonstriert, was man mit Geld alles machen kann. Nach einem Roman von Terry Southern.

Mahagony M116
MAHAGONY **
USA 1975, 109 Min., F
R: Berry Gordy D: Diana Ross, Billy Dee Williams, Anthony Perkins
Verlogenes Melodram um ein schwarzes Mannequin und ihren politisch engagierten Freund, der für das Happy-End von seinem Aktivismus abläßt. So ziemlich das Reaktionärste, was Hollywood zum Thema afroamerikanische Emanzipation zu sagen hatte.

Mahler M117
MAHLER ***
GB 1974, 115 Min., F
R: Ken Russell D: Robert Powell, Gerogina Hale, Richard Morant
Exzentrisches Musiker-Porträt über Gustav Mahler. Gewaltiger Kulturkitsch.

Mahlzeiten M118
***
BRD 1967, 94 Min., s/w
R: Edgar Reitz D: Heidi Stroh, Georg Hauke, Nina Frank, Ruth von Zerboni
Der Medizinstudent Rolf und die Photographin Elisabeth kommen mit ihrer kinderreichen Ehe nicht klar, weil sie aus ihrer starken Selbsbezogenheit heraus keine harmonische Partnerschaft aufbauen können. Die Mahlzeiten, einzige unverbindliche Gemeinsamkeit des Paares, können den Selbstmord Rolfs nicht verhindern. Unstimmiges Beziehungsdrama.

Maigret kennt kein Erbarmen M119
MAIGRET ET L'AFFAIRE SAINT-FIACRE ***
Fr/It 1959, 104 Min., s/w
R: Jean Delannoy D: Jean Gabin, Robert Hirsch, Michel Auclair
Jean Gabins zweiter Maigret-Film nach einer Vorlage von Georges Simenon, in dem er den als Herztod getarnten Mord an einer Gräfin in bewährt ruhiger Weise aufklärt.

Jean Gabin: Der beste Maigret.

Maigret und der Würger von Montmartre M120
MAIGRET A PIGALLE **
It/Fr 1966, 108 Min., s/w
R: Mario Landi D: Gino Cervi, Raymond Pellegrin, Lila Kedrova
»Peppone« Gino Cervi untersucht als Kommissar Maigret einen Mord im Strippermilieu von Pigalle. Klischeehaft und konfus.

Maigret und sein größter Fall M121
**
BRD/It/Fr 1966, 90 Min., F
R: Alfred Vohrer D: Heinz Rühmann, Françoise Prévost, Günther Stoll, Günther Strack
Der unwillige TV-Maigret Rupert Davis wurde von Heinz Rühmann ersetzt, doch das machte den vom »Derrick«-Team Reinecker/Vohrer gedrehten Film kaum ansehnlicher.

Eine Mailänder Geschichte M122
UNA STORIA MILANESE ****
Italien 1962, 81 Min., s/w
R: Eriprando Visconti D: Danièle Gaubert, Enrico Thibaut, Romolo Valli
Zwei junge Menschen finden einander für kurze Zeit. Ihr Verhältnis geht aber in die Brüche, weil sie zu unreif sind und der junge Mann zu rücksichtslos ist. Formal interessantes Werk.

Der Major und die Stiere M123
***
BRD 1955, 95 Min., s/w
R: Eduard von Borsody D: Attila Hörbiger, Fritz Tillmann, Christel Wessely-Hörbiger
Nach Kriegsende muß ein bayerisches Dorf sich mit den amerikanischen Besetzern auseinandersetzen. Ein Schwank.

Making Mr. Right – Ein Mann à la Carte M124
MAKING MR. RIGHT ***
USA 1987, 98 Min., F
R: Susan Seidelman D: John Malkovich, Ann Magnusson, Glenne Headley
Eine »Image«-Beraterin, die einem menschlich aussehenden Roboter Benehmen beibringen soll, erlebt an der Seite ihres Schützlings wüste Abenteuer, die gekonnt die Klischees des Horror- und SF-Films verulken.

Mala Noche – Bad Night M125
MALA NOCHE ***
USA 1985, 80 Min., teils F
R: Gus van Sant D: Tim Streeter, Doug Cooeyate, Ray Monge
Der junge träumerische Homosexuelle Watt arbeitet in den heruntergekommenen Läden Portlands in Oregon. Zwei illegale Einwanderer, die ihn faszinieren

und um die er sich kümmert, nutzen seine Sympathie und Naivität schamlos aus. Bemerkenswertes Debüt, das viel vom amerikanischen Underground und seiner Gefühlswelt herüberbringt.

Malaria
siehe: Café Malaria

Malatesta M126
****
BRD 1969, 90 Min., F
R: Peter Lilienthal D: Eddie Constantine, Vladimir Pucholt, Christine Noonan
Im London des Jahres 1910 kämpft der Anarchist Malatesta gewaltlos – und vergeblich – für eine bessere Welt. Action-Held Eddie Constantine begann mit dieser Charakterrolle eine zweite Karriere.

Malcolm X M127
MALCOLM X ***
USA 1992, 201 Min., F
R: Spike Lee D: Denzel Washington, Angela Bassett, Albert Hall
Biographie des 1965 erschossenen Black-Muslim-Aktivisten Malcolm X, bis heute Guru einer ganzen Generation. Auf den Regiestuhl setzten Warner Bros. unvorsichtigerweise Spike Lee, der sich für den ultimativen schwarzen Filmemacher hält und bisweilen seine Querelen mit dem Studio konzentrierter und spannender inszenierte als den Film selbst. Mit finanzieller Unterstützung prominenter Schwarzer arbeitete er selbst dann weiter, als das Studio ihm den Geldhahn zudrehte. HFJ 1994

[redacted]

D: Robert Forster, Lydie Denier, Caren Kaye
Von einem Dämon besessene Dame aus der Modelbranche breitet ihren Einfluß auf den Sohn eines Polizisten aus, der sie auf dem Kieker hat. Dummer Horrorstreifen eines Regisseurs, dessen Fähigkeiten seinem Ehrgeiz nicht das Wasser reichen können.

Maler und Mädchen M129
ARTISTS AND MODELS ****
USA 1955, 109 Min., F
R: Frank Tashlin D: Dean Martin, Jerry Lewis, Shirley MacLaine
Parodistischer Rundumschlag gegen die Comic-strip-Subkultur. Mit anarchisch-witzigem Humor, der zum Teil in banalen Klamauk abgleitet, nimmt das Komödianten-Duo Martin/Lewis insbesondere den Dollarkult und exhibitionistische Gefühlsäußerungen in der Öffentlichkeit aufs Korn.

Malevil M130
MALEVIL ****
Frankreich/BRD 1980, 119 Min., F
R: Christian De Chalonge D: Michel Serrault, Jacques Dutronc, Robert Dhery, Jean-Louis Trintignant
Überlebende eines Atomkriegs wollen in einem zerstörten Dorf ein neues Leben anfangen. Andere, die in einem Tunnel überlebt haben, werden für sie zur Quelle neuer Probleme. Eindrucksvoller SF-Film. LSFF

Malice – Eine Intrige M131
MALICE ***
USA 1993, 106 Min., F
R: Harold Becker D: Alec Baldwin, Bill Pullman, Nicole Kidman
Ein früherer Schulfreund des Mannes drängt sich in das Leben eines Paares, zerstört dessen Liebe. Glaubt man als Zuschauer jedenfalls lange. Ein mysteriöses Intrigenspiel, das nur verwirrt und durch an Haaren herbeigezogene Details langweilt. HFJ 1995

[redacted] M132
****
[redacted] 115 Min., F
[redacted] D: Isabelle
[redacted]ière, Can

Ausgesprochen stilvolle und subtile Verfilmung von Bachmanns Roman um eine Schriftstellerin, die mit einem männlichen Schatten zusammenlebt.

Malizia M133
MALIZIA ***
Italien 1973, 97 Min., F
R: Salvatore Samperi D: Laura Antonelli, Turi Ferro, Alessandro Momo
Attraktive Hausgehilfin in einer sizilianischen Bürgerfamilie weckt im verwitweten Mann und im pubertierenden Sohn heftige Gefühle und läßt sich von ihm zu bizarren erotischen Spielen verleiten. Pfeffriger Erotikfilm, der auch Frauen gefallen dürfte.

Malou M134
***
BRD 1980, 94 Min., F
R: Jeanine Meerapfel D: Ingrid Caven, Grischa Huber, Helmut Griem
Eine junge Frau analysiert die Lebensgeschichte ihrer Mutter, um sich selbst und die Zwänge, denen sie ausgesetzt ist, klar zu sehen. So will sie die Fehler der Mutter in ihrem eigenen Leben vermeiden. Subjektivistische Interpretation der Rolle der Frau, in erlesener filmischer Gestaltung, deren reibungslose Bilder jedoch oft reiner Selbstzweck bleiben.

Malpertuis M135
MALPERTUIS: HISTOIRE D'UNE MAISON MAUDITE ***
Belgien/Fr/BRD 1971, 110 Min., F
R: Harry Kümel D: Orson Welles, Mathieu Carrière, Susan Hampshire
Seemann begegnet im labyrinthisch verschachtelten Haus des Erbonkels heruntergekommenen Göttern, wacht als Patient eines Nervenarztes auf und wird erneut in das Gruselkabinett versetzt. Alptraum? Irrsinn? Nun ja.

Der Malteser Falke
siehe: Die Spur des Falken

Mama, ich lebe M136
***
DDR 1977, 99 Min., F
R: Konrad Wolf D: Peter Prager, Uwe Zerbe, Eberhard Kirchberg, Detlef Gieß

Vier junge deutsche Kriegsgefangene kämpfen im Zweiten Weltkrieg auf der Seite der Roten Armee gegen die Wehrmacht. Als sie mit dem ersten deutschen Soldaten konfrontiert werden, sind sie nicht in der Lage, zu schießen. Konventionell erzählter Film ohne Ecken und Kanten.

Mama, ich und wir zwei M137
ONLY THE LONELY ***
USA 1991, 100 Min., F
R: Chris Columbus D: Maureen O'Hara, John Candy, James Belushi
Als dem in die Jahre gekommenen Polizisten und Muttersohn Danny die schöne Theresa begegnet, steht seine Welt auf dem Kopf. Gemütvolle Komödie. HFJ 1992

Die Mama und die Hure M138
LA MAMAN ET LA PUTAIN ****
Frankreich 1972, 215 Min., F
R: Jean Eustache D: Jean-Pierre Léaud, Bernadette Lafont
Pariser Student lebt bei Boutiquenbesitzerin und hat nebenbei ein Verhältnis mit einer Krankenschwester. Intensiver Dialogfilm vom Scheitern der sexuellen Revolution.

Mambo Kings M139
THE MAMBO KINGS ***
USA 1991, 104 Min., F
R: Arne Glimcher D: Armand Assante, Antonio Banderas, Maruschka Detmers, Cathy Moriarty
Im New York der 50er Jahre machen zwei Cubaner den Mambo salonfähig. Produzent Arne Glimcher *(Gorillas im Nebel)* führte erstmals selbst Regie, adaptierte Oscar Hijuelos' Roman und fing dank Michael Ballhaus' Kamera das Nachkriegs-Zeitkolorit perfekt ein. HFJ 1993

Mamma Lucia M140
MAMMA LUCIA ***
USA 1987, 115 Min., F
R: Stuart Cooper D: Sophia Loren, Edward James Olmos, John Turturro
Das Schicksal einer italienischen Einwanderin in Amerika, deren Lebenstraum ein eigenes Haus auf Long Island ist. Zweiteiliger TV-Film nach dem Roman von Mario Puzo.

Anna Magnani

Mamma Roma M141
MAMMA ROMA ****
Italien 1962, 106 Min., s/w
R: Pier Paolo Pasolini D: Anna Magnani, Ettore Garofolo, Franco Citti
Die Hure Mamma Roma versucht mit allen Mitteln, aus ihrem Sohn Ettore etwas anderes zu machen, als in ihrem Milieu vorgezeichnet scheint. Doch am Ende erfüllt sich sein Schicksal in einem Kreuzigungstod.

Man hat's nicht leicht auf dieser Welt M142
C'EST DUR POUR TOUT LE MONDE ***
Frankreich 1974, 75 Min., F
R: Christian Gion D: Bernard Blier, François Perrin, Claude Piéplu
Komödie aus dem Werbemilieu. Der Aufstieg eines jungen »Kreativen« und die Gefährdung durch allfällige Korruption wird ein bißchen uninspiriert erzählt.

Man nannte ihn Hombre M143
HOMBRE ***
USA 1966, 98 Min., F
R: Martin Ritt D: Paul Newman, Frederic March, Richard Boone
Ein Weißer, der bei den Indianern aufgewachsen ist und bei einer Fahrt mit der Postkutsche allerlei Rassismus über sich ergehen lassen muß, erweist sich als Retter, als die Reisenden überfallen werden. Western, der sich sehen lassen kann.

Man nannte ihn Kelly M144
YELLOWSTONE KELLY **
USA 1959, 90 Min., F
R: Gordon Douglas D: Clint Walker, Edward Byrnes, John Russell
Ein aufrechter Trapper und ein böser Indianer rangeln sich um eine Squaw. Als die Not am größten ist, reitet die Kavallerie zur Attacke. Routinewestern.

Man nennt mich Hondo M145
HONDO ***
USA 1953, 90 Min., F
R: John Farrow D: John Wayne, Geraldine Page, Ward Bond
Army-Kurier beschützt Farmersfrau und ihren Sohn in kriegerischen Auseinandersetzungen zwischen Weiß und Rot und gewinnt beider Herz. Überdurchschnittlich unterhaltsamer Western.

Man spielt nicht mit der Liebe M146
***
BRD 1949, 86 Min., s/w
R: Hans Deppe D: Lil Dagover, Bruni Löbel, Paul Klinger, Petra Peters
Ehegeschichten, dramatisch und irgendwie pädagogisch. Einer der Filme, von denen man nicht zu sagen wüßte, ob sie in die Zeit des Nationalsozialismus oder ins »Wirtschaftswunder« gehören.

Man spricht deutsh M147
***
BRD 1987, 84 Min., F
R: Hanns Christian Müller D: Gerhard Polt, Gisela Schneeberger, Dieter Hildebrandt
Der letzte Urlaubstag eines bayerischen Durchschnittsehepaares und ihres verwöhnt-verfetteten Sohnes an einem italienischen Touristenstrand. Ihre lächerliche Angst vor Diebstählen, mangelnder Hygiene und vor allem Fremden werden für die Kleinfamilie zu einem Horrortrip, dem sie in spießigen Tagträumen zu entkommen versuchen. Böse Satire, die sich jedoch streckenweise im Episodenhaften verzettelt. HFJ 1989

Frauen unter sich
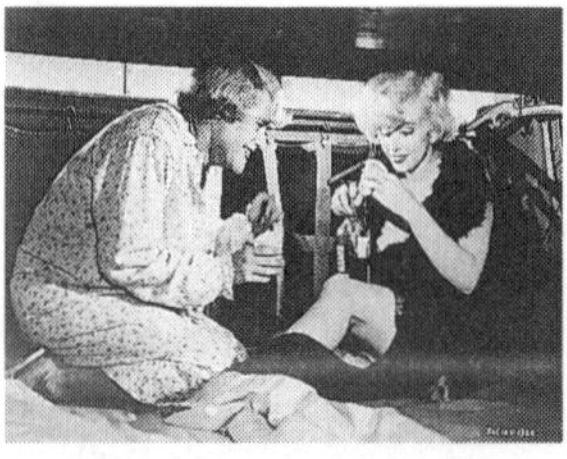

Manche mögen's heiß M148
SOME LIKE IT HOT *****
USA 1959, 120 Min., s/w
R: Billy Wilder D: Tony Curtis, Jack Lemmon, Marilyn Monroe
Zwei Jazzmusiker auf der Flucht vor Gangstern finden als Frauen verkleidet Unterschlupf in einer Damenkapelle. Es kommt natürlich zu Verwicklungen, die ihren Höhepunkt erreichen, als sich einer von ihnen in eine der Damen verliebt. Schwungvoll inszenierter Komödienklassiker mit Marylin Monroe in einer ihrer erotischsten Rollen.

Manchmal kommen sie wieder M149
SOMETIMES THEY COME BACK **
USA 1991, 98 Min., F
R: Tom McLoughlin D: Tim Matheson, Brooke Adams, William Sanderson
Drei böse Buben kommen aus dem Reich der Toten in das der Lebenden zurück, um eine offene Rechnung zu begleichen, und stellen einem Kleinstadtlehrer nach. Freie Verfilmung einer Kurzgeschichte von Stephen King, die die Frage Einbildung/tatsächliche Erscheinung völlig ignoriert und statt dessen billige Zombietypen aufmarschieren läßt.

Mandala – Die blinden Augen des Herzens M150
MANDALA ****
Südkorea 1981, 112 Min., F
R: Im Kwon Taek D: Jon Moo Song, Ahn Song Ki, Pang Hi
Zwei buddhistische Mönche treffen sich auf der Wanderschaft und tauschen ihre Erfahrungen und Zweifel bei der Suche nach der wahren Erkenntnis aus. Ein Film, der Religion atmet und Kontemplation fordert.

Mandragola – Die Liebeswurzel M151
LA MADRAGOLA **
Italien/Frankreich 1965, 93 Min., s/w
R: Alberto Lattuada D: Rosanna

Mandy M152
MANDY ***
GB 1952, 93 Min., s/w
R: Alexander Mackendrick
D: Phyllis Calvert, Jack Hawkins
Zwischen Sentimentalität und psychologischer Genauigkeit schwankende Darstellung der konfliktreichen pädagogischen Beziehung zu einem von Geburt an taubstummen Mädchen.

Manfred von Richthofen – Der rote Baron M153
VON RICHTHOFEN AND BROWN ***
USA 1970, 97 Min., F
R: Roger Corman D: John Phillip Law, Don Stroud, Barry Primus
Episoden aus dem Leben des Fliegers Richthofen, der im Ersten Weltkrieg die britische Luftwaffe dezimiert und von seinen Gegnern darob wie ein Held verehrt wird. Kaum zu glauben. Aktionsreicher Kriegsfilm.

Manhattan M154
MANHATTAN ****
USA 1978, 96 Min., s/w
R: Woody Allen D: Woody Allen, Diane Keaton, Michael Murphy, Mariel Hemingway
Einmal mehr wird ein beziehungsgescheiterter New Yorker von einer Seinskrise gebeutelt. Er fühlt sich als sensibler Mensch und Künstler unverstanden, und sein unerfülltes Bedürfnis nach Liebe macht ihm zu schaffen. Witzig-melancholische Hommage Woody Allens an seine Geburtsstadt, in wunderschönen Schwarzweißbildern ideal ergänzt durch Gershwins Musik.

Manhattan Murder Mystery M155
MANHATTAN MURDER MYSTERY ****
USA 1993, 108 Min., F
R: Woody Allen

Woody Allen und Diane Keaton

D: Woody Allen, Diane Keaton, Alan Alda
Ein in der Eheroutine festgefahrenes Paar bauscht den Tod der Nachbarin zum Mord auf, um sich den Alltag als Amateurdetektive spannender zu gestalten. Etwas zähe Krimi-Story mit vielen Filmzitaten und New Yorker Atmosphäre. HFJ 1995

Maniac Cop M156
MANIAC COP **
USA 1988, 88 Min., F
R: William Lustig D: Tom Atkins, Bruce Campbell, Laurene Landon
Gnadenloser Ex-Bulle, von Knackis zum Hirni geschlagen, startet Feldzug gegen alles, was lebt und ist (aus welchem Grund auch immer) gegen die Kugeln seiner Kollegen gefeit. Böser Rächerfilm mit Horror-Untertönen. HFJ 1989

Maniac Cop II M157
MANIAC COP II ***
USA 1990, 84 Min., F
R: William Lustig D: Robert Davi, Claudia Christian, Leo Rossi
Dünne, doch rasant inszenierte Story über einen offenbar untoten Cop, der in übelster Rächermanier mit dem Großstadtgewürm und allem aufräumt, das seinen Weg kreuzt. Schund, klar, aber sauspannend gemacht.
HFJ 1992

Maniacs – Die Horrorbande M158
NEON MANIACS *
USA 1986, 87 Min., F
R: Joseph Mangine D: Allan Hayes, Leilani Sarelle, Donna Locke
Monster unter der Fuchtel eines Alien laden sich ungebeten zu einer Feier ein und werden, nachdem sie unter den Gästen aufgeräumt haben, mit Wasser vernichtet. Wozu das alles? Die Frage haben sich die Macher nicht gestellt.

Der Manitou M159

›Der Mann aus Eisen‹ – Kein Eskapismus: Wajdas Filme am Puls des Zeitgeschehens.

zu beherrschen. Stellenweise spannender, aber unbedeutender Horrorfilm nach dem Roman von Graham Masterton.

Ein Mann allein M160
A MAN ALONE ***
USA 1955, 92 Min., F
R: Ray Milland D: Ray Milland, Mary Murphy, Ward Bond, Raymond Burr
Ein Reiter, der in der Prärie eine ausgeraubte Postkutsche und Leichen findet, wird, als er die Tat meldet, selbst verdächtigt. Eindrucksvolles Regiedebüt von Ray Milland.

Der Mann auf dem Dach M161
MANNEN PA TAKET ****
Schweden 1976, 110 Min., F
R: Carl Gustav Lindstedt D: Thomas Hellberg, Hakan Serner
Der Mord an einem Polizisten führt zur Recherche verschiedener Konflikte innerhalb des Polizeiapparates. Kritischer Thriller nach dem Roman von Maj Sjöwall und Per Wahlöö.

Der Mann auf dem Quai M162
L' HOMME SUR LES QUAIS ****
Fr/Kanada/BRD 1992, 105 Min., F
R: Raoul Peck D: Jennifer Zubar, Toto Bissainthe, Jean-Michel Martial
Eine Familie erleidet unter der haitianischen Diktatur der frühen 60er Jahre bittere Verfolgung und Unterdrückung. Trotz dramaturgischer Schwächen ein menschlich berührender, formal bemühter Film. HFJ 1995

Der Mann auf der Mauer M163
***
BRD 1982, 101 Min., F
R: Reinhard Hauff D: Marius Müller-Westernhagen, Julie Carmen, Towje Kleiner, Karin Baal
Die Geschichte vom »Mauerspringer«, der immer wieder durch gesetzwidrige Verletzungen der deutsch-deutschen Grenze sich und andere in Schwierigkeiten bringt, verliert sich im Zitaten- und Beziehungsgeflecht.

Der Mann auf der Schaukel M164
MAN ON A SWING ***
USA 1973, 109 Min., F
R: Frank Perry D: Cliff Robertson, Joel Grey, Dorothy Tristan
Bizarrer, nach einem authentischen Film erzählter Krimi um die Zusammenarbeit zwischen einem Polizeichef und einem Hellseher bei der Aufklärung eines Mordfalles.

Der Mann aus dem Süden M165
THE SOUTHERNER ***
USA 1945, 90 Min., s/w
R: Jean Renoir D: Zachary Scott, Betty Field, Beulah Bondi, J.Carroll Naish
Ein junger Baumwollpflanzer versucht, die heruntergewirtschaftete Farm seines verstorbenen Onkels mit der Unterstützung seiner Familie wieder in Schwung zu bringen. Trotz mannigfaltiger Schwierigkeiten gibt er nicht auf. Impressionistisch-realistisches Plädoyer für Freiheit und Mut mit exzellenten darstellerischen Leistungen.

Der Mann aus dem Westen M166
MAN OF THE WEST ****
USA 1958, 95 Min., F
R: Anthony Mann D: Gary Cooper, Julie London, Lee J. Cobb
Ein ehemaliger Revolvermann muß gegen seinen Onkel antreten, und der ist ein berüchtigter Halunke. Routiniert in Szene gesetzter Western mit einer Besetzung, die eine rundum ausgezeichnete Darstellung liefert.

Der Mann aus Eisen M167
CZLOWIEK Z ZELAZA ****
Polen 1981, 140 Min., F
R: Andrzej Wajda D: Jerzy Radziwilowicz, Krystyna Janda, Marian Opania
Die politische Wende des Jahres 1980 in Polen bildet den Hintergrund für den Bewußtseinsprozeß eines angepaßten Reporters. Dieser setzt sich mit dem Werdegang des Sohnes eines Propagandahelden der Stalin-Zeit zum revolutionären Streikführer auseinander. Zeitunmittelbarer Appell für Demokratie, Menschenrechte und Zivilcourage.

Der Mann aus El Paso M168
THE MAN CALLED NOON **
GB 1973, 94 Min., F
R: Peter Collinson D: Richard Crenna, Stephen Boyd, Rosanna Schiaffino
Geschäftsmann, der bei einem Überfall Frau, Kind und Gedächtnis verliert, entwickelt sich zum Revolvermann und entlarvt mit Hilfe neuer Freunde die Schurken und den Mann im Hintergrund. Britischer Routinewestern.

Der Mann aus Laramie M169
THE MAN FROM LARAMIE ***
USA 1955, 191 Min., F
R: Anthony Mann D: James Stewart, Arthur Kennedy, Donald Crisp
Ein Ex-Captain, der seinen Bruder rächen will, den gewissenlose Waffen-

schmuggler auf dem Gewissen haben, legt sich mit einem reichen Rancher an, doch das Schicksal bewahrt ihn vor der Selbstjustiz. Edel-Western.

Der Mann aus Marmor M170
CZLOWIEK Z MARMURU *****
Polen 1976, 153 Min., F
R: Andrzej Wajda D: Krystyna Janda, Jerzy Radziwilowicz, Tadeusz Lomnicki
Eine Filmstudentin macht sich auf die Suche nach der Wahrheit hinter einem Propagandafilm über einen »Helden der Arbeit«. Einer der wichtigsten Filme über das Ende der Stalin-Zeit und die Aufgabe der Medien.

Der Mann aus Marseille M171
LA SCOUMOUNE ***
Frankreich/Italien 1972, 100 Min., F
R: José Giovanni D: Jean-Paul Belmondo, Michel Constantin, Claudia Cardinale, Enrique Lucero
Ein junger Gangster wird bei dem Versuch, einen inhaftierten Freund zu befreien, selbst eingelocht. Um begnadigt zu werden, erklären sich beide bereit, die französischen Küsten von Minen zu säubern. Gangsterfilm nach dem autobiographischen Roman des Regisseurs, der das Thema »Loyalität in der Unterwelt« nicht überzeugend behandelt.

Der Mann aus Metall M172
WHO? ***
GB 1974, 90 Min., F
R: Jack Gold D: Elliott Gould, Joseph Bova, Trevor Howard, Ed Grover
In der DDR einem schweren Unfall zum Opfer gefallener US-Physiker kehrt mit Metallkopf versehen in den Westen zurück und soll dem FBI beweisen, wer er ist. Spannender Psycho-SF-Film nach dem Roman von Algis Budrys. LSFF

Der Mann aus San Fernando M173
EVERY WHICH WAY BUT LOOSE ***

stets von seinem besten Freund, einem Orang-Utan, begleitet. Trockener, manchmal wunderbar hirnrissiger Humor: ein Film wie ein Augenzwinkern.

Der Mann aus Stahl und Eisen M174 ***
IL PREFETTO DI FERRO
Italien 1977, 121 Min., F
R: Pasquale Squitieri D: Giuliano Gemma, Claudia Cardinale, Francisco Rabal
Ähnlich wie Damiano Damiani in seinen Mafia-Filmen, greift auch Squitieri das immer aktuelle Thema Politik und Verbrechen (hier: Faschismus und Mafia in Italien während der 20er Jahre) auf, um von der Vergangenheit aus auf die Gegenwart zu wirken. Der Betrachter wird auf Distanz gehalten und soll wachsam werden gegen Faschismus, Machtwillkür und Ignoranz.

Mann beißt Hund M175
C'EST ARRIVE PRES DE CHEZ VOUS ****
Belgien 1992, 95 Min., s/w
R: Rémy Belvaux, André Bonzel, Benoît Poelvoorde D: Benoît Poelvoorde, Jacqueline Poelvoorde Pappaert, Nelly Pappaert
Ein Filmteam begleitet einen Mörder bei seiner Arbeit und wird im Lauf der Zeit zum Mittäter der perversesten Morde. No-budget-Satire auf Reality-TV, brillant inszeniert auf formal höchstem Niveau, sarkastisch bis zum Abwinken und definitiv nichts für schwache Nerven. HFJ 1994

Ein Mann besiegt die Angst M176
EDGE OF THE CITY ****
USA 1956, 81 Min., s/w
R: Martin Ritt D: John Cassavetes, Sidney Poitier, Jack Warden
Ein Deserteur wird von der Unterwelt erpreßt; sein einziger Freund ist ein Afro-Amerikaner, der sich den Gangstern entgegenstellt. Sozialkritisches Regie-Debüt von Martin Ritt.

Drogenpolizisten jagen in Europa den skrupellosen Chef einer Dealerbande, der eine Gesichtsoperation hinter sich hat. Routinekrimi.

Ein Mann, den sie Pferd nannten M178 ***
A MAN CALLED HORSE
USA 1970, 114 Min., F
R: Elliot Silverstein D: Richard Harris, Judith Anderson, Jean Gascon
Ein Lord wird von Indianern gefangen, die noch nie einen Weißen gesehen haben, und gibt sich alle Mühe, von ihnen als Mensch anerkannt zu werden – was ihm erst gelingt, nachdem er Angehörige eines feindlichen Stammes getötet hat. Indianerfilm.

Der Mann, der auf die Erde fiel M179 **
THE MAN WHO FELL TO EARTH
USA 1986, 98 Min., F
R: Robert J. Roth D: Lewis Smith, Beverly D'Angelo, James Laurenson
TV-Remake des Films *Der Mann, der vom Himmel fiel.* Pilotfilm einer nicht realisierten Fernsehserie. Eine saft- und kraftlose Überflüssigkeit. LSFF

Der Mann, der aus dem Dschungel kam M180 **
SEARCH AND DESTROY
USA 1978, 82 Min., F
R: William Fruet D: Perry King, Don Stroud, Tisa Farrow
Ein auf amerikanischer Seite kämpfender Vietnamese rächt nach Beendigung des Krieges das Versagen seiner Kameraden, die ihn während eines gegnerischen Angriffs im Stich ließen, indem er sie mit Dschungelkriegmethoden umbringt. Oberflächlich, voller Vereinfachungen und Klischees.

Der Mann, der aus dem Eis kam M181 ***
ICEMAN

das Objekt wissenschaftlicher Neugier, nicht den Menschen. Ein »Kaspar Hauser« des Wissenschaftszeitalters.

Der Mann, der Berge versetzt M182 ***
THE MAN WITH THE POWER
USA 1978, 95 Min., F
R: Nicholas Sgarro D: Bob Neill, Persis Khambatta, Tim O'Connor
Sohn eines Außerirdischen und einer Menschin soll im Regierungsauftrag eine ausländische Prinzessin bewachen und rettet sie mit Psi-Talenten vor bösen Entführern. Unfreiwillig komischer TV-Film.

Der Mann, der die Frauen liebte M183 ****
L' HOMME QUI AIMAIT LES FEMMES
Frankreich 1977, 119 Min., F
R: François Truffaut D: Charles Denner, Brigitte Fossey, Nelly Borgeaud
Aufgrund eines Kindheitserlebnisses von Frauenbeinen faszinierter Mann ist ständig auf der Suche nach dem idealen weiblichen Wesen – was ihn im Endeffekt das Leben kostet. Vorzüglich fotografierter Farbfilm über einen heimlichen Fetischisten und eine ironische Darstellung des Don Juan.

Der Mann, der die Katzen tanzen ließ M184 ***
THE MAN WHO LOVED CAT DANCING
USA 1973, 109 Min., F
R: Richard C. Sarafian
D: Burt Reynolds, Sarah Miles, Lee J. Cobb
Ein Gesetzloser tut sich mit einer Frau zusammen, nimmt sie in seine Bande auf und bemüht sich, sie vor seinen Leuten und ihrem rachsüchtigen Mann zu schützen. Ein Western, dessen deutscher Titel an Idiotie nicht zu überbieten ist.

Der Mann, der die Welt verändern wollte M185 ***
THE MAN WHO COULD WORK MIRACLES
GB 1936, 80 Min., s/w
R: Lothar Mendes D: Roland Young, Ralph Richardson, Joan Gardner
Überirdische Mächte versetzen kleinen Angestellten in die außergewöhnliche Lage, die Gesetze der Natur zu verändern. Prompt richtet er ein Chaos an. Humorvolle Fantasy nach dem Roman von H. G. Wells. LSFF

Der Mann der Friseuse M186 ****
LE MARI DE LA COIFFEUSE
Frankreich 1990, 81 Min., F
R: Patrice Leconte D: Jean Rochefort, Anna Galiena, Roland Bertin
In der stillen Abgeschiedenheit eines kleinen südfranzösischen Frisiersalons zelebrieren eine Friseuse und ihr Mann das zärtliche Fest der Liebe. Skurril-poetisches Märchen voll sanftem Humor und subtiler Erotik.
HFJ 1992

James Stewart, Lee Marvin und John Wayne in ›Der Mann, der Liberty Valance erschoß‹.

Anna Galiena ist die Friseuse.

Der Mann, der König sein wollte M187 ****
THE MAN WHO WOULD BE KING
GB 1975, 129 Min., F
R: John Huston D: Sean Connery, Michael Caine, Shakira Caine
Zwei britische Soldaten ziehen nach Kafiristan, um Könige zu werden und die Kronjuwelen zu stehlen. Doch einer der beiden findet Geschmack am Herrscherdasein. Unkonventioneller Abenteuerfilm nach Rudyard Kipling.

Der Mann, der Liberty Valance erschoß M188 ****
THE MAN WHO SHOT LIBERTY VALANCE
USA 1961, 113 Min., F
R: John Ford D: James Stewart, John Wayne, Vera Miles, Lee Marvin
Gesitteter Anwalt und bärbeißiger Rancher sehen sich angesichts der Ferkeleien eines Bösewichts gezwungen, ihr Leben von Grund auf zu ändern. Pointierter Western.

Der Mann, der niemals aufgibt M189 ****
THE GAUNTLET
USA 1977, 109 Min., F
R: Clint Eastwood D: Clint Eastwood, William Prince, Sondra Locke
Ein Polizist soll eine widerborstige Zeugin auf dem Weg von Las Vegas zum Gericht in Phoenix eskortieren. Der Routinejob wird sich zum Kampf auf Leben und Tod, denn die Mafia und korrupte Ordnungshüter wollen ihn daran hindern. Harte Action.

Der Mann, der niemals lachte M190 ***
BUSTER KEATON STORY
USA 1957, 93 Min., s/w
R: Sidney Sheldon

Die Erfolgreichen

Der Erfolg eines Films in den deutschen Kinos ist klar definiert. Mit 3 Mio. Besuchern erhält er eine »Goldene Leinwand« und ragt damit weit über das Durchschnittsgeschäft heraus. Die Auszeichnung wird vergeben vom Hauptverband Deutscher Filmtheater und dem Branchenblatt »Filmecho/Filmwoche«. Die erste Auszeichnung ging an den Karl-May-Film »Der Schatz im Silbersee«, einer der letzten an den »König der Löwen«, wieder einmal an eine Disney-Produktion, und an den deutschen Zeichentrickfilm »Werner – Das muß kesseln«.

1972 Auch die Engel essen Bohnen
Der große Blonde mit dem schwarzen Schuh
Laß Jucken, Kumpel!
Der letzte Tango in Paris
Der Pate
Schulmädchen-Report 3. Teil: Was Eltern nicht mal ahnen

1973 Der Clou
Der Exorzist
Das große Fressen
James Bond – Leben und Sterben lassen
Mein Name ist Nobody
Papillon
Robin Hood

1974 Flammendes Inferno
James Bond – Der Mann mit dem goldenen Colt
Mandingo
Ein Mann sieht rot
Zwei Missionare

1975 Einer flog über das Kuckucksnest
Nobody ist der Größte
Der Unverbesserliche
Der weiße Hai

1976 Bernard und Bianca – Die Mäusepolizei
Brust oder Keule
King Kong und die weiße Frau
Steiner – Das eiserne Kreuz
Der Spion, der mich liebte

1977 Ein irrer Typ
Krieg der Sterne
Plattfuß in Afrika
Die Wildgänse kommen
Zwei außer Rand und Band
Unheimliche Begegnung der dritten Art – Die neue Version

1978 Convoy
Grease-Schmiere
Der Große mit seinem außerirdischen Kleinen
[redacted] unheimliche Begegnung
[redacted] Außerirdischen
[redacted]

1979 Apocalypse Now
Die Blechtrommel
Buddy haut den Lukas
Das Krokodil und sein Nilpferd
Der letzte Countdown
Moonraker – Streng geheim
Theo gegen den Rest der Welt
Das Boot

1980 Auf dem Highway ist die Hölle los
Christiane F. – Wir Kinder vom Bahnhof Zoo
Das Imperium schlägt zurück
James Bond 007 – In tödlicher Mission

1981 Cap und Capper – Zwei Freunde auf acht Pfoten
Der Profi

1982 E.T. – Der Außerirdische
Tootsie
Utu – Die letzte Schlacht der Maoris

1983 Auf dem Highway ist wieder die Hölle los – Highway 2
The Day After – Der Tag danach
Flashdance
Gremlins – kleine Monster
Indiana Jones und der Tempel des Todes
James Bond – Octopussy
James Bond – Sag niemals nie
Police Academy ... dümmer, als die Polizei erlaubt
Die Rückkehr der Jedi-Ritter

1984 Amadeus
Beverly Hills Cop – Ich lös den Fall auf jeden Fall
Ghostbusters – Die Geisterjäger
James Bond – Im Angesicht des Todes
Rambo II – Der Auftrag

1985 Die unendliche Geschichte
Asterix – Sieg über Cäsar
Jenseits von Afrika
Männer
Otto – Der Film
Police Academy 2 – Jetzt geht's erst richtig los
Police Academy 3 – ... und keiner kann sie bremsen
Rocky IV – Der Kampf des Jahrhunderts
Top Gun – Sie fürchten weder Tod noch Teufel
Zurück in die Zukunft

1986 Crocodile Dundee – Ein Krokodil zum Küssen
Dirty Dancing
Der Name der Rose

1987 Beverly Hills Cop II
Falsches Spiel mit Roger Rabbit
Ein Fisch namens Wanda
James Bond – Der Hauch des Todes
Der letzte Kaiser
Otto – Der neue Film
Eine verhängnisvolle Affäre

1988 Crocodile Dundee II
Ich und Er
Indiana Jones und der letzte Kreuzzug
Ödipussi
Der Prinz aus Zamunda
Rain Man

1989 Arielle – Die Meerjungfrau
Der Club der toten Dichter
Kuck' mal, wer da spricht
Der Rosen-Krieg
Zurück in die Zukunft – Teil II

1990 Bernard und Bianca im Känguruhland
Der mit dem Wolf tanzt
Ghost – Nachricht von Sam
Kevin allein zu Haus
Pappa ante portas
Pretty Woman
Robin Hood – König der Diebe
Die unendliche Geschichte II
Werner – Beinhart

1991 Hook
Hot Shots – Die Mutter aller Filme
Die nackte Kanone 2 ½
Nicht ohne meine Tochter
Das Schweigen der Lämmer
Terminator II – Tag der Abrechnung

1992 Aladdin
Basic Instinct
Bodyguard
Das Geisterhaus

	Jurassic Park
	Kevin – Allein in New York
	Die Schöne und das Biest
	Sister Act
1993	Ein unmoralisches Angebot
	Cool Runnings
	Dennis
	Free Willy
	Hot Shots! Der 2. Versuch
	Mrs. Doubtfire
	Die nackte Kanone 33 ⅓
	Philadelphia
	Schindlers Liste
	Sommersby
	Vier Hochzeiten und ein Todesfall
1994	Der bewegte Mann
	Flintstones – Die Familie Feuerstein
	Forrest Gump
	Der König der Löwen
1995	Speed
	Stirb langsam – Jetzt erst recht
	Stargate
	Während du schliefst
	Casper
1996	James Bond 007 – Golden Eye
	Ein Schweinchen namens Babe
	Waterworld
	Pocahontas
	Dangerous Minds – Wilde Gedanken
	Männerpension
	Werner – das muß kesseln
	The Rock
	Mission: Impossible
	Independence Day
	Twister
1997	Rossini – oder die mörderische Frage, wer mit wem schlief
	Das kleine Arschloch
	Knockin' on Heaven's Door
	Der Glöckner von Notre Dame
	Der englische Patient
	Vergessene Welt – Jurassic Park
	Bean – Der ultimative Katastrophenfilm
	MIB – Man in Black
	Das fünfte Element
1998	James Bond – Der Morgen stirbt nie
	Die Hochzeit meines besten Freundes
	Titanic
	Hercules
	Deep Impact
	Armageddon – Das jüngste Gericht
	Besser geht's nicht
	Dr. Doolittle
	Der Pferdeflüsterer
	Der Soldat James Ryan
	Mulan
1999	Verrückt nach Mary
	Staatsfeind Nr. 1
	E-Mail für dich
	Das große Krabbeln
	Godzilla
	Asterix & Obelix gegen Caesar
	Rush Hour
	Shakespeare in Love
	Die Mumie
	Matrix

D: Donald O'Connor, Ann Blyth, Peter Lotte
Biographische Studie über den steilen Aufstieg und den tragischen Niedergang des genialen Stummfilm-Komikers Buster Keaton.

Der Mann, der Peter Kürten hieß M191 ***
LE VAMPIRE DE DUSSELDORF
Fr/It/Sp 1965, 76 Min., s/w
R: Robert Hossein D: Robert Hossein, Marie-France Pisier, Roger Duthoit, Paloma Valdes
Ein Düsseldorfer Zechenarbeiter reißt in Tingeltangel-Lokalen Frauen auf, um sie auf dem anschließenden Spaziergang umzubringen. Eines Tages verliebt er sich in eine Nachtklubsängerin, die er in Panik tötet, nachdem sie ihn an die Polizei verraten hat. Unstimmige Zeitstudie anhand des authentischen Falles eines Düsseldorfer Massenmörders in den späten 20ern.

Der Mann, der seinen Mörder sucht M192 ***
Deutschland 1931, 97 Min., s/w
R: Robert Siodmak D: Heinz Rühmann, Lien Deyers, Hans Leibelt
Ein lebensmüder Mann verlangt von einem Einbrecher, ihn zu ermorden; als er es sich anders überlegt hat, muß er um sein Leben kämpfen. Freie Adaption von Jules Vernes *Les Tribulations d'un Chinois en Chine*, in dessen Verfilmung Belmondo aber mehr Dampf hatte.

Der Mann, der seinen Schatten verlor M193 ****
L'HOMME QUI A PERDU SON OMBRE
Fr/Sp/CH 1991, 98 Min., F
R: Alain Tanner D: Dominic Guard
Journalist in der Lebenskrise verläßt seine Frau und fährt nach Spanien, wo er mit einem Freund über den Sinn des Lebens nachdenkt. Seine Frau und seine frühere Geliebte machen sich auf die Suche nach ihm. Schönes, vergrübeltes Verzweiflungskino.

Der Mann, der Sherlock Holmes war M194 ***
Deutschland 1937, 112 Min., s/w
R: Karl Hartl D: Hans Albers, Heinz Rühmann, Marieluise Claudius
Zwei als Sherlock Holmes und Dr. Watson verkleidete Privatdetektive suchen während der Pariser Weltausstellung nach den gestohlenen berühmten Mauritius-Briefmarken. Nach vielen Verwicklungen, die mit ihrer Verhaftung enden, greift schließlich der Sherlock-Holmes-Autor Sir Conan Doyle höchstpersönlich ein. Temporeiche Kriminalkomödie, die hervorragend unterhält.

Der Mann, der sich die Haare kurz schneiden ließ M195 ****
DE MAN DIE ZIJ KORT LIET KNIPPEN
Belgien 1965, 94 Min., F
R: André Delvaux D: Senn Rouffaer, Beata Tyszkiewicz, Hector Cammerlynck
Aus den frustrierenden Umständen seines Alltags flüchtet sich ein Lehrer in die aussichtslose Liebe zu einer Schülerin. Psychodrama, dessen Kompromißlosigkeit diesen Film weit über den Durchschnitt des Genres hebt.

Ein Mann der Tat M196 ***
SAN ANTONIO
USA 1945, 105 Min., F
R: David Butler D: Errol Flynn, Alexis Smith, Szöke Szakall
Cowboy, der Viehdieben auf der Spur ist, wird in San Antonio zum Sheriff gemacht, lernt eine Actrice kennen

und säubert den Ort von den örtlichen Lumpen. Spannender Routinewestern.

Der Mann der tausend Eigenschaften M197 ***
THE ULTIMATE IMPOSTOR
USA 1979, 95 Min., F
R: Paul Stanley D: Joseph Hacker, Keith Andes, Erin Gray
Agent, der Computer geistig anzapfen und sämtliche Informationen in sich aufnehmen kann, befreit einen von Konkurrenten entführten sowjetischen Kapitän, der zuviel weiß. Rasanter utopischer TV-Film. LSFF

Der Mann, der vom Himmel fiel M198 ***
THE MAN WHO FELL TO EARTH
GB 1975, 118 Min., F
R: Nicholas Roeg D: David Bowie, Rip Torn, Candy Clark, Buck Henry
Als Mensch »verkleideter« Alien, der auf Erden etwas für sein unter schrecklichen Bedingungen lebendes Volk tun will, gerät ins Netzwerk der Geheimdienste und wird Opfer des Alkohols. Nach dem Roman von Walter Tevis. LSFF

Der Mann, der weint M199 ***
LA VIE DE FAMILLE
Frankreich 1984, 98 Min., F
R: Jacques Doillon D: Sami Frey, Mara Goyet, Juliet Berto, Juliette Binoche
Ein Mann in den besten Jahren, der von seiner Frau getrennt lebt, macht in Spanien einen Kurzurlaub von seiner eifersüchtigen Geliebten. Es kommt zu einer langsamen Annäherung an seine 11jährige Tochter, die er kurzerhand mitgenommen hat. Subtiler, teils intellektuell-verspielter Beziehungsfilm, der durch hervorragend gespielte Gesten und mimische Dialoge besticht.

Der Mann, der zum Essen kam M200 ***

tragstournee wegen eines Unfalls bei einer Kleinstadt-Familie Aufnahme findet und dort für Wirbel sorgt.

Der Mann, der zuviel wußte M201 ****
THE MAN WHO KNEW TO MUCH
USA 1955, 120 Min., F
R: Alfred Hitchcock D: James Stewart, Doris Day, Christopher Olsen
Das Kind eines britischen Ehepaares wird aus politischen Gründen in Marokko entführt. Die zunächst undurchsichtige Geschichte führt durch atemberaubende Schauplätze über die Schweiz nach London. Trotz einiger Längen erweist sich Hitchcock hier einmal mehr als Meister der Irreführung und Hochspannung, die sich in einem furiosen Höhepunkt entlädt.

Der Mann, der zweimal lebte M202 **
SECONDS
USA 1955, 106 Min., s/w
R: John Frankenheimer D: Rock Hudson, Salome Jens, John Randolph
Geschäftsmann in mittleren Jahren unterzieht sich bei einer mysteriösen Organisation einer Verjüngungsoperation, kommt aber auch mit seiner neuen Identität nicht klar. Seltsames und faszinierendes Werk.

Der Mann des Jahrhunderts M203 **
LE MALE DU SIECLE
Frankreich 1974, 90 Min., F
R: Claude Berri D: Juliet Berto, Claude Berri, Hubert Deschamps
Ein Mann reagiert panisch auf die Emanzipation der Frau. Sittenkomödie mit kriminalistischen Tupfern.

Ein Mann, eine Frau und ein Film in Paris M204 ***
ONCE IN PARIS
USA 1978, 90 Min., F
R: Frank D. Gilroy D: Wayne Rogers, Gayle Hunnicutt, Jack Lenoir

Richard Gere und Lauren Hutton

Ein Mann für gewisse Stunden M205 ****
AMERICAN GIGOLO
USA 1979, 117 Min., F
R: Paul Schrader D: Richard Gere, Lauren Hutton, Hector Elizondo
Ein Gigolo in der Schickeria von Los Angeles wird in einen Mordfall verstrickt und durch die Begegnung mit der reinen Liebe erlöst. Eigenwillige Mischung aus amerikanischen Mythen und einer deutlichen Anlehnung an die Filme von Robert Bresson.

Ein Mann für jede Jahreszeit M206 ***
A MAN FOR ALL SEASONS
GB 1967, 120 Min., F
R: Fred Zinnemann D: Paul Scofield, Wendy Hiller, Leo McKern, Robert Shaw, Orson Welles
Die Geschichte von Thomas Morus, der für seine Treue gegnüber dem Gesetz in den Tod geht, nach einem Bühnenstück von Robert Bolt, hochkarätig besetzt.

Ein Mann für jede Tonart M207 ***
BRD 1993, 93 Min., F
R: Peter Timm D: Katja Riemann, Henry Hübchen, Uwe Ochsenknecht
Eine Sängerin kann sich nicht zwischen zwei Liebhabern entscheiden. Dazwischen gibt es Product Placement und anderen Unfug. HFJ 1994

Mann gegen Mann M208 **
LONE STAR

Gegner der beiden an den Hals. Trotz Clark Gable ein mäßiger Western.

Ein Mann geht durch die Wand M209
***
BRD 1959, 99 Min., s/w
R: Ladislao Vajda D: Heinz Rühmann, Nicole Courcel, Hubert von Meyerinck, Rudolf Vogel
Ein netter Finanzbeamter entwickelt die Fähigkeit, durch Wände zu gehen und nutzt diese Gabe, um für mehrere vom Glück Benachteiligte Gutes zu tun. Unterhaltsamer Filmspaß. LSFF

Ein Mann geht über Leichen M210
THE STONE KILLER **
USA 1973, 96 Min., F
R: Michael Winner D: Charles Bronson, Martin Balsam, Ralph Waite
Bronson als knallharter Polizist entlarvt Vietnam-Veteranen als Mafia-Killer. Formelhafter, faschistoider Polizeifilm.

Der Mann ihrer Träume M211
YOUNG MAN WITH A HORN ***
USA 1949, 88 Min., s/w
R: Michael Curtiz D: Kirk Douglas, Lauren Bacall, Doris Day
Die Geschichte eines Trompeters, der sein Talent durch die unselige Liebe zu einer Frau vergeudet. Eindrucksvolle Paraphrase auf das Leben des Jazzers Bix Beiderbecke.

Der Mann im Hintergrund M212
SOMEONE TO WATCH OVER ME ***
USA 1987, 106 Min., F
R: Ridley Scott D: Tom Berenger, Mimi Rogers, Lorraine Bracco
Ein New Yorker Cop erhält den Auftrag, eine Mordzeugin zu beschützen. Er verliebt sich in die elegante Dame aus der High-Society und handelt sich eine Menge Ärger mit seiner Frau ein. Thriller der mittleren Preislage: elegant und spannend, aber weder aufregend noch sonderlich originell. HFJ 1989

Mann im Sattel M213
MAN IN THE SADDLE ***
USA 1951, 85 Min., F
R: André de Toth D: Randolph Scott, Joan Leslie, Alexander Knox
Ein egoistischer Rancher versucht mit brutalsten Mitteln, seinem Besitz das Land eines jungen Mannes einzuverleiben, nachdem er ihm schon die geliebte Frau weggenommen hat. Es kommt zu einer erbitterten Konfrontation. Western-Klassiker nach dem Motto »Edel sei der Mensch…«.

Mann im Schatten M214
***
Österreich 1961, 95 Min., s/w
R: Arthur Maria Rabenalt D: Ellen Schwiers, Barbara Frey, Helmut Lohner
Von Wolfgang Menge nach Polizeiakten geschriebener stimmungsvoller Kriminalfilm um den Mord an einer reichen Unternehmerin.

Der Mann im Schilf M215
**
BRD 1978, 114 Min., F
R: Manfred Purzer D: Jean Sorel, Erika Pluhar, Nathalie Delon
Liebesgeschichte vor dem Hintergrund des Juliputsches 1934 nach einem Roman von Georges Saiko. Ein verquaster Film, Aspirant für die ewige Schlechtesten-Liste des deutschsprachigen Kinos.

Der Mann im weißen Anzug M216
THE MAN IN THE WHITE SUIT ***
GB 1951, 90 Min., s/w
R: Alexander Mackendrick D: Alec Guinness, Joan Greenwood
Der Erfinder unzerstörbaren Textilgewebes zieht den Zorn der Unternehmer und der Arbeiter auf sich. Ealing-Komödie mit gesellschaftskritischem Biß.

Der Mann in der Schlangenhaut M217
****
THE FUGITIVE KIND
USA 1960, 119 Min., s/w
R: Sidney Lumet D: Marlon Brando, Anna Magnani, Joanne Wood Ward
Erfolgloser Musiker findet einen Job in einer Kleinstadt im amerikanischen Süden und verliebt sich in seine Arbeitgeberin, die einen krebskranken Mann zu pflegen hat. Impressives Filmdrama nach dem Stück von Tennessee Williams.

Ein Mann in der Wildnis M218
MAN IN THE WILDERNESS ***
USA 1971, 105 Min., F
R: Richard C. Sarafian D: Richard Harris, John Huston, Henry Wilcoxon
Trapper, von einem Bären angefallen und von den Kollegen in der Wildnis zurückgelassen, paßt sich an die Natur an und kann deswegen in ihr überleben. Empfehlenswerter Western, in dem nicht viel geredet wird.

Der Mann in Mamis Bett M219
WITH SIX YOU GET EGGROLL ***
USA 1968, 94 Min., F
R: Howard Morris D: Doris Day, Brian Keith, Pat Carrol
Da ist eine Witwe mit drei Söhnen und ein Witwer mit einer Tochter; die verlieben sich ineinander und müssen auf sehr amerikanische Weise ihre Familie zusammenbekommen. Typische Familienkomödie der Doris-Day-Art, die schon zu ihrer Entstehungszeit einigermaßen angestaubt wirkte.

Ein Mann kämpft allein M220
THE JERICHO MILE ***
USA 1978, 97 Min., F
R: Michael Mann D: Peter Strauss, Richard Lawson, Roger E. Mosley
Ein Einzelgänger geht im Knast seinen eigenen Weg, qualifiziert sich als Langstreckenläufer für Olympia, wird aber aus fadenscheinigen Gründen nicht zugelassen. Action-Film, der über die Ansätze einer Charakterstudie leider nicht hinauskommt.

Ein Mann liebt gefährlich M221
MANY RIVERS TO CROSS ***
USA 1955, 95 Min., F
R: Roy Rowland D: Robert Taylor, Eleanor Parker, Victor McLaglen
Trapper, mehr oder weniger gezwungen, die Tochter eines Siedlers zu heiraten, versucht mehrmals, sich der Ehefessel zu entledigen, bleibt aber am Ort, als seine Frau von Indianern überfallen wird. Komisch – und sehr unterhaltsam.

Der Mann meiner Frau M222
HARD PROMISES **
USA 1991, 95 Min., F
R: Martin Davidson

D: William Petersen, Sissy Spacek, Jeff Perry
Das Werben um die ehemalige Gattin und der Kampf gegen den Nebenbuhler wird zum x-ten Mal als ausgelaugte Familientherapie angeboten. Taugt höchstens für ein Wiedersehen mit Sissy Spacek. HFJ 1993

Ein Mann meiner Größe M223
UN HOMME A MA TAILLE **
Frankreich/BRD 1983, 88 Min., F
R: Annette Carducci D: Lieselotte Christian, Anémone, Daniel Russo
Eine junge deutsche Frau hat in Paris Schwierigkeiten mit der französischen Kultur, der Kochkunst und den Männern. Liebevolle Komödie um kulturelle Differenzen und persönliches Schicksal.

Der Mann mit dem Glasauge M224
**
BRD 1968, 87 Min., F
R: Alfred Vohrer D: Horst Tappert, Karin Hübner, Hubert von Meyerinck
Spannungsloser Film nach Wallace-Motiven. Horst Tappert klärt als Inspektor einen Fall von Mädchen- und Rauschgifthandel auf.

Der Mann mit dem goldenen Arm M225
****
THE MAN WITH THE GOLDEN ARM
USA 1955, 119 Min., s/w
R: Otto Preminger D: Frank Sinatra, Eleanor Parker, Kim Novak
Frankie Machine will vom Rauschgift und von der Spielleidenschaft loskommen und versucht, als Schlagzeuger ein neues Leben zu beginnen. Seine Frau und seine Freunde machen ihm das nicht leicht. Ganz schön heavy für die fünfziger Jahre.

Der Mann mit dem zweiten Gehirn M226
**
L' HOMME AU CERVEAU GREFFE
Fr/It/BRD 1972, 90 Min., F

Der Mann mit den Röntgenaugen M227
***
THE MAN WITH THE X-RAY EYES
USA 1963, 88 Min., F
R: Roger Corman D: Ray Milland, Diana van der Vlis, Harold J. Stone
Arzt entwickelt ein Serum, das das menschliche Auge befähigt, wie ein Röntgenapparat durch Wände etc. zu sehen, tötet versehentlich einen Kollegen und muß fliehen. Origineller Billig-SF-Film mit Schock-Ende. LSFF

Der Mann mit den tausend Masken M228
***
BRD/Italien 1965, 103 Min., F
R: Alberto de Martino D: Paul Hubschmid, Vivi Bach, Karin Dor
Agentenpärchen hebt eine Bande von Schuften aus, die einen afrikanischen Staat um Milliarden erleichtern wollen. Parodistisch angelegter Unterhaltungsfilm, als Reaktion auf die James-Bond-Welle entstanden.

Der Mann mit der eisernen Maske M229
****
THE MAN WITH THE IRON MASK
USA 1939, 113 Min., s/w
R: James Whale D: Louis Hayward, Joan Bennett, Warren Williams
Vier Musketiere befreien den Zwilling König Ludwigs XIV. aus der Bastille und knasten Majestät selbst dort ein. Mantel- und Degenfilm nach dem Roman »Zwanzig Jahre später« von Alexandre Dumas.

Der Mann mit der eisernen Maske M230
***
THE MAN WITH THE IRON MASK
GB 1976, 99 Min., F
R: Mike Newell D: Richard Chamberlain, Jenny Agutter, Louis Jourdan, Patrick McGoohan
TV-Remake des gleichnamigen Films von 1939. Solide Unterhaltung mit dem »Dornenvögel«-Star nach dem Roman von Alexandre Dumas.

der alltägliche Szenen und Eindrücke in einem atemberaubenden Schnittrhythmus zu einem unmittelbar durch die Bilder wirkenden Manifest der Freiheit verdichtet. Der meisterhafte Einsatz filmischer Mittel und die Reflexion des eigenen Mediums haben noch lange später avantgardistische und politische Filmemacher beeinflußt.

Der Mann mit der Stahlkralle M232
***
ROLLING THUNDER
USA 1977, 103 Min., F
R: John Flynn D: William Devane, Tommy Lee Jones, Linda Haynes
Merkwürdiges Gemisch aus Vietnam-Bewältigung und »Mann sieht Rot«-Geschichte. Ein Major kommt nach langjähriger Gefangenschaft aus Vietnam zurück und wird als Held gefeiert. Kurz darauf wird er das Opfer eines Überfalls, bei dem seine Familie getötet wird. Auf eigene Faust spürt er den Tätern nach und rächt sich fürchterlich.

Der Mann mit 2 Gehirnen M233
THE MAN WITH TWO BRAINS **
USA 1983, 93 Min., F
R: Carl Reiner D: Steve Martin, Kathleen Turner, David Warner
Unglücklich verheirateter Chirurg verliebt sich in ein Gehirn, das, in einem Glasbehälter konserviert, im Labor eines Mad Scientist mit ihm anbandelt. Alberne Farce, die sich nur mit ausgeschaltetem Gehirn ertragen läßt.

Ein Mann namens Hennessy M234
HENNESSY ***
GB 1974, 103 Min., F
R: Don Sharp D: Rod Steiger, Lee Remick, Richard Johnson
Irischer Sprengmeister will das britische Parlament samt Königin in die Luft sprengen, weil seine Frau und sein Kind bei gewalttätigen Auseinandersetzungen in Belfast ums Leben

Falling down als Dauerzustand für Charles Bronson in ›Ein Mann sieht rot‹.

D: Joe Don Baker, Conny Van Dyke, Gabriel Dell
Unschuldig verurteilter Spieler nimmt nach seiner Entlassung Rache an denen, die ihn in den Knast schickten. Meisterliches B-Picture, das die individuelle Ohnmacht in einem korrupten System thematisiert und mit exzellent inszenierter Action verbindet.

Der Mann ohne Furcht M236
JUBAL ***
USA 1955, 101 Min., F
R: Delmer Daves D: Glenn Ford, Ernest Borgnine, Rod Steiger
Cowboy, der den Avancen einer geilen Ranchersgattin erliegt, wird von Nebenbuhler in die Pfanne gehauen und sieht sich gezwungen, in Notwehr seinen Arbeitgeber zu erschießen. Der Lynchmob ist nicht weit. Ein Western der besseren Art.

Mann ohne Gedächtnis M237
***
Schweiz/BRD 1983, 89 Min., F
R: Kurt Gloor D: Michael König, Lisi Mangold, Hannelore Elsner
Ein Mann ohne Identität stürzt eine psychiatrische Klinik in eine Krise. Anrührend und humorvoll erzählte moderne Kaspar-Hauser-Geschichte.

Der Mann ohne Gesicht M238
ROGUES' REGIMENT ***
USA 1948, 80 Min., s/w
R: Robert Florey D: Stephen McNally, Dick Powell, Marta Toren
Geheimagent sucht in der Maske eines Fremdenlegionärs den Altnazi Martin Bormann in Saigon. – Die deutsche Fassung wurde tendenziell entstellt. Dennoch ansehbare Unterhaltung.

Der Mann ohne Gesicht M239
L' HOMME SANS VISAGE ***
Frankreich/Italien 1974, 104 Min., F
R: Georges Franju D: Gert Fröbe, Jacques Champreux, Gayle Hunnicutt
Maskierter Chef einer unterirdisch operierenden Verbrecherbande und ein irrer Wissenschaftler machen aus Menschen willenlose Marionetten, die in ihrem Auftrag Verbrechen begehen. Eine Hommage an alte Serials und B-Filme in einer Art filmischer Collage, die bewußt auf Konventionen des herkömmlichen Erzählkinos verzichtet. Ein Kino-Spaß für Cineasten. LSFF

Der Mann ohne Gnade M240
DEATH WISH 2 ***
USA 1981, 91 Min., F
R: Michael Winner D: Charles Bronson, Jill Ireland, Vincent Gardenia
Nachdem der fragwürdige Held von *Ein Mann sieht Rot* auf Wunsch der Polizei von New York nach Chicago emigrieren mußte, fällt seine in einem Sanatorium lebende Tochter erneut in die Hände vierbeiniger Ratten. Und so geht es wieder los: The Bullets Fly. Selbstjustiz-Thriller, der im Grunde nur die Geschichte seines Vorläufers wiederholt.

Der Mann ohne Körper M241
THE MAN WITHOUT A BODY *
GB 1957, 79 Min., F
R: W. Lee Wilder D: Robert Hutton, George Coulouris, Julia Arnall
Tumorbefallener Kapitalist will sich das Hirn des Hellsehers Nostradamus einsetzen lassen, wird jedoch von diesem finanziell ruiniert. Das Hirn landet im Kopf des Transplanteurs. Hirnloses Filmchen, das behauptet, das Bewußtsein befände sich *nicht* im Gehirn.

Mann ohne Nerven M242
THE MAN INSIDE ***
GB 1958, 96 Min., F
R: John Gilling D: Jack Palance, Nigel Patrick, Anita Ekberg
Detektiv jagt Diamantenräuber durch Europa, wird aber selbst von zwei Gangstern verfolgt. Krimi mit spannendem Höhepunkt.

Ein Mann räumt auf M243
LOVE AND BULLETS, CHARLIE ***
GB 1978, 93 Min., F
R: Stuart Rosenberg D: Charles Bronson, Jill Ireland, Rod Steiger
Krimi von gewohntem Zuschnitt. Polizeileutnant aus Phoenix (USA) soll ein Mädchen aus der Schweiz in die Staaten holen, damit es dort gegen einen Gangster aussagen kann. Die Sache schlägt fehl. Das übliche Gemisch von Männlichkeit und Gewalt wird diesmal von einem Schuß Sentimentalität fast unterminiert.

Ein Mann sieht rot M244
DEATH WISH ***
USA 1974, 92 Min., F
R: Michael Winner D: Charles Bronson, Hope Lange, Vincent Gardenia
Nach dem Mord an seiner Ehefrau und der Vergewaltigung seiner Tochter bietet sich ein Architekt in den mittleren Jahren dem Abschaum der Welt zu später Stunde in dunkler Gegend als Beute an: Wer ihm frech kommt, wird umgelegt. Die Bevölkerung feiert ihn, die Cops freuen sich klammheimlich, daß endlich einer aufräumt. Eine fragwürdige Ideologie.

Ein Mann sucht sich selbst
siehe: Five Easy Pieces

Ein Mann und eine Frau M245
UN HOMME ET UNE FEMME ***
Frankreich 1966, 103 Min., F
R: Claude Lelouch D: Anouk Aimée, Jean-Louis Trintignant, Pierre Barouh
Aus der Begegnung zwischen einem Witwer mit Sohn und einer Witwe mit Tochter entwickelt sich in vielen Treffen und Gesprächen trotz unterschiedlicher Vorstellungen von Glück allmählich eine Liebesbeziehung. Eindrucksvoll inszeniertes Melodram, dem es insgesamt an Tiefe mangelt.

Der Mann vom großen Fluß M246
SHENANDOAH ***
USA 1964, 105 Min., F
R: Andrew V. McLaglen D: James Stewart, Rosemary Forsyth, Doug McClure, Glenn Corbett
Ein Witwer in Virginia kämpft inmitten des Bürgerkriegs um den Zusammenhalt seiner Familie. Für Fans von James Stewart, denn hier gibt er sich so, wie ihn alle lieben. Betulicher Western.

Der Mann von Alamo M247
THE MAN FROM ALAMO ***
USA 1953, 79 Min., F
R: Budd Boetticher D: Glenn Ford, Julia Adams, Chill Wills, Victor Jory
Ein Mann, der vor der Niederlage von Fort Alamo ausgeschickt wurde, um die Texaner vor einer Invasion durch die Mexikaner zu warnen, wird überall für einen Deserteur und Feigling gehalten. B-Western, in dem ein Mann tut, »was ein Mann tun muß«.

Der Mann von La Mancha M248
THE MAN OF LA MANCHA ***
USA 1971, 118 Min., F
R: Arthur Hiller D: Peter O'Toole, Sophia Loren, James Coco
Der »Don Quijote«-Stoff von Miguel de Cervantes Saavedra als Filmmusical. Aufwendig und intelligent geschrieben und inszeniert, aber ein wenig akade-

Ein Marshal, der Ärger mit seiner Gattin hat, räumt noch mal eine Stadt auf, ehe er beschließt, an ihrer Seite ein beschaulicheres Leben zu führen. Formal guter Western.

Ein Mann wie Eva M250
BRD 1983, 90 Min., F ***
R: Radu Gabrea D: Eva Mattes, Lisa Kreuzer, Werner Stocker
Eine an Rainer Werner Fassbinder orientierte Künstlerbiographie eines Regisseurs und seiner Beziehungen während der Aufnahme zu einer neuen Filmversion der »Kameliendame«.

Ein Mann wie Hiob M251
THE FIXER ***
USA 1968, 127 Min., F
R: John Frankenheimer D: Alan Bates, Dirk Bogarde, David Warner
Im zaristischen Rußland wird der Jude Jakow zum Sündenbock. Schließlich wird er sogar des Ritualmordes an einem Jungen angeklagt.

Ein Mann wird gejagt M252
THE CHASE ****
USA 1966, 125 Min., F
R: Arthur Penn D: Marlon Brando, Robert Redford, Jane Fonda
Ein entflohener Sträfling macht sich auf den Weg nach Hause. Dies versetzt seine Heimatgemeinde – ein Kaff in Texas – in Aufruhr. Trotz erstklassiger Namen in Besetzung und Stab kommt die Stimmung nicht immer rüber.

Ein Mann zuviel M253
UN HOMME DE TROP ***
Frankreich/Italien 1966, 103 Min., F
R: Costa Gavras D: Michel Piccoli, Bruno Cremer, Jean-Claude Brialy
Französische Partisanen befreien eine Gruppe von zwölf Gefangenen aus deutscher Gefangenschaft. Ein dreizehnter Mann bringt sie in Konflikte: Ist er ein

Eine dramatische Liebesgeschichte in einem jüdischen »Schtetl« der 20er Jahre, erzählt als Hommage an den Stummfilm und die jiddischen Filme der 30er Jahre.

Männer M255
***
BRD 1985, 99 Min., F
R: Doris Dörrie D: Heiner Lauterbach, Uwe Ochsenknecht, Ulrike Kriener
Der Hahnenkampf zweier Männer um dieselbe Frau als Aufhänger für eine ironische Abrechnung mit der Spezies »Mann«. Fernsehfilm, der ein großer Kinoerfolg wurde.

Männerängste

Männer des Gesetzes M256
POSSE ****
USA 1975, 92 Min., F
R: Kirk Douglas D: Kirk Douglas, Bruce Dern, Bo Hopkins, James Stacy
Marshal, der Gouverneur werden will, jagt Outlaw, um politisches Kapital daraus zu schlagen, doch der Bandit ist gerissener als er und versteht es, das ihn verfolgende Aufgebot geschickt zu manipulieren.

Die Männer, die dem Tiger auf den Schwanz traten M257
TORA NO O O FUMU OTOKOTACHI ****
Japan 1945, 58 Min., s/w
R: Akira Kurosawa D: Denjiro Okochi, Susumu Fujita, Masayuki Mori

Männer, Frauen und Gefahren M258 ***
O.S.S. 117 N'EST PAS MORT
Frankreich 1956, 100 Min., s/w
R: Jean Sacha D: Ivan Desny, Magali Noel, Yves Vincent, Danick Patisson
Geheimdienstler klärt den Fall eines Wissenschaftlers, dem laufend wichtige Dokumente gestohlen werden. Rasanter und unterhaltsamer Agentenfilm, in dem die Leichen sich türmen.

Männer gegen Tod und Teufel M259 **
FORT BOWIE
USA 1958, 80 Min., s/w
R: Howard W. Koch D: Ben Johnson, Kent Taylor, Jan Harrison
Die US-Kavallerie kämpft mal wieder gegen die bösen Roten, und am Ende muß sie ihr eigenes Fort stürmen, das die Indianer eingenommen haben. Von der Handlung her nicht sonderlich interessant, aber aktionsreich.

Männer hart wie Eisen M260 ***
THE HOOK
USA 1962, 98 Min., s/w
R: George Seaton D: Kirk Douglas, Robert Walker, Nick Adams
Drei amerikanische Soldaten erhalten den Befehl, einen Koreaner zu töten, verweigern sich aber aus Gewissensgründen.

Männer machen Mode M261 ***
LOVELY TO LOOK AT
USA 1952, 102 Min., F
R: Mervyn LeRoy D: Kathryn Grayson, Red Skelton, Howard Keel
Vergeblich versuchen drei Freunde, eine Broadway-Revue zu finanzieren. Als einer von ihnen einen Modesalon in Paris erbt, reist das Trio hoffnungsfroh in die Seine-Metropole, doch der Laden steht kurz vor dem Ruin. Passables Remake von *Roberta*.

Die Männer von Aran M262 ****
MAN OF ARAN
GB 1934, 65 Min., s/w
R: Robert J. Flaherty D: Colman »Tiger« King, Maggie Dirrane
Dokumentarischer Spielfilm um eine Familie auf den Aran-Inseln an der irischen Westküste und ihren täglichen Kampf mit den rauhen Lebensbedingungen. Flahertys erster Tonfilm benutzt irische Folklore als Leitmelodie.

Männer & Frauen – Die Gebrauchsanleitung M263 ***
HOMMES FEMMES: MODE D'EMPLOI
Frankreich 1996, 122 Min., F
R: Claude Lelouch D: Bernard Tapie, Fabrice Luchini, Alessandra Martines
Absichtlich vertauschte Krankenberichte führen einen Lebemann und einen arbeitslosen Schauspieler gemeinsam auf einen seltsamen Heilungstrip. Amüsante Komödie mit einem versöhnlichen Seitenblick auf das Geschlechterverhältnis, manchmal etwas stilisiert. HFJ 1999

Männerpension M264 ***
BRD 1995, 96 Min., F
R: Detlev Buck D: Til Schweiger, Detlev Buck, Heike Makatsch
Zwei Kleinganoven wollen es während eines Hafturlaubs so richtig krachen lassen. Während Hammer-Gerd sich bis über beide Ohren verknallt, muß Steinbock um die Gunst der Dame kämpfen. Auch wenn beide bald wieder hinter Gittern landen, die Liebe bleibt. Eine schräg-derbe Knast-Komödie mit originellen Einschüben und einer Garde erfrischender Schauspieler. HFJ 1996

Manons Rache M265 ***
MANON DES SOURCES
Frankreich 1985, 114 Min., F
R: Claude Berri D: Yves Montand, Daniel Auteuil, Emmanuelle Beart
Die Fortsetzung von *Jean Florette* nach Marcel Pagnols Roman erzählt von Jean Florettes Tochter Manon und ihrer Rache an den Bewohnern ihres Dorfes. Altmodisch und kompetent.

Manöver M266 ***
BRD 1988, 103 Min., F
R: Helma Sanders-Brahms D: Adriana Altaras, Johannes Herrschmann
Liebes- und Spionagegeschichte aus Deutschland im Jahr 1959. Eigenwillige Mischung aus Wochenschaumaterial und Spielszenen. HFJ 1990

Der Mantel M267 ****
SCHINJEL
UdSSR 1926, 65 Min., s/w
R: Grigori Kosinzew, Leonid Trauberg D: A. Ko Stritschkin, A. Jeremejewa
Die komische Geschichte von einem Menschen, der im Leben zweimal verliebt war: in das Mädchen vom Newski Prospekt und in den Mantel. Eine Stummfilmproduktion aus dem Künstlerkollektiv FEKS (Fabrik des exzentrischen Schauspielers), gegründet 1922 in Leningrad.

Der Mantel M268 ****
IL CAPPOTTO
Italien 1952, 104 Min., s/w
R: Alberto Lattuada D: Renato Rascel, Yvonne Sanson, Giulio Stival
Nach der Satire von Nikolaj Gogol erzählt der Film die Geschichte eines kleinen, gedemütigten Schreibers, der sich vermittels eines Prachtstückes von Mantel Respekt verschafft. Wunderbare Satire.

Manuel M269 ***
LES FILS EMPRUNTE
Kanada 1989, 76 Min., F
R: François Labonté D: Francisco Rabal, Nino da Costa, Luiz Saraiva
Ein junger Portugiese in Kanada: Ärger in der Schule und Probleme im Elternhaus lassen ihn ausreißen. Er findet Unterschlupf bei einem spanischen Schuster, der ihn in Sachen Revolution unterweist und das Lesen beibringt. Realistischer, wenngleich etwas unausgewogener Jugendfilm fernab gängiger Klischees.

Mapantsula M270 ***
MAPANTSULA
Südafrika/Australien/GB 1988, 100 Min., F
R: Oliver Schmitz D: Thomas Mogotlane, Marcel van Heerden
Die Geschichte eines Herumtreibers und Rebellen in Soweto, der nach einem Gefängnisaufenthalt zum politischen Aktivisten wird. Bestechende Anti-Apartheid-Fabel, die sogleich Opfer der südafrikanischen Zensur wurde. HFJ 1990

Dustin Hoffman und Marthe Keller

Der Marathon-Mann M271
MARATHON MAN ****
USA 1976, 125 Min., F
R: John Schlesinger D: Dustin Hoffman, Laurence Olivier, Marthe Keller
Jüdischer US-Student, dessen Bruder im Geheimdienst arbeitet, wird in New York in eine Auseinandersetzung zwischen alten Nazis und Agenten des Staates hineingezogen. Er wird gekidnappt und gefoltert, bis er die Bösewichte in einem verzweifelten Kampf vernichten kann. Brillant besetzte Schauermär. Nichts für Leute, die Angst vor Zahnärzten haben.

Marco – der Unbezwingbare M272
**
MACISTE ALLA CORTE DELLO ZAR
Italien 1964, 84 Min., F
R: Amerigo Anton D: Kirk Morris, Massimo Serato, Gloria Milland
Der Held Marco hat in einem Sarg die Zeiten überdauert. Als die Knechte des Zaren ihn ausgraben, zettelt er, als er die Faxen des Monarchen dicke hat, eine Revolte an. Genosse Lenin hätte den Film auch nicht gemocht. LFF

Marco Polo M273
MARCO POLO ***
Italien 1961, 103 Min., F
R: Piero Pierotti D: Rory Calhoun, Yoko Tani, Robert Hundar
Während seiner Chinareise hilft der venezianische Kaufmannssohn Marco Polo dem Neffen des Großkhans bei der Überwindung eines erzbösen Kanzlers. D: Richard Harrison, Alexander Fu Sheng, Shih Szu
Endloses Kampfgetümmel zwischen den Chinesen und den wilden Horden des Mongolen Kublai Khan. Für Freunde des Eastern und angehende Ballettratten.

Maria Chapdelaine M275
MARIA CHAPDELAINE ***
Kanada 1983, 102 Min., F
R: Gilles Carle D: Carole Laure, Nick Macuso, Claude Rich
Auf der Suche nach einem Mann fürs Leben kommt Maria Chapdelaine zu ihrer Familie in die kanadische Provinz der zehner Jahre. Sie findet und verliert ihn wieder. Melodrama vor wilder Naturkulisse.

Maria Stuart, Königin von Schottland M276
***
MARY, QUEEN OF SCOTS
GB 1971, 128 Min., F
R: Charles Jarrott D: Vanessa Redgrave, Glenda Jackson, Patrick McGoohan, Timothy Dalton
Nach dem Tod ihres königlichen Gemahls kommt Maria Stuart nach Schottland zurück und wird in eine mörderische Intrige verstrickt. Großartig vorgetragenes historisches Kammerspiel.

Maria Theresia M277
**
Österreich 1951, 87 Min., s/w
R: Emil R. Reinert D: Paula Wessely, Fred Liewehr, Marianne Schönauer
Eheprobleme und Weltgeschichte: Ein zugleich idealisiertes und melancholisches Porträt der österreichischen Kaiserin.

Maria und Joseph M278
JE VOUS SALUE MARIE ****
Schweiz/Fr 1984, 77 Min., F
R: Jean-Luc Godard D: Myriem Roussel, Thierry Rode, Philippe Lacoste, Manou Anderson
Vielschichtige Film-Variation über die christliche Mythologie, die Unschuld und die Liebe.

Maria Walewska M279
CONQUEST ****
USA 1938, 111 Min., s/w
R: Clarence Brown D: Greta Garbo, Charles Boyer, Reginald Owen
Die Liebesgeschichte zwischen der polnischen Gräfin Maria Walewska und Napoleon als gepflegtes, ganz auf die Hauptdarstellerin zugeschnittenes Melodrama.

El Mariachi M280
EL MARIACHI ***
USA 1992, 80 Min., F
R: Robert Rodriguez D: Carlos Gallardo, Consuelo Gomez, Jaime de Hoyos
Ein Killerkommando verwechselt einen umherziehenden Gitarristen mit dem gesuchten Gangster. Rasant inszenierte schwarze Komödie, trotz absolut minimalem Budget auf hohem

Eroberung: Greta Garbo und Charles Boyer in ›Maria Walewska‹.

qualitativen Niveau gedreht. Bildsprache und Montage nehmen bestehende Kinokonventionen aufs Korn, was Rodriguez' Regiedebüt zu einem Geheimtip für Cinéasten und gleichzeitig Appetit auf seinen nächsten Film macht. Der hieß *Desperado* (1995) und enttäuschte. HFJ 1994

Marie – Eine wahre Geschichte M281
***
MARIE
USA 1985, 112 Min., F
R: Roger Donaldson D: Sissy Spacek, Jeff Daniels, Keith Szabarajka
Der Kampf einer Justizangestellten gegen die Korruption in ihrer Institution als achtbarer, aber etwas biederer Politkrimi nach einem authentischen Fall.

Die Marie vom Hafen M282
LA MARIE DU PORT ***
Frankreich 1949, 93 Min., s/w
R: Marcel Carne D: Jean Gabin, Nicole Courcel, Blanchette Brunoy
Der alternde Henri besitzt in Cherbourg ein Restaurant und ein Kino, aber die Leere seines Lebens macht ihn unruhig, bis er sich eines Tages in ein junges Mädchen verliebt. Stimmungsvoller Film nach Georges Simenon.

Marie Ward – zwischen Galgen und Glorie M283
**
BRD 1985, 111 Min., F
R: Angelika Weber D: Hannelore Elsner, Irm Hermann, Julia Lindig
Zelluloid-Devotionalie über die Gründerin des Instituts der »Englischen Fräulein«.

Marie-Louise M284
***
Schweiz 1941, 93 Min., s/w
R: Leopold Lindtberg D: Josiane Hegg, Heinrich Gretler
Eine 12jährige Französin kommt in die Schweiz, um das Grauen des Krieges zu vergessen. Lindtberg schafft es einmal mehr, eine solche Geschichte menschlich, ohne Gefühlskitsch zu erzählen.

Marie-Octobre M285
MARIE-OCTOBRE ****
Frankreich 1958, 95 Min., s/w
R: Julien Duvivier
D: Danielle Darrieux, Lino Ventura, Bernard Blier
Mitglieder einer früheren Widerstandsgruppe treffen sich auf einem Landsitz, und die Gastgeberin enttarnt den Verräter, der die Gruppe vor 15 Jahren an die Nationalsozialisten ausgeliefert hat. Packendes Drama, und virtuos inszeniert.

Marilyn – Geheimste Leidenschaften M286
*
MARILYN, MON AMOUR
Frankreich/Schweiz 1985, 63 Min., F
R: Michel Leblanc D: Olinka Hardiman, Gabriel Pontello, André Kay
Motorradrennfahrer verknallt sich in Bumslokalsängerin und Amateurhure, die jedoch nichts von ihm wissen will. Erst nachdem er sie entführt hat, erhört sie ihn. Wirrer Sexer, der durch harte Schnitte (27 Min.) an »Inhalt« verloren hat.

Marilyn – Heiß wie ein Vulkan M287
**
INSIDE MARILYN
Schweiz 1985, 75 Min., F
R: Michel Leblanc D: Olinka Hardiman, Gabriel Pontello, Claus Bini
Aus Wut über einen Fehltritt ihres Geliebten kehrt eine Filmaktrice zu ihrem Ex zurück, der inzwischen in festen Händen ist, und vergnügt sich mit einer Garderobiere. Stellenweise stimmungsvoll gefilmter, inhaltlich doofer Softporno.

M.A.R.K. 13 M288
HARDWARE *
GB 1990, 92 Min., F
R: Richard Stanley D: Dylan McDermott, Stacey Travis, John Lynch
After the Big Bang baut irgendeine Typin einen kaputten Cyborg zusammen, der sich als Kampfmaschine entpuppt und böse Dinge tut, bis er nach vielen Kämpfen erledigt wird. Ekelhafte, blödsinnige Blut- und Horrorszenen.

Marlene M289
***
BRD 1984, 90 Min., F
R: Maximilian Schell
Collage aus Filmausschnitten mit Marlene Dietrich und Interviews mit der legendären Schauspielerin. Vielschichtig, filmisch interessant.

Marmor, Stein und Eisen bricht M290
***
BRD 1980/81, 90 Min., F
R: Hans-Christof Stenzel D: Volker Spengler, Heinz Schubert, Eva-Maria Hagen, Lydia Kreibohm
Die Geschichte eines deutschen Schlagerstars, der zu Ruhm aufsteigt und durch eine falsche Anschuldigung um seine Karriere gebracht wird, als ironische Legende.

Marnie M291
MARNIE ****
USA 1963/64, 128 Min., F
R: Alfred Hitchcock D: Tippi Hedren, Sean Connery, Diane Baker
Ein Verleger verliebt sich in eine gutaussehende Kleptomanin und versucht sie mit Liebe und Psychoanalyse zu heilen. Nach und nach dringt er zu einem traumatischen Schuldkomplex aus der Kindheit der Geliebten vor. Einer der spannendsten Psychothriller Hitchcocks, in dem er sich in brillanten Farbkompositionen souverän der filmischen Mittel bedient.

Marokko M292
MOROCCO ****
USA 1930, 90 Min., s/w
R: Josef von Sternberg D: Marlene Dietrich, Gary Cooper, Adolphe Menjou
Eine Nachtklubsängerin verläßt einen Millionär, der sie liebt, wegen eines Fremdenlegionärs, für den sie sich völlig aufopfert. Sternberg erzeugt in seinem ersten Hollywood-Film durch kongenialen Einsatz von Dramaturgie, Licht und Dekor eine sehr dichte, expressionistische Atmosphäre. Bemerkenswert auch die außergewöhnliche Rollenbesetzung.

Marokko Blues M293
CHRISTIAN **
Dänemark/Fr/It 1989, 96 Min., F
R: Gabriel Axel D: Christensen Nikolaj, Brusse Nathalie, Lerdorff Preben
Christian, 20 Jahre alt, liebt Musik und

ist voller Leben. Doch seine Umgebung ist feindselig und interessiert sich nicht für seine Gefühle. Langweiler.

Marquis de Sade M294
MARQUIS **
Frankreich/Belgien 1989, 78 Min., F
R: Roland Topor
In diesem Puppenfilm kommt es am Vorabend der Revolution zu bemerkenswerten Begegnungen in der Bastille: Der göttliche Marquis führt mehr oder weniger philosophische Dialoge mit seinem eigenen Penis.

Die Marquise von O... M295
LA MARQUISE D'O... ****
BRD/Frankreich 1975, 102 Min., F
R: Eric Rohmer D: Edith Clever, Bruno Ganz, Peter Lühr, Edda Seippel
Eine Marquise wird zur Zeit der Napoleonischen Kriege von einem russischen Offizier vor einer Vergewaltigung gerettet, dann aber von diesem gewaltsam geschwängert. Von ihren Eltern verstoßen, befreit sie sich aus dem Korsett bürgerlicher Konventionen. Hervorragend gespielte und filmisch sehr gelungene Übertragung der Kleist-Novelle.

Marrakesch M296
HIDEOUS KINKY ***
GB/Frankreich 1998, 98 Min., F
R: Gilles MacKinnon D: Kate Winslet, Said Taghmaoui, Pierre Clementi
Klischeebeladenes Kunstgewerbe-Epos voller Nostalgie um eine alleinerziehende Mutter, die in den 70er Jahren mit ihren beiden Kindern auf der Suche nach Freiheit und Abenteuer durch Marokko streunt. HFJ 2000

Mars Attacks! M297
MARS ATTACKS! ***
USA 1996, 106 Min., F
R: Tim Burton D: Jack Nicholson, Glenn Close, Annette Bening, Pierce Brosnan, Danny De Vito
Schräge Hommage auf die B- und C-Pictures des Sci-fi-Genres der 50er Jahre, in der bunte Männchen vom Mars den USA den Krieg erklären. Die lächerlichen Gegenmaßnahmen scheitern und machen das Chaos nur größer. Intelligenter Trash-Spaß, perfekt bis in die Details. HFJ 1998

La Marseillaise M298
LA MARSEILLAISE ****
Frankreich 1938, 125 Min., s/w
R: Jean Renoir D: Pierre Renoir, Lise Delamare, Louis Jouvet
Französische Revolution 1789: Ein Bataillon von Föderierten marschiert nach Paris, um die Revolution zu unterstützen. Es kommt zum Sieg über die Truppen des Königs. Gefühlsbetont-heroischer Filmklassiker.

Der Marshal M299
TRUE GRIT ***
USA 1969, 128 Min., F
R: Henry Hathaway D: John Wayne, Kim Darby, Glen Campbell
Ein fluchender, saufender, einäugiger Texas-Ranger hilft einem tapferen Mädchen, die Mörder ihres Vaters zu finden. Western von echtem Schrot und Korn. Oscar für John Wayne.

Martha M300
***
BRD 1973, 112 Min., F
R: Rainer Werner Fassbinder
D: Margit Carstensen, Karlheinz Böhm, Gisela Fackeldey, Adrian Hoven
Eine Frau heiratet einen Mann, weil sie seine Stärke sucht, leidet dann aber so sehr unter seiner Dominanz, daß ihr nach einigen Fluchtversuchen nur noch die Flucht in eine Lähmungskrankheit bleibt.

Martha Jellneck M301
***
BRD 1988, 90 Min., F
R: Kai Wessel D: Heidemarie Hatheyer, Dominique Horwitz
Martha erfährt von einem Mann, der in allem ihrem in Frankreich gefallenen Halbbruder gleicht, in Wahrheit jedoch ein Ex-Hauptscharführer ist. Eindringliche Charakterstudie.

Martha und ich M302
***
BRD 1989, 102 Min., F
R: Jiri Weiss D: Marianne Sägebrecht, Michel Piccoli
Eine Familiengeschichte im Prag des Jahres 1934: Emils Eltern sind entsetzt, weil Onkel Ernst seine Magd Martha heiraten will. Ein kluges Drehbuch und exzellente Schauspieler machen den Film mehr als sehenswert.

Martians – Ein Außerirdischer kommt selten allein M303 **
SPACE INVADERS
USA 1990, 100 Min., F
R: Patrick Read Johnson D: Douglas Barr, Royal Dano, Ariana Richards
Marsianer, die das Hörspiel »Krieg der Welten« empfangen, nehmen die Sache ernst, düsen zur Erde, um ihren Truppen beizustehen und landen unter Halloween feiernden Menschen, die ihre Maskierung echt geil finden.

Martians Go Home M304
MARTIANS GO HOME **
USA 1990, 85 Min., F
R: David Odell D: Randy Quaid, Margaret Colin, Anita Morris
Böse Männchen vom Mars kommen auf die Erde und gehen den Menschen auf die Nerven, da sie sich in alles einmischen. In die Hose gegangener Versuch, eine der besten Science-fiction-Parodien aller Zeiten zu verfilmen. Nach dem Roman von Frederic Brown. HFJ 1992

Martin M305
MARTIN ***
USA 1978, 95 Min., F
R: George A. Romero D: John Amplas, Lincoln Maazel, Christine Forrest, Elayne Nadeau
Ein junger Mann namens Martin, der ein unauffälliges Leben führt, betäubt hin und wieder Frauen und trinkt ihr Blut. Sein Vater hält ihn für einen Vampir; Martin hält sich »nur« für krank. Ist er auch!

Martin Eden M306
***
BRD/Italien 1980, 240 Min., F
R: Giacomo Battiato D: Christopher Connelly, Delia Boccardo, Mimsy Farmer
Seemann verliebt sich gegen Ende des 19. Jahrhunderts in Studentin, macht Karriere als Schriftsteller und entlarvt das »Kulturgeplauder« der Herrschenden als Geschwätz. TV-Produktion nach dem Roman von Jack London.

Martin Luther M307
MARTIN LUTHER **
USA/BRD 1953, 103 Min., s/w
R: Irving Pichel D: Niall MacGinnis, John Ruddock, Pierre Lefevre
Aufwendige, in Wiesbaden produzierte Filmbiographie des deutschen Reformators. Genauso naiv wie die diversen »katholischen« Religionsfilme.

Marty M308
MARTY ****
USA 1955, 91 Min., s/w
R: Delbert Mann D: Ernest Borgnine, Betsy Blair, Esther Minciotti
Präzise und hervorragend gespielte Studie über die Freundschaft zweier Menschen in äußerst einfachen Verhältnissen bot das Modell für einen neuen Realismus im amerikanischen Kino.

Der Märtyrer
siehe: Sie sind frei, Dr. Korczak

Die Marx Brothers auf See M309
MONKEY BUSINESS ****
USA 1931, 77 Min., s/w
R: Norman Z. McLeod D: Groucho, Harpo, Chico Marx
Komödie mit den vier Superkomikern, die als blinde Passagiere auf einem Ozeanriesen für allerlei turbulente Szenen sorgen. Erster Film der Marx-Brothers, der nicht auf die Verfilmung eines ihrer Theaterstücke, sondern auf ein Originaldrehbuch zurückgeht.

Die Marx Brothers: Cocoanuts M310 *****
COCOANUTS
USA 1929, 96 Min., s/w
R: Robert Florey D: Groucho, Chico, Harpo und Zeppo Marx, Margaret Dumont
Film um einen bankrotten Hotelbesitzer, zwei Gauner und zwei Gäste, die das Hotel auf den Kopf stellen.

Die Marx Brothers im Kaufhaus M311 ****
THE BIG STORE
USA 1941, 82 Min., s/w
R: Charles Reisner D: Groucho Marx, Chico Marx, Harpo Marx
Der Film mit den drei Marx-Brüdern über ihre turbulenten Erlebnisse als Detektive im Warenhaus ist ebenso eine Studie über die Möglichkeiten von Witz und Humor wie auch ganz einfach ein Anlaß zu unbefangenbefreiendem Lachen.

Die Marx Brothers im Krieg M312
DUCK SOUP *****
USA 1933, 68 Min., s/w
R: Leo McCarey D: Groucho Marx, Harpo Marx, Chico Marx
Einer der Höhepunkte aus dem anarchischen Schaffen der Marx Brothers. Diktator Firefly, Oberhaupt der Bananenrepublik Freedonia, erklärt dem benachbarten Sylvania aus Spaß den Krieg. Jahre vergingen, bevor dieses Beispiel des amerikanischen Surrealismus sein Publikum fand.

Die Marx Brothers in der Oper M313 *****
A NIGHT AT THE OPERA
USA 1935, 93 Min., s/w
R: Sam Wood D: Groucho, Chico und Harpo Marx, Allan Jones
Ein arroganter Heldentenor wird von seiner Partnerin links liegengelassen und von den Marx Brothers schließlich handgreiflich außer Gefecht gesetzt, bis ein sympathischer junger Mann aus dem Chor als strahlender Held die Saisonpremiere der New Yorker Metropolitan rettet. Nicht nur für Opernfans.

Die Marx Brothers in: Eine Nacht in Casablanca M314 ****
A NIGHT IN CASABLANCA
USA 1946, 86 Min., s/w
R: Archie L. Mayo D: Groucho Marx, Harpo Marx, Chico Marx
Die Marx Brothers überlisten Nazispione, stellen einen gestohlenen Schatz sicher und helfen einem französischen Piloten und seiner Freundin. Ein Höhepunkt der Filmkomik.

Mary Poppins M315
MARY POPPINS ***
USA 1964, 139 Min., F
R: Robert Stevenson D: Julie Andrews, David Tomlinson, Glynis Johns
Eine gute Fee nimmt in einer Londoner Familie eine Stelle als Gouvernante an und macht aus einer verschnupften Sippschaft eine fröhliche. Musical für Kinder aller Altersstufen (mit Tanzeinlagen) nach dem Roman von Pamela L. Travers. LFF

Mary Shelley's Frankenstein M316
MARY SHELLEY'S FRANKENSTEIN ***
USA 1994, 123 Min., F
R: Kenneth Branagh D: Robert De Niro, Kenneth Branagh, Helena Bonham Carter
Zu einem im ewigen Eis gestrandeten Schiff stolpert ein Mann und erzählt im Sterben sein Leben. Es ist Victor Fran-

Groucho, Chico und, mit typischer Beinhaltung, Harpo Marx in ›Die Marx Brothers in der Oper‹.

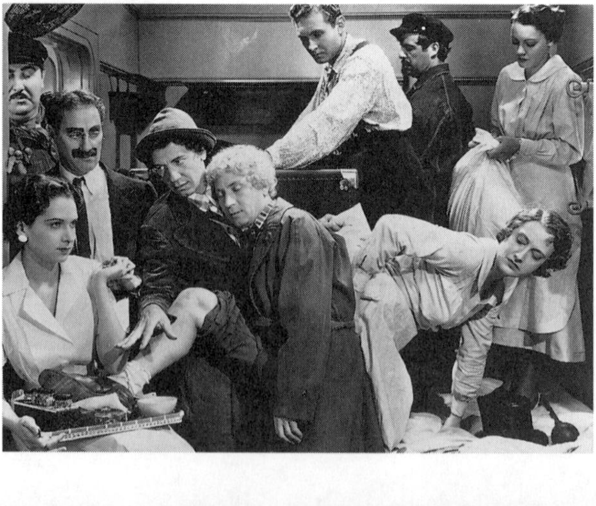

kenstein, der im Labor aus menschlichen Materialien ein Monster mit Seele schuf und von der grauenvollen Rache seiner Kreatur bis in den Tod verfolgt wird. Die sinistre Geschichte nach der Vorlage von Mary Shelley um Macht und Mißbrauch von Wissen. Ein opulenter Bilderreigen, dessen Tragik aber seltsam kalt läßt. Wieder einmal: Das Original bot die beste Verfilmung.

Der März kommt wie ein Löwe M317 ***

SAGATSU NO RAION

Japan 1990, 118 Min., F

R: Hitoshi Yazaki D: Yoshiko Yura, Bang-ho Cho, Koen Okumuta

Bizarres Low-Budget-Melodram um die Liebe zweier Geschwister. Nachdem der Bruder das Gedächtnis verloren hat, wird eine junge Frau seine Geliebte. HFJ 1992

Masada M318 ***

THE ANTAGONISTS

USA 1980, 121 Min., F

R: Boris Sagal D: Peter O'Toole, Peter Strauss, Barbara Carrera

Nach einem mißlungenen Aufstand gegen die römischen Besatzer flüchten die Juden in die Feste Masada und werden endlos belagert. Ihr Freiheitsdrang ist so groß, daß sie lieber sterben als aufzugeben.

Die Maschine, die die Bösen tötet M319 ***

LA MACCHINA AMMAZZACATTIVI

Italien 1948, 80 Min., s/w

R: Roberto Rossellini D: Gennaro Pisano, Marylin Bufferd, Bill Tubbs

Ein süditalienisches Küstendorf verfällt der Verlockung des schnellen Geldes, als ein reicher Amerikaner ein Hotel bauen will. Bis auf einen Photographen, dessen Kamera dem Film seinen Titel gibt. Selbstironische Satire des neorealistischen Regisseurs gegen [redacted]

›M.A.S.H.‹ – Altmans Film zog eine erfolgreiche TV-Serie nach sich.

D: James Cagney, Virginia Mayo, Edmond O'Brien

Psychopathischer, auf Mama fixierter Gangster überfällt mit seiner Bande einen Zug und macht fette Beute, doch er ahnt nicht, daß die Polizei seinen Laden unterwandert hat. Prächtiger Gangsterfilm über einen neurotischen Killer, der »ganz nach oben« möchte und vor nichts zurückschreckt, um dieses Ziel zu erreichen. Cagneys glänzende Darstellung hat den Film zum echten Kultklassiker gemacht.

Masculin – feminin Oder: Die Kinder von Marx und Coca Cola M321 ***

MASCULIN – FEMININ

Fr/Schweden 1965, 104 Min., s/w

R: Jean-Luc Godard D: Jean-Pierre Léaud, Chantal Goya, Marlène Jobert, Michel Debord

»15 präzise Fakten über die Kinder von Marx und Coca-Cola.« In einer Serie von interviewartigen Fragmenten kommt die Generation der Zwanzigjährigen zu Wort. Ihre Probleme und Gefühle macht Godard in seinem letzten »vorpolitischen« Film auf eindrucksvolle Weise [redacted]

D: Rolf Riehm, Marvin Minsky, Jesco von Putkamer

Ein dokumentarischer Filmessay über Mensch-Maschine und Maschinen-Mensch. Die Technik gewinnt die heute übliche »Gestalt«: Computer werden personalisiert, Vernunft wird ihnen untergejubelt, dann wieder in Frage gestellt. Nicht nur für PC-Freaks.

M.A.S.H. M323 ****

M.A.S.H.

USA 1970, 116 Min., F

R: Robert Altman D: Donald Sutherland, Elliott Gould, Tom Skerritt, Sally Kellerman

Die exzentrischen Ärzte eines mobilen Lazaretts versuchen die Grausamkeiten des Korea-Krieges zu verdrängen, indem sie mit sexuellen Eskapaden, dreckigen Witzen und hemmungslosen Respektlosigkeiten die militärische Organisation untergraben. Zwiespältiger Versuch eines Gegenentwurfs zu den bisherigen Anti-Vietnam-Filmen, dessen krasser Zynismus dem ernsten Thema nicht immer gerecht wird.

M.A.S.H. – Der zweite Teil M324

[redacted]BYE, FAREWELL AND AMEN **

[redacted] 115 Min., F

[redacted] D: Alan Alda, Mike

[redacted]rry Morgan

[redacted] zu Robert Altmans bizar-

[redacted]egssatire, von dessen Insze-

[redacted]nst entfernt.

Die Maske M325
MASK ***
USA 1984, 120 Min., F
R: Peter Bogdanovich D: Cher, Sam Elliott, Eric Stoltz
Ein 16jähriger, dessen Gesicht durch eine Krankheit verunstaltet ist, findet Selbstbestätigung bei den Rocker-Freunden seiner Mutter. Einfühlsam und mutmachend.

Masken M326
MASQUES ***
Frankreich 1986, 100 Min., F
R: Claude Chabrol D: Philippe Noiret, Robin Renucci, Bernadette Lafont
Ein TV-Star lädt einen angeblichen Journalisten in sein Landhaus ein, der in Wahrheit das Verschwinden seiner Schwester aufklären will, mit dem der Showmaster zu tun hat. Gesellschaftskritik in Form des eiskalten Krimi-Kompletts in bester Chabrol-Manier mit einem brillanten Hauptdarsteller.

Maskierte Herzen M327
SUDDEN FEAR ***
USA 1952, 104 Min., s/w
R: David Miller D: Jack Palance, Joan Crawford, Gloria Grahame
Schauspieler heiratet reiche Autorin, die ihm eine große Chance vermasselt hat, um sie mit Hilfe seiner Geliebten zu töten. Thriller aus dem High-Society-Milieu mit spannendem Höhepunkt.

Der maskierte Kavalier M328
HIGHWAY MAN ***
USA 1951, 95 Min., F
R: Lesley Selander D: Philip Friend, Charles Coburn, Wanda Hendrix
Maskierter Edelmann tritt im 17. Jahrhundert als Räuber auf, plündert Postkutschen und verteilt das Geld an ausgebeutete Arme. Mantel- und Degenfilm in der Tradition von Robin Hood.

Masquerade – Ein tödliches Spiel M329
MASQUERADE ***
USA 1988, 91 Min., F
R: Bob Swaim D: Rob Lowe, Meg Tilly, Doug Savant
Mißlungener Psycho-Thriller um einen zwiespältigen Schönling, der sich im Kreise reicher Yacht-Besitzer rumtreibt und die Liebe einer jungen Millionen-Erbin skrupellos ausnutzt, um an die große Kohle zu kommen. Ohne großen Spannungsbogen fernsehmäßig inszeniert. HFJ 1989

Massai – Der große Apache M330
APACHE ****
USA 1954, 91 Min., F
R: Robert Aldrich D: Burt Lancaster, Jean Peters, John McIntire
Als der Apachenhäuptling Geronimo zur Kapitulation gezwungen wird, will der Krieger Massai allein gegen die Weißen kämpfen. Er flieht aus dem Reservat und lehrt sie das Fürchten.

Massaker im Morgengrauen M331
A THUNDER OF DRUMS **
USA 1961, 96 Min., F
R: Joseph M. Newman D: Richard Boone, George Hamilton, Luana Patten
Junger Kavallerieoffizier wird in ein abgelegenes Fort versetzt, hält sich einen bärbeißigen Vorgesetzten vom Leib und erweist sich als brauchbar, als die Apachen mal wieder auf die Kacke hauen. Routinewestern.

Massenmord in San Francisco M332
THE LAUGHING POLICEMAN ****
USA 1973, 112 Min., F
R: Stuart Rosenberg D: Walter Matthau, Bruce Dern, Louis Gossett
Überraschend gelungene, amerikanische Verfilmung eines Sjöwall/ Wahlöö-Romans, in der Matthau als mürrischer Kommissar einem Massenmörder auf der Spur ist. Spannend und der guten Darsteller wegen sehenswert.

Der Massenmörder von London M333
TOWER OF LONDON ***
USA 1962, 80 Min., s/w
R: Roger Corman D: Vincent Price, Joan Freeman, Richard McCauly
Königsbruder inszeniert ein Komplott, um alle Verwandten zu töten, die ihn daran hindern könnten, den Thron zu besteigen. Wahnsinnsdrama.

Masters of the Universe M334
MASTERS OF THE UNIVERSE **
USA 1987, 106 Min., F
R: Gary Goddard D: Dolph Lundgren, Frank Langella, Meg Foster
Erd-Teenies tun sich mit dem aus einer anderen Welt stammenden He-Man zusammen und bekämpfen die Truppen eines Despoten, der das Universum unterjochen will. Mischung aus Fantasy und SF, die alle Schundheftchen der Galaxis plündert. LSFF

Mata Hari M335
MATA HARI ***
USA 1931, 94 Min., s/w
R: George Fitzmaurice D: Greta Garbo, Roman Novarro, Lionel Barrymore, Lewis Stone
Die Geschichte der legendären niederländischen Geheimagentin, die im Ersten Weltkrieg für die deutsche Seite geheime Informationen ausspioniert. Der berechnende Einsatz ihrer weiblichen Reize wird ihr jedoch zum Verhängnis, als sie sich in einen russischen Offizier wirklich verliebt. Melodramatischer Film, der von der Garbo lebt.

Matador M336
MATADOR ***
Spanien 1986, 111 Min., F
R: Pedro Almodóvar D: Assumpta Serna, Antonio Banderas, Eva Cobo
Makaber-erotischer Film über die extremen sexuellen Begierden eines Stierkampflehrers, der sich der aggressiven Leidenschaft seines schwulen Schülers ausgesetzt sieht. Mit einer ihm ebenbürtigen Anwältin erreicht er den ultimativen Kick. Tragikomischer Anschlag auf gesellschaftliche Tabus in knallbunten Farben.

Matalo M337
BADMAN'S RIVER ***
GB 1971, 90 Min., F
R: Gene Martin D: Gina Lollobrigida, Lee van Cleef, James Mason
Mexikanischer Revolutionär bietet Chaosgang, die sich mit dem Ausrauben von Banken über Wasser hält, eine horrende Summe, um ein Waffenlager in die Luft zu jagen. Humoristischer Western mit vielen Gelackmeierten.

Matchless M338
MATCHLESS **
Italien 1966, 104 Min., F
R: Alberto Lattuada D: Patrick O'Neal, Ira von Fürstenberg, Henry Silva, Donald Pleasence
US-Reporter, im Besitz eines Ringes, der ihn unsichtbar machen kann, legt Geheimdienste herein und sabotiert die Welteroberungspläne eines Größenwahnsinnigen. Persiflage auf den Agentenfilmboom der sechziger Jahre.

Matewan M339
MATEWAN ***
USA 1987, 127 Min., F
R: John Sayles D: Chris Cooper, Mary McDonnell, Wil Odlham
In West Virginia setzten die Grubenbesitzer 1920 bewaffnete Banden gegen die Minenarbeiter ein, die für bessere Lebens- und Arbeitsbedingungen streikten. Sayles berichtet mit aufklärerischem Elan und doch auch mit zärtlichem Humor vom Beginn der amerikanischen Arbeiterbewegung.

Mathias Kneissl M340
****
BRD 1971, 94 Min., F
R: Reinhard Hauff D: Hans Brenner, Frank Frey, Eva Mattes, Hanna Schygulla, Ruth Drexel
Film-Ballade über den bayerischen Räuber, der um 1900 von einer bedrückenden Gesellschaft zum Outlaw des Bayerischen Waldes gemacht wird. Bemerkenswertes Beispiel des »kritischen Heimatfilmes«.

Mathieu, Gaston, Peluche M341
MATHIEU, GASTON, PELUCHE **
Frankreich 1978, 94 Min., F
R: Roland Bernard D: Jean-Marc Thibault, Raymond Bussieres
Ein Pensionär und Witwer kommt in der kalten Pariser Vorstadt nicht zurecht und macht sich mit dem Pferd

Ein boxendes Känguruh tritt in Boxringen der USA auf, kämpft am Ende sogar gegen den Weltmeister und verliert. Hollywood-Rührstück, das anspruchslose Unterhaltung bietet, aber die Möglichkeiten der Geschichte (zum Märchen, zur Sozialkritik), überhaupt nicht zu nutzen vermag.

Matinee M343
MATINEE ****
USA 1993, 98 Min., F
R: Joe Dante D: John Goodman, Simon Fenton, Cathy Moriarty
Während der Kuba-Krise sorgt sich ein Soldatensohn um seinen Vater und findet Zerstreuung im Kino, wo ein Horror-Filmer sein jüngstes Werk präsentiert. Clevere und originelle Hommage an die B-Movies von Regisseuren wie Jack Arnold und William Castle. Nur die eingewobene Teenager-Story läßt dann doch ein wenig zu wünschen übrig.

Matlosa M344
***
Schweiz 1981, 97 Min., F
R: Villi Hermann
»Matlosa« bezeichnet die Figur des Nicht-Seßhaften. Entfremdung von der eigenen, traditionell ländlichen Kultur, wirtschaftliche Fremdbestimmung und in der Folge Zerfall der Familie. Ein Film, der nicht zuletzt von den ruhigen Bildern lebt, der die Tessiner Tallandschaft gegen die Gesichtslosigkeit der Stadt setzt.

Die Mätresse M345
XICA DA SILVA ****
Brasilien 1976, 117 Min., F
R: Carlos Diegues D: Zeze Motta, Walmor Chagas, Rodolfo Arena
Im Brasilien des 18. Jahrhunderts erlebt die Sklavin Xica da Silva einen märchenhaften Aufstieg und einen tiefen Fall. Prachtvolle Allegorie auf die Kolonial-geschichte Südamerikas.

Matrix M346
MATRIX ***
USA 1998, 136 Min., F
R: Andy und Larry Wachowski
D: Keanu Reeves, Laurence Fishburne, Carrie Anne Moss
Action- und Special-Effects-geprägte »Welt-am-Draht«-Variante der 90er Jahre, in der ein angeblicher Normalo plötzlich entdeckt, daß die ganze Welt des Jahres 1997 nichts weiter ist als ein gigantisches Computerprogramm – und er selbst der Auserwählte, der die Menschen davon befreien soll.
HFJ 2000

Mau Mau M347
***
BRD 1992, 92 Min., F
R: Uwe Schrader D: Marlen Diekhoff, Peter Franke, Catrin Striebeck
In der Hamburger Spelunke Mau Mau suchen Alkoholiker, Prostituierte und andere verlorene Seelen nach ein bißchen Glück. Ein schmutziger, ehrlicher, kleiner Film des *Kanakerbraut*-Machers Uwe Schrader. HFJ 1993

Eva Mattes in Reinhard Hauffs ›Mathias Kneissl‹.

Die Mauer M348
LE MUR ***
Frankreich 1983, 116 Min., F
R: Yilmaz Güney D: Tuncel Kurtiz, Ayse Emel Masci, Malik Berrichi
Die Qualen einer Gruppe Jugendlicher in einem türkischen Gefängnis. Drastisch-realistisch.

Die Mauer M349
****
DDR 1990, 100 Min., F und s/w
R: Jürgen Böttcher
Ansichten und Originaltöne von der Mauer, vor und nach dem Fall bis zum Januar 1990, komponiert wie Tafelbilder. Konzentriert auf die Schauplätze Brandenburger Tor, Potsdamer Platz und Reichstag. Projektionen historischer Filmzitate auf die niederbrechende Mauer. Mehr als ein Dokument. HFJ 1992

Die Mauern von Malapaga M350
AU DELA DES GRILLES ****
It/Fr 1948, 87 Min., s/w
R: René Clément D: Jean Gabin, Isa Miranda, Vera Talchi, Andrea Checci
Pierre, der in Frankreich aus Liebe einen Totschlag begangen hat, flieht nach Italien, wo er von Ceccina und ihrer Mutter aufgenommen wird. Nach einer Liebesnacht mit dem jungen Mädchen wird er von der Polizei verhaftet. Meisterhafte und einfühlsame Romanverfilmung.

Der Maulwurf M351
ESPION, LEVE-TOI ***
Frankreich 1982, 99 Min., F
R: Yves Boisset D: Lino Ventura, Krystyna Janda, Michel Piccoli, Bruno Cremer, Bernard Fresson
Ventura ist ein Spion, der zehn Jahre lang nicht mehr tätig war. Plötzlich greifen dunkle Mächte nach ihm, seine Geliebte wird umgebracht. Zwangsweise wird er wieder aktiv. Atmosphärischer Agentenfilm, wenig spannend, aber mit einem starken Ventura.

Maurice M352
MAURICE ***
GB 1987, 135 Min., F
R: James Ivory D: James Wilby, Hugh Grant, Denholm Elliott, Ben Kingsley
E. M. Forsters erst nach seinem Tod publizierter Roman über eine homosexuelle Liebe im viktorianischen England. Eins von Ivorys prächtigen und melancholischen Filmgemälden.

Die Maus, die brüllte M353
THE MOUSE THAT ROARED ***
GB 1959, 82 Min., F
R: Jack Arnold D: Peter Sellers, Jean Seberg, David Kossoff
Zwergstaat erklärt den USA aus reiner Profitgier den Krieg und gewinnt ihn auch, da sich x Zufälle summieren. Flotte Komödie nach dem Roman von Leonard Wibberley; SF-Hintergrund inklusive. LSFF

Die Mausefalle M354
PORTE DES LILAS ****
Frankreich/Italien 1957, 94 Min., s/w
R: René Clair D: Pierre Brasseur, Georges Brassens, Henri Vidal
Poetische Geschichte um einen Lebenskünstler, einen Sänger und einen Mörder in einem Pariser Kleine-Leute-Viertel. Eine tragische Liebesgeschichte und ein Versuch über verlorene Träume. Einer der Filme, für die es sich gelohnt hat, das Kino zu erfinden.

Mausoleum M355
MAUSOLEUM **
USA 1981, 96 Min., F
R: Michael Dugan D: Marjoe Gortner, Bobbie Bresee, Norman Burton
Horrorschocker über eine wohlhabende und kurvenreiche Dame, die seit einem Besuch im Mausoleum ihrer Familie von einem Dämonen (oder Satan himself) besessen ist. Im Westen nichts Neues.

Maverick M356
MAVERICK ***
USA 1994, 126 Min., F
R: Richard Donner D: Mel Gibson, Jodie Foster, James Garner
Der Berufszocker Bret Maverick will am größten Pokerturnier des Wilden Westens teilnehmen. Bis er dort die Karten auf den Tisch knallen kann, muß er sich vor allem mit der attraktiven Diebin Annabelle herumschlagen. Amüsante Western-Komödie um Liebe, Geld und Schlitzohrigkeit.

Max, der Taschendieb M357
***
BRD 1961, 88 Min., s/w
R: Imo Moszkowicz D: Heinz Rühmann, Elfie Pertramer, Hans Clarin
Als Taschendieb ernährt Max seine kleinbürgerliche Familie, muß sich im Kampf gegen wirkliche Gangster bewähren und eine neue Existenz gründen. Viel Biedersinn und wenig Phantasie.

Maxie M358
MAXIE ***
USA 1985, 95 Min., F
R: Paul Aaron D: Glenn Close, Mandy Patinkin, Ruth Gordon
Der Geist einer vor langer Zeit verstorbenen Filmschauspielerin ergreift Besitz von einer braven Hausfrau und verführt sie zu allerlei skandalösem Verhalten. Durchaus angenehme Fantasy-Komödie.

Maxie macht Karriere M359
LADY GODIVE RIDES AGAIN **
GB 1951, 94 Min., s/w
R: Frank Launder D: Pauline Stroud, Stanley Holloway, Diana Dors
Die Kellnerin Maxie siegt in einem Schönheitswettbewerb, doch da sie für das Showbiz nicht geeignet ist, macht sie Karriere als Stripperin. Filmdebüt von Joan Collins.

Maybe Baby M360
FOR KEEPS **
USA 1987, 98 Min., F
R: John G. Avildsen D: Molly Ringwald, Randall Batinkoff, Kenneth Mars
Teilweise ganz anspruchsvolle Teenager-Komödie um ein junges Pärchen, das unfreiwillig Nachwuchs bekommt und sich gegen alle Widrigkeiten des Lebens durchsetzt. Leider zu naiv und romantisierend. HFJ 1989

Mayerling M361
MAYERLING ***
GB/Frankreich 1968, 146 Min., F
R: Terence Young D: Omar Sharif, Cathérine Deneuve, James Mason
Die Geschichte vom Selbstmord des österreichischen Thronfolgers und seiner Geliebten als sehr langes historisches Melodram.

Mazurka der Liebe M362
**

DDR 1957, 86 Min., F
R: Hans Müller D: Bert Fortell, Albert Garbe, Eberhard Krug
Dritte Filmversion der Operette von Carl Millöcker mit einer etwas aufgesetzten politischen Botschaft.

Mbogos Ernte oder Die Teilung der Welt M363
***
BRD 1980, 68 Min., F
R: Peter Heller
Dokumentarfilm über zwei Welten in ihren Beziehungen zum Rohstoff Baumwolle. Die Baumwollbauern in einem kleinen Dorf Tansanias und die Verbraucher und Spekulanten in Übersee werden gegenübergestellt.

M. C. contra Dr. KHA M364
MARIE-CHANTAL CONTRE LE DOCTEUR KHA ***
Fr/It/Sp 1965, 96 Min., F
R: Claude Chabrol D: Marie Laforêt, Francisco Rabal, Serge Reggiani
Durch Zufall gerät einer unbekümmerten Französin ein Schmuckstück in die Hände, in dem ein verrückter Wissenschaftler einen die Welt bedrohenden Virus versteckt hat. Unversehens befindet sie sich inmitten der Aktionen von Geheimagenten. Mit vielen Zitaten angereicherte Parodie auf Spionage-Filme, die deren platte Klischees respektlos durch den Kakao zieht.

McCabe & Mrs. Miller M365
MCCABE AND MRS. MILLER ***
USA 1970, 121 Min., F
R: Robert Altman D: Warren Beatty, Julie Christie, René Auberjonois
Charmanter Zocker und abgebrühte Puffmutter betreiben in einem Kaff im Westen ein florierendes Bordell und weigern sich, es an einen »Konzern« zu verkaufen. Die Killer folgen dem Kaufangebot auf dem Fuße. Amüsanter

Selbst nach seiner Entlassung läßt sich der kantige Polizist McQ nicht von der Suche nach dem Mörder seines Freundes abhalten. Der alternde John Wayne wandelt hier auf der Fährte des jüngeren Clint »Dirty Harry« Eastwood. Rasante Action.

M.C.R.V. – Der Killerrobot M367
BOOBY TRAP *
USA 1986, 92 Min., F
R: Frank Schaeffer D: Emily Longstreth, David Hoelscher, Merrit Buttick
Ein jugendlicher Rollstuhlfahrer wird von Schlägern mißhandelt und startet mit einem selbstgebastelten Roboter einen Rachefeldzug gegen das örtliche Lumpenpack. Schundfilm, der Popanze aufbaut, um besser auf sie eindreschen zu können.

Meantime M368
MEANTIME ***
GB 1983, 102 Min., F
R: Mike Leigh D: Marion Bailey, Phil Daniels, Tim Roth
Eine Arbeiterfamilie wohnt in einem kleinen Apartment in Londons schäbigem East End. Mike Leigh folgt seinen Protagonisten, die sich in ihrem ereignislosen Alltag treiben lassen, und beschreibt dieses ausweglose Leben scharfsichtig und voll grimmigem Humor.

Medea M369
MEDEA ****
It/BRD/Fr 1969, 105 Min., F
R: Pier Paolo Pasolini D: Maria Callas, Giuseppe Gentila, Laurent Terzieff
Die antike Tragödie des Euripides in einer genialen Film-Umsetzung.

Medicine Man – Die letzten Tage von Eden M370
**
MEDICINE MAN
USA 1992, 102 Min., F
R: John McTiernan D: Sean Connery, Lorraine Bracco, José Wilker

Die Mediocren M371
**
BRD 1994, 85 Min., F
R: Matthias Glasner D: Jürgen Vogel, Jasmin Tabatabai, Dani Levy
Der Film schildert die Liebesbeziehungen und Lebenskrisen junger Leute zwischen 20 und 30. Eine inszenatorisch überraschend kurzweilige, betont »ausgeflippte« Zeitgeistkomödie, mit einigen ironischen Spitzen und viel tiefsinnigem Gequassel. Dadurch wird der Film zum ebenso amüsanten wie alarmierenden Seismographen für seelische Erschütterungen und Defizite.

Mediterraneo M372
MEDITERRANEO ***
Italien 1991, 90 Min., F
R: Gabriele Salvatores D: Diego Abatantuono, Claudio Bigagli, Giuseppe Cerderna
Acht Italiener stranden während des Zweiten Weltkrieges auf einer strategisch unbedeutenden Insel und vertreiben sich die Zeit mit amourösen Abenteuern. Menschenfreundlicher und charmanter, aber ein wenig wirklichkeitsfremder Antikriegsfilm, der den Oscar 1991 als bester ausländischer Film erhielt. HFJ 1993

Medium Cool M373
MEDIUM COOL ****
USA 1980, 117 Min., F
R: Haskell Wexler D: Robert Foster, Verna Bloom, Peter Bonerz
Der frühere Kameramann verwendete in seinem packenden und realistischen Regiedebüt über einen TV-Kameramann, der sich aus allem heraushalten will, Dokumentaraufnahmen vom Sommer 1968, als es während des Parteitags der Demokraten in Chicago zu gewalttätigen Auseinandersetzungen von Demonstranten und Polizei kam.

Medizin gegen Liebe M374

Geldfälscherbande, hilft dem Kommissar, sie zu entlarven, verliebt sich in ihn und erkennt, daß ihr Freund der Kopf der Bande ist. Hübsche Kriminalparodie.

Meet the Feebles M375
MEET THE FEEBLES **
Neuseeland 1990, 93 Min., F
R: Peter Jackson
Die »Muppets« nehmen sich gegen die »Feebles« wie Waisenkinder aus. Zu Jacksons Horror-(Puppen)-Personal zählen ein drogenabhängiger Frosch, eine Ratte, die Pornofilme dreht, ein geschlechtskranker Hase und ein depressiver Elefant. Eine schwarze Satire auf Lust, Gier und die romantische Liebe. HFJ 1993

Megaforce M376
MEGAFORCE **
USA 1981, 99 Min., F
R: Hal Needham D: Barry Bostwick, Persis Khambatta, Michael Beck
Mit allerlei Techno-Schnickschnack ausgerüstete Söldnertruppe legt einem südamerikanischen Guerillaführer das Handwerk. Ein Krach-Bumm-Film, der zeigen soll, daß die Guten im Recht sind und deshalb auch immer gewinnen. LSFF

Megavixens M377
CHERRY, HARRY AND RAQUEL ***
USA 1969, 71 Min., F
R: Russ Meyer D: Linda Ashton, Larissa Ely, Charles Napier
Ein Sheriff und ein Mexikaner, die für einen Sexmaniak Drogen dealen, werden von einem Apachen verfolgt, aber zwischendurch gibt's immer eine Chance, sich mit drallen Maiden im Bett zu wälzen. Sex and Crime, nicht immer logisch, aber unterhaltsam.

Meier M378
****
BRD 1986, 99 Min., F
R: Peter Timm D: Reiner Grenkowitz, Dieter Hildebrandt, Nadja Engelbrecht
Ein Tapezierer aus Ost-Berlin avanciert mit Hilfe von Rauhfasertapeten aus dem Westen zum »Helden der Arbeit«. Komödie mit ironischen Spitzen gegen Systemmängel hüben wie drüben.

Mein böser Freund Fred M379
DROP DEAD FRED **
USA 1991, 99 Min., F
R: Ate de Jong D: Phoebe Cates, Rik Mayall, Marsha Mason, Carrie Fisher
Ein unsichtbarer Wicht verbaut einem Mädchen den ohnehin dornenreichen Weg zum Frausein mit zahllosen Hindernissen. Bizarre Komödie mit Anleihen bei James Stewarts Hasenkumpel Harvey. HFJ 1993

Mein Bruder, der Clown M380
***
DDR 1990, 85 Min., F
R: Hans Werner D: Peter Bongartz, Rolf Hoppe, Jana Mattukat
Die Brüder Benno und Karli sind beide von Beruf Clown, doch der eine ist ein großer Star geworden, der andere ist beim heimatlichen Zirkus geblieben und hat sich um die Tochter seines Bruders gekümmert. Nach zwanzig Jahren kommt es zu einem dramatischen Wiedersehen.

Mein Essen mit André M381
MY DINNER WITH ANDRE ****
USA 1981, 110 Min., F
R: Louis Malle D: Wallace Shawn, André Gregory, Jean Lenauer
Zwei befreundete Künstler treffen sich in einem New Yorker Lokal und sprechen über das Leben und die Kunst. Das ist alles, und es ist, ein wenig Geduld und Aufmerksamkeit beim Zuschauer vorausgesetzt, ausreichend für einen spannenden und anregenden Film.

Mein Freund – der Diamanten-Joe M382
SAMMY GOING SOUTH ***
GB 1962, 98 Min., F
R: Alexander Mackendrick
D: Edward G. Robinson, Constance Cummings, Fergus McClelland
Nach dem Tod seiner Eltern macht sich ein zehnjähriger Junge auf den langen Weg von Ägypten nach Südafrika zu seiner Tante. Unterwegs begegnet er einem Diamantenschmuggler, der von seiner turbulenten Vergangenheit erzählt. Ein sympathischer Abenteuerfilm mit guten Darstellern.

Mein Freund Benito M383
IL MIO AMICO BENITO ***
Italien 1962, 96 Min., s/w
R: Giorgio Bianchi D: Peppino de Filippo, Didi Perego, Mae Roney
In der Zeit des italienischen Faschismus entdeckt ein kleiner Angestellter, daß er zusammen mit Mussolini zur Schule gegangen ist. Etwas betulich angelegte Komödie.

Mein Freund, der Roboter M384
FUTURE COP **
USA 1976, 70 Min., F
R: Judd Taylor D: Ernest Borgnine, John Amos, Michael Shannon
Ein US-Cop jagt mit einem Partner, der sich als Androide entpuppt, eine Bande von Autodieben. Biederes US-TV-Filmchen; Pilotfilm einer wenig erfolgreichen Fernsehserie. LSFF

Mein großer Freund Shane M385
SHANE ****
USA 1953, 90 Min., F
R: George Stevens D: Alan Ladd, Jean Arthur, Van Heflin, Jack Palance
Ein mysteriöser Fremder steht dem Rancher Starrett und dessen Familie gegen einen bösartigen Killer bei, der für den sinistren Landbaron Ryher arbeitet. Nominiert für 6 Oscars. Ein echter Western-Klassiker!

Mein Kampf M386
DEN BLODIGA TIDEN ****
Schweden 1959, 122 Min., s/w
R: Erwin Leiser
Bis heute immer noch einer der besten Dokumentationen über Nationalsozialismus und Hitler-Deutschland. Nicht »objektiv«, sondern »polemisch«, oder besser: pointiert.

Mein kleiner Gockel M387
MY LITTLE CHICKADEE ****
USA 1940, 83 Min., s/w
R: Edward Cline D: Mae West, W. C. Fields, Joseph Calleia
Eine geniale Besetzung für einen äußerst vergnüglichen Film: die Sexbombe und der grantige Trinker in einer schrillen Western-Parodie.

Mein Körper für ein Pokerspiel M388 **

MIO CORPO PER UN POKER
Italien 1967, 100 Min., F
R: Nathan Wich D: Elsa Martinelli, Robert Wood, George Eastman
Die Revolverlady Belle Starr verliert sich selbst beim Pokern an einen Killer, mit dem sie großen Ärger hat, als beide einen Safe ausräumen.

Mein Leben als Hund M389 ****

MITT LIV SOM HUND
Schweden 1985, 101 Min., F
R: Lasse Hallström D: Anton Glanzelius, Anki Liden, Manfred Serner
Nach dem Tod seiner Mutter leidet ein zwölfjähriger Junge unter Einsamkeit und Unsicherheit und erhält durch eine Reihe von Begegnungen und Erlebnisse neue Zuversicht. Eindrucksvolles Pladoyer für mehr Menschlichkeit.

Erste Liebe: Saga und Ingemar.

Mein Leben in Luxus M390 ****

EASY LIVING
USA 1937, 88 Min., s/w
R: Mitchell Leisen D: Jean Arthur, Edward Arnold, Ray Milland
Irrwitzige Komödie über eine Sekretärin, der erst ein Pelzmantel auf den Kopf und dann ein ganzes Vermögen zufällt, weil alle Welt sie für die Geliebte eines Wirtschaftsmagnaten hält. Temporeich, geschmeidig, elegant.

Mein Leben ist der Rhythmus M391 **

KING CREOLE

Mein Leben mit Elvis M392 **

ELVIS AND ME (2)
USA 1988, 95 Min., F
R: Larry Peerce D: Susan Walters, Dale Midkiff, Linda Miller
Zweiter Teil der Film-Biographie von Priscilla Presley. Der Weg von ihrer Heirat durch Höhen und vor allem Tiefen des Lebens mit dem Sänger.

Mein linker Fuß M393 ****

MY LEFT FOOT
Irland 1989, 99 Min., F
R: Jim Sheridan D: Daniel Day-Lewis, Brenda Fricker, Fiona Shaw
Einfühlsames Porträt eines spastisch Gelähmten, der nur noch seinen linken Fuß bewegen kann und dennoch als Maler und Schriftsteller sein Leiden bezwingt. Herausragende Darstellung von Daniel Day-Lewis.

Mein Mann, das Wirtschaftswunder M394 **

BRD 1961, 94 Min., s/w
R: Ulrich Erfurth D: Marika Rökk, Cornelia Froboess, Heinz Erhardt
Stahlwerks-Besitzer findet mit Hilfe seines Fahrers und Freunds für sich die richtige Frau und für seine Tochter den richtigen Mann. Von den satirischen Ansätzen des Drehbuchs, das von Kabarettist Dieter Hildebrandt stammt, ist wenig übriggeblieben.

Mein Nachbar, der Vampir M395 **

FRIGHT NIGHT II
USA 1988, 104 Min., F
R: Tommy Lee Wallace D: Roddy McDowall, William Ragsdale
College-Student muß sich eines Rudels attraktiver Vampirinnen erwehren. Schick fotografiert, nett das Genre verulkend, flüssig erzählt – um nicht zu sagen überflüssig. Fortsetzung von *Die rabenschwarze Nacht.* HFJ 1990

Mein Name ist Gator M396 **

die Organisation eines alten Freundes. Routinierter Action-Film mit gelegentlich unfreiwilliger Komik.

Mein Name ist Nobody M397 ***

IL MIO NOME E NESSUNO
It/Fr/BRD 1973, 116 Min., F
R: Tonino Valerii D: Terence Hill, Henry Fonda, Jean Martin
Ein alternder Revolvermann möchte still und leise in den Ruhestand treten, doch ein namenloser Fremder, der auch noch sehr ehrgeizig ist, hat andere Pläne mit ihm. Europäischer Western, der sich sehen lassen kann.

Mein Onkel M398 ****

MON ONCLE
Frankreich/Italien 1958, 109 Min., F
R: Jacques Tati D: Jacques Tati, Jean-Pierre Zola, Adrienne Servanti
Der sympathisch-schusselige Monsieur Hulot stolpert unbeirrbar durch die Welt des automatisierten Industriezeitalters. In seiner optimistischen Naivität verheddert er sich immer wieder in den absurdesten Situationen. Außergewöhnlich witzig inszenierte Komödie von anarchischem Humor, die die modernen Errungenschaften vom Computer bis zur Architektur auf die Schippe nimmt.

Mein Onkel aus Amerika M399 ****

MON ONCLE D'AMERIQUE
Frankreich 1980, 126 Min., F
R: Alain Resnais D: Gérard Depardieu, Roger Pierre, Nicole Garcia
Das Verhalten dreier Menschen wird den Ergebnissen der modernen Verhaltensforschung anhand von Tierversuchen gegenübergestellt. In geschickter Parallelmontage werden die Struktur vorbestimmter Abhängigkeitsverhältnisse von Individuen und ihre Auswirkungen auf deren Zusammenleben deutlich. Sehr originelles, unterhaltsames Experiment.

schöne Enkelin an den Sohn des reichen Baron verkuppeln taten, aber da wär fei' noch der flotte Fuchsberger als Plattenproduzent auf Urlaub, und das wär' eine echte Liebe, ham's gsagt. Und so originell wie die G'schicht' ist auch der Film.

Mein Schatz, komm mit ans blaue Meer M401 **
BRD 1959, 96 Min., F
R: Rudolf Schündler D: Joachim Fuchsberger, Christine Görner, Renate Ewert
Zwei Mädchen erleben auf der Reise nach Italien beim Autostop ihr blaues Wunder. Harald Juhnke ist auch mit von der Partie.

Mein Schulfreund M402 ***
BRD 1960, 94 Min., s/w
R: Robert Siodmak D: Heinz Rühmann, Loni von Friedl, Ernst Schröder
Ein wegen seiner Briefe an seinen »Schulfreund Göring« im Zweiten Weltkrieg für verrückt erklärter Briefträger versucht später, die Zweifel an seiner Normalität auszuräumen. Solide Verfilmung eines Romans von Johannes Mario Simmel in Form einer zeitkritischen Komödie.

Mein Schwert für den König M403 ***
LE CAPITAN
Frankreich/Italien 1960, 98 Min., F
R: André Hunebelle D: Jean Marais, Elsa Martinelli, André Bourvil
Ludwig XIII. kommt im Alter von 15 Jahren auf den Thron; das Land ist in Unordnung, hinter den Kulissen wird mit Intrigen, Gift und Schwert um die Macht gekämpft. Aufwendiges Abenteuer mit blitzenden Degen und rollenden Köpfen.

Mein sehr privater Eros: Liebeslied 1974 M404 ***
KYOKUSHI TEKI EROS: RENKA 1974
Japan 1974, 110 Min., s/w
R: Kazuo Hara
Der Regisseur beobachtet dokumentarisch und in der Tat sehr privat das Leben der Frau, die ihn verlassen hat. Es entsteht das Portrait einer selbstbestimmten, in der Frauenbewegung engagierten Frau.

Mein teuflischer Liebhaber M405 **
MY DEMON LOVER
USA 1987, 88 Min., F
R: Charles Loventhal D: Scott Valentine, Michelle Little, Arnold Johnson
Jung-Werwolf verwandelt sich immer dann, wenn ein Mädel ihm gefällt, in eine knurrende Bestie, aber dann wird der auf ihm lastende Fluch gebrochen. Auf Ulk getrimmter Horror, der nicht überzeugen kann. HFJ 1989

Mein Vater, der Held M406 ***
MON PERE, CE HEROS
Frankreich 1992, 99 Min., F
R: Gerard Lauzier D: Gérard Depardieu, Marie Gillain, Patrick Mille
Um einen begehrten Sonnyboy zu angeln, gibt ein junges Mädchen den Vater als ihren Geliebten aus. Freundliche Pubertätskomödie von Gerard Lauzier, der in seinen Comic strips mehr satirische Schärfe an den Tag legt. Das US-Remake 1994 hieß *Daddy Cool.* HFJ 1993

Mein Vater, der Schauspieler M407 **
BRD 1956, 105 Min., s/w
R: Robert Siodmak
D: O. W. Fischer, Oliver Grimm
Die Lebenskrise eines Schauspielers nach dem Tod seiner Frau wird mit Hilfe seines kleinen Sohnes überwunden. Deutsches 50er-Jahre-Taschentuchkino.

Mein Vater, mein Herr
siehe: Padre Padrone

Mein verrücktes Leben M408 ***
MY CRASY LIFE
USA/GB 1992, 94 Min., F
R: Jean-Pierre Gorin
Ein Film über das Phänomen amerikanischer Bandenkriege, zur Abwechslung mal aus der Sicht der Jugendlichen.

Mein Vetter Winnie M409 ***
MY COUSIN VINNY
USA 1992, 119 Min., F
R: Jonathan Lynn
D: Joe Pesci, Marisa Tomei, Ralph Macchio
Joe Pesci als frischgebackener Anwalt, der zwei unter Mordverdacht stehende Jungs rausboxen will und dabei recht unorthodoxe Methoden anwendet. Schräger Juristen-Klamauk. HFJ 1993

Mein wunderbarer Waschsalon M410 ****
MY BEAUTIFUL LAUNDRETTE
GB 1985, 93 Min., F
R: Stephen Frears D: Daniel Day-Lewis, Saeed Jaffrey, Roshan Seth
Der Aufstieg eines jungen pakistanischen Waschsalon-Besitzers als Symbol der englischen Gesellschaft in der Thatcher-Ära. Ironisch amüsante Tragikomödie. HFJ 1987

Daniel Day-Lewis und Saeed Jaffrey

Meine brillante Karriere M411 ****
MY BRILLIANT CAREER
Australien 1978, 100 Min., F
R: Gillian Armstrong D: Judy Davis, Sam Neill, Aileen Britton
Junge Farmerstochter setzt hartnäckig ihr Ziel durch, Schriftstellerin zu werden. Brillanter Debütfilm.

Meine erste große Liebe M412 **
FALLING IN LOVE AGAIN
USA 1980, 94 Min., F
R: Steven Paul D: Elliott Gould, Susannah York, Michelle Pfeiffer
Bei einem Klassentreffen gerät ein Boutique-Besitzer in die Midlife-Crisis. Nicht schon wieder!

Meine Frau, die Hexe M413 ****
I MARRIED A WITCH
USA 1942, 76 Min., s/w
R: René Clair D: Frederic March, Veronica Lake, Cecil Kellaway
Eine auf dem Scheiterhaufen getötete Hexe kehrt nach 300 Jahren zu den

Lebenden zurück, um sich an den Nachkommen ihrer Richter zu rächen. Gespensterkomödie, in der die Liebe natürlich alles Böse vereitelt. LFF

Meine Geisha M414
MY GEISHA ***
USA 1961, 115 Min., F
R: Jack Cardiff D: Shirley MacLaine, Yves Montand, Edward G. Robinson
Amerikanischer Regisseur will, zum erstenmal ohne seine Frau, einen Film in Japan drehen; die reist ihm jedoch nach, verkleidet sich als japanische Schauspielerin und erhält prompt die Hauptrolle. Eine typische Komödie der frühen sechziger Jahre.

Meine kleinen Geliebten M415
MES PETITES AMOUREUSES ****
Frankreich 1974, 120 Min., s/w
R: Jean Eustache D: Martin Loeb, Ingrid Caven, Jacqueline Dufranne
Nach einer glücklichen Kindheit auf dem Lande kommt ein Junge in die Stadt, erlebt Enttäuschungen und erste erotische Abenteuer. Eustache registriert das kühl und genau.

Meine liebe Rabenmutter M416
MOMMIE DEAREST ***
USA 1981, 122 Min., F
R: Frank Perry D: Faye Dunaway, Mara Hobel, Diana Scarwid
Nach der bösen Autobiographie der Adoptivtochter von Joan Crawford, die die Hölle ihrer Kindheit mit einer neurotischen und gewalttätigen Hollywood-Egomanin schildert, entstand ein lange nicht so böser Hollywood-Film.

Meine Mutter, der General M417
MY MOTHER, THE GENERAL ***
Israel 1979, 84 Min., F
R: Yoel Silberg D: Gila Almagor, Zachi Noy, Gideon Singer, Gilat Ankori
Kommiß-Komödie aus Israel. Eine israelische Mutter will ihrem Soldaten-Sohn »Essen bringen« und gerät erst

Meine liebste Frau M418
MY FAVORITE WIFE ****
USA 1940, 88 Min., s/w
R: Garson Kanin D: Cary Grant, Irene Dunne, Randolph Scott
Auf der Hochzeitsreise begegnet ein Mann seiner totgeglaubten ersten Frau, die als »Bekannte« sogleich bei den frisch Vermählten einzieht. Als er erfährt, daß diese nicht alleine, sondern mit einem anderen Mann auf der einsamen Insel überlebte, verwickelt sich die skurille Situation weiter. Schwungvolle amüsante Komödie, deren Lacher gegen Ende weniger werden.

Meine liebste Jahreszeit M419
MA SAISON PREFEREE ***
Frankreich 1993, 122 Min., F
R: André Téchiné D: Cathérine Deneuve, Daniel Auteuil, Marthe Villalonga
Eine arrivierte Juristin gerät in eine private Konfliktsituation, versucht mit ihrem Bruder, die gemeinsame Vergangenheit aufzuarbeiten und gleichzeitig ihre aus einfachen Verhältnissen stammende Mutter in einem Altersheim unterzubringen. Französisch-elegantes Familiendrama über die nie heilenden Wunden der Kindheit.
HFJ 1995

Meine Lieder – meine Träume M420
THE SOUND OF MUSIC ***
USA 1965, 168 Min., F
R: Robert Wise D: Julie Andrews, Eleanor Parker, Peggy Wood
Angehende Jungnonne aus Salzburger Kloster, deren Herz für Musik und Gesang schlägt, was bei den Mitschwestern auf wenig Gegenliebe stößt, wird von Mutter Oberin gebeten, die sieben Kinder eines verwitweten Adeligen zu erziehen. Fortan ist das Leben nur noch Eierkuchen und fröhlicher Volksgesang. Kitschfilm über die Trapp-Familie, in den USA ein Hit

Liebesbeziehungen zwischen jungen Leuten mit unterschiedlichen moralischen Auffassungen macht deren Problematik kenntlich. Mit ungeheurer Leichtigkeit und tiefem Ernst zugleich entfaltet Rohmer nicht zuletzt dank der hervorragenden Kamera-Arbeit von Nestor Almendros seine Kunst der philosophischen Komödie.

Meine Söhne M422
MUSUKO ****
Japan 1991, 116 Min., F
R: Yoji Yamada D: Rentaro Mikuni, Masatoshi Nagase, Emi Wakui
Generationskonflikt in Japan: Der 70-jährige Akio kann nicht verstehen, daß seine beiden Söhne in die Metropole Tokio gezogen sind, um sich dort eine Existenz aufzubauen. Vor dem Hintergrund des sich rasch verändernden Alltags im Japan der 90er Jahre entdecken der Vater und seine Söhne etwas, das immer gleich wichtig bleibt: Glück und Zufriedenheit.

Meine Stiefmutter ist ein Alien M423
**
MY STEPMOTHER IS AN ALIEN
USA 1988, 108 Min., F
R: Richard Benjamin D: Kim Basinger, Dan Aykroyd, Jon Lovitz
Um einen Forscher zu manipulieren, der ihr Volk retten soll, schleicht sich eine Außerirdische bei selbigem ein, doch seine Tochter ahnt etwas. Armes, krankes, ideenloses Hollywood!

Meine Stunde Null M424
***
DDR 1970, 99 Min., F
R: Joachim Hasler D: Manfred Krug, Kurt Jung-Alsen, Alfred Müller
Gefreiter der deutschen Wehrmacht gerät in sowjetische Gefangenschaft und unternimmt, die wirkliche Lage erkennend, die Entführung eines deutschen Offiziers. Kriegsfilm von eher komödiantischem Zuschnitt.

Vorstadt-Komödie um ein argwöhnisches Nachbar-Trio, das den seltsamen Vorgängen im Haus einer zugezogenen Familie auf den Grund gehen will. Durchweg amüsante und bissige Persiflage auf das Leben in Suburbia, leider aber betrügt das Ende alles Vorangegangene. HFJ 1990

Meineid M426
THE LONG MEMORY ***
GB 1952, 91 Min., s/w
R: Robert Hamer D: John Mills, John Slater, Elizabeth Sellars
Nach zwölf Jahren Gefängnis für einen Mord, den er nicht begangen hat, will der auf Bewährung Entlassene sich an den Verantwortlichen rächen. Selbst eine neue Geliebte kann ihn nicht von seinem Vorhaben abbringen. Ordentliches Kriminaldrama.

Meister Eder und sein Pumuckl M427 ***
BRD 1980, 84 Min., F
R: Ulrich König D: Gustl Bayrhammer, Helga Feddersen
Mischung aus Real- und Zeichentrick-Film um den berühmten Kobold, der eines Tages plötzlich in der Werkstatt eines gutmütigen Schreinermeisters auftaucht. Vergnüglicher Kinofilm zur erfolgreichen TV-Serie nach den Hörspielen für Kinder.

Der Meister und Margarita M428
MAJSTOR I MARGARETA ****
Jugoslawien/It 1972, 100 Min., F
R: Aleksandar Petrovic D: Ugo Tognazzi, Mimsy Farmer, Alain Cuny
Der Teufel höchstpersönlich drängt sich dem Autor eines Theaterstückes über Pontius Pilatus bei seinem Kampf gegen die Moskauer Zensur als Helfer auf und gibt sie der Lächerlichkeit preis. Originelle Literaturverfilmung, die augenzwinkernd Tatsachen und Satire zu einer poetischen Einheit verbindet.

Mel Brooks' Höhenkoller M429
HIGH ANXIETY ****
USA 1977, 94 Min., F
R: Mel Brooks D: Mel Brooks, Madeline Kahn, Cloris Leachman
Ein Psychologe übernimmt die Leitung eines Sanatoriums und bekommt den Verdacht, daß sein Vorgänger ermordet wurde. Brooks-typische Hitchcock-Parodie, in der das Geniale und das Blöde dicht beieinanderliegen.

Mélo M430
MELO ****
Frankreich 1986, 105 Min., F
R: Alain Resnais D: Sabine Azéma, Fanny Ardant, Pierre Arditi
Ein Mann verlangt von seiner Geliebten, halb im Scherz, vollkommene Treue, und treibt sie damit in den Selbstmord.

Melvin und Howard M431
MELVIN AND HOWARD ****
USA 1980, 95 Min., F
R: Jonathan Demme D: Paul Le Mat, Jason Robards, Mary Steenburgen
Oscarprämierte Tragikomödie um die auf einer wahren Begebenheit beruhende Zufallsbegegnung des Milchmanns Melvin Dummar mit dem Multimillionär Howard Hughes. Der Film besticht durch glänzende Schauspieler und komische Highlights, darunter eine groteske Parodie auf amerikanische Fernsehshows.

Memoiren einer Überlebenden M432 ***
MEMOIRS OF A SURVIVOR
GB 1981, 115 Min., F
R: David Gladwell D: Julie Christie, Leonie Mellinger, Christopher Guard
Angesichts einer aus den Fugen geratenden Welt flüchtet sich eine Frau in Phantasien, findet aber Hoffnung auf einen Neuanfang in einem jungen Mädchen. Halb-utopischer Film nach dem Roman von Doris Lessing. LSFF

Men in Black M433
MEN IN BLACK ****
USA 1997, 98 Min., F
R: Barry Sonnenfeld D: Tommy Lee Jones, Will Smith, Linda Fiorentino
Schräge Science-fiction-Actionkomödie um zwei Agenten der Einwanderungsbehörde, die sich um die zuhauf unter den Menschen lebenden Außerirdischen kümmern, zumal es eine illegale Alien-Kakerlake gerade auf die Zerstörung der Erde abgesehen hat. Witziges Mainstream-Spektakel. HFJ 1998

Menace II Society M434
MENACE II SOCIETY ***
USA 1993, 97 Min., F
R: Allen und Albert Hughes D: Tyrin Turner, Jada Pinkett, Vonte Sweet
Der Lebensweg eines jungen Drogenhändlers und seiner Freunde endet im Kugelhagel der Pistolen. Beeindruckendes Debüt zweier junger US-Filmemacher, die ungeschminkt die brutale Wirklichkeit im Schwarzen-Ghetto von Los Angeles zeigen.

Der Mensch, den es nie gab M435
INIMENE, KEDA POLUND ****
Estland 1989, 90 Min., F
R: Peeter Simm D: Kalri Homa, Mari Simm, Tonu Kilgas
Die Geschichte einer jungen Frau, die als Stimmenimitatorin beim Rundfunk Karriere macht, als roter Faden für eine Reise durch die Geschichte Estlands in diesem Jahrhundert.

Ein Mensch der Masse M436
THE CROWD ****
USA 1928, 115 Min., s/w
R: King Vidor D: James Murray, Eleanor Boardman, Bert Roach
Voller Optimismus kommt ein junger Amerikaner nach New York, um dort sein Glück zu machen. Nach harten Schicksalsschlägen rappelt er sich wieder auf, bleibt aber schlußendlich ein gebrochener Mann. Meisterhaft inszenierter Stummfilm.

Mensch ohne Namen M437 ***
Deutschland 1932, 83 Min., s/w
R: Gustav Ucicky D: Werner Krauss, Helene Thimig, Hertha Thiele
Ein Mann kehrt nach dem Ersten Weltkrieg aus langer Kriegsgefangenschaft in die Heimat zurück und wird in seiner alten Umgebung nicht mehr erkannt. Früher deutscher Tonfilm.

Menschen am Fluß M438
THE RIVER ***
USA 1984, 119 Min., F
R: Mark Rydell D: Mel Gibson, Sissy Spacek, Scott Glenn, Shane Bailey
Der Kampf verschuldeter kleiner Farmer um ihre Existenz. Opulent gefilm-

ter, eindringlich gespielter Tränendrücker.

Menschen am Sonntag M439
****
Deutschland 1929, 73 Min., s/w
R: Robert Siodmak, Edgar G. Ulmer, Billy Wilder, Rochus Gliese
D: Brigitte Borchert, Christl Ehlers, Annie Schreyer, Wolfgang von Waltershausen
Eine Verkäuferin, ein Vertreter, ein Chauffeur und eine Filmstatistin verbringen ein Wochenende am Wannsee. Eingebettet in Impressionen von der Metropole Berlin wird ihre von amourösen Erlebnissen und Langeweile geprägte Freizeitgestaltung geschildert. Ein von Laien gespielter herausragender Film der deutschen Stummfilm-Ära, der durch seinen halbdokumentarischen Stil beeindruckende Authentizität erhält.

Menschen der Berge M440
***
Schweiz 1964, 104 Min., s/w
R: Franz Schnyder D: Margit Winter, Erwin Kohlund, Peter Arens
Altmodische, aber gediegene Verfilmung von Jeremias Gotthelfs Roman »Geld und Geist«.

Menschen der Steppe M441
STEPNI HORA ***
Bulgarien 1986, 80 Min., F
R: Yanoush Vazov D: Ivan Kustev, Hristo Gurbov, Vesselin Vulkov
Die Tochter einer Köchin steht zwischen einem reichen Großgrundbesitzer und seinem Kutscher. Melodram vor beeindruckender Landschaftskulisse.

Menschen, die vorüberziehen M442
***
Schweiz 1942, 104 Min., s/w
R: Max Haufler D: Adolf Manz,
[illegible] Therese Giehse

Menschen hinter Gittern M443
FORTUNE AND MEN'S EYES ***
Kanada 1971, 100 Min., F
R: Harvey Hart D: Wendell Burton, Michael Greer, Zooey Hall
Ein junger Mann lernt im Gefängnis Brutalität, Machtmißbrauch und das Gesetz der Begierden kennen. Engagierte Anklage gegen einen Strafvollzug, der das Böse im Menschen weckt.

Menschen in Gottes Hand M444
**
Deutschland 1947, 80 Min., s/w
R: Rolf Meyer D: Paul Dahlke, Marietheres Angerpointner, Gerty Soltau
Ein aus Ostpreußen vertriebener Bauer findet auf dem Hof seines Sohnes bei Hamburg eine neue Heimat. Heute vor allem wegen des Zeitkolorits sehenswert.

Der Menschen Hörigkeit M445
OF HUMAN BONDAGE **
GB 1963, 94 Min., s/w
R: Ken Hughes D: Kim Novak, Laurence Harvey, Siobhan McKenna
Die Erlebnisse des Schriftstellers William Somerset Maugham als Medizinstudent in trostlosen Krankenhäusern und in den Slums von London. Dritte Filmversion des Romans.

Menschen im Hotel M446
GRANDHOTEL ***
USA 1932, 110 Min., s/w
R: William A. Drake D: Greta Garbo, John Barrymore, Lionel Barrymore, Joan Crawford
Kommen und Gehen in einem Luxushotel. Knapp skizzierte Einzelschicksale bilden den Stoff für eine einheitliche Handlung mit beeindruckenden Charakterdarstellungen. Durchschnittlicher Hollywood-Film, der vor allem von den mitspielenden Stars, dem brillanten Dekor und der guten Kameraarbeit lebt.

Ein angeschossener Tiger wird zur Gefahr für die Menschen, und ein Arzt opfert sich, um die Bewohner eines indischen Dschungeldorfes von der Bestie zu befreien. Abenteuerfilm.

Menschenkind M448
BELOVED ***
USA 1998, 172 Min., F
R: Jonathan Demme D: Oprah Winfrey, Danny Glover, Thandie Newton
Sklavenepos und Geistermär in einem erzählt der Film stilsicher, wenngleich etwas behäbig die Geschichte der schwarzen Sklavin Sethe um die Rückkehr ihrer verstorbenen Tochter Menschenkind. Bewegend, aber unzeitgemäß. HFJ 2000

Der menschliche Faktor
siehe: The Human Factor

Menuett M449
MENUET ***
Belgien/NL 1981, 86 Min., F
R: Lili Rademakers D: Hubert Fermin, Carla Hardy, Akkemai Marijnissenn
Mißlungener Versuch, die Zerbrechlichkeit einer vorgeblich heilen Alltagsrealität anhand eines Dreiecksverhältnisses zwischen einem Ehepaar und seinem 12jährigen Hausmädchen aufzuzeigen, in das die Außenwelt in Form des Bruders des Mannes eindringt, der der Ehefrau hinterherstellt. Genauso verquast wie obiger Satz.

Mephisto M450
****
Ungarn/BRD/Österr 1980, 132 Min., F
R: István Szabó D: Klaus Maria Brandauer, Rolf Hoppe, Krystyna Janda, Karin Boyd, György Cserhalmi
Die Geschichte des besessenen Schauspielers Hendrik Höfgen, der für seine Karriere mit den Nationalsozialisten

Mephisto 68 M451
BEDAZZLED ***
GB 1967, 104 Min., F
R: Stanley Donen D: Peter Cook, Dudley Moore, Eleanor Bron
Stanley, ein schüchterner Koch, versucht vergeblich, der Kellnerin Margaret seine Liebe zu erklären. Ein mysteriöser Herr (der Teufel) gewährt ihm sieben Wünsche, um die Zuneigung der Schönen zu erlangen, verlangt aber als Preis seine Seele. Als Intellektueller, Millionär, Popstar und schließlich als hüpfende Nonne bemüht sich Stanley ebenso vergeblich wie zuvor um Margaret. Eine Höllen-Gaudi.

Das Mercury-Puzzle M452
MERCURY RISING ***
USA 1998, 111 Min., F
R: Harold Becker D: Bruce Willis, Alec Baldwin, Miko Hughes
Ein desillusionierter FBI-Agent beschützt einen kleinen autistischen Jungen, der einen Sicherheitsgeheimcode geknackt hat. Korrekter Thriller – nett, vorhersehbar und ohne besondere Höhen oder Tiefen. HFJ 1999

Eine merkwürdige Karriere M453
****
UNE ETRANGE AFFAIRE
Frankreich 1981, 90 Min., F
R: Pierre Granier-Deferre D: Michel Piccoli, Nathalie Baye, Gérard Lanvin
Ein Angestellter wird von seinem Chef, der angeblich viel mit ihm vorhat, dazu gebracht, sich ausschließlich der Firma zu widmen. Nachdem er seine eigene Identität völlig aufgegeben und sein Privatleben total vernachlässigt hat, muß er schließlich feststellen, daß er ausgenutzt worden ist. Hervorragende Studie über menschliche Verführbarkeit und Machtstreben.

Die merkwürdige Zähmung der Gangsterbraut Sugarpuss M454
****
BALL OF FIRE
USA 1941, 111 Min., s/w
R: Howard Hawks D: Gary Cooper, Barbara Stanwyck, Oscar Homolka
Acht Professoren, die an einer Enzyklopädie arbeiten, laden eine Nachtclubsängerin ein, um Anregungen für einen Artikel zum Thema »Slang« zu bekommen. Eine halsbrecherische Gratwanderung zwischen Klamauk und Komödie.

Das merkwürdige Verhalten geschlechtsreifer Großstädter zur Paarungszeit M455
***
BRD 1998, 89 Min., F
R: Marc Rothemund D: Christoph Waltz, Heio von Stetten, Ann-Kathrin Kramer, Anica Dobra, Michaela May
Sommerreigen um ein paar GroßstädterInnen auf der Suche nach dem Liebesglück. Manchmal amüsant, manchmal ironisch umgeht der Film eine Reihe von Klamaukfallen und hält das Niveau einer leichten Komödie. HFJ 1999

Merlin und das Schwert M456
MERLIN AND THE SWORD ***
USA 1982, 93 Min., F
R: Clive Donner D: Malcolm McDowell, Candice Bergen, Dyan Cannon
Beim Besuch der Druiden-Kultstätte Stonehenge fällt eine Touristin durch ein Zeitloch und landet im mythischen Camelot, wo König Artus, seine Mannen und der Zauberer Merlin gerade großen Knatsch mit einer bösen Hexe haben. Eine Story aus der Zeit, in der Zaubersprüche noch gewirkt haben.

Meschugge M457
***
BRD 1998, 103 Min., F
R: Dani Levy D: Maria Schrader, Dani Levy, David Straithain
Liebesthriller um ein deutschstämmiges Paar, das sich in New York kennengelernt hat, ohne zu ahnen, wie sehr es bereits durch seine Vergangenheit miteinander verbunden ist. Der Film reißt eine große Themenvielfalt (Holocaust-Überlebende, Nazi-Jäger, alter und neuer Antisemitismus) innerhalb der Geschichte zwar an, konzentriert sich aber doch mehr auf eine Inszenierung, die sich Hollywood-Manierismen anbiedert. HFJ 2000

Das Messer am Ufer M458
RIVER'S EDGE ***
USA 1986, 94 Min., F
R: Tim Hunter D: Crispin Glover, Keanu Reeves, Dennis Hopper
Das realistische Psychogramm einer Gruppe Teenager in einer amerikanischen Kleinstadt, die einen Mord vertuschen wollen, den einer der ihren begangen hat. Nach einem authentischen Fall entwickelt der Regisseur ein reichlich hoffnungsloses Bild einer Jugend, für die wirklich gilt: No Future.

Messer an der Kehle M459
WESTBOUND **
USA 1959, 69 Min., F
R: Budd Boetticher D: Randolph Scott, Virginia Mayo, Karen Steele
Südstaatenkommando versucht einen Goldtransport der Nordstaatler aus Kalifornien zu verhindern. Schlaffer und vorhersehbarer Western, der nicht einmal den Beifall seines Regisseurs fand.

Messer im Kopf M460
****
BRD 1978, 112 Min., F
R: Reinhard Hauff D: Bruno Ganz, Angela Winkler, Hans Christian Blech
Ein Biochemiker gerät bei einem Besuch bei seiner Ex-Frau in eine Polizeirazzia und wird durch einen Kopfschuß lebensgefährlich verletzt. Halbseitig gelähmt und ohne Erinnerungsvermögen, wird er von der Polizei als Terrorist betrachtet. Engagiert, aber steif.

Das Messer im Wasser M461
NOZ W WODZIE *****
Polen 1962, 93 Min., s/w
R: Roman Polanski D: Léon Niemczyk, Jolanta Umecka
Ein Redakteur und seine Frau nehmen einen Studenten mit auf einen Segeltörn auf einem masurischen See. Dort kommt es zu Spannungen. Roman Polanskis frühes Meisterstück entwickelt das Thema von Herr und Knecht, von Abhängigkeit und Aufstand aus seinen Kurzfilmen weiter.

Der Messias M462
IL MESSIA ****
Italien/Frankreich 1975, 140 Min., F
R: Roberto Rosselini D: Pier-Maria Rossi, Mita Ungaro, Vittorio Caprioli
Eine »werkgetreue«, karg poetische Wiedergabe des Evangeliums durch

den neorealistischen Regisseur, den die Botschaft von Liebe und Menschlichkeit am meisten interessiert.

Messias des Bösen M463
DEAD PEOPLE *
USA 1975, 85 Min., F
R: Gloria Katz D: Michael Greer, Mariana Hill, Joy Bang, Anita Ford
Nach der Weltherrschaft strebende Kannibalensekte verfolgt junge Frau, die in einem Küstendörfchen nach ihrem verschwundenen Vater sucht. Billiger Horrorfilm typischen Zuschnitts.

Messidor M464
MESSIDOR ****
Schweiz/Fr 1979, 123 Min., F
R: Alain Tanner D: Clémentine Amouroux, Cathérine Rétoré, Franziskus Abgottspon, Gerald Battiaz
Zwei unbekümmert-abgedrehte junge Mädchen, die per Auto-Stop durch die Schweiz reisen, bekommen die gewalttätige Spießigkeit einiger Eidgenossen zu spüren. Illusionslose Bestandsaufnahme einer intoleranten, technisierten und von Vorschriften bestimmten freiheitsfeindlichen Welt. Gleichzeitig eine kritische Abrechnung mit der Generation der 68er.

Metalstorm – Die Vernichtung des Jared-Syn M465 *
METALSTORM: THE DESTRUCTION OF JARED-SYN
USA 1983, 84 Min., F
R: Charles Band D: Jeffrey Byron, Mike Preston, Tim Thomerson
Ein Weltraum-Ranger stellt einem machtlüsternen Lumpen ein Bein, der mit Hilfe entstellter Mutanten die Macht über einen öden Planeten an sich reißen will. Billigproduktion eines Studios, das Filme dieser Art am Fließband produziert. LSFF

Metaluna IV antwortet nicht M466

vor der Atomkraft inklusive), gedreht in teilweise phantastischen Dekors. LSFF

Metamorphosen M467
***
BRD 1992, 90 Min., F
R: Achim Freyer D: Zorro Babel Fuchs, Ralf Harster, Michael Hirsch
Ein Film über phantastische Gestalten, über Rituale, das Lieben, Essen und Töten. Die Figuren sind einsame Wanderer, die aus Furcht vor sich selbst in verschiedenste neue Gestalten mutieren. Es entsteht ein interessantes Wechselspiel zwischen der mediterranen Landschaft und den teilweise grotesk anmutenden Figuren. Theater-Film-Mix.

Metamorphosis – The Alien Factor M468 *
METAMORPHOSIS – THE ALIEN FACTOR
USA 1990, 90 Min., F
R: Glenn Takakjian D: Tara Leigh, Tony Gigante, Dianna Flaherty
Matschhirn-Genetiker, von mutiertem Frosch gebissen, verwandelt sich in Sabbermonster, das durch die Gänge eines Forschungsinstituts schleicht und böse Dinge tut. Geil! (Sofern man einen IQ unter 69 hat). HFJ 1991

Metamorphosis II M469
TIME OF THE BEAST *
USA 1989, 89 Min., F
R: John R. Bowey D: Brion James, Carolyn Ann Clark, Milton R. Murrill
Eine Tierschützerin und ein Genetiker suchen einen im Labor erzeugten Katzenmenschen. Der Film hat trotz der Zahl II nichts mit *Metamorphosis – The Alien factor* zu tun: Er entstand schon ein Jahr eher. HFJ 1992

Meteor M470
METEOR ***
USA 1977, 107 Min., F
R: Ronald Neame D: Sean Connery, Natalie Wood, Karl Malden

Metro M471
METRO ***
USA 1997, 117 Min., F
R: Thomas Carter D: Eddie Murphy, Michael Rapaport, Carmen Ejogo
Verhandlungsspezialist bei Geiselnahme mit losem Mundwerk bekommt einen jungen Rookie an die Seite gestellt. Zusammen jagen sie einen ausgebrochenen Psychopathen. Konventioneller Actionfilm mit ein paar netten Gags. HFJ 1998

Metropolis M472
*****
Deutschland 1926, 80 Min., s/w
R: Fritz Lang D: Gustav Fröhlich, Brigitte Helm, Alfred Abel, Rudolf Klein-Rogge
Schauplatz ist eine fiktive, durchtechnisierte Stadt des 21. Jahrhunderts, die von einem in Kellergewölben versklavten Proletarierheer in Gang gehalten wird. Ein gefährlicher Wissenschaftler zettelt mit Hilfe eines Agitators aus der Retorte einen Aufstand an. Monumentaler Vorreiter der Science-fiction, dessen großartige Dramaturgie und exzellente Bildgestaltung durch einige, mit übertriebenem Pathos transportierte fragwürdige Botschaften geschmälert wird.

Szene aus Fritz Langs ›Metropolis‹.

Metropolitan M473
METROPOLITAN ****
USA 1989, 98 Min., F
R: Whit Stillman D: Carolyn

Die Meute M474
THE HAPPENING ***
USA 1966, 91 Min., F
R: Elliot Silverstein D: Anthony Quinn, Michael Parks, Faye Dunaway
Farce um die Entführung eines Geschäftsmannes, der nach der Weigerung seiner Angehörigen, das Lösegeld zu zahlen, das Komplott selbst in die Hand nimmt.

Meuterei M475
L' AMMUTINAMENTO ***
Italien/Frankreich 1961, 102 Min., F
R: Silvio Amadio D: Edmund Purdom, Anna Maria Pierangeli, Ivan Desny, Armand Méstral
Leichte Mädchen und schwere Jungs, als Sträflinge in die englischen Kolonien unterwegs, zetteln an Bord eines Schiffes eine Meuterei an. Da die kriminellen Elemente überwiegen, haben Held und Heldin lange Zeit einen schweren Stand.

Meuterei am Schlangenfluß M476
BEND OF THE RIVER ***
USA 1952, 91 Min., F
R: Anthony Mann D: Rock Hudson, James Stewart, Arthur Kennedy
Ein ehrenhafter Waldläufer, ein unverbesserlicher Viehdieb, brave Siedler, gierige Goldgräber und eine Wagenladung Kolonialwaren führen zu einem Showdown, der seinesgleichen sucht.

Meuterei auf der Bounty M477
MUTINY ON THE BOUNTY ****
USA 1935, 135 Min., s/w
R: Frank Lloyd D: Clark Gable, Charles Laughton, Franchot Tone
Wegen der Grausamkeit des Kapitäns bricht auf dem englischen Segler »Bounty« eine Meuterei aus. Der Kapitän kann sich retten und nimmt die Verfolgung auf, um die Meuterer zu bestrafen. Auf historischen Tatsachen beruhendes Seeabenteuer, das insbesondere durch perfekte Schauspielleistungen besticht.

Meuterei auf der Bounty M478
MUTINY ON THE BOUNTY ***
USA 1963, 178 Min., F
R: Lewis Milestone D: Marlon Brando, Trevor Howard, Richard Harris
Remake des gleichnamigen Films von 1935. Abenteuerfilm von solider Hollywood-Machart.

Der Mexikaner Felipe M479
***
DDR 1984, 90 Min., F
R: Edgar Kaufmann D: Laszló Lamanda, Fernando Gallardo, Mario Fuentes, Hugo Medina
Mexikanischer Emigrant in den USA gibt als Boxer sein Letztes, um Geld für seine revolutionären Genossen in der Heimat aufzutreiben. TV-Film nach einer bekannten Erzählung von Jack London, besetzt mit Exilchilenen.

›Meuterei am Schlangenfluß‹ – James Stewart (rechts) in typischer Haltung vor Arthur Kennedy und Julie Adams.

Miami Affairs M480
SCAM **
USA 1992, 98 Min., F
R: John Flynn D: Christopher Walken, Lorraine Bracco, Miguel Ferrer, Martin Donovan
Trickdiebin wird von Ex-FBI-Agent zu einem Coup gegen Rauschgift-Dealer genötigt, doch die beiden führen sich ein ums andere Mal gegenseitig hinters Licht. Die Handlung eher läppisch, die Darsteller zeigen Qualitäten, die Inszenierung unentschlossen.

Michael M481
MICHAEL ***
USA 1996, 105 Min., F
R: Nora Ephron D: John Travolta, Andie MacDowell, William Hurt
Drei Reporter machen sich auf, um einen wahrhaftigen Engel zu interviewen, der aber eher einem »savoir vivant« entspricht als den üblichen Klischeevorstellungen. Nicht so der Film und seine, wenngleich auch amüsante, Vorhersehbarkeit. HFJ 1998

Michael Collins M482
MICHAEL COLLINS ***
USA/Irland 1996, 132 Min., F
R: Neil Jordan D: Liam Neeson, Aidan Quinn, Stephen Rea
Charakterstudie des Freiheitskämpfers und Wegbereiters der irischen Unabhängigkeit Michael Collins. Die realistische Geschichtslektion ist stimmungsvoll, aber blutleer inszeniert. HFJ 1998

Mich überfiel die Nacht M483
ZASTIHLA ME NOC ****
CSSR 1984, 108 Min., F
R: Juraj Herz D: Jana Rihakova, Katerina Urbancova, Jana Brejchová
Im Konzentrationslager Ravensbrück erinnert sich eine todgeweihte kommunistische Journalistin an ihr Leben. In einer wundervollen Montagetechnik gelingt es dem Regisseur, ein dichtes, beklemmendes Zeitbild zu entwerfen.

Michael Kohlhaas – der Rebell M484
***
BRD 1969, 95 Min., F
R: Volker Schlöndorff D: David Warner, Anna Karina, Thomas Holtzmann

Die Geschichte des Pferdehändlers, der aus gekränkter Ehre zum Rebellen wird, in einer Literaturverfilmung, die vor lauter Bemühen um Internationalität erst recht provinziell wirkt, aber die Verrisse seinerzeit auch nicht verdient hat.

Michel muß mehr Männchen machen M485 ****
NYA HYSS AV EMIL I LÖNNEBERGA
Schweden 1972, 94 Min., F
R: Olle Hellbom D: Jan Ohlsson, Lena Wisborg, Allan Edwall
Immer dieser Michel heißt die dreiteilige Verfilmung eines Buches von Astrid Lindgren, das alltägliche, heitere und weniger erfreuliche Stationen aus dem Leben des fünfjährigen Michel erzählt. In den anderen Verfilmungen geht es um eine »Suppenschüssel«, außerdem bringt er auch »die Welt in Ordnung.«

Michelangelo – Inferno und Ekstase M486 ***
THE AGONY AND THE ECSTASY
USA 1964, 134 Min., F
R: Carol Reed D: Charlton Heston, Rex Harrison, Diane Cilento
Grandioser Bilderreigen um das Leben und Werk Michelangelos und seine Arbeit in der Sixtinischen Kapelle.

Mickey One M487
MICKEY ONE ****
USA 1965, 93 Min., s/w
R: Arthur Penn D: Warren Beatty, Hurd Hatfield, Alexandra Stewart
Jeder Film mit Alexandra Stewart ist ein guter Film, aber dieses stilistisch experimentelle Werk von Penn über einen Nachtclub-Komiker auf der Suche nach dem Sinn des Lebens hat noch mehr Qualitäten.

Microcosmos M488
MICROCOSMOS ****

Die klassische Besatzung mit Laughton und Gable in ›Meuterei auf der Bounty‹.

Midnight Run – Fünf Tage bis Mitternacht M489 ****
MIDNIGHT RUN
USA 1988, 126 Min., F
R: Martin Brest D: Robert de Niro, Charles Grodin, Yaphet Kotto
Ein Kopfgeldjäger muß einen auf Kaution freigelassenen Mafiosi wegen dessen Flugangst auf dem Landweg von New York nach Los Angeles bringen. Zwischen den beiden kommt es zu einer freundschaftlichen Annäherung. Überdurchschnittlicher Actionfilm mit hervorragenden Charakterdarstellungen, der das Genre auf unterhaltsame Weise ironisiert. HFJ 1989

Mifune – Dogma 3 M489a
MIFUNES SIDSTE SANG – DOGME 3 ****
Dänemark/Schweden 1998, 98 Min., F
R: Sören Kragh-Jacobsen D: Iben Hjejle, Anders W. Berthelsen
Komödie um einen dänischen Yuppie, der kurz nach der Hochzeit wegen des plötzlichen Todes seines Vaters zurück auf seinen Heimatbauernhof muß, um sich um seinen behinderten Bruder zu kümmern. Dort holt ihn dann seine verleugnete Vergangenheit ein. Berührend-ehrliche Unterhaltung im Dogma-Stil. HFJ 2000

Ein schüchterner junger Mann zerbricht am Geist seiner Vormieterin und der brutalen Herzlosigkeit seiner Nachbarn. Filmparabel nach Topor.

The Mighty – Gemeinsam sind wir stark M491
THE MIGHTY ***
USA 1998, 100 Min., F
R: Peter Chelsom D: Elden Henson, Kieran Culkin, Sharon Stone
Gelungener Kinder- und Familienfilm mit Elementen des »magischen Realismus« um zwei Außenseiter-Jungen, die sich gemeinsam gegen ihre Umwelt durchsetzen. HFJ 2000

Milagro – Krieg im Bohnenfeld M492 ****
THE MILAGRO BEANFIELD WAR
USA 1987, 113 Min., F
R: Robert Redford D: Ruben Blades, Sonia Braga, Richard Bradford
Die Bewohner eines idyllischen Tales kämpfen gegen den Zugriff eines Spekulanten. Romantisch-komödiantische Amerikana; ein Film, der froh macht.

Milch und Schokolade M493
ROMUALD ET JULIETTE ***

Die Milchstraße M494
LA VOIE LACTÉE ****
Frankreich/Italien 1969, 105 Min., F
R: Luis Buñuel D: Laurent Tezieff, Paul Frankeur, Delphine Seyrig
Zwei Landstreicher begegnen auf einer Pilgerstraße den Gestalten der Kirchengeschichte und Heiligenlegenden. Eine mythische Auseinandersetzung mit dem Christentum.

Millenium M495
MILLENIUM ***
USA 1989, 105 Min., F
R: Michael Anderson D: Kris Kristofferson, Cheryl Ladd, Robert Joy
Da die Menschheit des 4. Jahrtausends unfruchtbar ist, beschließt man, per Zeitmaschine Passagiere von Flugzeugen zu entführen, die in Zukunft mit Sicherheit abstürzen, was viele Verwicklungen nach sich zieht. LSFF, HFJ 1990

Miller's Crossing M496
MILLER'S CROSSING ***
USA 1990, 115 Min., F
R: Ethan und Joel Coen D: Gabriel Byrne, Marcia Gay Harden, John Turturro
Ein kühler Gangsterfilm, der in der Prohibitionszeit spielt und von der Lust an der Intrige erzählt. Im Zentrum steht Tom Reagan, der aufpassen muß, daß ihm aus den zahlreichen Fäden, die er gesponnen hat, kein Strick gedreht wird. Auf die Spitze getriebenes Genrekino. HFJ 1992

Das Milliarden-Dollar-Gehirn M497
BILLION DOLLAR BRAIN ***
GB 1967, 108 Min., F
R: Ken Russell D: Michael Caine, Oskar Homolka, Françoise Dorléac
Ein steinreicher Amerikaner, der die Sowjets haßt, will den Kommunismus mit Hilfe einer hochgerüsteten Privatarmee von Lettland aus zerschmettern. Ein britischer Geheimdienstler verhindert den Ausbruch des Dritten Weltkrieges. Ansehbarer Agententhriller nach einem Roman von Len Deighton.

Die Million M498
LE MILLION ****
Frankreich 1932, 90 Min., s/w
R: René Clair D: Annabella, René Lefevre, Vanda Greville, Louis Allibert
Die komische Jagd nach einem Lottogewinn als temporeiche Filmoperette, die Bild und Musik auf einzigartige Weise miteinander verbindet.

Eine Million Jahre vor unserer Zeit M499
ONE MILLION YEARS B.C. ***
GB 1965, 100 Min., F
R: Don Chaffey D: John Richardson, Raquel Welch, Robert Brown
Die abenteuerlichen Erlebnisse eines Urzeitpärchens, das sich gegen die menschlichen und tierischen Gegner sowie die Natur durchsetzen muß. Unterhaltsam. LSFF

Der Millionen-Coup der Zwölf M500
MISE A SAC ***
Frankreich/Italien 1967, 91 Min., F
R: Alain Cavalier D: Michel Constantin, Daniel Ivernel, Franco Interlenghi
Nachts besetzt eine Bande von Spezialisten ohne Gewaltanwendung die Schlüsselstellungen einer Provinzstadt und raubt Post-, Bank- und Fabriktresore aus. Spannender und routiniert gemachter Krimi mit origineller Geschichte.

Der Millionenraub M501
DOLLARS ***
USA 1971, 121 Min., F
R: Richard Brooks D: Warren Beatty, Goldie Hawn, Gert Fröbe
Aus der detaillierten Beschreibung von Vorbereitung und Ausführung eines Einbruchs in eine Hamburger Bank bezieht das Caper-Movie seine beträchtliche Spannung.

Millionenraub in San Francisco M502
LES TUEURS DE SAN FRANCISCO/ ONCE A THIEF ***
Frankreich/USA 1965, 106 Min., F
R: Ralph Nelson D: Alain Delon, Ann-Margret, Van Heflin, Jack Palance
Ex-Gangster ist aufgrund ständiger Provokationen eines Polizisten gezwungen, seine kriminelle Karriere wieder aufzunehmen. Routiniertes Krimi-Melodram.

Milo Milo M503
***
BRD 1978, 103 Min., F
R: Nicos Perakis D: Mario Adorf, Andrea Férreol, Julien Guiomar
Ein bunter Reigen rund um die Venus von Milo, bei dem jeder seine Absichten so gut er kann vor den anderen verbirgt. Eine Komödie mit Tempo und einem etwas polterigen Charme.

Die Mine M504
LA MINA ***
It/Belgien/BRD 1989, 112 Min., F
R: Lorédana Bianconi D: Mirella Di Martino, Rosana Cappetta, Mario Morelli, Florence Joiris
Familienchronik einer italienischen Arbeiterfamilie, die in Belgien in den sechziger Jahren zu bescheidenem Wohlstand gelangt und in der Bergbaukrise alles wieder verliert.

Minirock und Kronjuwelen M505
THE JOKERS ***
GB 1966, 94 Min., F
R: Michael Winner D: Michael Crawford, Oliver Reed, Harry Andrews
Zwei Scherzkekse aus reichem Hause wollen die britischen Kronjuwelen rauben, um zu beweisen, was sie auf dem Kasten haben. Das Unternehmen gelingt – mit komischen Folgen. Ein geistreicher Krimi mit satirischen Elementen, der sämtliche britischen Heiligtümer auf die Schippe nimmt.

Die Ministranten M506
***
BRD 1989, 90 Min., F
R: Wolfram Paulus D: Christoph Schnell, Gerald Bacher
In einem Bergbauerndorf gründen einige Ministranten eine Bande und bereiten sich auf einen Kampf mit den Jungen des Nachbardorfes vor. Eher düsterer, aber ehrlicher Heimatfilm.

Minna von Barnhelm M507
**
DDR 1962, 107 Min., F
R: Martin Hellberg

D: Marita Böhme, Otto Mellies, Christel Bodenstein
Reichlich biedere Filmversion von Lessings Komödie um das schöne Fräulein von Barnhelm und den ehrversessenen Major von Tellheim.

Minnesota Clay M508
MINNESOTA CLAY ***
It/Sp/Fr 1964, 91 Min., F
R: Sergio Corbucci D: Cameron Mitchell, George Rivière, Antonio Casas
Ein erblindender Revolvermann muß einen korrupten Sheriff beschützen, da nur dessen Aussage ihn vor dem Tod bewahren kann. Doch es kommt anders, als er denkt. Tragisch endender, ansehbarer Italowestern.

Minnie und Moskowitz M509
MINNIE AND MOSKOWITZ ***
USA 1971, 115 Min., F
R: John Cassavetes D: Gena Rowlands, Seymour Cassel, Val Avery
Die bürgerlich kultivierte, einsame Minnie Moore lernt den Parkplatzwächter und Lebenskünstler Seymour Moskowitz kennen, und das ungleiche Paar erlebt zwischen Anziehung und Distanzierung Glück und Schmerz einer ernsthaften Liebe.

Mio mein Mio M510
MIO, MIN MIO ***
Schweden/UdSSR 1987, 99 Min., F
R: Wladimir Grammatikow
D: Nicholas Packard, Timothy Bottoms, Christopher Lee, Susannah York
Ein neunjähriger Waisenjunge aus Stockholm, der sich einen Vater herbeisehnt, gerät auf einer wundersamen Reise in ein phantastisches Märchenland, in dem sein Vater König ist. Verfilmung nach einem neuen Buch von Astrid Lindgren. HFJ 1989

Miranda M511

ohne Dramatik auskommende Fantasy-Komödie. LFF

Miranda M512
MIRANDA ***
Italien 1985, 96 Min., F
R: Tinto Brass D: Serena Grandi, Franco Interlenghi, Andy J. Forrest
In den frühen fünfziger Jahren sucht eine kurvenreiche italienische Wirtin nach dem Mann ihrer Träume und findet ihn nach mehreren Fehlschlägen im Kellner ihres Lokals. Ein Fest für Freunde praller Rundungen.

Misery M513
MISERY ****
USA 1990, 107 Min., F
R: Rob Reiner D: James Caan, Kathy Bates, Frances Sternhagen
Ein Schriftsteller gerät nach einem Autounfall in die Hände einer ehemaligen Krankenschwester, die sich als fanatischer Fan entpuppt und ihn zwingt, einen neuen Roman über ihre Lieblingsfigur »Misery« zu schreiben, die er eigentlich sterben lassen wollte. Abwechslungsreicher und faszinierender Psychothriller über ein extremes Abhängigkeitsverhältnis. HFJ 1992

Misfits – Nicht gesellschaftsfähig M514
THE MISFITS ****
USA 1960, 124 Min., s/w
R: John Huston D: Clark Gable, Marilyn Monroe, Eli Wallach
Eine verwöhnte, schöne Frau aus der Großstadt zwischen zwei Männern auf der Jagd nach Wildpferden erkennt, daß das vermeintliche große Abenteuer nichts anderes als brutaler Broterwerb ist. Nach Arthur Millers Buch entwickelt Huston ein packendes Drama von Liebe, Natur und Entfremdung.

Misfits to Yuppies M515
MISFITS TO YUPPIES ***
Schweden 1993, 87 Min., F
R: Stefan Jarl
Dritter Teil einer Langzeitstudie über das Leben in der schwedischen Wohlfahrtsgesellschaft. Im Mittelpunkt stehen die Kinder von Drogensüchtigen. Eine ästhetisch interessante und ehrliche Studie über Anspruch und Wirklichkeit der schwedischen Gesellschaft und Politik, die einen wichtigen Diskussionsbeitrag zu Sozialstaatskonzepten liefert.

Mishima – Ein Leben in vier Kapiteln M516
MISHIMA – A LIFE IN FOUR CHAPTERS ****
USA 1985, 114 Min., F
R: Paul Schrader D: Ken Ogata, Naoko Otani, Yasosuke Bando
Paul Schraders wohlkomponierter Film über den japanischen Dichter, der sich im Jahr 1970 nach einem gescheiterten Putsch selbst tötete, ist eher impressionistische Studie als analytische Biographie.

Eli Wallach (mit Kappe) und Marilyn Monroe in ›Misfits‹

Miss Daisy und ihr Chauffeur M517 ****
DRIVING MISS DAISY
USA 1989, 99 Min., F
R: Bruce Beresford D: Jessica Tandy, Morgan Freeman, Dan Aykroyd
Über 25 Jahre ihres Lebens sind die alte, eigensinnige Südstaaten-Lady und ihr lebenskluger schwarzer Chauffeur ein ungleiches Paar, aber der Kleinkrieg verwandelt sich in eine tiefe Freundschaft. Eine intime Geschichte, die durch die glänzenden Schauspieler gerettet wird. HFJ 1991

Miss Mona M518
MISS MONA ****
Frankreich 1986, 96 Min., F
R: Mehdi Charef D: Jean Carmet, Ben Smail, Albert Delpy, Albert Klein
Das ebenso realistische wie romantische Porträt einer alternden Tunte am Stadtrand von Paris, die sich mit einem arbeitslosen Araber zusammentut, um einen Zipfel vom Glück zu erhaschen. HFJ 1989

Missing in Action: M519
MISSING IN ACTION **
USA 1984, 101 Min., F
R: Joseph Zito D: Chuck Norris, M. Emmett Walsh, Lenore Kasdorf
Ex-Soldat befreit US-Kriegsgefangene in Vietnam und stellt Friedensverhandler beider Nationen als Schwätzer hin. Militaristische Propaganda, hirnlos, rassistisch und brutal.

Missing in Action: Die Rückkehr M520 *
MISSING IN ACTION II: THE BEGINNING
USA 1985, 87 Min., F
R: Lance Hool D: Chuck Norris, Soon-Teck Oh, Steve Williams
Nachdem US-Colonel Braddock zehn Jahre unter der Knute eines pervertierten und drogendealenden Vietnamesen gelitten hat, bricht er aus und kehrt zurück, um sich zu rächen. Haarsträubend einfältiges Militärspektakel.

Mission M521
THE MISSION ****
GB 1986, 121 Min., F
R: Roland Joffe D: Robert de Niro, Jeremy Irons, Ray McAnally, Liam Neeson, Aidan Quinn
Ein ehemaliger Sklavenhändler und ein engagierter Missionar wenden sich gegen spanische und portugiesische Söldner, die die Indianer vernichten. Sie scheitern in ihrem Kampf ebenso wie der Regisseur an den Stoff, aber auf hohem Niveau. HFJ 1988

Mission Galactica: Angriff der Zylonen M522 **
MISSION GALACTICA: THE CYLON ATTACK
USA 1978, 108 Min., F
R: Vince Edwards, Christian I. Nyby D: Richard Hatch, Dirk Benedict, Lloyd Bridges, Lorne Greene
Mit einer Raumflotte durchs Weltall ziehende Überlebende eines Krieges stehlen ihren Gegnern den dringend benötigten Treibstoff und rangeln sich mit ihnen allerorten. Folgen der TV-Serie »Kampfstern Galactica«. LSFF

Der Missionar M523
THE MISSIONARY ***
GB 1983, 90 Min., F
R: Richard Loncraine D: Michael Palin, Maggie Smith, Trevor Howard
Ein Missionar kehrt in seine Heimat, das England der Jahrhundertwende, zurück, um seine Arbeit unter »gefallenen Mädchen« fortzusetzen. Deftige Satire auf die Doppelmoral der Oberschicht mit Monty-Python-Touch.

Mississippi Burning – Die Wurzel des Hasses M524 ****
MISSISSIPPI BURNING
USA 1988, 127 Min., F
R: Alan Parker D: Gene Hackman, Willem Dafoe, Frances McDormand
Nach historischen Vorgängen gedrehtes, packendes Drama um den Kampf des FBI gegen die Aktivitäten des Ku-Klux-Klan in den amerikanischen Südstaaten der sechziger Jahre.
HFJ 1990

Mississippi-Melodie M525
SHOW BOAT ***
USA 1951, 110 Min., F
R: George Sidney D: Kathryn Grayson, Howard Keel, Ava Gardner
Zweite Verfilmung des Broadway-Musicals über das Leben auf einem schwimmenden Theaterschiff im 19. Jahrhundert. Liebenswert-unterhaltsame Revue mit einigen der schönsten Song-Kompositionen Jerome Kerns und ausgezeichneten Tanzszenen. Insgesamt jedoch schwächer als die von James Whale inszenierte Version aus dem Jahre 1936.

Missouri M526
WILD ROVERS ***
USA 1971, 136 Min., F
R: Blake Edwards D: William Holden, Ryan O'Neal, Lynn Carlin
Ein alter und ein junger Cowboy, die für einen Rancher arbeiten, sind der Monotonie des Lebens überdrüssig und überfallen eine Bank. Als sie nach Mexiko fliehen, werden sie verfolgt.

Mister Billions Dollar Babies M527 *
MISTER BILLION'S DOLLAR BABIES
USA 1988, 99 Min., F
R: Fred J. Lincoln D: Joey Silvera, Jerry Butler, Joanna Collins
Die Abenteuer eines potenten Industriekapitäns, der vor der Steuerfahndung flüchtet. Softporno.

Mister Deeds geht in die Stadt M528 ****
MISTER DEED GOES TO TOWN
USA 1936, 110 Min., s/w
R: Frank Capra D: Gary Cooper, Jean Arthur, George Bancroft
Longfellow Deeds, Posaunist und Poet, erbt zwanzig Millionen Dollar. Er kann mit dem Geld nichts anfangen und will es verschenken, woraufhin ihn seine Verwandtschaft entmündigen lassen will. Eines der schönen, unnachahmlich leichthändig inszenierten Sozialmärchen, für die Frank Capra berühmt wurde.

Mister Dynamit – Morgen küßt euch der Tod M529 **
BRD 1967, 111 Min., F
R: F. J. Gottlieb D: Lex Barker, Maria Perschy, Amedeo Nazzari
Bösling will Amerika mit Atombombe erpressen, deutscher Geheimagent stellt ihm ein Bein. Ein schönes Beispiel für das an Peinlichkeiten reiche deutsche Unterhaltungskino.

Mister Universum M530
STAY HUNGRY ***
USA 1976, 99 Min., F
R: Bob Rafelson D: Jeff Bridges, Sally Field, Arnold Schwarzenegger
Ein Industriellensproß lernt in einer Lebenskrise das Bodybuilding und vor allem einen gewissen Muskelprotz aus Österreich kennen. Gesellschaftskritische Komödie mit Arnold Schwarzenegger kurz vor seinem großen Durchbruch.

Mister Zehn Prozent M531
SIGPRESS CONTRO SCOTLAND YARD **
BRD/Italien 1967, 77 Min., F
R: Guido Zurli D: George Martin, Klaus Kinski, Ingrid Schoeller
Räuberballade um einen geheimnisvollen Mann, der eine Bande jagt, ihnen die Beute abnimmt und gegen zehn Prozent an die Polizei abliefert. Routinefilm, der nicht einmal durch Klaus Kinski über die Durchschnittsmarke gehoben wird.

Mistress – Die Geliebten von Hollywood M532
MISTRESS ***
USA 1991, 110 Min., F
R: Barry Primus D: Danny Aiello, Robert De Niro, Martin Landau
Drei Produzenten, die nicht nur Mitspracherecht bei einem Filmprojekt, sondern auch Rollen für ihre Geliebten fordern, treiben den Regisseur an den Rand des Irrsinns. Böse Satire auf das Hollywood-Geschäft, bei der De Niro erstmals produziert. HFJ 1993

Misty Beethoven M533
THE OPENING OF MISTY BEETHOVEN ***
USA 1976, 88 Min., F
R: Henry Paris D: Constance Money, Jamie Gillis, Ras Kean, Terri Hall
Jet-set-Fuzzi macht aus ordinärer Bordsteinschwalbe binnen kurzer Zeit ein Callgirl von Format und gewinnt

D: Zhang Guoli, Pan Hong, Ge You, Liang Tian
Satirische Geschichte von drei jungen Chinesen, die ein Unternehmen gründen, das »Hilfe für jedermann« verspricht.

Mit brennender Geduld M535
ARDIENTE PACIENCIA ****
BRD/Portugal 1983, 80 Min., F
R: Antonio Skármeta D: Oscar Castro, Roberto Parada, Marcela Osorio
Eine Liebeserklärung an ein Land, seine Menschen und an einen großen Dichter. Der Exchilene Antonio Skármeta findet für seinen ersten Spielfilm heitere, helle Bilder und eine Sprache feinen, hin und wieder auch deftigen Humors. Seine Hommage an Pablo Neruda, der 1971 den Nobelpreis erhielt, gilt nicht dem Poeten, sie gilt dem Menschen.

Mit Büchse und Lasso M536
TALL IN THE SADDLE ***
USA 1944, 87 Min., s/w
R: Edwin L. Marin D: John Wayne, Ella Raines, Ward Bond, Gabby Hayes
Aufrechter Bursche wird fälschlich eines Mordes verdächtigt und hat keine andere Wahl, als den Täter selbst zu finden. Flotter B-Western mit viel Geballer.

Mit dem Kopf gegen die Wände M537
LA TETE CONTRE LES MURS ***
Frankreich 1958, 98 Min., s/w
R: Georges Franju D: Jean-Pierre Mocky, Pierre Brasseur, Paul Meurisse, Anouk Aimée
Ein Mann entkommt aus einer Nervenheilanstalt, in die ihn sein Vater gebracht hat, wird aber wieder zurückgebracht, bevor er seine »Normalität« beweisen kann.

Mit dem Messer im Rücken M538
REVOLT IN THE BIG HOUSE ***
USA 1958, 76 Min., s/w

Mit dem Satan auf du M539
SHORT CUT TO HELL ***
USA 1957, 84 Min., s/w
R: James Cagney D: Robert Ivers, Georgann Johnson, William Bishop
Thriller nach Graham Greenes »Attentat«. Killer auf der Flucht vor der Polizei entführt die Verlobte des Polizisten. Bemerkenswert dichte Regiearbeit des Schauspielers Cagney.

Der mit dem Wolf tanzt M540
DANCES WITH WOLVES ****
USA 1990, 180 Min., F
R: Kevin Costner D: Kevin Costner, Mary McDonnell, Graham Greene
Ambitionierter Edel-Western um einen Soldaten, der bei der Begegnung mit den Sioux-Indianern nicht nur deren Kultur, sondern auch sich selbst besser verstehen lernt. Kevin Costners hervorragendes Regiedebüt. HFJ 1992

Mit den Waffen einer Frau M541
EN CAS DE MALHEUR ***
Frankreich/Italien 1958, 121 Min., s/w
R: Claude Autant-Lara D: Jean Gabin, Edwige Feuillère, Brigitte Bardot
Die »ewige« Geschichte vom Strafverteidiger, der seiner verführerischen Mandantin verfällt und seine moralische Sicherheit verliert, in einer ausgesprochen düsteren und hervorragend fotografierten Version.

Mit der Pille um so toller M542
IL GINECOLOGICO DELLA MUTUA **
Italien 1979, 77 Min., F
R: Joe d'Amato D: Renzo Montagnani, Paola Senatore, Massimo Serrato
Frauenarzt sorgt für den Nachwuchs seiner Patientinnen, sofern sie mit impotenten Gatten verheiratet sind. Sexklamotte biederer Machart.

Mit der Waffe in der Hand M543
GUN FURY ***
USA 1953, 83 Min., F
R: Raoul Walsh D: Rock Hudson,

Mit dir in einer großen Stadt M544 **

SLOW DANCING IN THE BIG CITY

USA 1978, 105 Min., F

R: John G. Avildsen D: Paul Sorvino, Anne Ditchburn, Nicolas Coster

Ein Mann mit Problemen kommt einer Frau mit Problemen näher. Gute Darsteller in einem unerheblichen Film.

Mit einem Bein im Kittchen M545

USED CARS ***

USA 1980, 113 Min., F

R: Robert Zemeckis D: Kurt Russell, Jack Warden, Gerrit Graham

Zwei Gebrauchtwagenhändler bekämpfen sich, um die Konkurrenz zur Schnecke zu machen, mit allen legalen und illegalen Mitteln. Eine lustige Klamotte, die die in den USA am zweitwenigsten geachtete Berufsgruppe (den ersten Platz nehmen die Rechtsanwälte ein) gekonnt durch den Kakao zieht.

Mit einem Fuß in der Hölle M546

SERGEANT RUTLEDGE ***

USA 1960, 111 Min., F

R: John Ford D: Woody Strode, Jeffrey Hunter, Constance Towers

Ein schwarzer Sergeant der US-Army muß sich vor einem Militärgericht verantworten, das ihm vorwirft, die Tochter eines Vorgesetzten getötet zu haben. Antirassistischer Western.

Mit einer Zeitung zugedeckt M547

EL CAMINO DE LA VIDA ****

Mexiko 1956, 92 Min., s/w

R: Alfonso Corona Blake D: Humberto Jiminez Pons, Ignacio Garcia Torves, Mario M. Navarro

Realistisch geschilderte Episoden aus dem Leben der Straßenjungen in Mexico City, ihre kriminelle Gefährdung und ihre kleinen Hoffnungen.

Mit eisernen Fäusten M548

THE SCALPHUNTER ***

USA 1967, 103 Min., F

R: Sydney Pollack D: Burt Lancaster, Ossie Davis, Telly Savalas

Indianer zwingen einen Trapper, seine Beute gegen einen entflohenen Sklaven einzutauschen. Skalpjäger töten die Indianer und fangen den Sklaven ein. Der Trapper hat etwas dagegen.

Mit Gewehren gegen Panzer M549 ***

ONI SRASHALI SA RODINU

UdSSR 1975, 101 Min., F

R: Sergej Bondartschuk D: Wassili Schuckschin, Sergej Bondartschuk

Eine unpathetisch geschilderte Begebenheit aus dem Zweiten Weltkrieg, mehr menschlich als patriotisch.

Mit lachendem Auge M550

SMICH SE LEPI NA PATY ***

CSSR 1986, 90 Min., F

R: Hynek Bocan D: Vlastimil Brodsky, Petr Cepek, Josef Kemr

Die Geschichte eines Lebenskünstlers und Einzelgängers, der eines Tages wider Erwarten seine große Liebe findet. Tragikomödie mit philosophischem Hintergrund.

Mit Motorsägen spaßt man nicht M551 *

HOLLYWOOD CHAINSAW HOOKERS

USA 1987, 74 Min., F

R: Fred Olen Ray D: Gunnar Hansen, Linnea Quigley, Kay Richardson

Horrorulk über einen Kettensägen anbetenden Kult, dessen Jüngerinnen sich ihre Opfer unter Damen des horizontalen Gewerbes suchen. Ein Schundfilm, der die Erwartungen, die man in ihn setzt, voll und ganz erfüllt.

Mit roher Gewalt M552

THE SPOILERS ***

USA 1955, 83 Min., F

R: Jesse Hibbs D: Jeff Chandler, Anne Baxter, Rory Calhoun

Nome, Alaska: Korrupte Beamte wollen ein paar aufrechte Goldgräber um ihre Mine bringen, ziehen aber den kürzeren. Aktionsreicher, mehrfach verfilmter »Northern« nach dem Roman von Rex Beach.

Mit stahlharter Faust M553

MAN WITHOUT A STAR ****

USA 1954, 89 Min., F

R: King Vidor D: Kirk Douglas, Jeanne Crain, Claire Trevor

Zwei Cowboys treten in die Dienste einer reichen und schönen Rancherin, erfahren von ihren Plänen, die ganze Umgebung zu okkupieren, und leiten Gegenmaßnahmen ein: Stacheldraht.

Mit verbundenen Augen M554

LOS OJOS VENDADOS ****

Spanien 1978, 106 Min., F

R: Carlos Saura D: Geraldine Chaplin, José Luis Gomez, Xabier Elorriaga

In seiner überaus komplexen Filmsprache, die Traum und Realität, Vergangenheit und Gegenwart gleichberechtigt nebeneinander stellt, schildert Saura die Entwicklung einer Frau aus der Bürgerschicht zu einer bewußten Schauspielerin. Dabei stellt er die persönliche Selbstbefreiung in den Vordergrund, zeigt aber auch das Entstehen eines politischen Bewußtseins, ausgelöst durch die Vorbereitung eines Theaterstücks gegen Folter in faschistischen Diktaturen.

Mit Verlust ist zu rechnen M555 ***

Österreich 1992, 118 Min., F

R: Ulrich Seidl D: Paula Hutterova, Josef Paur

In einer nachgespielten Dokumentation erzählt der Film von einem alten Bauern im Grenzland zur Tschechei, der sich eine Frau von jenseits der Grenze wünscht. Von Sympathie und Humor getragenes Portrait einer Situation des Übergangs und der Ungleichzeitigkeit.

Mit Volldampf voraus M556

STEAMBOAT ROUND THE BEND ***

USA 1935, 78 Min., s/w

R: John Ford D: Will Rogers, Anne Shirley, Irvin S. Cobb

Der erfolgreiche Vertreiber eines hochprozentigen Wunderheilmittels will seinen Neffen vor dem Galgen retten. Um dessen Unschuld zu beweisen, muß auch ein furioses Mississippi-Dampfer-Rennen gewonnen werden. Humorvoll-nostalgisch porträtiert Ford den amerikanischen Süden des ausgehenden 19. Jahrhunderts.

Mit Vollgas nach San Fernando M557 ***

ANY WHICH WAY YOU CAN

USA 1980, 116 Min., F

R: Buddy van Horn D: Clint Eastwood, Sondra Locke, Geoffrey Lewis

Ein halbprofessioneller Straßenboxer

legt sich mit Gangstern, Rockern und einem schlagkräftigen Konkurrenten an. Fortsetzung zu *Der Mann aus San Fernando,* die alles noch einmal bietet, aber längst nicht mehr so lakonisch und ironisch.

MitGift M558
***

BRD 1976, 98 Min., F
R: Michael Verhoeven D: Senta Berger, Mario Adorf, Ron Ely
Doppelbödige Krimi-Parodie, bei der ein Ehepaar, das durch Mord ans große Geld gekommen ist, sich gegenseitig umzubringen versucht. Mit einer schönen Schlußpointe.

Mitgiftjäger M559
THE FORTUNE ***
USA 1975, 86 Min., F
R: Mike Nichols D: Stockard Channing, Jack Nicholson, Warren Beatty
Zwei Freunde wollen die nervige Frau des dritten während der Hochzeitsreise ermorden. Schwarze Slapstick-Komödie, etwas sehr zäh.

Die Mitte der Welt M560
LE MILIEU DU MONDE ***
Frankreich/Schweiz 1974, 115 Min., F
R: Alain Tanner D: Olimpia Carlisi, Philippe Leotard, Juliet Berto
Geschichte einer Liebe zwischen einem karrierebewußten Provinzpolitiker und einer Serviererin. Beschreibung einer Liebesbeziehung, die nicht an der Gesellschaft, sondern an vorgeprägten Verhaltensmustern scheitert.

Mitten ins Herz M561
**

BRD 1983, 91 Min., F
R: Doris Dörrie D: Beate Jensen, Josef Bierbichler, Gabriele Litty
Debütfilm, in dem sich Doris Dörrie zwar sicher im Umgang mit den Schauspielern, aber nicht überzeu-

Gregory Peck als Kapitän Ahab und seine Chefharpunisten in ›Moby Dick‹.

D: Julie Christie, Michael Redgrave, Alan Bates, Margaret Leighton
Um die Jahrhundertwende verbringt ein Zwölfjähriger seine Sommerferien auf einem englischen Landsitz. Durch seine Botengänge für die Tochter des Hauses erlebt er deren Liebesaffäre mit einem jungen Farmer mit. Losey analysiert in seinem faszinierend ausgestatten Film das viktorianisch geprägte Großbürgertum und blickt in seiner zurückhaltend-kühlen Inszenierung hinter die Fassade heuchlerischer gesellschaftlicher Konventionen.

Mittwoch zwischen 5 und 7 M563
CLEO DE CINQ A SEPT ****
Frankreich 1961, 90 Min., F
R: Agnès Varda D: Corinne Marchand, Antoine Boruseiller
Der Leidensweg einer Sängerin, die durch ihre Krebserkrankung die Welt in einem veränderten Licht sieht. Unkonventionelle Seelenstudie.

Mo' Better Blues M564
MO' BETTER BLUES ****
USA 1990, 129 Min., F
R: Spike Lee D: Denzel Washington, Spike Lee, Wesley Snipes, Cindy

als ihm eine seiner Ex-Frauen wieder eine Chance gibt. Stimmungsvolle Hommage an legendäre Jazzmusiker, voller Erotik und brodelndem Leben.
HFJ 1991

Moby Dick M565
MOBY DICK ****
USA 1956, 110 Min., F
R: John Huston D: Gregory Peck, Richard Basehart, Orson Welles
Hermann Melvilles allegorischer Roman um den besessenen Kapitän Ahab auf der Jagd nach dem Weißen Wal in einer grandiosen Hollywood-Version.

Der Modekönig M566
LE COUTURIER DE CES DAMES ***
Frankreich 1956, 96 Min., s/w
R: Jean Boyer D: Fernandel, Suzy Delair, Françoise Fabian
Ein kleiner Zuschneider erbt das Modehaus, das ihn gerade gefeuert hat, wird von den Mannequins umschwärmt, entwirft eine verrückte Kollektion und verstrickt sich in amouröse Abenteuer. Drehbuch und Regie stehen den Talenten des Komikers Fernandel nicht im Weg.

magisch zieht es sie immer wieder an den Tatort. Dort trifft sie auf einen geheimnisvollen jungen Mann, mit dem sie die Geschichte des Mordes zu enträtseln versucht. Nach Marguerite Duras entwickeltes Film-Puzzle.

Modern Crimes M568
MODERN CRIMES ***
Niederlande 1991, 89 Min., F
R: Alejandro Agresti D: Roy Ward, Alejandro Agresti, Adrian Brine
Tim ist ein ganz normaler Typ und arbeitet als Radiomechaniker. Als sich eines Tages sein bester Freund Alex umbringt, will Tim nicht an Selbstmord glauben und macht sich auf die Suche nach dem Mörder. Im Verlaufe seiner Nachforschungen verwandelt sich seine Realität in eine Art Thriller, der in Wirklichkeit nur in seinem Kopf existiert.

Modern Love M569
UP YOUR ALLEY **
USA 1989, 88 Min., F
R: Bob Logan D: Linda Blair, Murray Langston, Bob Zany, Johnny Dark
Um einen Killer zu entlarven, freundet sich eine Journalistin mit Stadtstreichern an und entdeckt in ihren Kreisen manch originellen Charakter. Ungewohntes von der Exploitation-Queen Linda Blair. HFJ 1991

Moderne Zeiten M570
MODERN TIMES *****
USA 1936, 87 Min., s/w
R: Charles Chaplin D: Charles Chaplin, Paulette Goddard, Henry Bergman, Chester Conklin
Charlie versucht sich als Arbeiter in einem modernen Industriebetrieb und kämpft heroisch gegen die Tücken der Technik und anderes. Rasanter und gesellschaftskritischer Film, von den Nazis als »kommunistisch« verboten.

Mensch im Getriebe

The Moderns M571
THE MODERNS ****
USA 1987, 125 Min., F
R: Alan Rudolph D: Keith Carradine, Linda Fiorentino, Geneviève Bujold
Geschichten um Künstler, Kunstfälscher und Lebenskünstler im Paris der zwanziger Jahre.

Modesty Blaise – Die tödliche Lady M572
MODESTY BLAISE ***
GB 1965, 120 Min., F
R: Joseph Losey D: Monica Vitti, Terence Stamp, Dirk Bogarde
Eine britische Superagentin stellt einem Erzverbrecher ein Bein, der es auf eine Schiffsladung Diamanten abgesehen hat. Versuch einer Parodie auf die James-Bond-Filme; nach einem Comic strip.

Mogambo M573
MOGAMBO ***
USA 1953, 115 Min., F
R: John Ford D: Clark Gable, Ava Gardner, Grace Kelly, Donald Sinden
Weißer Jäger im afrikanischen Busch, von Ehepaar als Führer angeheuert, verliebt sich in seine Arbeitgeberin und wird von junger Witwe auf den Weg der Tugend zurückgeholt. Romanze im Dschungel, voller Farbenpracht.

Mögen sie in Frieden ruhn M574
REQUIESCANT **
Italien/BRD 1966, 92 Min., F
R: Carlo Lizzani D: Lou Castel, Mark Damon, Pier Paolo Pasolini
Bei einem Geistlichen aufgewachsener Sohn eines mexikanischen Revolutionärs rächt seinen Vater, der bei einem von US-Soldaten veranstalteten Massaker ums Leben kam. Italo-Dutzendwestern.

Mohammed – der Gesandte Gottes M575
AL-RISALAH ***
Libanon/GB 1976, 179 Min., F
R: Moustapha Akkad D: Anthony Quinn, Irene Papas, Michael Ansara
Aufwendiges, für den internationalen Markt und mit entsprechender Besetzung produziertes Geschichtsepos um das Leben des Propheten mit ausgedehnten Massen- und Kriegsszenen.

Mohawk M576
MOHAWK **
USA 1956, 74 Min., F
R: Kurt Neumann D: Scott Brady, Rita Gam, Neville Brand, Lori Nelson
Maler, der die Kultur der Mohawks studiert, verliebt sich in Häuptlingstochter und zieht gegen weiße und rote Schurken ins Feld, die mal wieder einen Krieg vom Zaun brechen wollen. Naiver Western.

Mohn ist auch eine Blume M577
THE POPPY IS ALSO A FLOWER **
USA 1966, 100 Min., F
R: Terence Young D: Stephen Boyd, Yul Brynner, Senta Berger
Viele berühmte Filmschauspieler versuchen unter Bondregisseur Young dem ahnungslosen Zuschauer glaubhaft zu machen, was böse Gesellen so alles mit Opium treiben.

Der Mohr von Venedig M578
OTHELLO ***
UdSSR 1956, 108 Min., F
R: Sergej Jutkevitsch D: Sergej Bondartschuk, Alexander Popow
Werkgetreue Verfilmung von Shakespeares Eifersuchtsdrama mit guten Regieeinfällen.

Molière M579
MOLIERE OU LA VIE D'UN HONNETE HOMME ****
Frankreich 1977, 250 Min., F
R: Ariane Mnouchkine D: Philippe Caubère, Josette Derenne, Marie-Françoise Audollent
In einem grandiosen Bilderreigen wird das Leben des Schriftstellers Molière und das Porträt seiner Zeit entfaltet.

Moments M580
MOMENTS **
Israel/Frankreich 1979, 92 Min., F
R: Michal Bat-Adam D: Michal Bat-Adam, Brigitte Catillon, Assaf Dayan
In einem Zug treffen eine französische Touristin und eine Israelin aufeinander und entwickeln eine außergewöhnliche Beziehung zueinander. Was

für die einen eher langatmiges Melodrama, erschien der israelischen Zensur so gewagt, daß sie drastische Kürzungen verlangte.

Mona Lisa M581
MONA LISA ****
GB 1986, 95 Min., F
R: Neil Jordan D: Bob Hoskins, Cathy Tyson, Robbie Coltrane
Der Kleinkriminelle George verdingt sich nach seiner Haftentlassung als Chauffeur der mysteriösen Edelnutte Simone. Zwischen den beiden entwickelt sich vor dem Hintergrund des brutalen Londoner Gangstermilieus eine romantische Liebesgeschichte. Gelungener Film mit einem brillanten Bob Hoskins in der Rolle des sympathischen Loosers George. HFJ 1987

Monarch M582
***
BRD 1979, 85 Min., F
R: Manfred Stelzer, Johannes Flütsch
D: Otto Wendlandt
Atmosphärisch gelungenes Porträt eines jungen Mannes, der sein Leben mit dem »Plündern« eines bestimmten Münzspielgerätes verbringt und darüber alle sozialen und emotionalen Beziehungen zur Welt verliert.

Der Mönch mit der Peitsche M583
**
BRD 1967, 88 Min., F
R: Alfred Vohrer D: Joachim Fuchsberger, Uschi Glas, Grit Böttcher
Überaus konfuser und dilettantischer Edgar-Wallace-Film. Remake von *Der unheimliche Mönch*.

Der Mönch und die Frauen M584
**
LE MOINE
Fr/It/BRD 1972, 97 Min., F
R: Ado Kyrou D: Franco Nero,

Parabel über Macht und Heiligkeit einer Kirche werden sollte, geriet zu einer unausgegorenen Spielerei mit surrealistischen Symbolen.

Der Mönch und die Gefangene M585
***
I MASNADIERI
Italien 1960, 88 Min., F
R: Mario Bonnard D: Folco Lulli, Yvonne Sandon, Debra Paget
Teuflische Hetäre schleicht sich in ein Kloster ein und bindet den Mönch Ambrosius mit sexuellen Tricks an den Satan. Abenteuerliches Schauerstück nach dem Roman von Matthew Gregory Lewis.

Der Mond in der Gosse M586
LA LUNE DANS LE CANIVEAU ***
Frankreich 1983, 126 Min., F
R: Jean-Jacques Beineix D: Nastassja Kinski, Gérard Depardieu, Vittorio Mezzogiorno, Dominique Pinon
Expressives Traumkino um einen verzweifelten Dockarbeiter und eine schöne reiche Frau. In einer durch und durch künstlichen Welt gelingen dem jungen Regisseur abenteuerliche Gratwanderungen zwischen Kunst und Kitsch.

Mondgeflüster M587
MOON PILOT **
USA 1962, 99 Min., F
R: James Neilson D: Tom Tryon, Brian Keith, Edmond O'Brien
Unfreiwilliger Mondastronaut lernt eine Außerirdische kennen und beschließt nach erfolgtem Start, ihren Heimatplaneten zu besuchen. Harmloser Schnickschnackfilm, in der Hauptrolle der bekannte Schriftsteller Tom Tryon. LSFF

Das Mondkalb M588
WAY ... WAY OUT **
USA 1966, 105 Min., F
R: Gordon Douglas D: Jerry Lewis,

Mondo Cannibale M589
IL PAESE DEL SESSO SELVAGGIO **
Italien 1972, 94 Min., F
R: Umberto Lenzi D: Ivan Rassimov, Me-Me Lay, Pratitsak Singhara
In einen Mordfall verwickelter Mann flieht in den thailändischen Urwald und gewöhnt sich nach und nach an die grausamen Riten seiner eingeborenen Gastgeber. Einfallsloses Sammelsurium spekulativer Geschmacklosigkeiten.

Mondo Cannibale: Der Vogelmensch M590
**
ULTIMO MONDO CANNIBALE
Italien 1976, 91 Min., F
R: Ruggero Deodato D: Ivan Rassimov, Me-Me Lay, Massimo Froschi
Von Kannibalen gefangener Weißer wird Zeuge der grausamen Riten seiner Häscher und macht im entscheidenden Moment Mücke. Ein Plot, so dünn wie Seidenpapier, mit breit ausgemalten Scheußlichkeiten.

Mondo Topless M591
MONDO TOPLESS **
USA 1966, 60 Min., F
R: Russ Meyer D: Babette Bardot, Lorna Maitland, Sin Lenee
Dokumentation über Stripperinnen, die sich im Freien produzieren und auf Fragen über ihren Job antworten. Und natürlich ist das ganze nur ein Alibi für Russ, um die Reize der Damen in Szene zu setzen.

Es gibt mindestens noch 16 weitere schlechte Filme mit *Mondo* im Titel. Wir haben sie Ihnen erspart.

Mondsüchtig M592
MOONSTRUCK ****
USA 1987, 102 Min., F
R: Norman Jewison D: Cher, Nicolas Cage, Vincent Gardenia
Hinreißende Liebes- und Familiengeschichte um eine Italo-Amerikanerin,

stets amüsantes Bild eines ganz besonderen Milieus entsteht. HFJ 1989

Die Mongolen M593
I MONGOLI ***
Italien/Frankreich 1960, 115 Min., F
R: André de Toth, Leopoldo Savona
D: Anita Ekberg, Jack Palance, Antonella Lualdi, Franco Silva
Dschingis Khan führt seine Horden nach Polen, wo er dank eines mutigen Feldherrn und einer vollbusigen Dame, die mit dem Messer umzugehen weiß, sein Waterloo erlebt. Historienfilm, der es mit der Historie nicht sehr genau nimmt.

Monpti M594
****
BRD 1957, 101 Min., F
R: Helmut Käutner D: Romy Schneider, Horst Buchholz, Boy Gobert
Eine siebzehnjährige Waise verliebt sich in Paris in einen mittellosen ungarischen Zeichner und verbringt eine glückliche Zeit mit ihm. Als dieser jedoch herausfindet, daß sie ihm ein wohlhabendes Elternhaus vorgespiegelt hat, fühlt er sich betrogen. Zeitgemäße Liebesgeschichte mit einfallsreicher Dramaturgie, in der Romy Schneider einen Großteil des Publikums durch freizügige Szenen verschreckte.

Monsieur Dupont M595
DUPONT LAJOIE ***
Frankreich/Italien 1974, 103 Min., F
R: Yves Boisset D: Jean Carmet, Jean-Pierre Marielle, Isabelle Huppert
Ein Pariser Durchschnittsbürger macht mit seinen Freunden Ferien auf dem Campingplatz. In angetrunkenem Zustand macht er sich an die junge Brigitte heran und ermordet sie, als sie zu schreien beginnt. Die Leiche versteckt er und lenkt den Verdacht auf einen algerischen Arbeiter. Verhaltensstudie über das bornierte Kleinbürgertum.

Monsieur Klein M596
MR. KLEIN ****
Frankreich/Italien 1976, 123 Min., F
R: Joseph Losey D: Alain Delon, Jeanne Moreau, Suzanne Flon, Michel Lonsdale
Ein französischer Kunsthändler wird während der deutschen Besatzung wegen seines gleichlautenden Namens mit einem Juden verwechselt, weswegen er sich auf die Suche nach diesem macht. Dadurch zur Auseinandersetzung mit sich selbst gezwungen, nimmt er schließlich die Identität des anderen Mr. Klein an. Intensive Studie über die menschliche Unfähigkeit zur Solidarität, exemplarisch demonstriert am Schicksal eines Normalbürgers.

Monsieur Verdoux – Der Frauenmörder von Paris M597 ****
MONSIEUR VERDOUX
USA 1946, 110 Min., s/w
R: Charles Chaplin D: Charles Chaplin, Mady Correl, Alison Roddan
Ex-Bankkassierer unterhält Gattin und Kinder, indem er reiche Frauen heiratet und umbringt. Tragikomischer Film, dessen verschrobener Held trotz aller Untaten irgendwie moralisch wirkt.

Monster aus dem All M598
THE GREEN SLIME **
USA/Japan 1969, 90 Min., F
R: Kinji Fukasaku D: Robert Horton, Richard Jaeckel, Luciana Paluzzi
Urschleim von einem Asteroiden fällt über eine Raumstation her; nur eine Sprengung derselben kann die weitere Ausbreitung der Masse verhindern. Für naive Gemüter und solche, die von den Naturgesetzen nichts halten.

Monster aus der Tiefe M599
MONSTER – THAT LEGEND THAT BECAME A TERROR *
USA 1980, 90 Min., F
R: Herbert L. Strock D: Jim Mitchum, John Carradine, Keenan Wynn
Ein unterseeisches Ungeheuer versetzt ahnungslose Badende und sorglose Taucher in Angst und Schrecken. Nach alter Formel gedrehter Billigschocker, der ohne große Schocks auskommt, da das Budget dazu nicht gereicht hat. LSFF

Monster des Grauens greifen an M600 **
NANKAI NO DAIKAIJU
Japan 1970, 83 Min., F
R: Inoshiro Honda
D: Akira Kubo, Atsuko Takahashi, Kenji Sahara
Amöben aus dem All lassen sich auf einer Pazifikinsel nieder und gehen gegen die Einheimischen und sich selbst vor. Billigmonsterschinken von Inoshiro Honda, der 20 Jahre lang den gleichen Wirrwarr verbreitet hat. LSFF

Das Monster mit der Teufelsklaue M601 *
DISCIPLE OF DEATH
GB 1972, 83 Min., F
R: Tom Parkinson D: Mike Raven, Ronald Lacey, Stephen Bradley
Liebespaar erweckt unwissentlich einen höllischen Dämon, der alsbald Angst und Schrecken verbreitet. Ein Schundfilm ersten Ranges.

Monster-Club M602
THE MONSTER CLUB **
GB 1980, 90 Min., F
R: Roy Ward Baker D: Vincent Price, Donald Pleasence, John Carradine
Drei betagte Herren erzählen einander gruselige Geschichten über den bösen »Pfeifer«, einen blutrünstigen Vampir und einen Regisseur, der einen tollen Drehort findet, an dem Leichenfresser ihr Unwesen treiben.

Die Monsterbraut M603
BRIDE OF BOOGEDY **
USA 1987, 89 Min., F
R: Oz Scott D: Richard Masur, Mimi Kennedy, David Faustino
Ein Gespenst geht um in Europa ... Ach nee – in Amerika. Und zwar im Haus der Familie Durchschnitt, wo es seit 300 Jahren nach seiner verschwundenen Braut Ausschau hält. Ein Disney-Film für die ganze Familie. HFJ 1989

Ein Montag im Oktober M604 ***
FIRST MONDAY IN OCTOBER
USA 1981, 94 Min., F
R: Ronald Neame D: Walter Matthau, Jill Clayburgh, Barnard Hughes
Eine junge Juristin, die als erste Richterin an den Obersten Gerichtshof berufen wird, bekommt die Vorurteile ihrer männlichen Kollegen zu spüren. Star-Komödie.

Montana M605
MONTANA **
USA 1950, 76 Min., F
R: Ray Enright D: Errol Flynn, Alexis Smith, S. Z. Sakall, Douglas Kennedy
Australischer Schafzüchter legt sich mit rabiaten Rinderzüchtern im amerikanischen Montana an. Western typischer Machart.

Montana Sacra – Der Heilige Berg M606
***
SUBIDA A MONTE CARMELO
Mexiko/USA 1973, 114 Min., F
R: Alejandro Jodorowsky D: Alexandro Jodorowsky, Horacio Salinas
Eine Gruppe nach Erkenntnis und Weisheit suchender Menschen reist unter Anleitung eines Magiers durch Marter, Versuchung und Grauen zum Ziel, dem heiligen Berg.

Monte Carlo M607
MONTE CARLO ****
USA 1930, 90 Min., s/w
R: Ernst Lubitsch D: Jack Buchanan, Jeanette MacDonald, Claude Allister
Ein reicher Amerikaner gibt sich im mondänen Casinomilieu von Monte Carlo als Friseur aus und macht sich an eine verarmte, spielsüchtige Adelige heran. Nach turbulenten Verwicklungen finden beide ihr Glück. Operettenhaft-romantische Liebeskomödie, in der Lubitsch mit seinem unverwechselbaren frivolen Witz glänzt.

Monte Carlo M608
MONTE CARLO **
USA 1986, 180 Min., F
R: Anthony Page D: Joan Collins, George Hamilton, Malcolm McDowell
Im Zweiten Weltkrieg spioniert die russische Sängerin Katrina in Monte Carlo für den britischen Geheimdienst die Nazis aus. TV-Spionage-Drama mit einer Joan Collins auf den Leib geschriebenen Rolle.

zeitlich und wirtschaftlich bedingter Veränderungen ums Überleben kämpfen und zunehmend Probleme haben, mit der »Neuen Zeit« fertig zu werden.

Montiels Witwe M610
LA VIUDA DE MONTIEL ****
Mexiko/Kuba/Venezuela/Kolumbien 1979, 104 Min., F
R: Miguel Littin D: Geraldine Chaplin, Nelson Villagra, Pilar Romero
Als der reiche Gutsbesitzer Montiel stirbt, herrscht große Erleichterung, denn wie der Film in Rückblenden entwickelt, war er ein skrupelloser Gauner, der seinen Reichtum dem Pakt mit der politischen Tyrannei verdankte. Verfilmung eines Buchs von Gabriel Garcia Marquez.

Montparnasse 19 M611
MONTPARNASSE 19 ***
Frankreich 1957, 100 Min., s/w
R: Jacques Becker D: Lilli Palmer, Gérard Philipe, Anouk Aimée
Film über das von Mißerfolgen und Alkoholabhängigkeit gekennzeichnete Leben des Malers Modigliani, dessen Liebe zu Jeanne Hebuterne ihm immer wieder Kraft gibt. Doch auch sie kann nicht verhindern, daß ein profitgieriger Händler das Werk des Künstlers nach dessen Tod weit unter Wert an sich bringt. Sehenswerter Film mit einem genial spielenden Gérard Philipe.

Dean Devlin und Michael Pare

Moon 44 M612
***
BRD 1990, 98 Min., F

Eine gute Übung für die folgenden Roland-Emmerich-Filme.

Moontrap – Gefangen in Raum und Zeit M613
**
MOONTRAP
USA 1989, 88 Min., F
R: Robert Dyke D: Walter Koenig, Bruce Campbell, Leigh Lombardi
Astronauten stoßen auf dem Mond auf eine Frau, die 14000 Jahre im Schlaf verbracht hat, da ihr böse Roboter nach dem Leben trachteten. Bald sind die Roboter wieder da. Phantasieloses Eintopf-Produkt. LSFF

Moonwalker M614
MOONWALKER **
USA 1988, 96 Min., F
R: Colin Chilvers, Jerry Kramer
D: Michael Jackson, Joe Pesci, Sean Lennon, Kellie Parker
Eineinhalbstündiger Werbe-Videoclip für den Super-Popstar Michael Jackson, getarnt als autobiographische musikalische Reise durch dessen phantastische Kindheitsträume. Die teilweise in Zeichentrick-Sequenzen erzählte Geschichte erweist sich als naives Pseudo-Märchen. Ein Fall fürs Zelluloid-Recycling. HFJ 1990

Die Moral der Ruth Halbfass M615
***
BRD 1971, 89 Min., F
R: Volker Schlöndorff D: Senta Berger, Helmut Griem, Peter Ehrlich
Ehebruch einer Industriellengattin endet beinahe mit Mord. Nach einem Illustriertenbericht gestaltete, mit Gesellschaftskritik durchsetzte Autorenkolportage.

Mord an der Themse M616
MURDER BY DECREE ***
GB/Kanada 1979, 100 Min., F
R: Bob Clark D: Christopher Plummer, James Mason, Anthony

Anita Pallenberg, Hans P. Hallwachs, Manfred Fischbeck und ihre Helfer in ›Mord und Totschlag‹.

Mord an einem regnerischen Sonntag M617
MORT UN DIMANCHE DE PLUIE ***
Frankreich/Schweiz 1986, 106 Min., F
R: Joël Santoni D: Nicole Garcia, Dominique Lavanant
Junges Ehepaar wird Opfer eines psychopathischen Krüppels und seiner Frau. Packender Psychothriller.

Mord auf der Via Veneto M618
ROMA COME CHICAGO ***
Italien 1968, 104 Min., F
R: Alberto de Martino D: John Cassavetes, Gabriele Ferzetti, Anita Sanders
Corda führt zum Schein ein gutbürgerliches Familienleben; die angeblichen »Vertreterreisen« indes sind Raubzüge auf Banken und Juweliergeschäfte. Schwungvoller Action-Thriller mit erheblichen Lücken in der Story. John Cassavetes in der Rolle eines Gentleman-Verbrechers.

Mord bei 45 Touren M619
MEURTRE EN 45 TOURS ***
Frankreich 1959, 94 Min., s/w
R: Etienne Périer
D: Michel Auclair, Danièlle Darrieux, Jean Servais
Die Sängerin Eve verliebt sich in ihren Kollegen. Als ihr Mann tödlich verunglückt, wächst das Mißtrauen zwischen den beiden. Psychokrimi.

Mord bleibt Mord M620
UN MEURTRE EST UN MEURTRE ***
Frankreich/Italien 1972, 103 Min., F
R: Etienne Périer D: Stéphane Audran, Jean-Claude Brialy, Cathérine Spaak, Robert Hossein
Spannend verschachtelte, psychologisch komplexe Erpressergeschichte um einen vermeintlichen Mord. Claude Chabrol hat einen amüsanten Kurzauftritt als trotteliger Schaffner.

Mord im Fahrpreis inbegriffen M621
COMPARTIMENT TUEURS ***
Frankreich 1965, 92 Min., s/w
R: Costa-Gavras D: Simone Signoret, Yves Montand, Cathérine Allegret
Distanzierte Schilderung eines Mordes in der Eisenbahn, der sich als raffinierte Verschleierung eines weiteren Verbrechens erweist.

Mord im Orientexpreß M622
MURDER ON THE ORIENT EXPRESS ***
GB 1974, 131 Min., F
R: Sidney Lumet D: Albert Finney, Lauren Bacall, Ingrid Bergman
Mit hochkarätigen Weltstars vollgepacktes Agatha-Christie-»Whodunit« um Meisterdetektiv Hercule Poirot, der einen Mord im Orientexpreß aufklärt. Etwas steif, doch exquisit und allein der Stars wegen schon sehenswert.

Mord im Spiegel M623
THE MIRROR CRACK'D **
GB 1980, 106 Min., F
R: Guy Hamilton D: Angela Lansbury, Geraldine Chaplin, Rock Hudson, Elizabeth Taylor, Tony Curtis
Miss-Marple-Film um einen Mord im Filmmilieu. »Whodunit« mit hochkarätigen Alt-Stars, verworren im Plot.

Mord in der Karibik M624
THE MIGHTY QUINN ***
USA 1989, 110 Min., F
R: Carl Schenkel D: Denzel Washington, Robert Townsend, Mimi Rodgers
Auf einer Karibik-Insel wird ein weißer Geschäftsmann ermordet. Der schwarze Polizist Quinn muß bei seinen Nachforschungen mit Rassenkonflikten und politischen Intrigen fertigwerden. Thriller vor exotischer Kulisse. Videotitel *Big Bold Man*. HFJ 1991

Mord in der Rue Morgue M625
MURDERS IN THE RUE MORGUE ***
USA 1971, 87 Min., F
R: Gordon Hessler D: Herbert Lom, Christine Kaufmann, Lilli Palmer
Ein geheimnisvoller Unhold kehrt aus dem Grab zurück und murkst der Reihe nach das Ensemble eines Pariser Horrortheaters ab. Schauerliche Atmosphäre, gute Darsteller, aber nur angeblich nach Edgar Allan Poe. HFJ 1988

Mord in einem hübschen Dorf M626
UN SI JOLI VILLAGE ***
Frankreich 1979, 116 Min., F
R: Etienne Périer D: Victor Lanoux, Jean Carmet, Valérie Mairesse
Ein Gerberei-Besitzer in einem kleinen französischen Ort wird verdächtigt, seine Frau ermordet zu haben, aber aus Angst vor dem Verlust ihrer Arbeitsplätze behindern die Bewohner die Ermittlungsarbeiten. Sozialkritischer Kriminalfilm in Chabrols Manier.

Mord in Ekstase
siehe: Ein Doppelleben

Mord mit kleinen Fehlern M627
SLEUTH ***
GB 1972, 138 Min., F
R: Joseph L. Mankiewicz

D: Laurence Olivier, Michael Caine
Kriminalistisches Zweipersonenstück, ebenso brillant in den Dialogen wie in der Gestaltung. Das tödliche Duell eines Kriminalschriftstellers mit dem Liebhaber seiner Frau. Spannend und intelligent bis zur letzten Minute.

Mord mit System M628
A SHOCK TO THE SYSTEM ***
USA 1990, 81 Min., F
R: Jan Egleson D: Michael Caine, Peter Riegert, Elizabeth McGovern
Ein New Yorker Werbemanager wird wieder bei der Beförderung übergangen und beginnt damit, seine Konkurrenten zu ermorden. Bizarrer, aber allzu bieder inszenierter Thriller.

Mord nach Maß M629
ENDLESS NIGHT ***
GB 1972, 99 Min., F
R: Sidney Gilliat D: Hayley Mills, Hywell Bennett, Britt Ekland
Psychothriller nach Agatha Christie. Ein Chauffeur mit Aufstiegsambitionen heiratet eine reiche Amerikanerin, die bald ums Leben kommt. Nicht immer überzeugend und einsichtig.

Mord und Totschlag M630
****
BRD 1966, 86 Min., F
R: Volker Schlöndorff D: Anita Pallenberg, Hans Peter Hallwachs
Eine Kellnerin erschießt im Streit ihren Geliebten und beseitigt mit Hilfe zweier Freunde die Leiche. Schlöndorff »wilder« als gewohnt. Ein Klassiker des »Neuen deutschen Films«.

Mordbrenner von Arkansas M631
WELCOME TO HARD TIMES ***
USA 1966, 86 Min., F
R: Burt Kennedy D: Henry Fonda,

Die Morde des Herrn ABC M632
THE ALPHABET MURDERS ***
GB 1963, 90 Min., s/w
R: Frank Tashlin D: Tony Randall, Anita Ekberg, Robert Morley
Meisterdetektiv Hercule Poirot klärt eine Reihe von Morden auf, deren Täter kurioserweise nach dem Alphabet vorgeht. Mit Humor durchsetzter Film nach einem Krimiklassiker von Agatha Christie.

Der Mörder M633
LE MEURTRIER ***
Fr/BRD/It 1963, 110 Min., s/w
R: Claude Autant-Lara
D: Gert Fröbe, Marina Vlady, Robert Hossein
Der Antiquar Kimmel hat seine Frau ermordet, sich aber durch ein sicheres Alibi abgesichert. Der Architekt Saccard versucht sein Vorgehen nachzuahmen und bringt dabei beide Taten ans Licht. Stilvoller Thriller nach Patricia Highsmith.

Der Mörder M634
***
BRD 1979, 107 Min., F
R: Ottokar Runze D: Gerhard Olschewski, Johanna Liebeneiner, Marius Müller-Westernhagen
Die Verfilmung des gleichnamigen Romans von George Simenon über einen aus Eifersucht mordenden Kleinstadtbürger besticht durch das präzise Herausarbeiten der inneren Spannung, durch atmosphärische Stärke und durch die schauspielerische Präsenz.

Mörder ahoi! M635
MURDER AHOY! ***
GB 1964, 92 Min., s/w
R: George Pollock D: Margaret Rutherford, Lionel Jeffries

Der letzte »Miss-Marple«-Film mit der überzeugenden Margaret Rutherford erreicht nicht ganz die Qualität seiner Vorgänger, überzeugt aber durch die Hauptdarstellerin.

Mörder GmbH M636
THE ASSASSINATION BUREAU LIMITED ***
GB 1968, 110 Min., F
R: Basil Dearden D: Oliver Reed, Telly Savalas, Diana Rigg
Vergnügliche Krimi-Komödie um eine Journalistin, die bei einer Mörder GmbH die eigene Ermordung in Auftrag gibt. Schwarzer Humor und gutgelaunte Stars.

Der Mörder hinter der Tür M637
***
QUELQU'UN DERRIERE LA PORTE
Frankreich/Italien 1970, 95 Min., F
R: Nicolas Gessner D: Charles Bronson, Anthony Perkins, Jill Ireland
Ein Mann, der unter Amnesie leidet, sucht mit Hilfe eines Psychiaters das Geheimnis seiner Vergangenheit zu ergründen. Etwas schwerfällige Studie über Liebe und Vertrauen im Gewand eines Kriminalfilms.

Mörder im All M638
MURDER IN SPACE **
GB/Kanada 1985, 95 Min., F
R: Steven Hilliard Stern D: Wilford Brimley, Michael Ironside, Martin Balsam, Tom Butler
Auf dem Rückflug vom Mars zur Erde schlägt an Bord eines international bemannten Raumschiffes ein Mörder zu, doch ist diesmal weder der Deutsche noch der Gärtner der Schuldige. Mäßig spannender Weltall-Krimi.
LSFF

Mörder im weißen Mantel M639
A CASE OF MURDER/THE CAREY TREATMENT **
USA 1971, 100 Min., F
R: Blake Edwards D: James Coburn,

Die Mörder machen sich auf den Weg M640 ****
UBIZY WYCHODJAT NA DOROGU
UdSSR 1942, 62 Min., s/w
R: Wsewolod Pudowkin, Juri Taritsch
D: O. Shakow, B. Blinow
Fünf Episoden aus Brechts »Furcht und Elend des Dritten Reiches«, sowie eine eigens für diesen Film geschriebene Episode. Eine eher theatralische Verfilmung, die nach dem Eintritt der UdSSR in den Krieg verboten wurde.

Mörder nach Vorschrift M641
LES ASSASSINS DE L'ORDRE ****
Frankreich/Italien 1971, 111 Min., F
R: Marcel Carné D: Jacques Brel, Cathérine Rouvel, Paola Pitagora
Ein Richter stellt fest, daß der Tod eines Mannes, der wegen eines geringen Vergehens festgenommen wurde, durch Mißhandlungen während der Untersuchungshaft verursacht worden ist. Er läßt sich auch durch massiven behördlichen Druck auf ihn selbst und seine Familie nicht zu einer Vertuschung der Wahrheit bewegen. Gesellschaftskritischer Film.

Mörder ohne Maske M642
SECOND CHANCE ***
USA 1953, 83 Min., F
R: Rudolph Maté D: Robert Mitchum, Linda Darnell, Jack Palance
Profikiller taucht in Mexiko auf, um seine in einen Boxer verliebte Ex-Geliebte mundtot zu machen. Ein spannender Thriller.

Die Mörder sind unter uns M643
****
Deutschland 1946, 86 Min., s/w
R: Wolfgang Staudte D: E. W. Borchert, Hildegard Knef, Arno Paulsen
Weihnachten 1945: Im zerstörten Berlin steht ein Arzt vor seinem ehemaligen Kommandeur, der drei Jahre zuvor polnische Geiseln erschießen ließ. Der erste deutsche Nachkriegsfilm, ein gesellschaftskritischer »Trümmerfilm«, eine Rarität.

Der Mörder wohnt Nr. 21 M644
L' ASSASSIN HABITE AU 21 ****
Frankreich 1942, 85 Min., s/w
R: Henri-Georges Clouzot
D: Pierre Fresnay, Suzy Delair, Jean Tissier
Bei seinen Ermittlungen in einer Mordserie im Pariser Stadtteil Montmartre stößt ein Kommissar auf merkwürdige Personen und Begebenheiten. Er findet heraus, daß es drei Verantwortliche für die Morde gibt, die versuchen, sich gegenseitig zu entlasten. Clouzots spannender erster Film, in dem er bereits seine beeindruckende Fähigkeit zur filmischen Umsetzung einer Geschichte unter Beweis stellt.

Der Mörder-Alligator M645
MURDER ALLIGATOR **
Italien 1989, 85 Min., F
R: Larry Ludman D: Van Johnson, Anthony Crenna, Ann Douglas
Sechs Umweltschützer, die auf einer Karibikinsel nach Giftmüll suchen, stoßen auf einen Riesenalligator, dem sie reihenweise zum Opfer fallen. Das Drehbuch, so scheint es, hat schon mehrmals Verwendung gefunden.
HFJ 1990

Mörder-Trio M646
THREE CAME TO KILL **
USA 1959, 68 Min., s/w
R: Edward L. Cahn D: Cameron Mitchell, John Lupton, Steve Brodie
Drei Killer nehmen die Familie eines Fluglotsen als Geiseln, um ihn zu zwingen, an einem politischen Attentat teilzunehmen. B-Film, der sich zwar bemüht, sein Ziel aber nur auf Krücken erreicht.

Mörderbienen greifen an M647
THE SAVAGE BEES **
USA 1976, 90 Min., F
R: Bruce Geller D: Ben Johnson, Michael Parks, Gretchen Corbett
Eine gefährliche Bienenkreuzung, die nach einer Schiffskollision entkommt, terrorisiert New Orleans, bis findige Köpfe ein Mittel finden, um sie auszuschalten. LSFF

Der Mörderclub von Brooklyn M648 **
BRD 1966, 93 Min., F
R: Werner Jacobs D: George Nader, Heinz Weiss, Helga Anders
In seinem fünften Kino-Abenteuer und dem ersten in Farbe befreit FBI-Agent Jerry Cotton seinen Freund Phil Decker aus den Händen von Erpressern. Mißlungener deutscher Actionfilm.

Eine mörderische Liebe M649
KANOURASKA ***
Kanada 1973, 112 Min., F
R: Claude Jutra D: Geneviève Bujold, Richard Jordan, Philippe Léotard
Eine Geschichte von Liebe, Haß und (beinahe) Mord aus dem Kanada zur Mitte des 19. Jahrhunderts, gut gespielt, sorgfältig inszeniert, aber ohne Überraschungen.

Ein mörderischer Sommer M650
L' ETE MEURTRIER ****
Frankreich 1982, 133 Min., F
R: Jean Becker D: Isabelle Adjani, Alain Souchon, Suzanne Flon
Attraktive Frau heiratet »normalen« Provinzler und setzt ihre Kurven skrupellos ein, um sich an den Männern zu rächen, die zwanzig Jahre zuvor ihre Mutter vergewaltigt haben. Endet tragisch.

Mörderspinnen M651
KINGDOM OF THE SPIDERS **
USA 1977, 95 Min., F
R: John Bud Cardos D: William Shatner, Tiffany Bolling, Woody Strode
Übermäßiger Sprühmitteleinsatz macht Taranteln zu Herdentieren, die in Arizona Menschen und Tiere anfallen. Einer der besseren Filme zum Thema verrücktspielende Tierwelt. LSFF

Mordnacht in Manhattan M652
**
BRD 1965, 90 Min., s/w
R: Harald Philipp D: George Nader, Heinz Weiss, Monika Grimm
Zweiter Fall des Trivialhelden Jerry Cotton, der vor allem mit seinen Fäusten unter Schutzgelderpressern aufräumt. Handwerklich leider ungenügend.

Mordsache Dünner Mann M653 ****
THE THIN MAN
USA 1934, 93 Min., s/w
R: W. S. van Dyke II D: William Powell, Myrna Loy, Maureen O'Sullivan

In ›Mordsache Dünner Mann‹ ist der Inspektor (r.) für Nick und Nora viel zu nüchtern.

Stardetektiv Nick Charles sucht verschwundenen Fabrikanten und Erfinder, da die Polizei mal wieder im Dunkeln tappt, und kann das Geheimnis später mit Hilfe seines Gripses, seiner Gattin und des Terriers Asta lüften. Klassischer Krimi über ein gewitztes Detektivehepaar, nach dem gleichnamigen Roman »The Thin Man« von Dashiell Hammett.

More – mehr – immer mehr M654
MORE ***
Luxemburg 1969, 117 Min., F
R: Barbet Schroeder D: Mimsy Farmer, Klaus Grünberg, Louise Wink
Ein junger Mann verliebt sich in eine rauschgiftsüchtige Frau, verfällt selbst der Sucht und stirbt an einer Überdosis Heroin.

Der Morgen danach M655
THE MORNING AFTER ***
USA 1986, 103 Min., F
R: Sidney Lumet D: Jane Fonda, Jeff Bridges, Raul Julia
Eine gescheiterte Schauspielerin ertränkt ihren Frust im Alkohol. Eines Tages wacht sie in einem fremden Bett

Weißer und schwarzer Farmer im gemeinsamen Kampf gegen einen skrupellosen Immobilienmakler. Solider und bieder inszenierter Film über die ökonomischen und rassischen Probleme des Südens.

Moritz in der Litfaßsäule M657
***
DDR 1983, 88 Min., F
R: Rolf Losansky D: Dirk Müller, Dieter Mann, Walfriede Schmitt
Abenteuer und Reifungsprozeß eines neunjährigen Jungen, der von zu Hause fortläuft und in einer Litfaßsäule neue Geborgenheit findet. Liebevoller Kinderfilm über die Unmöglichkeit, sich vor dem Leben zu verstecken.

Moritz, lieber Moritz M658
***
BRD 1978, 96 Min., F
R: Hark Bohm D: Michael Kreb-schull, Kyra Mladeck, Uwe Enkelmann
Ein 15jähriger Sohn »aus gutem Haus« reagiert auf den Verfall seiner Familie und sucht eine neue Identität. Bohm leistet sich ein paar Schauereffekte, mehr als sonst im deutschen

D: Eddie Constantine, Pascale Robert, Veronique Zuber, Jacques Castelot
Schlagkräftiger Kapitän, der sein Boot an Schatzsucher vermietet, muß feststellen, daß seine Kunden Drogenschmuggler sind. Rauf- und Ballerfilm mit witzigen Anklängen.

Mortu Nega M660
MORTU NEGA ***
Guinea-Bissau 1988, 83 Min., F
R: Flora Gomes D: Bya Gomes, Tunu Eugenio Almach, Pedro Da Silva
Die Geschichte eines Ehepaares, das in die Befreiungskämpfe gegen die portugiesische Kolonialmacht in Guinea verstrickt ist. Unheroisch und anrührend menschlich.

Moses und Aron M661
****
BRD 1974, 110 Min., F
R: Jean-Marie Straub, Danièle Huillet
D: Günter Reich, Louis Devos
Streng strukturierte, mit Originalton aufgenommene Verfilmung der Oper von Schönberg, in der die Regisseure den politischen Gehalt des Werkes herausarbeiten. Aber nur für Puristen.

Moskau glaubt den Tränen nicht M662
MOSKAWA SLJESAM NJE WJERIT ***
UdSSR 1979, 145 Min., F
R: Wladimir Menschow D: Vera Alentowa, Alexej Batalow, Irina Murawjowa
Porträt dreier Frauen im Moskau der ausgehenden fünfziger Jahre, die sehr unterschiedlichen Lebensträumen nachhängen.

Moskau in New York M663
MOSCOW ON THE HUDSON ***
USA 1983, 117 Min., F
R: Paul Mazursky D: Robin Williams, Maria Conchita Alonso
Ein russischer Saxophonist nutzt die Gelegenheit eines Gastspiels in New York und setzt sich ab. Sein Versuch,

D: Harrison Ford, Helen Mirren, River Phoenix
Ein Erfinder flieht mit seiner Familie vor der Zivilisation in den lateinamerikanischen Dschungel. Nach einer Zeit des idyllischen Lebens beginnt er wieder mit technischen »Verbesserungen«. Regisseur Weir gelingt eine geschickte Mischung aus Abenteuergeschichte und Zivilisationsparabel. HFJ 1988

Mouchette M665
MOUCHETTE *****
Frankreich 1967, 90 Min., s/w
R: Robert Bresson D: Nadine Nortier, Jean-Claude Guilbert
Nach einem Roman von Georges Bernanos erzählt Bresson die Geschichte eines Mädchens, das von seiner Umwelt isoliert wird und das in seinem Leiden wächst. Der von ihm gewohnte karg poetische Stil ist hier mit mehr visuellem Reichtum aufgeladen.

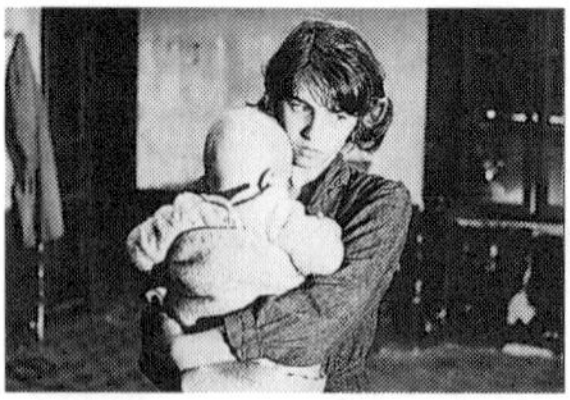

Nadine Nortier als ›Mouchette‹.

Moulin Rouge M666
MOULIN ROUGE ****
GB 1952, 111 Min., F
R: John Huston D: José Ferrer, Colette Marchand, Suzanne Flon
Dramatische Film-Biographie des Malers Henri Toulouse-Lautrec und die Geschichte seines Lebens zwischen Suff und Liebe. Ausgezeichnet mit fünf Oscars.

Movie Movie M667
MOVIE MOVIE ***
USA 1978, 105 Min., F
R: Stanley Donen D: George C. Scott, Trish Van Devere, Red Buttons
Musicalregisseur Stanley Donen hat ein altes »Double Feature« nachgestellt. Eine brillante Komödie in nostalgischem Gewand, in der ein heiteres Spiel mit Versatzstücken, Klischees und Mustern des Boxerfilms und Musicals getrieben wird. Unterhaltsame Persiflage auf die »guten alten Tage« des »Big Entertainments«.

Moving in – Eine fast intakte Familie M668
FIRSTBORN ***
USA 1984, 96 Min., F
R: Michael Apted D: Teri Garr, Peter Weller, Christopher Collet
Eine geschiedene Frau verfällt einem Mann, der sie und ihre heranwachsenden Söhne tyrannisiert und sich schließlich als Krimineller erweist, der auch vor Mord nicht zurückschreckt.

Die Möwe M669
THE SEAGULL ***
GB 1969, 135 Min., F
R: Sidney Lumet D: Simone Signoret, Vanessa Redgrave, David Warner
Anton Tschechows Gesellschaftsbild der Jahrhundertwende in einer poetischen, zugleich werkgetreuen und alle filmischen Mittel nutzenden Leinwandversion.

Die Möwe Jonathan M670
JONATHAN LIVINGSTON SEAGULL ***
USA 1973, 99 Min., F
R: Hall Bartlett
Im längsten Möwenfilm der Kinogeschichte paaren sich traumhafte Naturbilder mit einer unklaren Sehnsucht nach Weisheit, Freiheit und Liebe auf eine Art, wie es sie nur in den siebziger Jahren gab.

Mozart
siehe: Reich mir die Hand, mein Leben

Mr. Baseball M671
MR. BASEBALL ***
USA 1992, 104 Min., F
R: Fred Schepisi D: Tom Selleck, Ken Takakura, Aya Takanashi
Angeschlagener Baseball-Crack wird nach Japan verschoben. Nach der Aufarbeitung gegenseitiger Vorurteile kommt es zur großen Verbrüderung. Hübsches, wenngleich nicht allzu intelligentes Match zwischen Sentiment und Augenzwinkern. HFJ 1994

Mr. Bill M672
RENAISSANCE MAN **
USA 1994, 123 Min., F
R: Penny Marshall D: Danny De Vito, Gregory Hines, James Remar
Ein arbeitsloser Werbetexter muß ziemlich debile Rekruten der US-Army unterrichten, bringt ihnen nicht nur Shakespeare, sondern auch Herzensbildung bei. Ein nur teilweise amüsantes Epos, das am Ende zu einer peinlichen Jubelarie fürs Militärleben wird. Fazit: Join the army... HFJ 1995

Mr. Freedom M673
MISTER FREEDOM **
Frankreich 1968, 100 Min., F
R: William Klein D: John Abbey, Delphine Seyrig, Philippe Noiret
Supermann »Mr. Freedom« soll im Auftrag einer Organisation amerikanischer Faschisten Frankreich von kommunistischen Ideologen befreien. Bei seiner Säuberungsaktion jagt er in seinem Übereifer jedoch die ganze Republik in die Luft. Undifferenzierter antiamerikanischer Rundumschlag im Comic-strip-Stil mit wenigen gelungenen Gags.

Mr. Jones M674
MR. JONES ***
USA 1993, 114 Min., F
R: Mike Figgis D: Richard Gere, Lena Olin, Anne Bancroft
Ein Manisch-Depressiver, der in seinen Hoch-Phasen einen unwiderstehlichen Charme entwickelt, und seine Ärztin verlieben sich ineinander. Trotz guter Schauspieler ein verlogenes Epos, das sich nicht an der Realität, sondern am Massengeschmack orientiert. HFJ 1995

Mr. North – Liebling der Götter M675
MR. NORTH ***
USA 1987, 92 Min., F
R: Danny Huston D: Robert Mitchum, Anthony Edwards, Anjelica Huston
Stilvolle Verfilmung des Thornton-Wilder-Romans um den liebenswerten Mr. North, der in den 20er Jahren mit Menschlichkeit und Herzenswärme die Zuneigung der Bürger eines kleinen Städtchens gewinnt. Charmant-

spitzbübisch und glänzend inszeniert. HFJ 1989

Mr. Smith geht nach Washington M676
****
MR. SMITH GOES TO WASHINGTON
USA 1939, 120 Min., s/w
R: Frank Capra D: James Stewart, Jean Arthur, Claude Rains
Ein naiver junger Idealist soll als Strohmann für politische Intriganten herhalten. Als gewählter Volksvertreter nimmt er die amerikanischen Ideale von Freiheit und Demokratie dann jedoch ernst und säubert den amerikanischen Senat von Korruption. Hervorragend gespielte leichte Satire mit ernsten Anklängen.

Mr. Wonderful M677
MR. WONDERFUL ***
USA 1993, 93 Min., F
R: Anthony Minghella D: Matt Dillon, Annabella Sciorra, William Hurt
Ein Elektriker will seine Frau verkuppeln, um sich den Unterhalt zu sparen – ein schwieriges Unterfangen. Denn die beiden lieben sich immer noch, ohne es zu wissen und bewachen sich gegenseitig eifersüchtig. Ein zu Herzen gehendes Melodram und eine Hommage an die Metropole New York. HFJ 1995

Mr. X auf Abwegen M678
FOOTSTEPS IN THE DARK ***
USA 1941, 96 Min., s/w
R: Lloyd Bacon D: Errol Flynn, Brenda Marshall, Ralph Bellamy
Schriftstellernder Möchtegerndetektiv sucht Material für eine Story und wird in einen Mordfall verwickelt. Kauziger Krimi, in dem man Errol Flynn einmal ganz anders erlebt.

Mrs. Brisby und das Geheimnis von Nimh M679
***

Mrs. Doubtfire M680
MRS. DOUBTFIRE ****
USA 1993, 125 Min., F
R: Chris Columbus D: Robin Williams, Sally Field, Pierce Brosnan
Robin Williams liefert eine perfekte One-Man- bzw. One-Woman-Show. Denn als seine Frau sich von ihm trennt, verkleidet er sich als Kindermädchen Mrs. Doubtfire, um seinen drei Kindern nahe zu sein. Eine heitere Familien-Komödie, verziert mit einer Portion amerikanischer Moral. HFJ 1995

Robin Williams als ›Mrs. Doubtfire‹.

Mrs. Hines & Tochter M681
ONLY WHEN I LAUGH ***
USA 1981, 116 Min., F
R: Glenn Jordan D: Marsha Mason, Kristy McNichol, James Coco
Nach einem Stück von Neil Simon wird die Geschichte einer Schauspielerin erzählt, die ihren beruflichen Aufstieg mit persönlichem Unglück erkaufen muß.

Mrs. Parker und ihr lasterhafter Kreis M682
***
MRS. PARKER AND THE VICIOUS CIRCLE
USA 1994, 123 Min., F
R: Alan Rudolph D: Jennifer Jason Leigh, Matthew Broderick, Campbell Scott
Dorothy Parker gehört zum legendären »Algonquin-Kreis«, der sich in den 20er Jahren täglich zum Lunch trifft. Die brillante Schriftstellerin, Mittelpunkt der Gesellschaft, flüchtet nach einer unglücklichen Affäre und einem

Der müde Theodor M683
***
BRD 1957, 95 Min., s/w
R: Geza von Cziffra D: Heinz Erhardt, Renate Ewert, Peter Weck
Als Marmeladefabrikant, der sich auch als Kunstmäzen betätigt, gerät Wort-Akrobat Heinz Erhardt finanziell so in die Bredouille, daß er sich als Kellner verdingen muß. Bieder-harmloses, aber einigermaßen schwung- und humorvolles Lustspiel.

Der müde Tod M684
*****
Deutschland 1921, 84 Min., s/w
R: Fritz Lang D: Lil Dagover, Walter Janssen, Bernhard Goetzke
Eine junge Frau will den Geliebten vor dem Tod retten. Der Tod beschwört drei ähnlich gelagerte Schicksale herauf, ergibt sich dann aber dem Mut der Liebenden. Meisterwerk des deutschen Stummfilms.

Mudhoney M685
MUDHONEY ****
USA 1968, 91 Min., s/w
R: Russ Meyer D: Lorna Maitland, Hal Hopper, Antoinette Christiani
Rohes B-Movie um einen Ex-Sträfling, der auf einer Farm Arbeit findet und sich in die von ihrem viehischen Alkoholiker-Gatten tyrannisierte Dame des Hauses verliebt. Russ Meyers absolut schonungslose Inszenierung greift zwar tief in die Tabu-Kiste, schafft es aber immer, die plakative Inszenierung in perfekter Balance zu halten.

Die Mühle der versteinerten Frauen M686
**
IL MULINO DELLE DONNE PIETRA
Italien/Frankreich 1960, 94 Min., F
R: Giorgio Ferroni D: Pierre Brice, Scilla Gabel, Dany Carel
Figurenkabinettbesitzer mordet Frauen, um mit deren Blut seine kranke Tochter am Leben zu erhalten. Ein

Ein Meisterwerk der Filmgeschichte: ›Der müde Tod‹ von Fritz Lang.

Die chinesische Legende von der jungen Mulan, die – als Mann verkleidet – Land und Kaiser vor den bösen Hunnen rettet, als Disney-Trickfilm-Opus. Zwar werden altbackene Rollenklischees (endlich) aufgebrochen, und die Charaktere haben eine größere Tiefe, dennoch ist die Zeichen-Mär letztlich nur Kommerz mit stark plakativer Girl-Power. HFJ 1999

Münchhausen M688
****
Deutschland 1943, 105 Min., F
R: Josef von Baky D: Hans Albers, Käthe Haack, Brigitte Horney
Tricktechnisch brillanter, amüsanter Film über die haarsträubenden Erlebnisse des Barons Münchhausen – zu Lande, zu Wasser und in der Luft. Nach einem unter Pseudonym verfaßten Drehbuch von Erich Kästner. LFF

Müssen Männer schön sein? M689
***
40 GRADI SOTTO IL LENZUOLO
Italien 1975, 89 Min., F
R: Sergio Martino D: Marty Feldman, Edwige Fenech, Tomas Milian
Episodenfilm mit vorwiegend sexuellem Inhalt, der sich aber durch eine echt humoristische Granate von Marty Feldman in der Rolle eines Bodyguards zum Lacher entwickelt.

Die Müßiggänger M690
I VITELLONI ****
Italien 1953, 102 Min., s/w
R: Federico Fellini
D: Franco Fabrici, Alberto Sordi, Franco Interlenghi, Leopoldo Trieste
Der Alltag von fünf Nichtstuern, die in einer italienischen Kleinstadt herumhängen. Ihr langweiliges Dasein bietet Fellini trotz spärlicher Handlung genug Stoff für gelungene Charakterdarstellungen, in denen er auf heitersatirische Weise Gefühle der Sinnlosigkeit und Leere ans Tageslicht bringt.

Die Müßiggänger M691
I TEMBELIDES TIS EFORIS KILADAS ****
Griechenland 1978, 115 Min., F
R: Nikos Panayotopoulos
D: Olga Karlatos, Yorgos Dialegmenos
Ein Vater und seine drei Söhne machen eine Erbschaft und geben sich dem vollständigen Nichtstun hin. Nach einiger Zeit sind sie sogar zu faul, zum essen aufzustehen, und am Ende hat sich das Dolcefarniente in eine Art Koma verwandelt.

Die Mumie M692
THE MUMMY ****
USA 1933, 75 Min., s/w
R: Karl Freund D: Boris Karloff, Zita Johann, David Manners
Horrorfilm über die Mumie eines ägyptischen Hohepriesters, der nach Jahrtausenden ausgegraben wird, wieder zum Leben erwacht und in einer Engländerin die Reinkarnation seiner Geliebten sieht. Erste Klasse.

Die Mumie M693
THE MUMMY ***
USA 1999, 123 Min., F
R: Stephen Sommers D: Brendan Fraser, Rachel Weisz, John Hannah
Remake des Klassikers. Die knallbunte Inszenierung und ein im Grunde genommen sympathischer Bösewicht wirken mehr spaßig als gruselig. Mehr nette Abenteuer-Unterhaltung als Horrorfilm. HFJ 2000

Munchies M694
MUNCHIES **
USA 1988, 87 Min., F
R: Bettina Hirsch D: Harvey Korman, Charles Stratton, Alix Elias
Putziges Pelzwesen, aus Südamerika in die Zivilisation gebracht, entpuppt sich

als gefräßiges Monster, das sich wie rasend vermehrt und nur Blödsinn anstellt. Manche Pig Male Chauvinists haben eben doch recht! LSFF

Die munteren Sexspiele unserer Nachbarn M695 *
BRD 1977, 80 Min., F
R: Rudolf Krause D: Edith Hancke, Margot Mahler, Renate Hess
Tratschtanten eines Neubauviertels treffen sich im Tante-Emma-Laden und berichten über ihre sexuellen Abenteuer. Purer Schwachsinn.

Muriel oder Die Zeit der Wiederkehr M696 ***
MURIEL OU LE TEMPS D'UN RETOUR
Frankreich/Italien 1963, 105 Min., F
R: Alain Resnais D: Delphine Seyrig, Jean-Pierre Kérien, Nita Klein
Mehrere in einer Handlung verbundene Personen versuchen, ihre Vergangenheit und Gegenwart in Einklang zu bringen. Dabei wird ihre Erinnerung durch das Erlebte, ihre Schuldkomplexe, ihre Wünsche und die Erfordernisse der Wirklichkeit gefiltert. Brillant filmisch konstruierte und umgesetzte Studie über menschliche Bewußtseinsprozesse.

Die Muschel und der Pfarrer M697 ***
LA COQUILLE ET LE CLERGYMAN
Frankreich 1927, 94 Min., s/w
R: Germaine Dulac D: Alex Allin, Genica Athanasiou
Überflüssiges Werk um einen Pfarrer, der sich in ein schönes Mädchen verliebt, es auch für sich gewinnen kann, aber letztlich an seinen eigenen Komplexen scheitert. Der verwirrend konstruierte Film zeigt zwar im Ansatz Kritik an der Kirche, führt diese jedoch nicht konsequent weiter.

Music Box – M698

teuert seine Unschuld, an die zunächst auch seine Tochter glaubt, die ihn als erfolgreiche Anwältin verteidigt. Schuld und Reue in einer Familientragödie. HFJ 1991

Musik fürs Leben M699 **
THEY SHALL HAVE MUSIC
USA 1939, 99 Min., s/w
R: Archie Mayo D: Joel McCrea, Gene Reynolds, Walter Brennan
Ein Junge aus armen Verhältnissen will Geiger werden, sein großes Vorbild ist Jascha Heifetz. Und eines Tages lernen sich die beiden wirklich kennen.

Musik im Blut M700 **
BRD 1955, 107 Min., s/w
R: Erik Ode D: Victor De Kowa, Nadia Gray, Waltraut Haas
Passable, aber etwas tempolos inszenierte Film-Biographie des Berliner Jazz-Pianisten Kurt Widmann.

Das Musikzimmer M701 ****
JALSAGHAR
Indien 1958, 100 Min., F
R: Satyajit Ray D: Chabbi Biswas, Ganda Pada Basu, Kali Sarkar
Ein verarmter Großgrundbesitzer, der Frau und Sohn bei einem Unwetter verloren hat, will seinen neureichen Nachbarn noch einmal übertrumpfen. Mit seinem letzten Geld richtet er in seinem Musikzimmer ein großes Fest aus, danach reitet er in den Tod. Die Atmosphäre einer untergehenden Kultur vermittelt sich in den Bildern wie in der Musik als elegische Trauer. Eine Filmparabel über die Unausweichlichkeit der Modernisierung.

Musketier mit Hieb und Stich M702 ****
LES MARIES DE L'AN DEUX
Fr/It/Rumänien 1970, 98 Min., F
R: Jean-Paul Rappeneau D: Jean-Paul Belmondo, Marlène Jobert

Die Musketiere des Teufels M703 **
I CAVALIERI DEL DIAVOLO
Italien 1959, 91 Min., F
R: Siro Marcellini D: Gianna Maria Canale, Emma Danieli, Mirko Ellis
Königs Hauptmann wird von tückischem Edelmann und dem Bruder seiner Luisa in schlechtes Licht gerückt, da sie sinistre Pläne mit der Schönen haben. Liebe, Intrigen und Fechtereien im Jahr 1555.

Muß denken M704 ****
Österreich 1991, 93 Min., F
R: Niki List D: Christian, Christa und Robert Polster
In Fortsetzung des Films *Mama lustig ...?* erzählt *Muß denken* Begebenheiten aus dem Leben eines an Mongolismus leidenden jungen Mannes, der sein Leben meistert. Mutmachender Problemfilm.

Mussolini – Der letzte Akt M705 ***
MUSSOLINI – ULTIMO ATTO
Italien 1974, 115 Min., F
R: Carlo Lizzani D: Rod Steiger, Lisa Gastoni, Giuseppe Addobbati
Detailgenaue historische Rekonstruktion der letzten Tage von Mussolinis Schreckensherrschaft.

Der Musterschüler M706 ****
COLLEGE
USA 1927, 66 Min., s/w
R: James W. Horne D: Buster Keaton, Anne Cornwall, Snitz Edwards
Als Musterschüler und Sportverächter gerät Buster ausgerechnet an ein Mädchen, das ihn nur als großen Sportler akzeptieren will. Wie er es dennoch erobert, verdankt er erneut seinem unbeirrbaren Kampf gegen eine phantasielose Welt, in der sich seine Rivalen bewegen.

Mut der Verzweiflung M707 ***
NOBODY'S CHILD

geschlossenen psychiatrischen Klinik zwanzig Jahre verbringen muß.

Mut für den Alltag M708
KAZDY DEN ODVAHU ****
CSSR 1964, 90 Min., s/w
R: Evald Schorm D: Jan Kasar, Jana Brejchová, Josef Abrhám
Ein junger Aktivist soll als »Held der Arbeit« gefeiert werden, findet aber für seine Zweifel und Fragen nirgendwo Verständnis. Milieustudie.

Mut zur Wahrheit M709
COURAGE UNDER FIRE ***
USA 1996, 118 Min., F
R: Edward Zwick D: Denzel Washington, Meg Ryan, Lou Diamond Phillips, Matt Damon
Zwiespältiges Militärdrama um einen degradierten Colonel, der die Wahrheit über den Heldentod einer Helikopterpilotin herausfinden will. Dramaturgisch an »Rashomon« angelehnt, transportiert der Film nur reaktionäre Botschaften. HFJ 1998

Mutant Hunt M710
MUTANT HUNT *
USA 1987, 77 Min., F
R: Tim Kincaid
D: Rick Gianasi, Mary Fahey, Ron Reynaldi
Aus einem Industrielabor geflohene Androiden terrorisieren eine Stadt, bis ein Spezialist ihnen den Garaus macht. Actionbetonter SF-Film, bei dem der Ballermann allemal das Hirn ersetzt. HFJ 1989

Mutant II M711
MUTANT NIGHT SHADOWS **
USA 1983, 99 Min., F
R: John Bud Cardos
D: Wings Hauser, Bo Hopkins, Lee H. Montgomery
Illegal abgelagerter Giftmüll, ins Grundwasser gelangt, macht aus den Bewohnern eines US-Städtchens böse grunzende Zombies, die diverse Immune jagen. Billiger Schund, sicher – aber durchaus spannend.
HFJ 1988

The Muthers M712
THE MUTHERS *
Philippinen 1975, 85 Min., F
R: Cirio H. Santiago
D: Jeanne Bell, Joanne Katon, Trina Parks
Die Abenteuer einer weiblichen Piratenbande im chinesischen Meer – eine Mixtur aus Sadismus, Geballer und Sentimentalität. Formal und inhaltlich auf dem Niveau eines Groschenromans.

Die Mutter M713
MAT *****
UdSSR 1926, 103 Min., s/w
R: Wsewelod I. Pudowkin D: Vera Baranowskaja, A. P. Christiakow, Nikolaj Batalow
Nach dem Roman von Maxim Gorki erzählt der Film die Geschichte einer Frau, die sich unter den Bedingungen von Entbehrung und Unterdrückung zum Kommunismus bekennt. In seiner Komposition ein Meilenstein nicht nur des sowjetischen Kinos.

›Mutter Johanna von den Engeln‹ von Jerzy Kawalerowicz.

Die Mutter des Killers M714
****

BRD 1996, 78 Min., s/w
R: Volker Einrauch D: Peter Lohmeyer, Dieter Landuris, Andrea Sawatzki
Low-Budget-Trash-Thriller-Komödien-Mischmasch um einen nicht wirklich toten Krimi-Autor, der zusammen mit einem Bestattungsgehilfen ein Komplott gegen seine Ehefrau und dessen reichen Liebhaber anzettelt. Engagiert-skurill, hamburgerisch. HFJ 1998

Mutter Johanna von den Engeln M715
****
MATKA JOANNA OD ANIOLOW
Polen 1961, 108 Min., s/w
R: Jerzy Kawalerowicz D: Lucyna Winnicka, Mieczyslaw Voit, Anna Ciepielewska
Eine Geschichte in Anlehnung an »Die Teufel von Loudun«, verlegt ins Polen des 17. Jahrhunderts, in streng komponierten Bildern und mit unmißverständlicher Kritik an der katholischen Kirche entwickelt.

Mütter & Söhne M716
SOME MOTHER'S SON ****
Irland/GB/USA 1996, 112 Min., F
R: Terry George D: Helen Mirren, Fionnula Flanagan, Aidan Gillen
Die Mütter zweier inhaftierter IRA-Angehöriger – die eine Kämpferin, die andere Pazifistin – begegnen und befreunden sich anläßlich des Hungerstreiks ihrer Söhne. Faszinierendes, subtiles und vielschichtiges Drama, das völlig unprätentiös die komplexe Verwobenheit zwischen politischer und privater Ebene im Irland-Konflikt nachvollziehbar macht. HFJ 1998

Mutters Courage M717
****
BRD/GB/Österreich 1995, 89 Min., F
R: Michael Verhoeven D: Pauline

Keanu Reeves und River Phoenix in ›My Private Idaho‹ von Gus van Sant.

My blue Heaven M718
MY BLUE HEAVEN ***
USA 1990, 95 Min., F
R: Herbert Ross D: Steve Martin, Rick Moranis, Joan Cusack
Kriminalkomödie um einen Mafioso, der auspacken will und dabei zur Zielscheibe seiner Ex-Kumpane wird. Solider Film ohne herausragende Momente. HFJ 1993

My Fair Lady M719
MY FAIR LADY ****
USA 1963, 173 Min., F
R: George Cukor D: Audrey Hepburn, Rex Harrison, Gladys Cooper
Aufrichtiger Sprachprofessor bringt ungebildeter Blumenverkäuferin bei, anständig zu sprechen, woraufhin diese einen rasanten gesellschaftlichen Aufstieg nimmt. Romantischer Musical-Klassiker nach G.B. Shaw, der durch seinen frischen und intelligenten Witz und hervorragende Charakterdarstellungen besticht.

My Girl – Meine erste Liebe M720
MY GIRL **
USA 1991, 102 Min., F
R: Howard Zieff D: Dan Aykroyd, Jamie Lee Curtis, Macaulay Culkin

sene noch jugendliche Zuschauer ernst. (HFJ 1993) Der zweite Teil, 1994, war nicht besser. HFJ 1995

My Name is Joe M721
MY NAME IS JOE ****
GB/BRD 1998, 105 Min., F
R: Ken Loach D: Peter Mullan, Louise Goodall, David McKay
Liebenswerte Sozialdramödie über den Alltag eines Extrinkers zwischen Gelegenheitsjobs, seinem Engagement als Fußballtrainer und dem Beginn einer neuen Liebe. Glänzende Darsteller in einer (über-)lebensbejahenden Milieuschilderung. HFJ 1999

My New Gun M722
MY NEW GUN ***
USA 1992, 95 Min., F
R: Stacy Cochran
D: Diane Lane, Stephen Collins, James Le Gros
Eine Frau bekommt von ihrem Mann eine Pistole geschenkt, die sie gar nicht will, aber ihr Leben verändert. Comedy-Thriller mit Emanzipationsaussage. Debütfilm. HFJ 1993

My Private Idaho M723
MY OWN PRIVATE IDAHO ****

einer der beiden beschließt, das Erbe seines Vaters, des Bürgermeisters von Portland, anzutreten. Bestechend fotografierte, detailgetreue und vorurteilsfreie Schilderung des Homosexuellen-Milieus. HFJ 1992

Myra Breckinridge – Mann oder Frau? M724 ***

MYRA BRECKINRIDGE
USA 1970, 94 Min., F
R: Michael Sarne D: Mae West, John Huston, Raquel Welsh, Farah Fawcett
Satire auf das Hollywood-Busineß und sein Klischee des unter dem Pantoffel einer verführerischen Frau stehenden Filmhelden. Der stilistisch uneinheitliche Film bleibt jedoch nach schwungvollem Beginn mit intellligenten Gags schnell auf der Strecke.

Myriam – Meine wilden Freuden M725 *

BRD 1982, 95 Min., F
R: Lester C. Williams D: Bea Fiedler, Mario Pollak, Herbert Stiny, Eleonore Melzer
Gattin eines Fremdgängers stürzt sich in sexuelle Abenteuer und erfährt, daß Männe ihre Galane bezahlt, um zu zeigen, wer der Herr im Haus ist. Sexfilm-Dutzendware.

Mysterien eines Frisiersalons M726 *****

Deutschland 1923, 29 Min., s/w
R: Bert Brecht, Karl Valentin D: Karl Valentin, Erwin Faber, Liesl Karlstadt
Eine bizarre Slapstick-Geschichte um einen Frisiersalon, in dem den Kunden übel mitgespielt wird (unter anderem wird ihnen der Kopf vom Rumpf getrennt und nur notdürftig wieder angeklebt).

Der mysteriöse Dr. Lao M727 ***

THE SEVEN FACES OF DR. LAO
USA 1964, 99 Min., F
R: George Pal D: Tony Randall, Barbara Eden, Arthur O'Connell
Aufwendig ausgestatteter Fantasyfilm über einen mysteriösen Chinesen, der in einem Kirmeszelt den Bürgern einer US-Kleinstadt in episodischer Form den Spiegel vorhält und ihre Probleme löst. Nach dem Roman von Charles G. Finney. LFF

Mysterious Planet M728 **

MYSTERIOUS PLANET
USA 1984, 81 Min., F
R: Brett Piper D: Boyd Piper, Michael Quigley, Bruce Nadeau
Nach einer Notlandung muß sich eine Raumschiffbesatzung auf einem unbekannten Planeten mit allerlei monströsem Getier herumschlagen, das zwar zum Schießen komisch aussieht, aber durchaus ernst gemeint ist. LSFF

Mystery Train M729 ***

MYSTERY TRAIN
USA 1989, 113 Min., F
R: Jim Jarmusch D: Masatoshi Nagase, Screamin' Jay Hawkins, Nicoletta Braschi, Joe Strummer
In drei zeitlich parallelen Episoden werden Menschen gezeigt, die unabhängig voneinander in einem heruntergekommenen Hotel in Memphis/Tennessee absteigen: Ein japanisches Pärchen auf den Spuren von Elvis, eine Italienerin, die ihren toten Gatten nach Rom überführt, und drei Männer, die einen Schnapsladen überfallen. Einer der schwächeren Filme von Jarmusch mit wenigen Höhepunkten und vielen Banalitäten. HFJ 1990

Mystor – Todesjäger II M730 **

DEATHSTALKER II
USA 1978, 77 Min., F
R: Jim Wynorski D: John Terlesky, Monique Gabrielle, John La Zar
Vollbusige Prinzessin versucht mit Hilfe eines Haudegens ihren Thron zurückzuerobern. An unfreiwilligem Humor reicher, von schlampiger Hand inszenierter Billig-Fantasy-Film.

Der deutsche Film

Die neue Generation

Der deutsche Film ist erfolgreich wie schon lange nicht mehr. Neben Regisseuren, Produzenten und Verleihern haben vor allem die Schauspieler dazu beigetragen.
Eine neue Generation berichtet über ihren Werdegang, ihre Rollen und ihre Gedanken zur eigenen Arbeit.
Eine Filmographie von mehr als 200 Filmen bietet zusätzlich einen Überblick über die Filmlandschaft der neunziger Jahre.

Mit über 80 Fotos!

32/265

HEYNE-TASCHENBÜCHER

Kino zum Lesen
"Stanley Kubrick hat ein Kino hinterlassen,
das nicht nur unsere Welt abbilden,
verbessern und kritisieren kann,
unser Leben feiern oder betrauern,
sondern das dorthin gelangen wollte,
wo noch niemand war."
Georg Seesslen
Stanley Kubrick
320 S., Pb., viele Abb.
DM 34,- (ÖS 248/SFr 32,80)
ISBN 3-89472-312-2
In Zusammenarbeit mit ARTE TV
Georg Seesslen/Fernand Jung
Stanley Kubrick
und seine Filme
SCHÜREN
GEORG SEESSLEN
GESCHICHTE UND MYTHOLOGIE
DES POLIZEIFILMS
COPLAND
GRUNDLAGEN
DES POPULÄREN FILMS
SCHÜREN
Copland
530 S., geb., viele Abb.
DM 48,- (ÖS 350/SFr 46,-)
ISBN 3-89472-426-9
(Grundlagen des populären Films)
„kurzweilige Lektüre“
FAZ
SCHÜREN
Deutschhausstraße 31 · D-35037 Marburg · Tel. 06421/63084
www.schueren-verlag.de · Prospekte senden wir gerne

HEYNE FILMBIBLIOTHEK

Lothar R. Just
Ronald M. Hahn · Georg Seeßlen
Meinolf Zurhorst

HEYNE
FILM LEXIKON
2

HEYNE FILMBIBLIOTHEK
Nr. 32/271

Herausgeber: Bernhard Matt

Texte: Ronald Hahn, Georg Seeßlen, Meinolf Zurhorst, Martin Borchers, Uli Buchner, Gebhard Hölzl, Thomas Hubert, Margret Köhler, Thomas Lassonczyk, Frank Schnelle, Rolf Thissen, Christian Westermeier. Redaktion: Ralf Dürr, Rolf Thissen
Mitarbeit: Brita Geisler, Eva Hesz, Computergestützte Datenverarbeitung in Zusammenarbeit mit FilmData

Fotonachweis

Amazonas, ARD, Arsenal, Ascot, Atlas, Basis, Bavaria, Buena Vista, CIC Video, Columbia TriStar, Con-Film, Concorde/Castle Rock-Turner, Deutsches Institut für Filmkunde, Filmfestspiele Berlin, Filmverlag der Autoren, Filmcooperative, Filmwelt, Filmfest München, Highlight, Jugendfilm, Kinowelt, NEF, Constantin, Nil-Film, Pandora, Paramount, Progress, Prokino, Senator, Scotia, Stiftung Deutsche Kinemathek, TiMe, Tobis, Twentieth Century Fox, UA, UIP, Universal, VMP, Warner Bros., ZDF

Danksagung

Ein besonderer Dank geht an die Autoren, die uns erlaubten, ihre Kurzkritiken leicht bearbeitet abzudrucken:
Thomas Engel, Robert Fischer, Bodo Fründt, Anne Frederiksen, Frauke Hanck, Manfred Hobsch, W. O. P. Kistner, Otto Kuhn, Josef Nagel, Robert Richter, Hans-Joachim Schlegel, Jürgen Seeger, Hans Strobel, Paul Werner, Axel Winterstein

Benutzerhinweise

Auf Abkürzungen wurde weitgehend verzichtet. R: = Regie, D: = Darsteller. Die Produktionsländer werden in der Regel ausgeschrieben bzw. die eingebürgerten Abkürzungen benutzt wie USA, UdSSR oder GB = Großbritannien. D = Deutschland bis 1945, danach DDR oder BRD. In Ausnahmen wurde Italien als It, Frankreich als Fr und Spanien als Sp abgekürzt.
Bei einigen Filmklassikern wurde der frühere Verleihtitel nicht mehr verwendet, weil die Filme mittlerweile besser unter ihren Originaltiteln bekannt sind; z. B. »Hafen des Lasters« steht nur noch unter »Key Largo«.
Bei Koproduktionen wurde in der Regel nur der Originaltitel des führenden Produktionslandes angegeben.
Der Hinweis am Ende einiger Texte verweist auf Bücher, in denen der Film umfangreich dokumentiert und besprochen ist. HFJ = Heyne Film Jahrbuch, LSF = Lexikon des Science-fiction-Films.

Originalausgabe 11/1999

Printed in Germany 1999
Vorder- und Rückseitenillustrationen: Interfoto und Film-Archiv Just
Schuber: Interfoto und Filmarchiv Lothar R. Just
Umschlaggestaltung: Nele Schütz Design, München
Herstellung: H+G Lidl, München
Satz: Fotosatz Völkl, Puchheim
Druck und Verarbeitung: Ebner Ulm

ISBN 3-453-15747-8

N

Nach der Liebe N1

APRES L'AMOUR ***

Frankreich 1992, 104 Min., F

R: Diane Kurys D: Isabelle Huppert, Bernard Giraudeau, Hippolyte Girardot

Zwei verheiratete Männer als Liebhaber zu haben, überforderte mit der Zeit auch die erfolgreiche attraktive Schriftstellerin. Amüsantes, typisch französisches Problemfilmchen.

Nach eigenen Regeln N2

MULHOLLAND FALLS ***

USA 1996, 106 Min., F

R: Lee Tamahori D: Nick Nolte, Melanie Griffith, Chazz Palminteri

Indifferentes Kriminaldrama: Ein tougher Polizist mischt in den 50er Jahren die Mafia auf. Nach dem Mord an seiner Exgeliebten besinnt sich der coole Typ auf einmal auf die Gefühle. Das stimmungsvolle Ambiente und ein herausragender Hauptdarsteller reichen trotzdem nicht. HFJ 1997

Nach uns die Sintflut N3

BAIL JUMPER ***

USA 1989, 94 Min., F

R: Christian Faber D: Eszter Balint, B. J. Spalding, Tony Askin

Drei Aussteiger auf der Flucht vor der Polizei von Missouri nach New York. Ironisches Road Movie voll Action und Poesie. Überzeugendes Spielfilm-Debüt des einstigen Assistenten von Martin Scorsese. HFJ 1992

Nachrichten aus dem Dorf N4

KADDU BEYKAT ****

Senegal 1975, 95 Min., F

R: Safi Faye D: Maguette Gueye, Assane Faye

Mit großem Einfühlungsvermögen stellt Safi Faye, eine der ersten Filmautor-

Nachrichtenfieber N5

BROADCAST NEWS ****

USA 1987, 134 Min., F

R: James L. Brooks D: William Hurt, Albert Brooks, Holly Hunter

Routiniert inszenierter genreübergreifender Unterhaltungsfilm mit guten Darstellern über Arbeit, Konkurrenz- und Beziehungskämpfe in einer TV-Nachrichtenredaktion. Die Story wird von einer ausgezeichneten Kameraführung unterstützt und gibt so einen spannenden und unterhaltsamen Einblick in das hektische Leben von TV-Nachrichtenmenschen, ohne es jedoch kritisch zu hinterfragen. HFJ 1989

Nachruf auf eine Bestie N6

****

BRD 1982/83, 105 Min., F

R: Rolf Schübel

Ein filmisches »Lebensprotokoll« des vierfachen Kindermörders Jürgen Bartsch mit persönlichen Aussagen des Verurteilten und Stellungnahmen von Zeitzeugen aus den jeweiligen Lebensabschnitten. Der Film schafft Zugang zu einem Menschen, der vielfach als Bestie angesehen worden ist.

Nachruf für einen Mörder N7

****

Österreich, 1991, 110 Min., s/w und F

R: Michael Haneke

Experimenteller Fernsehfilm in dem Betroffene den Fall eines 21jährigen Amokläufers diskutierten, der ohne offensichtliches Motiv sechs Menschen erschossen hatte. Haneke unterlegt den Originalton der Gesprächsrunde Bildern aus allen Programmen eines Fernsehtages in ihrem exakt proportionalen Anteil. Eine innovative Collage, die Zusammenhänge der alltäglichen Medienrealität unmittelbar

Die Träume eines Masseurs in einem verlassenen Kurort von einem unabhängigen Leben werden durch seine bedrückende Alltagssituation zunichte gemacht. HFJ 1990

Die Nacht N9

LA NOTTE ****

It/Fr 1960, 121 Min., s/w

R: Michelangelo Antonioni D: Jeanne Moreau, Marcello Mastroianni, Monica Vitti, Bernhard Wicki

In einer lauen Nacht kulminiert die seelische Erstarrung eines Ehepaares in einem ausweglosen Herumirren. Ihre gegenseitige Unfähigkeit, dem Partner die eigenen Gefühle mitzuteilen, verwehrt ihnen eine neue Sinngebung in ihrer Beziehung. Atmosphärisch dichte und bedrückende Bestandsaufnahme einer gestörten modernen Gesellschaft.

Die Nacht der Abenteuer N10

A NIGHT ON THE TOWN ****

USA 1987, 102 Min., F

R: Chris Columbus D: Elisabeth Shue, Maia Brewton, Keith Coogan

Wunderschönes Teenager-Märchen über eine Babysitterin, die mitsamt den zu betreuenden Kids in ein nächtliches Großstadt-Abenteuer verwickelt wird. Lustvoll inszeniert, liebevoll erzählt. HFJ 1989

Die Nacht der Apokalypse N11

LADY, STAY DEAD **

Australien 1982, 87 Min., F

R: Terry Bourke D: Chard Hayward, Louise Howitt, Deborah Coulls

Ein Gärtner, der Frauen vergewaltigt und ermordet, ist nicht totzukriegen. Billiger Horrorschocker mit dämlichen Dialogen, phantasielosem Drehbuch und mangelhafter innerer Logik.

Außerirdische Besucher mischen sich unter eine Gruppe maskierter Teenies, die gerade Halloween feiern. Daß man sie nicht gleich als das erkennt, was sie sind, hat böse Folgen. HFJ 1989

Die Nacht der blutigen Wölfe N13
DOCTOR JEKYLL Y EL HOMBRE LOBO **
Spanien 1972, 88 Min., F
R: Leon Klimovsky D: Paul Naschy, Shirley Corrigan, Jack Taylor
Ein Werwolf läßt sich von Dr. Jekyll behandeln und erhält eine Injektion, die ihn heulend und mordend durch die Stadt ziehen läßt. Billig produzierte Schauermär, die in keiner Einstellung überzeugt.

Die Nacht der Creeps N14
NIGHT OF THE CREEPS **
USA 1986, 85 Min., F
R: Fred Dekker D: Jason Lively, Steve Marshall, Jill Whitlow, Tom Atkins
Glatzköpfige Freßmonster kommen aus dem All zur Erde und verwandeln ein paar einfältige Collegeboys und -girls in Buh-Buh-Zombies, wie dutzendfach gehabt. Wer die Creeps nicht kennt, der hat auch nichts verpennt. HFJ 1988

Nacht der Generale N15
THE NIGHT OF THE GENERALS ***
GB/Fr 1967, 145 Min., F
R: Anatole Litvak D: Omar Sharif, Peter O'Toole, Tom Courtenay
Verfilmung des Romans von Hans Hellmut Kirst über einen geisteskranken SS-General, der während des Zweiten Weltkrieges aus persönlicher Mordlust Prostituierte tötet. Trotz weniger starker Momente gelingt es Litvak nicht, die Vorlage adäquat umzusetzen, da er seinen Film thematisch überfrachtet und zu sehr auf publikumswirksame Reize setzt.

Die Nacht der lebenden Toten N16 ****
THE NIGHT OF THE LIVING DEAD
USA 1968, 93 Min., s/w
R: George A. Romero D: Judith O'Dea, Russell Streiner, Duane Jones
Strahlen einer zurückkehrenden Sonde von der Venus wecken auf der Erde die Toten auf, die anschließend die Lebenden fressen. Politisch interpretierbarer, doch nicht so konzipierter SF-Horror-Film, der Kultstatus erlangte und zahllose Imitationen nach sich zog. LSFF

Die Nacht der offenen Särge N17
DRACULA CONTRA EL DOCTOR FRANKENSTEIN *
Spanien/Portugal 1972, 84 Min., F
R: Jess Franco D: Dennis Price, Howard Vernon, Alberto Dalbes
Ein Wissenschaftler bringt mehrere Vampire und Frankensteins Monster unter seine Kontrolle. Ein Arzt will ihm das Handwerk legen. Von innerlicher Logik unbeleckter Streifen aus der Schnittabfallkiste.

Die Nacht der Rache N18
FOUR GUNS TO THE BORDER ***
USA 1954, 82 Min., F
R: Richard Carlson D: Rory Calhoun, Colleen Miller, George Nader
Nach einem Raub wird eine Bande von Apachen aufgerieben. Der einzige Überlebende verliebt sich in die Tochter eines Farmers und läßt sich von ihr bewegen, sich zu stellen. Ein annehmbarer Western, in dem die Liebe nicht zu kurz kommt.

Die Nacht der reitenden Leichen N19 **
LA NOCHE DEL TERROR CIEGO
Spanien/Portugal 1971, 90 Min., F
R: Amando Ossori D: Lone Fleming, Cesar Burner, Helen Harp
Skelette ehemaliger Tempelritter spuken in einer verfallenen Abtei und nehmen sich Touristen zur Brust, die nach ihnen forschen. Horrorfilm der billigen Machart, der Schocksequenzen jedoch wirkungsvoll einsetzt.

Die Nacht der Schreie N20
FROM A WHISPER TO A SCREAM **
USA 1986, 94 Min., F
R: Jeff Burr D: Vincent Price, Clu Gulager, Terry Kiser, Harry Caesar
Ein Archivar, der sich im nachhinein als Gespenst entpuppt, erzählt einer staunenden Journalistin ein paar gruselige Schwänke über seine Heimatstadt. Nicht sonderlich aufregender Episodenfilm.

Die Nacht der unheimlichen Bestien N21 **
THE KILLER SHREWS
USA 1959, 77 Min., s/w
R: Ray Kellogg D: James Best, Ingrid Goude, Baruch M. Lumet
Riesenratten, von einem Forscher gezüchtet, der den Hunger bekämpfen will, entfleuchen seinem Labor und terrorisieren Inselbewohner. Billiger Thriller, von einem geistigen Flachmann inszeniert. LSFF

Nacht der Vampire N22
LA NOCHE DE WALPURGIS **
BRD/Spanien 1971, 87 Min., F
R: Leon Klimovsky D: Paul Naschy, Gaby Fuchs, Barbara Capell
Ein Werwolf, der nach einem magischen Kreuz sucht, um den auf ihm lastenden Fluch zu brechen, gerät mit einer vampirischen Gräfin aneinander. Hanebüchener Horrorfilm, der sich nicht an die Logik des Genres hält.

Die Nacht der wilden Ladies N23
THE DANCERS **
USA 1981, 98 Min., F
R: Anthony Spinelli D: John Leslie, Joey Silvera, Richard Pacheco
Eine Gruppe männlicher Stripper ist den weiblichen Gästen einer Bar zu Willen. Ansehnlicher Sexfilm, von der Adult Movies Association of America zum besten Scharfmacherstreifen des Jahres gewählt.

Nacht der Wölfe N24 ***
BRD 1981, 80 Min., F
R: Rüdiger Nüchtern D: Daniela Obermaier, Ali Arkadas, Fritz Gattinger
Münchner Version der »West Side Story«. Großstadtrocker verteidigen ihr Revier gegen zuziehende türkische Jugendliche. Trotz seiner gelungenen Bilder ein Film der Klischees. Ein Spiegelbild seines Sujets und unserer Zeit.

Die Nacht des Jägers N25
THE NIGHT OF THE HUNTER *****
USA 1955, 93 Min., s/w
R: Charles Laughton D: Robert Mitchum, Shelley Winters, Lillian Gish
Ein psychopathischer Wanderprediger verfolgt auf der Suche nach der Beute

eines Raubmörders dessen beiden Kinder. Psychothriller, der seine Handlung in atmosphärisch dichten, expressiven Bildern umsetzt. Einzige Regiearbeit von Charles Laughton.

Die Nacht des Leguan N26
THE NIGHT OF THE IGUANA ***
USA 1963, 118 Min., s/w
R: John Huston D: Richard Burton, Ava Gardner, Deborah Kerr, Sue Lyon
Ein wegen eines Sex-Skandals aus dem Kirchendienst entlassener Pfarrer arbeitet als Fremdenführer in Mexiko. Verschiedene Frauen, die er während der Führungen trifft, bringen seine inneren Zwiespälte an die Oberfläche. Hervorragende darstellerische Leistungen nach einem Stück von Tennesse Williams.

Die Nacht hat viele Augen N27
STAKEOUT ***
USA 1986, 117 Min., F
R: John Badham D: Richard Dreyfuss, Emilio Estevez, Madeleine Stowe
Zwei nicht immer fähige Cops werden darauf angesetzt, die Freundin eines gesuchten Gangsters unter Beobachtung zu nehmen. Nette Unterhaltungskomödie. HFJ 1989

Die Nacht ist jung N28
MAUVAIS SANG ****
Frankreich 1986, 112 Min., F
R: Léos Carax D: Denis Lavant, Juliette Binoche, Michel Piccoli
Paris vor der Apokalypse: Ein Komet nähert sich. Ein alter Gangster, eine junge Frau und ein junger Mann unternehmen einen letzten großen Coup. Überaus kraftvolles Kino; ein Film, in dem man ständig Dinge sieht, die man vorher noch nie gesehen hat.

Die Nacht kennt keine Zeugen N29 ***
NOTTE ITALIANA
Italien 1987, 86 Min., F

Die Nacht mit Chandler N30
***
BRD 1978, 87 Min., F
R: Hans Noever D: Agnes Dünneisen, Rio Reiser, Thomas Schücke
Eine junge Frau ist auf der Suche nach dem Mörder ihres Bruders. Gelungener deutscher Low-Budget-Film.

Die Nacht mit meinem Traummann N31 ***
THE NIGHT WE NEVER MET
USA 1993, 98 Min., F
R: Warren Leight D: Matthew Broderick, Annabella Sciorra, Kevin Anderson
Es dauert lange, bis sich ein Paar, das mit einem Dritten tageweise die Wohnung in New York teilt, findet. Aber dann ist die Liebe los. Eine unterhaltsame Komödie über die unberechenbaren Zufälle des Lebens. HFJ 1995

Nacht ohne Zeugen N32
PENDULUM ***
USA 1968, 101 Min., F
R: George Schaefer D: George Peppard, Jean Seberg, Richard Kiley
Nachdem er in Mordverdacht geraten ist, spürt Captain Matthews die fragwürdigen Methoden seiner Polizeikollegen am eigenen Leib.

Nacht über Manhattan N33
NIGHT FALLS ON MANHATTAN ****
USA 1997, 113 Min., F
R: Sidney Lumet D: Andy Garcia, Ian Holm, James Gandolfini
Junger idealistischer Staatsanwalt gerät am Anfang seiner Karriere an einen Fall von Polizeikorruption, in den auch sein Vater verstrickt ist. Gelungener Justiz-Thriller um die Frage nach der Vereinbarkeit von Gerechtigkeit und persönlichen Werten. HFJ 1998

Die Nacht und ihr Preis N34
***
BRD 1983, 86 Min., F

Nacht und Nebel N35
NUIT ET BROUILLARD *****
Frankreich 1955, 32 Min., F und s/w
R: Alain Resnais
Höchst eindringlicher Film über die Vernichtungsmaschinerie der nationalsozialistischen Konzentrationslager. Anhand der heutigen Bilder von Auschwitz und Birkenau, ergänzt von Wochenschaumaterial, wird das bewußt nicht direkt gezeigte Grauen durch die eindringlichen Texte von Jean Cayrol (in der deutschen Fassung von Paul Celan) in seinem ganzen schrecklichen Ausmaß nachvollziehbar.

Nacht und Nebel über Japan N36
NIGHON NO YORU TO KIRI ***
Japan 1960, 107 Min., s/w
R: Nagisa Oshima D: Fumio Watanabe, Miyuki Kuwano
Kennengelernt haben sie sich bei den Demonstrationen gegen den Sicherheitsvertrag zwischen Japan und den USA. Bei ihrer Hochzeitsfeier kommt es unter den Gästen zu einer Diskussion über die verschiedenen Spielarten politischen Engagements.

Die Nacht von San Lorenzo N37
LA NOTTE DI SAN LORENZO ****
Italien 1981, 106 Min., F
R: Paolo und Vittorio Taviani
D: Omero Antonutti, Margarita Lozano, Claudio Bigagli, Massimo Bonetti
Gegen Ende des Zweiten Weltkrieges entfernt sich ein Teil der Bewohner aus einem italienischen Dorf, um den amerikanischen Truppen entgegenzugehen. Die Zurückgebliebenen fallen einem Vergeltungsanschlag der deutschen Besatzer zum Opfer. Groteskironische Beschreibung einer zerfallenden Ordnung, die archaische Muster der menschlichen Existenz eindrucksvoll herausarbeitet.

Die Nacht vor der Hochzeit N38

bisher unterdrückte menschliche Gefühle und gewinnt dadurch sogar ihren Ex-Ehemann zurück. Schwungvoll inszenierte Screwball-Comedy mit gesellschaftskritischen Witz.

Nachtasyl N39
LES BAS-FONDS ***
Frankreich 1936, 95 Min., s/w
R: Jean Renoir D: Louis Jouvet, Jean Gabin, Suzy Prim, Vladimir Sokoloff
Verfilmung von Maxim Gorkijs Stück. Anhand von Individuen, die Auswege aus Unterdrückung und Ausbeutung suchen, wird die soziale Situation in der III. Französischen Republik behandelt, ohne daß der Ort der Handlung eindeutig lokalisierbar ist.

Nachtasyl N40
DONZOKO ****
Japan 1957, 130 Min., s/w
R: Akira Kurosawa D: Toshiro Mifune, Isuzu Yamada, Ganjiro Nakamura
Die werkgetreue filmische Adaptation von Maxim Gorkijs Stück in eine schäbige Kneipe in den Slums von Tokio verlegt. In einer meisterhaften Dramaturgie mit drei Kameras, langen Einstellungen und hervorragenden Darstellern werden soziale Abhängigkeitsverhältnisse visualisiert.

Nachtaufnahmen
siehe: Life According to Agfa

Nachtblende N41
L'IMPORTANCE C'EST D'AIMER ***
Fr/BRD/It 1974, 106 Min., F
R: Andrzej Zulawski D: Romy Schneider, Fabio Testi, Klaus Kinski
Fotograf ist einer Schauspielerin hörig. Er wird erpreßt und der Gatte in den Selbstmord getrieben. Sex und Wahnsinn: schön fotografiert, aber ohne rechten Sinn.

Die Nächte der Cabiria N42
LE NOTTI DI CABIRIA ****
It/Fr 1957, 111 Min., s/w
R: Federico Fellini D: Giulietta Masina, François Périer, Amedeo Nazzari
Episoden aus dem Leben eines römischen Straßenmädchens, das in all seinem Elend immer noch vom großen Glück träumt.

Nächte des Grauens N43
THE PLAGUE OF THE ZOMBIES **
GB 1965, 90 Min., F
R: John Gilling D: André Morell, Diane Clare, Brook Williams
Ein Manchester-Kapitalist, der in der Karibik das Voodoo-Handwerk erlernt hat, läßt Untote als Minenarbeiter kostenlos für sich schuften. Leidlich spannende Horrorgeschichte, deren Zombies nichts mit denen des modernen Kotzfilms zu tun haben.

Die Nächte einer schönen Frau N44
A WOMAN OF PARIS ****
USA 1923, 83 Min., s/w
R: Charles Chaplin D: Edna Purviance, Adolphe Menjou, Carl Miller
Eine junge Frau vom Lande glaubt sich von ihrem Verlobten, einem Maler, verlassen, geht in Paris ein Verhältnis mit einem Lebemann ein und muß sich plötzlich zwischen zwei Männern entscheiden. Stummfilm, Melodram und erste »ernste« Regie-Arbeit Chaplins, schlicht, einfühlsam und in prächtige Bilder umgesetzt.

Nachtfalken N45
NIGHTHAWKS **
GB 1978, 109 Min., F
R: Ronald Peck D: Kenneth Robertson, Rachel Nicholas, Robert Merrick
Die Geschichte eines Lehrers, der sich nach anfänglichem Zögern schließlich doch offen zu seiner Homosexualität bekennt. Etwas zähes Thesenstück.

Nachtfalken N46
NIGHTHAWKS **
USA 1981, 99 Min., F
R: Bruce Malmuth D: Sylvester Stallone, Billy Dee Williams, Rutger Hauer, Persis Khambatta
Supercop Stallone jagt den dämonischen Rutger Hauer in der Rolle eines »nordischen« Terroristen. Ärgerlich.

Nachts auf den Straßen N47
****
BRD 1951, 112 Min., s/w
R: Rudolf Jugert D: Hans Albers, Hildegard Knef, Lucie Mannheim
Ein solider Fernfahrer mit Familie findet auf der Straße Geld und behält es. Nachdem er von einer verführerischen Frau in Schiebergeschäfte hineingezogen wird, entscheidet er sich schließlich doch wieder für ein ehrliches Leben. Handwerklich perfekt inszenierter Film am Puls der Zeit, in dem Hans Albers in einer seiner besten Rollen glänzt.

Nachts, wenn das Skelett erwacht N48
THE CREEPING FLESH ***
GB 1972, 88 Min., F
R: Freddie Francis D: Christopher Lee, Peter Cushing, Lorna Heilbron
Skelett, von Regen benetzt, wird zum Monster. Forschertochter, mit Monsterzellen behandelt, verwandelt sich in Bestie. Klapsmühlenbewohner geht auch noch um. Autor, kann man annehmen, schreibt am nächsten Film.

Peter Cushing

Nachts, wenn der Teufel kam N49
****
BRD 1957, 105 Min., s/w
R: Robert Siodmak D: Claus Holm, Mario Adorf, Hannes Messemer
In der Zeit der Naziherrschaft wird ein psychisch kranker Massenmörder überführt, doch die SS vertuscht den Fall aus politischen Gründen. Siodmaks beste Arbeit nach seiner Rückkehr nach Deutschland gibt ein düsteres Zeitbild.

Nachts, wenn die Leichen schreien N50
THE DEVIL'S RAIN **
USA 1975, 79 Min., F
R: Robert Fuest D: Ernest Borgnine, William Shatner, Ida Lupino
Satanisten wollen die Nachfahren einer Hexerfamilie ausrotten und ein Buch stehlen, in dem alle ihrer Art verzeichnet sind. Schundprodukt, in dem die letzte Szene die beste ist.

Mario Adorf

Nachts, wenn Dracula erwacht N51
EL CONDE DRACULA ***
BRD/Spanien/Italien 1969, 93 Min., F
R: Jess Franco D: Christopher Lee, Herbert Lom, Klaus Kinski
Jonathan Harker gerät in Rumänien und später in England mit Graf Dracula aneinander. Relativ originalgetreue Verfilmung des Romans von Bram Stoker, der handwerklich allerdings manch unglaublichen Heuler vorführt.

Nachts werden Träume wahr N52
THIEF OF HEARTS ***
USA 1984, 96 Min., F
R: Douglas Day Stewart D: Steven Bauer, Barbara Williams, John Getz
Einbrecher erbeutet Tagebücher der sexuell frustrierten Ehefrau eines Schriftstellers und spielt ihr den Mann ihrer Träume vor. (Achtung, der Junge ist ein Psycho!)

Nachtschatten N53
****
BRD 1970, 96 Min., F
R: Niklaus Schilling D: John van Dreelen, Elke Haltaufderheide, Max Krügel, Ella Timmermann
Die Besitzerin eines Hauses im Moor schlägt den Mann, der es zu kaufen trachtet, in Bann. Kunst- und phantasievolles cineastisches Spiel mit Trivialmythen und Märchenstoffen.

Dienstfahrten findet, gerät an eine krebskranke TV-Regisseurin.

Nachtsonne N55
IL SOLE ANCHE DI NOTTE ***
It/Fr/BRD 1990, 107 Min., F
R: Paolo und Vittorio Taviani
D: Julian Sands, Nastassja Kinski, Charlotte Gainsbourg, Patricia Millardet
Eine freie poetische Variation über Leo Tolstojs Erzählung »Vater Sergej« nach einem Drehbuch von Tonino Guerra.

Nackt N56
NAKED ****
GB 1993, 131 Min., F
R: Mike Leigh D: David Thewlis, Lesley Sharp, Katrin Cartlidge
Johnny zieht als »verlorener Held« durch London, als Desperado der 90er Jahre enttäuscht er die, die ihn lieben. Sein Blick auf den Großstadtdschungel gibt eine Welt ohne ethische Werte frei. Ein schockierender, apokalyptischer Trip in die Abgründe der Seele mit einem hervorragenden Hauptdarsteller. HFJ 1995

Nackt auf hartem Sattel N57
NAKED ANGELS **
USA 1969, 83 Min., F
R: Roger Corman, Bruce Clark
D: Richard Rust, Michael Greene, Bruce James, Jennifer Gan
Zwei Rockerbanden hauen sich in der Wüste Kaliforniens gegenseitig den Verstand aus dem Schädel. Die Wahl des richtigen Bosses ist für den Erfolg ausschlaggebend.

Nackt für eine Nacht N58
THE NAKED FOG *
USA 1966, 80 Min., s/w
R: Joseph W. Sarno D: Tammy Latour, Jan Nash, Mike Higgins
Reporterin sammelt Material für ein Buch und treibt sich deswegen auf Sexparties und in Puffs herum. Öder Sexfilm aus den sechziger Jahren.

stoßen im finsteren Dschungel auf einen Beknackten, der Gorillas per Gehirnoperation in Schläger verwandelt, um die Welt zu erobern. Das glaubt man nicht mal, wenn man's gesehen hat. LSFF

Nackt unter Wölfen N60
****
DDR 1963, 125 Min., s/w
R: Frank Beyer D: Erwin Geschonneck, Armin Mueller-Stahl, Krystyn Wojcik, Fred Delmare
Kurz vor dem Einmarsch der Amerikaner verstecken polnische KZ-Häftlinge ein Kind vor den Nazis. Filmisches Dokument deutscher Geschichte nach dem Roman von Bruno Spitz.

Der nackte Beamte N61
THE NAKED CIVIL SERVANT ***
GB 1975, 78 Min., F
R: Jack Gold D: John Hurt, Liz Gebhardt, Stanley Lebor
Anhand der Biographie des Homosexuellen Quentin Crisp zeigt Jack Gold die Konfrontation einer diskriminierten Gruppe mit einer intoleranten Gesellschaft. Außer der Betroffenheit für die Situation der Hauptfigur bleibt eine ernsthafte Auseinandersetzung mit dem Thema in den Ansätzen stecken.

Die nackte Bourgeoisie N62
RITRATTO DI BORGHESIA IN NERO **
Italien 1978, 105 Min., F
R: Tonino Cervi D: Ornella Muti, Senta Berger, Capucine
Ein zeitloses Melodram aus dem Reich der »Oberen Zehntausend«, dessen zeitliche Fixierung auf Italien im Jahre 1938 nur oberflächlich begründet wird.

Das nackte Cello N63
IL MERLO MASCHIO ***
Italien 1971, 93 Min., F
R: Pasquale Festa Campanile
D: Lando Buzzanca, Laura Antonelli, Lino Toffolo, Gianrico Tedeschi

Leslie Nielsen als Lt. Drebin im Einsatz in ›Die nackte Kanone‹.

Die nackte Eva N64
EVA NERA *
Italien 1976, 95 Min., F
R: Joe d'Amato D: Laura Gemser, Jack Palance, Gabriele Tinti
Eine dunkelhäutige Tänzerin, die auch Mädchen liebt, läßt sich mit zwei Brüdern aus dem Jet-set-Milieu ein. Stumpfsinnig-fader Sexfilm.

Die nackte Geisel N65
LADY GODIVA OF COVENTRY ***
USA 1955, 89 Min., F
R: Arthur Lubin D: Maureen O'Hara, George Nader, Eduard Franz
Um einen normannischen Ritter zu zwingen, eine Steuererhöhung zurückzunehmen, reitet die Angelsächsin Godiva nackt durch die Stadt Coventry. Verfilmung einer Legende. Brav.

Nackte Gewalt N66
THE NAKED SPUR ****
USA 1952, 91 Min., F
R: Anthony Mann D: James Stewart, Robert Ryan, Janet Leigh
Kopfgeldjäger fängt entsprungenen Mörder, der sich alle Mühe gibt, ihn und seine Partner zu entzweien. Dramatischer Western, dessen Held eine charakterliche Wandlung durchmacht.

Nackte Jugend N67
SEISHUN ZANKOKU MONOGATARI ****
Japan 1960, 96 Min., F
R: Nagisa Oshima D: Miyuki Kuwano, Yusuke Kawazu, Yoshiko Kuga, Fumio Watanabe
Ein mittelloser studentischer Gigolo und eine Schülerin kosten ihre Lebenslust und ihre sexuellen Begierden rücksichtslos aus. Die notwendigen Mittel verschaffen sie sich durch kriminelle Aktivitäten. Der frühe Film Oshimas beschreibt anhand der proletarischen Akademikerjugend auf drastische Weise die Umbruchsituation der japanischen Gesellschaft.

Die nackte Kanone N68
THE NAKED GUN ****
USA 1988, 85 Min., F
R: David Zucker D: Leslie Nielsen, Priscilla Presley, George Kennedy
David Zucker und seinem »Kentucky Fried Movie«-Team ist nichts heilig. Diesmal muß ein gewisser Lieutenant Frank Drebin Königin Elizabeth von England vor einem Attentäter schützen. Daß ihre Majestät dieses irrwitzige Spektakel tatsächlich überlebt, hat sie aber eher dem Drehbuch als dem Polizisten zu verdanken. HFJ 1990

Die nackte Kanone 2 1/2 N69
NAKED GUN 2 1/2: THE SMELL OF FEAR ****
USA 1991, 85 Min., F
R: David Zucker D: Leslie Nielsen, Priscilla Presley, George Kennedy
Ein Polizist entlarvt einen Industriekapitän, der nichts ungetan läßt, die US-Regierung zu bewegen, statt auf alternative Energien lieber auf seinen alten Atomscheiß zu setzen. Eine ätzende, fetzende Slapstick-Komödie, die sich gewaschen hat. HFJ 1992

Die nackte Kanone 33 1/3 N70
NAKED GUN 33 1/3: THE FINAL INSULT **
USA 1993, 82 Min., F
R: Peter Segal D: Leslie Nielsen, Priscilla Presley, George Kennedy
Frank Drebin, der berüchtigte Cop von Los Angeles, ist endlich pensioniert und unter der Haube. Doch Ruhe findet er nicht, wollen doch arabische Terroristen die Oscar-Verleihung für ihre politischen Zwecke mißbrauchen. Über den Nonsens kann man mit schlechtem Gewissen gut lachen, aber der Serie sind die Ideen ausgegangen. HFJ 1995

Der nackte Mann auf dem Sportplatz N71
****
DDR 1973, 101 Min., F
R: Konrad Wolf D: Kurt Böwe, Ursula Karusseit, Martin Trettau, Günter Schubert
Ein Bildhauer hat unter Bürokratie, Ignoranz und spießiger Verklemmtheit seiner Umgebung zu leiden. Insbesondere sein Bild eines nackten Sportlers verstört Mitglieder eines Fußballclubs. Satire über die wechselseitigen Schwierigkeiten von Kunstschaffenden und Kunstadressaten, die gleichzeitig typische Erscheinungen der DDR-Gesellschaft dokumentiert.

Die nackte Stadt N72
THE NAKED CITY ****
USA 1947, 96 Min., s/w
R: Jules Dassin D: Barry Fitzgerald, Howard Duff, Dorothy Hart
In Dassins bestechendem Polizeifilm ist die städtische Kulisse New Yorks die eigentliche Hauptfigur. Der semidokumentarische Film beschäftigt sich mit den Schattenseiten des Asphalt-Dschungels.

Die Nackte und der Satan N73
**
BRD 1959, 96 Min., s/w
R: Victor Trivas D: Horst Frank, Michel Simon, Karin Kernke
Irrer Jungwissenschaftler trennt Kopf seines Chefs vom Rumpf, erhält ihn am Leben und verschafft behinderter Krankenschwester Stripperinnenkörper. Deutscher SF-Film mit Horroreinlagen, aber ohne Nackte. LSFF

Die nackten Superhexen vom Rio Amore N74 **

BRD/Spanien 1981, 91 Min., F
R: Jack Griffin D: Ursula Buchfellner, Raquel Evans, Katja Bienert
Hotelmanagerin läßt eine Angestellte in einen Puff schaffen, damit sie ihr aus dem Weg ist. Wirrer Sexfilm mit Parallelhandlungen, die zum roten Faden in keiner Weise beitragen.

Die nackten Tatsachen N75
DON'T MAKE WAVES ***
USA 1966, 93 Min., F
R: Alexander Mackendrick D: Tony Curtis, Claudia Cardinale, Sharon Tate
Ein Tourist trifft zwei ungewöhnliche Frauen unter ungewöhnlichen Umständen: die eine verwickelt ihn in einen Autounfall, die andere, eine Fallschirmspringerin, rettet ihn vor dem Ertrinken. Er verliebt sich in beide. Ein Erdrutsch bringt Klarheit. Hinreißende Satire auf den »Californian way of life«.

Die nackten Vampire N76
LE VAMPIRE NUE ***
Frankreich 1969, 85 Min., F
R: Jean Rollin D: Olivier Martin, Maurice Lemaitre, Caroline Cartier
Junger Mann stößt im Haus seines dämonischen Vaters auf allerlei geiles Menschen- und Vampir-Getier und wird Zeuge okkulter und wollüstiger Riten. Wow! Surrealer Horrorstreifen mit S&M-Zutaten.

Der Nacktstar N77
UP IN THE CELLAR **
USA 1970, 94 Min., F
R: Theodore J. Flicker D: Larry Hagman, Wes Stern, Nira Barab
Ein Literaturstudent, der sein Stipendium verliert, rächt sich an seinem Dekan, indem er dessen Frau, Geliebte und Tochter verführt und letztere nackt filmt. Stellenweise schlaffe Komödie.

N78

den amerikanischen Innenminister und entfacht damit einen Kreislauf von Gewalt, die bald auf beiden Seiten über jedes vernünftige Maß eskaliert.

Die Nadel N79
EYE OF THE NEEDLE ***
GB 1980, 112 Min., F
R: Richard Marquand D: Donald Sutherland, Kate Nelligan, Christopher Cazenove
Ein deutscher Agent spioniert während des Zweiten Weltkriegs die wahren Invasionspläne der Alliierten aus. Bei seinem Versuch, die Informationen weiterzuleiten, wird er auf einer kleinen britischen Insel in eine tödlich endende Liebesaffäre verstrickt. Gelungene Mischung aus Thriller und Melodram.

Nadine – Erotische Sehnsüchte N80 **
L' ATTRAZIONE
Italien 1987, 81 Min., F
R: Joe Venuti D: Florence Guerin, Marino Mase, Martine Brochard
Kurvenreiche Dame kehrt ins Haus ihres Gatten zurück und läßt sich auf ein Spielchen um die gemeinsame Zukunft ein. Heißer Sexfilm, vorrangig für Freunde von Damenunterwäsche inszeniert.

Nahaufnahme N81
INSERTS ****
GB 1975, 117 Min., F
R: John Byrum D: Richard Dreyfuss, Jessica Harper, Stephen Davies
Alkoholabhängiger, impotenter Starregisseur, den der Tonfilm aus dem Rennen geworfen hat, fristet sein Leben mit der Produktion von Pornos in seiner Villa in Hollywood. Ein Kammerspiel, bei dem jeder Dialog sitzt.

Naked in New York N82
NAKED IN NEW YORK ***
USA 1993, 93 Min., F

sich, als er eine Karriere-Chance an einem New Yorker Theater bekommt. Autobiographisch angehauchter Erstlingsfilm Algrants mit hervorragenden Darstellern, solide und mit Flair inszeniert. HFJ 1995

Naked Lunch N83
NAKED LUNCH ***
USA 1992, 113 Min., F
R: David Cronenberg D: Peter Weller, Judy Davis, Ian Holm
Recht freie Film-Phantasie um Drogen, Tod und Träume nach William Burroughs Kultbuch vom Meister des modernen Horrorfilms auf ebenso bizarre wie überzeugende Art inszeniert. HFJ 1993

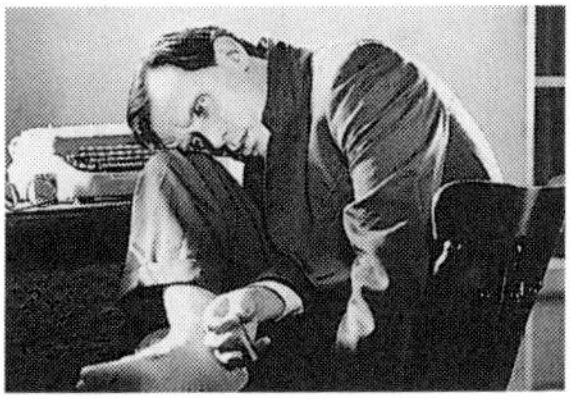

Peter Weller

Nana N84
NANA ****
Frankreich 1926, 110 Min., s/w
R: Jean Renoir D: Cathérine Hessling, Jean Angelo, Werner Krauss
Verfilmung von Zolas Roman über die Schauspielerin Nana. Von Zola als Symbol des sittlichen Verfalls im Frankreich des Zweiten Kaiserreichs gedacht, wird Nana hier zu einem weiblichen Clown. Für Renoir selbst war es sein bedeutendster Stummfilm.

Nana N85
NANA ***
Italien 1982, 92 Min., F
R: Dan Wolman D: Katya Berger, Jean-Pierre Aumont, Debra Berger
Femme fatale schläft sich hoch und landet am Ende wieder in der Gosse.

Junge Femme fatale, die auch dem eigenen Geschlecht zugeneigt ist, ruiniert einen Liebhaber nach dem anderen. Softporno.

Nanuk, der Eskimo N87
NANOOK OF THE NORTH ****
USA/Frankreich 1922, 77 Min., s/w
R: Robert J. Flaherty
Das Leben der Eskimos am Beispiel von Nanook. Flahertys Dokumentarfilme zeigen Menschen im Einklang und im Kampf mit der Natur, sie unterscheiden sich radikal von den folkloristischen, flachen Kulturfilmen. Der Film entstand im Zusammenleben mit den dargestellten Menschen.

Napoleon N88
NAPOLEON – VU PAR ABEL GANCE ****
Frankreich 1925–27, 240 Min., F
R: Abel Gance D: Vladimir Rudenko, Albert Dieudonné, Gina Manés
Bombastisches Filmfragment über Napoleon Bonaparte. Insbesondere mit Einsatz der »entfesselten Kamera« und eines neuartigen Breitwandverfahrens wurden hier neue Maßstäbe der Kinogeschichte gesetzt, wenngleich auch nationalistische und militaristische Untertöne unüberhörbar sind, und manches heute sehr kitschig wirkt.

Napoleon ist an allem schuld N89
****
BRD 1938, 93 Min., s/w
R: Curt Goetz D: Curt Goetz, Valerie von Martens, Else von Möllendorf
Ein exzentrischer englischer Lord, der sein Idol Napoleon auch in seinem Auftreten verinnerlicht hat, nimmt sich in Paris einer jungen, verwaisten Tänzerin an. Nachdem es zu peinlichen Verwechslungen und Eifersuchtszenen mit seiner Ehefrau gekommen ist, finden die Beteiligten schließlich ihr familiäres Glück. Eine der besten deutschen Komödien der 30er Jahre.

Napoleon vom Broadway N90
TWENTIETH CENTURY ****
USA 1934, 91 Min., s/w
R: Howard Hawks D: John Barrymore, Carole Lombard, Walter Conolly, Roscoe Karns
Der Originaltitel sagt es: Auch in Hollywood ist das »20. Jahrhundert« angebrochen. Eine blonde Theaterschauspielerin läßt sich von ihrem Direktor, der sie berühmt gemacht hat, nichts mehr gefallen und verläßt ihn. Der braucht seinen Star aus finanziellen Gründen jedoch unbedingt. Rasante Komödie.

Der Narr und die Königin N91
SASEK A KRALOVNA ****
Tschechoslowakei 1987, 113 Min., F
R: Vera Chytilová D: Boleslav Polivka, Chantal Poulain, Jiri Kodet
Thema des Films ist die Beziehung zwischen Herrn und Knecht, dargestellt in Form einer Parabel. Auf sehr subtile Weise werden in zwei meisterhaft ineinander verschachtelten Erzählebenen in mittelalterlicher Szenerie und in der Gegenwart psychosoziale Abhängigkeitsverhältnisse bloßgelegt.

Der wilde Napoleon (A. Dieudonné, links) mit Marseillaise in ›Napoleon‹.

Das Narrenschiff N92
SHIP OF FOOLS ***
USA 1964, 149 Min., s/w
R: Stanley Kramer D: Vivien Leigh, Lee Marvin, Simone Signoret, José Ferrer, Oskar Werner
Katherine Anne Porter porträtierte in ihrem Roman die Gesellschaft auf einem Passagierdampfer als Modell für die gesellschaftliche Entwicklung vor dem Faschismus. Der Film bemüht sich, der Vorlage gerecht zu werden.

Närrische Weiber N93
FOOLISH WIVES *****
USA 1921, 70 Min., s/w
R: Erich von Stroheim D: Erich von Stroheim, Maude George, Mae Bush
Ein russischer Emigrant verführt in Monaco die Frau eines amerikanischen Diplomaten und wird, als er sich an ein »schwachsinniges« Mädchen heranmacht, von dessen Vater getötet. Stroheim hat daraus einen der schönsten Stummfilme gemacht.

Narrow Margin – Zwölf Stunden Angst N94
***
NARROW MARGIN
USA 1990, 97 Min., F
R: Peter Hyams D: Gene Hackman, Anne Archer, James B. Sikking
Staatsanwalt begleitet Mordzeugin auf einer Eisenbahnfahrt zum Prozeß. Mit von der Partie sind aber auch die Killer, die es auf die Frau abgesehen haben. Schwaches Remake des gleichnamigen Thrillers, aber da nicht jeder das Original kennt, durchaus unterhaltsam. HFJ 1992

Narziß, der unfreiwillige Flieger N95
****
NARCISS
Frankreich 1938, 84 Min., s/w
R: Ayres D'Aguiar D: Rellys, Monique Rolan, Claude May
Um eine Erbschaft antreten zu können, muß ein Mann sich zum Flieger ausbilden lassen, der dazu ganz und gar nicht geschaffen scheint. Umwerfende Komödie, die bis heute nichts von ihrer Wirkung verloren hat.

Narziß und Psyche N96
NARCICSZ ES PSYCHE ****
Ungarn 1980, 215 Min., F
R: Gabor Body D: Patricia Adriani, György Cserhalmi, Udo Klier
Auf der Suche nach neuen filmischen Erzählformen werden sämtliche bisherigen Dimensionen gesprengt bzw. deren Fragmente in ein tollkühnes Spiel gebracht, das u.a. von der nach Emanzipation strebenden Psyche, ihrem Partner, dem narzistischen Dichter Laci Toth und dem reichen, einflußreichen Baron von Zedlitz handelt. Pflichtfilm für Cineasten.

Nashville N97
NASHVILLE *****
USA 1975, 158 Min., F
R: Robert Altman D: Geraldine Chaplin, David Arkin, Karen Black
Nashville (Tennessee), die Hauptstadt des »Country and Folk Song«, rüstet sich zum 200. Geburtstag der Vereinigten Staaten. Die Manager eines Präsidentschaftskandidaten gewinnen die populärsten Sänger zur Teilnahme an einer Wahlshow, bei der es zu einem Attentat kommt. Altmans sarkastische Paraphrase auf die Verwandtschaft von Politik und Showbusiness beeindruckt auch durch die Fülle der Figuren und Beziehungen.

Nashville Lady N98
COAL MINER'S DAUGHTER ****
USA 1980, 119 Min., F
R: Michael Apted D: Sissy Spacek, Tommy Lee Jones, Beverly D'Angelo
Die Biographie der Country-Sängerin Loretta Lynn, die aus einer armen, neunköpfigen Bergarbeiterfamilie in Kentucky stammt. Aschenputtel und der amerikanische Traum.

Nathalie N99
*
BRD 1985, 79 Min., F
[redacted]

Der Mörder (Woody Harrelson) als Medienstar in ›Natural Born Killers‹.

Natty Gann N100
THE JOURNEY OF NATTY GANN **
USA 1985, 98 Min., F
R: Jeremy Paul Kagan D: Meredith Salenger, John Cusack, Ray Wise
Nordamerika zur Zeit der Depression: Natty Gann, eine temperamentvolle 14-jährige Halbwaise, bricht aus Chicago auf, um ihren Vater zu suchen. Auf ihrer Reise kreuz und quer durchs Land lernt sie, dem harten Überlebenskampf mit Mut und Ausdauer zu begegnen.

Natural Born Killers N101
NATURAL BORN KILLERS ****
USA 1994, 119 Min., F
R: Oliver Stone D: Woody Harrelson, Juliette Lewis, Tommy Lee Jones
Liebespaar, das 52 Menschen auf dem Gewissen hat, wird von den Medien zu Stars aufgebaut und kann mit Hilfe einer selbstinszenierten Gefängnisrevolte der Hinrichtung entgehen. Mit der exzessiven Darstellung von Gewalt karikiert Stone die Sensationsgeilheit einer Gesellschaft, die ohne die tägliche Bluttransfusion aus dem Fernseher scheinbar nicht mehr leben kann. Mit Einsatz aller denkbaren filmischen Mittel inszeniertes, formales Meisterwerk zwischen Experimentalfilm und Videoclip. HFJ 1994

[redacted]fahrer N102
***
[redacted]s/w
[redacted]Heinz Erhardt,
[redacted]Schumann
[redacted]dfahrer und Ver-
[redacted]mann gewinnt ein Auto und muß den Führerschein machen. Leichte Komödie.

Der Navigator
siehe: Buster Keaton: Der Navigator

Der Navigator N103
THE NAVIGATOR ****
Neuseeland 1988, 91 Min., F
R: Vincent Ward D: Bruce Lyons, Chris Haywood, Hamish McFarlane
Um der Pest zu entgehen, suchen mittelalterliche Dörfler, die die Erde für eine Scheibe halten, nach einem Weg zur anderen Seite und müssen unterwegs harte Bewährungsproben durchstehen. Phantastisch!

Navy vs. Night Monsters N104
THE NAVY VS. NIGHT MONSTERS **
USA 1966, 87 Min., F
R: Michael A. Hoey D: Anthony Eisley, Mamie Van Doren, Bill Gray
Auf einem US-Marinestützpunkt am Südpol verbreiten Pflanzen, die ihren Standort wechseln können, Angst und Schrecken. Ein SF-Schnellschuß, aber die letzte Chance, den Monroe-Klon Mamie Van Doren noch mal zu sehen!

Néa – Ein Mädchen entdeckt die Liebe N105
NEA **
Frankreich/BRD 1976, 106 Min., F
R: Nelly Kaplan D: Ann Zacharias, Heinz Bennent, Sami Frey
Schülerin schreibt Sexroman über die Phantasien einer Halbwüchsigen und fängt ein Verhältnis mit einem Verleger an, der schließlich ihre Schwester vorzieht. Sexfilm.

Neapolitanische Geschwister N106 ****
BRD 1978, 70 Min., F
R: Werner Schroeter D: Romero Giro, Antonio Orlando, Tiziana Ambretti
Die Geschichte einer Familien- und Hausgemeinschaft in einem neapolitanischen Armenviertel von 1944 bis in die siebziger Jahre als skeptische Chronik der sozialen Entwicklung in einer faszinierenden Stadt.

Near Dark – Die Nacht hat ihren Preis N107 ***
NEAR DARK
USA 1987, 99 Min., F
R: Joel Coen D: Adrian Pasdar, Jenny Wright, Lance Henriksen
Von weiblichem Vampir gesaugter Cowboy zieht mit einer Untoten-Bande durchs Land und nimmt an ihren »Aktionen« gegen die Normalmenschen teil, bis es seiner Familie an den Kragen geht. Ein echt schauderhaftes Spaßvergnügen. HFJ 1989

Nebraska N108 ***
THE ROUNDERS
USA 1964, 84 Min., F
R: Burt Kennedy D: Glenn Ford, Henry Fonda, Sue Ann Langdon
Zwei Cowboys, die ein unzähmbares Pferd geschenkt bekommen, gehen zum Rodeo, nehmen viele Wetten an, daß niemand ihren Gaul reiten kann, und lassen es sich gut gehen. »Moderner« Western mit komödiantischen Szenen.

Necromancer – Das Tor zur Hölle N109 ***
NECROMANCER
USA 1988, 92 Min., F
R: Kathryn Bigelow D: Elisabeth Clayton, Russ Tamblyn, Lois Masten
Vergewaltigungsopfer beschwört ein paar Geister, um sich an den Tätern zu rächen, wird die Helfer aber nach getaner Arbeit nicht wieder los.
HFJ 1989

Necronomicon – Geträumte Sünden N110 ***
BRD 1967, 82 Min., F
R: Jess Franco D: Janine Reynaud, Jack Taylor, Howard Vernon
Ein Sukkubus, der in Gestalt einer hübschen Frau auf Barbühnen schicke Sado-Maso-Shows abzieht, wird zum Verderben verschiedener Männer, die in seinen Bann geraten. Effektvoll fotografiertes, aufgeblasenes Nichts.

Janine Reynaud

Necropolis – Die Blutsauger von Manhattan N111 *
NECROPOLIS
USA 1986, 76 Min., F
R: Bruce Hickey D: Lee Anne Baker, Jacquie Fitz, Michael Conte
Eine unsterbliche Satanistin betätigt sich in New York als Blutsaugerin. Horrorschwachsinn in Reinkultur, unterlegt mit Musik, die auf die Nerven geht. Horroreintopf erbärmlichster Machart. HFJ 1988

Die Neffen des Herrn General N112 *
BRD 1969, 90 Min., F
R: Michael Thomas D: Michael Maien, Claus Tinney, Heidrun Kussin
General a. D. lockt mit Hilfe seiner Neffen auf der Insel Sylt nackerte Mädels in sein Haus. Natürlich stechen die Neffen ihn aus. Harmloser Sexer aus der Frühzeit des Genres.

Der Neger Erwin N113 ****
BRD 1981, 92 Min., F
R: Herbert Achternbusch D: Herbert Achternbusch, Annamirl Bierbichler
Ein Haftentlassener wird mit einem bekannten Filmregisseur verwechselt und will die Wirtin vom »Neger Erwin« zum Filmstar machen. Ein weiteres Stück in der magischen Endlosbiographie des bayrischen Filmkünstlers.

Nehmen Sie es wie ein Mann, Madame! N114 ****
TA' DET SOM EN MAND, FRUE!
Dänemark 1974, 95 Min., F
R: Mette Knudsen, Elisabeth Rygaard
D: Tove Maes, Alf Lassen, Berthe Quistgord, Birgit Bruel
Eine Frau in einer Lebenskrise träumt von einer Welt, in der die Geschlechterrollen vertauscht sind. Feministischer Film, produziert von einem ausschließlich weiblichen Team, an dessen Ende ein gewandeltes weibliches Selbstverständnis steht.

Nelly und Monsieur Arnaud N115 ****
NELLY & MONSIEUR ARNAUD
Frankreich 1995, 102 Min., F
R: Claude Sautet D: Emmanuelle Béart, Michel Serrault, Jean-Hugues Anglade
Ein alter Mann und eine junge Frau. Sie trennt sich von ihrem Mann, hat Geldprobleme. Er will seine Memoiren veröffentlichen. Sie wird seine Schreibkraft und Korrektorin, seine Muse und Objekt der Zuneigung. Der Altmeister des französischen Films, Claude Sautet, beläßt es bei dieser filigranen Etude über die Unmöglichkeit der Liebe bei Andeutungen und Ahnungen. Ein kleines Meisterwerk. HFJ 1997

Nene, die Frühreife N116 ***
NENE
Italien 1977, 95 Min., F
R: Salvatore Samperi D: Leonora Fani, Sven Valsecchi, Tino Schirinzi
Eine Familie wird durch die Ankunft der jungen Nichte in erotische Verwirrungen gestürzt. Der Film des ehemaligen Enfant Terrible der italienischen Regie-Szene ist interessanter, als es Titel und Inhalt vermuten lassen.

Nénette et Boni N117 ***
NÉNETTE ET BONI
Frankreich 1995, 103 Min., F
R: Claire Denis D: Grégoire Colin, Alice Houri, Valeria Bruni-Tedeschi
Dramaturgisch wunderbar-unkonventionell in Szene gesetzte Geschichte

einer schwierigen Bruder-Schwester-Beziehung, die nicht zuletzt durch die Musik von »Tindersticks« die verwickelten Emotionen der Protagonisten sicht- und fühlbar macht. Ein kleines Kunstwerk. HFJ 1998

Neonstadt N118
***
BRD 1981, 105 Min., F
R: Gisela Weilemann D: Dominik Graf, Wolfgang Büld
Fünf Episoden – von Absolventen der Münchner IIFF inszeniert –, in denen das No-Future-Lebensgefühl eines Teils der 80er-Jahre-Jugend von satirisch bis schick-stilisiert dargestellt wird. Als Zeitdokument – auch im Hinblick auf die Anfänge von Regisseuren – ganz nett.

Nero N119
NERO ***
Italien 1992, 96 Min., F
R: Giancarlo Soldi D: Sergio Castellito, Chiara Caselli, Carlo Colmaghi
Eine Leiche verschwinden zu lassen, das wissen wir nicht erst seit Hitchcock, kann sich schwierig gestalten: Federicos Abenteuer mit dem toten Exgeliebten seiner Freundin nehmen kafkaeske Ausmaße an. Uneinheitliches, aber recht vergnügliches Abrakadabra mit einem Kadaver.

Nero – Der Untergang Roms N120
**
NERONE E MESSALINA
Italien 1953, 85 Min., F
R: Primo Zeglio D: Gino Cervi, Paola Barbara, Yvonne Sandon
Episoden aus der Herrschaftszeit des römischen Kaisers Nero, der sich besonders darin gefallen hat, die ihm unliebsamen Christen zu verfolgen. Monumentalfilm nach Schema F.

Nero und die Huren des römischen Reiches N121
*

Neros tolle Nächte N122
MIO FIGLIO NERONE ***
Italien/Frankreich 1956, 90 Min., F
R: Steno D: Alberto Sordi, Gloria Swanson, Vittorio De Sica
Monumentalklamotte über das Lotterleben des römischen Kaisers Nero. Witz, »Sex« und ein großes Staraufgebot inklusive.

Das Nervenbündel N123
THE PRISONER OF SECOND AVENUE ***
USA 1974, 97 Min., F
R: Melvin Frank D: Jack Lemmon, Anne Bancroft, Gene Saks
Während einer wasserknappen Hitzeperiode in New York entlädt sich der latente Frust eines in einem anonymen Hochhaus lebenden Mittelschicht-Ehepaares in zunehmend verzweifelten Ausbrüchen von Nervosität. Eine schwungvolle, dem brillanten Jack Lemmon wie auf den Leib geschriebene Komödie mit bösen Seitenhieben auf absurde Auswüchse des modernen Lebens in Amerika.

Die Nervensäge N124
THE GAZEBO ***
USA 1959, 101 Min., s/w
R: George Marshall D: Debbie Reynolds, Glenn Ford, Carl Reiner
Amüsante Persiflage auf Grusel-Thriller des Krimi-Genres, in der ein Amerikaner aus der Fernsehbranche vom Helden zum Opfer wird. Unterhaltsame Komödie.

The Nesting – Das Haus des Grauens N125
***
THE NESTING
USA 1981, 95 Min., F
R: Armand Weston D: Robin Groves, Christopher Loomis, Michael D. Lally
An Platzangst leidende Autorin, die ein Haus auf dem Land bezieht, wird von bösen Geistern heimgesucht, die ihre Mörder suchen. Stellenweise spannender und effektvoll aufgebauter Thriller

Peter Finch

Ein Fernsehmoderator kündigt, als man ihn abservieren will, seinen Selbstmord vor der laufenden Kamera an. Kritische Darstellung (nicht nur) amerikanischer Medienwirklichkeit.

Das Netz N127
THE WEB ***
USA 1947, 87 Min., s/w
R: Michael Gordon D: Edmond O'Brien, Ella Raines, Vincent Price
Ein Industrieller heuert einen jungen Anwalt an und bringt ihn trickreich dazu, ein Verbrechen zu begehen. Spannend inszenierter Thriller.

Das Netz N128
**
BRD 1975, 103 Min., F
R: Manfred Purzer D: Mel Ferrer, Klaus Kinski, Heinz Benennt
Der Autor von Drehbüchern nach J. M. Simmel nimmt sich hier als Regisseur des Hans-Habe-Romans an und entwirft mit bizarrer Sympathie und schlechten Bildern das Bild eines elitär-faschistoiden Schriftstellers, der zum Mädchenmörder wird.

Das Netz N129
THE NET **
USA 1995, 114 Min., F
R: Irwin Winkler D: Sandra Bullock, Jeremy Northam, Dennis Miller
Eine Computerspezialistin arbeitet an einem hochbrisanten Computerprogramm und macht sich damit zur Zielscheibe einer mysteriösen Mafia. Fortan ist sie auf der Flucht; das Ent-

Das neue Babylon N130
NOVYJ VAVILON ****
UdSSR 1929, 81 Min., s/w
R: Grigorij Kozinzew, Leonid Trauberg D: Elena Kuzmina, Petr Sobolevskij, David Gutman
In den Tagen der Pariser Commune gerät ein Liebespaar ins gegnerische Lager: Louise, Verkäuferin im Kaufhaus »Das neue Babylon«, ist auf Seiten der Commune, die der Bauernsohn Jean als Soldat eines Exekutionskommandos bekämpft, das u. a. auch Louise erschießt. Trotz eines pathetischen Themas lebt der Film vor allem von der Kunst des Exzentrischen.

Das neue Land N131
NYBYGGARNA ****
Schweden 1971, 160 Min., F
R: Jan Troell D: Max von Sydow, Liv Ullmann, Eddie Axberg
Zweiter Teil der epischen Auswanderergeschichte, die das beschwerliche Leben schwedischer Neubürger in Amerika zur Mitte des neunzehnten Jahrhunderts zeigt.

Die neuen Leiden des jungen W. N132
***
BRD 1976, 112 Min., F
R: Eberhard Itzenplitz D: Klaus Hoffmann, Leonie Thelen, Hans-Werner Bussinger
Ein junger Mann findet ein Exemplar von Goethes »Werther« und schildert daraufhin in Tonbandbriefen seinem Freund seine Probleme mit der Liebe zu einer unerreichbaren Frau. Das Drehbuch nach seinem eigenen Roman schrieb Ulrich Plenzdorf.

Neues Spiel, neues Glück N133
KOSH BA KOSH ****
Tadschikistan 1993, 91 Min., F
R: Bakhtiyar Khudojnazarov
D: Paulina Galvez, Daler Madjidav, Alisher Kasimov
In der vom Krieg gebeutelten tadschikischen Hauptstadt Duschanbe beginnt eine zarte Liebesgeschichte zwischen zwei sich fremden und sehr unterschiedlichen Menschen. Ein kleiner, poetischer Film über die Möglichkeit der Gefühle in unmöglichen Zeiten. HFJ 1995

Neues vom Hexer N134
**
BRD 1965, 95 Min., s/w
R: Alfred Vohrer D: Heinz Drache, Barbara Rütting, Brigitte Horney
Hanebüchener Wallace-Film um den mysteriösen Mörder »Hexer«, mit dem unvermeidlichen Klaus Kinski.

Neun Leichen hat die Woche N135
TUTTI DEFUNTI TRANNE I MORTI ***
Italien 1976, 96 Min., F
R: Pupi Avati D: Gianni Gavina, Francesca Marciano
Mordserie in einem Schloß in der Toskana. Horrorfilm-Parodie, streckenweise ganz unterhaltsam.

Neun Monate N136
KILENC HÓNAP ****
Ungarn 1976, 93 Min., s/w
R: Márta Mészáros D: Lili Monori, Jan Nowicki, Djoko Rosić
Eine realistische Studie über die Beziehung eines Paares, die an den Rollenklischees von Mann und Frau scheitert.

Neun Monate N137
NEUF MOIS **
Frankreich 1994, 104 Min., F
R: Patrick Braoudé D: Patrick Braoudé, Philippine Leroy-Beaulieu, Cathérine Jacob
Zwei Männer leiden während der Schwangerschaft ihrer Frauen fast mehr als die Betroffenen, nerven durch ihre Macken die Umwelt. Aufgeblähte Komödie, die damit endet, daß sich die Herren Erzeuger im Kreissaal prügeln, während die Babies das Licht der Welt erblicken. HFJ 1995

Neun Monate N138
NINE MONTHS ***
USA 1995, 102 Min., F
R: Chris Columbus D: Hugh Grant, Julianne Moore, Robin Williams
Durch eine unerwartete Schwangerschaft gerät das Leben eines Yuppie-Paares in San Francisco gehörig durcheinander. Nach vielen Komplikationen und Turbulenzen kommt es aber zum unvermeidlichen Happy-End zu dritt. Recht ansprechendes Remake des französischen Films. HFJ 1996

Neun plus Eins
siehe: Heimlich, still und leise

9 1/2 Wochen N139
9 1/2 WEEKS ***
USA 1986, 113 Min., F
R: Adrian Lyne D: Kim Basinger, Mickey Rourke, Margret Whitton
Sexuelle Gier treibt geschiedene Frau in die Hände eines Börsenmaklers mit ungewöhnlichen erotischen Vorlieben. Geiler Kitsch, aber toll gefilmt, so man Videoclips für Kunst hält.

Die neunschwänzige Katze N140
IL GATTO A NOVE CODE ***
BRD/It/Fr 1970, 91 Min., F
R: Dario Argento D: Karl Malden, James Franciscus, Catherine Spaak
Irrsinniger Institutsmitarbeiter, der über ein »Mörder-Chromosom« verfügt, meuchelt alle, die ihm auf die Spur zu kommen drohen. Originell.

Die 39 Stufen N141
THE THIRTY-NINE STEPS ****
GB 1935, 86 Min., s/w
R: Alfred Hitchcock D: Robert Donat, Madeleine Carroll, Godfrey Tearle
Hitchcock-Klassiker über einen braven Mann, der unverschuldet plötzlich mitten in einem Spionagefall steckt. Der meisterhaften Inszenierungskunst und subtilen Ironie Hitchcocks ist es zu verdanken, daß der Film trotz eines konstruierten Plots spannend ist.

Die 39 Stufen N142
THE THIRTY-NINE STEPS **
GB 1978, 103 Min., F
R: Don Sharp D: Robert Powell, David Warner, Eric Porter
Remake des Hitchcock-Films. Ambitioniert aber umständlich, um eine historisch genaue Zeichnung der Verhältnisse vor dem Ersten Weltkrieg bemüht; es fehlen aber die Inspiration und Eleganz seines Vorgängers.

1900 – 1. Teil: Gewalt, Macht und Leidenschaft N143
NOVECENTO – 1° PARTE *****
It/Fr/BRD 1975, 162 Min., F
R: Bernardo Bertolucci D: Gérard Depardieu, Robert de Niro, Burt Lancaster, Romolo Valli

Gérard Depardieu und Robert de Niro

Epische Chronik einer Landregion im Italien der Jahrhundertwende bis zum Beginn des Faschismus, erzählt anhand zweier am gleichen Tag geborener Söhne eines Großgrundbesitzers und seines Pächters.

1900 – 2. Teil: Kampf, Liebe, Hoffnung N144
*****
NOVECENTO – 2° PARTE
It/Fr/BRD 1976, 153 Min., F
R: Bernardo Bertolucci D: Robert de Niro, Gérard Depardieu, Dominique Sanda, Donald Sutherland
Der zweite Teil von Bertoluccis großangelegter Filmerzählung aus der Emilia behandelt die Zeit vom Faschismus über den stärker werdenden Kommunismus bis in die Gegenwart.

1941 – Wo, bitte, geht's nach Hollywood? N145
****
1941
USA 1979, 118 Min., F
R: Steven Spielberg D: Dan Aykroyd, Ned Beatty, John Belushi
Kurz nach Pearl Harbor versetzt ein vom Kurs abgekommenes japanisches U-Boot ganz Hollywood in Panik und Aufruhr. Überdrehte, vor wüsten Gags strotzende Farce, die ein wahnwitziges Tempo vorlegt, aber nirgendwo ankommt.

1998 – Die Vier-Milliarden-Dollar-Show N146
**
AMERICATHON 1998
USA/BRD 1979, 80 Min., F
R: Neal Israel D: Harvey Korman,

1993 – Welt im Chaos N147
*
DEADLY HARVEST
Kanada 1976, 95 Min., F
R: Timothy Bond D: Clint Walker, Nehemiah Persoff, Kim Cattrall
Als in den USA bekannt wird, daß die Nahrungsvorräte der Erde allmählich zu Ende gehen, bricht eine Panik aus, in deren Verlauf nur noch das Recht des Stärkeren gilt. Jämmerlicher SF-Actionreißer.

1984 N148
****
1984
GB 1955, 91 Min., s/w
R: Michael Anderson D: Edmond O'Brien, Jan Sterling, Michael Redgrave, David Kossoff
Ein Bürger erhebt sich gegen das System des manipulativ regierenden Großen Bruders und wird einer Gehirnwäsche unterzogen. Nach dem bekannten Roman von George Orwell, mit einem positiven Ende versehen. LSFF

1984 N149
***
1984
GB 1984, 111 Min., F
R: Michael Radford D: John Hurt, Suzanna Hamilton, Richard Burton, Cyril Cusack, Phyllis Logan
Neuerliche Verfilmung des Romans von George Orwell um das Funktionieren eines totalitären Staates; etwas werkgetreuer, aber trotz kräftiger Schockeffekte etwas uninteressanter als Michael Andersons Version.

1994 – Nur die Starken überleben N150
*
SURVIVAL ZONE
USA 1983, 78 Min., F
R: Percival Rubens D: Gary Lockwood, Camilla Sparv, Morgan Stevens
Nach dem Neutronenbombenkrieg werden die Bewohner einer abgelegenen Farm von einer Bande kannibalischer Rocker terrorisiert. Armselige Endzeit-Orgie mit untalentierten Darstellern. LSFF

Nevada N151
***
YELLOW SKY
USA 1948, 98 Min., s/w
R: William A. Wellman D: Gregory Peck, Richard Widmark, James Barton
Sechs Banditen tauchen nach einem Coup in einer Geisterstadt unter, in der nur ein alter Mann und dessen Enkelin leben. Bald nehmen sie an, Großvater habe einen Schatz versteckt. Unterschätzter Westernklassiker.

Nevada Pass N152
***
BREAKHEART PASS
USA 1975, 94 Min., F
R: Tom Gries D: Charles Bronson, Ben Johnson, Richard Crenna
Wilder Westen, 1873: Ein Militärkon-

John Belushi weiß den Weg zur Front in ›1941 – Wo, bitte, geht's nach Hollywood?‹.

voi soll dringend benötigten Nachschub und Medikamente in ein Fort bringen, in dem eine Diphterieepedemie ausgebrochen ist. Es kommt zu einem geheimnisvollen Mord. Auf vordergründigen optischen Effekten und Action-Szenen aufgebauter Film, dem es sichtlich an Dynamik und Spannung fehlt.

Nevada Smith N153
NEVADA SMITH ***
USA 1966, 120 Min., F
R: Henry Hathaway D: Steve McQueen, Karl Malden, Brian Keith
Halbindianer sucht die Mörder seiner Eltern und wird später Filmstar in Hollywood. Ein erfolgreicher Western nach Motiven des Romans »Die Unersättlichen« von Harold Robbins.

Der Nevada-Mann N154
THE NEVADAN ***
USA 1950, 81 Min., F
R: Gordon Douglas D: Randolph Scott, Forrest Tucker, George Macready, Dorothy Malone
US-Marshal freundet sich inkognito mit ausgebrochenem Banditen an, der seine Beute ausgraben will. Das Eingreifen eines Schurken zwingt ihn, für den Räuber Partei zu ergreifen. Solider Western, ausgezeichnet fotografiert.

New Jack City N155
NEW JACK CITY ***
USA 1991, 100 Min., F
R: Mario van Peebles D: Wesley Snipes, Ice-T, Judd Nelson
Harte Cops legen einer brutalen Bande von Crack-Dealern das Handwerk. Schwärzestes, modernes »Black Cinema« mit viel Musik und noch mehr Action. HFJ 1992

A New Life N156
A NEW LIFE ***
USA 1987, 100 Min., F
R: Alan Alda D: Alan Alda, Ann-Margret, Hal Linden, Veronica Hamel
Ein Mann und eine Frau lassen sich scheiden und suchen beide mit anderen Partnern neues Glück. Freundliche Beziehungskomödie, ein Dauerthema im amerikanischen Film.

New York antwortet nicht mehr N157
THE ULTIMATE WARRIOR **
USA 1975, 94 Min., F
R: Robert Clouse D: Yul Brynner, Max von Sydow, Joanna Miles
Nach der Ökokatastrophe läßt der Chef einer Überlebendengruppe seine schwangere Tochter und einen Beutel mit Pflanzensamen von einem wakkeren Schläger aus New York evakuieren. Schwacher SF-Film. LSFF

New York City Girl N158
SMITHEREENS ****
USA 1981, 93 Min., F
R: Susan Seidelman D: Susan Berman, Brad Rinn, Richard Hell
Die neunzehnjährige Wren jagt im Big Apple ihrem großen Traum von einer Karriere als Rock-Star nach.

New York Nights N159
NEW YORK NIGHTS **
USA 1983, 88 Min., F
R: Simon Nuchtern D: Corinne Alphen, George Ayer, Gordon Press
Grellbunter Sexfilm nach der Vorlage von »Der Reigen« (Arthur Schnitzler, Max Ophüls), den Möglichkeiten der achtziger Jahre angepaßt und ungleich deutlicher.

New York Odyssee N160
PRISONERS OF INERTIA ***
USA 1988, 95 Min., F
R: Jeffrey Noyes Scher D: Amanda Plummer, Christopher Rich
Ein jungverheiratetes Paar aus Greenwich Village gerät auf eine abenteuerliche Odyssee durch die Stadt, begegnet durchgeknallten Typen und der eigenen Vergangenheit und ist froh, am Ende die eigene Wohnung wieder erreicht zu haben.

New York, New York N161
NEW YORK, NEW YORK ****
USA 1977, 137 Min., F
R: Martin Scorsese D: Liza Minnelli, Robert de Niro, Lionel Stander
Berufliche und emotionale Probleme zwischen einem Saxophonisten und einer erfolgreichen Sängerin. Scorsese zitiert Film und Musik der vierziger und fünfziger Jahre.

New Yorker Geschichten N162
NEW YORK STORIES ***
USA 1988, 119 Min., F
R: Martin Scorsese, Woody Allen, Francis Ford Coppola D: Nick Nolte, Rosanna Arquette, Woody Allen, Mia Farrow, Talia Shire, Giancarlo Giannini
Komödiantischer Episodenfilm aus dem »Big Apple«. Zwei Kleinode (von Scorsese und Allen) und eine Niete (von Coppola mit Tochter).

New Yorks Finest N163
NEW YORK'S FINEST **
USA 1987, 83 Min., F
R: Chuck Vincent D: Jennifer Delora, Ruth Collins, Heidi Paine
Diverse New Yorker Huren wollen aus dem Gewerbe aussteigen und sich nach Möglichkeit Millionäre angeln – doch dazu müssen sie erst mal Benimm lernen, damit die große Welt sie aufnimmt. Sexklamotte. HFJ 1991

Niagara N164
NIAGARA ***
USA 1952, 89 Min., F
R: Henry Hathaway D: Marilyn Monroe, Joseph Cotton, Jean Peters
Eine schöne Frau will zusammen mit ihrem Geliebten ihren aus dem Korea-Krieg heimgekehrten, seelisch gebrochenen Ehemann beseitigen. Spannendes Melodram über die Macht sexueller Begierden mit wunderschönen Landschaftsaufnahmen, das zuweilen die Kitsch-Grenze überschreitet. Marilyn Monroe mit beeindruckendem Spiel einer verletzlichen, sinnlichen Frau.

Die Nibelungen – N165
1. Teil: Siegfried von Xanten **
2. Teil: Kriemhilds Rache **
BRD 1966, 91/88 Min., F
R: Harald Reinl D: Uwe Beyer, Rolf Henninger, Siegfried Wischnewski
Jung-Siegfried legt den Zwergenkönig Alberich herein und hilft König Gunther mittels Tarnkappe, Königin Brunhild zu freien. Für Freunde unfreiwilliger Komik. Im zweiten Teil heiratet Kriemhild den Hunnenkönig Attila, um sich mit dessen Macht am Mörder ihres Gatten zu rächen. Ein lustiger Film (nur war er nicht so gemeint). LFF

Nicht fummeln, Liebling! N166
***
BRD 1969, 84 Min., s/w
R: May Spils D: Werner Enke, Gila von Weitershausen, Henry van Lyck
Erste Fortsetzung zum kleinen Kultfilm *Zur Sache Schätzchen*. Die heimliche Melancholie tritt hinter den flotten Sprüchen noch mehr hervor.

Nicht nichts ohne dich N167
***
BRD 1985, 88 Min., s/w
R: Pia Frankenberg D: Pia Frankenberg, Ilona Ribowski-Bruwer, Klaus Bueb, Alfred Edel
Eine ambitionierte, aber unbedeutende Filmregisseurin hält ihren Reichtum für ein Hindernis für ihre Kunst und zieht deshalb in eine Wohngemeinschaft. Ihr Problem besteht hauptsächlich darin, daß sie nicht genau weiß, was für einen Film sie machen will. Gelungenes, selbstporträthaftes Kinodebüt und eine selbstironisch-anarchistische Komödie.

Nicht schießen, Liebling, küssen! N168
***
CAUSE TOUJOURS, MON LAPIN!
Frankreich 1961, 90 Min., s/w
R: Guy Lefranc D: Eddie Constantine, François Chaumette, René Cosima, Clément Harari
Bauchredner wird von Drogenhändlern belastet, landet im Gefängnis, reißt aus, mischt die Bande auf und hilft einem kleinen Mädchen. Eddie, wie man ihn nicht kennt. Gute Unterhaltung.

Nicht schuldig? N169
THE MEMORY OF JUSTICE ****
GB/BRD/USA 1975, 278 Min., F
R: Marcel Ophüls
Der viereinhalbstündige Film ist ein anstrengendes, gegen Ende auch überfrachtetes, auf jeden Fall aber sehens-

Nicht standesgemäß N170
TREDOWATA ***
Polen 1987, 88 Min., F
R: Jerzy Hoffman D: Irena Malkiewicz, Mariusz Dmochowski, Anna Dymna
Die Liebe eines Grafen zu einer Hauslehrerin scheitert an den Standesdünkeln der adligen Gesellschaft zwischen den Kriegen. Stilvolle Verfilmung eines populären Romans von Helena Mniszkowna.

Die Nichten der Frau Oberst N171
**
BRD/Italien 1968, 85 Min., F
R: Michael Thomas D: Heidrun van Hoven, Kai Fischer, Heiner Hitz
Die Witwe eines Obersts verkuppelt ihre Nichten und ist dem Sex auch selbst nicht abgeneigt. Maupassant würde den Film bestimmt nicht toll finden. Billigproduktion von Jess Franco (unter Pseudonym).

Die Nichten der Frau Oberst N172
**
Schweiz 1979, 88 Min., F
R: Michael Thomas D: Simone Sanson, Brigitte Lahaie, Nadine Pascal
Remake des Films von 1968, diesmal inszeniert von Erwin C. Dietrich unter Pseudonym und ungleich schärfer als das Original. In der Hauptrolle der französische Sexstar Brigitte Lahaie.

Die Nichten der Frau Oberst – 2. Teil: Mein Bett ist meine Burg N173
*
BRD 1968, 71 Min., F
R: Michael Thomas D: Heidrun van Hoven, Tamara Baroni, Kai Fischer
Bettengerangel und Stellungsspiele auf einem Gutshof. Frau Oberst und ihre Nichten becircen die Männerwelt. Die Geschichte ist mehr oder weniger mit dem ersten Teil identisch.

Nichts als Ärger mit N174

Suche nach einem gemeinsamen Lover in abenteuerliche Verstrickungen geraten. HFJ 1988

Nichts als Sex und Chaos N175
AMERICAN DRIVE IN **
USA 1984, 89 Min., F
R: Krishna Shah D: Emily Longstreth, Pat Kirton
Blödeleien um Pärchen und trottelige Mitbürger in einem Autokino. Eher enttäuschend für einen einst ambitionierten Regisseur wie Shah.

Nick Carter schlägt alles zusammen N176
***
NICK CARTER VA TOUT CASSER
Frankreich/Italien 1964, 85 Min., s/w
R: Henri Decoin D: Eddie Constantine, Daphne Dayle, Charles Belmont
Geheimagent Nick auf der Suche nach den Mördern eines Erfinders, dessen neueste Superwaffe den Chinesen ein Dorn im Auge ist. Rasante Prügelstory mit rüdem Umgangston; ganz so, wie Jugendliche sie lieben.

Nick Carter: Zum Frühstück Blondinen N177
***
NICK CARTER ET LE TREFLE ROUGE
Frankreich/Italien 1965, 80 Min., s/w
R: Jean-Paul Savignac D: Eddie Constantine, Nicole Courcel, Jo Dassin
Geheimagent Carter mischt eine Bande auf, die im belgischen Antwerpen Rüstungsgut stiehlt. Ohne allzuviel Humor.

Nickelodeon N178
NICKELODEON ***
USA/GB 1976, 110 Min., F
R: Peter Bogdanovich D: Ryan O'Neal, Burt Reynolds, Tatum O'Neal
Zitaten- und pointenreiche Komödie um den Aufstieg der Traumfabrik Hollywood zur Zeit der Jahrhundertwende. Nostalgisch und bieder.

Nick's Film – Lightning Over Water N179
****

lichen Verfalls trotzt der »amerikanische Freund« von Wim Wenders mit ungebrochener Vitalität, die er aus seiner Liebe zum Kino schöpft, dem herannahenden Tod. Dokument radikaler Offenheit intimster Gefühle.

Nico-Icon N180
***
BRD 1995, 72 Min., F
R: Susanne Ofteringer D: Tina Aumont, Christian Aaron Boulogne, Edith Boulogne
Nico-Icon folgt den Stationen des Lebens von Christa Päffgen alias Nico: vom Mannequin Ostergaards zur Mondgöttin Andy Warhols. Der Film handelt von der Zeit, in der ihr zerdehnter Gesang den Sound von The Velvet Underground prägte und ihre Schönheit und ihr Schweigen Lou Reed, Jackson Browne, Jim Morrison, Iggy Pop und viele andere gleichermaßen faszinierten. HFJ 1996

Nie mehr immer N181
JAMAIS PLUS TOUJOURS ***
Frankreich 1975, 82 Min., F
R: Yannick Bellon D: Bulle Ogier, Jean-Marc Bory, Loleh Bellon
Die Suche nach der Erinnerung an die inzwischen gestorbene Freundin bringt eine junge Frau mit dem Mann zusammen, den sie nie ganz vergessen hatte. Zwischen ihnen bahnt sich eine neue Verbindung an. Edle Melancholie.

Nie wieder New York N182
THE OUT OF TOWNERS ***
USA 1969, 97 Min., F
R: Arthur Hiller D: Jack Lemmon, Sandy Dennis, Anthony Hopkins
Was ein Ehepaar aus Ohio in New York erlebt, überzeugt sie und die Zuschauer von der Unbewohnbarkeit der großen Städte. Weil die Vorlage aber ein Stück von Neil Simon ist, wird's nicht ganz so apokalyptisch.

Nie wieder schlafen – Nie mehr zurück N183
**
BRD 1992, 92 Min., F
R: Pia Frankenberg D: Lisa Kreuzer, Gaby Herz, Christiane Carstens
Drei Frauen kommen zur Hochzeit einer Freundin nach Berlin: Das Fest findet ausgerechnet auf einem Spreedampfer statt, und es wird ihnen schlecht. Schließlich beginnen sie, in der Stadt herumzustreunen, albern und ausgelassen. Spätpubertäre Emanzipations-Klamotte. HFJ 1993

Niemandskind N184
ARVACSKA ***
Ungarn 1976, 88 Min., F
R: Lászlá Rónody D: Zsuzsa Czinkóczy, Anna Nagy, Sándor Horváth
Leidensweg eines siebenjährigen Waisenkindes im Ungarn der dreißiger Jahre. Von den verschiedenen Pflegeeltern wird das Mädchen wie ein Tier behandelt, menschliche Zuneigung erfährt es selten. An einem Weihnachtstag kommen alle in dem brennenden Gehöft um. Bewegendes Sozialdrama.

Niemandsland N185
****
Deutschland 1931, 93 Min., s/w
R: Victor Trivas D: Ernst Busch, Vladimir Sokoloff, Georges Péclet
Zwischen den Fronten des Ersten Weltkriegs treffen sich Soldaten der verschiedenen Nationen. Ein pazifistisches Lehrstück von Rang.

Niemandsland N186
****
BRD 1991, 132 Min., F
R: Herbert Achternbusch D: Barbara de Koy, Marie Binet, Herbert Achternbusch, Lambert Hamel
Der »Hick« aus früheren Achternbusch-Filmen erlebt neue Abenteuer an der Grenze zwischen Amerika und dem Niemandsland des »Last Valley«.

Nigger Charley N187
THE LEGEND OF NIGGER CHARLEY **
USA 1972, 100 Min., F
R: Martin Goldman D: Fred Williamson, Don Pedro Colley
Ein schwarzer Sklave kämpft für seine Freiheit. Biederes Beispiel für die Welle der »black movies« in den 70ern.

Night and the City N188
NIGHT AND THE CITY ***
USA 1992, 104 Min., F
R: Irwin Winkler D: Robert De Niro, Jessica Lange, Jack Warden
Ein windiger Rechtsanwalt will Box-Promoter werden und läßt sich dabei auf einen lebensgefährlichen Kampf mit den Bossen des organisierten Verbrechens ein. Moderner Film noir mit einem überragenden De Niro frei nach *Die Ratten von Soho...* (1949).

Night Eyes N189
NIGHT EYES *
Hongkong/Kanada 1982, 86 Min., F
R: Robert Clouse D: Sam Groom, Sara Botsford, Scatman Crothers
Durch verdorbenes Getreide mutierte Ratten terrorisieren eine kanadische Stadt, bis man sich ihrer mit Hilfe von Flammenwerfern entledigt. Billig zusammengeschusterter Horrorstreifen, der jeder Beschreibung spottet.

Night Kill N190
SUMMER OF FEAR **
USA 1978, 100 Min., F
R: Wes Craven D: Linda Blair, Lee Purcell, Jeremy Slate, Carol Lawrence
Junges Mädchen, vom Bösen besessen, bedroht eine Familie. TV-Schokker von durchschnittlicher Machart.

Night on Earth N191
NIGHT ON EARTH ****
USA 1991, 120 Min., F
R: Jim Jarmusch D: Winona Ryder, Armin Mueller-Stahl, Roberto Benigni, Matti Pellonpää, Béatrice Dalle
Zur selben Zeit in derselben Nacht steigen fünf Menschen in fünf Großstädten der Welt in ein Taxi, und aus ihren Gesprächen und Beziehungen werden exemplarische Lebensläufe sichtbar. HFJ 1992

Nightflyer – Tödliche Mission im All N192
NIGHTFLYERS **
USA 1987, 89 Min., F
R: Robert Collector D: Catherine Mary Stewart, Michael Praed, Lisa Blount
Wissenschaftler, im All unterwegs, werden von dämonischem Bordcomputer terrorisiert, der ihnen nach dem Leben trachtet. Voll in die Hose gegangene Filmversion einer passablen SF-Story von George R. R. Martin.
HFJ 1989

Nightmare – Im Lager der gequälten Frauen N193
*
NIGHTMARE
USA 1981, 82 Min., F
R: John L. Moxey D: Deborah Raffin, Lyme Moody, Chuck Connors
Zwei urlaubende Studentinnen landen aufgrund falscher Anschuldigungen in einem Zwangsarbeitslager für Frauen, werden von einem geilen Direktor und bösen Wächtern erniedrigt und planen ihre Flucht. Ausbeuterisches Schundkino.

Nightmare – Mörderische Träume N194
**
A NIGHTMARE ON ELM STREET
USA 1984, 91 Min., F
R: Wes Craven D: John Saxon, Ronee Blakley, Heather Langenkamp
Vier Teenager träumen von dem ekligen, von erbosten Eltern gelynchten Kindermörder Freddy, der von den Toten zurückgekehrt ist, um noch ein paar Opfer zu schlagen. Viel Horror, wenig Geist.

Nightmare II: Die Rache N195
**
A NIGHTMARE ON ELM STREET II: FREDDY'S REVENGE
USA 1986, 92 Min., F
R: Jack Sholder D: Mark Patton, Kim Myers, Clu Gulager
Der untote Kindermörder Freddy sucht die Träume eines Jungen heim, dessen Eltern in das Haus eines seiner Opfer gezogen sind. Papa meint, Bubi nimmt Drogen, doch ein Mädchen aus der Elm Street weiß Bescheid. Quack. HFJ 1988

Nightmare III: Freddy Krueger lebt N196
**
A NIGHTMARE ON ELM STREET III: DREAM WARRIOR
USA 1987, 97 Min., F
R: Chuck Russell D: Heather Langenkamp, Robert Englund, Patricia Arquette, Larry Fishburne

Nightmare on Elm Street IV N197
**
A NIGHTMARE ON ELM STREET IV: THE DREAM MASTER
USA 1988, 92 Min., F
R: Renny Harlin D: Robert Englund, Rodney Eastman, Tuesday Knight
Ein untoter Kinderschänder lauert Jugendlichen auf, metzelt sie nieder und wird von einem Karategirl in den Orkus geschickt. Eine Filmserie, die in jeder Folge die gleiche Geschichte neu erzählt. HFJ 1990

Nightmare on Elm Street V: Das Trauma N198
*
A NIGHTMARE ON ELM STREET V: THE DREAM CHILD
USA 1989, 89 Min., F
R: Stephen Hopkins D: Robert Englund, Lisa Wilcox, Danny Hassel
Der untote Mörder Freddy killt laufend US-Teenies und verfolgt das Ziel, durch ein Mädchen, das ihn einst besiegt hat, wiedergeboren zu werden. Wirres Horrorprodukt. HFJ 1991

Nightshift N199
***
NIGHT SHIFT
USA 1982, 105 Min., F
R: Ron Howard D: Henry Winkler, Michael Keaton, Shelley Long
Das Bedürfnis nach Ruhe läßt einen abgespannten Finanzexperten einen Nachtwächterjob in der städtischen Leichenhalle annehmen. Statt in der erhofften Abgeschiedenheit landet er im Zentrum eines chaotischen Treibens von Gangstern und Zuhältern. Trotz des schlüpfrigen Themas eine niveauvolle Komödie mit Sinn für Timing und Running Gags.

Nightwatch – Nachtwache N200
****
NIGHTWATCH
Dänemark 1993, 105 Min., F
R: Ole Bornedal D: Nikolaj Coster Waldau, Sobie Grabol, Kim Bodnia
Ein Jurastudent jobt als Nachtwächter in der Gerichtsmedizin. Mal ver-

Nijinksy N201
***
NIJINSKY
USA 1980, 120 Min., F
R: Herbert Ross D: George de la Pena, Alan Bates, Leslie Browne
Aufstieg und Tragödie von Waslaw Nijinsky, der am Beginn des Jahrhunderts den Ballettanz revolutionierte und an seiner krankhaften Abhängigkeit von seinem Betreuer Diaghilew scheitert.

Die Niklashausener Fahrt N202
***
BRD 1970, 87 Min., s/w
R: Rainer Werner Fassbinder, Michael Fengler D: Rainer Werner Fassbinder, Hanna Schygulla, Michael König
Ein Hirte, der eine Offenbarung erlebt hat, führt die Menschen im fränkischen Niklashausen von der religiösen in die politische Revolte. Ein düsterer Bildersturm zum Scheitern der Revolution.

Niklaus & Sammy N203
***
Schweiz/Fr/BRD 1990, 72 Min., F
R: Alain Bloch D: Emil Steinberger, Clementine Celarie, Jean-Luc Bideau
Eine turbulente Liebes- und Eifersuchtsgeschichte zwischen französisch- und deutschsprachigen Schweizerinnen und Schweizern dient als Parabel auf die inneren Widersprüche des Landes.

Nikolaus und Alexandra N204
***
NICHOLAS AND ALEXANDRA
GB 1971, 109 Min., F
R: Franklin J. Schaffner D: Michael Jayston, Janet Suzman, Roderic Noble
Ein kinobunter Historientraum vom Untergang des Hauses Romanow, der weniger die Welt- als die Familiengeschichte im Auge hat.

Nils Karlsson Däumling N205
***
NILS KARLSSON PYSSLING

›Ninotschka‹ – Lubitsch, Wilder und die Garbo schufen ein Meisterwerk.

Nimm, was du kriegen kannst N206
kannst ***
COME AND GET IT
USA 1936, 90 Min., s/w
R: Howard Hawks, William Wyler
D: Joel McCrea, Edward Arnold, Frances Farmer
Laut Hawks basiert der Film auf der Geschichte seines Großvaters: Ein Holzbaron verliebt sich in die Tochter seiner Jugendfreundin und wird so zum Rivalen seines eigenen Sohnes. Ein Drama über die Gier nach Geld und Macht, wobei die Liebe zwangsläufig zu kurz kommt, über den ewigen Konflikt zwischen Vater und Sohn – und über den Raubbau an der Natur.

Ninja N207
NINJA BUGEI-CHO ***
Japan 1967, 131 Min., s/w
R: Nagisa Oshima
Nach einer Bildergeschichte von Sanpei Shirato entstand ein gezeichneter Film über die geheimnisvollen Krieger, deren Organisation seit dem 16. Jahrhundert besteht: Ein Ninja führt die Bauern in den Kampf gegen einen Feudalherren.

Ninotschka N208
NINOTCHKA ****
USA 1939, 110 Min., s/w
R: Ernst Lubitsch D: Greta Garbo, Melvyn Douglas, Ina Claire
Eine pflichtbewußte sowjetische Politkommissarin wird von ihrer Regierung nach Paris entsandt, um drei dem westlichen Lasterleben verfallene Genossen zur Ordnung zu rufen. Doch auch sie erliegt dem Luxus – und dem Charme eines adligen Lebemannes. Intelligente Komödie von großer Menschlichkeit, mit treffenden Charakterdarstellungen.

Nixon N209
NIXON ****
USA 1995, 190 Min., F
R: Oliver Stone D: Anthony Hopkins, Joan Allen, Paul Sorvino
Der Film schildert Nixons umstrittene Karriere und deckt die Kräfte und Faktoren auf, die zum Untergang dieses schillernden Politikers führten. Oliver Stone inszenierte ein tiefenpsychologisches Drama vom Feinsten mit einem grandiosen Anthony Hopkins. Ein aufregender Politfilm über einen Mann, der nur eins wollte – geliebt werden. HFJ 1997

No Panic – Gute Geiseln sind selten N210 ***
THE REF / HOSTILE HOSTAGES
USA 1994, 97 Min., F
R: Ted Demme D: Denis Leary, Judy Davis, Kevin Spacey
Am Heiligabend nimmt ein flüchtiger Einbrecher ein Ehepaar als Geisel. Mit dem sich ständig beschimpfenden Duo hat er seine Mühen. Als dann noch die Schwiegermutter auftaucht, wird's chaotisch. Witzige Beziehungskomödie mit ironischen Seitenhieben auf das heile Familienleben. HFJ 1995

No Way Out – Es gibt kein zurück N211 ****
NO WAY OUT
USA 1986, 114 Min., F
R: Roger Donaldson D: Kevin Costner, Gene Hackman, Sean Young
Thriller mit einem überraschenden Schluß um den US-Marine-Offizier Tom Farrell, der ins Verteidigungsministerium beordert wird, um einen geheimnisumwitterten russischen Spion zu entlarven. Er verliebt sich ausgerechnet in die heimliche Bettgenossin des Ministers, die nach einem Eifersuchtsstreit von diesem ermordet wird. Die Spannung steigt ständig.

Nobody is perfect N212
THE END ***
USA 1978, 100 Min., F
R: Burt Reynolds D: Burt Reynolds, Dom DeLuise, Sally Field
Er ist gutaussehend und unheilbar krank und will deshalb raus aus dem Leben. Ein makabres Lustspiel, in dem mit Entsetzen Scherz getrieben wird.

Nobody ist der Größte N213
UN GENIO, DUE COMPARI, UN POLLO ***
Italien/BRD 1975, 92 Min., F
R: Damiano Damiani D: Terence Hill, Robert Charlesbois, Klaus Kinski
Ein Halbblut und sein Kumpan legen einen gerissenen Major herein, der sowohl die Indianer als auch die Regierung um 300 000 $ betrügen will. Ulk im Westernmilieu.

Nobody's Fool N214
NOBODY'S FOOL ****
USA 1994, 110 Min., F
R: Robert Benton D: Paul Newman, Jessica Tandy, Bruce Willis
Ein Sechzigjähriger, der seine Familie vor fast 30 Jahren verließ, mischt sich in alles ein und geht den Einwohnern einer amerikanischen Kleinstadt auf den Nerv. Als er mit den Problemen seines erwachsenen Sohnes konfrontiert wird, beginnt er erstmals über sich nachzudenken. Eine anrührende Geschichte. HFJ 1996

Noch einmal mit Gefühl N215
THAT OLD FEELING ***
USA 1997, 105 Min., F
R: Carl Reiner D: Bette Midler, Dennis Farina, Paula Marshall
Laute Komödie um ein geschiedenes Paar, das sich zur Hochzeit der gemeinsamen Tochter wiedersieht. Natürlich keifen die zwei gleich wieder los, weil sie sich – wie nicht anders zu erwarten – immer noch lieben. Harmlose Unterhaltung. HFJ 1998

Noch heute sollst du hängen N216
STAR IN THE DUST ***
USA 1956, 80 Min., F
R: Charles Haas D: John Agar, Mamie Van Doren, Richard Boone
Ein Sheriff wartet darauf, daß ein Killer gehängt wird, der im Auftrag von Großranchern mehrere Farmer getötet hat, und tut sein Bestes, um den Abend zu erleben. Spannender, psychologisch motivierter Western.

Nofretete, Königin vom Nil N217
NEFERTITE, REGINA DEL NILO **
Italien 1961, 107 Min., F
R: Fernando Cerchio D: Jeanne Crain, Edmund Purdom, Vincent Price
Filmische Biographie der ägyptischen Königin Nofretete. Monumentalfilm gängiger Machart, der sich mit der wahren Geschichte gar nicht erst beschäftigt.

Noises Off! Der nackte Wahnsinn N218
NOISES OFF ***
USA 1992, 99 Min., F
R: Peter Bogdanovich D: Michael Caine, Carol Burnett, John Ritter
Komische Liebesverwicklungen um eine Schauspielergruppe. Am Ende finden die privaten Verwicklungen ihren Weg auf die Bühne und führen zu einer der bizarrsten Theateraufführungen in einem Film. HFJ 1994

Verfilmung einer im 18. Jahrhundert spielenden Novelle von Diderot: Eine Nonne wider Willen ist in einem Kloster dem brutalen Machtspiel und den Zudringlichkeiten zweier Oberinnen hilflos ausgesetzt. Durch innovative Dramaturgie mit einer peinlich genau beobachtenden Kamera wird der Schrecken autoritärer Kontrollinstanzen unmittelbar erlebbar.

Die Nonne und das Biest N220
SUORE EMMANUELLE *
Italien 1978, 82 Min., F
R: Joseph Warren D: Laura Gemser, Monica Zanchi, Rik Battaglia
Dunkelhäutige Nonne entwickelt nach Bekanntschaft mit einem triebhaften Mädchen lesbische Fantasien.

Die Nonnen von Clichy N221
LES DEMONS **
Frankreich 1972, 94 Min., F
R: Clifford Brown D: Karin Field, Doris Thomas, Anne Libert
Eine sadistische Marquise jagt im Auftrag der Inquisition nach angeblichen Hexen. Französische Variation des angelsächsischen »Hexenjäger-Films«.

Nora N222
A DOLL'S HOUSE ***
USA 1972, 100 Min., F
R: Patrick Garland D: Claire Bloom, Anthony Hopkins, Ralph Richardson
Vorlagengetreue Verfilmung des Bühnenstücks von Henrik Ibsen um eine Frau, die sich ihrer Situation als Spielzeug des Mannes bewußt wird und Haus und Familie verläßt.

Nora N223
A DOLL'S HOUSE ****
Fr/GB 1973, 106 Min., F
R: Joseph Losey D: Jane Fonda, David Warner, Trevor Howard
Adaption des Bühnenstücks von Henrik Ibsen über eine verwöhnte, unselbständige junge Frau, die von

Nordkurve N224
***
BRD 1992, 105 Min., F
R: Adolf Winkelmann D: Renate Krößner, Christian Tasche, Dany Berger
Ruhrpott am Samstag: Fußball, Saufen, Sex und Gewalt. Zwischen blöden Bullen und dämlichen Blondinen prügeln sich die Suffköppe aus'm Revier mit Skins und Hooligans den Arbeitsfrust aus dem Leib. Ob man die etwas simpel gestrickte Message des Films teilt oder nicht – den wahren Kern dieser Aufnahmen kann man kaum bestreiten. HFJ 1994

Nordlicht in Dakota N225
NORTHERN LIGHTS ****
USA 1978, 93 Min., s/w
R: John Hansen, Rob Nilsson
D: Robert Behling, Susan Lynch
In Cannes preisgekrönter US-Debütfilm über den Zusammenschluß von Farmern im Norddakota der Jahre 1915/16 zu einer gewerkschaftsähnlichen Liga. In Schwarzweiß und mit großer Authentizität gedreht, ist der Film ein Dokument voll herber Poesie. Die erste Behandlung des Überlebenskampfes der kleinen Farmer seit dem Film *Früchte des Zorns*.

Nordwest-Passage N226
NORTHWEST PASSAGE ****
USA 1939, 126 Min., F
R: King Vidor D: Spencer Tracy, Robert Young, Ruth Hussey
Zwei Greenhorns schließen sich einem Rangerkommando an, das im kolonialen Amerika neue Wege sucht. Fesselnder, bunter, abenteuerlicher Film, nach Motiven des Romans von Kenneth Roberts.

Norma Rae N227
NORMA RAE ****
USA 1978, 114 Min., F
R: Martin Ritt D: Sally Field, Beau Bridges, Ron Leibman

Die Normannen N228
I NORMANNI ***
Italien/Frankreich 1962, 107 Min., F
R: Fernando Cerchio D: Cameron Mitchell, Geneviève Grad, Franca Bettoja
In Britannien lebender Normannenstamm vertreibt mit Hilfe eines englischen Grafen um das Jahr 900 einen bösen Thronräuber. Abenteuerfilm mit vielen Schlachtszenen.

Die Normannen kommen N229
THE WAR LORD ***
USA 1965, 105 Min., F
R: Franklin J. Schaffner D: Charlton Heston, Richard Boone, Rosemary Forsyth, Maurice Evans
Normannischer Lehnsmann verliebt sich im 11. Jahrhundert in heidnische Bewohnerin eines Küstendorfes, was verlustreiche Auseinandersetzungen nach sich zieht.

Das Northville Massaker N230
THE NORTHVILLE CEMETERY MASSACRE ***
USA 1974, 80 Min., F
R: William Dear und Thomas L. Dyke
D: David Hyri, Jan Hisk, C. Jackson
Rockerfilm. Die Vergewaltigung eines jungen Mädchens durch einen Polizisten löst, veranlaßt durch den Täter, eine blutige Jagd auf eine Rocker-Gruppe aus, die in einem blindwütigen Gemetzel bis auf den letzten Mann niedergemacht wird. Zwar fehlen der psychologische Unterbau und ein paar profilierte Darsteller, aber der Film läßt gerade durch seine Schwarzweiß-Malerei den Zündstoff erahnen, der in den USA zwischen den Bürgern und den »Outlaws« schwelt.

Nosferatu – eine Symphonie des Grauens N231
*****
Deutschland 1922, 85 Min., s/w
R: Friedrich Wilhelm Murnau
D: Max Schreck, Alexander Granach, Gustav von Wangenheim
Murnaus schaurig schöne (inoffizielle) Verfilmung des Vampir-Romans »Dracula« von Bram Stoker ist eines der hervorragendsten Werke des deutschen Stummfilm-Expressionismus.

Nosferatu – Phantom der Nacht N232
***
BRD/Frankreich 1979, 108 Min., F
R: Werner Herzog D: Klaus Kinski, Isabelle Adjani, Bruno Ganz
Neuverfilmung des Stummfilmklassikers *Nosferatu.* Tolle Rolle für Klaus Kinski als Dracula. Phantastische Kameraführung. Nach dem Roman »Dracula« von Bram Stoker.

Nostalghia N233
NOSTALGHIA ****
Italien 1983, 130 Min., F
R: Andrej Tarkowskij D: Oleg Jankowski, Domiziana Giordano
Visionärer, philosophischer Film-Essay über einen russischen Intellektuellen, der in Italien auf der Suche nach seiner Identität und dem Sinn seiner Lebensreise ist.

Nosferatu (Max Schreck) hat die Pest mit an Bord.

Nostradamus N234
ENOSTRADAMUS **
GB/BRD 1994, 123 Min., F
R: Roger Christian D: Tcheky Karyo, F. Murray Abraham, Julia Ormond
Im episodischen Stil nacherzählte Lebensgeschichte des Mediziners, Astrologen und Visionärs Nostradamus aus dem 16. Jahrhundert. Ein opulenter Kostümfilm mit schlechter Schauspielerführung. HFJ 1995

Nothing but Love N235
NOTHING TO HIDE ***
USA 1981, 101 Min., F
R: Anthony Spinelli D: John Leslie, Richard Pacheco, Elizabeth Randolph
Frauenheld bemüht sich, seinen schusseligen Freund zu verkuppeln, doch dieser wird erst in den Armen eines Mädchens glücklich, das ebenso gehemmt ist wie er. Ulkige Softfassung eines preisgekrönten HC-Films.

Notlandung im Weltraum N236
ROBINSON CRUSOE ON MARS ***
USA 1964, 95 Min., F
R: Byron Haskin D: Paul Mantee, Vic Lundin, Adam West
Nicht im »Weltraum«, sondern auf dem Mars notlandet Kit Draper in diesem von Daniel Defoes »Robinson Crusoe« inspirierten Film. Er findet sogar seinen »Freitag«. LSFF

Notting Hill N237
NOTTING HILL ****
GB 1999, 120 Min., F
R: Roger Mitchell D: Julia Roberts, Hugh Grant, Hugh Boneville
Romantik-Komödie um die aufkeimenden Gefühle zwischen einem schüchternen Buchhändler und einem Hollywood-Star, angesiedelt im Londoner Stadtteil Notting Hill. Die vorhersehbare Geschichte erreicht trotz spritziger Dialoge und netter Nebenfiguren nicht die emotionale Vielschichtigkeit seines Vorbildes »Vier Hochzeiten und ein Todesfall«. HFJ 2000

Nouvelle Vague N238
NOUVELLE VAGUE ****
Schweiz/Frankreich 1990, 86 Min., F
R: Jean-Luc Godard D: Alain Delon, Domiziana Giordano, Roland Amstutz

Eine reiche Frau nimmt einen Mann auf, den sie mit dem Auto verletzt hat, und macht ihn zu ihrem Liebhaber. Nachdem sie ihn bei einem Bootsausflug ertrinken hat lassen, taucht sein Bruder auf. Nun beginnt das Spiel mit vertauschten Rollen noch einmal.

Novemberkatzen N239
***
BRD 1985, 100 Min., F
R: Sigrun Koeppe D: Angela Hunger, Ursela Monn, Katharina Brauren
Frauenleben in der Trümmerzeit: Eine vom Mann verlassene Mutter mit vier Kindern überlebt dank der Unterstützung ihrer Schwiegereltern.

Novembermond N240
****
BRD/Frankreich 1984, 101 Min., F
R: Alexandra von Grote D: Gabriele Osburg, Christiane Millet, Danièle Delorme, Bruno Pradal
Eine junge deutsche Jüdin findet im besetzten Paris Unterschlupf bei einer französischen Freundin, mit der sie eine tiefe Liebe verbindet.

Novemberplan N241
THE NOVEMBER PLAN ***
USA 1976, 103 Min., F
R: Don Medford D: Wayne Rogers, Elaine Joyce, Philip Sterling
Detektiv Jake Axminster stößt bei einer privaten Mission auf ein Komplott gegen den US-Präsidenten. Dieser Film wird weniger durch seine Schauspieler als durch die Professionalität seiner Machart zum spannenden Krimi im Nostalgie-Look.

Nuit et Jour – Die Nacht und der Tag N242
****
NUIT ET JOUR
Fr/Belgien/Schweiz 1991, 95 Min., F
R: Chantal Akerman D: Guilaine Londez, Thomas Langmann, François Negret

08/15 – 1. Teil N243
***
BRD 1954, 96 Min., s/w
R: Paul May D: Joachim Fuchsberger, Paul Bösinger, Helen Vita
Die Überlebenskünste des Gefreiten Asch, der sich während des Zweiten Weltkrieges zwar stets durchzuschlagen weiß, aber innerlich von Krieg und System angewidert ist. Um einen Kameraden zu beschützen, muß er dann doch zeigen, wie er wirklich ist. Erster Teil einer Trilogie von Kriegsfilmen, die so ihren eigenen Weg findet, alle Fragen aufzulösen.

Debütant Mario Adorf (links)

08/15 – 2. Teil N244
**
BRD 1955, 89 Min., s/w
R: Paul May D: O. E. Hasse, Rolf Kutschera, Reiner Penkert, Joachim Fuchsberger, Hans Christian Blech
Winter 1942 an der Ostfront. Dringend benötigte Funkgeräte müssen herangeschafft werden, während ein neuer, ehrgeiziger Kommandeur die aus dem ersten Teil bekannte Batterie übernimmt.

08/15 – 3. Teil: In der Heimat N245
**
BRD 1955, 93 Min., s/w
R: Paul May D: O. E. Hasse, Hans Friedrich, Stig Roland, Hannes Schiel
Die deutschen Soldaten kehren im letzten Teil der Trilogie nach Hause zurück. Die Schilderung des Zusammenbruchs des Dritten Reiches bleibt im wesentlichen unpolitisch.

Eine Frau lebt mit ihren zwei Kindern in einer Sozialwohnung und leidet unter der Unfähigkeit ihres Mannes, eine interessante Arbeit zu finden. Ein kommunistischer Arbeiter am Ende seines Lebens und seine endlos Geschirr spülende Frau stehen dagegen.

Nummer 5 gibt nicht auf N247
SHORT CIRCUIT II ***
USA 1988, 110 Min., F
R: Kenneth Johnson D: Fisher Stevens, Michael McKean, Cynthia Gibb
Der Roboter Nr. 5 kommt in die große Stadt, um einem menschlichen Freund zu helfen, doch böse Juwelendiebe haben andere Pläne mit der pfiffigen Maschine. Eine durchaus goutierbare Fortsetzung zu *Nummer 5 lebt!*
HFJ 1989

Nummer 5 lebt! N248
SHORT CIRCUIT ***
USA 1986, 99 Min., F
R: John Badham D: Ally Sheedy, Steve Guttenberg, Fisher Stevens
Netter Kampfroboter entwischt seinen Konstrukteuren und widersetzt sich mit Hilfe einer jungen Frau pfiffig allen Bestrebungen, eliminiert zu werden. Eine trotz ihres Helden durchaus »menschliche« Kömodie. HFJ 1987

Nur 48 Stunden N249
48 HRS. ****
USA 1982, 97 Min., F
R: Walter Hill D: Nick Nolte, Eddie Murphy, Annette O'Toole
Ein rüder Bulle und ein ihm in nichts nachstehender schwarzer Knastbruder jagen gemeinsam einen gefährlichen Killer, der den ersteren mit einem miesen Trick hereingelegt hat. Rasanter, lautstarker Actionfilm mit Typen, die kein Blatt vor den Mund nehmen. Auch wenn einem die Sprüche nach einer Weile auf den Keks gehen, sind 97 unterhaltsame Minuten garantiert. Die etwas schwächere Fortsetzung

Schwester einer Ermordeten verwendet telepathische Pflanze als eine Art Lügendetektor, um dem Täter auf die Spur zu kommen. Kaum spannender Krimi mit übernatürlichen Elementen. LSFF

Nur die Sonne war Zeuge N251
PLEIN SOLEIL ****
Frankreich/Italien 1959, 110 Min., F
R: René Clément D: Alain Delon, Maurice Ronet, Marie Laforêt
Superber Film um Patricia Highsmiths Kultfigur Tom Ripley, von einem jungen Delon als eiskalter Narziß gespielt. Stilbildend die Farbdramaturgie, die bei heller Sonne eine beklemmende Atmosphäre schafft.

Alain Delon als Ripley.

Nur du allein N252
NEVER SAY GOODBYE ***
USA 1956, 92 Min., F
R: Jerry Hopper D: Rock Hudson, Cornell Borchers, George Sanders
Ein Arzt und seine kleine Tochter leben allein, nachdem die Mutter, eine gefeierte Pianistin, vor Jahren auf mysteriöse Weise verschwunden ist. Als sie nun zurückkehrt, sperrt sich die Tochter gegen die »neue« Mutter.

Nur eine einzige Nacht N253
SUSAN SLADE ***
USA 1960, 116 Min., F
R: Delmer Daves D: Troy Donahue, Connie Stevens, Dorothy McGuire
Eine Frau gibt das uneheliche Kind ihrer Tochter als ihr eigenes aus. Die ist derweil zwischen zwei Männern hin- und hergerissen; welcher von beiden der richtige ist, entscheidet sich, als das Kind bei einem Unfall verletzt wird. Eine Soap Opera, in der rein gar nichts ausgelassen wird, was Gefühl erzeugt. Kompetent inszeniert.

Nur eine Nacht N254
INFIDELITY **
USA 1987, 90 Min., F
R: David Lowell Rich D: Lee Horsley, Kirstie Alley, Laurie O'Brien
Nach einer Fehlgeburt stürzt eine Ärztin sich in die Arbeit und ihre Ehe in die Krise. Langweilige Menschen haben langweilige Probleme in einem langweiligen Film.

Nur Fliegen ist schöner N255
BREWSTER MCCLOUD ***
USA 1970, 100 Min., F
R: Robert Altman D: Bud Cort, Sally Kellerman, Michael Murphy
Ein Mann will fliegen und läßt sich auch von den gutgemeinten Ratschlägen von Frauen nicht daran hindern. Kein Wunder, daß er in eine Mordserie verwickelt wird. Robert Altmans wundervolle Attacke gegen Regierung, Polizei, Fernsehen und Film.

Nur noch 72 Stunden N256
MADIGAN ****
USA 1967, 101 Min., F
R: Don Siegel D: Richard Widmark, Henry Fonda, Inger Stevens
In nur 72 Stunden soll Polizist Madigan einen Fehler wieder ausbügeln. Im Wege sind ihm dabei nicht nur ein Killer, sondern auch Frauengeschichten und korrupte Vorgesetzte. Lakonisch erzählt Don Siegel von der geschlossenen Polizeigesellschaft und ihren internen Schwierigkeiten.

Nur Samstag Nacht N257
SATURDAY NIGHT FEVER ***
USA 1977, 119 Min., F
R: John Badham D: John Travolta, Karen Lynn Gorney, Barry Miller
Ein jugendlicher Verkäufer in Brooklyn sucht als Disco-Tänzer und Mitglied einer Straßengang Selbstbestätigung. Durch einen Unfall findet er neuen Lebenssinn und wendet sich von seinem bisherigen Milieu ab. Nur teilweise stimmige, insgesamt aber nicht überzeugende Lebensgefühlbeschreibung New Yorker Jugendlicher.

Nur über meine Leiche N258
***
BRD 1995, 100 Min., F
R: Rainer Matsutani D: Christoph M. Ohrt, Katja Riemann, Ulrike Folkerts
Ein unverbesserlicher Chauvi wird von seiner eifersüchtigen Gattin ins Jenseits geschickt. Er darf dem Tod von der Schippe springen, wenn er drei Frauen glücklich macht. Der Kotzbrocken wandelt sich – bis zum Happy End – vom geilen Saulus zum geläuterten Paulus. Gelungener Debütfilm; eine Mischung aus Beziehungskomödie, Slapstick und Fantasy. Ein Gesellenstück an schwarzem Humor und Skurrilität. HFJ 1996

Nur Vampire küssen blutig N259
LUST FOR A VAMPIRE ***
GB 1970, 94 Min., F
R: Jimmy Sangster D: Ralph Bates, Barbara Jefford, Suzanna Leigh
Schriftsteller entdeckt Anfang des 19. Jahrhunderts in einem vornehmen österreichischen Mädchenpensionat eine lesbische Vampirin. Handwerklich gut gemachter Horrorfilm, nach einer Erzählung von J. Sheridan Le Fanu.

Nuts – Durchgedreht N260
NUTS ***
USA 1987, 111 Min., F
R: Martin Ritt D: Barbra Streisand, Richard Dreyfuss, Maureen Stapleton
Einer Frau, die in Notwehr einen Mann getötet hat, droht die Einweisung in eine geschlossene Anstalt. Ihr Verteidiger hält als einziger zu ihr und findet die Ursache für ihr seltsames Verhalten heraus. Beklemmende Studie über Männermacht und Doppelmoral mit einer schauspielerischen Parforcetour von Barbra Streisand. HFJ 1989

O

Oase der gefangenen Frauen O1
L' OASIS DES FILLES PERDUES *
Frankreich/Spanien 1981, 79 Min., F
R: John McDoug D: Nadine Pascal, Shirley Night, Karin Laure
Zuhälter entführen Mädchen aus Discos und bringen sie in einen Oasenpuff, wo sie einander ihre Vergangenheit erzählen. Zotig-wüster Sexfilm, aus drei Uralt-Produktionen zusammengeklebt.

Ob blond, ob braun O2
IT HAPPENED AT THE WORLD'S FAIR **
USA 1963, 104 Min., F
R: Norman Taurog D: Elvis Presley, Gary Lockwood, Joan O'Brien
Elvis und sein Kumpel, Piloten ohne Geld, bemühen sich, während der Weltausstellung in Seattle Finanzen und Mädchen aufzutreiben, was ihnen auch gelingt. Für Elvis-Fans.

Oberst Redl O3
****
Österr/Ungarn/BRD 1984, 150 Min., F
R: István Szabó D: Klaus Maria Brandauer, Armin Mueller-Stahl, Gudrun Landgrebe, Jan Niklas
Aus kleinen Verhältnissen stammend bringt es Alfred Redl zum Abwehrchef der k.u.k. Armee. Die Anklage wegen Geheimnisverrats an Rußland und eine Erpressung wegen seiner Homosexualität bringen ihn schließlich zu Fall und treiben ihn in den Selbstmord. Letzter Teil einer Trilogie mit Porträts ausgefallener Charaktere der europäischen Geschichte nach *Mephisto* und *Hanussen*.

Oberst Strogoff O4
LE TRIOMPHE DE MICHEL STROGOFF ***
Frankreich/Italien 1962, 117 Min., F
[illegible] D: Curd Jür[illegible]

Oblomov O5
NJESKOLKO DUEJ IS SHISNI ILJI OBLOMOVA ***
UdSSR 1979, 123 Min., F
R: Nikita Michalkow D: Oleg Tabakow, Juri Bogalyriow
Stimmungsvolle Verfilmung von Iwan Gontscharows Roman um den Landaristokraten Oblomov, der sich dem vollständigen Nichtstun ergibt.

Obsession – Die dunkle Seite des Ruhms O6
SVENGALI ***
USA 1982, 103 Min., F
R: Anthony Harvey D: Peter O'Toole, Jodie Foster, Elisabeth Ashley
Ein despotischer Gesangslehrer macht eine junge Rocksängerin zum Star. Um zu überleben, muß sie sich gegen ihn zur Wehr setzen.

Obsession O7
***
BRD/Frankreich/GB 1996, 115 Min., F
R: Peter Sehr D: Heike Makatsch, Charles Berling, Daniel Craig
Deutsche Musikerin liebt französischen Arzt und weißen Südafrikaner. Da sie sich nicht entscheiden kann, wagt sie eine Dreiecksbeziehung. Ein Film voller Symbole, die jedoch genauso wie die Emotionen nur behauptet werden. HFJ 1998

Der Ochse O8
OXEN ***
Schweden 1991, 92 Min., F
R: Sven Nykvist D: Stellan Skarsgard, Ewa Fröling, Lennart Hjulström
Hunger und Armut bringen die Menschen dazu, nach Amerika auszuwandern. Einige bleiben, wie Helge und seine Frau. Um zu überleben, begeht Helge eine brutale, verräterische Tat. Mit Fangarmen versehenes Monstrum, durch verseuchtes Wasser entstanden, treibt sein Unwesen in einem Sumpf in Südamerika. Mit Sicherheit der größte filmische Quatsch des Jahres 1971. LSFF

Ödipussi O10
****
BRD 1987, 88 Min., F
R: Loriot (= Vicco von Bülow)
D: Loriot, Evelyn Hamann, Edda Seippel, Richard Lauffen
Ein verklemmter Möbelhaus-Chef von Mitte fünfzig, der sich noch immer nicht von seiner resoluten Mutter abgenabelt hat, macht Bekanntschaft mit einer selbst therapiebedürftigen Diplom-Psychologin. Es entwickelt sich eine Liebesgeschichte mit absurdesten Situationen voller hintergründigen Humors. Gelungenes Kinodebüt Loriots, das jedoch nicht die Brillanz seiner Fernseh-Sketche erreicht.

Die öffentliche Frau O11
LA FEMME PUBLIQUE ***
Frankreich 1984, 114 Min., F
R: Andrzej Zulawski D: Francis Huster, Valérie Kaprisky, Lambert Wilson, Diane Delor
Eine junge Frau, die in Paris Karriere als Modell und Schauspielerin machen will, gerät in vollkommene Abhängigkeit von einem besessenen Regisseur.

Die offizielle Geschichte O12
LA HISTORIA OFICIAL ****
Argentinien 1985, 112 Min., F
R: Luis Puenzo D: Héctor Alterio, Norma Aleandro, Patricio Contreras
Als sich der Zerfall des Regimes in Argentinien ankündigt, beginnt bei einer Professorin für Geschichte ein langsamer Bewußtwerdungsprozeß.

Der Offizier und die Puppe 013
THE CAPTAIN'S DOLL **
GB/BRD 1982, 103 Min., F
R: Claude Whatham D: Jeremy Irons, Gila von Weitershausen
Liebesgeschichte zwischen einem englischen Offizier und einer jungen deutschen Adeligen in der Zeit nach dem Ersten Weltkrieg. Eher biedere Verfilmung von D. H. Lawrence' Roman.

Ein Offizier und Gentleman 014
AN OFFICER AND A GENTLEMAN ***
USA 1983, 125 Min., F
R: Taylor Hackford D: Richard Gere, Debra Winger, Louis Gossett jr.
Hier feiert die Militärromanze ihre Wiederauferstehung. Halbwaise mit bösem Vater sucht nach Nestwärme und fühlt sich beim Militär so richtig zu Hause. Das Militär lohnt es ihm, und er wird Jet-Pilot. Gelobt sei, was hart macht.

Richard Gere und Louis Gossett jr.

Oh, diese Frauen! 015
LES FEMMES ***
Frankreich 1969, 86 Min., F
R: Jean Aurel D: Maurice Ronet, Brigitte Bardot, Anny Duperey
Schriftsteller und Don Juan verführt am Ende auch seine Sekretärin, die sich stets gegen seinen Lebenswandel verwahrt hat. Ein bißchen glatt geratene Ohlala-Komödie.

Oh Gott! Du Teufel! 016
OH, GOD! YOU DEVIL! **
USA 1984, 82 Min., F
R: Paul Bogart D: George Burns, Ted Wass, Ron Silver, Roxanne Hart
Ein junger Mann verpfändet dem Teufel seine Seele, um Karriere im Rock-Business zu machen. Gott gewinnt sie im Pokerspiel zurück.

Oh! What a lovely war! 017
OH! WHAT A LOVELY WAR! ****
GB 1969, 129 Min., F
R: Richard Attenborough D: Dirk Bogarde, Jean-Pierre Cassel, Phyllis Calvert, John Gielgud
Film-Version einer satirischen Anti-Kriegsrevue des Londoner Workshop Theaters: der Einsatz der britischen Armee an der Westfront des Ersten Weltkriegs als wahnwitziger Rummelplatz.

Ohne Betäubung 018
BEZ ZNIECZULENIA ****
Polen 1978, 115 Min., F
R: Andrzej Wajda D: Zbigniew Zapasiewicz, Ewa Dalkowska, Andrzej Seweryn
Die private und berufliche Lebenskrise eines erfolgreichen Journalisten als Bild eines Konformismus, durch den die Wirklichkeit selbst verloren geht.

Ohne Datenschutz 019
LE DOSSIER 51 ****
Frankreich/BRD 1978, 88 Min., F
R: Michel Deville D: François Marthouret, Roger Planchon, Françoise Lugagne
Als ein französischer Botschaftsrat die Zusammenarbeit mit dem Geheimdienst verweigert, wird er zum Objekt raffinierter Ausspähungen. Nüchterne Beschreibung der Geheimdiensttätigkeit und der Gefahren für eine demokratische Gesellschaft.

Ohne dich wird es Nacht 020
**
BRD 1956, 99 Min., s/w
R: Curd Jürgens D: Curd Jürgens, Eva Bartok, René Deltgen, Carl Wery
Ein aufstrebender Rechtsanwalt kann seine Hemmungen nur mit Rauschgift überwinden. Als er sich in eine nicht weniger verlorene Frau verliebt, beginnt er, seine Sucht zu bekämpfen.

Ohne Ende 021
BEZ KONZA ***
Polen 1984, 103 Min., F
R: Krzysztof Kieslowski D: Grazyna Szapolowska, Aleksander Bardini
Eine pessimistische Geschichte aus dem Polen nach der Verhängung des Kriegsrechts 1982. Der Anwalt eines Arbeiters stirbt unerwartet.

Ohne Gnade, Schätzchen 022
VIXEN ***
USA 1968, 63 Min., F
R: Russ Meyer D: Erica Gavin, Harrison Page, Jon Evans, Garth Pillsbury
Fliegerbraut, die im kanadischen Busch in einer Hütte lebt, drückt alles an ihren voluminösen Busen, was Hosen trägt, und macht auch vor dem Bruder nicht halt. Ironischer Reißer aus Russ Meyers Titten-Factory.

Ohne jeden Zweifel 023
BEYOND REASONABLE DOUBT ***
Neuseeland 1980, 104 Min., F
R: John Laing D: Tony Barry, Martyn Sanderson, Grant Tilly
Gesellschaftskritischer Film, der mit einer zurückhaltenden Regie die wahre Geschichte eines Farmers rekonstruiert, der aufgrund zweifelhafter Aussagen und manipulierter Beweise des Mordes für schuldig erklärt worden ist und erst zehn Jahre später rehabilitiert wurde. Geschickte Studie über das neuseeländische Sozialgefüge.

Ohne Zeugen 024
BES SWIDETELIJ ****
UdSSR 1984, 90 Min., F
R: Nikita Michalkow D: Irina Kuptschenko, Michail Uljanow
Ein Mann nistet sich in der Wohnung seiner Ex-Ehegattin ein, obwohl er schon längst eine neue Frau nebst Tochter hat. Bald entwickelt sich ein absurder Kampf der Gefühle. Hervorragend gespieltes und virtuos inszeniertes Zweipersonenstück voller hintergründiger Ironie.

Ohrfeigen 025
**
BRD 1969, 95 Min., F
R: Rolf Thiele D: Curd Jürgens, Gila von Weitershausen, Nadja Tiller
Politfabel in Popfarben. »Revolutionäre« wollen Bankier durch Agitation über einen Schwarzsender und mit nackten Mädchen zu Fall bringen. Danach hat Thiele die Politik weggelassen und nur noch die Mädchen gefilmt.

Ok 026
***

BRD 1970, 90 Min., s/w
R: Michael Verhoeven D: Eva Mattes, Hartmut Becker, Wolfgang Fischer
Eine allegorisch in den bayerischen Wäldern nachgespielte authentische Episode aus dem Vietnamkrieg: Während einer Kampfpause zu Ostern 1966 vergewaltigen und ermorden amerikanische Soldaten ein vietnamesisches Mädchen. Führte zum Eklat bei den Filmfestspielen Berlin.

Okinawa 027
HALLS OF MONTEZUMA ***
USA 1950, 113 Min., F
R: Lewis Milestone D: Jack Palance, Richard Widmark, Reginald Gardiner
Kriegsfilm über die Einnahme einer japanischen Insel im Jahr 1945, der sich bemüht, die Ängste von gemeinen Soldaten und Offizieren realistisch darzustellen.

Oklahoma Crude 028
OKLAHOMA CRUDE ***
USA 1973, 112 Min., F
R: Stanley Kramer D: John Mills, Faye Dunaway, George C. Scott
Oklahoma 1913: Ein herumziehender Ölsucher tut sich mit einer jungen Frau zusammen, die sich mutig gegen einen Ölkonzern zur Wehr setzt. Interessantes Melodram, aber nichts für Gegner rüder Töne.

Oklahoma Kid 029
THE OKLAHOMA KID ***
USA 1938, 80 Min., s/w
R: Lloyd Bacon D: James Cagney, Humphrey Bogart, Donald Crisp
Revolverheld Cagney erschießt am Ende den Saloon-Besitzer Bogart, der sehr streitlustig und tollkühn die neugegründete Stadt beherrscht – bis zu seinem plötzlichen Ende. Origineller Trivialwestern.

noch subtilere Weise als im *Panzerkreuzer Potemkin* werden hier Gedankenfolgen mit Hilfe der sogenannten Assoziationsmontage in metaphorischen Bildern transparent gemacht, ohne daß es verbaler Erklärungen bedarf. Trotz gelegentlichen Pathos' meisterhaft.

Oktober in Rimini 031
LA PRIMA NOTTE DI QUIETE ***
Italien/Frankreich 1972, 90 Min., F
R: Valerio Zurlini D: Alain Delon, Giancarlo Giannini, Sonja Petrova
Liebesgeschichte zwischen einem verheirateten Aushilfslehrer und einer sinnlichen Schülerin in einem Gymnasium in Rimini. Stimmungsvolles Melodram mit gesellschaftskritischen Akzenten.

Old Surehand 032
**

BRD/Jugoslawien 1965, 90 Min., F
R: Alfred Vohrer D: Stewart Granger, Pierre Brice, Mario Girotti
Häuptling Winnetou und sein weißer Bruder Old Surehand jagen einen Bösmann, der einen Komantschen und Surehands Bruder auf dem Gewissen hat. Western-Versuch nach Karl May.

Oliver 033
OLIVER ***
GB 1968, 147 Min., F
R: Carol Reed D: Mark Lester, Ron Moody, Harry Secomb, Oliver Reed
Musical nach Charles Dickens' Roman »Oliver Twist«. Ansprechend, ein bißchen lang und nicht gerade überwältigend.

Oliver Twist 034
OLIVER TWIST ****
GB 1948, 110 Min., s/w
R: David Lean D: Robert Newton, Alec Guinness, Kay Walsh
Beeindruckende Verfilmung des in der viktorianischen Epoche angesiedelten Romans von Charles Dickens. Ein aus

Oliver Twist 035
OLIVER TWIST **
GB 1982, 102 Min., F
R: Clive Donner D: Richard Charles, Tim Curry, Michael Hordern
Charles Dickens' Geschichte vom Waisenjungen, der vom Armenhaus zu neuer bürgerlicher Identität findet, in einer eher breiten, uninspirierten Film-Illustration.

Oliver & Olivia – Zwei freche Spatzen 036
WAR OF THE BIRDS **
Dänemark 1990, 68 Min., F
R: Jannik Haestrup
Der böse Raubvogel Fagin sorgt in der friedlichen Vogelwelt für Unruhe. Bunter Zeichentrickfilm mit vielen Figuren, der streckenweise mit Disney-Produktionen konkurrieren kann. Vornehmlich für Kinder geeignet. HFJ 1992

Olivers Story 037
OLIVER'S STORY **
USA 1978, 87 Min., F
R: John Korty D: Ryan O'Neal, Candice Bergen, Nicola Pagett
Zwei Jahre nach dem Leukämie-Tod seiner jungen Frau lernt Oliver eine Millionenerbin kennen und hat wieder furchtbar viele Probleme. Zähe Fortsetzung von *Love Story*.

Der Ölprinz 038
**

BRD/Jugoslawien 1965, 89 Min., F
R: Harald Philipp D: Stewart Granger, Pierre Brice, Harald Leipnitz
Indianerhäuptling Winnetou und sein weißer Bruder Old Shatterhand stellen einem Schuft ein Bein, der Ölquellen verkauft, die gar nicht existieren. Deutscher Western nach dem Roman von Karl May.

Olympia – Teil 1: Fest der Völker 039
****
Deutschland 1938, 114 Min., s/w

Olympia – Teil 2: Fest der Schönheit 040
****
Deutschland 1938, 88 Min., s/w
R: Leni Riefenstahl
Der zweite Teil der aufwendigen Dokumentation über die Nazi-Olympiade in Berlin berichtet von den verschiedenen Sportarten, in denen die Wettkämpfe stattgefunden haben. Brünftige Propaganda.

Die Olympiasiegerin 041
***
BRD 1983, 107 Min., F
R: Herbert Achternbusch D: Annamirl Bierbichler, Herbert Achternbusch, Gabi Geist
Als Produzent, Autor, Regisseur und Darsteller erzählt Achternbusch von Herbert, der seine eigene Zeugung inszeniert und damit die Mutter vor nicht wenig Probleme stellt. Für jeden Nicht-Achternbusch-Fan natürlich ein Schmarrn.

Der olympische Sommer 042
***
BRD 1992, 84 Min., s/w
R: Gordian Maugg D: Jost Gerstein, Verena Plangger, Otto Ruck
Ein junger, naiver Metzgergeselle kommt 1936 mit dem Fahrrad zur Olympiade nach Berlin und lernt durch eine reiche Witwe die Liebe kennen. Formal interessant gestalteter Film mit eingesprochenem Text, gedreht mit einer Kamera aus den dreißiger Jahren. HFJ 1994

Omar Mukhtar – Löwe der Wüste 043
***
OMAR MUKHTAR – LION OF THE DESERT
GB/Libyen 1979, 150 Min., F
R: Moustapha Akkad D: Anthony Quinn, Oliver Reed, Rod Steiger
Abenteuerlicher Historienfilm über den Aufstand libyscher Beduinen gegen die Italiener (1911–1931), der sich bemüht, die Geschichte realistisch nachzuzeichnen. Actionreich.

Der Omega-Mann 044
****
THE OMEGA MAN
USA 1971, 98 Min., F
R: Boris Sagal D: Charlton Heston, Anthony Zerbe, Rosalind Cash
Überlebende eines bakteriologischen Krieges müssen sich von menschlichem Blut ernähren und tun sich zusammen, um den einzigen Immunen zu bekämpfen, der in ihrer Welt ein Fremdkörper ist. Spannender SF-Film nach einem Roman von Richard Matheson. LSFF

Das Omen 045
***
THE OMEN
USA 1975, 111 Min., F
R: Richard Donner D: Gregory Peck, Lee Remick, David Warner
Der Adoptivsohn eines amerikanischen Großindustriellen entpuppt sich als Sohn Satans und räumt gnadenlos alle aus dem Weg, die von seiner Herkunft und Bestimmung wissen. Blutiger Horrorfilm, der mehrere Fortsetzungen nach sich zog.

Lee Remick

Omen IV: Das Erwachen 046
**
OMEN IV: THE AWAKENING
USA 1991, 95 Min., F
R: Jorge Montesi, Dominique Othenin-Girard D: Faye Grant, Michael Woods, Michael Lerner
Satan bereitet sich im Leib einer jungen Frau auf seine Wiedergeburt vor. Falls seine Pläne auch diesmal nicht hinhauen sollten, hat er eventuell in *Omen V* oder *Omen XII* Erfolg. Herzliches Beileid. HFJ 1992

Der Onkel aus Amerika 047
***
BRD 1952, 100 Min., s/w
R: Carl Boese D: Hans Moser, Georg Thomalla, Grethe Weiser, Waltraud Haas
Der nach vierzig Jahren aus Amerika in seine Heimat zurückgekehrte vermeintlich schwerreiche Bruder eines vor dem Ruin stehenden Unternehmers ist dessen letzte Hoffnung. Als er keine Million vorweisen kann, muß er den Reichen spielen. Aufgrund der Hauptdarsteller sehenswerter Versuch einer satirischen Komödie über die falschen Hoffnungen auf Amerika, der jedoch in albernen Gags steckenbleibt.

Onkel Wanja 048
***
DADJA WANJA
UdSSR 1971, 99 Min., F
R: Andrej Kontschalowskij
D: Innokenti Smoktunowski, Sergej Bondartschuk, Irina Kuptschenko
Nach der Novelle von Anton Tschechow entfaltet der Film das Bild einer vorrevolutionären Gesellschaft, in der der Held Ungerechtigkeit und Ausbeutung erfährt, ohne sich wehren zu können.

Only You – Nur für Dich 049
***
ONLY YOU
USA 1994, 108 Min., F
R: Norman Jewison D: Marisa Tomei, Robert Downey jr., Bonnie Hunt
Faith steht kurz vor der Hochzeit, als ein gewisser Damon Bradley bei ihr anruft. Genau ein Mann dieses Namens wurde ihr als »Traumprinz« einst vorhergesagt. Auf der Stelle läßt sie alles im Stich und macht sich auf die komplizierte Suche nach dem großen Unbekannten. Beziehungskomödie, die, an den Haaren herbeigezogen, dennoch Spaß macht. Kitsch kann schön sein. HFJ 1996

Opa spielt verrückt 050
***
TOLGO IL DISTURBO
Italien/Frankreich 1990, 94 Min., F
R: Dino Risi D: Vittorio Gassman, Elliott Gould, Dominique Sanda
Ein alter Mann kommt nach 18 Jahren aus der Nervenheilanstalt in das Haus seiner Schwiegertochter. Während alle Hausbewohner darin wetteifern, den Störenfried wieder loszuwerden, findet die zehnjährige Enkelin echte Zuneigung zu ihm.

Opera do Malandro 051
****
OPERA DO MALANDRO
Fr/Brasilien 1986, 105 Min., F
R: Ruy Guerra D: Edson Celulari, Claudia Ohana, Elba Ramalho
Das turbulente Leben von vier Menschen unteschiedlichen Alters und

Charakters in Rio de Janeiro Anfang der vierziger Jahre. Liebe, Intrigen, Schmuggel und Tanz im immerwährenden Samba-Taumel. Ein unterhaltsamer Film, der gleichzeitig die Geschichte Brasiliens, insbesondere seine Veramerikanisierung kritisch beleuchtet.

Operation Eiffelturm 052
THE HOSTAGE TOWER **
USA 1980, 95 Min., F
R: Claudio Guzman D: Peter Fonda, Britt Ekland, Billy Dee Williams
Terroristen besetzen den Eiffelturm und erpressen Paris um 30 Millionen Dollar. Doch in ihren Reihen halten sich zwei Agenten auf. Müdes Filmchen nach dem Roman von Alistair McLean.

Operation Jupiter 053
BYE, BYE JUPITER **
Japan 1985, 120 Min., F
R: Koji Hashimoto D: Tomokazo Miura, Diane Dangely, Miyuki Ono
Um ein Schwarzes Loch abzulenken, das sich dem Sonnensystem nähert, sprengt (!) ein japanischer Professor den Planeten Jupiter. Fünfzehnjährige SF-Fans können bessere Drehbücher schreiben, aber der naive Charme des japanischen SF-Kinos ist ihnen fremd. LSFF

Operation Kleiner Bruder 054
O.K. CONNERY ***
Italien 1967, 107 Min., F
R: Alberto De Martino D: Neil Connery, Daniela Bianchi, Adolfo Celi
Der Bruder des Superagenten James Bond, im Hauptberuf Arzt, läßt eine Bande auffliegen, die einen riesigen Raubzug plant. Agentenfilm üblicher Machart.

Operation Overkill 055
SEARCHERS OF THE VOODOO MOUNTAIN *
USA/Philippinen 1984, 90 Min., F
wirrer SF-Knaller ohne erkennbaren Plot.

Operation Poker – Die Ballermann-Story 056 **
OPERAZIONE POKER
Italien/Spanien 1966, 75 Min., F
R: Osvaldo Civirani D: Roger Browne, Carol Brown, José Greci
Agenten aus aller Herren Länder jagen sich quer durch Europa, um an die Erfindung eines deutschen Forschers heranzukommen. Ungenießbarer Eintopf aus der Junk-Food-Agentenküche.

Operation Taifun 057
ELECTRA 1 **
BRD/Fr/Sp/It 1966, 90 Min., F
R: Alfonso Balcázar D: George Martin, Vivi Bach, Klausjürgen Wussow
Ganze Scharen internationaler Spione raufen sich um ein Antidot gegen eine Pille, die den Wahnsinn in der Welt verbreiten soll. Pillen, die die Verbreitung mancher Filme verhindern, wären auch nicht zu verachten!

Operation Todesstachel 058
THE BEES *
USA 1978, 83 Min., F
R: Alfredo Zacharias D: John Saxon, Angel Tompkins, John Carradine
Killerbienenschwarm bedroht Amerika und das UNO-Gebäude in New York. Dem Film gebührt ein Ehrenplatz auf der Liste der an schlechten Hummelfilmen wahrlich nicht raren Geschichte der schlechtesten Filme aller Zeiten. LSFF

Opfer 059
OFFRET ****
Schweden/Fr 1985, 149 Min., F
R: Andrej Tarkowskij D: Erland Josephson, Susan Fleetwood, Valerie Mairesse, Allen Edwall
Ein Schauspieler und Kritiker zieht sich vor dem Hintergrund der Bedrohung durch eine atomare Apokalypse

Opfer der Leidenschaft 060
UNE FEMME FATALE **
Frankreich/BRD 1976, 112 Min., F
R: Jacques Doniol-Valcroze
D: Anicée Alvina, Heinz Bennent, Jacques Weber, Tilly Breidenbach
Chefpilot unternimmt per Sabotage Mordanschlag auf seinen Nebenbuhler. Mörderischer Unfug.

Opfer um Mitternacht 061
MIDNIGHT OFFERINGS **
USA 1981, 95 Min., F
R: Rod Holcomb D: Melissa Sue Anderson, Mary McDonough
Zwei Jünger der Schwarzen Magie wollen einander in einem okkulten Duell übertrumpfen.

Opfergang 062
***
Deutschland 1944, 95 Min., F
R: Veit Harlan D: Kristina Söderbaum, Carl Raddatz, Irene von Meyendorff, Franz Schafheitlin
Veit Harlan, gewiß eines der unbewältigten Kapitel in der Geschichte des deutschen Films, setzt in diesem todessüchtigen Melodram erdenschwere Passion in Agfacolor-Farben und Kino-Bewegung um, wie es kaum je in der Geschichte des Genres gelang. Es geht um die Liebesgeschichte zwischen einem Tropenheimkehrer und einer jungen, todkranken Frau, vor allem aber um eine durchaus erotisch getönte Ästhetisierung der allgegenwärtigen Todesbilder.

La Orca – Gefangen, geschändet, erniedrigt 063 **
LA ORCA
Italien 1978, 80 Min., F
R: Eriprando Visconti D: Rena Niehaus, Michele Placido, Flavio Bucci
Die Beziehung zwischen einer Tochter aus reicher Industriellenfamilie und ihrem Entführer als Metapher auf die Situation des Landes.

fährtin von einem Haifisch-Jäger getötet worden ist, will sich an diesem rächen. Technisch gut gemachter, aber dramaturgisch müder Versuch, an den Erfolg des Weißen Hais anzuknüpfen. Ein ärgerlicher Mischmasch aus ökologischem Engagement und Befriedigung von Sensationsgeilheit.

Orchesterprobe 065
PROVA D'ORCHESTRA ****
Italien/BRD 1978, 70 Min., F
R: Federico Fellini D: Balduin Baas, Clara Colosimo, Giovanni Javarone
Die Musiker eines Orchesters begehren während einer Probe gegen den Dirigenten auf. Als jedoch eine Gefahr droht, ordnen sie sich ihm wieder willig unter. Parabelhafte Satire über Mechanismen menschlichen Sozialverhaltens und von Machtstrukturen. Gleichzeitig eine witzige Auseinandersetzung mit Problemen der Kunst.

Orchid, der Gangsterbruder 066
BROTHER ORCHID ****
USA 1940, 91 Min., s/w
R: Lloyd Bacon D: Edward G. Robinson, Ann Sothern, Humphrey Bogart
Ein Gangsterboß, der sich vorübergehend aus dem Geschäft zurückgezogen hat, hat bei seiner Rückkehr Schwierigkeiten, seine Ansprüche auf Bande und blonde Braut durchzufechten – er setzt sich durch, wird jedoch von dem friedlichen Leben der Mönche, in deren Kloster er seine Schußwunden ausheilen muß, zum Rücktritt angeregt. Parodie auf die Gangsterfilme der »schwarzen Serie«.

Ordnung 067
***
BRD 1980, 96 Min., s/w
R: Sohrab Shahid Saless D: Heinz Lieven, Dorothea Moritz, Ingrid Domann, Peter Schütze
Ein arbeitsloser Ingenieur um die Vierzig verläßt nach kurzer Zeit wieder den minderqualifizierten Arbeitsplatz, den er nur seiner berufstätigen Frau zuliebe angenommen hat. Nach einer kleinen sozialen Auffälligkeit wird er in eine Nervenklinik eingewiesen, in der er »umgepolt« wird. Kritik an bundesrepublikanischen Strukturen.

Orfanik – Das Geheimnis der Burg in den Karpaten 068 ***
TAJEMSTVI HRADU V KARPATECH
CSSR 1981, 92 Min., F
R: Oldrich Lipsky D: Michael Docolomansky, Evelyna Steimarova, Milos Kopecky, Rudolf Hrusinsky
Ein Graf, der seine verschwundene Geliebte sucht, stößt in einem Karpatenschloß auf einen Baron, der mit Hilfe eines Wissenschaftlers geniale Erfindungen gemacht hat. Nach einem Roman von Jules Verne. LSFF

Orfeu Negro 069
ORFEU NEGRO ****
Frankreich/Italien 1959, 100 Min., F
R: Marcel Camus D: Breno Mello, Marpessa Dawn, Adhemar da Silva
Übertragung des griechischen Mythos' von Orpheus und Eurydike ins moderne Rio de Janeiro während des Karnevals. Unterhaltsames Erzählkino, das mit unaufdringlicher Dramaturgie und kongenial eingesetzter brasilianischer Musik eine wunderbare Balance aus Heiterkeit und Melancholie schafft.

Der Orgelbauer von St. Marien 070 ***
Österreich 1961, 87 Min., F
R: August Rieger D: Gerlinde Locker, Wolf Albach-Retty, Dieter Eppler, Paul Hörbiger
Verschuldeter Graf hofft auf die Heirat seiner Tochter mit einem Fabrikantensohn. Da kommt ihr Jugendfreund, der jetzt Benediktinermönch ist, und bringt rein geistlich irgendwie alles durcheinander. Und die Orgel dröhnt dazu.

Orion 3000 – Raumfahrt des Grauens 071 **
MISSIONE PIANETA ERRANTE
Italien 1965, 83 Min., F
R: Anthony M. Dawson D: Jack Stuart, Ombretta Colli, Halina Zalewska, Peter Martell
Ein durch das Sonnensystem ziehender Himmelskörper verursacht auf der Erde diverse Umweltkatastrophen. Kernige Raumpiloten brechen auf, um ihn aus der Bahn zu blasen. Billigfilm, der Pappmaché-Sets als Edelstahl ausgibt. LSFF

Ornella, die Unwiderstehliche 072 **
NESSUNE E PERFETTO
Italien 1981, 90 Min., F
R: Pasquale Festa Campanile
D: Ornella Muti, Renato Pozzetto, Felice Andriasi, Massimo Boldi
Italienischer Weinhändler, mit einer ansehnlichen Maid verheiratet, muß zu seinem Schreck erkennen, daß er einem operierten Transsexuellen aufgesessen ist. Soll lustig sein, ist es aber nur sehr bedingt.

Orphan – Freitag, der 13. 073
FRIDAY THE 13TH ... THE ORPHAN **
USA 1979, 74 Min., F
R: John Ballard D: Mark Owens, Peggy Feury, Joanna Miles
Waisenjunge, der bei seiner lieblosen Tante aufwächst, verliert sich in Gewaltphantasien und rächt sich an allen, von denen er annimmt, daß sie ihm Übles wollen.

Orphée 074
ORPHEE ****
Frankreich 1949, 95 Min., s/w
R: Jean Cocteau D: Jean Marais, Maria Déa, Maria Casarès, François Perier
Einen Dichter, der auf der Suche nach seiner Geliebten ist, führt der Weg in ein Schattenreich der Imagination. Es beginnt eine Reise durch eine Welt von Symbolen, Anspielungen und Rätseln. Vielschichtige, durch originelle Tricks faszinierende und weit über den Orpheus-Mythos hinausgehende Meditation über die Daseinsbestimmung des Dichters.

Oscar – Vom Regen in die Traufe 075 ***
OSCAR
USA 1991, 109 Min., F
R: John Landis D: Sylvester Stallone, Ornella Muti, Don Ameche, Kirk Douglas
Ein Mafiaboß verspricht seinem im Sterben liegenden Vater ehrlich zu werden. Der Ausflug ins seriöse Bankgewerbe mißlingt jedoch aufgrund vieler Verwicklungen, durch die seine Töchter wenigstens Männer finden, so daß die »ehrenwerte Familie« fort-

bestehen kann. Einfallsloser Hollywood-Film.

Oscar Wilde 076

WILDE ***

GB 1997, 117 Min., F

R: Brian Gilbert D: Stephen Fry, Jude Law, Vanessa Redgrave

Biographie des berühmten Literaten, der zuerst gefeiert wurde, nach Bekanntwerden seiner Homosexualität aber jegliche Reputation verlor. Gut gespielt und sorgfältig inszeniert.

HFJ 1998

OSS 117 – Teufelstanz in Tokio 077

A TOUT COEUR A TOKYO POUR OSS 117 ***

Frankreich/Italien 1966, 90 Min., F

R: Michel Boisrond D: Frederick Stafford, Marina Vlady, Henri Serre

Nachdem eine östliche Macht den USA demonstriert hat, daß sie über eine Superwaffe verfügt, muß Agent OSS 117 in die Schlacht, um die Schlitzaugen Mores zu lehren. Rasante Agentenstory – nicht immer ernst gemeint.

OSS 117 greift ein 078

OSS 117 SE DECHAINE ***

Frankreich/Italien 1964, 105 Min., F

R: André Hunebelle D: Kerwin Matthews, Robert Hossein, Pier Angeli

Knallharter US-Agent, vom Äußeren her jeder Zoll ein Sieger, rauft sich mit üblen Typen aller Couleur (russische Vornamen haben sie auch noch!) und legt ein feindliches U-Boot lahm, das friedliche West-Militärs ausspitzelt. In *Pulverfaß Bahia*, 1965, wird in Brasilien mit Terroristen aufgeräumt.

Ossessione 079

OSSESSIONE ****

Italien 1942, 104 Min., s/w

R: Luchino Visconti D: Massimo Girotti, Clara Calamai, Juan de Landa

Ein Arbeiter beginnt mit der Frau eines Tankstellenbesitzers eine hemmungs- [illegible]

Meine zehn besten Horror-Filme

Freaks

R: Tod Browning

Ein unerreichtes Meisterwerk des Karnivalesken, das schmerzlich-provokativ die Grenzen berührt zwischen Sein und Schein, zwischen Hoffnung und Verzweiflung.

The most dangerous game

R: Ernest B. Schoedsack, Irving Pichel

Eine kinematographische Studie in Gewalt und Zärtlichkeit mit Fay Wray, der schönsten aller »scream queens«.

The bride of Frankenstein

R: James Whale

30er-Jahre-Horror im Stil des Camp: pathetisch und grotesk, die Wurzeln des Punk in sich bergend.

Cat people

R: Jacques Tourneur

Ein suggestiver, beinahe erotischer Film über die Sehnsucht um den Schrecken gegenüber dem Fremden, dem Anderen.

Strangler of the swamp

R: Frank Wisbar

Ein vergessenes Kleinod des deutschen Emigranten Wisbar, in dem poetisch die Fabel vom jungen Mädchen erzählt wird, das die Sünden der Väter hinwegnimmt.

Horrors of the black museum

R: Arthur Grabtree

De Sade goes Pop in einer Geschichte vom Schöpfer, der ein Verderber ist: bunt, britisch, pervers.

Les yeux sans visage

R: Georges Franju

Ein kühl poetischer Film über Liebe und Schönheit, über Terror und Wahnsinn, als würden tiefste Gefühle einer Vivisektion unterzogen.

La maschera del demonio

R: Mario Bava

Bavas romantisches Meisterwerk, in dem die wunderbare Barbara Steele in einer Doppelrolle Hexe und Jungfrau spielt und zugleich diesen Gegensatz transparent macht.

Night of the living dead

R: George A. Romero

Ein Erstling über die letzten Tage der Menschheit. Nach diesem Film war das Horror-Kino nicht mehr das gleiche.

Opera

R: Dario Argento

Der Ferrari des modernen Horrors: aggressiv, bis an die Grenzen gehend und zugleich die reine Schönschrift des Kinos.

Hans Schifferle

mit filmischen und gesellschaftlichen Konventionen brach und den italienischen Neorealismus einleitete.

Das Osterman Weekend 080

THE OSTERMAN WEEKEND ***

USA 1983, 102 Min., F

R: Sam Peckinpah D: Rutger Hauer, [illegible]
urt
nagenten versi-
ste eines Talk-
r einige seiner
soll, von denen
für die Sowjets
Ein hin und wieder konfuses Verwirrspiel, das aber seine spannenden Momente hat. Der letzte Film von Sam Peckinpah. Nach einem Roman von Robert Ludlum.

Ostkreuz 081

****

BRD 1991, 80 Min., F

R: Michael Klier D: Laura Tonke, Miroslaw Baka, Suzanne von Borsody

Die 15jährige Elfie lebt in einem Containerdorf in West-Berlin und streift mit zwei kleinen Ganoven durch die Stadt. Deutsche Realität nach der Vereinigung, ganz ohne Illusionen.

Östlich von Sudan 082
EAST OF SUDAN **
GB 1964, 84 Min., F
R: Nathan Juran D: Anthony Quayle, Sylvia Syms, Derek Fowlds
Während einer Revolte im Sudan 1880 muß sich ein aus Briten und anderen bestehendes Grüppchen in die Freiheit durchschlagen. Abenteuerfilm, den der Regisseur Gerüchten zufolge mit verbundenen Augen inszeniert hat.

Ostwind 083
VENT D'EST ****
Italien/Frankreich 1969, 90 Min., F
R: Jean-Luc Godard D: Gian Maria Volonté, Götz George, Rick Boyd
Ein filmisches Experiment als Modell für die Auseinandersetzung mit dem »bürgerlichen« Kino, ein undogmatischer Lehrfilm über Klassenkampf und zugleich eine Kritik am bestehenden Sozialismus: ein Film als Dokumentation der Suche nach dem richtigen Weg.

Otello 084
OTELLO ***
USA/Italien 1986, 123 Min., F
R: Franco Zeffirelli D: Placido Domingo, Katia Ricciarelli, Justino Diaz
Opulente Film-Version der Oper von Giuseppe Verdi mit guten Sängern und phantastischer Ausstattung, die aber das ursprüngliche Werk auf absolut unakzeptable Weise verkürzt.

Orson Welles und Suzanne Cloutier

Othello 085
OTHELLO ****
Marokko/GB 1952, 91 Min., s/w
R: Orson Welles D: Orson Welles, Suzanne Cloutier, Micheal MacLiammoir, Fay Compton
Mit einem internationalen Ensemble realisierte Welles eine eigenwillige Shakespeare-Verfilmung. Obwohl in Cannes preisgekrönt, kam der Film nie in den internationalen Verleih und wurde erst 1992 in einer restaurierten Fassung wieder aufgeführt.

Othon 086
***
BRD/Italien 1970, 85 Min., F
R: Jean-Marie Straub D: Adriano Aprà, Anne Brumagne
Getragene Theaterverfilmung von Corneilles Stück in genau kalkulierten Einstellungen. Der »Film über die Abwesenheit des Volkes in der Politik« (Straub) erfordert konzentriertes Zusehen und -hören.

CCH Pounder und Marianne Sägebrecht in ›Out of Rosenheim‹.

Otto ist ein Nashorn 087
OTTO ER ET NAESEHORN ***
Dänemark 1983, 87 Min., F
R: Rumle Hammerich D: Kristjan Markersen, Eric Petersen, Axel Strobye
Der Film nach dem Kinderbuch von Ole Lund Kirkegaard erzählt die Geschichte der beiden Freunde Topper und Viggo. Sie haben zwar unterschiedliche Charaktere, aber eines gemeinsam: Sie sind unzufrieden mit ihren Vätern. Zu viele Gags erschlagen die Phantasie.

Out of Rosenheim 088
***
BRD 1987, 108 Min., F
R: Percy Adlon D: Marianne Sägebrecht, CCH Pounder, Jack Palance
Eine Bayerin im Wilden Westen. Kurzweilige Unterhaltung um zwei gänzlich verschiedene Frauen, die in einem Wüstenkaff namens Bagdad (Nevada) eine heruntergekommene Tankstelle samt Imbiß in ein florierendes Unternehmen umwandeln. HFJ 1988

Out of Sight 089
OUT OF SIGHT ****
USA 1998, 123 Min., F
R: Steven Soderbergh D: George Clooney, Jennifer Lopez, Ving Rhames
Zwischen einem charmanten Bankräuber und einer toughen Polizistin funkt es. Was nur nach netter Komödie klingt, wird hier aufgrund von stimmiger Charakterzeichnung und spritzigen Dialogen und vielen Überraschungsmomenten zu einem intelligenten Ganzen. HFJ 1999

Out One Spectre 090
OUT ONE SPECTRE ***
Frankreich 1971/74, 255 Min., F
R: Jacques Rivette D: Jean-Pierre Léaud, Bulle Ogier, Michel Lonsdale
Kurzfassung des zwölfstündigen, ohne geschriebenes Drehbuch weitgehend durch Improvisation entstande-

nen Filmexperiments *Out 1 – Noli me tangere*. Ein junger Mann versucht eine geheimnisvolle Botschaft auf einem zufällig gefundenen Zettel zu entschlüsseln. In verschiedenartig miteinander verflochtenen Episoden mit sehr langen Einstellungen erschließen sich dem Zuschauer ungeahnte und unbeschreibbare Bewußtseinsperspektiven, vorausgesetzt er läßt sich auf den langsamen Rhythmus des Filmes ein.

Outland – Planet der Verdammten 091 ***
OUTLAND
GB 1980, 109 Min., F
R: Peter Hyams D: Sean Connery, Frances Sternhagen, Steven Berkoff
Weltraum-Ranger kommt auf einer den Jupitermond Io umkreisenden Station einem Drogenhändler auf die Schliche und sieht sich bald den Anfeindungen zweier Hit-Men ausgesetzt. Kompetent und unterhaltsam gemachter Thriller. LSFF

Die Outsider 092 ***
THE OUTSIDERS
USA 1983, 83 Min., F
R: Francis Ford Coppola D: C. Thomas Howell, Matt Dillon, Ralph Macchio, Patrick Swayze, Rob Lowe
Stilisierter Jugendbanden-Film über die sechziger Jahre mit den Stars von Hollywoods Brat Pack.

Over The Top 093 ***
OVER THE TOP
USA 1987, 93 Min., F
R: Menahem Golan D: Sylvester Stallone, Robert Loggia, Susan Blakely
Ein intellektuell schlichter Muskelprotz will Weltmeister im Armdrücken werden und wird vor Erreichen des Ziels von einer Krise gebeutelt. Doch da taucht plötzlich sein Sohn aus einer früheren Beziehung wieder auf, und alles wendet sich zum Guten. Sonst

Hoolywoods Brat Pack Anfang der achtziger Jahre in Coppolas ›Die Outsider‹.

Overboard – Ein Goldfisch fällt ins Wasser 094 ***
OVERBOARD
USA 1987, 112 Min., F
R: Garry Marshall D: Goldie Hawn, Kurt Russell, Edward Herrman
Oberflächliche, aber durchaus unterhaltsame Liebeskomödie um einen armen Handwerker, der sich in eine schöne Millionärin verliebt, von ihr aber schmählichst verachtet wird. Erst als sie nach einem Yacht-Unfall ihr Gedächtnis verliert und der Handwerker sich als ihr Mann ausgibt, kommen die beiden sich näher. Typisches Hollywood-Klischee-Kino, das aber gerade deswegen funktioniert.
HFJ 1989

Overkill – Durch die Hölle zur Ewigkeit 095 ***
FUKKATSU NO HI
Japan 1980, 98 Min., F
R: Edward Taylor D: Sonny Chiba, Chuck Connors, Stephanie Faulkner
SF-Film, kaum weniger katastrophal als sein Thema. LSFF

Oz – Eine phantastische Welt 096 ***
RETURN TO OZ
USA 1985, 110 Min., F
R: Walter Murch D: Fairuza Balk, Nicol Williamson, Jean Marsh
Fortsetzung zu *Die zauberhafte Welt*. Während der Behandlung durch einen Psychiater, der ihre Phantasie regulieren soll, kehrt Dorothy ins Zauberland Oz zurück, wo Menschen aus ihrer Umgebung in anderen Körpern tragende Rollen spielen. Trickreicher Fantasyfilm aus den Disneystudios.

Ozeanische Gefühle 097 ***
TURTLE DIARY
GB 1985, 92 Min., F
R: John Irvin D: Glenda Jackson, Ben Kingsley, Michael Gambon
Ein Mann und eine Frau treffen sich im Zoo vor dem Schildkröten-Aquarium

P

Pack den Tiger schnell am Schwanz P1 ***
LE DIABLE PAR LE QUEUE
Frankreich/Italien 1969, 95 Min., F
R: Philippe de Broca D: Yves Montand, Madeleine Renaud, Maria Schell
Eine Adelsfamilie, die dringend Geld braucht, betreibt mit gnadenloser Konsequenz die Umwandlung ihres Schlosses in ein Hotel. Komödie voll originellem Witz.

Padre Padrone P2
PADRE PADRONE ****
Italien 1977, 109 Min., F
R: Paolo und Vittorio Taviani
D: Omero Antonutti, Saverio Marioni, Marcella Michelangeli
Nach dem biographischen Roman von Gavino Ledda erzählen die Brüder Taviani in archaischen, eindrucksvollen Bildern die Geschichte eines sardischen Hirten, der sich gegen den despotischen Vater und die Verhältnisse auflehnt. Zu den wenigen Menschen, die mit diesem Film nicht zufrieden waren, gehört der Autor.

Paisa P3
PAISA ****
Italien 1946, 120 Min., s/w
R: Roberto Rossellini D: Carmela Sazio, John Kitzmiller, Maria Michi
Vor dem Hintergrund der letzen Wochen des Zweiten Weltkrieges werden in sechs Episoden verschiedene Begebenheiten erzählt, die Zeitstimmungen und die Unmenschlichkeit des Krieges mit ihren Auswirkungen auf private Verhältnisse anhand von Einzelschicksalen verdeutlichen. Neorealistisches Hauptwerk.

Der Pakt mit dem Teufel P4
LA BEAUTE DU DIABLE ***
Frankreich 1949, 97 Min., s/w
R: René Clair D: Michel Simon, Gérard Philipe, Raymond Cordy
Filmische Umsetzung von Goethes Faust von überwältigender Eindringlichkeit. Insbesondere die brillanten Darsteller Simon und Philipe machen die dämonischen Versuchungen, denen so manches Individuum ausgesetzt ist, unmittelbar erlebbar und so den philosophischen Hintergrund des Teufelspakts leicht nachvollziehbar.

Pale Rider – Der namenlose Reiter P5 ****
PALE RIDER
USA 1985, 116 Min., F
R: Clint Eastwood D: Clint Eastwood, Michael Moriarty, Carrie Snodgress
Ein mysteriöser Reiter kommt in eine Kleinstadt und nimmt den Kampf gegen einen arroganten Minenbesitzer und dessen Killerscharen auf. Gewalttätiger Western, aber auch voller unterschwelligem Humor.

Palermo oder Wolfsburg P6 ***
BRD 1980, 180 Min., F
R: Werner Schroeter D: Nicola Zarbo, Calogero Arancio, Magdalena Montezuma, Brigitte Tilg
Ein junger Süditaliener sucht sein Glück als Gastarbeiter in der Bundesrepublik, wo er sich jedoch nicht akklimatisieren kann. Als Angeklagter wegen Totschlags wird er mit Vorurteilen saturierter Bundesbürger konfrontiert. Ein Film in drei stilistisch unterschiedlichen Teilen, der dem ernsten Thema wegen künstlerischer Eskapaden zuweilen nicht gerecht wird.

Palermo vergessen P7
DIMENTICARE PALERMO ****
Italien/Frankreich 1990, 110 Min., F
R: Francesco Rosi D: James Belushi, Mimi Rogers, Joss Ackland
Der italienischstämmige New Yorker Bürgermeisterkandidat Bonavia spricht sich aus wahltaktischen Gründen für die Legalisierung von Drogen aus. Während seiner Hochzeitsreise wird er in Palermo von der Mafia zunächst eines Besseren »belehrt«, überlegt es sich aber wieder anders und wird liquidiert. Hervorragend gefilmter Mafiafilm, der sein Thema adäquat behandelt. HFJ 1991

The Palm Beach Story
siehe: Atemlos nach Florida

Palmetto P8
***
BRD 1998, 114 Min., F
R: Volker Schlöndorff D: Woody Harrelson, Elisabeth Shue, Gina Gershon
Abgehalfteter Journalist geht Femme fatale auf den Leim und findet sich zudem als Hauptverdächtiger eines mörderischen Komplotts wieder. Versuch einer Hommage an den Film noir, die ziemlich danebenging. Schlüssiger, zwischen Krimi und Komödie pendelnder Film. HFJ 1999

Palookaville P9
PALOOKAVILLE ****
USA 1995, 93 Min., F
R: Alan Taylor D: William Forsythe, Adam Trese, Gareth Wiliams
Drei Verlierer-Kumpels wollen den großen Coup landen. Realistischer Gegen-Hollywood-Thriller, dessen durchdachte Figuren nicht mit Situationskomik geizen. HFJ 1997

Pandora und der Fliegende Holländer P10 ****
PANDORA AND THE FLYING DUTCHMAN
GB 1951, 122 Min., F
R: Albert Lewin D: James Mason, Ava Gardner, Nigel Patrick
Ein Mann, der ruhelos über die Weltmeere reist, wird durch die Liebe einer Frau erlöst. Die Legende vom »Fliegenden Holländer« als modernes Melodram.

Panik in New York P11
THE BEAST FROM 20 000 FATHOMS ***
USA 1953, 80 Min., s/w
R: Eugene Lourie D: Paul Hubschmid, Paula Raymond, Cecil Kellaway
Tyrannosaurus, nach Atombombentests in der Arktis aufgetaut, zieht nach New York und verbreitet Entsetzen. Monsterfilm mit Paul Hubschmid, aus dessen US-Karriere nichts wurde. Der Film ist durchaus noch ansehbar.

Panik um King Kong P12
MIGHTY JOE YOUNG ***
USA 1949, 94 Min., s/w
R: Ernest B. Schoedsack D: Terry Moore, Ben Johnson, Robert Armstrong
Riesengorilla, in den USA zur reinen Rummelplatzattraktion degradiert, bricht aus, rettet ein Mädchen aus einem brennenden Haus und wird Held des Tages. Billiger Nachzieher von *King Kong,* der aber wenig beeindruckte. LSFF

Panische Zeiten P13
***
BRD 1979, 101 Min., F
R: Udo Lindenberg, Peter Fratzscher
D: Udo Lindenberg, Leata Galloway, Walter Kohut, Vera Tschechowa
Ein deutscher Rockstar wird entführt und dann Bundeskanzler. Polit-Komödie mit einem Gastauftritt von Eddie Constantine als Lemmy Caution. Der Film macht Spaß und hat Witz und hebt sich ab vom tierischen Ernst vieler deutscher Produktionen.

Der Panther P14
PAROLE DE FLIC ***
Frankreich 1985, 97 Min., F
R: Jose Pinheiro D: Alain Delon, Jacques Perrin, Fiona Gélin, Jean-François Stévenin
Ein Ex-Kommissar geht privat auf Verbrecherjagd, als seine Tochter von einer maskierten Todesschwadron erschossen wird. Rächerstory mit partieller Finesse.

Der Panther wird gehetzt P15
CLASSE TOUS RISQUES ****
Frankreich 1960, 110 Min., s/w
R: Claude Sautet D: Lino Ventura, Jean-Paul Belmondo, Sandra Milo, Marcel Dalio
Ein in die Jahre gekommener Gangster kehrt mit seiner Familie nach einem Banküberfall in Mailand nach Paris

›Papa ist auf Dienstreise‹ – Die Begeisterung für den Fußball ist durchaus autobiographisch.

Panzerkreuzer Potemkin P16
BRONENOSEZ POTJOMKIN *****
UdSSR 1925, 75 Min., s/w
R: Sergej Eisenstein D: Alexander Antonow, Wladimir Barski, Grigori Alexandrow
Berühmter Revolutionsfilm zum 20. Jahrestag der Meuterei auf einem Kriegsschiff vor dem Hafen von Odessa. Dieser Meilenstein der Filmgeschichte, von Eisenstein nach dem klassischen Tragödien-Prinzip inszeniert, hat auch heute noch Vorbild-Charakter. Einige besonders eindringliche Szenen dieses Stummfilms werden von modernen Regisseuren nach wie vor kopiert oder geschickt weitergeführt.

Panzerschlacht an der Marne P17
L' URLO DEI GIGANTI ***
Italien/Spanien 1968, 91 Min., F
R: Henry Mankiewicz D: Jack Palance, John Gramack, Andrea Bosic
Oppositionelle deutsche Offiziere, in Kriegsgefangenschaft geraten, werden in der Heimat abgesetzt, um Generale zu befreien, die gegen Hitler sind. Kriegsfilm.

…streise P18
…TU ****
…126 Min., F
… D: Miki Manoj-
…nović, Moreno

Ein biederer Familienvater wird von einer früheren Geliebten wegen eines harmlosen Scherzes denunziert und wird ins Arbeitslager gebracht. Tragikomödie über das Leben in den fünfziger Jahren in Bosnien, erzählt aus der Perspektive eines sechsjährigen Jungen. Ein Film, der über seine Zeit hinaus wirkt und Verständnis weckt für »die auf dem Balkan«.

Der Papagei P19
***
BRD 1992, 89 Min., F
R: Ralf Huettner D: Harald Juhnke, Dominic Raacke, Ilse Zielstorff
Ein arbeitsloser und etwas heruntergekommener Schauspieler wird zum Spitzenkandidaten einer Rechtspartei aufgebaut, und als er hinter deren Machenschaften kommt, abserviert. Fürs TV gedrehte Politsatire mit einem glänzenden Hauptdarsteller.

Papaya, Liebesgöttin der Kannibalen P20
**
PAPAYA DEI CARIBI
Italien 1978, 86 Min., F
R: Joe d'Amato D: Sirpa Lane, Maurice Poli
Pärchen, das auf einer Südseeinsel nach verschwundenen Personen sucht, gerät in die Fänge einer mysteriösen Eingeborenen. Sex und Horror nach Schema F, dargestellt von Dilettanten und einem unfähigen Regisseur.

Paper Hearts P21
PAPER HEARTS ***
USA 1992, 84 Min., F
R: Rod McCall D: James Brolin, Sally Kirkland, Kris Kristofferson
Familienstory aus der amerikanischen Provinz: Zur Hochzeit der Tochter kehrt der untreue Ex-Ehemann zurück zu Frau und Haus: mit Freundin und Cadillac. Gute Darsteller, ansatzweise gelungene Story, aber einfallslos aufbereitet. HFJ 1995

Paper Moon P22
PAPER MOON ***
USA 1973, 102 Min., F
R: Peter Bogdanovich D: Ryan O'Neal, Tatum O'Neal, Madeline Kahn
Ein neunjähriges Waisenmädchen schließt sich einem betrügerischen Bibelverkäufer an, weil sie annimmt, er sei ihr Vater. Gaunerkomödie, Roadmovie und Familienfilm mit gelungenen Pointen.

Pappa ante Portas P23
****
BRD 1990, 89 Min., F
R: Loriot (=Vicco von Bülow)
D: Loriot, Evelyn Hamann
Der pensionierte Pappa entwickelt sich daheim zum Haustyrannen und bringt das idyllische Leben von Ehefrau und Sohnemann gehörig durcheinander. HFJ 1992

Papst Johanna P24
POPE JOAN ***
USA 1972, 110 Min., F
R: Michael Anderson D: Liv Ullmann, Maximilian Schell, Franco Nero
Legende der Nonne Johanna, die in den Wirren des neunten Jahrhunderts in Mönchskleidern pilgerte, zum Papst wurde und während einer Prozession ein Kind gebar. Rätselhafte Filmphantasie, halb religiös, halb antiklerikal, jedenfalls wenig inspiriert.

Die Parade P25
THE PARADE ***
USA 1984, 92 Min., F
R: Peter H. Hunt D: Frederic Forrest, Geraldine Page, Rosanna Arquette
Aus dem Gefängnis entlassen, hat Matt nicht nur Probleme bei der Jobsuche, sondern auch mit Frau, Tochter und Schwiegermutter. Bitteres Drama.

Paradies der Liebe P26
FOLIES-BERGERE ***
Frankreich 1956, 104 Min., F
R: Henri Decoin D: Eddie Constantine, Zizi Jeanmaire, Nadia Gray
Intrigen, Eifersucht und persönliches Hickhack hinter den Kulissen eines Varietés – mittendrin der Sänger Bob und eine junge Tänzerin. Revuefilm, in dem Eddie sich weniger auf seine Fäuste als auf seine Stimme verläßt.

Ein Paradies ohne Billard P27
PARADIS UTAN BILJARD ***
Schw/Dän/It 1991, 109 Min., F
R: Carlo Barsotti D: Gianluca Favilla, Paolo Migone, Carina Lidbom
Italienischer Gastarbeiter in Schweden schildert in höchsten Tönen seine neue Heimat, aber sein Freund, der daraufhin auch kommt, sieht die Sache nüchterner. Recht realistische Studie über die Situation in den fünfziger Jahren. HFJ 1993

Paradise Road P28
PARADISE ROAD ***
Australien/USA 1997, 121 Min., F
R: Bruce Beresford D: Glenn Close, Pauline Collins, Cate Blanchett
Britische High-Society-Frauen landen im Asien des Zweiten Weltkriegs in einem Internierungslager. Sie gründen einen Chor, in dem sie erstmals ein Gemeinschaftsgefühl erfahren. Der auf einer wahren Begebenheit basierende Film glänzt zwar mit guten Darstellerinnen, ist ansonsten aber ziemlich farblos. HFJ 1998

Die Paras – Goldraub in der Luft P29
****
OBJECTIF 500 MILLIONS
Frankreich 1966, 88 Min., s/w
R: Pierre Schoendoerffer D: Bruno Cremer, Marisa Mell, Etienne Berry
Ein Offizier kommt aus dem Algerienkrieg nach Frankreich zurück, findet sich im Zivilleben nicht mehr zurecht und beteiligt sich an einem Postraub, bei dem er ums Leben kommt. Dokumentarisch gestalteter Kriminalfilm.

Parasiten-Mörder P30
THE PARASITE MURDERS **
Kanada 1974, 87 Min., F
R: David Cronenberg D: Paul Hampton, Joe Silver, Lynn Lowry
Aus der Substanz eines Aphrodisiakums entwickelt sich ein wurmähnlicher Parasit, der bei sexuellen Kontakten übertragen wird und die Befallenen zu Amokläufern macht. Ekelfilm eines für Ekelfilme bekannten Regisseurs. LSFF

Pardon, wird hier geprügelt? P31
PRZEPRASZAM, CZY TU BIJA? ***
Polen 1976, 132 Min., F
R: Marek Piwowski D: Jerzy Kulej, Jan Szczepanski, Zdzislaw Rychter
Spannender polnischer Gangsterfilm, zwischen Melodram und Komödie angesiedelt, eine Parabel über den »großen Coup«: Solidarität, Freundschaft und Verrat im Kampf einer jugendlichen Gangsterbande mit einer Polizei, der jedes Mittel recht ist, um die Ordnung wieder herzustellen. Genregerecht und von hoher ästhetischer Qualität.

Das Parfum von Yvonne P32
LE PARFUM D'YVONNE ***
Frankreich 1994, 89 Min., F
R: Patrice Leconte D: Jean-Pierre Marielle, Hippolyte Girardot, Sandra Majani, Richard Behringer
Eine Dreiecksgeschichte zwischen einem homosexuellen, älteren Arzt, einer jungen Schauspielerin und einem geheimnisvollen, charmanten Taugenichts. Exquisite Bilder in elegischer Atmosphäre, das Ganze leicht philosophisch angehaucht. HFJ 1995

Paris gehört uns P33
PARIS NOUS APPARTIENT ****
Frankreich 1959, 120 Min., s/w
R: Jacques Rivette D: Betty Schneider, Françoise Prévost, Gianni Esposito
Eine Studentin gerät in die Fänge einer obskuren Geheimorganisation, die sich freilich als Alkohol-Vision eines amerikanischen Journalisten entpuppt. Rivettes Kinodebüt ist präzises Traumkino und stellt die Frage nach der Grenze zwischen dem Bild und der Wirklichkeit.

Paris Intim (1) P34

PARIS PORNO *

Frankreich 1976, 68 Min., F

R: Jacques Orth D: Daniel Darnault, Marlene Miller, Pierre Taylor

Ein Ehepaar aus der Provinz wird durch das Pariser Nachtleben geschleust und nimmt Einblick in Sex und Sünde. Pornofilm-Verschnitt.

Paris Intim (2) P35

LE GRANDE EXTASE *

Frankreich 1977, 69 Min., F

R: Alain Nauroy D: Monique Fabre, Jacques Bernhard, Elise Hartford

Geschäftsmann frequentiert eifrig die Bordelle seiner Vaterstadt, bis er in einem Etablissement seine Gattin trifft. Ein dritter Teil folgte auch noch.

Paris, Texas P36

****

USA/BRD 1984, 148 Min., F

R: Wim Wenders D: Harry Dean Stanton, Nastassja Kinski, Dean Stockwell, Hunter Carson

Wenders schönster und klarster Film, eine europäische Studie über Amerika. Die Suche eines Mannes nach seiner Identität, seinem Kind und seiner Frau, die er einst verlassen hat. Ein kraftvoller Road-Movie voller Sensibilität, ein stilles Epos der Entfremdung.

Parker P37

PARKER ***

GB 1984, 90 Min., F

R: Jim Goddard D: Bryan Brown, Cherrie Lunghi, Kurt Raab, Bob Peck

Geschäftsreisender wird in München gekidnappt, bald darauf aber, ohne etwas über die Motive erfahren zu haben, wieder freigelassen. Da die Polizei ihm nicht glaubt, muß er Ermittlungen auf eigene Faust anstellen. Verästelter Krimi, auch formal gut.

Die Partie seines Lebens P38

LA PARTITA ***

Die Partisanen von Wilna P39

PARTISANS OF VILNA ****

USA 1985, 133 Min., F

R: Josh Waletzky

In der litauischen Stadt Wilna konzentrierte sich der jüdische Widerstand gegen die Vernichtung durch die Nazis. Der Film ist ein erregender und spannender Bericht von Menschen, die sich gegen ihre Schlächter wehrten, sich im Ghetto organisierten und mit den anderen Partisanen in den Wäldern kämpften.

Partner P40

PARTNER ****

Italien 1968, 105 Min., F

R: Bernardo Bertolucci D: Pierre Clémenti, Tina Aumont, Stefania Sandrelli, Sergio Tofano

Ein in Italien lebender französischer Student reflektiert die Gesellschaft, indem er sich in Gedanken und Selbstgesprächen mit einem fiktiven anarchisch-revolutionären zweiten Ich auseinandersetzt. Von Dostojewskis Roman »Der Doppelgänger« inspirierter sozialkritischer Film, der ein wichtiges Dokument zum Verständnis der sechziger Jahre darstellt.

Der Partyschreck P41

THE PARTY ****

USA 1968, 99 Min., F

R: Blake Edwards D: Peter Sellers, Claudine Longet, Marge Champion

Sellers als tollpatschiger indischer Kleindarsteller wird irrtümlich auf die Party eines Hollywood-Produzenten eingeladen und wirbelt die überkandidelte Gesellschaft kräftig durcheinander. Die Kult-Farce des Komödienspezialisten Edwards präsentiert sich als Hollywoodversion von Antonionis *La Notte.*

Pascal P42

L'ARBRE DE NOEL **

Frankreich 1969, 103 Min., F

R: Terence Young D: William Holden, André Bourvil, Virna Lisi

Die letzten Monate im Leben eines Jungen, der durch die Strahlen einer Atombombe geschädigt wurde. Tränendrücker ohne kritischen Erkenntniswert.

Pasolinis tolldreiste Geschichten P43

***

I RACCONTI DI CANTERBURY

Italien/Frankreich 1971, 109 Min., F

R: Pier Paolo Pasolini D: Pier Paolo Pasolini, Hugh Griffith, Laura Betti

Mittelalterliche Pilger unterhalten einander auf dem Weg nach Canterbury mit schlüpfrigen Geschichten. Künstlerisch ambitionierter Episodenfilm nach Erzählungen von Geoffrey Chaucer, Abschluß von Pasolinis »Trilogie des Lebens«, in dem der Regisseur das Volk, die Körper und die Lust feiert.

Harry Dean Stanton als Travis und Dean Stockwell als Walt in ›Paris, Texas‹.

Familienbild: Michael und Vito Corleone (Al Pacino und Marlon Brando) in ›Der Pate‹.

Der Passagier – Welcome in Germany P44
***
BRD 1987, 98 Min., F
R: Thomas Brasch D: Tony Curtis, Katharina Thalbach, Matthias Habich
Ein amerikanischer Produzent kommt nach Deutschland, um einen Film über die Vergangenheit zu drehen. Schwerblütiger Problemfilm. HFJ 1989

Passagier 57 P45
PASSENGER 57 ***
USA 1992, 84 Min., F
R: Kevin Hooks D: Wesley Snipes, Bruce Payne, Tom Sizemore
Terroristen kapern ein Flugzeug, in dem sich zufällig ein Experte für Delikte dieser Art befindet. Und der gibt den Schuften im Verein mit einer netten Flugbegleiterin Saures. Der übliche Action-Thriller, der sich von ähnlichen Produktionen nur unterscheidet, daß er mit einem schwarzen Helden aufwarten kann. HFJ 1994

Passion P46
EN PASSION ****
Schweden 1969, 98 Min., F
R: Ingmar Bergman D: Liv Ullmann, Bibi Andersson, Max von Sydow
Vier Menschen auf einer Insel im Versuch, sich einander mitzuteilen. Klaustrophobe Bild- und Wortmeditation über die Verlassenheit des Menschen in der Gesellschaft.

Passion P47
PASSION ****
Frankreich 1982, 87 Min., F
R: Jean-Luc Godard D: Isabelle Huppert, Hanna Schygulla, Jerzy Radziwilowicz, Michel Piccoli
Ein rätselvolles, poetisches Bilderwerk um die menschliche Leidenschaft und weitere Godardsche Reflexion über das Filmemachen. »Es gibt eine Geschichte. Es gibt Geschichten. Man muß sie sehen und hören. Erzählen lassen sie sich nicht.«

La Passion Beatrice P48
LA PASSION BEATRICE ****
Frankreich/Italien 1988, 131 Min., F
R: Bertrand Tavernier D: Julie Delpy, Bernard Pierre Donnadieu, Nils Tavernier, Monique Chaumette
Eine junge, fromme Frau im vierzehnten Jahrhundert leidet unter ihrem Vater, der gegen einen abwesenden Gott und eine gleichgültige Natur wütet. Ein Beweis, daß man auch heute ernsthaft und konsequent Kostümfilme inszenieren kann. HFJ 1990

Die Passion der Jungfrau von Orléans P49
*****
LA PASSION DE JEANNE D'ARC
Frankreich 1928, 80 Min., s/w
R: Carl Theodor Dreyer D: Maria Falconetti, Maurice Schutz, André Berley
Schilderung der Gerichtsverhandlung, der Verurteilung und Verbrennung der Jungfrau von Orléans im 15. Jahrhundert. Im Mittelpunkt steht der Glaubenskonflikt, der anhand gezielt in die Bild- und Tondramaturgie eingesetzter Texte aus den Original-Prozeßakten vermittelt wird. Hinzu kommen eine genau berechnete Kadrierung und ein Minimum an Kamerabewegungen.

Passion Fish P50
PASSION FISH ****
USA 1992, 136 Min., F
R: John Sayles D: Mary McDonnell, Angela Bassett, Lenore Banks
Zwei total unterschiedliche Frauen freunden sich an: eine durch einen Unfall gelähmte Ex-Fernsehschauspielerin und ihre schwarze Pflegerin. Keine der üblichen Behindertenschnulzen, sondern ein vom amerikanischen Independent-Guru Sayles erfrischend unpathetisch, offen und ehrlich inszenierter Film, der kein Klischee bedient und durch brillante Dialoge besticht. HFJ 1994

Pat Garrett jagt Billy the Kid P51
****
PAT GARRETT AND BILLY THE KID
USA 1973, 106 Min., F
R: Sam Peckinpah D: James Coburn, Kris Kristofferson, Bob Dylan
Sheriff Pat Garrett jagt seinen alten Kumpan Billy the Kid im Auftrag einer

Eisenbahngesellschaft und bringt ihn zur Strecke. Ansehbarer Neu-Western.

Der Pate P52
THE GODFATHER *****
USA 1971, 176 Min., F
R: Francis Ford Coppola D: Marlon Brando, Al Pacino, Diane Keaton
Coppolas Mega-Hit. Nach einer Vorlage von Mario Puzo gelang dem italo-amerikanischen Filmemacher ein unerwarteter Kassenerfolg. In der Saga um den Gangsterclan der Corleones brilliert Brando als nuschelnder Pate.

Der Pate II P53
THE GODFATHER, PART II ****
USA 1974, 200 Min., F
R: Francis Ford Coppola D: Al Pacino, Robert Duvall, Diane Keaton
Der Sohn des Paten setzt sich nach dem Tod des mächtigen Mafiabosses als dessen unumstrittener Nachfolger durch. Er erkauft sich diese Position allerdings durch die Zerschlagung des Familienclans. Unterhaltsam-spannende, ausgezeichnet inszenierte und gespielte Fortsetzung des ersten Teils, die jedoch die ungebrochene tatsächliche Bedrohung Amerikas durch Mafia-Umtriebe verharmlost.

Der Pate III P54
THE GODFATHER, PART III: THE CONTINUING STORY ****
USA 1990, 161 Min., F
R: Francis Ford Coppola D: Al Pacino, Diane Keaton, Talia Shire, Andy Garcia
Der Pate Michael Corleone lebt inzwischen von seiner Frau getrennt und hat Probleme mit seinem künstlerisch ambitionierten Sohn und seinem Gegenspieler im »Businеß«. Mit Hilfe seines designierten Nachfolgers läßt er vor seinem »Ruhestand« das Blut noch einmal fließen. Bis auf eine grandios montierte Schlußszene der umstrittenste Teil der Paten-Filme. HFJ 1992

Zwei Cousins, ein kleiner Gangster der eine, ein Tunichtgut der andere, geraten in New Yorks Little Italy an die Mafia. Genau beobachtete Milieu- und Charakterstudie, die fast ohne Plot auskommt.

Pathfinder P56
OFELAS/VEIVISEREN ****
Norwegen 1988, 83 Min., F
R: Nils Gaup D: Mikkel Gaup, Ingvald Guttorm, Ellen Anne Buljo
Ein 16jähriger Lappe entkommt knapp dem Angriff der Tschuden und führt einen Kampf gegen die brutalen Krieger. Nordische Fantasy vor beeindrukkender Kulisse. HFJ 1989

Patrick P57
PATRICK ***
Australien 1978, 110 Min., F
R: Richard Franklin D: Susan Penhaligon, Robert Helpmann, Rod Mulinar, Bruce Barry, Julia Blake
Autistischer junger Mann, der seine Mutter und deren Galan getötet hat, »beschützt« mit telekinetischer Kraft eine Krankenschwester vor ihren Widersachern. Gelungener SF-Film mit vielen Gruseleffekten. LSFF

Die Patriotin P58
****
BRD 1979, 121 Min., s/w und F
R: Alexander Kluge D: Hannelore Hoger, Dieter Mainka, Alfred Edel
Eine Geschichtslehrerin gräbt sich ganz buchstäblich in die deutsche Zeitgeschichte. Brillante Collage aus Dokumenten und Spielszenen, die zum eigenen Denken herausfordert. Bei Kluge ist es ähnlich wie bei Achternbusch. Aber beide liegen immer weit über dem Durchschnitt.

Patton – Rebell in Uniform P59
PATTON ***
USA 1969, 162 Min., F
R: Franklin J. Schaffner D: George

nicht geht, zum Geheimnis. Und George C. Scott hängt sich mächtig in seine Rolle.

Ein Pauker zum Verlieben P60
LE PION ***
Frankreich 1978, 92 Min., F
R: Christian Gion D: Henri Guybet, Claude Pieplu, Claude Jade
Gutmütiger Lehrer wird Opfer von Schülerstreichen, verliebt sich und hat mit einem Roman Erfolg. Ist das Leben nicht schön?

Paul Cézanne im Gespräch mit Joachim Gasquet P61
***
BRD 1990, 60 Min., F
R: Jean-Marie Straub, Danièle Huillet
Ein Film über das Entstehen von Kunstwerken, über die Beziehung von Kunst und Natur in strengen Einstellungen und Texten.

Paul Jacobs und die Atombombe P62
****
PAUL JACOBS AND THE NUCLEAR GANG
USA 1979, 60 Min., F
R: Jack Willis, Saul London
In den 50er Jahren führten die USA in der Wüste von Nevada Versuche mit Atombomben durch. Der amerikanische Journalist Paul Jacobs recherchierte 20 Jahre lang bei der Bevölkerung und den beteiligten Soldaten die Schäden, die diese Tests bei ihnen hinterlassen haben. Der Film zeigt die erschreckende Tatsache der Gefahr atomarer Bestrahlung sowie die Verantwortungslosigkeit der schuldigen Politiker und ist heute noch ebenso aktuell wie vor 20 Jahren.

Paul und Michelle P63
PAUL AND MICHELLE ***
USA 1973, 102 Min., F
R: Lewis Gilbert D: Anicée Alvina, Sean Bury, Keir Dullea
Eher traumhafte als realistische Geschichte um ein Paar, das sich drei

D: Olga Karlatos, Maximilian Schell, Michel Bouquet, Sami Frey
Ein Frauenschicksal nach dem Roman von Pierre Jean Jouve ist Grundlage für ein komplexes Filmgemälde von hohem ästhetischem Reiz.

Pauline am Strand P65
PAULINE A LA PLAGE ****
Frankreich 1982, 94 Min., F
R: Eric Rohmer D: Amanda Langlet, Arielle Dombasle, Pascal Gregory
Erotische und sentimentale Begegnungen zwischen zwei Cousinen und drei Männern in einem Badeort am Meer. Eine leichte Komödie, und zugleich ein Essay über Verhaltensformen und Rollenerwartungen. Dritter Teil von Rohmers »Komödien und Sprichwörter«.

Payback P66
PAYBACK ***
USA 1998, 99 Min., F
R: Brian Helgeland D: Mel Gibson, Gregg Henry, Maria Bello
Ein von der Freundin und ihrem Geliebten gelinkter Gangster begibt sich Jahre später auf brutalen Rachefeldzug. Zynisch-düsteres »Point-Blank«-Remake, das den Pessimismus seines Vorgängers nicht durchhält, sondern mit Humor zuschauertauglich machen will. HFJ 2000

Peanuts – Die Bank zahlt alles P67 **
BRD 1995, 95 Min., F
R: Carlo Rola D: Ulrich Mühe, Iris Berben, Rufus Beck
Ein erfolgloser Bauunternehmer muß für jeden Kleinkredit bitten und betteln. Erst als er frech Millionen verlangt, respektieren ihn die Banker. Dem rasanten Aufstieg zum Immobiliengiganten auf Pump (der Fall des Pleitiers Schneider läßt grüßen) folgt der Absturz. Der Versuch einer Satire auf die deutsche Wirklichkeit mißlingt.

Peeping Tom P68
PEEPING TOM *****
GB 1959, 109 Min., F
R: Michael Powell D: Karlheinz Böhm, Anna Massey, Maxine Audley
Raffiniert konstruierter Psycho-Thriller um einen Fotografen, der seine

Anna Massey und Karlheinz Böhm

Modelle nach den Aufnahmen ermordet. Ein ungemein spannender, psychologisch glaubwürdiger Film über den Voyeurismus. Die moralische Entrüstung über das Meisterwerk zerstörte die Karriere Powells und erschütterte die Böhms. Seit seiner Wiederentdeckung 1979 zum Kultfilm geworden.

Peggy Sue hat geheiratet P69
PEGGY SUE GOT MARRIED ****
USA 1986, 103 Min., F
R: Francis Ford Coppola D: Kathleen Turner, Nicolas Cage, Barry Miller
Eine reife amerikanische Dame der achtziger Jahre, die sich eben zu einer Scheidung durchgerungen hat, fällt bei einem Klassentreffen in Ohnmacht und erwacht im Jahr 1960, wo sie – nun wieder als Teenager – mit dem Bewußtsein der Erwachsenen ihrer Biographie eine neue Wendung verleihen will, aber dann doch einen Rückzieher macht. Eine Liebesgeschichte, die sich Asbach-uralter Fantasy-Versatzstücke bedient, aber glänzend unterhält.

Peking Opera Blues P70
DO MA DAN ****
Hongkong 1986, 104 Min., F
R: Tsui Hark D: Cherie Chung, Lin Ching-hsia, Sally Yeh
Genreübergreifender Film im Stil der Peking Oper mit rasenden Schnittfolgen über den Kampf dreier Frauen und zweier Männer in Peking 1913 gegen einen korrupten General. Gelungenes Panorama aus atemberaubender Action und wilder Komödie voller Abwechslungsreichtum. HFJ 1989

Pelle, der Eroberer P71
PELLE EROBEREN ****
Dänemark/Schweden 1987, 150 Min., F
R: Bille August D: Max von Sydow, Pelle Hvenegaard, Bjorn Granath
Ein schwedischer Junge wandert um die Jahrhundertwende mit seinem Vater nach Dänemark aus, aber die großen Erwartungen erfüllen sich nicht. Zeitbild mit viel Gefühl für das kleine menschliche Schicksal.

Das Pendel des Todes P72
THE PIT AND THE PENDULUM ***
USA 1961, 80 Min., F
R: Roger Corman D: Vincent Price, John Kerr, Barbara Steele
Die Gattin eines Adeligen und deren Geliebter ziehen alle Register, um den erblich vorbelasteten Ehemann in den Wahnsinn zu treiben; als er ihren Plan erkennt, dreht er den Spieß um. Packender Horrorfilm nach Motiven von Edgar Allan Poe.

Penitentiary – Hölle hinter Gittern P73 *
PENITENTIARY
USA 1979, 100 Min., F
R: Jamaa Fanaka D: Leon Isaac Kennedy, Thommy Pollard, Hazel Spear
Zu Unrecht ins Gefängnis gesteckter Schwarzer verschafft sich mit Fäusten den Respekt seiner Mitgefangenen. Schlimmer Terror- und Homosex-Schundfilm.

Pension zur freien Liebe P74
LA PENSION DU LIBRE AMOUR **
Frankreich 1974, 84 Min., F
R: Jack Angel D: Colette Mareuil, Gérard Maro, Tanya Busselier
Diverse Bewohner einer Pension legen ihre sittenstrenge Wirtin herein, indem sie Betthasen und Rammler an ihr vorbei ins Haus schmuggeln und keine Gelegenheit auslassen, sich sexuell zu betätigen.

Pentagramm – Macht des Bösen P75 **
THE FIRST POWER
USA 1990, 98 Min., F
R: Robert Resnikoff D: Lou Diamond Phillips, Tracy Griffith, Tess Seaton
Massenmörder sucht nach seinem Tod als unsterbliches Wesen die Welt wieder heim und begeht neue Untaten. Okkult-Thriller mit pseudoreligiösem Geschwafel. HFJ 1991

Pentagramm des Satans P76
THROUGH THE FIRE *
USA 1987, 84 Min., F
R: G. D. Marcum D: Tamara Hext, Tom Campitelli, Randy Strickland
Satansbraten und Gangster auf der Jagd nach einem Amulett aus dem Besitz der Schwester der Heldin, die offenbar mit den Mächten des Bösen in Verbindung stand. Dumm-Dumm-Geschoß nach Schema F. HFJ 1991

Peppermint frappé P77
PEPPERMINT FRAPPE ****
Spanien 1967, 92 Min., F
R: Carlos Saura D: Geraldine Chaplin, José López Vázquez, Alfredo Mayo
Ein frustrierter wohlhabender Arzt ohne Frau begegnet der attraktiven und selbstbewußten Gattin seines Freundes, die ihm als Traumgeliebte erscheint. Künstlerisch brillante Beschreibung des spanischen Großbürgertums der Franco-Ära.

Peppermint Frieden P78
***
BRD 1982, 110 Min., F und s/w
R: Marianne S. W. Rosenbaum
D: Saskia Tyroller, Gesine Strempel, Peter Fonda, Cleo Kretschmer
Eine Kindheit in Deutschland am Ende des Zweiten Weltkrieges, zwischen Hoffnungen, bizarren Erlebnissen mit einem amerikanischen Soldaten und der Furcht vor einem größeren Krieg.

Perdita Durango P79
PERDITA DURANGO **
Spanien/Mexiko 1997, 128 Min., F
R: Alex de la Iglesia D: Rosie Perez, Javier Bardem, James Gandolfini
Bonnie und Clyde auf Crack: Der brutale Höllentrip eines Gangsterpärchens, das tiefgefrorene Embryos schmuggelt, zwei harmlose Teenies kidnappt und zum Bösen verführen will. Perfekt in Szene gesetzter, halbsurrealer Sex and Crime Trash, der Ein Verbrecher bricht aus dem Knast aus und nimmt einen Achtjährigen als Geisel. Zwischen den beiden entwickelt sich eine Art Vater-Sohn-Beziehung. Eine rührselige Story, an deren Ende überflüssigerweise eine überlange Todesszene steht. HFJ 1995

Perfekte Frauen haben's schwer P81
COMO SER MUJER Y NO MORIR EN EL INTENTO **
Spanien 1991, 85 Min., F
R: Ana Belén D: Carmen Maura, Antonio Resines, Juanjo Puigcorve
Eine Frau um die Vierzig hat es eines Tages satt, die Rolle des Heimchens am Herd weiterzuspielen und beschließt, ihr eigenes Leben zu führen. Im Witz überzogene Gesellschaftskomödie ohne nennenswerten Tiefgang, nach dem gleichnamigen Roman von Carmen Rico-Godoy. HFJ 1993

Ein perfektes Paar P82
A PERFECT COUPLE **
USA 1979, 112 Min., F
R: Robert Altman D: Paul Dooley, Marta Heflin, Titos Vendis
Alex, griechischer Abstammung und Klassik-Fan, und die junge Rocksängerin Sheila finden durch die Computervermittlung eines Heiratsinstituts zusammen. Die Konflikte sind absehbar.

Performance P83
PERFORMANCE ****
GB 1969, 101 Min., F
R: Nicholas Roeg, Donald Cammell
D: Mick Jagger, James Fox, Anita Pallenberg, Michele Breton
Ein von Polizei und Unterwelt gejagter Killer findet Unterschlupf in der barocken Villa eines ehemaligen Rockstars, der mit seinen Groupies psychedelische Experimente unternimmt. Fasziniert von dieser Gegenwelt vergißt der Gangster seine Flucht.

Die Perlenräuber P84
Mieze bezirzen, die sich unerwartet verliebt. Später kommt es zu einer blutigen Schlacht. Gute Fotografie und Action. Überdurchschnittlicher Abenteuerfilm.

Perry Rhodan – SOS aus dem Weltall P85
ORBITA MORTAL **
BRD/It/Sp 1966, 79 Min., F
R: Primo Zeglio D: Lang Jeffries, Essy Persson, Pinkas Braun
Astronauten entdecken auf dem Mond Vertreter einer fremden Zivilisation und verteidigen deren technische Errungenschaften gegen machthungrigen Ganoven und seine Bande. Simpelfilm nach einer Heftserie. LSFF

Perseus, der Unbesiegbare P86
PERSEO L'INVINCIBLE **
Italien/Spanien 1962, 87 Min., F
R: Alberto de Martino D: Richard Harrison, Anna Ranalli, Elisa Cegani
Als ahnungsloser Fischersmann tätiger Erbe eines von Usurpatoren geraubten Throns räumt unter Intriganten und mythischen Ungeheuern auf. Antikfilm, in dem etwas zu viel geredet und etwas zu wenig gefochten wird. LFF

Das Personal P87
PERSONEL ***
Polen 1974, 65 Min., F
R: Krzysztof Kieslowski D: Juliusz Machulski, Irena Lorentowicz, Wlodzimierz Borunski
Ein junger, von Idealen beflügelter Kostümschneider an der Oper von Warschau findet durch seine beruflichen Erfahrungen Zugang zu einer realistischeren Sicht der Dinge. Schnörkelloser, handwerklich gut gemachter und authentischer Film.

Personal Service P88
PERSONAL SERVICE ***
GB 1986, 110 Min., F
R: Terry Jones D: Julie Walters,

Pestalozzis Berg P89
***
Schweiz/DDR 1989, 119 Min., F
R: Peter von Gunten D: Gian Maria Volonté, Rolf Hoppe, Heidi Züger
Der kurze Lebensabschnitt, den Johann Heinrich Pestalozzi nach dem Scheitern seiner Armenschule in Stans zur Erholung in Gurnigelbad verbringt, wird für ihn zu einer Zeit der Selbstreflektion und des Neubeginns. Betulich. HFJ 1990

Pesthauch des Dschungels P90
LA MORT EN CE JARDIN ****
Mexiko/Fr 1956, 104 Min., F
R: Luis Buñuel D: Simone Signoret, Charles Vanel, Georges Marchal
Bedingt durch einen Aufstand von Diamantenschürfern in einem fiktiven südamerikanischen Staat treffen sich zufällig eine Prostituierte, ein Priester, ein Händler, ein Abenteurer und eine schöne Taubstumme. Die kleine Gruppe flieht nun gemeinsam durch den Urwald. Pessimistisches Melodram, das verborgene menschliche Charaktereigenschaften und Wertvorstellungen schonungslos bloßlegt.

Peter Pans heitere Abenteuer P91
****
PETER PAN
USA 1953, 76 Min., F
R: Hamilton Luske, Wilfred Jackson
Drei Kinder werden von einem Jungen, der fliegen kann und nicht erwachsen wird, ins Nimmerland geholt, wo sie phantastische Abenteuer mit Piraten erleben. Zeichentrickfilm nach dem klassischen Märchen von J. M. Barrie. LFF

Peter von Scholten P92
PETER VON SCHOLTEN **
Dänemark 1986, 108 Min., F
R: Palle Kjaerulff-Schmidt D: Ole Ernst, Preben Christensen
Filmbiographie des letzten dänischen Gouverneurs auf den Virgin Islands, der sich für die Befreiung der Sklaven einsetzte und sich auch privat nicht um Vorurteile kümmerte. Filmische Verbeugung vor dem exzentrischen Heroen.

Peter Voss, der Millionendieb P93
**
Deutschland 1945, 90 Min., s/w
R: Karl Anton D: Victor De Kowa, Karl Schönböck, Else von Möllendorf
Um den Konkurs seines Freundes, eines Bankiers, abzuwenden und das Herz der schönen Polly zu gewinnen, wird der Held zum »Millionendieb«, der der Verfolgung immer wieder durch abenteuerliche Verkleidungen entgeht.

Peterchens Mondfahrt P94
***
BRD 1990, 84 Min., F
R: Wolfgang Urchs
Auf ihrer Mondfahrt schaffen es Peter und Anneliese, dem finsteren Mondmann Herrn Sumsemanns Käferbeinchen abzuluchsen. Die aufwendigste Zeichentrick-Produktion der deutschen Kino-Geschichte. HFJ 1991

Peter's Friends P95
PETER'S FRIENDS ***
GB 1992, 100 Min., F
R: Kenneth Branagh D: Kenneth Branagh, Alphonsia Emmanuel, Stephen Fry, Hugh Laurie
In einem Landhaus trifft sich eine Gruppe von Menschen, die als Studenten gemeinsam in einer Kabarettgruppe auftraten. Sie haben alle die eine oder andere Karriere gemacht und sind auch alle auf die eine oder andere Weise gescheitert. Leicht nostalgische Tragikomödie. HFJ 1994

Petersburger Nächte P96
**
BRD 1958, 86 Min., s/w
R: Paul Martin D: Ewald Balser, Johanna von Koczian, Ivan Desny
Ein Mann verbirgt vor seiner Tochter seinen Bankrott und seine demütigende neue Arbeit. Inmitten turbulenter erster Liebesgeschichten erfährt sie die Wahrheit. Die Inszenierung ist noch altbackener als dieser Plot.

Petulia P97
PETULIA ****
USA 1967, 105 Min., F
R: Richard Lester D: Julie Christie, George C. Scott, Arthur Hiller
Eine jungverheiratete Frau leidet unter ihrem psychisch kranken und gewalttätigen Ehemann, von dem sie abhängig ist. Sie sucht deshalb bei einem geschiedenen Arzt Liebe und Geborgenheit. Hervorragend gefilmtes, spannend-unterhaltsames Liebesdrama, das in einem Gegenentwurf zum angepaßten Hollywoodkino ein kritisches Bild des Amerikas der 60er Jahre zeichnet.

Der Pfad des Glücks ist breit P98
***
ZANMEN DE NIU BAISUI
China 1983, 96 Min., F
R: Zhao Huanzhang D: Liang Quinggang, Wang Fuli, Ding Yi
Im Arbeitsalltag eines chinesischen Dorfes müssen einige »Außenseiter« integriert werden; gegen alle Widerstände nimmt sich ein Gruppenführer ihrer an und kann nach einem Jahr Erfolge bei ihrer Resozialisierung vorweisen.

Der Pfaffenspiegel P99
**
BRD/Italien 1972, 76 Min., F
R: Aldo Grimaldi D: Jürgen Drews, Eva Garde, Edwige Fenech
Otto von Corvins erotisch-satirischer Roman in einer eher unbeholfenen Softsex-Filmversion.

Der Pfandleiher P100
THE PAWNBROKER ****
USA 1964, 97 Min., s/w
R: Sidney Lumet D: Rod Steiger, Jaime Sanchez, Thelma Oliver

Rod Steiger als Pfandleiher

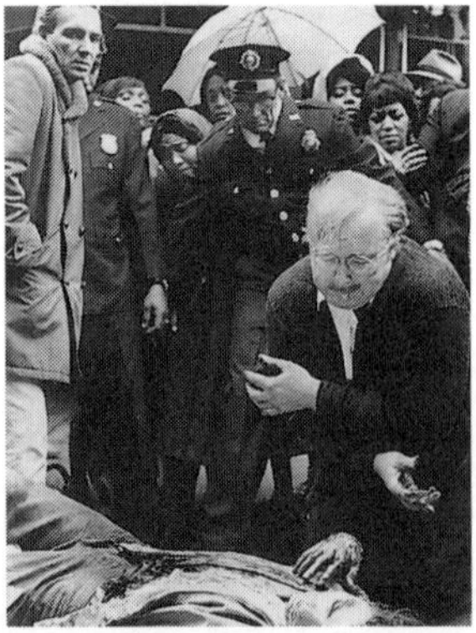

Ein deutscher Jude und Überlebender des Holocaust ist nach New York emigriert, wird aber auch hier von seinen furchtbar quälenden Erinnerungen verfolgt.

Der Pfarrer von St. Pauli P101
***
BRD 1970, 103 Min., F
R: Rolf Olsen D: Curd Jürgens, Heinz Reincke, Walter Buschhoff, Werner Bruhns
Ein wegen eines Gelübdes nach dem Krieg Pfarrer gewordener ehemaliger U-Boot-Kommandant wird in eine Mordgeschichte verwickelt, die ihn in Konflikt mit dem Beichtgeheimnis bringt. Als er eigene Ermittlungen anstellt, wird er durch Intrigen auf eine Nordseeinsel versetzt. Gut gemachte Mischung aus Kriminalfilm und Komödie mit treffendem Lokalkolorit.

Die Pfarrhauskomödie P102
**
BRD 1971, 83 Min., F
R: Veit Relin D: Maria Schell, Veit Relin, Hugo Lindinger, Jane Tilden
Uninspirierte Verfilmung von Heinrich Lautensacks deftiger Komödie um einen lüsternen Pfarrer, seinen dummen Kaplan und der Pfarrhausköchinnen.

Eine Pfeife in Amerika P103
THE RETURN OF SHERLOCK HOLMES ***
USA 1987, 92 Min., F
R: Kevin Connor D: Michael Pennington, Margaret Colin, Lila Kaye
Nachfahrin Dr. Watsons taut den tiefgefrorenen Sherlock Holmes auf, der in Boston gleich eine Mordserie aufklärt. Krimikomödie, deren Humor weitgehend auf Holmes' Begegnungen mit der Gegenwart basiert. HFJ 1988

Pfeifen, Betten, Turteltauben P104
***
DYMKY

Ein Pfeil in den Himmel P105
AT PLAY IN THE FIELDS OF THE LORD **
USA 1992, 159 Min., F
R: Hector Babenco D: Tom Berenger, John Lithgow, Daryl Hannah, Aidan Quinn, Tom Waits
Zwei in einem Dorf am Amazonas gestrandete Piloten sollen durch Erpressung dazu gebracht werden, ein Indianerdorf zu bombardieren. Einer von ihnen, ein Halb-Cheyenne, springt statt dessen mit dem Fallschirm ab und wird von Dorfbewohnern als Gott verehrt. Gut gemeint, aber schlecht gelungen. HFJ 1993

Der Pferdeflüsterer P106
THE HORSEWHISPERER ****
USA 1998, 169 Min., F
R: Robert Redford D: Robert Redford, Kristin Scott-Thomas, Sam Neill, Dianne Wiest, Scarlett Johansson
Großstadt-Karrierefrau schleppt nach einem Reitunfall das verunglückte Pferd und ihre verletzte Tochter auf das idyllische Land zu einem Naturburschen, der dem Gaul Gesundheit und ihr eine neue Liebe einflüstert. Aus diesem Groschenroman-Plot inszeniert Regisseur Robert Redford zwar klischeehaft, aber ohne Kitsch und Pathos eine subtile Version des »Kinos der großen Gefühle«. HFJ 1999

Die Pfingstorgel P107
***
Deutschland 1938, 75 Min., s/w
R: Franz Seitz D: Maria Andergast, Gustav Waldau, Hannes Stelzer
Ein armer Musikant kommt ins Dorf seiner Allerliebsten, deren Vater, ein reicher Bauer, keinen Hungerleider als Schwiegersohn haben will, worauf das Paar Hilfe bei einem Pfarrer und bei einem reichen Onkel findet.

Pfirsichblütenland P108
ANLIAN TAOHUA YUAN ***
Taiwan 1992, 107 Min., F

blüte« über den Traum vom friedlichen Zusammenleben der Menschen. Der Debütfilm fügt das Geschehen auf der Bühne zu einem Spiegelbild der politischen Geschichte von China und Taiwan. Aus dem anfänglichen Chaos entwickelt sich ein Konglomerat beider Theaterstücke. HFJ 1994

Pforten der Nacht P109
LES PORTES DE LA NUIT ***
Frankreich 1946, 110 Min., s/w
R: Marcel Carné D: Pierre Brasseur, Georges Brassens, Henri Vidal
Gegen Ende des Zweiten Weltkriegs im Schwarzmarktmilieu des befreiten Paris. Der junge Arbeiter Jean verliebt sich in Malou, deren Ehemann ihn aus Eifersucht umzubringen versucht, jedoch dabei seine Frau tötet. Handwerklich gutes, aber übertrieben sentimentales Melodram.

Die Pforten des Paradieses P110
GATES TO PARADISE ***
GB 1967, 89 Min., F
R: Andrzej Wajda D: Lionel Stander, John Fordyce, Mathieu Carrière
Anfang des 13. Jahrhunderts brechen Tausende von Kindern, geleitet von der Vision eines Hirtenjungen, zu einem Kreuzzug ins Heilige Land auf. Erste »West-Produktion« des großen polnischen Regisseurs.

Eine phantastische Geschichte P111
****
POHADKA O PUTOVANI SKASKA STRANSIWIJ
CSSR/UdSSR/Rum 1982, 101 Min., F
R: Alexander Mitta D: Andrej Mironow, Tatjana Axjuta, Lew Durow
Kleines Mädchen sucht im Mittelalter seinen Bruder, der Gold aufspüren kann und von Banditen geraubt wurde. Faszinierender Fantasyfilm mit toller Ausstattung, gekonnten Tricks und spannender Handlung. LFF

Die phantastische Reise P112

›Phantom der Oper‹ – Ein grauenhafter Unfall an der Pariser Oper.

wird ein U-Boot nebst Besatzung auf Mikrobengröße miniaturisiert und in seine Blutbahn geschossen – Saboteur inklusive. Origineller SF-Film, der die Logik außen vor läßt. LSFF

Phantastische Reise zum Mittelpunkt der Erde P113 **
VIAJE AL CENTRO DE LA TIERRA
Spanien 1977, 90 Min., F
R: Juan Piquer Simon D: Kenneth More, Pep Munne, Jack Taylor
Remake von *Die Reise zum Mittelpunkt der Erde* in einer trickmäßig weitaus inkompetenteren Fassung. Nach dem Roman von Jules Verne. LSFF

Phantom der Oper P114
THE PHANTOM OF THE OPERA ***
USA 1943, 90 Min., F
R: Arthur Lubin D: Claude Rains, Nelson Eddy, Suzanna Foster
Entstellter Geiger treibt im Gewölbe des Pariser Opernhauses sein Unwesen und fördert mit kriminellen Methoden die Karriere einer Debütantin, die er liebt. Remake des Stummfilmklassikers von 1926.

Phantom im Paradies P115
PHANTOM OF THE PARADISE ****
USA 1974, 90 Min., F
R: Brian de Palma D: Paul Williams, William Finley, Jessica Harper
Moderne Variante von *Phantom der Oper* (1926/1943). Ein Komponist, von einem Produzenten bestohlen und entstellt, sabotiert die Vorstellungen eines Pop-Palastes. Eigenständige Version des Romans von Gaston Leroux. LSFF

Pharao P116
FARAON ****
Polen 1965, 140 Min., F
R: Jerzy Kawalerowicz D: Jerzy Selnik, Piotr Pawlowski, Barbara Bryl
Die opulente Auseinandersetzung zwischen dem Pharao und der Priesterkaste als politisches Lehrstück. Ein packender Historienfilm über die Mechanik der Macht.

Phase IV P117
PHASE IV ***
GB 1973, 84 Min., F
R: Saul Bass D: Nigel Davenport, Michael Murphy, Lynne Frederick
Forscher, die den Aktivitäten eines mysteriösen Ameisenvolkes nachspüren, stoßen auf eine Kollektivintelligenz, der die Menschheit hoffnungslos unterlegen ist. Beklemmender SF-Film, der auf Genre-Klischees verzichtet.

Phenomenon P118
PHENOMENON ***
USA 1996, 124 Min., F
R: John Turteltaub D: John Travolta, Kyra Sedgwick, Forest Whitaker
Einfallsloser Hinterwäldler wird vom Blitz getroffen und mutiert zu einem kreativen Genie. Damit müssen sich seine Mitbürger erst einmal zurechtfinden. Der Zuschauer aber auch. Auf Unterhaltung getrimmte Scientology-Propaganda. HFJ 1997

Philadelphia P119
PHILADELPHIA ****
USA 1993, 125 Min., F
R: Jonathan Demme D: Tom Hanks, Denzel Washington, Jason Robards
Ein junger Anwalt verliert seinen Job, weil er an Aids erkrankt ist. Vor Gericht wehrt er sich gegen diese Diskriminierung. Großes Gefühlskino, das bewußt auf die Tränendrüse drückt. HFJ 1994

Das Philadelphia-Experiment P120 ***
THE PHILADELPHIA EXPERIMENT
USA 1984, 101 Min., F
R: Stewart Raffill D: Michael Paré, Nancy Allen, Miles McNamara
Ein US-Soldat wird 1943 bei einem fehlgeschlagenen Experiment ins Jahr 1984 versetzt und kämpft um seine Rückkehr in die relative Gegenwart, ohne den Geschichtsverlauf zu ändern. Ein durchaus ansehbarer SF-Streifen.

Der Philosoph P121 ***
BRD 1988, 83 Min., F
R: Rudolf Thome D: Johannes Herrschmann, Adriana Altaras, Friederike Tiefenbacher
Ein Mann mit philosophischer und asketischer Grundhaltung trifft auf drei Frauen, die sich ihm als Liebesgöttinnen offenbaren und ihm die sinnlichen Seiten des Daseins zeigen.

Phoolan Devi – Rebellion einer Banditin P122 ****
BRD 1994, 80 Min., F
R: Mirjam Quinte, Pepe Danquart
Phoolan Devi, die »Königin der Banditen«, rächte sich blutig für die ihr angetanen Vergewaltigungen und machte mit ihrer Bande ganze Landstriche unsicher, bis sie sich 1983 der Polizei stellte. Legenden, Berichte Dritter und Statements der Frau werden zu einem interessanten Porträt in einem außergewöhnlichen Dokumentarfilm.

Das Piano P123
THE PIANO ****
Australien/Fr 1993, 121 Min., F
R: Jane Campion D: Holly Hunter, Harvey Keitel, Sam Neill

Neuseeland, 19. Jahrhundert. Die stumme Ada kommt für eine arrangierte Heirat ins Land und bringt ihre neunjährige Tochter sowie ihr Klavier mit, das ihr Ersatz für ihre Stimme und Ventil für ihre Gefühle ist. Ihr Göttergatte kapiert das natürlich nicht, ganz anders dagegen sein ungeschliffener Nachbar, der den Umweg über das Klavier gern in Kauf nimmt, um schließlich Adas Herz zu erobern. Packendes Gefühlskino mit herausragenden Leistungen der Schauspieler. HFJ 1994

Ein Piano für Mrs. Cimino P124
A PIANO FOR MRS. CIMINO **
USA 1981, 92 Min., F
R: George Schaefer D: Bette Davis, Penny Fuller, Alexa Kenin
Bette Davis brilliert in der Rolle einer alten Frau, die nach einem Schwächeanfall von ihren Kindern in ein Pflegeheim gebracht wird und nur in einer Enkelin eine Verbündete findet.

Picknick am Strand P125
BHAJI ON THE BEACH ****
GB 1993, 101 Min., F
R: Gurinder Chadha D: Kim Vithana, Jimmi Harkishin, Sarita Khajuria
Um dem tristen Alltag in London zu entfliehen, machen asiatische Frauen aus drei Generationen einen Tagestrip ins nordenglische Seebad Blackpool. Der Tag bringt für alle neue Erfahrungen und Entscheidungen, für manche auch eine Schicksalswende. Sensible Zeichnung kleiner Befreiungsschritte und des alltäglichen Rassismus.

Picknick am Valentinstag P126
PICNIC AT HANGING ROCK ****
Australien 1975, 115 Min., F
R: Peter Weir D: Rachel Roberts, Helen Morse, Dominic Guard
Australien um die Jahrhundertwende. Eine Mädchenklasse macht einen Ausflug zu einem Felsmassiv. Was als fröhliches Unternehmen beginnt, endet damit, daß drei der Mäd
Gouvernante verschwun

Picture of Light
PICTURE OF LIGHT
Kanada/Schweiz 1994, 9
R: Peter Mettler

Die Oscarpreisträger Tom Hanks und Denzel Washington in ›Philadelphia‹.

Am Ende der bewohnbaren Gebiete der Arktis machte sich Peter Mettler auf, die Nordlichter mit der Kamera einzufangen. Dem Blick hinauf zum flüchtigen Naturphänomen stellt er die Begegnung mit den Menschen gegenüber, die in der Arktis leben und forschen. HFJ 1995

Pierre und Paul P128
PIERRE ET PAUL ****
Frankreich 1968, 93 Min., F
R: René Allio D: Pierre Mondy, Bulle Ogier, Madeleine Barbulée
Die genau beobachtete Lebens- und Leidensgeschichte eines Mannes, der über den Zwängen von Karriere und Konsum sein Leben verliert.

Piggies P129
***
BRD 1969, 104 Min., F
R: Peter Zadek D: Anton Diffring, Tankred Dorst, Gisela Fischer
Bissige Satire über Zeitgeistsurfer der späten sechziger Jahre. Für alle, die wissen wollen, warum es dann doch nichts werden konnte mit den großen Veränderungen.

Ein pikantes Geschenk P130

Kollegen bezahlen, für eine in ihn verliebte Jet-set-Lady und erlebt in Venedig den zweiten Frühling, der auch seiner Ehe gut tut.

Pimpf war jeder P131
****
BRD 1993, 90 Min., F
R: Erwin Leiser
Dokumentarfilm. Der jüdische Emigrant Leiser befragt die Schüler seiner ehemaligen Klasse nach ihren Erinnerungen an ihr Leben in der Hitler-Zeit.

Pink Cadillac P132
PINK CADILLAC **
USA 1989, 122 Min., F
R: Buddy van Horn D: Clint Eastwood, Bernadette Peters, Timothy Carhart
Ein rauhbeiniger Kautionseintreiber verliebt sich in sein »Opfer« und rettet die junge Mutter vor einer gefährlichen Bande. Zu lang geratene, mäßig spannende, eher unharmonische Mischung aus Gewalt, derbem Humor und aufgesetzt wirkenden »menschlichen Elementen«. HFJ 1991

Pink Flamingos P133
PINK FLAMINGOS – **
AN EXERCISE IN POOR TASTE

übertreffen. Sie scheuen dabei weder vor Mord, Vergewaltigung und Kannibalismus noch vor ekelhaft-perversen Demonstrationen wie der eines realistisch gefilmten zuckenden Schließmuskels zurück. Undifferenzierte, auf pure Provokation zielende Verletzung jeglicher Tabus.

Pippi geht von Bord P134
***
Schweden/BRD 1969, 85 Min., F
R: Olle Hellbom D: Inger Nilsson, Pär Sundberg, Maria Persson
Pippi verschiebt die Reise mit ihrem Vater nach Taka-Tuka-Land, um mit ihren Freunden zusammen das Weihnachtsfest zu verleben. Kinderunterhaltung mit dem humanistischen Astrid-Lindgren-Touch.

Pippi in Taka-Tuka-Land P135
PIPPI LANGSTRUMPF/PA DE SIU HAVEN ***
Schweden/BRD 1969, 88 Min., F
R: Olle Hellbom D: Inger Nilsson, Maria Persson, Pär Sundberg
Pippi Langstrumpf findet eine Flaschenpost von ihrem Vater und erfährt, daß er von Piraten gefangen worden ist. Sie macht sich in ihrem Luftballon zur Befreiungsaktion auf.

Pippi Langstrumpf P136
PIPPI LANGSTRUMPF ***
Schweden/BRD 1969, 99 Min., F
R: Olle Hellbom D: Inger Nilsson, Pär Sundberg, Margot Trooger
Eines Tages reitet ein rothaariges, sommersprossiges Mädchen in die Stadt, begleitet von einem Affen namens »Herr Nilsson« und ausgerüstet mit einem Koffer voller Gold. Erster Teil einer Serie von freundlichen Verfilmungen der Kinderbuch-Serie von Astrid Lindgren.

Inger Nilsson als Pippi.

Piranhas P137
PIRANHA **
USA 1978, 94 Min., F
R: Joe Dante D: Bradford Dillman, Haether Menzies, Kevin McCarthy
Aus einer militärischen Hexenküche entwichene Raubfische fallen über an einem See kampierende Urlauber her. Mit genretypischen Schockeffekten arbeitender Tier-Horrorfilm; nicht gerade bedeutend.

Piranhas II: Die Rache der Killerfische P138 **
KILLERFISH
USA/Brasilien 1978, 99 Min., F
R: Anthony M. Dawson D: Lee Majors, Karen Black, James Franciscus, Margaux Hemingway
Gangsterboß, der Raubzug-Beute in von Piranhas verseuchtem See versteckt, um zu verhindern, daß seine Kumpane sich heimlich bereichern, fällt dem Sicherungsmechanismus auf makabre Weise selbst zum Opfer.

Der Pirat P139
THE PIRATE ****
USA 1948, 102 Min., F
R: Vincente Minnelli D: Gene Kelly, Judy Garland, Walter Slezak
In einem karibischen Hafenstädtchen phantasiert ein junges Mädchen sich einen Wanderschauspieler zum Piraten zurecht und erlebt an seiner Seite phantastische Abenteuer. Flottes Hollywood-Musical mit Tanzeinlagen.

Pirat der sieben Meere P140
IL DOMINATORE DEI SETTI MARI ***
Italien 1961, 102 Min., F
R: Primo Zeglio, Rudolph Maté
D: Rod Taylor, Keith Mitchell, Hedy Vessel, Mario Girotti
Francis Drake führt seine Mannen gegen spanische Goldschiffe in der Karibik und vereitelt ein Attentat des spanischen Königs Philipp gegen Queen Liz. Degenschwingerfilm.

Der Pirat des Königs P141
THE KING'S PIRATE ***
USA 1966, 100 Min., F
R: Don Weis D: Doug McClure, Jill St. John, Kurt Kaznar, Guy Stockwell
Britischer Marineoffizier infiltriert Piratenbande, die Madagaskar unsicher macht, und rauft sich mit einem Kapitän um das Herz einer Lady. Solides Remake von *Gegen alle Flaggen*.

Pirate Movie P142
PIRATE MOVIE ***
Australien 1982, 90 Min., F
R: Ken Annakin D: Kristy McNichol, Christopher Atkins, Ted Hamilton
Fecht-Stuntman wird im Traum ins Land der Piraten verschlagen und muß sich als echter Kerl erweisen: Es gilt, einem Piratenkönig eine Schatzkarte zu entlocken, die auf dessen Rücken tätowiert ist. Ansehbare Klamotte.

Piraten P143
PIRATES ***
Frankreich/Tunesien 1986, 104 Min., F
R: Roman Polanski D: Walter Matthau, Cris Campion, Charlotte Lewis
Der schiffbrüchige Pirat Reed kapert eine Galeone, verliert sie und kapert sie erneut. Routinierter Simpelfilm Roman Polanskis, der dafür ausgegebenen 30 Millionen Dollar freilich kaum würdig. HFJ 1987

Piraten am Todesfluß P144
THE PIRATES OF BLOOD RIVER ***
GB 1961, 87 Min., F
R: John Gilling D: Kerwin Matthews, Glenn Corbett, Christopher Lee
Piraten starten Invasion auf eine von Hugenotten bewohnte Insel, um sich in den Besitz eines Schatzes zu bringen. Clever fotografiertes Fechterstück, das auch spannende Seiten hat.

Piraten an Bord P145
PRINCE OF PIRATES ***
USA 1953, 77 Min., F
R: Sidney Salkow D: John Derek, Barbara Rush, Carla Balenda
Niederländischer Prinz wird Pirat, da sein Bruder mit den spanischen Invasoren zusammenarbeitet. Amüsanter Kostümfilm, mit rasanten Szenen und wilden Kämpfen.

Die Piraten der grünen Insel P146
I PIRATI DELL'ISOLA VERDE **
Italien/Spanien 1970, 93 Min., F
R: Ferdinando Baldi D: Dean Reed, Alberto de Mendoza, Mary Francis

Korsaren, ans Ufer einer Karibikinsel gespült, stehen Prinzessin gegen ihren Vormund bei, der es auf ihr Erbe abgesehen hat. Lahmer, sich humorig gebender Piratenfilm.

Piraten im Karibischen Meer P147
REAP THE WILD WIND ***
USA 1942, 112 Min., F
R: Cecil B. DeMille D: Ray Milland, John Wayne, Paulette Goddard
Zwei Strandräuber, die im Jahr 1840 an der Küste Floridas ihr Unwesen treiben, konkurrieren um eine Frau. Bunter Abenteuerfilm mit ansprechenden Unterwasseraufnahmen und spannendem Kampf gegen eine Riesenkrake.

Piraten von Capri P148
THE PIRATES OF CAPRI ***
Italien/USA 1949, 94 Min., s/w
R: Edgar G. Ulmer D: Louis Hayward, Binnie Barnes, Alan Curtis
Ein Höfling der Königin von Neapel unterstützt eine Rebellengruppe im Kampf gegen das tyrannische Regime und den tückischen Polizeichef. Mantel- und Degenfilm eines Regisseurs, der mit kleinem Budget Ansehnliches leistet.

Die Piraten von Macao P149
SMUGGLER'S ISLAND ***
USA 1951, 75 Min., F
R: Edward Ludwig D: Jeff Chandler, Evelyn Keyes, Philip Friend
Grundehrlicher Taucher, der für eine Holde Gold vom Meeresgrund holt und dies nach Hongkong schmuggeln will, gerät in Schwierigkeiten mit Piraten. Buntes Abenteuer ohne sonderlichen Tiefgang.

Die Piraten von Tortuga P150
PIRATES OF TORTUGA **
USA 1961, 97 Min., F
R: Robert D. Webb D: Ken Scott, Leticia Roman, Dave King
Im Auftrag des englischen Königs Charles unterwandert ein tapferer Bursch eine Piratenbande und macht nach allerlei Hickhack und Kämpfen den berüchtigten Seeräuber Henry Morgan dingfest.

Die Piraten von Tripolis P151
PIRATES OF TRIPOLIS **
USA 1954, 72 Min., s/w
R: Felix Feist D: Paul Henreid, Patricia Medina, Paul Newland
Ein Piratenkapitän steht im 16. Jahrhundert einer Prinzessin bei, deren Reich von einer überlegenen Macht angegriffen wird. Flotter Streifen um Haudegen mit Herz aus Gold und süßen Maiden, die gerettet werden müssen.

Piraten wider Willen P152
ABBOTT AND COSTELLO MEET CAPTAIN KIDD **
USA 1952, 70 Min., F
R: Charles Lamont D: Bud Abbott, Lou Costello, Charles Laughton
Zwei Tölpel, denen eine Schatzkarte in die Hände fällt, sehen sich von einem finsteren Piraten verfolgt. Ulkfilmchen der Klasse B, mit einem talentierten Star in der Rolle des Oberschurken.

Piratenblut P153
PEARL OF THE SOUTH PACIFIC **
USA 1955, 85 Min., F
R: Allan Dwan D: Virginia Mayo, Dennis Morgan, David Farrer
Als Missionare getarnt versuchen zwei Männer und eine Frau den Bewohnern einer Südseeinsel einen Perlenschatz zu rauben, doch ihr weißer Häuptling vereitelt dies. Ein nicht sonderlich intelligenter Abenteuerfilm.

Die Piratenbraut P154
BUCCANEER'S GIRL ***
USA 1950, 77 Min., F
R: Frederick de Cordova D: Yvonne de Carlo, Philip Friend, Elsa Lanchester
Ein Robin Hood der Meere kapert die Schiffe eines Reeders, den er aus gutem Grund nicht ausstehen kann, und finanziert mit der Beute das Leben der »arbeitslos« gewordenen Seeleute. Durchaus ansprechende Unterhaltung.

Piratenkapitän Mary P155
LE AVVENTURE DI MARY READ ***
Italien/Frankreich 1961, 87 Min., F
R: Umberto Lenzi D: Lisa Gastoni, Jerome Courtland, Germano Longo
Als Mann verkleidet macht die junge Mary Karriere vom Schiffsjungen bis zum Piratenkapitän. Die übliche Dutzendware.

Die Piratenkönigin P156
ANNE OF THE INDIES ****
USA 1951, 81 Min., F
R: Jacques Tourneur D: Jean Peters, Louis Jourdan, Debra Paget
Die Piratin Anne macht die Karibik unsicher, verliebt sich in einen französischen Offizier, der ihr das Handwerk legen will, und führt ihren Untergang herbei. Virtuos inszenierte Romanze, erstklassiges Abenteuerkino.

Piratenliebe P157
THE MAN WITHIN THE SMUGGLERS ***
GB 1947, 83 Min., F
R: Bernard Knowles D: Richard Attenborough, Michael Redgrave, Jean Kent, Joan Greenwood
Waisenknabe, von Seemann angenommen, muß erkennen, daß sein Ziehvater ein böser Schmuggler und seine Leute Halunken sind. Abenteuerfilm nach Graham Greene.

Piratensender Powerplay P158
**
BRD 1981, 90 Min., F
R: Siggi Götz D: Thomas Gottschalk, Mike Krüger, Evelyn Hamann
Gottschalk und Krüger als unsäglich billiges Nasen-Duo, das in einem Wohnmobil einen Piratensender betreibt. Zuerst gejagt und verfolgt, kommen sie am Schluß mit ihrer Masche doch ganz groß heraus. Klamotte.

Place Vendôme P159
PLACE VENDÔME ****
Frankreich 1998, 117 Min., F
R: Nicole Garcia D: Catherine Deneuve, Jean-Pierre Bacri, Emmanuelle Seigner
Melancholisches Melodram um eine Exalkoholikerin. Nach dem Tod ihres Mannes und Jahren des Verfalls kümmert sie sich wieder um das verwaiste Juweliergeschäft am vornehmen Pariser Place Vendôme. Eine großartige Catherine Deneuve in einer Geschichte um gestohlene Diamanten, alte Rechnungen und Exliebhaber. HFJ 2000

Placido P160
PLACIDO ***
Spanien 1962, 71 Min., s/w
R: Luis G. Berlanga D: Castro Sendra Cassen, José Luis Lopez
Ein armer kleiner Fuhrwerker kommt im Wohltätigkeitsrummel des Weihnachtsfestes beinahe unter die Räder. Realistische, ein wenig bittere Satire auf die falschen Rituale der Barmherzigkeit.

Plan 9 aus dem Weltall P161
PLAN 9 FROM OUTER SPACE ***
USA 1958, 79 Min., s/w
R: Edward D. Wood D: Bela Lugosi
Unglaublich (unfreiwillig) komischer SF-Streifen über zwei Aliens, die die Erde vernichten wollen, bevor die Menschheit mit Atombombentests »das Universum« verseucht. Eine Lachbombe, die man gesehen haben muß! LSFF

Planet der Affen P162
PLANET OF THE APES ***
USA 1968, 112 Min., F
R: Franklin J. Schaffner D: Charlton Heston, Roddy McDowall, Kim Hunter
Astronaut kämpft auf einem von Affen beherrschten Planeten vergeblich um seine Anerkennung als Intelligenz und erkennt, daß ein Zeitphänomen ihn in die Erdzukunft geworfen hat. Nach einem Roman von Pierre Boulle. LSFF

Planet der Monster P163
PLANET OF DINOSAURS **
USA 1978, 86 Min., F
R: James K. Shea D: James Withworth, Louis Lawless, Pamela Bottaro
Erdlinge werden auf einen Planeten verschlagen, auf dem Riesenechsen mit ausgeprägtem Appetit leben. Von einer Story ist nicht viel zu sehen, aber die Dinosaurier sind für einen Film dieses Budgets fast ansehbar. LSFF

Planet der toten Seelen P164
WAR OF THE SATELLITES **
USA 1957, 80 Min., F
R: Roger Corman D: Richard Devon, Dick Miller, Robert Shayne
Ein Astronaut entdeckt, daß sein Chef von außerirdischen Lebewesen geistig gesteuert wird, die die Erde an der Entwicklung einer eigenen Raumfahrt hindern möchten. Ein wenig beachteter SF-Schnellschuß. LSFF

Planet der Vampire P165
TERRORE NELLO SPAZIO ***
Italien/Spanien 1965, 86 Min., F
R: Mario Bava D: Barry Sullivan, Norma Bengell, Angel Aranda
Astronauten entdecken auf einem finsteren Planeten ein Vampirvolk und bringen zwei davon ahnungslos zur Erde. Von Meisterhand inszenierter B-Film, der die Pointe von Polanskis Tanz der Vampire vorwegnimmt. LSFF

Planet des Grauens P166
WORLD WITHOUT END *
USA 1956, 81 Min., F
R: Edward Bernds D: Hugh Marlowe, Nancy Gates, Nelson Leigh
Die Besatzung eines in die Zukunft verschlagenen Raumschiffes landet auf der von Kriegen verheerten Erde und muß sich böser Mutanten und riesiger Spinnen erwehren. Dutzendprodukt aus der Garküche des Schundfilmers Bernds. LSFF

Planet des Schreckens P167
GALAXY OF TERROR **
USA 1980, 81 Min., F
R: Bruce Clark D: Edward Albert, Ray Walston, Bernard Behrens
Bei der Suche nach einem Raumschiff landet die Crew eines anderen auf einem finsteren Planeten und sieht sich Ungeheuern gegenüber, die ihren eigenen Ängsten entspringen. Nicht unspannender Actionfilm, doch ohne geistigen Tiefgang. LSFF

Der Planet Saturn läßt schön grüßen P168 *
THE INCREDIBLE MELTING MAN
USA 1977, 86 Min., F
R: William Sachs D: Alex Rebar, Burr De Benning, Myron Healy
An außerirdischer Krankheit leidender Astronaut geistert auf der Suche nach Menschenfleisch durch eine Stadt und wird am Ende zum Glibbermonster. Ein abstoßendes Machwerk, das sich wohlig in Ekelszenen suhlt. LSFF

Pläsier P169
LE PLAISIR ****
Frankreich 1951, 100 Min., s/w
R: Max Ophüls D: Claude Dauphin, Gaby Morlay, Jean Galland
Genial stimmige Verfilmung von drei Erzählungen des französischen Schriftstellers Guy de Maupassant.

Platoon P170
PLATOON ****
USA 1986, 115 Min., F
R: Oliver Stone D: Charlie Sheen, Tom Berenger, Willem Dafoe
Ein realistisch-symbolischer Höllentrip in den Krieg von Vietnam, eine Art biblischer Western im grünen Feindesland. Voll mythischer Vehemenz und politischer Ignoranz. HFJ 1988

Plattfuß am Nil P171
PIEDONE D'EGITTO **
Italien 1979, 111 Min., F
R: Steno (= Stefano Vanzina)
D: Bud Spencer, Baldwyn Dakile, Enzo Cannavale
Während seiner Ermittlungen im Fall eines in Ägypten entführten Forschers durch eine Bande von Drogendealern, die sich auch für Öl interessieren, drischt sich ein italienischer Polizist durch die Wüste. Der übliche Bud-Spencer-Film, mit magerer Story, fliegenden Fäusten und flotten Sprüchen.

Ein Platz im Herzen P172
PLACES IN THE HEART ***
USA 1984, 111 Min., F
R: Robert Benton D: Sally Fields, Ed Harris, Amy Madigan, John Malkovich
Eine verwitwete Frau und ein farbiger Wanderarbeiter kämpfen um ihre Farm und gegen Rassenhaß in einer bigotten, texanischen Kleinstadt der 30er Jahre. Stellenweise überzeugender, überwiegend jedoch in seiner Rührseligkeit überzogener, neuer US-Heimat-Film mit gesellschaftlichen Außenseitern als Protagonisten.

The Player P173
THE PLAYER ****
USA 1992, 123 Min., F
R: Robert Altman D: Tim Robbins, Greta Scacchi, Fred Ward
Filmproduzent Griffin Mill erhält an-

onyme Morddrohungen eines Drehbuchautors, dessen Ideen er ignoriert hat. Im Affekt tötet er einen Verdächtigen – doch es war der Falsche. Als er sich geschickt den Ermittlungen entzieht und zudem ein Verhältnis mit der Freundin des Toten beginnt, wird ihm klar, daß Lug und Trug in Hollywood zu den Spielregeln gehören.

Playmate Lady O. P174
AUTUMN BORN *
Kanada 1979, 74 Min., F
R: Sharon Christensen D: Dorothy R. Stratten, Thor Procak, Dory Jackson
Onkel läßt seine hübsche Nichte von sexbesessenen Entführern kidnappen, um an ihr Vermögen heranzukommen. Fader Sex & Thrill-Film.

Plaza Real P175
**
BRD 1987, 100 Min., F
R: Herbert Vesely D: Mia Nygren, Jon Finch, Sonja Martin
Ein Architekt entdeckt, daß seine Frau, mit der ihn eine intensive Beziehung verbindet, ein Doppelleben als Prostituierte führt.

Plötzlich im letzten Sommer P176
SUDDENLY, LAST SUMMER ****
GB 1959, 114 Min., s/w
R: Joseph L. Mankiewicz
D: Elizabeth Taylor, Montgomery Clift, Katharine Hepburn
Reiche Witwe versucht, die Wahrheit über die Homosexualität ihres ermordeten Sohnes zu vertuschen. Ein Neurologe soll ihre Cousine, die einzige Zeugin der Tat, einer Lobotomie unterziehen. Ein dialoglastiger, aber meisterhaft umgesetzter Film nach einem Stück von Tennessee Williams, der Einblick in seelische Abgründe gibt.

Elizabeth Taylor

Die plötzliche Einsamkeit des Konrad Steiner P177 ****
Schweiz 1976, 101 Min., F
R: Kurt Gloor D: Sigfrit Steiner, Silvia Jost, Ettore Cella
Nach dem Tod seiner Frau soll ein alter Schuhmacher, dem man Wohnung und Werkstatt gekündigt hat, in ein Altersheim gebracht werden. Doch mit Hilfe einer jungen Sozialarbeiterin setzt er sich zur Wehr.

Der plötzliche Reichtum der armen Leute von Krombach P178 ****
BRD 1971, 97 Min., s/w
R: Volker Schlöndorff D: Reinhard Hauff, Georg Lehn, Karl-Josef Cramer
Der Film schildert das Schicksal hessischer Bauern (1821), die in Unkenntnis der Ursachen ihrer sozialen Misere durch einen Überfall auf einen Geldtransport ihre Lage zu ändern suchen. Moderner Heimatfilm.

Plötzliches Verlangen P179
LE TEMPS DE VIVRE ****
Frankreich 1968, 102 Min., F
R: Bernhard Paul D: Marina Vlady, Fredéric de Pasquale, Cristea Avram
Ein »normales« junges Ehepaar in einer nicht minder »normalen« Lage: Der Mann muß für die steigenden Konsumwünsche schuften und die Frau fühlt sich vernachlässigt. Nach allfälligen Krisen erkennt das Paar dennoch, daß es zusammen gehört.

Plumbum, oder gefährliche Spiele P180 ****
PLJUBUM, IL OPASNAJA IGRA
UdSSR 1987, 91 Min., F
R: Vadim Adraschitow D: Anton Androssow, Jelena Jakowlewa
Ein ehrgeiziger und intelligenter Schuljunge hilft der Polizei im Kampf gegen das Böse; eines Tages gerät er auf die Spur von Wilddieben, zu denen auch der eigene Vater gehört. Parabel vom Widerspruch zwischen Gerechtigkeit und Menschlichkeit.

Die Plünderer P181
THE PLUNDERERS ***
USA 1960, 96 Min., s/w
R: Joseph Pevney D: Jeff Chandler, John Saxon, Dolores Hart
Vier Raufbolde terrorisieren eine Kleinstadt, töten den Sheriff und wollen sich mit Frauen »vergnügen«. Ein Ex-Soldat nimmt sich ihrer an. Solider Western, dessen Held sich auch vom Lynchmob nicht ins Bockshorn jagen läßt.

Pocahontas P182
POCAHONTAS ****
USA 1995, 87 Min., F
R: Michael Gabriel, Eric Goldberg
Anfang des 17. Jahrhunderts landet ein Schiff mit Engländern in Virginia, um die Neue Welt zu erobern. Zwischen den Invasoren und den dort lebenden Indianern kommt es fast zum Krieg. Da verliebt sich die Häuptlingstochter in einen jungen Soldaten. Eine spannende und romantische Geschichte über den Zusammenprall von Kulturen als Walt-Disney-Zeichentrickfilm.
HFJ 1996

Poetic Justice P183
POETIC JUSTICE **
USA 1993, 110 Min., F
R: John Singleton D: Janet Jackson, Tupac Shakur, Tyra Ferrell
Janet Jackson – eine Frau geht ihren Weg. Jetzt spielt sie, und das nicht schlecht, auch in Filmen mit, nur diese Story um Drogen, Verrat und Eifersucht mutet eher wie ein Recycling-Produkt ähnlich gelagerter Filme an.
HFJ 1995

Poison Ivy – Ein Engel aus der Hölle P184 **
POISON IVY
USA 1991, 93 Min. F
R: Katt Shea Ruben D: Drew Barrymore, Sara Gilbert, Thomas R. Skerritt
Die gerissene Ivy schleicht sich intrigant in die reiche Familie ihrer Freundin Cooper, um sich dort für immer einzunisten. Schlichtes Melodram mit wirrem Drehbuch und mangelhafter Gestaltung. HFJ 1995

Der Polenweiher P185
***
BRD 1986, 104 Min., F
R: Nico Hofmann D: Ursula Cantieni, Gerhard Olschewski, Wolf-Dietrich Sprenger

Nach dem Theaterstück von Thomas Strittmatter erzählt der Debütfilm vom Tod einer polnischen Fremdarbeiterin im Schwarzwald kurz vor Ende des Krieges. Sehenswerter TV-Film.
HFJ 1987

Police Academy … dümmer, als die Polizei erlaubt P186 **
POLICE ACADEMY
USA 1983, 96 Min., F
R: Hugh Wilson D: Steve Guttenberg, Kim Cattrall, G. W. Bailey
Diverse Lutscher aus Debilien besuchen eine amerikanische Polizeiakademie, an der sie mehr durch Schrullen und Schwachsinn statt durch Leistung glänzen, schaffen es aber nach Ende der Ausbildung, ihren Mann bzw. ihre Frau zu stehen. Mittlerweile ist man bei der 7. Folge angekommen.

Police Patrol – Die Chaotenstreife vom Nachtrevier P187 **
NIGHT PATROL
USA 1984, 84 Min., F
R: Jackie Kong D: Linda Blair, Murray Langston, Pat Paulsen
Schwachsinnskomödie, die sich im Stil von *Police Academy* bemüht, die Hüter des Gesetzes als Bande infantiler Geister darzustellen. Das hatten wir schon zu oft, um es noch komisch zu finden.

Polizeirevier Davidswache P188 **
BRD 1964, 101 Min., F
R: Jürgen Roland D: Wolfgang Kieling, Hannelore Schroth, Günther Ungeheuer
Spieldokumentation über 48 Stunden auf der Polizeiwache des Hamburger Vergnügungsviertels St. Pauli. Muß damals fast ein Idyll gewesen sein.

Die Polizistin P189 ***
LA FEMME FLIC
Frankreich 1979, 103 Min., F
R: Yves Boisset D: Miou-Miou, Jean-Marc Thibault, Jean-Pierre Kalfon
Eine engagierte junge Polizistin deckt einen Fall von Kinderprostitution auf, scheitert aber am Geflecht von Politik und organisiertem Verbrechen. Die gesellschaftskritischen Elemente treten etwas hinter den Effekten zurück.

Poltergeist P190 ****
POLTERGEIST
USA 1982, 114 Min., F
R: Tobe Hooper D: Craig T. Nelson, JoBeth Williams, Beatrice Straight
Ein Poltergeist, der das Haus einer amerikanischen Durchschnittsfamilie heimsucht, entführt deren Tochter in ein magisches Zwischenreich, aus dem man sie nach vielen Schreckensnächten mit Hilfe eines Mediums befreien kann. Ein grauenhafter Horrortrip.

Poltergeist II: Die andere Seite P191 ***
POLTERGEIST II: THE OTHER SIDE
USA 1986, 91 Min., F
R: Brian Gibson D: JoBeth Williams, Craig T. Nelson, Heather O'Rourke
Poltergeister suchen nächtens die brave amerikanische Familie Freeling heim und versetzen sie in Angst und Schrecken. Fortsetzung von Poltergeist. Wegen des großen Erfolges erzählen die Produzenten die Geschichte gleich noch einmal. HFJ 1987

Polyester P192 ***
POLYESTER
USA 1981, 85 Min., F
R: John Waters D: Divine, Tab Hunter, Edith Massey, Mink Stole
Eine amerikanische Hausfrau leidet unter ihrem untreuen Ehemann, dem Klebstoff schnüffelnden Sohn und der nur an ihrer Disco-Karriere interessierten Tochter. Deshalb schafft sie sich selbst die Scheinwelt einer heilen Familie. Durch im Kino verteilte Geruchskarten versuchte Waters, seinen Ruf als Meister des schlechten Geschmacks auch sinnlich erfahrbar zu machen.

Ponette P193 ****
PONETTE
Frankreich 1996, 97 Min., F
R: Jacques Doillon D: Victoire Thivisol, Delphine Schiltz, Matiaz Bureau Caton
Ein fünfjähriges Mädchen weigert sich, den Tod der Mutter zu akzeptieren. Realistisch-intensive Fallstudie, konsequent aus dem Blickwinkel des Kindes erzählt – leider mit einem etwas unentschieden zwischen Traum und Wirklichkeit schwankenden Schluß.

Pontius Pilatus P194 ***
PONZIO PILATO
Italien/Frankreich 1961, 103 Min., F
R: G. P. Callegari D: Jean Marais, Jeanne Crain, Basil Rathbone
Ein biographischer Film über das Leben und Streben des römischen Statthalters in Judäa, der sich nach dem Tod des Tiberius vor Caligula verantworten muß.

Pookie P195 ***
THE STERILE CUCKOO
USA 1969, 108 Min., F
R: Alan J. Pakula D: Liza Minnelli, Wendell Burton, Tim McIntire
Zwei Studenten aus unterschiedlichen sozialen Verhältnissen verlieben sich ineinander. Die im Herbst beginnende romantische Beziehung endet jedoch schon im Winter. Pakulas einfühlsamer Debütfilm hebt sich bis auf die kitschige Musik als eigenständig-amerikanischer Film wohltuend von den oft glatten Hollywood-Produktionen ab. Hervorragend: Liza Minnelli.

Poppea – die Kaiserin der Gladiatoren P196 *
LE CALDE NOTTI DI POPPEA
Italien 1969, 93 Min., F
R: James Reed D: Olinka Berova, Brad Harris, Gia Sandri, Femi Benussi
Kaiserin Poppea entpuppt sich in diesem Monumentalfilm als Hure von echtem Schrot und Korn, die nichts unversucht läßt, einen tugendhaften Hauptmann ins Bett zu kriegen.

Poppea, die Hure von Rom P197 **
POPPEA, LA PUTANA DI ROMA
Italien 1982, 90 Min., F
R: Alfonso Brescia, Wolfgang Müller
D: Femi Benussi, Vittorio Caprioli, Domenica Niehoff, Linda Sini
Der römische Kaiser Nero macht eine Hure zu seiner Gattin und kokelt die Hauptstadt zum Spaß nieder. Zotiger Bums- und Mopsfilm, bar von Scham und Hemmung.

Porgy und Bess P198 ***
PORGY AND BESS
USA 1959, 138 Min., F
R: Otto Preminger D: Sidney Poitier, Dorothy Dandridge, Sammy Davis jr.

Verkrüppelter schwarzer Bettler in Charleston, der von allen herumgestoßen wird, liebt koksende schwarze Dirne, die jedoch an einen anderen Mann »gebunden« ist, und tötet sogar für sie. Filmoperetten nach George Gershwin, der wiederum nach einem Roman von DuBose Heyward von 1925 gearbeitet hat.

Porno Baby P199
*
BRD 1970, 75 Min., F
R: Wolfgang Frank D: Renate Larsen, Claus Tinney, Michael Maien
Eine sexbesessene Frau weiht ihren Psychiater in ihr ausschweifendes Liebesleben ein. Der Rest ist Rückblende. Uninteressanter Softporno.

Portnoys Beschwerden P200
PORTNOY'S COMPLAINT ***
USA 1972, 100 Min., F
R: Ernest Lehman D: Richard Benjamin, Karen Black, Lee Grant
Das relativ unmögliche Unterfangen, Philip Roths Roman um die Sexbesessenheit, den Mutterkomplex und die Kommunikationsschwierigkeiten eines jungen jüdischen Amerikaners zu verfilmen, ist jedenfalls nicht vollkommen gescheitert.

Ein portugiesischer Abschied P201
***
UM ADEUS PORTUGUES
Portugal 1985, 85 Min., F und s/w
R: Joao Botelho D: Ruy Furtado, Isabel de Castro, Maria Cabral
Zwei miteinander verflochtene Geschichten, die eine aus dem Kolonialkrieg im Angola des Jahres 1973 (schwarzweiß) und die andere im heutigen Lissabon. Eine suggestive Chronik des Landes voll schwermütiger Poesie.

Posse – Die Rache des Jessie Lee P202
****
POSSE
USA 1993, 110 Min., F
R: Mario van Peebles D: Mario van Peebles, Stephen Baldwin, Charles Lane
Eine Handvoll Schwarzer desertieren 1898 im spanisch-amerikanischen Krieg und lassen dabei eine Kiste Gold mitgehen, was ihnen ausdauernde Verfolgung sichert. Der Film erzählt die vergessene Geschichte der Schwarzen im Wilden Westen und wird selbst zum virtuosen Raubzug durch ein Genre, das man auf der Leinwand allerdings bisher nur in Rot-Weiß kannte. HFJ 1994

Possession P203
POSSESSION ***
Frankreich/BRD 1981, 127 Min., F
R: Andrzej Zulawski D: Isabelle Adjani, Sam Neill, Margit Carstensen
Eine schizophrene Hausfrau verläßt ihren Ehemann und ihren Geliebten für eine Affäre mit einem Stück Pilz, das in einer verlassenen Berliner Wohnung zu einem vielarmigen Monstrum wird und sich schließlich in einen Doppelgänger ihres Ehemannes verwandelt. Wirrer Film.

Der Postmann P204
IL POSTINO ****
It/Fr/Belgien 1994, 116 Min., F
R: Michael Radford, Massimo Troisi
D: Massimo Troisi, Philippe Noiret, Maria Grazia Cucinotta
Ein kleiner Postbote bringt im italienischen Exil dem späteren Nobelpreisträger Pablo Neruda die Briefe, nähert sich dem Schriftsteller und gewinnt nicht nur dessen Freundschaft, sondern auch Selbstvertrauen und durch Nerudas Gedichte die Liebe einer Frau. Eine anrührende Geschichte voller Wehmut, Charme und menschlicher Wärme, Würde und Humanität. Großartig Massimo Troisi in seiner letzten Rolle. Ein außergewöhnlicher Film für Kopf und Bauch. HFJ 1996

Powaqqatsi P205
POWAQQATSI ****
USA 1988, 99 Min., F
R: Godfrey Reggio
Mit eindrucksvollen Aufnahmen à la Vorgängerfilm *Koyaanisquatsi* versucht Godfrey Reggio wieder, die Grundmuster menschlichen Einwirkens auf die Erde mit Bild und Musik (kongenial wie immer: Philip Glass) darzustellen: Zivilisationskritik in Zeitlupe und Zeitraffer.

The Power – Die Macht des Bösen P206
**
THE POWER
USA 1983, 84 Min., F
R: Jeffrey Obrow, Stephen Carpenter
D: Susan Stokey, Warren Lincoln, Lisa Erickson, Chad Christian
Div. Besitzer der Götzenstatue einer Inka-Gottheit setzen unwissentlich deren Kräfte frei, was einigen Leuten nicht gut bekommt. Technisch gekonnter, aber langweiliger Thriller mit übernatürlichen Elementen.

The Power of Love P207
SOMETHING TO TALK ABOUT **
USA 1995, 106 Min., F
R: Lasse Hallström D: Julia Roberts, Dennis Quaid, Robert Duvall
Feministisch gefärbte, viel zu aufdringliche und plakative Variation einer alten Familiengeschichte: Frau ertappt Mann beim Fremdgehen. Frau verläßt Mann, Mann kämpft um Frau und bringt sie zurück. HFJ 1996

Die Prämie P208
PREMIJA ***
UdSSR 1974, 90 Min., F
R: Sergej Mikaeljan D: Jewgenij Leonow, Michail Gluski, Wladimir Samoilow
Auf einer sowjetischen Großbaustelle verweigert eine Brigade die Annahme einer Leistungsprämie und setzt dadurch eine Diskussion in Gang, bei der unerwartet das ganze Ausmaß von Unfähigkeit und Schlamperei im Kombinat zur Sprache kommt. Interessantes Lehrstück über gruppendynamische Prozesse.

Der Präsident P209
LE PRESIDENT ****
Frankreich/Italien 1960, 89 Min., s/w
R: Henri Verneuil D: Jean Gabin, Bernard Blier, Renée Faure
Ein Ministerpräsident außer Diensten greift wieder in die Politik ein, als sein opportunistischer und zweifelhafter früherer Sekretär den Auftrag zur Regierungsbildung bekommt. In einer nächtlichen Unterredung zwingt er diesen zu dem Versprechen, die Macht zurückzugeben. Gut gespielter Nachhilfeunterricht im Fach »Demokratie«.

Predator P210
PREDATOR ***
USA 1987, 107 Min., F
R: John McTiernan D: Arnold Schwarzenegger, Carl Weathers, Bill Duke
Ein monströser außerirdischer Jäger geht in einem südamerikanischen Dschungel um und dezimiert listig einen Söldnertrupp – bis ihm der letzte Mann den Garaus macht. Eine anspruchslose, aber nie langweilige Abenteuer-SF-Ballerstory mit unserem Alpen-Arnold. HFJ 1988

Predator II: Die Jagd P211
PREDATOR II **
USA 1990, 108 Min., F
R: Stephen Hopkins D: Danny Glover, Gary Busey, Ruben Blades
Monströser außerirdischer Jäger, der auf Erden wandelt, sucht Opfer unter Bewaffneten. Nachziehschocker von *Predator,* da Fortsetzungen von Erfolgen auch Kasse machen. LSFF

Der Preis der Freiheit P212
FORCE MAJEURE ***
Frankreich 1989, 86 Min., F
R: Pierre Jolivet D: Patrick Bruel, François Cluzet, Alan Bates
Eine Zufallsbekanntschaft in Südostasien ist Auslöser für einen fünftägigen Entscheidungsprozeß. Stellt man sich der Justiz, um jemanden vor der Todesstrafe zu retten oder nicht? Ein spannender Konflikt, den der Regisseur leider verschenkt. HFJ 1990

Der Preis der Macht P213
TRUE COLORS ***
USA 1991, 107 Min., F
R: Herbert Ross D: John Cusack, James Spader, Imogen Stubbs
Zwei Freunde machen Karriere. Der eine bringt es mit Hilfe fragwürdiger Methoden zum Senator, der andere wird Staatsanwalt. Als der Böse den Guten reinlegt, bekommt er die Rechnung präsentiert. HFJ 1993

Der Preis fürs Überleben P214
***
BRD 1979, 107 Min., F
R: Hans Noever D: Michel Piccoli, Martin West, Suzie Galler
Prokurist in einer US-Kleinstadt läuft nach Entlassung Amok und erschießt seine Chefs. Recherchen eines Journalisten ergeben, daß hinter dem angeblich privaten Racheakt ein vertuschter Umweltskandal steckt. Ein eindrucksvoll gestalteter und gespielter Film mit gesellschaftskritischen Tendenzen.

Presidio P215
THE PRESIDIO ***
USA 1988, 99 Min., F
R: Peter Hyams D: Sean Connery, Mark Harmon, Meg Ryan
Armee-Offizier und Ex-Cop untersuchen gemeinsam einen Mordfall, der sich in einer Kaserne abgespielt hat. Militär-Versöhnung als Action-Kino und Schnulze gleichermaßen; Connery unwürdig.

Violet (Brooke Shields) freut sich auf die Defloration in ›Pretty Baby‹.

Pretty Baby P216
PRETTY BABY ****
USA 1977, 110 Min., F
R: Louis Malle D: Brooke Shields, Keith Carradine, Susan Sarandon
Ein im Bordell-Milieu von New Orleans aufwachsendes zwölfjähriges Mädchen soll durch ihre Entjungferung auf das horizontale Gewerbe vorbereitet werden. Als ihre Mutter mit der Prostitution aufhört, läuft sie ihr davon und wird die Geliebte eines Photographen. Differenzierte und moralische Wertungen vermeidende Inszenierung, die den Zuschauer zur intensiven Auseinandersetzung mit der Thematik zwingt.

Pretty in Pink P217
PRETTY IN PINK ***
USA 1986, 97 Min., F
R: John Hughes D: Molly Ringwald, Andrew McCarthy, Jon Cryer, Harry Dean Stanton
Ein Mädchen aus der Unterschicht und der Sohn aus einer reichen Familie entdecken an der Highschool ihre gegenseitige Zuneigung. Wie nicht anders zu erwarten kommt es zu Konflikten. Völlig überflüssiger und klischeehaft-romantischer Film, der leider nur die Oberfläche der sozialen Problematik ankratzt. HFJ 1987

Pretty Peaches P218
PRETTY PEACHES ***
USA 1978, 82 Min., F
R: Alex De Renzy D: Desiree Cousteau, John Leslie, Joey Silvera
Zwei Burschen helfen in der Annahme, sie könne reich sein, einer naiven Dame mit Gedächtnisverlust, sich an ihre Vergangenheit zu erinnern. Ein eindeutiger Film.

Pretty Woman P219
PRETTY WOMAN ****
USA 1990, 119 Min., F
R: Garry Marshall D: Julia Roberts, Richard Gere, Hector Elizondo
Das Märchen von Aschenputtel als Leinwand-Hit: Die junge Prostituierte findet in dem Millionär den Traumprinzen. Ein Kassenknüller, der ohne Action, Gewalt und auf-wendige Spezialeffekte auskommt. HFJ 1991

Pridemoore – Revolte im Frauenzuchthaus P220 **

REFORM SCHOOL GIRLS
USA 1986, 94 Min., F
R: Tom De Simone D: Wendy Williams, Pat Ast, Linda Carol
Blondes Räubergirl muß sich im Knast gegen fette Lesbe mit Stöckchen und böse Asi-Girls wehren, die auch in der Zelle auf ihre Strapse nicht verzichten. »So young ... so bad ... so what?« Fast eine Parodie auf den Frauenknastfilm. HFJ 1988

Der Priester P221 ****

PRIEST
GB 1994, 103 Min., F
R: Antonia Bird D: Linus Roache, Cathy Tyson, Robert Carlyle
Ein katholischer Priester im sozialen Brennpunkt Liverpool sorgt sich bis zum Umfallen um seine Schäfchen. Aber: Darf er das Beichtgeheimnis brechen, als ein Mädchen ihm sexuellen Mißbrauch durch den Vater anvertraut? Wie soll er mit seiner eigenen Homosexualität umgehen? Antonia Bird packt das heiße Eisen Zölibat und Homosexualität couragiert und mit Gespür für leise Zwischentöne an, provoziert aber auch durch Sexszenen. HFJ 1996

Der Priestermord P222 ***

LE COMPLOT/TO KILL A PRIEST
Frankreich/USA 1988, 113 Min., F
R: Agnieszka Holland D: Christopher Lambert, Ed Harris, Joss Ackland
Ein Priester in Warschau wird wegen seiner aktiven Unterstützung von Solidarnosc-Mitgliedern von einem Miliz-Offizier verfolgt und ermordet. Frei nach einem authentischen Fall erzählt, der Schlagzeilen machte. HFJ 1990

Primitive Liebe P223 **

L' AMORE PRIMITIVO
Italien 1964, 77 Min., F
R: Luigi Scattini D: Jayne Mansfield, Franco Franchi, Ciccio Ingrassia
Sexbombe überzeugt Forschertrottel, daß sich seit Anbeginn der Zeiten am männlichen Balzverhalten nicht viel geändert hat. Der absolute Tiefpunkt in der an Tiefpunkten nicht armen Karriere Jayne Mansfields.

Prince of the City P224 ****

PRINCE OF THE CITY
USA 1981, 167 Min., F
R: Sidney Lumet D: Treat Williams, Jerry Orbach, Richard Foroniy
Nach einem authentischen Fall erzählte Geschichte eines Polizisten, der als Mitglied der Spezialeinheit zur Bekämpfung der Rauschgiftverbrechen die illegalen Machenschaften in seiner Organisation aufdeckt. Psychologisch treffsicherer Polizeithriller.

Princess Daisy P225 **

PRINCESS DAISY
USA 1983, 180 Min., F
R: Warris Hussein D: Merete von Kamp, Claudia Cardinale, Ringo Starr
Daisy Valensky, Tochter eines Russen und einer amerikanischen Schauspielerin, kämpft sich nach einer tragischen Jugend in Europa in der amerikanischen Gesellschaft nach oben. Für das Fernsehen entstandene Ost-West-Seifenoper.

Der Prinz aus Zamunda P226 ***

COMING TO AMERICA
USA 1988, 117 Min., F
R: John Landis D: Eddie Murphy, Arsenio Hall, John Amos
Afrikanischer Prinz aus dem reichen und glücklichen Land Zamunda geht nach New York, um sich eine Braut auszugucken. Ein geistreiches Märchen aus dem Atomzeitalter, dem der Schalk in jeder Minute im Nacken sitzt. HFJ 1989

Prinz Eisenherz P227 ***

PRINCE VALIANT
USA 1954, 96 Min., F
R: Henry Hathaway D: Janet Leigh, Robert Wagner, James Mason
Prinz Eisenherz wird Ritter der Tafelrunde von König Artus und erobert den geraubten Thron seines Vaters zurück. Historischer Abenteuerfilm, der immer wieder gefällt.

Der Prinz und der Bettelknabe P228 ***

THE PRINCE AND THE PAUPER
USA 1937, 118 Min., s/w
R: William Keighley D: Errol Flynn, Claude Rains, Henry Stephenson
Prinz Edward tauscht seine Rolle mit einem Straßenjungen, um einmal im Leben die Freiheit zu genießen. Netter Kostümfilm nach Mark Twain.

Der Prinz und der Bettler P229 ***

THE PRINCE AND THE PAUPER
USA 1977, 121 Min., F
R: Richard Fleischer D: Oliver Reed, Raquel Welch, Mark Lester
Prinz tauscht mit einem Knaben aus der Gosse die Rolle und hat später seine liebe Not, als das erkannt zu werden, was er ist. Mantel- und Degenstory, die von der Vorlage Mark Twains nicht mehr viel erahnen läßt.

Der Prinz und die Tänzerin P230 ****

THE PRINCE AND THE SHOWGIRL
GB 1957, 114 Min., F
R: Laurence Olivier D: Marilyn Monroe, Laurence Olivier, Sybil Thorndike, Richard Wattis
Aus Anlaß der Krönung George V. lernt ein freches, aber aufrichtiges Ballettmädchen einen Prinzen kennen, der den Feierlichkeiten beiwohnt. Zunächst nur an einer kurzen Affäre interessiert, lernt dieser sie schätzen. Unterhaltsame Komödie, die durch ihren intelligenten Witz und die von Marilyn Monroe glänzend gespielte unbekümmerte Unschuld der Tänzerin besticht.

Der Prinz von Ägypten P231 ****

THE PRINCE OF EGYPT
USA 1998, 99 Min., F
R: Brenda Chapman, Steve Hickner, Simon Wells
Die Bibelgeschichte vom Waisenkind Moses, das später sein Volk ins Gelobte Land führt, als Dream-Works-Zeichentrick-Epos. Ein Strichmännchen-Monumentalfilm, technisch gigantisch, der dem Trickfilm-Genre neue Maßstäbe verleiht, dabei aber zu wenig auf Emotionen setzt. HFJ 1999

Die Prinzen P232 ***

LES PRINCES
Frankreich 1983, 94 Min., F
R: Tony Gatlif D: Gerard Darmon, Muse Dalbray, Celine Militon
Ein Zigeuner scheitert in einer heruntergekommenen Wohnsiedlung sowohl an den Vorurteilen und Klischee-

vorstellungen seiner Umwelt als auch an eigenen Rollenzwängen. Der Film vermittelt einen Einblick in die Lebensumstände und -problematik »moderner« Zigeuner.

Die Prinzessin mit der langen Nase P233
TRI VETERAI ***
CSSR 1983, 90 Min., F
R: Oldrich Lipsky D: Rudolf Hrusinsky, Petr Cepek, Josef Somr
Die Begegnung dreier Soldaten mit drei Kobolden führt zu allerlei Turbulenzen. Phantasiereicher Märchenfilm.

Die Prinzessin und der Pirat
siehe: Das Korsarenschiff

Prinzessin vom Nil P234
PRINCESS OF THE NILE **
USA 1954, 69 Min., F
R: Harmon Jones D: Debra Paget, Jeffrey Hunter, Michael Rennie
Orientalisches Edelfräulein gibt im 13. Jahrhundert einem bösen Verräter Saures und angelt sich den Sohn des Kalifen. Abenteuermix nach alter Formel. Jeffrey Hunter machte 1960 als Jesus Karriere.

Die Prinzessin von Cleve P235
LA PRINCESSE DE CLEVES ***
Frankreich 1960, 101 Min., F
R: Jean Delannoy D: Marina Vlady, Jean Marais, Jean-François Poron
Nach einem Drehbuch von Jean Cocteau beschreibt der Film Liebeswirrungen am Hofe König Heinrichs II. im 16. Jahrhundert.

Der Prinzipal – Einer gegen alle P236
THE PRINCIPAL ***
USA 1987, 110 Min., F
R: Christopher Cain D: James Belushi, Louis Gossett jr., Rae Dawn Chong
Knallharter, ambitionierter Film voller Gesellschaftskritik über einen strafversetzten, unkonventionellen Lehrer, der sich im gewaltverseuchten Alltag einer Großstadt-High-School durchsetzt. Eine drastisch-realitätsnahe Studie des modernen Schulbetriebs voller desillusionierter Kids. HFJ 1989

Privat-Club fürintime Spiele P237
LES TENTATIONS DE MARIANNE **
Frankreich 1972, 102 Min., F
R: Francis Leroi D: Patricia Novarini, Bob Asklof, Bernard Tixier
Mädchen aus der Provinz folgt einer Urlaubsliebe in die Stadt und lernt dort Sex und Geilheit kennen.

Privatleben P238
VIE PRIVEE ****
Frankreich/Italien 1965, 90 Min., F
R: Louis Malle D: Brigitte Bardot, Marcello Mastroianni, Ursula Kübler
Ein Star auf der Flucht vor der vollständigen Vereinnahmung. Brillante cineastische Studie über die Produktion öffentlicher Bilder und den Preis, der dafür zu zahlen ist.

Das Privatleben des Sherlock Holmes P239
***
THE PRIVATE LIFE OF SHERLOCK HOLMES
USA/GB 1969, 125 Min., F
R: Billy Wilder D: Robert Stephens, Colin Blakely, Geneviève Page
Origineller Holmes-Film um zwei seiner unbekannten Fälle, in denen der Meisterdetektiv keine gute Figur macht. Billy Wilder zeigt Holmes als wirkliche Person mit einer Schwäche für Kokain.

Probeaufnahmen P240
ZDJECIA PROBNE ****
Polen 1977, 95 Min., F
R: Agnieszka Holland, Pawel Kedzierski, Jerzy Domaradzki
D: Daria Trafankowska, Andrzej Pieczynski, Urszula Modrzynska
In ihrem gemeinsamen Kinodebüt schildern die drei Nachwuchsregisseure mit großem Einfühlungsvermögen für die Psyche ihrer jugendlichen Helden den schmerzhaften Prozeß des Erwachsenwerdens, reflektieren gleichzeitig aber auch selbstkritisch die damit verbundene Ausbeutung ihrer jugendlichen Darsteller.

Probefahrt ins Paradies P241
***
BRD/Schweiz 1992, 86 Min., F
R: Douglas Wolfsperger D: Barbara Auer, Christiane Hörbiger, Mathias Gnädinger, Alex Milberg
Filmgroteske um eine Pilgerfahrt nach Lourdes und die Konflikte des sie leitenden Pfarrers mit dem Zölibat mit zu vielen Plattheiten. HFJ 1994

Probezeit P242
SECOND BEST ****
GB 1994, 105 Min., F
R: Chris Menges D: William Hurt, Chris Cleary Miles, John Hurt
Ein zurückgezogen lebender Beamter will einen 11jährigen adoptieren, ihm Zuhause und Zuneigung geben. Beide haben Angst vor Nähe und Verletzung, dennoch scheint die spröde Annäherung zu klappen, bis plötzlich der leibliche Vater auftaucht. Subtil inszeniertes Familiendrama über die Schwierigkeiten eines Neuanfangs. HFJ 1996

Die Professionals P243
PRIME CUT ***
USA 1972, 86 Min., F
R: Michael Ritchie D: Lee Marvin, Gene Hackman, Sissy Spacek
Ein schmieriger Provinzgangster ärgert die Großstadt-Mafia und bekommt einen Killer auf seine Farm in Kansas geschickt. Rüdes, unkonventionelles Genrekino für Freunde des Abseitigen und Geschmacklosen.

Der Profi P244
LE PROFESSIONEL ***
Frankreich 1981, 108 Min., F
R: Georges Lautner D: Jean-Paul Belmondo, Michel Beaune, Robert Hossein, Jean Desailly
Erfolgreiche Mischung aus Krimi und politischer Kritik in typisch französischer Machart. Belmondo als Geheimagent, der seinen Tötungsauftrag konsequent weiterverfolgt, nachdem seine Auftraggeber ihn verraten hatten, weil politische Entwicklungen die Ausführung nicht mehr erforderten.

Der Profi-Killer P245
THE HARD WAY **
GB 1980, 88 Min., F
R: Michael Dryhurst D: Patrick McGoohan, Lee van Cleef, Ronan Wilmot
Psychothriller. Profi-Killer weigert sich, auftragsgemäß einen Priester zu töten, womit er seine Frau in tödliche Gefahr bringt.

Projekt Brainstorm P246
BRAINSTORM ***
USA 1982, 106 Min., F
R: Douglas Trumbull D: Christopher Walken, Natalie Wood, Louise Fletcher
Eine Apparatur, die Empfindungen aufzeichnen und anderen zugänglich machen kann, soll von Militaristen zu Zwecken der Gehirnwäsche mißbraucht werden. Die wackeren Entwickler wehren sich. Unterhaltsame SF-Story. LSFF

Projekt: Peacemaker P247
THE PEACEMAKER ***
USA 1997, 124 Min., F
R: Mimi Leder D: George Clooney, Nicole Kidman, Marcel Iures
Vor dem Hintergrund des Bosnien-Konfliktes decken ein unkonventioneller General und eine Mitarbeiterin des Weißen Hauses einen durchtriebenen Atom-Schmuggel auf. Action-Thriller, der mehr Wert auf die Effekte legt als auf Charaktere und Dramaturgie.
HFJ 1998

Die Prophezeiung P248
THE PROPHECY **
USA 1978, 99 Min., F
R: John Frankenheimer D: Talia Shire, Robert Foxworth, Armand Assante
Industrielle Quecksilberabfälle, die ein Reservat verseuchen, erzeugen tierische Mutationen, denen ein Arzt auf die Spur kommt. Ganz auf Horroreffekte abgestellte Dutzendware. LSFF

Prosperos Bücher P249
PROSPERO'S BOOKS ****
GB/Frankreich 1991, 124 Min., F
R: Peter Greenaway D: John Gielgud, Michael Clark, Michel Blanc
In seiner opulenten Adaption von Shakespeares »Der Sturm« stellt Greenaway die Frage nach Schein und Wirklichkeit, Erfinder und Erfindung und beantwortet sie in einer postmodernen Dekonstruktion von Text und Bild. Egotrip eines Maniacs. HFJ 1992

Prost Neujahr! P250
BUÉK! ***
Ungarn 1979, 90 Min., F
R: Rezsö Szörény D: István Bujtor, Erika Bodnár, András Balint
Drei Ingenieure und ihre Frauen und Freundinnen ziehen durch den Trubel der Silvesternacht, und mit zunehmender Trunkenheit legen sie die Mängel und Störungen ihrer Beziehungen bloß.

›Prosperos Bücher‹ – Was Vincent Price für Poe, ist John Gielgud (Mitte) für Shakespeare.

Der Protector P251
THE PROTECTOR **
USA 1985, 94 Min., F
R: James Glickenhaus D: Jackie Chan, Danny Aiello, Kim Bass
Ein Hongkong-Chinese als amerikanischer Polizist rächt den Mord an seinem Kollegen und verfolgt einen Rauschgiftring bis nach Hongkong. HFJ 1987

Protokoll einer Hinrichtung P252
THE EXECUTION OF RAYMOND GRAHAM ***
USA 1985, 96 Min., F
R: Daniel Petrie D: Jeff Fahey, Josef Sommer, George Dzundza
In der Todeszelle erwartet Raymond Graham, der bei einem Überfall einen Jungen erschossen hat, die Vollstreckung des Urteils, während seine Familie versucht, einen Aufschub zu erwirken. Fernsehfilm zur Problematik der Todesstrafe.

Providence – Die Vorsehung P253
PROVIDENCE ****
Frankreich/Schweiz 1977, 110 Min., F
R: Alain Resnais D: Dirk Bogarde, Ellen Burstyn, John Gielgud
Einem von Schmerzen gequälten und dem Tode nahen Schriftsteller begegnen in nächtlichen Fantasien Verwandte und Bekannte als Romanfiguren. Ihnen gegenüber ist er in der Lage, seine sonst verstellten Gefühle zu zeigen. Außergewönlich eindringlicher Film, in dem Resnais grundsätzliche Fragen bezüglich der menschlichen Existenz und der Kunst auf unkonventionell-innovative Art filmisch aufbereitet.

Proxima Centauri 3 – Revolte im All P254
*
SPACE RAGE: BREAKOUT ON PRISON PLANET
USA 1986, 77 Min., F
R: Morton Reed D: Richard Farnsworth, Michael Paré, John Laughlin
Ein Krimineller zettelt auf einem Gefängnisplaneten eine Revolte gegen die Obrigkeit an, aber eine bis an die Zähne bewaffnete Spezialeinheit ballert die Aufständischen zusammen. Unsägliche Billigproduktion, neben der jeder Western echte Kultur ist. LSFF

Der Prozeß P255
LE PROCES ***
Fr/BRD/It 1962, 113 Min., s/w
R: Orson Welles D: Anthony Perkins, Jeanne Moreau, Orson Welles, Romy Schneider
Düstere, dramatische Verfilmung des Romans von Franz Kafka um den Versicherungsangestellten Josef K., der eines Morgens verhaftet wird und,

Der beste Spezialeffekt der Filmgeschichte: das Haus in ›Psycho‹.

ohne sich eines Vergehens bewußt zu sein, einem bizarren Gerichtsverfahren unterzogen wird.

Der Prozeß P256
THE TRIAL ***
GB 1992, 120 Min., F
R: David Jones D: Kyle MacLachlan, Anthony Hopkins, Jason Robards
Nach einem Drehbuch von Harold Pinter gediegen inszenierte Verfilmung des schwermütigen Romans von Franz Kafka. HFJ 1994

Der Prozeß der Jeanne d'Arc P257
LE PROCES DE JEANNE D'ARC *****
Frankreich 1961, 70 Min., s/w
R: Robert Bresson D: Florence Carrez
In strenger Widergabe der Prozeßakten entwirft Bresson eine meisterhaft verdichtete moralisch-philosophische Filmstudie.

Der Prügelknabe P258
THE STOOGE ***
USA 1952, 92 Min., s/w
R: Norman Taurog D: Dean Martin, Jerry Lewis, Polly Bergen
Nach einem mißlungenen Soloauftritt eines Komikers stellt ihm sein Agent einen Neuling, der nichts von seinem Glück ahnt, an die Seite. Die Nummer wird ein Bombenerfolg. In Maßen komisch, übermäßig sentimental.

Psycho P259
PSYCHO *****
USA 1960, 108 Min., s/w
R: Alfred Hitchcock D: Anthony Perkins, Janet Leigh, Vera Miles
In den Kleidern seiner toten Mutter mordet Motelbesitzer Norman Bates alle Frauen, die ein Auge auf ihn geworfen haben. Legendärer Psycho-Thriller, extrem spannendes Vorbild für ein ganzes Genre. Berühmt für seinen Mord unter der Dusche. Eines von Hitchcocks Meisterwerken, dem noch schwache Remakes folgten.

Psychophobia P260
PSYCHOPHOBIA **
Spanien 1986, 77 Min., F
R: Seymour Darbowitz D: Mary Saint Peter, Nelson Mentley
Der Geist eines Verstorbenen greift in das Leben seiner Witwe ein und meuchelt alle, die ihr zu nahe treten. Billiger Horrorschocker, in dem, wie üblich, viele Gegenstände durch die Luft fliegen. HFJ 1987

Des Pudels Kern P261
THE HORSE'S MOUTH ***
GB 1958, 95 Min., F
R: Ronald Neam D: Alec Guinness, Kay Walsh, Mike Morgan
Im Mittelpunkt steht ein alternder exzentrischer Maler mit seinem Bemühen, künstlerische Visionen in Bilder umzusetzen. Sperrige, in mehreren Episoden erzählte Tragikomödie, deren Witz zuweilen auf der Strecke bleibt. Mitreißend die Schauspielerleistung von Alec Guinness.

Pulp Fiction P262
PULP FICTION ****
USA 1994, 154 Min., F
R: Quentin Tarantino D: John Travolta, Uma Thurman, Samuel L. Jackson
Zwei leicht debile Profikiller, ein Bodyguard, der auf die Frau eines Gangsterbosses aufpassen soll, und ein Boxer, der sich durch getürkte Kämpfe bereichert, stehen im Mittelpunkt dieses Episodenfilms aus der Unterwelt von Los Angeles. Die burleske Odyssee durchs Gangstermilieu mischt Trivialkultur mit Zynismus. Gewalt als nihilistisches Comic, ein buntes Knallbonbon, das im Halse steckenbleibt. HFJ 1995

Pulverdampf und heiße Lieder P263
LOVE ME TENDER ***
USA 1956, 88 Min., F
R: Robert D. Webb D: Elvis Presley, Richard Egan, Debra Paget
Bürgerkriegssoldat kehrt nach Hause zurück, doch da seine Freundin seinen Bruder geheiratet hat, will er wieder fort. Mißverständnisse machen ihn zum Kriminellen, das Shootout folgt auf dem Fuße. 1-A-Hollywoodkitsch.

Pünktchen und Anton P264
***
BRD 1998, 108 Min., F
R: Caroline Link D: Elea Geissler, Max Felder, Juliane Köhler
Remake des Kästner-Klassikers um die Freundschaft zwischen einem Mädchen aus reichem Haus und einem armen Jungen. Beim Transport der Vorlage in die 90er Jahre ist der Film nur in der Optik am Ziel angekommen, Story und Charakterzeichnung sind jedoch in den 50er Jahren steckengeblieben. HFJ 2000

Die Puppe P265
****
Deutschland 1919, 51 Min., s/w
R: Ernst Lubitsch D: Ossi Oswalda, Hermann Thimig

Brillante Stummfilmkomödie um die Scheinheirat eines reichen Erben mit einer Puppe, doch die Puppe war nur scheinbar leblos. Bezeichnend für die grenzenlose Regiephantasie ist schon die Prolog-Sequenz, in der Lubitsch selbst eine Art Puppenhaus als Filmdekor aufstellt, in das plötzlich lebende Menschen purzeln.

Puppe kaputt P266
***
BRD 1977, 85 Min., F
R: Dagmar Beiersdorf D: Georgia Maeker, Lothar Lambert
Mit ihrer bewährten Stock Company und im Stil des cineastischen Minimalismus, der Lamberts und Beiersdorfs Arbeiten auszeichnet, schildert die Filmemacherin den Emanzipationsversuch einer jungen Sekretärin aus einer festgefahrenen Partnerschaft.

Die Puppenfee P267
***
Österreich 1936, 89 Min., s/w
R: E. W. Emo D: Magda Schneider, Wolf Albach-Retty, Paul Hörbiger
Was in einem österreichischen Lustspiel eben so zu passieren pflegt, bevor sich die Komtesse und der junge Baron finden. Unwiderstehlicher Schmäh, zumal Emo ein durchaus beachtliches Komödientempo vorgibt.

Der Puppenspieler P268
HSIMENG RENSHENG ***
Taiwan 1993, 142 Min., F
R: Hou Hsiao-hsien D: Lin Chung, Cheng Kuei-chung, Cho Ju-wei
Die Lebenserinnerungen eines Meisters der asiatischen Puppenspielkunst bilden die Basis für diesen Film über Taiwan in den Jahren 1909 bis 1945. Fast meditativ verknüpft der Regisseur in ruhigen Bildern individuelle Gefühle mit der Geschichte seines Landes. HFJ 1995

Purple Haze P269
PURPLE HAZE ***
USA 1982, 104 Min., F
R: David Burton Morris D: Peter Nelson, Chuck McQuary

Drei Böslinge in Pulp Fiction: Samuel L. Jackson, John Travolta und Harvey Keitel.

Die unterschiedlichen Lebensweisen und Lebensvorstellungen zweier Jugendlicher in den USA vor dem politischen und musikalischen Hintergrund des Jahres 1968.

Purple Rain P270
PURPLE RAIN ***
USA 1983, 110 Min., F
R: Albert Magnoli D: Prince, Appolonia Kotero, Morris Day, Olga Karlatos
Teils fiktiver, teils autobiographischer Film mit dem Pop-Genie Prince, der in penetranter Selbstbespiegelung die Schwierigkeiten eines unverstandenen Musikers, seine Pseudo-Problem-Beziehung zum Vater und eine Liebesgeschichte zu einer dünnen Handlung zusammenstückelt. Sehenswert nur die Konzertszenen.

The Purple Rose of Cairo P271
THE PURPLE ROSE OF CAIRO ****
USA 1985, 82 Min., F und s/w
R: Woody Allen D: Mia Farrow, Jeff Daniels, Danny Aiello
Während der Depressionszeit flüchtet sich eine Serviererin von ihrem anstrengenden Leben zeitweise ins Kino. Als der Held eines dort gezeigten Films aus Liebe zu ihr herabsteigt, erzeugt er eine heillose Konfusion bei Partner, Produzenten und dem Darsteller seiner Rolle. Tragikomödie und Liebesgeschichte in Vollendung.

Die Putzfraueninsel P272
***
BRD 1996, 98 Min., F
R: Peter Timm D: Jasmin Tabatabai, Christine Oesterlein, Dagmar Manzel
Junge Putzfrau befreit eine reiche alte Dame, die von geldgierigen Verwandten eingesperrt wurde. Eine Freundschaft beginnt. Zusammengebastelte Komödie mit plakativen Übertreibungen, aber auch schönen Momenten zwischen den Frauen. HFJ 1997

Pygmalion, Roman eines Blumenmädchens P273
****
PYGMALION
GB 1938, 94 Min., s/w
R: Anthony Asquith, Leslie Howard
D: Leslie Howard, Wendy Hiller, Wilfrid Lawson, Scott Sunderland
Die erste und nach Kritikermeinung beste Film-Version von G.B. Shaws berühmtem Bühnenstück um Professor Higgins und das Straßenmädchen Eliza Doolittle, das er zur Grande Dame macht.

Die Pyramide des Sonnengottes P274
***
LES MERCENAIRES DE RIO GRANDE
BRD/Fr/It 1965, 94 Min., F
R: Robert Siodmak D: Lex Barker, Gérard Barray, Michèle Girardon
Als die Mexikaner sich gegen Kaiser Maximilian erheben, werden ein Arzt und ein Uhrenhändler in Kämpfe und Intrigen verwickelt. Abenteuerfilm.

Q

Quadrophenia Q1
QUADROPHENIA ****
GB 1979, 110 Min., F
R: Franc Roddam D: Phil Daniels, Lesli Ash, Mark Wiggett
Der Film ist kein nostalgischer Rückblick und kein unzeitgemäßer Musikfilm, obwohl die Songs der »Who« – und einiger anderer damaliger populärer Rockgruppen – mehr sind als nur Untermalung der Bilder. In gegenseitiger Komplettierung und Kommentierung entsteht vielmehr das komplexe Klangbild einer vergangenen Ära und ihrer Mythen.

Quartett Q2
QUARTET ***
GB/Frankreich 1981, 101 Min., F
R: James Ivory D: Alan Bates, Maggie Smith, Isabelle Adjani
Während des einjährigen Gefängnisaufenthaltes ihres Mannes wird eine jungverheiratete Französin im Paris der zwanziger Jahre die Geliebte eines ebenfalls verheirateten, der Oberklasse zugehörigen Engländers. Ein von James Ivory flach inszenierter Film über die Benutzbarkeit von Individuen, die Opfer ihrer Umstände werden.

Quartett im Bett Q3
***
BRD 1968, 88 Min., s/w
R: Ulrich Schamoni D: Insterburg & Co., Andrea Rau, Jacob-Sisters
Alberei um vier männliche und vier weibliche Musiker. Wunderbarer Klamauk. Eine Ausnahme im »jungen deutschen Film«.

Quatermain – Auf der Suche nach dem Schatz der Könige Q4 ***
KING SOLOMON'S MINES
USA 1985, 100 Min., F
R: J. Lee Thompson D: Richard Chamberlain, Sharon Stone, Herbert Lom, John Rhys-Davies
Neuverfilmung des Romans von H. R. Haggard: Auf Betreiben einer blonden Schönheit sucht der Afrikaforscher Quatermain nach dem Schatz des Königs Salomon, denn Sharon Stone war damals schon nett anzusehen.

Quatermain – Auf der Suche nach der geheimnisvollen Stadt Q5 **
ALLAN QUATERMAIN AND THE LOST CITY OF GOLD
USA 1986, 99 Min., F
R: Gary Nelson D: Richard Chamberlain, Sharon Stone, James Earl Jones
Der Abenteurer Allan Quatermain und seine Freundin Jessie suchen im Urwald eine geheimnisvolle versunkene Stadt mit reichen Schätzen. Hirnloser Abenteuerschinken. HFJ 1987

Peter Ehlebracht, Hannelore und Johanna Jacob, Karl Dall in ›Quartett im Bett‹.

Quax, der Bruchpilot Q6 ***
Deutschland 1941, 85 Min., s/w
R: Kurt Hoffmann D: Heinz Rühmann, Lothar Firmans, Karin Himboldt
Einen angeberischen Büroangestellten, der bei einem Preisausschreiben eine kostenlose Flugausbildung gewonnen hat, verläßt nach dem ersten Übungsflug der Mut. Unterstützt von seinem Heimatdorf gibt ihm die Liebe zu einer Frau neuen Auftrieb. Nette Komödie, die von Heinz Rühmann lebt.

Queen Gorilla Q7
QUEEN KONG *
GB/BRD 1976, 87 Min., F
R: Frank Agrama D: Robin Askwith, Rula Lenska, Valerie Leon
Bei einem Filmdreh in Afrika verguckt sich ein weiblicher Riesengorilla in einen Schauspieler, wird nach London mitgenommen, irrt durch die Stadt und erzeugt Verwirrung. There's one born every minute. LSFF

Queimada Q8
QUEIMADA ****
Italien 1969, 114 Min., F
R: Gillo Pontecorvo D: Marlon Brando, Evaristo Marques, Renato Salvatori, Gian Piero Albertino
Auf einer Insel in den Antillen kämpfen die ausgebeuteten Eingeborenen gegen die Kolonisatoren. Politische Allegorie im Gewand eines prächtigen Abenteuerfilms.

Quer durch den Olivenbaumhain Q9 ****
ZIR E DARAKHTAN E ZEYITON
Iran 1994, 103 Min., F
R: Abbas Kiarostami D: Hossein Rezai, Mohamad Ali Keshavaz, Tahereh Ladania

Eine Filmequipe kommt in ein vom Erdbeben zerstörtes nordiranisches Dorf, und während der Arbeit komplizieren und lösen sich die Probleme der Beteiligten. Kiarostamis Film im Film nimmt Bezug auf seine am gleichen Ort gedrehten Werke *Wo ist das Haus des Freundes?* und *Und das Leben geht weiter* und schafft durch die Gleichzeitigkeit verschiedener Wirklichkeitsebenen einen humor- und liebevollen Einblick in die iranische Gesellschaft. HFJ 1996

Querelle Q10
****
BRD/Frankreich 1982, 106 Min., F
R: Rainer Werner Fassbinder D: Brad Davis, Franco Nero, Jeanne Moreau
Fassbinder-Verfilmung des Jean-Genet-Romanes um den Matrosen Querelle, der seine Mitmenschen sexuell fasziniert, ohne zu wahren Gefühlen fähig zu sein. Zwiespältig, weil eine allzu künstlich inszenierte Metapher über die Kommunikations- und Liebesunfähigkeit der modernen Gesellschaft.

Der Querkopf Q11
LA ZIZANIE ***
Frankreich 1978, 98 Min., F
R: Claude Zidi D: Louis de Funès, Annie Girardot, Maurice Risch
In Sachen Umweltverschmutzung hochengagierter Erfinder und Bürgermeister provoziert seine musische und naturverbundene bessere Hälfte mit dem Bau einer umsatzträchtigen Stinkemaschine in einen wüsten Ehekrieg, der damit endet, daß sie bei den anstehenden Wahlen gegen ihn kandidiert. Eine der hektischen Witzkomödien, wie man sie von Louis de Funès kennt und schätzt.

Quick Q12
***
Deutschland 1932, 94 Min., s/w
R: Robert Siodmak D: Lilian Harvey, Hans Albers, Willy Stettner
Weiblicher Kurgast schwärmt für einen Varieté-Clown namens Quick, der ihr ohne Maske als »Direktor« den Hof macht, ohne daß sie ihn erkennt. Simple Komödie um Schein und Sein; heute wohl nicht mehr das, wofür Menschen ins Kino gehen würden.

The Quick and the Dead Q13
THE QUICK AND THE DEAD ***
USA 1987, 86 Min., F
R: Robert Day D: Sam Elliott, Kate Capshaw, Tom Conti, Matt Clark
Einsamer Reiter steht einer braven Siedlerfamilie bei, die von Banditen bedroht wird, verliebt sich in die Tochter des Hauses und zieht nach beendetem Auftrag weiter. Western der besseren Sorte, wenn auch nicht eben originell. HFJ 1989

Quiet Earth – Das letzte Experiment Q14
***
THE QUIET EARTH
USA 1985, 91 Min., F
R: Geoff Murphy D: Bruno Lawrence, Alison Routledge, Tom Hyde
Nach dem fehlgeschlagenen Experiment, ein Energiefeld um die Erde zu legen, ist die Welt entvölkert. Nur wer im entscheidenden Augenblick an der Schwelle zum Tod stand, hat überlebt. Recht ordentlich gemachter SF-Film.

Quietsch, quietsch – wer bohrt denn da nach Öl? Q15
***
POUIC, POUIC
Frankreich 1963, 85 Min., F
R: Jean Girault D: Louis de Funès, Mireille Darc, Jacqueline Maillan
Französische Boulevard-Komödie um Liebe, Geld und Öl, in der Grimassenschneider Louis de Funès seine Partner durch das Geschehen hetzt.

Quintett Q16
QUINTET ****
USA 1976, 118 Min., F
R: Robert Altman D: Paul Newman, Vittorio Gassman, Fernando Rey
In einer von einer neuen Eiszeit heimgesuchten Welt sucht ein Jäger nach den Mördern seiner Familie und stößt auf eine Gruppe merkwürdiger Spieler. Eindringliche Bilder, aber zuviel Philosophen-Quak. LSFF

Quiz Show – Der Skandal Q17
QUIZ SHOW ****
USA 1994, 130 Min., F
R: Robert Redford D: John Turturro, Rob Morrow, Ralph Fiennes
In den 50er Jahren wird Herbie Stempel, der König der TV-Quiz-Show »Twenty One« aus der Sendung geworfen, weil er die Einschaltquoten sinken läßt. An seine Stelle tritt ein smarter Professor. Aus Zorn macht Herbie die Manipulationen hinter den Kulissen publik. Der Film greift einen authentischen Fall auf und entlarvt genüßlich die Macht der Medienmacher und Sponsoren. HFJ 1996

Ralf Fiennes als skandalöser Quizkandidat.

Quo vadis? Q18
QUO VADIS? ***
USA 1951, 170 Min., F
R: Mervyn Le Roy D: Peter Ustinov, Leo Genn, Robert Taylor, Deborah Kerr
Um die gewaltigste Stadt aller Zeiten erstehen zu lassen, fackelt der irre Kaiser Nero Rom ab und schiebt den Christen die Schuld in die Schuhe. Epos über den Niedergang des Römischen Reiches.

R

R 3 überfällig R1
RIDERS TO THE STARS **
USA 1954, 80 Min., F
R: Richard Carlson D: William Lundigan, Herbert Marshall
Drei Astronauten starten ins All, um Meteoriten zu fangen, die man zu Studienzwecken braucht. Ein beinahe dokumentarisch aufgezogener SF-Film über mögliche Raumfahrtprobleme der Zukunft. LSFF

Ein Rabbi im Wilden Westen R2
THE FRISCO KID ***
USA 1979, 119 Min., F
R: Robert Aldrich D: Gene Wilder, Harrison Ford, William Smith
Ein polnischer Rabbi, zu einer neuen Gemeinde unterwegs, schließt Mitte des 19. Jahrhunderts Freundschaft mit einem Bankräuber im Wilden Westen. Ausgefallene Komödie.

Rabbits R3
NIGHT OF THE LEPUS **
USA 1972, 86 Min., F
R: William F. Claxton D: Stuart Whitman, Janet Leigh, Rory Calhoun
Nachdem ein Kaninchen mit einem Serum geimpft worden ist, das Erbschäden hervorrufen soll, zeugt es massenhaft Nachkommen, die nicht nur so groß wie Wölfe sind, sondern auch so gefräßig.

Der Rabe R4
THE RAVEN **
USA 1935, 61 Min., s/w
R: Louis Friedlaender D: Boris Karloff, Bela Lugosi, Irene Ware
Ein von Poes Geschichten beeinflußter Chirurg macht aus einem flüchtigen Kriminellen ein Ungeheuer und lockt eine unwillige Frau und deren Freunde in seinen Folterkeller. Blödsinnig.

Der Rabe R5
LE CORBEAU ****
Frankreich 1943, 90 Min., s/w
R: Henri-Georges Clouzot D: Pierre Fresnay, Ginette Leclerc, Pierre Larquey, Micheline Francey
Der unter der deutschen Besatzung gedrehte Film spielt – ausgehend von einer wahren Begebenheit – in einer französischen Kleinstadt. Infolge auftauchender anonymer Briefe kommt es in der beunruhigten Bevölkerung zu gegenseitiger Rufschädigung und Bespitzelung. Spannende, genau beobachtende und hervorragend gespielte Studie über Denunziantentum.

Der Rabe – Duell der Zauberer R6
THE RAVEN ***
USA 1963, 86 Min., F
R: Roger Corman D: Vincent Price, Peter Lorre, Boris Karloff, Hazel Court, Jack Nicholson
Zwei konkurrierende Zauberer ziehen im Mittelalter zu einem in keiner Sekunde ernst gemeinten magischen Duell alle Register ihres Könnens. Eine Lachbombe, in der Zaubersprüche wie »Cave canem« für Zusatzhumor sorgen.

Jack Nicholson

Die rabenschwarze Nacht R7
FRIGHT NIGHT ***
USA 1985, 102 Min., F
R: Tom Holland D: Chris Sarandon, William Ragsdale, Amanda Bearse
Ein Horror-Fan kommt einem Vampir auf die Spur, doch niemand will ihm glauben. Als seine Mutter dem Bösling zum Opfer fällt und seine Freundin seltsame Anwandlungen zeigt, greift ein Exorzist ein. Ulkfilm. HFJ 1987

Rabentanz R8
KORPINPOLSKA ****
Finnland/Schweden 1980, 80 Min., F
R: Markku Lehmuskaljo D: Pertti Kalinainen, Paavo Katajasaari
Bedächtige Filmerzählung um drei Menschen in den endlosen, unberührten Wäldern Nordfinnlands, die von der Zivilisation aus ihrem Paradies vertrieben werden.

Das Rabenviertel R9
KVARTERET KORPEN ***
Schweden 1963, 99 Min., s/w
R: Bo Widerberg D: Thommy Berggren, Keve Hjelm, Emy Strom
Nüchterne und etwas langatmige Beschreibung des Scheiterns eines Arbeiters in der Wirtschaftskrise der frühen dreißiger Jahre.

Rabid – Der brüllende Tod R10
RABID **
Kanada 1977, 91 Min., F
R: David Cronenberg D: Marilyn Chambers, Joe Silver, Frank Moore
Weibliches Unfallopfer, via Hauttransplantation zum Vampir gemacht, fällt Menschen an, um ihren Hunger zu stillen. Ein drehbuchschwacher Grusler, dessen Handlung sich darin erschöpft, einen Überfall nach dem anderen zu zeigen. LSFF

Rache aus dem Reich der Toten R11
GHOST STORY **
USA 1981, 106 Min., F
R: John Irvin D: Fred Astaire, Melvyn Douglas, Douglas Fairbanks jr.
Vier Herren, die als Halbwüchsige ein Mädchen in den Tod getrieben haben, werden von dessen Geist heimgesucht und müssen dran glauben. Der einzige Horror, den der Film verbreitet, ist der der Langeweile.

Die Rache der Barbaren R12
LA FURIA DEI BARBARI **
Italien 1960, 82 Min., F
R: Guido Malatesta D: Edmund Purdom, Rossana Podesta, Carlo Calo
Zwei Barbarenstämme bekriegen sich bis aufs Messer, weil der Sohn des einen Häuptlings die Gattin des anderen getötet hat. Simpel gemachter Antikfilm.

Die Rache der Borgias R13
LA NOTTE DEL GRANDE ASSALTO **
Italien/Frankreich 1959, 89 Min., F
R: Giuseppe M. Scotese D: Fausto Tozzi, Agnés Laurent, Sergio Fantoni
Zwei italienische Adelsgeschlechter raufen um den Besitz eines Grafen, doch ein Held, der die Grafentochter liebt, haut dazwischen. Kampfgetümmel und Kerkerszenen in einem uninspirierten Mantel- und Degenfilm.

Die Rache der Natur R14
NATURENS HÄMND ***
Schweden 1983, 83 Min., F
R: Stefan Jarl
Dokumentarfilm über die Zerstörung der Natur durch den Menschen. Jarl entlarvt den schwedischen Bauernhof als Krankenhaus, inmitten toter Seen und Wälder, aus denen der saure Regen alles Leben vertrieben hat.

Die Rache der Pharaonen R15
THE MUMMY **
GB 1959, 86 Min., F
R: Terence Fisher D: Peter Cushing, Christopher Lee, Yvonne Furneaux
Nachdem Forscher die Mumie einer ägyptischen Prinzessin ausgegraben haben, werden sie von ihrem ebenfalls mumifizierten Ex-Geliebten heimgesucht. Standard-Gruselfilm; Remake von *Die Mumie.*

Die Rache der schwarzen Maske R16
CARTOUCHE ***
USA 1954, 74 Min., F
R: Steve Sekely D: Richard Basehart, Patricia Roc, Massimo Serrato
Um einen Mord aufzuklären, schleicht sich ein virtuoser Fechter bei einer Schauspieltruppe ein, gewinnt das Herz des weiblichen Stars und fängt den Schuldigen. Krimi im Mantel- und Degen-Gewand.

Die Rache der schwarzen Spinne R17
THE SPIDER **
USA 1958, 80 Min., s/w
R: Bert I. Gordon D: Edward Kemmer, June Kenny, Gene Peterson
Nach Schema F gestrickte Geschichte über eine haarige Riesenspinne, die ein amerikanisches Örtchen in Angst und Schrecken versetzt, bis man ihr mit Dynamit zu Leibe rückt. Armselig und kaum originell. LSFF

Die Rache der Wikinger R18
GLI INVASORI/LA RUEE DES VIKINGS ***
Italien/Frankreich 1961, 95 Min., F
R: Mario Bava D: Cameron Mitchell, Alice Kessler, Ellen Kessler, Folco Lulli
Zwei Königssöhne (der eine Wikinger, der andere als Brite erzogen) hauen sich mit ihren Mannen auf englischem Boden, ohne zu ahnen, daß sie vom gleichen Blute sind. Fetziger Film mit klirrenden Schwertern.

Die Rache des Ali Baba R19
LE SETTE FATICHE DI ALI BABA **
Italien 1962, 90 Min., F
R: Emimmo Salvi D: Rod Flash, Bella Cortez, Furio Meniconi
Ali Baba stellt einem Thronräuber ein Bein, befreit ein Wüstenvolk und darf am Ende mit einer orientalischen Schönen in den Sonnenuntergang ziehen. Einfallsloser italienischer Abenteuer-Eintopf. LFF

Die Rache des Dr. Fu Man Chu R20
VENGEANCE OF FU MAN CHU ***
GB/BRD 1966, 84 Min., F
R: Jeremy Summers D: Christopher Lee, Douglas Wilmer, Tony Ferrer
Nachdem der Bösewicht Fu Man Chu von allen Schurkenvereinen der Welt zum Oberbösmann gewählt wurde, macht er einen neuen Anlauf, um die Herrschaft über die Welt an sich zu reißen. Ein unterhaltsamer, aber unbedeutender B-Film. LSFF

Die Rache des Herkules R21
LA VENDETTA DI ERCOLE **
Italien/Frankreich 1960, 86 Min., F
R: Vittorio Cottafavi D: Mark Forest, Broderick Crawford, Leonora Ruffo
Der Muskelmann Herkules im ständigen Kampf gegen einen intrigenspinnenden König, der keine Chance ausläßt, ihn zu vernichten. Wirres Filmchen um höfische Intrigen, in dem Zaubertränke tragende Rollen spielen. LFF

Die Rache des Ivanhoe R22
LA RIVINCITA DI IVANHOE **
Italien 1964, 89 Min., F
R: Amerigo Anton (= Tonio Boccia)
D: Clyde Rogers, Andrea Aureli, Duilio Marzio
Der edle Ritter Ivanhoe bewahrt ein Edelfräulein und ihren Bruder vor den Nachstellungen eines machtgierigen Herzogs. Dutzendware.

Die Rache des Korsaren R23
LA VENDETTA DEL CORSARO **
Italien 1951, 94 Min., F
R: Primo Zeglio D: Maria Montez, Jean-Pierre Aumont, Milly Vitale
Der Titel sagt alles. Piratenfilm über einen noblen Charakter, dem man übel mitgespielt hat. Happy End inklusive.

Die Rache des Pharao R24
THE CURSE OF THE MUMMY'S TOMB **
GB 1964, 79 Min., F
R: Michael Carreras D: Jeanne Roland, Ronald Howard, Jack Gwillim, George Pastell, Fred Clark
Mumie eines Pharaos, nach England verschifft, wird wieder aktiv und sucht nach ihrem langlebigen Bruder, der ihn vor 2000 Jahren ermordet hat. Standard-Horrorfilm.

Die Rache des roten Ritters R25
IL CAVALIERE DEI CENTRO VOLTI **
Italien 1960, 79 Min., F
R: Pino Mercanti D: Lex Barker, Liana Orfei, Livio Lorenzon
Ein in Ungnade gefallener Knappe, der eine Grafentochter liebt, entlarvt, nachdem man ihm übel mitgespielt hat, einen arroganten Edelmann und gewinnt das Herz seiner Angebeteten. Durchschnitts-Ritterfilm.

Die Rache des Sandokan R26
SANDOKAN ALLA RISCOSSA **
Italien 1964, 89 Min., F
R: Luigi Capuano D: Ray Danton, Guy Madison, Franca Bettoja
Sohn eines indonesischen Fürsten gibt einem Thronräuber Saures. Wüster Abenteuerschinken mit beträchtlichen Längen, nach einem Roman von Emilio Salgari.

Die Rache des Sizilianers R27
TORINO NERA ***
Italien 1972, 86 Min., F
R: Carlo Lizzani D: Bud Spencer, Andrea Balestri, Domenica Santono
Rosario wird eines Mordes angeklagt, weil man bei ihm die Mordwaffe gefunden hat. Sein Sohn schwört, seine Unschuld zu beweisen. Spannender Krimi mit sympathischer Milieuschilderung; Bud Spencer zeigt mehr darstellerisches Talent, als man von ihm gemeinhin gesehen hat.

Die Rache des Spartacus R28
IL GLADIATORE CHE SFIDO L'IMPERIO **
Italien 1964, 94 Min., F
R: Domenico Paolella D: Rock Stevens, Walter Barnes, Gloria Milland
Muskelbepackter Thraker widersetzt sich gierigem römischem Senator, der sein Volk um den Staatsschatz bringen will. Sandalenfilm-Dutzendware.

Die Rache des Toten R29
THE WALKING DEAD ***
USA 1936, 60 Min., s/w
R: Michael Curtiz D: Boris Karloff, Ricardo Cortez, Warren Hull
Ein Wissenschaftler erweckt einen unschuldig zum Tode Verurteilten zu neuem Leben, der sich an jenen rächt, die ihn auf dem Gewissen haben. Stimmungsvoller Grusler, der an die Wissenschaft appelliert, nicht alles Machbare auch zu machen. LSFF

Die Rache des Ungeheuers R30
REVENGE OF THE CREATURE ***
USA 1954, 81 Min., s/w
R: Jack Arnold D: John Agar, Lori Nelson, John Bromfield
Von Forschern zu Studienzwecken in ein Aquarium gebrachter Kiemenmensch kidnappt eine Frau und wird von der Polizei gejagt. Stupide Fortsetzung von *Der Schrecken vom Amazonas*. LSFF

Die Rache des Vampirs R31
LA STREGA DEI VAMPIRI *
Italien 1962, 74 Min., F
R: Roberto Mauri D: Walter Brandi, Graziella Granati, Dieter Eppler
Mysteriöser Vampir saugt Dame der Wiener Gesellschaft, macht sie zu seiner Jüngerin und wird von ihrem treuen Gatten unschädlich gemacht. Ein armseliges Filmchen, in seiner Unbeholfenheit geradezu lustig.

Die Rache des Wolfes R32
CLEARCUT ***
Kanada 1991, 98 Min., F
R: Richard Bugajiski D: Graham Green, Ron Lea, Michael Hogan
Immer weiter rauben die Weißen den Lebensraum der Indianer. Da erscheint in der Gestalt eines geheimnisvollen Kriegers eine rote Gegengewalt. Hervorragend fotografierter, gewaltvoller Thriller und politisches Lehrstück. HFJ 1993

Die Rache des Würgers R33
BRIDE OF THE MONSTER **
USA 1956, 70 Min., s/w
R: Edward D. Wood D: Bela Lugosi, Tor Johnson, Tony McCoy
Wissenschaftler macht mit Hilfe von »Atomstrahlen« eine Tümpel-Krake zu einer gierigen Bestie und läßt sich von seinem schwachköpfigen Gehilfen menschliche Versuchskaninchen besorgen. Abgrundtiefer Schundfilm, aber für viele Lacher gut! LSFF

Rache für Jesse James R34
THE RETURN OF FRANK JAMES ***
USA 1940, 93 Min., F
R: Fritz Lang D: Henry Fonda, Gene Tierney, Jackie Cooper, Henry Hull
Nachdem die Brüder Ford den Outlaw Jesse James ermordet haben und zum Tode verurteilt worden sind, werden sie vom Gouverneur begnadigt. Frank und Clem, Jesses Brüder, wollen sich an ihnen rächen.

Der Rächer R35
**
BRD 1960, 98 Min., s/w
R: Karl Anton D: Heinz Drache, Ingrid van Bergen, Benno Sterzenbach
Detektiv entlarvt einen Schloßbesitzer als Mörder. Überflüssig.

Rächer der Enterbten R36
THE TRUE STORY OF JESSE JAMES ***
USA 1956, 92 Min., F
R: Nicholas Ray D: Robert Wagner, Jeffrey Hunter, Hope Lange, Alan Hale
Die x-te, aber nicht die schlechteste Verfilmung der Geschichte der Brüder Jesse und Frank James, die von landgierigen Eisenbahnbaronen in die Kriminalität gezwungen werden.

Rächer der Meere R37
IL GIUSTIZIERE DEI MARE **
Italien/Frankreich 1961, 88 Min., F
R: Domenico Paolella D: Richard Harrison, Michele Mercier
Haudegen setzt sich für die Belange englischer Sträflinge im Australien des 18. Jahrhunderts ein. Mäßiger Abenteuerfilm.

Rächer der Unterwelt R38
THE KILLERS ****
USA 1946, 105 Min., s/w
R: Robert Siodmak D: Edmond O'Brien, Ava Gardner, Burt Lancaster
Versicherungsdetektiv recherchiert die Ermordung eines ehemaligen Boxers und kommt einem Gangsterpärchen auf die Spur, das den Boxer für seine kriminellen Zwecke benutzt hatte. Etwas unentschlossene Verfilmung einer Hemingway-Kurzgeschichte.

Der Rächer im lila Mantel R39
THE MOONRAKER ***
GB 1958, 80 Min., F
R: David MacDonald D: Peter Arne, George Baker, Sylvia Syms
Spannender Mantel- und Degenfilm über die Abenteuer eines Lords, der nach der Hinrichtung Charles I. von England den Königstreuen zur Flucht nach Frankreich verhilft.

Der Rächer von Casamare R40
MASK OF THE AVENGER ***
USA 1951, 83 Min., F
R: Phil Karlson D: John Derek, Anthony Quinn, Jody Lawrance
Ein italienischer Graf, dessen Braut in seiner Maske auftritt, um Verwirrung zu stiften, rächt den Tod seines Vaters und entlarvt einen Gouverneur als Verräter. Mantel- und Degenfilm.

Die Rächer von Missouri R41
BAD MEN OF MISSOURI ***
USA 1941, 70 Min., s/w
R: Ray Enright D: Dennis Morgan, Wayne Morris, Arthur Kennedy

Drei Ranchersöhne, von Spekulanten arm gemacht, rächen sich, indem sie Banken überfallen, und können sich als Robin Hoods des Westens in höchster Not auf die Armen verlassen. Sehenswerter Western.

Der Rächer wartet schon R42
FURY AT SHOWDOWN **
USA 1956, 75 Min., s/w
R: Gerd Oswald D: John Derek, John Smith, Carolyn Craig
Ein friedliebender Cowboy, der den Ruf eines Feiglings hat, sieht keine andere Wahl, als zum Colt zu greifen, um seine Braut zu retten, und entlarvt einen Bösewicht. Dutzendwestern ohne Überraschungen.

Der Radfahrer von San Cristobal R43
****
BRD 1987, 87 Min., F
R: Peter Lilienthal D: Rene Baeza, Luc Jimenez, Roberto Navarrete
Ein junger Radrennfahrer will die »Tour de Chile« gewinnen, um mit der Siegprämie die Mutter pflegen zu können. Vorher muß er gegen materielle und politische Korruption kämpfen. HFJ 1989

Radio Days R44
RADIO DAYS ****
USA 1987, 88 Min., F
R: Woody Allen D: Seth Green, Josh Mostel, Dianne Wiest, Mia Farrow
Ein episodischer, humorvoller Bericht über das Alltagsleben amerikanischer Bürger einer Kleinstadt an der Ostküste in den dreißiger und vierziger Jahren, in das das populäre Radio-Medium eingreift. HFJ 1988

Radio Flyer R45
RADIO FLYER ***
USA 1992, 109 Min., F
R: Richard Donner D: Lorraine Bracco, John Heard, Elijah Wood
Zwei kleine Jungs basteln an einem

Die Erfolgreichen (I)

Die 10 erfolgreichsten ausländischen Filme 1980–89

Filmtitel	*Land*	*Start*	*Besucher in Mio.*
Dschungelbuch, Das	USA	1968/1993	15,1
E.T. – Der Außerirdische	USA	12.10.82	9,3
Dirty Dancing	USA	08.10.87	8,5
Rain Man	USA	16.03.89	6,0
Crocodile Dundee – ein Krokodil zum Küssen	Austr.	29.01.87	5,7
Police Academy – Dümmer als die Polizei erlaubt	USA	14.09.84	5,2
Zurück in die Zukunft	USA	03.10.85	5,0
Auf dem Highway ist die Hölle los	USA	01.10.81	4,8
James Bond – In tödlicher Mission	USA	06.08.81	4.8
Eine verhängnisvolle Affäre	USA	04.02.88	4,7

Die 10 erfolgreichsten deutschen Kino-Filme 1980–89

Filmtitel	*Land*	*Start*	*Besucher in Mio.*
Otto – Der Film	Dt	19.07.85	8,8
Otto – Der neue Film	Dt	16.07.87	6,5
Name der Rose	Dt/Fr/It	16.10.86	5,9
Männer	Dt	19.12.85	5,1
Christiane F. – Wir Kinder vom Bahnhof Zoo	Dt	02.04.81	4,7
Die unendliche Geschichte	Dt	06.04.84	4,6
Ödipussi	Dt	10.03.88	4,5
Otto – Der Außerfriesische	Dt	13.07.89	3,6
Das Boot	Dt	17.09.81	3,6
Ich und Er	Dt	15.09.81	3,5

Quelle = Carsten Pfaff, Statistische Abteilung der SPIO

Die Geldverdiener

ter Statistik der Motion Picture Association of America
:hland zum drittenmal seit 1990 der drittlukrativste Markt
ngiert 1992 mit 162,3 Mio. Dollar hinter Japan (165 Mio.
ankreich (141 Mio. Dollar), Kanada (130,4 Mio. Dollar),
!7,4 Mio. Dollar) und Spanien (122,5 Mio. Dollar).

Nach »Blickpunkt Film«, 5. 7. 1993

Tom Cruise und Dustin Hoffman in ›Rain Man‹.

Radio On R46
RADIO ON ***
BRD/GB 1979, 104 Min., s/w
R: Christopher Petit D: David Beames, Lisa Kreuzer, Sandy Ratcliff
Ein junger Mann versucht, die Hintergründe des Todes seines Bruders aufzuklären. Poetisches Road Movie, produziert von Wim Wenders und inszeniert in Nähe zu seinem Stil.

Rafferty und die wilden Mädchen R47
RAFFERTY AND THE GOLD DUST TWINS ***
USA 1975, 88 Min., F
R: Dick Richards D: Alan Arkin, Sally Kellerman, Mackenzie Phillips
Film über einen frustrierten Angestellten, der von zwei jungen Mädchen gezwungen wird, sie quer durch die USA zu fahren, und an dem abenteuerlichen Leben Spaß gewinnt. Ein »Road Movie« über jugendliche Tramps die meinen, der gesellschaftlichen Integration entgehen zu können und das zum Zeitpunkt seiner Fertigstellung schon veraltet war.

Rage to kill
siehe: Guerilla Force

Ragman R48
TRICK OR TREAT **
USA 1986, 93 Min., F
R: Charles M. Smith D: Marc Price, Tony Fields, Lisa Orgolini
Heavy-Metal-Rocker verbreitet als elektronischer Zombie unter Teenies Angst und Schrecken. Horror im Gewand der neuen Zeit, da den Kids die Disco allemal lieber ist als die finstere Burg und das krächzende Käuzchen. HFJ 1988

Ragtime R49
RAGTIME ***
USA 1981, 155 Min., F
R: Miloš Forman D: James Cagney, Brad Dourif, Norman Mailer
Breites und liebevolles Zeitporträt der wilden Jahre des Ragtime nach E. L. Doctorows Roman. Im Mittelpunkt steht die Geschichte des schwarzen Pianisten Coalhouse Walker jr.

Rain Man R50
RAIN MAN ****
USA 1988, 129 Min., F
R: Barry Levinson D: Dustin Hoffman, Tom Cruise, Valeria Golino
Der egoistische Charlie lernt auf der Jagd nach dem väterlichen Erbe einen bislang unbekannten Menschen kennen: seinen autistischen Bruder. Eine gemeinsame Reise verändert beide. Barry Levinsons überzeugendes Werk wurde 1989 mit dem »Goldenen Bären« in Berlin ausgezeichnet.

Raining Stones R51
RAINING STONES ****
GB 1993, 91 Min., F
R: Ken Loach D: Bruce Jones, Julie Brown, Ricky Tomlinson
Ein arbeitsloser Bauarbeiter verschuldet sich, um seiner Tochter ein Kommunionkleid zu kaufen und gerät in die Hände eines Kredithais. Der berührende Film erzählt von sozialer Not, menschlicher Kälte und Widerstand, läßt dennoch Hoffnung auf eine humane Welt entstehen. Ein kraftvolles Filmjuwel. HFJ 1995

Rakete 510 R52
FIRST MAN INTO SPACE **
GB 1957, 78 Min., s/w
R: Robert Day D: Marshall Thompson, Maria Landi, Robert Ayres
Testpilot, der während eines Fluges in eine Wolke aus Meteoritenstaub gerät, wird seither für tot gehalten, kehrt jedoch heimlich zur Erde zurück und ernährt sich von Blut. Menschen fallen ihm zum Opfer ... LSFF

Rakete Mond startet R53
ROCKET-SHIP XM ***
USA 1950, 77 Min., s/w
R: Kurt Neumann D: Lloyd Bridges, Osa Massen, John Emery, Noah Beery jr.
Für seine Zeit nicht übler SF-Film: Astronauten entdecken auf dem Mars Reste einer Zivilisation, werden von Barbaren angegriffen und müssen auf dem Rückflug erkennen, daß ihr Treibstoff für eine Landung nicht mehr reicht. LSFF

Rama dama R54
***
BRD 1990, 107 Min., F
R: Joseph Vilsmaier D: Dana Vavrova, Werner Stocker, Hans Schuler
Eine junge Mutter mit zwei Kindern wartet nach Kriegsende auf die Heimkehr des Mannes. Sie trifft aber auf einen anderen Heimkehrer, der tatkräftig ihr Leben ordnet. Neuer deutscher Heimatfilm. HFJ 1992

Rambo R55
FIRST BLOOD ****
USA 1982, 94 Min., F
R: Ted Kotcheff D: Sylvester Stallone, Richard Crenna, Brian Dennehy
Wegen einer Lappalie von einem Kleinstadt-Sheriff verfolgter Vietnam-Veteran wehrt sich in mit militärischen Mitteln geführtem Kampf gegen die Polizei. Actionfilm, dessen Bewältigung der amerikanischen Vergangenheit durch zu große Gewaltdarstellungen nur ansatzweise gelingt.

›Ran‹ – Der Fürst Hidetora wird in den Wahnsinn getrieben.

Rambo II – Der Auftrag R56

RAMBO: FIRST BLOOD PART II **

USA 1985, ca. 90 Min., F

R: George P. Cosmatos D: Sylvester Stallone, Richard Crenna, Charles Napier, Juli Nickson

Der aus *Rambo* bekannte Superkämpfer kehrt in einer Spezialmission nach Vietnam zurück, um dort US-Soldaten aus einem noch bestehenden Gefangenenlager zu befreien. Er ist bei der Ausführung seines Auftrages nicht zimperlich. An den Haaren herbeigezogene Handlung, die nur ein Vehikel für maßlose Gewaltdarstellungen ist. Teil 3 war noch schwächer.

Rambo Zambo R57

**

BRD 1983, 90 Min., F

R: Reinhard Donga D: Werner

Der Rammbock R58

LE RUFFIAN ***

Frankreich/Kanada 1982, 104 Min., F

R: José Giovanni D: Lino Ventura, Bernard Giraudeau, Claudia Cardinale

Nach einem mißglückten Goldraub in einem kanadischen Holzfällerlager ist der Abenteurer Aldo plötzlich Alleinbesitzer der Beute, doch er muß sie in der Wildnis zurücklassen. Als er sie später mit einigen Freunden bergen will, kommt es zu Problemen mit einheimischen Indianern und anderen Bösewichtern. Ein nur langsam auf Touren kommender Abenteuerfilm mit Westernelementen.

Rampenlicht R59

LIMELIGHT ****

USA 1952, 140 Min., s/w

R: Charles Chaplin D: Charles Chap-

Ran R60

RAN ****

Japan/Frankreich 1985, 162 Min., F

R: Akira Kurosawa D: Tatsuya Nakadai, Satoshi Terao, Jinpachi Nezu

Ein japanischer Fürst des 16. Jahrhunderts übergibt im Alter sein Königreich an seinen charakterlich ungeeigneten ältesten Stammhalter, ohne seinen jüngsten, aber ihm treu ergebenen und aufrichtigen Sohn zu berücksichtigen. Er muß mit ansehen, wie das Land durch blutige Schlachten erschüttert und in den Ruin getrieben wird. Visuell außerordentlich kraftvolle und zeitgemäße Adaptation von Shakespeares *King Lear*.

Rana – Hüter des blutigen Schatzes R61

**

RANA – THE LEGEND OF SHADOW LAKE

Rancho Deluxe R62
RANCHO DELUXE ***
USA 1975, 94 Min., F
R: Frank Perry D: Jeff Bridges, Sam Waterston, Elizabeth Ashley
Ein weißer Landstreicher und sein halb-indianischer Kumpel stellen auf ihren Streifzügen die Welt des ganz und gar nicht mehr Wilden Westens auf den Kopf. Heitere Demontage der Western-Mythen.

Randy R63
RANDY *
USA 1970, 58 Min., F
R: Morton Lewis D: Sylvester Stallone, Henrietta Holm, Jodi Van Prang
Katastrophenproduktion über einen Bad Boy, der von seinen Komplizen gesucht wird und sich die Zeit mit Hasch & Sex vertreibt. Stallones erster Filmauftritt (Gage: 200 $).

Rangoon R64
RANGOON ***
USA 1994, 97 Min., F
R: John Boorman D: Patricia Arquette, U Aung Ko, Frances McDormand
Auf einer Asienreise will eine junge Ärztin ihre Vergangenheit vergessen. In Burma gerät sie in den Befreiungskampf gegen die Militärdiktatur. Nach diesen Erfahrungen ist sie wieder fähig, das Leben anzunehmen und engagiert sich in einem Flüchtlingscamp. In gewaltigen Bildern werden geschichtliche Ereignisse mit privatem Schicksal verknüpft. Zum Ende entwickelt sich der Film zu einer trivialen Mischung aus Abenteuer-Epos und Selbsterfahrungstrip. HFJ 1996

Rapa Nui R65
RAPA NUI **
USA 1994, 107 Min., F
R: Kevin Reynolds D: Jason Scott Lee, Esai Morales, Sandrine Holt
Auf den Osterinseln brechen um 1730 Stammeskämpfe aus, die in einem gefährlichen Kräftemessen ausarten. Nebenbei wird man Zeuge der Errichtung von gigantischen Steinskulpturen. Mit großem Aufwand hergestellter Ethno-Film, der durch einfältige Dialoge amüsiert und wenig über die Kultur vermittelt. HFJ 1995

Rape R66
THE RAPE OF RICHARD BECK ***
USA 1985, 96 Min., F
R: Karen Arthur D: Richard Crenna, Meredith Baxter Birney, Pat Hingle
Ein harter Cop wird auf der Jagd nach Drogendealern von zwei Männern zusammengeschlagen und vergewaltigt. Das verändert seine Psyche und Einstellung zutiefst.

Der rasende Gockel R67
STROKER ACE **
USA 1983, 96 Min., F
R: Hal Needham D: Burt Reynolds, Ned Beatty, Jim Nabors
Rennfahrer, der von einem widerlichen Brathähnchenfabrikanten gesponsert wird, muß laut Vertrag bei bescheuerten Werbeauftritten alle naselang den Deppen geben, ehe er endlich die Freiheit gewinnt. Einer der vielen angeblich komischen Autoraserfilme, von denen selbst Burt Reynolds keine gute Meinung hat.

Rashomon R68
RASHOMON *****
Japan 1950, 88 Min., s/w
R: Akira Kurosawa D: Toshiro Mifune, Masayuki Mori, Machiko Kyo, Takashi Shimura
Eine Vergewaltigung und ein Mord im Japan des 12. Jahrhunderts. Der Tathergang stellt sich in Rückblenden aus der jeweiligen subjektiven Sicht von vier Beteiligten in vier unterschiedlichen Versionen dar. Hervorragend gespielter und besonders durch seinen virtuosen Schnittrhythmus äußerst kraftvoller und eindringlicher Film, der elementare Einsichten in die Natur des Menschen vermittelt. Ein echter Klassiker, oft kopiert, aber nur das Original zählt.

Rasputin, der Dämon von Petersburg R69
L' ULTIMO CZAR **
Italien/Frankreich 1960, 87 Min., F
R: Pierre Chenal D: Edmund Purdom, Gianna Maria Canale
Zarin holt Wunderheiler an den Hof, der sich durch Suff- und Sexaffären einen üblen Namen macht, denn er hat nur eigene Vorteile im Sinn.

Rat' mal, wer zum Essen kommt! R70
GUESS WHO'S COMING TO DINNER ***
USA 1967, 108 Min., F
R: Stanley Kramer D: Spencer Tracy, Katharine Hepburn, Sidney Poitier
Die Tochter eines liberalen weißen Ehepaares bringt ihren Bräutigam mit nach Hause. Da er schwarz ist, löst das recht dramatische Verwicklungen aus. Gutgemeintes Sozialmärchen.

Das Rätsel der leeren Urne R71
NECO JE VE VZDUCHU **
CSSR 1980, 79 Min., F
R: Ludvik Ráza D: Zlata Adamovská, Ivan Mistrik, Vladimir Dlouhy
Ein Mädchen reist mit seinem Freund per Zeitmaschine in die Vergangenheit, um den Erfinder, ihren Großvater, zu suchen. Eher biedere märchenhafte Variante von *Zurück in die Zukunft*.

Das Rätsel der roten Orchidee R72
**
BRD 1962, 88 Min., s/w
R: Helmuth Ashley D: Marisa Mell, Adrian Hoven, Christopher Lee
Scotland Yard gegen amerikanische Gangster. Actionreicher Wallace-Film mit dem vergeblichen Versuch, das enge Schema zu verlassen.

Das Rätsel der unheimlichen Maske R73
THE PHANTOM OF THE OPERA ***
GB 1961, 83 Min., F
R: Terence Fisher D: Herbert Lom, Heather Sears, Thorley Walters
Neuverfilmung von Phantom der Oper nach dem Roman von Gaston Leroux. Diese Fassung spielt in London und ist auf pure Schockeffekte angelegt.

Das Rätsel des silbernen Dreiecks R74
CIRCUS OF TERROR **
GB 1966, 90 Min., s/w
R: Werner Jacobs D: Heinz Drache, Christopher Lee, Leo Genn
Britischer Wallace-Film auf gleich niedrigem Niveau wie die deutschen Produktionen. Wieder mal unvermeidlich in dieser Story um einen Zirkusmörder chargiert Klaus Kinski.

Das Rätsel von Monte Christo R75
THE COUNT OF MONTE CHRISTO ****
USA 1934, 113 Min., s/w
R: Rowland V. Lee D: Robert Donat, Elissa Landi, Louis Calhern
Aufgrund von Intrigen habgieriger Bürger schmachtet Edmond Dantés 14 Jahre im Kerker des Château d'If, dann kann er sich befreien, findet einen Schatz und schreitet zur Rache. Bombiger Mantel- und Degenfilm nach dem Roman von Alexandre Dumas.

Die Ratten erwachen R76
BUDJENJE PACOVA ****
Jugoslawien 1967, 86 Min., s/w
R: Zivojin Pavlovic D: Slobodan Perovic, Dusica Zegarac, Severin Bijelic
Auf der Suche nach Hilfe für seine kranke Schwester lernt ein armer Mann die Schattenseiten des sozialistischen Alltagslebens kennen.

Die Rattenfalle R77
ELIPPATHAYAM ***
Indien 1982, 121 Min., F
R: Adoor Gopalakrishnan
D: Karamana, Sarada, Jalaja
Ein junger Mann erbt den Besitz seiner Vorfahren und damit die bequeme, müßige Lebensweise eines Feudalherren. Er flüchtet sich in Trägheit, ruiniert die Familie und wird stumpfsinnig. Schließlich werfen ihn zornige Dorfbewohner in das Wasser eines Teiches, um ihn wachzurütteln.

Rattennest R78
KISS ME DEADLY ****
USA 1954, 98 Min., s/w
R: Robert Aldrich D: Ralph Meeker, Albert Dekker, Paul Stewart
Privatdetektiv Mike Hammer im Einsatz gegen Gangster, Erpresser und radioaktives Material. Zynischer, gewalttätiger Film (in Deutschland gekürzt) mit einer ernüchternden Sicht auf gesellschaftliche Verhältnisse voller Brutalität und Korruption.

Der Räuber Hotzenplotz R79
***
BRD 1974, 114 Min., F
R: Gustav Ehmck D: Gert Fröbe, Lina Carstens, Rainer Basedow, David Friedmann, Josef Meinrad
Man mag von Otfried Preußlers Kinderbüchern halten, was man will, dieser Film in seiner phantasielosen Inszenierung und mit hemmungslos chargierenden Darstellern ist ihm jedenfalls gleichwertig.

Raubfischer in Alaska R80
SPAWN OF THE NORTH ***
USA 1938, 103 Min., s/w
R: Henry Hathaway D: Henry Fonda, George Raft, Dorothy Lamour
Der Konflikt eines gutherzigen, aber labilen Fischers in Alaska zwischen seinen Freunden und einer Bande von Fischräubern, die ihm Geld und Boot versprechen. Menschlich ansprechender und packend inszenierter Abenteuerfilm der alten Hollywood-Tradition.

Raubmord
siehe: Asphalt-Dschungel

Das Raubtier R81
MACHINE GUN KELLY **
USA 1958, 82 Min., s/w
R: Roger Corman D: Charles Bronson, Susan Cabot, Morey Amsterdam
Kleiner Bankräuber mausert sich nach und nach zum Big Shot, doch das Glück ist ihm nicht ewig hold. Billigfilm aus der Corman Factory, dessen Held besser ankommt als der Rest.

Das Raubtier rechnet ab R82
LE FAUVE EST LACHE ****
Frankreich 1958, 102 Min., s/w
R: Maurice Labro D: Lino Ventura, Estella Blain, Paul Frankeur
Ehemaliger Geldfälscher und Resistance-Kämpfer, nun Gastwirt und Familienvater, soll auf Druck des Geheimdienstes einen ehemaligen Freund ans Messer liefern. Lino Ventura in Höchstform in einem genau durchkonstruierten Thriller.

Raubzug der Wikinger R83
[redacted]

einer Glocke, die aus der Hälfte des Goldes besteht, das man in der Welt je gefunden hat. Solide Unterhaltung und jede Menge Schwertgefuchtel.

Rauchsignale R84
SMOKE SIGNALS ***
USA 1955, 88 Min., F
R: Jerry Hopper D: Dana Andrews, Piper Laurie, Rex Reason
Nach Aufgabe eines Forts führt ein desertierter Offizier die Soldaten durchs Indianerland, und bald hat man feindliche Verfolger am Hals. Ein unprätentiöser Western, der angenehme Unterhaltung bietet.

Rauhe Gesellen R85
THE VIOLENT MEN ***
USA 1954, 95 Min., F
R: Rudolph Maté D: Glenn Ford, Barbara Stanwyck, Edward G. Robinson
Ein kleiner Farmer organisiert den Widerstand gegen einen gierigen Viehbaron, der sich zum Herrscher über einen Landstrich aufschwingen will. Ausgezeichnete Darstellung, gute Kameraführung (der Regisseur selbst war einer der besten), alte Geschichte.

Rauhes Land R86
THE WILD COUNTRY ***
USA 1970, 90 Min., F
R: Robert Totten D: Steve Forrest, Vera Miles, Tonny Howard
Ein Farmerehepaar und seine beiden Söhne kämpfen Ende des 19. Jahrhunderts gegen die Gewalten der Natur und einen bösen Rancher, der ihnen Wasser vorenthalten will. Disney-Produktion mit schönen Bildern und altbekannter Geschichte.

Raumkreuzer Hydra – Duell im All R87
*
2 + 5: MISSIONE HYDRA
Italien 1965, 84 Min., F
R: Pietro Francisci D: Leonora Ruffo, Anthony Freeman, Kirk Morris
[redacted]

Raumrakete X 7 R88
SPACE MASTER X 7 *
USA 1958, 71 Min., s/w
R: Edward Bernds D: Bill Williams, Lynn Thomas, Robert Ellis
Außerirdischer Organismus, in den Blutkreislauf eines unvorsichtigen Wissenschaftlers geraten, führt zu hektischer Aktivität der US-Behörden, um seine Frau vor einem ähnlich bösen Schicksal zu bewahren. Ein C-Film. LSFF

Raumschiff Alpha R89
I CRIMINALI DELLA GALASSIA *
Italien 1965, 89 Min., F
R: Anthony M. Dawson D: Tony Russell, Lisa Gastoni, Franco Nero
Krimineller Biologe läßt Menschen auf einen anderen Planeten entführen, um Experimente an ihnen vorzunehmen. Ein wackerer Raumfahrer dringt in seine unterirdische Festung vor. Lumpiger SF-Schinken aus der Steinzeit. LSFF

Raumschiff Venus antwortet nicht
siehe: Der schweigende Stern

Re-Animator R90
RE-ANIMATOR ****
USA 1985, 84 Min., F
R: Stuart Gordon D: Jeffrey Combs, Bruce Abbott, Barbara Crampton
Ein Medizinstudent entwickelt ein Serum, das allerlei Versuchstiere reanimiert, Friedhofsbewohner und einen abgetrennten Kopf inklusive. Horrorfilm des Theaterregisseurs Stuart Gordon, dem die Bühnenarbeit zu langweilig wurde. Nach einer Story des US-Gruselmeisters H. P. Lovecraft. HFJ 1989

Rebeccas Töchter R91
REBECCA'S DAUGHTERS ***
GB/BRD 1991, 94 Min., F
R: Karl Francis D: Peter O'Toole, Joely Richardson, Paul Rhys
Ein Gutsbesitzer schlüpft 1843 in Wales in Frauenkleider und schlägt so den verhaßten englischen Aristokraten ein Schnippchen nach dem anderen. Harmlose Robin-Hood-Variante mit einem herausragenden Peter O'Toole. HFJ 1993

Rebel Waves R92
RISING STORM **
USA 1989, 96 Min., F
R: Francis Schaeffer D: Zach Galligan, Wayne Crawford, John Rhys-Davies
Zwei Brüder führen nach dem Atomkrieg in Kalifornien eine Revolte gegen einen TV-Prediger an und sind dabei in der Wahl ihrer Mittel ebensowenig wählerisch wie das System, das sie zu bekämpfen vorgeben. Standard-SF.

Der Rebell R93
THE FLAME AND THE ARROW ***
USA 1950, 85 Min., F
R: Jacques Tourneur D: Burt Lancaster, Robert Douglas, Frank Allenby
Ein Rebell wendet sich im 13. Jahrhundert gegen den tyrannischen Herzog von Pisa, der ihm Frau und Kind genommen hat. Turbulenter Ritterfilm, in dem der Star zeigt, was er beim Zirkus alles gelernt hat.

Rebell für die Freiheit R94
IL MANTELLO ROSSO **
Italien/Frankreich 1955, 86 Min., F
R: Giuseppe Scotese D: Fausto Tozzi, Patricia Medina, Bruce Cabot
Im Pisa des 16. Jahrhunderts kämpft ein maskierter Held für die Freiheit. Farbloser Mantel- und Degenfilm ohne Spannung.

Rebell Ihrer Majestät
siehe: Die jungfräuliche Königin

Rebell ohne Gnade R95
CAPITAN FUOCO **
Italien 1958, 94 Min., F
R: Carlo Campogalliani D: Lex Barker, Rossana Rory, Herbert Böhme
Ein freiheitsliebender Robin-Hood-Typ geht einem thronräuberischen Oberschurken an den Kragen, unter dessen Knute arme Bauern schmachten. Ergötzlich naiver Bilderschinken über das Leben im Mittelalter.

Rebellen der schwarzen Berge R96
THE TORCH ***
USA 1950, 84 Min., F
R: Emilio Fernandez D: Paulette Goddard, Pedro Armendariz, Gilbert Roland, Walter Reed, Julio Villareal
Revolutionärer mexikanischer General erkennt in einem Geistlichen seinen Jugendfreund wieder, verliebt sich in ein schönes Mädchen und verzichtet darauf, die Bourgeoisie der Ortschaft aufzuknüpfen. Revolutionswestern.

Rebellen des Grauens R97
SUPERNATURALS *
USA 1985, 87 Min., F
R: Armand Mastroianni D: Maxwell Caulfield, Nichelle Nichols
Untote Südstaatler, von den Yankees einst durch ein Minenfeld geschickt, nehmen grausame Rache an einem Trupp Soldaten. Ein Horrorfetzer billigster Machart, inszeniert vom Bruder des Schauspielers Marcello Mastroianni. HFJ 1987

Die Rebellion der lebenden Leichen R98
LA REBELION DE LAS MUERTAS *
Spanien 1972, 89 Min., F
R: Leon Klimovsky D: Paul Naschy, Mirtha Miller, Vic Winner
Entstellter indischer Guru belebt in England Tote und läßt sie scheußliche Verbrechen begehen, da er die Tommies nicht ausstehen kann. Ein unsäglicher Heuler aus Klimovskys Horrorkiste, zu Papier gebracht vom Hauptdarsteller.

Die Rechnung – eiskalt serviert R99
**
BRD/Frankreich 1966, 99 Min., s/w
R: Helmuth Ashley D: George Nader, Heinz Weiss, Richard Münch
Vierter Jerry-Cotton-Film, in dem der FBI-Agent in die Fänge von Geldräubern gerät. Unfreiwillig komisch durch die handwerklichen Schwächen.

Die Rechnung ging nicht auf R100
THE KILLING ****
USA 1955, 83 Min., s/w
R: Stanley Kubrick D: Sterling Hayden, Coleen Gray, Vince Edwards
Eine Gruppe vom Leben enttäuschter Verlierer überfällt den Tresorraum einer Rennbahn, doch ihre internen Probleme lassen das ganze Projekt am Ende scheitern. Pessimistisches Caper-Movie ohne Helden, von Kubrick als existentialistische Ballade inszeniert.

Die rechte und die linke Hand des Teufels R101 ***
LO CHIAMAVANO TRINITA...
Italien 1969, 114 Min., F
R: E. B. Clucher D: Terence Hill, Bud Spencer, Farley Granger
Ein auf sehr merkwürdige Weise zu seinem Beruf gekommener Sheriff und sein Bruder sind die komischen Hauptfiguren. Unfreiwillig retten sie eine Mormonen-Siedlung vor einer verrückten Bande von Mexikanern. Nette Parodie auf den Italo-Western, in der Hill und Spencer an Laurel und Hardy erinnern.

Red Heat – Unschuld in Ketten R102 **
RED HEAT
USA/BRD 1985, 105 Min., F
R: Robert Collector D: Linda Blair, Sylvia Kristel, Sue Kiel, Albert Fortell
US-Studentin wird als Zeugin einer Entführung in die DDR verschleppt und erlebt im Knast, dessen Leiterin eine besonders eklige Bestie ist, die altbekannte Filmhölle. Perfide Politphantasie. HFJ 1987

Red River R103 ****
RED RIVER
USA 1948, 125 Min., s/w
R: Howard Hawks D: John Wayne, Montgomery Clift, Joanne Dru
Nach dem Bürgerkrieg treibt ein sturer Rancher sein Vieh zum Verkauf, gerät unterwegs mit seinem Sohn aneinander und erkennt, daß die alten Zeiten unwiderbringlich dahin sind. Western-Klassiker.

Red Rock West R104 ****
RED ROCK WEST
USA 1992, 98 Min., F
R: John Dahl D: Nicolas Cage, Dennis Hopper, Lara Flynn Boyle
Junger Mann, vom Pleitegeier verfolgt, wird in einem Nest in Wyoming von Barbesitzer für einen bestellten Mietkiller gehalten, akzeptiert ein hohes Honorar, um dessen Gattin zu töten, und gerät in ernsthafte Probleme, als der richtige Killer, auftaucht. Fesselnder Thriller mit unerwarteten Wendungen, der sich aber nicht immer ganz ernst nimmt. HFJ 1994

Red Sonja R105 ***
RED SONJA
USA 1985, 89 Min., F
R: Richard Fleischer D: Brigitte Nielsen, Arnold Schwarzenegger, Sandahl Bergman, Paul Smith
Schlagkräftige Amazone, hünenhafter Begleiter und zwei weitere Pappnasen legen einer tückischen Königin im Fantasyland das Handwerk. Ein völlig uninspirierter Metzelfilm, in dem die Genreklischees sich nur so tummeln. LFF

Reden heißt sterben R106 ***
LA CAMORRA
Italien/Frankreich 1972, 85 Min., F
R: Pasquale Squitieri D: Fabio Testi, Jean Seberg, Raymond Pellegrin
Ein kleiner Ganove findet nach seiner Entlassung aus dem Gefängnis keine Arbeit und läßt sich daher von einem Camorra-Boß anheuern. Bei seinem Erpressungsjob unterläuft ihm ein Fehler, durch den er selbst zum Gejagten wird. Film aus der kritischen Serie des italienischen Kinos zu Anfang der siebziger Jahre.

Redepurs – Die allseitig reduzierte Persönlichkeit R107 ***
BRD 1977, 98 Min., s/w
R: Helke Sander D: Helke Sander, Joachim Baumann, Frank Bruckner
Ein »Frauenfilm«, der allgemeine Probleme nicht ausschließt. Eine alleinstehende Frau mit Kind kämpft gegen die gesellschaftlichen Widersprüche, die ihr täglich begegnen. Der Film, der fast dokumentarisch wirkt und ermutigt, individuelles Engagement unbeirrt weiter zu verfolgen.

Reds R108 ****
REDS
USA 1981, 195 Min., F
R: Warren Beatty D: Warren Beatty, Diane Keaton, Jerzy Kosinski, Jack Nicholson, Gene Hackman
Aufwendige Verfilmung der Biographie des amerikanischen Journalisten John Reed, der die Oktoberrevolution in seinem Buch »Zehn Tage, die die Welt erschütterten« beschrieb und die Kommunistische Partei der USA begründete. Aufwendiges Epos, die beste Arbeit von Hollywoods Beau Warren Beatty.

Redwing – Flucht vor den schwarzen Droiden R109 **
THE OUTLAWS AND THE STARSHIP REDWING
GB 1984, 99 Min., F
R: Roger Christian D: John Tarrant, Donough Rees, Cassandra Webb
Wackeres Knäblein und Androidenkumpan schlagen auf einem öden Planeten mit Hilfe eines Rebellentrupps gegen den örtlichen Tyrannen los. Einfallslose SF-Story, die ihre Ideen aus fünfzig Jahre alten Schundheftchen klaut. LSFF

John Ireland, Montgomery Clift und Joanne Dru in ›Red River‹.

Buddhistisches Gedankengut von King Hu.

Regen in den Bergen R110
KUNG SHAN LING YU ****
Hongkong 1979, 120 Min., F
R: King Hu D: Feng Hsu, Yueh Sun, Feng Tien, Hui-Lou Chen
In der Zeit der Ming-Dynastie entstehen um die Nachfolge des Abtes in einem buddhistischen Kloster heftige Rivalitätskämpfe. Meisterhaft stilisierte Verbindung von historischer Action und philosophischer Fragestellung.

Der Regenbogen R111
THE RAINBOW ***
GB 1989, 112 Min., F
R: Ken Russell D: Sammi Davis, Paul MacGann, Amanda Donohue
Eine stimmungsvolle Verfilmung des Romans von D.H. Lawrence: eine junge Frau im viktorianischen England versucht, gegen Konventionen und Regeln einen eigenen Weg zu finden.

Der Regenmacher R112
THE RAIN MAKER ****
USA 1956, 122 Min., F
R: Joseph Anthony D: Burt Lancaster, Katherine Hepburn, Wendell Corey, Lloyd Bridges
Ein sympathischer Schwindler zieht übers Land und legt naive Farmer mit Versprechungen über ertragssteigernde Manipulationen des Wetters herein. Er begegnet einer einsamen alten Jungfer und verhilft ihr zu einem glücklicheren Leben. Intelligent-witzige und charmante Komödie.

Der Regenmacher R113
JOHN GRISHAM'S THE RAINMAKER ****
USA 1997, 135 Min., F
R: Francis Ford Coppola D: Matt Damon, Claire Danes, Jon Voight
Perfekt inszeniertes Moraldrama um einen jungen, engagierten Anwalt, der einen dahinsiechenden Leukämiekranken im Kampf gegen einen kriminellen Versicherungskonzern vertritt. Spannende Hollywood-Unterhaltung ohne Nachwirkung. HFJ 1999

Der Regenschirm-Mörder R114
LE COUP DU PARAPLUIE ***
Frankreich 1980, 95 Min., F
R: Gérard Oury D: Pierre Richard, Gert Fröbe, Valerie Mairesse
Verwechslungskomödie um einen Werbespot-Chargen, hinter dem Profikiller und eifersüchtige Frauen her sind. Was genügend Stoff für einen flotten Kinospaß hätte abgeben können, reicht zu kaum mehr als einer gequälten Kalauerkampagne.

Der Regimentstrottel R115
THE SAD SACK ****
USA 1957, 98 Min., s/w
R: George Marshall D: Jerry Lewis, David Wayne, Peter Lorre
Militärklamotte über einen eidetisch begabten US-Rekruten, der eindeutig einen an der Waffel hat, aus Liebeskummer zur Fremdenlegion desertiert und in Marokko aufgrund seiner Dämlichkeit beinahe einem Trupp aufständischer Araber eine neue amerikanische Superwaffe in die Hände spielt. Ein echter Hit für Jerry Lewis, der sich kurz zuvor von Dean Martin getrennt hatte.

Regine R116
***
Deutschland 1934, 91 Min., s/w
R: Erich Waschneck D: Luise Ullrich, Adolf Wohlbrück, Olga Tschechowa
Die Ehe zwischen einem naiven Dienstmädchen und einem erfolgreichen Ingenieur wird durch den schurkischen Bruder der Frau zerstört. Versuch, einen Gottfried-Keller-Stoff zu übertragen, vor allem wegen der Schauspieler interessant.

Regine R117
***
BRD 1955, 101 Min., s/w
R: Harald Braun D: Johanna Matz, Erik Schumann, Gustav Knuth
Industriellensohn heiratet gegen den Willen der Familie das Dienstmädchen Regine und gerät in Konflikte, als man ihn beschuldigt, am Tod seines Schwiegervaters schuld zu sein.

Reich mir die Hand, mein Leben R118
***
Österreich 1955, 96 Min., s/w
R: Karl Hartl D: Johanna Matz, Oskar Werner, Nadja Tiller
Wolfgang Amadeus Mozarts letztes Lebensjahr mit einigen biographischen Freiheiten und vorzüglichen Schauspielerleistungen.

Reich und berühmt R119
RICH AND FAMOUS ***
USA 1982, 112 Min., F
R: George Cukor D: Jacqueline Bisset, Candice Bergen, David Selby
Die melodramatische Geschichte zweier ungleicher Freundinnen ist George Cukors letzter Film, elegant, ironisch, gut gespielt, aber leider hat den fast niemand gesehen.

Reich und gnadenlos R120
NOTTE D'ESTATE CON PROFILO GRECO, OCCHI A MANDORLA ET ODORE DI BASILICO ****
Italien 1986, 99 Min., F
R: Lina Wertmüller D: Mariangela Melato, Michele Placido, Roberto Herlitzka, Massimo Wertmüller
Großkapitalistin mit Haaren auf den Zähnen nimmt einen erpresserischen Schickimicki-Terroristen als Geisel, um ihn im Dialog zu erniedrigen, doch der clevere Hundesohn erregt ihre sexuelle Begierde. Kitsch und Kunst – hier liegen sie dicht beieinander. HFJ 1988

Reichtum ist keine Schande R121
THE JERK ***
USA 1979, 94 Min., F
R: Carl Reiner D: Steve Martin, Bernadette Peters, Catlin Adams
Steve Martin spielt in seinem ersten Kinofilm einen naiven Jungen vom Land, der auszieht, sein Glück zu machen. Er wird durch eine Erfindung reich, findet eine Frau, verliert alles, landet in der Gosse und wird schließlich von seiner Familie heimgeholt. Witzige, nicht unkritische Komödie, liebevoll und mit viel Gespür für Situationskomik inszeniert.

Die Reifeprüfung R122
THE GRADUATE ****
USA 1967, 106 Min., F
R: Mike Nichols D: Dustin Hoffman, Anne Bancroft, Katharine Ross
College-Absolvent wird von Ehefrau angemacht und verguckt sich später in ihre Tochter, was der Dame gar nicht gefällt. Millionen-Dollar-Kassenhit, Meilenstein in der Karriere Dustin Hoffmans. Humorvoll, dramatisch, unterhaltsam.

Reifeprüfung auf der Schulbank R123
*
BRD 1982, 85 Min., F
R: Frank Hover D: Frank Williams, Eleonore Melzer, Christine Krenner
Musiker vertritt seinen Lehrerfreund an einem Mädchengymnasium und laugt die Oberprimanerinnen aus. Alberner Sexfilm mit feisten, blassen Akteuren.

Der Reigen R124
LA RONDE ****
Frankreich 1950, 100 Min., s/w
R: Max Ophüls D: Adolf Wohlbrück, Simone Signoret, Danielle Darrieux
Hure und Soldat, Soldat und Zofe, Zofe und Herr, Herr und Ehefrau, etc. etc. Ausgezeichnete Satire über die Verlogenheit der bürgerlichen Moral nach dem Bühnenstück von Arthur Schnitzler.

Der Reigen R125
**
BRD 1973, 117 Min., F
R: Otto Schenk D: Helmut Berger, Maria Schneider, Sydne Rome
Neuverfilmung des Bühnenstücks von Arthur Schnitzler, in Farbe und mit vielen Stars, aber in der Inszenierung auf dem Niveau biederer TV-Stücke.

Reine Glückssache R126
PURE LUCK ***
USA 1991, 96 Min., F
R: Nadia Tasse D: Martin Short, Danny Glover, Sheila Kelley
Eugene, ein Tolpatsch, soll zusammen mit einem erfahrenen Privatdetektiv die Tochter seines Chefs suchen. Das Mädchen, auch eine wandelnde Katastrophe, ist irgendwo in Mexiko »verlorengegangen«. Während das ungleiche Detektiv-Paar durch die mexikanische Wildnis stolpert, entwickelt sich zwischen ihnen so etwas wie Freundschaft.

Reine Nervensache R127
ANALYZE THIS ***
USA 1999, 103 Min., F
R: Harold Ramis D: Robert De Niro, Billy Crystal, Lisa Kudrow
Mafiaboß krallt sich Psychiater, um seine Panikattacken loszuwerden. Brillante Parodie mit spritzigen Dialogen und zwei glänzend aufeinander eingestellten Darstellern. HFJ 2000

Reinheit des Herzens R128
***
BRD 1979, 104 Min., F
R: Robert van Ackeren D: Elisabeth Trissenaar, Matthias Habich
Komödiantisch-erotische Dreiecksgeschichte mit guten Schauspielern und einigen bizarren Einfällen. Der Film, so van Ackeren, »bietet keine positiven Identifikationsfiguren an, sondern zeigt eine sehr desolate Situation«.

Die Reise R129
THE JOURNEY ****
USA 1958, 126 Min., F
R: Anatole Litvak D: Deborah Kerr, Yul Brynner, Jason Robards jr., Robert Morley
Zur Zeit des ungarischen Aufstands von 1956 werden ausländische Flugreisende von Budapest mit dem Bus an die österreichische Grenze weiterbefördert. Ein sowjetischer Offizier verliebt sich in die englische Geliebte eines mitreisenden verwundeten Freiheitskämpfers. Der Film versucht, die Künstlichkeit des Hasses zwischen den Völkern deutlich zu machen, bleibt aber an der Oberfläche.

Die Reise R130
EL VIAJE ****
Argentinien/Fr 1992, 139 Min., F
R: Fernando E. Solanas D: Walter Quiroz, Soledad Alfaro, Marc Berman
Eine kühne Mischung aus Roadmovie, Dokumentarfilm, Phantasmagorie und Satire: Ein junger Mann macht sich auf die Suche nach seinem Vater und durchquert mit dem Fahrrad ganz Südamerika. Solanas zieht die niederschmetternde Bilanz, daß Lateinamerika nicht nur seiner natürlichen Ressourcen, sondern auch seiner Kultur und Geschichte beraubt wurde und wird. HFJ 1994

Reise der Verdammten R131
VOYAGE OF THE DAMNED ***
USA/GB 1976, 150 Min., F
R: Stuart Rosenberg D: Faye Dunaway, Max von Sydow, Oskar Werner, Malcolm McDowell
Im Jahre 1937 verlassen mehr als 900 auswanderungswillige Juden das nationalsozialistische Deutschland per Schiff mit Zielrichtung Kuba. Nachdem sich herausgestellt hat, daß ihre Visa schon vor Beginn der Reise annuliert worden sind, suchen sie Aufnahme in anderen Ländern. Hervorragend besetzte Verfilmung des authentischen Falles, der sich später als kalkulierter Propagandatrick von Goebbels erwies.

Die Reise des Kapitän Fracassa R132
****
IL VIAGGIO DI CAPITAN FRACASSA
Italien/Frankreich 1990, 135 Min., F
R: Ettore Scola D: Massimo Troisi, Ornella Muti, Vincent Perez
Eine italienische Schauspielertruppe unterwegs im Frankreich des 17. Jahrhunderts nimmt einen verarmten Baron auf und versucht im eigenen Interesse an seiner Rehabilitierung am Hof mitzuwirken. Eine stimmungsvolle, allerdings etwas eindimensionale Verfilmung des Romans von Theophile Gautier. HFJ 1992

Reise in den Norden R133
TRAVELLING NORTH **
Australien 1986, 95 Min., F
R: Carl Schultz D: Leo McKern, Julia Blake, Graham Kennedy
Ein fast siebzigjähriger Junggeselle verliebt sich in eine jüngere Witwe und erlebt die Ablehnung von deren Kindern.

Reise in die Finsternis R134
ROSSO ****
Finnland 1985, 73 Min., F
R: Mika Kaurismäki D: Kari Väänänen, Martti Syrjä, Leena Harjupatana

Judy Davis und Alec Guiness in ›Eine Reise nach Indien‹.

Ein Mafia-Killer soll in Finnland seine ehemalige Geliebte töten. Lakonisches Road Movie über die Suche nach der Liebe und die Reise in den Tod.

Reise in die große Tartarei R135
VOYAGE EN GRANDE TARTARIE ***
Frankreich 1973, 100 Min., F
R: Jean-Charles Tacchella D: Jean-Luc Bideau, Micheline Lanctot, Lou Castel
Ein Mann kehrt dem Alltag den Rücken, nachdem ein Amokläufer seine Frau erschossen hat, und reist ziellos durch ein fremdartiges Frankreich, in dem ihm unverhoffte Brutalität und unerwartete Zärtlichkeit begegnen. Trotz formaler Mängel ein gelungener und ernsthafter Versuch, den Weg eines Mannes in die Resignation und zurück mit satirischen Mitteln zu schildern.

Reise in die Urzeit R136
CESTA DO PRAVEKU ****
CSSR 1955, 86 Min., F
R: Karel Zeman D: Vladimir Bejval, Petr Herrmann, Josef Lukás
Vier Buben, in einem Boot auf einem Fluß unterwegs, der sie in die Urzeit trägt, erleben die Frühzeit der Erde. Hübscher, sorgfältig gemachter »Bildungsfilm« mit guten Tricks, der ganz ohne billige Action auskommt. LSFF

Reise in Italien R137
VIAGGIO IN ITALIA ****
Italien/Frankreich 1953, 82 Min., s/w
R: Roberto Rossellini D: Ingrid Bergman, George Sanders, Maria Mauban
Ein Ehepaar, das sich auseinandergelebt hat, sucht in Venedig einen Neuanfang. Rossellini weiß so viel von seinen Figuren, daß er sie lieben kann und ihnen keine falschen Hoffnungen macht.

Die Reise ins Ich R138
INNERSPACE ***
USA 1987, 120 Min., F
R: Joe Dante D: Dennis Quaid, Martin Short, Meg Ryan, Kevin McCarthy
NASA-Mann läßt sich in einem U-Boot auf Mikrobengröße schrumpfen und gerät versehentlich in den Blutkreislauf eines genervten Buben, an dessen Fersen sich sogleich Terroristen hängen. Flott inszenierter, netter Versuch, das SF-Klischee komödiantisch zu nehmen. HFJ 1988

Die Reise ins Labyrinth R139
LABYRINTH **
USA 1986, 101 Min., F
R: Jim Henson D: David Bowie, Jennifer Connelly, Toby Froud
Eine Halbwüchsige, die ihren kleinen Bruder im Reich der Trolle sucht, muß sich auf der Reise ins Fantasyland allerlei Gefahren stellen. Schwer in Schwung kommende Geschichte mit poppigen Puppen. HFJ 1987

Eine Reise ins Licht
siehe: Despair – Die Reise ins Licht

Reise ins Zentrum der Zeit R140
JOURNEY TO THE CENTER OF TIME **
USA 1968, 79 Min., F
R: David L. Hewitt D: Scott Brady, Anthony Eisley, Gigi Perreau
Forscher werden ins Jahr 6968 und danach in eine prähistorische Ära der Erde verschlagen und sehen sich schwerwiegenden Problemen gegenüber. Durchschnittlicher SF-Film.

Reise mit Anita R141
VIAGGIO CON ANITA ***
Italien/Frankreich 1978, 100 Min., F
R: Mario Monicelli D: Giancarlo Giannini, Goldie Hawn, Claudine Auger
Guido ist unterwegs zu seinem todkranken Vater; unterwegs trifft er auf die hübsche Anita, die seine Pläne gründlich durcheinanderbringt. Schwarze Komödie, die vordem als Stoff für einen Film von Federico Fellini gedacht war.

Eine Reise mit der Liebe und dem Tod R142
A WALK WITH LOVE AND DEATH ****
USA 1969, 85 Min., F
R: John Huston D: Anjelica Huston, Assaf Dayan, Anthony Corlan
Ein Paar zieht inmitten der unwirtlichen, von gesellschaftlichen Unruhen geprägten Welt des mittelalterlichen Frankreich durch die Lande. In dem Bestreben, allein ihre Liebe zu leben, müssen sie scheitern. Huston schildert mit seinem Film auf bedrückende Weise das Zerbrechen individuellen Glücks an einer den einzelnen mißachtenden Umwelt.

Eine Reise nach Indien R143
A PASSAGE TO INDIA ****
GB 1984, 163 Min., F
R: David Lean D: Peggy Ashcroft, Judy Davis, James Fox, Alec Guinness
Eine junge Engländerin kommt in den zwanziger Jahren mit dem britisch kolonialisierten Indien in Berührung, als sie zu ihrem Verlobten reist. Von der fremden Welt irritiert und fasziniert zugleich verursacht sie einen gesellschaftlichen Eklat. Opulenter Film mit brillanten Charakterzeichnungen, der eine kritische Reflexion der angesprochenen politischen Umstände nur ansatzweise leistet.

Die Reise nach Kythera R144
TAXIDISTA KITHIRA *****
Griechenland 1984, 149 Min., F
R: Theo Angelopoulos D: Giulio Brogi, Manos Katrakis, Dora Volanki
Poetische Reflexion über einen Produzenten, der in der Film-Geschichte eines politischen Flüchtlings die seines eigenen Vaters erkennt.

Die Reise nach Palermo R145
IL VIAGGIO ***
Italien 1974, 96 Min., F
R: Vittorio de Sica D: Sophia Loren, Richard Burton, Ian Bannen
Eine schwerkranke Frau unternimmt nach dem Tod ihres Mannes mit ihrem Schwager, den sie in Wahrheit immer geliebt hat, eine Reise durch Italien, um in Venedig zu sterben. Wunderschöner Tränendrücker.

Die Reise nach Tilsit R146
***
Deutschland 1942, 88 Min., s/w
R: Veit Harlan D: Kristina Söderbaum, Frits Van Dongen
Die harmonische Ehe eines Fischers auf der Kurischen Nehrung wird durch eine leidenschaftliche polnische Sommerfrischlerin gestört. Er faßt den furchtbaren Plan, seine Frau auf einer Bootsfahrt zu ermorden. Ein sehr schlichtes, aber vielleicht gerade deshalb recht eindringliches Melodrama.

Die Reise nach Wien R147
***
BRD 1973, 102 Min., F
R: Edgar Reitz D: Hannelore Elsner, Mario Adorf, Elke Sommer
Zwei lebensgierige Soldatenfrauen aus dem Hunsrück unternehmen während des Zweiten Weltkrieges eine Reise nach Wien, um sich zu amüsieren. Von dort kehren sie – auf den Boden der Tatsachen zurückgeholt – mit neuen Einsichten zurück. Nur teilweise überzeugender Versuch einer Zeitstudie.

Ein Forschungsteam, das durch eine isländische Höhle zum Mittelpunkt der Erde vorstößt, begegnet allerlei prähistorischen Tieren und entdeckt das versunkene Atlantis. Kompetent gemachter SF-Film nach Jules Verne.

Reise zur Sonne R149
GÜNESE YOLCULUK ****
Türkei/NL/BRD 1999, 105 Min., F
R: Yesim Ustaoglu D: Nazmi Oirix, Newroz Baz, Mizgin Kapazan
Ein kurdisch aussehender Türke freundet sich mit einem »echten« Kurden an, erlebt fortan die rassistische Ausgrenzung am eigenen Leib und bringt nach dem Tod des Freundes dessen Leiche im Sarg zurück in die Heimat. Stimmungsvoller Ansatz, auf die momentane politische Situation in der Türkei aufmerksam zu machen, realistisch, poetisch, ergreifend. HFJ 2000

Die Reisen des Mr. Leary R150
THE ACCIDENTAL TOURIST ****
USA 1988, 121 Min., F
R: Lawrence Kasdan D: William Hurt, Kathleen Turner, Geena Davis
Sensible und vielschichtige Beziehungskomödie über einen ziemlich introvertierten Verfasser von Reiseführern und eine sehr extrovertierte Tierpflegerin, die sich zögerlich auf eine Liebesgeschichte einlassen. Drum herum: wunderbar skurrile Figuren. HFJ 1990

Das Reismädchen R151
LA RISAIA **
Italien 1956, 91 Min., F
R: Raffaello Matarazzo D: Elsa Martinelli, Folco Lulli, Michel Auclair
Melodramatische Liebesgeschichte zwischen Gutsbesitzer und Saisonarbeiterin im Fahrwasser des Kinohits *Bitterer Reis*.

Die Reiter des Schreckens R152
IL TERRORE DEI MANTELLI ROSSI **
It/Fr/Sp 1963, 84 Min., F
ny Russell,
lm, Carla Calo
orisieren einen
n. Der Bösmann
e als der Gute –
mittelprächtiger
m.

Reiter ohne Gnade R153
KANSAS RAIDERS ***
USA 1950, 76 Min., F
R: Ray Enright D: Audie Murphy, Brian Donlevy, Marguerita Chapman
Packender Western über eine Gruppe junger Gesetzloser, die sich während des amerikanischen Sezessionskriegs einer Partisanengruppe anschließen und eine Stadt erobern.

Reitet das rosarote Pferdchen R154
**
COME, RIDE THE WILD PINK HORSE
USA 1967, 83 Min., F
R: Joseph W. Sarno D: Mona Marshall, Stephen Wolff, Sheila Britt
Hausfrau schließt sich einer Kommune an und wird körperlich und finanziell ausgebeutet, bis sie dem Gatten ihrer besten Freundin begegnet. Sexfilm, der weismachen will, daß Hippies nur auf Geld und Gratisvögeln auswaren.

Rekonstruktion R155
ANAPARASTASSI ***
Griechenland 1970, 105 Min., s/w
R: Theo Angelopoulos D: Toula Stathopoulou, Jannis Totsikas, Thanos Grammenos, Petros Choidas
Ein griechischer Gastarbeiter kehrt aus Deutschland in sein abgelegenes Dorf zurück und wird gemeinsam von seiner Frau und ihrem Liebhaber getötet. Intensive und genau beobachtete Studie über die soziale Situation in Griechenland anhand eines Einzelschicksals.

Die Rekonstruktion R156
RECONSTITUIREA ****
Rumänien 1970, 108 Min., s/w
R: Lucian Pintilie D: George Constantin, Emil Botta, George Mihaita
Zwei Studenten, die bei einer Kneipenschlägerei den Kellner verletzten, sollen vor dem Untersuchungsrichter den Tathergang möglichst realistisch rekonstruieren, wobei einer der beiden Studenten getötet wird. Der Film von Pintilie kreist vor allem um Szenen gesellschaftlicher Verantwortungslosigkeit und moralischer Gleichgültigkeit.

Rembrandt 7 antwortet nicht R157 **

BRD/It/Sp 1965, 95 Min., F
R: Carlo Romitelli D: Lang Jeffries, Joachim Hansen, Christine Maybach
US-Agent sucht entführten Wissenschaftler, dem Agenten seine Erfindung, den Todesstrahl, abpressen wollen. Naive Kost für entsprechende Gemüter.

Renaldo und Clara R158
RENALDO AND CLARA ***
USA 1978, 232 Min., F
R: Bob Dylan D: Bob Dylan, Sara Dylan, Joan Baez, Allen Ginsberg
Ziemlich langes und gelegentlich verrätseltes Selbstporträt des Musikers Bob Dylan rund um eine Konzerttournee.

Rendezvous mit dem Tod R159
GOLDEN RENDEZ-VOUS ***
USA 1977, 100 Min., F
R: Ashley Lazarus D: Richard Harris, Ann Turkel, David Janssen
Gangster überfallen ein Passagierschiff auf Kreuzfahrt in der Karibik, um auf diese Weise, per Notruf, einen US-Regierungsfrachter seiner Goldladung zu berauben. Dank dem Ersten Offizier der »Caribbean Star« mißlingt das Unternehmen und auch eine im Schiff verborgene Atombombe kann rechtzeitig entschärft werden. Spannende Unterhaltung nach einem Roman von Alistair MacLean trotz einer nicht ganz durchsichtigen Story.

Rendezvous in Bray R160
RENDEZ-VOUS A BRAY ****
Belgien/BRD/Fr 1971, 90 Min., F
R: André Delvaux D: Mathieu Carrière, Anna Karina, Bulle Ogier
In der Zeit des Ersten Weltkrieges erlebt ein junger Mann im Hause seines Freundes eine Reise in die eigene Vergangenheit. Assoziationsreiche, intelligente Filmpoesie.

Rendezvous mit Joe Black R161
MEET JOE BLACK ***
USA 1998, 189 Min., F
R: Martin Brest D: Claire Forlani, Brad Pitt, Anthony Hopkins
Der Tod kommt auf die Erde, um einen Multimillionär abzuholen, handelt mit ihm einen Deal aus, weil er das Leben einmal kennenlernen will und verliebt sich in die hübsche Tochter. Kino der großen Gefühle, romantisch und tragikomisch. HFJ 2000

Rendezvous mit einem Engel E162 ***
THE PREACHER'S WIFE
USA 1996, 124 Min., F
R: Penny Marshall D: Denzel Washington, Whitney Houston, Gregory Hines
Ein Engel wird auf die Erde geschickt, um einen Priester im Kampf gegen einen Immobilienhai zu unterstützen, und verliebt sich dabei in des Pfarrers Gattin. Mainstream-Romanze, die so vor sich hinplätschert. HFJ 1998

Rendezvous nach Ladenschluß R163 ****
THE SHOP AROUND THE CORNER
USA 1939, 98 Min., s/w
R: Ernst Lubitsch D: James Stewart, Felix Bressart, Margaret Sullivan
Der schüchterne Geschäftsführer eines Budapester Kolonialwarenladens der dreißiger Jahre muß bei einem Rendezvous mit einer seiner Verkäuferinnen überrascht feststellen, daß es sich um die geliebte Briefpartnerin handelt. Die liebenswert dargestellten Erlebnisse und kleinen Probleme des Paares werden in einer schwungvollen Komödie mit augenzwinkernder Gesellschaftskritik erzählt.

Rendezvous zum fröhlichen Tod R164 ***
AU RENDEZ-VOUS DE LA MORT JOYEUSE
Frankreich/Italien 1972, 81 Min., F
R: Juan Buñuel D: Françoise Fabian, Jean-Marc Bory, Yasmine Dahm
Ein phantastischer Film des Sohnes von Luis Buñuel. Auf einem Sommersitz geschehen unheimliche Dinge: Kühlschränke, Tische und Spülsteine greifen Menschen an. Auch ein Fernsehteam kommt nicht ungeschoren davon. Als auch noch ein Pfarrer umkommt, flüchtet das Ehepaar mit seinen Kindern. Nur die 14jährige Sophie kommt noch einmal allein zurück. Für Okkultisten.

Repoman R165
REPO MAN **
USA 1984, 95 Min., F
R: Alex Cox D: Emilio Estevez, Harry Dean Stanton, Olivia Barash
Ein Punk in Los Angeles, der für eine Finanzierungsgesellschaft säumigen Ratenzahlern die gekauften Autos wieder wegnimmt, ist auf der Suche nach einem alten Chevrolet mit tödlicher Fracht, der auch andere hinterherjagen. In der Reagan-Ära angesiedelte New-Wave-Komödie mit satirischen Anklängen, trotz brillanter Bilder und Dekors nur mäßig unterhaltsam.

Der Reporter R166
THE PUBLIC EYE ***
USA 1992, 98 Min., F
R: Howard Franklin D: Joe Pesci, Barbara Hershey, Stanley Tucci
Gerissener Fotojournalist soll für eine Frau, in die er sich verliebt hat, Informationen über einen Gangster beschaffen, und gerät dabei in mancherlei Gefahren. Zeitungs-film-noir, der sich überraschend ernsthaft mit den Problemen des Berufsstandes und seiner Opfer auseinandersetzt. HFJ 1994

Reporter der Liebe R167
TEACHER'S PET ***
USA 1957, 119 Min., s/w
R: George Seaton D: Clark Gable, Doris Day, Gig Young, Nick Adams
Ein hartgesottener Revolverjournalist eckt bei einer literarisch gebildeten Dame an und muß sich, als er sich in sie verliebt, allerhand einfallen lassen. Komödie.

Reporter des Satans R168
ACE IN THE HOLE/BIG CARNIVAL ****
USA 1951, 111 Min., s/w
R: Billy Wilder D: Kirk Douglas, Jan Sterling, Bob Arthur, Porter Hall
Ein gescheiterter Reporter verzögert bewußt die Rettung eines in einer Höhle verschütteten Mannes, um den Nachrichtenwert des Unglücks zu erhöhen. Zynische, von Wilder herausragend inszenierte Attacke auf die Sensationslust von Öffentlichkeit und Medien.

Reporters R169
REPORTERS ***
Frankreich 1981, 90 Min., F
R: Raymond Depardon
Der Alltag zweier Photoreporter führt mit agil montierten Beobachtungen zu Politikern, Stars und Aktualitäten. Der Dokumentarist verzichtet auf Deutung und Parteinahme, spart nicht mit Humor und bleibt auf Distanz.

Requiem für eine romantische Frau R170 ****
BRD 1998, 100 Min., F
R: Dagmar Knöpfel D: Sylvester Groth, Janina Sachau, Jeanette Hain
17jähriges Sturm-und-Drang-Teenie verliebt sich in den romantischen Dichter Clemens Brentano. Liebe-Haß-Melodram über eine leidenschaftliche amour fou, modern inszeniert und von zeitloser Gültigkeit.
HFJ 2000

Reservoir Dogs – Wilde Hunde R171 ****
RESERVOIR DOGS
USA 1991, 99 Min., F
R: Quentin Tarantino D: Harvey Keitel, Tim Roth, Christopher Penn
Sechs Gangster, die sich untereinander nicht kennen, werden für einen perfekt geplanten Diamantendiebstahl angeheuert. Als plötzlich die Polizei auftaucht und zwei der Diebe erschießt, verdächtigen sich die Überlebenden gegenseitig, den Überfall verraten zu haben. HFJ 1993

Rette deine Haut, Killer R172
POUR LA PEAU D'UN FLIC **
Frankreich 1981, 94 Min., F
R: Alain Delon D: Alain Delon, Anne Parillaud, Daniel Ceccaldi
Ex-Bulle Delon gerät in seinem Regiedebüt an korrupte Polizisten. Leicht überfordert lieferte Delon einen geschwätzigen, ganz auf das eigene Image bezogenen Film ab.

Ein merkwürdiges Lebensende: Nachdem seine Freundin ihn verlassen hat und er mit Ehefrau und Tochter nicht zurechtkommt, verbringt ein Mann eine Nacht mit einer Prostituierten in einem Hotel und wird dann von einem Auto überfahren. Hinter der banalen Geschichte steckt eine spannende Auseinandersetzung mit der Frage, ob es möglich ist, sein Leben zu ändern.

Retter von Tulonga R174
SAVAGE MUTINY **
USA 1953, 73 Min., s/w
R: Spencer G. Bennett D: Johnny Weissmueller, Angela Stevens, Lester Matthews, Nelson Leigh
Der Abenteurer Dschungel-Jim rettet ein afrikanisches Volk, das von zwei skrupellosen Ostagenten in ein Gebiet gelotst wird, in dem Amerikaner eine Atombombe testen wollen. Die Frage, warum die Amis sowas nicht im eigenen Land machen, stellt sich keiner.

Die Reue R175
MONANIEBA/POKAJANIJE ****
UdSSR 1984, 145 Min., F
R: Tengis Abuladse D: Awtandil Macharadse, Ija Ninidse, Merab Ninidse
In der poetischen Groteske des georgischen Meisterregisseurs holt eine Frau den verstorbenen Bürgermeister einer Provinzhauptstadt immer wieder aus dem Grab, damit sein terroristisches Regiment nicht vergessen wird.

Revak, Sklave von Karthago R176
REVAK, LO SCHIAVO DI CARTAGENA ***
Italien/USA 1960, 82 Min., F
R: Rudolph Maté D: Jack Palance, Milly Vitale, Guy Rolfe, Austin Willis
Monumentalfilm. Ein keltischer Prinz erleidet als karthagische Geisel jede Menge Unbill (Folter und Maloche auf der Galeere inkl.) und löst einen Aufstand aus, dem sich auch römische Gefangene anschließen.

in Kontakt mit den Rebellen und entlarvt einen ihrer Leiter als Agent provocateur der Herrschenden. Hieb- und Stichfilm in Monumentalmilieu.

Revengers R178
THE REVENGERS ***
USA/Mexiko 1972, 108 Min., F
R: Daniel Mann D: William Holden, Ernest Borgnine, Woody Strode
Rancher bedient sich der Hilfe von sechs Kriminellen, um einen Mann zu suchen, der seine Familie ausgelöscht hat. Er erkennt, daß seine Rachsucht ihn so animalisch hat werden lassen wie die Bösen. Standardwestern.

Die Revolte R179
***
BRD 1969, Min., F
R: Reinhard Hauff D: Hans Brenner, Raimund Harmstorff, Marquard Bohm
Ein Versicherungsangestellter, der lange Zeit seinen Job gewissenhaft erfüllt hat, steigt aus und sucht eine Alternative zum Kleinbürgerdasein. Bedeutungsschwer.

Die Revolte der Sieben R180
GLI INVINCIBILI SETTE **
LOS INVENCIBLES
Italien/Spanien 1963, 92 Min., F
R: Alberto De Martino D: Tony Russell, Helga Liné, Massimo Serrato
Sieben Muskelprotze treten im Sparta des 4. Jahrhunderts v. Chr. gegen einen bösen Tyrannen an. Sandalenfilm, in dem viel gedroschen und wenig gedacht wird.

Revolte in der Unterwelt R181
THE OUTFIT ****
USA 1973, 102 Min., F
R: John Flynn D: Robert Duvall, Joe Don Baker, Karen Black
Nach seiner Entlassung aus dem Gefängnis rächt ein Gangster den Mord an seinem Bruder indem er sich mit dem Oberboss anlegt. Hervorragendes

Eine breit angelegte, in Details wunderbare, im ganzen aber nicht ganz stichhaltig konstruierte Geschichte aus dem amerikanischen Unabhängigkeitskrieg. Al Pacino gibt als Vater auf der Suche nach seinem Sohn in den Kriegswirren eine bemerkenswerte Vorstellung.

Rhapsodie im August R183
HACHIGATSU NO RAPUSODI ****
Japan 1991, 97 Min., F
R: Akira Kurosawa D: Richard Gere, Sachiko Murase, Hisashi Igawa
Der Sohn eines in Amerika reich gewordenen Japaners kommt, nachdem die Großmutter eine Einladung abgelehnt hat, nach Japan und nimmt am Gedächtnis-Gebet für die Opfer des Atombombenabwurfes teil. Einfühlsame Trauerarbeit gegen das Vergessen. HFJ 1992

Rhapsodie in Blei R184
LONG DISTANCE ***
THE TREASURE OF SAN TERESA
GB 1959, 90 Min., s/w
R: Alvin Rakoff D: Eddie Constantine, Dawn Addams, Nadine Tallier
US-Ex-Funker tritt für die Rechte und die Juwelen einer Generalstochter ein, deren Vater 1944 von der Gestapo getötet wurde. Thriller, der ohne den Eddie-typischen Humor auskommt.

Rhea M – Es begann ohne Warnung R185 **
MAXIMUM OVERDRIVE
USA 1986, 97 Min., F
R: Stephen King D: Emilio Estevez, Pat Hingle, Laura Harrington
Durch den Strahleneinfluß eines sich der Erde nähernden Kometen spielen Maschinen und Autos verrückt und terrorisieren die Menschen. Selbst Regisseur King bezeichnet dieses Ding als »Schwachsinnsfilm«. HFJ 1987

Rheingold R186
***
BRD 1977, 91 Min., F
R: Niklaus Schilling D: Rüdiger Kirschstein, Gunther Malzacher, Elke Haltaufderheide
Die Geschichte einer aussichtslosen Liebe zwischen der Gattin eines Diplomaten und einem Eisenbahnkellner des TEE-Zugs »Rheingold«. Als der Ehemann das Verhältnis zufällig entdeckt, verletzt er seine Frau durch einen Stich mit einem Brieföffner tödlich. Eine melodramatische Reise in den Tod, ein Zug-Film der Extraklasse.

Rheinsberg R187
***
BRD 1967, 82 Min., F
R: Kurt Hoffmann D: Cornelia Froboess, Christian Wolff, Werner Hinz
Vergleichsweise entspannte und amüsante Verfilmung von Kurt Tucholskys »Bilderbuch für Verliebte«.

Rhythmus hinter Gittern R188
JAILHOUSE ROCK **
USA 1958, 96 Min., s/w
R: Richard Thorpe D: Elvis Presley, Judy Tyler, Mickey Shaughnessy
Knastbruder erlernt von Mitgefangenem die Bedienung einer Gitarre und macht Karriere als Pop-Sänger. Plotloser Film, der aufgrund seines Stars horrende Summen einspielte.

Richard III. R189
RICHARD III. ****
GB 1955, 138 Min., F
R: Laurence Olivier D: Laurence Olivier, Cedric Hardwicke, Ralph Richardson, John Gielgud
Shakespeares Königsdrama aus der Zeit der Rosenkriege in einer schauspielerisch und inszenatorisch hervorragenden Film-Version.

Der Richter bin ich R190
I, THE JURY **
USA 1953, 88 Min., s/w
R: Harry Essex D: Biff Elliott, Preston Foster, Peggie Castle
»Hard boiled«-Detektiv Mike Hammer gegen Gangster und fatale Frauen. Der Stakkato-Rhythmus, die zynische Brutalität und fragwürdige Ideologie des Romans tauchen in dieser ersten Verfilmung nicht auf.

Der Richter, den sie Sheriff nannten R191 ***
LE JUGE FAYARD, DIT »LE SHERIFF«
Frankreich 1977, 100 Min., F
R: Yves Boisset D: Patrick Dewaere, Aurore Clement, Philippe Léotard
Ein junger, engagierter Untersuchungsrichter läßt sich bei seinen Ermittlungen weder von Kritik noch von Drohungen abhalten und deckt eine Beziehung zwischen Politik und Gangstertum auf. Realistischer Thriller.

Ein Richter sieht rot R192
THE STAR CHAMBER ***
USA 1983, 102 Min., F
R: Peter Hyams D: Michael Douglas, Hal Halbrook, Yaphet Kotto
Ein Richter ist frustriert von den windigen Tricks, mit denen sich die Gangster unter Berufung auf juristische Formfehler befreien können. Er schließt sich einer geheimen Juristengruppe an, die Todesurteile fällt, bis er merkt, daß das Gesetz dort nur auf andere Art gebeugt wird.

Der Richter und der Mörder R193
LE JUGE ET L'ASSASSIN ****
Frankreich 1975, 125 Min., F
R: Bertrand Tavernier D: Philippe Noiret, Michel Galabru, Isabelle Huppert, Jean-Claude Brialy
Psycho-Krimi um einen aus einer Nervenklinik als geheilt entlassenen Ex-Unteroffiziers, der zum Massenmörder wird. Ein Untersuchungsrichter, der ihn als einziger verdächtigt, bringt im Laufe seiner Recherchen wachsendes Verständnis für die Beweggründe des Verdächtigen auf, entscheidet sich dann aber doch im Sinne der Staatsräson. Hervorragend gespieltes und photographiertes Drama.

Der Richter und seine Henker R194 ***
BRD/Italien 1975, 92 Min., F
R: Maximilian Schell D: Martin Ritt, Jon Voight, Jacqueline Bisset, Robert Shaw
Ein todkranker Kriminalkommissar verdächtigt einen kriminell gewordenen Jugendfreund eines Verbrechen. Mit akribischer Beweisführung ruht er nicht eher, bis er diesen entlarvt. Psychologisch inszenierte und ausgezeichnet gespielte Verfilmung des Dürrenmatt-Romans, die sich mit dem Thema Gut und Böse differenziert auseinandersetzt.

Ridicule R195
RIDICULE ****
Frankreich 1996, 102 Min., F
R: Patrice Leconte D: Fanny Ardant, Charles Berling, Bernard Giraudeau, Judith Godrèche
Ein junger Edelmann will Ludwig XVI. von seiner Idee zur Trockenlegung eines Sumpfgebietes überzeugen, scheitert aber am mangelnden Interesse des Hofstaates, an dem nur espritvolle Intrigenspiele etwas zählen. Vielschichtige Geschichtslektion voller Opulenz und brillantem Wortwitz. HFJ 1998

Das Riesenrad R196
***
BRD 1961, 105 Min., s/w
R: Geza von Radvany D: Maria Schell, O.W. Fischer, Adrienne Gessner
Der Klassiker unter den O. W. Fischer/Maria Schell-Tränendrückern. Die Chronik einer Liebe und Ehe von der Zeit des Ersten Weltkrieges bis in die sechziger Jahre hinein.

Rififi R197
DU RIFIFI CHEZ LES HOMMES ***
Frankreich 1954, 116 Min., s/w
R: Jules Dassin D: Jean Servais, Carl Möhner, Robert Manuel, Perlo Vita
Bandenkrieg um die Beute eines erfolgreichen Einbruchs. Dassins Caper-Movie verbindet amerikanischen mit französischem Poetischen Realismus. Der Erfolg des Films initiierte eine Reihe von Nachfolgern.

Rififi am Karfreitag R198
THE LONG GOOD FRIDAY ****
GB 1979, 114 Min., F
R: John Mackenzie D: Bob Hoskins, Eddie Constantine, Helen Mirren
Ein Londoner Gangsterboß verhandelt erst mit amerikanischen Mafiosi über das Bauprojekt und legt sich dann mit der IRA an. Aber alles läuft schief. Packender Thriller.

belgische Bank auszurauben, wobei es unter den Tätern zu Konflikten kommt. Durchaus ansehbarer Thriller.

Rififi in Tokio R200
RIFIFI A TOKYO ***
Fr/It 1961, 89 Min., s/w
R: Jacques Deray D: Charles Vanel, Karlheinz Böhm, Barbara Lass
Drei Gangster bereiten einen Einbruch in eine Tokioter Bank vor, um einen wertvollen Diamanten zu stehlen. Probleme mit einer konkurrierenden Bande und Auseinandersetzungen innerhalb des Trios komplizieren die Lage. Fast dokumentarisch aufgezogener Kriminalfilm.

Ring der Begierde R201
RING OF DESIRE ***
USA 1982, 90 Min., F
R: Peter Balakoff D: Paul Thomas, Ron Jeremy, Gena Lee
Ein magischer Ring, der von einem Besitzer zum nächsten wandert, macht seine Träger sexuell so attraktiv, daß sie beim anderen Geschlecht jede Chance haben. Scharfer Fantasy-Sex mit witzigen Dialogen und deutlicher Kameraführung.

Der Ring der Verschworenen R202
THE CONSPIRATORS ***
USA 1944, 85 Min., s/w
R: Jean Negulesco D: Hedy Lamarr, Paul Henreid, Sidney Greenstreet
Holländischer Widerstandskämpfer im Zweiten Weltkrieg läßt in Lissabon Spionagering hochgehen. Was mit *Casablanca* gelang, ging hier trotz guter Darsteller daneben.

Ringo R203
STAGECOACH *****
USA 1939, 94 Min., s/w
R: John Ford D: John Wayne, Claire Trevor, John Carradine, Thomas Mitchell, Donald Meek
Fünf Reisende, ein Sheriff und ein

Ringo kommt zurück R204
IL RITORNO DI RINGO ***
Italien/Spanien 1965, 96 Min., F
R: Duccio Tessari D: Giuliano Gemma, Fernando Sancho, George Martin
Als der totgesagte Ringo aus dem Bürgerkrieg heimkehrt, hat ein Bandit sich seinen Besitz angeeignet. Als er auch seine Frau haben will, fließt Blut. Die Rückkehr des Odysseus auf Westernart. Ansehbar.

Rio Bravo R205
RIO BRAVO ****
USA 1958, 141 Min., F
R: Howard Hawks D: John Wayne, Dean Martin, Ricky Nelson
Nachdem Sheriff Chance einen Mörder ins Gefängnis gesteckt hat, wird sein Büro vom Bruder des Delinquenten und dessen Kumpanen belagert. Er stellt sich ihnen mit Hilfe seines Deputys, eines Säufers und eines Revolvermannes entgegen.

Rio das mortes R206
****
BRD 1970, 83 Min., F
R: Rainer Werner Fassbinder
D: Michael König, Günther Kaufmann, Hanna Schygulla
Michael und Günther wollen ihren großen Traum erfüllen und in Peru auf Schatzsuche gehen. Michaels Freundin Hanna versucht vergeblich, sie aufzuhalten. Früher Fassbinder-Film: Poetische Untersuchung über die Sehnsucht und das Flüchten.

Rio Grande R207
RIO GRANDE ***
USA 1950, 103 Min., s/w
R: John Ford D: John Wayne, Maureen O'Hara, Claude Jarman jr.
Einem Kavallerieoffizier in einem Fort in Texas, der von Frau und Sohn getrennt lebt, machen die regelmäßigen Überfälle von Apachen und seine familiäre Si-

Rio Lobo R208
RIO LOBO ***
USA 1970, 114 Min., F
R: Howard Hawks D: John Wayne, Jorge Rivero, Jennifer O'Neill, Jack Elam, Christopher Mitchum
Nach Ende des amerikanischen Bürgerkriegs hetzt ein Ex-Offizier einen Verräter, der auch den Tod seines Sohnes verschuldet hat, und stellt ihm ein Bein, als er den Ort Rio Lobo »übernehmen« will. Mehr für John-Wayne-Fans.

Rio Morte R209
VILLA RIDES ***
USA 1968, 120 Min., F
R: Buzz Kulik D: Yul Brynner, Robert Mitchum, Charles Bronson
Ein Flieger wird von mexikanischen Revolutionären in den Dienst gepreßt und übernimmt den Part ihrer »Luftwaffe«. Turbulenter Western über die mexikanischen Revolutionswirren von 1916. Ansehbar.

Riptide R210
EDGAR ALLAN POE'S MASQUE OF THE RED DEATH *
USA 1989, 88 Min., F
R: Alan Birkinshaw D: Frank Stallone, Brenda Vaccaro, Herbert Lom
Eine Fotografin entlarvt während einer Party eine Schauspielerin als »Roten Tod« (= die Pest). Nach der Erzählung von Edgar Allan Poe. HFJ 1992

Der Riß R211
LA RUPTURE ****
Fr/Belgien/It 1970, 125 Min., F
R: Claude Chabrol D: Stéphane Audran, Jean-Pierre Cassel, Michel Bouquet, Marguerite Cassan
Eine junge Frau steht vor der Scheidung von ihrem schizophrenen Ehemann und wehrt sich verzweifelt gegen den skrupellosen Schwiegervater, der ihr das Kind wegnehmen will. Der scheut für seine Zwecke selbst vor der zerstörerischen Benutzung einer Minderjährigen nicht zurück. Mit einer außergewöhnlich intensiven und bedrückenden Dramaturgie zeigt Chabrol einmal mehr die Hölle freiheitsfeindlichen bourgeoisen Besitzdenkens.

Ein Riß in der Welt R212
A CRACK IN THE WORLD ***
USA 1964, 96 Min., F
R: Andrew Marton D: Dana Andrews, Janette Scott, Kieron Mooren
Um den Erdkern als Energielieferant zu nutzen, feuert ein Wissenschaftler eine Rakete ins Erdinnere und löst damit fast den Weltuntergang aus. Ein anfangs geschwätziger SF-Film, aber dann geht's echt los! LSFF

Rita will es endlich wissen R213
EDUCATING RITA ***
GB 1983, 106 Min., F
R: Lewis Gilbert D: Julie Walters, Michael Caine, Michael Williams
Eine frustrierte Ehefrau will nicht länger als »Dummchen« durchs Leben gehen; sie schnappt sich einen versoffenen Professor und läßt sich von ihm ausbilden. Daraus ergibt sich eine Zeit der gegenseitigen Hilfe und Zuneigung. Amüsante Variation des »Pygmalion«-Themas.

Ritt im Wirbelwind R214
RIDE IN THE WHIRLWIND ***
USA 1966, 90 Min., F
R: Monte Hellman D: Cameron Mitchell, Jack Nicholson, Millie Perkins
Drei Cowboys, die unterwegs auf ein Rudel Gesetzlose stoßen, werden von einem Vigilantenkommando ebenfalls für Verbrecher gehalten und gehetzt. Spätwestern, der in den USA und bei uns nur im Fernsehen lief.

Ritt in den Tod R215
WALK THE PROUD LAND ***
USA 1956, 87 Min., F
R: Jesse Hibbs D: Audie Murphy, Anne Bancroft, Patricia Crowley
Indianeragent erringt die Sympathie seiner roten Brüder und zieht sich daraufhin den Haß der Weißen zu. Nett gemeinter und auch ganz ordentlich gemachter Western.

Ritt in die Hölle R216
SHOTGUN ***
USA 1957, 90 Min., F
R: Lesley Selander D: Sterling Hayden, Yvonne de Carlo, Zachary Scott
Blutiger, aktionsreicher Western um einen Deputy, der den Mord an einem mit ihm befreundeten Sheriff rächen will. Der Schurke ist Waffenhändler und mit den Indianern im Bunde.

Ritt mit dem Teufel R217
RIDE CLEAR OF DIABLO **
USA 1954, 84 Min., F
R: Jesse Hibbs D: Audie Murphy, Dan Dureya, Susan Cabot, Abbe Lane
Durchschnittswestern um einen jungen Deputy, der nach den Morden an seinem Vater und Bruder erkennen muß, daß sein Vorgesetzter in ein Komplott verwickelt ist.

Ritt zum Galgenbaum R218
THE RIDE TO HANGMAN'S TREE **
USA 1966, 89 Min., F
R: Alan Rafkin D: Jack Lord, James Farentino, Don Galloway
Europäische Sängerin, die zur Zeit des Goldrausches in Kalifornien von einem Maskierten ausgeraubt wird, erkennt in einem kultivierten Rancher den mysteriösen Banditen Black Bart.

Ritt zum Ox-Bow R219
THE OXBOW INCIDENT ****
USA 1943, 75 Min., s/w
R: William A. Wellman D: Henry Fonda, Dana Andrews, Anthony Quinn
Zwei Cowboys kommen als Fremde in ein Städtchen, beteiligen sich aus Angst, sonst verdächtig zu wirken, an der Suche nach Viehdieben und werden Zeugen dreier Lynchmorde. Eine gut gemachte Parabel auf den Faschismus.

Der Ritt zurück R220
THE RIDE BACK ***
USA 1957, 80 Min., s/w
R: Allen H. Miner D: Anthony Quinn, William Conrad, George Trevino
Gesetzeshüter soll vermeintlichen Mörder nach Texas bringen und zweifelt unterwegs die Schuld des Delinquenten an – zumal er hilfreich ist, als die Indianer angreifen. Gut gespielter Western.

Ritter auf heißen Öfen R221
KNIGHTRIDERS ***
USA 1981, 145 Min., F
R: George A. Romero D: Ed Harris, Gary Lathi, Tom Savini

Eine Motorrad-Gang veranstaltet mittelalterliche Feste und ficht dabei Turniere aus. Der selbsternannte König Arthur der Gruppe nötigt seinen Untergebenen einen altmodischen Lebensstil und Ehrenkodex auf. Interessantes, ungewöhnliches Nebenwerk des Horror-Meisters Romero.

Der Ritter aus dem All R222
SUBURBAN COMMANDO **
USA 1991, 100 Min., F
R: Burt Kennedy D: Hulk Hogan, Christopher Lloyd, Shelley Duvall
Ein Außerirdischer quartiert sich bei einer amerikanischen Familie ein und ermuntert den feigen Vater, sich endlich durchzusetzen. Komische SF-Komödie.

Die Ritter der Kokosnuß R223
MONTY PYTHON AND THE HOLY GRAIL ****
GB 1974, 92 Min., F
R: Terry Jones, Terry Gilliam
D: Graham Chapman, John Cleese, Terry Gilliam, Eric Idle
Die Sage von König Artus und seinen den Heiligen Gral suchenden Rittern, verfremdet durch absurdeste Einfälle und gegenwartsbezogene Anachronismen. Kompromiß- und gnadenloser Film der durch ihren britisch-anarchischen Humor bekannten Monty Python-Truppe. Ein grandioses Feuerwerk des intelligenten Schwachsinns, das nicht jedermanns Sache ist.

Die Ritter der Tafelrunde R224
KNIGHTS OF THE ROUND TABLE ***
USA 1953, 110 Min., F
R: Richard Thorpe D: Robert Taylor, Mel Ferrer, Ava Gardner, Felix Aylmer
König Arthur schickt Sir Lancelot ins Exil, da er seiner Gattin Guinevere schöne Augen macht, doch der Edelmann kehrt in letzter Sekunde zurück, um den Finsterling Mordred zu bekämpfen. Aufwendig, aber uninteressant, viel Lärm um Nichts.

D: Bing Crosby, Rhonda Fleming, William Bendix
Nach der berühmten, oft verfilmten Geschichte von Mark Twain entstand diesmal ein nettes Musical, dem es ein wenig an Temperament und Witz fehlt.

Rivalen ohne Gnade R226
THREE VIOLENT PEOPLE **
USA 1956, 100 Min., F
R: Rudolph Maté D: Charlton Heston, Anne Baxter, Gilbert Roland
Ein Mann, der mit seiner Angetrauten in die Heimat zurückkehrt, muß sich mit einer Horde von Lumpen auseinandersetzen und erfährt von der dunklen Vergangenheit seiner Frau. Western.

Rivalen um die Macht R227
A FEVER IN THE BLOOD ***
USA 1961, 112 Min., s/w
R: Vincent Sherman D: Efrem Zimbalist jr., Angie Dickinson, Jack Kelly
Ein aufstrebender Staatsanwalt setzt alles daran, den Neffen eines Kontrahenten wegen Mordes verurteilen zu lassen, und überschreitet dabei die Grenzen der Legalität. Ein kritischer, wenn auch etwas hölzerner Politkrimi über die verhängnisvolle Verknüpfung von Justiz, Politik und Populismus.

Rivalinnen R228
LA RIVALE ***
Frankreich 1974, 90 Min., F
R: Sergio Gobbi D: Jean Piat, Bibi Andersson, Geneviève Fontanel
Seit 13 Jahren sind Edgar und Blanche glücklich verheiratet. Da erfährt sie, daß er ein Doppelleben führt und eine Geliebte hat. Eher kammerspielartige Dreiecksgeschichte.

The River R229
THE RIVER ****
USA 1951, 99 Min., F
R: Jean Renoir D: Nora Swinburne, Esmond Knight, Arthur Shields

Roadflower R230
ROADFLOWER **
USA 1993, 89 Min., F
R: Deran Serafian D: Christopher Lambert, Craig Sheffer, Christopher McDonald
Kleinfamilie mit liebevollem Vater an der Spitze gerät in die Klauen eines flüchtigen Häftlings. In Anlehnung an *Hitchhiker* gibt es viel Terror, der mit Selbstjustiz bestraft wird. HFJ 1995

Roadie R231
ROADIE ***
USA 1979, 102 Min., F
R: Alan Rudolph D: Meat Loaf, Kaki Hunter, Alice Cooper, Debbie Harry
Der dicke Roadie Travis verliebt sich in das schöne Groupie Lola, doch die träumt von Alice Cooper. Hübscher, nicht allzu einfallsreicher Musikfilm.

Robin Hood – Ein Leben für Richard Löwenherz R232 **
ROBIN HOOD
USA 1990, 104 Min., F
R: John Irvin D: Patrick Bergin, Uma Thurman, Jürgen Prochnow
Lahme Neuverfilmung vom edlen Räuber aus dem Sherwood Forest, der Edward Fox als Prinz John und Uma Thurman als emanzipiertes Burgfräulein Marian einige schauspielerische Glanzlichter aufsetzen können. Fürs US-Fernsehen gedreht. HFJ 1992

Robin Hood – König der Diebe R233 ***
ROBIN HOOD
USA 1991, 143 Min., F
R: Kevin Reynolds D: Kevin Costner, Morgan Freeman, Alan Rickman, Mary Elizabeth Mastrantonio
Hervorragende Tricktechnik, ein besonders gemeiner Sheriff von Nottingham und ein »Schwarzer aus dem Morgenland« machen diese Version des grünen Bogenschützen ganz unterhaltsam. HFJ 1992

Von einem Tückebold-Vetter zum Mörder gestempelt, zieht Robin Hood in die Wälder und begeht dort mit Witz, List und trockenen Sprüchen seine überall bekannten Heldentaten. Pointenreiche Unterhaltung.

Robin Hood, der König der Vagabunden R235 ****
THE ADVENTURES OF ROBIN HOOD
USA 1938, 102 Min., F
R: Michael Curtiz, William Keighley D: Errol Flynn, Olivia de Havilland, Basil Rathbone, Claude Rains
Als der Jüngling Robin sieht, daß der böse John sich den Königsthron seines kreuzzügelnden Bruders aneignen will, bläst er zur Attacke – auch auf die Lachmuskeln der Zuschauer, die diesem Filmklassiker ihre Reverenz erweisen werden.

Robin Hood, der Löwe von Sherwood R236 **
IL TRIONFO DI ROBIN HOOD
Italien 1962, 84 Min., F
R: Umberto Lenzi D: Don Burnett, Gia Scala, Vincenzo Mussolini
Schwerfällige Neuverfilmung des Robin-Hood-Mythos durch eine italienische Crew, die vor allem durch Untalent und Mangel an Humor glänzt.

Robin Hood, der rote Rächer R237 **
THE MEN OF SHERWOOD FOREST
GB 1954, 77 Min., F
R: Val Guest D: Don Taylor, Eileen Moore, Reginald Beckwith
Robin Hood, der Rächer der Witwen und Waisen, schwingt sein Schwert gegen die tückischen Widersacher des vom Kreuzzug heimkehrenden Königs Richard Löwenherz. Stellenweise ulkig, aber nicht sehr wichtig.

Robin Hood, der schwarze Kavalier R238 **
IL PRINCIPE DALLA MASCHERA ROSSA
Italien 1955, 77 Min., s/w
R: Leopoldo Savona D: Frank Latimore, Maria Fiore, Yvonne Furneaux
Rotmaskierter Rächer der Armen, der mit Robin Hood freilich nichts zu tun hat, wird von Ex-Geliebter aus Eifersucht an die Staatsmacht verraten. Mantel- und Degenfilm vom Fließband.

Robin Hood in der Stadt des Todes R239 **
L' INVINCIBILE CAVALIERE MASCHERATO
Italien/Frankreich 1962, 93 Min., F
R: Umberto Lenzi D: Pierre Brice, Helene Chanel, Daniele Vargas
Maskenheld, den die Synchronisation uns frech als Robin Hood andreht, durchkreuzt die Pläne eines Tyrannen, der Bauern unterdrückt und junge Damen quält. Mantel- und Degenfilm, von dem 13 auf ein Dutzend gehen.

Robin Hood und die Dämonen des Satans R240 **
UNA SPADA PER BRANDO
Italien 1970, 88 Min., F
R: Alfio Caltabiano D: Paul Winston, Karin Schubert, Furio Meniconi
Ein Geheimbund, der sich dem Laster verschrieben hat, versetzt das Land in Angst und Schrecken. Robin Hood entlarvt einen tückischen Grafen als seinen Anführer. Mit Horroreffekten hausierender Schwertfuchtlerfilm.

Robin Hood und die Piraten R241 ***
ROBIN HOOD E I PIRATI
Italien 1960, 82 Min., F
R: Giorgio Simonelli D: Lex Barker, Jackie Lane, Rossana Rory
Robin Hood kehrt aus der Fremde heim und nimmt den Kampf gegen einen Thronräuber auf, der seinen Vater getötet hat und die Menschen knechtet. Annehmbare Unterhaltung, wenn man keine großen Ansprüche stellt.

Robin Hood und seine tollkühnen Gesellen R242 ***
THE STORY OF ROBIN HOOD AND HIS MERRIE MEN
USA 1952, 90 Min., F
R: Ken Annakin D: Richard Todd, Peter Finch, Joan Rice, James Hayter
Robin Hood und seine Mannen beklauen die Reichen, beschenken die Armen, drehen dem Sheriff von Nottingham eine lange Nase und retten den Thron für König Richard Löwenherz. Spaßige Legendenverfilmung.

Robin Hoods große Liebe R243 **
THE PRINCE OF THIEVES
USA 1948, 70 Min., F
R: Howard Bretheton D: Jon Hall, Patricia Morrison, Adele Jergens
Robin Hood hilft einem Burgfräulein, das einen Mann heiraten soll, den es nicht liebt. Ein (unbeabsichtigter) Kinderfilm, in dem Bruder Tuck dem Helden in jeder Szene die Schau stiehlt.

Robin Hoods Vergeltung R244 **
ROGUES OF SHERWOOD FOREST
USA 1950, 76 Min., F
R: Gordon Douglas D: John Derek, Diana Lynn, George McCready
Robin Hood sen. und jun. kämpfen mit den ihren gegen König John Lackland, der die Bauern auspreßt, und zwingen ihn zur Anerkennung der Magna Charta. Nichts Neues aus dem Sherwood Forest, außer höfischem Prunk.

Robin und Marian R245 ***
ROBIN AND MARIAN
USA 1975, 107 Min., F
R: Richard Lester D: Sean Connery, Audrey Hepburn, Nicol Williamson
Als Robin Hood nach 20 Jahren müde und grau in die Heimat zurückkehrt, muß er seinem Image gerecht werden: Mit ein paar Freunden zieht er los, um seine Geliebte Marian aus dem Kerker zu befreien. Gute Idee, gut gespielt, aber ein Film mit Längen.

Robinson Crusoe R246 ***
ADVENTURES OF ROBINSON CRUSOE
USA/Mexiko 1954, 95 Min., F
R: Luis Buñuel D: Dan O'Herlihy, James Fernandez, Felipe de Alba
Im 17. Jahrhundert richtet sich der einzige Überlebende eines Schiffsuntergangs auf einer tropischen Insel ein und schließt Bekanntschaft mit einem Einheimischen. Solide Unterhaltung nach dem Roman von Daniel Defoe.

RoboCop R247 ***
ROBOCOP
USA 1987, 101 Min., F
R: Paul Verhoeven D: Peter Weller, Nancy Allen, Dan O'Herlihy
Verunfallter US-Polizist wird mit Ersatzteilen zum Cyborg umgerüstet, der

Peter Weller und Kurtwood Smith

die Nachtratten von Detroit das Fürchten lehrt. Rasanter, brutaler, technisch gut gemachter SF-Reißer mit fragwürdiger Ideologie. HFJ 1989

RoboCop II R248
ROBOCOP II **
USA 1990, 115 Min., F
R: Irvin Kershner D: Peter Weller, Nancy Allen, Felton Perry
Dieses hanebüchene Gewalt- und Intrigenspektakel um einen zum Cyborg umgebauten US-Cop wurde hergestellt, um nach dem Erfolg von Robocop noch mal kräftig abzusahnen. Nur für Actionfreaks. HFJ 1991

RoboCop 3 R249
ROBOCOP 3 **
USA 1993, 104 Min., F
R: Fred Dekker D: Robert John Burke, Nancy Allen, Rip Torn
Den künstlich konstruierten Supercop überfällt plötzlich so etwas wie Verantwortungsgefühl, und er hilft selbstlos Mietern beim Kampf um ihre Wohnungen. Dritte Fortsetzung von *Robocop* mit weniger Brutalität, mehr Moral und mehr Langeweile. HFJ 1995

Robodog R250
C.H.O.M.P.S. *
USA 1979, 89 Min., F
R: Don Chaffey D: Wesley Eure, Valerie Bertinelli, Conrad Bain
Ein fieser Großkapitalist, der einen erfinderischen Kleinunternehmer aus der Branche stoßen will, bekommt es mit dem v[illegible] Mitarbei-
ter konstr

RoboFor
ROBOFORCE
Hongkong
R: David C
Sham, Ton

Eine kriminelle Bande funktioniert Menschen zu willenlosen Robotern um und setzt sie zur Erreichung ihrer nichtswürdigen Ziele ein. Infantiler Quatsch, dem es sowohl an Handwerk als auch an einem Drehbuch mangelt. HFJ 1990

Roboman R252
ROBOMAN *
Italien 1988, 83 Min., F
R: Vincent Dawn D: Catherine Hickland, Alex McBride, Romano Puppo
Beim Einsatz gegen Rebellen auf den Philippinen gerät ein Kampfroboter außer Kontrolle und zieht gegen seine Konstrukteure ins Feld. Der Rest ist Peng! und Bumm! LSFF

Robot Maniac R253
DEATH WARMED UP *
Neuseeland 1984, 84 Min., F
R: David Blyth D: Michael Hurst, Margaret Umbers, William Upjohn
Sohn eines Wissenschaftlers, den ein Kollege auf dem Gewissen hat, kommt auf einsame Insel, auf der der alte Fiesmann Untote heranzüchtet. Dumme Rächergeschichte mit Ekeleffekten. LSFF

Robotjox R254
ROBOT JOX **
USA 1990, 81 Min., F
R: Stuart Gordon D: Gary Graham, Anne-Marie Johnson, Paul Koslo
Titanische Roboter, von Menschen gesteuert, prügeln sich nach dem Ende der Welt, wie wir sie kannten, und legen dabei eine Menge Land in Schutt und Asche. Ein Dokument der geistigen Verwirrung. HFJ 1991

Robur, Herr der 7 Kontinente R255
MASTER OF THE WORLD ***
USA 1961, 86 Min., F
R: William Witney D: Vincent Price, Charles Bronson, Henry Hull

Rocco – Der Mann mit den zwei Gesichtern R256
SUGAR COLT **
Italien/BRD 1967, 100 Min., F
R: Franco Giraldi D: Hunt Powers, Soledad Miranda, Julian Rafferty
Ein Pinkerton-Detektiv befreit eine Abteilung der US-Army, die in einem Tal von Banditen festgehalten werden, die sie nur gegen ein hohes Lösegeld austauschen wollen. Kriminalfilm im Westernmilieu.

Rocco und seine Brüder R257
ROCCO E I SUOI FRATELLI *****
It/Fr 1960, 166/182 Min., s/w
R: Luchino Visconti D: Alain Delon, Renato Salvatori, Annie Girardot
Eine Witwe zieht mit ihren vier Söhnen von Sizilien nach Mailand. Die großen Hoffnungen erfüllen sich nicht, und über den Boxsport geraten die jungen Männer in zweifelhafte Gesellschaft. Viscontis Sozialdrama zeigt im Schicksal einer Familie den menschlichen Preis des Fortschritts der italienischen Gesellschaft.

Rock Aliens – Let's Dance Tonight R258
VOYAGE OF THE ROCK ALIENS **
USA 1984, 92 Min., F
R: James Fargo D: Pia Zadora, Tom Nolan, Craig Sheffer, Alison La Place
Außerirdische Rocker landen in einem Ort namens Speelburgh und hauen in die Saiten. Eine Tussi, die gern ein Star wäre, freundet sich mit ihnen an.

Rocketeer R259
THE ROCKETEER ***
USA 1991, 108 Min., F
R: Joe Johnston D: Bill Campbell, Jennifer Connelly, Alan Arkin
Ein tapsiger Pilot trickst im Jahr 1938 mittels eines neuen Fluggeräts böse Nazi-Agenten und die Mafia aus. Flott gemachter, unterhaltsamer und recht charmanter SF-Abenteuerfilm im Stil

Sylvester Stallone und Mr. T in ›Rocky III – Das Auge des Tigers‹.

Kybernetiker, nach dem Großen Knall von Brutalos gemein behandelt, läßt sich von altem Haudegen ausbilden und bricht zum Rachefeldzug auf. Ein von Kulisse und Inszenierung her billiges Schundprodukt. LSFF

Rocks Off – The Rolling Stones US-Tour '81 R261 ****
ROCKS OFF
USA 1981, 94 Min., F
R: Hal Ashby
Dokumentation über die 81er U.S.-Tournee der berühmten Rock-Gruppe. Mit großem technischen Aufwand – allerdings ohne Besonderheiten inszeniert, ist der Film für Rock-Fans absolut sehenswert.

Rockula R262
ROCKULA **
USA 1990, 87 Min., F
R: Luca Bercovici D: Dean Cameron, Tawny Fere, Thomas Dolby
Ein Vampir, dessen Geliebte ständig von einem Konkurrenten umgebracht wird, leitet Gegenmaßnahmen ein, als sie diesmal als Rocksängerin wiederaufersteht. Vampirfilm mit Rock- und Ulkeinlagen. HFJ 1991

Rocky R263
ROCKY ****
USA 1976, 118 Min., F
R: John G. Avildsen D: Sylvester Stallone, Talia Shire, Burt Young
Der aus den Slums von Philadelphia stammende Preisboxer Rocky Balbao arbeitet sich zum Aspiranten auf den Titel des Weltmeisters im Schwergewicht hoch. Im entscheidenden Kampf scheitert er jedoch. Nicht immer überzeugend, aber ein gut gemachter, auf Emotionen zielender Low-Budget-Film typischer Hollywood-Machart mit leicht gesellschaftskritischen Anklängen.

Rocky II R264
ROCKY II ***
USA 1978, 116 Min., F
R: Sylvester Stallone D: Sylvester Stallone, Talia Shire, Burt Young, Burgess Meredith
Der zum Super-Boxer aufgestiegene Rocky besiegt in einem Revanchekampf den Weltmeister im Schwergewicht, und wendet so seinen abrupten Rücksturz in die Slums ab. Dadurch entspannt sich auch seine familiäre Situation wieder. Fortsetzung des amerikanischen Aufsteigermärchens, die sich auf vordergründige Gefühle und auf plumpe Kraftdarstellungen beschränkt.

Rocky III – Das Auge des Tigers R265 **
ROCKY III
USA 1981, 99 Min., F
R: Sylvester Stallone D: Sylvester Stallone, Talia Shire, Burt Young
Dem amtierenden Boxweltmeister Rocky ist der Erfolg zu Kopf gestiegen, weswegen er seinen Titel verliert. Er gewinnt ihn jedoch mit Hilfe seiner Frau und eines Freundes zurück. Einfach gestrickte Handlung, die als Vehikel des amerikanischen Traums von der Durchsetzungskraft des Willens dient.

Rocky IV – Der Kampf des Jahrhunderts R266 **
ROCKY IV
USA 1985, 92 Min., F
R: Sylvester Stallone D: Sylvester Stallone, Talia Shire, Dolph Lundgren
Boxweltmeister Rocky will seinen besten Freund, der von einem russischen Brutal-Boxer im Ring getötet worden ist, auf »sportliche« Weise rächen. Dafür trainiert er extrem hart und wird von russischen Bürgern unterstützt. Klischeehafter Versuch, der den Zeitgeist der Reagan-Ära dumm-naiv als Sport-Drama überspitzt. HFJ 1987

Die Rocky Horror Picture Show R267 ****
THE ROCKY HORROR PICTURE SHOW
USA 1974, 97 Min., F
R: Jim Sharman D: Tim Curry, Susan Sarandon, Barry Bostwick
Naives US-Paar landet in stürmischer Nacht in einem finsteren Schloß, dessen außerirdische Bewohner sich Mühe geben, sie zu überzeugen, daß Bisex die wahre Sache ist. Schrille Rockkomödie, ein echter Kultfilm!

Rodan R268
RODAN **
Japan 1957, 79 Min., F
R: Inoshiro Honda D: Kenji Sahara, Yumi Shirakawa, Akihiko Hirata
Zwei Urzeit-Flugdrachen erzeugen in Japan Naturkatastrophen und Panik, werden aber von Bomben, Granaten und einem rechtzeitig ausbrechenden Vulkan vernichtet. Genau der richtige Film für einen lustigen Abend! LSFF

Roger Cormans Frankenstein R269 ***
FRANKENSTEIN UNBOUND
USA 1990, 85 Min., F
R: Roger Corman D: John Hurt, Raul Julia, Bridget Fonda

In die Vergangenheit katapultierter Wissenschaftler stößt 1817 in Genf auf den aus vielen Filmen bekannten Dr. Frankenstein und geht ihm hilfreich zur Hand. Gut gemachter Thriller, nach dem Roman von Brian W. Aldiss. LSFF

Roger & Me R270
ROGER & ME ****
USA 1989, 90 Min., F
R: Michael Moore D: Roger Smith, Ronald Reagan, Pat Boone, Fred Ross
Halbdokumentarischer Film über Hintergründe und deren einschneidende soziale Auswirkungen der gigantischen Fabrikverlagerung von General Motors ins Billiglohnland Mexiko. Der vergebliche Versuch, den Konzernchef Roger Smith zur Rede zu stellen, bildet den Ausgangspunkt. Mit geschickten Montagen und bissiger Ironie werden die Auswüchse eines profitorientierten Kapitalismus bloßgelegt, wobei sich Moore leider kleinerer Unredlichkeiten bedient. HFJ 1991

Rohr frei für Familie Hollowhead R271 **
LIFE ON THE EDGE
USA 1989, 87 Min., F
R: Tom Burman D: John Glover, Nancy Mette, Richard Portnow
Schriller Film über die panischen Versuche einer Familie, sich vor Papas ekligem Chef dicke zu tun und mit den Tücken einer Automatikwelt klarzukommen, in der nichts so klappt, wie es klappen soll. HFJ 1990

Roland R272
LA CHANSON DE ROLAND ***
Frankreich 1978, 110 Min., F
R: Frank Cassenti D: Klaus Kinski, Alain Cuny, Pierre Clementi
Ein Pilgerzug zieht im 13. Jahrhundert durch Frankreich, während sich um sie herum die Bauern erheben. Schwerblütige Kunst, aber stellenweise

Verrat an die SS: Maria Michi und Giovanna Galletti in ›Rom – offene Stadt‹.

Diverse »junge Leute von heute« tun sich gegen einen Bösmann zusammen, der eine Rollschuhbahn schließen will. Ein grauenhafter Rückfall in den Irrglauben, man könne mit Modetorheiten Kohle machen.

Rollerball R274
ROLLERBALL ****
USA 1974, 125 Min., F
R: Norman Jewison D: James Caan, John Houseman, Maud Adams
Eine neue Sportart, die alles erlaubt und nicht selten Tote fordert, wird im 21. Jahrhundert dazu verwandt, die Massen von ihrer miesen sozialen Lage abzulenken. Gesellschaftskritischer, tricktechnisch perfekter SF-Film, der in Münchens Basketball-Halle gedreht wurde. LSFF

Rollerboys R275
PRAYER OF THE ROLLERBOYS **
USA 1990, 92 Min., F
R: Rick King D: Corey Haim, Christopher Coller, Patricia Arquette
Politischer US-Demagoge hetzt naive Rollschuhfahrer gegen alles Unamerikanische auf, läßt sie Terror verbrei-

D: Jane Fonda, Kris Kristofferson, Hume Cronyn
Anspruchsvoll gemeinter, aber mißlungener Film über die Welt des internationalen Geldmarktes: Während Börsenmakler auf Stabilisierung aus sind, führt eine unwissende Unternehmenserbin den Crash herbei. Die »Wirtschaftswoche« als Kinofilm.

Der Rollstuhl R277
EL COCHECITO ***
Spanien 1960, 85 Min., s/w
R: Marco Ferreri D: José Isbert, Pedro Porcel, José Luis Lopez Vasquez
Der alte Don Anselmo möchte seine Einsamkeit mit Hilfe gemeinsamer Unternehmungen mit einer Gruppe von Invaliden durchbrechen. Da ihm der hierfür nötige motorisierte Rollstuhl von seiner Familie verweigert wird, bringt er diese um, wird jedoch bald von der Polizei gestellt. Dramaturgisch und darstellerisch hervorragende Gesellschaftssatire.

Rom – offene Stadt R278
ROMA – CITTA APERTA *****
Italien 1944/45, 107 Min., s/w
R: Roberto Rossellini D: Aldo Fabrizi, Anna Magnani, Marcello Pagliero, Maria Michi, Giovanna Galletti
Die Menschen von Rom leisten Widerstand gegen die deutsche Besatzung. Schlüsselwerk des Neorealismus.

Rom – Station Termini R279
STAZIONE TERMINI ***
Italien 1953, 85 Min., s/w
R: Vittorio de Sica D: Jennifer Jones, Montgomery Clift, Gino Cervi
Der römische Hauptbahnhof bildet den Schauplatz für ein Beziehungsdrama, in dem eine Amerikanerin schließlich zugunsten ihres Ehemannes und ihres Kindes auf ihren Geliebten verzichtet. Nur in einzelnen Sequenzen gelungener Film.

Roma
siehe: Fellinis Roma

Die romantische Engländerin R280
THE ROMANTIC ENGLISHWOMAN ***
GB/Fr 1975, 118 Min., F
R: Joseph Losey D: Glenda Jackson, Michael Caine, Helmut Berger
Die Frau eines erfolgreichen englischen Romanautors versucht aus der Enge ihrer Ehe auszubrechen, indem sie eine Affäre mit einem anderen Schriftsteller beginnt. Recht unterhaltsame und hervorragend gespielte Satire auf bürgerliche Konventionen, die die angesprochenen Problemkreise wie materialistisches Denken und Emanzipation der Frau nur rudimentär behandelt.

Romanze in Moll R281
****
Deutschland 1943, 100 Min., s/w
R: Helmut Käutner D: Marianne Hoppe, Paul Dahlke, Ferdinand Marian, Siegfried Breuer
Die Ehefrau eines spießbürgerlichen Pariser Buchhalters um die Jahrhundertwende verliebt sich in einen weltgewandten jungen Pianisten und beginnt eine Liebesbeziehung mit ihm. Als sie der Vorgesetzte ihres Mannes deswegen erpressen will, bringt sie sich um. Einfühlsam inszeniertes Drama, das insbesondere in Frankreich große Anerkennung erfuhr.

Die Romanze von Buch und Schwert R282
****
SHU JIAN EN CHOU LU
Hongkong/China 1987, 180 Min., F
R: Ann Hui D: Da Shichang, Zhang Duo Fu, Liu Jia
In der Mitte des 17. Jahrhunderts dringen die Mandschu-Heere nach China vor und unterwerfen die Ming-Dynastie, die sich aber immer wieder zu neuen Formen von Konspiration und Widerstand findet. Einer der Geheimbünde ist die »Rote-Blume-Gesellschaft«. Der Film gibt ein ungeheuer dramatisches Bild dieser Auseinandersetzungen. HFJ 1989

Romeo is bleeding R283
ROMEO IS BLEEDING ****
USA 1993, 108 Min., F
R: Peter Medak D: Gary Oldman, Lena Olin, Annabella Sciorra
Ein korrupter Polizist und ausgesprochener Weiberheld verliebt sich in eine Killerin und legt sich mit der Mafia an. Ein zynischer »Film noir« über die Einsamkeit des einzelnen in einer Welt ohne Werte. HFJ 1995

Romeo und Julia R284
ROMEO AND JULIET ***
GB/Italien 1954, 133 Min., F
R: Renato Castellani D: Laurence Harvey, Susan Shentall, Susan Cabot
Die zweitbekannteste Liebesgeschichte der Welt. Ansprechende Verfilmung des Shakespeare-Stücks.

Romeo und Julia R285
ROMEO & JULIET ****
USA 1996, 120 Min., F
R: Baz Luhrmann D: Leonardo DiCaprio, Claire Danes, Brian Dennehy
Bildgewaltiger Versuch, den Prototyp aller Romantiktragödien für die Popkultur der 90er Jahre aufzubereiten. Das Liebespaar als Sprößling zweier verfeindeter Mafia-Familien kommt zwar mit Originaldialogen daher, ansonsten ist der Film aber so rasant und temporeich in einem knallbunt-krachigen Zeitgeist-Stil voller Videoclip-Ästhetik inszeniert, daß man ihn nur lieben oder hassen kann. HFJ 1998

Die Römerin R286
LA ROMANA ***
Italien 1988, 80/95 Min., F
R: Giuseppe Patroni Griffi D: Gina Lollobrigida, Francesca Dellera
Eine Mutter in armen Verhältnissen sucht für ihre Tochter einen reichen Ehemann. Die gute Partie entpuppt sich als Chauffeur. Drama nach bekannter Formel, betulich entwickelt, doch sehenswert wegen schöner Kulisser und »Gina Nazionale«. Im zweiten Teil des TV-Dramas lernt die Tochter einen Studenten kennen, von dem sie nicht weiß, daß er Aktionen gegen Mussolinis Herrschaft plant.

Romero R287
ROMERO ***
USA 1989, 101 Min., F
R: John Duigan D: Raul Julia, Richard Jordan, Ana Alicia
El Salvador 1977. Die faschistische Militärjunta hat die Macht ergriffen. Oscar Romero wird Bischof und wendet sich unter dem Eindruck von Gewalt und Folter gegen das Terrorregime. HFJ 1990

Ronin R288
RONIN ***
USA 1998, 121 Min., F
R: John Frankenheimer D: Robert De Niro, Jean Reno, Natascha McElhone
Sechs Exspezialagenten jagen in unbekanntem Auftrag einem geheimnisvollen Koffer hinterher, für den sich auch die IRA und die Russen interessieren. Hommage nach klassischem Muster an die Filme von Jean-Pierre Melville. Spannend-altmodischer Kriminalfilm ohne Mätzchen. HFJ 1999

The Rookie R289
THE ROOKIE ***
USA 1990, 121 Min., F
R: Clint Eastwood D: Clint Eastwood, Charlie Sheen, Raul Julia
Mürrischer Cop jagt Autodiebe und führt privaten Rachefeldzug. Einfallsloser Polizeithriller, in dem die Eastwoodsche Ambivalenz aus der Balance gerät und ins Reaktionäre abdriftet.

Rosa, ich liebe dich R290
SENI SEVIYORUM ROSA ***
Türkei 1991, 97 Min., F
R: Isil Özgentürk D: Sumru Yavrucuk, Hande Mese, Mahir Günsiray
Rosa, Tochter aus gutem Hause in Istanbul, sehnt sich nach einem Traummann und lehnt sich auf gegen

das, was sie erwartet, ein Heim, ein Ehemann, eine Familie. Die bewegende Geschichte einer Frau, die ihr Schicksal selbst bestimmen will.

Rosa Luxemburg R291
****

BRD 1985, 123 Min., F
R: Margarethe von Trotta D: Barbara Sukowa, Hannes Jaenicke, Daniel Olbrychski, Doris Schade
Einfühlsames und sympathisches Lebensbild der Sozialistin und Pazifistin Rosa Luxemburg, das nicht nur die Politikerin, sondern vor allem auch den Menschen porträtiert.

Rosamunde R292
***

BRD 1989, 111 Min., F
R: Egon Günther D: Anna Dobra, Jürgen Vogel, Richy Müller, Mario Adorf
Berlin 1930. Eine junge Frau und drei arbeitslose Männer entführen den Sohn einer jüdischen Großbürgerfamilie. Die Frau verliebt sich in ihn. Ein bißchen Kolportage, ein bißchen Zeitstück, ein bißchen zuviel eigentlich.

Rosannas letzter Wille R293
ROSEANNA'S GRAVE ***
GB 1997, 98 Min., F
R: Paul Weiland D: Jean Reno, Mercedes Ruehl, Polly Walker
In einem italienischen Dorf hat die todkranke Rosanna den letzten Wunsch, auf dem örtlichen Friedhof begraben zu werden. Doch da sind nur noch drei Gräber frei. Also setzt Ehemann Marcello alles daran, das Leben der Dorfbewohner zu erhalten. Skurrile Romantik-Komödie. HFJ 1998

Der rosarote Panther R294
THE PINK PANTHER ****
USA 1963, 113 Min., F
R: Blake Edwards D: Peter Sellers, David Niven, Claudia Cardinale
Der trottelige Pariser Inspektor Clouseau soll einen Diamanten namens »Rosaroter Panther« vor Juwelendieben schützen und löst dabei ein komisches Chaos aus. Blake Edwards erfand mit Clouseau eine der erfolgreichsten Filmfiguren, die in Peter Sellers eine kongeniale Besetzung hatte.

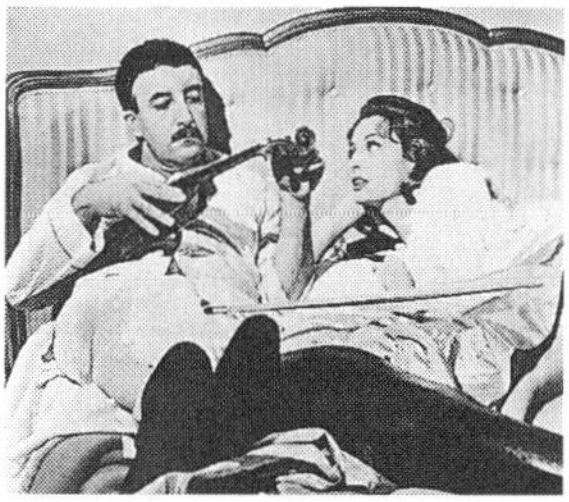
Peter Sellers und Capucine

Der rosarote Panther kehrt zurück R295
****
THE RETURN OF THE PINK PANTHER
GB 1974, 113 Min., F
R: Blake Edwards D: Peter Sellers, Christopher Plummer, Herbert Lom
Inspektor Clouseau geht mit seiner Trotteligkeit bei der Suche nach dem gestohlenen, titelgebenden Diamanten seinen Vorgesetzten und den Dieben auf die Nerven. Berühmter noch als die Filme selbst wurde die Animationsfigur des Pink Panther im Vorspann. Der zweite Film der Reihe besticht durch sein exaktes Timing und die gelungenen Gags.

The Rose R296
THE ROSE ****
USA 1979, 134 Min., F
R: Mark Rydell D: Bette Midler, Alan Bates, Frederic Forrest, Harry Dean Stanton
Eine erfolgreiche Rockmusikerin hält das harte und zerstörerische Musik-Busineß nicht mehr aus. Nach einem vergeblichen Versuch auszusteigen, stirbt sie schließlich während ihres Konzertes an Alkohol und Drogen. Vom Leben Janis Joplins und anderer Rockgrößen inspirierter, subtil beobachtender Film mit gekonnt eingebauten Musikstücken und einer grandiosen Hauptdarstellerin.

Rose Marie R297
ROSE MARIE ****
USA 1954, 104 Min., F
R: Mervyn Le Roy D: Ann Blyth, Howard Keel, Fernando Lamas
Das Findelkind Rose Marie wird von einer Wirtin aufgezogen, verliert das Herz an einen Mountie und folgt dann einem Trapper in die Wildnis Kanadas. Schön gefilmtes Western-Musical im Stil eines Heimatfilms.

Rose von Cimarron R298
ROSE OF CIMARRON **
USA 1952, 68 Min., F
R: Harry Keller D: Mala Powers, Jack Buetel, Bill Williams, Jim Davis
Weißes Mädchen verliert durch Mord indianische Adoptiveltern, kommt den Killern auf die Spur und macht sie mit Hilfe eines Marshals dingfest. Ein Dutzendwestern, in dem die Fäuste fliegen.

›Rosemaries Baby‹ – Rosemary (Mia Farrow) und das Zeichen Satans.

Martin Held und Walter Giller in Staudtes Satire ›Rosen für den Staatsanwalt‹.

Rosebud Beach Hotel R299
THE ROSEBUD BEACH HOTEL ***
USA 1984, 79 Min., F
R: Harry Hurwitz D: Colleen Camp, Peter Scolari, Christopher Lee
Chef eines Pleitehotels will seine Versicherung betrügen, seine Tochter engagiert Huren als Zimmermädchen. Ein schwachbrüstiger Ulk. HFJ 1987

Rosemarie GmbH R300
ANONIMA COCOTTES ***
Italien 1963, 103 Min., s/w
R: Camillo Mastrocinque D: Anita Ekberg, Renato Rascel, Francis Blanche
Zu Unrecht geschaßter Buchhalter treibt im Verein mit diversen Huren eine Bank in die Pleite. Nette Komödie.

Rosemaries Baby R301
ROSEMARY'S BABY ****
USA 1967, 137 Min., F
R: Roman Polanski D: Mia Farrow, John Cassavetes, Ruth Gordon
Satansjünger bringen in einem New Yorker Wohnhaus eine junge Ehefrau mit manipulativen Mitteln dazu, sich mit dem Satan zu paaren und sein Kind auszutragen. Fesselnder Horrorfilm.

Rosen für den Staatsanwalt R302
****
BRD 1959, 93 Min., s/w
R: Wolfgang Staudte D: Martin Held, Walter Giller, Camilla Spira
Nur das Kriegsende bewahrt einen jungen Mann davor, für den Diebstahl von zwei Tafeln Schokolade hingerichtet zu werden. Nun trifft er auf den längst wieder in Amt und Würden eingesetzten Richter von damals. Ein wichtiges Beispiel filmischer Arbeit an der Vergangenheit.

Rosenkranz & Güldenstern R303
ROSENCRANTZ AND GUILDENSTERN ARE DEAD ***
GB 1990, 117 Min., F
R: Tom Stoppard D: Gary Oldman, Tim Roth, Richard Dreyfuss
Tom Stoppards Filmdebüt nach seinem eigenen Theaterstück handelt von zwei Nebenfiguren, den Jugendfreunden des Prinzen, aus Shakespeares »Hamlet«. Das durchaus amüsante Spiel der Ironisierung des Vorbildes bleibt ganz der Theater-Ästhetik verhaftet. HFJ 1992

Rossini – oder die mörderische Frage, wer mit wem schlief R304
*****
BRD 1996, 114 Min., F
R: Helmut Dietl D: Götz George, Mario Adorf, Heiner Lauterbach, Veronica Ferres
Das abendliche Treffen von Film-Fuzzis in einem italienischen Szene-restaurant. Spöttische Dramödie, die von einer wunderbar einfühlsamen Inszenierung lebt und durch ihre Figuren die ganze Bandbreite menschlicher Emotionen von Humor bis Tragik zur Geltung bringt. HFJ 1998

Rosso Veneziano R305
ROUGE VENISE **
Frankreich/Italien 1988, 106 Min., F
R: Etienne Périer D: Vincent Spano, Wojciech Psoniak, Isabel Russinova
Mordintrige um einen der bedeutendsten Dichter des ausgehenden 18. Jahrhunderts in Italien: Carlo Goldoni. Neben dem geheimnisvollen Mörder spielt auch Antonio Vivaldi eine wichtige Rolle.

Rost R306
RYD ***
Island 1990, 98 Min., F
R: Larus Ymir Oskarsson D: Egill Olafsson, Bessi Bjarnason, Christine Carr
Eine Autowerkstatt am Rande der Welt an der isländischen Küste. Vor Jahren ist hier die Frau des Besitzers umgebracht worden und als Täter hat man ihren Liebhaber verurteilt. Seine Rückkehr setzt mit einem Schlag die verborgenen Leidenschaften frei.

Rosy und der Herr aus Bonn R307
***
BRD 1971, 92 Min., F
R: Rolf Thiele D: Heidi Hansen, Horst Tappert, Uwe Friedrichsen
Verwöhnte Bürgertochter verspricht den Männern alles und verschwindet nach dem Kassieren des Liebeslohns. Irgendwo gibt es in dem verklemmten Klamauk auch so etwas wie »Gesellschaftskritik«.

Rot ist die Liebe R308
***
BRD 1956, 94 Min., s/w
R: Karl Hartl D: Dieter Borsche, Cornell Borchers, Barbara Rütting
Der Dichter Hermann Löns entzieht sich den Feierlichkeiten zu seinem 40. Geburtstag und reist in die Heide, wo er auf seine frühere Geliebte trifft. Mit dem wirklichen Löns hat dieser nicht einmal schlecht inszenierte Schmachtfetzen nichts zu tun.

Rotation R309
****
Deutschland 1948, 81 Min., s/w
R: Wolfgang Staudte D: Paul Esser, Karlheinz Deickert, Irene Korb

Das Schicksal eines einfachen, unpolitischen Mannes und das Porträt eines typischen Mitläufers der NS-Zeit. Verständnisvoll und mit einem versöhnlichen Schluß, der nicht unumstritten war.

Die Rote R310
***
BRD/Italien 1962, 100 Min., s/w
R: Helmut Käutner D: Ruth Leuwerik, Rossano Brazzi, Gert Fröbe
Eine junge Frau bricht aus ihrer unerfüllten Ehe und ihrem daneben herlaufenden Liebesverhältnis aus, und stürzt sich in erotische und kriminelle Affären. Mißlungener, langweiliger Film, in dem allein Gert Fröbe als Schauspieler brilliert.

Der rote Falke von Bagdad R311
THE MAGIC CARPET ***
USA 1951, 89 Min., F
R: Lew Landers D: Lucille Ball, John Agar, Patricia Medina
Enterbter Sohn eines orientalischen Kalifen kehrt auf fliegendem Teppich in die Heimat zurück, um einen Thronräuber zu stürzen. Routiniert abgezogenes Hollywood-Klischeeprodukt mit bedingtem Unterhaltungswert. LFF

Die rote Flut R312
RED DAWN **
USA 1983, 114 Min., F
R: John Milius D: Patrick Swayze, Thomas C. Howell, Lea Thompson
Sowjetische und kubanische Truppen starten eine Invasion auf die USA, werden aber von wackeren Buben mit Schießprügeln zur Sau gemacht. Ein primitives Hetzfilmchen, das SF-Motive für patriotische Propagandamiß braucht. SFF

Der rote Korsar R313
THE CRIMSON PIRATE ****
USA 1952, 101 Min., F
R: Robert Siodmak D: Burt Lan-

Der rote Kreis R314
**
BRD 1959, 90 Min., s/w
R: Jürgen Roland D: Karl Saebisch, Renate Ewert, Klausjürgen Wussow
Scotland-Yard-Inspektor enttarnt titelgebenden Erpresserring. Eine typische, mehrfach verfilmte Edgar-Wallace-Story, bei der die Glaubwürdigkeit arg strapaziert wird.

Rote Küsse R315
ROUGE BAISER ***
Frankreich 1985, 107 Min., F
R: Vera Belmont D: Charlotte Valandrey, Lambert Wilson, Marthe Keller
Autobiographisches Porträt eines jungen Mädchens im Paris des Jahres 1952, zugleich eine präzise Schilderung der sozialen Situation dieser Zeit.

Rote Laterne R316
DAHONG DENGLONG GAOGAO GUA ****
China 1991, 125 Min., F
R: Zhang Yimou D: Gong Li, He Caifei, Cao Cuifeng, Kong Lin
Unter den unmenschlichen Lebensbedingungen im Haus eines reichen Mannes in den zwanziger Jahren brechen unter seinen vier Ehefrauen heftige Kämpfe aus. HFJ 1993

Gesellschaftsspiele: Gong Li (rechts).

Rote Linie 7000 R317
RED LINE 7000 ***
USA 1965, 110 Min., F
R: Howard Hawks D: James Caan, Laura Devon, Gail Hire
Die Karriere eines Stock-Car-

D: Eddie Constantine, Maria Frau, Yorik Royan
Lemmy-Caution-Abenteuer nach gängigem Muster: Hübsche Damen unterstützen den Agenten im Kampf gegen böse Verbrecher, die einen Professor gekidnappt haben, der künstliche Diamanten herstellen kann.

Die rote Lola R319
STAGE FRIGHT ***
USA 1950, 110 Min., s/w
R: Alfred Hitchcock D: Marlene Dietrich, Jane Wyman, Michael Wilding
Ein schwächerer Hitchcock-Thriller, in dem Marlene Dietrich als Theaterdiva des Mordes verdächtigt wird, den in Wirklichkeit ihr psychopathischer Geliebter begangen hat.

Der rote Monarch R320
RED MONARCH ***
GB 1983, 101 Min., F
R: Jack Gold D: Colin Blakely, David Suchet, Carroll Baker, Ian Hogg
Wilde Groteske um den sowjetischen Diktator Josef Stalin, der seine Minister wegen der Niederlage der russischen Basketballmannschaft liquidieren läßt und am Ende beinahe nicht totzukriegen ist.

Der rote Reiter R321
PONY SOLDIER ***
USA 1952, 82 Min., F
R: Joseph M. Newman D: Tyrone Power, Cameron Mitchell, Thomas Gomez, Penny Edwards
Kanadischer Mountie sorgt dafür, daß ein hungriger Indianerstamm, der aus dem Reservat ausgebrochen ist, nicht in den Abgrund reitet. Netter, humanistischer, abenteuerlicher Film aus dem hohen Norden.

Der rote Schatten R322
CIRCUS OF HORRORS ***
GB 1960, 92 Min., F
R: Sidney Hayers D: Anton Diffring, Erika Remberg, Yvonne Monlaur
Kompetent gemachter Gruselthriller über einen Schönheitschirurgen, der einen heruntergekommenen Zirkus mit operativ veränderten Schurkinnen ausstaffiert und jeden öffentlich tötet, der seinem Einfluß entkommen will.

Die rote Schwadron R323
THE CANADIANS **
GB 1961, 83 Min., F
R: Burt Kennedy D: Robert Ryan, John Dehner, Teresa Stratas
Nach der Schlacht am Little Big Horn fliehen die Sioux nach Kanada und geraten in Schwierigkeiten mit einem Rancher. Burt Kennedy: »Mein erster Film war so schrecklich, daß ich beschloß, zum Fernsehen zu gehen.«

Rote Sonne R324
***
BRD 1970, 85 Min., F
R: Rudolf Thomé D: Marquard Bohm, Uschi Obermaier, Sylvia Kékulé
Vier junge Frauen, die zusammen in einer Wohngemeinschaft in Mün-chen leben, haben verabredet, daß sie nach höchstens fünf Tagen ihre jeweiligen Männerbekanntschaften umbringen. Kleines Meisterwerk, das Unwahrscheinliches auf eine Weise im Alltäglichen ansiedelt, als sei es das Selbstverständlichste der Welt.

Die rote Sonne der Rache R325
J. AND S. – STORIA CRIMINALE DEL FAR WEST **
It/BRD/Sp 1972, 97 Min., F
R: Sergio Corbucci D: Tomas Milian, Susan George, Telly Savalas
Blinder Gesetzeshüter verfolgt mit Hilfe eines Assistenten ein Banken ausraubendes Ganovenpärchen. Wüster Western eines Regisseurs, dem wir auch Meisterwerke verdanken.

Die Rote Wüste R326
IL DESERTO ROSSO ****
Italien 1963, 117 Min., F
R: Michelangelo Antonioni D: Monica Vitti, Richard Harris, Carlo de Pra
Die Frau eines Ingenieurs wird nach einem Autounfall von neurotischen Angstgefühlen gequält, die sie ihrer Familie entfremden. Nach einer kurzen Liebesaffäre kehrt sie zu ihrem Mann zurück und findet sich mit ihrem unbefriedigenden Leben ab. Exemplarische Studie über das Leben in der modernen Industriegesellschaft, die deren Sinnvakuum auf bedrückende und formal eindrucksvolle Weise sinnlich erfahrbar macht. Michelangelo Antonionis erster Farbfilm.

Das rote Zelt R327
LA TENDA ROSSA ***
Italien/UdSSR 1969, 120 Min., F
R: Michail Kalatosow D: Peter Finch, Sean Connery, Claudia Cardinale, Hardy Krüger, Mario Adorf
Dramatische Rekonstruktion der gescheiterten Luftschiff-Nordpolexpedition im Jahr 1928 und der internationalen Suchaktion nach Überlebenden.

Die roten Schuhe R328
THE RED SHOES ****
GB 1948, 128 Min., F
R: Emeric Pressburger, Michael Powell D: Moira Shearer, Adolf Wohlbrück, Marius Goring
In Andersens Märchen wünscht sich ein Mädchen ein Paar rote Schuhe, um tanzen zu können. Ihr Wunsch geht in Erfüllung, doch die Schuhe zwingen das Mädchen immer weiter zu tanzen, bis in den Tod. Die Tänzerin Victoria feiert in der Ballettversion Triumphe und stellt zugleich ihr eigenes Leben dar, denn auch sie wird zur Sklavin des Tanzes. Herrliche Farbdramaturgie und eine zwanzigminütige Ballettszene machen den Film unsterblich.

Roter Drache R329
MANHUNTER ****
USA 1986, 119 Min., F
R: Michael Mann D: William Peterson, Kim Greist, Joan Allen, Brian Cox
Ein FBI-Gerichtsexperte, der durch ein stark ausgeprägtes Einfühlungsvemögen Zugang zur Psyche von Kriminellen und deren Denkweise hat, kehrt aus seinem Ruhestand zurück, um einen Massenmörder zur Strecke zu bringen. Außerordentlich spannender Thriller, der in einer erschreckend bedrohlichen Atmosphäre das Thema »Voyeurismus« untersucht. HFJ 1988

Roter Holunder R330
KALINA KRASNAJA ****
UdSSR 1974, 111 Min., F
R: Vasilij Schukschin D: Wassili Schukschin, Lidija Fedosejewa, Ivan Ryzow
Nach seiner Haftentlassung besucht Igor seine Briefpatin Ljuba und will im Dorf ein neues Leben beginnen. Doch er trifft bei allem Entgegenkommen immer wieder auf Mißtrauen und Vorurteile. Schließlich spüren ihn seine ehemaligen Komplizen auf, setzen ihn unter Druck und ermorden ihn. Ein starkes Plädoyer für mehr Miteinander.

Rotes Kornfeld R331
HONG GAOLIANG ****
China 1987, 90 Min., F
R: Zhang Yimou D: Gong Li, Jian Wen, Teng Rujun, Qian Ming
Ein breit angelegtes, mit vielen symbolischen Verweisen versehenes Zeitbild aus dem ländlichen China der 20er und 30er Jahre unter den Bedingungen der japanischen Besatzung. HFJ 1990

Die Rotröcke R332
GIUBBE ROSSE **
Italien 1974, 89 Min., F
R: Joe d'Amato D: Fabio Testi, Lionel Stander, Guido Mannari
Kanadischer Mountie jagt in Schnee und Eis einen mit ihm befreundeten Verbrecher, der seinen Sohn als Geisel benutzt. Bescheiden unterhaltsamer »Northern« von einem Regisseur, der ansonsten Softpornos macht.

Roulette R333
**
BRD 1978, 90 Min., F
R: Alan Vydra D: Jean De Villroy, Robert Le Ray, Vanessa Melville
Auf dem Roulettetisch in Monte Carlo, in der Luxuslimousine und auf tollen Parties befriedigen willige Frauen die Gelüste der Superreichen. Wie im richtigen Leben. Keine nennenswerte Story, aber viele tolle Bilder.

Roxanne R334
ROXANNE ****
USA 1987, 107 Min., F
R: Fred Schepisi D: Steve Martin, Daryl Hannah, Shelley Duvall
Wortgewandter Feuerwehrhauptmann mit unglaublichem Zinken liebt Astronomin, die wiederum einen Kretin liebt. Um dessen Doofheit zu kaschieren, schreibt unser Held für ihn tolle Liebesbriefe, woraufhin sie ihn noch mehr liebt. Intelligente Satire voller Sprachwitz und Gags. Eine moderne Cyrano-Variante. HFJ 1988

Royal Flesh R335
ROYAL FLESH ****
GB 1975, 94 Min., F
R: Richard Lester D: Malcolm McDowell, Oliver Reed, Florinda Bolkan
Nach den Flashman-Romanen von McDonald Fraser erzählt Lester die aberwitzigen Abenteuer eines Antihelden im Deutschland der Bismarck-Ära. Rundum gelungene Satire auf Heldentum, Karrierismus und Militär.

Ruben, Ruben R336
REUBEN, REUBEN ***
USA 1982, 100 Min., F
R: Robert Ellis Miller D: Tom Conti, Kelly McGillis, Robert Blossom
Bittere Komödie um einen alkoholkranken Dichter in einer Kleinstadt in Neuengland.

Der Rubin des Blutes R337
BLOODSTONE **
USA 1987, 87 Min., F
R: Dwight Little D: Brett Stinely, Rajni Kanth, Anna Nicholas
Alter Maya-Dämon, von einem Jungen zu neuem Leben erweckt, plant Herrschaft über die Erde. Schwacher Horrorkrimi, in dem die Leichen sich häufen. HFJ 1990

Ruby R338
RUBY ***
USA 1992, 110 Min., F
R: John Mackenzie D: Danny Aiello, Sherilyn Fenn, Arliss Howard
Das Kennedy-Attentat: »Die Welt wird nie erfahren, was wirklich passierte, meine Motive werden im Dunkeln bleiben, … weil – leider – die Leute, die viel zu gewinnen hatten … es nie gestatten werden, daß die Wahrheit publik wird.« (Jack Ruby). HFJ 1993

Die Rückkehr R339
***
BRD/It/Fr 1990, 105 Min., F
R: Margarethe von Trotta D: Barbara

Rückkehr aus einer anderen Welt R340
ICEMAN ***
USA 1984, 96 Min., F
R: Fred Schepisi D: Timothy Hutton, Lindsay Crouse, John Lone
Im Arktiseis gefundener Frühmensch wird aufgetaut und in einem Vivarium beobachtet, doch die ihm unbekannte Welt läßt ihn panisch reagieren. Ein kompetenter Film, der nach der Verantwortung der Wissenschaft fragt. LSFF

Rückkehr der Fliege R341
RETURN OF THE FLY **
USA 1959, 80 Min., s/w
R: Edward Bernds D: Vincent Price, Brett Halsey, David Frankham
Fortsetzung von *Die Fliege:* Sohn des Materietransmittererfinders rangelt sich mit bösen Buben, die ihm Baupläne stehlen wollen, und erleidet dabei das gleiche Schicksal wie sein Erzeuger. Wirrer Zelluloidsalat, der auf jegliche Logik pfeift. LSFF

Die Rückkehr der glorreichen Sieben R342
RETURN OF THE SEVEN **
USA 1966, 86 Min., F
R: Burt Kennedy D: Yul Brynner, Robert Fuller, Warren Oates
Auf der Suche nach einem entführten Freund stoßen sechs harte Burschen auf einen Rancher, der sich mittels Sklavenarbeit bereichert. Natürlich kriegt er Saures, denn die Gerechtigkeit muß siegen. Die Fortsetzung von *Die glorreichen Sieben* ist wie fast alle Film-Fortsetzungen ausgefallen. Forget it.

Die Rückkehr der Jedi-Ritter R343
RETURN OF THE JEDI ****
USA 1983, 133 Min., F
R: Richard Marquand D: Mark Hamill, Harrison Ford, Carrie Fisher
Raumfahrende Rebellen raufen sich mit den Vasallen eines Sternenim-

Die Rückkehr der Killertomaten R344
THE RETURN OF THE KILLER TOMATOES **
USA 1988, 98 Min., F
R: John De Bello D: Anthony Starke, George Clooney, Karen Mistal
Nach dem fehlgeschlagenen *Angriff der Killertomaten* setzt der Initiator des damaligen Fiaskos zu einer erneuten Attacke auf die Lachmuskeln an. Diesmal mit echten Schauspielern. Besser als Teil 1. HFJ 1990

Die Rückkehr der Musketiere R345
THE RETURN OF THE MUSKETEERS ***
GB/Fr/Sp 1989, 94 Min., F
R: Richard Lester D: Michael York, C. Thomas Howell, Oliver Reed
Drei Musketiere raufen sich mit der Tochter einer alten Rivalin, die den zehnjährigen König von Frankreich entführt hat. Mantel- und Degenfilm mit amüsanten Slapstick-Einlagen.

Die Rückkehr der reitenden Leichen R346
EL ATAQUE DE LOS MUERTOS SIN OJOS **
BRD/Spanien 1973, 89 Min., F
R: Amando Ossori D: Tony Kendall, Fernando Sancho, Esther Roy
Die Skelette ehemaliger Tempelritter terrorisieren einen spanischen Ort, der seine 500-Jahr-Feier begehen will. Ein Nachzieher der ungleich besser gemachten *Nacht der reitenden Leichen.* Gemetzel allerorten.

Die Rückkehr der Untoten R347
NIGHT OF THE LIVING DEAD **
USA 1990, 89 Min., F
R: George A. Romero D: Tony Wood, Patricia Tallman, Tom Towles
Farbige Neuverfilmung des SF-Horror-Kultfilms *Die Nacht der lebenden Toten:* Ein Grüppchen von Menschen wehrt sich in einem Landhaus gegen eine Meute gefräßiger Zombies. Was 1968 neu war, ist heute ein alter Hut

Zombies überfallen Schickimickis, die sich erfolglos in einem alten Kloster verbarrikadieren. Minimalfilmchen ohne Hand und Fuß, das nur das Ziel verfolgt, kreischende und röchelnde Schlachtopfer abzufilmen.

Die Rückkehr des Dr. Phibes R349
DR. PHIBES RISES AGAIN **
GB 1972, 85 Min., F
R: Robert Fuest D: Vincent Price, Robert Quarry, Valli Kemp
Um seine verstorbene Frau wiederzubeleben, sucht der dämonische Dr. Phibes nach einem Lebenselixier der Pharaonen, doch ein wissenschaftlich gebildeter Konkurrent ist ihm stets einen Schritt voraus. HFJ 1988

Die Rückkehr des Eliot Ness R350
THE RETURN OF ELIOT NESS **
USA 1991, 95 Min., F
R: J. Contner D: Robert Stack, Jack Coleman, Philip Bosco
Der Bezwinger Al Capones kommt zurück, um den Mord an einem Ex-Kollegen aufzuklären. Fürs TV gedrehte Dutzendware ohne erkennbare Ambitionen und trotz Robert Stack nicht sonderlich unterhaltsam.

Die Rückkehr des Gefürchteten R351
ERIK IL VICCHINGHO **
Italien/Spanien 1965, 88 Min., F
R: Mario Caiano D: Gordon Mitchell, Giuliano Gemma, Ely McWhite
Nach dem Tod eines Wikingerfürsten geht dessen Macht auf einen feigen und einen mutigen Burschen über, deren Schicksal sich nach der Entdeckung Amerikas an fernem Gestade erfüllt. Spannender Drescherfilm, sparsam produziert.

Die Rückkehr des King Kong R352
KINGU KONGU TAI GOJIRA *
Japan 1962, 82 Min., F
R: Inoshiro Honda, Thomas Montgomery D: Michael Keith, James Yagi, Tadao Takashima, Mie Hama
Pharmakonzern, der King Kong für Pillen werben lassen will, leiht den Riesenaffen an die Armee aus, die ihn gegen den Japan verwüstenden Drachen Godzilla einsetzt. Super, ey! LSFF

Die Rückkehr des Soldaten R353
THE RETURN OF THE SOLDIER ***
GB 1982, 102 Min., F
R: Alan Bridges D: Julie Christie, Ann-Margret, Glenda Jackson, Alan Bates
Ein englischer Soldat, der seelisch deformiert aus dem Ersten Weltkrieg heimkehrt, wird von drei höchst unterschiedlichen Frauen begehrt. Es beginnt eine Vierer-Beziehung unter der drückenden Last seiner Vergangenheit. Exzellent gefilmtes Oberschichtsdrama mit hervorragenden darstellerischen Leistungen, das jedoch insgesamt unverbindlich bleibt.

Die Rückkehr des Unbegreiflichen R354
RETRIBUTION **
USA 1987, 107 Min., F
R: Guy Magar D: Dennis Lipscomb, Leslie Wing, Suzanne Snyder
Ein Künstler, nach einem Selbstmord ins Leben zurückgeholt, murkst viele Menschen ab, da er nicht allein aus dem Jenseits zurückgekehrt ist: In ihm nistet ein dämonischer Gast. Fade Horrorshow nach Strickmuster B-13. HFJ 1989

Die Rückkehr des Unsichtbaren R355
THE INVISIBLE MAN RETURNS **
USA 1940, 81 Min., s/w
R: Joe May D: Vincent Price, Cedric Hardwicke, Nan Grey, John Sutton
Ein des Mordes bezichtigter Mann wird von einem genialen Wissenschaftler unsichtbar gemacht und kann so den echten Täter überführen. Flottes SF-Filmchen aus den Anfangstagen des Genres, nach Motiven von H. G. Wells. LSFF

Die Rückkehr nach Secaucus R356
THE RETURN OF THE SECAUCUS SEVEN ****
USA 1978, 106 Min., F
R: John Sayles D: Bruce McDonald, Maggie Renzi, Adam Lefevre
Beim Wiedersehen einer Gruppe von Menschen, die sich aus den Tagen der Studentenbewegung kennen, zeigt sich, daß nur wenig von den alten Idealen übriggeblieben ist. Viel Gequassel, aber ein Film zum Wiedererkennen.

Rückkehr zum Planet der Affen R357
BENEATH THE PLANET OF THE APES **
USA 1970, 95 Min., F
R: Ted Post D: James Franciscus, Charlton Heston, Kim Hunter
Astronaut gerät durch Zeitsprung auf die von Affen beherrschte Erde der Zukunft und bemüht sich erfolglos, Mutanten daran zu hindern, sie zu vernichten. Unergiebige Fortsetzung ohne besonderen Reiz von *Planet der Affen*. LSFF

Ruf der Wildgänse R358
**
Österreich 1961, 88 Min., F
R: Hans Heinrich D: Ewald Balser, Heidemarie Hatheyer, Marisa Mell
Im Kanada des vorigen Jahrhunderts herrscht der puritanische Siedler-Patriarch Kaleb über seine Familie. Das Mädchen Amelia, das er aufgenommen hat, erpreßt er mit dem Wissen um ihren von der Polizei erschossenen Liebhaber, seine Kinder unterdrückt er. Aber in solch einer Mischung aus Anzengruber, Western und »Via Mala« muß das Schicksal den Tyrannen natürlich ereilen.

Ruf der Wildnis R359
THE CALL OF THE WILD **
GB/BRD/It/Sp/Fr 1972, 105 Min., F
R: Ken Annakin D: Charlton Heston, Raimund Harmstorff, Michèle Mercier
Nach einem Roman von Jack London: Ein nach Alaska verschleppter Schäferhund erlebt an der Seite zweier Goldgräber Abenteuer und mausert sich zum Führer eines Wolfsrudels. Abenteuerfilm, an den Charlton Heston nicht gern erinnert wird.

Der Ruf des Wolfes R360
IL RICCHIAMO DEL LUPO **
Italien/Spanien 1974, 93 Min., F
R: Gianfranco Baldanello D: Manuel De Blas, Joan Collins, Jack Palance
Nach dem Tod ihres Vaters müssen der kleine Jim und seine Schwester Mary den Winter in einer Hütte in Alaska verbringen. Ihr einziger Schutz ist der Halbwolf Buck. Müder Abenteuerfilm, wieder einmal nach Motiven von Jack London.

»Ruhe Sanft« GmbH R361
COMEDY OF TERRORS ***
USA 1965, 88 Min., F
R: Jacques Tourneur D: Vincent Price, Peter Lorre, Boris Karloff
Zwei fast bankrotte Bestatter fördern den Umsatz, indem sie In-spe-Klienten mit eigener Hand in die Kiste helfen, doch Scheintote und Familienzwiste sabotieren das Unternehmen. Grusler als Komödie. Lachhaft toll.

Ruhelose Liebe R362
LOVE AFFAIR ****
USA 1938, 87 Min., s/w
R: Leo McCarey D: Irene Dunne, Charles Boyer, Maria Ouspenskaya
An Bord eines Schiffes verlieben sich eine Sängerin und ein Playboy ineinander. Um sich ihrer Gefühle zu vergewissern, vereinbaren sie ein Treffen in sechs Monaten. Doch auf dem Weg zum Rendezvous auf dem Empire State Building wird sie in einen Unfall verwickelt. Hervorragend gespielte und inszenierte Tragikomödie voller Leidenschaft, Humor und Pathos.

Der Ruhm meines Vaters R363
LA GLOIRE DE MON PERE ***
Frankreich 1990, 110 Min., F
R: Yves Robert D: Philippe Caubère, Nathalie Roussel, Didier Pain
Nach Marcel Pagnol entfaltet der Film in warmen Farben Episoden aus einer Kindheit in der Provence. Sanft, freundlich, mit Liebe zum Detail. HFJ 1992

Rumble in the Bronx R364
HUNG FAN KUI ***
Hongkong 1995, 91 Min., F
R: Stanley Tong D: Jackie Chan, Anita Mui, Françoise Yip
Jackie Chan als Hongkong-Bulle, der zur Hochzeit seines Onkels nach New York reist und dort zwischen die Fronten eines Syndikates und einer Motorradgang gerät. Der Meister der Slapstick-Comic-Action-Kampf-Sequenzen

D: Dennis Hopper, Matt Dillon, Mickey Rourke, Vincent Spano, Diane Lane
Rusty-James ist der Anführer einer Provinzstadt-Gang von Jugendlichen, die ihre Defizite und aufbegehrenden Gefühle durch Schlägereien und wilde Spiele zu kompensieren versuchen. Sein ihm als Vorbild dienender, vermeintlich unangepaßter Bruder hat jedoch längst resigniert. Expressionistisch angehauchter, insgesamt nicht überzeugender Versuch, künstlerische Ambitionen mit populären Elementen zu verbinden.

Runaway – Spinnen des Todes R366 ***
RUNAWAY
USA 1984, 97 Min., F
R: Michael Crichton D: Tom Selleck, Cynthia Rhodes, Gene Simmons
Robot-Experte bekämpft Machenschaften eines Wissenschaftlers, der aus simplen Küchenrobotern Killer macht. Spannender Thriller mit originellen Effekten und Kiss-Gitarrist Simmons als talentiertem Bösewicht. LSFF

Runaway Flight R367
A CASE OF HONOR **
USA 1988, 88 Min., F
R: Eddie Romero D: Timothy Bottoms, John Phillip Law, Candy Raymond
Und wieder sind immer noch amerikanische Kriegsgefangene in Vietnam festgehalten; sie fliehen, bevor sie ins Reich des Bösen, in die Sowjetunion, verlegt werden können. Manisch propagandistische Propaganda-Plotte. HFJ 1992

Runaway Train – Express in die Hölle R368 ****
RUNAWAY TRAIN
USA 1985, 110 Min., F
R: Andrej Kontschalowskij D: Jon Voight, Eric Roberts, Rebecca DeMornay, Kyle T. Heffner
Zwei aus dem Gefängnis geflohene Schwerkriminelle und eine junge Bahnarbeiterin donnern in einem führerlos gewordenen Eisenbahnzug durch das winterliche Alaska. Das ist nicht ungefährlich, zumal sie gleichzeitig von dem rachsüchtigen Gefängnisdirektor verfolgt werden. Perfekt inszenierter Actionfilm, der Spannung und Tiefgang meisterhaft verbindet.

The Running Man R369
THE RUNNING MAN **
USA 1978, 101 Min., F
R: Paul Michael Glaser D: Arnold Schwarzenegger, Maria Conchita Alonso, Yaphet Kotto
Eine totalitäre US-Regierung des 21. Jahrhunderts unterhält das Volk mit TV-Kampfspielen, in denen es um Leben und Tod geht. Ein geschaßter Ex-Cop bringt das System tatkräftig zu Fall. Unbedeutend. HFJ 1989

Dennis Hopper und Matt Dillon in ›Rumblefish‹.

Rush R370
RUSH *
Italien 1984, 77 Min., F
R: Anthony Richmond D: Conrad Nichols, Gordon Mitchell, Rita Furlan
In einer in die Barbarei zurückgefallenen Welt der Zukunft setzt sich ein tapferer Bursche gegen einen örtlichen Diktator zur Wehr und befreit die Unterdrückten. Ein von Gewalt strotzendes und handwerklich jämmerliches Eintopfprodukt, das auch noch eine Fortsetzung hatte.

Rush Hour R371
RUSH HOUR ***
USA 1998, 98 Min., F
R: Brett Ratner D: Jackie Chan, Chris Tucker, Tom Wilkinson
Hongkong-Cop Jackie Chan fliegt in die Staaten, um zusammen mit einem sprücheklopfenden US-Bullen die entführte Tochter des chinesischen Konsuls zu befreien. Die akrobatische Situations-Action-Komik des Chinesen vereinigt sich mit dem gelungenen Sprachwitz des Amis zu einer humorvoll-netten Action-Komödie. HFJ 2000

Die Russen kommen R372
***
DDR 1968, 95 Min., s/w
R: Heiner Carow D: Gert Krause-Melzer, Viktor Perewalow
In den letzten Kriegstagen des Zweiten Weltkriegs kommt ein sowjetischer Zwangsarbeiter durch die Mitschuld eines Hitlerjungen um. Auch formal anspruchsvoller Versuch über Schuld und Trauer.

Die Russen kommen, die Russen kommen R373
***
THE RUSSIANS ARE COMING, THE RUSSIANS ARE COMING
USA 1966, 126 Min., F
R: Norman Jewison D: Carl Reiner, Eva Marie Saint, Alan Arkin
Sowjetisches U-Boot landet auf einer Ferieninsel in Neuengland und verursacht eine Panik. Naive Kalter-Krieg-Komödie. Durchsetzt mit satirischen Anklängen und der »Botschaft« zur Verständigung.

Das Rußland-Haus R374
THE RUSSIA HOUSE ****
USA 1990, 123 Min., F
R: Fred Schepisi D: Sean Connery, Michelle Pfeiffer, Klaus Maria Brandauer, Roy Scheider
Ein britischer Verleger wird in Moskau wider Willen zum Spion und verliebt sich dabei in eine bezaubernde Russin. Mit hervorragenden Darstellern verfilmte Adaption des gleichnamigen Roman-Bestsellers von John le Carré. An Originalschauplätzen gedreht.
HFJ 1992

Ryans Tochter R375
RYAN'S DAUGHTER ****
GB 1969/1970, 193 Min., F
R: David Lean D: Sarah Miles, Robert Mitchum, Trevor Howard
Irland 1916. Vor dem Hintergrund des irischen Freiheitskampfes spielt sich ein Ehedrama zwischen einem Lehrer, seiner Gattin und einem britischen Offizier ab. Exzellent inszeniertes und fotografiertes Meta-Melodram.

Sean Connery und Michelle Pfeiffer in Fred Schepisis ›Das Rußland-Haus‹.

S

Die Saat der Gewalt S1
THE BLACKBOARD JUNGLE ****
USA 1955, 107 Min., s/w
R: Richard Brooks D: Glenn Ford, Anne Francis, Louis Calhern
Beeinflußt von der Rock'n'Roll-Ära schildert der Film die Auseinandersetzung eines jungen Berufsschullehrers, der gegen die kriminellen Tendenzen einer Klasse Halbwüchsiger kämpft.

Die Saat des Alien S2
THE STRANGER WITHIN **
USA 1974, 78 Min., F
R: Lee Philips D: Barbara Eden, George Grizzard, Joyce Van Patten
Als ein Ehemann seine sich merkwürdig verhaltende Gattin hypnotisiert, muß er erschreckt feststellen, daß sie von einem Außerirdischen geschwängert wurde. Alptraumhafte Geschichte mit spannendem Höhepunkt. LSFF

Saat des Wahnsinns S3
CLONUS HORROR **
USA 1979, 90 Min., F
R: Robert S. Fiveson D: Timothy Donnelly, Paulette Breen, Keenan Wynn
Ein Klon entwischt aus einem Labor und beschwört einen Skandal herauf, als er enthüllt, daß seinesgleichen zu einer politischen Verschwörung mißbraucht werden soll. Stellenweise spannender TV-Reißer. LSFF

Sabata S4
EHI, AMIGO, C'E SABATA ... ***
Italien 1969, 106 Min., F
R: Frank Kramer D: Lee Van Cleef, William Berger, Pedro Maria Sanchez
Der Kopfgeldjäger und Waffenexperte Sabata und ein »Banjospieler« bilden ein unschlagbares Team, um einen mit allen Wassern gewaschenen Bankräuber zu stellen. Trickreicher Italowe-

Zwei Revolvermänner gehen gegen einen Mann vor, der eine Stadt beherrscht und deren Bewohner ausplündert. Ein Routinewestern.

Sabba, die Hexe S6
LA VISIONE DI SABBA **
Italien/Frankreich 1987, 95 Min., F
R: Marco Bellocchio D: Béatrice Dalle, Daniel Ezralow, Corinne Touzet
Junger Psychiater verliebt sich in eine Frau, die von sich behauptet, Wiedergeburt einer Hexe aus dem 17. Jahrhundert zu sein.

Sabine Kleist, 7 Jahre ... S7
***
DDR 1982, 73 Min., F
R: Helmut Dziuba D: Petra Lämmel, Simone von Zglinicki, Martin Trettau
Kinderfilm. Sabine, die nach dem Unfalltod in einem Heim lebt, rückt aus, als ihre Erzieherin wegen der Geburt eines eigenen Kindes ihre Arbeit aufgibt. Nach einer Reihe von Begegnungen in Berlin erkennt Sabine das Heim als ihr Zuhause an.

Sabine und die hundert Männer S8
***
BRD 1960, 95 Min., s/w
R: William Thiele D: Sabine Sinjen, Yehudi Menuhin, Dieter Borsche
Die letzte Arbeit des Regisseurs (Der letzte Fußgänger): Pfiffige Tochter hilft ihrem Vater, nach dem Krieg als Konzertmeister wieder Tritt zu fassen.

Sabine Wulff S9
***
DDR 1978, 92 Min., F
R: Erwin Stranka D: Karin Düwel, Manfred Ernst, Jürgen Heinrich
Aus einem »Jugendwerkhof« entlas-

Sabotage S10
SABOTAGE ****
GB 1936, 90 Min., s/w
R: Alfred Hitchcock D: Oscar Homolka, Sylvia Sidney, Desmond Tester
Früher Thriller Hitchcocks: Ein Saboteur in London hat sich so gut als biederer Bürger getarnt, daß nicht einmal seine Ehefrau etwas weiß. Als sie es erfährt, bringt sie ihren Mann um. Ein Polizist sorgt dafür, daß sie nicht bestraft wird.

Sabotageauftrag Berlin S11
DESPERATE JOURNEY ***
USA 1942, 107 Min., s/w
R: Raoul Walsh D: Errol Flynn, Ronald Reagan, Nancy Coleman
Ein britischer Bomber wird über dem besetzten Polen abgeschossen. Verfolgt von den Nazis machen sich die Überlebenden auf den Heimweg durch Feindesland, wobei es ihnen außerdem gelingt, dem Feind zu schaden. Abenteuerlicher Kriegsfilm mit verständlichen propagandistischen Zügen. Ein Werk von unfreiwilliger Komik.

Saboteure S12
SABOTEUR ****
USA 1942, 85 Min., s/w
R: Alfred Hitchcock D: Priscilla Lane, Robert Cummings, Otto Kruger
Ein Flugzeugmechaniker in New York wird fälschlicherweise der Sabotage verdächtigt, jagt den wahren Täter und stellt ihn auf der Freiheitsstatue.

Sabrina S13
SABRINA ****
USA 1954, 113 Min., s/w
R: Billy Wilder D: Audrey Hepburn, Humphrey Bogart, William Holden
Ein gefühlskalter, nüchterner Unternehmerboß erliegt dem Charme der

Sabrina S14
SABRINA ****
USA 1995, 127 Min., F
R: Sydney Pollack D: Harrison Ford, Julia Ormond, Greg Kinnear
Ein Chauffeurstöchterlein gewinnt durch einen bildenden Parisaufenthalt nicht nur Selbstvertrauen und Charme, sondern – nach einigen Komplikationen – auch das Herz eines spröden Millionärs. In der kalten Welt des Geldes triumphiert am Ende doch das Gefühl. Das Remake des unvergeßlichen Klassikers von Billy Wilder ist ein schönes, in die 90er Jahre versetztes Märchen. Aber natürlich kann die arme Julia Ormond das Original Audrey Hepburn nie erreichen. HFJ 1997

Sacco und Vanzetti S15
SACCO E VANZETTI ****
Italien/Frankreich 1970, 124 Min., F
R: Giuliano Montaldo D: Gian Maria Volonté, Riccardo Cucciolla, Cyril Cusack
Die Geschichte der beiden Anarchisten und Gewerkschaftsführer, die trotz offenkundiger Unschuld in einem politisch manipulierten Prozeß zum Tode verurteilt wurden. Historische Rekonstruktion und politisches Lehrstück zugleich, ist Montaldos Arbeit eines der gelungensten Beispiele für politisches Kino von Rang.

Die Sache mit dem Feuer S16
WILDER NAPALM ***
USA 1992, 105 Min., F
R: Glenn Gordon Caron D: Debra Winger, Dennis Quaid, Arliss Howard
Zirkusclown mit Feuernummer besucht seinen Bruder, mit dem er früher via Telepathie so manche Flamme entfachte, und verliebt sich in des Bruders Gattin, eine Pyromanin. Exzentrischer Film; ein gelungenes, unterhaltsames Exemplar mit skurillen Figuren und abstrusen Gags.

Eine Sache unter Freunden S17
BETWEEN FRIENDS ****
Kanada 1973, 90 Min., F
R: Donald Shebib D: Michael Parks, Bonnie Bedelia, Chuck Shamanta
Zwei Freunde planen einen Raubüberfall, aber als sich der eine in die Freundin des anderen verliebt, endet das Unternehmen in einem blutigen Fiasko. Gangsterfilm und kritische Milieustudie in einem.

Eine sachliche Romanze S18
AN AWFULLY BIG ADVENTURE ****
Irland 1994, 112 Min., F
R: Mike Newell D: Alan Rickman, Hugh Grant, Georgina Cates
Im Liverpool der Nachkriegszeit erhält ein 16jähriges Mädchen aus kleinen Verhältnissen, das Schauspielerin werden will, eine Anstellung am Theater, allerdings zunächst mur hinter den Kulissen. Obwohl es sich in den arroganten Leiter der Theatertruppe verliebt, beginnt es eine Romanze mit einem zurückgekehrten Mitglied des Ensembles. Romanverfilmung, die ein düsteres Bild der von der übrigen Gesellschaft gemiedenen und unter finanziellen Nöten leidenden Theaterwelt zeichnet. Indem der Film die Schicksale der Figuren in der Schwebe hält, wirkt er jedoch nicht pessimistisch. Dynamisch, aber zurückhaltend inszeniert und schauspielerisch beeindruckend. HFJ 1996

Die Sachverständigen S19
***
BRD 1972, 98 Min., F
R: Norbert Kückelmann D: Matthias Eyssen, Walter Sedlmayr, Michael Strixner
Der erste Spielfilm des Münchener Rechtsanwalts: Ein junger Jurist gerät in die Mühlen der Bürokratie und wird zugrundegerichtet.

Ein Sack voller Flöhe S20
PRIMO AMORE ***
Italien 1978, 115 Min., F
R: Dino Risi D: Ugo Tognazzi, Ornella Muti, Mario del Monaco
Ein alternder Komödiant, der in einem Seniorenheim lebt, verliebt sich in ein junges Mädchen. Doch der Versuch, eine gemeinsame Zukunft aufzubauen, scheitert. Sensibel gespielt.

Sacramento S21
RIDE THE HIGH COUNTRY ****
USA 1961, 93 Min., F
R: Sam Peckinpah D: Randolph Scott, Joel McCrea, Ronald Starr
Zwei Ex-Gunmen transportieren Gold: Während der eine nur seinen Job tun will, ist der andere darauf aus, es zu stehlen. Damit ist die Freundschaft aus. Ein exzellenter Western.

Der Sadist S22
VALERIE ***
USA 1957, 82 Min., s/w
R: Gerd Oswald D: Anita Ekberg, Sterling Hayden, Anthony Steel
Rancher wird angeklagt, seine Gattin verletzt und ihre Eltern getötet zu haben. In Rückblenden à la Rashomon werden die Ereignisse aus drei Blickwinkeln gezeigt. Solides und gut gespieltes Drama.

Sadistico S23
PLAY MISTY FOR ME ****
USA 1971, 98 Min., F
R: Clint Eastwood D: Clint Eastwood, Jessica Walter, Donna Mills
Discjockey eines Rundfunksenders in einer amerikanischen Provinzstadt, der es nicht nur am Mikro gut mit den Damen kann, läßt sich aus Langeweile mit einer Anruferin ein, doch als seine Geliebte zu ihm zurückkehrt und er die Neue abschieben will, nimmt deren Verhalten psychopathische und schließlich sogar mörderische Züge an. Erstklassiger und fesselnder Psychothriller.

Sado – Stoß das Tor zur Hölle auf S24
**
BUIO OMEGA
Italien 1977, 93 Min., F
R: Joe d'Amato D: Cinzia Monreale, Kieran Carter, Franca Stoppi
Nekrophiler Aristokrat und seine Haushälterin morden Mädchen. Böser Ekelfilm des italienischen Horror- und Sexfilmers Joe d'Amato (alias Aristide Massaccesi).

Sadomania – Hölle der Lust S25
SADOMANIA *
BRD/Spanien 1981, 86 Min., F
R: Jess Franco D: Ursula Buchfellner, Robert Foster, Gina Janssen
Eine Touristin gerät in ein von einer Sadistin geleitetes südamerikanisches

Straflager und erlebt dort Terror und Gewalt, bis der Gatte sie befreien kann. Ein schludriges, sexistisches Machwerk.

Sador, Herrscher im Weltraum S26 **

BATTLE BEYOND THE STARS
USA 1980, 104 Min., F
R: Jimmy T. Murakami D: Richard Thomas, Robert Vaughn, John Saxon
Um eine Invasion durch die Truppen des Kosmos-Schurken Sador abzuwehren, heuern friedliche Planetarier diverse Söldner-Kommandos an. Unbedeutende SF-Version von *Die glorreichen Sieben* und *Die sieben Samurai.*

Die Sage von Anatahan S27 ***

THE SAGA OF ANATAHAN
Japan 1953, 90 Min., s/w
R: Josef von Sternberg D: Akemi Negeshi, Tadashi Suganuma, Shoji Nakayama
Noch sechs Jahre nach Kriegsende wollen japanische Soldaten auf einer Pazifik-Insel nicht an die Kapitulation glauben. Sie beschäftigen sich lieber mit dem Problem, daß es unter 13 Männern nur eine Frau gibt. Der letzte Film Sternbergs.

Sag' ja zur Liebe S28 **

GABLE AND LOMBARD
USA 1975, 115 Min., F
R: Sidney J. Furie D: James Brolin, Jill Clayburgh, Allen Garfield
Das hat uns gefehlt: ein Film über die Romanze zwischen Carole Lombard und Clark Gable in der großen Zeit des Hollywood-Glamours, der so viel Glamour ausstrahlt wie eine Fernsehserie.

Sag nie wieder Indio S29 **

CACCIA ALL'UOMO
Italien 1984, 80 Min., F

Die Erfolgreichen (II)

Die 10 erfolgreichsten ausländischen Filme 1990–92

Filmtitel	*H-land*	*Start*	*FFA-Besucherzahlen*
Pretty Woman	USA	05.07.93	10.618.279
Der mit dem Wolf tanzt	USA	21.02.91	6.649.533
Kevin – Allein zu Hause	USA	17.01.91	6.527.372
Kuck' mal wer da spricht	USA	03.05.90	5.288.722
Robin Hood – König der Diebe	USA	05.09.91	4.899.850
Die Schöne und das Biest	USA	26.11.92	4.862.766
Terminator II	USA	24.10.91	4.654.009
Basic Instinct	USA	21.05.92	4.437.914
Kevin – Allein in New York	USA	10.12.92	4.381.873
Sister Act – Eine himmlische Karriere	USA	26.11.92	4.334.094

Die erfolgreichsten deutschen Kino-Filme 1990–92

Filmtitel	*H-land*	*Start*	*FFA-Besucherzahlen*
Werner – Beinhart (FZT)	Dt	29.11.90	4.886.281
Unendliche Geschichte II	Dt	25.10.90	4.790.199
Pappa ante Portas	Dt	21.02.91	3.521.327
Otto – Der Liebesfilm	Dt	30.07.92	2.836.818
Carmen on Ice	Dt	08.02.90	2.134.094
Schtonk	Dt	12.03.92	1.914.870
Knight Moves	Dt/USA	16.01.92	1.875.159
Go, Trabi, Go	Dt	17.01.91	1.463.099
Homo Faber	Dt/Fr/Gr	21.03.91	1.395.816
Tod im Spiegel	Dt/USA	21.11.91	1.027.740

Quelle: Carsten Pfaff, Statistische Abteilung der SPIO

Sag niemals ja S30 **

SPINOUT CALIFORNIA HOLIDAY
USA 1966, 93 Min., F
R: Norman Taurog D: Elvis Presley, Shelley Fabares, Diane McBain
Schlagersänger testet neuentwickelten Wagen und wird von drei Mädchen umworben. Klischeebefrachteter Banalfilm, der nur dazu dient, Reklame

Durch eine Verwechslung wird eine Telefonistin zur populären »Kummerkasten«-Moderatorin im Radio.
HFJ 1993

Sahara S32 ***

SAHARA
USA 1943, 98 Min., s/w
R: Zoltan Korda D: Humphrey

Saigon S33
OFF LIMITS **
USA 1988, 102 Min., F
R: Christopher Crowe D: Willem Dafoe, Gregory Hines, Fred Ward
Unglaubwürdiges und pseudomoralisches Machwerk über zwei Spezialagenten, die im Saigon des Jahres 1968 einen Nutten-Killer entlarven.

Saint Jack S34
SAINT JACK ****
USA 1978, 110 Min., F
R: Peter Bogdanovich D: Ben Gazzara, Denholm Elliott, James Villiers
Ben Gazarra gibt eine außergewöhnliche Studie eines amerikanischen Glücksritters in Fernost, der sich in einer Welt von Gewalt und Korruption einen eigenen Ehrenkodex erhält.

Eine Saison in Hakkari S35
HAKKARI DE BIR MEVSIM ****
Türkei/BRD 1982, 109 Min., F
R: Erden Kiral D: Genco Erkal, Serif Sezer, Erkan Yüzel
Der Film, 1983 mit dem »Silbernen Bären« in Berlin ausgezeichnet, erzählt von den Schwierigkeiten eines jungen Lehrers, der – in ein einsames Bergdorf in Anatolien verbannt – versucht, den Kindern dort das Wissen des 20. Jahrhunderts zu vermitteln.

Salaam Bombay! S36
SALAAM BOMBAY! ****
Indien/Fr/GB 1988, 110 Min., F
R: Mira Nair D: Shafiq Syed, Sarfuddin Qurassi, Raju Barnara
Die Geschichte des Straßenjungen Krishna im Rotlichtbezirk von Bombay. Ein authentisches Bild, in dem Laiendarsteller aus den Slums ihr eigenes Schicksal darstellen. HFJ 1990

Der Salamander S37
LA SALAMANDRE ****
Schweiz 1971, 120 Min., s/w
R: Alain Tanner D: Bulle Ogier, Jean-Luc Bideau, Jacques Denis
Ein Journalist und ein Schriftsteller versuchen auf verschiedene Arten die Geschichte einer jungen Frau zu rekonstruieren, die auf ihren Onkel geschossen haben soll. Kunstvoller ironischer Essay.

Salem aleikum S38
**
BRD 1959, 85 Min., F
R: Geza von Cziffra D: Peter Alexander, Germaine Damar, Rudolf Platte
Verwechslungskomödie um einen Lehrer und Hobbymusiker, der einem Gangsterboß ähnelt. Papas Kino und seine Chargen knattern vor sich hin.

Salome S39
SALOME ***
USA 1952, 111 Min., F
R: William Dieterle D: Rita Hayworth, Stewart Granger, Charles Laughton, Cedric Hardwicke
Prächtige Film-Fantasie um die Stieftochter des König Herodes, die nun in Rom lebt und von Kaiser Tiberius mit Argwohn verfolgt wird. Sie verliebt sich in einen jungen Tribun, der heimlich zum Christentum übergetreten ist, und begegnet, da hakt unsere Allgemeinbildung wieder ein, bald darauf Johannes dem Täufer.

Salomon und die Königin von Saba S40
***
SOLOMON AND SHEBA
USA 1959, 141 Min., F
R: King Vidor D: Yul Brynner, Gina Lollobrigida, George Sanders
König Salomon verfällt mit Haut und Haaren der Königin von Saba, einer bösen Intrigantin. Teure Schnulze aus vorchristlicher Zeit, bei der die Bibel bei den Recherchen kaum als Quelle gedient hat.

Salon Kitty S41
SALON KITTY ***
It/BRD/Fr 1975, 106 Min., F
R: Tinto Brass D: Ingrid Thulin, Helmut Berger, Theresa Ann Savoy
Nazis verwanzen ein Bordell, um Parteigenossen und fremde Diplomaten zu bespitzeln. Eine Hure verliebt sich in einen nicht linientreuen Offizier. Sexfilm mit aufgesetztem politischen Hintergrund.

Salvador S42
SALVADOR ***
USA 1985, 125 Min., F
R: Oliver Stone D: James Woods, Jim Belushi, Michael Murphy
Ein amerikanischer Journalist erlebt den Bürgerkrieg in Salvador, entkommt nur knapp dem Tod und empört sich ob der Machenschaften seiner eigenen Regierung..

Salvation! S43
SALVATION! ***
USA 1987, 85 Min., F
R: Beth B. D: Stephen McHattie, Dominique Davaios, Exene Cervenka
Schrille Satire auf einen Fernseh-Prediger, der mit der Fernseh-Evangelisation vor allem seinen persönlichen Reichtum mehrt. Eine seiner Verehrerinnen mitsamt ihrer schrägen Familie dringt in sein Allerheiligstes ein, und los geht die Action. HFJ 1988

Salz der Erde S44
SALT OF THE EARTH ****
USA 1953, 92 Min., s/w
R: Herbert J. Biberman D: Rosaura Revueltas, Will Geer, David Wolff
Der klassische Dokumentarspielfilm rekonstruiert einen historischen Streik amerikanisch-mexikanischer Zinngruben-Arbeiter im Jahr 1950. Entstanden unter großen Schwierigkeiten in der McCarthy-Ära gilt er heute als eines der bedeutendsten Werke des politischen Kinos in den USA.

Salz und Pfeffer S45
SALT AND PEPPER ***
GB 1967, 105 Min., F
R: Richard Donner D: Peter Lawford, Sammy Davis jun., Michael Bates
Zwei amerikanische Nachtclubbesitzer in London bewahren das britische Königshaus vor einem politischen Umsturz. Flotte Spekulation über das, was sein könnte, aber eher dem Ulk als der Politsatire verpflichtet.

Sam Marlow, Privatdetektiv S46
SAM MARLOW, PRIVAT EYE ***
THE MAN WITH BOGART'S FACE
USA 1979, 111 Min., F
R: Robert Day D: Robert Sacchi, Franco Nero, Michelle Phillips
Witzige Hommage an den Film noir und Humphrey Bogart, dessen Doppelgänger als Privatdetektiv in eine komplizierte Affäre um blaue Edelsteine verwickelt wird.

Sam Whiskey S47
SAM WHISKEY ***
USA 1968, 96 Min., F
R: Arnold Laven D: Burt Reynolds, Angie Dickinson, Ossie Davis
Rififi umgekehrt: Ein Berufsspieler bekommt Geld dafür, daß er gestohlenes Gold in die Münzanstalt Denver zurückschafft.

Samba Traoré S48
SAMBA TRAORE ****
Burkina Faso/Fr/CH 1992, 85 Min., F
R: Idrissa Ouédraogo D: Bakary Sangare, Mariam Kaba, Abdoulaye Komboudri
Ein Afrikaner überfällt eine Tankstelle und kehrt als reicher Mann in sein Dorf zurück. Als er die von ihm verehrte Frau als Lebensgefährtin gewinnen konnte, wird er von seiner Vergangenheit eingeholt. Schlicht und unpathetisch inszenierter Bilderbogen von Burkina Fasos bekanntestem Regisseur. HFJ 1994

Samen des Bösen S49
INSEMINOID *
GB/Hongkong 1980, 89 Min., F
R: Norman J. Warren D: Judy Geeson, Robin Clarke, Jennifer Ashley
Astronautin, nach einer mysteriösen Explosion auf einem fremden Planeten von einem Ungeheuer vergewaltigt, bringt zwei gemeine Monstren zur Welt. Ein unsäglich plattes und plagiatorisches Machwerk mit »Alien«- und »Zombie«-Versatzstücken. LSFF

Die Sammlerin S50
LA COLLECTIONNEUSE ****
Frankreich 1967, 91 Min., F
R: Eric Rohmer D: Patrick Bauchau, Haydée Politoff, Daniél Pommereulle
Vierter Film in Rohmers Zyklus der *contes morales*. Zwei Freunde verleben Ferien in einem Haus in Südfrankreich. Dazu kommt ein Mädchen, das sich den beiden beim Versuch, das

D: Shashi Kapoor, Claire Bloom, Ayub Khan Din
Sozialkritische, bissige Satire auf den Alltag eines heruntergekommenen Londoner Einwanderer-Viertels, in dem ein pakistanischer Flüchtling seinen Sohn Sammy besucht, der mit seiner Frau Rosi eine offene Ehe führt. Skurril-illusionsloser Film ganz im Stil des new british cinema. HFJ 1989

Samson – Befreier der Versklavten S52 **
LA FURIA DI ERCOLE
Italien/Frankreich 1961, 95 Min., F
R: Gianfranco Parolini D: Brad Harris, Mara Berni, Serge Gainsbourg
Der Muskelmann Samson zieht sich den Zorn des Beraters einer antiken Königin zu, welcher um seinen Einfluß auf Madame fürchtet. Alsbald sieht sich unser heldenhafter Kraftmeier Attentaten ausgesetzt. LFF

Samson gegen die Korsaren des Teufels S53 **
SANSONE CONTRO IL CORSARO NERO
Italien 1963, 88 Min., F
R: Luigi Capuano D: Alan Steel, Rosalba Neri, Piero Lulli
Muskelmann Samson hilft einem spanischen Kolonialbeamten bei der Zerschlagung einer Piratenbande und der Entlarvung eines korrupten Beraters. Ein Abenteuerfilm, in dem die Fetzen fliegen. LFF

Samson und Delilah S54
SAMSON AND DELILAH ***
USA 1949, 120 Min., F
R: Cecil B. de Mille D: Hedy Lamarr, Victor Mature, Angela Lansbury
Eine ebenso schwülstige wie bombastische Bibelphantasie; für den Religionsunterricht weniger als für wilde Träume von Sex, Abenteuer und Passion geeignet.

Samson und der S55

versteckten Inkaschatz rauben will. Kruder Mix aus Western und Fantasy, 1964 produziert, doch erst 1968 ins Kino gelangt.

Samson und die weißen Sklavinnen S56 ***
SANSONE CONTRO I PIRATI
Italien 1963, 81 Min., F
R: Amerigo Anton D: Kirk Morris, Margaret Lee, Daniele Vargas
Samson fischt die einzige Überlebende eines von Piraten versenkten Schiffes aus dem Meer und läßt seine Muskeln gegen die Böslinge spielen. Flotter Abenteuerfetzer; ein Kunstgenuß, der seinesgleichen sucht. LFF

Samstag, der 14. S57
SATURDAY THE 14TH **
USA 1981, 75 Min., F
R: Howard R. Cohen D: Richard Benjamin, Paula Prentiss, Severn Darden, Jeffrey Tambor
Familie Durchschnitt erbt von einem Onkel ein Geisterhaus und stößt dort auf Vampire, außerirdische Lebewesen und den Schrecken vom Amazonas. Ulkfilm

Samstagnacht bis Sonntagmorgen S58 *****
SATURDAY NIGHT AND SUNDAY MORNING
GB 1960, 89 Min., s/w
R: Karel Reisz D: Albert Finney, Shirley Ann Field, Rachel Roberts
Brillantes Regiedebüt des geborenen Tschechen Reisz und einer der wichtigsten Filme des realistisch-kritischen britischen »Free Cinema«. Finney als »Angry Young Man« zwischen Farbrikarbeit, Kneipe und Liebesabenteuern.

Samstags, wenn Krieg ist S59 ***
BRD 1994, 94 Min., F
R: Roland Suso Richter D: Heino Ferch, Markus Knüfken, Felix Eitner
Handwerklich ansprechender Fern-

Die Samurai-Sippe der Taira S60
SHIN HEIKE MONOGATARI ****
Japan 1965, 102 Min., F
R: Kenji Mizoguchi D: Raizo Ickikawa, Yoshiko Kuga
Japan im 12. Jahrhundert. Ein junger Samurai kämpft gegen eine terroristische Mönchskaste. Ein epischer Abenteuerfilm über Moral und Form.

San Domingo S61
***
BRD 1970, 138 Min., s/w
R: Hans-Jürgen Syberberg D: Michael König, Alice Ottawa, Carla Aulaulu
Junger Ausbrecher aus reicher Familie kommt in eine Rocker-Kommune, in der ein Mädchen auf ihn angesetzt wird, damit man an das Geld seiner Eltern kommt. Das endet, in fernem Anklang an Heinrich von Kleists Erzählung, tödlich.

San Fernando S62
STAGECOACH **
USA 1966, 114 Min., F
R: Gordon Douglas D: Red Buttons, Ann-Margret, Michael Connors
Insassen einer Postkutsche werden von marodierenden Indianern überfallen. Schlappe Neuverfilmung des Klassikers *Ringo*.

San Francisco S63
SAN FRANCISCO ****
USA 1936, 115 Min., s/w
R: W. S. Van Dyke D: Clark Gable, Jeanette McDonald, Spencer Tracy
Die Geschäfts- und Liebesprobleme des Nachtclubchefs Blackie Norton im San Francisco von 1906 finden ihren Höhepunkt, als ein Erdbeben die Stadt vernichtet – ein spannender und tricktechnisch hervorragender Film!

San Francisco im Goldfieber S64
BARBARY COAST ****
USA 1935, 96 Min., s/w
R: Howard Hawks D: Edward G. Robinson, Miriam Hopkins, Joel McCrea
Braut eines ermordeten Goldgräbers schließt sich dem Chef der Unterwelt San Franciscos an und verliebt sich in einen armen, aber anständigen Kerl, der erst etwas von ihr wissen will, als sie ihn vor ihrem Galan rettet. Flottes Westerndrama aus Kaliforniens Goldgräberzeit.

Das Sanatorium zur Todesanzeige S65
***
SANATORIUM POD KLEPSYDRA
Polen 1973, 119 Min., s/w
R: Wojciech J. Has D: Jan Nowicki, Tadeusz Kondrat, Halina Kowalska
Gelungene Film-Version einer phantastischen Geschichte von Bruno Schulz. Im seltsamen Sanatorium des Dr. Gotard unternimmt ein Mann eine Reise in der Zeit.

Sandokan S66
SANDOKAN, LA TIGRE DI MOMPRACEM ***
It/Sp/Fr 1964, 102 Min., F
R: Umberto Lenzi D: Steve Reeves, Genivière Grad, Andrea Bosic
Asiatischer Prinz und portugiesischer Freund im Kampf gegen Kolonialherren entführen die Tochter des Gouverneurs von Borneo. Farbenprächtiger Abenteuerschinken mit vielen Kämpfen und Actionszenen.

Sandokan, der Tiger von Malaysia S67
***
SANDOKAN, LA TIGRE DI MOMPRACEM
It/Sp/Fr 1963, 94 Min., F
R: Mario Sequi D: Ivan Rassimov, Andrea Bosic, Claudia Gravy
Sandokan, Sohn eines Sultans auf der Insel Borneo, nimmt den Kampf gegen die englischen Kolonialherren auf. Ein blutrünstiges Abenteuerspektakel, in dem mehr gefochten als geredet wird.

Sandokan und der Leopard S68
SANDOKAN CONTRO IL LEOPARDI DI SARAWAK ***
Italien/BRD 1964, 87 Min., F
R: Luigi Capuano D: Ray Danton, Guy Madison, Franca Bettoja
Sandokan, der »Tiger von Malaysia«, auf der Suche nach seiner entführten und hypnotisierten Braut. Ein nahezu pausenloses, dialogarmes Gemetzel. Lebhafter Abenteuerfilm.

Sandra S69
VAGHE STELLE DELL'ORSA ****
Italien 1965, 96 Min., s/w
R: Luchino Visconti D: Claudia Cardinale, Michael Craig, Jean Sorel
Die Orestie, erzählt als moderner Film-Mythos: Zerfall einer Familie und einer Gesellschaftsschicht durch den Krieg.

Die Sanfte S70
UNE FEMME DOUCE ***
Frankreich 1969, 85 Min., F
R: Robert Bresson D: Dominique Sanda, Guy Frangin, Jane Lobre
Eine 18jährige begeht Selbstmord; ihr um vieles älterer Mann versucht zu verstehen, wie es dazu kommen konnte. Inspiriert durch eine Novelle von Dostojewski entwickelt Bresson ein pessimistisches Drama der Kommunikation.

Der Sanfte Lauf S71
****
BRD 1967, 81 Min., s/w
R: Haro Senft D: Bruno Ganz, Verena Buss, Wolfgang Büttner
In seinem bemerkenswert präzisen Spielfilmdebüt schildert Senft den Konflikt eines jungen Ingenieurs zwischen Anpassung und Verweigerung gegenüber der bundesdeutschen Wohlstandsgesellschaft. Warum drehen so viele Erzeuger des »Jungen deutschen Films« heute nicht mehr?

Der Sanfte mit den schnellen Beinen S72
***
LA CARAPATE
Frankreich 1978, 100 Min., F
R: Gérard Oury D: Pierre Richard, Victor Lanoux, Jean-Pierre Darras
Schussliger Anwalt gerät wider Willen in eine Gefängnisrevolte und muß, weil er für den Anstifter gehalten wird, mit den anderen Häftlingen fliehen. Gagreiche Komödie mit einem Pierre Richard, der seinem Affen (manchmal gar zu viel) Zucker gibt.

Der Sänger von Capri S73
FOR THE FIRST TIME ***
USA/BRD 1959, 92 Min., F
R: Rudolph Mate D: Mario Lanza, Zsa Zsa Gabor, Johanna von Koczian
Skandalumwitterter amerikanischer Sänger wird von seinem Manager nach Capri geschickt und verliebt sich dort in eine gehörlose Frau. Saftiger Kitsch.

Sankt Elmo's Fire S74
ST. ELMO'S FIRE ***
USA 1985, 108 Min., F
R: Joel Schumacher D: Rob Lowe, Demi Moore, Andrew McCarthy
Eine Reihe von amerikanischen College-abgängerInnen, die ins Erwachsenendasein entlassen werden, haben mehr oder weniger große Schwierigkeiten, sich an eben dieses anzupassen. Glattes, oberflächliches Komödchen.

Sans Soleil – Unsichtbare Sonne S75 ****
SANS SOLEIL
Frankreich 1982, 100 Min., F
R: Chris Marker
Philosophischer Film-Essay, der Dokumentationen einer Reise durch Japan, Guinea und die Kapverdischen Inseln mit Computer-Bildern des japanischen Künstlers Yamenko verbindet und dem engagierten Zuschauer Augen und Ohren für neue Zusammenhänge öffnet. Ein Meisterwerk des Genres.

Santa Sangre S76
SANTA SANGRE ***
USA/Italien 1989, 115 Min., F
R: Alejandro Jodorowsky D: Axel Jodorowsky, Sabrina Dennison, Guy Stockwell, Blanca Guerra
Der Sohn eines brutalen Zirkusdirektors und einer bigotten Artistin erleidet ein Trauma, als sich seine Eltern gegenseitig umbringen. Aus dem Sanatorium entlassen, wird Fenix zum Massenmörder.

Santiago, der Verdammte S77
NAKED DAWN ***
USA 1954, 82 Min., F
R: Edgar G. Ulmer D: Arthur Kennedy, Betta St. John, Eugene Iglesias
Ein junger Gesetzloser und ein Ehepaar verstricken sich in den Maschen der Gefühle und des Gesetzes. Ein verzwicktes Drehbuch, aus dem Ulmer, ein König des B-Films, einen annehm- Ein alter Baumwollfarmer im Nordosten Brasiliens zieht eine bittere Lebensbilanz: Aus dem Gefängnis führte ihn der Weg zu Reichtum, seine Ehe mit einer Lehrerin scheiterte, und seine Fazenda ist ihm kein Trost mehr. Beeindruckendes Beispiel des revolutionären brasilianischen Kinos der Siebziger.

Sappho, Venus von Lesbos S79
SAFFO, VENERE DI LESBOS **
Italien/Frankreich 1960, 100 Min., F
R: Pietro Francisci D: Kerwin Mathews, Tina Louise, Susy Golgi
Anführer einer Revolte gegen antiken König flüchtet verletzt in Tempel, wo angehende Priesterin ihn pflegt, bis er zu neuerlicher Aktion schreitet.

Saragossa – Roland, ein Ritter der Franken S80 ***
ORLANDO E I PALADINI DI FRANCIA
Italien 1956, 93 Min., F
R: Pietro Francisci D: Rik Battaglia, Fabrizio Mioni, Rosanna Schiaffino
Ritter Roland und seine fränkischen Mannen kämpfen unter Karl dem Großen gegen die Sarazenen und siegen – da sie kein Geschichtsbuch kennen. Schlachtplatte mit Kampfszenen.

Sarah T., eine jugendliche Alkoholikerin S81 **
SARAH T., PORTRAIT OF A TEENAGE ALCOHOLIC
USA 1975, 95 Min., F
R: Richard Donner D: Linda Blair, Verna Bloom, Larry Hagman
Fünfzehnjährige gerät durch Scheidung der Eltern an den Alkohol und stößt auf eine Gruppe ähnlich belasteter junger Menschen. TV-Film mit guten Absichten, der aber auf glaubhafte Charakterzeichnungen verzichtet.

Sarah und Sam S82
CROSSING DELANCEY ****
USA 1987, 97 Min., F
R: Joan Micklin Silver D: Amy Augen öffnet. Subtile Komödie und Milieustudie, die rundherum Vergnügen bereitet. HFJ 1990

Der Sarg des Vampirs S83
EL ATAUD DEL VAMPIRO *
Mexiko 1957, 88 Min., s/w
R: Fernando Mendez D: German Robles, Abel Salazar, Ariadne Welter
Ein gepfählter Vampir wird von einem Leichenfledderer versehentlich zu neuem Leben erweckt und hechelt saugend einer Revuetänzerin hinterher. Ein Schundfilm erster Güte.

Sartana S84
MILLE DOLLARI SUL NERO **
Italien/BRD 1966, 92 Min., F
R: Albert Cardiff D: Gianni Garko, Anthony Steffen, Sieghardt Rupp
Aus dem Gefängnis entlassen, kehrt der unschuldige Johnny in seine Heimat zurück und legt sich mit seinem bösen Bruder an, der ihm die Braut genommen und ihn hinter Gitter geschickt hatte. Western-Dutzendware.

S.A.S. Malko – Im Auftrag des Pentagon S85 **
S.A.S. A SAN SALVADOR
BRD/Frankreich 1983, 85 Min., F
R: Raoul Coutard D: Miles O'Keefe, Raimund Harmstorff, Anton Diffring
CIA-Schönling mit der Mimik eines Otto-Katalog-Dressmans wird auf die Spur eines Terroristen gesetzt und bringt ihn mit Hilfe von Deus ex machina und knackig-drallen Weibern zur Strecke. Zum Davonlaufen öde.

Saskatschewan S86
SASKATCHEWAN ***
USA 1954, 87 Min., F
R: Raoul Walsh D: Alan Ladd, Shelley Winters, Robert Douglas
Kanadischer Mountie und die Cree gegen die Sioux, die aus den USA nach Norden kommen. Schön gefilmte, aber recht fragwürdige Geschichte, bei

D: Klaus Kinski, Peter Carsten, Marcella Michelangeli, Antonio Cantafora
Nachdem er unschuldig wegen Mordes gesessen hat, rächt sich Gary an einem zwielichtigen Minenbesitzer und dessen Vasallen. Kinski hat – wie immer – kaum Dialoge. Ein blutiger Rachewestern mit Horrorelementen.

Satan im Sattel
siehe: Die letzte Jagd

Satanische Spiele S88
GAMES ***
USA 1966, 100 Min., F
R: Curtis Harrington D: Simone Signoret, James Caan, Katherine Ross
Eine undurchsichtige Frau sorgt dafür, daß aus Partyspielen bei einem jung verheirateten Paar bitterer Ernst wird. Der Zuschauer bleibt bei dieser Story etwas ratlos.

Der Satan mischt die Karten S89
LAUGHTER IN THE DARK ***
GB/USA/Frankreich 1968, 104 Min., F
R: Tony Richardson D: Nicol Williamson, Anna Karina, Peter Bowies
Edward Bond schrieb das Drehbuch nach einem Roman von Vladimir Nabokov und verlegte die Handlung, die Geschichte eines Kunsthändlers, der wegen einer Platzanweiserin Frau und Familie verläßt, vom Berlin des Jahres 1937 nach London.

Der Satan mit den roten Haaren S90
**
BRD 1964, 87 Min., F
R: Alfons Stummer D: Helga Sommerfeld, Helmut Schmid, Peter Jacob
Eine schöne Sängerin, ein südamerikanischer Senator, ein deutscher Abenteurer, eine Flugzeugentführung. Einer von den deutschen Trash Movies, die man sich damals als vierzehnjähriger gern angesehen hat – hauptsächlich weil sie »ab 16« waren.

Satanas – Das Schloß der blutigen Begierde S91
***
THE MASQUE OF THE RED DEATH
USA/GB 1964, 86 Min., F
R: Roger Corman D: Vincent Price, Hazel Court, Jane Asher, Patrick Magee
Ein Prinz zieht sich in der Pestzeit mit seinen Freunden auf sein Schloß zurück und erniedrigt drei Gefangene, doch er kann dem Roten Tod nicht entgehen. Inspirierter Horrorstreifen nach Edgar Allan Poe.

Satansbraten S92
***
BRD 1976, 116 Min., F
R: Rainer Werner Fassbinder
D: Kurt Raab, Margit Carstensen, Helen Vita
Ein exzentrischer und egozentrischer Dichter terrorisiert seine Umwelt und auch sich selbst.

Ein Satansweib S93
HIS KIND OF WOMAN ***
USA 1951, 120 Min., s/w
R: John Farrow D: Robert Mitchum, Jane Russell, Vincent Price
Ein hartgesottener Bursche tappt in Mexiko in die Falle eines Gangsters, der dort Geiseln hält, und entscheidet sich dafür, diese zu befreien. Augenzwinkernd erzählter Thriller, mit Vincent Price als Schmierenkomödiant.

Die Satansweiber von Tittfield S94
***
FASTER, PUSSYCAT! KILL, KILL!
USA 1966, 75 Min., s/w
R: Russ Meyer D: Tura Satana, Lori Williams, Susan Bernard
Ein von einer Lesbe angeführtes mörderisches Trio von Disco-Dance-Girls mit enormen Oberweiten versetzt die Provinzbevölkerung im amerikanischen Mittleren Westen in Angst und Schrecken. Comic-strip-artige Horrorkomödie, die sexuelle Phantasien zugleich karikiert und bedient, und männliches Macho-Gehabe in maßlosen Überspitzungen so richtig lächerlich macht.

Sauerbruch – Das war mein Leben S95
****
R: Rolf Hansen D: Ewald Balser, Heidemarie Hatheyer, Maria Wimmer
Idealisiertes Lebensbild des berühmten Berliner Arztes als eines ebenso genialischen wie volksnahen »Halbgottes in Weiß«.

Philippe Noiret und Isabelle Huppert

Der Saustall S96
COUP DE TORCHON ****
Frankreich 1981, 128 Min., F
R: Bertrand Tavernier D: Philippe Noiret, Isabelle Huppert, Jean-Pierre Marielle, Stéphane Audran
Ein korrupter weißer Polizist in einer westafrikanischen französischen Kolonie Ende der dreißiger Jahre läßt sich weitere Demütigungen aus seiner Umgebung nicht mehr gefallen. Die unliebsamen Mitmenschen fallen nach und nach seinem tückischen Morden zum Opfer. Zynische Komödie, die das von Amoralität und Lustprinzip geprägte Bild einer westlichen Gesellschaft zeichnet.

Savage Streets – Straße der Gewalt S97
**
SAVAGE STREETS
USA 1984, 86 Min., F
R: Danny Steinmann D: Linda Blair, John Vernon, Robert Dryer
Nachdem drei tumbe Toren die stumme Schwester der Filmheldin vergewaltigt haben, zieht diese auf Rache aus und erledigt die Bösmänner auf die brutale Tour. Ein zotiger, menschenverachtender Killerfilm.

Save the Tiger S98
SAVE THE TIGER ***
USA 1973, 100 Min., F
R: John G. Avildsen D: Jack Lemmon, Jack Gilford, Laurie Heineman
Eine böse Satire: Als Textilfabrikant vor dem Bankrott versucht Lemmon einen »heißen Abbruch«, um sein Unternehmen wieder flott zu bekommen.

Saxana, die Hexe S99
DIVKA NA KOSTETI ***
CSSR 1971, 78 Min., F
R: Vaclav Vorlicek

D: Petra Cernocka, Jan Hrusnisky, Vladimir Mensik
Eine widerspenstige junge Hexenschülerin landet in einer Schule, wo sie für erheblichen Wirbel sorgt. Das Tempo und die satirische Schärfe dieser Groteske machen den Film auch für Erwachsene sehenswert.

Sayonara S100
SAYONARA ***
USA 1957, 147 Min., F
R: Joshua Logan D: Marlon Brando, Ricardo Montalban, Miiko Taka
Nach dem Roman von James A. Michener: Luftwaffenpilot verliebt sich in Japanerin. Sehr romantisch und damals sehr erfolgreich.

Scampolo S101
***
BRD 1957, 96 Min., F
R: Alfred Weidenmann D: Romy Schneider, Paul Hubschmid, Victor de Kowa, Georg Thomalla
Naives Mädchen, das auf Ischia als Fremdenführerin wirkt, verliebt sich in mittellosen Architekten. Ein Nichts von einer Story, schöne Landschaften – und Romy Schneider.

Scandal S102
SCANDAL ****
GB 1989, 114 Min., F
R: Michael Caton-Jones D: John Hurt, Joanne Whalley-Kilmer, Bridget Fonda
Der Minister, das Model und der russische Spion: Die Vorgeschichte der berüchtigten Profumo-Affäre, die 1963 die konservative Regierung Englands zu Fall brachte. Faszinierende, exzellent besetzte Studie eines Milieus und einer Epoche. HFJ 1990

Scandalosa Gilda S103
SCANDALOSA GILDA **
Italien 1985, 81 Min., F
R: Gabriele Lavia D: Monica

Scanner Cop S104
SCANNER COP ***
USA 1993, 90 Min., F
R: Pierre David D: Daniel Quinn, Darlanne Fluegel, Richard Grove
Durch eine Reihe von Morden werden die seit langem ruhenden telepathischen Fähigkeiten eines jungen Mannes wieder reaktiviert. Bessere Mischung aus trivialer Science-fiction und Horror. HFJ 1995

Scanners – Ihre Gedanken können töten S105
SCANNERS **
Kanada 1980, 100 Min., F
R: David Cronenberg D: Stephen Lack, Jennifer O'Neill, Patrick McGoohan, Charles Shamata
Psi-begabter Oberlump beseitigt seine Gegner, indem er mittels Geisteskraft ihre Köpfe explodieren läßt. Doch keine Angst, Hilfe naht! – »Hübsch häßlich.« (Pater Brown). Ekelfilm.

Total kopflos

Scanners II S106
SCANNERS II: THE NEW ORDER **
Kanada 1991, 104 Min., F
R: Christian Duguay D: David Hewlett, Yvan Ponton, Deborah Raffin
Kryptofaschistischer Bulle, der die Welt mit Hilfe von Psi-Talenten säubern will, manipuliert latent psychopathischen Sohn eines toten Scanners, bis dieser ihn durchschaut und explosiv Rache nimmt. LSFF, HFJ 1992

Scaramouche, S107

sischen Revolution seinen ermordeten Freund und entlarvt einen schuftigen Adeligen. Praller Mantel- und Degenfilm. Sehr unterhaltsam.

Scaramouche, der Teufelskerl S108
L' AVENTURE E GLI AMORE DI SCARAMOUCHE ***
It/BRD/Jugoslawien 1975, 91 Min., F
R: Enzo G. Castellari D: Michael Sarrazin, Ursula Andress, Aldo Maccione, Giancarlo Prete
Kostümfilm über die Abenteuer des galanten Barbiers Scaramouche, der in Napoleons Frankreich, in der Armee, in den Armen der zukünftigen Kaiserin und bei Duellen zeigt, was für ein Kerl er ist. Unterhaltsame Kost.

Scarface S109
SCARFACE ****
USA 1930, 90 Min., s/w
R: Howard Hawks D: Paul Muni, Ann Dvorak, George Raft
Leben und Tod eines – Al Capone nachempfundenen – Unterweltbosses im Chicago der Prohibitionszeit. Kraftvoll inszenierter, realistischer Gangsterfilm, ein Höhepunkt des Genres.

Scarface S110
SCARFACE ***
USA 1982, 170 Min., F
R: Brian de Palma D: Al Pacino, Michelle Pfeiffer, Steven Bauer, Mary Elizabeth Mastrantonio
Ein kubanischer Einwanderer steigt in Florida zum Chef einer Kokainschmugglerbande auf. Überflüssiges Remake des Howard-Hawk-Klassikers, das in unmotivierten und spekulativen Gewaltdarstellungen schwelgt, und den kriminellen Protagonisten zur tragischen Figur zu stilisieren versucht.

Scarletto – Schloß des Blutes S111
IL BOIA SCARLETTO *
Italien/USA 1965, 86 Min., F

Schach dem Mörder S112
ACCUSED OF MURDER ***
USA 1956, 73 Min., F
R: Joe Kane D: David Ryan, Vera Ralston, Sidney Blackmer
Harter Polizist verliebt sich in Nachtclubsängerin unter Mordverdacht. Ein B-Krimi mit allem, was dazu gehört, nicht mehr und nicht weniger.

Schach dem Satan S113
LADRON DE CADAVERES *
Mexiko 1958, 80 Min., s/w
R: Fernando Mendez D: Columba Deminguez, Crox Alvarado
Irrer Wissenschaftler transplantiert Gorillahirne in Athleten und läßt sie aus Gründen, die nur er kennt, auf die Menschen los. Schrecklich! LSFF

Schach dem Teufel S114
BEAT THE DEVIL ***
Italien/GB 1953, 90 Min., s/w
R: John Huston D: Humphrey Bogart, Jennifer Jones, Gina Lollobrigida
Eine Gruppe von Abenteurern macht sich auf den Weg nach Afrika, um uranhaltiges Land auszubeuten. Nach verschiedenen Verwicklungen werden sie jedoch von der britischen Polizei verhaftet, bevor sie überhaupt den Schwarzen Kontinent betreten können. Nette Gangsterfilm-Persiflage mit ausgezeichneter Besetzung.

Schachnovelle S115
***
BRD 1960, 103 Min., s/w
R: Gerd Oswald D: Curd Jürgens, Claire Bloom, Hansjörg Felmy
Nach der Erzählung von Stefan Zweig: das Schicksal eines von der SS in Einzelhaft gefangengehaltenen Mannes im Dritten Reich.

Die Schachspieler S116
SHATRANJ KE KHILARI ****
Indien 1977, 128 Min., F
R: Satyajit Ray D: Sanjeev Kumar, Saeed Jaffrey, Amjad Khan
Satirische Parabel über die Ursachen indischen Leidens. Während zwei vom Schachspielen besessene indische Adelige ihre Umwelt völlig ignorieren, muß sich ihr König den Einflüssen des britischen Kolonialismus unterwerfen. Die schönen Aufnahmen über die alte indische Geschichte täuschen nicht darüber hinweg, daß der kühle Pragmatismus der Engländer die sanftmütige asiatische Lebensart weitgehend zerstört hat.

Schade, daß du eine Kanaille bist! S117
***
PECCATO CHE SIA UNA CANAGLIA
Italien 1955, 97 Min., s/w
R: Alessandro Blasetti D: Sophia Loren, Vittorio De Sica, Marcello Mastroianni
Eine schöne Diebin arbeitet für ihren Vater als Köder und angelt sich schließlich einen Mann.

Der Schädel des Marquis de Sade S118
**
THE SKULL
GB 1965, 83 Min., F
R: Freddie Francis D: Peter Cushing, Patrick Wymark, Christopher Lee
Sammler okkulter Gegenstände ersteht den Schädel des Marquis de Sade, doch dieser ist vom Bösen besessen und zwingt ihn zu schrecklichen Untaten! Standard-Horrorfilm nach dem Roman von Robert »Psycho« Bloch.

Der Schakal S119
THE DAY OF THE JACKAL ****
GB 1972, 145 Min., F
R: Fred Zinnemann D: Edward Fox, Terence Alexander, Michel Auclair
Aufwendige und stimmige Verfilmung des Polit-Thrillers von Frederick Forsyth um ein geplantes Attentat auf General de Gaulle durch gedungene Mörder der O.A.S.

Der Schakal von Nahueltoro S120
EL CHACAL DE NAHUELTORO ****
Chile 1969, 85 Min., s/w
R: Miguel Littin D: Nelson Villagra, Shenda Roman, Marcelo Romo
Die Lebensgeschichte eines im Elend aufgewachsenen Mannes, der seine Frau und ihre fünf Kinder erschlägt, um ihnen das Leiden zu ersparen. Nach einem authentischen Fall klärt Littin die Strukturen der Klassenjustiz im Chile der Vor-Allende-Zeit.

Schamlose Angela S121
DOLCE PELLE DI ANGELA **
Italien 1989, 83 Min., F
R: Andrew White D: Anita Ekberg, Michaela Miti, Mucari Rocca
Mittelloses Waisenmädchen kommt nach Rom und fällt Puffmutter in die Hand, die ihr Hymen an den Meistbietenden versteigern will. Schludriger Sexer à la Fanny Hill, inszeniert von einem alten Pornofilmer.

Scharfe Kurven für Madame S122
LE GRAND RESTAURANT ***
Frankreich 1966, 87 Min., F
R: Jacques Besnard D: Louis de Funès, Bernard Blier, Maria Rosa Rodriguez
Funès als Pariser Restaurantbesitzer, der in die Suche nach einem verschwundenen südamerikanischen Präsidenten verwickelt wird. Heitere Politthriller-Parodie.

Scharfe Sachen für Monsieur S123
LE CORNIAUD/COLPO GROSSO, MA NON TROPPO ***
Frankreich/Italien 1964, 111 Min., F
R: Gérard Oury D: Louis de Funès, André Bourvil, Venantino Venantini
Ahnungsloser Angestellter überführt einen Luxusschlitten, in dem wertvolle Schmuggelware versteckt ist, von Neapel nach Frankreich.

Die Scharfmach-Klinik
siehe: Die Schwestern von der Samenbank

Der Scharfschütze S124
THE GUNFIGHTER ****
USA 1950, 84 Min., F
R: Henry King D: Gregory Peck, Helen Westcott, Millard Mitchell
Revolvermann, der einen Schlußstrich unter seine Vergangenheit ziehen will, wird ständig von jungem Heißsporn provoziert, der sich für schneller hält.

Der Scharfschütze S125
THE SHOOTIST ****
USA 1976, 100 Min., F
R: Don Siegel D: John Wayne, Lauren Bacall, James Stewart
Berühmter Revolvermann, an Krebs erkrankt, will in Frieden sterben, doch

da die Verhältnisse nicht so sind, inszeniert er seinen Abgang auf geniale Weise. Nach diesem Film muß man den reaktionären alten Knochen Wayne einfach gernhaben.

Der schärfste aller Banditen S126
DIRTY DINGUS MCGEE **
USA 1970, 89 Min., F
R: Burt Kennedy D: Frank Sinatra, George Kennedy, Anne Jackson
Ein Gesetzloser, der es zu etwas bringen will, wird pausenlos von seinen »Freunden« gefoppt, so daß aus seiner Karriere nicht viel wird. Komischer Western, dessen Gags in der Regel nach hinten losgehen.

Der scharlachrote Buchstabe S127
***
BRD 1972, 90 Min., F
R: Wim Wenders D: Senta Berger, Hans Christian Blech, Lou Castel
Eine in einer Einwanderungskolonie im Amerika des 17. Jahrhunderts lebende Frau wird jährlich einmal an den Pranger gestellt, weil sie den Vater ihres unehelichen Kindes nicht nennt. Ein Fluchtversuch mit Hilfe ihres Geliebten, des Dorfpfarrers, scheitert. Früher Wenders-Film, dem es trotz einer um Authentizität bemühten Inszenierung an Lebendigkeit fehlt.

Der scharlachrote Buchstabe S128
***
THE SCARLET LETTER
USA 1995, 100 Min., F
R: Roland Joffé D: Demi Moore, Gary Oldman, Robert Duvall
Modernisierte, stark auf Demi Moore zugeschnittene Neuverfilmung, die auch das schildert, was geschieht, bevor die Handlung des Romans beginnt. HFJ 1997

Die scharlachrote Kaiserin S129
THE SCARLET EMPRESS ****
USA 1934, 101 Min., s/w

Der scharlachrote Kapitän S130
CAPTAIN SCARLET **
USA 1953, 75 Min., F
R: Thomas H. Carr D: Richard Greene, Leonora Amar, Cedrick Young
Captain Scarlet kämpft mit Hilfe einer durchgebrannten Prinzessin und eines Halunken in Frankreich für die Freiheit – auch wenn die Landschaft nach Mexiko aussieht (wo der Film entstand). Kostümfilm.

Die scharlachrote Klinge S131
THE SCARLET BLADE **
GB 1963, 82 Min., F
R: John Gilling D: Lionel Jeffries, Oliver Reed, June Thorburn
Cromwells Truppen dreschen sich im englischen Bürgerkrieg gegen die Helfer des Prätendenten Charles I. Billig inszenierter Mantel- und Degenfilm, der mit historischen Ereignissen spielt.

Der scharlachrote Musketier S132
***
LE CHEVALIER DE PARDAILLAN
Frankreich/Italien, 89 Min., F
R: Bernard Borderie D: Gérard Barray, Gianna Maria Canale
Vor dem Hintergrund des Machtkampfs um die Thronbesteigung Heinrichs VIII. setzt sich ein Edelmann, der sehr gut mit dem Degen umzugehen weiß, für eine entführte Adelige ein. Solides Mantel- und Degen-Spektakel.

Der scharlachrote Pirat S133
SWASHBUCKLER ***
USA 1976, 100 Min., F
R: James Goldstone D: Robert Shaw, James Earl Jones, Geneviève Bujold
Der Piratenkapitän Lynch verliebt sich in die Tochter eines vom bösen Gouverneur Jamaikas eingekerkerten Bürgers und riskiert Kopf und Kragen, um ihr gegen den Despoten zu helfen. Rasanter Abenteuerfilm mit rasseln-

Blasierter britischer Adeliger rettet während der französischen Revolution in der Maske Scarlet Pimpernels vom Tode bedrohte Angehörige des Adels. Humorvoller Abenteuerfilm nach dem Roman von Baroness Orczy.

Die scharlachroten Reiter S135
***
NORTH WEST MOUNTED POLICE
USA 1940, 120 Min., F
R: Cecil B. DeMille D: Gary Cooper, Madeleine Carroll, Paulette Goddard
Die Erlebnisse eines kanadischen Mounties und eines Texas-Rangers während der Riel-Rebellion, als eine Gruppe von Mestizen um Unabhängigkeit kämpfte. Buntes, aktionsreiches Spektakel, seichte Story.

Gary Cooper und Paulette Goddard

Schartl S136
****
BRD 1994, 88 Min., F
R: Sigi Zimmerschied
D: Sigi Zimmerschied
Das filmische Erstlingswerk des bayerischen Kabarettisten Zimmerschied ist ein Rundumschlag gegen Klerus, Medien und Volksdummheit. In einer Nummernrevue knallt das Passauer Urgestein dem Zuschauer eine Provokation nach der anderen um die Ohren, daß ihm Hören und Sehen vergeht. Gut gemeint, aber nördlich des Mains nicht mehr nachvollziehbar. HFJ 1995

Schatten S137

haltungen, ihrer freundschaftlichen Beziehungen, ihres Herumhängens und ihrer Suche nach Liebe verdichten sich zu einer knisternd-authentischen Lebensgefühlsschilderung, die durch die Musik von Charles Mingus ideal ergänzt wird. Beeindruckendes Debüt von John Cassavetes, das zu einem Meilenstein des improvisatorischen Kinos wurde.

Schatten der Angst S138
FRAGMENT OF FEAR ***
GB 1970, 95 Min., F
R: Richard C. Sarafian D: David Hemmings, Gayle Hunnicut, Roland Culver
Ein junger Schriftsteller untersucht den Mord an seiner Tante und findet heraus, daß er selbst möglicherweise wahnsinnig ist. Ein mysteriöser Thriller.

Schatten der Engel S139
***
BRD 1975, 97 Min., F
R: Daniel Schmid D: Rainer Werner Fassbinder, Ingrid Caven, Adrian Hoven, Klaus Löwitsch
Eine Hure wird zur Beichtfrau der Stadt. Reich und mächtig geworden, sucht sie am Ende die Erlösung von ihrem unwirklichen Dasein im Tod. Fast abstrakte Verfilmung des Fassbinder-Stückes.

Schatten der Vergangenheit S140
***
Deutschland/Österr. 1936, 79 Min., s/w
R: Werner Hochbaum D: Luise Ullrich, Gustav Diessl, Lucie Höflich
Bei einem Segelunglück stirbt eine von zwei Zwillingsschwestern, und die Überlebende verschweigt ihre wahre Identität, als sie den Verlobten der Toten kennenlernt.

Schatten der Vergangenheit S141
DEAD AGAIN ****
USA 1991, 108 Min., F
R: Kenneth Branagh D: Kenneth Branagh, Emma Thompson, Andy Garcia
Ein Privatdetektiv soll die Identität einer Frau klären, die das Gedächtnis verloren hat. Stilsicher im Umgang mit den Versatzstücken des Thriller-Genres und formal raffiniert, debütiert der britische Shakespeare-Darsteller Kenneth Branagh als Regisseur in Hollywood. HFJ 1992

Schatten im Paradies S142
VARJOJA PARATTISISSA ***
Finnland 1986, 76 Min., F
R: Aki Kaurismäki D: Matti Pellonpää, Kati Outinen, Saku Kuosmanen
Die Liebesgeschichte zwischen einem Müllfahrer und einer Kassiererin im Supermarkt des entfremdeten Lebens im Helsinki der achtziger Jahre.

Walter Huston (rechts) in dem Film seines Sohnes John ›Der Schatz der Sierra Madre‹.

Schatten und Nebel S143
SHADOWS AND FOG ****
USA 1992, 85 Min., s/w
R: Woody Allen D: Woody Allen, Mia Farrow, Jodie Foster, Lily Tomlin
In einer europäischen Stadt der 20er Jahre treibt ein Würger sein Unwesen, dem verschiedene Gruppen das Handwerk zu legen versuchen. Woody Allen, der Meister aller Neurosen, spielt in seiner Komödie kräftig mit Metaphern und erweist nebenbei Fritz Lang und F.W. Murnau seine Referenz. HFJ 1992

Schattenboxer S144
***
BRD 1992, 80 Min., F
R: Lars Becker D: Diego Wallraff, Christian Redl, Ralph Herforth
Drei Kleinkriminelle legen sich mit zwei Polizisten an, als sie einen afrikanischen Knastbruder befreien wollen, der nach Ghana abgeschoben werden soll. Durch völligen Verzicht auf den moralischen Zeigefinger bricht dieser erfrischend inszenierte Krimi mit der stupiden Gut/Böse-Schwarzweißmalerei. HFJ 1994

Die Schattengrenze S145
**
BRD 1978, 105 Min., s/w
R: Wolf Gremm D: Günter Lamprecht, Antje Hagen, Friedrich W. Bauschulte
Erzählt wird die Geschichte eines scheiternden Mannes, der auch durch die intensive Beziehung zu einer Frau nicht wieder auf die Füße kommt. Das Drehbuch schrieb Dieter Wellershoff nach seinem gleichnamigen Roman.

Die Schattenlinie S146
SMUGA CIENA ***
Polen/GB 1975, 105 Min., F
R: Andrzej Wajda D: Marek Kondrat, Graham Lines, Tom Wilkinson
Wajda erarbeitet sorgfältig und analytisch das Psychogramm eines jungen Kapitäns, der sich auf seiner ersten Reise bewähren muß. Behutsame Verfilmung des Romans von Joseph Conrad.

Der Schatz der Azteken S147
***
BRD/Fr/It 1965, 95 Min., F
R: Robert Siodmak D: Lex Barker, Gérard Barray, Michèle Girardon
Deutscher Arzt gerät 1864 in Mexiko in politische Intrigen hinein und verhilft einer Aztekenprinzessin zu einem Schatz, hinter dem diverse Finsterlinge herjagen. Aufwendig inszenierter Film nach dem Roman »Schloß Rodriganda« von Karl May.

Der Schatz der Jivaro S148
LOST TREASURE OF THE AMAZON JIVARO ***
USA 1954, 93 Min., F
R: Edward Ludwig D: Fernando Lamas, Rhonda Fleming, Brian Keith
Fabrikant im Amazonasdschungel hilft junger Braut bei der Suche nach ihrem verschollenen Bräutigam, der einem legendären Goldschatz auf der Spur ist. Spannender B-Abenteuerfilm mit eingewebter Liebesgeschichte.

Der Schatz der Korsaren S149
LONG JOHN SILVER ***
Australien 1954, 107 Min., F
R: Byron Haskin D: Robert Newton, Kit Taylor, Connie Gilchrist
Long John Silver und seine Mannen sind wieder auf der Schatzinsel, wo sie eine böse Überraschung erleben. Skurriler Piratenfilm, in dem John und Genossen sich nicht von der besten Seite zeigen.

Der Schatz der Mondgöttin S150
TREASURE OF THE MOON GODDESS **
USA 1987, 87 Min., F
R: José Luis Garcia Agraz D: Linnea Quigley, Don Calfa, Jo Ann Ayres
Eine Nachtclubsängerin, ihr Manager und ein Schmalspur-Abenteurer suchen im südamerikanischen Dschungel nach einem legendären Schatz. Zum Gähnen langweiliger Abenteuerfilm, in dem Komparsen Hauptrollen spielen. HFJ 1989

›Der Schätzer‹ – Film im Film: ein skurriler Sex-Streifen wird gedreht.

Drei Männer haben sich auf der Suche nach Gold zusammengetan, den Gefahren begegnen sie gemeinsam. Erst als das Gold gefunden ist, brechen Mißtrauen und Neid durch, die Chance zu überleben sinkt. Drei Männer als Teil der Wüstenlandschaft.

Der Schatz des Gehenkten S152
****
THE LAW AND JAKE WADE
USA 1958, 85 Min., F
R: John Sturges D: Robert Taylor, Richard Widmark, Patricia Owens
Um eine alte Schuld abzutragen, rettet ein bürgerlich gewordener Ganove seinen Ex-Komplizen vor dem Galgen, doch der erweist sich als undankbar: Er entführt die Braut des anderen und zwingt ihn, ihm den Platz zu zeigen, an dem die Beute versteckt ist. Ein etwas verkannter Western.

Der Schatz des Piraten S153
SINBAD E IL CALIFO DI BAGDAD **
Italien 1983, 101 Min., F
R: Pietro Francisci D: Robert Malcolm, Sonia Wilson, Gigi Bonos
Sindbad findet eine mysteriöse Botschaft seiner verstorbenen Mutter vor,

D: Lex Barker, Pierre Brice, Götz George, Herbert Lom
Winnetou und Old Shatterhand helfen Leuten, die eine halbe Schatzkarte besitzen, gegen die Übergriffe eines Banditenhauptmanns, der die andere Hälfte hat. Finanziell erfolgreicher Eurowestern, nach der Romanvorlage von Karl May, der eine ganze Welle nach sich zog.

Der Schätzer S155
THE ADJUSTER ****
Kanada 1991, 102 Min., F
R: Atom Egoyan D: Elias Koteas, Arsinée Khanjian, Maury Chaykin
Ein Versicherungsangestellter schätzt nicht nur den entstandenen Schaden, sondern findet auch den einen oder anderen Trost für die Opfer. Egoyan sprengt mit seinem lyrischen, virtuos inszenierten Autorenfilm um Sex, Pornozensur und Feuerversicherungsunfälle die Grenzen des Erzählkinos. HFJ 1991

Die Schatzinsel S156
TREASURE ISLAND ***
USA 1950, 96 Min., F
R: Byron Haskin D: Bobby

Die Schatzinsel S157
LA ISLA DEL TESORO/L' ILE AU TRESOR ***
Sp/It/Fr/BRD 1972, 100 Min., F
R: Andrew White D: Kim Burfield, Orson Welles, Walter Slezak
Eine alte Schatzkarte löst eine abenteuerliche Suche auf einer Insel aus. Remake des Abenteuerfilms von Byron Haskin. Routiniert in Szene gesetzter Streifen nach dem Roman von R. L. Stevenson.

Die Schatzinsel S158
TREASURE ISLAND ***
USA 1989, 131 Min., F
R: Fraser C. Heston D: Charlton Heston, Christian Bale, Julian Glover
Bei der Suche nach einem Piratenschatz raufen sich die Guten auf einer einsamen Insel mit Meuterern aus den eigenen Reihen. Aktionsreiche Neuverfilmung des Klassikers von Byron Haskin. HFJ 1991

Schauder S159
DRESCZE ****
Polen 1981, 106 Min., F
R: Wojciech Marczewski D: Teresa Sawicka, Wladyslaw Kowalski, Tomasz Hudziec
Ein sensibler heranwachsender Junge leidet unter den ihm unverständlichen politischen Entwicklungen des Stalinismus. Bei der Berlinale 1982 mit vier Preisen ausgezeichnet.

Die Schaukel S160
***
BRD 1983, 133 Min., F
R: Percy Adlon D: Anja Jaenicke, Lena Stolze, Christine Kaufmann
Gemächliche Verfilmung des autobiografischen Romans von Anette Kolb um ihre Familie im München der Jahrhundertwende.

Die Schauspielerin S161
BHUMIKA ****
Indien 1977, 142 Min., F
R: Syhaym Benegal D: Smita Patil, Anant Nag, Amrish Prui
Portrait einer Schauspielerin, die im populären Hindi-Film das traditionelle Rollenverhalten der Frau ebenso verklärt, wie sie es leidvoll auch in ihrem Alltagsleben zu erfüllen sucht.

Scheidung auf italienisch S162
DIVORZIO ALL ITALIANA ***
Italien 1961, 105 Min., s/w
R: Pietro Germi D: Marcello Mastroianni, Daniella Rocca, Stefania Sandrelli
Sizilianischer Baron treibt seine Frau zum Ehebruch, damit er sie wegen seiner verletzten Ehre erschießen und dann eine Jüngere heiraten kann. Gelungene Satire.

Der Scheidungsgrund S163
**
Deutschland 1937, 80 Min., s/w
R: Carl Lamac D: Anny Ondra, Paul Hörbiger
Alice vom Bernhof muß ihren Schmuck versetzen, weil ihr Mann über seine Verhältnisse lebt. Der Schwiegervater inszeniert eine Intrige, um einen Scheidungsgrund zu ermöglichen. In üblicher Manier des deutschen Ehelustspiels kommt alles ganz anders.

Die Scheinwerfer verlöschen S164
***
USA 1980, 98 Min., F
R: Robert M. Young D: Paul Simon, Blair Brown, Rip Torn
Alternder Rockstar muß erkennen, daß seine Zeit vorbei ist, und versucht wenigstens seine Ehe zu retten. Simon schrieb Drehbuch und Musik und spielt die Hauptrolle.

Der Schein-Heilige S165
LEAP OF FAITH ***
USA 1992, 104 Min., F
R: Richard Pearce D: Steve Martin, Debra Winger, Lolita Davidovich
Ein egozentrischer, geldgieriger Wanderprediger betrügt seine Zuhörer, bis sich schließlich ein richtiges Wunder ereignet. Von der Gesellschaftssatire kippt der Film mittendrin in eine religiöse Erbauungsstunde um.

Ein Scheiß-Wochenende S166
MORDI E FUGGI **
Italien 1973, 104 Min., F
R: Dino Risi D: Marcello Mastroianni, Oliver Reed, Carolle André
Industrieboß gerät mit seiner Geliebten in die Hände von Bankräubern. Ein bißchen sozialkritische Komödie.

Schenke zum Vollmond S167
DEDEE D'ANVERS ****
Frankreich 1948, 98 Min., s/w
R: Yves Allégret D: Simone Signoret, Bernard Blier, Jane Marken
Das in Antwerpen auch horizontal für ihren Mann arbeitende Hafenbarmädchen Dédée verliebt sich in einen italienischen Kapitän. Als Dédée mit ihrem Geliebten die Stadt verlassen will, kommt es zu einer tödlichen Kettenreaktion. Atmosphärisch sehr dichtes Schicksalsdrama mit exzellentem Dekor und Simone Signoret in ihrer ersten wichtigen Rolle.

Schicke deinen Teufel in meine heiße Hölle S168
**
BRD/Italien 1971, 85 Min., F
R: Adalberto Albertini D: Antonui Gentafora, Mimmo Baldi
Nach dem Erfolg von Pier Paolo Pasolinis *Decamerone* wurden eine Reihe von Nachfolgefilmen von Regisseuren zweiter und dritter Kategorie gedreht. Albertinis Version ist nicht die allerschlechteste.

Das Schicksal S169
SWAHAM ***
Indien 1994, 153 Min., F und s/w
R: Shaji N. Karun D: Aswani, Sarath, Venmani Vishnu
In einem abgelegenen Dorf in den Bergen verdient sich eine vierköpfige Familie den Lebensunterhalt mit einem Kaffeeladen. Doch der gleichmäßige Rhythmus ihres Lebens wird jäh gestört als der Vater, der Alleinernährer der Familie, durch einen Unfall ums Leben kommt.
HFJ 1994

Schicksal am Matterhorn S170
***
BRD 1956, 90 Min., F
R: Luis Trenker D: Luis Trenker, Marianne Hold, Wolfgang Preiss
Ein Ingenieur, eine schöne Frau, ein eifersüchtiger Bergführer und viel, viel Bergpracht. Schöner Schmarrn.

Schicksal aus zweiter Hand S171
***
BRD 1949, 107 Min., s/w
R: Wolfgang Staudte

D: Marianne Hoppe, Wilhelm Borchert, Erich Ponto
Versicherungsangestellter ruiniert sein Leben durch sein Vertrauen zu einem Hellseher. Melodram und politische Parabel über Irrationalismus und Selbstbetrug in der Nachkriegsgesellschaft.

Das Schicksal der Irene Forsythe S172 ***
THAT FORSYTHE WOMAN
USA 1949, 114 Min., F
R: Compton Bennett D: Errol Flynn, Greer Garson, Walter Pidgeon
Irene heiratet einen reichen Mann, doch dann verliebt sie sich in den Bräutigam ihrer Nichte. Verfilmung eines Romans von John Galsworthy über die britische Gesellschaft zu Beginn des 20. Jahrhunderts.

Schiebende Hände S173 ****
TUI SHOU
Taiwan/USA 1991, 106 Min., F
R: Ang Lee D: Hsiung Lang, Lai Wang, Bo Z. Wang
Der pensionierte Tai-Chi-Meister Mr. Chu kommt aus China nach Amerika, um bei seinem Sohn den Lebensabend zu verbringen. Im properen Lifestyle seines Sohnes fühlt er sich überflüssig, obwohl er sich mit Schattenboxen fit hält. Eine einfache Geschichte, humorvoll und sensibel erzählt.

Schienenschlacht S174 ****
LA BATAILLE DU RAIL
Frankreich 1945, 86 Min., s/w
R: René Clément D: Antoine Laurent, Clarient Daurand
Der Kampf französischer Eisenbahner gegen die deutsche Besatzung im Zweiten Weltkrieg wird in drei Episoden beleuchtet. Gezeigt werden die Struktur der Résistance, ein Anschlag auf einen Panzer-Konvoi und die Befreiung durch die Amerikaner. Ein gerade wegen seiner Einfachheit

Ungarn 1947: Junge Kommunisten bekehren mit Liedern und Tänzen in ›Schimmernde Winde‹.

D: Fred McMurray, Jeffrey Hunter, Janice Rule
Ein Rancher hat Probleme bei der Erziehung seiner jüngeren Brüder: Der Heißsporn kommt ums Leben, der Feigling bekommt Gelegenheit, zu zeigen, was wirklich in ihm steckt. Routinewestern.

Schieß zurück, Cowboy S176 ***
FROM HELL TO TEXAS/MANHUNT
USA 1958, 100 Min., F
R: Henry Hathaway D: Don Murray, R.G. Armstrong, Chill Wills
Cowboy tötet in Notwehr Raufbold und wird von dessen rachsüchtiger Sippe und diversen Killern verfolgt, so daß ihm letztendlich keine Wahl bleibt, als sämtliche Verfolger auszulöschen. Ein solide gemachter Western aus amerikanischer Produktion.

Das Schießen S177 ****
THE SHOOTING
USA 1966, 85 Min., F
R: Monte Hellman D: Jack Nicholson, Millie Perkins, Warren Oates
Ein Mann sucht seinen Bruder. Er

Schießen Sie auf den Pianisten S178 ****
TIREZ SUR LE PIANISTE
Frankreich 1959, 95 Min., s/w
R: François Truffaut D: Charles Aznavour, Albert Remy, Nicole Berger
Melancholische Geschichte eines begabten, zum Barmusiker verkommenen Pianisten, der auch noch in kriminelle Machenschaften verwickelt wird.

Das Schiff der gefangenen Frauen S179 *
LA MAISON DES FILLES PERDUES
Frankreich/Italien 1973, 75 Min., F
R: Pierre Chevalier D: Silvie Solar, Sandra Jullien, Olivier Mathot
Die mühsam auf Mädchenhandel und Krimi getrimmte Story dient nur zur Reihung von Gewalttätigkeit und Zurschaustellung von nacktem Fleisch, zum Teil auf recht widerwärtige Art.

Die Schiffbrüchigen der Schildkröteninsel S180 **
LES NAUFRAGES DE L'ILE DE LA TORTUE
Frankreich 1974, 124 Min., F

Die Schildkröte auf dem Rücken S181
**

LA TORTURE SUR LE DOS
Frankreich 1978, 105 Min., F
R: Luc Beraud D: Bernadette Lafont, Jean-François Stenvenin, Claude Miller
Ein Schriftsteller verliert, als seine Beziehung in die Brüche geht, den Boden unter den Füßen; er irrt durch Paris, wird von Gaunern um sein Geld gebracht und landet schließlich im Hospital. Bis zum Happy-End entwickelt diese melancholische Komödie eine Reihe schöner Einfälle.

Schilten S182
***

Schweiz 1979, 90 Min., F
R: Beat Kuert D: Michael Maassen, Gudrun Geier, Norbert Schwientek
Junger, fortschrittlicher Lehrer scheitert mit seinen Methoden an den konservativen Bewohnern eines Dorfes und zieht sich schließlich in zynischer Resignation zurück. Bittere Parabel vom Scheitern.

Der Schimmelreiter S183
***

BRD 1978, 96 Min., F
R: Alfred Weidenmann D: John Phillip Law, Anita Ekström, Gert Fröbe
Nach der Novelle von Theodor Storm erzählt der Film eher konventionell die Geschichte des Deichgrafen Hauke Haien, der an der Borniertheit seiner Umwelt scheitert und bei einer Sturmflut das Leben verliert.

Der Schimmelreiter S184
***

DDR 1984, 95 Min., F
R: Klaus Gendries D: Sylvester Groth, Jolanta Grusznic, Lech Ordon
Stimmige Verfilmung von Theodor Storms Novelle vom Deichgrafen Hauke Haien, der mit seinen Modernisierungsplänen gegen die Sturheit seiner Mitmenschen nichts ausrichten kann.

Schimmernde Winde S185
****

FENYES SZELEK
Ungarn 1968, 86 Min., F
R: Miklós Jancsó D: Lajos Belázsovits, Andrea Drahota, András Bálint, Kati Kovács
Im Jahr 1947 ziehen die Mitglieder eines Volkskollegs zu einer Klosterschule, um die Katholiken mit ihrer Ansicht von Freiheit zu konfrontiernen und vom Kommunismus zu überzeugen. Aus taktischen Gründen wird die Aktion jedoch von der Partei gestoppt. Gelungene Parabel Jancsós, der sich insbesondere durch seine choreographische Gestaltung als Meister der originär filmischen Mittel erweist.

Schinderhannes S186
***

BRD 1958, 115 Min., F
R: Helmut Käutner D: Curd Jürgens, Maria Schell, Fritz Tillmann
Opulente, aber auch etwas oberflächliche Zuckmayer-Verfilmung über den historischen Räuberhauptmann im Hunsrück, der zu einer Art deutschem Robin Hood wird.

Liam Neeson als Oscar Schindler in ›Schindlers Liste‹.

Schindlers Liste S187
****

SCHINDLER'S LIST
USA 1993, 195 Min., s/w
R: Steven Spielberg D: Liam Neeson, Ben Kingsley, Ralph Fiennes
Der nationalsozialistische Industrielle Oskar Schindler rettete in Polen über 1100 Juden das Leben. Der an Originalschauplätzen gedrehte Film erzählt die bewegende Geschichte dieses Mannes. Ein aufsehenerregendes Plädoyer für Menschlichkeit und Zivilcourage. HFJ 1995

Die Schlacht am Apachenpaß S188
***

BATTLE AT APACHE PASS
USA 1952, 81 Min., F
R: George Sherman D: Jeff Chandler, John Lund, Susan Cabot
Agent der US-Regierung hetzt zwei Indianerstämme aufeinander, damit er sie anschließend ordentlich bestrafen kann. Routiniert in Szene gesetzter Western der Mittelklasse.

Die Schlacht an der Neretva S189
***

BITKA NA NERETVI
Jugoslawien/BRD/It 1969, 141 Min., F
R: Veliko Bulajic D: Curd Jürgens, Hardy Krüger, Yul Brynner, Sergej Bondartschuk, Franco Nero
Mit internationalen Stars gespicktes heroisch-sentimentales Partisanendrama. Damals gegen einen Feind von außen, heute geht's gegeneinander.

Die Schlacht der Centurions S190
**

ROMA 2027
Italien 1982, 93 Min., F
R: Lucio Fulci D: Jared Martin, Eleonora Brigliadori, George Rover
Im Jahr 2072 wird ein retirierter Gladiator der Moderne gezwungen, in einem Kampf auf Leben und Tod gegen einen bösen Gegner anzutreten. Ohne jeglichen Unterhaltungswert. LSFF

Die Schlacht der Gladiatoren
siehe: Der Tribun von Rom

Die Schlacht des Jahrhunderts S191 ****
THE BATTLE OF THE CENTURY
USA 1927/28, 20 Min., s/w
R: Clyde Bruckman D: Stan Laurel, Oliver Hardy, Eugene Pallette
Hardys verzweifelter Versuch, ein wenig Geld zu machen als Manager des hageren Boxers Laurel, der nie einen Kampf gewinnt, endet in der berühmt-berüchtigten Sahnetorten-Schlacht. Slapstick-Spaß von inzwischen legendärem Charakter.

Schlacht in den Wolken S192 ***
ACES HIGH
GB/Fr 1976, 114 Min., F
R: Jack Gold D: Malcolm McDowell, Christopher Plummer, Simon Ward
In das Fliegermilieu verlegte Neuverfilmung eines Theaterstückes von R. C. Sheriff über einige britische Soldatenschicksale im Ersten Weltkrieg. Der Film bleibt in vielem nur Staffage, die eher kraftlose Inszenierung spiegelt nicht das Engagement der Vorlage.

Schlacht um Algier S193 ****
LA BATTAGLIA DI ALGERI
Italien/Algerien 1966, 121 Min., s/w
R: Gillo Pontecorvo D: Jean Martin, Brahim Haggiag
Halbdokumentarische Schilderung des Kampfes der algerischen Befreiungsfront gegen die Franzosen. Unpathetisch und nicht ohne Trauer ob der Gewalt, die jede Befreiung verlangt.

Gillo Pontecorvos Dokudrama ›Schlacht um Algier‹.

Schlacht um Anzio S194 ***
LO SBARCO DI ANZIO
Italien 1967, 116 Min., F
R: Edward Dmytryk D: Peter Falk, Robert Mitchum, Mark Damon
Die Kämpfe um den amerikanischen Brückenkopf im Seebad Anzio im Januar 1944: Zwei Gruppen von Rangern agieren hinter den deutschen Linien und werden bis auf wenige Mann aufgerieben.

Die Schlacht um Babylon S195 **
IL CONQUISTADORE D'ORIENTE
Italien 1959, 82 Min., F
R: Tonio Boccia D: Rik Battaglia, Fosco Giachetti, Paul Muller
Sohn des rechtmäßigen Herrschers von Babylon setzt sich gegen bösen Thronräuber zur Wehr. Eher langweilige Dutzendware.

Die Schlacht um den Planet der Affen S196 **
BATTLE FOR THE PLANET OF THE APES
USA 1973, 86 Min., F
R: J. Lee Thompson D: Roddy McDowall, Claude Akins, John Huston
Intelligente Affen und Menschen haben in einem Krieg die Zivilisation aus den Angeln gehoben, aber noch immer gehen sich die Überlebenden in einer verwüsteten Stadt an den Kragen. Standard-SF-Film einer Serie. LSFF

Schlacht um Midway S197 ***
MIDWAY
USA 1976, 132 Min., F
R: Jack Smight D: Charlton Heston, Henry Fonda, James Coburn
Weil die Amerikaner die richtigen strategischen Entscheidungen treffen, wendet sich das Blatt im Pazifik. Hochkarätig besetzter Kriegsfilm mit Glenn Ford, Hal Holbrook, Robert Mitchum, Cliff Robertson, Toshiro Mifune, Robert Wagner.

Seegefecht bei Piräus und diverse andere rabiate Zusammenstöße bilden den Kern eines antiken Getümmels, an dem Freunde des Sandalenfilms ihre Freude haben werden (oder auch nicht).

Der Schlachter S199 ****
LE BOUCHER
Frankreich 1969, 93 Min., F
R: Claude Chabrol D: Stéphane Audran, Jean Yanne, Roger Rudel
Ein Metzger, der vergeblich der Lehrerin eines kleinen französischen Dorfes den Hof macht, wird zum Lustmörder und richtet sich am Ende selbst. Meisterlich beobachtende Milieustudie in einer den Zuschauer befremdenden Nüchternheit.

Schlachthof 5 S200 ****
SLAUGHTERHOUSE FIVE
USA 1972, 172 Min., F
R: George Roy Hill D: Michael Saks, Ron Leibman, Eugene Roche
Ein Amerikaner erinnert sich traumatisch an den Luftangriff gegen Dresden und findet sich, von seinen Phantasien geplagt, im Alltagsleben nicht mehr zurecht. Verfilmung des autobiographischen Romans von Kurt Vonnegut.

Der Schlaf der Vernunft S201 ****
BRD 1983, 82 Min., s/w
R: Ula Stöckl D: Ida di Benedetto, Christoph Lindert, Pina Esposito
Der Kampf einer Ärztin gegen einen Pharmakonzern ist eingebettet in ein System von historischen und symbolischen Bezügen. Ein von Ula Stöckl faszinierend in Szene gesetztes, vielschichtiges Filmerlebnis.

Der Schläfer S202 ****
SLEEPER
USA 1973, 88 Min., F
R: Woody Allen D: Woody Allen,

Schlafes Bruder S203
****
BRD 1995, 127 Min., F
R: Joseph Vilsmaier D: André Eisermann, Dana Vavrova, Ben Becker
Ein wüstes Berg-Drama zwischen Gigantismus und Ganghofer mit fast biblischer Wucht nach Robert Schneiders Bestseller. In einem Alpendorf wächst der Knabe Elias Anfang des 19. Jahrhunderts als Außenseiter auf und lebt nur für die Musik. Als sein Talent entdeckt wird, bekennt er sich endlich auch zu seiner Liebe, doch ist es zu spät. HFJ 1996

Schlaflos in Seattle S204
SLEEPLESS IN SEATTLE ***
USA 1993, 105 Min., F
R: Nora Ephron D: Tom Hanks, Meg Ryan, Ross Malinger
Journalistin aus Baltimore hört den Mann ihrer Träume im Radio. Leider lebt er in Seattle, auf der anderen Seite Amerikas. Ein echter Tränendrücker ohne jeden Realitätsbezug, unterlegt mit einem wunderbaren Schmuse-Soundtrack. HFJ 1994

Schlafwagenmörder S205
MÖRDAREN ***
Schweden 1966, 89 Min., s/w
R: Arne Mattson D: Allan Edwall, Lars Ekborg, Karl-Arne Holmsten
Das Drehbuch von Sjöwall/Wahlöö erzählt von einem Mord im Zug und den detektivischen Fähigkeiten eines Kommissars, der den Schaffner als Mörder entlarvt. Schwedisches »Whodunit« mit skurrilen und sozialkritischen Momenten.

Schlafwandler S206
SLEEPWALKERS ***
USA 1992, 91 Min., F
R: Mick Garris D: Brian Krause, Mädchen Amick, Alice Krige
Charles Brady und seine Mutter sind die letzten der aussterbenden Rasse der »Schlafwandler«. Die immerwährende Flucht vor Entdeckung und die Suche nach neuen Opfern führt schließlich in die idyllische Kleinstadt Travis. Dort soll die hübsche Tanya ihr Opfer werden – doch Charles begeht einen verhängnisvollen Fehler. Ein Film voller Horror, Erotik und makabrem Humor.

Das Schlafzimmerfenster S207
THE BEDROOM WINDOW ***
USA 1986, 112 Min., F
R: Curtis Hanson D: Steve Guttenberg, Elizabeth McGovern, Isabelle Huppert
Ehefrau auf sexuellen Abwegen beobachtet Würger beim Meucheln, kann aber keine Aussage machen. Dies übernimmt ihr Galan, der nix gesehen hat und sich bald in Widersprüche verstrickt, die ihn selbst verdächtig machen. Der Würger meuchelt weiter. Ein Thriller, in dem die Zufälle sich zu sehr häufen, um die Story glaubwürdig zu machen. HFJ 1988

Schlafzimmerstreit S208
THE PUMPKIN EATER ****
GB 1963, 110 Min., s/w
R: Jack Clayton D: Anne Bancroft, Peter Finch, James Mason
Jo Armitage hofft, in ihrer vierten Ehe endlich das ersehnte Glück zu finden. Nach neuerlichen Schwierigkeiten, einem Nervenzusammenbruch und einer psychiatrischen Anamnese zeichnet sich so etwas wie ein wirklicher Anfang an. Das Drehbuch von Harold Pinter wird unter Claytons Regie kongenial umgesetzt.

Schlag mich, Liebling! S209
LES ONZE MILLES VERGES **
Frankreich 1975, 94 Min., F
R: Eric Lippmann D: Yves-Marie Maurin, Florence Cayrol, Marion Game
Frustrierter Bankangestellter stößt auf die erotischen Lebenserinnerungen eines Ahnen und erlebt in Wachträumen die Lüste der Großstadt zu Anfang des 20. Jahrhunderts.

Schlag 12 in London S210
THE TWO FACES OF DR. JEKYLL **
GB 1960, 87 Min., F
R: Terence Fisher D: Paul Massie, Dawn Adams, Christopher Lee
Remake des Films *Dr. Jekyll und Mr. Hyde* (1932), in der der Wüstling Mr. Hyde erstmals weniger bestialisch auftritt als in früheren Fassungen. Standard-Horrorfilm.

Schlagende Wetter S211
HOW GREEN WAS MY VALLEY ***
USA 1941, 117 Min., s/w
R: John Ford D: Maureen O'Hara, Walter Pidgeon, Roddy McDowall
Die Geschichte eines Kohlenbergwerksdorfes in Wales als Gegenstand eines poetischen und sozialkritischen Films. So ein Film ist über das Ruhrgebiet nie gedreht worden.

Schlagerpiraten
Siehe: The Girl Can't Help It

Schlagzeilen S212
THE PAPER ***
USA 1994, 112 Min., F
R: Ron Howard D: Glenn Close, Michael Keaton, Robert Duvall
Zwischen Druck zur Auflagensteigerung und journalistischem Ethos lavieren sich die Redakteure einer New Yorker Tageszeitung durch. Anläßlich eines spektakulären Mordfalles kommt es zum offenen Streit. Zähe Story zwischen Drama und Komödie, die den roten Faden schnell verliert. HFJ 1995

Die Schlange S213
LE SERPENT/IL SERPENTE ***
BRD/Fr/It 1972, 111 Min., F
R: Henri Verneuil D: Yul Brynner, Dirk Bogarde, Henry Fonda
Ein Geheimagent der UdSSR bittet in Paris um amerikanisches Asyl und bietet als Gegenleistung sensationelle Enthüllungen über Doppelagenten in der NATO an. Nur weiß niemand, ob er es ernst meint oder ein Diversant der Sowjets ist. Ein spannender Agententhriller.

Die Schlange im Regenbogen S214
THE SERPENT AND THE RAINBOW ***
USA 1987, 96 Min., F
R: Wes Craven D: Bill Pullman, Cathy Tyson, Zakes Mokae
Genretypischer Horrorfilm ohne große Spannung um einen Wissenschaftler, der im Auftrag eines US-Konzerns auf Haiti eine geheimnisvolle Droge finden soll, die lebendig Begrabene wieder zum Leben erweckt und aus ihnen willige Befehlsempfänger macht.

Die Schlange vom Nil S215
THE SERPENT FROM THE NILE **
USA 1953, 80 Min., F
R: William Castle D: Raymond Burr, Rhonda Fleming, William Lundigan
Biographisches über die ägyptische Königin Cleopatra und den Römer Marcus Antonius. Monumentalschinken, inszeniert von einen Mann, der im Bereich des Horrorfilms mehr geleistet hat.

Das Schlangenei S216
THE SERPENT'S EGG ***
BRD/USA 1976, 119 Min., F
R: Ingmar Bergman D: Liv Ullmann, David Carradine, Gert Fröbe
Das Schicksal einer jüdischen Familie im Berlin des beginnenden Faschismus. Bergmans erster in Deutschland gedrehter Film, mit internationaler Besetzung und großem Aufwand entstanden, erscheint ein wenig verbindlicher und konventioneller als seine vorherigen Arbeiten.

Die Schlangengrube und das Pendel S217
**
BRD 1967, 85 Min., F
R: Harald Reinl D: Lex Barker, Karin Dor, Christopher Lee
Der Sohn eines Richters, der einen Massenmörder hat vierteilen lassen, und eine holde Jungfer sollen den Rachegelüsten eines von den Toten auferstandenen Grafen dienen. Die Erzählung gleichen Titels des amerikanischen Gruselautors Edgar Allan Poe dient hier nur als Motiv.

Die Schlangenpriesterin S218
COBRA WOMAN ***
USA 1944, 70 Min., F
R: Robert Siodmak D: Maria Montez, Jon Hall, Sabu
Der Bräutigam einer Schönen, die von ihrer bösen Zwillingsschwester, der Chefin eines Schlangenkults, entführt

Schlappe Bullen beißen nicht S219
****
DRAGNET
USA 1986, 106 Min., F
R: Tom Mankiewicz D: Tom Hanks, Dan Aykroyd, Christopher Plummer
Zwei einander wunderbar ergänzende Typen der amerikanischen Kripo jagen, flott und halbdokumentarisch inszeniert (Stahlnetz läßt inklusive Musik grüßen), einen schrägen, geldgierigen Fernsehprediger und dessen Schlampe. Dabei veralbern sie, falls sie nicht gerade haarsträubenden Spuren nachgehen oder rasende Autofahrten machen, sämtliche Klischees, die sich Hollywood seit 1914 ausgedacht hat. Eine pfundige Komödie! HFJ 1988

Schlappschuß S220
SLAP SHOT ****
USA 1977, 117 Min., F
R: George Roy Hill D: Paul Newman, Michael Ontkean, Strother Martin
Ein glückloses Eishockeyteam entdeckt ein neues Erfolgsrezept: Gemeinheit auf dem Eis. Böse Satire auf brutalen Sport und sensationsgeiles Publikum.

Michael Ontkean und Paul Newman

Der schleichende Tod S221
ENDANGERED SPECIES ***
USA 1982, 97 Min., F
R: Alan Rudolph D: Robert Urich,

Die Schlemmerorgie S222
WHO IS KILLING THE GREAT CHEFS OF EUROPE? ***
USA/BRD 1978, 112 Min., F
R: Ted Kotcheff D: George Segal, Jacqueline Bisset, Robert Morley
Die Sekretärin eines Gourmetkritikers tötet all die Köche, die vermeintlich die Gesundheit ihres Chefs ruinieren. Kulinarische Mordgeschichte.

Schleuderpartie S223
SLITHER ***
USA 1973, 95 Min., F
R: Howard Zieff D: James Caan, Peter Boyle, Sally Kellerman
Die schwierige Jagd nach einem großen Geldpaket, das ein Gangster versteckt hatte, bevor er in den Knast wanderte. Spannend.

Schließe meine Augen – Begehre oder töte mich S224
**
CLOSE MY EYES
GB 1990, 103 Min., F
R: Stephen Poliakoff D: Saskia Reeves, Clive Owen, Alan Rickman
Poliakoff inszeniert gediegen und reichlich kunstgewerblich die Filmversion seines eigenen Theaterstücks um eine heftige Liebe zwischen Bruder und Schwester, die beinahe in der Katastrophe endet. HFJ 1993

Das Schloß S225
***
BRD/Schweiz 1968, 85 Min., F
R: Rudolf Noelte D: Maximilian Schell, Cordula Trantow, Helmut Qualtinger
Eine der wenigen Verfilmungen der Werke von Franz Kafka, die eine der Vorlage entsprechende Atmosphäre erzielen, leider aber etwas zu theaterhaft und kunstgewerblich geraten ist.

Schloß der Vampire S226
HOUSE OF DARK SHADOWS **
USA 1970, 97 Min., F

Das Schloß des Grauens S227
LA VERGINE DI NORIMBERGA **
Italien 1963, 78 Min., F
R: Anthony M. Dawson D: Rossana Podesta, Christopher Lee
Greulich entstellter Hirni pirscht nächtens mordend durchs finstere Gruselschloß; Christopher Lee gibt sich derweil Mühe, so zu tun, als sei mit ihm was nicht in Ordnung. Horror aus der Schematakiste.

Schloß des Schreckens S228
THE INNOCENTS ***
GB 1961, 100 Min., s/w
R: Jack Clayton D: Deborah Kerr, Michael Redgrave, Megs Jenkins
Fesselnder Schocker um eine biedere Gouvernante, die sich um ein von dämonischen Kräften beherrschtes Geschwisterpaar kümmert. Intelligent gemachter Gespensterfilm nach »Die Drehung der Schraube« von Henry James.

Schloß Gripsholm S229
***
BRD 1963, 94 Min., F
R: Kurt Hoffmann D: Walter Giller, Nadja Tiller, Jana Brejchová
Kurt Tucholskys ironisch-frivoler Roman in einer leidlich unterhaltenden, freien Film-Adaption.

Schloß Hubertus S230
**
BRD 1973, 93 Min., F
R: Harald Reinl D: Robert Hoffmann, Klaus Löwitsch, Karlheinz Böhm
Die dritte der aufwendigen, neuen Ganghofer-Verfilmungen, in Breitwand und so hemmungslos kitschig, daß es beinahe schon wieder Spaß macht.

Das Schloß im Schatten S231
MOONFLEET ****
USA 1955, 84 Min., F
R: Fritz Lang D: Stewart Granger, George Sanders, Joan Greenwood
Eine düstere Schmugglerballade aus dem England des 18. Jahrhunderts bietet dem Regisseur Fritz Lang Gelegenheit, seine Licht- und Raumgestaltung zu entfalten.

Das Schloß im Spinnwebwald S232
****
KUMONOSU – DJO
Japan 1957, 115 Min., s/w
R: Akira Kurosawa D: Isuzu Yamada, Toshiro Mifune, Takashi Shimura
Akira Kurosawas meisterliche Umsetzung von Shakespeares »Macbeth« in eine streng stilisierte Ritterwelt ist zugleich eine moderne Deutung des Königsmordes.

Das Schloß in den Ardennen S233
CASTLE KEEP ***
USA 1969, 105 Min., F
R: Sydney Pollack D: Burt Lancaster, Peter Falk, Patrick O'Neal
Acht US-Soldaten erholen sich in besagtem Schloß, bis sie es gegen anrükkende Deutsche verteidigen müssen.

Das Schloß in Tirol S234
**
BRD 1957, 86 Min., F
R: Geza von Radvanyi D: Erika Remberg, Karlheinz Böhm, Maria Andergast
Seinen Hubschrauber wird ein Erfinder nicht los, dafür findet er eine Frau fürs Leben: Heimatlustspiel.

Das Schloß meiner Mutter S235
LE CHATEAU DE MA MERE ***
Frankreich 1990, 94 Min., F
R: Yves Robert D: Philippe Caubère, Nathalie Roussel, Didier Pain
Fortsetzung der Familiengeschichte nach Marcel Pagnol aus dem Frankreich der Jahrhundertwende. Marcel macht mit der Familie wie jedes Jahr Ferien in der Provence, erlebt allerlei Abenteuer und begegnet seiner ersten Liebe. Stil- und gemütvolles Traditionskino.

Schlucht des Verderbens S236
GUN GLORY ***
USA 1957, 88 Min., F
R: Roy Rowland D: Stewart Granger, Rhonda Fleming, Chill Wills
Gunman, der der Gewalt abgeschworen hat, wird von seiner Umwelt so lange genervt, bis er den Kampf gegen einen fiesen Großgrundbesitzer aufnimmt. Solider Durchschnittswestern.

Schluchtenflitzer S237
***
BRD 1979, 112 Min., F
R: Rüdiger Nüchtern D: Hans Kollmannsberger, Hans Brenner, Ruth Drexel
Ein Junge aus Niederbayern hat Probleme mit seiner Familie, die um die Existenz des Bauernhofes kämpft und schließt sich einer Motorradgang an.

Die Schlüssel S238
***
DDR 1972, 97 Min., F
R: Egon Günther D: Jutta Hoffmann, Jaecki Schwarz, Magdalena Zawadzka
Auf der gemeinsamen Urlaubsfahrt brechen Konflikte zwischen Ric, der Arbeiterin, und ihrem Geliebten Klaus, dem Studenten auf. Beziehungsgeschichte mit genügend politischen Untertönen, um zur Entstehungszeit die Zensur auf den Plan zu rufen.

Der schmale Grat S239
THE THIN RED LINE ****
USA 1998, 170 Min., F
R: Terrence Malick D: Sean Penn, Adrien Brody, Jim Caviezel
Die Erlebnisse einer US-Kompanie während des Guadalcanal-Konfliktes 1943: Einerseits eine philosophische Parabel über die Beziehung zwischen Mensch und Natur, andererseits ein intensiver Anti-Kriegsfilm über die innersten Emotionen der Soldaten brilliert der Film durch unkonventionelle Dramaturgie und eindringliche Gestaltung. Ein herausragendes Meisterwerk. HFJ 2000

Der Schmalspur-Schnüffler S240
THE CHEAP DETECTIVE ***
USA 1978, 92 Min., F
R: Robert Moore D: Peter Falk, Louise Fletcher, Ann-Margret
Die nostalgisch gefärbte Hollywood-Komödie erzeugt durch die perfekte Persiflage des Mythos um Humphrey Bogart glänzende Unterhaltung. Sowohl die liebevolle Rekonstruktion von Atmosphäre und Details als auch die inhaltliche Verdrehung der filmgeschichtlichen Vorbilder (besonders *Casablanca*) machen den Film zu einem Meisterwerk der Filmparodie.

Schmeiß die Mama aus dem Zug S241
***
THROW MOMMA FROM THE TRAIN
USA 1987, 87 Min., F
R: Danny DeVito D: Danny De Vito, Billy Crystal, Anne Ramsey
Ein Möchtegern-Literat bietet seinem Schreiblehrer einen Tauschhandel an: Jeder soll für den anderen einen Mord begehen, die tyrannische Mutter für die habgierige Exfrau. Insgesamt enttäuschende komische Variation von Hitchcocks *Strangers on a Train*. HFJ 1989

Schmetterlinge S242
***
BRD 1988, 62 Min., s/w
R: Wolfgang Becker D: Bertram von Boxberg, Lena Boehncke
Ein 19jähriger Einzelgänger wird an einem heißen Sommertag Zeuge des Todes eines kleinen Mädchens und versucht, seine Mitverantwortung zu verdrängen. Die atmosphärisch stimmige Verfilmung einer Erzählung von Ian McEwan. HFJ 1989

Schmetterlinge sind frei S243
BUTTERFLIES ARE FREE ***
USA 1971, 104 Min., F
R: Milton Katselas D: Goldie Hawn, Edward Albert, Eileen Heckart
Die Liebesgeschichte einer jungen Frau und eines blinden Mannes im Greenwich Village der Hippiezeit. Ganz nett, aber ziemlich verquasselt.

Schmiere S244
GREASE ***
USA 1978, 111 Min, F
R: Randal Kleiser D: John Travolta, Olivia Newton-John, Stockard Channing
Alltag an einem College mit seinen Glückserlebnissen, enttäuschten Erwartungen und Beziehungsproblemen. Simple, mit Disco-Musik versetzte Musical-Verfilmung, die die Zeit des Rock'n'Roll nostalgisch verklärt.

und Schließgesellschaft geht völlig in seiner Aufgabe auf, eine verlassene Papierfabrik zu bewachen. Als diese abgerissen wird, macht er sich selbst zum Beschützer des Geländes, das er mit allen Mitteln verteidigt. Vielversprechendes Regiedebüt von Paulus Manker über die Gefahr blinder Pflichterfüllung. HFJ 1987

Die Schmutzige, die Häßlichen und die Gemeinen S246
****
BRUTTI, SPORCHI E CATTIVI
Italien 1975, 115 Min., F
R: Ettore Scola D: Nino Manfredi, Francesco Annibali, Maria Bosco
In einem der elenden Vororte von Rom lebt eine Großfamilie, die in erheblichen Aufruhr gerät, als das Familienoberhaupt eine größere Versicherungssumme erhält. Eigenwillige Verknüpfung von Neorealismus und Groteske. HFJ 1992

Schmutziger Lorbeer S247
THE HARDER THEY FALL ***
USA 1956, 110 Min., s/w
R: Mark Robson D: Humphrey Bogart, Rod Steiger, Jan Sterling
Bogeys letzter Film: Als anfangs zynischer Sportreporter sieht er mit an, wie ein Boxer von seinem Manager übel übervorteilt wird und deckt den Skandal auf.

Schnee S248
NEIGE ****
Frankreich 1981, 90 Min., F
R: Juliet Berto, Jean-Henri Roger
D: Juliet Berto, Jean-François Stevenin, Robert Liensol
Das poetisch schwarze Filmdebüt der Schauspielerin bei Godard und Rivette führt in die Welt der kleinen Dealer und Junkies vom Pigalle.

Schnee am Kilimandscharo S249
SNOWS OF KILIMANJARO ***

dessen Sinn. Handwerklich solide Verfilmung der Hemingway-Vorlage, die jedoch an deren intensive Dichte nicht herankommt.

Schnee auf Capri S250
NEVE A CAPRI ***
Italien 1984, 90 Min., F
R: Gian Luigi Calderone D: Philippine Leroy-Beaulieu, Lorenzo Plano
»Giallo« um einen Gangsterboß, dem eine Ladung Kokain gestohlen wurde, und einen Ex-Häftling, dessen Freundin mittlerweile die Ehefrau des Gangsters geworden ist und der in Verdacht gerät, seinen Mord verschuldet zu haben. Leidlich spannend und mittelprächtig inszeniert.

Schneeglöckchen blühn im September S251
***
BRD 1974, 108 Min., F
R: Christian Ziewer D: Claus Eberth, Wolfgang Liere, Horst Pinnow
Nach Liebe Mutter, mir geht es gut der zweite Doku-Spielfilm Ziewers über zwei Akkordarbeiter im Kesselbau, die für die Solidarität unter den Kollegen kämpfen.

Der Schneemann S252
***
BRD 1984, 106 Min., F
R: Peter F. Bringmann D: Marius Müller-Westernhagen, Polly Eltes, Heinz Wanitschek
Mit der Verfilmung des Romans von Jörg Fauser konnte Bringmann nicht an den Erfolg von *Theo gegen den Rest der Welt* anknüpfen, obwohl die Story über einen Typen, dem fünf Kilo Koks in die Hände fallen, flott inszeniert ist.

Der Schneider von Ulm S253
***
BRD 1978, 120 Min., F
R: Edgar Reitz D: Tilo Prückner, Vadim Glowna, Rudolf Wessely

Schneller als der Tod S254
THE QUICK AND THE DEAD ***
USA 1995, 103 Min., F
R: Sam Raimi D: Sharon Stone, Gene Hackman, Russel Crowe
Ein Cowgirl will sich am Mörder ihres Vaters rächen, der mit seinen Kumpels ein heruntergekommenes Nest tyrannisiert. Am Ende eines tödlichen Schießwettbewerbs darf sie dem Bösewicht Aug' in Aug' zeigen, wie geschickt eine Frau mit der Waffe hantieren kann. Spaghetti-Western-Imitat, das nicht an die Vorbilder heranreicht. HFJ 1996

Schnelles Geld S255
***
BRD 1981, 93 Min., F
R: Raimund Koplin, Renate Stegmüller D: Karl Ghiradelli, Agnes Dünneisen, Udo Samel
Ruhrgebiets-Krimi mit einem aufdringlich vorgetragenen gesellschaftspolitischen Anspruch. Die beispielhafte Karriere eines kleinen Ganoven endet im Kugelhagel der Polizei.

Der Schnüffler S256
TONY ROME ***
USA 1967, 110 Min., F
R: Gordon Douglas D: Frank Sinatra, Jill St. John, Richard Conte
In Frank Sinatras Darstellung des Marlowe-ähnlichen Schnüfflers Tony Rome, nach einem Roman des Bestseller-Autors Marvin H. Albert, gerät der Detektiv zum banalen Klischee. Dennoch wurde der schnoddrige Ton des Einzelkämpfers gegen Korruption und Killer ein Erfolg und hatte mit *Die Lady in Zement* eine Fortsetzung.

Der Schnüffler S257
***
BRD 1982, 91 Min., F
R: Ottokar Runze D: Dieter Hallervorden, Eddie Constantine, Catherine Alric, Tilo Prückner
Taxifahrer gerät in die Klemme, als er in seinem Wagen eine Leiche nach Ost-Berlin fährt und sich plötzlich Geheimdienste um seine Mitarbeit bemühen. Ein aberwitziger Klamaukfilm.

Schock S258
QUATERMASS ****
GB 1955, 85 Min., s/w
R: Val Guest D: Brian Donlevy, Jack Warner, Margia Dean
Von intelligentem Virus befallener Astronaut wird zum Tentakelmonster, das Fortpflanzungskeime über London zu versprühen droht. Haarsträubend spannender Schocker; das Beste, was das SF-Kino der 50er Jahre zu bieten hat. Erster Teil einer Trilogie. LSFF

Der Schocker S259
TRAITMENT DE CHOC ***
Frankreich/Italien 1972, 93 Min., F
R: Alain Jessua D: Alain Delon, Annie Girardot, Michel Duchaussoy
In einer Schönheitsklinik gerät Annie Girardot in die Fänge des skrupellosen Arztes Delon, der mit dem Blut illegal arbeitender Portugiesen seine Patienten zu verjüngen versucht. Krude Mischung aus Psycho-Thriller und Horrorfilm.

Die Schokoladen-Schnüffler S260
**
BRD 1985, 89 Min., F
R: Jiri Menzel D: Rolf Knie, Gaston Häni, Susanne Uhlen, Werner Kreindl
Der Züricher Kommissar Rüttli und sein stummer Assistent ergründen das Geheimnis einer Serie von Frauenmorden. Kriminalpersiflage der dünneren Art.

Schön ist die Liebe am Königssee S261
***
BRD 1960, 79 Min., F
R: Hans Albin D: Marianne Hold, Harald Juhnke, Monika Dahlberg
Eine Ballett-Chefin hat Vorurteile gegen die Ehe und wird während eines dieser typischen »turbulenten« Urlaube des deutschen Films davon geheilt. Klamotte, nicht ideologiefrei.

Schön war die Zeit S262
****
BRD 1988, 115 Min., F
R: Klaus Gietinger, Leo Hiemer
D: Gottfried John, Edgar Selge, Ewa Blasczcyk
Der Ufa-Regisseur Hartmeyer ist nach 1945, ohne nennenswerte Skrupel wegen seiner NS-Vergangenheit, wieder ins bundesdeutsche Filmgeschäft eingestiegen. Während sein Freund, der Kameramann Bauer, noch davon träumt, mit eigenen Filmen die deutsche Vergangenheit zu bewältigen, ist Hartmeyer bereits wieder erfolgreich mit kitschigen Heimatfilmen. Eine Auseinandersetzung auch mit dem Film der 50er Jahre. HFJ 1989

Schon wieder springe ich über Pfützen S263
UZ ZASE SKACU PRES KALUZE ***
CSSR 1970, 91 Min., F
R: Karel Kachyna D: Vladimir Dlouhy, Zedenka Hadrbolcova
Ein durch einen Unfall gelähmter Junge überwindet mit Ausdauer seine Behinderung und erfüllt seinen Wunsch, reiten zu lernen. Ein atmosphärischer Jugendfilm, der auf unsentimentale Weise Mut machen will.

Der schöne Badetag S264
DEN STORE BADEDAG ****
Dänemark 1991, 96 Min., F
R: Stellan Olsson D: Erik Clausen, Nina Gunke, Benjamin Rothenbourg
Kopenhagen 1936: Der Vater versteht sich darauf, das triste Dasein seiner Familie im Arbeiterviertel durch wilde Geschichten aus seiner bunten Vergangenheit aufzuheitern. Als sie einen Ausflug ans Meer macht, trifft der Sohn zum ersten Mal mit Menschen aus einem anderen Milieu zusammen und muß prompt feststellen, daß das weltmännische Charisma seines Vaters allmählich verblaßt. Eine leise Komödie voller amüsanter Episoden und schrulliger Figuren. HFJ 1993

Die Schöne der neunziger Jahre S265
BELLE OF THE NINETIES ***
USA 1934, 73 Min., s/w
R: Leo McCarey D: Mae West, Roger Pryor, John Mack Brown
Ein Boxer verliebt sich in eine Nachtclubsängerin und kriegt Schwierigkeiten mit seinem Manager. In Konflikt mit dem Gesetz gerät er, als einer seiner Nebenbuhler getötet wird. Nicht die gelungenste Mae-West-Komödie, doch ihre Gesangsnummern mit Duke

Ellington und ihre eindeutigen Zweideutigkeiten bereiten großes Vergnügen.

Die schöne Gefangene S266
LA BELLE CAPTIVE ****
Frankreich 1983, 89 Min., F
R: Alain Robbe-Grillet D: Daniel Mesguich, Gabrielle Lazure, Cyrielle Claire, Daniel Emilfork
Ein bildmächtige surrealistische Phantasie über die Träume eines Mannes, der versucht, eine unbekannte schöne Frau kennenzulernen.

Die schöne Hochzeit S267
LE BEAU MARRIAGE ****
Frankreich 1981, 97 Min., F
R: Eric Rohmer D: Beatrice Romand, André Dussollier, Feodor Atkine
Eine weitere von Eric Rohmers Komödien über die Suche nach dem Glück, und eine weitere Umkehrung der Versuchsanordnungen in der Geometrie der Liebe: Eine Frau verläßt den Geliebten, um Ehegattin zu werden.

Die schöne Ippolita S268
LA BELEZZA DI IPPOLITA ***
Italien/Frankreich 1962, 86 Min., s/w
R: Giancarlo Zagni D: Gina Lollobrigida, Enrico Maria Salerno, Milva
Die schöne Ippolita treibt ihren Mann, einen braven Tankstellenpächter, durch ihre fortwährenden Flirts zur Verzweiflung. Eifersuchtskomödie all'italiana.

Schöne Isabella S269
C'ERA UNA VOLTA ***
Italien/Frankreich 1966, 95 Min., F
R: Francesco Rosi D: Sophia Loren, Omar Sharif, Dolores Del Rio
Ein Fürstensohn, auf den sieben Prinzessinnen warten, verliebt sich in ein Bauernmädchen. Parabelhafte, prächtig gestaltete Filmversion eines neapolitanischen Märchenstoffes.

Die schöne Kurtisane S270

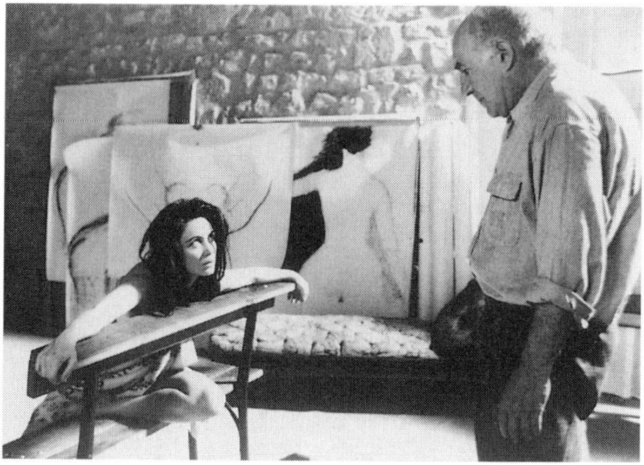

Machtkampf zwischen Modell und Maler: Emmanuelle Béart und Michel Piccoli in ›Die schöne Querulantin‹.

Die schöne Lügnerin S271
**
BRD/Frankreich 1959, 98 Min., F
R: Axel von Ambesser D: Romy Schneider, Jean-Claude Pascal, Helmut Lohner
Kleine Näherin gibt sich beim Wiener Kongreß als Komtesse aus. Harmlose Historien-Komödie.

Die schöne Querulantin S272
LA BELLE NOISEUSE *****
Frankreich 1991, 236/125 Min., F
R: Jacques Rivette D: Michel Piccoli, Jane Birkin, Emmanuelle Béart
Wunderschöne Film-Fantasie nach Motiven des französischen Romanciers Honoré de Balzac über einen alternden berühmten Maler und seine schöne Frau, die für einige Tage sein ultimatives Modell wird. Die Kurzfassung hieß *Divertimento* und war eigentlich lang genug. Oder: Gut ist gut genug. HFJ 1993

Die schöne Tölzerin S273
**
BRD 1952, 98 Min., s/w

Die Schöne vom Alhambra S274
LA BELLA DEL ALHAMBRA ***
Kuba 1989, 105 Min., F
R: Enrique Pineda Barnet
D: Beatriz Valdes, Omar Valdes, Cesar Evora
Rachel wird als Sängerin und Tänzerin zum großen Star des nur von Männern besuchten »Alhambra« und opfert für ihren Ruhm auch die Liebe.

Die Schönen der Nacht S275
LES BELLES DE NUIT ****
Frankreich/Italien 1952, 90 Min., s/w
R: René Clair D: Gérard Philipe, Martine Carol, Gina Lollobrigida
Ein Provinzlehrer erträumt sich in mehreren Episoden ein aufregendes Leben als Dirigent, Offizier und Revolutionär in verschiedenen historischen Epochen, aber immer mit einer schönen Frau an seiner Seite. Bittersüße Komödie, meisterlich und unterhaltsam inszeniert.

Die schönen Wilden S276
LE SAUVAGE ****
Frankreich 1975, 105 Min., F
R: Jean-Paul Rappeneau D: Yves

Yves Montand und Cathérine Deneuve in ›Die schönen Wilden‹.

Schöner als fliegen ... Geschichten aus dem Erdinger Moos S277
***
BRD 1992, 90 Min., F und s/w
R: Wolfgang Ettlich, Elke Jeanrond
Sprecher: Ottfried Fischer
Drei Jahre lang haben die Filmemacher die Entstehung des Franz-Joseph-Strauß-Flughafens beobachtet. Der Film erzählt mit einem lachenden und einem weinenden Auge den Zusammenprall von Tradition und Moderne im Erdinger Moos. HFJ 1993

Schöner Gigolo, armer Gigolo S278
***
BRD 1978, 98 Min., F
R: David Hemmings D: David Bowie, Sydne Rome, Marlene Dietrich
Aufwendiger, prominent besetzter, aber epigonaler Film in der Nachfolge von *Cabaret*.

Ein schönes Mädchen wie ich S279
*****
UNE BELLE FILLE COMME MOI
Frankreich 1972, 100 Min., F
R: François Truffaut D: Bernadette Lafont, Claude Brasseur, Charles Denner
Eine junge Frau steht unter Mordverdacht. Ein Soziologe verliebt sich in sein Studienobjekt und glaubt ihr über alle Gebühr. Er landet statt ihrer im Gefängnis. So leicht und ironisch kann nur Truffaut von ganz essentiellen Dingen wie dem Vertrauen und der Wahrnehmung erzählen.

Die Schönste S280
****
BELLISSIMA
Italien 1951, 108 Min., s/w
R: Luchino Visconti D: Anna Magnani, Walter Chiari, T. Apicella
Eine Mutter aus proletarischen Verhältnissen versucht ihre Tochter beim Film unterzubringen. Eine Satire auf Cinecitta als zynische Traumfabrik und zugleich eine Liebeserklärung an Menschen und ihre Träume. Ein frühes Meisterwerk des Regisseurs, einer der unsterblichen Filme.

Das schönste Freudenhaus in Texas S281
***
THE BEST LITTLE WHOREHOUSE IN TEXAS
USA 1982, 114 Min., F
R: Colin Higgins D: Burt Reynolds, Dolly Parton, Dom DeLuise
Heiter-vergnügliches Unterhaltungs-Musical um einen Puff in einer texanischen Stadt, das für Furore sorgt, als herauskommt, daß es von den örtlichen Stadtvätern geduldet wird. Netter, wenngleich etwas oberflächlich geratener Anschlag auf die Pseudo-Moral des Bürgertums.

Die schönste Soirée meines Lebens S282
***
LA PIU BELLA SERATA DELLA MIA VITA
Italien/Frankreich 1972, 102 Min., F
R: Ettore Scola D: Alberto Sordi, Michel Simon, Pierre Brasseur
Ein Geschäftsmann muß vor vier Männern des Rechts Rechenschaft über sein Leben ablegen. Bittere Satire auf die Welt des Business im italienischen Wirtschaftswunder.

Die Schönste von Montana S283
***
MONTANA BELLE
USA 1952, 82 Min., F
R: Allan Dwan D: Jane Russell, George Brent, Scott Brady
Revolverlady Belle Starr schleicht sich im Auftrag diverser Bankiers in eine Bande von Gesetzlosen ein, damit man sie besser hochnehmen kann. Western mit ansehnlicher Heldin, aber wenig ansehnlichem Drehbuch.

Schonungslos S284
***
THE PRICE OF FEAR
USA 1956, 78 Min., s/w
R: Abner Biberman D: Lex Barker, Merle Oberon, Charles Drake
Finsteres Melodram über eine Frau, die Fahrerflucht begangen hat, einen Gangster auf der Flucht aufliest und versucht, ihre Tat zu verschleiern.

Schonzeit für Füchse S285
***
BRD 1966, 92 Min., s/w
R: Peter Schamoni D: Helmut Förnbacher, Christian Doermer, Andrea Jonasson
Spielfilmdebüt des erfolgreichsten der Schamoni-Brüder nach einem Roman von Günter Seuren: Zwei Endzwanziger arrangieren sich mit dem bisher von ihnen verachteten Establishment. Nicht gerade der ideale Stoff, um dem Jungen Deutschen Film zu promoten.

Der Schpountz S286
****
LE SCHPOUNTZ
Frankreich 1938, 147 Min., s/w
R: Marcel Pagnol D: Fernandel, Orane Demazis, Léon Bélières
Ein Verkäufer aus Marseille ist von dem Gedanken besessen, zum großen Schauspieler berufen zu sein. In Paris lacht man nur über ihn. So findet er seine wahre Berufung als Komiker.

Schramm S287
***
BRD 1993, 75 Min., F
R: Jörg Buttgereit D: Florian Koerner von Gustorf, Monika M.

Dokumentarfilm über den Frauenmörder Lothar Schramm. Der Filmemacher entführt in das Innenleben eines Menschen, der sich in Wunschphantasien flüchtet. Ein verstörendes Porträt. HFJ 1995

Schrecken der Division S288
JUMPING JACKS ***
USA 1952, 96 Min., s/w
R: Norman Taurog D: Jerry Lewis, Dean Martin, Mona Freeman
Zwei Komiker schließen sich den Fallschirmjägern an. Da es sich um das Duo Lewis-Martin handelt, ist das Chaos vorprogrammiert, immerhin aber gibt es diesmal keinen Absturz in die Tiefen der allzu platten Komik.

Der Schrecken der Medusa S289
THE MEDUSA TOUCH ****
GB/Frankreich 1978, 105 Min., F
R: Jack Gold D: Lino Ventura, Richard Burton, Lee Remick
Als Gastkommissar in England gerät Lino Ventura an den telekinetisch veranlagten Richard Burton, der noch als Sterbender verheerende Katastrophen auslösen kann. Bis der Polizist sein Gehirn abschaltet. Spannender Film, dessen utopische Geschichte nicht mehr allzu weit von der Realität entfernt ist.

Der Schrecken schleicht durch die Nacht S290
MONSTER ON THE CAMPUS **
USA 1958, 77 Min., s/w
R: Jack Arnold D: Arthur Franz, Joanna Moore, Troy Donahue
Öl eines Vorzeitfisches verwandelt Collegeprofessor in einen Urmenschen, der würgend und grunzend die Umgebung unsicher macht. Hard to swallow, but fun to watch. LSFF

Der Schrecken vom Amazonas S291
CREATURE FROM THE BLACK LAGOON ***
führt. Science-fiction-Klassiker, dessen Fortsetzungen nicht überzeugen konnten. LSFF

Der Schrecken von Texas S292
RETURN OF THE BADMEN ***
USA 1948, 86 Min., s/w
R: Ray Enright D: Randolph Scott, Robert Ryan, Anne Jeffreys
Eine Bande von Gesetzlosen unter der Leitung von Sundance Kid terrorisiert eine Kleinstadt im Westen, deren Marshal sich als Branchenneuling erst durchsetzen muß. Western.

Das Schreckenshaus des Dr. Death S293
MADHOUSE **
GB 1974, 92 Min., F
R: James Clark D: Vincent Price, Peter Cushing, Robert Quarry
Horrorfilm über einen Schauspieler, dessen Comeback jemand zu verhindern trachtet, indem er Morde begeht, die den Helden verdächtig machen. Nicht eben ein Meisterwerk.

Das Schreckenshaus des Dr. Rasanoff S294
LES YEUX SANS VISAGE ***
Frankreich/Italien 1969, 82 Min., s/w
R: Georges Franju D: Pierre Brasseur, Alida Valli, Juliette Mayniel
Chirurg lockt ahnungslose Opfer ins Haus, da seine Tochter nach einem Unfall gräßlich verunstaltet ist und viele Hauttransplantationen benötigt.

Bedrohlich: Augen ohne Gesicht.

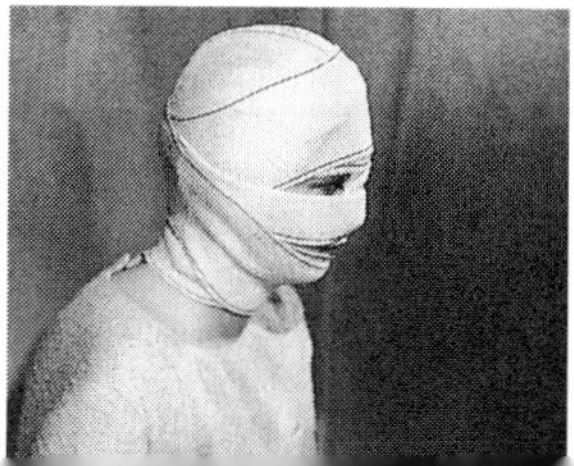

Das Schreckenskabinett des Dr. Phibes S295
THE ABOMINABLE DR. PHIBES **
GB 1971, 93 Min., F
R: Robert Fuest D: Vincent Price, Joseph Cotten, Hugh Griffith
Wahnsinniger Erfinder rächt sich an einem Ärzteteam, dem er die Schuld am Tod seiner Frau anlastet, indem er sie nach dem Muster der biblischen Plagen richtet.

Die Schreckenskammer S296
CHAMBER OF HORRORS ***
USA 1965, 99 Min., F
R: Hy Averbeck D: Cesare Danova, Wilfrid Hyde-White, Laura Devon
Reicher Nichtstuer und Mörder rächt sich, nachdem er der Todesstrafe entgangen ist, mit einer greulichen Kunsthand an allen, die an seiner Festnahme beteiligt waren. Ein feiner Schocker!

Die Schreckenskammer des Dr. Thosti S297
THE BLACK SLEEP **
USA 1956, 81 Min., s/w
R: Reginald Le Borg D: Basil Rathbone, Akim Tamiroff, Lon Chaney, Bela Lugosi
Ein Arzt, dessen Frau an einem Tumor leidet, verschleppt mit Hilfe seines debilen Knechts Menschen in sein Labor, die nach allerlei unsinnigen Hirn-Experimenten auch nicht heller werden. Ein echter Hirni-Film. LSFF

Der schreckliche Dr. Orloff S298
GRITOS EN LA NOCHE **
Sp/Fr 1961, 86 Min., s/w
R: Jess Franco D: Howard Vernon, Conrado San Martin, Perla Cristal
Arzt kidnappt leichte Mädchen, um mit deren Blut seiner verbrannten Tochter neues Leben einzuflößen. Horrorfilm des Spaniers Jess Franco, der in 30 Jahren immerhin 300 Filme inszeniert hat.

›*Das schreckliche Mädchen*‹ – *Sonja (Lena Stolze) und die andere Seite der Heimat.*

Authentische Geschichte um eine Schülerin, die in ihrer bayrischen Heimatstadt die Autoritäten durcheinander bringt, weil sie sich unziemlich genau um deren NS-Vergangenheit kümmert. Pointierte Satire um die »Vergangenheitsbewältigung«. HFJ 1991

Die schreckliche Wahrheit S300
THE AWFUL TRUTH ****
USA 1937, 89 Min., s/w
R: Leo McCarey D: Irene Dunne, Cary Grant, Ralph Bellamy
Ein Ehepaar bezichtigt sich gegenseitig der Untreue. Während der Scheidung auf Probe haben beide mehrere Affären, können aber am Ende doch nicht voneinander lassen. Inbegriff der screwball comedy, geistreicher Wortwitz, haarsträubende Situationskomik, begnadete Akteure in einem temporeichen Szenario.

Die schrecklichen Eltern S301
LES PARENTS TERRIBLES ****
Frankreich 1948, 110 Min., s/w
R: Jean Cocteau D: Jean Marais, Josette Day, Yvonne de Bray
In einer an eine Gruft erinnernden Wohnung lebt Michel mit seinen tyrannischen Eltern und einer Tante. Als sich herausstellt, daß Vater und Sohn ein Verhältnis mit derselben Frau haben, bricht die Idylle zusammen.

Die schrecklichen Kinder S302
LES ENFANTS TERRIBLES ****
Frankreich 1949, 108 Min., s/w
R: Jean-Pierre Melville D: Nicole Stephan, Edouard Dhermitte, René Cosima, Jacques Bernard
Im Mittelpunkt steht ein junges Paar von Bruder und Schwester, die sich in einer über das normale geschwisterliche Verhältnis hinausgehenden Liebe zugetan sind. Sie ziehen sich in die abgeschlossene Welt ihrer erotisch knisternden Spiele zurück. Gelungene Verfilmung des Romans von Jean Cocteau, die dessen poetische Vision überzeugend interpretiert.

Der Schrei S303
IL GRIDO ****
Italien 1957, 105 Min., s/w
R: Michelangelo Antonioni D: Steve Cochran, Alida Valli, Dorian Gray
Ein Fabrikarbeiter, desse Geliebte sich einem jüngeren Mann zuwendet, begibt sich mit seiner Tochter auf eine Reise durch die Po-Ebene und erkennt noch mehr seine Einsamkeit. Antonionis Poesie der Verzweiflung auf einem ersten Höhepunkt.

Schrei aus dem Dschungel S304
JUNGLE JIM IN THE FORBIDDEN LAND **
USA 1951, 73 Min., s/w
R: Lew Landers D: Johnny Weissmueller, Angela Greene, Jean Willes
Der Abenteurer Dschungel-Jim führt eine Expedition ins afrikanische Land der Riesen und bewahrt eine weiße Schönheit vor allerlei Unbill mit wilden Tieren und bösen Eingeborenen.

Der Schrei der Eule S305
LE CRI DU HIBOU ****
Frankreich 1987, 102 Min., F
R: Claude Chabrol D: Christophe Malavoy, Mathilda May, Jacques Penot
In der Patricia-Highsmith-Verfilmung kommt ein junger Mann, der sich von seiner furchtbaren Frau getrennt hat, aus Paris in eine Kleinstadt und scheint sich dort zum »Todesengel« zu entwickeln. HFJ 1989

Schrei der Gehetzten S306
VIVA VILLA! ****
USA 1934, 115 Min., s/w
R: Jack Conway, Howard Hawks
D: Wallace Beery, Henry B. Walthall, Leo Carillo, Stuart Erwin
Der mexikanische Bauer Pancho Villa organisiert eine Revolte gegen die korrupte Oberschicht seines Landes. Episodischer Western mit viel Action.

Schrei der Großstadt S307
CRY OF THE CITY ***
USA 1948, 95 Min., s/w
R: Robert Siodmak D: Victor Mature, Richard Conte, Fred Clark
Semidokumentarischer »Straßen«-Krimi um zwei Jugendfreunde – der eine Gangster, der andere Polizist. Gelegentlich zwar künstlich wirkend, meist atmosphärisch, aber packend.

Der Schrei der Menge S308
THE CROWD ROARS ***
USA 1932, 70 Min., s/w
R: Howard Hawks D: James Cagney, Joan Blondell, Ann Dvorak
Ein Autorennfahrer wird auf seinen jüngeren Bruder eifersüchtig, weil der sowohl auf der Piste als auch bei Frauen erfolgreicher ist.

Der Schrei der Seide S309
LE CRI DE LA SOIE ****
Frankreich/Schweiz/Belgien 1996, 110 Min., F
R: Yvon Marciano D: Marie Trintignant, Sergio Castellitto, Anémone
Die schicksalhafte Beziehung zwischen einem Psychiater und einer jun-

gen Frau, die Anfang des Jahrhunderts immer wieder Seide stiehlt, weil sie von ihr sexuell erregt wird. Die Reise ins Reich einer Obsession ist nüchtern inszeniert und transportiert ihre Emotionen nur bedingt. HFJ 1999

Ein Schrei in der Dunkelheit S310 ***

A CRY IN THE DARK

USA 1988, 122 Min., F

R: Fred Schepisi D: Meryl Streep, Sam Neill, Dale Reeves

Das Baby einer Pastorenfrau wird in der australischen Wüste von einem Dingo geraubt und getötet. Durch eine Medienkampagne kommt es jedoch zur Verurteilung der Frau, deren Unschuld sich erst nach fünf Jahren Gefängnis herausstellt. HFJ 1990

Der Schrei in der Menge S311 ***

THE CROWD ROARS

USA 1932, 85 Min., s/w

R: Howard Hawks D: James Cagney, Joan Blondell, Ann Dvorak

Ein Autorennfahrer wird auf seinen jüngeren Bruder eifersüchtig, weil der sowohl auf der Piste als auch bei Frauen erfolgreicher ist. Auch von diesem Hawks-Film gibt es ein Remake: *Indianapolis Speedway*, von Lloyd Bacon.

Schrei in der Stille S312 ****

THE REFLECTING SKIN

GB 1989, 95 Min., F

R: Philip Ridley D: Viggo Mortensen, Lindsay Duncan, Jeremy Cooper

Ein Junge, der Ende der 50er Jahre in der Einsamkeit des Corn Belt aufwächst, erlebt, wie sein Vater des Mordes an seinem Spielkameraden angeklagt wird und Selbstmord begeht. Ein Traum über die Hölle der Unschuld. HFJ 1992

Schrei in die Vergangenheit S313 ****

THE BROWNING VERSION

der Stunde seiner größten Niederlage findet er zu Würde und Selbstachtung zurück. Sensibel inszenierte Aktualisierung des Bühnenstoffes von Terence Rattigan mit einem grandiosen Albert Finney in der Hauptrolle. Das Stück wurde im Jahr 1951 schon einmal von Anthony Asquith verfilmt. HFJ 1996.

Schrei ohne Echo

siehe: Giacomo

Schrei, wenn der Tingler kommt S314 **

THE TINGLER

USA 1960, 80 Min., s/w

R: William Castle D: Vincent Price, Judith Evelyn, Darryl Hickman

Ein insektenartiger Parasit, der im menschlichen Skelett heranwächst, nagt an den Nerven seiner Wirte. Dem Arzt, der ihn entdeckt, entfleucht er und sucht in einem Kino nach Opfern.

Schrei, wenn du kannst S315 ****

LES COUSINS

Frankreich 1958, 108 Min., s/w

R: Claude Chabrol D: Gérard Blain, Jean-Claude Brialy, Juliette Mayniel

Ein gelangweilter Student aus der Stadt und eine Studentin vom Land und das tragische Ende einer unglücklichen Liebesgeschichte bilden den Mittelpunkt einer detailgetreuen Milieuschilderung des Pariser Studentenmilieus. Früher Film Chabrols, der dessen zynisches Weltbild vom Überleben des Stärkeren zum Ausdruck bringt.

Schreie im Dunkeln S316 ***

PATTY HEARST

USA 1987, 90 Min., F

R: Paul Schrader D: Natasha Richardson, William Forsythe, Ving Rhames

Die Entführung der Millionärstochter

Schreie in der Nacht S317 **

CONTRANATURA

BRD/Italien 1968, 89 Min., F

R: Anthony M. Dawson D: Joachim Fuchsberger, Marianne Koch, Helga Anders, Marianne Leibl

Morbider Horrorfilm über eine Gruppe von Menschen, die nächtens in einem finsteren Haus Zuflucht suchen und dort ihrem Schicksal begegnen. Sehenswert: Marianne Koch und Helga Anders als Lesben!

Schreie und Flüstern S318 ****

VISKINGAR OCH ROP

Schweden 1972, 91 Min., F

R: Ingmar Bergman D: Harriet Andersson, Ingrid Thulin, Liv Ullmann, Erland Josephson

Das Sterben einer jungen Frau auf einem Landsitz in Schweden löst den Versuch ihrer beiden Schwestern und einer langjährigen Hausangestellten aus, ihre Beziehungen zu klären.

Die schrillen Vier auf Achse S319 ***

NATIONAL LAMPOON'S VACATION

USA 1983, 98 Min., F

R: Harold Ramis D: Chevy Chase, Beverly D'Angelo, Imogene Coca

Chicagoer Familie erlebt auf dem Weg in ihr Urlaubsparadies eine Serie grotesker Abenteuer, weil Papa das Auto statt des Flugzeugs nehmen wollte. Leichte, vielleicht ein wenig zu absehbare Komödie mit erstaunlicher Lacher-Frequenz. Erfolgreich genug für zwei Fortsetzungen.

Schritt für Schritt S320 ***

CAMINANDO PASOS CAMINANDO

Mexiko 1976, 103 Min., F

R: Antonio Federico Weingartshofer

D: Ernesto Gomes Cruz, Salvador Sanchez, Patricia Reyes Spindola

Ein Lehrer kommt durch einen bürokratischen Fehler in ein verlassenes, elendes Indiodorf, will zu-

Der Schritt vom Wege S321
****
Deutschland 1939, 97 Min., s/w
R: Gustav Gründgens D: Marianne Hoppe, Karl Ludwig Diehl, Paul Hartmann, Käthe Haack
Eine junge Frau wird mit einem sehr viel älteren Mann verheiratet, der sein Leben auf Ordnungen und Prinzipien aufgebaut hat. Durch eine Untreue löst sie eine Katastrophe aus. Die Film-Version von Fontanes »Effi Briest« ist Gründgens persönlichste.

Schritte in der Nacht S322
HE WALKED BY NIGHT ***
USA 1948, 79 Min., s/w
R: Alfred Werker D: Richard Basehart, Scott Brady, Roy Roberts
Mit (ungenannter) Hilfe von Anthony Mann inszenierte Alfred Werker einen packenden, semidokumentarischen Polizeifilm – die Jagd auf einen elektronikbesessenen Mörder.

Schritte ohne Spur S323
A DOUBLE TOUR ****
Frankreich/Italien 1959, 94 Min., F
R: Claude Chabrol D: Madeleine Robinson, Jacques Dacqmine, Antonella Lualdi, Jeanne Valerie
Ein in einer langweilig gewordenen und zerrütteten Ehe lebender Mann beginnt ein Verhältnis mit einer jungen Frau. Das führt zu tödlich endenden Auseinandersetzungen zwischen den betroffenen Familien. Beißend-kritische Bestandsaufnahme einer scheinbar heilen Bourgeoisie, deren Heuchelei und brutaler Egoismus durch distanzierte Beobachtung schonungslos bloßgelegt werden.

Schtonk S324
****
BRD 1992, 115 Min., F
R: Helmut Dietl D: Götz George, Uwe Ochsenknecht, Harald Juhnke, Christiane Hörbiger, Martin Benrath
Ein stets verschuldeter Journalist und ein halbseidener Kunsthändler »entdecken« die Tagebücher Adolf Hitlers und schlagen daraus kräftig Kapital. Opulentes, formal brillantes Kino mit Starbesetzung. Die beste deutsche Komödie der 90er Jahre. HFJ 1993

Schuld und Sühne S325
PRESTUPLENIYE I NAKAZANIYE ***
UdSSR 1970, 157 Min., F
R: Lew Kulidshanow D: Georgi Taratorkim, Innokenti Smoktunowski, Tatjana Bedowa
Ein armer Student begeht aus der Überzeugung, über der Moral zu stehen, einen Doppelmord und wird von den Gespenstern seiner Tat verfolgt. Kultivierte Verfilmung des Romans von Fjodor Dostojewskij.

Schule für Schurken S326
SCHOOL FOR SCOUNDRELS OR HOW TO WIN WITHOUT ACTUALLY CHEATIN ***
GB 1960, 94 Min., s/w
R: Robert Hamer D: Alastair Sim, Terry-Thomas, Ian Carmichael
Ein ewiger Verlierer besucht ein Institut für praktische Lebenshilfe. Aus der Null wird ein Held, der es all den Spöttern heimzahlt und am Ende die richtige Frau bekommt. Gelungener satirischer Filmspaß mit Gags am laufenden Band und nicht ohne Lebensweisheit, gespielt von einer Riege talentierter Komödianten.

Der Schüler Gerber S327
***
BRD/Österreich 1980, 99 Min., F
R: Wolfgang Glück D: Gabriel Barylli, Werner Kreindl, Romuald Pekny
Konzentrierte, vielleicht ein wenig akademische Verfilmung des Romans von Friedrich Torberg. Das Drama eines begabten Schülers in den zwanziger Jahren, der von einem Lehrer in den Selbstmord getrieben wird.

Das Schulgespenst S328
***
DDR 1986, 84 Min., F
R: Rolf Losansky D: Nicole Lichtenheldt, Richardo Roth, Karin Düwel
Ein zehnjähriges widerborstiges Mädchen tauscht mit einem von ihm »befreiten« Schulgespenst die Gestalt und entwickelt sich zu einer überaus angepaßten Musterschülerin. Ein Film, der sich auf Alltagssituationen und Phantasien junger Zuschauer einläßt. HFJ 1989

Die Schulhofratten von Chicago S329
***
MY BODYGUARD
USA 1980, 96 Min., F
R: Tony Bill D: Chris Makepeace, Adam Baldwin, Matt Dillon
Routiniert inszenierter Unterhaltungsfilm mit sozialkritischem Anspruch über die Freundschaft zweier gegensätzlicher Außenseiter im Chicagoer Schulmilieu.

Schulkameraden S330
COMPAGNI DI SCUOLA ***
Italien 1988, 115 Min., F
R: Carlo Verdone D: Eleonore Giorgi, Nancy Brilli, Christian De Sica
Fünfzehn Jahre nach dem Abitur treffen sich die Schüler der Abschlußklasse in einem Landhaus; in der Nacht nach dem Fest fallen die Masken der bürgerlichen Saturiertheit. Eine menschliche Komödie, nicht ohne Bitterkeit.

Schuhputzer S331
SCIUSCIA ****
Italien 1946, 93 Min., s/w
R: Vittorio de Sica D: Franco Interlenghi, Rinaldo Smordoni, Emilio Cigoli, Aniello Mele
Zwei befreundete optimistische Schuhputzerjungen wollen sich im Nachkriegsitalien mit Hilfe von kleinen Gaunereien eine bessere Zukunft aufbauen. Ihre Hoffnungen werden jedoch von der undiffernziert reagierenden Justiz zerstört. Meilenstein des Neorealismus, der den brutalen Egoismus von Erwachsenen anprangert und eine menschlichere Welt fordert.

Schuß im Dunkel S332
ROUGH SHOOT ***
GB 1953, 84 Min., s/w
R: Robert Parrish D: Joel McCrea, Evelyn Keyes, Herbert Lom
US-Agent in Großbritannien wird zum gejagten Jäger. Sub-Hitchcock-Spionagethriller mit einem wie immer vorzüglichen Joel McCrea.

Ein Schuß und fünfzig Tote S333
ALIAS JESSE JAMES ***
USA 1959, 93 Min., F
R: Norman Z. McLeod D: Bob Hope, Rhonda Fleming, Wendell Corey

Versicherungsvertreter gibt sich alle Mühe, einen gefährlich lebenden Klienten vor dem Tod zu bewahren – und zwar keinen Geringeren als Jesse James. Westernulk alter Schule.

Schüsse aus dem Geigenkasten S334
**
BRD/Frankreich 1965, 89 Min., s/w
R: Fritz Umgelter D: George Nader, Heinz Weiss, Richard Münch
Jerry Cottons erstes Kinoabenteuer, in dem der FBI-Agent der gleichnamigen Groschenheftserie ein Dutzend Gangster im Alleingang liquidiert. Unfreiwillig komisch und von prüder Moral.

Schüsse aus der Manteltasche S335
**
LE TEMPS DES LOUPS
Frankreich/Italien 1969, 105 Min., F
R: Sergio Gobbi D: Robert Hossein, Charles Aznavour, Virna Lisi
Ein Juwelenräuber mit Dillinger-Tick wird nach zahllosen Verfolgungen von seinem alten Freund, einem Kommissar, erschossen. Actionreich, aber ohne Atmosphäre.

Schußfahrt S336
DOWNHILL RACER ***
USA 1969, 101 Min., F
R: Michael Ritchie D: Robert Redford, Gene Hackman, Karl Michael Vogler, Camilla Sparv
Ein bei den olympischen Spielen für einen schwerverletzten Teamkollegen eingesprungener Ski-Rennläufer erweist sich als unaufhaltsamer »Gold«-Junge, der die Konkurrenz von hinten aufrollt. Ski-Film, der außer schönen Landschaftsaufnahmen und der Starbesetzung mit einem selbstverliebt agierenden Redford nicht viel bietet.

Der Schut S337
AU PAYS DES SKIPETARS ***
VIVA CARABINA PER SCHUT
BRD/Fr/It 1964, 118 Min., F

Schütze Benjamin S338
PRIVATE BENJAMIN ***
USA 1980, 110 Min., F
R: Howard Zieff D: Goldie Hawn, Eileen Brennan, Armand Assante
Nach dem Tod ihres Gatten tritt Judy in die US-Army ein, erlebt die Härten der Grundausbildung mit und geht anschließend dienstlich nach Paris, wo sie mit einem alten Freund ein Verhältnis beginnt, dessen Ausgang sie aber auch nicht befriedigt. Schlappe Komödie, deren Gags darauf basieren, daß einer Frau Dinge zugemutet werden, die man ansonsten hauptsächlich Männern zumutet.

Schütze deine Rechte S339
SOIGNE TA DROITE ***
Frankreich/Schweiz 1987, 82 Min., F
R: Jean-Luc Godard D: Jean-Luc Godard, Jacques Villeret, Jane Birkin
Die Geschichte eines »Idioten« (in Anspielung auf Dostojewskis Roman), der einen Film machen soll, in dem nicht von Liebe, Sex und Gewalt, aber auch nicht von Politik, Wahrheit und Freiheit die Rede sein soll. Poetische Collage für ein Minderheitenpublikum, das den Film als Kunst begreifen kann. HFJ 1991

Das schwache Geschlecht S340
THE OPPOSITE SEX ***
USA 1956, 120 Min., F
R: David Miller D: June Allyson, Joan Collins, Dolores Gray, Ann Sheridan
Komödie. Eine Dame der New Yorker Gesellschaft erfährt, daß ihr Gatte sie betrügt, und kommt auf die Idee, ihn zu halten, indem sie die gleichen Methoden anwendet wie ihre Konkurrentin.

Der Schwan S341
THE SWAN ***
USA 1956, 113 Min., F
R: Charles Vidor D: Grace Kelly, Alec Guinness, Louis Jourdan

Schwanensee S342
LEBEDYNOJE OZERO ***
UdSSR 1968, 80 Min., F
R: Appolinari Dudka, Konstantin Segejew D: Elena Ewteeva, John Markovsky, Mahmud Essambajew
Film-Dokumentation einer Ballett-Inszenierung des Kirow-Balletts von Leningrad. Sowohl tänzerisch als auch von der Bildgestaltung her überdurchschnittlich.

Schwanensee – Die Zone S343
LEBEDYNE OZERO – ZONA ****
UdSSR/Kanada 1990, 96 Min., F
R: Juri Iljenko D: Viktor Solowjow, Ljudmila Jefimenko, Maja Bulgakowa
Der Film zeigt die neue Qualität des sowjetischen Kinos. Ein Mann flüchtet sich aus dem Lager in ein Hammer-und-Sichel-Blechmonument, wird verraten, begeht Selbstmord, wird mit einer Transfusion ins Leben zurückgeholt und von den Mitgefangenen in den Tod getrieben. In einem Land, das auseinanderbricht, bleibt für die Kunst nur noch eine krude Poesie der Endzeit. HFJ 1992

Schwarzarbeit S344
MOONLIGHTING ***
GB 1981, 93 Min., F
R: Jerzy Skolimowski D: Jeremy Irons, Eugene Lipinski, Jiri Stanislav
Vier polnische Arbeiter kommen nach London, um in Schwarzarbeit die Wohnung eines Funktionärs zu renovieren. Der einzige Englischsprechende unter ihnen verschweigt den anderen die Nachrichten vom Militärputsch in der Heimat. Skolimowski zeigt zugleich ironisch das kommunistische System und die Erfahrung der Fremde.

Der schwarze Abt S345
**
BRD 1963, 88 Min., s/w
R: F. J. Gottlieb D: Joachim Fuchsberger, Dieter Borsche, Grit Böttcher

Schwarze Augen S346
OCI TSCHORNYJE ****
Italien 1987, 118 Min., F
R: Nikita Michalkow D: Marcello Mastroianni, Silvana Mangano, Marthe Keller, Elena Sofonova
Auf einem Passagierdampfer erzählt ein italienischer Kellner einem russischen Reisenden von seinem ruhelosen Leben und seiner großen Liebe, die ihn nach einer Nacht heimlich verlassen hat. Überraschend trifft er sie nun wieder, als der Russe ihm seine Frau vorstellt. Äußerst gelungene filmische Umsetzung einer Vorlage von Anton Tschechow, voller Poesie und Träume.

Der schwarze Blitz S347
**
BRD 1958, 96 Min., F
R: Hans Grimm D: Toni Sailer, Maria Perschy, Waltraut Haas
Wintersport in Tirol, und Liebe natürlich. Sailers Talente beschränken sich allerdings aufs Skifahren.

Der schwarze Brigant S348
IL SECRETO DELLO SPARVIERO NERO **
Italien 1961, 91 Min., F
R: Domenico Paolella D: Lex Barker, Livio Lorenzon, Nadia Marlowa
Piraten und andere Parteien raufen sich um ein Dokument. Einer der vielen Abenteuerstreifen, in denen sich Ex-Tarzan Lex Barker in Italien verschlissen hat. Dutzendware.

Die schwarze 13 S349
THE EYE OF THE DEVIL ***
GB 1967, 92 Min., s/w
R: J. Lee Thompson D: Deborah Kerr, David Niven, Donald Pleasence
Französischer Marquis verläßt seine Frau in Paris, um auf seinem Besitz in der Nähe von Bordeaux einem alten Brauch zu folgen – einem Menschenopfer. Stimmungsvoller Horrorfilm mit einer ungewöhnlichen Story.

Der schwarze Falke S350
THE SEARCHERS *****
USA 1956, 119 Min., F
R: John Ford D: John Wayne, Jeffrey Hunter, Vera Miles, Ward Bond

John Wayne und Jeffrey Hunter

Ethan kehrt aus dem Bürgerkrieg nach Hause zurück; seine Familie wird von Indianern getötet, seine Nichte verschleppt. Mit dem Halbindianer Martin macht er sich auf eine endlose Suche. Einer der besten Western aller Zeiten!

Der schwarze Hengst S351
THE BLACK STALLION ***
USA 1979, 118 Min., F
R: Carroll Ballard D: Kelly Reno, Mickey Rooney, Teri Garr
Sorgfältig inszenierte Story der Abenteuer eines Jungen mit einem prächtigen schwarzen Hengst, produziert von Coppola.

Die schwarze Isabell S352
CAPTAIN PIRATE ***
USA 1952, 85 Min., F
R: Ralph Murphy D: Louis Hayward, Patricia Medina, John Sutton
Ex-Pirat, einer Untat beschuldigt, nimmt alte Profession erneut auf, um wahren Schuldigen zu entlarven. Rasanter Piratenfilm nach dem Roman von Rafael Sabatini.

Die schwarze Katze S353
THE BLACK CAT **
USA 1934, 65 Min., s/w
R: Edgar G. Ulmer D: Boris Karloff, Bela Lugosi, David Manners
Satanist, der eine ihm zufällig ins Haus geschneite Dame Satan opfern will, wird von einem Mann gerichtet, dessen Frau und Tochter er auf dem Gewissen hat. Irrer Alptraumfilm, aber nicht nach dem Genreexperten Edgar Allan Poe.

Schwarze Katze, weißer Kater S354
****
CRNA MACKA, BELI MACOR
Frankreich/Jugoslawien/BRD 1998, 129 Min., F
R: Emir Kusturica D: Severdzan Bajram, Florijan Ajdini, Salija Ibraimova
Grelle Groteske um das Leben von skurrilen Zigeunern mit einer beiläufigen Handlung, dafür aber um so witzigeren Episoden. Die gelungene Komposition von soghaften Bildern und berauschender Musik sind eine wilde Hommage an das fahrende Volk. HFJ 2000

Das schwarze Loch S355
THE BLACK HOLE **
USA 1980, 97 Min., F
R: Gary Nelson D: Maximilian Schell, Anthony Perkins, Robert Forster
Astronauten stoßen am Rande eines Schwarzen Lochs auf ein Raumschiff voller vermeintlicher Roboter und einem beknackten Wissenschaftler, der es erforschen möchte. Ein Nichts.

Die schwarze Lorelei S356
WHIRLPOOL ***
GB 1959, 95 Min., F
R: Lewis Allen D: Juliette Greco, O.W. Fischer, William Sylvester
Seltsame Story: Ein Killer entkommt in Köln, seine Freundin trampt auf einem Schiff den Rhein runter und will dann nichts mehr von ihm wissen.

Die schwarze Mamba S357
VENOM **
GB 1981, 93 Min., F
R: Piers Haggard D: Klaus Kinski, Sterling Hayden, Oliver Reed
Eine hochgiftige Schlange windet sich durch ein Haus, in dem sich Kidnapper mit ihren Geiseln verschanzt haben. Ein Verbrecher nach dem anderen fällt dem Reptil zum Opfer. Konventionell und wenig inspiriert, aber dennoch spannend.

Schwarze Messe auf blutrotem Altar S358
**
THE CURSE OF THE CRIMSON ALTAR
THE CRIMSON CULT
GB 1968, 87 Min., F
R: Vernon Sewell D: Boris Karloff, Christopher Lee, Mark Eden

Hypnotisch begabte Reinkarnation einer 300 Jahre zuvor verbrannten Hexe rächt sich an den Nachkommen ihrer Richter. Schöne Farben und ein paar einfallslose Sexszenen.

Das schwarze Museum S359
HORRORS OF THE BLACK MUSEUM **
GB 1959, 81 Min., F
R: Arthur Crabtree D: Michael Gough, June Cunningham, Graham Curnow, Shirley Ann Field
Psychopathischer Reporter läßt von einem hypnotisierten Gehilfen wüste Greueltaten begehen, um »exklusiv« darüber zu berichten. Prädikat: Echt geschmacklos.

Schwarze Narzisse S360
BLACK NARCISSUS **
GB 1947, 96 Min., s/w
R: Michael Powell & Emeric Pressburger D: Deborah Kerr, David Farrar, Jean Simmons
Nonnen errichten ein Hospital im Himalaya. Eine von ihnen verliebt sich in einen zynischen Landsmann, der dem Unternehmen wenig Chancen einräumt. Spannendes Drama.

Die schwarze Natter S361
DARK PASSAGE ***
USA 1947, 106 Min., s/w
R: Delmer Daves D: Humphrey Bogart, Lauren Bacall, Bruce Bennett
Eine interessante Variation des Film noir. Zu einem Drittel mit subjektiver Kamera aus der Sicht Bogarts gefilmt, der das zweite Drittel mit einem bandagierten Gesicht herumläuft und seine Unschuld zu beweisen sucht. Am Ende dieser düsteren Story nach einem Roman von David Goodis ist endlich der echte Bogart zu sehen, doch dann hat der Film seinen Reiz schon eingebüßt.

Schwarze Nylons – Wilde Engel S362
**

Die schwarze Nymphomanin S363
GOLA PROFONDA NERA *
Italien 1983, 82 Min., F
R: Albert Moore D: Ajita Wilson, Ronald Mardenbro, Patricia Webley
Von Nymphomanieanfällen geplagte schwarze Journalistin dringt in einen Orgienzirkel ein, der von einem Regisseur geleitet wird, und endet im Bett einer lesbischen Ärztin. Schlampig inszenierter Sexfilm mit einem Ex-Mann in der Hauptrolle.

Die schwarze Orchidee S364
THE BLACK ORCHID ***
USA 1959, 90 Min., s/w
R: Martin Ritt D: Anthony Quinn, Sophia Loren, Ina Balin
Melodram aus dem Umfeld italienischstämmiger New Yorker Bürger: Ein Witwer mit Tochter will eine Gangsterwitwe heiraten, deren eingebuchteten Sohn die Flucht gelingt. Es gelingt ihm, den Flüchtigen zur Aufgabe zu überreden und seine Tochter davon zu überzeugen, daß jeder eine zweite Chance verdient hat.

Der schwarze Peter S365
CERNY PETR ****
CSSR 1963, 89 Min., s/w
R: Milos Forman D: Ladislav Jakim, Jan Vostrcil, Bozena Matuskova
Der sechzehnjährige Peter hat wenig Glück in seinem Beruf als Aufpasser in einem Selbstbedienungsladen und bei dem Mädchen Pavla, in das er verliebt ist. Gelungener Debütfilm.

Schwarze Piraten S366
THE BLACK PIRATES ***
USA 1954, 72 Min., F
R: Allen Miner D: Anthony Dexter, Martha Roth, Lon Chaney jun.
Piraten, die einen vergrabenen Schatz zurückholen wollen, terrorisieren aus Wut, weil er inzwischen gefunden und für die Armen verkauft worden ist, eine südamerikanische Ortschaft. Eine

Britischer Prinz macht im 14. Jahrhundert im Norden Frankreichs die Konkurrenz nieder. Humorvoller Ritterfilm, auch wenn Errol Flynn für seine Rolle etwas in die Jahre gekommen ist.

Der schwarze Reiter S368
THE ANGEL AND THE BADMAN ***
USA 1947, 95 Min., s/w
R: James Edward Grant D: John Wayne, Gail Russell, Harry Carey
Mann mit wilder Vergangenheit liebt Quäkerin, schwört den Waffen ab und hält es auch durch, obwohl alte Feinde ihm übel mitspielen. Der Film wurde unglaublicherweise von John Wayne produziert. Western.

Das schwarze Reptil S369
THE REPTILE **
GB 1965, 90 Min., F
R: John Gilling D: Noel Willman, Jennifer Daniel, Ray Barrett
Indienfahrer, in die Geheimnisse einer monströsen Sekte eingedrungen, wird bestraft, indem sich seine Tochter in eine Schlangenbestie verwandelt und beißt.

Eine schwarze Robe für den Mörder S370
UNE ROBE NOIR POUR UN TUEUR ***
Frankreich 1980, 104 Min., F
R: José Giovanni D: Annie Girardot, Claude Brasseur, Bruno Cremer
Ein vor der Hinrichtung stehender Sträfling, dem die Flucht gelingt, klärt mit Unterstützung einer Anwältin die Hintergründe eines Polizistenmordes. Beide gewinnen Erkenntnisse über Korruption in der Justiz, ohne sie jedoch an die Öffentlichkeit bringen zu können. Aktionsreicher Polit-Krimi.

Die schwarze Rose S371
THE BLACK ROSE ***
USA 1950, 120 Min., F

Das schwarze Schaf S372
***
BRD 1960, 94 Min., s/w
R: Helmuth Ashley D: Heinz Rühmann, Karl Schönböck, Lina Carstens
Die erste von drei Chesterton-Verfilmungen, in denen Rühmann den detektivischen Pater Brown verkörpert. Humorvoll und von gewisser Spannung, ist dies der beste in der Mini-Serie.

Schwarze Seele S373
ANIMA NERA ***
Italien 1962, 88 Min., s/w
R: Roberto Rossellini D: Vittorio Gassman, Annette Stroyberg, Nadja Tiller, Eleonora Rossi-Drago
Schilderung der Geschichte eines Menschen, der eine triste Kindheit hat und sich später als lustorientierter kleiner Spekulant durchschlägt. Nach einem homosexuellen Erlebnis gibt er sich einem Leben hemmungslos-egoistischer Sucht nach Genuß und materiellen Gütern hin. Formal mißlungener Versuch einer zeitkritischen Moralbeschreibung.

Der schwarze Seeteufel S374
GORDON, IL PIRATA NEGRA ***
Italien 1961, 88 Min., F
R: Mario Costa D: Ricardo Montalban, Vincent Price, Giulia Rubini
Ex-Sklave, nun Seeräuber, gibt sich Mühe, eine Sklavenhändlerbande zu erledigen und den Anführer zu entlarven.

Der schwarze Spiegel S375
THE DARK MIRROR ****
USA 1946, 85 Min., s/w
R: Robert Siodmak D: Olivia de Havilland, Lew Ayres, Thomas Mitchell
Olivia de Havilland in einer Doppelrolle (als Zwillingsschwestern) symbolisiert ein zentrales Motiv des Film noir: die zwei Seiten einer Persönlichkeit. Hier schiebt die Mörderin die Tat ihrer unschuldigen Schwester zu, die mit Hilfe eines Psychiaters den Verdacht zerstreuen kann.

Der schwarze Tanner S376
***
Schweiz 1986, 107 Min., F
R: Xavier Koller D: Otto Mächtlinger, Renate Steiger, Liliana Heimberg
Im Zweiten Weltkrieg widersetzt sich der Schweizer Bergbauer Kaspar Tanner der staatlich verordneten Anbaupflicht. Im Kampf gegen die Obrigkeit verliert er seine Freiheit und schließlich sogar sein Leben.

Die schwarze Tulpe S377
LA TULIPE NOIRE ***
Fr/It/Sp 1963, 112 Min., F
R: Christian-Jacque D: Alain Delon, Virna Lisi, Akim Tamiroff
Mantel- und Degenfilm nach dem Roman von Alexandre Dumas über die kühnen Abenteuer von Zwillingsbrüdern kurz vor Ausbruch der französischen Revolution. Nicht ohne Humor.

Der schwarze Vorhang S378
STREET OF CHANCE ***
USA 1942, 74 Min., s/w
R: Jack Hively D: Burgess Meredith, Claire Trevor, Louise Platt
Der düstere Film noir nach einem Roman von Cornell Woolrich thematisiert präzise den Kanon des Genres: die mörderische Femme fatale, die tötet, um den geliebten Mann für immer an sich zu binden.

Die schwarze Windmühle S379
BLACK WINDMILL ***
GB 1973, 102 Min., F
R: Don Siegel D: Michael Caine, Donald Pleasence, John Vernon
Geheimagent gerät zwischen zwei Fronten, als sein Sohn entführt wird und den Kidnappern, die zudem bestens über ein geplantes Unternehmen des Dienstes Bescheid wissen, eine halbe Million Pfund in Diamanten zahlen soll. Der Held, von den eigenen Leuten verdächtigt, mit jenem unter einer Decke zu stecken, wird auf eigene Faust tätig. Formal befriedigender Spionagethriller.

Die schwarze Witwe S380
BLACK WIDOW ***
USA 1986, 102 Min., F
R: Bob Rafelson D: Debra Winger, Theresa Russell, Sami Frey
FBI-Agentin, der ihr Schreibtischjob zum Halse heraushängt, verbeißt sich in den Fall einer mysteriösen Dame, die laufend reiche Knaben heiratet, um diese kurz nach der Hochzeit mit Gift umzubringen. Thriller mit Überraschungen. HFJ 1988

Die schwarzen Reiter von Tula S381
I LANCIERI NERI **
Italien/Frankreich 1961, 95 Min., F
R: Giacomo Gentilomo D: Mel Ferrer, Yvonne Furneaux, Leticia Roman
Schlachtengetümmel zwischen den Polen und Kirgisen im 13. Jahrhundert, nachdem letztere eine Prinzessin entführt haben. Historischer Kostümschinken um Liebe, Rache und Heldenmut.

Die schwarzen Ritter von Borgoforte S382
GIOVANNI DALLE BANDE NERE **
Italien 1956, 85 Min., F
R: Sergio Grieco D: Vittorio Gassman, Constance Smith, Gerard Landry
Italienischer Edelmann kämpft im 16. Jahrhundert gegen die Franzosen. Die dazu gehörenden höfischen und politischen Intrigenspiele sind nicht sehr interessant.

Die schwarzen Teufel von Romangai S383
LA VENDETTA DEI THUGS **
Italien 1953, 75 Min., F
R: Ralph Murphy D: Lex Barker, Fiorella Mari, Paul Muller, Luigi Tosi
Indischer Jäger, mit Tiger befreundet, legt sich mit fanatischen Sektierern an, die in unterirdischem Reich hausen, und befreit entführte Offizierstochter. Abenteuerfilmchen nach dem Roman von Emilio Salgari.

Schwarzer Engel S384
BLACK ANGEL ***
USA 1946, 80 Min., s/w
R: Roy William Neill D: Dan Duryea, June Vincent, Peter Lorre
Ein Trunkenbold macht sich auf die Suche nach dem Mörder seiner Frau, doch als er ihn findet, steht ihm eine böse Überraschung bevor. Atmosphärisch dichter Thriller.

Schwarzer Engel S385
OBSESSION ***
USA 1975, 92 Min., F
R: Brian de Palma D: Cliff Robertson, Geneviève Bujold, John Lithgow
Psycho-Thriller um einen Geschäftsmann, dessen Frau und Tochter bei einer Entführung umgebracht werden. Zehn Jahre später glaubt er seine Frau wiedergefunden zu haben, doch in Wahrheit handelt es sich um seine noch lebende Tochter. De Palma erweist sich in diesem effektvollen Psycho-Thriller als Hitchcock-Epigone.

Schwarzer Kies S386
***
BRD 1960, 111 Min., s/w
R: Helmut Käutner D: Helmut Wildt, Ingmar Zeisberg, Wolfgang Büttner
Die US-Armee baut im Hunsrück einen Militärflugplatz, der das wirtschaftliche und kulturelle Leben in dem in der Nähe befindlichen Dorf negativ beeinflußt. Zwei mit gestohlenem Kies handelnde Liebespaare büßen ihre zwielichtigen Geschäfte mit dem Leben. Der Einsatz dumpfer Klischees läßt die beabsichtigte Gesellschaftskritik des Filmes gründlich mißlingen.

Schwarzer Regen S387
KUROI AME ****
Japan 1988, 122 Min., s/w
R: Shohei Imamura D: Yoshiko Tanaka, Kazuo Kitamura
1950. In einem japanischen Dorf in der Nähe Hiroshimas versuchen die Bewohner mit den Folgen der Strahlenkrankheit, hervorgerufen durch den Abwurf der Atombombe, zu leben. Ein dokumentarisch nüchtern gehaltener Bericht, der zum Hinsehen zwingt. HFJ 1991

Schwarzer Sommer S388

Geliebte Mary, deren Schwester Claire und Lord Byron in einer Villa am Genfer See trafen, um zu diskutieren, Drogen zu nehmen und Schauergeschichten zu erzählen. Im Vergleich zu Ken Russels »Gothic« eher dialoglastig. HFJ 1991

Schwarzer Sonntag S389
BLACK SUNDAY ***
USA 1977, 143 Min., F
R: John Frankenheimer D: Robert Shaw, Bruce Dern, Marthe Keller
Erst in letzter Minute scheitert der Plan palästinensischer Terroristen, in Miami (USA) ein ganzes Stadion mit 80 000 Zuschauern auszulöschen. Eine schauerliche Fiktion, die sich immer mehr in Realität verwandelt. Der Film ist trotzdem zu langatmig geraten.

Schwarzer Sturm S390
VIENTO NEGRO ***
Mexiko 1965, 100 Min., F
R: Servando Gonzales D: Rafael Garcia Travesi, Servando Gonzales
In der Tradition des mexikanischen Schicksalsdramas erzählte emotionsgeladene Geschichte um einen jähzornigen Eisenbahnarbeiter und seine unzufriedene Frau.

Schwarzes Kommando S391
DARK COMMAND **
USA 1940, 93 Min., s/w
R: Raoul Walsh D: John Wayne, Walter Pidgeon, Claire Trevor
Western. »Ein Bösewicht, Quantrills Bande, die Liebe eines Mädchens, der Tod des Bösewichts. Eine klassische Konstellation. Aber da viele Szenen geschnitten wurden, hat der Film seine Geradlinigkeit verloren und wirkt verworren und schlecht geführt«, meinte schon der Regisseur Raoul Walsh.

Schwarzwaldmädel S392

Der schwebende Schritt des Storches S393
****
LE PAS SUSPENDU DE LA CIGOGNE/ TO METEORO VIMA TOU PELARGOU
Fr/Griechenl/CH/It 1991, 137 Min., F
R: Theo Angelopoulos D: Marcello Mastroianni, Jeanne Moreau, Gregory Karr
Ein Fernsehjournalist forscht an der Grenze zur Türkei nach einem verschwundenen griechischen Minister. In dem kleinen Grenzort haben sich Asylanten aus dem Fernen und Nahen Osten versammelt, unter ihnen möglicherweise der Politiker. Ein filmisches Meisterwerk voller (kino)magischer Momente. HFJ 1994

Das Schwedenmädchen Anita S394
**
ANITA
Schweden/Frankreich 1973, 95 Min., F
R: Torgny Wickman D: Christina Lindberg, Stellan Skarsgard, Daniel Vlaminck
Psychologie-Student heilt junge Nymphomanin. Sehenswert vor allem für Christina-Lindberg-Fans.

Schweigegeld für Liebesbriefe S395
****
THE RECKLESS MOMENT
USA 1949, 82 Min., s/w
R: Max Ophüls D: Joan Bennett, James Mason, Geraldine Brooks
Eine Amerikanerin wird wegen eines von ihrer Tochter begangenen Totschlags, bei dessen Vertuschung sie geholfen hat, von zwei Männern erpreßt. Sie verliebt sich in einen von ihnen, der seinen Komplizen umbringt, jedoch bei der Beseitigung der Leiche umkommt. Exzellent gespieltes und gefilmtes Melodram mit Genre-Elementen des »Film noir«.

Das Schweigen S396
TYSTNADEN ****
Schweden 1963, 95 Min., s/w

Land. Dort verfallen sie in eine bedrückende Stimmung von Lähmung und Schweigen, die Anna durch animalisch-freudloses Ausleben ihrer sexuellen Begierden zu durchbrechen versucht. Erschütternde und äußerst verstörende Studie über Einsamkeit und fehlende Liebe in einer gottlosen Welt.

Das Schweigen der Hammel S397
THE SILENCE OF THE HAMS **
USA 1994, 82 Min., F
R: Ezio Greggio D: Ezio Greggio, Dom DeLuise, Billy Zane
Auf der Suche nach einem Serienkiller muß ein FBI-Mann eigenartige Recherchen machen und Gesrpäche mit einem psychopathischen Dr. Animal führen. Kunterbuntes Plagiat verschiedener Krimis und Thriller, das einen sehr speziellen Humor befriedigt. HFJ 1995

Das Schweigen der Lämmer S398
THE SILENCE OF THE LAMBS ****
USA 1991, 118 Min., F
R: Jonathan Demme D: Jodie Foster, Anthony Hopkins, Scott Glenn
Eine ehrgeizige FBI-Schülerin benutzt die genialen Fähigkeiten eines geisteskranken Soziopathen, um auf die Spur eines Serienkillers zu kommen, bis sie merkt, daß nicht sie ihn, sondern er sie benutzt hat. Ein Psycho-Thriller der Meisterklasse; zu Recht Oscar-überhäuft. HFJ 1992

Das Schweigen des Dichters S399 ***
BRD 1986, 102 Min., F
R: Peter Lilienthal D: Jakov Lind, Len Ramras, Towje Kleiner
Anrührende Geschichte vom Dichter und seinem »schwachsinnigen« Sohn als Parabel über den Zusammenhang von Sprache und Liebe. Der Dichter Yoram wird von dem Dichter Jakov Lind gespielt. HFJ 1988

Das Schweigen im Walde S400 ***
BRD 1976, 94 Min., F
R: Alfred Vohrer D: Alexander Stephan, Evelyn Opela, Belinda Mayne
Junger Graf holzt wegen einer Liebschaft seinen Wald ab, bis er durch ein Mädchen aus den Bergen eines besseren belehrt wird. Ganghofer-Verfilmung ohne Meriten, aber nicht ganz so peinlich wie der Rest.

Schweigen ist Gold S401
LE SILENCE EST D'OR ****
Frankreich 1947, 90 Min., s/w
R: René Clair D: Marcelle Derrien, Maurice Chevalier, François Périer
Dem Leiter eines Filmstudios wird die Geliebte von einem Schausspielschüler ausgespannt. Er verzichtet und zieht sich einsichtig zurück. Meisterhaft inszenierte, satirische Hommage an die Anfänge des Kinos.

Schweigende Lippen S402
JOHNNY BELINDA ***
USA 1948, 103 Min., F
R: Jean Negulesco D: Jane Wyman, Lew Ayres, Charles Bickford
Oscar-prämierte Darstellung von Jane Wyman als Taubstumme, die ihren Vergewaltiger erschießt und nach ihrem Freispruch mit ihrem Arzt glücklich wird.

Der schweigende Stern S403
MILCZAKA GWITZADA **
DDR/Polen 1959, 81 Min., F
R: Kurt Maetzig D: Yoko Tani, Oldrich Lukes, Ignacy Machowski
Kosmonauten stoßen auf der Venus auf Überreste einer Räuber-Zivilisation, die die Erde erobern wollte, sich aber zuvor selbst vernichtet hat. Biedere SF-Kost nach dem wunderbaren Roman von Stanislaw Lem. LSFF

Schweigende Stimmen S404
SILENT VOICES ***
USA 1987, 115 Min., F
R: Mike Newell D: Gregory Peck, Jamie Lee Curtis, William L. Petersen, Joshua Zuehlke
Sentimental-naives Rührstück um einen kleinen Jungen, der aus Protest gegen die in seiner unmittelbaren Nachbarschaft stationierten Atomwaffen beschließt, nicht mehr zu sprechen, bis der Präsident schließlich ein Einsehen hat und sich mit seinem sowjetischen Pendant zu Verhandlungen trifft. Zum Heulen! HFJ 1989

Der schweigsame Fremde S405
THE STRANGER WORE A GUN ***
USA 1953, 82 Min., F
R: André De Toth D: Randolph Scott, Claire Trevor, Joan Weldon
Schiffer wird wegen eines dunklen Flecks in seiner Vergangenheit von einem »Ehrenmann« zu Überfällen auf Goldtransporte erpreßt. Routiniert inszenierter B-Western.

Ein Schweinchen namens Babe S406 ***
BABE
Australien 1995, 94 Min., F
R: Chris Noonan D: James Cromwell, Magda Szubanski
Es gibt keine Schweinerei, die filmisch nicht amüsant aufbereitet werden kann. Hier haben die Australier das große Los gezogen und einen weltweit erfolgreichen Film mit einem vermenschtlichten Ferkel gemacht.

Schweinegeld S407 ***
BRD 1988/1989, 90 Min., F
R: Norbert Kückelmann D: Armin Mueller-Stahl, Claudia Messner, Rolf Zacher
Ein paar gescheiterte Existenzen gründen einen Spendenverein und geraten damit in die Bahnen eines Großkonzerns. Gutgemeinte Satire.

Die Schweizermacher S408 ****
Schweiz 1978, 104 Min., F
R: Rolf Lyssy D: Emil Steinberger, Walo Lüönd, Beatrice Kessler
Zwei Beamte müssen durch intensive Beobachtung der Antragsteller entscheiden, wer die Schweizer Staatsbürgerschaft erhält. Bittere Komödie mit einem märchenhaften Ende.

Schwejks Flegeljahre S409 **
Österreich 1963, 90 Min., s/w
R: Wolfgang Liebeneiner D: Peter Alexander, Rudolf Prack, Lotte Ledl
Peter Alexander als trottelhafter Rekrut schändet das Andenken Jaroslav Haceks aufs Gröblichste, während Regisseur Liebeneiner offenbar das Inszenieren vergessen hat.

Schwellenjahre S410
LES ANNEES SANDWICHES ****
Frankreich 1988, 100 Min., F
R: Pierre Boutron D: Thomas Langmann, Nicolas Giraudi, Wojciech Pszoniak
Zwei Jahre nach dem Krieg kommt ein jüdischer Junge auf der Suche nach seinen Eltern nach Paris. Die sensible Behandlung des Themas und die guten Schauspieler machen den Film überdurchschnittlich. HFJ 1991

Schwere Jungs und leichte Mädchen S411 ****
GUYS AND DOLLS
USA 1955, 139 Min., F
R: Joseph L. Mankiewicz D: Jean Simmons, Marlon Brando, Frank Sinatra
Ein New Yorker Zocker geht eine Wette ein, laut der er ein Rendezvous mit einer Angehörigen der Heilsarmee nachweisen muß. Turbulenter Filmspaß nach einer Story von Damon Runyon, der in der Halbwelt der Kartenhaie und Tanzmäuse spielt.

Das Schwert der Musketiere S412
IL FIGLIO DI LAGARDERE **
Italien 1952, 85 Min., s/w
R: Fernando Cerchio D: Rossano Brazzi, Milly Vitale, Vittorio Sanipoli
Französische Edelmänner, die sich im 17. Jahrhundert um eine Erbschaft raufen, lassen die Degen blitzen. Mantel- und Degenabenteuer nach Schablone.

Das Schwert des Barbaren S413
LE SPADE DEI BARBARI *
Italien 1982, 88 Min., F
R: Michael E. Lemick D: Peter McCoy, Sabrina Siani, Margareta Rance
Ein Fantasy-Muskelprotz haut sich mit Quabbelmenschen, Halbaffen, dumpfen Schwertschwingern und einer geilen Grottenhexe, ohne daß erkennbar wäre, was das eigentlich alles soll.

Perverser Edelleuteklüngel versündigt sich an den Töchtern des Cid und soll durch Gottesurteil bestraft werden. Wirre Ritterschmonzette mit abartigen Typen, edlen Maiden und einem von Usurpatoren um den Thron gebrachten jungen Mann.

Das Schwert des Königs S415
SIEGE OF THE SAXONS ***
GB 1963, 85 Min., F
R: Nathan Juran D: Ronald Lewis, Janette Scott, Ronald Howard
Ein Thronräuber ermordet König Arthur von Camelot und trachtet dessen Tochter nach dem Leben, doch ein wackerer Bauernbub und der Zauberer Merlin stehen ihr bei. Toll! (Für Kids von 10–12.) LFF

Das Schwert des Robin Hood S416 ***
THE SWORD OF SHERWOOD FOREST
GB 1960, 80 Min., F
R: Terence Fisher D: Richard Greene, Peter Cushing, Richard Pasco
Ein Vogt plündert während der Abwesenheit von König Richard Löwenherz das Volk aus. Robin Hood stellt ihm ein Bein, gewinnt die Gunst des Herrschers und die Hand der süßen Marian.

Das Schwert des roten Giganten S417 **
I GIGANTI DELLA TESSAGLIA
Italien/Frankreich 1960, 98 Min., F
R: Riccardo Freda D: Roland Carey, Zivia Rodann, Massimo Girotti
Der Film erzählt die Odysseus-Legende (Die Irrfahrten des Odysseus) nach, obwohl der Held Jason heißt und sich mythosgetreu auf der Suche nach dem Goldenen Vlies befindet. Naiver, bunter Serienverschnitt. LFF

Ein Schwert für den König S418
LA SFIDA AL RE DI GASTIGLIA **
Spanien 1972, 95 Min., F

Das Schwert von Persien S419
ESTHER AND THE KING **
USA/Italien 1960, 102 Min., F
R: Raoul Walsh D: Richard Egan, Joan Collins, Sergio Fantoni
Die junge Jüdin Esther heiratet den persischen König Ahasverus, um zu erreichen, daß er seine Politik ihrem Volk gegenüber ändert. Biblisches Epos, unter dem Durchschnitt.

Schwestern S420
***
BRD 1983, 90 Min., s/w
R: Klaus Gietinger D: Christine Kayssler, Ursula Rosenberger
Eine humorvolle und mitfühlende Beschreibung eines Berufsbildes anhand dreier Krankenschwestern, zugleich eine Attacke auf die gesellschaftlichen Mythen dazu.

Die Schwestern Bronte S421
LES SOEURS BRONTE ***
Frankreich 1978, 115 Min., F
R: André Téchiné D: Isabelle Adjani, Marie-France Pisier, Isabelle Huppert
Delikat gestaltete Biographie der drei Schriftstellerinnen Anne, Emily und Charlotte Bronte in der ersten Hälfte des 19. Jahrhunderts.

Schwestern der Wollust S422
MARASCHINO CHERRY ***
USA 1978, 83 Min., F
R: Henry Paris D: Gloria Leonard, Waldo Nicholas, Eric Edwards
Unschuld vom Lande besucht Schwester in der Stadt, entlarvt sie als Puffmutter und beginnt eine Karriere als Edelhure. Inszeniert von Radley Metzger unter Pseudonym.

Die Schwestern des Bösen S423 ***
SISTERS
USA 1972, 92 Min., F
R: Brian de Palma D: Margot

Schwestern oder die Balance des Glücks S424
****
BRD 1979, 92 Min., F
R: Margarethe von Trotta D: Jutta Lampe, Gudrun Gabriel, Jessica Früh
Zwischen den beiden Schwestern Maria und Anna besteht eine starke Abhängigkeit: Sie finden die Ergänzung der eigenen Person jeweils in der anderen. Mit der Erkenntnis, daß das Leben zu verändern und zu erweitern ist, ist dies ein engagierter Frauenfilm ohne jede Dogmatik und Verkrampfung.

Die Schwestern von der Samenbank S425
YOUNG NURSES IN LOVE **
USA 1987, 73 Min., F
R: Chuck Vincent D: Jeanne Marie, Alan Fisler, Barbara Robb
KGB-Agentin schleicht sich in ein Krankenhaus an, um die Samenbank zu berauben – sie enthält Spermien von US-Genies. Doch zuvor muß allzu oft ihr Höschen fallen. Sexklamotte.

Die Schwiegertochter S426
NEWESTKA ****
UdSSR 1972, Min., F
R: Chodshadurdy Narlijew D: Maja Aimedowa, Hodshom Oweseilnow
Elegische Geschichte eines alten Hirten und seiner Schwiegertochter am Rand der turkmenischen Wüste. Die Frau weigert sich, an den Tod ihres als Flieger verschollenen Mannes zu glauben.

Der Schwimmer S427
THE SWIMMER ***
USA 1966, 94 Min., F
R: Frank Perry D: Burt Lancaster, Janet Landgard, Janice Rule
Ned will die acht Meilen zu seinem Haus schwimmend zurücklegen – von Swimmingpool zu Swimmingpool in seiner Villengegend. Er begegnet dabei Freunden, einer früheren Geliebten, doch je näher er seinem Haus kommt, desto ablehnender wird der Empfang.

Die Schwindler S428
IL BIDONE ****
It/Fr 1955, 101 Min., s/w
R: Federico Fellini D: Broderick Crawford, Giulietta Masina
Drei Männer betrügen im Italien der Nachkriegszeit ihre Mitmenschen im Kostüm von Priestern. Was als sarkastische Komödie beginnt, endet in der Tragödie.

Schwingen der Angst S429
NIGHTWING **
USA 1978, 105 Min., F
R: Arthur Hiller D: Nick Mancuso, David Warner, Kathryn Harrold
Fledermausscharen treiben ihr Unwesen in den USA; ein Vampirexperte und ein Deputy räuchern sie aus. Möchtegernschocker, der den Eindruck erweckt, als sei a) eine umkippende Ökologie, b) ein Fluch die Ursache.

Der Schwur S430
KLJATWA **
UdSSR 1946, 91 Min., s/w
R: Michail Tschiaureli D: Michail Galowani, Sophia Giatsintowa
Nach Lenins Tod 1924 übernimmt Josef Stalin die Führung der Sowjetunion und verpflichtet sich dem Toten gegenüber, den Sozialismus zu verwirklichen. Ein Lehrfilm für die Gestaltung von Personenkult: Schritt für Schritt wird erklärt, daß Stalin nicht bloß weiser Führer, sondern allwissender Gott ist.

Scooter in Palm Beach S431
SCOOTER IN PALM BEACH **
USA 1988, 90 Min., F
R: Marlene Rogoff D: Linda Blair, J. Callaghan, Steve Cole
Findungsreiches Bübchen macht sich auf die Suche nach seinen in Afrika verschollenen Eltern und gerät an einen mit Kindern handelnden Kapitän. Lausbubenkomödie für die Kleinen.

Scorpio S432
SCORPIO ****
USA 1972, 110 Min., F
R: Michael Winner D: Burt Lancaster, Alain Delon, Gayle Hunnicutt
Um einen Agenten zu liquidieren, den man für einen Verräter hält, setzt die CIA einen jungen Killer auf ihn an, der bisher mit seinem Opfer in spe zusammengearbeitet hat. Es entwickelt sich eine spannende Jagd, die über Washington nach Wien und wieder in die USA führt. Ein fesselnder, an unerwarteten Wendungen reicher Thriller.

Scott & Huutsch S433
TURNER & HOOCH ***
USA 1989, 99 Min., F
R: Roger Spottiswoode D: Tom Hanks, Mare Winningham, Craig T. Nelson
Penibler Polizist und stinkende Bulldogge müssen ihr Leben gemeinsam führen, was zu großen Komplikationen führt. Langweilig-banaler Bastard aus Komödie, Polizei-, Liebes- und Tierfilm. HFJ 1991

Scream – Schrei S434
SCREAM ***
USA 1996, 111 Min., F
R: Wes Craven D: Neve Campbell, David Arquette, Courtney Cox
Psychopathen-Killer jagt bevorzugt Schüler der örtlichen High School. Die perfekt eingesetzten Genre-Zutaten bewirken den üblichen Nervenkitzel, doch auf einer übergeordneten Ebene wird das Genre selbst zu einem Teil der Geschichte, parodiert sich und bricht sich immer wieder auf. Intelligente Horror-Unterhaltung. HFJ 1998

Scrooge S435
SCROOGE ***
GB 1971, 121 Min., F
R: Ronald Neame D: Albert Finney, Alec Guinness, Edith Evans
Das Weihnachtsmärchen von Charles Dickens, in dem ein hartherziger Kapitalist durch das Auftreten dreier Geister zum Menschenfreund wird, in einer opulenten Musical-Version.

Sebastian und der Spatz S436
SEBASTIAN AND THE SPARROW ***
Australien 1987, 88 Min., F
R: Scott Hicks D: Alexander Bainbridge, Jeremy Angerson, Robert Coleby
»Spatz«, ein Halbvietnamese, lebt allein auf der Straße, muß sich selbst versorgen und bewegt sich dabei ständig am Rande der Legalität. Sebastian hat ein gutes Elternhaus, findet sein Leben aber langweilig. Als sich beide kennenlernen, findet jeder das Leben des anderen beneidenswert. Gute Basis für eine Freundschaft.

Sechs Männer aus Stahl S437
STEEL ***
USA 1978, 101 Min., F
R: Steve Carver D: Lee Majors, Jennifer O'Neill, Art Carney
Moderne Version der *Glorreichen Sieben,* bei der die Cowboys als Stahlwerker auf einem Wolkenkratzer dazu beitragen, daß die hübsche, von einem intriganten Verwandten bedrohte Erbin den Bau doch zum festgesetzten Termin fertigstellen kann. Unterhaltsamer Film, der kritiklos den amerikanischen Traum träumt, daß die richtigen Männer in der Stunde der Not alles aus dem Gleichgewicht Geratene wieder ins Lot rücken.

Sechs Schwedinnen auf der Alm S438
*
BRD 1983, 90 Min., F
R: Michael Thomas D: Michaela Kloess, Petra Schrott, Evelyn Valade
Schwedische Mädchen, die in der Schweiz ein Erbe antreten sollen, vertreiben sich die Zeit bis zur Testamentseröffnung bei sexuellen Spielchen auf der Alm. Konfuser Sexfilm.

Sechs Schwedinnen auf Ibiza S439
*
IBIZA AL DESNUDO
Schweiz/Spanien 1981, 83 Min., F
R: Gerard Loubeau D: Olinka Hardiman, Kitty Hilaire, Marianne Aubert
Sechs Schwedinnen, die ihre Pässe und Portemonnaies verlieren, schlagen sich auf Ibiza durch und lassen keine Gelegenheit aus, sich in fremden Betten zu wälzen. Schludriger Sexer mit Mini-Budget.

Sechs Schwedinnen hinter Gittern S440
**
BALL GAME
USA 1980, 76 Min., F

Sechs Schwedinnen im Pensionat S441
*
Schweiz/Frankreich 1979, 85 Min., F
R: Michael Thomas D: Diane Kelly, Brigitte Lahaie, Nadine Pascal
Öder und handlungsarmer Softporno. Dutzendware, die noch mit einer »Tankstelle« fortgesetzt wurde.

Sechs Tage, sieben Nächte S442
SIX DAYS, SEVEN NIGHTS ***
USA 1998, 102 Min., F
R: Ivan Reitman D: Harrison Ford, Anne Heche, David Schwimmer
Romantikkomödie über das Aufkeimen von zarten Banden zwischen einem ruppig-charmanten Piloten und einer toughen Karriere-Journalistin, die auf einer einsamen Insel notlanden müssen. Alles ist vorhersehbar, aber doch recht nett gemacht. HFJ 1999

Die sechs Verdächtigen S443
THE POWER ***
USA 1968, 101 Min., F
R: Byron Haskin D: George Hamilton, Richard Carlson, Yvonne de Carlo
Übermensch mit Psikräften manipuliert die Mitarbeiter eines militärischen Belastungstests und wird, als man ihm auf die Spur kommt, zum Mörder. Ein unterschätzter SF-Thriller, nach Frank M. Robinson.

Der sechste Kontinent S444
AT THE EARTH'S CORE ***
GB 1976, 90 Min., F
R: Kevin Connor D: Doug McClure, Peter Cushing, Caroline Munro
Forscher stoßen ins Erdinnere vor und finden sich in einem von Menschen bewohnten Feudalreich wieder. Bunter und gelegentlich humorvoller utopischer Abenteuerfilm.

16 Uhr 50 ab Paddington S445
MURDER, SHE SAID **
GB 1961, 85 Min., s/w
R: George Pollock D: Margaret

Secret Honor S446
SECRET HONOR ***
USA 1984, 90 Min., F
R: Robert Altman D: Philip Baker Hall
Ein gedemütigter, haßerfüllter, nach Watergate in sich zurückgezogener Richard Nixon will politisch Hintergründiges auf Tonband sprechen, verfällt aber immer wieder in erbitterte, ordinäre Fluchtiraden auf seine Gegner. Das psychologische Porträt eines Politi-kers zwischen Macht und Ohnmacht.

Seddok, der Würger mit den Teufelskrallen S447
**
L' EREDE DI SATANA
Italien 1960, 87 Min., s/w
R: Anton Giulio Majano D: Alberto Lupo, Susanne Loret, Sergio Fantoni
Forscher will verunstalteter Stripperin neues Gesicht verschaffen und mordet Mädchen, da er deren Haut für Transplantationszwecke benötigt. Horrorfilm aus der Klischeekiste. LSFF

Der See der Kuriositäten S448
***
JEZIORO OSOBLIWOSCI
Polen 1973, 95 Min., F
R: Jan Batory D: Maria Kowalik, Barbara Horawianka, Miroslaw Koranowski
Junge Liebe scheitert an der Familie. Einfühlsames Portrait mit gesellschaftskritischen Untertönen.

Der See der verstümmelten Leichen S449
***
DIAGNOSIS: MURDER
Großbritannien 1974, 93 Min., F
R: Sidney Hayers D: Jon Finch, Judy Geeson, Christopher Lee
Thriller um einen verbrecherischen Psychiater, der seine Frau beseitigen will. Durchschnittlich spannend.

Seelenlos – S450

Seelenwanderung S451
***
BRD 1962, 75 Min., s/w
R: Rainer Erler D: Hanns Lothar, Wolfgang Reichmann, Karin Schlemmer
Ein junger Mann gibt seine Seele in einem Leihhaus ab, um eine große Karriere zu machen. Im Jenseits indes findet er so lange keine Ruhe, bis ihm sein Freund wieder zur verlorenen Seele verhilft.

Seemann, Ahoi S452
EASY COME, EASY GO **
USA 1967, 95 Min., F
R: John Rich D: Elvis Presley, Dodie Marshall, Elsa Lanchester, Pat Priest
Ein Taucher möchte aus einem vor der kalifornischen Küste gesunkenen Schiff einen Schatz bergen, hinter dem auch ein anderer her ist. Dutzendfilmchen, um seinem Star ein Forum zu bieten.

Der Seemann und die Nonne S453
****
HEAVEN KNOWS, MR. ALLISON
USA 1956, 108 Min., F
R: John Huston D: Deborah Kerr, Robert Mitchum
Während des Krieges treffen ein rauher Marinesoldat und eine junge Nonne auf einer einsamen Südseeinsel aufeinander und müssen allerlei Gefahren und innere Anfechtungen überstehen. Zwei Oscar-Nominierungen für einen großartigen Schauspielerfilm.

Seemanns Heimkehr S454
THE SAILOR'S RETURN ***
GB 1978, 108 Min., F
R: Jack Gold D: Tom Bell, Shope Shodeinde, Mick Ford
Die Geschichte einer Ehe zwischen einem Weißen und einer schwarzen Prinzessin zu Beginn des viktorianischen Zeitalters, die an der Intoleranz und Borniertheit ihrer Umwelt scheitert. Sensibel und glaubwürdig inszeniert.

Der Seeräuber S455
THE BLACK SWAN ****
USA 1943, 85 Min., F
R: Henry King D: Tyrone Power, Maureen O'Hara, Anthony Quinn
Ex-Pirat Henry Morgan wird Gouverneur von Jamaika und ruft seine Gefährten zusammen, um mit dem Seeräuberunwesen aufzuräumen. Ein praller und humorvoller Abenteuerfilm, der alles bietet, was ein Jungenherz begehrt.

Der Seeteufel von Cartagena S456
THE SPANISH MAIN ***
USA 1945, 96 Min., F
R: Frank Borzage D: Paul Henreid, Maureen O'Hara, Walter Slezak
Ein Pirat entführt aus Rache die widerborstige Braut eines bösen spanischen Vizekönigs. Seeräuber im Kampf gegen einen Despoten, aber nicht ohne Humor!

Der Seewolf S457
THE SEA WOLF ****
USA 1941, 100 Min., s/w
R: Michael Curtiz D: Edward G. Robinson, John Garfield, Ida Lupino
Kapitän eines Walfängers, der sich selbst für einen Übermenschen und alle anderen für Küchenschaben hält, quält schiffbrüchigen Autor auf hoher See. Hervorragender Abenteuerfilm nach dem Roman von Jack London.

Der Seewolf S458
WOLF LARSEN **
USA 1958, 82 Min., F
R: Harmon Jones D: Barry Sullivan, Peter Graves, Gita Hall, Thayer David
Remake des Abenteuerklassikers von Michael Curtiz (1941). Auf gleicher literarischer Vorlage fußend, doch in dieser Fassung um einige Grobheiten und Brutalitäten erweitert.

Der Seewolf S459
***
BRD/Österreich/Fr 1971, 96 Min., F
R: Wolfgang Staudte, Sergiu Nicolaescu
D: Raimund Harmstorff, Edward Meeks, Beatrice Cardon
Jack Londons Erzählung um den brutalen »Übermenschen« Kapitän Larsen und den sensiblen Schriftsteller van Weyden in der fürs Kino zusammengeschnittenen TV-Version. Viel Gutes gibt es darüber nicht zu sagen.

Sehnsucht S460
SENSO *****
Italien 1963, 100 Min., F
R: Luchino Visconti D: Alida Valli, Heinz Moog, Farley Granger
1866. Eine italienische Gräfin ist mit einem alten, ungeliebten Mann verheiratet und ruiniert sich in ihrer Liebe zu einem jungen, kaltherzigen Offizier aus dem feindlichen Lager. Meta-Melodram von Visconti, unnachahmlich eingerichtet.

Sehnsucht der Frauen S461
KVINNORS VÄRTAN ****
Schweden 1952, 94 Min., s/w
R: Ingmar Bergman D: Aino Taube, Anita Björk, Eva Dahlbeck
Zwei Brüder verbringen regelmäßig mit ihren Familien die Ferien auf einer Insel. Als sich die Ankunft der Männer verzögert, beginnen die Frauen von ihrem Leben und seinen Enttäuschungen zu erzählen. Bergman sucht hier einen heiteren Ton für sein Thema der Einsamkeit und Desillusionierung.

Die Sehnsucht der Veronika Voss S462
****
BRD 1982, 104 Min., s/w
R: Rainer Werner Fassbinder
D: Rosel Zech, Hilmar Thate, Annemarie Düringer, Doris Schade
Veronika Voss, ein fast vergessener Ufa-Filmstar, wird von einer kriminellen Ärztin mit Morphium in Abhängigkeit gehalten. Ein Sportreporter und seine Freundin kümmern sich um sie, scheitern aber schließlich in ihrem Bemühen. Vorletzter Film Fassbinders, der ein illusionsloses Bild der Bundesrepublik zeichnet, wobei der Einsatz melodramatischer Stilmittel etwas gekünstelt wirkt.

Ein sehr alter Mann mit enormen Flügeln S463
****
UN SENOR MUY VIEJO CON UNAS ALAS ENORMES
Kuba/Italien/Spanien 1988, 90 Min., F
R: Fernando Birri D: Daisy Granados, Asdrúbal Meléndez
Nach einer Erzählung von Gabriel Garcia Marquez erzählt der »Vater des lateinamerikanischen Kinos« eine bizarre Film-Parabel: Ein Fischerpaar

findet einen alten »Engel«, den sie in den Hühnerstall bringen und als willkommene Einnahmequelle benutzen.

Sei zärtlich, Pinguin S464
***
BRD/Österreich 1982, 94 Min., F
R: Peter Hajek D: Marie Colbin, Heinz Hoenig, Rainer Hunold
Nette, frivole Komödie um ein Pärchen, das sich wegen sexueller Probleme vorläufig trennt, nach zahlreichen Eskapaden aber schließlich wieder zusammenfindet. Eine teilweise gelungene Parodie auf Sexfilme mit österreichischem Charme.

Seid nett zu Mr. Sloane S465
ENTERTAINING MR. SLOANE ****
GB 1970, 94 Min., F
R: Douglas Hickox D: Peter McEnery, Beryl Reid, Harry Andrews
Nach einem Bühnenstück von Joe Orton erzählt der Film eine Dreiecksgeschichte um einen Mann zwischen einer mannstollen Frau und ihrem Bruder. Um ihn gefügig zu machen, benutzt das Geschwisterpaar das Wissen um seine Beteiligung an einem Mord.

Seidenstrümpfe S466
SILK STOCKINGS ***
USA 1957, 117 Min., F
R: Rouben Mamoulian D: Fred Astaire, Cyd Charisse, Peter Lorre, Janis Paige
Eine Sowjetagentin kommt nach Hollywood mit dem Auftrag, einen russischen Filmkomponisten für die »Revolution« zurückzugewinnen. Durch die Begegnung mit einem charmanten Filmproduzenten lernt sie die Vorteile des Westens schätzen. Unterhaltsame, choreographisch brillante Musical-Fassung von Lubitschs *Ninotschka*, die gegenüber der Vorlage in dramaturgischer Hinsicht deutlich abfällt.

Spots, Film und »Wirklichkeit« in ein heilloses Durcheinander. Amüsante, turbulente Satire. HFJ 1991

Sein bester Freund S468
***
BRD 1962, 90 Min., F
R: Luis Trenker D: Toni Sailer, Dietmar Schönherr, Hilti von Allmen
Ingenieur und Bergführer sind dicke Freunde, bis unter dem Einfluß eines Reporters der Bergführer allein in die Eigernordwand einsteigt. Trotz eines gegenteiligen Versprechens steigt auch der andere auf, um seinem Freund zu helfen. Luis Trenker, einer der großen Bergfilmer, weiß wie man wilde Natur in Szene setzt; mit den Schauspielern hat er mehr Probleme.

Sein Colt war schneller S469
BUCHANAN RIDES ALONE ***
USA 1958, 77 Min., F
R: Budd Boetticher D: Randolph Scott, Craig Stevens, Barry Kelley
Wortkarger Texaner und rachsüchtiger Mexikaner geraten in das Netz vierer Brüder, die ein kalifornisches Kaff beherrschen und spielen sie gegeneinander aus. Solider Western mit unterschwelligem Dialogwitz.

Sein Engel mit den zwei Pistolen S470
***
THE PALEFACE
USA 1948, 92 Min., F
R: Norman Z. McLeod D: Bob Hope, Jane Russell, Robert Armstrong
Ein glückloser Zahnarzt heiratet die gewandte Revolverlady Calamity Jane und macht mit ihrer Hilfe eine Bande von Waffenhändlern dingfest. Ulkige Westernkomödie mit einem Helden wider Willen.

Sein gefährlichster Auftrag S471
ASSIGNMENT TO KILL ***
USA 1966, 99 Min., F
R: Sheldon Reynolds D: Patrick

Sein größter Bluff S472
MAN WITH A MILLION ***
USA 1953, 86 Min., F
R: Ronald Neame D: Gregory Peck, Jane Griffiths, Wilfrid Hyde-White
Ein junger mittelloser Amerikaner kommt nach England. Zwei spleenige Millionäre machen ihn zum Objekt einer Wette: Mit einer Millionen-Pfund-Note soll er zu Reichtum und Ansehen kommen. Freundliche Mark-Twain-Verfilmung mit Sinn für edwardianisches Kolorit.

Sein Leben in meiner Gewalt S473
***
THE OFFENCE
GB 1972, 113 Min., F
R: Sidney Lumet D: Sean Connery, Trevor Howard, Vivien Merchant
Sean Connery als brutaler Polizist, der einen mutmaßlichen Sittlichkeitsverbrecher durch Gewalt zum Geständnis bringen möchte und ihn dabei tötet. Schauspielerisch brillante Studie der Korruption durch die alltägliche Gewalt.

Sein letzter Freund S474
HEUREUX QUI COMME ULYSSE ***
Frankreich 1970, 91 Min., F
R: Henri Colpi D: Fernandel, Max Amyl, Gilberte Rivet
Ein Knecht, der sein Pferd für den Stierkampf opfern soll, gibt ihm statt dessen in der Camargue die Freiheit. So sentimental, daß nicht einmal der großartige Fernandel den Film retten kann.

Sein letztes Kommando S475
THEY DIED WITH THEIR BOOTS ON ****
USA 1941, 140 Min., s/w
R: Raoul Walsh D: Errol Flynn, Olivia De Havilland, Arthur Kennedy
Sehr patriotische Filmbiographie des

Wer ist hier der Führer? Schauspieler Tom Dugan in ›Sein oder Nichtsein‹.

Sein Mädchen für besondere Fälle S476
****
HIS GIRL FRIDAY
USA 1940, Min., s/w
R: Howard Hawks D: Cary Grant, Rosalind Russel, Ralph Bellamy
Auf trickreiche Weise gewinnt ein gerissener Zeitungsredakteur seine geschiedene Frau und damit seine beste Reporterin zurück. Ein zynischer Hymnus auf die Jagd nach der Schlagzeile.

Sein Name ist Mad Dog S477
MAD DOG AND GLORY ****
USA 1993, 96 Min., F
R: John McNaughton D: Robert De Niro, Uma Thurman, Bill Murray
Chicagoer Polizist und Hobbyfotograf rettet per Zufall einen Mafia-Boß und bekommt zur Belohnung für eine Woche die Gespielin des Gangsters »geliehen« – anfangs gegen seinen Willen. Intelligenter und amüsanter Thriller von *Henry*-Regisseur McNaughton mit unkonventionell besetzten Darstellern der Extraklasse. HFJ 1994

Sein oder Nichtsein S478
TO BE OR NOT TO BE *****
USA 1942, 94 Min., s/w
R: Ernst Lubitsch D: Jack Benny, Carole Lombard, Robert Stack
Die Mitglieder eines Warschauer Theaters spielen in einem Komplott gegen die deutschen Besatzungstruppen gefährliche Rollen. Eine wundervolle, menschliche Komödie über eine Zeit des Grauens. Lubitsch gelang der abenteuerlichste Drahtseilakt der Filmgeschichte.

Sein oder Nichtsein S479
TO BE OR NOT TO BE ***
USA 1983, 108 Min., F
R: Alan Johnson D: Mel Brooks, Anne Bancroft, Tim Matheson
Überflüssiges Remake des Lubitsch-Klassikers. Bis in die Dialoge hinein wird das Original kopiert, was diesen Film um so deutlicher als Fälschung ausweist. Gelungene Fälschung.

Seine Gefangene S480
LA PRISONNIERE ***
Frankreich/Italien 1968, 105 Min., F
R: Henri-Georges Clouzot
D: Laurent Terzieff, Elisabeth Wiener, Bernard Fresson
Etwas angestaubte Studie über ein terroristisches Dreieck zwischen Künstler, Frau und Kunsthändler. Clouzot stiehlt ein bißchen hier und ein bißchen da, und am meisten bei sich selbst.

Seine Kugeln singen das Todeslied S481
**
IL PISTOLERO DELL' AVE MARIA
Italien 1969, 91 Min., F
R: Ferdinando Baldi D: Leonard Mann, Peter Martell, Luciana Paluzzi
Ein aus dem Bürgerkrieg heimkehrender General wird von seiner Frau und deren Liebhaber heimtückisch ermordet. Später sorgen seine Kinder für ausgleichende Gerechtigkeit.

Eine Seite des Wahnsinns S482
KURUTTA IPPEIJI ****
Japan 1926, 60 Min., s/w
R: Teinosuke Kinugasa D: Masao Inoue, Yoshie Nakagawa, Ayako Lijima
Geschichte einer Frau, die wahnsinnig im Käfig eines Irrenhauses lebt und von ihrem Mann sanft bewacht wird, der dort als Gelegenheitsarbeiter beschäftigt ist. Darstellung einer inhumanen Aufbewahrungs- und Absonderungspraktik von Geisteskranken. Stummfilm, der seiner Zeit weit voraus war.

Seitensprung auf italienisch S483
***
ADULTERIO ALL'ITALIANA
Italien 1966, 92 Min., F
R: Pasquale Festa Campanile
D: Catherine Spaak, Nino Manfredi, Maria Grazia Buccella
Flotte Ehekomödie über eine attraktive Römerin, die von einem Seitensprung ihres Gatten mit ihrer Freundin erfährt und nun so tut, als sei sie auf erotische Abenteuer in fremden Betten aus.

Sekunden der Angst S484
JEOPARDY ***
USA 1952, 66 Min., s/w
R: John Sturges D: Barbara Stanwyck, Barry Sullivan, Ralph Meeker
US-Tourist macht mit Frau und Kind Urlaub am Strand und wird im Wasser von morscher Landungsbrücke eingeklemmt. Nach Versuchen, ihn zu befreien, fällt die Gattin auf der Suche nach Hilfe in die Hände eines Verbrechers. Wird sie nicht mit ihm fertig, muß ihr Mann, wenn die Flut kommt, ertrinken. Kurzer B-Thriller vom Typ »Abenteuer unter Wasser«: Die Rettung erfolgt stets in letzter Sekunde.

Sekundenfilme S485
****
BRD 1969, 25 Min., F
R: Vlado Kristl

Kleine filmische Aperçus über Wahrnehmung und Täuschung, über das Normale und die Logik.

Selbstjustiz S486
TRIAL BY COMBAT **
GB 1975, 90 Min., F
R: Kevin Connor D: Peter Cushing, John Mills, Donald Pleasance
Äußerlich bieder wirkender Ritterclub richtet Kriminelle, die dem Gesetz entgangen sind. Der Sohn eines Lords deckt die Untaten der Finsterlinge auf. Leider nicht sehr spannender Kriminalfilm.

Die seltsame Gräfin S487
**
BRD 1961, 95 Min., s/w
R: Richard Angst D: Joachim Fuchsberger, Brigitte Grothum, Klaus Kinski
Verworrener Edgar-Wallace-Film um dubiose Morddrohungen an eine junge Erbin.

Die seltsame Liebe der Martha Ivers S488
****
THE STRANGE LOVE OF MARTHA IVERS
USA 1946, 112 Min., s/w
R: Lewis Milestone D: Barbara Stanwyck, Kirk Douglas, Van Heflin
In diesem sehr schwarzen Kriminalfilm ist Barbara Stanwyck einmal mehr eine starke Frau mit dunkler Vergangenheit, die einen Mann zu einem Mord verführen will.

Die seltsamen Abenteuer des Mr. West im Lande der Bolschewik S489
****
NEOBYTSCHAINYJE PRIKLJUTSCHENIJA MISTERA WESTA...
UdSSR 1924, 60 Min., s/w
R: Lew Kuleschow D: Profiri Podobed, Boris Barnet, Wsesolod I. Pudowkin
Der amerikanische Geschäftsmann Mr. West reist in die Sowjetunion.

Die seltsamen Wege des Pater Brown S490
***
FATHER BROWN
GB 1954, 86 Min., s/w
R: Robert Hamer D: Alec Guinness, Joan Greenwood, Peter Finch
Der Hobbydetektiv auf der Jagd nach einem Kirchendieb. Mehr als die späteren deutschen Pater-Brown-Filme an den theologischen Implikationen der Romane von Chesterton interessierte Verfilmung mit einem hervorragenden Hauptdarsteller.

Ein seltsames Paar S491
THE ODD COUPLE ***
USA 1968, 105 Min., F
R: Gene Saks D: Jack Lemmon, Walter Matthau, John Fiedler
Vergnügliche Komödie nach einem Stück von Neil Simon: Zwei geschiedene Männer, der pingelige Felix (Lemmon) und der schludrige Oscar (Matthau), leben zusammen in einem Apartment, und da ist Dauerzoff angesagt.

Seminola S492
SEMINOLE ***
USA 1953, 86 Min., F
R: Budd Boetticher D: Rock Hudson, Anthony Quinn, Richard Carlson
Leutnant Hudson und Häuptling Quinn von den Seminolen wehren sich gegen ein erzwungenes Umsiedlungsprogramm, einen eiskalten Stabsoffizier und einen ehrgeizigen Unterhäuptling. Ansehbarer Routinewestern.

Semiramis, die Kurtisane von Babylon S493
***
LA CORTIGIANA DI BABILONIA
Italien/Frankreich 1954, 105 Min., F
R: Carlo Ludovico Bragaglia D: Rhonda Fleming, Ricardo Montalban, Roldano Lupi, Carlo Ninchi
Babylonische Waise wird Gattin von König Assur, gerät dann in Verdacht, ihn getötet zu haben und wird von einem zum Thron greifenden Rebellen

Ein Provinzschauspieler soll einen Fremdenlegionär spielen und findet sich plötzlich in der Wirklichkeit mit dieser Rolle konfrontiert. Ein kleines Juwel unter den Fernandel-Filmen der fünfziger Jahre.

Der Senkrechtstarter S495
RHINESTONE **
USA 1984, 111 Min., F
R: Bob Clark D: Sylvester Stallone, Dolly Parton, Ron Leibman
Eine Countrysängerin macht aus einem unmusikalischen Taxifahrer einen Gesangsstar. Das ist der Stoff für eine Aneinanderreihung von niveaulosen Witzen. Verschwendung von Filmmaterial.

Senor Turista – Begegnung am Titicacasee S496
****
BRD 1985, 86 Min., F
R: Gerlinde Böhm
Dokumentarfilm über das Leben indianischer Gemeinschaften in Peru und die Zerstörung von deren Kultur durch den Tourismus. Der Film entstand im Rahmen eines dreijährigen ethnologischen Projekts, er öffnet die Augen für vieles, was Touristen nicht sehen bzw. nicht sehen wollen. HFJ 1987

Sensation in Morgan's Creek S497
*****
THE MIRACLE OF MORGAN'S CREEK
USA 1943, 95 Min., s/w
R: Preston Sturges D: Eddie Bracken, Betty Hutton, Diana Lynn
Kriegsdienstuntauglicher Kleinstadt-Tolpatsch hilft seiner Angebeteten aus der Bredouille, als diese sich von einem unbekannten Rekruten schwängern läßt. Turbulente, respektlose, zum Schreien komische Weltkriegskomödie, die nur durch ein Wunder an der Zensurbehörde vorbei gekommen ist.

Sensations S498
SENSATIONS ***
Frankreich 1975, 90 Min., F

Die Sensationsreporterin S499
ABSENCE OF MALICE ****
USA 1981, 116 Min., F
R: Sydney Pollack D: Paul Newman, Sally Field, Bob Balaban
Film über eine von der Polizei lancierte Pressemeldung, die einen unbescholtenen Bürger in Schwierigkeiten bringt, sich letztendlich aber gegen die Polizei und die Presse kehrt. Unterhaltsamer Problemfilm über Macht und Ohnmacht des Pressewesens, der dank guter Darsteller, guten Inhalts und klarer Regie überzeugt.

September S500
SEPTEMBER ****
USA 1987, 79 Min., F
R: Woody Allen D: Denholm Elliott, Dianne Wiest, Mia Farrow
Eine Gruppe von Menschen, miteinander durch Freundschaft, Liebe und Eifersucht verbunden, verlebt eine Spätsommernacht in einem Landhaus. Eine filmische Dauerunterhaltung.

September Morning S501
IL FALCO E LA COLOMBA **
Italien 1983, 97 Min., F
R: Sergio D'Offizi D: Fabio Testi, Lara Wendel, Simonetta Stefanelli
Schlechter Politiker verliebt sich in rauschgiftsüchtiges Mädchen, das ihm das Leben gerettet hat und will mit ihr leben. Das geht genauso schief wie das dick aufgetragene Melodram.

Septemberweizen S502
***
BRD 1978, 96 Min., F
R: Peter Krieg
In sieben Kapiteln wird in collageartigen Montagen gezeigt, wie Farmer, Wissenschaftler, Händler, Spekulanten, Verarbeiter und Politiker mit dem Weizen umgehen, und was dabei für Hungrige und Hungernde überbleibt. Entlarvend.

Das serbische Mädchen S503
****
BRD 1990, 92 Min., F
R: Peter Sehr D: Mirjana Jakovic, Ben Becker, Pascal Breuer
Eine schwangere 18jährige Jugoslawin reißt von zu Hause aus, um von nun an bei dem Vater ihres Kindes, einer Urlaubsliebe aus Hamburg, zu leben. HFJ 1992

Ein serbischer Traum S504
SAN ***
Jugoslawien 1966, 82 Min., s/w
R: Purisa Djordjevic D: Olivera Vuco, Ljubisa Samardzic
Während der Widerstandskämpfe im Jahr 1941 träumt eine junge Partisanin von einem individuellen Glück mit ihrem Geliebten. Beide kommen aber um, bevor sie eine Chance erhalten, ihre Träume zu verwirklichen.

Serenade S505
***
Österreich 1937, 92 Min., s/w
R: Willi Forst D: Hilde Krahl, Igo Sym, Albert Matterstock
Ein Mädchen verliebt sich in einen Künstler, der den frühen Tod seiner Frau nicht verwinden kann.

Serenade für zwei Pistolen S506
LES FEMMES S'EN BALANCENT **
Frankreich 1953, 93 Min., F
R: Bernard Borderie D: Eddie Constantine, Nadja Gray, Dominique Wilms
FBI-Agent Lemmy Caution im Einsatz gegen eine Bande von Geldfälschern und im Clinch mit diversen Damen. Die Handlung ist wirr, aber Eddie bringt's auch in seinem dritten Film.

Serenade für zwei Spione S507
**
BRD/Italien 1965, 87 Min., F
R: Michael Pfleghar D: Hellmut Lange, Barbara Lass, Wolfgang Neuss
Geheimagent 006 soll ein entwendetes Lasergewehr wiederbeschaffen. Was als Ulk auf James Bond gedacht war, ging schmählich in die Hose: Dem seriösen Hellmut Lange nimmt man weder den Killer noch den Mädchenumleger ab.

Serenade zu dritt S508
DESIGN FOR LIVING ****
USA 1933, 87 Min., s/w
R: Ernst Lubitsch D: Frederic March, Gary Cooper, Miriam Hopkins, Edward Everett
Die Künstler Tom und George verlieben sich in die attraktive Werbezeichnerin Gilda. Diese kann sich für keinen der beiden entscheiden und flüchtet in eine Ehe mit einem langweiligen Geschäftsmann, was der Dreiecksbeziehung keinen Abbruch tut. Frivole Komödie mit hintergründigem Witz, mit der Lubitsch virtuos gesellschaftliche Moralvorstellungen ironisiert.

Serengeti darf nicht sterben S509
***
BRD 1959, 85 Min., F
R: Bernhard Grzimek
Dokumentarfilm über die nordtansanische Serengeti-Steppe, der in faszinierenden Bildern die dortige Tierwelt und ihre Lebensbedingungen zeigt. Gleichzeitig warnt er vor menschlichen Eingriffen in das natürliche Gleichgewicht und zeigt Wege eines sinnvollen Tierschutzes auf. Engagierter und sehenswerter Naturfilm.

Der Sergeant S510
THE SERGEANT ***
USA 1968, 108 Min., F
R: John Flynn D: Rod Steiger, John Phillip Law, Ludmila Michael
Ein harter US-Sergeant im Frankreich des Zweiten Weltkrieges bemüht sich vergeblich um die Zuneigung eines jungen Soldaten und nimmt sich aufgrund seiner verschmähten Liebe das Leben.

Sergeant Waters – Eine Soldatengeschichte S511
***
A SOLDIER'S STORY
USA 1984, 101 Min., F
R: Norman Jewison D: Howard E. Rollins jr., Adolph Caesar, Art Evans
Ein schwarzer amerikanischer Offizier muß den rätselhaften Tod eines ebenfalls schwarzen Soldaten aufklären und deckt ein Komplott auf, in dem eine klare Trennung von Schuld und Unschuld nicht mehr möglich scheint.

Serial Lover S512
SERIAL LOVER ****
Frankreich 1998, 83 Min., F
R: James Huth D: Michèle Laroque, Albert Dupontel, Elise Tielrooy

Makabre Komödie um eine schöne Frau, die ihre drei Lover zum Essen einlädt, um sich zu entscheiden, wen sie denn nun heiraten soll. Durch ihr Talent für Mißgeschicke erledigt sich die Frage jedoch bald von selbst, denn Leichen kann man nicht mehr ehelichen. Ein Feuerwerk an bizarren Einfällen und bösartigen Pointen.
HFJ 2000

Serial Mom – Warum läßt Mama das Morden nicht? S513 ****
SERIAL MOM
USA 1994, 93 Min., F
R: John Waters D: Kathleen Turner, Rikki Lake, Sam Waterston
Eine »ganz normale« Hausfrau und Mutter mutiert zur Serienmörderin, sobald jemand es wagt, ein Mitglied ihrer Familie zu ärgern. In der Gerichtsverhandlung überzeugt sie die Geschworenen mit List und Tücke von ihrer Unschuld. Eine schwarze Komödie über die »heile Welt« in amerikanischen Vorstädten. HFJ 1995

Série noire S514
SERIE NOIRE ****
Frankreich 1981, 110 Min., F
R: Alain Corneau D: Patrick Dewaere, Myriam Boyer, Marie Trintignant
Aus einigen Betrügereien gegenüber dem Arbeitgeber ergibt sich eine Liebesbeziehung eines siebzehnjährigen Mädchens mit einem kleinen Handelsvertreter. Dieser rastet aus, nachdem beide auf der Jagd nach 500.000 Francs einen Doppelmord begangen haben. Ziemlich hartes Kriminaldrama, dessen beeindruckende Direktheit vor allem dem intensiven Spiel des großartigen Patrick Dewaere zu verdanken ist.

Serpico S515
SERPICO ****
USA 1973, 130 Min., F
R: Sidney Lumet D: Al Pacino, John Randolph, Jack Kehoe, Biff McGuire

Lumet nicht die Meisterschaft seines Prince of the City erreicht, doch überzeugt er auch hier mit dem kompromißlos realistischen Stil, mit dem er gesellschaftliche Mißstände anprangert.

Sertschawan – Bei meinen Augen S516 ***
Schweiz 1992, 90 Min., F
R: Beatrice M. Leuthold, Hans Stürm
Dokumentarfilm über Kurden in West-Aserbaidschan. Geprägt von der Präsenz kurdischer Frauen und vom Kurdenepos »Mam ä Zin«, erzählt er vom Leben, Leiden und Sterben eines unterdrückten Volkes. Ein Filmgedicht.

Servus Bayern S517
***
BRD 1977, 78 Min., F
R: Herbert Achternbusch D: Herbert Achternbusch, Annamirl Bierbichler, Sepp Bierbichler
Wilddieb und Schriftsteller flieht aus Bayern nach Grönland. Eine Geschichte der Einsamkeit, erzählt in der nicht jedermann zugänglichen Wort- und Bildsprache des bayerischen Dichters, Malers und Filmemachers.

Set It Off S518
SET IT OFF ***
USA 1996, 122 Min., F
R: F. Gary Gray D: Jada Pinkett, Queen Latifah, Vivica A. Fox
Die soziale Situation treibt vier schwarze Frauen zu einem Banküberfall und schließlich in die Eskalation. Versuch eines Brückenschlages zwischen Gangsterfilm und Sozialdrama mit einem Übergewicht auf ersterem.
HFJ 1998

Die Seven-Ups S519
THE SEVEN-UPS ***
USA 1973, 94 Min., F
R: Philip D'Antoni D: Roy Scheider, Tony LoBianco, Larry Haines
Produzent D'Antoni *(Bullitt, Brenn…*

Seventh Floor S520
SEVENTH FLOOR **
Australien 1994, 99 Min., F
R: Ian Barry D: Brooke Shields, Masaya Kato, Craig Pearce
Junge Witwe fühlt sich von ihrem mysteriösen Mieter, einem irren Computerfreak, bedroht. Die einzige Attraktion dieses meschuggenen Thrillers bleibt Brooke Shields – und auch das ist Geschmackssache.

Sex & Drugs & Rock'n'Roll S521
IF IT AIN'T STIFF IT AIN'T WORTH IT ***
GB 1978, 90 Min., F
D: Elvis Costello, Larry Wallis, Nick Lowe, Ian Dury
Eine Kompilation aus der Tournee-Dokumentation »Stiffs Live Stiffs« und einigen Studio-Filmchen mit den »Motors«, »XTC« und »Devo«. Witzige Bühnenshows und bizarre Gags mischt der Film mit teilweise konventionellen Aufnahmen.

Sex Appeal S522
SEX APPEAL **
USA 1986, 84 Min., F
R: Chuck Vincent D: Louie Bonnano, Tally Britanny, Marcia Karr
Stenz richtet »Liebesnest« ein, um ungestört Frauen zu beschlafen, doch seine Eroberungen erweisen sich ausnahmslos als hochgradig neurotisch. Witziger Sexfilm – und mit Handlung!
HFJ 1989

Sex im Frauengefängnis S523
99 WOMEN/99 DONNE **
GB/BRD/It/Sp 1969, 94 Min., F
R: Jess Franco D: Maria Schell, Luciana Paluzzi, Herbert Lom
Lesbisches Gerangel in einer südamerikanischen Strafkolonie für Frauen. Maria Schell als engagierte Soziologin, der während des Drehs nicht auffiel, an welchem Machwerk sie beteiligt war.

Sex, Lügen und Video S524

Ehefrau Ann. Ein eines Tages auftauchender Jugendfreund Johns, der ebenfalls Probleme hat, bringt die beiden Frauen dazu, vor seiner Videokamera über Sex zu reden, wodurch sich allmählich für alle drei eine hoffnungsvolle neue Lage ergibt. Intelligent-unterhaltsame Psychostudie über menschliches Verhalten.
HFJ 1990

Der Sex trinkt Champagner S525
JE SUIS UNE NYMPHOMANE **
Frankreich 1970, 91 Min., F
R: Max Pécas D: Sandra Jullien, Janine Reynaud, Michel Lemoine
Gute Darsteller in einer etwas aberwitzigen Geschichte, in der Trivialkünstler Pécas sogar einen Priester bemüht.

Sex wie Eis und Feuer S526
TAKE OFF **
USA 1978, 103 Min., F
R: Armand Weston D: Wade Nichols, Georgina Spelvin, Leslie Bovee
Porno-Version von »Das Bildnis des Dorian Gray«: Hollywood-Actor aus den zwanziger Jahren nimmt Mädchen mit in seine Villa und beweist ihm anhand alter Filme, daß er ewig jung bleibt.

Sex World S527
SEX WORLD **
USA 1978, 70 Min., F
R: Anthony Spinelli D: John Leslie, Leslie Bovee, Annette Haven
Frustrierte Ehepaare suchen ein »sexuelles Gesundheitszentrum« auf, in dem alle Phantasien erfüllt werden. Gute Kameraführung und ordentliche Leistungen der Akteure, was in diesem Genre beileibe nicht selbstverständlich ist.

Die Sex-Abenteuer der drei Musketiere S528
*
Schweiz 1981, 76 Min., F
R: Michael Thomas (= Erwin C. Dietrich) D: Achim Hammer, Peter Graf, Jörg Coray, Ingrid Steeger
Ein triefnasiges Musketier-Quartett zieht saufend & zockend durch die Lande und begegnet einer wollüstigen Gräfin und einigen Bauerntrampeln. Stinklangweiliger Sexfilm, dem es an Sex und einer Story mangelt.

Sex-Saison in Las Vegas S529
*
BRD 1982, 90 Min., F
R: Mike Hunter D: Annette Haven, Richard Pacheco, Lisa De Leeuw
Agentin sucht einen irren Killer, der zwei Frauen auf dem Gewissen hat, und stößt auf eine Sex-Kommune und die ständig erhitzten In-spe-Opfer des Tückebolds. Softversion eines Pornos, der zwar gynäkologische Aufnahmen, aber keine spannende Handlung bietet.

Das Sexabitur S530
*
BRD 1981, 80 Min., F
R: Kenneth Howard D: Mario Pollak, Carola Reyen, Peter Steiner
Schülerinnen, deren Abitur auf der Kippe steht, becircen den Lehrkörper mit den Waffen der Frau. Softporno.

Das Sexabitur: Liebe in Blue Jeans S531
*
BRD 1978, 96 Min., F
R: Kenneth Howard D: Ginny Noack, Irene Falke, Mario Pollak
Mehr sex- als bildungsinteressierte Schülerin schickt Mama zur Schule, damit sie den Klassenlehrer und ihre Mitschüler verführt. Eintöniger Sex- und Stellungsfilm.

Sexgrüße aus dem Lederhöschen S532
*
BRD 1974, 80 Min., F
R: Jürgen Enz D: Mascha Sieger, Sabine Lübcke, Birgit Bergen
Tagebuch eines verstorbenen Bürgermeisters sorgt für Aufregung in einer bayrischen Gemeinde. Wippende Brüste, wackelnde Popos und schon wirklich saudumme Witze.

Die Sexklinik S533
SERRE MOI DANS TES BRASSES **
Frankreich 1973, 83 Min., F
R: Jean Levitte D: Jean-Michel Dhermay, Monique Vita, Anne Libert
Französisches Ehepaar, dem der Sex zum täglichen Einerlei wird, bildet sich in einer »Sexklinik«, auf daß die Zukunft orgiastischer werde. Schön gefilmt und unterhaltsam, aber in keiner Weise glaubwürdig.

Die Sexmaschine S534
CONVIENE FAR BENE L'AMORE **
Italien 1975, 84 Min., F
R: Pasquale Festa Campanile
D: Luigi Proietti, Agostina Belli, Eleonora Giorgi, Christian De Sica
Nachdem Professor Coppula (!) erkannt hat, daß menschliche Körper beim Liebesakt Energie produzieren, muß man in Rom eifrig kopulieren, denn die Energievorräte der Welt sind total erschöpft. Flotte Sexklamotte.

Sexmission S535
SEKSMISJA ****
Polen 1983, 120 Min., F
R: Juliusz Machulski D: Olgierd Lukaszewicz, Jerzy Stuhr, Bozena Stryjkowna, Boguslawa Pawelec
Zwei Kälteschläfer erwachen 2044 in einer reinen Frauengesellschaft und stellen fest, daß Männer nicht mehr gebraucht werden. Als man plant, aus den Buben Mädels zu machen, bereiten sie ihre Flucht vor. Ein origineller SF-Sexer aus Polen – mit Pointe!

Sexpuppen aus Fernost S536
**
BRD 1977, 75 Min., F
R: Alain Payet D: Karine Gambier, Corelli Lancaster, Marie Therese
Deutscher Jungmann fliegt nach Bangkok, um sich von den dort ansässigen Mädchen die Unschuld nehmen zu lassen. Die eindeutigere Fassung dieses Sexfilms nennt sich *Bangkok*-Porno.

Die Sexreise der O S537
THE JOURNEY OF O *
USA 1976, 80 Min., F
R: C.F. Kennedy D: Vanessa Jorson, Marilyn Berg, Georgina Spelvin
Ophelia, eine frustrierte Hausfrau, trennt sich von ihrem Gatten, läßt sich in oralen Sexpraktiken schulen und kehrt am Ende zu ihm zurück. Der Film basiert auf Motiven des Romans *Die Geschichte der O.*

Der Sexte Sinn S538
***
BRD 1986, 90 Min., F
R: Lothar Lambert, Dagmar Beiersdorf D: Ingolf Gorges, Albert Hins

Lowest-Budget-Komödie um ein Brüderpaar, der eine ein Playboy, der andere ein Muttersöhnchen. Cineastischer Minimalismus mit dem typisch lakonisch-urbanen Lambert/Beiersdorf-Touch.

Sextette S539
SEXTETTE **
USA 1977, 89 Min., F
R: Ken Hughes D: Mae West, Dom DeLuise, Tony Curtis
Aberwitzige Verfilmung eines seinerzeit ausgesprochen skandalösen Theaterstücks von Mae West um eine Film-Diva und ihre Männer und Ex-Männer. Auf der Haben-Seite des Unternehmens ist jedenfalls die Besetzung.

Sexual-Terror der entfesselten Vampire S540 **
LE FRISSON DES VAMPIRES
Frankreich 1970, 79 Min., F
R: Jean Rollin D: Sandra Jullien, Jean-Marie Durant, Michel Delahaye
Ein junges Ehepaar trifft auf der Hochzeitreise in einem Schloß auf zwei Vampire und deren Geliebte und erlebt eine phantastische Nacht. Origineller Billig-Vampirfilm mit toller Kameraarbeit und Sex-Einlagen.

Shadow of China S541
SHADOW OF CHINA ***
Japan/USA 1990, 94 Min., s/w
R: Mitsuo Yanagimachi D: John Lone, Koichi Sato, Sammi Davis
Im China der Kulturrevolution werden der junge Rotgardist Wu und seine Freundin Moo voneinander getrennt. Jahre später treffen sie sich in Hongkong wieder, er ist mittlerweile ein erfolgreicher Banker, sie eine wenig erfolgreiche Sängerin. Stilisiertes Liebesdrama im Stil alter Hollywood-Melodramen.

Shadowlands S542
SHADOWLANDS ****
Knochenkrebs stirbt. Großes Gefühlskino. HFJ 1995

Shaft S543
SHAFT ***
USA 1970, 100 Min., F
R: Gordon Parks D: Richard Roundtree, Moses Gunn, Charles Cioffi
Nach Ernest Tidymans Roman (und Drehbuch) erschaffene Figur des schwarzen Privatdetektivs John Shaft, der eine Entführung aufklärt und dabei die Mafia ausschaltet. Der schwarze Supermann hatte weltweiten Erfolg und erlebte weitere Abenteuer in *Liebesgrüße aus Pistolen* und *Shaft in Afrika.*

Shakespeare in Love S544
SHAKESPEARE IN LOVE ****
USA 1998, 123 Min., F
R: John Madden D: Joseph Fiennes, Gwyneth Paltrow, Geoffrey Rush
Oscarüberschüttete fiktive Komödie über den Größten aller Dichter, den eine schöne Muße von einer Schreibhemmung befreit und auf die Idee zu »Romeo und Julia« bringt. Stimmungsvoll-intelligentes Meisterwerk mit massenhaft Zitaten aus seinen Werken. HFJ 2000

Die Shakespeare-Truppe S545
SHAKESPEARE-WALLAH ****
Indien/USA 1965, 108 Min., s/w
R: James Ivory D: Felicity Kendal, Shashi Kapoor, Madhur Jaffrey
Eine englische Schauspielerfamilie zieht mit Shakespeare-Stücken durch Indien, muß aber erfahren, daß eine Gesellschaft im Wandel sich immer weniger dafür interessiert.

Shall We Dance S546
SHALL WE DANCE ***
Japan 1996, 135 Min., F
R: Masayuki Suo D: Koji Yakusho, Tamiyo Kusaraki, Naoto Takenaka
Fasziniert vom melancholischen Ge-

Shalom General S547
****
Österreich 1989, 100 Min., F
R: Andreas Gruber D: Rainer Egger, Dieter Naumann, Susanne Geyer
Ein Zivildienstleistender in einem Pflegeheim führt mit einem gelähmten Wehrmachtoffizier einen verbissenen Kleinkrieg, in dem ihre völlig unterschiedlichen Lebensauffassungen aufeinanderprallen. Im Laufe der Zeit entwickeln beide ein Verständnis füreinander. HFJ 1991

Shampoo S548
SHAMPOO ****
USA 1974, 110 Min., F
R: Hal Ashby D: Warren Beatty, Goldie Hawn, Julie Christie, Jack Warden
Friseur, der von Hollywoods heißen Hasen nicht lassen kann, verscherzt sich die Gunst seiner Braut und des Mannes, der ihm den Sprung in die Selbständigkeit finanzieren will. Gelungene Sexkomödie mit tragischem Ausgang.

Shanghai Serenade S549
SHANGHAI TRIAD ***
China 1995, 109 Min., F
R: Zhang Yimou D: Gong Li, Li Bao Tian, Liu Shu
Eine einflußreiche Cabaretsängerin löst im Drogenmilieu im Shanghai der 20er Jahre erbitterte Rivalitätskriege zwischen zwei Opiumhändlern aus. Chinesisches Melodram nach dem Strickmuster des amerikanischen Gangsterfilms. HFJ 1996

Shanghai-Express S550
SHANGHAI-EXPRESS ****
USA 1932, 77 Min., s/w
R: Josef von Sternberg D: Marlene Dietrich, Clive Brook, Anna May Wong
Auf einer Zugreise von Peking nach Shanghai gerät eine Gruppe von Passagieren in die Gewalt von Bürgerkriegsrebellen, die das Leben eines engli-

Die Dietrich als Shanghai-Lily.

Sharky und seine Profis S551
SHARKY'S MACHINE ***
USA 1981, 122 Min., F
R: Burt Reynolds D: Burt Reynolds, Vittorio Gassman, Brian Keith, Rachel Ward, Henry Silva
Unterhaltsamer Action-Krimi um einen Cop, der ins Sittendezernat versetzt wird und dort mit den korrupten Machenschaften von Polizei und Politik gründlich aufräumt. Rachel Ward sorgt für die dazugehörige Prise Sex in diesem typischen Genre-Film.

S.H.E. S552
S.H.E. **
USA 1979, 89 Min., F
R: Robert Lewis D: Cornelia Sharpe, Omar Sharif, Robert Lansing
Großkapitalist will mit einer Mikrobe, die Erdöl zersetzt, die Welt erpressen, doch eine Superagentin bereitet seinen finsteren Plänen mit allerlei utopischen Gadgets ein Ende. LSFF

SHE … eine verrückte Reise in die Zukunft S553 *
SHE
USA 1983, 93 Min., F
R: Avi Nesher D: Sandahl Bergman, Harrison Muller, Gordon Mitchell, David Goss
In einer zukünftigen barbarischen Ära tun sich zwei Muskelprotze mit einem wackeren Schwertschwingermädchen zusammen und prügeln sich mit Mumien, Nazis und Vampiren. Schale Kost, auch für die, die sowas lieben.

Sheena – Königin des Dschungels S554 **
SHEENA
USA 1984, 117 Min., F
R: John Guillermin D: Tanya Roberts, Ted Wass, Donovan Scott
Blonde Amerikanerin wächst nach dem Tod der Eltern im afrikanischen Busch auf und kriegt Ärger mit einem bösen schwarzen Prinzen, der ihren Stamm vertreiben will – da er auf einem Erzvorkommen sitzt. Ein Filmchen, das so zweidimensional ist wie der Comic, auf dem er basiert.

She's the One S555
SHE'S THE ONE ****
USA 1996, 96 Min., F
R: Edward Burns D: John Mahoney, Edward Burns, Jennifer Aniston, Cameron Diaz
Der nach *Kleine Sünden unter Brüdern* zweite Film des Multitalents Edward Burns handelt wieder von irischen Brüdern in New York und den Turbulenzen, die die Liebe für sie so mit sich bringt. Ein witzig-intelligentes Vergnügen voll amüsanter Wort-Witz-Dialoge, eine Romantikkomödie vom Feinsten. HFJ 1997

Sheila S556
THE LAST OF SHEILA **
USA 1972, 119 Min., F
R: Herbert Ross D: Richard Benjamin, Dyan Cannon, James Coburn
Ein Whodunit nach einem Drehbuch von Anthony Perkins, das dem Schema der 10 kleinen Negerlein gehorcht. Verwirrende Story aus dem Filmmilieu unter konfuser Regie.

Sheridan schlägt zurück S557
TENENTE SHERIDAN **
Italien 1960, 94 Min., F
R: Giorgio Bianchi D: Ubaldo Lay, Erino Locatelli, Carlo Alighiero
Eine zu Unrecht des Mordes verurteilte Frau erinnert sich in der Todeszelle an die unselige Verkettung der Umstände, die zu ihrer Verdächtigung führte, an der Entführung und Ermordung eines Industriellensohnes beteiligt gewesen zu sein. Ein Polizeibeamter kämpft um Beweise für ihre Unschuld.

Der Sheriff S558
I WALK THE LINE ****
USA 1970, 95 Min., F
R: John Frankenheimer D: Gregory Peck, Tuesday Weld, Estelle Parsons
Alternder Sheriff verliebt sich in die Tochter eines Schwarzbrenners – und das hat beruflich und privat fatale Folgen. Melancholisches Country-Drama mit zwei exzellenten Hauptdarstellern und fünf Songs von Johnny Cash.

Sheriff Brown räumt auf S559
THE BADGE OF MARSHAL BRENNAN **
USA 1957, 76 Min., s/w
R: Albert C. Gannaway D: Jim Davis, Arleen Whelan, Louis Jean Heydt
Flüchtiger Bandit nimmt halbtotem Marshal die Dienstmarke ab und tut in seinem Namen das, was der Titel verkündet. Aktionsreicher B-Western, mit dem als »Jock Ewing« in »Dallas« zu Ruhm gekommenen Jim Davis.

Sheriff wider Willen S560
THE SHERIFF OF FRACTURED JAW ****
GB 1958, 110 Min., F
R: Raoul Walsh D: Kenneth More, Jayne Mansfield, Henry Hull
Ein auf Etikette bedachter britischer Waffenhändler macht Karriere als Sheriff, wird zum Blutsbruder eines Indianerhäuptlings und zieht sich den Unwillen der Weißen zu. Eine Western-Komödie der feinen Art.

Sherlock Holmes S561
SHERLOCK HOLMES ***
CONAN DOYLE'S MASTER
USA 1932, 139 Min., s/w
R: William K. Howard D: Clive Brook, Reginald Owen, Ernest Torrence
Professor Moriarty, der »Napoleon des Verbrechens«, importiert eine Bande von Chicagoer Gangstern nach London. Meisterdetektiv Holmes und Dr. Watson stellen ihm ein Bein. Eher biederer Film nach einem Bühnenstück.

Sherlock Holmes' cleverer Bruder S562 ***
THE ADVENTURES OF SHERLOCK HOLMES' SMARTER BROTHER
USA 1975, 91 Min., F
R: Gene Wilder D: Gene Wilder, Madeline Kahn, Marty Feldman

Sherlock Holmes schiebt seinen jüngeren Bruder Sigerson vor, der von Regisseur und Autor Wilder selbst gespielt wird. Mißlungene Parodie auf den Meisterdetektiv.

Sherlock Holmes: Das Haus des Schreckens S563 ***
HOUSE OF FEAR
USA 1945, 70 Min., s/w
R: Roy William Neill D: Basil Rathbone, Nigel Bruce, Dick Alexander
Ein geheimnisvoller Mörder dezimiert Mitglieder eines Clubs, die sich »Die guten Kameraden« nennen. Krimi aus der Sherlock-Holmes-Serie mit Basil Rathbone. Interessant.

Sherlock Holmes: Das Spinnennest S564 ***
SPIDER WOMAN
USA 1944, 62 Min., s/w
R: Roy William Neill D: Basil Rathbone, Nigel Bruce, Gale Sondergaard
Mysteriöse Selbstmorde lassen Sherlock Holmes seinen eigenen Tod vortäuschen, um der verantwortlichen Möderbande auf die Spur zu kommen. Darstellerisch überzeugender Film der amerikanischen Sherlock-Holmes-Serie mit Basil Rathbone aus den vierziger Jahren.

Sherlock Holmes: Die Frau in Grün S565 **
WOMAN IN GREEN
USA 1945, 68 Min., s/w
R: Roy William Neill D: Basil Rathbone, Nigel Bruce, Hillary Brooke
Ein weiteres Mal stirbt Prof. Moriarty, der Erzfeind von Sherlock Holmes, der ihn als Drahtzieher einer Mordserie entlarvt.

Sherlock Holmes: Die Kralle S566 ***
THE SCARLET CLAW
USA 1944, 74 Min., s/w
R: Roy William Neill D: Basil Rath-

Sherlock Holmes: Die Perle der Borgia S567 **
THE PEARL OF DEATH
USA 1944, 69 Min., s/w
R: Roy William Neill D: Basil Rathbone, Nigel Bruce, Evelyn Ankers
Vor seinen Augen werden die Borgia-Perlen gestohlen. Um sich zu rehabilitieren, löst Sherlock Holmes den dreisten Raub. Die kriminalistischen Elemente weichen hier dem »gothic horror«.

Sherlock Holmes: Gefährliche Mission S568 **
PURSUIT TO ALGIERS
USA 1945, 65 Min., s/w
R: Roy William Neill D: Basil Rathbone, Nigel Bruce, Marjorie Riordan
Mit einem genialen Trick schafft Holmes einen gefährdeten Prinzen in seine Heimat Algerien. Schwächeres Beispiel der Holmes-Serie aus den vierziger Jahren.

Sherlock Holmes' gefährlichster Auftrag S569 **
SHERLOCK HOLMES IN WASHINGTON
USA 1943, 71 Min., s/w
R: Roy William Neill D: Basil Rathbone, Nigel Bruce, Marjorie Lord
Sherlock Holmes kämpft gegen Nazi-Spione in Washington. Originelle Variante der Holmes-Serie, deren spätere Beispiele in der Gegenwart spielten, aber dennoch den »gothic horror« goutierten.

Sherlock Holmes: Gespenster im Schloß S570 **
SHERLOCK HOLMES FACES DEATH
USA 1943, 68 Min., s/w
R: Roy William Neill D: Basil Rathbone, Nigel Bruce, Dennis Hoey
Mordserie in einem Heim für ehemalige Offiziere. Als einer der wenigen der

Sherlock Holmes' größter Fall S571 ***
A STUDY IN TERROR
GB 1965, 92 Min., F
R: James Hill D: John Neville, Donald Houston, John Fraser
Sherlock Holmes entlarvt einen Lord als den Massenmörder Jack the Ripper. Eine vergnügliche, leicht selbstironische Holmes-Verfilmung mit ausgezeichneten Darstellern. Produziert von einer Firma der Doyle-Erben, die auch an Wilders *Das Privatleben des Sherlock Holmes* beteiligt war.

Sherlock Holmes in geheimer Mission S572 ***
TERROR BY NIGHT
USA 1946, 60 Min., s/w
R: Roy William Neill D: Basil Rathbone, Nigel Bruce, Alan Mowbray
Holmes jagt Juwelenräuber. Der vorletzte Film der amerikanischen Holmes-Reihe hat ein gut konstruiertes Drehbuch und solide darstellerische Leistungen.

Sherlock Holmes in New York S573 ***
SHERLOCK HOLMES IN NEW YORK
USA 1976, 104 Min., F
R: Boris Sagal D: Roger Moore, Charlotte Rampling, John Huston
Sherlock Holmes kann verhindern, daß sein Erzfeind Professor Moriarty einen gigantischen Goldraub ausführt. US-amerikanischer Fernsehfilm von durchweg unterhaltender und witziger Machart.

Sherlock Holmes: Jagd auf Spieldosen S574 **
DRESSED TO KILL
SHERLOCK HOLMES AND THE SECRET CODE
USA 1946, 69 Min., s/w
R: Roy William Neill D: Basil Rathbone, Nigel Bruce, Edmund

Sherlock Holmes und das Halsband des Todes S575
***
BRD 1962, 85 Min., s/w
R: Terence Fisher, Frank Winterstein
D: Christopher Lee, Thorley Walters, Senta Berger, Hans Söhnker
Ein etwas bizarrer Auftritt von Christopher Lee, der als Sherlock Holmes vergeblich den genialen Erzfeind Professor Moriarty jagt. Atze Brauner produzierte diese Mischung aus Kriminal- und Horrorfilm.

Sherlock Junior
siehe: Buster Keaton: Sherlock Junior

She's Gotta Have It S576
SHE'S GOTTA HAVE IT ****
USA 1986, 84 Min., s/w
R: Spike Lee D: Tracy Camila Johns, Tommy Redmond Hicks, Spike Lee
Debütfilm Spike Lees, mit dem er sich als Vorreiter des schwarzen Independent-Kinos der 80er Jahre etablierte. Die attraktive und selbstbewußte Nola wird von drei Männern umworben, mit denen sie wechselweise ins Bett geht und so auf ihre Kosten kommt. Spritzig-freche Komödie, die sich wohltuend vom glatten Hollywood-Kino abhebt. HFJ 1988

Shine – Der Weg ins Licht S577
SHINE ****
Australien/GB 1996, 105 Min., F
R: Scott Hicks D: Armin Mueller-Stahl, Geoffrey Rush, Lynn Redgrave
Die wahre Geschichte des Pianisten David Helfgott, der vom Vater zur Karriere genötigt wird, dann aber ausbricht und nach seinem ersten musikalischen Erfolg in der Psychiatrie landet. Faszinierende Biographie voller Tiefsinn über einen verzweifelten Menschen und seine Liebe zur Musik. Tragisch, aber ohne Pathos. HFJ 1998

Shining S578
THE SHINING ****
GB 1979, 119 Min., F
R: Stanley Kubrick D: Jack Nicholson, Shelley Duvall, Danny Lloyd
Psychisch instabiler Schriftsteller überwintert mit seiner Familie in einem alten, einsamen Hotel, in dem ein fürchterliches Geheimnis steckt. Ein alter Schwarzer und der kleine Danny sehen Schlimmes voraus. Unheimlicher Horrorfilm nach dem Roman von Stephen King.

Shirins Hochzeit S579
***
BRD 1975, 120 Min., F
R: Helma Sanders D: Ayten Erten, Jürgen Prochnow, Aras Oren
Als sie an einen Großgrundbesitzer »verkauft« werden soll, flieht Shirin aus der Türkei nach Deutschland und sucht ihren Verlobten. Sie lebt in einem Wohnheim, arbeitet in der Fabrik und gerät nach ihrer Entlassung an einen Zuhälter.

›Shining‹ – It's Jack! In der perfekten Regie von Stanley Kubrick.

Shirley Temple Story S580
SHIRLEY TEMPLE STORY ***
Spanien 1976, 126 Min., s/w
R: Antoni Padros D: Rosa Morata, Dolores Doucastella, Monse Fontova
In Begleitung der Damen Pit, Pot und Put macht sich Shirley Temple auf den Weg ins Land »Esmeraldo«, um den Zauberer von Oz zu treffen. Drei Revolutionäre brechen jedoch in ihren Film ein, um ihre eigene Geschichte zu erzählen.

Shoah S581
SHOAH *****
Frankreich 1974-85, 274/292 Min., F und s/w
R: Claude Lanzmann
Zweiteilige Dokumentation über die systematische Verfolgung der osteuropäischen Juden durch die Nazis. Der Film zeigt kein historisches Material, sondern die Reaktionen von Überlebenden, die bis an die Grenze des Erträglichen zu dem befragt werden, was auf den Transporten und in den Todesfabriken des »Dritten Reiches« sich abgespielt hat. Pflicht-Doku. HFJ 1987

Shock Corridor S582
SHOCK CORRIDOR ****
USA 1963, 88 Min., s/w
R: Samuel Fuller D: Peter Breck, Constance Towers, Gene Evans
Ein Journalist läßt sich als vorgeblich Geistesgestörter in eine Nervenheilanstalt einliefern, um einen Mord zu klären und verfällt dabei selbst dem Wahn. Ein wahres Juwel unter Sam Fullers harten B-Filmen.

Shock Treatment S583
SHOCK TREATMENT ***
GB 1981, 95 Min., F
R: Jim Sharman D: Jessica Harper, Cliff de Young, Richard O'Brien
Rock-Musical über die Macht der Medien, mit der die Rocky Horror Picture Show-Truppe (Buch und Musik: Richard »Riff Raff« O'Brien) nicht an den früheren Erfolg anknüpfen konnte, obwohl der Film durchaus seine Qualitäten hat.

Shock Waves – Die aus der Tiefe kamen S584 **

SHOCK WAVES

USA 1976, 85 Min., F

R: Ken Wiederhorn D: John Carradine, Peter Cushing, Brooke Adams

Schiffbrüchige stoßen auf einer Insel in der Karibik auf einen alten Nazi und schrumplige Androiden aus den SS-Labors, die unter ihnen ein Massaker veranstalten. Nette Idee, in der Ausführung ein Rohrkrepierer.

Shoot the Moon S585

SHOOT THE MOON ***

USA 1981, 124 Min., F

R: Alan Parker D: Diane Keaton, Albert Finney, Karen Allen

Nach fünfzehn Jahren Ehe trennt sich ein Paar. Während sie neues Selbstbewußtsein erlangt, zerbricht er seelisch. Durch phantastische Schauspielerleistungen ausgesprochen authentisch wirkendes Psychodrama.

Shooting Fish S586

SHOOTING FISH ***

GB 1997, 113 Min., F

R: Stefan Schwartz D: Stuart Townsend, Dan Futterman, Kate Beckinsale

Gewiefter Ami und britischer Bastler erleichtern als Gauner-Duo Londons Bürger. Als ein hübsches Mädchen zu den beiden stößt, gibt's nicht nur romantische Komplikationen. Leichtgängige Komödie mit Pfiff, die sich gegen Ende selber ein Bein stellt. HFJ 1998

The Shootist – Der Scharfschütze S587 ****

THE SHOOTIST

USA 1976, 100 Min., F

R: Don Siegel D: John Wayne, Lauren Bacall, James Stewart

Berühmter Revolvermann, an Krebs erkrankt, will in Frieden sterben, doch da die Verhältnisse nicht so sind, inszeniert er seinen Abgang auf geniale Weise. Nach diesem Film muß man

D: Kelli Maroney, Tony O'Dell, John Terlesky

Durchgedrehte Wachroboter jagen eine Gruppe von Teenies nachts in einem mehrstöckigen Warenhaus. Eintöniges Filmchen der Marke »Verfolgungsjagd macht sich immer gut und braucht auch kein Drehbuch«. HFJ 1989

Shopping S589

SHOPPING **

GB 1994, 107 Min., F

R: Paul Anderson D: Sadie Frost, Jude Law, Sean Pertwee

Drei junge Typen vergnügen sich damit, Luxuskarossen zu klauen und dann in Schaufenster zu jagen. Ein Sozialdrama über orientierungslose Jugendliche, die ihre Wut und ihren Frust in der Lust an sinnloser Zerstörung ausleben. HFJ 1995

Short Cuts S590

SHORT CUTS *****

USA 1993, 188 Min., F

R: Robert Altman D: Andie MacDowell, Bruce Davidson, Julianne Moore

Wie einst in *Nashville* verknüpft Altman hier auf meisterhafte Weise die Schicksale/Erlebnisse von mehr als 20 Hauptfiguren: Alltägliche Katastrophen aus dem Großraum Los Angeles, frei nach Gedichten von Raymond Carver.

Showgirls S591

SHOWGIRLS **

USA 1995, 131 Min., F

R: Paul Verhoeven D: Elizabeth Berkley, Kyle MacLachlan, Gina Gershon

Ein ehrgeiziges Mädel will in der Glitzerwelt von Las Vegas nach oben kommen, sich nicht mehr in billigen Bars zur Schau stellen, sondern als Revuestar Millionen kassieren. Skrupellos verfolgt sie ihr Ziel, scheut auch vor miesen Methoden nicht zurück. Der Film bietet jede Menge nackter Tatsachen in allen Variationen, aber mit Erotik hat das nichts zu tun. »Tits and ass« zum Abwinken, das lockt 1996 selbst den müdesten Opa nicht mehr hinter dem Ofen hervor. HFJ 1997

Showtime – Hilfe, meine Mutter ist ein Star S592 ***

THIS IS MY LIFE

USA 1992, 90 Min., F

R: Nora Ephron

D: Julie Kavner, Samantha Mathis, Gaby Hoffmann

Dottie arbeitet in der Kosmetikabteilung eines Kaufhauses und lebt mit ihren Teenager-Töchtern in einem Reihenhaus in Queens. Sie träumt, zum Erstaunen ihrer Umwelt, von einer Karriere als Komikerin, und als sie nach dem Tod einer Tante genug Geld erbt, legt sie los. HFJ 1994

Zwei unter zweiundzwanzig Hauptfiguren: Lily Tomlin und Tom Waits in ›Short Cuts‹.

Sibiriade S593
SIBIRJADA ****
UdSSR 1978, 210 Min., F
R: Andrej Michalkow-Kontschalowski
D: Wladimir Samoilow, Wital Solomin, Mischa Baburow
Erzählt wird die Geschichte zweier sibirischer Familien über drei Generationen hinweg vom Ersten Weltkrieg bis hin zur Gegenwart. Vor dem historischen Hintergrund der Suche nach Öl in Sibirien beleuchtet der Film die Entwicklung der UdSSR. Glänzend inszeniertes Epos mit eindrucksvollen Bildern.

Sidewalk Stories S594
SIDEWALK STORIES ****
USA 1989, 97 Min., s/w
R: Charles Lane D: Charles Lane, Nicole Alysia, Sandye Wilson
Ein junger New Yorker Straßenmaler nimmt sich eines auf der Straße in einem Kinderwagen zurückgelassenen Mädchens an. In seiner rührenden Sorge um die Kleine findet er für kurze Zeit ein wenig Lebensglück. Außerordentliches Debüt Lanes, der mit diesem humorvoll-traurigen Film, der ohne Dialog auskommt, ein zeitloses Werk von tief empfundener Menschlichkeit geschaffen hat. HFJ 1991

Sie haben alle gelacht S595
THEY ALL LAUGHED ***
USA 1981, 115 Min., F
R: Peter Bogdanovich D: Audrey Hepburn, Ben Gazzara, John Ritter
Ein wunderbar fröhlich-melancholisches Werk über die Beschäftigten einer Detektei, die sich allesamt in ihre Beschattungsopfer verlieben. Atmospärisch zurückhaltend inszeniert, glänzt der Film vor allem durch die stille Heiterkeit der Schauspieler. Ein weitgehend unterschätzter Film.

Sie kamen nach Cordura S596
THEY CAME TO CORDURA ***
USA 1959, 109 Min., F
R: Robert Rossen D: Gary Cooper, Rita Hayworth, Van Heflin, Tab Hunter
Wegen Feigheit degradierter Offizier soll fünf angebliche Helden und eine Spionin durch einen gefährlichen Landstrich begleiten und entpuppt sich unterwegs als wahrer Mann. Die Helden hingegen sind feige. Solider Western.

Sie kamen von jenseits des Weltraums S597
THE CAME FROM BEYOND SPACE **
GB 1967, 85 Min., F
R: Freddie Francis D: Robert Hutton, Jennifer Jayne, Zia Mohyeddin
Hypnosestrahlen aussendende UFOs entführen Menschen auf den Mond, damit sie ein dort notgelandetes Mutterschiff reparieren. LTU-Piloten im afrikanischen Busch würden das sicher auch so machen. LSFF

Sie küßten und sie schlugen ihn S598
LES 400 COUPS ****
Frankreich 1958, 97 Min., s/w
R: François Truffaut D: Jean-Pierre Léaud, Albert Rémy, Claire Maurier
Autobiographischer Film über das Leben eines mißverstandenen Jungen, der in ein Heim eingewiesen wird. Eine Anklage gegen Fehlentwicklungen in der Erziehung.

Sie leben S599
THEY LIVE ***
USA 1988, 94 Min., F
R: John Carpenter D: Roddy Piper, Keith David, Meg Foster
Ein Wanderarbeiter entdeckt mit Hilfe einer Spezialbrille, daß Aliens die Menschen mit Hypnostrahlen behandeln und ausbeuten. Sein Amoklauf steckt andere an, den häßlichen Fremden geht es an den Kragen. HFJ 1990

Sie nannten ihn Amigo S600
***
DDR 1958, 65 Min., s/w
R: Heiner Carow D: Ernst-Georg Schwill, Angelika Hurwicz, Wilhelm Koch-Hooge
Eine Gruppe von Kindern hilft kurz vor Ausbruch des Zweiten Weltkriegs einem entflohenen Sträfling. In der Exportversion des Films fehlt der Hinweis, der den Helden in seinem Lebenslauf als Angehörigen der »Nationalen Volksarmee« darstellt.

Sie nannten ihn Knochenbrecher S601
DRUNKEN MASTER ***
Hongkong 1978, 89 Min., F
R: Yuen Woo Ping D: Jackie Chan, Yuen Hsiao Tien, Wang Chiang
Kung Fu-Eastern, der sein Metier nicht so ernst nimmt. Um ein Meister des Kampfes zu werden, muß der junge Schüler des »Knochenbrechers« zuerst das Trinken lernen, denn nur im Rausch beherrscht er die Techniken der acht trunkenen Meister. Eine Eulenspiegelei ohne höheren Anspruch, aber mit recht präzise gezeigten Kämpfen.

Sie pfiff, und die Kerle kuschten S602
THE CHALLENGE **
GB 1959, 92 Min., s/w
R: John Gilling D: Jayne Mansfield, Anthony Quayle, Carl Möhner
Um an die Beute eines im Gefängnis sitzenden Bankräubers zu gelangen, entführt ein Gangsterliebchen mit Hilfe einiger Kerle dessen Sohn. Zweitklassiges Gangstermelodram.

Sie sind frei, Dr. Korczak S603
THE MARTYR ***
Israel/BRD 1973, 99 Min., F
R: Aleksander Ford D: Leo Genn, Orna Porat, Efrat Lavi, Chad Kaplan
Der Kampf des Arztes und Pädagogen Janusz Korczak um das Leben der ihm anvertrauten Waisenkinder im Warschauer Ghetto des Jahres 1942, der mit seinem freiwilligen Gang in KZ und Tod endet.

Sie sind verdammt S604
THE DAMNED ****
GB 1962, 95 Min., s/w
R: Joseph Losey D: Macdonald Carey, Shirley Ann Field, Oliver Reed
Ein Tourist entdeckt in England eine hermetisch abgeriegelte Zone, in der radioaktiv verseuchte Kinder leben, die der Menschheit nach dem Atomkrieg einen Neuanfang ermöglichen sollen. Finsterer Science-fiction-Thriller nach dem Roman von H. L. Lawrence. LSFF

Sie stand solange im Scheinwerferlicht S605 ***

ELLE A PASSE TANT D'HEURES SOUS LES SUNLIGHTS

Frankreich 1984, 130 Min., s/w
R: Philippe Garrel D: Anne Wiazemsky, Lou Castel, Jacques Bonaffe
Ein Film über die Dreharbeiten an einem Film, der schließlich nicht fertiggestellt werden kann. Garrel selbst greift als Regisseur in seinem Film ein, er diskutiert vor der Kamera mit den Schauspielern und zeigt Wichtiges und Nebensächliches. Etwas narzistisch.

Sie tanzte nur einen Sommer S606 ***

HON DANSADE EN SOMMAR

Schweden 1951, 95 Min., s/w
R: Arne Mattson D: Ulla Jacobsson, Folke Sundquist, Edvin Adolphson
Pfarrer, der Tänze für lasterhaft hält, hintertreibt die Liebe eines Studenten zu einem Bauernmädchen. Frühes Erotikdrama, das wegen einer kurzen Nacktszene Skandale entfachte und so zum Kassenhit mutierte, heute aber brav und angestaubt wirkt.

Sie tötete in Ekstase S607 **

MRS. HYDE

BRD/Spanien 1970, 77 Min., F
R: Frank Hollmann D: Susann Korda, Fred Williams, Paul Müller
Gattin eines durch Suizid dahingeschiedenen Genetikers nimmt Rache an einer ÄrztInnen-Gruppe, die ihren Gatten in den Tod getrieben hat und muß ihren Opfern zuvor stets ihre Dessous vorführen. Ödes Sex und Totschlag-Epos.

Sie treffen sich, sie lieben sich und ihr Herz ist voll süßer Musik S608 ****

MENNESKER MODES OG SOD MUSIK OPSTAR I HJERTET

Dänemark/Schweden 1967, 89 Min., F
R: Henning Carlsen D: Harriet

Sie und Er S609 ****

KANAJO TO KARE

Japan 1963, 110 Min., s/w
R: Susumu Hani D: Sachiko Hidari, Eiji Okada, Kikuji Yamashita
Ein junges Ehepaar in einer Schlafstadt am Rande von Tokio. Als ein Barackenlager in Brand gerät, beginnt Naoko sich für das Schicksal der Armen zu Füßen der Hochhäuser zu interessieren. Aber ihre Vertreibung kann sie nicht verhindern.

Sie verkaufen den Tod S610 ***

UNA RAGIONE PER VIVERE, UNA RAGIONE PER MORIRE

It/Fr/BRD/Sp 1972, 96 Min., F
R: Tonino Valerii D: James Coburn, Bud Spencer, Telly Savalas
Ex-Offizier und Hühnerdieb führen im Sezessionskrieg ein militärisches Himmelfahrtskommando gegen ein Fort an und überleben als einzige. Rache ist mit im Spiel. Aktionsreiches Westernspektakel, in dem die Fetzen fliegen.

Sieben S611 *****

SEVEN

USA 1995, 125 Min., F
R: David Fincher D: Brad Pitt, Morgan Freeman, Gwyneth Paltrow
Ein alter, kurz vor der Pensionierung stehender Cop und sein junger Nachfolger jagen einen Serienkiller, der seine Opfer nach dem Schema der sieben Todsünden auf perfide Weise umbringt. Grandioser Thriller, der weniger Wert auf Spannung legt als auf die Kreation einer düsteren, apokalyptischen Großstadtvision. HFJ 1997

Die sieben besten Jahre S612 ***

CEMETARY CLUB

USA 1993, 102 Min., F
R: Bill Duke D: Ellen Burstyn, Olympia Dukakis, Diane Ladd
Drei lebenslustige Witwen in den Fünfzigern entdecken, wie aufregend das Leben sein kann. Komödie mit

Der Gauner Wilkins entwickelt einen cleveren Plan, um die Spielbank von Monte Carlo um Millionen zu prellen. Humorvolle Komödie über schwere Jungen und leichte Mädchen, die bei näherem Hinsehen ganz sympathisch sind. Joan Collins strippt!

Sieben Frauen S614 ***

BRD 1989, 85 Min., F
R: Rudolf Thome D: Johannes Herrschmann, Adriana Altaras, Elisabeth Zündel
Hans findet im Koffer seines verstorbenen Vaters ein Rätsel. Während er dem auf die Spur zu kommen versucht, lenken ihn die Nachbarinnen, Großmutter, Mutter und vier Töchter ab. Eine fünfte Tochter ist der Schlüssel zu dem Geheimnis. Poetisches Vexierspiel.

Die sieben Gladiatoren S615 **

I SETTE GLADIATORI

Italien/Spanien 1962, 92 Min., F
R: Pedro Lazaga D: Richard Harrison, Loredana Nusciak, Gérard Tichy
Sieben Gladiatoren aus Sparta tun sich zusammen, um ihr Land von einem tyrannischen Herrscher zu befreien. Aktionsreicher Monumentalfilm mit viel Schwertgefuchtel.

Die sieben glorreichen Gladiatoren S616 **

THE SEVEN MAGNIFICENT GLADIATORS

Italien 1983, 87 Min., F
R: Bruno Mattei D: Lou Ferrigno, Brad Harris, Sybil Danning
Sieben römische Muskelprotze treten in den Dienst eines Dorfes und retten es vor antiken Schurken – frei nach dem Muster der *glorreichen Sieben*. Später Sandalenfilm, der den Charme des geistig Armen ausstrahlt.

Sieben goldene Männer S617 ***

SETTE UOMINI D'ORO

Im Vordergrund: Takashi Shimura und Toshiro Mifune in ›Die sieben Samurai‹.

transportieren ihre Beute nach Italien. Durchschnittlicher Gaunerfilm mit einigen unverhofften Wendungen.

Die sieben goldenen Vampire S618
**

THE LEGEND OF THE SEVEN GOLDEN VAMPIRES

GB/Hongkong 1974, 88 Min., F
R: Roy Ward Baker D: Peter Cushing, David Chiang, Julie Ege
Der aus den Dracula-Filmen bekannte Vampirexperte Van Helsing stößt in China auf eine Blutsaugerhorde, die sein Erzfeind Dracula anführt. Standard-Horrorfilm mit hauptsächlich chinesischen Akteuren.

Sieben Jungfrauen für den Teufel S619
*

NUDE ... SI MUORE

Italien 1967, 98 Min., F
R: Anthony M. Dawson D: Mark Damon, Eleonor Bron, Michael Rennie
Ein psychopathischer Massenmörder sucht ein einsam gelegenes Mädchenpensionat heim. Gruselschocker mit den üblichen Effekten.

Die sieben Männer der Sumuru S620
**

RIO 70/SUMURU

Spanien/USA 1968, 84 Min., F
R: Jess Franco D: Shirley Eaton, Richard Wyler, George Sanders
Lesbische Amazonenkönigin möchte mit Hilfe ihr ergebener weiblicher Sturmtruppen die Weltherrschaft antreten, doch ein Agenten-Supermann ist ihr gewachsen. Poppiger Unsinn aus der Schnellküche Jess Francos.

Sieben Reiter der Rache S621
***

SEVEN ANGRY MEN

USA 1955, 90 Min., s/w
R: Charles Marquis Warren
D: Raymond Massey, Debra Paget, Jeffrey Hunter, Larry Pennell, Leo Gordon
Filmbiographie des Abolitionisten John Brown, der mit mehreren seiner Söhne unbarmherzig für die Sklavenbefreiung gekämpft hat. Ein anständiger Western.

Die sieben Samurai S622
*****

SHICHININ NO SAMURAI

Japan 1954, 159 Min., s/w
R: Akira Kurosawa D: Takashi Shimura, Toshiro Mifune, Seiji Miyaguchi, Keiko Tsushima
Sieben arbeitslose Samurai kommen den Bewohnern eines Dorfes zur Hilfe, die alljährlich von einer Banditenhorde heimgesucht werden. In einem aufopferungsvollen und selbstlosen Kampf gelingt es ihnen, einen erneuten Angriff abzuwehren. Perfekt inszenierter Film, der spannende Action und Aussage zu einer Einheit verbindet.

Sieben Schönheiten S623
****

PASQUALINO SETTEBELEZZE

Italien 1975, 116 Min., F
R: Lina Wertmüller D: Giancarlo Giannini, Fernando Rey, Shirley Stoler
Bizarre Geschichte vom Lebensweg eines Neapolitaners, der Irrenhaus und Konzentrationslager durch eine Mischung aus Männlichkeitswahn und Unterwürfigkeit überlebt.

Sieben Jahre in Tibet S624
***

SEVEN YEARS IN TIBET

USA 1997, 135 Min., F
R: Jean-Jacques Annaud D: Brad Pitt, David Thewlis, B. D. Wong
Dem egozentrischen Heinrich Harrer gelingt nach seiner Internierung während des Zweiten Weltkriegs im Himalaya die Flucht nach Tibet, wo er Lehrer des jungen Dalai Lama wird. Die Geschichte einer Selbstfindung und einer großen Freundschaft ist zwar gut erzählt, aber oberflächlich und leicht kitschig inszeniert. HFJ 1998

Sieben Stunden Angst S625
***

SEVEN HOURS TO JUDGEMENT

USA 1987, 85 Min., F
R: Beau Bridges D: Beau Bridges, Ron Leibman, Julianne Phillips
Ein Richter muß drei Raubmörder aus Mangel an Beweisen freisprechen. Der Ehemann der Ermordeten entführt die Frau des Richters und stellt ihm ein Ultimatum, das fehlende Indiz innerhalb von sieben Stunden zu finden. Einigermaßen spannend, brutal und unglaubwürdig. HFJ 1990

Sieben Tage im Mai S626
***

SEVEN DAYS IN MAY

USA 1963, 118 Min., s/w
R: John Frankenheimer D: Burt Lancaster, Kirk Douglas, Frederic March
Ein patriotischer Major verhindert im Jahr 1974 die Auslösung eines Atomkrieges zwischen den Supermächten, nachdem ein kriegstreiberischer Generalstabsoffizier einen Putschversuch gegen den US-Präsidenten unternommen hat. Unterhaltsamer Polit-Science-fiction, der die Gefahr einer nuklearen Katastrophe letztlich jedoch verharmlosend darstellt.

Die sieben Todsünden S627
LES SEPT PECHES CAPITAUX ****
Fr/It 1962, 111 Min., s/w
R: Sylvain Dhomme, Philippe De Broca, Jean-Luc Godard, Edouard Molinaro, Jacques Demy, Claude Chabrol D: Marie-José Nat, Eddie Constantine, Jean-Louis Trintignant, Marina Vlady
Sieben Kurzfilme, in deren Mittelpunkt jeweils eine der Todsünden steht und deren Stilmittel von der satirischen Komödie bis hin zum Essayfilm reichen. Nicht nur von filmhistorischem Interesse.

Sieben Tote hat die Woche S628
SYMPHONIE POUR UN MASSACRE ***
Fr/It 1963, 107 Min., s/w
R: Jacques Deray D: Michel Auclair, Charles Vanel, Claude Dauphin
Nach einem erfolgreich abgezogenen Kokaindeal legt ein Ganove aus purer Geldgier seine vier Komplizen um. Doch die Beute macht ihn nicht glücklich, denn die rachsüchtige Ehefrau eines seiner Opfer spürt ihn auf. Und auch sie kann mit einem Schießeisen umgehen. Ein harter und spannender Gangsterfilm mit talentierten Akteuren.

Sieben Tote in den Augen der Katze S629
**
BRD/It/Fr 1972, 90 Min., F
R: Anthony M. Dawson D: Jane Birkin, Doris Kunstmann, Hiram Keller
Über der Familie Dragoustouen lastet ein Fluch: Ermordete Familienmitglieder sollen als Vampire zurückkehren. Als die junge Corringa aus dem Internat heimkehrt, beginnt eine grauenhafte Mordserie. Zwischen Whodunit und Horror angesiedelter Eurotrash, den die guten Schauspieler ansehenswert machen.

Sieben Wege ins Verderben S630
SEVEN WAYS FROM SUNDOWN ***

Siebenfache Rache S631
LE SETTE SFIDE *
Italien 1960, 93 Min., F
R: Primo Zeglio D: Ed Fury, Roldano Lupi, Elaine Stewart, Bella Cortez
Kampf- und Intrigenspiel zwischen Mongolen, Tscherkessen und Kirgisen. Historisches Abenteuer mit wüsten Haudraufszenen und Grausamkeiten. Ein untalentierter Hauptdarsteller vergällt den Spaß vollends.

700 Meilen westwärts S632
BITE THE BULLET ****
USA 1975, 131 Min., F
R: Richard Brooks D: Gene Hackman, Candice Bergen, James Coburn
Abenteuer einer zusammengewürfelten Reitergruppe, die ein Rennen über 700 Meilen absolviert, um eine Belohnung zu verdienen. Abenteuerlicher Western in faszinierender Natur, menschliche Schicksale zuhauf.

Siebenmal lockt das Weib S633
WOMAN TIMES SEVEN ***
USA 1967, 99 Min., F
R: Vittorio de Sica D: Shirley MacLaine, Alan Arkin, Michael Caine
Erzählt werden in sieben Episoden Begebenheiten aus dem Leben von sieben Frauen in Paris, alle dargestellt von Shirley MacLaine. Unbeschwerter Film, der von seinem Star lebt.

Die siebente Geisel S634
PAN WOLODYJOWSKI ***
Polen 1969, 149 Min., F
R: Jerzy Hoffman D: Tadeusz Lomnicki, Magdalena Zawadzka, Jan Nowicki
Legende um den polnischen Nationalhelden des 17. Jahrhunderts. Aufwendig und machtvoll verfilmt.

Der Siebente ist dran S635
SEVEN MEN FROM NOW * ***
USA 1956, 77 Min., F
R: Budd Boetticher D: Randolph

Das siebente Siegel S636
DET SJUNDE INSEGLET ****
Schweden 1956, 92 Min., s/w
R: Ingmar Bergman D: Max von Sydow, Bibi Andersson, Gunnar Björnstrand
Die Geschichte eines Kreuzritters, der seine Heimat von der Pest verwüstet vorfindet. Bergmans bildgewaltige Allegorie kreist um Grundthemen menschlicher Existenz, um Liebe, Leid, Tod und der Suche nach Gott.

Die 27. Etage S637
MIRAGE ****
USA 1964, 109 Min., s/w
R: Edward Dmytryk D: Gregory Peck, Diane Baker, Walter Matthau
Spannender Psycho-Thriller um einen Wissenschaftler, der Zeuge eines Mordes wird und darüber sein Gedächtnis verliert. Raffinierter Spannungsaufbau.

Walter Matthau und Gregory Peck

Der 27. Tag S638
THE 27TH DAY **
USA 1957, 74 Min., s/w
R: William Asher D: Gene Barry, Valerie French, George Voskovec
Nach »Lebensraum« suchende Aliens präparieren fünf Menschen, die die Erde entvölkern sollen; am Ende trifft es nur die Roten. Politischer Hetzfilm, als SF getarnt. Nach dem Roman von John Mantley. LSFF

Das siebte Kreuz S639
THE SEVENTH CROSS ***
USA 1944, 105 Min., s/w
R: Fred Zinneman D: Spencer Tracy,

Die Siebtelbauern S640
****
Österreich 1997, 90 Min., F
R: Stefan Ruzowitzky D: Simon Schwarz, Sophie Rois, Tilo Prückner
Vielschichtige Mär um sieben Knechte und Mägde, die den Hof ihres ermordeten Herrn erben. Formal glänzend in Szene gesetzte Ballade zwischen Oper und Western. Ein kleines Meisterwerk voll kantiger Bilder und guter Darsteller. HFJ 1999

Der Sieger S641
THE QUIET MAN ****
USA 1952, 106 Min., F
R: John Ford D: John Wayne, Maureen O'Hara, Ward Bond
»Der Widerspenstigen Zähmung« auf irisch. Ein aus Amerika zurückgekommener Boxmeister verschafft sich dank seiner Fäuste bei den Iren gehörig Respekt und erobert sich so eine Frau. Immer noch ein unübertroffer Film.

Die Sieger S642
***
BRD 1994, 137 Min., F
R: Dominik Graf D: Herbert Knaup, Hansa Czypionka, Katja Flint
Der Angehörige eines Spezialeinsatzkommandos glaubt, bei der Jagd auf das organisierte Verbrechen seinen früheren, totgeglaubten Kollegen wiederzuerkennen. Der Verdacht wird zur Gewißheit, die Situation spitzt sich zu, Verräter sind in den eigenen Reihen. Mischung aus Beziehungsdrama, Action- und Politthriller, schwer verständlich in jeder Beziehung mit manchmal konfusen Handlungssträngen. Ambitioniert mißlungen.
HFJ 1995

Der Sieger von Samarkand S643
IL LADRO DI DAMASCO ***
Italien 1963, 87 Min., F
R: Mario Amendola D: Tony Russell, Feruccio Amendola, Luciana Gilli
Zwei orientalische Diebe schlagen sich nach der Entführung der Braut des einen auf die Seite der gegen römische Besatzer kämpfenden Rebellen und verhelfen ihrer Sache mit Witz und Schlagkraft zum Sieg.

Siegfried – Die Sage der Nibelungen S644
**
SIGFRIDO – LA LEGGENDA DI NIBELUNGHI
Italien 1957, 93 Min., F
R: Giacomo Gentilomo D: Sebastian Fischer, Katharina Mayberg, Rolf Tasna
Nacherzählung der Siegfriedsage in Form eines Billigfilms. Übersehenswert.

Die siegreichen Drei S645
SERGEANTS THREE ***
USA 1961, 114 Min., F
R: John Sturges D: Frank Sinatra, Dean Martin, Peter Lawford, Sammy Davis jr.
Ein schlagkräftiges Sergeantentrio der US-Kavallerie und ein Trompeter hauen den Wilden Westen zu Klump. Ulkiger Western, von dem sich Terence Hill und Bud Spencer eine Scheibe abschneiden können!

Die siegreichen Zehn S646
IL TRIONFO DEI DIECI **
Italien/Spanien 1964, 99 Min., F
R: Nick Nostro D: Dan Vadis, Helga Liné, Stanley Kent, Leontine May
Zehn Gladiatoren, die eine angeblich böse syrische Königin erledigen sollen, finden in dieser unverhofft eine Verbündete gegen politische Intriganten. Sandalenfilm simpler Machart.

Sierra Chariba S647
MAJOR DUNDEE ****
USA 1964, 134 Min., F
R: Sam Peckinpah D: Charlton Heston, Richard Harris, Jim Hutton
Im amerikanischen Sezessionskrieg tut sich Major Dundee, Chef eines Gefangenenlagers der Yankees, mit einem Südstaatler zusammen, um eine Strafexpedition gegen räuberische Apachen zu organisieren.

Siesta S648
SIESTA ***
USA 1986, 97 Min., F
R: Mary Lambert D: Ellen Barkin, Gabriel Byrne, Julian Sands
Verwirrender Thriller voller Werbeästhetik um eine Stuntfrau, die während des spanischen Siesta-Taumels in ein Eifersuchtsdrama verwickelt wird. Eine vertrackte Erzählstruktur und in sich verschachtelte Zeitebenen hinterlassen nur Ratlosigkeit. Dank Miles Davis Musik ein Film zum Hören.
HFJ 1989

Signale – Ein Weltraumabenteuer S649
**
DDR/Polen 1970, 91 Min., F
R: Gottfried Kolditz D: Piotr Pawlowski, Jewgeni Sharikow, Alfred Müller
Raumschiffbesatzung, die Meßsonden wartet, stößt auf verschollene Kollegen, die Funksignale fremder Intelligenzen aufgefangen haben. Auf Action verzichtender, eintöniger Film über den Alltag im All. LSFF

Der silberne Kelch S650
THE SILVER CHALICE **
USA 1954, 137 Min., F
R: Victor Saville D: Virginia Mayo, Jack Palance, Paul Newman
Ein Goldschmied soll den Silberkelch, aus dem Jesus beim letzten Abendmahl getrunken hat, mit einer Hülle versehen, doch Neros Schergen lassen ihn verschwinden. Bibelschinken, an dem bis zum letzten Statisten nur Chaoten mitgearbeitet haben. LFF

Silent Movie S651
SILENT MOVIE ****
USA 1976, 87 Min., F
R: Mel Brooks D: Marty Feldman, Mel Brooks, Dom DeLuise, Burt Reynolds, Anne Bancroft
Ein Regisseur versucht in modernen Zeiten einen Stummfilm zu drehen – doch alles hat sich gegen ihn verschworen. Rasanter Slapstickfilm, in dem nur ein Satz gesprochen wird. Für Freunde gehobenen Unsinns!

Silhouette – im Schatten des Todes S652
**
SILHOUETTE
USA 1991, 90 Min., F
R: Lloyd A. Simandl D: Tracy Scoggins, Brion James, Marc Singer
Um den Mord an einer Prostituierten aufzuklären, schlüpft eine junge Rechtsanwältin in deren Rolle und gerät in einen Strudel von Gewalt und Angst.

Silkwood S653

SILKWOOD ****

USA 1983, 131 Min., F

R: Mike Nichols D: Meryl Streep, Kurt Russell, Cher, Craig T. Nelson

Der nach einem authentischen Fall dargestellte Kampf einer Arbeiterin gegen die mangelnden Sicherheitsvorkehrungen in einer Plutoniumfabrik endet mit ihrem Tod unter ungeklärten Umständen. Sozialkritischer Spannungsreißer.

Silverado S654

SILVERADO ****

USA 1985, 133 Min., F

R: Lawrence Kasdan D: Kevin Kline, Scott Glenn, Kevin Costner, Danny Glover, Brian Dennehy

Vier Satteltramps tun sich zusammen, um im 19. Jahrhundert für das Wohlergehen des Westernstädtchens Silverado zu kämpfen. Ein ungeheuer unterhaltsamer Western. Aufregend, humorvoll und spannend. HFJ 1987

Silver City S655

SILVER CITY ***

USA 1951, 90 Min., F

R: Byron Haskin D: Edmond O'Brien, Yvonne de Carlo, Richard Arlen

Ein Mann mit zwielichtiger Vergangenheit steht einer Frau, die eine Silbermine gepachtet hat, gegen den gierigen Besitzer bei. Kein spektakulärer, aber ein ansehnlicher Western.

Simon, der Außerirdische S656

SIMON ***

USA 1980, 97 Min., F

R: Marshall Brickman D: Alan Arkin, Austin Pendleton, Judy Graubart

Fünf Wissenschaftler machen sich einen Spaß daraus, einen Psychologieprofessor so zu manipulieren, daß er glaubt, mit einem UFO auf die Erde gekommen zu sein, um die Mensch- [illegible] Satire des

›Silent Movie‹ – Die anderen Drei von der Tankstelle.

D: Robert Burke, Elina Loewensohn, Martin Donovan

Zwei Brüder auf der Suche nach ihrem verschwundenen Vater, der als Anarchist verfolgt wird, treffen auf zwei sehr verschiedene Frauen. Ein Film der Suche, lakonisch und doch rätselhaft. HFJ 1994

Das sind Kerle S658

MEN OF BOYS TOWN ***

USA 1941, 102 Min., s/w

R: Norman Taurog D: Spencer Tracy, Mickey Rooney, Bobs Watson

Ein Priester leitet mit großer Hingabe ein Jugenddorf. Als einer seiner Schützlinge in die Mühlen eines inhumanen Strafvollzugs gerät, ist der engagierte Geistliche sofort zur Stelle, und das zahlt sich auch für sein bedrohtes Lebenswerk aus.

Sindbad S659

SZINDBAD ****

Ungarn 1972, 98 Min., F

R: Zoltán Huszárik D: Zoltán Latinovits, Margit Dayka, Eva Ruttkai

Ein kalligraphisches Kaleidoskop aus dem Leben eines Schriftstellers des späten 19. Jahrhunderts, der Eleganz und schöne Frauen liebt. Nach autobiographischen Novellen von Gyula Krudy wunderbar inszeniert.

Meryl Streep und Cher in ›Silkwood‹.

›Sindbads siebente Reise‹ – Animierte Skelette aus Ray Harryhausens Trickkiste.

Sindbad, der Seefahrer S660
SINBAD THE SAILOR ***
USA 1947, 74 Min., F
R: Richard Wallace D: Douglas Fairbanks jr., Maureen O'Hara, Walter Slezak, Anthony Quinn
Der kühne Seefahrer Sindbad bricht zu seiner achten Reise auf, um den legendären Schatz Alexanders des Großen zu suchen. Farbenprächtiger, märchenhafter Abenteuerfilm, sehr unterhaltsam.

Sindbad, Herr der sieben Meere S661
SINBAD OF THE SEVEN SEAS **
Italien 1989, 93 Min., F
R: Enzo G. Castellari D: Lou Ferrigno, John Steiner, Roland Wybenga
Sindbad der Seefahrer & his friends auf der Suche nach Zauberkristallen, mit denen sie die Herrschaft eines Tyrannen beenden wollen. Fantasyfilm schlichter Art, mit einem Helden, der an Untalent nicht zu unterbieten ist. HFJ 1991

Sindbad und das Auge des Tigers S662
SINBAD AND THE EYE OF THE TIGER ***
GB 1977, 112 Min., F
R: Sam Wanamaker D: Patrick Wayne, Jane Seymour, Taryn Power
Um einen verhexten Prinzen zu retten und eine thronräuberische Zauberin in ihre Schranken zu verweisen, kämpfen Sindbad und Prinzessin Farah gegen zahlreiche prähistorische Ungeheuer aus der Trickkiste Ray Harryhausens. LFF

Sindbad und der Kalif von Bagdad
siehe: Der Schatz des Piraten

Sindbads gefährliche Abenteuer S663
***
THE GOLDEN VOYAGE OF SINBAD
GB 1973, 105 Min., F
R: Gordon Hessler D: John Phillip Law, Caroline Munro, Tom Baker
Böser Zauberer zieht alle Register, um den Seefahrer Sindbad daran zu hindern, ein Amulett zu finden, das dazu beitragen kann, die ewige Jugend zu erlangen. Routinierter Fantasy-Film Hesslers mit Tricks von Ray Harryhausen. LFF

Sindbads siebente Reise S664
THE SEVENTH VOYAGE OF SINBAD ****
USA 1957, 87 Min., F
R: Nathan Juran D: Kerwin Mathews, Kathryn Grant, Richard Eyer
Um seine in einen Däumling verzauberte Braut zu retten, sucht der Seefahrer Sindbad nach dem Ei eines Roc-Vogels und kämpft im Zuge seiner Bemühungen mit unheimlichen Fabelwesen. Rasanter Fantasy-Film mit tollen Tricks! LFF

Sindbads Sohn S665
SON OF SINBAD ***
USA 1955, 85 Min., F
R: Ted Tetzlaff D: Dale Robertson, Vincent Price, Leon Askin
Sindbad Junior und sein Spezi Omar fliehen mit Hilfe von magischen Tricks aus dem Kerker und schalten den bösen Kalifen von Bagdad und angreifende Tataren aus. Rasant.

Sinfonie in Swing S666
DO YOU LOVE ME ***
USA 1946, 88 Min., s/w
R: Gregory Ratoff D: Maureen O'Hara, Harry James, R. Gardiner
Der Bandleader Harry James spielt einen Rebellen der Swing-Musik, der in einer Musikschuldirektorin eine Verbündete findet und dem neuen Stil zum Durchbruch verhilft. Aber um die Handlung geht es glücklicherweise nur am Rande, was zählt ist die Musik.

Das singende Land S667
LAND WITHOUT MUSIC ***
GB 1936, 80 Min., s/w
R: Walter Ford D: Richard Tauber, Diana Napier, Jimmy Durante
Film-Version der etwas angestaubten Oscar-Strauß-Operette um ein Land, in dem zuviel gesungen und zu wenig gearbeitet wird und das schließlich unter Musikverbot gestellt werden soll. Richard Taubers Gesang und Jimmy Durantes Komik machen die Sache erträglich.

Singin' in the Rain
siehe: Du sollst mein Glücksstern sein

Singin' in the Rain S668
SINGIN' IN THE RAIN ****
USA 1952, 102 Min., F
R: Gene Kelly, Stanley Donen
D: Gene Kelly, Debbie Reynolds, Donald O'Connor
Gilt bis heute als das beste Musical und hat dafür alle nötigen Zutaten: tolle Songs, verblüffende Tanznummern, eine nostalgische Geschichte mit hervorragender Besetzung in rasanter Inszenierung. Die Film-im-Film-Story spielt in den Roaring Twenties, als in Hollywood der Tonfilm seinen Siegeszug antrat.

Ein Single kommt selten allein S669 **

THE LONELY GUY

USA 1983, 89 Min., F

R: Arthur Hiller D: Steve Martin, Charles Grodin, Judith Ivey

Möchtegern-Gagsammlung zum ausgelutschten Thema »Ein Mann versucht allein zu leben«. Harmlose, verschlafene Komödie über eine Single-Karriere vom Grußkarten-Dichter zum gefeierten Bestseller-Autor.

Singles S670

SINGLES ***

USA 1992, 99 Min., F

R: Cameron Crowe D: Campbell Scott, Bridget Fonda, Kyra Sedgwick

Diverse Mittzwanziger in Seattle, die zwar nach der großen Liebe suchen, aber Schwierigkeiten haben, sie zu finden, da sie sich vor der Übernahme von Pflichten drücken und Angst vor zu erwartenden Körben haben. Witzige, gut beobachtete Story über alltägliche Beziehungskisten, die im typischen Hollywood-Happy-End endet. HFJ 1994

Sinn und Sinnlichkeit S671

SENSE AND SENSIBILITY ****

USA 1995, 135 Min., F

R: Ang Lee D: Emma Thompson, Alan Rickman, Kate Winslet

Im England des ausgehenden 18. Jahrhunderts herrschen Anstandsregeln, die der impulsiven Liebe nicht gerade dienlich sind. Das erfahren auch zwei Schwestern, die ihr Lebensglück im Mann suchen und schmerzhafte Erfahrungen machen, bis sich die Herzen finden. Eine herzerwärmende Liebesgeschichte nach dem Roman von Jane Austen; Balsam für beziehungsgestreßte Seelen. HFJ 1997

Ein sinnvolles Leben S672

[illegible] ***

Sinola S673

JOE KIDD ***

USA 1972, 87 Min., F

R: John Sturges D: Clint Eastwood, Robert Duvall, John Saxon

Um die Jahrhundertwende heuert ein Großgrundbesitzer einen Kopfgeldjäger an, um sich Mexikaner vom Hals zu schaffen, die das Land zurückerobern wollen, das er ihnen genommen hat. Western.

Sinuhe, der Ägypter S674

THE EGYPTIAN ***

USA 1954, 140 Min., F

R: Michael Curtiz D: Edmund Purdom, Jean Simmons, Gene Tierney

Nachdem Sinuhe dem jungen Pharao das Leben gerettet hat, wird er dessen Leibarzt und soll einem alten Freund helfen, auf den Thron zu kommen. Hollywoodklassiker mit einigen Längen.

Sirene in Blond S675

WILL SUCCESS SPOIL ROCK HUNTER? ***

USA 1957, 93 Min., F

R: Frank Tashlin D: Jayne Mansfield, Tony Randall, Joan Blondell

Werbefuzzi bringt es zu unverhoffter Prominenz, als eine Filmdiva ihn zu ihrem Geliebten macht. Flotte Satire auf die TV-Werbung mit zahlreichen sprachlichen Gags.

Sisi und der Kaiserkuß S676

**

BRD 1991, 91 Min., F

R: Christoph Böll D: Sonja Kirchberger, Vanessa Wagner, Jean Poiret

Satirische Abrechnung mit dem Sissi-Mythos, eher sanft als schrill. Die Heldin ist diesmal eine naive Aufklärerin am verkrusteten k.u.k. Hof. Nicht gerade tiefschürfend. HFJ 1992

Sissi S677

***

Österreich 1955, 102 Min., F

sprechend frei bearbeitete Geschichte der jungen und schönen bayerischen Prinzessin, die in zwei Fortsetzungen als österreichische Kaiserin auftrat, geradezu an. Herzallerliebst.

Sister Act – Eine himmlische Karriere S678 ***

SISTER ACT

USA 1992, 100 Min., F

R: Emile Andolino D: Whoopi Goldberg, Maggie Smith, Harvey Keitel

Als Kronzeugin gegen einen Mafioso wird die Sängerin Doloris in einem Kloster versteckt, wo sie den Chor gospelmäßig auf Vordermann bringt und am Ende sogar den Papst begeistert. Großer Kassenerfolg.

Sister Act 2 – In göttlicher Mission S679 **

SISTER ACT II

USA 1993, 107 Min., F

R: Bill Duke D: Whoopi Goldberg, Kathy Najimy, Barnard Hughes

Schwarze Nachtklubsängerin in Nonnentracht bändigt als Musiklehrerin die Schülerinnen und hilft der Schule aus der Finanzkrise. Fader Aufguß von *Sister Act* ohne die Dynamik des ersten Teils. HFJ 1995

Der Sizilianer S680

THE SICILIAN ***

USA 1987, 145 Min., F

R: Michael Cimino D: Christopher Lambert, Terence Stamp, Joss Ackland

Langes Hollywoodwerk um einen legendären sizilianischen Einzelgänger, der seinen idealistischen Traum, sein Heimatland den USA anzugliedern, in den Mühlen von Mafia und Polizei begraben muß und dabei selbst den Tod findet.
HFJ 1989

Skandal bei Hofe S681

Großen beschert dem Offizier zunächst einen rapiden Aufstieg zum General. Ein Putschversuch aus Enttäuschung über die Kaiserin endet für ihn schließlich jedoch beinahe tödlich. Theaterhafte Komödie, deren Unterhaltungswert vor allem in ihrem intelligenten Witz liegt.

Skandal bei Scotland Yard S682
THE STRANGE AFFAIR **
GB 1968, 106 Min., F
R: David Greene D: Michael York, Susan George, Jeremy Kemp
Ein Polizist erpreßt einen seiner neuen Kollegen, ihm bei der Verhaftung mit falschen Beweismitteln behilflich zu sein. Schwache Regie und geschwätziges Drehbuch ruinieren den kritischen Ansatz.

Skandalöse Emmanuelle: Die Lust am Zuschauen S683 **
VOGLIA DI GUARDERE
Italien 1986, 84 Min., F
R: Joe d'Amato D: Jenny Tamburi, Marino Masé, Laura Gemser
Voyeuristisch veranlagter Ehemann treibt seine Gattin in die Arme eines Modefuzzis, um ihren Sexualakten heimlich zuzusehen. HFJ 1987

Skandalschule – Mädchen ohne Höschen S684 **
THE SECOND COMING OF EVA
Dänemark 1974, 73 Min., F
R: Bert Torn D: Brigitte Maier, Teresa Svenson, Monica Anders
Triebstarke Jungfrau wird von Mama in ein Internat gesteckt und entdeckt, daß sie genau am richtigen Ort gelandet ist: Der Rest besteht aus lesbischem Gerangel und dem Verführen des »Lehrkörpers«. Softporno.

Skandinavische Lust S685
BEL AMI ***
USA/Schweden 1976, 76 Min., F
R: Mac Ahlberg D: Harry Reems, Christa Linder, Maria Forsa
Ein Illustriertenautor, der gegen ein hohes Honorar zu einem Sexblatt wechselt, macht Karriere und bringt es bis zum Chefredakteur. Gelungener Softporno mit attraktiven Darstellern und Darstellerinnen.

Skidoo – Ein Happening in Love S686 ****
SKIDOO
USA 1968, 97 Min., F
R: Otto Preminger D: Mickey Rooney, Jackie Gleason, Groucho Marx
Ein schrille Farce auf das Amerika der sechziger Jahre mit seinen Hippies und verwirrten Bürgern, über das Groucho Marx als König der Verbrecher herrscht.

Skin Deep – Männer haben's auch nicht leicht S687 ***
SKIN DEEP
USA 1988, 101 Min., F
R: Blake Edwards D: John Ritter, Vincent Gardenia, Alyson Reed
Ein Schriftsteller gerät in eine tiefe Schaffenskrise, verfällt dem Alkohol und sucht Trost bei einer Reihe von Sexaffären. Wenig gagreiche Komödie von Blake Edwards, mit zahllosen Selbstzitaten. HFJ 1990

Skin Flicks – Heiße Haut S688
SKINFLICKS **
USA 1978, 84 Min., F
R: Gerard Damiano D: Jamie Gillis, Anthony Hudson, Beth Anna
Ein Produzent, der einen Pornofilm von hoher Qualität drehen soll, hat Terminprobleme, da sich seine Heldin in den Regisseur verliebt und einem Perversling aus der Werbebranche in die Hände fällt. Eindeutiges von *Deep-Throat*-Regisseur Damiano.

Der Sklave der Amazonen S689
SLAVE GIRLS **
GB 1966, 91 Min., F
R: Michael Carreras D: Martine Beswick, Edina Ronay, Michael Latimer
Auf mysteriöse Weise in eine andere Zeit versetzter Großwildjäger wird von einem weißen Amazonenstamm als Sklave gehalten und organisiert einen Aufstand. Blah. LSFF

Sklaven S690
SLAVES ***
USA 1969, 110 Min., F
R: Herbert J. Biberman D: Ossie Davis, Stephen Boyd, Dionne Warwick
Ein Sklave, dem die Freiheit versprochen war, wird an einen Plantagenbesitzer verkauft, als sein Herr in Schulden gerät. Engagiertes, aber ein wenig klischeehaftes Film-Pamphlet, das nie die Kraft von Abners eigenem *Salz der Erde* erreicht.

Sklaven der Semiramis S691
IO, SEMIRAMIDE **
Italien 1962, 95 Min., F
R: Primo Zeglio D: Yvonne Furneaux, John Ericson, Renzo Ricci
Machtkämpfe um den assyrischen Thron. Pausenloses Schwertgefuchtel und politische Intrigen beherrschen das Bild. Monumentalabenteuer.

Die Sklaven Roms S692
LA RIVOLTA DEGLI SCHIAVI **
It/BRD/Sp 1960, 100 Min., F
R: Nunzio Malasomma D: Lang Jeffries, Rhonda Fleming, Dario Moreno
Christenverfolgung im alten Rom zur Zeit des Kaisers Maximus: Fräulein Claudia verliebt sich in den Sklaven Vivius, läßt sich bekehren und bekommt daraufhin eminente Schwierigkeiten. Kitschfilm.

Die Sklavenjäger S693 *
BRD 1977, 98 Min., F
R: Jürgen Goslar D: Trevor Howard, Britt Ekland, Jürgen Goslar, Ron Ely
Herzergreifend schlechtes deutsches Abschreibe-Produkt, ein Kolonialismus-Film auf den Spuren von Roots, der keine Ahnung hat, wovon er redet. Allenfalls durch die amerikanischen Action-Veteranen in Nebenrollen interessant.

Sklavenmarkt der weißen Mädchen S694 *
VIA DELLA PROSTITUZIONE
Italien 1979, 87 Min., F
R: Joe d'Amato D: Laura Gemser, Gabriele Tinti, Ely Galleani
Dunkelhäutige Journalistin forscht Mädchenhändlerbande aus und muß sich im Zuge der Recherchen pausenlos entblättern, um glaubwürdig zu wirken. Müder Softsexer, an dem nur die Naturaufnahmen sehenswert sind.

Sklavin der Liebe S695
RABA LJUBWI ****
UdSSR 1976, 94 Min., F und s/w
R: Nikita Michalkow D: Jelena Solowej, Alexander Kaljagin, Rodion Nachapetow, Oleg Basilashwili
1917 werden die Dreharbeiten eines russischen Filmteams jäh vom Ausbruch der Revolution überrascht. Das führt dazu, daß der Regisseur die Wirklichkeit der Fiktion vorzieht, und der Kameramann illegal die Erschießung von Bauern durch Konterrevolutionäre auf Zelluloid bannt. Atmosphärisch stimmiger, in der Darstellung der Dekadenz der untergehenden Gesellschaft überzogener Film.

Sklavin der Pirateninsel S696
MARIE DES ISLES **
Frankreich/Italien 1959, 91 Min., F
R: Georges Combret D: Belinda Lee, Alain Saury, Jacques Castelot
Gouverneur einer Karibikinsel kämpft gegen einen intriganten Vertreter des heimatlichen Königshauses, der sein eigenes Reich errichten will. Von der erwähnten Sklavin keine Spur, dafür aber eine üppige Bürgerstochter.

Sklavin der Sinnlichkeit S697
CRI DU DESIR *
Frankreich 1977, 79 Min., F
R: Alain Nauroy D: Monique Faber, Claude Gusaunt, Michèle Perello
Den »Schrei der Begierde« vernimmt eine sexy Ehefrau in der Luxusvilla ihres steinreichen Gatten. Und ewig knarren die Betten.

Sklavin der Wollust S698
LA DEBAUCHE: UN AMOUR AU CREDIT **
Frankreich 1970, 78 Min., F
R: Jean-François Davy D: Michel Lemoine, Denise Rolland
Ein Aktfotograf treibt es heimlich mit einem Model, was den Gatten der Schönen auf die Idee bringt, sich an der Gattin des Verführers gütlich zu

Einer der wenigen Hitchcock-Filme, denen der Erfolg versagt blieb: Historisches, in Australien spielendes Melodram über eine in ihrer Ehe unglückliche Frau.

Sklavin des Satans S700
SATAN'S SLAVE **
GB 1970, 90 Min., F
R: Norman J. Warren D: Michael Gough, Candace Glendenning, Martin Potter, Barbara Kellerman
Satanisten wollen ihre Ahnherrin zu neuem Leben erwecken und benötigen dazu ein Menschenopfer, das sie in der Tochter einer englischen Familie zu finden glauben. Ein Horrorschinken.

Sklavin für einen Sommer S701
L' ALCOVA **
Italien 1984, 93 Min., F
R: Joe d'Amato D: Lilli Carati, Annie Belle, Laura Gemser, Al Cliver
Bisex, Stellungsspiele und das Drehen eines pornographischen Films sind die Themen dieses spannungslosen Sexers über einen Schriftsteller, der eine Abessinierin in seine Villa holt.

Sklavin ihrer Triebe S702
TOP SENSATION *
Italien 1968, 99 Min., F
R: Ottavio Alessi D: Maud de Belleroche, Edwige Fenech
Sex, Perversionen, Inzest und Mord auf einer Jacht im Mittelmeer. Ein Sex-Schundfilm, der seinesgleichen sucht.

Sklavin in Leder S703
WEEKEND AVEC CAROLINE **
Frankreich 1982, 70 Min., F
R: Alain Nauroy D: Annibelle Carlton, Richard Fontaine
Polizistengattin, die ihre Freude an klatschenden Peitschen hat, wird von einem perversen Knaben zum Wochenende in sein Landhaus eingeladen. Scharfer Sexfilm.

Thronerbe kehrt in seine von einem Usurpator beherrschte Heimat zurück, schließt sich den Rebellen an, sorgt für Law & Order und kriegt am Ende seine Braut. Standard-Sandalenfilm mit Plot nach Schema F. LFF

Die Sklavinnen von Karthago S705
LE SCHIAVE DI CARTAGINE **
Frankreich/Italien 1956, 90 Min., F
R: Guido Brignone D: Gianna Maria Canale, Marisa Allasio, Jorge Mistral
Römischer Kriegsheld, in Christin verliebt, bewahrt sie und ihre Freunde, denen man Mord an einem Statthalter vorwirft, vor dem Tod am Kreuz. Monumentalfilm mit klirrenden Schwertern und frömmelndem Kitsch.

Skrupellos S706
GREAT DAY IN THE MORNING ***
USA 1956, 92 Min., F
R: Jacques Tourneur D: Robert Stack, Donald McDonald, Virginia Mayo, Ruth Roman
Saloonbesitzer rettet vor Beginn des amerikanischen Bürgerkriegs in einer tollkühnen Mission einen für die Südstaaten bestimmten Goldschatz.

Slam Dance S707
SLAM DANCE ***
USA 1987, 100 Min., F
R: Wayne Wang D: Tom Hulce, Mary Elizabeth Mastrantonio, Virginia Madsen
Schimmernder Thriller um einen liebenswert-chaotischen Comic-Zeichner, der unschuldig in eine Affäre aus Mord, Erpressung und Korruption verwickelt wird. Der Versuch, einen Film nur für die 80er Jahre zu machen, ging wegen dramaturgischer Unstimmigkeiten leider schief. HFJ 1989

Sleepers S708
SLEEPERS ****
USA 1996, 152 Min., F

Peiniger. Die anderen beiden versuchen, ihre Freunde vor Gericht zu verteidigen. Ambitioniertes, aber letztlich eindimensionales Epos um Rache und Gerechtigkeit. HFJ 1998

Sleeping Dogs S709
WHERE SLEEPING DOGS LIE ***
USA 1991, 96 Min., F
R: Charles Finch D: Sharon Stone, Dylan McDermott, Tom Sizemore
Glückloser Schriftsteller versucht sich im Housesitting, entdeckt die grausige, aber storyträchtige Historie der Villa und lädt sich zu allem Überfluß auch noch einen schrägen Untermieter auf. Mehr Atmosphäre als Spannung. Passable Unterhaltung bleibt es allemal.

Sling Blade S710
SLING BLADE ***
USA 1996, 136 Min., F
R: Billy Bob Thornton D: Billy Bob Thornton, Dwigth Yoakam, J. T. Walsh
Der tumbe Muttermörder Karl wird nach 25 Jahren Psychiatrie entlassen und freundet sich mit einem kleinen Jungen an, dessen Stiefvater sich ähnlich schlimm benimmt wie damals Karls Mutter … Trotz eines stimmigen visuellen wie dramaturgischen Konzepts und gelungener Schauspielerführung wirkt der Film naiv und distanziert. HFJ 1998

Slipstream S711
SLIPSTREAM ***
GB 1989, 101 Min., F
R: Steven Lisberger D: Mark Hamill, Bob Peck, Bill Paxton, Kitty Aldridge
Nach dem großen Knall stoßen ein Outlaw und ein polizeilich gesuchter Androide in einer unwegsamen, von wilden Stürmen heimgesuchten Gegend auf einen unterirdisch zelebrierten Kult. Etwas wirr, aber interessant.

Slithis S712
SLITHIS *
USA 1978, 86 Min., F
R: Stephen Traxler D: Win Condict, Hy Pyke, Alan Blanchard, Judy Matulsky
Aus radioaktivem Matsch entstandenes Monstrum buht die Bewohner einer kalifornischen Ortschaft an, was sie mächtig in Angst versetzt. LSFF

Sliver S713
SLIVER ***
USA 1993, 106 Min., F
R: Phillip Noyce D: Sharon Stone, William Baldwin, Tom Berenger
Junge Frau zieht in ein Hochhaus, in dem rätselhafte Morde geschehen, und fühlt sich bald beobachtet. Nicht zu Unrecht, denn der sinistre Hausbesitzer hat den Wolkenkratzer mit Tausenden von Kameras zu seiner privaten Mega-Peepshow umgerüstet. Auch der Zuschauer wird zum Spanner. HFJ 1994

Slugs S714
SLUGS *
Spanien 1988, 90 Min., F
R: Juan Piquer Simon D: Michael Garfield, Kim Terry, Philip Machale
Schnecken terrorisieren ein Kaff in den Vereinigten Staaten. Absolut übersehenswerter geistiger Frühherguß eines Regisseurs, der es zumindest in den fünfziger Jahren einmal besser gekonnt hat. HFJ 1990

Der Smaragdwald S715
THE EMERALD FOREST ***
GB 1985, 112 Min., F
R: John Boorman D: Charley Boorman, Powers Boothe, Meg Foster
Zehn Jahre nach seiner Entführung durch Indianer am Amazonas findet ein Ingenieur seinen Sohn im Urwald wieder und respektiert dessen Entscheidung für seine neue Heimat und gegen die Zivilisation.

Smoke S716
SMOKE ****
USA 1994, 108 Min., F
R: Wayne Wang D: William Hurt, Harvey Keitel, Stockard Channing
In Auggie Wrens Tabakladen treffen sich die urigsten Typen mit den unterschiedlichsten Kümmernissen, Intrigen und Lügen, Neurosen und Macken. Und dann ist da noch eine geheimnisvolle Papiertüte mit Dollars, die von Hand zu Hand wandert, bis sich der Kreis schließt. Eine unterhaltsame »comédie humaine« nach einer Kurzgeschichte von Paul Auster mit pfiffigen Anekdoten und hinreißenden Nebensächlichkeiten. Ein liebevoller Blick auf ein fast dörfliches Brooklyn.

Smoke Signals S717
SMOKE SIGNALS ****
USA 1998, 88 Min., F
R: Chris Eyre D: Adam Beach, Evan Adams, Irene Bedard
Zwei junge Indianer holen die Asche ihres Vaters zurück in ihr Reservat. Unspektakulär-sympathisches Road-Movie über die Lebenssituation von Indianern in den heutigen USA mit nachdenklichen Untertönen. HFJ 1999

Smoking/No Smoking S718
SMOKING/NO SMOKING ***
Frankreich 1993, 147 Min., F
R: Alain Resnais D: Sabine Azéma, Pierre Arditi
Was wäre wenn? Ausgangspunkt ist die Entscheidung, eine Zigarette aus der Schachtel zu nehmen oder nicht. Der weitere Verlauf der Ereignisse hängt davon ab, alles bleibt dem Zufall überlassen. Der »Zwillingsfilm« basiert auf sechs miteinander verbundenen Stücken von Alan Ayckbourn und fasziniert durch pointiert-witzige Dialoge. Exquisite Filmkunst, die Geduld erfordert. HFJ 1995

Snake Eyes S719
SNAKE EYES ****
USA 1993, 107 Min., F
R: Abel Ferrara D: Harvey Keitel, Madonna, James Russo
Ein Regisseur vermischt bei den Dreharbeiten zu seinem neuen Film Fiktion und eigene Realität, verlangt von seinen Schauspielern die psychische Entblößung. Ein krudes Psychodrama über verlogene und unausgelebte Gefühle. HFJ 1995

The Snapper S720
THE SNAPPER ****
GB 1993, 94 Min., F
R: Stephen Frears D: Colm Meaney, Tina Kellegher, Ruth McCabe
Die 18jährige Sharon versetzt durch ihre Schwangerschaft Eltern und Geschwister in helle Aufregung. Sie verschweigt den Namen des Vaters und bekommt gegen alle Widerstände »ihr« Kind. Eine turbulente Geschichte über Familiensolidarität, die Figuren sind mit Sympathie, Humor und Mutterwitz gezeichnet. HFJ 1995

Sneakers – Die Lautlosen S721
SNEAKERS ****
USA 1992, 125 Min., F
R: Phil Alden Robinson D: Robert Redford, Dan Aykroyd, Ben Kingsley
Ein gerissenes Computer-Expertenteam jagt im Dienst einer Bank nach einem Kodeknacker, der Daten in Computersystemen lesen und bearbeiten und die Welt der Hochfinanz in den Abgrund stürzen lassen kann. Ein flott inszeniertes High-Tech-Abenteuer über fünf Burschen, die ihr Leben nicht nur an der Computertastatur führen. Witzig und unterhaltsam.
HFJ 1994

Snobs S722
SNOBS ***
Fr/Schweiz 1961, 90 Min., s/w
R: Jean-Pierre Mocky D: Gérard Hoffmann, Véronique Nordey, Francis Blanche, Michel Lonsdale
Als der Leiter einer Milch-Kooperative tödlich verunglückt, beginnt unter den vier potentiellen Nachfolgern ein erbitterter Kampf. Eine grell-komische Satire über Kirche, Sex, Armee und Snobismus, die zuweilen zur Provokation als Selbstzweck neigt.

Snowy River S723
THE MAN FROM SNOWY RIVER ***
Australien 1982, 115 Min., F
R: George Miller D: Kirk Douglas, Tom Burlinson, Sigrid Thornton
Gefälliger australischer Western nach einem bekannten australischen Gedicht: Junger Mann erobert die Liebe einer Großrancher-Tochter, indem er im Alleingang eine Herde Wildpferde einfängt. Der australische Regisseur wurde gelegentlich mit dem australischen Regisseur George Miller verwechselt, dem Schöpfer von *Mad Max*.

So ein Millionär hat's schwer S724
**

So ein Satansbraten S725
PROBLEM CHILD ***
USA 1990, 81 Min., F
R: Dennis Dugan D: John Ritter, Jack Warden, Michael Oliver
Siebenjähriger Lausebengel treibt seine Adoptiveltern zum Wahnsinn. Mäßig witzige Parodie auf Familienfilme mit einem angepappten Happy-End.

So enden sie alle S726
BABY FACE NELSON ***
USA 1957, 85 Min., s/w
R: Don Siegel D: Mickey Rooney, Carolyn Jones, Cedric Hardwicke
B-Krimi mit einem exzellenten Mickey Rooney in der Rolle des Prohibitions-Gangsters, der gerne drauflos ballerte.

So gute Freunde S727
SUCH GOOD FRIENDS ***
USA 1971, 101 Min., F
R: Otto Preminger D: Dyan Cannon, James Coco, Jennifer O'Neill
Nach dem sinnlosen Tod ihres Mannes erkennt eine Frau in bürgerlichen Verhältnissen Leere und Sinnlosigkeit ihres Lebens.

So sind die Tage und der Mond S728
IL Y A DES JOURS ... ET DE LUNES ***
Frankreich 1990, 117 Min., F
R: Claude Lelouch D: Gérard Lanvin, Patrick Chesnais, Annie Girardot
Der Film begleitet 13 sehr unterschiedliche Menschen einen Tag lang; ein Mosaik von gelegentlich origineller, gelegentlich ehrlich von Vorbildern der Nouvelle Vague geklauter Poesie. HFJ 1992

So weit das Auge reicht S729
****
BRD/Fr/Schweiz 1979, 137 Min., F
R: Erwin Keusch D: Bernd Tauber, Aurore Clément, Jürgen Prochnow
Der erste deutsche Film in Dolby Stereo und sein Protagonist ist fast

Sobibor S730
ESCAPE FROM SOBIBOR ***
USA/Jugoslawien 1987, 143 Min., F
R: Jack Gold D: Alan Arkin, Joanna Pacula, Rutger Hauer
Zurückhaltend, aber engagiert inszenierte Schilderung der Massenflucht aus dem Vernichtungslager Sobibor im Oktober 1943.

Sodbrennen S731
HEARTBURN ***
USA 1986, 109 Min., F
R: Mike Nichols D: Meryl Streep, Jack Nicholson, Jeff Daniels
Journalist, geschieden, Journalistin attraktiv/geschieden. Liebe auf den ersten Blick. Hochzeit. Trautes Heim, Kinder. Probleme (naiv, von Jack Nicholson Treue zu erwarten). Ende der Liebe. Hollywood-Starfilm. HFJ 1988

Der Sohn des rosaroten Panthers S732
**
SON OF THE PINK PANTHER
USA 1993, 93 Min., F
R: Blake Edwards D: Roberto Benigni, Herbert Lom, Claudia Cardinale
Der uneheliche Sohn des verstorbenen Inspektors Clouseau tritt in die Fußstapfen seines Vaters und befreit eine entführte Prinzessin. Komödie der Reihe »Pink Panther« ohne großen Witz, die die Vorzüge ihrer Vorgänger bei weitem nicht erreicht. HFJ 1995

Der Sohn des roten Korsaren S733
***
LA SCIMITARRA DEL SARACENO
Italien/Frankreich 1960, 92 Min., F
R: Piero Pierotti D: Lex Barker, Chelo Alonso, Massimo Serrato
Edelmann, der mit dem Mörder seines Vaters ein Hühnchen zu rupfen hat, bietet sich an, die Tochter eines venezianischen Gouverneurs zu retten, die ein Pirat entführt und in einen Harem verkauft hat. Abenteuerfilm.

eine Revolution gegen ihn anführt. Orientalisches Dutzendabenteuer.

Der Sohn des Scheik S735
LOS AMANTOS DEL DESIERTO ***
Italien 1957, 90 Min., F
R: Goffredo Alessandrini, Fernando Cerchio D: Carmen Sevilla, Ricardo Montalban, Gino Cervi
Ein machtlüsterner Schurke, wie es ihn nur im Filmorient gibt, hat es auf die Sultanstochter abgesehen, doch der Sohn des Scheik verweist ihn säbelschwingend auf die Plätze. Wüste Gefechte in Basaren und Palästen!

Der Sohn des Spartacus S736
IL FIGLIO DI SPARTACUS ***
Italien 1962, 102 Min., F
R: Sergio Corbucci D: Steve Reeves, Jacques Vernas, Gianna Maria Canale
Ein Centurio der ägyptischen Legionen Cäsars erfährt, daß er der Sohn des Spartacus ist, entschließt sich wie Papa zur Revolte und kämpft für die Freiheit seiner unterdrückten Landsleute. Monumentalfilm.

Der Sohn von Ali Baba S737
SON OF ALI BABA **
USA 1952, 71 Min., F
R: Kurt Neumann D: Tony Curtis, Piper Laurie, Susan Cabot
Der Sohn des Ex-Räuberhauptmanns Ali Baba und seine Freunde legen einen intriganten Kalifen herein, der eine persische Prinzessin entführt hat. Orientabenteuer à la Hollywood. Standardisierte Dutzendware. LFF

Der Sohn von Captain Blood S738
EL HIJO DEL CAPITAN BLOOD ***
Spanien/Italien 1961, 100 Min., F
R: Tulio Demicheli D: Sean Flynn, Ann Todd, Alessandra Panaro
Der Sohn eines Piratenkapitäns erhebt sich gegen einen Gouverneur, der für die Sklaverei plädiert. Mantel- und Degenfilm, in dem Sean Flynn zeigt, daß er der Sohn seines Vaters ist.

Der Sohn von Cäsar und Cleopatra S739
IL FIGLIO DI CLEOPATRA **
Italien 1964, 103 Min., F
R: Ferdinando Baldi D: Mark Damon, Scilla Gabel, Arnoldo Foa
Junger ägyptischer Fürst haut sich in der Wüste mit römischen Besatzern. Orientabenteuer von schlichter Machart und ebensolcher Intelligenz.

Söhne S740
SONS ****
USA 1989, 88 Min., F
R: Alexandre Rockwell D: William Forsythe, D.B. Sweeney, Robert Miranda, Samuel Fuller
Eine Reise in die Vergangenheit mit der Liebe und dem Tod. Um ihm eine letzte Freude zu bereiten, bringen drei Brüder ihren Vater von New Jersey in die Normandie, wo er sich als Soldat in ein französisches Mädchen verliebte.

Die Söhne der drei Musketiere S741
SONS OF THE MUSKETEERS ***
USA 1950, 81 Min., F
R: Lewis Allen D: Cornel Wilde, Maureen O'Hara, Robert Douglas
Drei Musketiersöhne und eine Tochter fechten für die französische Krone, als nach dem Tod des Königs eine Ära des politischen Chaos ausbricht. Solider Mantel- und Degenfilm nach Motiven von Alexandre Dumas.

Solange es Menschen gibt S742
IMITATION OF LIFE ****
USA 1959, 119 Min., F
R: Douglas Sirk D: Lana Turner, John Gavin, Susan Kohner
Melodram um die hellhäutige Tochter einer schwarzen Hausangestelllten, die ihre Herkunft verleugnet. Vollendete Mischung aus Emotion und Soziologie.

Solarfighters S743
SOLARBABIES *
USA 1986, 95 Min., F
R: Alan Johnson D: Jami Gertz, Richard Jordan, Charles Durning
Kids, in einer öden Zukunftswelt in einem Heim festgehalten, fliehen vor ihren Bewachern und sorgen dafür, daß die Menschen wieder zu Wasser kommen – das ist nämlich knapp geworden. Schwachsinn hoch 10, und dazu viele doofe Dialoge.

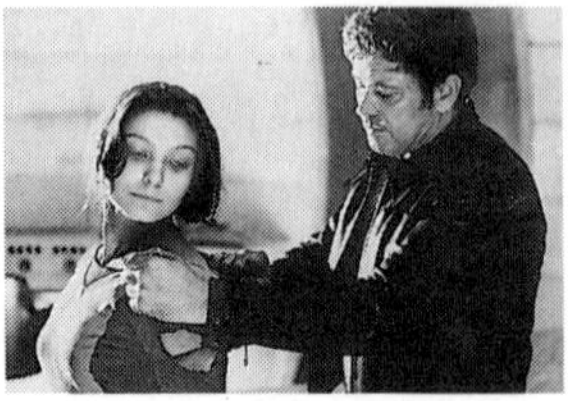
›Solaris‹ – Das sowjetische Pendant zu Kubricks ›2001‹.

Solaris S744
SOLARIS ****
UdSSR 1972, 170 Min., F
R: Andrej Tarkowski D: Donatas Banionis, Natalja Bondartschuk, Jurij Jarvet, Anatolij Solinicin
Psychologe soll auf einer Raumstation den Tod von Mannschaftsangehörigen untersuchen und begegnet mysteriösen psychischen Phänomenen. Langsam in Gang kommender, phantasievoller SF-Film nach dem Roman von Stanislaw Lem. LSFF

Soldier Girls S745
SOLDIER GIRLS ***
USA 1981, 97 Min., F
R: Joan Churchill, Nicholas Broomfield D: Joann Johnson, Jacie Hall, Clara Alves
Dokumentarfilm gegen den Frauenwehrdienst und das Militär. Drei Monate lebten die Filmemacher mit den weiblichen Soldaten einer Rekrutenschule im Ausbildungslager Fort Gordon und dokumentierten die menschlichkeitszerstörenden Auswirkungen der weiblichen Rekrutenausbildung.

Söldner S746
THE SOLDIER **
USA 1981, 84 Min., F
R: James Glickenhaus D: Ken Wahl, Alberta Watson, Jeremiah Sullivan
Die Guten vom CIA geben den Bösen vom KGB Saures, weil diese die Welt wieder mal ins Chaos stürzen wollen. Herrenmenschenpropaganda mit einem Helden, der eben der Klippschule entwachsen ist.

Söldner des Todes S747
INVADERS OF THE LOST GOLD **
Italien 1982, 86 Min., F
R: Alan Birkinshaw

D: Stuart Whitman, Laura Gemser, Harold Sakata
Eine Expedition sucht im Dschungel von Malaya einen Goldschatz, den 1945 Söldner dort verloren haben. Die Gefahren lauern überall ... Schundfilm. HFJ 1985

Solinger Rudi S748
***
BRD 1989, 60 Min., F
R: Dietmar Klein D: Achim Grubel, Ralf Holzhausen, Christel Harthaus
Gelegenheitsarbeiter wird zum Topverkäufer von (in Taiwan hergestellten) »Solinger Messern«. Die sarkastische Komödie ist das Debüt des Regisseurs, die als Abschlußarbeit an der Deutschen Film- und Fernsehakademie in Berlin entstand. HFJ 1992

Solo für 2 S749
ALL OF ME ***
USA 1984, 91 Min., F
R: Carl Reiner D: Steve Martin, Lily Tomlin, Victoria Tennant
Nach dem fehlgeschlagenen Versuch, ihre Seele in einen bestimmten Körper zu übertragen, findet sich eine alte Jungfer in einem Anwalt wieder, den sie zur Hälfte steuern kann. Eine ausgeflippte Groteske mit Happy-End. LFF

Solo Sunny S750
***
DDR 1979, 100 Min., F
R: Konrad Wolf D: Renate Krößner, Alexander Lang, Dieter Montag
Eine Schlagersängerin tingelt mit ihrer Band durch die DDR, hat weder beim Publikum noch im Privatleben allzuviel Glück und läßt sich doch nicht unterkriegen. Konrad Wolfs letzter Film ist ein sehr genaues Stimmungsbild der DDR-Gesellschaft am Beginn der achtziger Jahre.

Ein Sommer auf dem Dorf S751

inszeniert dieses Aufeinandertreffen zweier Kulturen als heiteren Reigen von Beobachtungen, Episoden und Pointen, die sich unaufdringlich zu einem Ganzen fügen.

Ein Sommer auf dem Lande S752
SEGRETE EXPERIENZE DE LUCA E FANNY **
Italien 1980, 82 Min., F
R: Gérard Loubeau D: Dominique Saint Claire, Jane Baker, Brigitte Lahaie
Jungmann wird beim Urlaub auf dem Lande von zwei Zofen in die Liebe eingeführt und landet schließlich im Bett seiner attraktiven Tante. Softsexfilm.

Ein Sommer, den man nie vergißt S753
**
BRD 1959, 87 Min., F
R: Werner Jacobs D: Claus Biederstaedt, Karin Dor, Antje Geerk
Liebesgeschichte zwischen einem Studenten und einer Krankenschwester in idyllischer Landschaft. Heimatfilmkitsch bis zum Abwinken.

Der Sommer des Falken S754
****
BRD 1987, 106 Min., F
R: Arend Agthe D: Andrea Lösch, Janos Crecelius, Rolf Zacher
Ein verschlossener Großstadtjunge lernt in der mächtigen Bergwelt Südtirols ein Bauernmädchen kennen. Gemeinsam kämpfen sie gegen einen skrupellosen Mann, der Eier aus einem Falkennest stiehlt, um sie zu verkaufen. Spannender Jugendfilm.

Der Sommer des Samurai S755
***
BRD 1985, 107 Min., F
R: Hans-Christoph Blumenberg
D: Cornelia Froboess, Hans Peter Hallwachs, Wojciech Psoniak
Ein Phantom in Hamburg deckt eine Verschwörung von Gangstern und Geschäftsleuten auf, eine Journalistin

D: Elvis Presley, Arthur O'Connell, Anne Helm
Herumziehende US-Familie baut sich ein Haus an einem Strand in Florida und hat Probleme mit Behörden und Ganoven. Seichter Unterhaltungsfilm, in dem Elvis Gelegenheit hat, ein paar Songs an die Fans zu bringen.

Sommer '36 S757
L'ETE '36 ***
Frankreich 1985, 94 Min., F
R: Yves Robert D: Christian Clavier, Anias Jeanneret, Jean-Pierre Bouvier
Eine Dreiecksgeschichte zwischen einer Gutsbesitzerstochter, einem jungen Arbeiter und einem russischen Prinzen, der in Wahrheit ein von den Nazis verfolgter Jude ist, wird durch den Ausbruch des Weltkriegs unterbrochen.

Sommer '42 S758
SUMMER OF '42 ***
USA 1971, 102 Min., F
R: Robert Mulligan D: Jennifer O'Neill, Gary Grimes, Jerry Houser
Die Romanze zwischen einem 15jährigen und einer Soldaten-Witwe. Ohne Sentimentalität subtil erzählt.

Ein Sommer voller Leidenschaft S759
*
L' ETE LES PETITES CULOTTES S'ENVOLENT
Frankreich/Schweiz 1984, 75 Min., F
R: Michel Leblanc D: Olinka Hardiman, André Vinouze
Urlaubender Fremdgänger vergnügt sich in unbeobachteten Momenten mit seiner Geliebten. Seine Tochter, deren Freund und eine weitere Dame tragen zu weiteren sexuellen Verwicklungen bei. Softporno. Dutzendware.

Das Sommeralbum S760
***
BRD 1992, 91 Min., F
R: Kai Wessel D: Hanna Mattes, Wanja Mues, Jan Hinrichsen
Die 11jährige Josefine fühlt sich im

Tony Roberts, José Ferrer, Mia Farrow und Julie Hagerty in ›Eine Sommernachts-Sexkomödie‹.

Menschen. Eine nostalgische Ode an die hohe Kunst der Photographie. HFJ 1993

Sommergäste S761
****
BRD 1975, 115 Min., F
R: Peter Stein D: Sabine Andreas, Edith Clever, Bruno Ganz, Otto Sander
Eine Urlaubsgruppe im zaristischen Rußland als Modell einer Gesellschaft, die sich selbst überlebt hat. Kunstvolle Verfilmung von Peter Steins berühmter Inszenierung des Stückes von Maxim Gorki an der Berliner Schaubühne.

Sommerlicht S762
LUMIERE D'ETE ***
Frankreich 1943, 105 Min., s/w
R: Jean Grémillon D: Madeleine Renaud, Paul Bernard, Pierre Brasseur
Drei Männer unterschiedlichen Wesens und unterschiedlichen Standes kämpfen um eine Frau. Artistisches, überbordendes Melodrama.

Eine Sommernacht in der Stadt S763
**
NUIT D'ETE EN VILLE
Frankreich 1990, 82 Min., F
R: Michel Deville D: Marie Trintignant, Jean-Hugues Anglade
Ein Mann, eine Frau, eine Liebesnacht und der anschließende Versuch, die Gefühle zu ordnen. Steril und alles andere als gefühlvoll. HFJ 1992

Eine Sommernachts-Sexkomödie S764
****
A MIDSUMMER NIGHT'S SEX COMEDY
USA 1983, 88 Min., F
R: Woody Allen D: Woody Allen, Mia Farrow, José Ferrer, Tony Roberts
Drei Paare suchen während eines Wochenendes auf dem Lande das vermißte Glück in der Liebe durch Partnerwechsel zu erlangen und finden sich unversehens in den Irrungen und Wirrungen eines klassischen Komödienschemas wieder.

Sommernächte auf dem Planeten Erde S765
***
SOMMARKVÄLLAR PA JORDEN
Schweden 1986, 95 Min., F
R: Gunnel Lindblom D: Sif Ruud, Margaretha Byström, Per Mattson
Eine schwedische Sommeridylle: die geschiedene Karna versammelt ihre drei Töchter und deren Männer oder Liebhaber um sich; Konflikte brechen auf, Lebenslügen werden schonungslos zerstört. Die Ingmar-Bergman-Schauspielerin bleibt auch als Filmemacherin dem Thema der Seelenforschung treu.

Ein Sommernachtstraum S766
A MIDSUMMERNIGHTS DREAM ****
USA 1935, 135 Min., s/w
R: Max Reinhardt, William Dieterle
D: Mickey Rooney, Olivia De Haviland, Dick Powell
Ansprechende und mit viel Phantasie und Kinogefühl inszenierte Verfilmung der Komödie von William Shakespeare von zwei Emigranten, die sich in Hollywood austoben durften.

Ein Sommernachtstraum S767
SOGNO DI UNA NOTTE D'ESTATE **
Italien 1983, 90 Min., F
R: Gabriele Salvatores D: Gianna Nannini, Flavio Bucci, Erika Blank
Shakespeares »Sommernachtstraum« um sich suchende und erst nach vielen Verwicklungen findende Paare in einer Popmusik-Variation.

Sommerparadies S768
PARADISE ***
USA 1990, 111 Min., F
R: Mary Agnes Donoghue D: Don Johnson, Melanie Griffith, Elijah Wood
Wie im wahren Leben: Don Johnson und Melanie Griffith als zerstrittenes Ehepaar, das durch den neunjährigen Billie wieder seinen Seelenfrieden findet. HFJ 1993

Sommerregen S769
CHUVAS DE VERAO ***
Brasilien 1978, 93 Min., F
R: Carlos Diegues D: Jofre Soares, Rodolfo Arena, Christina Ache
Als sich der alte Angestellte Alfonso zur Ruhe setzt, kommt es bei seiner Abschiedsparty zu turbulenten zenen und Konflikten. Melancholische Komödie des einstigen Vertreters des rebellischen Cinema Novo Brasiliens.

Sommersby S770
SOMMERSBY ***
USA 1993, 113 Min., F
R: Jon Amiel D: Richard Gere, Jodie Foster, Lanny Flaherty
Ein ehedem rechter Kotzbrocken kehrt nach dem amerikanischen Bürgerkrieg auf seine Südstaaten-Ländereien zurück und erweist sich als vollständig geläutert, was dazu führt, daß seine Umwelt seine Identität bezweifelt. Ein stilles Drama um Liebe und Intrigen; Remake des französischen Films *Die Wiederkehr des Martin Guerre,* für Joe Sixpack mit US-Stars aufbereitet, die ihren Rollen gerecht werden. HFJ 1994

Sommersprossen S771

I GANGSTER DELLA FACCIA PULITA ***

BRD/Italien 1968, 88 Min., s/w

R: Helmut Förnbacher D: Helga Anders, William Berger, Helmut Förnbacher, Georgia Moll

Geschichte zweier deutscher Bankräuber und Mörder aus den dreißiger Jahren, kalt und nicht ohne formale Ambition erzählt.

Sommerstürme S772

SUMMER STORMS ****

USA 1944, 106 Min., s/w

R: Douglas Sirk D: George Sanders, Linda Darnell, Anna Lee

Dreiecksgeschichte im zaristischen Rußland: ein schönes Bauernmädchen zwischen Männern der guten Gesellschaft. Melodramatisches Meisterstück nach Anton Tschechow.

Eine sonderbare Liebe S773

**

DDR 1984, 105 Min., F

R: Lothar Warneke D: Christine Schron, Jörg Gudzuhn, Mike Gregor

Sybille und Harald, Singles Ende Dreißig, lernen sich zufällig kennen und beschließen, zusammen zu wohnen – nicht aus Liebe, sondern aus Vernunftgründen. Eine ungewöhnliche Partnerschaft, bei der die Konflikte bereits vorprogrammiert sind.

Der Sonderling S774

***

Deutschland 1929, 88 Min., s/w

R: Walter Jerven D: Karl Valentin, Liesl Karlstadt, Truus van Alten

Erster Langspielfilm Karl Valentins. Durch die Wirtschaftskrise arbeitslos geworden, dauert es, bis er wieder als Schneidergeselle Arbeit findet. Seine Liebe zu Briefmarken und die Zuneigung der Meisterin bringen ihn immer in Schwierigkeiten. Der Film hat Längen, Valentin glänzt nur in kurzen Auftritten, die neu unterlegte Musik ist

Zwei grundverschiedene Country-Sänger tun sich zusammen, um einem skrupellosen Musik-Hai das Handwerk zu legen. Angenehmer Musikfilm mit zwei Hauptdarstellern, die sich praktisch selbst spielen.

Sonicman S776

SUPERSONICMAN **

Spanien 1979, 88 Min., F

R: Juan Piquer Simon D: Michael Coby, Cameron Mitchell, Richard Yesteran, Diana Polakov

Um einem die Weltherrschaft ins Auge fassenden Möchtegern-Despoten das Wasser abzugraben, senden die Weisen des Weltalls einen in Comic-Manier maskierten Helden zur Erde. Ein Feuerwerk unfreiwilliger Komik.

Die Sonne, die uns täuscht S777

BURNT BY SUN/SOLEILTROMPEUR ****

Rußland/Fr 1994, 135 Min., F

R: Nikita Michalkow D: Oleg Menschikow, Ingeborga Dapkounaite, Nikita Michalkow

Rußland 1936, ein heißer Sommertag: Oberst Kotow genießt mit seiner Familie das Leben auf dem Land. Nur ein Besucher aus Moskau, Mitglied von Stalins Geheimpolizei, stört die Stimmung. Als er am Abend Kotow mit der Limousine abholt, ist dessen Schicksal besiegelt. Sukzessive baut Nikita Michalkow, der selbst Kotow spielt, die bedrohliche Spannung auf, läßt Heiterkeit in Todesangst umkippen. Eine menschliche Tragödie aus der Stalin-Ära, geschrieben mit Blut und Tränen. HFJ 1996

Die Sonne geht wieder auf S778

IL SOLE SORGE ANCORA ***

Italien 1946, 91 Min., s/w

R: Aldo Vergano D: Elli Parvo, Lea Padovani, Vittorio Duse, Carlo Lizzani

Lombardei 1943: Der junge Cesare arrangiert sich mit den Faschisten, während seine Braut Laura bei den

D: Gérard Depardieu, Sandrine Bonnaire, Maurice Pialat

Ganz aus der Optik von Bernanos' Roman entwickelt Pialat auch eigene Themen: der als heilig geltende Dorfpriester Donissan, seine Begegnung mit der Selbstmörderin Mouchette und dem Teufel sowie seine Wundertat an einem Kind dienen dem nichtgläubigen Regisseur als Parabel. Sie macht mit radikaler Klarheit den heftigen, seelisch und physisch erfahrenen Konflikt zwischen Licht und Nacht, Gut und Böse deutlich.

Sonnenblumen S780

I GIRASOLI ***

Italien/UdSSR 1969, 109 Min., F

R: Vittorio de Sica D: Sophia Loren, Marcello Mastroianni, L. Sawalewa

Ein Liebespaar im Krieg. Der Mann wird in Rußland von einer Frau halberfroren gefunden und heiratet seine Retterin; die Frau hat geheiratet und ist Mutter eines Sohnes. Nun treffen sich die beiden noch einmal. Melodram, das manchmal große Bilder, aber keinen großen Zusammenhalt findet.

Die Sonnengöttin S781

**

Deutschland 1992, 96 Min., F

R: Rudolf Thomé D: Radhe Schiff, John Shinavier, Susan Chesler

Erlebnisse eines amerikanischen Filmkritikers, der in Berlin Nachforschungen über den deutschen Stummfilmregisseur F. W. Murnau anstellt. Filmhistorische Spurensuche für Geduldige.

Ein Sonntag auf dem Lande S782

UN DIMANCHE A LA CAMPAGNE ****

Frankreich 1984, 94 Min., F

R: Bertrand Tavernier D: Louis Ducreux, Sabine Azema, Michel Aumont

Ein alternder Maler empfängt 1912 seine bürgerliche Familie zum Besuch. Ein impressionistischer Film über Malerei und eine dem Untergang geweihte,

Mit Dokumentaraufnahmen durchsetzte Geschichte des ungarischen Reichsverwesers Miklós Horthy, der im Oktober 1944 aus dem Bündnis mit Hitler und Mussolini auszusteigen versucht, was ihm nicht gelingt.

Ein Sonntag im September S784
EN SÖNDAG I SEPTEMBER ***
Schweden 1963, 115 Min., s/w
R: Jörn Donner D: Harriet Andersson, Thommy Berggren, Barbro Kollberg
Szenen einer Ehe, lange vor Bergman, und besser: das gute Spielfilmdebüt des finnischen Regisseurs und Kritikers.

Sonntag in New York S785
SUNDAY IN NEW YORK ***
USA 1963, 100 Min., F
R: Peter Tewksbury D: Jane Fonda, Cliff Robertson, Rod Taylor
Boulevardkomödie um eine junge Braut, die zu ihrem Bruder flüchtet, weil der Bräutigam schon vor der Hochzeit Sex will, und die in ihrer jungfräulichen Standhaftigkeit irre wird, als sie bei ihm Spuren eines erotischen Lotterlebens findet. Einer dieser Filme, in denen endlos von dem die Rede ist, was alle Figuren panisch zu verhindern suchen.

Sonntag sollst du sterben S786
GUNSLINGER ***
USA 1956, 75 Min., F
R: Roger Corman D: Beverly Garland, John Ireland, Allison Hayes
Ein Killer wird auf einen weiblichen Sheriff angesetzt. Zwischen beiden funkt es, aber sie wissen, daß sie irgendwann eine Entscheidung fällen müssen. Raffinierte Westernstory, die das Genre einmal anders angeht.

Sonntagsfahrer S787
***
DDR 1963, 95 Min., s/w
R: Gerhard Klein D: Harald Galgardt, Herwart Grosse, Angelica Domröse
Die Reise einer Gruppe von DDR-Bürgern nach Westberlin, die durch den Bau der Mauer unterbrochen wird, offenbart deren Motive und Charaktere.

Die Sonntagsfrau S788
LA DONNA DEL DOMENICA ***
Italien 1975, 108 Min., F
R: Luigi Comencini D: Jacqueline Bisset, Marcello Mastroianni, Jean-Louis Trintignant
Der Mord an einem Turiner Architekten legt ein Geflecht von Neurosen und Korruption frei. Fruttero und Lucentinis Roman in einer ansprechenden, aber geglätteten Film-Version.

Sonntags nie S789
POTE TIN KYRIAKI ****
Griechenland 1959, 87 Min., s/w
R: Jules Dassin D: Melina Mercouri, Jules Dassin, Georges Foundas
Kulturbeflissener amerikanischer Intellektueller kapituliert schließlich vor der bodenständigen Lebenslust einer Dirne im Hafen von Piräus. Köstliche Komödie mit der späteren griechischen Ministerin für Kultur.

Sonntagsspielereien S790
NIEDZIELNE IGRASZKI ****
Polen 1983, 91 Min., s/w
R: Robert Glinski D: Miroslaw Mircheluk, Emilia Krakowska, Stefan Szmidt, Daria Trafankowska
Eine Parabel über stalinistische Herrschaftsformen: Kinder spielen die Welt der Erwachsenen nach und zeigen dabei die ganze Brutalität des Systems. Der Film blieb in Polen lange Zeit verboten.

Sons of Steel S791
SONS OF STEEL **
Australien 1988, 92 Min., F
R: Gary K. Keady D: Rob Hartley, Roz Wason, Jeff Duff, Dasha Blahova
Austral-Rocker gerät in ein Zeitloch und wird in die Vergangenheit geschleudert, um die Welt vor der atomaren Katastrophe zu bewahren.
LSFF, HFJ 1992

Sophies Entscheidung S792
SOPHIE'S CHOICE ***
USA 1982, 151 Min., F
R: Alan J. Pakula D: Meryl Streep, Kevin Kline, Peter McNicol
Ein junger New Yorker Schriftsteller verliebt sich in eine Polin, die das Konzentrationslager Auschwitz überlebt hat und mit Schuldgefühlen belastet ist. Er versucht ihrem Geheimnis auf die Spur zu kommen. Aufgrund der zum Teil spekulativen Darstellung mit überlangen Rückblenden gelingt die Aufarbeitung des Holocaust trotz des brillianten Spiels von Meryl Streep nur teilweise.

Soraya, Sklavin des Orients S793
IL MERCANTE DI SCHIAVE **
Italien/Frankreich 1964, 95 Min., F
R: Anthony M. Dawson D: Kirk Morris, Michèle Girardon, Nadine Verdier
Muskelmann bewahrt orientalische Königstochter, deren Vater einem Usurpator zum Opfer fiel, vor bösem Schicksal, und sie erwählt ihn, als alles gut ausgegangen ist, zum Gatten. Schöner Kitsch für Freunde schlechter Filme.

SOS – Feuer an Bord S794
ONLY ANGELS HAVE WINGS ****
USA 1939, 107 Min., s/w
R: Howard Hawks D: Cary Grant, Jean Arther, Thomas Mitchell, Rita Hayworth
Eine Truppe von mutigen Piloten testet eine neue Flugverbindung über die südamerikanischen Anden. Es kommt zu Turbulenzen im emotionalen Luftraum, als ein attraktives Showgirl in der harten Männerwelt landet. Temporeich inszenierter Abenteuerfilm mit hohem Unterhaltungswert.

SOS Raumschiff S795
THE INVISIBLE BOY **
USA 1957, 90 Min., s/w
R: Herman Hoffman D: Richard Eyer, Philip Abbot, Diane Brewster
Sohn eines Wissenschaftlers gerät unter den Einfluß einer Denkmaschine mit Welteroberungsplänen und wird von einem Roboter vor üblem Schicksal bewahrt. Dutzendware. LSFF

Sound of Love S796
SOUND OF LOVE **
USA 1982, 90 Min., F
R: Alan Vydra D: Loni Sanders, Jessie St. James, Annette Haven, Don Hart
Musikfan möchte Orgasmusstöhnen von Frauen in eine Symphonie integrieren und heuert Abhörfachmann

an, der alle Register zieht, damit die Damen nicht schweigen. Sound-Orgie.

Space Camp S797
OF UNKNOWN ORIGIN **
USA 1986, 107 Min., F
R: Harry Winer D: Kate Capshaw, Lea Thompson, Larry B. Scott
Einige jugendliche Genies werden bei einem NASA-Test aus Versehen ins All geschossen und bestehen das Abenteuer aufgrund angeborener Cleverneß. Ein völlig unglaubwürdiges SF-Spektakel. HFJ 1988

Space Cop L.A. 1991 S798
ALIEN NATION **
USA 1988, 96 Min., F
R: Graham Baker D: James Caan, Mandy Patinkin, Terence Stamp
US-Cop und eierköpfiger Alien-Kollege klären eine Verschwörung auf, die das Zusammenleben beider Rassen stören soll. SF-Krimi, dessen Aliens doof aussehen und sich zu 100% wie Amerikaner gebärden. HFJ 1990

Space Detective S799
ALIEN PRIVATE EYE *
USA 1987, 87 Min., F
R: Vic Rubenfeld D: Nikki Fastinetti, Cliff Audell, Brenda Winston
Spitzohriger außerirdischer Detektiv verlegt seinen Wirkungskreis auf die Erde. Krimi gewöhnlichen Zuschnitts, dessen Held das Pulver auch nicht gerade erfunden hat. HFJ 1990

Space Invaders S800
KILLER CLOWNS FROM OUTER SPACE ***
USA 1988, 88 Min., F
R: Stephen Chiodo D: Grant Cramer, Suzanne Snyder, John Allen Nelson
Tückische Außerirdische, als Clowns maskiert, kommen zur Erde und spielen ein böses Spiel mit den Menschen, die einige Zeit brauchen, bis sie das Grauen hinter den Grinsegesichtern erkennen. Boshaft! HFJ 1989

ernährendes außerirdisches Monster kommt in einem Meteoritenschauer zur Erde und treibt dort sein Unwesen. SF-Dutzendware. LSFF

Space Mutiny S802
SPACE MUTINY **
USA 1989, 91 Min., F
R: David Winters, Neal Sundstrom
D: Reb Brown, John Phillip Law, James Ryan, Cameron Mitchell
Die Besatzung eines seit Generationen nach bewohnbaren Planeten suchenden Sternenschiffs ringt mit Meuterern und Piraten. Da fliegen die Fetzen. Unbedeutend. HFJ 1991

Space Pirates S803
L' ISOLA DEL TESORO *
Italien 1987, 120 Min., F
R: Antonio Margheriti D: Italo Nardulli, Anthony Quinn, Ernest Borgnine, Klaus Löwitsch
Der bekannte Abenteuerroman *Die Schatzinsel* von R. L. Stevenson im SF-Gewand. Die gekürzte Videofassung hinkt der ursprünglichen TV-Serie aufgrund von Sprüngen leicht nach. Trotzdem nett anzusehen. HFJ 1989

Space Raiders – Weltraumpiraten S804 **
SPACE RAIDERS
USA 1983, 83 Min., F
R: Howard R. Cohen D: Vince Edwards, David Mendenhall, Drew Snyder, Patsy Pease
Zehnjähriges Bübchen fällt während eines Überfalls unter die Piraten und findet im Laufe diverser Abenteuer heraus, daß die Burschen eigentlich doch ganz tolle Kerle sind. Billiges Unterhaltungsfutter für die Massen. LSFF

Spaceballs – Mel Brooks' verrückte Raumfahrt S805 ****
SPACEBALLS
USA 1987, 96 Min., F
R: Mel Brooks D: Mel Brooks, John

Spacehunter – Jäger im All S806
SPACEHUNTER: ADVENTURES IN THE FORBIDDEN ZONE **
USA 1983, 90 Min., F
R: Lamont Johnson D: Peter Strauss, Molly Ringwald, Ernie Hudson
Auf der Suche nach drei auf einem Schrottplaneten notgelandeten Girls begegnen ein kosmischer Haudegen und eine vorlaute Göre allerlei Monstrositäten. Science-fiction-Dutzendware. LSFF

Spaltprozesse S807
****
BRD 1985 – 87, 95 Min., F
R: Bertram Verbong, Claus Strigel
Engagierter Dokumentarfilm über den Widerstand der Bürger gegen die Wiederaufbereitungsanlage in Wakkersdorf, der auch die Frage nach der politischen Wirklichkeit unserer Demokratie stellt. HFJ 1988

Spartacus S808
SPARTACUS ****
USA 1960, 193 Min., F
R: Stanley Kubrick D: Kirk Douglas, Laurence Olivier, Jean Simmons
Nach dem Tode eines Gladiators eint Spartacus seine Freunde und führt sie in den Kampf um die Freiheit. Spannend inszenierter Historienfilm mit vielen Kampfszenen.

Spartacus, der Rebell von Rom S809 **
SPARTACO
Italien 1953, 99 Min., F
R: Riccardo Freda D: Massimo Girotti, Ludmilla Tcherina, Gianna Maria Canale
Ein Gladiator führt 73 v. Chr. einen Sklavenaufstand gegen Rom an. Monumentales Kampfspektakel; die italienische Billigversion des Films *Spartacus.*

Spartacus und zehn Muskelmänner bekämpfen die Tyrannei eines römischen Politikers. Hauptsächlich aus Schwertkämpfen bestehende Monumentalfilm-Dutzendware.

Das späte Mädchen S811
LA FILLE VIELLE ****
Frankreich/Italien 1971, 88 Min., F
R: Jean-Pierre Blanc D: Annie Girardot, Philippe Noiret, Michael Lonsdale
In einem Ferienhotel des Massentourismus treffen eine verschüchterte ältere Junggesellin und ein kontaktscheuer ältlicher Mann aufeinander und kommen sich sehr, sehr langsam näher. Ein sehr zärtlicher Film.

Spätherbst S812
AKIBIYORI ***
Japan 1960, 128 Min., F
R: Yasujiro Ozu D: Setsuko Hara, Yôko Tsukasa, Chishu Ryu
Ayako lebt bei ihrer verwitweten Mutter und verzichtet auf eine eigene Heirat, bis die Freunde versuchen, zunächst einmal die Mutter zu verheiraten. Streng stilisiertes und doch sehr intimes Familiendrama.

Der Spatz von Paris S813
LA MOME PIAF **
Frankreich 1969, 108 Min., F
R: Guy Casaril D: Brigitte Ariel, Pascale Christophe, Guy Tréjan
Etwas rührselige, aber ehrbare Filmbiographie über Frankreichs großen Chanson-Star Edith Piaf.

Der Spätzünder S814
HIGH TIME ***
USA 1960, 98 Min., F
R: Blake Edwards D: Bing Crosby, Tuesday Weld, Nicole Maurey
Nach dem Tod seiner Frau beginnt ein Mann jenseits der fünfzig ein Studium, verliebt sich in seine Französischlehrerin und schockiert seine Kinder. Wundervolle musikalische Blake-Edwards-Komödie.

Der Spätzünder S815
ULTIMO TANGO A ZAGAROL **
Italien 1974, 85 Min., F
R: Nando Cicero D: Franco Franchi, Martine Beswick, Gina Rovere
Hanebüchene Parodie auf Bertoluccis *Letzten Tango*. Man ist nicht ganz sicher, ob die Macher den Film überhaupt gesehen haben. Spaß macht's trotzdem, jedenfalls die erste halbe Stunde lang.

Die Spaziergängerin von Sans-Souci S816
***
LA PASSANTE DU SANS-SOUCI
BRD/Frankreich 1981, 102 Min., F
R: Jacques Rouffio D: Romy Schneider, Michel Piccoli, Wendelin Werner
Sonderbar stilisiertes Melodram um die Hintergründe eines Mordes am paraguayischen Botschafter in Paris, dessen Ursprünge in der Zeit des III. Reichs wurzeln. Trotz des guten Spiels der beiden Hauptdarsteller (Romy Schneider in ihrer letzten Rolle) wirkt der Film manchmal zu plakativ.

Special Terminator – Die Killermaschine S817
**
ASSASSIN
USA 1985, 96 Min., F
R: Sandor Stern D: Robert Conrad, Karen Austin, Richard Young
Ein CIA-Agent wird auf einen menschlich aussehenden Mordroboter angesetzt, der es auf amerikanische Politiker abgesehen hat. Actionfilm nach Schablone. LSFF

Species S818
SPECIES ***
USA 1995, 108 Min., F
R: Roger Donaldson D: Ben Kingsley, Michael Madsen, Forest Whitaker
Ein Phantasiewesen, halb Mensch, halb Alien, kann just in dem Moment fliehen, in dem die Wissenschaftler, die es erschufen, seinen Tod herbeiführen wollen. Die Kreatur verwandelt sich in eine wunderschöne, aber gemeingefährliche »Frau«, die fortan nichts anderes im Sinn hat, als sich fortzupflanzen. Kruder Science-Fiction-B-Film im Gewand einer teuren Hollywood-Produktion. HFJ 1996

Specters – Mächte des Bösen S819
**
SPETTRI
Italien 1987, 90 Min., F
R: Marcello Avallone D: John Pepper, Donald Pleasance, Katrine Michelsen, Massimo De Rossi
Ein Archäologe buddelt eine Kiste aus, die expressis verbis »Das Böse« enthält, und nachdem er sie – echte Forscher sind halt neugierig – geöffnet hat, geht dasselbe auch bald um. Simpler Horrorschocker. HFJ 1989

Keanu Reeves

Speed S820
SPEED ****
USA 1994, 116 Min., F
R: Jan de Bont D: Keanu Reeves, Dennis Hopper, Sandra Bullock
Ein Spezial-Bulle laviert mit einer starken Frau am Steuer einen Bus durch Los Angeles, der in die Luft fliegt, sobald sein Tempo unter 50 Meilen fällt. Ein rasanter Action-Film, der fast ohne Gewalt auskommt und durch sensationelle Stunts in Spannung hält. HFJ 1995. Speed 2 folgte überflüssigerweise 1997. HFJ 1998

Der Speer der Rache S821
CHIEF CRAZY HORSE ***
USA 1955, 86 Min., F
R: George Sherman D: Victor Mature, Suzan Ball, John Lund
Filmbiographie des indianischen Häuptlings Crazy Horse, der General Custer am Little Big Horn schlägt, dann aufgeben muß und (historisch falsch) von einem Indianer getötet wird. Ansehbarer Western.

Speisekarte der Liebe S822
GODELUREAUX ***
Fr/It 1960, 100 Min., s/w
R: Claude Chabrol D: Jean-Claude Brialy, Bernadette Lafont, Charles Belmont, Jean Tissier
Der verdorbene Sohn einer reichen Familie will sich wegen einer Kleinigkeit mit Hilfe eines jungen Mädchens an dem Studenten Arthur rächen. Die-

ser verliebt sich in den »Lockvogel« und sieht sich bald heimtückischen Bösartigkeiten ausgesetzt. Zynische, stilistisch uneinheitliche Gesellschaftssatire mit ätzender Moralkritik.

Spetters – knallhart und romantisch S823
***
SPETTERS
Niederlande 1980, 122 Min., F
R: Paul Verhoeven D: Hans van Tongeren, Renée Soutendijk, Toon Agterberg
Bevor er nach Hollywood ging, langte Verhoeven schon hin, allerdings näher an relevanten Dingen, wie in dieser Story über drei Motorrad-Freaks.

Spezialeinheit IQ S824
A MIDNIGHT CLEAR ***
USA 1991, 107 Min., F
R: Keith Gordon D: Peter Berg, Ethan Hawke, Kevin Dillon
Eine US-Infanterieeinheit in den Ardennen begegnet einer Gruppe ausgehungerter, kriegsmüder deutscher Soldaten, die sich ergeben wollen. Aber die Mechanik des Krieges macht jeden Ansatz einer Versöhnung unmöglich. Der Film wird dem Anspruch des Regisseurs und Autors durchaus gerecht: »Ich möchte, daß die Leute am Ende des Films traurig sind und später anfangen nachzudenken.«

Spider-Man – Der Spinnenmensch S825
**
SPIDER-MAN
USA 1977, 92 Min., F
R: E. W. Swackhamer D: Nicholas Hammond, David White, Michael Pataki
Durch den Biß einer radioaktiven Spinne wird ein Student mit den Fähigkeiten der Spinne begabt: Er kann senkrechte Wände hinauflaufen und tragfähige Seile »spinnen« – Eigenschaften, die er zur Bekämpfung

D: Margarita Tereschkowa, I. Danilzwe, L. Tarkowskaja
Tarkowskys Rückblick auf seine Jugend und seine Mutter ist in Bilder umgesetzte Poesie – im besten Sinne des Wortes. Die Auseinandersetzung mit der eigenen Vergangenheit, der Blick in den Spiegel, mündet in ein ebenso eigenwilliges wie ästhetisch geglücktes Bündel von Reflexionen über menschliche Existenz und Geschichte. Kein einfacher, aber ein lohnender Film.

Spiegelbild im goldnen Auge S827
REFLECTIONS IN A GOLDEN EYE ****
USA 1966, 109 Min., F
R: John Huston D: Marlon Brando, Elizabeth Taylor, Brian Keith
Ein Fort im amerikanischen Süden. Die Frau eines homosexuellen Majors, der« einem jungen Soldaten nachstellt, betrügt ihren Mann mit einem anderen Offizier, dessen Frau wiederum eine Affäre mit einem Hausangestellten hat. Schließlich kommt es zum Mord. Perfekt inszeniert, mit glaubhaft gespielten Charakteren.

Spiegelbilder S828
IMAGES ***
Irland 1972, 101 Min., F
R: Robert Altman D: Susannah York, René Auberjonois, Marcel Bozzuffi
Eine Frau wird nach dem tödlichen Unfall ihres Geliebten von Halluzinationen gequält. Ihre Mitmenschen bringen keinerlei Verständnis und Mitgefühl für sie auf, so daß sie zusammenbricht. Intelligent konstruiertes Psychogramm.

Spiel auf Zeit S829
SNAKE EYES ****
USA 1998, 99 Min., F
R: Brian De Palma D: Nicolas Cage, Gary Sinise, Carla Gugino
Thriller um einen verkorksten Polizisten, der schrittweise die Intrige aufklärt, die hinter dem während eines Boxkampfes durchgeführten Mord am US-Verteidigungsminister steckt. Mit einer 20minütigen (ungeschnittenen) Anfangssequenz wird der Plot eingeführt und später in verschiedene Perspektiven aufgesplittert. Zu Beginn grandios, am Schluß platt. HFJ 1998

Spiel der Erinnerung S830
UN CARNET DE BAL ****
Frankreich 1937, 118 Min., s/w
R: Julien Duvivier D: Marie Bell, Françoise Rosay, Pierre Blanchard
Die Reise einer jungen Witwe in die Vergangenheit als Folge poetisch-romantischer Episoden. Eines der Meisterwerke des französischen Vorkriegskinos.

Das Spiel der Lüge S831
LA MENTEUSE ***
Frankreich 1961, 96 Min., s/w
R: Michel Deville D: Marina Vlady, Macha Meril, Michel Vitold
Leichte romantische Komödie um zwei Schwestern, die an ihren Liebeserfahrungen wachsen.

Spiel der Verlierer S832
***
BRD 1978, 77 Min., F
R: Christian Hohoff

›Spiel mir das Lied vom Tod‹ – Ein Tor zur Hölle in Leones Westen.

D: Jörg von Liebenfels, Maria Schell, Claus Holm
Ein fünfzehnjähriges Mädchen liebt einen fünfzigjährigen Mann; das geht, wie wir wissen, böse aus. Produziert von R. W. Fassbinder.

Das Spiel ist aus S833
LES JEUX SONT FAITS ****
Frankreich 1947, 93 Min., s/w
R: Jean Delannoy D: Marcello Pagliero, Micheline Presle, Charles Dullin
Ein Revolutionär und eine Dame aus der besten Gesellschaft werden zur gleichen Zeit ermordet, treffen sich im Jenseits und verlieben sich ineinander. Sie dürfen ins Leben zurückkehren, scheitern aber an der hieran geknüpften Bedingung, sich ganz auf ihre Liebe zu konzentrieren. Authentische filmische Umsetzung des Originalmanuskripts von Jean-Paul Sartre; Existenzialismus pur.

Spiel mir das Lied vom Tod S834
CERA UNA VOLTA IL WEST *****
Italien 1968, 165 Min., F
R: Sergio Leone D: Henry Fonda, Jason Robards, Charles Bronson
Ein mysteriöser Mann, dessen Ziele erst am Ende deutlich werden (sein Motiv ist Rache) jagt einen Killer, der seiner Familie vor Jahrzehnten Übles angetan hat. Der beste Italo-Western aller Zeiten, ein echter Kultfilm.

Das Spiel mit dem Feuer S835
LE JEU AVEC LE FEU ***
Frankreich/Italien 1974, 113 Min., F
R: Alain Robbe-Grillet D: Jean-Louis Trintignant, Philippe Noiret, Anicée Alvina
Die Tochter einer reichen Familie wird von Erpressern in einem Nobel-Bordell festgehalten. Witzige, in der Art des »nouveau roman« erzählte Gangsterfilm-Persiflage, die in erster Linie von den hervorragenden Schauspielern und absurd-komischen Situationen lebt.

Spiel mit der Liebe S836
PLAYERS **
USA 1979, 120 Min., F
R: Anthony Harvey D: Ali MacGraw, Dean-Paul Martin, Guillermo Vilas
Liebesgeschichte zwischen einem jungen Tennis-Champion und einer Jetsetterin in der Midlife Crisis. Zähes cineastisches Grundlinienspiel mit einem Doppelfehler in der Besetzung.

Spiel um Zeit – Das Mädchenorchester in Auschwitz S837 ****
PLAYING FOR TIME
USA 1980, 150 Min., F
R: Daniel Mann D: Vanessa Redgrave, Jane Alexander, Shirley Knight
Für das Fernsehen entstandene, von Arthur Miller dramatisierte Verfilmung der autobiographischen Berichte von Fania Fenelon, die als französische Jüdin das Konzentrationslager überlebt hat.

Das Spiel war sein Fluch S838
LE JOUEUR ***
Frankreich/Italien 1958, 97 Min., F
R: Claude Autant-Lara D: Gérard Philipe, Liselotte Pulver, Bernard Blier, Françoise Rosay
Im vornehmen Baden-Badener Milieu der Hotels und Spielsalons des Jahres 1867 verliebt sich ein russischer Offizier in eine Halbweltdame. Deren krimineller Freund macht sich gleichzeitig die Tochter des Offiziers gefügig. Trotz bestechender Farbkompositionen und hervorragender Schauspielkunst Gérard Philipes eine nur oberflächliche Übertragung der Dostojewski-Vorlage.

Spieler S839
***
BRD 1989, 106 Min., F
R: Dominik Graf D: Peter Lohmeyer, Anica Dobra, Hansa Czypionka
Philosophiestudent hängt zwischen Spielcasino und Selbstmord und gerät an eine schöne Frau, die zunächst vor allem wegen der 20 000 DM interessant ist, die sie geerbt hat. Eine tragische Komödie. HFJ 1991

Der Spieler S840
THE GREAT SINNER ***
USA 1948, 112 Min., s/w
R: Robert Siodmak D: Gregory Peck, Ava Gardner, Melvyn Douglas
In Form einer Rahmenhandlung, in der der Dichter selbst auftritt, das Verhalten von Spielern studiert und schließlich selbst der Spielleidenschaft verfällt gibt der Film Grundzüge des Romans von Fjodor Dostojewksij wieder.

Spieler ohne Skrupel S841
THE GAMBLER ***
USA 1974, 111 Min., F
R: Karel Reisz D: James Caan, Paul Sorvino, Lauren Hutton
New Yorker Literaturdozent verfällt voll und ganz der Spielleidenschaft. Unterschätzter Film von einem gelegentlich unterschätzten Regisseur mit einem gelegentlich ebenso unterschätzten Hauptdarsteller.

Spielfieber S842
THE LADY GAMBLES **
USA 1947, 95 Min., s/w
R: Michael Gordon D: Barbara Stanwyck, Robert Preston, Stephen McNally
Eine glückliche Ehefrau infiziert sich in Las Vegas an der Spielleidenschaft und droht ihre bürgerliche Existenz zu vernichten.

Die Spielhölle von Macao S843
MACAO, L'ENFER DU JEU ***
Frankreich 1939, 90 Min., s/w
R: Jean Delannoy D: Erich von Stroheim, Mireille Balin, Pierre Renoir
Liebes- und Abenteuergeschichte um einen Journalisten und die schöne Tochter des Kasinobesitzers von Macao. Schon wegen Erich von Stroheim in der Hauptrolle ist der stimmungsvolle kleine Film sehenswert.

Die Spielregel S844
LA REGLE DU JEU ****
Frankreich 1939, 106 Min., s/w
R: Jean Renoir D: Marcel Dalio, Nora Gregor, Jean Renoir
Während einer Landhaus-Party kommt es auf verschiedenen gesellschaftlichen Ebenen zu zwei leidenschaftlichen Liebesaffären. Ein eifersüchtiger betrogener Ehemann erschießt schließlich aufgrund einer Verwechslung den Geliebten der Hausherrin. Renoir gelingt mit seiner hintergründig-sarkastischen Komödie eine exakte Beschreibung des Zeitgeistes in

der verfallenden französischen Gesellschaft unmittelbar vor dem Zweiten Weltkrieg.

Das Spielzeug S845
LE JOUET ***
Frankreich 1976, 94 Min., F
R: Francis Véber D: Pierre Richard, Michel Bouquet, Fabrice Gréco
Ein Journalist wird in einer Art beruflichen Zweckentfremdung zuerst zum Spielzeug, dann zum Spielgefährten und schließlich zum Freund des verwöhnten Sohnes seines allmächtigen Chefs. Eine glänzende Idee, aber zu verspielt aufgearbeitet, um eine gute Satire zu sein.

Das Spinnennetz S846
****
BRD/Österreich/It 1989, 196 Min., F
R: Bernhard Wicki D: Ulrich Mühe, Armin Mueller-Stahl, Andrea Jonasson, Klaus Maria Brandauer
Ein ehemaliger Leutnant der kaiserlichen Armee, dessen Welt nach der Niederlage von 1918 in Scherben liegt, macht mit Hilfe eines rechtsradikalen Geheimbundes unaufhaltsam Karriere, wobei er sich skrupellos aller Mittel bedient. Bernhard Wickis Joseph-Roth-Verfilmung ist großes Erzählkino und seine ganz persönliche Warnung vor Tendenzen nach rechts, aber leider viel zu lang.
HFJ 1990

Der Spion, der aus der Kälte kam S847
****
THE SPY WHO CAME IN FROM THE COLD
GB 1965, 112 Min., s/w
R: Martin Ritt D: Richard Burton, Claire Bloom, Oskar Werner
Britischer Geheimdienstler, der einen Gegenspieler in der DDR ausschalten will, läßt sich zum Schein entlassen, täuscht Abstieg in den Alkoholismus und bietet sich den Kommunisten

›Der Spion, der aus der Kälte kam‹ – Die Mauer, der Kalte Krieg: Nur noch Museumsstücke?

Der Spion, der in die Hölle ging S848
**
CORRIDA POUR UN ESPION
BRD/Fr/Sp 1965, 109 Min., F
R: Maurice Labro D: Ray Danton, Pascale Petit, Roger Hanin
US-Geheimdienstler kommt einer Bande kommunistischer Spione auf die Schliche, die mit getarnten Kameras einen NATO-Stützpunkt filmen.

Der Spion in Schwarz S849
THE SPY IN BLACK **
GB 1939, 79 Min., s/w
R: Michael Powell
D: Conrad Veidt, Sebastian Shaw, Valerie Hobson
Deutscher U-Boot-Kommandant soll vor der Küste Schottlands einen Agenten treffen, um an Informationen für einen großangelegten Angriff zu kommen.

Spionage S850
**
Österreich 1955, 100 Min., s/w
R: Franz Antel D: Ewald Balser, Oskar Werner, Gerhard Riedmann
Prominent besetzte Film-Erzählung um den Chef der österreichischen Abwehr, Oberst Redl, der wegen seiner

Pommes (Isabelle Huppert) Leben bekommt plötzlich einen Riß in ›Die Spitzenklöpplerin‹.

Homosexualität erpreßt und 1913 als russischer Spion enttarnt wurde.

Spione wie wir S851
SPIES LIKE US ***
USA 1985, 102 Min., F
R: John Landis D: Chevy Chase, Dan Aykroyd, Steve Forrest
Zwei Nullen dienen der CIA ahnungslos als Köder, um die Sowjets von echten Agenten abzulenken, die im eiskalten Sibirien eine Rakete zünden sollen, damit die US-Generäle endlich eine neue Abwehrrakete testen können. Dank ihrer Trottelhaftigkeit verhindern sie den Ausbruch des Dritten Weltkrieges. Ein nettes, am Rand der Klamotte angesiedeltes Satirchen auf den Rüstungswettlauf. HFJ 1987

Die Spitzenklöpplerin S852
LA DENTELLIERE ****
Frankreich 1976, 105 Min., F
R: Claude Goretta D: Isabella Huppert, Florence Giorgetti, Yves Beneyton
Ein einfaches Mädchen und ein Student verlieben sich ineinander. Aufgrund ihrer unterschiedlichen Herkunft zeigen sich bald emotionale Verständnisbarrieren zwischen den beiden, und die Beziehung scheitert tragisch. Äußerst einfühlsam inszenierter Film mit einer glänzend spielenden Isabelle Huppert, in dem die Mittel des konventionellen Erzählkinos meisterhaft ausgeschöpft werden.

Splash – Jungfrau am Haken S853
SPLASH ***
USA 1984, 111 Min., F
R: Ron Howard D: Tom Hanks, Daryl Hannah, Eugene Levy, John Candy
Eine Meerjungfrau rettet einen ins Wasser gefallenen Gemüsehändler, geht mit ihm nach New York und bemüht sich, eine echte Menschin zu werden. Eine amüsante Lovestory; Schlußgag inklusive. LFF

Splendor S854
SPLENDOR ****
It/Fr 1989, 106 Min., s/w und F
R: Ettore Scola D: Marcello Mastroianni, Massimo Troisi, Marina Vlady
Ein altes Kino in der Provinz soll einem Warenhaus Platz machen. Der Besitzer, der Filmvorführer und die Platzanweiserin sehen sich vor der Zerstörung ihres Lebenstraumes. Eine Liebeserklärung an das Kino.

Der Spottvogel S855
L'OISEAU MOQUEUR ***
Frankreich 1961, 40 Min., s/w
R: Robert Enrico D: Stéphane Frey, François Frankiel, Eric Frankiel
Während des amerikanischen Bürgerkrieges erschießt ein Soldat auf Wache seinen Zwillingsbruder, von dem er nach dem Tod der Mutter getrennt war. Stilistisch eigenwillige Verfilmung einer Kurzgeschichte von A. Bierce.

Sprachlos S856
SPEECHLESS ***
USA 1994, 99 Min., F
R: Ron Underwood D: Michael Keaton, Geena Davis, Christopher Reeve
Romanze zwischen zwei gegnerischen Wahlkampfhelfern einer US-Wahl. Weder ein vergnüglicher verbaler Schlagabtausch noch eine Satire oder gar eine wirkliche Liebesgeschichte; anspruchslose Unterhaltung. HFJ 1996

Der Sprinter S857
***
BRD 1983, 85 Min., F
R: Christoph Böll D: Wieland Samolak, Gerhard Olschewski, Renate Muhri
Ein homosexueller junger Mann wird durch einen sportlichen Erfolg (und die Beziehung zu einer Kugelstoßerin) für seine Familie und seine Umwelt »akzeptabel«. Treffende Gesellschaftssatire.

Spröde Beziehungen S858
KREHKE VZTAHY ***
CSSR 1979, 87 Min., F
R: Juraj Herz D: Vladimir Kratina, Radim Hlozek, Zora U. Keslerova
Eine Liebes- und Familiengeschichte im Milieu der Schlachthofarbeiter; der bittere Realismus gibt einem hoffnungsfrohen Ende Raum.

Sprung auf, marsch, marsch S859
TAKE THE HIGH GROUND ***
USA 1952, 100 Min., F
R: Richard Brooks D: Richard Widmark, Karl Malden, Elaine Stewart
Militärische Schleifer machen in einem texanischen Ausbildungslager aus Rekruten Soldaten, denen anschließend der Einsatz in Korea droht. Die Wahrheit ist noch viel schlimmer! Der Feierabendfilm für Zwölfender.

Der Sprung ins Leere S860
SALTO NEL VUOTO ***
Italien/Frankreich 1979, 115 Min., F
R: Marco Bellocchio D: Michel Piccoli, Anouk Aimee, Michele Placido
Ein Mann, der seine Schwester als fügsame Dienerin hält, will sie in den Selbstmord treiben, als sich eine psychische Krankheit bei ihr abzeichnet. Beklemmender Psychothriller von beachtlicher darstellerischer Leistung.

Die Sprungdeckeluhr S861
***
BRD 1990, 85 Min., F
R: Gunter Friedrich D: Rene Tonysprengler, Antje Salz, Günter Schubert
Die authentische Geschichte zweier junger Geschwister, deren Eltern von den Nazis verhaftet wurden und die auf sich selbst gestellt überleben mußten. HFJ 1992

Das Spukschloß im Spessart S862
***
BRD 1960, 97 Min., F
R: Kurt Hoffmann D: Liselotte Pulver, Hubert von Meyerinck, Heinz Baumann, Hanne Wieder
Die in finanzielle Schwierigkeiten geratene Komtesse Charlotte von Sandau wird bedrängt, das Familienschloß in ein Luxushotel umwandeln zu lassen. In ihrem aussichtslos scheinenden Kampf gegen einen unangenehmen Gläubiger bekommt sie unerwartet Hilfe durch die Spessartgespenster. Originelle Gruselkomödie mit satirischen Untertönen.

Das Spukschloß in der Via Veneto S863
***
FANTASMI A ROMA
Italien 1960, 100 Min., F
R: Antonio Pietrangeli D: Marcello Mastroianni, Sandra Milo, Vittorio Gassman, Eduardo De Filippo
Frisch verstorbener Prinz und Geister seiner Ahnen, die in einem Palazzo

leben, müssen sich ihrer Erben erwehren, die ihnen das Dach über dem Kopf nehmen wollen. Von leichter Hand inszenierte ironische Komödie.

Spur der Gewalt S864
BUSTING ***
USA 1973, 92 Min., F
R: Peter Hyams D: Elliott Gould, Robert Blake, Allen Garfield
Zwei Beamte der Sittenpolizei von Los Angeles sind einem Unterweltboß auf der Spur. Durchschnittliches Genrestück mit ein paar ungewöhnlichen Situationen und einer seltsamen Mischung aus Realismus, Komik und Action.

Spur der Steine S865
****
DDR 1966, 129 Min., s/w
R: Frank Beyer D: Manfred Krug, Krystyna Stypulkowska, Eberhard Esche, Johannes Wieke
Mitten im sozialistischen Alltag lebt und arbeitet eine Baubrigade nach eigenen Gesetzen. Manfred Krug als vitaler Gegenpol zu bürokratischem Kleinmut in einem Film, der nach kurzer Zeit in der DDR verboten wurde.

Die Spur des Falken S866
THE MALTESE FALCON ****
USA 1941, 96 Min., s/w
R: John Huston D: Humphrey Bogart, Mary Astor, Peter Lorre
Ein mit allen Wassern gewaschener Privatdetektiv bekommt von einer verführerischen Klientin den Auftrag, eine angeblich wertvolle Falkenstatuette zu suchen, hinter der auch einige dubiose Gestalten her sind. Das begehrte Objekt erweist sich schließlich als wertloser Tand. Brillant inszeniertes Regiedebüt John Hustons, das mit tiefschwarzem Zynismus den

Die Spur des Fremden S867
***

Elisha Cook und Humphrey Bogart in ›Die Spur des Falken‹.

Düsterer, großartig gespielter Thriller mit historischem Hintergrund aber zu schwachem Drehbuch.

Die Spur führt ins Nichts S868
THE CRIMINAL/CONCRETE JUNGLE ****
GB 1959, 92 Min., s/w
R: Joseph Losey D: Stanley Baker, Sam Wannamaker, Margit Saad
Johnny kommt aus dem Knast und unternimmt gleich wieder einen Raubüberfall. Er wird von seiner früheren Freundin verraten. Es ist nicht das was, es ist das wie erzählt wird, was Loseys Gangsterdrama zu einer der aufregendsten europäischen Filmen des Genres macht.

Die Spur führt nach Berlin S869
***
BRD 1952, 86 Min., s/w
R: Franz Cap D: Gordon Howard, Irina Garden, Kurt Meisel
Ein amerikanischer Rechtsanwalt, der eine Erbschaft zu überbringen hat, gerät in ein mörderisches Komplott vor dem Hintergrund des geteilten, aber noch nicht durch eine Mauer getrennten Berlin. Als Zeitbild noch heute interessant.

Die Spur im Dunkel S870
EYES IN THE NIGHT ***
USA 1942, 77 Min., s/w
R: Fred Zinneman

›Spuren im Sand‹ – Was hält John Wayne wirklich im Arm?

D: Edward Arnold, Ann Harding, Donna Reed
Ein blinder Detektiv sucht den Mörder eines Schauspielers. Stimmungsvoller, ein wenig überkonstruierter Krimi.

Spuren im Sand S871
THREE GODFATHERS ***
R: John Ford D: John Wayne, Pedro Armendariz, Harry Carey jr., Ward Bond
Drei Räuber, ohne Pferde und Wasser in der Wüste, finden eine Sterbende und ihr Baby und tun alles, um das Kind zu retten. Einer kommt durch. Unglaublich kitschiger Western, der seine Helden als Heilige Drei Könige und das Baby als Jesuskind sieht.

Squirm – Invasion der Bestien S872
**
SQUIRM
USA 1975, 93 Min., F
R: Jeff Lieberman D: John Scardino, Patricia Paercy, Jean Sullivan
Elektrische Superentladung treibt Würmer zu Millionen dazu, an die Erde hinaufzukriechen und die Menschen in den Irrsinn zu treiben. Nichts für schwache Nerven, es sei denn, man ist Kleingärtner. LSFF

SS-X-7 – Panik im All S873
MUTINY IN OUTER SPACE/ *
AMMUTINAMENTO NELLO SPAZIO
USA/Italien 1964, 80 Min., s/w
R: Hugo Grimaldi D: William Leslie, Dolores Faith, Pamela Curron
Astronauten schleppen einen Virus in eine Raumstation ein, der die Crew terrorisiert. Von keinerlei »Science« beleckter Science-fiction-Film; für Freunde des Doofen ein absolutes Muß! LSFF

St. Pauli Nacht S874
***
BRD 1998, 104 Min., F
R: Söhnke Wortmann D: Armin Rhode, Benno Fürmann, Oliver Stokowski
Eine Nacht auf dem Kiez zwischen Verrückten, Zuhältern, Prostituierten; zwischen Ehefrust und Liebeslust. Lakonisch erzählt aus verschiedenen Perspektiven. HFJ 2000

Staatsanwälte küßt man nicht S875
LEGAL EAGLES ****
USA 1986, 114 Min., F
R: Ivan Reitman D: Robert Redford, Debra Winger, Daryl Hannah
Vergnügliche Liebes-Thriller-Komödie um zwei Anwälte, die im Fall einer der Brandstiftung, des Bilderraubes und Mordes angeklagten schönen jungen Frau auf entgegengesetzten Seiten ermitteln, sich langsam ineinander verlieben und schließlich gemeinsam die Unschuld der Angeklagten beweisen. Typisch amerikanisches, genreübergreifendes Unterhaltungskino der gelungenen Art.

Staatsfeind Nr. 1 S876
L'ENNEMI PUBLIC NO 1 ***
Fr/It 1954, 103 Min., s/w
R: Henri Verneuil D: Fernandel, Zsa Zsa Gabor, Alfred Adam
Ein kurzsichtiger Mann verwechselt im Kino seinen Mantel mit dem eines Gangsters und löst einen furchtbaren Bandenkrieg aus. Gemächliche Parodie auf amerikanische Gangsterfilme.

Staatsfeind Nr. 1 S877
ENEMY OF THE STATE ****
USA 1998, 127 Min., F
R: Tony Scott D: Will Smith, Gene Hackman, Jon Voight
Zufällig und unwissend gerät ein junger Anwalt in den Besitz einer Diskette, die einem hohen Regierungsbeamten einen Mord nachweist. Auf dessen Veranlassung wird er von der hochtechnisierten National Security Agency als Staatsfeind Nr. 1 gejagt. Spannender Thriller, der auf High-Tech-Action setzt und nicht auf die Tiefe seiner Figuren. HFJ 1999

Stadt der Engel S878
CITY OF ANGELS ****
USA 1998, 113 Min., F
R: Brad Silberling D: Meg Ryan, Nicolas Cage, Andre Braugher
Remake von Wenders' *Der Himmel über Berlin* um einen Engel, der sich in eine schöne Frau verliebt und Mensch wird. Ohne die intellektuelle Poesie seines Vorgängers konzentriert sich der Film ganz auf eine stilvolle Romantik. HFJ 1999

Die Stadt der Frauen S879
LA CITTA DELLE DONNE ****
Italien/Frankreich 1979, 139 Min, F
R: Federico Fellini D: Marcello Mastroianni, Anna Prucnal
Bildgewaltige Reise eines Mannes, der die Frauen liebte, ins Reich der Feministinnen. Solche Filme macht heute niemand mehr. Und das ist traurig.

Stadt der Illusionen S880
THE BAD AND THE BEAUTIFUL ****
USA 1953, 116 Min., s/w
R: Vincent Minelli D: Lana Turner, Kirk Douglas, Walter Pidgeon
Kritisches Porträt Hollywoods. Eine Geschichte über Aufstieg und Fall eines besessenen Filmproduzenten und der Menschen, die er erst groß macht und später fallen läßt. Oscar-prämierte Schauspiel- und Kameraarbeit.

Stadt der Verdammten S881
SILVER LODE ***
USA 1954, 80 Min., F
R: Allan Dwan D: John Payne, Dan Duryea, Lizabeth Scott, Emile Meyer
Ein Mann wird an seinem Hochzeitstag fälschlich eines Mordes beschuldigt und von einem falschen Marshal und dessen Kumpanen gehetzt. Dramatischer Western.

Die Stadt der verlorenen Kinder S882
***
LA CITE DES ENFANTS PERDUS
Fr/Sp/BRD 1995, 112 Min., F
R: J. P. Jeunet, Marc Caro D: Ron Perlman, Judith Vittet, Daniel Emilfork
Auf einer Plattform im Meer hausen eigenartige Geschöpfe, deren Anführer sich die Träume entführter Kinder einverleibt, um den rasenden Alterungsprozeß zu stoppen. Doch dann kommen ihm Kinder in die Quere. Eine apokalyptische Zukunftsvision mit phantastischer Ausstattung. Geschichte und Gefühle bleiben auf der Strecke. HFJ 1996

Eine Stadt geht durch die Hölle S883
***
THE PHOENIX CITY STORY
USA 1955, 87 Min., s/w
R: Phil Karlson D: John McIntire, Richard Kiley, Kathryn Grant

Anwalt kommt nach seinem Militärdienst in seine Heimatstadt zurück und sieht sie von Gangstern beherrscht. Nach der Ermordung seines Vaters bricht er zu einem erbarmungslosen Rachefeldzug auf. Einer der besseren Semi-Documentaries, mit denen Hollywood den romantischen Nihilismus des Films Noir zu bekämpfen suchte und die Besiegbarkeit des Verbrechens betonte.

Die Stadt Hibiskus S884
FU-RONG-ZHEN ****
China 1987, 130 Min., s/w
R: Xie Jin D: Liu Xiaoqing, Liu Linian, Jian Wen, Zhen Zaishi
Eine Frau wird in der chinesischen Kulturrevolution als »neue Reiche« geächtet und muß ihr Dasein als Reisverkäuferin fristen. Eine radikale Abrechnung mit der Vergangenheit. HFJ 1990

Stadt im Meer S885
CITY UNDER THE SEA ***
USA/GB 1965, 84 Min., F
R: Jacques Tourneur D: Vincent Price, Tab Hunter, David Tomlinson
Auf der Suche nach ihrer von ominösen Fischmenschen entführten Freundin stoßen zwei Männer 1903 auf eine Unterwasserstadt, deren Herrscher die Gekidnappte für seine wiedergeborene Gattin hält. Nach einem Gedicht (!) von Edgar Allan Poe. LSFF

Stadt in Angst S886
BAD DAY AT BLACK ROCK ****
USA 1954, 81 Min., s/w
R: John Sturges D: Spencer Tracy, Robert Ryan, Ernest Borgnine
Ein Beamter kommt in die Kleinstadt Black Rock und stößt auf eine Mauer der Ablehnung, die, wie sich herausstellt, der Vertuschung eines gemeinschaftlichen Mordes an einem japanischen Mitbürger dient. Sturges' bester Film gibt einen beeindruckenden

D: Barry Newman, Susan Clark, Shelley Winters
Die Explosion einer Öl-Raffinerie setzt eine ganze Stadt in Brand. Aufwendiges Spektakel mit vordergründigen Schaueffekten, inhaltlich jedoch flach und spannungslos mit zeigefingerhafter Schlußmoral.

Die Stadt meiner Träume S888
MINA DROMMARS STAD **
Schweden 1979, 111 Min., F
R: Ingvar Skogsberg D: Eddie Exberg, Britt Louise Tillbom, Kjell-Hugo Grandin, Gunilla Larsson
Die Geschichte eines Arbeiters in den sechziger Jahren des vorherigen Jahrhunderts, der nach Stockholm kommt, um seine Träume von einer besser bezahlten Arbeit und einem menschenwürdigen Leben zu verwirklichen.

Die Stadt und die Hunde S889
LA CIUDAD Y LOS PEROS ****
Peru 1985, 114 Min., F
R: Francisco J. Lombardi D: Pablo Serra, Gustavo Bueno, Juan Manuel Ochoa
Die brutalen Schleifermethoden in einer peruanischen Militärakademie machen die Rekruten zu wehrlosen Opfern, bis sie sich, nachdem einer von ihnen zu Tode gekommen ist, zu einer solidarischen Aktion zusammenfinden. Aufrüttelndes politisches Drama.

Stadtgespräch S890
***
BRD 1995, 89 Min., F
R: Rainer Kaufmann D: Katja Riemann, Martina Gedeck, August Zirner
Eine junge Moderatorin gibt in ihrer Radiosendung anderen gute Ratschläge, sie selbst ist einsam. Da stolpert sie über einen feschen Zahnarzt, der nicht nur ihr, sondern auch Mutter und Bruder den Kopf verdreht. Leider ist er

Der Stadtneurotiker S891
ANNIE HALL ****
USA 1977, 93 Min., F
R: Woody Allen D: Woody Allen, Diane Keaton, Tony Roberts
Eine gerade zu Ende gegangene Liebesromanze stürzt einen sensibel-verträumten jüdischen Komiker in eine Lebenskrise. Im Absurditäten-Sumpf des sehr selbstironisch und witzig dargestellten New Yorker Intellektuellen-Milieus philosophiert er über Grundfragen und Banalitäten seiner Existenz. Woody Allen erweist sich in dieser stark autobiographisch beeinflußten Komödie als souveräner Jongleur verschiedener filmischer Erzählformen.

Stage Fright – Eine Gurke erobert Hollywood S892
***
THE PICKLE
USA 1992, 101 Min., F
R: Paul Mazursky D: Danny Aiello, Dyan Cannon, Clothilde Courau
Die Sinn- und Lebenskrise des einst renommierten Hollywood-Regisseurs Harry Stone gipfelt in der Inszenierung eines aberwitzigen Science-fiction-Streifens um eine Gurke im Weltraum. Ein Werk in der Schwebe zwischen Komödie, Sozialkritik und Satire – man könnte auch sagen zwischen allen Stühlen.

Der stählerne Vorhang S893
WEEDS ***
USA 1988, 114 Min., F
R: John Hancock D: Nick Nolte, Lane Smith, William Forsythe
Ein Raubmörder findet im Gefängnis nach mehreren Selbstmordversuchen zu einer neuen Bestimmung als Autor und Regisseur von Theaterstücken. Ungewöhnlicher Gefängnisfilm nach den Erinnerungen von Rick Clushey, der mit seinem Stück *The Cage* weltberühmt wurde.

Stalag 17 S894
****

Tarkowskij kreierte unvergeßliche Räume und Landschaften in ›Stalker‹.

gestellt und erschossen. Ein Sergeant, den man verdächtigt, sie verpfiffen zu haben, versucht den wahren Verräter zu finden.

Stalingrad S895
***
BRD 1992, 130 Min., F
R: Joseph Vilsmaier D: Dominique Horwitz, Thomas Kretschmann, Jochen Nickel, Sebastian Rudolph
Überaus aufwendiger, aber ideell und formal eher dürftiger Versuch, das Grauen des Krieges in Rußland zu beschreiben. Vilsmaier und seine Autoren nehmen allzu viele Anleihen bei bekannten (amerikanischen) Vorbildern. Anders als etwa *Die Brücke* ist Stalingrad eher rührselige Materialschlacht als echte Auseinandersetzung mit der grausamen Wirklichkeit des Dritten Reiches. HFJ 1994

Stalker S896
STALKER *****
UdSSR 1979, 133 Min., F
R: Andrej Tarkowskij D: Alexander Kaidanowski, Alicija Freindlich, Nikolai Grinko, Anatoli Solonizyn
Ein Physiker und ein Schriftsteller lassen sich von einem Führer in eine geheimnisvolle Zone bringen, in der die Naturgesetze außer Kraft gesetzt sind. Faszinierend, aber nicht leicht verständlich; nach dem Roman der Brüder Strugatzki. LSFF

Stammheim S897
****
BRD 1985, 107 Min., F
R: Reinhard Hauff D: Ulrich Pleitgen, Ulrich Tukur, Therese Affolter
Eine filmische Dokumentation des ersten Terroristenprozesses der BRD gegen die Mitglieder der »Rote Armee Fraktion«, auch als »Baader-Meinhoff-Bande« bezeichnet, von Stefan Aust nach den originalen Dokumenten zu einem Drehbuch verarbeitet. »Goldener Bär« der Berlinale 86.

Stand and Deliver! S898
STAND AND DELIVER ****
USA 1988, 102 Min., F
R: Ramon Menendez D: Edward James Olmos, Lou Diamond Phillips, Rosana de Soto, Andy Garcia
Ein neuer Lehrer schafft es mit unkonventionellen Methoden, eine Klasse von Schülern aus dem Ghetto von Los Angeles zur Mathematik und nebenbei etwas Menschlichkeit zu führen.
HFJ 1989

Stand by me S899
STAND BY ME ****
USA 1986, 89 Min., F
R: Rob Reiner D: Wil Wheaton, River Phoenix, Corey Feldman
Romantisches Abenteuer von vier Jungen aus einer Kleinstadt, die 1959 von einer Leiche im Wald hören, mit Schlafsack und Proviant aufbrechen und sich erträumen, nach deren Auffindung als Helden gefeiert zu werden. Atmosphärisch dichter Film über Kinderfreundschaft und Erwachsenwerden nach einer Story des für viel grauenhaftere Geschichten bekannten Stephen King.

Der Stand der Dinge S900
****
BRD/Fr/GB 1982, 120 Min., F
R: Wim Wenders D: Patrick Bauchau, Isabelle Weingarten, Samuel Fuller
Einem Filmteam geht das Geld aus; der Produzent flüchtet und der Regisseur wird in eine abenteuerliche Geschichte verwickelt, die Leben und Film durcheinanderwirbelt. Eine vielschichtige Betrachtung über das Filmemachen.

Ständig in Angst S901
HAUSER'S MEMORY ***
USA 1970, 96 Min., F
R: Boris Sagal D: David McCallum, Susan Strasberg, Lilli Palmer
Jüdischer Forscher, dem Erinnerungen eines Nazis chemisch »übertragen« werden, erlebt eine fesselnde Veränderung der Realität und »reist« in die Vergangenheit. Fernsehfilm nach dem Roman von Curt Siodmak. LSFF

Stanley S902
STANLEY **
USA 1971, 91 Min., F
R: William Grefé D: Chris Robinson, Alex Rocco, Susan Carrol
Florida-Halbindianer hetzt eine mit ihm befreundete Schlange auf allerlei Bösmänner, doch als er einen Schritt zu weit geht, erweist sie sich als unberechenbar. Tier-Horror-Schocker ekliger Machart.

Stanley & Iris S903
STANLEY & IRIS ***
USA 1989, 99 Min., F
R: Martin Ritt D: Robert De Niro, Jane Fonda, Martha Plimpton
Junge Witwe mit Kindern lernt den verträumten Einzelgänger Stanley kennen und erkennt, daß er nicht lesen und schreiben kann. Romantisch getönte Darstellung eines brisanten gesellschaftlichen Problems.

Star S904
STAR! ***
USA 1968, 173 Min., F
R: Robert Wise D: Julie Andrews, Michael Craig, Richard Crenna
Musicalsängerin steigt aus simplen Verhältnissen zum internationalen Star auf und verliert im Zuge ihrer Karriere die Beziehungen zu ihrer Familie. Bombastische Hollywood-Produktion mit vielen Gesangsein-lagen. Im Kino ein Flop, basiert der Film auf der Lebensgeschichte des britischen Musicalstars Gertrude Lawrence.

Star 80 S905
STAR 80 ****
USA 1983, 99 Min., F
R: Bob Fosse D: Mariel Hemingway, Eric Roberts, Cliff Robertson
Dorothy wird Playmate des Jahres, und nun beginnt ihre Karriere im Showbusiness. Sie heiratet ihren Entdecker und Manager. Ihre Tragödie beginnt, als sie sich in den Regisseur ihres ersten großen Films verliebt. Nach einer authentischen Geschichte formulierte Fosse seine Haßliebe zum amerikanischen Showbusiness.

Star Cracks – Die irre Bruchlandung der Außerirdischen S906 ****
MORONS FROM OUTER SPACE
GB 1985, 86 Min., F
R: Mike Hodges D: Mel Smith, Griff Rhys-Jones, James B. Sikking
Schwachsinnige Außerirdische, die anfangs für eine Invasionsvorhut gehalten werden, machen auf der Erde Karriere als Popstars. Eine ulkige Science-fiction-Parodie, wie sie nur die Briten zu produzieren verstehen.

Star Crash – Sterne im Duell S907 **
SCONTRI STELLARI/STAR CRASH
Italien/USA 1978, 97 Min., F
R: Lewis Coates D: Caroline Munro

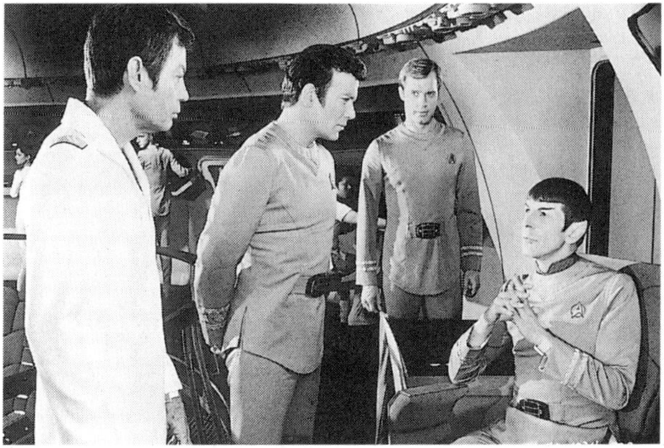
›Star Trek – Der Film‹. »Beamten« sich vom Fernsehen ins Kino: Kirk & Co.

Star Crystal S908
STAR CRYSTAL *
USA 1985, 92 Min., F
R: Lance Lindsay D: C. Judson Campbell, John Smith, Faye Bolt
Ein außerirdisches Ungeheuer dringt in ein Raumschiff ein und verspeist dessen Mannschaft, bis man ihm auf die Spur kommt. Dumm-Dumm-Geschoß amerikanischer Machart. LSFF

A Star is born S909
A STAR IS BORN ****
USA 1954, 120 Min., F
R: George Cukor D: Judy Garland, James Mason, Jack Carson
James Mason als dem Alkohol verfallener Filmstar entdeckt Judy Garland als Nachtclubsängerin, macht sie zum Star und scheidet aus dem Leben, als der Erfolg ihn verläßt. Legendäres Musik-Melodram, das Cukor im damals noch neuartigen Cinemascope-Verfahren mit unzähligen technischen Finessen trefflich in Szene setzte. Remake von *Ein Stern geht auf.*

A Star is born S910
A STAR IS BORN **
USA 1976, 140 Min., F

hatte, gewissermaßen auch noch die Regie an sich zu reißen. Die Liebesszenen verraten denn auch alles: spröder hätten sie kaum ausfallen können.

Star Knight – Herr der Sterne S911 **
EL CABALLERO DEL DRAGON
Spanien 1986, 90 Min., F
R: Fernando Colombo D: Klaus Kinski, Harvey Keitel, Fernando Rey
Zeitreisender Raumpilot wird an den Hof eines mittelalterlichen Königs verschlagen und verguckt sich in dessen Tochter, was dem Monarchen und seinem Berater nicht behagt. Nett. LSFF

Star Odyssey S912
STAR ODYSSEY *
Italien 1978, 97 Min., F
R: Alfonso Brescia D: Sharon Baker, Chris Avram, Gianni Garko
Wackere Erdlinge wehren erfolgreich den Versuch eines kosmischen Kapitalisten ab, sich ihren Planeten untertan zu machen. Die Typen, die hier agieren, sind alle Troglodyten, und die Dialoge dümmer als die Tricks. LSFF

kehrt und im Laufe der Zeit ein Bewußtsein entwickelt hat, stellt die Crew des Raumschiffes »Enterprise« vor mehrere Probleme. Das war der Beginn einer der erfolgreichsten SF-Serien des Films. LSFF

Star Trek II: Der Zorn des Khan S914 ***

STAR TREK II: THE WRATH OF KHAN
USA 1982, 113 Min., F
R: Nicholas Meyer D: William Shatner, Leonard Nimoy, DeForest Kelley, Ricardo Montalban
Ein Genetiker, den man vor 15 Jahren auf einen Ödplaneten verbannt hat, will dem Chef der »Enterprise«, dem er sein Schicksal verdankt, an den Kragen. Er bedient sich, um sein Ziel zu erreichen, der üblichen Tricks. LSFF

Star Trek III: Auf der Suche nach Mr. Spock S915 ***

STAR TREK III: THE SEARCH FOR SPOCK
USA 1984, 105 Min., F
R: Leonard Nimoy D: William Shatner, DeForest Kelley, James Doohan
Bei der Suche nach dem umgekommenen Mr. Spock auf dem Planeten Genesis gerät die Mannschaft des Raumschiffes »Enterprise« mit den räuberischen Klingonen aneinander. Space Opera nach altvertrautem Strickmuster. LSFF

Star Trek IV: Zurück in die Gegenwart S916 ***

STAR TREK IV: THE VOYAGE HOME
USA 1986, 122 Min., F
R: Leonard Nimoy D: William Shatner, Leonard Nimoy, DeForest Kelley
Um eine Sonde auszuschalten, die der Erde Wasser entzieht, reisen Kirk und seine Mannen ins Jahr 1986 und holen einen Buckelwal in die Gegenwart, der sich mit ihr verständigt. Flotter Greenpeace-Film, inszeniert von Mr. Spock. HFJ 1988

Star Trek V: Am Rande des Universums S917 **

STAR TREK V: THE FINAL FRONTIER
USA 1989, 105 Min., F
R: William Shatner D: William Shatner, Leonard Nimoy, DeForest Kelley
Ein Vulkanier entführt das Raumschiff »Enterprise« und fliegt mitsamt der Besatzung ins Zentrum des Universums, um Gott zu suchen, findet jedoch nur einen mächtigen Scharlatan. Der bisher schlechteste Film der Serie. HFJ 1990

Star Trek VI: Das unentdeckte Land S918 ***

STAR TREK VI: THE UNDISCOVERED COUNTRY
USA 1991, 109 Min., F
R: Nicholas Meyer D: William Shatner, Leonard Nimoy, DeForest Kelley, Kim Cattrall
Auf einer Friedenskonferenz mit den Klingonen an Bord des Raumschiffes »Enterprise« wird deren neuer Führer ermordet, und Captain Kirk sieht sich einer Mordanklage ausgesetzt. HFJ 1993

Star Trek – Der erste Kontakt S919 ****

STAR TREK – FIRST CONTACT
USA 1996, 110 Min., F
R: Jonathan Frakes D: Patrick Stewart, Jonathan Frakes, LeVar Burton, Michael Dorn
Actionreiches Spektakel um die »Next-Generation«-Mannschaft, die den hinterlistigen Plan der Borg vereiteln kann, mittels Zeitreise das Entstehen der Föderation zu verhindern. Für Fans ein Pflichtfilm. HFJ 1997

Stardust Memories S920 ****

STARDUST MEMORIES
USA 1980, 89 Min., s/w
R: Woody Allen D: Woody Allen, Charlotte Rampling, Jessica Harper, Marie-Christine Barrault
Ein Filmregisseur in der Krise. Während die Promotionsmaschinerie seines neusten Filmes läuft, wird er von Selbstzweifeln über sich und den Sinn seines Projekts zerfressen.

Starfight S921 **

THE LAST STARFIGHTER
USA 1984, 100 Min., F
R: Nick Castle D: Lance Guest, Dan O'Herlihy, Catherine Mary Stewart
Weltraum-Echse macht aus einem an Automatenspielen erfolgreichen US-Boy einen Kampfraumerpiloten, der es galaktischen Kriegstreibern zeigt. Simpelfilm, der sich bei seinem Publikum anbiedert. LSFF

Stargate S922 ***

STARGATE
USA 1994, 120 Min., F
R: Roland Emmerich D: Kurt Russell, James Spader, Jaye Davidson
Ein junger Ägyptologe und ein amerikanischer Colonel samt Militäranhang katapultieren sich durch das »Sternentor« in eine andere Welt mit fremden Kulturen und einem mysteriösen Herrscher, der seine Untertanen wie Sklaven hält. Die besten Versatzstücke aus anderen Science-Fiction-Filmen neu zusammengebaut und mit schlichten Dialogen versehen. HFJ 1996

Der starke Ferdinand S923 ****

BRD 1976, 98 Min., F
R: Alexander Kluge D: Heinz Schubert, Verenice Rudolph, Joachim Hackethal
Bittere Satire auf den Überwachungsstaat, entwickelt an der Gestalt eines ehemaligen Kriminalbeamten, der als »Experte für Sicherheit« der freien Wirtschaft dient.

Eine starke Nummer S924 ***

NO SMALL AFFAIR
USA 1984, 103 Min., F
R: Jerry Schatzberg D: Jon Cryer, Demi Moore, Ann Wedgeworth
Ein munterer High-School-Boy und Hobby-Fotograf findet in einer glücklosen Rock-Sängerin das ideale Motiv – und die große Liebe. Gerade 16, opfert er alles für die sieben Jahre ältere Freundin, damit sie Karriere machen kann.

Der starke Wille S925 ***

RESCURRECTION
USA 1980, 110 Min., F
R: Daniel Petrie D: Ellen Burstyn, Sam Shepard, Eva de Gallienne
Edna überlebt einen furchtbaren Verkehrsunfall, bei dem ihr Mann ums Leben kommt und scheint danach erstaunliche, übersinnliche Fähigkeiten

zu entwickeln. Die Liebe zu einem Mann, den sie geheilt hat, wird durch ihre Popularität gefährdet. Ein seltsames Thema in einem durchweg glaubwürdig inszenierten und gespielten Film.

Stärker als die Nacht S926
***
DDR 1954, 113 Min., s/w
R: Slatan Dudow D: Wilhelm Koch-Hooge, Helga Göring, Kurt Oligmüller
Der Kampf eines Arbeiters und KPD-Mitglieds gegen die Machtergreifung der Faschisten in Hamburg über zwölf Jahre hinweg bis zur Verurteilung zum Tode.

Der stärkste Mann der Welt S927
IL TRIONFO DI ERCOLE **
Italien/Frankreich 1964, 76 Min., F
R: Alberto De Martino D: Dan Vadis, Marilu Tolo, Pierre Cressoy
Herkules hebt einen Thronräuber aus dem Sattel, der mit einer Hexe und diversen Dämonen aus der Unterwelt unter einer Decke steckt. Knackige Weiber, verschlagene Schurken – und Dan Vadis, der Mann ohne Mimik. LFF

Der Stärkste unter der Sonne S928
**
MACISTE, L'EROE PIU GRANDE DEL MONDO
Italien 1963, 94 Min., F
R: Michele Lupo D: Mark Forest, Giuliano Gemma, José Greci
Muskelmann organisiert mit Hilfe von Rebellen Aufstand gegen einen antiken König, dessen Hintermann den Göttern Jungfrauen opfert. Schundfilm alten Schlages – Gemetzel, harte Muckis und schwellende Brüste. LFF

Starman S929
STARMAN ***
USA 1984, 115 Min., F
R: John Carpenter D: Jeff Bridges

Stars and Bars S930
STARS AND BARS ****
USA 1988, 94 Min., F
R: Pat O'Connor D: Daniel Day-Lewis, Harry Dean Stanton, Martha Plimpton
Britisch-exaltierter Kunstexperte trifft auf exzentrische Südstaatler-Mentalität, weil er den Kauf eines Renoir-Werkes abwickeln soll. Aus dieser Konstellation zieht der Film eine Menge an sarkastischem Humor und bissiger Situationskomik. HFJ 1989

Der Start S931
LE DEPART ****
Belgien 1967, 91 Min., s/w
R: Jerzy Skolimowski D: Jean-Pierre Léaud, Catherine Duport, Paul Roland
Der erste Film, den Skolimowski im Ausland drehte: Daher sein frischer Blick auf Brüssel (bevor EG-Bürokraten die Stadt ruinierten), dem Schauplatz dieser schrägen Geschichte eines Friseur-Lehrlings, der dringlich einen Porsche haben möchte, um Rennen zu fahren, aber dann die Liebe entdeckt.

Start in die Dämmerung S932
THE DAWN PATROL ***
USA 1930, 82 Min., s/w
R: Howard Hawks D: Richard Barthelmess, Douglas Fairbanks jr., Neil Hamilton, William Hanney
Der Kommandant einer in Frankreich stationierten amerikanischen Fliegerstaffel im Ersten Weltkrieg muß täglich Soldaten im Kampf gegen die Deutschen verheizen. Spartanisch aber wirkungsvoll inszenierte nüchterne Beschreibung des unmenschlichen und harten Kriegsalltags. Erster Tonfilm des Regisseurs. Das nicht schlechtere Remake drehte Edmund Goulding 1938 mit David Niven.

Start zur Kassiopeia S933
MOSKWA – KASSIOPEJA ***
UdSSR 1973, 79 Min., F

Starting Place S934
STARTING PLACE/POINT DE DEPART ***
Frankreich 1993, 90 Min., F
R: Robert Kramer
Ein Interview mit der Anti-Kriegsaktivistin Linda Evans. Nach 23 Jahren kehrt Robert Kramer nach Hanoi zurück, wo er 1969 den Dokumentarfilm *Peoples War* drehte. In seinem neuen Werk spiegelt sich nicht nur das Vietnam der neunziger Jahre, sondern auch die Vergangenheit mit ihren Kriegen und sozialen Umwälzungen.

Stavisky S935
STAVISKY ****
Frankreich/Italien 1974, 120 Min., F
R: Alain Resnais D: Jean-Paul Belmondo, Charles Boyer, Anny Duperey, Claude Rich, Michel Lonsdale
Stilisiertes Porträt eines Hochstaplers im Frankreich der dreißiger Jahre, der mit seinen gewagten Transaktionen beinahe eine Staatskrise auslöst. Belmondo mal ganz anders, aber gut.

Staying Alive S936
STAYING ALIVE **
USA 1982, 96 Min., F
R: Sylvester Stallone D: John Travolta, Cynthia Rhodes, Finola Hughes
In der Fortsetzung von *Nur Samstag Nacht* wälzt der Discothekentänzer Tony Pseudo-Probleme und steigt zum Broadway-Revuestar auf. Intellektuell unterbelichteter Zelluloid-Streifen, der sich als Film ausgibt.

La Stazione – Der Bahnhof S937
LA STAZIONE ****
Italien 1990, 86 Min., F
R: Sergio Rubini D: Sergio Rubini, Margherita Buy, Ennio Fantastichini
Ein gehemmter Bahnhofsvorsteher in einer kleinen Station erlebt in einer Regennacht ein großes Abenteuer: auf der Flucht vor den öden und korrupten Gästen einer Party kommt eine Frau herein und wird von ihrem ge-

D: Patrick Swayze, Lisa Niemi, Christopher Neame
Nach dem großen Knall streifen Banden durch die Welt & meucheln & killen brave Leute. Ein wackerer Ex-Offizier hilft einer guten Frau und deren Sohn gegen eine Lumpen-Übermacht. Wer *Mad Max* kennt, kennt auch diesen Film. HFJ 1989

Steel Force S939
LEGION OF IRON *
USA 1990, 94 Min., F
R: Yakov Bentsvi D: Kevin T. Walsh, Reggie De Morton, Erika Nann
Infantiler SF-Quatsch um einen entführten Sportler, der in einem unterirdischen Reich einen Aufstand gegen eine Gladiatorenkämpfe veranstaltende Königin anführt. HFJ 1992

Steelyard Blues S940
STEELYARD BLUES ***
USA 1973, 93 Min., F
R: Alan Myerson D: Jane Fonda, Donald Sutherland, Peter Boyle
Fünf etwas ausgeflippte Typen klauen sich Geld zusammen, um ein Flugzeugwrack flott zu machen, um allem zu entgehen. Das war nur in den Siebzigern möglich.

Steiner – Das eiserne Kreuz S941
CROSS OF IRON ***
BRD/GB 1976, 132 Min., F
R: Sam Peckinpah D: James Coburn, Maximilian Schell, James Mason
Die Kriegsabenteuer des lakonischen Feldwebels Steiner, der im Rußlandfeldzug 1943 seinen Kumpanen mehr als einmal aus der Patsche hilft. Technisch perfekt inszeniertes Kriegsdrama alten Stils, in dem pausenlos Granaten krachen, die Luft entschieden bleihaltig ist und einem der Krieg trotz verhalten geäußerter Kritik als Abenteuer schmackhaft gemacht wird.

Der steinerne Fluß S942
***
BRD 1982, 96 Min., F
R: Thorsten Näter D: Cora Näter, Mark Näter, Peter Roggisch
Am Rande einer öden Autobahnschneise in einem Stück unberührter Natur entdecken zwei Schüler einen alten Zauberkünstler. Poetische, ein wenig angestrengte Parabel zum Umweltschutz.

Der steinerne Garten S943
GARDENS OF STONE ***
USA 1986, 112 Min., F
R: Francis Coppola D: James Caan, Anjelica Huston, James Earl Jones
Eine ideologisch wie mythisch eher zwiespältige Filmstudie über Soldaten in Amerika während des Vietnamkrieges, wie eine melancholische Fußnote des Regisseurs zur eigenen *Apocalypse Now*. HFJ 1988

Steinerne Jahre S944
PETRINA CHRONIA ****
Griechenland 1985, 131 Min., F
R: Pantelis Voulgaris D: Themis Bazaka, Dimitri Katalifos
1954, im Jahr der Machtübernahme der Obristen, beginnt die Liebesgeschichte zwischen Babis und Eleni, die immer wieder durch politische Gewalt zerstört wird. Eine aufrichtige und packende Auseinandersetzung mit der Vergangenheit. HFJ 1993

Der steinerne Wald S945
IL TESORO DELLA FORESTA PIETRIFICA **
Italien 1965, 89 Min., F
R: Emimmo Salvi D: Gordon Mitchell, Ivo Payer, Eleonora Bianchi
Die Nibelungen verteidigen einen Schatz gegen eine räuberische Horde von Wikingern. Jämmerlich schlechter Sandalenfilm, billig inszeniert.

Stella Dallas S946
STELLA DALLAS ***
USA 1937, 104 Min., s/w
R: King Vidor D: Barbara Stanwyck, John Boles, Anne Shirley
Barbara Stanwyck selbst bezeichnete die Rolle der hingebungsvollen Mutter, die bereit ist, für das Glück ihrer Tochter alles zu opfern, als ihre beste Leistung. Auch die anderen Darsteller glänzen in Vidors superb photographiertem Drama.

Step across the Border S947
****
BRD/Schweiz 1990, 90 Min., s/w
R: Nicolas Humbert, Werner Penzel
D: Fred Frith, Jonas Mekas
Dokumentarischer Film über den britischen Multi-Instrumentalisten Fred Frith, dessen grenzüberschreitende Weltmusik sich gängigen Einordnungsversuchen radikal widersetzt. In einem Bild-Ton-Geflecht verbindet er Reisebilder, Gespräche und Konzertmitschnitte zu einer der Musik adäquaten Collage. HFJ 1991

Stephen King – Das Monstrum S948
TOMMYKNOCKERS **
USA 1993, 171 Min., F
R: John Power D: Jimmy Smits, Marg Helgenberger, Joanna Cassidy
Unheimliches grünes Leuchten im Unterholz eines Waldes der amerikanischen Provinz sorgt für Aufregung und verändert die Anwohner. Reizlose, überlange (obwohl schon um 70 Minuten gekürzte) Stephen-King-Adaption fürs US-Fernsehen hergestellt.

Steppenreiter S949
THE HORSEMEN ***
USA 1971, 109 Min., F
R: John Frankenheimer D: Omar Sharif, Jack Palance, Peter Jeffrey
Afghanischer Fürstensohn muß sich bei Reitturnier und Ritt durch die Bergwelt seiner Heimat als fähiger Nachfolger seines Vaters erweisen. Abenteuerfilm mit viel Action und wenig Charakterzeichnung.

Stepping Out S950
STEPPING OUT ***
USA 1991, 106 Min., F
R: Lewis Gilbert D: Liza Minnelli, Ellen Greene, Bill Irwin
Ein paar Stunden pro Woche steigen sie aus dem Alltag aus, um Steptanzunterricht zu nehmen. Die Tanzschule entpuppt sich als eine Art Mikrokosmos, mit allem was dazugehört: Freundschaften, Hoffnungen, Träume etc. Dann kommt die Bewährungsprobe und alle können zeigen, was sie bei Liza Minelli gelernt haben.

Sterben für Madrid S951
MOURIR A MADRID ****
Frankreich 1962, 85 Min., s/w
R: Frédéric Rossif

D: Suzanne Flon, Jean Vilar, Germaine Montero
Aufrüttelnder Montagefilm über den Spanischen Bürgerkrieg (1936 bis 1939).

Sterben ... und leben lassen S952
BIG TROUBLE ***
USA 1985, 93 Min., F
R: John Cassavetes D: Alan Arkin, Peter Falk, Beverly D'Angelo
Um seinen musikalisch begabten Drillingen ein Studium in Yale zu ermöglichen, schließt ein grundehrlicher Versicherungsvertreter eine vermeintlich trickreiche Unfallversicherung ab. Nachdem er merkt, daß er hereingelegt worden ist, gibt er dennoch nicht auf und erreicht auf überraschende Weise sein Ziel. Makaber-sarkastische Materialismus-Kritik.

Der Stern des Gesetzes S953
THE TIN STAR ****
USA 1957, 93 Min., F
R: Anthony Mann D: Henry Fonda, Anthony Perkins, Betsy Palmer
Junger Sheriff lernt durch die Hilfe eines erfahrenen Kollegen, daß zu seinem Amt nicht nur Überlegenheit der Waffen, sondern auch Mut und die Kunst der Gewaltvermeidung gehört.

Stern des Südens S954
L' ETOILE DU SUD/ ***
THE SOUTHERN STAR
Frankreich/GB 1968, 105 Min., F
R: Sidney Hayers D: George Segal, Ursula Andress, Orson Welles
Ein Riesendiamant, in der Mine von Mr. Kramer gefunden, wird geklaut: Der Rest der Story besteht aus der Jagd nach demselben, wobei man auch Tieraufnahmen zu sehen kriegt. Nach dem Roman von Jules Verne.

Ein Stern geht auf S955
A STAR IS BORN ****
USA 1937, 111 Min., s/w

begeht. Satirische Abrechnung mit dem Filmgeschäft, das zu Unrecht weniger Popularität genießt als Cukors Remake aus dem Jahre 1954.

Ein Stern im Westen S956
THE SECOND TIME AROUND **
USA 1961, 98 Min., F
R: Vincent Sherman D: Debbie Reynolds, Steve Forrest, Andy Griffith
Witwe kommt von New York nach Arizona, macht üble Erfahrungen am Ort, wird zum Sheriff (!) gewählt und gibt auf, als ihr der richtige Mann über den Weg läuft. Das wird Frau Schwarzer aber gar nicht gefallen.

Sterne S957
****
DDR/Bulgarien 1959, 95 Min., s/w
R: Konrad Wolf D: Sascha Kruscharska, Jürgen Frohriep, Erik S. Klein
In einem bulgarischen Dorf findet ein deutscher Offizier eine Chance, seine Menschlichkeit zu bewahren, als ein Transport mit jüdischen Gefangenen anlangt.

Sterne in der Nacht S958
STARRY IS THE NIGHT ***
Hongkong 1988, 94 Min., F
R: Ann Hui D: George Lam, Lin Ching-Hsia, David Wu
Zhang verliebt sich in die Sozialarbeiterin Du. Da erfährt sie, daß er der Sohn eines früheren Liebhabers ist. Ein melancholischer Film über das Scheitern von Träumen.

Sternenkrieg im Weltall S959
UCHUKARA NO MESSEEJI *
Japan 1978, 87 Min., F
R: Kinji Fukasaku D: Philip Casnoff, Vic Morrow, Peggy Lee Brennan, Sue Shiomi, Tetsuro Tamba
Abenteurer geben dem Despoten des Planeten Illucia eins auf die Mütze und befreien das unter seiner Knute darbende Volk. Schön doofer SF-Film

D: Katja Rupé, Tilo Prückner, Peter Kern
Der mühevolle und opferreiche Aufstieg einer berechnenden Frau zur Großbäuerin als Versuch eines »Kritischen Heimatfilms« nach Ludwig Anzengruber.

Die Steuerfahnderin S961
MARUSA NO ONNA ***
Japan 1987, 121 Min., F
R: Juzo Itami D: Nobuko Miyamoto, Tsutomui Yamasaki, Shuji Otaki
Geschichten um eine unbestechliche und listenreiche Steuerfahnderin, die sich auch in einer von Männern dominierten Finanzwelt Respekt verschafft. Satirische Komödie um japanische Tabu-Themen, die in ihrem Ursprungsland Kult-Status erreicht hat. HFJ 1992

Die Steuerfahnderin schlägt wieder zu S962
MARUSA NO ONNA 2 ***
Japan 1988, 121 Min., F
R: Juzo Itami D: Nobuko Miyamoto, Rentaro Mikuni, Masahiko Tsugawa
Fortsetzung der turbulenten Abenteuer der Steuerfahnderin; diesmal muß sie einem Bauspekulanten, der überdies eine dubiose Sekte zum Geldwaschen gegründet hat, das Handwerk legen.

Steven – Ein Fremder kommt nach Hause (2. Teil) S963
I KNOW MY FIRST NAME IS STEVEN II **
USA 1989, 92 Min., F
R: Larry Elikann D: Corin Nemec, Arliss Howard, John Ashton
Fortsetzung der Geschichte um einen Jungen, der von einem Psychopathen entführt wurde. Nach seiner Befreiung hat er Probleme, sich in das »normale« Leben einzufügen. Uninspirierte Verfilmung einer wahren Begebenheit.

Die Stewardessen S964
*

›Stille Tage in Clichy‹ – Liebe auf der Flucht nach dem Roman von Henry Miller.

Stille Tage in Clichy S965
STILLE DAGE I CLICHY ***
Dänemark 1969, 95 Min., s/w
R: Jens Joergen Thorsen D: Paul Valjean, Wayne Rodda, Ulla Lemvigh-Muller, Elsebeth Reingaard
Verfilmung des Romans von Henry Miller, die das erotische Geschehen aus den Dreißigern in die sechziger Jahre verlegt und auch sonst recht frei mit der Vorlage umgeht.

Die Stille um Christine M. S966
DE STILTE ROND CHRISTINE M. ****
Holland 1981, 97 Min., F
R: Marleen Gorris D: Cox Habbema, Nelly Frijda, Henriette Tol
Humorvoller feministischer Thriller um drei einander unbekannte Frauen, die gemeinsam einen Mord als Gegenwehr gegen Männermacht begehen.

Stilles Land S967
****
BRD 1992, 98 Min., F
R: Andreas Dresen D: Thorsten Merten, Jeannette Arndt, Kurt Böwe
Ein junger engagierter Regisseur, der an einem ostdeutschen Provinztheater ein Stück inszenieren soll, hat große Schwierigkeiten, seine träge und illusionslose Schauspielertruppe zu motivieren. Obwohl die beginnende Revolution von 1989 etwas Bewegung auf die Bühne bringt, muß er schließlich resignieren. Subtile Studie über menschliche Gleichgültigkeit.

Stimme am Telefon S968
THE SLENDER THREAD ***
USA 1965, 98 Min., s/w
R: Sydney Pollack D: Anne Bancroft, Sidney Poitier, Steven Hill
Eine Frau, die Selbstmord begehen will, wird von einem engagierten Medizinstudenten solange in ein Telephongespräch verwickelt, bis sie ausfindig gemacht und gerettet wird. Spannender Film, der die psychischen Beweggründe einer ausweglosen Situation plausibel darstellt.

Die Stimme der Dunkelheit S969
WHEN A STRANGER CALLS BACK ***
USA 1993, 91 Min., F
R: Fred Walton D: Jill Schoelen, Carol Kane, Charles Durning
Die der elfjährigen Julia als Babysitter anvertrauten Kinder werden ermordet. Fünf Jahre später meldet sich dere Mörder wieder bei ihr. Anfangs erstaunlich spannendes Remake des Thrillers *When a Stranger Calls*, das zunehmend billige Spannungseffekte einer logischen Handlung vorzieht und nur einen unbefriedigenden Schluß zu bieten hat.

Die Stimme des Mondes S970
LA VOCE DELLA LUNA ****
Italien/Frankreich 1990, 121 Min., F
R: Federico Fellini D: Roberto Benigni, Paolo Villaggio, Nadia Ottaviani
Der verrückte Salvini hört Stimmen und irrt mit seinen Freunden durch die tosende italienische Freizeitgesellschaft. Fellini zieht in seinem 20. Film die Medien(un)kultur à la Berlusconi mit gewohnter Virtuosität durch den Kakao. HFJ 1991

Stimmen S971
VOICES **
GB 1973, 87 Min., F
R: Kevin Billington D: David Hemmings, Gayle Hunnicutt, Lynn Farleigh
Ehepaar zieht in ein einsam gelegenes Landhaus, hört Geisterstimmen, nimmt Erscheinungen wahr und muß erkennen, daß sie selbst Geister, die »Geister« hingegen die Lebenden sind.

Stirb langsam S972
DIE HARD ****
USA 1987, 132 Min., F
R: John McTiernan D: Bruce Willis, Bonnie Bedelia, Alan Rickman
Eine Terroristeneinheit stürmt einen größtenteils noch unbewohnten Büro-Wolkenkratzer, in dem eine Weihnachtsfeier stattfindet. Ein Polizist, dessen Frau sich unter den Feiernden befindet, zieht alle Register, um ihre Pläne zu durchkreuzen. Eine gewaltige, aber auch unterhaltsame Materialschlacht, die keinen Effekt ausläßt. Perfektes Action-Kino. Nach dem gleichen Rezept, aber mit verminderter Originalität gibt's auch noch *Stirb langsam 2* und *Stirb langsam: Jetzt erst recht.* HFJ 1989

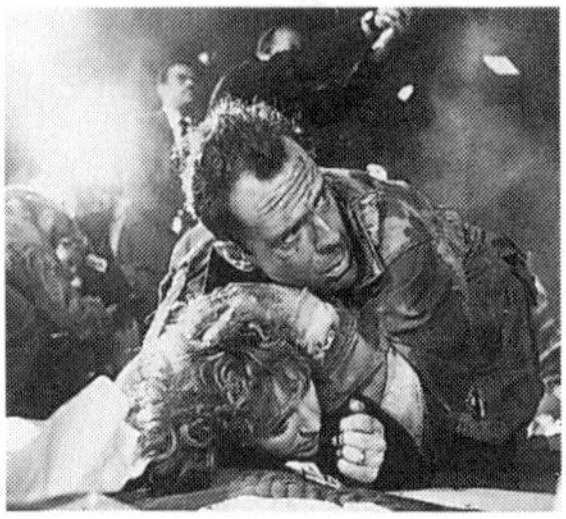

Bonnie Bedelia und Bruce Willis

Der Stoff aus dem die Helden sind S973
THE RIGHT STUFF ****
USA 1983, 193 Min., F
R: Philip Kaufman D: Sam Shepard, Scott Glenn, Ed Harris, Dennis Quaid

Sam Shepard, Scott Wilson und Kim Stanley als die frühen Pioniere der US-Raumfahrt in ›Der Stoff aus dem die Helden sind‹.

Die Geschichte des amerikanischen Raumfahrtprogramms von 1959 bis 1963, nach dem Roman von Tom Wolfe mit einer Mischung aus Ironie und Respekt für die Ausführenden geschildert. Lang, aber sehenswert.

Der Stoff, aus dem die Träume sind S974 ***
BRD 1972, 94 Min., F
R: Alfred Vohrer D: Herbert Fleischmann, Edith Heerdegen, Hannelore Elsner, Paul Neuhaus
Ein Reporter verheddert sich in einem internationalen Spionagekomplott, nachdem er die Meldung von der Flucht eines elfjährigen Jungen aus der DDR weiterverfolgt. Aufwendige und gelungene Simmel-Verfilmung, die einen kritischen Blick auf Geheimdienst und Presse wirft.

und Stimmung der rauh-melodiösen Musik werden in einer kongenialen Bildmontage für den Zuschauer und -hörer so unmittelbar erlebbar, als befände er sich selbst vor der Bühne. Einer der gelungensten Popmusik-Filme.

Stop! Oder meine Mami schießt S976 ***
STOP! OR MY MOM WILL SHOOT
USA 1991, 87 Min., F
R: Roger Spottiswoode
D: Sylvester Stallone, Estelle Getty, JoBeth Williams
Ein Cop bekommt unerwartet Besuch von seiner Mutti und muß an ihrer Seite einige haarsträubende Begegnungen mit Gangstern bestehen. Action-Komödie um ein ungleiches Paar, in dem Sylvester Stallone seine Komi-

Drei Amazonen, die gegen die im Fantasyland herrschenden Gesetze verstoßen, sehen sich dem Zorn der bösen Königin ausgesetzt und lehren sie mit Hilfe dreier Männer Mores. Einfältiger Barbarenfilm. HFJ 1989

Stormy Monday S978
STORMY MONDAY ****
GB 1988, 93 Min., F
R: Mike Figgis D: Sean Bean, Melanie Griffith, Tommy Lee Jones, Sting
Ein englischer Nobody verliebt sich in eine Kellnerin und trotzt gemeinsam mit einem Jazzklub-Besitzer der Offensive eines amerikanischen Immobilienhais. Stilisierter Thriller mit einem nahezu musikalischen Rhythmus, von Mike Figgis elegant und einfallsreich in Szene gesetzt.

Richard Edson, Eszter Balint und John Lurie in ›Stranger than Paradise‹.

schrittweise zur Sexsklavin abrichtet. Softversion eines HC-Films, der inhaltlich viel Just Jaeckins *Geschichte der O* verdankt.

Storyville S980
STORYVILLE ***
USA 1992, 111 Min., F
R: Mark Frost D: James Spader, Joanne Whalley-Kilmer, Jason Robards
In New Orleans kämpft sich ein Advokat mit Politambitionen durch ein Dickicht aus Familienintrigen, Selbstmord und sexuellen Ausschweifungen, in dem sich die Story dann schließlich selbst vollends verheddert. David-Lynch-Lehrling Frost liefert eine unfreiwillige Parodie auf die Werke seines Meisters. HFJ 1994

Die Stoßburg S981
*
BRD 1974, 98 Min., F
R: Franz Marischka D: Peter Steiner, Johnny Kraaykamp, Helga König
Bevor Ritter Archibald zum Kreuzzug aufbricht, ferkelt er auf einem Fest seines Kollegen Sigurd. Seine in Keuschheitsgürteln schwitzenden Damen bemühen sich derweil, auch Spaß zu haben. Niveaulose Sexklamotte mit dem heutigen Star des TV-Bauerntheaters.

Stoßgebet für einen Hammer S982
OGGIA A ME ... DOMANI A TE! ***
Italien 1968, 95 Min., F
R: Tonino Cervi D: Brett Halsey, Bud Spencer, William Berger
Mann, dem man einen Mord angehängt hat, kommt aus dem Knast und macht sich mit vier Gunmen auf die Suche nach dem wahren Täter. Ansehbarer Italowestern.

Stoßtrupp Venus bläst zum Angriff S983
*
Österreich/BRD 1974, 85 Min., F
R: H.G. Keil D: Alena Penz, Nina Frederic, Catherina Conti
Fünf Venusfrauen kommen zur Erde, um männlichen Eingeborenen Samen zu rauben. Softsex-Klamotte ohne jeden Unterhaltungswert.

Das Strafgesetzbuch S984
THE CRIMINAL CODE ***
USA 1932, 90 Min., s/w
R: Howard Hawks D: Walter Huston, Phillipp Homes, Constance Cummings
Ein rauher Rechtsanwalt wird Gefängnisdirektor und ein Sträfling verliebt sich in seine Tochter. Rauhes Frühwerk.

Strafpark S985
PUNISHMENT PARK ****
USA 1971, 89 Min., F
R: Peter Watkins D: Carmen Argenziano, Stan Armsted, Jim Bohan
Einige politische Dissidenten können zwischen Gefängnis oder drei Tagen »Strafpark« wählen und entscheiden sich für letzteres. Diese Strafe erweist sich als ein aussichtsloser Hetzlauf durch die Wüste. Eindrucksvoll inszenierte Zukunftsvision im Dokumentarstil, deren Faschismus-kritische Absicht teilweise jedoch in Schwarzweißmalerei abgleitet.

Strafsache Thelma Jordan S986
THELMA JORDAN ***
USA 1949, 100 Min., s/w
R: Robert Siodmak D: Barbara Stanwyck, Wendell Corey, Paul Kelly
Staatsanwalt verliebt sich in eine Schöne, deren Tante ermordet wird. Er beseitigt alle Spuren, die sie mit der Tat in Beziehung bringen könnten. Als die Polizei seine Geliebte verdächtigt, verliert er absichtlich den Prozeß und erwirkt einen Freispruch. Da taucht der angebliche Ehemann der Dame auf. Finsteres Justizdrama.

Straight Shooter S987
***
BRD 1998, 121 Min., F
R: Thomas Bohn D: Dennis Hopper, Heino Ferch, Katja Flint
Exausbilder von Fremdenlegionären soll einen ehemaligen Schützling aufspüren, der nach dem Tod von Frau und Kind die Betreiber eines Atomkraftwerkes killt. Dramaturgisch mißlungener Versuch eines deutschen Action-Thrillers. HFJ 2000

Straight to Hell – Fahr zur Hölle S988
STRAIGHT TO HELL **
USA 1987, 86 Min., F
R: Alex Cox D: Sy Richardson, Joe Strummer, Dick Rude, Dennis Hopper
Zwei Banden machen sich in einem abgelegenen spanischen Kaff gegenseitig nieder. Voll in die Hose gegangene »Parodie« auf Italowestern mit Kurzauftritten zahlreicher prominenter Filmschauspieler. HFJ 1988

Das Strandhotel S989
HOTEL DE LA PLAGE **
Frankreich 1978, 110 Min., F
R: Michel Lang D: Daniel Ceccaldi, Myriam Boyer, Guy Marchand
Eine Komödie über die alten und jungen Gäste eines Strandhotels während der Hauptsaison. Eine nicht gerade tolle Mixtur aus gelungeneren französischen Lustspielen, leichtverdauliche Unterhaltung zum Sofortverbrauch.

Stranger than Paradise S990
STRANGER THAN PARADISE ****
USA 1984, 90 Min., s/w
R: Jim Jarmusch D: John Lurie, Eszter Balint, Richard Edson
Szenen aus dem Leben eines ungarischen Einwanderers in New York, zu dem eine Cousine aus Budapest zu Besuch kommt. In seiner fragmentarischen Erzählweise erzielt der Regisseur eine sehr spezifische realistische Poesie.

Straße der Gewalt S991
WHITE LINE FEVER ***
USA 1975, 92 Min., F
R: Jonathan Kaplan D: Jan-Michael Vincent, Kay Lenz, Slim Pickens
Ein junger Trucker bekämpft entlang des Highways die Korruption. Solide B-Film-Action.

Straße der Lust S992
AKASEN TEMANANOI: NUKERAREMSAU ***
Japan 1975, 78 Min., F
R: Tatsumi Kumashiro D: Miyashita Junko, Oka Naomi, Seri Meiko
Fünf Prostituierte sammeln an einem Tag im Jahr 1958 Eindrücke in einem Tokioter Bordell. Softporno, für das Genre von beachtlicher Qualität.
HFJ 1992

Die Straße der Negerhütten S993
RUE CASES NEGRES ****
Martinique/Fr 1982, 107 Min., F
R: Euzhan Palcy D: Garry Cadenat, Darling Legitimus, Douta Seck
Die Geschichte eines jungen Schwarzen in den dreißiger Jahren, der durch die Hilfe seiner Großmutter eine Schulbildung erhält und der Ausbeutung durch die Kolonialisten entgeht. Unaufdringlich poetischer Versuch über Heimat und Aufbruch in Afrika.

Straße der Verdammnis S994
DAMNATION ALLEY **
vorrangig nur Killerkakerlaken und Gewürm. Nach dem Roman von Roger Zelazny, der weiß Gott etwas Besseres verdient hätte. LSFF

Straße der Versuchung S995
SCARLET STREET ****
USA 1945, 91 Min., s/w
R: Fritz Lang D: Edward G. Robinson, Joan Bennett, Dan Duryea
Ein verheirateter Bankangestellter wird durch eine verführerische Frau, die ihn nur ausnutzt, auf die schiefe Bahn gebracht. In fein durchkonstruierten Bildern erzählte, atmosphärisch dichte Krimistudie.

Straße ohne Wiederkehr S996
STREET OF NO RETURN ***
Frankreich/Portugal 1989, 92 Min., F
R: Samuel Fuller D: Keith Carradine, Valentina Vargas, Bill Duke
Einem berühmten Sänger wurden von Gangstern die Stimmbänder ruiniert, weil er ein Verhältnis mit der Freundin ihres Bosses hatte. Als nunmehr kaputter Gossenpenner bekommt er eine Chance zur Rache. Gescheiterte, gelegentlich sogar peinliche Goodis-Adaption, ein traurig stimmendes Spätwerk des großen Sam Fuller.
HFJ 1990

Die Straße von Korinth S997
LA ROUTE DE CORINTHE ***
Frankreich/Italien 1967, 101 Min., F
R: Claude Chabrol D: Jean Seeberg, Maurice Ronet, Christian Marquand, Michel Bouquet
Ein amerikanischer Geheimagent wird in Ausübung seines Berufes ermordet. Seine junge Frau macht die verantwortlichen Spione in Griechenland ausfindig und rächt ihn. Agentenfilm-Parodie mit banaler Handlung und einer brillanten Sean Seeberg.

Straßen in Flammen S998
STREETS OF FIRE ***
Ein inhaltsloses, aber bilderstarkes Nichts, dessen Charaktere so hohl und leer sind wie die Pappfiguren der Musik-TV-Sender der neunziger Jahre. Anleihen beim Western sind unübersehbar.

Straßen nach Süden S999
LES ROUTES DU SUD ****
Frankreich 1978, 97 Min., F
R: Joseph Losey D: Yves Montand, Miou-Miou, Laurent Malet
Spanischer Emigrant in Frankreich leistet Kurierdienste für die Widerstandskämpfer und gerät in eine tiefe Lebenskrise, als seine Frau bei einem solchen Unternehmen ums Leben kommt. Jorge Semprun schrieb das autobiographisch geprägte Drehbuch.

Die Straßenjungen S1000
LOS GOLFOS ***
Spanien 1962, 90 Min., s/w
R: Carlos Saura D: Manuel Zarzo, Luis Narin, Oscar Crue, Juanjo Lozada
Eine Gruppe spanischer Jugendlicher versucht sich durch Raubüberfälle die Mittel für eine Stierkämpferkarriere zu beschaffen. Es gelingt ihnen nicht. Halbdokumentarischer Film, der die Situation von gesellschaftlichen Außenseitern mit großer Authentizität und unprätentiös beschreibt.

Straßenkinder S1001
WHERE THE DAY TAKES YOU **
USA 1992, 105 Min., F
R: Marc Rocco D: Dermont Mulroney, Robert Knepper, Lara Flynn Boyle
Ein düsteres Porträt jugendlicher Ausreißer, die trotz harter Bandenrivalität und entwürdigender Lebensumstände ein Zusammengehörigkeitsgefühl entwickeln. Reißerisch aufgezogene »Sozial-Studie« ohne Tiefgang. HFJ 1995

Strategie der Spinne S1002
STRATEGIA DEL RAGNO ****

sondern sich nach einem begangenen Verrat selbst von den Gegnern Mussolinis hat liquidieren lassen. Gelungene Auseinandersetzung mit einer Elterngeneration, deren Heldenmythen Bertolucci auf erregende Weise kritisch hinterfragt.

Strauberg ist da S1003
****
BRD 1975/78, 120 Min., F
R: Mischa Gallee D: Michel Piccoli, Theodor Kotulla, Bernadette Lafont
Vier Intellektuelle haben sich auf eine griechische Insel zurückgezogen, um zu arbeiten. Sie erwarten die Ankunft des mächtigen Verlegers Strauberg, von dem sie alle in irgendeiner Weise abhängig sind. Brillante, bittere Parabel auf den Kulturbetrieb.

Strawanzer S1004
***
Österreich 1983, 88 Min., F
R: Peter Patzak D: Elliott Gould, Heinz Moog, Andrea Jonasson
Ein alter orientierungsloser Witwer und ein Aussteiger aus dem Wohlstandsleben werden ohne konkretes Wissen Zeugen und Rächer eines Mordes. Sie versuchen ihr Leben auf unterschiedliche Weise in den Griff zu bekommen. Atmosphärisch dichte Ballade einer Freundschaft zweier Außenseiter des durch die Fernsehserie *Kottan ermittelt* bekannt gewordenen Regisseurs.

Streik S1005
STATSCHKA ****
UdSSR 1924, 68 Min., s/w
R: Sergej M. Eisenstein D: Maxim Strauch, G. Alexandrow, M. Gomorow, I. Iwanow
Ein vom Militär brutal niedergeschlagener Streik von Arbeitern in den letzten Jahren des zaristischen Rußland bildet das Thema für den ersten Film Eisensteins. Er verwendet dabei Elemente des mit der Revolution entstandenen Proletkult-Theaters und bedient sich der sogenannten Kollisionsmontage, indem er dokumentarische Schlachthofszenen in die Bilder des blutigen Vorgehens gegen die Streikenden hineinschneidet.

Strictly Ballroom S1006
STRICTLY BALLROOM ***
Australien 1991, 94 Min., F
R: Baz Luhrman D: Paul Mercurio, Tara Morice, Bill Hunter, Gia Carides
Der Aufstand eines jungen Tanzpaares gegen die Regeln des Gesellschaftstanzes als geistreiche Gesellschaftskritik. HFJ 1993

Strohfeuer S1007
***
BRD 1972, 98 Min., F
R: Volker Schlöndorff D: Margarethe von Trotta, Friedhelm Ptok, Martin Lüttge, Walter Sedlmayr
Eine Frau verläßt in ihrem Bedürfnis nach Selbstverwirklichung ihren Ehemann. Sie stößt jedoch an Grenzen, die nicht nur in ihrer Umwelt und den Umständen liegen, sondern scheitert auch an ihrem eigenen Rollendenken, von dem sie sich nicht lösen kann. Emanzipationsfilm mit Bezügen zur Biographie der Hauptdarstellerin und Koautorin Margarethe von Trotta.

Der Strohmann S1008
THE FRONT *****
USA 1976, 95 Min., F
R: Martin Ritt D: Woody Allen, Zero Mostel, Herschel Bernardi
Drehbuchautoren, die aufgrund politischer Ansichten auf der Schwarzen Liste landen, engagieren einen unpolitischen Menschen, der für sie als Strohmann agiert und nach und nach erkennt, in welch irrsinniger Welt er lebt. Eine perfekt gemachte Schwarze Komödie über die McCarthy-Ära, unter Mitarbeit zahlreicher Personen, denen diese Zeit in unguter Erinnerung war.

Stromboli S1009
STROMBOLI, TERRA DI DIO ***
Italien 1949, 105 Min., s/w
R: Roberto Rossellini D: Ingrid Bergman, Mario Vitale, Renzo Cesana
Eine junge, wegen des Zweiten Weltkrieges geflohene Litauerin heiratet einen Fischer auf Stromboli, um aus einem Internierungslager herauszukommen, obwohl sie die Insel haßt. Gedemütigt von den anderen Bewohnern denkt sie an Flucht. Ein außer grandiosen Szenen vom Thunfischfang und einem Vulkanausbruch wenig überzeugender Film Rosselinis.

Stroszek S1010
****
BRD 1977, 90 Min., F
R: Werner Herzog D: Bruno S., Eva Mattes, Clemens Scheitz, Alfred Edel
Ein aus dem Gefängnis entlassener Straßensänger kommt zusammen mit einem alten Nachbarn und einem Mädchen nach Amerika, aber auch hier findet er nur neuen Zwang und geht schließlich daran zugrunde.

Stryker S1011
STRYKER *
USA/Philippinen 1983, 85 Min., F
R: Cirio H. Santiago D: Steve Sandor, Julie Gray, Andria Savio
Nach dem Großen Knall krauchen wilde Männer und Frauen in einer steinigen Wüste umher und massakrieren einander für Wasser. Ein Dreckfilm über üble Kerle, der das Hohelied der brutalen Kraft singt. LSFF

Ein Student ging vorbei S1012
***
BRD 1959, 93 Min., s/w
R: Werner Klingler D: Luise Ullrich, Paul Dahlke, Eva Bartok, Bert Fortell
Geheimnisse einer deutschen Familie. Ein älterer Mann will gegen den Willen seiner erwachsenen Kinder wieder heiraten, da taucht die totgeglaubte Ehefrau wieder auf.

Der Student von Prag S1013
****
Deutschland 1913, 85 Min., s/w
R: Stellan Rye D: Paul Wegener, John Gottowt, Lyda Salmonova
Balduin, der beste Fechter von Prag, möchte reich und berühmt werden und verkauft deshalb sein Spiegelbild an einen merkwürdigen Fremden. Er findet jedoch das erstrebte Glück nicht, sondern muß vor seinem zweiten Ego fliehen und verliert sein Leben. Wichtiger, weil visuell innovativer Wegbereiter des deutschen expressionistischen Stummfilms.

Die Studentin S1014
L'ETUDIANTE ***
Frankreich/Italien 1988, 103 Min., F
R: Claude Pinoteau D: Sophie Marceau, Vincent Lindon, Elisabeth Vitali
Liebesgeschichte zwischen einer Studentin vor dem Examen und einem Musiker. Ein hübscher, unerheblicher, gut gespielter und konventionell inszenierter Film.

Stuff – Ein tödlicher Leckerbissen S1015
THE STUFF **
USA 1984, 93 Min., F
R: Larry Cohen D: Michael Moriarty, Andrea Marcovicci, Paul Sorvino
Ein yoghurtähnlicher Matsch, der aus der Erde quillt, wird von cleveren Geschäftemachern als neue Eiskremart auf den Markt gebracht. Doch das Zeug macht süchtig und führt ein Eigenleben. Parodie auf Monsterfilme der fünfziger Jahre. HFJ 1988

Stumme Liebe S1016
LA FEMME – ENFANT **
BRD/Frankreich 1980, 100 Min., F
R: Raphaele Billetdoux D: Klaus Kinski, Pénélope Palmer
Auf einem Gut in der Bretagne entwickelt sich eine Freundschaft zwischen der Tochter eines Friseurs und einem stummen Gärtner. Kinski in einer ungewohnten Rolle in diesem Erstlingsspielfilm.

Stumme Zeugin S1017
MUTE WITNESS ****
GB 1994, 100 Min., F
R: Anthony Waller D: Mary Sudina, Fay Ripley, Evan Richards
Ein kleines amerikanisches Filmteam dreht einen Low-Budget-Film in Moskau. Die stumme Maskenbildnerin wird Zeuge eines Mordes bei verbotenen Dreharbeiten zu einem »Snuff-Movie« und gerät ins Visier der rus-

Stummer Schrei S1018
SILENT FALL ***
USA 1994, 101 Min., F
R: Bruce Beresford D: Richard Dreyfuss, Linda Hamilton, John Lithgow
Richard Dreyfuss soll als Psychiater mit Schuldkomplex mithelfen, einen Doppelmord aufzuklären: Der autistische Sohn des getöteten Ehepaares hat die Tat zwar mitangesehen, ist aber nicht in der Lage, darüber zu sprechen. Eine mäßig originelle Kreuzung aus *Rain Man* und Das *Schweigen der Lämmer*, mehr Psycho als Thriller.

Stunde der Bewährung S1019
STRAIGHT TIME ***
USA 1977, 114 Min., F
R: Ulu Grosbard D: Dustin Hoffman, Theresa Russell, Gary Busey
Auf Bewährung vorzeitig entlassener Rückfalltäter gerät trotz bester Vorsätze durch Verkettung unglücklicher Umstände erst schuldlos in Verdacht und dann verbittert wieder endgültig auf die schiefe Bahn. Ein ehrlicher Film, der weder einseitig anklagt noch verdammt.

Die Stunde der grausamen Leichen S1020
EL JOROBADO DA LA MORGUE *
Spanien 1972, 80 Min., F
R: Javier Aguirre D: Paul Naschy, Rossanna Yanni, Vic Winner
Ein Frankenstein-Verschnitt, der als »Chefbiologe« in einem abgelegenen Sanatorium arbeitet, füttert eine künstlich erschaffene Kreatur mit Menschenfleisch, das ihm sein treues Faktotum besorgt. LSFF

Die Stunde der harten Männer S1021
ERCOLE, SANSONE, MACISTE *
It/Fr/Sp 1964, 96 Min., F
R: Giorgio Capitani D: Alan Steel, Nadir Baltimor, Ned Ross

Die Stunde der Komödianten S1022
THE COMEDIANS ****
USA 1967, 140 Min., F
R: Peter Glenville D: Richard Burton, Elizabeth Taylor, Alec Guinness
Der amerikanische Botschafter auf Haiti verdrängt die politischen Zustände unter der Duvalier-Diktatur ebenso wie die Seitensprünge seiner Frau in Alkohol. Aber die Stunde der Wahrheit kommt für alle in dieser atmosphärisch und schauspielerisch gelungenen Graham-Greene-Verfilmung.

Die Stunde der Patrioten S1023
PATRIOT GAMES ***
USA 1992, 117 Min., F
R: Phillip Noyce D: Harrison Ford, Anne Archer, Patrick Bergin
Ex-CIA-Agent, mit Frau und Tochter in London, bewahrt Angehörigen des britischen Königshauses vor einem Anschlag und tötet einen Attentäter. Dessen Bruder schwört ihm Rache und verfolgt ihn mit einem IRA-Kommando in den USA. Um seine Familie zu schützen, tritt unser Held wieder in die CIA ein. Ein harter, inhaltlich simpler, aber aktionsreicher Rache-Thriller. Nach dem Roman von Tom Clancy. HFJ 1993

Die Stunde der Ratte S1024
FOOD OF THE GODS II **
Kanada 1989, 86 Min., F
R: Damian Lee D: Paul Coufos, Lisa Schrage, Colin Fox, Frank Moore
Laborratten fressen mit einem neuen Wachstumshormon behandelte Tomaten und verwandeln sich in hundegroße Monster, die auf einem College Angst und Entsetzen verbreiten. Dummdreist aufgezogener SF-Film, dem es gewaltig an innerer Logik mangelt. LSFF

Stunde der Wahrheit S1025
HISTOIRE IMMORTELLE ****

stirbt er in starrer Einsamkeit. Filmische Adaption einer Novelle von Tania Blixen über die selbstzerstörerische Wirkung der rein materiell bestimmten Suche nach Glück.

Die Stunde des Siegers S1026
CHARIOTS OF FIRE ***
GB 1980, 123 Min., F
R: Hugh Hudson D: Ben Cross, Ian Charleson, Nigel Havers
Porträt zweier sehr unterschiedlicher Goldmedaillengewinner der Pariser Olympliade von 1924. Auf die eigene Schulter klopfendes, den Sieg als solchen verherrlichendes Machwerk mit einigen guten schauspielerischen Leistungen, das nicht ansatzweise auf die problematischen Seiten des Hochleistungssports eingeht.

Die Stunde des Wolfes S1027
VARGTIMMEN ****
Schweden 1966, 84 Min., s/w
R: Ingmar Bergman D: Liv Ullmann, Max von Sydow, Erland Josephson
Bei einem Ferienaufenthalt mit seiner Frau auf einer Insel wird ein Mann von zunehmend entsetzlicheren Visionen geplagt. Vergeblich versucht seine Frau zu helfen, die Dämonen in seinem Inneren treiben ihn zum tödlichen Wahnsinn. Eine beklemmende Studie der Ausweglosigkeit.

Stunde Null S1028
****
BRD 1976, 108 Min., F
R: Edgar Reitz
D: Kai Taschner, Anette Jünger, Herbert Weissbach, Klaus Dierig
Ein Hitlerjunge und seine Freundin hoffen am Ende des Zweiten Weltkrieges in einem Leipziger Vorort mit einem ausgegrabenen Nazischatz auf eine hoffnungsvolle Zukunft. Doch dann wird das von den Amerikanern besetzte Sachsen den Sowjets überlassen. Atmosphärisch dichter Film, der die Stimmung der Zeit beschreibt.

Die Stunde, wenn Dracula kommt S1029
LA MASCHERA DEL DEMONIO ***
Italien 1960, 85 Min., s/w
R: Mario Bava

Kai Taschner und Klaus Dierig

D: Barbara Steele, John Richardson, Ivo Gerrani
Im 17. Jahrhundert hingerichtete Hexe rächt sich an den Nachfahren jener, die sie vom Leben zum Tode befördert haben. Unheimlicher Horrorfilm mit Ekelszenen, in denen der vampirische Graf keinerlei Rolle spielt.

Stunts – Das Geschäft mit dem eigenen Leben S1030
STUNTS ***
USA 1977, 91 Min., F
R: Mark Lester D: Robert Forster, Fiona Lewis, Ray Sharkey
Bei den Dreharbeiten zu einem Film kommen nacheinander einige Stuntdarsteller durch Unfälle ums Leben. Als der Bruder eines der Verunglückten, ebenfalls ein Stuntman, gemeinsam mit einer Journalistin der Sache nachgeht, kommen sie einem hinterhältigen Mörder auf die Schliche. Spannende, gutgemachte, actionreiche Unterhaltung.

Der Sturm S1031
TEMPEST ****
USA 1982, 141 Min., F
R: Paul Mazursky D: John Cassavetes, Gena Rowlands, Susan Sarandon, Vittorio Gassman
Ein amerikanischer Architekt verläßt seine Frau in New York und lebt mit seiner Tochter auf einer einsamen griechischen Insel. Moderne Variation von William Shakespeares Drama, hervorragend gespielt und fotografiert.

Sturm im Osten S1032
LA TEMPESTA ***
It/Fr/Jugoslawien 1958, 116 Min., F
R: Alberto Lattuada D: Silvana Mangano, Van Heflin, Orson Welles
Historienfilm um einen Leutnant am Hofe Katharinas der Großen, der zu einem Außenposten strafversetzt wird. Hebt sich durch kompakte Inszenierung und gute Schauspieler vom Durchschnitt ab.

Sturm im Wasserglas S1033
***
BRD 1960, 93 Min., s/w
R: Josef von Baky D: Ingrid Andree, Hanns Lothar, Therese Giehse
Witwe Vogel kann die Hundesteuer für ihren »Toni« nicht mehr bezahlen und wendet sich an den Stadtrat Thoss, der gerade im Wahlkampf seine Tierliebe betont. Ein Reporter wird Zeuge seiner üblen Reaktion. Kabarettistische Filmversion eines Stoffes von Bruno Frank.

Sturm über Arizona S1034
ARIZONA WHIRLWIND ***
USA 1944, 60 Min., s/w
R: Robert Tansey D: Hoot Gibson, Ken Maynard, Bob Steele, Myrna Dell
Drei Burschen, die im Westen als Telegraphisten auftreten, tricksen eine Fälscherbande aus. Schöner alter B-Western mit flotten Stunts und ohne »Philosophierereien«.

Sturm über Asien S1035
POTOMOK TSCHINGIS-CHAN ****
UdSSR 1928, 88 Min., s/w
R: Wsewolod I. Pudowkin
D: Waleri Inkischinoff, L. Dedinzeff, Anna Sudakewitsch
Über die asiatischen Steppen versuchen die Engländer in den russischen Bürgerkrieg einzugreifen. Ein Mongole wird von ihnen irrtümlich als ein Sproß des Dschingis Khan angesehen und vom britischen Gouverneur aus Eigennutz gesundgepflegt. Der Junge durchschaut die Pläne und flieht, um seine Landsleute im Kampf zu unterstützen. Stummes Revolutions-Epos, später unnötigerweise nachsynchronisiert.

Sturm über Jamaika S1036
A HIGH WIND IN JAMAICA ***
GB 1965, 104 Min., F
R: Alexander Mackendrick
D: Anthony Quinn, James Coburn, Dennis Price, Gert Fröbe
Englische Kinder werden zur Zeit der Königin Victoria in der Karibik von Seeräubern entführt und beeinflussen deren Leben. Spannender Piratenfilm.

Sturm über Persien S1037
THE LOVES OF OMAR KHAYAM ***
USA 1956, 101 Min., F
R: William Dieterle D: Cornel Wilde, Michael Rennie, Debra Paget
Ein persischer Dichter, der im 11. Jahrhundert seine Geliebte an den Harem des Schahs abtreten muß, dient seinem Herrn auch weiterhin treu und deckt ein Komplott gegen ihn auf. Buntes Orient-Abenteuerspektakel.

Sturm über Texas S1038
TERROR IN A TEXAS TOWN ***
USA 1957, 80 Min., s/w
R: Joseph H. Lewis D: Sterling Hayden, Sebastian Cabot, Carol Kelly
Sohn eines ermordeten Farmers kehrt nach Hause zurück und nimmt den Kampf gegen einen Großgrundbesitzer auf, der brave Männer ihres ölhaltigen Landes wegen beseitigen läßt.

Sturm über Tibet S1039
STORM OVER TIBET **
USA 1952, 90 Min., s/w
R: Andrew Marton D: Rex Reason, Diana Douglas, Myron Healey
Ein Forscher erbeutet ein heilige tibetanische Maske, die ihm und den Angehörigen seiner Gruppe pausenlos Unglück bringt. Abenteuerfilm, in den Reste des Marton-Films *Der Dämon des Himalaya* (1934) eingearbeitet wurden.

Sturm über Washington S1040
ADVISE AND CONSENT ****
USA 1961, 135 Min., s/w

Charles Laughton und Walter Pidgeon in Premingers Film ›Sturm über Washington‹.

stirbt der Präsident der Vereinigten Staaten. Polit-Thriller mit beträchtlichem Aufklärungsgehalt.

Stürme der Leidenschaft S1041
***
Deutschland 1932, 101 Min., s/w
R: Robert Siodmak D: Emil Jannings, Anna Stern, Trude Hesterburg
Drama um einen entlassenen Sträfling, der von seiner Freundin immer wieder hintergangen wird, bis er ihr Spiel durchschaut. Siodmak drehte auch eine französische Version unter dem Titel *Tumultes* mit Charles Boyer in der Hauptrolle.

Sturmfahrt nach Alaska S1042
THE WORLD IN HIS ARMS ****
USA 1952, 100 Min., F
R: Raoul Walsh D: Gregory Peck, Anthony Quinn, Ann Blyth, John McIntire
Gregory Peck als illegaler Robbenfänger klaut den Russen nicht nur die Robben, sondern betört auch noch eine russische Gräfin, die vom Zaren schon anderweitig weitergegeben ist. Als Seemann und im Prahlen und Saufen ihm ebenbürtig ist Anthony Quinn, gegen den er die schönste Segelwettfahrt der Filmgeschichte bestreitet. Ein Abenteuerfilm, wie er viel

Zwei harte Männer auf hoher See: Anthony Quinn und Gregory Peck in ›Sturmfahrt nach Alaska‹.

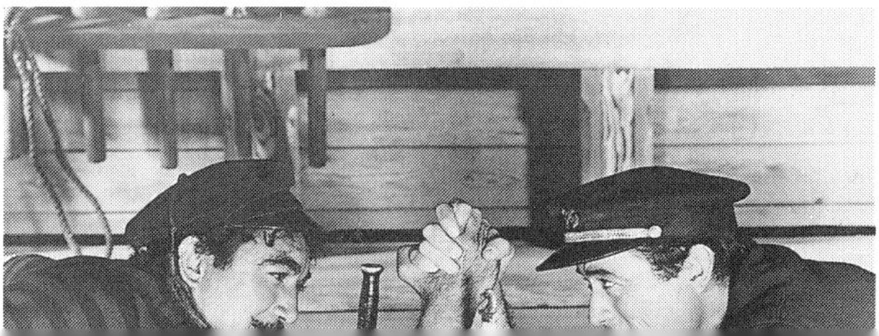

besser auch heute nicht gemacht werden kann.

Sturmhöhe S1043
HURLEVENT ***
Frankreich 1985, 120 Min., F
R: Jacques Rivette D: Fabienne Babe, Lucas Belvaux
Stilvolle Verfilmung des Romans *Wuthering Heights* von Emily Bronte, die die tragische Liebesgeschichte vom viktorianischen Südengland ins Südfrankreich der dreißiger Jahre verlegt.

Stürmische Höhen S1044
WUTHERING HEIGHTS ****
USA 1939, 104 Min., s/w
R: William Wyler D: Laurence Olivier, Merle Oberon, David Niven
Meisterhaftes Melodram nach dem Roman von Emily Brontë um ein Findelkind, dessen Liebe zu der Tochter seiner Adoptiveltern unerwidert bleibt und das sich deshalb Jahre später rächt. Wylers für neun Oscars nominiertes Werk bedeutete den Durchbruch für Laurence Olivier.

Das stürmische Leben des Joe Orton S1045 ****
PRICK UP YOUR EARS
GB 1987, 106 Min., F
R: Stephen Frears D: Gary Oldman, Alfred Molina, Vanessa Redgrave
Die Rekonstruktion der Lebenstragödie des Dramatikers Joe Orton, der 1967 von seinem Freund erschlagen wurde.

Die stürmischen Vierziger S1046
LES QUARANTIEMES RUGISSANTS ***
Fr/BRD/Sierra Leone 1982, 182 Min., F
R: Christian de Chalonge D: Jacques Perrin, Julie Christie, Michel Serrault
Die Handlung ist inspiriert von der Geschichte Donald Crowhursts, eines Teilnehmers des ersten Einmann-Bootsrennens rund um die Welt, das 1968 stattfand. Ein Mann gibt sich ganz der Illusion hin, an der Spitze des Wettbewerbes zu stehen, und fährt in den Tod. Sehr langatmiger Film mit dramaturgischen Schwächen, der aber durch schöne Meeresaufnahmen und gutes Schauspiel besticht.

Der Sturz S1047
**
BRD 1978, 103 Min., F
R: Alf Brustellin D: Franz Buchrieser, Hannelore Elsner, Wolfgang Kieling, Eva Maria Meineke
Ein Mann flieht nach der Pleite mit einem Spielsalon mit Frau und Kind an den Bodensee. Nach dem Roman von Martin Walser wird die Geschichte eines Intellektuellen erzählt, der dem Leben nicht gewachsen ist. »Wir leben heute in einer Irrenhaus-Atmosphäre« (Sinkel), aber aus dieser Erkenntnis werden nicht unbedingt gute Filme.

Die Stute S1048
THE STUD **
GB 1977, 90 Min., F
R: Quentin Masters D: Joan Collins, Oliver Tobias, Sue Lloyd
Verheiratete Jet-set-Mieze nimmt sich einen Kellner zum Geliebten, stößt ihn aber durch ihr ausschweifendes Leben zunehmend ab. Fader, mit Längen behafteter Sexfilm.

Stützen der Gesellschaft S1049
****
Deutschland 1935, 78 Min., s/w
R: Detlev Sierck D: Heinrich George, Maria Krahn, Horst Teetzmann
Ein reicher, autokratischer Werftbesitzer wird aus seiner selbstgefälligen Ruhe gerissen, als sein Schwager mit einem Zirkus in die Stadt kommt. Eindrucksvolle Verfilmung des Stückes von Henrik Ibsen.

Die Subversiven S1050
I SOVVERSIVI ****
Italien 1967, 90 Min., s/w
R: Paolo und Vittorio Taviani
D: Ferruccio De Ceresa, Lucio Dalla
Vier Versuche linker italienischer Intellektueller, eigene Identität und Wege zur Veränderung der Gesellschaft zu finden. Vier kunstvoll miteinander verzahnte Lebensgeschichten.

Subway S1051
SUBWAY ****
Frankreich 1985, 102 Min., F
R: Luc Besson
D: Christopher Lambert, Isabelle Adjani, Michel Galabru
Die Abenteuer eines Mannes in der Welt der Pariser Metro als Hommage an den Film noir aus dem Geist der New Wave. Modisch, surrealistisch, kultisch. HFJ 1987

Die Suche nach der Hungersnot S1052 ****
AKALER SANDHANE
Indien 1980, 126 Min., F
R: Mrinal Sen D: Dhritiman Chatterjee, Smita Patil, Sreela Majumdar
In einem bengalischen Dorf soll ein Film über die große Hungersnot des Jahres 1943 gedreht werden. Das Zusammentreffen der westlich orientierten, privilegierten Filmteammitglieder führt zu Schwierigkeiten und Konfrontationen. Gekonnt inszenierte Studie über eine mißlungene Vergangenheitsbewältigung.

Sudan S1053
SUDAN ***
USA 1944, 74 Min., s/w
R: John Rawlins D: Jon Hall, Maria Montez, Turhan Bey, Andy Devine
Prinzessin Naila und Sklavenbefreier Spartacus rächen den tückischen Mord an einem ägyptischen Pharao. Solider Abenteuerfilm mit sprachlichen Gags und ansprechender Musik.

Der Süden S1054
EL SUR ***
Spanien/Frankreich 1983, 95 Min., F
R: Victor Erice D: Omero Antonutti, Sonsoles Arranguran, Iciar Bollain
In ruhigen, tableauhaften Bildern beschreibt der Film eine enge Vater/Tochter-Beziehung. Eine Frau und eine Landschaft, der Süden, beide nur namentlich erwähnt, belasten diese Beziehung, die mit dem Erwachsenwerden des Mädchens und der Resignation des Vaters endet. Ein sehr zärtlicher, behutsamer Film.

Süden – Sur S1055
SUR ****
Argentinien/Fr 1987, 114 Min., F
R: Fernando E. Solanas D: Susu Pecorao, Miguel Angel Sola, Philippe Léotard, Lito Cruz
Nach fünf Jahren Haft kehrt der Schlachthofarbeiter Floreal, wegen

der Teilnahme an einem Streik verurteilt, zu seiner Familie zurück und erlebt in einer Nacht voller Erinnerungen und Träume noch einmal sein Schicksal. HFJ 1989

Südsee – Eigene Insel S1056
***
BRD 1998, 96 Min., F
R: Thomas Bahmann D: Hannes Knaup, Andrea Sawatzki, Alexandra Maria Lara
Karrieremensch ist plötzlich pleite und muß den geplanten Südseeurlaub absagen. Weil das keiner seiner Kollegen und Nachbarn erfahren soll, verschanzt er sich in der Zeit mit seiner Familie im Keller des Eigenheims. Nette Komödie mit satirischen Untertönen. HFJ 2000

Sue S1057
SUE ****
USA 1997, 91 Min., F
R: Amos Kollek D: Anna Thomson, Matthew Powers, Tahnee Welch
Eine schöne und sympathische Frau strampelt sich im erfolgsorientierten Schmelztiegel New York auf der Suche nach Liebe und Arbeit ergebnislos ab. Der Film versucht sich im Kompromiß, das triste Thema unspektakulär zu erzählen, was zurückhaltend, aber auch emotionslos wirkt. HFJ 1999

Sufferloh – von heiliger Lieb und Trutz S1058
***
BRD 1979, 83 Min., F
R: Hans-Christof Stenzel D: Michael Langenbeck, Sandro Hauth
Ein Mann und ein Kind wollen Unsere Liebe Frau, die in einem Goldfisch verborgen ist, aussetzen. Heiliger Nonsense mit Anklängen an Valentin und Achternbusch sowie eigener Poesie.

Suleiman, der Eroberer S1059
SOLIMANO IL CONQUISTATORE **
Italien 1961, 90 Min., F

Sullivans Reisen S1060
SULLIVAN'S TRAVELS ****
USA 1941, 91 Min., s/w
R: Preston Sturges
D: Joel McCrea, Veronica Lake, Robert Warwick
Ein erfolgreicher Komödienregisseur aus Hollywood verkleidet sich als Landstreicher und zieht hinaus in die Welt, um die Armut kennenzulernen. Brillant geschriebene, bissige Genremixtur aus Humor und Drama – voller grandiosem Slapstick, intelligentem Wortwitz und origineller Situationskomik.

Summer Camp S1061
SUMMER CAMP *
USA 1980, 93 Min., F
R: Chuck Vincent D: Collen O'Neill, Alexis Schreiner, Jake Barnes
Campingplatzbesitzer lädt eine Gruppe junger Leute ein, damit sie für ihn arbeiten, doch sie haben nur das eine im Kopf. Gequält ulkiger Sexfilm über exhibitionistische und voyeuristische Teenies und ihre »lustigen« Streiche.

Sumpf des Grauens S1062
TERROR IN THE SWAMP *
USA 1983, 84 Min., F
R: Joseph K. Catalanotto D: Billy Holliday, Michael Tedesco, Chuck Bush
Mutierte Ratte macht ein Sumpfgebiet unsicher. Schauerlich, nichtssagend.

Sumuru, die Tochter des Satans S1063
***
THE SLAVES OF SUMURU
GB 1967, 80 Min., F
R: Lindsay Shonteff D: George Nader, Frankie Avalon, Shirley Eaton
Um die Weltherrschaft an sich zu reißen, verkuppelt die Chefin einer Geheimorganisation ihre Freundinnen an die Opinion Leaders der Erde, doch der britische Geheimdienst kommt ihr auf die Spur. Schundkino

Die Tragödie einer Frau, die als Landarbeiterin für ihre Familie sorgt und nach einer Vergewaltigung Opfer einer gnadenlosen patriarchalischen Gesellschaft wird. Eines der bedeutendsten Beispiele eines sozialkritischen ägyptischen Kinos der sechziger Jahre.

Der Sündenbock S1065
THE SCAPEGOAT ***
GB 1958, 93 Min., s/w
R: Robert Hamer D: Alec Guinness, Bette Davis, Pamela Brown
Ein englischer Gymnasiallehrer muß die Rolle eines ihm ähnlich sehenden französischen Grafen spielen. Spannender Kriminalfilm, dessen Handlungsaufbau jedoch wenig überzeugen kann.

Der Sündenfall S1066
FALL FROM GRACE **
USA 1990, 92 Min., F
R: Karen Arthur D: Kevin Spacey, Bernadette Peters, Richard Herd
Fernseh-Prediger stürzt über Affäre mit einer jungen Frau. Nach dem Skandal um den TV-Evangelisten Jim Bakker gedrehter biederer US-Fernsehfilm.

Sündige Lippen S1067
PASSIONS BRULANTES SUPERCLIMAX **
Frankreich/Italien 1981, 75 Min., F
R: Alexandre Borski D: Laura Levi, Mark Shannon, Monika Nickel
Ehefrau (Ex-Prostituierte), die ihrem Beruf heimlich weiter nachgeht, wird von einem Kunden erpreßt und leitet Abwehrmaßnahmen ein. Sexfilm von Joe d'Amato – unter Pseudonym gedreht, da er die Idee bei Luis Buñuel geklaut hat.

Die Sunny-Boys S1068
THE SUNSHINE BOYS ***
USA 1975, 110 Min., F
R: Herbert Ross D: Walter Matthau, George Burns, Richard Benjamin

Ikone des Realitätsverlusts in der Traumwelt Hollywoods; Gloria Swanson in ›Sunset Boulevard‹.

Sunrise S1069
SUNRISE *****
USA 1927, 106 Min., s/w
R: Friedrich Wilhelm Murnau
D: George O'Brien, Janet Gaynor, Margaret Livingston
Nach einer Novelle von Hermann Sudermann entwickelt Murnau meisterhaftes Gefühlskino um einen Bauern, der, von einer Femme fatale verführt, beinahe zum Mörder an seiner Frau wird.

Sunset – Dämmerung in Hollywood S1070
SUNSET ****
USA 1988, 107 Min., F
R: Blake Edwards D: Bruce Willis, James Garner, Malcolm McDowell
Im Hollywood des Jahres 1929 wird ein Film über den legendären Wyatt Earp gedreht, der dazu als Berater engagiert wird. Er und sein Darsteller im Film entwickeln eine echte Männerfreundschaft, die auch die rücksichtslosesten Gauner, die sich in Hollywood breitmachen wollen, in die Flucht schlägt. Nette Komödie voller nostalgischer Liebenswürdigkeiten. HFJ 1989

Sunset Boulevard S1071
SUNSET BOULEVARD ****
USA 1950, 105 Min., s/w
R: Billy Wilder D: Gloria Swanson, William Holden, Erich von Stroheim
Tragödie einer einst gefeierten Stummfilmdiva in Hollywood, die – besessen vom Wunsch nach einem Comeback – einen mittellosen Drehbuchautor an sich bindet, der zunächst ihre Selbsttäuschungen unterstützt, sich dann aber von ihr löst und sie brutal mit der Wirklichkeit konfrontiert. Der meisterhaft inszenierte und glänzend gespielte Film kratzt ironisch am Glamour-Mythos Hollywoods und ist doch zugleich ein Teil davon. *Zoom*

Supergirl S1072
SUPERGIRL ***
USA 1984, 114 Min., F
R: Jeannot Szwarc D: Faye Dunaway, Helen Slater, Peter O'Toole
Supermädchen kommt von fremder Welt zur Erde, um zu verhindern, daß ein Kristall eine Bösfrau zur Herrin des Universums macht. Naive Verfilmung der Abenteuer einer Nebenfigur des Comic strips *Superman*. LSFF

Die Superhelden S1073
MISFITS OF SCIENCE **
USA 1985, 90 Min., F
R: Alan J. Levi D: Dean-Paul Martin, Kevin Peter Hall, Mickey Jones
Mit Psikräften versehene Junghelden stellen einem profitgeilen Forscher ein Bein und verhindern den Einsatz einer Wunderwaffe. Pilotfilm einer nicht realisierten TV-Serie. LSFF

Superman S1074
SUPERMAN ****
GB 1978, 143 Min., F
R: Richard Donner D: Christopher Reeve, Margot Kidder, Gene Hackman
Nach dem Untergang seines Planeten gelangt Superman zur Erde, wo er dank übermenschlicher Kräfte den Kriminellen der Stadt Metropolis an den Kragen geht. Technisch perfekte Verfilmung eines erfolgreichen Comic strips. LSFF

Superman II – Allein gegen alle S1075
SUPERMAN II ***
GB 1979, 127 Min., F
R: Richard Lester D: Christopher Reeve, Gene Hackman, Margot Kidder
Drei außerirdische Schurken tun sich mit Supermans Erzfeind zusammen und wollen ihm ans Leder. Tricktechnisch flott inszenierte, inhaltlich jedoch haarsträubend doofe Comic-Geschichte nach amerikanischem Zuschnitt. LSFF

Superman III – Der stählerne Blitz S1076
SUPERMAN III ***
GB 1983, 125 Min., F
R: Richard Lester D: Christopher Reeve, Richard Pryor, Jackie Cooper
Tricktechnisch perfekte Filmfassung eines der bekanntesten Comics aller Zeiten: Superman wird von einem Supergauner aus dem Verkehr gezogen, gewinnt seine Kräfte zurück und kann ihn am Ende Mores lehren. LSFF

Superman IV: Die Welt am Abgrund S1077
SUPERMAN IV: THE QUEST FOR PEACE **
USA 1987, 89 Min., F
R: Sidney J. Furie D: Christopher Reeve, Gene Hackman, Jackie Cooper
Der Erzbösewicht Lex Luthor erschafft einen Gegner für den Helden Superman, der sich derweil bemüht, die Welt vor einem Atomkrieg zu bewahren. Naives, auf Kinder gezieltes Superheldenspektakel im Comic-Stil.
HFJ 1989

Supermarkt S1078
***
BRD 1973, 84 Min., F
R: Roland Klick D: Charly Wierzejewski, Eva Mattes, Michael Degen
Das Porträt eines entwurzelten Jungen, der einen Überfall auf einen Super-

Fliegt im zweiten Teil noch besser: Christopher Reeve in ›Superman II – Allein gegen alle‹.

markt unternimmt. Härter als der deutsche Rest zu dieser Zeit.

Supernatural S1079

SOBRENATURAL: EL REGRESO DA LA MUERTE **

Spanien 1980, 89 Min., F
R: Eugenio Martin D: Maximo Valverde, Christina Galbó, Candida Losada
Ehemann, der sich an seiner untreuen Frau rächen will, wird zum Opfer eines Unglücks und verfolgt sein Ziel aus dem Jenseits weiter. Horrorfilm.

Der Supertyp S1080

ECCO NOI PER ESEMPIO **

Italien 1977, 94 Min., F
R: Sergio Corbucci D: Adriano Celentano, Barbara Bach, Renato Pozzetto
Billiges Celentano-Klamauk-Serial um zwei hilflose Provinz-Trottel, die sich als Fotoreporter durchs von gesellschaftlichen Revolten geplagte Mai-

D: Burt Reynolds, Art Carney, Conny Van Dyke
Ein liebenswerter Gelegenheitsgauner, der plötzlich eine Country & Western-Gruppe managen muß, sieht sich von einem grimmigen Ex-Sheriff verfolgt. Rundherum vergnügliche Komödie.

Supervixens Eruption S1082

SUPERVIXENS **

USA 1975, 105 Min., F
R: Russ Meyer D: Shari Eubank, Charles Pitts, Charles Napier
Unschuldig eines Mordes Verdächtigter erlebt auf der Flucht vor der Polizei haarsträubende Abenteuer, in denen vollbusige Frauen tragende Rollen spielen. Typischer Russ-Meyer-Film, dem »nackte« Tatsachen wichtiger sind als die Handlung.

Das Superweib S1083

***

BRD 1996, 90 Min., F

und schreibt ihre Ehegeschichte auf. Aus der grauen Maus wird flugs eine Bestsellerautorin. Eine dieser sogenannten Komödien, etwas saft- und kraftlos inszeniert.

Surf Nazis Must Die S1084

SURF NAZIS MUST DIE **

USA 1986, 79 Min., F
R: Peter George D: Gail Neely, Robert Harden, Barry Brenner
An den nach einem Krieg zerstörten Stränden Kaliforniens treiben rivalisierende Gangs ihr Unwesen. Eine mutige schwarze Harley-Davidson-Fahrerin beendet schließlich die Terrorherrschaft der neofaschistischen »Surf Nazis«. Respektloser Endzeit-Streifen, der als überspitzte Anarcho-Komödie ohne Anspruch durchaus unterhalten kann.

Surviving Desire S1085

UN DESIR SI VIF ***

USA 1991, 58 Min., F

den Professor resignierend feststellen »Wissen allein genügt nicht« – ein Zitat aus dem Roman »Die Brüder Karamasow« von Dostojewski, von dem er völlig besessen zu sein scheint. HFJ 1994

Surviving the Game S1086
SURVIVING THE GAME ***
USA 1994, 96 Min., F
R: Ernest Dickerson D: Ice-T, Rutger Hauer, Charles S. Dutton
Eine Gruppe pervertierter Großstadt-Manager pflegt in der Wildnis ein besonders ausgefallenes Hobby: Sie jagen Menschen. Zynischer, auf Action angelegter, pseudo-sozialkritischer Film mit wenig erfreulichen Momenten. HFJ 1995

Survivor S1087
THE SURVIVOR ***
Australien 1981, 84 Min., F
R: David Hemmings D: Robert Powell, Jenny Agutter, Joseph Cotten
Ein Pilot, der einen Flugzeugabsturz überlebt hat, entlarvt mit Hilfe einer jungen Frau und einem Deus ex machina namens »Zeitreise« seinen irren Chef als Attentäter. Kompetent gemachte Unterhaltung. HFJ 1989

Susan – verzweifelt gesucht S1088 ***
DESPERATELY SEEKING SUSAN
USA 1984, 103 Min., F
R: Susan Seidelman D: Rosanna Arquette, Madonna, Aidan Quinn
Eine junge, vom Leben frustrierte Ehefrau erfährt durch die Begegnung mit einer flippigen Abenteurerin Gefahren und Schönheit des Lebens. Comedy Thriller mit einem unnachahmlichen Flair.

Suspect – Unter Verdacht S1089
SUSPECT ****
USA 1987, 120 Min., F
R: Peter Yates D: Cher, Dennis Quaid, Liam Neeson, John Mahoney
Ein taubstummer Obdachloser wird des Mordes an einer Sekretärin des amerikanischen Justizministeriums verdächtigt und angeklagt. Zusammen mit der Pflichtverteidigerin findet ein Geschworener den wahren Mörder, bei dessen Entlarvung auch ein Korruptionsfall in Regierungskreisen ans Tageslicht kommt. Gut gespielter und spannender Kriminal-Thriller mit exakten Milieu-Beschreibungen. HFJ 1989

Suspiria S1090
SUSPIRIA **
Italien 1976, 92 Min., F
R: Dario Argento D: Jessica Harper, Stefania Casini, Alida Valli, Udo Kier
Vielschichtiger Horrorschocker über die »Visionen« und Erlebnisse eines Mädchens in einer offenbar von Irren bevölkerten Münchner Tanzschule. Kotzbilder en masse, toll geknipst und getrickst, aber zusammenhanglos.

Süße, bring den Po in Stellung S1091 **
ATTENTION LES YEUX
Frankreich 1975, 74 Min., F
R: Gérard Pires D: Claude Brasseur, André Pousse, Guy Marchand
Bemüht ulkiger Versuch, die Dreharbeiten eines »künstlerisch wertvollen« Pornofilms zu persiflieren.

Süße Emma, liebe Böbe S1092
EDES EMMA, DRAGA BÖBE ****
Ungarn 1991, 90 Min., F
R: Istvàn Szabó D: Johanna ter Steege, Enikó Börcsök, Péter Andorai
Zwei ehemalige Russisch-Lehrerinnen in Budapest versuchen – jede auf ihre Weise – mit der neuen Situation nach der Öffnung der Grenzen klarzukommen. Ein kritischer Blick auf die Lebensbedingungen eines Landes im sozialen und politischen Umbruch. HFJ 1995

Süße Ferne S1093
DOLCE ASSENZA ***
Italien 1987, 109 Min., F
R: Claudio Sestieri D: Jo Champa, Fabienne Babe, Sergio Castellito
Ein Mannequin teilt sich mit einer menschenscheuen Frau eine Wohnung. Als diese verschwunden ist, begibt sie sich auf die Suche und entdeckt Spuren einer ganz anderen Existenz. Subtiles Persönlichkeitspuzzle.

Die süße Haut S1094
LA PEAU DOUCE ****
Frankreich 1963, 112 Min., s/w
R: François Truffaut
D: Jean Desailly, Françoise Dorleac, Nelly Benedetti
Ein Schriftsteller beginnt eine Liebesaffäre mit einer Stewardeß und wird von seiner Frau erschossen. Eine meisterhafte Fallstudie.

Das süße Leben S1095
LA DOLCE VITA ****
Italien 1959, 177 Min., s/w
R: Federico Fellini D: Marcello Mastroianni, Anita Ekberg, Anouk Aimée, Alain Cuny
Der schillernd-verlogene Alltag des Klatschkolumnisten Marcello, der davon träumt, ein ernsthafter Schriftsteller zu werden, seine Eskapaden in einer dekadenten Welt und die familiären Ernüchterungen darauf. Klassiker des europäischen Kinos.

Der süße Wahn S1096
DITES-LUI QUE JE L'AIME ****
Frankreich 1977, 106 Min., F
R: Claude Miller D: Gérard Depardieu, Miou-Miou, Claude Piéplu
Ein Buchhalter wird aus unbedingter Liebe zu einer Frau, die einen anderen geheiratet hat, zum Mörder. Eine der wenigen vollkommen gelungenen Verfilmungen eines Romans von Patricia Highsmith.

Das süße Wort Freiheit S1097
ETO SLADKOJE SIOWO S/WOBODA ***
UdSSR 1972, 130 Min., F
R: Vitautas Schalakjavitschus
D: Regimantas Adomaitis, Irina Miroschnitschenko, B. Babkauskas
In einer südamerikanischen Diktatur werden politische Gefangene durch ihre Freunde in einem Tunnel befreit. Unpathetisch und realistisch portraitiert der Film die Bedingungen des Terrors.

The Swap S1098
THE SWAP **
USA 1990, 72 Min., F
R: Paul Thomas D: Jennifer Stewart, Sharon Kane, Ameiko Madison
Der Partnertausch zweier befreun-

deter Ehepaare führt dazu, daß die Damen schwanger werden. Softporno.

Sweet Charity S1099
SWEET CHARITY ****
USA 1969, 149 Min., F
R: Bob Fosse D: Shirley MacLaine, John McMartin, Ricardo Montalban
Musical-Adaptation von Federico Fellinis *Die Nächte der Cabiria* um die nach Liebe suchende Taxi-Tänzerin Charity, die trotz vieler Rückschläge optimistisch bleibt. Ein erfrischender Film mit eindrucksvollen schauspielerischen Darstellungen und exzellenter Choreographie.

Sweet Movie S1100
SWEET MOVIE ****
BRD/Fr/Kanada 1973, 83 Min., F
R: Dusan Makavejev D: Carole Laure, Pierre Clementi, Anna Prucnal
Eine wilde, orgiastische Hymne an die Sinnlichkeit und die Sexualität, chaotisch, schockierend. Danach konnte der serbische Regisseur acht Jahre lang keinen Film mehr machen. Wie hatte schon Bénazéraf gesagt: »In der bürgerlichen Gesellschaft ist die Erotik eine Form der Anarchie.»

Sweet Savage S1101
SWEET SAVAGE **
USA 1979, 91 Min., F
R: Anne Perry D: Aldo Ray, Beth Anna, Carol Connors
Eine junge Indianerin kehrt, nachdem sie ein paar Jahre im Osten der USA gelebt hat, ins Reservat zurück und liebt sich durch die Wigwams. Aldo Ray brauchte dringend Kohle, aber die Hosen läßt er auch diesmal nicht runter.

Sweet Sweetbacks Badasssss Song S1102
SWEET SWEETBACK'S BADASSSSS SONG ****
USA 1971, 97 Min., F

aus. Gutes Beispiel des Black Cinema der 70er Jahre.

Sweetheart S1103
TOUTES PEINES CONFONDUES ***
Frankreich 1992, 107 Min., F
R: Michel Deville D: Jacques Dutronc, Patrick Bruel, Mathilda May
Zwei Lager diesseits und jenseits der Grenze. In Lyon: Thurston, ein Interpol-Beamter. In Zürich: Antoine Gardella, ein brillanter Geschäftsmann – geheimnisvoll, von tadelloser Erscheinung. Thurston beauftragt den jungen französischen Polizeiinspektor Christophe, sich an Gardella »heranzumachen«. Als Gelegenheit oder Vorwand bietet sich ein gemeines Verbrechen an, dem Gardellas Eltern zum Opfer fallen. HFJ 1993

Der Swimmingpool S1104
LA PISCINE ****
Frankreich/Italien 1968, 113 Min., F
R: Jacques Deray D: Alain Delon, Romy Schneider, Maurice Ronet
Ein Künstlerpaar und ein reicher Lebemann mit seiner Tochter schlagen in einer Luxusvilla an der Côte d'Azur die Zeit tot. Es kommt zu einem erotischen Wechselspiel. Der Zuschauer schlägt die Zeit im Kino tot mit einer banalen Geschichte, die sich allein mit den Stars Romy Schneider und Alain Delon über die Zeit rettet.

Swing Kids S1105
SWING KIDS **
USA 1993, 108 Min., F
R: Thomas Carter D: Robert Sean Leonard, Christian Bale, Barbara Hershey
Im Hamburg der späten dreißiger Jahre entzieht sich eine Gruppe Jugendlicher dem Druck der nationalsozialistischen Organisationen und zerbricht schließlich am äußeren Druck und inneren Widersprüchen. Nostalgisches Hollywood-Politrührstück. HFJ 1994

1941 heiraten Kay und Jack, und es soll eine Ehe nach traditioneller Art werden. Aber dann kommt der Krieg. Kay bleibt allein zurück, wird selbstbewußter und verliebt sich noch einmal.

Switch – Die Frau im Manne S1107
SWITCH **
USA 1991, 103 Min., F
R: Blake Edwards D: Ellen Barkin, Jimmy Smits, JoBeth Williams
Rücksichtsloser Don Juan wird von den Frauen, die er betrogen hat, umgebracht und als Frau wiedergeboren. Erlösung gibt es für ihn/sie nur durch die bedingungslose Liebe eines Menschen. Die Idee ist besser als der Film. HFJ 1992

Sylvester S1108
SYLVESTER **
USA 1985, 101 Min., F
R: Tim Hunter D: Richard Farnsworth, Melissa Gilbert, Michael Schoeffling
Die nicht gerade neue Geschichte vom armen Mädchen, das nichts auf der Welt hat als sein treues Pferd, das durch einen Sieg bei einem großen Derby alle Probleme lösen soll, in einer ansprechenden Gestaltung.

Sylvia Kristel – Erste Klasse S1109
UN AMORE IN PRIMA CLASSE ****
Italien 1979, 95 Min., F
R: Salvatore Samperi D: Sylvia Kristel, Enrico Montesano, Lorenzo Aiello
Ein junger Vater kämpft während einer Eisenbahnfahrt vergeblich mit seinem unausstehlichen Kind, bis eine attraktive Frau dazukommt. Außerordentlich unterhaltsame Eisenbahnkomödie des in seinen »Kommerzfilmen« sträflich unterbewerteten, einstigen zornigen jungen Mannes des italienischen Kinos.

Bibi Andersson wird im ›Geschwisterbett‹ bedrängt.

Dieser wiederum »mietet« zur Zerstreuung seiner Tochter zusätzliche Gespenster, von denen sich eines wiederum in Sylvia verliebt. Das alteingesessene Schloßgespenst geht mit dem entstandenen Durcheinander unkonventionell um. Unterhaltsame Komödie mit originellen Spezialeffekten.

Symphonie der Sinnlichkeit S1111 **
LES PETITES GARCES
Frankreich 1979, 82 Min., F
R: Alain Nauroy D: Daniele Troger, Jacques Gateau, Cathy Brival
Die im Originaltitel erwähnten »kleinen Huren« sind die Töchter eines verstorbenen Millionärs, die dessen Sekretär ins Bett lockt, um in Erfahrung zu bringen, welcher das große Erbe winkt. Sexfilm.

Das Syndikat S1112
LA POLIZIA RINGRAZIA ***
Italien/BRD 1971, 89 Min., F
R: Stefano Vanzina
D: Enrico Maria Salerno, Mario Adorf, Mariangela Melato
Eine faschistische Todesschwadron macht in Rom Jagd auf Verbrecher, ermordet aber auch den Leiter der Mordkommission, als der ihr auf die Spur kommt. Bemerkenswerte Studie, ungebrochen aktuell.

Synegor S1113
SYNEGOR *
USA 1988, 86 Min., F
R: George Flanjian
D: Starr Andreeff, Mitchell Laurance, David Gale
Aufgrund eines Komplotts in einer Firma, die Androiden herstellt, läuft ein Cyborg-Soldat Amok. Ein Reporter und seine Freundin heften sich an seine Fersen. Primitiver utopischer Actionfilm. LSFF

Syskonbädd 1782 (Geschwisterbett) S1114 ***
SYSKONBÄDD
Schweden 1965, 95 Min., F
R: Vilgot Sjöman D: Bibi Andersson, Per Oscarsson, Jarl Kulle
Die Geschichte einer verbotenen Liebe zwischen Bruder und Schwester in der Rokokozeit. Das stilvoll inszenierte Drama war seinerzeit ein Skandalerfolg.

System ohne Schatten S1115 ***
BRD 1983, 115 Min., F
R: Rudolf Thome D: Bruno Ganz, Hanns Zischler, Dominique Laffin
Ein Fall von Computerkriminalität dient als Rahmen für eine mehr oder minder intellektuelle Auseinandersetzung mit existentiellen Fragen.

Szenen aus dem Leben eines Aktivisten S1116 ***
SLIKE IZ ZIVOTA UDARNIKA
Jugoslawien 1972, 75 Min., F
R: Bata Čengić D: Adem Čevjan, Stole Arandjelović
Ironisches Porträt eines Helden der Arbeit, der eher als propagandistisches Medienereignis benutzt wird, als daß man seine Fähigkeiten wirklich erkennt.

T

Ta Dona – Es brennt! T1
TA DONA ***
Mali 1991, 100 Min., F
R: Adama Drabo D: Fily Traore, Djemeba Diawara, Mamadou Fomba
Forstingenieur Sidy sucht in einem ländlichen Gebiet Malis nach sinnvollen Methoden für die Aufforstung des Baumbestandes und ist gleichzeitig auf der Spur von altem, traditionellem Wissen. Drabos Spielfilmerstling bewegt sich nahe am Alltag in Mali, vereint klassische Themen des afrikanischen Films (wie Korruption oder das Aufeinanderprallen von Tradition und Moderne) in sich und entwirft ein optimistisches Zukunftsbild. HFJ 1992

Tabu T2
TABU ****
USA 1931, 81 Min., s/w
R: Friedrich Wilhelm Murnau, Robert J. Flaherty D: Anne Chevalier, Kong Ah
Eine junge Frau auf Haiti ist den Göttern geweiht, was bedeutet, daß sie für Männer »tabu« ist. Ein junger Mann beginnt trotzdem eine Liebesbeziehung mit ihr und wird deshalb von dem zuständigen Priester dem Meer geopfert. Mit einem phänomenalen Gefühl für Licht und Schatten inszenierte Tragödie von außerordentlicher Schönheit. Letzter Film Murnaus.

Tabu der Gerechten T3
GENTLEMAN'S AGREEMENT ***
USA 1947, 117 Min., s/w
R: Elia Kazan D: Gregory Peck, Dorothy McGuire, John Garfield
Ein Journalist tritt für eine Recherche über Antisemitismus in den USA als Jude auf und spürt auf diese Weise am eigenen Leibe eine weitverbreitete, hinter passiver Heuchelei versteckte antijüdische Grundhaltung. Engagiert

D: Christiane Hörbiger, Otto Schenk, Anita Agnes, Jan Niklas
Eine lebenslustige Zwanzigjährige wird auf Umwegen Köchin eines Millionärs in New York. Durch Zufall treffen und verlieben sie sich, ohne ihre Identität zu kennen. Eine locker-leichte Verwechslungskomödie voller Tempo und hintergründigem Humor, ein Aschenputtel-Märchen der 90er Jahre. HFJ 1995

Der Tag, an dem die Erde Feuer fing T5
THE DAY THE EARTH CAUGHT FIRE ***
GB 1961, 98 Min., s/w
R: Val Guest D: Janet Munro, Leo McKern, Edward Judd
Gleichzeitig erfolgte Atombombentests der USA und UdSSR werfen die Erde aus ihrer Bahn und lassen sie auf die Sonne zustürzen. Rasanter SF-Thriller mit offenem Ende. LSFF

Der Tag, an dem die Erde stillstand T6
THE DAY THE EARTH STOOD STILL ****
USA 1951, 90 Min., s/w
R: Robert Wise D: Michael Rennie, Patricia Neal, Hugh Marlowe
Besucher aus dem All landet auf der Erde, warnt die Menschen vor Atomversuchen, demonstriert seine Macht und wird von verständnislosen Militärs erschossen. Klassischer SF-Thriller nach John W. Campbell jr. LSFF

Der Tag, an dem die Fische kamen T7
THE DAY THE FISH CAME OUT ***
GB/USA/Griechenl. 1967, 104 Min., F
R: Michael Cacoyannis D: Tom Courtenay, Candice Bergen, Colin Blakely
Vor dem Absturz wirft ein amerikani-

Der Tag bricht an T8
LE JOUR SE LEVE ****
Frankreich 1939, 85 Min., s/w
R: Marcel Carné D: Jean Gabin, Arletty, Jules Berry
In Rückblenden erzählte Geschichte des Arbeiters François, der das Blumenmädchen Françoise liebt, die aber den Lebemann Valentin vorzieht. Meisterwerk des »poetischen Realismus«.

Der Tag danach
siehe: The Day After

Der Tag davor T9
ASHITA ****
Japan 1988, 100 Min., F
R: Kazuo Kuroki D: Kaho Minami, Kaori Momoi, Atsuko Sendo
Am 8. August 1945 feiert eine Hochzeitsgesellschaft in Nagasaki. Die Familien und ihre Gäste verleben den »schönsten Tag des Lebens«. Am Tag darauf fällt die Atombombe auf die Stadt.

Der Tag der Eule T10
IL GIORNO DELLA CIVETTA ***
Italien/Frankreich 1967, 95 Min., F
R: Damiano Damiani D: Franco Nero, Claudia Cardinale, Lee J. Cobb
Sizilianische Baumafia-Geschichte des Mafiafilm-Spezialisten Damiani.

Tag der Gesetzlosen T11
DAY OF THE OUTLAW ***
USA 1959, 88 Min., s/w
R: André de Toth D: Robert Ryan, Burl Ives, Tina Louise, Alan Marshall
Eine Bande von Gesetzlosen, denen die Kavallerie hart auf den Fersen ist, nistet sich in einem Kaff im Westen ein und terrorisiert dessen Bewohner. Finsterer Western mit ansprechender Darstellung

Die wenig erfreulichen Erfahrungen eines jungen Künstlers im Hollywood der dreißiger Jahre. Nach dem gleichnamigen Roman von Nathanael West.

Tag der Idioten T13
***
BRD 1981, 110 Min., F
R: Werner Schroeter D: Carole Bouquet, Ida di Benedetto, Ingrid Caven
Eine in ihrem Leben irritierte junge Frau läßt sich als offensichtlich verrückt in eine psychiatrische Klinik einweisen. Das hautnahe Erleben der Patienten und der teilweise fragwürdigen Therapieziele stärken ihre Erkenntnis, daß sich »Wahnsinn« und »Normalität« nicht grundsätzlich unterscheiden. Stilistisch interessante Bestandsaufnahme.

Tag der Rache T14
VREDENS DAG ***
Dänemark 1943, 93 Min., s/w
R: Carl Theodor Dreyer D: Thorkild Roose, Lisbeth Movin, Sigrid Neiiendam
Eine Pfarrersfamilie im Dänemark des 17. Jahrhunderts zu Zeit der Hexenverfolgung. Exemplarisch werden die Mechanismen von Intoleranz und barbarischer Indoktrination sichtbar gemacht. Formal und inhaltlich gelungener Film, der die geschichtlichen Vorgänge überzeugend zu einer zeitlos-aktuellen Studie verdichtet.

Der Tag der Vergeltung T15
UNTAMED FRONTIER ***
USA 1952, 75 Min., F
R: Hugo Fregonese D: Joseph Cotton, Shelley Winters, Scott Brady
Das klassische Western-Motiv des Kampfes Rancher gegen Farmer mit guter Besetzung ordentlich inszeniert.

Der Tag des Delphins T16
THE DAY OF THE DOLPHIN ****
USA 1973, 104 Min., F
R: Mike Nichols D: George C. Scott, Trish Van Devere, Paul Sorvino
Ein Wissenschaftler versucht den klugen Tieren das Sprechen beizubringen, andere wollen sie zu einem Attentat auf den Präsidenten benutzen. Intelligente und spannende Unterhaltung zwischen den Genres.

Der Tag des Falken T17
LADYHAWKE ***
USA 1985, 121 Min., F
R: Richard Donner D: Rutger Hauer, Matthew Broderick, Michelle Pfeiffer
Verzaubertes Pärchen (er: nachts ein Wolf; sie: tagsüber ein Falke) und Taschendieb brechen den auf ihnen lastenden Bann und entlarven ihren bischöflichen Erzfeind als mit dem Bösen im Bunde stehend. Einfühlsamer, aber auch langatmiger Fantasy-Film, schön fotografiert. LFF

Ein Tag für die Liebe T18
SOMEONE TO LOVE ****
USA 1986, 105 Min., F
R: Henry Jaglom D: Orson Welles, Henry Jaglom, Andrea Marcovicci
Der Filmemacher Danny gibt für seinen Bruder eine Single-Party in einem alten Theater; mit der Kamera verfolgt er die Gäste mit der Frage, warum sie allein sind. Henry Jaglom, einer der bekanntesten Unabhängigen unter den jungen amerikanischen Regisseuren, hat das Kunststück fertiggebracht, Heiterkeit und Verzweiflung gelassen miteinander zu verknüpfen.

Ein Tag im Leben des Ivan Denissowitsch T19
***
ONE DAY IN THE LIFE OF IVAN DENISSOVITCH
GB/Norwegen 1970, 105 Min., F
R: Caspar Wrede D: Tom Courtney, Alfred Burke, James Maxwell
Strenge Verfilmung des Romans von Alexander Solschenizyn, der den zermürbenden Tagesablauf in einem sibirischen Strafgefangenenlager zum Thema hat.

Ein Tag im Tod von Sarajevo T20
UN JOUR DANS LA MORT DE SARAJEVO ***
Frankreich 1993, 65 Min., F
R: Thierry Ravalat, Alain Ferrari
Kommentar: Bernard-Henri Lévy
Französische Dokumentation über das Bürgerkriegselend, die sich von den Nachrichtenbildern über Ex-Jugoslawien kaum abhebt. Der Kommentar tritt offensiv für eine Interventionspolitik des Westens ein und macht Europa indirekt mitverantwortlich für das serbische Morden. HFJ 1994

Ein Tag mit dem Wind T21
***
BRD 1978, 94 Min., F
R: Haro Senft D: Marcel Maillard, Barbara Rutzmoser, Klaus Wiese
Die poetische Geschichte eines einsamen achtjährigen Jungen, der seinem Kaninchen eine Partnerin beschaffen will und bei seiner Suche viele eigenartige Menschen trifft.

Tag und Nacht denk' ich an Dich T22
***
NIGHT AND DAY
USA 1946, 128 Min., F
R: Michael Curtiz D: Cary Grant, Alexis Smith, Monty Woolley
Zum Teil langatmige und zum Teil nachgedichtete Biographie des Komponisten Cole Porter (»My Heart Belongs To Daddy«).

Ein Tag zum Kämpfen T23
CUSTER OF THE WEST ***
USA 1966, 142 Min., F
R: Robert Siodmak D: Robert Shaw, Mary Ure, Jeffrey Hunter, Ty Hardin
In Spanien gedrehter US-Western über den berühmten General, der mit seiner Truppe am Little Big Horn die Hosen vollkriegte. Wüste Kampfszenen, aber unterhaltsam.

Tage der Liebe T24
GIORNI D'AMORE ***
Italien 1954, 88 Min., F
R: Giuseppe de Santis D: Marcello Mastroianni, Marina Vlady
Pasquale und Angela können nicht heiraten, weil sie zu wenig Geld haben, um das traditionelle Hochzeitsfest auszurichten. Um es zu umgehen, provozieren die Familien einen Streit, so daß der Bräutigam die Braut entführen kann. Aus dem Spiel wird indes Ernst. Comedia all'italiana mit gesellschaftskritischem Hintergund.

Tage des Donners T25
DAYS OF THUNDER **
USA 1990, 107 Min., F
R: Tony Scott D: Tom Cruise, Robert Duvall, Nicole Kidman
Ein Newcomer im Stock-Car-Rennsportzirkus entwickelt sich nach einigen Enttäuschungen und Rückschlä-

gen zum Champion. Schlampig geschriebenes und selbst in den spektakulären Rennszenen kaum überzeugendes Starkino. HFJ 1991

Die Tage des Wassers T26
LOS DIAS DEL AGUA ***
Cuba 1971, 104 Min., F
R: Manuel Octavia Gomez D: Idalia Anreus, Raul Romares, Adolfo Llaurado
Nach einem wirklichen Geschehen aus dem Jahr 1936 erzählt der Film die Geschichte von Antonia Izquierdo, die als »Heilige« bekannt wurde, weil sie, inspiriert von Gott und der Jungfrau, durch Wasser besondere Heilungen bewirkte. Mittelstück einer Film-Trilogie über die Befreiung Cubas.

Die Tage des Weines und der Rosen T27 ****
DAYS OF WINE AND ROSES
USA 1962, 117 Min., s/w
R: Blake Edwards D: Jack Lemmon, Lee Remick, Charles Bickford
Packendes Drama über ein Alkoholiker-Ehepaar, hervorragend gespielt und realistisch inszeniert.

Die Tage von '36 T28
MERES TOU '36 ****
Griechenland 1972, 110 Min., F
R: Theo Angelopoulos
D: Georges Kiritsis, Yannis Kandilas, Thanos Grammenos
Ein unschuldig wegen Mordes inhaftierter ehemaliger Polizist nimmt einen Abgeordneten als Geisel, um seine Freilassung zu erzwingen. Auf den nun drohenden Sturz der Regierung reagiert diese mit seiner Erschießung durch einen Scharfschützen. Realitätsnah inszenierte Studie des gesellschaftlichen Klimas in Griechenland kurz vor dem Machtwechsel im Jahr 1936, die den Faschismus kritisiert.

Das Tagebuch der Anne Frank T29 ****

Mißtrauen schlägt Célestine (Jeanne Moreau) entgegen.

sich im Dachboden eines Hauses vor den Faschisten zu verbergen versucht.

Tagebuch einer Frauenärztin T30
LE JOURNAL D'UNE FEMME EN BLANC ***
Fr/It 1965, 97 Min., s/w
R: Claude Autant-Lara D: Jean Valmont, Claude Gensac, Marie-José Nat
Exemplarischer Film über das Problem der ungewollten Schwangerschaft, der als Lösung die Möglichkeit der Abtreibung anbietet. Sehr subjektivistische Auseinandersetzung mit dem ernsten Thema, die eine sachliche Abwägung vermissen läßt und sich eines demagogischen Stils bedient.

Tagebuch einer Kammerzofe T31
JOURNAL D'UNE FEMME DE CHAMBRE *****
Fr/It 1963/64, 97 Min., s/w
R: Luis Buñuel D: Jeanne Moreau, Georges Géret, Michel Piccoli
Célestine wird Dienstmädchen in einer dekadenten Bürgerfamilie; Madame steht unter der Fuchtel ihres Beichtvaters und Monsieur ist hinter dem Dienstpersonal her. Dann wird die Leiche eines kleinen Mädchens gefunden. Eine ebenso subtile wie umfassende Attacke gegen das bürgerliche

Die Apothekertochter wird verführt und geschwängert, ihr Kind stirbt. Nach einem Besserungsheim landet sie in einem Bordell, kommt durch eine Heirat dann aber in höchste Gesellschaftskreise. Bei einem Besuch in der Besserungsanstalt bekennt sie sich zu ihrer Vergangenheit. Pabsts letzter Stummfilm, eher melodramatisch als realistisch, stieß bei seiner Erstaufführung auf sehr kontroverse Kritiken.

Tagebuch eines Diebes aus Shinjuku T33 ****
SHINJUKU DOROBO NIKKI
Japan 1969, 95 Min., s/w und F
R: Nagisa Oshima D: Tadanori Yokoo, Rie Yokoyama, Kara Judo
Zeitbild und psychologische Studie: Ein junges Paar ist so in seinen gesellschaftlichen Rollen verstrickt, daß es mit der Liebe bzw. dem Sex nicht funktioniert.

Tagebuch eines Landpfarrers T34 *****
LE JOURNAL D'UN CURE DE CAMPAGNE
Frankreich 1951, 118 Min., s/w
R: Robert Bresson D: Claude

Louise Brooks in ›Tagebuch einer Verlorenen‹ von G.W. Pabst.

Tagebuch eines Mörders T35
DIARY OF A MADMAN **
USA 1962, 96 Min., F
R: Reginald Le Borg D: Vincent Price, Nancy Kovack, Chris Warfield
Unsichtbarer Dämon zwingt einen Richter zu bösen Untaten, bis dieser eine Möglichkeit findet, sich dem Einfluß des Quälgeistes zu entziehen.

Tagebuch eines Sünders T36
CRONACA FAMILLIARE ****
Italien 1962, 114 Min., F
R: Valerio Zurlini D: Marcello Mastroianni, Jacques Perrin, Salvo Randone
Meisterhafte Verfilmung des Romans von Vasco Pratolini über zwei ungleiche Brüder.

Tagebuch für meine Eltern T37
NAPLO APAMNAK, ANYAMNAK ****
Ungarn 1990, 110 Min., F und s/w
R: Márta Mészáros D: Zsusza Czinkóczy, Jan Nowicki, Ann Polony
Erster Teil einer autobiografischen Chronik aus der Zeit des Stalinismus. Formal und inhaltlich beeindruckende Filmreise in eine noch nicht bewältigte Vergangenheit. HFJ 1992

Taifun der Zärtlichkeit T38
**
BRD/Philippinen 1983, 90 Min., F
R: Hubert Frank D: Tetcha Agbayani, Max Thayer, Brigitte Cimarolli
Fotograf lernt auf den Philippinen eine Schönheit lieben, will sie als Model herausbringen und muß gegen die Moralvorstellungen ihrer Eltern sowie lüsterne Konkurrentinnen ankämpfen. Nett gefilmter, bedeutungsloser Softsexer.

Taifun über Nagasaki T39
TYPHON SUR NAGASAKI **
Frankreich/Japan 1956, 115 Min., F
R: Yves Ciampi D: Danielle Darrieux, Jean Marais, Gert Fröbe
Französischer Ingenieur in Japan zwischen neuer japanischer und alter französischer Geliebter in einem schaurig-schönen Melodrama.

Taiga T40
***
BRD 1958, 100 Min., s/w
R: Wolfgang Liebeneiner D: Ruth Leuwerik, Hannes Messemer
Ziemlich verlogener Tränendrücker um eine deutsche Ärztin in einem Kriegsgefangenenlager in Sibirien, die ihren Schutzbefohlenen neuen Mut gibt.

Taiga T41
****
BRD 1992, 501 Min., F
R: Ulrike Ottinger
Filmische Reise zu den Yak- und Rentier-Nomaden der nördlichen Mongolei, die einen tiefen Einblick in alle Lebensbereiche einer vom Schamanismus und tibetischen Buddhismus bestimmten Kultur gewährt. Dabei werden auch Probleme und Bedrohungen durch das moderne Leben beleuchtet. Ein behutsames, einmaliges ethnographisches Dokument von überwältigender Schönheit.

Taking Off T42
TAKING OFF ***
USA 1971, 95 Min., F
R: Milos Forman D: Lynn Carlin, Buck Henry, Linnea Heacock
Komödie um jugendliche Rebellionen gegen die Gesellschaft, hübsch sarkastisch und mit mehr Einfällen als der Rest des Genres.

Das Tal der Puppen T43
VALLEY OF THE DOLLS ***
USA 1967, 123 Min., F
R: Mark Robson D: Barbara Parkins, Patty Duke, Susan Hayward
Prächtige Kolportage nach dem Bestseller-Roman von Jacqueline Susann: drei junge Frauen, die am Broadway und in Hollywood Karriere machen wollen, werden tablettensüchtig.

Tal der Rache T44
VENGEANCE VALLEY ****
USA 1951, 82 Min., F
R: Richard Thorpe D: Burt Lancaster, Robert Walker, Joanne Dru
Zwei ungleiche Brüder auf der Suche nach dem Mann, der ihre Schwester geschwängert hat. Ungewöhnlicher Western, eine kleine Entdeckung.

Talentprobe T45
***
BRD 1980, 119 Min., s/w
R: Peter Goedel
Aufschlußreiche und keineswegs denunzierende Dokumentation über Amateure, die im Kölner »Tanzbrunnen« auftreten.

Der Talisman T46
KING RICHARD AND THE CRUSADERS ***
USA 1954, 113 Min., F
R: David Butler D: Rex Harrison, Virginia Mayo, George Sanders
Sultan Saladin taucht während der Kreuzzüge verkleidet in England auf, verliebt sich in eine Lady und rettet

König Richard Löwenherz vor einer Verschwörerbande. Ritterfilm nach dem Roman von Walter Scott.

Talk Radio T47
TALK RADIO ***
USA 1988, 105 Min., F
R: Oliver Stone D: Eric Bogosian, Ellen Greene, Leslie Hope
Barry ist der Star einer nächtlichen Telefon-Radioshow, in der er die Anrufer gnadenlos herunterputzt; er entlarvt sie als militante Spießer, Rassisten und Psychopathen. Der allnächtliche Kampf zwischen ihm und den anonymen Anrufern eskaliert, als seine Sendung von einem größeren Sender übernommen werden soll. Bizarre Mischung aus Medienkritik und Seelenschau. HFJ 1990

Tally Brown, New York T48
**
BRD 1979, 110 Min., F
R: Rosa von Praunheim D: Tally Brown, Divine, Andy Warhol
Porträt der Sängerin mit Bildassoziationen zu den Städten New Orleans, New York, Los Angeles, mit Auftritten und Interviews mit ihr und ihren Freunden.

Talon im Kampf gegen das Imperium T49
**
THE SWORD AND THE SORCERER
USA 1982, 100 Min., F
R: Albert Pyun D: Lee Horsley, Kathleen Beller, Richard Lynch
Ein um seinen Thron gebrachter Prinz rettet ein Geschwisterpaar vor einem Usurpator und dessen Hofmagier. Ein wirres Fantasy-Filmchen, inszeniert von einem nicht so guten Schüler Akira Kurosawas. LFF

Tango Argentino T50
TANGO II ****
Jugoslawien 1992, 95 Min., F
R: Goran Paskaljevic D: Nikola Zarund es gelingt ihm, ihnen neuen Lebensmut zu geben. Andererseits bekommt er all das, was ihm von seinen Eltern vorenthalten wird: Zeit, Verständnis, Zärtlichkeit und Wärme.

Tango durch Deutschland T51
***
BRD 1980, 90 Min., F
R: Lutz Mommartz D: Eddie Constantine, Maya Faber-Jansen, Detlef. F. Neufert
Collageartiger Versuch des Experimentalfilmers Mommartz, sich der Legende und der Person Eddie Constantines zu nähern.

Der Tangospieler T52
***
BRD 1991, 95 Min., F
R: Roland Gräf D: Michael Gwisdek, Corinna Harfouch, Hermann Beyer
Geschichte eines Dozenten, der wegen eines »staatsfeindlichen« Tangos ins Gefängnis kommt. Ein Film, der für die Mitläufer Verständnis einfordert.

Michael Gwisdek

Tanja Baskin – Anruf genügt T53
A DATE WITH A LONELY GIRL **
USA 1971, 89 Min., F
R: Herbert Ross D: Candice Bergen, Peter Boyle, James Caan
Junges Mädchen aus der Provinz sucht Abenteuer und Identität in Chikago.

Tank Girl T54
TANK GIRL **
USA 1995, 104 Min., F
unterstützt von bizarren Känguruh-Mutanten und einer jungen Fliegerin. Die stereotype Handlung nach *Mad Max*-Muster wird mit faulen Sprüchen aufgelockert und mit Punkästhetik aufgepeppt. Nervig. HFJ 1996

Tante Danielle T55
TATIE DANIELLE ****
Frankreich 1990, 111 Min., F
R: Etienne Chatiliez D: Tsilla Chelton, Cathérine Jacob, Isabelle Nanty
Eine boshafte Tante tyrannisiert ihre Angehörigen und wird schließlich von einer jungen Pflegerin gezähmt.
HFJ 1991

Tante Frieda – neue Lausbubengeschichten T56
**
BRD 1965, 83 Min., F
R: Werner Jacobs D: Hansi Kraus, Elisabeth Flickenschildt, Gustav Knuth
Hanebüchen zerfahrene Verfilmung von Ludwig-Thoma-Texten und Dazuerfundenem.

Tante Tula T57
LA TIA TULA ***
Spanien 1964, 100 Min., s/w
R: Miguel Picazo D: Aurora Bautista, Carlos Estrada, Enriqueta Carballeira
Tula widmet sich der Erziehung der Kinder ihrer verstorbenen Schwester und verweigert sich im Dienst der Familie auch dem persönlichen Glück. Auch die Liebe zu ihrem Schwager muß deshalb der Sittlichkeit geopfert werden.

Tanz der Hexen T58
WICKED STEPMOTHER ***
USA 1989, 89 Min., F
R: Larry Cohen D: Bette Davis, Barbara Carrera, Lionel Stander
Sam heiratet Miranda, die eine Hexe ist. Bette Davis' letzter Film und nicht das Schlechteste, was ihr am Ende einer solchen Karriere passieren konnte. Horrorkomödie. HFJ 1990

einer einsamen Hütte verbringen, beschwören einen Dämon, der sie der Reihe nach in den Tod befördert. Ein absoluter Ekelfilm; mit Sicherheit nichts für schwache Nerven. In der Fortsetzung (1987) wird die ganze Geschichte mit neuen Mordstatisten noch einmal erzählt. HFJ 1989

Tanz der Totenköpfe T60
THE LEGEND OF HELL HOUSE **
GB 1972, 94 Min., F
R: John Hough D: Pamela Franklin, Roddy McDowall, Clive Revill
Eine Gruppe von Forschern dringt in ein sogenanntes Höllenhaus vor und wird dortselbst mit allerlei schauerlichen Erscheinungen konfrontiert. Agraah! Fesselnder Billigschocker nach Richard Matheson.

Tanz der Vampire T61
THE FEARLESS VAMPIRE KILLERS ****
GB/USA 1966, 107 Min., F
R: Roman Polanski D: Roman Polanski, Jack McGowran, Sharon Tate
Auf der Suche nach Vampiren geraten ein alter Professor und sein treues Faktotum in den Karpaten in den Dunstkreis eines blutsaugenden Grafen und erleben die haarsträubendsten Abenteuer. Klassische Vampir-Parodie.

Tanz in die Freiheit T62
DANCING AT LUGHNASA ***
GB/Irland/USA 1998, 95 Min., F
R: Pat O'Connor D: Meryl Streep, Michael Gambon, Catherine McCormack
Irischer Sommer 1936: Allein unter fünf Frauen wächst der kleine Michael in einem gemütlichen Dorf auf; als der älteste Bruder der fünf Frauen aus Afrika zurückkehrt und auch noch der Vater des Jungen auftaucht, gerät die Harmonie ins Wanken. Gute Schauspieler in müder Story. HFJ 2000

Tanz mit mir T63
THE GAY DIVORCEE ****
USA 1934, 107 Min., s/w
R: Mark Sandrich D: Fred Astaire, Ginger Rogers, Edward Everett Horton
Abgesehen von einem früheren Kurzauftritt, das erste einer Reihe erfolgreicher Fred Astaire/Ginger Rogers-Musicals. Der rudimentäre Plot um eine scheidungswillige Blondine und einen Tänzer als Pseudo-Scheidungsgrund umklammert wunderbar choreographierte Tanz- und Gesangsnummern in toller Ausstattung. Eines der besten Beispiele für das Musical der Depressionsära.

Der tanzende Gangster T64
THE GEORGE RAFT STORY ***
USA 1961, 104 Min., F und s/w
R: Joseph M. Newman D: Ray Danton, Jayne Mansfield, Barbara Nichols
New Yorker Tänzer legt sich in den zwanziger Jahren mit Gangstern an, entgeht ihnen, indem er gen Hollywood entschwindet und dort Karriere macht. Biographie des Filmstars George Raft, der in Gangsterrollen populär wurde.

›Tanz der Vampire‹ – Polanski in Höchstform.

Der Tanzpalast T65
ROSELAND ***
USA 1977, 99 Min., F
R: James Ivory D: Teresa Wright, Lou Jacobi, Geraldine Chaplin
Episoden um den legendären Tanzpalast im Zentrum von New York geben eine melancholische Sicht auf die Liebe, die verlorenen Illusionen und die Macht der Modernität wieder. Ivorys erster amerikanischer Film.

Tanzstunden-Report T66
*
BRD 1973, 79 Min., F
R: John Weeran D: Marlies Petersen, Dorothea Rau, Wolfgang Draeger
Die Schülerinnen und Schüler einer sächselnden Tanzlehrerin haben, wo sie auch gerade sind, nur das eine im Sinn. Fader Sexfilm.

Tapetenwechsel T67
**
BRD 1984, 85 Min., F
R: Gabriele Zerau D: Claudia Demarmels, Rolf Zacher, August Zirner
Leidlich lustige Komödie über eine Münchener Studentin und ihre mühsame Wohnungssuche. Erstlingsfilm der in Graz geborenen Regisseurin.

Der tapfere kleine Toaster T68
BRAVE LITTLE TOASTER ***
USA 1988, 90 Min., F
R: Jerry Reese, Joe Ranft
Zeichentrickfilm über einen Toaster und seine befreundeten elektrischen Haushaltsgeräte, denen es in einem verlassenen Ferienhaus zu langweilig wird. Deshalb machen sie sich gemeinsam auf die Suche nach dem Sohn des Ferienhausbesitzers. Abwechslungsreiche Unterhaltung mit liebenswerten Figuren. HFJ 1992

Taran und der Zauberkessel T69
THE BLACK CAULDRON ***
USA 1985, 80 Min., F
R: Ted Berman, Richard Rich
Ein flinker Bub kämpft im Fantasyland gegen einen bösen König, der in den Besitz eines Zauberkessels gelangen will. Zeichentrickfilm, in dem u.a. auch ein Hellseherschwein und böse Wichtel Rollen spielen.

Tarantula T70
TARANTULA ***
USA 1955, 80 Min., s/w
R: Jack Arnold D: John Agar, Leo G. Carrol, Mara Corday, Nestor Paiva
Netter Billighorrorfilm über einen Wissenschaftler, der mit Hilfe eines Wachstumshormons den Hunger in der Welt besiegen will. Ein Versuchstier, eine Riesentarantel, entwischt und läßt die Sau raus. LSFF

Taras Bulba T71
TARAS BULBA ***
USA 1961, 122 Min., F
R: J. Lee Thompson D: Tony Curtis, Yul Brynner, Christine Kaufmann
Zum Teil in Argentinien gedrehter Monumentalfilm über den Kampf des Kosakenführers im 16. Jahrhundert gegen die Polen. Nach Gogol.

Target – Zielscheibe T72
TARGET ***
USA 1985, 112 Min., F
R: Arthur Penn D: Gene Hackman, Matt Dillon, Gayle Hunnicut
Abenteuerlustiger Sohn und Vater mit geheimer CIA-Vergangenheit werden auf der Jagd nach den Entführern der Mutter zu einem kämpferischen Team. Rasant inszenierter Thriller.

Targoor – Das Ding aus dem Innern der Erde T73
THE INTRUDER WITHIN *
USA 1981, 95 Min., F
R: Peter Carter D: Chad Everett, Joseph Bottoms, Jennifer Warren
Ein Meeresungeheuer, das die Crew einer Ölbohrinsel vor der Küste Alaskas bedroht, verspeist einen Arbeiter nach dem anderen, bis der stahlharte Held zur Aktion schreitet. Durchschnittlicher Monsterfilm. LSFF

Tarnfarben T74
BARWY OCHRONNE ****
Polen 1976, 104 Min., F

denen Zanussi die Kritik an den Verhältnissen in einem Sommerseminar einer polnischen Universität festmacht. Der Film zeichnet sich durch eine ungewöhnliche Kameraarbeit aus, die, gemeinsam mit der sorgfältigen Inszenierung, die emotionale Verstrickung der Personen besonders deutlich macht.

Tarot T75
***
BRD 1986, 120 Min., F
R: Rudolf Thome D: Vera Tschechowa, Rüdiger Vogler, Hanns Zischler
Ein Filmregisseur und eine Schauspielerin, die einen Roman schreibt, verbringen den Sommer in einem Landhaus. Als ein befreundeter Drehbuchautor und die Nichte der Schauspielerin zu Besuch kommen, sind neue Beziehungen möglich, zu denen es dann nicht kommt. Freie, aber der Vorlage sehr nahe Verfilmung von Goethes Wahlverwandtschaften.
HFJ 1987

Tarzan am großen Fluß T76
TARZAN AND THE GREAT RIVER **
USA 1967, 88 Min., F
R: Robert Day D: Mike Henry, Jan Murray, Manuel Padilla jr.
Tarzan, der Herr des Dschungels, tut sich mit einem Urwalddoktor zusammen, um eine Epidemie zu bekämpfen, und legt nebenher dem Chef eines Kultes das Handwerk. Abenteuer-Dutzendware. LFF

Tarzan auf der Schatzinsel T77
THE LOST ISLAND OF KIOGA **
USA 1938, 91 Min., s/w
R: William Witney, John English
D: Herman Brix, Jill Martin
Ein Muskelmann namens Kioga (in Deutschland rotzfrech unter dem Namen Tarzan verkauft) rettet einige Schiffbrüchige vor Indianern. Kinofassung eines alten Serials, mit zahlrei-

Dschungelheld Tarzan rauft sich mit bösen Arabern, schuftigen Nazis und einer gierigen Riesenspinne, die aber vom Publikum mit solchen Lachsalven begrüßt wurde, daß man sie eiligst aus dem Film schnitt. LFF

Tarzan bricht die Ketten T79
TARZAN AND THE SHE-DEVIL **
USA 1953, 76 Min., s/w
R: Kurt Neumann D: Lex Barker, Joyce MacKenzie, Raymond Burr
Tarzan im Kampf gegen eine Bande skrupelloser Elfenbeinjäger, die er mit Hilfe von Elefanten in den Orkus wirbelt. Anspruchslose Abenteuer im Dschungel. LFF

Tarzan, der Gewaltige T80
TARZAN THE MAGNIFICENT ***
USA 1960, 90 Min., F
R: Robert Day D: Gordon Scott, Jock Mahoney, Betta St. John, John Carradine
Tarzan bringt einen festgenommenen Mörder in die nächste Stadt und muß sich auf dem Weg dorthin der Attacken sinistrer Brüder erwehren. Recht flotter, in Afrika gedrehter Urwaldfilm. LFF

Tarzan, der Herr des Urwalds T81
TARZAN THE APE MAN ***
USA 1932, 70 Min., s/w
R: W. S. Van Dyke D: Johnny Weissmueller, Maureen O'Sullivan, C. Aubrey Smith, Neil Hamilton
Auf der Suche nach einem legendären Elefantenfriedhof begegnen Forscher im afrikanischen Busch einem Weißen, der ihnen das Leben rettet. Der erste sprechende Tarzan war ein Kinohit, ist aber nur noch von historischem Interesse. LFF

Tarzan, der Herr des Urwalds T82
***

Die Goldenen Bären der Internationalen Filmfestspiele von 1951 bis 1999

1999 Der schmale Grat
R: Terence Malik, USA
1998 Central do Brasil
R: Walter Salles, Brasilien
1997 Larry Flynt
R: Milos Forman, USA
1996 Sense and Sensibility
Sinn und Sinnlichkeit
R: Ang Lee, USA
1995 Der Lockvogel
R: Bertrand Tavernier, Frankreich
1994 In the Name of the Father
Im Namen des Vaters
R: Jim Sheridan, Irland/Großbritannien/USA
1993 Xian Hunnü
R: Xie Fei, VR China
Hsi Yen
R: Ang Lee, Taiwan, China
1992 Grand Canyon
Grand Canyon
R: Lawrence Kasdan, USA
1991 La Casa del Sorriso
Das Haus des Lächelns
R: Marco Ferreri, Italien
1990 Music Box
Music Box
R: Costa-Gavras, USA
Skrivanci na Nitich
Lerchen am Faden
R: Jíři Menzel, CSSR
1989 Rain Man
R: Barry Levinson, USA
1988 Rotes Kornfeld
Hong Gaollang
R: Zhang Yimon, VR China
1987 Das Thema
TEMA
R: Gleb Panfilov, UdSSR
1986 Stammheim
R: Reinhard Hauff, BRD
1985 Die Frau und der Fremde
R: Rainer Simon, DDR
Wetherby
Wetherby
R: David Hare, GB
1984 Love Streams
Love Streams
R: John Cassavetes, USA
1983 Ascendancy
R: Edward Bennet, GB
La Colmena
Der Bienenkorb
R: Mario Camis, Spanien
1982 Die Sehnsucht der Veronika Voss
R: Rainer Werner Fassbinder, Bundesrepublik Deutschland
1981 Deprisa Deprisa
R: Carlos Saura, Spanien
1980 Heartland
R: Richard Pierce, USA
Palermo oder Wolfsburg
R: Werner Schröter, Bundesrepublik Deutschland
1979 David
R: Peter Lilienthal, BRD
1978 Für den Spanischen Gesamtbeitrag:
Die Forellen
R: José Luis Garciá Sanchez
Las Palabras de Max
R: Emilio Matinéz Lázaro
Ascensor
R: Tomàs Muñoz
1977 Aufstieg/Die Erhöhung
R: Larissa Schepitko, UdSSR
1976 Buffalo Bill and the Indians
Buffalo Bill und die Indianer
R: Robert Altman, USA
1975 Adoption
R: Márta Mészáros, Ungarn
1974 The Apprenticeship of Duddy Kravitz
Duddy, der Senkrechtstarter
R: Ted Kotcheff, Kanada
1973 Ashani Sanket
Ferner Donner
R: Satyajit Ray, Indien
1972 I Racconti di Canterbury
Pasolinis tolldreiste Geschichten
R: Pier Paolo Pasolini, Italien
1971 Il Giardino del Finzi Contini
Der Garten der Finzi Contini
R: Vittorio de Sica, Italien
1970 Keine Preisverleihung wegen Abbruch des Wettbewerbs
1969 Rani Radovi
R: Zalimir Zilnik, Jugoslawien
1968 Raus bist du
R: Jan Troell, Schweden
1967 Le Départ
Der Start
R: Jerzy Skolimowski, Belgien
1966 Wenn Katelbach kommt
R: Roman Polanski, Großbritannien
1965 Alphaville
R: Jean-Luc Godard, Frankreich
1964 Susuz Yaz
R: Ismael Metin, Türkei
1963 Il Diavolo
R: Gian Luigi Polidaro, Italien
Bushido Zankoku
R: Tadashi Imai, Japan
1962 A Kind of Loving
Nur ein Hauch Glückseligkeit
R: John Schlesinger, Großbritannien
1961 La Notte
Die Nacht
R: Michelangelo Antonioni, Italien
1960 El Lazarillo de Tormes
R: Cesar Ardavin, Spanien
1959 Les Cousins
Schrei wenn du kannst
R: Claude Chabrol, Frankreich
1958 Smultronstället
Wilde Erdbeeren
R: Ingmar Bergman, Schweden
1957 Twelve Angry Men
Die zwölf Geschworenen
R: Sidney Lumet, USA
1956 Invitation to the Dance
Einladung zum Tanz
R: Gene Kelly, USA
1955 Die Ratten
R: Robert Siodmak, Bundesrepublik Deutschland
1954 Hobson's Choice
Herr im Haus bin ich
R: David Lean, Großbritannien
1953 Le Salaire de Peur
Lohn der Angst
R: Henri Georges Clonzot, Frankreich
1952 Hon Dansade en Sommer
R: Arne Mattson, Schweden
1951 Die vier im Jeep
R: Leopold Lindtberg, Schweiz
Justice Est Faite
Schwurgericht
R: Henry Cornelius, Frankreich
Sans Laisser L'Adresse
R: Jean-Paul le Chanois, Frankreich
Cinderella
R: Wilfred Jackson, Hamilton Luske, Clyde Geronimi, USA

Tarzan, der Verteidiger des Dschungels T83 **

TARZAN'S SAVAGE FURY
USA 1952, 80 Min., s/w
R: Cyril Endfield D: Lex Barker, Dorothy Hart, Patric Knowles
UdSSR-Agent, der sich frech als Vetter Tarzans ausgibt, läßt nichts unversucht, um den Schatz eines Negerstammes an sich zu bringen. Dschungelfilm nach Schema F, Kalter-Krieg-Einlage inklusive. LFF

Tarzan erobert Indien T84 ***

TARZAN GOES TO INDIA
GB 1962, 88 Min., F
R: John Guillermin D: Jock Mahoney, Mark Dana, Leo Gordon
Eine indische Prinzessin bittet den Herrn des Dschungels, eine Herde von Elefanten vor einer Überschwemmung zu bewahren. Tarzan greift ein! Etwas besser als die übliche Urwaldkost. LFF

Tarzan, Herr des Urwalds T85 *

TARZAN THE APE MAN
USA 1981, 112 Min., F
R: John Derek D: Bo Derek, Richard Harris, John Phillip Law
Ein Großwildjäger und seine Tochter stoßen auf der Suche nach einem legendären Elefantenfriedhof im Busch auf ein frei lebendes männliches Model. Blöde Filme können Hirnzellen vernichten. LFF

Tarzan in Gefahr T86 ***

TARZAN AND THE MERMAIDS
USA 1948, 68 Min., s/w
R: Robert Florey D: Johnny Weissmueller, Brenda Joyce, George Zucco
Tarzan beschützt ein Mädchen vor den Nachstellungen eines Perlenhändlers, ohne daß die im Originaltitel zitierten Meerjungfrauen je ins Bild kämen. Die relativ gute Kameraführung macht den Streifen erträglich. LFF

›Tarzan und das Leopardenweib‹ – Glückliche Selbstversorger in freier Natur.

Tarzan verfolgt die Entführer seines Affenkumpels Cheetah nach New York. US-TV-Film mit einigen humoristischen Einlagen. HFJ 1990

Tarzan rettet die Dschungelkönigin T88 ***

TARZAN'S PERIL
USA 1951, 68 Min., F
R: Byron Haskin, Phil Brandon
D: Lex Barker, Virginia Huston, George Macready, Douglas V. Fowley
Ein mit modernen Waffen ausgerüsteter Stamm meuchelt die Untertanen einer Königin, weil diese ihren Häuptling nicht zum Ehemann nehmen will. Tarzan tritt zur Rettung der Dame an.

Tarzan und das blaue Tal T89 **

TARZAN'S MAGIC FOUNTAIN
USA 1949, 73 Min., s/w
R: Lee Sholem D: Lex Barker, Brenda Joyce, Albert Dekker, Evelyn Ankers
Tarzan, eine Pilotin, ihr Freund, ein Halunke und seine Spießgesellen rangeln sich um einen mysteriösen Jungbrunnen, der im Urwald sprudelt. Gute Idee, auf typische Lee-Sholem-Weise

D: Johnny Weissmueller, Brenda Joyce, John Sheffield
Dschungelheld Tarzan im Kampf gegen den Kult einer bösartigen Königin und ihrer Mannen, die sich mit Leopardenklauen ausstatten, um Menschen zu morden. Äffchen Cheetah als Heldin des Tages. LFF

Tarzan und das Sklavenmädchen T91 **

TARZAN AND THE SLAVE GIRL
USA 1950, 72 Min., s/w
R: Lee Sholem D: Lex Barker, Vanessa Brown, Robert Alda, Arthur Shields
Ein durch Viren impotent gewordener Negerstamm kidnappt eine Krankenschwester und Tarzans Freundin Jane, um nicht vollends auszusterben, was der Herr des Dschungels nicht gutheißen kann (auch wenn er selbst kein Sexualleben hat). LFF

Tarzan und der Dschungelboy T92 **

TARZAN AND THE JUNGLE BOY
USA 1967, 89 Min., F
R: Robert Gordon D: Mike Henry, Alicia Gure, Ronald Gans, Ed Johnson

Tarzan und der schwarze Dämon T93 **

TARZAN'S HIDDEN JUNGLE

USA 1955, 73 Min., s/w

R: Harold Schuster D: Gordon Scott, Vera Miles, Peter van Eyck, Jack Elam

Tarzan rettet einen Urwalddoktor und dessen Helferin vor dem Zorn eines schwarzen Häuptlings, der die beiden versehentlich mit Wilddieben verwechselt hat. LFF

Tarzan und die Amazonen T94 **

TARZAN AND THE AMAZONS

USA 1945, 76 Min., s/w

R: Kurt Neumann D: Johnny Weissmueller, Brenda Joyce, John Sheffield

Urwaldforscher, die an die Schätze eines Amazonenvolkes herankommen wollen, werden von streitbaren Maiden gefangengenommen. Tarzan, auf der Suche nach seinem Sohnemann, wird in den Fall verwickelt. LFF

Tarzan und die Nazis T95 ***

TARZAN TRIUMPHS

USA 1943, 75 Min., s/w

R: William Thiele D: Johnny Weissmueller, John Sheffield, Frances Gifford, Stanley Ridges

Als Nazi-Fallschirmjäger in Afrika vom Himmel fallen, zeigt Tarzan, der unpolitische Herr des Dschungels, den Vertretern der Herrenrasse, wer in seinem Reich das Sagen hat. Propagandafilm von umwerfender Komik.

Tarzan und die verschollene Safari T96 ***

TARZAN AND THE LOST SAFARI

USA 1956, 80 Min., F

R: Bruce Humberstone D: Gordon Scott, Robert Beatty, Yolande Donlan

Tarzan steht den Überlebenden eines im Urwald abgestürzten Flugzeugs bei und verhindert, daß ein Lump sie gegen eine Ladung Elfenbein an einen Negerstamm verschachert. Der erste Tarzanfilm in Farbe. LFF

Tarzan und sein Sohn T97 ***

TARZAN FINDS A SON

USA 1939, 81 Min., s/w

R: Richard Thorpe D: Johnny Weissmueller, Maureen O'Sullivan, John Sheffield, Ian Hunter

Tarzan rettet einen Jungen, der einen Flugzeugabsturz überlebt und bewahrt ihn vor seinen bösen Verwandten, die ihn nach England entführen wollen. LFF

Tarzan wird gejagt T98 **

TARZAN AND THE HUNTRESS

USA 1947, 72 Min., s/w

R: Kurt Neumann D: Johnny Weissmueller, Brenda Joyce, John Sheffield

Der inzwischen bauchlastig wirkende Herr des Dschungels schlägt sich mit gewissenlosen Tierfängern und machtgeilen Negerhäuptlingen herum. Johnny Weissmueller als Schatten seiner selbst. LFF

Tarzans Abenteuer in New York T99 ***

TARZAN'S NEW YORK ADVENTURE

USA 1942, 70 Min., s/w

R: Richard Thorpe D: Johnny Weissmueller, Maureen O'Sullivan, John Sheffield, Charles Bickford

Nachdem ein Zirkusbesitzer Tarzans Pflegesohn Boy entführt hat, gehen der Herr des Dschungels und seine Gefährtin Jane nach New York, um ihn zu suchen. Kindisch, aber durchaus unterhaltend. LFF

Tarzans geheimer Schatz T100 ***

TARZAN'S SECRET TREASURE

USA 1941, 82 Min., s/w

R: Richard Thorpe D: Johnny Weissmueller, Maureen O'Sullivan, John Sheffield, Reginald Owen

Tarzan, Jane & Boy retten Angehörigen einer Expedition vor Wilden, doch die Leute haben nichts anderes im Sinn, als an einen Schatz heranzukommen. Ein vom Thema her zu oft behandeltes Dschungelabenteuer. LFF

Tarzans größtes Abenteuer T101 ***

TARZAN'S GREATEST ADVENTURE

USA 1959, 90 Min., F

R: John Guillermin D: Gordon Scott, Sarah Shane, Anthony Quayle

Fünf Dynamiträuber im afrikanischen Busch – auf ihren Fersen Tarzan und eine wackere Journalistin, die sie nach einer Untat der Gerechtigkeit zuführen wollen. Einer der besseren Tarzan-Filme. LFF

Tarzans Kampf ums Leben T102 **

TARZAN'S FIGHT FOR LIFE

USA 1958, 86 Min., F

R: Bruce Humberstone D: Gordon Scott, Eve Brent, Rickie Sorensen

Tarzan hilft einem braven Urwaldarzt gegen einen schwarzen Medizinmann, der ihm seine Erfolge neidet. Ein Film, der kein Klischee ausläßt, doch Mr. Average Nincompoop einige unterhaltsame Minuten liefert. LFF

Tarzans neueste Abenteuer T103 **

THE NEW ADVENTURES OF TARZAN

USA 1935, 81 Min., s/w

R: Edward Kull, Wilber F. McGaugh

D: Herman Brix, Ula Holt, Frank Baker, Dale Walsh, Harry Ernest

Tarzan sucht im Urwald von Guatemala (!) einen verschollenen Freund und stößt nicht nur auf ihn, sondern auch auf eine vergessene Stadt. Ein Plot, aus dem bei einiger Mühe etwas hätte werden können. LFF

Tarzans Rache T104 **

TARZAN'S REVENGE

USA 1938, 70 Min., s/w

R: Ross Lederman D: Glenn Morris, Eleanor Holm, George Barbier

Tarzan bewahrt eine junge Dame davor, im Harem eines arabischen Scheichs zu landen. Der einzige Tarzanfilm mit dem Olympiasieger Glenn Morris, den man aus guten Gründen nie wieder in dieser Rolle eingesetzt hat. LFF

Tarzans Todesduell T105 ***

TARZAN'S THREE CHALLENGES

USA 1963, 92 Min., F

R: Robert Day D: Jock Mahoney, Woody Strode, Tsu Kobayashi

Tarzan hilft einem thailändischen Prinzen, drei Prüfungen zu bestehen, die sich dessen Rivale ausgedacht hat, um ihm den Thron zu verwehren. Wir sollten das in Wahljahren einführen.

Tarzans Vergeltung T106 ***

TARZAN AND HIS MATE

USA 1934, 92 Min., s/w

R: Cedric Gibbons, Jack Conway

D: Johnny Weissmueller, Maureen O'Sullivan, Neil Hamilton, Paul Cavanaugh

Elfenbeinräuber, die im afrikanischen Busch ihr Unwesen treiben, spielen dem Herrn des Dschungels übel mit und werden von Löwen erledigt. Ganz schön aufwendig gemacht. LFF

Taschengeld T107

L'ARGENT DE POCHE ****

Frankreich 1976, 104 Min., F

R: François Truffaut D: Georg Desmonceaux, Philippe Goldman

Truffaut entwickelt ein durchaus sentimentales Bild der Kindheit, in das die Erwachsenen wie Monster der Entfremdung hereinbrechen.

Der Taschenträger T108

IL PORTABORSE ****

Italien/Frankreich 1991, 92 Min., F

R: Daniele Lucchetti D: Silvio Orlando, Nanni Moretti, Giulio Brogi, Anne Roussel

Ein kleiner Lehrer wird Ghostwriter und »Taschenträger« eines populistischen, machthungrigen Politikers, bis er sich seinen Machenschaften entzieht. Satirisches Plädoyer für politische Moral. HFJ 1993

Die Tat der Thérèse D. T109

THERESE DESQUEYROUX ***

Frankreich 1962, 106 Min., s/w

R: Georges Franju D: Emmanuelle Riva, Philippe Noiret, Edith Scob

Eine Frau, die in ihrem bürgerlichen Ehegefängnis leidet, versucht ihren Mann zu vergiften und damit loszuwerden. Verfilmung des Romans von François Mauriac.

Die Tataren T110

I TATARI ***

Italien 1960, 83 Min., F

R: Richard Thorpe D: Orson Welles, Victor Mature, Folco Lulli

Machthungriger Tatarenfürst entführt und vergewaltigt die Gattin eines aufrechten Wikingers, dann rasseln die Säbel. Schlachtengemälde vor pseudo-

Der liebenswert-schusselige Monsieur Hulot, ausgezeichnet dargestellt von Jacques Tati, gerät in Paris von einer Verwicklung in die andere. Zumeist machen ihm die Errungenschaften der modernen Technik zu schaffen, so daß er zeitweise auch Verwirrungen in einer amerikanischen Touristengruppe stiftet. Köstliche Komödie mit intelligentem Witz und satirischen Untertönen in einer faszinierend künstlich wirkenden Pariser Kulisse.

Tatis Schützenfest T112

JOUR DE FETE ****

Fr 1947/1963, 82 Min., s/w und Farbfassung

R: Jacques Tati D: Jacques Tati, Guy Decomble, Paul Frankeur, Santa Relli

Der Briefträger eines kleinen französischen Dorfes will seinen Zustelldienst »amerikanisieren«, wozu ihn Filmberichte angeregt haben. Seit 1995 auch in der rekonstruierten originalen Farbfassung zu bewundern.

Tatjana T113

PIDA HUIVISTA KLINNI, TATJANA ***

Finnland 1994, 62 Min., s/w

R: Aki Kaurismäki D: Kati Outinen, Matti Pellonpää, Kirsi Tykkyläinen

Zwei Finnländer ziehen mit zwei russischen Mädels durch das Land, ohne Sinn und ohne Ziel. Zähes Roadmovie ohne große Dramaturgie, dafür mit viel Melancholie. HFJ 1995

Tatort ... Hauptbahnhof Kairo T114

BAB EL-HADID ****

Ägypten 1958, 74 Min., s/w

R: Youssef Chahine D: Hind Rsotom, Youssef Chahine, Farid Chawki

Das im Elendsmilieu der Lastenträger und Verkäufer des Bahnhofs von Kairo angesiedelte Melodram um einen verkrüppelten jungen Mann, der aus verschmähter Liebe zum (vermeint-

Der Tätowierte T115

THE ILLUSTRATED MAN **

USA 1968, 103 Min., F

R: Jack Smight D: Rod Steiger, Claire Bloom, Robert Drivas

SF-Episodenfilm. Tätowierungen eines Zirkusarbeiters werden »lebendig« und erzählen pointierte Geschichten über den Menschen und seine Zukunft. Nach Kurzgeschichten von Ray Bradbury. LSFF

Die tätowierte Rose T116

THE ROSE TATTOO ****

USA 1955, 117 Min., s/w

R: Daniel Mann D: Anna Magnani, Burt Lancaster, Marisa Pavan

Eine sizilianische Witwe in einer amerikanischen Hafenstadt überwindet die Trauer um ihren tödlich verunglückten Ehemann, als ein Trucker ihr den Hof macht. Nach einem Stück von Tennessee Williams. Wohlverdienter Oscar für Anna Magnani.

Tätowierung T117

***

BRD 1967, 86 Min., F

R: Johannes Schaaf D: Helga Anders, Christof Wackernagel, Rosemarie Fendel, Alexander May

Industrieller holt einen Sechzehnjährigen aus dem Heim; gegen die Mischung aus Güte und Eigennutz rebellierend, wird der Junge schließlich zum Mörder.

Tattoo – Jede große Liebe hinterläßt Spuren T118 ***

TATTOO

USA 1980, 103 Min., F

R: Bob Brooks D: Bruce Dern, Maud Adams, Leonard Frey

Ein psychopathischer Tätowierer verliebt sich in ein Photomodell, das ihn jedoch abweist. Deswegen entführt, tätowiert und erniedrigt er die Geliebte und wird schließlich von ihr getötet. Ein im wahrsten Sinne des Wortes

Paranoia! Fritz Lang wieder seiner Zeit voraus. Rainer Koldehoff, Wolfgang Preiss, Peter van Eyck, Dawn Adams in ›Die tausend Augen des Dr. Mabuse‹.

D: Doug McClure, Peter Gilmore, Shane Rimmer
1896: Forscher stoßen im Bermuda-Dreieck auf das versunkene Reich Atlantis und machen auf unliebsame Weise mit dessen Bewohnern und einem Riesenoktopus Bekanntschaft. Naiver, unterhaltsamer Trivialfilm.
LSFF

Taugenichts T120
**
BRD 1977, 90 Min., F
R: Bernhard Sinkel D: Jacques Breuer, Mareike Carrière, Matthias Habich
Da leider nie der richtige Regisseur einen Stoff realisiert, überzeugt diese Verfilmung der romantischen Eichendorff-Story über einen Wanderburschen, den es bis nach Italien treibt, nicht.

Taurus, der Gigant von Thessalien T121
**
TAURO, IL RE DELLA FORCA BRUTTA
Italien 1962, 94 Min., F
R: Antonio Leonviola D: Joe Robinson, Harry Baird, Bella Cortez
Vorsintflutlicher Muskelmann dringt ins unterirdische Reich der Kixos vor und befreit nach allerlei bestandenen Kämpfen zwei entführte Prinzessinnen. Sandalenfilm der eher schlichten Machart.

Tausend Augen T122
***
BRD 1984, 92 Min., F
R: Hans-Christoph Blumenberg
D: Barbara Rudnik, Armin Mueller-Stahl, Karin Baal
Debütfilm des Filmjournalisten Blumenberg über ein Peep-Show-Mädchen und ihre Bekannten. Mit vielen Zitaten aus der Filmgeschichte und Peter Kraus einmal in einer ganz anderen Rolle, aber letztlich hapert es an der emotionalen Überzeugungskraft.

Die tausend Augen des Dr. Mabuse T123
***
BRD/Fr/It 1960, 105 Min., s/w
R: Fritz Lang D: Dawn Addams, Peter van Eyck, David Cameron, Wolfgang Preiss, Gert Fröbe
Angeregt durch Presseberichte entschloß sich Fritz Lang 1960 noch einmal, die einst populäre Figur des geheimnisvollen Dr. Mabuse aufzugreifen. Sein cineastisches Vermögen rettet den Stoff, was von dem halben Dutzend Nachfolgeproduktionen schwerlich zu sagen ist.

Tausend Berge T124
***
THESE THOUSAND HILLS
USA 1959, 95 Min., F
R: Richard Fleischer D: Don Murray, Richard Egan, Lee Remick
Cowboy, der gesellschaftlich Karriere macht, vergißt seine wahren Freunde und findet erst spät zu seinem wahren Ich zurück. Stellenweise spannende, untypische Geschichte aus dem Alten Westen.

1000 Meilen bis Yokohama T125
A MAJORITY OF ONE ***
USA 1961, 156 Min., s/w
R: Mervyn Le Roy D: Alec Guinness, Rosalind Russell, Ray Danton
Amerikanerin geht mit Tochter und Diplomaten-Schwiegersohn nach Japan und revidiert dort ihre Vorurteile gegen Land und Leute. Leicht rührselige Melo-Komödie mit Völkerverständigungs-Ambitionen.

1000 Milliarden Dollar T126
MILLE MILLIARDS DE DOLLARS ****
Frankreich 1981, 131 Min., F
R: Henri Verneuil D: Patrick Dewaere, Mel Ferrer, Caroline Cellier
Journalist wird von multinationalem Konzern zur Beseitigung eines lästigen Politikers mißbraucht. Er entdeckt bei seinen Recherchen, daß das Unternehmen mit den Nazis kooperiert hat. Seiner Zeitung ist die Story zu heiß. Er schreibt den Artikel in einem Versteck, um ihn in einer Provinzzeitung zu veröffentlichen. Spannender Thriller.

Tausend rote Rosen blühn T127
**
BRD 1952, 85 Min., s/w
R: Alfred Braun D: Rudolf Prack, O.W. Fischer, Maria Holst
Eine Frau zwischen zwei Männern, einem Bauern und einem Ingenieur. Heimatfilm mit Schlagergeträllere.

Die tausendjährige Biene T128
TISICROCNA VCELA ***
CSSR/BRD/Österr 1983, 135 Min., F
R: Juraj Jakubisko D: Stefan Kvietik, Jozef Kroner, Ivana Valesova
Die episch breite Geschichte einer slowakischen Familie vom Ende der Donaumonarchie bis zum Beginn des ersten Weltkrieges, verknüpft mit märchenhaften und mythischen Motiven. In der BRD war nur eine sehr verkürzte Version zu sehen, die den erzählerischen Atem des Films nur ahnen läßt.

Tausendschönchen T129
SEDMIKRASKY ****
Tschechoslowakei 1966, 76 Min., F
R: Vera Chytilová D: Jitka Certhová, Ivana Karbonová, Julius Albert
Zwei gelangweilte Mädchen vertreiben sich die Zeit mit Völlerei, der Verwüstung von Restaurants und mit dem Ausnutzen älterer wohlhabender Leute. »Sowohl in filmischer als auch in inhaltlicher Hinsicht Versuch einer Satire auf den Materialismus«, schrieb ein Nachgeborener; wir 68er sehen den Film anders.

1001 Nacht T130
THOUSAND AND ONE NIGHTS ***
USA 1945, 93 Min., F
R: Alfred E. Green D: Cornel Wilde, Evelyn Keyes, Phil Silvers
Unterstützt von einem weiblichen Flaschengeist bemüht sich Aladin, die Liebe einer Prinzessin zu erringen. Flott inszeniertes, humorreiches orientalisches Märchen, das solide Unterhaltung bietet. LFF

Die Taverne von New Orleans T131 ***
NEW ORLEANS ADVENTURES
USA/Frankreich 1950, 95 Min., s/w
R: William Marshall D: Errol Flynn, Micheline Presle, Vincent Price
Aufrechter Haudegen und junge Kreolin verbünden sich, um eine despotische Reederfamilie zu stürzen. Aufregende Abenteuergeschichte aus dem alten New Orleans – nach einem Drehbuch von Errol Flynn.

Taxi Driver T132
TAXI DRIVER ****
USA 1976, 114 Min., F
R: Martin Scorsese D: Robert de Niro, Peter Boyle, Cybill Shepherd, Jodie Foster
In einem kontaktunfähigen New Yorker Taxifahrer wächst das Gefühl, etwas gegen Gewalt, Schmutz und

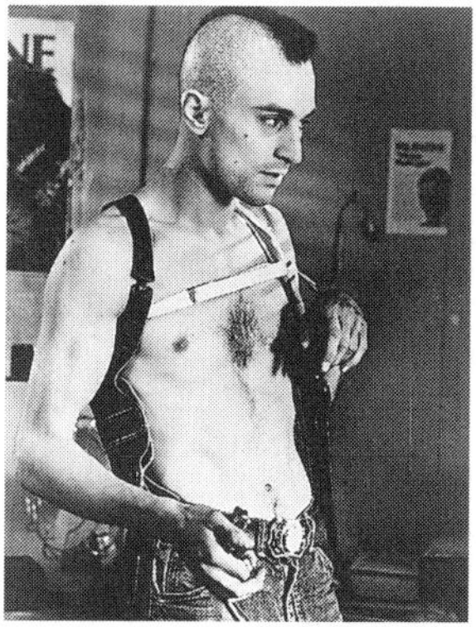

Robert de Niro als Travis Bickle.

zialen Umfeld liegenden Gründe analysiert.

Taxi nach Kairo T133
***
BRD 1987, 90 Min., F
R: Frank Ripploh D: Frank Ripploh, Christina Neubauer, Udo Schenk
Ein Homosexueller muß, um sein Erbe antreten zu können, eine Scheinehe eingehen und entwickelt zur Angetrauten eine tiefe Freundschaft. Gute Absicht allein genügt nicht.

Taxi nach Tobruk T134
TAXI POUR TOBROUK ***
Fr/BRD/Sp 1960, 88 Min., s/w
R: Denys de la Patellière D: Lino Ventura, Charles Aznavour, Hardy Krüger
Kriegsfilm nach Schablone: Soldaten in der Wüste, in einem Jeep und ziemlich gespannte Lage untereinander. Oberflächliche Psychologisierung mit einigen guten Schauspielerleistungen.

Taxi zum Klo T135
***
BRD 1980, 92 Min., F
R: Frank Ripploh D: Frank Ripploh, Bernd Broderup, Tabea Blumenschein
Autobiographische Szenen einer »Lie-

Mögen auch einige Intimszenen provokativ und sogar ästhetisch abstoßend wirken – das wird aufgewogen durch andere äußerst witzige und humorvolle Sequenzen.

Die Taxifahrerin T136
EXTERIEUR NUIT ***
Frankreich 1980, 110 Min., F
R: Jacques Bral D: Christine Boisson, André Dussollier, Gérard Lanvin
Eine Studie in Einsamkeit. Im nächtlichen Paris suchen und verfehlen drei Menschen einander.

Taza, der Sohn des Cochise T137
TAZA, SON OF COCHISE **
USA 1954, 79 Min., F
R: Douglas Sirk D: Rock Hudson, Jeff Chandler, Bart Roberts
Ein Indianerstamm setzt sich gegen die in sein Land vordringenden Weißen zur Wehr. Ein Dutzendwestern, dessen Handlung schon 1954 nichts Neues auf die Leinwand brachte.

Tedeum – Jeder Hieb ein Prankenschlag T138 *
TEDEUM
Italien/Spanien 1972, 95 Min., F
R: Enzo G. Castellari D: Jack Palance, Timothy Brent, Lionel Stander
Diverse Erben einer Goldmine, die leider mitten in einem Gefängnis liegt, tun alles, ihren Anteil an dem Geschäft an Deppen zu verkaufen. Eine Zote, die man sich nicht antun muß.

Der Tee im Harem des Archimedes T139 ****
THE AU HAREM D'ARCHIMEDE
Frankreich 1984, 106 Min., F
R: Medhi Charef D: Kader Boukhanef, Rémi Martin, Laure Duthilleul
Alltagsgeschichten um ein Freundespaar, einen Franzosen und einen Algerier, in einer Vorstadt von Paris. Poetisches, vitales und humorvolles

Schmächtiger US-Collegeboy wird nach einer Verwandlung zum Werwolf eine Sportskanone und erfreut sich endlich allgemeiner Beachtung. Ein typisches Teeniefilmchen; ansehbar nur für Fans seines ewig Kind bleibenden Stars.

Teen Wolf II T141
TEEN WOLF TOO *
USA 1986, 91 Min., F
R: Christopher Leitch D: Jason Bateman, Kim Darby, John Astin
Sportstudent entdeckt, daß er ein Werwolf ist und dadurch größere Leistungen erzielt. Der Film erzählt die gleiche Story wie Teen Wolf, als dessen »Fortsetzung« er firmiert, und ist eher dämlich als spannend. HFJ 1988

Teenage Love
siehe: Hausaufgaben

Tele Vaticano – Das Auge des Papstes T142 ***
IL PAP'OCCHIO
Italien 1980, 105 Min., F
R: Renzo Arbore D: Renzo Arbore, Roberto Benigni, Isabella Rossellini
Leichthändige, nie wirklich blasphemische Satire um ein chaotisches Fernsehteam, das vom Papst für seine Publicity engagiert wird und im Vatikan allerlei (zum Teil improvisierte) Abenteuer erlebt. Leicht ermüdend.

Telefon T143
TELEFON ***
USA 1977, 103 Min., F
R: Don Siegel D: Charles Bronson, Lee Remick, Donald Pleasence
Eine übersichtliche und routiniert gemachte Spannungsgeschichte über einen sowjetrussischen KGB-Mann, der in den USA einen abgefallenen KGB-Agenten, einen Entspannungs-Gegner, unschädlich macht. Merken Sie sich das Losungswort!

Telefon Butterfield 8 T144
BUTTERFIELD 8 ***
USA 1960, 104 Min., F
R: Daniel Mann D: Elizabeth Taylor, Eddie Fisher, Laurence Harvey
Melodram um die Liebe einer zerrissenen Schönheit zu einem gelangweilten Millionär. Als großes Hollywood-Drama mit tragischem Hang konzipiert, wartet der Film doch mit zu vielen Klischees auf.

Der Tempel des blutigen Goldes T145 *
YELLOW HAIR AND THE FORTRESS OF GOLD
USA 1984, 93 Min., F
R: Matt Cimber D: Laurene Landon, Ken Roberson, John Ghaffari
Plastic People, von einfallslosen Drehbuchautoren in den mexikanischen Dschungel geschickt, raufen sich um einen Indianerschatz. Ein Untalent reiht sich an das andere, und auch die Regie versagt schmählich.

Der Tempelschatz von Bengalen T146 **
IL TESORO DEL BENGALA
Italien 1953, 77 Min., F
R: Gianni Vernuccio D: Sabu, Georges Poujouly, Luisa Roni, Luigi Tosi
Europäische Menschenhändler verbünden sich mit einem bengalischen Bösewicht, um einen magischen Edelstein zu rauben, doch ein junger Einheimischer kann alles verhindern.

The Tempest – Der Sturm T147
THE TEMPEST ***
GB 1979, 95 Min., F
R: Derek Jarman D: Heathcote Williams, Karl Johnson, Toyah Wilcox
Sozusagen eine Punk-Version des Shakespeare-Stücks, bildgewaltig und skurril.

Ten Little Indians T148
TEN LITTLE INDIANS **
USA 1989, 96 Min., F
R: Alan Birkinshaw D: Donald Pleasence, Brenda Vaccaro, Herbert Lom
Vierte Verfilmung des Romans von Agatha Christie, die das klassische Modell des »Closed Room Mystery« bildet. Die bislang schwächste Version.

Tenebrae T149
SOTTO GLI OCCHI DELL'ASSASSINO **
Italien 1981, 96 Min., F
R: Dario Argento
D: Anthony Franciosa, Daria Nicolodi, John Saxon
Irrer Mörder setzt die literarischen »Morde« eines Schriftstellers in die Tat um. Einfallsloser Schlächterfilm für Leute, die glauben, Kino habe im Trivialbereich irgend etwas mit Kunst zu tun.

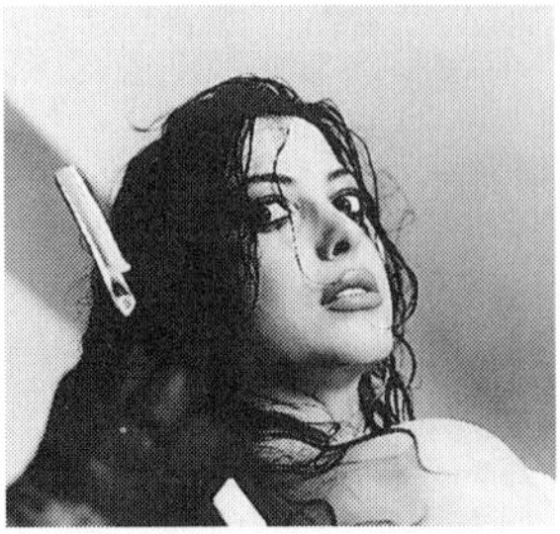

Thrills von Dario Argento.

Tennessee Buck T150
THE FURTHER ADVENTURES OF TENNESSEE BUCK **
USA 1988, 90 Min., F
R: David Keith D: David Keith, Kathy Shower, Brant Van Hoffman
Junges Touristenpärchen läßt sich von einem Indiana-Jones-Klon den Urwald von Borneo zeigen und gerät mit Kopfjägern und Kannibalen aneinander. Albernes Dschungelspektakel. HFJ 1989

Teorema T151
TEOREMA ****
Italien 1968, 100 Min., F
R: Pier Paolo Pasolini D: Terence Stamp, Massimo Girotti, Silvana Mangano, Laura Betti
Ein Gast in einer Mailänder Industriellenfamilie wird zur Offenbarung und zum Anlaß der Passion für jedes einzelne Mitglied.

Terminator T152
THE TERMINATOR ***
USA 1984, 107 Min., F
R: James Cameron D: Arnold Schwarzenegger, Michael Biehn, Linda Hamilton, Paul Winfield
Um die Geburt eines Computer-Genies zu verhindern, schickt ein gegen die Menschheit Krieg führender Computer eine Kampfmaschine in die Vergangenheit. Rasanter SF-Thriller mit technisch versierten Tricks. LSFF

Arnold Schwarzenegger als ›Terminator‹.

Terminator II – Tag der Abrechnung T153 ****
TERMINATOR II: JUDGMENT DAY
USA 1991, 136 Min., F
R: James Cameron D: Arnold Schwarzenegger, Linda Hamilton, Edward Furlong, Robert Patrick
Zeitreisender Super-Cyborg beschützt eine Frau und ein Kind vor den gewalttätigen Nachstellungen einer fast allmächtigen Kampfmaschine aus der Zukunft. Ein gewalttätiges, doch technisch perfekt inszeniertes SF-Spektakel. HFJ 1992

Terminus T154 **
BRD/Frankreich 1986, 85 Min., F
R: Pierre-William Glenn D: Johnny Hallyday, Jürgen Prochnow, Karen Allen, Gabriel Damon
Im 21. Jahrhundert, nach dem Großen Knall, bekämpfen Genetiker eine Horde ultrabrutaler Barbaren, damit diese nicht auch noch den Rest der Menschheit ausrotten. Unergiebiges, einfältiges Spektakel, das zum x-ten Mal versucht, *Mad Max* zu kopieren. LSFF/HFJ 1989

Die Terrasse T155 ****
LA TERAZZA
Italien/Frankreich 1980, 160 Min., F
R: Ettore Scola D: Ugo Tognazzi, Vittorio Gassman, Marcello Mastroianni
Fünf ältere Freunde, arriviert in Kultur

The Terror – Schloß des Schreckens T156 ***
THE TERROR
USA 1963, 81 Min., F
R: Roger Corman D: Jack Nicholson, Boris Karloff, Sandra Knight
Napoleonischer Offizier begegnet in einem Schloß im Baltikum mysteriösen Gestalten, die undurchsichtige Ziele verfolgen. Dies deswegen, weil der Regisseur kein Drehbuch hatte. Macht aber nichts, das Ding ist trotzdem spannend!

Terror 2000 – Intensivstation Deutschland T157 ***
BRD 1992, 79 Min., F
R: Christoph Schlingensief D: Margit Carstensen, Peter Kern, Alfred Edel
Boshafte, gewalttätige Satire auf die Asylpolitik, den Rassismus und die Heuchelei in Deutschland und eine (nicht immer gelungene) Parodie auf die sensationsgeilen Medien. HFJ 1993

Der Terror führt Regie T158 ***
PERCHE SI UCCIDE UN MAGISTRATO?
Italien 1975, 106 Min., F
R: Damiano Damiani D: Franco Nero, Françoise Fabian
Nach dem Mord an Staatsanwalt Traini sucht ein Filmregisseur nach den wahren Hintergründen der Beseitigung des Beamten, den er als Mafia-Helfer verdächtigt. Packender Politthriller.

Terror in Block 11 T159 ****
RIOT IN CELL BLOCK 11
USA 1954, 80 Min., s/w
R: Don Siegel D: Neville Brand, Leo Gordon, Emile Meyer
US-Zuchthäusler revoltieren gegen die herrschenden Zustände in Folsom, nehmen Geiseln und können schlußendlich einen Sieg davontragen. Ein präzise, engagiert und intelligent inszeniertes Knastdrama, das für eine Reform des amerikanischen Strafvollzugs der fünfziger Jahre plädiert.

mit einem Serum zu braven Bett- und Haushaltshasen, bis eine Journalistin ihnen das Handwerk legt. Fortsetzung von *Die Frauen von Stepford*, im Grunde aber die gleiche Story.
HFJ 1988

Terror Vision T161 **
TERRORVISION
USA 1985, 83 Min., F
R: Ted Nicolaou D: Diane Franklin, Gerrit Graham, Mary Woronov
Außerirdisches Monster gelangt durch fehlgeschaltete TV-Satellitenschüssel in das Heim einer amerikanischen Familie und frißt sie auf. Lustig, ne? Eine wenig ergiebige Mischung aus Grusel und Holzhammerhumor.
HFJ 1988

Terror-Augen T162 *
SATAN'S MISTRESS
USA 1980, 89 Min., F
R: James Polakof D: Britt Ekland, Lana Wood, Kabir Bedi
Geiler Dämon verlustiert sich am Leib einer drallen Gelehrten-Gattin, beißt ihrem Gatten den Kopf ab und fährt zur Hölle. All dies nur, damit Lana Wood (Natalies Schwester) ihre Möpse herzeigen kann. Ein echter Schundi.

Die Terroristen T163 ***
BRD 1992, 89 Min., F
R: Philip Gröning D: Stefanie Philipp, Michael Schech, David Baalcke
Eine deutsche Groteske: Jürgen, Michael und Claudia wollen den »dicken Staatsmann« töten. Ihr Plan ist zwar perfekt ausgetüftelt, gelingt aber trotzdem nicht. Später kommt durch puren Zufall ein anderer Politiker ums Leben, und sogar die Bekennerbriefe passen haargenau. Doch – jetzt haben die drei keine Lust mehr. HFJ 1993

Terrorvision T164 **
REBEL ROUSERS

Tess T165
TESS ***
Frankreich/GB 1978, 173 Min., F
R: Roman Polanski D: Nastassja Kinski, Peter Firth, Leigh Lawson
Mädchen aus einer Familie von Landadligen zu Ende des 19. Jahrhunderts erlebt in der Ehe eine Enttäuschung und wird zur Mörderin. Aufwendige Verfilmung des Romans »Tess of the d'Urbervilles« von Thomas Hardy.

Der Test des Piloten Pirx T166
TEST PILOT PIRXA ***
Polen/UdSSR 1978, 99 Min., F
R: Marek Piestrak D: Sergei Desnytsky, Zbigniew Lesien, Wladimir Iwaszow
Ein Raumpilot, der im All Sonden aussetzen soll, weiß nicht, welche Mitglieder seiner Crew Menschen und welche Roboter sind. Eine Maschine will ihm ihre Überlegenheit beweisen. Die Sache wird gefährlich...

Das Testament des Dr. Cordelier T167
LE TESTAMENT DU DOCTEUR CORDELIER ****
Frankreich 1959, 92 Min., s/w
R: Jean Renoir D: Jean-Louis Barrault, Teddy Bilis, Michel Vitold
Meisterhaft inszenierte und beeindruckend dargestellte Variation des Motivs vom Dr. Jekyll und dem Mr. Hyde, dem Monster, das der Mensch in sich freisetzt. Eines der wenigen gelungenen Remakes.

Das Testament des Dr. Mabuse T168
****
Deutschland 1932, 122 Min., s/w
R: Fritz Lang D: Rudolf Klein-Rogge, Oskar Beregi, Theodor Loos, Otto Wernicke
Dr. Mabuse lebt als Wahnsinniger in einer psychiatrischen Anstalt, und versucht von dort aus, seinen Weltherrschaftsplan zu verwirklichen. Er übt mit hypnotischen Mitteln die Kontrolle über sein außerhalb befindliches kriminelles Imperium aus, bis er von der Polizei entlarvt wird. Klassischer Kriminalfilm, wobei die unverhüllt nazistischen Aussprüche des Dr. Mabuse eine Allegorie auf Hitler fast zwingend nahelegen.

Das Testament des Magiers T169
TWO ON A GUILLOTINE **
USA 1964, 107 Min., s/w
R: William Conrad D: Connie Stevens, Dean Jones, Cesar Romero
Bevor sie ihr Erbe antreten kann, muß die dralle Melina eine Woche in einem Spukhaus verbringen. Standard-Horror nach üblichem Strickmuster, in dem es darum geht, sich einer unwillkommenen Konkurrenz zu entledigen.

Die Teufel T170
THE DEVILS ****
GB 1970, 112 Min., F
R: Ken Russell D: Oliver Reed, Vanessa Redgrave, Dudley Sutton
Verfilmung des Huxley-Romans *Die Teufel von London* in greller Russel-Manier: die Geschichte eines Autors, dem Politik und Sex den Garaus machen.

›Die Teufel‹ – Exorzismus bei den sexbesessenen Nonnen von Loudun.

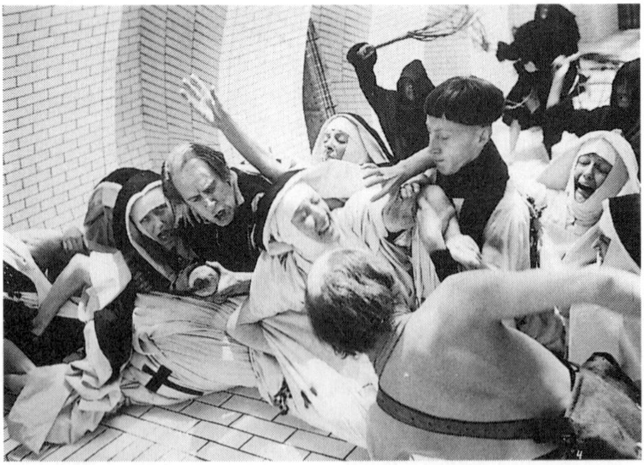

Der Teufel auf Rädern T171
THE CAR **
USA 1976, 97 Min., F
R: Elliot Silverstein D: James Brolin, Kathleen Lloyd, Ronny Cox
Ein vom Teufel besessenes Auto (!) tyrannisiert die Bewohner eines Ortes und wird nach vielen Morden in eine verminte Schlucht gelockt.

Teufel im Leib T172
LE DIABLE AU CORPS ****
Frankreich 1947, 110 Min., s/w
R: Claude Autant-Lara D: Micheline Presle, Gérard Philippe, Jean Varas
Inmitten des Ersten Weltkriegs verliebt sich ein Gymnasiast in die Frau eines Frontsoldaten, die bei der Geburt des gemeinsamen Kindes stirbt. Eine Attacke zugleich gegen die Unmenschlichkeit des Krieges und die starren Sittenregeln der Gesellschaft.

Teufel im Leib T173
IL DIAVOLO IN CORPO ***
Italien 1986, 110 Min., F
R: Marco Bellocchio D: Maruschka Detmers, Federico Pitzalis, Anita Laurenzi
Gymnasiast verliert sein Herz an eine junge Irre, die ihm zwar zeigt, was Fellatio ist, aber von ihrem im Knast sitzenden Verlobten nicht lassen will. Remake eines Claude-Autant-Lara-Films von 1947, aber eben drastischer. HFJ 1987

Der Teufel in ihr T174
I DON'T WANT TO BE BORN **
GB 1975, 90 Min., F
R: Peter Sasdy D: Joan Collins, Eileen Atkins, Ralph Bates
Joan Collins gebiert einen kleinen Teufel. B-Movie aus der Exorzisten-Welle.

Der Teufel in Miss Jonas T175
**
Schweiz 1974, 73 Min., F
R: Michael Thomas D: Christa Free, Herbert Fux, Marianne Dupont

Die versehentlich zu früh zur Hölle gefahrene Miss Jonas darf auf die Erde zurück, um ihre um sie trauernden Freunde körperlich zu beglücken. Softporno-Remake des Films *The Devil in Miß Jones.*

Teufel in Seide T176
****
BRD 1955, 100 Min., s/w
R: Rolf Hansen D: Lilli Palmer, Curd Jürgens, Winnie Markus
Komponist ohne Erfolg heiratet reiche Musikverlegerwitwe, die sich als furchtbares Biest erweist und ihren Mann mit Eifersuchtsanfällen und Selbstmorddrohungen quält, deren letzte sich schließlich eher aus Versehen wirklich erfüllt. Kleines Meisterwerk deutscher Leinwand-Misogynie mit einer überragenden Lilli Palmer in der Hauptrolle.

Der Teufel ist eine Frau T177
THE DEVIL IS A WOMAN ****
USA 1935, 96 Min., s/w
R: Josef von Sternberg D: Marlene Dietrich, Lionel Atwill, Cesar Romero
Marlene als Femme fatale im Sevilla des ausgehenden 19. Jahrhunderts. Eine von Licht und Schatten durchflutete Welt der Cafés und Tabak-Fabriken, Balkone und Treppen voller Bewunderer.

Der Teufel mit der weißen Weste T178
****
LE DOULOS
Fr/It 1962, 108 Min., s/w
R: Jean-Pierre Melville D: Jean-Paul Belmondo, Serge Reggiani, Fabienne Dali
Pariser Unterweltler wird verdächtigt, ein Polizeispitzel zu sein. Ein in Untersuchungshaft sitzender Freund, der ihm ebenfalls mißtraut, setzt einen Killer auf ihn an, kommt überraschend frei, erfährt die Wahrheit und bemüht sich verzweifelt, das Opfer in spe zu

Jugendliche in Paris erleben ihre Umwelt als Hölle und werden von einer ungeheuren Todessehnsucht getrieben.

Der Teufel prügelt sein Weib T180
****
VERI AZ ÖRDÖG A FELESEGET
Ungarn 1977, 95 Min., F
R: Ferenc András D: Imre Sarlai, László Szabó, Erzsi Pásztor, Zoltán Biró
Am ungarischen Nationalfeiertag unternimmt ein Budapester Parteifunktionär einen Ausflug zur Familie seiner Sekretärin auf dem Land. Dort werden kulturelle Unterschiede, aber auch gemeinsame kleinbürgerliche Träume deutlich.

Der Teufel und Daniel Webster T181
****
THE DEVIL AND DANIEL WEBSTER
USA 1941, 105 Min., s/w
R: William Dieterle D: Walter Huston, Edward Arnold, James Craig
Der Farmer Jabez verkauft dem Teufel seine Seele für sieben Jahre Glück. Als die Frist vorbei ist, verlangt der Teufel für eine Verlängerung auch die Seele des Sohnes. Amerikanische und dennoch feinsinnige Variation des Faust-Motivs.

Der Teufel und die zehn Gebote T182
***
LE DIABLE ET LES DIX COMMANDEMENTS
Frankreich/Italien 1962, 120 Min., F
R: Julien Duvivier D: Michel Simon, Dany Saval, Jean-Claude Brialy
Sechs Episoden, in denen Menschen gegen die zehn Gebote Gottes verstoßen, kommentiert vom Satan persönlich.

Der Teufel von Colorado T183
THE MAVERICK QUEEN **
USA 1956, 92 Min., F

Des Teufels General T184
****
BRD 1955, 121 Min., s/w
R: Helmut Käutner D: Curd Jürgens, Victor Kowa, Marianne Koch
Legendäre Verfilmung der Zuckmayer-Parabel auf das Dritte Reich mit Curd Jürgens in seiner Parade.-Rolle als Fliegerchef Harras.

Des Teufels rechte Hand T185
TEXAS LADY ***
USA 1955, 85 Min., F
R: Tim Whelan D: Claudette Colbert, Barry Sullivan, Greg Walcott
Ansehnlicher B-Western über eine energische Lady, die gegen selbstherrliche Viehbarone angeht.

Des Teufels Saat T186
DEMON SEED ****
USA 1976, 94 Min., F
R: Donald Cammell D: Julie Christie, Fritz Weaver, Gerrit Graham
Dämonischer Supercomputer übernimmt die Gewalt über das Haus der Frau eines Wissenschaftlers. Schauriger SF-Schocker, bei dem einem die Haare zu Berge stehen! Nach dem Roman von Dean R. Koontz.

Das Teufelsauge T187
DJAEVULENS OEGA ***
Schweden 1960, 84 Min., s/w
R: Ingmar Bergman D: Bibi Andersson, Axel Dueberg, Jarl Kulle
Don Juan wird aus der Hölle zurück zu den Menschen geschickt, wo er die tugendhafte Tochter eines Pfarrers verführen soll.

Die Teufelsbrigade T188
DISTANT DRUMS ***
USA 1951, 100 Min., F
R: Raoul Walsh D: Gary Cooper, Mari Adlon, Richard Webb
Ein Captain wird zu einem Kommando gegen den Indianerstamm der Seminolen abkommandiert. Er zerstört

Das Teufelscamp der verlorenen Frauen T189 **
BRD 1977, 93 Min., F
R: Hubert Frank D: Patricia Adriani, Barbara Rey, Brigitte Stein
Blondine stößt in abgelegenem Gebiet auf Kidnapper, die einen Bankierssohn entführt haben und muß sich ihrer erwehren. Ein Sex- and Crime-Schundi.

Der Teufelsgarten T190
COPLAN SAUVE LA PEAU **
Frankreich/Italien 1967, 111 Min., F
R: Yves Boisset D: Claudio Brook, Margaret Lee, Jean Servais
Mad Scientist bedroht mit Strahlenwaffe die Welt. Auch Yves Boisset gewinnt dem Thema keine nennenswerten neuen Aspekte ab.

Der Teufelshauptmann T191
SHE WORE A YELLOW RIBBON ***
USA 1949, 90 Min., F
R: John Ford D: John Wayne, Joanne Dru, John Agar, Ben Johnson
Der vor der Pensionierung stehende Captain Brittles führt seinen letzten Auftrag aus: Er soll eine Gruppe Indianer erledigen, die einen Geldtransport überfallen haben. Doch zuvor muß er zwei Frauen, die nicht in seinem Fort bleiben können, an einen sicheren Ort bringen.

Teufelskerle T192
BOYS TOWN ***
USA 1937, 107 Min., s/w
R: Norman Taurog D: Spencer Tracey, Mickey Rooney, Henry Hull, Gene Reynolds
Die Geschichte spielt in der »Jungenstadt«, die 1917 von dem Jesuitenpater Flanagan gegründet wurde, um heimatlosen und verwahrlosten Jugendlichen ein Heim zu bieten. Unterhaltsam und gut gespieltes Sozialmärchen.

Der Teufelskreis T193
VICTIM ***
GB 1961, 99 Min., s/w
R: Basil Dearden D: Dirk Bogarde, Sylvia Syms, Dennis Price, Peter Copley
Ein homosexueller Anwalt wird von einem jungen Mann erpreßt, der sich durch Selbstmord seiner Verhaftung entzieht. Zu einer Entscheidung gezwungen, wählt der Anwalt das »Coming Out«, obwohl er damit Ehe und guten Ruf belastet. Als Krimi verpackte Beschreibung gesellschaftlicher Moral, die trotz damaliger zeitbedingter Kompromisse die Homosexualität zu normalisieren versucht.

Teufelskreis Alpha T194
THE FURY ***
USA 1978, 117 Min., F
R: Brian de Palma D: Kirk Douglas, Carrie Snodgress, Charles Durning
US-Geheimdienst, der nach psibegabten Kindern sucht, entführt Sohn eines zackigen Amerikaners, der sowas nicht mit sich machen läßt. Ein harter und blutiger Action-Reißer mit utopischem Hintergrund. LSFF

Die Teufelspiraten T195
THE DEVIL-SHIP PIRATES ***
GB 1963, 84 Min., F
R: Don Sharp D: Christopher Lee, Andrew Keir, John Cairney
Spanische Piraten terrorisieren im Jahr 1588 ein englisches Dorf. Seeabenteuer mit wilden Fechtszenen, deutlich über dem Durchschnitt des Genres stehend.

Die Teufelspuppe T196
THE DEVIL DOLL ****
USA 1936, 79 Min., s/w
R: Tod Browning D: Lionel Barrymore, Maureen O'Sullivan, Frank Lawton
Unschuldig verbannter Geschäftsmann rächt sich an seinen betrügerischen Ex-Partnern, indem er sie mittels mörderischer Puppen (verkleinerten Menschen) töten läßt. Ein Klassiker des Horrorfilms.

Die Teufelsschlucht der wilden Wölfe T197 ***
IL RITORNO DI ZIANNA BIANCA
BRD/It/Fr 1974, 98 Min., F
R: Lucio Fulci D: Franco Nero, Raimund Harmstorff, Virna Lisi
Um 1900 nehmen zwei Goldgräber in Alaska den Kampf gegen einen Schurken auf, der von einem Polizisten gedeckt wird. Kein Meisterwerk, aber actionreiches Abenteuer.

Der Teufelsschrei T198
EVILSPEAK *
USA 1980, 92 Min., F
R: Eric Weston D: Clint Howard, Charles Tyner, Louie Gervance
Alberne Horrorgeschichte um einen Underdog, der sich mit Hilfe eines Zauberbuches, eines Computers und einer dämonischen Schweineherde an seinen Peinigern rächt. Grunz.

Der Teufelsschüler T199
THE DEVIL'S DISCIPLE ***
GB 1959, 82 Min., s/w
R: Guy Hamilton D: Burt Lancaster, Laurence Olivier, Kirk Douglas
Amerikanischer Unabhängigkeitskrieg 1777: ein britischer General besetzt mit seinen Truppen ein Dorf. Liebe, Militarismus und Freundschaft geraten etwas aus dem Lot, bis sich alles in Wohlgefallen auflöst. Glänzend gespielte Satire nach G. B. Shaw mit brillanten Dialogen, nur die Regie ist etwas zu bieder.

Die Teufelswolke von Monteville T200 ***
THE TROLLENBERG TERROR
GB 1958, 82 Min., s/w
R: Quentin Lawrence D: Forrest Tucker, Janet Munro, Laurence Payne
Alien-Polyp, der Radioaktivität verbreitet und Menschen geistig beeinflußt, landet in den Schweizer Alpen und macht einen urlaubenden Wissenschaftler auf sich aufmerksam. Schundig, aber sauspannend! LSFF

Teuflische Brüste T201
DEADLY WEAPONS **
USA 1973, 73 Min., F
R: Doris Wishman D: Chesty Morgan, Harry Reems, Greg Reynolds
Agentin mit Superbrüsten, in denen eine Kamera (!) implantiert ist, auf der Suche nach Mitgliedern einer Drogenbande, die sie nach erfolgter Entlarvung ans Herz drückt, bis sie zu atmen vergessen. Horribel!

Die teuflische Intrige T202
L'INTRIGO **
Italien/Frankreich 1963, 90 Min., F
R: Vittorio Sala D: Rossano Brazzi, Shirley Jones, George Sanders

Eine verwirrte junge Frau könnte die Frau oder die Tochter eines reichen Kunstsammlers sein. Zwischen Komödie und Thriller steuert der Film auf eine unvermeidliche Havarie.

Eine teuflische Karriere T203
LIMIT UP **
USA 1989, 81 Min., F
R: Richard Martin D: Nancy Allen, Dean Stockwell, Brad Hall
Das Faust-Motiv auf sehr amerikanische Weise interpretiert: Casey verkauft ihre Seele, um eine steile Karriere zu machen. Die Komödie kommt nicht recht in die Gänge.

Die teuflische Maske T204
THE MASK **
Kanada 1961, 83 Min., s/w
R: Julian Roffman D: Paul Stevens, Claudette Nevins, Bill Walker
Ein Psychiater gerät in den Besitz einer indianischen Maske, die ihm den Blick in eine phantastische Welt ermöglicht und ihn zum Mörder macht. Abstruser Horrorfilm.

Teuflische Signale T205
THE SENDER **
GB 1982, 91 Min., F
R: Roger Christian D: Kathryn Harrold, Zeljko Ivanek, Shirley Knight
Alptraumgeplagter Bursche stellt telepathische Verbindung zu einer Psychiaterin her, läßt sie an seinem mysteriösen Innenleben teilhaben und projiziert eklige Dinge, die eine ganze Klinik in Angst versetzen. Spannend!

Die teuflischen Engel T206
THE GLORY STOMPERS ***
USA 1967, 79 Min., F
R: Anthony M. Lanza D: Dennis Hopper, Jody McCrea, Chris Noel
Die Fehde zwischen zwei Motorradgangs eskaliert in ziemlich brutalen Auseinandersetzungen. Autokinostoff mit Dennis Hopper, der zwei Jahre

Vera Clouzot, Paul Meurisse und der Schierlingsbecher in ›Die Teuflischen‹.

Die Frau und die Geliebte eines sadistischen Internatsdirektor schließen einen Pakt, um ihren Peiniger zu ermorden. Doch nach der Tat geschehen merkwürdige Dinge. Perfekter Thriller.

Die teuflischen Schwestern T208
*
Schweiz 1977, 74 Min., F
R: Jess Franco D: Karine Gambier, Pamela Stanford, Jack Taylor
Milly, Erbin eines Riesenvermögens, wird von ihrer Schwester Edna mit Lechzdrogen vollgepumpt, damit sie bei einem Superorgasmus das Zeitliche segnet. Schlampiger Sexer mit vielen Leibesübungen, aber ohne Spannung.

Tex T209
TEX **
USA 1982, 99 Min., F
R: Tim Hunter D: Matt Dillon, Jim Metzler, Meg Tilly, Bill MacKinney
Der 17jährige Mason lebt mit seinem zwei Jahre jüngeren Bruder auf einer Ranch in Oklahoma. Nach dem Tod der Mutter und bei der ständigen Abwesenheit des Vaters fühlt er sich für ihn verantwortlich. Als er sein Pferd ver-

D: Giuliano Gemma, Carlo Mucari, William Berger
Zwei in Südamerika tätige Abenteurer machen Bekanntschaft mit einem alten Aztekenfluch. Entsetzlicher Heuler, bei dem man sich fragt, was schlimmer ist – die grauenhaften Dialoge oder der dämliche Plot. HFJ 1988

Der Texaner T211
THE OUTLAW JOSEY WALES ****
USA 1976, 134 Min., F
R: Clint Eastwood D: Clint Eastwood, Chief Dan George, Sondra Locke
Yankees töten Frau und Tochter des Südstaaten-Farmers Wales. Aus Rache schließt er sich den Rebellen an, entgeht allen Fallen und beginnt mit Hilfe zweier Indianer ein völlig neues Leben. Bemerkenswerter Spätwestern.

Texas – Doc Snyder hält die Welt in Atem T212
**
BRD 1993, 89 Min., F
R: Ralf Huettner, Helge Schneider
D: Helge Schneider, Peter Thoms
Debiler Gunman wird von debilem »Nasenmann« verfolgt, will debilen Bruder vor dem Galgen bewahren und

Texasville T213
TEXASVILLE ***
USA 1990, 125 Min., F
R: Peter Bogdanovich D: Jeff Bridges, Cybill Shepherd, Timothy Bottoms
33 Jahre später kehrt Bogdanovich in das Texas-Kaff Anarene zurück, beobachtet die Helden von damals und kommt zu der Erkenntnis, daß aus ihnen kleinkarierte Bürger geworden sind, die sich mit Alkohol- und Geldproblemen herumschlagen. Bissige Satire und zugleich tristes Nostalgie-Stück. HFJ 1992

That Thing You Do! T214
THAT THING YOU DO! ***
USA 1996, 107 Min., F
R: Tom Hanks D: Tom Everett Scott, Liv Tyler, Jonathan Schaech
Äußerst gelungener Versuch, das Genre des Musikfilms wieder aufleben zu lassen. Eine fiktive Vorstadtband der 60er Jahre landet einen einzigen Hit und bricht nach ihrem Erfolg wieder auseinander. Feel-good-Kino. HFJ 1998

Theater der Liebe T215
L'AMOUR PAR TERRE *****
Frankreich 1984, 122 Min., F
R: Jacques Rivette D: Geraldine Chaplin, Jane Birkin, Andre Dussollier
Die Schauspielerinnen Emily und Charlotte lassen sich zu einer Vorstellung im Haus von Regisseur Roquemaure überreden. Ungewöhnliche Film-Phantasie von überragender poetischer Kraft.

Theater des Grauens T216
THEATRE OF BLOOD ***
GB 1972, 104 Min., F
R: Douglas Hickox D: Vincent Price, Diana Rigg, Ian Hendry
Irrtümlich für tot gehaltener Schmierenkomödiant rächt sich an Theaterkritikern, indem er sie shakespearegerecht um die Ecke bringt. Unterhaltsamer Horror-Ulk mit typisch britischem Humor.

Thelma & Louise T217
THELMA AND LOUISE ****
USA 1991, 129 Min., F
R: Ridley Scott D: Susan Sarandon, Geena Davis, Harvey Keitel
Nachdem sie einen Vergewaltiger in Notwehr erschossen haben, fliehen zwei Freundinnen quer durch den amerikanischen Südwesten vor der Polizei. Was als harmloser Wochenendtrip geplant war, entwickelt sich zu einer Reise zur Selbstfindung und Emanzipation. Grandioser Roadmovie mit erstklassigen Hauptdarstellerinnen, exzellentem Drehbuch und souveräner Regie. HFJ 1992

Thema T218
TEMA ****
UdSSR 1979, 98 Min., F
R: Gleb Panfilow D: Michail Uljanow, Inna Curikova, Stanislaw Ljubschin
Die Geschichte eines Schriftstellers, der bei einem Erholungsaufenthalt in der alten russischen Stadt Susdal neue Inspiration sucht. Der vielgefeierte Erfolgreiche entlarvt sich zusehends als hohl und eitel. Panfilows Demontage des privilegierten Kulturbürokraten ist im Menschlichen wie im Politischen von grundsätzlicher Brisanz. Eine vergnügliche Tragikomödie, die lange Zeit in der UdSSR verboten war.

Themroc T219
THEMROC ****
Frankreich 1972, 105 Min., F
R: Claude Faraldo D: Michel Piccoli, Béatrice Romand, Marilu Tolo
Die Revolte eines Menschen gegen sein stumpfsinniges Leben in der Industriewelt: Michel Piccoli spielt einen Arbeiter, der seine Wohnung zumauert, seine Schwester liebt und Polizisten grillt. Die böse Verweigerungskomödie hat bis heute ihren anarchistischen Charme nicht verloren.

Theodora, Kaiserin von Byzanz T220
TEODORA **
Italien/Frankreich 1954, 90 Min., F
R: Riccardo Freda D: Gianna Maria Canale, Georges Marchal
Nachdem Kaiser Justinian von Byzanz die junge Theodora zu seiner Kaiserin gemacht hat, starten die Intrigen. Bombastischer Historienfilm mit der dazugehörigen Portion Naivität.

Theo gegen den Rest der Welt T221
****
BRD 1980, 106 Min., F
R: Peter F. Bringmann D: Marius Müller-Westernhagen, Guido Gagliardi, Claudia Demarmels
Flotte und vergnügliche Abenteuerkomödie: Ein Trucker in der Bundesrepublik, der Schweiz und Italien auf der Suche nach seinem geklauten LKW.

Therapie zwecklos T222
BEYOND THERAPY ***
USA 1987, 93 Min., F
R: Robert Altman D: Jeff Goldblum, Julie Hagerty, Glenda Jackson
Bissig-böse Satire über die Auswirkungen des Psycho-Booms anhand einer Reihe neurotisch-durchgeknallter Personen. Trotz Dialoglastigkeit eine gelungene Farce. HFJ 1989

Thérèse T223
THERESE ****
Frankreich 1986, 89 Min., F
R: Alain Cavalier D: Cathérine Mouchet, Aurore Prieto, Sylvie Habault
Aus Liebe zu ihrem Schöpfer tritt Thérèse von Lisieux bereits als 15jährige in ein Kloster ein. Als sie kurz darauf an Tuberkulose erkrankt, erlebt sie ihre ausgedehnten Qualen in so vollkommener Identifikation mit dem Leiden Christi, daß sie posthum heilig gesprochen wird. Ein Film von strenger und stiller Schönheit, nach ihrem Tagebuch erzählt. HFJ 1988

Therese Raquin T224
****
Deutschland 1928, 91 Min., s/w
R: Jacques Feyder D: Gina Manäs, Wolfgang Zilzer, Hans-Adalbert Schlettow, Jeanne-Marie Laurent
Verfilmung von Emile Zolas Roman, in der eine frustrierte Kleinbürgerin gemeinsam mit ihrem Liebhaber einen Gatten-Mord begeht. Da der Franzose Jacques Feyder Ärger mit den einheimischen Produzenten hatte, drehte er seine Literatur-Adaption – vorwiegend mit französischen Schauspielern und Technikern – in Berlin-Babelsberg.

Thérèse Raquin – Du sollst nicht ehebrechen T225 ****
THERESE RAQUIN
Fr/It 1953, 102 Min., s/w
R: Marcel Carné D: Simone Signoret, Raf Vallone, Sylvie Bernardi
Carnés meisterhafte Adaption eines Klassikers von Emile Zola um eine unglücklich verheiratete junge Französin, die sich in eine verhängnisvolle Affäre aus Mord und Erpressung verstrickt. Der Film verlegt die Handlung ins Jahr 1953 und profitiert vom eindrucksvollen Spiel der Darsteller.

Therese und Isabell T226
THERESE AND ISABELLE ***
USA/BRD 1968, 91 Min., F
R: Radley Metzger D: Essy Persson, Anna Gael, Barbara Laage
Mädchen, das in der zweiten Ehe der Mutter als störend empfunden wird, geht ins Internat und nimmt lesbische Beziehung zu einer Mitschülerin auf. Einfühlsamer Sexfilm eines Regisseurs, der später Pornos machte. Deutsche Fassung wurde um 27 Minuten gekürzt.

Theseus, Held von Hellas T227
TESEO CONTRO IL MINOTAURO **
Italien 1960, 92 Min., F
R: Mario Bonnard, Giorgio Capitani
D: Bob Mathias, Rosanna Schiaffino, Alberto Lupo, Rik Battaglia
Um Ariadne aus den Fängen ihrer bösen Schwester Phaedra zu befreien, dringt der Recke Theseus in ihren Palast ein und besiegt in dem darunterliegenden Labyrinth den mythischen Minotaurus. Unbedeutender Sandalenfilm. LFF

Things to Come T228
THINGS TO COME ***
GB 1936, 92 Min., s/w
R: William Cameron Menzies
D: Raymond Massey, Cedric Hardwicke, Ralph Richardson

Die Frühstarter

1994 erhielt die elfjährige Anna Paquin für ihre Rolle in »Piano« einen Oscar. Christian Seidl weist darauf hin, daß die Frau damit im besten Alter ist.

1 Jahr
Brooke Shields posiert in einem Werbespot für Seifenflocken.

2 Jahre
Jerry Mathers tritt in der Ed Wynn Show auf.

3 Jahre
Jodie Foster feiert Fernseh-Premiere als Sonnencreme-Propagandistin.

4 Jahre
Shirley Temple debütiert in dem Film Red Haired Alibi (1932).

5 Jahre
Der spätere Erfolgs-Filmer Ron Howard (Splash) hat einen Auftritt in the Journey (1979).

6 Jahre
Shirley Temple erhält bei der Oscar-Verleihung von 1935 einen Sonderpreis.

7 Jahre
Drew Barrymore hat ihren ersten und lange Zeit letzten großen Auftritt als Spielgefährtin von »E.T. – The Extraterrestrial« (1982)

8 Jahre
Natalie Wood spielt neben Orson Welles die Hauptrolle in Tomorrow is Forever.

9 Jahre
Christine Kaufmann wird für den Zirkusfilm Salto Mortale entdeckt

11 Jahre
Anna Paquin gewinnt den Oscar für die beste weibliche Nebenrolle in The Piano (1994).

12 Jahre
Elizabeth Taylor galoppiert in National Velvet erstmals über die Leinwand (1944).

13 Jahre
Jodie Foster spielt eine Nutte in Taxi Driver und wird dafür mit einer Oscar-Nominierung belohnt (1976).

14 Jahre
Michael Ande weilt mit der Trappfamilie in Amerika (1958).

15 Jahre
Götz George debütiert in Wenn der weiße Flieder wieder blüht (1953).

16 Jahre
Romy Schneider ist Sissy (1955).

17 Jahre
Nach einem Jahrzehnt im Dauer-Delirium ist Drew Barrymore clean – und mit Poison Ivy wieder ganz oben (1992).

18 Jahre
Fritz Wepper überlebt den Kampf um Die Brücke (1959).

19 Jahre
Elke Sommer initiiert das deutsche Fräuleinwunder in Georg Tresslers Totenschiff (1959).

20 Jahre
Tom Cruise steigt überzeugend ins Risky Business ein (1983).

21 Jahre

This Boy's Life T229
THIS BOY'S LIFE ****
USA 1993, 115 Min., F
R: Michael Caton-Jones D: Robert De Niro, Ellen Barkin, Leonardo DiCaprio
Um ihrem kleinkriminellen Sohn ein Zuhause zu geben, heiratet eine Frau einen netten Provinzler, der sich als brutaler Tyrann entpuppt. Routiniert inszenierte, sensible Tobias-Wolff-Adaption. HFJ 1994

This is Spinal Tap T230
THIS IS SPINAL TAP ***
USA 1983, 79 Min., F
R: Rob Reiner D: Christopher Guest, Michael McKean, Harry Shearer
Eine satirisch imitierte »Reportage« über eine Rockgruppe, die während einer nationalen Tournee durch äußeren Druck und innere Widersprüche zerbricht. Sarkastische Seitenhiebe auf das Show-Business.

Thomas Crown ist nicht zu fassen T231 ****
THE THOMAS CROWN AFFAIR
USA 1967, 102 Min., F
R: Norman Jewison D: Steve McQueen, Faye Dunaway, Paul Burke
Eine Versicherungsagentin versucht mit Hilfe ihres weiblichen Charmes, einen erfolgreichen Geschäftsmann zu überführen, der aus Langeweile einen Bankraub begangen hat. Amüsanter und weitgehend spannender Hollywood-Thriller.

Thor, der unbesiegbare Barbar T232 *
THOR, IL CONQUISTADORE
Italien 1982, 87 Min., F
R: Anthony Richmond D: Conrad Nichols, Maria Romano, Melissa Lang
Ein Büblein, dessen Eltern von einem bösen Despoten gemordet wurden, wird zu einem schlagkräftigen Muskelmann und legt auf seinem Rachefeldzug ganze Scharen von Untieren und Schurken um. LFF

The Throne of Fire T233
THE THRONE OF FIRE *
Italien 1983, 89 Min., F
R: Franco Prosperi D: Peter McCoy, Sabrina Siani, Harrison Muller
Ein von einem Teufelsboten und einer Hexe gezeugter Wechselbalg will a) den Thron eines Königs und b) eine Prinzessin besteigen, die ihm aber den Schwertschwinger Siegfried auf den Hals schickt. An unfreiwilligem Humor reiche Fantasy. LFF

Die Thronfolgerin T234
YOUNG BESS ****
USA 1953, 107 Min., F
R: George Sidney D: Jean Simmons, Stewart Granger, Deborah Kerr, Charles Laughton
Die Tochter Heinrichs des VIII. und Anna Boleyns, die eine schwere Kindheit und Jugend hat, verliebt sich in den Admiral Thomas Seymour, den jedoch sein eigener Bruder hinrichten läßt. Glänzend gespielter und ausgestatteter Kostümfilm über die Jugend der englischen Königin Elisabeth I., der jedoch bezüglich seiner historischen Authentizität mit Vorsicht zu genießen ist.

Thundertronic T235
ROBO-C.H.I.C. *
USA 1989, 102 Min., F
R: Ed Hansen D: Kathy Shower, Jack Carter, Phil Proctor, Kip King
Eine Androidin und ein Journalist suchen einen Finsterling, der die US-Regierung mit Atomsprengköpfen erpreßt. Schlaffe SF-Geschichte ohne Tiefgang und Ideen. HFJ 1992

THX 1138 T236
THX 1138 ***
USA 1969, 95 Min., F
R: George Lucas D: Robert Duvall, Donald Pleasence, Don Pedro Colley
Ein Ehepaar, das unter der Tyrannei eines computerisierten totalitären Untergrundstaates schmachtet, bricht aus seinem drogengelenkten Dasein aus und flieht zur Erdoberfläche. Beklemmende Zukunftsvision. LSFF

Ein Ticket für zwei T237
PLANES, TRAINES & AUTOMOBILES ***
USA 1987, 92 Min., F
R: John Hughes D: Steve Martin, John Candy, Laila Robbins
Weil ihr Flugzeug nicht in Chicago landen durfte, müssen sich zwei sehr unterschiedliche Geschäftsmänner mit allen erdenklichen Verkehrsmitteln gen Heimat durchschlagen. Hinreißende Komödie – anrührend, ohne rührselig zu werden, witzig, ohne in Klamauk auszuarten. HFJ 1989

A Tickle in the Heart T238
****
BRD/Schweiz 1995, 86 Min., F
R: Stefan Schwietert D: Max, William und Julius Epstein
Musikalisches Porträt der »Epstein Brothers«, die mit ihrer jiddischen Klezmer-Musik die Welt eroberten. Eine stimmige Dokumentation und eine Geschichte des jüdischen Emigrantentums. HFJ 1997

Die Tiefe T239
THE DEEP **
USA 1976, 124 Min., F
R: Peter Yates D: Robert Shaw, Jacqueline Bisset, Nick Nolte
Sporttaucherpärchen will mit Hilfe eines Experten in der Gegend der Bermudas gesunkene Münzen und Morphiumampullen bergen, werden aber von den üblichen Lumpen dabei behindert. Ein mittelmäßiger Schnellschuß, mit einfallsloser Geschichte.

Das Tier T240
THE HOWLING ***
USA 1980, 91 Min., F
R: Joe Dante D: Dee Wallace, Patrick MacNee, Dennis Duggan
Journalistin stößt in einsam gelegenem Sanatorium auf ein Rudel Werwölfe, die in Vollmondnächten ihren Urtrieben frönen und wird nach einem Biß selbst zur heulenden Bestie. Horrorfilm mit Schlußgag.

Tierarzt Dr. Vlimmen T241
DOCTOR FLIMMEN ***
Holland/Belgien 1978, 70 Min., F
R: Guido Peters D: Peter Faber, Roger van Hool, Chris Lomme
Nach der berühmten Roman-Trilogie von A. Roothaert entwickelt Peters ein realistisches, sympathisches Porträt vom Leben eines Tierarztes in der Provinz Brabant.

Tiergarten T242
**
BRD 1979, 80 Min., F
R: Lothar Lambert D: Steven Adamczewaski, Dagmar Beiersdorf, Lothar Lambert, Erika Rabau
Ein No-Budget-Film über Menschen, die den Park im Berliner Viertel Tiergarten durchstreifen oder sogar in ihm wohnen und ihrer Einsamkeit zu entfliehen suchen.

Tiffany T243
THE TIFFANY MINX ***
USA 1981, 85 Min., F
R: Robert Walters D: Crystal Sync, Jennifer Jordan, Marlene Willoughby
Ein Erbschleicher will seine Frau beseitigen und heuert einen Hit-Man an, der ihren Reizen ebenso erliegt wie ein professioneller Gigolo, der sie in den Irrsinn treiben möchte.

Tiger – Frühling in Wien T244
***
Österreich/BRD 1984, 91 Min., F
R: Peter Patzak D: Art Metrano, William Berger, Eddie Constantine
Satire auf den wahnwitzigen Filmbetrieb im Großstadt-Dschungel Wiens. Parallel dazu versucht Eddie Constantine in Paris großen Regisseuren wie Fellini und Polanski seine neue Lemmy-Caution-Idee schmackhaft zu machen.

Der Tiger aus Taipeh T245
THE AMSTERDAM KILL ***
Hongkong 1977, 89 Min., F
R: Robert Clouse D: Robert Mitchum, Richard Egan, Keye Luke
Bosse des Rauschgifthandels versuchen sich gegenseitig ans Messer zu liefern, ohne zu ahnen, daß der Hauptdrahtzieher an der Spitze der korrupten Bekämpfungsbehörde sitzt. Ein bis zur gelegentlichen Unglaubwürdigkeit effektvoller Action-Film, dessen Reiz in gut eingefangenen Originalschauplät-

Ein kleines Mädchen wird als Zeugin eines Eifersuchtsverbrechens von einem Seemann auf seiner Flucht mitgenommen. Bisher nie von Erwachsenen ernstgenommen, verspricht es, ihn nicht zu verraten, und hält sein Versprechen eisern. Spannender Kriminalfilm mit Aussage.

Tiger der Meere T247
LA TIGRE DEI SETTI MARI ***
Italien 1962, 90 Min., F
R: Luigi Capuano D: Anthony Steel, Gianna Maria Canale, Carlo Ninchi
Altpirat will in Rente gehen und läßt zwei Mannen um die Nachfolge kämpfen. Der Böse tötet ihn und schiebt den Mord dem Guten in die Schuhe. Flotter Säbelrassler, in dem auch eine Dame ihre Kampftalente zeigt.

Der Tiger hetzt die Meute T248
WHITE LIGHTNING ***
USA 1973, 101 Min., F
R: Joseph Sargent D: Burt Reynolds, Jennifer Billingsley, Ned Beatty
Whisky-Schwarzbrenner geht gegen korrupten Sheriff an. Gute Action und treffende Milieu-Zeichnung.

Der Tiger liebt nur frisches Fleisch T249
****
LE TIGRE AIME LA CHAIR FRAICHE
Frankreich/Italien 1964, 79 Min., s/w
R: Claude Chabrol D: Roger Hanin, Daniela Bianchi, Maria Mauban
Der türkische Wirtschaftsminister, der in Frankreich Düsenjäger einkauft, wird von einem keine Gefahr scheuenden Geheimagenten vor Killern beschützt. Temporeich inszenierte Actionfilmparodie mit hintergründigem Humor.

Tiger, Löwe, Panther T250
***
BRD 1988, 97 Min., F
R: Dominik Graf D: Nadta Brunckhorst, Sabine Kaack, Martina Gedeck

ser leichten Komödie. Sie haben die Männer fest im Griff, und das bleibt auch so. Episodenhafter, zum Teil recht witziger Unterhaltungsfilm nach einem Drehbuch von Sherry Horman.

Der Tiger parfümiert sich mit Dynamit T251
***
LE TIGRE SE PARFUME A LA DYNAMITE
Fr/Sp/It 1965, 84 Min., F
R: Claude Chabrol D: Roger Hanin, Roger Dumas, Michel Bouquet, J. M. Caffarel
Der »französische James Bond« Tiger aus *Der Tiger liebt nur frisches Fleisch* muß dieses Mal einer internationalen Organisation von Terroristen, die Goldbarren gestohlen hat, das Handwerk legen. Unterhaltsam.

Der Tiger von Eschnapur T252
****
Deutschland 1938, 91 Min., s/w
R: Richard Eichberg D: Kitty Jantzen, La Jana, Frits van Dongen
Deutsches Indien-Abenteuer; wundervoll ausgestattete exotische Träume, die sich keinen Augenblick ihrer Kolportagehaftigkeit schämen.

Der Tiger von Eschnapur T253
****
BRD 1958, 97 Min., F
R: Fritz Lang D: Debra Paget, Paul Hubschmid, Claus Holm, Sabine Bethmann, Walter Reyer
Fritz Langs farbenfrohes Remake des Filmes von Joe May aus dem Jahr 1938 ist ein abenteuerlich-romantisches Märchen, Traumkino mit bizarren Untertönen. Für einen »echten Lang« allerdings zu schlaff.

Der Tiger von New York T254
KILLER'S KISS ****
USA 1955, 64 Min., s/w
R: Stanley Kubrick D: Frank Silvera, Jamie Smith, Irene Kane
Erfolgloser Boxer befreit seine Nach-

Der Tiger von Sardes T255
GOLIATH E LA SCHIAVA RIBELLE ***
Italien/Frankreich 1963, 80 Min., F
R: Mario Caiano D: Gordon Scott, Ombretta Colli, Massimo Serrato
Schurkischer Adliger sät Zwietracht zwischen Alexander dem Großen und König Darius von Persien. Ein braver Muskelmann haut dazwischen. Sandalenfilm mit viel Geschwätz und naivem Drehbuch.

Tiger-Hai T256
TIGER SHARK ***
USA 1932, 80 Min., s/w
R: Howard Hawks D: Edward G. Robinson, Zita Johann, Richard Arlen
Ein portugiesischer Thunfisch-Fänger heiratet die Tochter seines besten Freundes, die sich jedoch in seinen jungen Bootsmann verliebt. Sein Versuch, den Konkurrenten einem gefährlichen Tiger-Hai auszuliefern, endet für ihn selbst tödlich. Höchst unterhaltsamer Abenteuerfilm mit hervorragenden Fischfang-Szenen.

Tilai T257
TILAI ****
Burkina Faso/CH/Fr 1989, 81 Min., F
R: Idrissa Ouedraogo D: Rasmana Oeudraogo, Ina Cisse
Als ein Mann das seinem Sohn versprochene Mädchen zu seiner zweiten Frau nimmt, lehnt sich dieser gegen ihn und das Gesetz auf. HFJ 1992

Till Eulenspiegel T258
***
DDR 1975, 102 Min., F
R: Rainer Simon D: Winfried Glatzeder, Cox Habema, Franciszek Pieczka
Bauernsohn Till macht durch seine Possen in der Zeit vor den Bauernkriegen die Brutalität der feudalen Herrschaft deutlich.

Tim – Kann das Liebe sein? T259
TIM ***
Australien 1979, 102 Min., F
R: Michael Pate D: Mel Gibson, Piper Laurie, Alwyn Kurts
Eine begüterte Geschäftsfrau nimmt sich eines freundlichen, blendend aussehenden, aber geistig zurückgebliebenen jungen Mannes an. Nach dem Tod von dessen Mutter steht seine Einlieferung in eine Pflegeanstalt an, doch ein Psychologe schlägt eine andere Lösung vor: die Ehe.

Time Bandits T260
TIME BANDITS ***
GB 1981, 104 Min., F
R: Terry Gilliam D: Craig Warnock, David Rappaport, Kenny Baker
Eine Gruppe zeitreisender Zwerge nimmt einen kleinen Jungen mit auf eine abenteuerliche Reise durch verschiedene Epochen. Witzige Story aus dem Fantasy-Milieu, mit Sean Connery in einer Kleinstrolle. LFF

Time Barbarians T261
TIME BARBARIANS *
USA 1990, 96 Min., F
R: Joseph Barmettler D: Deron McBee, Jo Ann Ayres, Daniel Martine
Barbarenkönig, dem sein magisches Amulett abhanden kommt, verfolgt den Dieb durch die Zeiten. Simples Fantasy-Abenteuer, in dem Helden noch Helden sind und das Schwert den Grips ersetzt. Billigproduktion.
HFJ 1992

Time Flash T262
BLUE TORNADO *
Italien 1990, 89 Min., F
R: Tony B. Dobb D: Dirk Benedict, Patsy Kensit, David Warner
Ein Pilot, der bei einem Übungsflug fremden Intelligenzen begegnet und seinen Kameraden verliert, nimmt, da ihm niemand glaubt, allein die Suche nach den Aliens auf. Zelluloid-Plotte aus Italia. LSFF

Time of the Gypsies T263
DOM ZA VESANJE ****
Jugoslawien 1989, 141 Min., F
R: Emir Kustarica D: Davor Dujmovic, Bora Todorovic, Ljubica Adzovic
Der in einem kleinen jugoslawischen Dorf ohne Eltern aufgewachsene Zigeunerjunge Perhan wird von dem skrupellosen Zuhälter Ahmed nach Italien mitgenommen. Ahmed läßt entgegen seinem Versprechen, in Mailand die Operation der gehbehinderten Schwester Perhans zu bezahlen, diese für sich anschaffen, Perhans Rache endet für ihn selbst tragisch. Beeindruckendes, imaginär-realistisches Drama von außerordentlicher visueller Kraft. HFJ 1992

Time Rider T264
TIME RIDER: THE ADVENTURES OF LYLE SWANN ***
USA 1982, 95 Min., F
R: William Dear D: Fred Ward, Belinda Bauer, Peter Coyote
Motorradfahrer wird ins Jahr 1877 versetzt, hat im Wilden Westen Ärger mit einigen Halunken und beschläft die eigene Oma. Routiniert gemachter Streifen, der uralte SF-Klischees verwurstet. LSFF

Time Slip – Der Tag der Apokalypse T265 **
SENGOKU JIEAITAI
Japan 1981, 106 Min., F
R: Koseo Saito D: Sonny Chiba, Isao Natsuki, Tsunehiko Watase, Raita Ryu
Japanische Soldaten werden durch einen Zeitsturm in die Vergangenheit versetzt und finden sich in einem Konflikt mit einander bekriegenden Samurai wieder. Simpler Actionfilm, der den Militarismus verherrlicht.
LSFF

Time Sweep – Reise ins Grauen T266 **
VOYAGE FROM THE UNKNOWN
GB 1986, 85 Min., F
R: Dan Diefenderfer D: Michael Fountain, Pamela De Bord, Kevin Brief
Einige uninteressante Typen stoßen, als sie in ein altes Haus eindringen, dortselbst auf Mörderschaben, Halbtote und diverse Pappmonster. Unbedeutend. LSFF

Time Trackers T267
TIME TRACKERS **
USA 1989, 87 Min., F
R: Howard R. Cohen D: Ned Beatty, Wil Shriner, Kathleen Beller
Bösmann stiehlt Zeitmaschine, um in der Vergangenheit die Ahnen seines Feindes zu töten und dessen Existenz so zu vernichten. Wenig durchdachter SF-Streifen mit dennoch interessanten Momenten. HFJ 1991

Time Traveller T268
THE NEXT ONE **
GB/Griechenland 1982, 100 Min., F
R: Nicos Mastorakis D: Keir Dullea, Adrienne Barbeau, Jeremy Licht
Mysteriöser Mann forscht in der Ägäis Kirchen aus und entpuppt sich als aus der Zukunft stammender Bruder des Jesus von Nazareth. Schwerfällig und langweilig.

Time Walker T269
TIME WALKER **
USA 1982, 87 Min., F
R: Tom Kennedy D: Ben Murphy, Nina Axelrod, Bob Random
Insektenäugiger Alien, in einem Sarkophag gefunden, erwacht, nachdem Ägyptologe ihn ausbuddelt, zu neuem Leben und sucht ein US-College heim. Horrorstreifen üblicher Machart.

Times Square – Ihr könnt uns alle mal T270
***
TIMES SQUARE
USA 1980, 112 Min., F
R: Allan Moyle D: Tim Curry, Trini Alvarado, Robin Johnson
Zwei Teenager-Mädchen aus unterschiedlichen sozialen Schichten schlagen sich durch die Großstadt, wobei ihre Versuche, sich gegen die Konventionen der Erwachsenenwelt aufzulehnen, von einem Radiosender unterstützt werden. Musikfilm, der sehr mit Klischees arbeitet, aber milieuecht wirkt, so daß man die Ungereimtheiten vergißt.

Times Square Gang T271
THE CHILDREN OF TIMES SQUARE ***
USA 1986, 91 Min., F
R: Curtis Hanson D: Howard Rollins, Joanna Cassidy, David Ackroyd
Die Geschichte einer jugendlichen Ausreißerin in New York bildet die Folie für ein in Teilen bemerkenswert realistisches Bild der Kinder-Gangs.

Freundin seines ehemaligen Erzrivalen zu erobern, macht er sich abermals auf, das größte Golfturnier der Welt zu gewinnen. Schablonenhafte Romanze im feinsauberen Sportlermilieu.
HFJ 1997

Tina – What's Love got to do with it T273
***
TINA – WHAT'S LOVE GOT TO DO WITH IT
USA 1993, 117 Min., F
R: Brian Gibson D: Angela Bassett, Laurence Fishburne, Vanessa B. Calloway
Filmbiographie der schwarzen Sängerin Tina Turner, die Anfang der sechziger Jahre mit »River Deep, Mountain High« an der Seite ihres Gatten Ike bekannt wird, sich nach allerlei Gemeinheiten und Brutalitäten von ihm trennt und eine Solokarriere startet, die alle Dimensionen sprengt. Hektisch geschnitten, aber mit vielen lohnenden Originalsongs. HFJ 1994

Titan der Gladiatoren
siehe: Der Aufstand der Prätorianer

Titanic T274
***
Deutschland 1943, 85 Min., s/w
R: Herbert Selpin D: Sybille Schmitz, Kirsten Heilberg, Hans Nielsen
Anhand von Einzelschicksalen, fiktiven wie authentischen, werden Vorgeschichte und Hergang der Schiffskatastrophe aus dem Jahr 1912 geschildert. Der Film wurde erst 1950 uraufgeführt, weil Goebbels eine antibritische Propaganda gewünscht hatte, diese nicht fand und den Film nicht freigab.

Titanic T275
TITANIC ****
USA 1997, 194 Min., F
R: James Cameron D: Leonardo DiCaprio, Kate Winslet, Billy Zane
Der Untergang des Riesenschiffes als Kulisse für die noch dramatischere Liebesgeschichte zwischen einem ar-

Titfield-Expreß T276
THE TITFIELD THUNDERBOLT ***
GB 1953, 84 Min., F
R: Charles Crichton D: Stanley Holloway, George Relph, Naunton Wayne
Sehr sympatische, sehr britische Ealing-Komödie über Kleinstädter, die ihre antiquierte Lokalbahn vor der Stillegung retten wollen.

Titillation T277
TITILLATION ***
Schweiz 1982, 90 Min., F
R: Damon Christian D: Eric Edwards, Randy West, Kitten Natividad
Ein reicher Kauz, der einen besonders großen BH hergestellt hat, sucht nach der Dame, die ihn ausfüllen kann: Sie soll sein Vermögen erben. Schrill, humorvoll und sexy.

Tobruk T278
TOBRUK ***
USA 1966, 115 Min., F
R: Arthur Hiller D: Rock Hudson, George Peppard, Nigel Green
Um deutsche Treibstofflager zu zerstören, tarnen sich englische Soldaten als Kriegsgefangene und eine Gruppe jüdischer Emigranten als ihre Wachmannschaft. Was ein britisches Kino-Motiv hätte abgeben können, verliert sich unter Hillers uninspirierter Regie zu einem lahmen Kriegsabenteuer.

Töchter der Liebe T279
DOVE VA SE IL VIZIETTO NON CE L'HAI? **
Italien 1979, 87 Min., F
R: Franco Martinelli D: Renzo Montagnani, Alvaro Vitali, Stefano Amato
Zwei mit einem Dachschaden behaftete Detektive beschatten den Gatten einer Dame, der sich nicht als Ehebrecher, sondern als Freizeit-Transvestit erweist. Sexklamotte mit infantilen Scherzchen.

Die Tochter des Generals T280

Töchter des Himmels T281
THE JOY LUCK CLUB ****
USA 1993, 138 Min., F
R: Wayne Wang D: Tsai Chin, Kieu Chinh, Lisa Lu
Am Schicksal von vier in den USA eingewanderten Chinesinnen und ihren erwachsenen Töchtern schildert der Film nicht nur den harten Generationenkonflikt, sondern auch den Wertewandel und den Verlust kultureller Identität. Ein Melodram zum Weinen schön. HFJ 1995

Die Tochter des Kalifen T282
THE ADVENTURES OF HAJI BABA ***
USA 1954, 93 Min., F
R: Don Weis D: John Derek, Elaine Stewart, Thomas Gomez
Orientalischer Barbier steht einer entlaufenen Kalifentochter bei ihren Abenteuern bei und gewinnt im Happy End ihr Herz. Flott inszeniertes Wüstenabenteuer, das sich nicht allzu ernst nimmt.

Die Tochter des Korsaren T283
FIGLIA DEL CORSARO VERDE ***
Italien 1940, 75 Min., s/w
R: Enrico Guazzoni D: Doris Duranti, Fosco Giachetti, Mariella Lotti
Sohn eines Gouverneurs unterwandert in der Gegend von Maracaibo eine Piratenbande und gewinnt das Herz einer fechtkundigen Dame, die von der Freibeuterei lebt.

Tochter des Teufels T284
THE DEVIL'S DAUGHTER ***
USA 1973, 74 Min., F
R: Jeannot Szwarc D: Shelley Winters, Belinda J. Montgomery, Robert Foxworth, Joseph Cotten
Mädchen lernt bei der Beerdigung ihrer Mutter eine Frau kennen, die sich als alte Freundin ausgibt – in Wahrheit sucht sie Nachwuchs für einen Satansorden und eine willige Dämonenbraut. *Rosemaries Baby* läßt grüßen.

Die Tochter des Wassers T285
LA FILLE DE L'EAU ****
Frankreich 1924, 85 Min., s/w
R: Jean Renoir D: Catherine Hessling, Pierre Champagne, Pierre Philippe, Maurice Touzé
Die Tochter eines Schiffers hat nach dem Tod ihres Vaters unter ihrem gewalttätigen Onkel zu leiden und flieht schließlich von dessen Boot. Impressionistisch angehauchter Stummfilm, der märchenhafte Elemente mit sinnlicher Derbheit verbindet.

Tod am Morgen T286
FOUR IN THE MORNING ***
GB 1965, 90 Min., s/w
R: Anthony Simmons D: Ann Lynn, Norman Roadway, Judi Dench
Geschildert werden die zeitlich parallel ablaufende Bergung einer Frauenleiche im Londoner Hafen, eine kurze Liebesbeziehung zwischen einem jungen Mann und einem Mädchen aus einem Nachtklub und der nächtliche, mit einer Versöhnung endende Streit eines Ehepaares. In geschickt montierter Verknüpfung ergibt sich eine milieugetreue Studie von Charakteren und Beziehungen.

Tod auf dem Nil T287
DEATH ON THE NILE ***
GB 1977, 140 Min., F
R: John Guillermin D: Peter Ustinov, Jane Birkin, Bette Davis, Lois Chiles, David Niven, Mia Farrow
Eine reiche Erbin wird auf einer Nil-Kreuzfahrt ermordet; ein Dutzend illustrer Mitreisender ist verdächtig, Meisterdetektiv Hercule Poirot klärt auf. Ein ordentlich gefilmter, aber nicht von ungewöhnlichen Einfällen strotzender Kammer-Krimi nach Agatha Christie.

Tod auf Rhodos T288
MEDUSA **
Griechenland 1978, 95 Min., F
R: Gordon Hessler D: Cameron Mitchell, George Hamilton, Luciana Paluzzi, Theodore Roubanis
Inzestuös veranlagter Erbe, nach dessen Besitz ein Multi die Finger ausstreckt, entledigt sich seiner Widersacher durch Mord. Wirrer Okkultismus- und Mörderfilm.

Der Tod des Fischers Marc Leblanc T289
****
BRD 1975, 100 Min., F
R: Christian Rischert
Ein ungemein gestalteter, disziplinierter Film über den Selbstmord eines Fischers; nichts in ihm erscheint zufällig, alles ist konzentrierte Verarbeitung des vorgefundenen, freigelegten Materials, verbunden mit fast spielfilmähnlich inszenierten Sequenzen. Auch die phantastische Fotographie trägt dazu bei, daß es nicht nur ein dokumentarischer, aufrichtiger, sondern auch ein poetischer Film geworden ist.

Der Tod des Mario Ricci T290
LA MORT DE MARIO RICCI ****
Schweiz/Fr/BRD 1983, 100 Min., F
R: Claude Goretta D: Gian Maria Volonté, Magali Noel, Heinz Bennent
Bei einer Reportage über einen Gelehrten im Schweizer Jura gerät ein Fernsehjournalist in die Auseinandersetzung um den Unfall eines italienischen Arbeiters.

Tod durch Erhängen T291
KOSHIKEI ****
Japan 1968, 117 Min., s/w
R: Nagisa Oshima D: Kei Sato, Fumio Watanabe, Toshiro Ishido
Ein von den chinesischen Behörden zum Tode verurteilter »kolonialisierter« Koreaner überlebt seine Hinrichtung. Er bekräftigt nunmehr seine Unschuld durch das Abstreiten seiner Identität. Das ist der Ausgangspunkt für eine distanzierte, mit unerbittlicher Strenge inszenierte Reflexion über die gewalttätige Durchsetzung von moralischen Normen durch staatliche Macht.

Der Tod des Präsidenten T292
SMIERC PREZYDENTA ***
Polen 1977, 145 Min., F
R: Jerzy Kawalerowicz D: Zdzislaw Mrozewski, Marek Walczewski, Henry Bista
Historisch genaue Rekonstruktion der Wahl des ersten Präsidenten der polnischen Republik und seine Ermordung zwei Tage nach Amtsantritt. Der Film bemüht sich, sowohl den sozialen Hintergrund als auch die widersprüchliche Person des Mörders zu beleuchten.

Der Tod eines Bürokraten T293
LA MUERTE DE UN BUROCRATA ****
Kuba 1965, 78 Min., s/w
R: Tomas Gutierrez Alea D: Salvador Wood, Silvia Planas, Manuel Estanillo
Weil man einem verdienten Künstler und Genossen das Arbeitsbuch mit in den Sarg gegeben hat, beginnt für seine Familie ein alptraumhafter Kampf gegen die Bürokratie.

Tod eines Handlungsreisenden T294 ***
DEATH OF A SALESMAN
USA/BRD 1986, 131 Min., F
R: Volker Schlöndorff D: Dustin Hoffman, Kate Reid, John Malkovich
Schlöndorff verfilmt mit Dustin Hoffman in der Hauptrolle das Theaterstück von Arthur Miller, der auch das Drehbuch verfaßte. Das geht nicht schief und tut niemandem weh.

Tod eines Holzfällers T295
LA MORT D'UN BUCHERON ***
Kanada 1972, 110 Min., F
R: Gilles Carle D: Carole Laure, Daniel Pilon, Willie Lamothe
Maria kommt nach Montreal, um ihren Vater zu suchen; es wird eine Reise in die Wildnis und zu sich selbst. Einfühlsame Studie über Entfremdung und Einsamkeit.

Der Tod eines Killers T296
THE KILLERS ****
USA 1964, 91 Min., F
R: Don Siegel D: Lee Marvin, Angie Dickinson, John Cassavetes

Ronald Reagan in ›Tod eines Killers‹

Zwei Profi-Killer legen einen Rennfahrer um, der keine Anstalten macht, sich zu wehren, und gewinnen den Eindruck, das hinter diesem Auftrag mehr als das Übliche steckt. Einer der beiden recherchiert das Vorleben des Toten, und allmählich enthüllt sich die Geschichte eines Millionenraubes. Fesselnder Thriller nach einer Kurzgeschichte von Ernest Hemingway.

Der Tod eines Teemeisters T297
SEN NO RIKYU ***
Japan 1989, 103 Min., F
R: Kei Kumai D: Eiji Okada, Toshiro Mifune, Kinnosuke Yorozuya
Noch lange Jahre nach dem Tod eines Teezeremonienmeisters, der auf Befehl seines Herrn Harakiri beging, lebt sein Schüler in Trauer um ihn und hält innere Zwiesprache mit ihm. Strenger historischer Film um die Einheit von Religion und Ästhetik.

Der Tod hat schwarze Krallen T298 **
I WAS A TEENAGE WEREWOLF
USA 1957, 75 Min., s/w
R: Gene Fowler jr. D: Michael Landon, Yvonne Lime, Whit Bissell
Wissenschaftler mit absurden Zielen macht aus einem asozialen Schüler mit Hilfe eines Serums einen Werwolf, der ein US-Städtchen terrorisiert. Alter Horrorschocker, sehenswert lediglich wegen Little Joe.

Tod im Spiegel T299
SHATTERED ***
USA 1991, 98 Min., F
R: Wolfgang Petersen D: Tom Berenger, Bob Hoskins, Greta Scacchi
Petersens erster Hollywoodfilm erzählt die Geschichte eines Mannes, der sein Gedächtnis verloren hat und bei der Suche nach seiner Vergangenheit in Intrigen und tödliche Verwicklungen gerät. HFJ 1992

Abi die Schule schmeißt, in einer Autowaschanlage jobbt und darüber einen Roman schreibt. Der wird zwar veröffentlicht, aber leider ohne Erfolg. Sensibler Erstlingsfilm.

Tod in Hollywood T301
THE LOVED ONE ***
USA 1964, 107 Min., s/w
R: Tony Richardson D: Robert Morse, Anjanette Comer, Rod Steiger
Nach einem Roman von Evelyn Waugh entwickelt Richardson eine böse Satire auf das Geschäft mit dem Tod. Wirkt heute etwas angestaubt.

Tod in Venedig T302
MORTE A VENEZIA ****
Italien 1970, 130 Min., F
R: Luchino Visconti D: Dirk Bogarde, Silvana Mangano, Björn Andresen
Ein deutscher Komponist verliebt sich in Venedig in einen adeligen polnischen Knaben und erlebt in der verseuchten Stadt einen Zusammenbruch. Einfühlsame Verfilmung nach Thomas Manns Novelle.

Der Tod kennt keine Wiederkehr T303 ***
THE LONG GOODBYE
USA 1972, 112 Min., F
R: Robert Altman D: Elliott Gould, Nina van Pallandt, Sterling Hayden
Robert Altmans eigenwillige, in die Neuzeit verlegte Verfilmung von Raymond Chandlers Roman.

Der Tod kommt auf leisen Sohlen T304 ***
MURDER BY CONTRACT
USA 1958, 77 Min., s/w
R: Irving Lerner D: Vince Edwards, Philip Pine, Herschel Bernardi
Ein Berufskiller reist nach Los Angeles, um eine Frau zu ermorden, die gegen seinen Auftraggeber aussagen soll. Nachdem er sie endlich zu fassen bekommt, entscheidet er sich anders.

›Tod in Venedig‹ – Viscontis Mann-Verfilmung mit Silvana Mangano und Björn Andresen.

D: Craig Wasson, Gregg Henry, Melanie Griffith
Kühle, oft zynische Hitchcock-Hommage über einen an Klaustrophobie leidenden Schauspieler, der in eine raffiniert ausgeklügelte Mordintrige verwickelt wird. Von Brian de Palma effektvoll inszeniert, aber insgesamt überkonstruiert.

Tod oder Freiheit T306
**
BRD 1977, 95 Min., F
R: Wolf Gremm D: Peter Sattmann, Erika Pluhar, Wolfgang Schumacher
Grafensohn schließt sich Rebellengruppe gegen Feudalherrschaft in einem deutschen Kleinstaat an. Irgendwie wird immer herumgefochten und herumgeredet, keiner weiß, wozu.

Der Tod steht ihr gut T307
DEATH BECOMES HER ***
USA 1992, 104 Min., F
R: Robert Zemeckis D: Meryl Streep, Goldie Hawn, Bruce Willis
Zwei streitlustige und gerissene Schickeria-Ladies kämpfen um einen Schönheits-Chirurgen, von dem sie sich Glück in der Liebe und ewige Schönheit versprechen. Schrille Komödie über untote Grazien, von Routinier Zemeckis mit aufwendigen Special Effects in Szene gesetzt.
HFJ 1993

Den Tod überlistet T308
THE MAN WHO COULD CHEAT DEATH **
GB 1959, 83 Min., s/w
R: Terence Fisher D: Anton Diffring, Hazel Court, Christopher Lee
Durch Drüsenoperation unsterblich gewordener Arzt, von einem Elixier abhängig, nimmt geistigen Schaden und fällt Mordinstinkten anheim. Wenig Horror, dafür viele Dialoge; die Vorlage war ein Bühnenstück.

Tod und Auferstehung des Wilhelm Hausmann T309
***
DDR 1974, 74 Min., F
R: Christa Mühl D: Michael Gerber, Ursula Karusseit
Eine Frau nimmt nach dem Tod ihres Mannes dessen Aussehen und Rolle ein, um seinen Arbeitsplatz zu behalten. Eindringliche Verfilmung der Novelle von Bert Brecht.

Der Tod und das Mädchen T310
DEATH AND THE MAIDEN ****
USA/Fr/GB 1994, 103 Min., F
R: Roman Polanski D: Sigourney Weaver, Ben Kingsley, Stuart Wilson
Der auf dem Theaterstück von Ariel Dorfman basierende Film erzählt in einer typischen »Huit-clos«-Situation die Geschichte einer Nacht, in der ein chilenisches Folteropfer zufällig ihren ehemaligen Peiniger wieder trifft. Die Frau, die 1977 zwei Monate inhaftiert wurde, verlangt unter Todesandrohung vom Peiniger, der sie jeweils zu Schuberts »Der Tod und das Mädchen« vergewaltigt, ein umfas-sendes Geständnis. Ein gelungenes Werk über Folter, Rache und mögliche Vergebung. HFJ 1996

Today we live T311
TODAY WE LIVE ***
USA 1933, 113 Min., s/w
R: Howard Hawks D: Joan Crawford, Gary Cooper, Robert Young
Dreiecks-Geschichte aus dem Ersten Weltkrieg: Ein amerikanischer Torpedo-Offizier opfert sich, damit seine englische Geliebte ihren Jugendfreund heiraten kann. Ein etwas vernachlässigter Hawks-Film nach einem Roman von William Faulkner, der auch die Dialoge schrieb. Als Männerfreundschafts-Story konzipiert, vom Verleih als Joan-Crawford-Vehikel benutzt.

Das Todesauge von Ceylon T312
TEMPESTA DU CEYLON ***
BRD/Italien 1962, 82 Min., F
R: Gerd Oswald D: Lex Barker, Ann Smyrner, Maurice Ronet
Archäologe, der in einem Tempel nach einer Buddha-Statue sucht, wird von Glücksrittern in Bedrängnis gebracht; ein Tierfänger steht ihm und seiner hübschen Tochter bei. Solide Abenteuer-Unterhaltung.

Todesfaust T313
TENNESSEE'S PARTNER ***
USA 1955, 87 Min., F
R: Allan Dwan D: John Payne, Ronald Reagan, Rhonda Fleming
Spieler und Goldgräber freunden sich an, doch ihre Freundschaft wird auf eine harte Probe gestellt, als der eine dem anderen beibringen muß, daß dessen Geliebte eine geldgierige Schlampe ist. Western.

Das Todeshaus am Fluß T314
HOUSE BY THE RIVER ****
USA 1950, 85 Min., s/w
R: Fritz Lang D: Louis Hayward, Lee Bowman, Jane Wyatt
Thriller-Klassiker. Der junge Schriftsteller Stephen Byrne macht sich in

Abwesenheit seiner Frau an das Hausmädchen heran. Bei dem Versuch, sie zum Schweigen zu bringen, erdrosselt er sie. Mit Hilfe seines gutgläubigen Bruders versenkt er die Leiche im Fluß. Aber immer tiefer verstrickt er sich in seine Schuld.

Der Todesjäger T315
THE DEATHSTALKER *
USA 1983, 80 Min., F
R: John Watson D: Rick Hill, Barbi Benton, Richard Brooker
Ein Muskelprotz aus dem Barbarenland nimmt den Kampf gegen einen mit Magie operierenden Tückebold auf, nachdem dieser seine Eltern gemeuchelt hat. Die Künste der Darsteller spotten jeder Beschreibung. LFF

Der Todeskandidat T316
THE QUARE FELLOW ***
GB 1962, 86 Min., s/w
R: Arthur Dreifuss D: Patrick McGoohan, Sylvia Syms, Walter Macken
Ein Gefängniswärter verliebt sich in die Frau eines Todeskandidaten. Als diese ihm erklärt, daß im Prozeß wichtige Beweismaterialien unterschlagen wurden, setzt er sich mit aller Kraft für den Angeklagten ein. Engagierte Theaterverfilmung, Plädoyer gegen die Todesstrafe.

Die Todeskarten des Dr. Schreck T317
**
DR. TERROR'S HOUSE OF HORRORS
GB 1964, 98 Min., F
R: Freddie Francis D: Peter Cushing, Christopher Lee, Donald Sutherland
In der Maske eines Reisenden läßt der Tod einige Eisenbahninsassen einen Blick in ihre wenig erfreuliche Zukunft tun. Episodischer Horrorfilm.

Die Todeskralle des grausamen Wolfes T318
*
EL RETORNO DE WALPURGIS
Spanien 1973, 78 Min., F

Todeskult – Cult of the Dead T319
*
LA MUERTE VIVIENTE
USA/Mexiko 1968, 81 Min., F
R: Juan Ibanez D: Boris Karloff, Charles East
Wackerer Jungpolizist nimmt auf einer Südseeinsel den Kampf gegen einen Voodoo-Kult und dessen wahnsinnigen Leiter auf. Ein Langweiler, der trotz Boris Karloff keine Minute überzeugen kann.

Der Todeskuß T320
KISS OF DEATH ****
USA 1947, 98 Min., s/w
R: Henry Hathaway D: Victor Mature, Brian Donlevy, Coleen Gray
Weil er der Polizei als Spitzel dient, wird ein Juwelendieb aus dem Knast entlassen, was seinen früheren Komplizen gar nicht gefällt. Unter ihnen Richard Widmark (in seinem Leinwanddebüt) als neurotischer, kichernder Killer, der eine Oma im Rollstuhl die Treppe runterkippt.

Todesmelodie T321
GIU LA TESTE ***
Italien 1971, 150 Min., F
R: Sergio Leone D: Rod Steiger, James Coburn, Maria Monti
Ein mexikanischer Postkutschenräuber und ein irischer Sprengstoffexperte werden 1913 in Mexiko ungewollt zu Helden einer Revolution.

Der Todesmutige T322
THE NAKED PREY ***
USA/Südafrika 1964, 91 Min., F
R: Cornel Wilde D: Cornel Wilde, Gert Van den Berg, Bella Randles
Weißer Jäger wird Mitte des 18. Jahrhunderts von afrikanischem Stamm wie ein wildes Tier gejagt. Spannender, gewalttätiger Abenteuerfilm.

Todesrallye in Helix City T323
DEATHSPORT **

Streitmacht. Der rein auf Action getrimmte Film ähnelt inhaltlich *Mad Max*. LSFF

Der Todesritt der glorreichen Sieben T324
***
THE MAGNIFICENT SEVEN RIDE
USA 1972, 97 Min., F
R: George McCowan D: Lee van Cleef, Stefanie Powers, Michael Callan
Nachdem ein Bösewicht seine Gattin ermordet hat, entschließt sich ein Sheriff, mit Hilfe diverser Knastbrüder in einem mexikanischen Dorf aufzuräumen. Spannender, aber wenig origineller Western.

Der Todesschrei T325
THE SHOUT ***
GB 1978, 87 Min., F
R: Jerzy Skolimowski D: Alan Bates, Susannah York, John Hurt, Tim Curry
Ein Mann, dessen Stimme töten kann (»Agraaaah!«) zieht sich den Zorn des Geliebten eines seiner Opfer zu. Ein merkwürdiger Film nach dem Roman von Robert Graves.

Der Todesschrei der Hexen T326
CRY OF THE BANSHEE **
GB 1969, 86 Min., F
R: Gordon Hessler D: Vincent Price, Elisabeth Bergner, Essy Persson
Heidnische Priesterin verflucht die Familie einer Lordschaft und stürzt seine Familie mit Hilfe eines Werwolfs ins Unglück. Wirre englische Schauergeschichte.

Der Todesschuß T327
WARNING SHOT **
USA 1967, 100 Min., F
R: Buzz Kulik D: David Janssen, Joan Collins, Ed Begley, Lillian Gish
Auf der Suche nach einem Psycho-Killer erschießt ein Polizist einen Mann, der ihn mit einer Waffe bedroht. Als die Waffe des Toten verschwindet, wird er von seinem Dienst suspen-

Dirty Harrys fünfter Einsatz: Diesmal klärt er eine mysteriöse Mordserie im Showbusiness-Milieu auf. Lustlos inszeniert und nur in Maßen spannend, ein Abklatsch. HFJ 1990

Todesstille T329
DEAD CALM ****
Australien 1989, 94 Min., F
R: Phillip Noyce D: Nicole Kidman, Sam Neill, Billy Zane
Marineoffizier und Gattin machen nach dem Tod ihres Kindes eine Kreuzfahrt mit ihrer Hochseejacht und retten den einzigen Überlebenden eines auf dem Meer treibenden Wracks. Dieser entpuppt sich bald als Psychopath, der das Ruder übernimmt, während der Offizier allein auf dem langsam sinkenden Wrack um sein Leben kämpft. Ein spannend inszenierter Psychothriller. HFJ 1990

Todesstrahlen aus dem Weltall T330 **
SENKAI DAI SENSO
Japan 1961, 78 Min., F
R: Shue Matsubayashi D: Frankie Sakai, Nabuko Otowa, Yukiro Hoshi
Der Film beschreibt die Vernichtung der Welt, als die USA, die UdSSR und China einen globalen Krieg auslösen. Weder inszenatorisch noch von der Grundidee her von Belang. LSFF

Todestraum – Der letzte Zeuge schweigt T331 ***
LIEBESTRAUM
USA 1991, 109 Min., F
R: Mike Figgis D: Kevin Anderson, Pamela Gidley, Bill Pullman
Ein Architektur-Dozent erfährt die grausige Vergangenheit seiner todkranken Mutter, die ihn als Baby gleich nach der Geburt zur Adoption freigegeben hat. Kunstvoll verschachtelter, mal verwirrender, mal faszinierender Psychothriller um einen ungeklärten Mordfall, der nach Jahrzehnten wieder aufgerollt wird.

Todfeinde T332
FIVE CARD STUD ***
USA 1968, 103 Min., F
R: Henry Hathaway D: Dean Martin, Robert Mitchum, Inger Stevens
Grimmiges Alterswerk Hathaways: Pokerspieler lynchen einen Falschspieler und werden dann selbst der Reihe nach umgebracht.

Todfreunde – Bad Influence T333
BAD INFLUENCE ****
USA 1990, 101 Min., F
R: Curtis Hanson D: Rob Lowe, James Spader, Lisa Zane
Verklemmter Yuppie lernt von geheimnisvollem Fremden, wie er in seinem Job voran und bei den Frauen ans Ziel kommt. Als der neue Freund immer zügellosere und grausamere Spiele erfindet, wendet sich unser Held von ihm ab – und wird vom Protegé zur Zielscheibe. Packender Thriller in bester Hitchcock-Tradition. HFJ 1991

Tödliche Absichten T334
MOTHER'S BOYS ***
USA 1993, 95 Min., F
R: Yves Simoneau D: Jamie Lee Curtis, Peter Gallagher, Joanne Whalley-Kilmer
Drei Jahre, nachdem sie ihren Mann und ihre Söhne verlassen hat, taucht eine Mutter wie aus dem Nichts wieder auf und versucht mit allen erlaubten und unerlaubten Mitteln, die neue Beziehung ihres Mannes zu zerstören und die Familie zurückzugewinnen. Ungewöhnlicher, weil extrem stilisierter Thriller mit hanebüchenem Plot. HFJ 1995

Tödliche Befehle aus dem All T335 **
QUIEN PUEDE MATAR A UN NINO?
Spanien 1976, 102 Min., F
R: Narciso Ibanez Serrador D: Lewis Fiander, Prunella Ransome, Carlos Parra
Ein zur Erde gelangter Virus aus dem All macht aus den Kindern einer spanischen Insel mörderische Zombies, denen sich ein englisches Pärchen ausgesetzt sieht. LSFF

Tödliche Beziehungen T336
COMPROMISING POSITIONS ***
USA 1985, 94 Min., F
R: Frank Perry D: Susan Sarandon, Raul Julia, Judith Ivey
Eine hemalige Journalistin, jetzt Hausfrau, begibt sich mit einem attraktiven Inspektor auf die Suche nach einem Mörder. Zwischen Komödie und Kriminalfilm gut balancierter Star-Film.

Tödliche Diagnose T337
MEDICAL STORY ***
USA 1975, 96 Min., F
R: Gary Nelson D: Beau Bridges, Claude Akins, José Ferrer
Junger Assistenzarzt legt sich mit dem schier allmächtigen Chefarzt einer renommierten Klinik an, weil er aus der Krankengeschichte einer jungen Frau andere Schlüsse zieht, und erkennt dabei, daß das moderne Krankenhaus selber durch und durch krank ist. Publikumswirksamer Schocker, der den Fortschrittswahn und die Unpersönlichkeit der medizinischen Betreuung angreift.

Tödliche Flucht T338
THE LAWLESS LAND **
USA 1988, 77 Min., F
R: Jon Hess D: Amanda Peterson, Nick Corri, Xander Berkeley
Eine südamerikanische Diktatorentochter setzt sich mit ihrem unstandesgemäßen Bräutigam in eine Stadt ab, die keine Gesetze kennt, und erwehrt sich der Killer ihres Vaters. Ein Near-Future-Thriller ohne jeden Thrill. HFJ 1990

Tödliche Freundschaft T339
LUCIEN BROUILLARD ***
Kanada 1982, 84 Min., F
R: Bruno Carriere D: Pierre Curzi, Roger Blay, Marie Tifo
Zwei Freunde aus dem Waisenhaus treffen sich wieder; der eine ist Jurist im Dienst des Premierministers, der Gesellschaft vernachlässigten Menschen. Politische Parabel, die die Benutzbarkeit des Menschen im Dienste der Macht anprangert.

Tödliche Galaxie T340
MURDER BY MOONLIGHT **
GB 1989, 95 Min., F
R: Michael Lindsay-Hogg
D: Bri- gitte Nielsen, Julian Sands, Brian Cox

Der Mord an einem Sicherheitsoffizier der US-Mondstation droht die bislang friedliche Zusammenarbeit zwischen Amerikanern und Sowjets auf dem Mond zu torpedieren. Durchschnittlicher Science-fiction-Krimi.
HFJ 1991

Tödliche Gedanken T341
MORTAL THOUGHTS ****
USA 1991, 104 Min., F
R: Alan Rudolph D: Demi Moore, Glenne Headley, Bruce Willis
Bei einem Verhör berichtet eine junge Frau, wie es dazu kam, daß ihre beste Freundin ihren Mann ermordete. Routiniert inszeniertes Verwirrspiel um eine Ehehölle, zwei Morde und die Freundschaft zweier Frauen. Sehr überraschendes Finale. HFJ 1992

Tödliche Hitze T342
STARK: MIRROR IMAGE **
USA 1986, 90 Min., F
R: Noel Nosseck D: Dennis Hopper, Nicolas Surovy, Kirstie Alley
Prominente Gaststars machen den Pilotfilm einer geplanten TV-Serie um einen Provinzpolizisten auch nicht besser.

Tödliche Lippen T343
TO DIE FOR **
USA 1989, 90 Min., F
R: Deran Sarafian D: Brendan Hughes, Sydney Walsh, Amanda Wyss
Ein vampirischer Prinz ermordet aus Eifersucht einen Konkurrenten und begeht schlußendlich Selbstmord. Horror-Dutzendware mit den üblichen Gruseleffekten. HFJ 1990

Die tödliche Maria T344
***
BRD 1993, 106 Min., F
R: Tom Tykwer D: Nina Petri, Katja Studt, Juliane Heinemann
In einer Mischung aus Horror- und

Tödliche Nähe T345
STRIKING DISTANCE ***
USA 1993, 102 Min., F
R: Rowdy Herrington D: Bruce Willis, Sarah Jessica Parker, Dennis Farina
Ein vom Leben gebeutelter und von seinen Kollegen wegen »Nestbeschmutzung« verachteter Polizist jagt einen Serienmörder aus den eigenen Reihen. Konfus konstruierter Thriller ohne eine wirkliche Dramaturgie.
HFJ 1995

Tödliche Nebel T346
I DIAFANOI DI VENGANO D'ALL MARTE **
Italien 1965, 97 Min., F
R: Anthony M. Dawson D: Tony Russell, Lisa Gastoni, Michel Lemoine
Nebelintelligenz, die Raumstationen und -schiffe verschwinden läßt, will sich mit der Menschheit symbiotisch vereinigen; ein wackerer Captain, der sich nicht geistig versklaven lassen will, ist dagegen. SF-Dutzendware.
LSFF

Tödliche Pfeile T347
LITTLE BIG HORN ****
USA 1951, 80 Min., s/w
R: Charles Marquis Warren D: Lloyd Bridges, Marie Windsor, John Ireland
Ein US-Kavallerietrupp, der General Custer vor der Schlacht am Little Big Horn vor der indianischen Übermacht warnen will, wird ausgespäht und bei der Erledigung seines Auftrags behindert. Ausgezeichneter Western.

Der tödliche Schwarm T348
THE SWARM ***
USA 1978, 115 Min., F
R: Irwin Allen D: Michael Caine, Katharine Ross, Richard Widmark
Von den Funksignalen einer US-Basis angelockte Killerbienen suchen einen texanischen Landstrich heim und sorgen für Chaos und Entsetzen. Ein Bienenfilm wie ein halbes Dutzend

Eine verstorbene Woodoo-Königin will eine in New Orleans urlaubende junge Frau mit Hilfe dämonischer Spiegel in ihren Bann schlagen. Stinklangweiliger Standard-Horrorfilm mit ansprechender Musik.

Die tödliche Spur T350
LE FAUCON ***
Frankreich 1983, 82 Min., F
R: Paul Boujenah D: Francis Huster, Maruschka Detmers, Vincent Lindon, Anastacia Menzel
Ein Kommissar hat bei einem Unfall seine Frau verloren und ist seitdem von Alpträumen geplagt. Als der Fall, der ihn damals beschäftigte, wieder aktuell wird, ist er wieder der hellwache Flic. Routinekrimi, gut gespielt.

Tödliche Strahlen T351
THE INVISIBLE RAY ***
USA 1936, 82 Min., s/w
R: Lambert Hillyer D: Boris Karloff, Bela Lugosi, Frances Drake
Forscher findet einen in Afrika niedergegangenen Meteoriten, wird von dessen Strahlung verseucht, durchlebt Bewußtseinsveränderung und begeht Untaten. Eine Bombenrolle für Boris Karloff! LSFF

Tödliche Umarmung T352
LAST EMBRACE ****
USA 1979, 95 Min., F
R: Jonathan Demme D: Roy Scheider, Janet Margolin, John Glover
Geheimagent gerät nach persönlicher Krise in ein geheimnisvolles Mordkomplott. Bestechendes Frühwerk von einem der talentiertesten Regisseure des neuen Hollywood-Kinos.

Tödliche Viren T353
NEMOUR – LES DEUX VIRUS ***
Frankreich 1988, 86 Min., F
R: Bruno Gantillon D: Gérard Blain, Patrick Fierry, Jean Claude Brialy

Die tödlichen Bienen T354
THE DEADLY BEES **
GB 1966, 83 Min., F
R: Freddie Francis D: Suzanna Leigh, Frank Finlay, Guy Doleman
Ein Imker, der mit einem anderen Mann in ständigem Streit liegt, entwickelt eine Tinktur, die aus braven Bienen böse Killer macht und fällt am Ende seiner eigenen Schöpfung zum Opfer. Der Vater aller Bienenfilme – und der langweiligste. LSFF

Tödlicher Irrtum T355
RAPRESSAGLIA ***
Italien/Frankreich 1973, 80 Min., F
R: George Pan Cosmatos D: Richard Burton, Marcello Mastroianni, Renzo Montagnani
Italien im Jahr 1944. Nach einem Attentat der Widerstandsbewegung auf eine SS-Wachmannschaft soll eine vom »Führer« selbst angeordnete Strafmaßnahme durchgeführt werden; der ausführende Offizier Kappler gerät allerdings in Gewissensnöte. Kriegsfilmklischees nach wahren Begebenheiten.

Tödlicher Karneval T356
**
BRD 1963, 83 Min., s/w
R: Horst Hächler D: Erika Remberg, Hellmut Lange, Gustavo Rojo
Ein Regisseur, der seinem Schauspieler eine Selbstmordszene vorspielt, tötet sich mit der Requisitenwaffe. Eine Schauspielerin gerät unter Mordverdacht. Routine-Krimi.

Tödlicher Markt T357
FRANCE, SOCIETE ANONYME ***
Frankreich 1973, 95 Min., F
R: Alain Corneau D: Michel Bouquet, Allyn Ann McLerie, Roland Dubillard
Im Jahr 2222 erwacht ein Mann in einem medizinischen Überlebenszentrum aus dem Koma. Er erzählt aus seinem früheren Leben als Chef des Drogenhandels auf dem französischen Schwarzmarkt, der unter dem Einfluß einer mächtigen Handelsgesellschaft von der amerikanischen Regierung legalisiert wurde. Originelles Kinodebüt Corneaus über die Funktionsweise des Kapitalismus.

Tödlicher Tag T358
THE LONG DAY'S DYING ***
GB 1968, 93 Min., F
R: Peter Collinson D: David Hemmings, Tony Beckley, Alan Dobie
Am Beispiel dreier Soldaten, die von ihren Kampfeinheiten abgeschnitten sind, exemplifiziert der Film auf dramatische Weise die grausame Wirklichkeit des Krieges.

Tokio-Joe T359
TOKYO JOE ***
USA 1949, 88 Min., s/w
R: Stuart Heisler D: Humphrey Bogart, Florence Marley, Sessue Hayakawa
Um seiner geschiedenen Frau und ihrem Kind zu helfen, läßt sich Joe im Nachkriegs-Japan auf gefährliche Geschäfte ein. Nicht der beste Bogart-Film.

Tokio 1964 T360
TOKYO OLYMPIAD **
Japan 1964, 87 Min., F
R: Kon Ichikawa
Eigenwillige, mit ungemeinem technischen Aufwand und ästhetischer Konzentration gefertigte Film-Dokumentation der 18. Olympischen Spiele.

Tokio-Story T361
HOUSE OF BAMBOO ***
USA 1955, 101 Min., F
R: Samuel Fuller D: Robert Stack, Robert Ryan, Jack Palance
Amerikanische Gangsterbande, die in Tokio operiert, wird von der Polizei hochgenommen. Spannender Krimi, der die Exotik des fremden Landes trefflich einfängt.

Toky-Ga T362
***
BRD/USA 1985, 90 Min., F
R: Wim Wenders D: Chishu Ryu, Yuhara Atsuta, Werner Herzog
Gelungene Film-Dokumentation über den 1963 verstorbenen japanischen Regisseur Yasujiro Ozu; Wenders sucht nach dem Regisseur und seinem Thema, dem Zerfall von Familie und Identität.

Toll trieben es die wilden Zombies T363
**
RETURN OF THE LIVING DEAD II
USA 1988, 86 Min., F
R: Ken Wiederhorn D: James Karen, Thom Matthews, Dana Ashbrook
Untote werden durch eine auslaufende chemische Substanz aus ihren Gräbern geholt und eilen in die Stadt, um den braven Bürgern das Hirn auszusaugen. Routine-Zombiefilm, der trotz mancher Geschmacksverirrung Lacher erzeugt. HFJ 1989

Die tolldreisten Geschichten – nach Honoré de Balzac T364
****
BRD 1968, 76 Min., F
R: Josef Zachar D: Joachim Hansen, Francy Fair
Unter dem Einfluß der Lektüre von Balzacs »Tolldreisten Geschichten« lösen sich Schloßbewohner und Gäste von erotischen Bindungen und frönen fröhlichem Gruppensex. Vorläufer des deutschen Sexfilms; kulturgeschichtlich interessant, filmisch nicht.

Der tolle Amerikaner T365
LA BELLE AMERICAINE ***
Frankreich 1961, 99 Min., s/w
R: Robert Dhery D: Colette Brosset, Robert Dhery, Michel Serrault
Ein Pariser Fabrikarbeiter kommt durch Zufall in den Besitz eines prächtigen amerikanischen Automobils und bringt damit sein Leben gehörig durcheinander. Freundlichkonsumkritische Komödie.

Tolle Nächte in Las Vegas T366
VIVA LAS VEGAS **
USA 1963, 85 Min., F
R: George Sidney D: Elvis Presley, Ann-Margret, Cesare Danova
Rennfahrer, der nach Las Vegas gekommen ist, um ein Rennen zu gewinnen, lernt an der Seite einer hübschen Hotelangestellten das Spielerparadies kennen. Harmlose Unterhaltung für die Kleinen.

Tolle Zeiten T367
UNE EPOQUE FORMIDABLE ***
Frankreich 1991, 96 Min., F
R: Gerard Jugnot D: Gerard Jugnot, Richard Bohringer, Victoria Abril

Bittersüße Komödie um einen Mann, der in kurzer Zeit seine bürgerliche Existenz und seine Familie verliert und lernen muß, auf der Straße zu überleben.

Die tollen Abenteuer des Monsieur L. T368 ****

LES TRIBULATIONS D'UN CHINOIS EN CHINE

Frankreich/Italien 1965, 104 Min., F
R: Philippe de Broca D: Jean-Paul Belmondo, Ursula Andress, Jean Rochefort, Darry Cowl
Bankrotter Millionär, zum Selbstmord zu feige, heuert Killer an, die ihn töten sollen, wird wieder vernünftig und hat seine liebe Not, den Mördern zu entgehen. Turbulente Komödie nach einem Roman von Jules Verne.

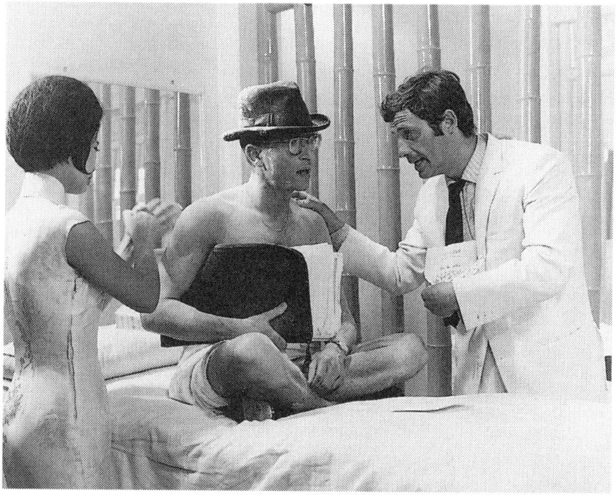

›Die tollen Abenteuer des Monsieur L‹ – Jules Verne lieferte die Vorlage für Belmondos Abenteuer.

Ein toller Bursche T369 ***

HONKY TONK

USA 1941, 110 Min., s/w
R: Jack Conway D: Clark Gable, Lana Turner, Frank Morgan, Claire Trevor
Skrupelloser Bursche schwingt sich zum Herrn einer Stadt im Westen auf, lernt zwei nette Frauen kennen, legt einen Lumpen um, und wird geläutert. Western vom Format einer Seifenoper, dank Gable unterhaltsam.

Tollkühne Flieger T370 ***

THE GREAT WALDO PEPPER

USA 1975, 108 Min., F
R: George Roy Hill D: Robert Redford, Bo Svenson, Bo Brundin
Während der 20er Jahre avanciert ein Flieger-As aus dem Ersten Weltkrieg zum Stunt-Piloten. Brillant inszeniertes und fotografiertes Spektakel um Männer, Mythen und Maschinen.

Die tollkühne Rettung der Gangsterbraut Honey Swanson T371 ***

A SONG IS BORN

USA 1947, 113 Min., F

Die tollkühnen Männer in ihren fliegenden Kisten T372 ***

THOSE MAGNIFICENT MEN IN THEIR FLYING MACHINES

GB 1964, 131 Min., F
R: Ken Annakin D: Stuart Whitman, Sarah Miles, Gert Fröbe
Aufwendige, kurzweilige Komödie über ein Wettfliegen von London nach Paris im Jahr 1910. Fröbe spielt einen militaristischen Deutschen.

Die Tollwütigen T373 *

I DRINK YOUR BLOOD

USA 1970, 82 Min., F
R: David Durston D: Bhasker, Jadine Wong, Rhonda Fultz
Satanisten vergewaltigen ein Mädchen und verwandeln sich, nachdem sie einen mit dem Blut eines tollwütigen Hundes versetzten Kuchen gegessen haben, in sabbernde Idioten. Krudes Dumm-Dumm-Geschoß, das lediglich auf Popanze eindrischt.

Der Tolpatsch T374 **

THE CADDY

Der Tölpel vom Dienst T375 ***

THE DISORDERLY ORDERLY

USA 1964, 89 Min., F
R: Frank Tashlin D: Jerry Lewis, Glenda Farrell, Everett Sloane
Ein tölpelhafter Krankenwärter sorgt für Chaos in der Klinik. Jerry-Lewis-Klamauk.

Tom Crosby und die Mäusebrigade T376 ***

JACK AND THE BEANSTALK

Japan 1978, 86 Min., F
R: Gisaburi Sugii
Zeichentrickfilm aus Tokio, frei nach dem Märchen »Jack und die Wunderbohnen«. Tom, der Bauernjunge, und sein Hund Crosby klettern über eine schnellwachsende Bohnenranke ins Elfenreich und retten die kleine Prinzessin Margareta vor bösem Schicksal.

Tom Jones – Zwischen Bett und Galgen T377 ****

TOM JONES

GB 1963, 129 Min., F

Tom Sawyers Abenteuer T378
TOM SAWYER **
USA 1973, 96 Min., F
R: Don Taylor D: Johnny Whitaker, Jeff East, Jodie Foster, Celeste Holm
Freundliche Verfilmung des Mark-Twain-Klassikers, die aus der Vorlage eine eigene Geschichte um die befürchtete Rache des Indianer-Joe entwickelt.

Tombstone T379
MY DARLING CLEMENTINE ****
USA 1946, 97 Min., s/w
R: John Ford D: Henry Fonda, Linda Darnell, Victor Mature
Wyatt Earp treibt mit seinen Brüdern eine Viehherde nach Westen und läßt sich in Tombstone zum Sheriff machen, als sein jüngster Bruder umgebracht wird.

Tombstone T380
TOMBSTONE ***
USA 1993, 130 Min., F
R: George P. Cosmatos D: Kurt Russell, Val Kilmer, Michael Biehn
Neu-Verfilmung der legendären Schießerei am O.K. Corral zu Tombstone zwischen den Earp-Brothers samt Doc Holliday und den Stanton- und McLaury-Brüdern. Ausgiebige Rachespiele im Wilden Westen mit schönen Bildern und grimmigen Burschen.
HFJ 1994

Tommaso Blu T381
**
BRD 1986, 90 Min., F
R: Florian Furtwängler
D: Alessandro Haber
Aussteigergeschichte, mal nicht um einen deutschen Akademiker, sondern um einen italienischen Fabrikarbeiter; nach einem Roman von Tommaso Di Ciaula, der auch am Drehbuch mitwirkte. HFJ 1988

Tommy T382
TOMMY ****
GB 1974, 111 Min., F
R: Ken Russell D: Roger Daltrey, Oliver Reed, Ann-Margret, Elton John
Ein blinder und taubstummer Außenseiter wird als Flipper-Weltmeister zum gefeierten Kult-Idol, dessen Popularität jedoch bald kommerzialisiert wird. Poppige Verfilmung der Rockoper von Pete Townshend mit Musik von dessen Gruppe »The Who«. Trotz selbstironischer Spitzen gegen die Rock-Branche eine zuweilen sehr spekulative, mit primitivem Symbolismus angereicherte Orgie.

Tommyknockers
siehe: Stephen King – Tommyknockers

Toms Abenteuer T383
THE ADVENTURES OF TOM SAWYER ***
USA 1938, 73 Min., s/w
R: Norman Taurog D: Tommy Kelly, David Holt, May Robson
Schwungvoll inszenierte und gut fotografierte Abenteuergeschichte nach dem berühmten Buch von Mark Twain.

Tonio Kröger T384
**
BRD/Frankreich 1963, 91 Min., s/w
R: Rolf Thiele D: Jean-Claude Brialy, Nadja Tiller, Werner Hinz
Sehr freie und mißlungene filmische Adaption der großartigen Novelle von Thomas Mann um die Verwirrungen eines jungen Schriftstellers aus gutem Haus.

Tony Marroni – Der Superbulle jagt den Paten T385 **
SQUADRA ANTIMALIA – MURDER ON THE TIBER
Italien 1981, 92 Min., F
R: Bruno Corbucci D: Tomas Milian, Eli Wallach, Enzo Cannavale
Nachdem bei einem Knast-Aufstand ein wichtiges Mafia-Mitglied gekillt wurde, tarnt sich der Superbulle als Verbrecher und »flieht« in die USA, um dort einem Paten den Garaus zu machen. Billig-Klamauk Nr. 3 der Serie.

Tony Marroni – Elfmeter für einen Superbullen T386 **
DELITTO A PORTA ROMANA
Italien 1981, 90 Min., F
R: Bruno Corbucci D: Tomas Milian, Olimpia Di Nardo, Nerina Montagnani
Diesmal wird ein befreundeter Klein-Ganove des Superbullen fälschlicherweise des Mordes verdächtigt, während seine Gattin ein Kind bekommt. Ein zweiter Mord führt auch ins Krankenhaus, aber Marroni kriegt das Durcheinander halt doch wieder in den Griff. Dem Gesetz der Serie folgend wird's immer simpler.

Tootsie T387
TOOTSIE ****
USA 1982, 116 Min., F
R: Sydney Pollack D: Dustin Hoffman, Jessica Lang, Teri Garr, Dabney Coleman, Charles Durning
Ein arbeitsloser Schauspieler verkleidet sich als Frau, um eine Rolle in einer amerikanischen Seifenoper zu bekommen. Konventionell-banale Geschichte, die den Stoff für eine gut inszenierte und erheiternde Komödie über das amerikanische Show-Business mit seinen grotesk-absurden Auswüchsen liefert.

Dustin Hoffman

Die Top Cops T388
DEVIL'S ODDS **
USA 1987, 88 Min., F
R: Beau Bridges D: Beau Bridges, Bubba Smith, Lloyd Bridges
Cop-Buddy-Film der vorhersehbaren Art. Beau Bridges' Regie-Debüt, das auch Vater Lloyd in der Rolle des Schurken nur schwer über die Runden bringt. HFJ 1989

Top Gun T389
TOP GUN ***
USA 1985, 110 Min., F
R: Tony Scott D: Tom Cruise, Kelly McGillis, Val Kilmer
Die Piloten einer amerikanischen Fliegerakademie schießen zwar gelegentlich übers Ziel hinaus, sind aber wahre Helden. Primitiver Machofilm mit reaktionärer Moral. Oder: Stilisierter Märchenfilm mit spektakulärer Action. HFJ 1987

Top Model T390
TOP MODEL *
Italien 1987, 85 Min., F
R: Joe d'Amato D: Jessica Moore, James Sutterfield, Laura Gemser
Autorin, die über die Dekadenz der Welt schreiben will, nimmt Job in einer »Begleitagentur« an und verguckt sich in einen homosexuellen Computerprogrammierer. Softporno.

Top Secret T391
TOP SECRET ***
USA 1983, 91 Min., F
R: Jim Abrahams, David Zucker, Jerry Zucker D: Val Kilmer, Lucy Gutteridge, Peter Cushing
DDR-Schufte entführen US-Wissenschaftler, der eine Bombe gebaut hat, mit der sie die Wiedervereinigung herbeizwingen wollen. Hat später auch ohne Bombe geklappt. Blanker Irrsinn amerikanischer Machart, der sich auch nicht zu fein ist, viele politische und filmische Klischees zu veräppeln.

Topas T392
TOPAZ ***
USA 1969, 127 Min., F
R: Alfred Hitchcock D: Frederick Stafford, Dany Robin, Karin Dor
Angelehnt an die Kuba-Krise im Jahre 1962 bildet die Entdeckung russischer Cruise-Missile-Basen auf Kuba den Ausgangspunkt einer teilweise etwas undurchsichtigen Spionage-Geschichte, an der französische und amerikanische Agenten und eine russische Geheimorganisation beteiligt sind. Schwächerer Film von Hitchcock.

Topkapi T393
TOPKAPI ***
USA 1964, 120 Min., F
R: Jules Dassin D: Melina Mercouri, Peter Ustinov, Maximilian Schell
Gentlemen-Einbrecher planen den perfekten Raub aus dem Topkapi-Museum in Istanbul.

Der arbeitslose Franco, der einen wertvollen Zuchtbullen gestohlen hat, versucht diesen mit Hilfe eines fast bankrotten befreundeten Viehzüchters in Ungarn zu verkaufen. Nach vielen Schwierigkeiten kommt das Unternehmen schließlich zu einem guten Ende. Eine einfühlsam erzählte vielschichtige, teils komödiantische Fabel, die verschiedene Krisenzustände im nachkommunistischen Europa wiederspiegelt.

The Torture Zone T395
LA CAMARA DEL TERROR *
USA/Mexiko 1968, 79 Min., F
R: Juan Ibanez D: Boris Karloff
Ein intelligentes Stück Urgestein im Labor eines Wissenschaftlers dürstet nach dem Blut junger Mädchen und wird von den Helfern des Professors eifrig mit Nachschub versorgt. Horrorstück von tödlicher Langeweile.

Das tosende Himmelbett T396
PIGEN OG PRESSEFOTOGRAFEN ***
Dänemark 1962, 96 Min., F
R: Sven Methling D: Dirch Passer, Ghita Nörby, Paul Hager
Turbulente Komödie um einen chaotischen Fotoreporter und eine hübsche Postbotin, die ihn um jeden Preis haben will.

Das tosende Paradies T397
DET TOSSEDE PARADIS ***
Dänemark 1962, 104 Min., F
R: Gabriel Axel D: Dirch Passer, Ove Sprogoe, Hans W. Petersen
Eine märchenhafte Komödie um erotische und politische Wirrungen auf Trangö, das sich unter Führung der »Partei der Glückseligkeit« vom Mutterland lossagen will.

Tot und begraben T398
DEAD AND BURIED ***
USA 1980, 94 Min., F
R: Gery A. Sherman D: James

Total Control T399
EMINENT DOMAIN ***
Frankreich/Kanada 1990, 102 Min., F
R: John Irvin D: Donald Sutherland, Anne Archer, Jodhi May, Paul Freeman
Burzki ist Mitglied des polnischen Politbüros und hat, scheint es, sein berufliches und privates Leben wohlgestellt. Von einem Tag auf den anderen wird er zum Gegenstand von Beobachtung und Verfolgung, ohne sein »Vergehen« zu kennen. Absurder Thriller mit dokumentarischem Hintergrund. HFJ 1994

Eine total, total verrückte Welt T400
IT'S A MAD, MAD WORLD ****
USA 1963, 191 Min., F
R: Stanley Kramer D: Spencer Tracy, Milton Berle, Sid Caesar
Eine Reihe von Menschen auf der rücksichtslosen Jagd nach einem vergrabenen Dollarschatz. Eine in dieser Art noch nie dagewesene Häufung von Komik, Katastrophen, Gags und Klamauk; aufgeputzte, übersteigerte und für die Riesenleinwand bearbeitete Sammlung von Stummfilmslapsticks. Etwas kürzer wäre wesentlich besser gewesen.

Total vereist T401
***
BRD 1980, 80 Min., F
R: Hans Noever D: Rio Reiser, Adam Alexander Kasz, Jürgen von Alten
Bei einer Leichenfeier erscheinen neue und alte Gespenster, und am Ende wird alles in die Luft gesprengt. Befreiende Filmgroteske.

Die total verrückte Königin der Amazonen T402
CARRY ON UP THE JUNGLE ***
GB 1970, 90 Min., F
R: Gerald Thomas D: Frankie

Das total verrückte Krankenhaus T403 **

CARRY ON DOCTOR

GB 1967, 94 Min., F

R: Gerald Thomas D: Frankie Howerd, Sidney James, Kenneth Williams

Blödelkomik aus der englischen Dauerserie mit zumeist anspruchslosen Scherzen über Patienten, Krankenschwestern und Doktoren in einem Krankenhaus.

Die totale Erinnerung T404 ****

TOTAL RECALL

USA 1990, 109 Min., F

R: Paul Verhoeven D: Arnold Schwarzenegger, Rachel Ticotin, Sharon Stone, Michael Ironside

2084: US-Bauarbeiter entpuppt sich als hirnmanipulierter Ex-Agent und eilt zum Mars, um seinen Chef zur Rechenschaft zu ziehen. Komplexer, verwickelter Film nach einem Stoff des *Blade-Runner*-Autors Philip K. Dick.

Totaler Sperrbezirk T405 **

FORBIDDEN ZONE

USA 1980, 73 Min., s/w

R: Richard Elfman D: Herve Villechaize, Susan Tyrrell, Marie-Pascale Elfman

Eine Debilenfamilie dringt in das in der 6. Dimension befindliche Reich eines geilen Zwergenkönigs ein, um die entführte Tochter zu retten. Schmalbrüstiger Fantasy-Revuefilm mit peinlich kalauerndem Kommentar. LFF

Die Tote T406 ***

A FALECIDA

Brasilien 1965, 90 Min., s/w

R: Leon Hirszman D: Fernanda Montenegro, Ivan Candido

Eine Frau in den Slums von Rio de Janeiro richtet ihr ganzes Leben auf ihre Beerdigung aus. Ironisch-realistisches Zeitbild.

Töte, Amigo T407 ****

QUIEN SABE

Italien 1966, 98 Min., F

R: Damiano Damiani D: Gian Maria Volonte, Lou Castel, Klaus Kinski

US-Agent schließt sich mexikanischen Revolutionären an, um deren General zu ermorden. Ein Guerilla, den er korrumpieren will, erweist sich als zu harte Nuß. Politischer Western, der die Ansicht vertritt, daß echte Revolutionäre sich von niemandem kaufen lassen.

Töte, Django T408 ***

SE SEI VIVO, SPARA

Italien/Spanien 1967, 112 Min., F

R: Giulio Questi D: Tomas Milian, Piero Lulli, Milo Quesada, Paco Sanz

Django rächt sich an einem ebenso verräterischen wie mörderischen Komplizen und bekämpft einen weiteren Lumpen, der sich einen Goldschatz unter den Nagel reißen will. Harter, unterhaltsamer Italowestern.

Bogart, Lauren Bacall und Martha Vickers in ›Tote schlafen fest‹.

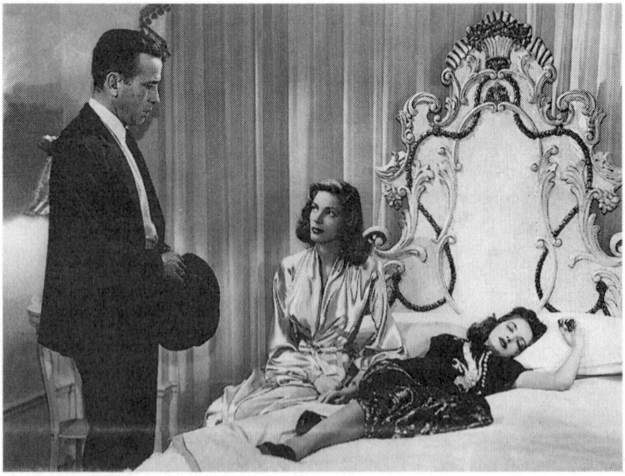

Der Tote kehrt zurück T409 **

MISTERIOS DE ULTRATUMBA

Mexiko 1957, 78 Min., s/w

R: Fernando Mendez D: Rafael Bertrand, Gaston Santos, Carolina Barret

Aus dem Jenseits zurückgekehrter Nervenarzt findet sich im Körper eines deformierten Mörders wieder, was seiner Braut wenig gefällt. Echt doofer Horrorfilm aus Mexiko, an dem man seine Freude haben kann.

Tote schlafen besser T410 ***

THE BIG SLEEP

GB 1978, 99 Min., F

R: Michael Winner D: Robert Mitchum, Sarah Miles, Richard Boone

Privatdetektiv wird von reichem Ex-General beauftragt, sich um Lumpen zu kümmern, die seine beiden Töchter erpressen, da selbige einen recht lockeren Lebenswandel führen. Flachbrüstige Neuverfilmung des Klassikers *Tote schlafen fest,* der es nicht gelingt, die atmosphärische Dichte des Originals zu erreichen.

Tote schlafen fest T411 *****

THE BIG SLEEP

USA 1946, 114 Min., s/w

R: Howard Hawks D: Humphrey Bogart, Lauren Bacall, John Ridgely

Privatdetektiv, von Ex-General engagiert, um Erpresser auszuschalten, die seine spiel-drogen-sexsüchtigen Töchter ausnehmen, deckt ein kompliziertes Gewirr aus Lügen, Intrigen und Verbrechen auf, das er so gerissen manipuliert, daß sich alle Schufte selbst ans Messer liefern. Verwirrend, aber ein echter Kultfilm. Nach dem Roman von Raymond Chandler.

Tote tragen keine Karos T412 ****

DEAD MEN DON'T WEAR PLAID

USA 1981, 88 Min., s/w

R: Carl Reiner D: Steve Martin, Rachel Ward, Carl Reiner

Liebevolle und intelligente Hommage an die Detektivfilme der Schwarzen Serie, die sich vor den Klassikern nicht nur verbeugt, sondern diese buchstäblich miteinbezieht. So begegnet Steve Martin Humphrey Bogart und anderen Größen der Filmgeschichte. Umwerfend komisch!

Die Tote von Beverly Hills T413
***
BRD 1964, 110 Min., F
R: Michael Pfleghar D: Heidelinde Weis, Klausjürgen Wussow, Horst Frank
Krimi-Parodie nach dem Roman von Curt Goetz: Detektiv versucht den Mord an einer Nymphomanin aufzuklären. Mit allerlei stilistischen Spielereien des späteren Klimbim-Regisseurs.

Tote Zeugen singen nicht T414
LA POLICIA INCRIMINA ***
Italien/Spanien 1973, 99 Min., F
R: Enzo G. Castellari D: Franco Nero, James Whitmore, Fernando Rey
Ein Kommissar ist einem Rauschgiftring in Genua auf der Spur. Als die Gangster seine Tochter ermorden, bricht er zu einem gnadenlosen Rachefeldzug auf. Realistisch harter Gangsterthriller von einem oft unterschätzten Meister des italienischen Actionkinos.

Die toten Augen des Dr. Dracula T415
OPERAZIONE PAURA ***
Italien 1966, 83 Min., F
R: Mario Bava D: Giacomo Rossi Stuart, Erica Blanc, Fabienne Dali
Geist eines Mädchens sucht ein Dorf heim, was dazu führt, daß dessen Bewohner, die an seinem Tod nicht unschuldig sind, einander selbst richten. Alptraumhafter, kompetent fotografierter Horrorfilm.

Die Toten lehren die Lebenden T416
MRTVI UCIA ZIVYCH **
CSSR 1983, 74 Min., F
R: Martin Holly D: Vladimir Kratina, Michael Docolomansky, Stefan Kvietik
Ein leitender Ingenieur hat ein perfektes Schmiergeldsystem entwickelt. Als er sich einer Operation

Die Toten sterben nicht T417
THE DEAD DON'T DIE **
USA 1975, 71 Min., F
R: Curtis Harrington D: George Hamilton, Ray Milland, Linda Cristal
Ein Mann nimmt den Kampf gegen den die Weltherrschaft anstrebenden Herrn der Untoten und seine Heerscharen auf. Mäßig spannender TV-Horrorfilm nach einer Erzählung von Robert »Psycho« Bloch. HFJ 1988

Der Totenchor der Knochenmänner T418
LA ORGIA DE LOS MUERTOS **
Spanien/Italien 1972, 98 Min., F
R: Leon Klimovsky D: Stan Cooper, Dianik Zurakowska, Paul Naschy
Ein ärztlicher Finsterling, der mit einer doofen Erfindung Tote wieder zum Leben erwecken will, läßt eine Horde grinsender Zombies auf die Menschheit los. Muß man gesehen haben, um es zu glauben.

Die Totengruft des Dr. Jekyll T419
DAUGHTER OF DR. JEKYLL **
USA 1957, 77 Min., F
R: Edgar G. Ulmer D: John Agar, Gloria Talbott, Arthur Shields
Ein Hypnotiseur will die Tochter Dr. Jekylls in den Irrsinn treiben, um zu verhindern, daß sie das väterliche Erbe antritt. Mit klassischen Gruseleffekten arbeitender Thriller, Klasse B.

Totenkopf auf weißen Segeln T420
LA REBELLION DE LOS BUCANEROS **
Spanien 1978, 87 Min., F
R: José Luis Merino D: Charles Quiney, Stan Cooper, Maria Pia Conte
Um 1770 versuchen Franzosen, sich an eine englische Strafkolonie vor Australien heranzumachen. Ihr Ziel: die Austernbänke. Seeabenteuer mit viel Peng-Peng. Übersehenswert.

seine Heimat zurückzukehren, auf einem verrotteten Dampfer als Heizer, dessen wertlose Ladung hochversichert ist. Er soll sinken, um seinen Besitzern hohen Profit zu bringen. Die für ihre Entstehungszeit erstaunlich eigenwillig und modern inszenierte B.-Traven-Verfilmung gehört zu den wenigen Glanzlichtern des deutschen Films der fünfziger Jahre.

Totentanz der Vampire T422
THE HOUSE THAT DRIPPED BLOOD ***
GB 1969, 101 Min., F
R: Peter Duffell D: John Bennett, John Bryans, Denholm Elliott
Vier Horror-Episoden um Mieter eines Landhauses, das es in der Tat in sich hat! Nach Erzählungen von »Psycho«-Autor Robert Bloch. Unterhaltsam und spannend.

Totentanz im Schreckensschloß T423
SERENATA MACABRE/DANCE OF DEATH *
Mexiko/USA 1968, 75 Min., F
R: Jack Hill, Juan Ibanez
D: Boris Karloff
Diverse Typen, die auf eine Erbschaft hoffen, fallen in einem alten Schloß »Robotern« zum Opfer. Erbärmlich schlechter Grusler mit Kurzauftritt von Boris Karloff, dessen »Tricks« für einen lustigen Abend sorgen.

Ein Toter hing am Glockenseil T424
LA MALDICION DE LOS KARNSTEINS **
Spanien/Italien 1964, 84 Min., s/w
R: Camillo Mastrocinque D: Christopher Lee, Adriana Ambesi, Ursula Davis
Aufgrund eines auf seiner Familie liegenden Fluches befürchtet Graf Karnstein, in seiner Tochter werde eine Hexe reinkarniert.

Ein Toter hing im Netz T425
**
BRD 1959, 81 Min., s/w

Ein Toter kehrt zurück T426
BODA SECRETA ****
Argent/Kanada/NL 1989, 82 Min., F
R: Alejandro Agresti D: Tito Haas, Mirtha Busnelli, Sergio Poves Campo
Eine bizarre Filmfantasie um einen Mann, der verstört nach 13 Jahren der Verschleppung unter der argentinischen Militärdiktatur in sein Heimatdorf zurückkehrt, dort auf seine ehemalige Geliebte trifft, die ihn aber nicht erkennt. Ein Meisterwerk des filmischen Surrealismus.

Ein Toter lügt nicht T427
THE BURGLAR ***
USA 1957, 89 Min., s/w
R: Paul Wendkos D: Dan Duryea, Martha Vickers, Peter Capell
Ein korrupter Polizist beschattet einen Gauner, um ihm seine Beute abzujagen, doch als er endlich zum Zuge kommt, hat auch er das Gesetz gegen sich. Durchschnittskrimi.

Ein Toter sucht seinen Mörder T428 ***
VENGEANCE
GB/BRD 1962, 90 Min., s/w
R: Freddie Francis D: Anne Heywood, Peter van Eyck, Bernard Lee
Ein Wissenschaftler erweckt das Hirn eines bei einem Attentat ums Leben gekommenen Industriekapitäns zu neuem Leben und wird von diesem gezwungen, nach den Mördern zu fahnden. Nach einem Roman von Curt Siodmak. LSFF

Der Totmacher T429
****
BRD 1995, 114 Min., F
R: Romuald Karmakar D: Götz George, Jürgen Hentsch, Pierre Franckh
Im Jahre 1924 sorgte der Prozeß gegen den Massenmörder Fritz Haarmann, der 24 junge Männer bestialisch tötete und anschließend zerstückelte, für Entsetzen. In intensiven Gesprächen versucht der Gerichts-Psychiater eine Erklärung für die Taten zu finden. Der Debütspielfilm beruht auf authentischen Gesprächsprotokollen. In diesem düsteren Kammerspiel brillieren Götz George (»Goldener Löwe« in Venedig) als Menschenschlächter und Jürgen Hentsch als Gutachter. HFJ 1996

Toto der Held T430
TOTO LE HEROS ****
Belgien/Fr/BRD 1991, 87 Min., F
R: Jaco van Dormael D: Michel Bouquet, Thomas Godet, Gisela Uhlen
Thomas ist überzeugt davon, daß man ihn als Baby mit seinem Nachbarn Alfred verwechselt hat; im Alter macht er sich auf, um Alfred zu finden und stirbt dabei. Beeindruckendes Erstlingswerk von kraftvoller Bildpoesie. HFJ 1992

The Touch T431
THE TOUCH ***
USA 1970, 110 Min., F
R: Ingmar Bergman D: Bibi Andersson, Max von Sydow, Elliott Gould
Die Frau eines schwedischen Arztes beginnt ein Liebesverhältnis mit einem amerikanischen Archäologen und findet auch darin kein Glück. Bergmans neuerliche Untersuchung über die Einsamkeit des Menschen zeigt nur wenige Spuren seiner Zusammenarbeit mit der amerikanischen Traumfabrik.

Toxi T432
***
BRD 1952, 88 Min., s/w
R: Robert A. Stemmle D: Toxi, Paul Bildt, Johanna Hofer, Ingeborg Körner
Ein Mulattenkind bezaubert eine reiche deutsche Familie derart, daß sie es bei sich aufnimmt, bis sein Vater aus Amerika an Weihnachten auftaucht, um es mitzunehmen. Ehrenwerter Beitrag Stemmles zum Abbau von Vorurteilen gegen farbige Kinder, die 1952 erstmals in Deutschland eingeschult wurden. Wegen seiner Oberflächlichkeit als Film freilich nicht überzeugend.

Toys T433
TOYS **
USA 1992, 121 Min., F
R: Barry Levinson D: Robin Williams, Michael Gambon, Joan Cusack
Nach dem Tod eines Spielzeugfabrikanten übernimmt dessen Bruder, ein ehemaliger General, die Firma und will sie zu einer Produktionsstätte für Miniaturwaffen umrüsten. Der liebenswert verspielte Robin Williams widersetzt sich. HFJ 1993

Toy Story T434
TOY STORY ***
USA 1995, 81 Min., F
R: John Lasseter
Der erste voll Computer-animierte Trickfilm der Welt (aus dem Hause Disney): Spielzeuge erwachen zum »Leben« und agieren menschlich.

Track 29 – Ein gefährliches Spiel T435 ****
TRACK 29
GB 1987, 90 Min., F
R: Nicholas Roeg D: Theresa Russel, Gary Oldman, Colleen Camp
In ihrer Ehe reichlich unzufriedene Frau in einer texanischen Kleinstadt erhält eines Tages Besuch von einem jungen Engländer, der ihr Sohn zu sein vorgibt und ihr Liebhaber wird. Brillantes Spiel mit Erotik, Komödie und Horror.

Trafic T436
TRAFIC ****
Frankreich/Italien 1971, 95 Min., F
R: Jacques Tati D: Jacques Tati, Maria Kimberly, Marcel Fraval
Ein menschenfreundlicher Erfinder hat ein ebensolches Automobil erfunden und will damit zu einer Automesse, gerät aber zuerst in allerlei Grotesken rund um den Straßenverkehr und findet für Augenblicke der Stille ein kleines Paradies. Der schönste Auto-Film der Welt!

Tragödie eines lächerlichen Mannes T437 ****
Italien 1981, 116 Min., F
R: Bernardo Bertolucci D: Ugo Tognazzi, Anouk Aimee, Laura Morante
Der Sohn eines reichen Käsefabrikanten wird entführt, der Vater macht sich auf die Suche nach ihm, und es ist zunächst die Frage, ob der 18jährige nicht selber an der Erpressung des Vaters teilhat. In berückend schönen Bildern entwickelt Bertolucci eine bittere Farce zur politischen und seelischen Lage Italiens.

Trainspotting – Neue Helden T438
****
TRAINSPOTTING
GB 1996, 94 Min., F
R: Danny Boyle D: Ewan McGregor, Ewen Bremner, Johnny Lee Miller
Dramaturgisch unkonventionell und rasant in Szene gesetzte Realgroteske über den Alltag von einigen schottischen Drogen-Junkies. Ohne zu moralisieren, gelingt die diffizile Verknüpfung vom Aufzeigen eines Lebensgefühls und seinem immanenten Umgang damit. Gnadenlos authentisch.
HFJ 1997

Die Tränen des Clowns T439
THE CLOWN ***
USA 1952, 88 Min., s/w
R: Robert Z. Leonard D: Red Skelton, Tim Considine, Jane Greer
Ein erfolgreicher Zirkusclown wird zum Trinker, nachdem ihn seine Frau verlassen hat, schafft aber mit Hilfe seines Sohnes ein Comeback.

Trans-Europ-Expreß T440
TRANS-EUROP-EXPRESS ***
Frankreich 1966, 94 Min., s/w
R: Alain Robbe-Grillet D: Jean-Louis Trintignant, Marie-France Pisier
Drei Cinéasten entwerfen während einer Zugfahrt das Szenario für einen Film, der sich gleichzeitig »wirklich« ereignet. Ein formales Spiel mit Gedanken und Realität.

Transamerica-Express T441
SILVER STREAK ****
USA 1976, 113 Min., F
R: Arthur Hiller D: Gene Wilder, Jill Clayburgh, Richard Pryor
Der »Silberstreif« ist ein zwischen Los Angeles und Chicago verkehrender Zug, auf dem einer der Passagiere und dessen Freundin in eine turbulent-dramatische Krimihandlung hineingezogen werden. Zug-Lichtspiel mit witzigen Dialogen

Achse, um Material über Dracula und seine Spießgesellen zu sammeln, treffen diverse Monster und Fabelwesen, die sich als ganz flotte Kumpels entpuppen. Komödie. HFJ 1988

Trapez T443
TRAPEZE ***
USA 1956, 105 Min., F
R: Carol Reed D: Gina Lollobrigida, Burt Lancaster, Tony Curtis
Ein junger Akrobat will von einer lebenden, nach einem Unfall hinkenden Trapezartistenlegende den dreifachen Salto lernen. Eine Frau drängt sich dazwischen. Viel Atmosphäre und spektakuläre Hochseilakte kompensieren die dünne Story dieses Zirkusdramas.

Trapper am Missouri
siehe: Der weite Himmel

Trash T444
TRASH ***
USA 1970, 106 Min., F
R: Paul Morissey D: Joe Dallessandro, Andrea Feldmann, Janes Forth
Ein Rauschgiftsüchtiger und eine Nymphomanin in einer trostlosen Umgebung. Down and out. Film aus Andy Warhols Factory.

Joe Dallessandro und Geri Miller

Trashi T445
TRASHI **
USA 1981, 75 Min., F
R: Louis Lewis D: Lisa De Leeuw, Loni Sanders, Sharon Mitchell

Trauen Sie Alfredo einen Mord zu? T446
****
L'ASSASSINO
Italien 1961, 93 Min., s/w
R: Elio Petri D: Marcello Mastroianni, Micheline Presle, Salvo Randone
Marcello Mastroianni gibt in Petris vielbeachtetem Spielfilmdebüt das eindrucksvolle Porträt eines kleinen Betrügers, der durch kritische Rückschau auf sein Leben schließlich sogar bereit ist, für einen Mord zu büßen, den er nicht begangen hat.

Die Trauer der Afghanen T447
***
GHAME AFGHAN
Schweiz/Afghanistan 1986, 91 Min., F
R: Zmarai Kasi, Mark M. Rissi
D: Amir Farid, Jawed Babur
Die Flucht einer afghanischen Familie vor dem Bürgerkrieg nach Pakistan als Bild für das menschliche Leid in den politischen Auseinandersetzungen.
HFJ 1987

Traum meines Lebens T448
SUMMER MADNESS ***
GB 1954, 100 Min., F
R: David Lean D: Katharine Hepburn, Rossano Brazzi, Isa Miranda
Eine nicht mehr ganz junge Sekretärin aus Ohio verliebt sich auf einer Europa-Reise in einen verheirateten venezianischen Antiquitätenhändler, dem sie sich gänzlich hingibt. Am Ende ihres italienischen Urlaubsaufenthaltes reißt sie sich jedoch wieder von ihrem Geliebten los. Gefühlvoll inszenierte exotische Romanze mit einer brillanten Katherine Hepburn in der Hauptrolle.

Traum ohne Ende T449
DEAD OF NIGHT ***
GB 1945, 95 Min., s/w
R: Alberto Cavalcanti, Charles Crichton D: Mervyn Johns, Roland Culver,

Traumdämon T450
THE DREAM DEMON **
GB 1988, 92 Min., F
R: Harley Cokliss D: Kathleen Wilhoite, Jemma Redgrave, Timothy Spall
Diana, höhere Tochter aus einer behüteten Welt, hat schwere Alpträume, die sie hauptsächlich in den Keller ihres Wohnhauses führen. Was als Psycho-Schocker geplant war, versandet bald in dürftiger Beliebigkeit.

Träume einer geschiedenen Frau T451 **
FOR RICHER, FOR POORER
USA 1980, 72 Min., F
R: Gerard Damiano D: Georgina Spelvin, Richard Bolla, Bobby Astyr
Ehepaar, dessen Leidenschaft mit der Zeit abgekühlt ist, wendet sich außerehelichen Abenteuern zu. Ex-Porno, der durch Kürzungen erheblich an Schauwerten verloren hat.

Träume in Hongkong T452
AH YING ****
Hongkong 1983, 110 Min., F
R: Allen Fong D: Hui So-Ying, Peter Wang, Hui Pui, Yao Lin-Shum
Eine junge Frau, die ihren Lebensunterhalt auf dem Fischmarkt verdient, will Schauspielerin werden. Emanzipationsgeschichte zwischen den Traditionen der chinesischen Kultur und westlichem Einfluß.

Traumpferd T453
LE CHEVAL D'ORGUEIL ***
Frankreich 1980, 113 Min., F
R: Claude Chabrol D: Jacques Dufilho, Bernadette Le Saché, François Cluzet, Paul Le Person
Nach dem Roman von Pierre-Jakez Hélias schildert der Film die Kindheit eines bretonischen Bauernjungen vor und während des Ersten Weltkrieges.

Traumschloß T454
PALAC ***
Polen 1980, 90 Min., F
R: Tadeusz Junak D: Janusz Michalowski, Stanislaw Frackowiak
Ein Hirte findet Unterschlupf in einem verlassenen Schloß und träumt davon, der Gutsherr zu sein. Wundersame politische Parabel.

Traumstadt T455
***
BRD 1973, 118 Min., F
R: Johannes Schaaf D: Per Oscarsson, Rosemarie Fendel, Helen Vita
Ein Maler und seine Frau besuchen eine Stadt »auf der anderen Seite«, wo alle Menschen ihre geheimen Wünsche ausleben dürfen. Bildmächtige Umsetzung eines Romans von Alfred Kubin.

Die Traumtänzer T456
BREAKING IN ***
USA 1989, 90 Min., F
R: Bill Forsyth D: Burt Reynolds, Casey Siemaszko, Sheila Kelley
Zufällig begegnen sich bei einem Einbruch der Profi Ernie und der Gelegenheitsdieb Mike und werden Partner. Gaunerkomödie mit sanfter psychologischer Spannung.

Trautes Heim – Glück allein? T457 ***
TELL ME WHERE IT HURTS
USA 1974, 97 Min., F
R: Paul Bogart D: Maureen Stapleton, Paul Sorvino, Ann Ruyman
Rechtschaffener Italo-Amerikaner hat im Lauf der Jahre für sich und seine drei Töchter ein nettes Häuschen erworben. Doch die jüngste bringt vom College Ansichten mit, die sein patriarchales Weltbild zutiefst erschüttern.

La Traviata T458
LA TRAVIATA **
Italien 1966, 112 Min., F
R: Mario Lanfranchi D: Anna Moffo, Gino Bechi, Franco Bonisoli
Eher konventionell geratene Studio-Produktion von Giuseppe Verdis Oper im Playback-Verfahren und ohne Regieeinfälle.

La Traviata T459
LA TRAVIATA ***
Italien 1982, 105 Min., F
R: Franco Zeffirelli D: Teresa Stratas, Placido Domingo, Cornell MacNeil
Gepflegte Opernverfilmung nach Giuseppe Verdi, die durch miserable Playback-Vertonung erheblich an Qualität verliert.

Treck nach Utah T460
BRIGHAM YOUNG, FRONTIERSMAN ***
USA 1940, 114 Min., s/w
R: Henry Hathaway D: Dean Jagger, Brian Donlevy, Tyrone Power
Nach dem Lynchmord an ihrem Anführer Smith ziehen die Mormonen unter Brigham Young über viele tausend Kilometer nach Utah und stampfen dort ein blühendes Gemeinwesen aus dem Boden. Western.

Ein Treffen mit Rimbaud T461
***
BRD 1986, 80 Min., F
R: Ernst-August Zurborn D: Anke Severich, Sven Wollter, Hannelore Elsner
Junge Anhalterin versucht herauszufinden, wer der Mann war, der bei einem Unfall starb. Geheimnisvoll, geschwätzig und gestelzt.

Treffer T462
***
BRD 1984, 110 Min., F
R: Dominik Graf D: Max Wigger, Dietmar Bär, Tayfun Bademsoy
Eine Geschichte über drei Freunde, ihre Liebe zu Motorrädern und die Probleme, die sich mit ihrem Hobby verbinden. Ein vitaler und authentischer Film über das Lebensgefühl Jugendlicher.

Treffpunkt für zwei Pistolen T463 ****
INVITATION TO A GUNFIGHTER
USA 1964, 90 Min., F
R: Richard Wilson D: Yul Brynner, George Segal, Janice Rule
Kreolischer Gunman soll Betrügern gegen einen aufmüpfigen Mitbürger helfen, läuft jedoch Amok und spielt die Bösen gegeneinander aus. Atmosphärisch dichter Western, ein kleiner Klassiker.

Treffpunkt Hongkong T464
SOLDIER OF FORTUNE ***
USA 1955, 96 Min., F
R: Edward Dmytryk D: Clark Gable, Susan Hayward, Michael Rennie
Frau eines US-Reporters sucht in China den Gatten und verliebt sich in einen reichen Landsmann, der ihn mit Geld und unter Einsatz seines Lebens

befreit. Darstellerische Leistungen, bei denen man voll auf seine Kosten kommt.

Treffpunkt Todesbrücke T465
CASSANDRA CROSSING ***
BRD/Italien 1976, 128 Min., F
R: George Pan Cosmatos D: Richard Harris, Sophia Loren, Martin Sheen
Mutiger Colonel kapert D-Zug, in dem ein pestverseuchter Spion Zuflucht gefunden hat, und leitet ihn um. Aufwendiger Thriller mit viel Action und wenig Hirn.

Treibgut der Leidenschaft T466
SEA WIFE **
GB 1957, 80 Min., F
R: Bob McNaughton D: Richard Burton, Joan Collins, Basil Sydney
Überlebende eines Schiffsuntergangs retten sich 1941 auf eine Insel; ein rauhbeiniger Bootsmann verliebt sich in eine Dame, ohne zu ahnen, daß sie eine Nonne ist. Biederer Film, dessen Titel falsche Erwartungen weckt.

Das Treibhaus T467
***
BRD 1987, 99 Min., s/w
R: Peter Goedel D: Christian Doermer, Laila-Florentine Freer, Jörg Hube
Verfilmung von Wolfgang Koeppens gleichnamigem Roman um Restauration und Wiederbewaffnung in der BRD der fünfziger Jahre in einer Mischung aus Dokumentarmaterial, Spiel- und Traumsequenzen.
HFJ 1988

Treibjagd T468
LA COURSE DU LIEVRE A TRAVERS LES CHAMPS ***
Frankreich 1972, 127 Min., F
R: René Clement D: Jean-Louis Trintignant, Robert Ryan, Lea Massari
Ansehnlicher Krimi über das gewaltsame Ende einer Gruppe von Gangstern.

Michel Piccoli, Monica Fiorentini und Romy Schneider in ›Trio Infernal‹.

Welt rohen Kerlen zu Willen sein. Sex und Sadismen in einem spekulativen Schundfilmchen. HFJ 1985

Treibsand T470
THE WALKING HILLS ***
USA 1949, 75 Min., s/w
R: John Sturges D: Randolph Scott, Ella Raines, John Ireland
Abenteurer suchen in der Wüste von Mexiko nach einer versunkenen Ladung Gold. Eine Frau entzweit sie, doch ein Sandsturm schweißt den Trupp wieder zusammen. Hervorragend gefilmter Western mit Akteuren, die etwas können.

Tribun und Verschwörer T471
GLI SCHIAVI PIU FORTE DEL MONDO **
Italien 1964, 97 Min., F
R: Michele Lupo D: Roger Browne, Gordon Mitchell, Scilla Gabel
Römischer Tribun, der in Kleinasien einen Sklavenschinder ablösen soll, trifft auf Widerstand, da der Vorgänger an Entlarvung nicht interessiert ist. Antikes Sklavenaufstandsepos, da und dort mit schwülstigen Dialogen.

ein Feldherr kommt ihm auf die Schliche. Monumentalfilm mit vielen Schlachten.

Trio Infernal T473
LE TRIO INFERNAL ***
Fr/Italien/BRD 1974, 105 Min., F
R: Francis Girod D: Michel Piccoli, Romy Schneider, Mascha Gouska
Ein französischer Anwalt und zwei deutsche Schwestern bringen immer neue Ehemänner um, um eine stattliche Menge Versicherungsprämien zu kassieren.

The Trip T474
THE TRIP ***
USA 1967, 85 Min., F
R: Roger Corman D: Peter Fonda, Susan Strasberg, Dennis Hopper
Ein vor der Scheidung stehender Fernsehregisseur versucht das Bewußtsein seines eigenen Ichs durch die Einnahme von LSD zu erweitern. Es beginnt ein psychodelischer Trip durch eine illusionäre Welt des Losgelöst-Seins und der sexuellen Phantasien. Mißlungener Versuch der Auseinandersetzung mit Drogenkonsum, der dem

Ein Archäologe in Afrika gerät in den Sog eines seltsamen Mordkomplotts. Solider Thriller nach Patricia Highsmiths Roman »Das Zittern des Fälschers«.

Trip to Bountiful – Reise ins Glück T476 ***

THE TRIP TO BOUNTIFUL

USA 1985, 107 Min., F

R: Peter Masterson D: Geraldine Page, John Heard, Carlin Glynn

Eine alte Frau, die mit ihrem Sohn nicht auskommt, macht sich auf die Reise zu ihrem Heimatort und durchlebt noch einmal Stationen ihres Lebens.

Tristana T477 *****

TRISTANA

Sp/It/Fr 1970, 100 Min., F

R: Luis Buñuel D: Cathérine Deneuve, Fernando Rey, Franco Nero

Die Geschichte einer geknechteten Frau, die nach einem gescheiterten Fluchtversuch zu ihrem Peiniger zurückkehrt und ihn nun bis zu seinem Ende mit Verachtung straft. Wie auf dem Operationstisch seziert Buñuel die Beziehung zwischen Liebe und Macht.

Triumph des Geistes T478 ****

TRIUMPH OF THE SPIRIT

USA 1989, 115 Min., F

R: Robert M. Young D: Willem Dafoe, Robert Loggia, Costas Mandylor

Ein jüdischer Boxer aus Thessaloniki wird nach der Besetzung Griechenlands durch die Deutschen nach Auschwitz verschleppt und überlebt, anders als viele Mitglieder seiner Familie, die Vernichtungs-maschinerie des Todeslagers. Gerade durch seine unpathetische Gestaltung wirkt dieser Film als aufrüttelndes Pamphlet gegen Unterdrückung und Mord.

Der Triumph des Musketiers T479 ***

HARDI PARDAILLAN

Frankreich/Italien 1963, 97 Min., F

R: Bernard Borderie D: Gérard Barray, Valerie Lagrange, Guy Delorme

Eine Gruppe von Musketieren ficht im 16. Jahrhundert für König und Vaterland, bis das Gute den Sieg erringt. Nach den Romanen von Alexandre Dumas.

Triumph des Willens T480 ****

Deutschland 1935, 114 Min., s/w

R: Leni Riefenstahl

Dokumentarfilm über den nationalsozialistischen Reichsparteitag von Nürnberg im Jahr 1934, der insbesondere durch die brillante Schnittmontage eine beängstigend wirkungsvolle Suggestivkraft entfaltet. Rein formal betrachtet ein propagandistisches Meisterwerk.

Triumphbogen T481 ***

ARCH OF TRIUMPH

USA 1948, 114/131 Min., s/w

R: Lewis Milestone D: Charles Boyer, Ingrid Bergman, Charles Laughton

Etwas zu zähes Drama um einen Flüchtling, der im Nachkriegs-Paris einen Nazi aufzuspüren versucht und eine tragische Liebesgeschichte erlebt. Basierend auf dem Roman von Erich Maria Remarque.

Triumphmarsch T482 ***

MARCIA TRIONFALE

BRD/It/Fr 1975, Min., F

R: Marco Bellocchio D: Franco Nero, Michele Placido, Miou Miou

Sensibler Literaturstudent wird von einem Hauptmann mit brutaler Härte zum »Mustersoldaten« zurechtgeschliffen. Eindringlicher Film gegen die entwürdigende Praxis des militärischen Drills.

Trokadero T483 ***

BRD 1980, 94 Min., F

R: Klaus Emmerich D: Ludwig Hirsch, Franz Xaver Kroetz, Lisi Mangold

Tragikomödie über einige Freunde, die auf dem Lande eine alternative Kneipe aufmachen, wofür die Dorfjugend gar kein Verständnis hat.

Troll T484 **

TROLL

USA 1986, 86 Min., F

R: John Carl Buechler D: Noah Hathaway, Michael Moriarty, Shelley Hack

Ein Heer von Trollen überfällt ein Wohnhaus in San Francisco, übernimmt die Körper biederer Bürger und läßt ganz allgemein die Sau raus. Flott inszenierter Schundfetzer, der seine eigene Parodie gleich mitliefert. HFJ 1988

Troll II T485 *

TROLL II

USA 1990, 95 Min., F

R: Drago Floyd D: Michael Stephenson, Connie McFarland, George Hardy

Trolle, die sich von zu Pflanzen mutierten Menschen ernähren, stellen einem Jungen nach, der mit seinen Eltern in ein Landhaus gezogen ist, doch Opa wacht im Jenseits über sein Wohlergehen. HFJ 1991

Trommeln am Mohawk T486 ***

DRUMS ALONG THE MOHAWK

USA 1939, 103 Min., F

R: John Ford D: Henry Fonda, Claudette Colbert, Edna May Oliver

Pionierdrama über den Ausbruch des amerikanischen Unabhängigkeitskrieges: Ein finsterer englischer Schuft hetzt Indianer gegen rebellische Farmer auf, die sich verzweifelt ihrer Haut erwehren. Wilde Kämpfe, etc. pp.

Trommeln der Wildnis T487 **

SAVAGE DRUM

USA 1951, 72 Min., s/w

R: William Berke D: Sabu, Lita Baron, H.B. Warner, Sid Melton

Machtkämpfe auf einer Südseeinsel vor dem Hintergrund buhlender Großmächte werden von einem in den USA erzogenen Fürsten für sich entschieden. Es lebe der Fortschritt. Abenteuerfilm.

Trommeln über dem Sklavencamp T488 **

VALLEY OF THE DOOMED

USA 1975, 90 Min., F

R: René Cardona D: Mario Almada, Roberto Guzman, Silvia Mariscal

In einem südamerikanischen Land von herrischen Bösmännern geknechtete Fronarbeiter erheben sich mit Hilfe eines guten Krautjunkers gegen die Tyrannei. Blah. Blah. Blah.

Tron T489
TRON ***
USA 1982, 96 Min., F
R: Steven Lisberger D: Jeff Bridges, David Warner, Barnard Hughes
Computerspiel-Designer kämpft in Gestalt einer Kunstfigur im Inneren eines Rechners gegen einen vom Urheberrecht wenig haltenden Medienriesen. Unterhaltsamer, mit allen Schikanen der Tricktechnik operierender Software-Krimi. LSFF

Trost T490
DERMAN ****
Türkei 1983, 91 Min., F
R: Serif Gören D: Hülya Kociygit, Tarik Akan, Talat Bulut, Nur Sürer
Eine Hebamme aus Ankara kommt in ein Dorf in Anatolien. Dort muß sie das entbehrungsreiche Leben der Menschen teilen und ihnen zugleich neue Hoffnungen vermitteln. Der Film findet eine poetische Balance zwischen Mythos und Realismus.

Der Trost von Fremden T491
THE COMFORT OF STRANGERS ***
Italien/USA 1990, 104 Min., F
R: Paul Schrader D: Christopher Walken, Rupert Everett, Natasha Richardson
Um die schal gewordene Beziehung zu retten, reist ein Ehepaar nach Venedig und gerät dort in die Fänge eines teuflischen Paares. Kühle und stilisierte Studie über erotische Obsessionen HFJ 1991

Trotta T492
***
BRD/Österreich 1971, 93 Min., F
R: Johannes Schaaf D: Andras Balint, Doris Kunstmann, Rosemarie Fendel
Der persönliche Niedergang eines Offiziers der k.u.k. Armee in der Zeit des Zerfalls der Donaumonarchie. Atmosphärische Verfilmung des Romans »Die Kapuzinergruft« von

›Trost‹ – Kulturschock in der Provinz für die Hebamme aus Ankara.

Moderner Film Noir. Eine Frau, ihr Freund, der auf die schiefe Bahn gerät, ein Ex-Polizist, der ihm helfen und die Frau für sich haben will.

Trouble in Yonkers T494
LOST IN YONKERS ****
USA 1993, 112 Min., F
R: Martha Coolidge D: Richard Dreyfuss, Mercedes Ruehl, Irene Worth
Eine 50er-Jahre-Story von zwei Jungs, die einen Sommer bei ihrer herrschsüchtigen Großmutter, ihrer exzentrischen Tante und ihrem kriminellen Onkel verbringen. Sensibles Gefühlskino vom Feinsten, nach einem Drehbuch von Neil Simon.

Trubel in Panama T495
PANAMA HATTIE ***
USA 1942, 79 Min., s/w
R: Norman Z. McLeod D: Ann Sothern, Red Skelton, Rags Ragland
Hattie Maloney führt in Panama einen Nachtclub, in dem Seeleute und Spione verkehren. Sänger, Tänzer und Komiker treten auf. In jeder Hinsicht inferiore Leinwandadaptation des Broadway-Hit-Musicals von 1940.

brutal zusammenschlagen und die Trucks samt Ladung entführen, um die Fahrer zur Aufgabe ihrer Selbständigkeit zu zwingen. Doch der Motorradfahrer Rane kommt den Truckern zu Hilfe und kann in einem Showdown den Anführer der Gangster bezwingen. Trucker-Western.

True Identity T497
TRUE IDENTITY **
USA 1991, 90 Min., F
R: Charles Lane D: Lenny Henry, Frank Langella, Charles Lane
Bei einem Flugzeugabsturz erfährt der frustrierte schwarze Schauspieler Miles Pope, daß sein Nebenmann der berüchtigte Mafiaboss Frank Lucchino ist. Als das Flugzeug entgegen aller Erwartungen unbeschadet aufsetzt, schwebt Miles durch sein Wissen in tödlicher Gefahr. HFJ 1993

True Lies T498
TRUE LIES ***
USA 1994, 141 Min., F
R: James Cameron D: Arnold Schwarzenegger, Tom Arnold, Jamie Lee Curtis
Ein Top-Spion spielt bei seiner Frau

Christian Slater und Patricia Arquette in ›True Romance‹.

True Romance T499
TRUE ROMANCE ****
USA 1993, 120 Min., F
R: Tony Scott D: Christian Slater, Patricia Arquette, Gary Oldman
Ein Pärchen kriegt unverhofft einen Koffer voll Kokain in die Hände und flieht nach Hollywood, um den Stoff zu verscherbeln. Auf ihren Fersen die Drogenmafia. Ein brutaler Film, der mit Gewalt und Comic-Elementen spielt und zu schnell »Kultstatus« erreichte. HFJ 1995

True Stories T500
TRUE STORIES ****
USA 1986, 111Min., F
R: David Byrne D: John Goodman, Annie Mc Enroe, Joe Harvey Allen
Eine komische und musikalische Filmfantasie des Komponisten und Sängers der Talking Heads: »Ich wollte zeigen, daß Exzentriker und Avantgardisten auch in der Provinz gedeihen« (Byrne).

Die Truman-Show T501
THE TRUMAN SHOW ***
USA 1998, 102 Min., F
R: Peter Weir D: Jim Carrey, Laura Linney, Ed Harris
Mediensatire über einen Mann, der langsam begreift, daß er seit seiner Geburt Hauptdarsteller einer Daily Soap ist. Der Film variiert die Grundidee stimmig zwischen Lachen und Weinen, wobei jedoch der Charakter der Hauptfigur manchmal einen ähnlich gekünstelten Eindruck hinterläßt wie die Welt, die der TV-Sender um ihn herum gebastelt hat. Eine originelle Idee allein macht noch keinen guten Film. HFJ 1999

Trust T502
TRUST ****
USA 1991, 93 Min., F
R: Hal Hartley D: Adrienne Shelly, Martin Donovan, Meritt Nelson
Die 17jährige Maria teilt ihren Eltern mit, daß sie schwanger ist; der Vater bricht mit einem Herzinfarkt tot zusammen, die Mutter verflucht sie, und so geht sie davon und trifft unterwegs Matthew, dem es auch nicht besser geht. Lakonische und anrührende Liebesgeschichte. HFJ 1993

Tschaikowski – Genie und Wahnsinn T503
THE MUSIC LOVERS ***
GB 1970, 110 Min., F
R: Ken Russell D: Richard Chamberlain, Glenda Jackson
Eine mit viel Einfühlungsvermögen und weitgehend auch mit Kraft gestaltete Komposition aus Bildern und Musik über den russischen Komponisten Peter Tschaikowski. Das Wagnis, eine Künstlerbiographie mehr nachzuempfinden als nachzuerzählen, imponiert durch den Mut, aber auch durch Talent. Gleichzeitig entstand in Rußland die Verfilmung von Igor Talankin.

Tschetan, der Indianerjunge T504
***
BRD 1972, 94 Min., F
R: Hark Bohm D: Marquard Bohm, Dschingis Bowakow, Willy Schultes
Ein Schafhirte, der einen Indianerjungen befreit, nimmt sich seiner an und versucht, ihn zur Mitarbeit zu bewegen. Handwerklich gut gemachter Debütfilm im Western-Stil, der sich mit den Schwierigkeiten einer Adoption auseinandersetzt.

Der Tunnel T505
***
Deutschland 1933, 76 Min., s/w
R: Kurt Bernhardt D: Paul Hartmann, Olly von Flint, Gustaf Gründgens
Allen Problemen und Rückschlägen zum Trotz treibt ein genialer Ingenieur die Arbeit an dem von ihm entworfenen Tunnel zwischen Europa und Amerika voran. Stark überzeichnete Helden. Nach Curt Siodmak. LSFF

Tunnel 28 T506
TUNNEL 28 ***
USA/BRD 1962, 93 Min., s/w
R: Robert Siodmak D: Don Murray, Christine Kaufmann, Ingrid van Bergen
Eine Gruppe von Ostberlinern flieht Anfang der sechziger Jahre durch einen Tunnel nach Westberlin. Ein Unterhaltungsabenteuer, das zwar frei erfunden, aber von vergleichbaren Fluchtversuchen inspiriert wurde.

Tunnel der lebenden Leichen T507
DEATH LINE **
GB 1972, 87 Min., F
R: Gary Sherman D: Donald Pleasence, Norman Rossington, David Ladd
Nachfahre einer 1892 beim U-Bahn-Bau verschütteten gemischten Gruppe von Arbeitern schlägt 1972 Opfer in einem Bahnhof und raubt sich eine Braut. Interessante Grundidee, aber absolut jämmerlich in der Ausführung.

Eine Tunte zum Dessert T508
**
BRD 1992, 90 Min., F
R: Dagmar Beiersdorf D: Lothar Lambert, Suzanne Gautier, Mustafa Iskandarani, Imke Barnstedt

In der Fortsetzung ihres Films *Wolfsbraut* erzählt die Regisseurin von der Sehnsucht einer Gruppe von Außenseitern in Berlin nach einem Leben in bürgerlicher Geborgenheit.

Ein turbulentes Wochenende T509 ***
LES SAISON DU PLAISIR
Frankreich 1987, 85 Min., F
R: Jean-Pierre Mocky D: Charles Vanel, Denise Grey, Bernadette Lafont
Beim traditionellen Treffen auf dem Landsitz eines hundertjährigen Fabrikanten kommt es zwischen Angestellten, Konkurrenten und Verwandten zu erotischen Abenteuern und bösartigen Intrigen. Schrille Satire am Rand des guten Geschmacks.

Türkische Früchte T510 ***
TURKS FRUIT
Niederlande 1973, 107 Min., F
R: Paul Verhoeven D: Monique van de Ven, Rutger Hauer, Wim van den Brink
Freizügig inszenierte Geschichte der scheiternden Ehe eines Bildhauers mit einem genußsüchtigen Mädchen. Regisseur Verhoeven kam später in Hollywood zu Ehren.

Der Turm der lebenden Leichen T511 **
THE HORROR ON SNAPE ISLAND
GB 1971, 88 Min., F
R: Jim O'Connolly D: Jill Haworth, Bryant Halliday, Anna Palk
Haariges geistesgestörtes Monstrum lauert auf einsamer Leuchtturminsel einer Touristengruppe auf und macht sie alle nieder. Billiger Horrorfilm mit Sexeinlagen und blöden Akteuren, die, sobald allein, dem Unhold in die Fänge laufen.

Joe Morton ist der ›Typ vom anderen Stern‹.

Der Turm der Lilien T512 ***
HIMEYURI NO TO
Japan 1953, 125 Min., s/w
R: Tadashi Imai D: Keiko Tsushima, Eiji Okada
1945 wird eine japanische Mädchenklasse als letztes Aufgebot in den Krieg geschickt. Engagierter Antikriegsfilm.

Der Turm der schreienden Frauen T513 *
TORMENTED
USA 1960, 75 Min., s/w
R: Bert I. Gordon D: Richard Carlson, Susan Gordon, Eugene Sanders
Konfuser Horrorfilm um einen Jazzer, der seine Exgeliebte umbringt, die ihn später als Geist heimsucht. Voll in die Hose gegangener Versuch eines B-Filmers, etwas »Avantgardistisches« zu machen.

TV-Tod – Kamikaze Live T514 **
KAMIKAZE
Frankreich 1986, 87 Min., F
R: Didier Grousset D: Richard Bohringer, Michel Galabru, Dominique Lavanant, Riton Leibman
Zynischer Wissenschaftler, der seinen Job verliert, tötet mit einer selbstkonstruierten Waffe von seiner Wohnung aus drei TV-Sprecher. Nicht unflott gemachter utopischer Krimi.
LSFF, HFJ 1989

Twin Peaks – Der Film T515 **
TWIN PEAKS – FIRE WALK WITH ME
USA 1992, 129 Min., F
R: David Lynch D: Sheryl Lee, Kyle MacLachlan, Moira Kelly, David Bowie
Die Vorgeschichte der populären Fernsehserie in schönen, verrätselten Bildern. Der Film nach der TV-Serie, echt überflüssig. HFJ 1993

Der Typ vom anderen Stern T516 ***
THE BROTHER FROM ANOTHER PLANET
USA 1984, 104 Min., F
R: John Sayles D: Joe Morton, Darryl Edwards, Steve James, Bill Cobbs
Schwarzer Alien, der vor kosmischen Sklavenhändlern flüchtet, versteckt sich in New Yorks Stadtteil Harlem und legt seine Verfolger herein. Eine originelle Billigproduktion. LSFF

U

U 23 – Tödliche Tiefen U1
RUN SILENT, RUN DEEP ***
USA 1958, 93 Min., s/w
R: George Seaton D: Clark Gable, Doris Day, Gig Young, Mamie Van Doren
Offiziere eines US-U-Bootes, das im Zweiten Weltkrieg vor Tokio kreuzt, begraben angesichts der Ereignisse ihre Zwistigkeiten. Solider Kriegsfilm, der sich auf seine Stars verläßt.

U 4000 – Panik unter dem Ozean U2 *
IDO ZERO DAISAKUSEN
Japan 1969, 94 Min., F
R: Inoshiro Honda D: Joseph Cotten, Cesar Romero, Akira Takarade
Drei Forscher und der Herrscher einer Unterwasserstadt bekämpfen die Machenschaften eines U-Boot-fahrenden Lumpen, der nur Böses im Sinn hat. Unglaublich lächerlicher SF-Film, an Wirrnis kaum zu übertreffen. LSFF

U2 – Rattle and Hum U3
U2 – RATTLE AND HUM ***
USA 1988, 99 Min., F
R: Phil Joanou
Die Rockgruppe U2 auf Tournee, bei Plattenaufnahmen, bei Proben, hier und da auch kurz privat. Verkappter, jedoch sehenswerter Werbefilm für ihr gleichnamiges Live-Album. HFJ 1989

U 2000 – Tauchfahrt des Grauens U4 **
KAITAI GUNKAN
Japan 1964, 87 Min., F
R: Inoshiro Honda D: Tadao Takashima, Yu Fujiki, Yoko Fujiyama
Die Bewohner des Unterseereiches Mu wollen die Erde erobern. Abwehrkräfte kämpfen gegen ihr Super-U-Boot und eine Seeschlange. Monsterklamauk aus Japan, in dem der unfreiwillige Humor Kapriolen schlägt. LSFF

U-Turn – Kein Weg zurück U5
U-TURN ***
USA 1997, 125 Min., s/w, F
R: Oliver Stone D: Sean Penn, Nick Nolte, Jennifer Lopez, Powers Boothe
Gewalttätiges Road-Movie um einen Gangster, der durch eine Autopanne in einem Wüstenkaff aufgehalten wird und sich dort in einem Netz aus Sex, Verrat und verlorenen Träumen verfängt. Wild zusammengeschustert. Low-Budget-Film mit irren Charakteren, echt crazy. HFJ 1999

Über den Dächern von Nizza U6 ****
TO CATCH A THIEF
USA 1954, 97 Min., F
R: Alfred Hitchcock D: Cary Grant, Grace Kelly, Jessie Royce Landis
Eine Reihe von Juwelendiebstählen an der Côte d'Azur lassen einen ehemaligen Meisterdieb erneut in Verdacht geraten. Bei dem Versuch, den mit seinen früheren Methoden arbeitenden Verbrecher zur Strecke zu bringen, lernt er eine aufregend schöne Millionenerbin kennen und lieben. Brillant inszenierter Komödien-Thriller voller subtilen Witzes und prickelnder Spannung.

Über den Todespaß U7
THE FAR COUNTRY ***
USA 1954, 96 Min., F
R: Anthony Mann D: James Stewart, Ruth Roman, Corinne Calvet
Ein Viehtreiber wird fälschlich des Mordes beschuldigt. Als sich seine Unschuld erweist und er eine Lizenz zum Goldschürfen gewonnen hat, jagt ihn ein Sheriff über die kanadische Grenze. Western.

Überall ist es besser, wo wir nicht sind U8 ****
BRD 1989, 80 Min., F
R: Michael Klier D: Miroslav Baka, Marta Klubowicz
Warschau 1988. Der junge Jerzy will fort von hier, nach Amerika, oder wenigstens nach Berlin. Dort gerät er wie seine Freundin Ewa in den Strudel von Ausbeutung und Kriminalität. Eine melancholische Abrechnung mit den Träumen vom »Goldenen Westen«. HFJ 1990

Überfall im Wandschrank U9
MONSTER IN THE CLOSET **
USA 1986, 89 Min., F
R: Bob Dahlin D: Donald Grant, Denise DuBarry, Claude Akins
Außerirdisches Monster, das sich mit Vorliebe in Wandschränken versteckt, versetzt biedere Bürger in Angst und Schrecken. Tausendmal gehabte Story, die auch durch die x-te Neuverfilmung nicht spannender wird. HFJ 1989

Der Überfall von Las Vegas U10
GUNS, GIRLS AND GANGSTERS **
USA 1958, 70 Min., s/w
R: Edward L. Cahn D: Mamie van Doren, Gerald Mohr, Lee van Cleef
Gangster berauben millionenschweren Geldtransport, und ein Knastbruder nimmt sich der Truppe an, zu der auch seine Frau gehört. B-Krimi, an dem das Beste noch Mamie van Dorens Kurven sind.

Überleben in New York U11 ****
BRD 1989, 90 Min., F
R: Rosa von Praunheim D: Anna, Claudia, Uli
Drei jüngere deutsche Frauen leben seit Anfang der achtziger Jahre in New York. Der harte Überlebenskampf in der unerbittlichen Metropole hat ihre optimistische Lebenslust nicht geschmälert, ihre Existenz und ihr Bewußtsein jedoch erheblich verändert. Einfühlsames Frauenporträt, das gleichzeitig interessante Einblicke in die amerikanische Großstadtrealität vermittelt.

Die Überlebenden der Totenstadt U12 **
SPOPRAVVISSUTI DELLA CITTA MORTA
Italien/Türkei 1984, 91 Min., F
R: Anthony M. Dawson D: David Warbeck, John Steiner, Susie Sudlow
Ex-Polizist stiehlt im Auftrag eines reichen Briten aus einer Grabstätte in Istanbul das Zepter des Gilgamesch und rauft sich, bis es soweit ist, mit einer Konkurrenzbande. HFJ 1985

Die üblichen Verdächtigen U13 ****
THE USUAL SUSPECTS
USA 1994, 112 Min., F
R: Bryan Singer D: Stephen Baldwin, Gabriel Byrne, Chazz Palminteri, Kevin Spacey, Pete Postlethwaite
Um den Diebstahl eines Waffentransports aufzuklären, nimmt die New Yorker Polizei die fünf prominentesten Diebe der Ostküste fest. Ohne es zu wollen, verschaffen die Beamten den Gangstern damit die Gelegenheit, sich einmal in aller Ruhe auszutauschen und ein gemeinsames Millionengeschäft auszuhecken. HFJ 1997

U-Boot in Not U14 ***
GRAY LADY DOWN
USA 1977, 110 Min., F
R: David Greene D: Charlton Heston, David Carradine, Stacy Keach
US-Katastrophenfilm über ein gesunkenes Atom-U-Boot und über die Rettungsaktion der US-Navy für die eingeschlossene Besatzung. Perfekte und nicht ohne Spannung in Szene gesetzte Katastrophen-Routine.

Ufer im Nebel U15 ***
OUT OF THE FOG
USA 1941, 93 Min., s/w
R: Anatole Litvak D: John Garfield, Ida Lupino, Thomas Mitchell
Zwei alte Männer leisten einem Gangster Widerstand, der einen kleinen Hafen mit Schutzgelderpressungen terrorisiert. Als letzten Ausweg planen sie schließlich einen Mord. Ein hervorragend gespieltes und photographiertes Melodram mit Anklängen an die »Schwarze Serie«, das aufgrund seiner Verklärung der Armut inhaltlich jedoch wenig überzeugt.

UFOs zerstören die Erde U16 **
YOSEI GORASU
Japan 1962, 84 Min., F
R: Inoshoro Honda D: Jun Tazaki,

Böse Zukunftssatire: ›Uhrwerk Orange‹ von Stanley Kubrick.

Die Uhr ist abgelaufen U17 ***
NIGHT PASSAGE
USA 1957, 89 Min., F
R: James Neilson D: James Stewart, Audie Murphy, Dan Duryea
Gunman wird von Eisenbahngesellschaft angeheuert, deren Transporte ständig überfallen werden. Er entlarvt seinen jüngeren Bruder als Mitglied der Bande und muß ihn rächen, als seine Komplizen ihn töten.

Der Uhrmacher von St. Paul U18 ****
L'HORLOGER DE SAINT-PAUL
Frankreich 1974, 105 Min., F
R: Bertrand Tavernier D: Philippe Noiret, Jean Rochefort, Jacques Denis
Ein Bürger, der entdeckt, daß sein Sohn einen Mord begangen hat, setzt sich mit wachsendem Verständnis mit den Beweggründen der Tat auseinander. Simenon-Verfilmung, die durch genaue Psychologie und treffende Charakterzeichnungen besticht.

Uhrwerk Orange U19 *****
A CLOCKWORK ORANGE
GB 1971, 137 Min., F
R: Stanley Kubrick D: Malcolm MacDowell, Patrick Magee, Warren Clarke
aus dem Knast zu kommen, zu einer Gehirnwäsche und fällt, geheilt und zur Gegenwehr unfähig, ehemaligen Opfern in die Hände. Nach dem Roman von Anthony Burgess. LSFF

Ulee's Gold U20 ****
ULEE'S GOLD
USA 1997, 118 Min., F
R: Victor Nuñez D: Peter Fonda, Patricia Richardson, Jessica Biel
Eigenbrötlerischer Bienenzüchter holt ungeliebte Schwiegertochter aus dem Drogensumpf und beschützt sie vor Gangstern. Als lakonische Kriminalgeschichte verpackte Reise eines Mannes zurück zu menschlicher Nähe. Mit bedächtigem Rhythmus und subtiler Charakterzeichnung inszeniert. HFJ 1999

Um jeden Preis U21 **
COMANCHE
USA 1956, 85 Min., F
R: George Sherman D: Dana Andrews, Kent Smith, Nestor Paiva
Scout Jim und Häuptling Quanah Parker legen dem kriegslüsternen Comanchen Black Cloud das Handwerk, nachdem dieser eine Siedlung in Brand gesteckt und eine Aristokraten-

Als kurz vor der Präsidentschaftswahl Senator Fallon bei einem Attentat verletzt wird, setzen er und seine Pressesprecherin Sally alles daran, seinen Medienruhm auszunutzen, um ins Weiße Haus zu kommen. HFJ 1990

Um Kopf und Kragen U23
THE TALL T ****
USA 1957, 77 Min., F
R: Budd Boetticher D: Randolph Scott, Richard Boone, Maureen O'Sullivan, Arthur Hunnicutt
Ein Farmer schaltet ein Banditentrio aus, das eine Postkutsche überfallen und die Passagiere als Geiseln genommen hat. Packender Psychowestern mit einem sympathischen Helden und einem ordentlichen Schurken.

Um Kopf und Kragen U24
HOOPER ***
USA 1976, 99 Min., F
R: Hal Needham D: Burt Reynolds, Jan Michael Vincent, Sally Fields
Ein witziger Unterhaltungsfilm, der das harte Geschäft der Stuntleute vor und hinter der Kamera aufzeigt.

Um Mitternacht U25
ROUND MIDNIGHT ****
USA/Frankreich 1986, 131 Min., F
R: Bertrand Tavernier D: Dexter Gordon, François Cluzet
Ein alter, drogen- und alkoholabhängiger amerikanischer Jazz-Saxophonist knüpft in Paris noch einmal an seine dortigen früheren musikalischen Erfolge an. In der Begegnung mit einem Fan, der sich rührend um ihn kümmert, findet er ein Stückchen Glück und Geborgenheit. An die Biographie von Bud Powell und Charlie Parker angelehntes melodramatisch-optimistisches Musikerporträt von ungeheurer atmosphärischer Dichte mit authentischer Musik. HFJ 1987

Um 9 Uhr geht die Erde unter U26
***
CITY BENEATH THE SEA
USA 1970, 93 Min., F
R: Irwin Allen D: Stuart Whitman, Robert Wagner, Rosemary Forsyth
Ein Meteorit bedroht das Leben der Bewohner einer Unterwasserstadt und die dort eingelagerten Goldvorräte aus Fort Knox, die ein Dunkelmann stehlen will. Auf reine Action getrimmter TV-Film. LSFF

Umberto D U27
UMBERTO D ****
Italien 1951, 90 Min., s/w
R: Vittorio de Sica D: Carlo Battisti, Maria Pia Casilio, Lina Gennart
Ein alter verarmter Mann, dem lediglich sein Hund geblieben ist, will sich in seiner Verzweiflung umbringen. Da er an seinem vierbeinigen Freund jedoch sehr hängt, nimmt er Abstand von seinem Selbstmordgedanken. Neorealistisches Meisterwerk de Sicas, das Egoismus und Lieblosigkeit des modernen Menschen anprangert.

Der Umleger U28
THE TOWN THAT DREADED SUNDOWN ***
USA 1976, 90 Min., F
R: Charles B. Pierce D: Ben Johnson, Andrew Prine, Dawn Wells
Thriller nach einer wahren Begebenheit. Ein maskierter Killer terrorisierte in den vierziger Jahren eine amerikanische Kleinstadt. Akzeptables B-Picture mit einem hervorragenden Hauptdarsteller.

Der Umsetzer U29
***
BRD 1976, 75 Min., s/w
R: Benno Trautmann, Brigitte Toni Lerch D: Klaus Jepsen, Charles H. Vogt, Peter Schlesinger
Detailgenaue Schilderung des Kampfes zwischen einem »Umsetzer« einer Wohnungsbaugesellschaft und einem alten Nachtwächter, der sich nicht aus seiner Altbauwohnung vertreiben lassen will. Der Film zeichnet sich durch engagiertes Aufgreifen des immer aktuellen Stoffes und durch erfrischende Unkonventionalität aus.

Umwege zum Glück U30
***
Deutschland 1939, 94 Min., s/w
R: Fritz Peter Buch D: Lil Dagover, Ewald Balser, Eugen Klöpfer
Unerhebliche Eifersuchtskomödie im typischen Ufa-Stil. Aber Lil Dagover zu sehen, ist immer eine Freude.

Un Indien dans la Ville U31
LITTLE INDIAN ***
Frankreich 1994, 90 Min., F
R: Hervé Palud D: Thierry Lhermitte, Patrick Timsit, Ludwig Briand
Der Pariser Börsenmakler Stéphane lernt nach 13 Jahren seinen Sohn kennen, der zusammen mit seiner Mutter bei den Amazonas-Indianern lebt, und nimmt ihn mit nach Paris. Der solide inszenierte Film wird von sympathischen Darstellern getragen. Ein Sommerspaß, der die Konfrontation zwischen Naturkind und Zivilisation für eine Reihe satirischer Gags nutzt. HFJ 1996

Die unanständige Frau U32
DE ONFATSOENLIJKE VROUW ***
Holland 1991, 93 Min., F
R: Ben Verbong D: Jose Way, Coen Vrijberghe de Conning, Huub Stapel
Die »Spurensuche nach dem erotischen Verlangen« (Verbong) handelt von einer Hausfrau und Mutter, die einem Fremden in verbotener Leidenschaft verfällt. HFJ 1992

Der Unauffindbare
siehe: Mordsache »Dünner Mann«

Die Unbefriedigten U33
LES BONNES FEMMES ****
Fr/It 1959, 89 Min., s/w
R: Claude Chabrol D: Bernadette Lafont, Lucile Saint-Simon, Clothilde Joano, Stéphane Audran
Der Alltag von vier Pariser Verkäuferinnen ist bestimmt von Langeweile und mangelnder Befriedigung im Leben. Ihre Träume von einer musikalischen Karriere, der Geborgenheit in einer Ehe, von Lebensgenuß und romantischem Glück bieten ihnen einen letzten Rest von Hoffnung. Dank der Sympathie Chabrols mit seinen Figuren eine ironisch-witzige Studie menschlicher Schwächen mit detailgenauer Milieu-Schilderung.

Der Unbekannte U34
NIEZNANY ***
Polen 1965, 90 Min., s/w
R: Witold Lesiewicz D: Leszek Herdegen, Bronislaw Pawlik, St. Zaczyk
Vier Episoden des polnischen Kampfes

im Zweiten Weltkrieg. Versuch, das Pathos des polnischen Befreiungskampfes mit Menschlichkeit zu verbinden.

Der unbekannte Feind U35
THE SOUND BARRIER ****
GB 1952, 118 Min., s/w
R: David Lean D: Ann Todd, Ralph Richardson, Nigel Patrick
Ein britischer Flugzeughersteller will beweisen, daß es möglich ist, ein Überschalldüsenflugzeug zu bauen. Dabei riskiert er sogar sein eigenes Leben. Mitreißender und hervorragend gespielter Film über ein Stück Luftfahrtgeschichte, der sich mit negativen Auswirkungen des wissenschaftlichen Fortschritts auseinandersetzt.

Die unbekannte Schöne U36
LA FEMME EN BLEU ***
Frankreich/Italien 1972, 95 Min., F
R: Michel Deville D: Lea Massari, Michel Piccoli, Michel Aumont
Ein Musikwissenschaftler begegnet in mittleren Jahren der Frau seines Lebens. Kunstvoll konstruierter, sanft ironischer Liebesfilm.

Ein Unbekannter rechnet ab U37
AND THEN THERE WERE NONE **
GB/BRD/It/Fr/Sp 1974, 92 Min., F
R: Peter Collinson D: Oliver Reed, Richard Attenborough, Elke Sommer
Schwache, mit europäischen Stars vollgepackte Verfilmung von Agatha Christies »Ten Little Niggers«.

Der unbesiegbare Gladiator U38
IL GLADIATORE INVINCIBILE **
Italien/Spanien 1961, 91 Min., F
R: Anthony Momplet D: Richard Harrison, Isabelle Corey, Leo Anchoriz
Gladiator zu Cäsars Zeiten läßt sich im Königreich Acastos von einem Thronräuber mißbrauchen, erkennt den Irrtum und vollzieht die Wende. Ein

Der antike Muskelprotz Ursus lehrt einen Thronräuber Mores, der unter seinem Namen Untaten begeht. Naives Schlägerspektakel, in dem pralle Muckis allemal wichtiger sind als eine zusammenhängende Geschichte.
LFF

Die Unbesiegten U40
THE UNDEFEATED ***
USA 1969, 118 Min., F
R: Andrew V. McLaglen D: John Wayne, Rock Hudson, Ben Johnson
Captain bewahrt verschleppte Engländerin vor der Sklaverei und hat Probleme mit Waffenschiebern, die Indianern die Möglichkeit gegeben haben, ein Fort anzugreifen. Naiver, aber dennoch recht unterhaltsamer Großwestern.

Die Unbestechlichen U41
ALL THE PRESIDENT'S MEN *****
USA 1976, 132 Min., F
R: Alan J. Pakula D: Dustin Hoffman, Robert Redford, Jack Warden
Aufgrund des vagen Verdachts einer illegalen, gegen einen demokratischen Wahlkandidaten gerichteten Aktion, recherchieren zwei Journalisten gegen starke Widerstände unbeirrbar weiter. Es kommt zur Aufdeckung eines politischen Skandals. Spannender, visuell eindrucksvoller Polit-Thriller vor dem Hintergrund der Watergate-Affäre im Jahr 1974.

Die Unbestechlichen U42
THE UNTOUCHABLES ****
USA 1986, 120 Min., F
R: Brian de Palma D: Kevin Costner, Sean Connery, Andy Garcia
Chicago in der Prohibitionszeit: ein verschworenes Team von nicht korrumpierbaren Polizisten nimmt es mit dem mächtigen Al Capone auf. Es kommt zu einem brutalen Gangsterkrieg. Exakt und unvoreingenommen inszenierter Film mit einem brillanten Sean Connery, der seine Spannung allerdings zuweilen aus unnötigen Gewaltdarstellungen bezieht. HFJ 1988

Der Unbeugsame U43
COOL HAND LUKE ****
USA 1967, 126 Min., F
R: Stuart Rosenberg D: Paul Newman, George Kennedy, J. D. Cannon
Spannungsgeladener Gefängnisfilm über einen Häftling, der zur Legende avanciert, weil er sich gegen die würdelosen und brutalen Anstaltsmethoden zur Wehr setzt. Überzeugende Genrevariation.

Der Unbeugsame U44
THE NATURAL ****
USA 1983, 122 Min., F
R: Barry Levinson D: Robert Redford, Robert Duvall, Glenn Close
Ein Junge vom Land will der beste Baseballspieler der Welt werden. Unbeirrbar verfolgt er im ungewohnten

Robert Redford, Jack Warden, Jason Robards und Dustin Hoffman in ›Die Unbestechlichen‹.

städtischen Milieu sein Ziel, bevor er nach vielen Schwierigkeiten als älterer Spieler an die Spitze kommt. Mythologische Aufsteiger-Geschichte mit einigem Unterhaltungswert.

Unbezähmbare Angelique U45
INDOMPTABLE ANGELIQUE ***
BRD/Fr/It 1967, 87 Min., F
R: Bernard Borderie D: Michèle Mercier, Robert Hossein, Bruno Dietrich, Roger Picaut
Bei der Suche nach dem verschwundenen Gatten fällt die hübsche Angelique im 17. Jahrhundert in die Hände lüsterner Piraten und landet auf einem orientalischen Sklavenmarkt. Serienabenteuer nach dem Roman von Anne Golon.

Die Unbezwingbaren U46
AMERICA, AMERICA ****
USA 1963, 176 Min., s/w
R: Elia Kazan D: Stathis Giallelis, Frank Wolff, Harry Davis
Ein junger Grieche aus Anatolien kommt als Imigrant nach Amerika und versucht hier, ein neues Leben zu begründen. Realistisches Epos mit autobiographischem Hintergrund.

Unborn – Kind des Satans U47
THE UNBORN *
USA 1991, 81 Min., F
R: Rodman Flender D: Brooke Adam, Jeff Hayenga, James Karen
Ein Genmanipulationsserum droht, ein Monstrum zur Welt zu bringen, das sich mit allen Mitteln gegen seine geplante Abtreibung zur Wehr setzt. Ein lumpiger Schocker, der steinalte Horror-Versatzstücke aufwärmt.
HFJ 1992

... und dann sagte ich – nein U48
... I TOGDA JA SKASAL – NJET ***
UdSSR 1973, 96 Min., F
R: Pawel Arsenow D: Rifat Mussim, Natascha Schengelaja
Im Nachkriegsrußland 1945 gründen Jugendliche eine Straßenbande, deren Anführer ein diktatorisches Regiment führt. Elik lehnt sich dagegen auf und findet Unterstützung bei einem neuen Mitglied der Gruppe.

Und das am Montagmorgen U49
**
BRD 1959, 92 Min., s/w
R: Luigi Comencini D: O.W. Fischer, Ulla Jacobsson, Robert Graf
Bankfilialdirektor beschließt eines Montagmorgens den Ausstieg und geht nach Hause, um Eisenbahn zu spielen. Sympathische Aussteigergeschichte aus der Wirtschaftswunderzeit.

Und das Leben geht weiter U50
ZENDEGI EDAME DARAD ****
Iran 1992, 91 Min., F
R: Abbas Kiarostami D: Farhad Kheradmand, Pooya Pievar
Eine zutiefst persönliche Stellungnahme und zugleich eine Dokumentation darüber, wie Menschen mit Naturkatastrophen fertigwerden – in diesem Falle mit dem schrecklichen Erdbeben, das vor zwei Jahren den nördlichen Iran verwüstete, rund 50 000 Menschenleben forderte und ganze Städte und Dörfer dem Erdboden gleichmachte. HFJ 1993

...und das Leben geht weiter U51
AND THE BAND PLAYED ON ***
USA 1993, 141 Min., F
R: Roger Spottiswoode D: Matthew Modine, Alan Alda, Patrick Bauchau
Der dokumentarische Spielfilm liefert eine Bestandsaufnahme der Geschichte von AIDS bis zum Jahr 1987, greift medizinische, politische und psychosoziale Aspekte auf. Eine eindringliche Zwischenbilanz, die anhand von Einzelschicksalen die Tragik dieser Krankheit hautnah vermittelt.

Und dennoch leben sie U52
LA CIOCIARA ***
Italien/Frankreich 1960, 95 Min., s/w
R: Vittorio de Sica D: Sophia Loren, Jean-Paul Belmondo, Raf Vallone
Vor den Wirren des Krieges flieht eine Frau aus Rom in ihr Heimatdorf, doch auch dort schlägt der Krieg seine Wunden. Kraftvolles Melodram.

... und ewig schleichen die Erben U53
***
SPLITTING HEIRS
USA 1992, 87 Min., F
R: Robert Young
D: Rick Moranis, Eric Idle, Barbara Hershey
Zwei kleine Widerlinge kämpfen um einen Herzogtitel, der nur einem von ihnen rechtmäßig zusteht. Bissige Farce aus der Feder des Monthy-Python-Gründers Eric Idle, die durch gute Ideen und Dialoge besticht, gegen Ende jedoch leider zur Special-Effects-Show verkommt. HFJ 1994

Und ewig singen die Wälder U54
***
Österreich 1959, 105 Min., F
R: Paul May D: Joachim Hansen, Hansjörg Felmy, Gert Fröbe
Familienzwiste zwischen Bauer und Edelmann nach dem Roman von Tvyge Gulbransson: Schicksalhaft.

... und Gerechtigkeit für alle U55
... AND JUSTICE FOR ALL ***
USA 1978, 119 Min., F
R: Norman Jewison D: Al Pacino, John Forsythe, Jack Warden, Christine Lahti, Lee Strasberg
Packender Justizthriller um einen jungen Anwalt, der erlebt, wie einige seiner Klienten am inhumanen Rechtssystem zerbrechen, und gerade er die Verteidigung eines kriminellen Richters übernehmen muß.

...und immer lockt das Weib U56
ET DIEU CREA LA FEMME ***
Frankreich 1956, 89 Min., F
R: Roger Vadim D: Brigitte Bardot, Curd Jürgens, Christian Marquand
Waisenmädchen verliebt sich in einen Mann, heiratet aus Gründen sozialer Sicherheit dessen Bruder, läßt sich von einem Playboy umgarnen und landet endlich im Bett ihrer wahren Liebe. Geiler Groschenroman, in dem sich BB gekonnt in Szene setzt.

Curd Jürgens und Brigitte Bardot

... und jeder sucht sein Kätzchen U57 ****

CHACUN CHERCHE SON CHAT
Frankreich 1995, 90 Min., F
R: Cédric Klapisch D: Garance Clavel, Zinedine Soualem, Olivier Py
Eine junge Pariserin sucht ihre verlorene Katze und bringt damit die Bewohner ihres Viertels einander näher. Stimmungsvolles Porträt eines kuscheligen Paris jenseits aller Mondänität, feinfühlig geschildert.
HFJ 1997

... und keiner weint mir nach U58 ***

BRD 1996, 102 Min., F
R: Joseph Vilsmaier D: Nina Hoss, Peter Ketnath, Jan Polak
Das tragische Schicksal des schüchternen Leo und der aufreizenden Marili Kosemund steht im Mittelpunkt der Geschichte aus den zwanziger und dreißiger Jahren. Der Film zeichnet mit Liebe und sehr viel Lokalkolorit das Leben einer Jugend zwischen den Kriegen, die sich trotz widriger Umstände ein Stückchen Glück ergattern will. Nach dem Roman von Sigi Sommer. HFJ 1997

... und morgen war Krieg U59 ****

ZAWTRA BILA WOJNA
UdSSR 1967/1986, 86 Min., s/w
R: Juri Kara D: Sergej Nikonenko, Vera Alentowa, Wladimir Samanski
Die Erlebnisse von Schülern im Kriegsjahr 1940: Sie leiden unter Denunziantentum, Bespitzelung und Kadergehorsam und haben trotz aller Deformationen die Suche und den Glauben an die Ideale des Sozialismus nicht aufgegeben. »Regal«-Film, der neben seiner expliziten politischen Aussage auch menschliche Zwischentöne zur Geltung kommen läßt.

Und morgen werd' ich weinen U60 ***

Und nicht als ein Fremder U61 ***

NOT AS A STRANGER
USA 1955, 135 Min., s/w
R: Stanley Kramer D: Robert Mitchum, Olivia de Havilland, Frank Sinatra
In seinem Regiedebüt zeichnet Stanley Kramer die Charakterstudie eines hochbegabten, doch mittellosen Mediziners, der eine unscheinbare Krankenschwester heiratet, um sein Studium zu finanzieren.

...und nichts als die Wahrheit U62 **

BRD 1958, 93 Min., s/w
R: Franz Peter Wirth D: O.W. Fischer, Marianne Koch, Ingrid Andree
Ein Arzt in finanziellen Schwierigkeiten wird verdächtigt, seine Ex-Frau vergiftet zu haben. Dahinter steckt freilich eine tragische Verstrickung in das Delikt des Tötens auf Verlangen. Die Nachkriegsantwort Wirths auf Liebeneiners Euthanasie-Film *Ich klage an.*

...und sowas nennen sie Liebe U63 ***

BRD 1968, 84 Min., F
R: George Moorse D: Vera Tschechowa, Vadim Glowna, Rolf Zacher
Eine Momentaufnahme aus der Studentenszene, die ihre Utopien entwickelt, gespiegelt in die Liebesgeschichte zwischen einem eher biederen Chemiestudenten und einer Cellistin.

Und täglich grüßt das Murmeltier U64 ***

GROUNDHOG DAY
USA 1993, 103 Min., F
R: Harold Ramis D: Bill Murray, Andie MacDowell, Chris Elliott
Zynischer TV-Mann gerät in eine Zeitfalte, die ihn verdammt, immer wieder den gleichen Tag zu erleben, was zu mancher Komik führt, da er stets im

Und vor Lust zu sterben U65 ***

... ET MOURIER DE PLAISIR
Frankreich/Italien 1960, 85 Min., F
R: Roger Vadim D: Mel Ferrer, Elsa Martinelli, Annette Vadim
Blindgänger-Explosion erweckt eine vampirische Ahnherrin der Familie Karnstein zu neuem Leben. Filmisches Leichtgewicht.

Und wäre die Liebe nicht ... U66 ***

ONE DESIRE
USA 1955, 90 Min., F
R: Jerry Hopper D: Anne Baxter, Rock Hudson, Natalie Wood
Prostituierte und Spieler wollen gemeinsam ein neues Leben anfangen. Das Schicksal macht ihnen das nicht leicht. Schmacht in schönen Dekors.

Und wieder 48 Stunden U67 ***

ANOTHER 48 HRS.
USA 1990, 93 Min., F
R: Walter Hill D: Eddie Murphy, Nick Nolte, Brion James
Ein weißer Polizist und ein wortgewandter schwarzer Ganove spüren in Los Angeles einem Drogenhändler nach und kriegen es während der Ermittlungen u. a. mit zwei Killern auf Motorrädern zu tun. Action-Thriller der Superlative, Fortsetzung zu *Nur 48 Stunden:* Rasantes Unterhaltungskino mit Ironie und blutigem Machismo.

Under Fire U68 ****

UNDER FIRE
USA 1982, 128 Min., F
R: Roger Spottiswoode D: Nick Nolte, Gene Hackman, Joanna Cassidy
Porträt dreier Journalisten während der letzten Tage des Somoza-Regimes. Die sich zuspitzenden Ereignisse verlangen von einem von ihnen eine moralische Entscheidung. Spannender und mit einem exzellent spielenden Nick Nolte hervorragend in Szene gesetzter Film.

an der Côte d'Azur tödlich endende Liebesaffäre mit weißer Millionenerbin. Der vielleicht innovativste Pop-Musiker der 80er Jahre setzt seine Selbstbespiegelung von *Purple Rain* hier auch als Regisseur fort. Die filmischen Instrumente beherrscht das musikalische Multitalent jedoch nicht.

Undercover – Geiseln des Terrors U70 **

HOSTAGE
GB/Spanien 1991, 96 Min., F
R: Robert Young D: Sam Neill, Talisa Soto, James Fox
Britischer Geheimagent will den Dienst quittieren, seine Vorgesetzten aber versuchen ihn mit wenig zimperlichen Mitteln zu halten. Schwerfälliger Politkrimi mit altmodischem Flair.

Undercover Blues – Ein absolut cooles Trio U71 **

UNDERCOVER BLUES
USA 1993, 90 Min., F
R: Herbert Ross D: Kathleen Turner, Dennis Quaid, Fiona Shaw
Die Geheimagenten-Vergangenheit holt ein Ehepaar in seinem Urlaub ein, es muß samt Baby wieder an die Arbeit und Böslingen das Handwerk legen. Wenig spannende Agenten-Story.

Underground U72

UNDERGROUND ****
Fr/BRD/Ungarn 1995, 169 Min., F
R: Emir Kusturica D: Miki Manojlovic, Lazar Ristovski, Mirjana Jakovic
Die Geschichte von Partisanen-Familien, die im Jahr 1941 in Belgrad während der Nazi-Besatzung Unterschlupf in einem Keller gefunden haben. Von einem verschlagenen Schieber unterstützt, stellen sie Waffen für den Widerstand her. Nach dem Kriegsende fahren sie mit dieser noblen Beschäftigung fort, da ihr Wohltäter ihnen fiktive Berichte über die Siege der Deutschen im Rundfunk vorspielt. Eine wilde Groteske, kein trister Problemfilm. HFJ 1996

Underworld U73

UNDERWORLD TRANSMUTATIONS **
GB 1985, 100 Min., F
R: George Pavlou
D: Denholm Elliott, Steven Berkoff, Larry Lamb
Mutanten, von einem Arzt mit Drogen behandelt, greifen sich ein Girl von oben, was sich dessen Freund, ein Ex-Gangster, nicht bieten läßt. Nach einer unbedeutenden Story von Clive Barker. HFJ 1991

Undine U74 ***

BRD 1991, 96 Min., F
R: Eckhart Schmidt D: Isabelle Pasco, Christopher Buchholz
Eine Nixe verteidigt ihren Bereich gegen massive Zivilisationsversuche, indem sie mit dem Landvermesser Liebe macht und ihn so auf ihre Seite zieht. Märchenhaftes Öko-Drama der einfachen Art. HFJ 1993

Undine 74 U75 **

BRD/Österreich 1974, 83 Min., F
R: Rolf Thiele D: Angela von Radloff, Ingo Thouret, Gundy Grand
Moderne Version des Märchens von Friedrich de la Motte-Fouqué, in der eine Nixe ihrem menschlichen Geliebten zum Verhängnis wird. Ein eher schlüpfriger Film.

Die unendliche Geschichte U76 ****

BRD 1983, 99 Min., F
R: Wolfgang Petersen D: Barret Oliver, Noah Hathaway, Tami Stronach
Junge stellt beim Lesen eines Romans fest, daß sein anderes Ich in einem von finsteren Mächten bedrohten Fantasy-Reich lebt und von seiner Phantasie beeinflußt wird. Trotz 1000 publizierter Verrisse unterhaltsam. LFF

Die unendliche Geschichte II U77 ***

BRD 1990, 89 Min., F
R: George Miller D: Jonathan Brandis, Kenny Morrison, Clarissa Burt
Ein kleiner Junge rettet mit seiner Phantasie ein von allerlei Fabelwesen bevölkertes mythisches Reich vor dem Untergang. Verkitschte Fortsetzung, nochmal nach dem Roman von Michael Ende. Ein dritter Teil wurde auch noch gedreht. HFJ 1991

Tami Stronach und Noah Hathaway in ›Die unendliche Geschichte‹.

Unendliche Sehnsucht der Götter U78 ***

KAMIGAMI YO FUKAKI
Japan 1968, 98 Min., F
R: Shohei Imamura D: Rentaro Mikuni, Choichiro Zawarazaki
Ein Ingenieur gerät auf eine Insel, deren Bewohner noch den alten japanischen Mythen anhängen, und sagt sich von seiner Zivilisation los. Der Film hat selbst die Struktur einer mythischen Erzählung.

Der Unerbittliche U79

THE ENFORCER ***
USA 1976, 96 Min., F
R: James Fargo D: Clint Eastwood, Harry Guardino, Bradford Dillman
Dirty Harry, gerade strafversetzt, erhält seinen Job in der Mordkommission zurück, als eine Terroristengruppe Polizisten erschießt und ein Massaker androht. Gemeinsam mit einer neuen Partnerin räumt er in der üblichen Manier auf.

Unerreichbar nah U80

LANGT BORTA OCH NÄRA ***
Schweden 1976, 95 Min., F
R: Marianne Ahrne D: Lilga Kovanko, Robert Farrant, Jan Erik Lindquist
Junge Praktikantin in einer Nervenheilanstalt bemüht sich um einen jungen Mann, der nicht spricht. Als sich erste Erfolge abzeichnen, macht die Ignoranz eines Arztes alles zunichte.

Die Unersättlichen U81

THE CARPET BAGGERS ***
USA 1963, 146 Min., F
R: Edward Dmytryk D: George Peppard, Carroll Baker, Alan Ladd
Die außergewöhnliche Karriere des

Industriellen und Hollywood-Bosses Jonas Cord jr. von den Zwanzigern bis in die vierziger Jahre. Voller Anspielungen auf Howard Hughes entfaltet sich das Melodram nach dem Bestseller von Harold Robbins eher kolportagehaft.

Die Unersättlichen von Beverly Hills U82 **

SAY NEVER NO

USA 1984, 79 Min., F

R: Fred J. Lincoln D: Teresa Orlowski, Joey Silvera, Tiffany Clark

Amerikanischer Fotograf gabelt in Europa eine Mieze auf, die ebenso unersättlich ist wie seine vorherigen Bettgefährtinnen aus Beverly Hills. Softversion eines HC-Films.

Die unerträgliche Leichtigkeit des Seins U83 ****

THE UNBEARABLE LIGHTNESS OF BEING

USA 1987, 172 Min., F

R: Philip Kaufman D: Daniel Day-Lewis, Juliette Binoche, Lena Olin

Melodramatische Dreiecksgeschichte vor realistischem Hintergrund: Die Verfilmung von Kunderas Bestseller vermengt Liebe, Erotik und Politik während des Prager Frühlings zu einem grandiosen Epos, das nur Puristen nicht beeindruckt. HFJ 1989

Unfall im Weltraum U84

JOURNEY TO THE FAR SIDE OF THE SUN ***

GB 1969, 95 Min., F

R: Robert Parrish D: Ian Hendry, Roy Thinnes, Patrick Wymark

Der Flug zu einem hinter der Sonne verborgenen Planeten hat verblüffende Auswirkungen auf das Leben eines Astronauten. Phantasievoll inszenierte Spiegelweltgeschichte mit pointiertem Ende. LSFF

Ungeduld des Herzens U85

BEWARE OF PITY **

GB 1946, 95 Min., s/w

Das ungeduldige Herz U86

THE IMPATIENT HEART ***

USA 1971, 95 Min., F

R: John Badham D: Carrie Snodgress, Michael Brandon

Portrait einer engagierten jungen Sozialarbeiterin, die über ihrem beruflichen Einsatz private Defizite erfährt.

Das Ungeheuer U87

TROG ***

GB 1969, 91 Min., F

R: Freddie Francis D: Joan Crawford, Bernard Kay, David Griffin

Studenten finden einen Troglodyten, der, nachdem man ihn gefangen hat, die Flucht ergreift und ein Mädchen entführt. Der letzte Film des Hollywood-Stars Joan Crawford. LSFF

Das Ungeheuer auf Schloß Bantry U88 **

L' ULTIMA PREDA DEL VAMPIRO

Italien 1960, 80 Min., s/w

R: Piero Regnoli D: Walter Brandi, Lyla Rocca, Alfredo Rizzi

Ein Vampir jagt in einem alten Schloß dralle Revuetänzerinnen und wird nach einigem Gerangel von den Strahlen der Sonne erledigt. Billiger Grusler der Kategorie C, mit kurzer Stripszene, damit das Publikum wach bleibt.

Das Ungeheuer ist unter uns U89

THE CREATURE WALKS AMONG US **

USA 1956, 79 Min., s/w

R: John Sherwood D: Jeff Morrow, Rex Reason, Leigh Snowden

Fortsetzung zu *Der Schrecken vom Amazonas*. Wissenschaftler haben ein Fischmonster gefangen, das durch widrige Umstände freikommt und gejagt wird. Ein Standard-Monsterfilm ohne weiteren Belang. LSFF

Ungeheuer ohne Gesicht U90

FIEND WITHOUT A FACE *

USA 1957, 74 Min., s/w

R: Arthur Crabtree D: Marshall Thomp-

Der Ungehorsame U91

LA DISUBBIDIENZA ***

Italien/Frankreich 1981, 90 Min., F

R: Aldo Lado D: Carl Diemunch, Stefania Sandrelli, Thérese Ann Savoy

Handwerklich gediegene Verfilmung des Romans von Alberto Moravia. Ein Junge in der Pubertät verweigert sich vollständig und wird von einer Krankenschwester durch menschliche Zuwendung von seiner Todessehnsucht geheilt.

Der ungeratene Sohn U92

UN MAUVAIS FILS ***

Frankreich 1980, 105 Min., F

R: Claude Sautet D: Patrick Dewaere, Yves Robert, Brigitte Fossey

Der junge Bruno versucht nach einer Gefängnisstrafe wegen Drogenmißbrauchs sein Leben neu zu beginnen. In den Auseinandersetzungen mit seinem Vater und den Problemen mit seiner noch süchtigen Freundin behält er die Oberhand und bleibt clean. Ein in der Schauspielerführung gelungener Film, dessen bekannte elegante Oberflächlichkeit auch diese Geschichte letztlich ziemlich unverbindlich macht.

Die unglaubliche Entführung der verrückten Mrs. Stone U93 ****

RUTHLESS PEOPLE

USA 1986, 93 Min., F

R: Jim Abrahams, David Zucker, Abraham Zucker D: Bette Midler, Danny De Vito, Helen Slater

Ein Kidnapperpärchen entführt die nervensägende Gattin eines stinkreichen Modekönigs, doch der ist froh, sie los zu sein und denkt nicht daran, mit der Lösegeld-Kohle rüberzukommen. Was die feiste Entführte so erbost, daß sie nicht nur abnimmt, sondern sich auch mit den Entführern zusammentut, um es dem ekligen Männe richtig zu geben. Lupenreiner Scherzfilm mit erstklassigen Typen.

›Das Unheil‹: Peter Fleischmanns Parabel aus dem Provinzmilieu.

Nachdem ein Mann in eine radioaktive Wolke geraten ist, schrumpft er nach und nach auf Mikrobengröße zusammen und gelangt in eine andere Dimension. Billigproduktion nach dem Roman von Richard Matheson. Einer der besten SF-Filme seiner Zeit. LSFF

Die unglaubliche Reise in einem verrückten Flugzeug U95 ***
AIRPLANE!
USA 1980, 88 Min., F
R: Jim Abrahams, David und Jerry Zucker D: Robert Hays, Julie Hagerty, Llyod Bridges, Leslie Nielsen
Deftig-witzige Parodie amerikanischer Katastrophenfilme wie *Airport*. Ein Film, der sich über fast alles lustig macht, wobei auch Auswüchse der amerikanischen Gesellschaft nicht zu kurz kommen. Die einfallsreichen Gags werden dramaturgisch geschickt und in perfektem Timing zu einer in sich geschlossenen Handlung verbunden.

Die unglaubliche Reise in einem verrückten Raumschiff U96 **
AIRPLANE II: THE SEQUEL
USA 1982, 84 Min., F
R: Ken Finkelman D: Robert Hays, Julie Hagerty, Sonny Bono
Einem wegen seines Wissens um Mißstände in einem Flugunternehmen aus dem (Luft-)Verkehr gezogener Testpilot, gelingt es dennoch, die Passagiere eines sich auf seinem Jungfernflug befindlichen Space-Shuttles zu retten. Schwache Fortsetzung der *Unglaublichen Reise in einem verrückten Flugzeug,* die, abgesehen von wenigen guten Gags, nur ein müder Abklatsch des ersten Teils ist.

Die unglaublichen Abenteuer des Herkules U97 ***
LE FATICHE DI ERCOLE
Italien 1957, 90 Min., F
R: Pietro Francisci D: Steve Reeves, Sylva Koscina, Fabrizio Mioni
Der Muskelmann Herkules hilft einem jungen Prinzen, den ihm zustehenden Thron zu besteigen und erwürgt dabei Scharen von Lumpen und Ungeheuern und bringt Tempelwände zum Einsturz. Auf keinen Fall versäumen!
LFF

Ein ungleiches Paar U98 ****
THE DRESSER
GB 1983, 116 Min., F
R: Peter Yates D: Albert Finney, Tom Courtenay, Edward Fox
Die Erlebnisse eines exzentrischen, in die Jahre kommenden Schauspielers und seines ihm ergebenen Dieners – des einzigen Menschen, der ihn zu nehmen weiß und mit ihm umgehen kann – während der Zeit des Zweiten Weltkrieges in England. Einfühlsame Studie menschlicher Abhängigkeiten. Nach einem Stück von Ronald Harwood.

Der Unglücksritter U99 **
OPPORTUNITY KNOCKS
USA 1990, 97 Min., F
R: Donald Petrie D: Dana Carvey, Robert Loggia, Todd Graff
Durch eine Verwechslung steigt ein kleiner Gelegenheitsverbrecher in die High Society auf und bewährt sich dort als unkonventioneller Jungunternehmer. Aber die Liebe läßt den Schwindel auffliegen. Konventionelle, brave Komödie. HFJ 1995

Das Unheil U100 ***
BRD/Frankreich 1971, 109 Min., F
R: Peter Fleischmann D: Vitus Zeplichal, Reinhard Kolldehoff, Helga Riedel-Hassenstein
Heftiges Gesellschaftsbild der provinziellen Nachkriegs-BRD, focussiert in einer Pastorenfamilie; leider nicht in die richtige Reihe gebracht.

Die unheimlich verrückte Geisterstunde U101 ***
CREEP SHOW
USA 1982, 94 Min., F
R: George A. Romero D: Carry Nye, Viveca Lindfors, Stephen King
Vierteiliger Episodenfilm über einen untoten Haustyrannen, einen von kosmischen Kräften befallenen Bauern, eine mörderische Kiste und ein Heer von Riesenkakerlaken. Teuflisch schön fotografiert und recht makaber.

Unheimliche Begegnung der dritten Art U102 ****
CLOSE ENCOUNTER OF THE THIRD KIND
USA 1977, 135 Min., F
R: Steven Spielberg D: Richard Dreyfuss, François Truffaut, Teri Garr
Sich wirr verhaltender Joe Sixpack erweist sich als intuitiv »Wissender«, als friedliche Intelligenzen auf der Erde landen und Kontakt aufnehmen. Friede-Freude-Eierkuchen-Sülze à la Spielberg. LSFF

Unheimliche Begegnung in der Tiefe U103 **
INCONTRI CON GLI UMANOIDI
Italien/Spanien 1978, 90 Min., F
R: Anthony Richmond D: Andres Garcia, Carole André, Gabriele Ferzetti

Außerirdische, die im Bermuda-Dreieck Menschen entführen, entpuppen sich als friedliche Wesen, die ihre Gäste mit in den Weltraum nehmen. Konfuser, farbloser, unspannender SF-Film mit beträchtlichen Längen. LSFF

Das unheimliche Erbe U104
13 GHOSTS **
USA 1960, 84 Min., F
R: William Castle D: Donald Woods, Charles Herbert, Jo Morrow
Ächzende Geister aller Art suchen das geerbte Haus einer Familie heim, die zudem gegen einen Schurken bestehen muß, der in dem alten Gemäuer einen Schatz vermutet. Ein unterhaltsamer Schocker vom Meister des B-Makabren.

Der unheimliche Fremde U105
ATTENTION, LES ENFANTS REGARDENT ***
Frankreich 1977, 102 Min., F
R: Serge Leroy D: Alain Delon, Sophie Renoir, Richard Constantini
Bei dem Versuch, einen verschuldeten Badeunfall zu verschleiern, geraten vier Kinder unter den Druck eines Zeugen und sehen als Ausweg nur dessen Beseitigung. Spannend gestaltete makabre Geschichte mit einigen Schwächen.

Der unheimliche Gast U106
THE UNINVITED ***
USA 1944, 95 Min., s/w
R: Lewis Allen D: Ray Milland, Ruth Hussey, Gail Russell, Alan Napier
Geschwisterpaar mietet ein Spukhaus im britischen Cornwall, in dem sich mysteriöse Erscheinungen manifestieren. Netter Thriller aus dem Geistermilieu, ohne krabbelnde Maden und sonstiges Gewürm.

Die unheimliche Herberge U107
L'AUBERGE ROUGE *****
Frankreich 1951, 95 Min., s/w

Warten und Hoffen: ›Unheimliche Begegnung der dritten Art‹ von Steven Spielberg.

gesteht einem Mönch (Fernandel), der eine Reisegruppe begleitet, die Mordabsichten, und der versucht alles, die Reisenden zu retten, ohne das Beichtgeheimnis zu verletzen.

Die unheimliche Macht U108
THE KEEP ***
GB 1983, 96 Min., F
R: Michael Mann D: Scott Glenn, Jürgen Prochnow, Alberta Watson
Eine Kompanie der deutschen Wehrmacht stößt während des Zweiten Weltkriegs in einem Karpatenschloß auf ein dort seit Unzeiten festsitzendes Monstrum. Packender Billigfilm, der allerdings eine Menge Fragen offenläßt.

Der unheimliche Mr. Sardonicus U109
MR. SARDONICUS ***
USA 1961, 87 Min., s/w
R: William Castle D: Oskar Homolka, Ronald Lewis, Audrey Dalton
Schloßherr, der sich wegen seines entstellten Gesichts hinter einer Maske verbirgt, entpuppt sich als vom Schicksal arg gebeutelter Leichenfledderer

D: Jack Palance, Constance Smith, Rhys Williams
Fesselnder Krimi um die Suche nach dem berüchtigten Frauenmörder Jack the Ripper in den nebelumwaberten Straßen von Whitechapel. Paraderolle für Jack Palance. Nach dem Roman von M. Belloc Lowndes.

Die unheimlichen Hände des Dr. Orlak U111
HANDS OF ORLAC ***
GB 1970, 95 Min., s/w
R: Edmund T. Greville D: Mel Ferrer, Lucille Saint Simon, Dany Carel
Einem Konzertpianisten, der bei einem Unfall die Hände verliert, werden die Greifer eines Würgers transplantiert – prompt hält er sich, nachdem wüste Morde geschehen, für einen Killer- und wird von zwei Lumpen erpreßt. Schön schauerlich! LSFF

The Unholy – Dämonen der Finsternis U112
THE UNHOLY **
USA 1988, 100 Min., F
R: Camilo Vila D: Ruben Rabasa

Union Pacific U113
UNION PACIFIC ***
USA 1939, 135 Min., s/w
R: Cecil B. DeMille D: Joel McCrea, Barbara Stanwyck, Akim Tamiroff
Beim Bau der Eisenbahnlinie durch die USA verliebt sich Jeff in die Tochter eines Ingenieurs. Jeffs Ex-Freund und ein Berufsspieler arbeiten indes für einen korrupten Politiker, um den Bau der Bahnlinie zu verhindern.

Unkraut U114
MAUVAISE GRAINE ***
Frankreich 1934, 86 Min., s/w
R: Billy Wilder, Alexander Esway
D: Danielle Darrieux, Pierre Mingand, Raymond Galle, Gaby Héritier
Billy Wilder erzählt in seiner ersten Regiearbeit die Geschichte einer Bande von jungen Autodieben, von denen sich zwei ineinander verlieben. Durch immer grausamere Taten ihrer Komplizen abgestoßen, steigen sie schließlich aus und können in Amerika ein neues Leben beginnen. Neorealistisch angehauchter Film, der unbewußt das moderne französische Kino der sechziger Jahre vorwegnahm.

Die Unmoralische U115
L' IMMORALE ***
Frankreich 1980, 87 Min., F
R: Claude Mulot D: Silvia Lamo, Yves Jouffroy, Anna Périni, Anne Fabian
Eine Edelhure, die nach einem Unfall das Gedächtnis verloren hat, erinnert sich schrittweise an ihre Vergangenheit. Gute Kameraführung, viel Sex.

Unmoralische Engel U116
LES HEROINES DU MAL ***
Frankreich 1977, 114 Min., F
R: Walerian Borowczyk D: Marina Pierro, Françoise Guetary, Jean-Claude Dreyfus, Jean Martinelli
Dreiteiliger Sex-Episodenfilm über eine mörderische Bäckerstochter, eine mörderische Hasenfreundin und eine Entführte, die freundschaftliche Beziehungen zu einem Hund unterhält. Böse Sachen!

Unmoralische Geschichten U117
CONTES IMMORAUX ***
Frankreich 1973, 103 Min., F
R: Walerian Borowczyk D: Lise Danvers, Fabrice Luchini, Paloma Picasso
Vierteiliger Episodenfilm über einen Studenten, der seiner Cousine den Sex erklärt; die fromme Helene, die ein schlüpfriges Buch findet; eine Gräfin, die im Blute junger Mädchen badet; und die geile Lucrezia Borgia und ihre inzestuöse Familie. Hübsch häßlich.

Unmoralische Novizinnen U118
INTERNO DI UN CONVENTO **
Italien 1977, 93 Min., F
R: Walerian Borowczyk
D: Ligia Branice, Howard Ross, Marina Pierro, Gabrielle Giacobbe
Klosterfrauen, die ihre sexuellen Phantasien ausleben, kriegen Probleme mit der Mutter Oberin. Wollüstiges Sexspektakel aus der Produktion eines einschlägig vorbelasteten Filmemachers.

Unruhe U119
ENDISE ****
Türkei 1974, 85 Min., F
R: Yilmaz Güney D: Erkan Yücel, Kemuran Usluer, Adem Tolay
Ein Blutrache-Konflikt unter Saisonarbeitern in der Südtürkei könnte nur durch die Bezahlung einer hohen Summe gelöst werden; dies aber bedeutete für den Beteiligten den Verkauf der eigenen Tochter.

Die unschlagbaren Sieben von Las Vegas U120
SEVEN FROM HEAVEN **
USA 1978, 86 Min., F
R: Greydon Clark D: Jack Palance, Suzy Anderson, Peter Lawford
Mehrere Frauen tun sich zusammen, um einen Rauschgiftring zu zerschlagen. Unglaubwürdiger Kriminalfilm.

Die Unschuld U121
L'INNOCENTE ****
Italien/Frankreich 1976, 126 Min., F
R: Luchino Visconti D: Laura Antonelli, Giancarlo Giannini
Der Niedergang eines Adeligen, der das uneheliche Kind seiner Frau umbringt. Meisterliche Übersetzung des Romans von Gabriele D'Anunzio.

Die Unschuldigen mit den schmutzigen Händen U122
LES INNOCENTS AUX MAINS SALES ****
Fr/It/BRD 1974/75, 125 Min., F
R: Claude Chabrol D: Romy Schneider, Rod Steiger, Jean Rochefort
Die attraktive Julie will mit Hilfe ihres jungen Liebhabers ihren viel älteren und wegen seiner Impotenz dem Alkohol verfallenen Ehemann ermorden. Nachdem der Plan gescheitert ist, scheint sich zunächst alles zum Guten zu wenden. Eleganter Kriminalthriller, der sich ironisch der Stilmittel der Trivialliteratur bedient.

›Union Pacific‹ – Joel McCrea (links) muß sich im Lager der Eisenbahnarbeiter behaupten.

Die unschuldigen Zauberer U123
NIEWINNI CZARODZIEJE ****
Polen 1960, 82 Min., F
R: Andrzej Wajda D: Tadeusz Lomnicki, Zbigniew Cybulski, Krystyna Stypulkowska, Roman Polanski
Die Liebesgeschichte zwischen einem Arzt und einer Studentin wird zu einem Portrait einer »verlorenen Generation« in Polen.

Unser Mann in Havanna U124
OUR MANN IN HAVANNA ****
GB 1959, 109 Min., s/w
R: Carol Reed D: Alec Guinness, Maureen O'Hara, Ernie Kovacs
Ein als harmloser Staubsaugerhändler im vorrevolutionären Kuba arbeitender britischer Geheimagent löst mit fiktiven Berichten über angebliche Wunderwaffen gefährliche Verwirrung aus. Spannende und selbstironische Komödie mit einem überragenden Alec Guinness.

Unser Mann vom Secret Service U125
**
LICENSED TO KILL
GB 1965, 88 Min., F
R: Lindsay Shonteff D: Tom Adams, Karl Stepanek, Peter Bull
Zwei Brüder haben eine Apparatur gebaut, die die Gravitation aufheben kann. Ein wackerer britischer Agent schützt beider Leben vor der Konkurrenz. Agentenfilm anspruchsloser Art.

Unser Willi ist der Beste U126
**
BRD 1971, 86 Min., F
R: Werner Jacobs D: Heinz Erhardt, Ruth Stephan, Rudolf Schündler
Trotz eines dürftigen Drehbuchs trägt Humorist Heinz Erhardt dieses Lustspiel, in dem er einen gutmütigen Vertreter verkörpert, der zum Fernsehstar wird.

Unsere Welt war eine U127

Rechtfertigt das Ziel alle Mittel? Costa-Gavras geht der Frage in ›Der unsichtbare Aufstand‹ nach.

ten allmählich in ein kriminelles Fahrwasser, seine literarisch begabte ältere Tochter sieht sich daneben genötigt, auch die Sorge für die jüngere Schwester zu übernehmen. Unaufdringlich und plausibel schildert der Film menschliche Verhaltensweisen, durch hervorragende Darsteller überzeugend vermittelt. HFJ 1996

Der Unsichtbare U128
THE INVISIBLE MAN ***
USA 1933, 71 Min., s/w
R: James Whale D: Claude Rains, Henry Travers, Una O'Connor
Größenwahnsinniger Wissenschaftler hat ein Serum entwickelt, das ihn unsichtbar macht und begeht allerlei Schandtaten, um seine Macht zu beweisen. SF-Film. LSFF

Der Unsichtbare U129
***
BRD 1987, 86 Min., F
R: Ulf Miehe D: Klaus Wennemann, Barbara Rudnik, Nena Kerner
Gestreßter TV-Mann erbt eine Tarnkappe und erfährt als Unsichtbarer, daß seine Frau ihn inszeniert. Deut-

D: Jon Hall, Ilona Massey, Peter Lorre
Ein Mann, der auf eine Formel stößt, mit der man sich unsichtbar machen kann, wird von schurkischen Japanern und Nazi-Agenten unter Druck gesetzt, bis er sich in die rettenden Hände des CIA begibt. Hübsche Kolportage. LSFF

Der unsichtbare Aufstand U131
ETAT DE SIEGE ****
Fr/It/BRD 1972, 120 Min., F
R: Costa-Gavras D: Yves Montand, Renato Salvatori, O.E. Hasse
Aufständische Tupamaros kidnappen einen Diplomaten. Parteilicher aber nicht polemischer Film über die Beziehung zwischen den USA und Südamerika.

Das unsichtbare Auge U132
SOMEONE'S WATCHING ME! ****
USA 1978, 93 Min., F
R: John Carpenter D: Lauren Hutton, David Birney, Adrienne Barbeau
Eine Fernsehregisseurin kommt nach Los Angeles und muß feststellen, daß ein psychopathischer Killer ihr neues

Unsichtbare Dämonen – Draculas erotische Abenteuer U133 *
NOCTURNA, GRANDDAUGHTER OF DRACULA
USA 1979, 78 Min., F
R: Harry Tampa D: Nai Bonet, John Carradine, Yvonne de Carlo
Draculas Enkelin verliebt sich in einen Musiker und folgt ihm nach New York. Opa hinterher. Doch vergebens, die Typen von heute haben was auf'm Kasten. Parodistisch.

Der unsichtbare Dritte U134
NORTH BY NORTHWEST ****
USA 1958, 136 Min., F
R: Alfred Hitchcock D: Cary Grant, Eva Marie Saint, James Mason
Ein ahnungsloser New Yorker Werbefachmann wird von einer undurchsichtigen Verbrecherorganisation entführt, die ihn für einen Spion hält. Auf Drängen des CIA spielt er die ungewohnte Rolle weiter, was ihm neben diversen Schwierigkeiten eine atemberaubend sinnliche Frau einbringt. Spannend-unterhaltsames Meisterwerk Hitchcocks mit originellen Einfällen, beeindruckend dichter Atmosphäre und einem grandiosen Finale.

Der Unsichtbare nimmt Rache U135 ***
THE INVISIBLE MAN'S REVENGE
USA 1944, 75 Min., s/w
R: Ford Beebe D: Jon Hall, John Carradine, Gale Sondergaard
Ex-CIA-Agent hat sich unter dem Einfluß einer Unsichtbarkeitsdroge in einen psychopathischen Killer verwandelt. Fortsetzung von *Der unsichtbare Agent,* aber viel weniger lustig. LSFF

Die unsichtbare Wand U136
IL MURO DI GOMMA ***
Italien 1991, 120 Min., F
R: Marco Risi D: Corso Salani, Angela Finocchiario, Antonello Fassari
Am 27. Juni 1980 um 20.59 Uhr explodiert bei Ustica aus ungeklärter Ursache eine DC-9 mit 81 Passagieren an Bord und stürzt ins Meer. Der Journalist Rocco versucht das Unglück aufzuklären. Als er den ersten wichtigen Beweis für die Ursache des Massakers erhält, wird ihm klar, daß er von der Wahrheit immer noch weit entfernt ist.

Die unsichtbaren Krallen des Dr. Mabuse U137 ***
BRD 1961, 89 Min., s/w
R: Harald Reinl D: Lex Barker, Karin Dor, Siegfried Lowitz
Der Erzlump Dr. Mabuse macht sich ein wissenschaftliches Genie gefügig und nutzt dessen Erfindung aus, um sich die Welt Untertan zu machen. Agent Joe Como kommt ihm auf die Schliche. Langweiliger Trivialkrimi.

Die Unsterbliche U138
L'IMMORTELLE ***
Frankreich/Italien 1962, 98 Min., s/w
R: Alain Robbe-Grillet D: Françoise Brion, Jacques Doniol-Valcroze
Ein französischer Professor lernt in Istanbul eine Frau kennen, die ihre Identität verschweigt. Später versucht er, diese Begegnung zu rekonstruieren. Anregende, auch verwirrende filmische Mosaik-Steine, die kein verläßliches Ganzes ergeben.

Unter Brüdern U139
NO WAY HOME ****
USA 1996, 101 Min., F
R: Buddy Giovinazzo D: Tim Roth, James Russo, Deborah Unger
Düsteres Kain-und-Abel-Drama um zwei Brüder, von denen der eine sechs Jahre lang für den anderen im Gefängnis saß und nun nach Hause kommt, ohne dort jedoch erwünscht zu sein. Independent-Kino mit phantastischen Schauspielern und einer stringenten Inszenierung. HFJ 1998

Unter dem Pflaster ist der Strand U140 ***
BRD 1974, 103 Min., s/w
R: Helma Sanders D: Grischa Huber, Heinrich Giskes, Gesine Strempel
Feinsinnige, um eine Theateraufführung von Euripides »Die Bakchen« konstruierte Studie von Emanzipation, Liebe und Politik.

Unter dem Vulkan U141
UNDER THE VOLCANO ****
USA 1984, 112 Min., F
R: John Huston D: Albert Finney, Jacqueline Bisset, Anthony Andrews
Die Frau eines dem Alkohol verfallenen Exkonsuls kehrt unvermutet zu ihm nach Mexiko zurück, kann aber seinen Niedergang nicht aufhalten.

Unter den Brücken U142 ****
Deutschland 1945, 96 Min., s/w
R: Helmut Käutner D: Carl Raddatz, Hannelore Schroth, Gustav Knuth
Zwei junge Binnenschiffer verlieben sich in ein von Leben und Liebe enttäuschtes hübsches Mädchen, das sie auf ihrer Fahrt nach Berlin mitgenommen haben. Die Tatsache, daß es die Liebe des einen erwidert schmälert die entstandene Freundschaft zwischen den dreien nicht. Noch im Dritten Reich entstandenes poetisches Meisterwerk Käutners, das durch seine subtile Kamera besticht.

Unter den Dächern von Paris U143 *****
SOUS LES TOITS DE PARIS
Frankreich 1929, 95 Min., s/w
R: René Clair D: Albert Préjean, Pola Illery, Gaston Modot
Ein Meisterwerk des poetischen Realismus, das in seiner unerreichbar leichten Art vom Paris der Straßensänger, der leichten Mädchen und der kleinen Gauner erzählt.

Unter der Flagge der Freibeuter U144 **
LOS BUCANEROS DEL CARIBE
Spanien/Italien 1960, 96 Min., F
R: Gene Martin D: Hans von Borsody, Brigitte Corey, Helga Liné
Piraten von der Karibikinsel Tortuga überfallen spanische Goldschiffe, kriegen sich mit einem unehrlichen Kollegen in die Haare und schlagen sich auf die Seite des Rechts. Ein Film fürs Nachmittags-TV-Programm.

Unter der Flagge des Tigers U145
EL TIGRE DE LOS SIETE MARES ***
Sp/Fr/It 1966, 98 Min., F
R: Sergio Bergonzelli D: Gérard Barray, Antonella Lualdi, Geneviève Casile, Terence Morgan
Um Reichtum und das Herz einer Holden zu erringen, betätigt sich ein junger französischer Leutnant im Jahr 1795 als Blockadebrecher gegen die Engländer. Munter gespielt.

Unter der Treppe U146
STAIRCASE ***
Großbritannien 1969, 95 Min., F
R: Stanley Donen D: Richard Burton, Rex Harrison, Cathleen Nesbitt
Nach dem Theaterstück von Charles Dyer erzählt Donen die Geschichte eines alternden homosexuellen Paares zwischen Gewohnheit und Überdruß. Eine schauspielerische Glanzleistung.

Unter falschem Verdacht U147
QUAI DES ORFEVRES ****
Frankreich 1947, 106 Min., s/w
R: Henri-Georges Clouzot D: Louis Jouvet, Simone Renant, Bernard Blier
Klassischer Film noir um einen Pianisten, der den Geliebten seiner Frau tot auffindet und in dem Glauben, sie sei die Mörderin, alles daran setzt, den Verdacht auf sich zu lenken.

Unter falscher Flagge U148
YANKEE BUCCANEER ***
USA 1952, 83 Min., F
R: Frederick de Cordova D: Jeff Chandler, Scott Brady, Suzan Ball
Um mit den Piraten in den Gewässern der Karibik aufzuräumen, tarnt der Captain eines Schlachtschiffes seinen Untersatz als Handelsschiff. Ein flotter Piratenfilm.

Unter Fremden U149
THE COMPANY OF STRANGERS ****
Kanada 1990, 101 Min., F
R: Cynthia Scott D: Alice Diabo, Constance Garneau, Winifred Holden
Sieben alte Frauen, die mit einem klapprigen Bus einen Ausflug machen und in einer Einöde steckenbleiben, richten sich in einem verlassenen Haus ein und machen das Beste aus der Situation. Langsam kommen sie sich näher, erzählen von ihrem Leben, das sich bald dem Ende zuneigt. Beeindruckend. HFJ 1992

Unter Geheimbefehl U150

die Allgemeinheit darstellen. Packender Film, dessen Drehbuch mit einem Oscar ausgezeichnet wurde.

Unter Geiern U151
**
BRD 1964, 101 Min., F
R: Alfred Vohrer D: Stewart Granger, Pierre Brice, Elke Sommer, Götz George
Winnetou und Old Surehand entlarven eine weiße Bande, die Siedler mordet, ausraubt und den Verdacht auf einen unschuldigen Indianerstamm lenkt. Das gibt böses Blut! Infantilwestern aus deutschen Landen.

Unter glatter Haut U152
UN MALEDETTO IMBROGLIO ***
Italien 1959, 97 Min., s/w
R: Pietro Germi D: Claudia Cardinale, Pietro Germi, Claudio Gora
Ein rätselhafter Mord bringt einen römischen Kommissar auf die Spur eines Komplotts in der »guten« Gesellschaft. Abrechnung mit einer Gesellschaftsklasse in Form eines Krimis. Hervorragend gespielt.

Unter Kollegen U153
***
BRD 1991, 66 Min., F
R: Claus-Michael Rohne D: Raidar Müller-Elmau, Klaus Konczak
Für ihren Betriebsausflug haben die Angehörigen einer Firma eine Straßenbahn gemietet, und in diesem rollenden Käfig kommen die Konflikte und Intrigen zum Kochen. Amüsantes Erstlingswerk.

Unter Mexikos Sonne U154
QUE VIVA MEXICO ****
Mexiko/USA 1930–32/39, 57 Min., s/w
R: Sergej M. Eisenstein
Montage aus Eisensteins Aufnahmen zu seinem unvollendeten Mexiko-Film, der den unterdrückten und geknechteten Menschen im mittelamerikanischen Land ins Bewußtsein der hochzivilisierten Länder rufen wollte. Beeindruckend.

Unter Piratenflagge U155
CAPTAIN BLOOD ***
USA 1935, 105 Min., s/w
R: Michael Curtiz D: Errol Flynn, Olivia de Havilland, Basil Rathbone
Als Sklave nach Jamaika deportierter Arzt flieht, betätigt sich als Pirat, verliebt sich in eine Pflanzerstochter und wird nach vielen Intrigen und Kämpfen rehabilitiert. Ein rasanter Abenteuerklassiker.

Unter Verdacht U156
UNDER SUSPICION ***
GB/USA 1991, 99 Min., F
R: Simon Moore D: Liam Neeson, Laura San Giacomo, Kenneth Cranham
Tony Aaron, Privatdetektiv und Spezialist für Scheidungsfälle, inszeniert mit

Paul Newman und Linda Haynes in ›Unter Wasser stirbt man nicht‹.

seiner Frau Ehebruchsituationen in Hotels. Als ein Klient ermordet wird, gerät Aaron in Verdacht. Beim Versuch, seine Unschuld zu beweisen, trifft er auf die Freundin und Alleinerbin des Toten. Zwischen den beiden entwickelt sich ein Verhältnis, das mit Liebe rein gar nichts zu tun hat. HFJ 1993

Unter Wasser stirbt man nicht U157
THE DROWNING POOL ***
USA 1975, 108 Min., F
R: Stuart Rosenberg D: Paul Newman, Joanne Woodward, Tony Franciosa
Privatdetektiv Lew Harper übernimmt in New Orleans einen Fall, der immer komplizierter wird und in den sich immer mehr Menschen verwickeln. Im Gegensatz zu Howard Hawks' kunstvoll psychologisch gedeutetem »Big Sleep« entwickelt sich hier der Konflikt nicht immanent aus den Personen, sondern aus den ökonomischen Gegebenheiten.

Der Untergang des Hauses Usher U158
LA CHUTE DE LA MAISON USHER ***
Frankreich 1928, 65 Min., s/w
R: Jean Epstein D: Jean Debucourt, Charles Lamy, Marguerite Gance
Der Film ist, nach verschiedenen Poe-Erzählungen, weder makaber noch morbid: »Erst der Tod verleiht den Bildern wahrstes Leben.«

Der Untergang des Leopardenreiches U159
GLI INVINCIBILI FRATELLI MACISTE **
Italien 1964, 87 Min., F
R: Roberto Mauri D: Richard Lloyd, Claudia Lange, Tony Freeman
Königin eines unterirdischen Reiches der Antike entführt die Braut eines Prinzen, doch drei tapfere Schläger widerstehen ihren Truppen und machen aus ihrem Hof Kleinholz. Für Gegner gehobener Unterhaltung. LFF

Der Untergang des römischen Reiches U160
THE FALL OF THE ROMAN EMPIRE ***
USA 1963, 187 Min., F
R: Anthony Mann D: Sophia Loren, Stephen Boyd, Alec Guinness
Nach dem Mord an seinem Vater sitzt der irre Commodus auf dem Thron und verliert das Imperium durch eigene Unfähigkeit. Giganto-Monumentalfilm, dessen Besetzung nicht der Weisheit letzter Schluß war.

Der Untergang des Sonnenreiches U161
THE ROYAL HUNT OF THE SUN ***
GB 1969, 111 Min., F
R: Irving Lerner D: Robert Shaw, Christopher Plummer, Nigel Davenport
Der spanische Eroberer Pizarro und seine Männer besiegen Atahualpa, den Gottkönig der Inkas. Abenteuerfilm nach einem Bühnenstück (!) von Peter Shaffer.

Der Untergang Japans U162
NIPPON CHINBOTSU **
Japan 1973, 93 Min., F
R: Shiro Moritani D: Keiju Kobayashi, Hiroshi Fujioka, Tetsuro Tamba
Eine Erdbebenwelle läßt die Inseln Japans im Meer versinken. Einer der zahlreichen Katastrophenfilme, die in den siebziger Jahren populär waren. Ein Werk, das dem Roman von Sakyo Komatsu in keiner Szene gerecht wird. LSFF

Der Untergang von Metropolis U163
IL GIGANTE DI METROPOLIS **
Italien 1961, 91 Min., F
R: Umberto Scarpelli D: Gordon Mitchell, Roldano Lupi, Siana Orfei
Herrscher über ein Vorzeit-Utopia möchte eine Rasse von Unsterblichen züchten, doch ein Muskelmann und eine Naturkatastrophe hindern ihn daran. Höfische Intrigen etc. inklusive. LSFF

Der Untergang von Pompeji U164
THE LAST DAYS OF POMPEJI ***
USA 1935, 95 Min., s/w
R: Ernest B. Schoedsack D: Preston Foster, Alan Hale, Basil Rathbone
Der Film schildert die Probleme eines Gladiators vor dem Hintergrund des anstehenden Untergangs der Stadt Pompeji. Historienfilm mit für die Zeit ansehnlichen Katastrophenszenen. Nach dem Roman von E. Bulwer-Lytton.

Der Untergang von Troja U165
HELEN OF TROY ***
USA 1955, 111 Min., F
R: Robert Wise D: Rossana Podesta, Jacques Sernas, Stanley Baker
Die schöne Helena wird von Paris entführt. Ihre Landsleute belagern Troja und setzen ihr Pferdchen ein. Bombastischer Monumentalfilm, der nie auf Touren kommt, mit Akteuren, die sich sichtlich langweilen.

Der Untermieter U166
THE GOODBYE GIRL ***
USA 1977, 110 Min., F
R: Herbert Ross D: Richard Dreyfuss, Marsha Mason, Quinn Cummings
Reichlich dünne und antiquiert wirkende Tränen-Komödie über ein zwangsweise zusammenwohnendes Paar, das sich zusammenrauft und schließlich Glück und Liebe findet. Das Buch von Neil Simon und die Regie lassen das zu wünschen übrig. Was Richard Dreyfuss in der Rolle eines ambitionierten Schauspielers dafür meisterhaft bietet: originellen Witz und ansteckende gute Laune.

Unternehmen Capricorn U167
CAPRICORN ONE ***
GB 1977, 123 Min., F
R: Peter Hyams D: Elliott Gould, James Brolin, Karen Black
Gebannt verfolgt die Menschheit die erste Landung einer bemannten Raumfähre auf dem Mars. Die Fernsehsender bringen die sensationellen Bilder vom Marsspaziergang der Astronauten. Niemand ahnt, daß alles ein perfekter Bluff ist und die Astronauten die Erde nie verlassen haben. Ein Reporter bringt nach lebensgefährlichen Abenteuern Licht in das Dunkel.

Unternehmen Feuergürtel U168
VOYAGE TO THE BOTTOM OF THE SEA **
USA 1961, 105 Min., F
R: Irwin Allen D: Walter Pidgeon, Joan Fontaine, Barbara Eden
Als der Van-Allen-Gürtel in Brand gerät, schickt die US-Marine ein Atom-U-Boot aus, um den Feuergürtel mit Raketen zu ersticken. Frühes SF-Abenteuer, das eine TV-Serie mit 110 Folgen nach sich zog. Schneidig! LSFF

Unternehmen Rosebud U169
ROSEBUD ***
USA 1974, 123 Min., F
R: Otto Preminger D: Peter O'Toole, Richard Attenborough, Cliff Gorman
Palästinenser entführen Millionärstöchter. Etwas bedenkenlose Mischung aus Politthriller und Agenten-Action.

Der Untertan U170
****
DDR 1951, 105 Min., s/w
R: Wolfgang Staudte D: Werner Peters, Paul Esser, Sabine Thalbach
Fabrikantensohn und kaisertreuer Patriot buckelt sich nach oben. Ein Mädchen läßt er sitzen, um eine reiche Erbin zu heiraten; gegen einen Konkurrenten strengt er einen Prozeß wegen Majestätsbeleidigung an. Höhepunkt seines heuchlerischen Spießerlebens ist die Enthüllung eines von ihm gestifteten Kaiserdenkmals. Eine geniale Satire über den wilhelminischen Untertanengeist, der nahtlos zum Faschismus führte. Eine Rarität im deutschen Film.

Die untreue Frau U171
LA FEMME INFIDELE ***
Frankreich/Italien 1968, 96 Min., F
R: Claude Chabrol D: Stéphane Audran, Michel Bouquet, Maurice Ronet, Michel Duchaussoy
Eine nach außen hin mustergültig erscheinende Ehe zerfällt unter Mißtrauen und Ehebruch; am Ende steht der Mord am Liebhaber der Frau. Chabrol versteht es meisterhaft, die Erkenntnis der inneren Spannung zu fördern.

Die unvergeßliche Nacht U172
REMEMBER THE NIGHT ***
USA 1940, 90 Min., s/w
R: Mitchell Leisen D: Barbara Stanwyck, Fred MacMurray, Beulah Bondi
Ernsthafter junger Staatsanwalt ver-

Werner Peters in Wolfgang Staudtes erfolgreicher Heinrich-Mann-Adaption ›Der Untertan‹.

Der Unwiderstehliche U173
THE CARD ***
GB 1952, 88 Min., s/w
R: Ronald Neame D: Alec Guinness, Glynis Johns, Petula Clark
Ein gewiefter kleiner Büroangestellter steigt unaufhaltsam zum Bürgermeister auf. Meisterhaft inszenierte, heiter-ironische Komödie.

Der unwiderstehliche Charme des Geldes U174
***
ASSOCIATION DE MALFAITEURS
Frankreich 1986, 103 Min., F
R: Claude Zidi D: Christophe Malavoy, Claire Nebout, François Cluzet
Um die Auswirkungen eines Scherzes auszubügeln, geraten zwei flotte Yuppies in den Verdacht, Diebe zu sein, und geraten mit der Polizei und einem schrägen Geschäftsmann aneinander. Erst ein erneuter Trick kann sie rehabilitieren. Witzige Komödie um eine Männerfreundschaft. HFJ 1988

Die unwürdige Greisin U175
LA VIEILLE DAME INDIGNE ****
Frankreich 1965, 93 Min., s/w
R: René Allio D: Sylvie, Malka Ribovska, Victor Lanoux, Etienne Bierry
ästhetisch äußerst gelungener und unterhaltsamer Film voller hintergründiger Subversivität, mit einer schauspielerischen Glanzleistung der 81jährigen Sylvie. Nach Bert Brecht.

Die Unzertrennlichen U176
DEAD RINGERS ****
Kanada 1988, 115 Min., F
R: David Cronenberg D: Jeremy Irons, Geneviève Bujold, Heidi von Palleske
Beverly und Elliott sind eineiige Zwillinge und machen Karriere als Frauenärzte. Sie teilen nicht nur den Erfolg, sondern auch die Frauen, und gehen schließlich gemeinsam zugrunde.
HFJ 1990

Up 'n Coming U177
UP 'N COMING *
USA 1983, 70 Min., F
R: Godfrey Daniels D: Marilyn Chambers, Lisa de Leeuw, Loni Sanders
Country-Sängerin, die ihr Talent auf und hinter der Bühne beweist, macht sich in einem versoffenen weiblichen Konkurrenzstar eine böse Gegnerin. Genial (!) gekürzter Pornofilm, dessen Story man nur erahnen kann. Reine Zeitverschwendung.

Geschäfte zu tätigen. Nur ein Gnom kann ihn entlasten, der seinem unterirdisch lebenden Volk mit einem Leuchtkristall das Licht bringen will. Fantasy-Schmonzette. HFJ 1993

Urban Cowboy U179
URBAN COWBOY ***
USA 1980, 135 Min., F
R: James Bridges D: John Travolta, Debra Winger, Scott Glenn
Eine im texanischen Cowboy-Stil ausstaffierte Kneipe, in der Arbeiter ihre Freizeit verbringen, dient als Hintergrund für die Geschichte eines jungen Ehepaares, das sich auseinanderlebt, danach aber doch wieder zusammenfindet. Der Film ist genauso pseudomäßig wie die Ausstattung der Kneipe und behandelt seine Themen nur oberflächlich.

Urga U180
URGA ****
Frankreich/UdSSR 1991, 120 Min., F
R: Nikita Michalkow D: Badema, Bayertu, Wladimir Gostjukin
Ein russischer LKW-Fahrer, der sich in der mongolischen Steppe verirrt hat, findet gastfreundliche Aufnahme bei einer Nomadenfamilie. Der Film sagt mehr über die Größe und Verschiedenheit des Landes als viele überkluge Kommentare. HFJ 1992

Urlaub in Hollywood U181
ANCHORS AWEIGH ****
USA 1945, 134 Min., F
R: George Sidney D: Frank Sinatra, Gene Kelly, Kathryn Grayson
Die Matrosen Joe (ein Casanova) und Clarence (ein Schüchti) machen nach acht Monaten auf See Urlaub in Hollywood. Joe will Clarence ein Mädchen besorgen, doch die Möchtegernsängerin Susan, die er ihm zugedacht hat, findet auch seinen Beifall. Auch Clarence geht nicht leer aus. Filmmusical ohne große Story, aber dafür mit Tanz und Gesang und einer putzigen Trickfilmmaus als Gaststar.

Urlaub vom Himmel U182
HERE COMES MR. JORDAN ***
USA 1940, 91 Min., s/w
R: Alexander Hall

Frank Sinatra, Gene Kelly in ›Urlaub in Hollywood‹.

D: Robert Montgomery, Evelyn Keyes, Claude Rains
Einem bei einem Flugzeugunglück ums Leben gekommenen Boxer wird vom Allmächtigen höchstpersönlich die Möglichkeit gegeben, in einer anderen leiblichen Hülle auf der Erde weiterzuleben. Er muß nur den für ihn passenden Körper unter den kürzlich Verstorbenen finden und probiert mehrere aus. Sehr einfallsreiche Komödie.

Ursus, der Schrecken der Kirgisen U183
URSUS IL TERRORE DEI KIRGHISI **
Italien 1964, 94 Min., F
R: Anthony M. Dawson D: Reg Park, Mireille Granelli, Ettore Manni
Der Vorzeit-Muskelmann Ursus begegnet in Asien einer mit magischen Kräften ausgestatteten bösen Hexe und einigen machtlüsternen Halunken, die es in die Schranken zu weisen gilt. Mit vielen Schlägereien operierender Sandalenfilm. LFF

Ursus, der Unbesiegbare U184
URSUS NELLE TERRA DI FUOCO **
Italien 1963, 82 Min., F
R: Giorgio Simonelli D: Ed Fury, Claudia Mori, Luciana Gilli
Antik-Muskelmann Ursus steht der Tochter eines gemordeten Königs und in der Sklaverei schmachtenden Hirten gegen einen bösen Usurpator bei. Nach Schema F entstandener Sandalenfilm mit zahlreichen Kampfszenen. LFF

Ursus im Reich der Amazonen U185
LA REGINA DELLE AMAZZONI **
Italien 1960, 91 Min., F
R: Vittorio Sala D: Ed Fury, Dorian Gray, Gianna Maria Canale
Ursus und zwei Schatzsucher geraten auf der Insel der Amazonen in einen Hinterhalt, doch als Piraten ihre Häscher angreifen, helfen sie ihnen und vereiteln den Überfall. Sandalenfilm italienischer Machart. LFF

Ursus im Tal der Löwen U186
URSUS NELLE VALLE DEI LEONI **
Italien 1961, 93 Min., F
R: Carlo Ludovico Bragaglia D: Ed Fury, Moira Orfei, Alberto Lupo
Ein Usurpator stürzt einen König, doch dessen Söhnchen Ursus flieht und wächst bei Löwen auf. Zum Muskelmann herangewachsen, erobert er sein Reich zurück und gibt dem Bösling Saures. Anspruchslos. LFF

Ursus, Rächer der Sklaven U187
URSUS **
Italien/Spanien 1960, 90 Min., F
R: Carlo Campogalliani D: Ed Fury, Cristina Gajoni, Moira Orfei
Der antike Muskelmann Ursus rettet seine Braut und deren Freunde, die von den Jüngern einer Stiergöttin entführt wurden und als Sklaven auf einer Insel schmachten. Sandalenfilm typischer Machart. LFF

Das Urteil U188
LE VERDICT ****
Frankreich/Italien 1974, 103 Min., F
R: André Cayatte D: Sophia Loren, Jean Gabin, Michel Albertini
Ein Mann steht unter Mordverdacht. Seine Mutter entführt die schwerkranke Frau des Richters, um einen Freispruch zu erpressen. Packender Justizthriller vom Meister dieses Genres.

Urteil von Nürnberg U189
JUDGEMENT AT NUREMBERG ****
USA 1961, 168 Min., s/w
R: Stanley Kramer D: Spencer Tracy, Burt Lancaster, Marlene Dietrich
Vier ehemalige Nazi-Juristen stehen bei den Nürnberger Prozessen unter Anklage. Drei fühlen sich unschuldig,

der vierte, zeitweilig Hitlers Justizminister, bekennt sich auf dem dramatischen Höhepunkt der Verhandlung zu seiner Schuld.

Urwald in Aufruhr U190
JUNGLE MANEATERS **
USA 1954, 66 Min., s/w
R: Lee Sholem D: Johnny Weissmueller, Karen Booth, Richard Stapley
Um einer Schmugglerbande das Handwerk zu legen, begibt sich der Abenteurer Dschungel-Jim in den Busch. Nebenher wird eine Diamantenmine bestreikt, und unser Held rauft sich mit Löwen, Stieren und Krokodilen.

Utamaros Welt U191
UTAMARO, YUMETO SHIRISEBA ***
Japan 1977, 113 Min., F
R: Akio Jissoji D: Shin Kishida, Shingo Yamashiro, Isao Taiyosha
Filmporträt des Meisters des erotischen Holzschnittes, der im Vergnügungsviertel Tokios Anregungen und in einem Schauspieler und Dieb einen Geistesverwandten findet.

Utopia U192
***
BRD 1982, 187 Min., F
R: Sohrab Shahid-Saless D: Manfred Zapatka, Imke Barnstedt, Gundula Petrovska, Gabriele Fischer
Ein Zuhälter und fünf Frauen gründen in Berlin ein Bordell. Der Zuhälter erweist sich immer mehr als Tyrann, und die Frauen fassen den Plan, sich durch Mord von ihm zu befreien. Eindringliche Parabel über das Scheitern von Revolten in unserer Gesellschaft.

Maximilian Schell und Richard Widmark in ›Urteil von Nürnberg‹.

Utu – Die letzte Schlacht der Maoris U193
***
UTU
Neuseeland 1982, 107 Min., F
R: Geoff Murphy D: Anzac Wallace, Wi Kuki Kaa, Bruno Lawrence
Die Geschichte des Guerillakrieges eines europäisierten Ureinwohners von Neuseeland gegen die britische Kolonialmacht. Der mutige Kampf des in religiös-magischen Kategorien denkenden Maori scheitert jedoch an mangelnder strategischer Effektivität. Archaisch-kraftvolle Westernballade über die Konfrontation zwischen zwei gegensätzlichen Kulturen.

UX Bluthund – Tauchfahrt des Schreckens U194
**
KAITAI DAISENSO
Japan 1966, 83 Min., F
R: Terence Ford D: Peggy Neal, Frank Gruber, André Huse, Steve Queens
Fischmenschen entführen japanisches Reporterpärchen in ihr Reich, statten sie operativ mit Kiemen aus und wollen die Erde erobern. Der ewige Kindskopf Inoshiro Honda drehte den Film wohlweislich unter Pseudonym. LSFF

Uzala, der Kirgise U195
DERSU UZALA ****
UdSSR/Japan 1975, 136 Min., F
R: Akira Kurosawa D: Maxim Munzouk, Yurij Solomine, Swetlana Danilehenko
Die Freundschaft zwischen einem zaristischen Offizier und einem kirgisischen Nomaden, der in der unwegsamen Taiga lebt. Filmische Meditation über Natur und Zivilisation, die sich fremd bleiben.

V

Vagabund in tausend Nöten V1
THE BAWDY ADVENTURES OF TOM JONES ***
GB 1976, 92 Min., F
R: Cliff Owen D: Nicky Henson, Trevor Howard, Terry Thomas
Der Findling Tom Jones wächst im 18. Jahrhundert im Haus eines Landedelmanns heran und heiratet nach zahllosen Sexabenteuern dessen Tochter. Noch ansehbare Sexkomödie.

Die Valachi-Papier V2
COSA NOSTRA ***
Frankreich/Italien 1972, 120 Min., F
R: Terence Young D: Charles Bronson, Lino Ventura, Joseph Wiseman
Joseph Valachi ist ein kleiner Gangster im Dienste der Cosa Nostra. Nachdem er von seinem Paten Vito Genovese den Todeskuß erhalten hat, sucht er die Flucht nach vorn und packt vor einem Untersuchungskommitee aus. Seine Aussagen ergeben ein erstes umfassendes Bild des organisierten Verbrechens in den USA. Harter Thriller.

Valby – Das Geheimnis im Moor V3 ***
MIRAKLET I VALBY
Dänemark/Schweden 1989, 85 Min., F
R: Ake Sandgren D: Jakob Kats, Lina Englund, Troels Asmussen
Drei Freunde, die mit einem Wohnwagen eine Zeitreise unternehmen, finden sich im Mittelalter wieder und geraten mit einer unheimlichen Sekte aneinander. Spannender Abenteuerfilm mit Gruseleinlagen. HFJ 1992

Valdez V4
VALDEZ IS COMING ****
USA 1970, 90 Min., F
R: Edwin Sherrin D: Burt Lancaster, Susan Clark, Jon Cypher
Um einen Schurken zu zwingen, eine 100-Dollar-Schuld einzulösen, die er bei der Witwe eines getöteten Schwarzen hat, zieht der mexikanische Deputy Valdez wie Michael Kohlhaas in die Schlacht. Western der Reihe »Einer gegen alle«. Nichts für Freunde blutiger Action.

Valentino V5
VALENTINO ***
USA 1977, 100 Min., F
R: Ken Russell D: Rudolf Nurejev, Leslie Caron, Michelle Phillips
Bizarres, bildmächtiges Lebensbild des Stummfilmschauspielers Rudolph Valentino, der im Jahr 1926 starb.

Valkenvania V6
NOTHING BUT TROUBLE ***
USA 1991, 89 Min., F
R: Dan Aykroyd D: Chevy Chase, Dan Aykroyd, John Candy
Dan Aykroyds Regiedebüt ist eine überdrehte Fantasy-Komödie um ein Yuppie-Paar und seine exzentrischen Freunde aus der Großstadt, die in der amerikanischen Provinz in ein wahres Gruselkabinett geraten. HFJ 1993

Valmont V7
VALMONT ***
Frankreich/USA 1989, 137 Min. F
R: Milos Forman D: Colin Firth, Annette Bening, Meg Tilly
Verfilmung des Briefromans »Les Liaisons Dangereuses« von Choderlos de Laclos um das erotische Intrigenspiel einer Marquise, die ihren frauenhungrigen Liebhaber aus Rache unsanft aufs Kreuz legt. Im Gegensatz zu Stephen Frears' brillanter Version *Gefährliche Liebschaften* langweilig und formal uninspiriert.

Vamp V8
VAMP **
USA 1986, 89 Min., F
R: Richard Wenk D: Chris Makepeace, Sandy Baron, Robert Rusler
Drei Jungstudenten verirren sich in einen Nachtclub, dessen Personal von Vampiren gestellt wird. Zwei fallen ihnen zum Opfer, nur einer kommt mit heiler Haut davon. HFJ 1988

Der Vampir aus dem All V9
NOT OF THIS EARTH **
USA 1988, 80 Min., F
R: Jim Wynorski D: Traci Lords, Arthur Roberts, Lenny Juliano
Eine Krankenschwester versorgt einen mysteriösen Patienten täglich mit Bluttransfusionen und erkennt in ihm einen außerirdischen Vampir. Remake von *Gesandter des Grauens,* in der Hauptrolle eine US-Porno-Queen. HFJ 1990

Der Vampir von Notre Dame V10
I VAMPIRI **
Italien 1957, 78 Min., s/w
R: Riccardo Freda D: Gianna Maria Canale, Wandisa Guida, Paul Müller
Journalist sucht seine verschwundene Braut und gerät an eine vampirische Adlige, die sich mit Jungmädchenblut die ewige Jugend erhält.

Vampira V11
VAMPIRA ***
GB 1974, 89 Min., F
R: Clive Donner D: David Niven, Teresa Graves, Peter Bayliss
Ein in die Jahre gekommener Dracula sucht nach einer bestimmten Blutgruppe, um seine Frau wieder zum Leben zu erwecken. Ulkiger Vampirspaß aus England.

Vampire Bat V12
VAMPIRE BAT **
USA 1933, 67 Min., s/w
R: Frank Strayer D: Lionel Atwill, Fay Wray, Melvyn Douglas
Irrer Wissenschaftler hat in seinem Labor eine Kreatur erschaffen, die sich von Menschenblut ernährt. Alter, eher einfältiger Hollywoodschinken.

Die Vampire des Dr. Dracula V13
LA MARCA DEL HOMBRE LOBO **
Spanien 1967, 95 Min., F
R: Enrique L. Equiluz D: Paul Naschy, Dianik Zurakowska, Julian Ugarte, Manuel Mazaneque
Ein gräflicher Werwolf beißt Herrn Waldemar, der ebenfalls zum Werwolf wird und Hilfe bei einem Experten sucht, der sich (nebst Gattin) als Vampir entpuppt. Schmierenkomödie aus Spanien, vom Hauptdarsteller höchstpersönlich erdacht.

Vampire gegen Herakles V14
ERCOLE AL CENTRO DE LA TERRA ***
Italien 1961, 83 Min., F
R: Mario Bava D: Reg Park, Leonora Ruffo, Giorgio Ardisson, Christopher Lee
Um ein Heilmittel zu finden, das seine mit einem Zauberbann belegte Geliebte retten soll, geht Herakles in die Unterwelt und stößt auf an Seilen hängende Vampire und andere Satansbraten. Pfundiger Antikfilm. LFF

Vampiro V15
EL VAMPIRO **
Mexiko 1956, 83 Min., s/w
R: Fernando Mendez D: German Robles, Ariadne Welter, Abel Salazar
Vampirpärchen sucht Hazienda heim und macht seine Opfer zu Untoten, bis ein Mediziner sie traditionsgemäß pfählt. Drittklassiger Horrorfilm des an drittklassigen Horrorfilmen reichen Landes Mexiko.

Vampyr – Der Traum des Allan Grey V16
****
H L'ETRANGE AVENTURE DE DAVID GREY
Frankreich/D 1932, 73 Min., s/w
R: Carl Theodor Dreyer D: Julian West, Henriette Gérard, Sybille Schmitz, Jan Hieronimko
Bei einem Ausflug aufs Land kommt ein junger Mann zu einem abgelegenen, finsteren Schloß und gerät in den Bann vampirischer Nachtträume. Der Stoff, aus dem unzählige schlichte Horrorfilme gefertigt wurden, verwandelt sich unter den Händen dieses Regisseurs zu einer unvergeßlichen Bildkomposition über die Abgründe der menschlichen Seele. Erster Tonfilm des Regisseurs.

Vampyros Lesbos – Die Erbin des Dracula V17
*
EL SIGNO DEL VAMPIRO
BRD/Spanien 1970, 89 Min., F
R: Jess Franco D: Susann Korda, Ewa Stroemberg, Dennis Price

Yalcin Güzelce, Yaman Okay und Yavuz Kalan in ›Vatanyolu – Die Heimreise‹.

Van Gogh V18
VAN GOGH ****
Frankreich 1991, 140 Min., F
R: Maurice Pialat D: Jacques Dutronc, Alexandra London, Gerard Sety
Poetische Darstellung der letzten Lebensmonate des holländischen Malers. Gelungene filmische Annäherung an den Künstler. HFJ 1993

Vanessa V19
**
BRD 1976, 90 Min., F
R: Hubert Frank D: Olivia Pascal, Anton Diffring, Günther Clemens
Klosterschülerin erbt Hongkong-Puff, gibt voyeuristischen und lesbischen Gelüsten nach und kehrt, nachdem sie knapp einem Bösmann entkommen ist, in die Heimat zurück. Sexer mit Olivia Pascal in gewagten Posen.

Vanya – 42. Straße V20
VANYA 42. STREET ****
USA 1995, 115 Min., F
R: Louis Malle D: Wallace Shawn, Julianne Moore, Andre Gregory
An einer Hot-Dog-Bude in der 42 Straße in New York treffen sich Regis-

Vari – Eine indische Wallfahrt V21
***
BRD 1993, 88 Min., F
R: Henning Stegmüller
Die Pilger dieser Wallfahrt nennen sich Varkaris. Sie müssen jedes Jahr mindestens einmal nach Pandharpur pilgern. Der Dokumentarfilm ist der Versuch, die Wirklichkeit des religiösen Lebens jenseits des stereotypen Indienbildes dem westlichen Publikum aus indischer Sicht zu vermitteln. HFJ 1994

Vatanyolu – Die Heimreise V22
****
BRD 1988, 94 Min., F
R: Enis Günay, Rasim Konyar D: Yaman Okay, Füsun Sen, Yavuz Kalan
Sympathische Komödie um eine türkische Familie, die in ihre Heimat zurückkehren will, sich nach einer Autopanne aber an einem Waldrand häuslich einrichtet. HFJ 1990

Vater V23
APA ***
Ungarn 1966, 85 Min., s/w
R: István Szabó D: Miklós Gábor, Klári Tólnay, András Bálint, Dani Erdély

machen. Höchst intelligente psychologische Studie, die trotz politischer Interpretierbarkeit platte Botschaften vermeidet.

Vater der Braut V24
FATHER OF THE BRIDE ****
USA 1950, 93 Min., s/w
R: Vincente Minnelli D: Spencer Tracy, Joan Bennett, Elizabeth Taylor
Rechtsanwaltstochter, die in den heiligen Stand der Ehe treten will, stürzt ihren anfangs darüber entzückten Vater während der Hochzeitsvorbereitungen in allerlei Probleme, die immer chaotischere Formen annehmen. Eine flott inszenierte Familienkomödie.

Vater eines Soldaten V25
OTJEZ SOLDATA ***
UdSSR 1964, 89 Min., s/w
R: Reso Tscheidse D: Sergo Sakariadse, W. Priwalzew, A. Nazarow
Die Reise eines russischen Bauern zu seinem verwundeten Sohn an die Front läßt den Krieg aus dem Blickwinkel des einfachen Menschen vom Lande erleben.

Vater ist nicht verheiratet V26
THE COURTSHIP OF EDDIE'S FATHER ***
USA 1963, 118 Min., F
R: Vincente Minnelli D: Glenn Ford, Shirley Jones, Stella Stevens
Altkluger Sechsjähriger, der keinen Bock hat, in einem Männerhaushalt zu leben, geht nach dem Tod der Mutter für Papa auf Brautschau. Heiter und rührend gemachte Komödie, die so erfolgreich war, daß sie in den Vereinigten Staaten gleich eine Fernsehserie nach sich zog.

Vater, Mutter und neun Kinder V27
**
BRD 1958, 95 Min., s/w
R: Erich Engels D: Heinz Erhardt, Camilla Spira, Corny Collins
Der vermeintliche Seitensprung eines Bäckers wirbelt viel Mehl auf, doch wie heißt es im Schlußlied: »Eine glückliche Familie ist das schönste auf der Welt / Dies Glück gibt's nur für Liebe, nicht für Geld«. Heile-Welt-Komödie.

Vater sein dagegen sehr V28
***
BRD 1957, 90 Min., F
R: Kurt Meisel D: Heinz Rühmann, Marianne Koch, Hans Leibelt
Heinz Rühmann spielt einen Mann, der die Kinder seiner verstorbenen Schwester zu sich nimmt, die die Behörden in ein Waisenhaus stecken wollen. Wen das nicht rührt ...

Väter und Söhne V29
PADRI E FIGLI ****
Italien 1957, 97 Min., s/w
R: Mario Monicelli D: Vittorio de Sica, Marcello Mastroianni, Franco Interlenghi, Antonella Lualdi
Episodische Komödie über das Verhältnis von Söhnen und Vätern in verschiedenen Familien, freundlich und leicht inszeniert, wunderbar gespielt.

Velvet Goldmine V30
VELVET GOLDMINE ***
GB/USA 1998, 120 Min., F
R: Todd Haynes D: Jonathan Rhys Meyers, Ewan McGregor, Toni Collette
Dramaturgisch komplizierte Hommage an die Zeit des Glamour-Rocks. Ein Reporter soll den spurlos verschwundenen Star der damaligen Szene ausfindig machen. Vielschichtig komponiertes Porträt einer Ära mit hervorragenden Darstellern. Dennoch wohl nur für Fans dieser Musik.
HFJ 1999

Venedig sehen und ... erben V31
THE HONEY POT ****
USA 1967, 131 Min., F
R: Joseph L. Mankiewicz D: Susan Hayward, Rex Harrison, Cliff Robertson
Bankrotter Lebemann täuscht Krankheit und dicke Erbschaft vor, um ein Alibi für einen geplanten Mord zu haben, der ihn sanieren soll, doch sein Plan geht in die Hose. Eine spritzige Komödie, perfekte Unterhaltung.

Venus V32
BLACK VENUS **
USA/Spanien 1983, 90 Min., F
R: Claude Mulot D: Josephine Jacqueline Jones, José Antonio Ceinos
Schwarze Karibikschönheit verläßt eifersüchtigen Maler, quartiert sich bei bisexueller Blondine ein, macht Bekanntschaft mit deren perversem Gatten, wird im Bordell tätig und findet ein böses Ende. Softporno.

Die Venus der Piraten V33
LA VENERE DEI PIRATI ***
Italien 1960, 77 Min., F
R: Mario Costa D: Gianna Maria Canale, Massimo Serrato, Scilla Gabel
Piraten und eine flink mit dem Degen hantierende Kapitänstochter mischen einen verräterischen Herzog und seine Vasallen auf, die die Menschen unterdrücken.

Venus im Pelz V34
LA MALIZE DI VENERE ***
BRD/Italien 1968, 86 Min., F
R: Max Dillman D: Laura Antonelli, Régis Vallée, Werner Pochath
Masochistischer Schriftsteller beichtet einem Psychiater seine Lebensgeschichte, die darin gipfelt, daß sich seine peitschenschwingende Sado-Geliebte ebenfalls als »unterwürfig« entpuppt. Sex-Kitsch.

Venus macht Seitensprünge V35
ONE TOUCH OF VENUS ***
USA 1947, 81 Min., s/w
R: William A. Seiter D: Ava Gardner, Robert Walker, Dick Haymes
Ein schüchterner Warenhausdekorateur verliebt sich in eine marmorne Venus, die nach einem Kuß zum Leben erwacht. Als Dieb der Statue von der Polizei verfolgt, und den anstrengenden Zudringlichkeiten der Liebesgöttin ausgesetzt, ist er schließlich froh, als diese in den Olymp zurückbeordert wird. Geistreiche Adaptation des Musicals von Kurt Weill, S. J. Perelman und Ogden Nash.

Die Venus-Passage V36
I JOMFRUENS TEGN **
Dänemark 1973, 88 Min., F
R: Andrew Oppenheim D: Ole Söltoft, Bent Warburg, Lone Helmer
Beamter eilt mit triebdämpfendem Medikament in ein Provinzinternat, um sexuellen Ausschweifungen vorzubeugen, doch ein Wissenschaftler mit einem Potenzpulver kompliziert den Fall. Ansatzweise komischer Sexfilm.

Vera Baxter V37
BAXTER, VERA BAXTER ***
Frankreich 1976, 90 Min., F
R: Marguerite Duras D: Claudine Gabay, Delphine Seyrig, Gérard Depardieu
Der Versuch, in die Psyche einer gefühlskalten, resignierten Frau einzudringen, die von ihrem Mann gewissermaßen verkauft worden ist, um die Spielschulden zu begleichen. Eine unspektakuläre, aber bittere Vivisektion in Form einer Befragung durch eine andere, unbekannte Frau.

Vera Cruz V38
VERA CRUZ ****
USA 1954, 96 Min., F
R: Robert Aldrich D: Gary Cooper, Burt Lancaster, Denise Darcel
Zwei Söldner, die während der mexikanischen Revolution für Kaiser Maximilian arbeiten, lernen eine Gräfin kennen, die sie anstiftet, seinen Schatz zu stehlen. Während der eine mitmacht, schließt sich der andere den Revolutionären an.

Vera Romeyke ist nicht tragbar V39
**
BRD 1976, 102 Min., F
R: Max Willutzki D: Rita Engelmann, Horst Lateika, Herbert Chwoika
Engagierte junge Lehrerin wird als Radikale verleumdet und versetzt. Unterhaltsame Gesellschaftskritik.

Die Verachtung V40
LE MEPRIS ****
Frankreich/Italien 1964, 110 Min., F
R: Jean-Luc Godard D: Brigitte Bardot, Jack Palance, Michel Piccoli
Die Ehe eines Drehbuchautors wird durch seine Ignoranz und seinen Opportunismus zerstört, während ein Film über Odysseus und Penelope entstehen soll. Brillanter Essay über das emotionale Schlachtfeld Kino.

wells bis nach Holland verfolgt, wo er bei einer drallen Wirtin lebt. Amüsanter Fechterfilm.

Die verborgene Festung V42
KAKUSHI TORIDE NO SAN-AKUNIN ****
Japan 1958, 139 Min., s/w
R: Akira Kurosawa D: Misa Uehara, Takashi Shimura, Toshiro Mifune
Während der japanischen Bürgerkriege im 16. Jahrhundert machen sich eine despotische Prinzessin und ein ihr loyaler General auf eine gefährliche Reise, um ihr Vermögen in Sicherheit zu bringen. Obwohl sie die Unterstützung ihrer beiden habgierigen Söldner im entscheidenden Moment verlieren, wendet sich alles zum Guten. Souverän inszenierte und poesievolle Tragikomödie um die menschliche Gier nach Geld und Ruhm.

Verboten V43
MARCY **
USA 1969, 81 Min., s/w
R: Joseph W. Sarno D: Artie Giannini, Sheila Britt, Nick Dundas
Aufgrund eines bösartigen Gerüchts finden diverse hetero- und bisexuelle Formationen zueinander. Früher Sexer aus den USA.

Verbotene Leidenschaft V44
AKAI SATSUI ***
Japan 1964, 107 Min., F
R: Shohei Imamura D: Masumi Harukawa, Akira Nishimura
Eine Ehe gerät in sexuelle Schwierigkeiten. Japanischer Problemfilm der sechziger Jahre in schauriger deutscher Bearbeitung.

Verbotene Liebe V45
***
DDR 1989, 90 Min., F
R: Helmut Dzuiba D: Hans-Peter Dahm, Julia Brendler, Gudrun Ritter
Jugenddrama. Ein 18jähriger wird vom Vater einer Minderjährigen angezeigt, weil er mit ihr geschlafen hat. DDR-Sozialkritik. HFJ 1991

Die verbotene Liebe des Samurai V46
****
YARI NO GONZA
Japan 1985, 120 Min., F
R: Masahiro Shinoda D: Hiromi Goh, Shima Iwashita, Shohei Hino
Eine Legende über Form und Sitte: Ein Samurai versucht, im Haus seines Meisters an die geheime Beschreibung einer Teezeremonie zu kommen und wird des Ehebruchs mit der Frau bezichtigt.

Verbotene Spiele V47
JEUX INTERDITS ****
Frankreich 1952, 88 Min., s/w
R: René Clément D: Brigitte Fossey, Georges Poujouly, Lucien Hubert
Ein kleines verwaistes Mädchen wird

Machtkampf: Autor und Schauspielerin: Michel Piccoli und Brigitte Bardot in ›Die Verachtung‹.

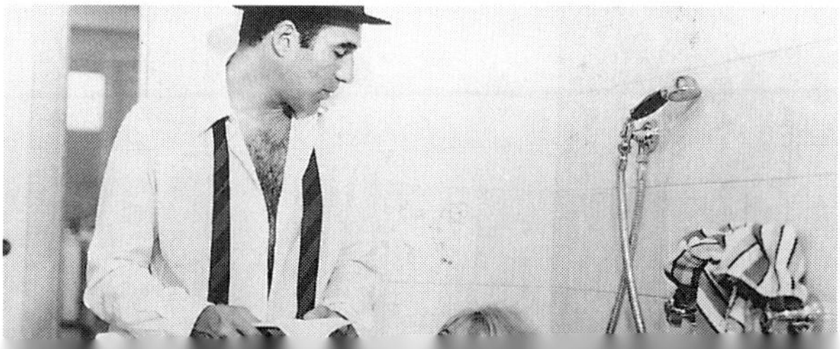

während des Zweiten Weltkriegs von einer Bauernfamilie aufgenommen und freundet sich besonders mit dem Sohn seiner neuen Eltern an. Dadurch kommt es zur Versöhnung zwischen zwei zerstrittenen Familien. Die »verbotenen« Kriegsspiele der Dorfkinder verdeutlichen auf bestürzende Weise den Verlust kindlicher Unschuld in einer grausamen Welt und machen den trotzdem hoffnungsvollen Film zu einer zeitlosen Anklage gegen Gewalt und Krieg.

Verbotene Zärtlichkeiten V48
L'EDUCATION ANGLAISE **
Frankreich 1982, 92 Min., F
R: Jean-Claude Roy D: Jean Antolinos, Bernard Musson, Caroline Laurence
Eine Waise landet in einem Internat, in dem sich irre Dinge tun: Eine Lehrerin entpuppt sich als Mann, und unsere Heldin entwickelt sich nach und nach zur Domina. Sexfilm für ein Publikum, das an der Entwicklung von Charakteren weniger interessiert ist.

Verbrechen und andere Kleinigkeiten V49 ****
CRIMES AND MISDEMEANORS
USA 1989, 105 Min., F
R: Woody Allen D: Woody Allen, Martin Landau, Anjelica Huston, Mia Farrow, Sam Waterston
Das Drama eines berühmten Arztes, der eine gefährlich gewordene Geliebte umbringen läßt, und die Komödie eines erfolglosen Dokumentarfilmers, der ein Porträt über ihn drehen soll, ist einer der schönsten Filme Allens, von Sven Nykvyst wundervoll fotografiert. HFJ 1991

Verbrecherische Herzen V50
CRIMES OF THE HEART ***
USA 1986, 105 Min., F
R: Bruce Beresford D: Diane Keaton, Jessica Lange, Sissy Spacek
Drei Schwestern treffen sich im Haus ihrer verstorbenen Eltern. Nach der ersten Wiedersehensfreude kommt es zu heftigen Auseinandersetzungen und Nervenzusammenbrüchen. Kammerspielartige, schauspielerisch brillante Tragikomödie. HFJ 1988

Verdacht V51
SUSPICION ****
USA 1941, 98 Min., s/w
R: Alfred Hitchcock D: Cary Grant, Joan Fontaine, Nigel Bruce, Cedric Hardwicke
Die Tochter reicher Eltern heiratet aus Trotz eine undurchsichtige flüchtige Bekanntschaft. Bald ergeben sich für sie Verdachtsmomente dafür, daß ihr Ehemann sie umbringen will. Atmosphärisch dichter Thriller mit geschickter Spannungsdramaturgie, in dem Cary Grant Charmeur und gleichzeitig Finsterling brillant spielt.

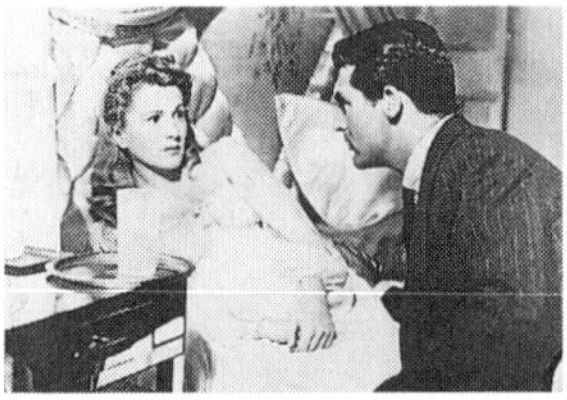

Joan Fontaine und Cary Grant

Verdacht auf Liebe V52
THE UNBELIEVABLE TRUTH ****
USA 1989, 98 Min., F
R: Hal Hartley D: Adrienne Shelly, Robert Burke, Christopher Cooke
Ein Haftentlassener kehrt nach 15 Jahren in seine Heimatstadt zurück, wo sich eine 17jährige in ihn verliebt. Als Automechaniker versucht er sich in der Werkstatt ihres Vaters eine neue Existenz aufzubauen und gewinnt durch die vorurteilsfreie temperamentvolle Geliebte neues Selbstbewußtsein. Zeitnahes Kinodebüt Hal Hartleys, das insbesondere durch eindrucksvolle Experimente auf der Bild- und Tonebene besticht.

Verdammt, die Zombies kommen V53 **
THE RETURN OF THE LIVING DEAD
USA 1984, 89 Min., F
R: Dan O'Bannon D: Clu Gulager, James Karen, Don Calfa
Der Rauch eines verbrannten Zombies weckt die Toten eines Friedhofs, die sich gleich aufmachen, Menschen zu fressen. Verquaste Parodie auf dumme Zombie-Filme, die an sich schon ihre eigene Parodie sind. HFJ 1987

Verdammt in alle Ewigkeit V54
FROM HERE TO ETERNITY ****
USA 1953, 118 Min., s/w
R: Fred Zinnemann D: Burt Lancaster, Montgomery Clift, Deborah Kerr
Episodische Erlebnisse amerikanischer GIs in den Tagen vor der japanischen Attacke auf den Marinestützpunkt Pearl Harbor: Ein Soldat wird provoziert, weil er nicht in der Boxmannschaft seiner Einheit mitmachen will; ein Sergeant treibt es mit der frustrierten Gattin seines Vorgesetzten.

Verdammt sind sie alle V55
SOME CAME RUNNING ***
USA 1958, 130 Min., F
R: Vincente Minneli D: Shirley MacLaine, Dean Martin, Frank Sinatra
Ein Kriegsheimkehrer kommt in seinem Heimatort und mit seiner Familie nicht mehr zurecht. Als er eine Prostituierte heiratet, ist der Skandal perfekt. Loser-Ballade nach James Jones.

Verdammt zur Lust V56
SCARF OF MIST, THIGH OF SATIN *
USA 1967, 75 Min., F
R: Joseph W. Sarno D: Cleo Nova, Sheila Britt, Justin Moreau
Sexparties und Orgien im New Yorker Schickimicki-Milieu. Erpressung und Betriebsspionage kommen auch noch drin vor. Schlichte Stöhnoper.

Verdammt zur Sünde V57 ***
BRD 1964, 104 Min., s/w
R: Alfred Weidenmann D: Martin Held, Tilla Durieux, Else Knott, Christa Linder
Ein aus dem Osten Vertriebener wird mit seiner Familie nach Kriegsende in einer als Behelfsflüchtlingslager dienenden Burg untergebracht. Die dort herrschenden menschenunwürdigen Verhältnisse lassen ihn den Mut verlieren, und seine Kinder gleiten in Kriminalität und Prostitution ab. Mißlungene Romanverfilmung.

Der Verdammte der Inseln V58
THE OUTCAST OF THE ISLANDS ****
GB 1951, 100 Min., s/w
R: Carol Reed D: Trevor Howard, Ralph Richardson, Robert Morley

Weil er einer Südseeschönheit sexuell verfallen ist, sinkt ein entwurzelter Weißer so tief, daß er sich mit den Rivalen seines Wohltäters verbündet und ihn ruiniert. Tropenfilm ohne Südseeromantik, nach dem Roman von Joseph Conrad.

Die Verdammten V59
LA CADUTA DEGLI DEI ****
Italien 1968, 148 Min., F
R: Luchino Visconti D: Dirk Bogarde, Ingrid Thulin, Helmut Griem
Die Erbschaftskämpfe in der Familie eines verstorbenen Stahlbarons zur Zeit des beginnenden Dritten Reiches geben den Rahmen für eine betäubende Film-Vision vom Untergang der Macht.

Die Verdammten des Krieges V60
CASUALTIES OF WAR ***
USA 1988, 113 Min., F
R: Brian de Palma D: Sean Penn, Michael J. Fox, Don Harvey
Amerikanische Soldaten im Vietnamkrieg nehmen eine Vietnamesin gefangen, vergewaltigen und ermorden sie. Ein junger Soldat kämpft darum, daß diese Tat nicht ungesühnt bleibt.

The Verdict – Die Wahrheit und nichts als die Wahrheit V61 ***
THE VERDICT
USA 1982, 129 Min., F
R: Sidney Lumet D: Paul Newman, Charlotte Rampling, Jack Warden
Ein heruntergekommener Anwalt erhält als letzte Chance, sich zu beweisen, den Fall einer durch einen »Kunstfehler« ins Koma gefallenen Patientin. Dabei stehen ihm das Krankenhaus, die Ärzte und ein gewiefter Anwalt gegenüber. Temporeicher und spannender Gerichtsfilm, der die eindrucksvolle Studie eines individuellen Kampfs um Anerkennung mit gesellschaftlicher Kritik verbindet.

Beschuldigung, nach einem Unfall Fahrerflucht begangen zu haben, verurteilt und gerät im Gefängnis in die Machenschaften des organisierten Verbrechens. Beeindruckender Mafia-Thriller von einem Meister dieses Genres.

Verfehlung V63
***
BRD 1991, 105 Min., F
R: Heiner Carow D: Angelika Domröse, Gottfried John, Jörg Gudzuhn
Weihnachten 1988 in Ostberlin. Hier, im Großstadtgewimmel, wollen Elisabeth und Jacob die Feiertage verleben – sie, Reinemachefrau aus Deutschland-Ost, er, Hafenarbeiter aus Deutschland-West. Doch das Liebesnest wird ihnen gekündigt. Klischeehafter Beziehungsfilm.
HFJ 1993

Verfemt V64
THE KID FROM TEXAS ***
USA 1949, 79 Min., F
R: Kurt Neumann D: Audie Murphy, Frank Wilcox, Gale Storm
Filmbiographie des Revolvermanns Billy the Kid, von der dreizehn auf ein Dutzend gehen, ohne daß man der historischen Wahrheit nahekommt. Dennoch nicht langweilig.

Das verflixte siebente Jahr V65
THE SEVEN YEAR ITCH ****
USA 1955, 100 Min., s/w
R: Billy Wilder D: Tom Ewell, Marilyn Monroe, Oscar Homolka
Phantasiegeplagter Strohwitwer bildet sich »Verhältnis« mit einer blonden Schönen ein und bemüht sich, selbiges vor der Öffentlichkeit zu verbergen. Legendäre Sexkomödie, in der MM ihren (für heutige Verhältnisse übergroßen) Slip vorführt.

Verflucht dies Amerika V66
***

Die Verfluchten V67
HOUSE OF USHER ****
USA 1960, 79 Min., F
R: Roger Corman D: Vincent Price, Mark Damon, Myrna Fahey
Um zu verhindern, daß ein auf seiner Familie lastender Fluch sich fortsetzt, läßt Roderick Usher seine an Starrkrämpfen leidende Schwester lebendig einmauern. Kleines Horrorjuwel nach Edgar Allan Poe.

Verfolgt V68
PURSUED ***
USA 1947, 101 Min., s/w
R: Raoul Walsh D: Robert Mitchum, Teresa Wright, Judith Anderson
Waisenknabe, der von Alpträumen geplagt wird, in denen ein Mann mit Sporen eine Rolle spielt, wird als Erwachsener von vier Halunken überfallen, zu denen auch der Mann aus seinen Träumen gehört.

Verfolgte Wege V69
***
BRD 1989, 106 Min., F
R: Uwe Janson D: Peter Cieslinski, Barbara Auer, Michael Dick
Kontaktscheuer Kriegsheimkehrer erlebt zarte Liebesgeschichte mit einer Magd. Gefühlvolles Nachkriegsmelodram. Gelungener Debütfilm, des ersten Hypo-Regiepreisträgers.

Die Verfolgung und Ermordung Jean Paul Marats V70 ****
THE PERSECUTION ANDASSASSINATION OF JEAN PAUL MARAT
GB 1966, 135 Min., F
R: Peter Brook D: Patrick Magee, Ian Richardson, Glenda Jackson
Filmische Dokumentation der berühmten englischen Inszenierung des Stückes von Peter Weiss, in dem der Marquis de Sade im Irrenhaus von Charenton ein Stück über die Ermordung des Revolutionärs aufführt

Vier komödiantische Episoden über männliches Sexualverhalten. Trotz großer Namen ein Riesenflop.

Der Verführer läßt schön grüßen V72
***
ALFIE
GB 1965, 108 Min., F
R: Lewis Gilbert D: Michael Caine, Shelley Winters, Vivien Merchant
Alle Frauen lieben Alfie, und Alfie kann keiner widerstehen – bis er an die reiche Ruby gerät. Alfie scheint sich gründlich zu ändern. Swinging-Sixties-Komödie, die im Lauf der Zeit etwas von ihrem Flair verloren hat.

Die Verführerin V73
UNE RAVISSANTE IDIOTE ***
Fr/It 1963, 98 Min., s/w
R: Edouard Molinaro D: Brigitte Bardot, Anthony Perkins
Bankangestellter verliert seinen Job, schwört dem Kapitalismus böse Rache und läßt sich mit sowjetischen Agenten ein, denen von den Briten Papiere zugespielt werden, die völlig wertlos sind. Eine Blondine entpuppt sich in letzter Konsequenz als auf der richtigen Seite stehend. Netter Quatsch.

Verführerischer Mond V74
FENG YUE/TEMPTRESS MOON ***
Hongkong 1996, 127 Min., F
R: Chen Kaige D: Leslie Cheung, Gong Li, Kevin Lin
Eine schöne Frau zwischen zwei Männern während des Umbruchs Chinas vom Kaiserreich zur Republik. Die komplizierte Dramaturgie und ein seltsames visuelles Konzept voller Ästhetizismen erschweren den Zugang zu einer sowieso schon fremdartigen Geschichte. Tragisches Familienepos.
HFJ 1998

Verführt V75
GROSS MISCONDUCT **
Australien 1993, 96 Min., F
R: George Miller D: Jimmy Smits, Naomi Watts, Sarah Chadwick
Von ihrem Vater mißbrauchtes Mädchen verliebt sich in einen Universitätsprofessor, den sie nach der ersten Liebesnacht anzeigt. Etwas spannungsarmes, solide umgesetztes Soziodrama.

Der verführte Mann V76
L'HOMME BLESSE ***
Frankreich 1983, 106 Min., F
R: Patrice Chéreau D: Jean-Hughes Anglade, Vittorio Mezzogiorno, Armin Mueller-Stahl
Die Geschichte eines Mannes, der einem Strichjungen in hilfloser Liebe verfällt und an seiner Kälte zugrundegeht.

Verführung auf der Schulbank V77
**
BRD 1979, 87 Min., F
R: Kenneth Howard D: Helen Thomas, Günther Bayer, Regula Mertens
Exhibitionistisch veranlagte Lehrerin läßt sich mit einem Schüler ein und wird von einem anderen erpreßt, der sie zwingt, sich vor seinen Freunden zu entblößen. Von voyeuristischer Kamera gefilmter Halbporno.

Die Verführung der Sirenen V78
SIRENS ***
Australien/GB 1994, 94 Min., F
R: John Duigan D: Sam Neill, Elle MacPherson, Hugh Grant, Kate Fischer
Ein junger englischer Reverend und seine Frau lernen im australischen Hinterland bei einem Maler und seinen Musen viel über die eigene Sexualität und die verdrängten Wünsche. Ein sinnlicher Film mit märchenhaften Elementen. HFJ 1995

Die Verführung des Joe Tynan V79
****
THE SEDUCTION OF JOE TYNAN
USA 1979, 101 Min., F
R: Jerry Schatzberg D: Alan Alda, Barbara Harris, Meryl Streep, Rip Torn
Ein junger aufstrebender Politiker schafft den Weg nach Washington und wird dort von allen Seiten unter Druck gesetzt. Politmelodram, das sich immer zu wiederholen scheint.

Verführung: Die grausame Frau V80
***
BRD 1985, 84 Min., F
R: Elfie Mikesch D: Mechtild Grossmann, Udo Kier, Sheila McLaughlin
Fantasievolle, etwas bemüht provokante Film-Variation über Leopold Sacher-Masochs *Venus im Pelz.*

Vergeltung am Teufelssee V81
THE SECRET OF CONVICT LAKE ***
USA 1951, 80 Min., s/w
R: Michael Gordon D: Glenn Ford, Gene Tierney, Ethel Barrymore
Entwichene Sträflinge nisten sich in einen zeitweilig nur von Frauen bewohnten Ort im verschneiten Nevada ein und suchen einen Schatz. Ein unschuldig Verurteilter ist auf Rache aus. Westerndrama.

Die Vergeltung des roten Korsaren V82
**
IL FIGLIO DEL CORSARO ROSSO
Italien 1958, 96 Min., F
R: Primo Zeglio D: Lex Barker, Sylvia Lopez, Vira Silenti
Verbrecherischer Gouverneur versucht, arme Dienstmagd (in Wahrheit Tochter eines Grafen), zur Ehe zu zwingen, um sich ihr Vermögen anzueignen, doch ihr Piratenbruder hat etwas dagegen. Seeabenteuer üblicher Machart.

Die vergessene Insel V83
PASCALI'S ISLAND ***
GB 1988, 100 Min., F
R: James Dearden D: Ben Kingsley, Charles Dance, Helen Mirren
Türkischer Spitzel auf einer griechischen Insel muß mitansehen, wie ein Engländer sich an seine Angebetete heranmacht, wird aber dennoch sein Freund. Gepflegt inszeniert, aber etwas langatmig. HFJ 1989

Das vergessene Tal V84
THE LAST VALLEY ***
USA 1970, 126 Min., F
R: James Clavell D: Omar Sharif, Michael Caine, Nigel Davenport
Im 30jährigen Krieg rettet ein Lehrer ein vom Krieg verschontes Alpental vor marodierenden Soldaten. Allerlei menschliche Abscheulichkeiten vor historischer Kulisse.

Der vergessene Führer V85
****
BRD 1982, 156 Min., F
R: Peter Heller
Aufstieg und Fall des ultrakonservativen Juristen und späteren Medienzaren Alfred Hugenberg, dessen wich-

tigste Rolle als publizistischer Wegbereiter Hitlers bis heute weitgehend unbekannt blieb. Die sorgfältig recherchierte Dokumentation geht über eine rein historische Aufklärung des Phänomens weit hinaus. Sie provozieren auch Fragen nach dem heutigen Verhältnis von Medien und Politik.

Die Vergessenen V86
LOS OLVIDADOS ****
Mexiko 1951, 76 Min., s/w
R: Luis Buñuel D: Roberto Cobo, Alfonso Mejia, Miguel Incian
Realistische Schilderung des Alltags von Straßenjungen in den Slums von Mexico City, zwischen Erschrecken und Mitleid.

Vergewaltigt
siehe: Frau in Notwehr

Vergewaltigt hinter Gittern V87
A CAVALLO DELLA TIGRE ***
Italien 1961, 105 Min., s/w
R: Luigi Comencini D: Nino Manfredi, Mario Adorf, Gian Maria Volonte
Hinter dem reißerischen Titel verbirgt sich eine sozialkritische Tragikomödie um einen naiven Lastwagenfahrer, der im Gefängnis von einer Gruppe Schwerverbrecher ausgenutzt wird.

Vergewaltigt hinter Gittern V88
JACKSON COUNTY JAIL ***
USA 1975, 84 Min., F
R: Michael Miller D: Yvette Mimieux, Tommy Lee Jones, Robert Carradine
Eine junge Frau, die von einem Polizisten vergewaltigt wird, erschlägt diesen in Notwehr. Harte Außenseiterstory, bestes B-Picture-Kino.

Vergiß Venedig V89
DIMENTICARE VENEZIA ***
Italien/Frankreich 1979, 108 Min., F
R: Franco Brusati D: Erland Josephson, Mariangela Melato, Eleonora Giorgi

Jeremy Irons, Miranda Richardson, Rupert Graves und Juliette Binoche in ›Verhängnis‹.

Beziehungen. Ein wehmütiger und doch hoffnungsvoller Film – als hätte Franco Brusati die eisige Welt Ingmar Bergmans der Sonne Italiens ausgesetzt.

Verhängnis V90
DAMAGE ****
Fr/GB 1992, 111 Min., F
R: Louis Malle D: Jeremy Irons, Juliette Binoche, Miranda Richardson
Ein britischer Staatssekretär mit guten Aussichten auf einen Ministerposten beginnt eine leidenschaftliche sexuelle Beziehung mit der Freundin seines Sohnes. Als dieser die beiden in flagranti ertappt, kommt es zur Tragödie, die den Staatssekretär zur Besinnung bringt. Dramaturgisch gelungenes Drama, das die zerbrechliche Oberfläche gesellschaftlicher Konventionen eindrucksvoll zeigt. HFJ 1993

Verhängnis V91
***
BRD 1994, 80 Min., F
R: Fred Kelemen D: Sanja Spengler, Valerij Fedorenko

Das Verhängnis der Liebe V92
AMOR DE PERDICAO ***
Portugal 1978, 260 Min., F
R: Manoel de Oliveira D: António Sequeira Lopes, Cristina Hauser
Ende des 18. Jahrhunderts scheitert die Liebe eines jungen Paares tragisch, weil ihre Eltern sich aus Standesdünkel einen erbitterten Kleinkrieg liefern. Mit Kritik an den Zwängen der konservativen Gesellschaft unterlegte Liebesgeschichte voll visueller Wucht.

Eine verhängnisvolle Affäre V93
FATAL ATTRACTION ****
USA 1987, 119 Min., F
R: Adrian Lyne D: Michael Douglas, Glenn Close, Anne Archer
Erfolgreicher Thriller über einen braven Ehemann, der eines Tages doch mal fremdgeht, das Objekt seiner Begierde dann aber nicht mehr los wird. Die verlassene Geliebte schreckt selbst vor Mord nicht zurück, um den Armen zu halten. HFJ 1989

Verhängnisvolle Liebe V94
STRANGE INTERLUDE ***
USA 1987, 108 Min., F

Eine verheiratete Frau V95
UNE FEMME MARIEE ****
Frankreich 1964, 91 Min., s/w
R: Jean-Luc Godard D: Macha Meril, Bernard Noel, Philippe Leroy
Ein schwangere Frau zwischen Ehemann und Geliebtem. Das »Fragment eines 1964 gedrehten Filmes« (Godard) ist ein brillanter Essay über Wahrnehmung und (Selbst-)Betrug im Alltagsleben.

Das Verhör V96
GARDE A VUE ****
Frankreich 1981, 88 Min., F
R: Claude Miller D: Lino Ventura, Michel Serrault, Romy Schneider
Während eines Verhörs in der Neujahrsnacht wird ein als Zeuge geladener Notar immer verdächtiger, zwei kleine Mädchen vergewaltigt und getötet zu haben, bis der Zufall eine unerwartete Wende herbeiführt. Geniales Kammerspiel über Schuld und Moral mit hervorragenden Darstellern.

Der verkaufte Großvater V97
***
Deutschland 1942, 90 Min., s/w
R: Joe Stöckel D: Josef Wichheim, Winnie Markus, Oskar Sima
Verfilmtes Bauerntheater um einen verschuldeten Bauern, einen Konkurrenten, der um jeden Preis seinen Hof haben will, die Liebesgeschichte der Kinder beider und allerlei Sapperlott hinundher. Draußen war Krieg.

Der verkaufte Großvater V98
***
BRD 1961, 92 Min., F
R: Hans Albin D: Hans Moser, Vivi Bach, Hubert von Meyerinck, Erika von Thellmann, Beppo Brehm
Neuerliche Verfilmung das klassischen Bauerntheater-Schwanks um Erbschaftsintrigen, Wunderquellen und Familienglück. Hans Moser ist immer gut.

Der verkehrte Sherlock Holmes V99
***
THEY MIGHT BE GIANTS
USA 1972, 88 Min., F
R: Anthony Harvey D: George C. Scott, Joanne Woodward, Jack Gilford
Ein Rechtsanwalt, der sich für den Meisterdetektiv Sherlock Holmes hält, tut sich mit einer Ärztin namens Dr. Watson zusammen, um gegen das Böse zu kämpfen. Hintergründige Komödie mit Fantasy-Elementen.

Die verlängerte Zeit V100
PRODLOUZENY CAS ***
CSSR 1984, 86 Min., F
R: Jaromil Jires D: Milos Kopecky, Tatana Fischerova, Petr Cepek
Ein Kunsthistoriker erfährt von seiner Krebskrankheit, versucht seinem Leben vor dem Tod noch Sinn zu geben und fällt, als sich die Diagnose als falsch erweist, wieder in den alten Trott zurück.

Verlassen Sie bitte ihren Mann V101
***
Österreich/BRD 1993, 100 Min., F
R: Reinhard Schwabenitzky D: Elfi Eschke, Helmut Griem, Michael Scheidl
Die Gattin eines Politikers weigert sich, im Wahlkampf das ideale Ehepaar zu mimen, während es zu Hause kracht. Sie verläßt ihren Mann und macht interessante Erfahrungen in der Männerwelt. Komödie, die auf Klischees setzt und mit dem Holzhammer arbeitet. HFJ 1995

Verliebt in die Gefahr V102
YEAR OF THE GUN ***
USA 1991, 112 Min., F
R: John Frankenheimer D: Andrew McCarthy, Valeria Golino, Sharon Stone
Zwei amerikanische Journalisten geraten im Italien des Jahres 1978 in Verwicklungen mit den Roten Brigaden. Enttäuschender Politthriller vom einstigen Meister des Genres. HFJ 1993

Verliebt in einen Fremden V103
LOVE WITH THE PROPER STRANGER ***
USA 1963, 100 Min., s/w
R: Robert Mulligan D: Natalie Wood, Steve McQueen, Herschel Bernardi
Eine romantische Verkäuferin entscheidet sich gegen die Abtreibung des Kindes aus einer Liebesaffäre mit einem Jazz-Musiker, der wie sie ein Kind italienischer Einwanderer in New York ist. Dieser versucht sie zur Heirat zu bewegen. Konventionelle Geschichte mit exzellenten Schauspielern und einer lebendigen Milieubeschreibung von »Little Italy«.

Verliebt in Paris V104
TO PARIS WITH LOVE ***
GB 1964, 80 Min., F
R: Robert Hamer D: Alec Guinness, Odile Versois, Vernon Gray
Ein schottischer Witwer und sein Sohn helfen sich in Paris gegenseitig bei der Suche nach Partnerinnen. Die beiden ausgesuchten Französinnen lassen sich durch die Vermittlungsversuche jedoch nicht so ohne weiteres beeinflussen. Gut gespielte, augenzwinkernde Komödie.

Die verliebte Firma V105
****
Deutschland 1932, 63 Min., s/w
R: Max Ophüls D: Gustav Fröhlich, Anny Ahlers, Lien Deyers
Berliner Produktion dreht in den bayrischen Alpen ein musikalisches Lustspiel. Die Dreharbeiten gestalten sich recht chaotisch, zumal sich das Film-Liebespaar beständig in den Haaren liegt. Ironisch-romantisches Spiel um Verstellung, Liebe und Film. Ophüls' zweiter Film.

Verliebte Unschuld V106
TERESA VENERDI ****
Italien 1941, 88 Min., s/w
R: Vittorio de Sica D: Vittorio de Sica, Adriana Benetti, Anna Magnani
Ein die Genüsse des Lebens nicht verachtender Kinderarzt, der wegen seiner schlechten finanziellen Situation in einem Waisenhaus arbeitet, macht Bekanntschaft mit einem jungen Mädchen. Durch sie entkommt er seinen Gläubigern, verliert aber auch seine Freundinnen. Heiter-tragische Komödie mit ironischem Witz, in der bereits Ansätze zum Neorealismus erkennbar sind.

Die Verliebten V107
GLI INNAMORATI ****
Italien 1955, 82 Min., s/w
R: Mauro Bolognini D: Antonella Lualdi, Nino Manfredi, Gino Cervi
Episoden aus dem Leben einer römischen Freundesclique, der das ge-

meinsam angeschaffte Motorrad ebenso wie amouröse Verwicklungen zu schaffen machen.

Die Verlobung des Monsieur Hire V108 ****

MONSIEUR HIRE
Frankreich 1989, 76 Min., F
R: Patrice Leconte D: Michel Blanc, Sandrine Bonnaire, Luc Thuillier
Monsieur Hire steht Abend für Abend am Fenster und beobachtet seine schöne Nachbarin. Es entwickelt sich eine scheue Beziehung zwischen den beiden, die in Frage gestellt wird, als die Leiche eines Mädchens gefunden wird und der Außenseiter Hire unter Verdacht gerät. Psychologisches Kammerspiel. HFJ 1990

Sandrine Bonnaire und Michel Blanc

Verlockende Falle V109 ***

ENTRAPMENT
USA 1998, 113 Min., F
R: Jon Amiel D: Sean Connery, Catherine Zeta-Jones, Ving Rhames
Angebliche Versicherungsdetektivin betört einen charmanten Gentleman-Meisterdieb, um mit ihm einen gigantischen Mega-Coup durchzuziehen. Auf High Tech getrimmter, eigentlich liebenswert-altmodischer Einbrecher-Krimi mit dem nötigen Schuß an Romantik, ironischen Seitenhieben auf das Genre, aber auch Schwachstellen in der Inszenierung. HFJ 2000

Der Verlorene V110 ****

›Die verlorene Ehre der Katharina Blum‹ – Zeitthemen im deutschen Film: Terrorismusdebatte der siebziger Jahre.

Die verlorene Ehre der Katharina Blum V111 ****

BRD 1975, 102 Min., F
R: Volker Schlöndorff, Margarethe von Trotta
D: Angela Winkler, Mario Adorf, Heinz Bennent, Dieter Laser
Die Suche nach einem Verdächtigen bringt auch eine flüchtige Bekannte ins Visier der Ermittlungen und der Skandalpresse. In die Enge getrieben setzt sie sich gewaltsam zur Wehr. Ein Politdrama über die RAF-Hysterie der siebziger Jahre. Nach Heinrich Böll.

Das verlorene Halsband der Taube V112 ****

TAWK AL HAMAMA AL MAFKUD
Tunesien/Frankreich 1991, 90 Min., F
R: Nacer Khemir D: Navin Chowdhry, Walid Arakji, Ninar Esber
Ein junger Kalligraph verliebt sich in die geheimnisvolle Prinzessin von Samarkand und erkennt, daß ein Menschenleben nicht ausreicht, alle 60 arabischen Ausdrücke für Liebe kennenzulernen. HFJ 1993

Der verlorene Horizont V113 **

LOST HORIZON

Verlorene Jahre V114 ***

HOSTAGES
GB 1992, 106 Min., F
R: David Wheatley D: Colin Firth, Ciaran Hinds, Harry Dean Stanton
Die authentische Geschichte der sechs westlichen Geiseln, die von islamischen Fundamentalisten im Libanon festgehalten wurden.

Die verlorene Legion V115 **

ORAZI E CURIAZI
Italien 1961, 88 Min., F
R: Ferdinando Baldi D: Alan Ladd, Franca Bettoja, Franco Fabrizi
Monumentalfilm über drei Patrizier, die im Jahr 7 für das Römische Reich kämpfen. Historienfilm, in dem der einstige Weltstar Alan Ladd aussieht, als sei er im falschen Film.

Die verlorene Sprache der Kräne V116 **

THE LOST LANGUAGE OF CRANES
GB 1991, 90 Min., F
R: Nigel Finch D: Brian Cox, Eileen Atkins, Angus MacFayden
Ein Ehepaar gerät in die Krise, als der Sohn gesteht, homosexuell zu sein.

lichen Kampf eines Mannes gegen seine Alkoholabhängigkeit mit einem angehängten »optimistischen« Ende.

Die Verlorenen V118
THE COBWEB ***
USA 1955, 119 Min., F
R: Vincente Minelli D: Richard Widmark, Lauren Bacall, Gloria Grahame
Arzt, der die Leitung einer psychiatrischen Klinik übernimmt, hat schwer zu kämpfen mit den Intrigen seines Vorgängers, mit den Problemen seiner Ehe und mit moralischen Anfechtungen. Minelli und Widmark machen aus diesem kruden Stoff großartiges Seelenkino.

Verlorenes Spiel V119
EAST SIDE, WEST SIDE ***
USA 1949, 109 Min., s/w
R: Mervyn Le Roy D: Barbara Stanwyck, James Mason, Van Heflin
Ein verheirateter New Yorker Geschäftsmann verfällt den Verlockungen einer verführerischen Frau. Das läßt sich seine Ehegattin nicht gefallen und verläßt ihn schließlich, nachdem es zu einem Mord gekommen ist. Glatter Hollywoodstreifen, der außer luxuriöser Ausstattung kaum etwas zu bieten hat.

Das Vermächtnis des Gringos
siehe: Das Vermächtnis des Inka

Das Vermächtnis des Indianers V120
WINDWALKER ****
USA 1980, 108 Min., F
R: Keith Merril D: Trevor Howard, Nick Ramus, James Remar
Alter Indianer findet nach vielen dramatischen Wendungen seinen Sohn wieder, der von einem fremden Stamm entführt und aufgezogen wurde. Ausgezeichnet fotografierter Film, der sich um Verständnis zwischen den Völkern bemüht.

Das Vermächtnis des Inka V121
VIVA GRINGO **
BRD/It/Sp 1965, 100 Min., F
R: Georg Marischka D: Guy Madison, Rik Battaglia, Francisco Rabal
Böse Gringos wollen dem letzten Inka und dessen Gefährten einen riesigen Schatz rauben. Ein Schuß in den Ofen, nach dem Roman von Karl May.

Das Vermächtnis des Professor Bondi V122
A BUCKET OF BLOOD **
USA 1959, 66 Min., s/w
R: Roger Corman D: Dick Miller, Barboura Morris, Anthony Carbone
Kellner entdeckt neue »Kunstrichtung« und sieht sich aus Erfolgsgründen gezwungen, Menschen zu töten und mit Modelliermasse zu überziehen. Passabler Thriller, der in bewährter Corman-Manier den Erfolg des Films *Das Kabinett des Professor Bondi* ausbeutet.

Vermißt V123
MISSING ****
USA 1981, 122 Min., F
R: Costa Gavras D: Jack Lemmon, Sissy Spacek, John Shea
Ein amerikanischer Geschäftsmann untersucht auf eigene Faust die Umstände, die zur Ermordung seines Sohnes während eines Militärputsches in einem südamerikanischen Land führten. Modellhafte filmische Anklage, die auch die Verstrickungen der USA nicht ausspart.

Ein Vermögen in Rosarot V124
LE DIAMANT DE SALISBURY ***
Frankreich 1986, 79 Min., F
R: Christiane Spiero D: Philippe Noel, Christian Pereira, Zabon
Um an einen wertvollen Diamanten zu kommen, wollen drei junge Leute unbedingt in ein bestimmtes Gefängnis kommen. Das ist nicht so einfach. Amüsante Kriminalgroteske.

Die Vernichtung des Dschingis Khan V125
URSUS NELL'INFERNO DE GENGIS KHAN **
Italien 1964, 81 Min., F
R: Domenico Paolella D: Mark Forest, José Greci, Ken Clark
Der prähistorische Muskelmann Ursus befreit die Tochter eines polnischen Königs aus den Klauen von Mongolen. Durchschnittlicher Sandalenfilm biederen Zuschnitts.

Verrat am Khyber-Paß V126
KHYBER PATROL ***
USA 1954, 71 Min., F
R: Seymour Friedman D: Richard Egan, Dawn Addams, Raymond Burr
Um 1890 in der Bergwelt Afghanistans: Britischer Offizier im Einsatz gegen Aufständische. Routineabenteuer nach altbewährtem Muster.

Der Verrat des Surat Khan V127
THE CHARGE OF THE LIGHT BRIGADE ****
USA 1936, 85 Min., s/w
R: Michael Curtiz D: Errol Flynn, Olivia de Havilland, Patric Knowles
Britischer Kolonialoffizier wird in Indien in politische Intrigen verstrickt und rupft ein Hühnchen mit einem einheimischen Gegner. Wilde Kämpfe in einem Super-Hollywoodfilm.

Verrat im Fort Bravo V128
ESCAPE FROM FORT BRAVO ***
USA 1953, 98 Min., F
R: John Sturges D: William Holden, Eleanor Parker, John Forsythe
Südstaatenagentin befreit Gefangene aus dem Yankee-Fort Bravo, doch nach gelungenem Coup werden sie von Indianern und einem unnachgiebigen Offizier verfolgt. Spannender Westernklassiker.

Verraten V129
BETRAYED ****
USA 1988, 126 Min., F
R: Constantin Costa-Gavras D: Debra Winger, Tom Berenger, John Heard
Eine FBI-Undercoveragentin, die im Mordfall eines jüdischen Hörfunkmoderators ermittelt, verliebt sich in einen reaktionären Farmer. Konfrontiert mit rassistischen und neofaschistischen Umtrieben im ländlichen amerikanischen Mittelwesten zieht sie persönliche Konsequenzen. Gesellschaftskritischer Politthriller von großer atmospärischer Dichte.

Der Verräter V130
THE INFORMER ****
USA 1935, 92 Min., s/w
R: John Ford D: Victor McLaglen, Heather Angel, Preston Foster
Dublin 1922, »Sinn Fein«-Freiheitsaufstand der Iren gegen die britische

Herrschaft. Ein einfältiger junger Bursche verrät seinen Freund für geringes Geld an die Engländer, weswegen er von den Rebellen verfolgt und hingerichtet wird. Aufgrund seines radikalen Symbolismus ein filmhistorisch innovatives Werk John Fords.

Die Verrohung des Franz Blum V131
****
BRD 1974, 104 Min., F
R: Reinhard Hauff D: Jürgen Prochnow, Eike Gallwitz, Burkhard Driest
Ein Bankangestellter beteiligt sich an einem Überfall und wird nach dem Fehlschlag ins Gefängnis gesteckt, wo er sich dem brutalen System des Überlebens anzupassen lernt. Nach einem autobiographischen Drehbuch von Burkhard Driest.

Verrückt nach Mary V132
THERE'S SOMETHING ABOUT MARY ***
USA 1998, 118 Min., F
R: Peter Farrelly, Bobby Farrelly
D: Cameron Diaz, Matt Dillon, Ben Stiller, Lee Evans
Haarsträubend verrückt-naive Slapstick-Komödie um einen tolpatschigen Teenie, der sein erstes Rendezvous mit seiner Traumfrau versaut und sie zehn Jahre später mit Hilfe eines hinterlistigen Privatdetektives wiederfindet. Die derben Scherze strotzen zwar vor lauter schlechtem Geschmack, das Ganze ist aber so stimmig inszeniert, daß man dennoch lachen muß. HFJ 1999

Das verrückte California-Hotel V133
***
CALIFORNIA SUITE
USA 1978, 102 Min., F
R: Herbert Ross D: Jane Fonda, Alan Alda, Michael Caine, Bill Cosby
In einem Nobelhotel angesiedeltes Episodenstück über Ehepaare und ihre Probleme. Komödienstoff von Neil Simon, der nicht sonderlich tief schürft, aber gut unterhält.

schen Version des »Dr.-Jekyll-und-Mr.-Hyde«-Themas auf allen Positionen: als doppelter Hauptdarsteller, als Autor, Regisseur und Produzent.

Verrückte Tage V135
LUDI DANI ***
Jugoslawien 1977, 93 Min., F
R: Nikola Babic D: Zvonko Lepetic, Illja Ivezic, Spaso Papac
In der Kneipe eines kleinen dalmatinischen Dorfes treffen sich die heimgekehrten Gastarbeiter aus Deutschland. Ihr Prahlen mit den erworbenen Reichtümern und eine unsinnige Wette führen zu einer Katastrophe.

Die verrückten Nachbarn V136
NEIGHBORS ***
USA 1981, 95 Min., F
R: John G. Avildsen D: John Belushi, Dan Aykroyd, Cathy Moriarty
Absurde Komödie um ein verrücktes Pärchen, das die Idylle einer gemütlichen Vorstadtsiedlung gehörig durcheinanderwirbelt. Klamotte voller Gags, die manchmal jedoch zu makaber geraten sind.

Ein verrückter Leichenschmaus V137
**
PASSED AWAY
USA 1992, 92 Min., F
R: Charlie Peters D: Bob Hoskins, Maureen Stapleton, Tim Curry
Bei der Begräbnisfeier für den Vater zeigen sich die Mitglieder einer irisch-amerikanischen Familie als reichlich ausgeflippte Bande, von der kaum einer wirklich das ist, was er zu sein scheint. Mehr oder minder turbulente Komödie.

Verrückter Mittwoch V138
MAD WEDNESDAY ***
USA 1947/50, 77 Min., s/w
R: Preston Sturges D: Harold Lloyd, Jimmy Conlin, Raymond Walburn
Schüchterner Buchhalter versucht

re später umgeschnitten, umbenannt und um 12 Minuten gekürzt.

Verrückter Mond V139
CRAZY MOON ***
Kanada 1986, 89 Min., F
R: Allan Eastman D: Kiefer Sutherland, Vanessa Vaughan, Peter Spence
Melodramatische, aber anrührende Liebesgeschichte zwischen einer lebenstüchtigen Taubstummen und einem neurotischen jungen Mann.
HFJ 1990

Ein verrücktes Huhn V140
TENDRE POULET ***
Frankreich 1977, 106 Min., F
R: Philipe de Broca D: Annie Girardot, Philippe Noiret, Hubert Deschamps
Eine liebenswerte desorganisierte Kriminalkommissarin muß einen Fall lösen und zugleich ihr Privatleben sortieren. Wie fast immer gelingt es de Broca, Slapstick, Romantik, einen Hauch von Tragödie und gar auch eine Prise Realismus zu einer trefflichen Komödie zu verbinden, die scheinbar nicht altert.

Ein verrücktes Paar V141
GRUMPY OLD MEN ***
USA 1993, 104 Min., F
R: Doland Petrie D: Jack Lemmon, Walter Matthau, Ann-Margret
Zwei alte Männer streiten sich seit Jahrzehnten um Nichtigkeiten. Die Situation eskaliert als eine flotte Lady ins Nachbarhaus zieht. Bösartige Komödie über Chauvi-Verhalten mit deftigen Dialogen. Großartige Schauspieler machen den Film zum Vergnügen.
HFJ 1995

Die verrückteste Rallye der Welt V142
***
THE GUMBALL RALLYE
USA 1976, 107 Min., F
R: Chuck Bail D: Michael Sarrazin,
Norman Burton, Gary Busey

Bernard Hill (links) in Greenaways morbidem Zahlenspiel ›Verschwörung der Frauen‹.

Die verschlossene Tür V143
THE SHUTTERED ROOM ***
GB 1967, 100 Min., F
R: David Greene D: Gig Young, Carol Lynley, Oliver Reed
Ehepaar erbt Haus auf irischer Insel, sieht sich Feindseligkeiten der Einheimischen ausgesetzt und hat eine Begegnung mit einem Monstrum. Nach einem auf H.P. Lovecraft basierenden Roman von August Derleth.

Verschollen im Bermuda-Dreieck V144
AIRPORT 77 ***
USA 1976, 114 Min., F
R: Jerry Jameson D: Jack Lemmon, Lee Grant, Brenda Vaccaro
Ein Flugzeug, das wegen an Bord befindlicher Kunstschätze von Terroristen entführt wird, kollidiert mit einer Bohrinsel, stürzt über dem Meer ab und sinkt langsam. Für die Passagiere beginnt ein qualvoller Überlebenskampf. Realistisch und spannend inszenierter Katastrophenfilm.

Verschollen im Harem V145
HARUM SCARUM **
USA 1966, 86 Min., F
R: Gene Nelson D: Elvis Presley, Mary Ann Mobley, Jay Novello
Filmstar soll im Auftrag arabischer Finsterlinge einen Scheich töten, doch er haut seine Auftraggeber in die Pfanne. Langweilige Musikkomödie.

Verschollen im Weltraum V146
MAROONED ***
USA 1969, 113 Min., F
R: John Sturges D: Gregory Peck, Richard Crenna, David Janssen
US-Astronauten, denen im Erdorbit der Sauerstoff ausgeht, werden von sowjetischen Kollegen gerettet. Der Film wurde für seine Spezialeffekte mit einem Oscar ausgezeichnet. LSFF

Das verschollene Inka-Gold V147
***
BRD/Fr/Rumänien 1978, 100 Min., F
R: Wolfgang Staudte D: Vadim Glowna, Ruby Manila, Amza Pellea
US-Eisenbahner nimmt Job in Ecuador an, lernt mysteriöses indianisches Mädchen kennen und stößt auf einen legendären Schatz. Abenteuerfilm nach Jack London.

Der Verschwender V148
***
Österreich 1963, 109 Min., F
R: Kurt Meisel D: Josef Meinrad, Inge Konradi, Walter Reyer
Filmdokumentation einer Burgtheater-Aufführung von Ferdinand Raimunds Zaubermärchen.

Die Verschwiegene V149
LA DISCRETE ****
Frankreich 1990, 91 Min., F
R: Christian Vincent D: Fabrice Luchini, Judith Henry, Maurice Garrel
Ein verlassener Mann schwört dem weiblichen Geschlecht Rache und beschließt, irgendein Mädchen zu verführen und es sofort wieder fallenzulassen. Die Liebe aber ist ein seltsames Spiel. Ein Regiedebüt voll Poesie und sanfter Ironie. HFJ 1992

Verschwiegene Spiele V150
NATTLEK ***
Schweden 1966, 97 Min., s/w
R: Mai Zetterling D: Ingrid Thulin, Keve Hjelm, Lena Brundin
Nach ihrem eigenen Roman erzählt die Regisseurin von einem durch die ausschweifende Lebensart seiner Klasse und seine krankhafte Bindung an die Mutter gequälten jungen Adligen, der sich am Ende nur durch eine Gewalttat befreien kann.

Verschwörung der Frauen V151
DROWNING BY NUMBERS ****
GB/Holland 1988, 113 Min., F
R: Peter Greenaway D: Joan Plowright, Juliet Sterensen, Bernard Hill
Drei Frauen, Mutter, Tochter, Enkelin, ertränken der Reihe nach ihre Ehemänner und erhalten bescheinigt, daß es sich dabei jeweils um einen Unfall gehandelt hat. Kriminalistisch-ästhetisches Rätselspiel von hohem visuellen Reiz. HFJ 1989

Verschwörung der Kinder V152
SUR LA TERRE COMME AU CIEL ***
Belgien/Fr/Spanien 1991, 80 Min., F
R: Marion Hänsel D: Carmen Maura, Didier Besace, Samuel Mussen
Die Verschwörung der Ungeborenen: Kein Kind verläßt mehr den Mutterleib, weil das Leben auf der Erde so hektisch, blöd und sinnlos ist. Auseinandersetzung mit dem Wert des Lebens, die zwischen Realsatire und Science fiction schwankt und vor allem durch die bissigeren Stellen besticht, oft aber auch durch penetrantes Moralisieren nervt. HFJ 1994

Verschwörung des Schweigens V153
CONSPIRACY OF SILENCE ***
Kanada 1991, 178 Min., F
R: Francis Mankiewicz D: Michael Mahonen, Stephen Ouinette

In einer kanadischen Provinzstadt wird die Vergewaltigung und Ermordung eines Indianermädchens vertuscht. Jahre später nimmt ein Polizist die Ermittlungen wieder auf.

Die Verschwörung von Assisi V154 ***
THE ASSISI UNDERGROUND
USA 1984, 108 Min., F
R: Alexander Ramati D: Irene Papas, James Mason, Maximilian Schell
Die auf wahre Begebenheiten zurückgehende Schilderung der Rettungstat des Franziskanermönchs Padre Rufino, der jüdische Flüchtlinge vor der Verfolgung der Faschisten in Sicherheit bringt.

Die verschwundene Miniatur V155 **
BRD 1954, 85 Min., s/w
R: Carl Heinz Schroth D: Paul Westermeier, Paola Loew, Ralph Lothar
Eine Frau muß eine Statue von Kopenhagen nach Hannover bringen und wird von Gaunern verfolgt. Fröhliche Durchschnittsunterhaltung nach Erich Kästner.

Das Versprechen V156 ****
BRD 1994, 110 Min., F
R: Margarethe von Trotta
D: Corinna Harfouch, Meret Becker, August Zirner
Ein junges Liebespaar will nach dem Mauerbau 1961 in den Westen fliehen, doch der Mann schafft's nicht. In knapp 28 Jahren sehen sich die Liebenden nur viermal, der gemeinsame Sohn wächst ohne Vater auf. Erst in der Nacht des Mauerfalls begegnen sie sich wieder. Politik und Gefühl kongenial vereint. HFJ 1996

Versprechen in der Dämmerung V157 ****
PROMISE AT DAWN
graphisch gefärbten Roman von Romain Gary. In der kompetenten Inszenierung ihres Mannes liefert Melina Mercouri eine beeindruckende schauspielerische Leistung.

Versteckt V158 ***
FORBIDDEN
GB/BRD 1984, 110 Min., F
R: Anthony Page D: Jacqueline Bisset, Jürgen Prochnow, Irene Worth
Eine deutsche Gräfin hält in den letzten Kriegsjahren ihren Geliebten, einen jüdischen Schriftsteller, verborgen. Historischer Thriller ohne allzu viel Tiefgang.

Versteckte Leidenschaft V159 ***
CAMOMILLE
Frankreich 1987, 82 Min., F
R: Mehdi Charef D: Philippine Leroy-Beaulieu, Remi Martin
Die seltsame Liebesgeschichte zwischen einem von der Mutter gefangengehaltenen jungen Mann und einem lebensmüden Mädchen aus dem Großbürgertum in einem eher synthetischen Melodram.

Verstecktes Ziel V160 **
BRASS TARGET
USA 1978, 112 Min., F
R: John Hough D: Sophia Loren, John Cassavetes, Patrick McGoohan
Der Tod des US-Generals Patton als Ergebnis eines obskuren Mordkomplotts in den USA, das den Raub der Goldreserven der Reichsbank decken soll. Die Theorie ist ja schon hirnrissig – aber der Film übertrifft diese bei weitem!

Die Versuchung heißt Jenny V161 **
LOS PIANOS MECANICOS
Spanien/Fr/It 1964, 94 Min., F
R: Juan Antonio Bardem D: Melina Mercouri, Hardy Krüger, James Mason
Momentaufnahme aus dem Leben einer Gruppe von Künstlern und Reichen an der Costa Brava. Mehr Kolportage als Kritik.

Versunkene Welt V162 **
THE LOST WORLD
USA 1960, 97 Min., F
R: Irwin Allen D: Claude Rains, Michael Rennie, Jill St. John
Im Quellgebiet des Amazonas stoßen ein britischer Professor und seine Begleiter auf prähistorische Tiere. Schwachbrüstige Neuverfilmung des Stummfilmklassikers *The Lost World*, nach dem Roman von A. Conan Doyle. LSFF

Der Verteidiger hat das Wort V163 ***
Deutschland 1944, 83 Min., s/w
R: Werner Klingler D: Heinrich George, Carla Rust, Rudolf Fernau
Die Tochter eines angesehenen Strafverteidigers will einen Juwelier heiraten, als dieser Opfer einer Erpressung durch seine frühere Frau wird.

Kinopublikum und Ferguson (James Stewart) erliegen einer Illusion in ›Vertigo – Aus dem Reich der Toten‹.

Nathalie Baye und Angela Winkler in ›Die Verweigerung‹ von Goretta.

Vertigo – Aus dem Reich der Toten V164 ****
VERTIGO
USA 1957, 128 Min., F
R: Alfred Hitchcock D: James Stewart, Kim Novak, Barbara Bel Geddes
Wegen seiner Höhenangst muß Stewart seinen Job als Polizist aufgeben. Als er für einen Freund dessen Frau beschattet, muß er tatenlos mitansehen, wie sie sich von einem Turm stürzt. Später trifft er eine Frau von großer Ähnlichkeit mit der Toten und beginnt, einen teuflischen Plan aufzudecken. Unbestritten eines von Hitchcocks Meisterwerken, komplex und raffiniert in der Handlung, unerreicht in Kameraführung und Suspense. Ein Film, der nie altert.

Vertrauen V165 ****
BIZALOM
Ungarn 1979, 117 Min., F
R: István Szabó D: Ildikó Bánsági, Péter Andorai, Károly Csáki
Im deutsch besetzten Ungarn des Jahres 1944 geben sich ein Widerständler und die Frau eines Untergrundkämpfers gezwungenermaßen als Ehepaar aus. Ihre von Mißtrauen gegen die Umwelt geprägte Zweck-Partnerschaft entwickelt sich allmählich zu einer echten Beziehung. Subtil inszenierte Studie über einen psychischen Befreiungsprozeß, die gleichzeitig die allgemeine Schwierigkeit menschlicher Beziehungen reflektiert.

Vertrauter Feind V166 ***
THE DEVIL'S OWN
USA 1997, 111 Min., F
R: Alan J. Pakula D: Harrison Ford, Brad Pitt, Ruben Blades
IRA-Kämpfer taucht in New York unter, um Waffen zu besorgen. Er findet Quartier bei der Familie eines Cops, die dadurch in Gefahr gerät. Thriller um die komplizierte Frage nach Freundschaft und Verrat. HFJ 1998

Die Vertreibung aus dem Paradies V167 ***
BRD 1976, 115 Min., F
R: Niklaus Schilling D: Herb Andress, Elke Haltaufderheide, Jochen Busse
Die Odyssee eines Kleindarstellers zwischen Cinecitta und der deutschen Filmszene. Vergnügliche Mischung als Melodram, Satire und Zauberspiel.

Verurteilt zum Tode V168 ***
DEATH PENALTY
USA 1979, 93 Min., F
R: Warris Hussein D: David Labiosa, Colleen Dewhurst, Dana Elcar
Ein 15jähriger, der in einem Bandenkrieg zwei Kontrahenten erstochen hat, findet im Gefängnis Fürsprecher, die seinem Leben Sinn geben.

Der Verwegene V169 ****
WILL PENNY
USA 1967, 110 Min., F
R: Tom Gries D: Charlton Heston, Joan Hackett, Donald Pleasence
Cowboy, der in Notwehr den Sohn eines selbsternannten Predigers verletzt hat, zieht die Rachsucht dessen Sippe auf sich und muß sich in einem einsam gelegenen Blockhaus gegen ihre bösen Attacken wehren.

Verwegene Gegner V170 ***
RIDE, VAQUERO!
USA 1953, 90 Min., F
R: John Farrow D: Robert Taylor, Ava Gardner, Anthony Quinn
Der Konflikt eines brutalen mexikanischen Banditen-Anführers mit seinem früheren Freund, der nach dem Sezessionskrieg in Texas auf der Seite der Großgrundbesitzer steht, endet für beide tödlich. Einfallsloser Western, in dem jedoch Anthony Quinn mit brillantem Spiel besticht.

Verwehte Spuren V171 ***
Deutschland 1938, 79 Min., s/w
R: Veit Harlan D: Kristina Söderbaum, Frits van Dongen
Nach einem Drehbuch von Thea von Harbou erzählt Harlan die Geschichte einer Kanadierin, die während der Pariser Weltausstellung verschwindet.

Die Verweigerung V172 ****
LA PROVINCIALE
Fr/Schweiz 1980, 112 Min., F
R: Claude Goretta D: Nathalie Baye, Angela Winkler, Bruno Ganz
Eine junge Frau aus der Provinz wird bei ihrer Suche nach einer Arbeitsstelle in Paris mit Männern konfrontiert, die ihre Situation ausnützen wollen. Sie wehrt sich erfolgreich gegen alle Zudringlichkeiten und kehrt schließlich in ihre Heimat zurück. Gelungene Studie über Defizite des Großstadtlebens anhand eines behutsamen und optimistischen Porträts einer Frau.

Verwöhnte Kinder V173 ***
DES ENFANTS GATES
Frankreich 1977, 109 Min., F
R: Bertrand Tavernier D: Christine Pascal, Michel Piccoli, Michel Aumont
Bei den Versammlungen eines Mieterkomitees lernen sich der Drehbuchautor Bernard und die junge Anne

kennen und lieben. Nach den unausweichlichen Konflikten trennt sich Anne von ihrem Liebhaber und beginnt ihr Leben selbständig zu gestalten. Ein meisterhaft inszenierter Film über die Schwierigkeiten zwischenmenschlicher Kommunikation.

Die verzauberte Leinwand V174
LA VELA INCANTATA ***
Italien 1982, 118 Min., F
R: Gianfranco Mingozzi D: Massimo Ranieri, Paolo Ricci, Lina Sastri
Zwei Brüder sind mit einem Wanderkino im Italien der ausgehenden 20er Jahre unterwegs. Der eine will in der Heimat seßhaft werden, und ist dazu bereit, mit den Faschisten zu kooperieren, der andere will gegen die drohende Diktatur kämpfen. Sehenswertes Beispiel für den poetischen Historismus des neuen italienischen Kinos.

Verzweifelte Menschen V175
DESPERATE CHARACTERS ***
USA 1971, 84 Min., F
R: Frank D. Gilroy D: Shirley MacLaine, Kenneth Mars
Eine unspektakuläre, aber intensiv gespielte Ehegeschichte aus New York. Und eine Geschichte über den Zustand dieser seltsamen Stadt.

V.I. Warshawski V176
V.I. WARSHAWSKI **
USA 1991, 89 Min., F
R: Jeff Karnew D: Kathleen Turner, Jay O. Sanders, Charles Durning
Eine Detektivin gerät per Zufall in ein Netz von Intrigen und darf dabei ihre Kenntnisse als Spürnase beweisen. Kathleen Turner erorberte damit nicht das Genre, das den Männern vorbehalten ist. HFJ 1993

Via Mala V177
***
BRD 1961, 93 Min., F
R: Paul May D: Gert Fröbe, Joachim

Victor/Victoria V178
VICTOR/VICTORIA ****
USA/GB 1982, 134 Min., F
R: Blake Edwards D: Julie Andrews, James Garner, Robert Preston
Eine erfolglose Sopranistin gibt sich im Paris des Jahres 1934 als männlicher Transvestit aus, um Auftrittsmöglichkeiten zu bekommen. Damit verwirrt sie nicht nur einen »Hetero«, sondern wird auch zum Star. Höchst amüsante und überzeugende Liebeskomödie mit geistreichen Dialogen und originellen Slapsticks.

Victoria V179
***
BRD/Schweden 1978, 106 Min., F
R: Bo Widerberg D: Michaela Jolin, Stephan Schwartz, Pia Skagermark
Knut Hamsuns Roman von der Liebe zwischen dem Müllerssohn und der Gutsherrentochter als Gleichnis gesellschaftlicher Widersprüche. Eher schwacher Film.

Vidas secas – Nach Eden ist es weit V180
****
VIDAS SECAS
Brasilien 1963, 100 Min., s/w
R: Nelson Pereira dos Santos
D: Atila Iório, Maria Ribeiro
Die Flucht einer armen brasilianischen Familie vor der Trockenheit, ihr elender Dienst bei einem Herdenbesitzer und ihr Leiden unter Behördenwillkür.

Video Blues V181
VIDEO LEVELEZES ***
Ungarn 1991, 100 Min., F
R: Arpád Sopsits D: Lajos Otto Horváth, Attila Epres, Judith Danyi
Janos in Ungarn und sein Bruder Gabor in Paris senden sich gegenseitig Videofilme, in denen sich Gegenwart und Vergangenheit, Realität und Fiktion vermischen. Ansprechender Film-Essay über das Verhältnis von Bildern

Heiratsvermittler hat selber Partnerschaftsprobleme. Einigermaßen lahme Komödie vom Regisseur der *Schweizermacher*.

Videodrome V183
VIDEODROME ***
Kanada 1982, 85 Min., F
R: David Cronenberg D: James Woods, Sonja Smits, Debbie Harry
Chef eines Kabel-TV-Senders stößt bei der Jagd nach perversem Kitzel für die Massen auf ein mysteriöses Programm, das Hirntumore erzeugt und Betrachtern den Realitätssinn nimmt. Ekelkino technisch brillanter Art.
LSFF

Viel Glück, Eddie! V184
BONNE CHANCE, CHARLIE! ***
Frankreich 1961, 90 Min., s/w
R: Jean-Louis Richard D: Eddie Constantine, Albert Préjean, Carla Marlier
Ein Amerikaner spürt nach dem Krieg in Griechenland einen Nazi-Arzt auf, der sich als skrupelloser ewig Gestriger erweist. Ein ungewohntes Thema für einen Eddie-Film.

Viel Lärm um nichts V185
MUCH ADO ABOUT NOTHING ****
GB/USA 1993, 111 Min., F
R: Kenneth Branagh D: Kenneth Branagh, Emma Thompson, Michael Keaton
Parma im 16. Jahrhundert: Zwei Liebespaare werden Opfer von Intrigen, die sie trennen bzw. zusammenführen. Rasante filmische Umsetzung der Shakespearekomödie, von Kenneth Branagh, dem britischen Shootingstar der Shakespeareszene auf Bühne und Leinwand, kongenial auf Zelluloid gebannt. HFJ 1994

Viel Rauch um nichts V186
UP IN SMOKE ***
USA 1978, 80 Min., F
R: Lou Adler D: Cheech Marin

ten Musikern erzählt. Eine Art Monumental-Werbespot für die Musik der beiden »Helden« Cheech Marin und Tommy Chong.

Viele sind berufen V187
CAREER ***
USA 1959, 105 Min., s/w
R: Joseph Anthony D: Dean Martin, AnthonyRanciosa, Shirley MacLaine
Ein mittel- und erfolgloser Schauspieler muß sich in New York mit erbärmlichen Engagements durchschlagen, bevor sich eine Managerin in ihn verliebt und ihm zum Durchbruch verhilft. Nicht besonders originelle Aufsteigergeschichte mit interessanter Milieuschilderung.

Vier Abenteuer von Reinette und Mirabelle V188 ****
QUATRE AVENTURES DE REINETTE ET MIRABELLE
Frankreich 1986, 95 Min., F
R: Eric Rohmer D: Joelle Miquel, Jessica Forde, Marie Rivière
Eine Studentin und ein Mädchen vom Lande befreunden sich und erleben in Paris ein paar kleine Abenteuer. Wundersam leichte Komödie, wie sie nur Rohmer zustande bringt.

Vier bleiben auf der Strecke V189 ***
THE GOOD DIE YOUNG
GB 1954, 90 Min., s/w
R: Lewis Gilbert D: Laurence Harvey, Gloria Grahame, Richard Basehart
Thriller. Taugenichts aus besseren Kreisen tut sich mit drei Jungs aus der Unterschicht zusammen, um eine Bank auszurauben und entledigt sich auf brutale Art seiner Komplizen, als die Sache problematisch wird.

Die vier Dimensionen der Lust V190 **
THE FOUR DIMENSIONS OF GRETA
GB 1972, 90 Min., F
R: Peter Walker D: Tristan Rogers, Lena Skoog, Karen Boyes, Alan Curtis
Journalist sucht in London ein Au-pair-Girl, das von bösen Buben festgehalten wird. Sexfilm mit 3D-Einlagen, die den biederen Unsinn aber auch nicht schärfer machen.

Vier Dinos in New York V191
WE'RE BACK ***
USA 1994, 71 Min., F
R: Dick Zondag, Ralph Zondag, Phil Nibbelink, Simon Wells
Vier kleine Dinosaurier werden durch ein geheimnisvolles Mittel zu putzigen Monsterchen. Nur der böse Zirkusdirektor Krummauge kann ihnen helfen. Ein Trittbrettfahrer im Zuge des grassierenden Dino-Fiebers nach dem Erfolg von *Jurassic Park*. HFJ 1995

Vier Fäuste für ein Halleluja V192
CONTINUAVANO A CHIAMARLO TRINITA ****
Italien 1971, 121 Min., F
R: E.B. Clucher D: Terence Hill, Bud Spencer, Harry Carey jr.
Zwei Brüder, die ausziehen, Banditen zu werden, werden aufgrund ihres weichen Herzens das genaue Gegenteil. Spaßwestern mit haarsträubenden Gags und einem noch nie dagewesenen Backpfeifenkonzert. Für Freunde nicht allzu subtilen Humors.

Vier Fliegen auf grauem Samt V193 **
QUATTRO MOSCHE DI VELLUTO GRIGIO
Italien/Frankreich 1971, 103 Min., F
R: Dario Argento D: Michael Brandon, Mimsy Farmer, Jean-Pierre Marielle, Francine Racette
Ein Rock-Schlagzeuger wird in Rom durch mysteriöse Erpressungen und Morde bedroht, so daß er bald kurz vor dem psychischen Kollaps steht. Psychokrimi, dessen schwache Handlung zum Teil durch originelle szenische Umsetzung kompensiert wird.

Vier Frauen V194
FEMMES DE PERSONNE ***
Frankreich 1984, 100 Min., F
R: Christopher Frank D: Marthe Keller, Caroline Cellier, Fanny Cottençon
Vier Freundinnen arbeiten in einer Pariser Klinik. Cecile ist geschieden, hat einen jungen Sohn und sucht sich manchmal einen Mann für die Nacht. Isabelle langweilt sich in ihrer Ehe, Adeline ist verzweifelt, als ihr Freund sie verläßt. Einfühlsames Porträt moderner Frauen, die ihre Vorstellungen von Freiheit zu verwirklichen versuchen.

Vier Frauen im Sumpf V195
SWAMP WOMEN **
USA 1955, 71 Min., F
R: Roger Corman D: Marie Windsor, Carole Matthews, Beverly Garland
Drei Luder fliehen aus dem Knast, um die im Wald versteckte Beute zu holen, doch eine männliche Geisel und eine Kripofrau legen ihnen das Handwerk. Billigreißer aus der Corman-Factory.

Vier Freunde V196
FOUR FRIENDS ****
USA 1981, 115 Min., F
R: Arthur Penn D: Craig Wasson, Jodi Thelen, James Metzler
Die Geschichte einer Frau und drei ihrer Freunde von den sechziger Jahren bis zur Gegenwart des Films; eine elegische Studie über die Zerstörung von politischen und menschlichen Hoffnungen.

Vier für ein Ave Maria V197
I QUATTRO DELL'AVE MARIA ***
Italien 1968, 122 Min., F
R: Giuseppe Colizzi D: Terence Hill, Bud Spencer, Eli Wallach
Drei Schurken, die sich gegenseitig eine aus dunklen Quellen stammende Beute abjagen, legen diverse Lumpen rein und rächen sich an ihren Feinden. Klingt zwar nicht doll, ist aber sehr lustig! Western.

Vier für Texas V198
FOUR FOR TEXAS ***
USA 1963, 115 Min., F
R: Robert Aldrich D: Frank Sinatra, Dean Martin, Ursula Andress
Zwei Ganoven, anfangs Konkurrenten, balgen sich mit einem dritten um die Beute aus einem Postkutschenüberfall. Western mit humoristischen Einlagen, an dem am besten der Busen der Frau Andress in Szene gesetzt ist.

Die vier Halunken der Königin
siehe: Die vier Musketiere: Die Rache der Milady

Vier Herzen in Rom V199
RACCONTI ROMANI ***
Italien 1955, 90 Min., F
R: Gianni Franciolini D: Vittorio de Sica, Silvana Pampanini, Totò

Vier junge Männer versuchen mit diversen originellen Tricks an Geld zu kommen, ohne zu arbeiten. Die Ergebnisse ihrer Bemühungen bleiben jedoch sehr bescheiden. Mit großer Leichtigkeit inszenierte Komödie nach einem Roman von Alberto Moravia, die dem Zuschauer auf charmante Weise ein Stück italienisches Lebensgefühl näherbringt.

Vier Hochzeiten und ein Todesfall V200 ****

FOUR WEDDINGS AND A FUNERAL
GB 1993, 117 Min., F
R: Mike Newell D: Hugh Grant, Andie MacDowell, Kristin Scott Thomas, James Fleet, Simon Callow
Bis sich eine geheimnisvolle Amerikanerin und ein bindungsunwilliger Engländer endlich (für immer?) finden, dauert es vier Hochzeiten und einen Todesfall. Eine originelle Liebesgeschichte mit Witz, Situationskomik und englischem Charme, getragen von phantastischen Schauspielerleistungen. HFJ 1995

Vier im roten Kreis V201 ****

LE CERCLE ROUGE
Frankreich/Italien 1970, 140 Min., F
R: Jean-Pierre Melville D: Alain Delon, André Bourvil, Yves Montand, Gian-Maria Volonté
Ein Strafentlassener, ein Ausbrecher und ein ehemaliger Polizist führen einen akribisch vorbereiteten Einbruchsdiebstahl aus, werden aber von der Polizei gefaßt. Düsterer Gangsterfilm, der durch seine emotionslos-distanzierte Beobachtung und den spärlichen Einsatz von Musik die Unentrinnbarkeit der Figuren aus ihrem Schicksal sehr eindrucksvoll erleben läßt.

Yves Montand

›Vier Hochzeiten und ein Todesfall‹ – Hugh Grant und Andie MacDowell als Kandidaten für eine von vier Hochzeiten.

Vier Jahreszeiten V202 **

FOUR SEASONS
USA 1980, 108 Min., F
R: Alan Alda D: Alan Alda, Carol Burnett, Len Cariou, Jack Weston
Drei Ehepaare werden in ihren Beziehungen durch eine Scheidung durcheinandergerüttelt. Psychostudie.

Die vier Musketiere: Die Rache der Milady V203 ***

THE FOUR MUSKETEERS
Panama 1974, 102 Min., F
R: Richard Lester D: Oliver Reed, Richard Chamberlain, Michael York
Die Musketiere im Kampf gegen die tückische Lady de Winter, die sich an D'Artagnan rächen will, der ihre Pläne durchkreuzt hat.

Die vier Schädel des Jonathan Drake V204 **

THE FOUR SKULLS OF JONATHAN DRAKE
USA 1959, 72 Min., s/w
R: Edward L. Cahn D: Eduard Franz, Valerie French, Henry Daniell
Irrer Wissenschaftler fertigt aus den Schädeln seiner Gegner Schrumpfköpfe an, nachdem sein unheimlicher indianischer Helfer selbige getötet hat.

D: Robert Redford, George Segal, Ron Leibman
Vier Ganoven jagen einem wertvollen Sahara-Diamanten hinterher, der aus einem Museum »abhanden gekommen« ist. Das führt zu mehr oder weniger lustigen Verwicklungen. Handwerklich gut gemachte leichte Komödie, deren Witz zum Teil jedoch sehr bieder bleibt.

Die vier Söhne der Katie Elder V206 ****

THE SONS OF KATIE ELDER
USA 1965, 122 Min., F
R: Henry Hathaway D: John Wayne, Dean Martin, Michael Anderson jr.
Die vier Söhne einer Rancherswitwe erfahren von der sterbenden Mutter, daß ihr Vater vor Jahren ermordet wurde und ziehen aus, um ihn zu rächen. Ein Western, der nur langsam in Fahrt kommt, dann aber um so aktionsreicher wird und heute zu den Klassikern gehört.

Vier Tage in der Hölle V207 ***

LA MAIN A COUPER
Frankreich 1974, 91 Min., F
R: Etienne Périer D: Léa Massari

Die vier Tage von Neapel V208
LE QUATTRO GIORNATE DI NAPOLI ***
Italien 1962, 114 Min., s/w
R: Nanni Loy D: Georges Wilson, Lea Massari, Gian Maria Volonté
Episoden aus dem Befreiungskampf der neapolitanischen Bevölkerung gegen die deutsche Besatzung im Zweiten Weltkrieg. Engagiert, aber zunehmend undifferenzierter werdendes Befreiungskino.

Vier Vögel am Galgen V209
THE SPIKES GANG ***
USA 1974, 96 Min., F
R: Richard Fleischer D: Lee Marvin, Gary Grimes, Ron Howard
Drei Burschen schließen sich einem Bankräuber an, der ihnen das Outlaw-Dasein farbig schildert, und verstricken sich so ins gesetzlose Leben, daß sie draufgehen. Deprimierender Western.

Der 4-D-Mann V210
THE 4-D-MAN **
USA 1959, 85 Min., F
R: Irvin S. Yeaworth D: Robert Lansing, Lee Meriwether, James Congdon
Ein Physiker, der mittels eines neuen Verfahrens durch Wände gehen kann, entwickelt sich zum Kriminellen und Mörder. SF-Dutzendware. LSFF

Die Viererbande V211
LA BANDE DES QUATRE ****
Fr/Schweiz 1988, 160 Min., F
R: Jacques Rivette D: Laurence Cote, Ines d'Almeida, Bernadette Giraud
Eine filmische Rätselgeschichte um vier Schauspielerinnen, um Verbrechen, Liebe und Theater. Vollendete Kinopoesie.

Das vierte Protokoll V212
THE FOURTH PROTOCOL ***
GB 1986, 120 Min., F
R: John Mackenzie D: Michael Caine, Pierce Brosnan, Joanna Cassidy
Prominent besetzter Agententhriller um einen geplanten sowjetischen Sabotageanschlag auf einen amerikanischen Atomwaffenstützpunkt. Frederick Forsyth vereinfacht als Drehbuchautor und Produzent seinen Roman beinahe bis zur Kenntlichkeit.

84 Charlie Mopic V213
CHARLIE MOPIC ***
USA 1988, 95 Min., F
R: Patrick S. Duncan D: Jonathan Emerson, Nicholas Cascone
Ein Spähtrupp irgendwo in Vietnam. Die Männer werden von einem Kameramann mit der Dienstbezeichnung »84 Charlie MoPic« begleitet. Nur vom Wechseln der Filmkassetten unterbrochen, wird das ganze Unternehmen in einer einzigen Einstellung aus der subjektiven Sicht des Kameramanns gezeigt. Eine erschütternde *Apokalypse Now* im Kleinformat. HFJ 1990

24 Stunden in seiner Gewalt V214
DESPERATE HOURS **
USA 1990, 105 Min., F
R: Michael Cimino D: Mickey Rourke, Anthony Hopkins, Mimi Rogers
Drei Lumpen, angeführt von Mickey Rourke (Ehrlich: Wer hätte vor dem keine Angst?) nisten sich im Haus einer kleinbürgerlichen Familie ein und warten auf Hilfe von außen. Aufgeblasenes Psychogebabbel, das den Zuschauer flott zum Bejaher von Selbstjustiz macht. Neuverfilmung von *An einem Tag wie jeder andere,* nur ultrabrutaler, ultrazynischer und ultragemeiner. HFJ 1992

1492 – Die Eroberung des Paradieses V215
***
1492: CONQUEST OF PARADISE
Frankreich 1992, 145 Min., F
R: Ridley Scott D: Gérard Depardieu, Sigourney Weaver, Armand Assante
Der zweite der beiden Filme zum 500jährigen Columbus-Jubiläum segelte schnurstracks auf den Abgrund zu. Aufwendig und bildmächtig entwirft Scott ein Bild von Columbus als tragischen Verlierer, der seinen großen Traum von den nachdrängenden Kräften verraten sieht. Ideologisch eher fragwürdig streift der Film immer wieder die Grenze zum heroischen Kitsch. HFJ 1993

Der vierzehnte Juli V216
LE QUATORZE JUILLET ****
Frankreich 1932, 85 Min., s/w
R: René Clair D: Annabella, Maximilienne, Georges Pigaud
Eine Liebesgeschichte um einen Taxifahrer zwischen zwei ungleichen Frauen, die über ein Jahr hin, von einem Nationalfeiertag zum anderen, entwickelt wird.

Vierzig Gewehre V217
FORTY GUNS ****
USA 1957, 80 Min., F
R: Samuel Fuller D: Barbara Stanwyck, Barry Sullivan, Dean Jagger
US-Marshal bezwingt nach allerlei Verwicklungen die Herrin eines Landstriches und ihren schießwütigen Bruder. Verzwickter Western eines Regisseurs, der schon immer auf Konventionen gepfiffen hat.

40 qm Deutschland V218
****
BRD 1985, 80 Min., F
R: Tevfik Baser D: Özay Fecht, Yaman Okay, Demir Gökgöl
Tefvik Basers brillantes Spielfilmdebüt erzählt die Geschichte einer Türkin, die von ihrem gastarbeitenden Mann in einer tristen, kleinen Hamburger Wohnung gefangengehalten wird, aus Angst, die unbekannte Kultur könne sie ihm entfremden. HFJ 1987

Vierzig Wagen westwärts V219
***
THE HALLELUJAH TRAIL
USA 1965, 134 Min., F
R: John Sturges D: Burt Lancaster, Lee Remick, Jim Hutton
Zwei Kavallerieeinheiten, weibliche Alkoholgegner, eine Bürgermiliz und ein Indianerstamm jagen 1867 einen Wagenzug, der Whisky von Julesburg nach Denver bringen soll. Ein überlanger (im Original 167 Min.) Witzwestern, aber was für einer.

Vigil V220
VIGIL ***
Neuseeland 1984, 89 Min., F
R: Vincent Ward D: Penelope Stewart, Frank Whitten, Bill Kerr
Bilder aus einer fremden Welt. Ohne uns mit einer Story oder Aussage festzuhalten, schildert der Film in überwältigenden Aufnahmen das Leben einer neuseeländischen Schafzüchterfamilie.

Viktor und Viktoria V221
***
BRD 1957, 83 Min., F
R: Karl Anton D: Johanna von Koczian, Georg Thomalla, Johannes Heesters
Eine arbeitslose Schauspielerin verkleidet sich als Mann, um in einem Varieté als Damenimitator auftreten zu können. Da bleiben Irritationen verschiedenster Art nicht aus. Gelungene Verwechslungskomödie.

Vincent, François, Paul und die anderen V222
****
VINCENT, FRANÇOIS, PAUL ET LES AUTRES
Frankreich/Italien 1974, 115 Min., F
R: Claude Sautet D: Yves Montand, Michel Piccoli, Serge Reggiani, Gérard Depardieu
Drei Freunde mit beruflichen und privaten Problemen treffen sich regelmäßig am Wochenende mit Bekannten und geben sich so gegenseitig Halt. Gekonnt inszenierte exemplarische Beschreibung des französischen Kleinbürgertums, die ihren Unterhaltungswert nicht zuletzt den hervorragenden Schauspielern verdankt.

Vincent van Gogh – Ein Leben in Leidenschaft V223
****
LUST FOR LIFE
USA 1956, 115 Min., F
R: Vincente Minnelli D: Kirk Douglas, Anthony Quinn, Everett Sloane
Das Leben Vincent van Goghs als Hollywood-Melodram. So wie Melodramen sein müssen.

Viola und Sebastian V224
**
BRD 1971, 89 Min., F
R: Ottokar Runze D: Karin Hübner, Frank Glaubrecht, Inken Sommer
Verwechslungskomödie um ein Mädchen, das in Männerkleidern seinem Bruder zum Verwechseln ähnlich sieht. Shakespeares »Was ihr wollt«

Eine mythopoetische Film-Variation über Conrad Ferdinand Meyers Novelle »Die Richterin«: Ein junger Mann kehrt zur Hochzeit seiner Halbschwester nach Hause zurück und entdeckt die schuldhaften Verstrickungen der Richterin, beider Mutter bzw. Stiefmutter.

Violette Nozière V226
****
VIOLETTE NOZIERE
Frankreich/Kanada 1978, 120 Min., F
R: Claude Chabrol D: Isabelle Huppert, Stéphane Audran, Jean Carmet
Eine Minderjährige vergiftet ihre Eltern, um der familiären Enge zu entfliehen und ihre eigenen Wünsche verwirklichen zu können. Freie Verfilmung eines authentischen Kriminalfalles der dreißiger Jahre, dessen Zweideutigkeit Chabrol durch eine anti-chronologische Erzählweise auch formal umsetzt. Neben den treffenden Milieuschilderungenen überzeugen die Schauspielerleistungen.

Violette und François V227
***
VIOLETTE ET FRANÇOIS
Frankreich 1976, 100 Min., F
R: Jacques Rouffio D: Isabelle Adjani, Jacques Dutronc, Serge Reggiani
Gaunerpärchen zerbricht, als der Mann weiter Kaufhausdiebstähle begeht, während die Frau von Skrupeln geplagt wird. Aber in Wahrheit geht es um die Bedingungen der Liebe. Mit Sentiment wird nicht gespart.

Viridiana V228
****
VIRIDIANA
Spanien/Mexiko 1961, 88 Min., s/w
R: Luis Buñuel D: Fernando Rey, Silvia Pinal, Francisco Rabal
Eine faszinierende Polemik gegen die Ausbeutung des Menschen und gegen das lebensfremd gewordene Christentum. Das formal brillante Werk des atheistischen Regisseurs dürfte durch seinen unbequemen Gehalt immer

Außerirdische Macht, die die Menschheit als Virus betrachtet, übernimmt mitten in einem Taifun das Kommando über ein russisches Forschungsschiff. Die Besatzung eines kleinen US-Frachters muß sich retten. Billiger Action-Grusel ohne Humor. HFJ 2000

Ein Virus kennt keine Moral V230
****
BRD 1986, 82 Min., F
R: Rosa von Praunheim D: Dieter Dicken, Christian Kesten, Eva Kurz
Rundschlag gegen die Intoleranz der Heteros und die Ignoranz der Homos, die Leinwand ist mit allerlei »typischen« skurril-grellen Figuren bevölkert. Von Praunheims Aufklärungsarbeit ist dabei wertvoller und ehrlicher als die anderen deutschen Filme zum Thema Aids. HFJ 1987

Viva Italia V231
***
I NUOVI MOSTRI
Italien 1977, 111 Min., F
R: Dino Risi, Ettore Scola, Mario Monicelli D: Vittorio Gassman, Ugo Tognazzi, Ornella Muti, Eros Pagni
In mehreren satirischen Episoden wird die gesellschaftliche Situation Italiens in den siebziger Jahren mit kurzen, zum Teil sehr bösen und sarkastischen Geschichten exemplarisch beleuchtet. Komödie von schwankender Qualität.

Viva Maria! V232
****
VIVA MARIA
Frankreich/Italien 1965, 118 Min., F
R: Louis Malle D: Jeanne Moreau, Brigitte Bardot, George Hamilton
Zwei Sängerinnen eines Wanderzirkus' erfinden den Striptease und verhelfen der Revolution in einem südamerikanischen Land durch anstachelnde Shows zum Sieg. Unterhaltsame Abenteuerfilm-Parodie voller schräger Einfälle, in der sich die beiden weiblichen Stars des französi-

Tippi Hedren und Rod Taylor nach einer Vogelattacke in ›Die Vögel‹.

Der mexikanische Bauer Zapata empört sich gegen die brutalen Methoden des Diktators Diaz, zettelt eine Revolte an und schwingt sich zum Präsidenten auf. Film nach Tatsachen, der Quinn einen Oscar einbrachte.

Die Vögel V234
THE BIRDS *****
USA 1963, 120 Min., F
R: Alfred Hitchcock D: Tippi Hedren, Rod Taylor, Jessica Tandy
Riesige Vögelschwärme überfallen das kalifornische Städtchen Bodega Bay und richten unter deren Bewohnern ein Blutbad an. Meisterhafter Thriller, nach der Erzählung von Daphne DuMaurier.

Vögel, Waise und Narren V235
VTACKOVIA, SIROTY A BLAZNY ****
CSSR/Frankreich 1969, 78 Min., F
R: Juraj Jakubisko D: Philippe Avron, Jirí Sykora, Magda Vásáryová
Drei Waisenkinder leben während des Zweiten Weltkrieges als Aussteiger im Ruinengrundstück eines irre gewordenen Priesters und suchen auf tragischgroteske Art nach einer neuen Identität, nach einem Halt in einer verrückt gewordenen Welt voller Gewalt, Zynismus und Hoffnungslosigkeit. Anarchische Bildvisionen in einer Geschichte zwischen Traum und Realität.

Vogelfrei V236
COLORADO TERRITORY ***
USA 1949, 94 Min., s/w
R: Raoul Walsh D: Joel McCrea, Virginia Mayo, Dorothy Malone
Wes bricht aus dem Gefängnis aus und schließt sich seiner alten Bande an, um einen Geldtransport zu überfallen. Er verliebt sich; als er nach erfolgtem Überfall mit seiner Braut fortreitet, schwärzt eine eifersüchtige Frau ihn an.

Vogelfrei V237
SANS TOIT NI LOI ****
Frankreich 1985, 107 Min., F
R: Agnés Varda D: Sandrine Bonnaire, Macha Méril, Stéphane Freiss
Eine junge Landstreicherin, über deren Lebensgeschichte der Zuschauer nichts erfährt, zieht rast- und ziellos durch die winterliche Provence. Nach der Begegnung mit den verschiedensten Personen stirbt sie schließlich einsam und ausgestoßen den Erfrierungstod. Bestürzende Bestandsaufnahme der modernen Lebensbedingungen, die die Frage nach dem Sinn des Lebens unmittelbar aufdrängt.

Der Vogelhändler V238
**
BRD 1962, 83 Min., F
R: Geza von Cziffra D: Cornelia Froboess, Peter Weck, Maria Sebaldt
Uninspiriert verzuckerte Verfilmung der Operette von Karl Zeller.

Die Vogelscheuche V239
TSCHUTSCHELO ***
UdSSR 1984, 125 Min., F
R: Rolan Bykow D: Kristina Obarkajte, Jurij Nikulin
Einer der ersten Perestroika-Filme. Er erzählt die Geschichte von Lena, die mit ihrem Großvater in einer russischen Kleinstadt lebt. Beide sind anders als die anderen, und das macht ihnen das Leben schwer. Man nennt sie »Vogelscheuche«. Ihr macht das zunächst wenig aus; erst als der beste Schulkamerad sie verrät, bricht für sie eine Welt zusammen.

Voll das Leben V240
REALITY BITES ***
USA 1994, 98 Min., F
R: Ben Stiller D: Winona Ryder, Ethan Hawke, Janeane Garofalo
Nach dem Studium versuchen vier junge Leute, beruflich und privat Fuß zu fassen. Doch die Wirklichkeit kollidiert mit ihren Träumen. Ein typischer Film über die »Generation X« und ihre Beziehungslosigkeit, über den Verlust von Utopien. HFJ 1995

Vollmacht für Jack Clifton V241
AGENTE 007 DALL'ORIENTE CON FURORE **
It/Fr/Sp 1965, 103 Min., F
R: Terence Hathaway D: Ken Clark, Philippe Hersent, Margaret Lee
US-Agent legt sich mit östlicher Konkurrenz an, die sich in den Besitz einer Superwaffe bringen will, deren Anwendung nur den Guten gestattet ist. Dutzendware.

Vollmondnächte V242
LES NUITS DE LA PLEINE LUNE ****
Frankreich 1984, 90 Min., F
R: Eric Rohmer D: Pascale Ogier, Tcheky Karyo, Fabrice Luchini
Eine junge Frau möchte zugleich den Geliebten und ihre Unabhängigkeit behalten. Aber sie verliert ihn dann doch an die beständigere Rivalin. Einmal mehr nähert sich Rohmer den schmerzlichen Wahrheiten des Lebens auf seine unnachahmlich leichte und zärtliche Art.

Der Vollstrecker V243
THE EXECUTIONER ***
GB 1970, 111 Min., F
R: Sam Wanamaker D: George Peppard, Joan Collins, Judy Geeson
Agenten-Thriller: Der britische Geheimagent Shay versucht zu beweisen, daß sein Kollege Booth ein sowjetischer Spion ist.

Der Volltreffer V244
THE SURE THING ***
USA 1984, 95 Min., F
R: Rob Reiner D: John Cusack, Daphne Zuniga, Anthony Edwards
Brillante, mit viel Sinn für komisches Timing inszenierte Geschichte der Annäherung zweier Teenager, die im Lauf einer Reise quer durch die USA ihre wahren Gefühle erst noch entdecken müssen. Ein Volltreffer!

Vom sündigen Poeten V245
THE BAD LORD BYRON **
USA 1949, 85 Min., s/w
R: David McDonald D: Dennis Price, Mai Zetterling, Linden Travers
Auf dem Sterbebett durchlebt der Dichter Byron noch einmal sein bewegtes Leben. Den Rahmen bildet eine halluzinierte Gerichtsverhandlung gegen ihn.

Vom Teufel geritten V246
SADDLE THE WIND **
USA 1957, 85 Min., F
R: Robert Parrish, John Sturges
D: Robert Taylor, Julie London, John Cassavetes, Donald Crisp
Das hitzige Brüderchen eines in die Jahre gekommenen Ranchers legt sich mit friedfertigen Leuten an, tötet einen Menschen und wird schließlich vom eigenen Bruder gejagt. Mäßig spannender, aber ansehbarer Western.

Vom Teufel gezeichnet V247
THE SNAKE WOMAN **
GB 1960, 68 Min., s/w

Traumpaar Hollywoods in ›Vom Winde verweht‹.

Vom Winde verweht V248
GONE WITH THE WIND ****
USA 1939, 225 Min., F
R: Victor Fleming D: Vivien Leigh, Clark Gable, Olivia de Havilland, Leslie Howard, Thomas Mitchell
Liebe und politische Verwicklungen im vom Bürgerkrieg zerrissenen US-Staat Georgia. Der zwielichtige Abenteurer Rhett Butler und die schöne Scarlett O'Hara wurden zum Traumpaar des Films. Mit 10 Oscars ausgezeichnete, noch heute beeindruckende Superstory, die in einer TV-Serie eine unwürdige Fortsetzung fand.

Von allen Geistern besessen V249
REPOSSESSED **
USA 1990, 81 Min., F
R: Bob Logan D: Linda Blair, Leslie Nielsen, Ned Beatty, Lana Schwab
US-Fernsehprediger, als Exorzist bewährt, steht junger Frau bei, in die der Teufel eingefahren ist. Der verbreitete Humor liegt nicht zuletzt im unfreiwilligen Bereich. HFJ 1992

Von Angesicht zu Angesicht V250
FACCIA A FACCIA ****
Italien 1967, 112 Min., F
R: Sergio Sollima D: Tomas Milian, Gian Maria Volonte, William Berger
Professor wird von einem Banditen als Geisel genommen. Beide erleben unter dem Einfluß des jeweils anderen eine Charakterveränderung, die für einen von ihnen übel ausgeht. Western über die Faszination der Gewalt und wie man ihr erliegen kann.

Von Augenblick zu Augenblick V251
MOMENT BY MOMENT **
USA 1978, 94 Min., F
R: Jane Wagner D: Lily Tomlin, John Travolta, Andra Akers
Eine reiche Vierzigerin verliebt sich in einen arbeitslosen jungen Burschen und kehrt immer wieder zu ihm zurück, auch als er sie mehrmals aus gekränktem Stolz verläßt. Die Idee, die berückende Lily Tomlin und den schmalzigen Travolta in einem Tränendrücker zu vereinen, mag im Produktionsbüro noch ganz gut geklungen haben, auf der Leinwand ist sie es nicht mehr.

Ethan Hawke, Winona Ryder, Janeane Garofalo und Steve Zahn als Generation X in ›Voll das Leben‹.

Von Bullen aufs Kreuz gelegt V252 ***
AN INNOCENT MAN
USA 1989, 113 Min., F
R: Peter Yates D: Tom Selleck, F. Murray Abraham, Laila Robins
Ein amerikanischer Durchschnittsbürger, von zwei korrupten Polizisten versehentlich zusammengeschossen und dann (aus purem Selbstschutz) des Drogenbesitzes beschuldigt, landet im Gefängnis und rächt sich später an seinen Peinigern, die ihn noch immer drangsalieren. Nicht sehr spannender Krimi mit vielen Pappcharakteren, dessen schalem Plot auch der pfiffige Tom Selleck keine Größe verleihen kann. HFJ 1991

Von Luft und Liebe V253 ***
VOLERE VOLARE
Italien 1991, 92 Min., F
R: Maurizio Nichetti, Guido Manuli
D: M. Nichetti, Angela Finocchiaro, Patrizio Roversi
In einer ansprechenden Mischung aus Real- und Zeichentrickfilm erzählt der italienische Autor und Komiker von einem Mann, den die Liebe zu einer Frau in ein Cartoonwesen verwandelt. HFJ 1993

Von Mao zu Mozart: Isaac Stern in China V254 ****
FROM MAO TO MOZART: ISAAC STERN IN CHINA
USA 1980, 89 Min., F
R: Murray Lerner
1979 reiste der Präsident der Carnegie Hall, der Violinvirtuose Isaac Stern, auf Einladung der Chinesen durch die Volksrepublik. Diese völkerverbindende Reise – die erste ihrer Art nach der Kulturrevolution – wurde von einem Filmteam begleitet. Herausgekommen ist ein Dokumentarfilm voller Leben, der durch die Persönlichkeit Sterns, seine Virtuosität und seinen Witz, Freude und Harmonie ausstrahlt.

Von Mäusen und Menschen V255 ****
OF MICE AND MEN
USA 1940, 107 Min., s/w
R: Lewis Milestone D: Lon Chaney jr., Burgess Meredith, Betty Field
Ein Farmarbeiter kümmert sich um seinen Cousin, einen Hünen, der sich seiner Stärke nicht bewußt ist. Bewegendes Drama mit einer überzeugenden Darstellerriege. Der Film basiert auf dem Roman von John Steinbeck, 1981 und 1992 entstanden Remakes.

Von Mayerling bis Sarajewo V256 ****
DE MAYERLING A SARAJEWO
Frankreich 1940, 92 Min., s/w
R: Max Ophüls D: Edwige Feuillère, John Lodge, Jean Worms
Die Liebe des Thronfolgers Erzherzog Franz Ferdinand zur tschechischen Comtesse Sophie in einer Welt, die auf eine Explosion zu warten scheint. Ihr Tod bei einem Attentat im Sommer 1914 wird zum Auslöser des Ersten Weltkrieges.

Voodoo Child V257 **
THE DUNWICH HORROR
USA 1969, 90 Min., F
R: Daniel Haller D: Sandra Dee, Dean Stockwell, Ed Begley, Sam Jaffe
Eine Studentin wird in New England von einem mit bösen Mächten im Bunde stehenden Mann entführt, um selbigen als Opfer zu dienen. Teufelskult und amoklaufendes unsichtbares Monster! Nach Motiven von H. P. Lovecraft.

Vor der Revolution V258 ****
PRIMA DELLA RIVOLUZIONE
Italien 1964, 115 Min., F
R: Bernardo Bertolucci D: Adriana Asti, Francesco Barilli, Allen Midgette
Ein junger Bürgerssohn versucht sich unter dem Einfluß eines marxistischen Lehrers aus seiner Klassenfalle zu befreien. Vielschichtiges Debüt eines der bedeutendsten Erneuerer des europäischen Kinos.

Vor Einbruch der Nacht V259 ***
JUSTE AVANT LA NUIT
Frankreich 1971, 105 Min., F
R: Claude Chabrol D: Stephane Audran, Michel Bouquet, François Périer
Ein Mann, der seine Geliebte umgebracht hat, wird trotz des seltsamen Einverständnisses seiner Umwelt von Gewissensbissen geplagt. Einmal mehr seziert Chabrol die bürgerliche Gesellschaft.

Vor Morgengrauen V260 *
JUST BEFORE DAWN
USA 1982, 80 Min., F
R: Jeff Lieberman D: George Kennedy, Chris Lemmon, Gregg Henry
Ahnungslose Camper werden in einem Wald von grunzenden Degenerierten verfolgt und verhackstückt. Das Produkt einer schmutzigen Ideologie, die in geistig Behinderten reißende Bestien sieht.

Vor uns die Hölle V261 ***
TEN SECONDS TO HELL
GB/USA 1959, 94 Min., s/w
R: Robert Aldrich D: Jack Palance, Jeff Chandler, Martine Carol
Mehrere Kriegsheimkehrer arbeiten im Auftrag der britischen Besatzer in den Trümmern von Berlin als Bombenräumkommando. Nur einer überlebt. Solider Thriller.

Vor verschlossenen Türen V262 ***
KNOCK ON ANY DOOR
USA 1949, 100 Min., s/w
R: Nicholas Ray D: Humphrey Bogart, John Derek, George Macready
Ein junger Bursche, der in asozialem Milieu aufwächst und in sogenannten Besserungsanstalten auch nichts dazu lernt, wird zum Polizistenmörder. Humphrey Bogart als Anwalt übernimmt seine Verteidigung. Justizdrama mit gesellschaftskritischen Zügen.

Vorhang auf! V263 ****
THE BAND WAGON
USA 1953, 112 Min., F
R: Vincente Minnelli D: Fred Astaire, Cyd Charisse, Nanette Fabray
Ein Ex-Star und seine Partnerin steigen aus einer Bühnenrevue aus und machen ihren eigenen Laden auf. Eins der besten Filmmusicals aller Zeiten mit jeder Menge erstklassiger Tanz- und Gesangseinlagen.

Vorhof zum Paradies V264 **
PARADISE ALLEY
USA 1978, 109 Min., F
R: Sylvester Stallone D: Sylvester Stallone, Armand Assante, Anne Archer
Ein muskelbepackter Eisverkäufer aus den New Yorker Slums wird von seinen beiden Brüdern zum Catcher auf-

gebaut. Im Mittelpunkt der einfallslosen Handlung stehen Kampfszenen mit vordergründigen Effekten. Schlecht gespielter, erbärmlich bis peinlicher Abklatsch von *Rocky,* der jede Kritik an den negativen Seiten des Catch-Sportes ausspart.

Die Vorleserin V265
LA LECTRICE ***
Frankreich 1988, 98 Min., F
R: Michel Deville D: Miou-Miou, Régis Royer, Sylvie Laporte
Constance, eine junge Frau, identifiziert sich mit der Hauptfigur eines Romans über eine Vorleserin, die gegen Entgelt aus Büchern vorliest. In ihrer Phantasie begegnet sie dabei deren »Kunden« und wird dabei mit verschiedenen Situationen, Gefühlen und sexuellen Obsessionen konfrontiert. Subtil-sinnliche Komödie, die meisterhaft die Ebenen von Realität und Phantasie verknüpft. HFJ 1990

Vorname Carmen V266
PRENOM CARMEN ****
Frankreich 1983, 83 Min., F
R: Jean-Luc Godard D: Maruschka Detmers, Jacques Bonnaffe, Myriem Roussel
Godards Carmen wird durch einen Banküberfall, der als Film getarnt ist und eine Entführung in eine Auseinandersetzung mit dem desertierten Polizisten Joseph getrieben. Ein ästhetisch-philosophisches Puzzle.

Maruschka Detmers, Jacques Bonaffe

Vortex V267
VORTEX **
USA 1982, 90 Min., s/w
R: Beth B und Scott B D: James Russo, Lydia Lunch, Bill Rice
Sehr gestylter New-Wave-Krimi um den Kampf einer Privatdetektivin gegen einen Konzern.

Voyage V268
VOYAGE ***
USA 1993, 86 Min., F
R: John Mackenzie D: Rutger Hauer, Eric Roberts, Karen Allen
Ein Ehepaar in der Krise plant einen einsamen Segeltörn auf dem Mittelmeer, doch zwei ungebetene Gäste auf ihrem Schiff machen die Reise zum Höllentrip. Recht spannend.

Der Voyeur V269
YANEURAA NO SANPOSHA ***
Japan 1976, 76 Min., F
R: Noboru Tanaka D: Miyashita Junko, Ishiba Renji, Cho Hiroshi
Bizarre Phantasie um einen Voyeur, der die Liebesspiele einer gelangweilten, reichen Frau beobachtet und ihr Komplize bei mehreren Morden wird. HFJ 1992

Voyou V270
LE VOYOU ***
Frankreich/Italien 1970, 115 Min., F
R: Claude Lelouch D: Jean-Louis Trintignant, Christine Lelouch, Charles Gerard, Yves Robert
Minutiöse Vorbereitung und Durchführung einer Kindesentführung als Folie für eine parodistische Kriminalhandlung.

Vulcanus, der Titan V271
VULCANUS, FIGLIO DI GIOVE **
Italien 1961, 79 Min., F
R: Emimmo Salvi D: Rod Flash, Bella Cortez, Furio Meniconi
Da sie sich um Venus streiten, gehen Mars und Vulcanus vom Olymp zur Erde, mischen sich unter die Menschen, die sie als Kanonenfutter verwenden und stoßen auf allerlei Monstrositäten. Banalfilm um schlagkräftige Hirnis. LFF

W

Die Wache W1
KARAUL ****
UdSSR 1990, 96 Min., F und s/w
R: Alexsandr Rogoschkin D: Sergej A. Kuprijanow, Alexej I. Buldakow
In engen, vergitterten Eisenbahnwagen werden Häftlinge, bewacht von einer Sondereinheit der sowjetischen Armee, in ein Straflager transportiert. Der brillante, ein Stück sowjetische Befindlichkeit widerspiegelnde Film zeigt die Abfolge militärischer Rituale, deren Hackordnung und Männerwirtschaft. Dabei verläßt er die klaustrophobe Atmosphäre der Eisenbahn äußerst selten, um den Blick in die trostlose Weite des sibirischen Winters freizugeben. HFJ 1994

Wachgeküßt W2
LIVING OUT LOUD ***
USA 1998, 100 Min., F
R: Richard LaGravenese D: Holly Hunter, Danny DeVito, Queen Latifah
Nach sechzehn Ehejahren wird Judith von ihrem Mann verlassen. Durch die Freundschaft mit dem Fahrstuhlführer ihres New Yorker Mietshauses, eine Bekanntschaft mit einer Nachtclubtänzerin und einen geheimnisvollen Kuß findet sie wieder neuen Lebensmut. Ein leichtes Drama mit hervorragenden Darstellern. HFJ 2000

Wachtmeister Studer W3
***
Schweiz 1939, 102 Min., s/w
R: Leopold Lindtberg D: Heinrich Gretler, Adolf Manz, Bertha Danegger
Wachtmeister Studer muß in dieser Verfilmung eines Romans von Friedrich Glauser einen Mord in dem Dorf Gerzenstein aufklären. Lindtberg gelingt es vorzüglich, die Stimmung von Verunsicherung und Angst in der kleinen Gemeinschaft zu beschreiben.

Die Waffen der Frauen W4
WORKING GIRL ***
USA 1988, 113 Min., F
R: Mike Nichols D: Harrison Ford, Sigourney Weaver, Melanie Griffith
Die Sekretärin Tess lernt von ihrer Chefin Katharine die Geheimnisse des weiblichen Karriere-Aufstiegs. In Katharines krankheitsbedingter Abwesenheit setzt sie das erworbene Wissen zu Lasten ihrer Lehrerin äußerst geschickt um. Es kommt zu einem Machtkampf um Erfolg und Katharines Mann. Altmodisch-klischeehafte Yuppie-Komödie.

Die Wahlverwandtschaften W5
LES AFFINITÉS ELECTIVES ***
Italien/Frankreich 1996, 98 Min., F
R: Paolo Taviani, Vittorio Taviani
D: Isabelle Huppert, Jean-Hugues Anglade, Fabrizio Bentivoglio
Die Brüder Taviani verlegten Goethes komplexen Roman über Gefühlsverwirrungen in die Toskana und machten einen gepflegten Unterhaltungsfilm mit guten Schauspielern, der aber dennoch brav und distanziert wirkt. HFJ 1998

Wahl der Waffen W6
LE CHOIX DES ARMES ****
Frankreich 1980, 135 Min., F
R: Alain Corneau D: Yves Montand, Gérard Depardieu, Catherine Deneuve
Ein aus dem Gefängnis geflohener Polizistenmörder sucht Unterschlupf bei einem ehemaligen Profi-Killer, der sich aus der Branche auf einen ruhiges Landgut zurückgezogen hat. Es kommt zu einem tödlichen Zweikampf, an dessen Ende der Ex-Verbrecher sich zu einem Verzicht auf Rache durchringt. Melodramatischer Gangsterfilm, hervorragend gespielt und gefilmt.

Die wahre Geschichte von Männern und Frauen W7
**
BRD 1992, 92 Min., F
R: Robert van Ackeren D: Sonja Kirchberger, Andrea Ferreol, Thomas Heinze
Eine Geschichte von Frauen, die die Männer gründlich satt haben und ihnen doch immer wieder verfallen. Die Ausstattung erscheint wichtiger als das Drehbuch. HFJ 1993

Während du schliefst ... W8
WHILE YOU WERE SLEEPING ***
USA 1995, 103 Min., F
R: Jon Turtletaub D: Sandra Bullock, Bill Pullman Peter Callagher
Eine kleine Bahnangestellte verkauft ihrem Traummann täglich ein Ticket. Als der von ein paar Typen zusammengeschlagen wird, rettet sie ihn vor dem einfahrenden Zug. Im Krankenhaus hält man sie für seine Verlobte. Es beginnt eine Kette von Mißverständnissen. Ein romantisches Märchen mit echtem Happy End. HFJ 1996

Die Wahrheit W9
LA VERITE ****
Fr/It 1960, 128 Min., s/w
R: Henri-Georges Clouzot D: Brigitte Bardot, Charles Vanel, Paul Meurisse
Die Flucht eines jungen Mädchens vor seinem bürgerlichen Elternhaus endet nach einigen ernüchternden Affären mit Pariser Intellektuellen mit einer Anklage wegen Mordes. Richter, Staatsanwälte und Verteidiger sind jedoch nicht in der Lage, ihrem unglücklichen Schicksal gerecht zu werden. Solide inszenierter Film mit einer großartig spielenden Brigitte Bardot.

Ein wahres Verbrechen W10
TRUE CRIME ***
USA 1999, 127 Min., F
R: Clint Eastwood D: Clint Eastwood, Isaiah Washington, Denis Leary
Abgehalfteter Reporter holt unschuldig Verurteilten aus der Todeszelle – aus diesem dagewesenen Krimi-Plot macht Regisseur und Hauptdarsteller Clint Eastwood ein ruhiges, meisterhaftes Charakter-Porträt. HFJ 2000

Waldrausch W11
***
Österreich 1962, 89 Min., F
R: Paul May D: Marianne Hold, Gerhard Riedmann, Sieghardt Rupp
Bei einem verträumten Dörfchen in den Alpen soll ein Staudamm gebaut werden. Modernisierungsdrama nach Ludwig Ganghofer.

Waldrausch W12
**

BRD 1977, 101 Min., F
R: Horst Hächler D: Uschi Glas, Alexander Stephan, Siegfried Rauch
Dritte Verfilmung des Romans von Ludwig Ganghofer um den Bau eines Staudamms in den Alpen. Mit allerlei modischem Schnickschnack angereichert und himmelschreiend schlecht gemacht.

Waldwinter W13
***

BRD 1955, 97 Min., F
R: Wolfgang Liebeneiner D: Claus Holöm, Sabine Bethman, Rudolf Foster
Sentimentale Neuverfilmung von Paul Kellers Roman aus Schlesien mit einem nicht unreaktionären Zeitbezug zum Flüchtlingsproblem.

Wale im August W14
THE WALES OF AUGUST ***
USA 1987, 95 Min., F
R: Lindsay Anderson D: Lillian Gish, Bette Davis, Vincent Price
Zwei alte Schwestern treffen sich wie jedes Jahr in einem Haus am Meer und leben ihre bizarre Haßliebe zueinander aus. Theaterverfilmung als Hommage an zwei großartige Schauspielerinnen. HFJ 1991

The Wall W15
THE WALL ****
GB 1982, 95 Min., F
R: Alan Parker D: Bob Geldof, Kevin McKean, Christie Hargraves
Zur Musik von Pink Floyd wird die Geschichte von Pink erzählt, der irgendwo in einem Hotelzimmer in Los Angeles sitzt und in alptraumhaften Bildern die Stationen seines Lebens durchlebt: Von der Geburt im Zweiten Weltkrieg über die kranke Beziehung zur Mutter bis zum Aufstieg und Fall als Rockmusiker. Bizarr.

Michael Douglas als Börsenmanipulator Gordon Gekko in ›Wall Street‹ von Oliver Stone.

schleimt sich bei eiskaltem Spekulanten ein, um in der Welt der Insider-Informationen etwas zu werden. Als es um die Firma geht, in der sein Vater arbeitet, merkt er, daß er nur ein Bäuerlein im großen Spiel ist. Spannender Börsen-Thriller. HFJ 1989

Wallers letzter Gang W17
****

BRD 1988, 100 Min., s/w und F
R: Christian Wagner D: Rolf Illig, Herbert Knaup, Sibylle Canonica
Zum letzten Mal schreitet der alte Streckengeher die Gleise ab und erinnert sich dabei an sein Leben. Wagner schafft in seinem meditativen Film einen ruhigen Duktus von Erinnerung und regionaler Identität. Gelungener deutscher Debütfilm, dem bis jetzt nichts Gleichwertiges nachfolgte.

Wallstreet Woman W18
HIGH FINANCE WOMAN **
Italien 1989, 89 Min., F
R: Joe d'Amato D: Tara Buckman, Charlie Edwards, Dan Smith
Sexbesessene Börsenmaklerin gerät unter Mordverdacht. Erotischer »Thriller« aus der Sex-Factory des Italieners Joe d'Amato, der Filme dieser Machart

Frei nach den Motiven der Novelle von Thomas Mann entwickelte Inzest-Geschichte, die vor lauter Ergriffenheit ob der »Gewagtheit« ihres Themas Psychologie und Drama vergißt.

Wanda W20
WANDA ***
USA 1970, 90 Min., F
R: Barbara Loden D: Barbara Loden, Michael Higgins
Realistisches Portrait einer Frau aus dem amerikanischen Subproletariat.

Wanderer der Wüste W21
LES BALISEURS DU DESERT ***
Frankreich/Tunesien 1984, 95 Min., F
R: Nacer Khemir D: Soufiane Makni, Nacer Khemir, Sonia Ichti
Ein Junge kommt in ein Dorf, in dem sich die Menschen eher rätselhaft verhalten; die jungen Männer wandern ruhelos durch die Wüste, und die anderen träumen von einem verschwundenen Garten. Irisierender Film-Essay über Heimat, Zeit und Entfremdung.

The Wanderers W22
THE WANDERERS ***
USA 1978, 117 Min., F
R: Philip Kaufman D: Ken Wahl,

Wanderkrebs W23
****
BRD 1984, 93 Min., F
R: Herbert Achternbusch D: Herbert Achternbusch, Franz Baumgartner, Annamirl Bierbichler
Achternbusch für Einsteiger: Ein Ministerpräsident und ein Waldbewohner stehen für Wege in die Zukunft.

Die Wanderschauspieler W24
O THIASSOS ****
Griechenland 1975, 230 Min., F
R: Theo Angelopoulos D: Eva Kotamanidou, Aliki Goegoulis, Stratos Pachis, Petros Zarkadis
Eine durch Griechenland ziehende Truppe von Wanderschauspielern wird immer wieder mit politischen Ereignissen konfrontiert, die zu internen Polarisierungen führen. In geschickt verschachtelten Erzählebenen wird die griechische Geschichte von 1939 bis 1972 reflektiert. Radikalinnovatives Werk, das insbesondere durch seine langen Einstellungen einen Gegenentwurf zum Hollywood-Kino vorstellt und den sich auf die Bilder einlassenden Zuschauer zur Auseinandersetzung zwingt.

Das war der wilde Westen W25
HOW THE WEST WAS WON ****
USA 1962, 160 Min., F
R: John Ford D: John Wayne, James Stewart, Richard Widmark, Gregory Peck, George Peppard
Fünf spannende Episoden über drei Pioniergenerationen, die zwischen 1839 und 1889 die Entstehung der USA miterleben. Unterhaltsamer Großfilm, in dem die Ereignisse sich überschlagen.

War Games – Kriegsspiele W26
THE WAR GAMES ***
USA 1982, 113 Min., F
R: John Badham D: Matthew Broderick, Dabney Coleman, John Wood
Computerhacker zapft das Pentagon an und glaubt, mit dessen Zentraleinheit ein Spielchen zu spielen. Doch der lustige Atomkrieg ist durchaus ernst gemeint. Spannender SF-Thriller, von dem man nur hoffen kann, daß er SF bleibt. LSFF

War Lords – Die Zerstörer der Zukunft W27
*
WAR LORDS
USA 1988, 82 Min., F
R: Fred Olen Ray D: David Carradine, Sid Haig, Ross Hagen
Klon-Krieger, der nach dem Kollaps der Zivilisation seine Frau sucht, muß gegen die Mutantenhorden eines örtlichen Despoten antreten. Einfallsloser Billigstreifen, der Ideen zu Tode reitet, die längst tot sind. HFJ 1990

War Party W28
WAR PARTY ****
USA 1988, 99 Min., F
R: Franc Roddam D: Billy Wirth, Kevin Dillon, M. Emmett Walsh
Als Rezept gegen die Wirtschaftskrise plant der Bürgermeister von Binger, Montana, eine Gedenkveranstaltung zum 100. Jahrestag einer sinnlosen Schlacht zwischen Indianern und der Kavallerie. HFJ 1992

War Room W29
THE WAR ROOM ****
USA 1993, 92 Min., F
R: Chris Hegedus, Don Allen Pennebaker
Dokumentation des Wahlkampfes von Bill Clinton, in dessen Mittelpunkt der Chef der Kampagne und seine Erfolgsstrategie steht. Ein spannender, manchmal die Politiker entlarvender Blick hinter die Kulissen der Macht.

Warheads W30
****
BRD 1992, 182 Min., F
R: Romuald Kamarkar
Dokumentarfilm, in dessen Mittelpunkt ein deutscher Ex-Fremdenlegionär und ein englischer Söldner stehen, die über ihre »Arbeit« berichten. Der Film enthält sich eines Kommentars, läßt Menschen und Bilder für sich sprechen. So wird der Beruf des Söldners zu einer erschreckenden Selbstverständlichkeit.

Warlock W31
WARLOCK ***
USA 1959, 113 Min., F
R: Edward Dmytryk D: Richard Widmark, Henry Fonda, Anthony Quinn
Eine Kleinstadt im Westen wird von einer Bande terrorisiert, während zwei aufrechte Burschen alles tun, um Ordnung zu schaffen. Als sich ein Bandit auf ihre Seite schlägt, spielt eine eifersüchtige Frau sie gegeneinander aus.

Warlock: The Armageddon W32
WARLOCK: THE ARMAGEDDON **
USA 1993, 94 Min., F
R: Anthony Hickox D: Julian Sands, Chris Young, Paula Marshall
Wie ein blödes Brettspiel: Fünf Steine muß der Sohn Satans finden, um die Welt in Finsternis zu hüllen, doch seine Gegner würfeln kräftig mit. Lächerliche, uneinheitliche Mischung aus diversen Genres – vornehmlich Grusel und Splatter. HFJ 1994

Warnung vor einer heiligen Nutte W33
****
BRD 1970, 100 Min., F
R: Rainer Werner Fassbinder D: Lou Castel, Eddie Constantine, Hanna Schygulla, Margarethe von Trotta
Psychoterror innerhalb eines Filmteams in einer spanischen Villa; bitteres Resümee über die Arbeit der Fassbinder-«Familie«.

Warnzeichen Gen-Killer W34
WARNING SIGN **
USA 1985, 99 Min., F
R: Hal Barwood D: Sam Waterston, Kathleen Quinlan, Yaphet Kotto
Bösartige Bakterien breiten sich in einem Forschungslabor aus und verwandeln Menschen in Ungeheuer, bis ein kluger Professor ein Antidot erfindet – zu spät, inzwischen sind die Zuschauer vor Langeweile verendet.

Warrior: Das Leben des Leonard Peltier W35
***
WARRIOR: THE LIFE OF LEONARD PELTIER
USA 1991, 85 Min., F
R: Suzie Baer
Ein erschreckender und nachdenklich stimmender Dokumentarfilm über die Odyssee eines Mannes durch das strafrechtliche System. Peltiers umstrittene Verurteilung wegen des Todes zweier FBI-Agenten und eines Indianers bei einer Schießerei in der Pine-Ridge-Reservation im Jahr 1975 ließ

die Diskussion um die Rechte und Probleme der Indianer aufs neue aufflammen.

Warrior Queen W36
WARRIOR QUEEN **
USA 1986, 79 Min., F
R: Chuck Vincent D: Sybil Danning, Donald Pleasence, Richard Hill
Kleiner Fantasy-Schunder über geile Römer, dralle Weiber und eine Queen, die fest draufhaut, ehe der Vesuv ausbricht. Chuck Vincent hat früher Pornos gedreht. Wäre er doch dabei geblieben. HFJ 1988

Die Warriors W37
THE WARRIORS ****
USA 1978, 93 Min., F
R: Walter Hill D: Michael Beck, James Remar, Thomas Waites
Angehörige einer New Yorker Jugendbande werden von der Polizei und einer Konkurrenzgang in einer Nacht durch die Stadt gejagt, weil man ihnen einen Mord anlastet. Ein formal routiniert inszenierter, aber völlig unkritischer Film über Jugendbanden des 20. Jahrhunderts und ihr Kriegsspiel in der Großstadt.

Warte, bis es dunkel ist W38
WAIT UNTIL DARK ****
USA 1967, Min., F
R: Terence Young D: Audrey Hepburn, Alan Arkin, Richard Crenna
In der Wohnung einer jungen blinden Frau befindet sich ohne ihr Wissen in einer Puppe versteckt eine Heroinlieferung. Als drei brutale Männer bei ihr auftauchen, gerät sie in höchste Lebensgefahr. Klassischer Psycho-Schocker, der die Spannung geschickt bis zu einem nervenzereißenden Finale steigert. Ein Klassiker des Genres!

Warum Bodhi-Dharma in den Orient aufbrach? W39
****

Meine zehn schlechtesten Filme

Warum die UFOs unseren Salat klauen
Berliner Hobbybiologe entdeckt das Energiegeheimnis des außerirdischen Curd Jürgens: Die Ufos fliegen dank grüner Salatblätter.

Kampf um Rom
Justinian-Darsteller Orson Welles verspottete dieses aufwendig-antike Artur-Brauner-Desaster als Erasmus and the forty krauts.

Der Himmel über Berlin
Erst im letzten Drittel des fade um die Berliner Siegessäule schwebenden, sich ausnehmend elitär gerierenden Kunstfilms darf ein US-kamerageschulter Peter Falk dem Protagonisten Bruno Ganz zeigen, was ein wenig Menschlichkeit vermag. Bruno spielt ganz wie ein Zombie, so, als habe er nach nächtelangem Zechen ein halbes Jahr besoffen im Straßengraben gelegen. Die Fortsetzung wär' nicht nötig gewesen, Herr Wenders.

Tag der Idioten
Während deutsche Kritiker voll des Lobes waren und von »fluider Metaphorik« und »polyphoner Schönheit« faselten, lachte sich Schroeter in einem Pariser Hotel halbtot über ihre Dummheit.

Fitzcarraldo
Hinter den Kulissen ging es wohl aufregender zu als dann auf der Leinwand: Seiner ständigen Tobsuchtsanfälle wegen wurde Klaus Kinski auf dem Set auch als »Adolf« gehandelt.

The creeping Terror
Ein menschenfressender Teppich aus dem Weltall. Es soll Kleindarsteller gegeben haben, die dafür zahlten, von ihm verschlungen zu werden. Producer-Director Nelson ist noch vor Beendigung der Arbeiten spurlos verschwunden. Sachdienliche Hinweise…

Robot Monster
Unten ist Ro-Man Gorilla, oben trägt er einen Taucherhelm. Kein ernstzunehmender Gegner für George Nader.

Küsse, die töten
Mädel aus der Ostzone endet in einem westdeutschen Animierlokal.

Schöner Gigolo – armer Gigolo
David Bowie, Sydne Rome (sie am wenigsten!), Kim Novak, Maria Schell, Curd Jürgens und Marlene Dietrich (!!!) – niemand konnte die offensichtlich »abgeschriebene« Katastrophe verhindern.

Sigi, der Straßenfeger
Für alle, die ihn schon vermißt haben: Der Gemm ist los, der Gemm ist los. Natürlich war Sigi alias Harald Juhnke alles andere als ein »Straßenfeger«, der die Kinokassen klingeln ließ.

Vorstehende kleine Anthologie ist keinesfalls repräsentativ, aber wer sich diese Streifen einmal zugemutet hat, wird um mehrere besonders traurige Erfahrungen reicher sein. (Und wie heißen Ihre schlechtesten Filme?)

Rolf Giesen

Drangsal eines Musterexemplars von fies chauvinistischem Boß und setzen dann ihre Rachephantasien in die Tat um, indem sie ihn entführen. Die irgendwie feministische Botschaft geht in reich bemessenen Albernheiten unter.

Warum hab' ich bloß zweimal ja gesagt? W41 **
BRD/Italien 1969, 89 Min., F
R: Franz Antel D: Lando Buzzanca, Terry Torday, Raffaela Carra
Mäßig lustiges Lustspiel um einen Schlafwagenschaffner, der sich als Bi- bzw. Trigamist entpuppt. Mit kurzen Auftritten von Heinz Erhardt als vergeßlichem Bahnbeamten.

Warum hab' ich ja gesagt? W42
DESIGNING WOMAN ***
USA 1957, 113 Min., F
R: Vincente Minnelli D: Lauren Bacall, Dolores Gray, Gregory Peck
Sportreporter Mike und Modeschöpferin Marilla verlieben sich ineinander und heiraten spontan. Nach der Hochzeit kommen die Probleme, da sie beruflich in unterschiedlichen Welten leben. Ehekomödie mit Situationskomik.

Warum läufst du immer nackt herum? W43 **
DOVE VAI TUTTA NUDA?
Italien 1969, 93 Min., F
R: Pasquale Festa Campanile
D: Tomas Milian, Maria Grazia Buccella, Vittorio Gassman
Betrunkener Akademiker heiratet ein Fotomodell mit exhibitionistischen Neigungen, das ihn in unmögliche Situationen bringt. Die Dame ist ansehbar, der Film weniger.

Warum läuft Herr R. Amok? W44 ****
BRD 1970, 83 Min., s/w
R: Rainer Werner Fassbinder/Michael Fengler D: Kurt Raab, Hanna Schygulla, Lilith Ungerer
Ein Mann in einer kleinbürgerlich engen Familie tötet im Affekt Frau, Kind und Nachbarin und begeht dann Selbstmord. Fassbinders vierter Film; eine böse realistische Milieustudie.

Warum nicht! W45
POURQUOI PAS! ****
Frankreich 1977, 95 Min., F
R: Coline Serrau D: Sami Frey, Mario Gonzalez, Christine Murillo
Eine bitter-süße Komödie über das unbürgerliche Zusammenleben von zwei Männern und einer Frau, zwischen 20 und 30 Jahre alt. Eindringlich und hoffnungsvoll erzählt, daß es fast nachahmenswert erscheint.

Warum schießen Sie auf den Lehrer? W46 ***
WHY SHOOT THE TEACHER?
Kanada 1976, 100 Min., F
R: Silvio Narizzano D: Bud Cort, Samantha Eggar, Chris Wiggins
Kanada in der Depressionszeit: In einem entlegenen Nest findet ein junger Lehrer langsam Zugang zu den Problemen und Lebensarten der bäuerlichen Menschen.

Was? W47
WHAT? ***
BRD/It/Fr 1972, 109 Min., F
R: Roman Polanski D: Marcello Mastroianni, Sydne Rome, Romolo Valli
Amerikanerin sucht vor Papagalli Obdach in einer Mittelmeervilla und stößt auf eine Bande exzentrischer und vom Sexus besessener reicher Tagediebe, die darauf warten, daß der Hausherr den Löffel abgibt. Bevor die naive Heldin ihm zu einem friedlichen Ableben verhilft, hat sie einiges durchzustehen. Satire zwischen Quatsch und Kunst, in erster Linie eine Verulkung der Sexwelle der siebziger Jahre.

Was der Himmel erlaubt W48
ALL THAT HEAVEN ALLOWS ****
USA 1955, 88 Min., F
R: Douglas Sirk D: Jane Wyman, Rock Hudson, Agnes Moorehead
Eine attraktive Witwe aus der amerikanischen Mittelschicht liebt einen jüngeren Gärtner. Um ihre Kinder vor dem kleinstädtischen Klatsch zu bewahren, verzichtet sie zunächst darauf, ihn zu heiraten. Mit expressionistischen Farben hervorragend in Szene gesetztes klassisches Melodram, das mit genauen Symbolen Auswüchse amerikanischen Denkens bloßlegt.

Was diese Frau so alles treibt W49 ***
THE THRILL OF IT ALL
USA 1963, 104 Min., F
R: Norman Jewison D: Doris Day, James Garner, Arlene Francis
Als die Arztfrau Beverly Boyer als Werbestar einer Seifenfirma berühmt wird, sieht ihre Familie sie bald mehr auf dem Bildschirm als zu Hause. Auch sonst geschehen Dinge, die den Ehefrieden nicht gerade fördern. Doch Dr. Boyer nimmt den Kampf um das gestörte Familienidyll auf seine Weise auf. Bestes Beispiel für einen Familienfilm.

Was, du willst nicht? W50
MAIN EVENT **
USA 1978, 109 Min., F
R: Howard Zieff D: Barbra Streisand, Ryan O'Neal, Paul Sand
Vor der geschäftlichen Pleite stehende Unternehmerin übernimmt Vertrag eines Boxers, um finanziell wieder auf die Beine zu kommen. Ein gequälter Versuch, in komödiantischem Stil den Erfolg von *Is was, Doc* zu wiederholen. Und natürlich kriegen sie sich, wenn's auch anfangs nicht so aussieht.

Was heißt'n hier Liebe? W51 ***
BRD 1978, 134 Min., F
R: Walter Harrich, Bertram Verhaag
D: Helma Fehrmann, Günter Brombacher, Ulli Radhöfer
Film-Version eines kabarettistisch aufgezogenen Aufklärungsstücks des Berliner Theaterensembles »Rote Grütze«. Vor den Zeiten von Aids und moralischer »Wende« versprach Sexualität noch ein Happy End.

Was ist denn bloß mit Willi los? W52 ***
BRD 1970, 87 Min., F
R: Werner Jacobs D: Heinz Erhardt, Ralf Wolter, Helen Vita
Deutschlands beliebtester Komiker der 50er und 60er Jahre in der Paraderolle des gutmütigen Finanzbeamten Willi Winzig, der zum Finanzminister aufsteigt. Vor der Verfilmung hatte Erhardt diesen Part mehr als 500 Mal auf Theaterbühnen gespielt.

Was kommen wird W53
THINGS TO COME ****
GB 1936, 113 Min., s/w
R: William Cameron Menzies
D: Raymond Massey, Edward Chapman, Ralph Richardson, Margaretta Scott
Ein 1940 ausgelöster Krieg mäht die menschliche Zivilisation nieder, doch Piloten legen den Grundstein zu einer neuen. Auch eine Revolte kann den ersten Mondflug nicht verhindern. SF-Klassiker nach dem Roman von H.G. Wells. LSFF

Was Sie nie über Frauen wissen wollten W54
***
BRD 1991, 80 Min., F
R: Lothar Lambert D: Nilgün Taifun, Dennis Buczma, Doreen Heins
In einer therapeutischen Wohngemeinschaft finden sich mehr oder minder psychotische Frauen zu einem grotesken Reigen. Genialischer Dilentatismus, Kino aus dem Bauch, mit viel Improvisation und trotzdem tiefer als die Mehrzahl der deutschen Filme der Zeit. HFJ 1993

Was vom Tage übrigblieb W55
THE REMAINS OF THE DAY ****
GB/USA 1993, 134 Min., F
R: James Ivory D: Anthony Hopkins, Emma Thompson, James Fox
Nach dreißig Jahren Pflichterfüllung läßt ein Butler sein Leben Revue passieren und realisiert, daß er seine Chancen sinnlos vertan hat. Ein außergewöhnliches Beziehungsdrama, das grandios eine persönliche Geschichte mit der Weltgeschichte verknüpft. Bestes Gefühlskino. HFJ 1995

Was weiß Mama von Liebe? W56
THE RELUCTANT DEBUTANTE ***
USA 1958, 92 Min., F
R: Vincente Minnelli D: Rex Harrison, Kay Kendall, John Saxon
Gattin eines Londoner Bankiers möchte ihre Stieftochter unbedingt in die

Die Wasser des Frühlingsstromes fließen nach Osten W57
***
YI JIAN CHUANGSHU TONG LING
China 1947, 185 Min., s/w
R: Cai Chusheng, Zheng Junli
D: Bai Yang, Tao Jin, Wu Yinyan
Episch breite Geschichte aus der Zeit des chinesisch-japanischen Krieges um ein Paar, das getrennt wird und sich dann politisch und emotional nicht mehr treffen kann.

Watchers W58
WATCHERS **
USA 1988, 92 Min., F
R: Jon Hess D: Corey Haim, Barbara Williams, Michael Ironside
Intelligentem Hund und Killermonster gelingt die Flucht aus einem Labor. Das Monster folgt dem Hund, und beiden folgen Agenten der Regierung. Rasant inszenierte, wenig originelle Geschichte nach Dean R. Koontz. Ein zweiter Teil *(Thierry Notz, 1991)* folgte dann leider auch noch.
HFJ 1993

Waterboy W59
THE WATERBOY **
USA 1998, 86 Min., F
R: Frank Coraci D: Adam Sandler, Fairuza Balk, Kathy Bates
Billige Klamotte um einen unterbelichteten College-Studenten, der immer, wenn man ihn zu sehr reizt, ungeahnte Kräfte freisetzt und so zur Footballgröße aufsteigt. HFJ 2000

Waterland W60
WATERLAND ***
GB 1992, 95 Min., F
R: Stephen Gyllenhaal D: Jeremy Irons, Sinead Cusack, Grant Warnock
Die Erinnerung an seine Jugend in den Fens, an das dem Meer abgetrotzte Waterland, reißt einen Lehrer aus der Ödnis seines Berufs- und Familienlebens, und er unternimmt mit seinen Schülern eine poetische Zeitreise.
HFJ 1994

Waterloo W61
WATERLOO ***
Italien/UdSSR 1969, 135 Min., F
R: Sergej Bondartschuk D: Rod Steiger, Christopher Plummer, Orson Welles, Jack Hawkins
Panoramisches Filmgemälde zur Schlacht von Waterloo, in der Napoleon endgültig besiegt worden ist. Rod Steiger als Napoleon ist ebenso beeindruckend wie die Inszenierung der Massenszenen.

Watership Down – Unten am Fluß W62
****
WATERSHIP DOWN
GB 1979, 92 Min., F
R: Martin Rosen
Der Animationsfilm erzählt vom Exodus einer Kaninchensippe, die ihre von Zerstörung bedrohte Heimat verläßt und nach vielen Abenteuern eine neue Bleibe findet; auch eine Parabel auf die menschliche Existenz.

Kevin Costner und Dennis Hopper in ›Waterworld‹.

Waterworld W63
WATERWORLD ***
USA 1995, 135 Min., F
R: Kevin Reynolds D: Kevin Costner, Dennis Hopper, Jeanne Tripplehorn
Im Jahre 2030 sind die Polarkappen geschmolzen, die Zivilisation ist unter Wassermassen begraben. Nur wenige konnten sich retten. Auf den Meeren treiben Piraten ihr Unwesen, ein Einzelkämpfer zieht einsam per Schiff seine Bahnen auf der Suche nach kostbarem Land. Eine Mega-Produktion mit oftmals grandiosen Bildern, aber ohne Aussage. Kevin Costner als aufrechter Held in einem uninteressanten Öko-Drama. HFJ 1996

Watusi W64
WATUSI ***
USA 1958, 85 Min., F
R: Kurt Neumann D: George Montgomery, Taina Elg, David Farrar
Der Abenteurer Alan Quatermain und ein deutsches Paar suchen im ehemaligen Deutsch-Ostafrika Diamantenschatz und überwinden nationale Abneigungen. Abenteuerfilm nach H. Rider Haggard.

Waynes World 2 W65
WAYNE'S WORLD 2 **
USA 1993, 95 Min., F
R: Stephen Surjik D: Mike Myers, Dana Carvey, Christopher Walken
Wayne Campbell und Garth wollen mit Hilfe überirdischer Kräfte ein Rockkonzert veranstalten und stoßen dabei auf große Probleme. Fader Forsetzungsfilm mit schwachsinnigen Gags.

Wedding W66
WEDDING ****
BRD 1989, 86 Min., F
R: Heiko Schier D: Angela Schmid-Burgk, Roger Hübner, Harald Kempe
Drei junge Erwachsene mit Problemen treffen sich zufällig an einem Ort ihrer Jugend wieder, und wollen sich gegenseitig weismachen, wie weit sie es gebracht haben. Susanne kommt dem Polizisten Markus näher, ohne zunächst zu wissen, daß dieser ihren Mann in einem Einsatz erschossen hat und Sulawski begeht einen Selbstmordversuch.

The Wedding Night W67
THE WEDDING NIGHT ****
USA 1935, 84 Min., s/w
R: King Vidor D: Gary Cooper, Anna Sten, Sig Rumann
Dramatische Dreiecksgeschichte um einen verheirateten Schriftsteller (Vorbild: F. Scott Fitzgerald), der sich aufs Land zurückzieht, um seine kreativen Ressourcen aufzufrischen. Er verliebt sich in die Tochter einer benachbarten Einwandererfamilie. Kurzfristig hilft das der Kreativität immer.

Wedlock W68
WEDLOCK ***
USA 1991, 101 Min., F
R: Lewis Teague D: Rutger Hauer, Mimi Rogers, Joan Chen, James Remar
Mit einem Explosivkragen versehen, flieht der Gangster Frank aus einem Gefangenenlager und muß sich seiner Ex-Kumpane und des korrupten Gefängnisdirektors erwehren. Ein spannender Near-Future-Thriller.

Weekend W69
WEEK-END ****
Frankreich 1967, 100 Min., F
R: Jean-Luc Godard D: Mireille Darc, Jean Yanne, Jean-Pierre Kalfon
Ein frustriertes Ehepaar fährt ins Wochenende. Der Straßenverkehr kulminiert in Orgien von Blut und Blech. Durch die Wälder streifen kannibalistische Horden. Godards heftigste Abrechnung mit der Gesellschaft.

Weekend eines Champions W70
WEEKEND OF A CHAMPION ***
USA 1971, 82 Min., F
R: Frank Simon D: Jackie Stewart, Helen Stewart, Roman Polanski
Ein von Roman Polanski produziertes, eigenwilliges Porträt des Formel-1-Weltmeisters Jackie Stewart, das auf die gängigen Klischees des Motorsportfilms verzichtet.

Weg aus dem Nichts W71
DUST BE MY DESTINY ***
USA 1939, 85 Min., s/w
R: Lewis Seiler D: John Garfield, Priscilla Lane, Alan Hale
Junger Eisenbahn-Schwarzfahrer verliebt sich auf Gefängnisfarm in Tochter eines Aufsehers und taucht mit ihr unter, als der Vater an Herzversagen stirbt. Als die beiden später eine Existenz gegründet haben und heiraten, ist die Polizei nicht weit. Kompetente Mischung aus Krimi und Drama.

Der Weg, der zum Himmel führt W72 ****
SUBIDA AL CIELO
Mexiko 1951, 75 Min., s/w
R: Luis Buñuel D: Lilia Prado, Esteban Marquez, Carmelita Gonzales
Ein gerade verheirateter junger Mann bricht mit dem Bus von seinem Dorf in eine jenseits des Gebirges liegende Stadt auf, um einen Notar für seine im Sterben liegende Mutter zu holen. Die mehrtägige Fahrt wird als metaphorische Reise durch das menschliche Leben geschildert. Stilistisch untypischer Buñuel-Film von großer Leichtigkeit und Poesie.

Der Weg des Verdammten W73
BUCK AND THE PREACHER ***
USA 1971, 103 Min., F
R: Sidney Poitier D: Sidney Poitier, Harry Belafonte, Cameron Mitchell
Schwarzer Ex-Soldat führt Treck von Ex-Sklaven nach Westen, rangelt sich mit einem schwarzen Schurken und gewinnt die Hilfe der Indianer, als seine Leute von Weißen angegriffen werden. Ein »schwarzer« Western.

Der Weg nach Hongkong W74
THE ROAD TO HONG KONG ***
USA/GB 1962, 91 Min., s/w
R: Melvin Frank D: Bob Hope, Bing Crosby, Joan Collins, Dorothy Lamour
Ein durch den fernen Osten ziehendes Gesangsduo wird von Spionen gejagt, nachdem einem der beiden versehentlich die Formel für einen neuen Treibstoff ins Hirn gespeichert wurde.

Der Weg nach oben W75
ROOM AT THE TOP ****
GB 1958, 112 Min., s/w
R: Jack Clayton D: Simone Signoret, Laurence Harvey, Heather Sears
Joe opfert für seine Karriere seine Liebe und will eine Industriellentochter heiraten. Beeindruckendes Beispiel des realistischen New Cinema.

Der Weg nach Westen W76
THE WAY WEST **
USA 1967, 122 Min., F
R: Andrew V. McLaglen D: Robert Mitchum, Kirk Douglas, Richard Widmark, Harry Carey jr.
Spinnerter Senator, der sich von einem Sklaven geißeln läßt, damit er sich selbst treu bleibt, führt Treck nach Westen und träumt vom neuen Jerusalem. Auch der gute Mann an der Kamera kann das verhunzte Drehbuch nicht retten.

Der Weg zum Glück W77
GOING MY WAY ***
USA 1944, 126 Min., s/w
R: Leo McCarey D: Bing Crosby, Barry Fitzgerald, Frank McHugh
Ein junger Priester bringt frischen Wind in die Gemeinde eines alteingesessenen Geistlichen. Es gelingt ihm, die Straßenkinder in den Kirchenchor zu integrieren und mit Hilfe seiner Talente als Songschreiber und einer Jugendfreundin die Finanzkrisen des Pfarrbezirks zu bewältigen. Bewegend-sentimentales Melodram, meisterlich am Kitsch vorbeiinszeniert.

Wege in der Nacht W78
***
BRD 1979, 100 Min., F
R: Krzysztof Zanussi D: Mathieu Carrière, Maja Komorowska, Horst Frank
Ein deutscher Offizier wirbt im Jahre 1943 vergeblich um die Gunst der Tochter eines polnischen Gutsbesitzers: der Krieg steht zwischen den beiden. In ruhigen und traurig-schönen Bildern erzählter Film, der die Sinnlosigkeit des Krieges anprangert, wobei der dargestellte persönliche Konflikt wenig überzeugend wirkt.

Wege zum Ruhm W79
PATHS OF GLORY ****
USA 1957, 86 Min., s/w
R: Stanley Kubrick D: Kirk Douglas

Übersicht verloren: Kubrick und Kirk Douglas demonstrieren Mechanismen des Krieges in ›Wege zum Ruhm‹.

Wehe, wenn Schwarzenbeck kommt W80
***
BRD 1977, 76 Min., F
R: May Spils D: Werner Enke, Benno Hoffmann, Sabine von Maydell
Enke wieder als weltmürrischer Spruchmacher, diesmal im Kampf gegen die Steuerfahndung. Keiner der Versuche des Teams Enke/Spils, den Erfolg von *Zur Sache Schätzchen* zu wiederholen, ist wirklich gelungen, und dieser schon gar nicht. Aber er kommt so unangestrengt daher, daß man sich dann doch amüsiert.

Der Weichensteller W81
DE WISSELWACHTER ***
Holland 1986, 95 Min., F
R: Jos Stelling D: Jim van der Woude, Stéphane Excoffier
In einer weiten, einsamen Landschaft begegnen sich ein einfältiger Weichensteller und eine irrtümlich ausgestiegene fremde Frau. Dialogarme intensive Filmparabel.

Weihnachtsfieber W82
***
BRD 1997, 90 Min., F
R: Paul Harather D: Barbara Auer, Uwe Ochsenknecht, Sophie Rois
Geschwätziger Vertreter der Weih-

lige Momente, glänzt ansonsten aber durch Belanglosigkeit. HFJ 1998

Weint um die Verdammten W83
BAND OF ANGELS ***
USA 1957, 127 Min., F
R: Raoul Walsh D: Clark Gable, Yvonne de Carlo, Sidney Poitier
Episch breites Südstaaten-Melodram um die Liebe einer Mischlingsfrau, die als Sklavin arbeitet, zu ihrem Besitzer, einem reuigen Sklavenhändler. Walshs Variante des legendären Kino-Erfolgs *Vom Winde verweht* erreichte weder Qualität noch Popularität des Vorbildes.

Die Weisheit des Blutes W84
WISEBLOOD ****
USA 1979, 101 Min., F
R: John Huston D: Brad Dourif, Ned Beatty, Harry Dean Stanton
Ein Vietnamheimkehrer wird Wanderprediger. John Hustons harte Kritik am amerikanischen Sektenwesen.

Weiß sie, wie man Kuchen backt? W85
***
CAN SHE BAKE A CHERRY PIE?
USA 1983, 90 Min., F
R: Henry Jaglom D: Karen Black, Michael Emil Jaglom

Die Weissagung W86
BINA ZOU BIAN CHANG ****
China 1991, 120 Min., F
R: Chen Kaige D: Liu Zhongyuan, Huang Lei, Xu Qing
Ein alter blinder Musikant zieht mit einem ebenfalls blinden Schüler durch das Land, einer Weissagung aus seiner Jugend folgend: Wenn tausend Saiten seines Instrument gerissen sind, werde er wieder sehen können.

Der weiße Büffel W87
THE WHITE BUFFALO **
USA 1976, 97 Min., F
R: J. Lee Thompson D: Charles Bronson, Jack Warden, Will Sampson
Bill Hickok und der Sioux-Indianer Crazy Horse jagen und erlegen ein weißes Büffel-Ungeheuer. Grusel-Western, dessen aufwendige Machart in keiner Sequenz über seine inhaltliche und gestalterische Dürftigkeit hinwegzutäuschen vermag.

Weiße Fracht für Hongkong W88
LE MYSTERE DE LA JONQUE ROUGE **
BRD/Fr/It 1964, 89 Min., F
R: Helmuth Ashley D: Horst Frank, Dietmar Schönherr, Brad Harris
Ein Gauner versucht zwei Piloten dazu zu bringen, Rauschgift zu befördern. Das hätte er besser bleiben lassen. Da wird kein Klischee des deutschen Abenteuerfilms ausgelassen. Für Liebhaber von 60er-Eurotrash.

Weiße Fracht für Rio W89
CARGAISON BLANCHE/LE CHEMIN DE RIO ***
Frankreich 1937, 95 Min., s/w
R: Robert Siodmak D: Käthe von Nagy, Jean-Pierre Aumont, Jules Berry
Ein Sensationsreporter und eine mit ihm konkurrierende Kollegin infiltrieren in einen französischen Nachtklub, einen Umschlagplatz für »weiße Sklavinnen«, die nach Rio verfrachtet werden, und geraten in ein Komplott hinein, das ein böser Bube gegen seinen Chef schmiedet. Dutzendware.

Weiße Frau im Dschungel W90
THE PLANTER'S WIFE ***
GB 1952, 89 Min., s/w
R: Ken Annakin D: Claudette Colbert, Jack Hawkins, Ram Gopal
Pflanzer in Malaya, in dessen Ehe es kriselt, möchte Gattin nach Hause schicken, doch ein Überfall einheimischer Rebellen schweißt beide zusammen. Routinierter Abenteuerfilm, spannender Nervenkrieg.

Der weiße Hai W91
JAWS ****
USA 1974, 124 Min., F
R: Steven Spielberg D: Roy Scheider, Robert Shaw, Richard Dreyfuss
Monströser weißer Hai terrorisiert Touristen an einem amerikanischen Badestrand und wird nach vielen Fehlschlägen von einem Jägertrio zur Strecke gebracht. Nervenzerfetzende Spannung garantiert, ebenso mehrere minderwertige Fortsetzungen.

Roy Scheider und Lorraine Gary

Der weiße Hai II W92
JAWS II ***
USA 1978, 116 Min., F
R: Jeannot Szwarc D: Roy Scheider, Lorraine Gary, Murray Hamilton
Fortsetzung zu *Der Weiße Hai,* Inhalt siehe dort. Ein neuer weißer Hai taucht auf und wird diesmal auf andere Weise zur Strecke gebracht. Wer Teil I nicht gesehen hat, wird 116 spannende Minuten verbringen.

Der weiße Hai III – 3-D W93
JAWS 3-D **
USA 1982, 98 Min., F
R: Joe Alves D: Dennis Quaid, Bess Armstrong, Simon McCorkindale
Ein mörderischer weißer Hai dringt in einen Unterwasser-Vergnügungspark ein und wird, wie all seine Vorgänger und Nachfolger, von einem beherzten Mann zur Strecke gebracht.

Der weiße Hai IV: Die Abrechnung W94 **
JAWS – THE REVENGE
USA 1978, 91 Min., F
R: Joseph Sargent D: Lorraine Gary, Lance Guest, Mario Van Peebles
Nachdem ein Hai ihren Sohn gefressen hat, zieht eine Frau auf die Bahamas, wo sich das Biest bald ebenso aktiv zeigt. Auch der 10. Teil dieses dürren Plots wird wohl noch Zuschauer finden. HFJ 1989

Weiße Hölle W95
HIGH ICE **
USA 1980, 94 Min., F
R: Eugene S. Jones D: David Janssen, Tony Musante, Dorian Harewood
Drei Bergsteiger werden von Lawinen überrascht und müssen im Fels überleben, während zunächst einmal alle Hilfsmaßnahmen scheitern.

Weiße Jungs bringen's nicht W96
WHITE MEN CAN'T JUMP ***
USA 1992, 115 Min., F
R: Ron Shelton D: Wesley Snipes, Woody Harrelson, Rosie Perez
Gaunerkomödie um einen Weißen in der von schwarzen Ballkünstlern dominierten US-Basketballszene. Gelungene Spielszenen und freche Dialoge machen die Inszenierung des Sportfilmexperten Shelton sehenswert, das mangelnde echte Engagement macht den Film allerdings auch schnell vergessen. HFJ 1994

Weiße Nächte W97
LE NOTTI BIANCHE ****
Italien 1957, 97 Min., s/w
R: Luchino Visconti D: Maria Schell, Marcello Mastroianni, Jean Marais
Viscontis italienische Version einer Novelle von Dostojewski, in deren Mittelpunkt ein Mädchen steht, das sehnsüchtig, aber vergeblich auf einen Geliebten wartet. Atmosphärisch dichte, von Melancholie geprägte Liebestragödie im Stil des Neorealismus, die durch ausgezeichnete Charakterdarstellungen besticht.

Der weiße Reiter W98
THE LONE RANGER **
USA 1956, 86 Min., F
R: Stuart Heisler D: Clayton Moore, Jay Silverheels, Lyle Bettger
Um einen Indianerstamm vertreiben zu können, läßt ein Rancher seine Leute verkleidet morden und brandschatzen. Der »einsame Ranger« und sein indianischer Freund Tonto verhindern das Schlimmste. Nach einer beliebten Hörspielreihe aus dem Jahr 1932.

Die weiße Rose W99
****
BRD 1982, 119 Min., F
R: Michael Verhoeven D: Lena Stolze, Ulrich Tukur, Wulf Kessler
Filmisches Portrait der Münchener Widerstandsgruppe gegen die nationalsozialistische Herrschaft, in dessen Mittelpunkt vor allem die Gestalt von Sophie Scholl stellt. Lena Stolze gibt der Rolle Profil.

Die weiße Sklavin der grünen Hölle W100
GOLD OF THE AMAZON WOMEN **
USA 1979, 90 Min., F
R: Mark L. Lester D: Bo Svenson, Anita Ekberg, Donald Pleasence
Abenteurergruppe, die am Amazonas einen Schatz sucht, trifft auf einen Amazonenstamm, dessen Chefin die zwar leicht bekleidete, aber unglaublich fette Anita Ekberg ist. Ein Fest für Freunde schlechter Filme!

Der weiße Sohn der Sioux W101
THE SAVAGE ***
USA 1952, 95 Min., F
R: George Marshall D: Charlton Heston, Susan Morrow, Peter Hanson
Weißer, von den Sioux aufgezogen, arbeitet als Scout für die US-Kavallerie. Als Militärs seinen Stamm überfallen wollen, gerät er in seelische Bedrän-

Jagd auf ein Mördersyndikat mit allerlei Verwechslungen und Verstellungen. Noch durchgeknallter als die Wallace-Krimis in diesen Jahren.

Der weiße Teufel von Arkansas W103
RIDE A CROOKED TRAIL ***
USA 1958, 85 Min., F
R: Jesse Hibbs D: Audie Murphy, Gia Scala, Walter Matthau, Henry Silva
Gunman, der eine Bank ausrauben will, aber für einen Gesetzeshüter gehalten wird, muß echtem Banditen die Beute abjagen, die er gern selbst geklaut hätte, und wird so ehrlich. Humorvoll inszenierter Western.

Die weiße Wand W104
DEN VITA VÄGGEN ****
Schweden 1975, Min., F
R: Stig Björkman D: Harriet Andersson, Lena Nyman, Sven Wollter
Ein bedrückender Alltag im Leben einer alleinstehenden Frau. Eindringliche Psychostudie mit einer bewundernswürdigen Schauspielerleistung von Harriet Andersson.

Weiße Zeit der Dürre W105
A DRY WHITE SEASON ****
USA 1988, 107 Min., F
R: Euzhan Palcy D: Donald Sutherland, Janet Suzman, Marlon Brando
Ein weißer Südafrikaner wird durch die Ermordung seines Gärtners und dessen Sohnes aus seiner politischen Lethargie gerissen. In seinem Kampf gegen die rassistischen Behörden verliert er seine Freunde, seine Frau und schließlich seine Arbeit als Lehrer. Ein ziemlich gutgemeinter Film.
HFJ 1990

Weißer Jäger – schwarzes Herz W106
WHITE HUNTER, BLACK HEART ***
USA 1990, 120 Min., F
R: Clint Eastwood D: Clint Eastwood

Weißer Oleander W107
DRAGONWYCK ***
USA 1946, 103 Min., s/w
R: Joseph L. Mankiewicz D: Vincent Price, Gene Tierney, Walter Huston
1840: Ein amerikanischer Feudalherr, der seine erste Frau umgebracht hat, trachtet auch der zweiten nach dem Leben. Ist Irrsinn erblich? Langsam anlaufender Thriller, unheimliches Haus mit vielen Rätseln inklusive.

Weißer Terror W108
THE INTRUDER ***
USA 1961, 83 Min., s/w
R: Roger Corman D: William Shatner, Frank Maxwell, Beverly Luisford
Ein in den Süden der USA eingereister Agitator hetzt die weißen Bewohner eines Städtchens gegen die schwarzen auf, der Ku-Klux-Klan schlägt zu. Ein kritischer Film, der gegen Rassismus Stellung bezieht.

Der weite Himmel W109
THE BIG SKY ****
USA 1952, 99 Min., s/w
R: Howard Hawks D: Kirk Douglas, Dewey Martin, Elizabeth Treatt
Zwei Abenteurer landen in St. Louis im Knast und werden später von einem zwielichtigen Kapitän zu einer Reise ins Land der Schwarzfuß-Indianer angeheuert. Gelungener Film aus der Frühzeit der Entdeckung des Wilden Westens.

Das weite Land W110
****
BRD/Österreich/Fr 1986, 99 Min., F
R: Luc Bondy D: Michel Piccoli, Bulle Ogier, Jutta Lampe
Eine Frau im Widerspruch zwischen ihren Pflichten als Frau eines Fabrikanten und ihrer Liebe zu einem Musiker. Intensiv gestaltete und gespielte Verfilmung des Bühnenstücks von Arthur Schnitzler. HFJ 1988

down, nachdem er dessen Freund festgesetzt hat. Western, der gähnende Langeweile verbreitet.

Weites Land W112
THE BIG COUNTRY ****
USA 1958, 166 Min., F
R: William Wyler D: Gregory Peck, Jean Simmons, Carroll Baker, Charlton Heston, Burl Ives
Ex-Kapitän läßt sich im Westen nieder, um zu heiraten und Rancher zu werden, doch zwischen der Familie seiner Braut und einer anderen bricht ein Wasserkrieg aus. Familiensaga.

Welcome to Sarajevo W113
WELCOME TO SARAJEVO ****
GB/USA 1997, 101 Min., F
R: Michael Winterbottom
D: Stephen Dillane, Woody Harrelson, Marisa Tomei, Kerry Fox
Realistisch-dichtes Drama um einen Kriegsreporter in Sarajewo, der seine journalistische Distanz aufgibt, um ein kleines Mädchen zu retten. Manchmal idealisierend, ist der halbdokumentarisch angelegte Film doch ein gelungenes Plädoyer für Engagement und gegen die Ohnmacht eines einzelnen in einem Kriegsgebiet. HFJ 1999

Die Welt, das Fleisch und der Teufel W114 ****
THE WORLD, THE FLESH AND THE DEVIL
USA 1959, 95 Min., s/w
R: Ranald McDougall D: Harry Belafonte, Inger Stevens, Mel Ferrer
Zwei Männer und eine Frau, die als einzige den Atomkrieg überlebt haben, müssen sich zusammenraufen – was nicht einfach ist, denn einer der Männer ist schwarz und der andere ein Rassist. LSFF

Eine Welt ohne Mitleid W115
UN MONDE SANS PITIE ****
Frankreich 1989, 88 Min., F
R: Eric Rochant D: Hippolyte Girardot, Mireille Perrier, Yvan Attal
Der junge Pariser Hippolyte will weder feste Arbeit, noch feste Freundin, sondern schlägt sich lieber mit kleinen Drogengeschäften durch. Erst als er sich in die schöne Nathalie verliebt, lernt er von ihr, zu seinen Gefühlen zu stehen und seinen ziellos-tristen Lebensstil kritisch zu hinterfragen. Mit großer Leichtigkeit inszenierte Lebensgefühlschilderung. HFJ 1991

Weltraumbestien W116
CHIKYU BOEIGUN **
Japan 1957, 87 Min., F
R: Inoshiro Honda D: Kenji Sahara, Yumi Shirakawa, Momoko Kochi
Außerirdische Intelligenzen nisten sich in Japan ein und schicken einen Riesenroboter los, um die Menschen in den Boden zu stampfen und ihre Frauen zu rauben. Nichts da, ihr Wichte! Wackere Helden rücken an! LSFF

Weltraumschiff MR-1 gibt keine Antwort W117 **
THE ANGRY RED PLANE
USA 1959, 83 Min., F
R: Ib Melchior D: Gerald Mohr, Nora Hayden, Les Tremayne
Hochintelligente Lebewesen, die auf dem Mars ihr Dasein fristen, teilen einer irdischen Expedition deutlich mit, daß sie von ihr nichts halten. Standard-SF-Film, bedingt spannend und typisch für seine Zeit. LSFF

Wem die Sonne lacht W118
THE SUN SHINES BRIGHT ****
USA 1953, 97 Min., s/w
R: John Ford D: Charles Winninger, Arlen Whelan, John Russell
Der Wahlkampf eines menschenfreundlichen Richters gegen bigotte und reaktionäre Kräfte als utopische Sozialkomödie.

Die Wendeltreppe W119
THE SPIRAL STAIRCASE ****
USA 1945, 90 Min., s/w
R: Robert Siodmak D: Dorothy McGuire, George Brent, Ethel Barrymore
Spannender Psychothriller um ein junges Mädchen, das durch einen Schock die Sprache verloren hat und in einem Landhaus von einem geisteskranken Mörder bedroht wird. Ein klassischer Grusler, der mehr mit Licht, Schatten und Atmosphäre arbeitet, als mit den blutigen und detaillierten Bestandteilen des Horrorkinos der achtziger und neunziger Jahre.

Wendy W120
WENDY CRACKED A WALNUT ***
Australien 1991, 82 Min., F
R: Michael Pattinson D: Rosanna Arquette, Bruce Spence
Eine nach Liebesromanen süchtige Hausfrau gerät eines Tages an ein Buch, das ihre Träume wahr macht. Fantasy-Komödie mit einer großartigen Hauptdarstellerin.

Wenig Chancen für morgen W121
ODDS AGAINST TOMORROW ***
USA 1959, 92 Min., s/w
R: Robert Wise D: Harry Belafonte, Robert Ryan, Ed Begley
Ein Ex-Polizist, ein Ex-Boxer und ein bis über beide Ohren verschuldeter schwarzer Jazzsänger wollen eine Kleinstadtbank überfallen und berauben, doch der rassistisch eingestellte Boxer belastet nicht nur die Vorbereitungen des Coups, sondern bringt ihn auch mit dramatischen Auswirkungen zum Scheitern. Ein gut ausgetüftelter Kriminalfilm, der größeren Wert auf die Entwicklung seiner Charaktere denn auf das Unternehmen selbst legt.

Wenn das Blut kocht W122
NEVER SO FEW ***
USA 1959, 124 Min., F
R: John Sturges D: Frank Sinatra, Steve McQueen, Paul Henreid
Eine amerikanische Einheit kämpft während des Zweiten Weltkriegs in den Urwäldern Burmas gegen japanische Invasoren. Held der Story ist ein junger Captain, der zwar eigene Ansichten gegen das Metzgerhandwerk hat, doch in der Not tut, was Soldaten halt tun müssen. Aktionsreiches Kriegsdrama alter Schule.

Wenn das Mama wüßte W123
LES FUGITIFS ***
Belgien 1982, 90 Min., F
R: Freddy Charles D: Bernard Menez, Erika Maaz, Eddie Constantine
Beamter, der in seinem Auto ahnungslos Millionen transportiert, gerät mit Kriminellen aneinander und wird in einer turbulenten Abfolge von Ereignissen gejagt.

Wenn das Schicksal es will W124
PROMISES IN THE DARK ***
USA 1979, 115 Min., F
R: Jerome Hellman D: Marsha Mason, Kathleen Beller, Susan Clark
Die 17jährige an Krebs erkrankte Buffy Koenig kann nur durch Apparate am Leben erhalten werden. Die Eltern führen einen Kampf um ihr Leben, das sie selbst schon aufgegeben hat. Am Ende erfüllt die Stationsärztin ihr gegebenes Versprechen und leistet passiven Sterbehilfe.

Wenn der Kater kommt W125
AZ PRIJDE KOCCUR ****
CSSR 1963, 104 Min., F
R: Vojtech Jasny D: Vlastimil Brodsky, Jiri Sovac, Emilie Vassaryova
Der Blick eines Katers hat die für die Betreffenden unangenehme Eigenschaft, ihren wahren Charakter zum Vorschein zu bringen. Märchenhafte Sozialsatire.

Wenn der Postmann zweimal klingelt W126
THE POSTMAN ALWAYS RINGS TWICE ****
USA 1981, 123 Min., F
R: Bob Rafelson D: Jack Nicholson, Jessica Lange, John Colicos
Tramp verliebt sich in brünstige Frau eines Raststättenbesitzers und bringt deren Gatten um, ohne mit der Tat seelisch fertig zu werden. Remake des Films *Im Netz der Leidenschaften* – nur viel geiler!

Jack Nicholson und Jessica Lange

des Atomkriegs dahingerafft. Tragische Zeichentrickgeschichte über Menschen, die auf Politiker vertrauen.

Wenn die Gondeln Trauer tragen W128
DON'T LOOK NOW *****
GB 1973, 109 Min., F
R: Nicholas Roeg D: Julie Christie, Donald Sutherland, Hilary Mason
Eltern eines ertrunkenen Mädchens begegnen zwei Medien, die angeblich mit der Toten in Kontakt sind. Als der (ohne es zu wissen) hellseherisch begabte Vater sie zu sehen glaubt, tötet ihn ein mörderischer Zwerg. Nicht leicht zugänglicher, technisch perfekter Phantastikfilm. LSFF

Wenn die Kraniche ziehen W129
LETJAT SHURAWLI ****
UdSSR 1957, 95 Min., s/w
R: Michail Kalatosow D: Tatjana Samojlova, Alexej Batalow, Wassili Merkurjew
Erzählt wird von Veronikas Liebe zu dem an der Front gefallenen Boris. Sie wird in der Etappe von dessen zynisch-karrieristischem Bruder Mark verführt, wartet aber nach dem Sieg noch immer auf Boris. Eine einfache Geschichte, hervorragend gestaltet.

Wenn du bei mir bist W130
**
BRD 1970, 95 Min., F
R: Franz Josef Gottlieb D: Lex Barker, Roy Black, Xenia Merton
Deutsche Flugzeugbesatzung, die in Thailand drei Tage Aufenthalt hat, durchlebt diverse Verwicklungen. Echt herzig: Roy Black als verliebter Kopilot, der eine Thai-Prinzessin beschützt.

Wenn es Nacht wird in Paris W131
TOUCHEZ PAS AU GRISBI ****
Fr/It 1954, 96 Min., s/w
R: Jacques Becker D: Jeanne

Riton, der die finale Schießerei nicht überlebt. Atmosphärisch dichter Gangsterfilm, der den Verlust von Ehre in einer egoistisch-brutalen Welt anhand eines abgeschlossenen kriminellen Mikrokosmos zeigt.

Wenn Frauen hassen W132
JOHNNY GUITAR ****
USA 1953, 111 Min., F
R: Nicholas Ray D: Joan Crawford, Sterling Hayden, Mercedes McCambridge, Scott Brady
Ein gitarrespielender Scharfschütze wird von der Wirtin Vienna engagiert und steht ihr bei, als die Schwester eines Ermordeten einen ihrer Freunde beschuldigt. Western-Klassiker.

Joan Crawford und Sterling Hayden

Wenn ich eine Million hätte W133
IF I HAD A MILLION ****
USA 1932, 88 Min., s/w
R: Ernst Lubitsch D: W.C. Fields, Charles Laughton, May Robson, Gary Cooper
Ein im Sterben liegender Millionär rächt sich an seiner habgierigen Verwandtschaft, indem er sein Vermögen willkürlich aus dem Telephonbuch herausgesuchten Personen vererbt. Einer der Glücklichen kann dadurch seinem Dasein als Angestellter einer Großfirma entfliehen. Satirisch gefärbter Unterhaltungsfilm.

Françoise Dorléac, Donald Pleasence

Ein Ehepaar auf einer einsamen Insel wird von einem Gangster terrorisiert, bis sich der Mann in einem Gewaltakt von ihm befreit. Groteske Filmparabel über Liebe, Macht und Gewalt.

Wenn Mädchen heiß den Frühling spüren W135 **
NEIGES BRULANTES
Frankreich 1982, 77 Min., F
R: Michel Leblanc D: Olinka Hardiman, Gabriel Pontello, Claudia Nabel
Braves Blondinchen, das in den Alpen den Verlobten sucht, wird mit einem Flittchen verwechselt und erhält Gelegenheit, versäumte Kenntnisse in fremden Betten nachzuholen. Softporno.

Wenn man vom Teufel spricht... W136 **
SPEAKING OF THE DEVIL
Italien 1991, 102 Min., F
R: E.B. Clucher D: Bud Spencer, Carol Alt, Thierry Lhermitte
Bud Spencer legt sich als Taxifahrer auf der Jagd nach einem Lotterielos sogar mit Engeln und Teufeln an. Komödie, die selbst für Freunde des Klamauks und des Riesenbabys nur bedingt erträglich ist. HFJ 1992

Wenn Marie nur nicht so launisch wär' W137 ***
LES CAPRICES DE MARIE
Frankreich/Italien 1970, 90 Min., F
R: Philippe de Broca D: Philippe Noiret, Bert Convy, Valentina Cortese
Eine attraktive französische Bürgermeistertochter folgt einem amerikanischen Millionär nach New York. Bald hat sie jedoch Heimweh und kehrt zu ihrem Jugendfreund nach Frankreich zurück. Heiterer Film, der den American way of life dem europäischen Lebensstil gegenüberstellt.

Wenn Schweine fliegen W138 **
WHEN PIGS FLY
BRD/USA 1993, 97 Min., F
R: Sara Driver D: Marianne Faithfull, Alfred Molina, Rachel Bella
In einer pittoresken Abriß-Gegend drängen sich zwei Tote in die Welt der Lebenden und sorgen für Unruhe. Mystische Geschichte mit morbidem Einschlag, die aber schnell samt ihren Gespenstern an Reiz verliert. HFJ 1995

Wer den Wind sät W139 ***
INHERIT THE WIND
USA 1960, 128 Min., s/w
R: Stanley Kramer D: Spencer Tracy, Frederic March, Gene Kelly
Während eines Prozesses gegen einen Lehrer prallen in einer amerikanischen Stadt die Überzeugungen von bibelfesten Christen und Vertretern der Abstammungslehre von Darwin erbittert aufeinander. Gerichtsfilm, halb Farce, halb Drama.

Wer die Nachtigall stört W140 ****
TO KILL A MOCKINGBIRD
USA 1962, 129 Min., s/w
R: Robert Mulligan D: Gregory Peck, Mary Badham, Phillip Alford
Alabama in den frühen dreißiger Jahren. Die Kinder eines Anwalts, der einen wegen Vergewaltigung angeklagten Schwarzen verteidigt, werden erstmals mit Rassenvorurteilen der Bevölkerung konfrontiert. Bewegender Anti-Rassismus-Film, dessen gutgemeintes Engagement leider durch einige klischeehafte Darstellungen geschmälert wird.

Wer erschoß Salvatore G. W141 ****
SALVATORE GIULIANO
Italien 1961, 125 Min., s/w
R: Francesco Rosi D: Salvo Randone, Frank Wolff, Frederico Zardi
Die Chronik des Mafiabosses Salvatore G. als künstlerisch und politisch hervorragend inszenierter Ausschnitt aus der unruhigen Geschichte Siziliens.

Wer Gewalt sät W142 ****
STRAW DOGS
GB 1971, 117 Min., F
R: Sam Peckinpah D: Dustin Hoffman, Susan George, Peter Vaughan
Ein dröger amerikanischer Wissenschaftler, der mit seiner Gattin ein Haus in Cornwall bezieht, wird zum killenden Amokläufer, um einen Lynchmord zu verhindern. Eine Studie in menschlicher Verhaltenspsychologie, in der die Bewohner des ländlichen Cornwall (offenbar sind alle Menschen debile Säufer und potentielle Vergewaltiger) nicht sehr gut wegkommen.

Wer hat Angst vor Virginia Woolf? W143 ****
WHO'S AFRAID OF VIRGINIA WOOLF?
USA 1966, 129 Min., s/w
R: Mike Nichols D: Elizabeth Taylor, Richard Burton, Sandy Dennis, George Segal
Die nach außen hin harmlos erscheinenden kleinen Streitereien eines College-Professors mit seiner Ehefrau explodieren plötzlich zu einer haßerfüllten und schonungslosen gegenseitigen Abrechnung, die keinerlei Rücksicht auf den anderen nimmt. Hervorragend gespieltes und äußerst bedrückendes Psychogramm elementarer menschlicher Gefühle und Abhängigkeiten.

Wer hat, der hat W144 ***
FINDERS KEEPERS
USA 1984, 92 Min., F
R: Richard Lester D: Michael O'Keefe, Beverly D'Angelo, Louis Gossett jr.
Turbulente Komödie um einen mit fünf Millionen Dollar gefüllten Sarg, der per Eisenbahn durch die USA befördert wird und hinter dem eine Reihe einigermaßen bizarrer Menschen her sind. Richard Lester wieder in seinem Element.

Wer ist hier verrückt? W145 **
HVEM HAR BESTEMT...?
Norwegen 1978, 85 Min., F
R: Petter Venneröd D: Petter Venneröd, Sverre Gran, Sossen Krohg
Rebellischer Psychologiestudent wird in eine Nervenheilanstalt gebracht, wo er sich weiter der »sanften« Anpassung verweigert.

Wer ist Scarlet Pimpernell?
siehe: Das scharlachrote Siegel

Wer zuerst schießt, hat mehr vom Leben W146
***
TOUT FEU, TOUT FLAMME
Frankreich 1960, 83 Min., s/w
R: Pierre Montacel D: Eddie Constantine, Barbara Laage, Claude Cerval
Ein Geheimagent, der in Lissabon nach einem Doppelagenten sucht, wird von allerlei Finsterlingen an seinem Tun gehindert. Turbulenter Thriller.

Wer zuletzt lebt, lebt am besten W147
***
INNOCENT BYSTANDERS
GB 1972, 96 Min., F
R: Peter Collinson D: Stanley Baker, Geraldine Chaplin, Donald Pleasence
Britische Geheimagenten auf der Spur eines Verräters. Solide gemachter und gelegentlich gewalttätiger Thriller, nicht ohne ironische Untertöne.

Wer zweimal lügt … W148
***
BRD 1994, 81 Min., F
R: Bertram von Boxberg D: Walter Buschhoff, Ursula Karusseit, Reiner Heise
Ein alter Hobby-Jurist läßt sich unter falschem Namen als Richter an ein Gericht in die neuen Bundesländer versetzen. Bei der Vergangenheitsbewältigung der DDR stößt er auch auf Ungereimtheiten in der Vergangenheit der BRD. Eine amüsante Verwechslungskomödie mit Seitenhieben auf politische Scheinheiligkeit und Verdrängung. HFJ 1995

The Werewolf W149
*
LA NOCHES DEL HOMBRE LOBO
Spanien 1968, 82 Min., F
R: René Govar D: Paul Naschy, Silvia Aguilar, Julia Saly, Azucena Hernandez
Ein Mann, der in Vollmondnächten zum Werwolf wird, sucht Hilfe bei einem Wissenschaftler, der ihn aber nur dazu benutzt, sich seiner Kollegen zu entledigen. Da wird Wolfi aber

Eine von Alpträumen heimgesuchte Lady verwandelt sich in eine Werwölfin und lebt ihre lesbischen Neigungen aus. Ein billiger und phantasieloser Sexploiter mit mieser Beleuchtung und jämmerlicher Darstellungskunst.

Der werfe den ersten Stein W151
****
THE HOODLUM PRIEST
USA 1961, 102 Min., s/w
R: Irvin Kershner D: Don Murray, Cindi Wood, Keir Dullea
Ein Priester setzt sich für entlassene Strafgefangene ein, u.a. für einen jungen Dieb. Nachdem er ihm einen Arbeitsplatz besorgt hat, gerät er wieder (schuldlos) in Verdacht und begeht eine Kurzschlußhandlung, die ihn in die Gaskammer bringt. Der Schauspieler Don Murray war hier als Produzent und unter Pseudonym als Drehbuchautor tätig. Exzellente Kameraführung.

Werther W152
****
WERTHER
Frankreich 1938, 85 Min., s/w
R: Max Ophüls D: Pierre-Richard Wilm, Annie Vernay, Jean Galland
Goethes Geschichte vom jungen Mann, der aus Liebe zur Frau seines Freundes Selbstmord begeht, in einer stilvollen, poetischen Film-Version.

Ein Werwolf beißt sich durch W153
***
FULL MOON HIGH
USA 1981, 93 Min., F
R: Larry Cohen D: Adam Arkin, Ed McMahon, Elisabeth Hartmann
Ex-Footballer, in der Jugend von Ede Wolf gebissen, kehrt nach 20 Jahren an sein altes College zurück, um ein großes Spiel zu wagen. Parodistisch, aber nur dann richtig zum Lachen, wenn man den US-Collegebetrieb kennt. HFJ 1988

Der Werwolf von Tarker Mills W154
***

kommt. Hier werden Alpträume wahr – zumindest für den, der noch keinen Werwolf-Film gesehen hat. HFJ 1987

Der Werwolf von Washington W155
**
THE WEREWOLF OF WASHINGTON
USA 1970, 90 Min., F
R: Milton Moses Ginsberg D: Dean Stockwell, Biff McGuire, Clifton James
Horror-Satire. Pressesprecher des US-Präsidenten in den Karpaten vom Werwolf gebissen, wird selbst zu einem solchen und macht den Herrn im Weißen Haus zu seinem »Nachfolger«. Stellenweise lustig.

Die Wespenfrau W156
***
THE WASP WOMAN
USA 1959, 75 Min., s/w
R: Roger Corman D: Susan Cabot, Fred Eisley, Barboura Morris
Forscher entwickelt aus den Säften einer Wespe ein Verjüngungsmittel; seine Mäzenatin unternimmt einen Selbstversuch und wird zum bösen Ungeheuer. 50.000-$-Schnellschuß der Corman-Factory, aber spannend! LSFF

West Side Story W157
****
WEST SIDE STORY
USA 1960, 151 Min., F
R: Robert Wise, Jerome Robbins
D: Natalie Wood, Russ Tamblyn, Richard Beymer, Rita Moreno
Die Geschichte von Romeo und Julia verlegt in die puertorikanischen Slums von New York, inszeniert als Liebestragödie inmitten des gewalttätigen Szenarios zweier sich brutal bekämpfender jugendlicher Gangs. Trotz der hervorragend mit der Musik von Leonard Bernstein harmonierenden Tanzszenen und einiger gelungener Regie-Einfälle eine wenig überzeugende Verfilmung des Broadway-Musicals.

›West Side Story‹ – Rita Moreno tanzt zur grandiosen Musik von Leonard Bernstein. Gedreht in Manhattans West Side.

Einem Stasi-Agenten, der im Auftrag der DDR in der Bundesrepublik einen Auftrag zu erledigen hat, werden die Verlockungen des Westens fast zum Verhängnis. Filmisch origineller Agententhriller, der auf spannende und unterhaltsame Weise die materielle Fixierung der bundesrepublikanischen Wohlstandsgesellschaft bloßlegt.

Western Union W159
WESTERN UNION ***
USA 1941, 93 Min., s/w
R: Fritz Lang D: Robert Young, Randolph Scott, Dean Jagger
Heldenhafter Scout in den Diensten der Firma Western Union verlegt die erste Telegrafenleitung durch die amerikanische Prärie.

Der Westerner W160
THE WESTERNER ***
USA 1940, 100 Min., s/w
R: William Wyler D: Gary Cooper, Walter Brennan, Doris Davenport
Ein zu Unrecht des Pferdediebstahls Verdächtigter, der von »Richter« Roy Bean verurteilt werden soll, rettet seinen Hals, indem er behauptet, er könne ihm eine Locke seines Stars Lily Langtree besorgen.

Westexpreß W161
THE LADY VANISHES **
GB 1979, 99 Min., F
R: Anthony Page D: Elliott Gould, Cybill Shepherd, Angela Lansbury
Eine Neuverfilmung des Klassikers von Alfred Hitchcock *Eine Dame verschwindet*. Gute schauspielerische Leistungen, allerdings eine mäßige Inszenierung von Anthony Page. Insgesamt ein mißglücktes Unternehmen.

Westfront 1918 W162
****
Deutschland 1930, 89 Min., s/w
R: G.W. Pabst D: Fritz Kampers, Gustav Diessl, Hans Joachim Moebis
Bilder vom Grauen des Ersten Weltkrieges an der Front, aber auch zuhause bricht für die Helden eine Welt zusammen. Am Ende des unerbittlichen Sterbens steht der Satz: »Wir sind alle schuld«.

Westlich Sansibar W163
WEST OF ZANZIBAR ***
GB 1954, 90 Min., F
R: Harry Watt D: Anthony Steel, Sheila Sim, William Simons
Ex-Jagdaufseher entlarvt in Sansibar eine Bande von Elfenbeinhändlern und kapert bei Nacht und Nebel deren Schiff. Routine-Abenteuer, kompetent in Szene gesetzt.

Westlich St. Louis W164
WAGONMASTER ****
USA 1950, 86 Min., s/w
R: John Ford D: Ben Johnson, Harry Carey jr., Joanne Dru, Ward Bond
Die Pferdehändler Sandy und Travis arbeiten als Führer für einen Mormonen-Treck. Die Probleme werden ernster, als die Clegg-Bande den Treck entdeckt und ausrauben möchte. Klassischer Western.

Westwärts zieht der Wind W165
PAINT YOUR WAGON ***
USA 1969, 148 Min., F
R: Joshua Logan D: Lee Marvin, Clint Eastwood, Jean Seberg, Ray Walston

Zwei Goldgräber, die fündig werden, legen sich eine Frau zu, die beiden sexuell zugetan ist und bringen durch ihre unermüdliche Grabtätigkeit eine Stadt zum Einsturz. Überlanger Western mit zahllosen musikalischen Einlagen.

Westworld W166

WESTWORLD ***

USA 1972, 89 Min., F

R: Michael Crichton D: Yul Brynner, Richard Benjamin, James Brolin

Zwei Besucher eines vollautomatisch funktionierenden Freizeitparks werden von einem durchgedrehten, äußerlich menschlichen Roboter gejagt, der alle Vorzüge eines Computergehirns in sich vereint. Spannend, aber unbedeutend. LSFF

Wetherby W167

WETHERBY ***

GB 1984, 102 Min., F

R: David Hare D: Vanessa Redgrave, Joely Richardson, Ian Holm

Ein geheimnisvoller junger Mann bricht in das bislang so beschauliche Leben einer englischen Kleinstadtlehrerin ein. Die Spur führt in diesem artifiziellen Thriller wieder einmal in die Vergangenheit.

Wettlauf mit dem Tod W168

TENENTE SHERIDAN ***

Italien 1960, 94 Min., F

R: Giorgio Bianchi D: Ubaldo Lay, Erino Locatelli, Carlo Alighiero

Eine zu Unrecht des Mordes verurteilte Frau erinnert sich in der Todeszelle an die unselige Verkettung der Umstände, die zu ihrer Verdächtigung führte, an der Entführung und Ermordung eines Industriellensohnes beteiligt gewesen zu sein. Ein Polizeibeamter kämpft um Beweise für ihre Unschuld.

Wettlauf mit der Zeit W169

RUNNING AGAINST TIME **

Verwicklungen selbst in den Verdacht, der Präsidentenmörder zu sein. Nicht übel gemacht. LSFF

When a man loves a Woman W170

***

WHEN A MAN LOVES A WOMAN

USA 1994, 124 Min., F

R: Luis Mandoki D: Meg Ryan, Andy Garcia, Lauren Tom

Durch den Alkoholismus der Frau gerät die Bilderbuchehe in eine Krise. Nach einer Entziehungskur sucht sie nach Gründen für ihre Krankheit und stellt damit die Beziehung in Frage. Leicht kitschiges Psychodrama. HFJ 1995

When Night is falling W171

WHEN NIGHT IS FALLING ****

Kanada 1994, 93 Min., F

R: Patricia Rozema D: Pascale Bussières, Rachael Crawford, Henry Czerny

Durch den Tod ihres Hundes und die überraschende Bekanntschaft mit einer exotischen Zirkus-Illusionistin gerät eine Lehrerin an einem christlichen College in einen unlösbaren seelischen Zwiespalt. Das Dilemma eines Dreieckverhältnisses zwischen Freund und Freundin erlebt sie als Einbruch des Unversicherbaren in die geordnete Welt der materiellen und seelischen Sicherheit. Die Regisseurin zeichnet einleuchtend die Welten des Bürgertums und des Artistenlebens, zwischen denen sich die Frau entscheiden muß. HFJ 1995

Whisky brutal W172

THE MOONSHINE WAR ***

USA 1969, 100 Min., F

R: Richard Quine D: Richard Widmark, Alan Alda, Patrick McGoohan

Auseinandersetzung um eine Ladung Schwarzgebranntes gegen Ende der Prohibition. Gesunder Humor, gute Schauspielerleistungen und viel Lokal-

D: Charles King, Mark Kinsey Stevenson, Alexandra Durrell, Laura Albert

Ein weißes Monster erledigt in einem Spukhaus jede Menge Teenies, bis ein gewitzter Knabe ein Zauberbuch ins Spiel bringt. Gut fotografiert, aber nicht, wie die Werbung röhrt, nach einer Story von Horrormeister H.P. Lovecraft. HFJ 1990

White Nights – Nacht der Entscheidung W174

**

WHITE NIGHTS

USA 1985, 135 Min., F

R: Taylor Hackford D: Mikhail Baryshnikow, Gregory Hines, Jerzy Skolimowski, Helen Mirren

Ein in den Westen geflohener Russe kommt in die Sowjetunion zurück, wo er durch einen während der Vietnamkriegszeit in den Osten geflohenen schwarzen amerikanischen Steptänzer für Propagandazwecke zur Rückkehr ans Kirow-Theater überredet werden soll. Wer macht denn hier die Propaganda? HFJ 1987

White Star W175

***

BRD 1982, 92 Min., F

R: Roland Klick D: Dennis Hopper, Terence Robay, Ramona Sweeny, David Hess

Ein ehrgeiziger Musikmanager versucht mit allen Tricks, einen unbekannten und unbegabten Sänger innerhalb kürzester Zeit zum Popstar aufzubauen. Kurz vor dem Erfolg scheitert sein Vorhaben. Teilweise überzogene Groteske auf das Popmusik-Busineß, jedenfalls sehenswert wegen des äußerst intensiv spielenden Dennis Hopper.

White Zombie W176

WHITE ZOMBIE ***

USA 1932, 73 Min., s/w

R: Victor Halperin D: Bela Lugosi, Madge Bellamy, John Harron

Whitechapel W177
IT ALWAYS RAINS ON SUNDAY ***
GB 1947, 92 Min., s/w
R: Robert Hamer D: Googie Withers, Jack Warner, John McCallum
Die Nachricht vom Gefängnisausbruch eines ehemaligen Nachbarn versetzt einige Bewohner von Londons East End in Aufregung. Der Flüchtling kehrt in sein Viertel zurück und versteckt sich bei einer früheren Geliebten, bis ihn die Polizei ausfindig macht. Düsteres Porträt eines Stadtteils und seiner Menschen mit exzellenten Charakterstudien.

Whity W178
***
BRD 1970, 91 Min., F
R: Rainer Werner Fassbinder
D: Günther Kaufmann, Hanna Schygulla, Ulli Lommel, Harry Baer
Rainer Werner Fassbinders erfolglosester Film ist eine Art Western. Erbschaftskämpfe in einer Südstaatenfamilie machen den schwarzen, illegitimen Sohn des Grundbesitzers zum Mörder.

Wichita W179
WICHITA ***
USA 1955, 81 Min., F
R: Jacques Tourneur D: Joel McCrea, Vera Miles, Wallace Ford
Nachdem die Bürger von Wichita Wyatt Earp zum Sheriff gemacht haben, sorgt er dermaßen radikal für Ordnung, daß die Kneipiers Killer bestellen. Doch es kommt alles anders. Western über einen Mann, »der seinen Weg geht«.

Wie angelt man sich einen Millionär? W180
****
HOW TO MARRY A MILLIONAIRE
USA 1953, 100 Min., F
R: Jean Negulesco D: Marylin Monroe, Betty Grable, Lauren Bacall
Drei New Yorker Manneqins auf der Suche nach reichen Heiratsopfern verwandeln ihr gemeinsames Appartement in ein Männer-Falle. Schwungvolle Komödie mit spritzigen Dialogen. Erster im Cinemascope-Verfahren gedrehter Film, der gleichzeitig ein neuartiges Stereo-Sound-System vorstellte.

Wie die Mütter so die Töchter W181
**
GOOD MORNING AND GOODBYE
USA 1967, 80 Min., F
R: Russ Meyer D: Alaina Capri, Stuart Lancaster, Karen Ciral
Eine vollbusige Provinzschönheit betrügt und demütigt ihren impotenten Ehemann so lange, bis der auf die harte Tour zurückschlägt und das Familienleben wieder ins Lot kommt. Sex-Therapie à la Meyer.

Wie ein Blatt im Wind W182
WINTER PEOPLE **
USA 1988, 105 Min., F
R: Ted Kotcheff D: Kurt Russell, Kelly McGillis, Lloyd Bridges
Witwer gerät in eine blutige Familienfehde, als er sich in eine hübsche junge Frau verliebt. Ein Melodram, das so überkonstruiert ist, daß nicht einmal Sentimentalität entsteht.

Wie ein Fleck im Wasser W183
NUNAL SA TUBIG ***
Philippinen 1976, 115 Min., F
R: Ishmael Bernal D: Daria Ramirez, George Estregan, Rustica Carpio
Eine einfühlsame, leicht melancholische Studie über ein Dorf und die beschränkten Lebensbedingungen seiner Bewohner.

Wie ein Licht in dunkler Nacht W184
**
SHINING THROUGH
USA 1991, 133 Min., F
R: David Seltzer D: Melanie Griffith, Michael Douglas, Liam Neeson
Während des Zweiten Weltkrieges wird eine US-Agentin als Dienstmädchen getarnt nach Berlin eingeschleust, um an geheimes Kriegsmaterial heranzukommen. Schlecht recherchierter Thriller mit Love-Story-Zusatz, in dem Melanie Griffith als eklatante Fehlbesetzung »glänzt«.

Wie ein Stein am Wegesrand W185
****
ROBO NO ISHI
Japan 1960, 100 Min., s/w
R: Seiji Hisamatsu D: Hiroyuki Ota, Setsuko Hara, Hisaya Morishige
Eine trostlose Jugendgeschichte aus dem Japan der Jahrhundertwende: Der Sohn eines heruntergekommenen Samurai versucht, durch Fleiß und Anpassung zu Wohlstand zu kommen und scheitert dabei.

Wie ein wilder Stier W186
RAGING BULL ****
USA 1979, 129 Min., s/w
R: Martin Scorsese D: Robert De Niro, Cathy Moriarty, Joe Pesci
Aufstieg und Fall des Boxweltmeisters im Mittelgewicht Jake La Motta. Meisterhafte Studie eines zerstörerischen und selbstzerstörerischen Charakters aus dem Milieu von *Little Italy*.

Wie füttert man einen Esel? W187
***
DDR 1974, 91 Min., F
R: Roland Oehme D: Manfred Krug, Karla Chadimova, Fred Delmare
Ein Fernfahrer hat auf seiner Überlandroute überall eine Geliebte; die ihm zugeordnete tschechische Beifahrerin bringt ihn schließlich auf den Pfad der monogamen Tugend.

Wie ich den Krieg gewann W188
HOW I WON THE WAR ****
GB 1967, 118 Min., F
R: Richard Lester D: John Lennon, Michael Crawford, Roy Kinnear
Die »Memoiren« eines englischen Offiziers im Zweiten Weltkrieg dienen als Rahmen für eine filmische Gegenüberstellung heroischer Phrasen und der brutalen Wirklichkeit des Krieges.

Wie ich den Krieg verlor W189
COME PERSI LA GUERRA ***
Italien 1947, 68 Min., s/w
R: Carlo Borghesio D: Erminio Macario, Vera Carmi, Folco Lulli
Ein friedliebender Mann erlebt eine Odyssee durch die Schützengräben des Zweiten Weltkriegs. Tragikomödie um einen italienischen Nachfahren des Soldaten Schwejk.

Wie in einem Spiegel W190
SASOM I EN SPEGEL ****
Schweden 1960, 89 Min., s/w
R: Ingmar Bergman D: Harriet Andersson, Gunnar Björnstrand, Max von Sydow, Lars Passgard

Vier Menschen verbringen Ferien an der Ostseeküste. Der psychisch gefährdeten Karin kann ihr Mann, Arzt von Beruf, so wenig helfen wie der Vater, der als Schriftsteller Kapital aus ihr schlägt und der Bruder, der erschrocken vor ihrer physischen Annäherung zurückweicht.

Wie leicht kann das ins Auge gehn W191
***
ME FAIRE CA – A MOI!
Frankreich 1960, 86 Min., s/w
R: Pierre Grimblat D: Eddie Constantine, Bernadette Lafont, Henri Cogan
Pressereporter soll im Auftrag eines Geheimdienstes einen Mikrofilm nach Marseille bringen, dient in Wahrheit aber nur als Lockvogel. Flotter Ulk und rasante Szenen halten sich die Waage.

Wie Raubkatzen W192
LES FELINS ****
Frankreich 1963, 97 Min., s/w
R: René Clément D: Alain Delon, Jane Fonda, Lola Albright
Ein reicher Lebemann wird von Gangstern verfolgt und landet auf der Flucht in einem geheimnisvollen Schloß. Dort bringt er unter Einsatz seines Lebens einen Mörder zur Strecke. Spannender Kriminal-Thriller mit Anleihen aus dem Grusel- und Horror-Genre.

Wie schmeckt das Blut von Dracula? W193
***
TASTE THE BLOOD OF DRACULA
GB 1969, 95 Min., F
R: Peter Sasdy D: Christopher Lee, Geoffrey Keen, Peter Sallis
Graf Dracula rächt den Tod eines Jüngers, indem er die Töchter seiner Mörder zu Vampiren macht, die alsbald massenhaft Untaten begehen. Einer der besseren Dracula-Filme.

Wie vergewaltige ich einen Mann? W194
***
MÄN KAN INTE VALDTHÄS
Film eine nicht immer gelungene Auseinandersetzung mit dem Rollenverhalten der Geschlechter.

Der wiedergefundene Freund W195
***
L'AMI RETROUVE
Fr/BRD/GB 1989, 105 Min., F
R: Jerry Schatzberg D: Jason Robards, Christian Anholt, Sam West
Ein jüdischer Anwalt aus New York kehrt nach über fünfzig Jahren in seine ursprüngliche Heimat, nach Stuttgart zurück und versucht seinen damaligen Freund, einen Diplomatensohn, wiederzufinden.

Die Wiederkehr des Martin Guerre W196
****
LE RETOUR DE MARTIN GUERRE
Frankreich 1982, 107 Min., F
R: Daniel Vigne D: Gérard Depardieu, Nathalie Baye, Roger Planchon
Ein Mann kehrt nach Jahren der Abwesenheit zurück, aber sein Charakterwandel läßt zunehmend Zweifel an seiner Identität aufkommen. Die liebevolle Rekonstruktion eines Dorfes im Jahr 1556 gibt den stimmungsvollen Hintergrund für diesen authentischen Thriller. Großen Erfolg hatte das US-Remake *Sommersby.*

Wiedersehen für eine Nacht W197
LA RIMPATRIATA ***
Italien 1962, 96 Min., s/w
R: Damiano Damiani
D: Walter Chiari, Paul Guers, Francisco Rabal
Das Wiedersehen einiger Freunde nach langjähriger Trennung endet in Streit und Katerstimmung.

Wiedersehen in Howards End W198
****
HOWARDS END
England 1991, 135 Min., F
R: James Ivory D: Anthony Hopkins, Vanessa Redgrave, Helena Bonham Carter, Emma Thompson
Helen Schlegel ist entsetzt, als sie erfährt, daß ihre Schwester sich in den verwitweten Millionär Henry Wilcox verliebt hat, der ein Verhältnis mit der Frau ihres Freundes Leonard hatte. Aus ihrem Mißtrauen entsteht ein gefährliches Intrigenspiel. Melodram mit betörend schönen Bildern nach einem Roman von E. M. Forster.
HFJ 1993

Wiedersehen in Monte Carlo W199
***
MELBA
GB 1953, 113 Min., F
R: Lewis Milestone D: Patrice Munsel, John McCallum, Robert Morley
Die Lebensgeschichte der international bekannten australischen Operndiva Nellie Melba. Passables Biopic mit einigen interessanten Momenten, aber nicht immer überzeugender Dramaturgie.

Anthony Hopkins, Jo Kendall und Emma Thompson in ›Wiedersehen in Howards End‹.

Die Wiege der Sonne W200
RISING SUN ***
USA 1993, 126 Min., F
R: Philip Kaufman D: Sean Connery, Wesley Snipes, Harvey Keitel
Am Faden des rätselhaften Todes einer jungen Frau werden zwei Ermittler immer tiefer in eine Verschwörung ungeahnter Ausmaße hineingezogen, die sich schließlich als Teil des globalen japanisch-amerikanischen Wirtschaftskriegs herausstellt. Die reichlich uninspirierte Inszenierung nach einem Roman des Megasellers Michael Crichton schmückt sich immerhin mit sehenswerten Hauptdarstellern. HFJ 1994

Die Wiege des Bösen W201
IT'S ALIVE **
USA 1974, 91 Min., F
R: Larry Cohen D: John Ryan, Sharon Farrell, James Dixon
Nach der Einnahme eines Medikaments bringt eine Frau ein Monstrum zur Welt, das bald auf Mord auszieht und von allen Hunden gehetzt wird. Blutiger Schocker, der die Grenzen des guten Geschmacks mehr als einmal überschreitet.

Die Wiege des Satans W202
IT LIVES AGAIN **
USA 1978, 90 Min., F
R: Larry Cohen D: Frederic Forrest, John Ryan, Andrew Duggan
Drei monströse Babys, die ihren Zustand einem Medikament verdanken, das ihre Mütter eingenommen haben, brechen aus einer Spezialklinik aus und werden von den Behörden gejagt. Ein ziemlich geschmackloser Reißer, der die Fortsetzung zu *Die Wiege des Bösen* war.

Die Wiege des Schreckens W203
IT'S ALIVE III: ISLAND OF THE ALIVE ***
USA 1987, 91 Min., F
R: Larry Cohen D: Michael Moriarty, Karen Black, Gerrit Graham
Wissenschaftler besuchen eine einsame Insel, auf der man Jahre zuvor einige monströse Kinder ausgesetzt hat. Zweite Fortsetzung des Horrorschockers *Die Wiege des Bösen*.
HFJ 1989

Die Wiege des Teufels W204
NERO VENEZIANO **
Italien 1977, 90 Min., F
R: Ugo Liberatore D: Renato Cesti, Olga Karlatos, Rena Niehaus
Satan sucht in Venedig Brüderchen und Schwesterchen heim. Brüderchen setzt sich zur Wehr; Schwesterchen gebiert dem Pferdefüßigen ein Kind. Nicht sehr spannende, typisch italienische Billigproduktion. Stay away.

Das Wiegenlied der Verdammten W205
MURPHY'S WAR ***
GB 1970, 104 Min., F
R: Peter Yates D: Peter O'Toole, Philippe Noiret, Sian Philipps
Einziger Überlebender eines von einem Nazi-U-Boot im Zweiten Weltkrieg versenkten britischen Schiffes setzt alles daran, sich an seinem deutschen Gegenspieler zu rächen. Ein spannendes (Anti-) Kriegsdrama, das zeigt, wie Menschen sich für Dinge engagieren, deren Ursachen außerhalb des privaten Einflußbereichs liegen.

Das Wiegenlied vom Totschlag W206
SOLDIER BLUE ***
USA 1970, 114 Min., F
R: Ralph Nelson D: Peter Strauss, Candice Bergen, Donald Pleasence
Eine unkonventionelle Offiziersbraut erfährt von geplantem Massaker an Indianern und will es verhindern. Gewalttätiger Western nach einer wahren Begebenheit. Ein nobles Projekt, aber der Film hat Längen!

Wiener Herzen
siehe: Komödiant von Wien

Wiener Mädeln W207
***
Österreich 1945, 98 Min., s/w
R: Willi Forst D: Willi Forst, Curd Jürgens, Hans Moser, Dora Komar
Komponist flieht vor scheinbar unerwiderter Liebe in die Welt und zum Ruhm, kehrt zurück nach Wien und findet sein Glück bei der jüngeren Schwester der Angebeteten. Operettenschmäh, den nur Willi Forst so genialisch in Szene setzen konnte.

Die Wiese W208
IL PRATO ****
Italien 1979, 115 Min., F
R: Paolo und Vittorio Taviani
D: Michele Placido, Saverio Marconi, Isabella Rossellini, Giulio Brogi
Giovanni kommt auf den Landsitz der Familie in der Toskana zurück. Er verliebt sich in die Schauspielerin Eugenia und verliert sie an ihren früheren Liebhaber. Portrait dreier junger Menschen, die in ihren utopischen Glückshoffnungen ebenso scheitern wie in ihrem politischen Anspruch.

Die Wikinger W209
THE VIKINGS ***
USA 1958, 112 Min., F
R: Richard Fleischer D: Kirk Douglas, Tony Curtis, Janet Leigh
Der Sohn eines Wikingerkönigs und ein Ex-Sklave, die sich nicht ausstehen können, ziehen, ohne zu ahnen, daß sie Brüder sind, gen England, um den Tod ihres Vaters zu rächen. Spannend inszenierter Abenteuerfilm.

Wild at Heart W210
WILD AT HEART *****
USA 1990, 124 Min., F
R: David Lynch D: Nicolas Cage, Laura Dern, Willem Dafoe, Isabella Rossellini
Ein gerade Strafentlassener und seine Geliebte werden von einem dämonischen Killer bedroht. Die in starken Bildern furios inszenierte Flucht des jungen Paares durch den amerikanischen Süden ist bestimmt von latenter Gewalt, sexueller Gier und extremen Gefühlen, die plötzlich zum Ausbruch kommen. Ein Film über die Abgründe Amerikas, der sich ironisch romantischer Klischees bedient und den Zuschauer direkt ins Herz trifft.
HFJ 1991

Nicolas Cage und Laura Dern

The Wild Bunch – Sie kannten kein Gesetz W211
*****
THE WILD BUNCH
USA 1969, 126 Min., F
R: Sam Peckinpah D: William Holden, Ernest Borgnine, Robert Ryan
1914: Ein alternder Revolverheld und seine Bande stellen fest, daß der Westen nicht mehr das ist, was er mal war: Sie werden von Auftraggebern betrogen und von alten Freunden, die nun Kopfgeldjäger sind, gehetzt. Gewalttätiger, ergreifender Western.

Wild Drivers W212
RETURN TO MACON COUNTY ***
USA 1974, 89 Min., F
R: Richard Compton D: Nick Nolte, Don Johnson, Robin Mattson
Zwei Jungen auf dem Weg nach Kalifornien, wo sie mit ihrem frisierten Wagen am Grand National-Rennen teilnehmen wollen. Hindernisse auf ihrem Weg machen ihren Plan zunichte. Unentschieden zwischen Liebesgeschichte und Actionfilm.

Wild ist der Wind W213
WILD IS THE WIND ****
USA 1958, 110 Min., s/w
R: George Cukor D: Anna Magnani, Anthony Quinn, Anthony Franciosa
Eine junge Italienerin sieht sich als zweite Frau eines verwitweten Farmers in Nevada mit dem Vorbild ihrer Vorgängerin konfrontiert. Sie verliebt sich in einen jungen Mann. Schwungvoll inszeniertes Gefühlsdrama über den Selbstfindungsprozeß einer Frau.

Wild Man Blues W214
WILD MAN BLUES ****
USA 1997, 105 Min., F
R: Barbara Kopple D: Woody Allen
Dokumentation über die Europatournee einer Jazzband, die Woody Allen zu ihren Mitgliedern zählt. Trotz der dramaturgischen Einfallslosigkeit ein gelungener Versuch, der Psyche

Ben Johnson, Warren Oates, William Holden und Ernest Borgnine in ›The Wild Bunch – Sie kannten kein Gesetz‹.

Quinones, Sandra »Pink« Fabara, Frederick Brathwaite, Patti Astor
Ein künstlerisch begabter Teenager besprüht in der South Bronx nachts U-Bahn-Züge mit seinen schreienden Phantasiegemälden, die sich dann tagsüber als grellbunte Würmer durch die grauen Häuseschluchten des »Big Apple« fressen. Seine Freundin möchte einen etablierten Künstler aus ihm machen. Ein eindrucksvolles Dokument über die Graffiti-Kunst, das die Vermarktungstendenzen der offiziellen Kunst-Szene beschreibt.

Wild Things W216
WILD THINGS ****
USA 1998, 108 Min., F
R: John McNaughton D: Kevin Bacon, Matt Dillon, Neve Campbell
Zwei sexy Teenie-Girls, die vom Charakter her nicht unterschiedlicher sein könnten, bezichtigen einen Lehrer der Vergewaltigung. Doch das ist nur der Auftakt für ein perfides Spiel um Sein und Schein … Faszinierender Intrigenreigen um Sex, Geld und Macht mit überraschenden Wendungen und gelungenen Film-noir-Hommagen.

machen wollen, sind Schwierigkeiten angesagt. Eine Ethno-Komödie über die Unmöglichkeiten des Lebens mit politischen Aussagen und einer Musik, die in die Beine geht. HFJ 1995

Der Wilde W218
THE WILD ONE ***
USA 1953, 79 Min., s/w
R: Laslo Benedek D: Marlon Brando, Lee Marvin, Mary Murphy
Ein Motorradklub von Halbstarken stört jedes Wochenende die Ruhe einer Provinzstadt mit Schlägereien, Mutproben und Provokationen. Verstörende Studie über das Lebensgefühl der Jugend der 50er Jahre, deren zielloses Aufbegehren mit exakten Milieuschilderungen als Rebellion gegen eine mechanisierte Arbeitswelt verständlich gemacht wird.

Wilde Emmanuelle im Paradies der Lust W219
**
TOKYO EMMANUELLE
Japan 1976, 96 Min., F
R: Akira Kato D: Kumi Taguchi, Mitsuyaso Mainu, Katsunori Hirose
Eine Japanerin, die ihren Mann an eine andere verloren hat, ...

D: Victor Sjöström, Bibi Andersson, Ingrid Thulin
Auf der Fahrt zu den Feierlichkeiten zum 50. Jahrestag seiner Promotion sieht ein Professor sein Leben in Erinnerungen und Visionen. Leicht, poetisch, eindringlich.

Wilde Herzen W221
LES ROSEAUX SAUVAGES ***
Frankreich 1994, 110 Min., F
R: André Téchiné D: Gaél Morel, Elodie Bouchez, Stéphane Rideau
Vor dem Hintergrund des französisch-algerischen Krieges 1962 kämpfen vier Jugendliche in der Provinz mit den Problemen des Erwachsenwerdens. Sie verlieren ihre Unbeschwertheit und Naivität, leiden an ihren ersten Liebeserfahrungen und plagen sich mit Selbstzweifeln. Der Film zeigt die Jugend im Spannungsfeld von Sexualität, Politik, Familie und Liebe. Téchiné gelingt ein eindringliches Generationsporträt. HFJ 1996

Wilde Jahre in Lawrenceville W222 ***
THE HAPPY YEARS
USA 1950, 106 Min., F
R: William A. Wellman D: Dean Stockwell, Darryl Hickman, Scotty Beckett
Mr. Stover steckt seinen eher ungeratenen Sohn ins Internat, der auch dort alles durcheinanderbringt, bis ihm ein Lehrer und Footballtrainer den Kopf zurechtsetzt.

Wilde Jahre in Paris
siehe: The Moderns

Der wilde Korsar der Karibik
siehe: Die Piraten der grünen Insel

Wilde Nächte W223
LES NUITS FAUVES ****
Frankreich/Italien 1992, 127 Min., F
R: Cyril Collard D: Cyril Collard, Romane Bohringer, Carlos Lopez
Bisexueller Musiker und Filmemacher verliebt sich in eine 17jährige, verschweigt ihr bewußt seine AIDS-Infektion und steckt sie mit dem tödlichen Virus an. Kraftvoll und authentisch inszenierter Film, der mit schonungsloser Ehrlichkeit nach dem Umgang mit der Lebens- und Liebessehnsucht im Angesicht des Todes fragt. HFJ 1994

Wilde Orchidee W224
WILD ORCHID **
USA 1990, 103 Min., F
R: Zalman King D: Mickey Rourke, Jacqueline Bisset, Carré Otis
Eine junge Anwältin gerät während des Karnevals in Rio in die Fänge eines reichen und perversen Finanzhais, der sie dazu bringt, an allerlei schlüpfrigen Spielchen teilzunehmen.
HFJ 1991

›Die wilden Engel‹ – Schwarz paßt: Rockerbegräbnis für einen toten Engel.

Die wilde Party W225
THE WILD PARTY ***
USA 1974, 100 Min., F
R: James Ivory D: James Coco, Raquel Welch, Perry King
Im Haus eines Hollywood-Komikers, der ein Comeback versucht, wird eine Party gefeiert. Stilisiertes Zeitbild der zwanziger Jahre.

Wilde Pferde W226
VALDEZ IL MEZZOSANGUE ***
Italien 1973, 97 Min., F
R: John Sturges D: Charles Bronson, Jill Ireland, Fausto Tozzi, Marcel Bozzuffi
Ein pferdezüchtender Halbindianer nimmt jugendlichen Ausreißer bei sich auf und kämpft gegen die Machenschaften eines Großranchers. Von Dino De Laurentiis finanzierter, langatmiger Western, von einem US-Regisseur in Spanien gedreht.

Wilde Träume W227
BEYOND YOUR WILDEST DREAMS **
USA 1980, 90 Min., F
R: Gerard Damiano D: Juliet Anderson, Holly McCall, Susan Nero
Unerklärliche magnetische Vibrationen machen aus wohlerzogenen Frauen brünstige Tiere, die sich auf einer zur Orgie werdenden Party austoben.

Der wilde Wilde Westen W228
BLAZING SADDLES ****
USA 1974, 93 Min., F
R: Mel Brooks D: Cleavon Little, Gene Wilder, Slim Pickens
Ein schwarzer Sheriff und ein Säufer müssen ein Kaff vor den sinistren Plänen einer Eisenbahngesellschaft bewahren. Western-Ulk, den man gesehen haben soll!

Die wilden Engel W229
THE WILD ANGELS ***
USA 1966, 86 Min., F
R: Roger Corman D: Peter Fonda, Nancy Sinatra, Bruce Dern
Nazi-Orden tragende Rocker ziehen raufend, saufend und vergewaltigend durchs sonnige Kalifornien. Protest einer sprachosen Generation? I wo. Spekulation aufs Geschäft.

Die wilden Fünfziger W230
***

BRD 1982, 126 Min., F
R: Peter Zadek D: Juraj Kukura, Boy Gobert, Peter Kern, Nora Barner
Die Geschichte vom Aufstieg und Fall eines Schiebers aus der Nachkriegszeit, der zum Großunternehmer wird als satirische Revue des Wirtschaftswunders. Zadek verfilmt Simmel – das ist nicht ohne Reiz.

Die wilden Mahlzeiten W231
RENE LA CANNE **
Frankreich/Italien 1977, 89 Min., F
R: Francis Girod D: Gérard Depardieu, Michel Piccoli, Sylvia Kristel
»Lebensbeschreibung« des französischen Gauners René la Canne, vom Fremdarbeiterdasein in Bayern während des Zweiten Weltkrieges über die Nachkriegs-Schwarzmarktzeit in Paris bis zum späteren Goldschmuggel an der Riviera reichend. Selbst die Vollblutschauspieler vermögen das reichlich konfuse dramaturgische Konzept (mit allerlei Geschmacksverirrungen) nicht zu retten.

Die wilden Schläger von San Francisco W232
***
HELL'S ANGELS ON WHEELS
USA 1967, 95 Min., F
R: Richard Rush D: Adam Roarke, Jack Nicholson, Sabrina Scharf
Nach Roger Cormans *Die wilden Engel* der zweite Film über die berüchtigte Motorrad-Gang »Hell's Angels« und ihre gewalttätigen Umtriebe. Ein zufällig zu der Gruppe stoßender Tankwart schließt sich ihr für eine Zeitlang an. Trotz vieler Brutalitäten ein packender Film mit einem begeisternd spielenden Jack Nicholson.

Die wilden Stunden der schönen Mädchen W233
**

Die wilden Weiber von Tennessee W234
**
KISSIN' COUSINS
USA 1963, 93 Min., F
R: Gene Nelson D: Elvis Presley, Arthur O'Connell, Glenda Farrell
Air-Force-Typ, der Hinterwäldlern den Bau eines Flugplatzes schmackhaft machen will, stößt unverhofft auf einen Doppelgänger.

Die wilden Zehn W235
TEN VIOLENT WOMEN *
USA 1982, 95 Min., F
R: Ted V. Mikels D: Sherri Vernon, Dixie Lauren, Georgia Morgan
Fünf Frauen landen nach einem Juwelenraub in einem von einer perversen Lesbe geführten Frauenknast und zetteln, nachdem sie allerlei Demütigungen über sich haben ergehen lassen, eine Revolte an. 1-A-Schund.

Wilder Sand W236
FAR FROM HOME ***
USA 1989, 86 Min., F
R: Meiert Avis D: Matt Frewer, Drew Barrymore, Richard Masur
Journalist mit halbwüchsiger Tochter strandet mit leerem Tank in US-Kaff, in dem ein geisteskranker Killer sein Unwesen treibt. Schräge Typen, unheimliche Atmosphäre, und der Böse ist diesmal nicht der Täter ...

Wilder Sex junger Mädchen W237
*
BRD 1971, 73 Min., F
R: Jürgen Schindler, Nino Casale
D: Astrid Kilian, Katharine Mayberg
Siebzehnjährige hat lesbische Begegnungen mit ihrer Stiefmutter und einer Internatsleiterin und betreibt voyeuristische Studien. Softporno.

Wilderer W238
FURTIVOS ****
Spanien 1975, 80 Min., F
R: José Luis Borau D: Ovidi

Wildes Blut W239
RUBY GENTRY ****
USA 1952, 82 Min., s/w
R: King Vidor D: Jennifer Jones, Charlton Heston, Karl Malden
Schönes Mädchen aus den amerikanischen Südstaaten, das einem Gentleman zwar für dies und das gut genug ist, aber nicht zum Heiraten, rächt sich, indem sie einen Millionär ehelicht, der bald darauf stirbt, und sie die ganze Stadt für die erfahrene Schmach büßen läßt. Melodram.

Der Wildeste unter Tausend W240
HUD ****
USA 1962, 97 Min., s/w
R: Martin Ritt D: Paul Newman, Melvyn Douglas, Patricia Neal
Konflikte zwischen einem Rancher in Texas mit starren Moralvorstellungen und seinem skrupellosen Sohn.

Wildfeuer W241
***

BRD 1990, 108 Min., F
R: Jo Baier D: Anica Dobra, Karl Tessler, Josef Bierbichler
Die Geschichte einer Wirtstochter aus Niederbayern mit literarischem Talent, die zur Zeit der Jahrhundertwende einen großen Ausbruch wagt und scheitert. Neuer deutscher Heimatfilm, fürs Fernsehen ein Ereignis, fürs Kino zu wenig.

Die Wildgänse kommen W242
WILD GEESE ***
GB 1977, 134 Min., F
R: Andrew V. McLaglen D: Richard Burton, Roger Moore, Richard Harris
Kriegsfilm über eine Söldnertruppe, die einen gestürzten afrikanischen Präsidenten befreit, dabei aber vom Auftraggeber in London im Stich gelassen wird. Trotz der aufgesetzt und opportunistisch wirkenden Polit-Parolen ein reines Action-Spektakel.

sich einen Mann gefügig, ihm die Tochter zuzuführen. Am Ende hat die Heldin mal wieder alles nur geträumt. Softporno.

Der Wildtöter W244
**
DDR 1966, 89 Min., F
R: Richard Groschopp D: Goiko Mikic, Rolf Römer, Helmut Schreiber
Teutonische Verfilmung des Romans von James Fenimore Cooper, die lahme Action mit den Mitteln des Laientheaters zu unfreiwilliger Komik verbindet.

Wildwechsel W245
***
BRD 1972, 102 Min., F
R: Rainer Werner Fassbinder D: Eva Mattes, Ruth Drexel, Harry Baer
15jährige verführt einen jungen Arbeiter und treibt ihn zum Mord an ihrem Vater. Fassbinder hat das kraß realistische Stück von Franz Xaver Kroetz in seine Sprache übersetzt (zum nachträglichen Unwillen des Autors).

Wilhelm Tell W246
**
Schweiz 1960, 95 Min., F
R: Michel Dickoff D: Robert Freitag, Wolfgang Rottsieper, Alfred Schlageter
Aufwendiger Legendenfilm um den mythischen Schweizer Freiheits- und Nationalhelden.

Willard W247
WILLARD ***
USA 1970, 95 Min., F
R: Daniel Mann D: Bruce Davison, Ernest Borgnine, Elsa Lanchester
Underdog freundet sich mit cleverer Ratte an und hetzt sie und ihr Rudel gegen alle, die ihm Böses wollen – bis sie sich unter der Leitung eines bösen Unterführers gegen ihn wenden. Haarsträubender Horror-Thriller.

Willi wird das Kind schon schaukeln W248
**
BRD 1971, 80 Min., F
R: Werner Jacobs D: Heinz Erhardt, Hannelore Elsner, Barbara Schöne
Verwechslungsschwank um einen fußballbegeisterten Mann, seine reiche Schwester und die Scheinehen seiner Töchter. Alles außer Heinz Erhardt ist so unglaublich miserabel, daß nicht einmal er den Film retten kann.

Der Willi-Busch-Report W249
****
BRD 1979, 120 Min., F
R: Niklaus Schilling D: Tilo Prückner, Dorothea Moritz, Karin Frey
Ein Reporter einer vor dem Aus stehenden Provinzzeitung im DDR-Zonenrandgebiet sorgt durch Manipulationen der Wirklichkeit für auflagensteigernde Sensationsmeldungen. Diese geraten ihm jedoch bald außer Kontrolle. Intelligent inszenierte und spannende Beschreibung der bundesdeutschen Nachkriegswirklichkeit mit medienkritschen Untertönen.

Lagebesprechung vor einem Indianerangriff: James Stewart und Jay C. Flippen in ›Winchester 73‹.

Willie & Phil W250
WILLIE & PHIL ***
USA 1979, 111 Min., F
R: Paul Mazursky D: Michael Ontkean, Ray Sharkey, Margot Kidder
Die Freunde Willie und Phil lernen in New York das Mädchen Jeannette kennen; sie heiratet Willie, bekommt ein Kind, zieht zu Phil und wird auch so nicht glücklich. Ein freies Remake von Truffauts *Jules und Jim,* durchaus amüsant, doch erdenschwerer als das Vorbild.

Willkommen im Tollhaus W251
WELCOME TO THE DOLLHOUSE ****
USA 1996, 87 Min., F
R: Todd Solondz D: Heather Matarazzo, Daria Kalinina, Matthew Faber
Tragikomödie um den Alltag eines häßlichen, tollpatschigen elfjährigen Mädchens, das von allen nur gehänselt und verspottet wird. Bitterböser Abgesang auf den Heile-Welt-Mythos von der glücklichen Kindheit, warmherzig und humorvoll in Szene gesetzt. HFJ 1997

Willow W252
WILLOW ***
USA 1988, 126 Min., F
R: Ron Howard D: Val Kilmer, Joanne Whalley, Warwick Davis, Jean Marsh
Der Zwerg Willow bewahrt ein Baby vor dem Zugriff einer bösen Königin, wobei ihm allerlei ulkige Viecher und treue Freunde zur Seite stehen. Aufwendiges Hollywood-Märchen; aber sehenswert, originell und spannend. HFJ 1989

Winchester 73 W253
WINCHESTER 73 ****
USA 1950, 92 Min., s/w
R: Anthony Mann D: James Stewart, Shelley Winters, Dan Duryea
Western-Klassiker. Auf der Suche nach seinem Bruder, den er verdächtigt, ihren Adoptivvater ermordet zu haben, kommt Lin nach Dodge, doch der Sheriff, der kein Blutbad will, nimmt ihm die Waffen ab.

Der Wind der Wüste W254
HAMSIN ***
Israel 1982, 85 Min., F
R: Daniel Wachsmann D: Shlomo Tarshish, Yasin Shawap, Hemda Levy
Ein jüdischer Farmer will seinem arabischen Nachbarn Land abpachten, bevor es staatlich konfisziert wird. Araber wie Israelis mißverstehen seine menschliche Geste. Kritischer Gegenwartsfilm.

Der Wind und der Löwe W255
THE WIND AND THE LION ****
USA 1974, 118 Min., F
R: John Milius D: Sean Connery, Candice Bergen, Brian Keith
1904 entführt ein Berberfürst eine Amerikanerin und verursacht dadurch fast einen Krieg. Ein originell erdachtes, prächtig ausgestattetes und ausgezeichnet gespieltes Spektakel.

Windigo W256
GHOST KEEPER *
USA 1989, 85 Min., F
R: James Makichuck D: Riva Spir, Murray Ord, George Collins
Mörderischer Geist treibt sein Unwesen in einem Berghotel. Windiges Horrorspiel, in dem sich Regisseur, Autor und Darsteller ausnahmslos als Windbeutel entpuppen.

Wings of Freedom W257
W.B., BLUE AND THE BEAN **
USA 1989, 79 Min., F
R: Max Kleven D: Linda Blair, David Hasselhoff, John Vernon
Drogendealer jagen junge Erbin, die von Angehörigen einer Firma beschützt wird, die professionell Kautionen stellt. Beklopptes Autoraserfilmchen mit Stars, die schon bessere Zeiten erlebt haben.

Winkelmanns Reisen W258
****
BRD 1990, 76 Min., s/w

Winnetou I W259
***
BRD/Jugoslawien 1963, 101 Min., F
R: Harald Reinl D: Pierre Brice, Lex Barker, Mario Adorf, Marie Versini
Winnetou und Old Shatterhand stellen einem Schurken ein Bein, der eine Eisenbahnlinie durch das Land der Apachen legen will. Aktionsreicher, kassenträchtiger Eurowestern, dessen Ende die Fans Rotz und Wasser heulen ließ.

Winnetou II W260
***
BRD/Jugoslawien 1964, 93 Min., F
R: Harald Reinl D: Pierre Brice, Lex Barker, Anthony Steel, Karin Dor
Ein Ölspekulant läßt seine Vasallen als Indianer verkleidet Verbrechen begehen, um eine Strafexpedition der Weißen zu provozieren. Winnetou und Old Shatterhand bringen ihn zur Strecke. Nach Motiven von Karl May.

Winnetou III W261
**
BRD/Jugoslawien 1965, 93 Min., F
R: Harald Reinl D: Pierre Brice, Lex Barker, Rik Battaglia, Ralf Wolter
Banditen hetzen zwei Indianerstämme gegeneinander auf, töten einen Häuptlingssohn, stellen Winnetou als Täter hin und nehmen ihm am Ende gar das Leben. Euro-Dutzendwestern nach Motiven von Karl May.

Winnetou und das Halbblut Apanatschi W262
**
BRD/Jugoslawien 1966, 90 Min., F
R: Harald Philipp D: Pierre Brice, Lex Barker, Götz George, Ralf Wolter
Winnetou und Old Shatterhand helfen einer jungen Mestizin gegen die Nachstellungen eines Ganoven namens Curly Bill. Ein schwacher Abklatsch der beiden ersten Winnetou-Filme.

Winnetou und Old Shatter- W263

Pierre Brice und Karin Dor

dacht zu befreien, er habe einen Goldschatz veruntreut. Europäischer Western, der nicht viel mit dem Winnetou Karl Mays zu tun hat.

Winnetou und sein Freund Old Firehand W264
**
BRD/Jugoslawien 1966, 94 Min., F
R: Alfred Vohrer D: Pierre Brice, Rod Cameron, Marie Versini
Winnetou und Old Firehand beschützen ein Kaff an der mexikanischen Grenze vor einem üblen Schurken und seiner Bande. Viel Lärm um Nichts.

Winterkinder W265
VINTERBORN ****
Dänemark 1978, 100 Min., F
R: Astrid Henning-Jensen D: Ann-Mari Max Hansen, Helle Hertz
Ein warmherziger, von verhaltenem Humor getragener Film über Frauen in einer Entbindungsanstalt; ohne äußeres Drama zeigt die Regisseurin Schicksale und Glück der Frauen in dieser geschlossenen Welt.

Wintermärchen W266
CONTE D'HIVER ****
Frankreich 1992, 114 Min., F
R: Eric Rohmer D: Charlotte Véry, Frédéric van den Driessche, Hervé Furic
Felicé verliebt sich während ihres Urlaubs in den attraktiven Charles, und beide verbringen eine schöne Zeit. Aufgrund einer falsch aufgeschriebenen Telphonnummer treffen sie sich

Ein Winternachtstraum W267
IN THE BLEAK MIDWINTER ***
USA 1995, 98 Min., s/w
R: Kenneth Branagh D: Michael Maloney, Joan Collins, Richard Briers
Unter einem glücklosen Regisseur probt ein Häuflein Schauspieler »Hamlet«. Im Gemäuer einer einstigen Kirche prallen die unterschiedlichsten Vorstellungen und Egos aufeinander. Als sich alle zusammengerauft haben, bekommt der »Chef« ein Angebot aus Amerika. Liebevoll inszenierte Komödie um Freundschaft und Solidarität, Hoffnung und Selbstzweifel, Pathos und Positionskämpfe. Theaterchaos zum Mitlachen und Mitweinen.

Winterschläfer W268
****
BRD 1997, 122 Min., F
R: Tom Tykwer D: Ulrich Matthes, Heino Ferch, Floriane Daniel, Marie-Lou Sellem, Josef Bierbichler
In einem verschneiten Bergdorf findet ein Paar die Liebe, während ein anderes sie verliert. Vier Menschen, die auf die eine oder andere Weise durch einen Verkehrsunfall verwoben sind, bei dem ein Kind stirbt. Vielschichtiger Film über die Frage nach dem Ausgeliefertsein des Menschen gegenüber der Zufälligkeit des Lebens in einem hervorragenden dramaturgischen wie visuellen Konzept. HFJ 1998

Wir – zwei W269
***
BRD 1969, 89 Min., F
R: Ulrich Schamoni
D: Sabine Sinjen, Christoph Bantzer
Mann und Frau treffen sich zehn Jahre nach ihrer ersten Begegnung, wollen nun ihre Liebe erfüllen und drohen daran zugrunde zu gehen.

Wir Frauen W270
SIAMO DONNE ****
Italien 1953, 95 Min., s/w
R: Roberto Rossellini, Luchino Visconti, Luigi Zampallo D: Anna Amendola, Alida Valli, Ingrid Bergman, Emma Danieli, Isa Miranda
Episodenfilm. Schauspielerinnen erzählen Episoden aus ihrem Leben; die fünfte handelt von einem Test für Nachwuchsdarstellerinnen.

Wir hatten uns so geliebt W271
C'ERAVAMO TANTO AMATI ****
Italien 1974, 120 Min., F
R: Ettore Scola D: Nino Manfredi, Vittorio Gassman, Stefania Sandrelli
Drei Freunde, die im Kriege gegen den Faschismus gekämpft haben, versuchen mehr oder weniger vergeblich auch im Alltag der Nachkriegszeit ihre Ideale zu verwirklichen. Sie merken kaum, wie sie immer mehr auch innerlich an die neue Gesellschaft angepaßt werden. Tragikomödie.

Wunderkinder der Adenauer-Zeit: Hansjörg Felmy und Johanna von Koczian in ›Wir Wunderkinder‹ von Kurt Hoffmann.

Wir, Kinder des 20. Jahrhunderts W272
NOUS, LES ENFANTS DU XXEME SIECLE ***
Frankreich/Rußland 1993, 84 Min., F
R: Vitali Kanjewski
Dokumentarfilm. Einblick in die Situation St. Petersburger Kinder und Jugendlicher nach dem Zusammenbruch der alten Institution und Ideologien. Gezeigt und interviewt werden Straßenkinder, straffällig Gewordene und Mörder, aber auch Behinderte und religiös orientierte Internatszöglinge. HFJ 1995

Wir kommen alle in den Himmel W273
NOUS IRONS TOUS AU PARADIS ***
Frankreich 1977, 110 Min., F
R: Yves Robert D: Jean Rochefort, Claude Brasseur, Guy Bedos, Victor Lanoux, Daniele Delorme
Vier Freunde um die Vierzig, bürgerlich arriviert, aber emotional ungefestigt, haben Probleme mit Ehefrauen und Freundinnen, was zum Teil auch ihre Freundschaft belastet. Keine Fortsetzung, eher eine Variation mit den selben Schauspielern zu *Ein Elephant irrt sich gewaltig*.

Wir kommen und werden euch fressen W274
WE'RE GOING TO EAT YOU **
Hongkong 1979, 89 Min., F
R: Tsui Hark D: Tsui Siu-Chang, Cheung Mu-Lian, Han Kuo-Tsai
Chinesische Kannibalen verspeisen unvorsichtige Wanderer, bis ein tänzerisch begabter Karateschläger ihnen zeigt, was eine Harke ist. Der Film wäre zum Lachen, wenn er nicht so schrecklich dumm wäre.

Wir sind keine Engel W275
WE'RE NO ANGELS ***
USA 1989, 106 Min., F
R: Neil Jordan D: Robert de Niro, Sean Penn, Demi Moore
Zwei unfreiwillig aus dem Gefängnis ausgebrochene Gauner suchen Unterschlupf in einem Kloster. Ihre einzige Chance, über die Grenze nach Kanada zu gelangen, besteht darin, an einer rituellen Prozession der Mönche über eine Brücke teilzunehmen. Witzige

Komödie, in der de Niro mit vielen pantomimischen Einlagen brilliert.

Wir sind vom schottischen Infanterie-Regiment W276
***
BONNIE SCOTLAND
USA 1935, 80 Min., s/w
R: James W. Horne D: Stan Laurel, Oliver Hardy, June Lang
Zwei Amerikaner treffen in Schottland ein, um ein nichtexistentes Erbe anzutreten, gehen zum Militär und finden sich in Indien wieder. Ein Film, der nur teilweise in Schottland spielt. Flotte Komödie.

Wir Wunderkinder W277
****
BRD 1958, 105 Min., s/w
R: Kurt Hoffmann D: Hansjürg Felmy, Wera Frydtberg, Johanna von Koczian, Elisabeth Flickenschildt
Der forsche Nazi-Führer Tiches mutiert nach dem Zweiten Weltkrieg problemlos zum erfolgreichen Wirtschaftswunderrepräsentanten. Sein anständiger, aber von privaten und beruflichen Mißerfolgen gebeutelter Jugendfreund kann erst nach dem Krieg seinen Beruf als Journalist wieder aufnehmen und bringt die Karriere Tiches an die Öffentlichkeit. Unterhaltsame Satire, die trotz ihrer Gesellschaftskritik versöhnlich bleibt.

Die Wirtin zur goldenen Krone W278
**
Österreich 1955, 80 Min., F
R: Theo Lingen D: Paula Wessely, Christiane Hörbiger, Fritz Schulz
Eine Wirtin, die der Fürstin zum Verwechseln ähnlich sieht, muß während deren Abwesenheit das kleine Fürstentum retten. Das zieht sich so dahin. Theo Lingen ist als Regisseur, im Gegensatz zu seiner Schauspielerei, verwechselbar.

Das Wirtshaus im Spessart W279

gefangengenommen und soll von ihrem Vater freigekauft werden. Nach gelungener Flucht kehrt sie zu ihrem geliebten Räuberhauptmann zurück, als ihr Vater sich weigert, das Lösegeld zu zahlen. Vergnüglicher Unterhaltungsfilm mit zeitkritischen und parodistischen Untertönen.

Wise Guys W280
WISE GUYS **
USA 1985, 88 Min., F
R: Brian de Palma D: Danny De Vito, Joe Piscapo, Harvey Keitel
Halbwegs ansehnliche Gaunerkomödie um zwei kleine Gauner, die die Mafia auf den Hals bekommen, weil sie das Geld ihres Bosses auf das falsche Pferd gesetzt haben.

Wish you were here W281
WISH YOU WERE HERE ****
GB 1987, 92 Min., F
R: David Leland D: Emily Lloyd, Tom Bell, Clare Clifford
Liebenswert-zärtliche Geschichte mit einer umwerfenden Hauptdarstellerin um ein junges Mädchen, das im England der 50er Jahre langsam erwachsen wird. Der Film erzählt von der Suche nach Freiheit, Liebe und Abenteuer, einer Menge verlorener Illusionen und einem trotzigen Optimismus, den sich die Protagonistin auch als alleinerziehende Mutter bewahrt.
HFJ 1989

Die Wismut W282
****
BRD 1993, 114 Min., s/w
R: Volker Koepp
Im sächsisch-thüringischen Erzgebirge entstand 1946 die sowjetische Gesellschaft »Wismut«, um hier Uran für die Atombewaffnung der UdSSR zu fördern. Der Film porträtiert eine geschundene Landschaft und Menschen, die Unglaubliches, Tragisches, aber auch Komisches zu berichten haben.

Zwei Straßenfeger vereiteln einen Bankraub und werden zur Belohnung an die Universität Oxford geschickt, um ihre Bildung zu vervollkommnen. Stan und Ollie at their best!

Witchboard – Die Hexenfalle W284
**
WITCHBOARD
USA 1987, 98 Min., F
R: Kevin S. Tenney D: Todd Allen, Tawny Kitaen, Stephen Nichols
Amateurokkultist beschwört einen Geist, was mehrere gewaltsame Tode zur Folge hat. Standard-Horrorfilm, der sämtliche Klischees des Genres zu Tode reitet.

Witchcraft – Das Böse lebt W285
MALEFICHE PRESENZE **
Italien 1988, 95 Min., F
R: Martin Newlin D: Linda Blair, David Hasselhoff, Catherine Hickland
Hexe Hilde verhext junge Linda und murxt im Verein mit ihr andere Menschen ab. Ein Horrorfilm der neuen Schule: Man hat nichts zu sagen, aber man sagt es laut. HFJ 1989

Witchtrap W286
WITCHTRAP **
USA 1989, 90 Min., F
R: Kevin S. Tenney D: James W. Quinn, Kathleen Bailey, Judy Tatum
Psi-Experten, die ein von mysteriösen Stimmen geplagtes Haus untersuchen, treffen auf den Geist eines toten Bösmannes, der keinen Frieden finden kann. HFJ 1991

Wittgenstein W287
WITTGENSTEIN ****
GB 1993, 72 Min., F
R: Derek Jarman D: Karl Johnson, Michael Gough, Tilda Swinton
Ausgehend von Leben und Werk des bedeutenden österreichischen Philosophen Wittgenstein entwirft Jarman einen Film von großer sinnlicher Kraft

Eine Witwe mordet leise W288
WHATEVER HAPPENED TO AUNT ALICE? **
USA 1968, 101 Min., F
R: Lee H. Katzin D: Geraldine Page, Ruth Gordon, Robert Fuller
Die angestrebte Komik zündet nicht in dieser schwarzhumorigen Geschichte über eine mordenden Witwe.

Witwen-Report W289
*
BRD 1974, 76 Min., F
R: Jürgen Enz D: Josef Moosholzer, Mascha Sieger, Eva Gross
Witwe eines Dorfbürgermeisters stößt auf das Tagebuch ihres Gatten und erfährt von seiner wüsten sexuellen Vergangenheit. Sexklamotte.

Wo alle Straßen enden W290
THE WAYWARD BUS ***
USA 1957, 89 Min., s/w
R: Victor Vicas D: Joan Collins, Jayne Mansfield, Dan Dailey
Gemischte Reisegruppe auf stürmischer Fahrt nach Mexiko: Alle anfallenden Probleme werden untereinander nach bestem menschlichem Ermessen von den Beteiligten gelöst. Nach einer Story von John Steinbeck.

Wo bitte, geht's zur Front? W291
WHICH WAY TO THE FRONT? ***
USA 1970, 96 Min., F
R: Jerry Lewis D: Jerry Lewis, Steve Franken, Jan Murray
Als ihn die US-Armee im Zweiten Weltkrieg als untauglich ablehnt, beginnt ein überzeugter Patriot und Multimillionär auf eigene Kosten einen Privatkrieg gegen Hitler. Jerry Lewis am Tiefpunkt.

Wo bitte ist die 7. Kompanie geblieben? W292
***
MAIS OU EST DONC PASSE LA 7EME COMPAGNIE?
Frankreich/Italien 1973, 79 Min., F
R: Robert Lamoureux D: Jean Lefebvre, Pierre Mondy, Aldo Maccione
Drei Soldaten seilen sich während des hastigen Rückzuge der Franzosen im Jahr 1940 von ihrer Kompanie ab und genießen die Natur. Das schöne Leben hat jedoch ein Ende, als sie von einem abgeschossenen Flieger-Offizier für einen militärischen Alleingang eingespannt werden. Ironische Kriegsveralberung, die von der Komik ihrer Protagonisten lebt.

Wo der Schrecken wohnt W293
THE HOUSE WHERE DEATH LIVES **
USA 1984, 80 Min., F
R: Alan Battie D: Joseph Cotton, David Hayward, John Dukakis
Eher formelhafter Thriller um eine junge Frau, die auf dem Land vor der Vergangenheit Vergessen sucht und dort einem 16jährigen mit schrecklichem Geheimnis begegnet.

Wo der Wildbach durch das Höschen rauscht
siehe: Witwen-Report

Wo die grünen Ameisen träumen W294
***
BRD 1984, 95 Min., F
R: Werner Herzog D: Bruce Spence, Wandjuk Marika, Roy Marika
Der vergebliche Versuch einer Gruppe australischer Aborigines, den Raubbau einer Minengesellschaft aufzuhalten. Zwischen Legende und Ökodrama zerfährt sich Herzogs Film.

Wo is' Papa? W295
WHERE'S POPPA? ***
USA 1970, 83 Min., F
R: Carl Reiner D: George Segal, Ruth Gordon, Ron Leibman
Ein unselbständiger Rechtsanwalt lebt mit seiner halbsenilen Mutter zusammen, die ihm fortwährend in die Quere kommt, wenn es um sein Liebesleben geht. Also versucht er, sie loszuwerden. Schwarze Komödie, an der die Zensoren ihrer Boshaftigkeit wegen immer wieder herumgeschnitten haben.

Wo ist das Haus meines Freundes? W296
****
KHANEH-YE DOOST KOJAST?
Iran 1988, 83 Min., F
R: Abbas Kiarostami D: Ahmad Ahmad Pur, Babak Ahmad Pur
Eine kleine, liebevolle Geschichte über einen Jungen, der sich den Verboten seiner Eltern widersetzt, um seinem Schulkameraden aus der Patsche zu helfen. Unprätentiös, und mit großer Schlichtheit auf die Leinwand gebracht, ermöglicht der Film auch einen Einblick in die Gesellschaftsstrukturen und Alltagsbewältigung in einem iranischen Dorf. HFJ 1992

Wo Männer noch Männer sind W297
***
PARDNERS
USA 1956, 82 Min., F
R: Norman Taurog D: Jerry Lewis, Dean Martin, Lori Nelson
Zwei Nachkommen glorreicher Pioniere ziehen gen Westen und räumen trotz ihrer Beschränktheit in einer Kleinstadt auf. Lewis und Martin in einem ihrer besseren Filme, einem Remake von *Rhythm on the Range.*

Wo warst du in jener Nacht? W298
DOVERI QUELLA NOTTE? ***
Italien 1992, 89 Min., F
R: Salvatore Samperi D: Catherine Wilkening, Peter Sarrmann, Kim Rossi Stuart, Pastora Vesa
Eine junge Mailänderin reist nach Peru, um einen wenige Monate alten Jungen zu adoptieren. Doch während sie die Behörden-Formalitäten erledigt, verschwindet das Baby. Sie erfährt, daß es in Wahrheit das Kind eines Revolutionärs ist. Zweiteiliger TV-Film.

Wolf W299
WOLF ***
USA 1994, 125 Min., F
R: Mike Nichols D: Jack Nicholson, Michelle Pfeiffer, James Spader
Ein abgehalfteter Verlagslektor entwickelt nach einem Wolfsbiss animalische Kräfte. Werwolfgeschichte mit bösem Blick auf Midlife-crisis und Verrohung der mitmenschlichen Umgangsformen. Amüsant, ein Zähne fletschender Jack Nicholson und eine zu allem bereite Michelle Pfeiffer.

Der einzige und wahre Jack

Der Wolf hetzt die Meute W300
TIGHTROPE ****
USA 1984, 114 Min., F
R: Richard Tuggle D: Clint Eastwood, Geneviève Bujold, Dan Hedaya
Ein Cop erkennt während der Jagd auf einen Serienmörder, daß auch er seine dunklen Seiten hat. Spannender, vielschichtiger Thriller, in dem Eastwood auf intelligente Weise gegen sein Dirty-Harry-Image anspielt.

Wolfen W301
WOLFEN ****
USA 1981, 115 Min., F
R: Michael Wadleigh D: Albert Finney, Diane Venora, Edward James Olmos, Gregory Hines
Morde an Armen und Kranken in einem New Yorker Slum bringen einen Cop auf die Spur moderner Werwölfe, die ihren Lebensraum verteidigen. Gesellschaftskritischer Horrorfilm mit ungewöhnlichem Ende.

Wolfmen W302
THE MARSUPIALS: HOWLING III **
Australien 1987, 94 Min., F
R: Philippe Mora D: Barry Otto, Imogen Annesley, Dasha Blahova
Pseudokumentation über das mythische Volk der Werwölfe, das allmählich vom Aussterben bedroht ist.
HFJ 1989

Wolfsblut W303
ZANNA BIANCA **
It/Fr/Sp 1973, 104 Min., F
R: Lucio Fulci D: Franco Nero, Raimund Harmstorff, Virna Lisi
Die Erlebnisse eines Wolfshundes während der Goldrauschzeit am kanadischen Klondike. Abenteuerfilm, der sich zwar auf den Roman von Jack London beruft, aber nur mit dessen Motiven spielt.

Wolfsblut W304
WHITE FANG ***
eines Wolfshundes. Unterhaltsames Abenteuer nach Motiven des Romans von Jack London. HFJ 1992

Das Wolfsblut W305
BELYJ KLYK **
UdSSR 1946, 81 Min., s/w
R: Alexander Sguridi D: Oleg Schakow, J. Ismailowa, Lew Swerdlin
Das Leben eines Wolfshundes, der im 19. Jahrhundert in der kanadischen Wildnis Erfahrungen mit Weißen und Indianern macht. Tierlieb, durchschnittlich. Nach Jack London.

Wolfsblut greift ein W306
ZANNA BIANCA ALLA RISCOSSA **
It/Sp/Fr 1974, 90 Min., F
R: Tonino Ricci D: Maurizio Merli, Sergio Smacchi, Gisela Hahn
Ein Goldgräber und sein Schäferhund verfolgen die Mörder ihres Freundes in der kanadischen Wildnis. Vom Namen des Hundes abgesehen hat der Plot nichts mit dem Roman von Jack London zu schaffen.

Wolfsblut 2 – Das Geheimnis des weißen Wolfes W307 ***
WHITE FANG 2: MYTH OF THE WHITE WOLF
USA 1994, 106 Min., F
R: Ken Olin D: Scott Bairstow, Charmaine Craig, Al Harrington
Ein junger Goldsucher schlägt sich im Alaska des Jahres 1906 auf die Seite der Indianer und führt sie zu neuen Jagdgründen. Ein wunderschöner Abenteuerfilm mit phantastischen Natur- und Tieraufnahmen. HFJ 1995

Der Wolfsjunge W308
L' ENFANT SAUVAGE ****
Frankreich 1969, 84 Min., s/w
R: François Truffaut D: Jean-Pierre Cargol, François Truffaut
Das Aufwachsen eines etwa 12jährigen Wolfskindes, nach authentischen Aufzeichnungen aus dem Jahre 1798, von Truffaut in asketischem und verinner-

Junger Mann wird im Wald vom Werwolf gebissen und verwandelt sich selbst in einen solchen. Heute sicher kein originelles Konzept mehr – aber 1941 ein Hit, der noch heute zu den Klassikern des phantastischen Films zählt.

Wolfsmond W310
DEATH MOON **
USA 1978, 89 Min., F
R: Bruce Kessler D: Robert Foxworth, Joe Penny, Barbara Trentham
Ein von Alpträumen geplagter Yuppie verwandelt sich in Vollmondnächten in einen Werwolf und stromert auf Hawaii herum. Ein von schwerfälliger Hand gedrehter Film, in dem sich keinerlei Spannung einstellen will.

Won Ton Ton ... der Hund, der Hollywood rettete W311 **
WON TON TON, THE DOG WHO SAVES HOLLYWOOD
USA 1975, 91 Min., F
R: Michael Winner D: Bruce Dern, Madeline Kahn, Art Carney
Glanz und Elend eines Schäferhundes, der in den 20er Jahren ein berühmter Stummfilmstar in Hollywood wurde, dann aber ins Elend geriet, während seine beiden Menschen-Gefährten die große Karriere machten. Das dürftige Drehbuch verhinderte eine witzige Parodie und begnügte sich mit Klamauk.

Woodoo – Orgie des Grauens W312 *
LA NOCHE DE LOS BRUJOS
Spanien 1973, 89 Min., F
R: Armando De Ossorio D: Simon Andreu, Kali Hansa, Jack Taylor
Expedition im afrikanischen Dschungel stößt auf vampirische Hexen, Opfer eines bösen Kultes, die sich an den Menschen rächen. Eine Orgie von Sex und Gewalt.

Woodoo – Schreckensinsel W313

Leute auf den Antillen auf eine Horde von Untoten, die ihren Gräbern entstiegen sind und Schrecken verbreiten.

Woodstock W314
WOODSTOCK ****
USA 1970, 185 Min., F
R: Michael Wadleigh
Dokumentarfilm über das legendäre Rock-Festival in Woodstock. Glänzend montiertes Zeugnis eines einzigartigen Ereignisses, des Mammutkonzerts der Gegenkultur von 1969. Schon heute ein Stück Zeit- und Musikgeschichte.

Working Girls W315
WORKING GIRLS ***
USA 1986, 93 Min., F
R: Lizzie Borden D: Louise Smith, Ellen McElduff, Amanda Godwin
Provozierend sachliche Beobachtung des Alltags in einem Bordell. Ein Film aus der Arbeitswelt. HFJ 1988

Woyzeck W316
***
BRD 1978, 80 Min., F
R: Werner Herzog D: Klaus Kinski, Eva Mattes, Wolfgang Reichmann
Darstellung eines Menschen, der von anderen gequält, zum Objekt ihrer Forschung gemacht, gedemütigt, zum Mord und Selbstmord getrieben wird. Recht originalgetreue Verfilmung des Dramas von Georg Büchner. 1994 drehte Janos Szasz eine düstere ungarische Variante.

W.R. – die Mysterien des Organismus W317
***
W.R. – MISTERIJA ORGANIZMA
Jugoslawien/BRD 1971, 84 Min., F
R: Dusan Makavejev D: Milena Dravic, Jagoda Kaloper, Ivica Vidovic
Dokumentarischen Interview-Szenen mit ehemaligen Schülern Wilhelm Reichs folgen exzentrische Spielfilmszenen, die Reichs Theorien über den Zusammenhang von gesellschaftlicher und sexueller Befreiung bzw. Unterdrückung veranschaulichen. Da die Tabuverletzungen dieses Filmes auch realsozialistischen Dogmatismus attackieren, wurde er von der jugoslawischen Zensur verboten, bei uns stieß er auf Unverständnis.

Wundbrand W318
****
BRD 1994, 79 Min., s/w
R: Didi Danquart, Johann Feindt
Weit weg von jeder Fernsehdramaturgie bewegt sich dieser berührende Dokumentarfilm über den Krieg in der bosnischen Hauptstadt. Er zeigt in leisen Tönen das Überleben der Menschen, die sich an Terror und Angst gewöhnen, ihre seelischen Wunden. HFJ 1995

Das Wunder von Macon W319
THE BABY OF MACON ***
GB/Fr/BRD 1993, 122 Min., F
R: Peter Greenaway D: Ralph Fiennes, Julia Ormond, Philip Stone
Im Jahre 1650 führt eine italienische Theatertruppe ein mittelalterliches Mysterienspiel um die Ausbeutung eines Wunderknaben auf. Die gierigen Zuschauer verwechseln allerdings Spiel und Realität. Das ästhetisch auf höchstem Niveau inszenierte Vexierspiel ist blutig, blasphemisch, exzessiv und provozierend: Greenaway, wie ihn alle kennen und wie ihn immer weniger lieben. HFJ 1994

Das Wunder von Mailand W320
MIRACOLO A MILANO ****
Italien 1950, 91 Min., s/w
R: Vittorio de Sica D: Francesco Golisano, Emma Gramatica, Paolo Stoppa
Der Kampf der armen Bewohner einer Mailänder Stadtrandsiedlung gegen einen Spekulanten. Ein Meisterwerk des Neorealismus, das exemplarisch Poesie und humanistisches Engagement verbindet.

Die wunderbare Macht W321
MAGINIFICENT OBSESSION ****
USA 1954, 104 Min., F
R: Douglas Sirk D: Rock Hudson, Jane Wyman, Agnes Moorehead
Nachdem er einen Unfall verursacht hat, bei dem eine Frau ihren Mann und ihr Augenlicht verliert, führt ein verwöhnter Millionärssohn sein Medizinstudium zuende und kann in einer dramatischen Operation der Witwe das Sehvermögen zurückgeben. Meisterhaftes Melodram.

Die wunderbare Rettung W322
STRANGE CARGO ***
USA 1940, 105 Min., s/w
R: Frank Borzage D: Joan Crawford, Clark Gable, Ian Hunter, Peter Lorre
Gauner, die aus einer Strafkolonie entfliehen, werden von einem merkwürdigen frommen Mann beeinflußt, der sie nach und nach »bessert«. Ungewöhnlicher Abenteuerfilm, dessen Spannung bis zum Ende erhalten bleibt.

Die wunderbaren Abenteuer des Hans Christian Andersen W323
**
ANDERSEN MONOGATARI
Japan 1968, 79 Min., F
R: Kimio Yabuki
Zeichentrickfilm, der die Jugend des Dichters zu Beginn des neunzehnten Jahrhunderts und seinen literarischen Aufstieg mit einigen seiner Kunstmärchen verbindet.

Das Wunderkind Tate W324
LITTLE MAN TATE ****
USA 1991, 99 Min., F
R: Jodie Foster D: Jodie Foster, Adam Hann-Byrd, Dianne Wiest
Der Sohn einer alleinerziehenden Mutter entpuppt sich als ein Wunderkind und erlebt zwischen der öffentlichen Anforderung und seiner familiären Situation eine eher verzweifelte Jugend. Einfühlsames Regie-Debüt der Schauspielerin Jodie »Wunderkind« Foster. HFJ 1993

Der Wunderknabe W325
THE PATSY ***
USA 1964, 101 Min., F
R: Jerry Lewis D: Jerry Lewis, Ina Balin, Everett Sloane
Ein Page soll die Stelle eines verstorbenen Komikers einnehmen. Jerry-Lewis-Farce mit ein paar passablen Gags.

Die wundersamen Erlebnisse des Pontius Pilatus W326
**
SECONDO PONZIO PILATO
Italien 1987, 105 Min., F
R: Luigi Magni D: Nino Manfredi, Stefania Sandrelli, Lando Buzzanca
Nachdem er zugelassen hat, daß man Jesus Christus hingerichtet hat, plagen

den römischen Statthalter Pontius Pilatus Selbstzweifel und Alpträume. Historienfilm mit Parabelcharakter.

Die Wunderwelt der Brüder Grimm W327 ***

THE WONDERFULL WORLD OF THE BROTHERS GRIMM

USA 1962, 131 Min., F
R: George Pal, Henry Levin
D: Karlheinz Böhm, Claire Bloom, Laurence Harvey, Walter Slezak
Ein aufwendiger Cinerama-Film, der drei tricktechnisch beeindruckende Grimm-Märchen-Variationen mit einer biographischen Rahmenhandlung verbindet.

Der Würgeengel W328 ****

EL ANGEL EXTERMINADOR

Mexiko 1962, 93 Min., F
R: Luis Buñuel D: Silvia Pinal, Enrique Rumbal, Lucy Gallardo
Eine Gesellschaft gehobener Besitzbürger trifft sich nach einem Opernabend in einer Villa zum Abendessen. Aus unerklärlichen Gründen können sie den Raum nicht mehr verlassen. Surreales Bild ohne eindeutige Botschaft: »Die beste Deutung ist, daß es keine Deutung gibt« (Buñuel).

Der Würger geht durch die Stadt W329 *

EL VAMPIRO NEGRO

Argentinien 1957, 77 Min., s/w
R: Roman Vinoly Barreto D: Olga Zubarry, Roberto Escalada
Kindermordender Psychopath tobt sich in der Großstadt aus und wird am Ende von den Ärmsten der Armen gestellt, da die Polizei völlig unfähig ist. Haarsträubend primitiver Grusler aus Südamerika.

Der Würger von Paris W330 **

THE PHANTOM OF THE RUE MORGUE

USA 1954, 84 Min., F
R: Roy del Ruth D: Karl Malden, ... unwillige Mädchen zu würgen, kriegt sein Fett, als sich das Tier unvermutet gegen ihn wendet. Dutzendware nach Edgar Allan Poe.

Die Wurmfresser W331 *

THE WORM EATERS

USA 1977, 94 Min., F
R: Herb Robins D: Herb Robins, Berry Hostetler, Lindsay A. Black
Ein Waldschrat bekämpft mit einem Heer von Würmern einen auf Tourismus setzenden Bürgermeister. Einer der Tiefpunkte des US-Films.

Die Wüste lebt W332 ****

THE LIVING DESERT

USA 1954, 67 Min., F
R: James Algar
In der Sierra Nevada in Arizona gedrehter Natur-Dokumentarfilm. Bis dahin nicht gesehene eindrucksvolle und spannend montierte Aufnahmen geben einen äußerst interessanten Einblick in das Leben und Überleben kleiner Wüstentiere in einem dem Menschen unwirtlich erscheinenden Lebensraum.

Der Wüstenfalke W333 **

THE DESERT HAWK

USA 1950, 78 Min., F
R: Frederick de Cordova D: Richard Greene, Yvonne de Carlo, Rock Hudson
Ein fröhlicher Halunke legt im Orient einen Despoten herein und gewinnt das Herz der schönen Scheherazade. Die Handlung kriecht auf zwei Krücken dahin.

Der Wüstenplanet W334 ***

DUNE

USA 1984, 141 Min., F
R: David Lynch D: Kyle McLachlan, Francesca Annis, Brad Dourif
Höfische Intrigen auf einem Planeten des Galaktischen Imperiums: Adliger Erbe eines kosmischen Statthalters tut sich mit Wüstenbewohnern zusammen

Wüstensand W335 ***

DESERT SANDS

USA 1955, 84 Min., F
R: Lesley Selander D: Ralph Meeker, Marla English, J. Carroll Naish
Araberprinzessin verliebt sich in blonden Hauptmann der Legion und wird zur Verräterin an ihrem Volk. Action in makellos gefegtem Wüstensand, in dem auch Leichen und Kadaver wie von Geisterhand verschwinden.

Die Wüstensöhne W336 ***

SONS OF THE DESERT

USA 1933, 86 Min., s/w
R: William A. Seiter D: Stan Laurel, Oliver Hardy, Dorothy Christy
Zwei schräge Ottos schwindeln ihren Frauen einen Urlaub auf Hawaii vor, um sich in Chicago mit Freunden zu treffen, doch eine Wochenschaukamera läßt sie auffliegen. Nette Komödie mit zwei Starkomikern.

Wyatt Earp – Das Leben einer Legende W337 ***

WYATT EARP

USA 1994, 191 Min., F
R: Lawrence Kasdan D: Kevin Costner, Dennis Quaid, Gene Hackman
Die Lebensgeschichte des legendären Marshals Wyatt Earp wird noch einmal unter dem Aspekt der persönlichen Tragik nachgezeichnet. Die Saga des Helden von Tombstone verlangt viel Geduld, ist aber durch die schauspielerische Leistung des Trios Costner, Quaid und Hackman erträglich. Westernfans kommen voll auf ihre Kosten. HFJ 1995

Wyoming Express W338 **

CHEYENNE

USA 1947, 100 Min., s/w
R: Raoul Walsh D: Dennis Morgan, Jane Wyman, Janis Paige
Ein Spieler läßt sich engagieren, um einen berüchtigten Gesetzlosen zu jagen. Dessen Gattin wirft ihm erst einen

X

X 3000 – Fantome gegen Gangster X1 **

UCHU DAIKAIJU DOGORA

Japan 1964, 83 Min., F

R: Inoshiro Honda D: Yosuke Natsuki, Elisabeth Keyt, Yoko Fujiyama

Außerirdische Wolke bemächtigt sich irdischer Edelstein- und Kohlevorräte, bis ein japanischer Forscher ihre Achillesferse entdeckt. Die Titelgangster fallen dem neuen Abwehrmechanismus zum Opfer. Schwach. LSFF

Xaver und sein außerirdischer Freund X2 **

BRD 1986, 90 Min., F

R: Werner Possardt D: Rupert Seidl, Carlos Pavlidis, Gabriele Fischer

Ein Alien landet in einer fliegenden Isetta in ländlicher Umgebung und freundet sich mit dem bayerischen Urviech Xaver an, bis dumme Naive die beiden dazu treiben, sich auf einen anderen Planeten abzusetzen. HFJ 1987

X-Tro – Nicht alle Außerirdischen sind freundlich X3 **

X-TRO

GB 1982, 86 Min., F

R: Harry B. Davenport D: Bernice Stegers, Philip Sayer, Danny Brainin

UFO-Insassen entführen Erdling und schicken in seinem Körper einen der ihren zur Erde, wo er sich als Monster entpuppt und Frauen zum Austragen seiner Brut zwingt. SF-Schauermär.

X-Tro II – Die zweite Begegnung X4 *

X-TRO II: THE SECOND ENCOUNTER

Kanada 1991, 86 Min., F

R: Harry B. Davenport D: Jan Michael Vincent, Paul Koslo, Tara Buckman

Nach dem Versuch, drei Personen in ein Paralleluniversum zu entsenden, wird eine monströse Bestie auf die Erde verschlagen und verwüstet ein Forschungszentrum. Mit Schockeffekten arbeitender Billigstreifen.

XX Unbekannt X5 **

X THE UNKNOWN

GB 1956, 78 Min., s/w

R: Leslie Norman D: Dean Jagger, William Lucas, Edward Chapman

Ein in Schottland aus der Erde kriechendes Lavamonster terrorisiert das Land, bis ein findiger Forscher es kaltstellt. Monsterfilm mit kaum glaubwürdiger Motivation. LSFF

XY und Zee X6 **

XY & ZEE

USA 1971, 109 Min., F

R: Brian G. Hutton D: Elizabeth Taylor, Michael Caine, Susannah York

Michael Caine in gemeinstem Ehekrieg mit Elizabeth Taylor. Und doch kann er sie, obwohl er eine jüngere und feinfühligere Frau kennenlernt, nicht verlassen. Elizabeth Taylor in der Wiederholung ihrer Rolle *Wer hat Angst vor Virginia Wolf.*

Y

Yaaba Y1
YAABA ****
Burkina Faso/Fr/CH 1989, 90 Min., F
R: Idrissa Ouedraogo D: Fatimate Sanga, Noufou Ouedraogo, Roukietou Barry, Adama Ouedraogo
Die Freundschaft zwischen einem kleinen Jungen und einer alten Frau in einem Dorf der Sahel-Zone. Poetischer Film über das Erwachsenwerden. HFJ 1991

Yakuza Y2
YAKUZA ****
USA 1974, 107 Min., F
R: Sydney Pollack D: Robert Mitchum, Takakura Ken, Brian Keith
Amerikanischer Privatdetektiv und japanischer Freund mischen in Tokio eine Gangsterbande auf und befreien die Tochter eines zwielichtigen Industriellen, die als Geisel gehalten wird. Exotischer, brutaler Thriller, der sich bemüht, uns den Ehrenkodex japanischer Verbrecher zu vermitteln.

Robert Mitchum erkennt einen Yakuza.

Yanks – Gestern waren wir noch Fremde Y3 ***
YANKS
Großbritannien 1979, 145 Min., F
R: John Schlesinger D: Richard Gere, William Devane, Lisa Eichhorn, Vanessa Redgrave
licher Verhaltensweisen, die sich jedoch mehr und mehr in unverbindlichen Einzelbeschreibungen verliert.

Yasemin Y4
****
BRD 1988, 86 Min., F
R: Hark Bohm D: Ayse Romey, Uwe Bohm, Sener Sen, Ilhan Emirli
Liebesgeschichte zwischen einem deutschen Studenten und einer jungen Türkin, die an den kulturellen Widersprüchen und Vorbehalten zu zerbrechen droht. In Unterhaltung verpacktes Plädoyer für Toleranz und Ehrlichkeit. HFJ 1989

Yeah! Yeah! Yeah! Y5
A HARD DAY'S NIGHT ***
GB 1964, 87 Min., F
R: Richard Lester D: The Beatles, Wilfried Brambell, Norman Rossington
Unterwegs zu einem Fernsehauftritt sorgt Pauls Großvater auf der Zugfahrt für viele komische Zwischenfälle. Ständig wandelt er auf Abwegen. Die Beatles singen und spielen im Gepäckwagen, aber bei den meisten Titeln stehen sie nicht vor der Kamera, sondern sind mal wieder auf der Flucht vor kreischenden Fans ...

Yeelen – das Licht Y6
YEELEN ****
Mali 1987, 100 Min., F
R: Souleymane Cissé D: Issiaka Kane, Niamanto Sanogo, Aoua Sangare
Die Auseinandersetzung zwischen Vater und Sohn um den Stammeszauber als legendenhafte Parabel. Ein Film, der uns Afrika erleben läßt.

Yentl Y7
YENTL ***
USA 1983, 127 Min., F

Yerma Y8
YERMA **
BRD/Ungarn 1984, 100 Min., F
R: Imre Gyöngyössy D: Gudrun Landgrebe, Titus Kovacs, Mathieu Carrière
Eine Frau, die keine Kinder bekommen kann, tötet bei einem Streit ihren Mann, der ihr Leid nicht versteht. Psychodrama nach Garcia Lorca, das die Schauspieler sichtlich überfordert.

Yeti – Der Schneemensch Y9
YETI *
Italien 1977, 84 Min., F
R: Frank Kramer D: Mimmo Crao, Phoenix Grant, Jim Sullivan
Im grönländischen Eis aufgefundener Schneemensch wird in die Zivilisation gebracht, wo er ausbüxt, allerlei Schaden anrichtet und von der Armee gejagt wird. Armseliger Monsterfilm, hergestellt von einem Schusterteam. LSFF

Yeti, der Schneemensch – Das Geheimnis des Himalaya Y10 **
THE ABOMINABLE SNOWMAN
GB 1957, 85 Min., s/w
R: Val Guest D: Forrest Tucker, Peter Cushing, Maureen Connel
Eine Expedition auf den Spuren der sagenhaften Himalaya-Schneemenschen verursacht den Tod eines dieser Fabelwesen und wird dafür mit Tod und Wahnsinn bestraft. Solide Kurzweil, aber nicht unbedingt spannend.

Yojimbo – Der Leibwächter Y11
YOJIMBO ****
Japan 1961, 110 Min., s/w
R: Akira Kurosawa D: Toshiro Mifune, Seizaburo Kawazu, Eijiro Tono
Ein arbeitsloser Samurai spielt zwei rivalisierende Banden eines Seidenhändlers und eines Sakefabrikanten

Gören und Güneys Film schildert die Schicksale von fünf türkischen Sträflingen im Hafturlaub in ›Yol – Der Weg‹.

Yol – Der Weg Y12

YOL ****

Türkei/Schweiz 1981, 82 Min., F

R: Serif Gören D: Tarik Arkan, Serif Sezer, Halil Ergün, Meral Orhonsoy

Fünf Strafgefangene müssen, um während eines einwöchigen Hafturlaubs Familie und Freunde zu sehen, eine weite und beschwerliche Reise durch die unwirtliche winterliche Türkei auf sich nehmen. Eindrucksvolle Beschreibung eines von gesellschaftlichen Abhängigkeiten und politischer Unterdrückung bestimmten Staates, die durch ihre unprätentiöse Schilderung Allgemeingültigkeit gewinnt.

Yolanda und der Dieb Y13

YOLANDA AND THE THIEF ***

USA 1945, 104 Min., F

R: Vincente Minnelli D: Fred Astaire, Lucille Bremer, Frank Morgan

Die Millionenerbin Yolanda gerät unter die »schützenden« Fittiche des kleinen Gauners Johnny und verliebt sich obendrein noch in ihn. Romantisches Musical mit Tanzeinlagen.

The Young Americans Y14

THE YOUNG AMERICANS ***

GB 1993, 104 Min., F

R: Danny Cannon D: Harvey Keitel, Iain Glen, John Wood

Nach dem Vorbild amerikanischer Gangs werden in London Jugendliche im Drogengeschäft eingesetzt. Ein Cop aus Los Angeles bringt den gerissenen Drogendealer zur Strecke. Action-Film mit Bandenkämpfen, korrupten Polizisten und einem traurigen Helden.

Young Guns Y15

YOUNG GUNS ***

USA 1988, 107 Min., F

R: Christopher Cain D: Kiefer Sutherland, Emilio Estevez, Lou Diamond Phillips, Charlie Sheen

Rancher schart vier junge Outlaws um sich, die sich nach seinem Tod durch die Hand der Konkurrenz zusammentun, um ihn zu rächen. Die alte Geschichte von Billy the Kid und dem Weidekrieg im Lincoln County. Der zweite Teil ging in Schönheit unter.

HFJ 1990/HFJ 1991 (2. Teil)

Yukon Y16

DEATH HUNT ***

USA 1981, 130 Min., F

R: Peter Hunt D: Lee Marvin, Charles Bronson, Angie Dickinson, Carl Weathers

Mounties verfolgen in der kanadischen Wildnis einen Trapper, der in Notwehr mehrere Menschen getötet hat, da man ihn mit einem mysteriösen Meuchler verwechselt. Spannende Verfilmung einer wahren Geschichte, die sich in den zwanziger Jahren ereignet hat.

Yvette – Tochter einer Kurtisane Y17

**

Deutschland 1936, 88 Min., s/w

R: Wolfgang Liebeneiner D: Käthe Dorsch, Ruth Hellberg, Johannes Riemann, Albert Matterstock

Ein Pariser Kurtisane zur Jahrhundertwende will ihrer Tochter zu einer höheren Schuldbildung verhelfen, um ihr damit eine bürgerliche Heirat zu ermöglichen. Nach Guy de Maupassant.

Z

Z Z1
Z ****
Fr/Algerien 1969, 126 Min., F
R: Costa-Gravas D: Yves Montand, Irene Papas, Jean-Louis Trintignant
Die Ermordung eines Oppositionspolitikers durch faschistische Geheimbrigaden im Griechenland des Jahres 1963. Eindringliche Attacke gegen Diktatur und die Gewalt.

Ein Z & zwei Nullen Z2
A ZED & TWO NOUGHTS ****
GB/Holland 1985, 115 Min., F
R: Peter Greenaway D: Andréa Férreol, Brian Deacon, Eric Deqcon
Nach dem Tod ihrer Frauen suchen getrennte siamesische Zwillinge nach den Ursachen von Evolution und Verfall. Bildmächtig führt Greenaway einmal mehr in sein philosophisch-ästhetisches System. Ein Meisterwerk des postmodernen Kinos.

Zabriski Point Z3
ZABRISKI POINT ****
USA 1969, 92 Min., F
R: Michelangelo Antonioni D: Mark Frechette, Daria Halprin, Rod Taylor
Ein Trip ins »gelobte« Land, auf der Suche nach der politischen Wahrheit und der Liebe, der nur mit einer gewaltigen Explosion enden kann.

Zähl bis drei und bete Z4
3:10 TO YUMA ****
USA 1956, 92 Min., s/w
R: Delmer Daves D: Glenn Ford, Van Heflin, Felicia Farr, Leora Dana
Western-Klassiker. Um 200 $ zu verdienen, die seine Familie für den Bau eines Brunnens benötigt, will Dan den gefürchteten Killer Wade nach Yuma überführen. Als er auf den Zug wartet, machen sich die Stadtväter heimlich

Stilisierter Krimi um einen Überfall auf einen Geldtransport, hinter dem sich eine politische Parabel über Funktion und Zerfall eines Kollektivs verbirgt.

Zähme mich – liebe mich Z6
JULIE – POT DE COLLE ***
Frankreich 1977, 84 Min., F
R: Philippe de Broca D: Jean-Claude Brialy, Marlène Jobert, Alain David
Die abenteuerliche Liebesgeschichte zwischen einem Bankier und einer Frau, der nichts so sehr liegt wie öffentliches Ärgernis zu erregen. Eine etwas schaumgebremste De-Broca-Komödie.

Zahnstocher Johnny Z7
JOHNNY STECCHINO **
Italien 1991, 122 Min., F
R: Roberto Benigni D: Roberto Benigni, Nicoletta Braschi, Franco Volpi
Der naive Schulbusfahrer Dante gerät durch seine Leidenschaft für Bananen in höchste Gefahr, als man ihn dazu ausersehen hat, einen gesuchten Mafia-Gangster zu doubeln. Harmlos nette Verwechslungskomödie mit Italiens neuem Starkomiker in guter Form. HFJ 1993

Zan Boko Z8
ZAN BOKO ****
Burkina Faso 1988, 102 Min., F
R: Gaston Kaboré D: Joseph Nikiema, Colette Kaboré, Celestin Zongo
Die Geschichte einer Entwurzelung: Ein Bauer weigert sich, sein kleines Stück Land, das von der »Großstadt« gefressen wurde, zu verlassen. Einem reichen Nachbarn gelingt es schließlich, ihn von seinem Grund und Boden zu vertreiben, um auf dem Grundstück ein Schwimmbad zu bauen. »Zan Boko« bedeutet so viel wie »Verwur-

Sohn eines indischen Provinzfürsten wird nach sexueller Verfehlung aus dem Haus gejagt, gründet Bande mit der Lieblingsfrau und geht gegen britische Kolonialherren vor. Historische Räuberpistole.

Zardoz Z10
ZARDOZ ****
USA 1973, 106 Min., F
R: John Boorman D: Sean Connery, Charlotte Rampling, Sara Kestelman
Ein futuristischer Barbar dringt nach der Öko-Katastrophe in eine Enklave der Privilegierten ein und bereitet ihnen das Ende. Origineller Science-fiction-Film, der die Frage nach dem Sinn des ewigen Lebens stellt. LSFF

Zarte Knospen Z11
TENDRE ADOLESCENTE *
Frankreich 1983, 83 Min., F
R: André Marchand D: Loretta Lowe, Chuck Ballinger, Isa Pigot
Junge Ausreißerin gerät in New York in die Fänge zweier böser Buben, die nichts Gutes im Sinn haben. Plump inszenierter Sexfilm.

Zärtlich ist die Nacht Z12
TENDER IS THE NIGHT ***
USA 1961, 140 Min., F
R: Henry King D: Jason Robards, Jennifer Jones, Joan Fontaine
Psychiater verliebt sich in seine reiche, labile Patientin und heiratet sie. Müßiggang und Alkohol zerstören nach und nach seine Persönlichkeit und ihre Ehe. Filmdrama nach dem Roman von F. Scott Fitzgerald.

Zärtliche Cousinen Z13
TENDRES COUSINES ***
Frankreich/BRD 1981, 92 Min., F
R: David Hamilton D: Anja Schüte

Thierry Tevini und Anja Schütte in ›Zärtliche Cousinen‹.

Zärtliche Feindin Z14

LA TENDRE ENEMIE ****

Frankreich 1936, 62 Min., s/w

R: Max Ophüls D: Simone Berriau, Lucien Nat, Georges Vitray

Die drei verstorbenen Männer einer Frau treffen sich als Geister in ihrem Haus, um eine unglückliche Verbindung ihrer Tochter zu verhindern. Vergnügliche und stilvolle Komödie.

Zärtliche Stunden Z15

DULCES HORAS ****

Spanien/Fr 1981, 106 Min., F

R: Carlos Saura D: Assumpta Serna, Inaki Aierra, Pablo Hernandes, Alvaro de Luna

Der knapp fünfzigjährige Regisseur Juan verarbeitet seine Vergangenheit sowohl in Träumen als auch in Schauspielen. Dabei projiziert er die im Mittelpunkt stehende Beziehung zu seiner Mutter auf die Liebesbeziehung zu einer jungen Schauspielerin. Brillantes Porträt eines in seinen Gefühlsproblemen gefangenen Menschen.

Ein zärtliches Biest Z16

CICCIOLINA, AMORE MIO **

Italien 1979, 87 Min., F

R: A. Van Dyke, Jimmy Matheus

D: Ilona Staller, Patrizia Basso, Paola Ludovica Barbanera

Rundfunkmoderatorin ohne Scham und Hemmungen zeigt dem Publikum, wo die Glocken hängen. Zusammenhangloser Prickteaser aus Italien von Regisseuren, die eigentlich Amasi Damiani und Bruno Mattei heißen.

Die Zärtlichkeit der Wölfe Z17

***

BRD 1973, 82 Min., F

R: Ulli Lommel D: Kurt Raab, Jeff Roden, Margit Carstensen

Der authentische Fall des Massenmörders Haarmann, der in den Jahren nach Ende des Ersten Weltkriegs sein Unwesen trieb, verlegt in die Zeit nach 1945. Ein Schwarzmarkthändler und Polizeispitzel ködert von zu Hause ausgerissene Jungen mit Versprechungen, »vampirisiert« sie und verkauft ihr Fleisch. Ein böses Sozialmärchen von beachtlicher Qualität, in der Hauptrolle ideal bestzt mit Kurt Raab. Haarmann gibts auch noch in *Der Totmacher.*

Zauber der Einsamkeit Z18

THE WIZARD OF LONELINESS ****

USA 1988, 110 Min., F

R: Jenny Bowen D: Lukas Haas, Lea Thompson, John Randolph

Bert Lahr, Jack Haley, Judy Garland und Ray Bolger in ›Das zauberhafte Land‹.

Der 12jährige Wendall hat von den Erwachsenen gründlich die Nase voll. Eigentlich will er nur noch genügend Geld klauen, um abhauen zu können, aber eine verführerische Tante und ein geheimnisvoller Fremder durchkreuzen seine Pläne. Poetisch-realistischer Kinderfilm auch für Erwachsene.
HFJ 1992

Zauber der Venus Z19

MEETING VENUS ***

GB 1991, 119 Min., F

R: Istvan Szabo D: Glenn Close, Niels Arestrup, Erland Josephson

Bei den Proben zu Wagners »Tannhäuser« an der Pariser Oper treffen die besten Künstler der Welt zusammen und liefern sich ein eifersüchtiges Geplänkel um Liebe und Ruhmsucht. Stimmungsvolles, ironisches, kitschiges und manchmal beschwingtes Melodram. HFJ 1992

Zauber eines Sommers Z20

THAT NIGHT ***

USA 1992, 89 Min., F

R: Craig Bolotin D: C. Thomas Howell, Juliette Lewis, Helen Shaver

Die 10jährige Alice schwärmt für ihre 17jährige, attraktive Nachbarin Sheryl. Als Sheryl in Schwierigkeiten gerät und schwanger wird, ist Alice als »rettender Engel« an ihrer Seite. Zu Beginn der 60er Jahre spielender, formal eher konventioneller, romantisch-nostalgischer Film über die Probleme der ersten Liebe und des Erwachsenwerdens; nicht sehr tiefschürfend, aber humorvoll und psychologisch ziemlich glaubwürdig.

Der Zauberberg Z21

LA MONTAGNE MAGIQUE ****

BRD/Fr/It 1981, 153 Min., F

R: Hans W. Geissendörfer D: Christoph Eichhorn, Rod Steiger, Marie-France Pisier, Hans.-C. Blech

Der junge Sohn einer Hamburger Bürgerfamilie verbringt bis zum Jahr 1914 sieben Jahre in einem luxuriösen Schweizer Lungensanatorium. In dieser hermetisch abgeschlossenen Welt wird sein tägliches Leben von einem Freimaurer und einem revolutionären Jesuiten geprägt, die ihm enzyklopädisches Wissen vermitteln. Perfekt inszenierte und werkgetreue Verfilmung des Romans von Thomas Mann.

Der Zauberbogen Z22
FUGITIVE FROM THE EMPIRE **
USA 1981, 93 Min., F
R: Nicholas Corea D: Lane Caudell, Kabir Bedi, George Innes
Der von einem Intriganten um seinen Thron betrogene Königssohn Toran muß seine Heimat verlassen und verprügelt mit wechselnden Partnern Scharen von Schlangenmenschen und Lumpen aller Couleur. Pilotfilm einer TV-Serie. LFF

Ein Zauberer an meiner Seite Z23
A SAFE PLACE ***
USA 1971, 94 Min., F
R: Henry Jaglom D: Tuesday Weld, Orson Welles, Jack Nicholson
Formal experimenteller Versuch, die romantische Flower-Power-Stimmung der späten Sechziger als Kaleidoskop aus den Erinnerungen und sprunghaften Phantasien des Mädchens Susan festzuhalten.

Die Zauberflöte Z24
TROLLFLÖJTEN *****
Schweden 1974, 135 Min., F
R: Ingmar Bergman D: Josef Köstlinger, Irma Urrila, Hakan Hagegard
Eine wunderbare Inszenierung von Mozarts Oper in einem phantastischen Film von Ingmar Bergman.

Das zauberhafte Land Z25
THE WIZARD OF OZ *****
USA 1939, 100 Min., F
R: Victor Fleming D: Judy Garland, Frank Morgan, Ray Bolger, Bert Lahr
Im Fiebertraum findet sich Dorothy im Zauberland Oz wieder, wo sie im Verein mit putzigen Weggefährten eine böse Hexe besiegen muß. Klassischer Fantasy-Film mit Musik (»Somewhere over the Rainbow«) nach dem Roman

Ein ernsthafter Versuch, literarische Sprache in Bilder umzusetzen in ›Zazie‹.

Ein Zauberkünstler, der auch mit dem Degen umgehen kann, befreit diverse Tänzerinnen aus dem Harem des Sultans von Bagdad. Parodistischer Film über einen Orient, wie es ihn nur in Hollywood gibt.

Zazie Z27
ZAZIE DANS LE METRO ****
Frankreich/Italien 1960, 93 Min., F
R: Louis Malle D: Cathérine Demongeot, Philippe Noiret, Antoine Roblot
Paris aus der Sicht eines kleinen frühreifen Mädchens, dem sich die Großstadt mit ihren positiven, negativen und bizarren Erscheinungen auf einer eineinhalbtägigen Entdeckungsreise als absurde Welt darstellt. Originelle Komödie voller fröhlicher Bösartigkeit und Anarchie, die sich souverän verschiedenster unüblicher filmischer Mittel und kinematographischer Tricks bedient.

Zebo, der Dritte aus der Sternenmitte Z28
***

Nicht übel, Mr. Temple, hätte aber noch besser ausfallen können.

Das Zebra Z29
LE ZEBRE ****
Frankreich 1992, 92 Min., F
R: Jean Poiret D: Thierry Lhermitte, Caroline Cellier, Christian Pereira
»Le zebre«, ein »komischer Kauz«, ist ein Familienvater, der alles versucht, um die eiskalte Routine seiner 15jährigen Ehe aufzubrechen und dabei auf die unkonventionellsten Lösungen verfällt. Sogar über seinen Tod hinaus versucht er, seinen Traum von ewiger Leidenschaft zu verwirklichen. Ohne Not aber ersetzt der Film die ungleich originellere Schlußpointe des Romans durch ein viel zu pathetisches Ende. Dialoge und Darsteller machen den Film sehenswert.

Zeder – Denn Tote kehren wieder Z30
ZEDER ***
Italien 1982, 99 Min., F
R: Pupi Avati D: Gabriele Lavia

Zehn – Die Traumfrau Z31
TEN ****
USA 1978, 122 Min., F
R: Blake Edwards D: Dudley Moore, Julie Andrews, Bo Derek, Robert Webber, Dee Wallace
Ein alternder unverheirateter Mann verliebt sich in eine junge attraktive Frau und setzt alles daran, sie zu bekommen. Als er seinen Traum nach vielen Ungeschicklichkeiten tatsächlich ins Bett kriegt, versagt er in einer Szene von unglaublicher Komik kläglich. Unterhaltsame Midlife-Crisis-Komödie mit bitterbösem, hintersinnigem Humor.

Der zehnte Mann Z32
THE TENTH MAN **
USA 1988, 95 Min., F
R: Jack Gold D: Anthony Hopkins, Kristin Scott Thomas, Derek Jacobi
Bewegendes Drama aus der Zeit der Résistance nach einem Roman von Graham Greene.

Das zehnte Opfer Z33
LA DECIMA VITTIMA ***
Italien/Frankreich 1965, 92 Min., F
R: Elio Petri D: Marcello Mastroianni, Ursula Andress, Elsa Martinelli
Tödlich endende Kampfspiele haben den Krieg »ersetzt«; ein futuristischer Gladiator wird in Rom von einer vollbusigen Kollegin gejagt. Satirischer SF-Film nach Robert Sheckley, der sich einer fragwürdigen Ideologie bedient. LSFF

Der zehnte Tag Z34
LA DECADE PRODIGIEUSE ***
Fr/It 1971, 110 Min., s/w
R: Claude Chabrol D: Orson Welles, Marlène Jobert, Anthony Perkins, Michel Piccoli
Ein anmaßender Millionär spielt sich selbst als Gott auf und bringt seine ihn anbetende junge Frau und seinen psychisch labilen Adoptivsohn dazu, gegen alle zehn Gebote zu verstoßen. Plangemäß endet dies mit dem Tod der beiden. Trotz einiger psychologischer Schwächen ein sehenswerter Film, in dem Chabrol seine Moralkritik in eine Art »theologischen Krimi« verpackt.

Das Zeichen der Musketiere Z35
IL COLPO SEGRETO DI D'ARTAGNAN **
Italien/Frankreich 1962, 91 Min., F
R: Siro Marcellini D: George Nader, Alessandra Panaro, Georges Marchal
Drei Musketiere bringen mit blankem Degen Horden von Schurken zur Strecke, die die Ehre ihres Königs untergraben. X-ter Aufguß des Romans von Alexandre Dumas, anspruchsloser als alle vorherigen Verfilmungen.

Das Zeichen der Vier Z36
THE SIGN OF FOUR **
GB 1932, 75 Min., s/w
R: Graham Cutts, Rowland V. Lee
D: Arthur Wontner, Ian Hunter, Isla Bevan, Miles Malleson
Sherlock Holmes klärt einen Fall, in dem es um einen Geheimpakt, einen Rächer aus Indien und einen Pygmäen geht, der Giftpfeile verschießt. Hintergründiger Kriminalfilm.

Das Zeichen des Vampirs Z37
MARK OF THE VAMPIRE ***
USA 1935, 85 Min., s/w
R: Tod Browning D: Bela Lugosi, Lionel Barrymore, Elizabeth Allan
Vampire, die in einem finsteren Haus umherschleichen, entpuppen sich als von einem Kriminalisten angeheuerte Schauspieler, die einem Mörder Angst machen, der seinerseits eine Untat Vampiren in die Schuhe schieben will. Vergnügliche Blödheit ersten Ranges.

Zeig mir, wie man's macht Z38
MALIZIA EROTICA **
Italien/Spanien 1979, 75 Min., F
R: José R. Larraz D: Laura Gemser, Barbara Rey, José Sazatornil
Zwei bisexuelle Krankenschwestern ertappen einen jugendlichen Voyeur und nehmen ihn in die »Lehre«. Softporno.

Die Zeit bleibt stehen Z39
MEGALL AZ IDÖ ****
Ungarn 1981, 99 Min., s/w und F
R: Péter Gothár D: István Znamenák, Henrik Pauer, Sándor Sóth
Ungarn in den frühen sechziger Jahren. Die Söhne eines im Exil lebenden Widerstandskämpfers haben unter Repressionen und einer feindseligen Umwelt zu leiden und entschließen sich mit zwei Freunden, in den Westen zu fliehen. Eine formal sehr originelle Zeitstudie des im Umbruch befindlichen Ungarn und gleichzeitig das stimmige Porträt einer verunsicherten Jugend.

Zeit der Anpassung Z40
PERIOD OF ADJUSTMENT ***
USA 1962, 111 Min., s/w
R: George Roy Hill D: Tony Franciosa, Jane Fonda, Jim Hutton
Dramatische und groteske Auseinandersetzungen bei einem jung verheirateten und einem älteren Ehepaar. Nach einem Stück von Tennessee Williams.

Zeit der Rache Z41
TIEMPO DE MORIR ***
Kolumbien/Kuba 1985, 94 Min., F
R: Jorge Ali Triana D: Gustavo Angarita, Sebatian Ospina, Jorge Emilio Salazar
Ein alter Mann kehrt nach Verbüßung einer Gefängnisstrafe wegen Mordes in seine Heimat zurück. Die Söhne des Opfers haben ihm jedoch nicht verziehen und wollen Rache. Differenzierte Auseinandersetzung mit dem Begriff »Ehre«, der die Absurdität der Blutrache im Stil eines Westerns anprangert.

Die Zeit der Schuldlosen Z42
***
BRD 1965, 95 Min., s/w
R: Thomas Fantl D: Erik Schumann, Peter Pasetti, Wolfgang Kieling
Ein Anschlag auf einen Diktator mißlingt, und der Attentäter wird zusammen mit Mitarbeitern des Geheimdienstes in eine Zelle gebracht, die ihn um jeden Preis zum Reden bringen sollen. Filmisches Kammerspiel.

Zeit der Träumereien Z43
ÁLMODOZÁSOK KORA ****
Ungarn 1964, 95 Min., s/w
R: Istvan Szabó D: Andras Balint, Ilona Béres, Judit Halasz, Kati Solyom
Vier Ingenieure, die gerade ihr Studium abgeschlossen haben, stoßen nun in ihrem Beruf auf den Dogmatismus und die Privilegien der älteren Generation.

Zeit der Unschuld Z44

THE AGE OF INNOCENCE ****

USA 1993, 136 Min., F

R: Martin Scorsese D: Michelle Pfeiffer, Daniel Day-Lewis, Winona Ryder

Begabter Anwalt soll in eine einflußreiche New Yorker Familie einheiraten, wird aber von der Cousine der Braut, einer emanzipierten reifen Frau, magisch angezogen. Leinwand-Adaption von Edith Whartons Roman, mit furiosen Darstellern vom Regie/Kamera-Gespann Scorsese und Ballhaus ansprechend in Szene gesetzt.

Zeit der Vergeltung Z45

THE LEGEND OF BILLIE JEAN ***

USA 1985, 91 Min., F

R: Matthew Robbins D: Helen Slater, Peter Coyote, Christian Slater

Nachdem ihr Bruder von einer Bande bestohlen und verletzt wurde, kämpft ein Mädchen um ihr Recht. Teenager-Heroismus mit erzieherischen Absichten. Wer's glaubt ...

Die Zeit der Wölfe Z46

THE COMPANY OF WOLVES ****

GB 1984, 93 Min., F

R: Neil Jordan D: Sarah Patterson, Angela Lansbury, David Warner

Atmosphärisch dichte, vielschichtige Filmversion von Rotkäppchen und dem Wolf. Beinharte Horror-Fans werden sich langweilen; Kunstfreunde können den Film doppelt genießen.

Zeit der Zärtlichkeit Z47

TERMS OF ENDEARMENT ****

USA 1983, 132 Min., F

R: James L. Brooks D: Debra Winger, Shirley MacLaine, Jack Nicholson

Die Geschichte einer turbulenten Mutter/Tochter-Beziehung von der Geburt bis zum frühen Krebstod der Tochter, erzählt in jener Mischung aus komödiantischen Episoden und melodramatischer Struktur, mit der man in den achtziger Jahren in Hollywood sol-

Eine subtile Studie über eine Frau um die Vierzig, deren Vater nach einem Schlaganfall ins Pflegeheim muß und deren Mutter an einer schweren Krankheit stirbt. HFJ 1993

Zeit des Erwachens Z49

AWAKENINGS ***

USA 1990, 120 Min., F

R: Penny Marshall D: Robin Williams, Robert De Niro, Julie Kavner

Einem engagierten Arzt gelingt es während der 60er Jahre seine Patienten, die an einer Art Schlafkrankheit leiden, mittels Drogen kurzfristig wieder zum Leben zu erwecken. Penny Marshall beweist, daß in Hollywood nicht nur Männer intelligente und kassenträchtige Stoffe realisieren können.

Die Zeit des Windes Z50

FINYE ****

Mali 1982, 100 Min., F

R: Souleymane Cissé D: Bala Musa Kéyita, Fuséni Sisoko, Gundo Gisé

Eine große afrikanische Stadt von heute. Zwei junge Menschen begegnen sich: die Tochter des Militärgouverneurs und der Enkel eines alten traditionellen Dorfchefs. Es kommt zur politischen Konfrontation zwischen revoltierenden Studenten und der politischen Macht. Ein für das Verständnis afrikanischer Realitäten unentbehrlicher Film. HFJ 1990

Zeit des Zorns Z51

IL LUNGO SILENZIO ****

Italien 1993, 92 Min., F

R: Margarethe von Trotta D: Carla Gravina, Jacques Perrin, Alida Valli

Ein auf Emotionen setzender Film über das Leid einer römischen Ärztin nach der Ermordung ihres Mannes, eines prominenten Richters, durch die Mafia. Gemeinsam mit anderen Witwen überwindet sie die Mauer des Schweigens, geht gegen korrupte Politiker und ihre Helfershelfer vor. Ein Polit-

Zwischen Phantasie und Wirklichkeit nähert sich ein junger Mann der Frau seiner Träume. Phantasievoller Spielfilmerstling.

Die Zeit hat keinen Namen Z53

TIDEN HAR INGET NAMN ****

Schweden 1989, 61 Min., F

R: Stefan Jarl

Gezeigt wird die alltägliche Arbeit eines schwedischen Bauern. Dessen langsamer Lebensrhythmus wird in genial geschnittenen, berückend schönen Bildern für den Zuschauer unmittelbar spürbar. Eine beeindruckende Bestandsaufnahme einer durch die moderne Landwirtschaft bedrohten Lebensweise, die den Rahmen des Dokumentarfilms mit selten gesehener poetischer Kraft sprengt.

Die Zeit mit Julien Z54

KUNG FU MASTER ***

Frankreich 1987, 76 Min., F

R: Agnes Varda D: Jane Birkin, Mathieu Demy, Charlotte Gainsbourg

Liebesgeschichte zwischen einer 40jährigen Frau und einem 15jährigen Jungen. Nach der Rückkehr von einer einsamen Insel werden die gesellschaftlichen Probleme übermächtig. Respektvolle Komödie nicht ohne melancholische Töne. HFJ 1989

Die Zeit nach Mitternacht Z55

AFTER HOURS ****

USA 1985, 97 Min., F

R: Martin Scorsese D: Griffin Dunne, Rosanna Arquette, Verna Bloom

Das langweilig-beschauliche Leben eines braven jungen New Yorker Computer-Programmierers ändert sich für eine Nacht, als ihn ein Mädchen anspricht. Er folgt ihr nach Soho, wo er in der Künstler-Subkultur allerlei zunehmend bedrohliche Erlebnisse mit neurotischen New Yorkern hat. Perfekt gespielte und witzige Großstadt-Komödie. HFJ 1987

Ein deutscher Soldat im Zweiten Weltkrieg heiratet während seines Heimaturlaubes von der russischen Front seine Jugendfreundin. Durch den Krieg, der beide zusammengeführt hat, ist jedoch gleichzeitig das tragische Ende der Romanze vorprogrammiert. Hervorragendes Liebesdrama nach dem Roman von Erich Maria Remarque.

Zeit zum Sterben Z57
A TIME FOR DYING ***
USA 1969, 90 Min., F
R: Budd Boetticher D: Richard Lapp, Anne Randall, Audie Murphy
Junger Bursche hält sich für einen tollen Gunman, heiratet Hure, wird mit Jesse James bekannt, der ihn vor einer zweifelhaften »Karriere« warnt und geht drauf, als er zur falschen Zeit am falschen Ort ist. Finsterer B-Western.

Die Zeitfalle Z58
TIMESTALKERS ***
USA 1987, 87 Min., F
R: Michael Schultz D: William Devane, Lauren Hutton, Klaus Kinski
Ein Geschichtslehrer und eine aus der Zukunft stammende Zeitreisende jagen einen Wissenschaftler, der durch die Zeit reist, um einen Urahn seines Konkurrenten auszuschalten. Amüsanter, einfacher SF-Streifen. LSFF

Die Zeitmaschine Z59
THE TIME MACHINE ****
USA 1959, 95 Min., F
R: George Pal D: Rod Taylor, Alan Young, Yvette Mimieux
Zeitmaschinenerfinder reist in mehrere zukünftige Epochen und rettet degenerierte Menschenabkömmlinge vor unterirdisch lebenden Bestien. Flott gemachter SF-Film nach dem Klassiker von H. G. Wells. LSFF

Rod Taylor als Zeitreisender.

Die Zeitreise Z60
VOYAGE FROM THE UNKNOWN **
USA/Japan 1983, 90 Min., F
R: Winrich Kolbe, Jill Sherman
D: Jon-Erik Hexum, Sondra Currie, Suzanne Barnes, Ed Begley jr.
Junger Zeitreisender läßt sich in diverse Epochen der Erdgeschichte versetzen und findet sich u.a. auf der ›Titanic‹ wieder. Pilotfilm einer TV-Serie, die auch im Kinderzimmer keinen Erfolg verbuchte.

Der Zeitsprung Z61
QUANTUM LEAP ***
USA 1989, 89 Min., F
R: David Hemmings D: Scott Bakula, Dean Stockwell, Jennifer Runyon
Zeitforscher, der sich in den Körper von Menschen aus früheren Epochen versetzt, löst in verschiedenen Epochen die Probleme seiner »Wirte«. Alltagsgeschichten mit aufgesetztem SF-Hintergrund. TV-Pilotfilm. LSFF

Zelig Z62
ZELIG ****
USA 1982, 79 Min., F und s/w
R: Woody Allen D: Woody Allen, Mia Farrow, Garrett Brown
Fiktive, pseudo-dokumentarische Biographie eines Mannes mit phänomenaler Begabung zur Mimikry, dessen Anpassungsfähigkeit ihn immer wieder an die Brennpunkte der Politik führt. Paraderolle für Woody Allen.

Die Zelle Z63
****
BRD 1970, 88 Min., s/w
R: Horst Bienek D: Robert Naegele, Helmut Pick, Wolf Martienzen
Konzentrierte, in manchem an Robert Bresson erinnernde Beschreibung des Zustandes von Gefangensein. Einziger Film des Schriftstellers Horst Bienek.

Der Zementgarten Z64
THE CEMENT GARDEN ****
BRD/GB/Fr 1992, 105 Min., F
R: Andrew Birkin D: Andrew Robertson, Charlotte Gainsbourg, Alice Coulthard
Vier verwaiste Geschwister leben, ganz auf sich allein gestellt, in einem abgelegenen Haus – mit der Leiche der Mutter im Keller. Als die beiden Ältesten beginnen, sich erbittert zu bekämpfen und inzestuös zu lieben und gleichzeitig ein Fremdling die »Idylle« stört, zerbricht das sensible Familiengefüge. Düstere Geschichte um Pubertät, Inzest und Tod, einfühlsam gespielt und gut fotografiert. HFJ 1994

Zeppelin Z65
ZEPPELIN **
GB 1970, 98 Min., F
R: Etienne Périer D: Michael York, Elke Sommer, Peter Carsten
Naives Abenteuerspektakel um die Mission eines deutschen Luftschiffes, das geheime britische Staatsarchiv zu vernichten. Action, Stars und wenig Phantasie.

Der zerrissene Vorhang Z66
TORN CURTAIN ****
USA 1966, 128 Min., F
R: Alfred Hitchcock D: Paul Newman, Julie Andrews, Günter Strack
Ein amerikanischer Wissenschaftler setzt sich zum Schein nach Ost-Berlin ab, um eine wichtige physikalische Formel auszuspionieren. Nachdem er dadurch fast das Vertrauen seiner Verlobten verloren hat, beginnt eine dramatische Flucht zurück in den Westen. Gut inszenierter Hitchcock-Film, dem der »Eiserne Vorhang« lediglich als Aufhänger für einen spannenden Spionagethriller dient.

Die Zerstörung von Rom Z67
IL CROLLO DI ROMA **
Italien 1962, 87 Min., F
R: Anthony M. Dawson D: Carl Möhner, Loredana Nusciak, Ida Galli
Nach Kaiser Konstantins Tod läßt Prokonsul Junius die Christen verfolgen, doch ein Römer von Adel wirft sich für die Verfolgten in die Bresche. Historienfilm.

Der Zeuge Z68
A TANU ****
Ungarn 1969, 110 Min., F
R: Péter Bacsó D: Ferenc Kállai, Lili Monori, Zoltán Fabri, Lajos Öze
Ziemlich biederer Deichwärter wird beim Schwarzschlachten erwischt; ein

Funktionär baut ihn daraufhin als Zeuge für die stalinistischen Schauprozesse auf. »Wenn über Dummheit gelacht wird, ist es weniger wahrscheinlich, daß man sie wiederholt« (Bacsó).

Zeuge des Wahnsinns Z69
THE COMEBACK **
GB 1977, 97 Min., F
R: Peter Walker D: Jack Jones, Pamela Stephenson, David Doyle
Durchschnittlicher Pop-Sänger wird von wüsten Erscheinungen in seinem Landhaus und bizarren Morden nach und nach in den Wahnsinn getrieben. Ein Schocker der Mittelklasse.

Zeuge einer Verschwörung Z70
THE PARALLAX VIEW ***
USA 1974, 97 Min., F
R: Alan J. Pakula D: Warren Beatty, Paula Prentiss, William Daniels
Die Behörden stellen den Mord an einem Senator als Tat eines Psychopathen dar. Der Reporter Frady stößt jedoch auf eine politische Organisation, die weitere Attentate plant. Politthriller, der die Stimmung der Zeit von »Watergate« wiedergibt.

Zeugin der Anklage Z71
WITNESS FOR THE PROSECUTION ****
USA 1957, 114 Min., s/w
R: Billy Wilder D: Tyrone Power, Marlene Dietrich, Charles Laughton
Ein Mann steht in London wegen Mordes an einer reichen Witwe vor Gericht. Mit Hilfe eines Tricks kann die Ehefrau, obwohl sie Zeugin des Staatsanwalts ist, einen Freispruch erreichen. Sie tötet ihren Mann jedoch, nachdem sie erfahren hat, daß dieser fremdgegangen ist. Spannendes, den Zuschauer mehrfach in die Irre führendes Gerichtsdrama mit einem überragenden Laughton als Staranwalt. Ein echter Klassiker.

die Geschichte eines eleganten Fremden, der in Temesvar für politische und amouröse Aufregung sorgt.

Ein Zimmer in der Stadt Z73
UNE CHAMBRE EN VILLE ***
Frankreich 1982, 88 Min., F
R: Jacques Demy D: Dominique Sanda, Danielle Darrieux, Richard Berry
Ein Streik in den fünfziger Jahren und die Geschichte eines Mannes zwischen zwei Frauen, die Geschichte vom Schmerz der Verlassenen, eine Alltagsgeschichte in der Form eines Musik-Dramas. Wie schon in seinem Meisterwerk *Die Regenschirme von Cherbourg* findet Demy in der Präsentation des Dialogs als reimlosem, nicht von eingängigen Melodien getragenen Gesang zu einer eigenwilligen, experimentellen Form des Film-Musicals.

Zimmer mit Aussicht Z74
A ROOM WITH A VIEW ****
GB 1986, 116 Min., F
R: James Ivory D: Helena Bonham-Carter, Maggie Smith, Denholm Elliott
Florenz 1907. Eine junge Frau steht zwischen einem vitalen Irländer und einem Landadeligen. Eine liebevolle, atmosphärische und gut gespielte Geschichte vom Ende des Viktorianismus nach einem E. M.-Forster-Roman.

Das Zimmer nebenan Z75
OBOK ***
Polen 1979, 55 Min., F
R: Feliks Falk D: Ewa Dalkowska, Wojciech Alaborski, Andrzej Szalawski
Das verfehlte Wiedersehen zwischen Sohn und Vater, der vor Jahren die Familie verlassen hat. Eine Studie in Kommunikationsstörung.

Die Zitadelle Z76
THE CITADEL ***
GB 1938, 108 Min., s/w
R: King Vidor D: Robert Donat, Ralph Richardson, Rosalind Russell

Auseinandersetzung mit ärztlichen Berufsproblemen.

Die Zitadelle von San Marco Z77
EL CONDE SANDORF **
Spanien/It/Fr 1962, 98 Min., F
R: Georges Lampin D: Louis Jourdan, Renaud Mary, Francisco Rabal
1868: Landedelmann gerät zwischen die Fronten einer Revolution und erkennt, daß seine Freunde allesamt Lumpen sind. Nach Jules Verne.

Zivilprozeß Z78
A CIVIL ACTION ***
USA 1998, 112 Min., F
R: Steven Zaillian D: John Travolta, Robert Duvall, Tony Shalhoub
Ein karriereorientierter Anwalt vertritt acht Familien im Kampf gegen einen Konzern, dessen illegale Giftdeponien zum Tod einiger Angehöriger geführt haben. Mischung aus dezentem Porträt und spannendem Gerichtsthriller, an dessen Ende der Anwalt zwar alles verliert, aber seine Selbstachtung wiedergewonnen hat. HFJ 2000

Die Zocker Z79
LOOKIN' TO GET OUT ***
USA 1981, 102 Min., F
R: Hal Ashby D: Jon Voight, Burt Young, Ann-Margret
Komödie um zwei Lebenskünstler und Spieler auf der Flucht vor Schuldeneintreibern, die in Las Vegas das große Risiko suchen.

Zoltan, Draculas Bluthund Z80
DRACULA'S DOG **
USA 1977, 85 Min., F
R: Albert Band D: Michael Pataki, José Ferrer, Jan Shutan, Libbie Chase
Draculas Diener und sein Hund steigen aus ihren Gräbern und begeben sich von Transsylvanien aus in die USA, um den ahnungslosen letzten Sproß der Blutsaugersippschaft aufzusuchen.

›Zombie‹ – Diese Monster sind bereits tot. Und das ist ansteckend!

schuß auszuschalten sind, belagern junge Leute, die sich in einem Supermarkt verschanzt haben. Nichts für schwache Nerven.

Zombie II: Das letzte Kapitel Z82 ***
DAY OF THE DEAD
USA 1985, 96 Min., F
R: George A. Romero D: Lori Cardille, Terry Alexander, Joseph Pilato
Während menschenfressende Zombies an der Erdoberfläche ein Tänzchen wagen, bemüht sich ein Trupp von Forschern und Militärs in einem Bunker, einen Plan zu schmieden, wie man sich ihrer entledigen kann. Finster, eklig, ungewohnt. HFJ 1988

Zombie III Z83 **
ZOMBIE III
Italien 1988, 88 Min., F
R: Lucio Fulci D: Deran Sarafian, Beatrice Ring, Richard Raymond
Ein freigesetzter bakteriologischer Kampfstoff verwandelt Menschen in Zombies, die dazu ansetzen, die sie bekämpfenden Soldaten und drei junge Studentinnen zu verfolgen. Ein wüster Mord- und Totschlag-Film. HFJ 1990

Zombie and the Ghost Train Z84 ****
ZOMBIE JA KUMMITUSJANA
Finnland 1991, 88 Min., F
R: Mika Kaurismäki D: Silu Seppälä, Marjo Leinonen, Matti Pellonpää
Miko, Bruder des bekannteren Aki, erzählt die Geschichte eines desillusionierten finnischen Alkoholikers und Musikers, der wie ein Zombie durch die Straßen Istanbuls streift. Ein beklemmendes, tristes Road Movie über eine Welt ohne Mitleid. HFJ 1993

Zombie High Z85 **
ZOMBIE HIGH
USA 1987, 91 Min., F
R: Ron Link D: Virginia Madsen, Richard Cox, Kay Kuter, James Wilder
Universitätsprofessoren schnippeln an Studentenhirnen herum, um mit deren Gewebe ein Unsterblichkeitsserum zu erzeugen. Nach allem, was man so aus US-Collegefilmen weiß, müssen die Unsterblichen in spe wohl auf ewig Kindsköpfe bleiben. HFJ 1991

Ein Zombie hing am Glockenseil Z86 **
LA PAURA NELLA CITTA DEI MORTI
Italien 1980, 83 Min., F
R: Lucio Fulci D: Christopher George, Catriona McCall, Janet Agren
Nach dem Selbstmord eines Pfarrers öffnen sich in Dunwich die Gräber, und Scharen von Untoten fallen über die Bevölkerung her. Blutiger Zombie-Schocker mit allen Bestandteilen zur Erzeugung von Brechmitteln.

Zombies unter Kannibalen Z87 *
LA REGINA DEI CANNIBALE
Italien 1979, 85 Min., F
R: Frank Martin D: Ian McCulloch, Sherry Buchanan, Peter O'Neal
Wissenschaftler bastelt auf einer Insel aus Leichenteilen Menschen, die mit dort ansässigen Kannibalen und zwei Forschern aneinandergeraten. Ekelhafter Film.

Zone Troopers – Kriegsmission im All Z88 *
ZONE TROOPERS
USA 1985, 83 Min., F
R: Danny Bilson D: Tim Thomerson, Timothy van Patten, Art La Fleur
Ein US-Sergeant stößt 1944 in Italien auf ein Raumschiff und spannt dessen außerirdische Besatzung erfolgreich gegen die deutsche Wehrmacht ein. Der originelle Ansatz kann nicht verhehlen, daß man es mit einem Ballerfilm zu tun hat.

Der Zorn Z89 ****
LA RABBIA
Italien 1963, 50 Min., s/w
R: Pier Paolo Pasolini
Eine Bildcollage über den Zustand der Welt, begleitet von einem dichterischen Kommentar Pasolinis.

Zorro mit der heißen Klinge Z90 ***
ZORRO THE GAY BLADE
USA 1981, 94 Min., F
R: Peter Medak D: George Hamilton, Lauren Hutton, Brenda Vaccaro
Zorros Zwillinge, der eine schwul, treten in die Fußstapfen ihres Vaters und siegen im Verein mit einer Frauenrechtlerin über die Pläne eines geldgierigen Gouverneurs.

Zou-Zou Z91 ****
ZOU-ZOU
Frankreich 1934, 85 Min., s/w
R: Marc Allégret D: Josephine Baker, Jean Gabin, Pierre Larquey
Der Besitzer einer Jahrmarktsbude zieht mit seinen Adoptivkindern Jean und Zou-Zou nach Paris. Zou-Zou steigt von der Wäscherin zur Varietétänzerin auf und sorgt dafür, daß der fälschlicherweise des Mordes angeklagte Jean freikommt. Joséphine Bakers erster Tonfilm und der junge Jean Gabin: immer wieder besonders sehenswert.

Zu böser Schlacht schleich' ich heut' nacht so bang Z92
***
BRD 1977, 81 Min., F
R: Alexander Kluge D: Alfred Edel, Helga Skalla, Hark Bohm, Curd Jürgens
Im Jahr 2040 wird ein Ex-Kybernetik-Professor 3. Pressesprecher im Hauptquartier der Weltraum-Flotte. Nachdem diese vernichtet wird, arbeitet er für die Propagandaabteilung des neuen Regimes, das sich jedoch nicht lange hält, und wird vor ein Kriegsgericht gestellt. Satirisch-skurriler Science-fiction-Film auf das Mitläufertum, der mit intelligentem Witz und originellen optischen Einfällen das Militär verballhornt.

Zu heiß zum Anfassen Z93
TOO HOT TO HANDLE ****
USA 1938, 105 Min., s/w
R: Jack Conway D: Clark Gable, Myrna Loy, Walter Pidgeon
Amerikanischer Wochenschaureporter erfindet seine Knüller selbst, um Karriere zu machen. Haarsträubende Komödie aus der Pressebranche, in der Bad News Good News sind.

Zu lieben Z94
ATT ÄLSKA ***
Schweden 1964, 82 Min., s/w
R: Jörn Donner D: Harriet Andersson, Zbigniew Cybulski, Isa Quensel
Die Geschichte einer jungen Witwe, die die Liebe neu entdeckt, sich aber der ehelichen Bindung verweigert, wirkte zur Entstehungszeit des Films noch ausgesprochen provokativ.

Zu neuen Ufern Z95
****
Deutschland 1937, 105 Min., s/w
R: Detlef Sierck D: Zarah Leander, Willy Birgel, Viktor Staal
Populäre Varieté-Sängerin wird nach Australien verschleppt, erlebt die Schrecknisse in einem Straflager und wird von einem heiratswilligen jungen Mann gerettet. Das Meisterstück des

Alliierter Stoßtrupp wird im Dschungelkampf 1942 bis auf einen Mann aufgerieben. Lakonischer Kriegsfilm.

Zu verkaufen Z97
A VENDRE ****
Frankreich 1997, 120 Min., F
R: Laetitia Masson D: Sandrine Kiberlain, Sergio Castellitto
Kurz vor ihrer Hochzeit verschwindet France mit einem Koffer voll Geld. Was wie eine Krimikomödie klingt, entpuppt sich als sensibles, puzzleartiges Porträt einer geheimnisvollen Frau, deren Seele Trauer trägt. HFJ 2000

Das Zuchthaus der verlorenen Mädchen Z98
***
CAGED HEAT
USA 1974, 70 Min., F
R: Jonathan Demme D: Barbara Steele, Roberta Collins, Erica Gavin
Harter Thriller um die Flucht aus einem terroristisch geführten amerikanischen Frauengefängnis. Viel besser als der deutsche Titel suggeriert.

Zuckerbaby Z99
***
BRD 1984, 86 Min., F
R: Percy Adlon D: Marianne Sägebrecht, Eisi Gulp, Toni Berger
Eine Frau verliebt sich in die Stimme eines U-Bahnfahrers, wirft alle Bedenken über Bord und bekommt ihren Traummann.

Der Zufall möglicherweise Z100
PRZYPADEK ****
Polen 1981, 114 Min., F
R: Krzysztof Kieslowski D: Boguslaw Linda, Tadeusz Lomnicki
Ein Medizinstudent steht an einer entscheidenden Wende seines Lebens. Drei Möglichkeiten spielt der Film durch: die Karriere in der Kommunistischen Partei, der Kampf als Oppositioneller oder ein angepaßter Weg der Bürgerlichkeit. 1981 verboten, erst

Die Geschichte einer holländischen Familie, die aus christlicher Überzeugung jüdischen Flüchtlingen Unterschlupf gewährt als filmische Evangelisation des »Billy Graham Filmdienst«.

Zuflucht der Sirenen Z102
NIKUTAI NO MON ****
Japan 1964, 90 Min., F
R: Seijun Suzuki D: Shishido Jo, Nogawa Yumiko, Matsuo Kayo
Nach dem Ende des Zweiten Weltkriegs kämpfen fünf Prostituierte in Japan ums Überleben. Als sie einen Ex-Soldaten aufnehmen, wachsen die Spannungen in der Gruppe. Stellenweise grausamer Film über den Kulturschock der ersten Begegnung mit den Siegern. HFJ 1992

Der Zug Z103
THE TRAIN ****
USA/Fr/It 1964, 127 Min., s/w
R: John Frankenheimer D: Burt Lancaster, Paul Scofield, Jeanne Moreau, Michel Simon
Französische Widerständler verhindern den Abtransport von Kunstschätzen durch die Nazis. Großartig inszenierte Action mit authentischem Hintergrund.

Der Zug zur Hölle Z104
TRAIN D'ENFER ***
Frankreich/Spanien 1965, 91 Min., F
R: Gilles Grangier D: Jean Marais, Marisa Mell, Howard Vernon
Französischer Geheimagent verhindert Anschlag auf afrikanischen Staatschef. Leicht parodistischer Agentenfilm, dessen Held weder sich noch sein Tun sehr ernst nimmt. Kurzweilige Unterhaltung.

Die Zuhälterin Z105
POLIZIOTTO SENZA PAURA **
Italien/Österreich 1977, 84 Min., F

Die Zukunft heißt Frau Z106
IL FUTURO É DONNA **
BRD/It/Fr 1984, 99 Min., F
R: Marco Ferreri D: Hanna Schygulla, Ornella Muti, Niels P. Arestrup
Ein Ehepaar und eine schwangere Frau; der Mann stirbt, die Mutter übergibt der anderen Frau ihr neugeborenes Kind. Eine Allegorie auf das Ende der Familie, die in ihren eigenen Mystizismus verliebt ist.

Zulu Z107
ZULU ****
GB 1963, 103 Min., F
R: Cyril Endfield D: Stanley Baker, Michael Caine, Ulla Jacobsson
1879 verteidigt sich eine Kompanie britischer Soldaten in der Wildnis Afrikas gegen 4000 Krieger, bis sie den Respekt ihrer Gegner gewinnen. Ausgezeichnet gespieltes Abenteuer.

Zum Beispiel Balthasar Z108
AU HASARD, BALTHAZAR *****
Fr/Schweden 1966, 91 Min., s/w
R: Robert Bresson D: Anne Wiazemsky, François Lafarge, Philippe Asselin
Das Mädchen Marie und der Esel Balthasar werden von ihrer Umwelt erniedrigt; ein Film über die Unbarmherzigkeit der Menschen.

Zum Freiwild erklärt Z109
FOLLE A TUER ***
Frankreich/Italien 1975, 93 Min., F
R: Yves Boisset D: Marlène Jobert, Tomas Milian, Michel Lonsdale
Greller Psychothriller: Der Sohn eines Wirtschaftsbosses wird entführt; sein Onkel versucht, ihn zu ermorden und die Schuld dem Kindermädchen in die Schuhe zu schieben, da es durch einen längeren Aufenthalt in einer Nervenklinik belastet ist.

Zum Gasthaus der spritzigen Mädchen Z110
*
BRD 1979, 87 Min., F
R: Franz Marischka D: Peter Steiner, Margot Mahler, Fred Stillkrauth
Bayerische Dorfjugendliche finden heraus, daß ihre hochmoralischen Eltern es in der Jugend kaum anders getrieben haben als sie. Ein Sexschwank von seltener Dämlichkeit.

Zum Nachtisch blaue Bohnen Z111
A TOI DE FAIRE MIGNONNE **
Frankreich/Italien 1963, 92 Min., s/w
R: Bernard Borderie D: Eddie Constantine, Gaia Germani, Elga Andersen
Ein stahlharter FBI-Mann sucht einen gekidnappten Forscher – blaue Bohnen, Kalauer und Ansprachen ans Publikum inklusive.

Zum Schweigen verurteilt
siehe: Ich beichte

Zum Teufel mit den Kohlen Z112
BREWSTER'S MILLIONS **
USA 1985, 97 Min., F
R: Walter Hill D: Richard Pryor, John Candy, Lonette McKee, Pat Hingle
Up-Tempo-Neuverfilmung (die sechste, um genau zu sein) eines berühmten Romans aus dem Jahr 1902 um einen Mann, der viel Geld loswerden muß, um noch mehr Geld zu bekommen. Unoriginell. HFJ 1987

Zum Teufel mit der Armut Z113
ABASSO LA MISERIA ****
Italien 1945, 80 Min., s/w
R: Gennaro Righelli D: Anna Magnani, Nino Besozzi, Vito Chiari
Ein gutmütiger, aber armer Lastwagenfahrer bringt zum Ärger seiner ehrgeizigen Frau ein Waisenkind mit nach Hause. Neorealistische Komödie mit hervorragenden Schauspielern.

Zum Teufel mit Hosianna Z114
THE WRATH OF GOD **
USA 1972, 111 Min., F
R: Ralph Nelson D: Robert Mitchum, Frank Langella, Rita Hayworth
Schießfreudiger Ex-Priester wird von südamerikanischem Revoluzzer gedungen, an der Befreiung eines von einem Tyrannen beherrschten Dorfes mitzuwirken. Ein gewalttätiger Sado-Western. Übersehenswert.

Zum Teufel mit Paris! Z115
Frankreich 1989, 85 Min., F ***
R: Christian Gion D: Roland Giraud, Gabrielle Lazure, Michel Galabru
Bernard liebt das ruhige Leben in der Natur. Nathalie träumt von der großen Karriere. Ihre Liebesgeschichte beginnt in den Pyrenäen und endet in Paris, wo der »Provinztrottel« den Karrieristen in der Werbebranche zeigt, was Sache ist. Hübsche, leicht biedere Komödie. HFJ 1993

Zündschnüre Z116
***
BRD 1974, 103 Min., s/w
R: Reinhard Hauff D: Kurt Funk, Thomas Visser, Tilly Breidenbach
Nach dem Roman von Franz Josef Degenhardt erzählt der Film die Geschichte einer Gruppe von Kindern, die sich am Ende des Zweiten Weltkrieges gegen die faschistische Herrschaft auflehnen.

Zünftige Bande Z117
LA BELLE EQUIPE ***
Frankreich 1936, 98 Min., s/w
R: Julien Duvivier D: Jean Gabin, Charles Vanel, Viviane Romance
Fünf Freunde gewinnen in der Lotterie und wollen ein altes Haus am Fluß zu einem Lokal ausbauen. Die Ex-Frau von einem der Bande stürzt sie ins Unheil. Der »poetische Realismus« und die Frauen – das ist auch so eine Sache.

Zur Hölle, Mrs. Love Z118
THE BOY WHO CRIED BITCH ***
USA 1990, 105 Min., F
R: Juan Jose Campanella D: Harley Cross, Karen Young, Jesse Bradford
Verstörende Geschichte um einen 12jährigen Jungen, der seine Umwelt und vor allem seine Mutter tyrannisiert, bis es zwischen ihr und ihm zum tödlichen Duell kommt.
HFJ 1993

Zur Sache, Schätzchen Z119
****
BRD 1957, 80 Min., s/w
R: May Spils D: Werner Enke, Henry van Lyck, Uschi Glas, Inge Marshall
Liebesgeschichte zwischen einem Bürgermädchen und einem Schwabinger mit mehr oder weniger philosophischer Haltung zum Leben, zur Liebe und zu Polizisten. In ihrem Erstling sind Spils und Enke einzigartig in der Beobachtung einer Situation zwischen Melancholie und Groteske.

Die Zürcher Verlobung Z120
***

BRD 1957, 107 Min., F
R: Helmut Käutner D: Liselotte Pulver, Bernhard Wicki, Paul Hubschmid
Mit leichter Hand inszenierte Komödie um den Weg einer romantischen jungen Frau und Drehbuchautorin, die ihr Glück in der Schweiz findet.

Züri brännt Z121
****

Schweiz 1980, 90 Min., F
R: Ronnie Wahli
Auf 16-mm-Film übertragene Videoaufnahmen über die Jugendunruhen in Zürich im Sommer 1980, um die Einrichtung eines autonomen Jugendzentrums. Sprachgewalt, formale Vielfalt und phantasievoller uneingeschränkter Subjektivismus machen diesen Film zu einem wichtigen Dokument.

Zurück aus der Ewigkeit Z122
BACK FROM ETERNITY ***
USA 1956, 97 Min., s/w
R: John Farrow D: Anita Ekberg, Robert Ryan, Rod Steiger
Eine Gruppe von Überlebenden muß sich nach einem Flugzeugabsturz im Urwald Südamerikas vor Kopfjägern schützen. Spannendes Abenteuer.

Zurück in die Zukunft Z123
BACK TO THE FUTURE ****
USA 1985, 116 Min., F
R: Robert Zemeckis D: Michael J. Fox, Christopher Lloyd, Lea Thompson
Schüler reist mit einem Zeit-Auto in die fünfziger Jahre, begegnet seinen jugendlichen Eltern und hilft ihnen auf den richtigen Weg. Eine flotte Komödie, die zeigt, daß auch SF-Filme mit Logik möglich sind. LSFF

Zurück in die Zukunft II Z124
BACK TO THE FUTURE II ***
USA 1989, 107 Min., F
R: Robert Zemeckis D: Michael J.

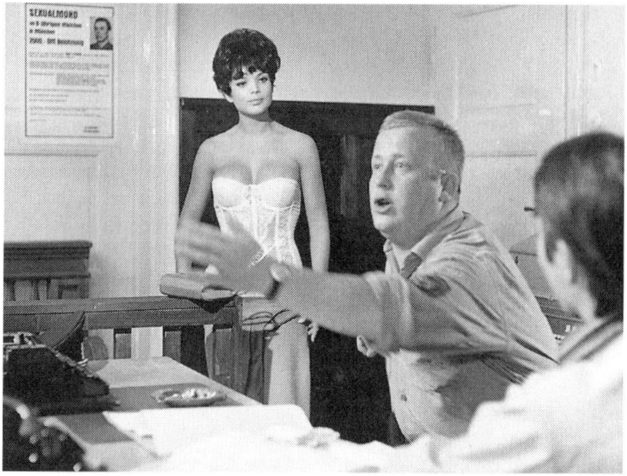

Schwabinger Zeitgeist von gestern mit Uschi Glas und Rainer Basedow in ›Zur Sache, Schätzchen‹.

Zurück in die Zukunft III Z125
BACK TO THE FUTURE III ***
USA 1990, 118 Min., F
R: Robert Zemeckis D: Michael J. Fox, Christopher Lloyd, Mary Steenburgen
Marty reist mit seinem Zeit-Auto in den Wilden Westen, um Doc vor Unbill zu bewahren und schaltet einen Gunman – Ahn des Erzfeindes seiner Familie – aus. Zweite Fortsetzung der amüsanten SF-Komödie *Zurück in die Zukunft.* HFJ 1991

Eine zuviel im Harem Z126
JOHN GOLDFARB, PLEASE COME HOME ***
USA 1964, 95 Min., F
R: J. Lee Thompson D: Shirley MacLaine, Peter Ustinov, Richard Crenna
Eine frigide Journalistin infiltriert den Harem eines arabischen Potentaten und begegnet dort einem verschollenen amerikanischen Spionageflieger. Als pointierter Ulkfilm geplant, als Holzhammerhumor-Brüller fertiggestellt.

Der Zwang zum Bösen Z127
COMPULSION ****
USA 1959, 90 Min., s/w

nen – perfekten Mord. Von einem engagierten und brillanten Verteidiger werden sie vor der Todesstrafe gerettet. Als Thriller gut funktionierender Film.

Zwanzig im Auto, vierzig im Bett Z128
**
LA SIGNORA A FATTO IL PIENO
Italien/Spanien 1979, 81 Min., F
R: Juan Bosch D: Carmen Villani, Carlo Giuffré, Esperanza Joy
Ein Gonokokkenmutterschiff gibt sich alle Mühe, im Auftrag eines reichen Industriekapitäns einen Politiker zu verführen. Fader Sexklamotteneintopf.

Der zwanzigste Juli Z129
**

BRD 1955, 94 Min., s/w
R: Falk Harnack D: Wolfgang Preiss, Annemarie Düringer, Robert Freytag
In einer langen Rückblende erzählt der Film die Vorgeschichte zum fehlgeschlagenen Attentat durch Graf Stauffenberg auf Adolf Hitler am 20. Juli 1944.

Ein Gelehrter und seine Begleiter werden nach dem Untergang ihres Schiffes von dem menschenfeindlichen U-Boot-Fahrer Nemo an Bord genommen und machen eine Reise durch sein phantastisches Unterwasserreich. Ein buntes Jugendabenteuer nach dem Roman von Jules Verne. LSFF

Zwei ausgebuffte Profis Z131
SEMI TOUGH ***
USA 1977, 108 Min., F
R: Michael Ritchie D: Kris Kristofferson, Burt Reynolds, Jill Clayburgh
Der Film nimmt mit Witz und Bosheit die Sexgewohnheiten amerikanischer Football-Spieler und die Geschäftspraktiken von Sportmanagern und Gruppentherapeuten aufs Korn. Dreiecksgeschichte aus Hollywood, garniert mit Sport und Spott.

Zwei außer Rand und Band Z132
I DUE SUPERPIEDI QUASI PIATTI ***
Italien 1977, 114 Min., F
R: E.B. Clucher D: Terence Hill, Bud Spencer, David Huddleston
Zwei arbeitslose Gauner geraten in die Dienste der Polizei und heben eine Rauschgifthändlerbande aus. Amüsanter Film des Prügel-Genres.

Zwei Banditen
siehe: Butch Cassidy und Sundance Kid

Zwei Cowboys Z133
TRAIL OF DANGER ***
USA 1977, 86 Min., F
R: Andrew V. McLaglen D: Jim Davis, Larry Wilcox, Robert Donner
Ein alter Cowboy und ein junger Ausreißer treiben eine Pferdeherde durch die Wildnis und werden in Konflikte mit der Natur, Schäfern und Dieben verwickelt. Ein Film über das Reifen eines jungen Mannes.

Zwei Däninnen in Lederhosen Z134
*
BRD 1979, 93 Min., F
R: Franz Marischka D: Nathalie Neumann, Sylvia Engelmann, Rinaldo Talamonti, Franz Muxeneder
Zwei Kellnerinnen tauchen mit einem gestohlenen Wagen, in dem sich ein Potenzmittel befindet, in einem bayerischen Kaff auf und entflammen die Männlichkeit. Zoten allerorten. Sexschwank auf unterstem Niveau.

Zwei dreckige Halunken Z135
THERE WAS A CROOKED MAN ***
USA 1970, 124 Min., F
R: Joseph L. Mankiewicz D: Kirk Douglas, Henry Fonda, Hume Cronyn
Nachdem er 500.000 $ erbeutet hat, landet Pitman im Knast und bringt den Gefängnisdirektor auf seine Seite. Die Flucht zum Versteck der Beute wird jedoch schwieriger als gedacht. Verzwickter, zynischer Western mit humoristischen Elementen.

Zwei erfolgreiche Verführer Z136
BED TIME STORY ***
USA 1963, 99 Min., F
R: Ralph Levy D: Marlon Brando, David Niven, Shirley Jones
Zwei geschickte Hochstapler bringen reiche Frauen dazu, sich in sie zu verlieben. Gute Unterhaltung.

Zwei Frauen Z137
**
BRD 1989, 99 Min., F
R: Carl Schenkel D: Jami Gertz, Martha Plimpton, George Peppard
Ballettänzerin und Punkerin kommen sich in einer New Yorker Krebsklinik nach anfänglichen Konflikten näher und helfen einander. Nach einem autobiographischen Roman entstandener, reichlich klischeehafter Krankenhausfilm. HFJ 1990

Zwei Freundinnen Z138
LES BICHES ****
Frankreich/Italien 1968, 96 Min., F
R: Claude Chabrol D: Jean-Louis Trintignant, Jacqueline Sassard, Stéphane Audran
Eine junge Malerin kommt mit ihrer reichen Liebhaberin an die Côte d'Azur, wo die Liebe zum gleichen Mann die beiden bis zum Mordversuch entzweit.

Zwei Galgenvögel Z139
SKIN GAME ***
USA 1971, 98 Min., F
R: Paul Bogart D: James Garner, Louis Gossett, Susan Clark
Ein weißer und ein schwarzer Strolch leben davon, daß der eine den anderen ständig als Sklaven verkauft und dann wieder befreit. Dann geht die Sache schief ... und der Film bekommt ein ernstes Anliegen. Humor und tolle Besetzung.

Zwei gegen die Welt Z140
TWO AGAINST THE WORLD ***
USA 1936, 55 Min., s/w
R: William McGann D: Humphrey Bogart, Beverly Roberts, Henry O'Neill
Die allein an hohen Einschaltquoten orientierte unlautere Berichterstattung amerikanischer Rundfunkjournalisten treibt einige betroffene Bürger in den Tod. Zeitlos-gesellschaftskritischer Film, der die Gefahren einer Kommerzialisierung der Massenmedien kompromißlos, zum Teil aber klischeehaft und mit unnötigen Übertreibungen anprangert.

Zwei Geishas Z141
GION BAYASHI ****
Japan 1953, 81 Min., s/w
R: Kenji Mizoguchi D: Michiyo Kogure, Ayako Wakao, Chieko Naniwa, Seizaburo Kawazu
Nachdem die junge Geisha Eiko sich gegen einen zudringlichen Mann zur Wehr gesetzt hat, wird sie von ihrer Lehrmeisterin aufgenommen. Ein Film in vollendeter cineastischer Schönschrift.

Die zwei Gesichter einer Frau Z142
***
FANTASMA D'AMORE
BRD/It/Fr 1980, 97 Min., F
R: Dino Risi D: Marcello Mastroianni, Romy Schneider, Eva Maria Meineke, Wolfgang Preiss
Metaphysischer Liebes-Thriller um einen gelangweilten Rechtsanwalt, dem seine verstorbene Jugendliebe sowohl als junges Mädchen als auch als alte Frau erscheint. Elegisch-schön inszeniert, aber ein bißchen viel Film für wenig Aussage.

Zwei Girls vom Roten Stern Z143
DUEL LA VODKA ***
BRD/Frankreich 1965, 92 Min., F
R: Sammy Drechsel

D: Curd Jürgens, Lilli Palmer, Kurt Meisel
Zwei weibliche sowjetische Offiziere werden zu Abrüstungsverhandlungen mit den Amerikanern nach Genf geschickt. Als eine der Damen sich in den gegnerischen Verhandlungsführer verliebt, kommt es zu turbulenten Verwicklungen unter Beteiligung der Geheimdienste. Vergnügliche Satire auf den Ost-West-Konflikt unter Mitwirkung der Münchner Lach- und Schießgesellschaft.

Zwei glorreiche Halunken Z144
IL BUONO, IL BRUTTO, IL CATTIVO ****
Italien 1966, 159 Min., F
R: Sergio Leone D: Clint Eastwood, Eli Wallach, Lee van Cleef
Im Bürgerkrieg suchen drei schräge Vögel nach einem Schatz der Yankees, ohne sich von den militärischen Auseinandersetzungen ablenken zu lassen. Als sie am Ende auf das Gold stoßen, steht ein Dreier-Duell an.

Lee Van Cleef

Zwei Halunken stürmen Troja Z145
**
ELENA SI ... MA DI TROIA
Italien 1973, 98 Min., F
R: Alfonso Brescia D: Don Backy

Zwei Haudegen kommen selten allein Z146
***
START THE REVOLUTION WITHOUT ME
USA 1969, 90 Min., F
R: Bud Yorkin D: Gene Wilder, Donald Sutherland, Hugh Griffith
Durch eine Verwechslung bei der Geburt geraten die Stammbäume des Bauern Coupé und des Herzogs de Sisi durcheinander – ihre Zwillingssöhne reiten und raufen sich fortan als gemischte Doppel durch die Französische Revolution. Mit Witz und Schwung und gekonnten Dumas-Zitaten erweckt der Regisseur den alten Kostüm- und Klamotten-Kintopp zu neuem Leben.

Zwei Herzen im Mai Z147
**
BRD 1957, 95 Min., F
R: Geza von Bolvary D: Dieter Borsche, Kristina Söderbaum, Walter Giller, Willy Millowitsch
Junger Komponist steigt zum Hitlieferant für Schlager auf und gerät, wie üblich, vor dem Happy End in persönliche und ökonomische Schwierigkeiten. Sentimentaler Blödsinn.

Zwei hinreißend verdorbene Schurken Z148
****
DIRTY ROTTEN SCOUNDRELS
USA 1989, 110 Min., F
R: Frank Oz D: Michael Caine, Steve Martin, Glenne Headley
Lawrence lebt als exilierter Prinz von Almosen und Spenden zur Bekämpfung des Kommunismus ganz gut, bis ihm ein kleiner amerikanischer Betrüger auf die Schliche kommt und den Hochstapler entlarvt. Eine Komödie über zwei charmante Ganoven und die reiche Schmuck-, Geld- und Adelszene an der Côte d'Azur. HFJ 1990

Zwei in der Falle Z149
RAWHIDE ***
USA 1950, 86 Min., s/w

Zwei in der Tinte
siehe: Die Zocker

Zwei in einem Zimmer Z150
THE RAT RACE ***
USA 1959, 106 Min., F
R: Robert Mulligan D: Tony Curtis, Debbie Reynolds, Jack Oakie
Ein arbeitsloser Musiker und ein sich mit gefährlichen Methoden über Wasser haltendes Mädchen teilen sich ein Zimmer in New York. Gemeinsam schlagen sie sich durch den gnadenlosen Großstadtdschungel des »Big Apple«. Nette Hollywoodkomödie.

Zwei in Paris Z151
ANTOINE ET ANTOINETTE ****
Frankreich 1946, 95 Min., s/w
R: Jacques Becker D: Claire Maffei, Roger Pigaut, Noël Roquevert
Antoine, als Setzer in einer Druckerei beschäftigt, und die Verkäuferin Antoinette sind jung verheiratet und mit ihrem Leben trotz gelegentlicher kleiner Streitereien zufrieden. Ein verlegtes Lotterielos sorgt eines Tages für ungewohnten Wirbel. Heitere Komödie, die durch eine außergewöhnlich authentische Darstellung des Pariser Nachkriegsmilieus besticht.

Zwei irre Spaßvögel Z152
LES COMPERES ***
Frankreich 1983, 92 Min., F
R: Francis Veber D: Pierre Richard, Gérard Depardieu, Anny Duperey
Eine Frau behauptet gegenüber ihren zwei Ex-Liebhabern, sie seien der Vater ihres von zu Hause ausgerissenen Sohnes. Beide machen sich als verantwortungsbewußte »Väter« auf die Suche, was zu Verwicklungen führt. Nette Komödie, die von witzigen Situationen und dem Zusammentreffen der beiden höchst gegensätzlichen Hauptfiguren lebt.

Zwei irre Typen auf Z153

mi und Komödie schwankender Film aus der Feder des französischen Erfolgsautors Francis Veber. Voller peinlicher Entgleisungen, die wenig Geschmacksempfinden verraten.

Die zwei Leben der Veronika Z154 ****
LA DOUBLE VIE DE VERONIQUE
Frankreich/Polen 1991, 92 Min., F
R: Krzysztof Kieslowski D: Irène Jacob, Philippe Volter, Aleksander Bardini
Die auf mysteriöse Weise verbundenen Lebensbilder von Veronika in Krakau und Veronique in Paris ergeben ein poetisches Vexierspiel um das Problem der Identität. Kunstkino, das auch unterhält. HFJ 1992

Zwei Mädchen aus Wales und die Liebe zum Kontinent Z155 ****
LES DEUX ANGLAISES ET LE CONTINENT
Frankreich 1971, 125 Min., F
R: François Truffaut D: Jean-Pierre Leaud, Stacey Tendeter, Kika Markham
Zwei puritanisch erzogene Waliser Schwestern verlieben sich in einen Franzosen. Ein Dreiecksdrama nach einem Roman von Henri-Pierre Roché.

Zwei Männer Z156 ***
BRD 1993, 86 Min., F
R: Dagmar Benke D: Karl-Heinz Benke, Manfred Benke
Zwei Brüder aus Ost- und Westdeutschland treffen sich nach dem Mauerfall. Was sind die Gemeinsamkeiten, was trennt sie? Ein kritischer, dokumentarischer Blick auf deutsche Geschichte und die Schwierigkeiten, »ein Volk« zu sein. HFJ 1995

Zwei mal zwei Z157 ***
BIG BUSINESS
USA 1988, 97 Min., F
R: Jim Abrahams D: Bette Midler, Lily Tomlin, Fred Ward
Mäßige Verwechslungskomödie um zwei ehemals vertauschte Zwillings-Schwestern, die sich in einem New Yorker Konzern anläßlich des drohenden Verkaufes einer ländlichen Möbelfabrik plötzlich gegenüberstehen. Ausschließlich auf die beiden Hauptdarstellerinnen zugeschnitten. HFJ 1989

Zwei Mann, ein Schwein und die Nacht von Paris Z158 ****
LA TRAVERSEE DE PARIS
Frankreich 1956, 82 Min., s/w
R: Claude Autant-Lara D: Jean Gabin, Louis de Funès, André Bourvil
Beim Transport eines schwarzgeschlachteten Schweins durch das besetzte Paris des Jahres 1942 enden der Taxifahrer Martin und der sich inkognito gebende berühmte Maler Grandvil in den Armen einer deutschen Patrouille. Grandvil wird sofort freigelassen und macht Karriere, während Martin deportiert wird und als Kofferträger endet. Schwarze Komödie, die sich kritisch mit den Franzosen unter der deutschen Besatzung auseinandersetzt.

Zwei Millionen Dollar Trinkgeld Z159 ***
IT COULD HAPPEN TO YOU
USA 1994, 101 Min., F
R: Andrew Bergman D: Nicolas Cage, Bridget Fonda, Rosie Perez
Ein Bilderbuch-Cop verspricht einer Kellnerin die Hälfte seines möglichen Lottogewinns, weil er kein Trinkgeld zur Hand hat. Als er vier Millionen Dollar gewinnt, löst er sein Versprechen ein. Heimeliges Märchen über den Triumph der Menschlichkeit in einer materialistischen Welt. Warum nicht mal zwei Stunden ans Gute glauben? HFJ 1995

Zwei Mütter Z160 ***
DDR 1957, 84 Min., s/w
R: Frank Beyer D: Helga Göring, Françoise Spira, Ruth Wacker
In derselben Nacht bringen eine deutsche und eine französische Frau, Zwangsarbeiterin im Dritten Reich, ihre Kinder zur Welt. Das Kind der Deutschen stirbt, doch sie gibt das Kind der anderen als das ihre aus. 1947 kommt die jedoch zurück und verlangt ihr Recht. Debütfilm als Beitrag zur Völkerverständigung.

Zwei Nächte mit Cleopatra Z161 **
DUE NOTTI CON CLEOPATRA
Italien 1954, 85 Min., F
R: Mario Mattóli D: Sophia Loren, Ettore Manni, Rolf Tasna, Alberto Sordi
Ägypter-Queen läßt sich, um das Leben zu genießen, von bürgerlicher Doppelgängerin vertreten. Als Ulk auf die Monumentalfilme der Zeit gedacht, in der deutschen Fassung ohne Oben-ohne-Szenen.

Zwei oder drei Dinge, die ich von ihr weiß Z162 ****
DEUX OU TROIS CHOSES QUE JE SAIS D'ELLE
Frankreich 1966, 84 Min., F
R: Jean-Luc Godard D: Marina Vlady, Anny Duperey, Roger Montsoret
Godard läßt eine Gelegenheitsprostituierte die Unwirtlichkeit der Pariser Vorstädte beschreiben.

Zwei rechnen ab Z163 ****
GUNFIGHT AT THE O.K. CORRAL
USA 1957, 122 Min., F
R: John Sturges D: Burt Lancaster, Kirk Douglas, Rhonda Fleming
Wyatt Earp, seine Brüder und Doc Holliday rechnen mit der berüchtigten Clanton-Bande ab. Verfilmung einer historisch verbürgten Schießerei, deren Hintergründe heute noch nicht geklärt sind. Drehbuch von Leon Uris. Western-Klassiker.

Zwei ritten nach Texas Z164 ***
WAY OUT WEST
USA 1937, 63 Min., F
R: James W. Horne D: Stan Laurel, Oliver Hardy, James Finlayson
Zwei Schussel, die der Tochter eines verstorbenen Minenbesitzers eine Schatzkarte überbringen wollen, werden von einem schurkischen Wirt und einer Bardame hereingelegt. Westernkomödie.

Zwei ritten zusammen Z165 ****
TWO RODE TOGETHER
USA 1961, 109 Min., F
R: John Ford D: James Stewart, Richard Widmark, Shirley Jones
Ein zynischer Gesetzeshüter, der einige von Indianern festgehaltene Weiße befreien soll, macht nur des Geldes

wegen mit, doch später setzt bei ihm eine Charakterwandlung ein. Ausgezeichneter Western.

Zwei Särge auf Bestellung Z166
A CIASCUNO IL SUO ****
Italien 1966, 93 Min., F
R: Elio Petri D: Irene Papas, Gian Maria Volonte, Gabriele Ferzetti
Ein Mord in einer sizilianischen Kleinstadt wird zunächst als Eifersuchtsintrige gedeutet, bis sich dahinter die Machenschaften einer politisch-wirtschaftlichen Clique offenbaren. Engagierte und ausgesprochen raffinierte Verfilmung eines Romans von Leonardo Sciascia.

Zwei scheinheilige Brüder Z167
L' ANNEE SAINTE ***
Frankreich/Italien 1976, 95 Min., F
R: Jean Girault D: Jean Gabin, Jean-Claude Brialy, Danielle Darrieux
Gauner-Komödie um zwei Ganoven, die aus dem Gefängnis ausbrechen und sich als Priester verkleidet auf den Weg nach Rom machen, um dort eine vergrabene Beute zu holen. Unterwegs überstehen sie allerlei Bedrängnisse wie Flugzeugentführung und Verbrecherjagd. Amüsant.

Zwei stahlharte Profis Z168
LETHAL WEAPON ****
USA 1986, 109 Min., F
R: Richard Donner D: Mel Gibson, Danny Glover, Gary Busey
Zwei charakterlich sehr verschiedene Kripo-Männer legen in Los Angeles den Sumpf des Drogenhandels trocken. Ein perfekt inszenierter Action-Thriller, in dem zwar mit harten Bandagen gekämpft wird, der aber auch moralisch etwas zu bieten hat. Fesselnde Story mit gewaltigem Finale.

Zwei Stunden vor Mitternacht Z169
**
ALONE IN THE DARK

›Zwei ritten nach Texas‹ – Die Misfits Oliver Hardy und Stan Laurel im Wilden Westen.

te; nichts für Leute mit schwachen Nerven.

Zwei Supertypen räumen auf Z170
IL PADRONE DELLA CITTA **
Italien/BRD 1976, 88 Min., F
R: Fernando Di Leo D: Jack Palance, Harry Baer, Al Cliver
Schmutziges Filmchen über schmutzige Gangster, die mit schmutzigen Tricks schmutzige Bosse reinlegen, gemacht von einer schmutzigen Produktion und an Synchromania leidenden Autoren.

Zwei tolle Kerle in Texas Z171
TEXAS ACROSS THE RIVER ***
USA 1966, 97 Min., F
R: Michael Gordon D: Alain Delon, Dean Martin, Rosemary Forsyth
Spanischer Grande tötet aus Versehen einen Konkurrenten, lernt auf der Flucht einen Texaner kennen, verliebt sich in eine Indianerin und stößt auf ein Ölvorkommen. Humorvoller Western mit einem untypischen Star.

und geraten sich wegen der politischen Ausrichtung ihres Stoffes in die Haare. Der Zuschauer sieht die Entwürfe der beiden als »Film im Film«, der sich beständig verändert.

Zwei vom Affen gebissen
siehe: Gott vergibt – Django nie!

Zwei Welten Z173
A WORLD APART ****
GB 1987/88, 113 Min., F
R: Chris Menges D: Barbara Hershey, Jodhi May, Jeroen Krabbe
Die Geschichte eines 13jährigen Mädchens aus Südafrika, dessen Vater als Gegner der Apartheid in die Emigration gezwungen wurde. Eindringlicher Appell für Menschenrechte.

Zwei wie Katz' und Maus Z174
CONTINENTAL DIVIDE ***
USA 1981, 103 Min., F
R: Michael Apted D: John Belushi, Blair Brown, Allen Goorwitz
Amüsante Liebeskomödie um einen

Zwei wilde Companeros Z175
VIVA LA MUERTE ... TUA! ***
Italien/Spanien/BRD 1972, 93 Min., F
R: Duccio Tessari D: Franco Nero, Eli Wallach, Lynn Redgrave
Russischer Prinz, mexikanischer Bandit und irische Journalistin, die während der mexikanischen Revolution hinter einem Schatz her sind, erleben allerlei haarsträubende Dinge. Ulkige Westernkomödie.

Zwei Wochen in einer anderen Stadt Z176 ****
TWO WEEKS IN ANOTHER TOWN
USA 1962, 103 Min., F
R: Vincente Minnelli D: Kirk Douglas, Edward G. Robinson, Cyd Charisse
Einstiger Hollywoodstar wird nach Jahren im Sanatorium nach Cinecittà geholt, doch seine Hoffnung auf ein Comeback muß derbe Rückschläge hinnehmen – bis sich ihm überraschend die Chance bietet, für einen erkrankten Regisseur einzuspringen und er seiner Ex-Frau und einer neuen Liebe begegnet. Ein routiniert in Szene gesetztes Drama.

200 Motels Z177
TWO HUNDRED MOTELS ****
GB 1968/71, 95 Min., F.
R: Frank Zappa, Tony Palmer
D: »Mothers of Invention«, Ringo Starr, George Duke
Frank Zappas »Mother of Invention« – eher ein gruppendynamischer Prozeß als eine Band – auf Tournee. Tricktechnisch auf der Höhe seiner Zeit, illustriert der Film kongenial die brillanten, teilweise verstörenden Soundcollagen und die bösen, bösen Texte Zappas.

2001: Odyssee im Weltraum Z178
2001: A SPACE ODYSSEY *****
GB/USA 1968, 149 Min., F
R: Stanley Kubrick D: Keir Dullea, Gary Lockwood, William Sylvester
Außerirdische Intelligenzen führen die Menschheit auf den Weg zum Geist und manipulieren auf undurchsichtige Weise einen Astronauten, der in ihren Dunstkreis gerät. Fast dialogloser, phantastisch fotografierter SF-Film, der im Genrekino Meilensteine setzte.

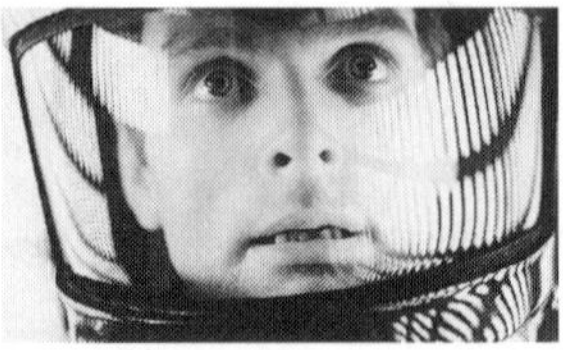

Bowman (Keir Dullea) erkennt das Problem: den Computer HAL.

2071 – Mutan-Bestien gegen Roboter Z179 *
THE TIME TRAVELLERS
USA 1964, 80 Min., F
R: Ib Melchior D: Preston Foster, Phil Carey, Merry Anders
In die Zukunft gereiste Forscher, die von Überlebenden des Atomkriegs mies behandelt werden, wollen mit einem Raumschiff fliehen, doch die Reise endet 100 000 Jahre in der Zukunft. Billiges SF-Standardprodukt.

2010 – Das Jahr, in dem wir Kontakt aufnehmen Z180 ***
2010
USA 1984, 116 Min., F
R: Peter Hyams D: Roy Scheider, John Lithgow, Helen Mirren, Keir Dullea
Sowjetisch-amerikanische Besatzung eines Raumschiffs, das den Verbleib einer Expedition klären soll, wird zum Zeugen der Geburt einer neuen Sonne. Unterhaltsamere Fortsetzung zu *2001: Odyssee im Weltraum*. LSFF

2020 – Texas Gladiators Z181
2020: TEXAS GLADIATORS *
Italien 1983, 91 Min., F
R: Kevin Mancuso D: Harrison Muller, Al Cliver, Sabrina Siani
Nach dem Atomkrieg leben die Menschen in einem neuen barbarischen Zeitalter und beschäftigen sich damit, einander weiter zu reduzieren. Wer *Mad Max* kennt, kann sich diesen trüben Aufguß ersparen. LSFF

2002: A Sex Odyssey Z182
2002: A SEX ODYSSEY **
USA 1985, 90 Min., F
R: Tom Muren D: Tracy Adams, Sharon Mitchell, Renee Summers
Boy & Girl reisen per Zeitmaschine in die Jahre 1955, 1965 und 1972, wo Boy eine Studentin trifft, die alles für ihn tut. Daß sie sich als seine Mutter entpuppt, ist die Kehrseite der Medaille. SF-Sexer.

Der zweite Atem Z183
LE DEUXIEME SOUFFLE ****
Frankreich 1966, 116 Min., s/w
R: Jean-Pierre Melville D: Lino Ventura, Paul Meurisse, Raymond Pellegrin
Aus dem Gefängnis ausgebrochener alternder Gangster plant mit Komplizen den letzten großen Coup, um sich anschließend ins Privatleben zurückziehen zu können. Doch ihm hart auf den Fersen ist ein Kommissar, der in der Wahl seiner Mittel nicht zimperlich ist. Gangsterfilm der Spitzenklasse, nach einem Roman von José Giovanni.

Das zweite Erwachen der Christa Klages Z184 ***
BRD 1977, 96 Min., F
R: Margarethe von Trotta D: Tina Engel, Silvia Reize, Katharina Thalbach
Um ihren bankrotten Kinderladen zu finanzieren, begeht die Heldin einen Bankraub. Nach Flucht und Geiselnahme von der Polizei gefangengenommen, sorgt eine Zeugenaussage für eine unerwartete Wende. Gesellschaftskritischer Film.

Die zweite Frau Z185
BERDEL ****
Türkei 1990, 83 Min., F
R: Atif Yilmaz D: Türkan Soray, Tarik Akan, Mine Cayiroslu
Ein Bauer hat sechs Töchter und will sich, weil er noch einen Sohn haben will, eine zweite Frau nehmen, für die er die älteste Tochter »in Zahlung« gibt. Ein Plädoyer für die Würde der Frau. HFJ 1993

Das zweite Gesicht Z186
FLESH AND FANTASY ***
USA 1943, 94 Min., s/w
R: Julien Duvivier D: Betty Field, Robert Cummings, Charles Boyer
Drei unheimliche Geschichten: Ein häßliches Mädchen erblüht durch die Liebe zur Schönheit; ein Handleser prophezeit einem Kunden Böses; ein Seiltänzer träumt von einem tödlichen Sturz. LFF

Das zweite Gesicht Z187
THE GOOD SON **
USA 1993, 86 Min., F
R: Joseph Ruben D: Macaulay Culkin, Elijah Wood, Wendy Crewson
Ein Zwölfjähriger kommt nach dem Tode seiner Mutter in die Familie seiner Tante und gerät in das intrigante Spiel seines Cousins. Psychologisch unglaubwürdige Story, in der »Kevin« Macaulay Culkin den bösen Burschen mimt. HFJ 1995

Das zweite Gesicht des Dr. Jekyll Z188
**
THE SON OF DR. JEKYLL
USA 1951, 77 Min., s/w
R: Seymour Friedman D: Louis Hayward, Alexander Knox, Jody Lawrance
Dr. Jekylls Sohn will beweisen, daß sein Vater mitnichten eine Bestie war. Im Zuge seiner Nachforschungen landet er im Irrenhaus und entlarvt einen Arzt als Urheber aller vorangegangenen Schrecken. Lahm.

Der zweite Mann Z189
THE RUNNING MAN ***
GB 1963, Min., F
R: Carol Reed D: Laurence Harvey, Lee Remick, Alan Bates
Der unaufhaltsame Abstieg eines anmaßenden Versicherungsschwindlers gehört zu den kraftloseren Spätwerken des Regisseurs.

Die zweite Wahl – Eine Romanze Z190
**
MURPHY'S ROMANCE
USA 1985, 104 Min., F
R: Martin Ritt D: Sally Field, James Garner, Brian Kerwin, Corey Haim
Bedächtig und liebevoll entwickelte Liebesgeschichte zwischen einer geschiedenen Frau und einem älteren Drugstore-Besitzer.

Zweiter Aufschlag Z191
SECOND SERVE ***

lung. Nach der Autobiographie von Renée Richards gestaltetes TV-Movie mit einer eindrucksvollen Hauptdarstellerin.

32 Variationen über Glenn Gould Z192
****
THIRTY-TWO SHORT FILMS ABOUT GLENN GOULD
Kanada 1993, 93 Min., F
R: François Girard D: Colm Feore
Mischung aus Spiel-, Dokumentar- und Experimentalfilm über den Pianisten Glenn Gould und seine Musik, die viel über Persönlichkeit und Werk des Meisters aussagt. HFJ 1995

52 Pick-up Z193
52 PICK-UP ***
USA 1986, 114 Min., F
R: John Frankenheimer D: Roy Scheider, Ann-Margret, John Glover
Ein Geschäftsmann wird wegen eines Videos, auf dem man ihn mit seiner jungen Geliebten sieht, erpreßt. Es geht um Bilder, deren Wert und Leute, die dafür so oder so teuer bezahlen.

Zwiebel-Jack räumt auf Z194
CIPOLLA COLT **
Italien/Spanien/BRD 1975, 91 Min., F
R: Enzo G. Castellari D: Franco Nero, Martin Balsam, Sterling Hayden
Zwiebelzüchter und Journalist legen sich mit Ölmann an, der mit schmutzigen Tricks die Umgebung eines idyllischen Westernstädchens verschandeln will. Ulkig gemeinter Western, dessen Gags aber meist in die Hose gehen.

Zwillinge Z195
TWINS ****
USA 1988, 107 Min., F
R: Ivan Reitman D: Arnold Schwarzenegger, Danny De Vito, Kelly Preston
Zwillingsbrüder (ein naives, hochgewachsenes Genie und ein kleinwüchsiger Ganove), beide Produkt eines

Arnie und Danny als Zwillinge.

Zwischen den Zeilen Z196
BETWEEN THE LINES ****
USA 1977, 101 Min., F
R: Joan Micklin Silver D: John Heard, Lindsay Crouse, Jeff Goldblum
Eine unabhängige Zeitung wird von einem Verlag übernommen, der nur am Profit interessiert ist. Die Regisseurin zeigt in den Reaktionen der Redakteure die Mechanismen von Karrierismus, Anpassung und Resignation. Eine wundervolle Milieustudie, zugleich das Psychogramm einer Generation und ihrer verlorenen politischen Hoffnungen.

Zwischen den Zeilen Z197
84 CHARING CROSS ROAD ****
USA 1986, 95 Min., F
R: David Jones D: Anne Bancroft, Anthony Hopkins, Judi Dench
Die New Yorker Schriftstellerin Helen Hanff beginnt 1949 eine Korrespondenz mit einem Bibliothekar in London, und in ihren Briefen entsteht über die gemeinsame Liebe zu den Büchern eine persönliche Freundschaft, die sich aus den verschiedensten Gründen nie in einer direkten Begegnung erfüllt.

Zwischen Gestern und Morgen Z197a
****
BRD 1947, 102 Min., s/w
R: Harald Braun D: Winnie Markus, Willy Birgel, Viktor de Kowa, Viktor Staal, Hildegard Knef

der amerikanischen Besatzungszone nach dem Krieg. Zeitgeschichte als Melodram.

Zwischen Himmel und Hölle Z198
***
HEAVEN AND EARTH
USA 1993, 141 Min., F
R: Oliver Stone D: Tommy Lee Jones, Haing S. Ngor, Hiep Thi Le
In epischer Breite schildert der Regisseur von *Platoon* und *Born on the Fourth of July* die tragische Lebensgeschichte einer Vietnamesin, die in die USA immigrierte. Der Erzählbogen reicht von den 50er Jahren über den Vietnamkrieg bis zum Exil in Amerika. Vergangenheitsbewältigung des »Vietnam-Traumas« aus sehr persönlichem Blickwinkel. HFJ 1995

Zwischen Madrid und Paris Z199
THE SUN ALSO RISES ****
USA 1957, 130 Min., F
R: Henry King D: Errol Flynn, Tyrone Power, Ava Gardner, Mel Ferrer
Journalist, im Ersten Weltkrieg um seine Jugend betrogen, verliebt sich in eine Lady, die auch schon bessere Zeiten gesehen hat. Dreiecksmelodram nach »Fiesta« von Ernest Hemingway.

Zwischen Zwölf und Drei Z200
FROM NOON TILL THREE ***
USA 1976, 99 Min., F
R: Frank D. Gilroy D: Charles Bronson, Jill Ireland, Douglas V. Fowley
Ein Bandit lernt eine Dame kennen, die einen Bestseller über ihn schreibt, kommt unverhofft zu Ruhm und muß feststellen, daß alle Welt ihn für einen Aufschneider hält. Ordentlicher, für den Helden frustrierender Western.

Zwischenfall im Stadtbezirk Z201
TSCHP RAJONNOGO MASSCHTABA ***
UdSSR 1989, 90 Min., F
R: Sergej Sneschkin D: Igor Botschkin, Jelena Anissimowa, Vitali Ussanow
Der Diebstahl einer Fahne des Jugendverbandes Komsomol bringt ein Stück der in der realkommunistischen Gesellschaft allgegenwärtigen Heuchelei und Korruptheit ans Tageslicht. Ein böser Debütfilm des neuen Sowjet-Kinos, der die dekadente Privilegiengesellschaft bloßlegt.

Der Zwischenfall mit der schwarzen Kanone Z202
***
HEI PAO SHI JAN
VR China/BRD 1986, 94 Min., F
R: Huang Jianxin D: Gerhard Olschewski, Liuzi Feng, Wang Yi
Nachdem der Dolmetscher für einen deutschen Ingenieur in einem chinesischen Industriekombinat politisch in Ungnade gefallen ist, wird er durch einen naiven Touristendolmetscher ersetzt, der für folgenschwere Übermittlungsfehler sorgt.

Zwischengleis Z203
***
BRD 1978, 109 Min., F
R: Wolfgang Staudte D: Mel Ferrer, Pola Kinski, Martin Lüttge
In Rückblenden erzähltes Leben einer Selbstmörderin in der Nachkriegszeit, die die vermeintliche Schuld am Tod eines Kindes auf der Flucht nicht überwinden konnte.

Zwischensaison Z204
HORS SAISON ****
Schweiz/BRD/Fr, 1992, 95 Min., F
R: Daniel Schmid D: Sami Frey, Carlos Devesa, Maria Maddalena Fellini
Valentin kehrt an den Ort seiner Kindheit zurück, in ein kurz vor dem Abbruch stehendes Hotel. Dort erinnert er sich an früher, an die Großeltern, Gäste, Angestellten und an große und kleine Gesellschaften des Hotelalltags. Autobiographische Reflexion über Leben und Tod, Erinnerungen und

Madeleine Stowe und Bruce Willis in ›12 Monkeys‹ von Terry Gilliam.

Gary Cooper in ›Zwölf Uhr mittags‹ und zum Schluß noch weitere drei gute Filme mit zwölf…

Träume, die nicht zuletzt durch die wunderbaren Schauspielerleistungen überzeugt. HFJ 1994

Zwischenspiel Z205
INTERLUDE ***
GB 1967, 113 Min., F
R: Kevin Billington D: Oskar Werner, Barbara Ferris, Virginia Maskell
Leidenschaftliche Liebesgeschichte zwischen einem verheirateten Star-Dirigenten und einer jungen Reporterin, die einen kritischen Artikel über ihn geschrieben hat.

Die zwölf Geschworenen Z206
TWELVE ANGRY MEN ****
USA 1957, 95 Min., s/w
R: Sidney Lumet D: Henry Fonda, Martin Balsam, Lee J. Cobb
Mordprozesses, die im Beratungszimmer um die Wahrheit ringen.

Zwölf Monkeys Z207
12 MONKEYS ***
USA 1995, 131 Min., F
R: Terry Gilliam D: Bruce Willis, Madeleine Stowe, Brad Pitt
Eine Viruskatastrophe hat die Menschheit ausgerottet, im Jahre 2035 leben nur wenige Überlebende in einem Tunnelsystem. Wenn sie den Zeitpunkt der Katastrophe lokalisieren können, besteht Hoffnung, die Uhr zurückzustellen. Ein Mann wird auf eine Zeitreise geschickt. Ein irritierender Alptraum zwischen Wahn und Wirklichkeit. HFJ 1997

Zwölf Uhr mittags Z208
R: Fred Zinnemann
D: Gary Cooper, Grace Kelly, Lloyd Bridges, Katy Jurado
Als Sheriff Kane sich ins Privatleben zurückziehen will, kehrt der Killer Miller aus dem Gefängnis zurück. Kane stellt sich ihm und seiner Gang allein; seine Freunde entpuppen sich als Feiglinge. Klassischer Western, von vielen als Kommentar auf die McCarthy-Ära gesehen.

Zwölf Uhr nachts Z209
MIDNIGHT EXPRESS ***
GB 1977, 121 Min., F
R: Alan Parker D: Brad Davis, Randy Quaid, John Hurt, Paul Smith
Ein junger Amerikaner, wegen Drogenschmuggels angeklagt, erlebt die unmenschliche Brutalität des türki-

Register der Originalfilmtitel

Die bestimmten und unbestimmten Artikel der englischen und französischen Filme wurden bei der Alphabetisierung nicht berücksichtigt. Alle anderen Filme sind nach den entsprechenden Artikeln sortiert. Bei der Einordnung von Ziffern wurde das ausgeschriebene Zahlwort zugrunde gelegt.

A

B

C

D

E

G

H

I

K

L

M

O

P

Q

U

V

W

X

Y

Z

Regisseure

A

C

E

F

G

H

I

J

K

M

N

Q

R

T

U

V

X

Y

Z

Darsteller

A

B

C

D

E

F

G

H

I

J

K

M

O

Q

R

S

U

V

W

X

Y

Die Autoren

Martin Borchers geb. 1967. Studium der Kommunikationswissenschaft, Amerikanischen Kulturgeschichte und Politischen Wissenschaft in München. Freie journalistische Tätigkeit für diverse Filmzeitschriften, Stadtmagazine und Tageszeitungen. Freier Autor und Realisateur beim WDR-Kinderfernsehen. Lebt in Friedrichshafen.

Uli Buchner geb. 1960. Studium der Psychologie, Philosophie und Pädagogik. Psychotherapeut und Organisationsberater. Zahlreiche Arbeiten zur Philosophie Jean-Paul Sartres als Grundlage einer allgemeinen psychologischen Theorie. Wechsel in die Filmbranche. Tätigkeit in verschiedenen Bereichen des Filmschaffens. Freier Filmkritiker für Zeitschriften und Radio. Seit 1995 hauptsächlich Drehbuchautor und Dramaturg. Lebt in München.

Ronald M. Hahn geb. 1948. Experte für Science-fiction-, Fantasy-, Horror-, Abenteuerliteratur. Seit 1971 für Presse, Rundfunk und Buchverlage als Autor, Lektor und Übersetzer (Frank Herbert, Jack London, Mark Frost, Paul Erdman u. a.) tätig. Herausgeber von Anthologien, Autor zahlreicher satirischer Jugendkrimis, humoristischer Science-fiction-Stories und -Romane sowie populärer Sachbücher wie *Lexikon der Science-fiction-Literatur, Reclams Science-fiction-Führer, Lexikon des Science-fiction-Films, des Horror-Films, des Fantasy-Films, des Erotischen Films, Star Trek-Enzyklopädie* u. a. Lebt in Wuppertal.

Thomas Hubert geb. 1961. Studium der Rechtswissenschaften. Seit 1987 Programm-Mitarbeiter beim »Internationalen Filmwochenende Würzburg«. Freier Mitarbeiter des Kulturreferats der Stadt München beim Programm des Kinos »Lupe 2« und Mitarbeit bei Filmproduktionen. Lebt in München.

Lothar Just geb. 1944. Seit 1972 selbständig tätig für Öffentlichkeitsarbeit und Werbung führender deutscher und internationaler Verleihfirmen. Verschiedene journalistische Tätigkeiten. Pressesprecher Filmfest München, bis 1998 Leiter des Informationsbüro des FilmFernseh Fonds Bayern. Seit 1979 Herausgeber des Handbuches »Das Filmjahr« (seit 1987 im Heyne Verlag als »Film-Jahrbuch«). Verleger der »Edition Achteinhalb« mit Schwerpunkt Film. Redakteur des Onlinedienstes im Internet movieline.de. Lebt in Ebersberg bei München.

Margret Köhler Sprachstudium in Paris und London, Studium der Politikwissenschaft, Psychologie und Pädagogik in München. Tätigkeit als Zeitschriften-Redakteurin. Medienwissenschaftliche Veröffentlichungen, Buch-Herausgeberin, Dozentin, Realisatorin von TV-Beiträgen. Lebt als freie Filmjournalistin in München.

Frank Schnelle geb. 1963. Studium Publizistik, Theaterwissenschaft, Germanistik. Autor für Tageszeitungen, Magazine, Filmzeitschriften und fürs Fernsehen. Lehrbeauftragter am Theaterwissenschaftlichen Institut der FU Berlin, Verfasser bzw. Herausgeber verschiedener Filmbücher, Programmplaner bei SAT.1. Lebt in Berlin.

Georg Seeßlen geb. 1948. Studierte Malerei, Kunstgeschichte und Semiologie in München. Filmpublizistische Arbeiten unter anderem für »Die Zeit«, »Frankfurter Rundschau«, »Der Tagesspiegel«, »epd Film«. Seminare und Gastvorlesungen an Hochschulen in München, Siegen und Marburg.
Buchveröffentlichungen u. a.: »Kino des Utopischen«, »Klassiker der Filmkomik«, »Kino der Angst«, »Der Asphalt-Dschungel«, »Kino der Gefühle«, »Liebe, Sehnsucht, Abenteuer«, »Der pornographische Film«. Lebt in Leinau.

Rolf Thissen geb. 1948. Abgebrochenes Jurastudium, statt dessen zwischen 1968 und 1973 experimentelle Kurzfilme. Filmredakteur beim Kölner Stadt-Anzeiger. Seit 1970 freier Journalist und Buchautor, u. a. »100 Jahre Film« und »Sex (v)erklärt«. Lebt in München.

Meinolf Zurhorst geb. 1953. Studierte Theater, Film- und Fernsehwissenschaften, Kunstgeschichte und Völkerkunde in Köln. War tätig als Filmkritiker und -publizist sowie als Autor, Realisator und Produzent für deutsche und ausländische Fernsehanstalten. Seit 1992 Redakteur der Spielfilmredaktion von ARTE, deren Leitung er 1995 übernahm. Veröffentlichungen u. a.: »Robin Williams«, »Richard Gere«, »Julia Roberts«, »Robert De Niro«, »Lexikon des Kriminalfilms«, »Die neuen Gesichter Hollywoods« (Heyne Filmbibliothek). Lebt in Straßburg und Köln.